New English And ~~Italian~~

Pronouncing And Explanatory Dictionary
(Volume I)

John Millhouse

Alpha Editions

This Edition Published in 2020

ISBN: 9789354308840

Design and Setting By
Alpha Editions
www.alphaedis.com
Email – info@alphaedis.com

DIZIONARIO INGLESE-ITALIANO

CON LA PRONUNCIA SEGNATA

PER AMBE LE LINGUE

------- ◄ ► -------

DELLE LETTERE.

L'alfabeto inglese ha ventisei lettere, quattro delle quali (k, w, x, y) sono straniere alla lingua italiana.

A,		B,	C,	D,	E,	F,	G,	H,	I,	J,	K,
E (chiusa),		bi,	si,	di,	i,	ef,	gi,	etcc,	ai,	ge,	che,

L,	M,	N,	O,		P,	Q,	R,	S,	T,	U,
el,	em,	en,	o (chiuso),		pi,	chiù,	ar,	ess,	ti,	ju,

V,		W,			X,	Y,	Z
vi,		deubbliù (*cu* francese),			echs,	uái,	zed.

Cinque di queste, A, E, I, O, U, sono vocali, cioè possono formare un suono da per sè; le altre sono consonanti, cioè sono lettere che non possono articolarsi se non quando vengono accoppiate ad una vocale.

W e Y in corso e in fine di sillaba sono anch'esse vocali, e si pronunciano come *u* ed *i*; in principio di sillaba sono consonanti, e suonano *u* italiano in *uomo* ed *i* iniziale in *ieri*.

primo suono - accento acuto	secondo suono - accento grave	terzo suono ☞
Fáte, méte, bíte, nóte, túbe;	‑ fàt, mèt, bìt, nòt, tùb;	‑ fâr, pîque,
Seno, vin), lai, roma, fiume;	‑ patto‑petto, petto, e, i, notte, oeuf;	‑ mano, vino,

OSSERVAZIONI SULLA PRONUNCIA

Le consonanti inglesi sono altrettanto facili quanto le italiane, e la maggior parte si pronunciano in egual maniera in ambe le lingue. Quelle che si proferiscano diversamente trovansi spiegate qui appresso a pag. 11. Le sole difficili sono *s* e *g*, le quali in inglese, come in italiano, hanno due suoni. Tale difficoltà fu appianata in questo volume e nella *Grammatica* segnando queste lettere con un puntino tutte le volte che suonano dolci (come in *rosa gemma*, roṡe, ġem), e lasciandole senza puntino tutte le volte che suonano dure (come in *servo, anglicano*, servant, anglican).

La vocale *e* ha pur essa due suoni sì in italiano che in inglese. Ma in questi libri fu resa più facile che non sia negli italiani, distinguendone il suono alfabetico coll'accento acuto (´), ed il suono aperto (come in *èrba*) coll'accento grave (`).

Le altre vocali inglesi sono assai più difficili delle italiane, avendo l'*i* tre suoni, l'*u* quattro, e l'*a* e l'*o* cinque. Questa difficoltà, l'unica quasi che l'allievo abbia a superare nello studio della nostra favella, l'ho tolta via in questo libro, nel *Primo Passo* e nella *Grammatica*, additando con certi segni a guisa delle note della musica, i varj suoni delle vocali e i diversi modi di proferirle. Il suono alfabetico o lungo di qualsivoglia vocale, lo segno coll'accento acuto (´); il suono breve o secondo, coll'accento grave (`); il suono aperto o terzo col circonflesso (ʌ); il suono spiccato o quarto col circonflesso rovesciato (v); ed il suono quinto ed ultimo con un punto ammirativo (!. — Accoppio con una curva (⌒) le vocali oĩ, oỹ, oũ ed ow̃ tutte le volte che fanno dittongo; segno con un puntino le consonanti ṡ e ġ ogniqualvolta suonano dolci, e stampo con carattere *corsivo* tutte le lettere mute.

acc. circonfl. - quarto s.-circ. rovesc. p. amm.   dittonghi   conson. dolci.

nôr, rûde; - fäll, sŏn, bŭll; fàre, dȯ; pōīse, boȳs, foūl, foῩl; ġem, aṡ.

forte,   ruga;   · forte, *oeuf*, culla;   erba, ruga;   poi,   fausto;   gemma, rosa.

CHIAVE DEI SUONI DELLE LETTERE SEGNATE.
(Vedasi la linea doppia in cima di queste due pagine.)

Accenti.	Suoni simili.	Esempj.
1° á lunga	e in *seno*.	Fáte, máde, páin (*a*).
2° à breve	a in *patto* piegata verso *e* in *erba*.	Fàt, màd, màdly.
3° â aperta	a in *mano, dare*.	Fâr, câr, pâth.
4° ä spiccata	o in *forte*.	Fäll, äll, cälled.
5° á semiaperta	e in *erba, erto*.	Fáre, áir, páired (*b*).
1° é lunga	i in *vino*.	Méte, scéne, séal.
2° è breve	e in *erba, petto*.	Mèt, mèn, brèad.
1° í lungo	ai in *lai* piegato verso *ei* in *lei*.	Bíte, píke, píne.
2° ì breve	e in *metà* piegata verso *i* in *fitto*.	Bìt, pìck, pìn.
3° î francese	i in *vino*.	Pîque, marîne.
1° ó lungo	o in *Roma*.	Nóte, glóbe, róṡy.
2° ò breve	o in *notte*.	Nòt, lòt, clòck.
3° ô aperto	o in *forte*.	Nôr, fôr, fôrmer.
4° ŏ spiccato	eou in *oeuf* (*c*).	Sŏn, dŏne, lŏvely.
5° ȯ anomalo	u in *ruga*.	Dȯ, lȯṡe, gȯod.
1° ú lungo	iu in *fiume*.	Túbe, túne, múṡic.
2° ù breve	oeu in *oeuf*.	Tùb, tùn, begùn.
3° û aperto	u in *ruga*.	Rûde, rûle, frûitless.
4° ŭ spiccato	u in *culla*.	Bŭll, pŭt, pŭlpit.
1° ẏ lungo	i (inglese) in *bite*.	Týpe, bý, crẏ.
2° ỳ breve	i (inglese) in *bit*.	Lỳmph, sỳmbol.
3° ŷ scuro	i (inglese) in *radical* (*d*).	Mànẏ, hàppŷ.
Ditton- ghi { ōī, oȳ / oū, oῩ	oi in *poi*.	Pōīse, boȳṡ.
	au in *fausto*.	Foūl, foῩl.
Conson. dolci { ġ / ṡ	g in *gemma*.	Ġem, ġender.
	s in *rosa*.	Aṡ, roṡe.

(Bracketed vertical notes: *Si pronuncia come* / *Suona come*)

(*a*) Siccome le lettere distinte con carattere *corsivo* si tacciono, queste tre parole suonano appunto *fet, med, pen* (l'*e* stretta come in *seno*).
(*b*) *Fare, air, paired*, si proferiscono *fer, er, perd*, l'*e* aperta come in *erba*. Ogni
qualvolta nelle parole inglesi di questo Dizionario l'*a* trovasi segnata coll'accento acuto (á),
bisogna pronunciarla come *e* in *seno;* se è segnata coll'accento circonflesso (â) bisogna
proferirla come *a* in *mano*, e così via via degli altri suoni di questa lettera e di quelli
di tutte le altre vocali.
(*c*) Questo suono è quello dell'*o* italiano in *somma* raccorciato e piegato verso l'*e* in *erba*.
(*d*) Questo suono breve, esile, indistinto, è un suono medio tra l'*i* inglese in *bit* e l'*e*
italiano in *finte*.

Fáte, méte, bíte, nóte, túbe; - fàt, mèt, bìt, nòt, tùb; - fàr, pîque,

Seno,   vino,   lai,   roma,   fiume; - patto-petto, petto,   e, i, notte, oeuf; - mano,   vino,

Quando le vocali *ou* ed *ow* non fanno dittongo, cioè quando una di queste lettere si pronuncia e l'altra si tace, segno quella coll'accento indicante il suono richiesto, e distinguo questa con carattere *corsivo*; così *knów*, *sóul*, si proferiscono *no*, *sol* (o stretto italiano). — *W* in corso o in fine di parola d'ordinario si tace; quando si pronuncia ha un suono equivalente a quello dell' *u* quarto inglese, l' *u* breve italiano in *culla*. *S* e *g* senza il puntino debbono sempre proferirsi col suono duro come in *servo*, *anglicano*.

Nei monosillabi gli accenti altro non fanno che precisare il suono della vocale; ne' polisillabi marcano inoltre il luogo dove cade la posa della voce. Le sillabe non accentate dei vocaboli inglesi proferisconsi d'ordinario come le italiane. Le eccezioni si trovano spiegate qui appresso, e più distesamente, a mano a mano che si presentano, negli Aneddoti del *Primo Passo*, nonchè nelle colonne di questo *Dizionario*.

Ne' vocaboli inglesi che formano la linea in cima di queste due pagine trovansi i suoni di tutte le nostre vocali, come sono spiegate nell'antecedente tavola, e nelle parole italiane collocate sotto questi vocaboli trovansi gli stessi suoni o i suoni approssimativi. Così, giova ripeterlo, *a* nella voce inglese *fate* si proferisce come *e* nella parola italiana *seno*, *a* in *far* come *a* in *mano*, *e* in *mete* come *i* in *vino*, *e* in *met* come *e* in *petto*, ecc.; esempi:

Práy, lènd mé à séal.
Prego, prestate mi un sigillo.
Pronunciate: Pre, lend mi è sil.

Sulla lettera *a* nella parola *pray* si vede l'accento acuto ('). Esso addita lo stesso accento sulla stessa vocale in cima della pagina in principio, e accenna che l'*a* in *pray* suona come l'*a* inglese in *fate* o come l'*e* italiana in *seno*, e che la parola *pray* si pronuncia *pre*, essendochè l'*y* in fine è muto.

L'*e* in *lend* viene segnata coll'accento grave per indicare che ha qui quello stesso suono che ha sotto lo stesso accento nella

nôr, rùde; - fàll, sŏn, bŭll; fàre, dó; pŏĭse, bŏȳ̆s, ̄foŭl, fŏwl; ĝem, aś.

<small>forte, ruga; forte, senf, culla; erba, ruga; poi, fausto; gemma, rosa.</small>

riga normale in cima, cioè che si proferisce come l' *e* nella
parola inglese *met*, o come l' *e* italiana in *petto*. Vedi la settima
parola nella pagina contro. *Me* inglese si articola come *mi* italiano. Vedasi l'accento che distingue questo suono nella seconda
parola in cima di quella pagina.

Il punto ammirativo sull' articolo *a* significa che questo si
pronuncia come l' *è* verbo italiano, cioè come l'*a* in *fare*, la sesta parola in cima di questa pagina. La vocale *a* nel vocabolo
seal si tace, e l'*e* suona come l'*e* inglese in *mete* o l'*i* italiano
in *vino*. Vedasi la seconda parola della riga normale in cima
della pagina contro.

Una doppia linea uguale a questa accompagna l'allievo sino
alla fine di questo volume, così che qualunque volta egli sarà
in dubbio riguardo al modo di pronunciare le vocali di qualsiasi
parola del testo, egli non avrà che a notare l'accento con cui
detta vocale è segnata, e, cercando la stessa vocale collo stesso
accento nella riga normale a piè della pagina, egli troverà nella
voce italiana di sotto il suono inglese cercato. Così, senza l'ajuto del maestro, saprà che l'*a* in *bask*, per esempio, suona in
inglese appunto come suona in italiano, dacchè egli troverà
cotest'*a* segnata coll' accento circonflesso (ʌ), il quale addita
lo stesso accento sulla stessa vocale nella riga normale appiè
di quella pagina, ed accenna che l'*a* in *bask* suona come *a* in
far, l'undicesima parola inglese di quella riga, o come *a* in
mano, l'undicesima parola italiana. Saprà parimente che l'*a* in
baseless, per dare un'altro esempio, deve proferirsi come l'*e*
italiana in *seno*, giacchè sull'*a* di *baseless*, troverà l'accento
acuto ('), additante nella riga normale l'*a* inglese in *fate*, la
quale ha per equivalente l'*e* italiana in *seno*. S'accorgerà pure
che la prima *e* nella parola *baseless* si tace, essendo che questa
lettera è ivi distinta con carattere *corsivo*; ed in questa parola,
e in tutte le parole del libro, saprà dove collocare la posa
della voce, stante che cotesti segni servono al doppio uso di
accennare l'accento di prosodia ed i suoni delle vocali.

Fáte, méte, bíte, nóte, túbe; - fàt, mèt, bìt, nòt, tùb; - fàr, pîque,

Seno,   vino,   lai,   róma,   fiume; - patto-petto, petto,   e, i,   notte, œuf; - mano,   vino,

È necessario, anzi indispensabile, che prima d'innoltrarsi lo studioso abbia imparato a pronunciare esattamente tutte le parole della linea normale ed il *th*. — (Vedi Osservazioni sul *Corso Graduato e Completo*, e sul modo di studiarne le diverse parti, nelle prime quattro pagine del *Primo Passo all' Inglese*, quindicesima edizione.)

VOCALI. — REGOLE GENERALI.

Nelle prime cinque parole della riga doppia qui sopra si vede che una vocale seguíta da una sola consonante cui succede un *e* finale ha il suono alfabetico e lungo, il suono propriamente inglese; come:

Fáme.	Céde.	Míle.	Móde.	Múle (a).
Fama.	Cedere.	Miglio.	Modo.	Mulo.

La vocale ha lo stesso suono: 1.° In fine di sillaba accentata:

Fá-vour.	Fé-ver.	Mínor.	Móment.	Músic.
Favore.	Febbre.	Minore.	Momento.	Musica.

Secondo. Facénte sillaba da sè in principio di parola:

á-gent.	é-qual.	í-dol.	ódour.	ú-ni-form.
Agente.	Eguale.	Idolo.	Odore.	Uniforme.

La vocale ha il suono breve, cioè quello figurato coll'accento grave, nelle seconde cinque parole in cima di questa pagina:
Primo. Quando trovasi tra due o più consonanti nella medesima sillaba, senza l'*e* finale:

Fàt.	Sèt.	Mìll.	Pòt.	Sùffer.
Grasso.	Porre.	Mulino.	Vaso.	Soffrire.

Secondo. Seguíta da consonante in fine di parola o di sillaba:

àn.	èbb.	ìn.	òn.	ùn-der.
Uno.	Riflusso.	In.	Sopra.	Sotto.

(*a*) Le eccezioni sono i vocaboli in cui *u* è preceduta da *r* (come in *rude*), e le seguenti parole:

Hàve,	àre,	bàde,	ère,	wère,	thère,	whère,	lìve,	gìve.
Avete,	siete,	comandò,	prima,	erano,	ivi,	dove,	vivere,	dare.

nôr, rùde; - făll, sŏn, bŭll; fâre, dò; pōĭse, bōÿs, fōūl, fŏwl; ġem, ăs.
forte, ruga; forte, oeuf, culla; erba, raga; poi, fausto; gelania, rosa.

VOCALI. — REGOLE PARTICOLARI.

A seguíta da *r*, *st*, *ss* e *ch* suona come in italiano:

Bâr.	Pâst.	Pâss.	PâтH.	Brânch.
Barra.	Passato.	Passare.	Sentiero.	Rame.

A suona *o* in *forte* quando è seguíta da *u*, *w*, *ll*, in una sillaba accentata:

Căuse.	Be-căuse.	Lăw.	Făll.	Be-făll.
Causa.	Perché.	'Legge..	Cadere.	Accalero.

A seguíta da *ir* o *re* suona *e* in *erba*; esempj: **â**ir, râre, aria, rare.
A accentata innanzi ad *i* o *y* suona *e* in *seno*; non accentata si tace:

Páin.	Páy.	Máin.	Maintáin.	Cèrtain.
Pena.	Paga.	Principale.	Mantenere.	Certo.

E in fine di parola è muta (*a*). — Eccetto nei monosillabi:

Bé.	Hé.	Shé.	Mé.	Wé.	Yé.
Essere.	Egli.	Ella.	Me.	Noi.	Voi.

E si pronuncia col suono alfabetico alla fine di alcune parole greche o latine; esempj: *epìtome, apòstrophe.*

E, quantunque muta in fine di parola, ha il potere di allungare la vocale che la precede:

Hàt.	Háte.	Sèt.	Céde.	Dìn.	Díne.
Cappello.	Odiàre.	Porre.	Cedere.	Stordire.	Pranzare.

Ròd.	Róde.	Cùb.	Cúbe.		
Verga.	Cavalcai.	Leoncino.	Cubo.		

E ne' participj e ne' tempi passati de' verbi non si pronuncia, se non che nello stile poetico e religioso:

Lŏved.	Hóped.	Díned (*b*).	Călled.	Călled.
Amato.	Sperava.	Pranzava.	Chiamai.	Chiamato.

(*a*) L'*e* muta nel singolare lo è altresì nel plurale; esempio: dáte, dátes, *data, date.* Per le eccezioni, che son poche, vedi la *Nota grammaticale* 12, pag. 31 della *Grammatica analitica*, quindicesima edizione.*

(*b*) In *ed* escono i participj passati e i tempi passati dei verbi regolari inglesi tutti quanti.

Fáte, méte, bíte, nóte, túbe; - fât, mèt, bìt, nòt, tùb; - fâr, pîque,

Seno,   vino,   lai,   roma,   fiume; - patto-petto, pettn, e, i, notte, oeuf; - mano,   vino,

Si eccettua però il caso in cui l'*e* viene preceduta da *t* o *d*:

Respècted.   Demànded.   Lìmited.   Àdded.

Rispettato.   Domandava.   Limitato.   Aggiunse.

E tra *r-w* e *j-w* si tace, ed il *w* suona *u* italiano in *culla*:

Crew.   Drew.   Jew.

Ciurma.   Trasse.   Ebreo.

Fuori di questi due casi *ew* suona *iu* in *fiume*:

Féw.   Néw.   Déw.   Vièw.

Pochi.   Nuovo.   Rugiada.   Veduta.

E seguíta da *i* o *y* suona d'ordinario *e* in *seno*:

Vein.   Grey.   Reign.   Neigh.

Vena.   Grigio.   Regno.   Nitrire.

E seguíta da *r* finale suona *e* in *erba* alquanto piegata verso *o* in *somma;* es.: *her pórter*, suo portinajo.

E (ed anche *i*) in fine di sillaba non accentata, o facente sillaba da sè senza l'accento, si proferisce *i* in *fitto* raccorciato e piegato verso l'*i* inglese in *bit*:

Pròph-e-cy.   Mŷs-te-ry.   Vàn-i-ty.   A-làc-ri-ty.   Be-lá-bour.

Profezia.   Mistero.   Vanità.   Alacrità.   Bastonare.

EE suona *i* in *vino;* es.: *beer*, birra; *beef*, manzo.

I ha il suono alfabetico innanzi a *gn, gh, ght* e *nd* finale:

Sígn.   Sígh.   Níght.   Blind.   Wínd.

Segno.   Sospiro.   Notte.   Cieco.   Girare.

Eccezione: Wind (Wind in poesia).

Vento.

I nel prefisso *in* suona *i* inglese in *bit*; es.: ìn-fa-mous, in-hú-man.

I facente sillaba (non accentata) da sè, e finiente una sillaba senza l'accento, suona *i* in *fitto* raccorciatissimo; es.: Ràd-i-cal, àn-ti-mo-ny.

I innanzi ad *r* (non seguito dall'*e* finale), suona *u* in *tub*:

Sir.   Fir.   Bird.   First.   Dirt.

Signore.   Abete.   Uccello.   Primo.   Sucidume.

O seguíto da *ld, lt* ed *a* ha il suono alfabetico:

Fóld.   Cóld.   Cólt.   Cóast.   Cóat.

Piega.   Freddo.   Poledro.   Costa.   Vestito.

O innanzi a *w* finale suona *s* in *Roma* ed il *w* si tace; esempio: lów, basso. Per le eccezioni vedansi i dittonghi.

nôr, rûde; - fàll, sŏn, bŭll ; fàre, dó; poīse, bŏýs, foūl, fowl; ġ

<small>forte, ruga; - forte, ceuf, culla; erba, ruga; poi, fausto; gi</small>

OO si proferisce come *u* in *ruga*; es.: prŏof, *prova.*

Eccezioni:	Dóor.	Flóor.	Blŏod.	Flŏod.
	Porta.	Pavimento.	Sangue.	Diluvio.

U dopo *r* in fine di sillaba, ecc., suona *u* in *ruga*:

Rû-in. Rû-mour. Intrûde.

U nel prefisso *un* suona *u* in *tŭb*; es.: un-cèr-tain.

U è muto tra *a* ed *n*; es.: âunt, *zia.*

U nelle seguenti parole suona *e* ed *i*:

Bury.	Busy.	Business.
(Bèry.	Bìsy.	Bìsness).
Seppellire.	Affaccendato.	Faccende.

W in principio di sillaba è consonante, e suona *u* in *uomo*; es
pj; wèst, wàgon.

W in corso di sillaba è vocale, e suona *u* in *culla*; es.: swé
dolce; brewed, *macchinato.*

Y iniziale è consonante, e si proferisce come *i* in *ieri*:

Yès.	Yèt.	Yéar.	Yòn-der.
Sì.	Ancora.	Anno.	Laggiù.

Y in corso di sillaba è vocale, e si pronuncia appunto com
i; in fine di parola (non accentato) ha quello stesso suon
breve, esile, scuro che ha l'*i* non accentato in *radical* (*a*)
antimony e simili.

REGOLE DELLE CONSONANTI.

Le consonanti inglesi si pronunciano come le italiane, eccettuate
C, G, H, J, K, R, S, T, X, Z.

B preceduta da *m*, o seguita da *t* è muta; es.: Tŏmb, dèbt.

C si proferisce come in italiano innanzi a tutte le consonanti, in
fine di parola o di sillaba, ed avanti le vocali *a, o, u*; es.:
Càn-dour. Còl·ic. Cùs-tom. Clàss. Sèct. Crìt-ic.

C avanti *e, i, y* suona *s* dura; es: cìv-ic. cýpress.

(*a*) Parlando o leggendo con posatezza, questo suono si allunga e di-
venta quasi *i* in *fitto*; parlando presto si raccorcia e diviene *e* in *finte.*

Fáte, méte, bíte, nóte, túbe; - fàt, mèt, bìt, nòt, tùb; - fär, píque,

Seno,   vino,   lai,   roma,   fiume; - patto-petto, petto,   e, i,   notte,   œuf; - mano,   vino,

C raddoppiato seguíto da consonante o dalle vocali *a*, *o*, *u*, suona
k; es.: ecclesiàstic, accóŭnt; seguíto da *e*, *i*, suona *ks* (*chs*
italiano), cioè il primo *c* si pronuncia *k* ed il secondo *s* dura; esempio: *àc-cent*.

Cia, *cea*, *cie*, *cio* proferisconsi *scia*, *sce*, *scio*, facendo séntire il
meno possibile la lettera *i:*

    Só-cial.   ó-cean (*a*).   án-cíent.   ·Spá-cious.

CH si pronuncia, per lo più, duro come *c* doppio in *riccio:*

    Rìch.   Chầir.   ˙Chùrch,   Mùch.˙   Lârch.
    Ricco.   Sedia.   Chiesa.   Molto.   Larice.

CH preceduto da *l* e *n* suona *sce* o *sci* dolce, come altresì in
quasi tutte le parole derivate dal francese:

    Pàunch.   Pùnch.   Frènch.   Chá*i*se.   Machîne.
    Pancia.   Ponch.   Francese.   . Vettura.   Macchina.

CH si articola come in italiano nelle voci derivate dal greco:

    Mòn-arc*h*.   ách (*dolore*).   Chrìst.   Arch-àn*g*el.

Eccez.: *Arch* seguíto da una consonante suona *artcc: Arch-dúke*.

D si pronuncia come in italiano; esempio: Càndid.

D suona *t* ne' preteriti e participj passati dei verbi finienti in
c, *f*, *k*, *p*, *s*, *x*, *ch*, *sh:*

    .Dànced.   Sàcked.   Sùpped.   · Prèssed.
    Ballò.   Saccheggiò.   Cenò.   Spremuto.

    Fìxed.   Scòffed.   Lâunched.   Wìshed.
    Fissò.   Beffato.   Lanciato.   Bramò.

F si pronuncia come in italiano. — Eccezione unica: *F* suona
v nella preposizione *of* (di), per distinguerla dall'avverbio *off*
(via, discosto).

G seguíto da *a*, *o*, *u*, *l*, *r* si pronuncia come in italiano:

    Gáin.   Gó.   Gùm.   Gló-ry.   Grànd.
    Guadagno.   Andare.   Gomma.   Gloria.   Grande.

(*a*) L'*e*, l'*i* nelle terminazioni *ean*, *eon*, *ian*, *ion*, *eous* ed *ious*, non si
proferiscono separatamente, e non servono ad altro che ad agevolare l'ar-
ticolazione delle consonanti che le precedono. Esempio:

    Pìgeon.   Physìcian.   Àction.   Gòrgeous.   Prècious.
Pronunciasi Pìd-jin.   Fi-*i*sh-an.   Àk-shon.   Gór-jus.   Prèsh-us.

nôr, rûde; - fâll, sŏn, bŭll; fâre, dó; poïse, boys, fool, fowl; ġem, aŝ.
ŝoria, ruġa; - forte, œuf, culla; erba, ruga: pol, faŭsto; ġemma, rosa.

G seguíto da *e*, *i*, *y* nelle parole derivate dal latino, suona
dolce come in italiano:

ġèn-der.	ġèl-id.	ġí-ant.	Clèr-ġy.	ìm-aġe.
Genero.	Gelido.	Gigante.	Clero.	Immagine.

G innanzi ad *e*, *i*, *y*, nelle voci derivate dalle lingue del nord
suona duro come in tedesco (*ghe, ghi*):

·Gèt.	Gìld.	Gìve.	Gìven (*a*).	Gìft.
Procacciare.	Indorare.	Dare.	Dato.	Dono.

Per coloro che non sanno il latino ed il tedesco, stampo il
ġ dolce in questo volume e nella *Grammatica* con un punto
sopra, onde distinguerlo dal *g* duro.

G o *GG* preceduto da vocale in fine di parola o di sillaba
suona *g* duro, come in *negligente, anglicano*. Esempj:

Nèg-li-ġent.	In-còg-ni-to.	Bìg-ger.	Mag-nìf-i-cent.
Negligente.	Incognito.	Più grosso.	Magnifico.

G (e anche *K*) seguíto da *n* in principio di sillaba è muto:

Gnàt.	Knìfe.	Knów.	Knòwledġe.
Zanzara.	Coltello.	Conoscere.	Cognizioni.

G seguíto da *n* nella stessa sillaba si tace; es.: Be-nígn.

Gh in principio di parola suona *gh* in italiano; es.: G*h*ôst, *spirito*.

Gh in corso di parola si tace; Ní*gh*t, bôu*gh*t, *notte, comprato*.

Gh in fine di parola è muto; sí*gh*, thóu*gh*, *sospiro, quantunque*.

Le eccezioni sono le seguenti, ed in esse *gh* suona *f:*

Lâugh.	Cŏugh.	Rŏugh.	Tŏugh.	Enŏugh.
Ridere.	Tosse.	Ruvido.	Tiglioso.	Abbastanza.

G nelle desinenze *ing, ang, ung, ong*, si unisce all' *in, an, un*
e *on* che lo precedono, e non serve quasi ad altro che a formare certi suoni nasali, che non esistono in italiano. Questi
suoni che, del resto, non sono molto discosti da quelli delle
terminazioni italiane *ingo, igno, agno, ugno, ogno*, spogliate
dell' *o* finale, trovano i loro equivalenti nell' *ing, ang, ung*,
ed *ong* dei Tedeschi, ed il primo e l'ultimo nell' *in* dei Pie-
montesi in *mattin*, e nell' *ong* dei Francesi in *long*:

Strìng.	Sìng.	Sàng.	Sùng.	Sòng (*b*).	Ob-lòng.
Stringa.	Cantare.	Cantai.	Cantato.	Canzone.	Oblungo.

(*a*) *Tedesco* vergolden, geben, gegeben.
(*b*) *Tedesco* sing, sang, gesungen, Gesang, oblung.

Fáte, méte, bíte, nóte, túbe; - fàt, mèt, bìt, nòt, tùb; - fàr, píque,

<small>Sono,   vino,   lai,   roma,   fiume; - patto-petto, petto,   a, i,   notte,   ceufi - mano,   vino.</small>

H è quasi sempre aspirata; per le eccezioni vedi pag. 23 della *Grammatica*, in nota.

Questa lettera, ch' è l'*h* tedesca raddolcita, si proferisce appunto come i Fiorentini meno colti pronunciano il *c* innanzi alle vocali *a* ed *o:*

Hôrse.	Hàs.	Hànd.	Hóst.
Cavallo.	Ha.	Mano.	Osto.

Osservazione. — In questa aspirazione non si sente niente nè del *c* italiano, nè del *k* inglese.

J suona *g* in Giorgio; Jòhn, Jèt, Jácob, Jùs-tice (*a*).

K suona *c* italiano in ca, co, cu; es.; Kìlogram, Kôran.

L suona come in italiano.

L si tace in Hâlf.   Câlf.   Fólk.   Yólk.   Câlm.   Bâlm.

<small>Metà.   Vitello.   Gente,   Tuorlo.   Calma.   Balsamo.</small>

        Tălk.   Wălk.   Bălk.   Coŭld.   Woŭld.   Shoŭld.

<small>Parlare.   Camminare. Frustrare. Potrei.   Vorrei.   Dovrei.</small>

M e *N* si pronunciano come in italiano.

N dopo *M* nella stessa sillaba è muta:

     Hỳmn.   Sòl-emn.   Con-tèmn.   Con-dèmn.

N si pronuncia quando dopo *m* principia un'altra sillaba:

     Còn-dem-ná-tion.   Con-tèm-ner (*spregiatore*).

N seguìta da *g, k, q, x* ha un suono composto e nasale:

     Strìng.   Tнànk.   Lòng.   Bàn-quet.   Sphìnx (*b*).

<small>Stringa.   Ringraziare.   Lungo.   Banchetto.   Sfinge.</small>

P si pronuncia come in italiano.

P seguìto da *s* o *t* si tace: Psâlm. Ptiš-ân.

PH si proferisce *f;* es.: Phráse. Eccetto che il *p* e l'*h* appar-

<small>   Frase.</small>

tengano a due sillabe diverse, come in Shèp-herd. Up-hôld.

<small>   Pastore.   Sostenere.</small>

PH suona *v* in nèph-ew, *nipote*, Sté-phen, *Stefano.*

(*a*) Una vocale (come si è detto) seguìta da una sola consonante cui succede un *e* finale ha il suono alfabetico, *ma soltanto quando è sotto l'accento.* Qui l'accento è sull'*u* della prima sillaba, non sull'*i* della seconda.

(*b*) Vedi la pagina precedente, linea 36.

nôr, rûde; - fâll, sŏn, bŭll; fâre, dó; pŭlse, boȳs, fôul, foŵl; ġem, aś.
forte, ruga; - - forte, ecc.; pulle; erba, ruga; pel, fausto; gemma, rosa.

QU suona *qu* italiano. Es.: Quès-tion, mârquis, quăl-i-ty.
QU si pronuncia *k* in alcune parole derivate dal francese:
   Côn-quer.   Lìq-uor.   An-tîque (*a*).   O-páque.
R in principio di parola suona *r* italiana, ma un po' più dolce.
R in corso di parola si lascia sentire poco. Nelle voci seguenti
   e simili non fa quasi altro che prolungare il suono della vo-
   cale che la precede:

Bâr.	Fâr.	Cârd.	Wŏrd.	Ab-sùrd.
Barra.	Lontano.	Viglietto.	Parola.	Assurdo.

R nelle desinenze *ar, er, ir, or, ur* si pronuncia pochissimo, e
   le vocali che la precedono hanno tutte presso a poco lo stesso
   suono, cioè un suono medio tra *i* in *bit* e *u* in *tub*, quasi
   simile a quello dell' *e* nelle particelle francesi *de, le;* o a quello
   dell'*eu* nella voce francese *seulement;* es.:
      Só-lar.   Só-ber.   Her.   Sir.   Sùl-phur.   Su-pé-ri-or (*b*).
L' *e* che segue *r* nelle seguenti parole ed altri simili ha lo stesso
   suono, ma si pronuncia come se fosse collocata innanzi all'*r:*

Sá-bre.	Spèc-tre.	Fire.	Tнé-a-tre.
Sciabola.	Spettro.	Fuoco.	Teatro.

S è dura o dolce: quella è la *s* dura italiana (*sì*); e questa,
   che è più molle della *s* dolce in *rosa*, suona appunto come
   s e *z* nel francese *vous avez eu.* — Il punto della *s* in questo libro serve a distinguere l' *s* dolce dalla *s* dura.
S in principio di parola è sempre dura; es.: *só-da, sòn-net.*
S in fine di parola suona dolce:

Hìs.	Róse.	Bées.	Wăs.	Pèn-cils.
Suo.	Rosa.	Api.	Era.	Matite.
Làmbs.	Fìlls.	Flíes.	Réads.	Fá-ces.
Agnelli.	Riempie.	Vola.	Legge.	Faccie.

(*a*) *Antique.* — Le voci inglesi in cui l'*i* suona *i* in *vino* sono quasi
tutte parole prette francesi.

(*b*) Eccetto in principio di parola, i Londinesi più affettati hanno ban-
dito intieramente questa lettera dal loro alfabeto, e pronunciano questa
terminazione appunto come l'*a* breve degli Italiani.

Fáte, méte, bíte, nóte, túbe; - fàt, mèt, bìt, nòt, tùb; - fàr, pîque,
Seno,   vino,   lai,   roma,   fiume; - patto-petto, petto, e, i, notte, œuf; - mano,   vino,

Eccezioni: Suona dura la *s* nelle desinenze (inglesi-latine) *us,*
is, as, os, come:

    Chó-rus.   Nèr-vous.   Grá-tis.   àt-las.   Chá-os.

S dolce nelle seguenti parole e loro derivate, serve a distinguere il verbo dal nome e dall'addiettivo:

úse;	to úse.	Ex-cúse;	to ex-cúse.	Nóose;	to nóose.
Uso;	usare.	Scusa;	scusare.	Laccio;	allacciare.
House;	to house.	Grease;	to gréase.	Clóse;	to clóse (a).
Casa;	dar ricovero.	Unto;	ugnere.	Chiuso;	allacciare.

S in *sion*, preceduta da vocale, suona *sci* dolce (*g* francese in
sage):

    In-vá-sion.   Oc-cá-sion.   Preci-sion.   Con-fú-sion.

S in *sion* preceduta da consonante suona *sci* duro: .

    Con-vùl-sion.   Di-mèn-sion.   Con-fès-sion.   Di-vèr-sion (*b*).

S suona *sci* duro in: Sú-gar.   Súre.   Cènsure.   Mèn-su-ra-ble.
                    Zucchero.   Sicuro.   Censura.   Misurabile.

S suona *sci* dolce (*g* francese in *sage*) in:

    Mèa-sure.   Plèa-sure.   Trèa-sure.   ú-su-al.

S è muta in: ísle.   ís-land.   Vís-coūnt.   Côrps.
               Isola.   Isola.   Visconte.   Corpo d'armata

SC seguíto da *e* o *i* suona *s* dura: Scéne.   Scí-ence.

SCH si proferisce come in italiano; es.: schòl-ar.

SH suona *sci*, *sce* duro: shall sháke (scuoterà), frèsh, fìnish.

T si pronuncia come in italiano.

(*a*) Tale altra volta il verbo si distingue dal nome e dall'addiettivo
non col mutare così il suono delle consonanti, ma col cambiare il luogo
dell'accento; esempio: ìnsult, *insulto;* to insùlt, *insultare;* cònverse, to
convèrse: ìmport, to impórt. Vedi il trattato dell'Accento a pag. 132 e
seguenti della *Grammatica.*

(*b*) L'*i* nella desinenza *sion* e *tion* non si lascia sentire come nella
terminazione italiana *ione,* e non serve ad altro che ha dare alla *s* o
al *t* che lo precede il suono del *sci* in italiano. *Sion* dopo una consonante si pronuncia appunto come *tion;* queste due terminazioni hanno
un suono quasi simile a quello della voce tedesca *schön,* proferita con
prestezza. Esempi: *dimènsion, relátion.* — *Sion* preceduto da vocale si
articola più lentamente, con un suono più dolce, quasi simile al *jeune*
dei Francesi; esempio: *division, occásion.*

nòr, rúde; - fàll, sòn, bùll ; fàre, dò; poìse, boỳs, foùl, foẁl; ǵem, àṡ.
forte, ruga: - forte, cerf, culla, erba, ruga; poi, fausto; gemma, rosa.

T nelle desinenze *tial, tian, tient, tience, tion, tious, tiate,* si
pronuncia *scia, sce, scio* duro:

Nùp-tial.	E-gỳp-tian	Pá-tient.	Pá-tience.
Ná-tion.	Elèc-tion.	Fàc-tious (*a*).	Sá-tiate.

TH ha due suoni, il duro e il dolce, ossia il forte ed il molle.
È duro nella parola *thick;* è dolce in *there.*

Per pronunziare *thick* avanzate la punta della lingua un po-
chino oltre i denti; spingete un po' di fiato tra questi e la lingua, e stringendo questa contro quelli, fate come se doveste pronunciare *thick* colla *s* dura in *servo* (*b*). Per pronunciare *there,*
ponete la lingua nella medesima posizione, e, stringendola con
minor forza contro i denti, cercate di articolare (più lentamente)
there con una *s* francese, o colla *s* in *rosa* il più possibile raddolcita.

TH in principio di parola ha il suono duro ossia aspirato:

Тнìck.	Тнìnk.	Тнìn.	Тнànk.	Тнăw.
Spesso.	Pensare.	Sottile.	Ringraziare.	Scioglimento.
Тнéme.	Тнèft.	Тнùmb.	Тнùnder.	Тнird.
Tema.	Furto.	Pollice.	Tuono.	Terzo.

Eccezioni. Parole in cui *th* iniziale ha il suono dolce:

Thère.	Thée.	Thé (*c*).	Thìs.	Thése.
Quivi.	Te.	Il, la, i, le.	Questo.	Questi.
Thàt.	Thóse.	They (*d*).	Thèm.	Thèn.
Quello.	Quelli.	Eglino.	Li, le.	Allora.

(*a*) In tutte le parole inglesi rappresentate da questi pochi esempi, noi
abbiamo conservato il *t* della desinenza latina, dove che gli Italiani lo
hanno cambiato in *z*.

(*b*) Dico fate come se doveste pronunciare *thick* colla *s*, ma non dico pronunciate questa lettera; dacchè, quantunque lo sforzo che si fa per ritirare
la lingua e proferire questa lettera produca il suono del *th*, pure non si
sente in questo suono il sibilo della *s* italiana o della *z* francese, o qualunque altro suono dell'una o dell'altra lingua. La spagnuola è la sola lingua
di Europa che abbia il suono del *th* inglese, il quale si ode nel *c* seguito
da *e* o *i* come in *ceguera, civilidad.* La lingua ebraica ha lo stesso suono,
che è affine a quello del ϴ dell'antica lingua greca.

(*c*) *The* seguito da una vocale si pronuncia come *thee,* cioè *ϸe* suona come
i in *vino ;* innanzi ad una consonante suona quasi come *i* in *bit ;* ma si pronuncia con tanta rapidità che appena si sente: *Es.:* the ánġel, the pèn.

(*d*) *They,* pronunciate *the* (*e* stretta italiana).

Fáte, méte, bíte, nóte, túbe;   fàt, mèt, bìt, nòt, tùb; - fâr, píque,

Sano,   vino,   lai,   rom   fiume; - patto-petto, petto,   e, i, notte, oeuf; - mano,   vino,

Thèir.	Thý.	Thíne.	Thènce.	Thùs.
Il loro.	Tuo.	Il tuo.	Quindi.	Cosi.
Thóugh.	Thàn.	Thoû.	(Hìth-er.	Thìth-er
Quantunque.	Che, di.	Tu.	(Qua.	Là).

TH alla fine dei sostantivi ha il suono duro:

BrèaTH.	WréaTH.	BâTH.	ClòTH.
Alito.	Serto.	Bagno.	Panno.

TH nei verbi ha il suono dolce:

To Bréathe.	To wréathe.	To báthe.	To clóthe (a).
Respirare.	Attortigliare.	Bagnarsi.	Vestire.

TH si articola molle altresì in:

Wìth.	Be-néath.	To smóoth.	Fâ-ther.
Con.	Al di sotto.	Lisciare.	Padre.
Mŏth-er.	Wìth-er.	Wèath-er.	Neìther.
Madre.	Appassirsi.	Tempo.	Nè l'uno né l'altro.

TH preceduto o seguíto da altra consonante suona duro:

FáiTH-ful.	Pàn-THer.	Or-THòg-raphy.	In-THrǎl.
Fedele.	Pantera.	Ortografia.	Assoggettare.

TH seguíto da *y* si proferisce forte:

Àp-a-THy.	Sỳm-pa-THy.	Eccezioni: Wŏr-thy.	Wréa-thy.
Apatía,	Simpatia.	Degno.	Spirale.

TH suona *t* semplice in:

Thòm-as.	Thámeś.	Thýme.	Àn-tho-ny.
Tommaso.	Tamigi.	Timo.	Antonio.

Nella prima delle seguenti parole il *th* si articola duro, nella seconda suona dolce e nella terza si tace:

ClòTH, panno.   Clòthś, pannine.   Clótheś, abiti.

In questo volume, nel *Primo Passo* e nella *Grammatica* distinguo con lettere majuscole il TH duro dal *th* dolce.

V si pronuncia come in italiano.

W consonante suona *u* in *uomo;* es.: wòman, *donna.*

W vocale suona *u* in *culla;* esso non si articola mai come *v.*

(a) Questi verbi si scrivevano un tempo o coll'*e* finale, o senza, ma ora si scrivono con l'*e* per indicare il suono dolce del *th*, e distinguere i verbi dai sostantivi.

nôr, rûde; - fâll, sŏn, bŭll; fâre, dô; pōĭse, bŏȳś, fōōl, fŏw̄l; ġem, aś.
forte, roga; forte, œuf, culla; erba, ruga; poi, fausto; gemma, rosa

W dopo *a* od *o* in fine di parola è muto; in corso di parola
si unisce d'ordinario all'*o*, e con essa forma un dittongo.
Vedi pag. 18, linea 12.

WH, non seguíto da *o*, si proferisce come se l'*h* fosse collocata innanzi al *w* (*a*):

	What.	When.	Where.	Why?
	Ciò che.	Quando.	Dove.	Perchè?
Pronunciate:	Huàt.	Huèn.	Huèr.	Huài?

W seguíto da *ho* o da *r* è muto:

Whó.	*Whóm.*	*Whóse.*	*Whóle.*	*Wróng.*
Chi, che.	Che, cui.	Il di cui.	Intero.	Torto.
WràTH.	To *wrèst.*	To *write.*	*Swórd.*	*Ànswer.*
Sdegno.	Strappare.	Scrivere.	Spada.	Risposta.

X in fine di sillaba accentata suona *chs* italiana o *ks* inglese;
es: *Sìx-ty* (sessanta), *èx-cel-lence.*

X in fine di parola ha lo stesso suono; es.: *ìn-dcx, flùx.*

X seguíto da una sillaba accentata principiante con vocale
suona *ghs:*

Ex-ìs-tence, Ex-àmple, Ex-èc-u-tor, A-lex-àn-der.

X iniziale si articola *s* (*s* dolce) Xèn-o-phon, Xèrxeś.

Y suona *i* in *ieri;* esso non si proferisce mai come *j* inglese.

Z in principio di parola suona *s* dolce: Zèphyr, zèalous.

Z finale dopo una consonante suona *s* italiano; es.: Wăltz,
Chìntz, dopo una vocale suona *s* dolce; es.: Súez, Pèrez.

Z seguíta da *ie* ed *u* suona *sci* dolce; es.: Glázier, ázure.

DEI DITTONGHI.

Un dittongo è un suono compòsto formato dalla unione di due
vocali che si proferiscono unitamente in un sol fiato, cioè nello
stesso tempo che ci vuol d'ordinario per pronunciarne una sola.

(*a*) Nell'anglo-sassone l'*h* precede il *w*, come: inglese *what*, sassone
hwoed; inglese *who*, sassone *hwa*.

Fáte, méte, bíte, nóte, túbe; - fàt, mèt, bìt, nòt, tùb; - fâr, pîque,
Seno,   vino,   lai,   roma,   fiume; - patto-petto, petto, e, i, notte, oeuf; - mano,   vino,

Di questi dittonghi propriamente detti, la lingua inglese ne
ha due soltanto. Il primo, composto del terzo suono dell'*o*
come in *nor*, e del terzo dell'*i* come in *pique*, si pronuncia
come l'*oi* in *poi*:

Poïse.	Boy̑s.	Voïce.	Choïce.	Toy̑s.	Joy̑s.
Peso.	Fanciulli.	Voce.	Scelta.	Giocatoli.	Gioje.

Il secondo è l'*au* degli Italiani pronunciato con prestezza;
e si forma col terzo suono dell'*o* e col quarto dell'*u* ovvero
coll'*o* terzo e il *w*:

Foŭl.	Fow̑l.	Proŭd.	Crow̑d.	Poŭnd.	Roŭnd.
Sporco.	Uccello.	Orgoglioso.	Turba.	L Lbra.	Rotondo.

Dissi a pagina 17, che *w* dopo *o* in fine di parola si tace.
Nelle seguenti eccezioni, cioè nei vocaboli segnati colla curva,
il *w* si lascia sentire, onde queste voci non si confondano colle
parole antecedenti, nelle quali l'*o* ha il primo suono:

Bów;	bow̑.	Rów;	row̑.	Knów;	now̑.
Arco ;	inchino.	Fila;	zuffa.	Conoscere ;	adesso.
Sów;	sow̑.	Mów;	mow̑.	Lów;	low̑.
Seminare ;	scrofa.	Falciare;	bica.	Basso ;	fiamma.
Hó!	how̑.	Pró;	prow̑.	Có;	cow̑.
Olà !	come.	Pro;	p'ora.	Compagnia ;	vacca.

Le altre eccez. sono: -

Vow̑.	Avow̑.	Brow̑.	Endow̑.
Voto.	Confessare.	Ciglio.	Dotare.

Le riunioni delle vocali nella seguente lista, benchè chia-
mate dittonghi dal più dei grammatici, non sono tali, giacchè
una sola di esse vocali si pronuncia. Negli esempj seguenti
stampo con carattere *corsivo* le lettere che si tacciono.

nôr, rûde; - fàll, sŏn, bŭll; fàre, dŏ; pōise, boys, foūl, fowl; gem, aŝ.

fŏrte, ruga; - fŏrte, ovuf, culla; erba, ruga; poi, fausto; gomma, rosa,

ESEMPJ DE' DIVERSI MODI DI PRONUNCIARE LE VOCALI COMPOSTE.

Vocali composte, dette dittonghi.

Ai, oy	Páid.	Páinted.	Dáy.	Càp-tain.
	Pagato.	Dipinto.	Giorno.	Capitano.
Au, aw	Tăught.	Căught.	Lăw.	ăunt.
	Insegnato.	Acchiappato.	Legge.	Zia.
Ea, ee	Grcát.	Brèad.	Céase (a).	Féel.
	Grande.	Pane.	Cessare.	Sentire.
Ei, eo	Concéive (b).	Péople.	Lèopard.	Sùr-ǵeon.
	Concepire.	Popolo.	Leopardo.	Chirurgo.
Eu, (eau)	Eúrope.	Eúphony.	Beaúty.	Beaútiful.
	Europa.	Eufonia.	Beltà.	Bello.
Ie, io	Fiéld.	Críeŝ.	Stùdieŝ.	Dimènsion.
	Campo.	Grida.	Studj.	Dimensione.
Oa, oe	Cóat.	Broăd.	Fóe.	Shóe.
	Abito (da nomo)	Largo.	Nemico.	Scarpa.
Ou,	Doùble.	Cóurt.	Bôught.	THróugh.
	Doppio.	Corte.	Comprai.	Attraverso.
Ua, ui	Guârd (c).	Guíde.	Persuáde.	Quìt.
	Guardia.	Guida.	Persuadere.	Lasciare.
Ue	Quéen.	Cònquer.	Dúe.	Díalogue.
	Regina.	Conquistare.	Dovuto.	Dialogo.
Ui, ou, oo	Frûit.	Yoú.	Woûnd.	Chóoŝe.
	Frutto.	Voi.	Ferita.	Scegliere.

Avvertenza. — Nel *Trattato dell'accento inglese,* ho dilucidato, quanto ho **potuto,** tutte queste irregolarità, spiegandone le cagioni, e dando, ad un **tempo,** tutte le regole ch'io mi sappia per facilitarne lo studio. Esso si trova a pag. 132 della *Grammatica,* quindicesima edizione.

(a) **Per le diverse maniere** di pronunciare le vocali composte *ea,* vedasi la lista degli *Omonimi inglesi,* a carte 146 della *Grammatica.*

(b) **Vedi pag. 5, linea 13.**

(c) **Si pronuncia** anche *ghiârd.*

Fáte, méte, bíte, nóte, túbe; - fàt, mèt, bìt, nòt, tùb; - fâr, pîque,

Beno,   vino,   lai,   roma,   fiume; - patto-petto, petto,   e, i, netto, œuf; - mano,   vino,

---

SUONI DELLE VOCALI
NELLE TERMINAZIONI NON ACCENTATE.

A si pronuncia tra *e* in *erba* e *o* in *somma* (cioè quasi come *eu* nella voce francese *scule*) nelle sillabe finali non accentate, *al*, *an*, *ance*, *and*, *ant*, *ar*, *ard*, *able*, come :

   ġèn-er-al.   ġèn-tle-man.   Èl-e-gance (*a*).   Gâr-land.
   Mèn-di-cant.   Sìm-i-lar.   Mùs-tard.   Sỳl-la-ble.

A suona d'ordinario *i* in *bit* nella desinenza *age:*

   Vil-laġe.   Dàm-aġe.   Coùr-aġe.   Pàs-saġe (*b*).   Làn-guaġe.

A è muta in Màr-riaġe. Càr-riaġe. Pâr-lia-ment. Día-mond.

A si tace nella sillaba finale non accentata *lain, tain:*

   Càp-tain.   Cèr-tain.   Chàp-lain.   Vìl-lain.   Foùn-tain.

A finale suona *a* breve in *fatta;* es.: *sóda, Cànada, Amèrica.*

A ha il secondo suono innanzi ad una sillaba accentata; es.:

   Ad-míre.   At-tènd.   An-nùl.   A-lèrt.   Al-lúšion.

E si pronuncia come *i* in *bit* nelle sillabe finali *ed, ege, el;* es.:

   Ac-cèpt-ed.   Còl-leġe.   án-ġel.   Fáceš.   Prèm-i-seš.

E nella sillaba finale *en*, preceduta da altra consonante, che non sia *l, m, n, x*, è muta :

Sèven.	Éven.	Hèaven.	E-lèven.	Written.
Sette.	Eguale.	Cielo.	Undici.	Scritto.
Béaten.	ópen.	òften.	Sòften.	Listen.
Battuto.	Aperto.	Sovente.	Raddolcire.	Ascoltare.

(*a*) *A* suona come in italiano quando seguita da *nce* si trova nella parte radicale della parola: es.:

   Frânce,   ro-mànce,   lânce,   c-lânce.

(*b*) In inglese (come in francese) le lettere doppie si proferiscono semplici, e la *s* doppia come una sola *s* dura: Pàssenġer, àdding, hàppy, Fànny.

nôr, rûde; - fàll, sŏn, bùll ; fâre, dó; pōīse, boyś, fōul, fowl ; ğem, aś.
brïa, ruga; • forta, oeuf, culla; erba, ruga;   pol, L. fausto;   gemma, rosa.

E in fine di parola si tace; es.:

Cáne.	Càs*t*le.	Wrès*t*le.	Tнis*t*le.	Whis*t*le.
Canna.	Castello.	Lottare.	Cardo.	Zufolo.

E nei participj e nei tempi passati dei verbi è muta, eccettuato quand' è preceduta da *t* o *d :*

Ad-míred. Re-spèct-ed. Lŏved. Com-mènd-ed. Lèarned (*a*).

E nelle desinenze *ence, end, ent* suona è in *met* un poco piegata verso *i* in *bit :*

Èv-i-dence. Dìv-i-dend. ìn-ci-dent. Pèr-ma-nent.

E ha un suono medio tra *e* in *met* ed *i* in *bit* nella sillaba iniziale non accentata, *en :*

En-dôrse.   En-gáģe.   En-jōy.   En-àm-our.

I suona come in *bit* nelle sillabe finali non accentate *ice, ive :*

Bèn-e-fice. Èd-i-fice. Pòṡ-i-tive. Mó-tive. òl-ive.

I ha d'ordinario il secondo suono nelle desinenze *ine, ile :*

Mèd-i-cine. Rèp-tile. De-tèr-mine. Fèr-tilé. Dòc-trine.

I (ed anche *e*) in fine di sillaba non accentata, o facente sillaba da sè senza l'accento, si proferisce *i* in *fitto* raccorciato e piegato verso *i* in *bit :*

Nú-tri-tive. Vèģ-e-ta-tive. Re-gârd. Be-cŏme. Ac-tìv-i-ty.

I suona come in *bit* nella sillaba iniziale *in;* es.:

ìn-di-ģent,   in-èpt.

O si tace nelle desinenze *on, ous :*

Còtton. Lèsson. Pârdon. Pí-ous. Vìt-re-ous.

O suona come in *oeuf* nelle sillabe finali *ol, om, ond, up :*

Pìs-tol. Phàn-tom. Dúke-dom. Sèc-ond. Gàl-lop.

U ha il secondo suono nel prefisso *un;* es.: un-cèr-tain.

(*a*) Quando il participio viene adoperato quale aggettivo, l' *e* d' ordinato si pronuncia :

A lèarn-ed· màn.   A blèss-ed lïfe.
Un   dotto   uomo.   Una   beata   vita.

Fáte, méte, bíte, nóte, túbc; - fàt, mèt, bìt, nòt, tùb; - fâr, pîque,

Seno,   vino,   lai,   roma,   fiume;   - patto-petto, petto,   e, i, notte,   oeuf;   - mano,   vino,.

U nella desinenza *bury* suona ·e in *met;* es.: Càn-ter-bury.

TU suona *tci, cci* allorquando la posa della voce cade sulla sillaba antecedente:

Ná-ture. Pòs-ture. Mìx-ture. Con-jèc-ture. Créa-ture (a).

W nella desinenza *ow* si tace; es.: shàd-*ow, ombra.*

Y finale non accentato suona nei discorsi serj *i* in *fitto,* e nel parlare famigliare *e* ·in *finte:*

E-tèr-nity. Mor-tàl-i-ty. òr-THo-dox-y. Fàn-ny. Dòx-y.

Le cinque vocali nelle desinenze *ar, er, ir, or, ur,* hanno tutte presso a poco uno stesso suono, cioè un suono· medio tra *e* in *erba* ed *o* in *somma,* suono eguale a quello dell'*eu* nella voce francese *seule* proferita con prestezza:

Càl-en-dar. Chàr-ac-ter. E-lìx-ir. Pre-cèpt-or.   Lá-bour..

Àn-c*h*or.   Cre-á-tor.   Lí-ar.   Grànd-fa-ther. Fàtter (b).

VERBO REGOLARE, CONJUGAZIONE UNICA.

Questo verbo serve di modello per conjugare tutti i verbi regolari; e dal futuro sino alla fine serve di modello (fuorchè al participio passato) per conjugare anche gl'irregolari tutti quanti. I verbi che escono in *ed* nell'imperfetto o nel participio passato), si chiamano regolari; quelli che hanno qualunque altra desinenza, sono irregolari.

(*a*) Ai tempi del Walker l'*u* in questa desinenza suonava *iu* in *fiume;* adesso ha un suono molto più breve, un suono affine a quello dell'*io* nelle parole *fraction, action, nation.*

(*b*) Anticamente si pronunciava distintamente la *r* di queste desinenze, dando alla vocale che la precede il suono dell'*u* inglese in *tub* o dell'*o* italiano in *somma:* adesso le persone più colte in Inghilterra tralasciano quasi del tutto l'*r* finale, e proferiscono la vocale che la precede come l'*u* breve italiana in *fatta,* piegata verso *e* in *erba.* Il dizionario di Walker, sebbene il migliore dei tre che abbiamo, non è senza difetti. Primeggia tra questi la maniera confusa con cui egli spiega le vocali in generale, e specialmente il suono che dà all'*e* innanzi ad *r* finale. Egli la pronuncia come un *u.* Questa non v'ha dubbio, era la pronuncia di moda a' tempi suoi, ma non lo è più al dì d'oggi; anzi adesso è tanto volgare, quanto è e fu mai sempre dura ed irregolare.

La conjugazione dei verbi ausiliari (irregolari) To Bé e To Hàve, Essere *ed* Avere, si *trova qui appresso a pag. 27 e seguenti.*

INFINITO.	PARTICIPIO PRESENTE.	PARTICIPIO PASSATO.
Tó (a) lŏve.	Lŏving (b).	Lŏved (c).
Amare.	Amando, amante.	Amato, amati, a, e.

INDICATIVO. — PRESENTE.

I lŏve.	Io amo.	Wé lŏve.	Noi amiamo.
Thŏu lŏvest (d).	Tu ami.	Yoú lŏve.	Voi amate.
Hé lŏveś.	Egli ama.	They lŏve.	Eglino, elleno, essi
Shé lŏveś.	Ella ama.		amano.
It lŏveś.	Esso, essa (la cosa, l'animale) ama.		

PASSATO IMPERFETTO E PASSATO REMOTO.

I lóved, io amava, amai.	We lŏved, amavamo, amammo.
Thŏu lŏvedst, tu amavi, amasti.	You lŏved, amavate, amaste.
He lŏved, egli amava, amò.	They lŏved, amavano, amarono.

PASSATO PROSSIMO (indefinito) (e).

I hàve lŏved, ho amato.	We have lŏved, abbiamo amato.
Thŏu hàst lŏved, hai amato.	You have lŏved, avete amato.
He hàs lŏved, egli ha amato.	Thẹy have lŏved, hanno amato.

(a) I verbi inglesi non avendo terminazioni distintive dell' infinito, il segno *to* ne fa le veci, e corrisponde alle desinenze italiane *are, ere, ire.* Vedi la Sintassi, modo infinito: nota 247, p. 217, *Grammatica analitica.*

(b) Il participio presente di tutti i verbi si forma aggiungendo *ing* all' infinito; se l' infinito termina in *e*, questa si toglie prima di aggiungere *ing.*

(c) Il participio passato, l' imperfetto ed il preterito o passato remoto di tutti i verbi regolari si formano aggiungendo *d* o *ed* all' infinito.

(d) La seconda persona del singolare del presente dell' indicativo esce in *st*, la terza in *s*; tutte le altre sono come l' infinito.

(e) Il preterito, ossia. passato semplice, accenna un' azione che ebbe luogo in un tempo interamente trascorso: Jeri io uccisi una lepre, I *killed* a hare *yesterday.* — Il passato indefinito, chiamato dai moderni grammatici inglesi presente perfetto, accenna un' azione, che ha avuto luogo in un tempo non indicato, o, se indicato, non interamente trascorso: Oggi ho ucciso tre lepri. I *have killed* three hares *to-day*. Ho viaggiato molto, I *have travelled* much. Vedi la *Grammàtica*, pagine 203, 204 e 205, note 218, 219 e 220. — Tutte le persone del preterito ed imperfetto escono in *d*, eccetto la seconda del singolare, la quale non viene mai impiegata se non nella poesia, nella prosa poetica e nelle preghiere.

I hàd lŏved, io aveva amato.   We had lŏved, avemmo amato.

Thŏu hàdst lŏved, avevi amato.   Yoú had lŏved, aveste amato.

He had lŏved, egli aveva amato.   They had lŏved, ebbero amato.

FUTURO SEMPLICE (*che predice*).

I shàll (*a*) lŏve, amerò.   Wé shàll lŏve, ameremo.

Thŏu wilt lŏve, amerai.   You will lŏve, amerete.

He will lŏve, amerà.   They will lŏve, ameranno.

FUTURO esprimente la volontà, il comando della prima persona,
OSSIA FUTURO IMPERATIVO.

I will lŏve, amerò, voglio o vor-   We will lŏve, ameremo, voglia-

rò amare.   mo o vorremo amare.

Thŏu shalt lŏve, amerai, voglio   You shall lŏve, amerete, voglio

che tu ami.   che amiate.

He shall lŏve, egli amerà, vo-   They shall lŏve, ameranno, vo-

glio che ami.   glio che amino.

FUTURO ANTERIORE.

I shall have lŏved, avrò amato.   We shall have lŏved, avremo

amato.

Thŏu wilt have loved, avrai amato. You will have loved, avrete amato.

He will have lŏved, avrà amato.   They will have lŏved, avranno

amato.

MODO IMPERATIVO.

Let (*b*) mé lŏve, che io ami.   Let us lŏve, amiamo.

Lŏve, ama tu.   Lŏve, amate.

Let him lŏve, ami egli.   Let them love, amino eglino.

CONDIZIONALE SEMPLICE PRESENTE.

I shŏuld lŏve, amerei.   Wé should lŏve, ameremmo.

Thŏu wŏuldst love, ameresti.   You would love, amereste.

He would lŏve, amerebbe.   They would lŏve, amerebbero.

(*a*) Il significato e l'uso di *shall, will, should, would*, e degli altri segni verbali, trovasi spiegato nella *Grammatica*, a pag. 83 e seguenti.

(*b*) Quando *let* è verbo principale vuol dire *lasciare, permettere*.

CONDIZIONALE VOLITIVO (a).

I would löve, vorrei amare, amerei volentieri.

Wé would löve, vorremmo amare, ameremmo.

Thou wouldst löve, vorresti amare, ameresti.

You would löve, vorreste amare, amereste.

He would löve, vorrebbe amare, amerebbe.

They would löve, vorrebbero amare, amerebbero.

CONDIZIONALE OBBLIGATIVO.

I should löve, dovrei amare, (amerei).

Wé should löve, dovremmo amare, (ameremmo).

Thou shouldst löve, dovresti amare.

You should löve, dovreste amare.

He should löve, dovrebbe amare.

They should löve, dovrebbero amare.

CONDIZIONALE ANTERIORE O PASSATO SEMPLICE.

I should have löved, avrei amato.

We should have löved, avremmo amato.

Thou wouldst have löved, avresti amato.

You would have löved, avreste amato.

He would have löved, avrebbe amato.

They would have löved, avrebbero amato.

CONDIZIONALE OBBLIGATIVO ANTERIORE.

I should have löved, avrei dovuto amare.

We should have löved, avremmo dovuto amare.

Thou shouldst have löved, avresti dovuto amare.

You should have löved, avreste dovuto amare.

He should have löved, avrebbe dovuto amare.

They should have löved, avrebbero dovuto amare.

POTENZIALE (b). — PRESENTE.

I may or càn (b) löve, posso amare.

We may or càn löve, possiamo amare.

Thou mayst or canst löve, puoi amare.

You may or can löve, potete amare.

(a) *Volitivo*, di volontà, che esprime la volontà.
(b) *Potenziale*, che esprime il potere. — *May*, potere dipendente, permesso, contingenza, eventualità. — *Can*, potere indipendente, fisico e intellettuale: vedi la nota 98 della *Grammatica*.

Shé máy or can lŏve, ella può amare.   They máy or can lŏve, posson amare.

IMPERFETTO O PRESENTE DI PASSATO.

I míght or coŭld lŏve, io poteva amare.   We míght or coŭld lŏve, potevamo amare.

Thoŭ míghtst or coŭldst lŏve, potevi amare.   Yoú míght or coŭld lŏve, potevate amare.

He míght or coŭld lŏve, egli poteva amare.   They míght or coŭld lŏve, potevano amare.

SOGGIUNTIVO. — PRESENTE.

Thóugh I lŏve, benchè io ami.   If we lŏve, se noi amiamo.

If thoŭ lŏve, se tu ami.   If yoú lŏve, ove voi amiate.

If ho lŏve, ove egli ami.   If they lŏve, se eglino amino.

IMPERFETTO O PRESENTE DI PASSATO.

If I lŏved, se io amassi.   If we lŏved, ove noi amassimo.

If thoŭ lŏvedst, se tu amassi.   If yoú lŏved, se voi amaste.

Unlèss he lŏved, a meno che egli amasse.   Thóugh they lŏved, benchè essi amassero.

SOGGIUNTIVO COLLA CONJUGAZIONE *THAT*.

That I máy lŏve (a), ch'io ami.   That I míght lŏve, ch'io amassi.

E così di tutte le persone del singolare e del plurale.

I tempi composti dei verbi presi in senso attivo vengono formati coll'ajuto del verbo *to have*, avere. I verbi impiegati nel senso passivo sono conjugati col verbo *to be*, essere.

I hàve lŏved, io ho amato.   Shé hàd lŏved, ella ebbe amato.

I shàll hàve lŏved, io avrò amato.   Yoú will hàve lŏved, voi avrete amato.

I shoŭld hàve lŏved, io avrei amato.   She woŭld hàve lŏved, ella avrebbe amato.

(a) Tutte le persone del soggiuntivo presente si scrivono come l'infinito, e tutte quelle del passato escono in *ed*, eccetto la seconda singolare. — Il soggiuntivo colla congiunzione *that* si scrive nella medesima maniera. Rade volte si usa il primo; questo con *that* ancor più di rado. Di fatti l'uso del soggiuntivo è assai più raro in inglese che in italiano. Non abbiamo nè verbo, nè congiunzione che lo regga. Non viene quasi mai impiegato, se non nel caso di un futuro incerto, dubbioso; e anche in questo caso si potrebbe il più delle volte usare (ma con minore proprietà) l'indicativo.

I coŭld hàve lŏved, io avrei potuto amare, (letteralmente) io
poteva aver amato.
I àm lŏved, io sono amato.
I woŭld bé lŏved, io vorrèi essere amato.

He might hàve lŏved, egli avrebbe
potuto amare, (letteralmente
ei poteva aver amato.
I wăs lŏved, io era o fui amato.
Yoú coŭld be lŏved, voi potreste
essere amato.

CONJUGAZIONE DEI VERBI AUSILIARJ
AVERE ed ESSERE.

	INFINITO.		INFINITO.
To have,	avére.	To be,	éssere.

	PARTICIPIO PRESENTE.		PARTICIPIO PRESENTE.
Having,	avéndo, avénte.	Being.	essendo.

	PARTICIPIO PASSATO.		PARTICIPIO PASSATO.
Had,	avúto, -a, -i, -e.	Been,	stato, -a, i-, -e.

INDICATIVO.

INDICATIVO.

	PRESENTE.		PRESENTE.
I have,	io ho.	I am,	io sono.
Thou hast,	tu hai.	Thou art,	tu sei.
He has,	égli ha.	He, she, is,	egli, ella è.
She has,	élla hà.		
We have,	nói abbiámo.	We are,	noi siámo.
You have,	vói avéte.	You are,	vói siète.
They have,	essi hanno.	They are,	essi sóno.
They have,	esse hanno.	They are.	esse sóno.

	PRESENTE DI PASSATO (IMPERFETTO).		PRESENTE DI PASSATO (IMPERFETTO).
I had,	io avéva.	I was,	io éra.
Thou hadst,	tu avévi.	Thou wast,	tu éri.
He had,	egli avéva.	She was,	élla éra.
We had,	noi avevámo.	We were,	noi eravámo.
You had,	voi aveváte.	You were,	voi eraváte,
They had,	essi avévano.	They were,	essi érano.

	PASSATO REMOTO.		PASSATO REMOTO.
I had,	io ebbi.	I was,	io fúi.
Thou hadst,	tu avès'i.	Thou wast,	tu fósti.
He had,	egli èbbe.	He was,	egli fu.
We had,	noi avêmmo.	We were,	noi fúmmo.
You had,	vui avêste.	You were,	vui fóste.
They had,	essi èbbero.	They were,	essi fúrono.

	FUTURO.		FUTURO.
I shall have,	io avró.	I shall be,	io saró.
Thou wilt have,	tu avrái.	Thou wilt be,	tu sarái.
She will have,	élla avrà.	He will be,	egli sarà.
We shall have,	noi avrémo.	We shall be,	noi sarémo.
You will have,	voi avréte.	You will be,	voi saréte.
They will have,	esse avránno,	They will be,	essi saránno.

CONDIZIONALE.

I should have,	io avréi.
Thou wouldst have,	tu avrésti.
He would have,	egli avrébbe.
We should have,	noi avrémmo.
You would have,	voi avréste.
They would have,	essi avrébbero.

CONDIZIONALE.

I should be.	io saréi.
Thou wouldst be,	tu sarósti.
He would be,	egli sarébbe.
We should be,	noi sarémmo.
You would be.	voi saróste,
They would be,	essi sarébbero.

IMPERATIVO.

Have (thou),	àbbi, àbbia tu.
Let him have,	àbbia egli.
Let her have,	àbbia ella.
Let us have,	abbiámo noi.
Have (ye),	abbiàte (voi).
Let them have,	àbbiano essi.

IMPERATIVO.

Be thou,	sii, sia tu.
Let him be,	sia egli.
Let her be,	sia ella.
Let us be,	siámo noi.
Be (ye),	siáte voi.
Let them be.	síano esse.

SOGGIUNTIVO.

PRESENTE.

That I may have,	che io àbbia.
— thou mayest have,	che tu àbbia.
— he may have,	ch'egli abbia.
— we may have,	che noi abbiàmo.
— you may have,	che voi abbiate.
— they may have,	ch'églino abbiano.

SOGGIUNTIVO.

PRESENTE.

That I may be,	che io sia.
— thou mayest be,	che tu sia, sii.
— he, she may be,	ch'egli, ella sia.
— we may be,	che noi siámo.
— you may be,	che voi siáte.
— they may be,	ch'églino siano.

PASSATO.

That I might have,	che io avéssi
— thou mightst have,	che tu avéssi.
— he might have,	ch'egli avésse.
— we might have,	che noi avéssimo.
— you might have,	che voi avéste.
— they might have,	ch'esse avéssero.

PASSATO.

That I might be,	che io fóssi.
— thou mightst be,	che tu fóssi.
— he might be,	ch'egli fósse.
— we might be,	che noi fóssimo.
— you might be,	che voi fóste.
— they might be,	ch'esse fóssero.

TEMPI COMPOSTI.

I have had,	io ho avúto, -a.
I had had,	io avévo avúto, -a.
I had had,	io èbbi avúto, -a.
I shall have had,	io avró avúto, -a.
I should have had,	io avréi avúto, -a.
That I may have had,	che io àbbia avúto, -a.

TEMPI COMPOSTI.

I have been,	io sóno stato, -a.
I had been,	io éra stato, -a.
I had been,	io fúi státo, -a.
I shall have been,	io saró státo, -a.
I should have been,	io saréi stato, -a.
That I may have been,	che io sía stato, -a, ecc.

DIZIONARIO

INGLESE-ITALIANO

CON LA PRONUNCIA SEGNATA

PER AMBE LE LINGUE.

TAVOLA DELLE ABBREVIATURE

USATE IN QUESTO VOLUME

a.	adjettivo.	*geog.*	geografia.	*poet.*	poetico.
abbr.	abbreviazione.	*geol.*	geologia.	*polit.*	politica.
agr.	agricoltura.	*geom.*	geometria.	*pr.*	pronuncia.
alg.	algebra.	*gram.*	grammatica.	*prep.*	preposizione.
anat.	anatomia.	*in'erj.*	interjezione.	*pret.*	preterito.
ant.	antiquato.	*iron.*	ironico.	*pron.*	pronome.
arch.	architettura.	*itt.*	ittiologia.	*relig.*	religione.
art.	articolo.	*lat.*	latino.	*rett.*	rettorica.
astr.	astronomia.	*lett.*	lotteratura.	*s.*	sostantivo. (vo.
avv.	avverbio.	*m.*	maschile.	*s. a.*	sostantivo e adjetti-
bot.	botanica.	*mac. a v.*	macchine a vapore.	*sf.*	sostantivo femminile.
burl.	burlesco.	*mat.*	matematica.	*sing.*	singolare.
chim.	chimica.	*med.*	medicina.	*sm.*	sostantivo maschile.
chir.	chirurgia.	*mil.*	militare.	*stile sost.*	stile sostenuto.
com.	commercio.	*min.*	mineralogia.	*str. fer.*	strade ferrate.
cong.	congiunzione.	*mit.*	mitologia.	*teat.*	teatro.
eccles.	ecclesiastico.	*mus.*	musica.	*teol.*	teologia.
ent.	entomologia.	*orn.*	ornitologia.	*V.*	vedi.
farm.	farmacia.	*p. p.*	participio passato.	*veter.*	veterinaria.
f.	femminile.	*parl.*	parlamento.	*va.*	verbo attivo.
fig.	figurato, figuratamen-	*pers.*	persona.	*vn.*	verbo neutro.
fil.	filosofia. (te.	*pitt.*	pittura.	*volg.*	volgare.
fis.	fisica.	*pl.*	plurale.	*zool.*	zoologia.
fort.	fortificazioni.	*poco us.*	poco usate.		

— rappresenta la ripetizione del vocabolo inglese; — -, oltre la ripetizione del vocabolo inglese, rappresenta la lineetta di congiunzione tra due parole, detta in francese *trait d'union*, e in inglese *hyphen*.

Allorchè a *va*, verbo attivo, e a *vn*, verbo neutro, tien dietro una parola tra parentesi, essa rappresenta in una il preterito o passato remoto e il participio passato del verbo irregolare; quando tra parentesi trovansi due parole, la prima è il preterito del verbo e la seconda il participio passato.

Lo studente inglese sa, fin dalla prima lezione, che i nomi italiani finienti in o e in *ore* sono tutti maschili, e che quelli che escono in *a* e in *ione* sono tutti femminili, con poche eccezioni Quindi, in questo primo volume, egli non troverà quasi mai i primi segnati *m*, nè i secondi *f*; i soli nomi finienti in *o* ed *a* ch' egli troverà col genere accanto, sono gli eccezionali. Il femminile dei nomi italiani in *tore* è generalmente in *trice*, come: *istigatore, istigatrice*, ed è segnato *-trice*, come: **Abètter**, *s.* istigatóre, *-trice*, fautóre, *-trice*.

PRONUNCIA ITALIANA. — Quando nelle parole italiane di questo *Vocabolario* le vocali *e* ed *o* si trovano segnate coll'accento circonflesso, bisogna pronunciarle col suono aperto come in êrba, nòtte; segnate coll' accento acuto, si proferiscono col suono chiuso, come in péna, sóno.

PRONUNCIA INGLESE. — La riga normale dei suoni inglesi si trova, nel *Dizionario*, a piè della pagina.

Fàte, méte, bìte, nóte, tùbe; - fàt, mèt, bit, nòt, tùb; - fàr pìque, 👈
Sano, vino, lai, roma, fiume; - patto-petto, petto, e, i, notte, oeuf; - mane, vino,

A

A

A, (*pr.* â) *s.* a, *m.* nòt to *knôw* A fròm B, non sapére nemméno l'abbicì
—*art. indéf.* úno, úna; per, al, alla; a b, un fanciúllo; a bóok, un líbro; *twó* lèssonè a dày, dúe lezióni al giórno; tèn shillingè a pòund, dièci scellíni la libbra; twènty frànks a pièce, vènti frànchi per ciascúno; a pin a day is a gròat a yéar, uno spíllo al giórno fa quáttro sòldi all'anno: a (*preſtiso*), a, al, ín; a-foot, a pièdi; a- *wórking*, al lavóro. — L'artícolo *a* diviène *an*, per eufonìa, innànzi ai nomi che comínciano per *una* vocále o per un' A non aspiráta; an ángel, un ángelo; an *hèrb*, un'èrba
A-bèd, *avv.* a lètto, in lètto
A. B. (*pr.* â bê, iniziáli di Artium Baccalaureus) baccelliére, *m.*, (in lèttere e sciènze)
Abàck, *avv.* (*mar.*) diètro, indiètro, sull'albero, in dòsso; the màin tòp-sàïl is táken —, la véla di gàbbia è andáta in pànno
Àbacot, *s.* àbacot, *m.* (*tiara a due corone degli antichi rè d' Inghilterra*)
Abáctor, *s.* abígeo, làdro di bestiáme
Àbacus, *s.* àbaco; (*mat*) àbaco; (*arch.*) àbaco
Abàft, *avv.* (*mar.*) in pòppa, indiètro, diètro
Abáïsance, *V.* Obeïsance
Abálienate, *va.* (*legge*) abalienáre, alienáre
Abalienàtion, *s. V.* Alienation
Abàndon, *va.* abbandonáre, lasciáre; — one's sèlf; *V.* to give one's sèlf up
Abàndoned, *a.* (*cosa*) abbandonáto; (*pers.*) rótto ad ògni vízio; an — wrètch, un ribáldo
Abandonèe, *s.* (*legge*) abbandonatário
Abàndoner, *s.* abbandonatóre, -trice
Abàndoning, *s.* abbandóno
Abàndonment, *s.* abbandonaménto; (*com.*) abbandóno

Abàndum, *s.* (*antíco giure*) oggètto confiscáto
Abàs, *s.* (*com.*) abàs, *m.* (*misura persiana di peso per le perle*)
Abáse, *va.* abbassáre, chináre; abbassáre, deprímere, avvilíre, umiliáre
Abásement, *s.* abbassaménto, avviliménto
Abàsh, *va.* far arrossíre, svergognáre, sconcertáre, confóndere; to be —ed (at), èsser confúso (*di*); arrossíre (*di*)
Abàshment, *s.* vergógna, rossóre, confusióne
Abátable, *a.* diminuíbile, suscettívo di ribásso
Abáte, *va.* diminuíre, abbassáre, abbáttere, scemáre, diffalcáre, ridúrre, attenuáre, allentáre, infiacchíre, rintuzzáre: (*legge*) far cessáre, annulláre; I cànnot — a pènny of it, non v' è un sòldo da leváre
— *vn.* abbassàrsi, diminuírsi, allentársi, indebolírsi, calcáre, basíre; declináre, cédere; the héat —s, il cáldo s' allènta
Abátement, *s.* abbassaménto, scemaménto, diminuzióne, rallentaménto, diffalcaménto, ribásso; no — máde, prèzzi fissi
Abáter e Abátor, *s.* chi o che diminuísce, scéma, diffálca
Abáting, *s.* diminuzióne *f.*, ribásso
Abátis } *s.* (*fort.*) atterraménto d'álberi (*per*
Abàttis } impedíre il passo al nemico)
Abáture, *s.* (*caccia*) tráccia di un cèrvo
Abàwed, *p. p.* (*ant.*) confúso, avvilíto
Abb, *s.* orditúra in sul súbbio
Àbba, *s.* (*relig.*) Dío pádre *m.* (d'una badía
Àbbacy, *s.* dignità d'abáte; amministrazióne
Abbatial, (abàshial) e Abbàtical, *a.* abbaziále
Àbbe, *s.* abbáte, *m.* teòlogo
Àbbess, *s.* badèssa
Àbbey, *s.* badía, abbazía
Àbbey-lùbber, *s.* mónaco fannullóne
Àbbot, *s.* abbáte *m.*
Àbbotship, *s.* dignità, offício di abbáte
Abbréviate, *va.* abbreviáre, scorciáre

ABB — 32 — ABN

Àbbreviátion, *s.* abbreviatúra, abbreviazióne
Abbreviátor, *s.* abbreviatóre, -tríce
Abbréviatory, *a.* abbreviatívo, abbreviatòrio
A. B. C. *s.* (*pr.* á, bé, sé) Abbicì *m.*, alfabéto
Àbdals, *s. pl.* Abdálla, *m. pl.* (*sorta di fanatici maomettani*)
Àbdest, *s.* abdèste, *f.* (*abluzione dei musulmani*)
Àbdicant, *a.* abdicánte
Àbdicate. *va.* abdicáre
Abdicátion, *s.* abdicazióne
Àbdicátive, *a.* abdicatívo
Abditory, *s.* serbatójo, nascondíglio
Abdómen e àbdomen, *s.* (*anat.*) addóme, *m.* addómine, *m.* básso vèntre
Abdòminal, *a.* addominále, dell'addóme; — ring. (*anat.*) anéllo inguinále
Abdòminous, *a.*(*anat.*) addominále, panciuto
Abdúce, *va.* menáre via, condúr via
Abdúcent, *a.* (*anat.*) abducénte, abduttóre; — múscle, múscolo abdúttore
Abdúction, *s.* abduzióne; (*legge*) rátto, rapiménto
Abdúctor, *s.* (*anat.*) múscolo abduttóre; (*legge*) rapitóre, -tríce
Abecedárian, *s.* abbecedário
Abecédary, *a.* dell'abbicì, dell'alfabéto
Abèd, *avv.* (*meglio* in bèd) a lètto, in lètto
Abérrance, *s.* aberraménto, sviaménto
Abérrant, *a.* che smarrísce la stráda
Aberrátion, *s.* aberrazióne *f.*. smarriménto; mental —, aberrazióne mentále; Newtónian —, (*ottica*) aberrazióne di rifrangibilità; crówn of —, (*astr.*) círcolo d'aberrazióne
Abèt, *va.* spalleggiáre, assístere, protéggere, caleggiáre; istigáre, eccitáre, favoreggiáre, èssere fautóre di (ajúto)
Abètment, *s.* incoraggiaménto, istigazióne,
Abètter, Abèttor, *s.* istigatóre,-tríce, fautóre, -tríce
Abètting, *s.* incitaménto, instigazióne, ajuto
Abeyance, *s.* (*pr.* abáans) (*legge*) vacánza, aspettatíva, attésa; in —, vacánte
Abhòr, *va.* abborríre
Abhòrrence, *s.* abborriménto; to hòld in —, avère in orróre
Abhòrrent, *a.* che fa inorridíre, abborrènte; so — to our principles, cosi ripugnánte ai nostri princípj
Abhòrrently, *avv.* con abborriménto
Abhòrrer, *s.* chi abbòrre, abborritóre, -tríce
Abhòrring, *s.* abborriménto
Àbib, *s.* Abib, *m.* (*primo mese dell'anno ecclesiastico giudaico, detto anche* Nisàn)
Abíde, *vn.* (*abóde*) dimoráre, rimanére, stáre; duráre, mantenérsi; star a báda, indugiáre; contenérsi, ristarsi, raffrenársi; soffríre; - by, mantenére; he abóde there two yéars, egli dimorò colà due anni; l — by my determinátion, manténgo sáldo il mio propósito

— *va.* (*regolare*) attèndere, aspettáre, subíre, sopportáre, règgere, star sáldo; to — the shòck, règgere l'assálto
Abíder, *s.* (*poco us.*) dimoránte, residènte; abitatóre, -tríce
Abíding, *s.* dimoráre, *m.*, abitáre, *m.*; dimóra; continuánza, perseveránza, tolleránza, sofferènza; dimóra, indúgio, tardánza
— *a.* che dimóra, che dúra, duratúro, durévole, permanènte (confidènte
Àbigail, *s* (*spregiat.*) cameriêra, donzêlla,
Ability, *s.* potére, *m.*, fòrza, pòssa, abilità; talénto, ingégno, mèzzi; mèzzi pecuniárj; facoltà, portáta; a man of gréat abilities, uòmo di grand'ingégno
Abintèstate, *a.* (*legge*) abintestátò, (mòrto) sénza avér fátto testaménto
Àbject, *a.* abbiètto, básso, víle
— *s.* (*legge*) abintestátò, uòmo víle
Abjéctedness, *s.* condizióne abjètta
Abjéction, *s.* abbiezióne, bassézza, viltà
Abjéctly, *avv.* in módo abbiètto, bassaménte
Abjéctness, *s.* abbiettézza, viltà
Abjurátion, *s.* abjurazióne, abjúra, rinunzia
Abjúre, *va.* abjuráre, rinunziáre a, negáre
— *vn.* abjuráre, ritrattársi
Abjúrement, Abjúring, *s.* abjúra, rinúnzia, ritrattazióne
Ablàctate, *va.* slattáre, svezzáre
Ablactátion, *s.* (*med.*) slattaménto, spoppaménto
Ablátion, *s.* il levár vía, il portár vía
Àblative, *a.* che léva via, da sottrársi; (*gram.*) ablativo — cáse, cáso ablatívo
— *s.* (*gram.*) ablatívo; in the —, nell'ablatívo, all'ablatívo
Abláze, *avv.* in fiámme
Àble, *a.* capáce, ábile, átto, idóneo, buòno, fòrte, robústo, poderóso, valénte, di váglia; (*cosa*) fátto con abilità, eccellènte, esímio; to be —, potére, èssere in grádo (di); avér dei talénti, èssere di váglia; an — physìcian, un ábile mèdico; — man, uòmo di talènto; as far as I am —, per quánto potrò; — - bòdied, fòrte, tarchiáto, gagliárdo; (*mar.*) ábile, espèrto, robústo
Àblen, Àlet, *s.*, (*itt.*) argentíno
Àbleness, *s.* capacità, fòrza, potére, *m.*
Àblepsy, *s.* (*med.*) cecità
Àblocáte, *va.* dáre ad affítto, affittáre, allogáre
Àbluent, *a.* che nétta; (*med.*) astersívo
Ablútion, *s.* abluzióne
Àbluvion, *s* abluvióne
Abnegáte, *va.* negáre
Àbly, *avv.* abilménte
Abnegátion, *s.* annegazióne, rinúnzia
Abnodáte, *va.* (*agr*) debruscáre, tor via i nedi (*degli alberi*)
Abnodátion, *s.* (*agr.*) debruscaménto, amputazióne dei nòdi (*degli alberi*)
Abnórmal, *a.* anormále

Abòard, avv. (mar.) a bórdo; to go —, an-
dàre a bórdo
Abòde, pret. del verbo to abide
— s. dimóra
Abòlish, va. abolire
Abòlishable, a. abolibile
Abòlisher, s. abolitóre, -trice
Abòlishment, s. abolizióne f.
Abolition, s. abolizióne, f.
Abolitionism, s. abolizionísmo
Abolitionist, s. abolizionísta mf.
Abomásum) s. abòmaso, quárto ventrícolo
Abomásus | dei ruminánti
Abòminable, a. abbominábile
Abòminableness,s.abbominevolezza,abbomi-
Abòminably, avv. abbominevolménte (nio
Abòminate, va. abbomináre
Abòmination, s. abbominío, abbominazióne
Aboriġinal, a. aborígeno
Aboriġines, spl. aborígeni
Abòrtion, s. abórto, sconciatúra
Abòrtive, a. abortívo
Abòrtively, avv. abortivaménte
Abòrtiveness, s. l'abortíre; the — of his
schémes, l'insuccèsso de' suoi diségni
Abòund, vn. abbondáre; — with, abbondá-
re di, in
Abòut, prep. intórno, attórno, àppo, prèsso
sópra, círca, vèrso; avv. intò no, d'intórno, all'intórno, qua e là, in gíro, circolar-
ménte, in procínto di, per; all'incírca,
círca, quási; in dòsso; all —, tútto all' intórno, da per tútto; encàmped — the town,
accampáto intórno alla città; — ten o'clock,
verso le dièci; — a fòrtnight, quíndici giórni
più o méno; to come — a pèrson, aggirár
alcúno; I have no mòney — me, non ho danáro in dòsso; to be, to set — a thing, accíngersi a fáre una cósa; we are — to start,
stiámo per partíre; mínd what you are —,
badáte a quel che fáte; whàt are you —?
che fáte? che stàte facèndo? ship — (mar.)
prónto! òrza alla banda!
Above, prep. sópra, al di sópra di ; su ; più
di, più che ; St. Elmo is four hùndred
feet — the bày, S. Elmo è quattrocénto
piédi al di sópra della baja
— avv. in alto, di sópra, sópra, più in su,
colassù, ne' ciéli, al di sópra; — all, so-
prattútto; as —, come sópra; — a hùn-
'red miles, più di cénto míglia; the re-
máíns óver and, il soprappiù, il di più;the
— mèntioned Mr. Brown, il sopraddètto
sig. Brown; — bóard (volg), francaménte,
senza sotterfúgi, schiettaménte; he is —,
egli è di sópra; they are yet — gròund,
sono ancóra fra i vivi   (scovo
A B P. abbrev. di Archbìshop, s. Arcivè-
Abraham men, s. pl. (storia d'Inghilterra),
Abraamíti, m. To sham Abraham, fíngersi
ammaláto

Abràde, va. ràdere, levàr via raschiàndo
Abràsion, s. abrasióne
Abrèast, avv. di frónte, di pètto; fóur hór-
ses —, quàttro cavàlli di pètto
Abrenunciàtion, s. rinúncia assolúta
Abrídge, va. abbreviáre, raccorciáre; com-
pendiàre; — one's expènses, diminuíre le
spése; to — one of his rights, tógliere
ad uno d'esercitàre i pròprj dirítti
Abrídger, s abbreviatóre, accorciatóre, -trice
Abridging, s. abbreviaménto, scemaménto
Abridgment e Abridġement, s. ristrétto, com-
pèndio, súnto
Abróach, avv. spilláto; in vía, in móto, in
véndita, in esercízio, allo scopèrto; to set
—, spillare, dáre líbero córso a
Abróad, avv. al lárgo, fuóri, fuóri di cása,
fuóri del paèse, all'èstero; at h me and —,
in cása e fuóri di cása, dèntro e fuóri del
régno; to spréad, — divulgáre, pubblicáre
Abrogable, a. abrogábile
Abrogàtion, s abrogazióne
Abròtanoid, s. (bot.) abrotanóide, f.
Abròtanum, s. (bot.) abrótano, abrótino
Abrùpt, a. rótto, scoscéso, subitáneo, re-
pentíno, improvvíso, brúsco
— sm. (poet.) abísso
Abrùption, s. súbita e violènta separazióne f.
Abrùptly, avv. bruscaménte, di súbito, di re-
pènte, all'improvvíso, ex abrùpto
Abrùptness, s. subitézza, precipitánza, roz-
Abscess, s. (med.) postéma, m.; ascèsso (zézza
Absciss, Abscissa, s. (geom.) ascíssa
Abscission, s. recisióne
Abscònd, vn. nascóndersi; occultársi, ap-
piattársi; (legge) rèndersi latitánte
Abscònder, s. (legge) latitánte, m. f.
Absence, s. assènza; — of mind, assènza di
spírito, distrazióne; léave of —, congèdo
Absent, a. assènte; distrátto, disattènto
Absènt, va. assentáre, allontanáre; — one's
self, assentársi
Absentée, s. (proprietário) assènte
Absentéeism, s. assentísmo
Absènter, s. (poc. us.) uno che è assènte
Absèntment, s. assentaménto
Absìnтнian, a. di assènzio
Absìnтнiated, a. assenziáto
Absìnтнium, s. assènzio
Absis, (astr.) V. Apsis
Absolute, a. assolúto; — gòvernment, go-
vèrno assolúto; — fool, vèro sciòcco, im-
becíllo
Absolutely, avv. assolutaménte
Absoluteness, s. assolutézza
Absolútion, s. assoluzióne
Absolutism, s. assolutísmo
Absolutist, s. assolutísta, m. f.
Absolutory, a. assolutòrio
Absòlve, va. assòlvere; — the work (ant.)
compíre l'ópera, il lavóro

nòr, rùde ; - fàll, sòn, bùll ; - fàre, dò; - bý; lỳmph; pũĩe, bõỹ, fõôl, fõwl; ġem, aï.
forte, ruga; - forte oeuf, culla; - erba, ruga; laï,   e, i;   poi,   fausto;   gemma, rosa.

Diz. Ingl. Ital. - Ediz. VI. Vol. I.º   3

Absòlver, *s.* assolutóre, *m.;* assolutríce, *f.*
Àbsonant, *a.* contrário, scordànte; to be —
  to, ripugnáre a
Absòrb, *va.* assórbere, assorbíre
Absorbability, *s.* assorbibilità
Absòrbable, *a.* assorbíbile
Absòrbent, *a. m.* assorbènte; *s.* assorbènte
Absòrption, *s.* assorbimènto
Absòrptive, *a.* assorbènte
Abstáin, *vn.* astenèrsi; he — ed from it,
  egli se ne astènne
Abstémious, *a.* astêmio
Abstémiously, *avv.* in mòdo astêmio
Abstémiousness, *s.* temperánza, sobrietà
Abstèntion, *s.* astenimènto
Abstèrge, *va.* astèrgere
Abstèrgent, *a.* astergènte, astersívo; — *s.*
  astergènte, *m.*
Abstèrsion, *s.* astersióne *f.*
Abstèrsive, *a.* astersívo
Àbstinence, Àbstinency, *s.* astinènza
Àbstinent, *a.* astinènte, astêmio
Àbstinently, *avv.* con astinènza
Abstòrted, *a.* préso, rapíto con violènza
Abstràct, *va.* astrárre, staccáre, sottrárre;
  compendiáre
Àbstract, *s.* astrátto, compèndio, epítome,
  f. ; in the —, in astrátto
— *a.* astrátto (separáto); distrátto; (*mat.*)
  astrátto; in the — sènse, in sènso astrátto;
  — nõñni, nòmi astrátti; — to consider things
  in themsèlves — from our opinions, con-
  siderár le còse in sè, astrazion fatta dalle
  nostre opinióni
Abstràcted, *part.* e *a.* astrátto, separáto,
  rapíto, assórto (*nella meditazione*, ecc.)
Abstràctedly, *avv.* astrattaménte, separata-
  mènte
Abstràctedness, *s.* astrattézza, astrazióne
Abstràcter, *s.* compendiatóre, *m.* compendia-
  tríce, *f.* ; sottrattóre, *m.* sottrattríce, *f.*
Abstràction, *s.* astrazióne, separazióne; di-
  strazióne
Abstràctive, *a.* astrattívo
Àbstractly, *avv.* astrattaménte; in astrátto
Àbstractness, *s.* astrattézza
Abstrùse, *a.* astrúso
Abstrùsely, *avv.* astrusaménte
Abstrùseness, *s.* astrusità
Absùrd, *a.* assúrdo
Absùrdity, *s.* assurdità, assúrdo
Absùrdly, *avv.* assurdaménte
Absùrdness, *s.* V. Absurdity
Abùndance, *s.* abbondánza
Abùndant, *a.* abbondánte
Abùndantly, *avv.* abbondanteménte
Abùse, *va.* abusáre di; abusársi di; oltrag-
  giáre, ingiuriáre; you abúse the gèntleman's
  pátience, voi abusáte del-
  la sofferènza del signóre; nor be with àll
  thése tèmpting wòrds — d, nè vi lasciáte

ingannáre da tutte queste paròle lusin-
  ghière ; àfter abúsing éach òther, they
  câme to blóws, dopo èssersi ingiuriáti,
  vénnero alle mani
— *s.* abúso; soprúso; oltrággio, oltrággi,
  contumélie, villaníe
Abúser, *s.* chi abúsa, ingiuriatóre, oltraggiatóre, -tríce
Abúsive, *a.* abusívo, ingiurióso, contumelióso, oltraggiánte; — lànguage, paròle
  oltraggióse, villaníe
Abúsively, *avv.* abusivaménte, ingiuriosa-
  mènte   (giúria
Abúsiveness, *s.* contumélia, oltraggiosità, in-
Abùt, *vn.* (*di strada*) diramársi ; — upòn,
  far cápo a
Abùtment, *s.* límite, término, *m.* pilástro di
  rinfòrzo; cóscia di pónte
Abùttal, *s.* cápo, promontório; abùttals, *pl.*
  delimitazióni
Abùtting, *a.* sporgènte
— *s.* diramazióne (*di strada*)
Àbvolate, *va.* voláre da
Abvolàtion, *s.* vólo da
Abỳss, *s.* abísso
Acàcia, *s.* (*bot.*) acácia ; bàstard, fàlse, com-
  mon —, robínia, psèudo-acácia, acácia
  volgáre; Gèrman —, prúgno, susíno sel-
  vático; Indian —, tamaríndo
Acadèmic, -ical, *a.* accadémico
— *s.* accadémico
Acadèmically, *avv.* accademicaménte
Academician, *s.* accadémico, mèmbro di una
  accadémia
Acàdemy, *s.* accadémia; ríding — (ríding
  shool), manéggio, scuóla di equitazióne,
  cavallerízza; féncing —, scuóla di schèr-
  ma, sala d'armi
Acalépha   { *s. pl.* (*st. nat.*) acaléfe
Acaléphæ
Acajóu, *s.* (*bot.*) V. Mahògany
Acantнáceous, *a.* (*bot*) acantáceo
Acàntнíne, *a.* d'acánto
Acàntнus, (*bot.*) acánto, brancorsína
Acàridan, *s.* (*ent.*) acàride, *m.;* acàrida, *s. pl.*
  acàrldi, *m. pl.*
Acàrus, *s.* ácaro
Acàtalepsy, *s.* (*med.*) acatalèssi, *f.*
Accéde, *vn.* accèdere, aderíre, acconsentíre;
  salíre (al tròno), pervveníre (alla coróna)
Accéleráte, *va.* acceleráre, affrettáre
Accéleráting, Accéleràtive, *a.* acceleratívo
Acceleràtion, *s.* acceleraménto
Accélerative, Accéleratory, *a.* acceleratívo
Accendibllity, *s.* accen líbilità, infiammabilità
Accèndible, *a.* accendíbile, ac endévole
Accénsion, *s.* accensióne, accendimènto
Accent, *s.* accènto; to be frée from —, non
  avére peculiarità d'accènto; a man of
  pláin —, un uòmo che parla alla buòna
Accènt, *va.* accentáre; accentuáre

Accènting, *s.* l'accentáre, l'accentuáre
Accèntual, *a.* accentuále
Accèntuate, *va.* accentuáre; accentáre
Accentuátion, *s.* accentuázione
Accèpt, *va.* accettáre, aggradíre; menâr buóno; to — a bill, a dràft, accettáre una cambiále, una trátta; he will not — of thése terms, egli non accetterà queste condizióni
Acceptability, *s.* V. Accèptableness
Accèptable, *a.* accettévole, accètto
Accèptableness, *s.* accettabilità, agg adibilità, accettevo!ézza, mèrito, grázia
Accèptably, *avv.* accettevolménte, in modo accètto, gradíto
Accèptance, *s.* accettazióne, ricevimènto, accogliènza, approvazióne; (*com.*) accettazióne; may I beg your — of...? pòsso io pregáre che vogliáte accettáre...? àbsolute —, (*com.*) accettazióne pura e sémplice; quàlified —, accettazióne condizionáta; ybur — for L. 500 fell due yèsterday, la vòstra accettazióne (cambiále) per L. 500 è scadúta jèri
Acceptátion, *s.* accettazióne, gradimènto, favòre; (*gram.*) accezióne, sènso, signiflcáto; — of pèrsons, accezióne di persóne, parzialità
Accèpted, *a.* accettáto; — dràft, bill, trátta, cambiále accettáta; V. Accèptance
Accèpter, Accèptor, *s.* (*com.*) accettánte; God is no — of persrns, Dío non è accettatóre di persóne
Accèption, *s.* accezióne, signiticáto
Accèss, *s.* accèsso; éasy of —, di fàcile accèsso
Accèssarily, V. Accessorily (cèsso
Accèssariness, V. Accessoriness
Accèssary, V. Accessory
Accèssible, *a.* accessíbile
Accèssibly, *avv.* accessibilménte
Accèssion, *s.* accessióne, incremènto; thère will be a greát — of tèrritory, il território sarà accresciúto considerevolménte; — avvenimènto (*al trono*); upòn his — to bis estátes, quando egli entrò in possèsso dei suói beni
Accèssional, *a.* di accessióne, aldizionále
Accèssorily, *avv.* accessoriaménte
Accèssoriness, *s.* accessorietà; (*legge*) complicità
Accèssory, *a.* accessòrio, avventízio; *s.* accessòrio; (*legge*) cómplice; to be — to a crime, èsser cómplice di un delitto
Acciaccatúra, *s.* (*mus.*) acciaccatúra
Accidence, *s.* grammatichètta, prími rudimènti
Accident, *s.* accidènte, *m.*; he met with an —, an — befèll him, gli avvènne un accidènte
Accidèntal, *a.* accidentále; — point (*prospettiva*), punto accidentále, d'incontro
Accidèntally, *avv.* accidentalménte

Accidèntalness, *s.* (*poc. us.*) accidentalità
Accipitrine, *a.* (*ornit.*) predatóre, rapáce
Acclaím, *s.* (*poet.*) acclamazióne, pláuso
Acclamátion, *s.* acclamazióne
Acclàmatory, *a.* di acclamazióne, d'appláuso
Acclímate, *va.* acclimáre
Acclímated, *a.* acclimáto
Acclimátion, *s.* acclimamènto
Acclímatíze, *va.* acclimáre (*delle piante*)
Acclímature, *s.* acclimamènto
Acclívity, *s.* acclività, acclívio
Acclívous, *a.* acclíve, alquánto èrto
Acclóy, *va.* empíre, rimpinzáre, satolláre
Accòil, *va.* cíngere, accerchiáre, circuíre, intorniáre
Accoláde, *s.* abbracciáta, abbracciaménto
Accolent, *s.* confinánte, finítimo
Accòmodable, *a.* accomodàbile
Accòmodableness, *s.* accomodabilità
Accòmodáte, *va.* accomodáre, acconciáre; dáre, somministráre, alloggiáre; — a pèrson with a thing, provvedére alcúno di una còsa; could you — me with that sum, potrèste prestármi quella sòmma?
Accòmodáte, *a.* accomodáto, adattáto, átto
Accòmodately, *avv.* convenevolménte
Accòmodáting, *a.* accomodatívo, accomodánte, flessíbile, pi'ghévole; *s.* accomodaménto
Accòmodátion, *s.* accomodaménto, adattaménto; aggiustaménto, accòrdo; comodità, còmodo (*di alloggio*); alloggio; (*com.*) agevolaménto, faci'litazióne, respíro; — làdder, scála alla bánda della náve; bad —s, difètto di còse còmode; to have good —s, èssere béne alloggiáto, ben servíto; to come to an —, accordársi, restár d'accòrdo
Accòmodátive, *a.* accomodatívo. V. Accòmodáting
Accòmodátor, *s.* accomodatóre, -tríce
Accòmpanier, *s.* accompagnatóre, -tríce
Accòmpanist,*s.*(*mus.*) accompagnatóre, ·tríce
Accòmpany,*va.*accompagnáre; will you—her hóme, voléte ricondúrla a casa? Envy accòmpanies prospèrity, la prosperità si tira diètro l'invídia; — *vn.* with, far società con, frequentáre; (*mus.*) accompagnáre
Accòmplice, *s.* cómplice *mf.*
Accòmpliceship, *s.* complicità
Accòmplish, *va.* còmpiere, compíre, (*pers.*) rèndere compíto; — a púrpose, a design, còmpiere un disègno
Accòmplished, *part. a.* compiúto, adempiúto; compíto, garbáto; *highly* accòmplished, compitíssimo
Accòmplisher, *s.* compitóre, ·tríce, chi dà compimènto; chi éduca, ammaèstra
Accòmplishment, *s.* compimènto, compitézza
Accòmpt, *s.* V. Accòunt
Accòrd, *s.* accòrdo; of one's own —, di mòto

pròprio, spontaneaménte; with one —, unanimaménte
— *va.* accordáre, méttere d'accordo; *vn.* accordàrsi, concordáre, èsser d'accordo
Accórdance, *s.* accòrdo, conformità; in — with, confórme a
Accòrdant, *a.* d' accòrdo, consonánte, cònsono, confórme
According, *a.* cònsono, consentáneo; (*poet.*) armonióso
— *prep.* — to, secóndo, confórme a, a dètta, a nòrma di; — to the cùstom, secóndo il costùme; — as, *conj.* secóndo che, a misùra che, cóme
Accordingly, *avv.* conformeménte, in conseguénza
Accòst, *va.* accostáre, abbordáre
Accòstable, *avv.* di fàcile abbòrdo, affàbile
Accoucher, *s.* (accòosher) ostetricánte
Accòunt, *s.* cónto, ragióne; relazióne, ragguáglio; — cùrrent, corrénte; — sàles, cónto di véndita; mérchant's —s, gòvernment —s, contabilità; I'll give you a *detailed* — of it, ve ne renderó minùto ragguáglio; an open (or ópened) —, cónto accéso; a clósed —, cónto spénto; for, on — of, per cónto di; on — of, a cagióne di; on, upon no —, in cónto verùno; according to his, her —, secóndo lui, secóndo lei; according to one's own —, a sùo dire; by all —, al dire di tutti; to àudit an —, verificáre un cónto; two hùndred franks on —, dugénto frànchi a cónto; to cast up an —, sommáre, fàre un cónto; to give an — of, réndere ragióne di; to càll one to —, domandáre ad alcùno il rendicónto; to carry to —, portáre in cónto; to sèttle an —, aggiustáre, pareggiáre un cónto; to take into —, tèner cónto di; to tùrn to —, trar profítto da, far suo pro di; to make small — of, far poco cónto di; — book, libro di cónti; short —s make long friénds, cónti chiári amicízia lúnga; remèmber the fínal —, ricordátevi del rendicónto finále
— *va.* contáre, stimáre; I — it a great hònour, lo stímo un grand'onóre
— *vn.* contáre, réndere ragióne; — to a person for a thing, réndere cónto ad alcúno di una còsa; to — for a thing, espórre la cagióne o la ragióne di una còsa, spiegárla
Accòuntability, *s.* responsabilità
Accòuntable, *a.* responsàbile
Accòuntableness, *s.* responsabilità
Accòuntably, *avv.* responsabilménte
Accòuntant, *s.* ragionière, computista, *m.*, contàbile, *m.*; gèneral —, cápo di contabilità
Accòuntantship, *s.* ragioneria, computisteria
Accòuple, *va.* accoppiáre; *V.* to còuple
Accòurage, *va.* (*antiq.*) incoraggiáre
Accòurt, *va.* (*antiq.*) trattáre corteseménte

Accoùtre, *va.* (accòoter) armáre, equipaggiáre
Accoùtrements, *spl.* (accòoterments), arnési; equipaggiaménto; àbito, vestíto
Accòy, *va.* (*antiq.*) calmáre, acquietáre
Accrèdit, *va.* accreditáre
Accrèscent, *a.* accrescénte
Accrétion, *s.* accresciménto, auménto
Accrétive, *a.* accrescitívo; the — mótion of plants, il cresciménto progressívo delle piánte
Accrimination, *s.* (*antiq.*) incriminazióne
Accróach, *va.* (*antiq.*) uncináre, carpíre
Accrùe, *vn.* proveníre, procédere, risultáre; no alteràtion accrùing to it, sénza che ne vènga ad esso alcún cangiménto; the great profíts which have —d to him, i gràndi provénti ch'egli ne ha ritrátti
Accrùment, *s.* auménto, accresciménto
Accubátion, Accùmbency, *s.* la positùra (a mèzzo strajáta) degli antíchi Románi a mènsa
Accùmbent, *a.* coricáto, appoggiáto sul gómito (*a mensa*)
Accùmulate, *va.* accumuláre, ammassáre
— *vn.* accumulársi, ammassársi
Accùmulátion, *s.* accumulazióne *f.*
Accùmulátive, *a.* accumulatívo
Accùmulátively, *avv.* accumulativaménte
Accùmulátor, *s.* accumulatóre, -tríce
Accuracy, *s.* accuratézza; to séal a tùbe with —, chiúdere esattaménte un tùbo
Accurate, *a.* accuráto
Accurately, *avv.* accuratamménte, esattaménte
Accurateness, *avv.* accuratézza, esattézza
Accùrse, *va.* maledíre
Accùrsed e Accùrst, *a.* maledètto; let nobody be —, niúno sia maledètto, scomunicáto
Accùsable, *a.* accusábile
Accùsant, *s.* accusánte, accusatóre *m.*, accusatríce, *f.*
Accusátion, *s.* accúsa; thus they in mùtual — spent the hours, passàvan cosí il tempo ad accusàrsi reciprocaménte; to bring forward an —, intentáre un'accúsa
Accúsative, *a.* accusatívo; — *s.* accusatívo
Accúsatively, *avv.* accusativaménte
Accúsatory, *a.* accusatòrio, che accúsa
Accúse. *va.* accusáre, incolpáre; — *wrongfully*, accusáre a tórto; he is — d of theft, è accusáto di fúrto
Accúser, *s.* accusatóre, -tríce (fàre
Accùstom, *va.* abituáre, accostumáre, assue-
Accùstomary, *a.* *V.* cùstomary
Accùstomed, *a.* abituáto, accostumáto, assuefàtto, avvézzo; (*cosa*) sòlito, ordinário
Accùstomedness, *s.* assuefazióne, familiarità
Ace, *s.* (às) (*carte*) àsso; púnto, àtomo, jòta, àcca; he was within an — of fàlling in, fu ad un púnto di cadérvi déntro

Acéphalan, s. (molluschi) acéfalo; acéphala, pl. acéfali

Acéphali } (storia) Acéfali (settarj che ri-
Acéphalites } cusavan diseguir alcun capo)

Acéphalous, a. acéfalo; sênza têsta

Àceran, s. (ent.) àcero

Àcera, sp. (ent.) àceri

Acêrb, a. acêrbo

Acêrbate, va. rêndere acêrbo, inacerbáre

Acêrbity, s. acerb tà, acerbêzza

Acêric, a. (bot.) acerino

Acêrides, spl. (farm.) acéridi, m. (impiastri fatti senza cera)

Acêrra, s. acêrra, f. (vasi di profumi per sacrifizj)

Acêrvate, va. accumuláre, ammassáre

Acêscency, s. agrêzza, acerbità (bêtto

Acêscent, a. che inacidísce, acidétto, acer-

Acetábulum, s. acetábolo; (anat.bot.) acetá-

Àcetáte, s. (chim.) acetáto (bolo

Acêtic, a. acêtico; — àcid, ácido acêtico

Acetificátion, s. acetificaziône

Acêtify, va. e vn. acetíre, inacetíre, inacetáre

Acetimer, s. (chim.) acetímetro

Acetóse, a. acetóso

Acetôsity, s. acetosità

Àche, s. mále, m. dolóre (fisico) contínuo; to have the head —, the tôoth —, etc., avér il mal di têsta, il mal di dénti, ecc. — va. far mále, dolére; my hèad —s, my têeth —, mi duôle la têsta,mi dólgono i dênti

Achénium (pr. akénium), s. (bot.) achênio

Achíévable, a. conseguíbile, effettuábile, eseguíbile

Achíévance, s. V. Achíévement

Achíéve, va. eseguíre, operáre, effettuáre; guadagnáre, ottenére; — a victory, otte-nére, riportáre una vittória

Achíévement, s. fátto, prodézza, aziône, ope-ráto; árma gentilízia; great —s, gloriôse gêsta (-trice

Achíéver, s. compitóre, -trice, operatóre,

Àcking (áking), s. dolóre, mále, m. péna, an-gôscia

Àchor, s. (med.) lattíme, m.; ácari, m. pl.; tigna, scábbia

Achromàtic, a. acromático

Acicular, a. (bot.) aciculáre

Aciculàte, a. (bot.) aciculáto

Àcid, s. ácido; a. ácido, ágro

Acidiferous, a. (miner.) acidífero

Acidifiable, a. (chim.) acidificábile

Acidificátion, s. (chim.) acidificazióno

Acidify, va. (chim.) acidificáre

Acidity e Àcidness, s. acidézza, acidità

Acidulate, va. aciduláre

Acidulous, a. acídulo, acidétto

Àcinose } a. acinóso
Àcinous }

Acknówledge, va. riconóscere; confessáre; — a fávour, riconóscere un favóre; I —

the recêipt of..., vi accuso riceviménto o ricevúta di...

Acknówledgment, s. riconoscimênto, ricogni-ziône; confessiône; accúsa di ricevimén-to; —s; spl. espressióni di riconoscênza, sénsi di stíma, ecc.

Àcme, s. àcma, címa, cólmo

Àcolyth e àcolythe, s. accólito

Àconíte, s. (bot.) acónito

Acôntias, s. (zool. astr.) acônzia

Ácorn, s. ghiánda (frutto della quercia); — fish, — shell, ghiánda di máre, baláno; (mar.) pómo di banderuóla; ûly — noce, di ben (frutto); — vn. páscersi di ghiánde; to go, to send ácorning, andáre a raccò-gliere le ghiánde, mandáre (i porci) alle ghiánde

Ácorned, a. cárico di ghiánde; nutrìto di ghiánde (azzúrro

Ácorus, s. (bot.) ácoro; galánza; corállo

Acotýledon, f. (bot.) acotilêdone

Acótylêdonous, a. acotilêdone (stico

Acoūstic, a. acústico; — nêrve, nêrvo acú-

Acoūstics, s. (fisica) acústica

Acquáint, va. avvertíre, far sapére, avvisáre, informáre, annunziáre; — a pêrson with a thing, informáre alcúno d'úna côsa; I will make you —ed with her, vi farò fáre la sua conoscênza; to be intimately —ed with a thing, conóscere a fóndo una côsa; to get —ed with a pêrson, far la conoscênza di alcúno

Acquáintance, s. conoscênza, conoscênte; friénds and acquáintances. amíci e cono-scênti; to máke an —, fáre una cono-scênza

Acquáintanceship, s. l'êsser conoscênti

Acquáinted, a. (with), conosciúto da; in-formáto (di); famigliáre (con); are you — with Mr. Brówn? conoscéte il signór Brówn?

Acquêst, s. acquísto, acquistaménto

Acquíesce, vn. (in) acquetársi, deferíre (a); we must — in his decision, bisógna sot-tométtersi alla sua decisióne

Acquiêscence, Acquiéscency, s. acquiescênza

Acquiêscent, a. acquiescênte

Acquírability. s. acqui ibilità, acquistabilità

Acquírable, a acquisíbile, acquistábile

Acquíre, va. acquistáre, conseguíre; bad hábits are soon —d, le cattíve abitúdini si fa prêsto ad acquistárle

Acquírement, s. acquísto, conoscênza acqui-státa, cogniziónc; talênto

Acquírer, s. acquirénte, acquistatóre, -trice

Acquisition, s. acquisiziône, acquísto

Acquit, va. (legge) prosciôgliere (dall'accu-sa); assólvere, liberáre; I — ted myself of my dêbt, ho pagáto il (mi sono libe-ráto del) mio débito; — yoursélves like men, comportátevi da uómini

Acquittal, *s.* sentènza d'assolutôrio

Acquittance, *s.* quitànza, ricevúta ; to give an — (*com*.), dar la ricevúta

Acráse ⎰ *va.* ammattíre, infatuáre, deterio-
Acráze ⎱ ráre, distrúggere

Acrasy, *s.* (*med.*) acràsia

Acre, *s.* (àker) ácro, júgero inglése; — *fight*, combattiménto in càmpo chiúso; — *shot*, — tax, impôsta fondiária sul perticáto

Ácred, *a.* rícco di béni fondiárj

Acrid, *a.* ácre

Acridness, *s.* acrédine, *f.*

Acrimónious, *a.* acrimonióso

Acrimóniously, *avv.* acrimoniosaménte

Acrimóniousness, *s.* acrimoniosità

Acrimony, *s.* acrimònia

Acritude, *s.* acritúdine, *f.*

Acrity, *s.* acrédine, *f.*

Acrònic, Acrònical, *a.* (*astr.*) acrònico

Acrópolis, *s.* acrôpoli, *f.*

Acrospíre, *s.* (*bot.*) gèrme, *m.*

Across, *prep.* e *avv.* a travèrso, per travèrso; to go — the strèet, traversáre, attraversáre la stráda; to come — a person, abbáttersi in uno; with one's arms —, colle bràccia incrociáte

Acròstic, *s. a.* acròstico

Acròstically, *avv.* in fórma d'acròstico

Acrotéria, *spl.* acrotérj, (*piedestallo da statuette, vasi,* ecc.)

Act, *vn.* agíre, operáre; (*teat.*) recitáre, rappresentáre ; to — up to one's principles, operáre secóndo i prôprj priucipj; — *va.* agíre, rappresentáre ; Brúno acts in this comedy, il Brúno récita in quésta commédia ; he acts the king, egli fa la párte del re

— *s.* átto, azióne, fátto, gésto; (*teat.*) átto; càught in the —, cólto in flagránte; — of pàrliament, átto del parlaménto, légge ; — of oblivion, amnistía

Acting, *a.* agènte, in attività, in esercízio, attívo; operánte; — sècretary, segretário (*di Stato*) in funzióne

— *s.* l'agíre, il recitáre; rappresentazióne, azióne

Action, *s.* azióne; to bring an — against one, intentáre un'azióne, un procèsso ad uno; civil —, azióne civíle; pénal —, azióne penále

Actionable, *a.* to be —, potér dar luôgo a, èsser passíbile di azióne (civile o penále)

Actionably, *avv.* in môdo passíbile d'azióne (civíle o penále)

Active, *a.* attívo

Actively, *avv.* attivaménte

Activity, *s.* attività; shpére of —, sfèra di attività; féat of —, prodézza d'agilıta

Actress, *s.* attríce, *f.*

Actual, *a.* attuále; it is — misery, è prôprio un tormènto; the — présence of the

bòdy of Christ, la presènza reále del còrpo di Crísto

Actuàlity, àctualness, *s.* effettività, attualità, realtà

Àctually, *avv.* effettivaménte, realménte

Àctuary, *s.* attuário

Àctuate, *va.* muôvere, incitáre, animáre, sospíngere; men are —d by their pàssions, gli uômini agiscono secóndo il movènte delle passióni

Actuate, *va.* (*poet.*) acuíre, aguzzáre

Acúíty, *s.* acuità, acutézza

Aculeate, *a.* aculeáto

Acúmen, *s.* acúme, *m.*

Acúmináte, *va.* acumináre

— *vn.* acuminársi

— *a.* acumináto

Acuminátion, *s.* acuminazióne

Acupùncture, *s.* ago-puntúra

Acus, *s.* (*itt.*) ágo marino, agúglia

Acúte, *a.* acúto; — àngle, ángolo acúto: — àccent, accénto acúto; — disèase, malattía acúta

Acútely, *avv.* acutaménte

Acúteness, *s.* acutézza; — of mind, acúme, *m.*

A. D. *iniziali di* Anno Dòmini

Adàctyl, *a.* adáttilo (*senza dita*)

Adage, *s.* adágio

Adàgio, *avv.* (*mus.*) adágio; — *s.* adágio

Adam's àpple, *s.* (*bot.*) músa; pômo, fíco d'Adámo; pómo d'Adámo (*prominenza della gola*)

Adam's nèedle, *s.* (*bot.*) V. Yucca

Adàmic, *a.* adámico

Adamant. *s.* diamánte, *m.*

Adamantéan, *a.* adamantíno

Adamites, *s. pl.* (*storia ecclesiastica.*) Adamíti, Adamiàni, *m. pl.* (settárj che andávano ignúdi)

Adamitic, *a.* adamítico

Adansónia, *s.* (*bot.*) Adansônia

Adapis, *s.* Àdapi, (*pachiderme ora estinto*)

Adamàntine, *a.* adamantíno

Adàpt, *vn.* adattáre, accomodáre, réndere átto

Adaptability, *s.* adattabilità

Adàptable, *a.* adattábile

Adaptátion, *s.* adattaménto, aggiustaménto

Adàpted, *a.* adattáto, átto

Adar, *s.* ádar, *m.* (*mese ebraico tra febbrajo e marzo*)

Adays, *avv.* oggidí ; now-adàys, al dí d'ôggi

Add, *va.* aggiúngere, uníre, addizionáre; —ed to, uníto a; — to which, óltre di che; to — up, sommáre, far l'addizióne; to — to the misfórtune, per cólmo di sventúra; to — to one's pöwer, one's income, aumentáre la (prôpria) potènza, il (prôprio) rèddito

Addèndum, (*pl.* addènda), *s.* appendíce, *f.* aggiúnta

Adder, *s.* áspide, bíscia, vípera; wàter —, ídra; — líke, da serpénto; — tòngue (*bot.*) bılônia; — wòrt, viperína

Addibility, *s.* possibilità d'èsser aggiúnto
Addible, *a.* che può èsser aggiúnto
Addict, *va.* to — one's self to the ministry of the sáints, consacrârsi al servígio dei sánti; to — one's self, to be —ed, to intemperance, dársi, èsser dèdito all'intemperánza
Addicted, *a.* dèdito, dáto
Addictedness, *s.* l'èssere dèdito, dáto
Addiction, *s.* propensióne
Addition, *s.* addizióne; aggiúnta; in — to, inóltre, oltracció
Additional, *a.* addizionále; di più, nuóvo; an — proof, una pròva di più
Additory, *a.* che aggiúnge
Addle, *a.* stantío, vuóto, váno; — egg, uóvo non gallâto; — headed, — páted, scervelláto, balórdo, scèmo
— *va.* sconcertáre, imbrogliáre; isterilíre
— *s.* grômma (*di botte*), tártaro
Address, *va.* indirizzáre, dirígere, indirizzarsi a, ricórrere a; parláre, abbordáre; corteggiáre, far la córte a; —ed to, dirètto a, indirizzáto a
— *s.* indirízzo, direzióne; arrínga, discórso; abbórdo, maniére; maniéra di presentársi, ária, fâre, contêgno, parláre; tátto, abilità, accorgiménto; here's my —, êcco il mío indirízzo; he has a good —, egli si presênta bêne, ha un'ária distínta; to pay one's —eš to a young lády, corteggiáre, far la córte ad una damigélla
Adduce, *va.* addúrre, arrecáre, allegáre, intavoláre, campeggiáre, avanzáre; — a réason, an àrgument, addúrre un argoménto
Adducent, *a.* (*anat.*) adduttóre
Adducible, *a.* adducíbile
Adduction, *s.* (*anat.*) adduzióne (*d'un muscolo*); produzióne (*di documenti, prove*); esposizióne (*di ragioni*); citazióne (*d'autorità*)
Adductor, *s.* (*anat.*) adduttóre (*muscolo*)
Ademption, *s.* (*legge*) adenzióne, rèvoca
Adenography, *s.* (*anat.*) adenografía (*descrizione delle glandole*)
Adenoid, *a.* adenóide, glandolóso
Adenology, *s.* (*anat.*) adenología
Adenotomy, *s.* (*anat.*) adenotomía (*táto*)
Adept, *s.* adépto; —, *a.* versáto, sperimén-
Adequacy, *s.* adequaménto, rappórto esátto (to, con); the — of supplý to the expenditure, la giústa proporzióne delle risórse con le spése
Adequate, *a.* adequáto, proporzionáto; to be — to, èssere adequáto a, bastáre a, èssere all'altézza di
Adequately, *avv.* adequataménte
Adequateness, *s.* adequaménto, adequazióne
Adhere, *vn.* aderíre, attaccársi, stáre attaccáto; évery thing —s togèther, tutto si colléga

Adhérence, Adhérency, *s.* aderênza, attaccaménto
Adhérent, *s.* aderênte
Adhérently, *avv.* aderenteménte
Adhérer, *s.* aderênte
Adhésion, *s.* adesióne
Adhésive, *a.* adesívo, appiccatíccio
Adhésiveness, *s.* qualità adesíva; tenacità, viscosità
Adhórtatory, *a.* oratòrio, esortatòrio
Adieu, *avv.* addío; — *s.* addío; to bid — to, díre addío a; to táke a lást —, díre un'último addío
Ad-interim, *avv.* interinalménte, ad interim
Adipóse, Adipous, *a,* adipóso
Adit, *s.* (*miniere*) àndito, ádito; galleria di scólo
Adjácency, *s.* adjacênza, contiguità
Adjácent, *a.* adjacênte, attíguo
Adjéct, *va.* aggiùngere
Adjéction, *s.* aggiùnta, addizióne
Adjéctive, *s.* (*gram.*) aggettívo, addiettívo
Adjéctively, *avv.* addiettivaménte
Adjóin, *va.* aggiùngere, uníre
— *vn.* êssere attíguo, accósto; a fârming to the highway, un podére situáto sulla stráda maèstra; the next — ing proposition, la proposizióne che sêgue immediataménte
Adjoùrn, *va.* aggiornáre, rimèttere, differíre
— *vn.* aggiornáre una sedúta, una deliberazióne, prorogáre un'assembléa
Adjoùrnment, *s.* aggiornaménto, rinvío, próroga; — withoùt dáy, aggiornaménto indefiníto
Adjùdge, *va.* aggiudicáre, sentenziáre
Adjùdgment, *s.* aggiudicazióne
Adjúdicate, *va.* aggiudicáre, sentenziáre; to — upón a cáse, giudicáre di un'affare
Adjudication, *s.* aggiudicazióne; giudízio
Adjúdicátor, *s.* aggiudicatóre, giúdice
Adjunct, *s.* aggiuntívo, accessório; (*pers.*) aggiúnto; (*gram.*) aggiúnto
—, *a.* aggiuntívo, accessório, secondário
Adjùnction, *s.* aggiungiménto, aggiúnta
Adjùnctive, *a.* aggiuntívo; — *s.* aggiuntívo, aggiúnto
Adjùnctively, *avv.* aggiuntivaménte
Adjuration, *s.* scongiúro, aggiurazióne, *f*
Adjúre, *va.* scongiuráre
Adjùrer, *s.* scongiuratóre, -trice
Adjùst, *va.* aggiustáre, riordináre, assestáre, regoláre, accomodáre
Adjùstable, *a.* aggiustábile, componíbile
Adjùster, *s.* aggiustatóre, pacificatóre, -trice
Adjùstment, *s.* aggiustaménto, accomodaménto; àmicable —, amichévole accôrdo, componiménto
Adjutancy, *s.* uffízio, funzióni di ajutánte
Adjutant, *s.* ajutánte; — gèneral, ajutánte generále

Admèasure, va. misuráre, proporzionáre, compartíre

Admèasurement, s. misuraménto, misúra; scompartiménto

Admèasurer, s. misuratóre, compartitóre

Adminicular, a. ajutatívo; mitigatívo

Administer, va. amministráre, dirígere, règgere; somministrá·e, forníre, dáre; vn. (to), so·veníre (a), provvedére (a), contribuíre; — an óath, far prestáre un giuraménto; — the Sàcraments, amministráre i Sacraménti

Administràtion, s. amministrazióne, manéggio; govèrno, ministèro (i ministrí); lètters of — (legge), diritto di amministráre la successióne (d'un intestato)

Administrable, a. amministrábile

Administràtive, a. amministratívo

Administràtor, s. amministratóre

Administràtorship, s. uffízio, funzióni di amministratóre

Administràtrix, s. amministratríce, f.

Admirability, s. V. Àdmirableness

Àdmirable, a. ammiràbile, miràbile

Àdmirableness, s. ammirabilità

Àdmirably, avv. ammirabilménte, mirabilménte

Àdmiral, s. ammiráglio; almiránte (vascello); High —, gránde ammiráglio; rèar —, contrammiráglio; vice- —, vice-ammiráglio; Pòrt —, ammiráglio comandánte in un pòrto

Àdmiralship, s. grádo di ammiráglio

Àdmiralty s. ammiragliáto; Bóard of —, consíglio d'ammiragliáto; lòrd commissioner of —, lord commissário dell'ammiragliáto (consigliére d'ammiragliáto); fist lord of the —, presidénte del consíglio dell'ammiragliáto (ministro della marína); — cóurt, córte dell'ammiragliáto; — óffice, uffici dell'ammiragliáto, ministèro della marína

Admiràtion, s. ammirazióne; note of —, púnto di ammirazióne; to —, a meravíglia

Admíre, va. ammiráre, mirár con meravíglia — vn. (at) restáre meravigliáto (di; vulg.)

Admírer, s. ammiratóre, -tríce

Admíringly, avv. con ammirazióne

Admissibllity, s. ammissibilità

Admissible, a. ammissíbile

Admissibly, avv. ammissibilménte

Admission, s. ammissióne, entratúra, accèsso; — ticket, bigliètto di entráta; to have — at, avér l'entratúra prèsso; to make — (legge), rèndersi confèsso in parte, amméttere alcunchè a pròprio cárico

Admit, va. amméttere, accettáre, menár buòno, riconóscere; it —s of dóubt, ciò ammètte dúbbio

Admittable, a. ammissíbile

Admittance, s. accèsso, entráta, entratúra;

no — ! non si entra! non si passa! to beg —, pregáre d'èssere ammèsso; to denỳ any one —, tenêr la pórta, negár la pórta ad alcúno, fárgli baciár il chiavistèllo

Admitter, s. chi ammètte

Admix, va. V. Mix

Admìxtion, s. mischiaménto, mistióne, f.

Admixture, s. mistúra

Admònish, va. ammoníre, riprèndere (amorevolmente), esortáre

Admònisher, s. ammonitóre, -trice

Admònishment, s. ammoniménto

Admonition, s. ammonizióne

Admonitioner, s. ammonitóre, méntore

Admònitive, Admònitory, a. che ammonísce, ammonitório

Admònitor, s. monitóre, -trice

Adnàscent, a. che viéne su di un córpo; (bot.) parassíta

Adnàta, s. (anat.) congiuntíva, adnáta

Adnóun, s. V. Àdjective

Adò, s. fatíca, péna; scalpóre, chiásso; with much —, a stènto, con mólta fatíca; withóut any more —, senz'áltre cerimònie; much — abóut nòthing, gran schiamázzo per niènte

Adolèscence, Adolèscency, s. adolescênza

Adolèscent, a. adolescénto

Adòpt, va. (pers.) adottáre

Adòptedly, avv. adottivaménte

Adòpter, s, adot!atóre, -trice; pádre adottívo; (chim.) recipiénte, m.

Adòption, s. adozióne; by the — of such méans, adottándo tali mèzzi

Adòptive, a. adottívo

Adórable, a. adoràbile

Adòrableness, s adorabilità

Adòrably, avv. adorabilménte

Adoràtion, s. adorazióne

Adóre, va. adoráre

Adórement, s. adorazióne

Adórer, s. adoratóre, -tríce

Adòrn, va. adornáre, ornáre; — one's self, adornársi, abbellírsi

Adòrner, s. adornatóre, -trice

Adòrnment, Adòrning, s. adornaménto, ornaménto, abbelliménto

Adòsculàtion, s. (bot.) fecondazióne

Adówn, avv. a básso, in giù — prep. giù per, lúngo; — her shóulders fell her lèngth of háir, giù per le spálle le cáddero i lúnghi capélli

Adrift, avv. a secónda dell'ácqua, in balía delle ónde, all'abbandóno

Adrogàtion, s. (legge) arrogazióne

Adròit, a. dèstro, svèlto, avvedúto

Adròitly, avv. destraménte, accortaménte

Adròitness, s. destrèzza, sveltèzza, accorgiménto

Adrý, a. (antiq.) assetáto

Adscititious, *a.* adcitizio, accessòrio, e m-
pietívo
Àdscript, *s.* ascrítto, addètto; — of the sòll,
sèrvo della glèba
Àdulate, *va.* aduláre, piaggiá-e, pialláre
Àdulátion, *s.* adulazióne; to bestów — upòn,
aduláre, piaggiáre
Àdulátor, *s.* adulatóre, piaggiatóre, -trice
Àdulátory, *a.* adulatòrio
Adulátress, *s.* adulatríce, *f.*
Adúlt, *s.* adúlto; — schóols, scuóle per gli
adúlti
Adùlterate, *va.* adulteráre, fatturáre
— *a.* adúltero; adulteráto, fatturáto
Adùlterateness, *s.* státo d'adulterazióne
Adùlterátion, *s.* adulterazióne, affattura-
mènto
Adùlterátor, *s.* adulteratóre, -trice
Adùlterer, *s.* adúltero
Adùlteress, *s.* adúltera
Adùlterìne, *s.* adulteríno
Adùlterous, *a.* adúltero; — táste, cattívo
gústo
Adùlterously, *avv.* adulteraménte
Adùltery, *s.* adultério
Adùltness, *s.* státo adúlto
Adùmbrant, *a.* adombránte
Adùmbrate, *va.* adombráre
Adumbrátion, *s.* adombramènto, adombra-
Adùncity, *s.* curvità, curvézza   (zióne
Adùncous, *a.* adúnco
Adúre, *vn.* (*antíq.*) árdere, consumársi
Adúst, *a.* adústo
Adùstion, *s.* adustióne
Advánce, *va.* far avanzàre, vantaggiáre, pro-
muóvere, anticipáre, dáre, pagáre antici-
patamènte, prestáre; promuóvere, aumen-
táre; innalzáre, eleváre, far incaráre
— *vn.* avanzáre, avanzársi, fársi avánti; far
progrèsso, progredíre
— *s.* avánzo, avanzaménto, márcia, progrèsso; (*com.*) anticipáta; riálzo (*di prezzo*), incaraménto; (*mil.*) pósto avanzáto ;
to make —*s*, preveníre, èssere il prímo
(la prima) a far propóste, carézze, moíne;
to pay in —, pagáre anticipatamènte;
paid ìn —, anticipáto
Adváncement, *s.* avanzaménto, progrèsso;
vantaggiaménto, promoviménto
Adváncer, *s.* promovitóre, vantaggiatóre
Advàntage, *s.* vantàggio , giovaménto ; —
gròund, terréno, pósto vantaggióso, sopravvènto; —, to take —, of, prevalérsi di,
giovársi di ; to sell to the best —, véndere per quánto più si può
— *va.* vantaggiáre, promuóvere
Advantágeous, *s.* vantaggióso, giovévole
Advantágeously, *avv.* vantaggiosaménte (gio
Advantàgeousness, *s.* utilità, profitto, vantág-
Advènt, *s.* venúta, (*relig.*) Avvènto
Adventitious, *a.* avventízio

Adventitiously, *avv.* avventiziaménte
Advèntual, *a.* dell'Avvènto
Advènture, *s.* avventúra, entúra (*impresa*);
(*com.*) paccotíglia; he met with an —,
incontrò un' avventúra; t'iey stóod upòn
their —, córsero la sòrte delle ármi ; fáil-
ing in the —, fallèndo l' imprésa
— *va.* avventuráre, pórre a repentáglio,
mèttere a rischio, arrischiáre ; — *vn.* av-
venturársi, tentár la sòrte
Advènturer, *s.* avventuriére; *m.*; cavaliére
Advènturess, *sf.* avventuriéra (d'indústria
Advènturine, *s.* (*min.*) avventurína
Advènturous, *a.* ardimentóso, animóso, ar-
díto, arrischiáto, temerário, audáce
Advènturesome, *a.* avventuróso
Advènturously, *avv.* avventurosaménte
Advènturousness, *s.* ánimo avventuróso
Àdverb, *s.* avvèrbio
Advèrbial, *a.* avverbiále
Advèrbially, *avv.* avverbialménte
Àdversary, *s.* avversário
Advèrsative, *a.* avversatívo
Àdverse, *a.* avvèrso
Àdversely, *avv.* avversaménte
Advèrseness, *s.* natùra avvèrsa
Advèrsity, *s.* avversità; — tríes fríends, ne'
bisógni si conóscono gli amíci
Advèrt, *vn.* (*to*), avvertíre, vòlgere l' atten-
zióne, accennáre, allúdere (a)
Advèrtence, Advèrtency, *s.* avvertènza
Advertíse, *va.* avvisáre, annunziáre (*ne' gior-
nali*); avvertíre
Advertísement, *s.* avvertimènto, avvíso, an-
núnzio (*ne' giornali*, ecc.)
Àdvertíser, *s.* annunziatóre, -trice (*ne' giornali*, ecc.), avvisatóre, -trice
Àdvertísing, *s.* annúnzi, spése d'annunzi (*ne'
giornali*, ecc.)
Advíce, *s.* consíglio; avvíso, notízia, letter
of —, (*com.*) léttera d'avvíso ; a piéce of
—, un consíglio; we have received —*s*
from, abbiámo ricevúto notízie da; táke
my —, seguíte i miéi consígli, fáte a módo
mio; — - boat, bárca di avvíso, náve di
procáccio
Advíseable, *a.* da consigliársi, giudizióso, opportúno; to think it —, reputáre opportúno
Advíseableness, *s.* convenevolézza, opportunità
Advíse, *va.* consigliáre; avvisáre, dar avvíso
(a); — *vn.* con-ideráre , consul-
táre, consigliársi con ; I — you to, vi consíglio di; he —ed by me, dáte ascólto a
me, fáte a módo mio; I will — with my
fáther, consulteró mio pádre
Advísed, *a.* avvisáto, consigliáto; ill —, sconsigliáto
Advísedly, *avv.* avvisataménte, avveduta-
mènte; di propósito deliberáto; con giudízio, prudenteménte
Advísedness, *s.* saviézza, avvedutézza

Advíšer, *s.* consigliatóre, -trice; légal —, consulénte legále

Àdvocacy, *s.* difésa; the — of, il patrocináre, sostenére, propugnáre

Àdvocate, *s.* avvocáto, difensóre; Lord —, procuratóre generále (*della Scozia*) — *va.* patrocináre, sostenére, difêndere

Advocátion, *s.* difésa, appòggio, intercessióne

Advowée, *s.* patròno, avênte diritto di nòmina ad un benefízio

Advowson, *s.* (*diritto canon.*) diritto di patronáto, diritto di nòmina

Adynàmic, *a.* (*med.*) adinámico

Adýnamy, *s.* (*med.*) adinamía

Adz e Adze, *s.* àzza, scure, *f.*

Aédile, *s.* (*istor. rom.*)-edíle, *m.*

Aégis, *s.* égida, égide, *f.*

Aéglogue, *s.* *V.* Eclogue

Aenéid, *s.* Enéide, *f.*

Aeólian-harp, *s.* árpa Eòlia

Aerate, *va.* (*chim.*) acrificáre

Aérial, *a.* aerio

Aeriform, *a.* aerifórme

Aerification, *s.* aerificazióne (rizzáre

Aerify, *va.* convertíre in ária; (*chim.*) ae-

Aérie, Aéry, *s.* nído di uccèllo di rapína

Aerography, *a.* aerografía

Aerolite | *s.* aerólito, *m.*
Aerolithe |

Aerology, *s.* aerología

Aerólogist, *s.* aerólogo

Aeròmeter, *s.* aeròmetro

Aeròmetry, *s.* aerometría

Aeronaut, *s.* aeronáuta, *m.*

Aeronáutic, *a.* aeronáutico

Aeronáutics, *s.* aeronáutica

Aeronáutism, *s.* prática dell'aeronáutica

Aerostat, *s.* aerostáto

Aerostàtic, *a.* aerostático

Aerostátics, *s.* aerostática

Aerostátion, *s.* aerostazióne, aerostática

Aerúginous, *a.* rugginóso

Aesthetic, *a.* estético

Æsthetics, *spl.* (*pr.* esthètics) estètica

Aetiòlogy, *s.* (*med.*) *V.* Etiology

Aëtites, *s.* (*min.*) aetite *m.*, piètra aquilína

Afar, *avv.* lontáno, lúngi

Aféard, *a.* (*vulg.*) *V.* Afráid

Affability, Affableness, *s.* affabilità

Àffable, *a.* affàbile

Affaír, *s.* affáre, *m.* faccênda; as —s stand, al pùnto ove son le còse

Affèct, *va.* affettáre; toccáre, toccáre al vívo, muòvere, commuòvere, interessáre; that —s me greatly, ció mi tócca al vívo, ció m'interéssa di mólto; he wishes to — the great man, égli vuòl farla da gránde

Affectátion, *s.* affettazióne

Affècted, *part.* e *a.* affettáto; affètto; commòsso, intenerito; ill —, mal dispósto; well —, ben dispósto (to, per, vèrso)

Affèctedly, *avv.* in mòdo affettáto, con affettazióne

Affèctedness, *s.* *V.* Affectátion

Affècting, *a.* toccánte, commovênte

Affèctingly, *avv.* in mòdo commovênte

Affèction, *s.* affezióne, affètto; tók·n of —, pégno d'affètto; to beàr — to, to entertáin — for, portáre affètto a, nutríre affètto per; to have an — for, èssere affezionáto a; to set one's —s on, pórre gli affètti in

Affèctionate, *a.* affezionáto, affettuóso

Affèctionately, *avv.* affettuosaménte, con affètto

Affèctionateness, *s.* affètto, attaccaménto

Affèctioned, *a.* dispósto; be kindly — one to anòther, siáte amorévoli gli úni vèrso gli áltri; (*anat.*) affettáto

Affiance, *s.* fidánza, fidúcia; sposalízio — *va.* fidanzáre (*dar fede di sposo*)

Affianced, *part.* e *a.* fidanzáto; gentleman —, fidanzáto, promésso spòso; lady —, fidanzáta, proméssa spósa; the lady and gentleman —, i fidanzàti, i promèssi spósi — *s.* fidanzáto; fidanzáta

Affidávit, *s.* deposizióne con giuraménto; to make an —, depórre con giuraménto

Affiliate, *va.* affiliáre

Affiliátion, *s.* affiliazióne

Àffinage, *s.* affinaménto

Affínity, *s.* affinità

Affírm, *va.* affermáre, approváre, ratificáre; to — a sentence, (*legge*) confermáre un giudicáto; *vn.* affermáre; to — to (*legge*) depórre; to be —ed to, fáre depórre su; he was —ed to the fact, fu fátto depórre sul fátto

Affírmable, *a.* che si può affermáre

Affírmance, *s.* affermazióne; confèrma (*d'un giudicato*); sanzióne (*d'una legge*)

Affírmant, *s.* affermánte; deponénte (*in giudizio*); (*legge*) testimònio

Affirmátion, *s.* affermazióne

Affírmative, *a.* affermatívo; — *s.* affermatíva; to reply in the —, rispóndere affermativaménte

Affírmatively, *avv.* affermativaménte

Affírmer, *s.* affermatóre, confermatóre, -trice

Affíx, *va.* affiggere, affissare, attaccáre, appèndere, appórre, mèttere, aggiúngere; to — a séal to an instrument, appórre un sigíllo a un documento — *s.* (*gram.*) affísso, particélla prepositíva

Affíation, Afflátus, *s.* affiáto

Afflict, *va.* affliggere; to be —ed at, affliggersi di

Afflictedness, *s.* *V.* Affliction

Afflicter, *s.* colúi, colèi che affligge

Affliction, *s.* afflizióne

Afflicting, *a.* affliggènte

Afflictive, *a.* afflittívo, doloróso

Afflictively, *avv.* in mòdo affligénte, doloro-
saménte
Affluence, Affluency, *s.* affluènza, concórso,
opulènza
Affluent, *a.* affluènte; opulèntò
Affluently, *avv.* copiosaménte; con opulènza
Afflux, Afflùxion, *s.* (*med.*) afflùsso
Afford, *va.* dáre, fornìre, pòrgere, somminì-
stráre, accordáre, offrìre, avér il mèzzo (*di*),
avér la facoltà (*di*), permèttersi; he is rich,
he can — it, è rìcco, ha il mèzzo di fàrlo
Afforest, *va.* afforestáre, far divenìre sèlva
Afforestàtion, *s.* conversióne di terréni in
forèste
Affrànchise, *s.* affrancáre, far frànco
Affrànchisement, *s.* affrancazióne, affranca-
ménto
Affráy, Affráyment, *s.* tafferùglio, ríssa
Affright, *va.* spaventáre, impaurìre
— *s.* spavènto, *V. Fright*
Affrighted, *a.* spaventáto, impaurìto
Affront, *s.* affrónto; outràgeous —, affrónto
sanguinóso; to bréok an —, digerìre un
affrónto; to pócket an —, prèndersi un af-
frónto in sánta páce; to put an — on a
person, fáre un affrónto a qualcúno; to
pùt up with an —, subìre un affrónto
— *va.* affrontáre; oltraggiáre
Affrónter, *s.* oltraggiatóre, -trìce
Affrónting, Affróntive, *a.* oltraggióso, ingiu-
Affúse, *va.* versáre (*sopra*)   (rióso
Affúsion, *s.* affusióne
Afiéld, *avv.* al cámpo; (*poét.*) vèrso i cámpi
Aflóat, *avv.* a gàlla, galleggiánte; in cir-
colazióne; to set —, (*mar.*) méttere (una
náve) in ácqua; to set — agáin, scagliáre,
rileváre (una bárca)
Afóot, *avv.* (*meglio*, on foot), a piè, in piè
Afóre, *avv. prep* avánti, innánzi, prìma;
V. Befóre
Aforegóing, *part. a. V.* Foregóing
Aforemèntioned, *a. V.* Forementionéd
Aforesáid, *a.* suddétto, succitáto, sullodáto
Aforetìme, *avv.* áltre vòlte, tèmpo fu che
Afráid, *a.* impaurìto; to be —, temére, avér
paúra; to make —, far paúra a, incútere
timóre a; I am — that, témo che
Afrèsh, *avv* di nuòvo, da cápo; di frésco
African, *a. s.* affricáno
Afrònt, *avv* di frónte, davánti, in fáccia
áft, *a.* (*mar.*) del di diètro, della póppa; the
— árm of a knée, l' indiètro d' un bracciuòlo, d'úna cúrva
— *avv.* (*mar*) vèrso póppa, indiètro; fore
and —, per póppa e per próra, su e giù;
the wìnd is right —, il vènto è in fìl di
ruòta
áfter, *prep.* dòpo, diètro; secóndo, a nòrma
di; one — anòther; l'un dopo l'áltro; —
the French fàshion, alla francése; — áll,
al postútto, infìne; he pùts me off dáy —

day, mi rimánda da un giórno all'áltro;
dáy cáme — dáy, succedévansi i giórni,
I was námed — my gràndfather, mi fu
dáto il nóme di mío nònno
áfter, *avv.* dòpo, dòpo che, súbito che; indi;
the day —, il giórno seguènte; a fewdays
—, indi a pòchi giórni
after-áges, *spl.* sècoli avvenìre
áfter-birrn, *s.* (*med.*) secondìna   (pináto
áfter-clap, *s.* còlpo inaspettáto, accidènte ino-
áfter-crop, *s.* guaíme, *m.* secónda raccòlta
áfter-days, *s. pl.* giórni avvenìre, *m.*
áfter-dinner, *s.* dopo pránzo, *m.*
áfter-gáme, *s.* un'áltra partíta (al giuòco);
(*fig.*) novèllo espediénte
áfter-gròwth, *s.* guaíme, *m.*
áfter-guárd, *s.* (*mar.*) guárdia alla póppa
áfter-hópe, *s.* speránza futúra
áfter-hóurs, *s. pl.* (*stile sost nuto*) óre se-
guènti; (*degli operai*) ore in più (di lavóro)
áfter-lífe, *s.* séguito, progrèsso della vìta
áter-málice, *s.* rancóre, *m.*
áfter-maru, *s.* guaíme, *m.*
áfter-most, *a.* (*mar.*) estrémo di póppa
áfter-nóon, *s.* dòpo mezzogiórno, dòpo pránzo
áfter-páíns, *s.* dolóri dòpo il párto
áfter-piéce, *s.* (*teat.*) fársa, píccola commédia
áfter-repéntance, *s.* tárdo pentiménto
áfter-sáil, (*mar.*) véla di póppa
áfter-státe, *s.* státo futúro
áfter-tòuch, *s.* (*pittura*) ritócco
áfter-thought, *s.* riflessióne tardíva
afterward, áfterwards, *avv.* dòpo, poi, di poi,
póscia, indi; afterward, (*mar.*) vèrso póppa
áfter-wíse, *a.* sàggio tròppo tárdi
áfter-wit, *s.* sènno fuór di stagióne; — is
évery man's wit, del sènno di poi tútte le
fòsse ne son piène
Ága, *s.* Agà, *m.* comandánte túrco
Agáin, *avv.* di nuòvo, una secónda vòlta,
ancóra, un'áltra vòlta, nuovaménte; in ricámbio, oltracciò, inóltre; — and —, mólte
vòlte, le mille vòlte; as much —, altrettánto; to come —, ritornáre; to réad —,
rilèggere; to find —, ritrováre
Agáinst, *prep.* cóntro, cóntra, di cóntro, vèr-
so, vicíno, per; — the gráin, a cóntra pélo;
óver —, dirimpètto, di cóntro
Àgami, *s.* (*orn.*) ágami, *m.*
Agamous, *a.* (*bot.*) agámo (so, stupefátto
Agápe, *avv.* a bócca apèrta, con tánto di ná-
Àgape, *s.* (*pl.* agapæ) ágape, *f.*
Àgaric, *s.* (*bot.*) agárico; fáiry —, prugnuó-
lo; fiéld —, pratajuólo
Agàst, *V.* Aghàst
Agate, *s.* (*min.*) ágata
Àgaty, *a.* d'ágata
Agáve, *s.* (*bot.*) ágave, *f.*
Agáze, *va.* (*antìq.*) sbalordíre
Áge, *s.* età; età, sècolo; età matúra; (*old
age*), vecchièzza; gólden —, sècolo d'òro;

of full — (legge), maggiorénne, d'età maggióre; ùnder —, minóre, minorénne; he is ten years of —, egli ha diéci ánni; to be of —, non éssere più minóre, éssere giùnto all'età matùra; non —, minorità; the middle —s, il mèdio èvo

Áged, a. vècchio, attempáto; middle —, di mèzza età; the —, i vècchi

Ágency, s. azióne, operazióne, agenzía, aziénda; (com.) commissióne

Ágent, s. agènte

Agglómerate, va. agglomeráre
— vn. agglomerársi

Agglomerátion, s. agglomerazióne

Agglútinant, a. agglutinánte, agglutinatívo; s. (med.) agglutinánte, m.

Agglutináte, va. agglutináre

Agglutinátion, s. agglutinazióne

Agglutinátive, a. agglutinatívo, agglutinánto

Àggrandíze, va. aggrandíre, far gránde; — one's sèlf, aggrandírsi, fársi gránde

Àggrandízement, s. aggrandiménto

Aggrandízer, s. aggranditóre, -tríce

Àggraváte, va. aggraváre

Àggravátion, s. aggravazióne, aggravaménto

Àggregáte, va. aggregáre
— a. aggregáto
— s. aggregáto; totále, m.

Àggregately, avv. aggregataménte, per vía d'aggregazióne

Aggregátion, s. aggregazióne

Aggregátive, a. aggregatívo

Aggregátor. s. aggregatóre, -tríce, m. f.

Aggrèss, vn. aggredíre

Aggrèssion, s. aggressióne

Aggréssor, s. aggressóre

Aggriévance, s V. Griévance

Aggriéve, va. affliggere, travagliáre, lédere; offéndere, danneggiáre

Aggriéved, a. afflitto, offéso, danneggiáto

Aggroùp, va. (arti) aggruppáre

Aghàst, a. spaventáto, stupefátto, atterrito

Àgile, a. ágile

Àgility, s. agilità

Àgio, s. (com.) àggio

Àgiotage, s. aggiotàggio

Àgitable, a. agitábile

Agitátion, s. agitazióne; to be in —, éssere agitáto; a schéme is in —, un progètto è in discussióne

Àgitátor, s. agitatóre

Àglet, Áíglet, s. aquilíno

Àgnaíl, s. pípita; panaríccio

Àgnate, a. s. (legge) agnáto

Agnátion, s. (legge) agnazióne

Agnítion, s. (teat.) riconosciménto

Agnómen, s. cognóme (soprannóme) m.

Agnominátion, s. soprannóme, m.; parano-

Àgnus-cástus, s. (bot.) agnocásto (mása

Agó, avv. fa; lòng —, tèmpo fa; a little while —, póco fa

Agóg, avv. in ùzzolo; to be —, éssere in ùzzolo; to set — for, (de' bambíní) far veníre l' ùzzolo

Agóing, part. pres. e a. in moviménto, in azióne; avviáto; che se ne va; to set —, mèttere in moviménto, istradáre

Agóne, part. pass. andáto, passáto (antíq.) V. Agó

Àgonist, Agonistes, s. (poet.) agonísta, m.

Agoníze, vn. agonizzáre; soffríre atroceménte
— va. cruceiáre, torturáre, far soffríre atroceménte

Agonízingly, avv. angosciosaménte, dolorosaménte

Àgony, s. agonía, angóscia; in an — of despáír, in un accèsso di disperazióne

Agóod, avv. (antíq.) seriaménte, sul sério

Agoùti, s. (zoología) agùti, m.

Agrárian, a. agrário; — láw, lègge agrária; s. fautóre della lègge agrária

Agrárianism, s. teoríe delle lèggi agrárie

Agrée, vn. accordársi, èsser d'accórdo, inténdersi; — (in), conveníre; — (with), confársi, affársi; — (on, for), conveníre, patteggiáre; — (to), aderíre (a) acconsentíre (a), accettáre; (gram.) accordársi, concordáre; —d, siámo d'accórdo, siámo intési; it was —d, fu convenúto, fu stipuláto; to — togèther, accordársi, andáre d'accórdo, vívere in páce, in armonía; they — like cat and dog, sóno amíci come cáni e gátti; I — with you, sóno del vóstro parére
— va. mèttere d'accórdo, rappaciáre

Agréeable, a. gradévole, gráto, améno; compagnévole, gioviále; — (to), confórme (a), a nórma (di); confacènte, convenévole, accóncio

Agréeableness, s. conformità, congruità, accórdo, convenevolézza, acconcézza; amenità, grázia, avvenènza

Agréeably, avv. gradevolménte, grataménte piacevolménte, amenaménte; — to, confórme a, conformeménte a, a nórma di

Agréed, a. convenúto, concèsso, intéso, stipuláto, accordáto; —! val tóppa!

Agréement, s. accórdo, pátto, convenzióne, intelligénza, conformità, congruità; concénto, armonía, consonánza; to come to an —, veníre a pátti, accordársi; to bring to an —, mètter d'accórdo

Agréstic, Agréstical, a. agrèste

Agricùltor, s. (stile sost.) agricoltóre

Agricùltural, a. agrícolo

Agricùlture, s. agricoltúra

Agricùlturist, s. agrónomo, agricoltóre

Àgrimony, s. (bot.) agrimònia; hèmp —, eupatória, èrba giúlia, èrba amára

Àgriot, s. (bot.) agriòtta

Agrònomy, s. agronomía

Agroùnd, avv. (mar.) a sécco, in sulle sèc-

che; arenàto; incagliàto; tó run —, inve-
stire, dar in sècco; *va.* spingere in sulle
sécche, arenàre, incagliàre, to be —, trovàrsi in sulle sécche, éssere incagliàto

Águe, *s.* fèbbre intermittènte, fèbbre terzána; a fit of the —, accèsso di fèbbre

Águe-fit, *s.* accèsso di fèbbre (intermittènte)

Águe-pówder, *s.* pólvere febbrifúga

Águe-próof, *a.* che non téme la fèbbre

Águe-struck, *a.* febbricitánte

Águe-trée, *s.* (*bot.*) *V.* Sassafras

Águish, *a.* febbróso, febbricitánte

Áh! *interj.* ah! deh! ahimè! ahi!

Abà, *interj.* ah! ben! bene! ben gli sta!

Ahèad, *avv.* (*mar.*) avánti, innánzi; — of,
più avánti di; to go —, innoltràrsi, ficcársi avánti; to get — of, oltrepassáre;
go — if you can, avánti se potéte

Ahoy, *interj.* (*mar.*) olà! ohe! oh!

Ahúll, *avv.* (*mar.*) a sècco; to be or go —,
andáre a sècco (*senza vele*)

Áid, *va.* ajutáre, soccórrere; — each óther,
ajutársi l'un l'áltro

— *s.* ajúto, soccórso; by or with the — of,
coll'ajúto di

Áidance, *s.* *V.* áid

Áiding, *a.* ajutánte, soccorrènte (po

Aid-de-camp. *s.* (áddekong), ajutánte di cám-

Áider, *s* ajutatóre,-trìce, ausiliário, -a, *m. f.*

Áiglet, *s.* *V.* áglet

Áidless, *a.* sénza ajúto

Áigremore, *s.* carbóne pésto e stacciáto (per
fuóchi pirotécnici)

Aigrette e áigret, *s.* (*ornit.*) airóne biánco;
pennìno (di piúme, diamánti, ecc.)

Áil, *s.* (*poe. us.*) mále leggéro, indisposizioncèlla; *V.* áilment

— *va.* incomodáre, dar pêna, cagionár diságio, tormentáre, inquietáre; your sister
looks ill; what —s her? mi sèmbra che
vòstra sorèlla sia indispósta; che cósa ha?

Áile, *s.* *V.* Aisle

Áiling, *a.* incomodáto, indispósto; you are
álways —, siète sómpre incomodáto, sémpre indispósto

Áilment, *s.* mále, indisposizioncèlla

Áim, *van.* (*at*) miráre, por la míra, prèndere
la míra, imberciáre

Áim, *s.* míra, ségno; the — of a gùn, la
míra di uno schiòppo; to take one's —,
pórre, prèndere la míra; to miss one's —,
fallàre il berságlio, mancáre il cólpo

Áimless, *a.* sénza míra, sénza scòpo

Áir, *s.* ária; áere (*poet.*) *m.*; aspètto, céra,
contégno, fáre, *m.*; the úpper —, l'ètere; fòul
—, ária infètta; in the ópen —, all'ária
apèrta; càstles in the —, castèlli in ária;
to bèat the —, far un búco nell'ácqua;
to let the — in a rôom, dar ária ad úna
càmera; to put a thing in the —, espórre
all'ária un oggétto; to shów —s, arrogársi,

assúmersi, affettáre; to sing an —, cantáre un'ariétta; noble —, bell'ária di
tésta, ariòna; air-bag, air-blàdder, vescíca
natatória; air-ballóon, pallóne areostático;
áir-built, fabbricáto ín ária, chimèrico; —
exhàuster (*macch.*), ventilatóre; — - hole,
sfogatójo; spiráglio; — - gun, fucíle a vênto, schiòppo da ária; — - pump, mácchina
pneumática; — - shàft, pòzzo delle miniére,
spiráglio; — - stóve, calorífero; — - thrèad,
filaménto, báva (volánte nell'ária); — -
tíght, impermeábile all'ária; — - tíghtness,
impermeabilità all'ária; — - trap, ventilatóre; — - túbes, condótti aèrei; — - vèssel,
trachèa

áir, *va.* méttere all'ária, dar ária a, sciorináre, seccáre all'ária o al fuóco; —
clóthes, linen, dar ásolo a' pánni; — one's
sélf (*better* to take *the* air), asoláre, prêndere l'ária

Áiriness, *s.* (*astratto di áiry*) qualità aerósa
o ariósa, státo di cósa che sia nell'ária, o
ch'é espósta all'ária; leggerézza, brío,
vivacità

áirily, *avv.* leggerménte, briosaménte

áiring, *s.* l'espórre (*i panni, ecc.*) all'ária o
al fuóco, lo sciorináre, il soccáre, lo scaldáre; aereazióne, passeggiáta, córsa in
carròzza per pigliár l'ária; to take an
—, pigliár l'ária, fáre una giráta, una
trottáta

áirless, *a.* senz'ária (láta

áirling, *s.* persóna aerósa, allégra, scervel-

áiry, *a.* aèreo, aeróso, ariôso; briòso, gájo;
— *light,* leggiéro come l'ária

— *s.* nído (*di falco o d'aquila*)

Aisle, *s.* (*pr.* íl) navàta (*di chiesa*)

Ajàr, *a.* socchiúso, mézzo apèrto

Ake, *V.* áche

Akimbo, *avv.* appoggiáto sulle ánche; to put
one's arms —, arrovesciáre le máni sui
fiánchi

Akin, *a.* parénte, consanguíneo, congiúnto,
affíne; to be — to, éssere parénte di; èssere affíne, somigliánte a

Alabáster, *s.* alabástro; *a.* alabastríno

Alabáster -stóne ⎱ (*min.*) alabastríte, *f.*
Alabastrítes ⎰

Alàck! *interj.* ohimè! oimè! lásso me!

Alàckadáy! *interj.* ohimè! ahi sòrte infelíce!

Alácrity, *s.* alacrità

Alàrm, *s.* allárme, *m.*; fàlse —, allárme
fálso; alàrm-clóck, svegliatójo; — - wàtch,
svegliaríno (*oriuolo*)

— *va.* allarmáre; don't be —ed, non vi al-
larmáte

Alárming, *a.* allarmánte

Alármingly, *avv.* in mòdo allarmánte

Alàrmist, *s.* allarmísta, *m.*

Alárum, *s.* *V.* alárm; — wàtch, svegliaríno

Alàs! *interj.* ohimè! oimè!

Allowable, *a.* ammissíbile, permêsso, lécito
Allowbleness, *s.* ammissibilità, legittimità
Allowance, *s.* assegnaménto, pensióne, gratificazióne, propína; porzióne, razióne, soccórso; concessióne, ammissióne, permissióne, sanzióne, assénso; indulgènza; (*com.*) abbuóno, diffálco, ribásso; abbonaménto, scónto; (*legge*) sostentaménto, nudriménto; a little yéarly —, un píccolo asségno ánnuo; to máke —, éssere indulgénte, compatíre; to máke an —, accordáre un diffálco, dáre un abbuóno
— *va.* (*mil.*) méttere alla razióne, diminuíre la quantità del cíbo
Alloy, *s.* léga (*de' metalli*); (*fig.*) mistúra, impurità; without —, puro, perfétto, sénza léga ignóbile
— *va.* allegáre (*metalli*), alteráre, guastáre
Allspíce, *s.* cóccola di piménto
Allúde, *vn.* (to) allúdere (a), far allusióne (a), accennáre (a)
Allúre, *va.* allettáre, attrárre, adescáre, sedúrre; — with fair prómises, páscere di bélle paróle
Allúrement, *s.* allettaménto, lusínga, seduzióne; vézzo, attrattíva
Allúrer, *s.* lusinghiéro, allettatóre, -tríce
Allúring, *a.* lusinghiéro, attraénte, soducènte
Allúringly, *avv.* lusinghevolménte
Allúsion, *s.* allusióne; to máke an —, fáre un'allusióne
Allúsive, *a.* allusívo
Allúsively, *avv.* allusivaménte
Allúvia, *s.* tèrra di alluvióne
Allúvial, *a.* alluvionále, d'alluvióne
Allúvion, Allúvium, *s.* alluvióne
Ally, *va* collegáre (*per matrimonio o trattato*), uníre; the allíed (o állied) pówers, le poténze alleáte
Allý e ally, *s.* (*polit.*) alleáto; (*pers.*) congiúnto, parénte, alleáto; allíes e àllies, allálma-máter, *s.* collégio, università (leáti
Almagest, *s.* almagèsto
Almanac, ámanac, *s.* almanácco; — máker, writer, autóre, scrittóre di almanácchi
Almightiness, *s.* onnipotènza (*di Dio*)
Almighty, *a. s.* onnipotènte, m.
Almond, *s.* (*bot.*) mándorla, mándola; (*anat.*) tonsílla; bitter —, mándorla amára; búrnt —, mándorla tostáta (nello zúcchero); swéet —, mándorla dólce; milk of —s, emulsióne di mándorle; — of the éar, (*anat.*) glándola paróti!e; (*med.*) gavíne gavígne, *f. pl.*; — of the thróat, (*anat.*) tonsílla; — flówer, fiór di mándorlo; — trée (*bot.*) mándorlo
Almoner, *s.* elemosinière, m., cappelláno; gránd —, gránde elemosinière; Lord High —, gránde elemosinière d' Inghiltèrra
Almonry, *s.* uffício di elemosinière
Almost, *avv.* quási, prèsso che

alms, *s.* limósina; to give —, far la limósina; — - giver, chí fa limósina
alms-box } *s.* trónco di beneficénza, casalms-cóffer } sétta delle elemósine
alms-déed, *s.* ópera di carità, elemósina
alms-giving, *s.* elemòsine, *pl. f.*
alms-house, *s.* ospízio (pei póveri)
alms-man, *s.* indigènte (che vive d'elemòsina)
aloés, *s.* (*bot.*) áloe; (*farm.*) aloe; — wood, légno d'áloe (tico
Aloètic, *a.* aloètico; — *s.* medicaménto aloèAlóft, *avv.* nell'ária, nell'étere, in álto; (*mar.*) su, sópra, lassù; hoist him —, tirátelo su; they are — on the yards, sóno di sópra, sulle antènne
Alóne, *a.* sólo, único, solitário; all —, quíte —, sólo solétto; he is — in his room, egli è sólo nella súa stánza; let him — for that, lasciáte fáre a lúi; let it —, lasciátelo stáre, lasciátelo; let me —, lasciátemi stáre, non mi toccáte, finítela
— *avv.* solaménte, soltánto; sólo, da sólo a sólo
Alóng, *avv. prep.*, lúngo, lunghèsso, rasénte, avánti; tútto il tèmpo; (*mar.*) lunghèsso, accósto, bórdo a bórdo; — the shóre, lùnghèsso il máre; come —, avánti, veníte pur vía, prèsto; come —, get —, andátevene, vía di qua, vía; — with, unitaménte a, in compagnía di; — síde, (*mar.*) lúngo il bòrdo, còntro il bòrdo, accòsto, accánto; all — (*volg.*) sèmpre, dal princípio alla fine
Alóng-síde, *avv.* lúngo la bánda, accòsto; to lie — a ship, giacére alla bánda
Alóof, *avv.* di lúngi, da lontáno, alla lárga
Alopécia, àlopecy, *s.* (*med.*) alopecía
Alóud, *avv.* ad álta vóce, fòrte, altaménte; to call —, chiamár ad álta vóce, giidár fòrte
alp, *s.* álpe, *f'*, mónte, m.
Alpáca, *s.* (*zool.*), láma selvággio, alpága, m.; lána d'alpága
alpha, *s.* álfa (*dell'alfabeto*), princípio
Alphabet, *s.* alfabéto
Alphabètic, Alphabétical, *a.* alfabético
Alfabètically, *avv.* alfabeticaménte
Alpine, *a.* alpíno, alpèstre, alpigiáno
Alréady, *avv.* già, di già (eziandío
also, *avv. conj.* ánche, altresì, ánco, pure, àltar, *s.* altáre, m. ára (*poet.*); the high —, l'altáre maggióre; —-cloth, trováglia d'altáre; — píece, quádro d'altáre, pállio àlter, *va.* alteráre, cangiáre, mutáre; rifáre — *vn.* cambiáre, mutársi, deperírre
àlterable, *a.* alterábile, átto ad alterársi
àlterableness, *s.* alterabilità, mutabilità
àlterably, *avv.* in mòdo da potérsi alteráre
Alteràtion, *s.* alterazióne, mutazióne, cambiaménto
àlterative, *a.* (*med.*) alteratívo, che cagióna cambiaménto; — *s.* medicína alteratíva

Altercàtion, *s.* altercazióne, altèrcò, contésa
Altern, *a.* altèrno; recíproco; alternatívo
Altèrnacy, *s.* alternazióne, *f.* alternàre, *m.*
Altèrnate, *a.* altèrno, alternáto, alternánte, alternatívo, che ópera, múta o viéne con vece altèrna
— *va.* alternáre, avvicendáre
— *vn.* alternáre, èssere altèrno
Altèrnately, *avv.* alternataménte; vicendevolménte, a vicènda
Altèrnateness, *s.* alternatività
Alternàtion, *s.* alternazióne
Altèrnative, *s.* alternatíva, opzióne, scèlta
— *a.* alternatívo, vicendévole
Altèrnatively, *avv.* alternativaménto
Altèrnativeness, *s.* alternatività
Althéa, *s.* (*bot.*) altèa
Althó, *abbr. di* Although
Although, *cong.* benchè, abbenchè, ancorchè, sebbéne, quantúnque
Alùloquence, *s.* magniloquènza, ampollosità
Altimetry, *s.* (*geom.*) altimetría
Altisonant, *a.* altisonánte
Àltitude, *s.* altitúdine, *f.* altèzza
Altivolant, *a.* antivolánte
àltogèther. *avv.* affàtto, intieraménto, in tútto
Aludel, *s.* (*chim.*) alludèllo
àlum, *s.* allúme, *m.*; *va.* alluminàre, dar l'allúme; bùrnt —, allúme calcináto; plumóse, plúme —, allúme di piúma; róck —, allúme di ròcca   (lúme
Àlam-máking, *s.* (*chim.*) formazióne dell'al-
Àlum-pit, *s.* allumièra
Àlum-wàter, *s.* àcqua alluminósa, d'allúme
Àlum-wòrks, *s.* allumièra, fábbrica d'allúme
Alùmina, *s.* (*chim.*) allumína
Alùming,*s.*(*tintura delle sete*)alluminatúra
Alùminous, *a.* alluminóso, d'allúme
Alutàtion, *s.* cóncia (del cuòjo)
Àlveary, *s.* alveáre, *m.*; (*anat.*) alvèolo (dell'orècchia)
Àlveolar, àlveolary, *a.* alveoláre
Àlveolis, àlveolus, *s.* (*anat.*) alvèolo
àlvine, *a.* alvíno; — evacuàtions, evacuazióilwàyi, *avv.* sémpre   (ni alvíne
A. M. *iniziali di* anno mundi, *in the year of the world*, nell'ánno del móndo; ante meridiem, *before nóon*, avánti mezzogiórno, antimeridiáno; *ed* Artium Magister, *master of arts*, laureáto in bèlle lèttere, dottóre in filosofía
Am, *prima pers. sing. del verbo* to be
Amability, *s.* amabilità
Amadou ⎫ *s.* èsca; agàrico di Germánia
Amadow ⎭
Anàin, *avv.* a tútta pòssa, vigorosaménte; to ròw —, andáre a vóga arrancáta
— *interj.* (*mar.*) ammainàte! arrendétevi!
Amàlgam, Amàlgama, *s.* amalgáma
Amàlgamate, *va.* amalgamáre; *vn.* amalgaAmalgamàtion, *s.* amalgamazióne   (màrsi

Amalgamàtor, *s.* amalgamatóre, -tríce
Amanuènsis, *s.* amanuènse, copísta, *m.*
Àmaranth, *s.* *a.* (*bot.*) amaránto; tàiled — (lòve liès blèeding), amaránto a códa, códa di vólpe
Amaràntsine, *a.* amarantíno
Amaràntsuus, *s.* bot.) amaránto
Amaryllis, *s.* (*bot.*) amárilli, *f.* amárillide, *f.*
Amàss, *va.* ammassáre, accumuláre
Amateúr, *s.* (*belle arti*) amatóre, dilettánte
Àmativeness. *s.* disposizióne all'amóre
Amatórial ⎫ *a.* amatòrio, erótico
Àmatory ⎭
Amatórially, *avv.* amatoriaménte, eroticaménte
Amaurósis, *s.*(*med.*) amaurósi, *f.*gótta seréna
Amàze, *va.* stupíre, sbalordíre, sgomentáro
— *s.* sgoménto, stupóre, sorprésa   (póre
Amàzement, *s.* sgoménto, sbigottiménto, stuAmàzing, *a.* sorprendènte, stupèndo
Amàzingly, *avv.* stupendaménte, meraviglioÀmazon, *s.* amàzzone, *f.*   (saménto
Amazónian, *a.* d'amàzzone, da amàzzone
Ambàssador, *s.* ambasciatóre
Ambàssadress, *s.* ambasciatríce, *f.*
Àmber, *s.* (*min.*) ámbra; blàck —, ámbra néra, giavázzo; yèllow —, ámbra giálla, succíno; — -cóloured, colór d'ámbra; — -drink, bevánda colór d'ámbra; — -drópping (*poetico*), stillánte ámbra; — gréase, *V.* Ambergris; — sèed, ambrétta; — -wèeping, (*poetico*), lacrimánte ámbra; —, *a.* d'ámbra, ambráto
— *va.* ambráre, profumár coll'ámbra, dáre l'odór dell'ámbra   (grígia
Àmbergris, *s.* (*min.*) ambracáre, *m.*, ámbra
Ambidèxter, *s.* *a.* ambidèstro, fúrbo
Ambidextèrity, *s.* furbería ambidèstra, doppièzza
Àmbidèxtrous, *a.* ambi!èstro, dóppio
Ambidèxtrousness, *s.* ambidesterità, furbería
Àmbient, *a.* (*stile sost.*) ambiènte; tho — air, l'ambiènte, l'ária ambiènte
Ambigúity, *s.* ambignità
Ambiguous, *a.* ambíguo, equívoco
Ambíguously, *avv.* ambiguaménte
Ambiguousness, *s.* *V.* Ambigúity
Àmbit, *s.* ámbito, gíro, circúito, circonferènza
Ambition, *s.* ambizióne
Ambitious, *a.* ambizióso
Ambitiously, *avv.* ambiziosaménte
Àmble, *vn.* (*de' cavalli*) andáre l'ámbio, ambiáre; a horse that —s, cavállo che va l'ámbio
Àmble, *s.* ámbio, ambiatúra, portánte, *m.*
Àmbler, *s.* cavállo che va l'ámbio
Àmbling, *a.* che va l'ámbio, ambiánte; — páce, ámbio portánte
Àmbling!y, *avv.* col pásso dell'ámbio
Àmblygon, *s.* (*geom.*) ambligónio
Àmblyopy, *s.* (*med.*) ambliopía

---

aûr, rûde; - fâll, sên, nûll; - fâre, dò; - bý; lỳmph; pôlie, bõÿã, fôûl, fôŵl; gem, aí.
faris, ruga; · forte oeuf, culla; - erba, ruga; laì,   e, ì;   pol,   .austo;   gemma, rosa.

Àmbo, s. ambóne, m. (delle antiche chiese)
Ambrósia, s. ambrósia
Ambrósian chànt, s. cánto ambrosiáno
Ambrósial, a. d'ambrósia, delizióso
Àmbs-àce, s. (trictrac) ambássi, m.
Àmbulance, s. ambulánza
Àmbulant, a. ambulánte
Àmbulatory, a. ambulatório, ambulánte
Àmbuscade, Àmbush, s. imboscáta, agguáto;
  to fall into an —, cadére in un agguáto;
  to lay an — for, téndere un agguáto a;
  to lie in —, imboscársi, stáre in agguáto
Àmel, V. Enàmel
Améliorate, va. miglioráre; — vn. migliorársi
Amelioràtion, s. miglioraménto
Àmen, avv. àmen, così sía
Amènable, a. responsábile, obbligáto, tenúto
Amènd, va. emendáre, corrèggere, purgár dal-
  l'erróre, rivedére, ammendáre, riformáre;
  — vn. corrèggersi, migliorársi
Amènde, s. ammènda; to make the — hònor-
  able, far ammènda onorévole, spiegársi
Amèndment, s. ammendaménto, emendamén-
  to, correzióne, cambiaménto, riforma
Amènds, s. pl. ammènda, risarciménto, ri-
  parazióne, compènso, contraccámbio; to
  make — for, compensáre, risarcíre
Amènity, s. amenità (arbitrária)
Amèrce, va. condannáre ad una ammènda
Amèrcement, s. ammènda (arbitrária)
Amèricanism, s. americanísmo
Amèricanize, va. americanizzáre; naturaliz-
  záre americáno
Amèss, s. mozzètta (dei canónici)
Àmethyst, s. (min.) ametísta
Amethístine, a. colór ametísta
Amiability, s. amabilità
Amiable, a. amábile, attraènte, avvenènte,
  vezzóso, bèllo, vàgo, dégno d'èssere amáto
Amiableness, s. amabilità, avvenènza, grázia
Amiably, avv. amabilménte, vezzosaménte
Amiant, àmianth } (min.) amiánto
Amiànthus, s.
Amiànthoid, s. (min.) amiantóide, f.
Amicable, a. amichévole, da amíco
Amicableness, s. amorevolézza, gentilézza
Amicably, avv. amichevolménte, di, da amíco
Amice } s. (relig. catt.) ammítto
Amict }
Amid, Amidst, prep. in mèzzo a, nel mèzzo
Amidships, avv. (mar.) a mèzza náve (di, fra
Amiss, a. male, cattívo; avv. male, a málo,
  malaménto; to take —, avér a mále
àmity, s. amicízia, amistà
Ammi } s. (bot.) àmmi, m.
Àmmios }
Ammónia, s. (chim.) ammoníaca, álcali vo-
  látile, m.
Ammóniac, ammoníacum, s. (chim.) ammo-
  níaco, gómma ammoníaca
Ammóniac, ammóniacal, a. (chim.) ammo-

níaco; ammoníacal gas, gas ammoníaco;
  gùm ammóniac, gómma ammoníaca; am-
  moníacal sàlt, sal ammóniac, sále ammo-
  níaco
Àmmonìte, s. (min.) ammoníte, ammonìlì-
  de, f., córno d'ammóne, m.
Ammónium, s. (chim.) ammónio
Ammunition, s. munizióne, pólvere e pálle
Àmnesty, s. amnistía, perdóno generále;
  pèrson pàrdoned by —, amnistiáto, -a; to
  pardon by —, amnistiáre
Amómum, s. (bot.) amómo
Amòng, Amòngst, prep. fra, tra, ínfra; from
  —, d'infra (mànte
Àmorist, Amoróso, s. (poc. us.) amoróso, a-
Àmorous, a. amoróso
àmorously, avv. amorosaménte
Amorousness, s. inclinazióne all'amóre
Amòrphous, a. amórfo
Amòrphy, s. (med.) amorfía
Amortizàtion, Amórtizement, s. ammortizza-
  zióne, estinzióne; riscátto
Amòrtize, va. ammortizzáre, estínguere, alie-
  náre
Amoùnt, vn. (to, a) montáre, ascèndere, som-
  máre, importáre, rileváre, valére
  — s. montánte, m. importáre, m. impórto, sóm-
  ma totále; risultaménto; concorrònza; the
  — of your invóice, l'importáre della vo-
  stra fattúra; to the — of.., fino alla con-
  corrènza di...
Amoùr, s. amoreggiaménto, intrígo amoróso
Amphìbia, s. pl. anfíbi, mpl.
Amphìbian, s. anfíbio
Amphìbious, a. anfíbio
Amphìbiousness, s. natúra anfíbia, carátter e
  anfíbio
Amphibológical, a. anfibológico
Amphibólogy, s. anfibología
Amphìbrach, s. (verso) anfíbraco
Amphictyònic, a. (storia greca) Anfizìónico
Amphictyons, spl. (storia greca) Anfizióni;
  the coùncil of —, il consiglio degli Anfizióni
Amphisbaéna, s. (zool.) anfesibèna, anfisbèna
Amphìscians, Amphiscìi, s. (geog.) anfísci
Amphithéatral, a. in fórma d'anfiteátro
Amphithéatre,s.(pr. amphithéater) anfiteátro
Àmphora, s. ánfora
Àmple, a. ámpio, lárgo, láto, estéso
Àmpleness, s. ampiézza, grandézza, vastità
Ampliàtion, s. (legge) ampliazione, prolun-
  gaménto, próroga
Amplification, s. amplificazióne, f.
Amplifier, s. amplificatóre, -tríce
Amplifý, va. amplificáre; esageráre
  — vn. allargársi, diffóndersi, distèndersi
Àmplitude, f. amplitúdine, f. ampiézza
Àmply, avv. ampiaménte, largaménte, co-
  piosaménte
Ampùlla, s. (med.) ampólla, ampollétta
Àmputate, va. (chir.) amputáre, tagliáre

vía; to have a limb ampufáted, èssere
amputáto, fàrsi amputáre
Amputátion, *s.* (*chir*.) amputazióne, táglio;
to perform an —, fáre un'amputazióne
Amt (am6unt) *s.* (*com.*) *abbr. di* Am6unt
Àmulet, *s.* amuléto
Amúse, *va.* divertíre, ricreáre, dilettáre; te-
nére a báda, intrattenére, infinocchiáre,
ingannáre (lázzo
Amúsement, *s.* divertiménto, ricreazióne, sol-
Amúsing, *a.* diverténte, sollazzévole, dilet-
tévole; lépido, facéto
Amúsingly, *avv.* in módo dilettévole; piace-
volménte
Amúsive, *a.* sollazzévole, piacévole
Amúsively, *avv.* piacevolménte, in módo sol-
Amýgdalate, *a.* fátto di mándorle (lazzévole
Amýgdaloid, *s.* (*min*) amigdalóidè, *f.*
Àn, *art.* úno, úna; àn ègg, un uòvo
— *cong.* (*antiq.*) se, come se; an if, se, ove
Àna, *s.* (*med.*) ána (*dose eguale*)
Anabàptism, *s.* anabattísmo, anabattésimo
Anabàptist, *s.* anabattísta, *mf.*
Anabaptistic
Anabaptistical } *a.* anabattístico
Anabàptistry, *s.* anabattésimo, anabattísmo
Anabaptíze, *va.* ribattezzáre
Anacárdium, *s.* (*bot.*) anacárdio, anacárdo
Anàchoret, anàchorite, *V.* Anchorite
Anàchronism, *s.* anacronísmo (creóntica
Anacreòntic, *a.* anacreóntico; *s.* (*poesía*) ana-
Anagòïical, *a.* (*teol.*) anagógico
Ánagram, *s.* anagrámma
Anagrammàtical, *a.* anagrammático
Anagràmmatist, *s.* anagrammatísta, *m.*
Anagràmmatíze, *va.* anagrammatizzáre
Ánalects, *s. pl.* (*filos.*) analètti, *mpl.*
Analèmma, *s.* (*astron.*) analèmma, *m.*
Analéptic, *a.* (*med.*) analéttico, ristoratívo
Analògical, *a.* analógico, análogo
Analògically, *avv.* analogicaménte, per ana-
logía
Anàlogize, *va.* spiegáre per analogía
Anàlogous, *a.* análogo
Anàlogously, *avv.* analogaménte
Anàlogy, *s.* analogía
Anàlysis, *s.* análisi, *f.*; to máke an —, fare
un'análisi
Ánalyst, *s.* analísta, *m.*
Analỳtic analỳtical, *a.* analítico
Analỳtically, *avv.* analiticaménte, per vía di
análisi
Analỳtics, *spl.* analítica
Analỳze, *va.* analizzáre
Analỳzer, *s.* analizzatóre, -tríce
Anamórphosis, *s.* (*prospettiva*) anamórfosi, *f.*
Ánanas, *s.* (*bot.*) ananásso, ananás, *m.*
Ánapest, *s.* (*poesía*) anapèsto
Anapèstic, *a.* (*verso*) anapèstico
Anàphora, *s.* (*ret.*) anáfora, ripetizióne
Anapleròtic, *a.* *s.* (*med.*) anaplerótico, -a

Anàrchic (*pr.* anàrkic), anàrchical (*pr.* anàr-
kical) *a.* anàrchico
Ánarchist, (*pr.* ànarkist), *s.* anárchico,
a- narchísta, *mf.*
Ánarchy (*pr.* ànarky), *s.* anarchía
Anasárca, *s.* (*med.*) anassárca
Anàstrophe, *s.* (*gram.*) anàstrofe, inversió-
ne, *f.*
Anàthema, *s.* anátema, *m.*, scomúnica; to de-
nóunce an —, pronunciáre un anátema; to
hùrl an —, scagliáre un anátema
Anathemàtical, *a.* d'anátema, di scomúnica
Anàthematíze, *va.* anatematizzáre
Anatòmical, *a.* anatòmico, d'anatomía
Anatòmically, *avv.* anatomicaménte
Anàtomist, *s.* anatomísta, notomísta, *m.*
Anàtomíze, *va.* anatomizzáre, notomizzáre
Anàtomy, *s.* anatomía, notomía
Àncestor, *s.* antenáto; àncestors, *s. pl.* an-
tenáti, progenitóri
Ancestral, *a.* degli antenáti, avíto
Àncestry, *s.* prosápia, schiátta, antenáti
Ánchor, *s.* (*mar.*) áncora; shéet —, áncora di
speránza; kèdge —, pennéllo; to cast —,
gettáre l'áncora, dar fóndo; to weigh —,
sciògliere l'áncora, salpáre; to be, líe or
ríde at —. stáre, èssere all'áncora
— *vn.* ancoráre, gettár l'áncora, dar fóndo
Anchor-gröund, *s.* (*mar.*) ancoràggio
Ánchor-hóld, *s.* (*mar.*) présa
Ánchor-smith, *s.* costruttóre d'áncore
Anchor-stóck, *s.* (*mar.*) cèppo dell'áncora
Ánchoràge, *s.* ancoràggio (*luogo*); ancoràg-
gio (*diritto, dazio*)
Ánchorite, *s.* anacoréta, eremíta, *m.*
Anchóvy, *s.* (*itt.*) acciúga, alíce, *f.*
Ánchóvy-sáuce, *s.* acciugáta
Áncient, *a.* antíco, vécchio, anziáno; the
—s, gli antíchi
Ánciently, *avv.* anticaménte
Áncientness, *s.* antichità, anzianità
Áncientry, *s.* lústro d'antíca stírpe
Ancle, *V.* Ánkle
Ànd, *cong.* e, ed; she — I, ella ed io;
wòrse — worse, di mále in pèggio, di pèg-
gio in pèggio; by — by, adésso, adèsso;
or ora, prèsto
Andànte, *s.* (*mus.*) andánte, *m.*
Àndiron, *s.* aláre, *m.* (*di camino*)
Andrògynal, andrògynous, *a.* (*bot.*) andrò-
gino; (*zool.*) andrògino, ermafrodíto; *s.*
andrògino, ermafrodíta, *m.*
Ánecdote, *s.* anèddoto; reláter of —s, no-
vellière, *m.*
Anecdótical, *a.* aneddòtico
Anemómeter, *s.* anemòmetro
Anémone, anémony, *s.* (*bot.*) anêmone, anê-
molo; séa — anêmone di máre; anèmone
— róot, rádica d'anémone
An-ènd, *avv.* (*mar.*) sul púnto, dirítto in
Ánet, *s.* (*bot.*) anéto (p è

 Àneurism, (*med.*) aneurísma, *m.*; àctive — of the hèart, aneurísma attìvo, ipertrofía del cuóre

Aneurismal, *a.* (*med.*) aneurismático

Anéw, *avv.* (*stile sost.*) di nuòvo, nuovaménte; to begin —, ricominciáre

Anfràctuous, *a.* anfrattuóso, tortuóso

Anfràcture, *s.* tortuosità

àngel, *s.* àngelo, àngiolo, àngiola; fàllen — àngelo decadúto; guàrdian, tútelary —, àngelo custòde

àngel-fish, *s.* (*itt.*) squádro

àngel-water, *s.* àcqua (d'odóre) di Portogàllo

àngel-wòrship, *s.* cúlto degli àngeli

àngel-shòt, *s.* (*mar.*) pàlla ramàta (*di cann.*)

Angèlic, Angèlical, *a.* angélico

Angèlically, *avv.* angelicaménte

Angèlicalness, *s.* caràttere angélico, natúra angélica

Àngelot, *s.* agnellòtto (*specie di cacio*)

Àngelus, *s.* (*rel. catt.*) Àngelus, *m.*; to say the —, dir l' angelus; to ring the —, suonár l'avémmaria

Ànger, *s.* còllera, íra, stízza, sdègno
— *va.* adiráre, irritáre, far montáre in còllera

Àngerly, *avv.* (*antiq.*) V. Angrily

Angína, *s.* (*med.*) angína

Angiòlogy, *s.* (*anat.*) angiología

Angioscope, *s.* (*anat.*) angioscópio

Angiosperm, *s.* (*bot.*) angiospèrmia

Angiòtomy, *s.* (*anat.*) angiotomía

Angle, *s.* àngolo, cànto, cantóne, *m.*; (*storia*) Ànglo; (*mat.*) àngolo; àmo, lènza per poscatóre; — rod, cànna da pescáre
— *vn.* pescáre coll'àmo

Àngled, *a.* angolàto, che ha àngoli, ad àngoli; acúte — -, acutàngolo; eight — -, ottàgono; five — -, pentàgono; fóur — -,quadrangoláre; màny — -,polígono; obtúse — -,ottusàngolo; right — -, rettàngolo,rettangoláre; sèven — -,ettàgono; six — -,esàgono;tén — -, decàgono; thrèe — -, triangoláre

Àngler, *s.* pescatóre, -trice coll'àmo

Ànglican, *s. a.* (*relig.*) anglicàno, -a

Ànglicìze, *va.* ridúrre in inglése, tramutáre in inglése • (glése

Ànglicìsm, *s.* anglicísmo; fòrma, idiòma in-

Àngling, *s.* pesca coll'àmo; — -lìne, lènza; — -rod, cànna da pescáre

Ànglo, (*prefisso*) ànglo...; — -Dànish, ànglo-danése; — - Sàxon, ànglo-sàssone

Anglomània, *s.* anglomanía

Angóra, *a.* d'Angóra; — cat, gàtto d'Angóra

Àngrily, *avv.* irosaménte, sdegnosaménte

Àngry, *a.* adiráto, in còllera, iráto, istizzíto; — with, adiráto cóntro, in còllera con; to get —, adirársi

Ànguish, *s.* angòscia, dolóre, affànno

Àngular, *a.* angoláre, angolóso

Angulàrity, àngularness, *s.* angolarità

Àngularly, *avv.* angolarménte, con àngoli

Àngulated, *a.* angolóso, angoláto

Àngulous, *a.* angolóso

Aníghts, *avv* (*antiq.*) di nòtte, di nottetèmpo

Ànil, *s.* (*bot.*) anìle, *m.* (piànta dell'índaco)

Ànìle, *a.* anìle, di, da vècchia

Anìlity, *s.* vecchiája, vecchièzza (*di donna*)

Animadvèrsion, *s.* riprensióne, osservazióne, invettíva, censúra

Animadvèrt, *va.* (*upon*) criticáre, invèire, censuráre

Animadvèrter, *s.* censóre, crítico

Ànimal, *s. a.* animále, *m.*; — spìrits, spíriti animáli

Animàlcule, *s.* animalétto, bestiolína

Ànimalìze, *va.* animalizzáre

Ànimally, *avv.* animalménte

Ànimàte, *va.* animáre, vivificáre, dáre víta a; animáre, incoraggiáre, inanimáre
— *a.* animáto

Ànimàted, *a.* animáto

Ànimàting, *a.* inanimánte

Animàtion, *s.* animazióne, víta, vivacità; suspènded — (*med.*) síncope, *f.*

Ànimàtive, *a.* vivificánte, vivífico

Ànimàtor, *s.* animatóre, vivificatóre, incitatóre, -trice

Animòsity, *s.* animosità, òdio, rancóre

Ànise, *s.* (*bot.*) ànace, ánice, *m.*

Àniséed, *s.* sèmi di ánice, ánici; Indian star —, (*bot.*) ánice della Cína, ánice stelláto; — trèe, ánice stelláto (*albero*)

Ànkle, *s.* caviglia, còllo del piède; — bòne, mallèolo, nóce del piède

Ankylòsis, *s.* (*med.*) anchilòsi, *f.*

Ànnalist, *s.* annalísta, *m.*, scrittóre di annàli

Ànnals, *s. pl.* annàli, fàsti

Ànnats, *s.* (*dir. canon.*) annàta, annàte

Annéal, *va.* temperáre, purificáre; (*industrie*) ricuòcere

Annèlidæ } *spl.* (*zool.*) anèllidi, *m. pl.*
Annèlides }

Annèt, *va.* annèttere, aggiúngere, uníre, attaccáre, appóndere, congiúngere, acclú-
-- *s.* annèsso, còsa annèssa (dere

Annexàtion, *s.* annèttere, *m.*, annessióne

Annèxed, *a.* annèsso, aggiúnto, uníto, ac-

Annèxment, *s.* annèttere, *m.*, annèsso (clúso

Annìhilable, *a.* annichilábile, annientábile

Annìhilate, *va.* annichiláre, annientáre
— *a.* annichiláto, annientáto

Annihilàtion, *s.* annichilaménto, annientaménto (sàrio

Annivèrsary, *s.* anniversário; *a.* anniver-

Ànno Dómini, (A. D.) *s.* ànno del Signóre

Annotàte, *va.* annotáre, chiosáre, commentáre; notáre, osserváre, fàre appúnto di

Annotàtion, *s.* annotazióne, osservazióne

Annotàtor, *s.* annotatóre, -trice

Annòunce, *va.* annunziáre

Annòuncement, *s.* annúnzio

Ann**@**, *va.* annojáre, recár nòja, seccáre, infastídire, molestáre

Anno**@**ance, *s.* nòja, seccatúra, fastídio, úggia, scòmodo, molèstia; pregiudízio; dánno

Anno**@**er, *s.* chi annòja, importúno, seccatóre, -trìce

Anno**@**ing, *a.* seccánte, seccaginóso, importúno, molèsto (strále

Ánnual, *a.* ánnuo, annuále; semi--, seme--*s.* annuário, calendário, strènna letterária; (*bot.*) piánta ánnua

Ánnually, *avv.* annualménte, d'ánno in ánno

Ánnuary, *a.* annuário, ánno

Annúitant, *s.* proprietário d'una réndita

Annúity, *s.* annualità, assegnaménto annuále per la vita, cènso vitalízio, réndita annuále; cèrtain, términable --, annualità; contíngent --, réndita, pensióne vitalízia; intèrminable --, réndita perpètua; Government --, réndita sullo Státo; -- in arréars, arretráti, *m. pl.*; to buý up an --, redímere un cènso; to sèttle an -- upon any one, costituíre ad alcúno un ánnuo asségno; to sink mòney in an --, in the purchase of an --, impiegáre, investíre il próprio denáro a capitále perdúto

Annùl, *va.* annulláre, rèndere núllo

Ánnular, *a.* anuláre, fátto a fòggia d'anèllo

Ánnulate, ánnulated, *a.* annulóso

Ánnulet, *s.* (*arald. arch.*) anellétto; listellètto

Annùlment, *s.* annullaménto, annullazióne

Ánnum, *s.* (*poco us.*) *V.* year; per annum, all'ánno, l'ánno

Ánnunciátion, *s.* annunciazióne

Ánodýne, *a.* anodíno, lenitívo; mitigatívo -- *s.* rimédio lenitívo

Anòint, *va.* úgnere; spianáre le costúre a, bastonáre

Anòinted, *a.* únto; (*relig.*) únto; the Lord's --, l'únto del Signóre

Anòinter, *s.* (*antiq.*) untóre

Anòinting, *s.* úngere, *m.*, unzióne, ungiménto

Anòintment, *s.* ungiménto, unzióne

Anòmalistic,) *a.* (*astr.*) anomalístico;
Anomalistical) yéar, ánno anomalístico

Anòmalously, *s.* anòmalo, irregoláre

Anòmalously, *avv.* in mòdo irregoláre

Anòmaly, *s.* anomalía, irregolarità; méan, simple --, (*astr.*) anomalía mèdia, sémplice; equáted, trùe --, anomalía véra

Anòmia, *s pl.* (conchíglie) anòmie

Anòn, *avv* adèsso adèsso, fra póco, or óra; èver and --, ògni tánto, ògni póco

Anònymous, *a.* anònimo, sènza nóme; -- áuthor, autóre anònimo

Anònimously, *avv.* anonimaménte

Anórexy, *s.* (*med.*) anoressía

Anórmal, *a.* irregoláre, anormále

Anòther, *a.* un áltro, áltro; -- bottle, un'áltra bottíglia; they love one --, si ámano l'un l'áltro; --'s, d'un'áltro, d'altrúi;

he's free of --'s purse, è liberále del béne altrúi

Anòtta, *s.* ròsso d'oriàna (nico

Ánsáted, *a.* ansáto, forníto dl ánsa o mánseríne, *a.* di òca; qual pèlle d'òca

Ánswer, *s.* rispòsta, réplica, riscóntro; shùffling --, rispòsta equívoca; to give --s, rimbeccáre ògni paròla; to retùrn an --, far rispòsta; to wait for an --, aspettár (tòsto) la rispòsta; I expèct an --, aspètto (a suo tèmpo) la rispòsta; No --s! give me no --, non státe a fármi il dottóre, la salamístra

-- *va.* rispóndere, replicáre, rispóndere a, riscontráre; to -- a quèstion, a lètter, rispóndere ad una dománda, ad una lèttera; *vn.* rispóndere, ragionáre; conveníre, fáre; this will -- our business, quésto farà per nói; I will -- for him, io gli staró mallevadóre

Ánswerable, *a.* risponsábile, confórme (mità

Ánswerableness, *s.* convenevolézza, confor-

Ánswerer, *s.* rispónditóre; antagonísta; dottóre, *m.*, dottoréssa, salamístra, *f.*

Ánt, *s.* formíca, formícola; -- -hill, formicájo

Antàgonism, *s.* antagonísmo

Antàgonist, *s.* antagonísta, competitore, -trice

Antàgonize, *vn.* contestáre, disputáre

Antàrctic, *a.* (*astr. geog.*) antártico

ánt-beàr, *s.*) (*zool.*) formichière, *m.* man-
Ant-éater, *s.*) giaformíche, *m.*

Ant-líon, *s.* (*zool.*) mirmiceleóne, *m.*

Ánteact, *s.* átto anterióre

Antéceans, *s. pl.* (geog) *V.* Antiscians

Antécédence, *s.* antecedènza

Antécédent, *a. s.* antecedènte, *m.*

Antécédently, *avv.* antecedenteménte

Antécéssor, *s.* antecessóre

Ántechàmber, *s.* anticámera

Ántedáte, *s.* antidáta; -- *va.* antidatáre

Antediluvial) *a.* antediluviáno
Antediluvian)

-- *s.* antidiluviáno

Antélope, *s.* (*zool.*) gazzèlla, antílope, *f.*

Antimeridian, *a.* antimeridiáno

Antemùndane, *a.* antimondáno, preesistènte al mòndo

Antènna, *s.* antènnae, *pl. s.* (*ent.*) antènne

Antepenùlt, *s.* (*gram.*) antepenúltima

Antepenùltimate, *a.* antepenúltimo

Antepoèition, *s.* (*gram.*) anteposizióne, in-

Antérior, *a.* anterióre (versióne

Anteriòrity, *s.* anteriorità, priorità

Anteròom, *s.* sála di aspètto, vestíbolo

Ántesalóon, *s.* antisála

Ánthem, *s.* antífona, cántico; nàtional --,

Ánther, *s.* (*bot.*) antéra (ínno nazionále

Anthòlogy, *s.* antología

Ánthony's fire, *s.* risípola

Ánthracite, *s.* (*min.*) antracíte, *f.* blènda

Ánthrax, *s.* (*med.*) antráce, carbónchio

Antнropòphagus, (*pl.* antнropòphagi) *s.* antropòfago

Antнropòphaǵy,*s.*antropofagía, cannibalísmo

Antic, *s.* buffóne, *m.* giulláre, *m.*
— *a.* buffonésco, grottésco, lépido

Antichámber, *s.* anticámera

Antichrist, *s.* anticrísto

Antichristian, *a.* anticristiáno

Antichristianism | *s.* anticristianésimo
Antichristiànity |

Anticipate, *va.* anticipáre, preveníre, ripromèttersi ; I — much plèasure from it, me ne ripromètto molto piacére

Anticipátion, *s.* anticipazióne, prevenzióne, pregustaménto ; the — of hèaven, il pregustaménto del ciêlo

Anticlimax, *s.* gradazióne a rovêscio

Anticly, *avv.* da buffóne, da giulláre

Anticonstitútional, *a.* anticostituzionále

Anticonvúlsive, (*med.*) anticonvulsívo

Anticóurtier, *s.* anticortigiáno

Antidemocràtic | *a.* antidemocrático
Antidemocràtical |

Antidotal, *s.* che può servíre d'antídoto

Antidotary, *a.* che serve d'antídoto; to be —, servír d'antídoto
— *s.* raccòlta, collezióne d'antídoti

Antidote, *s.* antídoto, contravveléno — *va.* (*med*) amministráre un contravveléno

Antidótical, *a.* che serve d'antídoto; to be —, servíre d'antídoto

Antiepiscopal, *a.* antiepiscopále

Antiepiscopálians, *s. pl.* (*storia d'Inghilt.*) antiepiscopáli, *m.*

Antievangèlical, *a.* antievangèlico

Antifèbrile, *a.* antifebbríle, febbrífugo

Antílogy, *s.* antilogía, contraddizióne

Antiministéreal, *a.* (*polit.*) antiministeriále

Antimonárchical, *a.*(*pr.* antimonárkical) antimonàrchico

Antimónial, *a.* antimoniále

Antimony, *s.* (*min.*) antimònio

Antimoralist, *s.* persóna che profèssa l'immoralità
Antimony, *s.* (moralità

Antipápal, antipapistical, *a.* antipapále

Antipathètic, Antipathètical, *a.* antipático

Antipathy, *s.* antipatía, avversióne

Antiphlogistic, *a.* antiflogístico

Antiphon, *s.* (*relig. catt.*) antífona

Antiphrasis, (*pl.* antiphrases) *s.* antifrási, *f.*

Antipodes, *spl.* antípodi (*rett.*)

Antipope, *s.* antipápa, *m.*

Antiquárian, *s.* (*meglio* àntiquary) antiquário
— *a.* di antiquário, d'antichità

Antiquary, *s.* antiquário

Antiquate, *va.* disusáre, smèttere, far cadére in dissuetúdine ; antiquáre, abolíre

Antiquated, *a.* antiquáto, fuor d'úso

Antiquatedness, *s.* státo di còsa antiquáta o smèssa

Antique, *a.* antíco, vetústo

Antique, *s.* oggètto antíco (*d'arte*)

Antiquity, *s.* antichità

Antisciáns, Antiscíi, *spl.* (*geog.*) antíscii, *mpl.*

Antiscorbútic, *a.* antiscorbútico

Antisèptic, *a.* antisèttico

Antisócial, *a.* antisociále

Antispasmódic, *s. a.* (*med*) antispasmòdico

Antistrophe, *s.* antístrofe, *f.*

Antisyphilitic, *a.* (*med.*) antisifilítico

Antithesis, *s.* antítesi, *f.*

Antithètical, *a.* di antítesi

Antivenéreal, *a.* antivenèreo

Àntlerå, *s.* pugnáli delle còrna del cêrvo

Àntlered, *a.* forníto de' pugnáli nelle còrna

Antonomásia, *s.* (*rett.*) antonomásia

Àntre, (*pr.* ànter) *s.* ántro, cavêrna, spelónca

Ànus, *s.* (*anat.*) áno

Ànvil, *s.* incúde, *f.* incúdine, *f.*; — hànd, caccianfuóri, *f.* tassétto

Ànvil-blòck, *s.* cêppo d'incúdine

Anxíety, *s.* ansietà, inquietézza; sollecitúdine, *f.* premúra, bráma

Ànxious, *a.* ansióso, inquiêto; sollécito

Ànxiously, *avv.* ansiosaménte, con ansietà

Ànxiousness,*s.* premúra,cúra,sollecitúdine,*f.*

Àny, *a.* e *pron.* ògni, ognúno, alcúno, qualúnque; tútto, qualúnque; del, dello, dei, ecc.; have you — paper? avéte della cárta? has he —? ne ha egli? in — pláce, in qualúnque luógo, dove che sía; at — tíme, quándo che sía; he was as much belóved as — man, era amáto al pári di chicchessía; have you — thing to say to me? avéte núlla da dírmi? — how, come si vòglia; — wise, in qualsíasi mòdo; have you —? ne avéte? I have not —, non ne ho; ànywhère, dovúnque; if — one asks for me, se qualcúno dománda di me

Aónian, *a.* (*poet.*) aònio

áorist, *s.* (*gram. greca*) aorísto

Aòrta, *s.* (*anat.*) aòrta

Apáce, *avv.* a pássi concitáti, a buón pásso; prêsto, veloceménte ; to grow —, créscere a vísta d'òcchio

Apàrt, *avv.* da párte, da cánto, in dispárte; to set —, mètter da párte

Apàrtment, *s.* stánza, câmera gránde; appartaménto; his new —s, il suo nuóvo appartaménto ; a suite of —s or róoms, un appartaménto

Apathètic, *a.* apàtico, apatístico

Àpathy, *s.* apatía

Àpe, *s.* scímia, babbuíno; scimiòtto; a lárge —, scimióne, *m.*; long armed —, gibbóne, *m.*; greàt —, orang-outàng ; Bàrbary —, bertuccióne, *m.*, macáco; dog —, scimiòtto (máschio)

ápe, *va.* scimiottáre, contraffáre

Apéak | *avv.* (*mar.*) fátto a púnta (a pícco)
Apéek |

Àpennine, *a.* (*geog.*) degli Apenníni

Apérient, *a. s.* aperiénte, *m.*
Apéritive, *a.* (*med.*) aperitívo, aperiénte
áperture, *s.* apertúra, fessúra, apriménto
Apétalous, *a.* (*bot.*) apétalo
Aphélion, *s.* (*astr.*) aféleo
Aphéresis, *s.* (*gram.*) aféresi, *f.*
Àphony, *s.* (*med.*) afonía
Aphorism, *s.* aforísmo, provérbio
Aphoristic } *a.* aforístico
Aphoristical
Aphoristically, *avv.* aforisticaménte
Aphrodisiac } *a.* (*med.*) afrodisíaco
Aphrodisiacal
Aphrodisiac, *s.* (*med.*) afrodisíaco
Àphrodíte, *s.* (*bot.*) crittógamo
Aphthae, *s.* (*med*) áfte, *f. pl*
Aphỳllous, *a.* (*bot.*) afíllo
ápi, *s.* (*bot.*) méla appióla, méla casolána
ápiary,*s.*àrnia,cassétta da pécchie,alveáre,*m.*
Apiéce, *avv.* tánto per úno o per tésta; three francs —, tre fránchi per uno
Apiéces, *avv.* in pézzi
ápish, *a.* che ha della scímia, buffonésco
ápishly, *avv.* buffonescaménte, da scímia
ápishness, *s.* buffonería, giullería
Apitpat, *avv.* con frequénte palpitazióne, con
Apòcalypse, *s.* apocalísse, *f.* (pálpiti
Apocaliptic } *a.* Apocalíttico, dell'Apo-
Apocaliptical } lísse
Apocalyptically, *avv.* apocalitticaménte
Apócope, Àpòcopy, *s.* (*gram.*) apócope,*f.*
Apócripha, *s. pl.* líbri apócrifi
Apócryphal, *a.* apócrifo
Apócryphally, *avv.* apocrifaménte
Apócryphalness, *s.* caráttere apócrifo
Apócynon } *s.* (*bot.*) apocíno
Apòcynum
Apodal, *a.* (*zool.*) ápodo
Ápode, *s.* (*zool.*) ápodo
Apodictic } *a.* apodíttico, dimostratívo
Apodictical
Apodictically, *avv.* apoḍitticaménte
Apodixis, *s.* (*ret.*) dimostrazióne
Apogée, *s.* (*astr.*) apogèo, oppósto di perigèo
Apoggiatúra. *s.* appoggiatúra (*mus.*)
Apologètic· } *a.* apalogètico, difensívo
Apologètical
Apologètically, *avv.* apologeticaménte
Apólogist, *s.* apologísta, *m.* difensóre
Apológíze, *vn.* chiêḍere scúsa, far le súe scú-se; far un'apología, difénḍersi, scolpársi, giustificársi
Àpologue, *s.* apòlogo, fávola morále
Apólogy, *s.* apología, difesa, glustificazióne; to máke an — to a person for a thing, fáre le súe scúse ad una persóna di alcúna còsa; an — for the Christian Religion, apología, difésa della religióne cristiána (neuròsi, *f.*
Aponeurósis, Aponeurósy, *s.* (*anat.*) apone-
Àpophthegm, *s. V.* Apothegm

Apopléctic } *a.* apoplético; d'apoplessía;
Apoplèctical } to have an apoplectic stròke, ésser sorpréso d'apoplessía
Àpoplexed, *a.* (*med.*) colpíto d'apoplessía
Àpoplexy, *s* (*med.*) apoplessía, gócciola; fúlminant —, apoplessía fulminànte; sanguineous —, apoplessía sanguigna; congestive, sérous —, apoplessía sierósa; to fàll dówn in a fit of —, to hàve an attàck of —, avére un attácco d'apoplessía; to be séized, strùck with —, èssere colpíto d'apoplessía
Apórt, *a.* (*mar.*) alla sinístra, básso bòrdo
Aposiopésis, *s.* (*rett.*) aposiopési,*f.* reticènza
Apóstasy, *s.* apostasía
Apóstate, *s.* apóstata, apostatríce, rinnegáto
Apóstatíze, *vn.* apostatáre, rinnegáre
Apóstemate, *vn.* impostemíre, marcíre
Apóstemátion, *s.* (*med.*) apostemazióne, *f.*
áposteme, *s.* apostéma, *m.* postéma, *m.*
Apóstle, *s.* apóstolo
Apóstleship, *s.* apostoláto
Apostòlical, *a.* apostólico
Apostòlically, *avv.* apostolicaménte
Apòstrophe, Apóstrophy, *s.* apòstrofe, *f.* (figúra rettòrica), apóstrofo, *m.*, contrasségno, virgolétta
Apòstrophíze, *va.* apostrofáre, inḍirizzare la paróla a; pórre l'apòstrofo
Apótnecary, *s.* speziále, *m.*, farmacísta, *m.*, an —'s shop, spezíería, farmacía
Apotnegm, *s.* apotègma, *m.* apostèma, *m.*
Apòtnéosis, *s.* apoteòsi, *f.*
Àpozem, *s.* (*med.*) aposéma, *m.*
Appál, *va.* stupefáre, atterríre, sbigottíre
Appàlment, *s.* stupóre, spavénto, terróre
Appanaǵe, *s.* appannáǵgio, assegnaménto
Apparátus, *s.* apparáto, apparécchio
Appàrel, *s.* addobbaménto, vestiménto
va. addobbáre, ornáre, vestíre, apparáre
Appàrent, *a.* apparènte, evidénte, chiáro; apparénte, verosímile, presuntívo, immediáto; the hèír — (to the crówn) l' erède presuntívo (della coróna) (ménte
Appàrently, *avv.* apparenteménte, chiara-
Apparìtion, *s.* apparizióne
Appàritor, *s.* cursóre, mésso, bidèllo
Appéal, *vn.* appelláre, chiêḍere nuóvo giudízio a giúḍice superióre; he would — to I know not whom, ei l' appellerèbbe a non so chi; I — to you, me ne starò al vòstro giudízio, ne fo giúḍice voi; the càuse is appéaled, fu interpósto appèllo
— *s.* appellagióne, appellazióne, appèllo; cóurt of —, córte d'appèllo; to lóḍǵe an —, ìnterpórre appèllo, dimandáre táglio
Appéalable, *a.* appellábile (di sentènza
Appéalant, *s.* appellánte, *mf.*
Appéar, *vn.* apparíre, comparíre, farsi veḍére, parére; to make —, far veḍére, dimostráre; it —š, páre, sèmbra, si véde; he is to — before the judge, égli dève

comparíre dinánzi al giúdice; to — abôve grôund, spuntáre, cominciáre a créscere; it would —, sembrerôbbe

Appéarance, s. apparênza, presênza, ária, aspêtto; sfôggio; probabilità, verisimilitúdine, f.; comparíre, m. fársi vedére; to judge by —s, giudicáre secóndo le apparênze; to make one's —, presentársi, comparíre; a man of a fine —, uômo di bêlla presênza; at first —, a prima vísta; he makes a great — (figúre) at court, fa gránde sfôggio in córte; — in a court of jústice, compársa dinánzi un magistráto; non —, non compársa

Appéarer, s. chi comparísce (pársa

Appéaring, s. apparíre, m., apparênza, com-

Appéasable, a. placábile; accomodábile

Appéase, va. placáre, quietáre, mitigáre

Appéasement, s. placaménto, placidézza

Appéaser, s. pacificatóre, -tríce, paciêre, -a

Appéasing, appéasive, a. che pláca, cálma,

Appéllant, s. appellánte, mf. (raddolcísce

Appéllate, a. di appêllo

Appellátion, s. appellazióne, f.; nóme, m.

Appéllative, a. appellatívo; — s. nóme appellatívo

Appéllatively, avv. appellativamênte

Appéllatory, a. contenênte un appêllo

Appellée, s. persóna cóntro la quále s'appélla

Appéllor, s. (legge) appellánte

Appénd, va. appéndere, attaccáre, annêttere

Appéndage, s. dipendênza, accessório, cósa che dipénde da cósa, aggiúnta

Appéndant, a. dipendênte, appartenênte, annêsso, concomitánte

Appéndix, s. (pl. appèndixes, appèndices), appendíce, f. aggiúnta (venírsi

Appertáin, vn. apparienóre, spettáre; con-

Appetency, s. appetênza, bráma, concupi-

Appetent, a appetênte, ávido (scênza

Appétite, s. appetíto; fáme, f.; avidità; — for power, bramosia del potére; — for revênge, séte, f. di vendétta; — for destrúction, smânia di distruzióne; cánine —, (med.) fáme canína, búlimo; depráved, vitiáted —, (med.) appetíto depravàto, malacía, pica; I wish you a good —, buón appetíto

Appláud, va. applaudíre, lodáre, approváre

Appláuder, s. applauditóre, -tríce, acclamánte

Appláuse, s. appláuso; pláuso, acclamazióne

Ápple, s. pómo, méla; the — of the eye, la pupílla dell'ôcchio; bitter —, coloquíntida, f.; báking, kitchen —, méla da cuócere; cáne —, corbêzzolo; cráb —, méla selvática; dwárf, páradise —, pómo náno, di paradiso; lóve —, pómo d'óro; thórn —, l'Perù —, stramônio, stramonéa, nóce gallôzzola; píne — anánas, ananásse, m.; séa —, (zool.) ríccio di máre

Ápple-cárt, s. carrétta di pómi

Ápple-córe, s. tórso di méla

Apple-dùmpling, s. tórta di méle (foggiáta a calcétto)

Ápple-graft, s. innêsto di mélo

Ápple-gróve } s. pométo
Ápple-órchard }
Ápple-yard }

Ápple-harvest, s. raccôlta delle méle

Ápple-lóft, s. fruttájo per le méle

Ápple-páfring } s. scôrza, pêlle, f. di pómi
Ápple-péel }

Apple-pùff, s. pasticcíno, chícca con ripiêno di pómi

Ápple-róaster, s. arnése (m.) da cuócer le méle

Ápple-sáuce, s. consêrva di pómi

Ápple-trée, s. (bot.) pómo, mélo

Ápple-wóman, s. fruttajuóla, dônna che vénde pómi

Applíable, a. applicábile

Applíance, s. átto di adoperáre o servírsi di, cósa adoperáta; applicazióne; mêzzo, cômodo, ágio, conveniênza, sussídio, rimédio

Applicability (àpplicableness), s. applicabilità, conformità, conveniênza

Ápplicable, a. applicábile, convenévole

Ápplicably, avv. in môdo applicábile

Ápplicant, s. postulánte, richiedítóre, -tríce

Ápplicate, a. (mat.) concréto; s. applicáto

Application, s. applicazióne, applicáre, m., servírsi di; applicazióne, applicatézza, assiduità, attenzióne, sedulità; ricórso, súpplica; impiêgo, uso de' mêzzi adátti; to make — to a pêrson, ricórrere, aver ricórso ad uno; to give — to, applicársi a

Applý, van. applicáre, adattáre, pórre, ricórrere; to — a pláster, applicáre un impiástro; to — to a person for a thing, indirizzársi, ricórrere ad uno per una cósa; you must — to him for it, bisógna che ricorriáte a lui per quêsto; to —, applicársi, impiegársi, addársi; to — one's self to one's stúdies, applicársi a' suói stúdi; to — one's mind to philosophy, applicársi alla filosofia

Appoggiatúra, s. (mus.) appoggiatúra

Appóint, va. ordináre, stabilíre, nomináre, deputáre, costituíre, assegnáre, fissáre; to — a dáy, fissáre un giórno; it is so appóinted by náture, la natúra ha così stabilíto; at the time appóinted, all'ora físsa; to — functionaries, nomináre impiegáti — s. ricávo, importáre nêtto; you will remit me the net procéeds per —, mi manderéte una cambiále, o un mandáto per l'esátto ricávo

Appóinted, appóintable, a. nomináto, stabilíto, decretáto; officers are — by the exécutive, gli ufficiáli vêngono nomináti dall'esecutívo

Appóintée, s. funzionário nomináto

Appūntment, *s.* órdine, *m.* mandáto, regolaménto, commissióne; stipéndio, salário, assegnaménto, nómina; appuntaménto, cónvégno; in the — of, nella nómina di; to solicit an —, chiêdere un impiêgo

Appórtion, *va.* proporzionáre, ripartíre, distribuíre (tóre, -trice

Appórtioner, *s.* distribútóre, -trice, riparti-

Appórtionment, *s.* ripartiménto

Appóse, *va.* interrogáre; méttere, applicáre

Apposite, *a.* adátto, accóncio, appósito; cóngruo, convenévole

Appositely, *avv.* convenevolménte, propriaménte

Appositeness, *s.* acconcézza, convenevolézza, adattánza, giustézza, proprietà, congruità

Apposition, *s.* apposizióne, appoinménto

Appráise, *va.* apprezzáre, stimáre, valutáre; to — goods, stimáre mêrci

Appráisement, *s.* estimazióne, stíma

Appráiser, *s.* apprezzatóre, stimatóre, -trice

Appréciable, *a.* apprezzábile, estimábile

Appréciate, *va.* stimáre, pregiáre, avér in prêgio

Apprehénd, *vn.* arrestáre, catturáre; comprêndere, intênderê; temére

Apprehénder, *s.* arrestatóre, comprenditóre

Apprehénsible, *a.* comprensíbile, percottíbile

Apprehénsion, *s.* comprendiménto; intendiménto, appremsíva, apprensióne, intellêtto, intelligênza, parére, *m.*; apprensióne, timóre, sospêtto; dùll of —, d'ingégno ottúso; in my —, a parêr mio

Apprehénsive, *a.* inquiêto, che tême, apprensívo, in apprensióne; (perspicáce), d'acúto ingégno (*antiq.*)

Apprehénsiveness, *s.* timóre, *m.*, paúra, apprensióne, intelligênza

Apprêntice, *s.* apprendísta, *m.* *f.*

— *va.* méttere (uno) ad imparáre un'árte

Apprênticeship, *s.* noviziáto, tirocínio (d'arte, mestiêre, ecc.); to sêrve one's —, fáre il tirocínio

Apprize, *va.* informáre, avvisáre, dáre notízia

Appróach, *vn.* avvicinársi, appressársi, approssimársi, accostársi; (*mil.*) approcciársi, fársi vicíno

— *vn.* avvicináre; (*mil.*) approcciáre

Appróach, *s.* avvicinaménto, accésso; appróaches, *xpl.* (*mil.*) appróccio, appróci, trincéa, trincée; mètrod of appróaches (*matematiche*), mètodo d'approssimazióne; on néarer —, avvicinándosi maggiorménte

Appróachable, *a.* accessíbile

Appróaching, *a.* approssimánte, vicíno

Approbátion, *s.* approbazióne, approvazióne; to look —, vòlgere uno sguárdo d'approvazióne; to nod —, inclináre il cápo in ségno d'approvazióne

Apprópriate, *va.* appropriáre, appropriársi; to — to one's sêlf, appropriársi

— *a.* appropriáto, accóncio, convenévole

'Apprópriately, *avv.* appropriaménte, acconciaménte

Appropriátion, *s.* appropriazióne (cézza

Appróp:iateness, *s.* convenevolézza, acconApropriátor, *s.* appropriatóre, -trice

Appróvable, *a.* approvábile; lodévole

Appróval, Appróvance, *s* approvazióne

Appróve, *va.* approváre; I cannot — of it, non posso approvár ciò; you will — of the bóok, saréte contênto del libro

Appróved, *a.* approváto, stimáto

Appróver, *s.* approvatóre, estimatóre; corrêo, (che per salvár sê stêsso accúsa i cómplici)

Appróvingly, *avv.* approvazióne

Appróximate, *vn.* approssimársi, accostársi; *va.* approssimáre, appressáre

— *a.* approssimánte, próssimo

Approximátion, *s.* approssimazióne

Appróximative, *a.* approssimatívo

Appúlse, *s.* (*poco us.*) còzzo; incóntro, arrívo, (*astr.*) appúlso, vicína congiunzióne

Appúrtenance, *s,* appartenênz'i, attenênza

Appúrtenant, *a.* appartenênte, attenênte, spettánte

Àpricot, *s.* albicócca, meliáca

Àpricot-trée, *s.* álbero d'albicócco

Àpril, *s.* apríle, *m.*; — - fóol, pésce d'aprílo, corbellatúra; to be máde an — -fool, êsser corbelláto con fálse novêlle; to máke one an — -fool, corbelláre uno con fálse novêlle

Àpron, *s.* grembiále, *m.* grembiúlo, *m.*; copêrchio del focóne di un cannóne

áproned, *a* col grembiúle

À propos, (*pr.* à propó), *avv.* a propósito

Apsis, *s.* (*pl.* àpsides) (*arch.*) àpside, *f.* (*astr.*) àpside

Àpt, *a.* átto idóneo, accóncio; dócile, svegliáto, inclináto, proclíve, dédito, soggêtto; — to léarn, che impára facilménte, intelligênte, svegliáto; he is — to make such mistakes, égli è mólto soggêtto a fáre símili erróri

Àpterous *a.* (*ent.*) àptero, sênza ali

Àptitude, *s.* attitúdine, *f.* attézza, disposizióne

Aptítudinal, *a.* avénte attitúdine

Aptitúdinally, *avv.* con o per attitúdine (naturále od acquisíta)

Àptly, *avv.* attaménte, acconciaménte; to quóte —, allegáre, citáre a propósito

Àptness, *s.* attézza, dispostézza, disposizióne. facoltà, conformità, conveniênza, destrézza, accortézza; attitúdine, *f.*

Àptote, *s.* (*gram.*) nóme invariábile

Àpyrexy, *s.* (*med.*) apiressía

Apýrous, *a.* (*chim.*) apíro

Àqua-fórtis, *s.* acquafórte, *f.*

Àqua-tínta, *s.* acquatínta

Aquárium, *s.* acquário

Aquárius, *s.* (*astr.*) acquário

Aquåtic { *a.* acquático, palústre; an —,
Aquåtical { (*bot.*) una piánta acquática
Aqua-vítæ, (aquavíte), *s.* acquavíte, *f.*
Àqueduct, *s.* acquedótto
Àqueous, *a.* acquóso, àqueo, acquidóso
Aqueousness, acquósity, *s.* acquosità
Aquiline, *a.* aquilíno
Aquilon, *s.* aquilóne, *m.*; bòrea, tramontána
Arabesque, *s.* rabésco (*arch.*); — *a.* a ra-
  bèschi
Ara, *s.* (*astr.*) altáre, *m.* ára; (*ornit.*) ára
Arab, Arabian, *s.* árabo; — *a.* árabo, di
  Arábia
Arabic, *a.* árabo, di Arábia; *s.* língua áraba
Arabically, *avv.* all'áraba, arabicaménte
Arabist, *s.* dotto orientalísta versàto nell'árabo
árable, *a.* arábile, aratório; — land, tèrra
Araby, *s.* (*poet.*) Arábia (aratória
Arachnida, *s. pl.* (*zool.*) arácnidi, *m. pl.*
arachnóides, *s.* (*anat.*) aracnòide, *f.*
Aramaic, *a.* aramèo; — *s.* aramèo
Aramèan, *a.* aramèo, síro-caldáico
Araneous, *a.* di rágno, somigliánte al rágno
Aration, *s.* aratúra, araménto, agricoltúra
Arbalist, *s.* balèstra
árbalester, *s.* balestrière, *m.*
Arbiter, *s.* árbitro, giúdice elètto dalle párti
árbitrable, *a.* da risòlversi per arbitráto
árbitrably, *avv.* ad arbítrio
árbitrage, *s* arbitráto, giudício d'árbitri
Arbitrament, *s.* arbitraménto
árbitrarily, *avv.* arbitrariaménte, ad arbítrio
árbitrariness, *s.* arbitrarietà, tirannía
árbitrary, *a.* arbitrário, assolúto; — gòvernment, govèrno arbitrário, assolúto
árbitrate, *va.* arbitráre, giudicáre alcúna còsa
  per arbitráto, sentenziáre, decídere
Arbitration, *s.* arbitraménto, arbitráto, giudício d'árbitri; transazióne, accomodá-
  mènto
Arbitration-bond, *s.* (*legge*) comprommésso
árbitrator, *s.* arbitratóre, arbítrio; — júdging
  according to òquity, (*legge*) giúdice con-
Arbitrátrix, *s.* árbitra (ciliatóre
Arbitrement, *s.* arbitráto, giudízio o decisióne di árbitri, transazióne; frée —, líbero
árbitress, *s.* árbitra (arbítrio
árbor, *s.* (*poco us.*) fusèllo, stfle, *m.*; pèrgola; — Diànae, álbero di Diána
Arbóreous, *a.* arbòreo, di árbore, símile ad
Arboréscence, *s.* arborescènza (un álbero
Arboréscent, *a.* arborescènte
árboret, *s.* (*poet.*) arboscèllo, arbústo
Arborizàtion, *s.* arborizzazióne
árbour, *s.* pèrgola, pergoláto
árbute { *s.* (*bot.*) corbèzzolo, arbúto; tráfling
árbutus { —, uva d'òrso
árbute-berry, *s.* (*bot.*) corbèzzola, uva d'órso
Arbútean, *a.* (*bot.*) corbèzzolo
árc, *s.* (*geom.*) árco, cúrva, segménto
Arcáde, *s.* árco, vòlta, pòrtico; arcáta

Arcádian, *s. m.* árcade
Arcádic, *a.* arcádico, d'Arcádia (stèrio
Arcánum, *s.* (*pl.* arcána), arcáno, segrèto, mi-
árch, *s.* vòlta, árco (di pónte, ecc.), cápo; a
  triúmphal —, un árco trionfále; semicir-
  cular —, árco a tútta mónta
— *va.* archeggiáre, fabbricáre a vòlta, costruíre archivòlti, inarcáre
— *a.* prímo, cápo, di prímo grádo, gránde;
  furbáccio, malígno; an — tráitor, un gran
  traditóre, un traditoráccio; an — bláde,
  (*volg.*) un gran furbáccio; to look —,
  inarcáre le cíglia, guardár con òcchio fúrbo, malizióso, biéco
Arch-bùtment, *s.* contraffòrte, *m.* puntéllo
Arch-hèad, *s.* tèsta di vòlta
Arch-piéce, *s.* cúrva, curvatúra di vòlta
Arch-stóne, *s.* spígolo, pedúccio di vòlta
Archaeológic, *a.* archeológico
Archaeólogy, *s.* archeología
árchaism, *s.* arcaísmo
Archángel, *s.* arcángelo; (*bot.*) lámio; whíte
  —, lámio biánco, ortíca biànca, mòrta;
  yèllow —, ortíca giálla
Archangèlic, *a.* di arcángelo, cóme d'arcán-
Archbéacon, *s.* fáro principále (gelo
Archbishop, *s.* arcivèscovo
Archbishopric, *s.* arcivescovádo
Archdéacon, *s.* arcidiácono
Archdéaconry, *s.* arcidiaconáto
Archdúcal, *a.* arciducále
Archdúchess, *s.* arciduchéssa
Archdúchy, *s.* arciducáto (*territorio*)
Archdúke, *s.* arcidúca, *m.* (dizione
Archdúkedom, *s.* arciducáto (*dignità, giuris-*
árched, *a.* arcáto, cúrvo, piegáto in árco
árcher, *s.* arcière, arcièro
árchery, *s.* árte di tiráre l'árco
árches-cóurt, *s.* córte inglése d'appèllo in
  matèria ecclesiástica
Archetípal, (*pr.* arketípal), *a.* archétipo
árchetype (*pr.* árketipe), *s.* archétipo, origi-
Archfèlon, *s.* arci-fellóne (nále, *m.*
Archfíénd. *s.* arci-demònio
Archflàtterer, *s.* arci-adulatóre
Archfòe, *s.* gran nemíco
Archfòunder, *s.* gran fondatóre (vescovíle
Archiepiscopal (*pr.* arkiepiscopal), *a.* arci-
Archimandrite (*pr.* arkimàndrite), *s.* archi-
  mandríta, *m.*
árching, *s.* archeggiaménto; árco, vòlta
Archipélago (*pr.* arkipèlago) *s.* arcipèlago
Architect (*pr.* árkitect), *s.* architétto, archi-
  tettóre, inventóre, autóre, fabbricatóre (nico
Architectónic (*pr.* arkitectónic), *a.* architettò-
Architectural (*pr.* arkitéctural, *a.* d'archi-
  tettúra, architettònico
Architecture (*pr.* árkitecture), *s.* architettúra;
  pòinted —, architettúra gótica, a sèsto acúto
Architrave (*pr.* árkitràve), *s.* architráve, *m.*
  epistílio

Archives (pr. àrkívs). s. pl. archívj, archívio
Archivist (pr. árkivist), s. archivísta, m.
árch like, a. ad árco, arcáto
árchly, avv. maliziosaménte
árchness, s. furbèzza, malízia, astúzia
árchon, s. arcónte, m.
àrchonship, s. arcontáto, dignitá d'arcónte
árchway. s.(arch.) vestíbolo, ándito arcáto
árchwise, avv. in fórma d'árco; curvaménte
ártic, a. ártico (geog.)
Arctúrus, s. (astr.) Artúro
árcuate, a. arcuáto, piegáto in árco
Arcuàtion, s. arcuazióne, inarcaménto
árdency, s. ardóre, fervóre, ardènza
árdent, a. ardènte, fervènte, appassionáto
árdently, avv. ardenteménte
àrdour, s. ardóre, affètto, desidèrio intènso
árduous, a. árduo, difficile, malagévole
árduousness, s. arduità, difficoltà, scabrosità
áre, v. siámo, siéte, sóno; V. To be
Aré ⎫ s. (mus.) re, m. (nota musicale)
Alamire ⎬
área, s. área, superfície, f.; cortilétto; recínto
cancelláto (intórno ad úna cása)
áreal, a. di área, di superfície
Arèc ⎫ s. (bot.) aréca; Meridional —, aréca
Arèca ⎬ delle Indie; cacciù, m.
Aréek, a. (vulg.) fumánte, fumándo
Arefáction, s. arefazióne, essiccazióne
Aréna, s. arén a; (med.) aréna, renélla
Arenáceous, (pr. arenásheus), a. arenáceo,
arenóso
Arenárious, a. arenário
Arenátion, s. (med.) arenazióne, bágno d'a-
réna
Areómeter, s. areómetro
Areómetry, s. areometría
Areópagíte, s. areopagíta
Areópagus, s. areopágo
árgal, s. sále tártaro, tártaro grèggio
árgent, s. (araldica) argènto, colór biánco
— a. argentáto, a guísa d'argènto
Argentátion, s. argentatúra, inargentaménto
Argentíferous, a. argentífero
àrgentíne, a. argentíno, argènteo
— s. (bot.) argentína; (itt.) argentína
árgil, s. argílla, argíglia; créta da pentolájo
Argilláceous, a. argilláceo, argillóso
árgonaut, s. argonáuta, m.
árgosy, s. (poet.) Argo, náve di Giasóne, galèra
árgue, va. arguíre, ragionáre, sillogizzáre;
disputáre, arguíre, argomentáre, desúmere,
prováre, dimostráre, confermáre, far vedére, conchiúdere, inferíre
árguer, s. disputánte, ragionatóre, -tríce
árgument, s. argoménto, sillogísmo, pròva,
ragióne; dísputa, discussióne, tési, f. soggètto di poèma, ecc., sommário; cùnning
—, sofísma, m. cavíllo   (tóso
Argumèntal, a. d'argomentazióne; argomen-

Argumentátion, s. argomentazióne (ménto
Argúmentative, a. argomentatívo, d' argo-
Argumèntatively, avv. con argomènti, sil-
logisticaménte
Argúte, a. (ant.) argúto, acúto
árian, s. a. (relig.) Ariáno
árianism, s. arianísmo
Àrid, a. árido, sécco, stérile, ingráto
Aridity, s. aridézza, aridità, siccità
Áries, s. aríete, m. (segno dello zodíaco)
Arìetta, s. arìétta, canzonètta, canzoncína
Arìght, avv. dirittaménte, con giustèzza, bène
Aríse, vn. (aróse, arísen) (stile elevato), al-
zàrsi, levàrsi, sórgere; to — agàin, risór-
gere; our misfortunes — from that, le nò-
stre disgrázie náscono da ciò
Arísen, V. Aríse
áristarch, s. Aristárco
Aristócracy, s. aristorazía
áristocrat, s. aristocrático
Aristocràtic, Aristocràtical, a. aristocrático
Aristotèlian, s. a. Aristotèlico, seguáce d'A-
ristòtele
Aristotèlianism, s. Aristotelianísmo
Aristotèlic, a. Aristotèlico
Aritȟmetic, s, aritmètica
Aritȟmètic, Aritȟmètical, a. aritmètico
Aritȟmètically, avv. aritmeticaménte
Aritȟmetician, s. aritmètico
árk, s. árca, cássa; Nóah's — l'árca di Noè
árm, s. bráccio; (fig.) rámo; potére, m. possánza; by strength of —, a fòrza di bràccio; an — -cháir, una sèdia a bracciuòli;
little —, bracciolíno; large —, bracció-
ne, m.; — -bóne, (anat.) òmero; the — -pit,
l'ascèlla; he is my right —, egli è la mia
dèstra; —'s-è, pl. le bràccia; (mil.) ármi,
(arald.) árme, árme gentilízie; ármi; with
one's —s across, colle bràccia incrociáte;
a Countess ùnder his —, una Contèssa a
bracctto, al bracciuòlo; coat of —s, árme, árme gentilízie; within —'s réach,
alla portáta del bráccio; she was léaning
on her bròther's —, ella andáva a braccétto di suo fratèllo
— va. armáre; to — with a swórd, armáre
di spáda; to — one's self, armársi; to —
one's sélf at all pòints, armársi di tútto
púnto; — va. armársi, muniršsi
Armáda, s. armáta (flotta spagnuola)
Armadílla, s. armadílla
Armadíllo, s.(zool.) armadíllo, tatú, m. tatúsa
ármament, s. armaménto (di vascèlli)
ármed, a. dalle bràccia..., che ha le bràccia...; long —, dalle bràccia lúnghe; òne-
—, che non ha che un bráccio, mónco
ármful, s. bracciáta; by —s, a bracciáte
ármhóle, s. ascèlla; búco della mànica
Armígerous, a. (antiq.) armígero
Arminian, s. a. (teol.) Arminiáno
Arminianism, s. (teol.) Arminianísmo

àrmillary, *a.* armilláre, a fòggia d'armilla;
— sphére, sféra armilláro
àrmistice, *s.* armistízio (me
àrmless, *a.* sènza bráccia; sènza àrmi, inèr-
àrmlet, *s.* bracciòlo, bracciolíno; séno di màre
àrmorer, *s.* armajuòlo; *V.* Armourer
Armórial, *a.* àrme gentilízie; — ensígnâ, àr-
mo gentilízie; inségna, stémma, *m.*
àrmory, *s. V.* Armoury
àrmour, *s.* armatúra, armadúra, àrmi; cóat
—, còtta d'àrmi: — in próof, armatúra
alla próva; to bùckle on one's —, indos-
sár l'armatúra
àrmour-beàrer, *s.* scudièro, donzèllo
àrmourer, *s.* armajnòlo
àrmourings, *s.* (*mar.*) pavése, *m.* pavesáta, *f.*
àrmoury, *s.* armería, sàla d'àrmi, araldería
àrm-pit, *s.* ascèlla
àrmi, *s.* bráccia, àrmi, *s. pl.*; àrme gentilízie,
inségna, stémma, *m.*; allúsive, cànting —,
(*blasone*) àrme parlànti; càrrying —, pòrto
d'àrmi; man at —, uòmo d'àrmi; rísing
in —, levàta di scùdi; cóat of —, àrme gentilízie; fíre —, àrmi da fuòco; to beàr —,
portàr le àrmi; to presènt —, presentàre
le àrmi; to ríse in —, levàrsi ad àrme; to
tàke up —, dar di píglio all'àrmi; to láy
dówn one's —, depórre l'àrmi; to beat to
—, bàttere la generàle; to arms! (*mil.*)
alle àrmi! grôund —, (*comando milítare*)
al piè-l'àrmi; shóulder —, in spàlla-l'àrmi; lodge —, portàte l'àrmi; suppórt —,
al bràccio l'àrmi
àrm-rack, *s.* (*mil.*) rastrellièra
àrmy, *s.* esèrcito, armàta (di tèrra); the reàr
of an —, la retrogùárdia d'un esèrcito;
besièging —, esèrcito assediàute; làrge —,
grànde esèrcito; stànding —, armàta permanénte; to draw up an — in line of
bàttle, schieràre un esèrcito
àrnica, *s.* (*bot.*) àrnica
Arnòtto, *s.* (*bot.*) oriàna (*à bero*); oriàna
Arnòtto-trée, *s.* (*bot.*) oriàna (*tinta*)
àrnuts, *s.* (*bot.*) avéna àlta
Aróma, *s.* aròma, *m.* aròmato
Aromàtic, *a.* aromàtico, fragrànte
Aromàtics, *s.* spézie, *f.* aròmato, aròma, *m.*
Aromatizátion, *s.* aromatizzazióne, aromatiz-
záro, *m.*
Aròmatize, *va.* aromatizzàre, profumàre
Aróse, *preterito del verbo* to Arise
Aróund, *avv.* all'intórno, intórno
— *prep.* intórno, all'intórno di
Aróuse, *v r.* ridestàre, svegliàro, stuzziccàre,
stimolàre, eccitàre, scuótere
Aróu, *avv.* (*ant.*) in ríga, in fíla (vía
Aróynt, *avv.* (*ant.*) indiétro, vía di qua, va
Arpéggio, *s.* (*mus.*) arpéggio; to perfòrm —s,
arpeggiàre, scarabillàre, pizzicàr le còrde
Arquebusáde, *s.* archibugiàta, archibusàta
àrquebuse, *s.* archibúso

Arquebusiér, *s.* archibusière, *m.*
Àrrack, *s.* aràc, (*liquore spiritoso*)
Arráign, *va.* citàre in giudízio, accusàre; to
— for ignorance, accusàre d'ignoránza
Arráignment, *s.* accusazióne, accùsa, procèsso
Arránge, *va.* assettáre, aggiustàre, dispórre
Arràngement, *s.* aggiustaménto, assettaménto,
ordinaménto; acconciaménto; transazióne
Arránger, *s.* ordinatóre, -trí ·e; mestatóre, -trí-
ce; the arràngers of the mob, i mestatóri,
i caporióni della plébe
àrrant, *a.* matricolàto, famigeràto, infàme;
— knàve, fúrbo, briccóne matricolàto
àrrantly, *avv.* infamemènte, spudoratamènte
àrras, *s.* aràzzo, pànno tessúto a figùre
Arràg, *s.* arrèdo, corrèdo, abbigliaménto, fòggia, órdine, *m.* schièra, ràngo; an army
in bàttle —, un esèrcito schieràto
— *va.* abbigliàre, arredàro, schieràre, pórre
in órdine
Arréar, arré rs, arréaragês, *s.* arretràto (di
rédditi o frútti); to be behínd in ·, èssere
debitóre d'arretráti; arréar, *avv.* indiètro
Arrèst, *s.* arrèsto, cattúra; — for dèbt, arrèsto per débiti, arrèsto personàle; ùnder —,
in arrèsto; to pùt under —, (*mil.*) mèttere
agli arrèsti
— *va.* arrestàre, catturàre; impedíre
àrris, *s.* (*costruzioni*) cànto vívo, spígolo
Arrival, *s.* arrívo, venúta; on his —, al súo
arrívo, dopo il súo arrívo
Arríve, *va.* arrivàre, veníre, perveníre; to —
at a plàce, giúngere ad un luògo
Arrogance, àrrogancy, *s.* arrogànza
àrrogant, *a.* arrogànte, presuntuóso
àrrogantly, *avv.* arrogantemènte
àrrogàte, *va.* arrogàrsi, presúmere
Arrogàtion, *s.* (*ant.*) pretèndere, *m.* arrogante-
ménto
Àrrow, *s.* fréccia, saètta, dàrdo; shówer of
—s, nèmbo di fréccie; to shóot an —,
scoccàre una fréccia, un dárdo
Àrrow-hèad, *s.* (*bot.*) sagittária
Àrrow-hèaded } *a.* (*bot.*) sagittàto
Àrrow-shàped }
Àrrow-màker, *s.* fabbricatóre di fréccie
Àrrow-róot, *s.* (*farm.*) arrow-root
àrrowy, *a.* di fréccia, in guisa di fréccia,
ràtto cóme la saètta
àrse, *s.* (*volg.*) cúlo, deretáno
Àrsenal, *s.* arsenàle, *m.*
Arséniate, *s.* (*chim.*) arseniàto
Arsènical, *a.* arsenicále
Arsènious, *a.* (*chim.*) arsenióso
Arsènite, *s.* (*chim.*) arseníte, *m.*
àrson, *s.* arsióne, *f.* delitto d'incendiário
àrt, *s* àrte, *f.* mestière, *m.* ari fizio, indústria;
the fíne —s, le bèlle àrti; the liberal and mechànic —s, le àrti liberàli o meccàniche;
màster of —s, maèstro d'àrti, dottóre; a
man of — will live àny whère, chi ha àrte

ha párte, chi sa ó ricapitáto por lútto ; (thou art, tu sei); *V. il verbo* Éssere

Artemisla, *s.* (*bot.*) artemisia

Artérial, *a.* arteriále, arterióso

árlery, *s.* (*anat.*) artèria ; basilary —, artèria, trónco basiláre ; púbic —, artèria otturatríce ; small —, arteriúzza; cóat, túnic of an —, túnica arteriále ; inflammátion of the árteries, infiammazióne dolle artòrie, arteríte, *f.* (tesiáno

Artésian, *a.* artesiáno ; — well, pózzo artárlful, *a.* artificióso (scaltraménte

árlfully, *avv.* con árte ; artiliziosaménte ; **árlfulness**, *s.* destrèzza, astúzia, artifízio

Arruritic, arrurltical, *a* (*med.*) artrítico

Arruritis, *s.* (*med.*) artrítide, *f.*

ártic, *a.* *V.* arctíc

árlichocke, *s.* (*bot*) carciófo ; Jerùsalem —, Topinambúr, *m.* ; tartúfo biánco, patáta americána o del Canadà; bòttom of an —, tórso d'un carciófo ; — sùcker, òcchio, gèmma di carciófo

árlicle, *s.* artícolo, còndizióne, púnto, cápo, (*di scrittura*) rappórto ; artícolo ; oggètto, mèrce, *f.* artícolo di giornále ; artícolo (*gram.*) ; the dèfinito —, l'artícolo determinánte; the léading —, l'artícolo di fóndo; the —s of a tréaty, gli artícoli o púnti d'un trattáto ; — s of an accoûnt, cápi d'una fattúra, particolári d'un cónto — *van.* patteggiáre, pattuíre, stipuláre, processáro ; allogáre, méttere, stabilí e, collocáro ; to — a láw-stúdent to an Attórney, méttere prèsso un avvocáto uno studènte di lègge per un tèmpo convenúto

Artícular, *a.* (*anat.*) articoláre

Articulate, *a.* articoláto, distínto — *van.* articoľáre, proferíre, pronunziáre ; — distinctly, proferíre distintaménte, pronunciáre scol pitaménte

Artículately, *avv.*distintaménte,scolpitaménte

Artículátion, *s.* articolazióne; giuntúra (te ártifice, *s.* artifício, árte, *f.* astúzia, fróde, *f.*

Artificer, *s.* artèfice, artísta, artigiáno, fábbro; the — of his hàppiness, (*poet.*) fábbro a sé stésso di beáta sòrte ; — of fráud, fábbro d'ingánni

Artificial, *a.* artificiále, artificióso

Artificially, *avv.* artificialménte, con artifício

Artillery, *s.* artigliería, cannóni ; hèavy —, artigliería gròssa, pesánte ; light —, fiéld —, artigliería leggèra, artigliería di campágna; flýing —, artigliería volánto ; bàttering —, artigliería d'assèdio; fóot —, arglièri a piédi ; hòrse —, artiglièri a cavállo ; — -man, artiglière, *m.*

árlisàn, *s.* artigiáno, artèfice (artièro)

ártist, *s.* artísta (valénte), artèfice

Artistic, artistical, *a.* artístico

Artistically, *avv.* artisticaménte

ártless, *a.* senz'árte, sémplice, naturále

ártlessly, *avv.* senz'árte, naturalménte

ártlessness, *s.* ingenuità, naturalézza

Arum, *s.* (*bot.*) áro ; èsculent —, áro esculénto

Arundélian, *a.* di Arúndel ; the — márbles, i mármi d'Arundel

Arundináceous, *a.* (*bot.*) arundináceo

Arundineous, *a.* arundíneo, di cánne, copèrto di cánne

Arùspex, arùspice, *s.* arúspice, *m.*

Aš, *cong.* cóme, mèntre, quále, siccóme, da, quási, secóndo, a misúra che, poichè, dacchè ; — if, cóme se ; — —, cosi cóme, tanto quánto ; — rich — you, cosi rícco cóme voi ; not so rich — you, non tánto rícco quánto voi ; I have — mány — you, ne ho altrettánti che voi ; he has — much talent — you, egli ha tánto talènto quánto voi; — soon —, súbito che, appᵃna; — often —, ogni vòlta che, sèmpre che; — you sów, so shall you réap, qual sémini tal mieterái ; be so good — to .., abbiáte la bontà di...; — occásion may require, secóndo che l'occasióne lo richiederà ; — far —, fino a, insíno a ; — for me, in quanto a me, per me ; — yet, per ánco, ancóra ; — it wère, per cosi díre ; — we dón't agrèe, siccome (poichè) non andiám d'accórdo; — the àutumn advánces, thése birds will émigráte, a misúra che, máno máno o vía vía che) s'inóltra l'autúnno, quêsti uccélli migreránno

Asafoèlida, *s.* (*farm.*) assafétida

Asárum, *s.* (*bot.*) ásaro, spígo selvático

Asbèstos, *s.* (*min.*) amiánto

Ascaris (*pl.* ascárides), *s.* (*ent.*) ascáride, *m.*

Ascènd, *van.* ascéndere, salire, montáre

Ascèndant, *a.* superióre, predominánte —*s.*ascendénte,oróscopo,(*astrologia*);ascendénte, *m.* influènza, altézza, elevatézza ; he has an — over him, ha gránde autorità sópra di lui, può mólto con esso lui (rità

Ascèndency, *s.* influènza, potére, *m.*, superio-**Ascènsion**,*s.*ascensióne, salíta; (*relig.*) ascensióne ; (*astr.*) ascensióne

Ascènt, *s.* salíta, montáta, pendío, còsta, èrta ; ascèndere, *m.*; stéep —, salíta rípida ; éasy —, dólce pendío

Ascertáin, *va.* accertársi, assicurársi di, constatáre, toccár con máno, verificáre

Ascertáiner, *s.* chi si accèrta, chi constáta, verificatóre, chi

Ascertáinment, *s.* accertamènto, modèllo

Ascètic, *a.* ascético, — *s.* ascético; ascéta

Ascèticism, *s.* asceticísmo

Ascians, Àscii, *spl.* (*geog.*) áscii

Ascititious, *a.* ascitízio

Asclépiad, *s.* (verso) asclepiadèo

Asclépias, *s.* (*bot.*) asclepíade, *f.*

Ascríbable, *a.* ascrivíbile, attribuíbile

Ascríbe, *va.* ascrívere, attribuíre

Ascription, *s.* attribuiménto

Asèxual, *a.* (*bot.*) crittògamo; — plant, crittògama

àsh, *s.* (*bot.*) fràssimo; flowering —, òrno; ground —, fràssino rimessitíccio; mountain —, sòrbo selvàtico; pòlson —, sommàcco velenóso

ash-còloured, *a.* cenerìccio, -íno, -ògnolo

Ashámed, *a.* vergognóso, confúso; are you not — ? non avéte vergógna?

àshen, *a.* di fràssino

àshes, *s. pl.* cênere, *f.* cêneri, *pl.*; to slêep in its —, covàre sótto le cêneri; to be bùrnt o redúced to — andàre, ridúrsi in cênere; to bùrn *o* redúce to —, ridúrre in cênere

àshlar, *s.* màssa di màrmo o di piétra rózza

Ashóre, *avv.* a térra, al lído; to go —, prêndere térra, andàre al lído, sbarcàre

àsh-trée, *s.* (*bot.*) fràssino

àsh wèdnesdày, *s.* mercoledì delle cêneri

àshy, *a.* ceneróso, spàrso di cénere; cinêreo

àsiarc, *s.* (*storia ant.*) asiàrca, *m.*

Asiàtic, *a.* asiático

Asíde, *avv.* a pàrte, da bànda, in dispàrte; to draw —, tiràr da pàrte; to lày —, métter da pàrte, da bànda; to sèt —, métter da un cànto; (*legge*) annulláre, revocàre, abrogàre; to stànd —, stàrsi in dispàrte; to step —, fàrsi da una pàrte; to tùrn — *va.* stornàre, deviàre; *vn.* piegàre dall'un de' làti, voltàre, vòlgersi altróve

Àsiníne, *a.* asiníno, asinésco

àsk, *va.* domandàre, chiêdere, ricercàre; informàrsi di; — advíce, domandàr consíglio; — one a quèstion, interrogàre alcúno; if àny one —s for me, se alcúno mi domànda; — abòut, (*volgare*) va al diàvolo, va alla malóra; vàttene pe' fàtti tuói; to tell one to — abòut, mandàr uno al diàvolo, alla malóra, pei fàtti suói

Askánce, askànt, *avv.* a travèrso, biêco

àsker, *s.* dimandatóre, -trìce, domandànte

Askéw, *avv.* biecaménte, di sghimbêsco, a travèrso, obliquaménte

Aslànt, *avv.* obliquaménte, da un làto

Aslêep, *a.* addormentàto; to fall —, addormentàrsi; to be —, dormíre; to be fàst —, dormíre profondaménte; he is —, egli dòrme

Aslópe, *avv.* à sgêmbo, in isbiêco, in pendío

àsp, *s.* *V.* àspic, àspen

Aspàragus, *s.* spáragi, *m. pl.*

àspect, *s.* aspêtto, vólto, sembiánte, *m.*; vista, apparênza

àspen, *s.* (*bot.*) trémula; — *a.* di trémula — — -trée (*bot.*) trémula, alberélla

Aspêrity, *s.* asprézza, durézza, scabrosità

Aspèrse, *va.* aspèrgere; diffamàre

Aspêrser, *s.* diffamatóre, calunniatóre, -trìce

Aspèrsion, *s.* aspersióne; calúnnia

Asphàlt, *s.* asfàlto

Asphàltic, asphàltite, *a.* d'asfàlto, bituminóso

àsphodel, *s.* (*bot.*) asfodíllo

Asphixia $\Big\}$ *s.* (*med.*) asfissía; to bring on, to càuse, to òccàsion —, prodúrre asfissía, colpíre d'asfissía, asfissiáre; to destròy one's self by —, asfissiàrsi; to fàll into a state of —, cadére asfítico, in asfissía

Asphixy $\Big\}$

àspic, *s.* àspe, *m.* àspide, *m.* (*serpe*); píccol

Aspírant, *s.* aspirànte (pêzzo d'artiglíería

àspirate, *va.* aspiràre

Aspiràtion, *s.* aspirazióne

Aspíre, *van.* (*to*, *after*) aspiráre, aneláre, agognáre, pretóndere (*a*)

Aspíring, *a.* ambizióso

Asquint, *avv.* biecaménte, di travêrso; to lòok —, guardàr lòsco

àss, *s.* àsino, àsina, somáro, ciúco; young —, — 's fóal, pulédro d'àsino, somaréllo; jàck —, asinêllo, àsino; she —, àsina; of an —, asiníno

àss-driver, *s.* asinájo, guidatór d'àsini

àss-líke, *a.* asinésco, da àsino

àss-skin, *s.* pêlle, *f.* d'àsino

Assafêtida, *s.* (*farm.*) assefêtida

Assáíl, *va.* assalíre, assaltàre, attaccàre

Assáíble, *a.* espugnàbile (greditríce

Assáílant, *s.* assalitóre,-tríce, aggressóre, ag-

Assáíler, *s.* assalitóre, -tríce, aggressóre, aggreditríce

Assàrt, *va.* sterpáre, sbarbáre, svêllere

Assàssin, *s.* assassíno, sicário, masnadiêre, *m.*

Assàssinate, *va.* assassinàre, ammazzàre a tradiménto

Assàssinous, *a.* di, da assassíno, proditòrio

Assassinàtion, *s.* assassinaménto, assassínio

Assàult, *s.* assàlto, attàcco; ingiúria; — and bàttery (*legge*), minàccia accompagnàta da vie di fàtto; to tàke by — prénder d'assàlto — *va.* assaltàre, assalíre, aggredíre

Assàulter, *s.* assalitóre, -tríce, aggressóre, aggreditríce

Assáy, *s.* próva, sàggio, speriménto, ciménto; cóld —, sàggio a fréddo; drý —, — bý the drý wày, sàggio a sécco; húmid —, — by the mòist wày, sàggio ad úmido; cúpel —, sàggio a copêlla

— *va.* saggiàre, provàre, far sàggio di

— *vn.* tentàre, sforzàrsi, provàrsi

Assáy-bàlance, *s.* bilancíno da saggiatóre

Assáy-màster, *s.* màstro saggiatóre

Assáyer, *s.* saggiatóre

Assecùtion, *s.* consecuzióne, acquísto (còlta

Assèmblage, *s.* accòlta, adunánza, unióne, rac-

Assèmble; *va.* raunàre, adunàre, riuníre

— *vn.* raunàrsi, adunàrsi

Assèmbly, *s.* assemblêa, adunánza; the National —, l'assemblêa nazionále

Assènt, *s.* assênso, consênso

— *vn.* assentíre, consentíre, acconsentíre

Assènter, *s.* consentitóre, approvatóre, -trìce

Assèntingly, *avv.* acconsentiménto

Assèrt, va. asseríre, affermáre, mantenére, difèndere con paròle o fátti
Assèrtion, s. asseriménto, asserzióne, assèrto
Assèrtive, -tory, a. assertívo, affermatívo
Assèrtor, s. assertóre, difensóre, campióne,m.
Assèss, va. tassáre, fermáre la tássa di
Assèssable, a. tassábile, imponíbile
Assèssionary, a. assessoriále
Assèssment, s. tássa, tassazióne, impòsta
Assèssor, s. assessóre; agénte delle tásse
Àssets, s. àsse ereditário; àsse patrimoniále
Assèver, assèverate, va. asseveráre
Asseverátion, s. asseveránza
Assidúity, s. assiduità
Assíduous, a. assíduo
Assiduously, avv. assiduaménte
Assiduousness, s. assiduità
Assígn, va. assegnáre, comméttere, delegáro, costituíre; assegnáre, stabilíre il luògo o il tèmpo ; addúrre, prodúrre, accampáre, allegáre, applicáre, trasferíre, cédere, dáre; — a réason, addúrre una ragióne; — a chèque, a pròmissory noto, cédere, riméttere un mandáto a vísta, un pagherò
Assígnable, a. assegnábile, trasferíbile
Assignátion, s. assegnazióne, assegnaménto, asségno; convenzióne, accòrdo; appuntaménto, convégno
Assígneé, s. (legge) cessiónario; rappresentánte legále, mandatário; (diritto com.) síndaco ; official —, síndaco provvisòrio; síndaco d'uffício (giúdice commissário del fallimènto); — dèfinitively appòinted, síndaco definitívo
Assígner, s. (legge) assegnánte, mandánte, cedènte, costituènte (cáusa)
Assígns, s. pl. (legge) avènti dirítto, avénti
Assignment, s. assegnazióne, asségno, cessió-
Assígnor, s. (legge) cedènte, m. f. (ne
Assimilable, a. assimilábile
Assimilate, vn. assimigliáre; assimiláre; vn. assomigliársi; assimilársi
Assimilátion, s. assomigliaménto, assimila-zióne
Assist, va. assístere; — me to dò it, ajutátemi a fárlo
— vn. assístere, interveníre
Assistance, s. assistènza; (legge) bráccio fòrte; to get —, trováre ajúto, appòggio; to give, to lend —, dáre, prestáre assistènza; (legge) prestár bráccio fòrte
Assistant, s. assistènto, aiutatóre, -tríce; to be — to, èssor d'ajúto a
Assíster, s. assistènte, soccorritóre, -tríce
Assíze, assízes, s. assíse, f. pl., sessióne di giúdici e giuráti (giurì); còrte di giustízia, di assíse ; tarífta d' úna derráta, assísa, règola od órdine in rignárdo a' pési e alle misúre ; court of — (legge) còrte d'assíse; jústice of —, giúdice, consiglière della corte d'assíse; —of bréad, tarífta del páne;

to hóld the —s, tenér le assíse; to trý at the —, giudicáre alle assíse
— va. tassáre, regoláre, fissáre
Assízer of weights (pr. wàtes) and mèasureś, s. ispettóre dei pési e misúre
Associability, s. associabilità
Assóciable, a. associábile
Assóciate, s. associáto, sòcio
— va. associáre, accompagnáre, uníre, collegáre; — vn. (with) associársi, usáre, bazziccáre (con)
Associátion, s. associazióne
Assóciátive, a. associatívo
Associátor, s. (ant.) collèga, m. sòcio, compágno
Àssonance, s. assonánza
Àssonant, a. assonánte (veníre
Assòrt, va. assortíre; — vn. addírsi, con-
Assòrtment, s. assortiménto, sortiménto; a large —, un grand'assortiménto
Assuáge, va. mitigáre, alleviáre
— vn. alleviársi, mitigársi
Assuágement, s. raddolciménto, alleviamènto
Àssuager, s. mitigatóre, -tríce, beneficatóre, -tríce; leniènte, m., lenitívo, calmán-
Assuásive, a. lenitívo, mitigáate (te, m.
Assúme, va. assúmere, arrogársi
— vn. arrogársi, fáre il presuntuóso
Assúming, a. presuntuóso, assumènte
Assùmpsit, s. (legge) promèssa verbále
Assùmption, s. assunzióne; assúnto; minóre, f. (d' un sillogismo); petizióne di princípio, supposizióne gratuíta (poníbile
Assúmptive, a. assuntívo; assumíbile; sup-
Assúmptively, avv. assuntivaménte; con petizióne di princípio
Assúrance, s. (pr. ashúrance) assicurazióne; sicurézza, certézza; contrátto di assicurazió-
Assúre (pr. ashúre), va. assicuráre (ne
Assúred (pr. ashúred), partic. a. assicuráto, sicúro, cèrto; rest —, siáte sicúro
Assúredly (pr. ashúredly), avv. sicuraménte, certaménte
Assúredness (pr. ashúredness), s. certézza
Assúrer (pr. ashúrer), s. assicuratóre, -tríce, mallevadóre, -tríce
Àsteism, s. (rett.) asteísmo
Àster, s. (bot.) àster, àstero, àstere, m., asteròide m.; China —, Aster Chinensis, Adóni
Astéria, s. (zool.) astéria
Astériatíte, s. (min.) asteriatíte, f.
Àsterisk, s. astorísco
Àsteriám, s. asterísmo
Astèrn, avv. (mar.) a póppa; to drop —, restáre addiétro
Àsteròid, s. (astr.) asteròide, m.
Àsthma, s. àsma, ásima, imbolsiménto
Asthmàtic, a. asmático, bólso
Astònish, va. stupíre, meravigliáre; I am astònished, stupísco, rèsto attònito
Astònishing, a. sorprendènte, maraviglióso

Astònishingly, *avv*. sorprendenteménte, maravigliosaménte

Astònishment, *s*. stupóre, sorprésa, meraviglia; to strike with —, far stupóre; to recòver from one's —, riavérsi della sorprésa; to be séized with —, èsser compréso di meravíglia; to fill with —, to thrów into —, colmáre di stupóre

Astóund, *va*. stupíre, stordíre, sbigottíre

Astóunded, *a*. stupíto, trasecoláto

Astràddle, *avv*. a cavalcióni, a cavallúccio

Àstragal, *s*. (*arch. astr. bot*.) astragàlo

àstral, *a*. astràle, d'àstro

Astráy, *avv*. fuòr della vía; to go —, smarrírsi, traviáre, erráre; to léad —, sviáre, fuorviáre

Astréa, *s*. (*astr*.) Astrèa, Erígone, *f*. (*zool*.) astrèa

Astrict, *va*. stríngere, ristríngere

Astriction, *s*. astringiménto; (*med*.) astriziòne; costipaziòne

Astrictive, astrictory, *a*. (*med*.) astringènte

Astríde, *avv*. a cavalcióni; to stànd — upòn, stáre a cavalcióni su; to get —, méttersi a cavalcióni; to get — of, inforcáre (gli arcióni in sèlla)

Astringe, *va*. comprímere, astríngere

Astringency, *s*. astringènza

Astringent, *s. a*. astringènte, *m*.

Astrògraphy, *s*. astrografía

àstrolabe, *s*. astrolàbio

Astròloger, *s*. astròlogo

Astrológian, *s*. *V*. Astrologer

Astrològic } *a*. astrológico
Astrològical }

Astrológically, *avv*. astrologicaménte

Astròlogize, *vn*. praticáre l' astrología, far l'astrólogo

Astròlogy, *s*. astrología

Astrónomer, *s*. astrónomo

Astronòmic } *a*. astronòmico
Astronòmical }

Astronòmically, *avv*. astronomicaménto

Astrònomy, *s*. astronomía

Astrùt, *a*. trónfio, gónfio; — with príde, gónfio d' orgóglio; —, *avv*. in mòdo trónfio ed orgoglióso, pettorúto

Astúte, *a*. astúto

Asùnder, *avv*. in due párti, separataménte; to cut —, tagliáre per mèzzo; to put —, divídere, separáre

Asýlum, *s*. asilo; lúnatic —, manicòmio; infant —, asilo infantile, asilo d'infànzía; òrphan —, orfanotròfio

Àsymptotes, *s*. (*geom*.) assintòte, *f*, assintòto, *m*.

Asymptòtical, *a*. (*geom*.) assiantòtico

Àt *prep*. (*di tempo e di luogo*) a, ad; (*ove non vi sia moto verso*) — the, al, ai, alla àlle; — Mònza, a Mònza; — three o' clock, àlle tre; is your fàther — hóme? è a càsa

vòstro pádre? — schóol, àlla scuóla; — présent, al présente, adèsso; — the mòst, al più; — the léast; — léast, per lo méno, alméno; — làst, al fine; — péace, in páce; — an end, finíto; — your léisure, a vòstro cómodo, a vòstro bell'àgio; they will làugh — you, you will be laughed —, voi saréte deríso; — séa, sul máre; — hand, vicíno; — ònce, alla príma, súbito; — àll, púnto; del tútto, in nessún mòdo; nòthing — àll, niènte affàtto; — your desíre, a vòstra richièsta; he shot — the quéen, egli tiró sulla regína; lóok — that trée, guardáte quall' álbero; look — your wàtch, guardáte al vòstro oriuòlo

Ataghàn, *s*. jàtagan, *m*. sciàbola túrca

Àtaman, *s*. etmánno (dei Cosácchi)

Àtaraxy, *s*. atarassía, imperturbabilità

Atàxic, *a*. (*med*.) atássico

Àtaxy, *s*. (*med*.) atassía

àte, *preterito del verbo* to éat

Atèllan, *a*. atellàno (tèlla
Atèllans, *s. pl*. Atellàne, *f. pl*. dràmmi d'A-

Athanàsian, *a*. d'Atanàsio; — créed, símbolo (*credo*) di Atanásio

àтнeism, *s*. ateísmo

àтнeist, *s*. àteo, ateísta

Aтнeistic } *a*, àteo, ateístico
Aтнeistical }

Aтнeistically, *avv*. ateisticaménte

Aтнenaéum, *s*. Atonèo

Aтнirst (*pr*. атнùrst), *a*. assetáto, sitibóndo

àтнlete, àтнlet, *s*. atlèta, *m*.

àтнlètic, *a*. atlètico, vigoróso

Aтнwàrt, *avv*. e *pr*. di travèrso, a sghèmbo

Atilt, *avv*. alzáto, in àtto di dáre una stoccáta; (galoppándo) colla lància in rèsta; a barrel —, un barile alzáto di diètro

Atlantean, Atlàntian, *a*. d'Atlàntide, d'Atlànte

Atlàntes, *s. pl*. (*arch*.) Atlànti, *m. pl*.

Àtlas, *s*. atlànte, *m*. (*di geografía*); (*anat*.) atlànzio; sòrta di ráso delle Indie; carta rasáta; (specie di) cárta di gran formàto

Atmosphére, *s*. atmosfèra

Atmosphèric } *a*. atmosfèrico
Atmosphèrical }

Àtom, *s*. àtomo; to crùsh to —s, sbriciolàre

Atòmic } *a*. atòmico
Atòmical }

Àtomize, *va*. atomizzáre

Atòne, *va*. espiáre, purgáre; to — for a fàult, espiáre un delitto

Atònement, *s*. espiazióne; to máke — for, espiáre, far espiazióne di

Atóner, *s*. espiatóre,-trice, mediatóre,-trice

Atònic, *a*. (*med*.) atònico

Atony, *s*. (*med*.) atonía

Atòp, *avv*. in cima, in vètta, sulla sommità

Atrabilàrian, atrabilàrious, *a*. atrabiliàrio

Atrabiliáriousness, *s*. ipocondría, umóre atrabiliáre

Atrabílis, *s.* (*med.*) atrabile, *f.*
Atramèntal, atramèntous, *a.* néro come l'inchiòstro
Atrabiliary, *a.* atrabiliáre
Atrip, *avv.* (*mar.*) issàta, ghindáta (*dell'án-*
Atrócious, *a.* atróce (*cora*), in púnta
Atróciously, *avv.* atroceménte
Atrócìousness, *s.* atrocità
Atróphia { *s.* (*med.*) atrofía
Àtrophy {
Attàch, *va.* attaccáre; arrestáre, catturáre; sequestráre; affezionáre; she is — ed to you, vi è affezionáta
Attàchment, *s.* attaccaménto, affètto; sequèstro, arrèsto·
Attàck, *s.* attácco, assálto, assaliménto
— *va.* attaccáre, assaltáre, assalíre
Attàcker, *s.* assalitóre, -tríce
Attáin, *va.* conseguíre, ottenére; to — hàppiness, conseguíre la felicità; — *vn.* giúngere, perveníre; — to honours, perveníre agli onóri
Attáìnable, *a.* conseguíbile, ottenìbile
Attáìnableness, *s.* conseguibilità, possibilità di conseguíre, d'ottenére
Attáìnder, *s.* (*legge*), màcchia d'infámia; condànna a pena aflittíva ed infamánte; mòrte civíle; revèrsal of — (*legge*), riabilitazióne; to revèrse an —, riabilitáre; to wòrk an —, importáre la pèrdita dei diritti civíli
Attáìnment, *s.* acquísto, acquistaménto, conseguiménto; cognizióne, dòte, *f.*, qualità acquisíta
Attáìnt, *va.* intaccáre, viziáre, corrómpere, accusáre; to — a person of *high* tréason, accusáre uno di lésa maestà
— *s.* táccia, màcchia; feríta sulla gámba di un cavállo; processúra còntro un giuri
Attáìnted, *a.* intaccáto, accusáto; corrótto
Attáìnture, *s.* màcchia d'infámia, imputazióne
Àttar of róses, *s.* essènza di róse; *V.* òtto
Attèmper, *va.* temperáre, addolcíre
Attèmpt, *van.* tentáre, provàre, cimentáre, intraprèndere; provàrsi, far pròva; to — a man's life, insidiáre alla víta altrúi; — *s.* tentatívo; sfòrzo, sperimento
Attèmptable, *a.* tentàbile
Attèmpter, *s.* tentatóre, sperimentatóre
Attènd, *vn.* attèndere, far attenzióne, badáre; occupársi, applicársi; avèr cúra, vacáre, provvedére, obbedíre; assístere, interveníre; to — to, badáre a, occupársi di, disimpegnáre, eseguíre; — at, interveníre, assístere, èssere prèsente
— *va.* accompagnáre, servíre, obbedíre, badáre a, interveníre, èssere presénte; attèndere, aspettáre; — a pàtient, aver cúra di un maláto, curárlo; the officers who —ed the prince, gli ufficiáli che accompagnávano il príncipe

Attèndance, *s.* servízio, séguito, assiduità; cúra; accompagnaménto, comitíva, cortéo; in —, di servízio; Lády in —, dáma d'onóre; to be in —, èssere di servízio; to màke one dánce —, far allungáre il collo ad úno, fárlo maceráre nelle anticámere
Attèndant, *a.* accompagnánte, inserviènte, concomitánte
— *s.* servidóre, seguáce; concomitánte
Attènt, *a.* attènto
Attèntion, *s.* attenzióne, — (*mil.*) guard'a voi! to páy —, fàre attenzióne; to pay —s to, usáre attenzióni a; to encróach, to trèspass on one's —, abusáre della gentilézza d'uno con fárgli pérder témpo
Attèntive, *a.* attènto, intènto, ufficióso
Attèntively, *avv.* attentaménte, con cúra
Attèntiveness, *s.* attenzióne, assiduità
Attènuant, *a.* attenuánte
Attènuate, *va.* attenuáre
— *a.* attenuáto
Attenuáting, *a.* attenuánte
Attènuátion, *s.* attenuazióne
Àtteráte, *va.* logoráre; formár terréno d'alluvióne
Atterátion, *s.* formazióne di terréno d'allá-
Attèst, *va.* attestáre (vióne
Attestátion, *s.* attestazióne
Àttic, *a.* àttico; — sàlts, sáli àttici; *s.* (*arch.*) àttico
Àtticism, *s.* atticísmo
Àtticize, *va.* ridúrre ad àttica purézza; — *vn.* usáre atticísmi; (*storía antíca*) tenére per gli Ateniési
Attíre, *va.* abbigliáre, acconciáre, ornáre
— *s.* acconciatúra, abbigliaménto, addòbbo, ornaménto; pálchi, rámi delle còrna di un cèrvo
Attíring, *s.* acconciatúra, òrnaménto
Àttitúde, *s.* attitúdine *f.* positúra, atteggiaménto
Attòrney, *s.* procuratóre, causídico, patrocinatóre; (*legge*) mandatário; — gèneral, procuratóre generále; — at làw, (*legge*) causídico, patrocinatóre; lètter of —, mandáto di procúra, precúra
Attòrneyship, *s.* ufficio, cárica di procuratóre
Attráct, *va.* attrárre, attiráre, allettáre
Attractabiliy, *s.* attrattíva, allettatíva
Attràctingly, *avv.* attrattivaménte
Attráction, *s.* attrazióne, allettaménto, vézzo, lusínga; grèat pérsonal —s, gràndi attrattíve personáli; contiguous —, attrazióne molecoláre
Attràctive, *a.* attrattívo, attraènte
Attràctively, *avv.* attrattivaménte
Attràctiveness, *s.* attrattività
Attràctor, *s.* attiratóre, attraènte, *m.*
Attributable, *a.* attribuíbile
Attribute, *va.* attribuíre, ascrívere; — to one's self, attribuírsi
Àttribute, *s.* attribúto

nòr, rùde; fàll, sèn, bùll; - fàre, dò; - bý, lỳmph; pòise, bòýs, fòül, fòwl, gèm, aś fórte, ruga; - forte, oeuf, culla; - erba, ruga; - lai e, i; pel, fausto; gemma, rosa;

Diz. Ingl. Ital. - Ediz. VI. Vol. I.º 5

Attribútion, *s.* attribúto, attribuzióne
Attríte, *a.* attríto, lógoro
Attrition, *s.* attríto, attrizióne
Attúne, *va.* accordáre, réndere intonáto
àubin,*s.*(*del cavallo*)tráino, l'andár di tráino
àuburn, *a.* brúno nereggiánte, castágno
àuction, *s.* incánto, ásta, véndita púbblica;
Dùtch —, aggiudicazióne con ribásso; móck
—, véndita simuláta (all'ásta púbblica);
sále bý —; véndita all'ásta, all' incánto;
— by ìnch of càndle, aggiudicazióne per
spegnimento di candéle; to pùt up to, for
—, méttere all'incánto; to sell by —, véndere all'ásta
àuctionary, *a.* di véndita all' incánto
Auctionéer, *s.* venditóre all' incánto, tubatóre; *va.* véndere all'ásta púbblica, all' incánto
Audácious, *a.* audáce
Audáciously, *avv.* audaceménte
Audáciousness, àudácity, *s.* audácia
àudible, *a.* udíbile; with — vóce, a vóce
chiára, intelligíbile
àudibly, *avv.* udibilménte
àudibleness, *s.* udibilità
àudience, *s.* udiênza, uditório; to gíve —,
dar udiênza; to have an — of the king,
éssere ricevúto dal re; he had a splêndid
— at his sêrmon, egli ebbe una bélla
udiênza alla sua prédica; audience-chám-
ber, cámera d'udiênza, sála degli amba-
sciatóri
àudit, *s.* esáme, *m.* revisióne d'un cónto
— *va.* esaminàre (*un conto*)
àudit-hóuse, *s.* sacrestía (*di cattedrale*)
àudit-óffice, *s.* córte *f.* dei cónti
àuditor, *s.* uditóre; auditóre de' cónti
àuditorship, *s.* auditoráto
àuditory, *s.* uditório, auditório, udiênza
— *a.* auditório, dell' udíto; — nêrve, nêrvo
acústico
àuditress, *s.* uditríce, uditoréssa
àugean, *a.* d'Augía; — stábles, stálle di
Augía
àuger, *s.* succhiéllo (strumento da foráre)
àught, *s.* quálche cósa, checchessía, qualunque cósa, tútto; nùlla, niênte; for — I
know, per quánto io sáppia (grandírsi
Augment (*pr.* ogmênt), *vn.* aumentársi, ag-
— *va.* aumentáre, accréscere
Augmentátion, *s.* accresciménto, auménto
Augméntative, *a.* aumentatívo
Augménter, *s.* aumentatóre, -tríce
àugur, *s.* áugure, *m.*
— *va.* auguráre, pronosticáre
àugural, *a.* auguràle
Augurátion, *s.* divinazióne, augúrio
Augúrial, *a.* augurále
àugurship, *s.* uffício d'áugure
àugury, *s.* augúrio, preságio, pronòstico
àugust, *s.* agósto (*mese*)

Augúst, *a.* augústo
Augùstan, *a.* d'Augústo; the — áge, il sêcolo
d'Augústo; the — confêssion, la confessióne d'Augústa
Augùstin, Augustínian, *s.* (fráte) Agostiniáno
(suòra) Agostiniána
Augùstness, *s.* augústa maestà, dignità
àulic, *a.* áulico; — cóuncil, consíglio áulico
àunt, *s.* zía; greát —, prozía
àura, *s.* (*poet.*) esalazióne, vapóre
àurate, *s.* (*chim.*) òro fulminánte
Aurélia, *s.* aurélia, crisálide, *f.*
Auréola, *s.* auréola, cérchio di ràggi
Auríga, *s.* (*astr.*) auríga, *m.*
àuricle, *s.* auricola (*anat.*)
Aurícula, *s.* (*bot.*) cortúsa, orécchie d'órso
Auricular, *a.* auricoláre
Auríferous, *a.* aurífero
àurist, *s.* aurísta, *m.*
Auróra, *s.* auróra; — boreális, aurora boreá-
le; — austrális, (*astr.*) auróra austrále
Auróral, *a.* dell'auróra
Auscùltate, *va.* (*med.*) praticáre l'ascolta-
zióne
Auscultátion, *s.* (*med.*) ascoltazióne
àuspice, *s.* auspício; under the auspices of,
sótto gli auspicj di
Auspícious, *a.* auspicáto, bène auspicáto
Auspíciously, *avv.* con felíci auspicj
Auspíciousness, *s.* felíci auspicj
Austére, *a.* austéro
Austérely, *avv.* austeraménte
Austéreness, àustérity, *s.* austerità
àustin, *a.* agostiniáno; —, fríar, fráte ago-
stiniáno; — nùn, suòra agostiniána
àustral, *a.* austrále
Authéntic, *a.* auténtico
Authéntically, *avv.* autenticaménte
Authénticate, *va.* autenticáre
Authenticátion, *s.* auténtica, autenticazióne
Authenticity, *s.* autenticità
Authéntically, *avv.* autenticaménte
àuthor, *s.* autóre; stándard —s, autóri clás-
sici
àuthoress, *s.* autríce
Authórial, *a.* di, da autóre
Authóritative, *a.* autoritatívo, autorévole
Authóritatively, *avv.* autoritativaménte, autorevolménte
Authóritativeness, *s.* autorevolézza, autorità
Authórity, *s.* autorità; estáblished authóri-
ties, autorità costituíte; bý one's own —,
di própria autorità; to be an —, fáre autorità; to have — to, êsser autorizzáto a,
avér autorità di; to have something from
good —, aver quálche cosa da buòna fónte,
da fónte autorévole; printed with —, stampáto con licênza dei superióri
Authorizátion, *s.* autorizzazióne
àuthorize, *va.* autorizzáre
àuthorship, *s.* qualità, professióne d'autóre

autobíography, *s.* autobiografía
autócrasy, *s.* autocrazía
autocrat, *s.* autócrate, *m.* autócrata, *m.*
Autocrátic ⎰ *a.* autocrático
Autocrátical ⎱
Autócratrix, *s.* autócrata, *f.*
áuto da Fè, *s.* áuto-da-fè, *m.*
autograph, *s. a.* autógrafo
Autográphic, *a.* autográfico
Autògraphy, *s.* autografía
Automàtic ⎰ *a.* automático
Automàtical ⎱
Autómaton, *s.* (*pl.* autòmata), *s.* autòma, *m.* (*pl.* autòmi)
Autòmatous, *m.* automático
Autònomous, *a.* autònomo
Autónomy, *s.* autonomía
autopsy, *s.* autopsía
autumn, *s.* autúnno; in the latter end of —, vèrso la fine d'autúnno
Autùmnal, *a.* autunnále
Auxiliaries, *s. pl.* milízie ausiliárie
Auxiliary, *a.* ausiliáre; — tróops, trúppe ausiliárie; — mùscles (*anat.*) múscoli piramidáli; — verbs, vèrbi ausiliárj
Aváil, *va.* giováre, profittáre, valére, servíre; what —s it? a che sèrve? I — mysèlf of the opportúnity, mi vàlgo dall'opportunità; it —s not, non gióva
— *s.* giovaménto, profítto, vantággio
Aváilable, *a.* útile, giovévole
Aváilableness, *s.* utilità, efficácia; (*legge*) validità (d'un títolo); fòrza legále
Aváilably, *avv.* vantaggiosaménte
Avalanche (*pr.* àvalansh), *s.* valánga, lavína
Avarice (*pr.* àvariss), *s.* avarízia, spilorcería; from —, per avarízia
Avaricíous, *a.* aváro, sòrdido
Avaricíously, *avv.* avaraménte
Avaricíousness, *s.* spilorcería, sordidézza
Avàst! *int.* (*mar.*) férma, férmati! básta!
Avàunt! *int.* vía! via di qua! indiètro; t'arrétra
Avenage, *s.* cánone che si pagáva coll'avéna
Avènge, *va.* vendicáre; — one's sèlf, vendicársi
Avenger, *s.* vendicatóre
Avèngeress, *a.* vendicatríce, ultríce, *f.*
Avènging, *a.* vendicatóre, ultóre, vendicatríce; the — hànd, la máno ultríce, vendicatríce
Avens, *s.* (*bot.*) èrba benedétta
Aventure, *s.* (*legge*) accidénte, *m.* (beri
Avenue, (*pr.* àvenew), lo s. àdito, viále *m.* d'Alvèr, *va.* avveráre, certificáre
Average, *s.* ragguáglio, mèzzo tèrmine, média, giústo mèzzo; divisióne eguále; avaría (*mar.*); contribuzióne, servitù rusticále (*feud.*); the — price, il prèzzo mèdio
— *va.* calcoláre in média, prénder la média proporzionále; — *vn.* ammontáre in mè-

dia; these losses — 25 póunds, queste pèrdite ascéndono in média a 25 sterlíne
Avèrment, *s.* avveraménto, certificaménto
Avèrnian, *a.* d'Avèrno, del lágo Avèrno
Averrùncate, *va.* (*ant.*) sradicáre, estirpáre
Avèrse, *a.* contrário, avvèrso
Avèrseness, *s.* contrarietà, repugnánza
Avèrsion, *s.* avversióne; to táke an — to one, prénder uno in avversióne
Avèrt, *va.* stornáre, tenér lontáno, tògliere; hèaven — it, tòlga il ciélo; *vn.* voltársi, distògliersi
áviary, *s.* uccellièra
Avìdity, *s.* avidità
Àvocate, *va.* (*ant.*) evocáre, stornáre
Àvocátion, *s.* occupazióne, mestiére; evocazióne
Àvocet, *s.* (*ornit.*) avosétta, *f.*, moriglióne, *m.*
Avóid, *va.* evitáre, schiváre, sfuggíre
Avóidable, *a.* evitábile
Avóidance, *s.* evitazióne, scámpo; evacuazióne (d'umóri); scólo (d'ácque); vacánza (d'un beneficio); annullaménto (d'un átto)
Avóider, *s.* evitatóre, -tríce
Avoirdupóids, *s.* misúra inglése di péso per gli oggétti più pesánti equivalénte a chilográmmi 0.45354
Avóuch, *va.* affermáre, mantenére; to — for, stáre mallevadóre di (-dríce, próva
Avóucher, *s.* affermatóre, tríce, mallevadóre,
Avóuchment, *s.* dichiarazióne, deposizióne (in favóre di)
Avów, *va.* confessáre, dichiaráre, dir francaménte, riconóscere
Avówable, *a.* confessábile
Avówal, *s.* confessióne, dichiarazióne, ricognisióne (d'avér fátto o détto quálche còsa)
Avówed, *a.* manifèsto, apèrto, pùbblico
Avówedly, *avv.* apertaménte, schiettaménte
Avówer, *s.* dichiaratóre, tríce, riconoscitóre,
Avùlsion, *s.* avulsióne, strappaménto (-tríce
Awáit, *avv.* (*mar.*) in dermo
Awáit, *va.* aspettáre, attèndere
Awáke, (awóke, awáked), *va.* svegliáre, destáre, risvegliáre, ridestáre; *vn.* svegliársi, risvegliársi; to be —, èsser dèsto
— *a.* svegliáto, svèglio
Awáken, *van.* svegliáre, svegliársi
Awákener, *s.* risvegliatóre, tríce
Awáking, *s.* svegliaménto (buíre
Awárd, *va.* aggiudicáre, sentenziáre, distri-
— *s.* giudício, arbitráto, sentènza
Awáre, *a.* avvedúto, avvertíto, accòrto, cáuto, informáto; I am — of it, ne sono avvertíto, lo so; he cáught them befóre they were —, li còlse all'improvviso; be — (beware) tenétevi in guárdia, státe all'èrta
Awáy, *avv.* vía, lúngi, lontáno; to go —, andár vía; to send —, mandár vía; to run —, fuggírsene; my màster is — from Milan, il mío padróne è vía di Miláno; go —, get —, andáte vía, va vía; —! *interj.* vía! eh

vía! —, for shame! eh vía! che vergógna!
to máke — with one's sèlf, dársi la mòrte; wòrk —, su vía, lavoráte, fáte di lavoráre

àwe; *s.* timóre, terróre riverenziále; to stànd in —, stáre con suggezióne, con peritánza; to kéep in —, tenére a ségno

— *va.* far stáre a ségno, incútere timóre e rispètto ; to — the péople into obédience, tenére il pòpolo in timóre ed obbediènza

Awèather, *avv.* (*mar.*) al vènto

Awèigh, (*pr.* awà), *avv.* (*mar.*) (*dell' áncora*) pendénte

àwful, *a.* imponénte, tremèndo, che ispíra timóre e riverènza

àwfully, *avv.* terríbilménte, con timore e riverènza

àwfulness, *s.* sácro orróre, terróre; caráttere terríbile, sublíme

Awhíle, *avv.* un pòco (*di tempo*), quálche tèmpo, un pèzzo; un momènto

Awhít, *avv.* menomaménte ; not — (*familiare*), per núlla, nemmén per ómbra

àwkward, *a.* sgraziáto, gòffo, sgarbáto

àwkwardly, *avv.* sgarbataménte, goffaménte

àwkwardness, *s.* goffággine, *f.* sgarbatézza

àwl, *s.* punteruòlo; còbler's —, shóemáker's —, lésina

àwl-bird, *s.* (*orn.*) picchio vèrde

àwl-máker, *s.* fabbricatóre di lésine

àwl-shápéd, *a.* subuláto, lesinifórme

àwless, *a.* sènza timóre, sènza maestà, che non sènte o non ispíra timóre e rispètto

àwn, *s.* lòppa, rèsta, bárba delle spíghe

àwning, *s.* tènda che cuòpre il bastiménto per riparársi dal sóle; tendóne di balcóne

àwnless, *a.* sènza spíghe

àwny
àwned } *a.* spigáto, che ha mèsso la spíca

Awóke, *preterito del verbo* to Awáke

Awòrk, awòrking, *a.* al lavóro, che lavóra

Awrý, *a.* stòrto, distòrto, sconvòlto, bièco

— *avv.* di travèrso, obliquaménte

Ax, Axe, *s.* accètta, scúre, *f.*; pick-axe, piccóne, *m.*; bàttle —, tòmahawk, áscia d'ármo piccòzza, ázza; execútioner's —, mannája; to lay the — to the trée, mèttere la scúre alla radíce

Axal
Axial } *a.* dell'ásse

Axil
Axilla } *s.*(*anat.*) ascèlla,ditèllo;(*bot.*)ascèlla

Axil-flòwering, *a.* (*bot.*) ascelláre, a fióri ascellári

Axillar
Axillary } *a.* ascelláre, dell'ascèlla

Axiom, *s.* assiòma, *m.*

Axiomàtical, *a.* assiomático

Axis, *pl.* axes, *s.* ásse, *m.*; (*anat.*) trónco arteriále; the èarth's —, l'ásse della tèrra; cèrebral —, (*anat.*) midólla spinále,

midóllo oblungáto, spinál midóllo; intercèpted —, (*geom.*) ascíssa; — in peritróchio, (*pr.* peritrókio) (*meccanica*), verriàxlepin, *s.* cavíglia della ruóta (céllo àxletrée, Axle, *s.* ásse, *m.* sála della ruóta

áye, áy, *avv. volg.* si già, si cèrto ; —, —, già già ; for áye, sèmpre, sempremái

Aymée, *interj.* (*poet.*) ahimè, ohimè

áyry, aérie, *s.* nído d'áquila o di fálco; nidiáta di áquile o falcòni

àzarole
àzerole } *s.* (*bot.*) lazzeruóla, azzeruóla

àzerole-trée, (*bot.*) lazzeruólo, azzeruólo

Azèdarach, *s.* (*bot.*) azadaràc

àzimuth, *s.* (*astr.*) azzimútto; — circle, círcolo azzimuttále; — còmpass, compásso azzimuttále; — díal, orológio azzimuttále

àzote, *s.* (*chim.*) azòto

Azótic, *a.* d'azòto, azótico

àzotíze, *va,* impregnár d'azòto

ázure, *s. a.* azzúrro, azzurríno, turchíno, ceríleo

ázured, *a.* azzurríno, azzúrro

ázure stone, *s.* (*min.*) lapislázzulo (zimi

àzyme, *s.* àzzimo; féast of—s, fèsta degli àzàzymous, *a.* àzzimo (sènza liévito)

B

B (*la seconda lettera dell'alfabeto*), *s.* not to *know* B from a bùll's foot, non sapére l'abbicci

B. A. (bé, á) *iniziali di* Bàchelor of Arts, baccellière, *m.* graduáto d'università

Bâa, *s.* beláto

— *vn.* beláre

Bàbble, *s.* ciàrla, cicalería, cicalaménto

— *vn.* ciarláre, cicaláre, chiaccheráre

Bàbbler,*s.*ciarlóne,cicalóne, chiaccheróne,*m.*

Bàbbling, *s.* ciarláre, cicalánte, ciàrlièro

— *s.* ciàrla, chiàcchiera, cicaléccio

Bâbe, *s.* bambíno, fantolíno, bambolíno

Bàbel, *s.* babèle, *f.* babilònia

Bàbery, *s.* bambinággine, *f.* bamboccería; ninnóli, *m. pl.* (bíno

Bàbish, bàby-líke, *a.* bambinèsco, di bam-

Bàbishly, *avv.* bambinescaménte

Bàbishness, *s.* bambinería, bambolinággine,*f.* bamboleggiaménto

Babóon, *s.* (*zool.*) babbuíno; dog-fáced —, cinocéfalo; ápe —, macáco

Bàby, *s.* bambíno; fantolíno, bámbolo

Bàby-linen, *s.* fásce, *f. pl.* pannolíni, *m. pl.* per bambíno

Bàbyhood, *s.* infánzia

Babylónian, babilónish
Babylónic, babilónical } *a.* babilònico

Bàbyship, (*ant.*) *s. V.* Babyhood

Bàc, *s.* tíno, tinòzzo, bárca

Baccalàureate, *v.* baccellería, grádo di bac cellière

Bàccàted, a. guarnìto di bacche; ornàto di pèrle, piêno di bàcche

Bàcchanal { s. baccànte, mf.; — a. bac-
Barchanàlian { cànte, baccanalésco

Bàcchanalà, spl. baccanàli, m. pl.

Bàcchant { s. baccànte, mf,
Bàcchante {

Bàcchic (pr. bàkic), a. bàcchico

Bacchíus, (pr. bakíus) s. bàcchico (d' úna brêve e due lúnghe)

Bàchelor, s. baccelliêre, scápolo, cèlibe; — -like, da scápolo; — 's bùttons, piè corvíno (bot.)

Bàchelorship, s. baccellería; celibàto

Bacciferous, a. baccífero

Baccivorous, a. baccívoro

Bàck, s. dòrso, dòsso, tèrgo, schièna; to turn one's — on a person, voltàr le spàlle ad uno; — pàrlour, salottíno, stánza di diètro; — yàrd, cortíle di diètro; the — of a chàir, lo schienàle di una sèdia

— avv. diètro, in diètro, di diètro, di ritórno; I shall be — directly, vádo e vêngo; a few years —, alcùni ànni fa; to send — a thing, restituíre, rimandáre una còsa; to go —, andáre indiètro, indietreggiáre; to draw —, ritirárm, cèdere

— va. montáre, saltáre in sèlla; spalleggiàre, secondáre; far rinculáre (un cavállo)

Bàckblòw, s. rovesciòne, m. manrovèscio

Bàck-bóard, s. (mar.) schienàle, m. (d' un

Bàckdòor, s. pòrta di diêtro   (canotto)

Bàckbìte, va. mòrdere diêtro le spàlle, sparláre di un assènte

Bàckbiter, s. maldicènte, malèdico

Bàckbiting, s. maldicènza

Backbitingly, avv. da maldicènte, con maldicènza

Backbone, s. spína (delle reni); to the —, fíno al midóllo delle òssa   (tric-tràc

Bàckgammon, s. sbaraglíno, tutte tàvole,

Bàckgammon-bóard, s. tavoliêre, m. del trictrác   (rovèscio

Bàckhànded, a. rovesciòne; — blòw, man-

Bàck-pièce, s. schienàle, m. (d'armatura)

Bàckside, s. deretáno

Bàckslide, vn. fàrsi tiêpido, indifferènte (in religiòne); apostatàre

Backslíding, s. apostasía incipiènte, tiepidèzza; a. infedéle, tiêpido

Bàckslider, s. apòstata, rinnegáto incipiènte

Bàckstàirs, s. scála segrèta

Bàck-stàys, s. (mar.) patarássi, stráglio degli àlberi

Bàcksword, s. sciábola

Bàckward, a. rimásto addiètro, tardívo, tardo (d' ingègno, di comprendiménto); — spring, primavêra tardíva; this child is —, quèsto ragázzo è indiètro degli àltri (per la statúra o pel profitto negli studj)

Bàckward, bàckwards, avv. in diêtro, di diê-

tro, addiètro, di rovèscio; to go —, indiètreggiáre, rinculáre

Bàckwardly, avv. con repugnánza, malvolentiêri, a mal in còrpo

Bàckwardness, s. repugnánza, lentézza, tardità

Bacon (pr.bákn) s. lárdo, prosciútto, lardóne, m.; a ham of —, un giambóne; ràsher or slíce of —, fétta di giambóne; flitch of —, còsta di lárdo; rùsty —, lárdo ráncido; to còver with —, lardelláre; to sáve one's —, sálvare la cápra e i cávoli

Bàcule, s. (fortif.) bàcula

Bàculite, s. (min.) baculíte, f.

Baculómetry, s. baculometría

Bàd, a. (comp. wòrse, superl. the wòrst) cattívo, malvágio; — wíne, cattívo víno; — man, uòmo cattívo, malvágio; she is very — (meglio ill), ella sta mólto mále

Bàd, báde, pret. di Bid; comandò, ordinò

Bàdge, s. sègno, divísa

— va. segnáre, marcáre, méttere un sègno

Bàdgeless, a. sènza sègno o distintívo

Bàdger, s. (zool.) tásso; (legge) rivenditóre di gráni (munìto di licênza); va. proseguíre, inseguíre calorosaménte

Bàdiane { s. (bot.) ánice della Cína, ánice
Bàndian { stelláto

Bàdinage, s. schèrzo, giòco, bája, búrla

Bàdly, avv. mále, malaménte; to wànt mòney —, avér gran bisógno di denáro; to be — off, trovársi a mal partíto

Bàdness, s. cattíva qualità, cattívo státo; cattivéria, malízia

Bàffle, va. sventáre, frustráre, contrariáre, sconcertáre, elúdere; delúdere, rénder váno

Bàg, s. sácco, sacchètto, sácca, bórsa; càrpel-, sácco da viàggio, sácco da nòtte; a — of flòur, un sácco di farína; to pack off — and bàggage, andársene còn ògni còsa

— va. insaccáre, méttere in sácco; far bíglia (bigliardo); to — one's self, cacciár la pròpria bíglia nella búca; vn. gonfiáre, tumafársi

Bagatèlle, s. bagattèlla, chiáppola, bája

Bàggage, s. bagáglio; bagáglie, f.pl.; bagáscia

Bàgnio, s. (poco us.) bágno artificiàle, stabiliménto di bágni; bordèllo

Bàgpipe, s. píva, cornamúsa; to —, va. (mar.) bracciáre in fáccia, métter le véle a còllo degli álberi

Baguette (arch.) tondíno, bottaccíno, astrá-

Bàgpiper, s. sonatóre di píva   (galo

Bàil, s. sicurtà, mallevería, mallevadóre; ansa (di bricco o váso símile); límite, m. (in úna forèsta) to be or becòme — èssere, stáre mallevadóre; — bond, cauziòne; to give in —, put in —, dar sicurtà, mallevería   (leváre

— va. entrár mallevadóre, dáre sicurtà; mal-

Bàilable, a. che si può malleváre   (curtà

Bàilée, s. depositário d'oggètti dáti in si-

Bàiler | *s. (legge)* depositànte
Bàilor |

Bàiliff, *s.* baglívo; castáldo, fattóre; bírro; wàter — ispettóre della navigazióne

Bàiling, *s.* mallevería

Bàiliwic, *s.* giurisdizióne d'un baglívo

Bàilment, *s. (legge)* consègna (con garanzía dell'oggètto)

Bàilpiece, *s. (legge)* àtto di cauzióne; ricevúta (d'un depósito)

Bain-Marie, *s.* bagnomaría, *m.*

Bàiram, *s.* Bairàm, *m.*

Bàirn, bàrn, *s. (scozz.)* fanciúllo, ragàzzo

Bàit, *s.* ésca, allettaménto, attrattíva, lusinga; ristóro, rinfrésco; to láy a — for, adescàre, allettàre coll'ésca; whíte —, (*itt.*) argentíno

—, *va.* adescàre, allettàre, lusingàre; tormentàre, aizzàre; — a hóok, adescàre, méttere l'ésca all'ámo; — the hòrses, rinfrescàre i cavàlli; to — vn. far una fermatina per prénder ristóro, rifocillàrsi, rinfrescàrsi; bàttere le àli; to — a bèar, (*ant.*) aizzàre un órso a combáttere cóntro i càni; the hàwk bàits (*ant.*), il falcóne si fèrma e bàtte le àli

Bàiting, *s.* adescaménto, ésca; bùll- —, combattiménto di tòri con càni; — pláce, ostería di campágna

Bàize, *s.* bajètta

Bàke, *va.* cuócere al fórno, fàre il páne; to — in the óven, cuócere al fórno; *vn.* cuócersi

Bàkedmèats | *s.* vivánda, pasticcio da cuóBàkemènts | cere o cótto al fórno

Bàkehouse, *s.* càsa, luògo dóve si cuóce il páne, fórno, bottéga di fornájo

Bàker, *s.* fornájo, prestinájo, panattière *m.*; —'s fóreman, maèstro impastatóre; —'s man, lavoránte fornájo

Bàkery, *s.* panattería, bottéga di fornájo

Bàking, *s.* cottúra al fórno, bilanciaménto, ponderazióne, parte del fornájo; fornáta; — -pan, tégghia

Bàlance, *s.* bilància; equilíbrio, contrappéso; the scàles of a —, le cóppe della bilància; the bèam of a —, lo stílo della stadèra; — whèel in a clock, tèmpo d'orinòlo; the — of an accòunt, il bilàncio d'un cónto; to strìke a —, stabilíre un bilàncio, bilanciàre, pareggiàre un cónto; thirty francs to —, trènta fránchi a paréggio; to hóld the — betwéen, tenérsi infra due, non propéndere né da una párte, né dall'àltra; to tùrn the —, dare il tracóllo o il tràtto alla bilància

— *va.* bilanciàre, pesàre con bilància; pesàre, ponderàre; to — an accòunt, bilanciàre, saldàre un cónto

— *vn.* star fra due, esitáre; librársi (sulle ali)

Bàlance-bèam, *s.* bilancière, *m.*

Bàlance-máker, *s.* bilanciájo, fabbricatóre di bilàncie

Bàlance-shèet, *s.* (*com*) bilàncio

Bàlance-weight, *s.* péso di bilància; contrappéso

Bàlancing, *s.* bilanciaménto, ponderazióne; — póle, contrappéso (dei funámbuli)

Balàustine, *s.* (*bot.*) pomogranàto selvático

Bàlanite, *s.* (*min.*) balaníte, *f.*

Bàlass, bàlass-rùby, *s.* (*min.*) baláscio, balásso (rubíno)

Balàustia | *s.* (*bot.*) melagráno selvático;
Balàustium | (*farm.*) fióri sécchi (del melagráno selvático)

Balbúcinate | *vn.* balbettàre, balbeggiàre,
Balbútiate | balbetticàre

Bàlcony, *s.* balcóne, terrazzíno; (*mar.*) gallería di póppa

Bàld, *a.* càlvo, spelàto; tríto, sécco, triviàle

Bàldachin | *s. (pr.* bàldakin) baldacchíno
Bàldaquin |

Bàld-hèad, *s.* tèsta càlva

Bàld-pàte, *s.* zúcca (tèsta) speláta

Bàldpáted, *a.* (*volg.*) càlvo, spelàto

Bàlderdash, *s.* anfanaménto, cicaléccio

Bàldly, *avv.* nudaménte, senz'ornaménto

Bàldness, *s.* calvézza, calvízie, *f.*; insulsàggine, *f.*

Bàldric, *s.* bálteo, budrière, *m.* cintúra

Bàle, *s.* bálla; a — of silk, una bálla di séta — (up) *va.* imballàre; — out wàter, vuotàr àcqua dalla bárca con sécchio o áltro

Balèen, *s.* bárba, barbíglio (della baléna)

Bàleful, *a.* funèsto, calamitóso, ínfàusto

Bàlefully, *avv.* funestaménte, calamitosaménte

Bàlister, *s.* balèstra, mángano

Bàlistes, *s.* (*itt.*) balísta

Bàlk, *s.* tráve, *f.* sólco; disingánno, traversía — *va.* frustràre, attraversàre, impedíre, delúdere, ingannàre, mancár di paróla a, burlársi di

Bàlked, *a.* delúso, disingannáto, truffáto, frustráto, impedíto, attraversáto

Bàll, *s.* pálla, glòbo, pupílla (*degli occhi*); billiard —, bíglia; snòw —, pálla di néve; cànnon —, pálla di cannóne; great foot-ball, pallóne *m.*; — of thrèad, gomítolo di fílo; red hot —, pálla infocata; spent —, pálla mórta; stàng —, pálle incatenàte; — and sòcket, (*meccanica*) ginócchio; to bag a — (*bigliardo*), fàr bíglia, cacciàr nella búca una bíglia; to lòad with —, caricáre a pálla; to pláy at —, giuocáre alla pálla; to wínd off into bàlls, aggomitoláre — *s.* bàllo, fèsta da bállo; — dress, àbito da bállo; màsked —, bàllo in màschera; dress —, bállo in gála; fàncy —, bállo in costúme

Bàllad, *s.* balláta

— *vn.* fàre, cantàr balláte

Bàllad-máker, *s.* autóre, autríce di balláte

Bàllad-mònger, *s.* venditóre, -trice di ballàte

Bàllad-*wrìter*, *s.* scrittóre, -trice di ballàte

Bàllad-*wrìting*, *s.* composizióne di ballàte

Bàlladize, *va.* méttere in ballàta, in canzóne, cansonáre

Bàlladry, *s.* soggètto, stíle di ballàta, di canzóne popoláre

Bàllast, *s.* zavòrra, stíva; in — (*mar.*) sènza cárico; to sáil in —, veleggiáre sènza cá- — *va.* zavorráre, stiváre (rico

Bàllast-bóat) *s.* (*mar.*) bárca da traspor-
Bàllast-*lìghter*) tár zavòrra

Ballista, *s.* balísta

Ballistics, *s.* balística

Bàllet, *s.* ballétto, bállo figuráto

Bàllet-máster, *s.* direttóre de' ballétti

Ballóon, *s.* pallóne; *m.*; (*arch.*) pálla, glóbo; air —, pallóne volánte, aereostático

Ballóonist, *s.* pallonájo, costruttóre di pallóni; aereonáuta, *m.*

Ballóonery, *s.* aereonáutica

Bàllot, *s.* pallòttola per votáre, ballòtta, vóto, suffrágio, ballottazióne, scrutínio, squittínio; — box, úrna dello squittínio, bòssolo dello scrutínio

— *vn.* ballottáre, dáre il pròprio vóto

Ballotátion, *s.* ballottazióne, squittínio

Bàlm, *s.* bálsamo; — -mint, melíssa

—, *va.* versáre bálsamo su, èssere un bálsamo per

Bàlmtrée, *s.* (*bot.*) balsamíno

Bàlmy, *a.* balsámico

Bàlneal, *a.* balneário

Bàlneary, *s.* sála da bágno

Balneàtion, *s.* bagnaménto, il bagnársi

Bàlotàde, *v.* ballottáta, sálto del cavállo coi quáttro piédi nell'ária

Bàlsam, *s.* bálsamo

Balsàmic, *a.* balsámico, lenítivo

Bálsamine, *s.* (*bot.*) balsamína

Bàluster, *s.* bránda di scála, balaústro

Bàlnstrade, *s.* balaustráta

Bàlustered, *a.* balaustráto

Bambóo) *s.* (*bot.*) bambù, *m.* cánna di
Bambos) bambù
Bambóo-cáne)

Bambóozle, *va.* (*volg.*) minchionáre, ingannáre, gettár pólvere negli òcchi

Bambóozler, *s.* ingannatóre, beffatóre, -trice

Bàn, *s.* bándo, procláma, *m.*, interdizióne, scomúnica; bándo, denúnzia di matrimónio; to públish the —s, fáre le pubblicazióni di matrimónio; to pùt ùnder the — of the Èmpire, méttere al bándo dell'Impéro

—, *va.* maledíre

Banàna, *s.* (*bot.*) banàne, fico d'Adámo

Banàna-trée, *s.* (*bot.*) álbero de' banáni

Bànco, *s.* bánco

Bànd, *s.* vincolo, legáme, *m.*; collétto (d'ec-

clesiástico, magistráto o professóre); bánda, trúppa; (*mus.*) bánda; hàt-band, cordóne, *m.* di cappéllo

— *va.* legáre, fasciáre, radunáre in trúppa

Bàndage, *s.* fáscia, fasciatúra, bénda; suspénsory —, sospensòrio; head —, (*chir.*) frontàle, *m.*

Bàndage máker, *v.* brachierájo

Bàndbox, *s.* scátola di cartóne

Bàndelet, *s.* bánda, listéllo (*arch.*)

Bàndit, Banditto, *s.* bandíto, ladróne, *m.*

Banditti, *sp.* ladróni, scheráni, bandíti

Bàndog, *s.* mastíno, *bull-dog*

Bandoléer, *s.* bandoliêra, tracòlla

Bàndrol, *s.* banderuòla, pennoncéllo

Bàndy, *s.* randéllo (da giuocáre alla pálla)

— *va.* ballottáre, palleggiáre, rimandáre la pálla; to — wòrds with, stáre al tu per tu

— *a.* stòrto, tòrto, cúrvo; — -legged, dalle gámbe tòrte

Bàne, *s.* veléno, pêste, *f.* flagéllo, rovína; rat's- —, arsénico; wòlf's- —, acónito

Bàneful, *a.* pestífero, funêsto

Bànefulness, *s.* azióne pestífera, mortífera

Bàng, *s.* cólpo rimbombánte, percòssa

— *va.* báttere, tambussáre, bastonáre

Bàngle, *va.* (*volgare*) sciupáre, sperperáre

Bànian, Bànian-trée, *s.* (*bot.*) Bànian, *m.*, fico d'India

Bànian, *s.* Baniáno (commerciánte indiáno); veste, *f.* da cámera (alla fòggia dei Baniáni); — dáys, giórni di mágro (pei marinári)

Bànish, *va.* bandíre, sbandeggiáre, sbandíre, esiliáre

Bànisher, *s.* sbandeggiatóre, -trice, sbanditóre, -trice, esiliatóre, -trice

Bànishment, *s.* bándo, sbandeggiaménto, esílio

Bànister, *s.* ringhiêra di scála, balaústro (lio

Bànk, *s.* árgine, *m.* terráto, terrázzo, spónda di fòssa, arginatúra, rípa, díga, ríva; sécca, scòglio; poggétto, monticéllino, bánco, (com.); the — of England, la Bánca d'Inghiltèrra; nàtional —, bánca nazionále; popular —, bánca popoláre; provincial, coùntry —, bánca provinciále; brànch —, bánca filiále, succursále, *f.*; joint-stock —, bánca per azióni; párent —, bánca mádre; the sàvings —, la cássa di risparmio; to kéep the — (*al giuoco*), far bánco

— *va.* arginále, far l'arginatúra, pórre árgine a; depositáre fóndi in una bánca; to — with, avér per banchiêre

Bànk-bill, bànk-nòte, *s.* bigliétto di bánco, banconòta

Bànk-póst-bill, *s.* mandáto di bánca

Bànk-stòck, *s.* azióni di bánca

Bànkable, *a.* (*com.*) ricevíbile ad una bánca; scontábile

Bànker, *s.* banchiêre, *m.*; náve per la pêsca del merlúzzo

Bànking, *s.* esercízio della professióne di banchière; — house; càsa bancária; — còmpany, società di bánco

Bànkrupt, *s.* (mercánte) fallíto; fràudulent —, fallíto dolóso; —'s certificate, concordáto; to becòme a —, far fallimènto; — làw, légge sui fallimènti — *a.* fallíto, rovináto

Bànkruptcy, *s.* fallimènto, bancarótta; fràudulent —, fallimènto dolóso; act of —, átto costitutívo di fallimènto; commission of —, sindacáto di fallimènto; cóurt of —, córte dei fallimènti

Bann, *V.* Ban

Bànner, *s.* bandièra, insègna, stendárdo

Bànnaret, *s.* banderése, *m.* alfière, *m.*; *knight* —, cavalière banderése

Bànnian, *V.* Banian

Bànoy, *s.* (*orn.*) fàlco delle ísole Filippíne

Bànnock, *s.* focáccia d'avéna, schiacciáta

Bànquet, *s.* banchétto, convíto, festíno, simpósio; — hàll, àula del banchétto; — hôuse, càsa del banchétto, del simpósio; to —, *va.* banchettáre, convitáre; *vn.* banchettáre, far banchétti, avére o dàrsi buòn témpo o bel témpo, far tempóne

Bànqueter, *s.* banchettánte, *m.* anfitrióne, *m.*; epulóne, *m.* buòn tempóne, *m.*

Bànqueting, *s.* banchétto, festíno; — hôuse, casa del banchétto; —-hàll, — -róom, salóne, *m.* del banchétto

Banquètte, *s.* (*fort.*) zòccolo, banchína; (*di canale, di ponte*) banchína, marciapiéde, *m.*; (*maneggio*) asse, *m.*, del barbazzále, stanghétta

Bànshée, Benshée, *s.* fàta irlandése

Bàntam, *s.* (*zool.*) gallína di Giáva

Bànter, *va.* burláre, beffáre, dar la bája — *s.* búrla, bèffa, giòco, fóla, bája

Bànterer, *s.* beffatóre, beffárdo; burlóne, *m.*

Bàntering, *s.* búrla, bèffa

Bàntling, *s.* (*burlesco*) bímbo, pútto, bambòccio

Bànyan-trée, *s.* (*bot.*) fíco índico

Báo-bab, *s.* (*bot.*) Baobàb, Adansònia digitáta

Bàptism, *s.* battésimo; certificate of —, estrátto dal registro battesimále

Baptismal, *a.* battesimále (battísta, *m. f.*

Bàptist, *s.* battezzatóre, -tríce, anabattísta,

Bàptistery } *s.* battistèrio
Bàptistry

Baptistic } *a.* battesimále; battístico
Baptistical

Baptízable, *a.* battezzábile (záre

Baptíze, *va.* battezzáre; — agáin, ribattez-

Baptízer, *s.* battezzatóre, -tríce

Bàr, *s.* sbárra, bárra, stánga; lèva, lièva; barrièra; (*mar.*) sècca, scóglio quási a fiór d'ácqua; cancèllo di bottéga o tribunále; bánco di tavèrna; fóro, sbárra, avvocatúra; ostácolo, impedimènto; cavillazióne, inter-

ruzióne; (*mus.*) battúta; window —, sbárra di finèstra

— *va.* sbarráre, sprangáre, stangáre, esclúdere, vietáre, interdíre, paráre; — a dôor, sprangáre una pórta; I — that, négo ciò, mi oppóngo a ciò; I — that throw, páro quésto tiro

Bàr-kéeper, bàr-máid, *s.* garzóne, *m.* damigélla, *f.* al bánco (d'una tavèrna, d'una birrería, ecc.) (bèrgo

Bàr-róom, *s.* sála, salótta di tavèrna o d'al-

Bàrb, *s.* bárbero, cavállo bárbero; bárba, dentèlla, púnta di fréccia o di ámo — *va.* fáre la bárba, intagliáre, aguzzáre, affiláre, appuntáre, rènder pungènte

Bàrbacàn, *meglio* bàrbican, *s.* (*fort.*) bar-

Barbárian, *s.* bárbaro, bárbera (bacáne, *m.*

Bàrbarism, *s.* barbarísmo

Barbárity, *s.* barbárie, *f.*

Bàrbárie, *s.* barbárico, stranièro

Bàrbaríze, *vn.* barbareggiáre, usáre barbarí- — *va* rèndere bárbaro o selvático (smi

Bàrbarous, *a.* bárbaro, bárbero

Bàrbarously, *avv.* barbaraménte

Bàrbarousness, *s.* barbárie, *f.*

Bàrbary, *s.* (*cavállo*) bárbero

Bàrbate, Barbáted, *a.* dentelláto; barbúto

Bàrbe, *s.* bárba (armatúra del cavállo fátta di cuòjo)

Bàrbecùe, *s.* pòrco arrostíto intèro — *va.* far arrostíre (ún animále) per intèro

Bàrbed, *a.* dentelláto, a mo' dell'ámo; a barbed-stéed, corsière copèrto d'armatúra

Bàrbel, *s.* (*itt.*) bárbio

Bàrber, *s.* barbière, *m.* parrucchière, *m.*; —'s básin, catíno per la bárba; — 's block, testièra, tèsta da parrúcca; — -mònger, bellimbústo, dameríno; — *va.* rádere la bárba e pettináre i capélli

Bàrber-chirùrgeon (*pr.* kírùrgeon) *s.* chirúrgo barbière, flebòtomo

Bàrber-chirùrgery (*pr.* kírùrgery) } *s.* professióne di chirúrgo barbière, flebotomía
Bàrber-sùrgery

Bàrberry, *s.* (*bot.*) bèrbero (frútto); — -trée, — - bùsh, bèrbero (álbero)

Bàrbican, *s.* barbacáne, *m.* (*fortif.*)

Bàrcarelle, *s.* barcaróla

Bàrd, *s.* bárdo, váte, *m.* poèta, *V.* Bárbe

Bardàna, *s.* (*bot.*) bardána, láppola maggióre

Bàrdash, *s.* bardássa, *m.* zánzero, bagasció

Bàrded, *a.* (*poet.*) bardáto (ne, *m.*

Bàrdic } *a.* bárdico, dei Bárdi
Bàrdish

Bàrdism, *s.* árte o sciènza dei Bárdi

Bàre, *a.* núdo, ignúdo; speláto, ráso, spogliáto, sprovvísto; prívo; sémplice, méro, único; -fóoted, scálzo; — -hèaded, a tèsta scopèrta; — of mòney, al vèrde, quási

privo di denáro; — of clóthes, mále in armése; the — trùth, la púra verità; condèmned upón a — suspicion, condannáto per un sémplice sospètto; to láy —, méttere a nùdo, denudáre
— va. nudáre, scoprire, spogliáre
Bàrebàck, avv. a bardòsso, a bisdòsso
Bàrebóne, s. schéletro, persóna scárna, pèlle ed òssa
Bàrebóned, a. scheletríto, scárno
Bàrefáced, a. col viso scopèrto, senza máschera, senza vélo; sfacciáto; sfrontáto
Bàrefácedly, avv. a víso apèrto; sfacciataménte, sfrontataménte
Bàrefácedness, s. sfacciatézza, impudènza
Bàrefòot, bàrefóoted, a. scálzo
Bàregnàwn, a. róso fino all'òssò
Bàrelègged, a. colle gámbe núde
Bàrely, avv. solaménte, appéna, poveraménte
Bàrenécked, a. col cóllo núdo
Bàreness, s. nudità, povertà, insufficiènza
Bàrepicked, a. rosicchiáto sino all'òssò
Bàreribbed, a. con le còstole a nùdo, stecchíto, pèlle ed òssa, scárno
Bàret, s. berrètto cardinalísio
Bàrgain, vn. patteggiáre, far pátto; to — for a horse, pattuíre un cavállo
— s. pátto, accòrdo, convenzióne; —, dèad —, (famigliare) contrátto eccellènte; great —, affaróne, m., negòzio d'òro; góod at a —, che sa fáre a contattáre; l give you this into the —, vi do quésto di soprappiù; to buý a —, fáre un buòn contrátto; to strike up a —, fáre un contrátto, pattuíre
Bargainée, s. (legge) acquirènte, m. f.
Bàrgainer, s. (legge) venditóre, m. venditrice, f.
Bàrge, s. bárca, navicélla ornáta
Bàrgeman, s. barcajuólo (nocchière)
Barilla, s. (bot.) barílla
Bàritone, s. (mus.) barítono
Bàrium, s. (miner.) bário
Bàrk, s. scòrza, cortéccia; latráto; (med.) chína; Caryboéan —, chinachína di Giammáica; inner —, (bot.) líbro
— va. scorzáre, sbucciáre, scortecciáre
— vn. abbajáre, latráre; to — at a pèrson abbajáre ad uno, svillaneggiàrlo; — at the móon, abbajáre alla lúna
— -bàred, a. spogliáto della scòrza, scortecciáto (aderénte
— -bòund, a. (álbero) dalla cortéccia tròppo
— -gàlled, a. (álbero) dalla cortéccia punzecchiáta
— -mill, s. mulíno da cóncia
— -rópe, s. còrda di scòrza
— -trée, s. (bot.) álbero della chinachína
Bàrker, s. abbajatóre; scortecciatóre, -trice
Bàrkery, s. cóncia (luògo dove si cónciano le pèlli)
Bàrking, s. abbajaménto; scortecciaménto

Bàrkless, a. sènza scòrza
Bàrky, a. piêno o fátto di scòrza, di búccia
Bàrley, s. òrzo; great —, spélda, spélta; hùlled —, òrzo mondáto; málted —, òrzo preparáto (per fáre la bírra); pèarl —, òrzo perláto, òrzo di Germánia; winter —, òrzo marzajuòlo
Bàrley-bird, s. (orn.) verdolíno, verdóne, m.
— -corn, s. gráno d'òrzo
— -méal, s. farína d'òrzo
— -mòw, s. mùcchio d'òrzo
— -súgar, s. zúcchero d'òrzo
Bàrm, s. ferménto, liêvito
Bàrn, s. granájo, capánna da ripórvi o báttere il gráno; bàrn-flóor, ája
— va. ripórre nel granájo
Bàrnacle, s. (orn.) bernácla; brènt —, bernácla
Bàrnacles, s. pl. tenáglie de' maniscálchi; mòrsa de' vetrái; conchíglie che s'attaccáno al fóndo d'un bastiménto, òstriche da carèna
Baròmeter, s. baròmetro
Baròmètrical, a. barométrico
Bàron, s. baróne, m.; the lord chíéf —, il prímo giúdice della tesorería
Bàronage, s. baronía
Bàroness, s. baronèssa
Bàronet, s. baronétto
Bàronetage, s. cêto dei baronétti
Bàronetcy, s. rángo di baronétto
Barónial, a. baronále
Bàrony, s. baronía
Bàroscope, s. baroscòpio
Barouche (pr. baróosh), s. biròccio, berlína
Bàrracan, s. baracáne, m, cambellòtto
Bàrrack, s. baracóne, m. barácca; bàrracks, (mil.) casèrme; — allòwance, razióne di casèrma; — -bàggage, effètti di casermaménto; pùtting into —, accasermaménto; to pùt into —, accasermáre
— -màster, s. ispettóre delle casèrme
Bàrrator, s. beccalíte, m. cavillatóre, accattabríghe, m. azzeccagarbúgli, m.; (legge) báro, barattiére, m.
Bàrratrous, a. colpévole di barattería
Bàrratrously, avv. con barattería, da barattière
Bàrratry, s. baràtto; barattería; rigíro, trúffa
Bàrrel, s. baríle, m.; — of a wàtch, tambúro d'oriuòlo; — of a gún, cánna di fucíle; pickle- —, bariglióne, m.; little- —, barilétto, barilòtto; — òrgan, organétto, organíno
— va. imbottáre, mètter in baríle
Bàrrelled, a. imbottáto, a baríle, a mòdo di baríle ò di cánna; dòuble — gun, fucíle, m. a due cánne
Bàrren, a. stérile, árido, mágro
— -wòrt, s. (bot.) epimèdio
Bàrrenly, avv. sterilménte, aridaménte
Bàrrenness, s. sterilità, mancánza, aridità

Bàrricáde, *s.* barricáta; (*mar.*) battagliòle
— *va.*barricáre,erígere o far barricáte; (*mar.*)
fàre un' impagliatúra
Barricádo, *s.* barricáta
Bàrrier, *s.* barriéra
Bàrrister, *s.* avvocáto patrocinánte
Bàrrow, *s.* barélla; a hand- —, una barél-
la; whéel —, carriuòlo, carréllo; car-
rétta (a una ruòta); — pòrco castráto;
túmulo, monticellíno
Bàrse, *s.* (*itt.*) pésce pèrsico
Bàrt, *s.* *abbrev.* di Bàronet, baronétto
Bàrter, *s.* barátto
— *va.* barattáre
Bàrterer, *s.* barattatóre, -trice, cambiatóre,
-trice
Barýta, *s.* (*min.*) baríte, *f.*
Barýtes, *s.* (*min.*) solfáto di baríte
Bàrytone, *s.* (*mus.*) barítono
Básal, *a.* della báse
Bás bléúe, *s.* signòra letteráta, *V.* Blue-
Basàlt, *s.* (*min.*) basálte, *m.*   (stocking
Basáltic, *a.* basáltico   (pònte levatòjo
Báscule, *s.* altaléna, liéva, léva, bílico d'un
Báse, *s.* báse, *f.* sostégno, piedestállo
— *a.* víle, básso; a — àction, un'azióne in-
fáme; — cóin, monéta di bássa léga; —
-born, bastárdo; — -viol, viòla, violon-
céllo
Báseless, *a.* sènza báse
Básely, *avv.* bassaménte, vilménte
Básement, *s.* (*arch.*) basaménto; — story,
piàn terréno
Báseness, *s.* bassézza
Bashàw, (*meglio* Pàchà) *s.* bascià, basaá, *m.*
Bàshful, *a.* vergognóso, verecóndo, pudibón-
do, tímido
Bàshfully, *avv.* vergognosaménte, timida-
ménte
Bàshfulness, *s.* vergógna, verecóndia, timi-
Básic, *a.* (*chim.*) a báse di   (dità
Bàsil, *s.* (*bot.*) basílico; augnatúra (*artf*)
— *va,* tagliáre a mo' d'ugnatúra, augnáre
Bàsilar, bàsilary, *a.* (*anat.*) basilláre
Bàsilic, basilica, *s.* basílica
Basilicon, *s.* (*farm.*) basílico
Bàsilisk, *s.* basilísco
Básin, *s.* bacíno, bacíle, *m,* vásca; wàsh-hand
- —, catíno, catinélla; hóly wàter —, píla,
váso dell'acqua sánta, acquasantíno
Básin-stand, *s.* pòrta catíno, lavamáni, *m.*
Básis, (*pl.* báses), *s.* báse, *f.*
Bàsk, *vn.* scaldársi al sóle o al fuòco
Bàsket, *s.* canéstro, paniére, *m.* spórta, césta;
— (*di diligenza*) imperiále, *m.*; (*di sel-
vaggiume*) zána; little —, canestríno, ca-
nestréllo; hànd- —, spórta, sportélla;
— -full, paniére piéno, zanáta
— -hàndle, *s.* mánico di paniére
— -hilt, *s.* guardamáno (di spáda) a graticcio

Bàsket-rod, *s.* vímine, *m.* verména di vínco
— -màker, *s.* panierájo, cestajuólo
— -wóman, *s.* zanajuóla
— -wòrk, *s.* mestiére, *m.*, mèrce, *f.* del panie-
rájo; (*genio civile*) viminàta, graticciáta
Báss, *s.* básso, contrabásso; stuòja di giúnchi
Bás-reliéf, *s.* básso riliévo
Bàsset, *s.* bassétta (*giuoco*)
Bassóo, *s.* (*mus.*) bassóne, *m.* (*istrumento
da fiato*)
Bàst, *s.* fúni o stuòje fátte di tíglio
Bàstard, *s. a.* bastárdo
— bróod, rázza di bastárdi; — hópe, fálsa
speránza; — *va.* dichiaráre bastárdo
Bàstardism, *s.* bastirdígia
Bàstardíze, *va.* imbastirdíre; dichiaráre ba-
stárdo
Bàstardy, *s.* bastardígia
Báste, *va.* bastonáre; imbastíre; to — *meat*
on the spit, spruzzáre l'arròsto
Bàstináde, Bastinádo, *s.* bastonatúra
— *va.* bastonáre (*alla maomettana*)
Bàsting, *s.* bastonatúra, bastonáte, *fpl.*; im-
bastitúra; spruzzaménto dell'arròsto
Bàstion, *s.* bastióne, *m.*
Bàston   ⎰ *s. arch.*) bastóne, *m.* tòro, maz-
Batóon ⎱ zócchio
Bàsyle, *s.* (*chim.*) basíle, radicále
Bàt, *s.* (*zool.*) pipistréllo, nòttola; mázza;
máglio (da giuocáre alla pálla); (*min.*)
schísto; ovátta; *vn.* maneggiáre il máglio;
giuocáre al pallamáglio
— -fówler, *s.* uccellatóre nottúrno, frugnuo-
— -fówling, *s.* cáccia col frugnuólo (latóre
— -wing, *s.* ála di pipistréllo; (*illuminazio-
ne a gas*) ventáglio
Bátable, *a.* disputábile, contestábile
Bàtch, *s.* infornáta (di páne)
Báte, *va.* sbáttere; diffalcáre, diminuíre; eccettuáre
— *vn.* fermársi, librársi sulle áli, svolazzáre
Bàtement, abàtement, *s.* ribásso, diminuzióne
Bàth, *s.* bágno; salt-water —, bágno d' ácqua di máre; shówer —, dòccia; hòt —, bágno cáldo; tèpid —, bágno tiépido; sit -—,
semicúpio; hnight of the —, cavaliére del
bágno; — kéeper, bagnajuólo
Bàthe, *va.* bagnáre; inaffiáre; umettáre; —
vn. bagnársi, tuffársi nell'acqua
Bàther, *s.* bagnánte, *m. f.*; balneánte
Bàthing, *s.* il bagnársi; — tub, vásca per bágno; — estàblishment, stabiliménto di bágni; séa - —, bágni di máre
Báthos, *s.* *V.* Páthos
Báting, *pr. part. pres.* sálvo, fuorchè, ec-
cétto
Bàtlet, *s.* pílo per il bucáto
Batóon, bàton, *s.* (*poco us.*) bastóne, *m.* bacchétta; — bastóne da maresciállo
Batráchie (*pr.* batrákia), *s. pl.* (*zool.*) ba-
tráchi, batráci, *m. pl.*

Batráchian (*pr.* batrákian) *s.* (*zool.*) batraciáno, batráchide, *m.*; — *a.* batraciáno
Bàtrachoid, *s. a.* (*zool.*) batracóide, *m.*
Batrachomyomachy, (*pr.* batracomiómaky) *s.* batracomiomachía
Battàlion, *s.* battaglióne; *m.*
Bàttèn, *va.* páscere, pasturáre, ingrassáre; *vn.* ingrassársi, páscersi, impinguársi
— *s.* tavolétta sottíle, assicèlla
Bàtter, *s.* intríso di farína, uóvi, ecc.
— *va.* báttere, demolíre, martelláre, pestáre; — with cànnon, báttere colle artiglieríe; to — èggs, sbáttere uóva
Bàttered, *a.* battúto, demolíto; logoráto, frústo, sbattúto; — egg, uóvo frulláto
Bàtterer, *s.* batitóre,-tríce, abbattitóre,-trice
Bàttering, *s.* il báttere, percuótere, il báttere le múra, le fortèsse; — -pièce, cannóne di grôsso calíbro; — -tráin, artiglieríe da assèdio; — -ram, aríete, *m.*
Bàttery, *s.* battiménto; batteria; (*legge*) assálto, aggressióne; to erèct a —, alzáre una batteria; Galvànic —, batteria galvànica
Bàtting, *s.* ovátta; manéggio del máglio (nel giuóco del pallamáglio)
Bàttish, *a.* di pipistrèllo
Bàttle, *s.* battáglia; pitched —, battáglia campále; sham —, battáglia fínta; to give —, dar battáglia; to jŏĭn —, appiccár battáglia, veníre alle máni; in órder of —, in — arráy, schieráto
— *van.* battagliáre, pugnáre, lottáre; báttere
Bàttle-axe, *s.* àzza, piccòzza di púnta e táglio; Frància —, francísca
Bàttle-dóor, *s.* racchètta; — and shùttle cock, volánte, *m.*, volantíno
Bàttle-fíeld, bàttle -grŏŭnd, *s.* cámpo di battáglia
Bàttlement, *s.* (*fortif.*) múro merláto; mèrlo
Battlemènted, *a.* (*fort.*) merláto
Bàttúe, *s.* cáccia clamorósa
Battòlogy, *s.* battología
Bàttuláte, *va.* interdíre il commèrcio
Battulátion, *s.* interdizióne del commèrcio
Bàtty, *a.* di, da pipistrèllo; — wings, ali di pipistrèllo
Bàu-bée, *s.* mèzzo sòldo scozzése
Bàuble, *s. V.* Bawble
Bàulk, *V.* Bàlk
Bàvin, *s.* fascétto, fastèllo, manáta
Bàwble, *s.* bagattèlla, bája
Bàwbling, *a.* víle, spregévole, da núlla
Bàwd, *s.* rufflána, mezzána
Bàwdiness, *s.* oscenità, impudicízia
Bàwdric, *s.* bodrière, *m.*
Bàwdry, *s.* ruffianería, ruffanésimo
Bàwdy, *a.* (*volg.*) oscèno, impudíco
Bàwdy-hŏŭse, *s.* bordèllo, lupanáre, *m.*
Bàwl, *vn.* gridáre, schiamazzáre, strilláre
— *va.* proclamáre ad álta vóce, vociferáre

Bàwler, *s.* chi schiamàzza, schiamazzóne
Bàwling, *s.* schiamázzo, gridáta
Bàwn, *s.* (*antiq.*) chiusúra, fortificazióne
Báy, *vn.* abbajáre, latráre (*poet.*)
— *s.* bája, gólfo; cála, séno di máre; cannonièra; chiúsa, ripáro; traváta, travicèllo; to stànd at —, stáre (ridòtto agli estrèmi come il cèrvo) in sul difensívo; to keep at —, tenér a báda, tenér in rispètto; —, báytrée (*bot.*) allôro, láuro (álbero); dwàrf —, láuro gentíle; — -window, inginocchiáta, finèstra inginocchiáta; — -berry, (*bot.*) bacca d'allôro
— *a.* bájo; — horse, cavállo bájo; bright —, bájo chiáro; dàpple —, bájo pomellàto; dark —, bájo scúro
Báy-sàlt, *s.* sále néro, sále maríno
Báy-yàrn, *s.* fílo di lana
Báyard, *s.* cavállo bájo; spettatóre villáno, screanzáto
Báyonet, *s.* bajonétta; — to chárge with the —, caricáre alla bajonétta; to carry at the point of the —, prénder d'assálto alla bajonétta; tó fix —, piantáre la bajonétta in cánna; fix-bayonets! (*comando mil.*) bajonétta in cánna!
— *va.* trafíggere a cólpi di bajonétta; caricáre colla bajonétta
Báyonet-belt, *s.* (*mil.*) porta-bajonétta, *m.*
Báys, *s. pl.* coróna d'allôro (dei poéti o vincitóri)
Bazàr, *s.* bazár, *m.*
B. C. (*before Christ*), príma (della venúta) di Cristo (teología
B. D. (*bachelòr of divinity*) *s.* laureáto in Bdèllium, *s.* (*bot.*) bdèllio
Bè, *vn.* èssere, stáre, trovársi; I àm, sóno; I hàve béen, sono státo; to — hùngry, thirsty, (thùrsty), wàrm, cóld, avér fáme, séte, cáldo, frèddo; how áre you to-dáy, Sir? cóme státe quest'òggi, signóre? I am better than I was yèsterday, sto mèglio che ièri; he is to cóme at ten, egli dève veníre alle dièci; are you cold? avéte frèddo? I am warm, ho cáldo; I am thirsty, ho séte; it is hungry, èsso ha fáme; she is sèven yéars óld, èlla ha sètte ánni; it is fine wèather to-day, òggi fa bèllo; were it not that, se non fosse che; what would you — at? (*volg.*) che voléte? che pretendéte?
Béach, *s.* (*mar.*) lído, spiàggia, ríva
Béachy, *a.* ríva, spiàggia, littoràle, *m.*
Béacon, *s.* fáro, fanále, *m.* segnále, *m.* lantèrna; sàfety —, gavitèllo, segnále, *m.* (in vicinánza degli scógli e delle sécche); to pùt up béacons in, métter segni, gavitèlli (in vicinánza degli scógli e delle sécche)
— *va.* illumináre come un fáro
Béaconage, *s.* gabèlla (che si esíge dalla náve) per ciascún gavitèllo (cui pássa vicíno per andáre a métter l'áncora)

BEA — 76 — BEA

Béad, s. gráno (d'ámbra, di collána, di coróna); perlina (di vétro); góccia (di sudóre, ecc.); (metal.) bólla; string of —s
filza di pallottoline, rosário, vézzo di pêr-
le; gláss —s, contería, f. pl; to say óver
one's —, dir la coróna; wine that bears a
—, vino smagliánte, brillánte
Béad-trée, s. (bot.) azadaràc, acácia d'Egítto
Béadle, s. bidéllo, mazzière, m., sergênte, m.
birro
Béadleship, s. ufficio o funzióni di bidéllo
Béagle, s. brácco
Béak, s. bêcco, róstro, spróne, m. di náve
— va. pigliáre col bêcco
Béaked, a. appuntáto, in fórma di bêcco
Béaker, s. (ant.) tázza, cióttola, tazzóne, m.
Béal, vn. (med.) impostemáre, far cápo
Béam, s. tráve, f., timóne, m. súbbio, stílo
di bilância; ràggio, striscia di lúce; (mar.)
báglio, báo; travêrsa; — -ends, láto di
náve; wéaver's —, súbbio
— va. radiáre, raggiáre
Béamless, a. che non ispánde ràggi, sênza
Béamy, a. radiánte, fúlgido; ramóso (ràggi
Béan, s. (bot.) fáva; bog —, meniánto, trifóglio
acquajuólo o fabbrino; hòrse —, fáva cavallína, o mulétta, o da biáda; kidney —,
fagiuólo; Tonquin —, fáva americána;
Frénch béans, fagiuóli; — stálk, fústo,
gámbo di fáve; to shell —s, sgusciáre fáve; — fed, nudrito di fáve
Béan-tréfoil, s. (bot.) cítiso, anagíride, m.
Béar, s. órso; hé —, órso; shé —, órsa; —
(astr.) órsa; bèar's cub, orsácchio, orsac-
chíno, orsátto; — éar, (bot.) sanícula;
— (cambio) speculatóre che vénde tútte
le sue azióni (o più) credéndo che i fóndi
stánno per cadére; unlicked —, orsácchio
mal leccáto; bear's cage, grásso d'órso;
— -like, a mo' d'órso, da órso
Béar, (bôre, bórne e born) van. portáre,
sopportáre, sostenére; produrre, generáre;
these six columns — all the hôuse, quéste
sei colónne rêggono tutta la cása; to — a
bùrden, sopportáre, portáre una sóma; to
— árms against one, prêndere le ármi cóntro ad uno; to — and forbéar, sostenére ed
astenersi; to — away, off, portár vía; —
down, rovesciáre, abbáttere; — up against,
rêggere, resistere a; — with one, sopportáre uno; — sway, domináre, regnáre; —
witness, far testimoniánza; — hárd upòn,
trattár duramênte; — out, giustificáre, scusáre; — children, portáre, partorire figliuóli; — one a grúdge, portár rancóre ad
úno; — one còmpany, fáre compagnía ad
úno; — a thing pátiently, sopportáre úna
còsa con paziênza; I was born in Lóndon,
nácqui in Lóndra; I have borne your insolence tóo long, ho sopportáto tròppo a
lúngo la vòstra insolênza; — up to a ship,

(mar.), veleggiáre vêrso, abbordáre un ba-
stimênto; — into a port, veleggiáre vêrso,
entráre in pòrto
Béar-báfting, s. divertimênto d'aizzáre cáni
ed órsi
— -bèrry, s. (bot.) úva orsína
— -bínd, s. (bot.) convólvolo, vilúcchio;
séa —, soldanélla, cávolo maríno
— -bréech, s. (bot.) acánto, bránca orsína
— -clòrn, beáring-clòrn, s. vêste, f. battesimále
— -dríver. s. menatóre d'órsi
— -hùnt, s. cáccia dell'órso
Bèar's éar, s. (bot.) cortúsa, orêcchia d' órso
— fóot, s. (bot.) ellêboro, fêtido
— gréase, s. grásso d'órso
— gràpe, s. (bot.) úva orsína
— skin, s. pêlle, f. d'órso; pánno col pélo
lúngo
Bèar-wòrtle bèrry, s. (bot.) V. Bear-berry
Béarable, a. tollerábile
Béard, s. bárba; rough —, bárba dúra,
bárba íspida; the — of an ear of corn, la
bárba d'una spíga; — of a root, bárba, bar-
bicíno di radíce
— va. tiráre per la bárba, strappáre la bárba,
affrontáre; cimáre (una pêzza di pánno)
Béarded, a. barbúto; dentáto; — árrow
frêccia pennúta
Béardless, a. imbêrbe, sbarbáto
Bèarer, s. portatóre, -tríce, latóre, -tríce
Bèaring, a. portánte, sopportánte; —, s. il
portáre, il sopportáre, il tolleráre; il generáre; portamênto, contêgno; portamênto
patimênto, angòscia; altézza, altúra, situazióne, rappòrto; — block, sostégno,
— sùrface (str. fer.) púnto d'appóggio; —
dàte, datáto; a trée past —, álbero sfrut-
táto; there is no — it, é una còsa da non
potérsi sopportáre; armórial bèarings, scúdo gentilízio, stêmma
Beárish, a. d'órso; brutále, salvático, gòffo
(come un órso)
Béast, s. bêstia
Béastliness, s. bestialità
Béastly, a. bestiále
Béat, (—, béaten) va. báttere, dar percòsse,
pestáre; víncere, superáre; to — the drùm,
báttere, suonáre il tambúro; — a pèrson
sôundly, bastonáre, pestáre uno; — one
hòllow, víncere, sorpassáre uno di gran
lùnga; — awáy, scacciáre; — in, cacciáre
dêntro, ficcáre con fòrza; — bàck, respíngere, ripulsáre; — down, abbáttere, mandáre a têrra; — dôwn, diminuíre, demolíre; — down (fruit) with a pole, abbat-
tacchiáre, abbacchiáre; — the príce, abbassáre, diminuíre il prêzzo
— vn. báttere, palpitáre, pulsáre; — abôut,
cercáre, andáre su e giù, báttere la campágna; — up for sóldiers, reclutáre

Fáte, méte, bíte, nòte, túbe; - fàt, mêt, bit, nòt, tùb; - fàr, pìque,
Sêno, vino, lai, roma, fiume; - patto-petto, petto, e, i, notte, oeuf; - mano, vino,

Béat, *s.* cólpo, (*mil.*) battúta; (*med.*) bátti-
to, battiménto, pólso; (stráda battúta)
Béaten, *part.* battúto, pestáto, tríto, logorá-
to, frústo, massíccio; — way, vía battúta
Béater, *s.* battitóre, bèrta, mazzeránga; gold-
—, battilòro
Beatíflc, *a.* beatífico
Beatifically, *avv.* beatificaménte
Beatificátion, *s.* beatificazióne
Beàtify, *va.* beatificáre
Béating, *s.* battiménto; — of the heárt, bát-
tito del cuòre; to gel, give à —, toccáre,
dáre una bastonáta
Beàtitude, *s.* beatitúdine, *f.*
Beau, *pl.* beaux, (*pr.* bó, bós) (*meglio* èxqui-
site, líon, dàndy), *s.* zerbinòtto, bellimbú-
sto, vagheggino
Beauish (*pr.* bóish), *a.* di zerbíno, attilláto
Beaúteous, *a.* (*poet.*) béllo, vágo
Beaúteously, *avv.* bellaménte, vezzosaménte
Beaúteousness, *s.* (*poet.*) beltá, vaghézza
Beaútifler, *s.* persóna, còsa che abbellísce
Beaútiful, *a.* béllo, leggiádro, vágo
Beaútifully, *avv.* bellaménte, vagaménte
Beaútifulness, *s.* bellézza, leggiadría
Beaútify, *va.* ornáre, paráre, abbellíre
— *vn.* ornársi, abbellírsi
Beauty, *s.* bellézza, beltá; to impróve in —,
fársi più béllo
Beaúty-spot, *s.* nèo di bellézza
Béaver, *s.* castòro, (bèvero); cappéllo di ca-
stòro; visièra; to doff one's —, far di ber-
rétta
Becaflco, *s.* (*orn.*) beccaflco
Becàlm, *va.* calmáre, fermáre; to be becálmed
(*mar.*) èssere fermáto dalla bonáccia
Becáme, *pret. del verbo* to Becòme
Becóuse, *conj.* perchè, perciocchè
Bechànce, *vn.* avveníre per cáso, accadére
Becharm, *va.* affascináre, incantáre
Bèchic, (*pr.* bèkic), *a.* (*med.*) bècchico,
pettoràle
Béck, *s.* ségno, cènno (del cápo o della máno); to be at a pèrson's —, dipèndere dai
cènni altrúi
Bèckon, *vn.* fare cènno, accennáre, far o dar
d'òcchi, far l'occhiolíno; — *va.* invitáre col
díto, colla máno, ecc.
Becóme, (*pret.* becáme, *part.* becòme),
van. diveníre, diventáre; conveníre, affàrsi,
addírsi, star bène a; the wound became
incúrable, la piága divènne incuràbile;
what would — of us if? che sarèbbe di noi
se? this drèss —s you, quésta vèste vi sta
bène; it dòn't — him, it ill —s him to
speák so, gli sta màle il parláre siffatta-
ménte
Becóming, *a.* convenévole, conveniènte, decènte, dicévole, decoróso
Becómingly, *avv.* convenevolménte
Becómingness, *s.* convenevolézza, proprietà

Bèd, *s.* lètto, stráto; fólding —, lètto a cinghie, portátile: sick —, lètto di dolóre
(d'un ammaláto); box —, càmp, fíéld —,
lètto di cámpo, da cámpo; cànopy —, lètto
con cortinággio, con baldacchíno; nùrse's
—, lètto nella stánza d' un ammaláto per
uso di chi l' assíste la nòtte; màrriage,
génial or nùptíal —, tálamo, lètto nuziále;
a — of státe, un lètto di paráta; a little —,
ún letticciuòlo; head of the —, cappez-
zále, *m.*; a stráw —, un pagliericcio; trùckle
—, trùndle —, carriuòla; to go to —, andár a lètto; to be bróught to —, partoríre;
a — of stráwberriès, un sólco di frágole;
the — of a river, il lètto d'un fiùme; bèd-
side, spónda del lètto; bed-pósts, colònne del lètto; — -cúrtain, cortína; bed-
clóthes copèrte del lètto; — -time, l'ora di
andáre a lètto; to wàrm a —, scaldáre un
lètto; to máke (up) a —, fáre, rifáre, acconciáre, ravviáre un lètto; to kéep one's
—, èssere obbligáto a lètto; guardáre, tenére il lètto; to pút to —, méttere a lètto;
to go into —, to tàke to one's —, méttersi
a lètto; to lie in —, stársi a lètto; to get
óut of —, to jùmp óut of one's —, saltár
giù del lètto; to lie in — láte, poltríre in
lètto; to go to — with the làmb, andáre
a lètto come i pólli, all' ora dei pólli; to
pass one's time between the — and the
sófa, stàre tra il lètto e il lettúccio; to
tùrn dówn the — -clothes, fáre la rimboc-
catúra
— *van.* portáre a lètto, èssere a lètto; dobble-
bèdded, con due lètti
Bedàbble, *van.* imbrattáre, inzaccheráre
Bedàggle, *va.* inzaccheráre, infangáre, imbrattáre
Bedash, *vn.* spruzzáre, imbrattáre, infangáre
Bedàub, *va.* bruttáre, scarabocchiáre, im-
brattáre
Bedàzzle, *va.* abbagliáre, abbacináre
Bedchámber, *s.* càmera da lètto; Lord of the
—, gentiluòmo da càmera, ciamberláno,
ciambelláno
Bèdder ⎱ *s.* fóndo, màcina inferióre d'un
Bedètter ⎰ mulíno ad òlio
Bèdding, *s.* apparécchio compiúto del lètto
Bedèck, *va.* abbellíre, ornáre, addobbáre
Bédel, *s. V.* Beadle
Bedèvil, *va.* far indiavoláre; gittár sótto sópra
Bedew (*pr.* bedú), *va.* irroráre, umettáre
Bèdfellow, *s.* compágno, compágna di lètto
Bedíght, *va.* (*ant.*) accoppiáre, abbellíre,
ornáre
Bedim, *va.* oscuráre, appannáre, offuscáre
Bedízen, *va.* (*burl.*) decoráre, ornáre, abbellíre
Bèdlam, *s.* manicòmio di Lóndra
Bèdlamíte, *s.* mentecátto, pázzo (versità
Bèdmáker, *s.* quello che fa i lètti nelle uni-
Bèdmate, *s.* compágno, compágna di lètto

Bédouin, *s.* Beduíno

Bédpresser, *s.* dormiglióne, *m.*

Bedràggle, *van.* imbrattáre; infangársi

Bedrénch, *va.* abbeveráre; bagnáre

Bed-rid, bèd-ridden, *a.* obbligáto a lètto, inchiodáto al lètto

Bèd-róom, *s.* stánza, cámera da lètto

Bedróp, *va.* spruzzáre, aspèrgere

Bédstead, *s.* lettièra; íron —, lettièra di fèrro

Bédstràw, *s.* pagliaríccio, páglia da lètto

Bée, *s.* (*zool.*) ápe, *f.* pècchia, swàrm of —s, sciáme, *m.*; — -flówer, (*bot.*) òrchide, *f.*: — -híve, alveáre, *m.* árnia; hùmble —, (dróne) calabróne, *m.*; quéen —, regína mádre; bùll- —, tafáno

Béech, *s.* (*bot.*) fàggio

Béechen, *a.* di fàggio

Béech-martin, *s.* (*zool.*) faìna

Béech-mast, béech-nuts, *s.* (*bot.*) faggiuòla

Béef, *s.* mánzo, cárne, *f.* di búe; róast —, mánzo arròsto; bòiled —, mánzo lèsso, lèsso; — steák, braciuòla di mánzo, bistécca; béef-eater, (*meglio* yeóman of the guàrd) guárdia del re, alabardière del re

Beemol, *V.* Bemol

Been (bìn), *part. pass. di* to be, státo

Béer, *s.* bírra; strong —, bírra fòrte, birróne, *m.*; smàll —, píccola bírra

Béer-shop, Béer-hòuse, *s.* tavèrna o cánova da bírra, birrería

Béestings e Bíéstings, *s. pl.* prímo látte di una vácca dopo che ha figliáto

Béet, *s.* (*bot.*) biètola, bièta — -róot, — -ràdish, *s.* (*bot.*) barbabiètola

Béetle, *s.* (*zool.*) scarafàggio, scarabèo; dùng- —, scarafàggio che fa pallòttole dello stèrco; —, máglio; páving —, mazzeránga; — -hèaded, *a.* stúpido, ottúso — *vn.* spòrgere in fuòri, èssere prominènte

Béeves, *spl.* buòi, *m.*

Bofàll, *vn.* (befèll, befàllen), accadére, avveníre; a strànge accident befèll him, gli avvènne uno stráno cáso

Befit, *va.* convenire, confàrsi, èsser convenévole

Befitting, *a.* confacènte, convenévole (vole

Befóol, *va.* infatuáre; trattár da màtto

Befóre, *prep. e avv.* avánti, innánzi, príma; — and behind, innánzi e indiètro, dinánzi e di diètro; he flies — the ènemy, fúgge innánzi al nemíco; — his jùdge, dinánzi il suo giúdice; reflèct — you act, riflettéte príma di agíre; — dinner, príma di pránzo; as I sáid —, come dissi diánzi; to go —, precèdere, andáre avánti; — I set out, príma di partíre — *conj.* ánzi che, príma di, piuttòsto — -hand, *avv.* avánti trátto, ánzi trátto, in avánzo; to be — with a pèrson, preveníre alcúno; I will páy you —, vi paghèrò anticipataménte

Befóre-mèntioned, *V.* Aforesaíd

Befórtune, *va.* accadére, avvenire, capitáre a

Befàll, *va.* sporcáre, imbrattáre, bruttáre

Befriènd, *va.* trattár da amíco, spalleggiáre, ajutáre, favoríre

Befringe, *va.* frangiáre, ornár di fránge

Bég, *van.* mendicáre, accattáre, chièdere, pregáre; to — a fávour of a pèrson, chièdere un favóre ad uno; I — your pàrdon, vi domándo perdóno; I — to apprize you, mi prèndo la libertà di fàrvi avvertíto; I — to infòrm you, ho l'onóre d'informármi

Begàn, *pret. del verbo* to Begin

Begèt, (begòt, begòtten), *va.* generáre; cagionáre, prodúrre, suscitáre, far náscere

Begètter, *s.* (*poet.*) genitóre, generatóre,-trìce

Bèggar, *s.* mendíco, mendicánte, pezzènte, pitòcco, accattóne; — -man, — -woman, mendicánte, *mf.* — *va.* impoveríre, spogliáre; it —s all description, qui è impotènte ogni descrizióne

Bèggarliness, *s.* povertà, mendicità, misèria

Bèggarly, *a.* miserábile, tapíno, víle; — clothes, strácci, cènci; — dóings, aziòni víli — *avv.* miserabilménte, meschinaménte

Bèggary, *s.* mendicità, misèria

Bègging, *s.* accattonàggio, mendicità — *a.* mendicánte; — friars, fráti mendicánti; to go a-bègging, andáre mendicándo

Beghàrds { *s. pl.* beghíni, bighíni, pinzòcheri

Beguàrds }

Begin, (began, begùn) *va.* cominciáre, principiáre; to — agáin, ricominciáre

Beginner, *s.* principiánte

Beginning, *s.* princípio; to màke a —, cominciáre

Begird, *va.* (begirded, begirt) cígnere, circondáre

Begnàw, *va.* ròdere, rosicchiáre

Begòne! *int.* vía di quà! va vía! vàttene!

Begòtten, *part.* generáto; first —, primogènito; only —, unigènito, único

Begrèase, *va.* sporcáre d'untúme

Begríme, *va.* insudiciáre

Begrùdge, *va.* invídiare a, ricusáre, negàrsi

Beguile, *va.* ingannáre; far dimenticáre

Beguiler, *s.* ingannatóre; seduttóre, -trìce

Beguiling, *a.* lusinghièro, seducènte; *s.* lusinghe, *f. pl.* ingánno

Béguin, *s.* beghína, pinzòcchera

Bègum } *s.* princípèssa indiána
Begàum }

Begùn, *part.* cominciáto, *V.* Begin

Behàlf, *s.* favóre, pro; in — of, in favóre di, in pro di; I spóke to him in your —, gli ho parláto in vòstro favóre

Behàve, *vn.* comportàrsi, agíre, procèdere; he —d like a man of coùrage, egli si comportò da uòmo valoróso; well —d, ben creáto, costumáto; ill —d, mal accostumáto

Behàviour, *s.* portaménto, condòtta

Behèad, *va.* decapitáre, decolláre

Behèading, *s.* decapitazióne

Behèld, *pret. e partic. del verbo* to Behòld

Bèhen, *s.* (*bot.*) bèen, *m.*; whíte —, blàdder —, cúcubale —, bèen biánco

Behèst, (*poet.*) *s.* comándo, órdine, *m.*

Behínd, *prep.* diètro, in diètro, addiètro

— *avv.* dì diètro, addiètro, indiètro; to come —, tenér diètro; seguitáre; to stáy —, restáre in diètro; to léave —, lasciáre addiètro; — the wàll, diètro al múro; — one's tíme, tròppo tárdi, dopo il tèmpo convenúto, in ritárdo

Behíndhànd, *a.* arretráto, indiètro, in arretráto

Behòld, *va.* (*pas.* behèld), guardáre, rimiráre, miráre, contempláre; — l *interj.* mirátel éccol — him, her, them! éccolo! éccola! éccoli!

Behòlden, *part. a.* obbligáto, tenúto, debitóre; I am not at all — to him for it, non gliéne so nè grádo nè grázia

Behòlder, *s.* spettatóre, -trìce, circostánte

Behòof, *s.* profítto, còmodo, favóre, pro

Behòvable, *a.* conveniènte, ùtile, necessário

Behòove, *va.* conveníre, èssere ùtile, necessário, importáre; it behoves, gióva, impòrtá, conviène, fa d'uòpo

Behòoveful, *a.* profittévole, dicévole, necessário

Behòwl, *va.* (*ant.*) urláre diètro a

Bèing, *s.* èssere, ènte, *m.*; the Suprème —, l'Ènte suprèmo; to call into —, chiamáre all' esistènza; in —, esistènte, in vita, in vigóre, vigènte; for the time —, pel tèmpo attuále

Bèiram, *s.* bairàm, *m.*

Bejáde, *va.* (*ant.*) spossáre

Beknáve, *va.* (*ant.*) dar del furfánte

Belábour, *va.* bastonáre, báttere, tambussáre

Beláte, *va.* (*poco us.*) ritenére, ritardáre

Belated, *a.* sorpréso dalla nòtte, ritardáto

Beláwgive, (belàwgáve, belàwgiven) *va.* (*ant.*) dar léggi a

Beláy, *va.* insidiáre; (*mar.*) legáre, assicuráre

Bèlch, *s.* rútto, eruttazióne

— *vn.* eruttáre, ruttáre

Bèlching, *s.* rútto, eruttazióne

Bèldam, *s.* vècchia; strèga

Beléaguer, *va.* assediáre, bloccáre

Beléaguerer, *s.* assediánte

Belée, *va.* (*mar.*) riparáre, métter sottovènto

Belèmníte, *s.* (*min.*) belemníte, *f.*

Bèlgic, *a.* bèlgico

Belèper, *va.* attaccáre, comunicáre la lébbra

Bèlfry, *s.* campaníle, *m.* stánza delle campáne

Belíe, *va.* smentíre, dáre una smentíta a; calunniáre; contraffáre

Belíéf, *s.* credènza, fède, *f.*; ràady of —, credenzóne, -a; slòw of —, incrèdulo; àr-

ticle of —, artícolo di féde; to the best of my —, per quánto cònsta a me; to be éasy of —, èsser credenzóne; to be hàrd of —, —, crèdere difficilménte; past, beyònd —, incredíbile

Belíévable, *a.* credíbile

Belíéve, *van.* crédere; I — so, crèdo di sì; I — nòt, crèdo di no; would you have me —, vorrèste darmi a crédere?

Belíéver, *s.* credènte

Belíéving, *a.* credènte

Belíévingly, *avv.* con féde

Belíke, *avv.* fórse, verisimilménte

Belíme, *va.* (*ant.*) impaniáre, invescáre

Bèll, *s.* campána; little —, hand —, dóor-—, campanèllo, campaníno; — of a clock, squílla d'un orològio; díving —, palombáro; alárm —, svèglia, svegliaríno; ringing of —s, scampanáta; chíme of —, (chímes), scampanío, il suonáre a fèsta; — -clapper, battáglio; the—ríngs, si suóna; — -flòwer(*bot.*) campanèlla; — -fòunder, fonditóre di campáne; — -fòundry, fondería di campáne; — -man, banditóre; — -sháped, (*bot.*) campanifórme, campanuláto; — -wèther, montóne, *m.* del campanáccio; — -pùll, bèll-cord, cordóne, *m.* di campanèllo; — -tòwer, campaníle, *m.*; to bèar the —, primeggiáre, capitanáre; to cùrse by —, bòok and càndle, anatemizzáre, leggèndo la scomùnica a suón di campáne, e a lùmi accési

—, *vn.* créscere a campána, campanifórme; belàre, gridáre (del cèrvo); to — the cat, rómpere il ghiáccio, passáre il guádo, dáre il fuòco alla giràndola

Bèlla-dònna, *s.* (*bot.*) bèlla dònna

Bèlle, *s.* bèlla dònna, bellézza; to bèar awáy the —, portár via la pálma, víncere

Bèlleslettres, (*pr.* bèll-lèttera), *s. pl.* bèlle léttere, *f. pl.*

Bèlligerent, *a.* belligeránte; — powers, potènze belligeránti

Bèllow, *vn.* mugghiáre, muggíre

Bèllowing, *s.* mùgghio, muggito

Bèllows, *s.* soffiètto, mántice, *m.*; a pàir of —, un soffiètto; blàsting —, soffiettóne, *m.* a vènto, a vapóre

— -fish, *s.* (*itt.*) pésce trombétta

Bèlly, *s.* vèntre, *m.* páncia

— *vn.* far vèntre o páncia, divveníre panciúto; — out, spòrgere in fuòri, far páncia

Bèlly-ache (bèllyáke), *s.* cólica, mal di vèntre

Belly bànd, *s.* straccále, *m.*, sottopáncia, *m.*

Bèllybòund, *a.* stítico, costipáto

Bèllyful, *s.* corpacciáta

Bèlly-timber, *s.* (*volg.*) cíbo

Bèlly-wòrm, *s.* vèrme intestinále, *m.*

Bèllman; *s.* banditóre, -trìce, tubatóre, -trìce

Bèll mètal, *s.* metállo delle campáne, brónzo

Belòck, *va.* serráre con serratúra, chiúdere a chiáve

Bèlomancy, *s.* belomanzía
Belóng, *vn.* appartenére, aspettársi
Belónging, *a.* appartenénte
Belóved, *e* belóved, *a.* amáto, dilétto; déarly
—, caríssimo, dilettíssimo
Belów, *prep.* sótto, al di sótto di
— *avv.* giù, a básso; here —, quaggiù; he
is —, egli è a básso, giù
Bèlswagger, *s.* libertíno; vantatóre
Bèlt, *s.* budrière, *m.* cinturíno, pendáglio
Bèlt, *va.* circondáre, cíngere
Bèlt-máker, *s.* fabbricatóre di cintúre
Bèlt-strap, *s.* lísta di cíntola;
Belvedère, *s.* belvedére, *m.*
Bemíre, *va.* infangáre, inzaccheráre
Bemóan, *va.* compiángere, deploráre
Bemóaner, *s.* compiagnitóre, lamentatóre,
Bémol, *s. (musica)* bemólle, *m.* (-tríce
Bemúse, *vn.* fantasticáre, vaneggiáre
Bèn, *s. (bot.)* bén, *m.;* — -nùt, nóce di ben;
— -òil, ólio di ben
Bènch, *s.* pánca, scánno, scránna, sedíle, *m.* ;
jóiner's —, pánca di falegnáme; —, scrán-
na di giúdice, sédia ; stone —, pánca di
piétra, sedíle; king's, quéen's —, régia
Corte *(tribunale d'Inghilterra);* trèasury
—es, bánchi ministeriáli; to play to empty
—es, recitáre per le sèdie
— *va.* provvedére di pánche; pórre a sedére
o a giacére su pánca; — *vn.* impancársi,
sedére a scránna
Bènch-mark, *s.* ségno, segnále, *m.* cápo sáldo
Bèncher, *s.* assessóre, giureconsúlto
Bènch-wàrrant, *s.* mandáto d'arrèsto
Bènd, *va. (pas.* bènded, bent) piegáre, cur-
váre, chináre; — a bów, téndere un árco
— *vn.* curvársi, sottométtersi; to — ùnder a
búrden, incurvársi sotto un péso
—*s.*piegatúra, curvità; —*s (mar.) spl.*cóstole,
Bèndable,*a.*flessíbile,pieghévole(*f.pl.*di náve
Bènder, *s.* piegatóre, -tríce
Bèndy, *s. (blasone)* bánda
Benéatu; *prep.* sótto, al di sótto, di sótto
— *avv.* giù, abbásso
Benedíctine, *s. a.* Benedettíno
Benedíction, *s.* benedizióne
Benefáction, *s.* atto di beneficènza, benefício
Benefáctor, *s.* benefattóre
Benefáctress, *s.* benefattríce
Bènefice, *s.* benefício ecclesiástico
Bèneficed, *a.* beneficiáto
Beneficence, *s.* beneficènza
Benèficent, *a.* benéfico
Beneficial, *a.* vantaggióso, giovévole, útile;
to be — to, conferíre a
Beneficially, *avv.* vantaggiosaménte
Beneficiary, *s.* beneficiário, beneficiáto
Bènefit, *s.* benefízio, vantággio, profítto
—*va.* giováre, conferíre, far del bène, far
pro, vantaggiáre; *vn.* profittáre, far pro-
grèsso

Bènefit-*night*, *s. (teatro)* rappresentazióne,
a benefízio (d'un attóre)
Bènefit-society, *s.* società di mútuo soccórso
Benèvolence, *s.* benevolènza; beneficènza
Benèvolent, *a.* benèvolo; beneficènte; —
Institútions, Opere Píe, Istituzióni di be-
neficènza
Benèvolently, *avv.* con benevolènza
Bèngàl-*light* *s.* fuóco del Bengála
Bengalée, *s.* língua del Bengála
Bengàly, *s. (orn.)* bengalíno
Bènjamin, *s.* belzuíno, belgivívo *(gomma)*
Beníght, *va.* ottenebráre, annottáre
Beníghted, *a.* sorpréso dalla nòtte
Benígn, *a.* benígno
Benígnity, *s.* benignità
Benígnly, *avv.* benignaménte
Bénison, *v. (poet.)* benedizióne
Bènnet, *s. (bot.)* èrba benedètta
Bènshée ⎫
Bènshi ⎬ *s.* fáta di Scòzia o d'Irlánda
Bènt, *s.* pièga, inclinazióne, propensióne
— *a.* piegáto, propènso, inclináto, intènto,
risolúto; to be — upòn sòmething, èsser
risolúto di far quálche còsa
Bent-grass, *s. (bot.) agrostis*
Benùmb, *va.* intirizzíre, stupefáre
Benùmbedness *s.* intirizziménto, torpóre, ag-
Benùmbment ⎫ ghiadaménto, assiderazióne
Bènzoate, *s. (chem.)* benzoáto
Benzóic, *a.* benzòico ; — àcid, ácido benzòico
Benzòin, *s.* belzuíno, belgivíno *(gomma)*
Bepáint, *va.* coloríre, copríre di colóre
Bepiss, *va.* scompisciáre, pisciár sópra
Bepráise, *va. (burl.)* lodáre severchiaménte
Bequéath, *va.* legáre, lasciáre in testaménto
Bequèst, *s.* láscito, legáto
Bèrberry, *s. (bot.)* crespíno, còccola ácre
Beréave, *va. (pas.* beréaved, berèft), spogliá-
re, priváre, orbáre, svestíre
Beréavement, *s.* privazióne, pèrdita dolo-
rósa
Berèft, *a.* priváto, orbáto, spogliáto
Bereníce's *hàir, s. (astr.)* chiòma di Bereníce
Bèrgamot, *s. (bot.)* bergamòtto
Berhíme, *va. (spregiativo),* cantár in ríma
Bèrry, *s. (bot.)* bácca, bája, còccola; jùniper
—, bácca di ginépro
— *va.* prodúrre bácche, ecc.
Bèrt, *s.* luògo d'ancoràggio ; cabína ; pósto
per la amáca, per la brànda; the sùrgeon's
—, il pósto del chirúrgo; — *va,* distribuíre
i pósti per le amáche, per le brànde
Bèryl, *s. (min.)* beríllo
Bèrylline, *a.* di beríllo, come beríllo
Bescràwl, bescribble, *va.* scarabocchiáre
Bescréen, *va.* copríre, veláre, protéggere
Beséech, *va. (pas.* besòught) supplicáre
Beséeching, *a.* supplicánte; *s.* supplicazióne
Beséem, *vn.* convioníre, affársi, confársi, stár
bène a; it ill —s you to, vi sta mále di

Besèt, *va.* assediáre, attorniáre, circondáre, assiepáre, cíngere, angustiáre
— *a.* assediáto, cínto, angustiáto
Beshrew (*pr.* beshrû), *va.* maledíre; — the bour! maledétta sia l'óra
Besíde, *prep.* accánto, prèsso, accósto, eccètto, fuorchè, óltre; — óne's self, fuòr di sè; sit down — me, sedéte accánto a me
Besídeś, *avv.* inóltre, di più, d'altrónde
Besiége, *va.* assediáre
Besiéged, *a.* assediáto
Besiégement; *s.* assèdio
Besiéger, *s.* assediánte
Besiéging, *a.* d'assèdio, assediánte
Beslàver, *va.* imbaváre, imbrattáre di bava
Beslùbber, *va.* (*volg.*) lordáre di spúto, bava o móccíco
Besméar, *vn.* imbrattáre, sporcáre, lordáre
Besmóke, *va.* affumicáre, anneríre con fúmo
Besmùt, *va.* anneríre con fulíggine, insudiciáre
Besnùff, *va.* lordáre di tabácco
Bèsom, *s.* scópa, granáta; *va.* scopáre
Besót, *va.* infatuáre, imbalordíre, stordíre
Besótted, *a.* imbalordíto, stúpido
Besóttedness, *s.* balordággine, *f.* stupidità
Besóught, *pas.* di to beséech
Bespàke (*poetico*), *pas.* di to bespéak
Bespàngle, *va.* billottáre, spruzzáre di pagliuóle
Bespàtter, *va.* spruzzoláre, insaccheráre
Bespéak (bespóke, bespóken), *va.* ordináre; ritenére, préndere; predíre; rivólger la paròla a; annunziáre, riveláre; to — a páir of bóots, ordináre un pájo di stiváli; — a pláce, ritenére, prèndere un pósto; — dángers, predíre perícoli; he thus the Queen bespóke (*poet.*), cosi parlò alla regína; his lànguage — s him a schólar, il suo linguággio rivéla, annúnzia (in lui) un uòmo dòtto
Bespéckle, *va.* macchiáre, variegáre, brizzoláre
Bespíce, *va.* condíre con spèzie
Bespèw, *va.* vomitáre sópra, sporcáre con ispúto
Bespit, *va.* macchiáre, sporcáre con ispúto
Bespót, *va.* macchiáre, bruttáre, sozzáre
Besprèad, *va.* stèndere, distèndere
Besprènt, *part. pass.* (*ant.*) spruzzáto, sparso; dèw — —, rugiadóso, mòlle di rugiáda
Besprinkle, *va.* spruzzáre, spruzzoláre, aspèrgere
Bespùtter, *va.* sputecchiáre sópra, sporcáre
Bèst, *a.* (*superlativo di* góod), miglióre; *avv.* mèglio; the — that I have, il migliòre ch' io àbbia; at —, al mèglio; we must do the — we can, bisógna fàre come mèglio possiámo; best-belóved, dilètto sópra tútti; you had — deláy, il mèglio che possiáte fàre sarébbe di differíre (*vízio*
Bestèad, *va.* profittáre, giováre, rèndere ser-

Bèstial, *a.* bestiále, brutále, carnále
Bestiálity, *s.* bestialità, brutalità
Bèstially, *avv.* bestialménte da bèstia
Bestir (*pr.* bestùr), *van.* to — one's self, industriársi, ingegnársi, adoperársi, affaticársi
Bestów, *va.* dáre, regaláre, spèndere, impiegáre, dedicáre, collocáre, allogáre, méttere; my uncle — ed me it, mio zio me lo regalò; she has — ed herself, ella si é data (in matrimònio); you must — much time upon this wòrk, converrà che spendiáte mólto tèmpo in quest' ópera
Bestówal, *s.* donazióne, impiégo, collocaménto (-trice
Bestówer, *s.* donatóre, -trice, dispensatóre,
Bestràddle, *va.* inforcáre gli arcióni, stáre a cavalcióni sópra
Bestràught, *a.* mátto, pázzo, disperáto
Bestrew (*pr.* bestrû), *va.* sparpagliáre, disperdere (stáre a cavalcióne
Bestríde, *va.* (bestrid, bestridden), sa.íre o
Bestùd, *va.* ornáre di bórchie, tempestáre
Bèt, *s.* scommèssa; to láy a —, fáre una scommèssa; to táke a —, accettáre una scommèssa
— *va.* scommèttere; I'll — ten to one, scommetterò dièci cóntro uno
Betáke (*pas.* betóok, betáken), *va.*; — one's self to, appigliársi a, aver ricórso a
Bètel, *s.* (*bot.*) bètel, *m.*
— -nut, *s.* (*bot.*) nòce, *f.* di bètel (bètel — -pèpper, *s.* (*bot.*) bètel, *m.*; pépe, *m.* di
Bethink, (one's self, *pas.* bethòught), *vrf.* riflèttere; to — one's self bètter, ricrédersi
Betíde, *vn.* avveníre, arriváre, accadére
Betímeś, *avv.* di buon'óra, per tèmpo
Betóken, *va.* pronosticáre, presagíre
Bèton, *s.* smálto, bitúme, *m.* (*che si adopera nelle fondamenta*)
Bètony, *s.* (*bot.*) bettònica; hèad, wóod —, bettònica officinále; wàter —, scrofulária
Betóss, *va.* sconquassáre, agitáre (acquática
Betráy, *va.* tradíre, palesáre; he has —ed me into the hands of my ènemies, mi ha dato in máno a' mièi nemíci
Betráyer, *v.* traditóre, -trice, pèrfido, pèrfida
Betrim, *s.* adornáre, abellíre, decoráre
Betróth, *va.* fidanzáre, impalmáre
Betróthed, *a.* fidanzáto; the —, i promèssi spósi
Betrówing } *s.* sponsáli, *m. pl.*
Betrótħment }
Bètter, *a.* migliòre, più eccellènte, *avv.* mèglio in migliór mòdo; this is — than that, quésto è migliòre di quéllo; this is — written than that, quésto è mèglio scrítto di quéllo; I am —, sto mèglio; it would be —, sarébbe mèglio; — and —, di bène in mèglio; so mùch the —, tánto mèglio; you had —, faréste mèglio; Richard is — off

sòr, rûde; - fàll, sòn, bùll; - fàre, dò; - by, lymph; pòïse, bòyś, fòûl, fòwl; gem, aś.
'arte, raga; - forte, oeuf, culla; - erba, ruga; - lai, e, i; poi, fausto; gemma, rosa.

Diz. Ingl. Ital. - Edis. VI. Vol. I. 6

— a bóok, legáre un líbro; —the bowels, ristríngere il vêntre; — one over to appear, ebbligáre uno a comparíre (*legge*)
Bind, *vn.* contrárre, induríre
Binder, *s.* legatóre
Binding, *s.* legaménto, legatúra
— *a.* obbligatòrio; costipatívo
Bindwéed, *s.* (*bot.*) vilácchio convolúto
Binnacle, *s.* (*mar.*) chiesóla, abitácolo
Binocle, *s.* binócolo
Binómial, *s. a.* (*algebra*) binòmio; — théorem, binòmio di Newton; imàginary —, espressióne immaginária
Biògrapher, *s.* biógrafo
Biográphical, *a.* biográfico
Biógraphy, *s.* biografia
Biparous, *a.* bíparo
Bipartíte, *a.* bipartíto
Bipartition, *s.* bipartizióne
Bíped, *s.* bípede, *m.*
Bipedal, *a.* bipedále, bípede
Birch (*pr.* bùrch), *s.* (*bot.*) betúlla, betúla, scópa, ramoscéllo di betúlla, vérga, frústa; — -trée, betúlla
Birchen (*pr.* bùrchen), *a.* di betúlla
Bird (*pr.* bùrd), *s.* uccéllo, augéllo; a little —, uccellétto; migratory —, uccéllo migratóre; prètty little —, uccellíno, uccellettíno; singing, song —, uccéllo canóro, cantánte; cock —, uccéllo máschie; hen —, uccéllo fémmina; Néwgate —, capéstro, ribáldo, fórca; a —'s view, una vedúta a vólo d' uccéllo; —s of a féather flock togèther, ognúno ama il suo símile; a — in the hand is wòrth two in the bùsh, méglio piccióne in máno, che tórdo in frásca; to kill two —s wìth one stóne, prénder due piccióni ad una fáva, fáre un viàggio e due servígj; to shóot at a —, tiráre ad un uccéllo; a little — tóld me, (*famigliare*) ho l' indovinéllo che mi ridíce ògni cósa
— *vn.* uccellàre
— -càge, *s.* gábbia d'uccéllo
— -càll, *s.* richiámo, físchio
— -càtcher, *s.* uccellatóre
— -gràss, *s.* (*bot.*) ornitógalo
— -líme, *s.* víschio, pánia
— -man, *s.* uccellatóre
— -nest, *va.* snidiáre, snidáre uccélli
— -òrgan, *s.* *serinetta*, organíno
—'s fóot, *s.* (*bot.*) ornitópo
Birding (*pr.* bùrding), *s.* uccellaménto, uccellagióne
Bird-witted, *a.* cervellinésco; to be —, éssere un cervellíno, avére un cervêl di súghero,
Biréme, *s.* biréme, *f.*   (di gátta
Birt (*pr.* bùrt), *s.* (*itt.*), rómbo
Birth (*pr.* bùrra), *s.* náscita, nasciménto, stírpe, *f.* schiátta, orígine, *f.* párto; thrée children at a —, tre figli ad un párto a préma-

ture or untímely —, sconciatúra, abòrto; after- —, secondína; nèw —, rigenerazióne; — - dáy, giórno natalízio; — - pláce, luógo natío; — - right, primogenitúra, giúre, *m.* di primogénito; tò give — to, prodúrre, cagionáre, far náscere; — o berth, *s.* (*mar.*) pósto, ráncio, cabína, gabinétto; the sùrgeon's —, il pósto del chirúrgo; the ship lies in a góod — o berth, il bastiménto è ormeggiáto in un buòn pósto
Birth-wòrt, *s.* (*bot.*) aristològia
Biscuit (*pr.* bìskit), *s.* biscòtto, biscottíno
Bisèct, *va.* (*geom.*) divídere in dúe pártiuguáli
Bisèction, *s.* bissezióne, divisióne in dúe
Bisèxous } *a.* (*bot.*) bissessuále
Bisèxual }
Bishop, *s.* véscovo; — *va.* cresimáre, confermáre; ingannáre (*dei sensali di cavallí*); — like, da véscovo
Bishopric, *s.* vescovádo
Bismure, *s.* (*mín.*) bismútte, *m.*
Bíson, *s.* (*zool.*) bisónte, *m.*
Bissèxtile, *a.* bisestíle, bisésto
Bistoury, *s.* bístori, *m.*
Bisúlcous, *a.* (*zool.*) bisúlco, d'úgna fêssa
Bisúlphuret, *s.* (*chím.*) bisolfúro
Bit, *s.* pêzza, boccóne, *m.* tòzzo; fréno, mòrso; little —, pezzétto, pezzettíno, bocconcíno; a — of bréad, un tòzzo di páne; not a — of it, niénte affátto, núlla di tútto ciò; to chàmp the —, ròdere il fréno
Bit, *va.* imboccáre (un cavállo); *V.* bite
Bitch, *s.* cágna; sgualdrína (*fig.*)
Bíte, *s.* mòrso, morsúra, morsicatúra
— *van.* (bit, bitten), mòrdere, morsicáre; — off, portár via il pêzzo mordêndo
Bíter, *s.* morditóre, furbóne, truffatóre
Bíting, *a.* mordénte, merdáce
Bitter, *a.* amáro; áspro; sevéro; piccánte; — óak, *s.* (*bot.*) cêrro; —, *s.* (*mar.*) gíro di gómena sulla bitta
— -ènd, *s.* (*mar.*) vòlta di gomena
— -góurd, *s.* (*bot.*) coloquíntide, *f.*
— -sàlt, *s.* (*farm.*) sále d' inghiltêrra, solfáto di magnésia
— -spara, *s.* (*mín.*) muricalcíte, *f.*
— -swéet, *s.* (*bot.*) dulcamára
— -vétch, *s.* (*bot.*) véccia néra, êrvo
— -wòrt, *s.* (*bot.*) genziána giálla
Bitterish, *a.* alquánto amáro
Bitterishness, *s.* leggéra amaritúdine
Bitterly, *avv.* amaraménte, aspraménte
Bittern, *s.* (*orn.*) torabúso
Bitterness, *s.* amarézza, rancóre, cordóglio
Bitúmen (*poet.* bitúme), *s.* bitúme, *m.*
Bitúminous, *a.* bituminóso
Bívalve, bívàlvular, *a.* biválvo
Bívious, *a.* bívio
Bívouac, *s.* (*milít.*) bivácco; — *vn.* biváccare
Blàb, *s.* chiaccheróne, ciarlatóre, ciarlóne

Blàb, *van.* chiaccheráre; to — óut, —, divulgáre, palesáre sconsiderataménte

Blàck, *a.* néro, oscúro; cattívo, funèsto
— *s.* néro, colór néro; lútto; négro; to put on —, vestírsi di néro; — -bàll, lúcido per gli stiváli in pàlla; — -bóok, líbro di magía; — -leg, truffatóre (al giuóco)

Blàckamóor, *s* móro; to wàsh a — whíte, laváre la tèsta all'ásino, o ad un móro, gittáre il ránno e la fatíca

Blàckbàll, *va.* anneríre, diffamáre, calunniáre, infamáre

Blàckberry, *s.* (*bot.*) móra del róvo

Blàckbird, *s.* (*ornit.*) mèrlo

Blàckcattle, *s.* bestiáme vaccíno

Blàcken, *va.* anneríre, diffamáre; *vn.* dive-

Blàck-eýed, *a.* dàgli òcchi néri (níre néro

Blàckguard,*s.*briccóne, m., víle, m., canáglia, gaglioffàccio,svillaneggiatóre; *a.*scurríle;— - — abúse; scurrilità, svillaneggiaménto

Blàckguardism, *s.* gaglioffàgine, *f.* scurrilità

Blàcking, *s.* lúcido per gli stiváli

Blàckish, *a.* neríccio

Blàck-lèad, *s.* piombàggine, *f.* ; — pèncil, lapis, *m.* matíta

Blàckly, *avv.* foscaménte, tórvo, atroceménte

Blàckmóor, *s.* móro, móra, négro, négra

Blàck-neb,-*s.* (*orn.*) cornácchia

Blàck-shóe, *s.* lustra-stiváli, *m.* lustra-scàrpe, *m.*; — bóý, píccolo lustra-stiváli

Blàckness, *s.* nerèzza, negrèzza; (atrocità)

Blàckpùdding, *s.* sanguinàccio

Blàcksmiтн, *s.* maniscálco; fábbro ferrájo

Blàckтнorn, *s.* (*bot.*) prúgno selvático

Blàd-àpple, *s.* (*bot.*) cácto

Blàdder, *s.* vescíca; blówn —, vescíca gónfia, òtre, *m*; little —, vescichétta

Blàde,*s.* fústo, stípite, m. láma, táglio, spáda; spadaceíno, brávo; a cùnning —, une scaltríto; — -bóne, (*anat.*) scápula; omopláta

Blàded, *a.* copèrto d'èrba, di stípite; a lama; twó —, a due láme

Blàín, *s.* furúncolo, piága, úlcera

Blàmeable, *a.* biasimévole

Blàmeably, *avv.* biasimevolménte

Blàme, *s.* biásimo, obbròbrio, cólpa; to lay the — upon, incolpáre
— *va.* biasimáre, incolpáre, censuráre

Blàmeful, *a.* biasimévole, colpévole (mo

Blàmeless, *a.* innocènte, esènte d'ògni biási-

Blàmelessly, *avv.* innocenteménte

Blàmelessness, *s.* innocènza (-tríce

Blàmer, *s.* biasimatóre, -tríce, incolpatóre,

Blàmewòrthiness, *s.* demèrito

Blàmewòrthy, *a.* biasimévole, riprensíbile

Blànch, *va.* bianchíre, far impallidíre, mondáre mándorle; *vn.* esitáre, dissimuláre

Blàncher, *s.* imbiancatóre, mondatóre,-tríce

Blànd, *a.* blándo, piacévole

Blandìloquence, *s.* blandiménto, parolíno, *f. pl.* parlár lusinghièro

Blàndish, *va.* blandíre, lusingáre, careggiáre

Blàndishment, *s.* blandiménto, blandízia

Blàndness, *s.* l'èsser blándo; natúra blánda, caráttere blàndo

Blàndly, *avv.* blandaménte

Blànk, *a.* squàllido, smòrto, confúso, sconcertáto; biànco, sènza scrítto; sènza ríma; — vèrse, vèrsi sciòlti, vèrsi sènza ríma; left —, lasciáto in biánco; to lóok —, rimanère con un pàlmo di náso
— *s.* biánco, spázio vuòto che si láscia nello scrívere, lacúna; biánco del berságlio; biánca (tèrmine del lòtto); pùnt —, *avv.* di púnto in biánco

Blànk-càrtridge, *s.* cartúccia sènza pálla

Blànket, *s.* copèrta di lána; (*bot.*) pèra bian-

Blànket, *va.* trabalzáre in una copèrta (chètta

Blànkness, *s.* confusióne, pallóre

Blànkly, *avv.* confusaménte, con pallóre

Blàre, *vn.* coláre (*come le candele*); *vn.* ruggíre; *s.* ruggíto

Blàrney, *s.* paròle blánde e lusinghévoli, parlantína irlandése, il piaggiáre, aduláre
— *va.* incensáre, aduláre, piaggiáre

Blasphème, *van.* bestemmiáre

Blasphémer, *s.* bestemmiatóre, -tríce

Blàsphemous, *a.* di bestèmmia, èmpio

Blàsphemously, *avv.* con bestèmmia

Blàsphemy, *s.* bestèmmia

Blàst, *s.* sòffio, sbùffo, sòffio pestífero, cólpo di fúlmine, guásto, gólpe, *f*; — èngine, mácchina soffiánte; — fùrnace, fornáce, *f.* fornèllo àlto; — pípe, tubo grànde de' soffiettóni a vapóre delle fornáci da fóndere il fèrro
— *va.* fulmináre, bruciáre, distrúggere; to — a pèrson's reputátion, intaccáre, distrúggere l'altrui riputazióne

Blàsting, *a.* distruttívo, rovinóso, soffiánte

Blàtant, *a.* (*ant.*) mugghiánte (tàrdi

Blàtter, *va.* schiamazzáre, fàr chiàsso, van-

Blàtterer,*s.*schiamazzatóre,-tríce, vantatóre,

Blàttering, *s.* chiàsso, schiamázzo (-tríce

Blày, *s.* (*itt.*) argentíno

Blàze, *s.* fiàmma, vàmpa, splendóre
— *vn.* divampáre, scintilláre, fiameggiáre, splèndere, brilláre; — abòut, *va.* proclamáre, divulgáre, vociferáre

Blàzon, *va.* blasonáre, divisáre, dipíngere le àrme gentilízie
—, blàzonry, *s.* blasóne, *m.* aráldica

Bléa, *s.* (*bot.*) albúrno

Bléach, *van.* imbiancáre al sóle, bianchíre; to — linen clòth, bianchíre téla di líno

Bléacher, *s.* imbiancatóre (lido

Bléak, *a.* frèddo, núdo, árido, smòrto, squàl-
— *s.* (*itt.*) argentíno

Bléakness, *s.* squallidézza, freddézza

Bléar, bléared, *a.* cispóso, cispicóso; fósco

Bléaredness, *s.* císpa, císpita

Blèar-eýed, *a.* cispóso, cispicóso, líppo, císpo

Bléat, s. belaménto, beláto, beláre, m.
— vn. beláre
Bléating, s. belaménto; a. belánte
Blèb, s. pústula, bólla, enfiatúra, bitorzolétto
Bléed (pas. blèd) vn. sanguináre, gettár sángue; versár il suo sángue; to — at the nose, gettár sángue dal náso; — va. cavár sángue a, fáre un salásso a; they blèd him thrée times in two hòurs, gli hanno fatto tre salássi in due ore
Bléeding, s. caváta di sángue, salásso (túra
Blèmish, s. mácchia, magágna; difètto, crepa-
— va. macchiáre, bruttáre, guastáre (díre
Blènch, vn. indietreggiáre, titubáre, impalli-
Blènd, van. mescoláre; mischiáre; mischiár-si, confóndersi
Blènding, s. mescolánza, fusióne
Blennorrhéa, s. (med.) blenorréa
Blènt, (ant.), part. pas. invece di blènded
Blèss (pas. blèssed, blèst), va. benedíre, beáre, far beáto; Gòd — you, Dio vi benedíca; —ed with a góod memory, dotáto di una buóna memòria; — my heárt! Per Bácco! — us! Dio buóno!
Blèssed, blessed, blest, a. sánto, beáto, benedètto; — be God, sía lodáto Iddío; —, beáto, avventuráto; the —, i beáti
Blèssedly, avv. felicemènte, beataménte
Blèssedness, s. felicità, beatitúdine, f.
Blèsser, s. beneditóre, tríce
Blèssing, s. benedizióne, felicità
Bleýme, s. (veter.) ammaccatúra, malóre all'úgna del cavállo
Blíght, s. gólpe, f. calcíno, nèbbia; rùggine, f. úggia, táccia, guásto, magágna; cólpo mortále
— va. ingolpáre, avvizzíre, guastáre
Blíghted, a. ingolpáto, guastáto dalla nèbbia
Blínd, s. persiána, gelosía, scúro, vélo, sotterfúgio, raggíro
— a. cièco, òrbo; — man, — wóman, cièco, cièca; — of one eye, cièco d'un òcchio, lósco; stóne- —, affátto cièco
— va. acciecáre, abbagliáre, ingannáre
Blíndfóld, a. cogli òcchi bendáti
— va. bendáre gli òcchi a, acciecáre
Blíndly, avv. ciecamènte, alla cièca
Blíndman's báll, s.(bot.) vèscia, vèscia di lúpo
Blíndman's bùff, s. giuóco della cièca
Blíndness, s. accecaménto, cecità
Blínk, vn. báttere gli òcchi, ammiccáre, pêrdere di vísta, tralasciáre, passár sópra
Blínker, s. lósco, guêrcio; visièra, bènda
Blíss, s. felicità, beatitúdine, f. contènto
Blíssful, a. beáto, felicíssimo
Blíssfully, avv. felicemènte, beataménte
Blíssfulness, s. felicità, beatitúdine, f.
Blíster, s. vescicánte, m. vescíca (sulla pelle), bólla, pústula
— va. applicáre un vescicánte; prodúrre vescíche (sulla pelle)

Blíster, vn. levársi, formársi, gonfiársi, in vescíche
Blíster-bèstle, } s. (zool). cantá-
Blíster-flý, Blístering-flý, } ride, f.
Blístering-pláster, s. vescicánte, m.
Blíte, s. (bot.) biètola, biéta
Blíthe, a. giocóndo, allégro
Blíthely, avv. giocondaménte, allegramènte
Blítheness, blithesomeness, s. giocondità
Blíthesome, a. scherzóso, lièto, ílare
Blóat, van. enfiáre, gonfiáre, gonfiársi
Blóated, a. paffúto, gonfiáto, túmido
Blóatedness, s. gonfióre, gonfièzza, tumidèzza
Blóbber, s. bùbbola, bollicèlla, bólla
Blóbber-lip, s. lábbro tròppo gròsso
Blóbber-lipped, a. dalle lábbra gròsse
Blóck, s. pedále, m. (d'álbero); cèppo, trónco; bozzèllo; másso; hátter's —, fórma di cappèllo; stùmbling- —, intòppo, ostácolo; mòunting- —, cavalcatójo
— up, va. fermáre, chiúdere, turáre
Blockáde, s. blòcco
Blockáde, va. bloccáre, assediáre (giáno
Blockhéad, s. barbaccióne, m. stúpido, bag-
Blóckish, a. stúpido, di gròssa pásta, ottúso
Blóckishly, avv. stupidaménte, balordaménte
Blóckishness, s. sciocchèzza, balordàggine, f.
Blóckhòuse, s. fortíno fátto (in frètta) di trónchi d'álberi o d'áltro
Blóck-tin, s. stágno púro
Blóck-wóod, s. cèppo; — pávement, paviménto di légno; — páving, pavimentazióne in légno
Blòod, s. sángue, m; famiglia, progènie, f. stírpe, f. temperaménto, íra, còllera; the —s of a cóuntry tòwn, gli elegánti di província; bùffon, bùffy cóat of —, cotènna, cótica; to let —, cavár sángue; to stánch the —, stagnáre, ristagnáre il sángue; to stir men's —, suscitáre le passióni degli uòmini; in cóld —, a sángue frèddo; in wàrm —, nell'ardóre della còllera; till the — runs, al primo sángue; distèmper that rùns in the —, malattía che va di pádre in fíglio; my — was up, cominció a bollírmi il sángue; insanguináre; cavár sángue (gue
— va. insanguináre; cavár sángue
Blóodhòund, s. limiéro
Blóodily, avv. sanguinosaménte
Blóodiness, s. stato sanguinánte; sanguinarietà
Blóodless, a. incruènto; esángue
Blóodlessly, avv. sènza spargiménto di sángue
Blóod-lètter, s. flebótomo
Blóodshèd, s. spargiménto di sángue
Blóodshèdder, s. (ant.) assassíno, micidiálo
Blóodshot èye, s. òcchio injettáto di sángue
Blóodstóne, s. sanguígna, piètra ematíta
Blóodsùcker, s. sanguisúga, sanguètta
Blóodrhirsty, a. assetáto di sángue, crudéle
Blóod-rhirstiness, s. séte —, f. di sángue
Blóod-vèssel, s. (anat.) váso sanguígno

Blŏod-wŏod, s. (bot.) campéggio

Blŏod-wŏrt, s. (bot.) sanguinária

Blŏody, a. sanguinóso; sanguinário; a — fight, una sanguinósa battáglia; — -minded, sanguinolénte, crudéle; — -flûx, flús so di sángue

Blóom, s. flóre, m. d'álberi; the — of yoúth, il flóre della giovinózza

— vn. florire, sbocciáre, splêndere

Blóomingly, avv. fioritaménte

Blóomy, a. florito, flórido

Blóssom, s.flóre di piánta e d'álbero fruttífero

— vn. floríre, sbocciáre, ésser in fióre

Blòt, s. mácchia, táccia, cancellatúra; — of ink, mácchia d' inchiòstro

— va. macchiáre, imbrattáre, scarabocchiáre; cancelláre, infamáre; vn. this paper blots, quésta cárta spánde l' inchiòstro

Blòtch, s. pústula, enfiatúra, mácchia; —, va. coprire di pústole; blòtched and pimpled (med.) bitorzoláto, bitorziolúto, copêrto di còzzi e bitôrzoli

Blóte, va. affumicáre (aringhe, ecc.)

Blóted, a. (gónfio, túrgido), affumicáto

Blòtting-páper, s. cárta sugánte

Blów, s. cólpo; evênto improvvíso, disástro; fiére, m.; vénto frésco; slánting —, rovescióne, m.; — with a stick, bastonáta; — with a stóne, sassáta; to còme to — -s, veníre alle máni

— va. (pas. blêw,blówn), soffiáre, suonáre, gonfiáre; — the fire, soffiáte il fuòco; he —s the hòrn, egli suòna il còrno; — ôut the càndle, spegnête la candéla; — that blàdder, gonfiáte quélla vescíca; they blêw up the pówder magazíne, fécero saltár in ária la polveriêra; the wind has blown down two hôûses, il vénto ha mandáto a tèrra dúe càse; I'll — him up (volg.) gli darò una buòna laváta di cápo

— vn. (pas. blêw, blówn) soffiáre, spiráre, tiráre; the wind —s, il vénto sóffia; to pùff and —, sbuffáre, ansáre, alitáre; the stòrm —s óver, cála il vênto, si dissipa la burrásca; — your nóse, soffiátevi il náso; to — (bot.), aprírsi, abocciáre, fiorire; these flówers — in June, quésti fióri sbòeciano in Giúgno

Blów-fly, s. moscóne d'estáte

Blów-hóle, s. fóro per cui alcúni cetácei mándano fuóri l' ácqua aspiráta

Blówer, s. soffiatóre, -trice (re, m.

Blówing, s. soffiáre, m. suonáre, m.; sbucciáre

Blówn, a. soffiáto, gonfiáto, sbocciáto

Blówpipe, s. cannéllo (degli smaltitóri, ecc.)

Blóuse, s. blouse, f. zimárra di téla

Blówze, s. dondolóna, paffúta (scaldáto

Blówzy, blówzed, a. grásso, gónfio, rósso,

Blùbber, s. bólla d' ária; grásso di pésce; biánco di baléna, spermacéti, m.; (zool.) ortíca di máre

Blùbber, vn. gonfiársi le guánce piangéndo

Blùbbered, blùbber, a. gonfiáto, túmido

Blùdgeon, s. bastonáccio con pómo di piómbo

Blúe, a. turchíno, azzúrro; ský —, cilêstro, celêste; to dýe —, tíngere turchíno; to lóok — at, guardár biéco; — -bell, s. (bot.) báccara, língua di leóne; — -bird, s. (orn.) cutréttola, ballerína, motacílla; — - bònnet, s. (bot.) centauréa; — -bòttle, s.(bot.) fioralíso, battiségola; mósca turchína; — -cap, s. (itt.) salmóne, m. con mácchie azzúrre sulla tésta; — cáke, s. turchíno in pásta; — -stócking, dánna saccênte; — dévila, umóre atrabiliáre, malinconía, abbattiménto; — -éyed girl, fanciúlla dagli òcchi azzurríni; — -fish, s. (itt.) coriféna; — -John, s. (min.) spáto flúore; — -thróat, s (orn.) góla-azzúrro

Blúely, avv. di colór turchíno; biecaménte, tôrvo

Blúeness, s. colór turchíno, azzúrro

Blúff, a. grôsso, grásso, gónfio, paffúto, túmido, sporgénte; rústico, brúsco, búrbero, baldanzóso; buòno, sáldo, sódo

— s. (mar.) grôssa (prûa); grôssa (guáncia); cápo, promontório a picco

Blúffness, s. gonfiézza, rusticággine, f.

Blúish, a. azzurríccio, azzurríne, azzurrógnolo

Blúishness, s. tínta azzurrógnola; colóre azzurríno

Blùnder, s. sbáglio, fállo, spropósito, marróne; to máke a —, pigliár un gránchio

— vn. sbagliáre, erráre; — into, cadére déntro storditaménte; — out, díre goffaménte, divulgáre sbalestrataménte

Blùnderbuss, s. spingála, trombóne, m.

Blùnderer, s. sciôcco, balórdo, stúpido, gónzo

Blùnderhèad, s. impiccióne, m., ciarpiére, m., imbroglióne, m.

Blùndering, a. balórdo, stordíto

— s. operáre inconsideráto

Blùnderingly, avv. storditaménte, goffaménte

Blùnt, a. ottúso, spuntáto, schiéto, brúsco

— va. spuntáre, rêndere ottúso; mitigáre

Blùnting, s. lo spuntáre, smorzáre, il mitigáre

Blùntly, avv. bruscaménte, rozzaménte, recisaménte, seccaménte, schiettaménte

Blùntness, s. ottusità, schiettézza, rusticità

Blùr, s. mácchia, márchio, infámia

— va. macchiáre, imbrattáre, tacciáre

Blùrt òut, va. sbalestráre, strafalciáre

Blùsh, s. rossóre; to pùt one to the —, far arrossíre alcúno; at first —, súbito, a prima vísta

— vn. arrossíre, divenire o fársi rósso; she blushed at it, ella n' ebbe rossóre; I — for you, mi fáte vergógna

Blùshing, a. rosseggiánte, che arrossísce

Blùshless, a. spudoráto, impudênte, sfrontáto

Blùshy,*a.*rossígno,rossástro,suffúso di rossóre
Blùster, *va.* strepitáre, tempestáre, strídere
— *s.* fracásso, chiásso, trambústo
Blùsterér, *s.* bravaccióne, *m.*; schiamazzatóre
Blùstering, *a.* rumoróso, strepitóso; — fèllow, spaccóne, *m.*, spaccamónti, gradásso
Blùstrous, *a.* fragoróso; procellóso; da vantatóre, da smargiásso
Bóa, *s.* bóa, *m.*; (*pellíccia*) bóa
Bóa-constrìctor, *s._(zool.*) alligatóre, serpénte indovíno
Bóar, *s.* vèrro; wìld —, cinghiále, *m.*; — -
hùnt, *s.* càccia al cinghiále, — - spéar, *s.*
spièdo
Bóard, *s.* àsse, *s.* távola; mènsa, désco; dozzì-
na, pensióne, cíbo, sostentaménto; távola
di consíglio, consíglio, comitáto; aziènda;
pálco scènico; pónte, *m.* di náve, bórdo;
upon the —; sull'àsse; on — a ship, a
bórdo di un bastiménto; to spéak, dèal
abòve —, parlàre apèrto, trattàre con
ischiettézza; to pùt one to —, méttere
uno a dozzína; to put on —, (*mar.*) caricáre, imbarcáre; — wáges, salário che
comprènde anche le spése del vítto
— *va.*guerníre di távole, copríre d'àssi: (*mar.*)
abbordáre; to — a man of wàr, abbordáre,
arrembáre un vascèllo; to —, *vn.* stáre a
dozzína; I — at Mr. Brown's sto a dozzína
dal signór Brown   (tóre, educánda
Bóarder, *s.* pensionário, dozzinánte; convit-
Bóarding, *s.* l'abbordáre; il foderáre o copríre d'àssi; l'abbordáre un vascèllo nemíco; il ricévere dozzinánti, convittóri,
educánde, ecc.
Bóarding-hóuse, *s.* pensióne, càsa ove si sta
a dozzína, dozzína
Bóarding-school, *s.* pensióne, càsa d'educazióne, convìtto, dozzína, collègio
Bóarish, *a.* di cinghiále
Bóast, millantería, jattánza, vánto
— *va.* vantáre, magnificáre, esaltáre
— *vn.* vantársi, millantársi
Bóaster, *s.* millantatóre, vantatóre, -tríce
Bóastful, *a.* millantatòrio
Bóasting, *s.* vanaglorióso; *s.* millantería
Bóastingly, *avv.* in mòdo millantatòrio
Bóastless, *a.* sènza jattánza
Bóat, *s.* battèllo, bárca; lífe- —, palischèr-
mo, battèllo di salvaménto; little —,
barchétta; a ship's —, uno schìffo; a stéam-
—, un battèllo a vapóre
— *van.* trasportáre o andáre in bárca
— -builder, *s.* costruttóre di battèlli
— -bill, *s.* (*orn.*) cancróma
— -fly, *s.* (*ent.*) notonétta (insètto)
— -hóok, *s.* (*mar.*) gáncio di láncia
Bóatable, *a.* navigábile in battèllo
Bóatman, *s.* barcajuólo, navicellájo
Bóat-rópe, *s.* (*mar.*) gomonétta; alzája
Bóat -sháped, *a.* in fórma di battèllo

Bóatswain (*pr.* bòs'n), *s.* (*mar.*) maèstro
d'equipàggio
Bòb, *s.* cióndolo, pendènte, *m.* orecchíno, pendáglio, parrúcca, a nòdi; bòtta, vermicèllo
— *vn.* ciondoláre, penzoláre, péndere
— *va.* escáre; ficcárla ad uno, beffàrlo
Bòbbin, *s.* cannèllo, rocchétto da cotóne, ecc.
Bòbbing, *a.* dondolóne, penzolóne, pendènte
Bòbtáil, *s.* códa córta, parrúcca córta; co-
díno; ciondolóne, *m.*; cióndolo; ciondolíno;
gentáglia
Bòbtáiled, *a.* scodáto, sènza códa
Bòcasíne, *s.* bucheráme fíno
Bóde, *van.* presagíre, pronosticáre, èssere di
buòno, catívo augúrio; all this — è no-
thing góod, tutto quèsto non presagísce
niènte di buòno
Bòdge,*vn.*indietreggiáre, titubáre,tentennáre
Bòdice, *meglio* córset, *s.* corsalétto, bústo
Bòdiless, *a.* incorpòreo, sènza córpo
Bòdily, *a.* corpòreo, materiále
— *avv.* corporalménte
Bóding, *s.* presentiménto, preságio
Bòdkin,*s.*punteruòlo,drizzatójo,stilétto;Odds
—s! boddíkins! cospètto di Bácco!
Bòdy, *s.* córpo, sostánza; córpo, persóna;
córpo, società; little —, corpicciuòlo,
corpicèllo; déad —, córpo mòrto, cadávere, *m.*; — pòlitic, córpo político; the — of a
cóach, il gúscio d'úna carròzza; descènt of
bòdies, cadúta dei grávi; any —, qualúnque
persóna; chiúnque; èvery —, ognúno, ciascúno; no —, nessúno, niúno; sòmebody,
qualcúno, alcúno; a busy —, un faccendóne,
un broglióne; to run a person through the
—, trafìggere, alcúno; to hàve òpen —, avér
benefízie; to pùt a new — to, rifàre la víta
di, rifoderár il bústo di
— -guárd, *s.* guárdie del córpo
Bòdy (*pr.* forth), *va.* plasmáre, dáre un còrpo a, produrre
Bòdy-snátcher, *s.* rapitóre di cadáveri
Bòdy-snátching, *s.* involaménto di cadáveri
Bòg, *s* palúde, *f.* pantáno, marése, *m.*
Bògtrotter, *s.* abitatóre di luògo pantanóso
Bòggle, *va.* sbigottírsi, indietreggiáre, esitáre
Bòggler, *s.* uòmo irresolúto; cavállo pauróso
Bòggling, *s.* titubánza, paúra, esitánza
Bòggy, *a.* paludóso, pantanóso, palústre
Bohéa, *s.* bohèa, bohé; — téa, the bohé
Boiar, *V.* Boyar
Bòil, *s.* fígnolo, ciccióne, *m.* furóncolo
— *va.* bollíre, lessáre, cuòcere
— *vn.* bollíre, fèrvere, ondeggiáre; to —,
fast, bollíre a ricorsójo; to begin to —,
grilláre; to — óver, versáre, traboccáre a
fórza di bollíre; — awày, consumársi
Bòiled méat, *s.* lésso, bollíto; càrne léssa
Bòiler, *s.* caldája, calderóne, *m.* di battèllo
o vapóre
Bòilery, *s.* salína, luògo dove si fa il sále

Bōlling, *s.* bolliménto, il bollíre; l'agitársi

Bōlsterous, *a.* tempestóso, impetuóso, strepitóso

Bōlsterously,*avv.*impetuosaménte, tempestosaménte, violenteménte, strepitosaménte

Bōlsterousness, *s.* státo procellóso, fúria, impetuosità

Bólary, *a.* (*min.*) boláre

Bóld, *a.* báldo, ardíto, animóso, baldanzóso; sfacciáto; I make —, mi prèndo la libertà, óso, ardísco

Bóldly, *avv.* arditaménte, baldanzosaménte

Bóldness, *s.* arditézza, baldánza

Bóle, *s.* trónco d' álbero; fornèllo di pípa; (*min.*) bolo; misúra (*6 moggi*); Arménian bole (*med.*), bolarménico

Boléro, *s.* boléro

Bolétic, *a.* (*chim.*) bolêtico; — àcid, ácide bolètico

Bolétus, *s.* (*bot.*) boléto; fúngo

Bóll, *s.* (*bot.*) gámbo, stélo (di líno, ecc.)

Bólled, *a.* gambúto, che ha gámbo; — flàx, líno gambúto

Bólster, *s.* capezzále, *m.* (primáccio)

— *va.* mèttere un capezzále sotto la tèsta; puntelláre, sostenére, spalleggiáre; to — up a rótten sȳstem, fársi fautóre d'un cattívo sistéma

Bólstering, *s.*sostégno, puntèlle, il puntelláre

Bólt, *s.* dárdo, quadrèllo; fúlmine, *m.* saétta; stanghétta di serratúra, chiavistèllo, catenáccio; cavícchio; cavíglia; — ropes, (*mar.*) ralínghe; to stand — upright, stáre in pètto e in persóna

— *va.* serráre con chiavistèllo; incavigliáre, attaccáre, congegnár con cavícchie; to —, abburattáre; inghiottíre sénza masticáre; to — out, *vn.* uscíre di sláncio; to — a hàre, far leváre la lépre

Bólter, *s.* buratèllo, stáccio

Bólting-hoūse, *s.* burattería

— -hùtch, *s.* frullóne, *m.*

— -machine } *s.* stáccio a mácchina
— -mill }

Bóltsprit, *s.* (*mar.*) V. Bówsprit

Bólus, *s.* píllola, bòlo

Bōmb, *s.* (bòmb-shell), bómba

— *vn.* rimbombáre

— -chèst, *s.* cássa di bómbe

Bōmbketch, *s.* (*mar.*) galeòtta da bómbe

Bōmb-próof, *a.* a pròva di bómba

Bōmbård, *vn.* bombardáre

Bombárder, *s.* bombardatóre

Bombardíér, *s.* bombardiére, *m.*   (dáre

Bombárdment, *s.*bombardaménto, il bombar-

Bómbast, *s.* ovátta; ampollosità; to tàlk, to *write* —, parláre, scrívere ampollosaménte

Bombàstic, *a.* ampollóso, gónfio, trônfio

Bómbastry, *s.* gonfiézza di stíle, ampollosità

Bombaxíne (*pr.* bombaśén), *s.* bombagíno

Bóna fide, *a. e avv.* sério, seriaménte e in buòna féde

Bònd, *s.* legáme, *m.* nòdo; òbbligo, pòlizza, bòno, struménto; magazzíno di depósito delle dogáne, pòrto fránco; góods in —, mèrci in pòrto fránco; —s of frièndship, legámi d'amicízia; India —s, obbligazióni della Compagnía delle Indie

— *va.* ripórre mèrci in pòrto fránco

Bòndage, *s.* cattività, schiavitù, servitù

Bònding-wàrehoūss, *s.* magazzíno di depósito del pòrto fránco, della dogána

Bòndmáid, *s.* schiáva

Bòndman, *s.* schiávo, cattívo

Bòndsèrvant, *s.* schiáve   vitù, *f.*

Bòndsèrvice, *s.* servàggio, schiavitù, *f.* ser-

Bòndsman, (*pl.* bondsmen), *s.* schiávo, cattívo; mallevadóre, sicurtà

Bòndswóman, (*pl.* bondswomen), *s.* schiáva

Bóne, *s.* òsso, *m.* (*pl.* òssi, *m.* òssa, *fp.*); fish- --, rèsta, spína, lísca; to màke no —s, non fársi scrúpolo; to pick a —, rosicchiáre un òsso

— *va.* disossáre, trar l'òssa dalla cárne

Bóned, big-bóned, bóny, *a.* ossúto

Boneláce, *s.* merlétto a mo' di réte

Bóneless, *a.* sènza òssa

Bónesetter, *s.* chirúrgo che rimètte le òssa slogáte

Bònfīre, *s.* falò

Bònnet, *s.* cappellíno, cappèllo da dònna, berrétta; príèst's —, (*fort.*) dóppia tanáglia, berrétta da préte

— -box, *v.* cappellièra (per dònna)

— -sáil, *s.* (*mar.*) coltelláccio, scopamáre, *m.*

Bònnibal } *s.* bèlla ragázza, bèlla fanciúlla
Bònnilass }

Bònnily, *avv.* (*scozzese*) graziosaménte, gentilménte

Bònny, *a.* (*scozzese*) grazióso, leggiádro

Bònnyclàbber, *s.* (*volg.*) sièro di látte

Bónum-mágnum, *s.* (*bot.*) prúgna reále; rèd —, prúna imperiále; white —, prúgna di Sánta Caterína

Bónus, *s.* (*finanze*) prèmio; avánzo, civánzo

Bóny, *a.* ossúto, pièno d'òssa

— -jōint, *s.* (*anat.*) falánge, *f.*

Bònze, *s.* bònzo

Bóoby, *s.* bietolóne,*m.* balórdo,minchióne,*m.*

Bóobyish, *a.* sciòcco, melènso, scimuníto

Bóok, *s.* líbro; vòlume, *m.*; a dày- — (*com.*) un giornále; wàste —, scartafáccio, brogliáccio; boūnd —, líbro legáto; stìtched —, líbro in brosciúra; — in bòards, líbro cartonáto; an accoūnt —, un líbro di cónti; to get out of a person's —s, uscíre di débito; tô be in one's —, èssere sul buon líbro, sul líbro d'óro ad uno; to be oūt of one's —s, èssere sul líbro néro ad uno; to cùt òpen a —, tagliáre i fògli d'un líbro;

---

on ópening the —, a líbro apèrto ; — -bínder, legatóre di líbri; — -kéeper, ragioniére, m.; quéllo che tiéne i líbri; — -shop, bottéga, magazzíno di librájo; — -stàll, banchíno di líbri usáti; — -stànd, leggio; — -wòrm, tárlo; nòmo mólto studióso; to — -dòwn, va. scrívere nel líbro, registráre

— -càse, s. librería, scansía, armádio
— -kéeping, s. tenúta de'líbri; — by dòuble èntry, tenúta dei líbri in partíta dóppia; — by single entry, tenúta dei líbri in partíta sémplice; scíence of —, contabilità

Bóokish, a. studióso, appassionáto per la lettúra

Bóokishness, s. passióne per lo stúdio, per la lettúra

Bóok-màrket, s. commèrcio librário

Bóoking-óffice, s. ufficio (di diligénza), traspòrto di mèrci; — ticket (com.), lèttera accompagnatòria (d'un traspòrto)

Bóokseller, s. librájo, venditóre di líbri; — and pùblisher, editóre-librájo

Bóom, s. pèrtica lúnga ; bastóne di coltellàccio; (mar.) caténa di pòrto

Bóoming, s. rimbómbo

Bóon, s. (poet.) favóre, grázia; richiésta
— -compànion, s. giovialóne, m. compagnóne, m.

Bóor, s. rústico, villáno, uòmo di gròssa pásta

Bóorish, a. rústico, villáno, zòtico

Bóorishly, avv. rusticaménte, zoticaménte

Bóorishness, s. rustichézza, zotichézza

Bóose, V. Bòuse

Bóot, s. stivále, m.; soprappiù, guadágno ; to pùt on one' —s, stivalársi; hàlf- —s, Wèllington- —s, stivalétti; hèssian- —s, stiváli alla dragóna, alla scudièra; top- —s, stiváli alla rivòlta; in —s, stiváto; — -stòre (American.), stivalería ; the clèaner of a hotèl, meglio the —s, il pulitóre delle scárpe d'un albèrgo, il lustríno ; to blàck —s, lustráre stiváli; to clèan —s, nettáre dal fàngo gli stiváli; to màke —s for one, calzáre unó; to newfrònt —s, riscappináre gli stiváli; to pùll, to tàke one's —s off, cavàrsi gli stiváli; to pùt one's —s on, calzár gli stiváli; to weár nice —s, calzár bene, èssere ben calzáto ; to wear nàsty, ùgly —s, calzár màle, èssere màle calzáto; you shall give me this to —, mi daréte quèsto di soprappiù

Bóot, va. giováre; servíre; what bòots it? a che sèrve?
— -hóok, s. tíra-stiváli, m.
— -jàck, s. cáva-stiváli, m.
— -màker, s. colúi che fa stiváli
— -trée, s. fórma di stivále

Bóoted, a. (in boots) stivaláto

Bóoth, s. barácca, baraccóne, m.

Bóotless, a. (poet.) inútile, váno

Bóoty, s. bottíno, préda

Bopéep, s. báu, m.; to play —, far a cápo nascóndere, fáre báu báu, o báo báo (giuoco fanciullesco)

Bòrage, s. (bot.) boràggine, f. borrána, f.

Boràcic, a. (chim.) borácico

Bórax, s. boráce, m.

Bórder, s. órlo, lèmbo; confíne, m. frontièra, límite, m., tèrmine, m.
— van. orláre, fregiáre; confináre
— upòn, vn. confináre, èssere contíguo

Bórderer, s. confinánte

Bóre, s. calíbro, spillétto, punteruòlo, apertúra, búco; seccatóre, importúno; seccatúra; —trée, (bot.) sambúco ; —, pas. del verbo to bèar, sopportáre, comportáre
— van. foráre, pertugiáre; seccáre, annoiáre

Bóreal, a. boreále

Bóreas, s. bòrea, aquilóne, m.

Bórer, s. perforatóre, -tríce, succhièllo

Bòrn, a. (partic. di to bear, partoríre) náto: báse —, bastárdo, di bàssa famíglia ; well —, ben náto; to be —, náscere; whère wère you —? dove siéte náto ?

Bòrough, s. bórgo, borghétto; collègio elettoràle

Bòrrow, va. pigliáre in prèstito

Bòrrower, s. prenditóre in prèstito

Bòrrowing, s. prèndere in prèstito

Bòscage, s. selvétta, boschétto, màcchia

Bósom, s. séno, grèmbo; cuòre, m. affètto, desidèrio; — of a shirt, sparáto d'una camícia; — friènd, amíco íntimo
— va. (ant.) chiùdersi in séno, celáre

Bóss, s. gòbba, bórchia, òrgano frenològico

Bóssage, s. bòzzo, m., bòzze, fp.

Bóssy, a. copèrto di bórchie

Botànic, botànical, a. botánico

Botànically, avv. botanicaménte

Bótanist, s. botánico

Bótany, s. botánica

Botàrgo, s. botárgo

Bòtch, va. acciabbattáre, acciarpáre, rattoppáre, rappezzáre, fáre alla pèggio
— s. pèzza, tòppa, stráccio di pánno da rappezzáre un àbito vècchio ; — (meglio blotch), tincóne, m.

Bótcher, s. rappezzatóre, -tríce; ciabattíno, guàsta-mestiére, m.

Bótchingly, avv. malaménte, da ciabattíne

Bóte, s. (diritto feudale) compensazióne, ammènda ; man —, risarciménto per la uccisióne d'un vassállo

Bòth, a. e pron. àmbo, àmbe, entràmbi, entràmbe, ambedúe; l'un e l'áltro, tútti e dúe, tútte dúe; amendúe; — hands, àmbe le máni; — of them, ambedúe
— conj. (and) e-e, sì; così bène cóme ; — rich and nóble, e rícco e nóbile; — by séa and lànd, e per máre e per tèrra, sì

per máre che per tèrra, così béne per máre come per tèrra

Bòther, *va.* seccáre, infastidíre, sbalordíre, imbrogliáre, molestáre, travagliáre

Botherátion, *s.* imbròglio, fastídio; nòja

Bòttle, *s.* bottíglia, fiásco, boccétta; a lárge —, un fiascóne; leather —, otricéllo, otrícolo; white —, (*bot.*) béen biánco; stóne—, orciuòlo; — of hày, fastèllo; bottle-nósed, che ha il náso gròsso in púnta; to cork a —, taráre una bottíglia; to cràck a — (*al proprio*) incrináre, screpoláre una bottíglia; (*figuráto*) far saltáre il turácciolo del fiásco; to drink òut a —, vuotáre il fiásco; to òpen a —, sturáre una bottíglia
— *va.* inflascáre, imbottigliáre

Bòttled, *a.* imbottigliáto

Bòttle-córk, *s.* turácciolo di súghere
— -flòwer, *s.* (*bot.*) fioralíso, battiségola
— -góurd, *s.* (*bot.*) zúcca
— -tit, *s.* (*orn.*) cingallégra maggióre, cíncia codóna

Bòttom, *s.* fóndo, ímo, básso, báse, *f.* válle, *f.* deretáno; (*mar.*) caréna, bárca, légno; to sink to the —, sprofondáre, mandáre o andáre al fóndo; the — of the heart, l'ìme del cuóre; — of the stàirs, fóndo della scála; at —, *avv.* a fóndo, in sostánza
— *va.* fondáre, inaspáre
— *vn.* fáre fóndo, capitále

Bòttomed, *a.* fondáto; — upòn, fondáto sópra; dáto sópra; flàt- — (*mar.*) piátto di fóndo

Bòttomless, *a.* sénza fóndo

Bòttomry, *s.* (*mar.*) prèstito alla gròssa avBòuge, *vn.* gonfiársi, enfiársi (ventúra

Bòugh e bough, *s.* ramoscéllo, rámo, ráma

Bòught, *pret. di* to buy, compráre

Bòulder-wàll, *s.* múro di ciòttoli, *V.* Bowlder-wall

Bòulimy, *s.* (*med.*) bulímia, *V.* Bulimy

Bóultin, *s.* (*arch.*) modanatúra convèssa un quárto di círeolo

Bòunce, *vn.* seroscláre, scoppiettáre, saltár su con istrèpito, balzáre, millantársi
— *s.* scòppio, fracásso, bálzo, sálto, vánto

Bòuncer, *s.* millantatóre, bravàccio

Bòuncing, *a.* tarchiáto, viváce, strepitóso

Bòuncingly, *avv.* con jattánza; strepitosaménte

Bòund, *s.* límite, *m.*, tèrmine, *m.*, confíne, *m.* sálto, sbálzo
— *va.* limitáre, termináre, pòrre fréno a
— *vn.* sbalzáre, saltáre, slanciársi, scagliársi
— *a.* legáto, tenúto, obbligáto, dirètto; the ship was — for (or to) Liverpool, il bastiménto era caricáto per Liverpool; whither —? (*mar.*) dove andáte? well —, ben legáto (*di libro*); hàrd —, stítico

Bòundary, *s.* tèrmine, *m.*, límite, *m.*, confíne, *m.*

Bòunden, *a.* obbligáto, tenúto, imperióso

Bòunder, *s.* limitatóre, -tríce, límite, *m.*

Bòundless, *a.* illimitáto, infiníto, immènso

Bòundlessness, *s.* immensitá, infinitá

Bòunteous, *a.* generóso, liberále, lárgo

Bòunteously, *avv.* generosaménte, largaménte

Bòunteousness, *s.* munificènza, liberalitá

Bòuntiful, *a.* liberále, munificènte

Bòuntifully, *avv.* generosaménte, riccaménte

Bòuntifulness, *s.* generositá, liberalitá

Bòunty, *s.* munificènza, generositá, largizióne; (*com.*) prèmio; (*mil.*) dóno reále

Bouquèt, *s.* mázzo di fióri

Bourgeòis, burgeòis, *s.* (*tipografía*) garamoncíno

Boùrgeon, *vn.* gemmáre, germogliáre
— *s.* gèmma, germóglio; pústula

Bóurn, *s.* límite, *m*, tèrmine, *m.*, rivolètto, torrènte, *m.*

Bòuse, *vn.* (*volg.*) trincáre, sbavezzáre, cioncáre

Bòusy, *a.* (*volg.*) ubbriáco, còtto, èbbro

Bòut, *s.* (*volg.*) svòlta, fiáta; at one —, ad un trátto; a drinking —, una bevúta, un tripúdio

Bòut, *stízione di* about

Bòve, *stízione di* above

Bóvey-cóal, *s.* (*min.*) lignìte, *f.*

Bóvine, *a.* bovíno

Bów, *s.* árco, archétto, èlsa, arcióne, *m.*, nòdo; to have two strings to one's —, aver due còrde al suo árco; to dràw the long —, (*famigliáre*) lanciár campanfli, spacciáre a credénza, millantársi; ráin- —, árco baléno; cròss- —, balèstra; —-dýe, *s.* tínta scarlátta; —-legged, *a.* dalle gámbe ercolíne; — -nèt, *s.* nássa pei gámberi; — -window, *s.* finèstra inginocchiáta

Bów, *s.* inchíno, salúto; (*mar.*) prúa; to màke a —, fáre un inchíno
— *van.* curváre, piegáre, chináre, inchinársi, soccómbere; to — one's knèes, piegár le ginòcchia, inginocchiársi; to — to a pèrson, inchinársi ad uno, inchináre uno

Bówbent, *a.* arcáto, voltáto, arcuáto

Bów-chàse, *s.* (*mar.*) cannóne, *m.* di corsía o di cáccia

Bówel, *va.* sbudelláre, sventráre

Bówelless, *a.* sénza víscere di misericòrdia

Bów-gráce, *s.* (*mar.*) difesa, parabòrdo di prúa (*fig.*) víscere, *f. pl.*, tenerézza

Bòwels, *sp.* vísceri, *m. pl.* budèlla, *f. pl.*;

Bòwer, *s.* pergola, pergoláto, ombróso re cèsso, stánza, soggiórno, ritíro campèstre; capánna, casíno di campágna; (*mar.*) áncora di pòsta; sécond —, secónda áncora di pòsta, di tonnéggio; small —, píccola áncora da tonnéggio; grappíno

Bówer, va. copríre, racchiúdere con pergo- láto; abitáre, dimoráre

Bówery, a. ombróso, frondóso; s. pergoláto

Bówess, bówet, s. (sool.) falconcéllo

Bówge, van. perforáre; gonfiársi, enfiársi

Bówl, s. scodélla, tazzóne, bacíno, ciótola; cóncavo d'un cucchiájo; bóccia, palla; to pláy at —s, giuocáre alle bóccie

Bówl, vn. giuocár alle bóccie

Bówlder, — -stóne, s. ciótto,cióttolo; (geol.) másso errático

Bówler, s. giuocatóre di bóccie

Bówless, a. senz'árco

Bówline, s. (mar.) bolína; Mizen —, pa- ranchíno di pennóne

Bówling, s. (divertiménto del) giuóco delle bóccie; — gréen, — gróund, s. (luógo, práto del) giuóco delle bóccie

Bówman, s. arciére, m. arciéro

Bów-shot, s. tíre d'árco

Bówse, vn. (mar.) aláre, tiráre

Bówsprit,s. (mar.) bomprésso; — sáil, civáda

Bówstring, s. córda dell'árco

Bówwindow, s. finéstra ovále, rotónda

Bówze, vn. trincáre, sbevazzáre, tripudiáre

Bòx, s. (bot.) bòsso, bússo; scátola, cassét- ta; cássa; cassétta della limósina, delle léttere; pálco, palchétto (di teátro); snúff- —, tabacchiéra, scátola da tabácco; little —, cassettína; Christmas- —, salvadaná- jo, strénna; cóach —, cassétta di carróz- za; — on the éar, schiáffo, púgno sull'o- récchio; dice - —, bòssolo da dàdi; cóuntry —, casíno di villeggiatúra; strong —, có- fano, forzière, m., scrígno; — of a screw, chiócciola, cávo di víte; — of a wheél, mòzzo di ruóta; — of a lock, lástra di serratúra; cóal —, cassétta di férro, ecc., da portárvi carbóne; — in a cóffée-hóuse or díning-róom, stanzétta in un caffè o in una trattoría; to find one's self in the wróng —, trovársi in cattívi pánni, pigliár un gránchio, scambiáre, ingannársi; — -cóat, tabárro da cocchiére

— -kéeper, s. (teat.) apripórte, m.; (giuoco) puntatóre, marcatóre

— va. chiúdere in una cassétta, incassáre; schiaffeggiáre; to —one's éars, báttere uno, schiaffeggiárlo; to —, vn. far a' púgni, pu- gnáre, báttersi alle púgna

—, bóxen, a. di bòsso, di bússo

Bòxer, s. pugilatóre

Bòxing, s. il far a púgni; — màtch, pugiláto, púgna, combattiménto di pugillatóri

Bòy, s. ragázzo, giovanétto, fanciúllo, sèrvo; to play the —, bamboleggiáre; a —'s trick, ragazzáta

Bòyhood, s. puerízia, fanciullézza

Bòyish, a. fanciullésco, pueríle

Bòyishly, avv. fanciullescaménte, da fanciúllo

Bòyishness, s. puerilità, fanciullággine, f.

Bp. abbr. di Bishop, véscovo

Bráce, s. pájo, còppia; cintúra; bendággio, bracciále, m., abbracciatójo; — of pistols, pájo di pistóle; — of gráy-hóunds, cóp- pia di levriéri; — of íron, rampíno, ram- póne, m.; — of a shíp (mar.), scòtta

— va. legáre, stríngere, cíngere, attaccáre restríngere, bendáre (un tambúro), rénder tési i nèrvi; astríngere, rinforzáre, rinvi- goríre

Brácelet, s. maníglia, braccialéttó; brac- ciále, m.

Brácer, s. cintúra, bénda; fáscia; astringènte

Brach, brache (pr. bràk), s. bráccio

Brachial (pr. bràkial), a. appartenènte alle bráccia

Bráchman, V. Bramin

Brácing, a. rinvigoránte, astringènte

Brácket, s. beccatéllo, pedúccio, ménsola ; —s, parèntesi e cláusole

Bráckish, a. salmástro, che tien del sálso

Bráckishness, s. salsézza, qualità salmástra

Bráct } s. (bot.) bráttea
Bráctea }

Brácteate } a. (bot.) bratteáto
Bráctead }

Brácteole, s. (bot.) brattéola

Brácteolate, a. (bot.) bratteoláto

Bráctless, a. (bot.) senza bráttee

Bràd, s. chiòdo (senza tésta)

Bràg, s. vánto, jattánza, millantería

— vn. jattársi, vantársi, millantársi (ti, m.

Braggadóccio, s. millantatóre, divóra-món-

Bràggadism, s. jattánza, millantería

Bràggart, brágger, s. braváccio, vantatóre

— a. millantatóre, vanaglorióso

Brágging, s. jattánza, millantería, vánto

Bràggingly, avv. con jattánza, vanaglorio- saménte, da spaccóne, da smargiásso

Bráid, s. tréccia di capélli, trína

— va. intrecciáre, tèssere insième

Brásil, va. (mar.) imbrogliáre le véle, cari- cár a órza, andár alla bánda

Bráils, s. pl. (mar.) cáriche, cordicélle da ammainàre, o sciòrre le véle

Bráin, s. cervèllo, cervélla, giudízio; little —, cervellétto, cerebéllo; congèstion of blóod in the —, (med.) congestióne cere- bràle; inflammátion of the —, (med.) en- cefalíte, f.; to blów out one's —, bru- ciársi il cervéllo; to ràck one's —, to púzzle one's —s; stillársi il cervéllo, lam- biccársi il cervéllo; little —s, pòco cer- véllo; to púzzle one's —s, lambiccársi il cervéllo; báir-bráíned, stordíto, scervel- láto; — va. accoppáre, ammazzáre, di- scervelláre

Bráinless, a. scervelláto, sciòcco, pázzo

Bráinpan, s. (meglio cránium), cránio

Bráinsick, a. scémo, scimuníto, frenètico

Bráinsickness, s. stolidézza, frenetichézza

Bràke, *s.* màcchia, felcéto, busciône, *m.*, maciùlla; mádia, brigliône, *m.* manovèllo;
— *pas. di* to bréak, rómpere
— -whéel, *s.* ruóta d'imboccatúra, d'ingranàggio
Bràky, *a.* spinóso, piêno di spíne
Bràmble, *s.* róvo, (spíno); a plàce full of —é, rovêto, spinéto
— -net, *s.* réte, *f.* da uccelláre
Brámbled, *a.* piêno di róvi
Bràmin, *s.* bramíno, bracmáno
Bramínée / *s.* bramína, móglie d'un bramíno
Bràminess \
Braminical, *a.* bramínico
Bràminism, *s.* braminísmo
Bràn, *s.* crúsca, búccia di gráno macináto;
— -new, affátto nuóvo, novéllo
Brànch, *s.* rámo; little — ramoscéllo; — bànk, bánca succursále, filiále; víne —, sermênto; — of a fàmily, rámo di genealogía; — of a ràilróad, rámo, diramazióne di stráda ferráta
— *vn.* ramificáre, spárgersi in rámi; *va.* dividere in rámi, ricamàre in rámi e fióri
Brànched, *a.* piêno di rámi, ramôso; divíso, separáto; — vèlvet, vellúto a fogliàmi
Bràncher, *s.* álbero ramificánte; (*zool.*) falconétto
Brànchiness, *s.* ramosità, pienézza di rámi
Brànchless, *s.* sênza rámi
Brànchy, *a.* ramóso, piêno di rámi
Brànd, *s.* tizzône, *m.* brándo, spáda; márca, márchio d'infàmia; — íron, brànding-íron, fêrro infocáto da bolláre i delinquênti
— *va.* marchiáre, suggelláre (i rêi) con fêrro infocáto; sfregiáre, vituperáre
Brándish, *va.* brandíre, vibráre, agitáre
Brándy, *s.* acquavíte, *f.*
Brándy-mérchant, *s.* acquavitájo
Brángle, *s.* barúffa, queréla, ríssa, contrásto
— *vn.* contrastáre, disputáre, rissáre
Brànk-úrsíne, *s.* (*bot.*) brànca orsína, acánto
Brànny, *a.* di crúsca, simigliánte alla crúsca
Bràsier, *s.* calderájo; ottonájo; braciêre, *m.*, caldáno
Bràss, *s.* ráme, *m.*, brónzo; sfacciatàggine, *f.* sfrontatézza, impudênza; red —, tombàcco; yèllow —, ottóne, *m.*, ráme giállo, oricálco; léaf —, ráme battúto, ridótto in làmine, in fóglie; — es in the kitchen, *pl.* vasellàme, *m.*, di cucína; to hàve —, aver fàccia tósta, êssere sfrontáto, impudênte; —, *va.* copríre d'ottóne
— fóil, *s.* fóglia di ráme
— -fóunder, *s.* fonditóre d'ottóne
— -fóundery, *s.* fonderìa d'ottóne
— -vìsaged, *a.* sfrontáto, sfacciáto
— wàres, *s. pl.* manifattúre, *pl. f.*, d'ottóne
— -wíre, *s.* fílo d'ottóne
Bràssiness, *s.* somigliánza o qualità di ráme

Bràssy, *a.* di ráme, che ha del ráme
Bràt, *s.* marmòcchio
Bravádo, *s.* bravàta, smargiassàta, jattánza
Bráve, *a.* brávo, coraggióso, próde; (*volg.* eccellênte, béllo, attilláto); *s.* brávo
— *va.* braváre, affrontáre, sfidáre
Brávely, *avv.* coraggiosaménte, galanteménte, da brávo
Brávery, *s.* bravúra, braverìa, prodézza; magnificênza, bravàta
Bràvo, *s.* brávo, sicário, malandríno
— *interj.* (well dòne!) brávo! bráva!
Bravíssimo! *interj.* bravíssimo, bravíssima
Bràwl, *s.* ríssa, contêsa, zúffa, schiamázzo
— *vn.* sgridáre, rissáre, contêndere
Bràwler, *s.* garritóre, -tríce, schiamazzóne
Bràwn, *s.* cinghiále (*ant.*); cárne di cinghiále, mássa di cárne, carnagióne, cárne sóda, pólpa, bràccio
Bràwniness, *s.* carnosità, robustézza
Bràwny, *a.* carnúto, polpúto, tarchiáto
Bráy, *s.* strêpito, rágghio, ràglio, ragghiáre
— *va.* pestáre, polverizzáre acciaccándo
— *vn.* macináre; ragghiáre, ragliáre; vociferáre
Bráyer, *s.* màcina (struménto); chi rágghia
Bràying, *s.* ràglio d'ásino, clamóre
Bràze, *va.* saldáre; copríre di ráme
Brázen, *a.* di ráme; impudênte, sfacciáto
— *vn.* êssere impudênte, far lo sfacciáto
— -fàce, *s.* impudênte, sfacciáto
— -fàced, *a.* sfrontáto, impudênte
Brázier, *s.* calderájo, caldáno, stúfa
Brazil-wóod, *s.* légno del Brasíle
Brèach, *s.* bréccia, rottúra, apertúra, infrangimênto, violazióne; — of a commàndment violazióne d'un comandaménto
Brèad, *s.* páne, *m.*; cíbo, vítto; sòme —, del páne; whíte —, brówn —, pan biánco, pan brúno; hóusehold —, páne casalíngo; néw —, pan frêsco; stále —, páne assettáto; a lóaf of —, un páne; — -bàsket, canéstro pel páne, paniêre, *m.*; to be out of —, êssere fuóri d'impiêgo
Brèadchipper, *s.* sêrvo del fornájo
Brèadcorn, *s.* fruménto
Brèadth, *s.* larghézza (d'una superfície)
Break, *va.* (*pas.* bróke, bróken), *van.* rómpere, spezzáre, infrángere; to — a lànce, a cùp, rómpere una láncia, una tázza; — one's neck, rómpersi il còllo; — one's wòrd, mancár di paróla; — a hòrse, domáre un cavállo; — one's héart, spezzáre il cuóre; — the làw, violáre la légge; — a jest on a person, fàrsi bêffa d'alcúno; — business, propórre un negòzio; — open a dòor; — into a hóuse, sfondáre una pòrta, apríre a fòrza una cása; — off a discóurse, tralasciáre un discórso; — wind, tiráre corêggie; — ùp, separársi; — thróugh, fàrsi stráda attravêrso; the

wòather —s up, il têmpo si schiarísce; the sun —s fôrth, ésce il sóle; the sèa —s, frânge il máre; to — from, scappáre da, scattáre; — up wòrk, lasciár di lavoráre; — upón, scagliársi sópra; — into, entráre di sláncio, irrómpere in, forzáre; — dòwn (vetture), rovesciáre; (cavalli) abbáttersi; — òut, uscíre con violênza, crepáre, aprírsi, zampilláre; the war —s out agáin, la guêrra s'accénde di nuòvo

Breàk, s. rottúra, rompiménto, sospensióne, interruzióne, princípio, a línea, m., capovêrso; the — of dáy, l'álba

Breàkage, s. frattúra; (com.) dánno o scónto per cáusa delle rottúre

Breàker, s. rompitóre, -tríce, trasgreditóre, -tríce; frangénte, m. ondáta, cavallóne, m. scòlio

Brèakfast, s. colazióne, colezióne, f., asciòl- — vn. far colazióne, asciòlvere (vere, m.

Breàking, s. rompiménto, rottúra, frattúra

Breàkneck, s. precipízio, rompicòllo

Breàk-stóne, s. (bot.) sassífraga, sassifrágia

Breàkwàter, s. árgine, m., díga, ripáro

Bréam, s. reína (pesce d'acqua dolce)

Breàst, s. pêtto, sêno; — bóne, stêrno; to have a páin in the —, avér mále al pêtto; she has a fíne —, ella ha un bel séno; a chíld at the —, un bambíno al séno; — -wòrk, parapêtto; the wàter is — -hígh, l'ácqua vi arríva al pêtto; hígh- —ed, pettorúto; — -knòt, fiòcco di nastri; — pláte, pettabòtta, corázza

— va. oppórre il pêtto a, andár cóntro, affrontáre

Brèatn, s. fiáto, álito, respíro, léna; rank —, bàd —, fiáto cattívo; to the làst —, fíno all'último respíro; shòrtness of —, ambáscia, (ásma); to rùn one's self òut of —, córrere a perdifiáto; to gàsp for —, boccheggiáre; in o at a —, ad un trátto, in un boccóne

Brèathable, a. reapirábile

Bréathe, vn. respiráre, ripósarsi; va. respiráre, aneláre; he lives yet, he —s, víve ancóra, respíra; he will sóon — his last, tòsto spirerà; hére you — a púre àír, qui respiráte un' ária púra; to — out, esaláre; — àfter, aspiráre a, sospiráre, agognáre; he —s vêngeance, agógna la vendétta; to — a vein, tentár la véna, cavár sángue

Bréathing, s. l'àtto di respiráre, respíro; ansaménto; a. ansánte, respiránte; — hòle, spiráglio; — tíme, páusa, moménto di ripóso

Brèathless, a. anelánte, trafeláto, esánime

Brèccia, s. (min.) brèccia

Brèd, a. allevàto (V. Brèed); ill- —, malcreàto; well- —, costumáto, compíto, ben educáto, gentíle

Brèech, s. (volg.) deretáno; culàtta di cannóne o fucíle
— va. (volg.) méttere i calzóni (a un ragazzo)

Brèeches, sp. volg.(meglio shorts, inexprèssible), bráche, calzóni; his wife weàrs the —, sua móglie pòrta le bráche

Brèed, s. rázza; — of shéep, rázza di pêcore — vn. generáre, prodúrre, cagionáre, allegáre, costumáre, educáre; to — fléas, generáre púlci; — quàrrels, cagionáre risse; — silkwòrms, allevàre i báchi (da seta); — tééth, fàre i dênti; — up, allevàre, educáre; — vn. far un bambíno, êssere grávida; generársi, náscere

Brèeder (góod), s. dònna fecónda; nutríce; f.

Brèeding, s. creànza, costumatézza; allevaménto; —, góod —, buòna creànza; bad —, mála creànza; the — of tééth, il far i dénti; a wóman that is —, a — wóman, una dónna grávida

Brèeze, s. brèzza, venticêllo
— -fly, s. (zool.) tafàno

Brèezeless, a. sênza un sóffio (di vénto)

Brèezy, a. arióso, rinfrescáto dai zêffiri

Brephôtrophy, s. brefotrôfio

Brèt, s. (itt.) líma (spécie di rómbo)

Brèthren, sp. fratélli (termine bíblico)

Brève, s. (music.) bréve, f.; (legge) citazióne; V. Brièf

Brevèt, s. brevétto, diplòma, m., rescrítto — a. che ha ottenúto un brevétto (mil.)

Brèviary, s. breviário

Brèviat, s. ristrétto d'un procèsso

Brèviature, s. abbreviatúra

Brèvier, s. (tipogr.) testíno, garamoncíno

Breviloquence, s. breviloquênza

Brèvity, s. brevità, concisióne

Brew (pr. brù), va. far la bírra; macchináre, tramáre; to be —ing, vn. mescolársi, bollíre in pêntola

Brewage (pr. brùig), s. mistúra di várie còse líquide

Brewer (pr. brùer), s. birrájo

Brew-hóuse (pr. brù-hòúse), s. luògo, cása dove si fa la bírra, birrería

Brewing (pr. brùing), s. il fàre la bírra; bírra fàtta in una vòlta; tíno della bírra; bírra contenúta nel tíno; (mar.) têmpo minaccióso; — -còpper, s. tinòzza di ráme per la bírra

Bríar, brier, s. róvo, prúno

Bríbe, s. donatívo per corrómpere; to táke a —, lasciársi corrómpere co' regáli
— va. subornáre, guadagnáre (corrómpere), comperáre, sedúrre; to — a jùdge, compráre un giúdice

Brìber, s. subornatóre, corruttóre, (co' donatívi)

Brìbery, s. subornaménto, corrompiménto

Brick, s. mattóne, m.; brick-bàt, pêzzo di mattóne; —, páne brúno d'un sóldo

Brick, va. ammattonáre, fabbricáre di mattóni

Brick-kiln, s. fornáce, f., da mattóni

Bricklàyer, s. muratóre

Brickmáker, s. mattonièro, fornaciájo di mattóni

Brick-máking, s. fabbricazióne di mattóni

Brick-work, s. ópera, lavóro di mattóni; fornáce, f., dove si fánno i mattóni; imitátion —, intónaco figuránte i mattóni

Brickwáll, s. múro di mattóni

Bricòlle, s. (bègl., ecc.) rimbálzo, ríbálzo; to hit a —, giuocáre di rimbálzo, far mattonélla

Bridal, a. nuziále, sposeréccio, sposalízio

Bride, s. spósa novèlla; — - bed, létto sposeréccio, nuziále; — - cáke, focáccia delle nòzze

Bridegróom, s. spóso novèllo

Brídemáid, s. damigèlla d'onóre (di nuóva spósa)

Bridewell, s. cása di correzióne in Lóndra

Bridge, s. pónte, m.; iron —, pónte di férro; dráw—, pónte levatójo; fixed —, pónte físso; revòlving —, swing —, pónte giránte; flying — pónte volánte; suspénsion —, pónta sospéso; the — of a violin, — of the nóse, il pónte del violíno, il riálto del náso

— va. gettáre un pónte su

Brídia, s. briglia; (mar.) cávo, gómena, cánapo; (fig.) fréno, ritógno; the héadstáll, reins, and bit of a —, la testièra, le rédini e il mòrso d'una bríglia; a snáfle —, bridóne, m.

— va, imbrigliáre, tenére a fréno

— vn. (volg.) insuperbírsi, alzár la tèsta

Brídon   }
Brídéon   } s. (maneggio) filétto

Brief, a. brève, córto, succínto, concíso

— s. brève, m. (del Pápa); compéndio, riassúnto; ristrétto; le scrittúre d'un procèsso; in —, alle córte

Brièfless, a. (d'avvocato), sénza cáusa, sénza clićnti

Brièfly, avv. in brève, alle córte

Brièfness, s. brevità, cortézza, precisióne, f.

Brier e bríar, s. róvo, prúno; (bot.) rósa canína

Bríery, a. piéno di róvi e prúni; s. rovéto, prunéto, prunája, prunájo

Brig, s. (mar.) brigantíno

— s. brigáta (di soldáti); — va. (mil.) formáre in brigáta

Brigáde-májor, s. (mil.) cápo di státo maggióre

Brigadíer, s. brigadière, m. capitán di brigáta

Brigand, s. brigánte, malandríno

Brigandage, s. brigantággio

Brigantine, s. (mar.) brigantíno

Bright, a. lúcido, chiáro, brillánte; svegliáto

Brighten, va. lucidáre, illustráre; rallegráre, pulíre

— vn. diventáre chiáro, lúcido, rischiarársi, rasserenársi

Brightly, avv. splendidaménte, chiaraménte

Brightness, s. splendóre, lústro, acutézza

Brigue, s. (poco us.), bríga, bróglio; vn. brigáre, brogliáre

Brill, s. (itt.) rómbo

Brilliancy, s. lucidézza, splendóre, lústro

Brilliant, a. brillánte, lucènte, splèndido

— s. brillánte, m.

Brilliantly, avv. brillanteménte

Brilliantness, s. lucidézza, chiarézza, lúce, f.

Brim, s. órlo, lèmbo, márgine, m.; — of a gláss, órlo d'un bicchière; — of a hat, fálda d'un cappèllo; to fill up to the —, empíre fino all'órlo, colmáre

Brimful, a. cólmo, ricólmo, piéno fino al-

Brimmer, s. V. Bùmper   (l'órlo

Brimstóne, s. (min.) sólfo, zólfo; — in rólls, sólfo in bastóni; — in fiốr, fiór di sólfo

Brindle, s. brizzolatúra   (sublimáto

Brindled, a. brizzoláto, punzecchiáto, tigráto

Brine, s. salmója, f.; máre, m.; lágrima, fig.

Bring, va. (pas. brought) recáre, portáre; — in dinner, portáte in távola; — me my glóves, recátemi i miei guánti; — him with you, menátelo con voi; to — to póverty, ridúrre in miséria; — me wòrd if he is at hóme, fátemi sapére s'egli è in cása; you will néver — it abốut, non ne verréte mai a cápo; to — báck, riportáre, restituíre; — fórth, partorire, produrre; — him in, fátelo entráre; to — óut, mostráre, produrre, métter in scèna; — dốwn, abbassáre; — únder, sottométtere, soggiogáre; — úp, alleváre; — off, liberáre, sbrigáre; — togéther, méttere d'accòrdo, accozzáre; — ill lúck, portáre mal augúrio; — an áction agáinst one, processáre alcúno; — in guilty, dichiaráre reo; — a pérson to dó a thing, indúrre uno a fáre una cósa; — a misfórtune upón one's self, tirársi addèsso una disgrázia; — on a diséase, cagionáre una malattía; — up the réar, comandáre la retroguárdia, éssere l'último; it brings him in two thóusand fráncs a yéar, gli frútta due míla fránchi all'ánno; I coùld not — myself to do it, non ho potúto risòlvermi a ció; Bétty, — the cándles, Bettína, portáte i lúmi

Bringer, s. quéllo che pòrta, réca, condúce; — up, precettóre, ájo, ája

Brínish, a. salmástro, che tiéne del sálso

Brink, s. órlo; te be on the — of a précipice, èsser sull'órlo d'un precipízio

Bríny, a. salíno, salmástro

Brisk, a. svegliáto, spiritóso, vivace, disinvòlto, svèlto, snèllo, víspo, prónto, dèstro, gagliárdo, allégro, frizzánte

Brisk up, *vn*, fàrsi cuóre, ravvivársi
Brisket, *s*. pètto di búe
Briskly, *avv*. vigorosaménte, lietaménte
Briskness, *s*. vivacità, allegría, vigóre, *m*.
Bristle, *s*. sétola (pélo del pòrco, ecc.)
— *vn*. arricciàrsi, star su per pùnta (come le sétole)
— *va*. setoláre dello spágó
Bristly, *avv*. setolóso, irsúto, irto
Britch, *s*. culátta di cannóne
Britànnia, *s*. argénto inglése
Britànnic, *a*. britànnico
Brite | *vn*. (*delle spíche*) sgranársi, sgra-
Bright | nellársi
Briton, *s*. e *a*. bretóne, britànno
British, *a*. britànnico
Brittle, *a*. frágile, fràle
Brittleness, *s*. fragilità, fragilézza, fralézza
Bróach, *s*. spiédo, schidóne, stidióne; spillóne, spíllo a medaglióne
— *va*. infilzáre nello spiédo; spilláre una bótte; principiáre, divulgáre, far trapeláre
Bróacher,*s*.quello chespílla,divúlga,vocífera
Bróad, *a*. lárgo, estéso in superfície o larghézza; vàsto, apèrto, chiáro ; — bàsis, lárga báse ; — dáy, giórno chiáro ; — cloth, pánno lárgo (fine) ; — *fáced*, dalla fáccia piàtta, che ha una gran fáccia; — of an oar, pàla di rémo
Bróaden,*van*.allargáre;allargársi,estèndersi
Bróadly, *avv*. largaménte, ampiaménte
Bróadness, *s*. larghézza
Bróad-shóuldered, *a*. dalle spálle lárghe
— -*side*, *s*, fiánco di fascéllo; fiancáta, bordáta, spáro ; to fire a —, sparáre ad un tèmpo tutti i cannóni d'un láto del vascéllo
Bróadsword (sábre), *s*. sciàbola, spadóne
Bróad-wíse, *avv*. secóndo la larghézza
Brocáde, *s*. broccáto (pannína di séta)
Bróccoli, *s. pl*. bròccoli, *mp*.
Bróck, *s*. (*zool*.) tásso
Brócket, *s*. (*zool*.) cerviátto, cèrvo gióvine
Brógue, *s*. scárpa rúvida dagli Irlandési ; pronúncia dúra
Bróll, *s*. tumúlto, rumóre, imbròglio, ríssa
— *va*. arrostíre sulla graticola o sulle brage, abbruciacchiáre; *vn*. àrdore, bruciáre ai rággi del sóle ; —ed *méat*, braciuóla
Bróken, *a*. rótto, spezzáto, làcero; avvilíto;
— *sléen*, sónno interrótto; — spirit, ánimo dimèsso ; — *méat*, minúzzoli, avánsi di cárne; to spéak — English, parlár inglése scorrettaménte, alla forastiéra ; — -winded, bólso ; my *heárt is* —, ho il cuóre spezzáto ; —*heárted*, che ha il cuóre spezzáto, squarciáto
Bróker, *s*. sensále, *m*.; rigattiére, *m*. rivenditóre di vestimenta o di masserízie usate; exchánge —, agénte di cámbio; commércial —, sensále
— (*pawn* —), *s*. usurájo che prèsta col pégno

Brókerage, *s*. senseria
Bróme, *s*. (*chím*.) bròmio
Brómic, *a*. (*chím*.) bròmico; — àcid, ácido bròmico
Brónchial (*pr*. brònkial), *a*. bronchiále
Bronchitis (*pr*. brónkitis), *s*. bronchíte, *f*.
Bronchocéle, *s*. (*med*.) broncocéle, *m*. gòzzo
Bronchótomy, *s*. (*chirurgía*) broncotomía
Brònze, *s*. brónzo (metállo); medáglia
Bróoch, *s*. spíllo a medaglióne, spillóne,*m*., giojéllo
Bróod, *s*. covàta, nidiáta; -hen, chióccia; a — of chickens, una covàta di pulcíni ; —, *fig*. figliuolánza, schiátta
— *van*. covàre; to — óver a design, rumináre un progètto
Bróoding, *a*. che cóva; — hen, chióccia; — time, covatúra, il tèmpo del covàre
Bróok, *s*. ruscéllo; little —, ruscellétto
— *van*. (*poet*.) sofferíre; tolleráre
Brooklet, *s*. ruscellétto
Bróoky, *a*. abbondánte di ruscélli
Bróom, *s*. (*bot*.) ginéstra; scópa; scópa di ginéstra, granáta; prickly —, (*bot*.) ginestróne, *m*.; bútcher's —, (*bot*.) fragária, rúsco, rúschia, pungitópo minóre ; dýer's —, (*bot*.) ginéstra dei tintòri, ginestrélla
— -stáff, — -stick, *s*. mánico di scópa
Bróomy, *a*. piéno di ginéstre
Brot-forwd, *abbr. di* Bróught fòrward, da riportársi, ripórto
Bróvn, *s*, bródo; blàck —, bródo néro (degli Spartáni); cléar —, bródo; ruin —, bródo leggiéro; jélly —, consumáto, bródo stillato
Bróthel, *s*. bordéllo (láto
Bróthel-hóuse, *s*. lupanáre, *m*., bordéllo
Brótheller, *s*. bordelliére, *m*., putanniére,*m*.
Bróthelry, *s*. putannería, puttanésimo, oscenità da bordéllo
Bróther,*s*.(*pl*.bròthers *e nel línguaggio relíg*. brèthren) fratéllo; èlder —, fratéllo maggióre; younger —, fratéllo minóre; fòster—, fratéllo di làtte; — in làw, cognáto ; step- —, fratellástro; láy —, fráte làico, convèrso; — of the hálf blòod, (*legge*) fratéllo consanguíneo, fratéllo uteríno; — of the whóle blòod, fratéllo germáno; — in tráde, confratéllo di commércio; — in arms, cameráta, *m*., commilitóne, *m*.; bròtherless, senza fratéllo
Brótherhóod, *s*. fratellánza, confratèrnita
Brótherly, *a*. fratèrno, fratellévole
— *avv*. fraternaménte, da fratéllo
Bróught, *a*. portáto, condótto, ridótto
Bróv, *s*. cíglio, frónte, *f*.; to bend or ráíse the —s, inarcáre le cíglia; to knit the —s, increspáre le cíglia; the — of a hill, il ciglióne di un mónte, di un cólle
Bróvbéat, *va*. guardáre con cipíglio, minacciáre cogli òcchi, far stáre a ségno

Brŏwn, a. brúno, bronzáto, fósco; — bread, pannéro, páne di munizióne; — páper, cárta stráccia, cárta brunélla; to be in a — study, star pensieróso, meditáre di cóse trísti

Brŏwnish, a. brunétto, brunázzo, brunòtto

Brŏwness, s. brunézza, colór brúno

Brŏwse, brŏwse-wóod, (bot.) s. mèssa, messitíccio, pollóne, m., germóglio (delle piànte)

— van. mangiáre téneri germógli, pascoláre

Brŏwsing, s. pascolaménto, páscolo; a. pascolánte

Brùise, s. ammaccaménto, confusióne

— va. ammaccáre, schiacciáre, pestáre; to — one's árm by a fáll, ammaccársi un bráccio cascándo

Brùiser (meglio bóxer), s. pugillatóre

Brùit, va. (volg.) far córrer vóce, vociferáre

Brùmal, a. brumále (cia

Brunètte, s. brunétta, dònna brúna e bellóc-

Brùnt, s. úrto, cózzo, ímpeto, scóntro, assálto

Brùsh, s. spázzola, granáta; scopétta, scópa; pennéllo; tóoth- — spazzolíno da dénti

— va. spazzoláre, spazzáre, pennelláre; toccáre leggerménte nel passáre con frétta

Brùshmáker, s. fabbricatóre di spázzole

Brùshwóod, s. bòsco céduo, cespúgli, boscáglie

Brùshy, a. setolóso, pelóso, íspido

Brùstle, vn. ant. scoppiettáre

Brùtal, a. brutále

Brùtàlity, s. brutalità

Brùtalíze, va imbestiáre; rèndere brutále

— vn. diveníre brutále, inselvatichírsi

Brùtally, avv. brutalménte

Brùte, a. brúto, insensáto, selvático, feróce, áspro, bestiále, rózzo, gréggio

— s brúto

Brùtify, va. rèndere brutále, imbestialíre

Brùtish, a. brutále, bestiále

Brùtishly, avv. bestialménte, brutalménte

Brùtishness, s. bestialità, selvatichézza

Brùtism, s. natúra brutále, di brúto, abbrutiménto

Brýony, s. (bot.) briónia; black —, támo, tamáro, víte néra; white —, briónia biánca, víte biánca

Bùbble, s bólla (d'ária, di sapóne); bùbbola, còsa da núlla, bagatélla; gónzo

— van. bollíre, gorgogliáre; uccelláre

Bùbbling, s gorgogliaménto; a. gorgogliánte

Bùbby, s. volg. mammélla, póppa

Bùbo, s. bubóne m., cicciòne m., tincóne m.

Bucanéer, bucanièr, s. cacciatóre americáno di buòi selvátici, filibustiére, piráta americáno

Buceatàur, s bucentòro

Bucéphalus, s. Bucèfulo

Bùck, s. bucáto, liscíva; dáino, capriólo màschio d' alcúne bèstie selvátiche; —

-góat, bécco; --ràbbit, coníglio; --áshes, cèneri da bucáto; hearty —, giovialóne, m. compagnóne, m.

Bùck, van. fáre il bucáto, laváre; accoppiársi

Bùck-basket, s. panière m. da portár il bucáto

Bùck-béan, s. (bot.) meniánto; trifòglio acquajuòlo. V. Bogbean

Bùcket, s. sécchia; draw-well —, sécchio. secchióne, m.

Bùcking, s. il fáre il bucáto; bùcking-tub, tinòzza da fárvi il bucáto

Bùckle, s. fíbbia, fermáglio; ríccio, ciócca; tòngue of a —, ardiglióne, m. di fíbbia

— va. affibiáre, congiúngere con fíbbia

Bùckler, s. scúdo, clípeo, tárga

Bùckram, s. bugráne, m. — a. di bugráne

Bùck's-horn, s. (bot.) gramígna, caprinélla

Bùckskin, s. (pelle di) dáino

Bùckstàll, s. réte, f. da prénder cèrvi, dáini, capriòli

Bùckthorn, s. (bot.) spína mágna, prugnolíno

Bùckwhéat, s. saggína, gráno saracéno

Bucòlic, s. bucòlica; a. bucòlice

Bùd, s. germóglio, bottóne, m. gèmma, bòccia; róse- —, bottóne di ròsa

— vn. germogliáre, germináre, pulluláre

— va. innestáre, inseríre

Bùdding, s. germóglio; gèrme, m.; innèsto a òcchio

— -knife, s. coltèllo da innestáre a òcchio

Bùdge, vn. muòversi, cangiáre síto, far mòssa

Bùdget, s. bòlgia, sácco, valígia; the yéar's —, (legge) il biláncio annuále (delle entráte e delle spese) del govèrno; to èmpty one's —, vomitár ingiúrie, vuotár il sácco

Bùff, s. cuòjo di búfalo; colóre di camóscio; cotènna (med.); blínd man's —, giuòco della cièca; va. dar púgni, schiaffeggiáre

Bùffalo, s. búfalo, bisónte, m.

Bùffer, s. zàffo, turáccio, turácciolo

Bùffet, s. (volg.) buffétto, credénza, armádio

— s. guanciáta, púgno, sergozzóne, m. —, va. dar de' sergozzóni, de' púgni

Bùffeter, s. schiaffeggiatóre, pugillatóre

Bùffing, s. percuòtere, m. cózzo, úrto

Buffóon, s. buffóne, m.; giulláre, m. to pláy the —, buffoneggiáre; —-like, buffonésco

Buffóonery, s. buffonería, búrla

Bùg, s. címice, f.; mây-bug, scarafággio

Bùgbear, s. befána, spaurácchio

Bùggy, a. piéno di címici

— s. carrozzíno, légno da un pósto sólo

Bùgle, s. (bot.) búgola (piànta); pallottolína di vètro néro; còrno da cáccia

Bùgloss, s. (bot.) buglóssa

Bùild, va. fabbricáre, edificáre, cóstruíre; to — càstles in the áir, fabbricáre castèlli in ária; to — upon a pèrson, far capitále d'úno, far assegnaménto sopra alcúno

nòr, rùde; - fáll, sòn, bùll; - fáre, dò; - bý, lỳmph; pòlse, bôỹs, fôùl, fôwl; gem, aš.
forte, ruga; - forte, œuf, culla; - erba, ruga; - lai, e, i; pel, fausto; gemma, rosa.

Diz. Ingl. Ital. - Ediz. VI. Vol. I.   7

Builder, s. fabbricatóre, mástro-muratóre

Building, s. fabbricáto, edifízio, fàbbrica; ship- —, costruzióne di návi

Built, a. fabbricáto; Dùtch- —, fátto all'Olandése, grósso, malfatto, grossolàno

Bùlb, s. búlbo, cipólla

Bulbiferous, a. bulbífero

Bùlbous, a. bulbóso

Bùlge, s. bólgia, páncia (di cósa); convèsso — van. curváre, uscìr del piáno, far vèntre, piegár innànzi; gonfiàrsi, crepáre, trapelàre; to — óut one's chéeks, far le bólge colle góte; — one's bélly, mangiár a crépa pélle; his pockets — óut, egli ha le bólge

Bùlimy, s. bolimìa, fame morbósa, búlimo

Bùlk, s. mássa, móle, f. grossèzza; grósso; scáfo, córpo; he has left the — of his fortune to his son, ha lasciáto il grósso de' suói bèni al figliuólo; to bréak —, cominciáre a caváre le mercanzìe d'un bastiménto; to sell by tho —, vèndere all'ingròsso, a òcchio e cróce

Bùlk-héad, s. separazióne o spartiménto (fatto di ássi) a travérso un bastiménto

Bùlkiness, s. mássa, grossézza, mòle, f. volùme, m.

Bùlky, a. gránde, grósso, massíccio

Bùll, s. tóro; (cambio speculatóre che fa acquisto di tutte le azióni che può, credéndo che i fóndi síano per alzársi;(astron.) Tóro; bólla pontifícia; sproposito massíccio, gránchio, grancipórro; - -fly, tafáno; — bàiting, combattiménto di cáni con un tóro; John Bùll, Giovànni Tóro (soprannóme dáto per búrla agli Inglési)

Bùlla, s.(ant.) bólla; (med.) flitténa, pústola

Bùllace, s.(bot.) prúgnola, susìna selvática

Bùllace-trée, s. (bot.) prúgnolo, susìno selvático

Bùllary, s. bollàrio

Bùlbeggar, s. spauràcchio, fantásma, m.

Bùlldog, s. buldóg, aláno (rìno

Bùllfinch, s. (orn.) ciufolótto, fringuèllo ma-

Bùllhead, s. (itt.) ghiózzo; —, a. góffo

Bùll-héaded, a. ostináto, ritróso, capárbio

Bùllen, f. fraciiúme, m. di líno

Bùllet, s. pálla (di fucíle, pistóla o cannóne)

Bùlletin, s. bullettíno (ufficiále)

Bùll fight, s. combattiménto d'uómini cóntro tóri

Bùll-frog, s. ranócchio

Bùllion, s. óro o argénto in vérghe

Bùllish, a. sciócco, assùrdo

Bùllock, s. torèllo, giovénco

Bùlly, s. brávo, sghérro, ammazzasètte, m. — vn. bravheggiáre, fàre il braváccio; va. far l'uómo addòsso (ad úno)

Bùlrush, s. giúnco

Bùlwark, s. baluárdo, bastióne, m.

Bùm, s. (volg.) deretáno; vn. rumoreggiáre, rombáre, ronzáre

Bùmbàiliff, s. sbírro

Bòmbast, V. Bombast

Bùmp, vn. strepitáre, far rumóre gránde — s. gonfiézza, tumóre, m. protuberánza

Bùmper, s. bicchiére cólmo, tazza ricolma; to drink a — to, fáre un bríndisi a, propináre a

Bùmpkin, s. rusticóne, m., contadíno rózzo

Bùn, bùnn, s. ciambélla, chicca

Bùnch, s. fáscio, mázzo, ciócca, ciúffo, gòbba, scrigno; — of grápes, gràppolo d'úva; — of féathers, pennàcchio; — of kéys, mázzo di chiávi

Bùnch-bácked, a. gòbbo, gibbóso

Bùnchiness, s. il cestíre, il créscere in gràppoli; prominénza

Bùnch óut, vn. gonfiàrsi a mo' di gòbba

Bùnchy, a. cestúto, crescénte in gràppoli; gòbbo

Bùndle, s. fardèllo, fagòtto, fastèllo, manípolo, covóne, m., to gàther into —s, (agr.) ammannáre, ammanipoláre, far le mánne, i covóni — va. affastelláre, legáre in fáscio, affardelláre,impacchettáre, involtáre; —óut,(volg.) cacciàre di cása; — up, far fardèllo

Bùng,s.cocchiúme, m.záffo, turácciolo, chiúso — va. turáre una bótte col cocchiúme

Bùng-bórer, s. succhiéllo (dei bottáj)

Bùnghóle, s. búca della bótte

Bùngle, va. acciarpáre, acciabattáre

Bùngler, s. ciarpóne, guastamestiéri, m.

Bùnglingly, avv. grossolanaménte, goffaménte, da ciabattíno, alla péggio

Bùnnian, s. cállo, callosità ai piédi

Bùnt, s. (mar) fóndo della véla; — lines, funicèlle per ammainar le véle

Bùnting, s. (mar.) stamígna; (orn.) ortoláno, calàndra

Bùoy, s. gravitéllo, segnále, m. — vn. galleggiáre, stàr a gàlla, soprannuotáre; va. sostenére sull'ácqua, far stáre a gàlla; métter segnáli di súghero o légno in vicinànza degli scógli e delle sècche; to be — ed up by the wàter, stár a gàlla, soprannuotáre; — by hópe, èssere animáto dalla speránza

Bùoyancy, s. attitúdine f. a galleggiáre, facoltà di star a gàlla; (fig.) propensióne o inclinazióne all'allegría, a speránza; vivacità, brío, leggerézza, elasticità

Bùoyant, a. galleggiànte; (fig.) che non si láscia abbáttere; elástico; brióso, sanguígno

Bùoyantly, avv. leggerménte, con elasticità

Bùprestis, s. (zool) buprèsto

Bùr s. mállo; (di láncia) résta; (bot.) bardána, láppola maggióre

Bùrb, s. (itt.) bàrbo, bárbio

Bùrdelelais, s. úva di Bordeaux

Bùrden,f. sóma, cárico, sálma, péso; fardèllo;

ritornéllo; portáta d'un bastiménto; a béast of —, una béstia da sòma; a ship of six hùndred tuns —, bastiménto di seicénto tonnelláte; his life was a — to him, la vita gli era venúta in fastídio

Bùrden, va. caricáre, aggraváre, opprímere

Bùrdener, s. caricatóre, oppressóre

Bùrdensome, a. oneróso, gravóso

Bùrdensomeness,s.péso,gravézza,gravàme,m.

Bùrdock, s. (bot.) bardána, láppola maggióre

Bureau (pr. búro), s. scrittójo, stípo

Bureàucracy, s. burocrazía

Bùrg, s. V. Bòrough

Bùrgamot, s. V. Bérgamot

Bùrgeon, s. V. Bourgeon

Bùrgess, s. borghése, cittadíno elettóre

Bùrgh, s. V. Borough

Bùrgher, s. borghése, cittadíno elettóre

Bùrghership, s. borghesía, cittadinánza, qualità o privilégio di cittadíno elettóre

Bùrghmaster, s. borgomástro; (orn.) gabbiáno

Bùrglar, s. (legge) ládro nottúrno (con rottúra in cása abitáta)

Burglárious, a. (legge), di fúrto (di nòtte témpo con rottúra in cása abitáta)

Burgláriously, avv. (legge) di nòtte con rottúra in cása abitáta

Bùrglary, s. (legge) fúrto (di nottetémpo con rottúra in cása abitáta)

Bùrgomàster, s. borgomástro

Bùrgrave, s. Burgrávio

Bùrgraviate, s. burgraviáto

Bùrgundy, s. víno di Borgógna

Burial (pr. bèrial), s. sepoltúra; tumulazióne, eséquie, f. pl.; mortòrio; — -grôund, cámpo sánto, cimitéro

Bùrine, s. bulíno

Burlesque, a. burlésco, bernésco

— s. burlésco; stíle burlésco

— va. méttere in búrla, beffáre

Bùrliness, s. corpulénza; ènfasi, f.

Bùrly, a. corpacciúto. gagliárdo

Bùrn, s. scottatúra, abbruciaménto

— van. abbruciáre, bruciáre,scottáre,árdere; — up, bruciáre affátto; — to àshes, ridúrre in cénere; — dôwn a hôuse, incendiáre una cása; — vn. bruciáre, árdere; — dim, dull, bruciáre màle, far póco lúme; — ôut, awáy, consumàrsi, bruciàrsi, estínguersi; — one's fùngers, scottàrsi le díta; — one's self, abbruciàrsi

Bùrner, s. abbruciatóre, -trice, incendiatóre, -trice; bocciuòlo; bat-wing —, bocciuòlo, bécco (di gas) a véntaglio

Bùrnet, s. (bot.) pimpinélla

Bùrning, s. bruciaménto, incéndio, vàmpa, scottatúra

— a. abbruciànte, infocáto, rovénte, ardénte, fervénte; — cóals, bráce, f. pl.; — shàme, gran vergógna

Bùrnish, va. bruníre, dàre il lústro a

— s. imbrunitúra, lústro, líscio

Bùrnisher, s. brunitóre; brunitójo

Bùrnishing, s. brunitúra

Bùrnt, a. abbruciáto, àrso, scottáto; — ôut, bruciáto, consumáto; sun- —, abbronzáto

Bùrrel, s. péra ròggia; — -fly (zool.), tafáno; — shot, tréggia, mitráglia

Bùrrow, s. tána di coníglio; vn intanársi

Bùrsar, s. tesoriére di collégio, di università, ecònomo; studènte che ha un pósto gratúito od anche ricéve un asségno (in un collégio o in una università)

Bùrsarship, s. ufficio di tesoriére o ecònomo d'un collégio; bória, pósto gratuíto od anche asségno (in un collégio o in una università)

Bùrsary, s. tesorería d'una università; pósto gratúito od anche asségno per uno studènte

Bùrse (meglio exchánge), s. bórsa, lòggia, càmbio, piázza de' bánchi

Bùrst (pas. bùrst), van. crepáre, scoppiáre, aprírsi; to — with laughing (pron. làffing), scoppiáre dàlle rísa; — into téars, strúggersi in làgrime; the stéam bôller —, scoppiò la caldája del battéllo a vapóre

— s. scròscio, scòppio, rottúra, crepatúra

Bùrt, s. (itt.) linguàttola, líma

Bùrthen, s. V. Bùrden

Bury (pr. bèry), s. (ant.) magióne, dimóra, bórgo

— va. seppellíre, sotterráre, celáre

Burying (pr. bérying), s. seppellimento; — -grôund, cimitéro

Bùsh, s. cespúglio, frátta, frásca; còda di vólpe; to go abôut the —, menár il can per l'àja; góod wine néeds no —, al buòn víno non bisógna frásca

Bùshel, s. stájo

Bùshiness, s foltézza

Bùshy, a. cespuglióso, fólto, spésso

Busied (pr. bísied), a. occupáto, affaccendáto

Busily (pr. bísily), avv. sollecitaménte, attivaménte

Business (pr. bísness), s. affáre, m. affári, m. pl. faccénda, negòzio, bisógna; fàtto; fúll of —, affaccendáto; to sèttle a —, aggiustáre una faccénda; hôw is —? cóme vànno gli affari? mind your ôwn —, badáte a' fàtti vòstri; go abôut your —, andáre pei fàtti vòstri; to transàct or mànage a —, trattár un affáre, condúrre un negózio

Bùsk, s. stécca di bústo; to wèar a —, portáre il bústo

Bùskin, s. borzacchíno, stivalétto, cotúrnò

Bùskined, a. calzáto con cotúrni; trágico

Bùss, s. òmnibus; bácio (volg.)

— va. volg. baciáre, baciucchiáre

Bùst, s. bústo, córpo, vita

Bùstard, *s.* (*orn.*) ottárda

Bùstle, *s.* trambústo, fracásso, scalpóre, *m.*; tumúlto, imbróglio, bríga, impáccio, scompíglio

— *vn.* sfaccendáre, strepitáre, adoperársi, sollecitársi, dársi attórno

Bùstler, *s.* faccendiére, imbroglióne, *m.*

Bùstling, *a.* faccendóso, affaccendáto; — fèllow, faccendiére, *m.*

Bùsy (*pr.* bìsy) *a.* affaccendáto, occupáto — bódy, *s.* faccendóne, *m.* faccendóna, *f.* affannóne, *m.*, affannóna, *f.* brigánte

Busy (*pr.* bìsy), *va.* méttere in faccènda, impiegáre, dar faccènda; to — one's self, impacciársi; pigliár bríga, brigársi, ingerírsi

Bùt, *cong.* ma, solaménte; non... che, fuorchè, eccètto, tuttavía, però; — you tóld me, ma m'avéte détto; — one, uno soltánto; I have — thrée, non ne ho che tre; he does nòthing — éat and sléep, non fa áltro che mangiáre e dormíre; I dòubt not — he will do it, non dúbito ch'egli non lo fáccia; the last — one, il penúltimo; not — that, se non che; — for you, sènza di voi, se non fóste voi

Bùtcher, *s.* macellájo, beccájo; —'s méat, cárne gròssa; — bróom, (*bot.*) pugnitópo; — bird, (*mar.*) gàzza marína

Bùtcher, *va.* macelláre, sgozzáre, trucidáre

Bùtcherly, *a.* sanguinário, bárbaro

Bùtchery, *s.* beccheria, macèllo; stráge, *f.*

Bùtler, *s.* credenziére, dispensiére, bottigliére, *m.*

Bùtlership, *s.* uffízio di credenziére

Bùtment, *s.* contraffòrte, *m.* barbacáne, *m.* speróne, *m.*

Bùtt, *s.* berságlio, míra, scòpo; zimbèllo; còzzo; bótte, *f.*; baríle, *m.*; the — end of a thing, l'estremità piátta o gròssa d'una còsa; the — of a mùsket, il cálcio d'uno schiòppo

— *van.* cozzáre, urtáre col cápo, dar di còzzo

Butter, *s.* butírro; búrro; a print of —, un páne di butírro; mèlted —, sálsa di butírro; — -cup (*bot.*) piède di leóne; — -bump, (*von.*) tarabúso

— *va.* condírecon butírro; to — bréad, úgnere il páne con butírro

Bùttered, *a.* únto con butírro, condíto

Bùtterbur, *s.* (*bot.*) tignámica

Bùtterflỳ, *s.* (*ent.*) farfálla, parpaglióne, *m.*

Bùttermilk, *s.* siéro di látte, latticínio

Bùtteris, *s.* incástro (di maniscálco), rósola

Bàtter-wòrt, *s.* (*bot.*) grassétta

Bùttery, *s.* dispènsa, ripostíglio per le còse da mangiáre

Bùttery, *a.* butirróso, di butírro

Bùttock, *s.* chiáppa, nática; — of béef, còscia di mánzo   (di fióre)

Bùtton,*s.*bottóne,*m.*(d'ábito);bottóne,bòccia

Bùtton, *va.* abbottonáre

— -hòle, *s.* occhièllo, bottoniéra

— -màker, *s.* bottonájo

— -trée, *s.* (*bot.*) spècie di máglio

— -wòod *s.* (*bot.*) plátano d' Occidènte, di América

Bùttress, *s.* barbacáne, *m.* sostégno, appòg-

— *va.* sostenére, puntelláre   (gio

Bùxom, *a.* (*di donna*) víspa, viváce, gája, dispósta; (*ant.*) pieghévole, obbediènte

Bùxomly, *ann.* amorosaménte, lietaménte

Bùxomness, *s.* índole víspa, gája, amorósa (*di donna*); (*ant.*) pieghevolézza, obbediènza

Buỳ, *va.* (*pas.* bòught),comperáre, compráre, far acquísto di; to — déar, chéap,comperáre cáro, a buón pátto; — for càsh, with réady mòney, compráre a contánti; — on crèdit, comperáre a crédito; — a píg in a póke, compráre la gátta in sácco; — up, far acquísto di, far monopòlio di, incettáre

Buỳer, *s.* compratóre, -trice, acquirénte

Buỳing, *s.* cómpera, cómpra

Bùz, *vn.* ronzáre, rombáre, susurráre

— *s.* ronzío, rònzo; *fig.* bisbíglio, mormorío

Bùzzard, *s.* (*orn.*) bozzágo, barlétta, nìbbio palústre

Bỳ, *prep.* e *avv.* da, per, a, di, prèsso, vicíno; killed — a ròbber, ammazzáto da un ládro; háted — èvery body, odiáto da tútti; I wròte him — the pòst, gli scríssi per la pòsta; he went — séa, vi andò per máre; I passed — your hoùse, passái da càsa vòstra; — trade a printer, stampatóre di mestiére; — dày, — nìght, di giórno, di nòtte; — càndle-lìght, al lùme di candéla; — much, — far, di mólto, di gran lúnga; to sell — retáil, véndere al minúto; one — one, uno ad uno; — one's self, — himsèlf, hersèlf, ecc., da sè, da per sé; sólo, solétto; sit down — me; sedéte accánto a me; it is ten o'clock — my watch, sóno le dièci al mio oriuòlo; — this time, a quest'óra; he will be back — the end of the month, sarà di ritórno alla fíne (circa) di quésto mése; — the byè, — the wày, per incidènza, di vólo, alla sfuggíta; — and —, adèsso, adèsso, tòsto, prèsto; close —, hard —, vicín vicíno; I was —, io era presènte; I will stand — you, vi spalleggerò; — stèalth, furtivaménte; —, nínna nánna, góod-bỳ, góod-bỳe, a rivedérci, addío

Bỳ-end, *s.* vantággio pròprio, particoláre

Bỳ-gone, bỳ-past, *a.* pretérito, passáto; bỳgone áges, età trascórse

Bỳe-làw. *s.* légge, *f.* municipále,regolamén(?)

Bỳname, *s.* soprannóme (derisório), *m.*; — *va.* soprannomináre

Bỳ-róad, *s.* stráda discòsta, fuòri di máno

Bỳssus, *s.* (*bot.*) bísso; (*ant.*) bisso, cappúccio di séta

Bý-stånder, *s.* astánte, spettatóre,-trice

By-view (*pr.* bý-vú), *s.* diségno, interêsse particoláre

Bý-wáy, *s.* scorciatója, via fuóri di máno

Bý-wòrd, *s.* provêrbio, detto popoláre

Býzant
Bỳzantíne } *s.* bisánte, *m.*

Byzàntian
Byzàntine } *a.* bisantíno

C

C, *s. tersa lettera dell'alfabeto,* C. *abbreviatura di* cent.

Càb, càbriolet, *s.* biròccio, légno; vettúra pùbblica; stand of —s, stazióne di vettúre di piázza

Cabàl, *s.* cábala; to get up a —, ordíre una cábala

— *vn.* cospiráre, macchináre, far cábale

Càbala, *s.* cábala (sciènza occúlta)

Càbalism, *s.* (pretésa) árte e sciènza della

Càbalist, *s.* cabalísta, *m.* (cábala

Cabalistic, Cabalistical, *a.* cabalístico

Caballer, *s.* fazióso, macchinatóre, imbroglióne

Caballine, *a.* caballíno

Càbbage, *s.* (*bot.*) cávolo, vêrza; — lèttuce, lattúga, cappúccia; — head, césto di cávolo; — palm, palmízio; táilor'ś —, ritágli di sárto

— *vn.* cestíre, créscere in césto raccòlto; *va.* rubáre i ritágli del pánno

— -stùmp, *s.* tórso di cávolo

— -trée, *s. V.* Cabbage-palm

Càbin, *s.* (*mar.*) cabína; capannétta, capannúccia, capánna; — bòy, mòzzo di náve; read Uncle Tom's Càbin, leggéte la Capánna dello Zio Tommáso

— *van.* chiúdere, vívere in un luògo ristrètto

Càbinet, *s.* gabinétto; stipo, cassettína, necessário; the — cŏuncil, the —, il Consíglio dei Minfstri, il gabinétto

— *va.* rinchiúdere in un gabinétto

— -máker, *s.* ebanísta, *m.*

— -máking, *s.* ebanistería

— -wòrk, *s.* lavóro d'ebanista

Càble, *s.* (*mar.*) gómena, cávo; shéet —, gómena maèstra; best bower —, secónda gómena; small bower —, tèrza gómena; spáre —, gómena di rispètto; to give móre —, to pày awáy, to véer móre — viráre la gómena

— *va.* (*arch.*) riempíre di cannèlli intagliáti, scanalatúre (fíno ad un tèrzo dell'altézza)

Càblet, *s.* (*mar.*) piccola gómena

Càbling, *s.* (*arch.*) cannèllo (líscio o lavoráto) che riêmpie le scanalatúre (fíno ad un tèrzo dell'altézza)

'.lrman, *s.* brumísta, *m.* fiaccherájo

.bòose, *s.* cucína di náve

'..briole, *s.* capriòla

Cabriolèt, *s. V.* Cab

Cacáo, *s.* (*bot.*) cacáo, álbero del cacáo; — of the Caràccas, cacáo carácca; — -béan, grána, fáva di cacáo; — -plantátion, piantagióne d'álberi del cacáo; — -pod, baccèllo del cacáo; — -trés, álbero del cacáo

Cachétic (*pr.* cakètik), *a.* cachético

Cachexy (*pr.* cakèksy), *s.* cachessía

Cacchinnation (*pr.* cakinnátion), *s.* cachínno

Càckle, *vn.* crocciáre, chiocciáre

— *s.* il crocciáre, lo schiamazzáre delle gallíne

Càckler, *s.* chióccia, chiacchieróne

Cacique, *s.* cacíco

Cacochimy (*pr.* cacòkimy), *s.* cacochimía

Cacóphony, *s.* cacofonía

Càctus, *s.* (*bot.*) cácto

Cadàverous, *a.* cadaveróso, cadavérico (fi'o

Càddis, *s.* vêrme, *m.* della páglia; nástro di

Càddy, téa-caddy, *s.* scátola da tè

Càde, *s.* baríle, *m.* (d'aringhe, ecc.)

— *a.* domèstico, addimesticáto (xáre

Càdence, càdency, *s.* cadènza; —, *va.* caden-

Càdent, *a.* cadènte (*mil.*

Cadènt, *s.* minóre náto, fíglio minóre; cadétto

Càdge, *va.* portáre una sòma, un péso (*volg.*)

Càdger, *s.* rivendugliólo giróvago

Càdi, *s.* cadì, *m.*

Cadméan
Càdmian } *a.* di Càdme

Càdmia, *s.* (*chim.*) cádmia

Càdmium, *s.* (*chim.*) cádmio

Cadúcean, *a.* del caducèo

Cadúceus, *s.* caducèo

Cadúcity, *s.* caducità

Cæsura (*pr.* sezúra), *s.* cesúra

Càftan, *s* cafetáne

Càg, *s.* carrettèllo

Càge, *s.* gàbbia, gabbióne, *m*; prigióne, *f.*

— *vn.* méttere o chiúdere in gàbbia

Càiman, *V.* Cayman

Càirn, *s.* múcchio di piètre, túmulo

Caissóon, *s.* cassóne, *mil.*

Càitiff, *a.* miserábile, *s.* furfánte, *m.*

Cajóle, *s.* lusingáre, piaggiáre; giuntáre

Cajóler, *s.* lusinghièro, piaggiatóre, -trice

Cajólery, cajóling, *s.* lusínga, il lusingáre

Càke, *s.* focáccia, sfogliáta; a — of wax, una fórma di céra; — of cóal, carbóni ammassáti insiéme dal calóre del fuóco; twelfth —, focáccia della fèsta dell' Epifanía; bread —, páne col butírro; bride-—, focáccia delle nòzze; Scotch —, schiacciáta

— *vn.* rappigliàrsi, incrostàrsi; *va.* rappigliáre, quagliáre, incrostáre

— -shop, *s.* offelleria

— -wóman, *s.* offellára

Càlabash, *s.* zúcca lúnga, fiásco

Càlamine, *s.* (*min.*) giallamína (piètra calaminàre)

Càlamint, *s.* (*bot.*) calaménta, nepitèlla

Calàmitous, a. calamitóso
Calàmitousness, s. infortúnio, sventúra
Calàmity, s. calamità
Càlamus, s. (bot.) càlamo
Calàndra, s. (orn.) calàndra
Calàndre, s. (ent.) gorgogliòne, m. tónchio
Calàsh, s. calèsso, calésse, m.
Càlc, a. calcàre
— -sinter, s. carbonàto di càlce in stalattíte
— -tùff, s. túfo calcàre
Càlcar, s. fornèllo (da chímico) per calcinàre i córpi
Calcàrious, a. calcáreo, di calcína
Calceáted (poet.), a. calceáto, calzáto
Càlcedony, s. (min.) calcedònia, V. Chalcedony
Calcinátion, s. calcinazióne, calcinatúra
Càlcinatory, s. fórno, váso calcinatòrio
Calcògraphy, s. calcografía
Calcínable, a. calcinábile
Calcinátion, s. calcinazióne
Càlcine, van. calcinàre, ridúrre in calcína
Càlcium, s. (chim.) càlcio
Càlculable, a. calcolábile
Càlculate, va. calcolàre, computàre, contàre
Càlculáted, a. calcoláto ; àtto, idòneo, accóncio, adattáto
Calculátion, s. calcolazióne, càlcolo
Calculátor, s. computísta, m. calcolatóre
Calculátory, càlculative, a. di càlcolo, di stíma
Càlculous, a. (med.) calcolóso
Càlcus, s. (med.) càlcolo
Càldron, s. caldája, pajuòlo grànde
Caledónian (da Caledònia), a. e s. Caledònio
Calefàction, s. calefazióne, riscaldaménto
Calefàctive, calefàctory, a. calefattívo
Càlefy, va. scaldàre, vn. scaldàrsi violenteménte
Càlendar, s. calendàrio; corrècted, refórmed —, nuóvo calendàrio, calendàrio Gregoriáno ; hòrtulan —, calendàrio di Flóra, del giardiniére; univèrsity —, almanácco universitário
Càlender, s. màngano (per lustráre pánni)
— va. dàre il lústro, manganáre
Càlenderer, s. lustratóre, manganatóre, m.
Càlendering, s. manganatúra, cilindratúra
Càlends s, pl. calénde, calèndi, f.; when the Gréek — arrive, alle calénde gréche
Càlenture, s. calentúra
Calf, s. (zool.) vitèllo m., vitèlla f.; séa- — fóca; — of the leg, pólpa della gàmba; fàtted —, vitèllo saggináto; in —, with —, (della vacca) grávida
Càllish, a di vitèllo
Càliber é càlibre, s. calíbro
Càlico, s. téla di cotóne
— -printer, s. stampatóre di téla
— -printing, s. stampáre la téla
Càlid, a. càlido

Callidity, s. calidità
Càliduct, s. calorífero
Càlif, o Càliph, s. califfo
Càlifàte, o Càliphàte, s. califfáto
Caligínous, a. caliginóso
Caligínousness, s. caligine, f., caliginosità
Caligràphic, a. calligráfico
Caligraphy, s. calligrafía
Càliph, s. califfo
Càliphàte, s. califfáto
Càlix, s. càlice, m. cóppa (di fióri)
Càliver, s. (ant.) archibúso, archibúgio
Càlk, va. calafatàre, ristoppàre una nàve
Càlker, s. calafáo, calafáto
Càlking, s. il calafatàre; — -iron, fèrro a spàtola o scalpèllo dei calafáti; — màllet, mazzuòlo da calafáto
Càll, s. chiamáta, invíto, appèllo; vocazióne; píccola vísita; at —, in órdine, apparecchiáto, vicíno; I'll give you a — tomorrow, domàni passeró da voi; I màve the — of the hòuse, (parl.) domàndo si fàccia l'appèllo nominále
— va. chiamáre, nominàre, appellàre; convocàre, adunáre; to — a pèrson by his nàme, chiamár uno per nòme; he is —ed Ròbert, egli si chiàma Robèrto; how do you — that? come chiamàte quésta còsa?
— my sèrvant, chiamáte il mio servitóre;
— a cóach, ordináte una vettúra; to — a cóuncil, convocàre un concílio; — one in, chiamár uno déntro, díre ad uno d'entràre; — in quèstion, méttere in dùbbio; — in one's dèbts, esígere i suòi crèditi, fàrsi pagàre; — off, stornáre; — up, suscitàre, far salíre; — óut, chiamár fuòri, slidàre; — aside, chiamár in dispàrto; — back, richiamáre; — forth, sveglàre, far uscíre; — alòud, esclamáre; — for, domandàre; — to mínd, ricordàrsi; — togèther, radunàre; — names, svillaneggiàre; — on a pèrson in one's way, visitàre, andàre a vedére uno per istràda; I'll — on you at nóon, passeró da voi alle dódici
Càllid, a. càllido, astúto, scàltro
Càlling, s. vocazióne, f. mestiére, m. impiégo
Càllipers, s. pl. compàsso, sèste, f. p. da calíbráre
Callòsity, s. callosità, càllo
Càllous, a. callóso, incallíto
Càllousness, s. callosità
Càllow, a. spiumàto, núdo
Càllus, s. càllo, durézza, càrne induríta
Càlm, a. càlmo, plácido, quièto
— s. càlma, bonàccia; stopped at séa by a dèad —, fermáto in màre dalla bonàccia
— va. calmáre, placàre, sedáre
Càlmy, avv. tranquillaménte, posataménte
Càlmness, s. càlma, bonàccia
Càlomel, s. calomelàno
Calòric, s. calòrico

— *a.* di calòrico
Calorific, *a.* calorífico
Calòtte, *s.* calòtta, berettíno, calottíno, cupolètta
Calòyer, *s.* mònaco della chièsa grèca
Càltrop, *s.* (*bot.*) tríbolo, calcatròppo
Càlumot, *s.* pípa indiàna (dei selvàggi)
Calùmniáte, *van.* calunniáre, diffamáre
Calùmniátor, *s.* calunniatore, -trice, *mf.*
Calùmniatory, *a.* calunniòso
Calùmnious, *a.* calunniòso, diffamatòrio
Ca'ùmniously, *avv.* calunniosaménte
Càlumny, *s.* calúnnia; it is a — upón our clíme, è un calunniáre il nòstro clíma
Càlvary, *s.* Calvário
Càlve, *vn.* fáre un vitèllo, figliáre
Càlvinism, *s.* calvinísmo
Càlvinist, *s.* calvinísta, *m. f.*
Calvinistic, *a.* calvinísta, calvinístico
Càlvish, *a.* V. Calfish
Calx (*pr.* càlks), *s.* càlce, *f.* calcína
Càlcyne, *a.* (*bot.*) calcinále
Calÿpter, Calÿptra, *s.* (*bot.*) càlice, *m.* (dei
Càlyx, *s.* càlice, *m.* (múschi)
Camáfl, *s.* camáglio (di preláto)
Càmber, *s.* pézzo di légno tagliáto in árcò
— *va.* curváre, piegáre, archeggiáre
Càmbist, *s.* cambísta, scontísta, banchiêre, *m.*
Càmbric, *s.* téla d'Olànda, batísta
Càme, *pret.* di to come, veníre
Càmel, *s.* (*zool.*) cammèllo; Aràbian —, dromedário; she —, cammélla
— -dríver, *s.* cammelliêre
— 's -hàir { *s.* pélo di cammèllo
— -hày, *s.* (*bot.*) andrópogo, giúnco odoróso
Camélia *s.* (*bot.*) camélia
Càmeleopard { *s.* (*zool.*) camelopárdo, giCàmelopard { ráffa; (*astr.*) giràffa
Caméleon, *s.* V. Chaméleon
Càmelot, *s.* V. Camlet
Càmeo *s* caméo, camméo
Càmera-lúcida, *s.* (*fis.*) càmera lúcida
— -obscúra, *s.* (*fis.*) càmera oscúra, càmera òttica
Càmerated, *a.* arcáto, vòlta
Camèrlingate, *s.* camerlingáto
Camerlíngo, *s.* camerlíngo, camerlèngo
Camisàdo, *s.* incamiciáta, assálto di nòtte
Camisáted, *a.* colla camícia sopra l'árme
Càmlet, *s* cambellòtto, téla
Càmleted, *a.* marezzáto, marmorizzáto, marmoráto, chiazzáto con venatúre
Càmline, *s.* (*bot.*) alísso
Càmmoc { *s.* (*bot.*) anònide, *f.*, bongára, buCàmmock { limàca, arrestabúe, *m.*
Camomile, *s.* (*bot.*) camomílla; còmmon —, camomilla romána, odorósa; Spànish —, pílatro, píratro
Càmp, *s.* càmpo; flýing —, càmpo volánto;

manœúvring —, càmpo di manòvre; — -stóol, sèggio a iccásso, sédia pieghévole
Càmp, encàmp, *van.* accampáre; accampàrsi
Campáign, *s.* campágna; to open the —, (*mil.*) uscíre in campágna; to sèrve a — (*mil.*) fáre una campágna; *vn.* (*mil.*) fáre una campágna
Campáigner, *s.* vècchio soldáto, veteráno
Campàniform, *a.* (*bot.*) campanifórme
Càmpanile, *s.* (*poco us.*) campaníle, *m.*
Campànnla (bell-flower), *s.* (*bot.*) bàccaro
Campànulate, *a.* (*bot.*) campanuláto
Campéachy wòod, *s.* V. Lògwood
Campéstral, *a.* campèstre, camperéccio
Càmphéne, *s.* canfíno
Càmphíre, *s.* V. Càmphor
Càmphor, *s* cànfora; — -trée, *s.* (*bot.*) làuro-cànfora, *m.*
Càmphoráte, càmphoráted, *a.* canforáto
— *va.* canforáre, saturáre di cànfora
Càmpion, *s.* (*bot.*) licnide, *f.*
Càn, *s.* píccola sécchia di làtta o di ráme; tazzóne gránde, boccále, *m.* váso
— *verbo difettívo* (*infinito* to be able; *passato*, could; *condiz.* could) potére, sapére; I — lift that árm-chàir, pòsso alzáre quel seggiolóne; yesterday I cóuld not do it, ièri non potéi fàrlo; I would do it if I could lo faréi se potéssi; he — neither read nor write, non sa nè léggere nè scrivere; that cannot be, ciò non può èssere
Canàdian, *s.* natívo del Canadà; — *a.* del Canadà
Canàl, *s.* canále, *m.* condótto
Canalisàtion, *s.* canalizzazióne
Cànalize, *va.* canalizzáre
Canáry, *s.* canaríno; víno di Canária; — -gráss, *s.* (*bot.*) faláride, *f;* — sèed *s.* (*bot.*) gran di spígo, di lavándola; — -bird, *s.* (*orn.*) caneríno; cock —, caneríno (*maschío*); hen —, canerína
Càncel, *va.* scancelláre, annulláre, estinguere
Càncellated, *a.* cano-lláto, intravestáto
Càncelling, cancellátion, *s.* cancellaménto, cancellazióne
Càncer, *s.* cànchero (*med.*); grànchio; càncro (*astron.*)
Càncerate, *va.* incanchorírsi, inaspríre
Càncerátion, *s.* il divenír cànchero
Cànce ous, *a.* cancheróso, incancheríto
Càncerously, *avv.* a mòdo di cànchero
Càncerousness, *s.* stàto cancheróso
Candelàbrum, *s.* (*pl.* candelàbra), candelábro
Càndent, *a.* incandescènte, caudénto
Càndid, *a.* càndido
Càndidate, *s.* candidáto
Càndidateship, *s.* candidatúra
Càndidly, *avv.* candidaménto
Càndied, *a.* candíto, confètto
Càndle, *s.* candéla; wax- — candéla di cé-

ra; tàllow —, candéla di sévo; to read by — -light, léggere al lúme di candéla; to blów óut a —, spégnere una candéla; to light one's — at both ends, sprecáre, scialacquáre, sbraciáre a uscíta, far del ben bellézza

Càndle-bèrry   ⎧ *s.* (bot.) arbústo della
Càndle-bèrry-myrtle ⎨ céra,mírto della Lui-
Càndle-bèrry-trée   ⎩ siána

Càndlemas, *s.* candelája, purificazióne
Càndlestick, *s.* candellière, *m.*
Càndlestuff, *s.* sévo, grásso (per far candéle)
Càndour, *s.* candóre, *m.*
Càndy, *va.* candíre, confettáre
— *vn.* congeláre, geláre, cristallizzársi
— *a.* candíto; sugar —, zúcchero candíto
Cáne, *s.* cànna; súgar —, cànna di zúcchero; a —, un bastóne; a blów with a —, un cólpo di bastóne, una bastonáta; the head of a —, il pómo d'un bastóne
— *va.* bastonáre, dar delle bastonáte
Canélla, *s.* V. Cinnamon
Canicular, *a.* caniculáre, canicoláre
Cànicule, canicula, *s.* canicola
Cànine, *a.* caníno; — àppetite, fáme canína
Cáning, *s.* cólpi di cànna, bastonáta; to get a —, ricévere una buòna bastonatúra; to give a —, dáre una buòna bastonatúra
Cànister, *s.* scátola (di látta) da tè; cànister hot, mitráglia; (cànister, canestríno, ant.)
Cànker, *s.* cànchero, vèrme *m.* o úlcera che róde, mále, *m.*, brúco che róde gli álberi e le fòglie
— *van.* corrómpersi, incancherírsi; corrómpere, corròdere; appestáre, imbrattáre
— bit, *a.* mòrso da dènte avvelenáto
— wòrm, *s.* brúco, insetto che róde la verdúra
Cànkerous, *a.* cancheróso
Cànkery, *s.* àrruginíto
Cànnabine, canapíno; di cánapa
Cànnibal, *s.* canníbale, *m.* antropófago
Cànnibally, *avv.* da canníbale
Cànnibalism, *s.* cannibalísmo, antropofagía
Cànnon, *s.* cannóne *m.*; — bàll, pálla di cannóne; to spike a —, inchiodáre un cannóne; to fíre a —, sparáre un cannóne; to máke a —, far una carámbola (bigl.); — -pròof, bòmb-pròof, a pròva di bómba, di cannóne; within the ránge of — -shot, a tíro di cannóne
Cannonáde, *s.* cannonáta
— *va.* cannoneggiáre, cannonáre
Cannonáding, *s.* cannoneggiaménto
Cànnonéer ⎫
Cannonér ⎬ *s.* cannonière, *m.*
Cànnot, *v.* (compósto di can e not) non posso, ecc.
Cànnular, *a.* cannuláre, tubulóso
Cànny, *a.* (volg.) scáltro, fíno, fúrbo, dèstro
Canóe, *s.* canòtto

Cànon, *s.* cánone, *m.*; — canònico; — làw, lègge canònica, dirítto canònico; imboccatúra della bríglia
Cànoness, *s.* canonichéssa
Canònical, *a.* canònico; — hóurs, ore canòniche
Canònically, *avv.* canonicaménte
Canònicalness, *s.* canonicità
Canònicate, *s.* canonicáto
Canònicals, *s.* àbiti sacerdotáli
Canònicity, *s.* canonicità
Cànonist, *s.* canonísta
Canonizátion, *s.* canonizzazióne
Cànonize, *va.* canonizzáre
Cànonship o cànonry, *s.* canonicáto
Cànopied, *a.* copèrto di baldacchíno
Cànopy, *s.* baldacchíno
Canórous, *a.* canòro
Cànt, *s.* gèrgo, parlár furbésco, o da bacchettóne, bacchettoneria; incánto, vèndita púbblica, ásta; sbálzo, spínta, sospingiménto, úrto, rimbàlzo, capovòlta
— *vn.* parlár in gèrgo, parláre furbésco; operáre o parlár da bachettóne; ribaltáre
— *vn.* vèndere all'incánto; rovesciáre, ribaltáre, risospíngere, sbalzáre
Càn't, contrazióne di cannot
Càntab, *s.* studènte dell'università di Càmbridge
Cantàbile, *s.* (mus.) cantàbile, *m.*
Cantànkerous, *a.* volg. ritróso, cattívo, búrbero, stizzóso
Càntar, *s.* cantáro
Cantàta, *s.* (mus.) cantáta
Cantéen, *s.* (mil.) cantinèlla da traspòrto; tavèrna di casèrma, cánova
Cànter, *s.* bacchettóne, *m.* beghína; piccolo galòppo, àmbio; persóna che ribàlta; hànd —, tráíno; to kéep in a shórt —, andáre a piccolo galòppo; to táke a —, leváre il galòppo
— *vn.* andár l'àmbio, galoppáre
Cànterbury-bell, *s.* V. Bell-flower
— -gàllop, *s.* V. Canter
Cànrraris, (pl. Cantràrides) *s.* cantáride, *f.*
Cànticle, *s.* cántica
Càntileveri, *spl.* (arch.) modiglióni, sèggiole (di tètto)
Càntillate, *va.* canterelláre, canticchiáre; recitáre con cantilèna
Cantillátion, *s.* canticchiáta; cantilèna (recitándo)
Cànting, *s.* parlár affettáto, gèrgo; bacchettoneria
Càntingly, *avv.* con gèrgo affettáto; con gèrgo ipócrita
Càntle, *s.* (ant.) pèzzo, tòzzo
— *va.* (ant.) fáre in pèzzi, sboccončelláre
Cànto, *s.* cánto (d'un poèma)
Càntlet, *s.* pezzettíno, framménto
Cànton, *s.* cantóne, *m.*; the thirtéen —s of

Switzerland, i trédici Cantóni della Svízzera

Cànton, *va.* dividere in cantóni, accantonáre

Càntonal, *a.* cantonále

Càntonize, *va.* dividere in cantóni

Càntonment, *s.* (*mil.*) accantonaméntò

Càntred } *s.* cantóne, *m.* (di cènto villàggi
Càntref } nel paése di Gálles)

Cànty. *a.* (*volg.*) fiare, chiaccheróne, vecchiòtto

Cànvass, *s.* canaváccio, téla, dipínto; il discútere, crivelláre; il brigáre, sollecitáre, chièdere (i vòti, ecc.)

— *va.* esamináre, consultáre; discútere, crivelláre, chièdere (i vòti), sollecitáre (i suffràgi); *vn.* brigáre, andár attórno chiedèndo e sollecitándo i vòti degli elettóri

Cànvasser, *s.* candidáto o áltri che va attórno sollecitándo i vòti degli elettóri

Cànvassing, *s.* lo esamináre, il discútere; l'atto di ricercáre i vóti

Cány, *a.* di cánna, di cánne; piéno di cánne

Cànzonet, *s.* canzonétta, canzoncína

Caòutchòuc, *s.* gómma elástica; — tréé, àlbero della gómma elástica

Càp, *s.* cúffia, berrétta, caschétta, berrettino; cápo; night —, berrétta da nòtte; cárdinal's — 'or hat, cappéllo di cardinále; —, piastrèlla da focóne (*mil.*); rotélla dell'álbero (*mar.*); to doff one's — to a pèrson, sberrettàrsi ad úno; to set one's — at, cercáre di cattivàrsi l'affétto di; — -máker, berettáio

— *va.* coprire il cápo con cúffia o berrétta, ecc.

Cap-a-pié, *avv.* da cápo a piédi; àrmed —, armáto di tútto púnto

Capability, *s.* capacità, idoneità

Càpable, *a.* capáce, idòneo

Capàcious, *a.* capáce, ámpio

Capàciousness, *s.* capacità, ampièzza

Capàcitate, *va.* capacitáre, abilitáre

Capàcity, *s.* capacità

Caparison, *s.* guarniménto di cavállo, gualdrappa

— *va.* guarníre un cavállo

Cápe, *s.* cápo, promontòrio; colláre, *m.* bà-

Capèlla, *s.* (*astr.*) cápra (vero

Càpellet, *s.* (*vet.*) cappellétto

Cáper, *s.* capriòla, sálto, ghiribízzo; (*bot.*) cáppero; to cut —s, far capriòle

— *vn.* capriolàre, balzelláre, saltáre

Càper-bùsh } *s.* (*bot.*) cáppero
Càper-trée }

Càperer, *s.* chi fa sálti, capriòle, ghiribízzi

Capévi, *V.* Copaiva

Cápias, *s.* (*legge*) mandáto d'arrésto

Capilláire (*francese*), *s.* capilèr, *m.* (scientizia)

Càpillary, *a.* capilláre (róppo)

Càpital, *a.* capitále, principále, majúscolo,

grànde, óttimo; mortále; — stòck, capitále, fóndi d'un negózio; a — stóry, un óttimo raccónto; — dinner, pránzo lautíssimo, eccellènte

Càpital, *s.* (città) capitále, *f.* metròpoli, *f.*; (*archit.*); capitèllo; (*com.*), capitále, *m.*, fóndo, fóndi, *s. pl.*

Càpitalist, *s.* capitalísta, uòmo danaróso, riccóne

Càpitally, *avv.* capitalménte, péna la vita; ottimaménte

Capitàtion, *s.* capitazióne, testático, tássa per tèsta

Càpitol, *s.* Campidóglió; (*Stati Uniti*) Càpitol, cámera dei deputáti

Capitólian } *a.* capitolíno
Càpitoline }

Capitular, *a.* capitoláre

Capitulary, *s. a.* capitoláre, *m.*; the Capitularies of Charlemagne, i capitolári di Càrlo Mágno

Capitulate, *va.* (*mil.*) capitoláre

Capitulàtion, *s.* capitolazióne;

Càpon, *s.* cappóne, *m.*; young- —, cappon-
— *va.* capponáre (céllo

Capponière, *s.* (*mil.*) capponièra

Capót, *s.* capòtto (al giòco); *va.* far capòtto

Capóter (bóat-cloak), *s.* capòtto

Capóuch, *s.* cappúccio (*di frate*)

Caprice (*pr.* caprées), *s.* capríccio, ghiribízzo

Capricious (*pr.* capréeshus), *a.* capriccióso

Capriciously, *avv.* capricciosaménte

Capriciousness, *s.* bizzarría, capríccio

Càpricorn, *s.* (*astr.*) capricórno

Càpriform, *a.* caprifórme

Capriòle, *s.* capriòla

Càpsicum, *s.* pépe della Ghinéa

Capsize, *va.* (*mar.*) vòlger sossópra, ribaltáre, rovesciáre

Càpstan, càpstern, *s.* (*mar.*) árgano; — bàrs, léve d'árgano

Càpsular, càpsulary, *a.* capsuláre, vuóto

Càpsulated, *a.* rinchiúso in úna cápsula

Càpsule, *s.* cápsula; priming —, cápsula fulminánte (da árme da fuòco)

Càptain, *s.* capitáno; — of hòrse, capitáno di cavallería; — of fòot, capitáno d'infantería; — general of an ármy, capitán generále d'un esèrcito; séa —, capitáno di bastiménto

Càptaincy, *s.* capitanánza, capitanería

Càptainship, *s.* grádo, ufficio di capitáno

Càption, *s.* cattúra; arrésto

Càptious, *a.* capzióso, insidióso

Càptiously, *a.* capziosaménte, insidiosaménte

Càptiousness, *s.* umóre sofístico; cavillazióne

Càptivate, *va.* cattiváre, catturáre cattivàrsi; to — the heart, the affections of a pèrson, cattivàrsi il cuòre, gli affètti d'uno

Captivating, *a.* incantévole, ammaliánte
Captivation, *s.* l'átto del cattiváre o catturáre
Captive, *s.* captívo, captíva, prigióne, *m.* prigioniéro, prigioniéra, *m.*, schiávo di guèrra
Captivity, *s.* cattività, schiavitù, prigionía
Captor, *s.* chi prènde prigióne, chi fa prigioniére; chi fa una prêda
Capture, *s.* cattúra, presúra, prêda
— *va.* predáre, catturáre
Capuchin (*pr.* capushéen), *s.* capuccíno, cappúccio, cappòtto da dònna
Caput-mórtuum, *s.* (*chim.*) cápo-mòrto
Car, *s.* carrétta, cárro; (*astr.*) órsa
Carabine, *s.* carabína
Carabinéer, *s.* carabiniére, *m.*
Carack, *s.* carrácca (náve portoghése)
Caracole, *s.* caracòllo
— *vn.* caracolláre   (chero d'órzo
Caramel, *s.* caramèlla, zúcchero còtto, zúc-
Carat, *s.* caráto
Caravan, *s.* carována
Caravansary } *s* carovan-serráglio
Caravansera }
Caravel } *s.* (*mar.*) caravèlla
Carvel }
Caraway, *s.* (*bot.*) cárvi, *m.*
Carbon, *s.* carbónio
Carbonade, *s.* carbonáta; —, *va.* tritáre, sminuzzáre
Carbonarism, *s* carbonarísmo
Carbonaro (*pl.* carbonári), *s.* carbonáro
Carbonate, *s.* (*chim.*) carbonáto
Carbonic, *a.* carbónieo
Carbonization, *s.* (*chim.*) carbonizzazióne
Carbonize, *va.* (*chim.*) carbonizzáre
Carbuncle, (*min.* e *med.*) carbónchio, carboncèllo
Carbuncled, *a.* piêno di carbónchi; (*med.*) copèrto di carboncèlli o bitórzoli
Carbuncular, *a.* rósso come un carbónchio
Carburet, *s.* (*chim.*) carbúro
Carcan, *s.* gógna
Carcanet, *s.* colléna, vèzzo, moníle, *m.*
Carcass, *s.* carcáme, *m.* schéletro, carcássa
Carcinóma, *s.* (*med.*) carcinóma, *m.* cánchero
Card, *s.* cárta da giuocáre; vizliétto, indirízzo; cárdo (da cardáre); blánk —, cárta biánca; márked —, cárta (*da giuoco*) segnáta; máriner's —, rósa dei vênti; pláying —, cárta da giuóco; visiting —, biglietto di vísita ; game of —s, partita alle cárte; pack of —s, mázzo di cárte; a court —, il re, la regína o il fánte; trúmp (card), triónfo; to buy a —, domandáre una cárta; to build houses with —s, far castèlli di cárte; to cut —s, tagliáre le cárte; to pláy —s, giuocáre alle cárte; to shów tricks with —s, usár gherminélle al giuoco, giuocár di vantággio; to shúffle the —s, mescolár le cárte; to thrów awáy a —,

scartáre una cárta; déal —s, dáte le cárte; has he left his —? ha lasciáto il súo bigliétto?
Card, *va.* cardáre; — wóol, cardáre lána
— -case, *s.* porta-bigliétti, *m.*
— -factory, *s.* fábbrica di cárte (*da giuoco*)
— -maker, *s.* cardájo; cartájo, cartolájo; fabbricatóre di cárdi da lána, o di cárte da giuóco
— -making, *s.* fabbricazióne di cárte (*da giuoco*)
— -paper, *s.* cartoncíno
— -table, *s.* tavoliêre, *m.*
Cardamine, *s.* (*bot.*) cardamíndo, crescióne, *m.*, nastúrzio
Cardamom, *s.* (*bot.*) cardamómo
Carder, *s.* cardatóre, scardassiêre
Cardiacal, cárdiac, *a.* cardíaco
Cardinal, *a. s.* cardináte, *m*; — pòints, pùnti cardináli; — nùmbers, nùmeri cardináli; — 's hát, cappéllo cardinalízio
Cardinalate, cárdinalship, *s.* cardinaláto
Carding, *s.* il cardáre, cardaménto
Cardoon, *s.* (*bot.*) cardóne, *m.*, cárdo
Care, *s.* cúra, sollecitúdine, *f.* pensiéro; **leave** the — of that to me, lasciáte púre a me la cúra di ciò; take — what you do, badáte a quél che fáte; gnáwing —s, cúre edáci ; take — of yourself, la si consèrvi, la si riguárdi
Care, *vn.* curáre, aver cúra, tenér cónto, stimáre, curársi; I dón't — a fig for it, for him, them, me ne rído, non me ne cúro, non me ne cále un fíco; what do I —? che impórta a me?
Careen, *va.* (*mar.*) carenáre, dáre carèna, piegáre; — *vn.* piegársi da una bánda
Career, *s.* carrièra
— *vn.* córrere velocemènte, andár rátto
Careful, *a.* sollécito, accuráto, díli énte, circospètto, cáuto, prudénte, assegnáto
Carefully, *avv.* accuratamènte, diligentemènte, con sollecitúdine: cautamènte, prudentemènte ; pensierosaménte
Carefulness, *s.* assegnatézza, cúra, diligènza, cautéla, circospezióne, pensiêro
Careless. *a.* núlla curánte, negligènte, trascuráto
Carelessy, *avv.* trascuratamènte, negligentemènte, con póca cúra, alla carlóna
Carelessness, *s* negigènza, trascuránza
Caress, *s.* carézza, blandiménto, lusínga
— *va.* accarezzáre, vezzeggiáre, blandíre
Caret, *s.* chiamáta, rimándo (in címa alla línea)
Cargo, *s.* cárico (d'una náve)
Caribóo, *s* (*zool.*) caríbou, rénna del Canadà
Caricature, *s.* caricatúra
— *va.* fáre una caricatúra dì, méttere in ridicolo
Caricaturist, *s.* caricaturísta, *m.*

Cáries, *s.* (*med*) cárie, *f.* tárló
Cárillon, *s.* cariglióne, *m.* suòno di campáne a fêsta
Cárious, *a.* tarláto, carióso, guásto dal tárlo
Cárk, *s.* (*ant.*) cúra, ansietà
— *vn.* ròdersi, strúggersi, stáre inquiéto ; consumársi ; cárking cares, cúre mordácí
Cárle, *V.* chùrl, *s.* rústico, zoticóne
Cárling, *s.* (*mar.*) paramezzále, *m.*; scássa dell'álbero
Cárman, *s.* carrettiêre, carrettájo
Cármelíte, *a. s.* carmelitáno; bárefóoted —, *s.* carmelitáno scálzo
Cárminative, *s.* (*med.*) carminatívo
Cármine, *s.* carmíno
Cárnage, *s.* stráge, *f.* uccisióne, macêllo
Cárnal, *a.* carnále
Cárnally, *avv.* carnalménte
Carnátion, *s.* garófano rósso; carnagióne; — cólour, colóre incarnáto
Cárneous, *a.* carnóso, di cárne
Cárnify, *van.* far cárne, impór cárne
Cárnival, *s.* carnovále, *m.* carnasciále, *m.*
Carnívorous, *a.* cárnívoro
Carnósity, *s.* carnosità
Cárob-tree, *s.* (*bot.*) carúbbo, carúbbi
Cárol, *s.* caròla, cánto d'allegrézza; Chrísmas —, cántico del Natále
— *va.* caroláre, cantáre
Carótid, *s.* (*anat.*) carótide *f;* — *a.* carotidêo
Carόûsal, *s.* garosêlla, fêsta, gozzovíglia, trésca
Carόûse, *van.* bére di mólto, trincáre, gozzovigliáre, far trésca
— *s.* bevúta; crápula, gozzovíglia
Carόûser, *s.* trincóne, beóne, compagnóne
Cárp, *s.* (*itt.*) cárpa, carpióne, *m.* carpioncíno; *vn.* censuráre, criticáre, mòrdere; he is carping at every thing, crítica ògni còsa, tròva a ridíre a tútto
Cárpenter, *s.* carpentiêre, *m.*, legnaiuólo, falegnáme, *m.*
Cárpentry, *s.* árte del carpentiêre o falegnáme
Cárper, *s.* cavillatóre, -trice, crítico, censóre
Cárpet, *s.* tappéto, soppedaneo ; — -bag, sácco da viággio, sácco di nòtte
— *va.* coprire di tappéto, méttere il tappéto
Cárping, *a.* crítico, cavillóso, mordáce
Cárpingly, *avv.* cavillosaménte, mordaceménte
Cárpus, *pl.* cárpi, (*anat.*) *s.* cárpo
Cárriage, *s.* pòrto, portaménto ; carròzza, vettúra ; tréno, vagóne, *m.* (di stráda ferráta); carrétta da cannóne; andatúra; presênza, ária, fáre, *m.*; one horse —, carròzza a un sol cavállo; — and four, and six, carròzza a tíro di quáttro, di sei; — and páir, carròzza a due cavállí; he kéeps his —, tiéne carròzza; to alíght from a —, smontáre, discéndere da carròzza; to

páy the — of, pagáre il pòrto di; cáll a —, ordináte una carròzza; of a góod —, di bêlla portatúra
Cárrick-bênt, *s.* (*mar.*) nòdo drítto; — -bítt, *s.* (*mar.*) ásta di mulinéllo, ásta di rocchétto
Cárríage-trùck, *s.* (*strade ferr.*) tréno, vagóne di traspòrto
Cárrier, *s.* vetturíno, portatóre, messaggiêro; carrettiêre, spedizioniêre
Cárrion, *s.* carógna
Cárronáde, *s.* (*artil.*) carronáda
Cárrot, *s.* caròta
Cárroty, *a.* colór caròta, rósso, rossígno
Cárry, *va.* portáre, recáre, condúrre, menáre; to — a sack of whéat from one place to anóther, portáre un sácco di gráno da un luògo ad un áltro ; to — abόut, portár qua e là; — abόut one, portáre in dòsso; — up, portár su; — dόwn, portár giù; — awáy, off, portár vía, rapíre; — óver, trasportáre; — on a wall, continuáre un múro; — on the wár, continuáre la guérra; — on tráde, negoziáre, trafficáre; — cóals to Néwcastle, portár fiáschi a Vallombrósa; to — it hígh, fárla da gránde; the dáy, ottenére la vittòria; — áll befóre one, víncere tútti gli ostácoli; — thróugh, condúrre a término, effettuáre; — back, riportáre; — one's sêlf, comportársi
Cárrying, *s.* il trasportáre, portáre, pòrto
Cárt, *s.* carrétta, carrettóne, cárro; thróugh which — s can pass, carrozzábile; to put the — befóre the hòrse, méttere il cárro innánzi a' buòi; child's —, go-cart, carrúccio, cestíno; cart-whéel, ruóta di cárro; cártwrighț, carradóre, falegnáme che fábbrica i cárri
— *va.* trasportáre con cárro o carrétta; espórre sópra un cárro; *vn.* carreggiáre
Cártage, *s.* fitto d'una carrétta, d'un carréllo, pòrto
Cárte-blánche, *s.* carta-biánca, facoltà; to give one —, dáre ad úno cárta biánca, piêna facoltà
Cártel, *s.* cartéllo, manifêsto, disfída
Cárter, *s.* carrettiêre, carrettájo
Cartésian, *a.* cartesiáno
Cartésianism, *s.* cartesianísmo
Cárt-horse, *s.* cavállo da carrétta
Carthûsian, *s.* certosíno
Cártilage, *s.* cartilágine, *f.*
Cartilàginous, *a.* cartilaginóso
Cárt-lóad, *s.* carrettáta, carráta
Cartóon, *s.* (*pittura*) cartóne, *m.*
Cartoùch, *s.* (*mil.*) cartóccio; — box, gibêrna
Cártridge, *s.* (*mil.*) cartúccia
Cártridge-box, *s.* (*mil.*) gibêrna
Cárt-rùt, *s.* rotája, ségno della ruòta
Cáruncle, *s.* (*anat.*) carúncola
Cárve, *va.* trinciáre, tagliáre; — wóod or

stone, scolpíre, intagliáre sul légno o sulla
piètra; shall I — this fowl? voléte cho io
tríuci quêsto pollástro? to — out, apríre,
fársi stráda tagliándo

Cárver, s. trinciánte, scálco; scultóre, intagliatóre

Cárving, s. lo scolpíre, l' intagliáre, il trinciáre; — -knife, coltéllo da trinciáre; —-
fork, forchettóne

Caryátes, Caryátides, s. pl. cariátidi, f. pl.

Caryophỳlleous, a. (bot.) cariofilléo

Cáscáde, s. cascáta (d'ácqua)

Cáse, s. cássa, scátola, astúccio, guaína; cáso,
soggètto, státo, condizióne; — for bóttles,
cantinétta; — of bóoks, cássa di libri; —
for pens, pennajuólo; — for knives, astúccio pei coltélli; — for a cháir, copèrta da
sèdia; a pláin —, una cósa chiára; a
strânge —, un cáso stráno; put the —,
dáto il cáso; that's quite anóther —, quéllo
è un áltro affáre; in such a —, in tal cáso; the nóminative —, il cáso nominativo;
in a sad —, in cattivo státo; if you were
in my —, se voi fóste nel luògo mio, ne'
miei pánni

—, va. incassáre, serráre

Cáse-hárden, va. induráre, temperáre (il fêrro)

Cásemáte, s. (mil.) casamátta

Cásement, s. finèstra (a gángheri)

Cáse-shot, s. mitráglia

Cáseous, a. cacióso

Cásh, s. fóndo di cássa, danáro contánte;
numerário; — -office, cássa (ufficio)

— va. scontáre, dáre contánti per

Cashiér, s. cassiêre, m.

— va. cassáre, congedáre, licenziáre

Càshkéeper, s. cassiêre, tesoriêre

Cashew (pr. cashóo), s. causciù, gómma

Càsk, s. bótte f., baríle, m.

Cásket, s. scrígno; (mar. gaschétta, comándo

— va. ripórre nello scrigno

Cásque, s. caschétto, élmo

Cáss, va. (legge) annulláre, cassáre, cancelláre

Càssada, s. cassáva

Cassátion, s. cassaménto, cassazióne

Cássia, s. (bot.) cássia

Cassáva, Cassávi, s. cassáva

Cássimer, s. pannína di lána fína, casimír

Càssock, s. sottána (da préte)

Càssowary, s. (orn.) casuário

Cást.(pas.càst) va.gettáre, buttáre, tiráre, lanciáre, scagliáre; condannáre, víncere; to — a
dárt, gettáre, lanciáre un dárdo; — ànchor,
gettár l'áncora, dár fóndo; — lots, tirár le
sórti; — a bell, a cánnon, gettár una campána, un cannóne; — an accóunt, fáre un
cónto; — one's ádversary in a law-suit,
guadagnáre il procèsso; — awáy, gettár via,
abbandonáre; — abóut, spárgere, gettáre per
ogni párte; — off, lasciáre, spogliársi di, ban-

díre; — héadlong, precipitáre; — up, sommáre, far il cálcolo; vomitáre; — dówn
one's eyes, abbassáre o chináre gli òcchi;
— a pèrson dówn, abbáttere, scoraggiáre
uno; — out dèvils, scacciáre i diávoli; —
by, sméttere; — its skin, gettár la scòglia,
scozzársi; — its fèathers, mutár le pénne;
she has — off all sháme, ella ha bandíta
ogni vergógna; (vn. consideráre, rumináre)

Cást, s. tíro, cólpo, gètto, vólo, tiráta, estremità; maniêra, aspètto, mòdo

Castálian, a. (mitol.) castálio

Cástanet, s. castagnétta

Càstaway, s. rèprobo; rifiúto; a. inútile, di
nessún cónto; (mar.) naufragáto

Cáste, s. cásta

Càstellan, s. castelláno

Càstellany, s. castellanía, castellanería

Castelláted, a. torríto, turríto

Cáster, s. tiratóre, colúi che tíra o gètta;
contista, m., ragioniêre, m., calcolatóre;
astrólogo; fonditóre di fêrro; ruotína sópra un pêrno, girèlla, girolétta

Càstigáte, va. castigáre, puníre

Castigátion, s. castigo, punizióne

Castigátor, s. castigatóre, -trice, punitóre,
-trice

Castigátory, a. castigatòrio

Cásting, s. il gettáre, far di gètto; — -hóuse,
fondería; — -net, ritrècine, f.; — -vóte,
vóto decisivo

Càstle, s. castèllo; fóre- —, (mar.) castéllo
di prúa; hind- —, (mar.) castéllo di póppa, cássero; —s in the áir, castélli in
ária

—, vn. roccáre, fáre rócco agli scácchi

Càstled, a. castelláto

Càstle-builder, s. fabbricatóre di castélli
in ária

Càstle-kéep, s. fóndo di tórre

Càstor, s. (zool.) castóro; — hat, cappèllo
di castóro; (astr.) — (and Póllux), Cá-
store e Pólluce; — (mar.) Sant'Elmo; —
òil, ólio di ricíno

Càstramentátion, s. accampaménto

Càstrate, va. castráre

Castrátion, s. castrazióne

Càsterel, càstrel, s. (orn.) ghèppio, acer-
téllo, fottivénto

Càsual, a. casuále

Càsually, avv. casualménte

Càsualness, s. casualità

Càsualty, s. accidènte, m. cáso

Càsuist, s. casuísta, m. casísta, m; va. fáre
il casuísta, il casísta

Càsuistry, s. casuística, casística

Càt, s. gátto, gátta; he —, gátto; she —,
gátta; músk —, mártora, zibellíno; cat-o
níne táils, staffíle, m. flagèllo a nóve cor-
règgie; —'s páw, zámpa del gátto, zimbèllo d'un fúrbo; to agrèe, to live like—

and dog, andár intési, víver cóme cáne e gátto; to ráin —s and dogs, piòvere rovinosaménte, a scròscio; to tùrn the — in the pan, voltár casácca, rinnegáre i pròpri princípj e méttersi col partíto dominánte (per cadére in pié·li a mo' del gátto)

Catachrèsis, *s.* catacrèsi, *f.*

Catachrèstical, *a.* di catacrèsi

Cataclysm, *s.* cataclisma, *m.*

Càtacomb, *s.* catacómba

Catacòustics, *s.* (*fis.*) catacàustica

Catadiòptric, catadiòptrical, *a.* catadiòttrico

Catafàlco, *s.* catafàlco

Catalèctic, *a.* catalèttico

Catalèpsis, Catalèpsy, *s.* (*med.*) catalèssi, *f.*

Càtalogue, *s.* catálogo

— *va.* fàre un catálogo di

Càtaplaím, *s.* cataplásma, *m.*

Càtapult, *s.* (*mil.*) catapúlta

Càtaract, *s.* caterátta, catarátta

Catàrrh, *s.* catárro, flussióne; súbject to or troùbled with —s, catarróso

Catàrrhal, Catàrrhous, *a.* catarróso, catarrále

Catàstrophe, *s.* catástrofe

Càtcall, *s.* fischiétto (per fischiáre gli attóri)

Càtch, *va.* (*pas.* càught) acchiappáre, pigliáre, afferráre, aggrappáre, cógliere, accalappiáre; sopraggiúngere; to — hold of, impugnáre, afferráre, dar di piglio a; — at, procuráre di afferráre; to — a cold, raffreddársi; — fire, accéndersi

— *vn.* attaccársi, èssere contagióso

— *s.* présa, cattúra, bottíno, ritornéllo, canzóne còmica, strambòtto cànone musicále; — of a dóor, anèllo, manettíno di pòrta; — of a làtch, monachétto; to be or lie upon the —, stáre súlle vòlte, stáre all'agguáto

Càtcher, *s* acchiappatóre, -tríce; ingannatóre, -tríce; acchiappatójo; réte, *f.*; bird—, uccellatóre

Càtching, *s.* il pigliáre, l'afferráre, l'appiccársi

— *a.* contagióso, appiccatíccio

Càtchpole, *s.* sbírro, záffo, sergénte

Catechètical (*pr.* catekètical), *a.* catechístico

Catechètically, *avv.* in fórma catechística

Càtechise (*pr.* catekise), *va.* catechizzáre

Càtechiser (*pr.* catekíser), *s.* catechísta, *m.*

Catechism (*pr.* kàtekism), *s* catechismo

Càtechist (*pr.* kàtekist), *s.* catechísta, *m.*

Catechumen (*pr.* catekúmen), *s.* catecúmeno

Categòrical, *a.* categòrico

Categòrically, *avv.* categoricaménte

Càtegory, *s.* categoría

Càter, *vn.* provvedére, procacciáre; *s.* provveditóre; quáttro (ai dádi, alle cárte); —-coùsin, quárto cugíno, cugíno in quárto grádo

Càterer, *s.* provveditóre di commestíbili

Càteress, *s.* provveditríce (di commestíbili)

Càterpillar, *s.* brúco

Càterwaul, *va.* miagoláre, gnauláre

Càterwàuling, *s.* miagolaménto, tregènda (dei gátti)

Càtes, *s.* (*poet.*) vivánde squisíte, cibi ghiótti

Càtfish, *s.* gátto maríno

Càtgut, *s.* còrda di minúgia, minúgia

Cartàrtic, *a. s.* (*med.*) catártico

Carthèdral, *s.* cattedrále

Càrheter, *s.* (*chirurgía*) catetère (*tenta scanalata*)

Càtholic, *a. s.* cattòlico; — chùrch, chiésa cattòlica; — fáith, féde cattòlica

Càtholicism, *s.* cattolicísmo

Càrtholicity, *s.* cattolicità

Carthòlicon, *s.* (*med.*) diacatolicóne, *m.*

Càtkin, *s.* (*bot.*) pannòcchia

Càtlike, *a.* còme un gátto

Càtling, *s.* coltèllo di notomísta; minúgia

Càtmint }
Càtnip } *s.* (*bot.*) máro, èrba gatta

Catòpter, *s.* telescòpio catòttrico

Catòptric, catòptrical, *a.* (*fis.*) catòttrico

Catòptrics, *s.* (*fis.*) catòttrica

Catòptron, *s.* telescòpio catòttrico

Càtpipe, *s.* fischio, fischiétto, zúfolo

Càtseye, *s.* (*min.*) bellòcchio, astèria (gèmma)

Càtsfoot, *s.* (*bot.*) édera terrèstre

Càtsup, *s.* estrátto di fúnghi

Càttle, *s.* bestiáme, *m.*; pècore, arménti; blàck —, bèstie bovíne; to bréed —, allevàre bestiáme

—-hoùse }
—-shed } *s.* stálla del bestiáme

—-trade, *s.* commércio del bestiáme

Càucàsean, *a.* caucáseo

Càudex, *s.* (*bot.*) càudice, cáule, *m.*

Càudicle, *s.* (*bot.*) caudícula

Càudine, *a.* caudíno; — fòrks (*storia romana*), fórche caudíne

Càudle, *s.* bevánda cálda; *va.* fare una bevánda cálda e fortificánte di

Càuf, *s.* tinòzza (da conservàre il pésce vívo)

Càught, *part.* e *a.* (*da* to càtch) prèsi, prendéva, préso; acchiappái, acchiappáto

Càuk, *s.* (*min.*) marcassíta

Càul, *s.* omento, integuménto, retícola

Càulicole, *s.* (*arch.*) caulícolo

Càuliflower, *s.* càvol fióre, *m.*

Càusal, *a.* causále, causatívo

Càusàlity, *s.* causalità

Càusàtion, *s.* causazióne, causalità

Càusative, *s.* causánte

Càuse, *s.* càusa, cagióne; phýsical or moral —, càusa física o morále; I dòn't compláin without —, non mi lágno sènza ragióne; to stand for the góod —, seguitáre il buòn partíto; to pléad a —, difénder una líte; to carry the —, avér cáusa vínta; to give — of suspicion, dar luògo o matéria di sospettáre

Cáusé, va. causáre, cagionáre, prodúrre; to — a thing to be dòne, procuráre che una còsa si fáccia; I will — you to be pùnished, vi farò puníre

Cáuseless, a. sènza cáusa, ingiùsto

Cáuselessly, avv. sènza cáusa, sènza ragióne

Cáuser, s. causatóre, -trice, autóre, -trice, agènte

Cáusey, Cáuseway, s. ghiajáta, spandiménto di ghiája per assodáre i luòghi fangósi; árgine, m. ripáro; stráda selciáta, stradóne

Cáustic, a. s. cáustico; lúnar —, piètra infernále

Causticity, s. causticità

Cáutelous, a. (poet.) cauteлóso, circospètto

Cáuter, s. V. Cáutery

Cáuterizátion, s. cauterizzazióne

Cáuterize, va. cauterizzáre

Cáutery, s. cautério

Cáution, s. cautéla, circospezióne, accortézza, avvíso

— va. avvertíre, ammoníre

Cáutional, a. di precauzióne

Cáutionary, a. di sicurtà, d'ostággio

Cáutious, a. cauteлóso, cáuto, circospètto, guardingo, prudénte, accórto

Cáutiously, avv. cautaménte, accortaménte

Cà tiousness, s. cautéla, circospezióne

Cávalcáde, s. cavalcáta

Cavalier, s. cavaliére, m.; — like, da cavaliére; cavallerescaménte

Cavalierly, avv. cavallerescaménte, da cavaliére, fieraménte, alla gránde; con prepotènza

Cavaliеrness, s. fáre imperióso, incivíle, arCávalry, s. cavallería   (rogánte

Cavatina, s. (mus.) cavatína

Caváxion, s. (archit.) scavaménto; stèrro

Cáve, s. cáva, gròtta, spelónca, ántro

Cáveat, s. (legge) avverténza, ammonizióne

Cávern, s. cavèrna, spelónca

Cávernous, a. cavernóso, cávo, cóncavo, cúpo

Cávesson, s. cavezzóne, m. (di cavállo)

Cavètto, s. (arch.) cavétto, gùscio, tróchilo

Cavezon, s. cavezzóne, m.

Cáviar { s. caviále, m.
Caviare {

Cávil, s. cavillo, cavillazióne, rigíro

— va. cavilláre, sofisticáre, stiracchiáre; to — at every thing a pèrson sáys, criticáre tùtto quel che áltri díce

Cavillátion, s. cavillazióne, gíri e rigíri

Cáviller, s. cavillatóre, -trice, raggiratóre,

Cávilling, s. cavillazióne   (-trice

Cávillingly, avv. cavillosaménte

Cávillous, a. cavillóso, capzióso

Cávillously, avv. cavillosaménte

Cáw, vn. crocitáre (come i córvi), (gracchiáre)

Cáyman, s. (zool.) caimáne, m. coccodríllo americáno

Cázic, s. cacíco

C. B. (iniziali di Commánder of the Báth), s. commendatóre dell'órdine del Bágno

Céase, van. cessáre, desístere, tralasciáre, fermársi; to — wòrking, finíre di lavoráre; — to compláin, cessáte di lagnárvi

Céaseless, a. incessánte, contínuo, perpètuo

Céaselessly, avv. incessanteménte

Céasing, s. cessazióne, interruzióne

Cécity, s. cecità, accecaménto

Cédar, s. cédro; — of Lèbanon, cédro del Líbano

Cedarn, a. cedríno, del cédro

Céde, va. cédere, concédere; abbandonáre — vn. cédere, sottométtersi, dársi per vínto

Cedilla, s. virgolétta

Cédrat, s. cedráto

Cédrine, a. cedríno, di cédro

Cédry, a. di cédro, colór di cédro

Cédule, s. (ant.) cédola

Céil, va. sollittáre; ornáre di soffítta

Céiling, s. soffítto, soffítta, vólta; arched —, soffítto a vólta

Célandine, s. (bot.) celidónia

Célebráte, va. celebráre

Célebráted, a. celebráto, célebre

Célebráter, -átor s. celebratóre, -trice

Celebrátion, s. celebrazióne, celebraménto

Celébrity, s. celebrità

Celérity, s. celerità, velocità, prestézza

Célery, s. (bot.) áppio, sédano; a head of —, piède di sédano

Celéstial, a. celestiále, celèste — s. celèste, abitánte, abitatóre del ciélo

Celéstially, avv. celestialménti

Celéstin, Celéstine, s. (fráte) celestíno

Céliac, a. (anat. med.) celíaco

Célibacy, s. celibáto

Céll, s. cèlla; cellína, casèlla, otricèlla

Cellar, s. cantína, cánova, celliére, m.; little —, cantinétta

Céllaráge, s. cantíne, f. pl.; fitto delle cantíne; the — is éxcellent in thát hòuse, la cantíne sono eccellénti in quélla cása

Céllarer   { s. cellerájo, cellerário, cellerária,
Céllarist   { cantiniére, cantiniéra (d' un convento)

Céllaret, s. canovétta, cantína da trasporte

Céllular, a. cellцláre

Céltic, a. s. cèltico

Céltis, s. (bot.) lòto, bagoláro, perláro

Cément, s. cemènto, smálto, calcistrùzzo, calcína fòrte, mástico, mástice, m.; (fig.) ceménto, legáme, m.

— van. assodáre, fermáre, saldáre, cementáre

Cementátion, s. cementazióne

Cemènter, s. cementatóre, -trice

Cementing, a. átto a cementáre, cementatório

Cèmetery, *s.* cimitèro, -èrio
Cenobíte, *s.* cenobíta, *m.*
Cenobitic, cenobitical, *a.* cenobítico
Cénoby, *s.* (*ant.*) cenòbio
Cènotaph, *s.* cenotáfio
Céns, *s.* (*ant.*) impòsta, tássa, tribúto, cênso
Cènse, *va.* (*ant.*) incensáre
Cènser, *s.* incensière, *m.* turíbile, *m.* turíbolo
Cènsor, *s.* censóre, critico, riprenditóre
Censórial, *a.* censòrio, cínico, cáustico
Censórious, *a.* critico, censòrio, maldicènte
Censóriously, *avv.* da censóre, cinicaménte
Censóriousness, *s.* umóre critico; maldicènza
Cènsorship, *s.* censúra, censoráto
Cènsuále, *a.* censuále
Cènsurable, *a.* censurábile
Cènsurableness, *s.* censurabilità
Cènsure, *s.* censúra, riprensióne, correzióne; ecclesiàstical —, censúre ecclesiástiche; vóte of —, vóto di biásimo
Cènsurer, *s.* riprenditóre, biasimatóre,censóre
Cènsure, *va.* censuráre, criticáre, biasimáre
Census, *s.* cènso, censiménto; to táke the — of, fáre il censiménto di
Cènt, *s.* sòldo americáno, centésima párte d'un dòllaro; cénto; a discóunt of ten per —, lo scónto del diéci per cénto
Cèntaur, *s.* cen'áuro
Cèntaury, *s.* (*bot.*) centáurea; Great —, centáurea maggióre; Lèsser —, centáurea minóre, cacciafèbbre, *f.* biondélla
Cèntenary, *a. s.* centenário
Centènnial, *a.* secoláre; — óaks, quèrcie secolári
Centesimátion, *s.* (*mil.*) supplízio d'un soldáto per ogni cénto
Cèntigrade, *s.* centígrado (*termometro*)
Cèntigram, *s.* centigrámma, *m.*
Cèntilitre, *s.* centilítro
Cèntime, *s.* centésimo
Centimeter, *s.* centímetro
Cèntiped, cèntipéde, cèntipée, *s.* (*ent.*) centogámbe, *m.* centopéde, *m.*, millepiédi, *m.*
Cènto, *s.* centóne
Cèntral, *a.* centrále
Centràlity, *s.* centralità
Centralizàtion, *s.* centralizzazióne
Cèntralize, *va.* centralizzáre
Cèntrally, *avv.* centralménte
Cèntre, *s.* céntro, centína, vólto, centinatúra — *van.* centreggiáre, pórre nel céntro
Cèntreing, *s.* (*arch.*) centína, armatúra
Cèntric, *a.* cèntrico
Centrically, *avv.* in un síto cèntrico
Centrifugal, *a.* centrífugo
Centripetal, *a.* centrípeto
Centùmvir, *s.* centùmviro
Cen'ùmviral, *a.* centumvirále
Centùmvirate, *s.* centumviráto
Cèntuple, *a.* cèntuplo, centuplicáto
Centúplicáte, *cèntuple, vn.* centuplicáre

Centúrial, *a.* (*ant.*) secoláre
Centúriate, *va.* dividere in centinája, centúrie
Centúrion, *s.* centurióne, *m.*
Cèntury, *s.* sècolo, (*mil.*) centúria; the last —, lo scórso sécolo
Cèphalagy, *s.* (*med.*) cefalalgía
Cephàlic, *a.* cefálico
Cèpheus, *s.* (*astr.*) Cefèo
Ceràmic, *a.* cerámico; — árt, árte cerámica
Ceràstes, *s.* ceráste, *f.* cerásta
Cérate, *s.* (*chir.*) ceròtto
Cérated, *a.* inceráto
Cére, *va.* inceráre, copríre di céra
Cèrebell, cerebéllum, *s.* (*anat.*) cerebéllo
Cèrebral, *a.* cerebrále
Cèrebrum, *s.* (*anat.*) cèrebro
Céreclorn, *s.* inceráto, téla inceráta, téla da imbalsamáre
Cérement, *s.* téla inceráta per imbalsamáre, sudário
Ceremónial, *a.* ceremoniále, formále — *s.* ceremoniále, *m.*
Ceremónious, *a.* ceremonióso
Ceremóniously, *avv.* ceremoniosaménte
Ceremóniousness, *s.* cerimoniosità; fáre cerimonióso
Cèremony, *s.* cerimònia; Máster of the céremonies, cerimonière, maéstro delle cerimónie; withóut —, no ceremoniés, sénza cerimònie, sénza soggezióne, sénza compliménti
Céreous, *a.* céreo
Céres, *s.* (*astr.*) Cèrere, *f.*
Cèrtain, *a.* cèrto, sicúro; it is —, — it is, è cèrto; I am — of it, ne son cèrto; I hóld it for —, téngo per cèrto; the — and the uncèrtain, il cèrto e l'incèrto; a — pèrson, una cèrta persóna, un tále, il tále, la tále
Cèrtainly, *avv.* certaménte, sénza dúbbio
Cèrt inty, *s.* certézza, sicurézza
Cèrtes, *avv.* (*poet.*) certaménte, di cèrto
Certificate, *s.* certificáto, attestazióne, attestáto; — of báptism, féde *f.* di battésimo; to deliver a —, rilasciáre un certificáto; to exhibit a —, prodúrre un certificáto; to máke óut a —, fáre un certificáto
Certificàtion, *s.* certificazióne, accertaménto
Cèrtifier, *s.* colúi, coléi che certífica
Cèrtify, *va.* certificáre, dichiaráre, attestáre confermáre; the undersigned cèrtifies that, etc., il sottoscritto certífica che, ecc.
Cèrtitude, *s.* certézza, sicurézza
Cerúlean, *a.* cerúleo, turchíno
Cerúmen, *s.* cerúme, *m.*
Cèruse, *s.* biácca, cerúsa
Cèrvical, *a.* (*anat.*) cervicále
Cesárean, *a.* (*chir.*) cesáreo; — sèction, táglio cesáreo
Cèss, *s.* tássa, impòsta; límite, *m.* confíne, *m.* — *va.* tassáre, fáre la tassagióne
Cessátion, *s.* cessazióne, cessaménto

Cèssible, *a.* cedévole, átto a cédersi
Cèssion, *s.* cessióne
Cèssionary, *a.* cessionário; a — bànkrupt, un fallíto che céde i suói béni ai creditóri
Cèsspóol, *s.* smaltitójo, cèsso, pózzo di luògo còmodo
Céstus, *s.* cèsto; cèsto (cintúra) di Vènere
Cesúra (*mèglio*) caésúra, *s.* cesúra
Cẹtácean, *s.* (*zool.*) cetáceo
Cetáceous, *a.* cetáceo
Cétus, *s.* (*astr.*) baléna, cèto
Cháce, *V.* Chàse
Chàd (*pr.* shàd), *s.* (*itt.*) chéppia, láccia
Cháfe, *va.* scaldáre, riscaldáre, scaldáre fregàndo, stropicciáre; irritáre, scaldáre, aizzáre, méttere in cóllera, far frèmere; *vn.* frèmere, adirársi, incollerírsi, scaldársi; fregársi
— *s.* calóre, cáldo prodótto dal fregáre; irritazióne, stízza, rábbia, frèmito, frèmere, *m.*
Cháfer, *s.* colúi, coléi che írrita, o si írrita; (*zool.*) scarafággio
Cháfery, *s.* ferriéra
Cháfe-wax, *s.* scaldacéra, *m.* sigillatóre
Chàff, *s.* púla, lòppa, pagliuóla
Chàffer, *vn.* prezzoláre, pattuíre, trattáre del prèzzo, diminuíre il prèzzo, stiracchiáre, lolláre, esitáre
Chàfferer, *s.* uno che prèzzola, ésita, lòlla; compratóre che cérca di diminuíre il prèzzo
Chàffering, *s.* l'átto del prezzoláre o diminuíre il prèzzo
Chàffinch, *s.* (*orn.*) fringuéllo, pincióne, *m.*
Chàffy, *a.* paglióso, piéno di páglia o púla
Cháfing-dish, *s.* scaldavivánde, *m.*
Chagrin (*pr.* shagréen), *s.* malumóre, stízza, affànno
— *va.* vessáre, affannáre, adiráre
Cháin, *s.* caténa, tráma, ordíto; concatenaménto, sèrie, *f.*; íron —, caténa di fèrro; — of hills, giogáia, caténa di mónti; llittle —, catenélla, catenúzza; link of —, anèllo di caténa; to bréak one's —s, spezzáre le caténe
— *va.* incatenáre, legáre con caténa
Cháinless, *a.* sénza caténe
Cháin-máker, *s.* chi fa caténe, catenúzze, ecc.
Cháining, *s.* incatenaménto, l'incatenáre
Cháin-pùmp, *s.* trómba grànde e dóppia
Cháin-rùle, *s.* (*arit.*) régola catenária
Cháin-shot, *s.* pálle incatenáte
Cháir, *s.* sèdia, sèggiola; sèdia portátile, cáttedra, scránna, sèggio presidenziále; arm—, sèdia a bracciuóli; éasy-—, sèdia di appòggio sèdia bássa a bracciuóli, seggiolóne, *m.* poltróna; fólding- —, ciscránna; cúrule —, sèdia curúle; the — (*fig.*) il sèggio (presidènte); to fill the —, tenére la presidénza; to fóund a —, fondáre una cáttedra; —s! o —s! —s! al-

l'órdine! all'órdine! The — is tàken, è apèrta la sedúta
Cháir, *va.* portáre in triónfo in un seggiolóne
— máker, *s.* fabbricatóre di sèdie
Cháiring, *s.* il portáre in triónfo un nuóvo mèmbro del Parlaménto in un seggiolóne
Cháirsman, *s.* presidènte; portantíno
Chaise (*pr.* sháse), *s.* calèsso, carròzza di affitto
— -hoùse, *s.* rimèssa per le carròzze
Chàlcedony, *s.* (*min.*) calcedónio; blúe —, zaffirína
Chalcògrapher, *s.* calcògrafo
Chalcògraphy, *s.* calcografía
Chaldáic, *a.* caldáico, caldèo
Chaldée, *a. s.* caldèo
Chàldron, *s.* antíca misúra di (36 mòggi di) carbóne
Chàlice, *s.* cálice, *m.* tázza
Chàlk, *s.* créta, gèsso, biánco di Spágna; it is no móre líke thàn — is to chèese, è affátto divèrso; to — óut, segnáre, mostráre, sbozzáre
Chàlk-pit, *s.* cáva di créta o márga
Chàlky, *a.* cretóso, gessáto, di márga
Chàllenge, *s.* disfida, cartéllo, sfida; pretensióne; rifiúto, rigétto (*di giurì*); (*mil.*) chi è là? chi va là?
— *van.* sfidáre, chiamáre l'avversário a battáglia; pretèndere, avére pretensióne; rifiutáre (*un giurì*), fermáre; chiamáre (una náve) a parlaménto; the sèntry chàllenged, la sentinèlla gridò: chi va là?
Chàllenger, *s.* sfidatóre, uno che fa una sfida, che mànda un cartèllo; quéllo (cioè l'avvocáto o accusáto) che rifiúta un giurì
Chàlybeate, *a.* calibeáto, acciajáto
Chamade (*pr.* shamáde), *s.* chiamáta (*mil.*)
Chàmber, *s.* cámera, stánza; bed- —, cámera da lètto; — of a cannon, cámera di cannóne; small —, camerétta; dàrk —, cámera oscúra; — -máid, cameriéra (d'albèrgo); — -pot, orinále, *m.*; — -lýe, orína
— *va.* portáre o rinchiúdere in una cámera
— *vn.* (*ant.*) far il libertíno
Chàmberer, *s.* faccendiére, libertíno, briccóne
Chàmberlain, *s.* ciamberláno, camerlíngo, cameriére maggióre; tesoriére; Lòrd high —, Gran Ciamberláno
Chàmberlainship, *s.* dignità di ciamberláno
Chàmbermáid, *s.* cameriéra d'albèrgo
Chàmbrel, *s.* garrétto (di cavállo)
Chaméleon, *s.* camaleónte, *m.*
Chaméleonize, *va.* cangiár di colóre come il camaleónte
Chàmfer, *va.* scanaláre, accanaláre
Chàmois (*pr.* shàmoi e shàmmy), *s.* (*zool.*) camóscio

nòr, rúde; - fàll, sòn, bùll; - fáre, dó; - bý, lỳmph; pòlse, bõÿs, tõũl, fõw̃l; gem, aš

Chamomíle, *s.* *V.* Camomíle

Chàmp, *van.* ròdere, rosicchiáre; masticáre; — the bit, ròdere il fréno

Champágne (*pr.* shampáne), *s.* víno di Sciampágna, Sciampágna, *m*; brisk, fùll frothing —, Sciampágna spumeggiánte; iced —, Sciampágna al ghiáccio; spárkling —, Sciampágna spumánte; still —, Sciampágna non spumánte

Chàrpaign (*pr.* shampáne), *s.* pianúra estésa, campágna apèrta e rása; in an ópen —, in cámpo apèrto, in campágna rása; —, *a.* apèrto, piáno, ráso

Chàmp∘rtor, *s.* (*diritto feudale*) raccoglitóre delle dècime

Chàmperty, *s.* (*diritto feudale*) dècima in covóni

Champignon (*pr.* shampiyòn), *s.* fùngo

Chàmpion, *s.* campióne, *m.* difensóre; the — of Liberty, il campióne della Libertà — *va.* diféndere da campióne

Chàmpioness, *s.* (*ant.*) campionéssa, guerriéra

Chànce, *s.* azzárdo, cáso, avvenimento, sòrte *f.*, ventúra, accidénte *m.*; a lucky —, una buòna ventúra, to try the — of war, tentáre la fortúna della guèrra; I met him by —, l'incontrái a cáso; — a customer, avventóre, compratóre casuále; take care of the main —, badáte all'essenziále, a quel che impòrta il più; to take one's —, córrere il rischio, arrischiársi, cimentársi; — -mèdley, cáse fortúito; *a.* raccogliticcio; per cáso

— *vn.* accadére, seguíre, avveníre, succédere; should I ever — to sée him, ove mi avvenísse di vedérlo

Chàncel, *s.* santuário, còro (di chiésa)

Chàncellor, *s.* cancelliére, *m.*, the Lord —, il gran Cancelliére (d'Inghiltèrra)

Chàncellorship, *s.* dignità di Cancelliére

Chàncery, *s.* cancelleria (*tribunale*)

Chàncre (*pr.* shànker), *s.* cánchero, cáncro, úlcera venérea

Chàncrous (*pr.* shàncrous), *a.* cancrenóso, canceróso, ulceróso

Chandelier (*pr.* shandeliér), *s.* candelábro, lústro, lumiéra

Chàndler, *s.* candelájo, cerajuóle (pizzicágnolo, *ant.*); venditóre di granáglie

Chàndlery, *s.* candéle ed altre mérci d'un pizzicágnolo; fábbrica, negòzio di candéle

Chànfrin, *s.* frontále *m.* del cavállo

Chànge, *va.* cambiáre, mutáre, trasmutáre; permutáre, variáre, alteráre; — pláce, cambiár di luògo; — cólour, cambiársi nel viso, arrossíre; — one's mind, mutár pensiéro; — one's túne, cambiár tuòno, mutár registro; — one's shirt, dress, mutár la camícia, gli ábiti; — a piéce of gòld, cambiáre una monéta d'òro; — a sòvereign into shillings, cambiáre in scellíni una sovrána; *vn.* cambiáre; cambiársi, mutársi;

Fortùne begins to —, la Fortúna comíncia a cangiársi; the móon will — to-mórrow, la lúna farà dománi; the wind chánges, cámbia il vènto

Chànge, *s.* cambiaménto, cangiaménto, mutazióne, vicissitúdine, *f.* alterazióne, variazióne, vicènda, varietá, cámbio, monéta, spezzáto, spícci, *s. m. pl.*; — of the móon, interlúnio, lúna nuóva; — of séasoni, córso delle stagióni; I háve no —, non ho monéta, non ho spícci; by wáy of a —, per vía di cámbio; to go on —, andáre al cámbio, in bórsa; the — is very high at prèsent, adèsso il cámbio è mólto álto

Chàngeability, *s.* *V.* Changebleness

Chàngeable, *a.* variábile, cambiábile

Chàngeableness, *s.* mutabilità, incostánza

Chàngeably, *avv.* mutabilménte, instabilménte

Chàngeful, *a.* mutábile

Chàngeless, *a.* immutábile, invariábile

Chàngeling, *s.* párto suppòsto; Don Girèlla (in religióne o in política), vòlta-cosácca

Chànger, *s.* cambiatóre, cámbia-monéta, *m.*

Chànnel, *s* canále, *m*; álveo; scanalatúra (di colónna); rigágnolo, dòccia, grónda; the —, il canále della Mánica; a little —, un canalétto; chànnel-stóne, colatójo

— *va.* scanaláre

Chànt, *va.* cantáre; celebráre col cánto — *s.* cánto, cánto férmo

Chànter, *s.* (*poco usit.*) cantatóre, cantóre

Chàntership, chàntorship, *s.* uffízio di cantóre

Chànticléer, *s.* gállo

Chàntress, *s.* cantatríce

Chàntry, *s.* oratório, cappellétta

Cháos, *s.* cáos, *m.*

Cháotic, *a.* caòtico

Chaótically, *avv.* caoticaménte

Chàp, *s.* fessúra, crepatúra, apertúra, scrèpolo, fèsso, pélo; mascèlla, ganáscia; ragazzáccio, giovinástro

— *va.* crepáre, féndere; *vn.* spacciársi, crepáre, féndersi, screpolársi

Chàpped, *a.* screpoláto, crepáto, fèsso

Chàpe, *s.* códa di fíbbia, puntále *m.* di spáda

Chàpel, *s.* cappélla

Chàpelry, *s.* cappellanía

Chàperon, *s.* cappúccio de' cavaliéri della giarrettiéra; duègna, dònna (maritáta o attempáta) che accompágna fanciúlle o damigèlle (alle fèste da bállo, ecc.)

— *va.* condúrre una gióvine damigèlla alla Córte, accompagnárla ai ridòtti

Chàpfàllen, *a.* (con la mascèlla inferióre cascánte) avvilíto, costernáto

Chàpiter, *s.* (*arch.*) capitèllo; (*legge*) artícoli, cápi d'accúsa

Chàplain, *s.* cappelláno, limosiniére

nòr, rùde; - fàll, sòn, bùll; - fàre, dò; - by, lỳmph; pòlée, bòys, fòul, fòwl; gem, as

Diz. Ingl. Ital. · Ediz. VI. Vol. I.   8

Chàplaincy, chàplainship, *s.* cappellanía

Chàpless, *a.* smúnto, con le guáncie affossàte

Chàplet, *s.* coróna, ghirlánda, sèrto; rosário

Chàpman, *s.* compratóre, avventóre, mercánte

Chàps, *s.* bócca d'animále voráce

Chàpt, Chàpped, *a.* fésso, scoppiáto, spaccáto

Chàpter, *s.* capítolo; to hold a —, tenére un capítolo; to hàve a vōīce in the —, avèr vóce in capítolo; — -hōūse, Capítolo (luógo ove si radúna il cléro)

— *va.* riprèndere in pièn capítolo, sgridáre

Chàr, *va.* árder légna cosí che divènga carbóne; bruciacchiáre, anneríre; *va.* lavoráre a giornáta in cása d'áltri

Chàrred, *a.* ridótto in carbóne; bruciacchiáto, annerito, induráto

Chàr-wóman, *s.* dònna che lavóra a giornáta

Chàracter, *s.* caráttere, *m.* riputazióne; personàggio; benservíto; written in indelible —*s,* scritto in caràtteri incancellábili; a man of góod —, uòmo che góde una buòna riputazióne; an odd —, un uòmo strámbo; he's quite a —, egli è un originále; to táke awáy one's —, diffamáre alcúno; *va.* inscrivere, intagliáre

Characteristic, *a.* caratterístico

— *s.* caratterística

Characteristically, *avv.* caratteristicaménte

Chàracterize, *va.* caratterizzáre, definíre

Chàracterless, *a.* sènza caráttere distintívo

Charade (*pr.* sharáde), *s.* sciaráda

Chàrcoal, *s.* carbóne, *m.* (vegetále); ànimal —, carbóne animále; dàmp — (*metal.*), miscúglio da spalmáre (l'intèrno de'crogiuóli); hàlf-bùrnt —, fumajuólo; òven for máking —, carbonája, fornèllo di carbóne

Chàrdoon, *s.* (*bot.*) cardóne, *m.*

Charge, *va.* caricáre, pórre cárico addòsso; impórre; graváre, far pagáre; to — with, accusáre di, incolpáre di, incaricáre, commèttere; — (or lóad) a gun, caricáre un fucíle; — the ènemy, caricáre l'inimíco; — a pèrson with an affàír, dáre la incombènza d'un affáre ad uno; — with a críme, accusáre uno d'un delítto; how much do you —? quánto domandáte? quánto vi fáte pagáre?

— *s.* cárico, péso; cárica, sòma; incombènza, condótta, custòdia, depòsito; imputazióne, accúsa, prèzzo, spésa; cárica, assálto; a hèavy —, un péso gravóso; the cústomary —, il sòlito prèzzo; all — includ-ed, comprése le spése; to commit a thing to a pèrson's —, dáre la cúra di quálche cosa ad alcúno; to retùrn to the —, ritornár all'assálto; lay not this sin to their —, non imputáre lóro quésto peccáto; the —of a gun, la cárica d'un fucíle, d'úno schiòppo

Chàrgeable, *a.* dispendióso a, a cárico di; d'incomodo a; graváto di, imputábile

Chàrge-hōūse, *s.* (*ant.*) scuòla gratúíta

Chàrger, *s.* cavállo da guèrra; gran piátto

Chàrily, *avv.* frugalménte, assegnataménte

Chàriness, *s.* frugalità, assegnatézza

Chàriot, *s.* cárro, cócchio, biròccio; Pháraoh's chàriots, i cócchi di Faraóne; chàriot-ráce, córsa di cárri

Chàriotéer, *s.* cocchière, *m.* conduttór del cárro

Chàritable, *a.* caritatévole

Chàritably, *avv.* caritatevolménte

Chàrity, *s.* carità; to live in — with all men, vivere in carità con ognúno; for charity's sáke, per l'amór di Dío; ōūt of —, per carità; to ask —, domandáre la limòsina; — begins at hóme, la prima carità è l'avèr cúra di sè; — -schóol, scuòla gratúíta

Chàrlatàn, *s.* ciarlatáno

Chàrlatànic, -ical, *a.* ciarlatanésco

Chàrlatanry, *s.* ciarlatanería

Chàrles's wáín, *s.* (*astr.*) órsa maggióre

Chàrm, *s* incánto, fáscino, allettaménto, vézzo, vaghézza, attrattíva; to hàve gólden —s, èsser brútta, ma rícca

— *va.* incantáre, amma'iáre, affascináre; incantáre, rapíre, allettáre, piacére, lusingáre; to — awáy, congiuráre, scongiuráre

Chàrmer, incantatóre, -tríce, uòmo irresistíbile, dònna ammaliánte

Chàrming, *a.* incantévole, affascinánte; vezzóso, vágo

Chàrmingly, *avv.* vezzosaménte, vagaménte, in mòdo incantévole

Chàrmingness, *s.* vezzosità, vaghézza, potènza attrattíva, affascinánte

Chàrnel-hōūse, *s.* ossário

Chàrt, *s.* cárta da navigáre; cárta costituzionále; to prick the —, carteggiáre (*mar.*)

Chàrter, *s.* patènte, *f.* privilègio; statúto, statúto fondamentále, costituzionále; átto, contrátto; — párty, contrátto di nolèggio d'una náve; the —, lo Statúto, la Cárta Costituzionále

— *va.* stabilíre, garantíre per lèttere patènti, privilegiáre; to — a ship from, noleggiáre, prèndere a nòlo un bastiménto da; — a vessel to òne, noleggiáre, dáre a nòlo una náve ad uno

Chàrtered, *a.* privilegiáto, noleggiáto, garantíto

Chàrwòman, *s.* lavoratríce alla giornáta

Chàry, *a.* assegnáto; spilórcio; riserváto, cáuto

Chàse, *va.* cacciáre, inseguíre, incalzáre; discacciáre, cacciáre, espèllere; cesellàre, incastráre; to — awáy, cacciár vía

— *s.* cáccia, cacciagióne; incalzaménto; to give — to a ship, dar la cáccia ad un vascèllo; hèad —, cannóne di prúa; the — of a cròss-bów, canále *m.* di balèstra; stéeple- —, córsa a campaníle

Chàser, *s.* cacciatóre, -tríce; incalzatóre,

-trìce; perseguitatóre, -trìce; cesellatóre; (*mar.*) vascéllo cacciatóre; náve, *f.* da cáccia

Chásing, *s.* cesellatúra; — -tòol, cesèllo, scalpellíno

Chásm, *s.* spaccatúra, fessúra, apertúra, fesso, vàcuo, váno, lacúna, vuòto; to fill up a —, colmáre una lacúna

Cháste, *a.* cásto; — stÿle, stíle purgáto; — -trée (*bot.*), ágno cásto

Chástely, *avv.* castaménte; purgataménte

Chásten, *va.* castigáre, corrèggere; limáre

Chástener, *s.* castigatóre,-trìce, correggitóre, -trìce

Chásteness, *s.* castità; purità, purgatézza

Chastíse, *va.* castigáre, puníre, staffiláre

Chástisement, *s.* castígo, punizióne, péna

Chastíser, *s.* castigatóre, punitóre, -trìce

Chástity, *s.* castità, purità, pudicízia

Chàsuble, *s.* pianéta

Chàt, *s.* ciárla, cicalaménto, cicaléccio, chiácchiera; parlantína; tráppola; little —, chiacchieráta

— *vn.* chiaccheráre, ciarláre, cicaláre

Chàtellany (*pr.* shàtellany), *s.* castellanía

Chatoyant (*pr.* shatoyant), *a.* cangiánte (*di colore*)

Chatoyment (*pr.* shatoyment), *s.* effètto del colóre cangiánte

Chàttels, *s. pl.* béni mòbili; mobíglia, effètti; — pèrsonal, (*legge*) béni mòbili; — real, bèni immòbili; góods and —, béni ed effètti

Chàtter, *vn.* cornacchiáre, gracchiáre; cornacchiáre, garríre, cicaláre, ciarláre, chiacchieráre; bàttere i dènti; his tééth — with cóld, bàtte i dénti, tréma di fréddo

—, Chàttering, *s.* il gracchiáre, cicaláre, cicalío, ciárla, ciáncia; chàttering of the tééth, battiménto di dénti; chàtter-box, ciarlóne, ciarlóna, cicalóne, cicalóna

Chàtterer, *s.* ciancióne, *m.*, ciancióna, ciarlóne, ciarlóna, chiacchieróne, chiacchieróna

Chàtty, *a.* ciarliéro, loquáce, linguacciúto

Chàtwòod, *s.* fàscio di boscáglie, cespúgli

Chaudron, *s.* víscere, *f. pl.* interióra, *f. pl.*

Cháw (*meglió* chéw), *va.* masticáre

Cheap, *a.* buón mercáto; bóught —, compráto a buón pátto; méat is véry —, la cárne è a buón mercáto; dog —, a víl prézzo, quási per niènte; to hóld —, far buón mercáto dì, èsser pródigo di; to màke one's self —, non risparmiársi, èssere pròdigo di se stésso

Cheapen, *va.* prezzoláre, mercatáre, fissár il prézzo, disputáre sul prézzo della mercanzia, domandáre il prézzo; scemáre il valóre; to — a píece of clots, prezzoláre, mercatáre una pézza di pánno

Cheapener, *s.* prezzolatóre, -trìce

Cheaply, *avv.* a buón prézzo, per pòco

Cheapness, *s.* buón mercáto, víl prézzo; I

am surprísed at the — of it, mi stupísce si vènda a cosí vil prézzo

Chéat, *va.* ingannáre, truffáre, giuntáre; to — at cárdí, at pláy, truffáre al giuòce — *s.* fróde, *f.* furbería, trúffa, ingánno; fúrbo, impostóre, ingannatóre, bindolóne, *m.*

Chéater, *s.* ingannatóre, truffatóre, -trìce

Chéating, *s.* l'ingannáre, il frodáre, truffáre

Chéatingly, *avv.* ingannevolménte, con fróde

Chèck, *va.* frenáre, reprímere, riprèndere; dáre su la vóce a, tenér a báda, arrestáre, moderáre, pórre árgine a; verificáre, riscontráre, esamináre; fáre scácco; to — an accóunt, riscontráre, verificáre un cónto

— *vn.* oppórsi; — one's sèlf, fermársi, raffrenársi, astenérsi; — to the king, scácco al re

— *s.* scácco, fréno, ostácolo, impediménto, riprensióne, rimpròvero; mandáto, órdine, *m.* a vista; rótta, smácco, scácco, sconfitta; contromárca, bigliétto di teátro; frastáglio; to kéep under —, far stáre a ségno; to recéive a —, ricévere scácco, scaccomátto; —s, scácchi; —s of cónscience, rimórsi, rimordiménto della cosciènza; — -máte, scácco-mátto; — -bòok, chèquebòok, librétto de' mandáti, delle cambiáli a vísta; to kéep in —, tenére in iscácco

Chècked, *a.* scaccáto, a scácchi, a quadrettíni

Chècker, *va.* scaccáre, fáre a scácchi, screzáre, frastagliáre, intarsiáre, sprizzáre

Chèckerwòrk, *s.* tàrsia, intarsiatúra, screzío

Chèckered, *a.* scaccáto, fátto a scácchi, screzáto, di due o piú colóri, svariáto

Chèckless, *a.* sènza fréno, irresistíbile, violènto

Chèck-máte, *s.* scácco-mátto; *va.* dáre scacco-mátto; termináre

Chéek, *s.* guáncia, góta; (*artil.*) fiásca; (*di bilancia*), appiccágnolo; chúbby —s, guánce paffúte; the — -píéce of a helmet, bòffa, visiéra d' elmétto; — -bone, òsso jugále; — -tééth, dènti molári, mascellári; to be or sit — by jówl, (*volg.*) sedére famigliarménte accòsto; èsser páne e cácio; the —s of a prínter's press, le cósce del tórchio (*da stampa*)

Chéeked, *a.* guanciáto; red- —, dalle guánce rósse

Chéek-pòuch, *s.* (*sool.*) tásca (tra la gòta e la mascèlla)

Chéep, *vn.* pipiláre, pigoláre

Chéer, *va.* rallegráre, giocondáre, cònfortáre, allietáre; rifociláre; animáre, plaudíre, salutáre; to — up, on, animáre, stimoláre — *vn.* rallegrársi, salutáre con evvíva, gridáre hurrà; to — up, fársi ánimo; rasserenársi; — up! ánimo! corággio!

— *s.* trattaménto, il mangiáre, pásto, còse da mangiáre, la távola; to màke góod —, mangiáre e bére bène, vívere lautaménte; — céra, aspétto, vólto, ária di vólto, víso;

CHE — 116 — CHI

loud —s, strepitósi appláusi, víva! *m. pl.*
evvíva! *m. pl.*
Chéerer, *s.* rallegratóre, -tríce, incoraggiató-
re, -tríce
Chéerful e chéerful, *a.* allégro, giocóndo,
liéto, festóso, brióso; a — cŏuntenance, un
víso liéto, fránco, allégro
Chéerfully, *avv.* allegraménte, lietaménte;
volontièri, con piacére
Chéerfulness, *s.* allegrézza, contènto, allegría
Chéerily, *avv.* allegraménte, alacreménte
Chéering, *a.* rallegránte
Chéering, *s.* consolazióne; appláusi, víva, *m.
pl.*, hurrà, *m. pl.*, acclamazióne
Chéerless, *a.* trísto, cúpo, tétro, maninco-
nióso
Chéerly, *avv.* V. Chéerfully
Chéery, *a.* brióso, allégro, gájo, giulívo
Chéese, *s.* formággio, cácio; rich —, formággio
grásso; single —, formággio mèzzo grásso;
sóft —, formággio dólce
— -cáke, *s.* tortellètta di cácio
Chéesecurds, *s.* látte rapprèso
Chéesemónger, *s.* formaggiájo, pizzicágnolo
Chéese-préss, *s* strettójo per far il formággio
Chéesevat, *s.* graticcio, fórma da fáre il cácio
Chéesy, *a.* caseóso, cacióso, di formággio
Cheirópter *(pr.*keiròpter),*pl.* cheiròptera*(pr.*
keiròptera),(*zool.*) *s.* chiròttero, chiròptero
Cheirópterous *(pr.* keiròpterous), *a.* chiròt-
tero
Cheirothérium *(pr.* keiroтuérium), *s.* (*zool.*)
chirotèrio
Chelónia *(pr.* kelónia), *s. pl.* (*zool.*) chelò-
nii, *m.*
Chelónian *(pr.* kelónian), *s. a.* (*zool.*) che-
lónio
Chemical *(pr.* kèmical), *a.* chímico
Chemise *(pr.* shemée̥e), *s.* camícia da dòn-
na; incamiciatúra
Chemisette *(pr.* shemésètte), *s.* camicíno;
camicétta, camiciuóla
Chémist *(pr.* kèmist), *s.* chímico; — and
drúggist, farmacísta, *m.*, speziále, *m;* —
and druggist's shop, speziería, farmacía
Chémistry *(pr.* kèmistry), *s.* chímica
Chèque, *s.* (*com.*) mandáto, órdine, *m.* a vísta
Chèque-bóok, *s.* librétto de' mandáti
Chèquer, *va.* scaccáre; V. checker
Chèrish, *va.* volér bène a, mantenére, nudríre con tenerézza; allevàre con cúra, trattáre amorevolménte; scaldáre nel séno;
accarezzáre, careggiáre, favoreggiáre, protèggere; he chérished the hópe, egli nudrí-
va la speránza
Chérishing, *s.* protezióne, cúra amorévole
Chérry, *s.* ciriêgia, ciliêgia, ciriêga; black
chèrrieś, ciriège nére; hard-flèshed chér-
ries, ciriège duràcine; tart or tender-fleshed
chèrries, marènne, amarásche, agriótte;
kéntish chèrries, visciole; — -trée, ciriê-
gio; — stóne, nocciuóla, òsso di ciliêgia;

— òrchard, ciriegéto; — chéeks, guáne̥e
vermíglie; — chéeked, dalle guáncie vermíglie; — pit, búca, fossétta, fosserèlla
(giuóco)
Chèrry-báy, chèrry-làurel, *s.* (*bot.*) láuro có-
rasȯ, làvero
Chérub, *s.* (*plur.* chêrubim, chêrubs) cheru-
Cherúbic, *a.* cherúbico   (bino
Chèrvil, *s.* (*bot.*) cerfóglio
Chèsnut, *s.* V. Chèstnut
Chèss, *s.* scácchi, *m. pl.* game of —, giuóco
degli scácchi, partíta di scácchi; to plày
at —, giuocáre agli scácchi
Chèss-àpple, *s.* (*bot.*) sórba
— -bóard, *s.* scacchiére, *m.,* tovagliére, *m.*
— -m·n, *s.* pedína, pedóua, scáceo
— -pláyer, *s.* giuocatóre di scácchi
— -pláying, *s.* il giuocáre agli scácchi
— -trée, *s.* (*mar*) gáncio di múra
Chèssom, *s.* tèrra matúra, tèrra vegetále
Chèst, *s.* cássa, cássa fòrte, forziére, *m.*;
(*anat.*) cásso, cássero (del córpo), pètto,
toráce, *m.* (*mil.*) cassóne; (*com.*) cássa, scrigno; — of dráwers, cassettóne, stipo; iron
—, cássa fòrte, cássa di fèrro; — -fóund-
ered, bólso
Chèsted, *a.* che ha il pètto...; bróad —, làrgo di pètto, pettorúto
Chèstnut, *s.* (*bot.*) castágna; — -trée, casta-
gno; — plot, castagnéto; — cólour, castagníno, colóre di castágna; làrge Frènch
—, marróne, *m.;* hórse —, marróne d'India; — -hórse, cavállo sáuro; hórse-
-trée, ippocastáno
— *a.* castagníno, sáuro, castágno
Cheval-glass *(pr.* shevàl gláss), *s.* spécchio
portátile, mòbile   (tilnòmo
Chevaliér *(pr.* shevaléer), *s.* cavaliére, gen-
Chevaux-de-frise *(pr.* shevó-de-freéṡ), *s.* caválli di Frísia (*fortíf.*)
Chévelure, *s.* (*bot.*) bárba; — of the róots,
capellatúra delle radíci
Chèveril, *s.* caprétto; cuójo di caprétto
Chèvron *(pr.* shèvron), *s.* (*arch.*) travicèllo,
(*arald.*) capróne   (priolàto
Chèvroned *(pr.* shèvroned), *a.* (*arald.*) ca-
Chevrotáin *(pr.* shevrotáin), *s.*(*zool.*) capriõ-
lo, cerbiátto
Chew *(pr.* chó), *va.* masticáre; to — the cùd,
ruminàre, rugumàre (còme le bèstie bovi-
ne); ruminàre, meditàre; — tobácco, masticáre tabácco
— *s.* bocconcíno di tabácco da masticáre o
masticáto
Chewing *(pr.* chóoing), *s.* il masticáre, ma-
sticaménto
Chían *(pr.* kían), *a.* di Chio
Chicane *(pr.* shicáne), *s.* cavíllo, rigíro, sofisticheria
— *vn.* cavillàre, sofisticàre, sottilizzàre
Chicaner *(pr.* shicáner), *s.* cavillatóre, líti-
gatóre

Fáte, méte, bíte, nóte, túbe, - fàt, mét, bit, nòt, tùb; - fàr, pique, £

Chicanery (*pr.* shicánery), *s.* cavillazióne, sofisticheria; il cavilláre, sottilizzáre, cercár il nòdo sul giúnco

Chick, Chicken, *s.* pulcíno; pollastríno; pollastréllo

Chicken-heárted, *a.* pusillánime, pauróso

Chickenpox, *s.* morviglióne, morriglióne, *m.*

Chickling, *s.* pulcíno, pulcinétto

Chickweed, *s.* (*bot.*) centòcchio

Chide (*passato* chid, chidden), *va.* sgridáre, riprèndere; rimproveráre; to — with, lagnársi con, veníre a paròle, mormoráre

Chider, *s.* riprensóre, riprenditóre, -trice

Chiding, *s.* riprensióne, il riprèndere

Chidingly, *avv.* in mòdo di riprensióne

Chief, *a.* cápo, prímo, precípuo, primário, principále; the — Jùstice, il prímo giúdice: the — men of the city, i primári cittadini

— *s.* cápo, capitán generále, cápo-pópolo, comandánte, *m.*, generále, *m*; sòcio principále, direttóre; párte precípua o principále; in —, in cápo

Chiefdom, *s.* (*ant.*) sovranità

Chiefless, *a.* sènza cápo, sènza capitáno

Chiefly, *avv.* principalménte, precipuaménte

Chieftain, *s.* cápo di tribù; cápo di famíglia scozzése; cápo-pópolo

Chieftainship, chiéftainry, *s.* (in Iscòzia) rángo o dignità di capitáno, o di cápo-pópolo; capitanáto

Chiffonier (*pr.* shiffonér), *s.* cifoniére, stípo, cassettíno (Antillo

Chigo, chígre, *s.* púlce, *f.* penetránte delle

Chiblaín, *s.* gelóne, *m.*, pedignóne, *m.*

— *va.* far veníre i gelóni, copríre di gelóni; to be chilblaíned, avére i gelóni

Child, *pl.* children, *s.* fíglio, figliuòlo; bambíno, fanciúllo, infánte, ragázzo; little —, bimbo, bambinéllo; adòpted —, fíglio adottívo, fòster- —, fíglio o fíglia di látte; fátherless —, òrfano, òrfana; God- —, figlióccio; — born béfore its tíme, abòrto, sconciatúra; with —, grávida; to bring fórth a —, partoríre un figliuòlo; nátural —, fíglio naturále, illegíttimo; góod —, buòn ragázzo; náughty —, ragazzáccio; to pláy the —, bamboleggiáre; far ragazzáte; —'s pláy, còse facilíssime

Childbearing, *s.* il far figliuòli; past —, óltre l'età d'avér figliuòli

Childbed, *s.* témpo del párto, puerpério; létto della partoriénte; to be in —, èssere in párto

Childbirth, *s.* il partoríre, párto; the páíns of —, le dòglie del párto

Childermas-dáy, *s.* fèsta degli innocénti

Childe, *s.* (*ant.*) infánte, cavaliére, nobiluòmo

Childhood, *s.* infánzia, fanciullézza, puerízia, prima età, princípio; from one's —, dall'infánzia, sin dalla fanciullézza

Childish, *a.* bambinésco, fanciullésco, pueríle; — áction, ragazzáta; — cònduct, bambinággine, *f.* bambocceria

Childishly, *avv.* puerilménte, da fanciúllo

Childishness, *s.* bambinággine, *f.* puerilità

Childless, *a.* sènza figliuòli

Child-líke, *a.* fanciullésco, di, da fanciúllo

Childness, *s.* umóre fanciullésco

Children, *s. pl.* V. child

Chiliad (*pr.* kíliad), *s.* migliájo, chilíade, *f.*

Chiliahedron (*pr.* kiliahédron), *s.* (*geom.*), chiliêdro

Chill, *s.* brívido, fréddo agghiacciánte; ghiádo, agghiacciaménto, rabbrívido; cold —*s*, brívidi, ribrèzzi di fébbre

— *a.* fréddo, agghiadáto, agghiacciáto; tremánte di fréddo

— *va.* agghiacciáre, freddáre, geláre; this ice-créam —*s* me, quésto sorbétto m'agghiáccia; it —*s* my blòod to think on it, mi s'agghiáccia il sángue al pensárci; *vn.* agghiacciársi, freddársi, abbrividíre

Chilled, *a.* ghiacciáto, raffreddáto

Chilli, *s.* (*bot.*) pépe, *m.* di Guinéa

Chilliness, *s.* státo freddolóso, freddúra, freddóne; brívido

Chilly, *a.* alquánto fréddo, freddòtto; freddóso, freddolóso

Chillness, *s.* freddóre, freddúra, brívido

Chilogram (*pr.* kilogram), *s.* V. kilogram

Chittern-hùndreds, *s.* comúne di Ciltern; stéward of the —, intendénte del Comúne di Ciltern; to accept the (stéwardship of the) —, dáre la sua dimissióne come mémbro della Cámera dei Comúni

Chime, *s.* scampanío, scampanáta, cariglióne dóppio; suòno corrispondénte, suòno armonióso, consonánza, rítmo; the —*s*, armonía di campáne; the *Christmas* —*s*, scampanío al Natále, scampanáta a suòn giulívo

— *vn.* suonáre le campáne a fèsta, scampanáre; concordáre, consonáre; accordársi; to — in (with), consonáre (con), èssere d'accòrdo (con); *va.* báttere o suonáre le campáne a fèsta; combináre, far accordáre

Chimer, *s.* campanáro, chi suòna le campáne a fèsta

Chimera (*pr.* kiméra), *s.* chiméra

Chimèrical (*pr.* kimérical), *a.* chimérico

Chimèrically (*pr.* kimérically), *avv.* chimericaménte (cal, ecc.

Chimical (*pr.* kimical), chimist, V. chemi-

Chimney, *s.* camíno, focoláre, *m.*; this — smókes, quésto camíno fúma; to swéep a —, spazzáre un camíno; — -swéeper, spazzacamíno; — -síde, — -còrner, cantóne, cantúccio del camíno; — -piéce, camíno, cornice, *f.* del camíno; — -gláss, caminiéra; — -flúe, néck, apertúra, gòla del camíno; — -dòctor, fumista, *m.*; — -put, cappéllo del camíno, caminétto; — -órnament, ornaménto di camíno

Chimpànzée, *s.* (*zool.*) chímpanzé, *m.*

Chin, *s.* mènto; double —, dóppio ménto; — -clòth, bavaglino; — -còugh (chincoff), mal di castróne, tósse canína

China, *s.* (*geog.*) China, Cína; porcellàna di Cína; — -man, mercánte di porcellàna; — -shòp, negózio di porcellàna; — wàre, porcellàna; — -ròot. cína, china dólce; — -òrange, melaráncia dólce

Chíne, *s.* schièna, fílo delle rèni, spína; — of pórk, schièna di majále

— *va.* rómpere il fílo delle rèni, sfiláre

Chinése, *a. s.* chinése, *m.*; the —, i Chinèsi

Chink, *s.* fêsso, fessúra, crepatúra; little —, fessolíno; —, tintínno delle monéte

— *va.* spaccáre; far suonáre, far tintinnàre

— *vn.* tintinnáre; spaccársi

Chinky, *a.* spaccáto, screpoláto, fésso

Chintz, *s.* indiàna (téla dipínta)

Chioppine. *s.* scàrpa àlta (usáta dalle dònne)

Chip, *s.* schéggia, brúci lo, trúciolo; he is a — of the óld blòck, a' ségni si conóscono le bálle, quàle pádre tále figlio; — -àxe, ázza

— *va.* truciolàre, bruciolàre, sminuzzáre; ridúrre in brúcioli; to — bréad, scrostàre del pàne

Chiragra (*pr.* kíràgra), *s.* (*med.*) chirágra

Chirk (*pr.* chùrk), *a.* dispósto, svegliáto

Chirograph (*pr.* kirograf), *s.* chirógrafo; ammènda, múlta

Chirographer (*pr.* kírógrafer), *s.* scrittóre, amanuènse, *m*; cancelliére della Córte dei *Common Pleas*, che tièn nòta delle ammènde

Chirographic (*pr.* kíragràfic) | *a.* chiro-

Chirográphical (*pr.* kírográfical) | gráfico

Chirography (*pr.* kírògrafy), *s.* chirografía

Chirologist (*pr.* kírologist), *s.* chirologísta, *m.*

Chirology (*pr.* kíròlogy), *s.* chirologia

Chiromancer (*pr.* kiromanser), *s.* chirománte

Chiromancy (*pr.* kiromansy), *s.* chiromanzía

Chiroplast (*pr.* kiroplast), *s.* (*del pianoforte*) chiroplásto

Chirp (*pr.* chùrp), *vn.* pigolàre, piáre, garríre (come gli uccèlli); *va.* rallegráre, ridestàre, rénder liéto

Chirper (*pr.* chùrper), *s.* gridatóre, che garrísce

Chirping (*pr.* chùrping), *s.* il garríre, il gorgheggiàre degli uccélli   (piáre

Chirrup (*pr.* chùrrup), *vn.* garríre, pigolàre,

Chirurgeon (*pr.* kirùrjun), *s.* *V.* Sùrgeon

Chisel, *s.* scalpèllo, trápano; chíselied wòrk, lavóro di cesèllo, cesellaménto

— *va.* scarpelláre, intagliáre

Chit, *s* gèrme, *m.* germóglio, stípite, *m.*; bímbo, bambinèllo, ragazzíno; lentiggíne, *f.* nèo

— *vn.* germináre, germogliáre

Chitchat, *s.* cicalío, ciárla, chiácchera

Chitterlings, *s. pl.* budèlla, *f. pl*; minúgia, bilórdo, spécie di sanguináccio

Chitty, *a.* bambinésco; lentigginóso

Chivalrous (*pr.* shivalrus), *a.* cavalerésco

Chivalry (*pr.* shivalry), *s.* cavallería, dignità, ràngo di cavalière; fèudo nòbile tenùto dal re

Chíves, *s. pl.* còstole di fióri; spícchi, ciChlàmys, *s.* clámide, *f.*   (pollétta, -ína

Chlórate, *s.* (*chim.*) cloráto

Chlóric, *a.* (*chim.*) clórico

Chlórid, *s.* (*chim.*) clorúro

Chloridic, *a.* (*chim.*) cloridíco

Chlórin | *s. chim.*) clóro
Chlórine |

Chloriodine | *s.* (*chim.*) ácido cloriòdico
Chloriódic-àcid |

Chlóroform, *s.* clorofórmio

Chlorómeter, *s.* clorómetro

Chlorometry, *s.* clorometría

Chlorósis, *a.* (*med.*) clorósi, *f.*

Chlorótic, *a.* (*med.*) clorótico

Chóak, *van.* *V.* choke

Chóck, *s.* (*mar.*) cála, calánca; minchia dell'álbero, arríma del timóne

Chócolate, *s.* cioccoláto; stick, cáke of —, páne, mattóne, *m.*, di cioccoláto; — -pot cioccolattièra; — -mill, frúllo

— -déaler, *s.* cioccolattière, *m.*

— -hòuse, *s.* caffè ove si prènde cioccoláto

— -plànt, — -trée, *s.* (*bot.*) álbero del cacáo

Chòice (*pr.* chòis), *s.* scèlta; elezióne, opzióne, elètta, mèglio, fióre; wère it left to my —, se io dovèssi scégliere; I léave it to your —, scegliéte quel che volète; the — of his tróops, l' elètta, il mèglio, il fióre delle sue trúppe; to hàve Hòbson's —, non avére libertà di scélta

— *a.* scèlto, elètto, ráro, squisíto; scrupolóso, económo; — Àrticle, fióre di ròba

Chòiceless, *a.* sènza il potère di scégliere

Chòicely, *avv.* con cúra, con buòna scèlta, caraménte, preziosaménte

Chòiceness, *s.* qualità squisíta, beltà, ricercatézza, rarità, delicatézza, squisitézza

Choir (*pr.* quíre) *s.* còro; — sèrvice, servízio (divíno) in música

Chòke. *va.* soffocáre, strangolàre, ingorgáre, stoppàre; you — me, mi strangolàte; to — up, ingorgáre, turàre; *vn.* soffocàrsi, affogàrsi; to — up, ingorgàrsi; — *s.* pèlo di carciòffo

— -fùll, *a.* zèppo, pièno zèppo, rimpinzáto

Chóke-pèar, *s.* péra strozzatója; sarcásmo che vi chiúde la bócca, mòtto pungènte

Chóke-wéed, *s.* (*bot.*) orabánche, còda cavallína

Chòker, *s.* soffocatóre, -trice, strozzatóre, -trice; chi ridúce un áltro al silénzio; argoménto sènza réplica

Chóky, a. soffocánte, strozzatójo

Chóler, s. còllera, bíle, f. íra, stízza; blàck —, atrabíle, f.; to stir up one's —, eccitáre, muòver la bíle ad uno

Chólera, chòlera-mórbus, s. còlera, m. còlera-morbus, m. attà·k of —, accèsso di còlera, pèrsons attàcked with —, i colerósi

Chóleric, a. collèrico, biliòso, atrabiliáre, stizzóso

Chólerine, s. colerína, còlera europèo

Chóose, va. (p·ss. chóse, chósen), scégliere, elèggere, preferíre, volére; to — òut, far scélta di, scégliere; I do not — it, non lo vòglio; to —, vn. scégliere, volére, amár mèglio, piacérsi; if you —, se voléte, se vi p·áce; he chóse to stáy, egli vòlle fermàrsi; I rather —, mi è più cáro; I cànnot-chóose but, non pòsso a méno di, non pòsso non   (elettóre)

Chóoser, a. sceglitóre, -trìce, chì scéglie;

Chòp, van. tagliáre, sminuzzáre, tritáre; féndere, crepáre; cambiáre, barattáre; féndersi, spaccàrsi, cangiàrsi; to — fine, sminuzzáre; — off, troncáre, mozzáre, tagliár vía (con una scáre); — up, divoráre, ingojáre; — in upon, entráre all' improvvíso, abbáttersi in

— s. fétta, tagliuòlo, pèzza, tócco; —s, mascèlle (volg.); slàp on the —s, sergozzóne; schiàffo solènne; mùtton —, costolétta di montóne, braciuòla di castráto

— -chùrch, s. baràtto, pérmuta di beneficj (ecclesias!ici)

Chópped, a. tagliáto, tritáto; troncáto, spaccáto, crepáto, screpoláto, fésso

Chop-fàllen, a. incapáce di rispóndere, intimidíto, sfiduciáto, avvilíto

— -hoûse, s. trattoría (in cui non si tróvano che braciuóle di castráto, di mànzo o di majále); tavèrna, béttola

Chópin, chòppin, s. fogliétta, boccále, m.

Chópper, s. coltellàccio da cucina o da beccájo

Chópping, a. grassòtto, tarchiáto; — bábe, bambòccio robústo; — knífe, coltèllo da cuòco; — block, tagliére, m. céppo; —séa, máre agitato

— s. tagliuzzaménto, tritaménto; cambiaménto, baràtto, scámbio; pianèlla (da dònna) álta di suóla; the — of bárgains, il commèrcio di scámbio; your — of lógic, le vòstre dispute filosòfiche

Chó·py, a. spaccáto, screpeláto, fésso

Chóps, spl. (volg.) mascèlle, gote

Chóral, a. coràle

Chórally, avv in còro

Chórd, s. còrda (di struménto), línea rètta

— va. méttere le còrde (ad uno struménto)

Chórd-líne, s. (geom) sottendénte, f. sottésa

Chorepiscopal, a. corepiscopále

Chorepiscopus, s. corepíscopo

Choréus
Chóres   } s. (vers. ant.) corèo, trochèo

Choriàmbic, choriàmbus, s. coriàmbo

Chórist, chòrister, s. corísta, m. cantóre, uno che cànta nel còro

Chorògrapher, s. corògrafo

Chorogrà·hical, a. corogràfico

Chorogràphically, avv. corograficaménte

Chorógraphy, s. corografía

Chorõld, s. (anat.) coróide, f.

Chórus, s. còro, concèrto; to sing in —, cantáre in còro

Chose (pr. shóz) s. (legge) còsa, proprietà; — in àction, proprietà di cui non si è in possèsso, ma alla quále si ha un giústo titolo; — lócal, immòbile; — trànsitory, effètto mòbile

Chóse, chósen, pass. di to chóse, scégliere

Chough (pr. chùf), s. (orn.) gràcchia

Chôuse, va. (volg.) ingannáre, truffáre, giuntáre

— s. (ant.) minchióne, m; ingànno, trúffa

Chrìsm, s. crísma, m. òlio sánto

Chrismal, a. cresimále

Chrismatory, s. sácro váso (contenénte il crisma)

Chríst, s. Cristo

Chrísten, va. battezzáre

Chrístendom, s. cristianità, òrbe cristiáno

Chrístening, s. il battezzáre, il battésimo

Chrístian, a. cristiáno; to spéak like a —, parlár da cris·iáno; — -náme, nóme di battésimo; most —, Cristianíssimo

Chrístianism, s. cristianésimo

Chrístiànity, s. cristianésimo, religióne cristiána

Chrístianize, va. cristianizzáre, fáre cristiáno

Chrístianlike, a. di, da cristiáno

Chrístianly, avv. cristianaménte

Chrístianness, s. professióne di cristianésimo

Chrístmas, s natále, m.; nativítà del Signóre; — càrol, càntico di Natále; — chimes, scampanío al Natále; — -dáy, giórno di Natále; — -box, salvadanájo, strènna; I gáve him a shilling for his — -box, gli dièdi uno scellíno per istrènna

Chríst's-ruorn, s.(bot.) spína nazzaréna, prúno bianco

Chromàtic, a. cromático

Chrómium, s. (min.) cròmio

Chrónic, Chrònical, a. crònico

Chronicity, s. (med) cronicità

Chrònicle, s. crónica, crónaca

Chrónicle, va. méttere nelle crónache, registráre

Chrónicler, s. scrittóre di cróniche

Chrònogram, s. cronográmma, m.

Chronòloger, Chronòlogist,s. cronologísta,m.

Chronològical, a. cronològico

Chronològically, avv. cronologicaménte

Chronólogy, s. cronología

Chronòmeter, *s.* cronòmetro
Chrỳsalid, chrỳsalis, *s.* (*pl.* chrysàlides), ninfa, crisàlide, *f.*
Chrysànzemum, *s.* (*bot.*) crisantèmo
Chrysocolla, *s.* (*min.*) crisocòlla
Chrysocòma, *s.* (*bot.*) crisocòmo
Chrysolite, *s.* (*min.*) crisòlito
Chùb, chùb-fish, *s.* (*itt.*) ghiòzzo, capitóne, *m.*
Chùbbed, *a.* col cápo gròsso come il ghiòzzo
Chùb-chéeked, *a.* paffùto, pacciòso
Chùbby, *a.* paffùto, pacciòso, grassòtto, pienòtto, polpúto; che ha le guánce pienòtte
Chùck, *van.* chiocciáre; dáre un leggièro sergozzóne; colpíre col dito sòtto il mènto, accarezzáre sótto il mènto
— *s.* il chiocciáre, il grído della chiòccia; píccolo sergozzóne; to give a child a — under the chin, accarezzáre un fanciúllo dàndogli píccoli cólpi sótto il mènto; — fàrthing, fossétta (giuóco fanciullèsco)
Chùckle, *vn.* gridáre come fa la chiòccia; dáre nelle risa, ringalluzzársi, ringalluzzolársi, ringalluzzírsi
— -hèad, *s.* balórdo, stupidáccio
— -hèaded, *a.* balórdo, stúpido, melènso
Chùff, *s.* (*ant.*) torabúso, rusticóne, zòtico
Chùm, *s.* compágno di cámera in un collégio o in un'università, cameráta
Chùmp, *s.* pèzzo, cèppo, trónco di légno
Chùnk, *s.* tócco, fétta gròssa; pèzzo, cèppo
Church, *s.* chièsa; the — of England, la chièsa Anglicána; the Catholic —, la chièsa Cattòlica; the Grèek —, la chièsa Grèca; the established —, la religióne dominánte; the ancient States of the —, gli antìchi Státi della Chièsa; — is óver, l'offício è termináto
— a wóman, *va.* purificáre una dònna dópo il párto, dárle la benedizióne; she has bèen chùrched, ella è státa in chièsa a purificársi dópo il párto
— -attíre, *s.* àbiti sacerdotáli
— -burial (*pr.* bèrial), *s.* sepoltúra ecclesiástica
— -góing, *a.* che va (spésso) in chièsa, chiáma o invíta alla chièsa
— -làw, *s.* dirítto canònico
Chùrching, *s.* cerimónia della purificazióne
Chùrchman, *s.* ecclesiástico, prète, partigiáno, sostenitóre della religióne dominánte
Chùrch-wàrden, *s.* santése, m. (d'una chièsa cattòlica); anziáno (d'un concistóro protestánte)
— -yàrd, *s.* cimitèrio, cimitèro; — cough (*pr.* còff); tósse, *f.* incuràbile
Chùrl, *s.* zòtico, villáno, uòmo senza creánza; taccágno, spilórcio
Chùrlish, *a.* zòtico, rústico; taccágno
Chùrlishly, *avv.* zoticaménte, rozzaménte
Chùrlishness, *s.* zotichézza, rustichézza
Chùrn, *s.* zàngola

Chùrn, *vn.* (dignazzáre il látte nella zàngola per) far il butírro
Chùrn-staff, *s.* bastoncéllo da far il búrro
Chùse, *va.* scégliere, eléggere; V. chóose
Chyle (*pr.* kìle), *s.* chílo (*fisiol.*)
Chylifaction (*pr.* kìlifacshun), *s.* chilifazióne
Chyliferous (*pr.* kìliferus), *a.* chilífero
Chylous (*pr.* kìlus), *a.* chilóso
Chỳme (*pr.* kìme), *s.* (*fisiol.*) chímo
Chymification (*pr.* kìmification), *s.* (*fisiol.*) chímification
Chỳmify (*pr.* kìmify), *van.* convertíre, convertírsi in chímo
Chỳmist (*pr.* kìmist), *s.* V. chèmist
Cibol, *s.* cipollétta, cipollína
Cibórium, *s.* cibório
Cicáda, *s.* cicála
Cicatrice, Cicatrix, *s.* cicatrìce, *f.*
Cicatrísant, *s.* cicatrizzánte (rimèdio)
Cicatríze, *va.* cicatrizzáre, rimargináre
Cicely (*pr.* sisly), *s.* (*bot.*) cerfóglio; swèet —, cerfóglio odorífero
Ciceróne, *s.* ciceróne, *m.*
Cicerónian, *a.* ciceroniáno
Cicisbeism, *s.* cicibeísmo
Cicisbèo, *s.* cicisbèo
Cicúta, *s.* (*bot.*) cicúta, mírride, *f.*
Cíder, *s.* sídro
Cíderist, Cíderman, *s.* fabbricatóre o venditóre di sídro
Cíderkin, *s.* sídro fátto con la pásta de' pòmi
Ciérge, *s.* céro, candéla dóppia di céra
Cigàr, *s.* V. segàr
Cileáted, *a.* (*bot.*) cigliáto
Cimbric, *a.* dei Címbri; *s.* língua dei Címbri
Cimiter (*meglio* simitàr), *s.* scimitàrra
Cimmérian, *a.* cimmeriáno; cùpo, néro
Cinchon, cinchóna, *s.* (*bot.*) china, chinachína
Cincture, *s.* cintúra
Cinder, *s.* cénere, *f.*; — *s*, píccoli pèzzi di brágia estínti; céneri; scòria di metállo, scáglie; — -wench, pòvera fanciúlla che va coglièndo i carbóni che si tróvano fra le céneri; — *s* and èarru fúsed by the hèat, roticci, *m. pl.* scòrie, *f. pl.* di metállo
Cinerary, *a.* cinerário; — ùrn, úrna cinerária
Cineràtion, *s.* cinerazióne
Cinéreous, *a.* cinèreo; cinerícelo, cencrógnolo
Cingle, *s.* cínghia, cígna
Cinnabar, *s.* cinàbro, vermiglióne, *m.*
Cinnabarine, *a.* di cinàbro
Cinnamon, *s.* cannélla, cinnamòmo; báse —, cannélla fálsa; bàstard —, càssia odorífera, aromática; clóve —, cannélla garofanáta
Cinnamon-bàrk, *s.* cannélla
— -trèe, *s.* álbero della cannélla
Cinque, *s.* cínque, m. (al giuòco dei dádi, ecc.)
— -fòil, *s.* (*bot.*) cinquefòglie, *m.*

Cinqne-Ports, *s. pl.* Ciuque-Pòrti, *m. pl.* (coi 2 aggiunti posteriormente, i 7 porti di Dover, Sandwich, Romney, Hástings, Hythe, Winchelsea e Rye); wárden of the —, governatóre del Cinque-Pòrti

Cinter, *s.* (*arch.*) centína, armatúra

Cíon, *s.* nésto, innésto, pollóne, *m.*, úgola

Cípher, *s.* cífra; cífera, zèro; a mére —, un núlla, uno zèro; to stand for a —, servír per ripièno

— *van.* calcoláre, computáre, far cónti

Cíphering, *s.* il far cónti, calcoláre; — -bóok, quadèrno per l'aritmètica

Cipolin, *s.* (mármo) cipollíno

Cippus, *s.* (*ant. rom.*) cíppo

Circénsian, *a.* circénse, del Círco

Círcle (*pr.* sùrkl), *s.* (*geom.*) cèrchio, círco-lo; (*bot.*) vitícchio; (*com. polit.*) círcolo, club, *m.* società, assemblèa; little —, cír-colétto

— *va.* cerchiáre, circondáre, cíngere, circuíre

— *vn.* giráre, muòvere o andáre in gíro

Círclet, *s.* cerchiétto, cerchiéllo

Circling, *a.* circoláre, tóndo, che circónda

Circuit (*pr.* sùrkit), *s.* circuíto, recínto, con-tórno; gíro, giráta, giravòlta, rotazióne; córso; giro (di giúdice, di predicatóre, di avvocáto)

Circuítion, *s.* circuizióne

Circuítous, *a.* discósto, circoláre, fuóri di máno: to go by a — róute or róad, andá-re per una stráda discósta, per una vía stòrta, oblíqua, fuóri di máno

Circuítously, *avv.* indirettaménte, obliqua-ménte; in tóndo

Circular, *a.* circoláre

Circularity, *s.* fórma circoláre, circolarità

Circularly, *avv.* círcolarménte, in cérchio

Circulate, *va.* circoláre, giráre attórno, vòl-gersi intórno; the blòod —s in the veins, il sángue círcola nelle véne; mòney dón't —, il danáro non córre, c'è scarsézza di numerário; *vn.* far circoláre, divulgáre; — a report, far córrer vóce

Circuláting, *a.* circoláinte; the — médium, il danáro, la monéta, l'òro, l'argénto; — library, bibliotéca circoláinte, gabinétto letterário

Circulátion, *s.* circolazióne; médium of —, agénte monetário, di circolazióne; to bring into —, méttere in circolazióne; to thrów òut of —, to withdráw from —, (*fin.*) riti-ráre dalla circolazióne

Circulatory, *s.* (*chim.*) circolatójo

— *a.* circolatório, circoláre

Circumámbient, *a.* ambiénte, che circónda

Circumcíse, *va.* circoncídere

Circumcísion, *s.* circoncisióne

Circumflex (*pr.* sùrcumflecks) *a.* circonflèsso

— *s.* (*gram.*) accénto circonflèsso

Circùmfluent, *a.* circonfluènte   (tórno

Circùmfùse, *va.* circonfóndere, spárgere d'in-

Circumfúsile, *a.* che si può spárgere d'attórno

Circumfúsion, *s.* spargiménto d'intórno, espan-sióne, spandiménto

Circumgestátion, *s.* il portáre d'attórno

Circumjácent, *a.* circonvicíno, circostánte

Circumlocútion, *s.* circonlocuzióne

Circumnàvigable, *a.* che si può navigáre at-tórno

Circumnàvigate, *vn.* navigáre attórno

Circumnavigátion, *s.* circumnavigazióne

Circumnavigátor, *s.* navigatóre che fa il gíro del glòbo

Circumrotátion, *s.* circonrotazióne, rotazióne

Circumrótatory, *a.* circonvolvènte, rotánte

Circumscríbe, *va.* circoscrívere, limitáre

Circumscriptible, *a.* che può èssere circo-scrítto

Circumscription, *s.* circoscrizióne

Circumscriptive, *a.* limitatívo, circoscrítto

Circumspèct, *a.* circospètto

Circumspèction, *s.* circospezióne

Circumspèctive, *a.* vigilánte

(Circumspèctively) } *avv.* con circonspezióne

Circumspèctly   }

Circumstance, *s.* circostánza; extenuáting, mitigatory —, circostánza attenuánte; in éasy circumstances, agiáto, còmodo; ac-córding to the circumstances, secóndo le occorrènze

— *va.* (*ant.*) circonstanziáre

Circumstanced, *a.* accompagnáto da circo-stánze, pósto, collocáto; béing thus —, trovándomi in tále státo

Circumstant, *a.* (*ant.*) circostánte, presénte

Circumstàntial, *a.* delle circostánze (non del-le còse essenziáli), incidentále, accidentá-le; circonstanziáto, specificáto, ragguag-liáto, minúto

Circumstantiàlity, *s.* riunióne delle circo-stánze

Circumstàntially, *avv.* secóndo le circostán-ze, minutaménte, ragguagliataménte

Circumstàntiate, *va.* circonstanziáre, specifi-cáre

Circumvallátion, *s.* circonvallazióne

Circumvènt, *va.* circonveníre, sorprèndere, gabbáre, ingannáre, insidiáre

Circumvéntion, *s.* circonvenzióne, fróde, *f.* insídia

Circumvèst, *va.* circonvestíre, avvòlgere

Circomvolútion, *s.* circonvoluzióne, gíro

Circumvòlve, *va.* (ant.) vòlgere, giráre intórno

Circus, *s.* círco, aréna

Cirrous, *a.* (*bot.*) cirrífero, capreoláto

Cirrus, *s.* círro; (*bot.*) círro, vitícchio

Cisàlpine, *a.* cisalpíno

Cispadane, *a.* cispadáne

Cist, *s.* integuménto, cutícula, cúte, *f.*

Cistèrcian, *s.* cirstenscènse (mónaco)

Cistern, *s.* cistèrna, rinfrescatójo

Cit, *s.* borghése, cittadinéllo pretensióso

Citadel, *s.* cittadèlla

Cítal, *s.* accúsa, citatòria, allegazióne

Citàtion, *s.* citazióne, allegazione

Cíte, *va.* citàre, allegáre, addúrre

Cíter, *s.* citatóre, citánte

Citess, *s.* cittadinélla

Cirvaristic, *a.* per l'árpa

Círnern, *s.* cêtra. cétera, sístro

Citizen, *s.* cittadíno, borghése; féllow- —, concittadíno, -ína; — -líks, cittadinésco, da cittadíno

Citizenship, *s.* cittadinánza, franchigia d'una città

Citrate, *s.* (*chim.*) citráto

Citric, *a.* cítrico

Citrine, *a.* citríno, di colór di cêdro

Citron, *s.* cédro (frútto); presérved —, ágro di cédro

— -trée, *s.* cedêrno, cédro (álbero)

— -wàter, *s.* ácqua cedráta

Citrul, (*ant.*) *per* wàter-mèlon, *s.* cocómero, angúria

Cittern, *s.* (*mus.*) cêtra, cétera, sístro

City, *s.* città; commércial —, città commerciále; —, córpo (céntro) della città

— *a.* della città, urbáno, cittadinésco

City-cóurt, *s.* (*negli Stati Uniti*) Consíglio Municipále

Civet, *s.* (*zool.*) zibétto; zibétto (*profumo*)

Civic, *a.* cívico

Civil, *a.* civíle, urbáno, da cittadíno, cittadinésco, cortése, manieróso, affábile; — làw, légge civíle; — list, lísta civíle; — or military life, víta civíle o militáre

Civilian, *s.* legísta, *m.*, leguléio, dottóre, giureconsúlto; studênte in légge civíle

Civility, *s.* civilità, civiltà, urbanità, gentilezza, cortesía

Civilization, *s.* civilizzazióne, inciviliménto

Civilize, *va.* civilizzáre, dirozzáre, ingentilíre

Civilized, *a.* civilizzáto, incivilíto, dirozzáto, cólto, civíle; to becóme —, dirozzársi, fársi civíle, incivilírsi

Civilizer, *s.* civilizzatóre, -tríce

Civilly, *avv.* civilménte, urbanaménte

Civièm, *s.* civísmo, zélo cittadinésco

Clack, *s.* nottolíno, batácchio di molíno; strépito non interrótto; ciáncia, parlár contínuo; to set one's — a góing, cominciáre a chiaccheráre; clàck-vàlve, animélla, válvola, copêrchio a cerniéra

— *vn.* strepitáre, scoppiáre, schiamazzáre; — óut, lasciársi sfuggíre, sfuggír détto a

Clàcking, *s.* strêpito, romóre, parlàre contínuo

Clàd (*pas.* di clóths), *a.* vestíto, copêrto; (*mar.*) corazzáto; íron-clad, *s.* náve corazzáta

Cláim, *va.* richiamáre, reclamáre, esígere, pretêndere, áver pretensióne o diritto a; attribuírsi, arrogársi; to — a privilege, domandáre (pretêndere a) un privilégio; — the first pláce, arrogársi il prímo pósto;

— agáin, raddomandáre; I — it as my right, mi viên di dirítto, lo pretêndo

Cláim, *s.* reclámo, pretensióne, dirítto; richiámo, ragióne (che dà il dirítto a); to láy — to a thing, pretêndere (avér pretensióne) a quálche còsa; he puts in — to it, egli lo pretênde

Cláimable, *a.* che si può pretêndere, reclamáre

Cláimant, cláimer, *s.* chi reclàma, quello che pretênde quálche còsa

Clàm, *va.* invescáre, impaniáre; *vn.* appiccársi, attaccársi, impaniáre

Clàmber, *vn.* rampicársi, rampicáre, inerpicársi

Clàmminess, *s.* viscosità

Clàmmy, *a.* viscóso, glutinóso, tegnênte

Clàmorous, *a.* clamoróso, strepitóso

Clàmoreusly, *avv.* strepitosaménte, clamorosaménte

Clàmour, *s.* clamóre, strêpito, baccáno, chiásso

— *vn.* gridáre, strepitáre, schiamazzáre; to — agáinst a thing, richiamársi cóntro una còsa; — for a thing, domandáre una còsa tumultuariaménte

Clàmp, *s.* incastratúra, incástro, pêzzo di légno attaccáto ad un á tro pêzzo per fárle più fòrte; (*mar.*) puntêllo dell'álbero, puléggia, mêzza puléggia; — of bricks; múcchio di mattóni

— *va.* incastráre, congegnáre, commêttere, uníre due estrêmi d'ássi insiême

Clàn, *s.* famíglia, tribù, *f.* (scozzése); ràzza, consortería; genía, fròtta, ciurmáglia

Clandèstine, *a.* clandestíno, segréto

Clandèstineness, *s.* clandestinità

Clandèstinely, *avv.* clandestinaménte

Clandestinity, *s.* (*ant.*) clandestinità

Clàng, *s* squíllo, suóno di trómba, strombettáta, strêpito di scúdi o ármi percôssi insiême; strído, grído, schiamázzo, còzzo

— *vn.* suonáre, risuonáre, echeggiáre

Clàngour, *s.* strombettáta; clangóre

Clàngorous, *a.* squillánte

Clàngous, *a.* rumoreggiánte, strepitóso

Clànk, *s.* cigolío, suóno di sciábola o di caténa, quándo si stráscica, suono acúto

— *vn.* cigoláre, suonáre (cóme spáda o caténa strascicáta); *va.* far cigoláre

Clànnish, *a.* di clan, di tribù (scozzése)

Clànship, *s.* associazióne per clans; autorità del cápo d'un clan

Clànsman, *pl.* clànsmen, *s.* mêmbro d'un clan

Clàp, *s.* percôssa colla pálma della máno, cólpo rápido e rimbombánte, bòtta, palmáta, scóppio; (*med.*) gonorréa; — of thúnder, scóppio di tuóno, cólpo di fúlmine; claps, clàpping, battiménto di máno per allegrézza, applàuso; dóghe, *f. pl.* legnáme, *m.* da dóghe

— *vn.* bàttere pálma a pálma; *va.* bàttere,

percuòtere, picchiáre; báttere colla máno distésa, mé'tere (rapidaménte) colla pálma della máno, appiccáre, unire una còsa all'á'tra; incolláre, ficcáre; to — the wings, bátter l'áli; — a pèrson's back, percuòtere alcùno nelle spálle; — one's h*nds, bátter le mani, applaudíre; — an àctor, applaudíre un attóre; — a horse, palpeggiáre un cavállo; — up a bàrgain, far prèsto e mále un accòrdo, un pátto; — on all sáíl, spiégáte súbito tutte le véle; — it in, ficcátelo déntro

Cláp-trap. *s.* caláppio, raggíro, ingánno, cólpo teatrále

— *a.* frodolóso, insidióso, che gétta pólvere negli òcch·i, che ingánna

Clàpper, *s.* applauditóre, -trice (in teátro); — of a bell, battág io di campána; — of a mill, battènte di mulíno; — of ràbbits, coniglièra

Clàpping, *s.* battiménto di máni, plaúsi *pl.*, battimáni, *pl.*

Clàre, *s.* mónaca dell'órdine di sánta Chiára

— -obscúre, *s.* (*pitt.*) chiaroscúro

Clàrst, *s.* víno di Bordò, clarètto

Clarificátion, *s.* clarificazióne

Clàrify, *va.* chiarificáre, chiaríre, far divenire límpido

— *vn.* chiarificársi, divenire chiáro o límpido, chiarírsi

Cla·rinet, *s.* (*mus.*) clarinétto

Clàrion, *s.* trómba chiarína

Clàritude, Clàrity, *s.* chiaritúdine, *f.*, chiarezza

Clàry, *s.* (*bot.*) schiaréa, sclaréa, ormíno, gallitrico, èrba moscadélla

Clàsh, *s.* úrto, còzzo, scóntro, scròscio, fracàsso

— *vn.* urtáre, scontrársi, dar di còzzo; scrosciáre, far fracásso; scagliársi, oppórsi, contraddírsi; their swórds, shíelds — ed agáínst éach òther, le lóro spáde, i lóro scúdi si scontrárono; your plans — with mine, i vòstri diségni sono oppósti a' miei, incàgliano í miei; the rain —ed down, l'ácqua veniva già a catinèlle

Clàshing, *a.* cozzánte; contrastánte; oppósto, contraddicènte; scrosciánte, strepitóso; — down ráin, acquazzóne, rovèscio

— *s.* úrto, scontraménto, còzzo, antagonísmo; conflitto, scròscio, strèpito; the — of opinions, il contrásto, l'úrto delle opinióni; — of interest, contrásto, opposizióne degli interèssi; — of àrms, úrto, scóntro, còzzo di gènte ármata

Clàsp, *s.* fermáglio; viticcio; amplèsso, strétta

— *va.* congiúngere insième con fermáglio, affibbiáre, abbracciáre strettaménte, stríngere, avviticchiáre

Clàsped, *a.* congiúnto con fermáglio, affibbiáto; avviticchiáto, abbracciáto, strétto; with — or uplifted hands, a máni giúnte

Clàsper, *s.* viticcio, tenerúme, *m.*; dènte, *m* in tèrzo

Clàspered, *a.* (*bot.*) forníto di viticci

Clàsping, *a.* che abbráccia, che si avviticchia

— -knife, *s.* coltèllo a serramánico, coltellàccio

Clàss, *s.* clásse, *f.* céto, condizióne; scuòla; the middle — es, il céto mèdio; at the reóps ing of the —es, alla riapertúra delle scuòle; the lower - es, la clásse dei pòveri, gli operáj; the ùpper —es, la clásse dei ricchi; jùnior —es, scuòle elementári; àfternóon —, córso seràle; in the sécond, third, fóurth —, in secónda, in tèrza, in quárta clásse; to attènd a —, frequentáre un córso, intervenire alle lezióni d'una clásse

— *va.* classificáre, ordináre, classáre

— -róom, *s.* clásse, *f.* scuòla, áula; to be tùrned óut of the —, èssere espúlso dall'áula scolástica; on góing óut of, on léaving the —, all'uscíre della scuòla

Clàssic, clàssical, *a.* clássico; — àuthor, a·utóre clássico; — schò ar, latinísta ed ellenísta, *m.*, umanísta, *m.*, classicísta, *m.*; the —s, *s.* i clássici

Clàssically, *avv.* classicaménte

Classificátion, *s.* c'assiticazióne

Clàssify, *va.* classificáre

Clàtter, *s.* strèpito, fracásso, chiásso, schiamázzo, romóre, calpestío, scalpóre

— *vn.* strepitáre, far fracásso, far chiásso, romoreggiáre, ciarláre, cornacchiáre

Clàttering. *s* fracásso, chiásso, schiamazzío

Clàuse, *s.* cláusola

Clàusure, *s.* clausúra; reclusióne; (*med.*) canále imperforáto

Clàvate, clàvated, *a.* (*bot.*) clavifórme; nodóso

Clàve, *preterito di* to cléave, attaccársi

Clàvellàted, *a.* —àshes, cénere di féccia, di tártaro, di vagéllo, cénere ricòtta

Clàviary, *s.* (*mus.*) tastièra, tastatúra

Clàvichord, *s.* (*mus.*) clavicòrdio, clavicémbalo, gravicémbalo

Clàvicle, clavi·cula, *s.* (*anat.*) clavícola

Clavicular, *a.* (*anat.*) clavicoláre

Clàviger, *s.* clavígero

Clàvus, *s.* (*bot.*) córno, speróne, m. (*malattía dei cereali*); (*med.*) fignolo, ciccióne, *m.*, forúncolo; — hystèricus, chiòdo istèrico

Clàw, *s.* artíglio, bránca, únghia, úgna; the —s of a crab, le fòrbici d'un gránchio; — of a lion, gli unghióni d'un leóne; — of a hàmmer, orécchio di gátto; — of a càrpenter's bènch, gámbero, barlétto di bánco; — -fóoted, a piè di grifóne

— *va.* graffiáre, sgraffiáre, laceráre; aduláre, piaggiáre

Clàwed, *a.* unghiáto, armáto d'artígli

Clåwless, *a.* sénza artigli, sénza unghióni
Clåy, *s.* argílla, créta, fángo, lôto; båked —,
têrra cótta; tenácious —, argílla comřátta;
fíre —, argílla refrattária ; pòtter's —,
crêta, têrra da pentolájo ; — -land, têrra
argillósa; — cóld, fréddo come l' argílla,
ghiacciáto ; to *k*néad, to wórk —, impa-
står l'argílla
— *va.* copríre d' argílla, concimáre colla
márga; to — súgar, raffináre lo zúcchero
coll'argílla o colla sábbia
Clåy-bráíned, *a.* cervêl di gátta, stúpido
Clåyed, *a.* (*zucchero*) raffináto coll'argílla
Clåy-mårl, *s.* márga, márna argillósa
Clåyey, *a.* argillóso, cretóso
Clåymore, *s.* sciábola scozzése
Clåy-pit, *s.* cáva di márna, d'argílla
Clåy-slåte, *s.* schísto argillóso
Cléan, *a.* pulíto, nétto, móndo, púro, têrso,
líndo, chiáro, schiétto ; — pláte, tóndo
nétto ; — shirt, camícia di bucáto ; give
me a — gláss, datemi un bicchière nétto
— *avv.* affátto, di nétto, intieraménte
— *va.* nettáre, purgáre, laváre, pulíre, mon-
dáre, digrassáre, cavár le macchie; håve
my bóots —ed, fåte pulíre i m'ei stiváli
Cléaning, *s.* nettaménto, puliménto, pulitúra
Cléanliness, *s.* pulizía, mondízia, pulitézza;
I like —, amo la pulizía
Cléanly, *a.* pulíte, nêtto ; che ama la pulitézza
— *avv.* pulitaménte
Cléanness, *s.* pulitézza, nettézza, lindézza,
purità, innocénza
Cléanse, *va.* pulíre (lavándo), ripulíre, mondáre, astèrgere, purgáre, purificáre
Cléanser, *s.* ripulitóre, -tríce ; (*med.*) astersívo, detersívo
Cléansing, *a.* astergênte, purificánte
— *s.* nettaménto, ripuliménto ; lavatúra ;
astersióne
Cléar, *a.* chiáro, límpido ; seréno; nétto,
schiêtto ; sgombráto, spazzáto ; — wåter,
ácqua chiára, púra, límpida ; — wéather,
têmpo chiáro, seréno; — évening, límpida
séra; — stýle, stíle chiáro ; — cáse, cáso
chiáro, manifêsto; — cónscience, cosciênza nétta; — réckoning, accõunt, cónto chiáro; — gáín, nétto guadágno; — of fáults,
of débts, sénza difêtti, esênte di dêbiti; to
get —, uscíre d'impáccio, strigársi; to get
— of the pórt, uscíre del pórto ; to kéep
or stéer — of, evitáre, passár óltre sênza
dar di cózzo, sénza urtársi cóntro ; kéep
—, kéep off, alla lárga; as — as dáy, lampánte
— *avv.* chiaraménte, chiáro, pulitaménte,
di nétto; del tútto, interaménte; to cõme
off —, uscírne pel rótto della cúffia
— *va.* schiaríre, rischiaráre, chiaríre, nettáre, purgáre ; chiarificáre ; diradáre, dibo-

scáre, distrigáre, tiráre d' impáccio; assólvere; giustificáre ; sdoganáre, spazzáre; to
— the sight, schiaríre la vísta; — one's
héad, rênder chiára la têsta; — mêtal, wáter, purificáre il metállo, rênder límpida
l'ácqua; to — a pássage, spacciáre un passággio; — the trênches, nettáre, spazzáre
(coll'artigliería) le trincêe; — up a difficulty, spiegáre, sciógliere una difficoltà; —
the táble, sparecchiáre la távola; — the
róom, vuotár la stánza; — a ditch, saltár
nétto un fósso; — a cápe, a héadland,
passár óltre, oltrepassáre un cápo; —
góods in the cùstom-hõuse, sdoganáre mêrci; — a prísoner, assólvere un prigioniê-
re, dichiarárlo innocênte
Cléar, *vn.* chiaríre, divenír chiáro, límpido,
seréno; schiarírsi, rasserenársi; it is beginning to — up, il têmpo comíncia a
schiarírsi; to — one's self from an imputátion, purgársi di una imputazióne, di
un sospêtto
Cléarage, *s.* nettaménto ; distrígo; disbosca-
ménto
Cléarance, *s.* disimpégno, distrígo; (mar)
licênza di far véla, bollétta di passa-
pôrto
Cléar-héaded, cléar-síghted, *a.* oculáto,
sagáce, giudizióso; — man, uómo di ricápito
Cléaring, *s.* (*in America*) terréno diboscáto, têrra coltivábile ; pagaménto, sáldo,
quitánza ; (*com.*) giraménto, giráta; —
-hõuse, ufficio di liquidazióne
Cléarly, *avv.* chiaraménte
Cléarness, *s.* chiarézza, nettézza, schiettézza
Cléarstarch, *va.* inamidáre, dar l'ámido a
Cléat, *s.* (*mar.*) gáncio, uncino
Cléavage, *s.* spaccaménto, fendiménto; (*tecn.*)
fenditúra piána (d' un cristallo o d' un
diamante); (*min.*) interstízio (tra i filo-
ni metallici)
Cléave, *va.* (*pas.* clóve, cléft, clóven), fên-
dere, spaccáre, divídere; — *vn.* fêndersi, di-
vídersi, spaccársi; to — to, attaccársi a,
appiccársi a, aggrappársi
Cléaver, *s.* fenditójo; wóod-—, spaccalé-
gna; bútcher's — coltellàccio da beccájo,
mannája
Cléavers, *s.* (*bot.*) cáglio, gáglio, presáme, *m.*
Clêf, *s.* (*mus.*) chiáve, *f.*
Clêft, *a.* fêsso, divíso, spaccáto; screpoláto
— *s.* fessúra, crepatúra, apertúra
Clemátis, *s.* (*bot.*) clemátide, *f.*
Clêmency, *s.* clemênza
Clêment, *a.* clemênte
Clêmentine, *a.* (*storia eccl.*) Clementíno ;
— constitútion, costituzióni Clementíne
(di Clemênte V)
Clêmently, *avv.* con clemênza
Clênch, *va. V.* clinch
Clêpsydra, *s.* clêssidra, clêpsidra

Clèrgical, *a.* (*ant.*) *V.* Clèrical
Clèrgy. *s.* clèro, chericáto, chiericáto, cle-
ricáto, cherisía, chierisía; —, bènefit of
of —, benefício sémplice (di chiérico)
Clèrgyman (*pl.* clèrgymen), *s.* ecclesiástico
Clèrical, *a.* clericále, chericále, chiericále;
— róbes, costúme ecclesiástico; — over-
sight, erróre, gránchio, farfallóne, *m.*
Clèrically, *avv.* clericalménte
Clèrk, *s.* chérico, chiérico; dottóre, dòtto,
letteráto; (*ant.*), cancelliére, *m.* protocollísta, *m.* impiegáto, segretário, copísta, *m.*
scriváno, scritturále, *m.* amanuèuse, *m.*;
ragioniére, *m.* ragionáto, gerènte, *m.*; sostitúto, propósto; commésso; — of a church,
cherico di una parròcchia; — of the Chàmber, chérico di cámera (*al Vaticano*);
àrticled —, studènte di lègge présso un
avvocáto; hèad —, cápo d'ufficio (*impiegato*); (*legge*) prímo scritturále; (*com.*)
prímo commésso; jùnior —, secóndo scritturále, secóndo commésso, gióvine di stúdio o di negòzio; ajutánte del ragioniére;
writing —, scriváno
Clèrkship, *a.* chiericáto (dottrína); cárica di
chiérico di chiésa; segretário, pósto di ragioniére, di scritturále, d'impiegáto, di
cancelliére, di commésso, di gióvane di
ufficio o di negòzio
Clèver, *a.* ábile, dèstro, svèlte, brávo
Clèverly, *avv.* abilménte, destvaménte, le-
staménte, maestrevolménte, con bravúra,
con disinvoltúra, alla svèlta
Clèverness, *s.* bravúra nell'árti; attézza, abilità, maestría, magistèrio, disinvoltúra,
sveltézza, destrézza di córpo o di mènte
Clèw, *s.* gomítolo, matássa, filo, spágo, *fig.*
guída, direzióne, scòrta; (*mar.*) púnta di véla; ará-
gna d'ámaca; to — *va.* ripiegáre, aggomitoláre; — úp (*mar.*) imbrogliáre (le
véle)
— -gárnet, *s.* (*mar.*) imbròglio (delle véle
básse)
— -líne, *s.* (*mar.*) imbròglio (delle véle di
gábbia)
Click, *s.* saliscèndi, *m.*; cigolío, tintínnio
— *vn.* tintioníre (come il bilancíno o pèndolo d'un orològio), cigoláre, fáre *tíc-tac*
Clicker, *s.* garzóne rigattiére; venditóre
Client, *s.* cliènte
Cliented, *a.* che ha de' cliènti
Clientship, *s.* clientéla
Cliff, *s.* bálza, bálzo; rúpe, *f.*, dirúpo; dashed
or broken agàinst the —s, alle rúpi in-
fránto
Cliff, *a.* scoscéso, dirupáto
Climactèric, *a. s.* climatérice
Climate, *s.* clíma, *m.*
Climàtic, Climàtical, *a.* climático
Climatíze, *va.* e *vn.* acclimáre, assuefáre,
assuefársi al clíma

Climatólogy, *s* climatologia
Climax, *s.* gradazióne (figúra rettòrica), gradazióne
Climb, *va.* rampicáre, salíre, montáre; *vn.*
arrampicársi, inerpicársi
Climber, *s.* rampicatóre, -tríce; rampicánte;
(*bot.*) rampicánte, *f.* scandènte, *f;* (*orn.*)
rampicánte, *m.* scandènte, *m.*
Clíme, *s.* (*poet.*) clíma, *m.*
Clinch e clènch, *s.* ribaditúra; bòtta, bistíccio
— *va.* ribadíre, stríngere, serráre; — a náíl,
ribadíre un chiòdo; — the fist, strígnere,
serráre il púgno; — the cáble (*mar.*), legáre le gomène all'anèllo dell'áncora; —
a person's árgument, ribadíre il chiòdo a
qualchedúno
Clincher, *s.* rampóne, rampicóne; argoménto
irrefragábile; persóna o rispósta che riba-
dísce il chiòdo (a qualchedúno)
Cling (*pass.* clùng), *vn.* avviticchiársi, aggrappársi, abbrancársi, avvinghiársi; — togèther, unírsi, attaccársi insième; *va.*
(*volg.*) disseccáre, consumáre
— -stóne, *a.* dúro, durácino; — pèaches,
pèsche durácine
Clingy, *a.* viscóso, tenáce, tegnènte
Clinic, *a. s.* (*med.*) clínico; — lècture, lezióne di clínica; — cònvert, convertíto
clínico
Clínical, *a.* clínico
Clink, *va.* tintinnáre, risuonáre
— *va.* far suonáre, far tintinnáre
— *s.* tintínno, tintinnío; tintin, cigolío
Clinquant (*pr.* clinkant), *a.* sfavillánte,
inorpelláto; — *s.* canutíglia, orpèllo
Clip, *va.* tóndere, tosáre, spuntáre, rintuzzáre; abbracciáre; — mòney, tosáre la
monéta; — a bird's wings, tarpáre le áli
ad un uccèllo
Clipper, *s* tosatóre, -tríce, cimatóre, -tríce;
bastiménto leggéro, naviglio célere a véla
Clipping, *s.* il tosáre; —s, tonditúra, tosatúra
Clips, *s.* tanáglie, *pl. f.* tanáglia
Clique (*pr.* cléek), *s.* fròtta, consortería,
ciúrma, genía
Clóak, *s.* mantèllo, tabárro; pretèsto, vélo
— *va.* mantelláre, intabarráre; ricopríre,
palliáre, nascóndere
— -bag, *s.* valígia, sácco di nòtte; sacchétto
da viàggio; — pin, portamantèllo
Clóakedly, *avv.* copertaménte, sótto il mánto, sótto il mantèllo
Clòck, *s.* orològio; pèndola; chimney —, pár-
lour —, pèndola; —s of stóckings, fióri, mándorle di cálze; to wind up a —,
caricáre un orològio; what o' — is it? che
ora è? it is two o' —, sóno le due
— -gláss, *s.* campana di vétro (*per pendola*)
— -máker, *s.* orologiére, *m.* oriuolájo
— -máking, *s.* orologería, árte, *f.* dell'o-
riuolájo

Clòck, *vn*. *V.* Clùck

Clòd, *s.* zòlla; pèzzo di têrra; grúmo, mássa; field fùll of —s, càmpo zollóso; to lhrk behind a —, (*delle pernici*) nascóndersi diètro una zòlla

— *van.* rómpere, scagliáre o levàre le zòlle

Clòddy, *a.* zollóso, grumóso, pièno di zòlle

Clodhòpper,*s* rústico, villáno, villanzóne, *m.*

Clòd-pàte, clòdpoll, *s.* rusticóne, zoticóne

Clòg, *s.* pastòja, péso, zòccolo di légno, incàglio, ingómbro, aggrávio, impediménto, intóppo; to be a — upon, èssere d'ingómbro a

— *va.* impastojáré, aggraváre, ingombráre, caricáre, inceppáre, pórre ostácolo a; this pástry —s the stòmach, quésto pasticcio imbaràzza lo stòmaco

— *vn.* ingombrársi, incagliársi, imbarazzársi, coagulársi, attaccársi; to — one's shóes with dirt, empírsi le scárpe di fàngo

Clògged, *a.* imgómbro, ingombráto, impastojáto, incagliáto, inceppáto, caricáto, ingorgáto, impedíto; wheels — wish snów, ruóte imgómbre di néve

Clòister, *s.* chiòstro, ritíro, convênto, monastèro

— *va.* rinchiúdere in un convènto

Clòisteral } *a.* claustrále
Clòistral }

Clòistered, *a.* rinchiúso in un chiòstro; romíto; fabbricáto come un chiòstro

Clòistress, *s.* mónaca, claustràle, *f.* religiósa

Clònic, *a.* (*med.*) clònico; — spàsm, spásimo clònico, convulsívo

Clóse, *va.* chiúdere, serráre; conchiúdere, terminàre, salpáre; rimarginàre; to — in, rinchiúdere, rinserráre, cígnere, assiepáre; — up, rimarginàre; stoppàre, turáre; to — an accòunt, bilanciáre e saldáre un cónto

— *vn.* combaciáre, combaciársi, riunírsi, rimarginársi, saldársi, chiúdersi; accordársi, intèndersi, combinàre, finíre; to — with the ènemy, venír alle strètte, alle máni col nimíco; — with a pèrson, accordársi, restár d'accòrdo con uno; the dày clóses, càde il giórno, si fa nòtte

— *s.* conclusióne, fíne, *f.*, cadènza; luógo rinchiúso, chiúso, chiusúra, clausúra, pèzzo di tèrra assiepàta da ogni bànda, pratellíno

— *a.* serràto, ben chiúso, strétto; affíne, vicíno, accòsto; compátto, fítto, dênso; concentráto, riserbáto, contegnóso; aváro, segréto, esálto, scrupolóso; — to the gròund, rasènte la tèrra; thése línes are tóo —, quéste righe sono tròppo vicíne l'una all'áltra; my hòuse is — to his, la mía cása è contigua alla súa; — pièce of cloth, tèla fitta; — àlley, viòttolo strétto; — áir, áfa, ária gràve ed affaonósa; — weather, tèmpo fósco e cáldo; to còme — up to, affacciársi a; — man, sornióne, *m;* —

fight, míschia accaníta, zúffa ràbbiósa; — stóol, seggétta; — fisted, spilórcio, strétto di máno; to láy — siége to, stríngere, investíre, assediáre strettaménte; a — mòuth càtches no flíes, in bócca chiúsa non éntran mósche

Clóse, *avv.* vicín vicíno, affíne, ráso ráso, rasênte, davvicíno, accòsto, dapprésso, strettaménte, in mòdo serráto; segretaménte; to walk — by the wàll, rasentàre il múro; he lives — by, egli àbita qui vicíno; dràw the cùrtains —, serràte le cortíne; kéep — státe quàtto quàtto; write —, scrivéte strétto; shut it —, chiudételo bène; fòllow them —, incalzàteli

Clósely, *avv.* strettaménte, esattaménte, da prèsso, rigorosaménte, esattaménte, attentaménte, ermeticaménte, nascostaménte

Clóseness, *s.* viciuánza, prossimità, propinquità, affinità; státo strétto o ristrétt); áfa, sòffoco; compattézza; spessézza; avarízia; circospezióne, riserbatézza; intrinsichézza; the — of the áir in that róom, la gravézza dell'ária di quélla stánza

Clóser, *s.* operájo che dà l'última máno

Clòset, *s.* gabinétto, camerétta piccola, studiòlo

— *va.* chiúdere nel gabinétto, condúrre in gabinétto per discórrere in segréto

Clóseted, *a.* in gabinétto, in consíglio

Clósh, *s.* contusióne al pie' d'un cavállo

Clósing, *a.* último, finále

— *s.* conclusióne, fíne, *f.*

Clósure, *s.* chiudiménto, chiusúra; saldatúra, saldaménto; recínto, chiudénda, siépe, *f.* conclusióne

Clòt, *s.* zòlla (*meglio* clod), grúmo, coagulazióne, présa, quagliaménto; — of blòod, grúmi di sángue; — -bird (*ornit.*) ortoláno (*uccello*), — -bur, *V.* Burdock; — -héad, balórdo, bifólco, bietolóne

— *vn.* aggrumársi, coagulársi, quagliársi, rappigliársi, formársi in grúmi

Clòth, *s.* téla (tessúto di líno, di cotóne, ecc.), woòllen —, bróad —, pánno; linen —, téla di líno; háir —, cilício; bléached —, téla imbianchíta; glázed —, téla inceráta; hòrse—, gualdràppa; wàter próof —, pánno impermeábile; táble- —, továglia; to láy the —, apparecchiáre la távola; to remóve the —, to táke awáy, sparecchiáre la távola; — béam, súbbio; — mèrchant, woóllen-dràper, pannajuólo, negoziànte di panníne, drappière; for the hònour of the —, per l'onóre della professióne; bòund in —, legáto in téla; he càrries on the — tráde, è negoziànte di pánni, di téla

Clòths, *s. pl.* panníne, téle, *f. pl.*

Clòthe (*pas.* clòthed, *part.* clàd, clòthed), *va.* vestíre, copríre di pánni, abbigliàre; — with, rivestíre, copríre di

Clòthed, *a.* vestíto, abbigliáto; — in, ve-

stíto di; — with, rivestíto di, risplen-
dénte di
Clóthes, s. pl. vestiménta, f. pl. vestíti, pánni, m pl. il vestíre; men's —, àbiti da
- uòmo; wòmen's —, vestiménta da dònna;
a súit of —, un vestíto (compléto); put
on your —, vestítevi; take off your —,
spogliàtevi; to wèar fìne —, portàr bègli
àbiti; to wèar òut —, logoràre gli àbiti;
càst-off —, pánni frústi; small —, bràche,
f. pl.; bed- —, copèrte, copertíne, pl. di
létto; turn dòwn the bed- —, fàte la rim-
boccatúra
Clóthier, s. pannajuólo, fabbricátore di pán-
niláni; táilor and —, mercánte-sárto
Clòtted, a. aggrumáto, coaguláto, congeláto
Clòtty, a. grumóso, coaguláto
Cloud, s. núvola, núvolo, núgolo, núbe, f.;
light or fléecy —, nuvolétta; black or
héavy —, núvolo; to lóse one's self in
the —s, pèrdersi nelle núvole; — of ar-
rows, núvolo di saétte; — in màrble, véna
o màcchia nel màrmo; to be ùnder a —,
èssere nell'avversità
— va. offuscáre, oscuráre, appannáre, annuvoláre, ottenebráre
— vn. annuvolársi, oscurársi, offuscársi
Clóud-capt, a. intorniáto di núvole in vétta
Clóud-compèlling, a. che ammàssa le núbi
Clóud-dispèlling, a. (poet.) sgombranúgoli
Clóuded, a. oscuráto, annuvoláto, fósco
Clóudily, avv. foscaménte, oscuraménte
Clóudiness, s. offuscaménto, oscurità
Clóudless, a. sénza núvoli, seréno, límpido
Clóudy, a. nuvolóso, offuscáto; oscuráto,
appannáto, oscúro, fósco, cúpo, tètro; —
wèather, núvolo, tèmpo nuvolóso; — mórn-
ings òften precéde cléar évenings, dòpo
il cattívo viène il buòn tèmpo
Clough (pr. clùf), s. fenditúra in un riálto
— (pr. clòff), s. (com.) accòrdo o dóno di
due líbbre per ogni centinájo; sostégno;
pescája; chiúsa
Clout, s. stráccio, cèncio, strofináccio, torció-
ne, m.; bràche, pl. o pannolíno da bambíno; schiàffo; chiódo; íron —s, cèrchi di
fèrro (intórno ad una ruòta o ad un àsse)
— va. rattoppáre, rappezzáre, schiaffeggiáre,
(volg.) picchiáre; coaguláre, quagliáre,
accerchiáre
Clouted, a. rappezzáto, rattoppáto; coaguláto; — cream, fióre di làtte rappréso
(misto a zúcchero e vin dólce)
Clove, pass. del vérbo to cléave, attaccársi
— s. (bot.) próle, f. di búlbo, di cipólla;
garófano; péso di òtto líbbre; — of gárlic,
spícchio d'áglio; — gilliflower, viòla mám-
mola; oil of —s, òlio di garófano
— bàrk, s. (com.) cannèlla garofanáta
— stàlk, s. rádica di garófano
— trée, s. (bot.) álbero del garófano

Clòven, a. fésso, spaccáto; — -fóoted, di
piè fésso, piè forcúto
Clóver, s. (bot.) cudrángola, trifòglio; to be
or lìve in —, èssere o vívere nell'abbon-
dánza
Clóvered, a. copèrto di trifòglio
Clown, a. villanàccio; rusticóne, contadíno
di gròssa pàsta; bifólco; pagliàccio, buffóne
Clównery, V. Clównishness
Clównish, a. rústico, grossoláno, zòtico, gòffo
Clównishly, avv. rusticaménte, zoticaménte
Clównishness, s. rustichèzza, zoticággine, f.
Cloy, va. satolláre, saziáre, ristuccáre
Cloyed, a. satolláto, saziáto, satóllo, sázio,
stúcco e ristúcco; turáto, inchiodáto (artigl.)
Club, s. màzza, cláva, bastóne nodóso; scòtto; trifòglio, fióre (càrta da giuòco); círcolo, casíno; Hercules' —, la cláva d'Èrcole; the Lìons' —, il círcolo dei bellim-
bústi; the merchants' —, il casíno dei ne-
goziànti
— van. adunársi per stabilíre e ripartíre
la spésa, tassáre; ordináre la tàssa, la
quòta; pagáre lo scòtto, contribuíre la sua
párte, andár di metà, pagáre un tánto per
ciascúno
Clùbbed, a. gròsso e pesánte come una cláva; adunáto, contribuíto, raccogliticcio
Clùbbist, s. (volg.) mèmbro d'un club
Club-fóoted, che ha i pièdi tóndi e stòrti
— hòuse, s. casíno, palàzzo, sála del club
— -làw (Lỳnch-law), s. légge del bastóne,
diritto del più fòrte
— -moss, s. (bot.), V. Moss
— -sháped, a. in fórma di màzza; (bot.)
clavifórme
— -top, s. (bot.) clavária; còral —, coral-
lóide, f.; bàrba di bécco
Clùck, van. chiocciáre, chiamáre chioc-
ciándo
Clùe, s. V. clew; (fig.) matássa, fìlo, bàndolo; to give a — to, scopríre il bàndolo
della matássa
Clùcking, s. il chiocciáre
Clùmp, s. cèppo o pèzzo di légno infórme;
— of trées, grúppo d'álberi, boschettíno,
piccola màcchia
Clùmsily, avv. grossolanaménte, balordaménte, pesanteménte, alla carlóna
Clùmsiness, s. pesantézza, rusticità, l'èsser
disadátto, maldèstro, balórdo, grossoláno,
sgraziáto, stúpido
Clùmsy, a. pesánte, grève, tòzzo; disadátto,
sgraziáto, grossoláno, balórdo, gòffo, pecoróne; clumsy fèllow, uòmo pesánte, balórdo, inètto, bietolóne; — wòman, dònna
di gròssa pàsta, tòzza, fàtta colle gómita
Clùng, pas. e part. del verbo to cling
Clùster, s. gràppolo, racímolo; grúppo, aggregáto
— vn. créscere in gràppoli

Clùster, *va.* radunáre in grúppi, accozzáre, insiême, ammucchiáre (gruppataménte

Clùsteringly, *avv.* a gráppoli, a racímoli, ag-

Clùstery, *a.* cestíto, cestúto, crescênte in gráppoli, pien di racímoli

Clùtch, *va.* impugnáre, afferráre, abbrancáre, artigliáre, adunghiáre, serráre, brancicáre

— *s.* artíglio, ûnghia, unghióne, *m.*; to fáll into one's —es, dar nelle únghie di alcúno; to hàve in one's —es, avér nelle unghie

Clùtter, *s.* ammásso disordináto; fracásso, baccáno; *va.* ammassáre in disórdine; *vn.* far baccáno

Clÿster,*s.*clistêre, *m.*,serviziále, *m.*,lavatívo

— -pipe, cannéllo da serviziále; clisopómpa, siringa; clỳster-wise, a mo' di clistêre

Clỳsteríze, *va.* applicáre un clistêre o lavatívo

Cô, *s.* (*com.*) *abbr. di* còmpany, compagnía, sòcj ; Mèssieurs Brown, Black and Co., i signóri Brown, Black e Comp.

Coacérvate,*va.* (*ant.*) accumuláre,ammassáre

Cóach, *vn.* scarrozzáre, andár in carrózza

— *va.* vettureggiáre, portár in carrózza ; we —ed it, ci siàmo andáti in carrózza

— *s.* còcchio, carrózza, vettúra ; gèntleman's — (*meglio* càrriage), carrózza (signorile); stage- —, diligênza, velocífero; máil —, staffétta postále, corriêra ; hàckney —, vettúra d'affítto ; glàss —, livery —, carrózza da rimêssa o da piázza ; a — and six, carrózza a sei cavàlli ; — -horse, cavàllo da carrózza; — -box, cassétta, sedile, *m.*, del cocchiêre; — -step, predellíno; — -dóor, sportêllo da carrózza; — -hôuse, riméssa; — -máker, fabbricatóre di carrózze; fôur whéeled —, vettúra a quáttro ruóte ; he kéeps his —, egli tiêne carrózza

— -òffice, *s.* ufficio de' velocíferi

— -wrènch, *s.* (*tecn.*) chiáve, *f.* inglése

Cóachey, *s.* cocchiêre

Cóachman, *s.* cocchiêre; stop, —, we alíght hère, fermáte, cocchiêre, scendiámo qui

Cóachmanship, *s.* árte, *f.* di guidáre il còcchio, talénto d'auríga

Coàct, *vn.* operáre d'accòrdo, agíre insiêmo

Coàcted, *a.* forzáto, costrétto, coátto

Coàction, *s.* coazióne, fòrza

Coàctive, *a.* coattívo

Coàctively, *avv.* coattivaménte

Coadjútor, *s.* coadjutóre, *m.*; bishop's —, coadjutóre di véscovo

Coadjútorship, *s.* coadjutoráto

Coadjútrix, *s.* coadjutríce, *f.*

Coadvénturer, *s.* compágno d'avventúra

Coágent, *s.* cogènte

Coagulabílity, *s.* coagulabilitá

Coágulable, *a.* coagulábile

Coágulate, *van.* coaguláre

Coágulate, *van.* coaguláre, rapprêndersi

Coàgulàted, *a.* coaguláto, rappigliáto

Coagulàtion, *s.* coágulo, coagulazióne

Coagulátive, *a.* coagulatívo

Coagulátor, *s.* coagulatóre

Coàgulum, *s.* (*chím.*) coágulo, cáglio, presáme, *m.*; rénnet is a —, il cáglio é un presáme

Cóak, *s.* (*mín.*) *V.* Cóke

Cóal, *s.* carbóne, *m..* carbón fòssile; pit- —, carbón fòssile, litantráce, *m.*, carbóne di tèrra ; char- —, carbóne di légna; smáll- —, carbonélla; búrning —, líve —s, brágia; — dùst, carbóne spolverizzáto ; smìrn —, — for a fórge, carbóne d'usìna; to càrry —s to Néwcastle, portár légna al bòsco, portár ácqua al máre; — -pit, — -mìne, miniêra di carbóne; — -mèrchant, negoziànte di carbóne; — -box, bàsket, — cèsta da carbóne; — -hòle, — -hôuse, carbonája, luógo dove si tiêne il carbóne; — -man, carbonájo, mercánte di carbóne; — -hèaver, facchíno che scárica i bastimènti di carbóne ; — cinders, cèneri di carbóne, pezzétti di carbóne estínti; — -bed, stráto, véna di carbóne; to wôrk a — -mìne, esercíre, esercitáre una miniêra di carbón fòssile; — va. ridúrre in carbóne, annerìre (*stile*)

— -black, *a.* néro come carbóne

— -clòset, *s.* carbonája (*luogo*) ; (*mar.*) sóda pel carbóne

— -depòsit, *s.* (*min.*) depòsito di carbóne fòssile

— -district, *s.* (*mtniere*) distrétto carbonífero

— -dráwing, *s.* (*miniere*) estrazióne del carbón fòssile

— -dròss, *s.* pólvere, *f.* cénere, *f.* del carbón fòssile (in una fucina)

— -engìneer, *s.* ingegnére di miniêre di carbón fòssile

— -fìéld, *s.* (*min.*) terréno carbonífero

— -físh, *s.* merlúzzo, merlángo néro

— -hòod, *s.* (*orn.*) fringuéllo maríno, ciaffolòtto, monachíno

— -líghter, *s.* náve, *f.* da traspórto pel carbón fòssile

— -mèter, *s.* misuratóre di carbón fòssile

— -mìner, *s.* operájo che lavóra in una miniêra di carbón fòssile

— -mìning, *s.* estrazióne del carbón fòssile

— -òwner | *s.* proprietário di miniêra di
— -proprietor | carbón fòssile

— -scùttle, *s.* sécchio pel carbón fòssile ; (*mar.*) boccapòrto della sóda del carbóne

— -séam   { *s.* stráto di carbón fòssile
— -strátum   {

— -ship, *s.* bastiménto di carbón fòssile

— -stòne, *s.* (*min.*) antracite, *f.*

— -viewer (*pr.* vûer), *s.* ispettóre di miniêre di carbón fòssile

— -whàrf, *s.* depòsito di carbón fòssile

— -wôrk, *s.* cáva di carbón fòssile

Cóalery, *s.* miniéra, cáva di carbon fòssile

Coalèsce, *vn.* unírsi, incorporársi, collegàrsi

Coaléscence, *s.* coalescénza

Coalition, *s.* coalizióne

Cóaly, *a.* contenénte carbón fòssile; somigliánte al carbón fòssile

Cóamings, *s. pl* (*mar.*) bárre dei boccapòrti

Coaptátion, *s.* adattazióne recíproca; (*chir.*) coaptazióne

Coárct, C árctáte, *va.* coartáre, restríngere

Coarctátion, *s.* coartazióne, restringiménto, compressióne

Cóarse, *a.* rúvido, gròsso, grèzzo, grèggio, ròzzo, di pásta gròssa, grossoláno, zótico, incólto, scóncio, villáno; — cloth, pánno rúvido, gròsso; — mánners, mòdi sgarbati; — expréssions, paròle scónce

Cóarsely, *avv.* grossolanaménte, rozzaménte

Cóarseness, *s.* ruvidézza, rossézza, grossézza, rusticággine, *f.* sgarbatézza, bassézza, sconcézza, villanía

Cóast, *s.* còsta, costièra; to sáíl alòng the —, còsteggiáre; the — is cléar, non c' è púnto perícolo; — -guard, guardacòste, *m.* doganière della còsta

— *vn.* costeggiáre; — alòng, navigár còsta, còsta, rádere la còsta

Cóaster, *s.* costeggiatóre, náve per costeggiáre

Cóasting, *s.* il navigáre lúngo le coste, cabotággio

Cóat, *s.* ábito, vestíto, vèste, *f.* sájo; dress- —, ábito da bállo; fròck- —, pastráno; wíde —, casácca; gréat- —, ferrajuòlo, tabárro, paletò; wátch —, capótto; child's —, vèsta da fanciúllo; — of máíl, giáco, loríca; — of arms, árme gentilízie, stèmma; hòrse's —, mantéllo (pélo) d' un cavállo; wáíst- —, giubbettíno, gilè, *m.*; túrn- —; rinnegáto, vòlta-casácca; cut yoúr — accòrding to yoúr cloth, tagliáte il vestíto secóndo il pánno

— *va.* vestíre; ricopríre, intonacáre, incamiciáre

Cóated, *a.* vestíto, rivestíto; intonacáto

Cóating, *s.* pánni per pastráni o paletò; intònaco

Cóat, *va.* Insingáre, accarezzáre, blandíre, piaggiáre, carreggiáre, sedúrre, far moíne a

Cóaxer, *s.* lusinghièro, piaggiatóre, -tríce

Cóaxing, *s.* lusinghe, *pl.* carézze, *pl.* moíne, *pl.*; seduzióne

Cób, *s.* pálla di pásta; (*orn.*) gabbiáno, mugnájo; cavallúccio fòrte; monéta antica; a rich —, un ricco aváro; corn —, pannócchia, cápo di gráno saracéno

Cóbáil, *s.* confidejussóre, commallevadóre

Cóbalt, *s.* cobálto

Cobble, *va.* rappezzáre (scárpe), rattoppáre, rattacconáre, acciabbattáre, acciarpáre, abborracciáre, arrocchiáre

Cóbbler, *s.* ciabattíno, rappezzatóre; ciabattóne, ciarpóne, abborraccióne; — -like, da ciabattíno

Cóbbling, *s.* il ciabattáre, il rattoppáre

Cohcñal, *s.* carbón fòssile di média grossézza

Còbíron, *s.* álare, *m.* su cui gira lo spièdo

Cóbnut, *s.* giuóco fanciullésco (con nóci)

Cóhweb, *s.* téla di rágno, ragnatéla; *a.* di téla di rágno

Cocèntric, *a.* (*geom.*) concèntrico

Cóchinéal, *s.* cocciníglia

Cochleária, *s.* (*bot.*) coclária

Cóck, *s.* gállo; the — oróws, il gállo cánta; a péa- —, un pavóne; Túrkey —, gállo d'Índia; — phèasant, fagiáno máschio; — pígeon, colómbo; — spàrrow, passeròtto; — fíght, battáglia di gálli; — cróoing, cánto di gállo; — loft, ranájo, soffítta, piccionája; — bóat, picciolo battèllo, barchétta; cock's tréíd, sémo, *m.* di gálle; wóod- —, beccáccia; wéather- —, banderuóla; — of a gun, cáne il'un fucile; — of a béam, ágo della bilància; — of a bàrrel, cannélla di barile; — of háy, mucchio di fièno; — -súre, sicuríssimo; to tell a — and búll stóry, díre la fávola dell'uccellíno; — 's cou b, crèsta di gállo; zerbinotto, giogínno; — of a hat, tèsa, ála, di cappéllo; — -bráined, stordíto, scervelláto; — -cháfer, scarafággio néro; — róach, tegnuola, blátta; — -adóodie-dó, cánto di gállo (*burlesco*)

— *va.* rizzáre, drizzáre, alzáre, levár su, rileváre; to — háy, ammucchiáre il fièno; — a gun, montáre (armáre) un fucile; — the ears, drizzár le orécchie; to — , *vn.* ringalluzzársi, far il gállo

Cócked, *a.* rizzáto, montáto, armáto, drizzáto, teso, ammucchiáto

Cockáde, *s.* coccárda, fiócco, náppa; to wéar a —, portáre una coccárda

Cockáded, *a.* fregiáto di coccárda

Cockatóo, *s.* (*orn.*) coccatóo

Cóckatrice, *s.* basilíschio, basilísco, régolo, re dei serpénti

Cócker, *va.* nutríre con sovérchia cúra, alleváre nella bambágia, accar zzáre

— *s.* amatóre de' combattiménti dei gálli

Cóckerel, *s.* gallétto, gállo giòvine

Cócket, *s.* sigíllo, licénza, bollétta della dogána

Cóckfíght, *s.* battáglia, combattiménto di gálli

Cóckle, *s.* bucardía, cáma, cáme, pésce di nícchio; — shell, conchíglia, cónca, nícchio; — wéed, lóg. io; hot —s, sórta di giuóco a guancialín d'óro; — stáirs (*meglio* winding stáirs); scála a chiócciola

— *va.* accartocciáre, ripiegáre; *va.* increspársi, raggrinzársi; spumáre, grilláre, biancheggiáre

Cóckney, *s.* gónzo di Lóndra; cittadíno effeminato; uòmo o fanciullo tenúto o alleváto nella bambágia; cúcco, allócco; — phráses, — wit, i ríboboli di Lóndra; — like, da gónzo di Lóndra

tòr, rûde; - fáll, sön, búll; - fáre, dò; - bý, lýmph; pòíse, bòýs, fóúl, fóẃl; gem, aí

Diz. Ingl. Ital. - Ediz. VI. Vol. I.   9

Cockneyism, s. gergo, pronúncia, mòdi effeminati o volgári d'un góuzo di Lóndra
Cockscomb, s. crésta di gàllo; giuginno, zerbino, vanerèllo; (bot.) pedicolàre, f. strafizzèca, stralisàrga; (bot.) rinánto
Cockpit, s. arèna dei combattiménti dei gàlli; ospedàle, m. di vascèllo
Cockswain, s. capitáno di scialúppa
Cócoa, s. (bot.) caccáo, V. cacáo; — -trée, álbero del caccáo; cócco, álbero del cócco; — -nùt, nóce di cócco; — -òil, ólio di
Cocóon, s. bózzolo (cócco
Cóctile, a. (de' mattóni), còtto nel fórno
Cóction, s cociménto, coziòne, cottúra
Còd, códfish, s. merlúzzo, baccalà, m.; —, baccéllo, gùscio; (anat.) scròto, cogliòne, m. volg.)
Cod-fisher, s. pescatóre di merlúzzo; bastiménto per la pésca del merlúzzo
Códded, a. (legumi) che ha gùscio
Còddle, va, cuocere a fuóco lènto; to — apples, lessàr méle
Còde, s. còdice, m.
Códger, s. s ...i orcio, taccagnóne
Codicil, s. (legge) codicíllo
Còdille, s. codíglio (al giuoco dell'ombre)
Còdling, s. piccol merlúzzo; méla da lessàre
Coéfficacy, s. coefficácia
Coéfficiency, s. coefficiènza
Coefficient, s. coefficiénte, m.
Coefficiently, avv. coefficientemènte
Coeléction, s. elezióne simultánea
Coeliac (pr. céliac), a. (med.) celíaco
Coémption, s. cómpra fàtta da due o più
Coenjoy, va. godére insième (insième
Coéqual, a. coeguàle
Coérce, va. sforzàre, violentàre; raffrenàre; ritenère
Coércion, s. coercizióne
Coércive, a. coercitívo
Coércively, avv. coercitivamènte
Coeséntial, a. coessenziàle
Coetáneous, a. coetáneo
Coetèrnal, a. coetèrno
Coetèrnally, avv. coeternamènte
Coetérnity, s. coeternità
Coeval, a. coévo; — with the sun, vècchio (o vissúto) quànto il sóle
Coexècutor, s. coesecutóre (testamentário)
Coexècutrix, s. coesecutríce (testamentária)
Coexist, vn. coesistere
Coexistence, s. coesistènza
Coexistent, a. coesisténte
Coexténd, vn. coesténdersi
Coexténsion, s. coestensióne
Coexténsive, a. coestensivo
Coffee (pr. còffi), s. caffé, m; róasted —, caffé tostáto; Móka —, caffé di Móka; cup of —, tázza di caffé; — with milk, caffé con látte
— -house, s. caffé, m. bottéga da caffé; — -house-kéeper, caffettiére, m. padróne
— -man, s. caffettiére, m. (d'un caffé

Coffee-róaster, s. tostíno da caffé
— -róom, s. salètta d'albérgo, sála comúne, bottéga da caffé
— -pot, s. caffettiéra; — that hólds two cups, caffettiéra da due tázze
— -trée, s. (bot.) álbero del caffé
Cóffer, s. forziére, m. càssa, scrigno; (arch.) cassettóne; sostégno, cónca (di chiúsa, di cascáta d'ácqua); little —, forzierétto
— va. ripórre nello scrigno, tesoreggiáre
Cófferer, s. tesoriére dell'erário
Cóffin, s. càssa da mòrto, catalétto; cialdóne, cartóccio
Cóffin, va. pórre (il mòrto) nella càssa
Còg, s dénte, m. di ruóta, intáglio, ingranàggio; — -whéel, ruóta dentáta
— va. fornire (una ruóta) di dénti o d'intàgli; adulàre, lusingáre, uccellàre, marinláre, giuntáre; to — dice, impiombár dadi
Còg
Cógle | s. piccolo battèllo da pescatóre
Cógency, s. fòrza moràle, qualità calzánte (d'un argoménto), astringènza, potére coattívo
Cógent, a. calzánte, astringènte, poténte, convincénte, urgénte
Cógently, avv. fortemènte, in mòdo calzánte
Cógged, a. dentáto, addentellàto, intagliáto
Cógger, s. adulatóre, -trice, lusingatóre, -trice (sióne
Cógitable, a. escogitábile, dégno di riflessCógitate, vn. escogitáre, meditáre, ruminàre
Cogitátion, s. cogitazióne, riflessióne, pensiéro
Cógitative, a. cogitatívo
Cógnate, a. cognáto, affine, análogo
Cognátion, s. cognazióne, parentéla, affinità
Cógniac, s. cognác, m.
Cógnisée, V. Cognizee
Cognisor, V. Cognizor
Cognítion, s. conosciménto, cognizióne
Cógnitive, a. cognitívo, conoscitívo
Cógnizable, a. conoscíbile — by, della compétenza di, della sfèra di; to be — in, spettáre a, appartenére a, èssere nelle attribuzióni di
Cógnizance, s. conoscénza, conosciménto; ségno, márca; contézza; verificazióne, ricognizióne, to táke — of, osservàre, rimarcáre, far attenzióne a
Cógnizant, a. (legge) consapévole, informáto, sciénte, competénte
Cógnizée, s. (legge) la párte, diètro cui domànda è acconsentita una ricognizióne giudiziále
Cógnizor, s. (legge) autóre d'una ricognizióne giudiziále
Cognómen, s. cognóme, m.
Cognóminal, a. di cognóme; omónimo
Cognomination, s. cognóme, m., appellatívo
Coguárdian, s. (legge) contutóre
Cohábit, vn. coabitàre (còme maríto e móglie
Cohabitàtion, s. coabitazióne

Cohèir, *s.* coerêde, *m. f.*

Cohèíress, *s. f.* coerede, *f.*

Cohére, *vn.* ad ríre, attaccársi, èssere coerênte, combinàrsi

Coherence, Cohérency, *s.* coerénza, coesióne, connessiònc, unióne

Cohérent, *a.* coerênte, aderênte, in coesióne

Cohérently, *avv.* coerentemènte

Cohésibility, *s.* (*física*) tendênza alla coesióne

Cohésible, *a.* (*física*) suscettibile di coesióne

Cohésion, *s.* coesióne; aderênza, coerénza

Cohésive, *a.* coesívo, adesívo

Cohésiveness, *s.* coesività, adesività

Cóhobate, *vn.* rimescolàre, distillàre di nuòvo

Cohobàtion, *s.* (*chem.*) rimescolaménto

Cóhort, *s.* coòrte, *f.*

Cohortàtion, *s.* incitaménto, stimolo

Cŏĩf, *a* cúffia; berrettíno dottoràle

— *va.* mètter la cúffia, il berrettíno dottoràle

Coīfed, *a.* che ha la cúffia, il berrettíno

Coīfure, *s.* acconciatúra del cápo

Coīgne, *s.* cantóne, *m.*, àngolo

Coīl, *va.* raggomitolàre, avvòlgere; *vn.* aggomitolàrsi, arroncigliàrsi; the snáke —s itself up, il sèrpe s'aggomítola

— *s.* gomítolo; fúne, *f.* sèrpe aggomitolàta; còrda arruotáta; matássa, garbúglio, trambùsto; this mòrtal —, quêsto vélo mortàle

Coīled ŭp, *a.* aggomitolàto; arruotàto, arroncigliàto

Coīn, *s.* cantonáta, ángolo, cánto; cònio; (*artil.*) cònio di míra; cúneo (di legno); bietta (di stampatóre); monéta; (*arch.*) dádo (di colònna); gòld, silver —, monéta d'òro, d'argênto; báse —, cŏũnterfeit —, monéta fàlsa; ràstic —, addentelláto, mòrsa; hòllow —, stípite, *m.* I'll pảy him in his ŏwn —, gli renderò pàne per focáccia

— *va.* coniàre, bàttere monéta

Coīnage, *s.* il bàttere monéta, monetàggio

Coincíde, *va.* coincídere, concórrere

Coincídence, *s.* coincidênza, riscóntro

Coincident, *a.* coincidénte

Coīner, *s.* battinzècca, *m.*, monetário; fàlse —, monetário fàlso

Coīning-êngine \ *s.* tòrchio monetário
— -prèss /

— -tòol, *s.* utensíle, *m.* da monetário

Coīstrel, *s.* falcóne codárdo

Coīt, *V.* Quŏĩt

Coìtion, *s.* cóito; (*astr.*) congiunzióne

Cŏke, coak, *s.* carbón fòssile cui è tòlto lo zólfo, carbóne estínto, coak, coke; — fíre, fuòco di coke

— *va.* convertíre in coke

— -kilŋ \
— òven / *s.* fôrno da coke
Cŏking-öven /

Cŏker, *s.* che fa, pòrta o mètte il coke

Col, *s.* abbr. di cólonel, colonnéllo

Cólander, *s.* colatòjo

Cólature, *s.* colatúra, filtrazióne, coláto

Colchicum (*pr.* cólkicum), *s.* (*bot.*) cólchico

Còlcotuàr, *s.* (*chem.*) colcotar

Cŏld, *a.* frêddo, frígido; riservàto, contegnóso; — wêather, têmpo frêddo: — wind, vénto frêddo; — c ímate, clíma frêddo; — constitútion, temperaménto frêddo; to bùtcher in — blŏod, ammazzàre a sángue frêddo; — mèat, cârne frêdda; wàiter, a glass of — wàter, cameriêre, un bicchiêr d'ácqua fresca; to be —, far frêddo, avér frêddo; it is very —, fa mólto frêddo; ăre you —? avéte frêddo? — hèaḍ, uòmo di sángue frêddo; — cŏmfort, tristo confòrto; — recèption, accogliênza frêdda

— *s.* frêddo, freddóre, freddura, raffreddóre, infreddatúra; drỷ brácing —, freddòtto; to trèmble with —, tremàr di frêddo; to stárve with —, morír di frêddo; to catch —, raffreddàrsi; I hăve còught a —, ho préso un'infreddatúra, un raffreddóre; sono infreddàto

Cŏldblŏoded, *a.* flemmàtico, insensíbile, crudéle

Cŏldish, *a.* (*meglio* rather cold), freddíccio

Cŏldly, *avv.* freddaménte, con freddézza

Cŏldness, *s.* freddézza, freddóre

Cŏle, *s.* cávolo; cùrled or bóor —, cávolo ríccio, crèspo, románo; cole-wŏrt, cávolo verzòtto, cávolo piccolo e gióvane

Coleópteral, Coleópterous, *a.* (*zool.*) dei coleòtteri

Coleòpteran (*pl.* coleòptera), *s.* (*zool.*) coleòttero

Colessee, *s.* (*legge*) coaffittuário, conduttóre in società con àltri

Cólibri (*V.* hùmming bird), *s.* colibrì, *m.*

Cólic, *s.* còlica

Còlic \ *a.* cólico
Còlical /

Cólicky, *a.* (*med.*) di còlica

Coliséum, *s.* Coliséo, Colosséo, *V.* Colosseum

Collàborátor, *s.* collaboratóre

Collàpse, *vn.* chiùdersi, raccostàrsi, cadére insiême, sgonfiàre, raggruppàrsi (còme una vescica o un paracadúte), raggricchiàrsi

Collàpsed, *a* sgonfiàto, raggruppàto, chiúso

Collàpsion, collàpsus, *s.* il caḍére insiême, il raggruppàrsi, sgonfiàrsi, chiúdersi

Còllar, *s.* collàre, *m.*, collarétto, bávero; to tàke one by the —, prèndere uno pel collarétto, agguautàrlo; dog's —, collàre di cáne; hòrse's —, collàre di cavállo; shirt —, còllo, collàre di camícia; — bóne, clavícola

Còllar, *va.* pigliàre pel còllo o pel collarétto, agguantàre

Collàte, *va.* collazionàre, riscontràre, comparáre; nominàre, collocáre; he —d Armstrong to the living, egli diède il benefício ad Armstrong   (ferito

Collàted, *a.* riscontráto, collazionàto, con-

Collàteral, *a. s.* collateràle

Collàterally, *avv.* collateralménte

Collàteralness, *s.* parentéla tra collateràli

Collátion, *s.* collazióne, riscóntro, confrónto; colazióne (leggèra o frédda), merènda

Collàtive, *a.* collatívo; advõwson —, bent fício di patronáto collatívo

Collàtor, *s.* collatóre, -tríce, collazionatóre, -tríce

Còlleague, *s.* collèga, *m.*; his —s in óffice were Mr. B. and Mr. C., i suói collèghi nell'uffício érano il sig. B. ed il sig. C.

— *van.* dáre per collèga, avére per colèga

Còlleagueship, *s.* collegánza d'uffício, l'ésser collèghi

Colléct, *s.* (*eccles.*) collètta

— *va.* far una collètta, raccôgliere, radunáre, accozzáre, compiláre

— *vn.* ammassársi, radunársi; — ono's self, raccógliersi, riavérsi, rientráre in sè stesso

Colléctáneous, *a.* raccoglitíccio, collettízio

Collécted, *a.* radunáto, raccôlto; riposáto, compôsto, di sàngue fréddo

Colléctedly, *avv.* collettivaménte; riposataménte

Colléctedness, *s.* posatézza, sàngue fréddo; self —, padronánza di sè

Colléction, *s.* raccôlta, collezióne; collètta, incasso; — of books, of plants; collezióne di libri, di piánte

Colléctive, *a.* collettívo; àrmy is a — nõun, esército e nóme collettívo

Colléctively, *avv.* collettivaménte

Colléctiveness, *s.* státo collettívo

Colléctor, *s.* collettóre, raccoglitóre; esattóre, ricevitóre; compilatóre

Colléctorship, *s.* collettoría, pósto di ricevitóre

Còllege, *s.* collègio, facoltà (còrpo de' dottóri) scuóla, convítto, pensióne; clèrical —, seminário; head of a —, rettóre d'un collègio; — of bôarders, collègio convítto; — of dáy-schôlars, collègio, licèo d'estèrni; to fôund a —, fondáre un collègio; to énter —, entráre in collègio; to expél from —, to expel the —, scacciáre, espèllere dal collègio; it sávours of the —, questo puzza, o ha del pedánte, è côsa da scoláre; he sávours of the —, ei sente ancóra di collegiále; on léaving —, all'uscíre dal collègio

— -like, *s.* come un collègio

Collégial, *a.* collegiále

Collégian, *s.* studénte di un collègio, mémbro di una università

Collégiate, *a.* collegiáto; — church, collegiáta

Còllet, *s.* castóne di anèllo

Còllier, *s.* carbonájo; mercánte di carbóne; bastiménto da carbóne

Còlliery, *s.* minièra di carbón fòssile; — viewer, ispettóre delle minière

Còlliflower, *s.* V. càuliflower

Còlligate, *va.* collegáre, congiúngere insième

Còlliquable, *a.* colliquatívo, liquefattívo

Còlliquate, *va.* (*med.*) colliquáre, *vn.* colliquársi

Colliquátion, *s.* colliquazióne, liquefazióne

Colliquátive, *a.* (*med.*) colliquatívo

Colliquefàction, *s.* colliquaménto

Collísion, *s.* collisióne; còzzo, úrto

Còllocate, *va.* collocáre, situáre, pórre

Collocátion, *s.* collocaménto, collocazióne; conferènza

Còllop, *s.* fétta di cárne; braciòla

Collóquial, *a.* del parlár famigliáre; — phrásea, frásí, fôrmele famigliári

Còlloquy, *s.* collòquio, conferènza

Còllow, *s.* V. Còlly

Collúde, *vn.* collúdere, usár collusióne

Collúsion, *s.* (*legge*) collusióne

Collúsive, *avv.* collusívo

Collúsively, *avv.* collusivaménte

Collúsiveness, *s.* caràttere collusívo

Collúsory, *a.* collu-òrio, collusívo

Còlly, *s.* fulíggine, *f.*; to —, *va.* anneríre

Collýrium, *s.* collírio

Còlocynta, *s.* (*bot.*) coloquíntida

Cològne-wàter, *s.* àcqua di Colònia

Colômbo, colômbo, calùmba, *s.* (*farm.*) colômbo; colômbo, -róot, radice di colômbo

Cólon, *s.* (*gram.*) due púnti (:); sèmicólon, púnto e vírgola (;); (*anat.*) colon, *m.*

Colonel (*pr.* kùrnel), *s.* colonnéllo; lieutènant —, luogotenènte colonnéllo; — of horse, of càvalry, colonnéllo di cavaleria; — of infantry, colonnéllo d' infanteria

Colonelcy (*pr.* kùrnelsy), còlonelship, *s.* grádo di colonnéllo

Colónial, *a.* coloniále

Còlonist, *s.* colòno, colonizzatóre

Colonizátion, *s.* colonizzazióne

Còlonize, *va.* colonizzáre

Còlonizing, *s.* colonizzaménto

Còlonnáde, *s.* colonnáta, colonnáto

Còlony, *s.* colònia

Còlophony, *s.* colofònia

Coloquíntida, *s.* (*bot.*) coloquíntida

Colòssal, *a.* colossále

Colossèum, *s.* (*antichità rom.*) Colossèo

Colòssus, *s.* colòsso

Colòstrum, *s.* (*med.*) colòstro

Cólour, *s.* colóre; *fig.* pretèsto, scúsa, ômbra, apparènza; séme delle cárte; colorito, carnagióne; beàutiful —, bel colóre; dark —, cólor brúno; cólours, *s. pl.* insègna, bandièra, stendárdo; to ráise or hôist the —s, rizzáre lo stendárdo; fresh —, bèlla carnagióne; to chànge —, cambiáre di colóre, arrossíre; the — or colouring of a páinting, il colorito d' un dipínto; with flying —s, a bandièra spiegáta

— *va.* coloráre, coloríre, dar colóre, tíngere,

fumeggiáre; *fig.* coleráre, ricoprire, palliáre (rósso

Cólour, *va.* arrossáre, divenire rósso, fársi

Cólourable, *a.* spezióso, plausíbile

Cólourably, *avv.* plausibilmente

Cóloured, *a.* coloráto, colorito, tinto, rósso

Cólouring, *s.* colorito, coloraménto

Cólourist, *s.* colorísta, *m. f.*

Cólourless, *a.* sénza colóre, scolorito, sbiadáto

Cólt, *s.* pulédro, polédro; (giuménto); with —, (*di* caválla) prégna, grávida

—'s fóot, *s.* (*bot.*) tussilággine, *f.* únghia cavallína

—'s-tóoth, *s.* (*veter.*) dénte di látte (di pulédro)

Cólter, *s.* cóltro, dentále, *m.*, vómero (d'arátro)

Cóltish, *a.* pazzaréllo (come un pulédro)

Cólubrine, *a.* di sérpe, astúto, scaltríto

Cólumbary, *s.* colombája, colombára, colombájo

Cólumbine, *a.* colombíno, cangiánte; *s.* (*bot.*) aquilègia; colombína (*conscime*)

Cólumn, *s.* colónna; flúted —, colónna scanaláta; wreathed —, colónnna tórsa, spirále, a chiócciela; — of soldiers, colónna, fíla di soldáti; — of a bóok, colónna di líbro

Cólumnar, *a.* formáto a colónne

Colúre, *s.* (*astr. geog.*) colúro; equinóctial —, colúro degli equinózii; solstitial —, colúro de' solstízii

Cólza, *s.* (*bot.*) ravizzóne, *m.*, rapaccióne, *m.*, navóne selvático

Cóma, *s.* (*med.*) còma; (*astr.*) chióma delle cométe; (*bot.*) bárba delle piánte

Comáte, *s.* cameráta, *m.* compágno, sócio

Cómatose, **cómatous**, *a.* di còma, letárgico

Cómb, *s.* pèttine, *m.*, lárge-tóothed —, pèttine rádo, pèttine strigatójo, strigatójo; small-tóothed —, pèttine fitto, pettinélla; horse- —, cùrry —, strègghia; cócks- —, crèsta di gállo; zerbinòtto, vaneréllo; hòney- —, fávo di miéle; flax- —, cárdo, scardásso; — -cáse, pettiniéra; ivory —, —, pèttine d'avòrio; — of the yard (*mar.*) rísto; — -máker, pettinágnolo

—va. pettináre; to — one's hèad, pettinársi; — wòol, cardáre lána; scardassáre

Cómbat, *s.* combattiménto, púgna; single —, duéllo

— *vn.* combáttere, pugnáre

—*va.* combáttere, oppugnáre; — an opinion, oppugnáre un'opinióne

Cómbatant, *s.* combattènte, *m. f.*

Cómber, *s.* pettinatóre, -tríce, cardatóre, -tríce, scardassiére, scardassiéra

Combinable, *a.* combinábile

Combination, *s.* combinazióne, combaciaménto; associazióne, alleánza, léga

Combine, *va.* combináre, combaciáre, legáre, uníre

Combine, *vn.* combináre, accordársi, collegársi, unírsi

Combined, *a.* combináto, uníto, collegáto

Cómbing, *s.* il pettináre; — -clóth, accappatójo

Cómbless, *a.* sénza pèttine, sénza crèsta

Combúst, *a.* combústo, in combustióne

Combústible, *a. s.* combustíbile, *m.*

Combustibility | *s.* combustibilità
Combústibleness |

Combústion, *s.* combustióne, incèndio; trambústo

Come (*pas.* cáme, *part.* còme), *vn.* venìre; I — from Páris, vèngo da Parigi; to — to, pervenire a, arriváre a, sommáre, importáre; affacciársi; — to a pláce, giúgnere ad un luógo; — to the cròwn, pervenire alla coróna; the whole —s to fifty francs, il totále ammónta a cinquánta fránchi; — to the window, affacciátevi alla finèstra; he came up to the Dúke in an insolent mànner, egli si presentò (s'affacciò) al Duca con un fare insolènte; how —s it? come avviène ciò? sée what I'm — to! védi a che son ridótto! when all —s to all, alla per fine, in sómma; to — to one's self agáin, riavérsi, ritornáre in sè; they were near cóming to blóws, póco mancò non venissero alle máni; to — in, entráre; — óut, uscire; venire in lúce; — up, salire, montáre, spuntáre, — dòwn, scéndere; — after, seguíre, succédere, tenér diètro; — agáin, ritornáre, rivenire; — abòut, avvenire, cambiáre, voltársi; — away, venir vía, andársene; — fórward, affacciársi, avanzársi; — asùnder, disfársi, separársi; — fòrth, procédere, uscíre, provenire; — on, spíngersi avánti, avanzársi, seguitáre a camminâre; crèscere, arricchírsi; — néar, accostársi; — next, succédere, seguíre; — to pass, avvenire, accadére; — up to, raggiúngere; paragonársi a; — in for, ottenére, conseguíre, redáre; — off cònqueror, vincere, rimanére vincitóre; — shòrt, mancáre, cédere, èssere manchévole; — upòn, sorprèndere, scagliársi sópra; — of, trárre origine da, discéndere; did you — by wáy of Fránce? siéte venúto per la vía di Fráncia? how did he — by it? in che modo l'ha egli avúto? do you think to — off so? credéte di scappárla a sì buón mercáto? will you — alòng with me? volète venir meco? — alòng, camminâte prèsto, venite vía, sbrigátevi; — away, partiámo, venite, andiámo; beg him to — up, pregátelo a salíre; the sixtéenth edition of my Gràmmar will — óut next month, la sedicésima edizióne della mia Grammática verrà in lúce il mése ventúro; when will you — back? quándo ritorneréte? to — dòwn from, discéndere da, venir già (venir dalla capitále); — in, entráte, avánti, favoríte; — ôut, uscíte, veníte fuóri; he is côming rôûnd, sta méglio, è convalescênte; to — up (to town), veníre dallo província alla metròpoli; to — for, veníre per (prêndere), veníre a cercáre; — on! andiámo! swélto! —! —! su! via! ánimo! corággio! to — to wêather síde (mar.) orzáre

Côme-off, s. evasíva, scappatója, pretêsto .

Comédian, s. commediânte, attôre, attríce; cómico, autôre di commêdie

Cômedy, s. commêdia; bróad —, fársa; — in two or thrée acts, commediôla

Cômeliness, s. avvenênza, leggiadría, bellézza, (naturále), vaghêzza, attrattíve personáli; gárbo, grázia, gentilézza, dicevolézza

Cômely, a. avvenênte, vàgo, leggiádro, gentíle, grazióso, garbáto; dicévole, convenévole, decênte, decoróso; avv. garbataménte, decenteménte, con grázia

Cômer, s. persóna che viéne o ch'è venúta; new —, forestiére arriváto di frêsco

Cômet, s. cométa; háired —, cométa criníta, chiomáta; táiled —, cométa caudáta, a côda

Cómetary, a. cometário

Cométic, a. di cométa, delle cométe

Cometògraphy, s. cometografía

Cômfit, s. confêtto, zuccheríno; — máker, confetturiére, m.
— va. confettáre

Cômfiture, s. confettúra

Cômfort, va. confortáre; refocilláre, ristoráre; ricreáre, rallegráre, pòrgere consolazióne, dar refrigêrio; animáre, incoraggíre
— s. confôrto, rifocillaménto, ristóro, refrigêrio, consolazióne, contênto; agiatézza; the —s or consolátions of religion, i confôrti della religióne; — of life, gli ági o cómo li della vita; to administer —, pòrgere, offrire consolazióni; to derive — from, consolársi, trovár confôrto in; to spéak — to one, díre ad uno paróle di consolazióne; to táke —, fársi ánimo, refocillársi, racconsolársi

Cômfortable, a. confortévole, confortatívo, consolánte; confortábile; cômodo, cáldo, che tién cáldo; bene mobigliáto, béne riparáto; agiáto, dovizióso; — róom, stánza cálda e bene arredáta; — côat, ábito che tiêne cáldo; — sléep, — níght's rest, sónno saporíto; one is very — here, qui si sta bène

Cômfortableness, s. confortagióne, confôrto, agiatézza, cômodo, contênto

Cômfortably, avv. comodaménte, agiataménte, a bell' ágio, a suo cômodo, piacevolménte; — clôthed, lôdged, ben vestíto, bene alloggiáto

Cômforted, a. confortáto, consoláto, allietáto

Cômforter, s. confortatôre, consolatôre,-tríce; —, cômfort, s. cravatta di lána, sciárpa

di lána; the —, lo Spírito Sánto; Job's —, tríste consolatôre, to be one of Job's —s, êssere un tríste consolatôre, offríre una mágra consolazióne

Cômfortless, a. sênza confôrto, tristo, incômodo, frêddo, derelítto

Cômfortlessly, avv. sconsolataménte, inconsolabilménte, sconfortevolménte

Cômfortlessness, s. sconfôrto, misêria, travàglio, privazióne

Cômfortress, s. confortatríce, consolatríce, f.

Cômfrey } s. (bot.) consòlida; consòlida magCômfry } gióre, orécchio d'ásino

Cómic, a. cómico, burlésco, bizzárro

Cómically, a. comicaménte, burlescaménte, bizzarraménto

Cómicalness, s. natúra cómica; bizzarría, il cómico, burlésco (d'una còsa)

Cóming, s. venúta, arrívo; il veníre, il giúgnere; at or on his —, al suo arrívo
— a. vegnênte, próssimo, ventúro

Comítia, s. pl. (ant. rom.) comizii, pl. m.

Comítial, a. (ant. rom.) comiziále

Cómma, s. vir;ola; invêrted, túrned —s, virgolétte; to pùt into invêrted, túrned —s, contrassegnáre con virgolétte

Command, s. comándo, comandaménto, órdine, m. padronánza, fréno; stáff of —, bastóne, m., del comándo; réady to execute your —s, prónto ad eseguíre i vóstri órdini; I côme to recéive your —s, vêngo a ricévere i vóstri comándi; — in the army. cárica nell'esército; to háve the — of an ármy, avér il comándo d'un esército; he has no — of himsélf, egli non sa frenársi, non è padróne di sè; a greát — of lánguage, una gránde padronánza di língua; yours to — (famigliare), ai vóstri comándi
— van. comandáre, ordináre, dirígere, dar órdine; impórre, rêggere, avér il comándo, la signoría, dominára; avér a própria disposizióne; to — an army, comandáre un esército; — one's passions, dominára, tenéra a fréno le próprie passióni; — silence, impórre silênzio; — a sum of móney, avér una sómma di danáro al próprio comándo; we cánnot àlways — óur líkings, non siámo sêmpre padróni delle nòstre inclinazióni

Commándant, s. comandánte, m.

Commándatory, a. implicánte comándo, che ha fôrza di comándo

Commánder, s. comandánte, m., cápo, generále, m., capitáno; — in chîéf, comandánte in cápo, generalíssimo; máster and —, capitáno di corvétta; — (cavaliere) commendatôre; —, mazzeránga, mazzapicchio

Commándery } s. commênda
Commándry }

Commánding, a. comandánte, dominánte, autorévole, imponênte

Commàndingly, *avv.* autorevolménte, in maniéra imponénte

Commàndment, *s.* comandaménto, precètto; the ten —s, i diéci comandaménti

Commàndress, *s.* sovràna, imperànte, *f.*

Cómmatism, *s.* brevità, concisióne (nello scrivere

Commèmorable, *a.* commemoràbile

Commèmorate, *va.* commemoràre

Commemoràtion, *s.* commemorazióne

Commèmoràtive, *a.* commemorativo

Commèmoratory, *a.* commemorativo; to be — of, èssere stabilíto in commemorazióne di

Commènce, *van.* cominciáre, incominciáre, principiáre, dar princípio, entráre; matricolàrsi; — procéedings, an action at lâw, cominciáre una lìte; — a dóctor, cominciáre a far il médico

Commèncement, *s.* cominciaménto, princípio

Commènd, *va.* commendáre, lodáre, approváre, raccomandáre; I — you for it, ve ne lòdo; I — her to your câre, ve la raccomándo; prây — me to him, salutátelo da párte mía; to — one's sèlf, ledársi, vantársi, gloriársi

Commèndable, *a.* commendàbile, lodévole

Commèndableness, *s.* commendabilità

Commèndably, *avv.* lodevolménte

Commèndam, *s.* benefício in commènda

Commèndatary, commèndator, *s.* commendatóre

Commendàtion, *s.* commendaménto, lòde, *f*; raccomandazióne; — *pl.* salúti, compliménti, convenévoli, baciamáni

Commèndatory, *a.* commendatízio, di raccomandazióne, di lòde

Commènder, *s.* commendatóre, panegirísta, *m.*

Commènsurability, *s.* commensurabilità

Commènsurable, *a,* commensuràbile

Commènsurate, *a.* commensuráto, adeguáto; — to our desíres, adeguáto ai nòstri desidèri

Commènsurately, *avv.* proporzionataménte

Commènt, *van.* comentáre, glosáre

Comment, *s.* coménto, glòsa

Còmmentary, *s.* comentário, comènto; *vn.* fàre un comentário

Còmmentàtor, *s.* comentatóre

Commènter, *s.* comentatóre, glosatóre

Commentitious, *a.* immaginário, inventáto, finto

Commèrce (with), *vn.* commerciáre, èssere in commércio, avér commércio (con) — *s.* commércio, prática, relazióni, rappórti; inland —, commércio intèrno; restriction on —, restrizióne in fàtto di commércio; to ènter into — with, entráre in commércio con

Commèrcial, *a.* commerciále mercantíle; a — hôuse, un negòzio, una dítta, una càsa mercantíle

Commèrcially, *avv.* commercialménte

Comminátion, *s.* comminazióne, minàccia

Comminatory, *a.* comminatório, minaccciànte

Commìngle, *va.* commischiáre, frammescoláre, mescoláre; *vn.* mischiársi, immischiársi, unírsi

Commínuible, *a.* friàbìle, polverizzàbile

Cómminúte, *va.* polverizzáre, sminuzzáre

Comminútion, *s.* sminuzzaménto, tritaménto

Commìserable, *a.* commiseràbile, miserándo

Commìserate, *va.* commiseráre, compassionáre

Commìseràting, *a.* compassionévole, pietóso

Commiseràtion, *s.* commiserazióne

Commìserative, *a.* commiserévole, compassionévole

Commiseratively, *avv.* per commiserazióne

Commìseràtor, *s.* commiseratóre, -tríce

Commissàrial, *a.* commissariále

Commissàriat, *s.* commissariáto

Commissary, *s.* commissário; (di vèscovo) delegáto; (*mil.*) commissário di guèrra, abbondanziére, *m*; chiéf —, — géneral, commissário generále; issuing —, sotto-commissário; dèputy —, commissário aggiúnto; — of stores, intendènte militáre

Còmmissaryship, *s.* impiègo, ufficio di commissário

Commission, *s.* commissióne; (*mil.*) brevétto d'ufficiále;(*mar.*)patènte,*f.* di córso;(*com.*) commissióne; órdine, *m*;— mèrchant, negoziànte commissionário; thirty francs —, sensería trènta frànchi; to be in the —, (*legge*) èsser giúdice di páce; to thrôw up one's —, (*mil.*) dare la própria dimissióne; to transàct business as a — -àgent, fàre il commissionário; negoziáre quale agènte commissionário; — àgency, càsa di commissióne, agenzía; sins of omission and —, peccáti di omissióne e commissióne; èvery — of sin, ògni peccáto che si commétte; to be confined for the — of a crìme, èssere in prigióne per aver commésso un delítto

Commission, *va.* dar commissióne, incaricáre, ordináre, autorizzáre, commèttere, delegáre

Commissioned, *a.* delegáto, incaricáto

Commissioner, *s.* commissionário, agènte; giúdice commissário; rèsident — of the nàvy, prefétto marittimo; lòrd — of the àdmiralty, mèmbro del consíglio dell'ammiragliàto

Còmmissure, *s.* (*anat.*) commessúra

Commit, *va.* commèttere, fàre, perpetráre, commèttere, affidáre, consegnáre, dàre in custòdia, ingaggiáre; to — or perpetráte a crìme, commèttere o perpetráre un delítto; — a thing to a pèrson, affidáre o commèttere una còsa ad alcúno; — a pèrson to cùstody, méttere in arrèsto alcúno; one's sèlf, comprométtersi; — one's sèlf to God's câre, rimèttersi nelle máni di Dío

Commìtment, *s.* imprigionaménto, mandáto

d'arrèsto; the — of a bill (parl.), il rinvio d'una propósta di lègge ad una commissióne o ad un comitáto
Committal, s. impègno esprèsso o tácito; mandáto d'arrèsto
Committee (pr. committi), s.comitáto,delegazióne, commissióne; stånding —, comitáto, commissióne permanènte; sùb-—, sotto-comitáto;— of the House of Cómmons,Comitáto della Cámera dei Comúni; to be on a —, èssere d'un comitáto; to form itself into a — of the whôle house, formársi in comitáto (compósto) di tútta la cámera
— -man, s. mèmbro d'un comitáto o d'una commissióne
Committer, s. chi commètte o pèrpetra; delinquènte, rèo
Commix, va. commischiáre, frammescoláre
Commixtion, s. commestióne, mescolaménto
Commixture, s. commischiaménto, mistúra
Commóde, s. (cúffia ant.); night — (meglio) clóse-stóol), seggètta da nótte
Commódious, a. còmodo; útile, vantaggióso; — house, róom, cása, stànza, cómoda
Commódiously, avv. comodamènte, utilmènte, vantaggiosaménte
Commódiousness, s. comodità
Commòdity, s. (còmodo,comodità, ant.), mercanzía, mèrce, f. vantàggio ; colónial —, derráta coloniále; stáple commòdities, prodóiti indígeni
Commodore, s. (mar.) comodóro
Common, a. comúne; ôur — (or mùtual) friènd, il nòstro comúne amico ; — wóman, dònna pùbblica, dónna di mal affáre; — sèwer, fógna, cloàca, smaltitójo; — soldier, sèmplice soldáto, soldáto gregário; the — pèople, il popolíno, la gènte comúne; it is the — tàlk, è vóce comúne; — sènse, sènso comúne ; — cóuncil, consíglio municipále; — làw, dirítto consuetudinário; — pláces (topics), luòghi comúni (logíca); — Práyer, liturgía anglicána; pàsturable —, (legge) diritto di páscolo, di vàga pastúra
— s. práti, páscoli dove tutti gli abitánti (del comúne) hánno il dirítto di pascoláre il loro bestiàme; to —, vn. vívere in comunità, far il comunista; (legge) avér dirítto di vaga pastúra
Còmmonable, a. che si può godére in comúne
Cómmonage, s. dirítto di godére in comúne
Còmmonalty. s. pòpolo, vólgo, mássa, moltitúdine, f.
Còmmoner, s. borghése, cittadíno, mèmbro della Cámera dei Comúni ; studènte privilegiáto d'università
Commonition, s. (legge) comminazióne, avverıènza
Còmmonitive, commònitory, a. comminatòrio

Còmmonly, avv. comunemènte
Còmmonness, s. comunánza; frequènza
Còmmonpláce, a. tríto, triviále; — bóok, zibaldóne, m. álbum letterário
Commons, s. borghesía, i cittadíni; the —, i Comúni, i mèmbri della Cámera de' Comúni; the House of —, la Cámera dei Comúni; Dòctors' —, Collègio di Dirítto Románo; —, la mènsa dei collegiáli, távola, cibo, pietánza
Commonwèalтн, còmmonwéal, s. repùbblica
Còmmorance, -rancy, s. domicílio
Còmmorant, a. domiciliáto
Commótion, s. commoviménto, commozióne; political —s, commoviménti polítici
Commóve, va. (poet.) commovere, agitáre
Commúne, vn. conferíre, discórrere insième; èssere in comunióne; (in America) comunicársi, ricévere la sácra comunióne
— s. comúne, m.
Commúnicability, s. comunicabilità
Commúnicable, a. communicábile
Commúnicant, s. comunicánte, mf.
Commúnicate, va. comunicáre, far sapére, far consapévole, far partécipe, partecipáre, compartíre; to — a thing to a pèrson, informare una persóna di una cósa
— vn. comunicársi, comunicáre, aver commèrcio, carteggiáre, conversáre, praticáre, usáre con; comunicársi, ricévere il sacraménto della comunióne
Communicátion, s. comunicazióne, comunicaménto, partecipazióne; to cut off the —s, interrómpere le comunicazióni; évil —s corrùpt góod mànners, le cattíve compagnie corrómpono i costúmi; the — -valve of a stéam éngine, la vàlvola di comunicazióne d'una màcchina a vapóre
Commúnicative, a. comunicatívo
Commúnicatively, avv. comunicativamènte
Commúnicátiveness, s. comunicánza, franchézza
Commúnicátor, s. comunicatóre,·tríce
Commúnicatory, a. contenènte comunicazióne
Commúning, s. conversazióne, comunióne, conversáre, tratteniménto ; — with God, l'èssere in comunióne di Dio
Commúnion, s. comunióne ; relazióni, rappórti, legámi; società, comunità ; the Róman Càтнolic —, la Comunióne Cattólica Romána; to receíve the —, comunicársi; the — táble, la távola della comunióne ; the — cup, il cálice; the Prótestants receíve the — in both kinds, i Protestánti ricévono la comunióne sotto tutte due le spècie; to hóld — with, carteggiáre, corrispóndere con, bazzicáre
Commúnity, s. comunità, comunánza, società, unióne ; — of góods, comunità di
Commutability, s. commutabilità
Commútable, a. commutábile, permutábile

Commutátion, *s.* commutaménto, scambiamén'o, commutazióne, permutazióne; — of punishment, commutazióne di péna

Commutative, *a.* commutatívo, permutatívo

Commúte, *va.* commutáre, scambiáre; — (*into*), mutáre; to — a punishment, commutáre una péna

Commúted, *a.* commutáto (mitigáto)

Commútual, *a.* (*poet.*), mátuo, recíproco

Cómose, *a.* (*bot.*) chiomáto

Compact, *s.* pátto, contrátto, convenzióne

Compàct, *a.* compátto, fítto, congiúnto, sódo, dénso sáldo, stringáto, connèsso, fattíccio — *va.* rèndere compátto; concatenáre

Compàctness, *s.* sodézza, compattézza, densità

Compàctly, *avv.* saldaménte, stringataménte

Compàginate, *va.* compaginare, uníre

Compànion, *s.* compágno, compágna, cameráta, *m*; — in àrms, compágno d'ármi, commilitóne. *m*; school-—, compágno, compágna di scuóla; boon-—, compagnóne, gioviálóne; tràvelling —, compágno di viàggio; (*mar.*) copertúra della scála; — làdder, scála di casserétto; to táke a —, accompagnársi, pigliár un compágno

Compànionable, *a.* compagnévole, sociábile

Compànionably, *avv.* sociabilménte

Compànionless, *a.* sénza compágno, sénza compágna

Compànionship, *s.* compagnía; compagnevolézza, società

Cómpany, *s.* compagnía, società, brigáta, conviláti, *m. pl.* crócchio; bránco, stórmo; to recéive —, ricéver vísite; to kéep good or bad —, frequentáre buóna o cattíva compagnía; to be góod —, èsser buón compágno, èsser piacévole o gioviále in compagnía; — of stáge pláyers, compagnía di commediánti; — of fóot sóldiers, compagnía di fanteria; — of mèrchants, tràding —, compagnía, società di negoziánti; the East India —, la Compagnía delle Indie Orientáli; ship's —, ciúrma, equipàggio d'un bastiménto; Mr. Dismal kéeps me —, il signór Dismal mi tiène compagnía; the firm of Bröwn, Black and —, la ditta di Brown, Black e Compagnía; jóint-stock —, società in accomandíta, società per azióni; pùblic —, società in nóme collettívo; — limited, società anónima; — (*mar.*) equipàggio; (*mar.*) consèrva; to kéep —, navigáre di consèrva; (*arit.*) rúle of —, régola di società — *va.* accompagnáre; *vn.* to — with, costumáre, usáre, praticáre con; usáre carnalménte con

Cómparable, *a.* comparábile, paragonábile

Cómparably, *avv.* in paragóne, a confrónto

Comparates, *s. pl.* (*logíca*) tèrmini riscontráti

Compàrative, *a.* comparatívo

Compàratively, *avv.* comparativaménte, a paragóne

Compáre, *va.* paragonáre, comparáre, confrontáre, far paragóne; riscontráre, agguagliáre, assomigliáre; — d to, paragonáto a, a pètto di, a confrónto di; this cannot be — d to that, quésti non può paragonársi a quéllo — *s.* (*poet.*) paragóne, *m.*; to hóld — (compárison), règgere al paragóne

Compàrison, *s.* paragóne, *m.*, comparazióne; the degrées of —, (*gram.*) i gràdi di comparazióne; to pùt in —, méttere a paragóne, pórre a confrónto; beyónd —, sénza paragóne

Compàrt, *va.* compartíre, divídere

Compàrtiment, *s.* scompartiménto, compartiménto

Compartítion, *s.* compárto, divisióne

Compàrtment, *s.* compartiménto

Cómpass, *s.* (*sing.*), (còmpasses, *s. pl.* compásso, *ms.*, sèste, *fp.*) cérchio, circuíto, gíro, circonferènza, ràggio, sfèra, contórno, periferia, estensióne, spázio di tèmpo, duráta, portáta; a páir of —es, un compásso; un pájo di sèste; the legs of the —es, le gàmbe delle sèste; the màriner's —, la bússola; to bring or redúce to a nàrrow —, abbreviáre, raccorciáre, restríngere; within the — of a year, éntro lo spázio d'un anno; it is beyónd yóur — (your réach), è fuóri della vòstra portáta; to kéep within —, contenérsi, frenársi, regolársi, proporzionáre le spése alle entráte; I speak within —, párlo sénza esagerazióne; a voice of great —, una voce di grande estensióne; — -póint, (*mar.*) rómbo di vènto — *va.* circondáre, attorniáre, far il gíro di; cíngere; conseguíre, veníre a cápo di, ottenére; pervenire a; progettáre, macchináre; to — the earth, far il gíro del glòbo; — one's desíre, ottenére il suo intènto; — the dèath of a prince, of a king, macchináre la mòrte d'un prìncipe, d'un re

Cómpassed, *a.* circondáto; conseguíto; macchináto

Còmpasses, *s. pl.* sèste, *f. pl.*, compásso

Cómpassing, *s.* il circondáre, conseguiménto

Compàssion, *s.* compassióne, pietà; to móve with —, muòvere a pietà, a compassióne

Compàssionate, *a.* compassionévole, pietóso, ténero, benígno — *va.* compassionáre, compatíre, compiángere; to — others' pains, compatíre agli altrúi dolóri

Compàssionately, *avv.* pietosaménte, con pietà

Compatèrnity, *s.* comparático, parentéla spirituále, l'èsser compáre

Compatibility, *s.* compatibilità

Compàtible, *a.* compatibile

Compàtibleness, *s.* compatibilità

Compàtibly, *avv.* compatibilménte

Compátriot, *s.* compatriòta, *mf.*; connazionále

Compéer, *s.* compágno, cameráta, *m.*, compáre, *m.* colléga, *m.* pári, sòcio, compagnóne, *m.*
— *va.* èsser pári o uguále a, ugnagliáre

Compèl, *va.* costrígnere, forzáre; compéllere

Compéllable, *a.* che può èsser costrétto

Compéllatory, *a.* *V.* Compùlsory

Compéller, *s.* colúi che fa fòrza ad uno

Compèndious, *a.* compendióso, succínto

Compèndiously, *avv.* compendiosaménte

Compèndiousness, *s.* concisióne, brevità

Compèndium, *s.* compéndio

Compènsate, *va.* compensáre, risarcíre
— *vn.* risarcírsi, rifársi

Compensátion, *s.* compensazióne, risarciménto ; èquitable, fáir —, compènso giústo, èquo ; as a — for, in compènso di; bý wáy of —, per compènso

Compènsative, *a.* compensatívo

Compènsatory, *a.* di compensazióne

Compéte, *vn.* competere, gareggiáre, concórrere, contèndere, rivaleggiáre

Còmpetence, còmpetency, *s.* competènza ; capacità; agiatézza, il bastévole, il quánto básta; to hàve a còmpetency, èsser còmodo, avér il bisognév·le

Còmpetent, *a.* competénte; bastévole, conveniénte ; — judge, giúdice competénte ; — fórtune, fortúna bastévole

Còmpetently, *avv.* competenteménte, convenevolménte, bastanteménte, a sufficiènza

Competítion, *s.* competènza, gára, concorrènza; to stand in —, stáre a compétere, gareggiáre; to pùt in —, pórre a paragóne, méttere a concórso

Competítor, *s.* competitóre, concorrénte, rivále, *m.*, antagonísta, *m.*

Compétitress, *s.* competitríce, *f.*

Compilátion, *s.* compilazióne

Compíle, *va.* compiláre

Compíler, *s.* compilatóre, -tríce

Complácence, complácency, *s.* compiacènza, compiaciménto, soddisfazióne, godiménto, dilétto

Complácent, *a.* compiacénte, affábile

Complácently, *avv.* compiacenteménte, affabilménte

Compláin, *va.* (*ant.*) compiángere, deploráre
— *vn.* lagnársi, lamentársi; to — to a pérson, lagnársi con alcúno; — of a person, lagnársi di uno

Compláinant (*meglio* pláintif), *s.* querelánte, attóre, -tríce

Compláiner, *s.* compiagnitóre, -tríce, lamentatóre, -tríce

Compláining, *s.* queréla, laménto, lagnánza; il lagnársi, lamentársi, trovár a ridire

Compláint, *s.* laménto, dogliánza, queréla, lagnánza; dolóre, affánno; mále, *m.* malattía; to prefèr a — agáinst, querelársi

di, accusáre; what is your —? qual'è il vòstro mále?

Complaisànce, *s.* compiacènza, condiscendènza, gentilézza; hàve the — to, abbiáte la gentilézza di

Compláisant, *a.* compiacénte, cortése, gentíle; an óver — pèrson, un piaggiatóre, un piallóne

Compláisantly, *avv.* gentilménte, corteseménte

Compléat, *va.* *V.* compléte

Còmplement, *s.* compiménto, finiménto, còlmo, perfezióne; complemènto, attiráglio compléto, corrédo, apparáto; (*mar.*) ciùrma, equipággio intiéro

Complemèntal, *a.* complementále, di complemènto

Compléte, *a.* compiúto, compíto, complèto, condótto a fine, portáto a tèrmine, perfètto
— *va.* compíre, cómpiere, finíre, ultimare, dar compiménto a

Complétely, *avv.* compiutaménte, perfettaménte

Complétement, *s.* completaménto, compiménto

Complèteness, *s.* interézza, perfezióne

Complétion, *s.* compiménto, adempiménto; the — of shame, il còlmo della vergógna

Complétive, complétory, *a.* completívo

Complétory, *s.* (*litur.* *cattol.*) compiéta

Còmplex, *a.* complèsso; *s.* sómma complessiva, totále, *m.*

Complèxed, *a.* complèsso

Complèxedness, *s.* complessità

Complèxion, *s.* carnagióne, colóre, coloríto del vólto; complessióne, qualità, státo, disposizióne del còrpo, temperaménto, costituzióne; blóoming —, carnagióne frèsca; fine —, bella carnagióne

Complèxional, *a.* di temperaménto, di complessióne

Complèxionally, *avv.* per temperaménto

Complèxioned, *a.* complessionáto, dispósto; well —, di buòna complessióne, ben complessionáto, dispósto ; di bella carnagióne

Complèxity, complèxness, complèxure, *s.* complessità

Complèxly, *avv.* in complèsso, complessivaménte

Complíance, *s.* condiscendènza, degnevolézza; acquiescènza, adesióne, consènso, arrendevolézza, compiacènza; he insists on our — with his demànds, egli vuóle che noi accondiscendiámo a quánto domànda; in — with, confórme a

Complíant, *a.* condiscendénte, compiacénte arrendévole, degnévole

Complíantly, *avv.* compiacenteménte

Cómplicate, *va.* complicáre, intricáre, intrecciáre, imbrogliáre, avviluppáre
— *a.* complicáto; compósto

Còmplicàted, *a.* complicáto, imbrogliáto, ar-

viluppáto; to become, to get —, compli-
cársi
Complicátion, *s.* complicazióne, vilúppo
Complied with, *a.* acconsentito a, aderito a
Complier, *s.* persóna complacénte, condiscendénte, arrendévole
Cómpliment,*s.* compliménto; —s, *pl.* compliménti, convenévoli, cerimónie; to páy a —,
far un compliménto; my —s to your cóusin,
(presentáte) i miei compliménti al vóstro
signor cugíno; withóut any —s, sénza com-
pliménti
— *va.* complimentáre, far compliménti a
Complimèntal, *a.* di compliménto, complimentóso
Complimèntally, *avv.* con compliménti, com-
plimentosaménte
Complimèntalness, *s.* complimentosità
Complimèntary, *s.* complimentóso; your are
—, Sir, siéte complimentóso, signóre
Complimènter, *s.* complimentário, compli-
mentária
Cómplin } *s.* compièta (*dalle ore canoniche*)
Cómpline }
Cómplot, *s.* (*ant.*) *V.* Plot
Complý, *vn.* accondiscéndere, aderíre, ac-
consentíre, assecondáre, compiacére, con-
formársi; shóuld you — with my requèst
you will gréatly obligé me, se vorréte ac-
consentíre a quánto vi domándo mi faréte
un gran favóre; to — with the will of
God, conformársi alla volontà di Dío
Compónent, *a. s.* componénte, costituénte
Compórt, *vn.* addírsi, accordársi, quadráre;
to — with, sopportáre, tolleráre; to —
one's self, comportársi, procédere
Compórtable, *a.* (*poet.*) dicévole, confacénte
Compóse, *va.* compórre; fáre; preparáre,
ordináre, assestáre; scrívere, redígere, calmáre, acquetáre; accordáre, accomodáre;
to — one's self, tranquillársi, riavérsi
Compósed, *a.* compósto, tranquíllo, posáto
Compósedly, *avv.* compostaménte, con compostézza, con sangue fréddo, con cálma
Compósedness, *s.* compostézza, tranquillità
Compóser, *s.* compositóre, -tríce; — of dif-
ferences, paciére, pacificatóre
Compósing, *s.* componiménto, composizióne
— *a.* riposánte, calmánte; — draught, (*farm.*)
calmánte, *m.*; -stick compositójo
Compósite, *s.* (*archit.*) cumpósito, compósto;
— órder, órdine compósito
Cómposítion, *s.* composizióne; compósto, mescolánza, accozzaménto di cóse, miscèa,
cosa compósta; síntesi, *f.* (*matem.*); conformità; (*com.*) transazióne, accomodaménto
Compósitor, *s.* compositóre (*tipog.*); — upón
the estáblishment, compositóre a giornáta
Cómpost, *s.* letáme, *m.* concíme, *m.*
— *va.* letamáre, concimáre, ingrassáre
Compósure, *s.* posatézza, tranquillità

Compotátion, *s.* compotazióne
Compotátor, *s.* compágno nel bére
Compóund, *va.* (*poco usato*) compórre, combináre
— *vn.* compórsi, accordársi, aggiustársi, ac-
comodársi, conveníre, combináre, far transazióne, restár d'accórdo, veníre ad un accomodaménto amichévole; to — with one's
créd tors, veníre a composizióne co' creditóri
— *a.* compósto, místo, complèsso; — words,
paròle compóste; — sùbstances, sostánze
compóste; — interest, interéssi compósti;
— móvement, móto compósto
— *s.* cómpósto, componimento
Compóundable, *a.* componíbile
Compóunder, *s.* componitóre, -tríce, mediatóre, -trice, paciéro, paciéra
Comprehènd, *va.* compréndere; abbracciáre;
contenére; intèndere, capíre
Comprehènsible, *a.* comprensíbile, intelligíbile
Comprehènsibleness, *s.* comprensibilità
Comprehènsion, *s.* comprendiménto; com-
prensióne; (*ret.*) sinèddoche, *f*; (*fllos.*)
comprensíva
Comprehènsive, *a.* comprensívo
Comprehènsively, *avv.* comprensivaménte
Comprehènsiveness, *s.* natúra o qualità com-
prensíva
Comprèss, *va.* comprímere, ristrígnere, pi-
giáre
Cómpress, *s.* (*chir.*) comprèssa
Compressibility, *s.* compressibilità
Compréssible, *a.* compressíbile, comprímibile
Comprèssion, *s.*, compressióne, restringiménto
Comprèssive, *a.* compressívo
Comprísal, *s.* atto di compréndere; cosa che
comprénde, racchiúde
Compríse, *va.* compréndere, abbracciáre, rac-
chiúdere
Comprísed, *a.* compréso; all expènses —,
comprése tutte le spése
Compromíse, *s.* compromésso, compromis-
sióne, accomodaménto amichévole, tran-
sazióne, aggiustaménto
— *va.* compromèttere, aggiustáre all'ami-
chévole; *vn.* venír ad un accomodaménto;
compórsi, aggiustársi; to — one's self, to
get —d, comprométtersi
Compromísor, *s.* chi comprométte; chi ac-
còmoda
Cómpromit, *va.* compromèttere
Comprovincial, *a.* comprovinciále
Compùlsative, *a.* compulsoriále, compellénte
Compùlsion, *s.* compulsióne, costringiménto
Compùlsive, *a.* coattívo, coercitívo
Compùlsively, *avv.* forzataménte, per fórza
Compùlsorily, *avv.* sforzataménte, per fórza
Compùlsory, *a.* coercitívo; compulsoriále
Compùnction, *s.* compunzióne
Compùnctious, *a.* compúnto, contríto

Computátion, s. cómputo; cálcolo, cónto
Compúte, va. computáre, contáre, calcoláre
Compúter, s. computísta, m., calcolatóre
Còmrade, s. cameráta, m., compágno
Còmradeship, s. státo, famigliarità di ca-
    meráti
Còn, va. (poco us.) imparáre a ménte; avv.
    (abbr. dí contra); pro and —, pro e
    cóntro
Concámeráte, va. voltáre, edificáre in vólta,
    centináre
Concamerátion, s. vólta, cèntina
Concàtenate, va. concatenáre
Concatenátion, s. concatenazióne
Còncave, a. cóncavo, concaváto, cávo
Concàvity, cóncaveness, s. concavità, váno
Concàvo-cóncave, a. cóncavo-cóncavo
Concàvo-cónvex, a. cóncavo-convèsso
Concèal, va. celàre, nascóndere, occultáre
Concèaler, s. nasconditóre, occultatóre, -trice
Concèalment, concèaling, s. nascondiménto
Concède, va. concèdere, acconsentíre, per-
    méttere, amméttere, menár buòno
Concèit, s. concètto, concettíno, idéa fantá-
    stica, fantasía, capríccio; idle —s, ghiri-
    bízzi; out of — with, svogliáto dí, disgu-
    státo di, scapricciáto
— va. (poco us.) concepíre, ideáre, imma-
    gináre; vn. immaginársi, figurársi
Concèited, a. vanitóso, vanaglorióso, gónfio,
    presuntuóso; affettáto; fantástico spregióso
Concèitedly, avv. vanitosaménte, con vana-
    glória, presontuosaménte
Concèitedness, s. vanità, presunzióne
Concèivable, a. concepíbile
Concèivably, avv. concepibilménte
Concèive, va. concepíre, capíre, comprén-
    dere, immaginàre, ideáre; vn. concepíre,
    immaginársi, figurársi, dársi a crédere; to
    — of things cléarly, concépir le cóse chia-
    raménte, farsi un concètto chiáro delle
    cóse
Concèiving, s. concepiménto, intendiménto
Concènt, s. (poet.) concénto
Concèntráte, va. concentráre; vn. concen-
    trársi
Concentrátion, s. concentrazióne, concen-
    traménto; accentraménto
Concèntre (pr. consènter), va. concentrá-
    re; vn. concentrársi
Concèntric, concèntrical, a. concèntrico
Concèntrically) avv. concentricaménte
Concèntricly)
Concèntual, a. concentóso, armonióso
Concèptacle, s. ricettácolo
Concèptible, a. concepíbile
Concèption, s. concezióne, concepiménto
Concèptious, a. átto a concepíre, fecóndo
Concèrn, va. concèrnere, riguardáre, inte-
    ressáre; importáre a; inquietáre, intorbi-
    dáre; spettáre a; that does not — me, ciò
    non mi riguárda, io non ci éntro; when

a prètty fáce is —ed, quándo si trátta d'un
    bel visíno; to — one's self, impacciársi,
    ingerírsi, introméttersi
— s. affáre, m. párte, f., interèsse, m., pre-
    múra; cordóglio, péna; mind your own —s,
    badáte ai fátti vóstri
Concèrned, a. interessáto, afflítto, inquiéto,
    premuróso; the pàrties —, le pàrti inte-
    ressáte; he is not at all — abóut it, egli
    non se ne cúra pùnto
Concèrnedly, avv. premurosaménte, con in-
    terèsse
Concèrning, prep. concernènte, riguárdo a,
    a propósito di, circa
Concèrnment, s. interèsse, m. affáre, m.;
    importánza
Concèrt, van. concertáre, divisáre, delibe-
    ráre
Cóncert, s. concèrto; in — with, di con-
    cèrto, d'intelligènza con
Concèrto, s. (mus.) concèrto
Concèssion, s. concessióne, concediménto
Concèssionary, a. concessionário
Concèssionist, s. concessionísta, m.
Concèssive, a. che ímplica concessióne
Concèssively, avv. per via di concessióne
Concèssory, a. per concessióne
Conch (pr. cònk), s. conchíglia, cónca
Conchite (pr. cònkit), s. cónca petrificáta,
    conchíte, f.
Cònchoid, s. (geom.) concòide, f.
Conchòlogical, a. conchiliológico
Conchòlogist, s. conchiliólogo
Conchòlogy, s concología, conchiliología
Conrhyliaceous (pr. conkiliáceous), a. con-
    chiliáceo
Conchyliologist (pr. conkiliòlogist), s. con-
    chiliólogo
Conchyliology (pr. conkiliòlogy), s. conchi-
    liolǫgía
Conciliable, a. conciliábile; s. conciliábolo
Conciliate, va. conciliáre, accordáre, uníre,
    cattivársi
Conciliátion, s. conciliazióne
Conciliátor, s. conciliatóre, -trice
Conciliatory, a. conciliatòrio, conciliativo
Concinnity, s. concinnità, adornézza, accon-
    cézza
Conclnnous, a. concínno, adórno, accóncio
Còncionatory, a. concionatório
Concíse, a. concíso, succínto, bréve; — style
    stile conciso
Concísely, avv. succintaménte, con brevità
Concíseness, s. concisióne, brevità
Concísion, s. concisióne; circoncisióne, f.
Concítizen, s. concittadíno
Conclamátion, s. conclamazióne, grída s
    multánee
Cònclavist, s. conclavísta, m.
Cònclave, s. concláve, m.
Conclúde, va. conchiúdere; conclúdere, a
    guire, inferíre; what do you — fr

thence? che voléte inferire da ciò ? to —, in conclusióne

Conclúdency, *s.* concludénza
Conclúdent, *a.* (*log.*), concludénte
Conclúding, *a.* finále, último
Conclúdingly, *avv.* concludentemónte
Conclúsion, *s.* conclusióne, cápo, fíne, *f.* términe, *m.*; to bring (a thing) to a —, condúrre (una còsa) a términe; sènseless —s, conclusióni barbògie
- -bóok, *s.* libro di nòte o rappòrti (sulla condótta e sul profítto degli scolári)
'bnclúsive, *a.* conclusívo
Conclúsively, *avv.* conclusivamónte
Conclúsiveness, *s.* qualità concludénte, stringénza
Conclúsory, *a.* conclusívo
Concoàgulate, *va.* congeláre, coaguláre insiéme
Concoagulátion, *s.* congelazióne, coagulazióne insiéme
Concóct, *va.* concuócere, digestíre, purificáre, maturáre; macchináre
Concóction, *s.* concozióne, digestióne, *f.*
Concóctive, *a.* (*med.*) digestívo, che ajúta la concozióne
Concòmitance,concòmitancy,*s.*concomitánza
Concòmitant, *a.* concomitánte
— *s.* concomitánte, *m. f.*; the hárd-héartedness is the — of ingràtitude, la durézza del cuóre è la compágna dell' ingratitúdine
Concòmitantly, *avv.* congiuntaménte, accessoriaménte
Còncord, *s.* concórdia, accórdo, armonía
— *van.* concordáre; accordársi
Concórdance, *s.* concordánza, accòrdo
Concórdant, *a.* concordánte, armenizzánte
Concórdantly, *avv.* concordantemónte
Concórdat, *s.* concordáto
Concorporate, *va.* incorporáre; *vn.* incorporársi
Concorporátion, *s.* incorporaménto
Còncourse, *s.* concórso, concorriménto, affluénza, cálca
Concréte, *a.* concréto, místo
— *s.* concréto, còrpo concréto
— *va.* congeláre, coaguláre, spessáre, réndere concréto, formáre in mássa; *vn.* divenire concréto, unírsi in mássa
Concrétely, *avv.* concretaménte
Concréteness, *s.* státo concréto
Concrétion, *s.* concrezióne; (*med.*) cálcolo
Concúbinage, *s.* concubináto
Concúbinary, *s.* concubinário
Concubine, *s.* concubína
Concúlcate, *va.* conculcáre, calpestáre
Concúpiscence, *s.* concupiscénza
Concúpiscent, *a.* libidinóso, lascívo
Concúpiscible, *a.* concupiscíbile
Concúr, *vn.* concórrere, aderíre, concordáre, andár d'accórdo, cooperáre, partecipáre

Concúrrence, *s.* concorrènza, concorriménto, aderénza, assénso; concórso, cooperazióne, assistènza; (*legge*) unióne
Concúrrent, *a.* concorrènte; — consént, consènso unánime; to be — with, concórrere con
— *s.* còsa che concórre; thère are thrée nécessary —s to, il concórso di tre còse è necessário per
Concúrrently, *avv.* a concorrènza, a gára, congiuntaménte
Concússion, *s.* concussióne; scòssa, cózzo; (*legge*) concussióne
Concússive, *a.* concussívo
Condémn, *va.* condannáre
Condémnable, *a.* condannábile
Condemnátion, *s.* condánna
Condémnatory, *a.* condannatòrio
Condémned, *a.* condannáto, dannáto
Condémnedly, *avv.* per condánna
Condémner, *s.* condannatóre, -tríce, biasimatóre, -trice
Condensability, *s.* (*física*) condensabilità
Condénsable, *a.* condensábile
Condénsate, *va.* condensáre; *vn.* condensársi
Condensátion, *s.* condensaménto; condensazióne
Condénse, *va.* condensáre
— *vn.* condensársi
Condénser, *s.* condensatóre
Condescénd, *vn.* condiscéndere, degnársi
Condescéndence, *s.* condiscendénza, degnazióne
Condescéndingly, *avv.* in mòdo condiscendénte
Condescénsion,*s.* condiscendénza, degnazióne
Condígn, *a.* condégno, meritáto; — pùnishment, meritáto castigo
Condígnly, *avv.* condegnaménte
Còndiment, *s.* condiménto, intíngolo
Condíscíple, *s.* condiscépolo
Condíte, *va.* condíre, marináre, acconciáre
Condítion, *s.* condizióne, státo; condizióne, pátto, limitazióne, *m.*; expréss —, - exprèssed, condizióne esprèssa; illégal —, condizióne illécita; implíed —, condizióne implícita; precédent — (*legge*), condizióne sospensíva; sùbsequent —, condizióne resolutíva; árticles of — (*mil*), capitolazióne; whatéver your — máy be, qualúnque sia il vòstro grádo; upon — that, a condizióne che, con pátto che
— *van.* patteggiáre, stipuláre
Condítional, (*gram. log.*) condizionále, còndizionáto; restrizióne
Condítionally, *avv.* condizionalménte, condizionataménte,
Condítioned, *a.* condizionáto, di condizióne, di qualità, di temperaménto; well —, ben condizionáto, in buóno státo; sáno, béne impastáto, robústo, tarchiáto

Condóle vn. condolérsi; va. deplorare; you must - with him, gli dovéte fàre le vòstre condoglianze

Condólemènt, s. afflizióne, querèla, affànno

Condóéence, s. condogliánza, condogliénza; lètter, visit of —, lèt era, visita di condoglianza

Condóler, s. chi si conduóle, chi fa condoglianza

Cóndor, còndur, s. (ornit.) condóre, m.

Condúce, va. contribuío, servíre, giováre, conferíre, guidáre; wisdom —s to happiness; la saviézza contribuísce (gióva, conferísce, guída) alla felicità

Condúcible, a. V. Condúcive

Condúcive, a. conducévole, giovévole; to be — to, contribuíre, téndere a, promuóvere

Condúciveness, s. proprietà di contribuíre, utilità

Condúct, va. condúrre, menáre, guidáre; — one's self, comportársi; to — a pèrson in introdúrre alcúno, fárlo entráre; — up, fárlo salíre

Cónduct, s. condótta; direzióne, scòrta, guída; procédere, mòdo di procédere; the ·· or conducting of an army, il comándo d'un esèrcito; his — was applauded, la sua condótta fu applaudíta; a sáfe —, un sálvo condótt

Condúcting, a. (fis.) conduttóre, conducènte; non-conducting, non-conduttóre (elettr.)

Condúctor, s. conduttóre; capo, direttóre; conduttóre elèttrico; parafúlmine, m.; non — -, non conduttóre (elettr.)

Condúction, s. trasmissióne per mézzo d'un conduttóre elèttrico

Condúctory, a. conduttóre

Condúctress, s. condottiéra, direttríce, f.

Cónduit, s. condótto, cànna, túbo, acquedótto (cannéllo)

Cóndyle, s. (anat.) cóndilo

Condylóma, s. (med.) condilòma, f. escrescènza carnósa

Cóndylope
Cóndylopod } s. (zool.) condilópode, m.

Cóne, s. (geom.) còno; (bot.) còno; trúncated —, (geom.) còno troncáto; frùstum of a —, trónco di còno

Cóney, s. coníglio, V. Cony

Confáb, s. V. Confábulátion

Confábulate, vn. (bernesco) cónfabuláre, chiaccheráre

Confábulátion, s. confabulazióne

Confarreátion, s. (ant. romane) confarreazióne

Conféction, s. confètto, confettúra; confezióne; compósta, consèrva

Conféctionary, s. bottéga di confettiére, offellería; chicche, f. pl., dólci, m. pl.

Conféctioner, s. confettiére, m., offelliére, m.

Conféctor, s. (ant. rom.) bestiário

Conféctory, a. di confettúre, di zuccheríni

Confédéracy, s. confederazióne, léga, unióne; (legge) associazióne illegále, illécita

Confédérate, a. s. confedeláto; — into crimes, confederáto nei delítti; — wăr, guérra fatta da potènze alleáte

— vn. confederársi, collegársi; va. confederáre, collegáre

Confédération, s. confederazióne; to ènter into a —, confederársi, formáre una confederazióne

Confèr, van. conferíre; riscontráre; comparáre; the màny fávours that you hàve confèrred upón me, i mólti favóri che m'avéte accordáti

Cónference, s. conferènza

Conférrer, s. conferènte, donatóre, -trice, largitóre, -trice

Conférva, s. (bot.) confèrva

Conféss, va. confessáre; táll trées —ed the frúitful mould, grándi álberi attestávano la fertilità del suólo; the stránger stàn·ls —ed a máid in àll her charms, lo straniéro è riconosciúto una vaga donzélla; vn. confessáre, confessársi; to go to —, andáre a confessársi

Conféssedly, avv. per la pròpria confessióne, per confessióne di tutti, manifestaménte

Conféssion, s. confessióne; dýing —, confessióne in extrémis, confessióne d'un moribóndo; auricular —, confessióne auriculáre; —cháir, s. confessionále, m.

Conféssional, s. confessionále, m., confessionário

Conféssionary, a. s. confessionále, m.

Conféssionist, s. confessóre della pròpri féde

Conféssor, s. confessóre

Confést, a. (per conféssed) confessáto

Confídant, s. confidènte, m.

Confídante, s. confidènte, f.

Confíde, vn. confidáre, confidársi, affidársi, fidársi, avér fidúcia; don't — in him, non vi fidáte di lui

Cónfidence, s. confidènza, fidánza, fidúcia, sicurtà; entíre —, confidènza intéra; inspíre one with —, inspiràr fidúcia a uno; the strictest —, la maggiór fidúci

Cónfident, a. sicúro, cèrto, fiducióso; — the fúture, piéno di fidánza nel futúro; féel — that, nutrír fidúcia che — s. confidènte, m. f.

Confidéntial, a. confidenziále

Confidéntially, avv. confidenzialménte

Cónfidently, avv. in mòdo confidenziále, con fidúcia, sènza dubitáre

Configúrátion, s. configurazióne

Confíne, s. confíne, m. límite, m. tèrmine, — va. limitáre, confináre; rinchiúdere, legáre, rinserráre, imprigionáre, fren pórre fréno a, inceppáre, restríngere, confináre, èssere contíguo

---

Confined, a. limitáto, ristrétto, rinchiúso ; — to one's bed, obbligàto a létto

Confinement, s. constringiménto; prigionía, reclusióne: prigióne, f; párto,témpo del pàrto; sólitary —, reclusióne cellulàre; close —, strétta custódia, rigorósa prigionía

Confinity, s. prossimità, vicinánza

Confirm, va. conf. rmáre, ratificáre, corroboráre

Confirmable, a. confermábile

Confirmátion, s. confer uazióne, confêrma ; this repórt requires —, quésta vóce abbisógna di confêrma

Confirmative, a. confermatívo

Confirmatory, a. confermatório

Confirmedness, carráttere invèteráto

Confirmer, s. confermatóre, -trice ; to be a —, confermáre

Confirming, a. confermánte; s. il confermáre

Confiscable, a. confiscábile

Confiscate, va. confiscàre; sequestráre; confiscated to the king, queen, confiscáto a profitto dello Státo — a. confiscáto

Confiscátion, s. confiscazióne, confisca; liable to —, soggétto a confiscazióne

Confiscàtor, s. confiscató e, -trice

Confiscatory, a confiscatório

Confit, s. confétto; —s, dólci, m. pl. chicche, f. pl.

Confiture, s. (poco us.) confettúra, confezióne

Conflagrant, a. conflagránte

Conflagrátion, s. conflagrazióne, incêndio

Conflagrative, a. conflagratívo

Conflict, s. conflitto, lòtta, lútta

Conflict, vn. luttáre, lottáre (cóntro difficoltà); the làws màly — with éach ôther, le léggi póssono trovársi in contraddizióne le une con le áltre

Conflicting, a. in conflitto, contraddittório, incompatíbile

Confluence, s. confluênza, confluênte, m., unióne; concórso (affluênza, cálca)

Confluent, a. confluênte, concorrênte

Conflux, s. confluênte, m. concórso

Conform, a. (poco us.) confórme, simigliánte — va. conformáre; vn. conformársi

Conformable, a. confórme; nature is — to herself, la natúra è conseguénte a sè stéssa; to your will —, sottoméssa alla vòstra volontà

Conformably, avv. confórme, in conformità

Conformátion, s. conformazióne, figúra, fórma

Conformist, s. conformísta, m. f.; non—, non-conformísta, dissidénte

Conformity, s. conformità, simigliánza ; in — with, confórme a

Confound, va. confóndere; scompigliáre, rovesciáre, sconvòlgere, imbrogliáre, rovináre; impacciáre, sconcertáre

Confounded, a. confúso, imbrogliáto; intri-

cáto, sconvòlto, rovináto; sciaguráto, maledétto; that — business, quel maledétto affáre

Confoundedly, avv. orribilménte, ladraménte

Confoundedness, s. confusióne, imbarázzo, umiliazióne

Confratèrnity, s. confratèrnita

Confricátion, s. confricazióne, fregagióne

Confríar, s. confratêllo

Confrònt, va. confrontáre, raffrontáre, riscontráre

Confrontation, s. confrontazióne, riscóntro

Confúse, va. confóndere, métter in confusióne. disordináre; scompigliáre

Confúsed, a. confúso

Confúsedly, avv. confusaménte, disordinataménte, senz'órdine, a la rinfúsa

Confúsedness, s. confusióne, disórdine, m. scompíglio

Confúsion, s. confusióne, disórdine, m. scompíglio, perturbaménto, rovína; vergógna, maledizióne; — on —, per cólmo di confusióne (vergógna); to pút to —, coprír di vergógna

Confútable, a. confutábile

Confútant, s. confutatóre, -trice

Confutátion, s. confutazióne

Confúte, va. confutáre

Confúter, s. confutatóre, -trice

Confúting, a. confutatívo ; s. confutaménto

Congé, s. (poco us.) congêdo, commiáto ; salúto; — d'elíre, permésso reàle d'elèggere un vèscovo ; — s. (arch.) cavétto, gúscio; vn. (poet.) prènder congêdo

Congéal, va. congelàre; vn. congelársi

Congéalable, a. congelábile

Congéalment, s. congelaménto

Congelátion, s. congelazióne, agghiacciaménto

Congènerous, còngener, congenèric, a. congènere, congenérico

Congèneracy | s. natúra congènere, omogeneità
Congènerousness |

Congénial, a. congeniàle, omogêneo, simpático; — to our lánguage, dell'indole della nòstra língua; a resèrve not - with him, un risèrbo in lui non naturàle; the soil is — to this plant, il suólo convíene a quésta piánta

Congeniálity, congénialness, s. somigliánza di génio, simpatía; affinità, conformità

Congénite, congènital, a. congénito, congéneo

Cònger, cònger-éel, s. (itt.) gróngo, anguílla di màre

Congéries, s. congèrie, f. ammásso

Congèst, va. ammassáre, accumuláre

Congèstion, s. congestióne; — of the bráin, congestióne cerebràle; — of the blóod, congestióne sanguígna

Còngiary, s. (ant. rom.) congiàrio (larghézza imperiàle al pópolo)

Conglóbate, a. conglobàto, in fórma di glóbo —, conglóbe, va. conglobáre, riuníre in màssa sférica

Conglobàtion, s. formazióne globuláre; còrpo conglobàto; (rettorica) conglobazióne

Conglóbe, vn. cònglobàrsi, unírsi in fórma di glóbo

Conglobulàte, vn. conglobàrsi, aggomitolàrsi

Conglòmerate, va. conglomeráre

Conglomeràtion, s. conglomerazióne, conglomeraménto; ammàsso di cóse conglomeráte

Conglútinant, s. conglutinánte, m.; — a. conglutinànte

Conglùtinàte, va. conglutináre; vn. conglutinàrsi

Conglùtinàtion, s. conglutinazióne

Conglútinative, a. conglutinatívo

Conglútinàtor, s. conglutinànte, m; to be a — of, avér virtù di conglutináre

Congràtulate, van. congratuláre, complimentàre, felicitáre, congratulàrsi, rallegràrsi; to — a pérson on a thing, rallegràrsi con uno di una còsa; if you see Mr. Brown — him for me on his màrriage, se vedéte il signór Brown, dàtegli il mio rallégro per il suo matrimònio

Congratulàtion, s. congratulazióne; rallégro

Congràtulàtor, s. congratulànte

Congràtulatory, a. congratulatòrio

Congrèst, vn. (poco us.) salutàrsi reciprocaménte

Còngregàte, va. congregáre; raunáre; vn. congregàrsi, radunàrsi

Congregàtion, s. congregazióne, adunánza, raunánza, radunánza

Congregàtional, a. della congregazióne, della raunánza; — wòrship, il cúlto non sovvenúto dallo Stàto

Congregàtionalism, s. (relig.) congregazionalísmo

Congregàtionalist, s. (relig.) congregazionalísta, mf.

Còngress, s. congrèsso; còzzo, incóntro, úrto; the Amèrican —, il Congrèsso Americáno

Congrèssional, a. del congrèsso

Congrùe, vn. èsser congruènte, accordàrsi

Congrùence, congrùency, s. congruénza

Congrùity, s. congruénza

Còngruous, a. còngruo, congruénte

Còngruously, avv. congruenteménte

Cónical, cónic, a. cónico

Cónically, avv. conicaménte

Cónicalness, s. conicità

Cónics, s. (matem.) sezióni cóniche, f. pl.

Cónifer, s. (bot.) conífero

Coníferous, a (bot.) conífero

Cóniform, a. conífórme

Cònite, s. (mín.) conìte, f.

Conjéctural, a conghietturàle, còngetturále

Conjécturally, avv. congetturalménte

Conjécture, s. conghiettúra, congettúra — va. conghietturáre, congetturáre

Conjécturer, s. congetturatóre, -trice

Conjòin, va congiúgnere, aggiúgnere — vn. collegàrsi, unírsi

Conjòint, a. congiúnto, collegáto, unito

Conjòintly, avv. congiuntaménte, unitaménte

Cònjugal, a. conjugàle, maritàle

Cònjugally, avv. conjugalménte

Cònjugate, va. (gram.) conjugáre

Cònjugàted, a. conjugàto; (bot.) conjugàto

Conjugàtion, s. (gram.) conjugazióne

Conjùnct, a. congiúnto, unito

Conjùnction, s. congiunzióne, congiungiménto

Conjùnctive, a. s. congiuntívo; (anat.) congiuntíva, adnàta

Conjùnctly, avv. congiuntaménte

Conjùnctively, avv. congiuntivaménte

Conjùncture, s. congiuntúra; in — with, in una con

Conjuràtion, s. scongiúro, incánto; congiúra

Conjùre, va. scongiuráre; congiuráre; esorcizzáre; — vn. (poco us.) macchináre, cospiráre

Cònjure, va. ammaliáre, stregáre, evocáre con scongiúri; — dówn, esorcizzáre; — up, evocáre (far comparíre); — vn. usáre árti mágiche

Conjúrement, s. lo scongiuráre, il supplicáre

Cònjurer, s. scongiuratóre, -trice, stregóne, stréga

Cònjuring, s. ammaliaménto, stregoneria — book, s. líbro di magía

Cònnate, a. connáto

Connàtural, a. connaturále

Connèct, va. connèttere, congiúngere, attaccáre

Connècted, a. connèsso, congiúnto, collegáto

Connèction, s. V. Connèxion

Connèctive, a. di connessióne; s. legaménto, legatúra

Connèctively, avv. in connessióne

Cònner, s. verificatóre di misúre

Connèxion, s. connessióne, unióne, simigliánza, affinità, congiungiménto, attaccaménto; léga, legáme, m., unióne, congregazióne, società, famíglia, parentádo; family —s, parénti, congiúnti; to bréak, to bréak off a —, rómpere una relazióne; to discontìnue a —, cessàre da una relazióne; to kéep up a —, mantenér rappòrti; to resúme a —, riannodáre rappòrti

Connívance, connívence, s. connivènza, tolleránza

Conníve, (at.) va. chiúdere un òcchio a, far le viste di non vedére, usár connivènza

Connívent, a. connivènte; — vàlveś (anat.), válvole connivènti; — (bot.), connivènte, convergénte

Conniver, s. chi usa connivènza

Conníving, a. connivènte, di connivènza

Cònnoisseûr, *s.* conoscitóre, -trice; inten-
déute, *m. f.*
Connoisseûrship, *s.* talênto di conoscitóre,
-trice
Cònnûbial, *a.* conjugále, del connùbio
Cónny, *a.* (*volg.*) fino, scáltro, brávo
Conõid, *s.* (*geom.*) conóide, *m.*
Couõidal, *a.* (*geom.*) connoidále
Cònquer, *va.* víncere, conquistáre; soggio-
gáre; to — or die, víncere o moríre
Cònquerable, *a.* vin ìbile, conquistábile
Cònqueress, *s.* conquistatrice, vincitrice, *f.*
Cònqueror, *s* vincitóre, conquistatóre
Cònquest, *s.* conquísta, vittória; to máke a
—, fáre una conquista
Consanguinity, *s.* consanguinità; lineal —
(*legge*), consanguineità dirêtta
Cònscíence, *s.* cosciênza; accomodáting —,
cosciênza lárga; ténder —, cosciênza strét-
ta, guardínga, scrupolósa; cléar —, co-
sciênza nét a; cáse of —, cáso di coscien-
za; to máke it a cáse (a màtter) of —, fársi
cosciênza di
Cònscíenced, *a.* di cosciênza; tender- —, di
cosciênza delicáta
Consciêntious, *a.* coscienzióso
Conscièntiously, *avv.* coscienziosaménte
Conscièntiousness, *s.* coscienzi'sità
Cònscionable, *a.* ragionévole, êquo
Cònscionableness, *s.* equità, ragionevolézza
Cònscionably, *avv.* equaménte, ragionevol-
ménte
Cònscious, *a.* cònscio, consapévole, sciénte
Cònsciously, *avv.* scienteménte
Cònsciousness, *s.* intima conoscênza, consa-
povolézza intêrna, cosciênza
Cònscript, *a. s.* coscrítto; — Fáthers, Padri
Coscrítti
Conscription, *s.* (*mil.*) coscrizióne, arrola-
ménto
Cònsecráte, *va.* consecráre, consacráre, sa-
cráre, dedicáre
Cònsecráted, *a.* consecráto, dedicáto; sácro,
ságro
Cònsecrátion, *s* consecrazióne, ságra
Cònsecrátor, *s.* consacratóre, -trice; véscovo
consacránte
Cònséctary, *a.* che è conseguénza; *s.* con-
seguénza
Cònsecútion, *s.* séguito, successióne, sequéla
Cònsécutive, *a.* consecutívo
Cònsecútively, *avv.* consecutivaménte
Consênt, *s.* consénso, consentiménto; silence
gives —, chi táce acconsênte
— *vn.* acconsentíre, concórrere, accordársi
Consentáneous, *a.* consentáneo
Consentáneously, *avv.* consentaneaménte
Consêntient, *a.* consenziênte
Cònsequence, *s.* conseguénza; effêtto, êsito;
importánza, riliêvo, moménto; in —, in
conseguénza; in affáirs of such —, in af-
fári di tánto riliêvo

Cònsequent, *a.* conseguénte; to be — upon,
risultáre da, êsser la conseguénza di
— *s.* conseguénza, conseguénte, risultaménto
Consequêntial, *a.* conseguénte, risultánte,
importánte; borióso, arrogánte
Cònsequêntially, *avv.* conseguenteménte, per
conseguénza lógica; boriosaménte
Consequêntialness, *s.* giustêzza di raziocínio;
arrogánza, boria
Cònsequently, *avv.* conseguenteménte, per
conseguénza
Consérvable, *a.* conservábile
Consérvancy, *s.* Córte, *f.* per la conservazióne della pésca nel Tamígi
Cònservátion, *s.* conservazióne
Consérvative, *a.* conservatívo; *s.* conservatóre, -trice
Cònservátor, *s.* conservatóre, -trice
Consérvatory, *a.* conservatóre, -trice; *s* con-
sêrva; conservatório; sêrra (per le piánte)
Consérve & cònserve, *s.* consêrva, confettúra;
— of róses, consêrva di róse
— *va.* conserváre, mantenére; fár consêrve
(di frútta)
Consérver, *s.* conservatóre, -trice; confettiére, *m.*
Consíder, *va.* consideráre, ponderáre
— *vn.* pensáre, riflêttere, ponderáre; all
things, êvery thing —ed, tutto ben consideráto
Considerable, *a.* considerábile, di riliêvo
Cònsiderableness, *s.* importánza considerábile, rilevánza
Considerably, *avv.* considerabilménte
Considerate, *a* consideráto, circospêtto; che
considera (le altrúi difficoltà, ecc.); — of
práise, sensibile alla lóde
Considerately, *avv.* ponderataménte
Considerateness, *s.* considerazióne, riflessióne,
ponderazióne
Considerátion, *s.* considerazióne; ragióne,
motívo; equivalénte, *m.* contraccámbio,
ricompénsa; in — of, õut of — to, in considerazióne di; to táke into —, préndere in
considerazióne
Considerer, *s.* consideratóre, -trice, pensatóre, -trice
Consídering, *a.* che considera, che sta riflet-
têndo; pensóso, consideráto, posáto; *cong.*
attéso, stánte, visto; — that, attéso che,
considerándo che; *s.* riflessióne, considera-
ménto, titubánza
Consígn, *va.* consegnáre, rimêttere, depositáre, affidáre, dáre, spedire; I — you forty
píeces of linen clòth, vi conségno quaránta pêzze di téla di lino
Consignátion, *s.* consegnazióne conségna;
to be a — to rúin, consegnáre, condúrre
alla rovína
Cònsígnée, *s.* (*com.*) consegnatário, -a
Consígner ⎰ *s.* consegnánte, consegnatóre,
Consígnor ⎱ -trice, speditóre, -trice

nêr, rûde; · fáll, sòn, bûll; · fáre, dó; · bý; lýmph; p̃ïie, b p̃é, fõ0l, fõ1l; gem, aš.

Dts. Ingl. Ital. · Edis. VI. Vol. I.   10

Consigning, a. consegnánte, rimettênte; the — pàrties, le pârti consegnànti

Consignment, s. consègna, assègno, consegnázione; depòsito; to make a — of a thing to a person, mandâre in depòsito, spedire in consègna, una còsa ad alcúno

Consimilar, a. consímile, assomigliánte

Consist, vn. consistere, stàre, èssere; confàrsi, accordàrsi; life —s in the únion of body and spirit, la víta consiste nell'uniône del còrpo e dell'ánima; that —s ill with, ciò s'accòrda mâle con

Consistence, consistency, s. consistênza, coerênza, congruênza; act in — to your principles, siáte coerênte, conseguênte ai vòstri principj

Consistent, a. consistênte, coerênte, conseguênte; he is àlways — with himsèlf, egli è sempre consentâneo a sê stesso

Consistently, avv. concordevolménte, in modo consentâneo; he acts —, egli agísce da uómo coerênte

Consistôrial, a. concistoriále

Consistory, s. concistório

Consóciate, va. consociáre

Consociàtion, s. consociazióne

Cónsol, s. (archit.) beccatéllo, mènsola, modiglióne; (com.) V. Cònsols

Consólable, a. consolábile

Consolàtion, s. consolazióne

Cónsolàtor, s. consolatóre, -trice

Cônsòlatory, a. consolatório, consolánte

Consóle, va. consolàre

Cónsole, s. mènsola, modiglióne, m., beccatéllo

Consóler, s. consolatóre, -trice

Consòlidant, a. (med.) consolidánte

Consòlidàte, va. consolidáre; vn. consolidàrsi

Consolidàtion, s. consolidazióne

Consòling, s. consolánte

Cònsols, s. pl. (com.) fóndi consolidáti, consolidàto

Consonance, cònsonancy, s. consonánza, armonía, concórdia, accòrdo, conformità

Cónsonant, a. consonánte; concórde, confórme; — s. (gram.) consonánte, f.

Cónsonantly, avv. coerenteménte, confórme

Cónsonantness, s. consonánza, coerênza, armonía

Cónsonous, a. cónsono, concórde, confórme

Cònsort, s. compágno, compágna, consòrte, m. f.; quèen —, regína (non regnánte) — vn. (with) éssere il compágno (di), unírsi (a), confàrsi (a); va. — (with), uníre, congiúngere, sposáre; bazzicáre, frequentáre

Consound, s. (bot.) consólida; great —, consólida m gg̀iore, officinále; lèsser —, consólida minóre

Conspicuous, a. cospícuo, eminênte, spiccánte

Conspicuously, avv. cospicuaménte, notabilménte

Conspicuousness, s. cospicuità, l'èssere cospícuo

Conspiracy, s. cospirazióne, congiúra

Conspirant, a. (poet.). cospiránte, congiuránte

Cons irator, s. cospiratóre,-trice; congiuráto

Conspire, vn. cospiráre, congiuráre; concórrere; tèndere

Conspirer, s. V. Conspirator

Conspiring, s. cospirazióne, cospiraménto; a. cospiránte, concorrênte, tendênte

Conspiringly, avv. per cospirazióne

Cónstable, s. guárdia urbána, guárdia cívica, guárdia nottúrna; poliziotto, sbírro; head —, commissário; the Lórd High —, il contestábile; to overrún the — (volg.), fare il pásso più lúngo della gámba

Cônstableship, s. grádo, dignità di contestábile; cárica di commissário, di sergênte, di sbírro

Cônstabless, s. móglie del contestábile

Cônstàbulary, s. guárdia urbána, sbirrág̀l̀a

Cônstancy, s. costánza, fermézza, stabilità

Cônstant, a. costánte, fêrmo, sáldo, stábile, perseveránte; (geom.), costánte, permanênte

Cónstants, s. pl. (geom) (quantità) costánti, f. pl.

Cônstantly, avv. costanteménte, stabilménte

Cônstat, s. certificáto

Cónstellate, va. biliottáre, stelláre, rêndere stelláto; ornáre di costellazióni

Cònstellation, s. costellazióne; nórthern —, costellazióne boreále; sóuthern —, costellazióne austrále

Consternátion, s. costernazióne, sgoménto; lóok of —, ária costernáta

Cònstipàte, va. costipáre, restríngere; (med.) rêndere stítico, cagionáre stitichézza

Cònstipàtion, s. costipaménto, ristr̀ingiménto; (med.) stitichézza

Constituency, s. còrpo di committênti; mássa di elettóri; adunánza di votánti; lárge —, gran número di elettóri; small —, píccolo número di elettóri

Constituent, s. costituênte, elettóre — a. costituênte; the — Assèmbly, l'Assemblèa costituênte

Cónstitute, va. costituíre, fáre, nomináre

Cónstitúter, s. costitutóre, -trice

Cònstitútion, s. costituzióne, temperamênto, complessióne

Cònstitútional, a. costituzionále; long live the — King! viva il re costituzionále

Cònstitútionalist, s. costituzionalista, m. f.

Cònstitútionálity, s. costituzionalità

Cònstitútionally, s. costituzionalménte

Cònstitútionist, s. costituzionalista, m. f.

Cónstitútive, a. costitutivo

Constráin, va. costr̀ígnere, forzáre, impac-

ciáre, inceppáre, stríngere, coartáre, violentáre, astríngere; frenáre, tenér a fréno, legáre, imprigionáre
Constráinable, a. che si può costríngere
Constráined, s. costrétto, astrétto; impacciáto, in soggezióne
Constráinedly, avv. per fôrza, forzataménte, in módo impacciáto
Constráiner, s. chi costrigne, sfôrza, violénta
Constráint, s. costrigniménto, fôrza, violénza, coazióne; impáccio, soggezióne; by —, colla fôrza; withôut —, sénza soggezióne, liberaménte; ander —, impacciáto, in soggezióne
Constrict, va. ristríngere, rattráre, rinserráre
Constriction, s. costrizióne, ristringiménto
Constrictor, s. (anat.) constrittóre, constrittório; bóa — (zool.), alligatóre, m.
Constringe, va. costríngere, ristríngere, rattráre
Constringent, a. costringénte, astringénte
Construct, va. costruíre, fabbricáre, formáre
Construction, s. costruzióne, costruttúra; órdine, m. fôrma, interpretazióne, sênso; to pùt a góod — on, interpretáre favorevolménte
Constructive, a. costruttívo
Constructively, a. per interpretazióne, per induzióne
Construe, va. (gram.) costruíre, fáre la costruzióne di; tradúrre, spiegáre, chiosáre, interpretáre; te — a wôrd, a séntence, tradúrre una paròla, una fráse
Constupráte, va. stupráre, violáre
Constupration, s. stúpro, rátto
Consubsist, vn. coesístere, sussístere insiéme
Consubstàntial, a. consustanziále
Consubstantiálity, s. consustanzialità
Consubstàntiate, va. consustanziáre
Consubstantiátion, s. consustanziazióne
Cònsuetude, s. consuetúdine, f.
Cónsul, s. (storia) cónsole, cónsole, m. (diplom.) cónsole; — general, Cónsole Generále; where is the British —'s ôffice? dove è l' fficie del cónsole inglése?
Cónsular, a. consoláre; — dignity, dignità consoláre; — man, uòmo consoláre
Cónsulate, s. consoláto
Cónsulship, s. consoláto (dignità, cárica)
Consúlt, va. consultáre; fig. ascoltáre, cercáre; vn. consultáre, ponderáre, deliberáre
Cónsult, s. (poet.) consúlta, consultazióne, consíglio
Consultátion, s. consultazióne, consúlta; — of physicians, consúlto di médici
Consúlter, s. consultatóre, -trice; consultére, -trice
Consúlting, a. consultánte; in consultazióne
Consúmable, a consumábile
Consúme, va. consumáre, scialacquáre, spéndere; the páper —d (or used) in wríting

this mánuscript, la cárta consumáta nello scrivere quésto manoscritto
— vn. consumársi, logorársi, intisichírsi
Consúmer, s. consumatóre,-trice, chi o quel che consúma, spénde, scialácqua, guásta, lógora
Consúming, a. consumatívo, che consúma
Consúmmate, a. perfezionáto, compiúto, compíto, finíto; — villain, uòmo scelleratíssimo
— va. consumáre, perfezionáre, dar compiménto a, termináre
Consúmmately, avv. compiutaménte, perfettaménte
Consummátion, s. consumazióne, compiménto, perfezióne, cápo, fine, f; the — of the màrriage, la consumazióne del matrimònio
Consúmption, s. consumazióne, sciupío, scialácquo, dissipaménto, guásto; consúme, consumaménto, spáccio, (med.) atrofía, consunzióne, tisichézza, tísi, f. etisía; fóreign —, consúmo estêrno; hóme —, consúmo intêrno; pòlmonary —, (med.), etisía, tísi, f. tísi polmonáre; to be in a — (med.), éssere tísico, avér l' etisía; to go into a —, andáre in consunzióne
Consúmptive, a. consuntívo, tísico, ético
Consúmptiveness, s. tisichézza, tisicúme, m.
Còntact, s. contátto, tócco, toccaménto, combaciaménto; rappòrto, relazióne; (geom.) contátto, combaciaménto; to còme into —, combaciársi, incontrársi, combinársi
Contágion, s. infezióne, contagióne, contágio; to càtch the —, contrárre il contágio
Contágious, a. contagióso, appiccaticcio
Contágiousness, s. qualità contagiósa
Contáin, va. contenére, tenére, racchiúdere, compréndere; — one's self, contenérsi, raffrenársi
Contáinable, a. che si può contenére
Contáiner, s. recipiénte, m.; to be a — of, contenére
Contáminate, va. contamináre, macchiáre, bruttáre
Contaminátion, s. contaminazióne
Contémn, va. sprezzáre, spregiáre, sdegnáre
Contémner, s. spregiatóre, -trice, sprezzatóre, -trice, spregióso, spregiósa
Contémper, contémperate, va. moderáre, contemperáre
Contémplate, van. contempláre, consideráre, riguardáre, meditáre, divisáre, progettáre
Contemplátion, s. contemplazióne, pensiéro, soggétto di contemplazióne; progétto, divisaménto; to hàve in —, intèndere, progettáre, divisáre
Contémplative, a. contemplatívo; — life, vita contemplatíva
Contémplatively, avv. in modó contemplatívo
Contémplator, s. contemplatóre, -trice
Contemporáneity, s. contemporaneità
Contemporáneous, a. contemporáneo

Contèmporariness, *s.* contemporaneità
Contèmporary, *a. s.* contemporáneo, coetáneo
Contèmpt, *s.* disprègio, sprèzzo, schèrno; — of cóurt, contumácia; to bring into —, méttere in discrèdito, portáre offésa alla riputazióne di; (*legge*) eccitáre all'ódio e allo sprèzzo di; to hóld in —, avére, tenére a víle
Contémptible, *a.* sprezzábile, spregévole
Contèmptibleness, *s.* spregevolézza, bassézza
Contèmptibly, *avv.* spregevolménte, con disprèzzo; vilménte
Contèmptuous,*a.* sprezzánte,spregióso,schernitívo
Contèmptuously, *avv.* con disprèzzo, con ischèrno
Contèmptuousness, *s.* disprèzzo, schèrno
Contènd, *van.* contèndere, disputáre, quistionáre, contrastáre, dibáttere, lottáre, gareggiáre, battagliáre, pretèndere, affermáre; to — abòut trifles, disputár dell' ómbra dell'ásino; I — that, mantèngo, che, pretèndo che
Contèndent, contènder, *s.* antagonísta, *m.*
Contènder, *s.* contenditóre, quistionánte,combattènte
Contènding, *a.* contendènte; the — parties, le pàrti contendènti, í litigánti
Contènement, *s. legge*) terréno o podére contíguo ad una tenúta
Contènt, *a.* contènto, págo, rassegnáto; to be — with, accontentársi di
— *s.* contènto, contentézza, soddisfazióne; the —s, the non —s, (*part.*) i votánti per, i votánti cóntro; the —s of the box or càse, (*com.*) il contenúto della cássa; táble of —s, índice, *m.*
— *va.* contentáre, soddisfáre, appagáre
Contènted, *a.* accontentáto, contènto, soddisfátto, págo; éasily —, di fácile contentatúra; a — mind is a continual féast, chi è contènto è felíce; — with, contènto di, soddisfátto di
Contèntedly, *avv.* contentaménte, lietaménte
Contèntedness, *s.* contentézza, soddisfazióne
Contèntion, *s.* contenzióne, contésa, gára; bóne of —, pómo di discórdia
Contèntious, *a.* contenzióso, stizzóso, bisbètico, irrequièto, cavillóso, accatabríghe
Contèntiously, *avv.* contenziosaménte
Contèntiousness, *s.* umóre stizzóso, litigióso
Contèntless, *a.* incontentábile
Contèntment, *s.* contènto, contentézza, contentaménto, rassegnazióne, quiéte, *f.*
Contèrminable, *a.* capáce degli stessi limiti
Contèrminate, *a.* contèrmine, con gli stessi confíni
Contèrminous
Contèrminal } *a.* contèrmino, confinánte
Cóntest, *s.* contésa, dísputa, ríssa, quistióne
Contèst, *van.* contestàre, disputáre, litigá-

re; — with, gareggiáre, rivalizzáre, battagliáre
Contèstable, *a.* contestábile, disputábile
Contèstableness, *s.* contestabilità, disputabilità
Contestátion, *s.* contestazióne; (*legge*) próva testimoniále (in contraddittório della párte avvèrsa)
Cóntext, *s.* contèsto
— *a.* contèsto strettaménte, serráto
Contèxture, *s.* tessitúra, tessúto, téla, struttúra, telájo
Contèxtural, *a.* appartenénte al contèsto, alla struttúra, alla compágine
Contignátion, *s.* travatúra
Contigúity, *s.* contiguità, propinquità, vicinánza
Contiguous, *a.* contíguo, accòsto, affíne
Contiguously, *avv.* prossimaménte, da vicíno
Contiguousness, *s.* prossimità, contiguità
Cóntinence, còntinency, *s.* continènza, ritenènza, ritenutézza; ritégno, castità
Còntinent, *a.* continènte, ritenúto, cásto
— *s.* (*geog.*) continènte, *m.* tèrra fèrma
Còntinently, *avv.* ritenutaménte, castaménte, moderataménte,con continènza, con misúra
Contingence, contingency, *s.* eveniènza, eventualità, contingènza, cáso, casualità, accidènte, *m.*
Contìngent, *a.* contingènte, eventuále, casuále, fortúito
Contìngent, *s.* contingènte, *m.* quòta, párte, *f.*, porzióne
Contìngently, *avv.* fortuitaménte, casualménte
Contìngentness, *s.* natúra contingènte, contingènza
Continual, *a.* contínuo, non interrótto
Continually, *avv.* continuaménte
Continuance, *s* continuánza, continuazióne, soggiórno, dimóra, duráta, perseveránza
Contìnuate, *a.* (*ant.*) continuato, continuo
Continuátion, *s.* continuazióne, sèrie, *f.* sequéla
Continuátor, *s.* continuatóre, -tríce
Continue, *van.* continuáre, seguitáre, duráre, perseveráre, persístere, dimoráre, trattenérsi; to — long in a pláce, dimoráre lúngo tèmpo in un luògo
— *va.* proseguíre, prolungáre
Continued, *a.* contínuo, non interrótto
Continuedly, *avv.* continuaménte
Continuing, *a.* che contínua, che dúra, permanènte
Continúity, *s.* continuità; solútion of —, soluzióne di continuità
Continuous, *a.* contínuo, non interrótto
Contòrt, *va.* contòrcere, attorcigliáre
Contòrtion, *s.* contorsióne, convulsióne
Cóntour, *s.* contórno, lineaménto, abbózzo
Còntra, *prep.* cóntra, per cóntro, per cóntra
Cóntraband, *s.* contrabbándo; — of wàr

(*legge*), contrabbándo di gu**ê**rra ; —, *a.* proibíto, illegále ; di contrabbándo ; — *góods*, merci di contrabbándo

Contrabàndist, *s.* contrabbandi**é**re, *m.*

Contrabásso, *s.* (*mus.*) contrabásso, *V.* Doùble bàss

Contràct, *va.* contrárre, ristrìngere ; abbreviáre, tratteggiáre, increspáre, raggrinzáre, contrárre, fidanzáre ; *vn.* contrársi, ristrìngersi, raggricchiársi ; to — one' **s** br**ō̆**w**s̄**, increspáre la frónte ; — dèbts, indebitársi ; — a dis**é**ase, pigliár una malattía ; — for, pattuíre, compráre, acquistáre

Contract, *s.* contrátto, accórdo, convenzióne ; àbsolute — (*legge*), contrátto puro e sémplice ; expr**è**ss —, contrátto formále ; implíed —, quasi-contrátto ; reciprocal —, contrátto sinallammático, bilaterále ; v**ō̆**ld —, contrátto nullo ; — under séal, contrátto solênne ; to dr**à**w up a —, redìgere un contrátto ; to enf**ó**rce a —, fare eseguíre un contrátto ; to ènter into a —, addiveníre ad un contrátto ; to éxecute, to perf**ó**rm a —, eseguíre un contrát'o ; to màke a —, fare un contrátto ; to p**ü**t up to —, dàre ad appálto ; to *sign* a —, firmáre un contrátto ; to witness a —, sottoscríversi come testimónio ad un contrátto

Contràcted, *a.* contrátto, raggricchiáto, contrattáto, negoziáto ; *fig.* angústo, ristrétto, grétto ; — for, patteggiáto, compráto

Contràctedness, *s.* ristrettézza ; raggricchiaménto

Contractibility, *s.* contrattilità, possibilità d'éssere contrátto, raggricchiáto, ristrétto

Contràctible, *a.* contráttile, suscettíbile di contrazione

Contràctile, *a.* contráttile ; — fórce (*fis.*), fòrza di contrazione

Contractility, *s.* contrattilità

Contràction, *s.* contrazióne, raccorciaménto, ristringiménto, raggricchiaménto, abbreviatúra

Contràctor, *s.* contraénte, *m. f.*, parte contraénte, *f.*, provveditóre ; impresário, appaltatóre ; àrmy —, fornitóre d'armáta, provveditóre

Contradánce, *s.* *V.* Country-dance

Contra**d**ict, *va.* contraddíre, oppórsi a ; — one's self, contraddírsi, disdírsi, smentírsi

Contradictor, *s.* contraddittóre, -tríce, opponènte

Contradiction, *s.* contraddizióne, opposizióne

Contra**d**ictious, *a.* (*poco us.*) contraddicénte, contraddiltório

Contradictorily, *avv.* contraddiltoriaménte

Contradictory, *a.* contraddittório

Contradistinct, *a.* contraddistínto, contrassegnáto

Contradistinction, *s.* opposizióne, contrapposto

Contradistinguish, *va* contraddistínguere

Contràlto, *s.* (*mus.*) contrálto

Contramúre, *s.* múro di riufórzo, contramúro

Contranitency, *s.* contrannitênza

Contraposition, *s.* contrapposizióne

Contrapùntal, *a.* appartenénte al contrappúnto

Contrapùntist, *s.* (*mus.*) contrappuntísta, *m.*

Contraregulàrity, *s.* opposizióne alla règola

Contraríety, *s.* contrarietà

Contrarily, *avv.* contrariaménte

Contrariwíse, *avv.* in módo contrário, al contrário, ánzi

Contrary, *a.* contrário, oppósto ; in the — dirèction, in via oppósta, divêrsa — *s.* contrário, oppósto ; in the —, al contrário ; this próves the — of what you sáid, ciò próva il contrário di quel che avéte detto

Contra-tènor, *s.* (*mus.*) contrálto

Contràst, *va.* contrastáre, raffrontáre, contrappórre

Contrast, *s.* contrásto, raffrontaménto, dissimigliánza, diversità, opposizióne, antítesi, *f.*

Contráte-wheel, *s.* (*meccanica*) ruóta orizzontále coi denti verticáli

Contravallátion, *s.* contravallazióne

Contravéne, *va.* contravveníre

Contravéner, *s.* contravventóre, -tríce, contravvenénte

Contravèntion, *s.* contravvenzióne

Contribute, *van.* contribuíre, concórrere

Contribution, *s.* contribuzióne ; àverage —, (*mar.*) quóta sulla ripartizióne dei dánni (per necessário gètto delle mérci) ; — society (*com.*), compagnía di mútua assicurazióne ; to láy under —, méttere a contribuzióne ; to lèvy a —, impórre una contribuzióne

Contributive, *a.* che contribuísce

Contributor, *s.* contribuènte, *m. f.*

Contristate, *va.* (*meglio* sàdden) contristáre

Contrite, *a.* contríto, compúnto, pentito

Contritely, *avv.* con contrizióne

Contrition, *s.* contrizióne, pentiménto ; tritaménto, sbriciolaménto

Contrivance, *s.* invenzióne, trovato ; divisaménto ; árte, *f.*, ingégno

Contrive, *va.* inventáre, immaginare, trováre, dispórre, concertáre, divisáre ; *vn.* tramáre, macchináre, ingegnársi ; I will — to do it, m'ingegnerò di fárlo

Contriver, *s.* inventóre, -tríce, architétto, macchinatóre, -tríce, artéfice, *m.f;* a góod — in hoúse kéeping, una dònna rabattína, una buóna massaja

Contról, *s.* contróllo, regístro, riscóntro ; fréno, vigilánza, controllo ; influênza, impéro ; autorità, potére, *m.* ; without —, sénza fréno, sénza soggezióne ; the Bóard of —, l'ufficio di controllo

— *va.* controllâre, riscontrâre, verificâre, controllâre, tenér a fréno; impôrre a
Contróllable, *a.* chè si può frenâre
Contróller, *s.* controllóre, registratóre; — gèneral, controllóre generále
Contróllership, *s.* controlleria, uffício del controllóre
Contrólment, *s.* controllería, raffrenaménto
Controvèrsial, *a.* di controvèrsia
Controvèrsialist, *s.* controversista, *m.*
Côntroversy, *s.* controvèrsia, polémica, quistióne, contésa, litígio, contrásto; religious —, controvèrsia (religiósa); beyónd —, fuór di controvèrsia; to bring into —, méttere in controvèrsia
Controvèrt, *va.* controvèrtere; contestâre
Controvèrted, *a.* controvèrso, disputáto
Controvèrtible, *a.* controvertíbile
Côntrovertist, *s.* controversista, *m. f.*; disputánte
Contubèrnal, *a.* contubernále
Contumâcious *a.* contumáce; capárbio
Contumâciously, *avv.* con contumácia
Contumâciousness, *s.* contumácia; ostinazióne
Côntumacy, *s.* contumácia
Contumèlious, *a.* contumelióso, ingiurióso
Contumèliously, *avv.* contumeliosaménte
Côntumely, *s.* contumélia, villania, ingiúria
Contúsion, *s.* contusióne; ammaccaménto
Conúndrum, *s.* bistíccio, argúzia triviále
Convalèscence, convalèscency, *s.* convalescènza; in a státe of —, convalescènte
Convalèscent, *a.* convalescénte; to becóme, to get —, entrâre in convalescènza
Convallaria { *s. (bot.)* convallâria
Convàllary {
Convéne, *va.* convocâre, adunâre, ragunâre — *vn.* adunârsi, ragunârsi, raccógliersi
Convénience, convéniency, *s.* comodità, cómodo, ágio; conveniènza, convenevolézza, attitúdine; at your —, a vostro bell'ágio, a vostro cómodo, quándo vi sarà di cómodo
Convénient, *a.* cómodo, convenièntе, convenévole, opportúno, átto, accóncio, dicévole
Convéniently, *avv.* comodaménte, con cómodo, convenevolménte
Cónvent, *s.* convènto, monastèro, chiòstro
Convénticle, *s.* conventícola, conventícolo, conciliábolo
Convénticler, *s.* mèmbro d'un conventícolo
Convèntion, *s.* convenzióne, assemblèa; pàtto; brèach of. — *(legge)*, violazióne di convenzióne
Convèntional, *a.* convenzionále; convenúto
Convèntionary, *a.* stipuláto per pátto
Convèntual, *a.* conventuále
— *s.* conventuále, *m. f.*, fràte, *m.* mònaca
Convèntually, *avv.* in comunità, come si prática nei convènti
Convérge, *vn.* convérgere

Convèrgence, *s.* convergènza
Convèrgent, convèrging, *a.* convergènte
Convèrsable, *a.* affàbile, conversàbile, trattábile, compagnévole
Convèrsableness, *s.* índole conversévole; franchézza o prontézza di conversàre; socievolézza
Convèrsably, *avv.* conversevolménte
Cònversant, *a.* versáto, prático, espêrto; conversánte; — with, versáto in, prático di
Cônversátion, *s.* conversazióne, discórso famigliáre, collóquio; sociále commércio, conversâre, *m.*, procèdere, *m.*, condótta, portaménto; the life and —, la vita e i costúmi; criminal —, *(abbr.)* Crím. Con., adultério *(legge)*
Conversátional, *a.* del parlár famigliáre, della conversazióne, dialogáto
Conversátionalist, *s.* conversatóre, -trice, parlatóre eccellènte
Convèrsative, *a.* della società, conversativo
Cônversazióne, *s.* conversazióne, serâta
Convèrse, *vn.* conversâre, ragionâre; praticáre, usâre, trattáre insième, bazzicáre
Cônverse, *s.* conversazióne, discórso; famigliárità, prática, úso; *(log.)* convèrso
Convèrsely, *avv.* al convèrso, vicevérsa
Convèrsion, *s.* conversióne
Convèrsive, *a.* conversévole, sociábile
Convèrt, *va.* convertíre, cambiáre, tramutáre, trasformáre; *vn.* convertírsi, cambiársi, tramutársi; religion —s the évils of life into blèssings, la religióne convèrte in bène i máli della vita; to — sinners, convertíre i peccatóri
Cònvert, *s.* convertíto; to máke a — of a pèrson, convertíre alcúno; to attèmpt to convèrt a —, predicáre a un convertíto
Convèrted, *a.* convertíto, cambiáto, tramutáto
Convèrter, *s.* convertitóre, -trice
Convèrtibility, { *s.* convertibilità
Convèrtibleness, {
Convèrtible, *a.* convertíbile
Convèrtibly, *avv.* convertibilménte
Cônvex, *a. s.* convèsso
Convèxity, *s.* convessità
Cônvexly, *avv.* convessaménte
Convèxo-cóncáve, *a.* convèsso-cóncavo
Convèxo-cónvex, *a.* convèsso-convèsso; biconvèsso
Convey *(pr.* convá) *va.* trasportâre, trasferíre, portáre, trasméttere, condúrre, mandáre, consegnáre, far capitáre, depórre, infóndere, comunicáre, dâre; to — off, portar via; — a lètter, mandáre, far capitáre una lèttera; — intèlligence, comunicáre notízie; — pòison into a thing, avvelenâre che che sia; — góods by wàter, traghettáre mercanzíe per ácqua; — by stéam, mandáre col vapóre; Giobèrti —s his ídeas in strong and cléar wòrds, Giobèrti si

spiéga con paróle chiáre e forti; to — to
the *reader* the idéa of the póet, per dáre
al lettóre il pensiéro del p éta; to —
awày, involáre, portàr via; to — one's
sèlf uff, away, involársi, scappáre
Conveyance (*pr.* convàanse), *s.* traspórto;
mèzzo di trasporto, mèzzo di involáre,
mèzzo di portáre o di portàrsi, veícolo,
vettúra, bárca, vapóre, cavalcatúra; (*legge*)
cessióne, contrátto di cessióne
Conveyancer (*pr.* convàanser), *s.* notájo,
quéllo che scrive contrátti di véndita o
di ipotéca
Conveyer (*pr.* convàer), *s.* chi trasmétte,
pórta o traspórta; vettúrino, spedizioniére,
m., involatóre, -trice
Convict, *va.* convincere (di delítto); prováre
colpévole; dichiaráre réo; condannare;
— ed, convínto, dichiaráto (dal giuri) colpévole
Cónvict, *a. s.* réo, condannáto, colpévole;
forzáto, galeòtto ; — ship, bastiménto per
trasportáre i forzáti
Convicted, *a.* convínto di delítto, réo
Conviction, *s.* convinzióne, convinciménto ;
(*legge*) convinzióne, condánna; to act from
—, agire per convinzióne
Convince, *va.* convíncere, provàre a; persuadére
Convinced, *a.* convínto, persuáso; I am —
of it, ne sono persuáso, convínto
Convincible, *a.* átto a convíncere; capáce
di convinzióne, persuadévole
Convincing, *a.* convincénte, calzánte, astrin-
génte, accostánte; persuasívo, persuasí-
bile
Convincingly, *avv.* in mòdo convincénte
Convincingness, *s.* (*log.*) astringénza, qualità
calzánte, persuasíva, convincénte
Convivial, *a.* festévole, giulívo, gioviále
Conviviálity, *s.* festevolézza, festività, giu-
livítà
Convocáte, *va.* convocáre, radunáre
Convocátion, *s.* convocazióne, assembléa
Convóke, *va.* convocáre, ragunáre, adunáre
Convolúted, cònvoluté, *a.* (*bot.*) convolúto
Convolútion, *s.* convoluzióne, contorciménte,
ripiegaménto sópra sè stesso
Convólve, *va.* convòlgere, avvòlgere, avvol-
tolàre, rotoláre, tòrcere insiéme
Cnvólvulus, *s.* (*bot.*) convòlvolo, vilúcchio
Convoy, *s.* (*mar.*) convòglio, scòrta
— *va.* convogliáre, scortáre
Convoy-ship, *s.* (*mar.*) bastiménto di scòrta
Convúlse, *va.* réndere convúlso, cagionár
convulsióni ; agitáre con violénza, scuò-
tere, convèllere ; to be — d, spasimáre
Convúlsed, *a.* convúlso, spasimáto, spasi-
mante
Convúlsion, *s.* convulsióne, spásimo; commovimènto, commozióne; a *slight* —, con-
vulsioncélla; a fit or pàroxysm of —s,

convulsioni, *pl. f.*, accèsso di convulsióni;
to be tàken with —s, èsser préso da convulsióni; to *throw* one into —s, fàr veníre
ad uno le convulsióni
Convúlsive, *a.* convulsívo, spasmódico
C nvúlsively, *avv.* convulsivaménte, spasmo-
dicaménte
Cóny, *s.* (*zool.*) coníglio; — *burrow*, conigliéra
Cóo, *vn.* tubáre, mormoráre, gémere cóme
la colómba
Cóoing, *s.* mormo·ío, il tubáre, il gémere
della colómba
Cóok, cuòco, cucinéra, *m*; man- —, cuòco; —
-máid, wóman- —, cuciniéra, cuoca; —
-shop, rosticceria, bottéga di vendarròsto;
— -róom, cucina di vascèllo
— *va.* cucináre, cuòcere, far cuòcere, allestíre (vivánde); *vn.* cucináre, lavoráre
da cuòco; preparársi, allestírsi
Cóokery, *s.* árte culinária; to understànd —,
intèndersi di cucína
Cóol, *a.* frésco, freddo, freschinétto, temperáto; — brézza, vénto fresco, venticèllo;
it is —, fa frésco; it is gètting —, comincia
a far frésco ; — -hèaded, di sángue fréddo,
impassíbile, giudizióso, ragionévole
— *s.* frésco, frescúra
— *va.* rinfrescáre, raffreddáre, moderáre,
scemáre, rallentáre, deprímere, abbáttere
— *vn.* rinfrescársi, raffreddársi, rallentársi
Cóoler, *s.* refrigerativo, refrigeránte, *m.*,
wine- —, rinfrescatójo
Cóoling, *a.* rinfrescánte, refrigeránte
Cóolish, *a.* freschíno, alquánto fréddo
Cóolly, *avv.* freddaménte, con sángue fréddo;
ritrosaménte, scorteseménte
Cóolness, *s.* freschézza, frescúra; freddúra,
sángue fréddo; riserbatézza, ritrosia, svogliatézza, freddézza
Cóoly *s.* facchíno indiáno
Cóom, *s.* súgna (delle ruóte); únto, untúme,
m., (accumulántesi alla bócca d'un fórno)
Cóomb, *s.* misúra di quáttro móggi
Cóop, *s.* stía, cappoiéra, gábbia, múda
— *vn.* rinchiúdere, ingabbiáre, tenére alle
strétte; —ed up, in gábbia, in prigióne
Cóopée, *s.* pásso intreccíato (*del ballo*)
Cóoper, *s.* bottájo; white —, fabbricatóre
di móggi, vàgli, ecc.
Cóoperage, *s.* fábbrica (*luogo*) di bótti e
bottáme; mestiére, m. e commércio del
bottájo, fabbricazióne di bótti o bottáme;
prèzzo per mano d'ópera o lavéro di bottájo; white —, mestiére, m., commércio
di chi fa o vénde móggi, vàgli, ecc.
Co-óperáte, *va.* cooperáre, concórrere
Co-óperátion, *s.* cooperazióne
Co-óperátive, *a.* cooperánte, cooperatívo;
— magazine, magazzino cooperativo
Co-óperátor, *s.* cooperatóre, -trice
Co-órdináte, *a.* coordináto

Co-órdinately, avv. coordinataménte
Co-órdinateness, coordinátion, s. coordinazióne
Cóot, s. (orn.) smêrgo
Cóp, s. címa, sommità; pennácchio, ciuffétto (d'alcúni uccélli); rocchétto (da incannáre cotóne in matássa)
Copáiba, copaiva, s. (med.) copáiba; coppaù, m., — bàlsam, bálsamo di copáiba, coppaù
Copáiba-trée, s. (bot.) álbero coppáiba o copáiva; álbero copaífero; — bàlsam, bálsamo del coppáiba
Cópal, s. copál, copále, m.; — gùm, gùm —, gómma copále
Coparcenary, s. (legge) indivíso (per successióne); in —, per indivíso, pro indivíso, in comúne
Coparcener, s. (legge), proprietário, proprietária in comunióne
Coparceny, s. (legge) quóta ereditária per indivíso; to hold an estáte in —, godére uno stábile congiuntaménte con un áltro
Copártner, s. compágno, sócio; (com.) sócio
Copartnership, s. compartecipazióne; (com.) società in nóme collettívo; private —, società in compartecipazióne
Copártnery, s. (com.) società in nome collettívo; private — (com.), società in compartecipazióne
Copáyva, V. Copaiba
Cópe, s. pianéta (di prète), cáppa; calòtta, volta, cupolétta, stuója; ùnder the — of hèaven, sótto il cièlo, sótto la vólta del cíelo
— vn. gareggiáre; — with, far têsta a, oppórsi a, rivaleggiáre; va. oppórre, coprire
Cópeck, s. copécco, sóldo di Rússia
Copérnican, a Copernicáno
Cópier, cópyist, s. copísta, chi cópia o ricópia
Cóping, s. comígnolo, cólmo, spórto di muráglia
Cópious, a. copióso, abbondévole
Cópiously, avv. copiosaménte, abbondanteménte
Cópiousness, s. cópia, abbondánza, dovízia
Cópland, s. pêzzo di terréno termínante in un àngolo acúto, língua di têrra
Copped (pr. cópt), a. crestáto, puntúto
Cóppel, s. V. Cúpel
Cópper, s. ráme, m. (metállo); calderóne, calderótto; — cóloured, bronzáto, colóre di ráme; — bóttomed (di nave), foderáto di ráme; — fástened, attaccáto, congegnáto con cavicchie di ráme; — wíre, filo di ráme; — pláte, lástra, stámpa di ráme; — sheathing, fódera, foderatùra di ráme; — sheathed vèssel, bastiménto foderáto di ráme
— cóin, s. monéta di ráme; biglióne, m.

Cópper-district, s. (geol.) giacitúra, giacíménto di ráme
— lóde, s. (min) filóne, m. di ráme, m.
Cópperas, s. copparósa
Copperish, cóppery, a. che contiène del ráme, che sa del ráme
Cóppersmirn, s. calderájo
Cóppice, Cópse, s. bòsco cêduo, mácchia, macchiétta
Cóppled, a. puntúto, in fórma cònica
Cópple-dùst, s. cénere, f. di coppélla
Cópple-stónes, s. pl. grêto, ghiaréto, ghiaríccio, renájo
Cópse, va. piantáre, conserváre bòschi cêdui
Cópsy, a. contenénte bòschi cêdui
Cóptic, a. còpto, còfto; — s. il còpto o cófto, la língua còpta o cófta
Cópula, s. (log) cópula
Cópulate, vn. accoppiársi (cóme gli animáli di sêsso divêrso; — va. appajáre, congiúngere
Copulátion, s. copulazióne, cópula, unióne
Cópulative, a. (gram.) copulatívo
Cópy, va. copiáre, trascrívere, imitáre; to — out, fáre una cópia di, ricopiáre, trascrívere
— vn. (after, from) imitáre, rassomigliáre
— s. cópia, esempláre, m., manoscritto
— bóok, s. quadêrno, quintêrno, libro di scrittúra; libro d'esêmpi a copiáre
— hóld, s. podére che un fittaiuòlo possiéde sótto cêrte condizlóni (in virtù della cópia d'un ruòlo fátta in Córte dal governatóre della Contêa)
— hólder, s. livellário, censuário, fittajuò'o che possiéde certi beni stábili che si chiámano Cópy-hold (V. sopra)
— móney, s. prêzzo del manoscritto
— right, s. proprietà letterária, dirítto d'autóre; he sóld his — (of the bóok) for six thóusand franks, egli vendè il suo manoscritto per sei mila fránchi
Cópying, s. il trascrívere, il copiáre
— machine (pr. mashíne), — press, s. cópia-lêttere, m.
Cópyist, cópier, s. copísta, m. f.
Cóquelicot, cóquelico, s. (bot.) papávero selvatico; colór rósso aráncio
Coquet, coquètte, s. civettína, civétta (dònna vána e leggièra); dównright —, címa di civétta; regular —, vêra civettuóla; mále —, cicisbéo, bellimbùsto, civettóne, zerbíno, dameríno
— vn. civettáre, vn. allettáre, adescáre, lusingáre, trattáre con fínta amorósa tenerézza
Coquèttish, a. da civétta, da lusinghièra
Coquèttishly, avv. con civettería
Coquétry, s. civettería, incostánza
Córacle, s. battéllo da pêsca (di vímini, coperto di cuòjo)
Córal, s. corállo; sonáglio di corállo

Còral, còralline, a. corallíno
— -fíne, s. (mar.) navíglio per la pêsca del coràllo
— -díver, s. palombáro (di coràlli)
— -fisher { s. pescatóre di coràllo
— -fisherman {
— -fishery { s. pêsca del coràllo
— -fishing {
— -rag, s. (min.) depòsito carallìfero
— -réef, s. bànco di coràllo
— -trée, s. álbero del coràllo
Coralliferous, a. corallìfero
Còralline, s. corallìna
Còrallinite, s. corallìnite, f.
Còralloid, s. corallòide, f.
Corànt, s corrànte, f. (sòrta di bàllo)
Còrb, s. scòrba, canèstro, cestèlla, panièra; bòtte gròssa delle minière
Còrban, s. cassétta della limòsina; offèrta
Còrbeil, s. gabbióne, m. modiglióne, m., pedúccio, ménsola, nìcchia
Còrbel, s. canèstro, cestèlla; modiglióne, m.
Còurcule, còrcle, s. (bot.) còrculo
Còrd, s. còrda, minúgia, téndine, m. legáme, m. vìncolo; umbilical —, córdóne ombelìcále; — of wòod, catàsta (mtsura) di légna
— va. legáre con còrda, infunáre; — a trunk, legáre un baúle
Còrdage, s. (mar.) cordáme, sartiáme, m., fúni, f. pl.
Còrded, a. legáto con còrda, infunáto
Cordelièr, s. (relìg.) francescáno
Còrd-máker, s. funájo, funajuòlo
Còrdial, a. cordiále, di cuòre, affettuóso
—, s. cordiále, m.
Cordiàlity, s. cordialità, affètto cordiále
Còrdialize, va. rénder cordiále
Còrdially, avv. cordialménte, di cuòre, con túto il cuòre
Còrdialness, s. cordialità
Còrdon, s. cordóne, m., órdine, m., fila
Cordovan { s. cordováno
Còrdwáín {
Còrdwáíner, s. (ant.) calzolájo
Còre, s. (cuòre, còre, ant.); tòrso, interióre, imo, fóndo: the bòsom's inmost —, l'ìmo del cuòre; the — of a péar, il tòrso d'úna péra
Corégent, s. correggènte, m. f.
Corelìgunist, s. correligionário
Còrf, s. (min.) panièra per tirár su il carbón fòssile
Coriàceous, a. coriáceo
Coriànder, s. (bot.) coriándro
— -séed, s. coriándolo, coriándoli
Corìnruian, a. corìntio; libertíno; — órder (arch.) órdine corìntio
Còrk, s. súghero, turácciolo, záffo
— va. turáre (un fiasco), méttere il turácciolo
— -cútter, s. fabbricànte di turáccioli
— -screw, s. cavaturáccioli, m.

Còrk -trée, s. (bot.) quèrcia del súghero, álbero del súghero
Còrkiness, s. leggerézza, elasticità; vivacità
Còrky, a. di súghero; leggièro, elástico
Còrmorant, s. (orn.) marangóne, m; golóso
Còrmus, s. (bot.) còrmo
Còrn, s. gráno, fruménto, i cereáli; càllo (al piède); Indian —, gráno saracéno, gráno túrco; éar of —, spíga; — -cob, pannòcchia di gráno túrco; — -field, semináto; — -factor, negoziànte di gráno; — -chàndler, granajuòlo; venditóre di gráno; — -flóor, ája; — -loft, granájo, soffìtto; — -laws, lèggi sui cereáli; — -sheaf, covóne di gráno; — -stack, múcchio di gráno, pagliájo; — -tráde, commèrcio di cereáli; — -cútter, callìsta, m.
— va. aspèrgere di sále, saláre un pòco; —ed béef, mánzo saláto (da tre o quáttro giórni), mánzo lésso (all' inglese)
Còrnea, s, (anat.) còrnea
Còrnel, s. corniòla (frútto)
—, — -trée, Cornélian -trée, s. (bot.) corniòlo
Cornélian, s. (min.) cornalína, corniòla
Còrnemúse, s. (ant.) cornamúsa, píva
Còrneous, a. còrneo, callóso, indurìto
Còrner, s. cantóne, m., cànto, cantonáta; spígolo, estremità; — of a stréet, of a wàll, cantonáta; — of a ròom, cànto, cantúccio di una cámera; — -stóne, piétra angoláre; by- —, cantúccio, ripostíglio, nascondíglio; in a —, di nascósto
Còrnered, a. angoláre, cantonúto, diagonále; sharp- —, ad ángoli sagliènti
Còrnet, s. cornètta, còrno; cornètta (mus.); cornètto, cornètta, (insègna di tròppa di cavallería); cornètta (uffiziále di cav.); cornétta (cúffia); cartòccio (di cárta avvòlta); bávero di mantèllo; cornétto (veter.)
Còrnetcy, s. grádo o brevétto di cornètta
Còrnetter, s. suonatóre della cornètta
Còrnflówer, s. (bot.) floralíso, battiségola
Còrnice, s. cornice, f.
Cornìfic, a. cornìfero, cornìgno, cornúto
Còrn-rose, s. (bot.) nigèlla
— -sallad, s. (bot.) valeriána domèstica
Còrnu-ammónis, s. (min.) còrno d'Ammóne (conchíglia fòssile)
Cornucópia s. cornucópia
Cornúted, córnute, a. cornúto
Còrny, a. còrneo, dúro come còrno, incallìto
Còrol, coròlla, s. (bot.) coròlla
Corolláceous, a. (bot.) corolláceo
Còrollary, s. corollário
Coróna, s. (bot. astr.) coróna
Còronal, a. coronále; s. (anat.) sutúra coronale
Còronary, a. coronário (ronále
Coronàtion, s. coronazióne, coronaménto
Còroner, s. còroner, m. (ufficiále inglése incaricáto d'informáre la polizia giudiziária sulle persóne trováte mòrte e sulle scopèrte di tesòri e d'avánzi di naufrágio)

Còronet, *s.* coronètta, coróna di nòbile; Duke's —, coróna ducále
Còronoid, *s.* (*anat.*) coronòide, *f.*
Còrporal, *s.* (*mil.*) caporále, *m;* (*relig. catt.*) corporále, *m.*
— *a.* corporále, di còrpo, materiále
Corporàlity, *s.* sostánza corpórea, materialità
Còrporally, *avv.* corporalménte, col còrpo
Còrporalship, *s.* grádo, ufficio di caporále
Còrporate, *a.* unito in un còrpo; — bòdy, corporazióne, comunità, società
Corporátion, *s.* còrpo municipále, comúne, *m.,* comunità; còrporáte or — tówn, città municipále; the táilors' — (or guild), la società (maestránza) dei sárti
Corpóreal, *a.* corpóreo, materiále
Corpórealist, *s.* materialísta, *m.*
Corpóreally, *avv.* corporalménte, materialménte
Corporéity, *s.* materialità, corporeità
Córporifý, *va.* ridúrre in còrpo; attribuíre un còrpo (alle còse incorpóree)
Còrposant, *s.* (*mar.*) fuòco di s. Èlmo
Còrps, *s.* còrpo, còrpo costituíto, riuníto; còrpo d'armáta; — -de-guárd, còrpo di guárdia
Còrps, *s. pl.* di corps
Còrpse, *s.* cadávere, *m.* còrpo mòrto (umáno), sálma
Còrpulence, còrpulency, *s.* corpulènza
Còrpulent, *a.* corpulénto, corpacciúto, bène in cárne, grásso
Còrpus-Christi, *s.* (*relig. catt.*) Còrpus Dómini
Corpùscle, *s.* corpùscolo, átomo
Corpùscular, *a.* corpuscoláre, d'átomi
Corrádiátiou, *s.* corradiazióne
Corréct, *a.* corrètto, esátto, giústo, purgáto
— *va.* corrèggere, emendáre; corrèggere, castigáre; riprèndere, sgridáre; riformáre; temperáre, mitigáre; to — one's self, corrèggersi, frenársi, ritenérsi
Corrècted, *a.* corrètto, purgáto, emendáto
Corrèction, *s* correzióne, emendazióne, correggiménto, riförma; castígo, sgridáta, riprensióne; hoúse of —, cása di correzióne (ergástolo)
Corréctioner, *s.* chi è státo nella cása di correzióne
Corrèctive, *a.* correttívo, mitigátivo
Corrèctive, *s.* fréno; (*med.*) correttívo
Corréctly, *avv.* correttaménte, esattaménte
Corrèctness, *s.* accuratézza, esattézza, aggiustatézza; mercantile — (*com.*), precisióne negli affári
Corréctor, *s.* correttóre; (*tipog.*) correttóre, próto
Corrègidor, *s.* corregidóre
Corrèláte, *vn.* avér correlazióne con
Corrèlative, *a.* correlatívo
Corrèlativeness, *s.* correlazióne, relazióne recíproca
Corrèspoùd, *vn.* corrispóndersi, confársi, ac-

cordársi, rispóndere, conveníre; corrispóndere, carteggiáre, negoziáre; I — with my coùsín Brówn, cartéggio con mío cugíno Brúno; áctions should — with wórds, le azióni dèbbono accordársi colle paróle
Correspóndence, correspóndency, *s.* corrispondènza; to càrry on, to kéep ùp, to hóld a — with, èssere in corrispondènza, carteggiáre con
Correspóndent, *a. s.* corrispondènte, *m. f.*
Correspóndently, *avv.* in mòdo corrispondénte
Correspónsive, *a.* concordévole, congruénte
Còrridor, *s.* corridóio, ándito
Còrrigible, *a.* (*ant.*) correggíbile, emendábile
Corróborant, *a. s.* corroboránte, *m.,* corroboratívo
Corróborate, *va.* corroboráre, confermáre
Corróborátion, *s.* corroborazióne, confèrma
Corróborative, *a.* corroboratívo, che confèrma
Corróde, *va.* corródere, ròdere, consumáre
Corródible, *a.* che può èssere corróso
Corróding, *a.* che corróde, che ròde; — carés, cúre edáci
— *s.* corrodiménto, corrosióne
Corrósive, *s.* (*med.*) corrosívo
Corrósively, *avv.* in mòdo corrosívo
Corrósiveness, *s.* qualità corrosíva
Còrrugant, *a.* corrugánte, increspánte
Còrrugate, *va.* increspáre, aggrinzáre
Corrugátion, *s.* corrugaménto, increspaménto
Corrùpt, *va.* corrómpere; *vn.* corrómpersi
Corrùpted, *a.* corrótto; to becòme —, corrómpersi
Corrùpter, *s.* corrompitóre, corruttóre, -tríce
Corrùptibility, *s.* corruttibilità
Corrùptible, *a.* corruttíbile
Corrùptibly, *avv.* corruttibilménte
Corrùption, *s.* corruzióne, corruttéla
Corrùptive, *a.* corruttívo
Còrrùptless, *a.* (*ant.*); V. Incorrùptible
Corrùptly, *avv.* corrottaménte
Corrùptness, *s.* corruttéla
Corrùptress, *s.* corruttríce, seduttríce, *f.*
Còrsáir, *s.* corsáro, corsále, *m.,* piráta, *m.*
Còrse, *s.* (*poet.*) cadávere, *m.,* còrpo mòrto, sálma
Còrset, *s.* bústo (da dònna)!
— -máker, *s.* modísta, sárta che fa i bústi
Còrslet, còrselet, *s.* corsalétto, corázza
Còrtes, *s. pl.* còrtes, *f. pl.* (*assemblea degli Stati di Spagna e Portogallo*)
Còrtex, *s.* cortéccia
Còrtical, *a.* di cortéccia, di scòrza
Corùndum, *s.* (*min.*) corindóne, *m.*
Corùscant, *a.* corruscánte, sfavillánte, scintillánte
Corùscate, còrruscate, *vn.* corruscáre, scintilláre, sfavilláre
Coruscátion, *s.* corruscazióne, balenaménto
Curvee (*pr.* corvá), *s.* (*dirítto feudále*) ser-

vitù rusticále; servígio faticóso, ímproba fatíca e sénza compênso

Còrvet, corrètte, s. (mar.) corvêtta

Còrvine, a. corvíno

Còrvorant, V. Còrmorant

Còrvus, s. (astr.) còrvo

Corybànt, Corybànte (pl. Corybàntes), s. Coribànte, m. (sacerdóte di Cibéle)

Coribàntye, a. coribántico, pròprio dei Coribánti

Córymb, s. (bot.) corímbo

Corymbíferous, a. corimbífero

Corýmbus, s. corímbo, gráppolo di bácche

Coryphéus, s. coriféo

Cosécant, s. (geom.) cosecánte, f.

Cosey, a. V. Cosy

Còsily, avv. comodaménte, caldaménte, quátto quátto

Còsine, s. (geom.) coséno

Cosmétic, a. s. cosmético

Còimic, Còimical, a. còsmico

Coismógonist, s. cosmogonísta, m.

Coimógony, s. cosmogonía

Coimógrapher, s. cosmógrafo (gráfico)

Cosmográphic, coimográphical, a. cosmo-

Coimográphically, avv. cosmograficaménte

Coimógraphy, s eosmografía

Coismológical, a. cosmológico

Coimólogy, s. cosmología

Coismoplástic, a. cosmoplástico

Coismopòlitan, Coismòpolite, s. cosmopolíta, m. f., cittadíno del móndo

Coismopòlitanism, Coismopòlitism, s. cosmopolitísmo

Coismorámic, a. cosmorámico

Coismoráma, s. cosmoráma, m.

Cosset, s. agnellíno alleváto in casa; beniamíno

Cost, van. costáre; it will — you déar, vi costerà cáro; your illness has — us much móney, la tua malattía c'é costáta mólto; — what it will, costi ció che vuóle

— s. còsto, dispéndio, spésa; net —, (com.) còsto di fàbbrica prime; —, — price, prèzzo che còsta, senza guadágno; the —s of a láwsuit, le spése d'un procésso; frée of —, gràtis; that will not páy —s, ció non francherà le spese; to be condémned to páy —s, éssere condannáto nelle spése; to my —, a mie spése

Cóstal, a. (anat.) costále, delle cóste

Costard, s. (ant.) tèsta; méla tónda e gròssa

— -mònger, còster-mònger, s. venditóre,-trìce ambulánte di pómi, di méle

Còstive, a. stítico, costipáto; costipatívo

Còstiveness, s. stitichézza, costipaménto

Còstliness, s. còsto gránde, dispéndio, sfóggio, spésa gránde, lautézza, sontuosità

Còstly, a. dispendióso, cáro, che còsta molto, lauto, sontuóso, splèndido, grandióso, superbo

Còstume, s. costúme, m. (ábito, fòggia);

theàtrical —, abito di teátro; cóut ábito di córte

Co-sùfferer, s. compágno, compágna nel soffríre; giustiziáto giustiziáta insiéme

Cosúrety, s. confidejussóre, commallevadóre

Cósy, a còmodo, piacévole, tranquíllo, appartáto, quiéto; — cònfab, chiacchieráta (in un cantúccio) a quattr'òcchi

Còt, s. capánna, tugúrio, abitúro; shéep- —, ovíle, m.; dóve- —, colombáio; — in a ship, píccolo lètto sospéso, lètto pènzolo, amáca; cúlla; quàdro da lància

Cotàngent, s. (geom.) cotangènte, f.

Cóte, s. stálla per le pècore, ovíle, m.

— va. (poco us.) citáre; raggiúgnere

Cotempóraneous, a. contemporáneo

Cotempóraneously,avv.contemporaneaménte

Cotèmporary, a. s. contemporáneo, contemporánea

Cotènant, s. co-censuário; co-affittajuólo

Cóterie, s. società, compagnía, brigáta, cròcchio

Cothùrnate, cothùrnated, a. coturnáto

Cotillon (pr. cotilion), s. cotigliéne, m. (ballo)

Cotquéan, s. faccendóne, m., bietolóne, m. (che s'impáccia di còse da dònna

Cotrustée, s. curatóre-aggiúnto, curatríce-aggiúnta

Cótswold, s. agghiáccio, pecoríle, m.

Còtt, s. V. Cot

Cóttage, s. capánna, capannétta, tugúrio; píccola cása di campágna; — girl, contadinélla

Còttager, s. bifólco che ábita in una capánna; paesáno, contadinéllo

Còtter, s. abitatóre di una capannétta, di un tugúrio; lavoratóre, bifólco, paesáno; chiavétta; — -pin, chiavárda, cavícchia di fèrro

Còtton, s. cotóne, m., fil di Scòzia; cóloured —, cotóne o fil di Scòzia coloráto; common printed —, bambagini stampáti di Roáno; Egýptian —, cotóne d'Egítto, fumet; longs-tápled —, cotóne a lúngo pélo; shòrt-stápled —, cotóne a córto pélo; tréble-milled —, mollettóne, m.; knitting —, cotóne da far cálze; làvender- —, (bot.) santolína; bále of —, bálla di cotóne; cóarse — clòth, téla di cotóne; sewing —, réfe, m. di cotóne, filo di Scòzia; — -plant, — -trée, piánta, álbero del cotóne; — fábric, tessúto di cotóne; — -fáctory, filatójo di cotóne; — -mill, cotonificio, opificio per la cardatúra, torsióne e filatúra a vapóre di cotóne; — vn. accotonàrsi, conveníre; — -district, s. céntro di cotonifício; — -jènny, s. telájo da filáre il cotóne; — -stáple, s. pélo, pelúria del cotóne; — -ruistle, s. (bot.) onopòrdo, cardoselvático

Còtton-wéed, *s.* (*bot.*) filàggine, *f.*; gnafàlio
— -wórks, *s. pl.* filàndi, filatôjo di cotône
— -yàrn, *s.* filo di cotône
Còttonous, còttony, *a.* mórbido come il cotône
Cótyle, còtyla, *s.* (*anat.*) còtilo
Cotýledon, *s.* (*bot.*) cotilédone, *m.*
Cotylédonous, *a.* (*bot.*) cotiledôneo
Cótyloid, *s.* (*anat.*) cotiloidèo
Còuch, *vn.* (*poet.*) coricàrsi; sdrajàrsi, di-
stèndersi; — *va.* adagiàre, collocàre, méttere, introdûrre, rinchiûdere, nascôndere;
to -- dówn, piegàrsi acquattàrsi: to —
in wôrds, in *writing*, méttere in iscritto;
— the lànce, mettere la lància in résta;
— an éye, levàr la caterátta o màcchia
dall'òcchio
Còuch, *s.* letticciuôlo (*all'antica*)
Couchant (còoshant), *a.* giacénte (*arald.*)
Còuchée, *s.* óra d'andàre a létto, ricevimento
seràle
Còucher, *s.* oculista, *m.* che leva la caterátta
Còuchgrass, *s* (*bot.*) gramigna
Cough, (*pr.* còf), *s.* tôsse *f.*; chin- —,
hòoping- —, tôsse canina, mal di castróne;
chùrch-yárd —, tôsse incuràbile, tôsse
che mèna dritto in sepoltûra
— *vn.* tossìre; *va.* — up, espettoràre, espur-
gàre
Cougher, *s.* (còffer), tossitôre, -trìce
Coughing (còffing) *s.* tossimento, tossìre, *m.*
Coùld, *V.* (*pas. di* can), potéva, potréi
Cóulter, *s.* (*agric.*) còltro
Còuncil, *s.* concilio (assemblèa); consiglio
(*del sovrano*); Càbinet —, consiglio dei
ministri; privy —, consiglio di Stàto;
Common —, Consiglio municipàle; to càll
a —, convocàre un concilio; one of his
Majesty's privy —, consiglière privàto di
S. M.; the — -bòard, la tavola del Consiglio
Còuncillor, *s.* consiglière, *m.*, mèmbro del
Consiglio
Còunsel, *s.* consiglio, avvertimento, avviso;
deliberazióne; prudénza, discrezióne; segréto; disègno, tràma; avvocàto; to ask
— of a pèrson, domandàr il consiglio d'al-
cûno; to kéep one's —, èssere segréto; a
chàmber- —, avvocàto consulénte
— *va.* consigliàre, dàre consiglio a; to —
agàinst, sconsigliàre, dissuadére
Còunsellable, *a.* dispòsto a ricévere consiglio; da consigliàrsi
Còunsellor, *s.* consiglière, *m.*, avvocàto;
consigliatôre, mèmbro del consiglio; privy
—, consiglière di stàto, ministro; — at
làw, avvocàto; King's, Quéen's — or coun-
sel, avvocàto fiscàle
Còunsellorship, *s.* dignità, officio di consigliàre
Còunt, *va.* contàre, calcolàre, computàre,
annoveràre, stimàre, consideràre; tenére,

reputàre; — your mòney, contàte il vòstra
danàro; — the house (*parl.*), fàte l'appèllo nominàle; — *vn.* far cônti, conteg-
giàre; — upón, far assegnamento sopra,
far capitàle di
— *s* cónto (*ant.*); (*legge*) càpo di domànda; particolàre, *m.*, càpo d'accûsa; nû-
mero, nòvero
— *s.* cônte (*parlando dei forestieri: trat-
tandosi degli Inglesi, meglio* Earl); an
Itàlian —, un cônte italiàno
Còunted, *a.* annoveràto, contàto, stimàto
Còutenance, *s.* aspètto, ària, céra, sembiàn-
te, *m.* viso, vólto; appòggio; plèasing —,
viso piacévole; sóur —, viso arcigno; the
knight of the rûeful —, il cavalière dalla
trista figùra; to put a person out of —,
far arrossire alcuno, sconcertàrlo; in —,
in favóre; out of —, in disfavóre; to give
— to, far buon viso a, favoreggiàre, appoggiàre, protèggere
— *va.* favoreggiàre, far buon viso a, protèggere, caldeggiàre, èssere il fautóre di;
prétty —d, avvenénte, simpàtico
Còuntenancer, *s.* favoreggiatôre, caldeggia-
tôre, fautóre, -trìce
Còunter, *s.* bánco di bottéga o fóndaco; calcolatóre; —s, *pl.* gettôni, brincoli, *m. pl.*
— *avv.* cóntro, cônt.a, all'oppósto; to run
— to, oppórsi diametralmente a; urtàrsi
con
— -bass, *s.* contrabbàsso
— -bond, *s.* strumento, cédola che la persóna mallevàta dà al mallevadóre per sua
sicurtà
— -cùrrent, *s.* corrênte contrària
— -dráin, *s.* (*genio civ.*) contraffôsso
— -dráw, *va.* calcàre, lucidàre; to — on
glàss, lucidàre cóntro il vétro; to — with
a pòint, calcàre col punteruólo
— -dráwing, *s.* disègno calcáto, lucidáto
— -fóil ┤ *s.* tàglia, tàcca, téssera
— -stòck ┘
— -fôrt, *s.* contraffôrte, *m.* barbacáne, *m.*
— -lath, *s.* pancocèllo di sostègno; — va
méttere pancocèlli di sostègno
— -séal, *va.* contrassigillàre; — *s.* contras-
sigillo
— -signature, *s.* contrassegnatûra, contro-
firma
Counteràct, *va.* adoperàrsi cóntro, attraversàre
Counteràction, *s.* opposizióne, antagonismo
Counterbàlance *va.* contrappesàre, contrab-
bilanciàre; — *s.* contrappéso
Còunterbàttery, *s.* contrabbatteria
Còunterbuff, *va.* ripercuòtere, ribattere
— *s.* ripercotimento, ripicchio
Còunterchánge, *s.* contraccàmbio, permûta
— *va.* contraccambiàre
Còuntercharm, *s.* malìa oppòsta ad un'altra
Còuntercheck, *va.* contrappórre; rimbeccàre

Countercheck, *s.* opposizióne; rimbècco

Counterèvidence, *s.* testimónio oppósto

Counterfeit, *va.* contraffàre, imitàre; falsificàre; to — a person's hand, contraffàre la màno, la scrittúra di alcúno, falsificàrla; — a will, falsàre un testaménto; — cóin, lar monéta fàlsa; falsàre la monéta

— *vn.* fíngere, infíngersi, far vísta

— *a.* contraffàtto, imitàto, fàlso

— *s.* contraffazióne, monéta falsa; persóna, cosa infínta; impostóre, bíndolo

Counterfeiter, *s.* contraffacitóre, -trìce, falsario; imitatóre, -trìce, mímo

Counterfeitly, *avv.* simulatamènte, fintaménte

Counterfùgue, *s.* (*mus*) contraffùga

Counterguard, *s.* (*fort.*) controguárdia

Counterlight, *s.* contrallùme, m., fà so lúme

Countermànd, *va.* contrammandàre, dar un contr'órdine; *s.* contrórdine, m.

Countermarch, *s.* contrammàrcia

— *vn.* far contrammà ce

Countermark, *s.* contrammàrca, contromarca

— *va.* mèttere una contromàrca, contrammarcàre

Countermíne, *va.* (*fort.*) contramminàre; sventàre; *s.* (*fort.*) contrammína (contrário

Countermótion, *s.* mozióne contrària, mòto

Countermùre, *s.* múro di rinfòrzo, contromúro

Counterpáne, *s.* cóltre, *f.*, copèrta da lètto

Counterpart, *s.* contrappàrte, *f.* riscóntro, cópia in dóppio, duplicàto (d'àtto legàle); chiàve della cífera, contraccífera, contraccítra; (*mus.*) contrappàrte, *f.*

Counterpléa, *s.* (*legge*), réplica (per giustificàrsi)

Counterplot, *s.* artifízio oppósto ad artifízio

Counterpóint, *s.* (*mus.*) contrappúnto

Counterpóise, *s.* contrappéso

— *va.* contrabbilanciáre, contrappesáre, adeguáre con péso, aggiustàro, equilibráre

Counterpóison, *s.* contravvelèno, antídoto

Counterscarp, *s.* (*fort.*) controscàrpa

— *va.* fàre una controscàrpa

Countersign, *va.* contrassegnàre, contro firmàre

Countertènor, *s.* (*mus.*) contràlto, contratenóre

Countertime, *s.* (*maneggio*) contrattèmpo; resistènza, opposizióne

Countervàil, *va.* valére altrettànto, contrabbilanciáre, èsser equivalènte a, agíre cóntro con eguàl forza; neutralizzáre

— *s.* equivalènza, equiponderánza

Countess, *s.* contéssa

Counting-house, *s.* bánco, stúdio di negoziànte

Countless, *a.* innumerábile, sénza número

Country, *s.* contráda, paése, m. plàga, regióne, tràtto di paése, campágna, pàtria, província (per contrapposto alla capitàle),

contádo; my —, my *own* —, il mio paésc natío, la mia pàtria; a fértile or bàrren —, un paése fértile o stérile; so màny cóuntries so many customs, ogni paése ha le sue usánze; we go into the — next wéek, andiámo in campágna, in vílla la settimána v ntúra; beyònd séa, paése d'oltremáre; — síde, tràtto di paése, plàga; to lòve one's —, amár la pàtr a; to put one's self on the —, affidáre la própria ragióne al giurì; — -man, contadíno, villàno; — wóman, contadína; prètty — -girl, contadinèlla; smàrt — -lad, contadinèllo; fíne yoùng — -fellw, contadinòtto; — -squíre, signorótto; — -pàrson, pàrroco, curáto di villàggio; — hoùse, càsa di campágna, casíno; — séat, càsa da villeggiatúra, vílla; — -box, casétta di campágna, palazzína; — -dànce, contraddànza; — -life, víta contadinesca; — -mànners, mòdi góffi o rústici, fare contadinésco; slàveá have a nàtal spot, frèemen ónly have a —, gli schiávi hànno un luògo natàle, i sóli uómini líbéri hànno una pàtria

—, *a.* rústico, campagnuòlo, contadinésco, campèstre

Countryman (*pl.* coùntrymen) *s.* paesàno, contadíno; campagnuòlo, provinciàle; ràw — (*familiare*) nuòvo pésce, provinciàle; fèllow —, compatriòta, m., compaesàno; whàt — are you? di che paése siéte? we are countrymen, siàmo compatriòtti

County, *s.* contéa; — cess, (*ant.*) ratízzo (*tassa*)

Couple, *s.* cóppia, pàjo, guinzáglio; ascialóne, m.

— *va.* accoppiáre, appaiàre, congiúngere, (maritàre), uníre, legàre con un guinzáglio

— *vn.* accoppiàrsi, congiúgnersi

— -beggar, *s.* mediatóre, -trìce di matrimónio tra poverácci e birbóni

Couplet, *s.* dístico, due vèrsi rimàti

Coupling, *s.* accoppiamènto, cópula (*volg.*)

Courage, *s.* coràggio, ánimo, cuóre; to lòse one's —, pèrdersi d'ànimo, avvilírsi; to plùck up —, fàrsi ánimo; do it, if you have the —, fátelo se vi bàsta l'ánimo; couragel ánimo l coràggio l

Courágeous, *a.* coraggióso, ardíto, animóso

Courágeously *avv.* coraggiosaménte

Courant, *s.* corrènte, *f.* (*ballo*); gazzétta

Courier, *s.* corrière, m. messaggière, m. mésso

Course, *s.* córso, córsa, carrièra, lízza; cammíno, màrcia; progrèsso, órdine, m. sèrie, *f.* portàta (a mènsa), servízio; stráto véna, filóne, m.; via, mètodo, manièra, misúra, spediénte, m. partíto, procediménto, condótta; vicènda; the sun's —, il córso del sóle; the — of the wàter, il córso dell'àcqua; a —, a ràce — carrièra, luògo dóve córrono i cavàlli di córsa; I have finished

my —, ho finita la mia carrièra ; by the
— of nàture, secóndo l'órdine della natùra ; of —, naturalménte ; let things tàke
their —, lasciáte andár l'acqua alla chína;
in the — of the mòrn, nel córso del mése;
the graduàted and complète English —
by Millhouse, il Córso graduáto e compléto di língua inglése di John Millhouse;
I will take anòther — to bring you to reàson,
piglierò un áltro espediènte per ridùrvi
alla ragióne ; a thing of —, còsa ordinária,
còsa naturàle ; that is of —, ciò s'intènde,
già s'intènde ; wòrds of —, complimènti
váni, manièra di parláre, formalità ; I don't
knòw whàt — to tàke, non so che fáre ;
to give a —, dàre, tenére un córso; to
hòld or stéer a —, seguíre (timoneggiàre)
un cammíno; the first, sècond — (at tàble),
la príma, secónda portáta, servízio ; fix
upón sòme —, pigliàte un partíto ; còur-
seś, pl. mèstrui, m. pl. méal, m. pl.
Còurse, va. (poet.) dar la càccia a, incal-
zàre; percórrere; va. córrere, vagàre
Còurser, s. corsière, m. corsièro, destrièro
Còurses, spl. (mar.) véle principàli ; mèstrui
Còursing, s. cacciare, m. fugáre, m.; càccia
della lépre, della vólpe, ecc.
Còurt, s. cortíle, m., córte, f., palázzo reàle;
àula, àula de'giúdici, palàzzo di giustízia,
cùria, tribunàle, m., vestíbolo, adunánza
di azionísti ; in the — or — -yàrd, nel cortíle; he is góne to —, è andàto alla córte;
the —is gone to Windśor, la Córte è andàta
a Windsor; — of assíześ, Córte d'assíse; —
of chàncery, cancellería ; the hígh — of
Pàrliament, la Córte sovràna del Parlaménto ; he has been acquitted by the —,
la Córte l'ha assòlto; — màrtial, còrte
marziàle, consíglio di guèrra, légge sta-
tària; — -plàster, taffetà, m. inglése; — pro-
mises, bèlle paròle sènza fàtti ; — càrd,
càrta figuráta, come il Re, il Fánte, ecc.;
— -brèd, allevàto in Córte, cortése; — -líke,
cortigianésco; — -fàvour, grázia, favóre del
Príncipe; — -Làdy, dáma di Córte; —
-dàygiórno curiàle (non feriàto); — -bàron,
còrte baronàle, àula feudàle di giustízia
— va. corteggiàre, piaggiàre, ricercáre, bri-
gàre, sollecitàre, corteggiáre, far all'amóre, procuráre d'invaghíre, far la ricérca
di; to — a yòung làdy, corteggiáre una
damigèlla
— -hòuse, s. palázzo di giustízia (in Ame-
ríca); sàla délle pùbbliche riunióni
Còurteous, a. cortése, gentíle, grazióso
Còurteously, avv. cortesémente, gentilménte
Còurteousness, s. cortesía, gentilézza
Còurteśàn, s. cortigiána
Còurtesy, s. cortesía, pulitèzza, gentilézza,
compitézza ; riverènza (di dònna) ; out of
—, per pulitézza ; make yòur —, fàte la
riverènza

Còurtesy vn. fàre una riverènza (di dònna)
all'antíca
Còurtier, s. cortigiáno
Còurtliness, s. gentilézza, elegànza, squisitézza, elevatézza, nobiltà, ária, tòno della
córte
Còurtling, s. cortigianèllo, cortigianétto
Còurtly, a. cortigianésco, signoríle, gentíle,
distínto, nòbile, autorévole, cavallerésco;
avv. in mòdo cortigianésco
Còurtship, s. córte, f., corteggiaménto ; his
— of Miss B. was èvident, la córte ch'ei
facéva alla signorína B. era chiàra e púbblica
Coùśin, s. cugíno, cugína ; màle —, cugíno;
fémale —, cugína ; first —, — gèrman, cugíno, cugína in prímo gràdo ; cugíno germáno, cugína germána ; fòurth —, cugíno,
cugína in quárto gràdo ; second —, fíglio,
fíglia di cugíno germáno ; thírd —, cugíno,
cugína in tèrzo gràdo
Coùssinet, s. (arch.) pedúccio
Còve, s. càva, cóvo, séno di màre, càla
Còvenant, s. pàtto, accòrdo, convenzióne;
the — of gráce, l'alleánza di gràzia
— vn. pattuíre, conveníre, trattáre
Còvenantée, s. (legge) creditóre, creditríce
convenzionále
Còvenanter, s. (legge) stipulánte, contraènte,
debitóre, debitríce, obbligáto, obbligàta;
(stòria) partigiáno del covenant
Còventry, s. to sènd to —, mèttere al bándo
(tra militari), esclùdere dalla società
Còver, va. coprire, ricoprire, nascóndere ; to
— up, óver, coprire affàtto; be — ed (meglio
put on your hat), copritevi, mettétevi il
cappèllo; — ed with snów, copèrto di néve
— s. copèrchio, copèrta, covèrta, copertójo,
chiusíno, copertína, involùcro; campána
di vétro; posàta; vélo, pretèsto, mantèllo,
scùsa; gualdràppa, invòlto, plíco; tàble
—, tappéto da távola; wàiter, anòther —,
camerière, un'áltra posàta
Còvering, s. copriménto, copertùra, vestíto
Còverlet, s. copèrta da lètto; copertína da
lètto per i piédi
Còvert, s. copèrto, luògo copèrto, boschétto
fólto, màcchia, tána, buscióne, m. nascondíglio
— a. ricopèrto, nascósto, guardáto; sòtto
la tutèla del maríto; — bàron, fèmme—
(legge), dònna maritàta
Còvertly, avv. copertaménte, di nascósto
Còverture, s. (legge) copertùra, protezióne;
státo di dònna dipendénte dal maríto
Còvert-wày, s. (fort.) stráda copèrta
Còvet, va. bramáre, desideráre ardenteménte, appetíre, ambíre, agognáre
Còveted, a. bramáto, desideráto, ambíto
Còvetous, a. bramóso, íngórdo, ávido, cù-
pido, aváro, taccàgno, tànghero, sórdido
Còvetously, avv. avaraménte, con bramosía

Còvetousness, *s.* bramosía, ingordígia, avidità, cupidígia

Còvey, *s.* covàta, nidiàta, stórmo (d'uccèlli)

Cóvin, *s.* (*leggo*) collusióne

Cóving, *s* (*arch.*) curvatúra d'una vòlta

Ców, *s.* vàcca; little —, vacchétta; milch —, vàcca da làtte, múcca; — with or in càlf, vàcca prégna; — -house, stàlla di vàcche; — -herd, — -kéeper, vaccàjo, vaccàro; — -lèech, veterinàrio delle vàcche; — -pox, vaccína

— *va.* sbaldanzíre, intimoríre, impauríre, sù`nuciáre, sgomentáre, avvilíre, confóndere

Ców-báne, *s.* (*bot.*) cicutária

Ców-bèrry, *s.* (*bot.*) mortèlla

Ców-bóy, *s.* piccolo bifólco, vaccáro

Ców-clóver } *s.* (*bot.*) trifòglio pratajuólo
Ców-gràss

— -dùng, *s.* bovína, buína, vaccína (stêrco di vàcca)

— -híde, *s.* pèlle, *f.* di vàcca

— -itch, *s.* (*bot.*) dòlico

— -pàrsnep, *s.* (*bot.*) acánto, brànca orsína, brancorsína

Còward, *s.* codárdo, víle, vigliàcco

Còwardice, *s.* codardía, viltà, vigliaccheria

Còwardliness, *s.* timidézza, pusillanimità

Còwardly, *a.* codárdo, pusillánime, víle

— *avv.* codardaménte, vilménte, da codárdo

Còwed, *a.* sgomentáto, disanimáto, avvilíto

Còwer, *vn.* accbiocciolársi, rimpiattársi, rannicchiársi, acquattársi

Còwl, *s.* cappúccio; to táke the —, fàrsi fràte

Còwslip, *s.* (*bot.*) tàsso barbàsso; tàsso verbàsso

Còxcomb, *s.* crèsta di gàllo; vanerèllo, civettíno, vagh`egaíno, zerbíno, bellimbústo

Cóy, *a.* modésto, riservàto, vergognóso, pudíco, delicáto, schifiltóso, ritrosétto, schizzinóse

— *vn.* (*volg.*) far la schifiltósa, la schizzinósa

Cóyly, *avv.* pudicaménte, schizzinosaménte, con ritrosía

Cóyness, *s.* schifiltà, riserbatézza; ritrosía

Cóstrel, *s.* (*ant*) scudiére, *m.*; fálco vigliàcco

Cózier, *s.* (*ant.*) guásta mestiére, *m.*

Cózily, *avv.* comodaménte, a bell'àgio

Cózy, *a.* cómodo

Cóz, *s.* (*contras. famil. di* cousin) cugíno

Cózen, *va.* giuntàre, uccellàre, truffáre

Cózenage, *s.* giunteria, trúffa, ingànno

Cózener. *s.* giuntatóre, báro, bindolóne

Cr., *abbr. di* Crèditor, *s.* creditóre; avére, *m.*

Cràb, *s.* méla selvàtica; pómo acèrbo; grànchio di máre, cáncro; árgano volànte; — -trée, mélo selvàtico; — lòuse, piàttola

Cràbbed, *a.* acèrbo, àspro, rùvido, arcígno; bùrbero; bisbético, stizzóso, ritróso

Cràbbedly, *avv.* aspraménte, burberaménte, acerbaménte

Cràbbedness, *s.* acerbità, asprézza, stízza

Cráber, *s.* tópo acquàtico

Cràck, *va.* rómpere; far scoppiáre; crepoláre; to — nuts, rómpere le nocciuóle; — a bòttle, vuotàre (rómpere) una bottíglia; — a jóke, fáre une schérzo, díre una facézia; —ing his fíngers, facéndosi scricchiolàre le dita

— *vn.* féndersi, crepársi, screpolársi, aprírsi, crepoláre, scoppiettáre; scoppiáre, scrosciáre; millantársi, jattársi, vantársi

— *s.* crepatúra, spaccatúra, fessúra, pélo; scòppio, schioppiettàta; bàtter d' òcchio, moménto; ciárla, chiàcchiera

— -bráined, *a.* scervelláto, stordíto

Cràcked, *a.* fèsso; rótto, crepáto, crepoláto, intaccáto, guásto

Cràcker, *s.* salterèllo, ràzzo, millantatóre; biscottíno, amarétto; nùt- —, acciaccanóci, *m.* schiaccianóci, *m.*

Cràcking, *s.* scoppiaménto, scòppio, scoppiettío

Cràckle, *vn.* scoppiettáre, scricchioláre

Cràckling, *s.* scoppiettàta, scoppiettío, crèpito

Cràcknel, *s.* ciambèlla dúra, amarétto

Cràdle, *s.* cùlla, cúna, zàna; to rock the —, cullàre, dimenàre la cúlla, ninnàre

— *va.* adagiáre in cúlla, cullàre

Cràdling, *s.* (*arch.*) armatúra (della vòlta)

Cràft, *s.* mestière, *m.*, árte, *f.*; destrézza, scaltrézza, artifício, astùzia; smàll —, bastiménti piccoli (di qualùnque spécie)

Cràftily, *avv.* astutaménte, scaltraménte, con árte

Cràftiness, *s.* sottigliézza, destrézza, astúzia

Cràftmaster, *s.* artéfice espèrto, artigiáno capáce

Cràfty, *a.* astùto, scàltro, fíno, accórto, dèstro

Cràg, *s.* bàlza, rúpe, *f.*; ròcca; collòttola; — of mùtton, còllo (tagliáto) di castráto

Cràgged, Cràggy, *a.* diroccáto, dirupáto, scoscéso, áspro; piéno di bàlze

Cràggedness, *s.* státo scoscéso, áspro, dirupáto

Cràgginess, *s.* l'èssere diroccáto, scoscéso

Cràke, *s.* (*orn.*) francolíno; vantería, vánto; córn- —, re delle quáglie

Cràm, *van.* stivàre, ficcáre, impinzáre, rimpinzàre, zeppáre; to — in, ficcár déntro con isfòrzo; to — a thing down a person's throat, far inghiottíre una còsa ad alcúno; to — turkeys, ingrassáre (impinguàre) i i pòlli d'India; to — (or stuff) one's self with méat, impinzársi di cárne, ecc.

Cràmmed, *a.* pínzo, zèppo, stiváto, ficcáto,

Cràmbo, *s.* giuóco di ríma, ripetizióne

Cràmp, *s.* grànchio, ritiraménto di múscoli; rampicóne, sérgente, uncíno; — -fish, torpédine, *f.*; — -íron, gràffio, rampíno

— *va.* cagionáre, far veníre il grànchio;

crucciáre; uncináre, attaccáre con uncíni; impastojáre, inceppáre, pórre alle strétte
Crámped, a. che ha il gránchio, intirizzíto; uncináto; inceppáto, impastojáto
Crámpiron, s. rampicóne, gráffio, uncíno
Cramponnée, s. a. (blasone) sem-potenziáto
Crampáon, s. rampóne, m.
Cránage, s. diritto, spésa di argáno
Cránberry, s. (bot.) bácca di mortélla palústre
Cranch, va. sgranocchiáre, sgretoláre
Cráne, s. gru, grúe, f., grúa; árgano (da alzáre o tiráre pési); young -, pulcíno della gru; to — up, tirár su con l'árgano
Cránesbill, s. (bot.) geránio; pinzétte, mollétte, fp.
Craniológical. a. craniológico
Craniólogist, s. craniologísta, m.
Craniólogy, s. craniología
Cranióscopy, s. cranioscopía
Cránium, s. cránio
Cránk, s. m novélla, manúbrio, tácca, intaccatúra, addentellatúra; uncíno, rampicóne; léva; búbbola, rigíro; ghiribízzo, bisíccio
— a. gagliárdo, robústo, gájo, gioviále
Cránkle, van. andáre, tagliáre in zig-zag
Crânnied, a. crepáto, fêsso, crepoláre
Cránny, s. píccola fessúra, pélo, búco, bugigáttolo
Cránts, s. pl. (poco us.) coróna di sempre-vívi
Crápe, s. trína, vélo; smooth —, vélo líscio; vélo da lútto; to wear — róund one's árm, portáre il lútto al bráccio; to wear — róund one's hat, portáre il lútto al cappéllo
— va. increspáre; vn. increspársi
Crash, s. scróscio, fracásso, conquásso
— van. scrosciáre, scoppiáre, conquassáre
Cràsis, s. (gram. greca) crási, f.
Crássitude, s. crassézza, grossézza, spessézza
Crátches, s. pl. (med. veter.) crepácci
Cráte, s. cêsta di vínchi, cestóne, m; paniêra, scórba
Cráter, s. cratère, m. (di vulcáno) ; tázza,
Cráunch, van. sgretoláre, sgranocchiáre
Cravàt, s. cravátta
Cráve, va. domandáre, chiédere istanteménte
Cráven, a. sbaldanzíto, intimidíto, scoraggiáto; poltróne, víle; — cock, gállo vínto
— s. uómo scoráto; gállo vínto
— va. intimidíre, scoraggiáre, scoráre
Cráver, s. chieditóre, postulánte, insisténte, creditóre importúno
Cráving, a. ingórdo, ávido, insaziábile
— s. bráma, desidêrio ardénte
Cráte, s. gózzo degli uccélli; —fish, V. Cráyfish
Craol, vn. strisciáre, trascinársi, insinuársi, formicoláre; to make one's flesh —, fáre accapponár la víta, fáre raccapricciáre
— s. chiúsa in ríva al máre (per prêndere o conserváre pésci)

Cráwler, s. (meglio creeping thing) rêttile, m.
Cráyfish, s. gámbero (di ruscéllo o fiúme)
Cráyon, s. pastéllo, matíta; in —, al pastéllo
— va. disegnáre col pastéllo, colla matíta; to — óut, abbozzáre, delineáre
Cráze, va. fracassáre, sfracelláre; ammattíre; to be —d with gríef, êsser pázzo dal dolóre
Crázed, a. rótto, scémo, forsennáto
Crázedness, s. decrepitézza, indebolimênto delle facoltà mentáli, pazzía
Cráziness, s. caducità, debolézza; imbecillità
Crázy, a. malatíccio; rótto; scémo, pázzo
Creak, vn scricchioláre, cigoláre, strídere
Creaking, s scricchioláta, sgrigioláta, cigolío
Cream, s. crêma, fióre di látte, panna; quintessênza; whipped —, cápo di látte; — of tártar, crêmor di tártaro
— vn. coprírsi di crêma, schiumáre; rappigliársi a guisa di crêma; va. leváre il fiór dal látte; sfioráre, tórre il mêglio
— -cóloured, a. colóro di crêma, colóre di caffê al látte
Creamy, a. piêno di crêma, che sa di crêma
Crease, s. piêga, crêspa, grínza, rúga
— v i. fare una piêga delle piêghe a (una vêste, ecc.), increspáre
Creáte, va. creáre, far náscere, generáre, causáre, cagionáre; costituíre
Creáted (creáte poet.), a. creáto, fátto
Creátion, s. creazióne; creáto; végetable —, régno vegetále; — of péers, (polit.) elezióne, nomina di pári
Creátive, a. creatívo
Creátor, s. creatóre
Creáture, s. creatúra, cósa creáta; ênte, m. êssere, m; creatúra, dipendénte, creáto; dùmb —, bêstia, animále, m; our fêllow-—s, i nóstri simíli; one of the Dúke's —s, uno dei dipendénti del Dúca; what prètty little —s, che bêlle bestioline; úgly —, brútto animále, bestióne, m; there's not a living —, non vi é ánima víva
Crédence, s. credênza, fóde; lêttres of —, (diplom.), lêttere di credênza
Credénda, s. pl. articoli di fêde
Crédent, a. (poco us.) credénte, crédulo; incontestáto
Credéntials, s. pl. lêttere credenziáli
Credibílity, s. credibilità
Crédible, a. credíbile
Crédibly, avv. credibilménte
Crédit, s. credênza, fidúcia, fêde, f.; crédito, stíma, autorità; onóre; (com.) avére; to give — to, prestár fêde a; to lóse one's —, pêrder credénza; to sell on —, véndere a crédito; to be a — to, fáre onóre a; I have cárried this sum to your —, ho portáto questa sómma al vóstro crédito; dèbit and — dare ed avere, debito e crédito
— va. crédere, prestár fêde a, dar credênza

a, fàre onóre a; (com.) dar crèdito, accreditàre

Crèditable, a. onorévole, che fa o réca onóre

Crèditably, avv. con onóre, con buòna fáma

Crèditor, s. creditóre, -trice (tenuta di libri) creditóre, crèdito, avére

Credúlity, s. credulità

Crèdulous, a. crèdulo; óver- —, tóo —, tróppo crèdulo .

Crèdulousness, s. credulità, facilità a crédere

Crèed, s. crèdo; to repéat the —, dire il crèdo

Crèek, s. cála, seno, calétta; giro, voltàta, sinuosità, serpeggiaménto; (in America) fiumicéllo

Crèeky, a. pièno di cále, sinuóso

Crèel, s. cèsta di vímini, cestóne, m., scórba

— -fráme, s. (filatura) registro

Crèep, vn. (pass. crèpt) strisciáre, serpeggiàre, strascinàrsi per tèrra; fig. dechinàrsi, abbassàrsi, far il cáne; to — up, rampicáre, rampicàrsi sópra; — in, insinuàrsi, ficcàrsi déntro; — on, avanzàrsi pian pianíno; hòrror crèpt óver me, fui compréso da orróre; — -hòle, píccolo búco, tána, sotterfúgio, mèzzo di scámpo

Crèeper, s. rèttile, m; piánta rampicánte; (orn.) picchio grígio; spècie di aláre; raccoglitóre di notízie pei giornáli

Crèeping, a. rampicánte, strisciánte, básso, vile, servíle, abbiètto; — thing, rèttile, m; — thýme, (bot.) serpíllo, serpèllo

Crèeping, s. viltà, bássa compiacènza, adulazióne

Crèepingly, avv. strascicataménte, a mo' di rèttile

Cremátion, s. cremazióne, combustióne (dei cadáveri)

Crémor, s. súcco dènso; sostánza somigliánte alla crèma

Crènate, crénated, a. addentelláto, merláto

Crènature, s. (bot.) merlatúra, frastáglio a mo' di séga

Crènulate, crènulated, a. merláto, addentèllo, s. crèolo, crèola (tellàto

Crèole, s. crèolo, crèola

Crèosote, s. (chim.) creosóto

Crèpane, crèpance, s. piága al piè d'un cavállo (che si dà d'un piè cóntro l'áltro)

Crépitate, vn. crepitáre, scoppiettáre

Crepitátion, s. scoppiettío, crèpito

Crèpt, pass. del verbo to crèep, strisciáre

Crepùscle, s. V. crepuscule

Crepùscular, a. V. crepusculous

Crepùscule, s. crepúscolo

Crepùsculous, a. crepuscoláre

Crescèndo, s. (mus.) crescèndo

Crèscent, a. crescènte (poco us.)

— s. lúna crescènte, lúna nuòva, mèzza lúna

Crèss, s. (bot.) crescióne, m; gárden —, nastúrcio; wáter —, crescióne di rivièra; Wáiter, sòme —es, Camerière, del crescióne

— -bèd, s. luògo abbondánte di crescióne

— -ròcket, s. (bot.) pséudo cítiso

Crèsset, s. lanternóne, m., tórchio, liáccola

Crèst, s. crèsta (di gállo, d'úpupa, di pésce); cimièro; árme gentilízie; címa di morióne, cimièro d'elmétto; crèsta, ciuffétto, pennácchio; bória, baldánza

Crèsted, a. crestáto, ornáto di pennácchio

Crèstfàllen, a. sfiduciáto, sbaldanzíto, sgomentáto, abbattúto, pèrso d'ánimo, avvilíto

Cretáceous, a. cretáceo

Crétin, s. cretíno

Crétinism, s. (med.) cretinísmo

Crètism, s. ingánno, féde cretènse

Crèvice, s. crepatúra, fessúra, crepáccio

— va. crepáre, spaccáre

Crew (pr. crù), s. ciurmáglia, bánda, tórma, frótta; a ship's —, la ciúrma d'una náve

Crewel (pr. crùel), s. lána affiláta ed avvòlta

Crib, s. grèppia, rastrellièra; cúlla; saccòccia; stálla

— va. furáre, involáre; rinchiúdere, ingabbiáre

Cribbage, s. spècie di giuoco di cárte

Cribble, s. crivèllo, váglio; va. crivelláre, vagliáre

Cribrátion, s. (chim.) cribrazióne

Crick, s. (med.) gránchio al còllo, dolóre spasmòdico, torticòllo

Cricket, s. gríllo; giuoco alla pálla; sgabèllo; fèn- —, gríllo-tálpa, m.; fièld- —, grillo campagnuòlo; hóuse- —, grillo domèstico; to pláy at —, giuocáre alla pálla col randèllo

Cricket-gròund, s. giuoco (luogo) della pálla (col randèllo)

Cricketer, s. giuocatóre alla palla col randèllo

Críer, cryér, s. gridatóre, banditóre

Crim. còn., s. (legge) abòr. di criminal conversátion

Crime, s. delítto, misfátto, cólpa, crímine, m.; to pèrpetráte a —, commèttere un delítto; to chárge with a —, accusáre d'un delítto (rèe

Criminal, a. criminále, delittuóso, colpévole, — s. delinquènte, rèo, malfattóre

Criminálity, criminalness, s. criminalità

Criminally, avv. criminalménte

Criminate, va. incrimináre, accusáre d'un delítto

Crimination, s. incriminazióne, incolpaménto

Crimp, va. arriccáre, increspáre; inanelláre, piegáre, grinzáre, abbrancáre, pizzicáre

— s. sensále, m. del carbón fòssile

Crimping-machine, s. mácchina da increspáre

Crimson, s. chèrmisi, m., colór rósso incarnáto

— a. chermisíno; — vèlvet, vellúto cremisíno

— va. tígnere in chèrmisi

Crínal, a. del crine .

nór, rùde; - fàll, sòn, bùll; - fáre, dó; - bý, lỳmph; pòlse, bòỹs, fòul, fòwl; gem, aŝ

Diz. Ingl. Ital. - Ediz. VI. Vol. I. 11

Crincum, *s.* (*volgare*) grànchio, contrazióne; ghiribízzo

Cringe, *vn.* dechinàrsi, rinchinàrsi, abbassàrsi, èssere vilménte ossequióso, strisciàre (innànzi ad alcúno)
— *s.* ossèquio servile, bassézza

Cringing, *a.* básso, abbiètto, servíle; — fèllow, ánima abbiètta; — *s.* bássa servilità; I hàte this —, non pòsso soffríre tànte profónde riverènze

Crinkle, *vn.* serpeggiáre, andáre a zig-zag
— *s.* zig-zag, *m.*, sinuosità, giravòlta

Crínose, *a.* crinìto, chiomàto, pelóso

Crinòsity, *s.* pelosità

Cripple, *a. s.* zòppo, stórpio, storpiáto
— *va.* storpiáre, mozzáre, mutilàre

Crippled, *a.* storpiáto, rattrappáto, paralizzáto

Cris·is, *s.* crísi, *f.*; peripezía

Crisp, *a.* crèspo, ricciúto, friábile, frágile; fàcile a frantumársi e fròllo al mangiársi; — cáke, crespéllo, cialdóne, *m.*
— *va.* increspáre, arricciáre, inanellàre
— *vn.* arricciársi, incespársi, ondulàre

Crisped, *a.* ricciúto, increspáto,; abbrustolíto

Crisping, *s.* increspaménto, íncrespáre, *m.*
— -pin, — -íron, *s.* calamístro

Crispness, *s.* fragilità, friabilità, durézza di còsa increspáta, arricciáta o abbrustolíta

Criss-crôss-rôw (*pr.* Chríst-cross-rôw), *s.* (*ant.*) alfabéto

Critérion (*pl.* critèria), *s.* critèrio; piètra di paragóne, coppélla; modèllo, nòrma

Critic, *s.* crítico, censóre; appuntatóre,-trí-ce; Mr. —, réad my bóok ᴛʜʀóυɡʜ befóre you gìve yoùr judgment upon it, signór Critico, leggéte il mio líbro interaménte prίma di portàrne giudízio

Critical, *a.* crίtico; giudizióso; delicáto, scrupolóso; — remàrks (*let.*), osservazióni crítiche

Critically, *avv.* criticaménte

Criticalness, *s.* caráttere crítico; rigóre crítico

Criticíse, *va.* criticáre, giudicáre; criticáre, appuntàre, censuráre

Criticίser, *s.* crítico, criticatóre, -tríce

Criticίsm, *s.* criticίsmo, crítica; òpen to —, criticábile

Critίque, *s.* esáme crítico, osservazióni crítiche, rivίsta (*let.*)

Crôak, *vn.* graciláre (come le ráne), crocitáre, gracchiáre (come i córvi e le cornácchie)

Crôaking, *s.* crocitáre, *m.* gracidáre, *m.*

Crôaker, *s.* borbottóne, mormoratóre

Crôceous, *a.* cròceo, del colór di zafferáno

Crock, *s.* bròcca, pignátta; fulíggine, *f*; *va.* annerίre di fulίggine

Crôckery, *s.* stovíglie, *fp.*, vasellàme, *m.* di tèrra, terráglia
— -wàre, *s.* majòlica, oggètti di majòlica; blúe-printed —, majòlica fine, inglése; —

màn, fabbricatóre, venditóre di majòlica; — wóman, fabbricatríce, venditríce di majòlica; — fàctory, fàbbrica di majòlica

Crócodile, *s.* (*zool.*) coccodríllo; — *a.* di coccodrίllo

Croco·lilian, *a.* del coccodríllo

Crócus, *s.* (*bot.*) cròco; (*chίm.*) zafferáno

Cröft, *s.* chίuso píccolo, pratíno, praticèllo

Croisáde, *V.* Crusáde

Cróne, *s.* pècora vècchia; vecchiáccia

Cróny, *s.* compáre, *m.*, comáre, *f.* amíco vècchio

Cröok, *s.* uncíno, gáncio, cròcco, ráffo, cùrva; shèpherd's —, ròcco; — -lègged, che ha lo gàmbe stòrte
— *va.* incurváre, piegáre, aduncáre

Crôoked, *a.* piegáto, cúrvo, stòrto, adúnco

Crôokedly, *avv.* stortaménte; ritrosaménte

Crôokedness, *s.* curvatúra, sinuosità; ritrosίa

Crôoken, *va.* incurváre, far cùrvo, piegáre

Crôp, *s.* ricòlta, raccólto; — of whèat, ricòlta di fruménto; — of a bird, gózzo di uccèllo; — horse, cavállo scodáto
— *va.* tagliár via la címa, l'estremità, mozzáre, scortáre, scodáre, scorciáre; tosáre; falciáre, mètere; strameggiáre, mangiáre (morsicchiáre) l'èrba, le fòglie; to — a horse, scodáre un cavállo; — a bird, tosáre, mozzáre gli orécchi a un cavállo; *vn.* dáre o prodúrre raccólte, èsser fruttífero

Crósier, *s.* pastoràle, *m.*, ròcco; (*astr.*) cròce, *f.* del Sud

Cross, *s.* cròce, *f.*;-traversía, infortúnio; the hóly —, la sánta cróce; the sίgn of the —, il sègno della cróce; he has met with mány —es in his joùrney ᴛʜʀóυɡʜ life, egli ha soffèrto mòlte traversίe nel córso della sua víta
— *a.* travèrso, traversàle; contrário; avvèrso; bisbètico, cruccióso, stizzóso, capàrbio; — àlleys, viáli traversàli; — business, affàre intralciáto; — child, fanciúllo fastidióso; — wáys, crocicchio; — -bar of a window, sbárra di finèstra
— *avv.* di travèrso, traversalménte
— *va.* incrocicchiáre, mèttere in fórma di cróce, fàre il sègno della cróce sópra, cancellàre; passàre, traversáre, valicàre, traghettàre, varcàre, attraversàre, andàre attravèrso, pórre ostácolo a, contrariàre, contrastàre, oppórsi a; to — one's lègs, incrocicchiáre le gàmbe; — one's sèlf, far il sègno della cróce; to — óver the wáy, attraversàre la stráda; — the Alps, passàre le Álpi; — óut, cancellàre
— *vn.* èssere contrário, oppórsi
— -bar shot, *s.* (*mar.*) pálla di cannóne foráta e attraversáta da una stánga di fèrro
— -brèed, *s.* rázza incrociáta, rázza bastárda
— -bùn, *s.* focaccίna segnáta da una cróce
— -bôw, *s.* baléstra

Cròss-exàmine, *va.* esaminàre artataménte, esaminàre i testimònj cóme fànno gli avvocáti della párte avvèrsa, perchè cádano in contraddizióne

— -examinàtion, *s.* interrogatòrio in contradditòrio

— -gráined, *a.* (dei legnámi d' òpera) che tràe le fibre irregolári o a travèrso ; dúro, nocchierúto; (*fig.*) bisbètico, pervèrso; ritróso, capárbio, intrattàbile

Cròssing, *s.* crocícchio, l' incrociàrsi, passàggio

Cròssly, *avv.* attravèrso, a contrappélo, in mòdo oppósto ; sventurataménte

Cròss-matcheś, *s. pl.* matrimònj intrecciáti

Cròssness, *s.* intersecazióne, sghèmbo; malumóre, perversità, caparbietà, stízza

Cròss-pùrpose, *s.* sistèma contradditòrio; propósito (quesíto) interrótto (*gioco*)

Cròssway, *s.* via di travèrso, scorciatója ; crossways, cròss-wise, *avv.* di travèrso ; (*chir.*) di sghèmbo, a mo' di cróce

Cròtch, *s.* fórca ; (*mar.*) forcáccio, zangone, *m.*

Cròtched, *a.* forcúto, biforcúto

Cròtchet, *s.* uncíno ; (*chir.*) gráncio ; ghiribízzo, fantasía, grilló ; astúzia, furbería ; paréntesi, *f;* (*mus.*) cròma

Cróton, *s.* (*bot.*) crotóne; dýer's —, oricèllo, girasóle, *m.*

Cròuch, *vn.* appiattársi, acquattársi, accosciársi, accovacciársi, acchiocciolársi; umiliársi, prosternársi a mo' di cáne

Cròuching, *s.* l'acquattársi; l'abbassàrsi vilménte (gròppa

Croùp, *s.* (*med.*) crúp, *m;* (*degli animáli*)

Cròupier, *s.* gruppière, *m.,* assistènte di giuoco; sottocápo del banchétto

CRòw, *s.* (*orn.*) còrvo, cornácchia; réte, *f.* oménto (di vitèllo); lièva; càrrion —, corbíno, còrvo, cornácchia (d'Euròpa); hòoded —, mulácchia, táccola ; to hàve a — to plùck with one, èsser cóme due volpi in un sácco, èsser cóme cáni e gátti ; avér da rinvergáre la matássa con uno ; as a — flies, a vólo d'uccèllo ; — -bar, stánga di fèrro, ràffio ; —'s foot, (*bot.*) tríbulo, piède di leóne, ranúncolo ; rúga o gríoza all'ángolo estèrno dell' òcchio ; —-tóe, (*bot.*) astràgalo ; cock's —, cànto del gállo

CRòw, *vn.* (*pas.*) cròwed ; *pret. ant.* crew, *pr.* crù) cantáre come il gállo ; vantársi, millantársi, fáre il gállo, ringalluzzársi

Cròwd, *s.* fòlla, cálca, túrba, prèssa; to dràw —s, attirár la gènte, la moltitúdine; to get through the —, aprírsi il várco tra la fólla; to be lost in the —, pèrdersi nella fólla

— *va.* affollàre, accalcáre, strígnere, incalzáre; *vn.* affollársi, affluíre ; to — the sàils, spiegáre tutte le véle al vènto; to — in, entráre in fòlla, affluíre

Cròwded, *a.* affollàto, pièno zèppo

Cròwn, *s.* coróna; sèrto, ghirlánda ; guiderdóne, *m.*; címa, cápo, cólmo, vèrtice, *m.*; coróna, scúdo, pèzzo di cínque scellíni ; — of the hèad, címa della tèsta ; — of a hat, fòrma d'un cappèllo; it is wòrth hàlf a —, vále un mèzzo scúdo

— *va.* coronáre, incoronáre ; guiderdonáre, decoráre, insigníre; colmáre; perfezionáre, condúrre a tèrmine; to — with, colmáre di, cíngere la tèsta di; — a man at draughts, damáre una pedína

— -glàss, *s.* crown-glass, *m.* (vétro biánco compósto di sàbbia, álcali, cálce e òssido di manganése)

— -impérial, *s.* (*bot.*) fritillária, meleágride, *f.*

— -lands, *s. pl.* Demánio règio

— -whèel, *s.* ruòta di riscóntro

Cròwned, *a.* incoronáto, insigníto, premiáto

Cròwner, *s.* coronatóre, decoratóre, premiatóre, trice

Cròwning, *s.* incoronazione; coronaménto

— *a.* che incoróna, che cólma; più alto, mássimo

Cròwnless, *a.* scoronáto, sènza coróna

Crùcial, *a.* rigoróso, sevèro; traversále, a guisa di cróce

Crùcible, *s.* crugiuòlo, affinatójo

Crucíferous, *a.* (*bot.*) crocífero

Crùcified, *a.* crocifísso

Crùcifix, *s.* crocifísso, crocefísso

Crucifíxion, *s.* crocifissióne, *f.*

Crùciform, *a.* (*bot.*) crocifórme

Crùcify, *va.* crocifíggere, conficcáre in sulla cróce

Crùde, *a.* crúdo, acèrbo, áspro, immatúro non digeríto, indigèsto

Crùdely, *avv.* crudaménte, immaturaménte, malaménte

Crùdeness, *s.* immaturità, acerbèzza

Crùdity, *s.* crudità, crudèzza, acerbèzza, immaturità, indigestióne

Crùel, *a.* crudéle, bárbaro, trúce

Crùelly, *avv.* crudelménte, barbaraménte

Crùelty, *s.* crudeltà

Crùet, *s.* utèllo, stagnáta, ampollíno o guastadétta per l'òlio e l'acéto, amollíno

— -stand, *s.* porta-amollíni, *m.*

Crùise, *va.* (*mar.*) corseggiáre, incrociáre, andár in córso, bàttere la marina ; to — betwéen, fáre un'incrociáta tra

— *s.* incrociáta, crocièra, córso

Crùiser, *s.* (*mar.*) incrociatóre, náve corsára, corseggiatóre ; the Pópe's —s, le corsáre del Pápa

Crùising, *a.* corseggiánte, incrociánte; to go —, andáre in córso, fáre delle incrociáte ; *s.* il corseggiáre, incrociáre, *m.*

Crùm, Crùmb, *s.* midólla del páne, briciola, briciolo, minúzzolo ; the crùst and the —, la cròsta e la midólla

Crùmble, *va.* sbriciolàre, tritàre, sminuzzolàre, stritolàre, ridùrre in pó.vere ; *vn.* sgretolàre, sminuzzolàrsi ; to — down, ammottàrsi e scoscéndersi, franàre, sfasciàrsi; a crùmbling down, uno scoscendiménto

Crèmmy, *a.* midollóso, pièno di midòlla

Crùmpet, *s.* stiacciatína

Crùor, *s.* (*med*) cruóre

Crùmple, *va.* spiegazzàre, raggrinzàre (una vèste, ecc.); sciupàre, conciàr màle

Crùmpling, *s.* píccola méla bistòrta

Crùpper, *s.* gròppa; groppièra, posolièra, posolíno

Crùral, *a.* (*anat.*) crurále

Crusàde, *s.* crociàta

Crusàder, *s* crociàto

Crùse, *s.* ampollína

Crùset, *s.* crogiuòlo

Crùsh, *va.* schiacciàre, acciaccàre, ammaccàre, annichilàre ; *vn.* condensàrsi, sprofondàre, rovinàre

— *s.* schiacciaménto, acciácco, acciaccatùra, rovína

Crùst, *s.* cròsta; little —, crostèllo; bit of —, crostellíno ; kissing —, orlíccio; incrostatùra ; gùscio della testùggine; cortéccia

— *va.* incrostàre, coprire di cròsta

— *vn.* incrostàrsi, formàrsi in cròsta

Crustàceous, *a.* crostàceo, testáceo, crostúto

Crùsted, *a.* crostúto, incrostáto, testáceo

Crùstily, *avv.* petulanteménte, burberaménte

Crùstiness, *s.* qualità di còsa crostósa, o d'animàle testáceo ; durézza, ostinatézza, ritrosággine, *f.*

Crùsty, *a.* crostóso, copèrto di cròsta; cruccióso, testeréccio, capárbio, feccióso

Crùtch, *s.* grùccia ; to go upon —es, cammináre colle grùcce

Crý, *vn.* gridàre, strillàre, piángere; to — òut, sclamáre ; — alóud, gridáre ad álta vóce ; to wéep and —, lacrimáre e piàngere ; to — up, esaltáre, estòllere ; — down, screditáre, diffamáre ; — to, invocàre, pregáre, imploráre

— *s.* grído, gridío, schiamázzo, scalpóre ; (mùta di cáni, *ant.*)

Crýing, *a.* gridánte, gridándo; *s.* gridío, schiamazzío

Crỳpt, *s.* crítta, crípta, cappèlla sotterránea

Crỳptical, crỳptic, *a.* occúlto, segréto

Cryptógraphy, *s.* criptografía, scrittúra occúlta

Cryptólogy, *s.* criptología, linguággio místico

Crỳstal, *s.* cristállo; rock —, cristállo di ròcca

— *a.* cristallíno, di cristállo, trasparènte, chiáro, límpido; the — Pàlace (London), il Palázzo di cristállo (di Lóndra)

Crystallíne, *a.* cristallíno, di cristállo; — hùmor, — lens, umóre cristallíno

Crystallízable, *a.* cristallizzàbile

Crystallizàtion, *s.* cristallizzazióne

Crỳstallíze, *van.* cristallizzàre, cristallizzàrsi

Crystallízer, *s.* cristallizzatóre

Crystallízing, *s.* cristallizzazióne ; — *a.* cristallizzànte

Crystallógraphy, *s.* cristallografía

Cùb, *s.* catèllo (d'órso di leóne o di vòlpe) orsácchio, orsátto, volpicíno, leoncíno

— *s.* figliàre, partorire (come gli órsi, i leóni le vòlpi e qualch'áltro animàle)

Cùbature, *s.* cubatúra

Cùbe, *s.* (*arit.*) cùbo ; (*geom.*) cùbo

Cùbeb, *s.* (*bot.*) cubèbe, *m.*

Cùbic | *a.* cùbico
Cùbical |

Cubicular, *a.* cubiculáre

Cùbiform, *a.* cubifórme

Cù°it, *s.* cùbito

Cùbital, *a.* cubitále, di cùbito

Cùbless, *a.* (*dell'orso*, ecc.) sènza catèlli

Cùcking-stòol, *s.* seggétta, predélla (a cui si legàvano un tèmpo le dònne di mála vìta, i fornái che defraudávano nel péso, ecc., per póscia tuffàrli nell'ácqua)

Cùckold, *s.* (*volg.*) cornùto, bécco

Cùckoldom, *s.* córna, *f. pl.*, fùsa tòrte (che fa al mário la móglie o vicevèrsa)

Cùckóo, *s.* (*orn.*) cùculo; to hédge in the —, ùngere coll'unguènto bocchíno

Cùckóo-flöwer, *s.* (*bot.*) cardamíndo, crescióne, *m.*

Cùckóo-pínt | *s.* (*bot.*) áro volgáre, ghi
Cùckóo-pintle | chero, piè vitellíno, lingua di sèrpe, èrba saétta

Cùcumber, *s.* (*bot.*) cetriuólo, cedriuólo

Cùcurbit, *s.* (*bot.*) cucúrbita

Cùcurbitàceous, *a.* cucurbitàceo

Cùd, *s.* primo ventrícolo (degli animáli ruminánti) ; aliménto nel primo ventrícolo; to chew the —, rugumáre; that chews the —, ruminànte

Cùddle, *vn.* acchiocciolàrsi, accosciàrsi, accoccolàrsi, crogiolàrsi, abbracciàrsi strettaménte

Cùddy, *s.* cucína di nave

Cùdgel, *s.* bastonáccio, batòcchio, mázza, bastóne

Cùdgel, *va.* bastonáre, batacchiáre, tartassàre

Cùdgelling, *s.* bastonáta

Cùdgel-pròof, *a.* che non si cùra del bastóne

Cùdwéed, *s.*(*bot.*) piànta del cotóne, gnafálio

Cùe, *s.* códa, fine o èsito d'ùña cósa ; codíno; stécca di bigliárdo; imbeccáta, suggeriménto, avvíso, mòtto; umóre, vòglia, disposizióne, véna; to give a person his —, imbeccáre uno, dàrgli l'imbeccáta; I am not in —, (*volg.*) non ho volontà, non ho tèsta

Cùe, *va.* appiccáre un codíno a

Cùff, *s.* manichíno, manichétto; cólpo di pú-

gno, di zámpa, d'artíglio o d'ála; picchio, pácca, manáta, schiáffo
— va. (volg.) schiaffeggiáre, picchiáre
Cúfic, a. cúfico; — cháracters, carátteri cúfici
Cuiràss, s. corázza
Cuirassiér, s. (mil.) corazziére, m.
Cuish, cuiss, s. (poco us.) cosciále, m.
Cúlerage, s. (bot.) persicária
Cúlinary, a. culinário, di cucína, d'erbággio, d'órto; — herbs, érbe mangiábili, erbággi
Cúll, va. scégliere, scérnere, cógliere
Cúllender, s. scolatójo, cóla
Cúller, s. coglitóre, -trice
Cúllion, s. (ant.) minchióne, m.; (bot.) órchide, f.
Cúlly, va. (ant.) uccelláre; —, s. minchióne, m.
Cúllyism, s. (ant.) minchionería
Cúlm, s. cúlmo, stóppa; spécie di carbón fóssile
Cúlminate, vn. (astr.) culmináre
Culmiferons, a. (stor. nat.) culmífero
Cúlmináting, a. (astr.) culminánte
Cúlmination, s. (astr.) culminazióne
Culpability, s. colpabilità, reità
Cúlpable, a. colpévole, réo, delittuóso
Cúlpably, avv. biasimevolménte, reaménte
Cúlprit, s. delinquénte, réo, accusáto innánzi al giúdice
Cúltiváte, va. coltiváre
Cúltiváted, a. coltiváto, cólto
Cúltivátion, s. coltivazióne, coltúra
Cúltivátor, s. coltivatóre,-trice, cultore,-trice, agricoltóre
Cúlture, s. coltúra
— va. (poet.) coltiváre, addottrináre
Cúlver, s. (ant.) colómbo, piccióne, m.
Cúlvert, s. canalétto, ponticéllo, acquedótto
Cúmber, vn. ingombráre, imbarazzáre; impastojáre, sopraccaricáre, aggraváre
Cúmbersome, a. imbarazzánte, incómodo, gráve
Cúmbersomely, avv. in módo incómodo, imbarazzánte
Cúmbersomeness, s. gravézza, incomodità, státo o qualità imbarazzánte
Cúmbrance, s. péso, ingómbro, impediménto
Cúmbrous, a. gráve, incómodo, imbarazzánte, oppriménte
Cúmbrously, avv. graveménte, incomodaménte
Cúmbrousness, s. incomodità, gravézza
Cúmin, s. (bot.) comíno
Cumulátion, s. V. Accumulátion
Cúmulative, a. cumulátivo
Cúneated, Cúniform, a. cuneifórme
Cúnning, s. astúzia, accortézza, destrézza
— a. astúto, scáltro, scaltrito, accórto, sagáce, déstro, ábile
Cúnningly, avv. astutaménte, destraménte
Cúp, s. cóppa, tázza, ciótola; (chir.) cop-

pétta, ventósa; téa- —, tázza da tè; — of tea, tázza di tè; commúnion- —, cálice, m.; — of a flower, cálice, calicétto d'un fióre; — and sáucer, tázza e e sottocóppa he is in his —s, è ubbriáco; Wáiter, a — of coffee, Cameriére, una tázza di caffè
— va. ventosáre, applicáre le ventóse; to drý- —, applicáre ventóse sécche
Cúpbéarer, s. coppiére, m.
Cúpbóard, s. buffétto, armádio, credénza, dispénsa
Cúpel, s. (chim.) coppélla
Cupellátion, s. (chim.) coppelláre, m.
Cúpid, s. cupidíno, amoríno
Cupidity, s. cupidígia, cupidità, bráma
Cúpola, s. cúpola
Cúpper, s. flebótomo (che ápplica le ventóse)
Cúpping, s. operazióne delle ventóse; — -glass, s. ventósa, coppétta
Cúpreous, a. cúpreo, di ráme
Cúpulate, a. (bot.) che ha un calicétto
Cúr, s. botolíno, bótolo,cagnáccio; cáne, m. di pagliájo; great French —, can mastíno; snáppish —, bótolo ringhióse; shépherd's —, cáne di pastóre
Cúrable, a. curábile, sanábile
Cúrableness, s. sanabilità, curabilità
Cúracy, (cúrateship,) s. cárica, ufficio di curáto, cúra, curatéla
Cúrate, s. curáto (coadiutóre del párroco), vicário; pastóre
Cúrative, a. curatívo
Curátor, s. curatóre, amministratóre
Curátrix, s. (ant.) curatrice, f.
Cúrb, s. barbazzále, m.; giárda, giárdóne; fig. fréno, mórso, ritégno; — -stone, piétra dell'órlo di un pózzo o d'un marciapiéde, cornice, f. d'un pavimento; paracárri, m.
— va. frenáre, stríngere i fréni; fig. tenére a fréno, frenáre, moderáre
Cúrcuma, s. (bot.) cúrcuma
Cúrd, s. látte rappréso, látte quagliáto; to turn to —, rappigliársi
Cúrdle, vn. rappigliársi, rapprêndersi, quagliársi, coagulársi, aggrumársi; va. quagliáre, rappigliáre, coaguláre; to — milk, quagliáre del látte
Cúrdled, a. quagliáto, rappréso, aggrumáto; — milk, látte rappréso
Cúrdy, a. coaguláto, rappréso
Cúre, s. cúra guarigióne di malattía, risanaménto di férita, rimédi, rimarginaménto; cúra, parrocchia; — of ánime; past —, incurábile, insanábile
— va. sanáre, medicáre, guaríre, risanáre, curáre; rimediáre; marináre, saláre, insaleggiáre; to — a féver, a wound, guaríre della fébbre, sanáre una piága; what cánnot be —d must be endúred, bisógna soffríre pazienteménte quel ch'è inevitábile
Cúred, a. guaríto, risanáto, sanáto, rimés-

so; saláto; he is néarly —, è quási guaríto

Cúreless, a. incurábile, irremediábile

Cúrer, s. chi guarísce, chi médica; chi sála

Cùrfew, s. copérchio del fuóco, campána del coprifuóco

Curialistic, a. curialístico

Cáring, s. (med.) guaríre, m.; (dei pesci) insalatúra

Curiósity, s. curiositá, vaghézza di sapére; out of —, from   , per curiosità

Cúrious, a. curióso, bramóso di sapére; ráro, pellegríno, singoláre, ammirábile; delicáto, esigénte, schifiltóso

Cúriously, avv. curiosaménte, ingegnosaménte

Cùrl, s. ríccio, rícciolo, anêllo; increspaménto, ondeggiaménto; to fàll into —s, arricciársi; to put into —s, arricciáre, inanelláre; to fàll õut of —s, pêrdere l'arricciatúra

— va. arricciáre, arriccioláre; inanelláre, increspáre, attorcigliáre, attortigliáre; to — a pèrsons's háir, arricciáre i capélli ad úno; the bréeze —s the wàvés, la brézza incréspa le ónde

— vn. arricciársi, arriccioliársi; inanellársi, increspársi, attortigliársi; to — up, aggrovigliársi

Cùrled, a. ricciúto, ricciolúto, inanelláto; increspáto, grinzóso

Cùrling, s. arricciaménto, attortigliaménto

Cùrling-iron, cùrling-tongs, s. calamístro, fêrro da ricci

Cùrl-páper, s. cartúccia (pe' capélli; to pùt one's háir in —, incartocciársi i capélli

Cùrly, s. ricciúto; — hêaded, che ha i capélli ricciolúti

Curmùdgeon, s. taccágno, spilórcio, tánghero

Curmùdgeonly, a. avaríssimo, guítto, sórdido; — creature, avaráccio, pillácchera, lebbróso

Cùrrant, s. ríbes, m.; cùrrants, pl., ríbes; bùnch of —s, gráppolo di ríbes

Cùrrant-bùsh, s. piánta, arboscéllo del ribes

Cùrrency, s. córso, circolazióne, duráta; — of mòney, córso della monéta; légal —, monéta legále; páper — cárta monetáta; slànder —, vóci, dicerie (scandalóse) che córrono; in —, che ha córso

Cùrrent, a. corrénte, che córre comuneménte, ordinário, generále, attuále; — cõin, monéta corrénte; accõunt- —, cónto corrénte; — príce, price —, prêzzo corrénte

— s. corrénte, f. ácqua corrénte; — of a river, corrénte, córso d'un fiúme; electrical —, corrénte elèttrica; don't go into the —, non andáte nella corrénte

Cùrrently, avv. correnteménte, generalménte, continuataménte, continuaménte

Cùrricle, s. biroccíno (sèdia a due ruóte)

Cùrrier, s. cuojájo, conciatóre (di pêlli)

Cùrrish, a. cagnésco, da botolíno, dispettóso

Cùrrishly, avv. ringhiosaménte, rissosaménte, stizzosaménte

Cùrrishness, s. índole stizzósa, fisicósa, litigiósa, rissósa

Cùrry, va. stregghiáre, strigliáre; to — lèather, conciár pêlli; to — a pèrson's hide, conciár uno pel dì delle fêste; to — fávour with one, palpáre úno, adulárlo villménte

— s. ríso còtto con condiménto all'indiána

Cùrrycomb, s. strêgghia

Cùrrying, s. stregghiaménto, stregghiáre, m.

Cùrse, s. maledizióne, f.

— va. (pas cùrst o cùrsed) maledíre

— vn. bestemmiáre; to — and swèar, bestemmiáre e giuráre

Cùrsed, a. maledétto; — be! maledétto sia! — business, maledétto affáre

Cùrsedly, avv. maledettaménte, abbominevolménte

Cùrser, s. bestemmiatóre, -trice

Cùrsing, s. maledizióne, bestemmiáre, m.

Cùrsitor, s. cursóre, commissário della cancellería

Cùrsive, a. corsívo, corrênte; — hànd, scrittúra corsíva, corrênte

Cùrsorily, avv. di vólo, alla sfuggíta, di passággio

Cùrsoriness, s. rapidità (frettolósa e disatténta)

Cùrsory, a. rápido, frettolóso; corrívo

Cùrst (meglio cùrsed), a. maledétto

Curtáil, va. raccorciáre, mozzáre, troncáre, scemáre

Curtáiling, s. raccorciaménto, troncamênto

Curtáilment, s. raccorciaménto, mozzaménto

Cùrtain, s. cortína; bed —s, cortinàggio di lêtto; window —s, tênde di finêstra; the — of a ruéatre, sipário; — of a fortificátion, antemurále, m.; the — drops, fàlls, cáde il sipário; the — ríses, si leva il sipário

— va. incortináre, ornáre con cortíne

Cùrtain-lécture, s. sgridáta, braváta (della móglie al marito)

Cúrule, a. (ant. rom.) curúle; — cháir, sèdia curúle

Cùrvated, a. curváto, cúrvo, piegáto

Curvátion, cùrvature, s. curvatúra, curvità; circle of cùrvature (geom.), cúrva osculatrice, círcolo osculatóre

Cùrve, a. cúrvo, piegáto in árco

— s. cúrva, línea cúrva, incurvatúra

— va. incurváre, incurváre, centináre

Cùrved, a. curváto, cúrvo; centináto

Curvèt, s. corvêtta, capriòla, bálzo, sálto

— vn. corvettáre, caprioláre, saltelláre

Curvilínear, a. (geom.) curvilíneo

Cùshion, s. cuscíno, carêllo; — vn. pórre a

sedére su d'un cuscíno o su cuscíni; provvedére di cuscíni

Cùshioned, *a.* sedúto sópra un cuscíno

Cùsp, *s.* cúspide, *f.*, córno della mezzalúna

Cùstard, *s* berlingózzo, spécie di tórta

Custody, *s.* custódia, govêrno, cúra, guárdia, prigióne; to take into —, arrestáre; to dischárge òut of —, méttere in libertà

Cùstom, *s.* costúme, *m.*, costumánza, usánza, consuetúdine, *f.*, abitúdine, *f.* àbito, úso, ríto, clientéla, dázio d'entráta, gabélla; the úsages and —s of the coùntry, le usánze e costumánze del paése; the —s and excíse, i dázi d'entráta e di consúmo; the colléctor of the —s, il ricevitóre délla Dogána; shop with a góod —, negózio bene avviáto

Cùstom-hòuse, *s.* Dogána; to pass góods thròugh the — (to cléar goods), sdoganáre mèrci; — ófficer, dog nière, *m.*, prepósto, gabelliére, *m.* guardocòste, *m.*

Cùstomable, *a.* soggétto al dázio d'entráta

Cùstomarily, *avv.* abitualménte, ordinariaménte

Cùstomariness, *s.* consuetúdine, *f.*

Cùstomary, *a.* ordinário, sólito, comúne

Cùstomer, *s.* avventóre, compratóre; cliénte, (pósta); to disoblíge or tùrn awáy —s, sviár la colombája

Cùstos, *s.* (*lat.*) *V.* Kéeper

Cùt (*pas.* cut), *va.* tagliáre trinciáre; incídere, mozzáre, fêndere; to — asùnder, divídere, tagliár in due; to — up a fòwl, trinciáre un pollástro; — off. recídere, troncáre, mozzáre, tagliár via; to — off a pèrson's héad, decapitáre úno; — the ènemy's retréat, serrár il pásso al nemíco in ritiráta; — dòwn, segáre, abbáttere; uccídere con un fendénte; — in pièces, fáre a pézzi; out a cóat, tagliáre un vestíto; — out wòrk for a pèrson, dáre che fáre ad úno; — cápers, tagliáre capríòle; the cárds, tagliáre (per dár poi) le cárte; — lots, giuocáre alle buschétte; — small, sminuzzáre; tritáre; — one short, interrómpere úno, rómpergli le paróle in bócca; — one's way to hónours, aprírsi (colla spáda) una stráda agli onóri; — off an hèer, diseredáre uno; — my hair, tagliàtemi i capélli; I should — a prètty fìgure, farèi bellíssima figúra

— *vn.* tagliáre, fêndersi, screpolársi, tagliàrsi, aprírsi, intersecársi, penetráre; that knífe —s well, tàglia béne quel coltéllo

— *s.* táglia, tagliatúra, incisióne, tácca, feríta, cicatríce, *f.*, sfrégio, táglio, fétta; first — of a lóaf, prímo táglio d'un páne; —, táglia, figúra, fórma; stámpa, incisióne; — of knífe, táglio d'un coltéllo; short —, scorciatóia; whóse — is it? a chi tócca tagliáre (le cárte)?

— *a.* tagliáto, trinciáto, incíso; — -glàss decànters, caráffe tagliáte a faccétte

Cutáneous, *a.* cutáneo, della pêlle

Cùtch, *s.* catecù, *m.*, cachou, tèrra del Giappóne

Cúticle, *s.* cutícola, pellícola, membrána

Cùtlass, *s.* spadáccia lárga da bastiménto di guêrra, scimitárra, squarcína

Cùtler, *s.* coltellinájo; chincagliére, *m.*

Cùtlery, *s.* coltelleria, chincagliería

Cùtlet, *s.* costo étta, braciuóla (di vitéllo)

Cùtpurse, *s.* borsainólo, tagliabórse, *m.*

Cùtter, *s.* tagliatóre, -tríce; incisóre, dénte incisóre; (*mar.*) canótto, navíglio velóce da una sola véla

Cùtting, *a.* tagliénte, incisívo, pungènte, piccánte, frizzánte, cáustico, mordáce

— *s.* táglio, tagliatúra, incisióne, tállo, barbatélla, trincéa; —s, ritàgli

Cùt-throat, *s.* tagliagóla, *m.* assassíno, sghèrro; — pláce, mal pásso, nido d'assassíni; biscázza, biscáccia; *a.* trúce, bárbaro, inumáno

Cùt-wàter, *s.* (*di ponte*) pígna, ròstro a mónte, párti-l'ácqua, *m.*; speróne, róstro della pila a válle; (*mar.*) tagliamáre, *m*; (*orn.*) bécco di fòrbici, rigopsalía

Cùttle, *s.* (*itt.*) séppia; biscottíno di máre

Cuvètte, *s.* (*fort.*) cuvétta, fossatélla

Cwt. (*pr.* hùndred wàts), *abbr.* di cent. e wt., weight, péso, *V.* Hùndred weight

Cýanate, *s.* (*chim.*) cianáto

Cýanic, *a.* (*chim.*) ciánico; — àcid, ácido ciánico

Cýanid, *s.* (*chim.*) cianúro

Cýanogen, *s.* (*chim.*) cianógeno

Cyanúric, *a.* (*chim.*) cianúrico; — àcid, ácido cianúrico

Cýarnus, *s.* (*ant. gr. e rom.*) ciáto, tázza, nàppo   (porcíno

Cýclamen, (*bot.*) cicláme, *m.* ciclamíno, pan

Cýcle, *s.* (*astr.*) cíclo, córso, rivoluzióne

Cýclic, cýclical, *a.* cíclico

Cýcloid, *s.* (*geom.*) ciclóide, *f.*

Cýclop, *s.* (*mit.*) ciclópe, *m.*

Cýclopédia, cýclopaédia, *s.* enciclopedía

Cýclopéan, *a.* ciclópico

Cyclòpic, *a.* ciclòpico

Cýgnet, *s.* cigno gióvine

Cýlinder, *s.* cilindro; cásing of —, custódia di cilíndro

— -còver } *s.* copêrchio di cilíndro
— -tòp }

— -prínting, *s.* impressióne a cilíndro

Cylindráceous, *a.* (*bot.*) cilindrifórme

Cylindric, cylindrical, *a.* cilíndrico

Cýma, *s.* (*bot.*) címa dello stélo, del fústo, ecc.

—, cymàtion, *s.* (*arch.*) cimázio, uóvolo

Cýmbal, *s.* (*mus.*) cémbalo; catúba, cemmamélla, cemmanélla cembanélla, triángolo

— -pláyer, *s.* suonatóre,-tríce di cemmanéllo col triángolo

Cýmose, a. (bot.) cimóso
Cýnic, s. (filos. ant.) cínico
Cýnical, a. cínico
Cýnically, avv. cinicaménte
Cýnicalness } s. cinísmo
Cýnicism }
Cynocéphalus, s. (zool.) cinocèfalo
Cýnosúre, s. (astr) cinosúra, órsa minóre
Cýpher, s. V. Cípher
Cýpress, s. (bot.) ciprésso; gróve of — es, cipresséto
— -trée, s. (bot.) ciprésso
— wóod, s. ciprósso (legno)
Cýprus, s. vélo, trina; víno di Cípro
Cýst, Cýstis, s. (med.) císti, f. cístide, f., vescíca piêna di liquídúme
Cýstic, a. (med.) cístico
Cystítis, s. (med.) cistíte, f.
Cýstocéle, s. (med.) cistocéle, f.
Cystòtomy, s. cistotomía, incisióne della vescíca (per estrárne la piêtra)
Cýtisus, s. (bot.) cítiso
Czar (pr. sâr), s. Czar, m.
Czarina (pr. sáréna), s. Czarína
Czarish (pr. sárish), a. di Czar
Czarowitz, (pr. sároits), Czarovítz, m.

D

D (pr. dé), s. quárta léttera dell'alfabéto; D, cífra romána, vále 500; D, re, m., nóta o chiáve di música; D, léttera iniziále di denier, sóldo, vále Penny, sóldo inglése; D, abbreviatúra di Doctor, dottóre; D. D., Dòctor of Divlnity, Dottóre in Teología; M. D., Doctor of Mèdicine, Dottóre in Medicína; A. D., Anno Dómini; d., abbreviatúra di do, di had e di would
Dàb, s. tocchétta di cósa úmida, pezzétto di còsa mòlle; zácchera, pícchio leggiêro, píccola bòtta, cólpo dáto con cósa mòlle; (itt.) léma; persóna espèrta o maliziósa
Dàb, va. percuótere leggerménte con còsa úmida o mòlle
— -chick, s. (itt.) gallinélla
Dàbble, va. immérgere e dimenáre, sciacquáre, diguazzáre, infangáre, imbrattáre; vn. diguazzársi nel fángo, dimenáre i piêdi e le máni nell'acqua fangósa; to — in the dirt, dimenársi nel fángo; — in politics, immischiársi negli affári polítici
Dàbbler, s. uno che guàzza le máni nell'ácqua o nel fángo, uno che s'immíschia in quel che non intênde, imbroglióne, m.
Dá-cápo, s. (mus.) da cápo, m.
Dáce, s. (itt.) lásca
Dàctyl, s. dáttilo
Dactylic, a. dattílico
Dàctylist, s. (poco us.) versaggiatóre, -trice
Dàd, Dàddy, s. bábbo, papà, (voce infantile)
Dàdo, s. (arch.) dádo
Dàff (meglio dòff), va. spogliársi di, rigettáre

Dàffodil, Dàffodilly, s. (bot.) asfodíllo, narcíso
Dàg, s. (ant.) dága; (pistòla) terzétta; svolázzo, cápo che svolázza; laccétto di cuójo
— -lóck, s. fiócco strasciccánte del véllo di una pécora
— -swáin, s. tappéto vellóso
Dàgger, s. dága, pugnále, m.; stíle, m.; dòuble-édǵed —, pugnále a due tágli; to lóok —s, fáre il víso dell'ármi; to plùnge, to run a — into one's heárt, piantáre, cacciáre un pugnále nel cuóre ad uno; to spéak —s to one, díre ad uno paròle di fuóco; to be at —s -dráwing, èsser lì lì per báttersi, per veníre ai cortélli
Dàggle, va. strascináre nel fángo, infangáre; vn. imbrattársi, infangársi
— -táiled, a. infangáto, inzaccheráto
Daguèrreotýpe, s. dagherròtipo; ritrátto a dagherròtipo; —, a. al dagherròtipo
Dàhlia, s. (bot.) dália
Dáily, a. giornaliêro, di ogni giórno, quotidiáno, diúrno; — brèad, páne quotidiáno; — consúmption, consúmo giornaliêro; — news, crónaca giornaliêra
— avv. giornalménte, ogni giórno
Dáintily, avv. delicataménte, eleganteménte
Dáintiness, s. delicatézza, squisitézza, leccornía
Dáinty, a. delicáto, squisíto, appetitóso, gustóso, ghiótto, fíno, schizzinóso, spregióso
— s. vivánda squisíta, lecconería; daintíes, leccúme, m., cóse squisíte, gustóse, ghiótte
Dáiry, s. cascína; — -máid, lattája; — -man, lattájo
Dáisy, s. (bot.) margheritína
Dále, s. vallicélla, válle lùnga e strétta tra pòggi álti
Dàlliance, s. schèrzi lascivétti, carézze ténere o amoróse, amorevoleggiaménto, amoreggiáre, m; ciondoláre, m., dondoláre, m., baloccáre, m., gingilláre, m., indugiáre, m.
Dàllier, s. chi amoroveléggia, chi schèrza; ciondolóne, m., dondolóne, m., ninnolóne, m., gingíllo
Dàlly, vn. amoroveleggiáre, scherzáre in mòdo lascivétto; baloccáre, ciondoláre, stáre a báda, dondolársi
Dalmàtica s. dalmàtica
Dàm, s, mádre, f. (degli animáli); díga, túra, travêrsa, cateràtta, sostégno; mill- —, bottàccio
— va. chiúdere, pórre árgine a, stoppáre, turáre; to — in, up, chiúdere con díga
Dàmage, s. dánno, detriménto, guásto; avaría (mar.); costs and dàmages (legge) spese e indennizzazióne
— va. danneggiáre, deterioráre, guastáre
Dàmageable, a. soggètto a danneggiaménto, danneggiàbile

Dàmaged, *a.* danneggiáto, guásto; to get —, guastársi

Dàmascéne, *s.* damoscína, prúgna di Damásco

Dàmask, *s.* damásco, *m.* (dráppo fátto a fióri) — *a.* damaschíno, di damásco; — róse, rósa damaschína; — táble-cloth, továglia damaschináta — *va.* damascáre, tèssere, fáre a fióri

Dáme, *s.* (dáma, signóra), (*poet.*) madònna, dònna (*burlesco*); padróna (vècchia) di cása (*volg.* contadínesco), mádre di famíglia; bèl- — (*meglio* bèldam), buóna vècchia

Dàmn, *va.* dannáre, condannáre; fischiáre; — you, God— you, Dio vi dánni; the new còmedy has béen —ed, la nuòva commèdia è státa fischiáta

Dàmnable, *a.* dannábile, diabòlico, maledétto

Dàmnably, *avv.* dannabilménte, diabolicaménte, maledettaménte

Damnátion, *s.* dannazióne, perdizióne, maledizióne

Dàmned, *a.* dannáto, maledétto, diabòlico, fièro; the —, i dannáti; — ràscal, briccóne maledétto

Dàmp, *a.* úmido; uggióso, abbattúto; ráther —, umidétto; — róom, stánza umidíccia; this linen is a little —, quèsta biancheria è alquánto umidétta; — wèather, tèmpo úmido — *s.* umidità, umidézza, vapóre, úggia, ómbra (non sána), úggia, tèdio, tristézza, abbattiménto; to cast a — upon one's spirits, tediáre, abbáttere, annoiáre — *va.* inumidíre, uggíre, abbáttere; it —s my spirits, mi fa veníre l'úggia

Dàmper, *s.* spegnitójo; registro d'òrgano, di camíno, di mácchina a vapóre

Dàmpish, *a.* umidúccio, umidétto

Dàmpness, *s.* umidézza, umidità; mollóre

Dàmsel, *s.* (*poet.*) damigèlla, donzèlla, zitèlla

Dàmson, *s.* damoscína, prúna di Damásco

Dánce e dánce, *vn.* balláre, danzáre; to — attèndance, far spalliéra, maceráre nelle anticámere; to — gentéelly, balláre con bel gárbo, balláre contegnóso, con ária nòbile; to — with éase, balláre con scioltézza; to — with fréedom, balláre disinvólto; to — dówn, discéndere balládo; to — in, entráre danzándo; to — óut, uscíre danzándo; to — up, salíre balládo; to — on nòthing (*volg.*), balláre in cámpo azzúrro, dar de' cálci al vènto — *va.* far balláre, dondoláre sulle ginòcchia, sui piédi, ninnáre — *s.* bállo, dánza; to jóin the —, entráre in bállo, in dánza; to léad the —, cominciáre il bállo, menár la dánza

Dancer, *s.* ballerino, ballerína, danzatóre, -tríce; rópe- —, ballerino da còrda, funámbolo

Dàncing, *s.* bállo, balláre, *m.*, danzáre, *m*; I am fònd of —, ámo il bállo — *a.* del bállo, del danzáre — -máster, *s.* maèstro di bállo — -róom, *s.* sála da bállo — -schóol, *s.* scuòla da bállo

Dandelíon, *s.* (*bot.*) macoróne, *m.*, smírnio

Dàndle, *va.* dondoláre, ninnáre

Dàndrif, dàndruff, *s.* fórfora

Dàndy, *s.* zerbinòtto, dameríno, gingínno — *a.* di zerbinòtto, di gingínno

Dàndyish, *a.* di zerbinòtto; elegánte

Dàndyism, *s.* maniére di dameríno

Dánewòrt, *s.* (*bot.*) èbbio, ébulo

Dánger, *s.* perícolo, períglio, ríschio; to run into —, espórsi a perícolo; cáreless of —, non curánte de' perícoli

Dàngerous, *a.* pericolóso; risicóso, arrischiáto

Dángerously, *avv.* pericolosaménte

Dàngle, *vn.* penzoláre, dondoláre, spenzoláre, ciondoláre, oscilláre; to — áfter, fare il cicisbèo, il cascamòrto

Dàngler, *s.* dondolóne, *m.*, ciondolíno, appiccaticcio

Dànk, *a.* V. Dàmp

Dàphne, *s.* (*bot.*) camedáfne, *f.*; lauréola

Dàpper, *a.* lèsto, líndo, píccolo e gagliárdo

Dàpple, *a.* pomáto, pomelláto, picchiáto a guisa di tròta; — -grey, leárdo pomáto — *va.* picchiettáre, svariáre i colóri

Dàppled, *a.* pomellàto, pomáto, picchiáto

Dáre, *vn.* dúrst, dáred, osáre, ardíre, peritársi, arrischiársi; do it if you —, fátelo se vi básta l'ánimo — *va.* (*regolare*) sfidáre, invitáre a battáglia, provocáre; to — lárks, pigliár le allòdole allo specchiétto

Dáring, *a.* ardíto, ardimentóso, arrischiáto, audáce — *s.* ardiménto, arditézza, audácia

Dáringly, *a.* arditaménte, arrischiataménte

Dàrk, *a.* oscúro, tenebróso, bújo, néro, fósco, cúpo; misterióso, astrúso, recóndito; it is gétting —, si fa scúro; to go into the —, andáre al bújo; — -lántern, lantèrna sórda; — sáying, enimma, *m.* — *s.* bújo, tènebre, *f. pl.*, oscurità

Dàrken, *va.* oscuráre, ottenebráre, uggíre — *vn.* oscurársi, divenire scúro

Dàrkening, *s.* oscuraménto, offuscaménto

Dàrkish, *a.* alquánto scúro, neríccio, cúpo

Dàrkling, *a.* (*poet.*) al bújo, nelle tènebre

Dàrkly, *avv.* oscuraménte, ciecaménte

Dàrkness, *s.* oscurità, tènebre, *f. pl.*, bújo

Dàrksome, *a.* oscúro, fósco, ombróso

Dàrling, *a* dilètto, cáro, prediletto, favoríto — *s.* persóna, còsa caríssima; cúcco, favorito; benjamíno

Dàrn, *va.* risarcíre, cucíre, rassettáre, rabberciáre; — stòckings, risarcíre, rifáre le càlze

Dàrn, s. rassettatúra, cucitúra

Dàrnel, s. (bot.) lòglio, zizzánia

Dàrner, s. quéllo o quélla che risarcísce coll'ágo e col rèfe le càlze, i pannillíni, ecc.

Dàrning, s. cucitúra, risarcíre, m., rassettaménto

Dàrt, s. dàrdo, stràle, m., quadréllo; shówer of —s, némbo di stráli; to shóot a —, scoccáre un dárdo

— va. dardeggiáre; lanciáre, tiráre, scagliáre, vibráre, scoccáre

— vn. scagliársi, precipitàrsi, lanciársi

— -stóne, s. (min.) belenníto, f.

Dàsh, vn. scagliársi con ímpeto, córrere con fóga, prorómpere, irrómpere; urtársi, accozzársi, spruzzáre, frángere; — fórward, precipitársi, affoltársi; — óut, uscíre di slàncio

— va. colpíre con fòrza, percuótere con ímpeto, urtáre, dáre di còzzo, frángere, fracassáre, spezzáre, schiacciáre, cacciáre, schizzáre, spruzzáre, iozaccheráre; to — a thing to piéces, méttere che che sia in pèzzi, spezzárlo, sfracellárlo; to — down, scagliáre a tèrra; to — an ènterprise, sconcertáre, sventáre un diségno; — óut, scancellàre; to — a pèrson (to put him out of coùntenance), fàr restár confúso alcúno, fárlo arrossíre; up, or I'll — your bràins óut on the grass, su, o ti caccerò il cervèllo sull'èrba

— s. còzzo, úrto, ímpeto, émpito, fòga, cólpo, percòssa, tràtto; schízzo, sprúzzo; incursióne, escursióne, trottáta; — of the pen, pennáta; — of wáter or mud, schízzo di ácqua o di fàngo; at first —, súbito, ad un tràtto

Dàshing, a. focóso, impetuóso; disinvòlto

— s. úrto, còzzo, ímpeto; — of the wáves, ímpeto delle ónde

Dàstard, s. codárdo, poltróne, m., víle, m.

Dàstardliness, s. codardía, viltà, pusillanimità

Dàstardly, a. codárdo, víle, pusillánime

Dàta (pl. di dàtum) s. pl. dáti (di un probléma, ecc.)

Dàtary, s. datário (cancellería romana);— 's óffice, Datería

Dàte, va. datáre, méttere la dàta; vn. — from, datáre da, scrivere da

— s. dàta; ùnder — of, in dàta di; write the —, scrivéte (mettéte) la dàta; out of —, fuóri di úso

— s. (bot.) dáttero; — -trée, pálma dattilífera

Dàted, a. datáto, che ha per dáta

Dàteless, a. senza dàta

Dàtive, a. datívo; — cáse, cáso datívo

Dàtum, (pl. dàta) s. dàto

Dàub, va. imbrattáre, sporcáre, infangáre, impiastráre; dipíngere màle, imbrattàre le tèle; aduláre vilménte

— s. pitturáccia, scarabòcchio

Dàubing, s. impiastraménto

Dàughter, s. figlia, figliuòla; —-in-làw, nuóra; grànd- —, nipóte, f; greàt grand- —, pronipóte, f; stèp- —, figliàstra; god- —, figlióccia

Dàughterliness, s. qualità di fíglia; condótta che s'add:ce ad una fíglia

Dàughterly, a. figliále, di fíglia, di figliuòla

Dàunt, va. intimidíre, incútere timóre a

Dàuntless e dàuntless a. intrèpido, impávido

Dàuntlessness, s. intrepidézza

Dàuphin, s. delfíno (príncipe réale di Fráncia)

Dàuphiness, s. delfína, móglie o védova del delfíno

Dàvit, s. (mar.) arganèllo

Dàw, Jack-Daw, s. (orn.) grácchia, cornácchia

Dàwdle, vn. baloccáre, indugiáre, dondolàre, dondolàrsela, ciondoláre, ninnoláre

Dàwdler, s. dondolóne, m., ciondolóne, m., perdigiórno

Dàwdling, s. baloccáre, m., dondoláre, m., indúgio

Dàwn, s. àlba, auróra; at éarly —, ai prími albóri, allo spuntár del giórno

Dàwn, vn. albeggiáre, spuntáre; dày —s, spúnta il giórno

Dàwning, s. àlba, il fàr del giórno

Dày, s. giórno, dì, m., giornáta; —and night, giórno e nòtte; it is bróad —, fa giórno; by —, di giórno; a —, a whóle —, una giornáta, un giórno; wòrk —, giórno di lavóro; hóly-—, pay- —, giórno festívo, fèsta; èvery óther —, un giórno sì, l'áltro no; from — to —, di giórno in giórno; the next —, l'indománi; the — befóre yèsterday, ier l'áltro; to- —, òggi; the — àfter to-mórrow, dòpo dománi; this — wéek, òggi a òtto; new yéar's —, cápo d'ànno; fine —, bèlla giornáta; fish- —, giórno mágro; flèsh- —, giórno gràsso; by —, ógni giórno, continuaménte; to càrry the —, víncere la battáglia; to this —, fíno al dì d'òggi, sinóra; dóg-days, giórni canicolári; the órder of the —, l'órdine, m. del giórno; all —, tútto il giórno; — -làbourer, giornaliéro, operajo; — -líght, giórno chiáro; from this — fórward, d'óra innánzi; in our —s, oggi giórno, al dì d'òggi; — bréaks, aggiórna, s'aggiórna; a —'s wórk, il lavóro d'un giórno, una giornáta; góod —, buón giórno; to be the order of the —, èssere all'órdine del giórno; to tùrn — into night, fàre del giórno nòtte, e della nòtte giórno

— -bóok, s. (com.) giornàle, m., diàrio

Dày-brèak, *s.* spuntáre, *m.* del giórno, álba
— -schóol, *s.* scuóla per gli estèrni; — -schò-
lar, alúnno estèrno
— -spring, *s.* spuntáre, *m.* del giórno, albóre
— -star, *s.* stélla mattutína, diàna
— -time, *s.* giórno, giornáta
Dàze, *s.* (*min.*) piètra lucènte
Dàzzle, *van.* abbagliáre, èssere abbagliáto
Dàzzling, *a.* abbagliánte; *s.* baglióre, *m.*, abbáglio
Dàzzlingly, *avv.* abbagliantemènte
Déacon, *s.* diácono
Déaconess, *s.* diaconéssa
Déaconry, Déaconship, *s.* diaconáto
Dèad, *a.* mòrto; he is jùst —, è mòrto er
óra; hàlf —, mèzzo morto; to fàll —,
cascàr mòrto; — cóal, carbóne estínto;
— slèep, sònno profóndo; — of night,
silènzio (fitto) della nòtte; — weight,
péso mòrto; — càlm, bonáccia; — wàter,
àcqua mòrta; to lie —, (*del denaro*), dormíre, giacére improduttívo
— *s.* the —, i mòrti; in the — of winter,
di fitto vèrno; at — of night, nel cuór
della nòtte
— -doing, *a.* micidiále, letále, funèsto
Dèaden, *va.* ammortáre, attutíre, allentáre
Dèadliness, *s.* caráttere mortále (che cagióna la mòrte)
Dèadly, *a.* mortále, mortífero, letále
— *avv.* mortalménte, eccessivamènte
Dèadness, *s.* addormentaménto, intirizzaménto, stupóre, sopóre, letárgo, paralísía,
indolènza, assiderazióne, scipitèzza
Dèaf, *a.* sórdo; as — as a bèetle, as a póst,
sordóne, *m.*, sordacchióne, *m.*, sórdo che
non sentirèbbe il tuòno; — and dùmb,
sordomùto; to lend a — éar, far il sórdo;
to get —, diveníre sórdo; nòne so — as
they that wòn't héar, non vi è peggiór
sórdo di chi non vuòle intèndere
Dèafen, *va.* assordáre, indúrre sordità
Dèafly, *avv.* sordaménte, con pòco strèpito
Dèafness, *s.* sordità, sordággine, *f.* .
Déal, *s.* quantità, abbondánza, partíta; àsse,
f. di abéte; pancóne, *m.*; turno di chi tócca
a dáre le cárte; a great — of pátience,
mólta paziènza; a good — of, abbastánza
di; it is your —, tócca a vói a dáre le
cárte; I want two — bóards (two deals)
m'occórrono due àssi di abete
— *va.* (*pas.* dèalt), ripartíre, distribuíre,
spárgere, dáre (le cárte); to — ôut to, ripartíre, dáre a
— *vn.* trattáre, trafficáre, negoziáre, agíre,
comportársi; you have dèalt nòbly with
me, m'avéte trattáto mólto béne; you have
to — with a ràscal, avéte a fáre (che fáre)
con un birbánte; he deals in hòrses, egli
cómpera e vénde caválli
Déaler, *s.* mercánte, negoziánte, bottegáio,
quéllo, quélla che dà le cárte; horse- —,

mercánte di caválli; corn- —, mercánte
di gráno; pláin- —, uòmo schiétto, frànco, leále; dòuble- —, raggiratóre, uòmo
dóppio
Dèaling, *s.* trattaménto, procèdere, *m.*; fáir
—, procèdere leále, sincéro, probità; dòuble —, doppiézza, slealtà; I have no —s
with him, non ho che fáre coi fàtti suòi
Dèalt (with), *a.* trattáto; kíndly — with, ben
trattáto; hard to be — with, intrattábile
Deàmbulátion, *s.* deambulazióne, passeggiáta
Deàmbulatory, *a. s.* deambulatório
Dèan, *s.* decáno
Dèanery, *s* decanáto; giurisdizióne, entráta,
cárica di decáno
Dèanship, *s.* decanáto, ufficio, dignità di
decáno
Dèar, *a.* cáro, costóso; amáto, dilètto, ben-
volúto, gráto; gráin is gètting —, i cereáli incaríscono; my —, mía cára; my —
friènd, mý — fèllow, mío cáro; — bôught,
compráto a gran prèzzo, dispendióso; —
lôved (dèarly belôved), amatíssimo
— *avv.* cáro, mólto; it will cost you —, vi
costerà cáro
Dèar! — me! *int.*, per Bácco! Dío mío!
Dèarly, *avv.* caramènte, teneramènte
Dèarness, *s.* cáro prèzzo, dispèndio gránde,
carestía, qualità costósa; pregevolézza; carézza, amabilità, stíma, amóre
Dèarth, *s.* scarsézza, carestía, penúria
Dèath, *s.* mòrte, *f.*, trapàsso; at the point
of —, nel púnto, nell'articolo della mòrte;
on one's —bed, sul lètto di mòrte; upon
páin of —, sótto péna della víta; to be in
at the —, (*caccia*) assístere all'agonía;
to pùt to —, pórre a mòrte; to díe an hònourable —, fáre mòrte onorévole; to sèntence to —, giudicáre a mòrte; to díe a
nàtural —, moríre di sua mòrte; to còmpass a person's —, macchinár la mòrte a
úno; to sùffer —, sostenér la mòrte; to
fàce —, affrontár la mòrte; it is a cáse of
life and —, si tràtta di víta o di mòrte;
to griève one's self to —, moríre di dolóre;
it is — to me, è la mia mòrte, la maggiòr
péna ch'io pòssa prováre; — stàres him
in the fáce, tiéne l'ànima co' dénti; è con
un piè nella fóssa
— -bell, *s.* campána da mòrto, fúnebri rin-
tócchi, *pl.*
— -blów, *s.* cólpo mortále, cólpo di grázia
— -bóding, *a.* forièro di mòrte
— -like, *a.* símile alla mòrte
— -less, *a.* immortále
— -ràttle, *s.* rántolo della mòrte
— -strùggles, *s. pl.* agonía
— -tóken, *s.* preságio di mòrte,
— -wàrrant, *s.* órdine, *m.* d'esecuzióne (di
condánna di mòrte)
— -wàtch, *s.* (*ent.*) grillo, orológio della
mòrte

Dèath-wóund, s. feríta mortále

Dèarnful, a. mortále, mortífero

Dèarnless, a. immortále

Dèathlíke, a. simile alla mórte; — slúmber, sónno di mórte; — cõuntenauce, aspètto cadavèrico

Dèath-'s-héad, s. têsta di mórto

— -'s-mân, s. carnêfice, m.

Dèathward, avv. vèrso la mórte

Debâr, va. esclúdere, impedíre, proíbíre, vietáre, interdíre

Debáse, va. abbassáre, umiliáre, deprímere, avvilíre, imbastardíre, far tralignáre

Debásement, s. avvilimênto, abbiettêzza

Debátable, a. disputábile, contestábile ; — grõund, matèria contestábile

Debáte, s. dibattimênto, discussióne

— van. dibáttere, discútere

Debáter, s. persóna ábile nella discussióne; rèady —, oratóre sèmpre prónto nei dibattimênti

Debáting, s. dibáttere, m., discútere, m; — socíety, círcolo, club, m., società di gióvani che si addèstrano alla víta pública, ai dibattimênti parlamentári

Debáuch, s. òrgia, crápola, stravízzo, gozzovíglia; sregolatézza, disonestà

— va. corrómpere, sviáre, traviáre, prostituíre, sedúrre, frastornáre, sobilláre; to — a máid, sedúrre una fanciúlla

Debáuchée, s. ubbriacóne, m., libertíno, díscolo

Debáucher, s. corrompitóre,-tríce, seduttóre, -tríce

Debáuchery, s. dissolutézza, sregolatézza

Debêl, Debêllate, va. (ant.) debelláre

Debênture, s. (legge) cédola per assicuráre del pagamênto; bóno; quitánza di prêmio d'esportazióne della dogána

Debêntured, a. di cui si tiêne il certificáto del dázio di ritórno, del prêmio d' esportazióne

Debilitate, va. debilitáre, affievolíre

Debilitáting, a. debilitánte

Debility, s. debilità; debolézza, fievolézza

Dèbit, s. débito; càrry that sum to my —, portáte questa sómma a mio débito

— va. (com.) portáre al débito di

Débonaír, a. (poet.) buóno, benígno, longánime

Dèbt, s. débito, òbbligo; smáll —, debitúzzo; nátional —, débito público; dûe —, débito esigíbile; to acknõwledge a —, riconóscere un debíto; to contráct —s, to run in —, contrárre débiti, indebitársi; to be déeply, óver héad and éars, in —, èsser piêno di débiti; hé is no lònger in your -, he is õut of your —, non vi déve più núlla; out of -, out of dánger, chi non déve è fuóri di perícolo

Debtêe, s. (legge) creditóre, -tríce

Dèbtor, s. (abbr. Dr.) debitóre,-tríce; féllow

—, codebitóre; — and Créditor (com.); Dáre e Avére

Dècade, s. dècade, f., dêca, decína

Decádence, decádency, s. decadênza

Dècagon, s. (geom.) decágono

Decahédron, s. (geom.) decaêdro

Dècalitre, s. decalítro

Dècalogue, s.decálogo (I diêci comandamênti)

Decàmeron,s.decameróne,m.(del Boccaccio)

Decàmeter } s. decámetro
Decamètre {

Decàmp, vn. leváre il cámpo, fuggíre; — via di qua !

Decàmpment, s. (mil.) levár, m. le tênde, il cámpo, gli alloggiaménti

Decàngular, a. decágono

Decànt, va. travasáre

Decantàtion, s. travasamênto, travasáre, m.

Decànter, s. caráffa, guastáda, bottíglia; cut glass —s, caráffe affaccettáte

Decápitate, va. decapitáre; decolláre

Decapitàtion, s. decapitazióne

Dècastich, s. stánza, strófa di diêci vêrsi

Dècastyle, s. (arch.) decástilo

Decáy, vn. decadêre, declináre, appassíre

— s. decadimênto, scadimênto, decadênza, declíno, declinazióne, languóre, tísi, f.

Decèase, s. (legge) mórte, f., (decèsso), trapásso

— vn. (legge) moríre, trapassáre (decèdere)

Decèit, s. ingánno, fróde, f., furbería

Decèitful, a. ingannévole, truffatóre, falláce

Decèitfully, avv. ingannevolménte, falsaménte

Decèitfulness, s. ingánno, fallácia, frodolênza

Deceívable, a. fácile ad èssere ingannáto

Deceíve, va. ingannáre, truffáre; — with fáir wórds, infinocchiáre

Deceíved, a. ingannáto; I máy be —, fórse m' ingánno

Deceíver, s. ingannatóre, -tríce

Decèmber, s. dicêmbre, m.

Decèmviral, a. decemvíràle

Decèmvirate, s. decemviráto

Decèmvir, s. decémviro

Dècency, s. decênza, decóro, modêstia

Dècennary, s. decênnio

Dècennial, a. decênne, decennále

Dècent, a. decênte, dicévole, convenévole

Dècently, avv. decenteménte, con decênza

Decèption, s. illusióne, fróde, f., ingánno

Decèptive, a. ingannévole, illusório, falláce

Decidable, a. che può èssere decíso

Decíde, va. decídere, risólvere, troncáre; to — a quèstion, decídere, risólvere una quostióne

— vn. deliberáre, giudicáre, decídere; we must — upon sómething, bisógna préndere un partíto

Decíded, a. decíso, deliberáto, fêrmo

Decídedly, avv.decisaménte, certissimaménte

Decíder, s. árbitro; decisóre, giúdice

Deciduous, *a.* cadúco, peritúro, cadènte

Dècigram, *s.* decigrámma, *m.*

Deciliter, dècilitre, *s.* decílitro

Décimal, *a.* decimále; — *s.* decimále, *m;* circulàting, recùrring — (*arit.*), fraziòne periòdica

Dècimally, *avv.* per decíne, con decimáli, col sistèma decimále

Dècimate, *vn.* decimáre; levár la dècima

Decimàtion, *s.* decimaziòne

Decipher, *va.* decifráre, spiegáre le cífre; can you — this *writing*? sapéte decifráre quésto scritto?

Decipherer, *s.* deciferatóre,-tríce, espositóre, -trice

Decision, *s.* decisiòne, determinaziòne, partito, caráttere decíso; fermézza; to còme to a —, appigliár:i ad un partíto

Decisive, *a.* decisívo, perentòrio

Decisively, *avv.* decisivaménte

Dèck, *va.* copríre, addobbáre, ornáre, copríre d'ornaménti; — a ship, méttere un pónte ad una náve; to — one's self out, méttersi in gála, acconciàrsi, attillársi

— *s.* bòrdo, pónte, *m.* (di náve); mázzo di cárte; fóre- —, (*mar.*) castèllo davánti, di prúa; lòwer, maín —, prímo pónte; pónte intéro; middle —, secòndo pónte; spàre —, falso pónte; ùpper —, secòndo pónte (*di due ponti*); tèrzo pónte (*di tre ponti*); quárter —, cássero, castèllo di póppa

Dècker, *s.* copritóre, -tríce, ornatóre, -trice; (*mar.*) vascèllo a (due o tre) pónti; a tarèe —, un vascèllo a tre pónti

Dècking, *s.* ornaménti, *m. pl.* gále, *f. pl.* frònzoli, *m. pl.*

Declàim, *vn.* declamáre, arringáre, concionáre; — agàinst, inveíre cóntro, biasimáre

Declaímer, *s.* declamatóre,-tríce, concionánte

Declamàtion, *s.* declamaziòne, invettíva, lo inveíre

Declamatory, *a.* declamatòrio, d'arrínga

Declaràtion, *s.* dichiaraziòne

Declarative, *a.* dichiaratívo

Declàre, *va.* dichiaráre, palesáre, manifestáre, proclamáre, annunciáre

— *vn.* dichiarársi, mostrársi, confessáre; I dòn't like it, I —, a dírvela schiètta, non mi piáce

Declàred, *a.* dichiaráto, palése, apèrto

Declàredly, *avv.* dichiarataménte, apertaménte

Declàring, *s.* dichiarazióne, pubblicaziòne

Declènsion, *s.* declinaménto, scadiménto, declíno; (*gram.*) declinaziòne

Declinable, *a.* (*gram.*) declinábile

Declinàtion, *s.* declinaménto, declíno, declinaziòne, scadiménto; (*astron. gram.*) declinaziòne

Declinatory, *s.* declinatóre, declinatòrio

Declíne, *vn.* declináre, dechináre, decadére, scadère, deviáre, calàre, dar giù

— *va.* declináre, schiváre, fuggíre, evitáre, elúdere, non accettáre, esentársi, esímersi; to — an hònour, declináre un onóre; — a dánger, schiváre, evitáre un perícolo; — a nòun, declináre un nóme

— *s.* declíno, declináre, *m.*, dechinaménto, decadènza, scadiménto; consunziòne, *f.*, tísi, *f.*; the — of the róman èmpíre, la decadènza dell'impéro románo; on the —, in decadènza; he is in a declíne, è tísico

Declining, *a.* declinánte, scadènte; — áge, declinánte età

Declivity, *s.* declívio, pendío, chína

Declivous, declivitous, *a.* declíve, in pendío, chíno

Decòct, *va.* dicuòcere, bollíre, digeríre

Decòctible, *a.* átto ad èssere decòtto

Decòction, *s.* decoziòne, bollitúra, decòtto

Decollàtion, *s.* decollaziòne, decapitaziòne

Decolorátion, *s.* scoloraménto

Decompóse, *va* decompórre, scompórre, sciògliere, disfáre, ridúrre ai prími princípj

Decomposítion, *s.* decomposiziòne, disciogliménto, risoluziòne

Decompòund, *va.* decompórre, sciògliere, disfáre

Dècoràte, *va.* decoráre, ornáre, paráre

Dècoràtion, *s.* il decoráre, ornáre, paráre; decoraziòne, ornaménto, paráto, abbelliménto

Dècoràtor, *s.* decoratóre, -tríce, quéllo che decóra o adórna

Décorous, *a.* decoróso, decòro, decènte, dicévole

Décorously, *avv.* decorosaménte, dicevolménte, convenevolménte

Decòrticate, *va.* scorticáre, sbucciáre

Decorticàtion, *s* scorticaménto, lo sbucciáre

Decòrum, *s.* decòro, conveniènze, *s. pl.*; to kéep, to obsèrve —, mantenére il decòro, osserváre le conveniènze sociáli; to offènd agàinst —, offèndere il decòro, mancáre alle conveniènze sociáli

Decòy, *va.* allettáre (coll'ésca, ecc.), adescáre, tirár con lusínghe, zimbelláre, sedúrre; (*mil.*) méttere il polveríno

— *s.* ésca, lógoro, inescaménto, allettaménto, allettatúra; a — bird, un allettajuòlo

Decrèase, *vn.* decréscere, scemáre, basíre

— *s.* decresciménto, diminuziòne, *f.*

Decrèe, *va.* decretáre, ordináre, statuíre

— *s.* decréto, órdine, *m.* rescrítto, editto; to issue a —, emanáre un decréto

Dècrement, *s.* decresciménto, scemaménto

Decrèpit, *a.* decrèpito

Decrèpitàte, *va.* decrepitáre

Decrèpitude, *s.* decrepitézza

Decrèscent, *a.* decrescènte, declinánte

Decrètal, *a.* decretále; — *s.* decretále, *f.*; collezióne di decretáli

Dècretory, *a.* di decréto, decisívo, perentòrio

Decríal, *s.* discrédito, acêrba censúra, diffamazióne

Decríer, *s.* biasimatóre, -tríce, crítico, censóre; to be a — of, screditáre, gridár la cróce addòsso a

Decrý, *va.* screditáre, biasimáre, sparláre di

Decùmbence, Decùmbency, *s.* decumbènza, decúbito

Decùmbent, *a.* decumbènte

Decùmbiture, *s.* decúbito

Dècuple, *s.* dècuplo

Decùrion, *s.* decurióne, *m.*

Decùssàte, *va.* decussáre; —, decùssàted, *a.* decussáto

Dèdicáte, *va.* dedicáre, consecráre, intitoláre, offrire

Dedicátion, *s.* dèdica

Dèdicátor, *s.* quègli che dèdica, autóre,-trice d'una dèdica

Dèdicatory, *a.* dedicatòrio

Dedìtion, *s.* dedizióne

Dedúce, *va.* dedùrre, arguíre, conchiúdere

Dedúcement,*s.*conseguènza dedótta,inferènza

Dedúcible, *a.* deducibile

Dedùct, *va.* diffalcáre, sottrárre, detrárre, tarpáre; — that from the sum, diffalcáto ciò dalla sòmma; to — a lárge sum, dáre un táglio

Dedùction, *s.* defalcaménto, sottraiménto; inferénza, conclusióne, deduzióne, conseguènza; a considerable —, un táglio; lógical —, conclusióne lògica

Dedùctively, *avv.* per deduzióne

Dèed, *s.* azióne, átto, fátto, gèsto; còsa fátta (buòna o cattíva), operáto, ópera; (*legge*) struménto notaríle, átto, rógito; *feigned* —, (*legge*) atto simuláto; *good* —, ópera buòna, buòna azióne; (*legge*) atto válido; splèndid – á, gloriòse gèsta; *copy of a* —, còpia, spedizióne d'un átto; *in* —, in fátto, nel fátto, infátti; *in very* —, in realtà, próprio, propriaménte, davvéro; *to càncel a* —, annulláre, cassáre, rescíndere un átto; *to dràw up a* —, redígere un átto; *to ènter into a* —, rogáre un átto; *to éxecùte a* —, completáre un átto, rivestíre un átto di tutte le formalità volúte dalla lègge; *to táke one in the* —, cógliere uno sul fátto, in flagránte; *to witness a* —, sottoscrívere un átto cóme testimónio; *words will not suffice*, I must hàve —á, le paróle non mi bástano, vòglio fátti; — -póll, contrátto sémplice

Dèem, *va.* giudicáre, pensáre, stimáre

Dèep, *a.* profóndo, fóndo; cúpo, álto, cávo arcáno, astrúso, recóndito, segréto; oculáto, sagáce, in fíla; — well, pòzzo profóndo; — wáter, ácqua profónda, ácqua álta; a ditch six féet —, una fòssa sei piédi fónda; on the — (or high) séa, in álto máre; — lów vòice, vóce cúpa; — sléep, álto sònno, sónno profóndo; — sòr-

row, gránde afflizióne; — móurning, gran brúno (gramáglia); — blue, turchíno scúro; — in dèbt, piéno di dèbiti; — read, che ha lètto mólto, erudíto

Dèep, *avv.* profondaménte, a fóndo (bène); to pláy —, giuocáre gròsse pòste

— *s.* océano, alto máre; fítto, cúpo

Dèepen, *va.* affondáre, rèndere più profóndo; *vn.* diveníre più profóndo. più cúpo

Dèeply, *avv.* profondaménte, scaltritaménte, gravemènte, forteménte, mólto, di mólto

Dèepness, *s.* profondità; profóndo

Dèer, *s.* dáino, dáina, cèrvo; reín- —, rénna

Deface, *va.* disfiguráre, sfregiáre, sformáre, deterioráre, guastáre, bruttáre, cancelláre

Defácement, *s.*frègio, sfregiáre, *m.*, guastaménto

Defácer, *s.* cancellatóre, sfregiatóre, guastatóre, -tríce

Defàlcate, *va.* diffalcáre, sottrárre

Defalcátion, *s.* diffálco, scemaménto, táglio

Defàmátion, *s.* diffamazióne

Defàmatory, *a.* diffamatòrio

Defàme, *va.* diffamáre, infamáre

Defàmer, *s.* diffamatóre, calunniatóre,-tríce

Defàult, *s.* difètto, diffàlta, mancànza; in — whereòf, in diffàlta (o difètto) di che

— *va.* diffaltáre, mancáre; (*legge*) giudicáre (una cáusa) per diffàlta

Defàulter, *s.* delínquènte, rèo di peculáto

Defèasance, *s.* annullamento, cancellaménto

Defèasible, *a.* che si può annulláre

Defèat, *s.* sconfítta, rótta

— *va.* sconfíggere, víncere; rovesciáre, réndere frustáneo, sventáre, delúdere

Dèfecàte, *va.* defecáre, chiarificáre, raffináre

— *a.* raffináto, chiarificáto

Defecátion, *s.* raffinaménto, purgazióne

Defèct, *s.* difètto, vízio, mancaménto, cólpa, imperfezióne

Defèctibility, *s.* imperfezióne, difètto, vizio

Defèctible, *a.* difettóso

Defèction, *s.* diserzióne, rivòlta, apostasía

Defèctive, *a.* difettívo, difettóso, manchévole, imperfètto; — verb, vèrbo difettívo

Defèctively, *avv.* difettosaménte, imperfetaménte

Defèctiveness, *s.* difettuosità, imperfezióne

Defènce, *s.* V. Defense

Defènd, *va.* difèndere, scudáre, protèggere, perseveráre; — one's sèlf, difèndersi

Defèndable, *v.* difendévole, difensíbile

Defèndant, *s.* (*legge*) convenúto, rèo convenúto

Defènder, *s.* difensóre, difenditóre, -tríce, — appòinted by the court, difensóre uffi cióso

Defènse, *s.* difésa, guárdia, protezióne, schi do; difése, *pl. f.*, ripári, *pl. m.*, bastióni pl. m; to máke a —, fáre una difésa

Defènseless, *a.* sènza difésa; sènza guárdia impotènte; — státe, mála paráta

Defenselessly, *avv.* sénza difésa

Defensible, *a.* difendévole, difensíbile; to máke —, méttere in istáto di difésa

Defensive, *a.* difensívo
— *s.* guárdia, difésa; to stand upòn the —, stáre sùlla difésa, diféndersi

Defensively, *avv.* sùlla difésa

Defénso, *avv.* (*acque e foreste*) sotto risêrva; in —, riserváto, sótto risêrva

Defêr, *va.* differíre, prorogáre, prolungáre
— *vn.* tardáre, indugiáre; deferíre

Déference, *s.* deferénza, riguárdo, rispêtto; out of — to, per deferênza a

Dèferent, *a.* deferênte, *s.* (*anat.*) deferênte

Deferèntial, *a.* rispettóso, ossequióso

Defé·ment, *s.* prolungaménto, ritárdo

Deferring, *s.* ritárdo, indúgio, dilazióne

Defiance, *s.* sfìda, disfĭ la, sfidaménto; to bid — to, sfidáre, fáre una disfìda; in — of, ad ónta di, a dispêtto di

Deficiency, *s.* deficiénza, mancánza, diffálta, difêtto; to máke up for a —, sovveníre ad un difêtto

Deficient, *a.* deficiénte, mancánte, difettósò; to be — in, mancáre di

Deficiently, *avv.* deficientemènte

Déficit, *s.* (*parl.*) disavánzo, déficit, *m.*

Defier, *s.* sfidatóre,-trìce, sprezzatóre, -trìce

Defile, *va.* lordáre, imbrattáre, sporcáre, contaminàre; violáre, defloráre, disonoráre; *vn.* sfilàre (*mìl.*), marciáre alla sfìláta

Defíle. *s.* (*mìl.*) passàggio strétto, góla, pásso

Defìlement, *s.* lordaménto, lordáre, *m.*, imbrattaménto, imbrattáre, *m.*, contaminaziòse, mácchia, bruttùra

Defiler, *s.* imbrattatóre, -trìce, corruttóre, trìce

Definable, *a.* definíbile

Define, *va.* definíre, determináre, spiegáre

Definer, *s.* definitóre, -trìce

Défiuite, *a.* definíto, determináto, preciso

Définitely, *avv.* in mòdo definitívo, determináto

Défiuiteness, *s.* caráttere determináto; qualità precisáta; limitazióne, certézza definíta

Definition, *s.* definizióne, diffinizióne

Definitive, *a.* definitívo, positívo

Definitively, *avv.* definitivaménte (diffinitivaménte), precisamènte

Definitiveness, *s.* caráttere definitívo, precisióne

Deflagràtion,*s* (*chìm.*)deflagrazióne,incèndio

Deflèct, *vn.* deviáre, uscíre della vía

Deflèction, *s.* deviaménto, deviáre, *m.*

Deflorátion, *s.* defloraménto, defloráre, sverginaménto, svergináre, *m.*

Deflór, *va.* defloráre; disfioráre; sfioráre

Deflùxion, *s.* flussióne; catárro

Defoliàtion, *s.* sfioritùra, cadùta dei fióri

Deforce, *va.* (*legge*) usurpáre

Deform, *va.* deformáre, sformáre, disformáre

Deformed, *a.* defórme, disformáto, sformáto

Deformity, *s.* disformità, deformità, brut tézza

Defráud, *va.* defraudáre, frodáre, truffáre

Defráuder, *s.* defraudatóre, truffatóre,-trìce

Defráy, *va.* spesáre, far la spésa; I will — the expénses of your jòurney, pagherò io le spése del vòstro viàggio

Defráying, *s.* átto dello spesáre, del pagáre

Dèft, *a.* (*ant.*) vágo, vezzóso, ágile, gájo

Dèftly, *avv.* (*ant.*) pulitaménte, destraménte

Defùnct, *a.* *s.* defúnto, trapassáto

Defý, *va.* sfidáre, braváre; I — you to prove it, vi sfido di provàrlo
— *s.* sfidaménto, provocazióne, disfìda

Degèneracy,*s.* degeneratézza, degenerazióne, tralignaménto; bassézza

Degenerate, *vn.* degeneráre, tralignáre
— *a.* degènere, degeneráto, tialignáto

Degènerately, *avv.* vilménte, indegnaménte

Deglùtinate, *va.* scolláre, staccáre

Deglutition, *s.* deglutizióne

Degradátion, *s.* degradazióne, degradaménto

Degráde, *va.* degradáre, privár del gràdo; avvilíre; to — one's sélf, degradársi, abbassársi; derogáre

Degráded, *a.* degradáto, destitúito; avvillíto

Degráding, *a.* degradánte, vergognóso, básso

Degrádingly, *avv.* in mòdo degradánte, vergognosaménte

Degrée, *s.* gradíno, scaglióne, *m.*, scalíno, gràdo; státo, rángo, condizióne, órdine, *m.*, cèto; — of lòngitude, gràdo di longitùdine, by —s, a gràdo a gràdo; of high —, di gran condizióne, di nòbile liguàggio; to admit to the — of a dòctor, addottoráre

Debisce, *vn.* (*bot.*) aprírsi, dischiùdersi, èsser deiscènte

Dehiscence, *s.* (*bot.*) deiscènza

Dehiscent, *a.* (*bot.*) deiscènte

Dehòrt, *va.* dissuadére, sconsigliáre

Dehortátion, *s.* deortazióne, dissuasióne

Dehòrtatory, *a.* deortatório, dissuasòrio

Déicide, *s.* deicídio

Deificátion, *s.* deificazióne, apotèòsi, *f.*

Déify, *va.* deificáre, divinizzáre

Deign (*pr.* dáne), *vn.* degnársi, avére la bontà di
— *va.* accordáre, concèdere

Déism, *s.* deísmo

Déist, *s.* deísta, *mf.*

Deistical, *a.* deístico

Déity, *s.* deità, divinità

Deject, *va.* abbáttere, scoráre, avvilíre

Dejècted, *a.* abbattúto, scoráto, avvilíto

Dejèctedly, *avv* trist ménte,sconsolataménte

Dejèctedness, *s.* abbattiménto, avviliménto

Dejéction, *s.* scoraggiaménto, avviliménto; abbièttézza; (*med.*) egestióne, evacuazióne

Dejècture, *s.* (*med.*) egestióne, fêccia, escreménti, *pl. m.*

Delátion, *s.* delazióne, accúsa

Delátor, *s.* delatóre, accusatóre, -trice, spía

Deláy. *va.* ritardáre, indugiáre, differíre

— *vn.* arrostársi, fermársi, tardáre

— *s.* ritárdo, indúgio, tardánza, rémora; without —, sénza indúgio

Deláyer, *s* indugiatóre, -trice, tardánte

Deláying, *s.* dilazióne, ritárdo

Del Crédere, *s.* (*com.*) Del Credere, prémio (per lo stáre della d tta)

Déle, *s.* (*tipog.*) *deleatur*, *m.* si lévi, da levársi; to márk with a —, segnáre *deleatur*

Deléctable, *a.* (*poet.*) dilettévole, dilettábile

Deléctably, *avv.* (*poet.*) dilettevolménte in maniéra dilettévole

Delectátion, *s.* dilettaménto, dilettazióne

Délegate, *vn.* delegáre, deputáre

— *a. s.* delegáto, deputáto, commissário

Delegátion, *s.* delegazióne, commissióne, *f.*

Deletérious, *a.* deletério, mortífero, letále

Délf, *s.* (*poco us.*) miniéra; majólica

Deliberate, *vn.* deliberáre, consideráre, pensáre, ponderáre, consultáre

— *a.* ponderáto, sério, matúro, sággio

Deliberately, *avv.* deliberataménte, ponderataménte, maturaménte, a ménte riposáta

Deliberateness, *s.* circospezióne, *f.* cautéla

Deliberátion, *s.* deliberazióne, esáme, *m.*, ponderazióne, riflessióne; discussióne, consíglio

Deliberative, *a.* deliberatívo

Délicacy, *s.* delicatézza, squisitézza, morbidézza; ghiottornía, cíbo ghiótto; gracilità, leggiadría, vezzosità

Délicate, *a.* delicáto, squisíto, gustóso, améno, vezzóso, gentíle, grácile, béllo

Délicate, *s.* cíbo saporíto; còsa ghiótta, ghiottornía

Délicately, *avv.* delicataménte, gentilménte

Délicateness, *s.* delicatézza, gracilézza

Delícious, *a.* delizióso, squísito, gráto

Deliciously, *avv.* deliziosaménte, gratuaménte

Deliciousness, *s. deliziosità*, squisitézza, sapóre squisíto

Delíght, *s.* delízia, delizie, *f. pl.*, dilétto; gáudio, gústo; to táke — in, dilettársi di

— *va.* dilettáre, allietáre, deliziáre, rallegráre

— *vn.* dilettársi, aver dilétto

Delíghted, *a.* allietáto, rapíto, dilettáto, contentíssimo; I am — to sée you, sono contentíssimo di vedérvi; I should be — to have it, saréi pur liéto di avérlo; we are — that, etc., ci góde l'ànimo che, ecc.; I was — with it, mi piácque tánto

Delíghtful, *a.* delizióso, incantévole, dilettévole

Delíghtfully, *avv.* deliziosaménte, stupendaménte, a maravíglia

Delíghtfulness, *s.* delízia, incánto, contênto

Delíghtsome, *a.* dilettévole, gráto

Delineate, *va.* delineáre, schizzáre, abbozzáre

Delineátion, *s.* delineaménto, schízzo

Delineátor, *s.* delineatóre, abbozzatóre

Delínquency, *s.* delinquénza, reità, delítto

Delínquent, *s.* delinquénte, malfattóre

Déliquate, *va.* liquefáre; *vn.* liquefársi

Deliquátion, *s.* (*chim.*) V. Deliquescence

Deliquésce, *vn.* (*chim.*) andáre in deliquescénza

Deliquéscence, *s.* (*chim.*) deliquescénza, struggiménto

Deliquéscent, *a.* (*chim.*) deliquescénte, liquefattívo

Deliquium, *s.* (*chim.*) deliquescénza (deliquio)

Deliquátion, *s.* (*chim.*) liquefazióne, dissoluzióne

Delírium, *s.* delírio, farnético

Delírious, *a.* (*med.*) delivánte, farneticánte; in delírio; to be —, deliráre, farneticáre; to becóme —, cadére in delírio, cominciáre a farneticáre

Delíriousness | *s.* (*med.*) státo di delírio, delírio; to be in a státe
Delirium | of —, èssere in delírio; to prodúce —, dáre il delírio, far deliráre

Deliver, *va.* (*to*) dáre (nelle máni di), consegnáre, riméttere; — (*from*), liberáre, salváre; redímere, affrancáre, tór dalle mani; to — óver, up, dáre in potestà; — a létter, dáre, riméttere una léttera; — a cáse, a bále, consegnáre una cássa, una bálla; — a wóman (in *labour*), levár il párto; — a spéech, far un discórso; — la bórsa o la vita! Lord — us from such guídes, Dio ci scámpi da táli condottiéri

Deliverable, *a.* (*com.*) da consegnársi

Deliverance, *s* liberazióne, consegnazióne, conségna; párto (*meglio* delivery)

Delivered, *a.* liberáto, consegnáto, sgraváto; the Quéen has béen — of a Prince, la regína si è sgraváta d'un príncipe

Deliverer, *s.* liberatóre, -trice, consegnatóre. -trice

Delivery, *s.* consegnáre, *m*, réndere, *m.*, dáre, *m.*; consegnazióne, conségna; párto, árte, *f.* di recitáre un discórso, facóndia; distribuzióne (delle léttere), scárico; — from, liberazióne da, salvaménto, scámpo, riscátto; páyable on —, pagábile all'atto della conségna; happy —, párto felíce; that spéaker has a góod —, quell'oratóre ha una favélla elegánte e fácile

Dèll, *s.* vallicélla, cávo, luógo fóndo, burróne, *m.*; válle piccola tra póggi álti

Delph, *s.* majólica

Delúdable, *a.* átto ad èssere delúso, gónzo

Delúde, *va.* delúdere, ingannáre, uccelláre

Delúded, *a.* illúso, truffáto, ingannáto

Delúder, *s.* ingannatóre, -trice, truffatóre, -trice, seduttóre, -trice

Dèlúge, *s.* dilúvio, inondazióne, piéna ; — of wòrds,. profiúvio di paróle
— *va.* inondáre, allagáre, diluviàre
Delúsion, *s.* delusióne, illusióne, ingánno
Delúsive, Delúsory, *a.* ingannévole, illusòrio
Delúsiveness, *s.* caráttere delusòrio
Délve, *va.* zappáre, vangáre, scavár fóndo
Délver, *s.* zappatóre, scavatóre
Dèmagogue, *s.* demagògo
Demáin, Demáin, Demésne (*pr.* domáin) *s.* demánio, domínio, patrimònio, propriétà, stàbili, *m. pl.*; domínio, giurisdizióne
Demànd, *va.* domandáre (in modo autorévole od esigènte) pretèndere, richiamáre, reclamáre, esígere; domandáre, chiédere; richiédere; I — (or claím) dàmages, pretèndo risarciménto ai dánni
Demànd, *s.* domànda, pretensióne, richiámo, reclámo; richiésta, interrogazióne, quesito, ricérca; in full of all —s, in sáldo; to be in —, aver richiésta
Demàndable, *a.* che si può domandáre, esigíbile, riscuotíbile
Demàndant, *s.* (*legge*) dimandánte, attóre, -trice
Demànder, *s.* richiedénte, postulánte
Demarcátion, *s.* demarcazióne; líne of —, linea di demarcazióne
Deméan, *va.* avvilíre, abbassáre, umiliáre
— one's self, *vn.* comportàrsi, portàrsi
Deméanor, *s.* contégno, portaménto, procèdere, *m.*, condótta
Deméans, *s.* V. Demáin
Deméntate, *a.* dementáto, ridótto demènte
— *va.* dementáre, ridúrre demènte
Dementátion, *s.* azióne di rénder demènte, di ridúrre alla demènza
Demèrit, *s.* demèrito, cólpa
Demesne, *s.* V. Demáin
Dèmi (*particella inseparabile*) *a.* sèmi, mèzzo
— -bath ⎫ *s.* semicúpio
— -báin ⎭
— -brigáde, *s.* (*mil.*) mezza brigáta
— -dévil, *s.* mezzo demònio
— -dítone, *s.* (*mus.*) tèrza minóre
— -god, *s.* semidèo
— -góddess, *s.* semidèa
— -joán, *s.* damigiána, fiascóne
— -lánce, *s.* mezza láncia, mezza pícca
— -lúne, *s.* (*fort.*) mezzalúna
— -official, *a.* semiufficiále
— -quáver, *s.* (*mus.*) biscròma
— -riliévo, *s.* mezzo riliévo
— -rep, *s.* dònna di riputazióne equívoca
— -sèmi-quáver, *s.* (*mus.*) semibiscròma
— -tint, *s.* (*pit.*) mezza tínta
— -tóne, *s.* semitòno
— -wólf, *s.* can lupo
Demíse, *s.* (*legge*) mòrte, *f.*, decèsso, trapàsso

— *va.* far una traslazióne o trasferiménto di; affittáre; lasciáre in testaménto, legáre
Dèmocracy, *s.* democrazía
Dèmocrat, *s.* democrático
Democràtic, Democràtical, *a.* democrático
Democràtically, *avv.* democraticaménte
Demólish *va.* demolíre, abbáttere
Demólisher, *s.* distruttóre, rovinatóre, -trice
Demolítion, *s.* demolizióne, demolíre, *m.*
Démon, *s.* demònio .
Demoníacal, Demóniac, *a.* demoníaco
Demóniac, *s.* demoníaco, indemoniáto
Demónstrable, *a.* dimostrábile
Demónstrably; *avv.* chiaraménte, evidenteménte
Demónstrate, *va.* dimostráre, prováre
Demonstrátion, *s.* dimostrazióne, pròva evidènte; to máke a —, fáre una dimostrazióne
Demónstrátive, *a.* dimostrativo
Demónstratively, *avv.* dimostrativaménte
Demonstrátor, *s.* dimostratóre, -trice
Demónstratory, *a.* tendènte a dimostráre
Demoralizátion, *s.* demoralizzazióne
Demóralíze, *va.* demoralizzáre; sbaldanzíre, sfiduciáre
Demóralized, *a.* demoralizzáto; sfiduciáto
Demùlcent, *a.* (*med.*) emolliènte, molcènte
Demúr, *van.* esitáre, titubáre, èssere dúbbio; restár fra due, temporeggiáre; (*legge*) fáre un'eccezióne perentòria o dilatòria di un procèsso
— *s.* dubitazióne, esitazióne, incertézza
Demúre, *a.* gráve, sèrio; riserváto, modèsto
Demúrely, *avv.* gravemènte, modestaménte
Demúreness, *s.* gravità, serietà, riservatézza
Demúrrage, *s.* (*com. mar.*) indennità per soprastallía
Demúrrer, *s.* (*legge*) eccezióne perentòria o dilatòria; sospensióne, ritardaménto
Dèmy; *s.* cárta di piccolo formáto; alúnno che gòde mèzza pensióne gratúita (ad Oxford)
Dèn, *s.* cavèrna, tána, spelónca, ántro; — of thíeves, spelónca di ládri
Dènary, *a.* del número dièci, decimále; — scále (*arit.*), numerazióne decimále; — *s.* dècima
Denátionalíze, *va.* denazionalizzáre, tògliere i diritti nazionáli
Dèndrite, *s.* (*min.*) dendríte. *f.*, alberíno (*pietra*)
Dènegate, *va.* (*ant.*) denegáre
Deníable, *a.* negábile, ricusábile
Deníal, *s.* diniégo; rifiúto, ripúlsa, negaménto, rinnegaménto; self- —, abnegazióne di sé stesso
Denier, *s.* persóna che néga o rifiúta
Déniér, *s.* (*poet.*) dánajo, picciolo
Dènizen, *s.* forestière domiciliáto e matricoláto, cittadíno, abitatóre, -trice, abitánte
Denóminate, *va.* denomináre, nomináre

nòr, rúde; - fàll, sòn, bùll; - fàre, dò; - by, lymph; pòise, bòys, fòwl, fòwl; gem, as

Diz. Ingl. Ital. - Edit. VI. Vol. I.   12

Denomination, s. denominazióne, nóme, m.
Denòminátive, a. denominatívo
Denòminátor, s. (arit.) denominatóre
Denotátion, s. denotazióne, nòta, ségno
Denóte, va. denotáre, significáre, indicáre
Denóuement, s. sciogliménto dell'intréccio
Denóunce, va. dinunziáre; notificáre
Denóuncement, s. dinúnzia, accúsa
Denóuncer, s. denunziatóre, accusatóre, -tríce, spia
Dénse, a. dènso, spésso, condensáto, compátto; — clóud, núvolo dènso; the air is less — in sùmmer than in wínter, d'estáte l'ária è méno dènsa che d'invérno
Dénsity (dènseness), s. densità, spessézza; the — of the air, la densità dell'ária
Dènt, s. dentèllo, dènte, m., tácca
— va. dentáre, intaccáre, dentellàre
Dèntal, a. dentále, dei dènti; s. (itt.) dentíce, m.
Dèntáted, a. (bot.) dentáto, frastagliáto
Dénted, a. intaccáto, dentáto, dentelláto
Dentèlli, s. pl. (arch.) dentèlli, pl. m.
Denticuláted, a. (bot. anat.) dentelláto
Denticulátion, s. dentèllo
Déntifrice, s. dentifríce, f. pólvere da nettáre i dènti
Dèntist, s. dentísta, m.; cáva-dènti, m.
Dentítion, s. dentizióne
Denúdate, va. denudáre, spogliáre
Denudátion, s. denudaménto, spogliaménto
Denúde, va. denudáre, spogliáre, snudáre, rénder núdo
Denùnciate, va. denunciáre; V. Denóunce
Denunciátion, s. denunziaménto, mináccia
Denunciátor, s. denunziatóre, -tríce, accusatóre, -tríce
Dený, va. negáre, dir di no, ricusáre, rifiutáre; disconóscere, rinnegáre, rinunziáre; I — it, lo négo; to — one's sèlf, astenérsi; smentírsi, rinnegársi; if any one calls, you shall — me, se qualchedúno viéne, diréte che non sóno in cása
Deobstrúct, va. deostruíre, apríre (i pòri)
Deòbstruent, s. (med.) deostruénte, m. aperiénte, m.
Deodánd, s. deodándum (oggétto che, avéndo cagionáta la mòrte d'un uòmo, era confiscáto a profítto dei pòveri)
Deòppiláte, va. (med.) disoppiláre, deostruíre
Deòppilative, a. disoppilatívo, deostruénte
Deòppilátion, s. (med.) disoppilazióne, deostruiménto
Deòxydáte, Deòxydíze, va. (chim.) disossidáre
Deoxydátion, Deoxydizátion, s. (chim.) disossidaménto, disossidazióne
Depáint, va. (ant.)dipíngere, rappresentáre
Depárt, vn. partíre, andár vía, andársene; uscíre, uscír di víta, trapassáre, moríre; — from, sviársi, allontanársi da; to —

this life, passáre a migliór víta, morire
— s. (meglio departure) partènza
Depárted, a. partíto, trapassáto, defúnto
Depártment, s. dipartiménto, riparliménto, spartiménto, divisióne, distribuzióne, faccènda assegnáta particolarménte ad uno; ùffício, dicastèro; fóreign —, dicastèro degli affári èsteri
Depárture, s. partènza, tránsito, trapásso, mòrte, f.; to táke one's —, partíre
Depáuperáte, va. depauperáre, impoverire
Depénd, vn. pèndere, penzoláre, èssere sospéso, èssere pendènte; dipèndere, deriváre, risultáre; to — upòn, dipèndere da, fidársi di; I — upòn you for that, mi confído in voi per quello; I'll do it, you máy — upòn it, siáte sicúro che lo faró; to — upòn a pèrson, fár capitále di alcúno; it will — upòn circumstances, ciò sarà secóndo le occorrènze; he who —s on anòther dínes ill and sups wòrse, chi dipènde da àltri pránza mále e céna pèggio
Depèndance, s. V. Dependence
Depèndence, dependency, s. dipendènza, dipendiménto, pendènza; paèse dipendènte, dipendènza; — on, confidènza, fidúcia; (legge) còsa accessòria; England and her dependencies, l'Inghiltèrra e le sue dipendènze
Depèndent, a. dipendènte, che dipènde; to be — on, dipèndere di o da
Depènder, s. dipendènte; to be — on, dipèndere, èsser dipendènte da
Deperdition, s. deperiménto, spèrpero
Dephlègmate, va. (chim.) deflemmáre
Dephlegmátion, s. (chim.) deflemmazióne
Dephlogisticate. va. (chim.) deflogisticáre
Depict, va. (stile elevato) dipíngere, descrívere
Dèpilate, va. dipeláre, far cadére i péli
Depilátion, s. depilazióne, depilaménto
Depilatory, a. s. depilatòrio
Deplórable, a. deplorábile, lagrimévole
Deplórableness, s. státo deplorábile, misèria
Deplórably, avv. deplorevolménte
Deplorátion, s. (mus.) lúgubri accòrdi
Deplóre, va. deploráre, compiángere
Deplórer, s. deplorànte, compiagnitóre,-tríce
Deplóy, va. (mil.) spiegáre, stèndere; sviluppáre
— vn. spiegársi, stèndersi
Deplumátion, s. spiumáre, m., spennaménto
Deplúme, va. spiumáre, spennáre
Depolarizátion, s. depolarizzazióne
Depolarize, va. depolarizzáre
Depóne, va. (legge) depórre, V. Depose
Depónent, a. (gram.) deponènte
Depónent, s. (legge) testimònio (che depóne in giu·lízio), tèste, m.
Depópulate, va. spopoláre, desoláre

Depopulàtion, *s.* popolazióne, spopolaménto
Depórt, *va.* deportáre, bandíre
— one's sèlf, *vn.* comportársi, procédere
Deportàtion, *s.* deportazióne,*f.*,bàndo, esílio
Depórtment, *s.* contégno, portaménto, condótta
Depóéal, *s.* deposizióne, degradazióne, destituzióne
Depóse, *van.* depórre, testificáre, fàre una deposizióne; depórre, destituíre, priváre alcúno di cárica o dignità
Depóser, *s.* quéllo che depóne, destituísce, degráda
Depóéit, *va.* depositáre, méttere in depòsito; affidáre, consegnáre, impegnáre, collocáre, depórre, posáre
— *s.* depòsito; pégno, árra, capárra
Depòsitary, *s.* depositário
Deposition, *s.* depósito; (*legge*) deposizióne, testimoniànza; destituiménto, degradazióne
Depòsitory, *s.* luògo di depòsito; depositería
Depót, *s.* (*mil.*) depòsito
Depravàtion, *s.* depravazióne, corruttèla
Depráve, *va.* depraváre, corrómpere
Depráved, *a.* depravàto; corròtto; to becóme —,depravársi, corrómpersi, pervertírsi, tralignáre
Deprávedly, *avv.* da depravàto, da uòmo corrótto
Deprávement, *s.* depravazióne, corruttèla
Depráver, *s.* depravatóre, corrompitóre,-trice
Depràvity, *s.* depravazióne, corruttèla, depravità; stàto depravàto
Dèprecable, *a.* deprecábile
Dèprecáte, *va.* deprecáre, divertíre o stornáre pregándo, pregáre cóntro, scongiuráre
Deprecàtion, *s.* deprecazióne
Dèprecative, Dèprecátory, *a.* deprecatívo
Dèprecátor, *s.* deprecánte
Depréciate, *va.* deprezzáre, avvilíre, abbassáre il prèzzo o il valóre di; *vn.* abbassársi, scadére
Depreciàtion, *s.* deprezzaménto, abbassaménto di prèzzo, sviliménto
Depreciátor, *s.* deprezzatóre, -trice; spregiatóre, detrattóre, -trice, sprezzóso
Dépredate, *va.* depredáre, saccheggiáre
Depredàtion, *s.* depredaménto, saccLéggio
Dèpredátor, *s.* depredatóre, -trice
Depredàtory, *a.* predatório
Deprehénd, *va.* sorpréndere, scopríre
Depréss, *va.* por giù, abbassáre, deprímere, tenér sótto, conculcáre, avvilíre, invilíre
Depréssi n, *s.* depressióne, conculcaménto, abbassaménto, avviliménto, abbattiménto, (*astr. anat.*) depressióne
Depréssive, *a.* deprimènte, avvilitívo
Depréssor, *s.* depressóre, oppressóre, persóna che deprime, còsa che abbátte
Lèpriment, *a.* (*anat.*) deprimènte

Deprívable, *a.* (*d'ecclesiastici*) revocábile
Deprivàtion, *s.* privazióne, pèrdita, deposizióne
Depríve, *va.* priváre, spogliáre, depórre
Dèpth, *s.* profondità, fóndo, cávo, abísso; (*geom.*) altézza, larghézza, ampiézza; in the —s of the séa, al fóndo del máre; in the — of winter, nel cuòre dell' invérno
Dèpurate, Depúre, *va.* depuráre, purificáre
Depuràtion, *s.* chiarificazióne, depurazióne,*f.*
Dèpurative, *a.* (*med.*) depuratívo
Deputàtion, *s.* deputazióne, delegazióne
Depúte, *va.* deputáre, delegáre; elèggere
Dèputy, *s.* deputáto, delegáto, commissário, (*d'ecclesiastici*)vicário;(*ammin.*)aggiúnto, sostitúto; sotto-direttóre; lord —, vice-regénte, vice-ré; — góvernor, luogotenènte (governatóre); — cháirman, vice-presidénte; to elèct a —, a mèmber of pàrliament, elèggere un deputáto, un mèmbro del parlaménto; the chámber of dèputies, la cámera dei deputáti
Deràcinate, *va.* sradicáre, sbarbáre, svèllere
Derànge, *va.* disordináre, scompigliáre, sconcertáre; far impazzíre
Deránged, *a.* disordináto, scompigliáto, sconcertáto; to be — (*cosa*), èssere in iscompíglio; (*persona*) avér perdúto il cervèllo, èssere mèzzo pázzo
Derángement, *s.* disórdine, *m.* disordinánza, sconcèrto, scompíglio; alienazióne mentále
Dèrbyshire spàr, *s.* (*min.*) spáto di Dèrbyshire
Dèrelict, *a.* derelítto
Dereliction, *s.* derelizióne, abbandóno
Deride, *va.* derídere, scherníre, beffáre
Deríder, *s.* derisóre, schernitóre, deriditríce, schernitríce
Derídingly, *avv.* derisoriaménte, per derisióne
Derísion, *s.* derisióne, bèffa, schèrno; to bring into —, méttere in derisióne
Derísive, Derísory, *a.* derisòrio
Derívable, *a.* derivábile
Derivàtion, *s.* derivazióne
Derivative, *a.* (*gram.*) derivatívo; — *s.* deriváto
Derivatively, *avv.* in mòdo derivatívo
Derive, *van.* deriváre, scaturíre, tràrre orígine, procédere, dipéndere, tiráre, attignere, caváre; distribuíre; whènce do you — this wòrd? donde credéte deriváta quésta paróla?
Derived, *a.* derivàto, caváto, attínto; a verb — from a noun, un vèrbo derivàto da un nóme
Deriver, *s.* persóna che attigne, cáva, tíra
Dèrm, *s.* (*med.*) dèrma, *m.*, pèlle, *f.*
Dèrmal, *a.* dermále
Dermàtic } *a.* dermàtico
Dèrmatine }
Dermatólogist, *s.* dermologísta, *m.*
Dermatólogy, *s.* dermología

Dèrnier, a. (legge) último

Dèrogàte, vn. derogàre, intaccáre, diminuíre — vn. (from) derogáre, far tòrto o disonóre a; to — from one' sèlf, abbassársi, avvilírsi — a. derogáto; intaccáto; degènere

Derogàtion s. (of) derogazióne; (from.) detriménto, derogazióne

Derógatorily, avv. in mòdo derogatòrio

Derógatory, a. derogatòrio, che intàcca (l'onóre, ecc.); to dèem it — from one's birth, créder con ciò di derogáre alla nobiltà

Dèrvis e dèrvise, s. dèrvis, dervíse, m.

Dèscant, s. biscánto, cantiléna, ariétta; diceria, discórso lúngo, dissertazióne; esposizióne, comménto

Descànt, vn. discórrere, parláre alla distésa; to — on, commentáre; interpretáre

Descènd, van, discéndere, scèndere, veníre abbásso, venír giù; trárre orígine, scaturíre; — to particulars, veníre alle particolarità; — to acts of báseness, far cóse indégne; — a declivity, scèndere in pendío

Descèndant, s. discendènte, successóre

Descèndent, a. discendènte, discéso, náto, procedènte, derivánte

Descèndible, a. trasmissíbile

Descènsion, s. discendiménto, scésa, caláta

Descènt, s. pendío, chína; successióne; to máke a — upòn the ènemy's shóres, fáre uno sbárco nel paése nemico; lineal —, discendènza (succession) in línea rètta; of high —, di álto lignággio

Descrìbable, a. che si può descrívere

Descrìbe, va. descrívere, indicáre

Descrìbent, a. (geom.) generatóre; — line, línea generatríce

Descrìber, s. chi descríve, descrittóre,-trìce

Descrìer, s. scorgitóre, persóna che scòrge tòsto

Description, s. descrizióne; gènere, m.; connotáti personáli; to take the — of, (polizia) prèndere i connotáti di, prèndere il ritrátto in iscritto di; it bèggars —, ciò non si può descrívere, è indescrivíbile

Descriptive, a. descrittívo

Descrỳ, va. scòrgere, scèrnere, conóscere da lontáno, scopríre, percepíre, vedére

Dèsecrate, va. sconsacráre, aconsagrára, dissacráre

Dèsecràtion, s. sconsacrazióne, sconsacraménto, dissacrazióne

Dèsert, s. desèrto, luògo stèrile, disabitáto — a. desèrto, solíngo, solitário, romíto; del desèrto, della solitúdine

Desèrt, vn. (mil.) disertáre, fuggíre, scappáre; va. lasciáre, abbandonáre, disertáre; he has —ed, è disertáto — s. mèrito, meritaménto, mercéde, f.

Desèrter, s. disertóre, soldáto fuggíto

Desèrtion, s. diserzióne, il disertáre; shot for —, fuciláto per avér disertáto

Desèrve, van. meritáre; èssere dégno

Desèrved, a. meritáto, condégno

Desèrvedly, avv. meritaménte, giustaménte

Desèrver, s. persóna che mèrita

Desèrving, a. meritévole, di mèrito, benemèrito; s. (ant.) mercéde, f., meritaménto

DesÀabille, s. àbito di càmera; in —, in àbito neglètto

Desiccants, s. (med.) rimèdi disseccánti

Desiccate, va. disseccáre, rénder sécco

Desiccátion. s. seccaménto, dissecaménto

Desiccative, a. disseccánte, disseccatívo

Desiderátum (pl. desideráta), s. còsa da desiderársi, còsa bramáta, còsa richièsta

Design, s. diségno, progètto, divisaménto, pensiéro, intenzióne, intènto; (pitt.) diségno, abbòzzo; with a — to, coll'intenzióne di; he has a — upon your miniature, è risolúto di rubáre il vòstro ritrátto; to discóver and thwàrt a —, sventáre un diségno — va. disegnáre, delineáre, abbozzáre; disegnáre, ordináre nel pensiéro, divisáre, intèndere, destináre; vn. propórsi

Dèsignate, va. designáre, additáre, indicáre, distínguere; destináre, scègliere, nomináre

Designàtion, s. designazióne, indicazióne, disegnaménto, additaménto, descrizióne, contrasségno; nòmina

Desìgnedly, avv. appòsta, a bèllo stúdio, pensataménte, intenzionalménte

Desìgner, s. disegnatóre, -trìce, delineatóre, -trìce, autóre, -trìce d'uno schizzo, d'un diségno; architètto che fa la piánta, il diségno d'un edifízio

Desìgning, a. malintenzionáto, insidióso; scáltro, astúto

Desìgnless, a. sènza diségno, sènza progètto

Desìgnlessly, avv. inavvertentaménte

Dèsinence, s. desinènza

Desìrable, a. desiderábile, da desiderársi

Desìrableness, s. desiderabilità

Desìre, s. desidèrio, bráma, vòglia, (disío, desìre, m. poet.); preghièra, richièsta, dománda; èarnest —, desidèrio ardènte; bý — of, bý the — of, a preghièra di — va. desideráre, bramáre, appetíre, volére, aver vòglia; comandáre; pregáre; ordináre, dar órdine; to — ardently, aneláre, ambíre; — impátiently, èssere smanióso di; I — it, lo brámo, lo vòglio; — him to do it, dítegli che lo fàccia

Desìred, a. desideráto, volúto; comandáto

Desìreless, a. sènza desidèrio

Desìrer, s. desideratóre, -trìce

Desìrous, a. desideróso, cúpido, ávido, vágo; to be — of, desideráre, bramáre

Desìrously, avv. desiderosaménte, bramosaménte

Desist, vn. desístere, tralasciáre, cessáre

Desistance, s. desistènza, tralasciaménto

Dèsk, *s.* leggìo, scrittójo; leggìe di sagrestàno; pórtable —, scrígno di viàggio

Désolate, *a.* desoláto, disertáto, distrútto; disabitáto, desèrto, abbandonáte, solitário; derelítto, sconsoláto, isoláto, afflitto; to láy, to máke —, desoláre, disertáre — *va.* desoláre, disertáre, rovináre

Desolátion, *s.* desolazióne, disertaménto, rovína, abbandóno, derelizióne, mestízia, abbattiménto; to bring to —, ridúrre alla desolazióne

Desoláter, *s.* desolatóre, distruttóre, guastatóre

Despáir, *s.* disperazióne, disperaménto, disperánza; to give one's self up to —, dársi alla disperazióne; in —, disperáto, avvilíto, pêrso d'ánimo; to drive to —, spíngere, ridúrre alla disperazióne; to sink into —, cadére nella disperazióne — *vn.* disperáre, pêrder la speránza

Despáirer, *s.* chi dispéra, chi ha perdúta la speránza

Despáiringly, *avv.* disperataménte, da disperáto

Despàtch *e* dispàtch, *s.* frétta, affrettaménto, dispacciaménto, disbrígo, speditézza, lo spedíre, sbrigáre, spicciáre; dispáccio, staffétta; to máke or úse —, sollecitársi, spicciársi; to send off a —, spedíre un corrière, mandáre una staffétta; a telegráphic (or eléctric) —, dispáccio eléttrico — *va.* fáre o mandáre in frétta, dispacciáre, sbrigáre, acceleráre; spedíre con prestézza; spicciáre, condúrre a término; spacciáre, ammazzáre; — *vn.* spicciársi; sbrigársi; —, spicciátevi; — that affáir, sbrigáte quella faccénda; to — a mèssenger, spedíre una staffétta

Despàtching, *a.* che spedísce, che mánda, che dispáccia

Desperádo, *s.* disperáto; energúmeno

Dèsperate, *a.* disperáto; furióso, funèsto; in a — manner, alla disperáta; — attèmpt, cólpo da disperáto; — dísèase, malattía violènta, incurábile

Dèsperately, *avv.* disperataménte; da disperáto, da furibóndo; alla disperáta; alla ciéca; eccessivaménte; perdutaménte; — in lôve with, innamoratíssimo di

Desperátion, *s.* disperazióne

Dèspicable, *a.* sprezzábile, víle, abbiêtto

Dèsplicableness, *s.* spregevolézza, bassézza, viltà

Dèsplicably, *avv.* in módo sprezzábile, vilménte

Dèspìsable, *a.* (poco *us.*) sprezzábile

Despíse, *aa.* sprezzáre, spregiáre, aver a víle, guardár dall'álto, sdegnáre, far pôco cónto di

Despíséd, *a.* sprezzáto, spregiáto, sdegnáto

Despísédness, *s.* avvíliménto, lo státo di èssere sprezzáto

Despíser, *s.* disprezzatóre, -tríce, sprezzatóre, -tríce; spregióso, spregiósa

Despísingly, *avv.* sprezzanteménte, con disprêzzo

Despíte, *s.* dispêtto, stízza, corrúccio, rúggine, *f.*, malízia, malignità, sdégno, schêrno; — of, in — of, ad onta di, a dispêtto di, a malgrádo; in —, per disprêzzo; in — of yóu (of all your efforts), a vòstro márcio dispêtto — *va.* dispettáre, tormentáre, vessáre

Despíteful, *a.* dispettóso, malígno, piêno di mal talênto

Despítefully, *avv.* dispettosaménte, con dispêtto

Despóil, *va.* spogliáre, svestíre, priváre, privár affátto; spogliáre, pórre a sácco, dáre il guásto a, saccheggiáre, disertáre

Despóiler, *s.* spogliatóre, -tríce, saccheggiatóre

Despóilment / *s.* spogliazióne
Despoliátion \

Despónd, *vn.* avvilírsi, scoraggiársi, pêrdersi di ánimo; agomentársi, sbigottírsi

Despóndence, despóndency, *s.* scoraménto, scoraggiaménto, abbattiménto; to fáll into a státe of —, avvilírsi, pêrdersi d'ánimo

Despóndent, *a.* scoráto; avvilíto, abbattúto

Despónder, *s.* quello o quella che si pêrde di ánimo, persóna abbattúta, scoráta, avvilíta

Despóndingly, *avv.* da persóna scoráta, abbattúta, avvilíta, da disperáto

Dèspot, *s.* dèspoto, dispota, *m.*

Despótic / *a.* dispótico, assolúto
Despótical \

Despótically, *avv.* dispoticaménte, da dèspota

Dèspotism, *s.* dispotísmo, govêrno assolúto; — depráves the héart and corrúpts the mòrals, il dispotísmo depráva il cuóre e corrómpe i costúmi

Dèspumate, *vn.* spumeggiáre, spumáre

Despumátion, *s.* spumeggiaménto, il formár la spéma

Desquamátion, *s.* (*chir.*) desquamazióne

Deàsèrt, *s.* frútte, *f. pl.* pospásto, l'último servíto, le secónde mênse; bring in the —, portáte le frútta

Destináte, *a.* destináto; — *va.* V. destine

Destinátion, *s.* destinazióne; direzióne, ricápito; send this lètter to its —, fáte ricapitáre questa lèttera

Dèstine, *va.* destináre, designáre, indicáre, destináre, assegnáre, costítuíre, stabilíre; condannáre, dannáre, sentenziáre

Dèstiny, *s.* destíno, fáto, sòrte, *f.*, fatalità; the bóok of —, il líbro del destíno; the three Dèstinies, meglìo the three Fátal Sisters, le (tre) Párche

Dèstinist, *s.* fatalísta, *m.*

Dèstitute, *a.* destituíto, sforníte; sprovve-

dúto, ignúdo, privo, sénza; abbandonáto, derelítto; — of méaná, sénza mèzzi; — of knówledge, ignúdo di cognizióni; — of mòney, sénza denári, al sécco
— *va.* destituíre, depórre da un uffízio
Dèstituted, *a.* destituíto, depósto da un uffízio
Destitútion, *s.* derelizióne, misèria, abbandóno; mancánza; destituzióne
Destrōy, *va.* distrúggere, sterminàre, devastáre, guastáre, rovináre
Destrōyer, *s.* distruttóre, -tríce, sterminatóre, -tríce, desolatóre, -tríce
Destrùctibílity, *s.* distruttibilità
Destrùctible, *a.* distruttíbile
Destrùction, *s.* distruzióne, rovína, sterminío
Destrùctive, *a.* distruttívo, rovinóso, pernizióso; — of, pernizióso a
Destrùctively, *avv.* in módo distruttívo, pernizióso
Destrùctiveness, *s.* qualità distruttíva; (*frenol.*) órgano distruttívo
Dèsuetude, *s.* dissuetúdine, *f.*, disusànza, disúso
Dèsultorily, *avv.* a sálti, a sbalzi, saltuariaménte, interrottaménte
Dèsultory, *avv.* saltuánte, interrótto, a sbálzi, giróvago
Desúme, *va.* (*poco us.*) desúmere
Detàch, *va.* staccàre, separàre; (*mil.*) distaccáre
Detàching, *s.* staccatúra, staccaménto
Detàchment, *s.* distácco, separazióne, staccaménto, disgregazióne; (*mil.*) distaccaménto
Detáíl, *s.* ragguáglio, raccónto minúto; dettáglio; in —, dettagliataménte
— *va.* raccontàre dettagliataménte, narráre partitaménte, riferíre di púnto in púnto, réndere ragguáglio di, circostanziáre
Detàin, *va.* trattenére, far aspettáre; fermáre, far restáre, intrattenére; ritenére, detenére, tenére, custodíre; I will not — you long, non voglio trattenérvi a lúngo
Detáínder, (*legge*) V. Detinue
Detáíner, *s.* trattenitóre, -tríce, ritenitóre, -tríce, detentóre, -tríce; custóde, *m.*, custoditríce, *f.*
Detèct, *va.* scopríre, sveláre, palesáre
Detècter, detèctor, *s.* scopritóre, -tríce, delatóre, -tríce
Detèction, *s.* scopèrta, scopriménto
Detèctive, *s.* agénte segréto di polizía
Detènt, *s.* (*orologería*) scattíno
Detèntion, *s.*detenzióne, ritenzióne, prigionía
Detèr,*va.*spaventáre, distornáre, incúter spavénto, frastornáre, sgomentáre; to — from, sgomentáre da, stornáre da
Detèrge, *va.* (*med.*) detèrgere, purgáre, mondáre
Detèrgent, *a.* detergénte, astersívo, detersívo

Detériorate, *va.* deterioráre, peggioráre, far peggióre
— *vn.* degeneráre, tralignáre
Deterioràtion, *s.* deterioraménto, peggioraménto
Deteriòrity, *s.* deteriorazióne
Detèrminable, *a.* determinàbile
Detèrminate, *a.* determináto, precíso, stabilíto; — resolútion, risoluzióne definitíva
Detèrminately, *avv.* determinataménte, precisaménte, positivaménte
Determinàtion, *s.* determinazióne, risoluzióne; to còme to a —, to táke a –, prèndere un partíto recíso
Detèrminative, *a.* determinatívo, determinánte
Detèrmine, *va.* determinàre, fissáre, limitáre, stabilíre, decídere; definíre; far prèndere una risoluzióne, stimoláre, spíngere, istigáre; mandáre (*med.*)
— *vn.* determináre, deliberáre, risòlvere, decidersi, prèndere partíto
Detèrmined, *a.* risolúto, coraggióso
Detèrminedly, *avv.* risolutaménte, coraggiosaménte
Detèrsion, *s.* detersióne, astersióne
Detèrsive, *a.* (*med.*) detersívo, astersívo
Detèst, *va.* detestáre; abbomináre, odiáre
Detèstable, *a.* detestàbile, abbominévole
Detèstably, *avv.* abbominevolménte, esecrabilménte, pessimaménte
Detestàtion, *s.* detestazióne, abbominazióne
Detèster, *s.* persóna che detèsta, abborritóre, -tríce
Detr—róne, *va.* detronizzáre
Detrōneméent, *s.* detronizzazióne, il depórre un sovráno, balzárlo dal tróno
Dètinue, *s.* (*legge*) citazióne, *f.* (di restituzióne)
Dètonate, *vn.* scoppiáre, scoppiettáre, scrosciáre
— *va.* far scoppiáre, far scoppiettáre
Dètonàting, *a.* fulminánte
Detonàtion, *s.* detonazióne, scóppio, scròscio
Detòrt, *va.* tòrcere, travòlgere
Detràct, *va.* (*from.*) detrárre, leváre; tarpáre, scemáre; tògliere quàlche còsa alla fáma, alla riputazióne di, sparláre di
Detràcter, *s.* detrattóre, maldicénte
Detràction, *s.* detrazióne, maldicénza
Detràctingly, *avv.* con detrazióne
Detràctory, *a.* diffamatório, calunnióso
Detràctress, *s.* detrattríce, diffamatríce, dònna maldicénte
Dètriment, *s.* detriménto, dánno, pregiudízio; nocuménto; to the — of, with — to, a dánno di, con pregiudízio di; without — to, sénza pregiudízio
Detrimèntal, *a.* pregiudiziévole, nocívo; to be — to, recár dánno, pregiudízio a, nuócere a

Detrítus; *s.* (*geol.*) detríto

Detrùde, *va.* cacciáre in giù; detrúdere

Detrùncate, *va.* scapezzáre, troncáre, mozzáre

Deúce, *s.* (*giuoco*) dúe; — e deùse, demònio, diámine, diácine; what the —! che diámine!

Deúcedly, *avv.* diabolicaménte, maledettamènte

Deútero-canónical, *a.* deuterocanònico

Deuterònomy, *s.* deuteronòmio, 5° libro del Pentatèuco

Deuteropátнia | Deuterópaтну } *s.* (*med.*) deuteropatía

Devàstàte, *va.* devastáre, desoláre, dáre il guásto a

Devèlop e Devélope, *va.* sviluppáre, svòlgere

Devélopment e Devèlopement, *s.* svilúppo, svolgiménto

Devèst, *va.* priváre, spogliáre, svestíre

Dèviáte, *vn.* sviársi, deviáre, traviáre

Dèviátion, *s.* deviaménto, deviazióne

Device, *s.* invenzióne, trováto, spediènte, *m.*, artifízio, stratagèmma, *m.*, astúzia, mòdo, mèzzo, divisaménto, mòtto; divísa, assísa

Dèvíl, *s.* diávolo, demònio, spírito malígno; little —, diavolétto; greát —, diavolóne, *m.*; — in pètticóats (a she —), diavolèssa; give the — his dúe, non fáte il diávolo più nèro che non è; whè the — would háve thóught it? chi diávolo l'avrèbbe mai credúto? the dèvil's in him, ha il diávolo addòsso; a — of a fèllow, un véro demònio; the blúe dèvils (the spléen), umóre atrabiliáre, malincoпía

Dèvil's milk, *s.* (*bot.*) eufòrbio, eufòrbia

Dévílish, *a.* diabòlico, maledétto, cattivo

Dèvílishly, *avv.* diabolicaménte, maledettaménte

Dèvílishness, *s.* umóre, procédere diabòlico, diavolería

Dèvilíze, *va.* (*ant.*) méttere co' diávoli

Dévílkin, *s.* diavolétto

Dévílry, *s.* diavolería

Dèvílship, *s.* (*burl.*) caráttere, *m.*, qualità di diávolo

Dévíous, *a.* deviánte, deviáto, traviáto, fuorviáto, smarríto, ramíngo, erránte

Devíse, *va.* divisáre, architettáre, progettáre, macchináre, tramáre; designáre, destináre, lasciáre in testaménto, legáre; — *vn.* pensáre, riflèttere, fantasticáre

— *s.* disposizióne testamentária, legáto

Devíseé, *s.* legatário, legatária

Devíser, *s.* inventóre, -trice, autóre, -trice

Devísor, *s.* testatóre

Devóid, *a.* vuòto, destituíto, prívo, sprovvísto, ignúdo

Devòlve, *vn.* cadére, ricadére, scadére, passáre da uno ad un áltro; it —s to him by hèirship, gli scáde per eredità

— *va.* devòlvere, trasméttere, far passáre da un possessóre ad un áltro

Devòlved, *a.* devolúto, ricadúto, venúto

Devolútion, *s.* devoluzióne

Devóte, *va.* dedicáre, votáre, prométtere con vóto, consacráre; dedicáre, assegnáre, donáre, dáre; dannáre, sentenziáre; he —s fóur hóurs a dáy to the stùdy of mùsic, èglí dà quáttro ore al giórno allo stúdio della mùsica; to — one's sèlf to, dedicársi a, dársi a

Devóted, *a.* dáto, dédito, dedicáto, votáto, devóto, consacráto, dedicáto; dannáto

Devótedness, *s.* divozióne, ossèquio

Dèvotée, *s.* divóto, bigótto, bacchettóne

Devótion, *s.* divozióne, pietà, preghièra, osservánza, consacrazióne; sacrifízio, ossèquio; he is at his —s, fa le sue preghière, le sue divozióni; he kept the country at the king's —, mantènne il paése sotto l'obbediènza del re

Devótional, *a.* devóto, pio, di divozióne

Devóur, *va.* divoráre, ingojáre, diluviáre; to — with one's eyés, cacciáre, ficcáre gli òcchi addòsso a

Devóurer, *s.* divoratóre, -trice, consumatóre, trice

Devóuring, *a.* divoránte, voráce

Devóuringly, *avv.* ingordaménte, avidaménte

Devóut, *a.* divóto, pio, religióso, fervènte, fervoróso

Devóutly, *avv.* divotaménte, piaménte

Devóutness, *s.* pietà, devozióne, *f.*, zélo

Dew (*pr.* dú), *s.* rugiáda

— *va.* inrugiadáre, inaffiáre

—-besprènt, *a.* aspèrso di rugiáda

Dèwdrop, *s.* góccia di rugiáda

Dèwlap, *s.* giogája (de' buòi)

Déw-làpt, *a.* con la giogája (de' buòi)

Déw-wòrm, *s.* (*ent.*) lombríco

Déwy, *a.* rugiadóso, aspèrso di rugiáda

Dèxter, *a.* (*arald.*) dèstro; dritto, a dèstra

Dextérity, *s.* destrézza, accortézza, tátto, abilità, disinvoltúra

Dèxterous, Dèxtrous, *a.* dèstro, accòrto, astúto, disinvólto

Dèxterously, *avv.* destraménte, ingegnosaménte

Dey (*pr.* dà), *s.* Dei, *m*; the — of Tripoli, il Dei di Tripoli

Diabétes, *s.* (*med.*) diabète, *f.*, diabètica

Díabètic, *a.* diabètico

Díabòlical, Díabòlic, *a.* diabòlico; maledétto

Díabòlically, *avv.* diabolicaménte

Díachylum (*pr.* díákilum). *s.* (*med.*) diachilóne, *m.*

Díacódium, *s.* diacòdion, *m.*, sciròppo di papávero

Díaconal, *a.* diaconále, di diácono

Díaconate, *s.* diaconáto

Díacóustic, *a.* (*fis.*) diacústico

Díacóustics, *s.* (*fis.*) diacústica

Díadèlphia, *s.* (*bot.*) diadèlfia

Diadèlphian ⎫ *a.* (*bot.*) diadèlfo
Diadèlphic ⎭

Diadem, *s.* diadèma, *m.*, coróna, *f.*

Diadem !, *a.* cínto di diadèma, incoronáto

Diadrom, *s.* vibrazióne del pèndolo

Diaèresis ⎫ *s.* (*gram.*) dièresi, *f.*
Dièresis ⎭

Diætètics, *s. pl.* (*med.*) dietètica

Diagnósis, *s.* (*med.*) diágnosi, *f.*

Diagnòstic, *s.* (*med.*) diagnòstico

Diàgonal, *a.* (*geom.*) diagonále ; — *s.* diagonále, *f.*

Diàgonally, *avv.* diagonalménte

Diagram, *s.* diagrámma *m.*; piáno, disègno

Dial, sùn-díal, *s.* orològio a sóle; díal-pláte, móstra d'orològio

Dialect, *s.* dialètto; favèlla ; the Venétian —, il dialètto veneziáno

Dialèctic ⎫ *a.* dialèttico
Dialèctical ⎭

Dialèctically, *avv.* dialetticaménte

Dialèctics, *s.* dialèttica

Dialist, *s.* fabbricatóre d'orològi solári

Dialling, *s.* gnomónica

Diàlogism, *s.* dialogísmo

Diàlogist, *s.* dialogísta, *m.f.*, interlocutóre, -trice

Dialogístic, dialogístical, *a.* dialògico, in diálogo

Diàlogize, *van.* dialogizzáre

Dialogue, *s.* diálogo, collòquio; spéaker in a —, interlocutóre,-trice; in —, dialogáto, a diálogo; Millhouse's Dialogues, i diáloghi di Millhouse; little —, short —, dialoghétto; to càrry on a —, to condùct a —, (*teatro*) dialogizzáre, dialogáre, pórre in diálogo, far parláre in diálogo; (*mus.*) rispóndersi, far che due vóci, due istruménti si rispóndano a vicénda

— -writer, *s.* dialogísta, *m.*, autóre di diáloghi

Diàmeter, *s.* (*geom.*) diámetro; it is six feet in —, ha sei piédi di diámetro; sèmi- —, semidiámetro

(Diàmetral) Diàmetrical, *a.* diametrále

Diàmetrically, *avv.* diametralménte; del tutto; — oppósed to, diametralménte oppósto a, per diámetro oppósto a

Diamond, *s.* diamánte, *m.*; (*geom.*) rómbo; (*carte*) quádro; a — of the first wàter, diamánte di prima ácqua; small —, diamantíno; to set a —, incastonáre un diamánte ; cut —, *express. prov.* tra vólpe e vólpe la vittória sta in bílico; fúrbo chi è fúrbo, ma è più fúrbo chi conósce il fúrbo

— *a.* diamantíno, di diamánte

Diàndria, *s.* (*bot.*) diándria

Diapàson, *s.* (*mus.*) diápason, *m.*, ottáva

Diaper, *s.* biancheria tessúta a figúre, damascáta

— *va.* damascáre, chiazzáre, far líni ricamáti

Diaphànic, Diàphanous, *a.* diàfano, trasparènte

Diaphorètic, *a.* diaforètico, sudorífero

Diaphragm, *s.* (*anat.*) diafrámma, *m.*

Diarrhoea o diarrhéa, *s.* (*med.*)diarrèa

Diarrhoètic o diarrhètic, *a.* di, da diarrèa, purgatívo, solutívo

Diary, *s.* diário (giornále, *m*)

Diàstole, Diástoly, *s.* (*anat.*) diástole, *f*; conversióne d'una bréve in lúnga

Diàstyle, *s.* (*arch.*) diástilo

Diáthesis. *s.* (*med.*) diátesi, *f.*

Diatònic, *a.* (*mus.*) diatònico; in a — mànner, diatonicaménte

Diatríbe, *s.* diatríba, invettíva

Dibble, *s.* foratèrra, *m.*, piuòlo da piantáre

— *va.* piantáre col foratèrra, ficcáre i magliuòli o altre piánte nella tèrra

Dibstone, *s.* sassolíno (da giuocáre a sàssi)

Dice (*pl.* di díe), *s.* dádi, *m. pl*; to cog the —, impiombáre i dádi, méttere dádi fàlsi; a — -box, un bòssolo, bossolétto da dádi

(Dicer) Dice-pláyer, *s.* giuocatór di dádi

Dickens, *int.* (*volg.*) diàmine! diácine!

Dickey, *s.* (*di carrozza*) sèdia dello staffière

Dicotylédon, *s.* (*bot.*) dicotilèdone, *f.*

Dicotylédonous, *a.* (*bot.*) dicotilèdono

Dictate, *s.* dettáme, *m.* nòrma o màssima inculcáta con autorità; hèarken to the — of réason, ascoltáte i dettámi della ragióne

— *va.* dettáre ; imbeccáre ; do you write and I'll —, scrivéte voi ed io detterò

Dictàtion, *s.* dettáto, dettatúra

Dictàtor, *s.* (*polit.*) dittatóre

Dictàtorial, *a.* dittatoriále, autorévole, dogmático, borióso, arrogánte

Dictàtorship, *s.* dittatúra, dignità di dittatóre

Dictàtory, *a.* dittatòrio

Dictàtrix, *s.* dittatríce, *f.*

Dictature, *s.* dittatúra

Diction, *s.* dizióne, elocuzióne, dettáto, stíle, *m.*

Dictionary, *s.* dizionário, vocabolário, lèssico

Did, *pret.* di Do

Didactic, didáctical, *a.* didáttico didascálico

Didáctically, *avv.* in fórma didáttica

Diddle, *vn.* vacilláre (camminándo)

— *va.* giuntáre, truffáre, uccelláre, gabbáre

Didapper, *s.* (*orn.*) mèrgo, marangóne, *m.*

Die (*pl.* díce) *s.* dádo, cúbo; the — it càst, il dádo è tràtto

— *s.* (*pl.* díes), cònio (da coniáre monéte), punzóne, *m.*, morsèllo

— *s.* tintúra, *V. Dye*

— *vn.* (*pas.* died e dèad), moríre, passáre a migliór víta; sventáre, svaporáre, sbiadire, spégnersi; to — a nàtural dèath, moríre di morte natúrále; we will cònquer or —, vogliàmo víncere o moríre ; she is dýing for you, la muòr di voi; he was néar dýing,

egli fu per morìre; to — for one's country, morìre per la pátria; to — off, to — awáy, cessár a póco a póco, spégnersi; to — súddenly, morìre di mòrte improvvìsa, to — by inches, morìre a óncia a óncia; to — in the prìme of lìfe, morìre nel fióre degli anni; wère I to — for thàt, dovésse costármi la vìta; our pórter is déad, il nòstro portinájo è mòrto; he has jùst dìed, è mòrto or ora
— va. tíngere; V. Dýe
Diet, s. nutriménto, aliménto, cíbo; (med.) dièta, igiène, f.; (polit.) dièta; to put upon a —, tenére a dièta, dietáre
— va. dietáre, tenére a dièta, alimentáre, nutrìre, dar da mangiáre e da bère; — vn. cibársi, mangiáre
Dietètical, Dietètic, a. dietètico, di dièta
Dietètics, spl. (med.) dietètica
Differ, va. differìre, èssere divèrso, aver un'opinióne divèrsa, disputáre; they — a little, sóno alquánto dissìmili o differènti; we shall not — abòut that, ci aggiusterémo; to —, va. (meglio to màke to —) differenziáre
Difference, s. differènza, diversità, disparità, divàrio; dissidènza, dissenzióne, dísputa, contésa; great —, matérial —, gran divàrio; slight —, píccola differènza; that màkes no —, ciò non fa niènte
Difference, va. differenziáre (ant.); V. Distinguish
Different, a. differènte, dissìmile, díspari
Differéntial, a. differenziále
Differéntiate, va. (geom.) differenziáre
Differently, avv. differenteménte, variaménte
Difficult, a. difficile, malagévole, difficoltóso
Difficulty, s. difficoltà, malagevolézza; perplessità; sérious —, difficoltà gráve; trìfling —, píccola difficoltà; that ràises difficulties (di persona), fisicóso, che muòve dùbbi, che farébbe náscere il nòdo del giùnco; to admit of —, patìre difficoltà, soffrìre eccezióne; to be in —, èssere in angústie, patìr disàgio; to làbour únder a —, lottáre cóntro una difficoltà; with great —, a mála péna
Diffidence, s. diffidènza, diffidaménto (di sè, delle próprie fòrze), peritánza
Diffident, a. diffidènte, sospettóso; tímido, schìvo
Diffràction, s. (fis.) diffrazióne
Diffúse, va. diffóndere, spárgere, spándere, divulgáre; to — knòwledge, diffóndere le cognizióni, spárgere l' istruzióne
— a. diffúso, spárso, distéso, copióso, lárgo, prolìsso; — stýle, stìle diffúso
Diffúsed, a. diffúso, spárso, divulgáto
Diffúsedly, avv. largaménte, diffusaménte, ampiaménte, distesaménte, alla distésa, prolissaménte, copiosaménte

Diffúsedness, s. diffusióne, espansióne
Diffúsely, avv. diffusaménte
Diffúsibility, s. diffusibilità, diffondibilità, espansibilità
Diffúsible, a. diffondíbile, diffusíbile, espansíbile
Diffúsibleness, s. diffondibilità, diffusibilità, espansibilità
Diffúseness, s. prolissità; diffusióne
Diffúsion, s. diffusióne, diffondiménto, spargiménto
Diffúsive, a. diffusìve, lárgo
Diffúsiveness, s. diffusibilità, diffusività, estensióne, abbondánza, prolissità
Dig (pas. dùg, digged), va. vangáre, zappáre, scaváre; to — déep, affondáre; to — òut, ùp, sterráre, caváre della tèrra
— vn. vangáre, zappáre
Digàmma, s. digàmma, m.
Digèst, s. digèsto, raccòlta, pandétte, fp.
— va. digerìre (gli aliménti), smaltìre, far la digestióne di; fàre un digèsto, riordináre, dispórre, compiláre; digerìre (sopportáre), inghiottìre, mandár giù; — vn. (med.) far cápo, venìr a suppurazióne
Digèster, s. autóre d'un digèsto; digeritóre, -trìce; còsa che facilìta la digestióne; Papin's — (fis.), marmìtta, péntola di Papin; to be a gréat — (di cosa), facilitáre assái la digestióne
Digestibility, s. digestibilità, facilità di digerìrsi
Digèstible, a. digestíbile, che si può digerìre
Digèstion, s. digestióne, f.; (med.) suppurazióne
Digèstive, a. s. digestìvo, suppurativo
Digger, s. zappatóre, vangatóre; scavatóre
Digging, s. il vangáre, il zappáre; scavaménto, scavatúra; sterráto, cavatíccio; góld -s, cámpi aurìferi, minière d'óro
Dight, va. (ant.) ornáre, addobbáre
Digit, s. dígito, díto, misúra d'un díto; (astr.) dígito; (arit.) dígito, número sémplice
Digital, a. (anat.) digitále, delle díta
Digitália } s. digitalína
Digitáline }
Digitàlis, s. (bot.) digitále, f.
Digitáted, a. digitáto, a guìsa di díta
Dignified, a. investíto di dignità, eleváto a dignità, insignìto; eleváto, distìnto, autorévole, dignitóso, nòbile; a — bèaring, un far dignitóso
Dignify, va. innalzáre a dignità, eleváre, insignìre, illustráre, decoráre, onoráre; to — with, decoráre di, onoráre di stico)
Dignitary, s. prelàto, dignitário (ecclesiástico)
Dignity, s. dignità, elevatézza, altézza, importánza, ràngo, gràdo, distinzióne; àir of —, ària autorévole, nòbile, portaménto distìnto; to rise to —, innalzársi, distínguersi, insignírsi

Dígraph, s. (dittóngo) dígrafo, monotóngo

Digrèss, vn. digredíre, fàre digressióne, allontanàrsi, sviàrsi, uscíre del seminàto

Digression, s. digressióne, f., sviaménto

Digrèssive, digrèssional, a. digressívo

Bike, s. díga, árgine, m., vàllo, fósso

Dilàcerate, vp. dilaceráre, stracciàre

Dilaceràtion, s. lacerazióne, stracciaménto

Dilàniate, va. dilaniáre,.sbranáre, laceráre

Dilaniàtion, s. sbranaménto, dilania.uénto

Dilàpidàte, va. dilapidáre, sperperáre

Dilapidàtion, s. dilapidaménto, s. sfasciaménto, spérpero

Dilapidàtor, s. dilapidatóre, -tríce, sperperatóre, -tríce

Dilatability, s. dilatabilità; estensióne

Dilàtable, a. dilatàbile

Dilatàtion, s, dilatazióne, f. dilataménto

Dilàte, va. dilatáre, allargáre, stèndere
— vn. dilatàrsi, diffóndersi, spárgersi

Dilàter, s. dilatóre, -tríce

Dilàtion, s. dilazióne

Dilàtor, s. (med.) dilatóre; dilatòrio

Dilatorily, avv. lentaménte, tardaménte

Dilatoriness, s. lentézza, procrastinazióne, tardànza

Dilatory, a. dilatòrio, lènto, tárdo, tardígrado, neghittóso, procrastinànte; to be —, procrastináre, tiráre in lúngo; — s. (med.) dilatatóre, spéculo

Diléction, s. dilezióne, affètto, amóre

Dilèmma, s. dilèmma, m.

Dilettànte (pl. dilettànti), s. dilettánte; he is a — in, egli si dilètta di

Diligence, s. diligènza, assiduità, sedulità, accuratézza, cúra, operosità, indefessità; sollecitúdine, f; diligènza, vettúra

Diligent, a. diligènte, accuráto, assíduo, operóso

Diligently, avv. diligenteménte, con cúra

Dill, s. (bot.) anéto

Dilùcid, a. lúcido, chiáro, evidènte

Dilùcidate, va. dilucidáre, spiegáre

Dilucidàtion, s. dilucidazióne, dilucidaménto

Diluent, a. -s. diluènte, m., dissolvènte, m.

Dilùte, va. stemperáre, diluíre; temperáre; to — wine, temperáre il víno, mescolárlo con àcqua

Dilùted, a. stemperáto; temperáto; wine — with wàter, víno mescoláto con àcqua

Dilùter, s. dissolvènte, diluènte, m.

Dilùtion, s. stemperaménto, liquefazióne, f.

Dilùvian, a. diluviáno, del dilúvio

Dilùvium, s. (geol.) depósito diluviáno

Dim, a. annebbiáto, appannáto, offuscáto, fósco, scúro, chiáro-scúro, tórbido, rannuvoláto; to get —, appannàrsi, rannuvolàrsi;
— -sighted, che ha la vista offuscáta
— va. appannáre, offuscáre, annebbiáre, rannuvoláre, oscuráre

Dimènsion, s. dimensióne, estensióne, tàglia

Dimènsionless, a. immensuráto, sconfináto

Dimication, s. púgna, combattiménto

Dimìdiate, va. dimezzáre, dimidiáre

Dimidiàtion, s. dimezzaménto, ammezzaménto, divisióne per metà

Diminish, va. diminuíre, scemáre, menomáre
— vn. diminuírsi, decréscere, impicciolíre

Diminisher, s. diminutóre, ·tríce

Diminishing, a. scemánte, decrescènte

Diminishingly, avv. svantaggiosaménte, sfavorevolménte

Diminuèndo, a. (mus.) diminuèndo

Diminuent, a. (mus.) diminuènte

Diminùtion, s. diminuzióne, f., scemaménto

Diminutive, a. diminutívo, píccolo, piccino, piccolíssimo, mínimo; (gram.) diminutívo;
— créature, bestiolína; to get —, appiccinírsi
— s. diminutívo

Diminutively, avv. in mòdo diminutívo, diminutivaménte

Diminutiveness, s. piccolézza, picciolézza

Dimissory, a. dimissoriále, di congédo; — lètter, lètters, (eccles.) dimissòria

Dimity, s. téla rigáta, bambagína, bambagíno

Dimly, avv. foscaménte, oscuraménte, in chiáro-scúro, in mòdo confúso e indistínto; fievolménte

Dimmish, a. scurétto, appannatúccio, alquánto fósco

Dimness, s. offuscaménto, offuscazióne, appannaménto, oscurità, fievolézza (di lúce o di vísta)

Dimple, s. pozzétta, fossétta (nel mento o nelle guánce)
— va. formáre pozzétte (nelle guánce o nel mento), copríre di pozzétte, increspáre
— vn. aggrinzàrsi, increspàrsi, sorrídere, piegàrsi in fossétte

Dimpled, a. con pozzétte (nelle guáncie o nel mento); increspáto, ridènte

Dimply, a. increspáto, adornáto di pozzétte, sorridènte

Din, s. frastuòno, schiamazzío, schiamázzo, fracàsso
— vn. stordíre, stordíre a fòrza di strèpito, sbalordíre, intronáre; far tintinníre, lasciáre un tintinnío nelle orécchie, seccàre

Dine, vn. desináre, pranzáre; còme and — with me, veníte a pránzo con me; at whàt o'clock do you — ? a che ora pranzàte? have you —d? avéte desináto? I have —d on ròast beef and potátoes, ho pranzáto con rosbíf e patáte; to — abròad, to — óut, pranzáre fuòri di càsa; to — at an órdinary, pranzáre a tàvola rotónda, a tàvola comúne; to — with Dúke Hùmphrey, rimanére sènza pránzo

Diner, s. desinatóre, mangiatóre, leccóne

Ding dòng, s. din dón, m. (delle campáne)

Dingle, *s.* (*poet.*) vallicèlla tra pòggi á'ti
Dingle-dàngle, *avv.* penzolóne, dondolóne
Dingy, *a.* scúro, fòsco, brúno ; squàllido, miseràbile, frágile, débile
Dining, *s.* pranzáre, *m.*, desináre, *m.*; — -róom, — -pàrlour, sàla, stánza da mangiáre ; — -róom, (*éating hòuse*) trattoría
Dinner, *s.* prànzo, desináre, *m.*; póor —, tristo desináre; sùmptuous —, prànzo lautíssimo ; — -time, ora di prànzo; — -bell, campána dell'óra del prànzo; — is on the tàble, il prànzo é in távola (i signóri sóno servíti); to sit dòwn to —, méttersi a távola; to ask to —, convitáre; — -party, prànzo con invíti, convíto; brigáta di convitáti; dùll — -pàrty, desináre trísto, melancònico
Dinorærium, *s.* (*zool.*) dinotèrio, *V.* Déinorærium
Dint, *va.* lasciar l' imprónta, l' impressióne, il ségno su
— *s* impressióne, cólpo, effètto del cólpo, ségno, vestígio, imprénta, màrchio ; fòrza, violénza; the — of a swórd, of an àrrow, l'impressióne, il ségno (sópra còsa dúra), di una spáda, d' una fréccia; by — òf, a fòrza di, a fúria di ; I obtàined it by — of mènaces, l'otténni a fòrza di minácce
Dinumerátion, *s.* dinumerazióne
Diòcésan, *a.* diocesáno; — *s.* véscovo diocesáno
Diocèse, *s.* diòcesi, *f;* inhàbitant of a —, diocesáno
Diòptric, díòptrical, *a.* diòttrico, rifrattívo
Diòptrics, *s.* (*ottica*) diòttrica
Dioràma, *s.* dioráma, *m.*
Dip, *va.* intíngere, tuffáre, immèrgere, immolláre, bagnáre; to — one's brèad in the sàuce, intígnere il páne nella sálsa; to — òut of, from, attígnere
— *vn.* immèrgersi, tuffársi, ingerírsi, immischiársi ; (*delle miniere*) affondáre, andár giù, abbassársi, avvallársi, scoscéndere; to — into a bòok, sfogliáre un líbro; the néedle dips, l'ágo magnètico inclina
— *s.* tuffaménto, immersióne, il tuffársi, l'ingolfársi; candéla di sévo; inclinazióne (dell'ágo magnètico); avvallaménto, abbassaménto (*delle miniere*)
Dip-chick, *s.* (*orn.*) piccolo smèrgo
Diphræong, *s.* dittóngo
Diphræòngal, *a.* di dittòngo
Diplos, *s.* (*anat.*) diplòide, *m;* (*bot.*) parenchíma
Diplóma, *s.* diplòma, *m.*, (*lèttera*) patènte, *f.*
Diplomacy, *s.* diplomazía
Diplomàtic, *a.* diplomático; — dinner, prànzo diplomático
Diplomàtics, *s. pl.* diplomática, *sing.*
Diplòmatist, *s.* diplomático
Dipper, *s.* persóna, còsa che si túffa o s'immèrge ; ramajuòlo, méstola

Dipping *s.* àtto di tuffársi, intígnere; (*geol. min.*) abbassaménto, depressióne, scoscendiménto, accasciaménto
Dipt, dipped, *a.* intínto, tuffáto, immèrso, bagnáto ; — càndles, candéle di sévo
Dipteral, *a.* (*arch.*) díptero; (*ent.*) díttero, díptero, bialáto
Dipter, *s.* (*ent.*) díttero; the diptera, *pl.* i dítteri
Dipterous, *a.* (*ent.*) díttero, bialáto
— *s.* (*storia ant.*) díttico, regi- }
Diptych, } stro dei cónsoli ed altri ma-
Diptychum, } gistráti; registro dei véscovi e dei mártiri
Dire, *a.* díro, orrèndo, treméndo, crudéle
Dirèct, *a.* dirètto, difiláto, per línea rètta, diritto, immediáto, véro, assolúto; in a —, line, (*genealogia*) in línea dirètta o rètta
— *va.* dirígere, ordináre, governáre, condúrre, regoláre, indirizzáre, avviáre, istradáre, additáre, mostráre, insegnáre, consigliáre, incaricáre; to — a lètter to pèrson, indirizzáre (mandáre) una lèttera ad uno; can yòu — me to a góod hotèl? sapréste dirígermi ad un buòn albèrgo?
Dirèction, *s.* direzióne, *f.*, soprascritta, órdine, *m.* manéggio, cúra, govèrno, condótta, aziènda, incombènza; indirizzaménto; vèrso, tendènza, vòlta, indirízzo, soprascrítta; órdine,*m.*,règola,nòrma, istruzióne; whò hàs the — of that estàblishment? chi ha il manéggio di quéllo stabiliménto? to go in the — of, andáre alla vòlta di; fòr your — in this affàir, per la vòstra nórma in questo affáre; write the — on this letter, scrivéte l'indírizzo sópra questa lèttera
Dirèctive, *a.* dirigènte, direttívo, di nòrma
Dirèctly, *avv.* direttaménte, difiláto, a dirittúra ; a piómbo ; immediataménte, súbito; either — or indirèctly, o direttaménte o indirettaménte ; waiter, a cup of còffee, camerière, una tàzza di caffè; —, sir, súbito, signóre
Dirèctness, *s.* dirittúra
Dirèctor, *s.* direttóre,sopraintendènte,*m.*, amministratóre,cápo,maneggióne, *m;* Éast Índia —, direttóre della Compagnía delle Indie orientáli ; the — 's, prèsso il Direttóre, alla Direzióne
Directórial, *a.* direttoriále, del Direttório, direttívo
Dirèctorship, *s.* uffício di direttóre
Dirèctory, *s.* direttòrio, liturgía, aziènda; guída, almanácco
— *a.* che dirige, che guída, che indirízza
Dirèctress, *sf.* direttríce; (*geom.*) direttrice
Dirèctrix, *s.* direttríce, *f.* (*geom.*) direttrice, *f.*
Direful, *a.* díro, crudéle, émpio, fièro, terríbile, orrèndo

Direfully, *avv.* terribilménte, orrendaménte, spaventosaménte

Dirge (*pr.* dùrge), *s.* cánto o canzóne fúnebre, *f.* nénie, *fpl.*

Dirigent, -*s.* (*geom.*) direttrice, *f.*

Dirk (*pr.* dùrk) *s.* dàga, pugnále scozzése, *m.*

Dirt, *s.* (*pr.* dùrt) sporchería, porchería, sporcízia, sudiciúme, *m.*, lordúra; immondízia, fàngo, lóto, fanghíglia; all óver —, copèrto di fàngo, di sudiciúme; to táke a pèrson from the —, cavár uno dal fàngo; to ᴛʜʀów — upón, gittár fàngo sópra, vilipéndere, svillaneggiáre

— *va.* sporcáre, imbrattáre, infangáre

— -bàsket, *s.* cèsta di spazzatúre; to thrów something into the —, gettáre alcun che all' immondezzájo

Dirtily (*pr.* dùrtily), *avv.* sporcaménte, vilménte

Dirtiness (*pr.* dùrtiness), *s.* sporchézza, immondézza, sudiciúme, *m.* bassézza

Dirty (*pr.* dùrty), *a.* spòrco, súcido, schífo, lórdo, immóndo, fangóso, infangáto; bàsso, indégno, scòncio, disonèsto; — shirt, camícia spòrca; — action, aziòne indégna; — trick, brútto schèrzo ; — fèllow, sudiciòne, *m.*; sciattòne, *m.*; you lów — bèast! béstia abbiettíssima, immónda!

— *va.* sporcáre, imbrattáre, bruttáre

Diruption, *s. V.* Disrùption

Disability, *s.* inabilità, incapacità, impoténza

Disáble, *va.* rèndere inábile o incapáce ; méttere fuòri di státo; invalidáre, guastáre, storpiáre, feríre, mozzáre; (*mar.*) sdruscíre, disarmáre

Disábled, *a.* réso inábile o incapáce; storpiáto, inválido; (*mar.*) sdruscíto, di«armáto

Disábling, *a.* che rènde incapáce, che tòglie la fòrza e la capacità ; paralizzánte

Disabúse, *va.* disingannáre, cavár d'ingánno

Disaccùstom, *va.* disusáre, disvezzáre

Disacknówledge, *va.* rinnegáre

Disacquáintance, *s.* cessaziòne di commèrcio ; by — with himsèlf, cessándo di conóscersi

Disadòrn, *va.* disornáre, tor via ornaménti, rénder disadórno

Disadvàntage, *s.* svantàggio, pregiudízio, scápito

— *va.* disavvantaggiáre, pregiudicáre

Disadvantágeous, *a.* svantaggióso

Disadvantágeously, *avv.* svantaggiosaménte

Disaffèct, *va.* indispórre, alienáre

Disaffècted, *a.* disaffezionáto, indispósto, malcontènto, scontènto; the — to the gòvernment, i malcontènti, i«nemíci del govèrno

Disaffèctedly, *avv.* in mòdo disaffezionáto

Disaffèctedness, *s.* scontentézza, malavòglia

Disaffèction, *s.* indisposiziòne, cattíva volontà

Disàggregáte, *va.* disaggregáre, disgregáre

Disagrée, *vn.* discordáre (èssere dissímile), non accordársi, non conveníre, non confársi; to — with, far mále a, incomodáre, ripugnáre

Disagréeable, *a.* sgradévole, sgradíto, antipático, spiacévole, spiacènte, discáro, contrário, tedióso, uggióso, seccánte

Disagréeableness, *s.* spiacevolézza, nòia

Disagréeably, *avv.* spiacevolménte

Disagréement, *s.* discordánza, differènza, disparità, disparére, *m.*, discòrdia, dissensiòne

Disallów, *va.* disapprováre, vietáre, scansáre

Disallówable, a inammissíbile, da vietársi

Disallówance, *s.* proibiziòne, divièto

Disànchor, *va.* (*mar.*) disancoráre, far levár l'áncora

Disànimate, *va.* disanimáre, scoraggiáre

Disanimátion, *s.* mòrte, *f;* scoraggiaménto

Disannéx, *va.* disuníre, separáre

Disànnul, *va.* annulláre, cassáre, rivocáre

Disannùlment, *s.* annullaménto, annullaziòne

Disanòint, *va* sconsacráre, annulláre la sácra unziòne

Disappàrel, *va.* spogliáre, denudáre

Disappéar, *vn.* sparíre, svaníre, scompárire; he has —ed, è scompárso

Disappéarance, *s.* scompársa, spariziòne, diléguo

Disappòint, *va.* mancáre di paròla, non tenére quel che si è promésso; delúdere l'aspettatíva; frustráre, attraversáre, contrariáre, sconcertáre; to — one's frìènds, mancar agli amíci ; you have pròmised, don't — me, me l'avéte promésso, non mancáte di paròla

Disappòintment, *s.* delusiòne ; sperànza delúsa; disingánno; ostácolo improvvíso, intòppo, traversía, sconcèrto

Disapprobátion, disappróval, *s.* disapprovaziòne, disapprováre, *m.*, censúra

Disàpprobatory, *a.* disapprovatóre, -tríce

Disapprópriate, *a.* disappropriáto, cangiáto di destinaziòne (d'un ènte ecclesiástico); *va.* disappropriáre, cangiáre di destinaziòne (un ente ecclesiástico)

Disappróve, *va.* disapprováre, censuráre

Disàrm, *van.* disarmáre

Disàrming, *s.* disàrmo, disarmaménto

Disarrànge, *va.* sconcertáre, dissestáre, scompigliáre

Disarrángement, *s.* disordinaménto

Disarráy, *va.* disórdine, *m.* scompíglio — *va.* scompigliáre ; spogliáre

Disàster, *s.* disàstro, calamità, sventúra

Disàstrous, *a.* disastróso, funèsto

Disàstrously, *avv.* funestaménte, disgraziataménte, sventurataménte

Disàstrousness, *s.* natúra disastrósa

Disavów, *va.* sconóscere, sconfessáre, disdíre

Disavo̅wal, disavo̅wment, *s.* il disconóscere, sconfessáre; negaménto, dispêtto

Disbànd, *va.* (*mil.*) sbandáre, licenziáre, congedáre

— *vn.* sbandársi, separársi, spêrdersi

Disbànding,·*s.* sbandaménto, lo sbandáre

Disbàrk, *va.* sbarcáre

Disbelíéf, *s.* il non crédere, incredulità, malfidênza; diffidaménto

Bisbelíéve,·*va.* miscrédere, non crédere

Disbelíéver, *s.* miscredênte, incrêdulo

Disbrànch, *va.* separáre, diramáre, spiccáre

Disbùd, *va.* (*agr.*) spollonáre, accecáre le mésse esuberánti

Disbùrden, disbùrthen, *va.* scaricáre, levár il cárico d'addòsso, aggraváre

Disbùrsable, *a.* sborsábile

Disbùrse, *va.* sborsáre, pagáre; spêndere; I háve —d eight hùndred franks for yoùr accòunt, ho sborsáto ottocénto·fránchi per vôstro cónto

Disbùrsement, *s.* sborsaménto, sbérso, pagaménto, sómma sborsáta, spésa

Disbùrser, *s.* chi sbórsa, chi·pága, sborsatóre, -trice

Disc (*pr.* disk), *s.* dísco, (*astr.* *ottica*), dísco; the sun's —, il dísco soláre; illúminated —, (*astr.*) círcolo d'illuminazióne

Discàrd, *va.* (*giuoco*) scartáre; licenziáre, congedáre, allontanáre, esclúdere, rigettáre

Discàse, *va.* trárre dalla custódia, méttere a núdo

Disceptátion, *s.* (*ant.*) discettazióne, dísputa, controvêrsia

Discèrn, *va.* discêrnere, scôrgere; vedére; vedére chiaraménte, distínguere, differenziáre, giudicáre

Discèrner. *s.* discernitóre, -trice, osservatóre, -trice

Discèrnible, *a* discerníbile, percettíbile

Discèrnibly, *avv.* discernibilménte, percettibilménte

Discèrning, *a.* perspicáce, oculáto, chiaroveggênte, — *s.* perspicácia; chiaroveggênza, oculatézza

Discèrningly, *avv.* con discerniménto, oculataménte

Discèrnment, *s.* discerniménto, oculatézza

Discèrp, *va.* (*poet.*) laceráre, stracciáre; — from, staccáre, estrárre

Discèrpibility } *s.* lacerabilità
Discèrptibility }

Discèrptible, *a.* distaccábile, separábile

Dischàrge, *va.* scaricáre, scoccáre, sparáre, lanciáre, discaricáre, alleggeríre, sgraváre, sgombráre, sbarazzáre; liberáre, scarceráre, assólvere, scaricáre; licenziáre; mandár via, dar congédo a; pagáre, soddisfáre, disimpegnáre, adempíre; — *vn.* scaricársi; to — a gùn, sparáre, scaricáre un fucíle; — an àrrow, scoccáre una fréccia; — a business, spedíre un affáre;

— a sóldier, cassáre un soldáto; — a sèrvant, licenziáre un servitóre; — a prisoner, scarceráre, liberáre un prigioniéro; — a dèbt, pagáre un débito; the Po dischárges itself into the Adriàtic, il Po si scárica nell'Adriático; the electric fluid is — d from the clòuds, il lámpo, il flúido eléttrico si scárica dalle núvole

— *s.* scaricaménto, scárico, spáro di cannóne, di fucíle, di flúido eléttrico; scócco, scóppio, scólo, emissióne, effusióne, sgrávio; discárico, quitánza, ricevúta; liberaménto, liberazióne, scarceraménto; licênza, congédo, commiáto; disimpégno, adempiménto, eseguiménto; assoluzióne, discólpa; sbócco, uscíta

Dischàrger, *s.* quel che líbera, sgráva; scaricatóre, -trice

Discíple, *s.* discépolo; — -like, da discépolo

Discípleship, *s.* discepoláto

Disciplinable, *a.* disciplinábile; dócile

Disciplinàrian, *a.* disciplináre, disciplinário, rígido in fàtto di disciplína — *s.* chi insègna la disciplína, chi è rígido o esigênte riguárdo alla disciplína (puritáno, *antiq.*); istruttóre

Disciplinary, *a.* disciplinále, di disciplína, di istruzióne

Discipline, *va.* disciplináre, ammaestráre, addestráre, agguerríre; our tróops are well —d, le nòstre trúppe son ben disciplináte, ben agguerríte

— *s.* disciplína, ammaestraménto; military —, disciplína militáre; chùrch —, disciplína ecclesiástica; in a góod state of —, ben agguerríto

Disclàim, *va.* rinunziáre a, negáre, sconfessáre

Disclamátion, *s.* disdétta, disnegazióne, disapprovazióne

Disclàimer, *s.* rinunziatóre, -trice, riñutatóre, -trice

Disclóse, *va.* schiúdere, apríre, copríre, sveláre, palesáre, manifestáre; esaláre; — to a sécret, palesáre un secréto

Disclóser, *s.* svelatóre, -trice, scopritóre, -trice·

Disclósure, *s.* scopêrta, rivelaménto

Discoid } *a.* (*bot.*) discóide
Discóidal }

Discolorátion, *s.* scoloraménto

Discólour, *va.* scoloráre, tòrre vía il colóre; to become —ed, scolorírsi, sbiadíre

Discóloured, *a.* scolorito, sbiadíto, smúnto

Discòmfit, *va.* sconfíggere, víncere

Discòmfiture, *s.* sconfítta, rótta

Discòmfort, *s.* sconfórto, diságio, uggiosità — *va.* (*volg*) sconfortáre, afflíggere

Discommènd, *va.* biasimáre, censuráre

Discommèndable, *a.* biasimévole

Discommendátion, *s.* biásimo, censúra

Discommènder, *s.* biasimatóre, -trice

Discommóde, va. V. Incommóde

Discompóse, va. scompórre, sconcertáre, impacciáre, disordináre, scompigliáre, méttere in disórdine, aggarbugliáre; disturbáre, confóndere, turbáre, alteráre, imbrogliáre

Discompósure,* s. scompostézza, disórdine, confusióne, perturbaménto, impáccio

Disconcèrt, va. sconcertáre, scompórre, confóndere, turbáre, impacciáre

Disconcèrted, a. sconcertáto, scompósto, turbáto

Disconfórmity, s. dissimigliánza; disuguagliánza

Discongrùity, s. incongruità, discordánza

Disconnèct, va. disuníre, sconnèttere, separáre

Disconnèction, s. disunióne, disgiungiménto

Discónsolate, a. sconsoláto, inconsolábile

Discònsolately, avv. sconsolataménte

Discònsolateness, s. sconsolazióne, sconsolaménto

Discontènt, s. scontènto, scontentézza
— a. scontènto, mal soddisfátto, malcontènto

Discontènted, a. scontènto, non contènto

Discontèntedly, avv. con iscontènto

Discontèntedness, s. scontentézza, scontènto

Discontèntment, s. scontènto, disgústo

Discontinuance, s. cessazióne, il discontinuáre

Discontinuátion, s. discontinuazióne, tralasciaménto, desistiménto

Discontinue, va. discontinuáre, desístere

Discontinued, a. discontinuáto, discontínuo

Discontinùity, s. scontinuità, discontinuità

Discontínuous, a. discontínuo, interrótto; spalancáto, spaccáto, disgiúnto

Discord, s, discórdia; discordánza; dissonánza; àpple of —, pómo di discórdia; to foster —, fomentáre la discórdia
— vn. discordáre, discrepáre

Discòrdance, Discòrdancy, s. discordánza, discrepánza

Discòrdant, a. discordánte, dissonánte, dissenziènte

Discòrdantly, avv. discordanteménte

Discóunt, va. scontáre, diffalcáre, sbáttere; to — a bill, scontáre una cambiále
— s. scónto, sbásso, ribásso, àggio; diffálco; cálo, diminuzióne; at a —, in disfavóre; at a — of two per cent, còllo scónto del due per cento

Discóuntable, a. scontábile, che si può scontáre

Discóuntenance, va. far arrossíre, turbáre, sconcertáre; disapprováre, vedére di mal òcchio, far mal viso a, reprímere
— s. fréddo accogliménto, mal viso

Discóuntenancer, s. uno che vé.le di mal òcchio, che scoraggísce, che deprime

Discóunter, s. (com.) scontísta, m. banchiére, m.

Discóurage, va. scoraggiáre, disanimáre

Discóuraged, a. scoraggiáto, sgomentáto; to get —, scoraggiársi

Discóuragement, s. scoraggiaménto, scoraménto

Discóurager, s. scoraggiatóre, -trice; to be a — of idleness, èsser nemíco della pigrízia

Discóuraging, a. scoraggiánte

Discóurse, s. discórso, dissertazióne, ragionaménto, conversazióne; favèlla
— vn. discórrere, favelláre, ragionáre, parláre; — vn. discútere (ant.)

Discóurser, s. ragionatóre, -trice, autóre, -trice di discórso

Discóursive, a. discorsívo, di discórso

Discóurteous, a. scortése, incivíle

Discóurteously, avv. scorteseménte

Discóurtesy, s. scortesía, inciviltà; spiacènza

Discous, a. (bot.) a disco, piátto, lárgo

Discóver, va. scopríre, riveláre, palesáre; mostráre, manifestáre, far vedére; sfoggiáre, scopríre, trováre; Columbus —d América, Colómbo scopèrse l'América; that —s greátness of soul, ciò fa vedére grandézza d'ánimo; to — one's self, scoprírsi, dársi a conóscere

Discóvenant, va. sciógliere l'alleánza

Discóverer, s. scopritóre, -trice, esploratóre, -trice

Discóverture, s. (legge) l'affrancársi dalla tutéla del maríto

Discóvery, s. scopèrta, scopriménto, palesaménto, dichiarazióne, rivelazióne, riconoscimento, agnizióne; to màke a —, fàre una scopèrta

Discrédit, va. scrédere, non crédere, dubitáre; screditáre, far pèrdere il crédito, difamáre, disonoráre
— s. discrédito, scápito nel crédito, disonóre; lo bring into —, to bring — on, far cadére in discrédito; far scadére di crédito; to do — to, far disonóre a; to fàll, to sink into —, cadére in discrédito; to throw — on, gettáre, versár discrédito su di

Discréditable, a. che sfrégia, disonoránte

Discrédited, a. screditáto; non credúto; screditáto, disonoráto, infamáto

Discréet, a. discréto, sàvio, giudizióso, prudènte, circospètto, avvedúto, compassáto

Discréetly, avv. discretaménte, saviaménte, prudenteménte, giudíziosaménte, avvedutaménte

Discréetness, s. discrezióne, giudízio, prudénza, avvedutézza

Discrepance, discrepancy, s. discrepánza

Discrepant, a. discrepánte, divèrso

Discréte, a. discréto, discretívo, separáto

Discrétion, s. discrezióne, prudènza, saviézza, giudízio, circospezióne, ritenutézza, discerniménto; years of —, età della ragióne; I leave it to your —, lo rimétto alla vòstra discrezióne; to surrènder at —, arrèndersi a discrezióne

Discrètionary, Discrètional, *a.* discrezionále, líbero, non ristrétto, non limitáto, illimitáto

Discrètionally, discrètionarily, *avv.* a discrezióne

Discrétive, *a.* discretívo; disgiuntívo

Discrétively, *avv.* discretivaménte

Discriminable, *a.* distinguíbile, differenziábile

Discriminate, *va.* distínguere, far distinzióne tra

— *a.* distínto, disgregáto, separáto

Discriminàting, *a.* che distíngue, distintívo

Discrimination, *s.* distinzióne, discerniménto

Discriminàtive, *a.* che distíngue, distintívo, caratterístico

Discrõwn, *va.* scoronáre

Discùlpate, *va.* discolpáre

Disculpàtion, *s.* discólpa, il discolpáre o discolpársi

Discùmbency, *s.* lo star sdrajáto reclinándo sul gómito (come gli antíchi a mènsa)

Discùmber, *va.* sgombráre; stralciáre, strigáre

Discùrsion, *s.* l'andar vagándo, errándo

Discùrsist, *s.* (*ant.*) disputánte

Discùrsive, *a.* saltuánte, discorsívo

Discùrsively, *avv.* discorsivaménte, saltuariaménte

Discùrsiveness, *s.* qualità di èssere discorsívo, giróvago; diffusióne, prolissità

Discus, *s.* dísco; (*astr. bot.*) dísco

Discùss, *va.* discùtere, esamináre, crivelláre, sciógliere; to — a quèstion, discùtere una questióne; — a túmour, sciógliere un tumóre

Discùssion, *s.* discussióne, esáme, *m.*, sciogliménto; màtter for —, argoménto da discútere; to ènter into —, on a —, entráre in una discussióne; to give ríse to —, provocáre la discussióne

Discùssive, *a.* (*med.*) risolvènte, risolutívo

Discùtient. *a.* (*med.*) risolutívo

— *s.* discuziènte, *m.*

Disdàin, *s.* sprégio, disdégno, sprézzo, scórno

— *va.* disprezzáre, disdegnáre, aver a sdégno

Disdàined, *a.* sprezzáto, spregiáto, sdegnáto

Disdàinful, *a.* spregióso, sdegnóso, sprezzánte; — person, spregióso, spregiósa

Disdàinfully, *avv.* sdegnosaménte, con disprèzzo, con ischèrno

Disdàinfulness, *s.* scórno, disprégio, alterígia

Disease, *s.* malattía, infermità, mòrbo, mále, *m.*, indisposizióne, incòmedo, scómodo, diságio, inquietúdine, *f.*, traváglio; slight —, indisposizioncèlla; contágious —, mále appiccatíccio

— *va.* ammaláre, incomodáre; ammorbáre, viziáre, sconcertáre

Diséased, *a.* ammaláto, incomodáto, indispósto, infèrmo, ammorbáto, magagnáto

Diséasedness, *s.* státo di malattía

Diséaseful, *a.* malsáno

Diséasement, *s.* incòmodo, incomodità

Disèdged, *a.* smussáto, smússo

Disembàrk, *vn.* sbarcáre, scèndere a tèrra

— *va.* sbarcáre, portáre o méttere in tèrra

Disembàrking, *s.* sbárco, lo sbarcáre

Disembàrrass, *va.* sbarazzáre; — one's self, sbarazzársi, sbrigársi, disfársi

Disembìtter, *va.* raddolcíre, tògliere l'amarézza

Disembòdied, *a.* spogliáto del còrpo, scorporáto, separáto; affrancáto, liberáto

Disembógue, *va.* (*de' fiumi*) sboccáre, scaricársi, méttere

Disembòsom, *va.* (*poet.*) strappáre dal séno

Disembòwel, *va.* svisceráre, estrárre dalle interióra, dalle budélla

Disembròil, *va.* sbrogliáre, distrigáre

Disenàble, *va.* rèndere incapáce, spossáre

Disenàmoured, *a.* non più innamoráto; non più invescáto

Disenchànt, *va.* disingannáre, tòrre il fáscino

Disencùmber, *va.* sgombráre, sbarazzáre

Disencùmbrance, *s.* libertà da fastídj e imbaràzzi

Disengàge, *va.* separáre, liberáre, sbrogliáre, staccáre, liberáre, affrancáre, sciògliere, strigáre, sbrigáre, disimpegnáre, cavare d'impáccio, ritiráre un pégno

— *vn.* staccársi, affrancársi, strigársi

Disengàged, *a.* disimpegnáto, líbero, padróne di sé stesso, in libertà, fránco, sciòlto; shall you be — this évening? saréte in libertà stasèra?

Disengàgedness, *s.* l'èsser disempegnáto, líbero, padróne di sè

Disengàgement, *s.* libertà, disimpégno; distácco, affrancaménto; ágio, libertà, còmodo

Disennòble, *va.* degradáre, far pèrdere la nobiltà

Disenròll, *va.* cancelláre dai ruòli

Disenslàve, *va.* (*ant.*) liberáre da schiavitù

Disentàngle, *va.* districáre, sviluppáre, staccáre, sbrigáre; to — one's self, to get disentàngled, stricársi, uscír d'impáccio

Dis-nrurál, *va.* affrancáre, emancipáre

Disenthróne, *va.* detronizzáre

Disentítle, *va.* spogliáre, priváre del dirítto

Disentràncé, *va.* destáre da un'èstasi, rapiménto, o sònno profóndo

Disespòuse, *va.* non isposáre (dopo gli sponsáli)

Disestéem, *s.* disistíma, disprègio, sprézzo

— *va.* far pòco cónto di, spregiáre

Disfàvour, *s.* disfavóre; displacènza

— *va.* disfavoríre, contrariáre

Disfiguràtion, *s.* lo sfiguráre; difformità

Disfigure, *va.* sfigurâre, sformâre, sfregiâre, svisâre, contraffâre, deformâre; snaturâre

Disfigured, *a.* sfigurâto, sformâto, defôrme; fâce — with a wound, fâccia sformâta da una piâga

Disfigurement, *s.* sfigurazióne, contraffazióne disformità, bruttézza

Disfrànchise, *va.* esclúdere dalla franchígia, privâre del dirítto elettorâle

Disfrànchisement, *s.* privazióne della franchígia, del dirítto di elêggere i pròprii rappresentánti

Disfùrnish, *va.* sfornîre, spogliâre

Disgàrnish, *va.* sguarnîre, sfornîre, sprovvedére

Disgàrrison, *va.* sguarnîre (una piazza) del presídio o della guarnigióne

Disgòrge, *va.* sgorgâre, vomitâre

Disgòrgement, *s.* lo sgorgâre; vòmito

Disgráce, *s.* disfavóre; státo d'ignomínia, disonóre, ónta, obbròbrio, vergógna, cagióne di vergógna; that minister is nów in —, quel minístro è adêsso in disfavóre; Geôrge, is a — to his fàmily, Giòrgio è la vergógna, il disonóre della sua famíglia — *va.* privâre della grázia; tòrre il favóre; disonorâre, svergognâre, far disonóre od ónta a; to — one's self, disonorársi, svergognársi

Disgráceful, *a.* disonorévole, vergognóso, vituperévole, ignominióso

Disgrácefully, *avv.* vergognosaménte, ignominiosaménte

Disgrácefulness, *s.* disonóre, vitupêrio, vergógna

Disgrácer, *s.* chi disonóra, chi svergógna

Disgrácious, *a.* disaggradévole

Disguíse, *va.* travestîre, mascherâre palliâre, ammantâre; to — one's sêlf, travestírsi, ammantársi

— *s.* travestiménto, âbito mentíto; máschera, velâme, *m.*, pretêsto, apparênza, simulácro

Disguíser, *s.* chi máschera; chi s'immáschera

Disgùst, *s.* disgústo, náusea, svogliatézza; fastídio, ripugnânza, avversióne

— *va.* disgustâre, stomacâre, svogliâre, ributtâre; to be —ed with, disgustársi di

Disgùstful, *a.* disgustóso, nauseánte, ributtánte

Disgùsting, *a.* disgustóso, stomachévole, ributtánte

Disgùstingly, *avv.* in mòdo disgustóso o ributtánte

Dish, *s.* piâtto, piâtto gránde; contenúto del piâtto, vivánda, pietánza; scodêlla; silver —, piâtto d'argênto; dáínty —, piattíno, buon boccóne, vivánda squisíta; two —es of mêat and òne of fish, due piâtti di cárne ed uno di pésce; to wàsh —es, lavâr scodêlle; to sêrve up a —, servíre,

portâre in távola un piâtto; — -wàsher, lavascodêlle; — -wàter, lavatúra di scodêlle; — -clòut, strofinâccio,cêncio, stráccio — *va.* méttere nel piâtto, minestrâre, imbandíre

Dishabille, *s.* âbito neglétto (di câmera)

Disheártedness, *s.* scoraggiaménto

Disheárten, *va.* scoraggiâre, disanimâre, sbaldanzíre, sgomentâre

Disheártened, *a.* scoráto, pêrso di ânimo, avvilíto

Disheártening, *avv.* scoraggiánte; desolánte

Dishèrison, *s.* diseredazióne, diseredaménto

Dishèrit, *va.* diseredâre, *V.* Disinherit

Dishèritance, *s.* diseredazióne, *V.* Disinhèrison

Dishéritor, *s.* diseredânte, *mf.*, *V.* Disinhèritor

Dishèvel (discêvil), *va.* scapigliâre, scarmigliâre, arruffâre

Dishèvelled, *a.* scapigliâto, scarmigliâto, arruffáto

Dishònest, *a.* disonêsto, fraudolênte, iníquo, ingiústo, sleále, infâme

Dishònestly, *avv.* disonestaménte

Dishònesty, *s.* disonestà, improbità, fraudolênza, slealtà

Dishònour, *s.* disonóre, vitupêrio, obbròbrio; to be a — to, far disonóre a, êssere un' ónta a; to hóld it a — to, tenêrsi disonoráto di, avére, a víle, tenêre a víle di — *va.* disonorâre, svergognâre

Dishònourably, *avv.* disonorevolménte

Dishònourer, *s.* persóna che disonóra; seduttóre

Dishòrn,, *va.* scornâre, spogliâr delle córna

Dishúmour, *s.* cattivo umóre

Disimpàrk, *va.* mêtter fuóri (il grègge) dal chiúso, far uscíre dal chiúso

Disimpróvement, *s.* peggioraménto, scápito

Disincàrcerate, *va.* (poco us.) scarcerâre

Disinclinátion, *s.* svogliatézza, ripugnânza, antipatía, avversióne

Disinclíne, *va.* prodúrre antipatía, disgustâre, indispórre, svogliâre, distornâre, distògliere

Disinclóse, *va.* dischiúdere, aprîre

Disincôrporate, *va.* sopprímere una corporazióne, o i suoi privilégi

Disincorporátion. *s.* soppressióne d'una corporazióne, o du' suoi privilégi

Disinfèct, *va.* disinfettâre

Disinfèction, *s.* disinfezióne

Disingènuity, *s.* slealtà

Disingènuous, *a.* sleále, di mála féde

Disingènuously, *avv.* slealménte, con mála fede

Disingènuousness, *s.* slealtà, mála féde, doppiézza

Disinhèrison, *s.* (legge) diseredazióne, diseredaménto

Disinhèrit, *va.* diseredâre, disereditâre

Disinhèritor, *s.* (*legge*) diseredánte, *mf.*
Disinhûme, *va.* esumáre, dis-eppellíre
Disintegrate, *va.* disintegráre, disaggregáre
Disintegràtion, *s.* disaggregazióne
Disintèr, *va.* dissotterráre, diseppellíre
Disinterested, *a.* disinteres-áto
Disinterestedly, *avv.* in módo disinteressáto
Disinterestedness, *s.* disinteressaménto, disinterêsse, *m.* (imparzialità).
Disintèrment,*s.* esumazióne, dissotterraménto
Disinтraràll, *va.* redímere da schiavitù
Disinтвràllment, *s.* redenzióne, emancipazióne da schiavitù
Disintricate, *va.* sviluppáre; stralciáre, strigáre
Disinûre, *va.* disusáre, disavvezzáre, svezzáre
Disinvìte, *va.* disinvitáre, revocáre l' invíto
Disinvólve, *va.* sviluppáre, strigáre, svólgere
Disjôin, *va.* disgiúgnere, separáre, sconnèttere (còse congiúnte), disgregáre, staccáre
Disjôined, *a.* disgiúnto, staccáto, separáto
Disjôint, *va.* slegáre, smembráre, scompagináre, sgangheráre, slombáre
— *vn.* slogàrsi, staccàrsi, scompaginàrsi, cadére in pèzzi
Disjôinted, *a.* slogáto, smembráto, scompagináto; slombáto, sgangheráto sconnèsso
Disjùnct, *a.* disgiúnto, separáto, staccáto
Disjùnction, *s.* separaménto, disgiunzióne, disgiungiménto, distaccaménto, divisióne
Disjùnctive,*a.*disgiuntívo,separatívo;(*gram.*) disgiuntívo
Disjùnctively, *avv.* disgiuntivaménte, separataménte
Disk, *s.* dísco
Diskíndness, *s.* malevolénza; cattívo ufficio, ufficio malèvolo
Dislíke, *s.* disamóre, *m.*, disaggradiménto, disistíma,antipatía, avversióne,ripugnánza, disgústo; to give a — to, disgustáre di; to have a — to, prováre antipatía, sentíre avversióne, ripugnánza per; to táke a — to, prèndere in avversióne, in úggia
— *va.* disamáre, non gradíre, non amáre; disistimáre, aver a màle, vedére con mal occhio, ripugnáre, aver dell'antipatía per, disgustársi, di, disapprováre; odiáre; I — that, ciò non mi viéne a grádo, ciò mi displáce
Dislíked, *a.* disamáto, odíáto; disapprováto
Dislíken, *va.* rèndere dissímile, guastár la somigliánza
Dislíkeness, *s.* dissómigliánza
Dislíker, *s.* persóna che disáma o disapprôva
Dislimb, *va.*scompaginàre, smembráre, smozzicáre
Dislocàte, *va.* slogáre, scompaginàre
Dislocàtion, *s.* slogaménto, slogatúra
Dislòdge, *va.* dislòggiáre, far uscíre, sfrattáre, scacciáre; to — a déer, levár un cêrvo; — a camp, levár il cámpo, sloggiáre

— *vn.* sloggiáre, sgomberáre, mutár cása
Dislôyal, *a.* sleále, infído, pêrfído; ribêlle; a — sùbject, un sùddito che ostéggia il suo príncipe
Dislôyally, *avv.* dislealménte, da ribêlle
Dislôyalty, *s.* slealtà; perfídia, infedeltà; (*política*) infedeltà, ribellióne
Dísmal, *a.* trísto, cúpo, tétro, scúro, lúgubre, orrèndo; the knight of the — (or wôful) coûntenance, il cavaliére della trísta figúra; the —s, — *s.* l' úggia; *V.* Spleen
Dísmally, *avv.* orribilménte, tristaménte
Dísmalness, *s.* tetràggine, *f.*, cupèzza, orróre
Dismàntle,*va.* smantelláre, spogliáre; (*mar.*) disarmáre
Dismàntling, *s.* (*mar.*) disarmaménto; smantellaménto (di fortézza)
Dismàsk, *va.* smascheráre
Dismàst, *va.* (*mar.*) disarboráre, disalberáre
Dismày, *va.* sgomentáre, spaventáre, esterrefáre, sgominàre
— *s* sgomènto, stupóre, sgomínio
Dismàyed, *a.* esterrefátto, sgomentáto, spaventáto, stupefátto; to lôok —, parér costernáto, préso da sgoménto
Dismèmber, *va.* smembráre; squartáre, sbranáre
Dismèmberment, *s.* smembraménto
Dismiss, *va.* licenziáre, congedáre, accomiatáre, dar licênza, mandár vía, rimandáre, dostitúire, depórre
Dismíssal, *s.* licenziaménto, congêdo, destituíménto, deponiménto; rimándo
Dismórtgage, *va.* cancellár l' ipotéca
Dismôunt, *vn* smontáre, scéndere da cavállo — *va.* far discéndere o cadére da cavállo, scavalcáre, smontáre; to — a cànnon, scavalláre un cannóne
Disnàturalize, *va.* (*legge*) priváre del privilégio di naturalità, togliere la nazionalità
Disnàtured, *a.* snaturáto, *V.* Unnàtural
Disobédience, *s.* disubbidiênza, trasgressióne
Disobédient, *a.* disubbidiénte
Disobédiently, *avv.* disobbedienteménte
Disobey (*pr.* disobáy), *va.* disubbidíre; trasgredíre
Disobligàtion, *s.* dispiacénza, átto dispiacénte
Disoblíge, *va.* disobbligáre, dis-ervíre, dispiacére, fáre una dispiacènza a
Disoblíging, *a.* disobbligánte, sgarbáto, scortése, incivíle, spiacénte
Disoblígingly, *avv.* sgarbataménte, scorteseménte
Disoblígingness, *s.* scortesía, sgarbatézza
Disòrbed, *a.* spínto fuòri della própria órbita
Disòrder, *s.* disórdine, *m.* scompíglio, imbròglio, confusióne, pêrturbaménto, sconcêrto; indisposizióne, mále, *m.*, malattía; in — in disórdine; to throw in —, scompigliá·

nêr, rûde; - fàll, sòn, bûll; - fàre, dó; - bý, lỳmph; pôlie, bôỹi, fôl, fôwl; gem, aś.

Diz. Ingl. Ital. - Edis. VI. Vol. I.   13

re, gittáre in confusióne, dissestáre; the bad — (volg.), il mal francése

Disòrder, va. disordináre; scompigliáre, dissestáre, méttere in disórdine, confóndere, turbáre, perturbáre, sconcertáre, sgomináre; scomodáre, sconciáre, viziáre

Disòrdered, a. disordináto, scompigliáto, sconcertáto; in disórdine; sregoláto

Disòrderly, a. disordináto, di disórdine, in disórdine, tumultuóso, tumultuánte, sregoláto, scóncio, immoràle

— avv. disordinaménte; sregolataménte

Disòrdinate, a. disordináto, sregoláto, immoràle

Disòrdinately, avv. disordinaménte

Disorganization, s. disorganizzazióne

Disòrganize, va. disorganizzáre

Disòrganizer, s. disorganizzatóre, -trice

Disòwn, va. disconfessáre, sconóscere, negáre, ripudiáre

Disòxydate, va. (chim.) disossidáre

Disoxydàtion, s. (chim.) disossidazióne

Disòxygenate, va. (chim.) disossigenáre

Disoxygenàtion, s. (chim.) disossigenazióne

Dispáradised, a. allontanáto, bandíto dal paradíso

Dispàrage, va. spregiáre, sprezzáre, avvilíre, discreditáre, far póco cónto di, detrárre da

Dispàragement, s. disprégio, disprèzzo, detrazióne; — in màrriage, inegualità di condizióne nel matrimónio

Dispàrager, s. dispregiatóre, -trice; detrattóre, -trice

Dispàragingly, avv. con disprèzzo, da detrattóre, spregevolménte; to spéak — of, sparláre di, detrárre da

Dispàrate, a. disparáto, dissímile, scordánte, dísparo, incóngruo; disparates, spl. —, incongruità, a‑surdità

Dispàrity, s. disparità, disuguagliánza

Dispàrk, va. apríre un párco, un chiúso; métter fuóri dal chiúso, méttere in libertà

Dispàrt, va. divídere in due, spartíre; (artigl.) pórre o prèndere la míra; vn. spartírsi, separársi

Dispàssionàte, a. spassionáto, pacáto, imparziále

Dispàssionately, avv. spassionataménte

Dispàtch, V. Despàtch

Dispèl, va. scacciáre, espèllere, dissipáre; to — the mist, the dàrkness, dissipáre la nébbia, le tènebre

Dispènsary, s. farmacía o luógo in cui si dispénsano (ai póveri) le medicíne

Dispensàtion, s. dispènsa; dispensagióne, distribuzióne; privilégio, lègge, f., órdine, m.

Dispènsatory, s. ricettário; farmacopéa

Dispènse, va. dispensáre, distribuíre, compartíre, scompartíre; to — with, far sénza, scusare, esentáre; dispensing pówer, (lègge) dirítto di grázia

— s. dispénsa, esenzióne

Dispènser, s. dispensatóre, -trice, distributóre, -trice

Dispéople, va. spopoláre, desoláre

Dispéopler, s. spopolatóre, desolatóre

Dispèrge (poco us.) apruzzáre

Dispèrmous, a. (bot.) dispèrmo

Dispèrse, va. dispèrgere, spárgere, spèrdcre; sparpagliáre; dissipáre, vn. dispèrdersi, spárgersi

Dispèrser, s. spargitóre, -trice, sperditóre, -trice

Dispèrsion, s. dispergiménto, dispersióne; — of séeds, spórules (bot.), disseminazióne

Dispirit, va. scoraggiáre, scoráre, disanimáre, avvilíre

Dispirited, a. scoraggiáto, avvilíto, pèrso d'ánimo

Dispiritedness, s. avviliménto, abbattiménto

Displáce, va. rimuóvere, smuóvere, tòrre (una còsa) dal suo luógo

Displànt, va. spiantáre, sradicáre, scalzáre

Displantàtion, s. lo spiantáre; sradicaménto

Display, va. spiegáre, sviluppáre, schiúdere, distèndere, sciorináre, sfoggiáre, far pómpa di; far vedére, mostráre, espórre, manifestáre; to — one's wit, mostráre, far pómpa del pròprio ingégno

— s. esposizióne, móstra, sviluppaménto, svilúppo, dispiegaménto; esposizióne, sfóggio; pómpa; making a — of his èloquence, facèndo sfóggio della sua eloquènza

Displéase, va. dispiacére, offèndere, urtáre, contrariáre, ripugnáre; that displéases me much, ciò mi dispiáce, ciò mi contrária; I am — d at it, me ne dispiáce; your uncle is — d with you, vòstro zío non è contènto di voi

Displéased, a. dispiaciúto, scontènto, in cóllera

Displéasing, a. spiacènte, spiacévole, penóso

Displéasure, s. dispiacére, m. disgústo, scontènto, cóllera, disfavóre, dispiacènza; to fall under the king's —, incórrere la disgrázia o l'indignazióne del re

Displóde, displósion, V. Explóde, Explósion

Displúme, va. spiumáre, spennáre

Displòrt, s. dipòrto; sollàzzo, divertiménto

— vn. (poco us.), andáre a dipòrto, sollazzársi

Dispósable, a. disponíbile

Dispósal, s. disposizióne, f., balía, comándo, órdine, m. potére, m.; it is at your —, è alla vòstra disposizióne

Dispóse, va. dispórre, aggiustáre, méttere in órdine, assettáre, prepráre, fáre; to — of, dispórre, alienáre, collocáre, far quel che si vuóle di (una còsa); man propóses and Gòd — s, l'uòmo propóne e Dio dispóne; I háve — d of my hôuse, ho vendúto la mía cása; I dón't know hôw to — of it, non so che fárne, non so come disfármeñe; to be ill —d tówardś, éssere indispósto a, disinclináto a; —d to be merry, dispósto alla giòia, d'umor allégro; to be —d of, da véndere

Dispósed, a. dispósto, inclináto, intenzionáto; évil- —, mal intenzionáto; wèll- —, ben intenzionáto

Dispóser, s. disponitóre, -tríce; ordinatóre, -tríce, regolatóre, -tríce

Disposition, s. disposizióne, órdine, m.; distribuzióne, ordinaménto; índole, f. naturále, m.; temperaménto; intenzióne, inclinazióne, talénto

Dispossèss, va. spossessáre, spogliáre, priváre

Dispossèssion, s. privazióne del possésso, espropriazióne

Dispráise, s. biásimo, rimpróvero; to the — of, al disonóre di
— va. biasimáre, censuráre, spregiáre

Dispráiser, s. crítico, censóre, biasimatóre, -tríce

Dispráisible, a. disprezzábile, biasimévole

Dispráisingly, avv. con biásimo, con censúra

Dispread, va. spárgere, diffóndere variaménte; — vn. esténdersi, diffóndersi in più direzióni e guíse

Dispréader, s. banditóre, divulgatóre

Disprison, va. sprigionáre

Disprize, va. dispregiáre, avére in póco prégio

Disprofèss, va. rinunciáre alla professióne di

Dispróof, s. confutazióne

Bisproportion, s. disproporzióne, disparità
— va. sproporzionáre

Disproportionable, a. sproporzionáto

Disproportionableness, s. l'éssere sproporzionáto

Disproportionably, avv. sproporzionataménte

Disproportional) a. sproporzionáto, dísDisproportionate } pari, disuguále, ineDisproportioned) guále, dissímile

Disproportionally, disproportionately, avv. sproporzionataménte

Dispróve, va. confutáre; (ant.) riprováre

Dispróver, s. confutatóre, -tríce

Dispùnge, va. scancelláre, cassáre

Disputable, a. disputábile, da disputársi

Disputant, a. s. disputánte, controversísta, mf.

Disputátion, s. dísputa, disputazióne, controvèrsia

Disputátious, a. contenzióso, cavillóso, inclináto a disputáre, accattabríghe

Dispútative, a. disputatívo

Dispúte, va. disputáre, dibáttere, contrastáre, contestáre, conténdere; vn. questionáre, venír a paróle, altercáre, rissáre; to — about triflés, disputáre dell'ombra dell'ásino
— dísputa, s. controvèrsia; quistióne, altèrco; beyònd all —, sénza contraddizióne,

sénza dúbbio; to admit of —, ammétter discussióne, ésser discutíbile

Disputed, a. disputáto, controvèrso; much —, mólto controvèrso; — cláims óffice, ufficio del contenzióso

Disqualification, s. incapacità, mancánza di qualità (per fáre, dáre o ricévere una còsa); inabilità (legale), inettitúdine, f.; to invòlve — (legge), importáre, invòlvere incapacità legále; to lie ùnder a —, (legge) ésser colpíto d'incapacità

Disquálify, va. disabilitáre, réndere inètto

Disquíet, s. inquietúdine, f. traváglio
— va. inquietáre, travagliáre, molestáre

Disquíeter, s. perturbatóre, -tríce, imbroglióne, m. imbroglióna

Disquíetude, s. inquietúdine, f.; traváglio

Disquisition, s. disquisizióne, esáme, m., ricérca

Disregárd, va. far póco cónto di, guardár dall'álto, sprezzáre; non dársi pensiéro di, non si calére di
— s. noncuránza, il non calére, sprézzo

Disregárdful, a. non curánte

Disregárdfully, avv. trascurataménte, sprezzataménte, con noncuránza

Disrelish, s. dissapóre, m., cattívo gústo; disgústo, ripugnánza, stòmaco; avversióne, antipatía, disamóre
— va. avér a schifo; disapprováre

Disréputable, a. di guásta riputazióne, póco onorévole, disonorévole; disdicévole

Disréputably, avv. disonorevolménte, con iscápito di onóre; bassaménte

Disreputátion, s V. Disrepúte

Disrepúte, s. cattíva riputazióne, cattívo nóme, discrédito; disonóre; to bring into —, méttere in discrédito; screditáre; to fáll, to sink into —, cadére in discrédito

Disrespèct, s. mancánza di rispétto, irriverènza, inciviltà; to hòld in —, rispettáre póco, sprezzáre

Disrespèctable, a. póco onorévole (per la posizione sociale)

Disrespècter, s. irriverènte, m. f.

Disrespèctful, a. póco rispettóso, irriverènte

Disrespèctfully, avv. sénza il débito rispétto

Disróbe, va. (stile elev.) svestíre, spogliáre
— vn. svestírsi, spogliársi

Disróot, va. sradicáre, svèllere, scalzáre

Disrùption, s. dirompiménto, rottúra; scoveraménto

Dissatisfàction, s. sconténto, disgústo

Dissatisfàctoriness, s. impotènza a soddisfáre; mancánza di soddisfaciménto

Dissatisfàctory, a. che non soddísfa

Dissàtisfy, va. non soddisfáre, scontentáre

Dissèct, va. notomizzáre, far notomía di, esamináre, análizzáre; sminuzzáre

Dissèction, s. notomía; dissezióne; análisi, f.

Dissèctor, s. (chir.) notomista, m.

Disséize, va, (legge) dispossessáre illegal-
ménte
Disséizée, s. (legge) colúi ch' è spossessáto
Disséizin, s. (legge) spogliaménto de' béni
Disséizor, s. (legge) spogliatóre ingiústo
Dissèmble, va. dissimuiáre, simuláre, celáre,
palliáre, nascóndere; vn. dissimuláre, fín-
gere, far vísta, far l' ipócrita
Dissèmbler, s. dissimulatóre, -trice, ipócri-
ta, m. f.
Dissèmbling, s. dissimulazióne, funzióne
— a. dissimuláto, artificióso, fínto
Dissèmblingly, avv. dissimulataménte, fin-
taménte
Dissèminate, va. dısseminaáre, spárgere, propagáre; — érrors, disseminare erróri
Disséminated, a. disseminato, divulgáto
Dissèminatien, s. il disseminare, divulgaménto
Dissèminator, s. disseminatóre, propagatóre
Dissènsion, s. dissensióne, dissídio, discórdia; to sów — s, métter la discórdia, semináre la zizzánia
Dissènsious, a. cavillóso, rissóso
Dissènt, vn. dissentíre, discordáre, differíre,
non conformársi, non concórrere nello
stésso parére
— s. dissènso, dissentiménto; le sétte dis-
senziénti (dalla Chiésa Anglicána); dissídio, discordánza d' opinióne, contrarietà
di paréri; contrário sentiménto; non con-
formità
Dissentáneous, a. discordánte, contrário
Dissènter, s. dissidènte, m. f., dissenziènte,
m. f., non conformista
Dissèntient, a. dissenziènte
Dissènting, a. (relig.) dissidènte, dissen-
ziènte
Dissèrt, vn. discórrere, fáre una dissertazióne
Dissertátion, s. dissertazióne, discórso
Dissertátor, s. autóre di una dissertazióne
Dissèrve, vv. disservíre, réndere cattívo ser-
vízio, nuócere, pregiudicáre
Dissèrvice, s. disservígio, cattívo ufficio
Dissèrviceable, a. nocévole, pregiudiziévole
Dissèrviceableness, s. qualità nociva, pre-
giudízio
Dissèrviceably, avv. pregiudizievolménte
Dissèver, va. sceveráre, separáre, disunire,
disgregáre; to — a branch from a trée,
strappáre un ramo da un álbero
Dissidence, s. (poco us.) dissídio, discor-
dánza
Dissident, s. dissidènte, m. f.
Dissilience { s. scóppio, scoppiaménto, scop-
Dissilition {   piatúra
Dissimilar, a. dissímile, differènte, divèrso
Dissimilàrity, Dissimilitude, s. dissimiglián-
za, disparità
Dissimulátion, s. dissimulazióne
Dissipable, a. dissipábile

Dissipate, va. dissipáre, far dileguáre; spér-
dere; scialacquáre, sparnazzáre; traviár
(la mènte)
— vn. dissipársi, dileguársi, sciógliersi
Dissipated, a. dissipáto; di, da díscolo
Dissipátion, s. dissipaménto, disperdiménto,
sfaciménto, diléguo; dissipaménto, dilapi-
daménto, scialácquo; dissipazióne (della
mènte)
Dissociability, s. insociabilità
Dissóciable, a. V. Insociable
Dissóciate, va. disgiúngnere, disuníre, sepa-
ráre
Dissolubility, s. dissolubilità
Dissoluble, a. dissolúbile
Dissolute, a. dissolúto, scapestráto
Dissolutely, avv. dissolutaménte, da díscolo
Dissoluteness, s. dissolutézza, sregolatézza
Dissolútion, s. dissoluzióne, sciogliménto,
liquefazióne, sfaciménto, separazióne, distruzióne, mórte, f.; (chim.) dissoluzióne,
sciogliménto
Dissólvable, a. dissolúbile, solúbile
Dissólve, va. dissólvere, liquefáre, fóndere;
disciógliere, stemperáre, disuníre, dissipáre, disfáre, annulláre; (med.) dissólvere
dissipáre; (part.) sciógliere, disciógliere
— vn. disciógliersi, dissipársi, dileguársi,
andár in delíquio, prorómpere in lá-rime
Dissólvent, a. dissolvènte; — s. dissolvènte,
m., mediçaménto dissolutívo
Dissólver, s. dissolvènte, m., dissolutívo, persóna o cósa che dissólve o dissipa
Dissonance, s. dissonánza; discordánza
Dissonant, a. dissonánte, scordánte, áspro
Dissuáde, va. dissuadére, sconsigliáre, stornáre; you must — him from it, bisógna
dissuadérnelo
Dissuáder, s. dissuaditóre, -trice
Dissuásion, s. dissuasióne
Dissuásive, a. dissuasívo, deortatório
— s. argoménto dissuasívo
Dissyllábic, a. dissíllabo
Dissyllable, s. dissíllabo
Distaff, s. connócchia, rócca; — fúll, roccáta, connocchiáta; to plý the —, filáre una
roccáta; to spin with a —, filáre con una
rócca
Distáin, va. macchiáre
Distance, s. distánza, lontanánza; (fig.) riservatézza, ritégno, contégne; (mus.) spázio, intervállo; at a gréat —, in gran distánza; to kéep one's —, portár rispètto,
èsser rispettóso; to kéep a pèrson at a —,
tenérsi discósto da úno, fárlo stáre a ségno; in the —, in lontanánza, da lúngi
— va. discostáre, lasciáre indiètro, precor-
rere di mólto; lasciár indiètro al di là
dei límiti segnáti
Distanced, a. lasciáto indiètro, vinto (d'un
quárto di míglio) alla córsa
Distant, a. distánte, lontáno, discòsto; (fig.)

contegnóso, riserváto, leggièro ; to be —
distáre; six milés —, distánte sei míglia
Distantly, avv. a quálche distánza; alla lon-
tána; con risèrbo; contegnosaménte
Distáste, s. dissapóre, cattívo sapóre; svogliatézza, avversióne, antipatía, fastídio, ripugnánza; to táke a — to, avér a fastídio,
fastidíre, stomacáre
— va. disgustáre, fastidíre, stomacáre, svogliáre, ributtáre
Distásteful, a. scipíto, disgustóso; fastidióso
Distástefully, avv. disgustosaménte, fastidiosaménte, scipitaménte
Distástefulness, s. scipitézza; tediosità, odiosità
Distèmper, s. mòrbo, viziatúra, malattía, vízio, disórdine, m., mále, m., indisposizióne,
sconvolgiménto; (pitt.) témpera, guázzo
— va. cavár del suo temperaménto, stemperáre, disordináre, alteráre, viziáre, ammorbáre, sconvólgere, far mále a, far ammaláre; indispórre.
Distèmperance, s. V. Distèmperature
Distèmperáte, a. eccessivo, immoderáto
Distèmperature, s. intempèrie, f. (dell' á-
ria); agitazióne, turbaménto (dell'ánimo);
disórdine, m; confusióne; indisposizióne
Distèmpered, a. indispósto; disordináto, maláto, sconvólto, alteráto, immoderáto
Distènd, va. stèndere, gonfiáre, dilatáre; to
— with, gonfiáre di
Distènsion, s. distendiménto, gonfiézza
Distensibility, s. (fis.) dilatibilità, elatèrio
Distènsible, a. distensíbile
Distènsive, a. dilatábile
Distènt, a. (with), gonfiáto (di)
Distèntion, s. (med.) tensióne, distensióne,
distendiménto
Distich, a. s. dístico
Distil, va. distilláre, lambiccáre
— vn. stilláre, èsser in distillazióne; stillá-
re, uscíre giù a góccia a góccia, gocciolá-
re, cascár a gócciole
Distillable, a. distillábile
Distil.ation, a. distillazióne
Distillatory, a. distillatório
Distiller, s. distillatóre, -trice
Distillery, s. distillería
Distinct, a. distinto, chiáro, scolpíto; spic-
cáto, differènte, dissimile
Distinction, s. distinzióne; differènza, diver-
sità; separazióne, divisióne, nòta, fáma ;
to máke a — betwéen, fáre una distinzió-
ne, una differènza tra; persóns of —, per-
sóne distínte, uómini insigni, dònne di
condizióne; I máke a —, distinguo
Distinctive, a. distintívo; — characteristic,
caratterístico distintivo
Distinctively, a. ín módo distintívo, chiáro
Distinctiveness, s. caráttere distintívo
Distinctly, avv. distintaménte, chiaraménte
Distinctness, s. chiarézza, lucidézza, esattézza

Distinguish, va. distínguere, differenziáre, discèrnere, consideráre partitaménte; distínguere, rèndere cospícuo, insigníre, fregiáre, onoráre; to — one's sélf, distinguersi,
segnalársi, insignírsi
— vn. distinguersi, fáre una distinzióne
Distinguishable, a. distinguíbile
Distinguished, a. distinto, cospícuo, segnaláto, eminènte, insigne, chiáro, célebre,
nòbile; elegánte, squisíto, urbáno ; I am
happy to háve made the acquáintance of
so — a man, son fortunáto d'èssere divenúto conoscènte di un tanto uómo
Distinguisher, s. apprezzatóre giudizióso, osservatóre oculáto
Distinguishingly, avv. in módo oculáto, per-
spicaceménte; in módo distínto, onorevolménte
Distinguishment, s. distinzióne, f. differènza
Distitle, va. tògliere ogni títolo o dirítto a
Distórt, va. stòrcere, contòrcere, ritòrcere;
to — a wòrd from its pròper méaning,
stòrcere il sènso di una paròla
Distórted, a. stòrto, contòrto; scompósto,
stralunáto, rivòlto; alteráto, falsáto
Distórtedly, avv. stortaménte, contortaménte
Distórtion, s. contorsióne, f., storciménto;
smòrfia
Distráct, va. distrárre, distòrre, dívidere,
sviáre, svagáre, stornáre, frastornáre, confóndere; far arrabbiáre, far impazzíre; to
— a pèrson, far ammattíre uno; — the
mind from, svagáre la mènte da, stor-
nárla da
Distrácted, a. distrátto, svagáto, stornáto,
frastornáto, assènte di spírito, confúso,
imbrogliáto, sgominato, sconcertáto, sconvólto, scompigliáto, frenético ; to drive
one —, far impazzíre uno; to becòme —,
distrársi, svagársi, smaniáre, impazzíre
Distráctedly, avv pazzaménte, perdutaménte
Distráctedness, s. assènza di spírito; demènza
Distrácting, a. crudéle, straziánte, atróce;
— cáres, cure edáci
Distráction, s. distras'óne, svagaménto, assènza di spírito ; demènza, fúria, frenesía
Distráctive, a. distrattívo
Distráin, va. staggíre, sequestráre; párty
—ed, (legge), debitóre, -trice, a cui vien
fatto un sequèstro
Distráinable, a. (legge) sequestrábile, stag-
gíbile; not —, non sequestrábile
Distráiner ⎰ s. (legge) staggitóre, colúi che
Distráinor ⎱ sequèstra
Distráint, s. staggiménto, sequèstro
Distráught, V. Distrácted
Distrèss, s. angústia, affánno, ambáscia, angóscia; angústia, avversità, misèria, strettézza; estremità; stag.ina, sequèstro; còse
sequestráte; pecúniary —, scarsézza del
numerário, angústia; — of mind, affánno,

ambáscia, afflizióne; to lévy a —, fare un sequêstro
— va. angustiáre, affannáre, angosciáre, affliggere; angustiáre, ridùrre alle strétte, alla misèria, triboláre; staggíre, sequestráre
Distréssed, a. angustiáto, angosciáto, affannáto; ridótto in misèria, alle strétte, misero, bisognóso, triboláto
Distréssful, a. angoscióso, affliggènte, straziànte
Distréssfully, avv. miseraménte, gravosaménte
Distréssing, a. calamitóso, opprimènte, gravóso, straziánte
Distríbute, va. distribuíre, scompartíre, ripartíre, dispensáre
Distributing, a. di distribuzióne, da distribuírsi
Distribútion, s. distribuzióne, ripartizióne
Distributive, a. distributívo
Distributively, avv. distributivaménte
Distributor, s. distributóre, -tríce, dispensatóre, -tríce, dispensière, m. dispensièra
District, s. distrétto, circoscrizióne, giurisdizióne
Distringas, s. (legge) órdine, m., permésso di staggíre
Distrùst, va. diffidáre di, non si fidáre di, dubitáre, sospettáre; they — me, diffidano di me; I am — ed, si diffída di me
Distrùst, s. diffidènza, diffidánza, sospètto
Distrùstful, a. diffidènte, dubbióso, sospettóso
Distrustfulness, s. caráttere, m. diffidènte, diffidènza
Distrústfully, avv. sospettosaménte, dubitosaménte
Distrústingly, avv. con diffidènza, sospettosaménte
Distrùstless, a. senza diffidènza, senza sospètto
Distùrb, va. disturbáre, incomodáre, interrómpere; inquietáre, frastornáre, molestáre, scompigliáre, intorbidáre, dissestáre; I come to — you on business, vèngo à sturbárvi per affári; I am sórry to have —ed you, mi rincrésce di avervi incomodáto
Distùrbance, s. distúrbo, disórdine, m., scompíglio, imbarázzo, confusióne, sconvolgiménto, perturbaménto, interruzióne; tó make a —, prodúrre disórdine, scompíglio, perturbazióne; to quéll a —, sedáre un tumùlto, por fíne ad un disórdine, ad uno sconvolgiménto
Distùrbed, a. sturbáto, incomodáto, interrótto, turbáto
Distùrber, s. sturbatóre, -trice
Disúnion, s. disunióne, separazióne, discórdia
Disunite, va. disuníre, disgiúgnere, separáre
— va. disunírsi, disgiúgnersi, separársi

Disúse, s. disúso, dissuetúdine, m; in —, disusáto; to fáll into —, cadére in dissuetúdine
Disúse, va. disusáre, non usár piû
Disúsed, a. disusáto, inusitáto
Disvaluátion, s. discrédito, deprezzaménto
Disválue, va. disprezzáre, V. Undervàlue
Disvóuch, va. contraddíre, negáre
Diswónt, va. divezzáre
Ditch, s. fòssa, fossáta; smàll —, fossatèlla; làrge or wíde —, fòsso; — bànk, árgine, m. arginétto; to cléar a —, saltáre un fòsso; to díe in a —, morire sul lástrico, sópra un letamájo
— va. affossáre; far affossáre; — vn. scaváre (una fòssa)
Ditcher, s. lavoratóre che scáva fòssi, che fa fòsse
Ditching, s. il far dei fòssi, l'affossáre, lo scaváro
Ditræism, s. (teologia) diteísmo
Ditrœistic, ditrœistical, a. (teologia) diteístico
Dithyramb, dithyràmbus, s. ditirámbo
Dithyràmbic, s. ditirámbo; a. ditirámbico
Dition, s. dizióne, f. domínio, govèrno
Ditone, s. (mus.) dítono
Ditriglyph, s. (arch.) ditriglífo
Dittànder, s. (bot.) V. Pèpper-wórt
Dittany, s. (bot.) díttamo, frassinèllo
Dittied, a. musicáto, mésso in mùsica
Ditto, a. (com.) ídem, détto, medésimo
Ditty, s. canzóne, f., canzonétta, ária; àmorous —, canzóne amorósa, cánto d'amóre; dismal, dóleful —, nènie, fpl. cánto fùnebre, funèreo; persóna tríste, uggiósa; pàstoral, rùral —, canzóne, cánto pastoràle
Diurètic, a. s. (med.) diurètico
Diúrnal, a. diúrno, quotidiáno; the — movement of the èarrh, il móto diúrno della tèrra; s. giornále, m.
Diuturn, diutùrnal, a. diutúrno
Diutúrnity, s. diuturnità
Divàn, s. diváno (consíglio del sultáno)
Divàricate, vn. divaricársi, biforcársi, separársi, diramársi, scostársi, dilungársi; esitáre
— va. divaricáre, divídere in due, rèndere biforcúto, discostáre, allontanáre
Divaricátion, s. divaricazióne, diramazióne; scostaménto, sviaménto, divisióne d'opinióne, elasticità, esitánza
Dive, vn. tuffársi, immèrgersi, approfondàrsi, penetráre; to — into, inviscerársi in
Divèl, va. svèllere, disvèllere, strappáre
Diver, s. tuffatóre, -tríce, palombíero; (orn.) smèrgo, marangóne, m; — for pèarls, pescatóre di pèrle
Divèrge, vn. divèrgere, èssere divergènte
Divèrgence, divèrgency, s. divergènza
Divèrgent, a. divergènte

Diverà, a. divèrsi, parècchi, più di úno; in — pláceś, in divèrsi luòghi; — -còloured, variopìnto

Diverse, a. divèrso; vário, svariáto, multifórme

Diversification, s. diversificazióne, varietà

Diversified, a. diversificáto, svariáto

Diversify, va. diversificáre, svariáre, differenziáre

Diversion, s. diversióne, il divertíre, lo stornáre, distrárre, sviáre; divertiménto, distraxióne, ricreazióne, passatèmpo, trastúllo

Diversity, s. diversità, differènza, varietà

Diversely, avv. diversaménte

Divèrt, va. divertíre, stornáre, sviáre, allontanáre, distrárre; divertíre, ricreáre, sollazzáre; — vn. far diversióne, divèrgere

Divèrter, s. persóna che sollázza o distráe; còsa che distórna o svía

Divèrting, a. sollazzévole, piacévole, facèto

Divèrtisement, s. (antíq.) divertiménto

Divèst, va. svestíre, spogliáre, denudáre, priváre, divestíre, (d'un grádo, d'un impiègo, ecc.); to — one's sèlf, svestírsi, spogliársi, depórre, cédere

Divèstiture e divèsture, s. lo spogliársi, spogliaménto, rinúnzia, cessióne, privazióne, dimissióne

Dividable, a. divisíbile

Divíde, va. dividere, spartíre, separáre, disgiúngere; distribuíre, scompartíre — vn. dividersi, separársi, fèndersi, aprírsi

Dividend, s. (mat.) dividèndo; (com.) dividèndo, usufrútto, prodótto, interèsse, m. d'un'azióne, coupon; unclaímed — arretráti, mpl. di dividèndo

Divíder, s. divisóre, divisóre, -trice, distributóre, -trice; dividerà, s. pl. sèste, f. pl. compásso

Divíding, a. di divisióne; (mat.) divisóre

Divinátion, s. indovinaménto; divinazióne

Divinatory, a. divinatório, di divinazióne

Divíne, a. divíno — s. teólogo; St. Jòhn the —, S. Giovánni, il Teólogo Evangelista — va. indovináre, presagíre, pronosticáre; vn. conghietturáre, presentíre, fáre l'indovíno

Divíned, a. indovináto, predétto, presagíto

Divínely, avv. divinaménte

Divíneness, s. divinità, suprèma eccellènza

Divíner, s. indovíno, indovinatóre

Divíneress, s. indovína, indovinatríce, f. divinatríce, f.

Díving, s. átto del tuffársi, túffo, tuffaménto — -bell, s. apparáto da palombáro

Divínity, s. divinità, deità; teologìa; qualità sovranaturále; Doctor of Divinity, Dottóre in teologia

Divisibility, s. divisibilità

Divísible, a. divisíbile

Divísibleness, s. (ant.) V. Divisibility

Divísibly, avv. divisibilménte

Division, s. divisióne, spartiménto, il dividere, còsa che divíde; scissióne, scissúra; (mil.) divisióne, brigáta; (mus. trillo, gorgheggiaménto; (parl.) divisióne; compóund —, (arit.) divisióne di númeri complèssi; contrácted —, divisióne contrátta; simple - divisióne di númeri intèri; upón a —, (parl.) alla votazióne; to rùn a —, (mus.) trilláre, gorgheggiáre

Divisional, divisionary, a. di divisióne, divisionário

Divísive, a. (dei numeri) divisívo

Divísor, s. divisóre, che divíde, divíditóre; common —, común divisóre

Divórce, s. divòrzio, ripúdio; bill of —, lèttera di divòrzio; to sue for and obtaín a —, sciògliere il matrimònio — va. ripudiáre, separársi da, far divòrzio da, sciògliere il matrimònio

Divórced, a. ripudiáto, separáto

Divórcer, s. persóna o còsa cagionánte divòrzio

Divulgátion, s. divolgazióne, divolgaménto

Divúlge, va. divulgáre, riveláre, propagáre

Divúlger, s. divulgatóre, -trice

Divúlsion, s. divulsióne

Divúlsive, a. divulsívo

Dizen, va. vestíre sfarzosaménte, ornáre di gingíllì e frónzoli; addobbáre; — one's self out, vestírsi in gran gála, pompeggiáre

Dizziness, s. vertígine, f., capogíro

Dizzy, a, vertiginóso, che patísce o cagióna vertígine; stordíto, sbalordíto — va. (ant.) stordíre, sbalordíre

Dó, s. (mus.) dò, m.

Dó, va. (pret. did; part. pas. dòne), fáre, eseguíre, operáre, trattáre, effettuáre, cómpiere; vn. agíre, stáre, èssere, andáre, comportársi, conveníre, riuscíre; to — up, assettáre, stiráre; to — a wòrk, fáre o eseguíre ún lavóro; to — óver agaín, rifáre; to — a búsiness, spedíre un affáre; to — business, fáre, trattáre gli affári; — a pèrson a góod tùrn, rèndere quàlche servízio ad uno; — up línen, stiráre la biancheria; — óver with, copríre di, intonacáre; — méat, cuócere le vivánde; — wèll, ill, far bène, mále; — well and háve well, chi fa bène, bène aspètta; — to óthers whàt you woúld wish that they shoúld — to you, fáte agli áltri quel che vorrèste che vi facéssero; to have to — with, avér che fáre con; whàt to — ? per che fáre? what had we best — ? che farémo? a qual partíto ci appiglierémo? what is to be dòne? che sì ha da fáre? that wón't — for me, ciò non fa per me, ciò non mi convikne; that man woúld — (for me), quell'uòmo mi anderèbbe; to — bàttle, battagliáre, combáttere; well to —, benestánte, agiáto; — in Róme as

Rome dôeś, vivi in Róma alla romána; to — awáy with, scartáre, tógliere ; l'll — for you, vi acconcierò per il dì delle féste, vi freddèrò; — not — it any móre, non lo fàte più; they'll — you, vi gabberánno, vi giunteránno; that will — (that'll —), ciò farà, quéllo anderà bene ; he is dôing a good buśíness in silk stùffs, egli guadàgna mólto col suo nègòzio di stòffe di séta; he has dône very well by me, mi ha trattáto mólto béne ; hàve you dône with the néwspaper? avéte finíto di lèggere il giornále? hoꝏ — you —? (how d'yé —), come state? how dôeś your àunt? come sta la vòstra zía? she is better tôdáy, òggi sta mèglio; how is yoúr coùsin dôing? come vànno avánti gli affàri di vòstro cugíno; he is dôing pretty well, egli fa discretaménte béne i suói affàri ; l can — withoꝏt it, pòsso fárne sénza

Dô (pas. did), verbo ausiliáre. — Nelle frási interrogatíve e negatíve, dove non vi è nè to have nè to be, nè altro ausiliáre, si fa uso di do (did) qual vèrbo ausiliáre. Si adòpera pure al modo imperativo per vietáre; e nelle frási affermatíve (quálche vòlta) per aggiúngere energía alla espressióne. (Do negli antíchi poèti non é d'ordinário che un riempitívo.) Do you héar? sentíte? did you year? sentíste? I do not hear, non sènto ; I did not hear, io non sentíi; do not go, non ci andàte; do you sing this évening? Cantáte quésta séra? I do, sì, cánto. Did you sing yèsterday? Cantáste ièri? I did not, non ho cantáto. Máry, hoꝏ beaútiful you are! how I do admíre you! María, quánto siéte vága! come vi ammíro! Déar me! what nónsense you do tálk, Mr. Bróꝏn! Do have dône, Dío mio! che sciocchézze díte mai, sig. Brúno! Finítela. Còme a little èarlier, do (práy), veníte un po' più per tèmpo, ve ne prégo

Do, a. (abbr. di ditto) détto ; (com.) idem
Dóat, va. V. Dóte
Docibility, dòcibleness, s. docilità
Dòcible (mèglio dòcile), a. dòcile
Dòcile, n. dócile, disciplinábile
Docility, s. docilità
Dòcimacy, s. (chim.) docimasía, docimática
Docimàstic, a. (chim.) docimástico
Dòck, va. tagliár la códa (ad un cavállo), scodáre; — a ship, condúrre in dársena, in bacíno un bastiménto, méttere una náve nel dock
— s. troncóne, m., pèzzo o trónco della códa d'un cavállo scodáto; (bot.) rómice, m., lapázio, rapóntico; (mar.) dársena; (com) bacíno, bacíno da raddòbbo; wèt —, bacíno gránde, spècie di cónca vastíssima in cui si cáricano e si scáricano le

návi; debarcadéro, dock; — yard, arsenále, m. di pòrto, cantière, m. della marína; — -dúeś, dirítti di pòrto
Dòcked, a. (dei cavalli) scodáto
Dòcket, s. (com.) etichétta, soprascrítta, bollétta, bullétta, cédola; (com.) listíno, estrátto; (legge) avvíso di falliménto; (com.) to strike a —, far dichiaráre l'apertúra d'un falliménto
— va. méttere l'etichétta, scrívere la direzióne
Dòctor, s. dottóre, laureáto; mèdico; — of divinity (abbr. D. D.), dottóre in teología; — in mèdicine (M. D., mèdico, chirúrgo ; a póor or pàltry —, un dottoráccio, dottoréllo, dottorícchio; to dùb a pèrson a — (burL), dottoráre alcúno
— va. medicáre, curáre, dare medicína; — one's sèlf, medicársi da sè, pigliár medicína; — wine, affatturár vino
Dòctoral, a. dottorále, di dottóre
Dòctorally, avv. in módo dottorále, da dottóre
Dòctoráte, s. dottoráto; — va. dottoráre
Dòctorly, avv. da dottóre
Dòctorship, s. dottoráto
Dòctress }
Dòctoress } s. dottoréssa
Dòctrináire, s. dottrinário
Dòctrinal, a. dottrinále
Dòctrinally, avv. dottrinalménte
Dòctrine, s. dottrína ; erudizióne, sciènza, dògma, m., precètto; insegnaménto, istruzióne; the dòctrineś of the Chùrch of England, le dottríne, i dògmi della Chièsa Anglicána
Dòcument, s. documénto, títolo, pròva
— va. forníre di documénti, di próve
Documental, a. di documénti, di títoli
Documèntary, a. giustificatívo
Dòdder, s. (bot.) cúscuta, cúscute, f.
— vn. (ant.) tremáre
Dòddered, a. copèrto di cúscuta
Dodècagon, s. (geom.) dodecágono
Dodecahedron, s. (geom.) dodecaèdro
Dodecàndria, s. (bot.) dodecándria
Dòdge, vn. acquattársi (per ischiváre un cólpo, un fendènte, una pálla) ; appiattársi, rintanársi; svignáre, sfuggíre; tergiversáre, scappársela ; va. schiváre, scansáre, fuggíre; — a bloꝏ, schiváre un cólpo ; — a pèrson, pedináre, codiáre uno; the fòx dôdged, la vólpe si rintanò
Dòdger, s. sofisticatóre, -tríce, pedinatóre, -tríce, delatóre, -tríce
Dòdgery, s. trámiti oblíqui, mpl., víe copèrte, fpl., rigíro, astúzia
Dòdipole, s. barbógio, rimbambíto, babbèo
Dòdo, s. (uccèllo) solitário
Dòe, s. V. Dòdipole
Dòe, s. (sool.) dàmma, dàina, cèrvia
Dòer, s. facitóre; èvil —, malfattóre

Dòff, va. svestíre, caváre; to — one's càp, fáre di berrétto, levársi il cappéllo

Dòg, cáne, m; máschio di alcúni animáli; bùll- —, aláno; sètting- — (setter), cáne da fèrma; mad- —, cáne arrabbiáto; big —, great —, cáne g'òsso, cagnóne, m; hùnting- — (hòund), cáne da córsa, bràcco; little- —, cagnétte; prétty little. —, cagnolíno; làp- —, cagnolíno inglése (da signóra); pòodle —, cagnolíno inglése a pélo lúngo; wáter —, can barbóne; wàtch —, cáne di guárdia; cùr —, botolíno, bòtolo; hòuse- —, cáne di cása, di cortíle ; màstiff (dog), mastíno ; greát ùgly —, cagnáccio; hang- —s, avánzi di galèra, del patíbolo; to be tréated like a —, èsser trattáto da cáne; to sét on a —, aizzáre un cáne; — 's còllar, collàre, m. di cáne; — -chéap (vol.) a prèzzo vilíssimo; —'s kènnel, caníle, m. — -berry, (bot.) córniola; — -berry-trée, (bot.) córnio, còrniolo ; — -bríar, (bot.) rosáio selvático; —'s dáys, giórni canicolári; — -fish, ség-—, can di máre ; — -càrt, dògcart (carrozzina); — -róse, (bot.) ròsa canína, selvática; —'s gràss, (bot.) gramígna; —'s báne, (bot.) acònito giállo; —'s éar, orécchio di cáne (in un líbro); —'s rùe, (bot.) scrofulária; — -stàr, (astr.) Sírio, canícola; — -stóne, màcina, mòla di píccola dimensióne; — -tòoth, dènte caníno; — -trick, brutalità; — -tròt, píccolo tròtto; — -váne, (mar.) pennóne, m; — -wàtch, (mar.) píccolo quárto (guárdia di due óre); — -wéary, stràcco, spossáto (come un cáne); — -wóod, bòsco di córnieli

— va. seguíre, pedináre, codiáre, spiáre

Dógate, s. dogáto, dignità di dòge

Dóge, s. dòge, m; — of Vènice, dòge di Venèzia ; —'s lády, wífe to the —, dogarés-sa, móglie del dòge

Dógeate, s. dogáto, V. Dógate

Dógged, a. cagnésco, arcígno, accaníto, pertináce, ostináto, incapáto, inflessíbile

Dóggedly, avv. pertinaceménte, accanitaménte, ostinataménte

Dóggedness, s. accaniménto, pertinácia, caparbietà

Dógger, s. bastiménto olandése (per la pésca delle aringhe)

Dòggish, a. cagnésco, di cáne, brutále

Dòggrel, dòggerel, s. (poesia) maccherónica, vèrsi maccherónici; a. maccherónico

Dògma, s. dògma, m., dòmma, m., insegnaménto

Dog màtic, dogmàtical, a. dogmático

Dogmàtically, avv. dogmaticaménte

Dogmàticalness, s. qualità, stile dogmático

Dogmàtics, s. dogmática, dommática

Dógmatism, s. dogmatísmo, dommatísmo

Dógmatist, s. teólogo o filósofo dogmático, dommático

Dòggmatize, vn. dogmatizzáre, dommatizzáre

Dògmatizer, s. teólogo o filósofo dogmatizzánte, dommatizzánte

Dòing (partic.) facèndo, facènte; s. fàtto, còsa fàtta; sáyings and —s, paròle e fàtti

Dòit, s. bèzzo, quattríno d'Olánda; not to cáre a —, non curársene un fíco, un'ácca

Dóle, va. distribuíre con parsimònia, donáre (parcaménte); to — óut, spartíre, scompartíre; dáre, snoccioláre

— s. distribuzióne, còsa distribuíta, pietánza, porzióne; elemòsina; límite, m; dòglia

Dóleful, a. dolènte, tríste, lúgubre

Dólefully, avv. tristaménte, dolorosaménte

Dólefulness, s. dòglia; afflizióne, f., dolóre, m.

Dólesome, a. doglióso, trísto, lúgubre

Dólerite, s. (min.) dolerite, f.

Dòll, s. bámbola, f., fantòccio; páper —, fantòccio di cartóne, bàmbola di cárta pèsta

Dòllar, s. dòllaro, tállero spagnuólo o americáno

Dòlomite, s. (min.) dolomíte, f.

Dòlorous, a. (poet.) doloróso, dolènte

Dólour, (poet.) dolóre

Dòlphin, s. delfíno (pésce di máre)

Dòlt, s. balórdo, scimuníto, pecoróne

Dòltish, a. stúpido, scémpio, stòlido, sciócco

Demàn, s. domínio, impèrio, territòrio governáto; demánio, possessióne, proprietà

Dóme, s. cúpola, vòlta; duòmo, basílica; the — of Milan, il Duòmo di Milàno

Domèstic, a. s. domèstico; the —, il servidoráme, la servitù

Domèstically, avv. domesticaménte

Domèsticate, va. rèndere casalíngo o casaréccio; addomesticáre, addimesticáre

Domèstication, s. víta casalínga; addomesticazióne, domesticazióne, domesticaménto, domesticatúra

Domesticity, s. domesticità

Dómicile, s. domicílio

—, domiciliate, va. fissáre il domicílio, stanziáre

Domiciliary, a. domiciliário

Domiciliated, dómiciled, a. domiciliáto, stanziáto, abitánte

Domiciliàtion, s. fissazióne di domicílio

Dòminant, a. dominánte; s. (mus.) dominánte, f.

Dòminate, va. n. domináre

Dominàtion, s. dominazióne; dominazióni, (quarto órdine angélico)

Dòminative, a. dominatóre, imperióso, autorévole

Dominàtor, s. dominatóre, -tríce

Dòmine, s. maèstro di scuóla, pedagógo; dòmino, dòmine, dón (títolo dato dagli Olandési a un ecclesiástico) V. Dominie

Dominéer, van. signoreggiáre, domináre, tiranneggiáre; règgere con potére assolúto, governáre, trattáre con prepotènza; bravá-

re, braveggiáre; to — óver, tiranneggiáre;
tempestáre, imperversáre, fáre il gállo, fáre
il prepoténte
Domineering, a. dominánte; imperióso, in-
solénte; s. umóre imperióso
Dominical, a. dominicále; the — létter, la
léttera domenicále
Dominican, s. (fráte) domenicáno
Dòminie, s. pedagógo, V. Domine
Dominion, s. domínio; státo; giurisdizióne;
to hóld or hàve — óver, règgere, governáre;
in àll the King's —s, in tutti gli Státi del
re; ùnder the — of a déep mélancholy,
in préda a profónda melanconía
Dòmino, s. dòmino, mantellétta (di prète);
dòmino (costúme di máschera); dòmino
(giuoco); in a —, in dòmino; to pláy dòm-
inos, giuocáre al dòmino
Dòn, s. dón (títolo), signóre; a don, (burl.)
un gran signóre
— va. (poet.) indossáre, vestíre
Dónable, a. donábile
Donátion, s. donazióne, dóno, donatívo; to
máke a —, fáre una donazióne
Dònatism, s. (teol.) donatísmo
Dònatist, s. (teol.) donatísta, m.
Donatistic
Donatistical } a. (teol.) donatístico
Dónative, s. donatívo, dóno, presénte, m;
collazióne líbera d' un benefício; a. per
donazióne
Dòne, part. pass. del verbo to dò; fátto,
fátta; it is —, è fátto; I'll bèt you ten to
one, vi scomméto diéci cóntro úno; —!
fátto! accettáto! tòppa! Have you —? a-
véte finíto? this méat is néarly —, quésta
cárne è quási cótta; óverdóne, stracótto;
I hàve — with him, non vòglio più impac-
ciármi con lui, co' fátti suói
Donée, s. donatário
Dònkey, s. asinéllo, somaréllo, ciúco; to ríde
on a —, andár sull'ásino; — -riding, asi-
náta, ciucáta (cavalcáta sull'ásino)
Dònnism, s. (parola dell'uso universitario)
ária d' importánza
Dónor, s. donatóre, -tríce
Dóodle, s. dondolóne, baloccóne, babbuásso
Dóom, va. giudicáre, sentenziáre, condannáre;
nòne is —ed to rùin, niúno è destináto a
perdizióne
— s. giudízio, senténza, condánna, fáto, destíno, sòrte, f.
Dóomáday, s. giudízio universále, finimóndo;
to pùt sómething off till —, differíre, rimandáre una còsa alle calénde gréche; to
wáit till —, aspettáre fino al giórno del
giudízio
Dóoms-dáy-bóok, s. líbro del catásto d'Inghiltérra (compiláto per órdine di Gugliél-
mo il Conquistatóre)
Dóor, s. pòrta, úscio, usciále, m., antipòrto;
portéllo; strèet- —, úscio, pòrta (píccola);

bàck —, pòrta di diétro; fólding- —, pòrta
a dùe batténti; róom- —, antipòrta, pòrta
di cámera; càrriage- —, sportéllo, cóurt-
yárd- — (yard gáte), portóne, pòrta carrozzábile; — -pósts, impóste, stípiti della
pòrta; shàm- —, pòrta fálsa; néxt —, la
príma pòrta, la cása attígua; from — to
—, di pòrta in pòrta; withìn- —s, déntro,
in cása; out of —s, fuóri, fuóri di cása;
lòck the —, serráte (à chiáve) la pòrta; to
kéep in —s, rimanére in cása, èsser casaréccio; to knòck or ràp at the —, picchiáre, bussáre alla pòrta; the fàult liés at his
—, la cólpa è sua; he will sée you to the
—, vi accompagnerà, vi ricondurrà fino
alla pòrta; tùrn him óut of — s, mettételo
alla pòrta, cacciátelo fuóri
— -cáse, s. stípite, m. stípito (della pòrta)
— -hàndle, s. manúbrio dell'úscio
— -kéeper, s. portinájo, portinája, custóde;
— in a prìson, carceriére, m.
— -knòb, s. bottóne, m. dell'úscio
— -pòst, s. telájo maéstro della pòrta, del-
l'úscio
— -stèad, s. váno della pòrta, dell'úscio
— -wáy, s. usciále, m. sòglia dell' úscio
Dòr, dòr-béetle, s. (ent.) scarafággio, fúco,
pecchióne, m.
Doradilla, s. (bot.) cetrácca, citrácca
Dorádo, s. (itt.) oráta
Dorée, s. (itt.) pesciolíno doráto
Dòrian, a. dòrio; — mùsic, música dòria;
— díalet, dialétto dòrio
Dòric, a. dòrico; — órder, (arch.) órdine
dòrice
Dòrmancy, s. quiescénza, ripóso
Dòrmant, a. dormènte, addormentáto; indo-
lenzíto; (com.) mòrto, sénza usufrùtto,
sénza profítto; — (or sléeping) pártner,
accomandánte (sócio); — déed, átto (stru-
ménto) coi nómi in biánco
Dòrmar, dòrmer-window, s. abbaíno, finéstra
sul tétto
Dòrmitive, a. che fa dormíre, narcótico; s.
oppiáto
Dòrmitory, s. dormitòrio, (in un convénto,
in una pensióne)
Dòrmouse (pl. dormíce), s. (zool.) ghíro
Dòrnock, s. (com.) téla di Scòzia
Dòrr, Dòrrer, s. (ent.) calabróne, m. fúco,
pecchióne, m.
Dòrsal, a. dorsále, del dòrso, del dòsso
Dòrsel
Dòrser } s. (ant.) V. Pannier
Dòrture, s. (ant.) dormitòrio
Dóse, s. (med.) dòse, f.
— va. dosáre, dáre una fòrte dòse a
Dòsser, s. gèrla
Dòssil, s. (med.) piumacciuólo, piumaccétto,
tásta
Dòst, seconda pers. sing. indicativo pres.
di to dò

Dòt, *s.* púnto
— *va.* punteggiáre, puntáre, fáre dei púnti sópra; piechiettáre
Dótage, *s.* rimbambiménto; età barbògia; (*fig.*) anfanaménto, vaneggiaménto, manía, amóre sovêrchio
Dótal, *a.* dotále, di dóte
Dótard, *s.* barbògio, vêcchio rimbambíto
Dotátion, *s.* dotazióne
Dóte, *vn.* imbarbogíre, rimbambogíre, rimbambíre; anfanáre, vaneggiáre, sconnêttere; to — upòn, êssere innamoratíssimo di, amáre perdutaménte
Dóter, *s.* barbògio; vaneggiatóre
Dóting, *a.* appassionáto, smanióso; barbògio
Dótingly, *avv.* pazzaménte; da barbògio
Dòttard, *s.* capitózza (álbero tenúto básso col tagliárlo iǹ vétta)
Dótted, *a.* punteggiáto, segnáto con puntíni, macchiettato, picchiettáto
Dòtterel, dòttrel, *s.* (*orn.*) spêcie di piviêre
Dòth (*poet.*), *terza pers. sing. indicatívo pres. di* to dó
Doùble, *a.* dóppio, due vòlte tánto, gêmino; — bêer, birróne
— *avv.* dóppio, al dóppio; to fóld —, piegáre in dúe; a horse the càrries —, cavállo che pórta (il cavaliêre in sêlla e un'áltro) in gròppa; to sée things —, vedére gli oggêtti raddoppiáti
— *s.* dóppio; rigíro; — -entendre, paròle a dóppio sênso, fráse di due divêrsi signiflcáti; bistíccio
— *va.* raddoppiáre, doppiáre, duplicáre; avére il dóppio di, doppiáre; fáre un piégo a; (*mar.*) passáre óltre, vòlgere; (*mil.*) circuíre; — the Cápe, (*mar.*) doppiáre il Cápo
— *vn.* raddoppiársi, ripiegársi, créscere del dóppio; andár a sghêmbo, sbiecáre; far una giravòlta, volteggiáre, dar vòlta (come la lêpre)
— -bànked, *a.* — óars, *spl.* (*mar.*) remi accoppiáti; — cràft, imbarcazióne a rémi accoppiáti
— -bàrrelled, *a.* a due cánne
— -bòttomed, *a.* a dóppio fóndo
— -bùttoned, *a.* a due file di bottóni
— -déaler, *s.* uòmo dóppio, raggiratóre, -tríce
— -déaling, *s.* gíri e raggíri; doppiézza, trufferia
— -èdged, *a.* a due tágli
— èntry, *s.* (*com.*) partíta dóppia
— -hànded, *a.* ambidêstro, ingannatóre
— -hèaded, *a.* a `due têste, bicêfalo; — shot, pálla ramáta
— -lòck, *va.* serráre a dóppia mandáta, a dóppio gíro
— -méaning, *a.* a dóppio sênso
— -méaning, *s.* dóppio sênso
— -mìnded, *a.* d'ánimo dóppio, indecíso, incêrto

— -moùrned, *a.* a due bócche
— -sháde, *va.* raddoppiáre l'oscurità d' un luògo
— -tòngued, *a.* di dóppio linguággio, bilíngue, bilínguo
Doùbleness, *s.* státo dóppio, doppiézza
Doùblet, *s.* giubbóne, *m.* giustacuòre, *m.*,; gióco artificiále; parìglia (*giuoco*)
Doùbling, *s.* raddoppiaménto, raggíro, astúzia, artifício; secónda distillazióne; the — s of a háre, le giravòlte d'una lêpre
Doubloon, *s.* dóppia di Spágna, doppióne, *m.*
Doùbly, *avv.* doppiaménte, a dóppio
Doùbt, *van.* dubitáre, stáre, êssere, trovársi in dúbbio, sospettáre, esitáre; star dubbióso, titubáro; *va.* méttere in dúbbio, rivocáre in dúbbio, temére, sospettáre di; I — it, ne dúbito; I — whêther, dúbito se
— *s.* dúbbio, incertézza; withoùt —, no — sénza dúbbio ; I háve no — of it, I máke no — aboùt it, non ne dúbito
Doùbter, *s.* dubitatóre, -tríce, scêttico, scêttica
Doùbtful, *a.* dubbióso; esitánte, titubánte, irresolúto; man of — mínd, uòmo dubitatívo; ánimo dubbióso; man of — chàracter, uòmo dúbbio, uòmo sospêtto; ládies of — virtue, signóre di dúbbia virtù; that is very —, ciò è mólto dubbióso, mólto incêrto
Doùbtfully, *avv.* dubbiosaménte, dubitativaménte
Doùbtfulness, *s.* dúbbio, incertézza, ambiguità
Doùbting, *s.* dubbiézza, titubánza
Doùbtingly, *avv.* in mòdo dubbióso, dubitativaménte
Doùbtless, *avv.* sénza dúbbio, di cêrto
Douceur (*pr.* dûsùr), *s.* gratificazióne, dóno, regálo
Douche (*pr.* doùshe), *s.* (*med.*) dòccia
Doùcine, *s.* (*arch.*) góla, síma
Dóugh, *s.* pásta; — -báked, mêzzo còtto, pastóso; — -knéaded, *a.* pastóso, mòlle (come pásta)
Doùghtily, *avv.* (*burl.*) valorosaménte, da próde
Doùghtiness, *s.* (*burl.*) prodézza, valóre
Doùghty, *a.* (*burl.*), próde, valoróso, gagliárdo
Doughy, *a.* pastóso, non induríto, non còtto
Doùse, *va.* tuffáre, immêrgere nell'ácqua
— *vn.* cascáre nell'ácqua improvvisaménte
Dòve, *s.* (*orn.*) colómba; ring- —, colómbo selvático; tùrtle- —, tortorêlla; — -cot, — -hoùse, colombáio, colombáia
— -táil, *s.* (*arte del legnajuolo*) códa di colómba, códa di róndine, incastratúra; addentelláto
— *va.* incastráre, intagliáre, ornáre a mo' di códa di róndine, addentelláre
— -táiled, *a.* incastráto, ornáto a mo' di códa di róndine, addentelláto
Dóver's powder, *s.* (*med.*) pólvere, *f.* di Dover

Dowable, a. (legge) capáce di contraddòte; to rènder —, dar diritto di contraddòte

Dowager, s. védova, (nòbile) che gôde dei béni a lei assegnáti dal marito

Dowcets, s. pl. testícoli, pl. m. di cêrvo

Dowdy, s. donnáccia, dònna góffa e malvestíta; a. góffa, grossolána, di gròssa pásta, fátta colle gómita

Dower, Dowry, s. dòte, f., assegnaménto, pensióne, usufrútto

Dowered, a. dotáto, che ha dòte

Dowerless, s. sênza dòte, póvero

Dowlas, s. téla-di Dólens, téla grossíssima

Down, s. lanúgine, f., calúgine, f. pénna mátta; pelino; gösling- —, pelúria; eider- —, lanúgine tiníssima; —s, (mar.) dúne, monticèlli di réna; bássi fóndi; ànchored in the —s, ancoráto nelle dúne

— avv. prep. giù, abbásso; tramontáto; up and —, su e giù; côme —, venite giù; he is — stáfrè, è abbásso; to bring —, caláre, condúrre giù; to lóok —, to cást — one's eyes, abbassáregli òcchi; to lie —, coricársi, sdrajársi; to sit —, sedérsi; to set —, adagiáre; méttere in iscritto, registráre; to páy —, pagáre in sonánti, pagáre danári contánti; to go — the stréam, andáre a secónda della corrénte; fàrther —, più abbásso; upside —, sottosópra, capovólto; to tùrn upside —, rovesciáre; méttere a rovéscio; cast —, abbattúto, avvilíto; sit —, sedéte, accomodátevi, please to sit —, la si accòmodi; — with the tyrant! abbásso il tiránno! — lóok, ária trista, guardatúra sinistra; — -hill, declívio, scésa; the ups and —s of life, le vicissitúdini della víta; — -hàwl of the stày sáfl, (mar.) ala bássa

— va. abbáttere, atterráre, umiliáre

— -bêd, s. lêtto di piúma

Downcast, a. dimésso; with — eyes, cogli òcchi bássi

Downfáll, s. traboccaménto, tracòllo, cadúta; decadiménto, rovína

Downfállen, a. cadúto; cadúto in rovína; rovináto, decadúto

Downhául, s. (mar.) cárica básso, m.

Downheárted, a. scoraggiáto, abbattúto, avvilíto

Downlóoking, a. tristo, sinístro, tòrvo, biéco, arcígno

Downright, avv. da sómmo a imo; giù a piómbo, del tútto, affátto, compintaménte, a dirittúra

— a. schiêtto, frânco, siacéro, véro; the — trútn, la púra verità

Downrightly, avv. schiettaménte

Downrightness, s. schiettézza, dirittúra

Downward, Downwards, avv. giù, in giù, abbásso, in declívio; in pòi, in quá; from the nèck —, dal cóllo in giù

— a. declíve, in declívio; inclináto, chíno, rovinóso; dimésso, abbattúto

Downy, a. lanuginóso, mòrbido; to make —, ammorbidáre

Dowre, s. V. Dower

Dowress, s. védova usufruttuária della contraddòte

Dowry, s. dòte, f.

Doxòlogy, s. dossología, ínno di lóde, gloriapátri, m.

Doxy, s. bagáscia, pútta, puttanélla, sgualdrína

Dòz. (abbr. di dòzen), s. dozzína

Dòze, va. velár l'òcchio, sonnacchiáre; to — awáy the hóurs of leisúre, passáre sonnacchiándo le óre di òzio; to — awáy life, passár la víta nel dólce far niênte

— s. sonnicèllo, sònno leggiéro, sopóre

Dòzen, s. dozzína; a báker's —, trèdici (per dozzína); by —s, a dozzíne

Dòziness, s. sopóre, sonnolênza, cascággine, f.

Dòzing, s. indolênza, sonnolênza, letargía

Dòzy, a. sonnacchióso, alloppiáto, indolenzíto

Dr. abbr. di Dòctor, s. dottóre; (com.) abbr. di dèbtor, debitóre, dáre, m.

Dràb, s. sgualdrína, bagáscia; guáttera, sudicióna; pánno colór nocèllo

Dràbble, va. infangáre, trascináre nel fàngo, sporcáre strasсicándo

— vn. sporcársi, trascináre nel fàngo; strasscicáre; pescáre collo strascíno

Dráchm, dráchma, s. drámma

Dráco, s. (astr.) dragóne, m.

Dràff, s. lavatúra, fêccia, beveróne, m; vinêllo

Dráft, s. trátto, strappáta, sórso; corrênte, f. d'ária, tíro d'ácqua di una náve, piáno d'un edifízio, piánta; abbòzzo; schízzo, disêgno; prima cópia d'uno scritto, straccia-fóglio; trátta, cambiále, f. mandáto; trátta nón per anco accettáta; (mil.) staccaménto, lêva, mandaménto: to staccáre, il mandáre; — -hòrse, cavállo da tíro; rough (rùff) —, schízzo, sbòzzo: there is a — in this rôom, vi è una corrênte d'ária in quésta stánza; I enclôse you my — at rarée mônths for 500 frs., vi acchiúdo la mía trátta a tre mési per fr. 500; —s, tirélle, f. pl; to pláy at —s (or dráughts), gnocáre alle távole, alle dáme; ship of small —, bastiménto che pésca póco ; a bòttle at a —, una bottíglia ad un sórso; — -bóard, tavoliêre, m., scacchiêre, m.

— va. abbozzáre, schizzáre, digrossáre, stêndere; (mil.) staccáre, spiccáre, mandáre

Dráftsman, s. V. Draughtsman

Dràg, va. tiráre per fôrza, strascináre, strasscicáre; (mar., str. ferr.) rimorchiáre, tiráre; pescáre collo strascíno; nettáre (un fiúme) colla cucchiája; to — in, out, strascináre déntro, fuóri; to — for oysteri, pescáre delle òstriche; to — on a miserable existence, strascináre (vívere) una vita miseràbile

Dràg, *vn.* strascináre, strascicáre

— *s.* uncíno, gráffo, gáncio, cucchiája (da fiúme); cávo da pescáre l'áncora, strascíno, tramáglio; ráttera; tréno, stráscico; cárro o cócchio americáno; *breck;* — o — -chárn, caténa da fermáre (una vettúra); caténa da chiúdere o aprire una pòrta

Dràggle, *va.* strascicáre, infangáre

— *vn.* strascicáre, infangársi

— -táfled, *a.* strascináto pel fángo, infangáto

Dràgoman, *s.* dragománno

Dràgon, *s.* drágo; séa —, drágo maríno; wild —, (*bot.*) dragontéa, serpentária

— -béam, *e.* sostégno, appòggio, puntéllo

— -fist, *s.* (*itt.*) dragóne maríno, rágana, trachína

— -flý, *s.* (*ent.*) libéllula

—'s-blóod, sángue di drágo

— 's héad, *s.* (*astr.*) cápo del dragóne; (*bot.*) dracocéfalo

— -trée, *s.* (*bot.*) drágo, dragóne, *m.*

— -wört, *s.* (*bot.*) dragontéa, serpentária

Dràgonnádes, *spl.* dragonáte, *f. pl.* (persecuzióni di Luígi XIV cóntro i Protestánti)

Dràgonet, *s.* dragonétto

Dragóon, *s.* (*mil.*) dragóne, *m.*

— *va.* abbandonáre alla soldatésca; trattáre con tracotánza, staffiláre; we can be —ed to nòthing, non si otterrà núlla da noi con la persecuzióne

Dràin, *s.* scólo, colatóre, canále, *m.* di scólo, canále scolatójo, condótto sotterráneo, fógna, fòssa; small —s, canalétti sotterránei

— *va.* far scoláre, prosciugáre, seccáre; vuotáre, esaurire, disseccáre, consumáre, riñníre; to — a bog, disseccáre un pantáno; — a fën, a mársh, spaduláre, ascingáre una palúde; — to the dregs, sgoccioláre, bére síno all'último góccia; — one' púrse, vuotár la bórsa

— *vr.* scoláre, fognáre, sgrondáre, sgoccioláre, asciugáre

— -gàllery, *s.* galleria di scólo

— -lével, *s.* livéllo per lo scólo delle ácque

— -slúíce, — -trùnk, *s.* diversívo di fóndo

Dràinable, *a.* che si può seccáre, fognáre, prosciugáre

Dràinage, *s.* fognatúra tubuláre; *drenàggio;* scólo, scolaménto, spadulaménto, prosciugaménto; disseccaménto; spésa del disseccáre

Dràke, *s.* (*zool.*) ánitra (máschio)

Dràm, *s.* (*med.*) drámma, bicchieríno di acquavíte

— -drinker, *s.* bevitóre d'acquavíte

Dràma e Dràma, *s.* (*teat.*) drámma, *m.*

Dramàtic, Dramàtical, *a.* drammático

Dramàtically, *avv.* drammicaménte

Dràmatist, *s.* autóre drammático

Dràmatíze, *va.* drammatizzáre, sceneggiáre

Dràmaturgy, *s.* drammaturgía

Dránk, *pass.* del *verbo* to drink

— -gráss, *s.* (*bot.*) lòglio, zizzánia

Dràper, *s.* pannajuólo, negoziánte di panníni; linen —, mercánte di téle; merciájo

Dràpery, *s.* drapperia, panníni, stòffe di lána; panniláni, tessúti di téla, téle; (*pitt.,* *scul.*) panneggiaménto

Dràstic, *a. s.* (*med.*) drástico

Draught (*pr.* dràft), *s.* trátta, tíro, sórso, centéllo; abbòzzo; schízzo, diségno, piánta, cópia; pescáta; (*com.*) trátta, cambiále, *f.* mandáto; (*mil.*) staccaménto, il distaccáre; (*med.*) pozióne, beveràggio; a ship of small —, una náve che pésca pòco; pléase to accèpt the enclósed —, favoríte accettáre l'acclúsa trátta; — of áir, corrénte, *f.* d'ária; at a —, in un sórso; the miràcolous —, la pésca miracolósa, *m;* to plày at —s, giuocáre alle dáme

— -bàr, *s.* timóne, *m.*

— -bóard, *s.* tavolétta, *m.* scacchiére, *m.*

— -còmpass, *s.* compásso, sèsta, sèste, *f. pl.*

— -hòrse, *s.* cavállo da tíro

— -hòuse, *s.* fógna, sentína, smaltitójo

Dràw (*pret.* drew, *p.p.* dràwn), *va.* tiráre, tràrre, trainàre, strascináre, rimorchiáre, attráre, allettáre; attíngere, attiráre, succhiáre; tiráre, dedúrre; to — a càrriage, tiráre una carròzza; — alòng, strascináre; — àfter, rimorchiáre; — togéther, adunáre, congregáre; — awày, rimuóvere, stornáre; — fórtn, cavár fuóri, métter fuóri; — bàck, ritiráre, fársi restituíre; — up, tirár su, sténdere; to — up a petition, sténdere una petizióne; to the swórd, sguaináro la spáda; — blòod, tentár la véna, cavár sángue; — a fôwl, sventráre un polléstro; — a pond, pescáre tutto il pésce d'un vivájo; — lòts, tirár a sòrte; — wàter, attígnere ácqua; — a pòrtrait, fáre un ritrátto; — brèatn, respiráre; — up a battàlion, schieráre un battaglióne; — òut a detàchment, spiccáre; mandár un distaccaménto; — óver, allettáre, attiráre a sè; — òut wóollen tréad, sténdere, allungáre fílo di lána; — the long bów, dire alte còse, millantársi, raccontáre meravíglíe; — off one's attèntion, stornáre, frastornáre la ménte, distrárre; the ship —s ten fèet wàter, la náve pésca diéci piédi d'ácqua; he had dràwn upòn himsèlf the hátred of, egli si era tiráto addòsso l'òdio di; to —, *vn.* tiráre (come i caválli); tiráre (servíre di péso); succiáre; far cápo; designáre; attirársi, strígnersi, attaccársi; to — néar, nígh, avvicinársi; — bàck, ritirársi, rinculáre; — well or kindly togèther, vívere (tirár avánti) in buòn'armonía, in sánta páce; — on, approssimársi, avvicinársi; — up, schierársi;

— ùp, (delle vettùre), fermársi; — ùp to a héad, cominciáre a suppuráre; — togèther, radunársi, riunírsi; andár d'accòrdo; the sérvants drew ùp in the hàll, i doméstici si schierárono in dóppia àla nel salóne; to —, (com.) tiráre; I hàve dràwn upòn you at two mónrus for that sum, ho tiráto su di voi a due mési per quésta sómma; the time —s on, il témpo si avvicína; when one dòés not — bàck from, quándo non si ritràe da

Draw, s. estraziòne; lòtto
— -bènch, s. bánco da potér tiràre
— -bridge, s. pónte levatójo
— -nèt, s. (pesca) strascíno; (caccia) copertójo, strascíno
— -stòp, s. (mus.) regístro
— -wèll, s. pòzzo ónde s'attínge l'ácqua con l'ajúto d'una còrda e d'una puléggia

Dràwback, s. diffàlco; (com.) dázio di ritórno; balzèllo restituíto all'àtto dell'esportaziòne; sómma ritiráta; ribásso; diminuziòne, scemaménto, decreménto, detriménto, nocuménto, pregiudízio, scàpito, svantàggio

Drawée, s. (dirítto cambiario) trassáto, trassáta

Dràwer, s. tiratóre, -trice, attignitóre, -trice; cantinière, m. cantinièra; disegnatóre, -trice, ritrattísta, m; còrpo attraénte; còsa che attráe; cassettíno, tiratójo; tόσтн —,cavadènti, m; tàvern —, gióvane o píccolo di tavérna, di albèrgo; góld —, wire —, tirató d'òro, di fílo di fêrro; chèst of —s, stípo, cumod; a pàir of —s, un pàjo di mutánde, di sottocalzóni; the — of a bill, il traénte di una cambiále

Dràwing, s. l'àtto del tiráre, il tràrre, l'attirársi, il disegnáre; tiro, tiraménto; allettaménto; diségno, pittúra; diségno, schízzo, sbòzzo, delineaménto; mechànical —, diségno lineáre; rough (pr. rùf) —, schízzo, abbòzzo; wòrking- —, diségno al véro, mòdano, dettáglio, modellétto; chàlk —, diségno a pastèllo
— -accòunt, s. (com.) crédito (apèrto a qualcúno)
— -fráme, s. (tecn.) filièra, trafíla
— -knífe, s. scarpèllo, lisciatójo
— -màster, s. maèstro di diségno
— -pàper, s. càrta da diségno
— -pen, s. tiralínee, m.
— -ròom, s. sàla di ricevimènto, salòtto, salóne, m., àula; ricevimènto (di sovrano) (dopo mezzogiórno), círcolo, assemblèa; hàted by the péople but a greàt favoríte in the —s, odiáto dal pópolo, ma ben accòlto nelle sále; the Quéen hèld a — yèsterdáy at St. Jámes (Pàlace), ièri la regína ha tenúto círcolo (ricevimènto) al palázzo di San Giácomo

Dràwl, vn. favelláre collo stráscico; — ùt

one's wòrds, proferíre le paròle lentaménte, collo stráscico
— s. pronúncia o vóɔe lánguida, dèbole, lènta

Dràwling, a. lánguido, strascicánte; to spéak in a — mànner, favelláre collo stráscico; a — tíresome pérson, un addormentatóre

Dràwn (p. p. di to dràw), a. tràtto, tiráto; indecíso; — swórd, spáda tràtta; sciábola núda; — battle, battáglia dove il vantàggio è státo uguále; — gàme, pàtta; hànged — and quàrtered, impiccáto e squartáto

Dràg, — -cárt, s. carrettóne, m., càrro grànde di birrájo

Dràxel, s. (volg.) dònna súcida, sporcacciòna

Dread, s. spavènto, terróre, timóre
— a. (poet.) spaventévole, formidàbile
— van. temére, paventáre
— -nought, s. (persona) audáce; impertèrrito; pànno o àbito dal pélo lúngo (per garantírsi dall'úmido o dal fréddo)

Dréader, s. chi téme, pavénta

Dréadful, a. terríbile, spaventévole, orrèndo

Dréadfully, avv. spaventevolménte

Dréadfulness, s. orróre, terribilità, spavènto

Dréadless, a. (poet.) sénza timóre, intrèpido

Dréadlessness, s. intrepidézza, ardíre, m.

Dréam, vn. sognáre, sognársi, fàre un sógno, far sógni; vaneggiáre, fantasticáre; va. sognáre, vedére in sógno; I — all night, sógno tutta la nòtte; I — of her continually, sógno lei di contínuo; in this sòlitude woùld I — awày the rest of my dàys, in quésta solitúdine vorrèi passàr fantasticándo il rèsto de' miei giórni
— s. sógno; dày —s, wàking - s, fantasticággioni, vaneggiaménti, castèlli in ària, utopie; sógni d'uòmo dèsto; in a —, in sógno

Dréamer, s. sognatóre, -trice, fig. visionário, visionária, utopísta, m. f.

Dréaming, a. sognánte; s. il sognáre, sógno

Dréamless, a. sénza sógni

Dréamlessly, avv. sénza sognáre

Dréam-like, a. símile ad un sógno, fantástico

Dréamt, pret. e p. p. di to Dream

Dréar, a. lúgubre, tétro, trísto, cúpo

Dréarily, avv. tetraménte, melanconicaménte

Dréariness, s. tetràggine, f. cupézza, orróre

Dréary, a. lúgubre, trísto, cúpo, tétro; stèrile, desèrto, orríbile

Drèdge, s. tramáglio, strascíno (rete)
— vn. pescáre col tramáglio; va. raccógliere (cercáre) col tramáglio o collo strascíno; — for ộysters, pescáre delle òstriche

Drèdger, s. pescatóre col tramáglio

Drèggish, a. tórbido, feccióso, piêno di fondáccio

Drèggy, a. feccióso, sedimentóso, grossoláno

Drègs, s. pl. fèccia, fondáccio; posatúra, fondigliuólo; the — of a càsk, il fondáccio di una bótte; — of the péople, la fèccia del pòpolo, la canáglia; thère àre —, c'è del fondáccio (vàllo

Drench, s. beveràggio medicinále per un ca- — va. abbeveráre; bagnáre, adacquáre, inzuppáre; saturáre

Drènched, a. bagnáto, inzuppáto, saturáto

Drèss, va. vestíre, adornáre, acconciáre, abbigliáre, addobbáre, raccomodáre, preparáre, allestíre; cucináre, cuócere; portáre; medicáre; (mil.) allineársi; — your màster quickly, vestíte prèsto il vòstro padróne; to — a lády's hàir, acconciáre i capélli ad una signóra; to — a pèrson, to give him a drèssing, acconciáre uno per il dì delle fèste; to — leather, conciáre della pèlle; — flàx, scotoláre il líno; — sàlad, condíre l'insaláta, far l'insaláta; — vínes, potáre úna vígna; — a wòund, medicáre, fasciáre una ferita; — méat, cucináre, far cuócere la vivánda; to — with, adornáre di, ornáre di; to —, vn. vestírsi, abbigliársi, far la tolétta; to — one's sèlf, vestírsi; — mý hàir, acconciátemi i capélli; to — in mòurning, vestírsi a lùtto; — lèft, right! (comando mil.) a sinistra, a dèstra ríga!

— s. il vestíre, abbigliaménto, vestiménto, vestiário; assísa, tolétta; vèste, f., vestíto; àbito; fùll —, àbito di gran gála; fàncy —, àbito di travestiménto, travestiménto; càreless in one's —, trascuráto nel vestíre; that — becòmes her, a lei s'avviène quel vestíto; you shòuld be in a —-cóat, dovrèste èsser in àbito (di cerimònia)

— -máker, s. sárta, sartóra

Drèssed, a. vestíto, abbigliáto, acconciáto, addobbáto; accomodáto, allestíto, còtto; medicáto; wèll —, ben vestíto; ill —, shàbbily —, màle in arnése; — in mòurning, vestíto a lùtto

Drèsser, s. acconciatóre, -tríce; távola di cucína, dèsco; hàir- —, parrucchière, m., acconciacapélli, m.

Drèssing, s. l'átto del vestírsi, l'átto del medicáre o fasciáre; tolétta, preparazióne chirúrgica, apparécchio, apparáto, medicazióne, cúra, govèrno dei caválli; bastonáta; — -clòth, mantellína; — -càse, necessário (nécessaire); — -róom, —-clòset, gabinétto di tolétta; — -tàble, tolétta; — -gòwn, vèste, f. di càmera, zimárra

Drèssy, a. allindáto, attilláto, in gran gála

Drew (pr. drù) pret. di to Dràw

Drib, va. (poco us.) cimáre, tagliár vía

Dribble, vn. goccioláre, cascáre (lentaménto) a gócciole; — va. sgoccioláre, mandár giù a gócciole

Dribblet, s. gocciolíno, particèlla minutíssima; in —s, a góccia a góccia, a fálda a fálda

Dried (p. p. di to drý), a. sècco, seccáto; — ùp, assecchíto, sécco, inaridíto; esauríto

Drier, s. dissecativo, dissecánte; V. Drýer

Drift, s. còsa che galléggia in balía ai vènti ed ai flútti, luògo, púnto vèrso il quále essa vièae spínta dal vénto o dalla corrénte; tendènza, vèrso, vòlta direzióne, ségno, míra, scópo, fíne, m.; (mar.) deríva; —s of íce, pézzi di ghiàccio galleggiánte; I knów the — of your discòurse, so dóve tènde il vòstro discórso, so dove volète báttere; the bòat góes adrift, il battèllo galléggia alla discrezióne del vènto e della maréa; —s of snów, fálde di nève; —s in the mínes, gallerie, séguiti di gallerie nelle minière

— vn. andáre a gálla, soprannotáre, galleggiáre alla discrezióne dei vènti e della maréa; tèndere; (mar.) deriváre; accumulársi; va. spígnere, sospígnere, cacciáre a viva fòrza; accumuláre, ammassáre

— -wáy, s. banchína (di stráda); (mar.) deríva

— -wind, s. vènto impetuóso

Drill, s. succhièllo, trápano a máno, foratójo; sólco (da semènza), pòrca; tralíccio; (mil.) esercízio, paráta; téla di Rússia; press —, trápano; on —, alla manòvra

— va. foráre con succhièllo; (mil.) esercitáre, disciplináre; tenére a báda

— -hùsbandry, s. (agr.) coltúra a vivájo, a semenzájo

— -machine (pr. mashìn), s. (agr.) seminatríce, f.

— -òfficer, s. ufficiále istruttóre

Drilling, s. il foráre; il semináre (nei sólchi); l'ammaestráre, il disciplináro; manòvra

Drink (pret. drànk, p. p. drùnk), vn. bévere, bére; to—òut of a glàss, of a cùp, bévere in un bicchière, in una tàzza; this wíne —s flàt, quèsto víno è sventáto; to — déep, bévere mólto, bere a lùnghi sórsi; to — to, bére a, propináre a, portáre un bríndisi a; — awáy, bevéte púre; to — hàrd, trincáre — va. (pret. drank p. p., drunk) bévere, bére; imbéversi di; assorbíre, succhiáre, tracannáre; we hàve drunk five bottles of champáign, abbiámo bevúto cinque bottíglie di sciampágna; to — ùp, off, bévere tútto; — to the dregs, vuotáre, sgoccioláre; — dòwn, inghiottíre; — a pèrson dòwn, ubbriacáre úno bevèndo séco; — a pèrson's hèalтн, bére alla salúte di úno, far bríndisi a; — to — in, imbéversi di, succhiáre; to — awáy the spléen, mèlancholy, incantáre la nébbia; I — to your hèalтн, bévo alla vòstra salúte; wàiter, give us sòmeтнing to —, camerière, dàteci da bére

Drink,s.bevánda, beveràggio; wáiter, sŏme —, cameriére, da bére; méat and —, il mangiáre ed il bére, cíbo e bevánda; — mŏney, beveràggio, máncia, buòna máno

Drinkable, a. bevíbile, potábile; s. còsa da bére

Drinker, s. bevitóre, -tríce; beóne, m.

Drinking, a. dáto ai liquóri; bevitóre; da bére; — -glass, bicchiére, m. — bŏut, bevúta; nĕy — bŏut, òrgia, baccanále, m; l'átto del bére; éating and —, il mangiáre e il bévere, cíbo e bevánda — -clŭb, s. clŭb di bevitóri — -hŏuse, s. béttola, osteria, tavérna

Drinkless, s. sénza bevánda (láre

Drip, van. goccioláre, cadére a gócciole, stil— s. gócciola, stilla; gocciolatójo, grónda

Drip-stóne, s. (arch.) grondája, grondatójo

Dripping, s. il gocciolàre, lo stilláre; súgo, grásso che gócciola dall'arròsto — -pan, s. ghiótta, leccárda

Drive, (pret. dróve p. p. driven), va. spíngere, impéllere, sospíngere, cacciáre, incalzáre, seguíre d'appréaso, stimoláre, far andár avánti, condúrre, guidáre, menáre; cacciáre, ficcáre; to — the déer, cacciáre il cèrvo, i dáini; the wind dróve us ashóre, il vènto ci gittò a tèrra; to — awáy, scacciáre vía, allontanáre; — in, ficcáre, far entráre a víva fòrza; — stákes into the grŏund, ficcáre páli nella tèrra; — báck, respíngere, ributtáre, risospíngere; — off the bées, scacciáre le ápi; — cáttle to pàsture, menáre il bestiáme al páscolo; one náil —s ŏut anóther, un chiòdo cáccia l'áltro; to — a cóach, a cárriage, condúrre una vettúra, guidáre una carròzza; — on, cóachman, tócca, cocchiére, avánti; to — a bárgain, a tráde (volg.), far un pátto, esercitáre un mestiére; fitted to — and ríde, (cavallo) da carròzza e da sélla, di dóppio úso; cóachman, — me to the Lóndon Hotél, cocchiére, conducétemi all'albèrgo di Lóndra

Drive, (pret. dróve, p. p. driven), vn. spíngersi, slanciársi (vèrso), urtársi (cóntro), accozzársi, dirígersi, tèndere, intèndere, miráre; guidáro, condúrre, fársi condúrre, passáre (in carròzza); (mar.) deriváre; cóachman, let us — on fást, cocchiére, andiámo présto, tocchiámo; we — ŏut évery dáy at elèven, andiámo fuóri in carròzza tútti i giórni alle úndici; — to nùmber tèn, Régent Stréet, conducétemi in vía Regent, número dièci; Mr. B., can you — ? Sig. B., sapéte guidáre? the ship drives, il bastiménto ráde, l'áncora non mòrde; I cánnot imágine what you are driving at, non mi pòsso immagináre dóve siáte per bàttere — s. scarrozzáta, passeggiáta in carròzza; to táke a —, fáre una passeggiáta in carròzza

Drivel, s. báva, spúma, saliva dénsa e viscósa (che cóla dalla bócca) — vn. far báva, spumáre; anfanáre, sconnéttere

Driveler, s. gocciolóne, m. gocciolóna, anfanatóre, -tríce, bacchillóne, m. bacchillóna, p. p. di to Drive (lóna

Driver, s. persóna o còsa che spínge, cáccia, condúce; conduttóre, cocchiére, m; cònio, zéppa

Driving, s. lo spíngere, il cacciáre, il guidáre; condótta, incalzaménto; tendènza, scópo; — -whéel, ruòta motrice | — -sháft, s. (tecn.) álbero motóre

Drizzle, van. piovigginàre, pioviscoláre

Drizzling, drizzly, a. piovigginóso; — ráin, acquerélla, acquerúgiola

Drógman, s. V. Dragoman

Dróke-grass, s. V. Drank-grass

Dróll, a. cómico, buffonésco, lèpido, piacévole, burlévole, facéto, giocóso — s. burlóne, m., buffóne, m; fársa — vn. buffoneggiáre, scherzáre, far il burlóne

Dróllery, s. buffonería, facézia; buffonerie, báje, lepidézze, f. pl.

Dróllingly, avv.burlescaménte, piacevolménte, buffonescaménte

Dróllish, a. buffonésco, lèpido, piacévole

Drómedary, s. (zool.) dromedário

Dróne, s. fúco, pecchióne, m. fig. pígro, scioperáto, mangiapáne, m; bordóne, m; — -fly, cacchióne, m., calabróne, m., scarafàggio; — -pipe, cornamúsa — va. ronzáre, rombáre; far l'oxióso

Drónish, a. lènto, pígro, indolènte, inèrte

Dróop, vn. appassírsi; cadére afáto, languíre, intisichíre, infievolíre; va. chináre o abbassáre languidaménte

Dróoping, a. lánguido, languènte, afáto, appassíto, abbattúto; — s. languóre, m.

Dróopingly, avv. languidaménte

Drop, s. góccia; gócciola; little —, gocciolína; a féw drops, pòche gócciole; — by —, a góccia a góccia; éar- —, ciondolíno, pendénte, m., orecchíno; príson- —, trabocchèllo (di patíbolo), trabocchétto; —s, góccie medicináli; the — of a sáil, la lunghézza di una véla; — -scéne (teat.) comodíno; — serène (med.), gótta seréna — vn.(passato dròpt,dròpped) lasciár cadére, far cascáre a gócciole; abbassáre; sméttere; lasciár smontáre; lasciár sfuggire; he had dròpt his wátch, egli avéva lasciáto cadére il suo oriuòlo; I háve dròpt my púrse, m' è cascáta la bórsa; dén't — a wòrd, non díte una paròla; he dròpped it in, egli lo fece cadére déntro — (passato dròpt, dròpped), vn. goccioláre, cadére a gócciole, grondáre, stilláre; the éves, le grónde gócciolano; to — with, goccioláre di; — in, entráre improvvisaménte; the cùrtain —s, cáde il sipário

Dròplet, *s.* (*poet.*) gocciolína

Dròpping, *s.* gocciolaménto, góccia, gòcciola

Dròpsical, *a.* idròpico

Dròpsy, *s.* idropisia; — of the bráin, idrocéfalo; — of the tésticle, idrocéle, *m.*

Dròsky, *s.* dròschi, *m.*

Drosòmeter, *s.* (*fis.*) drosòmetro

Dròpwòrt, *s.* (*bot.*) filipèndula

Dròss, *s.* scòria, spúma, fèccia, rifiúto

Dròssiness, *s.* fèccia, lordúme, *m.*, scòria, scáglia

Dròssy, *a.* pièno di scòria, feccióso

Dròught, *s.* secchézza, siccità; séte, *f.*

Dròughtiness, *s.* siccità

Dròughty, *a.* sécco, árido, assetáto

Dròute, *s.* (*volg.*) séte, *f.*; siccità; *V.* Drought

Dróve, *s.* bránco, mándra; túrba, cálca; — of cáttle, arménto

— *pret. del verbo* to drive

Dróving, *s.* il condúrre bestiáme, il negoziáre in bestiáme, il far il mandriáno

Dróver, *s.* mandriáno, conduttóre di bestiáme

Drówn, *va.* annegáre; gettáre nell'ácqua, sprofondáre; inondáre, sommèrgere; ecclissáre, vincere, superáre, offuscáre; to — a cát, annegáre un gátto; — one's sélf (gettársi nell'ácqua e) annegársi; to be —ed, annegáre, èssere annegáto (per cáso, per accidènte); she fell into the river and was —ed, ella cádde nel fiúme e (rimáse annegáta) annegò; that gámbler has —ed hímsèlf, quel giuocatóre si è annegáto; —ed in sléep, immèrso nel sònno; to get —ed in one's ówn spittle, affogáre in un bicchiór d'acqua

— *vn.* annegáre, affogáre, annegársi

Drówse, *vn.* addormentársi, èsser soprapprèsso dal sònno, lasciársi vincere dal sònno; — *va.* sopíre, assonnáre, invogliáre al sònno

Drówsily, *avv.* sennacchióne, sonnacchiosaménte

Drówsiness, *s.* sonnolènza, cascággine, *f.*

Drówsy, *a.* sonnacchióso, assonnáto, sonnolènto; to be —, avér sònno, èssere assonnáto, sonnolènto; to máke one —, far venír sònno, conciliáre il sònno ad uno

— -hèad, *s.* (*poet.*) sopóre, sonnolènza

— -hèaded, *a.* sonnolènto, sopíto

Drùb, *s.* bússa, cólpo, percòssa

— *va.* bussáre, báttere, picchiáre, bastonáre

Drùbbing, *s.* bastonáta, bastonatúra; to give one a góod —, a sóund —, dáre ad uno un buon carpíccio

Drùdge, *vn.* affacchináre, affaticársi, travagliáre, sfangáre, sgobbáre, lavoráre come uno schiávo; servíre, stentáre

— *s.* faticatóre, -trice, travagliatóre, -trice, facchíno, sgobbóne, *m.*, sèrvo impiegáto nei servígi più vili e più dúri; uòmo, cavállo da strapázzo

Drùdgery, *s.* traváglio, lavóro básso e dúro; fatica affannósa, servígio víle o servíle; strapázzo, stènto; a life of — and miséry, vita stentáta e miseràbile

Drùdgingly, *avv.* travagliosaménte, stentataménte

Drùg, *s.* dròga, ingrediénte, *m.*; (*fig.*) robáccia

— *va.* acconciáre con ingrediénti medicináli; mescoláre con dròghe; rèndere amáro; avvelenáre

— -mill, *s.* macinèllo da polverizzáre le dròghe

— -tráde, *s.* commèrcio delle dròghe

Drùggerman, *s.* *V.* Dragoman

Drùgget, *s.* droghétto; linen and wóollen —, droghétto di filo e lána

Drùggist, *s.* droghière

Drùid, *s.* drúido

Drùidess, *s.* druidèssa

Drùidic ⎫ *a.* drúido, drúidico
Drùidical ⎭

Drùidish, *a.* drúidico

Drùidism, *s.* druidísmo

Drùm, *s.* tambúro; kèttle- —, timbállo, tabállo, nácchera; the — of the éar, il tímpano dell'orécchio; to béat the —, báttere il tambúro

— *vn.* stamburáre, báttere il tambúro; tintinníre; — *va.* (*mil.*) cacciáre al suóno del tambúro

— -bàrrel, *s.* tambúro (d'orológio)

— -fìsh, *s.* (*itt.*) tambúro, pésce lábbro

— -hèad, *s.* pèlle di tambúro

— -màjor, *s.* (*mil.*) tambúro maggióre

— -stick, *s.* bacchétta (di tambúro)

— -strings, *s. pl.* cordóni di tambúro

Drùmmer, *s.* tamburíno, suonatóre di tambúro

Drùmming, *s.* rúllo di tambúro, stamburaménto

Drùnk, (*p. p. di* to drink)

— *a.* èbbro, inebbriáto, ubbriáco, briáco; dèad —, ubbriáco còtto; to get — ubbriacársi; to máke —, ubbriacáre; as — as a lórd, còtto come una mònna, come un Silèno

Drùnkard, *s.* ubbriacóne, *m.*, beóne, *m.*

Drùnken, *a.* ubbriáco, èbbro, inebbriáto

Drùnkenly, *avv.* da imbriáco, da bevute

Drùnkenness, *s.* ubbriachézza, ebbrézza

Drùpe, *s.* (*bot.*) drúpa

Dry, *a.* sécco, árido, asciútto; esáusto di umóre; adústo, sitibóndo, assetáto; ácre, pungènte, sarcástico; lacònico, recíso; — lànd, tèrra fèrma; — spéech, discórso sécco; he is gètting —, egli assecchísce; I am — (*meglio*) thirsty, ho séte; I cròssed óver —-shod, passái a pièdi asciútti; — wèather, tèmpo sécco; — -sàlter, negoziànte di salúmi, di dròghe, ecc.; — góods, stòffe di cotóne, di séta, di líno, ecc.;

nôr, rûde; - fâll, sòn, bùll; - fâre, dó; - by, lymph; pòïse, boys, fôul, fôwl; gem, as

Diz. Ingl. Ital. - Ediz. VI. Vol. I.   14

-nùrse, infermièra; bàlia asciútta, non lattànte

Dry, va. seccáre, disseccáre, asciugáre, prosciugáre; — ùp your téars, asciugáte le làgrime; dríed pùlp, cárta pésta

— vn. diveníre sècco, assecchíre,· inaridíre, diseccársi

— -nùrse, va. allevàre (un bambíno) sénza (dàrgli) la póppa

Drýad, s. (mit.) drìade, f.

Dryer, s. disseccánte, m. essiccánte, m.

Drying, a. essiccánte, dissecativo; — -ròom, asciugatójo

— s. il seccáre, l'inaridíre; asciugaménto

Drýly, avv. seccaménte, aridaménte, laconicaménte, recisamente; to salúte a pèrson ‹ —, salutáre uno asciuttaménte

Drýness, s. secchézza, aridità, siccità

D. S. inisiali di dàys àfter sìght (com.), giòrni vista

'Dst, contrazione di hadst o wouldst

Dùal, a. duàle, di dúe; — nùmber, (gram. greca) duàle, m.

Duàlity, s. dualità

Dùb, va. creàre, armáre, nominàre; to — a knight, creàre o armáre un cavaliére

Dubíety, s. (poco us.) dubbietà, dubbiosità

Dùbious, a, dubbióso, incèrto, indecíso

Dubiously, avv. dubbiosaménte, dubbiaménte

Dùbiousness, s. dubbiézza, incertézza

Dùcal, a. ducàle

Dùcat, s. ducàto (monéta)

Dùchess, s. duchéssa; Grand —, Granduchéssa

Dùchy, s. dncáto (domínio di un dúca); Grànd —, Granducàto

Dùck, (zool.) s. ànitra; wíld —, ànitra selvática; tàme —, ánitra domèstica; mý — (volg.) mía cára; Rùssia —, téla di Rússia, téla da vela; — -wéed, anitrína

— vn. tuffarsi (come l'ànitra), immérgersi

— va. tuffàre, dàre una passàta a, immèrgere; to — one's héad, chinàre il càpo

— -gùn, s. archibùgio (di canna lùnga) per la càccia delle ànitre

— -lègged, a. dalle gàmbe côrte

— -shóoting, s. càccia alle ánitre

— 's fóot, s. (bot.) serpentária della Virgínia

— 's méat, s. (bot.) lènte, f, o lenticchia palustre

Dùcker, s. chi si tùffa o immèrge; chi tuffa o immèrge; chi fa gràndi riverènze, scappellàte, inchíni

Dùckling, s. tùffo, immersióne; battésimo del tropico; to táke a —, fàre lo smérgo, tuffàrsi; to give one a —, tuffàre uno nell'àcqua, dàrgli una passàta, un túffo

— -gùn, s. V. dùck-gùn

— -stòol, s. sèdia in cui si dàva il tùffo alle dónne brontolóne

Dùckling, s. anitròcolo, anitrína

Dùcky, s. (volg.) cuoricíno, cuòr mío; — dàrling (volg.), cuòr mío dólce, giója bèlla

Dùct, s. dótto, condótto, canàle, m., tùbo

Dùctile, a. dúttíl e, flessíbile, pieghévole

Ductility, Dùctileness, s. duttilità, pieghevolézza

Dùdgeon, s. pugnalíno; mal talènto; mála pàrte; to táke in —, avér a màle, sdegnársi di

Dùe, a. débito, dovúto, (com.) scadfhíle, pagàbile; a — regàrd to, un débito riguárdo a; your bill fàlls - on the twèntieth instant, la vòstra cambiále scáde il vènti del corrènte (mése)

— avv. diritto, dilíláto, esattaménte

— s. impòsta, débito, quel ch'è di giústo, il giústo, il convenévole, l'òbbligo; diritto, tribúto; give the dèvíl his —, non fàte il diàvolo più brútto che non è; dòck- —s, diritti di pòrto; tôwn- —s, dàzi di consúmo

Dùel, s. duèllo; to fíght a —, bàttersi in duèllo; sècond in a —, padríno

— va. duellàre, bàttersi in duèllo

Dùelling, s. il duellàre, duèllo

Dùellist, s. duellànte, m.

Duènna, s. governánte vècchia di damigèlla giòvane

Duèt, s (mus.) duètto

Dùffel, s. mollettóne, m. di lána

Dùg, s. (delle bestie) tètta, capézzolo

— p. p. di to dig

Dùke, s. dúca, m.; the — of Càmbridge, il dúca di Cambridge; Grand —, Granduca; ròyal — dúca di sàngue reàle; — va. fàre il dúca, grandeggiàre

Dùkedom, s. ducàto, título, territôrio, dignità di dúca

Dùlbráined, V. Dull-brained

Dùlcet, a. dolcigno, dólce al gústo; dólce all'udíto, dolcecanòro, gráto

Dulcificàtion, s. il dulcificàre, addolciménto

Dùlcify, va. dolcificáre, mitigàre, ra ldulcíre

Dùlcimer, s. (mus. antica) dulcimèllo, saltèrio, saltéro, dedacórdo, tímpano

Dùlcoràte, va. dolcificàre, anacquáre per addolcíre

Dúlia, s. (teología), dulía, cúlto ai Sánti

Dùll, a. fòsco, scúro, átro, uggióso; ottúso, ingrossàto, rintuzzàto ; ottúso, materiàle, di grossa pàsta; grossoláno, stúpido, pesànte, pigro, tárdo, lènto, lànguido, smorto, appannàto, sordástro, càlmo, stagnànte, tedíoso, noióso, tediáto, annoiàto, mèsto, melancònico, trísto; — wèather, tèmpo scúro; — dàys, giórni uggiósi; — dinnerpàrty, desinàre trísto; — ràzor, rasojo ottúso; — fíre, fuòco che àrde languidaménte; — hèad, tèsta dúra; — yoúth, giòvine tárdo o pígro; — lòoking-glàss, spècchio appannàto; — sìght, vista fosca; — colour, colóre smórto ; — of hèaring, dúro d' o

récchio, sordástro; dùll-*eýed*, che ha gli
òcchi tárdi; to becòme, get —, ottúnder-
si, pèrdere il fílo (*d' uno strumento tagliénte*); appannársi; immalinconirsi, èsser préso dall'ùggia; as — as ditch wàter, tríste come l'ácqua mòrta, come una
méssa da mòrto
— -bráíned } *a.* d'ingêgno grósso, ottúso
— -witted }
— *va.* offuscáre, aduggiáre, appannáre; rintuzzáre, spuntáre, ingrossáre, instupidíre,
indebolíre
Dùllard, *s.* stupidáccio, balórdo
Dùlly, *avv.* stupidaménte, tristaménte, pigraménte, grossolanaménte
Dùlness, *s.* stupidézza, lentézza, uggiosità,
nòia, tédio, tisicúme, *m.*, appannaménto,
oscurità, annebbiaménto; l'èsser spuntáto,
ingrossáto; pesantézza, lentézza, stupidità,
balordàggine, *f;* sordità
Dúly, *avv.* debitaménte, esattaménte
Dùmb, *a.* múto; mútolo; to becòme —, ammutolíre; the dèaf and —, i sòrdo-múti
— -béllá, *s. pl.* pési (campanélli) ginnàstici
Dùmbly, *avv.* mutaménte, tacitaménte
Dùmbness, *s.* mutézza, silênzio
Dùmmy, *s.* (*volg.*) mútolo; (*giuoco*) mòrto
Dùmp, *s.* (*volg.*) melanconía, nòia, molèstia; to be in one's —s, èssere di cattívo
umóre
Dùmpish, *a.* (*volg.*) trísto, mèsto, bisbètico
Dùmpling, *s.* bodíno tóndo (di pàsta e méle
lésse); little —s, gnócchi
Dùmpy, *a.* tòzzo, córto e grósso
Dùn, *a.* sáuro, tanè, brúno, scúro, fòsco
— *va.* importunàre, sollecitáre, prémere, tri-
bolàre; domandáre, esígere con istrèpito
e mináccie il pagaménto d'un débito
— *s.* creditóre importúno; tribulatóre
Dùnce, *s.* balórdo, stúpido, ignorantáccio
Dùncery, *s.* bestialità, stupidità
Dùnciad, *s.* Dunciade, *f.* Balordèide, *f.* (*poema di Pope*)
Dúnder, *s.* fondáccio, fondigliuólo, fêccia
— -páte, *s.* balordáccio, pecoróne, *m.*
Dùng, *s.* letáme, *m.*, concíme, *m.*, stàbbio;
stêrco; côw —, boviaa; pìgeon —, colombína; hòrse —, stèrco di cavállo
— *va.* concimáre, letamáre; *vn.* stalláre
— -básin, *s.* pertúgio di letamájo
— -cárt, *s.* carrétto del letáme
— -fórk, *s.* forcóne, *m.* pel letáme
— -hóle, — -pit, *s.* fòssa del letáme
— -yárd, *s.* bássa córte e letamájo
Dùngeon, *s.* segréta, prigióne sott'errànea
Dùnghill, *s.* letamájo; — fôwl, póllo (di
bássa córte); — *a.* raccattáto da un letamájo, víle, ignóbile
Dùngy, *a.* piéno di letáme, feccióso, víle
Dùnner, *s.* importúno riscuotitóre (di débiti)
Dùnning, *s.* importunità (di creditóre)

Dùnnish, *a.* oscurétto, brunòtto
Dúo, *s.* (*mus.*) dúo, duétto
Duodècimal, *a.* duodecimále
Duodècimo, *a.* duodêcimo; bóok in —, líbro
in ottávo píccolo, in dodicêsimo
Duodènary, *a.* (*ant.*) duodecimále; — scálè,
numerazióne duodecimále
Duodènum, *s.* (*anat.*) duodèno
Dúpe, *va.* gabbáre, ingannáre, abbindoláre,
accalappiáre, uccelláre, truffáre
— *s.* persóna ingannáta, víttima; persóna
che si làscia ingannáre, gónzo, minchió-
ne, *m.*, baggiáno
Dúpery, *s.* ingànno, fròde, *f.*, trùffa, gabba-
ménto, abbindolaménto
Dúpion, *s.* bózzolo dóppio
Dúplicate, *n.* dóppio, in dóppio, duplicáto
— *s.* duplicáto, cópia d'una scrittúra
Dúplicàtion, *s.* ràddoppiaménto, duplica-
zióne
Duplicity, *s.* doppiézza, duplicità, infingi-
ménto
Durability, *s.* durevolézza, durabilità
Dùrable, *a.* durèvole, duràbile, duratúro
Dùrableness, *s.* durevolézza, durabilità
Dùrably, *avv.* durevolménte
Dúra-máter, *s.* (*anat.*) dúra-màdre, *f.* du-
ramater, *f.*
Dúrance, *s.* (*poet.*) prigionía, incarcerazió-
ne; in — víle, in gàbbia, in cárcere
Duràtion, *s.* duráta; of short —, di córta
duráta
Dúress, *s.* strettézza, restringiménto, angústia, soggezióne; travàglio, arrèsto, státo
di arrèsto, prigionía
Dúring (*part. pres. del verbo antiquato*
to dúre, duráre), *prep.* duránte, per
Dùrst, *pret. di* dàre, osáre
Dùsk, *a.* brúno, fòsco, scúro
— *s.* crepúscolo, brúzzo, brúzzolo; at —, in
sull'imbru.íre, al far della nòtte
Dùsky, *a.* alquánto scúro, fòsco, rannuvoláto
Dùst, *s.* pólvere, *f;* the ráín has láíd the
—, la pióggia ha ammorzáto la pólvere;
we are but — and àshes, noi non siámo
che pólvere e cénere; góld —, pólvere
d'óro; sàw —, segatúra; fíle —, pin- —,
limatúra; the — of a hôuse, la spazzatúra;
to tràmple in the —, calpestáre, schiacciáre; to kick up a —, fàre strèpito, fracàsso, tafferúglio
— *va.* spolveráre, levàr la pólvere, nettáre,
pulíre; to — a cóat, spolveráre (colla
bacchétta) un àbito, spazzoláre un vestíto;
— òut a róom, spolveráre, pulíre una
stánza; to —, spolverizzáre, aspèrgere di
farína, di sále, ecc.
— -bórn, *a.* náto dalla pólvere
— -brùsh, *s.* spàzzola, scopétta (per la pólvere)
— -hóle, *s.* immondezzájo

Dù-t-màn, *s.* spazzaturájo, paladíno
Dùster, *s.* strofinàccio; scopíno di pénne
Dùstiness, *s.* státo polveróso; polverío
Dùstman, *s.* spazzaturájo, paladíno
Dùsty, *a.* polveróso, copérto di pólvere; to get —, coprírsi di pólvere
Dùtch, *a.* olandése; l'olandése, la língua olandése
Dùtchman, *s.* olandése, *m.*
Dùtchwòman, *s.* olandése, *f.*
Dùtchess, *s. V.* Dùchess
Dùteous, *a.* doveróso, essequióso
Dùtied, *a. (com.)* tassatívo, daziáto, che pága il dázio d'entráta
Dùtiful, *a.* obbediènte, doveróso, sommésso, ossequióso
Dùtifully, *avv.* sommessaménte; obbedienteménte, rispettosaménte
Dùtifulness, *s.* ubbidiènza, sommessióne
Dùty, *s.* dovére, *m.* débito; ossèquio, rispètto; funzióne, uffício, servízio; dázio, gabèlla; dó your — to òthers, fáte il vòstro dovére cogli áltri; in the performance of my dùties as a màgistrate, nel disimpégno de' miei dovéri come magistráto; impost dùties (cùstoms), dázj doganáli, dázj d'entráta; èxcise dùties, dázj di consúmo; protècting dùties, dázj protezionáli; Càptain Brown is on —, il capitáno Brown è di guárdia, è in funzióne; my hùmble — to Lord C., (presèntáte) i miei dovéri a Lord C.; as in — bòund, as bòund in —, come è suo dovére
Dùumvir *(pl.* dùùmviri), *s. (Stor. Rom.)* duùmviro
Dùùmviral, *a.* duumvirále
Dùùmvirate, *s.* duumviráto
Dùx, *s.* capoclásse, *m. (in un collegio)*
Dwále, *s. (arald.)* colóre búio; *(bot.)* belladònna
Dwàrf, *s.* náno, pigmèo; *a.* pigmèo, píccolo náno, piccíno; — trée, álbero náno, alberétto; —, *va.* rimpicciolíre, rimpicciolíre, non lasciár créscere, rènder o tenér náno, pigmèo
Dwàrfish, *a.* di náno, piccolétto, piccíno
Dwàrfishly, *avv.* da náno, piccinaménte
Dwàrfishness, *s.* piceiolézza, statúra piccína
Dwèll, *van. (passato* dwèlled, dwèlt), abitáre, dimoráre; soggiornáre, stanziársi, dilatàrsi; to — upòn a sùbject, parlár estesaménte (o alla distésa) di una còsa, parlárne a lúogo
Dwèller, *s.* abitatóre, -trice, abitánte, *mf.*
Dwèlling, *s.* abitazióne, dimóra, stánza
— -hòùse, *s.* cása, dimóra, abitazióne
— -pláce, *s.* luògo di dimóra, stánza
Dwìndle, *vn.* impicciolíre, diminuíre, (gradataménte), decadére, degeneráre, veníriméno, intisichíre; scemáre, restríngersi; to — awáy, consumársi a pòco a pòco, dile-

guársi, sfumáre; *va.* consumáre, diminuíre a pòco a pòco
Dwt. *abbr. di* Pènny-weight
Dýe o díe, *va.* tíngere, coloráre; to — in gráin, tíngere in lána; to dòùble —, tíngere due vòlte; — blàck, blúe, etc., tíngere in néro, turchíno, etc.
— *s.* tínta, tintúra, colóre, *m.*; a crìme of dèeper- —, un delítto più néro, più atróce; — -hòùse, tintorìa; — -stùff, matèria tintòria; — -wòod, légno tintòrio; — -wòrks, tintorìa (opifício tintòrio)
Dýeing, *s.* tintúra, tínto, l'átto del tíngere
Dýer o díer, *s.* tintóre; silk —, tintóre di séta
— 's bròom, *s. (bot.)* ginèstra de' tintóri, ginestrélla
— 's wèed, *s. (bot.)* glásto, glástro
— 's wòad, *s. (bot.)* guádo, vádo
Dýing, *a.* morènte, moriènte, spiránte, agonizzànte, moribóndo, estrèmo; mortále; the — wòrds of, le estrème paròle di
Dýke, *s.* díga, árgine, *m.* fòssa
Dynàmeter, *s. (fis.)* dinàmetro
Dynamètrical, *a. (fis.)* dinamétrico
Dynàmic, dynàmical, *a. (fis.)* dinàmico
Dynàmics, *spl. (fis.)* dinàmica
Dýnamite, *s.* dinamíte, *f.*
Dýnamiter, *s.* dinamitárdo, dinamitísta, *m.*
Dýnamo, *s. (fis.)* dínamo, *f. (màcchina)* *a.* dínamo
Dynamòmeter, *s. (fis.)* dinamòmetro
Dýnast, *s. (stor. ant.)* dinásta, *m.*
Dynàstic, *a.* dinástico
Dýnasty, *(pr.* dýnasty *o* dýnasty), *s.* dinastìa
Dysentèric, *a. (med.)* dissentèrico
Dyspnoéa, *s. (med.)* dispnèa
Dýsentery, *s.* dissenterìa
Dyspèpsy, *s. (med.)* dispepsìa, digestióne laboriósa
Dýsury, *s. (med.)* disúria, dissúria

E

E *(pr.* è), *s. e, m.,* quínta lèttera dell'alfabéto; iniziále di East; Oriènte, *m.,* Levánte, *m;* iniziále del latíno *est* in *i. e. (id est,* thàt is), cioè, vále a díre; *(lettera numerale)* 500; *(mus.)* mi, m.
Éach, *pron.* ciaschedúno, ciascúno; — òne, cadaúno, ciascúno; — òther, l'un l'áltro, gli úni gli áltri; we lòve — òther, noi ci amiámo l'un l'áltro; Máry and Jàne háte — other, María e Giovannína si òdiano l'úna l'áltra
Éager, *a.* ávido, cúpido, ingórdo, smanióso; ardènte, vívo; premuróso, ágro, ácre
Éagerly, *avv.* ardenteménte, premurosaménte; to wish —, aneláre, ambíre, èssere smanióso di
Éagerness, *s.* ardènza, ardóre, calóre, desi-

dèrio inténso, smània, avidità, ingordígia, veeménza; fervóre, premùra; in the — of dàncing, nell'ardénza del ballàre

Éagle, *s.* (*zool.*) áquila; gólden, ring-tàiled —, áquila reàle; sèa —, pigárgo, strìge, *f;* to rùsh lìke an —, avventàrsi come un'áquila; — -eyed, d'ócchio aquilíno, acutíssimo di vísta; — -stóne, pietra a-quilína, etíte, *f.*

Éaglet, *s.* (*zool.*) aquilótto, aquilíno

Éagre (*pr.* éger), *s.* cavallóne di marèa

Éan, *vn.* (*delle pecore*) figliàre; *V.* Yéan

Éar, *s.* orécchio; deàf on one —, sórdo d'un orécchio; to lènd an —, prestàr orécchio; to give no —, to tùrn a deàf —, far orécchi di mercánte; to còme to one's —s, pervenire agli orécchi; to sing by —, cantár a orécchio; to fàll togèther by the —s, venír alle prése, acciuffàrsi, azzuffàrsi; to set togèther by the —s, métter mále insième; óver hèad and —s in dèbt, cárico di débiti; the —s of a pòt, i mánichi d'un vàso, d'úna péntola; — of córn, spíga; — of Indian córn, pannòcchia di gráno túrco; — -ring, orecchíno; — -drop, pendénte, *m;* — -drùm, tímpano; — -pick, stúzzica orécchi, *m;* — -wax, cerúme, *m.;* — -witness, testimónio auriculàre; — -wig (*ent.*), formíca pinzajuòla; — -ache, mále, *m.* all' orécchio; — shòt, portàta dell' orécchio, dell' udíto

— *vn.* spigáre, fàre la spíga

Éared, *a.* auriculàto; spigáto; làp- —, dagli orécchi pendénti

Éarl, *s.* cónte inglése, *m.*

Éarldom, *s.* contéa inglese (títolo di cónte inglése), domínio, dignità di cónte

Éarless, *a.* sénza orécchie

Éarliness, *s.* prontézza, diligénza, frétta, l'essere innànzi trátto, l'alzàrsi di buón mattíno, l'arriváre per tèmpo, l'esser precóce, l'antivenire, anticipáre, sollecitáre

Éarly, *a.* (*cosa*) primatíccio, prematúro, precóce; mattutíno; (*pers.*) mattiniéro, che si àlza di buon'óra, sollécito; che arriva per tèmpo; — frùts, frùtti pr.matícci; an — ríser, uno che è mattiniéro, che si àlza di buón mattíno

avv. di buon'óra, per tèmpo; in sul princípio; tòsto; — in lífe, nei primòrdj della víta; to ríse —, alzàrsi di buon'óra; véry —, per tempíssimo; còme — venìte di buon' óra

Éarn, *va.* guadagnáre (col travàglio, colla fatíca); procacciàrsi, meritáre; to — one's brèad, guadagnàrsi il páne, procacciàrsi i mèzzi della sussistènza

Éarnest, *a.* ardènte, premuróso, férvido, intènto, sèrio, sollécito; — piety, ardènte pietà; — mòney, capárra; at the — entréaty of, a preghièra di

— *s.* árra, capárra; il sèrio; to give —, dàr la capárra, caparráre; in —, sul sèrio, seriaménte, davvéro, da sènno, sénza schèrzo, daddovéro

Éarnestly, *avv.* ardenteménte, premurosaménte, istanteménte; sollecitaménte; to — desíre, bramàre ardenteménte, aneláre a

Éarnestness, *s.* premùra, veeménza, ardóre, istànza, diligénza, serietà; with —, con istánza

Éarnings, *spl.* guadágni, frútti del travàglio

Éarse, *V.* Erse

Éarth, *s.* (*geog.*) tèrra; (*chim.*) tèrra; pòtter's —, tèrra di pontolàjo; fúller's —, tèrra grássa da nettáre gli ábiti; earthborn, náto in sulla tèrra, di quésto móndo; — bòund, legáto, attaccáto alla tèrra — *va.* copríre di tèrra, interráre, sotterráre; *vn.* intanársi

Éarthen, *a.* di tèrra; — -wàre, terráglia; vasellàme, *m.* di tèrra; blúe, — -ware, prínted — -ware, majólica inglése; — -pot, péntola

Éarthiness, *s.* qualità terrèstre

Éarthliness, *s.* mondanità, caráttere mondáno

Éarthly, *a.* terrèstre, terréno, di quésto móndo; — thing, còsa al móndo, niènte; — -minded, mondáno; — -mindedness, mondanità

Éarthquàke, *s.* terremóto

Éarthward, *avv.* vèrso la tèrra, in giu

Éarthy, *a.* tèrreo, terróso, di tèrra, tellúrico, terrèstre, terréno

Éase, *s.* ágio, cómodo, agiatézza, ripóso, tranquillità, agiaménto; alleggiaménto, addolciménto, sgràvio; agevolézza, facilità, disinvoltúra; to be at —, èssere tranquíllo, stàr cómodo; to tàke one's —, prénder ágio; to be at one's —, èssere agiáto, cómodo, ricco; to dò a thing at one's —, fàre 'una còsa a bell' ágio, con cómodo; to lòve one's —, amáre i suòi ági; to live at —, vívere comodaménte; to sit down at one's —, adagiàrsi, accomodàrsi; to dò a thing with —, fàre una còsa con facilità; to tàke it much to one's —, prendersi tútto il suo cómodo

— *va.* alleviáre, alleggeríre, sgraváre, mitigáre, addolcíre, acquietáre, tranquilláre, calmáre; (*mar.*) alleggeríre, vòlgere al vènto (il bastiménto), far andàre adágio (il piróscafo); allungáre la gómena (alla nàve); to — one's sèlf (*volg.*), andàr di córpo; — her! (*mar.*) ágio alla nàve! Adágio!

Éaseful, *a.* pacífico, tranquíllo

Éasefully, *avv.* pacificaménte, tranquillaménte

Éasel, *s.* cavallétto di pittóre; — piéce, quàdro dipínto sul cavallétto

Éasément, s. agiaménto, alleggiaménto, solliève, sgràvio

Éasily, avv. agevolménte, facilménte; — sàtisfied, di fàcile contentatúra

Éasiness, s. agevolézza, facilità; còmodo

East, s. levànte, m. oriénte, m.; est, m.
— a. di levànte, d'oriénte, orientále

Éaster, s. pàsqua; — éve, sàbato sànto; — sùnday, giórno di pàsqua, della risurrezióne; — wéek, settimána sànta; — tíde, quindicína di Pásqua; — hòlidayś, féste, f. pl. di Pásqua   se ad oriénte)

Éasterling, s. orientále, m. f. (natívo di paé-

Éasterly, a. del levànte, dell' est (dell' oriénte)
— avv. vêrso il levànte, vêrso l'oriénte

Éastern, a. orientále, dell'oriénte; the — nátions, le nazióni orientáli, gli orientáli

Éastward, a. vêrso l'oriénte, vêrso l'est

Éasy, a. agévole, fàcile, cómodo, làrgo, líbero, lúbrico, pêrvio, scorrévole, pieghévole, manévole, trattàbile; sociábile, disinvólto, naturále, sénza affettazióne; agiáto, cómodo; — flight, vólo agévole; — wórk, lavóro fàcile; — tàsk, lèsson, cómpito, lezióne fàcile; — chàir, seggiolóne, m., poltróna; góod — man, buón uòmo; baggiáno; Làdy Go-éasy, la signóra contêssa Posá-piàno; làdy of — virtue, dònna agévole; man in — circumstances, benestànte, m. uòmo còmodo; — to be bórne, comportàbile

Éat, va. (pret. àte, p. p. éaten), mangiáre, pàscersi, cibàrsi di; to — wèll, heártily, mangiár béne, pappár béne; — ùp, divoráre, ing_ujáre; — one's dinner, sùpper, pranzáre, cenáre; — one's wórds, disdírsi; to — awày, ródere, consumáre; vn. cibàrsi, nudrírsi, mangiáre; ródere; — into, penetráre rodèndo

Éatable, a. mangeréccio, buòno a mangiáre

Éatables, s. pl. commestíbili, pl. m. víveri, pl. m., vivánde, pl f.

Éater, s. mangiatóre, -trice; greàt- —, mangióne, m. mangióna

Éating, s. il mangiáre; — and drinking, il mangiáre ed il bére; troùt when well cóoké l is góod —, la tròta quándo è ben còtta è un bel mangiáre; — begèts àppetite, il mangiáre stúzzica l'appetíto
— a. corrosívo
— -hoùse, s. trattoría, osteria; — kéeper, trattóre, m., trattóra, òste, m., ostéssa, to díne at an —, desinàre in una trattoría, pranzáre dal trattóre

Éaves, s. pl. dòcce, pl. f. grónde, pl. f; grondája; the — dróp, le grónde gócciolano

Éavesdrop, vn. stáre ad ascoltáre (di nascosto) sotto alle finêstre o prêsso l'úscio altrúi

Éavesdropper, s. ascoltatóre importúno, spía

Èbb, s. riflússo; marèa bàssa; ritórno della marèa; calaménto, declíno; the — and flòw, il flússo e riflússo; the — of life, il declíno della víta; at a lów —, in bàsso stàto
— vn. rifluíre (come la marèa), calàre
— -tíde, s. riflússo

Èbbing, a. che rifluísce, che va calàndo; it is — wàter, la marèa discénde

Èbon, a. di ébano, néro; àtro

Èbonite, s. ebonite, f.

Èbonize, va. dàre il colóre dell'ébano

Èbony, s. (bot.) ébano; légno d'ébano; a. di ébano
— -trèe, s. (bot.) diospíro, ébano

Èbràcteàte, a. (bot.) sénza bràttea

Èbrew, V. Hebrew

Èbriety, s. ebbrézza, ubbriachézza

Èbriòsity, s. abitúdine dell'ubbriachézza

Èbùlliency, s. ebullizióne; effervescénza

Èbùllient, a. in ebullizióne, bollènte,

Èbullition, s. ebullizióne, effervescénza

Eccéntric, eccéntrical, a. (cosa) eccéntrico, anòmalo, irregolàre; (persona) eccéntrico, fantàstico, ˙singolàre, stravagànte, originàle; — círcle (astr.), cêrchio, órbita eccéntrica; — gònius, uòmo eccéntrico; originàle, m.

Eccentricity, s. eccentricità, stravagànza

Ecchymosis (pr. ekkimósis), s. (med.) ecchimósi, f.

Ecclesiástes, s. Ecclesiáste, m. (libro del Vecchio Testamento)

Ecclesiàstic, Ecclesiàstical, a. ecclesiástico
— s. ecclesiástico

Ecclesiàstically, avv. ecclesiasticaménte

Echinus (pr. ékinus), s. (zool.) échino, ríccio maríno

Echo (pr. áco), s. éco, m f.
— va. far éco, risuonáre per éco, echeggiáre
— va. ripètere come l' éco, rimandáre, rispóndere a

Ècholess (pr. ácoless), a. sénza éco, múto; tàcito

Eclàt, s. splendóre, baglióre, lústro, pómpa

Eclèctic, a. s. (filos.) eclèttico

Eclèctically, avv. eccletticaménte

Ecclèctism, Ecclècticism, s. (filos.) eclettísmo

Eclipse, s. eclísse, eclíssi, f.; lúnar —, eclísse lunáre; sólar —, — of the sùn, eclísse solàre, del sóle
— va. eclissàre, oscuráre; eclissàrse, avanzáre, superáre, disgradáre

Ecliptic, s. (astr.) eclíttica; a. eclíttico

Èclogue, s. égloga

Ecòd, inter. (volg) In fède mía, affè

Economic, economical, a. económico, d'economía

Econòmically, avv. economicaménte, con economía

Ecônomist, *s.* econòmo; political —, economista, *m.*

Ecónomize, *va.* far economía di, risparmiáre

Ecônomy, *s.* economía; rispármio, frugalità; political —, economía política

Écstasied, *a.* rapíto, incantáto, in èstasi

Écstasy, *s.* èstasi, *f.*; to be in —, or in an —, èssere in èstasi

Ecstàtic, ecstàtical, *a.* estático; — fit, èstasí, *f.*

Éctrone | *s.* (*med.*) ectrópfo, arroverscia-
Ectrópium | túra delle palpèbre

Ecumènic, Ecumènical, *a.* (*eccles.*) ecumènico; — Council, Concílio Ecuménico

Edàcious, *a.* (*poco us*) edáce, voráce

Edàcity, *s.* (*poet.*) edacità, voracità

Édda, *s.* èdda (*raccolta antichissima di poesie scandinave*)

Édder, *s.* vermèna (da legár le pianticélle ai páli, le innestatúre, ecc.); vípera; *va.* legáre con la vermèna

Éddy, *s.* túrbine, *m.* di vênto, mulinéllo; túrbine d'àcqua, vórtice, *m.*, górgo, riflèsso impetuóso d'àcqua cóntro la corrénte o cóntro la maréa; the ship's —, il rivolgiménto che fa l'àcqua mèntre pássa il bastiménto; — wind (*mar.*) vénto turbinóso, indirètto, vénto di rimándo
— *vn.* viráre, variáre, èsser turbinóso, èsser vorticóso

Edèmatose, edèmatous, *a.* (*med.*) edematóso

Éden, *s.* Èden, *m.* Paradiso terrèstre

Edèntaded, *v.* sdentáto, sènza dènti

Édge, *s.* órlo, márgine, *m.*; estremità, filo, párte tagliénte delle ármi biánche, táglio; the — of a táble, of a stóne, lo spigolo, l'órlo di una távola, d'una piètra; the — of a sword, of a knife, il táglio d'una spáda, d'un coltèllo; to give an — to, affiláre, aguzzáre, réndere tagliénte, pungènte; to set one's teeth on —, allegáre i dènti
— *va.* aguzzáre, affiláre, orláre; to — in, far entráre, ficcáre déntro; to — off, *vn.* avanzársi o andársene di sghembo
— -tóol, *s.* struménto tagliénte
— -tóol-máker, *s.* fábbro (di struménti tagliénti)

Édged, *a.* tagliénte, acúto; two- —, bitagliénte, ancípite

Édgeless, *s.* smussáto, ottúso, spuntáto, sènza il filo tagliénte

Édgewise, *avv.* col táglio vòlto da una párte, a sghèmbo, sull'órlo

Édging, *s.* merlétto strétto, órlo, frángia

Édible, *a.* buòno a mangiáre, commestíbile

Édict, *s.* editto, procláma, *m.*, decréto

Edifiçátion, *s.* edificazióne

Édificatory, *a.* edificánte

Édifice, *s.* edifízio, fábbrica

Edificial, *a.* d'edifício, di costruzióne

Édify, *va.* edificáre

Édifying, *a.* edificánte; — discourse, discórse e ificánte

Édifyingly, *avv.* in mòdo edificánte

Édile, *s.* (*Stor. Rom.*) edile, *m.*

Édileship, *s.* (*Stor. Rom.*) edilità

Édit, *va.* pubblicáre, far stampáre, redígere

Edition, *s.* edizióne: the fifteenth — of Millhouse's English Grammar, la decimaquinta edizióne della Grammática inglese di Millhouse

Édi'or, *s.* editóre, *m.*; the — of a newspáper or journal, l'estensóre, il redattóre di un giornále

Editórial, *a.* dell'editóre, dell'estensóre, del redattóre

Éditorship, *s.* uffício, funzióni di editóre, di estensóre

Éducate, *va.* educáre, alleváre, istruíre

Educátion, *s.* educazióne

Educátional, *a.* d'educazióne; — books, líbri d'educazióne e d'istruzióne; — estáblishment, stabiliménto d'educazióne e d'istruzióne, collègio, pensióne

Éducàtor, *s.* educatóre, -trice, istruttóre, -trice

Educe, *va.* caváre, tràrre, estrárre

Édu t, *s.* prodótto, ricávo (l'edótto)

Edùction, *s.* estrazióne, il caváre, il prodótto; — pípe (*di macchína a vapore*), túbo di scári o del vapóre

Edúctor, *s.* eduttóre, -trice, estrattóre, -trice

Édulcorate, *va.* annacquáre per addolcire

Édulcorátion, *s.* addolciménto, annacquaménto

É É. initials di èrrors excèpted, (*com.*) sálvo errórí

Éel, *s.* (*sool.*) anguílla; cònger —, gróngo
— -fishing, *s.* pésca delle anguílle
— -pòt, — nàssa, bertovéllo (per pescáre anguílle)
— -pòut, *s.* (*itt.*) cavédine, *f.*, múggine, *m.*
— -skin, *s.* pèlle, *f.* d'anguílla
— -spéar, *s.* tridénte, *m.*, forcóne, *m.* fiócina (per la pésca delle anguílle)

Éen, (*poet.*) contrazione di èven

E' er, (*pr.* àr) contrazione di èver

Éff, *s.* píccola lucèrtola

Éffable, *a.* esprimíbile

Efface, *va.* scancelláre, cassáre

Effàceable, *a.* cancellábile

Effèct, *va.* effettuáre, pórre ad effètto, eseguíre, operáre, adempíre
— *s.* effètto, successo, realtà, fine, *m.*, conseguénza, risultáto, compiménto; the càuse and the —, la càusa e l'effètto; in —, in effètto, in fátto; of no —, sénza effètto, núllo; to that —, a tale effètto, a tal fine; to càrry into —, effettuáre; to táke —, (upòn), sortíre il suo effètto, riuscíre; —s, béni móbili, effètti

Effècter, *s.* V. Effèctor

Effèctive, *a.* effettívo, reàle, véro; átto a

sortíre l' effètto desideráto, possênte, poderóso, efficáce; — fôrce (*mil.*), fòrza effettíva

Effectively, *avv.* effettivaménte, con effètto

Effector, *s.* chi effettua, chi fa o prodúce, autóre

Effèctual, *a.* efficáce, possènte

Effèctnally, *avv.* efficaceménte, con effètto

Effèctualness, *s.* efficácia

Effèctuate, *aa.* effettuáre, eseguíre

Effèminacy, *s.* effeminatézza, mollézza

Effèminate, *a.* effemináto, snerváto; mòrbido

— *va.* effemináre, snerváre

— *vn.* diveníre effemináto

Effèminately, *avv.* effeminatamènte; molleménte

Effèndi, *s.* Effèndi, *m.* (*titolo turco*)

Effervèsce, *vn.* èsser in effervescénza

Effervèscence, *s.* effervescénza, fervóre, *m.*

Effète, *a.* stèrile, infecóndo; frústo, lógoro

Efficácious, *a.* efficáce; poderóso

Efficáciously, *avv.* efficaceménte

Efficacy, *s.* efficácia, potènza, virtù, fòrza

Efficience, efficiency, *s.* fòrza efficiènte, virtú, energía, influènza

Efficient, *a.* efficiènte; — cáuse, cáusa efficiènte

Efficiently, *avv.* efficienteménte

Effigy, *s.* effigie, *f.* immágine, *f*; hànged in —, impiccáto in effigie

Effiátion, *s.* sóffio

Efflorèscence } *s.* efflorescénza (*med.*) rifioritúra; fioritúra

Efflorèscency }

Efflorèscent, *a.* efflorescènte

Effluènce, *s.* efflússo, effondiménto, emanazióne

Effluent, *a.* che emána, che s'effònde; (*med.*) inflammatòrio

Effluvium (*pl.* effluvia), *s.* effluvio

Efflux, *s.* efflússo, effondiménto, effusióne

Effort, *s.* sfòrzo; vigorous —, sfòrzo vigoróso; frúitless —, sfòrzo váno; I'll máke every — to obtáin it, faró ogni sfòrzo per ottenérlo

Effrontery, *s.* sfacciatézza, sfrontatézza, impudénza

Effulgence, *s.* splendóre; folgóre

Effulgent, *a.* rifulgènte, splendènte

Effúse, *va.* diffóndere, spándere, versáre

Effúsion, *s.* effusióne, effondiménto, spargiménto

Effúsive, *a.* effusívo, espansívo, liberále, lárgo, diffusívo, generóso

Eft, *s* (*zool.*) salamándra, stellóne, *m.*

E. g. (*iniziali del lat.* Exémpli grátia, *leggete*, for exámple, *o* for instance) per esémpio

Egàd, *inter.* (*volg.*) affè! in fède mía! (pio

Egèst, *va.* (*med.*) evacuáre, sgravársi di, mandár fuóri

Egèstion, *s.* egestióne, *f.*

Egg, *s.* uòvo; —s, uòvi e uòva; new láid

—, uòvo frésco; stàle —, uòvo stantío; póached —s, uòvi affogáti; soft bòlled —s, —s bòlled soft, uòva al làtte; the white of an —, l'albúme, *m.*; il chiáro dell'uóvo; the yóke of an —, il tuòrlo, il rósso dell'uóvo; —shèll, gúscio dell'uóvo; —cup pòrta-uòvo, *m.*, tázza da uòvo, *f*; to béat an —, sbáttere un uòvo; to hátch —s, far náscere i pulcíni, fárli uscír dall'uòvo; to láy an —, fáre, depórre un uòvo; to sit on —s, cováre delle uòva

— *va.* incitáre, stimoláre, istigáre; to — one on to dó a thing, confortáre il cáne all'èrta

— -plànt, *s.* (*bot.*) petronciáno, petonciáno, melanzána

Èglantine, *s.* (*bot.*) rósa canína

Èglogue, *s.* ègloga

Ègis, *s.* ègida; ùnder the — of frèe institútions they rápidly rose to wealth and grèatness, sotto l'ègida di libere istituzióni rapidaménte pervènnero a ricchézza e grandézza

Egoism, *s.* egoísmo

Egoist, *s.* egoísta, *m. f.*

Egotism, *s.* egoísmo, vézzo di parláre sèmpre di sè, amór pròprio

Egotist, *s.* egoísta, *m. f.*, persóna che non pènsa che a sè stéssa, che non párla che di sè

Egotíze, *vn.* egotizzáre, parláre sèmpre di sè stésso, fare il gállo

Egrègious, *a.* famóso, enórme, badiále, segnaláto; egrégio (*poco usato in questo senso*); — blùnder, spropósito badiále; — fóol, scioccóne, *m.* di príma clásse

Egrègiously, *avv.* (*quasi sempre in mala parte*) enormeménte, egregiaménte, in mòdo madornále

Ègress, Egrèssion, *s.* egrèsso, uscíta

Ègret, *s.* spécie di aghiróne; piumíno

Egrètt, *s.* ornaménto di nástri o di piètre prezióse

Ègriot, *s.* (*ciliegia*) amarásca, agriòtta, visciola

Èider è èdder, *s.* òca d' Islánda; — dówn, lanúgine, *f*; delle òche d' Islánda

Eigh (*pr.* á) *inter.* ah!

Eight (*pr.* át), *a.* òtto

Eighteen (*pr.* átéen), *a.* diciòtto; —th, diciottèsimo, decimottávo

Eightfold (*pr.* átfóld), *a.* òttuplo, òtto vòlte tánto

Eighth (*pr.* áth) *a.* ottávo; *s.* ottávo; five —s, cínque ottávi; *s.* (*mus.*) ottáva

Eighthly (*pr.* átli), *avv.* in ottávo luògo

Eightieth (*pr.* átierh), *a.* ottantèsimo

Eightscore (*pr.* átscóre), *a.* cénto sessánta

Eighty (*pr.* áti), *a.* ottánta

Eigne (*pr.* áne), *a.* (*legge*) primogènito; inalienábile

Eisel, *s.* (*ant.*) acéto

Èither è either, *conj.* o-ovvero, o-o; sía, ossiachè; — all or nòrning, o tútto o niènte; he is — an Englishman or an Amèrican, egli è o Inglése o Americáno; *pron.* o l'ú o o l'áltro; gli úni o gli áltri; úno dei dúe; I will táke —, prenderò l' úno o l'áltro; I will not táke —, non vòglio nè l'úno nè l'áltro

Ejàculáte, *va.* lanciáre (un' ejaculazióne), mandáre (una giaculatò ia)

Ejaculátion, *s.* ejaculazióne, giaculatòria; láncio, sláncio

Ejáculatory, *a.* ejaculatório

Ejèct, *va.* gettáre, buttáre, mandáre fuòri; (*legge*) cacciáre dal possésso; (*med.*) evacuáre

Ejèction, *s.* espulsióne, evacuazióne, egestióne

Ejèctment, *s.* (*legge*) intimazióne di evacuáre la càsa o i béni

Éke, (*ant.*) *avv. conj.* ánche, ancóra, pariménte

— *va.* slargáre, allungáre, accrèscere, aumentáre; sovvenire a, supplíre a; to — óut accrèscere, ajutársi con

Elàborate, *a.* elaboráto, fàtto con diligènza, limáto

— *va.* elaboráre, limáre, ritoccáre; prodúrre con mólta fatica

Elàborately, *avv.* elaboratamènte

Elàboráteness, *s.* elaboratézza

Elaborátion, *s.* elaborazióne

Elànce, *va.* lanciáre, dardeggiáre, vibráre

Elàpse, *vn.* (*del tempo*) scórrere, passáre

Elàstic, elàstical, *a* elástico

Elasticity, *s.* elásticità; mólla

Eláte, *a.* ringallizzáto, esaltáto, esultánte, insuperbito; to be —, féel —, ringalluzzársi, sentírsi ringarzullíre

— *va.* rianimáre, imbaldanzíre per eventi próspери; far fáre il gállo, insuperbíre; to becòme elated, rianimársi, riscuòtersi al sentíre o udíre còsa che piáccia; sentírsi ringarzullíre

Elátion, *s.* il ringarzullírsi, il ringalluzzársi, l'insuperbíre; esaltazióne, esultazióne, orgóglio

Elbow, *s.* gómito, cúbito; ángolo; at one's —, accànto, accòsto; to léan on one's —, appoggiársi sul gómito; — -cháir, sédia a bracciuòli; — -róom, càmpo, luògo, spázio, libertà

— *va.* dàre gomitáte, stuzzicáre, spíngere

— *vn.* far un ángolo, spórgere in fuòri

Éld, *s.* (*ant.*) vecchiája, vècchia età

Èlder, *a.* più attempáto, più vècchio; maggióre, maggior náto; —, *s.* antenáto; anziáno

— -bèrry, *s.* bácca di sambúco

— -gún, *s.* scoppiétto di sambúco

— -trée, *s.* (*bot.*) sambúco

Èlderly, *a.* attempatòtto, attempatèllo, attempáto, avanzáto in età

Èlders, *s. pl.* anziáni, *m. pl.*; anziáni della chiésa;óur —, le persóne più attempáte di noi, i nòstri maggióri, gli antenáti, i vècchi

Èldership, *s.* anzianáto, anzianità, maggioránza; qualità, dignità di anziáno; consíglio degli anziáni

Èldest, *a.* (*delle persone*) il più attempáto, il più vècchio; il primogènito; the — bróther, il maggióre; the — at pláy (*carte*), colúi che ha la máno

Èldritch, *a.* (*voce scozzese*) orríbile, diabòlico, di spèttro, di fantásma; fantástico

Elecampáne (stárwort), *s.* (*bot.*) ènula campána

Elèct, *va.* elèggere, scégliere; to — a mèmber of Párliament, elèggere un mèmbro del Parlaménto

— *a.* elètto, scélto; king —, re elètto; the —, gli elètti, predestináti

Elèction, *s.* elezióne, scélta; opzióne; to cànvass for an —, brigáre elettóri; — tìcket, bollettíno di vóto, schèda

Electionéer, *vn.* brigáre gli elettóri ad un'elezióne

Electionéering, *s.* il brigáre elettóri, gl'intríghi nell'elezióne d'un mèmbro del Parlaménto; — *a.* di elezióne, di vóti

Elèctive, *a.* elettívo, eleggíbile

Elèctively, *avv.* per elezióne, elettivamènte

Elèctor, *s.* elettóre

Elèctoral, *a.* elettoràle

Elèctorate, *s.* elettoráto

Elèctoress, Elèctress, *s.* elettríce (móglie di elettóre)

Elèctric, elèctrical, *a.* elèttrico; — bàttery, píla voltáica; — condúctor, conduttóre della elettricità; — flúid, flúido elèttrice; — tèlegraph, telègrafo elèttrico; — bàttery, píla voltáica: — jàr, phíal, bottíglia di Lèida; — shock, scòssa elèttrica

Elèctrically, *avv.* elettricamènte

Electrícian, *s.* elettrícista, *m.*; físico che si óccupa della elettricità

Electrícity, *s.* elettrícità; to convey —, trasméttere l'elettricità, èsser conduttóre di elettricità

Elèctrifiable, *a.* elettrizzábile

Elèctrificátion, *s.* elettrizzazióne

Elèctrify, *va.* elettrizzáre; to bé elèctrified, èssere elettrizzáto

Electrizátion, *s.* elettrizzazióne

Elèctrize, *va.* elettrizzáre

Electro-chemistry (*pr.* kèmistry), *s.* elettrochímica

Elèctro-magnètic, *a.* elèttro-magnètico

Elèctro-màgnetism, *s.* elèttro-magnetismo

Electrómeter, *s.* elettròmetro

— -mótion, *s.* galvanismo

— -mótive, *a.* galvánico

Elèctron, *s.* ámbra

Elèctro-nègative, *a.* elèttro-negatívo

Elèctroscope, *s.* elettroscòpio

Eléctuary, *s.* (*med.*) elettuário, elettovário

Eleemósinary, *a.* di lemósina, caritatévole, che si dà per carità, che vive di limósina

Élegance, *s.* eleganza, avvenènza, grázia

Élegant, *a.* elegánte, avvenénte, vezzóso, venústo, béllo; — Extracts, antología; — style, stíle elegánte; — bíndings, legatúre elegánti; buy Millhouse's — Extracts, ninth edition, comperáte gli Squárci scèlti del Millhouse, nòna edizióne

Élegantly, *avv.* elegantemènte, con elegánza

Elégiac, elagíacal, *a.* elegíaco

Élegy, *s.* elegía

Élement, *s.* elemènto, princípio; ingrediènte, *m.*

Elemèntal, *a.* elementáre

E'lemèntariness } *s.* státo elementáre; natú-

Elementàrity { ra elementáre

Elementary, *a.* elementário, elementále

Élemi, *s.* (*farm.*) élemi, *f.*; — gùm, gómma élemi

Élephant, *s.* elefánte, *m*; — béetle (*ent.*) gròsso scarafággio

Elephantíasis, *s.* (*med.*) elefantíasi, *f.* elefanzíasi, *f.*

Elephántine, *a.* elefantíno, d'elefánte

Eleusínian, *a.* (*ant. greche*) Eleusíno; the — mysteries, i mistèri Eleusini

Élevàte, *va.* elevàre, rilevàre, levàre in álto, innalzàre, esaltàre

—, èlevated, *a.* elevàto, innalzàto, esaltàto

Elevàtion, *s.* elevaménto, esaltazióne; — of coùntenance, rilevatézza di lineaménti; — of the Hóst, l'elevazióne dell'òstia

Élevàtor, *s.* elevatóre, -trice; (*chir.*) mùscolo elevatório

Elevàtory, *s.* (*chir.*) elevatório

Elèven, *a.* úndici; hé is —, ha úndici ánni

Elèventh, *a.* undécimo, undicésimo

Élf (*pl.* èlves), *s.* sílfo, sílfide, *f.* follétto; spírito follétto; demònio, demoniétto; náno, naneròttolo

— *va* attorcigliàre i capélli (a mo' dei sílfi)

— -àrrow, *s.* ciòttolo agúzzo

— -lòck, *s.* ciócca di capélli attorcigliàti dai sílfi

Élfin, èlfish, *a.* di sílfo, di sílfide, di follétto, ecc.

Élfin, *s.* marmòcchio

Elicit, *va.* cavàre, elícere, estràrre, tiràr fuóri, far uscíre; far emèrgere, tràrre alla lúce; — trùth, far emèrgere la verità

Elicitàtion, *s.* l'estràrre, il tràrre alla lúce

Elíde, *va.* (*gram*) elídere; (frantumàre, *ant.*)

Eligibílity, *s.* eleggibilità; conveniènza, vantàggio

Éligible, *a.* eleggíbile; preferíbile, vantaggióso, conveniénte

Éligibleness, *s* eleggibilità

Éligibly, *avv.* eleggibilménte, convenevolménte

E'liminate, *va.* eliminàre, scartáre, rigettáre

Elíminàtion, *s.* eliminazióne

Eliquàtion, *s.* (*chim. metal.*), separazióne di due metálli (per mèzzo d'un calóre sufficiènte a fónder l'úno sènza modificàre l'áltro)

Elísion, *s.* elisióne; troncaménto; the — of a vówel, l'elisióne di una vocále

Elísor, *s.* (*legge*) sostitúto dello sceriffo per la nómina dei giuri (in caso che venga ricusáto lo sceriffo)

Elite (*pr.* elèet), *s.* scélta, fióre, elètta

Elixàtion, *s.* (*chim.*) elissazióne, lessatúra

Elíxir, *s.* elisíre, *m.* quintessénza

Elizabèthan, *a.* d'Elisabètta, del tèmpo d'Elisabètta (regína d'Inghiltèrra)

Elk, *s.* (*zoòl.*) álce, *m.*, cèrvo del Canadà

Élke, *s* cigno selvático

Éll, *s.* áuna, vèrga (*misura*)

Ellípsis, (*pl.* ellípses), *s.* ellísse, elísse, *f.* (*gram. geom.*); there is here an — of two words, qui c'è ellísse di dúe paròle

Ellípsoid, *s.* (*geom.*) ellissòide, *f.*

Ellíptic, ellíptical, *a.* (*gram. geom.*) ellíttico, d'ellísse

Elliptically, *avv.* ellitticaménte, per ellísse

Ellípticity, *s.* (*gr m. geom.*) fórma ellíttica

Ellíptoid, *a.* (*geom.*) ellittòide, *f.*

Elm, *s.* (*bot.*) ó'mo; — -gròve, olméto; yoke —, witch —, cárpino

É my, *a.* abbondánte d'ólmi

Elocùtion, *s.* elocuzióne, dicitúra; declamazióne; oratórial —, dicitúra, facóndia, parlantína; a téacher of —, maèstro o professóre di declamazióne

Élogy, *s.* V. Eulógium

Élòngate, *va.* allongàre, allontanàre; *vn.* allontanàrsi

Elongàtion, *s.* elongazióne, *f.*, allontanaménto

Elópe, *vn.* fuggíre (di nascósto); abbandonàre il marito o i genitóri; evàdere, svignàre

Elópement, *s.* evasióne, fúga (d'una figlia dalla cása patèrna, della móglie dalla cása del marito)

Éloquence, *s.* eloquènza; púlpit —, eloquènza sácra; Parliamèntary —, eloquènza parlamentáre

É'oquent, *a.* eloquènte, facóndo

Éloquently, *avv.* eloquenteménte, facondaménte

Élse, *pron.* áltro; nòthing —, niènte áltro; any bódy —, qualúnque áltra persóna — *avv.* altriménti; — whère, altróve

Elúcidate, *va.* dilucidàre, schiaríre; elucidàre

Elucidàtion, *s.* schiariménto, dilucidazióne

Elúcidative, *a.* spiegatívo

Elúcidator, *s.* comentatóre, -trice, espositóre, -trice

Elúde, *va.* elúdere, schivàre, scansàre, sfuggíre

Elúsive, a. evasívo, ingannévole, fraudolénte
Elúsory, a. elusòrio, fraudolénte, falláce
Elúte, va. laváre
Elútriáte, va. laváre (un sòlido versándovi sópra dell'ácqua e travasándola póscia con le matèrie in sospensióne)
Elýsian, s. elisio; the — Fiélds, i Cámpi Elísi
Elýsium, s. Elísio, i Cámpi Elísi
Em, abbr. di them
Emáciate, van. dimagríre, stennáre, emaciáre
Emáciated, a. smagríto, emaciáto, stenuáto
Emaciátion, s. emaciazióne, smagriménto
Emáculáte, va. levár le mácchie di
Émanant, a. emanánte
Émanáte, vn. emanáre, proveníre
Emanátion, s. emanazióne
Émanative, a. emanatívo, emanánte
Emáncipate, va. emancipáre, affrancáre; a. emancipáto
Emansipátion, s. emancipazióne
Emáncipátor, s. emancipatóre
Emárginate, va. levár vía il márgine
Emásculate, va. castráre; snervàre; effeminàre
Emásculate, emásculated, a. snerváto; castráto; svigorito, spossáto
Emasculátion, s. effeminatézza; castrazióne
Embále, va. imballáre
Embálm, va. imbalsamáre
Embálmer, s. imbalsamatóre
Embálming, s. imbalsamazióne, l'imbalsamáre
Embánk, va. argiuáre, fáre una díga a
Embánkment, s. árgine, m., arginaménto, díga, terráto
Embarcátion, V. Embarkátion
Embárgo, s. embárgo; (legge) sequèstro, staggiménto; to láy an — on shipping, métter l'embárgo sopra i bastiménti, vietáre l'uscíta d'un pórto alle návi
— va. métter l'embárgo sopra, vietáre l'uscíta ai bastiménti
Embárk, va. imbarcáre, méttere nel bastiménto; impegnáre; va. imbarcársi, entráre nella náve; impegnársi, ingaggiársi
Embarkátion, s. imbarcaménto, imbárco
Embárrass, vn. imbarazzáre; cenfóndere
Embárrassing, a. imbarazzánte
Embárrassment, s. imbarázzo, imbróglio
Embáse, va. viziáre, depraváre, avvilire
Embássador, s. V. Ambàssador
Émbassy, s. ambaseria, ambasciáta; gèntleman attáched to an —, addétto ad una ambasciáta; sècretary to an —, segretário d'ambasciáta; the English — at Paris, l'ambasceria inglése a Parígi; to send an — to, mandáre un'ambasciáta a
Embáttle, va. schieráre, ordináre in battáglia; merláre
Embáttled, a. schieráto; merláto
Embáy, va. bagnáre, chiùdere in una bája;

to be —ed, èssere fermáto (dal vènto) in un gólfo
Embéd, va. incastráre, incastonáre, inseríre, immérgere: incrostáre
Embéllish, va. abbellíre, addobbáre, ornáre
Embéllisher, s. abbellitóre, -trice, decoratóre, -trice
Embéllishment, s. abbelliménto, ornaménto
Ember, s. pl. cálde céneri, fp.; búrning —, brágia
Ember-dáys, s. Quáttro Témpora, fp.
— -éve, s. vigília delle Quáttro Témpora
— -fast, s. digiúno delle Quáttro Témpora
— -séason ⌠ s. stagióne delle Quáttro Témpora
— -tíde ⌡ pora
— -wéek, s. settimána delle Quáttro Témpora
Embèzzle, va. distrárre, appropriársi (fóndi o effétti affidáti); prevaricáre; dissipáre
Embèzzlement, s. distrazióne, appropriazióne (di fóndi o effétti affidáti); concussióne, prevaricazióne, trúffa
Embèzzler, s. concussionário, prevaricatóre, -trice, truffatóre, -trice
Embitter, va. rèndere amáro, amareggiáre
Embláze, va. dipíngere árme gentilízie, divisáre, blasonáre; proclamáre
Emblázon, va. ornáre di árme gentilízie; proclamáre
Emblázoner, s. scrittóre, pittóre aráldico, editóre pompóso
Emblázonment ⌠ s. blasóne, m. árme gentilízie, fpl.
Emblázonry ⌡
Emblem, s. emblèma, m. símbolo
— va. (poet.) èssere l'emblèma di, simboleggiáre
Emblemátic, emblemàtical, a. emblemático; to be — of, èsser l'emblèma di, simboleggiáre
Emblemàtically, avv. emblematicaménte
Emblèmatist, s. autóre, inventóre d'emblèmi
Émblement, s. (legge) frútti pendénti (che apparténgono all'affittuário quand'ánche l'affitto scáda prima della ricólta)
Emblemize, va. èssere emblèma di, simboleggiáre
Emblóom, va. coprire di fióri
Embódy, va. dáre un córpo a, incorporáre, personificáre
Embólden, va. imbaldanzíre; incoraggiáre
Embóldener, s. incoraggiatóre, -trice, animatóre, -trice
Embolism, s. embolísmo, tèmpo intercaláto
Embolismal, embolismic, a. embulístico, intercaláre
Embolus, s. émbolo, stantúffo
Embórder, va. orláre, fregiáre, intorniáre
Embósom, va. ricévere o méttere in séno; to be —ed in, èssere al séno di
Embóss, va. ornáre di bássi rilièvi, intagliáre

Embòssed, *a.* fátto a básso riliévo

Embòssing, *s.* riliévo, intagliaménto

Embòssment, *s.* bernóccolo, protuberánza; básso riliévo; damaschinatúra (di láma); stámpa (di stóffa)

Embówel, *va.* svisceráre, caváre le víscere, sbudelláre; —led in, ficcáto déntro, invisceráto in, internáto, nascósto

Embráce, *va.* abbracciáre, stríngere, comprèndere, inchiúdere; accettáre; subornáre (un giuráto); to — an óffer, accettáre una offérta; to — éach óther, abbracciàrsi l'un l'áltro; to —, *vn.* dar un bácio a
— *s.* abbráccio; fond —, amplèsso

Embrácement, *s* abbracciaménto

Embrácer, *s.* persóna che abbráccia; partigiáno; subornatóre (d'un giuráto)

Embrácery, *s.* (*legge*) subornazióne (d'un giuráto)

Embrásure, *s.* feritója, cannoniéra, apertúra

Embrocáte, *va.* (*med.*) embroccáre, fomentáre

Embrocátion, *s.* (*med.*) embrocazióne, *f.*, embrócca

Embróider, *va.* ricamáre

Embróider, *s.* ricamatóre, -tríce

Embróidering, *s.* ricámo, ricamatúra; — machine (*pr.* mashine), mácchina da ricamáre

Embróidery, *s.* ricámo, ricamatúra

Embróil, *va.* imbrogliáre, scompigliáre, confóndere

Embróilment, *s.* confusióne, scompigliaménto, disórdine, *m.*.

E·òbrùe, *V.* Imbrùs

Èmbryo, èmbryon, *s.* embrióne, *m.* (*feto*); germóglio imperfètto; abbózzo
— *a.* embrionále, allo státo d'embrióne

Emèndable, *a.* emendábile

Emendátion, *s.* emendaménto, emènda

Emendátor, *s.* emendatóre; correttóre, revisóre

Emèndatory, *a.* emendatòrio, emendatívo

Èmerald, *s.* (*med.*) smeráldo; rough (*pr.* rùf) —, smeráldo grèggio

Emèrge, *vn.* emèrgere; sórgere, proveníre

Emèrgence, emèrgency, *s.* emergènza, occorrènza, circostánza c ítica; in any —, in qualúnque emergènza od occorrénza

Emèrgent, *a.* emergènte, occorrènte, casuále; upón — occásions, in circostánze crítiche, difficili

Emèrit, emèrited, *a.* emèrito

Èmerods, *V.* Hemorrhoids

Emèrsion, *s.* emersióne

Èmery, *s.* smeríglio

Emètic, *a. s.* emètico

Emètically, *avv.* in fórma d'emètico, cóme emètico

Emicátion, *s.* scintillazióne (del férro); scoppiettío, crèpito (di líquido in fermentazióne)

Emiction, *s.* (*med.*) emissióne dell'orína

Èmigrant, *a.* emigránte, emigratívo; *s.* emigráto

Èmigráte, *vn.* emigráre

Emigrátion, *s.* emigrazióne

Èminence, èminency, *s.* eminènza, altézza, elevazióne, elevatézza, grandézza, distinzióne, dignità eminènte, eccellènza; your —, l'eminénza vòstra; to ríse to —, distinguersi, innalzársi; bý —, bý wáy of —, per eccellènza

Èminent, *a.* eminènte, álto, eleváto; mòst —, (*título*) eminentíssimo

Èminently, *avv.* eminenteménte

Èmir, *s.* emír, *m.* emíro

Èmissary, *s.* emissário, mandatário, missionário, spía; (*anat.*) escretòrio; *a.* emissário, di spía; escretòrio

Emission, *s.* emissióne

Emissive, *a.* emèsso, inviáto, partíto

Emit, *va.* eméttere, mandáre o gittár fuóri, spicciáre, esaláre, svaporáre; dardeggiáre, raggiáre, méttere in circolazióne, dar fuóri, promulgáre

Emmenagògue, *s.* (*med.*) emmenagògo

Èmmet, *s.* formíca, formíca néra

E·mmew (*pr.* emmú), *va.* méttere in gábbia

Emolléscence, *s.* ammolliménto, mollificazióne

Emólliáte, *va.* ammollíre, snerváre

Emóllient, *a. s.* ammolliènte, *m.* lenitívo

Emollítion, *s.* ammolliménto, raddolciménto

Emólument, *s.* emoluménto, prófitto, guadágno

Emolumèntal, *a.* proficuo, vantaggióso

Emótion, *s.* emozióne

Emótional, *a.* emozionále

Empále, *va.* impaláre; palificáre; chiúdere o serráre intórno con páli o palizzáte

Empálement, *s.* impalazióne (supplízio); palizzáta

Empánnel, *V.* Impànnel

Empáradíse, *V.* Impàradíse

Empárk, *va.* chiúdere, comprèndere nel párco; circondáre o serráre un chiúso

Empássion, *V.* Impàssion

Èmperor, *s.* imperatóre, imperadóre

Èmphasis, *s.* ènfasi, *f.*, energía; pósa della vóce, accento tónico; to láy —on, accentuáre

Èmphasíze, *va.* articoláre con ènfasi, accentuáre forteménte, pronuncláre scolpitaménte

Emphàtic, emphàtical, *a.* enfático, enèrgico; calzánte

Emphàtically, *avv.* enfaticaménte, con ènfasi

Èmphysem { *s.* (*med.*) enfisèma, *f.*
Emphysèma {

Emphyteúsis, *s.* (*legge*) enfitèusi, *f.*

Emphyteútic, *a.* (*legge*) onfitèutico

Èmpire, *s.* impèrio, impéro; domínio, signoría, padronánza; Austrian —, Impéro

Austríaco; Éastern —, Impêro d'Oriénte; hóly, Róman —, Sânto Románo Impêro; Lówer —, Básso Impêro; Wêstern —, Impêro d'Occidênte; to contênd for —, dispatársi l'impêro ; to enlârge, to extênd an —, créscere, estêndere un impêro

Empíric, *s.* empírico, ciarlatáno

Empíric, empírical, *a.* empírico, ciarlatanésco

Empirically, *avv.* empiricaménte

Empìricìsm; *s.* empirísmo, ciarlatanería

Emplàstic, *a.* emplástico, viscóso

Emplóy, *va.* impiegáre, far úso di, adoperáre; to — one's sêlf, occupársi, adoperársi; pêrson —ed, impiegáto

— *s.* impiêgo, occupazióne, *f.* ufízio, cárica, funzióne ; in a pêrson's —, al servízio di úno: óut of —, sênza impiêgo

Emplóyable, *a.* impiegábile

Emplóyé, *s.* (*franc.*) impiegáto ; *V.* Pláce man

Emplóyer, *s.* chi impiêga; chì dà a lavoráre, padróne, padróna; principále

Emplóyment, *s* impiêgo, occupazióne, cárica, funzióne; servízio, attivítà; in —, impiegáto, occupáto, in attivítà; óut of —, sênza padróne, sênza lavóro

Empóison, *va. V.* Póison

Empórium, *s.* empório, mercáto grânde, piázza

Empóverish, *va.* impoveríre

Empóverisher, *s.* persóna, cósa che impoverísce

Empóverishment, *s.* impoveriménto

Empówer, *va.* dáre il potére, abilitáre, autorizzáre

Empówered, *a.* autorizzáto, abilitáto

Empress, *s.* imperatríce

Emprise, emprize, *s.* (*poet.*) imprêsa

Emptier, *s.* persóna che vuóta, vuotatóre, -tríce

Emptiness, *s.* vacuità, vuóto, vácuo, votézza, inanità, nullità, váno

Empty, *a.* vóto, vuóto, vácuo, váno; — of, ignúdo di, prívo di, sênza

Emption, *s.* cómpera, cómpra

Empty, *va.* votáre, evacuáre, esauríre; to — itsêlf, votársi, scaricársi, méttere

— -hánded, *a.* con le máni vuóte

— -héaded, *a.* sênza cervéllo

Empúrple, *va.* imporporáre, tígnere di pórpora

Empyéma, *s.* (*med.*) empiêma

Empýreal, empýrean, *a.* empíreo, del firmaménto

Empyrèan, *s.* empíreo

Empyreúma, *s.* (*chim.*) empíreuma, *m.*

Empyreumátic } *a.* (*chim.*) empireumático
Empyreumàtical }

Émulate, *va.* emuláre, gareggiáre con, rivalizzáre

Emulátion, *s.* emulazióne, gára

Émulative, *a.* d'emulazióne, emulánte, gareggiánte

Émulátor, *s.* emulatóre, -tríce, competitóre, -tríce

Emúlgent, *a.* emulgênte

Émulous, *a.* êmulo, emulánte; gareggiánto; Émulously, *avv.* da emulatóre, da êmulo, a gára

Emúlsion, *s.* (*med.*) emulsióne

Emúlsive, *a.* (*med.*) emulsívo

Emúnctory, *s.* emuntório

Enáble, *va.* abilitáre, pórre in grádo di; autorizzáre; capacitáre; to be —d (to), êssere pósto in grádo (di), avére il mézzo di; potére

Enáblement, *s.* (*ant.*) capacità, abílità

Enàct, *vn.* fáre, stabilíre, ordináre, decretáre, agíre, recitáre, rappresentáre; to — a láw, fáre, stabilíre, decretáre una légge; — the búlly (*burl.*), far il rodomónte

Enàctment, *s.* légge, *f.*, átto legislatívo, decrêto

Enàctor, *s.* autóre d'una légge, legislatóre

Enàllage, *s.* (*gram.*) enállage, *f.*

Enàmbush, *va.* pórre in imboscáta, imboscáre

Enàmel, *s.* smálto; smálto dei dênti

— *va.* smaltáre, copríre di smálto

Enàmelled, *a.* smaltáto, copêrto, ornáto di smálto

Enàmeller, *s.* smaltatóre, che lavóra di smálto

Enàmelling, *s.* smaltatúra; smálto

Enàmour, *va.* innamoráre; invaghíre, cattivársi l'affêtto o l'amóre di, rêndere innamoráto, accêndere di amóre; to be —ed of, êssere innamoráto di; to becóme —ed, invaghírsi, affezionársi,

Enàmoured, *a.* innamoráto, invaghíto, vágo

Encáge, *va* ingabbiáre, rinchiúdere

Encàmp, *vn.* accampársi; *va.* pórre il câmpo

Encàmping, encàmpment, *s.* accampaménto, câmpo

Encànker, *va.* incancheráre, incancheríre

Encáse, *V.* Incase

Encáustic, *a.* encáusto; — páinting, encáusto, encáustica

Encáve, *va.* nascóndere in un sotterráneo

Enchàfe, *va.* irritáre

Enchàin, *va.* incatenáre, legáre

Enchànt, *va.* incantáre, ammaliáre; deliziáre

Enchànter, *s.* incantatóre, maliárdo, stregóne, *m.*

Enchànting, *a.* incantévole, aflascinánte, ammaliánte

Enchantingly, *avv.* in mòdo incantévole

Enchàntment, *s.* incantésimo, incánto; fáscino; magía; as if by —, come per incánto

Enchàntress, *s.* incantatríce, ammaliatríce

Enchàse, *va.* incastráre, incassáre, ciselláre

Enchiridion (*pr.* enkiridion), *s.* enchiridio, manuále, *m.*

Encircle, va. cingere, circondáre, accerchiáre, circuíre, intorniáre, attorniáre

Enclitic } a. (gram.) enclitico
Enclitical }

Enclitic, s. (gram.) enclítica

Enclóse, va. chiúdere, acchiúdere, acclúdere, chiúdere, circondáre, attorniáre, assiepáre; I — you my accèptance at two months, vi acchiúdo la mia accettazióne a dúe mési

Enclósed, a. (delle lettere) acclúso, acchiúso

Enclóser, s. chi rinchiúde, acchiúde ò circónda

Enclósure, s. chiúso, clausúra, recínto; alligáto .

Encloùded, a. núbilo, nubilóso, cárico di núbi

Encòffin, va. métter nella bára, nel fèretro

Encómiast, s. ecomiatóre, -trice, panegirísta, mf.

Encomiàstic } a. lodatívo, encomiástico
Encomiàstical }

Encomiàstically, avv. encomiasticaménte, con encómio

Encómium, s. encómio, elógio, lòde, f.

Encòmpass, va. circondáre, attorniáre, circuíre

Encóre, avv. (teat) bis, ancóra, di nuòvo, nuovaménte, un'áltra vòlta

— (teat.) va. domandáre la ripetizióne o la réplica (d'un'ária, d'una canzóne, ecc.)

Encoùnter, s. scòntro, incóntro ostíle, conflítto, rúffa; còzzo, úrto, incontro, riscóntro

— va. affrontáre, incontráre (ostilménte), assaltáre, accozzársi con; assalíre, règgere all'assálto di; — vn. incontrársi, scontrársi, azzuffársi, accozzársi

Encoùrage, vn. incoraggiáre, animáre

Encoùragement, s. incoraggiaménto

Encoùrager, s. incoraggiatóre, -trice; to be an — of, incoraggiáre, èssere fautóre o promotóre di

Encoùraging, a, incoraggiánte, inanimánte

Encoùragingly, avv. in mòdo incoraggiánte

Encràdle, va. métter nella cúlla

Encrimson, va. tíngere in rósso chermisíno

Encrisped, a. increspáto, arricciáto

Encròach, vn. (upon) esténdersi (sópra), impadronírsi di a poco a poco, usurpáre, intaccáre; to — upon the rights of the péople, usurpáre, intaccáre i diritti del pópolo

Encròacher, s. usurpatóre, -trice, intaccatóre, -trice

Encròaching, a. usurpánte, intaccánte

Encròachingly, avv. usurpativaménte, con intaccatúra

Encròachment, s. usurpazióne, intaccatúra

Encùmber, va. (with), ingombráre (di), impacciáre, imbarazzáre, intricáre, impedíre; caricáre, vincoláre

Encùmbrance, s. imbarázzo, ingómbro, impediménto, impáccio, intrígo; vincolaménto, ipotéca; frée from — s, esènte di cárichi e d' ipotèche

Encýclical, a. encíclico; — lètter, encíclica, lèttera encíclica

Encýclopaédia } s. enciclopedía
Encýclopédia }

Encýclopédic } a. enciclopèdico
Encýclopédical }

Encýclopédian, a. enciclopèdico

Encýclopedist, s. enciclopedísti, m.

Encýsted, a. (med.) encísto, chiúso in una vescichétta

Ènd, s. fíne, f., estremità, tèrmine, m. cápo; fíne, f., ésito, succésso, evènto; fíne, m., míra, scòpo, intènto, diségno, oggètto; at the — of this strèet, in cápo di quèsta vía; at the — of the yéar, alla fíne dell'ánno; to hàve a raing at one's fíngers' —s, avér una còsa su per le díta; a shámeful —, una fíne ignominiósa; the fúrther —, l' estremità; to whàt — ? a che fíne? to còmpass one's —s, condúrre a fíne il súo diségno; to the — that, acció, acciocché, affinché; in the —, a lúngo andáre; to hàve the bètter — of the staff, avér il vantàggio, stàre al di sópra; to no —, in váno, inutilménte; to màke an — of a pèrson, spacciár úno, ammazzárlo; to be at one's wit's —, non sapèr che fáre; the wàr is at an —, la guèrra è finíta; my hàir stóod on —, mi si arricciárono i capélli; to màke ends mèet, coprire le spése, trovár il mèzzo di pagáre le spése; a raing dòne has an —, còsa fàtta cápo ha; at the —, súlla fíne; wòrld withòut —, in sempitèrno, ne' sécoli de' sécoli

— va. finíre, termináre, por fíne a, cómpiere

— vn. finíre, avér fíne; all's well that — well, la fíne coróna l'òpera

Endàmage, va. V. Dàmage

Endàmagement, s. dánno, V. Dàmage

Endànger, va. espórre a perícolo, arrischiáre, pórre a repentáglio

Endàngering, s. arrischiaménto, il mèttere a repentáglio

Endéar, va. rèndere cáro; cattivársi l'affètto di, affezionáre

Endéaring, a. tènero, seducènte, amábile, amorévole, vezzóso

Endéarment, s. àtto carezzévole, cagióne d'affètto; gràzia, vézzo; fónd —s, carezzíne, f. pl. amorevolezzíne, f. pl.

Endéavour, vn. sforzársi, affaticársi, adoperársi, ingegnársi, sbracciársi, procuráre, cercáre; va. far d gli sfòrzi per, tentáre

Endéavour, s. sforzo, pròva

Endéavourer, s. persóna che si adòpera, si sforza, s'ingégna

Endècagon, s. endecágono

Endèmic, endèmical, *a.* (*med.*) endèmico, endèmio

Endíct, *V.* Indíct

Énding, *s.* fíne, *f*, conclusióne; (*gram.*) desinènza, terminazióne
— *a.* finále, último

Éndírons, *s. pl. V.* Andírons

Éndive, *s.* (*bot.*) endívia, indívia

Éndless, *a.* sénza fíne, sempitèrno, etèrno

Éndlessly. *avv.* in sempitèrno; infinitaménte

Éndlessness, *s.* perpetuità, duráta sénza fíne

Éndocarp, *s.* (*bot.*) endocárpo

Endórse, *va.* (*com.*) fàr o dar la giráta ad una cambiále; bill —d by a friènd, cambiále giráta da un amíco

Endorsèe, *s.* (*com.*) giratário (di una cambiále)

Endórsement, *s.* giráta (di una cambiále)

Endórser, *s.* (*com.*) giránte (d' una cambiále

Endów, *va.* dotáre, assegnáre, far la dòte; dotáre, arricchíre, forníre; —ed with prúdence and discèrnment, dotáto di prudènza e discernimènto

Endówment, *s.* dòte, *f.*, assegnaménto; dóno di natúra, talènto, ingégno, abilità

Endúe, *va. V.* Indúe

Endúrance, *s.* sofferènza, durazióne di péna: durazióne di tèmpo, continuità

Endúre, *va.* duráre, sopportáre; *vn* duráre

Endúrer, *s.* persóna che sòffre, patísce, tòllera

Endúring, *a.* che dúra o sòffre; che dúra o perdúra, durévole, duratóro

Éndwíse, *avv.* sulla púnta, in mòdo erètto, verticalménte, in púnta, colla púnta avánti o in fuòri, cápo a cápo

Éneid, *s.* Enèide, *f.*

Énemy, *s.* nemíco; to gáin from the —, prèndere al nemíco; to go óver to the —, passáre, disertáre all' inimíco; to máke an — of a pèrson, inimicársi alcúno; to rèscue from the —, liberáre, salváre dalle máni del nemíco

Energètic } *a.* enèrgico
Energètical }

Energètically, *avv.* energicaménte, con fòrza

Énergíze, *va.* dáre energía, rinforzáre

Énergízer, *s.* persóna, còsa che dà energía

Energúmen, *s.* energúmeno

Énergy, *s.* energía, efficácia, fòrza

Enèrvate, *va.* snerváre, svigoríre, affraláre

Enèrvated, enèrvate, *a.* snerváto, svigoríto

Enervátion, *va.* snervaménto, indeboliménto

Enervátor, *s.* còsa che snèrva o svigorísce

Enféeble, *va.* inflevolíre, indebolíre, affraláre

Enféeblement, *s.* snervaménto, snervatézza, debilità

Enféebler, *s.* debilitánte, *m.*

Enfeoff, *va.* infeudáre, dáre in fèudo

Enfeoffment, *s.* infeudaménto, infeudazióne

Enfiláde, *s.* passàggio lúngo e strétto, ándito, fúga, séguito di stánxe, stánxe in fíla

— *va.* (*mil.*) penetráre in línea rètta, andár difiláto, infilzáre, infiláre, spazzáre

Enfórce, *va.* forzáre, rafforzáre, corroboráre, fortificáre, dáre fòrza a; stríngere, rèndere stringènte, dimostráre la necessità di, sancíre, sforzáre, impórre, obbligáre, costríngere, esígere; to — an àrgument, corroboráre un argoménto, rènderlo calzánte; to —, *vn* far vedére, dimostráre

Enfórceable, *a.* che può èssere impósto

Enfórcedly, *avv.* forzataménte

Enfórcement, *s.* costringiménto; sanzióne (di léggej); pròva convincènte; necessità pressánte; esecuzióne (della lègge)

Enfórcer, *s.* chi adópera la fòrza, chi costrínge, incálza, esíge

Enfránchise, *va.* affrancáre; manométtere; emancipáre; affrancáre, amméttere alla ci-tadinánza, dáre il dirítto di elèggere i pròpri rappresentánti

Enfránchisement, *s.* investitúra di privilègio accordáto; affrancaménto; manomissióne; scaricaménto

Engáge, *va.* impegnáre, pórre in pégno; impegnáre, caparráre, obbl gáre, indúrre; attaccáre; to — the ènemy, attaccáre il nemíco; — a young lády's affèctions, cattivári l'affètto, l amóre d'una damigèlla
— *vn.* impegnársi; ingaggiársi, azzuffársi, veníre alle máni; to — as a sóldier, ingaggiársi; I — to dò it, m' impégno di fárlo

Engáged, *a.* impegnáto, occupáto, impedíto promésso; invitáto; ingaggiáto; shall you be — this évening? saréte in libertà quésta séra?

Engágement, *s.* impégno, òbbligo, impégno, appuntaménto, prumèssa, ínvito, occupazióne; battáglia, mischia, xúffa; clóse (*mil.*) mischia, combattiménto córpo a córpo; sea —, combattiménto navále; to be únder an —, èsser vincoláto ad un impégno; to bréak an —, vio.áre, rómpere un impégno; to máke góod, to perfórm an —, adémpiere ad un impégno; to méet one's —s, (*com.*) fáre onóre ai proprj impégni

Engáger, *s.* garánte; chi assúme un impégno

Engáging, *a.* attrattívo, attraènte, lusinghièro, seducènte; — mànners, mòdi seducènti

Engágingly, *avv.* in mòdo lusinghièro o seducènte

Engènder, *va.* generáre; far náscere; prodúrre
— *vn.* prodúrsi, náscere

Engènderer, *s.* chi o che gènera o prodúce

Éngine, *s.* mácchina (gránde o poderósa), mácchina da guèrra; stroménto di tortúra o supplízio; ingégno, ordígno, struménto; stéam- —, mácchina a vapóre, locomotíva; fíre- —, trómba da es inguere il fuòco; to táke an — to piéces, smontáre, scompórre una mácchina; to pùt an — togéther agáin, ricompórre una mácchina; hígh préssure —, mácchina ad alta pressióne; — -máker, — -builder, — -manufácturer, costruttóre, fabbricatóre di mácchine, macchinísta, m; - -dríver, conduttóre di mácchina a vapóre, macchinísta di locomotíva; — -róom, stánza della mácchina a vapóre (ne' piróscafi, ecc.); — -ténder, tènder, m. di locomotíva

Enginéer, s. ingegnére, m., macchinísta, m; (míl.) uffiziále, m., soldáto del génio; civil —, ingegnére civíle; — of the gövernment, ingegnére di pónti e stráde; the nával —s, il battaglióne Reál Návi

Engineering, s. árte, f. dell'ingegnére; ingegneria; génio

Engird (pr. engùrd), va. cíngere, circondáre

English (pr. inglish), a. inglése; the — lànguage, la língua inglése; an Englishman, un Inglése; an — wóman, una Inglése; an — lády, una signóra inglése; an — young lády, una damigèlla inglése, una inglesína

— s. inglése, m. (língua); inglése (pópolo); do you speak —? parláte inglése? the —, gli Inglési; three Englishmen, tre Inglési

Englùt, va. inghiottíre; to — with, rimpinzáre di

Engòrge (meglio gòrge), va. ingojáre

Engorgement, s. l'ingojáre avidaménte

Engràft (meglio ingràft), va. innestáre

Engráil, va. (blasone) dentelláre

Engráiling, s. (blasone) dentellatúra

Engráin, va. tíngere in grána

Engràpple, vn. V. grapple

Engràsp, va. V. grasp

Engráve, va. incídere, intagliáre, scolpíre; — upon stéel, incídere sópra acciájo

Engráver, s. incisóre, intagliatóre, scultóre

Engráving, s. intáglio (árte); intáglio, incisióne; còpper-pláte —, incisióne in ráme; buy those —s, comperáte quélle incisióni, quélle stámpe

Engróss, va. incettáre, far incètta o monopólio di; scrívere (un contrátto) in pergaména

Engrósser, s. monopolista, m.; incettatóre; copísta, m., scriváno

Engróssment, s. monopólio, incètta; l'átto del copiáre o scrívere un contrátto

Enguàrd, va. custodíre, protéggere

Engùlf, va. ingolfáre; inghiottíre in una voràgine

Engùlfment, s. ingolfaménto; inghiottiménto in una voràgine

Enhànce, va. rincaráre, aumentáre, alzáre, dar risálto a; far risaltáre, far impreziosíre

Enhàncer, s. ciò, colúi, coléi che rincára, auménta, fa risaltáre

Enhàncement, s. risálto, auménto (in valóre)

Enhárden, va. réndere ardíto, incoraggiáre

Enharmònic, a. (mus.) enarmónico

Enigma, s. enímma, m., enigma, m.

Enigmà·ic { a. enigmático, enimmático
Enigmàtical {

Enigmàtically, avv. in mòdo enimmático; simbolicaménte, oscuraménte

Enigmatist, s. facitóre, -trice d'enímmi

Enigmatíze, vn. fáre degli enímmi, parláre enigmaticaménte

Enjòin, va. (on) ingiúngere, ordináre, impórre, prescrívere, comandáre, commèttere

Enjȯ̀y, va. godére, godére di, gioíre di, possedére; to — a ruing, godére, possedére una còsa; — one's sèlf, divertírsi, sollazzársi, godérsela, dársi buon tèmpo; háve you enjȯ̀yed yoursèlf in the coùntry? vi siéte divertíto in campágna?

Enjȯ̀yable, a. godíbile

Enjȯ̀yment, s. godiménto, fruizióne, giója

Enkindle, va. accèndere, infiammáre

Enlàrd, va. (poco us.) lardáre, lardelláre

Enlàrge, va. aggrandíre, accréscere, aumentáre, ampliáre, dilatáre, méttere in libertà; — upon, distendersi sópra, parláre o scrívere alla distésa di

Enlàrgedly, avv. per estensióne di significáto

Enlàrgement, s. accresciménto, aumentazióne, aggrandiménto, ampliazióne, dilatazióne, allargaménto; gonflaménto

Enlàrger, s. aumentatóre, -trice, amplificatóre, -trice

Enlight, va. V. Enlighten

Enlíghten, va. illumináre, rischiaríre, addottrináre; — the mind, illumináre lo spírito

Enlíghtened, a. illumináto, istruíto, dótto

Enlíghtener, s. illuminatóre, -trice, addottrinatóre, -trice

Enlíghtenment, s. lúmi, m. pl. istruzióne

Enlink, va. incatenáre, attaccáre, vincoláre

Enlist, va. (míl.) ingaggiáre, assoldáre, arruoláre; to — the affections, the sympathies, cattivársi gli affètti, le simpatíe; vn. (míl.) ingaggiàrsi, arrolársi

Enlisting, enlistment, s. ingàggio, arruolaménto

Enliven, va. avviváre, esilaráre, animáre

Enlivener, s. persóna, còsa che vivífica, rallégra, esílara

Enlívening, a. vivificánte, esilaránte, rallegránte

Enmity, s. inimicízia, nimicízia, ostilità; to be at — with, èssere nemíco di; from —, óut of —, per nimicízia; to béar one —, avére, nutríre inimicízia vèrso di úno

Enneagon, s. (geom.) enneágono

Enneàndria, s. (bot.) enneándria

Enneàndrian { a. (bot.) enneándro
Enneàndrous {

Ennòble, va. nobilitáre; ingentilíre; réndere illústre

Ennòblement, s. il nobilitáre; elevazióne

Enodátion, *s.* snodaménto; sciogliménto di un nòdo o d'una difficoltà

Ennui (*pr.* ónuée), *s.* nòja, tédio, fastidio

Enòrmity, *s.* enormità; orróre; delítto enórme

Enòrmous, *a.* enórme; smisuráto; — nóse, náso badiále

Enórmously, *avv.* enormeménte

Enórmousness, *s.* enormità, enormézza

Enough (*pr.* enùff), *avv.* abbastánza, a sufficiénza, bastanteménte, assái; well —, bastanteménte béne; súgar —, abbastánza súcchero; I háve — of it, ne ho abbastánza; it is —, básta

— *s.* il bastévole, il necessário; — is as góod as a féast, chi ha il bastévole è ricco

Enóunce, *va.* enunciáre, annunziáre

Enów (*pl. di* enough), *s.* in número sufficiénte (*antiq.*)

Enquire, *van.* V. Inquire

Enráge, *va.* irritáre, far arrabbiáre; to becóme —d, andáre sulle fúrie

Enràpt, *a.* rapíto, incantáto, in éstasi

Enràpture, *va.* rapíre, incantáre

Enràvish, *va* trasportáre, rapíre

Enràvishment, *s.* rapiménto

Enrègister, *va.* registráre

Enrheùm, *vn.* infreddáre, prèndere un rèuma

Enrich, *va.* arricchíre

Enricher, *s.* persóna, còsa che arricchísce

Enrichment, *s.* arricchiménto

Enridge, *va.* (*agric.*) formáre delle címe, solcáre

Enring, *va.* inanellare; cíngere, circondáre

Enrípen, *va.* maturáre

Enrive, *va.* féndere

Enròbe, *va.* vestíre, abbigliáre, investíre

Enròll, *va.* arroláre, registráre; invilnppáre

Enròller, *s.* registratóre

Enròllment, *s.* arrolaménto, registraménto

Enròot, *va.* (*bot.*) abbarbicáre, radicáre

Ens, *s.* (*filos.*) énte, *m.*

Ensàmple, *s.* modéllo, esempláre, *m.* campióne, *m.*

Ensànguine, *va.* (*poet.*) insanguináre

Enschedule (*pr.* enskèdule), *va.* inseríre in una schéda

Enscàr, *va.* cauterizzáre; fáre cautério

Ensconce, *va.* fortificáre, trinceráre, accerchiáre, assiepáre, protéggere, nascóndere, coprire, mettere al copèrto

Ensconced, *a.* nascósto, protétto, trinceráto

Enséal, *va.* appórre un suggéllo

Enséam, *va.* cucíre intórno, imbastíre

Enséar, *va.* canterizzáre

Ensèmble, *s.*(*francese*) l'insième,il complèsso

Enshiéld, *va.* scudáre, protéggere

Enshrine, *va.* incassáre, méttere in un reliquiário, conserváre cóme còsa preziósa o sácra

Ensign, *s.* inségna, bandiéra, stendárdo; ségno, márca; —, (— -bèarer), alfiére, *m.*

Ensigncy, *s.* cárica, grádo d'alfiére

Ensláve, *va.* pórre o ridúrre in ischiavitù; cattiváre; incatenáre; tiranneggiáre, bistrattáre, trattáre da schiávo o da cáne

Enslàvement, *s.* l'átto di pórre o ridúrre in ischiavitù; servàggio, schiavitù

Enslàver, *s.* colúi che fa schiávi, tiránno

Ensnáre, V. Insnare

Ensóber, *va.* réndere sóbrio, moderáre

Ensphère, *va.* méttere in úna sféra; rinchiúdere

Ensúe, *vn.* provenire, seguíre, conseguíre, náscere, procédere; a reàction —d, ne seguì una reazióne

Ensúing, *s.* susseguénte, seguénte, próssimo

Ensúre, *s* V. Insúre

Entáil, *s.* órdine, *m.* di trasmissióne di úno stàbile, féudo, tèrra; possessióne vincoláta per féudo; propriétà sostituíta, sostituzióne; to cut off an —, svincoláre un féudo, annulláre, cassáre una sostituzióne, réndere alienàbile uno stàbile

— *va.* sostituíre (un béne stàbile), vincoláre per féudo, graváre di sostituzióne; réndere inalienàbile

— (*on, to*) trasméttere, legáre; (*on, upon*) impórre, graváre, tramandáre

Entàiled, *a.* sostituíto, graváto da sostituzióne; legáto, tramandáto; trasmésso in eredità

Entàilment, *s.* (*legge*) órdine di successióne ereditária; trasmissióne di eredità

Entàme, *va.* ammansáre, domáre

Entàngle, *va.* intralciáre, imbarazzáre, avviluppáre; to be —d in difficulties, èssere, trovàrsi nell'imbarázzo, negli impicci

Entànglement, *s.* intralciatúra, imbarázzo, imbróglio

Enter, *va.* andár déntro; iniziáre; amméttere, registráre, inscrívere; to — an àction, (*legge*) intentáre un'azióne; to — a róom, entráre in una stánza, entráre in sála

— *vn* entráre, impegnársi, imbarcársi, principiáre; to — upon, prèndere possésso di; — into, penetráre, andár déntro

Enter, *va.* seppellíre

Èntering, *s.* entráta, ingrèsso

Enteritis, *s.* (*med.*) enterite, *f.*

Enterprise, *s.* imprésa, intraprendiménto, attentáto; to bring abòut an —, condúrre a buon fine un'imprésa

— *va.* intraprèndere, tentáre

Enterpriser, *s.* intraprenditóre, -tríce

Enterprising, *a.* intraprendénte, audáce

Entertáin, *va.* intrattenére, intertenére, trattenére, accógliere,alber áre, trattár a ménsa, convitáre, banchettáre; regaláre, divertíre, o cupáre e fermáre con quàlche dilétto; mantenére, tenér al pròprio servizio; to — an idéa, accógliere, amméttere, albergáre un'idéa; to — one's sèlf, divertírsi

---

nér, rûde; - fàll, sòn, bùll; - fàre, dò; - by; lymph; pòlie, bòys, fòwl, fòwl; gem, aš.'

Diz. Ingl. Ital. - Ediz. VI. Vol. I.   15

Entertáiner, s. chi tiéne áltri al pròprio servízio, chi trattiéne, albèrga, banchétta o divèrte; convitatóre, -trìce, trattenitóre, -trìce

Entertáining, a. piacévole, festévole, gráto

Entertáiningly, avv. piacevolménte, festevolménte

Entertáinment, s. il convitáre, albergáre, banchettáre, festeggiáre; festíno, banchétto, accogliènza; trattaménto, interteniménto, divertiménto, passatèmpo; società, adunánza; fársa; concèrto

Entnróne, va. intronizzáre, elevàre al tróno

Enthróning, s. intronizzazióne, f.

Enthúsiasm, s. entusiásmo

Enthúsiast, s. entusiásta, mf. (fanático)

Enthúsiàstic, enthùsiàstical, a. entusiástico

Enthusiàstically, avv. entusiasticaménte

Enthyméme, s. (log.) entiméma, m.

Entice, va. allettáre, adescáre, sedúrre, indúrre

Enticement, s. allettaménto, lusínga, ésca

Enticer, s. allettatóre, -trìce, seduttóre, -trìce

Enticing, a. allettánte, allettatívo, attraènte, seducènte

Enticingly, avv. in mòdo attrattívo, seducènte

Entire, a. intèro, intièro, compiúto, perfètto; an — hórse, uno stallóne

Entirely, avv. interaménte, affátto, per intèro

Entireness, s. interézza, totalità, pienézza

Entirety, s. interézza, pienézza, perfezióne, integrità

Entitle, va. dáre dirítto a, dáre o conferíre un títolo; intitoláre, chiamáre; to be —d, to, avér dirítto a

Entity, s. (filos.) entità, esistènza, ènte, m.

Entoil, va allacciáre, accalappiáre

Entómb, va. méttere nella tómba, seppellíre

Entómbment, s. sepoltúra

Entomological, a. entomològico

Entomólogy, s entomología

Entozóon (pl. entozóa), s. vérme intestinále, m.

Entrails, s. pl. intestíni, m. pl. interióra, f. pl. víscere, f. pl; the — of the èarth, le víscere della tèrra

Entrámmel, va. impastojáre, V. Tràmmel

Entrance, s. (ínto) entráta, ingrèsso; — (on) princípio, cominciaménto; — (of), inízio; — (to), accèsso; entratúra; — háll, vestíbolo, ádito; — mòney, entratúra, dirítto d'entratúra

Entrànce } va. mandár in èstasi, rapíre; gettáre in un sònno letárgico

Entrance }

Entránced, a. rapíto, in èstasi, seppellíto in un sònno letárgico

Entráncement, s. V. Tràncе

Entráp, va. trappoláre, acchiappáre, gabbáre

Entréat, va. pregáre istanteménte, supplicáre, chiédere con istánza, scongiuráre

Entréater, s. supplicánte, m. f.

Entréating, s. il pregáre con istánza, il supplicáre

Entréaty, s. preghièra, istánza, súpplica; at the èarnest — of, ad istánza di

Entrènch, V. Intrènch

Entrepòt, s. magazzíno di depósito; pòrto fránco; entrepot; góods in —, mercanzíe d'entrepot, mèrci di tránsito

Entresóle, s. (arch.) mezzaníno; soffítto

Entrùst, V. Intrùst

Èntry, s. entráta, ingrèsso, ándito, andróne, m.; entráta, átto di entráre, ingrèsso; — of the màss, intròito della méssa; — upòn bóoks, (com.) registratúra, iscrizióne; (dogana) dichiarazióne (d'entráta); bóok of èntries, líbro d'inscrizióni; bóok-kéeping by dòuble- —, tenúta dei líbri in partíta dòppia; triùmphal —, ingrèsso trionfále

Entwíne, va. attorcigliáre; avvòlgere, intrecciáre; to — itsèlf, one's sèlf, attorcigliársi, avviticchiársi, avvinghiársi

Entwist, va. intrecciáre, attorcigliáre, avvinghiáre

Enúcleàte, va. distrigáre, strigáre, sbrogliáre

Enúcleátion, s. distrigaménto, sbrogliaménto

Enúmeràte, va. annoveráre, enumeráre

Enúmerátion, s. annoveraménto, enumerazióne

Enúmerative, a. enumeránte, annoveránte

Enùnciate, va. enunciáre

Enunciátion, s. enunciazióne

Enùnciative, a. enunciatívo

Envéigle, V. Inveigle

Envélope, envélop, va. inviluppáre, avviluppáre, avvòlgere, invòlgere — s. bústa; invòlto, invòglio, plíco

Envélopement, s. avvolgiménto, vilúppo

Envènom, va. avvelenáre; esulceráre

Envènomed, a. avvelenáto; esulceráto

Ènviable, a. invidiábile

Ènvier, s. invidiatóre, -trìce; invidióso

Ènvious, a. invidióso, ínvido, astióso

Ènviously, avv. invidiosaménte, con invidia

Environ, va. intorniáre, circondáre, accerchiáre

Environs, spl. dintórni, contórni, luòghi circonvicíni

Ènvoy, s. (diplom.) inviáto

Ènvoyship, s. dignità, cárica d'inviáto

Ènvy, van. invidiáre, portár invídia; it is bètter to be ènvied than pitied, è mèglio eccitáre invídia che pietà — s. invídia (gára, òdio); he did it out of —, egli lo fece per invídia; to píne awáy with —, to be èaten up with —, strùggersi d'invídia; to bùrst with —, crepáre d'invídia

Eó'ian, Eòlic, a. d'Éolo; — hárp, árpa d'Éolo

Épact, s. (astr.) epátta

Èpaulet, s. (mil.) spallíno (d'uffiziále); —

with lárge bùllion, spallíno a gráni gròssi;
— with smàll bùllion, spallíno a granélli
di spináce

Epàulment, *s.* (*mil.*) gabbionáta, faseináta

Epénthesis, *s.* (*gram.*) epèntesi, *f.*

Ephèmera, *s.* effímera; (*med*)) fèbbre effímera

Ephèmeral, ephèmeric, *a.* effímero, d' un
giórno

Ephèmeris (*pl.* ephemèrides), *s.* effemèride,
f.; ephemèrides, *pl.* (*astr.*) effemèridi, *fpl.*

Ephèmerist, *s.* autóre d'effemèridi

Ephèmerous, *V.* Ephèmeral

Ephèsian, *a.* d' Èfeso; — *s.* Efèsio, natívo
d' Èfeso; (*ant*) dissolúto

Èphod, *s.* (*antichità ebraiche*), èfod, *m.*

Èphor (*pl.* èphors, èphori), *s.* (*ant. greche*)
èforo

Èphoralty, *s.* dignità d'èforo

Èpic, *a.* èpico; *s.* poesía épica

Èpicéne, *a.* (*gram.*) epicèno

Epicrànium, *s.* (*anat.*) epicránio

Epicùre, *s.* epicurèo

Epicùrean, *a. s.* epicurèo

Epicùreaniśm, *s.* epicureísmo

Èpicuriśm, *s.* epicurísmo

Epicýcle, *s.* (*astr.*) epicíclo

Epicýcloid, *s.* epiciclòide, *f.*

Epidèmic, epidèmical, *a.* epidémico; *s.* epi-
demia

Epidèrmic, epidèrmical, *a.* epidérmico, del-
l'epidérme

Epidèrmis, *s.* (*anat.*) epidérme, *f.*, epidèr-
mi 'e, *f.*

Epigàstric, *a.* (*anat.*) epigástrico

Epigàstrium, *s.* (*anat.*) epigàstre

Epiglòttis, *s.* (*anat.*) epiglòtta

Èpigram, *s.* epigràmma, *m.*; to màke an —,
fàre un epigràmma

Èpigrammàtic, èpigrammàtical, *a.* epigram-
mático

Epigràmmatist, *s.* epigrammísta, *n.*

Èpigraph, *s.* epígrafe, *f.*

Èpilepsy, *s.* (*med.*) epilessía, mal cadúco;
fit of —, assálto, accèsso d'epilessía

Epilèptic, *a.* epilèttico, d'epilessía

Epilogistic, *a.* in fórma d'epilogo

Èpilogue, *s.* epílogo

Epiphany, *s.* epifanía

Epiphonem { *s.* (*rett.*) epifonèma, *m.*
Epiphonéma {

Episcopacy, *s.* episcopáto

Episcopal, *a.* episcopále, vescovíle

Episcopàlian, *a.* episcopále; the —*s, s. pl.*
gli episcopáli

Episcopally, *avv.* episcopalménte, per autorità episcopále

Episcopàte, *s.* episcopáto

— *vn.* fàre il véscovo; uffiziáre da véscovo

Episòde, *s.* episòdio

Episòdic, episòdical, *a.* episódico

Episòdically, *avv.* a mo' d'episòdio

Epispàtic, *a.* (*med.*) epispático

Epistle, *s.* epístola

Epistolary, *a.* epistoláre; — correspóndence,
corrispondènza epistoláre

Èpistýle, *s.* (*arch.*) epistílio

Èpitaph, *s.* epitáffio, epitáfio

Epitualàmium, *s.* epitalàmio

Èpithem, *s.* (*farm.*) epitèma, *m.* epíttima,
pittima

Èpithet, *s.* epíteto

Epìtome, *s.* epítome, *f.*, compéndio

Epitomíze, *va.* fàre un'epítome di, epitomàre

Epitomízer, Epitomist, *s.* abbreviatóre

Epizoòtic, *a.* epizoótico

Epizoòty, *s.* (*veter.*) epizoozía

Époch, Époch̄a, *s.* època

Èpode, *s.* (*poes. ant.*) èpodo

Epopée, *s.* (*poes.*) epopéa

Epulòtic, *a. s.* (*med.*) epulòtico

Equability, *s.* equabilità, equalità, uniformità

Équable, *a.* equábile, uguále, unifórme

Équably, *avv.* con equalità, in mòdo equábile

Équal, *a.* uguále, eguále, pári, unifórme,
símile, compágno; to màke one's sèlf — to
o with, rèndersi uguále a, uguagliàrsi a
— *s.* uguále, pári, símile; compágno; with
your —*s,* co' pári vòstri
— *va.* aguagliáre, pareggiáre, aggiustáre;
corrispóndere

Equality, *s.* ugualità, egualità, eguagliánza, parità

Equalization, *s.* agguagliaménto, adeguaménto

Équalíze, *va.* agguagliáre, ragguagliáre, pareggiáre, adeguáre, far uguále

Équalízing, *s.* adeguaménto, pareggiaménto

Équally, *avv.* egualménte, del pári

Équalness, *s.* eguagliánza

Equanimity, *s.* equanimità, tranquillità di
ménte

Equànimous, *a.* equánimo

Equàtion, (*astr. mat.*) equazióne; simple —,
equazióne di primo grádo; side of an —,
mèmbro d'una equazióne

Equàtor, (*astr. geogr.*) equatóre

Equatórial, *a.* equatoriále

Equèrry, *s.* scudiére, *m.* (d'un príncipe)

Equèstrian, *a.* equèstre; — stàtue, stàtua
equèstre; — órder, órdine (céto) equèstre; góod —, *s.* buon cavalcatóre

Equiàngular, *a.* equiangoláre

Equibàlance, *s.* equilíbrio; *va.* eguagliáre
nel péso, bilanciáre

Equidistance, *s.* equidistánza, distánza e-
guále

Equidistant, *a.* equidistánte

Equidistantly, *avv.* ad eguále distánza

Equilàteral, *a.* equilátero

Equilíbrate, *va.* equilibráre, contrapesáre

Equilíbràtion, *s.* equilibrazióne, equilíbrio

Equilíbrious, *a.* in equilíbrio

Equilíbrist, *s.* equilibrísta, *m.*

Equilibrium, *s.* equilíbrio
Équinal, équine, *a.* equíno
Equinóctial, *a.* equinoziále
Equinóctially, *avv.* nella direzióne dell'e-
quinózio
Équinox, *s.* equinózio; vènto di equinózio;
autùmnal —, equinózio d'autúnno; vèrnal
—, equinózio di primavèra
Equip, *va.* equipaggiáre, preparáre; well
—ped, ben equipaggiáto
Équipage, *s.* equipággio, corrèdo di náve, ecc.;
apparécchio; fornimènto, guernimènto; ba-
gáglio, impedimènto; equipággio (carróz-
za e caválli); servízio da tè, da caffè, ecc.)
Èquipaged, *a.* equipaggiáto, corredáto; well
—, ben equipaggiáto
Equipment, *s.* armaménto, allestimènto (di
una náve, ecc.), guernimènto, equipaggia-
mènto
Équipóise, *s.* equilíbrio, equiponderánza
— *va.* equilibráre, equiponderáre, contrap-
pesáre; méttere in equilíbrio
Equipóllence } *s.* equipollènza
Equipóllency }
Equipóllent, *a.* equipollènte
Equippóllently, *avv.* in mòdo equipollènte
Equipónderance } *s.* equiponderánza
Equipónderancy }
Equipónderant, *a.* equiponderánte
Équitable, *a.* èquo, giústo
Équitably, *avv.* equaménte, giustaménte,
con equità
Equity, *s.* equità, giustízia, rettitúdine, *f.*
Equivalent, *a.* equivalènte, di valóre uguále
— *s.* equivalènte, equivalènza
Equivalently, *avv.* in mòdo equivalènte
Équivalve, *a.* equiválvo
Equivocal, *a.* equívoco, ambíguo, dúbbio
Equivocally, *avv.* equivocaménte, dubbia-
mènte
Equivocalness, *s.* qualità equívoca, ambiguità
Equivocáte, *va.* equivocáre
Equivocátion, *s.* equivocazióne, *f.*, l'equivo-
cáre, *m.*
Equivocátor, *s.* equivocánte; cavillatóre,
-tríce
Éra, *s.* èra, època; the *Christian* —, l'èra
cristiána
Erádiate, *vn.* irradiáre, raggiáre
Eradiátion, *s.* irraggiamènto, radiazióne
Erádicáte, *va.* eradicáre, sbarbáre, sradicá-
re, svèllere, sterpáre, estirpáre
Eradication, *s.* lo sradicáre, estirpaménto
Erásable, *a.* scancellábile
Kráse, *va.* scancelláre, raschiár vía
Erásement, *f.* raschiatúra, scancellaménto,
scancellatúra
Ere (*pr.* ár), *con. prep.* príma, príma che,
ánzi; — you arrive, príma che giungiáte;
— long, fra bréve, fra non mólto; erewhile,
quálche tèmpo fa, tèmpo fa
Érebus, *s.* (*mitol.*) Èrebo

Erèct, *va.* erígere, innalzáre, rizzáre, fabbri-
cáre, edificáre, costruíre, fondáre
— *a.* erètto, innalzáto, drítto, rítto in piè-
de; to *walk* —, andáre in sulla persóna
Erècter, *s.* costruttóre, -tríce, fondatóre, -trí-
ce, erettóre, -tríce
Erèction, *s.* stabilimènto; struttúra; erezióne
Erèctly, *avv.* rítto (in pièdi)
Erèctness, *s.* positúra di còrpo erètto
Erèctor, *s.* erettóre, costruttóre, fondatóre
Eréption, *s.* rapimènto, rátto
Èreraism, *s.* (*med.*) eretísmo
Èrgo, *avv.* (*log.*) èrgo, adúnque, quíndi,
perció
Èrgot, *s.* (*veter.*) speróne, *m.*; (*agr.*) còrno,
speróne, *m.*
Eridanus, *s.* (*astr.*) Erídano
Érin, *s.* (*poet.*) Érin, l'Irlánda
Erinnys, *s.* (*mit.*) Erínne, Eríne, *f.*
Èrmine, *s.* ermellíno; líned with —, fode-
ráto d'ermellíno
Eródent, *a.* (*farm.*) corrosívo
Erósion, *s.* erosióne
Erótic, erótical, *a.* eròtico
Erotománia } *s.* (*med.*) erotomanía, melan-
Erotòmany } conía eròtica
Erpetòlogy, *s.* erpetología
Èrr, *vn.* erráre, traviáre; ingannársi; deviáre,
fuorviáre, ramingáre; erráre, sbagliáre
Èrrand, *s.* messággio; ambasciáta; commis-
sióne; fóol's —, sléeveless —, messággio
impertinènte; — -boy, píccolo commissio-
nário, galoppíno
Èrrant, *a.* erránte, errabóndo, ramíngo, va-
gánte, girovágo; *knight-* —, cavaliére er-
ránte
Èrrantry, *s.* víta errante, vagabondággio;
knight- —, cavalleria erránte
Errata, *spl.* erróri di stámpa, erráta
Errátic, *a.* (*pers.*) erránte, errabóndo, ramíngo, vagabóndo; (*cosa*) di movimènto;
(*astr.*) errático, errante; (*med.*) errático
Errátically, *avv.* in mòdo errático, irregoláre
Errátum, *s.* erróre di stámpa; *V.* Erráta
Èrring, *a.* errante, traviáto, ingannáto; er-
rabóndo
Erróneous, *a.* erròneo, scorrètto, fálso
Erróneously, *avv.* erroneaménte
Erróneousness, *s.* erroneità
Èrror, *s.* erróre, fállo, sbáglio, ingánno; man-
caménto; *gross* —, erróre madornále; —*s*
excepted, sálto erróri; to *lead into* —,
indúrre in erróre; — *is no crime*, erróre
non è delítto
Èrse, *s.* il cèltico; il cèltico scozzése (*dial.*)
Èrst, *avv.* (*poet.*) áltre vòlte, un tèmpo
Erubèscence, *s.* erubescènza
Erubèscent, *a.* erubescènte
Erùct, erùctate, *vn.* eruttáre, ruttáre
Eructátion, *s.* eruttazióne, rútto; *acid* —*s*,
rútti ácidi
Èrudite, *a.* erudíto

Erud:tion, *s.* erudizióne
Erúginous, *a.* rugginóso
Erùption, *s.* eruzióne, uscíta impetuósa, sortíta ; irruzióne; (*med.*) eruzióne
Erùmptive, *a.* prorompènte con isfòrzo, scoppiànte
Erỳngo, *s.* (*bot.*) eríngio, calcatréppo, calcatréppolo, cárdo a cènto cápi
Erysipelas, *s.* (*med.*) erisipèla, eresipèla
Escaláde, *s.* (*mil.*) scaláta; *va.* dar la scaláta a
Escàlop, *s.* (*zool.*) pettónchio a dentèlli regolári
Escapáde, *s.* scappáta (del cavállo)
Escápe, *vn.* scappáre, fuggíre, scampáre, svignáre; scattáre; to — narrowly, scappárla bèlla
— *vn.* scappáre, sfuggíre, scampáre, schiváre, evitáre; it escáped me that, etc., mi sfuggì dètto che, ecc.
— *s.* scappáta, fúga, scámpo, evasióne; scappatòja; to hàve a nàrrow —, scappáre (con difficoltà) da un gran perícolo ; to màke one's — (from), scappáre o fuggíre (da)
— -góat, *s.* cápro emissário
Escápement, *s.* scappaménto d'oriuòlo
Escàrpment, *s.* (*fort.*) scárpa, pendío
Eschalot, (*pr.* eshalòt), *s.* scalógno, cipollína (per intingoli)
Eschàr, *s.* èscara (cròsta di piága)
Eschatòlogy, *s.* (*teol*) escatología
Eschéat, *vn.* scadére, succèdere per dirítto di confiscazióne
— *s.* dirítto, profitto casuále, successióne del feudatário alle tèrre o ad altri béni per confiscazióne, o alla mòrte del surrogáto sénza erèdi
Eschéatable, *a.* soggétto a riversióne, confiscábile
Eschew (*pr.* eschù), *va.* evitáre, schiváre, sfuggíre
Escort, *s.* scòrta (convòglio)
Escòrt, *va.* scortáre, convogliáre
Escritòir, *s.* calamájo; scrittójo
Èsculent, *a.* esculènto, èdulo, mangeréccio
— *s.* piánta da mangiáre
Escúrial, *s.* Escuriále, *m.* (palázzo dei sovráni di Spágna)
Escùtcheon, *s.* ármi gentilízie, *fpl.*; scúdo, stèmma, *m.*
Esóphagus, *s.* (*anat.*) esòfago
Esotèric, *a.* (*filof.*) esotérico, interióre
Espàlier, *s.* spalliéra (di giardíno)
Espáreet, *s.* (*bot.*) trifóglio onobríchio, cedrángola, èrba mèdica
Espárto, *s.* (*bot.*) spartéa, spárta; àrticles of —, manifattúre, tessúti di spartèa
Espècial, *a.* speciále, particoláre, singoláre
Espècially, *a.* specialménte, principalménte, segnataménte, in ispécie
Espial, *s.* lo spiáre, il vedére; spiáta
Espionage, *s.* spionàggio

Esplanáde, *s.* spianáta ; (*fort.*) spianáta
Espoùsal, *a.* sposalízio; dello sposalízio, del matrimónio
— *s.* sposalízio; espoùsals, *s. pl.* sponsáli, *m. pl.*, sposalízio
Espoùse, *va.* sposáre, pigliáre per móglie; — to, with, maritáre con; to — a pèrson's cáuse, pigliáre la difésa d'úno, abbracciáre la súa cáusa
Espoùser, *s.* protettóre, difensóre, spalleggiatóre
Espy, *va.* scòrgere, scopríre, osservàre ; *vn.* spiáre; V. Spy
Esq. (*pr.* ésquire), *abbr.* di Esquire
— *s.* scudiére, *m.* (*poco us. in questo senso*)
Esquire, *s* títolo mèdio tra *Mr.*, Signóre, e *Sir*, Cavaliére; possidènte, *m.*, proprietário; R. B. Macàulay, Esq. (léttera) al Signóre, il Signór R. B. Macaulay
Essày, *va.* saggiáre, far sàggio di; tentáre, cimentáre
Èssay, *s.* sàggio, pròva, speriménto, tentatívo, ciménto ; Pópe's Èssay on Man, il Sàggio sull'Uòmo di Pope; to màke an —, fàre un sàggio
Essàyer, Èssàyist, *s.* autóre di sàggi
Èssence, *s.* essènza; quintessènza, profúmo
— *va.* profumáre
Essène, *s.* Essénio; the sect of the —s, la sètta (giudáica) degli Essènij
Essèntial, *a.* essenziále
— *s.* essenziále, *m.*
Essentiàlity } *s.* essenzialità
Essèntialness }
Essèntially, *avv.* essenzialménte
Essèntiáte, *vn.* diveníre della stessa essènza; *va.* formáre l'essènza di
Essòln, *s.* (*legge*) scúsa legále per l'assènza di uno citáto a comparíre
— *va.* scusáre, esentáre
Estàblish, *va.* stabilíre, fissáre, fondáre
Estàblished, *a.* stabilíto, instituíto ; consacráto; the — Chùrch, la Chièsa dominánte
Estàblisher, *s.* persóna che stabilísce
Estàblishment, *s.* stabiliménto, erezióne; cása, plède, *m.* di cása; Chièsa dominánte
Estafèt, *s.* (*mil.*) staffétta
Estáte, *s.* státo, fortúna, condizióne, gráde, rángo, qualità, proprietà; stàbile, *m.*, facoltà; béni, *m. pl.*, tèrra; stàto, còrpo político; órdine, *m.*; réal and personal —, béni mòbili ed immòbili ; man's —, età viríle; small —, píccola tèrra, podére ; entàiled estàtes, béni aggraváti da sostituzioni
Estéem, *s.* stíma, prégio, rispètto, cónto; in high —, mólto stimáto; to entèrtáin — for one, to hóld one in —, avér della stíma per úno
— *va.* stimáre, pregiáre, far cónto di, avér stíma di, consideráre, onoráre
Estéemer, *s.* estimatóre, -tríce
Estimable, *a.* stimábile, dégno di stíma;

Évil-mínded, *a.* malévolo, malígno, trísto
— -ómened, *a.* malaugúráto
— -spéaking, *s* maldicénza, calúnnia; dón't mind —, non curáte la maldicénza
— -wishing, *s.* malevolénza
— -wórker, *s.* malfattóre, -tríce
Évilly, *avv. (poco us.)* malvagiaménte
Évilness, *s.* malvagità, cattivería, malignità
Evince, *va.* far vedére, mostráre, manifestáre, prováre
Evincible, *a.* dimostrábile, provábile
Evirátion, *s.* eviraziône
Eviscerate, *va.* sviscerâre, sventráre
Evisceration, *s.* svisceraménto
Évocáte, *va. V.* Évóke
Evocátion, *s.* evocaziône
Evocáter, *s.* evocatóre
Évóke, *va.* evocáre; *(legge)* avocáre a sè (úna cáusa)
Evolátion, *s.* il volár vía
Évolúte, *s. (geom)* evolúta
Evolútion, *s.* evoluziône
Evolútionist, *s. (fil.)* evoluzionísta, *m.*
Evólve, *va.* sviluppáre, svólgere, sciôgliere, dar vía, esaláre, svaporáre, trárre, estrárre, caváre; to becóme —d, svólgersi
— *vn.* svólgersi, sciôgliersi, evaporáre
Evólvent, *s. (geom.)* evolvénte, sviluppánte, *f.*
Evomítion, *s.* vomíziéne, vomitaménto, vómito
Evúlsion, *s.* divelliménto, svelliménto
Ewe *(pr. ú), s.* pécora (fémmina del montóne); — -lámb, agnélla
— *va.* figliáre (delle pécore)
Ewer *(pr. úer), s.* mesciróba, brócca; créam —, brócca piccola; váso da te...ére la créma (ver la távola), váso pel látte
Ex *(lat.)* ex; the — -king, l'ex re; — -officio, ex-officio; ex. *(abbr.) dí* exàmple, es.
Exacèrbate, *va.* esacerbáre, inasprire
Exacerbátion, *s.* esasperaménto, esacerbaziône
Exàct, *a.* esàtto, precíso, strétto, attênto
— *van.* esigere, preténdere
Exàcter, *s. V.* Exàctor
Exàction, *s.* esaziône
Exàctly, *avv* esattaménte, appúnto, a puntíno; precisaménte, giústo
Exàctness, *s.* esattézza, aggiustatézza
Exàctor *s.* esattóre, riscuotitóre; béing the móst sevére — of himsélf, esséndo d'una severità estréma verso sé stésso
Exàctress, *s.* esattríce; dònna che esíge
Exàggerate, *va.* esageráre
Exàggeráted, *a.* esageráto
Exaggerátion, *s.* esageraziône
Exàggerátory, *a.* esageratívo, esageráto
Exàlt, *va.* esaltáre, innalzáre, alzáre, eleváre; estóllere, lodáre
Exaltátion, *s.* esaltaménto, elevaménto
Exàlted, *a.* eleváto, eccélso, sublíme

Exàltedness, *s.* elevatézza, altézza, sublimità
Exàmen *(poco us.), s.* esáme, *m.*
Exàminable, *a.* esaminábile
Exàminant, *s.* esaminándo
Exàmináte, *s.* esaminàto
Examinátion, *s.* esáme, *m.*, disámina; ispeziône; *(legge)* interrogatório, sindacatúra; a strict —, un esáme rigoróso; matúrs —, matúro esáme; sélf —, esáme di cosciénza; little go —, *(università)* esáme prelimináre; post mórtem —, *(legge)* autopsía del cadávere; to prepáre, to quàlify for an —, preparáre, preparársi ad un esáme; to úndergó an —, subíre, passáre un esáme; hów háve you passed your —? come avéte passáto il vòstro esáme
Exàmine, *va.* esamináre, ispezionáre, visitáre, verificáre, sindacáre, interrogáre; èvery nów and thên we shóuld — óurselves, di quándo in quándo noi dovrémmo esamináre noi stéssi
Exàminer, *s* esaminatóre, -tríce, investigatóre, -tríce, interrogatóre, -tríce; *(legge)* giúdice istruttóre; bóard of exàminers, commissióne esaminatrice
Exàmple, *s.* esémpio; esempláre, *m.* modéllo; àfter the — of, seguéndo l'esémpio di; to shów, to set an —, dáre esémpio; to táke — from, prêndere, pigliáre esémpio da; to màke an — of, dáre un esémpio (castigándo úno). castigáre uno ad esémpio degli altri; that is bórne by —, vi sono precedénti simili
Exànimate, *a.* esanimáto; scoráto, scoraggiáto; *va.* scoraggiáre
Exànimous, *a.* esánime, môrto, uccíse
Exànthema *s. (med.)* esantêma; efflorescénza, spúrgo
Exanthemátic, exantnêmatous, *a. (med.)* esantemático
Exarch *(pr. èksarc), s.* esárca, *m.*
Exàrchate, *s.* esarcáto
Exàsperate, *va.* esasperáre, irritáre, innaspríre; *a.* esasperáto, innaspríto
Exàsperátor, *s.* esasperatóre, -tríce, irritatóre, -tríce, provocatóre, -tríce
Exasperátion, *s.* esasperaziône, innaspriménto
Exàuctorate, exàuwtoráte, *va.* esautoráre; priváre d'un benefício ecclesiástico
Exàuctorátion, exàuwtorátion, *s.* esautoraziône, esautoraménto; privaziône d'un benefício ecclesiástico
Exàuwtorize, *va.* esautoráre
Excandésceoce, exscandéscency, *s.* escandescênza, íra
Excandéscent, *a.* incandescênte
Excàrnate, *va.* scarnificáre
Excarnificátion, *s.* scarnificaziône
Excavate, *va.* scaváre, incaváre, caváre
Excaváting, *s.* lo scaváre; — machine *(pr.* mashine), mácchina da scaváre
Excavation, *s.* scavaménto, scávo

Excavátor, *s.* imprenditóre, operájo scavatóre, mácchina scavatrice
Excéed, *vn.* eccédere, trapassáre; superáre
— *va.* eccédere, oltrepassáre, passár óltre, sopravanzáre; sorpassáre; it not only équalé but —s the product, non solo paréggia, ma sopravánza il prodótto
Excéeding, *a.* eccedénto, eccessívo; *avv.* eccedentemènte, eccessivaménte; *s.* eccedénza
Excéedingly, *avv.* eccedenteménte, eccessivaménte
Excél, *va.* eccéllere; avanzáre, superáre, víncere; sorpassare, eccédere; *vn.* (in), eccéllere, spiccáre, èssere eminénte, primeggiáre
Excellence, Excellency, *s.* eccellénza, sómma bontà, squisitézza, superiorità, perfezióne; your —, Vòstra eccellènza
Excellent, *a.* eccellénte, squisito; perfètto; eleváto, eminénte, sómmo; most —, eccellentíssimo
Excellently, *avv.* eccellenteménte, perfettaménte
Excèntric, *V.* Eccèntric
Excèpt, *va.* eccettuáre, esclúdere; —, if we — this, se si eccèttua quésta còsa
— *vn.* obbiettáre, far obbiezióne; to — agáinst, oppórsi a
— *prep.* eccètto, fuorchè, sálvo che
— *conj.* a méno che, eccettochè
Excèpted, *a.* eccettuáto; such a one —, eccètto il tále
Excèpting, *prep.* eccettuáto; eccètto, fuorchè, in fuóri di
Excèption, *s.* eccezióne, eccettuazióne; — (àgainst), obbiazióne, critica; (legge eccezióne; to táke — at, trováre a ridíre, avér a mále, tenérsi offéso
Excèptionable, *a.* eccezionábile, criticábile, riprensibile
Excèptious, *a.* suscettíbile; critico, cavillóso; di difficile contentatúra
Excèptiousness, *s.* suscettibilità; índole critica, çavillósa
Excèptional, *a.* eccezionále
Excèptioner, *s.* (ant.) *V.* Exceptor
Excèptive, *a.* eccettuatívo
Excèptively, *avv.* eccezionalménte
Excèptor, *s.* obbiettánte; critico, censóre
Excèrn, *va.* scoláre, separáre, spurgáre
Excèrptor, *s.* compilatóre di squárci scèlti; raccoglitóre
Excèss, *s.* eccèsso; eccedénza, sopravánzo; stravízzo, smoderatézza
Excèssive, *a.* eccessívo, sovérchio
Excèssively, *avv.* eccessivaménte, oltremódo
Excèssiveness, *s.* *V.* Excèss
Exchánge, *va.* cambiáre, scambiáre, cangiáre, barattáre, permutáre; to — òne rìng for anóther, cambiáre còsa con còsa
— *s.* càmbio, permúta, barátto; bórsa, lòggia; àggio, scónto; bill of —, cambiále,

f., léttera di càmbio; còurse of — córso dei càmbj, listíno della bórsa; to give a fàrm in — for an annúity, permutáre un podére con una pensióne; the stòck —, la Bórsa; — is no ròbbery, chi càmbia non fa tòrto
— -bróker, *s.* agènte di càmbio, sensále, *m.*
— -òffice, *s.* uffício di càmbio, cambiavalúte, *m.*
Exchángeability, *s.* possibilità d'èsser cambiáto
Exchángeable, *a.* che può èsser cambiáto
Exchánger, *s.* (antiq.) cambiatóre
Exchèquer, *s.* erário, tesóro régio, scacchiére, *m.*, the Chàncellor of the —, il Cancellíére dello Scacchiére; *va.* tradúrre davánti alla Córte dello Scacchiére
— -bill, *s.* bigliétto, bòno del Tesóre; obbligazióne di Státo; the Cóurt of —, Córte dello Scacchiére, tribunále, *m.* delle finánze, ecc.; Báron of the —, giúdice, *m.* dello Scacchiére
— -lóan, *s.* prèstito fátto dal Tesóro
Excísable, *a.* che pága l'accisa, il dàzio di consúmo
Excíse, *s.* accísa, impósta sul consúmo, dirítto di accísa, contribuzióni indirètte, *spl.*
— *va.* tassáre; levàre l'accísa
Excíseman, *s.* ufficiále, *m.* dell'accísa, stimatóre de' dàzi di consúmo, ispettóre
Excísion, *s.* recisióne, troncaménto
Excitability, *s.* eccitabilità
Excitable, *a.* eccitábile; irritábile
Excitant, *s.* eccitánte, *m.*
Excitation, *s.* eccitazióne, eccitaménto; commovimènto; ridestaménto
Excitative, *a.* eccitatívo
Excite, *va.* eccitáre, stimoláre, sospíngere
Excitement, *s.* eccitaménto, stímolo
Exciter, *s.* eccitatóre, -trice; movènte, *m*; (med.) eccitánte, *m.*, stimolánte, *m.*
Exclàim, *vn.* sclamáre, gridáre ad álta vóce
Exclàimer, *s.* sclamatóre, -trice, gridatóre, -trice
Exclamátion, *s.* esclamazióne; nòte of —, púnto d'esclamazióne
Exclàmatory, *a.* esclamatívo, di esclamazióne
Exclúde, *va.* esclúdere, preclúdere
Exclúsion, *s.* esclusióne, esclusíva
Exclúsioner | *s.* esclusivista, *m.f.*, esclusioní-
Exclúsionist | sta, *m.f.*, partigiáno d'esclusióne
Exclúsive, *a.* esclusívo, escludènte, — of, eccettuáto, non compréso, fuorchè, in fuóri; — of this, da quésto in fuóri
Exclúsively, *avv.* esclusivaménte
Exclúsiveness, *s.* esclusività
Exclúsory, *a.* esclusivo
Excóct, *va.* (antiq.) lessáre, far bollíre
Excógitate, *va.* (poco us.) escogitáre
Excogitátion, *s.* invenzióne, trováta, trováto; riflessióne, meditazióne

Excommúnicable, *a.* passíbile di scomúnica

Excommúnicate, *va.* scomunicáre; — *s.* scomunicáto, scomunicáta

Excommunicátion; *s.* scomúnica; on páın of —, sótto péna di scomúnica

Excóriate, *va.* escoriáre, scorticáre

Excoriátion, *s.* scorticaménto, escoriazióne

Excorticátion, *s.* scortecciaménto, sbucciaménto

Èxcrement, *s.* escreménto

Excreméntal, excrementitious, *a.* escrementóso, fecále

Excréscence, excréscency, *s.* escrescènza; flèshy —, cicciòttolo

Excréscent, *a.* escrescènte, supérfluo

Excretion, *s.* escrezióne; escreménto

Excretive, Èxcretory, *a.* escretório

Excrúciate, *va.* cruciáre, tormentáre

Excrúciating, *a.* cruciánte, dolorosíssimo

Excruciátion, *s.* crúcio, torménto, angóscia

Exculpate, *va.* scolpáre, scusáre; — one's self, scolpársi, giustificársi

Exculpátion, *s.* scolpaménto, giustificazióne

Exculpatory, *a.* giustificánte

Excúrsion, *s.* escursióne; giráta; gíta; to make an —, fáre una gíta

Excúrsive, *a.* vágo, digressívo, escursívo

Excúrsively, *avv.* escursivaménte

Excúsable, *a.* scusábile

Excúsableness, *s.* scusabilità

Excúsatory, *a.* di scúsa, apologético

Excúse, *va.* scusáre, scolpáre, assòlvere, esentáre, esímere; práy, — me, vi prégo di scusármi; she begs to be —d, ella chiède scúsa

Excúse, *s.* scúsa; discólpa; pretésto; fáır —, scúsa ammissíbile, plausíbile; fóolish, silly —, scúsa sciócca; to offer an —, presentáre una scúsa

Excúser, *s.* scusatóre, -tríce

Excúss, *va.* (*legge*) escútere

Excússion, *s.* (*legge*) escussióne

Exd, *abbr. di* examíned, *a.* verificáto

Èxeat, *s.* èxeat, *m.* (permésso ad un ecclesiástico di uscíre dalla diócesi)

Èxecrable, *a.* esecrábile

xecrably, *avv.* esecrabilménte

Èxecrate, *va.* esecráre

Execrátion, *s.* esecrazióne

Èxecratory, *a.* esecratório

Èxecute, *va.* eseguíre, effettuáre, attuáre; condúrre a tèrmine; — a maleféctor, giustiziáre un malfattóre; — àn òrder, adempíre un comándo, eseguíre un órdine; — a déed (*legge*), validáre un átto

Execúter, *s. V.* Èxecútor e Èxecutor

Execútion, *s.* eseguiménto, esecuzióne, effètto; (*legge*) staggiménto, sequestrazióne; supplízio; there is an — tó-dáy, òggi si fa giustízia; the pláce of —, il luògo del supplízio

Execútioner, *s.* giustiziére, carnéfice, bòia,*m.*

Exécutive, *a. s.* esecutívo

Execútor, *s.* esecutóre

Exécutor, *s.* (*legge*) esecutóre testamentário

Executórial, *a.* d'esecutóre testamentário

Execútorship, *s.* cárica d'esecutóre testamentário

Exécutress, exècutrix, *s.* (*legge*) esecutríce testamentária

Exegésis, *s.* esegèsi, *f.* esposizióne

Exegètical, *a.* esegètico

Exegètically, *avv.* in mòdo esegètico

Exèmplar, *s.* esempláre, *m.*, esémpio, modéllo

Exèmplarily, *avv.* esemplarménte

Exèmplarity, exèmplariness, *s.* esemplarità

Èxemplary, *a.* esempláre

Exemplificátion, *s.* esemplificazióne, pròva

Exèmplifier, *s.* colúi, coléi che dà l'esémpio

Exèmplify, *va.* esemplificáre, dáre un esémpio di, confermáre con esémpj; (*legge*) fáre una còpia autèntica; prováre mediánte còpia autèntica

Exèmpt, *va.* esentáre, far esènte, affrancáre — *a.* esènte, affrancáto, privilegiáto

Exèmption, *s.* esenzióne, immunità, privilègio

Exènterate, *va.* estrárre le víscere

Exenterátion, *s.* esenterazióne, estrazióne delle víscere

Exequátur, *s.* (*díplom.*) exequátur, *m.*

Exéquial, *a.* funerário, d'eséquie

Èxequies, *s. pl.* eséquie, *f. pl.* mortòrio, funerále, *m.*

Exèrcent, *a.* (*poco us.*) esercènte

Exercísable, *a.* esercíbile, esercitábile

Èxercise, *s.* esercízio; esercitaménto, funzióne, disimpégno; esercitazióne, tèma, *m.*, cómpito; (*mil.*) esercízio, manòvra; córso of èxercíses, córso di tèmi; to dó an —, write an —, fáre o scrívere un tèma; to táke —, far del mòto, passeggiáre — *va.* esercitáre, praticáre, addestráre; disciplináre; passeggiáre (i caválli) — *vn.* esercitársi, applicársi, usár esercízio; (*mil.*) far l'esercízio

Èxerciser, *s.* esercitatóre, -tríce

Exercitátion, *s.* esercitazióne

Exèrgue, *s.* esèrgo (di monéta o medáglia)

Exèrt, *va.* adopráre (energicaménte); sfoggiáre, méttere in úso, mostráre, esercitáre (strenuaménte); to — one's sèlf, adoperársi, sforzársi, ingegnársi; — one's sèlf to the útmost, sbracciársi, far ogni sfórzo

Exèrtion, *s.* sfórzo; esercízio (strènuo); impiégo; slight —, píccolo, leggiéro sfórzo; to make an — to, fáre uno sfórzo per; to úse èvery —, adoperársi a tutt'uòmo

Exestuátion, *s.* bolliménto; effervescènza

Èxeunt, *vn.* (*lat. teat.*) éscono

Exfóliate, *vn.* sfaldársi, divídersi in fálde

Exfoliátion, *s.* sfaldatúra

Exhálable, *a.* esalábile, svaporábile

Exhalátion, *s.* esalazióne; pestilèntial —, moffèta

Exhále, *va.* esaláre, svaporáre, sfumáre

Exhāust, *va.* èsauríre, vuotáre, sgoccioláre; rèndere esáusto; diseccáre, inaridíre, consumáre, rifiníre; (*fis.*) aspiráre

Exhāusted, *a.* esáusto, esauríto, consúnto, rifiníto; (*fis.*) aspiráto

Exhāuster, *s.* persóna, còsa che esaurísce; (*fis.*) aspiratóre

Exhāustible, *a.* esauríbile

Exhāusting, *a.* che esaurísce, che rifinísce; (*fis.*) d'aspirazióne; — pípe, túbo d'aspirazióne

Exhāustion, *s.* esauriménto; esaustióne, diseccaménto, rifiniménto; consunzióne; (*mat.*) esaustióne; (*fis.*) aspirazióne

Exhāustless, *a.* inesauríbile, indeficiénte

Exhāustive, *a.* esauriénte

Exhèredate, *va.* diseredáre

Exheredátion, *s.* diseredazióne

Exhibit, *va.* mostráre, far vedére, espórre, prodúrre, esibíre; (*legge*) presentáre, prodúrre; *vn.* dáre delle rappresentazióni; *s.* (*legge*) documénto prodótto in giustízia

Exhibiter, exhíbiter, *s.* presentatóre, -tríce; esibitóre, -tríce; espositóre; -tríce (d'oggetti d'árte o indústria)

Exhibition, *s.* esposizióne, móstra, còsa espósta; spettácolo; esibizióne; (*legge*) presentazióne, produzióne; esibizióne; the nátional — of Túrin in 1884, l'esposizióne nazionále di Toríno dell'ánno 1884

Exhibitioner, *s.* alúnno universitário che góde di una bórsa o assegnaménto

Exhibitive, *a.* rappresentatívo

Exhibitively, *avv.* rappresentativaménte

Exhilarate, *va.* esilaráre, allietáre, rallegráre; *vn.* esilarársi, diveníre ílare

Exhilarátion, *s.* esilaraménto, allegrézza

Exhòrt, *va.* esortáre, incitáre

— *vn.* fáre esortazióne, predicáre

Exhortátion, *s.* esortazióne, *f.*

Exhòrtative, exhòrtatory, *a.* esortatório, esortatívo

Exhòrter, *s.* persóna che esòrta, predicatóre

Exhumátion, *s.* esumazióne, disotterraménto

Exhúme, *va.* esumáre, dissotterráre, disseppellíre

Exigence, exigency, *s.* esigènza; bisógno, occorrènza, necessità, angústia, posizióne crítica, peripezía

Exigent, *a.* esigènte, pretensióso; urgènte, premuróse; *s.* (*legge*) citazióne (di un contumáce o latitánte) a comparíre

Exigenter, *s.* (*legge*) uscière, *m.* che cita (un contumáce o latitánte) a comparíre

Exigible, *a.* esigíbile

Exiguity, *s.* esiguità, minutézza, piccolézza

Exiguous, *a.* esiguo, píccolo, tènue

Exile, *a.* ésile, tènue, sottíle, píccolo

Exíle, *va.* esiliáre, mandáre in esílio, bandíre; —d to Sibéria, esiliáto in Sibéria

— *s.* esílio; (*pers.*) èsule; fuoruscíto; bandíto

Exílement, *s.* esílio, bándo

Exility, *s.* esilità, piccolézza, tenuità

Exist, *vn.* esístere, èssere

Existence, *s.* esistènza; certíficate of —, certificáto di víta; to càll into —, chiamáre all'esistènza

Existent, *a.* esistènte

Èxit, *vn.* (*lat. teat.*) ésce, se ne va

— *s.* (*teat.*) uscíta, escíta; tránsito (mòrte, *f.*) trapásso; válico, sbócco; to máke one's —, (*teat.*) uscíre, scomparíre

Exitial, exitious, *a.* esiziále, pernicióso

Éxodus, èxody, *s.* èsodo

Ex-officio, *a.* ex-uffício, d'uffício

Exónerate, *va.* esoneráre, sgraváre, scaricáre, affrancáre

Exonerátion, *s.* esonerazióne, discárico

Exónerative, *a.* che esónera, che discárica

Èxorable, *a.* esorábile, arrendévole, placábile

Exòrbitance, exòrbitancy, *s.* esorbitánza

Exòrbitant, *a.* esorbitánte, eccessívo

Exòrbitantly, *avv.* esorbitanteménte

Exòrbitáte, *vn.* esorbitáre, uscíre dalla própria òrbita

Èxorcise, *va.* esorcizzáre, scongiuráre

Èxorcíser, *s.* esorcísta, *m.*

Èxorcism, *s.* esorcísmo, scongiúro

Èxorcist, *s.* esorcísta, *m.* cacciadiávoli, *m.*

Exòrdial, *a.* (*ret.*) dell'esòrdio

Exòrdium, *s.* (*ret.*) esòrdio

Exostòsis, *s.* (*chir.*) esòstosi, *f.*; tumóre òsseo

Exotèric, exotèrical, *a.* (*fílos.*) esotèrico

Exòtic, *a.* esòtico; — plant, piánta esòtica

— *s.* esòtico; piánta esòtica

Expánd, *va.* espándere, stèndere, spándere, spiegáre; héat —s àll bódies, il calóre espánde tútti i còrpi; with —ed wings, colle ali distése

— *vn.* espándersi, stèndersi, spándersi

Expánded, *a.* dilatáto, distéso, dispiegáto

Expánse, *s.* estensióne, spázio; — of wáter, spécchio di ácqua; the bróad —, the líquid —, l'álto máre, il máre levigáto

Expansibility, *s.* espansibilità, dilatabilità

Expánsible, *a.* espansíbile, dilatábile

Expánsion, *s.* espansióne, dilatazióne, estensióne, svilúppo, espansióne

Expánsive, *a.* espansívo, che si diláta, che si spánde; — principle, princípio espansívo, elatério

Expánsiveness, *s.* fòrza espansíva, espansióne

Ex-párte, *a.* di un sólo partíto, di una delle párti; di uno dei due litigánti, parziále

Expátiate, *va.* spaziáre, distèndersi, parláre distesaménte; I will no lònger — upon this sùbject, non vòglio più stèndermi sópra la presènte matèria

Expatiátor, *s.* chi si esténde sull'argoménto
Expátriate, *va.* spatriáre
Expatriátion, *s.* espatriazióne, espátrio
Expèct, *va.* aspettáre, attèndere; speráre, aspettársi, riprométtersi; I did not — it, non me l' aspettáva; whàt can you —? che potéte aspettárvi? as wàs to be —ed, come éra d'aspettársi
Expèctable, *a.* che si può aspettáre
Expèctance, *s.* aspettazióne, aspettánza
Expèctancy, *s.* aspettatíva, aspettánza, aspettaménto
Expèctant, *a.* aspettánte, che aspètta
— *s.* aspettatóre, -trice, aspettánte
Expectátion, *s.* aspettazióne, aspettaménto; sánguine —, viva speránza, fidúcia; beyònd my —s, al di là delle mie speránze; còntrary to —, còntro ógni aspettatíva; to be in mómentary — of, aspettársi da un moménto all'àltro; to fàll short of one's —s, to frustráte one's —, delúdere, réndere frustránee le speránze di úno; to fulfil —s, compíre le speránze
Expècter, *s.* chi aspètta, attènde, spéra
Expèctorant, *a.* espettoránte; —, *s.* espettoránte, *m.*
Expèctoráte, *va.* espettoráre, espurgáre, sputáre
Expèctorátion, *s.* espettorazióne; to prodúce —, promuòvere l'espettorazióne
Expèctorative, *a.* espettoránte, che spúrga
Expédience, expédiency, *s.* acconcézza, convenevolézza, conveniènza
Expédient, *a.* spediènte, convenévole, accóncio; it is —, conviène, è necessário
— *s.* spediènte, *m.*, mòdo, mèzzo, mèzzo tèrmine
Expèditáte, *va.* mozzáre (a un cane) le zámpe anterióri (*legge forestale ínglese*)
Expedíte, *va.* spedíre, sbrigáre, spacciáre, accéleráre; — an affàir, sbrigáre una faccènda
— *a.* spedíto, rápido, lèsto, svèlto
Expéditely, *avv.* speditaménte, alla svèlta
Expedítion, *s.* speditézza, sveltézza, prontézza, celerità; (*mil. mar.*) spedizióne
Expedítious, *a.* speditívo, spíccio, svèlto
Expedítiously, *avv.* speditaménte, con celerità
Expèl, *va.* espèllere, scacciáre, mandár fuòri
Expèllable, *a.* che si può espèllere
Expèller, *s.* espulsóre, scacciatóre, -trice
Expèlling, *s.* espulsióne, *f;* scacciaménto
Expènce, *s.* V. Expense
Expènd, *va.* spèndere; — tíme and mòney on, spèndere tèmpo e denáro in
Expèndíture, *s.* dispèndio, spésa, sborsaménto, impiègo, consúmo, sacrifízio; considerable —, dispèndio vistóso; the — of húman life, il sacrifício di víte umáne
Expènse, *s.* spésa, dispèndio, sbórso; frée of —, sènza spésa, fránco; a trifling —, tè-

nue spésa; to defráy a pérson's expènses, spesáre uno; at the àuthor's —, a spése dell'autóre; to lèarn at one's òwn, at anòther's —, imparáre alle pròprie, all'altrúi spése
Expènseless, *a.* sènza spésa, sènza cósto
Expènsive, *a.* dispendióso, costóso, pròdigo
Expènsively, *avv.* dispendiosaménte, con grande spésa
Expènsiveness, *s.* stravagánza, gravézza di spésa, sontuosità
Expérience, *s.* speriènza; to knòw by —, sapére per esperiènza
— *va.* prováre, sapére per esperiènza; sperimentáre
Expérienced, *a.* sperimentáto, prático, àbile, dèstro, stagionáto
Expériencer, *s.* sperimentatóre, -trice
Expèriment, *s.* speriménto, sàggio, ciménto, pròva; — in nàtural philósophy, speriménto di física; to màke an —, far uno speriménto
— *va.* sperimentáre, cimentáre, assaggiáre, prováre
Experimèntal, *a.* sperimentále
Experimèntalist { *s.* autóre, autríce d'esperiménti, sperimentatóre, -trice
Experimènter {
Experimèntally, *avv.* sperimentalménte, per esperiènza
Expèrt, *a.* espèrto, prático, versáto, dèstro
Expèrtly, *avv.* espertaménte, destraménte, maestrevolménte, con maestría
Expèrtness, *s.* destrézza, abilità, maestría
Expiable, *a.* espiábile
Expiate, *va.* espiáre, purgáre, scontáre, riparáre; to — a transgrèssion, scontáre un fállo, un delítto
Expiátion, *s.* espiazióne; as an — for, in espiazióne di
Expiatory, *a.* espiatòrio
Expilátion, *s.* (*poco us.*) espilazióne
Expírable, *a.* che può spiráre
Expirátion, *s.* espirazióne; l' último spírito; mórte, *f.* decèsso; fíne, *f.* tèrmine, *m.*, scadiménto, scadènza
Expíre, *va.* espiráre, esaláre il fiáto, *vn.* spiráre (mandár l'último spírito), moríre; (*com. legge*) spiráre, finíre, scadére
Expláin, *va* spiegáre, esplicáre; — a rôle spiegáre una règola; — away a difficulty, far diliguáre una difficoltà a fòrza di spegazióni; hàrd to —, difficile a spiegársi; — yourself, spiegátevi
Expláinable, *a.* esplicábile, spiegábile
Expláiner, *s.* esplicatóre, glossatóre, intèrprete
Explanátion, *s.* spiegazióne, esplicazióne, schiariménto; the —s of the Ministry, le spiegazióni ministeriáli
Explànatory, *a.* spiegatívo, espositívo, esplicatívo

Èxpletive, *a. s.* riempitivo, espletívo

Èxplicàble, *a.* esplicàbile

Èxplicate, *va.* esplicáre, spiegáre; spán-dere

Èxplicàtion, *s.* esplicazióne, spiegazióne

Èxplicàtive, *a.* esplicatívo, spiegatívo

Explicátor, *s.* V. Expláiner

Èxplicatory, *a.* spiegatívo

Explícit, *a.* esplícito, esprèsso

Explícitly, *avv.* esplicitaménte

Explícitness, *s.* caráttere esplícito, chiaréz-za, evidènza

Explóde, *vn.* esplòdere; far esplo_ióne, scop-piáre; *va.* far scoppiáre, far saltáre in ária; sparáre; (*fig.*) rispíngere, ributtáre, fischiáre

Explóded, *a.* rispínto, ributtáto; to be —, èssere cadúto in discrédito

Explóder, *s.* persóna che ribútta, rispínge

Explóding, *s.* lo scoppiáre; esplosióne, scòppio

Explóit, *s.* fàtto d'ármi, fàtto illústre, gè-sto, imprésa; gréat —s, gloriόse gèsta

Exploràtion, *s.* esplorazióne

Explorátor, *s.* esploratóre

Explóratory, *a.* esploránte, che esplóra

Explóre, *va.* esploráre, investigáre, ricercáre

Explórer, *s.* esploratóre, spiatóre, investi-gatóre

Explósion, *s.* esplosióne, scòppio; spáro

Explósive, *a.* esplosívo, che scòppia

Expónent, *s.* (*mat.*) esponènte, *m.*

Exponéntial, *a.* (*alg.*) esponenziále

Èxpórt, *va.* (*com. dogane*) esportáre, tra-sportáre, spedíre all'èstero

Èxport, *s.* (*dogane*) esportazióne; — dúty, dàzio d'uscíta

Expórtable, *avv.* esportàbile, che si può spe-díre all'èstero

Exportàtion, *s.* (*com.*) esportazióne; bόunty on —, (*dogane*) príma d'esportazióne

Expórter, *s.* (*com.*) esportatóre

Expóse, *va.* espórre, mostráre, far vedére, sottopόrre; — one's sèlf, espórsi, perico-lársi, sottopόrsi; —d to, espósto a, sot-topósto a

Expósedness, *s.* státo sénza difésa, mála paráta

Expóser, *s.* espositόre, -tríce; to be an — of, espórre

Exposítion, *s.* esposizióne; èssere esposto, posizióne, situazióne; interpretazióne, chiό-sa, coménto

Expósitive, *a.* espositívo, spiegatívo

Expósitor, *s.* espositόre, comentatόre; glos-sário

Expósitory, *a.* espositívo, spiegatívo

Ex-post-fàcto, *a.* (*legge*) dópo il fàtto, con effètto retroattívo

Expóstulate, *vn.* rimostráre, fáre rimostrán-ze; lamentársi; rappresentáre, discútere; _o — with a pèrson on a тнing, lagnársi con una persόna di una còsa

Expostulàtion, *s.* lagnánza, rimostránza, rim-pròvero, queréla

Expóstulátor, *s.* persόna che fa rimostránze, lagnánze, rimpròveri

Expóstulatory, *a.* di rimostránze, di lagnán-ze, di queréle

Expósure, *s.* esposizióne, esponiménto; perí-colo, repentàglio, mála paráta; posizióne, síto, situazióne; — to the áir, to the cόld, to cènsure, l'èssere espósto all'ária, al fréddo, alla crítica; he wàs incènsed at the — of his villaniès, egli era arrabbiáto in vedér scopèrte le sue bricconáte; the gárden has an éastern —, il giardíno è espόste a levánte; don't máke an —, non fate una piazzáta, uno scándalo

Expóund, *va.* chiosáre, espórre, interpretáre

Expóunder, *s.* comentatόre, chiosatόre, espo-sitóre

Exprèss, *va.* esprímere, rappresentáre; — one's sèlf, esprímersi

— *a.* esprèsso, chiáro, formále; in — tèrmi, in tèrmini esprèssi; — tráin (*str. fer.*) trèno dirètto

— *s.* esprèsso, staffétta; by —, per esprès-so; con istaffétta

Exprèssible, *a.* esprimíbile

Exprèssion, *s.* espressióne

Exprèssionless, *a.* sénza espressióne

Exprèssive, *a.* espressívo; to be — of, esprí-mere

Exprèssively, *avv.* espressivaménte, in mòdo espressivo

Exprèssiveness, *s.* fòrza d'espressióne, energía

Exprèssly, *avv.* espressaménte

Exprèssure, *s.* espressióne

Exprobàtion, *s.* (*antiq.*) rimpròvero, biásimo

Ex-profèsso, *avv.* ex-profèsso

Expropriàtion, *s.* espropriazióne, espróprio

Expúgn, *va.* espugnáre, prèndere d'assálto

Expúgnable, *a.* espugnábile

Expúgnation, *s.* espugnazióne

Expúgner, *s.* espugnatóre, vincitóre

Expúlse, *va.* espèllere, scacciáre, mandár fuòri

Expúlsion, *s.* espulsióne, scacciaménto

Expúlsive, *a.* (*med.*) espulsívo

Expúnction, *s.* cancellazióne, cassaménto

Expúnge, *va.* cancelláre, raschiár vía, cas-sáre

Expúrgate, *va.* espurgáre; to — a bòok, e-spurgáre un líbro

Expurgàtion, *s.* espurgazióne; (*med.*) púrga, purgazióne

Expúrgatory, *a.* espurgatόrio; purgatívo; — index, índice espurgatόrio

Èxquísite, *a.* squisíto, pellegríno, ráro; *s.* zerbinòtto, leόne, *m.*

Èxquísitely, *avv.* squisitaménte; — ill, cat-tívo in suprémo grádo

Èxquísiteness, *s.* squisitèzza, perfezióne; — of páin, violènza del dolóre

Exsànguious, *a.* esángue; (*zool.*) di sángue biánco

Exsèrt, exsèrted, *a.* saliènte; visíbile

Exsiccant, *a.* essiccánte

Exsiccáte, *va.* essiccáre

Exsiccátion, *s.* essiccazióne

Exsudátion, *s.* trasudaménto,. risudaménto

Exsúde, *vn.* trasudáre, risudáre

Èxtant, *a.* esistènte, sussistènte, ch'esíste; the best Làtin Gràmmar —, la migliór grammática latína che esísta

Èxtasy, *s.* V Ecstasy

Extèmporal, *a.* (*poco us.*) estemporáneo

Extempóráneous, extèmporary, *a.* estempo-ráneo, improvvíso ; — spéaker, improvvi-satóre

Extemporáneosly, extèmporarily, *avv.* estem-poraneaménte, all' improvvíso

Extèmpore, *avv.* all'improvvíso, estempora-neaménte; to deliver —, improvvisáre (un discórso); to spéak —, parláre all'improv-víso

Extèmpore, *a.* estemporáneo, improvvisáto — *s.* poesía estemporánea, improvvisáta

Extèmporiness, *s.* estemporaneità, facoltà d'improvvisáre

Extèmporíze, *va.* improvvisáre

Extèmporizer, *s.* improvvisatóre, -trìce

Extènd, *va.* stèndere, distèndere; dilatáre, al-largáre, allungáre, prolungáre; (*legge*) va-lutáre, stimáre; *vn.* stèndersi, prolungár-si; — your àrm, stendéte il bràccio

Extènder, *s.* persóna, còsa che stènde

Extèndible, *a.* estendíbile; (*legge*) valutá-bile, stimábile

Extensibility, *s.* estensibilità

Extènsible, *a.* estensíbile

Extènsibleness, *s.* estensibilità

Extènsile, *a.* estensíbile

Extènsion, *s.* estensióne, distendiménto

Extènsive, *a.* estensívo, àmpie, lárgo

Extènsively, *avv.* estensivaménte, estesa-ménte, largaménte

Extènsiveness, *s.* estensióne, larghézza

Extènser, *s.* (*anat.*) estensóre, (múscolo) e-stensòrio

Extènt, *s.* estensióne, ampiézza, dilazióne; it is twènty pólea ìn —, si estènde vénti pèrtiche; to the fúll —, in tutta la sua estensióne ; to a cèrtain —, fino ad un cèrto púnto; ,she lìvea to the — of her income, ella spènde tutta la sua entráta; lunghézza (d'una línea); grossézza d' un animále); distribuzióne (della giustízia); (*legge*) ordinánza per la perízia di immó-bili sequestráti

Extènuate, *va.* attenuáre, dimihuíre, miti-gáre; estenuáre, dimagráre

Extènuated, *a.* estenuáto, rifiníto; dimi-nuíto

Extènuating, *a.* estenuánte, attenuánte, mi-tigánte

Extenuátion, *s.* estenuazióne, dimagraménto macilènza; mitigazióne; in — of, per mi-tigáre, palliáre

Extérior, *a.* esterióre, estèrno, estrínseco; — *s.* esterióre, *m.* il di fuóri, estèrno, aspètto; of pléasing —, di bèlla presènza

Extériorly, *avv.* esteriorménte

Extèrminate, *va.* sterminfáre, sterpáre

Extermination, *s.* esterminazióne, estermí-nio; estirpaménto; (*algeb.*) eliminazióne

Extèrminator, *s.* esterminatóre, -trìce

Extèrminatory, *a.* d'estermínio

Extèrmine, *va.* esterminfáre, distrùggere

Extèrnal, *a.* *s.* estèrno

Extèrnally, *avv.* esternaménte, esteriorménte

Extèrnals, *s. pl.* esteriorità, *f. pl*; prátiche esterióri della religióne

Exterráneous, *a.* straniéro, dell'èstero

Extinct, *a.* estínto, abolíto; estínto, spènto, mòrto; to becòme —, estínguersi (per di-fètto d'erèdi)

Exilnction, *s.* estinzióne, spegniménto

Extinguish, *va.* estínguere, spègnere

Extinguishable, *a.* estinguíbile

Extinguisher, *s.* spegnitóre, -trìce; spegni-tójo

Extinguishment, *s.* estinzióne, spegniménto

Extirpable, *a.* estirpábile

Extirpate, *va.* estirpáre; sradicáre, distrùg-gere

Extirpátion, *s.* estirpazióne, distruzióne

Extirpátor, *s.* (*poco us.*) estirpatóre

Extòl, *va.* esaltáre, estòllere, preconizzáre

Extòller, *s.* panegirísta, *m.*, preconizzatóre

Extòrsive, *a.* che estòrque, che tòglie a fòrza

Extòrsively, *avv.* per estorsióne

Extòrt, *va.* estòrquere, iscòrcere, strappáre

Extòrter, *s.* chi estòrque, chi píglia per fòrza

Extòrtion, *s.* estorsióne, angheria, prèzzo esorbitánte; usúra

Extòrtionary, *a.* d'estorsióne

Extòrtionate ⎫ *a* oppressívo, ingiústo, e-
Extòrtionous ⎭ sorbitánte

Extòrtioner, *s.* rèo d'estorsióni ; concussio-nário, angariatóre; usurájo

Extòrtious, *a.* oppressívo, violènto, ingiústo

Èxtra, *prep. avv.* di più, di giúnta, di sup-pleménto, eccedènte, óltre, in óltre; the — amòunt, l'eccedènza, il di più

— -dótal, *a.* stradotále

— -judicial, *a.* estragiudiziále

— -judicially, *avv.* estragiudizialménte

— -limitary, *a.* al di là dei límiti

Extràct, *va.* estrárre, caváre, sprèmere ; le-var il súgo, l'essènza; tògliere il mèglio; fáre degli estrátti di uno scritto

Èxtract, *s.* estrátto (di scritto, di libro) (*chem.*) estrátto, essènza ; Elegant —s, Squàrci scèlti, elegánti estrátti, antologi—

Extráction, *s.* estrazióne, l'átto dell'estrar—; o caváre ; (*chìm.*) estrazióne. estrátto, (*legge*) schiátta, stípite, *m.*, lignàggio; o

nóble —, di álto lignàggio; of lów —, di
bássa máno
Extràctive, a. che si può estrárre; (chim.)
estrattivo
Extràctor, s. chi estráe, collettóre, estrat-
tóre; (chirur.) tanagliétta, fòrbice, f.
Extradítion, s. estradizióne (dei delinquénti)
Extraessèntial, a. non essenziále
Extragéneous, a. d'un'áltra spécie
Extramùndane, a. estramondáno
Extráneous, a. estráneo, irrilevánte; — màt-
ters, matérie estránee, cóse irrilevánti
Extráneously, avv. estraneaménte
Extraórdinarily, avv. straordinariaménte
Extraórdinariness, s. straordinarietà
Extraórdinary, a. straordinário
Extraórdinaries, s. pl. spése straordinárie
Extraparochial (pr. extraparókial), a. di nes-
súna paròcchia
Extraparochially (pr. extraparókially), avv.
fuór della paròcchia
Extrarègular, a. fuòr delle régole
Extraterritórial, a. fuòri del territòrio
Extràvagance, extràvagancy, s. stravagànza,
bizzarría, ghiribízzo; prodigalità, profu-
sióne; rùined by your —, rovináto dalla
vòstra prodigalità
Extràvagant, a. stravagánte, bizzárro; pró-
digo
Extràvagantly, avv. stravaganteménte, ecces-
sivaménte; con prodigalità
Extràvagantness, s. stravagánza, eccèsso
Extràvagants, s. pl. (teol.) extravagánti, f. pl.
Extravasáted, a. stravasáto; to be or becóme
—, stravasársi
Extravasátion, s. stravasaménto (del sángue)
Extréme, a. estrèmo, último, grandíssimo
— s. estrèmo, estremità, eccèsso; to go from
one — to anóther, passár d'un estrèmo
all'áltro; to run into —s, trascórrere agli
estrèmi; —s méet, gli estrèmi si tóccano
Extrèmely, avv. estremaménte, eccessiva-
ménte
Extrémity, s. estremità, párte estrèma, fíne,
f; estremità, estrèmo, eccèsso; estremità,
angústia, misèria
Extricable, a. estricábile
Extricáte, va. distrigáre, stralciáre, sviluppáre; to — one's sélf, strigársi, cavársi di
impiccio
Extrication, s. lo strigáre, stralciáre, sviluppáre, il cavársi d'impiccio
Extrinsic, extrinsical, a. estrínseco; avven-
tízio
Extrinsically, avv. estrinsecaménte
Extrùde, va. estrúdere, spingere fuòri
Extrúsion, s. l'estrúdere, il cacciár fuòri
Extúberance, extúberancy, s. protuberánza,
estuberánza
Extúberant, a. protuberánte
Exúberance, exúberancy, s. esuberánza, so-
prabbondánza, rigóglio

Exúberant, a. esuberánte, rigoglióso
Exúberantly, avv. esuberanteménte, rigoglio-
saménte
Exúberate, vn. esuberáre, soprabbondáre, ri-
dondáre
Exúde, vn. V. Exsúde
Exùlcerate, va. esulceráre; vn. ulcerársi
Exùlceràtion, s. esulceraménto, ulcerazióne
Exùlt, vn. esultáre, giubiláre, ringalluzzársi
Exùltance, exùltancy, s. esultánza
Exùltant, a. esultánte
Exultátion, s. esultazióne, allegrézza (gránde)
Exùlting, a. esultánte, trionfánte, giubilánte
Exùstion, s. ustióne, f. abbrucciaménto
Exúviæ, s. pl. spóglie, f. pl. (d'animáli);
avánsi d'animáli antidiluviáni
Eyas (pr. ías), s. falconcíno tólto pur ora
dal nido
Eye, (pl. eyes) s. òcchio, vísta; smáll —,
occhiúzzo, occhiétto, lárge —, occhióne, m;
bláck —s, òcchi néri; blúe —s, òcchi az-
zúrri; spéaking —s, òcchi parlánti; glass
—, òcchio di cristállo; in the twinkling
of an —, in un bátter d'òcchio; the — of
a néedle, la crúna d'un ágo; — of a plant,
òcchio, nèsto, gèmma di piánta; an — of
phéasants, úna cováta di fagiáni; — of
chéese òcchio del formàggio; — of a béan,
òcchio del faginòlo; the — -báll, pupílla o
búlbo dell'òcchio; the — -lids, palpèbre;
the — -láshes, le láppole, i péli delle palpèbre; the — -bróws, le cíglia; to ópen a
person's —s, apríre gli òcchi ad úno; the
— must be pléased, l'òcchio vuol la párte
sua; to háve sóre —, aver mále agli òcchi; in the — of Héaven, agli òcchi di
Dio, to cast a shéep's — at or upon, aocchiáre, adocchiáre, vagheggiáre; the córner
of the —s, la códa dell'òcchio; kéep your
— upon him, tenételo d'òcchio; — -téeth,
dènti occhiáli; — sight, vísta (gli òcchi);
— -witness, testimónio oculáre; — -wáter,
sálve, collírio; to cást or láy one's —s
upón, gettár, pórre gli òcchi addòsso;
càst of the —, occhiáta, guardatúra; to
cast dówn one' —s, abbassáre gli òcchi;
fúll of —s, occhiúto; bùll's —, òcchio di
búe, finèstra tónda; hóoks and —s, affíb-
biatúra (uncinétti, occhiélli); háve your
—s abòut you, státe all'érta, státe col-
l'òcchio téso; to háve an — to, avér l'òcchio a; to háve a blánk —, avér un òcchio pésto, lívido; within the réach of the
—, (within — -shot) alla portáta della vísta,
a vísta; — -hóles, occhiáie, f. pl; — -glass,
occhialíno, lènte, f., occhiáli; — -píece,
vètro oculáre di cannocchiále; — -sóre,
difètto, magágna, còsa che offènde la vísta; — (mar.), òcchio
— va. guardáre; aocchiáre, osserváre; to —
from héad to fóot, squadráre
Eyebright, s. (bot.) eufrágia, eupatório

Ẻyed, a. dagli òcchi...; black- —, dàgli òcchi nèri; hollow- —, che ha gli òcchi incaváti; one- —, monòcolo; the blùe- — young lády, la damigèlla dagli òcchi azzurríni

Ẻyeless, a. (poet.) sénza-òcchi, cièco

Ẻyelet, ẻylet-hòle, s. occhièllo, fóro

Ẻyre, s. (antiq.) córte de' giúdici ambulánti

Ẻyry } s. nído d' uccèllo di rapína, V.
Ẻyrie } Aerie

F

F (pr. èf), s. sèsta lèttera dell'alfabéto inglése; iniziále di Fellow, mèmbro (di cèrte società); (mus.) fa, m; abbr. dí fiat (nelle ricètte dei mèdici)

Fá, s. (mus.) fa, m; chiáve, f. di fa

Fabáceous, a. di fáva, della natúra delle fáve

Fáble, s. fávola, finzióne; menzógna; — -máker, — -mónger, favoleggiatóre

— va. favoleggiáre; fingere, mentíre

Fábled, a. favolóso, finto; celebráto

Fábler, s. favoleggiatóre, favolatóre, -trice

Fábric, s. fàbbrica; fabbricáto, edifízio; struttúra; tessúto; complèsso, sistéma, m; a státely —, un edifício magnífico; — lands, bèni stábili lasciáti per la costruzióne delle chiése

— va. (poco us.) fabbricáre, edificáre

Fábricate, va. fabbricáre, costruíre, connèttere, inventáre, imaginàre, coniáre, falsáre

Fabricátion, s. fabbricazióne, fabbricáto, struttúra; invenzióne, fandònia, fròttola

Fabricátor, s. fabbricatóre; favolóne, bugiárdo

Fábulist, s. scrittóre di fávole

Fábulous, a. favolóso, finto

Fábulously, avv. favolosaménte, fintaménte

Fábulousness, s. caráttere favolóso

Facade (pr. fasáde), s. facciáta, frónte, f. d'edifízio

Fáce, s. fáccia, víso, vólto, frónte, f. sembiánte, m., ária, cèra, aspètto, apparènza; vista, sembiánza; facciáta, frónte, f., prospètto; sfacciatággine, f. sicuméra; smórfia; hándsome —, bèlla fáccia; I will tèll him it to his —, glielo dirò in fáccia; in the — of the sun, a ciélo scopèrto; to lóok one in the —, guardár uno nel víso; to màke fáces or wry fáces, far delle smórfie; to fly in a pèrson's —, insultáre uno; to hàve a bràzen —, èssere sfacciáto; wàsh your —, laváteti la fáccia; to —, avv. fáccia a fáccia, a quáttro òcchi

— va. fàre fáccia, voltár la fáccia a, preentáre la frónte, affrontáre, affacciársi a; guardár nel víso; far frónte a; to — the ènemy, affrontáre il nemíco; — sléeves, méttere le móstre ad un pájo di màniche; — a card, voltáre una cárta; — one dówn, mantenére (impudenteménte) una còsa in fáccia ad úno; — óut a líe, sostenére (con

isfacciatággine) una bugía; to — abòut, vn. voltársi; the shop fáces the chùrch, il magazzíno sta di cóntro alla chiésa

Fáced, a. dalla fáccia...; che ha la fáccia...; the shórt- — grócer, quel droghière dalla fáccia córta; that dirty- — man, quell'uòmo che ha la fáccia spòrca; ùgly- —, di brútto víso, brútto; brázen- —, sfrontáto, sfacciáto; bàre- —, impudènte

Fáceless, a. sénza fáccia; sfacciáto

Fáce páinter, s. V. Pòrtráit páinter

Fàcet, s. facètta; to cut with —s, to cut- -wíse, affaccettáre

Facétious, a. facéto, giocóso, piacévole

Facétiously, a. facetaménte, giocosaménte

Facétiousness, s. umór facéto; piacevolézza

Fácial, a. (anat.) facciále, della fáccia; — ángle, ángolo facciále

Fàcile, a. fácile, agévole, trattábile, accessíbile, pieghévole, manévole; lèsto, svèlto; — lády, dònna agévole

Fàcileness, s. pieghevolézza, mancánza di fermézza, credulità

Facilitate, va. facilitáre, agevoláre

Facilitátion, s. facilitazióne, agevolaménto

Facility, s. facilità, agevolézza; maestría

Fácing, s. (degli àbiti), móstra, rivólta di pánno (degli àbiti militári); rovéscio, gallóne, m. guernitúra; frónte, f. tèsta

Facinorous, a. facinoróso, scelleráto

Facinorousness, s. scelleratézza

Fác-simíle, s. fac-símile, m. còpia esátta

Fáct, s. fátto; a gréat —, un fátto importánte; to státe a —, annunziáre un fátto; táken in the —, cólto in flagránte; màtter of — man, uòmo prático, uòmo positívo; in —, in fátto, di fátti; the — is, il fátto sì è; to státe a —, enunciáre, espórre un fátto; to táke in the —, cóglier sul fátto, in flagránte

Fáction, s. fazióne; discòrdia, dissenzióne

Fáctionary, s. fazióso, partigiáno

Fáctionist, s. fazióso

Fáctious, a. fazióso (zióso)

Fáctiously, avv. da fazióso, in mòdo sedizióso

Fáctiousness, s. spírito di fazióne

Factitious, a. fattízio

Fáctive, a. efficáce

Fáctor, s. fattóre; agénte; (mat.) fattóre

Fáctorage, s. (com.) dirítto di commissióne

Fáctorship, s. fattoría, cárica di fattóre

Fàctory, s. fattoría, manifattúra (di pánni, ecc.)

Factótum, s. factòtum, m., faccendière, faccendóne, m., maneggióne, m., agénte generále, m; Ser Faccènda, m.

Fáctum, s. (mat.) prodótto

Fàcture, s. mòdo di fàre, fattúra, faciménto

Fàculty, s. facoltà; licènza, privilégio; (univer.) facoltà, còrpo dei professóri; the —, il còrpo dei Dottóri, il collégio dei Mèdici

Fàcund, *a.* facóndo, eloquènte
Facùndious, *a.* facóndo
Facùndity, *s.* facóndia, eloquènza
Fad, *s.* fantasticheria, fantasticàggine, *f.*, ghiribízzo, capríccio
Fàddle, *vn.* (*volg.*) dondoláre, badaluccáre
Fáde, *van.* appassíre, scoloríre, sbiadíre, sfioríre, avvizzíre, avvizzírsi; languíre; to — awáy, svaníre, dileguársi
Fáded, *p.* appassíto, scoloríto, sbiadíto, sfioríto
Fádeless, *a.* che non può appassírsi, perènne
Fádge, *vn.* (*volg.*) conveníre, accordársi, combaciársi, andár d'accòrdo; riuscíre
Fáding, *a.* che si stínge, sfiorísce, appassísce, sbiadísce, svanísce; (*fig.*) transitòrio, passeggiéro, fuggévole, váno
Fádingly, *avv.* scoloritaménte, con colóri sbiadíti, fuggevolménte
Fády, *a.* soggètto ad appassíre, ad avvizzírsi, fuggévole, evanescènte
Fœces (*pr.* Fécis), *s.* V. Féces
Fàg, *vn.* affacchináre, affaticársi, travagliáre, adoperársi; to — hàrd, sbracciársi, far ògni sfórzo
— *s.* affaticatóre, facchíno, uòmo da strapázzo, schiávo; — (fàgging), fatíca, strapázzo
Fàg-end, *s.* códa di una pèzza di pánno; cápe; fíne, *f.* scórcio, rimasúglio
Fàggot, *s.* V. Fagot
Fàgot, *s.* fastèllo, fáscio, fascinétto di légna; (*mil.*) fascína, fastèllo; to bind up in — s, affastelláre; — band, ritòrta; vinciglio
— *va.* affastelláre, affascináre, legáre
Fáil, *vn.* falláre, erráre; fallíre, mancáre, veníre méno, decadére, declinárе; far bancarótta; to — in one's dúty, mancáre al suo dovére; Mr. Brown has —ed, il signór Brown è fallíte; *va.* mancáre a, abbandonáre, mancáre di paròla a; —, *s.* fàllo, (omissióne); withòut —, sénza fàllo
Fáiling, *s.* mancaménto, fállo, pècca, difètto; falliménto
Fáilure, *s.* mancánza, deficiènza, diffálta, indeboliménto, decadiménto, mála riuscíta, mal succèsso, fiásco; (*com.*) falliménto, bancarótta; it was a complète —, è státo un fiásco complèto
Fáin, *a.* contènto, incantáto; stretto, sforzáto; *avv.* mólto volentièri; he would — persuáde me to accómpany him, egli vuóle in ògni módo persuadérmi di accompagnárlo
Fáint, *a.* lánguido, fiácco, dèbole, riùníto di fòrze, disanimáto, avvilíto; to féel —, sentírsi languíre, sentírsi veníre méno
— *vn.* veníre méno, basíre, svaníre; tramortíre; she —ed awáy, ella svènne
— -heárted, *a.* tímido, codárdo, pusillánime

— -heártedly, *avv.* pusillanimaménte
— -heártedness, *s.* timidézza, pusillanimità
Fáinting, *a.* languènte; — -fit, sveniménto, tramortiménto, delíquio; to be séized, táken with a — -fit, cadére in delíquio; she was táken with a — -fit, le vènne uno sveniménto
Fáintish, *a.* che si sénte languíre, languidétto
Fáintishness, *s.* languidézza, fievolézza
Fáintling, *a.* (*ant.*) fiácco, víle, codárdo
Fáintly, *avv.* debolménte, languidaménte
Fáintness, *s.* debolézza, fiacchézza, languóre; viltà, pusillanimità; — of spirits, abattiménto (d'ánimo); — of còlour, colór pállido; — of light, lúce pállida
Fáints, *s. pl.* residuo di distillazióne
Fáinty, *a.* dèbole, fiácco, lánguido
Fáir, *a.* bèllo, vágo, venústo; (della carnagióne) biánco, chiáro; (dei capélli) bióndo; chiáro, púro, nítido, seréno, cálmo, propízio, favorévole; giústo, èquo, ragionévole; leále, schiétto, di buòna fède; cándido, gentíle, dólce; (*com.*) corrènte, mercantíle, passàbile; - lády, bèlla signóra, dònna vága, bellézza; — wéather, tèmpo bèllo, seréno; — wind, vènto favorévole; — jùdge, giúdice buòno, giústo, imparziále; — háir, capélli biòndi; — words, bèlle paròle, parolíne; — propósal, proposizióne ragionévole; — déaling, buòna fède, probità, schiettézza; — pláy, líbero giuòco, giuoco sénza ingánni; in a — wáy, béne avviáto; with — words, colle buòno; góod and — (*com.*) bèllo, corrènte; Philip the —, Filippo il Bèllo
— *avv.* béne, piacerolménte, pián, piáno, bel bèllo, gentilménte, civilménte, nettaménte, al nètto; schiettaménte; — and squáre, sénza raggíri, sinceraménte; to bid —, prométtere béne, dáre belle speránze di sè; — and sòftly góes far, pián piáno si va lontáno; to pláy —, giuocáre alla scopèrta
— *s.* bèlla (bèlla dònna); the —, le bèlle, il bel sèsso; — *s.* (*ant.*) V. Fáirness; —, *s.* fièra; great —, fieróna; — dáy, giórno di fièra; bèlla giornáta
Fáirhood, *s.* V. Fairness
Fáiring, *s.* donatívo di fièra, fièra
Fáirish, *a.* passabilménte bèllo, passàbile
Fáirly, *avv.* béne, propriaménte, compiutaménte, schiettaménte, equaménte, di buóna fède, a dirittúra, vagaménte, nètto, béne
Fáirness, *s.* bellézza, vaghézza, venustà; della carnagióne) bianchézza, freschézza; (dei capélli) colór bióndo; schiettézza, probità, dirittúra, lealtà, candóre
Fáir-spóken, *a.* che ha una buòna parlantína; affàbile, cortése
Fáiry, *s.* fáta; — -líke, cóme una fáta, aèreo, leggièro; *a.* delle fáte; incantévole,

nòr, rùde; - fàll, sön, bùll; - fàre, dò; - by, lymph; pûîse, bôys, fôwl, fówl; gem, aš

Diz. Ingl. Ital. - Ediz. VI. Vol. I.   16

ammaliánte; — lànd, paése delle fáte; — tále, novélla delle fáte; her — smíle, il suo sorríso di fáta

Fáith, *s.* féde, *f.* credènza; féde, lealtà; — is the *eye* of the sóul, la féde è l' òcchio dell'ánima; in —, bý mý —, —, affè; I hàve no — in mirácles, non présto féde ai mirácoli; bréach of —, violazióne di féde; tradiménto; to pin one's — an anòther's sléeve, deferíre ciecaménte all'autorità altrúi, giuráre sulla paròla del maèstro

Fáithful, *a.* fedéle, leále, onésto
Fáithfully, *avv.* fedelménte, lealménte
Fáithfulness, *s.* fedeltà, buòna féde, lealtà
Fáithless, *a.* sleále, infído, infedéle; pèrfido; sénza féde
Fáithlessness, *s.* slealtà, infedeltà, perfìdia
Fáitor { *s.*(*ant.*) facidánno, cattívo soggèt-
Fáitour { to, vagabóndo
Fáke, *s.* (*mar.*) dúglia (di gómena)
Fákìr {
Faquir { (*pr.* fákir), *s.* fachíro, fakir, *m.*
Falcáde, *s.* (*maneggio*) falcáta, corvétta
Falcáte, *a.* falcáto, curváto, fátto a fálce
Falchion (*pr.* Fàlshon), *s.* falcióne, *m.*, scimitárra
Fálcon, *s.* (*orn.*) fálco, falcóne, *m.*; stóne —, smeríglio, smeriglióne, *m.*; pèregrine —, fálco pellegríno, migratóre; to let a — flý, lanciáre al vólo un falcóne; to tráin a —, addestráre, educáre un fálco
Fálconer, *s.* falconière, *m.*
Fálconet, *s.* falconétto (cannoncíno)
Fálconry, *s.* falconería
Fáldstóol, *s.* sèggiola da cámpo; faldistòrio, faldistòro
Fáll (*pret.* fèll, *p. p.* fállen), *vn.* cadére, cascáre; declináre; basíre, períre; to — from the róof, cadére dal tètto; to — agàin, ricadére, ricascáre; — bàck, arretrársi, rinculáre; — in, cadér déntro, accasciársi; — off, declináre, decadére, smagríre; — upón, cadér sópra, dáre addòsso a; assalíre; — asléep, addormentársi; — sick, ammaláre; — in with, abbàttersi in, incontráre; — on one's fáce, cadére boccóne; — in lòve, innamorársi, invaghírsi; — into a pàssion, andár sulle fúrie; — to wòrk, méttersi a fáre, accíngersi al lavóro; they fell óut, vènnero a paròle; vènnero alle brútte; they fell together by the éars, si ciuffárono, vènnero alle prése; it fell óut unlùckily, accádde per disgrázia; he fell hèadlong, egli cádde col cápo all' ingiù; we fell shòrt of provísions, i víveri ci mancárono; it fell to his sháre, gli cádde a sòrte; the príces —, cálano, abbássano i prèzzi; the wáters —, le ácque s' abbássano; I fell ín with an óld frìend, m'abbattéi in un vècchio amíco; níght —s, si fa nòtte; how he is fállen

off! quánto egli è declináto! — to, cominciáte
— *va.* abbassáre, scemáre, abbáttere
— *s.* cadúta, cascáta, decadiménto, decadènza; (*mus.*) cadènza; (*mar.*) vétta, tiránte, *m.*; schièra di stárne o pernici; the —, the — of the léaf, l'autúnno; wáter—, cascáta; pit- —, schiàccia, trabocchétto, tráppola; — (*com.*) ribásso (di prèzzo); to give a —, dáre uno stramazzóne, stramazzáre; — of snów, cadúta di néve
Fallácious, *a.* falláce, illusòrio, ingannévole
Fallácìously, *avv.* fallaceménte, illusoriaménte
Fallácìousness, *s.* qualità falláce, menzognéra; fallácia, ingánno, falsità, illusióne
Fàllacy, *s.* raziocínio fálso, sofísma, *m.*, fallácia, falsità, illusióne
Fállen, *p. p.. di* to fáll
— *a.* cadúto, decadúto, rovináto
Fállibility, *s.* fallibilità
Fàllible, *a.* fallíbile
Fàlling, *s.* decadiménto, decadènza, cadúta; — óut, dispúta, contésa, quistióne; — awáy, smagriménto; apostasía; — off, declinazióne dalla virtù al vízio, cadúta
— *a.* cascánte, cadènte; — stár, stélla cadènte
— -sickness, *s.* malcadúco, epilessía
— -stóne, *s.* aeròlito
Fállow, *a.* rossíccio, incólto, neglètto; — déer, cèrvo; — fíeld, maggése, *m.*
— *va.* dáre la príma aratúra, rómpere il terréno, dissodáre
— -chàt {
— -finch { *s.* (*orn.*) culbiánco, massajóla
— -smith {
Fállowness, *s.* (*agr.*) maggése, *m.*, novàle, *m.*
Fàlse, *a.* fálso, menzognéro, infído, sleále; — téeth, dènti fínti; — cùrls, ricci postícci; to accúse, to tax as — (*legge*), oppórre che (un átto) sia fálso; to undertáke to próve a wing —, obbligársi di prováre la falsità d'una còsa; — -héarted, pèrfido, traditóre
Fàlsehood, *s.* falsità; menzógna; perfídia
Fàlsely, *avv.* falsaménte
Fàlseness, *s.* falsità; doppiézza, tradiménto
Fàlser, *s.* ingannatóre
Falsétto, *s.* (*mus.*) falsétto
Fàlsifíable, *a.* falsificábile
Fàlsifìcátion, *s.* falsificazióne, falsificaménto
Fàlsificátor {
Fàlsifíer { *s.* falsificatóre, -tríce, falsatóre, -tríce, falsário; chi sbugiárda o próva alcúna còsa èsser fálsa
Fàlsifý, *va.* falsificáre, alteráre, falsáre; convíncere di erroneità
Fàlsity, *s.* falsità, erroneità; menzógna
Fàlter, *vn.* esitáre (parlándo); balbettáre,

tartagliáre; trepidáre; — fórth, va. esalàre (trepidándo)

Fáltering, s. esitazióne (parlándo), trepidazióne

Fálteringly, avv. con esitazióne, con difficoltà

Fáme, s. fáma, rinománza, grído, nóme, m; to repóse upòn one's —, riposársi sui própri allòri

Fámed, a. rinomáto; fàr- —, celebèrrimo

Fámeless, a. sénza rinománza, sénza nóme

Familiar, a. famigliáre, di cása, della famíglia; famigliáre (sénza cerimònia); famigliáre, íntimo, intrínseco; famigliáre, comúne, ordinário, usuále; — with, prático di; to máke one's sèlf — with, réndersi famigliáre, impratichírsi di; — spirit, démone, m., follétto, spírito famigliáre — s. famigliáre, íntimo amíco; follétto

Familiàrity, s. famigliáre dimestichézza

Familiaríze, va. addomesticáre, abituáre, réndere famigliáre; (còsa) réndersi famigliáre, famigliarizzársi, impratichírsi

Familiarly, avv. famigliarménte

Fámily, s. famíglia; the fàther of a —, pádre di famíglia; frìénd of the —, amíco di cása; in the — wáy, incínta; the — trée, l'álbero genealògico

Fámine, s. carestía, penúria di víveri

Fámish, va. affamáre, far moríre d'inèdia — vn. èssere affamáto; moríre d'inèdia

Fámished, a. affamáto, famèlico

Fámishment, s. fáme, f., gránde carestía

Fámous, a. famóso, rinomáto, chiáro

Fámously, avv. famosaménte, con fáma

Fámousness, s. celebrità, noméa

Fàn, s. ventáglio; váglio; ventilatóre; smàll or pretty —, ventaglíno; — -like, a mo' di ventáglio — va. ventiláre, vagliáre, sventoláre — -light, s. finèstra semicircoláre — -máker, s. ventáglio, ventagliáro

Fanàtic, fanàtical, a. fanático, esaltáto — s. fanático, fanàtica, esáltáto, esaltáta

Fanàtically, a. fanaticaménte, da fanático

Fanàticalness, fanàticism, s. fanatísmo, spírito fanático

Fanàticíze, va. fanatizzáre

Fàncied, a. immagináto, immaginário

Fànciful, a. fantástico, bizzárro, capriccióso

Fàncifully, avv. fantasticaménte, in mòdo bizzárro

Fàncifulness, s. bizzarría, fantasía, fantasticággine, f.

Fàncy, s. fantasía, immaginatíva; immaginazióne, gústo; èstro, idéa; illusióne, ghiribízzo, capríccio, sciénza pugilística, arte del fáre ai púgni; whimsical fàncies, bizzárre fantasíe; to táke a — to, invaghírsi di; one of the —, un pugillatóre — vn. immaginársi, figurársi, méttersi in tèsta, crédere; pensáre; I — that, crédo che, m'immágino che; — va. immagináre

— -mónger, s. fanático, visionário

— -sick, a. maláto immaginário

Fandàngo, s. fandángo

Fáne, s. fáno, témpio

Fànfaron, s. millantatóre, vantatóre, fanfano

Fànfaronáde, s. millantería, vánto, burbánza

Fàng, s. radíce, f. di dènte, dènte angoláre o acúto; sànna, dènte caníno; bránca, artíglio; in the — s of dèspotism, negli artígli del dispotísmo — va. prèndere fra gli artígli, afferráre colle zànne, cói dènti, abbrancáre

Fànged, a. forníto di zànne, artígli, bránche

Fàngled, a. inventáto, trováto; new- —, di nuóvo gènere; appariscénte; new- — móde, andázzo

Fàngless, a. sénza zànne, sénza dènti

Fànion, s. (milit.) banderuóla

Fànnel, fànon, s. manípolo (di sacerdóte)

Fànner, s. persóna che vèntila, vagliatóre

Fàntasm, s. V. Phàntasm

Fantàstic, fantàstical, a. fantástico, stravagánte, bizzárro, ghiribizzóso, chimèrico

Fantàstically, avv. fantasticaménte

Fantàsticalness, s. fantasticcágine, f.

Fàntasy, s. V. Fancy

Faquir, s. V. Fakir

Fàr, a. (comp. fárther, further, super. fárthest, fúrthest), lontáno, distánte, discósto, remòto; alléno, contrário — avv. (comp. fárther, further, super. fárthest, fúrthest), lontáno, lúngi; di gran lúnga, di mólto, béne, assái; — from the càpital, lontáno dalla capitále; — from thinking, ben lúngi dal crédere; the séason ìs — advánced, la stagióne è mólto avanzáta; is it — from hére to the Exchánge? v'è mólto di qui alla Bórsa? fárther on, più óltre, più in là; fárther dówn, più abbásso; from a —, da lúngi; I am góing perháps tóo —, io vádo fórse un po' tròppo in là; — and néar, — and wíde, d'ógni párte, dappertútto; — bétter, mólto méglio; — ótherwíse, tutt'áltro; lèarn so —, imparáte fin quì; as — as I can jùdge per quánto io pòsso giudicáre; I will accómpany yous as — as Genéva, vi accompagneró síno a Ginévra; hów — ? fin dóve? — -fétched, ricercáto; — -fetched things or expréssions, ricercatúre; as — as man can comprehénd it, per quánto può l'uómo comprénderlo; he is more lèarned than you by —, egli è più dòtto di vói di mólto; gone, — innoltráto, avanzáto; — sóught, ricercáto, studiáto, affettáto; — be it from me, Dio me ne guárdi

Fàrce, s. (teat.) fàrsa; va. infarcíre, impinzáre

Fàrcical, a. che tiene della fàrsa, còmico, burlésco

Fàrcically, avv. a mo' di fàrsa; burlescaménte, comicaménte
Fàrcicalness, s. natūra còmica, burlésca, caràttere da fàrsa
Fàrcilíte, s. (min.) pudīnga, piètra cicerchína
Fàrcin { s. veter.) scábbia, rógna dei ca-
Eàrcy { válli
Fàrdel, s. (poco us.) fardèllo, fagòtto; affardelláre, far fardèllo di
Fàrding-bag, s. (anat.) rūmine, digrumále, m.
Fàre, vn. stáre, vívere, trattársi, nudrírsi;
trovársi, andáre; he —s like a prince,
víve da príncipe; they — vèry póorly, ví-
vono (si nudríscono) mále; they — wèll,
si tráttano béne; it fàred ill with the
affàir, l' affáre andò mále; hów — ye?
(volg.) come ve la passáte? — you well,
conservátevi, addío
— s. cèra; mangiáre, m., cíbo, pietánze, pl.f,
mènsa; nòlo, prèzzo del passàggio (in bárca), della córsa (in vettúra); wàiter, the
bill of —, cameriêre, la lísta delle vivàn-
de, la cárta; by the — (carròzze di piàzza), alla córsa
Farewell (pr. fàrwèll e fàrewèll), imper.
di to fàre con l'avv. well, státti béne,
stía béne; vále, addío
— s. addío; congédo; to bid —, díre addío;
to táke one's —, prèndere commiáto, accommiatársi
— a. d'addío, di commiáto; último, estrèmo
Fàrin, fàrina, s. (bot.) pòlline, m.; (chim.)
fècola
Farináceous, a. farináceo
Fàrm. s. podére, m., fattoría; (in América)
piantagióne; smàll —, poderétto; mó-
del —, fattoría-modèllo; -hóuse, càsa
del podére, cascína, casíno; to táke or
rent a —, prèndere in affítto un podére
— va. affittáre, dáre in affítto, coltiváre (un
podére; to — óut, dáre in affíttò; ap-
paltáre
— -bàiliff, s. castáldo, fattóre
— -hóld, s. contràtto d'affítto (di beni ruráli)
Fàrmer, s. affittajuòlo, fattóre; appaltatóre;
rich —s, gràssi fattóri, affittajuòli agiáti;
gèntlemen —s, proprietárj coltivatóri, a-
gricoltóri; tènant —s, affittajuòli
Fàrmery, s. cascinále, m. rústici, m. pl.,
di un podére
Fàrming, s. coltivazióne (d'un podére), gránde coltúra; affítto a cènso
Fàrmost, a. il più remóto
Fàro, s. (giuoco) faraóne, m.
Farràginous, a. farraginóso
Farrágo, s. farrágine, f., múcchio confúso
Fàrrier, s. maniscálco, veterinário; vn. eserci-
táre la professióne di maniscálco, di ve-
terinário
Fàrriery, s. árte veterinária

Fàrrow, s. ventráta di porcèlli; with —,
grávida; a. —ców, vácca da látte
— vn. figliáre, fáre i porcèlli
Fàrt, s. (volg.) coréggia; to let a —, tirár
una coréggia
— vn. (volg.) tirár corégge
Fàrter, s. (volg.) coreggiêre, m. còreggiêra
Fàrthel, va. (mar.) ammaináre
Fàrther, avv. (comp. di far) più lontáno,
più in là, più óltre, di più; va. promuòvere, far progredíre, portár più avánti
— a. ulterióre, più rimóto
Fàrthest, V. Far; at —, al più, al più tárdi
Fàrthing, s. quattríno, la quárta párte di un
penny (sòldo inglése); he has not a —, egli
non ha un quattríno
Fàrtingále, s. faldíglia, cèrcine, m. di vè-
ste, guardinfánte, m.
Fàrthingswòrth, s. il valóre d'un quat-
tríno
F. A. S. (pr. èf, à, ès), iniziáli di Fèllow,
(Mèmbro) of the Antiquárian Society (del-
la Società degli Antiquári)
Fàsces, s. pl. (storia rom.) fásci, m. pl.
Fàscia, s. bendèlla, benderèlla; (arch.) li-
stèllo, regolétto; (anat.) aponeurósi, f;
(ast.) fáscia
Fàscial, a. (stor. rom.) dei fásci
Fàsciáted, a. fasciáto
Fàsciation, s. il bendáre, il fasciáre, fa-
sciatúra
Fàscicle, s. (bot.) fascícolo, fascétto
Fàscicled, a. (bot.) fascicoláto, affasciáto
Fàscináte, va. affascináre, incantáre, ammaliáre, stregáre
Fàscinating, a. affascinánte, ammaliánte;
— lády, affascinatríce, dònna ammaliánte, irresistíbile
Fascination, s. fáscino, ammaliaménto, malía; the — of beáuty, il fáscino della bellézza
Fascine (pr. faséen), s. (fortif.) fascína
Fàshion, s. maniéra, guísa, fòggia, fòrma,
costúme, m.; vòga, mòda, andázzo, usánza;
in —, alla mòda; óut of — caduto di móda; a man of —, un elegánte; péople of
—, persóne distínte; elegánti, il gran móndo; to bring into —, méttere in vòga, introdúrre la mòda; to continue in —, continuáre ad èsser di mòda; to get, to gròw
óut of —, non èsser più di mòda; to léad
the —, dettár la lègge alla mòda
— va. affazzonáre, formáre, adattáre
— -mönger, s. vagheggíno, attilatúzze
— -piéce, s. (mar.) alétta di pòppa
Fàshionable, a. alla mòda, bèllo (del gran
móndo), elegánte; — gèntleman, signóre
elegánte, ammòdo; — lády, signóra elegánte, dáma distínta
Fàshionableness, s. elegánza, mòda, usánza
Fàshionably, avv. alla mòda, eleganté-
ménte

Fàshioner, s. affazzonatóre, -trice, formatóre, -trice, adottatóre, -trice
Fàst, vn. digiunáre, fáre astinênza
— s. digiúno, astinênza (da cíbi); ciò che
sêrve a mantenére, ad assoggettáre; (mar.)
càvo, orméggio, provése, m., gómena, cánapo; to breàk one's —, rómpere il digiúno, far colazióne; to keep a —, osserváre il digiúno
— a. fêrmo, sàldo, stábile, immôbile, sôdo,
físso, strétto, serráto; ficcáto, attaccáto;
velôce, célere, rátto; is the dôor —? è ben
serráta la pòrta? — knot, nôdo, strétto;
— rùnner, corridóre velôce; — cólour,
colóre che non smónta; — friènd, amíco
fedéle, alla prôva; — sléep, sônno profóndo; — pláce, luôgo di sicurézza; —
and lóose (alla lettera, aderênte e staccáto) incostánte, variábile; to pláy — and
lóose, parlár prò e cóntro, dir béne e
mále, díre e disdíre, êssere un tecoméco
— avv. fermaménte, fêrmo, sàldo, saldaménte, strétto; prêsto, speditaménte, súbito; to stand —, star fêrmo, sàldo; tie it
—, legátelo strétto; hóld him —, tenételo
fêrmo; drive it in —, ficcátelo béne; rùn
—, corréte prêsto; it bôllò —, bólle a ricorsójo; to stick —, appiccársi ténace-
ménte, impaniársi; she is — asléep, ella
dòrme profondaménte; my wàtch góes tóo
—, il mìo oriuôlo avánza
— -dày, s. giórno di digiúno
— -bánded, a. che ha il gránchio nella
bórsa, nelle tásche, taccágno, spilòrcio
— -witted, a. stúpido, sciôcco, tárdo
Fàsten, va. legáre, avvincoláre, affibbiáre,
attaccáre, fissáre, ficcáre, serráre, rèndere
sàldo; — that dôor, serráte béne quella
pòrta; to — one's eyes upón, ficcáre gli
òcchi addòsso
— vn. appiccársi, attaccársi, aggrappársi
Fàstened, a. legáto, vincoláto, affibbiáto,
induráto
Fàstener, s. persóna che léga, attácca, sêrra
Fàstening, s. legáme, m., fermáglio, chiusúra, serráme, m.
Fàster, s. digiunatóre, -trice; a. più prêsto
Fàsti, s. pl. fásti, m. pl. (degli antíchi Ro-
máni)
Fastidious, a. fastidióso, spregióso, schifíl-
tóso, schífo, schizzinóso
Fastidiously, avv. fastidiosaménte, spregio-
saménte, schifiltosaménte
Fastidiousness, s. fastidiosággine, f. schifézza
Fastigiate ⎫ a. (bot.) egualménte culmi-
Fastigiated ⎭ nánte
Fàsting, s. il digiunáre; — -dày (fàst-dày),
giórno di digiúno; — avv. a digiúno
Fàstingly, avv. a digiúno
Fàstness, s. saldézza, fermézza; fortíno, luô-
go fòrte
Fàstuous, a. fastôso, altiêro

Fàt, a. grásso, píngue, obéso, carnóso, un-
tuóso; ubertóso; di gròssa pásta; to get
—, ingrassáre, diveníre grásso; to màke
—, to fátten, ingrassáre, rèndere grásso
— s. grásso, ádipe, m. pinguêdine, f.
— va. (delle bestie) ingrassáre, rènder g.ásso
— vn. diveníre grásso, ingrassáre
Fàtal, a. fatále, funêsto
Fàtalism, s. fatalísmo
Fàtalist, s. fatalísta, m.
Fatàlity, s. fatalità, fáto, destíno
Fàtally, avv. fatalménte, funestaménte
Fàtalness, s. fatalità
Fàte, s. fáto, destíno, sòrte, f; the Fàtes,
spl. le Párche
Fàted, a. fatáto, destináto; ill- —, malauguráto
Fàteful, a. fatále
Fàther, s. pádre, m., genitóre; adóptive —,
pádre adottívo; grándfather, ávolo; hóly
—, sánto pádre; God- —, padríno; — in
God, pádre in Dío; stèp- —, patrígno; —
-in-làw, suôcero; — of a fàmily, pádre di
famíglia; he was gàthered to his —s (bí-
blíco), fu raccôlto a' suôi pádri; líke —
like sòn, quále il pádre, tále il fíglio
— va. adottáre, riconóscere per suo; béing
so —ed, avêndo un tal pádre; — upón,
imputáre a, attribuíre a
— -lànd, s. pátria
Fàtherhood, s. paternità, qualità di pádre
Fàtherlasher, s. scorpióne, m. di máre
Fàtherless, a. sénza pádre; órfano
Fàtherlessness, s. orfanità, qualità e státo
d'órfano
Fàtherliness, s. amór patêrno, cúra patêrna
Fàtherly, a. patêrno; — reproof, paternále, f.
— avv. da pádre, paternaménte
Fàthom, s. vêrga, bráccio, tésa, misúra di
sei piêdi; profondità, capacità, calíbro
— va. misuráre la profondità di, scándagliá-
re o penetráre
Fàthomless, a. che non si può scandagliáre, impenetràbile, imperscrutíbile
Fatidical, a. fatídico
Fàtigable, a. faticábile
Fatigue (pr. fatéeg), s. fatíca, faticaménto;
travàglio, stanchézza, péna; a man cápa-
ble of resisting —, un uómo da fatíca;
to be spent, wórn òut with —, êssere af-
fránto dalla fatíca
— va. affaticáre, stancáre, cagionáre stanchézza; travagliáre, seccáre; — one's sèlf,
affaticársi, stancársi
Fatiguing, s. faticánte, che stánca; stucchévole
Fàtling, s. bêstia ingrassáta pel macêllo
Fàtly, avv. grassaménte
Fàtner, s. ciò che ingrássa
Fàtness, s. pinguêdine, f. grassézza, grásso;
ubertà

Fàtted, *a.* ingrassáto; — càlf, vitéllo sagginàto

Fàtten, *va.* ingrassáre; sagginàre; ingrassáre, réndere grásso o ubertóso; — *vn.* diveníre grásso, ingrassáre

Fàttener, *s.* persóna, còsa che ingrássa

Fàttening, *s.* l'ingrassáre, ingrassaménto

Fàttiness, *s.* untuosità

Fàttish, *s.* grassétto

Fàtty, *a.* untuóso, oleóso; grassétto

Fatúity, *s.* fatuità, stolidézza, imbecillità

Fàtuous, *a.* fàtuo, stólto; — fíre, fuòco fátuo

Fàuces, *s. pl.* (*anat.*) fàuci, *f. pl.* gorgózza, gorgozzúle, *m.*

Fàucet, *s.* spíllo (di bótte), cavícchio, canélla

Fàuchion, *s.* V. Fàlchion

Fáugh, *interj.* V. Fóh! Oibò

Fàulcon, *s.* V. Fàlcon

Fàult, *s.* fállo, erróre, cólpa, mancaménto, mancànza, difétto, pècca, magágna, vízio; whóse — is it? di chì è la cólpa? to fínd — (with), trováre a ridíre; — -fínder, censóre, crítico

Fàulter, *s.* colpévole, chi è in difétto, in cólpa, in fállo

Fàultful, *a.* piéno di cólpe, di fàlli, di difétti

Fàultily, *avv.* difettosaménte, impropriaménte

Fàultiness, *s.* difettuosità, imperfezióne, erroneità

Fàultless, *a.* sénza cólpa, sénza difétti, perfétto

Fàultlessness, *s.* perfezióne

Fàulty, *a.* difettóso, biasimévole, magagnáto

Fàun, *s.* (*mitol.*) Fàuno

Fàuna, *s.* fàuna; the — of a còuntry, la fàuna di un paése

Fàusse-bràye, *s.* (*fort.*) falsabráca

Fàutor, *s.* (*poco us.*) fautóre

Fàutress, *s.* fautríce

Fàuvet, *s.* (*orn.*) capinéro, cápo néro

Favour, *s.* favóre, servízio, piacére, *m*; grázia, appóggio; favóre; patrocínio, crédito, vóga, stíma; víso, fàccia, aspétto; fiòcco (regálo) di nástri; do me the — to, fátemi la grázia di; under —, con vòstra licènza; to ask or beg a —, chiédere un favóre; to cùrry — with, corteggiáre vilménte, ingraziàrsi; he is òut of —, egli è in disfavóre; dò me the — to pàss the decànter, mi favorísca la caràffa

— *va.* favoríre, favoreggiáre; appoggiáre, spalleggiáre, vantaggiáre, (rassomigliáre *volg.*) — with, gratificáre

Fàvourable, *a.* favorévole, propízio, buòno

Fàvourableness, *s.* státo, caràttere favorévole; grázia, benevogliénza, benignità, bontà

Fàvourably, *avv.* favorevolménte, con bontà

Fàvoured, *a.* favoríto, avvantaggiáto, fàtto;

hàrd- —, dal víso arcígno; ill- —, brútto, sgraziáto; well- —, béllo, avvenénte

Fàvouredness, *s.* (*ant.*) aspétto; évil —, deformità, bruttézza; hàrd —, aspétto dúro, arcígno

Fàvourer, *s.* favoreggiatóre, -tríce; protettóre, -tríce; fautóre, -tríce

Fàvourite, *a. s.* favoríto; predilétto

Fàvouritism, *s.* favoritísmo

Fàvourless, *a.* sénza protezióne, in disfavóre

Fàwn, *s.* cervétto, cerbiátto, dáino gióvine

— *vn.* figliáre (*delle damme*)

— *vn.* (on, upón) (*dei cani*) carezzáre; (*pers.*) accarezzáre vilménte, pialláre,piaggiáre, careggiáre, sojáre

— *s.* adulazióne bàssa, lisciaménto, piaggiaménto

Fàwner, *s.* piaggiatóre, -tríce, adulatóre, -tríce, piallóne

Fàwning, *s.* il piaggiáre, il pialláre; adulazióne, sóje, moíne, *fpl.*

— *a.* che piàlla, adulatóre, lusinghiéro

Fàwningly, *avv.* servilménte, da piallóne

Fáy, *s.* (*poet.*) fáta; stréga

— *va.* (*volg.*) adattáre, uníre strettaménte; (*mar.*) annodáre due fúni

Féal, *a.* fedéle, leále

Féalty, *s.* (*feod.*) fedeltà, (di vassàllo al suo signóre); féde, *f.*, omàggio

Féar, *s.* timóre, *m.*, paúra, téma; for —, òut of —, per timóre; for — (that), per timóre che; there's no —; non v'è perícolo; váin —s, úbbie; to stríke — into, incútere timóre a

— *va.* temére, paventáre; I — you not, io non vi témo; — not, néver —, non temére, non temète

— *vn.* avér paúra, temére, èsser titubànte

Féarful, *a.* (*pers.*) timoróso, tímido, che téme, che non si périta; — (*cosa*) paurósa, terríbile, spaventévole; the — ócean, il pauróso océano

Féarfully,*avv.* con timóre, timidaménte; paurosaménte; con ispavénto, terribilménte

Féarfulness, *s.* peritànza, timidità, timóre

Féarless, *a.* sénza timóre; intrèpido; ardíto

Féarlessly, *avv.* intrepidaménte, sénza téma

Féarlessness, *s.* intrepidézza, ardiménto

Féasibility, *s.* fattevolézza, possibilità

Féasible, *a.* fattíbile, attuàbile, praticàbile

Féasibleness, *s.* possibilità (d'eseguirsi)

Féasibly, *avv.* praticabilménte, in mòdo possíbile

Féast, *s.* festíno, banchétto, convíto; fèsta, festività

— *vn.* banchettáre, far fèste

— *va.* trattáre sontuosaménte, convitáre, regaláre, festeggiáre, far le fèste a

Féaster, *s.* epulóne, *m.* gastrónomo; convitatóre, -tríce; generóso anfitrióne

Féastful, *a.* festóso, liéto, festévole

Féat, *s.* fàtto, azióne, gèsto; to dò —s, far

côse meravigliôse; —s of arms, fátti d'armi, gloriôse gêsta

Fèather, s. pènna, piúma; a plúme of —s, un' pennácchio; quill —s, quills, pênne maéstre; dó͞wn —s, pênna matta; birds of a — flóck togèther, ogni símile áma il suo símile; — -fóoted, che ha i piêdi aláti; — -bed, lêtto di piúme; to plúck a — from, strappáre una pênna a; to plúck its —s, spennacchiáre (uccelli); to shed its —s (degli uccelli), mutár le pênne; to be in high —, ringalluzzársi, ringalluzzolársi; to shów the white — (famigliare), mostrársi vigliácco, dáre indízio di codárdía; to be stripped of one's —s (figurato), lasciárvi le pênne

— va. ornáre di piúme, copríre di piúme; impennáre; — one's nèst, arricchírsi; to — agáin, rìmpennársi

Fèathered, a. vestíto, copèrto di piúme; pennúto; the — creátion, le creatúre pennúte

— -èdge, s. (artí) ugnatúra

— -gráss, s. (bot.) stípa; tough (pr. tùf) —, stípa tenáce, spárto

— -sèller, s. pennajuólo, mercánte di piúme

— -tráde, s. commércio del pennajuólo

Fèatherless, a. implúme, sénza piúme, spiumáto, spennacchiáto

Fèatherly, a. somigliánte a piúma, piumóso, piumáto

Fèathery, a. pennúto, vestíto di piúme, leggièro cóme una piúma

Fèatly, a. agilménte, destraménte, da brávo

Fèatness, s. agilità, destrézza, prestézza

Fèature, s. fattézza, lineaménto; trátto caratterístico; beaútiful —s, belle fattézze; the distinguishing — of, il trátto distintívo di

Fèatured, a. dalle fattézze... che ha il víso...; ill- —, defórme, sfermáto, brútto; hárd- —, dalla fáccia dúra, antipático

Fèatureless, a. sénza fattézze própríe, caratterístiche

Febrifácient, febrific, a. febbrífico, che indúce fêbbre

Fèbrífúge, a. s. (med.) febbrífugo

Fèbrile, a. febbrile

Fèbruary, s. Febbrájo

Fécal, a. fecále

Féces, spl. fècce, f. pl. matèria fecále, escreménti, pl. m.

Fech (pr. fèk), s. omáso (tèrzo stómaco dei ruminánti)

Fêcial, a. (ant. rom.) feciále

Feciàlis (pl. Feciáles), s. (ant. rom.) feciále, m.

Fècula, s. (farm.) fécola

Féculence, fèculency, s. sediménto feccióso, depósito feculénto, posatúra

Fèculent, a. feculénto, feccióso

Fècund, a. fecóndo

Fécundate, va. fecondáre

Fecundátion, s. fecondazióne

Fecùndity, s. fecondità

Fèd, pass. di to Féed

Fèderal, a. federále

Fèderalism, s. federalísmo

Fèderalist, s. federalísta, m.

Fèderary, s. associáto, cómplice, m.

Fèderate, a. confederáto

Federátion, s. confederazióne

Fèderátive, a. federatívo, confederáto

Fée, s. ricompènsa, guiderdóne, salário, onorário, spórtula, emoluménto, guadágno casuále; fêudo; — simple, fránco allódio, fêudo assolùto; — -fárm, cênso livellário o enfitêutico; the sùrgeon's —, l'onorário, la spórtula del chirúrgo

— va. pagáre, pagáre l' onorário, dáre le spórtule (al mèdico, all'avvocáto); úgnere le máni, corrómpere con donatívi, prezzoláre

— -táil, s. (legge) eredità sostituíta; proprietà per sostituzióne

Fêeble, a. dèbole, débile, fiácco; children and óld péople are —, i bambíni ed i vècchi sono dèboli; — èfforts, dèboli sfórzi; you indebolíre, debilitáre; — -mínded, dèbole di mènte

Fêebleness, s. debolézza, debilità, fievolézza

Fêebly, avv. debolménte, fievolménte

Fèed, a. pagáto, rimuneráto; prezzoláto

— va. (pas. fèd), nutríre, cibáre, páscere, alimentáre; imbeccáre, dáre a mangiáre

— va. nutrírsi, páscersi, cibársi; — upòn, nudrírsi di; — upòn váin hópes, confortársi con gli agliétti

— s. (delle bestíe) páscolo, cíbo; give my hórse a — of óats, dáte l' avéna al mío cavállo

— -pipe, s. túbo, condótto d'alimentazióne

Fèeder, s. mangiatóre, -tríce; alimentatóre, -tríce; afflüénte, m? (d' un canále); allevatóre (di bestiámi); filóne, m. (córto e traversále); to be a — on, upòn, vívere di, nutrírsi di; a great —, un mangióne; who is your — (burlesco)? chi è il vòstro trattóre? chi vi dà a mangiáre?

Fèeding, s. nutriménto, páscolo, alimentazióne, aliménto; high —, buóna cèra, buóna távola

Fèel (pas. fèlt), va. sentíre, prováre, tastáre, toccáre, palpáre; I — a páin in my síde, sènto un dolóre nel fiánco; let me — your púlse, lasciátemi tastáre il pólso; I — the wèight of your arguments, quèsti vòstri argoménti mi éntrano; to — one's wáy, andáre a tastóni, èssere circospètto

— vn. sentíre (al tátto); sentírsi; it —s sòft, è mòrbido al tátto; I — a little indispósed, mi sênto un póco indispòsto, incomodáto; I — for your misfòrtune, compiàngo la vòstra disgrázia

Féel, *s.* tátto, tócco; by the —, al tátto
Féeler, *s.* chi sènte, tócca, tásta, palpéggia; (*str. fer*) repulsóre, cacciapiètre, *m;* anténna (d'insétto); tentácolo (di mollúsco)
Féeling, *s.* tátto, sènso del tátto; tátto, tócco, toccaménto; il toccáre, il tastáre, tástó, toccáta; sensibilità, tenerézza, sentiménto; a wóman of —, una dònna sensíbile; féllow- —, simpatía, compassióne
— *a.* sensíbile, sensitívo, toccánte; vívo; a — heárt, un cuòre sensíbile
Féelingly, *avv.* con sensibilità; sensibilménte, vivaménte
Féet (*pl.* di fóot), *s.* pièdi, *mp.*
Féetless, *a.* sénza pièdi
Feign (*pr.* fáne), *va.* fíngere, immagináre, inventáre, simuláre; *vn.* fíngere, far vísta
Feigned (*pr.* fáned), *a.* fínto, infínto, dissimuláto, inventáto, simuláto; — stóry, fávola, finzióne; — trèble, (*mus.*) falsétto
Feignedly (*pr.* fánedly), *avv.* fintaménte, simulataménte
Feigner (*pr.* fáner), *s.* simulatóre, -trice; inventóre, -trice
Feigning (*pr.* fáning), *s.* fingiménto, dissimulazióne
Feigningly (*pr.* fáningly), *avv.* fintaménte
Feint (*pr.* fáint), *s.* finta, fingiménto; — *a.* fálso, simuláto
Felánders, *V.* Filanders
Feldspar { *s.* (*min.*) feldspáto
Feldspath {
Feldspáthic *s.* (*min.*) felspático
Felicitate, *va,* felicitáre, réndere felíce; (òn, upòn), felicitáre, congratulársi con
Felicitátion, *s.* felicitazióne, congratulazióne
Felicitous, *a.* felíce, fortunáto; pellegríno, squisíto, béllo; — expréssion, imáge, espressióne, figúra, pellegrína, felíce, bélla
Felicitously, *avv.* feliceménte, in mòdo peregríno, squisíto, béllo
Felicity, *s.* feli ità, prosperità, buóna riuscíta; bélla qualità, squisitézza
Feline, *a.* felíno, di gátto
Fell, *pret. di* to fáll, cadére
— *a.* féllo, trúce, bárbaro, feròce
— *va.* abbáttere, atterráre; — a trée, abbáttere un álbero
— *s.* (*poet.*) mónte, *m.*, montágna, pèlle, *f.*
Fèller, *s.* persóna che abbátte (álberi, ecc.)
Fèlling, *s.* l'átto di abbáttere (álberi, ecc.)
Fèllmònger, *s.* cuojájo, pellicciájo
Fèllness, *s.* índole félla, bárbara; crudeltà
Fèllow, *s. V.* Félly
Fèllow, *s* compágno, compagnóne, *m.*, cameráta, *m.* pári, *m.* símile, *m.* sócio, contemporáneo, uómo, uómo básso, persóna di bássa máno, figliuólo, indivíduo, gagliòffo, paltoniére, *m.* mascalzóne, *m.*, mariuòlo, fúrbo; mèmbro di ún collégio; gáy —, giovialóne, *m; góod* —, buón diávolo; bad

—, cattívo soggètto; stúpid —, stupidáccio; odd —, origínále, *m; báse* —, víle, *m;* fíne yoùng - , bel giovinòtto; óld —, vecchiòtto, vecchióne, *m;* quéer —, gólfo, sguaiáto; sáucy —, impertinènte, *m.*, sfacciáto; our — créatures, i nòstri símili; our — cítizens, i nòstri concittádini; — sèrvant, consèrvo, compágno nel servíre; — sóldier, compágno d'ármi; commjlitóne, *m;* — tràveller, compágno di viàggio; schóol —, condiscépolo; bèd- —, compágno di lètto; put óut that —, cacciáte colúi; thése shóes are not —s, quéste scárpe non sono compágne; I háve lòst the-to this glòve, ho perdúto l'altro guánto; your —s, i pári vòstri; póor —! poverétto! my déar —, mio cáro; to be háil — well met, trattársi da eguáli, da pári a pári
— *va.* (*poco us.*) appajáre, accoppiáre .
Fèllowlike, fèllowly, *a.* compagnévole, da confratèllo
Fèllowship, *s.* compagnía, società, consòrzio, comunicazióne, comunióne, confratellánza, intimità, intrinsichézza; (*arit.*) régola di società; dòuble —, — with tíme, régola compòsta (di società); síngle —, — withóut tíme, régola sémplice (di società)
Fèlly, *avv.* crudelménte, barbaraménte
— *s.* quárto di ruòta
Félo-dé-sé, *s.* (*legge*) suicída, *m. f.*, uccisóre di sè stèsso
Fèlon, *s.* fellóne, malfattóre, rèo; panerèccio
— *a.* féllo, fellóne, trúce
— -wòrt, *s.* (*bot.*) morèlla, solátro, strígio
Felónious, *a.* fellonésco, traditóre, delittuóso; — assáult, grassazióne
Felóniously, *avv.* fellonescaménte, da fellóne
Fèlony, *s.* fellonía, delítto capitále (lóne
Fèlt, *s.* féltro, bórra, cimatúra; *va.* feltráre
— -gráin, *s.* filo del légno
— -máker, *s.* fabbricatóre di féltro
— *pas. di* to féel
Felúcca, *s.* (*mar.*) felúcca
Fèlwòrt, *s.* (*bot.*) genziána
Fémale, *s.* (*delle bestíe*) fémmina; (*pers.*) dònna, fémmina; giovinétta; the mále and —, il máschio e la fémmina
— *a.* femmíneo, di fémmina, donnésco, mulièbre; — friènd, amíca; — sèrvant, sèrva
— -screw (*pr.* scrù), *s.* chiòcciola, fémmina di víte, madrevíte, *f.*
Feme-covert (*pr.* fim-còvert), *s.* (*legge*) dònna maritáta
Feme-sole (*pr.* fim-sóle), *s.* (*legge*) dònna non maritáta; — mèrchant, dònna che esèrcita sóla il commèrcio
Feminàlity, *s.* femminalità
Fèmme, *s. V.* Fòme
Féminine, *a.* femminíno, femminésco, mulièbre; — gènder, génere femminíno

Fémoral, a. femoràle

Fémur, s. (anat.) fêmore, m.

Fèn, s. acquitrino, palúde, f., pantáno
— -bórn, a. náto nel fàngo (d'un pantáno)
— -crèss, s. (bot.) cresciône, m. palústre
— -dùck, s. (zool.) ànitra selvàggia
— -fŏwl, s. (zool.) uccèllo palústre
— -lànd, s. paése paludóso
— -sùcked, a. — fóga, nèbbie palústri

Fènce, s. ripáro, difésa, chiusúra, siêpe, f., recínto; barriéra; (schèrma antíq.); — of pàles, palificáta
— va. chiúdere, assiepáre, riparáre, circondáre, difèndere, protèggere
— vn. fàre una chinsùra; difèndersi, schermírsi; schermíre; I am lèarning to —, impáro la schèrma, prèndo leziôni di schèrma
— -mŏnrs, s. mése, m. in cui la cáccia è proibíta

Fènceful, a. di difésa; protettóre, -trice

Fènceless, a. apèrto, sénza chiusúra

Fèncer, s. schermitóre, schermidóre

Fèncible, a. difendévole, difendibile; mîliti levàti per la difèsa del territòrio; guárdia nazionále

Fèncing, s. schèrma, árte, f. della schèrma; chiusúra, recínto, matèrie di chiùsúra, di cínto; — -màster, maèstro di schèrma; — -schŏol, scuòla di schèrma; to tàke lèssons in —, prèndere leziôni di schèrma

Fènd, va. paráre, impedíre, scansáre, schiváre, sfuggíre

Fènder, s. galleria di camíno; parafuóco, paracèneri, m.; —s (mar.) pagliétte

Fènnel, s. (bot.(finòcchio; — flŏwer, gittajône, m., nigèlla

Fènny, a paludóso, pantanóso

Fènugrèek, s (bot.) fiengrèco, fiêno grèco

Feod (pr. fúde), V. Feud

Feodal (pr. fúdal), a. feudále

Feodality (pr. fúdàlity), s. feudalità, sistéma feudále, m.

Feodatory (pr. fúdatory), s. V. Feudatory

Fèoff, va. investíre di un fèudo, infeudáre

Fèoffèe, s. (legge) colúi al quále si fa una donaziône per lúi e i suói erédi, donatário; — in trùst, fidecommessário

Fèoffer, s. (legge) quéllo che mètte uno in possèsso, investitóre, donánte, donatóre

Fèoffment, s. (legge) infeudaziône, investitúra; — in trùst, fidecommèsso

Feràcious, a. feráce, fèrtile

Féral, a. feriále, fúnebre

Féria:, a. feriále, festívo

Feriátion, s. tèmpo di fèria, di vacánza, di sciópero

Feràcity, s. feracità, fertilità

Feríne, a. ferino, selvático, feróce

Ferineness, s. feròcia ferína, ferinità

Fèrity, s. ferocità

Ferment, van. fermentáre, lievitáre

Fèrment, s. fermènto, fermentaziône, liévito

Fermèntable, a. àtto a fermentáre, fermentatívo

Fermentátion, s. fermentaziône, il fermentáre

Fermèntative, a. che cagiôna fermènto, fermentatívo

Fèrn, s. (bot.) fèlce, f., adiánto, acquilègia; aspídio

Fèrny, a. piêno di fèlce, d'aspídio

Feróeions, a. feróce

Feróciously, avv. ferocemènte

Fecóciousness, feròcity, s. ferocità, feròcia

Fèrret, s. (zool.), furétto; nástro, metà séta e metà fílo
— va. cacciáre col furétto; cercáre, spiáre, investigáre, scopríre

Fèrreter, s. cacciatóre, -trice col furétto; cercatóre, -trice, scopritóre, -trice

Fèrriage, s. prèzzo del passàggio d'un fiúme

Ferriferous, a. (fis. geol.) ferrífero

Ferrúginàted, a. ferruginàto, ferrugígno, ferrugíneo

Ferrúginous, a. ferruginóso, ferrígno

Fèrrule, s. ghiéra, viéra (cerchiétto di fèrro)

Fèrry, s. barchétto (che sèrve di pásso dall'úna all'áltra ríva di un fiúme); luògo dove è il pásso; van. — óver, traghettáre (un fiúme) nel barchétto; passáre col navalèstro
— -bóat, s. chiátta, barchétto (di navalèstro)

Fèrryman, s. navalèstro, navichiêre, m.

Fèrtile, a. fèrtile, fecóndo

Fèrtileness, fertility, s. fertilità, fecondità

Fèrtilize, va. fertilizzáre, fecondáre

Fèrula, s. (bot.) fèrula

Fèrule, s. (bot.) fèrula; vèrga, sfèrza, staffile, m; (ant.) scèttro
— va. staffilàre, bàttere

Fèrvency, s. fervidèzza, fervóre

Fèrvent, a. fèrvido, fervènte

Fèrvently, avv. ferventemènte, con fervóre

Fèrvid, a. fèrvido, ardènte

Fèrvidness, s. fervidèzza; ardóre; fuóco, zélo ardènte; fervóre (di pietà)

Fèrvidly, avv. fervidamènte, ardentemènte

Fèrvour, s. fervóre, ardóre, zèlo

Fèscennine, a. fescennino, licenzióso

Fèscue, s. tócco, fuscèllo, frúscolo
— -gráss, s. (bot.) festúca

Fèsse, s. (blasone) fàscia, bánda
— -pŏint, s. (blasone) il céntro esátto dello scúdo

Fèstal, a. festívo; festévole

Fèster, vn. impostemíre, suppuráre; inasprírsi

Fèstering, s. l' impostemíre, m; suppuraménto; inasprimènto

Fèstival, s. fèsta, giòrno festívo; — a. festívo

Fèstive, a. festívo, festóso, festévole

Festivity, s. festività, allegrézza

Festóon, s. festóne, m.

Fétal, a. (fisiol.) del féto

Fèstucine, a. pagliáto, colór páglia

Fèstucous, *a.* di páglia

Fètch, *va.* andáre a cercáre, recáre, portáre; arriváre, giúngere; colpíre ad una gran distánza; perveníre a; attígnere; — a *sigh*, caváre *o* gettáre un sospíro
— *s.* stratagêmma, *m.*, artiffzio

Fètcher, *s.* cercatóre, -tríce

Fetich (*pr.* fétish), *s.* fetíccio, fetísso

Féticism

Fetichism (*pr.* fètikism) } *s.* feticísmo

Fètid, *a.* fétido, puzzolênte

Fètidness, *s.* fetóre, púzzo

Fètlock, *s.* (*di cavallo*) barbétta (del pasturále)
— -jôïnt, *s.* nócca, nodêllo (al disópra del pasturále del cavállo)

Fétor, *s.* fetóre

Fètter, *va.* inceppáre; impastojáre; méttere i férri ai piêdi; incatenáre; *s.* caténa (al piêde)
— -lóck, *s.* lucchétto di caténa

Fètterless, *a.* (*letteralmente*, sénza férri ai piêdi) líbero

Fètters, *s. pl.* céppi, *m. pl.* férri, *m. pl.* (ai piêdi); pastóje, *f. pl.*

Fétus, *s.* féto, (embriône, *m.*)

Feúd, *s.* contésa, disputa, altercazióne; contésa, rissa, nimicízia; féudo

Feúdal, *a.* feudále; — làwyer, feudísta, *m.* giureconsúlto in matêria feudále

Feúdalism, *s.* feudalísmo

Feúdàlity, *s.* feudalità

Feúdary, feúdatory, *a. s.* feudatário

Feúdist, *s,* (*legge*) feudísta, *m.*

Féver, *s.* fébbre, *f.*; acúte —, fébbre acúta; têrtian —, fébbre terzána; intermittent, intermitting, periódic —, fébbre intermitênte, periódica; hèctic —, fébbre ètica; child-bed —, fébbre puerperále; strong or bùrning —, febbróne, *m.*; slight —, febbrétta, febbricélla; fit of —, — fit, accèsso di fébbre; to be in a —, avér la fébbre; to pùt in a —, dar la fébbre
— *va.* dar la fébbre

Féveret, *s.* febbricélla, febbriciáttola, febbrícína

Féverfew, *s.* (*bot.*) matricále, *f.* êrba febbrífuga

Féverish, *a.* febbricóso, febbricitánte

Féverishness, *s.* febbricità, státo febbríle; agitazióne, irritazióne, turbaménto

Féverous, *a.* febbricóso, febbricitánte

Few, *a.* *spron.*, *pl.* póchi, *m. pl.* póche, *f. pl.* piccolo número; a —, alcúni póchi; hàve yoù màny English bóoks? avéte mólti líbri inglési? I hàve vèry —, ne ho assái póchi; the màny and the —, i mólti ed i póchi

Féwness, *s.* piccolo número, ristrettézza nel número

Fiat, *s.* (*lat.*) comándo (fïa, *m.*) órdine, *m.*, decréto

Fib, *s.* fiába, frôttola; bugía; dón't tell —s, non díte fandónie
— *vn.* díre fandónie, contár fiábe

Fibber, *s.* contatóre, -tríce di fiábe o fandónie

Fibre, *s.* fibra

Fíbril, *s.* fibrétta, fibrílla

Fíbrin, fíbrine, *s.* (*chim.*) fibrína

Fíbrous, *a.* fibróso

Fíbula, *s.* (*anat.*) fíbula

Fíckle, *a.* incostánte, volúbile, variábile, mutábile, instábile, incêrto, leggièro

Fíckleness, *s.* incostánza, mutabilità

Fíckly, *avv.* incostanteménte

Fíco (*pr.* fíco *o* féco), *s.* l' átto del far le fíche; to give a — to, far le fíche, far le castágne a

Fíctile, *a.* fíttile, di argilla

Fíction, *s.* finzióne; invenzióne; fávola

Fíctitious, *a.* fittízio; fínto, inventáto

Fictitiously, *avv.* fittiziaménte, fintaménte

Fictitiousness, *s.* caráttere fittízio

Fid, *s.* (*mar.*) ripiêno (tra i madiêri o tra le cóste); intrecciatójo; stoppíno (di cannóne)

Fíddle, *s.* violíno; — -stick, archétto; — -string, côrda da violíno; — -bridge, ponticéllo di violíno; — fàddle, chiácchere, *f. pl*; to pláy on the —, suonáre il violíno; to pláy sécond — to, fáre la párte secondária con, êsser da méno di; — stick! (*volg.*), oibò! frôttole! nínnole!
— *vn.* suonáre il violíno; baloccáre, dondoláre

Fiddler, *s.* suonatóre di violíno, violinísta, *m.*

Fiddling, *s.* il suonáre il violíno; *a.* fútile, váno, da núlla; — féllow, perdigiórno, uòmo da núlla

Fídeí-Còmmissum, *s.* (*legge*) fidecommêsso

Fidejùssor, *s.* (*legge*) fidejussóre

Fidélity, *s.* fedeltà, lealtà

Fídget, fídge, *va.* dimenársi, agitársi, inquietársi; to sit —ing; dimenársi sulla sédia
— *s.* agitazióne, inquietézza, irrequietézza

Fídgety, *s.* inquiêto, irrequiêto, impaziênte

Fidúcial, *a.* fiduciále, di fidúcia, affidáto

Fidúcially, *avv.* fiducialménte, per fidúcia

Fidúciary, *s.* fiduciário, depositário
— *a.* fiduciário, tenúto per fedecommêsso

Fie, *interj.* oibò! — on it! — for shàme! vergógna!

Fíéf, *s.* féudo (domínio, demánio nôbile)

Fiéld, *s.* cámpo; little —, campicéllo; bàttle —, of bàttle, cámpo di battáglia; to táke the — (*mil.*), uscíre in campágna; the Elýsian fiéldts, i cámpi elísi; — -móuse, sórcio di campágna; — -fàre, tórdo; — -bed, lettúccio, padiglióne, *m.*, lêtto da cámpo; — -Màrshal, maresciállo di cámpo; — -piéce, cannóne leggièro
— -bàsil, *s.* (*bot.*) basílico selvático

Fiéld -bòok, *s.* catásto
— -còlours, *s. pl.* (*mil.*) bandiêra, stendárdo
— -dày, *s.* (*mil.*) giòrno di manòvra
— -dùck, *s.* (*zool.*) ottárda
— òfficer, *s.* ufficiále superióre, *m.*
— -préacher, *s.* predicatóre all'ária apèrta
— -spórts, *s. pl.* la cáccia
— -stàff, *s.* (*mil.*) cánna da dar fuòco al cannóne
— -wòrks, *s. pl.* (*fort.*) òpere, *pl. f.* lavóri, *pl. m.*
Fiénd, *s.* nemíco terríbile, gran nemíco, spírito malígno, demònio
Fiéndful, fiéndish, fiéndlíke, *a.* diabòlico, infernále, satánico
Fiéndishness, *s.* malignità infernále
Fiérce, *a.* feròce, furióso, efferáto, crudéle, fiêro, impetuóso, violênto
Fiércely, *avv.* ferocemênte, fieraménte
Fiérceness, *s.* ferocità, fierézza, violênza
Fieri fàcias, *s.* (*legge*) ordinánza (per l'esecuzióne d'una senténza di condánna al pagaménto d'un dèbito o di dánni ed interêssi)
Fieriness, *s.* ardóre, fervóre, ímpeto, fóga
Fiery, *a.* ígneo, focóso, ardênte; avventáto
Fife, *s.* pìffero; *vn.* suonáre il píffero
Fifer, *s.* (*pers.*) píffero, pifferáro
Fiftéen, *a.* quíndici
Fiftéenth, *a.* dècimo quínto, quindicèsimo
Fifth, *a.* quínto; Chàrles the —, Cárlo Quínto
— *s.* quínto; fóur, —s of a dày ì quàttro quínti d'un giórno; (*mus.*) quínta, diapênte, *m.*
Fifthly, *avv.* in quínto luògo
Fiftieth, *a. s.* cinquantèsimo
Fifty, *a.* cinquánta ; — fóld, cinquánta vòlte tánto
Fig, *s.* fíco (*frutto*); fíco (*veter.*); I dòn't cáre a — for it, non me ne cúro un fíco; — -òrchard, fichéto; — -pècker (*orn.*) beccaficо
— -éater, *s.* (*orn.*) beccafíco, *V.* Fig-pècker
— -léaf, *s.* fòglia di fíco
— -márigold, *s.* (*bot.*) mesembriantémo
— -trée, *s.* (*bot.*) fíco (*álbero*); Ìndian —, fíco d'India, *cactus opuntia*; còchineal —, nopále, *m.* cácto della cocciníglia
— -wòrt, *s.* (*bot.*) scrofulária; wàter —, scrofulária acquática
Fight (*pas.* fòught), *vn.* combàttere, bàttersi, pugnáre, far a púgni; battagliáre, azzuffàrsi; *va.* bàttersi con, combàttere, attaccáre; to — hárd, bàttersi gagliardaménte; to — it òut, decídere una contésa co' púgni, colle ármi; to — new bàttles, combàttere nuòve battáglie; — one's wáy, aprírsi una stráda colle ármi; — a dúel, bàtterai in duèllo, duelláre
— *s.* combattiménto, púgna, conflítto, battáglia; clóse —, zúffa; rùnning —, (*mil.*)

scaramúccia, avviságlia (in márcia); (*mar.*) avviságlia (in cáccia); shàm —, battáglia fínta, simulácro di battáglia; land —, battáglia campále, terrêstre; séa —, combattiménto navále; in the thick of the —, nella míschia; to hàve a —, bàttersi a púgni; to kéep up, to maintáin a rùnning —, bàttersi in ritiráta; (*mar.*) sostenér la cáccia
Fíghter, *s.* combattênte; battagliatóre, battaglière, pugillatóre; — in a dúel, duellánte
Fíghting, *a.* combattênte, guerrièro, militáre, battagliévole, pugillatóre ; — -fiéld, cámpo di battáglia; ten thòusand — men, diecimíla combattênti; *s. V.* Fight
Figment, *s.* finzióne, invenzióne, fròttola
Figuláte, *a.* figulíno, plasmáto in argílla
Figurability, *s.* figurabilità
Figurable, *a.* figurábile, che può figurársi
Figural, *a.* figurále, figuráto
Figurant, *s.* (*teat.*) figuránte, *m. f.*
Figuráte, *a.* figuráto; figurativo
Figuration, *s.* formazióne, figuraménto, il figuráre, plasmáre, configurazióne
Figurative, *a.* figurativo (simbòlico) ; figuráto, (metafórico) ; — sênse, sênso figuráto
Figuratively, *avv.* figurativaménte, figurataménte
Figurativeness, *s.* carátter figurativo
Figure, *s.* figúra ; fórma, sembiánza, apparênza, aspêtto; apparíscênza; rappresentazióne; símbolo ; (*geom.*) cifra; wax —, figúra di céra; rhetórical —, figúra rettòrica; he is a hàndsome —, è uòmo di bell'aspêtto; it màkes a póor —, è di pòca apparíscênza ; you will cùt a prètty — (*iron.*), faréte bêlla figúra; — hèad, (*mar.*) poléna, tagliamáre, *m.*
— *va.* figuráre, dar figúra, formáre, plasmáre, disegnáre, immagináre, rappresentáre; ornáre; to — to one's sélf, figurársi, immaginársi ; *vn.* (*teat.*) figuráre, agíre, êssere figuránte
— -càster, — -flinger, *s.* tiratóre, -trice d'oròscopo, oroscòpista, *m. f.*
Figured, *a.* figuráto; ornáto; — vèlvet, vellúto figuráto; — pronunciátion, pronúncia figuráta
— -stóne, *s.* (*geol.*) agalmatolíto
Figuríst, *s.* figurísta, *m.*
Filaceous (*pr.* filáshus), *a.* filáceo, filamentóso
Filament, *s.* filaménto, fíbra, fibrílla
Filanders, *s. pl.* filándre, *f. pl.*
Filbert, *s.* (*bot.*) avellána; nocciuòla; -trée, nocciuòla
Filch, *va.* involáre, fraudáre, truffáre, mariuoláre
Filcher, *s.* mariuòlo, ladroncèllo
Filching, *a.* di mariuòlo, furtívo, ládro
Filchingly, *an.* da mariuòlo, da ladroncèllo
File, *s.* fíla, séguito, línea ; fílo, lísta, li-

stíno; líma; fílo; (*da infilzar scritture*) fílza; — of sóldierà, fíla di soldáti; — of páperà, fascétto, mázzo (di scritti); — -dùst, limatùra; — -léader (*mil.*), capofíla, *m*; làst man of a —, (*mil.*) serrafíla, *m*; clóse —, (*mil.*) fíla serráta; left —! (*comando*) per fíla sinístra! right —! per fíla a dèstra!

File,*va.*infiláre (*scritti, notarelle,*ecc.) limáre; pulíre colla líma; affiláre, aguzzáre; to — off, *vn.* sfiláre; the tróops began to — off, le trùppe cominciárono a sfiláre

File, *s.* líma; (*di persona*) astutáccio, smaliziáto, dònna scáltra, accórta; cùnning —, fùrbo in chermísi; cùnning óld —, vólpe vècchia; règular —, fùrbo matricoláto; rough (*pr.* ràff) —, líma, ráspa; róund —, líma da trafóro; smóoth —, líma dólce, líma gentíle; róund —, líma tónda; déad —, líma sórda; stróke, toùch of the —, cólpo di líma

— -cùtter, *s.* fabbricatóre di líme
— -cùtting, — -máking, *s.* fabbricazióne di líme
— -léader, *s.* capofíla, *m*.
— -stróke, *s.* cólpo di líma
Filemot, *s.* colór fòglia mòrta
Filer, *s.* limatóre
Filial, *a.* filiále, di figliuólo
Filially, *avv.* filialménte, da figliuólo
Filiátion, *s.* filiazióne
Filiform, *a.* filifórme
Filigráne, filigréé, *s.* filigrána; — -work, lavóro in filigrána
Filigráned, filigréed, *a.* ornáto di filigrána
Filing, *s.* il legáre in fáscio átti, cárte; il limáre; —s, *pl.* limatùra (in pólvere), fáscio degli átti d'una cáusa, d'un procèsso; (*legge*) presentazióne d'una dománda; (*legge*) depósito d'un biláncio; il marciáre in fíla
Fill, *va.* empíre, èmpiere; satolláre, appagáre, versáre; to — up, rièmpiere, compíre; — to óverflówing, colmáre; — the sáils (*mar.*), far bàttere le véle; — a pláce, copríre una cárica; — a THróne, sedére in un tróno; — a glàss with wine and wáter, empíre un bicchiére di víno e d'ácqua
— *vn.* èmpiersi, colmársi
— *s.* timóne, *m.* (di carrétta); sufficiènza, abbondánza, satólla; to éat one's —, mangiár a crépa pèlle
Filled, *a.* empiúto, riempiúto; — with wáter, empiúto (piéno) d'ácqua; — up with, ricólmo di
Filler, *s.* persóna che èmpie; còsa che rièmpie
Fillet, *s.* bénda, nástro, bénda da fasciáre, stríscia; (*arch.*) astragálo, tondíno; — of véal, filètto, lómbo di vitéllo
— *va.* bendáre; (*arch.*) ornáre di un tondíno

Fillibeg, *s.* gonnèlla (córta e a lárghe piéghe) che pòrtano i montanári scozzési
Filling, *a.* che rièmpie; che satólla, saziévole; riempitívo
— *s.* l'átto del rièmpiere, còsa che rièmpie, còsa riempitíva; riempiménto, riempitúra, intasaménto; ripiéno; riempiménto; — -cléats (*mar.*) tàvole fra le cínte
Fillip, *s.* (cólpo col díto), buffétto; biscottíno — *va.* dáre un buffétto, un biscottíno (*colpo*)
Fillister
— -pláne } *s.* sponderuóla (*di falegname*)
Filly, *s.* pulédra, caválla giòvine
Film, *s.* mèmbrána sottíle e trasparènte, pellicína sottíle, pellícola, túnica; — on the éye, albúgine, *f.* (mále) dell'òcchio
— *va.* copríre d'una pellícola; *vn.* (*dell'occhio*) coprírsi d'una túnica albuginósa
Filmy, *a.* membranóso, di membrána
Filter, *va.* filtráre, feltráre, linguettáre — *vn.* filtráre, feltráre, trasudáre, trapeláre — *s.* filtro (da feltráre), linguétta, colatójo
Filtering, *a.* filtránte, trapelánte; — -machíne (*pr.* mashíne), filtro; — -stóne, piétra da filtráre; — -páper, linguétta
Filtering, *s.* filtrazióne, filtraménto
Filth, *s.* porcheria, sporcízia, bruttúra
Filthily, *avv.* sporcaménte, sucidaménte
Filthiness, *s.* sporchería, bruttúra, lordúra
Filthy, *a.* spórco, schífo, sózzo, lutulènto
Filtration, *s.* filtrazióne, *f.*
Fimbriate, fimbriated, *a.* (*bot.*) fimbriáto, frangiáto
Fin, *s.* alétta di pèsce, pinna; belly- —, pinna ventrále
— -footed, *a.* (*orn.*) palmípede; — bird, palmípede, *m*.
— -tóed, *a.* (*orn.*) a dita palmáte
Finable, *a.* soggétto ad ammènda, punibile di múlta
Final, *a.* finále, último, decisívo, estrèmo; remèmber the — accéunt, ricordátevi del rendicónto finále
Finale, *s.* (*mus.*) finále, *m*.
Finality, *s.* finalità
Finally, *avv.* finalménte, in fíne, alla perfíne
Finance (fináncés, *spl.*), *s.* finánza; finánze, *fpl.*; minister of —, — minister, ministro delle finánze
Financial, *a.* finanziário
Financially, *avv.* finanziariaménte
Financier, *s.* finanzière, *m*.
Finary, *s.* V. Finery
Finch, *s.* (*orn.*) pincióne, *m.* fringuéllo; (*génere*) bùll-finch, góld-finch, ecc.
Find (*pas.* fóund), *va.* trováre, riscontráre, scoprire, rinvenire; to — óut, avvedérsi di, scoprire, inventáre; — in, with, provvedére di; to — one guilty (*legge*, giurì), trováre, dichiaráre a. cúno colpévole, condannárlo; to — fáult (*with*), trovár a ridíre; to — one's sélf, trovársi, sentírsi; he can't

— in his heárt to abàndon yeu, non gli básta l'ánimo di abbandonárvi

Finder, *s.* trovatóre, -trice, scopritóre, -trice; fáult- —, censóre, critico

Findfáult, *s.* critico, censóre

Finding, *s.* scopèrta; (*giurì*) dichiarazióne, giudízio; (*legge*) condánna, sentènza

Fine, *a.* fíno, sottíle, minúto, ténue, ésile, delicáto; acúto, affiláto; chiáro, límpido, púro, béllo, splèndido, vàgo; compíto, elegánte; squisíto, eccellènte, buóno; — clóтн, pànno fíno; — góld, òro fíno; — dùst, pólvere fína; — blúe, azzurríno; — yoùng man, bel giovinòtto; — wóman, bèlla dònna; — dáy, bèlla giornáta; — nèedle, ágo fíno, píccolo, sottíle; — тнrèad, réfe fíno; in —, *avv.* in fíne, in sómma

— *s.* múlta, ammènda; regálo, máncia

— *va.* affináre (rèndere fíno), affiláre, aguzzáre; assottigliáre; chiaríre, purgáre; multáre; to — dów̄n, assottigliáre, affináre

— *vn.* pagáre l'ammènda, la múlta

— -brèd, *a.* (di cavállo) di rázza fína

— -dràw, *va.* rimendáre, rammendáre, risarcíre

— -dráwer, *s.* rammendatóre, -trice, risarcitóre, -trice

— -dráwing, *s.* rammendatúra, rammèndo

— -fingered, *a.* lèsto di máno

— -spóken, *a.* bèl parlatóre

— -spùn, *a.* sottíle, ricercáto

Findless, *a.* infiníto, sénza fíne; interminábile

Finely, *avv.* bellaménte, finaménte; splendidaménte, elegànteménte

Fineness, *s.* finézza, delicatézza; finitézza, squisitézza, bellézza, elegánza, chiarézza, sottigliézza

Finer, *s.* affinatóre, raffinatóre (di metálli)

Finery, *s.* ornaménti, *pl. m.* (dì cattívo gústo), addobbaménto, galanteríe, *pl. f.* gále, *pl. f.* frónzoli, *pl. m*; she is fond of —, ella áma le gále; —, affinería, fucína dove si affína il fèrro

Finèsse, *s.* finézza, malízia fína, astúzia

Finestill, *va.* distilláre

Finestiller, *s.* distillatóre

Finestilling, *s.* distillazióne

Finger, *s.* díto, *m.,* (*pl.* díta, *f.*); the fóre — il díto índice; to hàve a thing at one's fingers'ènds, avér una còsa su per le díta; to hàve a — in the píe, avér párte; èsser cómplice in una còsa; — -bòard, tastatúra (di órgano), tastièra; — -wórm (*ent.*) rècca; — -gláss, tazzóne per lavársi le díta (*a mensa*)

— *va.* toccáre colle díta, manèggiáre, palpeggiáre, tasteggiáre; (*mus.*) tastáre, tòccáre

— -ènd, *s.* púnta del díto; his —s, la púnta delle (sue) díta

— -fish, *s.* stélla di máre

— -fóoted, *a.* palmípede

— -hèrb, *s.* (*bot.*) digitále purpúrea

— -stàll, *s.* ditále, *m.* anèllo da cucíre

Fingered, *a.* che ha le díta..., dalle díta...; light-fingered, lèsto di máno

Fingerin, *s.* (*itt.*) salmonétto, salmoncíno

Fingering, *s.* l'átto del toccáre o tastáre colle díta, toccaménto, tasteggiaménto, tastatúra

Fingle-fàngle, *s.* (*volg.*) bája, fròttola, inézia

Finical, *a.* affettáto, schizzinóso, prezióso

Finically, *avv.* con affettáta squisitézza

Finicalness, *s.* affettazióne, schifiltà

Fining, *s.* l'affináre, il purificáre; il multáre

Finis, *s.* (*lat.*) fíne (*di libro*)

Finish, *va.* finíre, terminàre, condúrre a fíne, dar compiménto a, ultimáre, cómpiere; — off, ultimáre, dáre gli último tócchi a

— *s.* (*artí*) gli último tócchi; l'último finiménto; finitézza; the high — of the execútion, la finitézza dell'esecuzióne

Finished, *a.* (*artí*) finíto, perfètto; (*pers.*) compíto; — (*part.*) finíto, terminàto; I hàve —, ho finíto

Finisher, *s.* finitóre, -trice, compitóre, -trice, perfezionatóre, -trice, chi dà l'última máno

Finishing, *a.* che finísce, che métte fíne a; — strókes, gli último tócchi, finiménto; — blów, cólpo di grázia

— *s.* fíne, *m.,* tèrmine, *m*; (*artí*) último finiménto, finitézza, squisitézza

Finite, *a.* finíto (limitáto); *s.* finíto; the — and the infiníte, il finíto e l'infiníto

Finiteless, *a.* infiníto

Finitely, *avv.* finitaménte (in mòdo limitáto)

Finiteness, *s.* carátters finíto, natúra finíta

Finless, *a.* sènza pínne, sènza alétte

Finlike, *a.* fàtto a mòdo di pínne

Finn, *s.* Fínno, natívo di Finlándia

Finned, *a.* pinnúto

Finny, *a.* pinnúto, forníto di pínne, di alétte; the — ráce, i pésci

Fiorin, *s.* -gràss, *s.* (*bot.*) sanguinèlla, correggiuòla, centonòdi, *m.*

Fir (*pr.* für), — -trée, *s.* (*bot.*) abéte, *m*; Scotch —, píno; silver- —, abéte comúne; plantation of —s, abetája, pinéta, pinéto

— -àpple (*s.* (*bot.*) pígna
— -cóne (

— -plànk, *s.* tráve, *m.,* àsse, *m.,* távola d'abéte

— -tribe, *s.* (*bot.*) coníferi, *pl. m.*

Fire, *s.* fuòco; incèndio; còal —, fuòco di carbón fòssile; dùll —, fuòco che árde languiduaménte; destrúctive —, incèndio; St Anthony's —, risípola; — -ship, brulòtto; — -brand, tizzóne ardènte; — -wóod légna, légna da fuòco; — -shóvel, palétta; — -tòngs, mollètte, *pl. f*; — -póker, attizzatójo; — -wórks, fuòchi, *pl. m.* d'artifízio; at the —, by the —, al fuòco, accánto al fuòco; — -bóoms, (*mar.*) bastóni

côntro il brulòtto; bòn- —, falò, baldòria;
— -àrms, àrmi, pl. f. da fuòco; — -lock,
archibùgio ; — -flý, (ent.) lùcciola ; —
-írons, mollétte, pl. f; palétta e attizzatójo; — -man (stóker), riscaldatóre (della
locomotíva) ; — - pláce, focoláre, m; —
-próof, a pròva di fuòco; — -scréen, pa-
rafuòco, ecrán, m; — -ėngíne, pómpa per
ispégnere gl' incêndj; to pût or set on the
—, méttere al fuòco; to set — to, accén-
dere ; to set on —, incendiáre, appiccáre
il fuòco a; to hàve tóo màny irons in the
—, méttere tròppa cárne al fuòco; to stánd
—, (mil.) réggere, star sáldo al fuòco; to
stir the —, attizzáre il fuòco; to pût ôut
a —, spégnere, smorzáre il fuòco ; to pût
to — and fiáme, méttere, mandáre a fuòco
e fiámma ; to chastíse with — and swórd,
castigáre a fêrro e a fuòco; to càtch, to
táke —, pigliár fuòco; to kill by a slów
—, far moríre a fuòco lênto; hé will never
set the Thámes on —, non è già un'àquila
(d'ingégno), ha pòco sále in zúcca; to sit
by one's — -síde, sedére accànto al fuòco;
light the —, accendéte il fuòco
Fíre, va. méttere il fuòco a, infiammáre, in-
fuocáre, far fuòco, sparáre un' árma da
fuòco; to — at a pêrson, tiráre sópra alcúno ; to — a bróad síde (mar.) dar la
bordáta piêna; he was —d àt, gli fu esplóso un cólpo
— vn. infuocársi, avvampáre, infiammársi;
sparáre, tiráre; —! (mil. comando) fuòco !
— -bàll, s. (mil.) granáta; (météora) glóbo
di fuòco
— -blàst, s. gólpe, f., nébbia, carbóne, m.,
rúggine, f. (dei cereáli)
— -brick, s. mattóne refrattário
— -cláy, s. argílla refrattária
— -còmpany, s. compagnía di pompiêri
— -dàmp, s. fuòco del gas infiammábile
(nelle miniêre di carbón fòssile)
— -drùm, s. generále, f. (in cáso d'incêndio)
— -gráte, s. gráta del focoláre
— -óffice, s. compagnía d'assicurazióne cóntro gl' incêndj
— -ordéal, s. pròva del fuòco (giudízio di
Dío)
— -pòt, s. péntola, péntolo
— -stóne, s. piêtra del focoláre ; piêtra fo-
càja; (geol.) piríte, f.
— -tíle, s. tégola refrattária
Fírebote, s. provvísta di légna (concéssa al
livellário)
Fírebrand, s. tizzóne, m. ardênte
Fíredráke, s. drágo volánte ; fuòco fátuo ;
fuòco artifiziále
Fírelock, s. archibùgio, moschétto
Fíreman, s. pompiêre, m; riscaldatóre (di
locomotíva)
Fírenew, a. che ésce dalla fucína; brilllánte

Fírepan, s. scaldavivánde, m; scodellíno (di
árma a fuòco)
Fírer, s. incendiário, incendiária; (fig.) se
minatóre di zizzánia, comettimále, m.
Fíreside, s. cánto, cantúccio del focoláre,
caminétto
— a. del focoláre, íntimo, famigliáre
Fírewàrd, fírewàrden, s. ufficiále, m. di pulizía per gl' incêndj
Fíring, s. combustíbile, m., légna, pl. f.
carbóne, m; l'àtto dell'incendiáre; (mil.)
lo sparáre; spáro; (veter.) il cauterizáre
Firk, va. (ant.) frustáre, staffiláre
Firkin (pr. fùrkin), s. quarteruóla (bari-
letto di butírro)
Firm (pr. fûrm), a. sódo; sáldo, stábile, costánte; to get —, affermársi, assodársi
— s. (com.) dítta, cása; the — (or hôuse) of
Brôwn, Black and Co., la dítta Brown,
Black e Comp.; the signature of a —, la
fírma (soscrizióne) di una cása
— va. (poco us.) stabilíre, confermáre
Firmament (pr. fûrmament), s. firmaménto
Firmamèntal, a. del firmaménto
Firman, s. firmáno
Firmly, (pr. fûrmly), avv. fermaménte, saldaménte
Firmness (pr. fûrmness), s. fermézza, sodézza, costánza
First (pr. fûrst), a. prímo, primário, primatíccio; the — stêp, il primo pásso; —
bòrn, primogênito; — frùits, primízie, pl.
f. frútti primatícci; — -ráte wòrk, esímio
lavóro
— avv. primieraménte, in primo luògo, innànzi tútto; per la príma vòlta; at —, da
príma, sul princípio; at the — (fòrmerly),
di prímo; at — blùsh, sul prímo, in sulle
príme
Firstling (pr. fûrstling), s. (di bestía) prímo
náto; primízia
Firth (ùrth), V. Frith
Fisc, fisk, s. físco, erário público
Fiscal, a. fiscále; s. fiscále, m; cápo del físco
Fish, s. pésce, m.; pl. fishes, pésci; (astr.)
pésci; (mar.) galopàzze; (giuoco) màrche;
smàll —, pesciolíno; frèsh-wàter —, pésce d'àcqua dólce; séa- —, pésce di máre; shèll —, conchíglia; — -pond, peschiêra, serbatójo ; — -hòok, ámo; — -bóne,
spína di pésce; — -màrket, peschería; odd
— (volg.) uòmo strámbo, originále; d'ordinário fish non prênde l's che ségna il
plurále
— vn. pescáre; to go —ing, andár alla
pêsca
— va. pescáre; caváre dall'àcqua; cercáre;
to — ôut, scopríre; to — the ànchor (mar.),
traversáre l'áncora; to — for pêarls, pescáre pêrle; — for prátse, fársi lodáre
— -cúrer, s. insalatóre (di merlúzzo, di a-
rínga)

Fish -dáy, *s.* giórno di mágro
— -frònt, *s.* (*mar.*) lapázza
— -gig, *s.* (*mar.*) fiòcina
— -hàwk, *s.* (*orn.*) strìge, *f.*
— -kèttle, *s.* navicélla da pésce
— -méal, *s.* pásto da mágro
— -slìce, *s.* méstola da pésce
— -wòman, *s.* pescivèndola, pescajuóla
Fisher, *s.* (*poet.*) pescatóre; king's —, (*orn.*) smèrgo, alcióne, *m.*
— -bóat, *s.* bárca da pescatóre
— -tòwn, *s.* città, borgáta abitáta da pescatóri
Fishèrman, *s.* pescatóre
Fishery, *s.* pescagióne, pésca; pescheria
Fishful, *a.* piéno di pésci
Fishiness, *s.* gústo, odóre, di pésce
Fishing, *s.* pescagióne, *f.*, pésca
— *a.* pescheréccio; della pésca; — -géar, — -tàckle, attrézzi pescherécci; — -rod, cánna da pescáre; — -líne, lènza; — -pláce, — -fròg, *s.* (*itt.*) lòfio (pescheria
— -réom, *s.* (*mar.*) stíva, pagliólo pel pésce
— -spéar, *s.* rampóne, *m.*, rampicóne, *m.*, fiòcina
— -wife, — -wòman, *s.* pescivèndola
Fishmònger, *s.* pescivèndolo, pescivèndola
Fishpond, *s.* vivájo, serbatójo, peschièra
Fishlìke, *a.* come un pésce, in fórma di pésce
Fishy, *a.* di pésce, pescióso
Fissile, *a.* fìssile
Fissiped, *a.* fissìpede
Fissure, *s.* fessúra, crepáccio, spaccatúra
— *va.* far fessúra, spaccáre
Fist, *s.* púgno; máno serráta a púgno; I gáve him a blów with mý —, gli diédi un púgno; to sháke one's — at a pèrsons's nóse, andár colle púgna sul víso ad úno
— *va.* (*volg*) picchiáre, báttere, col púgno; clòse- -ed, strétto di máno, taccágno
Fistic-nùt, *s.* pistácchio
Fisticuffs, *s.* púgni, *pl. m*; púgna, *pl. f*; cólpi di púgno; I gáve him fòur —, gli diédi quáttro púgni
Fistula, *s.* (*med.*) fístola
Fistular, *a.* fistuláre; (*bot.*) fátto a canéllo
Fistuláte, *vn.* degeneráre in fístola
Fistuliform, fistulous, *a.* fistolóso
Fit, *s.* accèsso, parossìsmo, attácco; — of the gòut, attácco di podágra; — of águe, accèsso di fèbbre terzána; cóld —, brívido; by — s and stárts, a sbálzi, saltuariaménte
— *a.* átto, idòneo, accóncio, còngruo, análogo, conveniénte, convenévole, dicévole; a propósito
— *va.* raccomodáre, prepáráre, dispórre, allestíre; incastráre; assettáre, calzáre; to — òut, armáre, equipaggiáre, forníre, provvedére; — up, òut, allestíre, arredáre; — wèll (*d'abìti*), calzár bène, star bène

— *vn.* convenìre, quadráre, calzáre, affársi; star bène
Fitch, *s.* (*bot.*) véccia
Fitchet, fitchew, *s.* (*zool.*) púzzola (dónnola)
Fitful, *a.* saltuánte, variábile, incostánte
Fitfully, *avv.* a sálti, saltuariaménte
Fitly, *avv.* convenevolménte, acconciaménte
Fitment, *s.* còsa adátta; mèzzo
Fitness, *s.* attèzz i, idoneità, conveniènza, adattabilità, attitúdine, *f.*, acconcézza, conformità
Fitter, *s.* persóna che adátta, còsa che si adátta
Fitting, *a.* dicévole, decoróso, conveniénte
— *s.* l'adattáre, allestíre; — òut, l'allestíre, l' equipaggiáre; corrédo, equipággio, armaménto, ornaménto
Fittingly, *avv.* convenevolménte, dicevolménte
Fitz, *s.* (figlio di); Fitzhèrbert, figlio di Erbèrto; Fitzròy, figlio del re
Five, *a.* cínque
— -cléft, *a.* spaccáto in cínque
— còrnered, *a.* pentágono
— -fòld, *a.* quintúplo
— -hùndred, *a.* cinquecènto
— -léaf, *s.* (*bot.*) pentáfilo, cinquefòglio, cinquefògli, *m.*
— -léaved, *a.* pentáfilo, a cínque fòglie
— -lòbed, *a.* (*bot.*) a cínque lòbi
— -pàrted, *a.* divíso in cínque
— -tsèuland, *a.* cinquemíla
— -tòothed, *a.* a cínque dènti
— -vàlved, *a.* (*bot.*) a cínque válve
Fiveléavedgráss, *s.* (*bot.*) cinquefòglio, pentáfilo
Fivès, *s.* (*vet.*) vívole; le cínque díta, il púgno
Fix, *va.* fissáre, affissáre, rèndere stábile; attaccáre; — a dáy, fissáre, stabilíre un giórno
Fixable, *a.* che si può fissáre
Fixátion, *s.* fissazióne, *f.*, fissézza, stabilità
Fixed, *a.* fisso, stabilíto, determináto; the — stárs, le stélle físse
Fixedly, *avv.* fissaménte, fermaménte
Fixedness, *s.* stabilità, solidézza, coesióne; applicatézza, attenzióne
Fixity, *s.* (*chìm.*) fissézza, consistènza
Fixture, *s.* l'átto del fissáre, státo fisso, stabilità; (*legge*), immòbile, *m.* per destinazióne
Fizgig, *s.* (*mar.*) fiòcina; civettuóla; ràzzo
Fizzle, *s.* lòffa, físchio, sibi'lo
—, *fizz, va.* tiráre una lòffa; fischiáre, sibiláre
Flàbbiness, *s.* flaccidità, flaccidézza, floscézza
Flàbby, *a.* flòscio, vízzo, móscio; — brèasts, póppe avvizzíte
Flàccid, *a.* flàccido, móscio, vízzo, fiácco
Flaccidity, *s.* flaccidità, fiacchézza, rilassatézza

Flàg, *s.* bandièra, stendárdo; (*bot.*) álga; ghiaggiuòlo; lástra di piètra; còrn —, (*bot.*) gladiòlo; únion —, bandièra dell'Uniòne; — of trùce, bandièra biánca; to hàng òut one's — (*mar.*) inalberáre la pròpria bandièra; to hàul dòwn, to strìke a —, (*mar.*) ammaináre, abbassáre, caláre una bandièra; to hòist one's — (*mar.*) issáre la pròpria bandièra; to set up a — (*mil.*) inalberáre, spiegáre un vessíllo, uno stendárdo

Flàg, *vn.* cadére penzolóne, penzoláre; illanguidíre; declináre, diveníre flòscio, pásso, vízzo; avvilírsi, pèrdersi di ánimo
— *va.* far cadére, far pèrder la fòrza o il coràggio; snerváre; abbáttere, avvilíre; lastricáre; —ed, lastricáto
— -bróom, *s.* scópa di betúlla
— -òfficer, *s.* (*mar.*) caposquádra, *m.*, comandánte, *m.* di squádra
— -ship, *s.* (*mar.*) ammiráglia, capitána
— -stàff, *s.* (*mar.*) álbero di bandièra, di pavigliòne
— -stóne, *s.* lástra, piètra lástra
— -trùce, *s.* bandièra parlamentária
Flàgeolet, *s.* zufolíno, zúfolo, zampógna
Flagellànt, *s.* flagellánte, *m.*
Flàgellàte, *va.* flagelláre, staffiláre
Flagellátion, *s.* flagellazióne
Flàgginess, *s.* rilassaménto, allentaméntó, fiacchézza
Flàgging, *a.* pendènte, penzolánte, lánguido; *s.* lastricáto, marciapiède, *m.*
Flàggy, *a.* che cáde penzolóne, che dóndola; pendènte, lánguido, flòscio, vízzo, fiácco, làsso; piéno di álghe o di ghiaggiuòli
Flagítious, *a.* flagizióso, facinoróso; ribáldo
Flagítiously, *avv.* scelleratamènte, ribaldamènte
Flagítiousness, *s.* scelleratézza, ribaldería
Flàgon, *s.* fiascóne, *m.*, fiásco, boccétta
Flágrance, flágrancy, *s.* notorietà, eccèsso, enormézza
Flágrant, *a.* flagránte, patènte, manifèsto
Flágrantly, *avv.* in flagránte, patenteménte
Flàil, *s.* correggiáto (*per bátter le biáde*)
Flàke, *s.* fiòcco (di néve), fálda, scáglia, stráto, lástra, lámina; (*chim.*) fiòcco; — of ice, ghiacciuòlo; (*bot.*) garòfano incarnáto a due colóri; (*mar.*) tavoláto da far seccáre il merlúzzo; —s of sòot, fulíggine, *f;* —s òf wool, fiòcchi di lána
— -white, *s.* biàcca, biánco di cerússa
Flàky, *a.* laminóso, fioccóso, stratificáto
Flàm, *s.* menzógna, bája, caròta; — *va.* ingannáre con delle bugíe, piantár caròte, infinocchiáre
Flambeau (*pr.* flàmbo), *s.* tòrcia accésa, fiáccola
Fláme, *s.* fiámma, fiammáta; vámpa, fuòco, ardóre, fervóre, amóre; persóna amáta; fálse —, fuòco di Bengála; to be in a —,

fiammeggiáre, infiammársi; to commìt, to consìgn to the —s, dáre alle fiámme; to thròw òil on the —, versár òlio sulla fiámma, gittár òlio sulla bráce; to màke a lìttle —, fáre una fiammáta; — -còloured, colóre di fiámma
— *vn.* fiammeggiáre, avvampáre; árdere
Flámeless, *a.* sénza fiámma
Flámen, *s.* (*storia antíca*) flámine, *m.*
Fláming, *a.* fiammeggiánte, vampeggiánte; ardènte; infuocáto; sfoggiáto, appariscènte; *s.* incèndio, combustióne
Flámingly, *avv.* sfoggiataménte, magnificaménte
Flamingo, *s.* (*orn.*) fenicòntero, fenicòttero
Flamivomous, *a.* fiammívomo, vomitánte fiámma
Flámy, *a.* che ména vámpa, fiammánte
Flàngé, *s.* òrlo, risálto, spónda, spòrto
Flànk, *s.* fiánco, láto; ála; to fàll upòn the ènemy's —, assalíre il nemíco nel fiánco; hèavy- —ed, fiancúto
— *va.* fiancheggiáre, fiancáre; puntelláre; fortificáre i fiánchi di; (*mil.*) circuíre, attaccáre il fiánco
Flànker, *s.* (*fort.*) fiánco
Flànnel, *s.* flanèlla; — shirt, camiciuòla, corpétto di flanèlla
Flàp, *s.* cólpo di ála, cólpo di fazzolétto o tovagliuòlo; cólpo leggièro; animèlla, cóperchio a cernièra; the —s of a còat, le fálde d'un vestíto; —s of a shóe, orècchie di scárpa; fly- —, caccia-mòsche, *m;* — -èared, che ha le orècchie lúnghe e penzolóni
— *vn.* aleggiáre, bàttere le áli con istrèpito; agitársi, cadér penzolóne, penzoláre, dondoláre; *va.* dáre un cólpo di ála, percuótere una còsa leggièra; to — awày flici, cacciáre le mósche col paramósche
— jack, *s.* tòrta di méle
Flàpper, *s.* animèlla, copérchio a cernièra
Flàre, *va.* splèndere con lúce incèrta o abbagliánte, mandáre un baglióre, scintilláre, sfolgoráre
Fláring, *a.* abbagliánte, splendènte
Flàsh, *s.* làmpo, vívo fulgóre, baglióre, sfolgorío, fiámma o lúce súbita, vámpa; schizzo; gètto; sprúzzo d'ácqua; — of lìghtning, baléno, làmpo; — of wit, concètto spíritóso ed improvvíso; — (*fig.*), sfòggio, appariscènza, orpèllo; — hóuse, osteria, ritròvo di ládri e dónne di mal costúme
— *vn.* lampeggiáre, balenáre, sfolgoráre; vampeggiáre, scintilláre, risplèndere; (*dell'acqua*), zampilláre; *va.* far zampilláre, schizzáre
— -pípe, *s.* pèrtica da accèndere il gas
Flàsher, *s.* uòmo superficiále; rematóre (*ant.*)
Flàshily, *avv.* sfoggiataménte, sfolgorataménte, vanaménte

Flàshy, *a.* sfoggiáto, appariscénte, váno; — dress, órnaments, frónzoli, gingílli

Flàsk, *s.* borráccia, fiásco; flat —, borraccína, flaschétta da tásca; pówder- —, flaschétta per la pólvere

Flàsket, *s.* panière, *m.*, césto, canéstro

Flàt, *a.* piátto, spianáto; scípito, sventáto, insípido, sdolcináto; — fáce, víso piátto; — nóse, náso schiacciáto; to give a — — deníal, ricusáre ricisaménte; — -bóttomed, col fóndo piáno; — -nósed, camúso; — drink, bevánda scipíta, sventáta; to get —, diveníre scipíto, scipitíre; to lie —, appiattársi

— *s.* piáno, superficie piána, livéllo levigáto; spiáno, spianáta, terréno piáno, pianúra, paése piáno; piátto (párte piátta di una còsa); pensiéro scipíto; insulsággine, *f.*: (*mus.*) bemòlle, *m*; —s, *pl.* (*mar.*) sécche, *pl. f*; chiòdi, *pl. m.*, a tésta martellétta; the — of a swórd, il piátto di una spáda

— *va.* spianáre, réndere piáno, piátto; scipíto; *vn.* divenire piáno, appianársi; scipitíre

Flàtive, *a.* (*med.*) flatuóso, ventóso

Flàtly, *avv.* in piáno, sulla térra; spiatellataménte, schiettaménte, recisaménte, nettaménte, assolutaménte

Flàtness, *s.* qualità piána o piátta, pianézza; insulsággine, *f.*, scipitézza

Flàtten, *va.* appianáre, spianáre, réndere piáno o piátto; ammortíre, abbáttere, sventáre, réndere scipíto, insípido, insúlso

— *vn.* spianársi; divenire insúlso; scipitíre

Flàttening, *s.* schiacciaménto; schiacciatúra

Flàtter, *s.* spianatóre, -tríce, ció che rénde piáno o piátto; martéllo, martellíno

— *va.* aduláre, lusingáre, piaggiáre; — one's sélf, lusingársi, augurársi; I — mysélf that, mi áuguro che, mi do vánto che

Flàtterer, *s.* adulatóre, -tríce, lusingatóre, -tríce, lusinghiéro, piaggiatóre, piallóne

Flàttering, *a.* lusinghévole, lusinghiéro, gráto

Flàtteringly, *avv.* con lusinghe, in mòdo piacévole; piacevolménte, dolceménte

Flàttery, *s.* adulazióne, lusínga, lusingheria, piaggiaménto

Flàtting, *s.* appianaménto, smussaménto, lisciatúra; — -mill, laminatójo

Flàttish, *a.* alquánto piátto; insípido

Flàtulence, flàtulency, *s.* flatulénza, flatuosità, ventosità

Flàtulent, *a.* flatulénte, flatuóso, ventóso, váno, frivolo

Flatuósity, *s.* flatuosità

Flàtuous, *a.* flatuóso

Flàtus, *s.* fiáto, sòffio

Flàtwise, *avv.* in piáno, in lúngo, di piátto, appiattáto

Flàunt, *va.* pompeggiáre, sfoggiáre; pavoneggiársi

Flàunting, *a.* che pompéggia, che si pavonéggia; attilláto, ornáto di frónzoli; sfolgoránte, pompeggiánte

Flàvorous, *a.* odoránte; saporíto, gustóso

Flàvour, *s.* aròma, *m.*, fragránza, odóre; sapóre gustóso, gústo gradévole; — *vn.* dáre un gústo aromático, dáre un sapóre gustóso; dar fragránza, rénder saporíto, gustóso

Flàvourless, *a.* sénza aròma, sénza alcun profúmo, insípido, scipíto

Flàw, *s.* scrépolo; pélo; fállo, difétto, magágna, malánno; — of wind, foláta; to find a — in a thing, trovár un difétto in una còsa

— *va.* crepáre, far fessúra in, danneggiáre

Flàwless, *a.* sénza fessúra, sénza difétto

Flàwy, *a.* difettóso, fésso, magagnáto

Flàx, *s.* (*bot.*) líno; to dress —, scotoláre, pettináre il líno; — -breák, grámola, maciúlla; — -drèsser, lavoratóre che péttina o scótola il líno; — -mill, filánda

— -fíéld, *s.* linéto

— -lily, — -plánt, *s.* (*bot.*) phormium tenax, *m.*

— -séed, *s.* séme, *m.* di líno

— -stár, *s.* (*bot.*) lisimáchia stelláta

— -tribe, *s.* (*bot.*) linácee, *pl. f.*

Flàxen, *a.* di líno, fátto di líno; colóre di líno; bióndo; — háir, capélli bióndi

Flàxy, *a.* símile al líno; d'un bióndo doráto

Flày, *va.* scorticáre; — alive, scorticáre vivo

Flàyer, *s.* scorticatóre, -tríce

Flàying, *s.* scorticaménto, lo scorticáre

Fléa, *s.* púlce, *f.*; to pùt a — in a pèrson's éar, méttere una púlce nell'orécchia ad úno, dírgli còsa che gli día a pensáre; — -bíte, morsicatúra di púlce; — -wàrt, (*bot.*) pulicária; *va.* spulciáre, tòr vía da dòsso le púlci

— -bàne, *s.* (*bot.*) conízza

— -bìt, *a.* moscáto, brizzoláto, macchiettáto, picchiettáto, punteggiáto

— -bìte, — -bíting, *s.* morsicatúra di púlci

— -bìtten, *a.* morsicáto da púlci

Fléak, *s.* V. Flàke

Fléam, *s.* (*chir. veter.*) lancétta

Flèck, flècker, *va.* macchiettáre, picchiettáre, punteggiáre

Flèction, *s.* flessióne

Flèctor, *s.* (*anat.*) flessóre, flessòrio

Flèd, *pass. di* to flée

Flèdge e flèdged, *a.* piumáto, copèrto di piúme

— *va.* fornire di piúme; fúll- -d, copèrto di piúme

Flée, *vn.* (*pas.* flèd) fuggíre; — from, scappáre da, scansáre, evitáre; — the quéstion, astenérsi (dalla votazióne)

nòr, rûde; - fàll, sèn, bùll; - fàre, dò; - by; lymph; pòise, boys, foul, fowl; gem, aṣ.

Dis. Ingl. Ital. - Edis. VI. Vol. I.   17

Fléece, s. vèllo; gólden —, tosóne d'óro
— va. tóndere, tosáre; (fig.) spogliáre; scorticáre; denudáre; —d of one's mòney, rubáto, spogliáto, denudáto, lasciáto al vérde
Fléeced, a. càrico di lána, vellóso; derubáto
Fléecer, s. spogliatóre, esattóre, angariatóre
Fléecy, a. vellóso, lanóso, lanúto
Fléer, vn. deridere, schernire, beffeggiáre
— s. smòrfia, visàccio, béffa, schèrno
Fléerer, s. schernitóre, -trice, beffatóre,
-trice
Fléet, s. flòtta, armáta (di máre); his, her
Màjesty's —, armáta navále dello Státo,
flòtta reále; — of mèrchant-men, navíglio
mercantíle; to fit óut a —, equipaggiáre,
armáre una flòtta
— a. velóce, cèlere, rápido, ràtto, fugáce, fuggévole, passeggièro; — hòund, cane,
m. vèltro velóce alla córsa
— vn. involàrsi, córrere o scórrere prèsto;
passár ràtto; sfuggíre; — awáy, involàrsi,
svaníre, dileguársi
— va. rádere, passáre, rapidaménte sópra,
sfioráre, schiumáre; — a tàckle, (mar.)
ammaináre un paránco
Fléeting, a. transitório, passeggièro, fuggévole
Fléetly, avv. velocemènte, leggerménte, ràtto
Fléetness, s. celerità, velocitá, fugacità
Flegmàtic, V. Phlegmatic
Flèming, s. Fiammíngo, Fiammínga
Flèmish, a. fiammíngo; the — schóol (pittura), la scuòla fiammínga
Flèsh, s. cárne, f.; ràw —, cárne crúda;
hàrd —, cárne dúra; sòft —, cárne fròlla;
the —, la cárne (la párte sensuále del-
l'uòmo); to éat —, mangiár cárne; to pick
up —, to gàther —, rimèttersi in cárne,
ingrassársi; — -còloured, incarnáto, co-
lóre di cárne; — -dáy, giórno grásso; —
— -méat, vivánda; the — (bot.) la pólpa
(di tutte le frútta)
— va. iniziáre, incarnáre, saziáre, satolláre
— -pòt, s. pèntola, pignátta
Flèshiness, s. carnosità, pinguèdine, f., státo
di èssere bène in cárne
Flèshless, a. mágro, sparúto, smúnto
Flèshliness, s. sensualità, carnalità
Flèshly, a. còrporále, carnále, sensuále
Flèshméat, s. cárne da mangiáre, vivánda
Flèshy, a. carnóso, carnúto, bène in cárne
Flètch, va. impennáre (una fréccia)
Fléw, pret. di to fly
Flexibility, s. flessibilità, pieghevolézza
Flèxible, a. flessíbile, pieghévole, manévole
Flèxibleness, s. V. Flexibility
Flèxile, a. flessíbile
Elèxion, s. flessióne, curvatúra, piegatúra
Flèxor, s. (anat.) flessóre
Flèxuous, a. flessuóso, cúrvo; variábile
Flèxure, s. flessúra, curvatúra, flessióne;
còntrary — (geom.) inflessióne

Flicker, vn. svolazzáre; ondeggiáre, lambíre
Flickering, s. lo svolazzáre, il lambíre, ondeggiaménto, agitazióne
Flier, s. fuggitívo, fuggitíva; (mil.) fuggiásco; bilancière, m. (di màcchina); volánte, m. (di màcchina); high- —, persóna
vanitósa, supèrba, esaltáta
Flight, s. vólo, il voláre, voláta, fúga; sláncio, tíro, portáta, córso; — of birds, stòrmo d'uccèlli; — of àrrows, tiráta di fréccie; — of steps, gradináta; on the first —
of the stáirs, sulla prima dirittúra della
scála; it is the highest — of fòlly, è il
cólmo della follía; to táke —, spiccár il
vólo; to táke to —, fuggírsene, scappáre
Flightiness, s. storditézza, leggerézza
Flighty, a. rápido, fuggévole; incostánte;
arióso, stordíto, fantástico, ghiribizzóso;
— pèrson, cervèllo balzáno
Flimflam, s. capríccio
Flimsiness, s. floscézza, debolézza; leggerézza
Flimsy, a. leggièro, ésile, sottíle, flòscio;
débole, inférmo; — stùff, stòffa flòscia
Flinch, va. rinculáre, dar diètro, arretrársi;
indietreggiáre, accasciársi, ritirársi, disertáre, fuggíre, scappáre, svignár via
Flincher, s. persóna che indietrèggia, disertóre, codárdo
Fling, va. (pas. flùng), scagliáre, lanciáre,
gettáre, buttáre; — a stóne at that dog,
gettáte un sásso còntro a quel cáne; to
— awáy, buttár vía; — up, gettár su, rigettáre, rinunziáre a, abbandonáre; to —,
vn. tirár cálci, calcitráre
— s. gètto, cólpo, bòtta, búrla, béffa
Flinger, s. gittatóre, frombatóre; beffatóre,
-trice
Flint, s. piètra focáia, sèlce, f., ciòttolo; —
glàss, vètro di ròcca, cristállo inglése; a
heárt of —, un cuòre di piètra; — -heárted,
dúro di cuòre; he would skin a — (espressióne proverbiále), squarterèbbe lo zéro,
scorticherèbbe il pidòcchio
Flintiness, s. durézza
Flinty, a. di piètra focája, di sèlce; di macígno, dúro, insensíbile; selcióso, sassóso
Flip, s. (volg.) bevánda, bevánda compósta
di bírra, acquavíte e zúcchero; acquarèllo
Flippancy, s. loquacità, ciarlería, parlantína
Flippant, a. linguacciúto, ciarlièro, svegliáto; arióso, leggièro, disinvòlto, sconsíde-
ráto; — pèrson, persóna che ha una bèlla
parlantína, persóna linguacciúta, svegliá-
ta, impertinènte; — spéech, discórso vágo, váno, superficiále
Flippantly, avv. in mòdo disinvòlto, vágo,
linguacciúto; leggerménte, impertinenteménte
Flirt (pr. flùrt), va. muòvere con prestézza,
agitáre; to — a fàn, aprire e chiùdere
rapidaménte un ventáglio; vn. celiáre,

scherzáre, trescáre, frascheggiáre, civettáre, amoreggiáre

Flirt, *s.* célia, schérzo; ragázza che áma gli schèrzi; frásca, civettína, impertinènte

Flirtátion, *s.* il frascheggiáre, civettáre, amoreggiáre; civetteria, amoreggiaménto, trésca

Flit, *vn.* svolazzáre, volteggiáre, fuggír vía, passár rátto; aleggiáre, aliáre, migráre

Flitch, *s.* costeréccio (di prosciútto), lardóne

Flitter, *V.* flútter; *s.* stráccio; — móuse, pipistréllo

Flittiness, *s.* incostánza, leggerézza

Flitting, *a.* fuggévole, fuggitívo, passeggiéro

Flitty, *a.* incostánte, cangiánte, instábile

Flix, *s.* calúggine, *f.,* pelúria, pellíccia; cotóne, *m.*

Flóat, *vn.* galleggiáre, stáre a gálla, veníra gálla, soprannuotáre; star sospéso; vacilláre, ondeggiáre; fluttuáre; *va.* far galleggiáre, far veníre o passáre a gálla; inondáre, copríre d'ácqua ; — off, varáre, lanciáre; — *s.* còsa che galléggia o sta a gálla; zátta, záttera, fódero di legnáme; (*pesca*), súghero; (*mar.*) galleggiatóre, gavitéllo
— -bóard, *s.* ála, pála (di ruóta di mulíno)

Flóatage, *s.* còse che galléggiáno

Flóater, *s.* persóna che sta sdraiáta sull'ácqua; góod —, buòn galleggiatóre

Flóating, *a.* galleggiánte, fluttuánte ; — battery, batterìa galleggiánte; the — debt, il débito oscillánte
— *s.* inondaménto, allagaménto
— -bridge, *s.* pónte di battélli
— -stàge, *s.* záttera di caréna

Flóaty, *a.* galleggiánte

Flòcculence, *s.* státo fioccóso, fioccosità

Flòcculent, *a.* fioccóso

Flòck, *s.* grégge, *m.,* gréggia; fiòcco; túrba; — of shéep, una gréggia; — of géese, uno stuólo di óche; — of birds (*pr.* búrds), stórmo d'uccélli; — of wóol, fiòcco, fióccolo di lána
— *vn.* affollársi, andár in fólla; affluíre, — togèther, adunársi
— -páper, *s.* cárta a cimatúra
— surface, *s.* gallóne vellutáto (di stòffa)

Flòcky, *a.* (*bot.*) fioccóso

Flòg, *va.* frustáre, sferzáre, staffiláre

Flògging, *s.* fustigazióne, flagellaménto, staffiláta; to give a —, dáre una bastonáta, un buòn carpíccio

Flòod, *s.* piéna, inondazióne, dilúvio, flússo; torrénte, *m.*; fiúme, *m.*, proflúvio ; a — of téars, un torrénte di lácrime ; — -gàte, cateràtta, sportéllo della cateràtta; — -márk, segnále, *m.* della maréa crescénte; livéllo delle piène
— *va.* inondáre, allagáre, sommérgere

Flóoding, *s.* allagaménte ; (*med.*) méstruo, scólo eccessívo

Flóok, *s.* (*mar.*) ráffo dell'áncora

Flóoking, *s.* (*miniere*) rifiúto, interruzióne di una véna metállica

Flóor, *s.* pálco, tavoláto, paviménto ; áia ; piáno; (*mar.*) fóndo; brick or tíle —, ammattonáto; bóarded —, paviménto di ássi, pálco; gróund —, piàn terréno; l live on the sécond —, ábito al secóndo piáno
— *va.* tavoláre, impalcáre con távole, far il paviménto ad una stánza; stramázzáre; to — with bricks, ammattonáre; to — a pérson, stramazzáre alcúno
— -clòth, *s.* téla céráta pel paviménto
— -timber, *s.* corrénti, *pl. m.,* travicélli, *pl. m.* del paviménto

Flóoring, *s.* lo impalcáre, ammattonáre, impalcaménto, paviménto ; (*mar.*) fóndo

Flòp, *va.* báttere l'ále, *V.* Flàp

Flóra, *s.* (*mit.*) Flòra ; (*bot.*) fióra ; the — of a coùntry, la fióra d'un paèse

Flóral, *a.* floróle, de' fióri

Flóramour, *s.* (*bot.*) amaránto

Flórence, *s.* víno, pánno, séta di Firènze

Flòrentine, *a. s.* fiorentíno

Florèscence, *s.* fioritúra

Flóret, *s.* (*bot.*) flòsculo; fiorétto, fiorellíno

Florètta, *s.* bavélla, filatíccio

Flòrid, *a.* flórido, fioríto ; (*pers.*) fioríto

Floridity, flóridness, *s.* fioridézza, freschézza di colóre

Floríferous, *a.* florífero

Florificátion, *s.* (*bot.*) fioritúra

Flórin, *s.* (*moneta*) fioríno

Flórist, *s.* florísta, *m., f.*

Flòscular, *V.* Floscolous

Flòscule, *s.* (*bot.*) flòsculo

Flòsculous, *a.* (*bot.*) flosculóso; — flówer, fióre compósto

Flòss, *s.* bórra ; rifiúto; — -silk, bórra di séta

Flotilla, *s.* (*mar.*) flottíglia, píccola flòtta

Flòtsam, flòtson (*mar.*) *s.* relítti, *pl. m.* di máre; avánzi di naufrágio

Flóunce, *s.* guerniménto, pendénte, *m.,* balzána, falpalà, *m*; bàlzo
— *va.* guerníre di balzáne o falpalà
— *vn.* tuffársi, dibáttersi, dimenársi

Flóunder, *s.* (*itt.*) pésce pàssera, líma
— *vn.* scuótersi con istrèpito nell' ácqua ; scagliársi ; dimenársi ; dibáttersi, agitársi

Flóur, *s.* farína, fióre, *m.* del gráno
— *va.* ridúrre in farína, infarináre

Flóurish, *vn.* fioríre, èssere in fióre, èssere in buóno státo, prosperáre, far uso di uno stíle tròppo fiorito, frascheggiáre; agitársi, vantársi ; fàre trátti di pénna ; brandíre (una spáda); suonáre un prelúdio
— *va.* fioríre, ornáre di fióri, abbellíre; brandíre (*una spada, un bastone*)
— *s.* florìta, splendóre, sfárzo, sfóggio; (*rett.*) fióri, ornaménti; (*mus.*) prelúdio, trombáta; clangóre; (*arch.*) fioróne, rosóne; mil-

lanterìa; jattànza; tràtto di pénna, ghirigòro; brandiménto di spáda o bastóne

Floùrishing, a. fiorènte, flòrido, prosperóso

Flóut, van. burláre, beffáre, schernìre

— s. (volg) béffa, bája, búrla, schèrno

Floùting, s. búrla, béffa, schèrno

Floùtingly, avv. in mòdo insultánte, con ischèrno

Flów, vn. scórrere, scaturíre, docciáre, coláre; scoláre, emanáre, deriváre, provenìre; to — in, affluìre; — from, scaturíre, provenìre da; — óver, traboccáre; — óver va. innondáre, allagáre

— s. (mar.) flússo; piéna, correntía; córso, corrènte, f., effusióne; cópia, abbondánza; profluvio (med.) flússo; the èbb and —, il il flússo e riflússo; the — of sóul, l'effusióne del cuòre, dell'ánima

Flówer, s. fiòre, m.; ornaménto; la párte più scèlta, più squisita di qualsivòglia còsa; smáll —, fiorellíno; artificial —s, fiòri finti; —s of rhètoric, fióri, ornaménti rettòrici; the — of the ármy, il fiòre dell' esèrcito; — de lúce, fiordalíso, gìglio; — pot, váso per i fiòri, váso di fiòri; — -gèntle (bot.), tagéte, m; —s, mèstrui

— vn. florìre, sbucciáre; spumáre, fermentáre; va. infloráre, ricamáre

— -bùd, s. (bot.) gèmma, bottóne, m.

— -dùst, s. (bot.) pólline, m.

— -fènce, s. (bot.) poenziána, fiòr di paradíso

— -gárden, s. giardíno ad ajuóle, parterre

— léaf, s. (bot.) pétalo

— -shów, s. esposizióne di fiòri

— -stálk, s. (bot.) pedúncolo

— -stánd, s. canéstra da fiòri

— de lúce { s.(bot.) íride,íreos,f.ghiaggiuólo;

— de lis { — (araldica) fiordalíso

Flówered, a. fiorìto, ornáto di fiòri, ricamáto

Flóweret, s. fioretto, fiorellíno

Flóweriness, s. fiorìta, fioritúra, abbondánza di fiòri

Flówering, a. fiorènte, in fiòre; s. fioritúra, florescénza; schiùma

— -àsh, s. (bot.) órno, frássino fiorìto

— -rùsh, s. (bot.) bútemo, giúnco fiorìto

Flówerless, a. sènza fiòri

Flówery, a. fiorìto, pièno di fiòri

Flówing, a. che scórre, cóla, scaturísce; corrènte, flottánte; flúido, scorrévole; — in. affluènte; — style, stíle flúido, sciòlto, scorrévole

Flówingly, avv. fluidaménte, scorrevolménte lindaménte, abbondanteménte

Flówn, part. pass. di to Flý, voláre

— a. enfiáto, gonfiáto, trónfio; high —, supèrbo, vanitóso, boríoso, arrogánte

F. L. S. léttere iniziáli di Fellow (mémbro) of the Linnéan Society

Flúate, s. (chím.) fluáto

Flùctuant, a. fluttuánte

Flùctuate, vn. fluttuáre, (fig.) esitáre, titubáre

Flùctuàting, a. fluttuánte, ondeggiánte

Fluctuàtion, s. fluttuazióne; esitazióne

Flúe, s. góla di camíno; calúggine, f; lanúggine, f.

Fluèllen, s. (bot.) verònica; abrotáno

Flúency, s. fluidità, fluidézza; scorrevolézza; speditézza, facóndia, volubilità; parlantína; to spéak a lánguage with —, parláre speditaménte una língua

Flúent, a. flúido, scorrévole, spedíto, fluènte, facóndo; — spéaker, oratóre facóndo, persóna che ha una buòna parlantína

— s. correntía (di fiúme), corrènte, f.

Flúently, avv. fluidaménte, speditaménte, con facóndia; he speaks our lánguage —, egli párla speditaménte la nòstra língua

Flúid, a. s. flúido

Fluidity, Flúidness, s. fluidézza

Flúke, s. (itt.) passeríno, rombétto di rèna; (mar.) ráffo dell'áncora

— -wórm, s. (ent.) zuccajuóla, fasciuóla

Flúme, s. dóccia (di mulíno)

Flùmmery, s. páppa, farináta, polènta, poltíglia, pappoláta; freddúra, chiáppola, goffággine, f.

Flùng, pret. e part. di to fling, scagliáre

Flúor, s. fluóre, flússo; — àlbus (med.) leucorrèa

— -spár, s. (min.) spáto, fluóre

Flúorin { s. (chim.) fluorína

Flúorine {

Flùrry, s. cólpo di vènto, túrbine, m., conflítto di vènti, uragáno, burrásca; violènta commozióne, disórdine, m., affoltáta, tumúlto, trambústo, agitazióne; in a —, in trambústo, in confusióne

— va. agitáre, trambustáre, perturbáre; confóndere

Flùsh, s. afflússo, affluènza súbita; flússo; rossóre; improvvíso impúlso, traspórto, ringalluzzaménto, il ringalluzzírsi; frússo, frússi, m. (di cárte da giuóco); — of iff, traspórto di giòia, piéna di contentézza; hèctic —, rossóre ético

— vn. affluíre (come il sángue alle guáncie) scórrere con ímpeto; divenìre rósso nel víso; ringalluzzársi; to be —ed with, briársi di, ringarzullíre

— va. (with) animáre, stimoláre, esaltár coloráre, far ringarzullíre

— a. frésco, vigoróso, esaltáto,

— -deck, s. (mar.) pónte ráso

Flùshed, a. rósso, piéno, inebbriáto; ringalluzzáto, esaltáto (víso

Flùshing, s. (poco us.) rossóre, rossézza nel

Flùster, va. (volg.) riscaldáre per il tròppo bére; turbáre; — (volg.) eccitazióne

Flùstered, s. mèzzo còtto, brillo; trambustáto, sbalordíto, confúso

Flúte, *s.* (*mus.*) fláuto; sampógna, zampógna; (*arch.*) scanalatúra; (*mar.*) fláuto, pínco, flúta; béaked —, fláuto a bécco, fláuto dólce; gèrman —, travèrso, fláuto tedésco; to pláy the —, suonáre il fláuto — *vn.* suonáre il fláuto; *va.* scanaláre
— -stop, *s.* (*mus.*) regístro del fláuto (nell'órgano)
Flúting, *s.* scanalatúra, lo scanaláre
Flútist, *s.* suonatóre di fláuto
Flútter, *vn.* aliáre; aleggiáre, svolazzáre, bátter le áli; dimenársi, agitársi; (*med.*) palpitáre, trasalíre
— *va.* turbáre, sconcertáre, agitáre; far palpitáre, far tremoláre
— *s.* alleggiaménto, battiménto delle áli; báttito irregoláre del pólso, palpitazióne; tremolío, agitazióne; to put in a —, agitáre, far tremoláre, far trasalíre
Flúvial, fluviàtic, *a.* fluviàle
Flùx, *s.* flússo, concórso; blòody —, dissentería
— *va.* dissólvere, saliváre, sciógliere
Flùxion, *s.* (*med.*) flussióne; (*geom.*) flussióne
Flý(*pret.*flèw,*p.p.*flòwn),*vn.*volàre,involàrsi; fuggírsene; fuggíre; — awáy, volár vía, involàrsi; fuggíre; — off, ôutwards, scattáre, scappáre; to let —, scoccáre, tiráre, sparáre; (*mar.*) molláre, allentáre; to — in pièces, saltáre in pèzzi, frantumársi, scoppiáre; to — ôut, (*pers.*) adirársi; — into a pàssion, montáre in cóllera, andáre sulle fúrie; to — in the fáce of, insultáre, avventársi cóntro
— (*pret.* flèw, *p.p.* flòwn), *va.* schiváre, scansáre, sfuggíre
— *s.* mósca; làrge —, moscóne; gad—, tafáno; Spànish flies, cantáridi, *fpl.* canterèlle; ála, volánte, *m.* (di màcchina); — -cóach, velocífero; — -bóat, bárca, barchètta, navíglio leggiéro; — of a wàtch, bilancière, *m.*; — -flap, cáccia mósche, *m.*; to — -blòw, *va.* guastár coi cacchióni
— -báne, *s.* (*bot.*) píglia mósche, *m.*
— -bitten, *a.* punzecchiáto dalle mósche
— -bóat, *s.* (*mar.*) flibòtto
— -càtcher, *s.* (*orn.*) píglia mósche, *m*; saltinsèlce, *m*; (*bot.*) píglia mósche, *m.*
— -fish, *vn.* pescáre con l'ésca
— -pòwder, *s.* pólvere moschicída, arsénico metállico
— -tràp, *s.* píglia mósche, *m.*
— -whéel, *s.* bilancière, *m.*
Flýer, *s.* volatóre, -tríce; anímale volánte, che vóla vía; bilancière, *m.* (di girarròsto); scalèa, scalináta, veróne, *m.*
Flýing, *a.* volánte; fuggitívo, fuggévole; — camp, cámpo volánte; — artillery, artiglierìa di campágna; with — cólours, a bandière spiegáte
— -bridge, *s.* pónte volánte, *m.*

— -fish, *s.* pésce volánte, *m.*
— -párty, *s.* (*mil.*) distaccaménto di cacciatóri
— -pinion, *s.* volánte, *m.* (d'orològio)
Fóal, *s.* polédro, pulédro; — of an áss, asinéllo, asiníno
— *va.* figliáre, sgravársi di un pulédro
Fóam, *s.* spúma, schiúma, báva
— *vn.* spumáre, schiumáre, fáre spúma
Fóaming, *a.* spumánte, spumeggiánte; *s.* lo spumáre, spumeggiáre
Fóamingly, *avv.* in mòdo spumánte, spumeggiánte
Fóamy, *a.* spumánte, spumóso
Fòb, *s.* tásca píccola, taschétta dell'oriuólo
Fócal, *a.* del fòco, centrále, céntrico
Fócus, *s.* (*ottica*) fòco (di lúce), céntro di convergénza (dei rággi)
Fòdder, *s.* forággio, fièno, stráme, *m.*, provènda; péso del piómbo e quálche altro metállo (equivalénte a círca quintáli métrici 10.92)
— *va.* dar il fièno, il forággio al bestiáme, pascoláre con cíbo sècco; (*mar.*) turáre un búco in un bastiménto
Fòdderer, *s.* foraggière, provveditóre di forággio
Fòddering, *s.* foraggiaménto
Fóe, *s.* nemíco; avversário, nemíco accaníto; fòeman (*poet.*) nemíco in guèrra
Foétus, *s. V.* Fétus
Fòg, *s.* nébbia; nébula; *va.* annebbiáre
Fògginess, *s.* státo nebbióso (dell'aria)
Fòggily, *avv.* nebbiosaménte
Fòggy, *a.* nebbióso, fósco
Fòh! *interj.* oibò!
Fôible, *s.* débole, *m.* láto débole (d'una persóna)
Fòil, *s.* fòglia (di metállo); florétto da schèrma; fòglia che si métte sotto una piètra preziósa per fárla rilúcere maggiorménte; orpèllo; còsa che fa spiccáre, che dà risálto; chiáro-scúro, ombratúra; to sènd the — flýing, far saltáre in ária il florétto; tin- —, fòglia di látta, orpèllo
— *va.* rincacciáre, ripulsáre, respíngere, víncere, superáre, sventáre; to be fòiled, èssere ripulsáto, superáto, vínto
Fòiler, *s.* chi ha il vantággio sópra di un áltro; vincitóre
Fòiling, *s.* (*caccia*) òrma, tráccia di fièra (nella boscáglia)
Fòin, *s.* stoccáta, cólpo; *vn.* dáre una stoccáta
Fòist, *va.* inseríre surrettiziaménte, interpoláre
Fòistiness, *s.* múffa, ammuffáto
Fòisty, *a. V.* Fusty
Fòld, *s.* piéga, créspa, raddoppiaménto; ovíle, *m.*, grégge, *m*; battènte, *m.* (di pòrta); dóppio, quantità dóppia; five —, cínque vòlte tánto, quintúplo; fòur —, quáttro

vòlte tànto; a hùndred —, a cènto dóppi; many —, moltéplice ; the population has incréased thrée —, la popolazióne è cresciúta del triplo

Fóld, va.piegàre; avviluppáre; — up a letter, piegàre una lèttera; to — shéep, méttere le pècore nell'ovíle; — one's àrms, incrociáre le bràccia

Fólded, a. piegáto, ripiegáto; incrociáto

Fólder, s. piegatóre, -trice; stècca

Fólding, a. che si piéga; — chàir, ciscrànna, séggiola pieghèvole; — dóor, pòrta a due battènti; — scréen, paravénto

Foliàceous, a. fogliáceo

Fòliage, s. fogliàme, m., fróndi, fp.

Fóliate, va. ridùrre in làmine

Foliàtion, s. il ridùrre in làstre; fogliàme, m.

Fólier, s. orpèllo

Fólio, s. libro in fòglio

— va. cartoláre, segnáre i nùmeri delle págine

Fólioing, s. numerazióne, órdine progressívo

Fólíole, s. (bot.) fogliétta, fogliolína

Fóliomort, a. fòglia mòrta, colór fòglia mòrta

Fólk, s. gènte, f., pòpolo, V. Folks

Fóckland, s. (legge) tèrra possedúta in copyhold, V. Copyhold

Fólkmóte, s. assemblèa ánnua dei deputáti (del pòpolo, del clèro e della nobiltà) prèsso gli antíchi Sássoni

Fólkmoter, s. mèmbro del Folkmote

Fólks, s. gènte, f., pòpolo; Whàt do — sáy about it? Che ne díce la gènte? òther —, gli àltri; sìck —, i maláti; óld —, i vècchi; góod —, la buóna gènte; proùd —, la gènte altèra

Fóllicle, s (bot.) follícola, follículo, gúscio

Fóllow, van. seguíre, seguitáre, tenér diètro a; sussequíre, procèdere, conseguíre ; — him, seguítelo ; it does not — that, ecc., non ne consègue che, ecc.; to — a tràde, a proféssion, attèndere, accudíre a quálche mestière o professióne; as —s, cóme séguo

Fóllower, s. seguáce, m. f., aderénte, dipendénte, settatóre, -trice, partigiáno ; ruóta minóre

Fóllowing, a. seguènte, sussequènte; s. imitazióne

Fólly, s. follía, sciocchézza, stoltézza

Fomènt, va. fomentáre; caldeggiáre

Fomentàtion, s. (med.) fomènto; caldeggiaménto

Fomènter { s. fomentatóre, -trice, fautóre,
Fomèntor { -trice

Fònd, a. (poet. pàzzo, insensáto), appassionáto, passionáto, incapricciáto, invaghíto; vàgo, ghiótto; amànte; affettuóso ; — of, invaghíto di, tènero di, amánte di, ghiótto di; to get — of, affezionársi a, invaghirsi di; he is pàssionately — of

Miss B., egli àma perdutaménte la signorína B.; a — embráce, un amplèsso; are you — of frùit? vi piácciono le frútta?

Fòndle, va. accarezzáre, far carrèzze a, amorevoleggiáre, ammoináre, vezzeggiáre

Fòndler, s. chi fa carèzze, accarezzatóre, -trice

Fóudling, s. fíglio predilètto, figlia predilètta

Fòndly, avv. (pazzaménte, poet.) teneraménte, affettuosaménte, appassionataménte

Fòndness, s. tenerèzza, affètto, passióne, amóre, inclinazióne, predilezióne

Fònt, s. fónte, mf. sorgènte, f., fónte battesimále, m.

Fònt, s. còrpo di carátteri da stámpa

Fòntanel, fónticle, s. fontanélla, cautèrio

Fònticle, s. (med.) fontícolo

Fóod, s. cíbo, pásto, aliménto, nutriménto; — and clóthing, la távola e il vestíre; to kéep a hòrse on gréen —, aderbáre un cavállo

Fóodful, s. nutritívo, fecóndo, fèrtile

Fóodless, a. stérile

Fóol, s. sciòcco, stólto, scimuníto, fòlle, m. f., stúpido; gréat —, scioccóne, m; nàtural —, idióta, m. f; to màke a — of a pèrson, fársi bèffa di úno; to pláy the —, pazzeggiáre; —'s cap, berrétta da pàzzo; cárta fína e sostenúta; one — màkes màny, la follía è contagiósa

— vn. scioccheggiáre, pazzeggiáre, buffoneggiáre, amorevoleggiáre; va. delúdere; uccelláre; — awáy, buttár vía, pèrdere pazzaménte

— 's stóne, (bot.) órchide, f.

— -tràp, s. astúzia grossolána

Fóolery, s. lo schioccheggiáre, scioccharía; sciocchézza, scioccàgine, f., bàja, inèrzia

Fóolhàrdily, avv. temerariaménte

Fóolhàrdiness, s. temerità, ardíre sconsideráto

Fóolhàrdy, a. temerário, arrischièvole, arrischiáto

Fóolish, a. sciòcco, fólle, stólto; pàzzo, imbecílle; to dó a —, ràing, fàre una sciocchézza; — tàlk, paròle váne, chiàcchiere, pl. f.

Fóolishly, avv. scioccaménte, folleménte, stoltaménte

Fóolishness, s. pazzía, imprudénza

Fóot, s. (pl. féet) piède, m., zàmpa, báse, f., státo, condizióne; (mil.) fantería; (misura) piède, pálmo ; small shàpely —, sylph-líke —, piedíno; pláce your — hére, mettéte qui il piède; to trèad ùnder —, calpestáre; I càme on —, sóno venúto a pièdi; to hàve a sóre —, a bad —, avér màle al piède; the — of a còlumn, la báse di úna colónna; the fóre féet, le zàmpe o pièdi davánti; the hìnd féet, le zàmpe (o pièdi) di diètro; to set a ràing on —, cominciáre od incamminàre una còsa; six fóot high, álto sei pièdi; — -bàll pallóne, m; — man, staffière, lacchè, m; — -step, pedáta, vestígio; — -ráce, córsa (di gènte) a pièdi; — of a stòcking, pedàle, m di càlza; at —, a piè (di página, ecc.); to pùt one's — into, (volg.) guastáre, rovináre; — -páce, pásso ordinário; to go at a — -páce, andár di pásso; — -pad, assassíno di stráda; — -pàssenger, pedóne, m; — -patH sentièro; marciapiède, m.; — -sóre, zoppicánte, che ha i pièdi guásti (dal camminàre); fòllow his — -steps, seguitáte le sue pedáte, imitátelo

Fóol, va. calpestáre, dar di pièdi, percórrere (a pièdi); to — a pàir of stòckings, rimpedaláre un páio di càlze

— vn. balláre, camminàre sulla púnta de' pièdi, saltelláre; to — it, andár a pièdi

— -bóard, s. marciapièdi, m; (di strumentí) pedàle, m; (di carrozza) pòsa-pièdi, m; (di macchine) galleria

— -warmer, s. caldaníno, vèggio

— -way, s. sentièro; marciapiède, m.

Fóoted, a. rimpedulàto; che ha i pièdi...; bàre- —, scàlzo; fóur- —, quadrúpede; clòven- —, che ha il pie' fèsso

Fóoting, s. mòdo con cui si póne il piède, luógo dòve si póne il piède; pásso, bàllo, dánza; báse, f., terréno, sostégno, fondaménto; sentièro, cammíno, vía; státo, condizióne, piède, m; on a — with, sópra un piède di; to get a — in, stabilírsi in, stanziársi in; to live on a common — of equàlity, accomunàrsi; to put on an equal —, parificáre

Fóotman, s. staffière, m., lacchè, m.

Fóotstep, s. vestígio, tràccia

Fóotstóol, s. sgabèllo, predèlla

Fòp, s. vanerèllo, vagheggíno, bellimbústo

Fòpling, s. gingíllo, affettatúzzo, vanerèllo

Fòppery, s. affettazióne, attilatúra, vanità

Fòppish, a. attilláto, affettáto, vanitóso

Fòppishly, avv. da vanerèllo, con affettazióne

Fòppishness, s. affettazióne, ostentazióne

Fór, prep. per, a cagióne di, per càusa di; he díed — you, per voi egli morí; — God's sáke, per l'amór di Dío; I stárt — Gènoa, párto per Génova; — Néw Yórk, per alla vòlta di Nuòva Yòrk; — my párt, — mé, per me, quánto a me; — the mòst párt, per lo più; I am sòrry — it, me ne dispiáce; it is not — mé to decíde, non spètta a me il giudicàre; but — your assistance, sénza il vòstro ajúto; but — you, sénza di voi, se non fòsse per voi; — àll that, con tútto ciò; — àll his cùnning, a dispètto di tútta la súa astúzia; nòw — it! ora a nói! — èver and èver, per sèmpre, in sempitèrno

— conj. poichè, dappoichè; perocchè, dac-

chè, stantechè, perciocchè, perchè; — as mùch as, avvegnachè

Fòrage, s. foràggio; vettováglie, fpl., provènda

— va. foraggiáre; vn. andár intórno in cèrca di vettováglie o provènda

Fòrager, s. foraggière, m., predatóre

Fòraging, s. il foraggiáre; — càp, berrétta militáre; to go —, andáre a foràggio, per foràggio; to send òut —, mandáre per foràggio, mandáre a foraggiáre

Forámen (pl. foràmina), s. fóro, foráme, m.

Foràminated, a. foramináto

Foraminífer (pl. foraminífera), s. foraminífere (rizópodo conchífero)

Foraminíferous, a. foraminífero, dei foraminíferi

Fòràminous, a. foraminóso

Forasmùch, conj. stantechè, inquantochè, conciossiacosachè, conciossiachè, avvegnachè

Fòray, s. scorrería, incursióne

Forbàd, forbàde, prêt. di to Forbid

Forbèar (prêt. forbòre, p. p. forbórne) va. tolleráre, evitáre, astenérsi da, sostenére; vn. tralasciáre, raffrenársi, astenérsi, ristársi, ritenérsi; to bèar and —, sostenére ed astenérsi; I cóuld hàrdly — wéeping, a gran péna ritènni le làgrime

Forbèarance, s. sofferènza, paziènza, tolleránza, compatiménto, indulgènza, longanimità; — of or from, l'astenérsi da

Forbid (prêt. forbàde, p. p. forbid, forbidden), va. vietáre, proibíre; Gòd —, tòlga Iddío; Hèaven —, Dio me ne guárdi

Forbiddance, s. divièto, interdètto, proibizióne

Forbidden, V. Forbid

Forbidder, s. proibitóre, -trice, vietatóre, -trice

Forbidding, a. che dèsta ripugnánza e avversióne, austèro, spiacévole; — cóuntenance, fisionomía antipática

Forbóre, forbórne, V. Forbèar

Fórce, s. fòrza; fortézza; potère, m., potènza; vigoría; gagliardía; violènza; fórces, spl. trúppe, fpl., esèrcito, armáta; by —, a fòrza, per fòrza; by máin —, a viva fòrza; a láw still in —, una légge tuttóra in vigóre; the lànd —s, le trúppe di tèrra

— va. sforzáre, forzáre, costríngere, obbligáre, violentáre, affrettáre; prèndere per fòrza; to — back, respíngere, rincacciáre; — from, strappáre, rapíre; — into, ficcáre, conficcáre; — upòn, impórre; to — a póst, (mil.) prèndere un pósto per fòrza

— vn. sforzársi, usár violènza

Fórced, a. forzáto, non naturále, affettáto; — cómpliments, compliménti forzáti; — lóan, prèstito forsáto

Fórcedly, avv. forzataménte, per fòrza

Fórceful, *a.* poderóso, fòrte, enèrgico ; violènto, impetuóso

Fórcefully, *avv.* poderosaménte, energica-

Fórceless, *a.* sénza fòrza, dèbole (ménte

Fórceméat, *s.* ripiéno; — bàll, polpétta

Fòrceps, *s.* (*chír.*) fòrcipe, *m.*, tanáglia, tanagliétta

Fórcer, *s.* persóna o còsa che sfòrza; pistóne, *m.*

Fórcible, *a.* poderóso ; efficáce, calzànte ; (*legge*) colla fòrza, con violènza

Fórcibleness, *s.* fòrza, violènza

Fórçibly, *avv.* poderosaménte, con possánza, per fòrza

Fórcing, *s.* costringiménto, lo sforzáre; (*agr.*) l'affrettáre la maturazióne

Forcipátion, *s.* l'attanagliáre (*supplizio*)

Fórd, *s.* guádo

— *va.* guadáre, passáre a guádo

Fórdable, *a.* guadóso, che si può guadáre

Fórding, *s.* il guadáre; — -pláce, guádo

Fordô, *va.* distrùggere

Fòre, *contrazione di* befóre

— *a.* anterióre, precedènte, antecedènte

Fóre, *avv.* anteriorménte, innánzi, príma ;

— and àft (*mar.*), per póppa e prúa

— -admónish, *va.* preammonire

— -advíse, *va.* preavvisáre

— -allèdge, *va.* citáre più sópra; —d, preallegáto

— -appóint, *va.* predetermináre, preordináre, prestabilíre, predestináre

— -árm, *va.* armáre, muníre innánzi ; *s.* (*anat.*) cúbito, avambráccio

— -ármed, *a.* premuníto; — fórewárned, uòmo avvertíto mèzzo salváto

— -bráce, *s.* (*mar.*) bráccio del pennóne di trinchétto

— -càstle, *s.* (*mar.*) castèllo di prúa

— -chósen, *a.* prescèlto, preelètto, predestináto

— -cíted, *a.* precitáto, predétto, anzidétto

— -dáte, *va.* méttere un' antidáta; *s.* antidáta

— -dèck, *s.* (*mar.*) castèllo davánti, castèllo di prúa ; pròra, prúa

— -déem, *va.* indovináre, congetturáre

— -design, *va.* premeditáre

— -detèrmine, *va.* predetermináre

— -ditch, *s.* (*fort.*) antifòsso

— -dóor, *s.* antipòrta, antipòrto

— -ènd, *s.* cápo anterióre

— -finger, *s. V* Forefinger

— -flów, *vn.* scórrere davántí

— -foot, *s.* piè, *m.* davánti; (*mar.*) piè di ruòta, calcagnuòlo

— -frònt, *s. V.* Forefront

— -hóok, *s.* (*mar.*) cappéllo

— -hòrse, *s.* cavállo (che va) davánti

— -imàgine, *va.* immagináre innánzi

— -rànk, *s.* frónte, *f.*, prímo órdine, príma fíla

— -skirt (*pr.* skùrt), *s.* lémbo davánti, fálda davánti

— -part, *s.* davánti, *m*, párte anterióre

— -vigil, *s.* antivigília

Forebóde, *van.* presagíre, presentíre, vaticináre

Forebóder, *s.* preságo, indovíno, váte, *m.*

Forebóding, *s.* antivediménto di malóra, preságio funèsto, presentiménto, preságio

Forecast, *s.* il prevedère, il progettáre, il premeditáre; previdènza, antivediménto, avvediménto; *van.* prevedère, consideráre innánzi, concertáre, progettáre

Fórecourt, *s.* anticórte, *f.*

Fóreclóse, *va.* ,(*legge*) esclúdere (per sèmpre)

Foreclósure, *s.* (*legge*) l'átto dell'esclúdere, impediménto

Foreconcéive, *va.* preconcepíre

Fóredáte, *va. V.* Fore-date

Foredóom, *va.* predestináre, statuíre avántí; *s* predestinazióne

Fóretather, *s.* antenáto, progenitóre; —s, *pl.* antenáti, progenitóri, ávi, *pl. m.*

Fórefènd, *va.* proibíre, stornáre ; Hèavens —, tòlga Iddío

Fórefinger, *s.* índice, *m.*, díto índice

Fórefront, *s.* facciáta, frontispízio; (*mil.*) príma fíla

Foregó, *va.*(*pret.* fórewènt, *p. p.* fóregòne), tralasciáre, rinunziár a, far a méno di, far sènza; cèdere, abbandonáre

Fóregóer, *s.* antenáto, predecessóre; precursóre; chi si astiène (da), chi rinúncia (a)

Fóregoing, *a.* precedènte, antecedènte; *s.* precedènza; astinènza, rinúnzia

Fóregóne, *a.* anterióre; — conclúsion, giudízio preconcètto

Fóreground, *s.* (*pitt.*) davánti, *m*; párte inferióre, prímo piáno (di un quádro)

Forehànd, *s.* párte anterióre, *f*; *a.* anticipáto

Fórehánded, *a.* opportúno, fátto a tèmpo

Fórehèad, *s.* frónte, *f*; (*fig.*) sfrontatézza, sfacciatággine, *f.*

Fóreign, *a.* forastière, stranièro, èstero; estráneo, esòtico, aliéno; — coùntries, paési èsteri; — wáres, mèrci stranière; — rùle, tirannía straniéra ; sècretary for — affáirs, segretário al dicastèro degli affári èsteri; that would be — to my sùbject, ciò sarèbbe estráneo al mío tèma

Fóreigner, *s.* forestiéro, straniéro

Fóreigness, *s.* allontanaménto, incongruità

Fórejùdge, *va.* giudicáre innánzi, pregiudicáre; espèllere per cagióne di indegnità

Fóreknew, *pret. di* to fóreknów

Fóreknów, *va.* (*pret.* foreknew, *p. p.* foreknówn), anticonóscere, preconóscere, conóscere príma, sapére innánzi

Fóreknówledge, *s.* presciènza, preconescènza

Fóreknówable, *a.* che si può preconóscere

Fórel, *s.* pergaména, cartapécora (per copertúra d' un líbro)

Fóreland, *s.* promontório, cápo

Fórelày, *va.* appostáre, agguatáre, aspettáre al várco; concertáre innánzi, predispórre

Fórelock, *s.* ciúffo sulla frónte; to táke by the —, pigliáre al vólo; preveníre, anticipáre

Fórelóok, *va.* guardáre avánti

Fóreman, *s.* prímo lavoránte; mástro di múro; próto (di stampería); cápo de' giuráti

Fóremast, *s.* (*mar.*) álbero di trinchétto

Fóreméntioned, *a.* suddétto, sovramentováto

Fóremost, *a.* prímo in órdine o dignitá; primiéro, primário, principále; piú avánti; I went —, io camminava prímo; first and —, *avv.* primieraménte, in prímo luógo, ánzi tútto

Fórenámed, *a.* suddétto, sullodáto

Fórenóon, *s.* mattína, tútta la mattína; in the — and àfternóon, príma di mézzo giórno o dópo mézzo giórno

Fórenótice, *s.* preavvíso

Forènsic, *a.* forènse, del fóro

Foreordáin, *va.* preordináre, predestináre

Fórepart, *s.* párte d'avánti, *f.* dinánzi, *m.*

Fórepast, *a.* passáto avánti, precedénte

Forepossessed (*pr.* fórepozèsset), *a.* che possedéva anteriorménte; prevenúto

Fóreprize, *va.* stimáre precedenteménte

Fórequóted, *a.* succitáto, precitáto, prefáto, summenzionáto

Fórereach, *vn.* to — upòn, (*mar.*) superáre nel córso

Fórerecíted, *a.* sopprammentováto, suddétto

Fóreright, *a.* sollécito, premuróso; *avv.*

Fórerùn (*pret.* fóreràn, *p. p.* fórerùn), *va.* precórrere, precédere, avanzáre

Fórerùnner, *s.* precursóre, foriére, *m.* foriéra; to be the — of, èssere il precursóre di

Fóresáid, *a.* predétto, suddétto, sopradétto

Fóresáil, *s.* (*mar.*) mezzána (*vela*)

Fóresàw, *pret. di* Foresée

Fóresày (*pas.* fóresáid), *va.* predíre

Fóresée (*pret.* foresàw, *p. p.* foreséen), *va.* antivedére, prevedére

Fóreséen, *a.* prevedúto, antevísto

Fóreséer, *s.* antiveditóre, -trice

Fóreshàdow, *va.* adombráre, simboleggiáre,

Fóreshàme, *va.* far vergógna a

Fóreshéw, *pret. di* Foreshow

Fóreshíp, *s.* (*mar.*) prúa (párte dinánzi del navílio)

Fóreshórten, *va.* (*pitt.*) raccorciáre

Foreshórtening, *s.* (*pitt.*) raccorciaménto, scórcio

Fóreshów, *va.* (*pret.* fóreshew, *p. p.* fóreshówn) prenunziáre, pronosticáre, premostráre

Fóreshróud, *s.* (*mar.*) attrezzatúra, guerniménto dell'álbero di trinchétto

Fóreside, *s.* davánti, *m.*, facciáta

Fóresíght, *s.* antiveggènza, presciènza, prevediménto

Fóresíghtful, *a.* previdénte

Fóresignify, *va.* presagíre, figuráre

Fóreskin, *s.* prepúzio

Foreskirt (*pr.* fóreskùrt), *s.* V. Fore-skirt

Fóreslow, *va.* ritardáre, impedíre

Fórespéak, *va.* (*pret.* fórespóke, *p. p.* fórespóken) predíre

Fórespènt, *a.* rifiníto, spossáto; passáto

Forespùrrer, *s.* anticursóre, foriére

Fórest, *s.* forèsta, sèlva, bósco

— -bòrn, *a.* náto in una forèsta

— -làw, *s.* lègge, *f.* forestále

— -rànger, *s.* guardabóschi, *m.*

Fórestáll, *va.* preoccupáre, preveníre, antiveníre, anticipáre, incettáre; writing these wòrds he —ed the accusàtion, scrivèndo quèste paròle egli antivènne l'accúsa

Fórestáller, *s.* incettatóre, monopolísta, *m.*

Fórestay, *s.* (*mar.*) stráglio di trinchétto

Fórester, *s.* guárdia forestále, *m*; abitánte di forèsta

Fóretackle, *s.* (*mar.*) paránco di trinchétto

Fórestáste, *va.* pregustáre, assaggiáre avánti

— *s.* sàggio, prímo sàggio, antipásto

Fóretèll, *van.* (*pas.* foretóld), predíre, prenunziáre, presagíre

Fóretèller, *s.* persóna che predíce, còsa che presagíce

Foretèlling, *s.* predizióne, *f.*, pronosticaménto

Fóretmink, *va.* (*pas.* foretmóught), premeditáre, provvedére

Fóretmóught, *s.* premeditazióne, previdènza

Fóretóken, *va.* prenunziáre, presagíre, pronosticáre; *s.* pronóstico, preságio

Fóretóld, *a.* predétto, prenunziáto; V. Foretell

Fóretóoth, *s.* dènte, *m.* dinánzi, incisóre

Fóretop, *s.* frontíno, ciúffo di capélli sulla frónte; (*mar.*) còffa di trinchétto; — -màst, piccolo álbero di gàbbia; — -sáil, véla di parrocchétto; — -gàllant-màst, piccolo álbero di parrocchétto

Forewàrn, *va.* dàre una premonizióne o un avvertiménto a, avvertíre avánti, preveníre

Forewàrning, *s.* premonizióne; avvertiménto

Fórewhéel, *s.* ruóta davánti

Fórewish, *va.* desideráre anticipataménte

Forewòman, *s.* prima lavoránte, maéstra, (artigiána)

Fòrfeit, *va.* pèrdere per cáusa di crímine; pèrdere per sequestrazióne, pagáre il fío di, comprométtere, demeritáre; they have —ed my cònfidence, hánno demeritáto la mia fidúcia

— *s.* (crímine, *m.*, misfátto, *ant.*) pèrdita per cáusa di delítto, confísca, demérito; péna, múlta, ammènda; to páy the —, pa-

gär il fio, subír la péna; to pláy —, giuocáre ai pēgni
Fórfeit, a. confiscábile, di sequêstro; confiscáto
Fórfeitable, a. confiscábile, da sequestráre
Fórfeiture, s. confísca, pêrdita per confiscazióne, fío, múlta, péna, demérito, castígo
Forfênd, V. Forefênd
Forgáve, pret. di Forgive
Fórge, s. fucína di maniscálco
— va. báttere il fêrro, lavorárlo, fabbricáre;
macchináre, inventáre; falsáre, falsificáre,
contraffáre; — a lie, inventáre una bugía;
— a will, far un testaménto fálso; — a
bill, falsificáre una cambiále
Fórged, a. (dei metalli) lavoráto, fátto;
falsáto, contraffátto
Fórger, s. fábbro; inventóre; falsário; — of
cōin, fálso monetário
Fórgery, s. lavóro di fábbro; (legge) fálso;
falsificaménto; falsificazióne (di monéta,
di cambiále, di testaménto); còsa falsáta;
pèrson guilty of —, falsário, falsária
Forgêt, va. (pret. forgòt, p. p. forgòtten),
dimenticáre, obliáre; dimenticársi di, scordársi di, pórre in dimenticánza, in nen
cále; I had forgòtten it, me ne era dimenticáto; I forgot to tell you, mi sóno
dimenticáto di dírvi
Forgêtful, a. immêmore, scordévole, dimentichévole
Forgêtfulness, s. oblío, dimenticánza; from
—, per dimenticánza
Forgêtter, s. chi dimêntica, chi non si ricôrda
Forgêtting, s. dimenticánza, oblío
Forgêttingly, avv. per dimenticánza
Forgivable, a. perdonábile
Forgive, va. (pret. forgáve, p. p. forgíven);
perdonáre; — a dêbt, rimêttere un débito
Forgíven, part. pass. di to Forgive
Forgíveness, s. perdóno, remissióne
Forgíver, s. perdonatóre, -tríce
Forgòt, Forgòtten, V. Forgêt
Fórk, s. fórca, forchétta, bidênte, m; Cāudíne Fórks, (storia rom.) Fórche Caudíne;
cárving —, forchettóne, —; pitch-fork, forcóne; silver —, forchétta di argênto
— vn. biforcársi, diramársi, spartírsi; va.
inforcáre, alzáre o ammucchiáre con la
fórca; muóvere, scaváre, trasportáre con
la fórca; acumináre; aguzzáre, foggiáre a
púnta di fórca
— -héad, s. púnta di fréccia
Fórked, a. forcúto, biforcúto, bicornúto
Fórkedly, avv. forcutaménte, a guísa di fórca
Fórkedness, s. státo forcúto, fórma biforcúta
Fórky, a. forcúto, spartíto, biforcáto
Forlórn, a. (perdúto, poet.); abbandonáto
derelítto, in abbandóno, disperáto; the —
hópe (mil.), i soldáti impiegáti nelle côse

più pericolóse (che dánno l'assálto, che
móntano in brêccia)
Forlórness, s. abbandóno, derelizióne, isolaménto, misêria
Fòrm, s. fórma, figúra, fòggia, guísa, maniêra, mòda, formalità; pánca, sedíle, m;
clásse, f. (di scolari); the húman —, il
còrpo umáno; sêt —, fòrmola; in dúe —,
nelle fórme; for —'s sáke, per formalità;
— of a háre, cóvo di lépre; to set or compóse a — (típog.) compórre una fórma;
on the sêcond —, sulla secónda pánca,
nella secónda clásse
— va. formáre, dar fórme a, ordináre, riordináre, concertáre, ammaestráre, disciplináre; (caccia) accovacciáre; vn. formársi,
ammaestrársi
Fòrmal, a. (cosa) di fórma, formále; (pers.)
formále, formalísta, preciso, esátto, affettáto, manieróso, assegnáto
Fòrmalism, s. formalísmo
Fòrmalist, s. formalísta, mf; persóna precísa
Formàlity, s. formalità; fórmula, fórma; a
mátter of mére —, un affáre di púra fórma;
to perfórm a —, adempíre ad una formalità
Fòrmalíze, vn. formalizzáre, êssere formalísta; compórsi nelle paróle e negli átti
Fòrmally, a. formalménte; con vána formalità
Formátion, s. formazióne
Fòrmative, a. formatívo; plástico
Fòrmer, s. formatóre, -trice
— a. primiêro, prímo (di due), precedênte
antecedênte, passáto; antíco; the — is rich
the latter is póor, quégli (il prímo) è rícco, quêsti è póvero; in — tímes, ne' têmpi
addiêtro
Fòrmerly, avv. têmpo fa, altre vólte, già
Fòrmic, a. (chím.) fórmico; — ácid, ácido
fórmico
Formicátion, s. formicolío, formicolaménto
Fòrmidable, a. formidábile, terríbile
Fòrmidableness, s. caráttere, m. o qualità
formidábile; orróre, terróre
Fòrmidably, avv. in mòdo formidábile, terribilménte
Fòrming, s. il formáre, formazióne
Fòrmless, a. sênza fórma, infórme
Fòrmula, s. fórmola
Fòrmulary, s. formulário; a. prescrítto, stabilíto, rituále
Fòrmule, s. fórmula
Fòrnicate, a. arcáto (comè un fórno), voltáto
— vn. fornicáre, adulteráre
Fornicátion, s. fornicazióne, f., adultêrio
Fòrnicátor, s. fornicatóre, -trice
Fòrnicátress, s. fornicatríce
Forsáke, va. (pret. forsóok, p. p. forsáken);
abbandonáre, lasciáre, disertáre

Forsáken, *a.* abbandonáto, lasciáto, derelítto
Forsáker, *s.* persóna che abbandóna o láscia
Forsáking, *s.* abbandonaménto, abbandóno
Forslów, *vn. (ant.)* tardáre, *V.* Foreslow
Forsóok, *pret. di* forsáke
Forsóoth, *avv. (poco us.)* davvéro, a dir véro, mádio
Forsweár, *va. (pret.* forswóre, *p. p.)* forswórn) abiuráre, rinunziáre con giuraménto, ripudiáre; — one's sèlf, spergiurársi, disdírsi
Forsweárer, *s.* spergiúro, spergiúra, spergiuratóre, -trice
Forsweáring, *s.* spergiúro, spergiuraménto
Forswóre, forswórn, *V.* Forsweár
Forswórn, *s.* spergiúro, *V.* Fórswear
Fórt, *s. (mil.)* fortíno, fòrte, *m.*, ròcca, fortézza; *(pers.)* qualità distintíva, il fòrte; — *avv. (mus.)* fòrte
Fòr't, *abbr. di* for it; nôw —! ora a noi!
Fòrtalice, *s. (mil.)* fortilízio
Fòrte, *avv. (mus.)* fòrte, con fòrza
— *s.* il fòrte (di alcúno), la còsa in cui uno è versáto; history is his —, l'istòria è il suo fòrte
Fórted, *a.* protètto da fòrti o fortíni, fortificáto
Fórth, *avv.* iunánzi, avánti, fuòri; còme —, veníte fuòri, uscíte; go —, uscíte, andáte avánti; and so —, e così via via, e via dicéndo; from this time —, d'ora innánzi; to bring —, far uscíre, sgravársi di; to set —, espórre, pubblicáre
— *prep.* fuòri, fuòri di
— -còming, *a.* sul púnto d'apparíre o comparíre; *s.* il comparíre, compársa
— -issuing, *a.* uscènte, che ésce, che emána
Fòrthwith, *a.* incontanènte, súbito
Fòrthright, *avv.* sèmpre dritto
Fòrtieth, *a.* quarantèsimo
Fortifiable, *a.* che si può fortificáre
Fortificátion, *s.* fortificazióne; cittadélla
Fòrtifier, *s.* fortificánte, *m.*, corroboránte,*m.*
Fòrtify, *va.* fortificáre, muníre, rinforzáre
Fòrtifying, *a.* fortificatívo; *s.* il fortificáre
Fórtin, *s. (fort.)* fortíno
Fòrtitude, *s.* fortézza d'ánimo
Fórtlet, *s. (fort.)* fortíno
Fórtnight, *s.* quíndici giórni (due settimáae); in a —, di qui a quíndici giórni; to mórrow —, dománi a quíndici
Fórtress, *s.* fortézza, ròcca, cittadélla; *va.* fortificáre
Fortúitous, *a.* fortúito, casuále
Fortúitously, *avv.* fortuitaménte, per cáso
Fortúitousness, fortúity, *s.* cáso, sòrte, *f.*, eveniénza, accidènte, *m.*
Fórtunate, *a.* fortunáto, avventuráto, avventuróso
Fórtunately, *avv.* fortunataménte, feliceménte

Fòrtunateness, *s.* buòn succèsso, ventúra, prosperità
Fórtune, *s.* fortúna, sòrte, *f.*, cáso, dòte, *f*; góod —, buòna fortúna; ill —, mála ventúra, disgrázia; the whéel of —, la ruòta della fortúna; to máke one's —, far fortúna, arricchíre; she has a lárge —, ella ha una gròssa dòte; — -húnter, uno che va a cáccia di dònne rícche; — tèller, dicitóre, -trice di buòna fortúna, zíngara, stregóne; he has — cháíned to his cár, egli tiène la fortúna pel ciuffétto; to fóllow one's —s, associársi alla sòrte d'uno; to séek one's —, cercár fortúna; — smíles on him, la fortúna gli sorríde; we mùst beár up agáínst bad —, non bisógna lasciársi abbáttere dalle disgrázie, dobbiámo mostráre il víso alla ría ventúra, bisógna signoreggiár la fortúna
— -bóok, *s.* libro di magía
Fórtuneless, *a.* sènza fortúna; sfortunáto
Fórty, *a.* quaránta
Fórum, *s. (antichità rom.)* fòro, tribunále, *m.*, piázza
Forward, fòrwards, *avv.* avánti, innánzi; — if you can, avánti se potéte; —, victory or dèath! avánti, vittòria o mòrte! còme —, fátevi avánti, innoltrátevi; to pùsh —, ficcársi avánti; stráight- —, diffiláto, addirittúra
— *a.* avanzáto, precòce; impaziènte, ardíto, disinvòlto; dispósto, prónto, apèrto, intelligènte
— *va.* spíngere avánti, inoltráre; avanzáre, promuòvere, favoríre, spedíre, mandáre, trasméttere, indirizzáre, dirígere, far capitáre; to — góods, spedíre mèrci
Fòrwarder, *s.* speditóre, -trice, promotóre, -trice
Fòrwarding, *s.* lo spedíre, l'innóltro, il promuòvere, acceleraménto, avanzaménto
Fòrwardly, *avv.* con prémura, arditaménte
Fòrwardness, *s.* prontézza, ardóre, prémura, presunzióne; státo avanzáto, státo precòce
Fòrwards, *avv.* avánti, innánzi; to go bàckwards and —, andáre avánti e indiètro, andár su e giù; *V.* Fórward
Fòss, *s. (fort.)* fòssa, fossáto; *(anat.)* fòsso, cávo
— -róad ⎰ *s.* stráda militáre romána *(in Inghilterra)*
— -wáy ⎱
Fòsset, *s.* cannèlla (di bótte)
Fòssil, *a. s.* fòssile, *m.*
Fossilizátion, *s.* fossilizzazióne
Fossilíze, *va.* fossilizzáre; *vn.* fossilizzársi
Fòster, *va.* sostentáre, alleváre, nudríre, caldeggiáre, protèggere; *vn.* nudrírsi
— -bábe, *s.* bambíno a bália
— -bròther, *s.* fratèllo di látte
— -chíld, *s.* fanciullíno a bália; fanciullína a bália; figliuòlo di látte; figliuòla di látte

Fòster -dàm, *s.* nutríce, *f.*

— -dàughter, *s.* figliuòla di látte

— -èarth, *s.* tèrra nutritíva (ma non la natía) d'una piánta

— -fàther, *s.* bàlio (maríto della bàlia)

— -mòther, *s.* bàlia, nutríce, *f.*

— -nùrse, *s.* nutríce, *f.*

— -sister, *s.* sorèlla di látte

— -sòn, *s.* figliuòlo di látte

Fòsterage, *s.* cúre, *f.* pl. della nutríce

Fòsterer, *s.* nutríce, *f*; they pùt their chíldren to —s, dánno a bàlia i figliuòli

Fòsterling, *s.* figliuòlo di látte; figliuòla di látte

Fòstress, *s.* bàlia, nutríce, *f.*

Fòther, *s.* péso pel piómbo (equivalénte a circa quintáli métrici 10. 92); *va.* (*mar.*) acciecáre, turáre, ristoppáre. *V.* fodder

Fóugàde, fóugàss, *s.* (*mil.*) píccola mína

Fòught, *pass.* di Fight

Fŏul, *a.* sózzo, schifo, sudício, spòrco, schifóso, lòrdo, immóndo; brútto, tórbido, intorbidáto, impúro; vergognóso; indégno; sleále, ingiústo; intricáto, intralciáto; — linen, biancheria spòrca; — brèath, cattívo fiáto; — wèather, (*mar.*) tèmpo burrascóso, fortúna, procèlla; — dèed, azióne atròce; — mèans, mèzzi indégni; — pláy, trúffa (*nel giuoco*); — dèaling, doppiézza;

• fròde, *f*; — lànguage, ingiúrie, villaníe; — fiénd, spírito immóndo, demónio; to fàll or rùn — of, (*mar.*) urtársi cóntro, dar di còzzo a; — mòuthed, malédico

— *va.* sporcáre, lordáre, intorbidáre

Fŏully, *avv.* sporcaménte, vergognosaménte, ingiustaménte, bassaménte

Fŏulness, *s.* sporcízia, porchería, bruttúra; turpitúdine, *f*; — of the stòmach, impurità dello stómaco

Fóumàrt, *s.* (*zool.*) púzzola

Fŏund, *va.* fondáre; pórre il fondaménto o le fondaménta di; collocáre, stabilíre, edificáre (*metall.*) fóndere, liquefáre, strúggere, gettáre, formáre; Found, *pass. di* find

Fŏundàtion, *s.* fondaménto, báse, *f.*, orígine, *f*; from the —, di piánta; the fóundàtions of society, le fondaménta dell'órdine civíle; to be on the —, avére una piázza, un pósto gratúito (in un collégio); to get one a —, ottenére ad uno una piázza, un pósto gratúito in un collégio; to láy the —, pórre, gettáre le fondaménta'; to láy the — -stòne, pórre la príma piètra (d'un edifício, d'un monuménto)

Fŏunder, *s.* fondatóre, -tríce, fonditóre; bell- —, fonditóre di campáne; lètter- —, fonditóre di caràtteri

— *va.* (*mar.*) affondáre, andár a fóndo; (*fig.*) far fiásco, non riuscíre; — a horse, *va.* storpiáre un cavállo colla sovèrchia fatíca, rovinárlo ·

Fŏundered, *a.* (*mar.*) affondáto, caláto a fóndo; (*veter.*) storpiáto, rovináto

Fŏunderous, *a.* scabróso, pericolóso

Fŏundery, *s.* fondería, ferrièra

Fŏunding, *s.* il fondáre; il fóndere (*metall.*)

Fŏundling, *s.* trovatèllo; (bambíno) espòsto; — hòspital, brefotròfio, ospízio de' trovatèlli

Fŏundress, *s.* fondatríce, *f.*

Fŏundry, *s.* fondería; ferrièra

Fŏunt, *s.* còrpo di caràtteri da stámpa

— -càse, *s.* cássa a scompartiménti di maggióre capacità (dóve tèngonsi i caràtteri di risèrva)

Fŏuntain (*poet.* fŏunt), *s.* fontána, sorgènte, *f*; — -hèad, scaturigine, *f.*, fónte, *f*; artificial —, gètto d'ácqua, zampíllo

Fŏuntainless, *a.* sènza fónti, sènza ácqua

Fŏuntful, *a.* abbondánte di sorgènti

Fŏur, *a.* quàttro; — -scóre, ottánta; — -square, quadráto, quádro; — -fŏoted, quadrúpede; — -fóld, quádruplo; cóach and —, quadríga, quadríglia, tíro a quáttro; àll —s, (*al giuoco*) sequènza di càrte, imperiále, *f*; to gó, to wàlk on àll —s, andár carpóne

— -whèeled, *a.* a quáttro ruòte

Fŏurbe, *s.* fúrbo, furfánte, truffatóre

Fŏurdoùble, *a.* piegáto in quáttro pàrti

Fŏurtéen, *a.* quattòrdici

Fŏurtéenth, *a.* decimoquárto, quartodécimo, quattordicèsimo

Fŏurth, *a.* quárto

Fŏurthly, *avv.* in quárto luògo

Fŏwl, *s.* uccèllo, augèllo; volàtile, m. (*poet.*); póllo, pollástro; pollàme, *m*; wàter- —, uccèllo palústre; plèase to cut up this —, favoríte trinciáre quésto pollástro

— *vn.* cacciáre; prènder uccèlli, uccelláre, tirár agli uccèlli

Fŏwler, *s.* uccellatóre, cacciatóre (di uccèlli)

Fŏwling, *s.* cáccia degli uccèlli; to go a —, andár a cáccia degli uccèlli; uccelláre; — -pièce, schiòppo da cáccia

Fŏx, *s.* vólpe, *f*; dòg- —, máschio della vólpe; she- —, vólpe fèmmina; cùnning —, (*pers.*) volpóne; when the — prèaches, mind your gèese, quándo la vólpe prèdica badáte alle òche; to set the — to kèep in gèese, dáre le pècore in custòdia al lúpo, dáre le latúghe in guárdia a páperi

— -báne, *s.* (*bot.*) acònito

— -càse, *s.* pèlle di vólpe

— -chàse, *s.* cáccia della vólpe

— -cùb, *s.* volpicíno

— -évil, *s.* (*med.*) alopecía, alopezía, pelatína

— -glòve, *s.* (*bot.*) digitále, *f.*

— -hŏund, *s.* cáne, *m.* per la cáccia della vólpe

— -hùnt, *s.* cáccia della vólpe

— -hùnter, *s.* cacciatóre di vólpi

— -làir, *s.* tána di vólpe

Fóx -táíl, *s.* códa di vólpe
— -tràp, *s.* tràppola (da pigliár le vólpi)
Fòxish, fòx-líke, *a.* volpíno, astúto
Fòxship, *s.* astúzia, accortézza, malízia
Fràct, *va.* (*ant.*) frángere; violáre
Fràction, *s.* frangiménto; frazióne, *f.*, rompiménto; (*arit.*) frazióne, rótto; impróper —, frazióne imprópria, apparénte; simple —, frazióne ordinária; abbreviátion, redùction of —s, riduzióne delle frazióni; to abbréviate, to redúce a —, ridúrre una frazióne
Fràctional, *a.* frazionário, rótto; — parts, frazióni di frazióne
Fràctious, *a.* rissóso, pervèrso, stizzóso
Fràctiously, *avv.* rissosaménte, stizzosaménte
Fràctiousness, *s.* umóre rizzóso, stizzóso
Fràcture, *va.* frángere, fracassáre, spezzáre, sfragelláre, rómpere con violènza; — *s.* frattúra, rottúra; (*chir.*) frattúra
Fràctured, *a.* infrànto, spezzáto, sfragelláto
Fràgile, *a.* frágile, fràle, cadúco, débole; frangíbile; (*com.* sulle casse) pósa piáno
Fragìlity, *s.* fragilità, fralézza, debolezza
Fràgment, *s.* framménto, frantúme, *m*; párte di còsa rótta, schéggia, rimasúglio
Fràgmentary, *a.* frammentário, compósto di framménti; — rócks, ròcce frammentárie
Frágrance, frágrancy, *s.* fragránza
Frágrant, *a.* odoróso, odorífero
Frágrantly, *avv.* odorosaménte, soavemènte
Fráil, *s.* spórta, paniéra; — of rátsíns, spórta di uva sécca
— *a.* fràle, frágile, débole, cagionévole; to máke —, affraláre
Fráilness, *s.* fragilità
Fráilty, *s.* fralézza, fragilità; debolézza
Fráize, *s.* (*ant.*) frittèlla; (*fort.*) palizzáta
Fráme, *s.* armatúra di legnáme, struttúra, ossatúra, teláio, corníce, *f*; fórma, fábbrica, sistéma, *m.*, mácchina, composizióne, disposizióne, impannáta, invetriáta; battènte, *m*; gábbia; dóor- — battènte, *m*; picture- —, corníce, *f*; táble- —, i piédi d'una távola; the húman —, la struttúra del còrpo umáno; ᾰt of —, sgangheráto, indispósto; in a right —, ben dispósto; the — or sìstem of the úniverse, il sistéma, la fábbrica dell' univèrso
— *va.* formáre, costruíre, dar fórma a, compórre, ordináre, concertáre, divisáre, macchináre, inquadráre (in una corníce)
— -gráte, *s.* gráta di légno
— -máker, *s.* fabbricatóre di corníci; fabbricatóre di teláí
— -wòrk, *s.* lavóro fátto al teláio; intelajatúra, armadúra di legnáme; schízzo; canaváccio, canováccio; teláio; carcáme, *m.*, carcássa
Fràmer, *s.* chi costruísce, fórma, diségna, inquádra; formatóre, -tríce, facitóre, -tríce

Fráming, *s.* armadúra di legnáme, struttúra; — of a stéam èngine, ciabátta dell'impannáta
Frànc, *s.* fránco (monéta francése), líra italiána
Frànchise, *s.* franchígia, privilègio; the eléctive —, il dirítto elettoràle
— *va. V.* Enfranchise
Franciscan, *a. s.* Francescáno
Fràncolin, *s.* (*orn.*) francolíno
Frangibìlity, *s.* fangibilità, fragilità
Fràngible, *a.* frangíbile, frágile
Frángipáne, *s.* marzapáne, *m.*, essènza odorósa
Frànk, *s.* fránco, líra francése; lèttera affrancáta; stíá, porcíle, *m*; Fránco, (Francése)
— *a.* fránco; schiètto, apèrto, generóso
— *va.* mandár fránco di pòsta, ingrassáre
— -cháse, *s.* cáccia libera
— -fée, *s.* líbero allòdio
— -màrriage, *s.* tenúta trasmissíbile ai discendènti dirètti
— -plédge, *s.* cauzióne dáta per rispóndere della própria condótta
— tènement, *s.* líbero allòdio
Frànkincense, *s.* incènso, olíbano
Frànklin, *s.* livellário o censuário affrancáto
Frànkly, *avv.* francaménte; schiettaménte
Frànkness, *s.* franchézza, schiettézza
Fràntic, *a.* frenètico, mátto, furióso
Frànticly, *avv.* da frenètico, da deliránte
Frànticness, *s.* frenesía
Fràp, *va.* (*mar.*) amarráre; trincáre, cíngere
Fràpping, *s.* (*mar.*) il trincáre; il cíngere
Fratèrnal, *a.* fratèrno, fratellévole
Fratèrnally, *avv.* fraternaménte, da fratèllo
Fratèrnity, *s.* fraternità, fratellánza, confratèrnita, compagnía
Fraternizátion, *s.* affratellánza, affratellaménto
Fratèrnize, *vn.* fraternizzáre, affratellàrsi, diventár come fratèlli, vívere a mo' di fratèlli
Fratèrnizer, *s.* chi fraternízza
Fratricídal, *a.* fratricída
Fràtricide, *s.* (*cosa*) fratricídio; (*pers.*) fratricída, *m.*, *f.*
Fráud, *s.* fráude, *f.*, fròde, *f.*, trúffa, ingánno
Fráudful, *a.* fraudolènte, fraudévole
Fráudfully, *avv.* fraudolenteménte
Fráudulence, fràudulency, *s.* fraudolènza, fròde, *f.*
Fràudulent, *a.* fraudolènte
Fràudulently, *avv.* fraudolenteménte, con fròde
Fráught, *p. p.* caricáto, empiúto; — with, ricco di, piéno di, zéppo di; *V. Freight* — *va.* (*antiq.*) caricáre; *s.* (*ant.*) cárico
Fraxinélla, *s.* (*bot.*) frassinèlla, ginocchiètto, dittámo biánco

Fráy, *s.* ríssa, contésa, zúffa, barúffa; fregaménto, sfregaménto; luògo ragnáto (in una stòffa)
— *va.* sfilacciáre, ragnáre, scerpáre; usáre, guastáre legándo o portándo; to be or get —*ed*, èssere scerpelláto, sfilacciáto
Fréak, *s.* ghiribízzo, capríccio, grillo ; *va.* screziáre, macchiáre di più colóri
Fréakish, *a.* capriccióso, ghiribizzóso, fantástico
Fréakishly, *avv.* capricciosaménte
Fréakishness, *s.* bizzarría, capricciosità, stravagánza
Frèckle, *s.* lentíggine, *f.*, táccia róssa
Frèckled, *a.* copèrto di lantíggini, lentigginóso
Frèckledness, *s.* státo lentigginóso
Frèckly, *a.* lentigginóso
Frée, *a.* líbero, fránco, apèrto, liberále, lárgo, generóso, volontário, gratúito, sciòlto, esènte, immúne, sgómbro; as — as áir, líbero come l'ária; to set —, emancipáre; to máke —, affrancáre, prèndersi la libertà di; — -will, líbero arbítrio; — tráde, líbero scámbio; — from cáre, sciòlto da cúre; — of dúty, esènte di dázio; — of póstage (*post-paid*), fránco di pòrto; — of the guild, of the cíty, cittadíno elettóre; — gíft, dóno líbero; — schóol, scuòla púbblica, scuòla comunále; to máke tóo —, arrogársi tròppa licènza; — -born, náto líbero, náto in paése líbero, náto di genitóri líberi ; — -hèarted, fránco, liberále, lárgo di cuòre; — -máson, fránco muratóre; — -spóken, fránco ne' sentiménti é nel parláre; — -thinker, líbero pensatóre; — thinking, líbero pensiéro; — lànds, tèrre allodiáli; — press, stámpa líbera ; — -wàrren, diritto di cáccia in luòghi riserváti
— *va.* liberáre, affrancáre, emancipáre, esentáre, sciògliere, sgombráre, apríre
Fréebench, *s.* contraddòte, *f.* in *copyhold*
Fréebóoter, *s.* malandríno, masnadièro
Fréebóoting, *s.* malandrinággio
Fréedman (*pl.* fréedmen), *s.* libèrto, schiávo fátto líbero
Fréedom, *s.* libertà; scioltèzza, facilità, agilità, abilità nel fáre; franchígia, privilégio, cittadinánza; diritto elettorále; — from, esenzióne, immunità; — and independènce, libertà e indipendènza; to táke óut one's —, ottenère il diritto elettorále, la cittadinánza
Fréehold, *s.* tèrra allodiále, fèudo
Fréeholder, *s.* fránco livelláurio
Fréely, *avv.* liberaménte, francaménte, liberalménte, copiosaménte, con profusióne, gratuitaménte, volontièri
Fréeman, *s.* uòmo líbero, borghése che gòde i privilégi d'una città o d'una corporazióne; with the vigor and ènterpríse, which

are characteristic of fréemen, con quell'energía e intraprendiménto che sóno própri degli uòmini líberi
Fréemáson, *s.* frammassóne, *m.*, massóne, *m.*
Fréemásonry, *s.* frammassonería, massonería, órdine dei frammassóni
Fréeness, *s.* franchèzza, schiettèzza, generosità
Fréestóne, *s.* piètra víva, piètra da táglio; *a.* di piètra víva, di piètra da táglio; (*frutto*) spiccáce, fácile a spiccársi dal nócciolo
Fréeze, *va.* (*pret.* fróze, *p. p.* frózen), geláre, agghiaccciáre, diacciáre ; *vn.* geláre, congelársi, agghiacciársi, agghiadáre, it will — to-*night*, stanòtte vuol geláre; the wàter is frózen, l'ácqua s' è agghiacciáta; to — to dèath, assideráre; to —(one) to dèath, far moríre (uno) di fréddo
Fréezing, *a.* che géla, algènte; *s.* congelazióne
Freight (*pr.* fráte), *s.* (*com. mar.*) cárico (di náve), nòlo, noléggio
— *va.* (*com.* caricáre (un bastiménto), noleggiáre, prènder a nòlo (una náve)
Freighter (*pr.* fráter), *s.* noleggiatóre; chi píglia a nòlo una náve
Freighting (*pr.* fráting), freightage, *s.* noléggio, l'átto del noleggiáre o pigliáre a nòlo un bastiménto
Frènch, *a.* francése, di Fráncia; — wíne, víno francése; — bèans, fagiuòli; — lánguage, — tòngue, língua francése; — girl, ragázza, fanciúlla francése; — lády, signóra, dáma francése; — wóman, una Francése; a — man, un Francése; thrée Frènchmen, tre Francési; the —, i Francési; *s.* il francése (*idioma*)
Frènchified, *a.* infrancesáto; ornáto alla francése
Frènchify, *va.* ammaestráre, addobbáre alla francése, infrancesáre, afforestieráre; to becóme frènchified, infrancesársi, afforestierársi
Frenètic, *a.* *meglio* frantic
Frènzied, *a.* frenètico, rabbióso, deliránte
Frènzy, *s.* frenesía, delírio, rábbia
Fréquence, *s.* (*poco us.*) frequènza, affluènza
Fréquency, *s.* frequènza, ricorrènza, ripetizióne, reiterazióne
Fréquent, *a.* (*cosa*) frequènte; (*pers.*) assíduo
Frequènt, *va.* frequentáre, bazziccáre, praticáre
Frequèntable, *a.* frequentábile
Frequèntátion, *s.* il frequentáre, frequentazióne
Frequèntative, *a. s.* (*gram.*) frequentatívo
Frequènter, *s.* frequentatóre, -trice, bazziccatóre
Frequènting, *s.* frequentazióne, *f.*, il frequentáre

Fréquently, *avv*. frequenteménte, di frequènte, spésso

Fréquentness, *s.* frequènza

Frèsco, *s.* frésco, frescúra, rinfrésco; to páint in —, dipíngere a frésco

Frèsh, *a.* frésco, flòrido, vèrde, frésco, nuòvo, novèllo; (*del vento*) frésco; *dell'acqua*) dòlce; of a — complèxion, di frésco colóre, di carnagióne frésca; — hòrses, caválli fréschi; — brèeze, vènto frésco —; brèad, páne frésco; — wàter, ácqua dòlce; — wàter fish, pésci d'ácqua dòlce; — méat, cárne frésca

— *s.* corrènte, *f.* d'ácqua dòlce; (*mar.*) piéna

Frèshen, *vn.* rinfrescáre, dissaláre

— *va.* rinfrescársi, divenire frésco

Frèshes, *s. pl.* corrènte, *f.* d' ácqua dòlce che viéne a mischiársi con quella del máre; piéna (d'ácque); inondazióne

Frèshet, *s.* corrènte, *f.* o piéna d' ácqua dòlce

Frèshly, *avv.* frescaménte, di frésco

Frèshman (*pl.* frèshmen), *s.* (*università*) studènte arriváto di frésco, studènte del primo ánno, novizio universitário

Frèshmanship, *s.* (*università*) noviziáto universitário

Frèshness, *s.* freschézza, frésco, novità

Frèshwàtered, *a.* innaffiáto di frésco

Frèt, *va.* ròdere, fregáre, logoráre fregándo, scorticáre, leváre la pèlle, la cortéccia; cesolláre, intagliáre, svariáre, fermentáre, agitáre, irritáre, corrucciáre, istizzíre

— *vn.* ròdersi, corròdersi, agitársi, affannársi, inquietársi

— *s.* erosióne, corrosióne, *f.*, fregaménto, bolliménto, fermentazióne, cesellatúra, riliévo, agitazióne, crúccio, affánno; (*mus.*) tásto; (*arch.*) meándro; *va.* ornáre di meándri

Frètful, *a.* irrequièto, stizzóso, cruccióso

Frètfully, *avv.* crucciosaménte

Frètfulness, *s.* irrequietézza, cattívo umóre

Frètter, *s.* cagióne di torménto, d'affánno

Frètting, *s.* agitazióne, irrequietézza, affánno

Frètty, *a.* intagliáto; ornáto di riliévo, fregiáto

Frètwòrk, *s.* intáglio, lavóro in riliévo

Friability, *s.* friabilità, qualità polverizzábile

Friar, *s.* fráte, *m.* mònaco, religióso; blàck —, domenicáno; gráy —, francescáno, agostiniáno; whìte —, carmelitáno

— -'s-còwl, *s.* (*bot.*) áro

— 's -làntern, *s.* fuòco follétto, fuòco fátuo

Friarlike, friarly, *a.* fratésco, da fráte

Friary, *s.* fratería, monastério, convènto (di fráti); *a.* di fráte, monástico

Fribble, *vn.* baloccáre, ciondoláre, gingilláre

Fribbler, *s.* gingíllo, ciondolóne, baloccóne

Fricandeau (*pr.* fricandò), *s.* fricandò

Fricassèe, *s.* fricassèa, frítto, cárne fríttá

— *va.* cucináre in fricassèa

Friction, *s.* frisióne, fregaménto, attríto

Friday, *s.* venerdì, *m*; góod —, venerdì sánto

Friènd, *s.* amíco; fémale —, amíca; bòsom —, amíco intrínseco; — of the fámily, amíco di cása; a — as fàr as cònscience allòws, amíco fino all'altáre; a — in néed is a — indéed, nel bisógno si conòscono gli amíci; to kéep —s, restár amíci; to màke —s with one, far páce con alcúno, riconciliársi; the —s, the Society of —s, i Quáccheri

Frièndless, *a.* sènza amíci, isoláto, derelítto

Frièndlessness, *s.* l'èssere sènza amíci

Frièndlike, *a.* da amíco, da amíca

Frièndliness, *s.* amicízia, disposizióne amichévole, benevolénza, bontà

Frièndly, *avv.* amichévole, amíco, benèvolo, benígno, propízio, favorévole; — society, società di mútuo soccórso; to bé on — tèrms, èssere in rappòrti amichévoli

— *avv.* amichevolménte, da amíco

Frièndship, *s.* amicízia, favóre; to gáin the — of a pèrson, amicársi alcúno

Frìeze, Frìze, *s.* téla di frísa; (*arch.*) frégio, zòforo

Frìezelike, *a.* in fórma di frégio, di zòforo

Frigate, *s.* (*mar.*) fregáta; stéam —, fregáta a vapóre

— -bird (*pr.* bùrd), *s.* (*orn.*) fregáta, tachípeto

— -bùilt, *a.* costrútto a fregáta

Frigatoon, *s.* (*mar.*) saètta

Frigeratory, *s.* (*chim.*) refrigeratóre, refrigerànte, *m.*

Frìght, *s.* spavènto, sgoménto, paúra; to táke —, spaventársi, impauríre; (*del cavallo*) ombráre

— *va.* atterríre, impauríre, spaventáre

Frighten, *va.* spaventáre, impauríre, sbigottíre; — one òut of his wits, atterríre alcúno, sbalordírlo

Frightful, *a.* terríbile, spaventévole, orrèndo

Frightfully, *avv.* spaventevolménte

Frightfulness, *s* orróre, terróre, spavento

Frígid, *a.* frígido, fréddo; (*med.*) impotènte

Frigídity, *s.* frigidità, freddézza, impotènza

Frìgidly, *avv.* freddaménte, lentaménte

Frígidness, *s.* frigidità

Frigorific, *s.* frigorífico, che cagióna fréddo

Frill, *vn.* tremáre di fréddo

— *s.* merlétto d'ornaménto allo sparáto della camicia, gála, giabò

Fringe, *s.* frángia, balzána, cérro

— *va.* ornár di frángia, frangiáre

— -trèe, *s.* (*bot.*) calicánto

— -màker, *s.* lavoratóre, -trice di fránge, frangiájo, frangiája

Fringy, *a.* frangiáto

Fripper, fripperer, *s.* rigattiêre, *m.* rigattiêra

Frippery, *s.* àbiti vêcchi, pánni vêcchi, vestíti smêssi; ciárpe, *f. pl.*, ciarpáme, *m.*, ciarpúme, *m.*, ciarpería; masseriziáccia inútile; robáccia inútile; bottéga, fóndaco di rigattiêre; mestiêre, commêrcio, tráfico di rigattiêre   (re, *m.*

Friseur, *s.* acconciacapélli, *m.f.*,parrucchiê-

Frisk, *vn.* saltelláre (per allegría); spiccár sálti, sgambettáre, pazzeggiáre; far il civettíno

— *s.* caprióla, sálto

Frisker, *s.* chi saltélla, sgambétta; pazzarêllo, pazzarêlla, bricconcêllo, bricconcêlla; persóna incostánte; spírito irrequiêto

Frisket, *s.* (*tipografía*) fraschétta; to fly the —, fáre il mulinêllo

Friskful, *a.* irrequiêto, nabísso, che ha l'argênto addòsso

Friskiness, *s.* giôia, allegrêzza, gajêzza

Frisky, *a.* gajo, pazzésco, svêlto; allêgro; di civettíno, di pazzarêllo; he is getting —, egli comíncia a fáre il libertíno

Frit, *s.* (*vetrería*) fritta

Frith, *s.* bráccio di máre, fôce, *f.*, (di fiúme), pescája; forêsta; campicéllo distrátto da un terréno comunále

Fritillary, *s.* (*bot.*) fritilláría, meleágride, *f.*

Fritter, *s.* frittélla, pezzétto

— *va.* sminuzzáre, affrittolláre; — away, diminuíre, scialacquáre, spêrdere

Frivolity, *s.* frivolêzza, leggerêzza, vanità

Frivolous, *a.* frívolo, leggiêro; fútile

Frivolously, *avv.* in mòdo frívolo, vanaménte

Frivolousness, *s.* frivolêzza

Friz, Frizzle, *va.* arricciáre; arriccioláre

Frizzle, *s.* ríccio, rícciolo, anêllo

Frizzler, *s.* acconciacapélli, *m. f.*

Fró, *avv.* indiêtro; to go to and —, andáre e veníre, andár su e giù

Frock, *s.* vestína da fanciúlla; — cóat, —, marsína, giúbba, ábito da conversazióne

Frog, *s.* rána, *f.* ranòcchio, *m*; (*vet.*) fettóne, *m*; alamáro; (*med.*) áfta

— -bit, *s.* (*bot.*) idrocáride, *f.*

— -fish, *s.* (*itt.*) martín pescatóre, diávol marino

— -orchis (*pr.* òrkis), *s.* (*bot.*) òrchide moscherína

Froggy, *a.* piêno di ráne

Frolic, *s.* ghiribízzo, grillo, schêrzo

— *a.* ghiribízzoso, fantástico, scherzévole

— *vn.* pazzeggiáre, scherzáre, buffoneggiáre

Frolicsome, *a.* festévole, gajo, ghiribízzóso

Frolicsomely, *avv.* scherzosaménte

Frolicsomeness, *s.* schêrzo, trastúllo, béffe, *f. pl.*

From, *prep.* da, dal dallo, dalla, di, fin da; to go — Lóndon to Páris, andáre da

Lóndra a Parigi; — that móment (a principiáre) da quel moménto; — time to time, dí quándo in quándo; tell him — me, dítegli da párte mía; — my early yoúth, fin dalla mía giovinézza; — whit I sée, per quel che védo; — ten till two, dalle diêci alle dúe; — top to tóe, da cápo a piêdi

Frond, *s.* (*bot.*) frónda, frásca, frondúra

Frondation, *s.* (*agric.*) il dibruscáre o rinettáre (*una piánta*)

Frondescence, *s.* frondúra, fioritúra (*stagione*)

Frondiferous, *a.* frondífero

Front, *s.* frónte, *f.*, frónte (*viso*); frónte, facciáta, frontespízio; side —, (*pitt.*) profílo; the — of an ármy, la frónte d'un esército

— *va.* fronteggiáre, stáre di frónte; affrontáre, assalíre di frónte; *vn.* êsser di frónte, êsser dirimpétto; to new — bóots, riscappináre gli stiváli

Frontal, *s.* frontále, *m*; bênda, striscia

Frontier, *s.* frontiêra, límiti, confíni, *mpl.*

— *a.* limítrofo, confinánte, *m. pl.*

Frontinac { *s.* (víno di) Frontignáno
Frontiniac {

Frontispiece, *s.* frontispízio, facciáta

Frontless, *a.* sfrontáto, sfacciáto, impudênte

Frontlet, *s.* frontále, *m.*, bênda (ornaménto)

Fronton, *s.* (*arch.*),frontóne, *m.*, frontespízio

Front-room, *s.* cámera, stánza di dinánzi

Frore, *s.* (*poet.*) agghiadáto, geláto

Frost, *s.* geláta, gélo, ghiáccio; hárd —, gran geláta; hóar —, white —, brína, brináta; — nail, chiòdo a ghiáccio, — bitten, geláto, offéso dal ghiáccio

Frosted, *a.* ghiacciáto; damaschináto

Frostily, *avv.* ghiacciataménte

Frostiness, *s.* fréddo eccessívo, ghiádo

Frosty, *a.* di ghiáccio, ghiacciáto, freddíssimo; — day, giórno freddíssimo

Froth, *s.* schiúma, spúma

— *vn.* spumáre; *va.* far spumáre

Frothily, *avv.* con spúma, superficialménte

Frothiness, *s.* l'êsser spumóso, leggiéro, váno

Frothy, *a.* spumóso; vuòto, fútile

Frounce, *s.* rúga, ríccio; *va.* arricciáre

Frouzy, *a.* (*volg.*) múcido, fétido

Froward, *a.* capárbio, ritróso, pervêrso

Frowardly, *avv.* perversaménte, caparbiaménte, ostinataménte

Frowardness, *s.* caparbietà, perversità

Frown, *s.* cipíglio, viso arcígno, sguárdo tòrvo; — of fórtune, disgrázie, sciagúre

Frown, *vn.* increspáre la frónte, far cipíglio, far un viso arcígno, guardár tòrvo; *va.* guardár con cipíglio, vedér di mal òcchio; — back, respíngere con uno sguárdo; — down, atterríre, abbáttere con uno sguárdo

Frowning, *a.* cipiglióso, arcígno, tòrvo

Frówningly, avv. con òcchi tòrvi, biecaménte
Frówy, a. múcido, ammuffáto, ráncido
Fróze, pret. di to Fréeze-
Frózen, a. geláto, ghiacciáto; glaciále
F. R. S. iniziali di Fèllow of the Rǒyal Society, mèmbro della Società Reále (di Lóndra)
Fructificátion, f. fruttificazióne
Fructiferous, a. (poco us.) fruttífero
Frùctify, va. fertilizzáre, rèndere fruttífero
— vn. fruttáre; fáre frútto
Frùgal, a. frugále; párco, ecònomo
Frugàlity, s. frugalità; parsimònia
Frùgally, avv. frugalménte, parcaménte
Frugivorous, a. frugívoro
Fròit, s. frútto; frútta; le frútta; frútto, profitte; first —s, primízie, f. pl.; èarly —s, frútti primatícci; àcid —s, agrúmi, m. pl; kèrnel —, frútto a granèllo; stóne —, frútto a nòcciolo; wàll —, frútto di spalliéra; wíld —, frútto selvático
— va. prodúrre frútti, fruttáre
— -bàsket, s. paniére, m. delle frútta
— -beàrer, s. àlbero fruttífero, piánta da frútto; to be a gôod —, prodúrre mólti frútti
— -beàring, a. fruttífero, che prodúce frútto
— -gàrden, s. òrto
— -gróve, s. fruttéto
— -lòft, — -róom, s. fruttájo
— -tíme, s. tèmpo della ricòlta dei frútti, autúnno
— -sèller, s. fruttajuólo, fruttajuóla, V. Fruiterer
— -tráde, s. commèrcio delle frútta
— -trée, s. àlbero fruttífero, álbero da frútto
— -wàll, s. múro di spalliéra; to grów on a —, créscere in spalliéra
— -wóman, s. fruttajuóla, fruttivéndola
Frùitage, s. frútti, m. pl. frútta, f. pl. di ògni sòrta
Frùiterer, s. fruttajuólo, fruttajuóla
Frùitful, a. fèrtile; fruttuóso, fecóndo
Frùitfully, avv. fruttuosaménte
Frùitfulness, s. fecondità, fertilità, rigóglio
Fruítion, s. fruizióne, f; godiménto
Frùitless, a. infruttuóso, stèrile; infruttuóso, váno, inútile, sènza pro
Frùitlessly, aav. vanaménte, inutilménte
Frùitlessness, s. sterilità; vanità, inutilità
Frumentàceous, a. (bot.) frumentáceo
Frumentàrious, a. del fruménto; (antichità romane) frumentário
Frumentátion, s. (ant. rom.) distribuzióne mensíle di fruménto (al popolo)
Frùsh, s. (vet.) fettóne, m., cállo nel piède d'un cavállo
Frustràneous, a. frustráneo, inútile, váno
Frùstrate, va. frustráre, rènder váno
— a. váno, vòto, inútile, inefficáce
Frustràtion, s. il frustráre, contrammináre, sventáre, delúdere; disingánno, intóppo

Frùstratory, a. frustratòrio, frustráneo
Frùstum, s. trónco; conic —, cóno troncáto; — of a pyramid, pirámide troncáta
Frý, s. frégolo, sciàme, m. di pesciolíni
— va. friggere, cuócere in padèlla
— s. piàtto di frittúra, di frittúme
Frýing, s. il friggere; — -pan, padèlla
F. S. A. iniziali di Fèllow of the Society of Arts
Fócus, s. bellètto; líscio; (bot.) fúco
Fuchsia (pr. fùksia), s. (bot.) fúcsia
Fùddle, van ubbriacáre, imbriacársi
Fùddled, a. bríllo, mèzzo còtto, briáco
Fùdge, s. fandònia, fròttola, fiába
Fúel, s. combustíbile, m: carbóne, m., légna; to add — to flàme, aggiúnger légna al fuóco
— va. nutríre il fuóco; alimentár la fiàmma; tenér vívo il fuóco con nuòva légna o nuòvo combustíbile
Fúeller, s. chi o quel che aliménta il fuóco, o somminístra il combustíbile
Fúelling, s. alimentazióne del fuóco, somministrazióne di combustíbile
Fúero, s. fuèro (statúto spagnuólo)
Fugácious, a. (poet.) fugáce, passeggèro
Fugáciousness, Fugàcity, s. fugacità
Fùgh! (interj.) oibò!
Fúgitive, a. s. fuggiásco, fuggitívo
Fúgitively, avv. fuggitivaménte, fugacemènte
Fúgitiveness, s. fugacità
Fúgue, s. (mus.) fúga; fóga
Fúguist, s. (mus.) compositóre, esecutóre di fúghe
Fùlcimet, s. (poco us.) fúlcro
Fùlcrum, s. fúlcro, puntèllo, sostégno, púnto d'appóggio
Fulfíl, va. adempíre, compíre, eseguíre; appagáre, colmáre
Fulfílling, Fulfílment, s. adempiménto, eseguiménto, compiménto
Fulfràught, a. ben provvísto, cólmo, ricólmo
Fùlgency, s. fulgidèzza; fulgóre, m; lucentèzza
Fùlgent, fùlgid, a. fúlgido, lúcido, fulgènte
Fulgidity, Fùlgour, s. fulgidèzza, fulgóre, m.
Fùlgurate, vn. folgoráre
Fulgurátion, s. il fulguráre, il balenáre, baléno, lámpo
Fùlgurite, s. (min.) folgorite, f.
Fuliginósity, s. (chímica) fulligginosità
Fulíginous, a. fuligginóso
Fulíginously, avv. fuligginosaménte
Fùll, a. piéno, ripiéno, cólmo, ricólmo, sázio; complèto, íntéro, perfètto; ámpio: it is —, è piéno; of — àge, adúlto; — pówer, piéno potére; the — moòn, la lúna piéna; in — of all demánds, a sáldo; as — as it can hóld, piéno zèppo; to éat one's bèllyful, mangiáre a crèpa pèlle; — -fáced, paffúto, pienòtto

nôr, rûde; - fâll, sôn, bûll; - fâre, dò; - bý; lỳmph; pôlie, bôỹi, fôl, fôwl; ẽem, aẻ

Diz. Ingl. Ital. - Ediz. VI. Vol. I. 18

Full, *avv.* appiéno, affátto, pienaménte, tútto in più alto grádo, esattaménte, addirittúra, assái, mólto, bène; (*riempitivo*) — well, mólto bène; — fórty тнôûsand men, ben quaránta mîla uòmini
— *s.* piéno, cólmo, misúra cólma; compléto;
. to the —, del tútto, appiéno
— *va.* sodáre, follàre ; calpestáre (i pánni)
Fúllage, *s.* spésa del sodáre i pánni
Fúller, *s.* follóne; —s èаrтн, créta saponácea ad uso di follóne
Fúllery, *s.* gualchiéra (luògo da sodáre)
Fúlling-machine, *s.* màcchina da sodáre (i pánni)
— -mill, *s.* molíno da sodáre i pánni
Fúllness, *s.* pienézza, abbondánza, còpia
Fúlly, *avv.* appiéno, pienaménte, del tútto
Fúlmar, *s.* (*orn.*) procellária ; (*zool.*) púzzola
Fúlminant, *a.* fulminánte, fulmíneo
Fúlminate, *va.* fulmináre, lanciáre (maledizióni), tuonáre
Fulmination, *s.* fulminazióne, *f*; il fulmináre
Fúlsome, *a.* che stúfa, stomachévole, stucchévole, nauseóso, mendáce
Fúlsomely, *avv.* stomachevolménte, mendaceménte
Fúlsomeness, *s.* schifézza, fastidiosità, mendacità
Fúlvid, fúlvous, *a.* fúlvo
Famádo, *s.* pésce affumìcáto
Fúmage, *s.* (*ant.*) *V.* Heárтн-mòney
Fúmatory, *s.* (*bot.*) fumária, fumostèrno, coridálio, fièle di térra, piè, *m.* di gallína, centauréa
Fúmble, *van.* frugáre, frugacchiáre, cercár con ansietà, armeggiáre, andár tastóne, maneggiár goffaménte; malmenáre
Fámbler, *s.* disadátto, palpatóre, tentennóne, goffáccio, stúpido, malaccórto
Fámblingly, *avv.* goffaménte; sconciaménte
Fúme, *s.* fúmo; vapóre; esalazióne; idéa vana ; the —s of wíne, i fúmi, i vapóri del víno; to get into a —, andáre sulle fúrie, sbuffáre.
— *van.* fumáre, sfumáre, svaporáre, svaporársi, dileguáre, far dileguáre ; fumicáre, seccáre al fúmo; incensáre ; esaláre, far esaláre; sbuffáre, andár sulle fúrie; to — off the effècts of wíne, svaporáre gli effètti del vino
Fúmet, *s.* stérco di lèpre, cèrvo e símili
Fumètte, *s.* odóre gradévole (della cárne)
Fúmid, *a.* fúmido
Fúmigate, *va.* suffumicáre; disinfettáre
Fúmigátion, *s.* suffumígio, fumigazióne
Fúmingly, *avv.* colléricaménte, sbuffándo
Fúmiter, fúmitory, *s.* (*bot.*) fumostèrno, fumária, fièle di tèrra
Fúmous, fúmy, *a.* fumóso, fumífero
Fún, *s.* bája, célia, chiásso, buffonería, gaiéz-

za (sciòcca), allegría (del pòpolo), búrla, bèffa, divertiménto, passatèmpo; the — forèver! evvíva l' allegría! to máke — of, fársi bèffa di
Fanàmbulist, *s.* Funàmbulo, funámbolo
Fùnction, *s.* funzióne, impiègo, facoltà (anìmále o intellettuále), operazióne; it perfórms its —s well, funzióna bène
Fùnctionary, *s.* impiegáto, funzionário
Fùnd, *s.* fóndo, capitále, *m*; bène stàbile, *m.*,bánco, cássa, mónte, *m.*, denáro; the —s (*econ. polit.*) i fóndi pùbblici; the French —s, i fóndi francési; the sinking —, la cássa di ammortizzazióne; the —s are up, i fóndi sono in riálzo; — -hólders, detentóri di fóndi dello Státo, aziónisti dei fóndi pùbblici
— *va.* collocáre (denári) ne' fóndi pùbblici
— -hólder, *s.* portatóre di fóndi pùbblici; reddituário, reddituária
Fùndament, *s.* fondaménto, áno, sedére, *m.*
Fundamental, *a.* fondamentále
— *s.* princípio fondamentále, báse, *f.*
Fundamèntally, *avv.* fondamentalménte
Fùnded, *a.* (impiegáto) nei fóndi pùbblici, (investíto) in rèndita dello Státo; — debt, débito consolidáto
Fùnding, *s.* consolidazióne (di dèbito); impiègo (di fóndi)
Fúneral, *s.* funeràle, *m*; mortório; esèquie, *f. pl*; to attènd a —, assístere alle esèquie, accompagnáre un mortòrio
— *a.* funèreo, fúnebre; di mortòrio; — expénses, spése funerárie; — lètter, lèttera di partecipazióne di mórte o d'invito ai funeráli; — orátion, discórso pronunciáto sulla fòssa; orazión fúnebre; — pîle, rógo; pîra fúnerea; — procèssión, comitíva, accompagnaménto fúnebre; — sèrvice, mortório, uffício dei mòrti; — song, cánto fúnebre, elegía in mòrte di
Funéreal, Fúnerary, *a.* funèreo, fúnebre, lugúbro
Fungòsity, *s.* (*med.*) escreacènza spugnósa
Fùngous, *a.* fungóso; di crescènza rápida
Fùngus (*pl.* fùngî), *s.* fúngo; (*med.*) cárne spugnósa
Fúnicle, *s.* funicèlla, funicèllo
Funicular, *a.* funicoláre
Fùnk, (*volg.*) *s.* fetóre, *m.*, odóre cattívo, tánfo; impíccio, imbróglio; *vn.* (*volg.*) èssere in un bell' impíccio, in un bell' imbróglio
Fùnnel, *s.* imbúto; pévera; góla di camíno
Fùnny, *a.* buffonésco, còmico, ridícolo; *s.* battellétto, battèllo di piacère
Fùr, *s.* pellíccia, pèlle mòrbida ; incrostatúra
— *va.* foderáre di pellíccie; guerníre di pèlli mòrbide e prezióse; impellicciáre
Fùrbelow, *s.* balzána; falbalà, *m.*, guernizióne, *f.*

Fùrbish, va. forbíre; pulíre
Fùrbisher, s. forbitóre
Fùrcate, a. (bot.) forcáto
Fùrcation, s. forcatúra
Fùrchel, s. cosciále, m. (in mèzzo il timóne della carròzza)
Fùrfur, s. fòrfora, fórfore, f.
Fùrfuráceous, a. forforáceo, forforóso
Fùrious, a. furióso, faribóndo
Fùriously, avv. furiosaménte, con fúria
Fùriousness, s. fúria, furóre; fóga, ímpeto
Fùrl, va. (mar.) piegàre, ammaináro (le véle); fùrling línea, funicèlle, da ammainar le véle
Fùrlong, s. stádio (ottáva párte d'un míglio)
Fùrlough e Furlow, s. congédò, licênza militáre; on —, in congédo
— va. licenziáre, congedáre
Fùrnáce, s. fornáce, f; fórno gránde; focoláre, m., cámera del focoláre, (di máchina a vapóre); blàsting —, fórno álto, fórno alla Catalána; cúpola —, fornèllo a mánica; mèlting —, fórno, fornèllo di fusióne, cámera di fusione
— -top, s. apertúra (nella párte superióre d'una fornáce)
Fùrnish, va. forníre, provvedére, muníre, equipàggiáre, ammobiliáre, arredáre, decoráre; to — a pèrson with a thing, provvedére úno di úna còsa; — a hóuse, mobiliáre, arredáre una cása
Fùrnished, a. provvedúto, addobbáto; arredáto, munfto; — apàrtments, róoms, stánze, câmere mobiliáte
Fùrniture, s. mobília; móbili, mp., masserízia di cása, guernitúra; equipaggiaménto, forniménto, equipàggio; ornamèntal —, arrédi, addóbbi, m. pl; a piéce of —, un móbile; stock of —, móbili, m. pl., mobílie, f. pl.
— -wóod, s. legnáme, m. per lavóri d'ebanísta
Fùrrier, s. pelliciájo, pelliciére, m.
Fùrriery, s. pelliccieria
Fùrrow, s. sólce, ajuóla; gorèllo, fossatèllo; scanalatúra, incavatúra; rúga
— va. solcáre, assolcáre, rugáre, scanaláre
Fùrry, a. di pelliccia, copèrto di pelliccia
Fùrther, a. (comparatívo di far) ulterióre, più rimóto; novèllo
— avv. (comparatívo di far) più in là, più óltre, di là, più lontáno, óltre; ancóra, áltro, di più, del rèsto; a little —, un po' più in là; I cànnot go —, non pósso andár più óltre; hàve you any — commànds? avéte áltro a comandármi?
— va. vantaggiáre, avanzáre; promuòvere
Fùrtherance, s. il vantaggiáre, il promuòvere; avanzaménto, progrèsso
Fùrtherer, s. promotóre
Fùrthermóre, avv. (poco us.) inóltre, di più, óltre a ciò

Fùrthest, a. (superlat. di far) il più lontáno, il più remòto; at —, al più tárdi
Fùrtive, a. furtívo, occúlto, nascóso, segréto
Fùrtively, avv. furtivaménte, segretaménte; to eye —, guardàr fúrtivamènte
Fúruncle, s. furúncolo, fignolo, cicióne, m.
Furùncolar, a. (med.) furuncoláre, furùncolóso
Fúry, s. fúria, íra, furóre, m. (mit.) Fúria; to bréak out into a fit of —, entráre in fúria, dar nelle fúrie, sulle fúrie; to rúse to —, far salíre in fúria (un anímale)
Fúrylike, a. cóme una fúria
Fúrze, s. (bot.) ginèstra, ginestróne, m; èrica
Fúrzy, a. copèrto d'èriche, di ginèstre
Fúsaróle, s. (arch.) fusarnólo, fusajuóla
Fùscous, a. fòsco, caliginóso, trísto, mèsto
Fúse, van. fóndere, liquefáre al fuóco
Fúsée, s. (fucíle, ant.) ràggio di bómba; rocchèllo di oriuólo; spolétto; ràzzo, salterèllo; tráccia di cèrvo
Fusibílity, s. fusibilità
Fúsible, a. fusíbile, fusíle, che si può fóndere
Fúsiform, a. fusifórme, in fórma di fúso
Fusil (pr. fusée), s. schióppo, fucíle, m., archibúso (poco us.)
Fúsil, a. (stile sostenuto) fusíbile, fusíle
Fúsiléer, s. archibusiére, fuciliére, m.
Fúsion s. l'àtto del fóndere, fusióne
Fùss, s. scalpóre, strèpito; affolláta; to máke a —, menàr scalpóre, affaccendàrsi
Fùssy, a. affrettóso, affaccendáto; a — fèllow, un affannóne, un faccendóne
Fùst, s. fústo (di colónna); odóre múffo; tánfo; vn. (famigliare) sentíre di múffo, di tánfo
Fùstian, s. fustágno, frustágno; ampollosità
Fùstic, s. (dei tíntori) scótáno, sommácco, légno giállo di Cúba
Fùstigate, va. (poco us.) frustáre, bastonáre
Fùstigátion, s. fustigazióne, bastonatúra
Fùstiness, s. mucidèzza, múffa, tánfo
Fùsty, a. múcido, muffáto, múffo
Fútile, a. fútile, frívolo
Futility, s. futilità, inutilità, vanità, inanità
Fùttocks, spl. (mar.) forcámi, stamènali, braccíuóli, pl. m.
Fúture, a. futúro, ventúro; s. futúro, avveníre, m; for the —, nell'avveníre; in the —, (gram.) al futúro, nel tèmpo futúro
Futurítion, s. futurizióne, l'èssere futúro
Futúrity, s. futurità, tèmpo futúro, avveníre, m.
Fùzz, s. minúta particèlle, f. pl; vn. volár vía, sfumáre in minúte particèlle; va. (volg.) ubbriacáre, V. fuzzle
— -báll, s. (bot.) véscia, véscia di lúpo
Fùzzle, va. ubbriacáre, inebbriáre
Fý, ínter. oibò! vergógna! V. Fie

G

G (*pr.* gèe), sèttima lèttera dèll'alfabèto inglése; (*mus.*) sol, *m.*

Gàb, *s.*(*volg.*) cicalío; ciárla, parlantína; to hàve the gìft of the —, (*famigliare*) avére una buòna parlantína, avére sciòlto lo scilinguágnolo

Gabàrdine, *s.* palandràno, gabbáno

Gàbble, *vn.* (*volg.*) cinguettáre, ciaramellàre confusaménte, barbugliáre, gracchiáre; gracidáre (dell'òca e d'àltri uccèlli)

— *s.* (*volg.*) cinguettaménto, cicalío, ciárla; gracchiaménto, gracchiàta, il gracidáre (delle òche e d'altri uccèlli)

Gàbbler, *s.* (*volg.*) cinguettière, *m.*, chiacchieróne, *m.*

Gàbbro, *s.* (*min.*) gàbbro, eufòtide, *f.*

Gàbel, *s.* gabèlla, tàssa

Gàbeller, *s.* gabellière, collettóre delle gabèlle

Gàbion, *s.* (*mil.*) gabbióne, *m.*

Gàble, *s.* pignóne, *m.*, múro (di càsa) che tèrmina in púnta

Gàd, *s.* pèzzo d'acciáio, bulíno, cònio

— *vn.* andáre attórno, vagáre, giráre; — abòut, scórrere la cavallína

Gàdder, *s.* giratóre, perdigiórno, cantonièra

Gàdding, *s.* il vagáre, vagaménto

Gàdfly, *s.* tafáno (insètto)

Gàelic, *a.* gaèlico, 'gallése; — *s.* il gaèlico, il gallése, la língua dei montanári scozzési

Gàff, *s.* uncíno, gràffio;. (*mar.*) pícco

Gàffer, *s.* (*poco us.*) vècchio zòtico, compáre, *m.*

Gàffle, *s.* chiáve, *f.* d'arbaléto; speróne, *m.* (di gàllo da combattiménto)

Gàg, *s.* pèra strozzatója, sbárra (in bòcca ónde impedír la favèlla)

— *va.* pòrre la sbárra in bòcca a, impórre silènzio a, far tacére; — the prèss, tògliere la libertà della stámpa

— -tóoth, *s.* soppraddènte, *m.*

Gàge, *va.* impegnáre, dar in pègno; scomméttere; stazáre, misuráre

— *s.* pègno; sicurtà, stàza, misúra; augnatúra; incástro, incàvo; —, weather- —, (*mar.*) sopravvènto; lée- —, sottovènto; slìding- —, (*geom.*) scàla di proporzióne; ráin- —, pluviòmetro; séa- —, idròmetro (del máre); tíde- —, idròmetro (del livèllo delle maree); wind- —, anemòmetro

Gàggle, *va.* gridáre, gracidáre (come le òche)

Gàggling, *s.* grído di òca

Gàẑety, e gáyety, *s.* gaièzza, allegría, giocondità, giulività, bell'umóre; bel colóre, colór gáio (di vèste)

Gàẑily, *s.* *avv.* gajaménte, allegraménte, giulivaménte

Gàin, *s.* guadágno, profítto, lúcro, vantàg-

gio; (*mar.*) abbrívo; cléar —, guadágno nètto

— *vn.* guadagnáre, acquistáre, ottenére, perveníre a; hòw much hàve you —ed? quanto avéte guadagnáto? to — the victory, riportáre la vittòria; — gròund, guadagnáre terréno, avanzársi; — one's ènds, ottenére l'intènto; to — óver, allettáre, convertíre; — upòn, sopraggiùngere, raggiúngere; — by, guadagnáre con

Gàiner, *s.* chi guadágna, guadagnatóre

Gàinful, *a.* vantaggióso, lucratívo, profittèvole

Gàinfully, *avv.* profittevolménte, vantaggiosaménte

Gàinless, *a.* che non prodúce guadágno; inútile

Gàinlessness, *s.* inutilità

Gàinsàyer, *s.* contraddicitóre, -trice, contraddittóre, -trice, oppositóre, -trice

Gàinsàying, *s.* contraddizióne

Gàinst, *prep.* cóntro, *V.* Against

Gàinstànd, *va.* (*pret.* e *p. p.* gainstòod) resìstere a

Gàirish, *a.* sfoggiánte, sfoggiáto, sfarzóso, spiccáto, vistóso, appariscénte

Gàirishly, *avv.* sfoggiataménte, sfarzosaménte, vistosaménte, spiccataménte, tròppo in vísta, tròppo in evidènza

Gàirishness, *s.* sfòggio, spícco, sfárzo, sfarzosità, vistosità, appariscénza

Gàit, *s.* andatúra, andaménto, pásso

Gàited, *a.* che ha l'andatúra..., del pásso...; to be slów- —, camminàre a pássi tárdi e lènti; to be hèavy —, avér l'andatúra pesánte, èsser gréve nel camminàre

Gàiter, *s.* ghettína, uòsa; to pùt on one's —s, méttersi le uòse, calzàr le uòse ad uno

Gàla, *s.* gàla; — dáy, giórno di gàla, di fèsta

Galàctite, *s.* (*min.*) galattíte, *f*; (*bot.*) galattíte, *f.*

Galànga, *s.* (*bot.*) galánga

Galànthus, *s.* (*bot.*) galánto

Gàlaxy, *s.* (*astr.*) galàssia

Galbánum, *s.* (*bot.*) galbáno

Gàle, *s.* vènto frésco; equinòctial —, vènto dell'equinòzio; strong —, cólpo di vènto

Gàleas, *s.* galeázza (navílio a rèmi e a véle)

Galeàte, gàleated, *a.* galeáto, con l'èlmo in tèsta

Galéga, *s.* (*bot.*) galéga

Galéna, *s.* (*min.*) galéna

Galènic, } *a.* (*med.*) galènico
Galènical, }

Gàlenism, *s.* (*med.*) galenísmo

Gàlenist, *s.* (*med.*) galenísta, *m.*

Galimátias, *s.* tantaferáta, filastròcca, anfanaménto, *V.* Gallimatia

Gàliot, *s.* galeòtta, (piccola galéa)

Gàlipot, *s.* rágia líquida

Gàll, *s.* fiêle, *m.*, bîle, *f*; *fig.* amarézza, rancóre, *m.*, ódio; nóce, *f.* di gàlla, gallòzza; scorticatúra; — -blàdder, vescíca del fiêle; as bitter as —, amáro come il fiêle
— *va.* scorticáre, tor vía la pêlle; ammaccáre, piagáre, far contusióne o piàga, offéndere; *fig.* crucciáre, scottáre; tormentáre, irritáre; vessáre, triboláre; *vn.* crucciàrsi, tormentàrsi; that collar will — your hôrse's shôulders, quel colláre leverà la pêlle alle spàlle del vòstro cavàllo
— -dùct, *s.* (*anat.*) condótto biliáre
— -flÿ, *s.* (*ent.*) mósca che prodúce le nóci di gàlla
— -nùt, *s.* (*bot.*) nóce, *f.* di gàlla
— -sickness, *s.* (*med.*) affezióne biliósa
— -stóne, *s.* (*med.*) cálcolo biliáre
Gallànt, *a.* galánte, gentíle, cortése, elegànte; — *s.* scárpa, *m.*, amànte, *m.*, amoróso, cicisbêo, civettíno
— *van.* far il galánte prèsso una dònna, corteggiárla; civettáre, fáre il civettíno
Gàllant, *a.* prôde, valoróso, cavallerésco; the — cólonel, il próde colonnêllo
Gàllantly, *avv.* prodeménte, valorosaménte; eroicaménte
Gallàntly, *avv.* galanteménte, con fáre galánte
Gàllantry, *s.* coràggio, valóre, prodézza, eroísmo; galantería, manière galánti, grázia, gàrbo, gentilézza; civettería
Gàlled, *a.* scorticáto, piagáto; scottáto, crucciáto, inasprito; piccáto
Gàlleon, *s.* (*mar.*) galeóne, *m.*
Gàllery, *s.* gallería; ópen —, lòggia; còvered —, andróne, *m*; pícture —, gallería di quàdri
Gàlley, *s.* galêa; galêra (*navílio a remi*)
— -fôist, *s.* battêllo di cerimònia (come a Venêzia il Bucintòro)
— -slàve, *s.* galeótto, forzáto
Gàllic, Gàllican, *a.* gallicáno, gàllico
Gàlliciàm, *s.* francesísmo, gallicísmo
Gàlligàskins, *s. pl.* (*burl.*) calzóni di cuòio
Gallimátia, *s.* guazzabúglio; discórso confúso
Gàllimàufry, *s.* fricassêa d'avánzo di cárne (*poco us.*); guazzabúglio
Gallináceous, *a.* (*zool.*) gallináceo
Gàlling, *a.* che scórtica; crucciánte, scottánte, acêrbo, amáro, dolorosíssimo
Gàllinùle, *s.* (*zool.*) gallinêlla acquática
Gàllipot, *s.* alberêllo; baráttolo
Gàlless, *a.* sénza fiêle
Gàllon, *s.* misúra di lítri 4.54345 nel Régno Uníto, e in dogána; negli Státi Uniti di lítri 3.785 pei líquidi, e lítri 4.40459 per le matèrie sécche
Galldon, *s.* gallóne, *m.*, nástro, guernizióne, *f.*
Gàllop, *s.* galóppo; hand —, píccolo galóppo; at fùll —, a briglia sciólta, a carrièra
— *vn.* galoppáre, andáre a galóppo

Gàllopade, *s.* píccolo galóppo; (dánza) gàloppáta
Gàlloper, *s.* corridóre, cavállo che galóppa; cavalière, *m.* che va a galóppo
Gàlloping, *s.* il galoppáre, galoppáta
Gàlloway, *s.* píccolo cavállo inglése
Gàllows, *s.* fórca patíbolo; — lóok, fàccia da fôrca
— -bird (*pr.* bùrd), *s.* capéstro (persóna dégna del capéstro), fórca (persóna dégna della fórca)
— -frée, *a.* avánzo di fórca, scampáto dalla fórca
— -trée, *s.* patíbolo, cróce, *f.*, fórche, *f. pl.*
Gàlly, *a.* di fiêle, amáro come il fiêle; *s.* (*típografla*) vantàggio
— -slíce, — -slíde, *s.* balèstra del vantàggio
Galoche (*pr.* galôsh), *s.* galóscia, soprascàrpa, clach, *m.*
Galvànic, *a.* galvànico, del galvanísmo; — bàttery, (*fis.*) pîla Voltàica, pîla di Vòlta
Gàlvaniàm, *s.* galvanísmo
Gàlvanize, *va.* galvanizzáre
Galvanòmeter, *s.* (*fis.*) galvanòmetro
Gambàdo, *s.* gambále, *m.* (per cavalcáre)
Gàmble, *vn.* giuocáre (fòrti sómme), baráre, mariolàre
Gàmbler, *s.* giocatóre, -trìce
Gàmbling, *s.* il giuóco, la passióne del giuóco; — -hôuse, bísca, biscàzza; *V.* Hell
Gambôgé, *s.* gommagótta
Gàmbol, *vn.* saltabelláre, capriroláre, sgambettáre, salterelláre, spiccár sálti
— *s.* capríola, sálto, sgambétto
Gàmbrel, *s.* gámba di diètro (del cavállo)
Gáme, *s.* giuóco, dipôrto; càccia, cacciagióne, *f.*, selvaggiúme, *m.*, selvaggína; ànimo, cuòre, coràggio; partíta; to plày a —, fáre (giocáre) una partíta; dràwn —, pàtta; to màke — of, fàrsi giuóco di, beffeggiáre
— *vn.* giocáre (divertírsi); giocáre (fáre una partíta)
— -bàg, *s.* carnière, carniére, *m.* carniéro
— -còck, *s.* gállo di combattiménto
— -ègg, *s.* uôvo (di gallína, covàto da un uccéllo di prêda e) d'ónde ésce un gállo di combattiménto
— -kéeper, *s.* guardiáno di càccia, guardabóschi, *m.*
— -làws, *s. pl.* léggi, *f. pl.* súlla càccia
— -pôuch, *s.* carnière, *m.*, carniéra, tásca
Gàmesome, *a.* scherzóso, scherzévole, giulívo, giocóndo, giocóso
Gàmesomely, *avv.* scherzevolménte
Gàmesomeness, *s.* schêrzo, trastúllo, bája
Gàmester, *s.* giuocatóre, biscazzière, biscajuòlo, giuocatóre di vantàggio, scroccóne; *m.*
Gàming, *s.* giocáre, giuóco; biscazzáre; — -hôuse, bísca; — -tàble, tavolière, *m.* tavolièri, *m.*

Gàmmer, *s.* vècchia comàre, vècchia berghinèlla

Gàmmon, *s.* giambóne, *m.* presciùtto ; giuòco di tùtte le tàvole ; sbaraglíno ; (*meglio* back- —); chiàcchere, fròttole, *pl. f.*, ingànni, *plm.* (*volg.*)

Gàmut, *s.* (*mus.*) gàmma, sòlfa

Gàn, *abbr.* di Begàn ; *V.* begin

Gànch, *va.* impaláre, uccídere col far cadere dall'àlto su páli aggùzzi o gánci

Gànching, *s.* impalazióne, supplízio di far cadére dall'àlto su páli aggùzzi o gánci

Gànder, *s.* máschio dell'òca

Gàng, *s.* bànda, fròtta, ciurmáglia ; (*mar.*) squádra incaricáta della léva forzáta dei marináj ; (*min.*) gànga ; *vn.* andársene, camminàre, tiràr avánti

— -bóard, *s.* (*mar.*) tàvola di sbárco; àsse, *f.* del paránco di cárico

— -wáy, *s.* (*mar.*) passavánti, *m;* pónte, *m;* bázigo .

— -wéek, *s.* settimána delle Rogazióni

Gànglion, *s.* (*med.*) gánglio, gavína, nòcciolo

Gàngréne, *s.* (*med.*) cancréna

— *van.* cancrenáre, incancheríre, incancherírsi

Gàngrenous, *a.* cancrenóso, pùtrido

Gàngue; *s.* (*min.*) gànga

Gànil, *s.* (*min.*) ganíl, *m.*

Gànnet, *s.* (*orn.*) gabbiáno brúnò, òca di Scòzia

Gànny, *s.* (*orn.*) gállo d'India

Gàntlet, gàntlope, *s.* guánto di férro ; bacchétte (*mil.*) ; bolína (*mar.*); to run the —, gettár il guánto (*sfidare*); to run the — (*mar.*) córrere la bolína ; (*mil.*) passár per le bacchétte

Gànza, *s.* òca selvática

gáol e jáíl, *s.* prigióne, *f.*, cárcere, *mf;* — delivery, il vuotáre le prigióni ; — bird, avánzo del patíbolo

gáoler, *s.* carcerière, m., guardiáno delle prigióni

Gàp, *s.* apertúra; brèccia, tácca; spaccatúra, crepáccio; buco; vuòto, váno, lacúna, passággio strétto ; — in a *knife*, tácca ; — in a *hèdge*, válico, apertúra di sièpe

Gápe, *vn.* sbadigliáre, aprírsi, spalancársi, spaccársi; to stand or be gáping at, guardáre colla bócca apèrta

Gáper, *s.* chi sbadíglia, chi bráma avidaménte

Gáping, *a.* che sbadíglia, che spalánca

— *s.* sbadigliaménto

Garavànces, *s.* (*bot.*) cèce, *m.* (*pl.* ceci)

Gàrb, *s.* ábito, abbigliaménto, vestíre, *m;* ária, aspètto

Gàrbage, *s.* interióra, *f. pl.* trìppa ; rifiúto; mondíglia

Gàrble, *va.* scèrnere, separáre; mutiláre

Gàrbler, *s.* sceglitóre,-tríce; mutilatóre,-tríce

Gàrbles, *s. pl.* rifiúto, pattùme, m., scárto; spazzatúre, *f. pl.*

Gàrboard, *s.* (*mar.*) torèlli, *m. pl.*

Gàrboil, *s.* scompíglio, garbúglio, tumúlto

Gàrd, *s.* *V.* Guàrd

Gàrden, *s.* giardíno ; little —, giardinétto ; kitchen —, órto, orticèllo ; botànic —, giardíno, órto botánico; — plot, bed, scompartimènto in un giardíno, parterre, *m;* — *walks*, viàli, andári

— *vn.* far il giardinière, coltiváre un giárdíno

Gàrdener, *s.* giardinière, *m.*

Gàrdening, *s.* árte, *f.* di coltiváre un giardíno; giardinággio

Gàre, *s.* lána (ordinária che si táglia) sótto la còscia dei montóni

Gàrfish, *s.* anguílla di máre

Gàrgarism, *s.* (*med.*) gargarismo

Gàrgarize, *vn.* gargarizzáre

Gàrget, *s.* (*veterinaria*) scheranzía, schienanzía, squinanzía

Gàrgle, *s.* gargarismo (ácqua medicáta)

— *va.* gargarizzáre

Gàrish, *a.* sfarzóso, sfoggiáto, splèndido

Gàrishness, *s.* pomposità, sfòggio, sfárzo

Gàrland, *s.* ghirlánda; sèrto; *va.* inghirlandáre

— -*flower*, *s.* (*bot.*) pleuràndra, ipèrico della Nuòva Olánda

Gàrlic, *s.* áglio; clóves of —, spícchi d'áglio; he smèlls of —, egli púzza d'áglio

— -*eater*, *s.* pezzènte, mangiapatóna, *m.*

— -*hòp*, *s.* spícchio d'áglio

— -*pear*, *s.* (*bot.*) cáppero

— -*sáuce*, *s.* agliáta, savorétto d'áglio e acéto

Gàrment, *s.* ábito, vestíto, vestimènto ; —*s*, ábiti, *m. pl.*; vestiário, vestíre, *m.*

Gàrner, *s.* granájo, granáro

— *va.* mètter nel granájo; tesoreggiáre

Gàrnet, *s.* (*mar.*) stríche, paránco ; (*min.*) granáto

Gàrnish, *va.* guerníre, paráre ; mèttere le manètte

— *s.* addòbbo, paraménto; manètte; — móney, il benvenúto (*carcere*)

Gàrnishment, *s.* ornaménto, addòbbo ; citazióne

Gàrniture, *s.* guernitúra ; decorazióne, addòbbo

Garoù ⎫ *s.* (*farm.*) cameléa, biendèlla,
— -bàrk ⎬ lauréola, pépe montáno; cavolo di lúpo ; cavállo montagnuòlo, cavallàccio

Gàrret, *s.* solájo, soffítta, stánza al tètto

Garretéer, *s.* abitánte in una soffítta

Gàrrison, *s.* guarnigióne ; fortézza; presídio

— *va.* presidiáre, mèttere guarnigióne in

Gàrrulity, *s.* garrulità, loquacità

Gàrrulous, *a.* loquáce, gárrulo, ciarlièro

Gàrter, *s.* legáccio, giarrettièra ; *knight* of the —, cavalière, *m.* della giarrettièra

— *va.* legáre con legáccio

Gàs, *s.* gás, gás, *m*; hýdrogen —, ídrogeno; igníted —, gás inflammáto; liquifíable —, gás non permanénte; cóal —, gás di carbón fóssile; máin — -pípe, condótto principále (del gás); brànch — -pípe, condótto di diramazióne (del gás); jèt of —, gétto di gàs; to lígIt with —, illumináre a gás; to gènerate —, prodúrre, fabbricáre il gás; to tùrn off the —, chiúdere la chiavétta (il robinétto) del gás; to tùrn on the —, apríre la chiavétta del gás
— -bùrner, *s.* bécco, beccúccio del gás
— -hólder, *s.* gazòmetro
— -làmp, *s.* lámpada a gás
— -light, *s.* lúme, *m.*, di gás
— -lígIting, *s.* illuminazióne a gás
— -méter, *s.* contatóre del gas
— -pípe, *s.* túbo del gas, condotto del gas
— -wòrk, *s.* — -wòrks, *s. pl.* usína a gas, officína a gas
Gásconade; *s.* guasconáta; millantería, vánto
— *vn.* far il guascóne, millantársi
Gáseous, *a.* del gáz; gazzóso, gasóso
Gàsh, *s.* táglio, feríta lárga e profónda
— *vn.* tagliáre, far tágli, far feríte lárghe o profónde
Gàshed, *a.* tagliáto, trinciáto, fregiáto
Gàshful, *a.* sfregiáto, solcáto di tágli o cicatríci (in viso)
Gàsiform, *a.* (*chìm.*) gasifórme
Gàsify, *va.* (*chìm.*) gasificáre; — *vn.* (*chìm.*) gasificársi, ridúrsi allo státo di gás
Gàsket, *s.* (*mar.*) salmástra
Gàskins, *s. V.* Galligaskins
Gasòmeter, *s.* gasòmetro
Gàsp, *vn.* boccheggiáre; andáre, ansáre, respiráre con affánno; — for brèath, far degli sfórzi per respiráre; — for life, boccheggiáre, èssere agli estrémi
— *s.* ansaménto, anélito, boccheggiaménto; the làst —, l'último spíro, l'último fiáto
Gàsping, *a.* ansánte, boccheggiánte
— *s.* ansaménto, boccheggiaménto
Gàstly, *a.* spaventévole; *V.* GIàstly
Gàstric, *a.* (*med.*) gástrico, del ventrícolo
Gastrítis, *s.* (*med.*) gastrítide, *f.*
Gastronòmic, *a.* gastronòmico
Gastrònomy, *s.* gastronomía
Gastrótomy, *s.* (*chirurgía*) gastrotomía
Gáte, *s.* pòrta, portóne, pòrta carrozzábile; pòrta di città, di palázzo o di cortíle; ingrèsso, barriéra; fiéld —, cancéllo, antitiserrráglio; a flóod —, una cateráta; — -kéeper, portinájo, portinája; — wáy, entráta di cortíle, passággio arcáto
Gàther, *va.* cògliere, ricògliere; accozzáre, radunáre; ammassáre, accumuláre; chiédere, far una collétta; conchiúdere, inferíre, argomentáre; piegáre, increspáre; far masserízia; — togéther, accozzáre, radunáre; — up, raccògliere, raggricchiáre
— *vn.* raccògliersi, radunársi, accozzársi,

accumulársi, addensársi, ingrossársi; — togèther, assembrársi, adunársi, unírsi; — to a hèad, (*med.*) far cápo; — one's self up, raggricchiársi; thère — ed a greát múltitude, si radunò una túrba di gènte
— *s.* créspa, piéga, increspatúra, raggricchiaménto; the — s of a dress, le piègIe, le créspe di una vèste
Gàtherer, *s.* persóna cho còglie, raccòglie, o radúna; raccoglitóre, -tríce; — of tàxes, riscuotitóre, collettóre delle tásse; — of grápes, vendemmiatóre
Gàtheridge trée, *s.* (*bot.*) fusággine, *f.*, fusáro
Gàthering, *s.* átto del cògliere, raccògliere o adunáre; radunaménto, assembléa, accòlta, raccòlta, collétta; búsca; odd —, accozzáglia
Gàtter-trée, (*bot.*) còrnio, còrniolo
Gàud e Gàwd, *s.* nionolo, bagattèlla, bája, orpèllo
Gàud, *va.* (*poco us.*) rallegrársi, divertírsi
Gàudily, *avv.* sfarzosaménte, sfoggiataménte
Gàudiness, *s.* sfárzo, sfòggio, ostentazióne
Gàudy, *à.* sfarzóso, sfoggiáto; *s.* (*univ.*) fèsta
Gàuge, *s.* stáza; misúra di líquidi, (*mar.*) pésca; (*strad. ferr.*) larghézza; to tàke the — of, stazáre, scandagliáre, misuráre
— *va.* stazáre, misuráre, scandagliáre una bòtte, misuráre la quantità del líquido che contiéne
Gàuger, *s.* stazatóre, misuratóre (di líquidi)
Gàuging, *s.* stazatúra, lo stazáre, il misuráre
Gàulish, *a.* gállice, appartenénte all'antica Gàllia
Gàunt, *a.* mágro, smúnto, sparúto, afiláto
Gàuntlet, *s.* guánto ferráto; *V.* Gàntlet
Gàuntness, *s.* magrézza, macilènza
Gàuze, *s.* vélo, gárza, tòcco, trína, crèpe, *m.*, pízzo; wire —, tessúto di fílo di fèrro, tessúto metállico
— -lóom, *s.* telájo per la fábbrica di véli, di tòcche
— -máker, *s.* fabbricatóre di véli, di tòcche
— -wíre, *s.* fílo di tessúto metállico
Gàuzy, *a.* di gárza; símile a gárza
Gàve, *pret. di* to Give
Gàvel, *s.* terréno, suólo, rèndita, tribúto; — kind (*legge*), spartiménto uguále
Gàvot, *s.* gavòtta (*dansa*)
Gàwd, *s. V.* Gàud
Gàwk, *s.*(*orn.*) cúcco; sciócco, minchióne,*m.*
Gàwky, *s.* sguajáto, gòffo; àwkward —, goffáccio, balórdo, bietolóne, *m.*
Gày, *a.* gájo, allégro, ridénte, vívo, brióso, vívace, brílo, mézzo còtto; — cólours, colóri viváci; — dress, vèste gája
Gàyety, *s.* gajézza, brío, giulività, giocondità, vivacità, vivézza, sfárzo
Gàyly, *avv.* gajaménte, allegraménte
Gàyness, *s. V.* Gàyety

Gáze, vn. (at, on, upon) affissáre, guardár físso, miráre
— s. sguárdo físso, stupóre, sbalordiménto; to stand at —, restáre sbalordíto, stralunáre
Gazélle, s. (zool.) gazélla
Gázer, s. persóna che guárda físso; miratóre, spettatóre
Gazétte, s. gazzétta, giornále ufficiále
Gazettéer, s. gazzettiére, giornalísta, m., dizionário geográfico
Gázing-stock, s. zimbéllo, spettácolo
Gazón, s. (fort.) zólla di térra, pióta
Géar, s. arnése, m., rôba, equippaménto, masseríxie, fp., attrézzi, mòbili, mp., ábiti, mp., vestiménta, fp., forniménta, fp., finiménti, mp; (mar.) drizze; in — (macch) in moviménto, in azióne; out of —, fermáto, in ripóso
Géaring, s. arnése, m; congégno di ruóte dentáte
Géck, s. (ant.) gôffo, balórdo, sciôcco, babbuásso
gée, — -ho, interj. (carrett.) giô! arri!
Géese, pl. di Góose
Gehénna, s. geénna, inférno
gelàtináte, va. ridúrre in sostánza gelatinósa, — vn. ridúrsi in sostánza gelatinósa
gelatinátion, s. conversióne in sostánza gelatinósa
gèlatíne, s. gelatína
gelàtinous, a. gelatinóso
Gèld, va. (pas. gèlt), castráre, mutiláre, priváre
Gèlded, a. castráto, mutiláto
Gèlder, s. castraporcélli, castrapórci
Gèlding, s. castrazióne, cavállo castráto
gèlid, a. gélido, fréddo, algénte
gèlly, s. gelatína, to béat a pèrson to a —, spappoláre alcúno, stritolárne le óssa
Gèlt, pret. e part. pass. di Gèld
gèm, s. gêmma, giojéllo; (bot.) gêmma
— va. ingemmáre, adornáre di gêmme
— vn. germogliáre, mandár fuóri germógli
gèminate, a. reiteráto, replicáto
geminátion, s. geminazióne, f., raddoppiaménto
gèminí, s. (anat.) gemélli; (astr.) gèmini; o gemini! (volg.) cápperi! cáppita!
gèmmy, a. gêmmeo, scintilllánte di gêmme
gèndárme, s. sbírro
gendàrmery, s. gendarmería, sbirrería
gènder, s. gênere, m., sôrta, spécie, f; the màsculine —, il gênere mascolíno
— van. V. Engénder
genealògical a. genealògico
genealogist, s. genealogísta, m.
geneàlogy, s. genealogía
gènerable, a. generábile, che può èsser riprodótto
gèneral, a. generále, comúne, comunále; — remárks, osservazióni generáli

s. generále, m; lieutenant —, luogotenénte generále; the attorney —, il régio procuratóre; in —, in generále, generalménte; to beat the —, báttere la generále
gèneralíssimo, s. generalíssimo
generàlity, s. generalità, maggiór párte, mássa
generalixátion, s. generalizzazióne
gèneralixe, va. generalizzáre
gènerally, avv. generalménte, d' ordinário
gèneralship, s. generaláto, táttica
gènerant, s. generánte, princípio generatívo
gèneráte, va. generáre, far náscere, produrre
gènerátiag, a. che génera, generatóre,-trice
generátion, s. generazióne, produzióne
gènerative, a. generatívo, generánte, generatóre, -trice
gènerátor, s. generatóre, princípio
genèrical, gènèric, a. genèrico
genèrically, avv. in môdo genèrico
generòsity, s. generosità, liberalità, nobiltà
gènerous, a. generóso
gènerously, avv. generosaménte
gènerousness, s. generosità, liberalità
gènesis, s. gènesi, f; (mat.) generazióne
genet, s. ginnétto (cavállo di Spágna)
genèrsliac, a. genetlíaco, poesía genetlíaca
—, genetlíacal, a. (poco us.) genetlíaco
genètic, a. genético
gèneva, s. V. Gin
gènial, a. generatóre, fecondánte, che fecónda, fecóndo, ubertóso, fértile, propízio, naturále, geniále, che dà nel gènio, simpático, giocóndo, gioviále, allégro; — áir, ária d' incóntro; — bed, tálamo; — heat, calóre fecondatóre
gènially, avv. in môdo geniále, fecondaménte
geniàlity, s. genialità
gèniculated, a. geniculáto, nodóse
gènitals, s. pl. (le párti) genitáli
gènitive, a. genitívo; s. il genitívo
gènius, s. (pl., gèniuses) gênio, ingégno, talénto; man of —, gênio, uómo d' ingégno; the peculiar bent of one's —, le peculiári inclinazióni del próprio ingégno; — (pl. gênii), gênio, fáta, spírito famigliáre
gènt, abbr. di gèntleman
gentéel, a. gentíle, manieróso, garbáto, cortése, distínto, compíto, avvenénte, leggiádro, amorosèllo, elegánte, di buén gésto, rispettábile; — society, il céte elegánte
gentéelly, avv. gentilménte, garbataménte, corteseménte, eleganteménte, con buón gústo, con bélle maniére
gentéelness, s. gentilézza, garbatézza, cortesía, grázia, leggiadría, avvenènza
gèntian, s. (bot.) genziána
gentianélla, s. (bot.) genzianélla, genziána campéstre
gèntile, s. gentíle, pagáno, idolátra
gèntilism, s. gentilésimo, gentilità, paganésimo

gentility, *s.* gentilézza, nobiltà, náscita o
qualità di gentiluómo, distinzióne, elegánza, gústo, buon gústo; gentilità (idolatría)
gèntilíze, *vn.* vívere alla gentíle, da pagáno
gèntíle, *a.* gentíle, ben náto, di buóna famíglia, nòbile, di distinzióne; gentíle, dólce, benígno, soáve, mansuéto, moderáto;
gèntíle réader, amíco lettóre
gèntlefolk, gèntlefolks, *spl.* gánte nòbíle,
nòbíli, *mp.*, persóne di distinzióne, la nobiltà
gèntleman (*pl.* gèntlemen), *s.* gentiluómo,
• uòmo ben náto, uòmo di buòna famíglia,
persóna distínta, signóre, signorótto, rícco; uòmo onoráto, uòmo di gárbo, galantuòmo; gèntlemen! signóri! indepéndent
—, possidénte, *m;* young —, gióvine signóre; pèrfect —, signóre compíto; the
mànners of a —, i mòdi, i trátti d'un signóre; to pláy the —, far il gran signóre,
fárla da gránde; Sir, you are no —, signóre, voi non siéte un gentiluómo (un
uòmo d' onóre); —'s —, primo cameriére
d'un signóre; gèntlemen, whò is that —
on hòrseback? signóri, chi è quel signóre
a cavállo?
gèntlemanlike, gèntlemanly, *a.* signoríle, signorésco, di gentiluómo, da signóre, gentíle, garbáto, distínto, compíto, signoré-
vole
gèntlemanliness, *s.* compitézza, elegánza di
mòdi, qualità di gentiluómo
gèntleness, *s.* dolcézza, benignità, gentilézza, soavità, mansuetúdine, *f.,* delicatézza,
cortesía, amorevolézza
gèntlewóman (*pl.* gèntlewòmen), *s.* gentíl-
dònna, dònna ben náta, dáma; a lády's
—, donzélla che sérve a quálche dáma
gèntly, *avv.* soavemente, gentilmente, con
delicatézza, dolcemente, pian pianíno, bèl
bèllo, adagíno; ráíse her —, sollevátela
gentilménte; set her down — hère, ada-
giátela quí; you móve so —, voi andáte
tanto adágio
gèntry, *s.* clásse, *f.* dei gentiluómini, secóndo órdine, nobiltà minóre, i signorótti, il
céto de' signóri, ricchi sènza títoli, l'álta
borghesía, il céto elegánte; the noblity
and —, i nòbili ed i gentiluómini
gènuflèction, *s.* genuflessióne, inginocchia-
zióne
gènuine, *a.* genuíno, púro (non alteráto),
véro, voráce, próprio
gènuinely, *avv.* genuinaménte, veraménte,
naturalmente
gènuiness, *s.* purità, státo naturále, realità; autenticità, genuinità
gènus, *n.* (*pl.* génera) gènere, *m.*
geocèntric, *a.* (*astr.*) geocèntrico
géode, *s.* (*min.*) geòde, *f.*
gèodesy, *s.* geodésia
geodètic, geodètical, *a.* geodético

geognosy, *s.* geognosía
geògrapher, *s.* geògrafo
geogràphic, geogràphical, *a.* geográfico
geogràphically, *avv.* geograficaménte, in mòdo geográfico
geògraphy, *s.* geografía
geològical, *a.* geològico
geòlogist, *s.* geòlogo
geòlogy, *s.* geología
gèomancy, *s.* geomansía (divinazióne)
geòmeter, *s.* geòmetro
geomètrical, *a.* geométrico, di geometría
geomètrically, *avv.* geometricaménte
geometrician, *s.* geòmetra, *m;* chi sa la geometría
geòmetrize, *vn.* geometrizzáre
geòmetry, *s.* geometría; higher, sublíme,
transcendéntal —, geometría trascendentále, sublíme
geòrge, brown —, *s.* páne, *m.* di munizióne,
páne bigio
geòrgic, *a.* geòrgico
geòrgics, *s. pl.* le Geòrgiche; Virgil's —, le
Geòrgiche di Virgílio
geòrgium sídus, *s.* (*astr.*) Uráno, Hérschell
gerànium, *s.* (*bot.*) geránio
gèrfálcon, *s.* (*orn.*) girifálco, spècie di falcóne
gèrm, *s.* (*bot.*) gèrme, *m.,* embrióne, *m.,*
germóglio
gèrman, *v. s.* germáno; della parentéla, affíne, confacènte; germánico, tedésco; con-
sín —, cugíno germáno; that is — (or
gèrmane) to, ciò è affíne a, ciò si confà
a; — bòok, líbro tedésco
— *s.* il tedésco (*tdioma*); a —, un Tedésco
gèrmander, *s.* (*bot.*) camédrio, querciuóla ;
téucrio; wíld —, vaníglia selvàtica
germànic, *a.* germánico
gèrmanism, *s.* germanísmo
gèrminal, *a.* germinále
gèrminant, *a.* germinánte
gèrminate, *vn.* germogliáre, germináre
germinátion, *s.* germinazióne, *f.,* il germináre
gèrund, *s.* (*gram.*) gerúndio
gèst, *s.* (*ant.*) gèsto, fátto glorióso, pómpa
gestátion, *s.* gestazióne, gravidánza
gèsticulate, *vn.* gesticoláre, gestíre, gesteggiáre, far il mímo
gesticulátion, *s.* gesticulazióne, gesticola-
ménto
gesticulative, *a.* che gestéggia
gesticulátor, *s.* gesticolatóre, mímo
gesticulatory, *a.* di gesticolazióne; mímico,
per mèzzo di gèsti
gèsture, *s.* gèsto, átto, moviménto delle mèmbra
— *vn.* gestíre, gesteggiáre
Gèt, *va.* (*pret.* e *p. p.* gòt; *p. p.* gòtten) ottenére, procuráre, acquistáre, avére, far
avére, trováre, prèndere, fáre, guadagná-

re, vincere, superáre, far entráre; to — móney, ottenère, guadagnáre danári; — a pláce, trováre un impiègo; — a wífe, prèndere móglie; — with chíld, ingravidáre; — hóld of, impadronírsi di; — a cóld, pigliáre un'infreddatúra; — rèady, allestíre, apparecchiáre; — óver, superáre; — togèther, radunáre, rarcògliere; — by heárt, imparáre a mènte; — the bètter of, vincere; — a fóoting ín, introdúrsi, stabilírsi in; — rid of, disfársi di, distrigársi di; — through much business, sbrigáre mólte faccènde; — up, ammaníre, allestíre, preparáre; — (one) off, far uscíre (uno) d'impíccio; — on a páir of bóots, calzár un pájo di stiváli; — my bóots cléaned, fáte pulíre i miei stiváli; I will — one máde like that, ne farò fáre uno eguále a quello; I will — him to dó it, gliélo farò fáre; trý to —, the chíld to sléep, procuráte di fáre addormentáre il fanciúllo; I shall — you to the tówn, vi menerò alla città; — him tó bed, mettételo in lètto; to — a man upón his lègs agáín, rimèttere uno in pièdi; she got herself to Róme, ella recòssi a Róma; — you gòne, andátevene

Gèt, vn. (pret. e p. p. gòt; p. p. gòtten) arriváre, perveníre con istènto, trovár il mèzzo, risalíre, introdúrsi, ficcársi, divenire; to — fat, ingrassáre; — ráin, ammagríre, dimagríre; — óld, invecchiáre; — wórse, peggioráre; — ácid, acetíre; — ángry, adirársi; — rich, arricchírsi; — drówned, annegáre, annegársi; — màrried, maritársi, accasársi; — drùnk, ubbriacársi; — hànged, fársi impiccáre; — óut of, svincolársi di, trovár il mèzzo di uscír di; — on, ficcársi avánti; — awáy from a pèrson, andársene vía, strigársi da uno; — off, cavársi d'impíccio; — on hórseback, montáre a cavállo; — hóme, arriváre a cása; — to a pláce, giúnger ad un luógo; — lóose, divincolársi, sciògliersi, sguinzagliársi; — tíresome, diventáre nojóso; — ín, entráre; — into, insinuársi, ficcársi dèntro; — óut, uscíre; — off, scappáre, fuggíre; — dówn, scèndere; — from, staccársi da; — togèther, radunársi; — up, alzársi; — fòrward, innoltrársi; — óver, valicáre, passáre, sormontáre; — well agáín, ristabilírsi, rinvigorírsi; — òn one's féet, levársi in pièdi; wáíter, — my bed wármed, cameriére, fáte scaldáre il mío lètto; — my hórse shod, fáte ferráre il mio cavállo; — awáy! lévati di costà! — alòng! va vía!

Gètter, s. persóna che ottiène, acquísta procréa

Gètting, s. acquistamento, profítto, lúcro

Géwgàw, s. ninnolo, cianciafrúscola

Ghást, a. (ant.) spettrále, orrèndo

Ghástful, a. (ant.) lugúbre, sepolcrále, terríbile

Ghástfully, avv. orridaménte, quále uno spèttro

Ghástliness, s. orridézza (d'aspètto), squallidézza, pallidézza (da spèttro), spavènto

Ghástly, a. squállido come uno spèttro, orrèndo, spaventévole

Ghèrkin, s. cetriúolo confettáto con acéto

Ghóst, s. spírito, ánima de'mòrti; ómbra d'un mòrto, spèttro, fantásma, m; the Hóly—, lo Spírito Sánto; to cònjure up a —, e-vocáre uno spírito, uno spèttro; to give up the —, rèndere l'ánima, spiráre; va. apparíre a

Ghóstlíke, a. (letteralmente come uno spèttro) pállido e smúnto

Ghóstliness, s. spiritualità

Ghóstly, a. spirituále, dello spírito; — apparition, spèttro, fantásma, m.

gíant, s. gigánte, m; a. gigantésco; více óverràn the éarth with — strídes, il vízio inváse la tèrra a pássi di gigánte

gíantess, s. gigantéssa

gíantlíke, gíantly, a. gigantésco

gíantship, s. natúra, státo di gigánte

gíaour, s. giaúrro, miscredènte (secondo i Mussulmani)

Gib, gib-cat, s. gátto vècchio (ant.)

Gibber, vn. barbugliáre, cinguettáre

Gibberish, s. gèrgo; gramúffa

gibbet, s. fòrca, patíbolo, giubbétto — vn. afforcáre, appèndere (al giubbétto)

Gibbon, s. (zool.) gibbóne, m.

Gibbòsity, s. curvità, párte gobbósa, gòbba, scrigno

Gibbous, a. gibbóso, gòbbo

gíbe, van. fársi bèffa di, beffáre — s. bèffa, derisióne, f. schérno

gíber, s. beffatóre, schernitóre

gíbingly, avv. sprezzevolménte, con disprèzzo

gíblets, s. frattáglie dell'óche, ecc.

Giddily, avv. vertiginosaménte; storditaménte

Giddiness, s. vertígine, f., capogíro; storditézza

Gíddy, a. vertiginóso; scervelláto, avventatèllo, storálto, farfallíno

Gift, s. dóno, regálo, presènte, m; diritto di far un dóno, nòmina; dóno, dòte, f., qualità, talénto; (teol.) grázia, favóre; frée — dóno gratúito; néw-yéar's —, strènna, cápo d'ánno; wèdding —, fardèllo da nòze; déed of —, contrátto di donazióne; this bènefice is in the Earl's —, quésto benefízio è di nómina del Cónte — va. dotáre

Gifted, a. dotáto; — with, dotáto di; highly —, di grand' ingégno

Gig, s. tròttola, paléo, ràzzola; birròccio, cabriolet, m; bagáscia; fiòcina; scáfa

gigàntic, a. gigantésco, gigánte, gigantéo

Giggle, *vn.* rídere fra i dénti, rídere con poco strépito, sogghignáre
— *s.* risolíno, sogghigno, ghignétto
Giggler, *s.* persóna che ríde a bássa vóce, persóna che sogghigna
Gigmill, *s.* gualchiéra
Giglet, giglot, *a.* volúbile, incostánte
Giggling, *s.* sogghigno, ghigno, risolíno
gigot, *s.* cosciótto (di castráto)
Gild, *va.* (*pas.* gilded *e* gilt) indoráre
Gilder, *s.* indoratóre; (*mon.*) gulden, florino
Gilding, *s.* doratúra, indoraménto
gill (*misura*) *V.* Jill, *s.* gíllo; bevánda di birra e d'édera; (*bot.*) édera terréstre
gilly-flówer, *s.* (*bot.*) víola, leucójo; stock-gillyflówer, garófano
Gills, *s. pl.* bránchie, *f. pl.* (dei pésci)
Gilt, *s.* (*metallo*) doratúra, indoraménto
— *a.* doráto; indoráto; — édged, doráto sul táglio; — head, (*pesce*) dorádo; *V.* Gild
gimcrack, *s.* nínnolo, chiáppolo, gingíllo
Gimlet, Gimblet, *s.* succhiéllo
Gimmal, *s.* (*ant.*) lavóro uníto le cui párti si muóvono l'una déntro l'áltra, come anélli uníti, ecc.; — *a.* di anélli uníti
Gimp, *s.* merlétto, fílo di réfe, di téla, ecc.
gin, *s.* láccio, tráppola; cilíndro; ginépro (*liquore*); a glass of —, un bicchiére di ginépro; — *va.* mondáre il cotóne nella mácchina; acchiappáre in tráppola
— -house, *s.* opifício ove è mondáto il cotóne
— -shop, *s.* bottéga di liquorísta
ginger, *s.* zénzero, zenzévero; — béer, bírra gazzósa con ginépro; — bréad, pan pepáto, bericuócolo, confortíno
Gingham, *s.* (*tessuto*) gíngamo, ghíngamo
gingle, *s.* tintinnío; tintínno
ginnet, *s.* bidétto, ronzíno
gingling, *s.* tintinnío, tintínno
ginseng, *s.* (*bot.*) ginseng
gipsy, *s.* zíngáro, zíngára; gérgo
— *a.* degli zíngheri
gipsyism, *s.* vagabondággio, arti, ingánni degli zíngheri
giraffe, *s.* (*zool.*) giráffa; (*astr.*) giráffa (*costellazione*)
girándole, *s.* girándola, candeliére a più víticci
girasole, *s.* (*bot.*) girasóle, *m.*, eliotrópio; (*min.*) opále, *f.*
Gird (*pr.* gùrd), *va.* (*pret.* girded; *p. p.* girded *o* girt) cíngere, fasciáre; beffársi di (*ant.*)
Girder (*pr.* gùrder), *s.* (*arch.*) tráve maéstra, chiáve, *f.* sbarra
Girdle (*pr.* gùrdle), *s.* cíntola, cintúra; fáscia; zóna
— *va.* cígnere, circondáre; *V.* Gird
— -bèlt, *s.* cinturóne, *m.*
— -máker, *s.* fabbricánte di cíntole, di cinturóni

— -stèad, *s.* up to the —, fíno alla cíntola
— -whéel, *s.* fúso, fúsolo
Girdler (*pr.* gùrdler), *s.* fabbricatóre di cíntole, di cintúre
Girl (*pr.* gèrl) *s.* fanciúlla, ragázza, bambína, giovinétta, gióvine; zitélla; donzélla; pretty —, bélla ragázza; pretty little —, bélla ragazzína; fíne —, bélla gióvine; thrée bòys and twó girls, tre máschi e due fémmine; sèrvant —, sèrva; —, cerviátta, dámma di due anni
Girlhood (*pr.* gèrlhóod), *s.* giovinézza (di donzélla)
Girlish (*pr.* gèrlish), *a.* di ragázza, ragazzésco, donzellésco
Girlishly (*pr.* gèrlishly), *avv.* da ragázza, donzellescaménte
Girlishness (*pr.* gèrlishness), *s.* maniére, *f. pl.* di fanciúlla; ingenuità di fanciúlla; modéstia verginále
Girth (*pr.* gùrth), *s.* cínghia; bénda, circonferènza
— *va.* cinghiáre
gist, *s.* (*legge*) cárdine, *m.*, pèrno, (della questióne)
Give, *va.* (*pret.* gàve; *p. p.* given) dáre, donáre; riméttere, consegnáre; consacráre, applicáre, *vn.* cédere, rilassársi, piegársi; — me a cup of coffee, dátemi una tázza di caffè; — me your hand, dátemi la máno; to — éar, prestár orécchio, dár ascólto; — jóy, felicitáre, congratulársi con; — pláce, cédere, dar luógo; — cháse, (*mar.*) dar la cáccia a, incalzáre; — wàrning, avvertíre, avvisáre; — one a càll, portársi da uno, fárgli vísita; — héed, badáre; — up, cédere, rinunziáre a; — ín, arréndersi, dárai per vínto; — báck, restituíre; — wáy, cédere terréno, ritirársi, óath, giuráre; — óver, desístere, cessáre; — the slip, svignáre, scappáre; — súck, allattáre; — a fàll, dáre uno stramazzóne; — one's sèlf to, dársi a, addársi a; given to, given up to, dédito a; dón't — up the ship, tenéte il giuóco, non buttáte le cárte; — an accòunt of, rendéte cónto di; to — nótice to quit, disdíre l'affítto; to — one's arm to, dar di bráccio a; to — tit for tàt, dar pan per focáccia; — your coùsin a kiss, fáte un bácio a vóstro cugíno
Given (*p. p. di* to give), *a.* dáto, convenúto, físso, stabilíto; (*mat.*) dáto; at a — time, ad un témpo dáto, convenúto
Giver, *s.* datóre, -trice, donatóre, -trice; lawgiver, legislatóre
Giving, *s.* l'átto di dáre; donatívo, dóno
Gizzard, *s.* ventríglio d'uccéllo
Glácial, *a.* glaciále
Gláciáte, *vn.* agghiacciáre, diveníre ghiáccio
Glaciátion, *s.* agghiacciaménto, congelazióne

Glácier, *s.* ghiacciájo

Glácis, *s.* pendío; (*fort.*) spálto

Glád, *a.* contènto, allégro, liéto, felíce; I am — of it, me ne rallégro; I am — to sée you in gôod hèalтн, mi rallégro di vedérvi in buòna salúte; very — contentíssimo; to máke —, rallegráre, allietáre

Glàd, Glàdden, *va.* rallegráre, allietáre; glàdden, *vn.* rallegrársi, godérsi

Glàdder, *s.* rallegratóre, -tríce

Gláde, *s.* luògo apèrto e sénza álberi in una forésta; práto in mèzzo ad un bòsco; (*orn.*) níbbio

Gláden, gláder, *s.* (*bot.*) gladiòlo

Gládiate, *a.* (*bot.*) gladiáto

Gladiátor, *s.* gladiatóre

Gládiatory, gladiatórial, *a.* gladiatòrio

Gládiole, *s.* (*bot.*) gladièlo, ghiaggiòlo

Glàdly, *avv.* di buòn grádo, con piacère, mólto volentièri

Glàdness, *s.* giòja, allegría, contènto, piacère

Glàdsome, *a.* giojóso, allégro, giocóndo

Glàdsomely, *avv.* con giòja, allegraménte

Glàdsomeness, *s.* giòja, allegrézza, giocondità

Glàdwin, *s.* (*bot.*) íride fètida

Glàir, *s.* albúme, *m.*, chiára d'uòvo; labárda

— *va.* lustráre con chiára d'uòva la copèrta d'un líbro

Gláive, *s.* spáda lárga

Glánce, *s.* occhiáta, sguárdo; baléno, splendóre improvvíso, schizzo di lúce; lámpo; at the first —, a príma vísta; I'll táke a — at it, gli darò un'occhiáta; at the first — of *light*, allo scòcco dell'álba

— *vn.* gettár repentíno splendóre, balenáre, guizzár vía; scattáre o guizzár vía di travèrso; dàre un'occhiáta

— *va.* lanciáre, gettáre, far balenáre, scalfíre; to — óver a *page*, scòrrere rapidaménte una página; to — at, adocchiáre, dáre una occhiáta a

Glàncing, *a.* sguizzánte, raggiánte, incèrto

Glàncingly, *avv.* in mòdo sguizzánte, raggiánte, incèrto; obliquaménte, a sghèmbo; alla sfuggita

Glànd, *s.* (*anat.*) glándula; lymphàtic —, ganglióne, *m.*

Glàndered, *a.* (*vet.*) che ha il mòccio, il cimòrro, lo stranguglióne

Glandíferous, *a.* glandífero

Glàndular, *a.* glanduláre; glandífero

Glandulátion, *s.* formazióne, svilúppo delle glándule

Gláre, *s.* baglióre; abbacinaménto; splendóre abbagliánte; occhiáta di fuòco, sguárdo feròce

— *vn. s.* splèndere con lúce abbagliánte, sfavilláre, abbagliáre; — at, upòn, guardár con occhio bièco, feròce

Glåring, *a.* abbagliánte, abbarbagliánte, risplendènte; chiáro, patènte, lampánte

Glåringly, *avv.* patenteménte, manifestaménte

Gláss, *s.* vétro, bicchière, *m.*, spècchio; telescòpio, cannocchiále, *m*; lènte, *f.*, microscòpio; páne of —, quádro di vétro; búrning —, vétro ardènte, lènte, *f*; drinking- —, bicchière, *m*; lóoking- —, spècchio; flint —, cristállo inglése; stáined —, vétro dipínto; drèssing- —, tolètta; spy- —, cannocchiále, *m*; eye- —, quizzing —, occhialétto, occhialíno; wèather- —, baròmetro; cut — decànters, caràffe affacettáte; to lóok at one's sélf in a —, specchiársi; táke anòther —, prendéte un áltro bicchière

— *a.* di vétro, di cristállo; — eye, òcchio di vétro; — window, invetriáta; — -shop, bottéga di vetrájo, negòzio di porcellána

— *va.* invetriáre, incassár in vétro; ripercuòtere, riflèttere, specchiáre; — one s sélf, specchiársi

— -béads, *s. pl.* margheritíne, *f. pl.* contería

— -bénder, *s.* fabbricatóre di campáne di vétro

— -bénding, *s.* curvatúra del vétro; fabbricazióne di campáne di vétro

— -blówer, *s.* soffiatóre (di vétro); operájo che sóffia e cóncia il vétro

— -blówing, *s.* soffiatóra del vétro; operazióne del soffiáre e conciáre il vétro

— -bòwl, *s.* tázza di cristállo

— -cáse, *s.* custòdia di vétro, campána di vétro; mòstra (di bottéga), vetrína; to put in a —, mètter sótto una campána di vétro

— -còach, *s.* carròzza di piázza

— -dóor, *s.* pòrta a invetriáte

— -dróp, *s.* lágrima batávica

— -fòunder, *s.* fonditóre di vétro

— -fúll, *s.* bicchière piéno

— -fúrnace, *s.* fornáce, *f.* pel vétro

— -gázing, *a.* vágo di mirársi nello spècchio

— -grínder, *s.* lisciatóre, -tríce, pulitóre, -tríce

— -hóuse, *s.* vetrája, fábbrica di vétro

— -líke, *a.* somigliánte al vétro

— -máker, — -man, *s.* vetrájo, fabbricatóre di vétri

— -máking, *s.* árte vetrária

— -mètal, *s.* vétro in fusióne

— -páper, *s.* cárta vetráta

— -stáiner, *s.* pittóre, -tríce sul vétro

— -pòt, *s.* crogiuòlo

— -tráde, *s.* commèrcio vetrário

— -wáre, *s.* vetrería, cristálli, *m. pl*; small —, vetráme, *m.*

— -wòrk, — -wòrks, *s.* (*fabbrica*) vetrería

— -wòrt, *s.* (*bot.*) parietária

Glàssiness, *s.* natúra vetrósa; superfície líscia, tèrsa; puliménto, pulitúra

Glàuber-sàlt, *s.* (*chìm.*) sàle, *m*, di Glàuber, solfàto di sòda

Glàssy, *a.* vitreo, cristallíno; levigáto, líscio

Glàucóma, *s.* (*med.*) glaucóma, glaucòsi,*f.*, glaucèdine,*f.*, apoglemosía

Glàucous, *a.* gláuco

Glàve, *s.* V. Gláive

Glàymore, V. Claymore

Gláze, *va.* invetriáre, verniciáre, smaltàre; —d window, invetriáta

Glázed, *a.* di vétro, invetriáto; — frost, gelicídio; — window, invetriáta

Glázier, *s.* vetrájo

Glázing, *s.* invetriaménto; inverniciatúra

Gléam, *s.* ràggio improvvíso e non fòrte, lúce pállida di crepúscolo, barlúme, *m*; — of hópe, barlúme, *m.* di speránza
— *vn.* raggiáre con lúme incèrto o fiòco, gettar un barlúme

Gléaming, *a.* che gétta un barlúme; luccicánte

Gléamy, *a.* che scintílla nel bújo, luccicánte

Gléan, *va.* spigoláre, raspolláre, raccògliere

Gléaner, *s.* spigolatóre, -tríce, raspollatóre, -tríce

Gléaning, *s.* lo spigoláre, il raspolláre; spigolatúra; literary —s, squárci scèlti

Glébe, *s.* glèba, zòlla, tèrra, terréno, suòlo; — lands, tèrre spettánti ad una cúra

Glède, *s.* (*orn.*) níbbio

Glée, *s.* giòja, gajézza; ilarità, giúbilo; (*mus.*) ária búffa, canzóne a ritornéllo, strambòtto

Gléeful, *a.* fiare, gájo, giulívo, giubilánte, liéto, allégro

Gléek, *s.* (*ant.*) música, musicánte

Gléet, *s.* (*med.*) scolazióne di gonorréa, ícore, *m.*
— *vn.* docciáre; suppuráre, coláre, trapeláre

Gléety, *a.* icoróso, piéno di sánie

Glèn, *s.* vallétta, válle píccola tra pòggi álti

Glène, *s.* (*anat.*) cavità, fòssa glenoidále

Glenèid } *a.* (*anat.*) glenoidále
Glenèdal }

Glib, *a.* sdrucciolévole, scorrévole, volúbile; linguacciúto, loquáce, ciarliéro; che ha una buòna parlantína

Glibly, *avv.* speditaménte, volubilménte, con una fránca e bèlla parlantína

Glibness, *s.* sciojtézza di língua; volubilità, loquacità

Glide, *vn.* scórrere (sénza strépito), sguizzáre

Glimmer, *s.* lúme fiòco, lúce crepuscoláre, barlúme, *m.*
— *vn.* gittáre un lúme fiòco, tralúcere

Glimmering, *s.* barlúme, *m*, lúce débole, *a.* crepuscoláre

Glimpse, *s.* lámpo, baléno, balenaménto, occhiáta; to catch a — of, vedére alla sfuggíta, travedére

Glist, *s.* (*mìn.*) míca

Glisten, *vn.* luccicáre, brilláre, scintilláre

Glister, V. Glisten e Glýtter

Glitter, *vn.* brilláre, sfavilláre, splèndere, rilúcere; all is not góld that —s, non è tútto òro quel che lúce
— *s.* lústro, lucentézza, splendóre; orpèllo

Glittering, *a.* lucènte, brillánte, scintillánte

Glitteringly, *avv.* splendidaménte, brillan-teménte

Glóaming, *s.* (*scossese*) crepúscolo

Glóat (*on, upon*), *va.* cacciár gli òcchi addòsso, adocchiáre; divoráre cogli òcchi

Glóbate e Glóbated, *a.* globóso, sférico, rotóndo

Glóbe, *s.* glòbo (la tèrra); sfèra, cérchio, círcolo di persóne; líttle —, globétto; celèstial —, sfèra celéste; terrèstrial —, glòbo, sfèra terrèstre; the úse of the glóbes, lo stúdio delle sfère
— *va.* riuníre in glòbo, adunáre
— -àmaranth, *s.* (*bot.*) gonfréna, amaránto tricolóre
— -fish, *s.* (*itt.*) pésce pálla, *m.*
— -flówer, *s.* (*bot.*) globulária

Globóse e Glóbous, *a.* globóso, sférico, tóndo

Globósity, *s.* globosità, sfericità, *f.*

Glóbous, Glóbular, *a.* globóso, sférico

Glóbule, *s.* globettíno; bollicèlla, píccola bólla d'ácqua o d'ária

Glòbulous, *a.* compósto di bólle o bollicèlle

Glómerate, *vn.* agglomeráre, aggomitoláre

Glomerátion, *s.* l' aggomitoláre, agglomerazióne

Glóom, *s.* oscurità, bújo, calígine,*f;* tetrággine, *f.,* tristézza
— *va.* offuscáre, ottenebráre, annuvoláre

Glóomily, *avv.* tetraménte, tristaménte

Glóominess, *s.* tetrággine, *f.,* cupézza, tristézza

Glóomy, *a.* oscúro, tristo, rannuvoláto, tenebróso, cúpo, tétro, tristo, rannuvoláto; — weather, tèmpo fósco; — coùntenance, vólto rannuvoláto, víso tristo

Glorification, *s.* glorificazióne, il glorificáre

Glórify, *va.* glorificáre, esaltáre, lodáre

Glórious, *a.* glorióso, mirábile, magnífico

Glóriously, *avv.* gloriosaménte, mirabilménte

Glóry, *s.* glòria; títolo di glòria; tribúto d'a-dorazióne; váin —, vána glòria; hálo of —, auréola di glòria, coróna, nímbo; to the — of Gòd, alla glòria di Dío; to áim at —, aspiráre alla glòria; to be the — of, formáre la glòria di; to think it a — to, fársi una glòria di; to thirst after —, aneláre alla glòria, èssere ávido di glòria
— *vn.* gloriársi; — in, insuperbírsi

Glóse, *va.* V. Glóss

Glòss, *s.* glòsa, chiósa, coménto; lústro, lucentézza; orpèllo, verníce, *f.,* líscio
— *va.* glosáre, comentáre, interpretáre; lu-

stráre, lisciáre, levigáre, inverniciáre, dáre
il líscio, dar l' última máno a
Glossárial, *a.* di glósa, di chiósa; di glos-
sário
Glòssarist, *s.* chiosatóre
Glòssary, *s.* glossário
Glòsser, *s.* glosatóre; chiosatóre, commentatóre; lavoratóre che dà il líscio, l'última
máno a, lustratóre, inverniciatóre
Glòssiness, *s.* lucidézza, líscio, lústro superficiále
Glossógrapher, *s.* glossógrafo
Glossòlogist, *s.* glossólogo
Glòssy, *a.* líscio, lustráto, lúcido; ripulíto,
levigáto, lucénte, brillánte
Glòttis, *s.* (*anat.*) glóttide, *f.*
Glòve, *s.* guánto; to táke up the—, raccógliere
il guánto; to тнrów (dówn) the —, gettár
il guánto, sfidáre; excúse my —, amóre
pássa il guánto; to be hand and — with
a pèrson, èssere amicíssimo di alcúno
— -máking, *s.* árte, *f.* del guantájo
— -stick, *s.* bacchétta (per allargáre i
guánti)
— -tráde, *s.* commércio di guánti
Glòver, *s.* guantájo
Glòw, *vn.* árdere sènza fiámma, èsser infuocáto, èsser d'un rósso rovènte, rosseggiáre,
arrovelláre; — with lòve or zéal, árdere
d'amóre o di zélo; — with ráge, frémere
di rábbia, árdere di sdégno
— *s.* incandescènza, roventézza, fuòco, calóre, ardóre, veemènza, splendóre di colore o coloríto rósso; — of yóuтн, ardóre
giovaníle; — of hèalтн, freschézza, bélla
carnagióne; — -wòrm (*ent.*) lúcciola
Glòwing, *a.* ardènte, veemènte, infuocáto,
rovènte, rosseggiánte; — zéal, zélo asdèn-
te; — cóals, brágie rovènti
Glòwingly, *avv.* con calóre, ardenteménte
Glòwwòrm, *s.* (*ent.*) lúcciola
Glóze, *van.* glosáre, spiegáre; pialláre, far
il piallóne; — óver, ricopríre, pialláre
Glózer, *s.* adulatóre, -tríce
Glózing, *a.* lusinghièro; specióso; *s.* discór-
so specióso; palliazióne, lusíngi
Glúcin, *s.* (*chim.*) glucína, òsaido di glúcio
Glúe, *s.* glútine, *f.*, còlla, còlla di pésce,
vischio
— *va.* incolláre; appiccáre con còlla
Glúer, *s.* chi incòlla, chi appícca con còlla
Glúey, *a.* tenáce; viscóso, glutinóso
Glúeyness, *s.* viscòsità, tenacità, tegnènza
Glùm, *a.* (*volg.*) arcígno, cúpo, brúsco
Glumáceous, *a.* (*bot.*) glumáceo
Glúme, *s.* (*bot.*) glúma, lòppa, púla
Glùt, *va.* satolláre, saziáre, rimpinzáre; far
rigurgitáre; — one sèlf, mangiáre a crèpa-
pèlle; — the màrket, far rigurgitáre la piáz-
za; — one's vèngeance, vendicársi
— *s.* pásto tróppo abbondánte; satòlla; rim-
pinzaménto; ringórgo, soprabbondánza

Glúten, *s.* (*chim.*) glútine, *f.*, glútino
Glútináte, *va.* conglutináre
Glutinátion, *s.* glutinazióne, conglutinazióne
Glutinátive, *a.* glutinatívo, agglutinánte
Glutinósity, *s.* glutinosità
Glútinous, *a.* glutinóso, viscóso, appiccánte
Glútinousness, *s.* viscosità, viscidità
Glútton, *s.* ghiottóne, *m.*, golóso, mangióne,
m. diluvióne, *m.*
Glúttoníze, *va.* mangiár di mólto, diluviáre
Glùttonous, *a.* golóso, ghiótto, ingórdo
Glùttonously, *avv.* ghiottaménte, golosaménte
Glùttony, *s.* ghiottonería, góla, ingordígia,
leccornía
Gnàrl, *van.* (*volg.*) rosecchiáre; borbottáre
Gnárled, *a.* nocchiolúto, nodóso
Gnàsh, *van.* digrignáre i dènti; ringhiáre
Gnàshing, *s.* digrignaménto, stridór de' dènti
Gnàt, *s.* zanzára; — snàpper, (*orn.*) mona-
chíno
Gnàw, *van.* ròdere, rosicchiáre
Gnàwer, *s.* roditóre, -tríce, rossiechiatóre,
-tríce
Gnàwing, *s.* ròdere, *m.*, rodiménto, roditú-
ra; — cáres, cúre mordáci
Gneis or gneiss, *s.* (*min.*) gneiss, *m.*
Gnóme, *s.* gnòmo
Gnómon, *s.* (*astr.*) gnomóne, *m*; (*orolog.*)
gnomóne, *m.*
Gnomónic, gnomónical, *a.* gnomónico
Gnomònics, *s. pl.* gnomònica
Gnòstic, *a. s.* (*teol.*) gnòstico
Gnòsticism, *s.* (*teol.*) gnosticísmo
Gnú, *s.* (*zool.*) gnu, niù, *m.*
Gó, *vn.* (*pret.* wènt; *p. p.* gòne), andáre,
camminàre, marciáre, andársene, partírsi;
scomparíre; scórrere, avér córso; to — up,
salíre; — dówn, scèndere, — giú, uscíre;
— in, entráre; — abòut, giráre, andár attórno; — awáy, andár vía, andársene; —
off, partíre; esplòdere, sparáre; — back,
rinculáre, tirársi indiètro; — beyònd, andáre óltre, oltrepassáre; — bý, passáre
vicíno; — néar, avvicinársi; — fòrтн, u-
scíre, mostrársi; — óver, passáre, valicáre; — astráy, sviársi, uscír di vía; — for,
andáre a cercáre; — betwéen, frappórsi;
far il ruffiáno; — on, andár óltre, proseguíre, continuáre; — agàinst, contrariáre,
oppórsi a; — ashóre, sbarcáre, approdáre;
— a journey, far un viàggio; — abòut a
тнing, accíngersi a fáre una còsa; — to
the bòttom, (*mar.*) caláre a fóndo, sprofondársi; — láme, arrancáre, zoppicáre;
— тнróugн the fiéldś, passáre pei cámpi;
— тнróugн màny hardships, soffríre mólto
disgrázie; — with the tíde, andáre a secónda della maréa; — scèndere colla maréa; — alòng with, andár con, accompagnáre; —. to stóol, andár di córpo; —
withòut, far sènza, far a méno; that will
nèver — dówn with him, egli non potrà

mai tollerâre ciò, non la trangngerà mai;
— on with your wŏrk, proseguíte îl vôstro lavóro ; he is gone óver to the énemy, è passáto al nemíco; the fîre is gôing
òut, il fuòco si smôrza ; I will set it góing,
io lo mętterò in moviménto, lo farò andáre; she is ᴛᴜᴛéé mŏɴᴛᴇʜ gòne, ella ha tre
mêsi di gravidánza ; I am gôing, me ne
vâdo; a gôing, in vôga; gòne bý, ito, andáto, passáto; gòne to the bad, ìto a mále;
she was gôing to wéep, ella era lì lì per
piángere; hŏ̄w̄ góéš it (volg.)? cóme va la
sanità? — to! (ant.) su vía! — alòng!
va vía, andáte vía!

Gò, s. (famigliare) andázzo, vôga; it wis
âll the —, era l'andázzo, era in vôga

— -betwéen, s. mezzáno, mezzâna; ruffiáno,
ruffiâna

— -bý, s. evasióne, sutterfúgio ; omissióne;
to give one the —, scapoláre da úno, sga-
bellársi da alcúno

— -cârt, s. carrúccio, cȯrico, carrettíne di
bimbo

Gòad, s. púngolo, stímolo, acúleo

— va. pungoláre, púngere, stimoláre, spíngere

Gòal, s. mêta, têrmine, m., ségno, fíne, m.

Gòat, s. cápro, cápra; he —, bùck —, cápro, bécco, capróne; she —, cápra; young
—, caprétto; wîld —, camȯzzo; — -footed,
caprípede, dal piè caprîno; — -herd, ca-
prájo; —'s béard, (bot.) bárba caprína,
spirêa; — rûs (bot.) capråggine, f;
milk, látte di cápra

Gòatish, a. che sa di bécco; lascívo

Gòbble, va. ingozzáre; — up, affoltáre, ingojáre

Gòbbler, s. inghiottitóre, affoltatóre, mangióne, m., pòllo d'India

Gòblet, s. ciótola; tázza; gótto, bicchiêre, m.

Gòblin, s. fantásma, m., ómbra, lárva, spirito

Gòd, s. Dío, Iddío; (mitol.) dío; — is lŏve,
Dío è amóre; the—š,gli dêi; — be ᴛʜᴀɴked,
ᴛʜᴀɴk —, grázie a Dío; — be with you,
Iddío vi accompágni, andáte con Dío; —
forbìd, tòlga Iddío; góod —! per Dío!
sáve the constitútional king! viva il re costituzionále! for —'s sáke, per l'amóre di
Dío ; — bless you, Iddío vi benedíca; so
help me —, così Iddío mi ajúti; in the sight
of —, al cospètto di Dío; to féar —, avére
il sánto tímor di Dío

Gòdchĭld, s. figliòccio, figliòccia

Gòddaughter, s. figliòccia

Gòddess, s. (mitol.) dêa; — like, come una
dêa, símile ad una dêa

Gòdfather, s. padríno, patríno, compáre, m.,
sántolo ; to be — to, éssere padríno di;
to stând — to, tenére a battésimo, ricévere alle fónti, leváre al sácro fónte

Gòdhead, s. deità, divinità

Gòdless, a. sênza Iddío, émpio, profáno,
áteo

Gòdlessness, s. cmpietà, irreligiosità

Gòdlíke, a. divíno, celéste

Gòdlily, avv. religiosaménte; V. Píously

Gòdliness, s. pietà, divozióne, religiosità

Gòdly, a. di Dío; pío, divôto, sánto; avv.
piaménte, divetaménte, religiosaménte

Gòdmŏther, s. madrína, matrína, comáre,
f., sántola

Gòdsend, s. profítto casuále, guadágno inaspettáto

Gòdship, s. (poco us.) deità, divinità

Gòdsmiᴛʜ, s. fabbricatóre d'ídoli

Gòdson, s. figliòccio

Gòdwit, s. (orn.) francolíno

Gòer, s. ambulánte, persóna che va, camminatóre; comers and —s, colóro che vén-
gono e vánno

Gog, s. (volg.) frétta; to set-a- —, far veníre la vòglia; to be a — for, bramáre
ardenteménte

Gòggle, va. stralunáre, vòlgere gli ôcchi, far
tánto d'òcchi

— -éyed, a. che ha gli ôcchi cóme di búe,
che ha gli òcchi stralunáti; guêrcio

Gòing, s. l'andáre, andaménto, portaménto,
andatúra; moviménto; condótta; gravidánza; the — dŏ̄wn of the sûn, il declináre,
il tramontáre del sóle

— participio presente andánte, andándo,
movênte; whêre are you —? dove andáte?

Goitre (pr. gŏter), s. (meglio Dèrbyshire
* nèck), gózzo

Gòla, s. (arch.) gôla

Gòld, s. óro; — dùst, pólvere, f. d'óro; —
côin, monéta d'óro; — -béater, battilòro;
— míne, miniêra d'óro; — -fíner, affinatóre d'óro ; — -fínder, orêfice di nòtte,
votacèsso; — hámmer (orn.) rigògolo; —
smiᴛʜ, orêfice; — fíelds, cámpi auríferi ;
she is wŏrth her weight in —, ella vále
quánto pésa in óro; áll is not — that
glitters, non è óro tutto quél che lúce

— -cùp, s. (bot.) bottón d'óro, ranúncolo
bulbóso

Gòlden, a. d'òro, prezióso, eccellênte; —
áge, età dell'óro; — rûle, règola del
tre; — flèece, tosón d'óro; — rod, (bot.)
vêrga d'óro; — dáišý, (bot.) crisantêmo

Gòldfinch, s. (orn.) cardellíno, cardéllo,
cardellétto, calderúgio, calderíno, calde-
réllo, carderúgio, carderúgio

— -hâir, s. (bot.) crisocòma (giállo del
Cápo)

Gòldylŏcks, s. (bot.) crisocòma

Gòndole e Gòndola, s. gôndola

Gòndoliér, s. gondoliêre, m.

Gòne (part. pass. del verbo to go), a. andáto, íto, passáto, perdúto, rovináto, mŏr-
to; — to the bad, íto a mále; fâr —,

mólto ávanzáto; I must be —, bisógna che me ne váda; get you —, andátevene
Gònfalon, *s.* gonfalóne, *m.*
Gonorrhéa, *s.* (*med.*) gonorrèa
Góod, *a.* (*comp.* bètter, *super.* the bèst) buóno; (*pèrs.*) dabbéne; (*com.*) buóno, sólido, sáldo; buòno, giovévole, salutáre; — wíne, buón víno; — man, uómo dabbéne; — hŏuse (*com.*), cása (ditta) sòlida; — tùrn, servízio, favóre; a — whíle agó, un pèzzo fa; a — déal, una vistósa quantità; — will, buóna volontà, benevolènza; — brèeding, buóna creánza; — cáning, bastonáta solènne; in — èarnest, daddovèro, in sul sèrio; to máke —, avveráre, abbuonáre; mantenére, giustificáre; to sáy — тнíngø, díre argúzie; — in láw, válido, legíttimo; in — tíme, opportunaménte a propósito; as — as, così buòno cóme; it iš as — as dône, la còsa è quási fátta; I hàve a — mìnd to dŏ it, ho vòglia di fárlo; — nìght, felíce nòtte
— *s.* béne, vantàggio, útile, profítto; — and évil, il bêne ed il màle; mùch — máy it dŏ you, buón prò vi fáccia; —ø, *spl.* mercanzíe, mêrci, béni, effètti
— *avv.* béne, giustaménte, precisaménte
— -býe, *a.* (*augurio di commiato*) addío! to sáy or bid — bye, díre addío, accomiatáre
— -hùmoured, *a.* di bell' umóre, gájo, allégro
— -nátured, *a.* di buòn cuòre, di buóna pásta; benígno, buòno
Góodliness, *s.* (*poet.*) bellézza
Góodly, *a.* (*poet.*) béllo, dispósto, di bélla presènza
Góodness, *s.* bontà; hàve the — to.... abbiáte la bontà di...; — grácious! Dío mío! Dío buòno!
Góody, *s.* buòna dònna; madònna
Góose (*pl.* géese), *s.* óca; gréen — pápero; táīlor's —, fêrro da sárto, quadrèllo; grèat —, stupidáccio; to pláy at fox and —, giuocár all'òca
— -flèsh, *s.* pêlle, *f.* d'óca; sùch a mùrder excítes in me the —, un tále omicídio mi fa veníre la pêlle d'òca
Góoseberry, *s.* ríbes, *m*; rough (*pr.* rùf) —, ríbes spinóso; úva spína; smóoth —, ríbes, úva crespína; — bùsh, piánta dell'úva spína, ríbes; — fóol, ríbes cón crêma e zúcchero (diáno)
Gòrdian, *a.* gordiáno; — knŏt, nòdo gor-
Gorbêllied, *a.* (*volg.*) paņciúto
Gorbêlly, *s.* (*volg.*) gròssa páncia
Gòrcock, *s.* (*orn.*) gállo di montágna
Gòrcrów, *s.* (*orn.*) cornácchia
Góre, *s.* sángue quagliáto, congeláto; púnta di camícia; còvered with —, copèrto di sángue congeláto; — *va.* punzecchiáre, stilláre, trafíggere colle córna

Gòrge, *s.* góla: fáuci, *fp.*, góxxo; (*fort.*) góla, passàggio strétto tra due montágne
— *va.* trangugiáre, inghiottíre, mandár giù, affoltáre; — with, impinzáre di; to — one's sélf, satollársi, rimpinzársi, mangiáre a ' crépa pêlle
— *vn.* mangiár con ingordígia; ingorgáre, rigurgitáre
Gòrged, *a.* rimpinzáto, piêno zêppo, ingorgáto
Gòrgeous, *a.* sontuóso, magnífico, supèrbo, splèndido, sfarzóso, pompóso, sfolgoránte
Gòrgeously, *avv.* magnificaméntø, superbaménte
Góregeousness, *s.* magnificènza, splendóre, pómpa
Gòrger, *s.* gorgièra, gorgierína
Gòrgon, *s.* gorgóne, *f*; têsta di Medúsa
Gorgónian, *a.* di gorgóne, spaventóso
Gòr-hèn, *s.* tetraóne fêmmina, gallína di montágna
Gòring, *s.* trafittúra, cornáta
Gòrmand, gùrmander, *s.* mangióne, *m.*, ghiottóne, *m.*, ghiottóna, golosáccio, golosáccia; leccóne, *m.*
Gòrmandíze, *vn.* mangiáre di mólto, diluviáre
Gòrmandízer, *s.* golóso, golósa, ghiottóne, ghiottóna, mangióne, *m.*, diluvióne, *m.*
Gòrmandízing, *s.* ghiottonería, golosità
Gòrse, *s.* èrica; *V.* Fùrze
Góry, *a.* insanguináto, copèrto di sángue raggrumáto
Gòshâwk, *a.* (*orn.*) avoltójo
Gòsling, *s.* pápero, ochètto
Gòspel, *s.* Vangèlo, Evangèlio; to regàrd nèither láw nor —, non avér nè lègge, nè féde; to táke for —, tenére indubitáto cóme fósse Vangèlo
Gòspeller, *s.* predicatóre del Vangèlo, predicánte il Vangèlo, seguáce di Wickliffe, protestánte
Gòssamer, *s.* filaménti di S. María
Gòssip, *s.* compáre, *m.*, comáre, *f.*, ciarlóne, pettégola; pettegolêzzo, chiácchiera, ciáncia
— *vn.* ciarláre, cicaláre, chiaccheráre; far il compáre, la comáre, la pettégola
Gòssiping, *s.* ciárla, chiácchera, ciáncia, pettegolêzzo
Gòssipred, *s.* l' èsser compáre, affinità spirituále
Gòt, gòtten, *V.* Get
Gótnic, *a.* gòtico; (*arch.*) gòtico
Gòrnicism, *s.* idiotísmo gòtico; gótica barbárie; (*arch.*) stíle gòtico
Gòruicíze, *va.* rénðer gòtico, imbarbaríre
Gŏðge, *s.* sgòrbia, scarpèllo a dòccia
— *va.* levár colla sgòrbia; — a pèrson, accecáre uno, cavár gli òcchi ad uno col díto
Góurd, *s.* (*bot.*) zúcca; — trée, álbero che prodúce le zúcche lùnghe

Góurdiness, *s.* (*vet.*) enfiagióne (nelle gámbe de' caválli)

Góut, *s.* podágra, gótta; — in the hands, chirágra; — in the hip, sciática; a fit of the —, attácco di podágra

Góutiness, *s.* státo gottóso

Góuty, *a.* gottóso, podagróso, di, da gottóso; — pèrson, gottóso, pòdagróso; — cháir, poltróna. seggiolóne da guttóso

Góvern, *va.* governáre, règgere, moderáre; (*gram.*) règgere, governáre; *vn.* governáre

Góvernable, *a.* governábile, dòcile

Góvernance, *s.* governaménto; govèrno, tutèla, manéggio, condótta, règola

Governánte, *s.* V. Góverness

Góverness, *s.* governatríce, (di província, di città); àja, tutríce, *f.*, direttríce

Góverning, *a.* dominánte, reggènte

Góvernment, *s.* govèrno; reggiménto, amministrazióne, regíme, *m.*, manéggio, direzióne; império, domínio; padronánza, potére, *m.*, signoría; military —, govèrno militáre; the French —, il govèrno francése; self- —, padronánza di sè stésso; (*polit.*) govèrno autónomo; reggiménto a pópolo; pétticóat —, reggíme della gonnèlla, govèrno donnésco; — man, partigiáno del Govèrno, conservatóre; — hòuse, Governatoráto, palázzo del Govèrno; for your —, (*com.*) per vòstra nòrma; rewárds and púnishments are the básis of góod —, péne e prèmj son l'ánima d'un buòn govèrno

Governméntal, *a.* del govèrno, governatívo

Góvernor, *s.* governatóre; direttóre; àjo (di persóna di condizióne),instituzióre;(*macch.*) regolatóre; padróne, m; the góvernor's lády, la governatríce

Góvernorship, *s.* cárica, pósto di governatóre

Gówn, *s.* vèste, *f.* (da dònna), vèsta, gònna; tòga, ròba; wèdding —, vèste da nòzze; morning —, vèste da cámera, zimárra

Gówned, *a.* togáto, vestíto di tòga

Gównman, gównsman (*pl.* gównmen, gównsmen), *s.* togáto, uòmo di tòga

Grábble, *van.* (*volg.*) frugacchiáre, palpáre, palpeggiáre, frugáre nel lòto

Gráce, *s.* grázia, bontà, favóre, grázia, avvenènza, avvenevolézza; grandiosità, gárbo, eleganza, leggiadría; (*titolo di duca*) grázia, eccellènza; (*teol.*) grázia; (*mitol.*) Grázia; (*mus.*) ornaménto; (*com.*) respíro, rispítto; act of —, decréto d'amnistía; by the — of God, per la grázia di Dío; the rarée Gráces, le tre Grázie; with a góod —, garbataménte; with a bad —, sgarbataménte; with so much —, con tánta grázia; to sáy —, benedír la távola, díre l' ágimus; your —, vòstra grázia, l'eccellènza vòstra; to be in the góod graces of a gréat man, avér la grázia d' un potènte

Gráce, *va.* adornáre, decoráre, abbellíre, illustráre; favoríre, dotáre; to be —d with éloquence, avére il dóno dell'eloquènza

Gráceful, *a.* grazióso, gentíle, avvenènte, piéno di grázia, aggraziáto, elegánte, vezzóso, leggiádro; garbáto

Grácefully, *avv.* con grázia, gentilménte, garbataménte

Grácefulness, *s.* gentilézza, graziosità, garbatézza; elegánza, venustà

Gráceless, *a.* sgraziáto, sénza grázia, sgarbáto; pervèrso, èmpio, sceleráto

Gracllity, *s.* gracilità, sottigliézza, delicatézza

Grácious, *a.* grazióso; benígno, clemènte, (grazióso), avvenènte, (*ant.*); — and mérciful, benígno e misericordióso

Gráciously, *avv.* graziosaménte, benignaménte

Gráciousness, *s.* graziosità, bontà, benignità

Gradátion, *s.* gradazióne

Gráde, *s.* grádo; rángo; the — of cáptain, il grádo di capitáno

Grádient. *a.* che cammína a pásso a pásso — *s.* (*strade ferrate*) discésa e salíta graduále, pendío, pendénza

Gràdual, *a.* graduále, graduáto, progressívo — *s.* gradináta, gradíni, *m. pl.* graduále, *m.* (*relig. cattolica*)

Gràdually, *avv.* gradualménte, gradataménte

Gràduate, *va.* graduáre; (*chim.*) graduáre; (*univer.*) conferíre un grádo, addottoráre, — *vn.* divveníre gradataménte, passáre gradualménte, prèndere un grádo, divveníre dottóre

— *s.* graduáto

Gràduáted, *a.* graduáto, graduále; Millhouse's — English Cóurse, il Còrso graduáto di língua inglése del Millhouse

Gràduateship, *s.* (*università*) titolo di graduáto

Graduátion, *s.* graduzióne, graduazióne, l'átto dell'addottoráre

Graduátor, *s.* (*mat.*) struménto da divídere, divisóre

Gràft, *s.* márza, nèsto; innèsto; òcchio — *va.* (*bot.*) innestáre; annestáre

Gràfter, *s.* innestatóre, chi innèsta

Gràfting, *s.* innestaménto, innestatúra

Gráin, *s.* gráno, chicco di gráno, granèllo, granellíno; gráno (*peso*); gráne, forménto, biáda, granéglie, *f. pl.* cereáli, *m. pl*; (*del legname*) fibra, véna, pélo; — of sált, gráno di sále; — of mùstard séed, granèllo di sènape; the príces of —, i prèzzi dei cereáli; to dýe in —, tíngere in grána; agàinst the —, a contrappélo, a contracuòre

— *va.* graníre, ridúrre in granellíni

Gráined, *a.* granáto, graníto, granóso; dúro, incancellábile, indelébile; cross- —, che tráe le fibre irregolári, attravèrso, nocchierúto; ill- —, bisbético, pervèrso

nòr, rûde; - fàll, sön, bùll; - fáre, dó; - bý, lÿmph; pôlie, bôÿi, fôůl, fôẃl; gem, aš

Diz. Ingl. Ital. - Ediz. VI. Vol. I. 19

Gráinly, *a.* (*poco us.*) granóso; piêno di granélli

Gramineous, *a.* (*bot.*) gramignóso, erbóso

Graminivorous, *a.* erbívoro

Gràmmar, *s.* grammatica; little —, grammatichétta; buý the fifléentH edition of Millhouse's English —, comperáte la quindicésima ediziòne della Grammàtica inglése del Millhouse

— -schóol, *s.* scuòla di grammàtica, ginnásio

Grammárian, *s.* grammàtico .

Grammàtical, *a.* grammaticále, di grammàtica

Grammàtically, *avv.* grammaticalménte

Grammàticastre, *s.* (*ant.*) grammaticúzzo

Grammàticíze, *va.* réndere grammaticále; scrívere grammaticalménte

Gràmmatist, *s.* professóre di grammàtica, grammático

Gràmple, *s.* gránchio, gàmbero

Gràmpus, *s.* delfíno gladiatóre, spècie di òrca

Gránary, *s.* granájo, luògo dove sí ripóne il gráno

Grànate, *s.* V. Gàrnet

Gránd, *a.* grandióso, magnífico, supêrbo, imponênte, illústre, fastóso, splêndido, gránde, sublíme

— júror, *s.* (*legge inglese*) mèmbro del gran giurì

— -nèphew, *s.* pronepóte, *m,* pronipóte, *m.*, abiático, figliuòlo del fíglio o della fíglia d'un fratèllo o d'una sorèlla

— -Séígnior, *s.* Gran Signóre, Gran Túrco (il Sultáno)

— -Vizíér, *s.* Gran Visíre, *m.* (il minístro di Státo, o prímo minístro del Sultáno)

Gràndam, *s.* nònna, àva, ávola; vècchia, vecchiáccia; to téach one's — to suck eggs, i pàperi vòglion menáre a bére le òche

Grànddchíld, *s.* nipotíno, nipotína, figliuòlo del fíglio o della fíglia, figliuòla del fíglio o della fíglia

Grand-dàughter, *s.* nipotína, figliuòla del fíglio o della fíglia

Grandée, *s.* gránde (di Spágna), magnáte, *m.*

Grandéeship, *s.* rángo di gránde (di Spágna) o di magnáte

Grandeur (*pr.* grànger), *s.* grandézza, magnificênza, splendóre

Gràndfather, *s.* àvo, ávolo, nònno, papà gránde

Grandíloquence, *s.* grandíloquênza

Grandíloquous, *a.* grandíloquénte, grandíloquo

Gràndly, *avv.* grandiosaménte, magnificaménte

Gràndmòther, *s.* àva, ávola, nònna, màmma gránde

Gràndness, *s.* grandiosità, grandézza, magnificênza, sontuosità

Gràndníéce, *s.* pronepóte, *f.,* pronipóte, *f.,* abiática, figliuòla del fíglio o della fíglia d'un fratèllo o d'una sorélla

Gràndsíre, *s.* àvo, ávolo, nònno; (*poet.*) antenáto

Gràndsòn, *s.* nipotíno, figliuòlo del fíglio o della fíglia

Gránge, *s* fattoría, massería, cascína, càsa di massájo, càsa colònica

Gránite, *s.* (*min.*) graníto

Granític, *a.* graníttico

Granívorous, *a.* granívoro

Gránnam, V. Gràndam

Gránny, V. Gràndam (Grand)

Grànt, *s.* concessióne, cessióne, dóno, privilégio; to màke a — of, far concessióne di

— *va.* concédere, cédere, dáre; perméttere, esaudíre, accordáre, acconsentíre, menár buòno; — a privilège, dáre, accordáre un privilégio; grànted, d'accòrdo; — it bè só, suppòsto che sía cóme díte; I táke it for gránted that, presuppóngo che

Gràntable, *a.* che si può concédere, còncedíbile; accordábile

Grantée, *s.* (*legge*) donatário, cessionário, concessionário

Gràntor, *s.* (*legge*) concedénte, autóre d'un privilégio o d'una concessióne

Gràndular, *a.* granuláre, granáto

Gràndulate, *va.* granuláre, granáre, granelláre

Granulátion, *s.* granulazióne

Grànule, *s.* granélla

Grànulous, *a* granulóso

Grápe, *s.* granéllo d'úva, chícco, ácino; —s, spl., úva, le úva; bunch of —s, gràppolo d'úva, racémolo; to eáther —s, còr l'úva, vendemmiáre: to gléan —s, raspolláre; — -stóne, granéllo dell' úva, ácino; — -shot, (*mil.*) mitràglia

Gràphic, Gràphical, *a.* gráfico, ben delineáto

Gràphically, *avv.* graficaménte, pittorescaménte

Gràpnel, *s.* áncora di galéa, grappíno, uncíno

Gràpple, *va.* arraffàre, arrampínáre, afferrà e

— *vn.* aggrappàrsi, attaccàrsi; — with, loitáre con, veníre alle prêse con

— *s.* grappíno, afferratójo; lòtta

Gràpplement, *s.* strétta

Gràppling, *s.* lòtta; — fron, afferratójo, grappíno

Gràpy, *a.* d'úva; somigliánte all'úva

Gràsp, *va.* impugnáre, abbrancáre, afferríre; dar di píglio a; — àll lóse àll, c' tróppo. abbràccia nulla strínge; to — a'.

vn. tentáre di afferráre, volér dar di píglio a

— *s.* impugnatúra, strétta, prêsa, mànc portáta; brancáta, manáta, possèsso: balía; potére, *m.,* domínio, sfèra; — of th hand, strétta di màno; to have a th.us

within one's —, avér una còsa in pròpria
balìa
— -àll, *s.* avaróne, cacastécchi, *m.*, lésina,
mignàtta, pillàcchera
Gràsping, *a.* ingórdo, aváro, taccágno
Gràss, *s.* èrba, verzúra, gramígna; to put a
horse to —, métter un cavàllo all'èrba;
to éat, one's còrn in the —, mangiáre il
gráno, il fiéno in èrba; Frènch —, (*bot.*)
trifòglio onobrìchio, cedrángola, mèdica;
jóint —, (*bot.*) càglio, carciófo selvático;
asparàgi, *m. pl;* the — es, the — tribe, le
gramìnàcee; — widow, (*bern.*) dònna separáta dal marìto
— *va.* coprìre d'èrba; *vn.* coprìrsi d'èrba
— -blàde, *s.* fìlo d'èrba
— -gréen, *a.* cóme l'èrba vérde
— -grówn, *a.* erbóso, copèrto d'èrba
— -plòt, *s.* tappéto vérde, tappéto di verdúra
— -poly, *s.* (*bot.*) salicària
— -vetch, *s.* (*bot.*) cicérchia
— -wéek, *s.* le Rogazióni
Gràsshopper, *s.* (*ent.*) cavallétta, grìllo
Gràssiness, *s.* státo erbóso, verdúme, *m.*
Gràssy, *a.* erbóso, copèrto d'èrba, vérde
Gràte, *s.* gráta, gratèlla, gelosìa, graticola;
inferriàta; chimney —, gríglia, cèsta di
fèrro in cui si fa il fuòco di carbón fòssile; — full of còke, gríglia o stúfa di metàllo còlma di *coke*
— *va.* grattuggiáre, fregáre; munìre d'inferriàta; laceráre (l'orécchio)
— *vn.* fregáre, scordáre, dissonáre; thóse
sóundé — upón mý éar, quei suòni mi là-
cerano gli orécchi
Gràteful, *a.* gráto, riconoscènte; gráto, gradévole, cáro, accètto; I shall be very —
to you for it, ve ne sarò mólto gráto, mólto
tenúto
Gràtefully, *avv.* con gratitúdine, con piacére
Gràtefulness, *s.* riconoscènza, gratitúdine, *f.*
Gràter, *s.* grattúgia, ráspa
Gratificàtion, *s.* l'àtto di appagáre la mènte,
il gústo e l'appetìto; piacére, *m.*, godiménto, dilètto; (*legge*) ricompènsa, gratificazióne
Gràtify, *va.* appagáre, accontentáre, dilettáre, incantáre, far piacére a, compiacére;
to — one' resèntment, sfogáre il pròprio
risentiménto
Gràtifying, *a.* che appàga, gradévole, gràto, dilettévole
Gràting, *a.* scordánte, dissonánte, áspro, a-
cèrbo, penóso; *s.* inferriàta, cancèlli,
mpl; (*mar.*) quartièri, carabottíni, *mpl.*
Gràtingly, *avv.* aspraménto; acerbaménte
Gràtis, *avv.* grátis, gratuitaménte, per nùlla
Gràtitude, *s.* gratitúdine, *f.* riconosciménto;
fròm —, óùt of —, per riconoscènza
Gratúitous, *a.* gratúito

Gratúitously, *avv.* gratuitaménte
Gratúity, *s.* dóno gratúito, regálo, gratificazióne
Gràtulate, *va.* (*poet.*) congratulàrsi con
Gratulàtion, *s.* congratulazióne, *f.*, il congratulàrsi con
Gràtulatory, *a.* di congratulazióne
Gràve, *s.* sepólcro, fòssa, túmulo, avèllo,
tómba; — yàrd, sepolcréto, càmpo sánto,
cimitério; — stóne, lápide, *f.*, làpida; —
digger, beccamòrti, *m.*, to hàve one fóot
in the —, avér un piéde nella fòssa; to
wish one in the —, desideráre la mòrte di
alcúno; to láy one in his —, seppellíre
alcúno, sotterrárlo
— *a.* gráve, sério, sòdo, compósto, autorévole; — lóok, ária gráve e compósta; —
àccent, accénto gráve
— *va.* (*pret.* gráved, *p. p.* gráved e gráven)
intagliáre, scolpíre, incìdere; (*mar.*) spalmáre, úgnere
— -clóthes, *s.* (l'àbito in cui è sepólto il
mòrto) lenzuòlo mortuário
Gràvel, *s.* ghiája, réna gròssa; (*med.*) re-
nèlla; — -wàlk, viále ghiajáto; — -pit,
cáva di sabbióne, renájo
— *va.* coprìre di ghiája, imbarazzáre
Gràveless, *a.* sènza onóre di tómba, insepólto
Gràvelly, *a.* ghiajóso, sabbióso; (*med.*) re-
nóso
Gràvely, *avv.* graveménte, seriaménte, con
gravità
Gràven, *a.* intagliáto, scolpíto, imprèsso
Gràveness, *s.* serietà, solennità, gravità
Gràver, *s.* scultóre, intagliatóre; bulíno
Gravìdity, *s.* gravidánza
Gràving, *s.* intàglio, scultúra: imprónta
Gràvitate, *vn.* gravitáre, pesáre, tèndere,
propèndere; — upòn (*fig.*) influenzáre
Gravitàtion, *s.* gravitazióne
Gràvity, *s.* gravità, serietà, sodézza; péso,
importánza; (*fis.*) gravità, ponderánza;
cèntre of — cèntro di gravità
Gràvy, *s.* súgo (di cárne arrostíta), súcco
Gráy e Grey (*pr.* gráy), *a.* grígio, bígio, ce-
nerógnolo; canúto; you will sóon be —,
tòsto saréte grígio; dapple —, leárdo pomáto; to get —, divenìre grígio; to get
quíte —, incanutíre; — éyeé, òcchi grígi;
— -béard, barbógio, vécchio, vecchióne,
m; — -háíred, che ha i capélli grígi
— *s.* (*zool.*) tásso
Gráyhóund, *s. V.* Greyhound
Gráyish, *a.* grigiógnolo, bigìccio
Gràyling, *s.* ombrìna (*pesce*)
Gráyness, *s.* colóre bígio, bígio, grígio
Gràze, *va.* pascoláre, páscere, mangiáre l'èrba; (*pers.*) allevàre bestiáme, scalfìre, rasentáre; the bàll —d the wàll, la pálla
rasentò il múro
— *vn.* pascoláre nei práti; páscersi; rasen-

táre; the ball —d óut of the window, la
pálla uscì per la finêstra rasentándola
Grázier, *s.* allevatóre di bestiáme, mandriáno
Grèase, *s.* grásso, súgna, untúme, *m.*, sucidúme, *m*; cárt —, únto
— *va.* úgnere, sporcáre, copríre di grásso
Grèasíly, *avv.* sucidaménte, spercaménte
Grèasíness, *s.* untúme, *m.*, grassúme, *m.*, sudiciúme, *m.*
Grèasy, *a.* grásso, únto, bisúnto, oleóso
Greát, *a.* gránde; — héat, gran calóre; —
fárm, gran podére, *m*; — béast, gran bêstia; — while, lúngo têmpo; — déal, mólto; — màny, mólti; the —, i grándi; —
— with child (*volg.*) grávida; 'tis no —
màtter, póco mónta; véry —, stragránde;
—gràndfather, bisávolo; — — gràndfather,
trisávolo; — gràndson, pronipóte, *m*; to
build bý the —, fabbricáre a cóttimo; to
buý bý —, bý the —, comperáre all'in-
grósso
Greátly, *avv.* grandeménte, nobilménte, assái
Greátness, *s.* grandézza
Grèaves, *s.* gamberuóli, *m. pl*; gambière, *f.*
pl., cosciáli, *m. pl.*
Grèbe, *s.* (*orn.*) colímbo
Grécian, *s. a.* grêco, di Grêcia
Grécism, *s.* ellenismo, idiotísmo grêco
Grécize, *vn.* grecizzáre, tradúrre in língua
grêca
Grèedíly, *avv.* avidaménte, ingordaménte
Grèedíness, *s.* avidità, ingordígia, voracità
Grèedy, *a.* ávido, ingórdo, gelóso, ghiótto,
cúpido, voráce; — àfter gáin, ingórdo di
danáro; — gùt, *s.* ghiottóne, mangióne, *m.*
Gréek, *s.* Grêco, língua grêca; (*univ.*) giovialóne, *m.*, — fíre, fuóco grêco
Grèen, *a.* vérde, frésco, verdeggiánte, novêllo, vérde, non matúro; vérde, úmido,
novízio, sémplice, inespérto; — swárd,
pianúra vérde, tappéto vérde; — frùit,
frútta vérde, non matúra; — wóod, légno
vérde, non sécco; — finch, verdóne; —
góose, pápero; — hórn, córno mòlle, gióvine sémplice, minchióne, *m*; — córn, gráno in êrba; — gáge, susína vérde; — hóuse,
sêrra per le piánte; — grócer, fruttivén-
dolo; — clòth, consíglio régio, tribunále
del re; — róom, camíno, stánza del camíno ne' teátri; — old áge, vecchiézza
vègeta e prosperósa
— *s.* vérde, colór vérde, verdúme, *m.*, verzúra, tappéto vérde, pratellíno; séa —,
vérde máre; —s, *s. pl.* vérze, *f. pl.* ver-
zètte, *f. pl.* verdúra, erbággio, legúmi,
m. pl.
— *va.* tíngere di vérde, copríre di verdúme
— -bróom, *s.* (*bot.*) ginéstra dei tintóri, ginestrêlla
— -chéese, *s.* cácio verderógnolo
— -dràgon, *s.* (*bot.*) aro serpentíno
— -láver, *s.* (*bot.*) úlva lattugácea

— -stàlf, *s.* móstra di bottéga di fruttajuólo
— -stóne, *s.* (*min.*) dioríte, *f.*
— -wéed, *s.* (*bot.*) ginestrêlla, ginêstra dei
tintóri
Grèenish, *a.* verdíccio, verdógnolo, gláuco
Grèenness, *s.* verdúme, *m.*, verzúra, freschéz-
za, immaturità, semplicità
Grèen-sickness, *s* (*med.*) clórosi, *f.*, mórbo
virgíneo, itterízia biánca, malóre donzel-
lésco
Grèet, *van.* salutáre, riveríre
Grèeter, *s.* salutatóre, -tríce
Grèeting, *s.* il salutáre, riveríre, salúto, com-
pliménto
Gregárious, *a.* gregário
Gregáriously, *avv.* gregariaménte
Gregórian, *a.* gregoriáno; the — cálendar,
il calendário gregoriáno; the — yéar, l'án-
no gregoriáno
Gronáde, *s.* (*mil.*) granáta
Grenadíer, *s.* (*mil.*) granatière, *m.*
Grènadílle, *s.* (*bot.*) granadíglia, passiflóra,
fiór, *m.* di passióne
Grènatite, *s.* (*min.*) granatíte, *f.*
Grey (*pr.* grá), *s.* grígio, bígio; *V.* Gráy
Grèyhóund, *s.* levrière, *m*; véltro; — bitch,
levrièra
Grìce, *s.* porcellíno, cinghiále lattánte, *m.*
Griddle, *s.* tégghia, padèlla lárga per cuócere focácce, schiacciáte e símili
Gríde, *va.* lacerár gli orécchi, tagliàre, trapassáre
Grìdelin, *s.* fiór di líno, colóre tra biánco e
rósso
Gridíron, *s.* graticola, gratélla; to bróil something on a —, arrostíre quálche cósa
sulla gratélla
Grìef, *s.* cordóglio, affánno, dolóre, dispiacère, afflizióne, rammárico; pógnant —,
accoraménto, angóscia
— -shòt, *a.* divoráto dal cordóglio
— -wórn, *a.* consúnto dal dolóre
Griévance, *s.* graváme, *m.*, anghería, tórto,
queréla; the —s of the nátion, i graváml
della nazióne; to redrèss —s, tógliere, riformáre gli abúsi
Griéve, *va.* affliggere, rattristáre, affannáre
— *vn.* affliggersi, dolérsi, affannársi, attri-
stársi; to be —d at a ᴛʜing, dolérsi di
una cósa
Griéved, *a.* affannáto, afflitto, attristáto
Griéver, *s.* dolénte, *m. f*; afflizióne
Griévingly, *avv.* dolorosaménte, affannosaménte
Griévous, *a.* affannóso, afflittívo, doloróso,
cordoglióso, angoscióso, gravóso, pesánte,
gráve, angarióso; — weight, cárico o péso
gravóso; — crìme, delítto atróce; — érror,
erróre gráve
Griévously, *avv.* gravemènte, dolorosaménte,
crudelménte, angariosaménte, atroceménte

Grièvousness, *s.* graváme, *m.*, gravézza, enormità

Griffin e Griffon, *s.* (*blasone*, *mil.*) griffo, grifóne, *m;* — vùlture, (*orn.*) áquila, grifágna

Grig, *s.* anguílla píccola; ragázzo víspo e svegliáto

Grill, *va.* cuòcere, abbrustolíre sulla graticola

Grim, *a.* arcígno, tòrvo, òrrido, spaventóso, trúce; to léok —, guardáre tòrvo

— -fáced, — -lòoking, *a.* arcígno, tòrvo

Grimáce, *s.* smòrfia, contorsióne di bócca

Grimàlkin, *s.* gátto vècchio, gattóne, *m.*

Grìme, *s.* sudjciúme mólto internáto; — *va.* sporcársi assái

Grìmly, *a.* con víso arcígno, con òcchio tòrvo

Grimness, *s.* ária spaventévole, guardatúra trúce, víso tòrvo, orribilità, austerità

Grìmy, *a.* insudiciáto, imbrattáto, súcido, lórdo, impiastricciáto

Grin, *s.* ghígno gòffo o malígno, risolíno di schèrno, smòrfia

— *vn.* ghignáre, rídere per bèffe, far smòrfie, ringhiáre, digrignáre i dènti

Grìnd, *va.* (*pret.* e *p. p.* grõund) macináre, tritáre, fregáre, affiláre, angariáre, opprímere; — whéat, macináre il forménto; — with the tééth, masticáre; — a knife, affiláre, arrotáre un coltèllo; — the tééth togèther, stríngere, digrignáre i dènti; — dõwn, ridúrre in pólvere; — the pòor, opprímere i pòveri; *vn.* macináre, ridúrsi in pólvere o tritúmi

— -mill, *s.* usína per arrotáre a mácchina (láme, ecc.)

— -quárry, *s.* cáva di piètra da mácine

— -stóne, *s.* mácine, *f.*, mácina, mòla; macinèlla, macinéllo (per macináre i colóri sóvra áltra piètra làrga, piàna e líscia)

Grinder, *s.* arrotíno, macinatóre; dènte, *m.* mascelláre

Grìnding, *a.* opprimènte, crucciánte, angarióso, schiácciante; — stóne, mòla, piètra da arruotáre; — impost, angheria; the — tax bill, l'impósta sul macináto

— *s.* il macináre, l'affiláre, lo schiacciáre

Grìnner, *s.* ghignatóre, smorfióso

Grìnningly, *avv.* con risolíni di schèrno, ghignatamènte

Grìp e grípe, *va.* aggavignáre, impugnáre, afferráre, agguantáre, abbrancáre, cagionáre dolóri còlici

Grìpe, *s.* l'impugnáre o aggavignáre, présa, strétta, mamáta, púgno; (*fig.*) artígli, *m. pl.*, únghie, *f. pl;* grípes, dolóri còlici

Grìper, *s.* persóna che afferra, usurájo, angariatóre, oppressóre, spilòrcio; taccágno

Grìping, *a.* che abbrànca, che crúccia, che schiàccia; sórdido, angariatóre, opprimènte

Grìpingly, *avv.* con dolóri còlici, da taccágno

Grisàmber, *s* (*ant.*) ambracáne, *f. V.* Ambergris

Griskin, *s.* braciuòla di pòrco

Grìse, *s.* (*ant.*) gradíno; scalináta; majále, *m.*

Grisètte, *s.* (*ant.*) modistína, *madamína*

Grisly, *a.* íspido, irsúto, defòrme, spaventóso

Grìst, *s.* ròba da macináre, biáda, fruménto, provigióne, provediménto; to bring — to one's mill, tirár l'ácqua al súo molíno

— -mill, *s.* molíno, mulíno (per macináre i cereáli)

Grìstle, *s.* cartilágine, *f.*

Grìstly, *a.* cartilaginóso, irsúto, spaventóso

Grìt, *s.* tritèllo, gráno tritúráto, farína gròssa, biáda macináta; pólvere, *f.* di piètra, limatúra di metállo, tritúme, *m;* — -stóne, piètra da macígno, piètra bígia

Grìtn, *s.* (*ant.*) páce, *f.*, buòna armonía

Grittiness, *s.* qualità calcolósa, sabbionósa

Grìtty, *a.* sabbionóso, calcolóso, ghiajóso

Grìzzle, *s.* colóre grígio o brizzoláto, canutézza, canutíglia

Grìzzled, *a.* brizzoláto, grígio scúro, canúto

Grìzzly, *a.* alquanto grígio, bigiúccio

Gróan, *vn.* gémere (con affannáta léna), lamentáre; (*cosa*) gémere, dolérsi; (*pers.*) grugníre, esternáre con grugníti il próprio malcontènto, fischiáre

— *s.* gémito, sospíro, laménto, dòglia, grugníto, grído di disapprovazióne

Gróanful, *a.* triste, gemebóndo

Gróaning, *s.* il gémere, gémito, laménto

Gróat, *s.* monéta di quáttro sòldi inglési, picciolo

Gróats, *s. pl.* gráno (di fruménto, d'òrzo, di avéna) mondáto e infránto

Grócer, *s.* droghière, *m.*

Grócery, *s.* drogheria; tè, caffè, zúcchero, ecc.; — wárehõuse, fóndaco, magazzíno di dròghe

Gròg, *s.* grog, *m.* bíbita di ácqua frésca ed acquavita

— -blòssom, *s.* bólla, pústula, bitòrzolo, bernòccolo (sul víso)

Gròggy, *a.* (*volg.*) brillo, mèzzo còtto, ubbriáco

Grògram e Grògnam, *s.* grossagrána, spécie di cambellòtto

Gròmet { *s.* (*mar.*) gázza; — ofan óar, stròppolo di còrda d'un rêmo

Gròmmel { polo di còrda d'un rêmo

Gròmwell, *s* (*bot*) litospérma, *w.* litospérmo

Gróom, *s.* groom, *m.* palafrenière, *m.* mózzo di stálla, fantíno, camerière, *m;* — of the bèdchàmber, camerière del re; — of the stóle, gentiluómo della cámera, guardarobière, *m;* bríde- —, spóso novèllo

— *va.* governáre un cavállo

Gróove, *s.* scanalatúra, incavatúra, sólco

— *va.* scanaláre, incaváre (légno, ecc.)

Grópe, van. toccáre, tastáre, frugáre, frugacchiáre; to — abôût, to go gróping abôût
andár tastóni, brancoláre
Gróper, s. frugatóre, toccatóre, cercatóre
Gróping, s. il toccáre, il frugacchiáre; to go
—, andár tastóne, andár brancolándo
Grópingly, avv. tastóne, tastóni
Gróss, a. gròsso, spésso, dênso, gránde, lórdo, di gròssa pásta, grossoláno, rózzo, rúvido, totále, intêro; the — amôûnt, l'ammontáre, la sómma totále; — weight,
péso lórdo, péso spórco; — lànguage,
villaníe, f. pl; — error, strafalcióne, m.
— s. gròsso, mássa, m. mónte, dôdici doz-
zine; the — of the ármy, il gròsso dell'e-
sêrcito; send me twó — of them, mandá-
temene ventiquáttro dozzíne
— -hèaded, a. di ménte gròssa, testóne,
zuccóne
Gróssbéak, s. (orn.) grandiròstro
Gróssly, avv. grossolanaménte, grandeménte,
di mólto; you are — mistáken, voi vi ingannáte a partíto
Gróssness, s. grossézza, rozzézza, corpulênza
Gròt, Gròtto, s. gròtta, spelónca, cavêrna
Grotèsque, a. grottêsco, fátto a capríccio
Grotèsquely, avv. in módo grottêsco
Grôûnd, s. suólo, terréno, têrra, cámpo, território, fondaménto, fôndo, cagióne, motívo, soggêtto, orígine, f., spázio; on the
báre —, sópra la núda têrra; to lóse —,
rinculáre, pêrder terréno; to kéep one's
—, stár sáldo; to rùn — (mar.), dáre
nelle sêcche; márshy grôûnds, luôghi pan-
tanósi; withôût —s, sénza motívo; to go
upón súre — êsser sicúro del suo negózio;
the back — of a picture, il fóndo d'un
dipínto, di un ritrátto; — -wòrk, fóndo,
piáno; — -ívy, (bot.) édera terrêstre; —
-flóor, pián terréno; — rènt, terrático; —
-sill, sòglia; —s, s. pl. fóndo, fondigliuólo
— pret. e p. p. di to Grind
— va. fondáre, basáre, stabilíre, edificáre;
insegnáre i prími eleménti; to — an árgument on, poggiáre un argoménto sópra
— -àsh, s. (bot.) rampóllo, rimessitíccio di
frássino
— -nùt, s. (bot.) pistácchio di têrra
— -óak, s. (bot.) rampóllo, rimessitíccio di
quêrcia
— -píne, s. (bot.) búgola rampicánte
— -plàn, s. piáno orizzontále
— -pláte, s. (arch.) piána
— -plòt, s. área (di fabbricáto); suólo;
piánta (di un edifízio)
— -rènt, s. (legge) cánone enfitêutico (per
un terréno su cui si è fabbricáto)
— -róom, s. stánza al pian terréno
— -sèll, — -sill, s. le fondaménta, la párte
più bássa d'un edifício
— -tàckle, s. (mar.) attrézzi, m. pl., guar-
nitúra delle áncore

Grôûndage, s. (mar.) tássa d'ancoràggio
Grôûnded, a. fondáto, poggiáto, stabilito;
well —, ben istrútto
Grôûndedly, avv. fondataménte, certaménte
Grôûndless, a. malfondáto, sénza ragióne
Grôûndlessly, avv. sénza fondaménto, sén-
za ragióne
Grôûndlessness, s. mancánza di fondaménto
Grôûndsel, (bot.) cardoncéllo, spilliciósa;
(lat. senecio vulgáris)
Gróup, s. grúppo, gròppo; fòlla, prêssa
— va. aggroppáre, formáre in gròppo
Gróûse, s. (zool.) gállo di montágna
Grôût, s. faríma gròssa d'avéna; sedimésto;
málta (da profiláre tra mattóne e mattóne,
o da riempíre i convênti delle piêtre); —,
va. profiláre la málta fra mattóne e mattóne, riempíre colla málta i convênti delle piêtre
Gróve, s. boschétto, selvétta
Gróvel, vn. strisciáre per têrra, avvoltolársi
nel fángo, êsser abbiêtto, far il víle
Gróveller, s. vêrme, m. che striscia per têrra;
persóna abbiétta, uómo che fa il víle
Grów, vn. (pret. grew, pr. g.û; p. p. gròwn)
crêscere, ingrandíre, allignáre, vegetáre,
diventáre, fársi, aumentársi, progredíre,
venír su; to begin to —, germogliáre; to
— apáce, crêscere ad ócchio veggênte; —
— ôût of one's clóthes, crêscer così che
gli ábiti non vánno più bêne; — ùp, veni
su, fársi gránde; — fat, ingrassáre; — óld,
invecchiáre; — rich, arricchíre; V. to Gel
— va. coltiváre, semináre; fáre; they — pa-
tátoes in that grôûnd, in quel terréno si
fánno le patáte
Grówer, s. cósa che crêsce, persóna che crêsce o fa crêscere, coltivatóre, produttóre;
hóme —, produttóre nostráno, coltivatóre
indígeno
Grówing, a. crescênte, nascênte, progre-
diênte
— s. crescênza, acresciménto; coltivazióne
Grówl, s. brontolío, grugníto, borbottamênto
— vn. brontoláre, ringhiáre, grugníre; (pers.)
borbottáre, mormoráre
Grówler, s. animále che grúgna, r'nghia, brón-
tola; persóna irrequiéta, borbottóna
Grówn, a. (pers.) cresciúto, adúlto, fátto;
she is — up, ella è gránde da maríto
Grówth, s. il crêscere, il vegetáre, il produrre, cresciménto, produzióne, frútto; estensióne, accresciménto, auménto; sviluppo,
progrêsso; of ràpid —, di rápido cresci-
mento, che si sviluppa prêsto; of Englis-
—, d'orígine inglése; he is at his full —
è uómo fátto; it is not of your —, non è
êrba del vòstro òrto; the — of trâde, lo
sviluppo del commêrcio
Grùb, s. lombríco; báco, bigátto
— va. dissodáre, sradicáre, sboscáre; sar-
chiáre; — ùp a trée, sradicáre un álbero

— -stréet, *s.* vía di Lóndra (ora detta Milton-stréet) abitáta un témpo da poetástri e scribacchiatóri; — póem, composition, poesía meschiníssima

Grùbber, *s.* chi sràdica gli álberi d'un bósco

Grùbbing, *s.* (*agr.*) divèlto, lavóro del diveltáre o scassár la tèrra (per fárvi postícci); — hóe, *s.* zappíno (a due dènti) per diveltáre

Grùbble, *va.* andár tastóni, brancoláre nelle tènebre

Grùdge, *s.* rancóre, rúggine, *f.* invídia, livóre; to beàr one a —, avére un'antíca rúggine vèrso alcúno

Grùdge, *va.* portár invídia a; ricusáre, rifiutáre; dáre mal volontièri; dáre stentataménte; lagnàrsi di; to — a pèrson any thing, invidiáre ad uno alcúna cósa

— *vn.* èsser invidiósó, ricusársi; dolèrsi

Grùdgeons, *s. pl.* farína di qualità inferióre

Grùdger, *s.* invidióso, invidiósa; mormoratóre, -trìce

Grùdging, *s.* invídia, rúggine, *f.* rancóre

Grùdgingly, *avv.* a contracuóre, a malincórpo

Grùel, *s.* pantrìto maritáto; wáter —, farína d'avéna bollíta nell'ácqua

Grùff, *a.* arcígno, búrbero, austèro, áspro, rózzo; to lóok —, fáre il grúgno

Grùffly, *avv.* aspraménte, burberaménte

Grùffness, *s.* asprézza, arcignézza, rozzézza

Grùm, *a.* stizzóso, dispettóso, áspro, ritrósó

Grùmble, *vn.* borbottáre, brontoláre, mormoráre

Grùmbler, *s.* borbottóne, *m.* berbottóna, brontolóne, *m.* brontolóna

Grùmbling, *a.* borbottánte; *s.* borbottaménto

Grùme, *s.* grúmo, quagliaménto

Grùmly, *avv.* ritrosaménte, sdegnosaménte, fastidiosaménte

Grùmous, *a.* gramóso

Grùmousness, *s.* grumosità

Grùndsel, *s.* V. Ground-sell

Grùnt, *vn.* (*del majale*) grugníre; — *s.* grugníto

Grùnter, *s.* porcéllo, pòrco; persóna che fa il grúgno, borbottóne, sgridatóre, -trìce

Grùntle, *vn.* grugníre

Grùntling, *s.* porcellíno

Gry, *s.* misúra di un dècimo di línea; nonnúlla, *m.,* inèzia, misèria

Guáiacum, *s.* (*bot.*) guaíaco, légno sánto

Guáno, *s.* guáno (concíme)

Guàrantée, *s.* garanzía, mallevería; (*pers.*) garánte, *m. f.,* sicurtà, mallevadóre,-dríce

Guàranty, *va.* guarantíre, malleváre; stáre o fársi mallevadóre

— *s.* (*pers.*) garánte, *m. f.* sicurtà

Guàrd (pr. ghiàrd o gàrd), *s.* guárdia; conduttòr di diligènza o di convòglio; (*scherma*) guárdia; difésa; custódia; the nàtional —, la guárdia nazionále; hòrse —*s*,

guàrdie a cavállo; fóot —*s*, guárdie a piédi; cóast —*s*, guàrda cóste; to be on —, èssere di guárdia; to còme off —, smontár di guárdia; to pùt one off his —, sorprèndere, sconcertáre alcúno; reàr —, retroguárdia; van —, vanguárdia, avánti guárdia; be on your —, státe all'èrta

— *va.* guardáre, conserváre, protèggere, custodíre; *vn.* stáre in guárdia, preservàrsi

— -bóat, *s.* (*mar.*) canòtto di rónda; vascèllo stazionário

— -cóat, *s.* (*mil.*) capòtto (di sentinèlla)

— -chámber, *s.* (*mil.*) còrpo di guárdia; guardiòlo, guardiuólo

— -hóuse, *s.* (*mil.*) còrpo di guárdia

— -irons, *s. pl.* (*mar.*) difése, *f. pl.,* parabòrdi, *m. pl.*

— -róom, *s.* (*mil.*) còrpo di guárdia; guardiòlo

— -ship, *s.* (*mar.*) náve ammiráglia del pòrto; vascèllo stazionário

Guàrdable, *a.* che può èsser guardáto, protètto

Guàrded, *a.* guardáto, guardíngo, cáuto, circospètto

Guàrdedly, *avv.* cautaménte, con circospezióne

Guàrdedness, *s.* risèrbo, circospezióne

Guàrder, *s.* guárdia; guardiáno, guardiána

Guàrdian, *s.* curatóre, amministratóre, tutóre, *m.* tutríce, *f.* guardiáno, protettóre, difensóre; custòde; superióre; my nèphew's —, il tutóre di mio nipóte

— *a.* guárdiáno, tuteláre

Guàrdianship, *s.* tutéla, cúra, cárica di tutóre, officio di guardiáno

Guàrdless, *a.* sénza guárdia, sénza difésa

Guáva, *s.* (*bot.*) guajáva; — -tréé, guajávo

Gùdgeon, *s.* (*itt.*) ghiòzzo, ésca; gònzo, minchióne, *m.*

Guèlf, Guèlph, *s. a.* guèlfo

Guèrdon, *s.* (*poet.*) guiderdóne, *m;* V. Prémium

Guerilla, *s.* guerílla; — wárfáre, guèrra alla spicciolàta

Guèss, *van.* indovináre, congetturáre, appórsi; if I — right, s'io m'appóngo; — rópe, (*mar.*) ala o bórdo, cávo per amarráre la láncia

— *s.* congettúra; cósa da indovináre

Guèsser, *s.* conghietturatóre, -trìce, indovíno, indovína

Guèssingly, *avv.* conghietturalménte, per conghiettúra

Guèst, *s.* convitáto, convitáta, invitáto, invitáta; òspite, *m. f;* troublesome —, importáno

— -chámber, *s.* forestería, cámera pei forestièri

— -ríte, *s.* dovéri, *m. pl.* dell'ospitalità

— -tópe, *s.* (*mar.*) bòzza, cávo, còrda, fúne, *f.* da amarráre o da rimorchiáre

Guéstwise, avv. da òspite

Gùggle, vn. V. gùrgle

Guidable, a. guidàbile

Guidance, s. guída, scòrta, condòtta, govèrno; for your — per la vòstra ǹorma

Guide, va. guidáre, condúrre, menáre, dirígere, scórgere

— s. guída, scòrta ; conduttóre, -trice, direzióne; — -pòst, colònna migliária

Guideless, a. sénza guída, sénza scòrta

Guidon, s. bandiéra; alfiére, m. stendárdo

Guild, s. società; maestránza, consortería, corporazióne; — -hàll, palázzo della città

Guildable, a. imponíbile, soggètto a tássa

Guile, s. astúzia, scaltrézza, insídia, fròde, f.

Guileful, a. ingannóso, insidióso, truffatóre

Guilefully, avv. ingannevolménte, con fróde

Guilefulness, s. perfídia

Guileless, a. sénza ingánno, ingènuo, schiêtto

Guilelessness, s. lealtà, ingenuità, schiettézza

Guiler, s. ingannatóre, -trice

Guillemot, s. (orn.) úria (uccèllo palmípede)

Guillotine, s. ghigliottína; va. ghigliottináre

Guilt, s. reità, colpabilità, cólpa, crímine, m., delítto, misfátto

Guiltily, avv. delittuosaménte, colpevolménte

Guiltiness s. reità, colpabilità; scelleratézza

Guiltless, a. innocènte, nètto di cólpa

Guiltlessly, avv. innocenteménte

Guiltlessness, s. innocènza

Guilty, a. colpévole; rèo, criminóso, delittuóso; not —, innocènte; the jùry bróught in their vèrdict of —, i giuráti pronunciárono il loro vérdict di colpévole; to pléad —, dichiarársi colpévole, confessársi rèo; to pléad not —, dichiarársi innocènte

Guimp, s. tabárro, mantéllo a màniche

Guinea, s. (geog.) Guinèa; (moneta) ghinéa

— -hen, gallína di Faraóne; — -pig, porcéllo d'India

— -man, — -ship, s. bastiménto pel tráffico dei nègri

— -pèpper, s. pépe, m. della Guinéa

Guiniad, s. (itt.) lavaréto

Guise, s. guísa, fòggia, manièra, mòda

Guiser, s. persóna travestíta, máschera

Gùla, s. (arch.) góla, cimása

Gùland, s. (orn.) gabbiáno

Guitar, s. chitárra; to plày on or upòn the —, suonár la chitárra

Gùller, s. fúrbo, gabbamóndo, ingannatóre

Gùles, s. (blasone) il rósso dello scúdo

Gùlf, s. (geog.) gólfo; abísso, vórtice, m.

Gùlfy, a. pièno di gólfi ; pièno d'abíssi

Gùll, s. (orn.) gabbiáno; mugnájo; minchióne, m., gónzo

— va. uccelláre, minchionáre, truffáre

Gùller, s. fúrbo, gabbamóndo, ingannatóre

Gùllet, s. góla, strózza; gorgozzúle, m., esófago

Gullibility, s. credulità, imbecillità, stupidità

Gùllied, a. pièno di bórri o borróni

Gùlly, s. bórro, borróne, góla di montágna

— -gùt, s. ghiottóne, m., ghiottóna

— -hóle, s. bócca, imboccatúra di chiávica, di fógna

Gùlp, va. inghiottíre avidaménte, trangugiáre, tracannáre; — dòwn, ingozzáre, mandár giù

— s. tràtto, sórso, boccóne, m., fiáto

Gùlph, s. V. Gùlf

Gùm, s. gómma; gengíva; — aràbic, gómma arábica; — of the éyeś, cispa; — bùll, impostéma alle gengíve

— va. ingommáre, impiastráre con gómma

Gùmminess, Gummòsity, s. viscosità, tenacità

Gùmmous, a. gommóso, gommífere

Gùmmy, a. pièno di gómma, gommóso, viscóso

Gùmp, s. (volg.) gòffo, sciòcco, scimuníto

Gùmption, s. (volg.) scaltrézza, accorgiménto

Gùn, s. fucíle, m., schiòppo, moschétto; — greát —, cannóne, m; dòuble bàrrelled —, fucíle a due cánne; hèavy —s, artigl ería di piázza ; percùssion —, fucíle a percussióne ; nèedle —, fucíle ad ágo; to fíre or dischàrge a —, scaricáre un fucíle o un cannóne; to cock a —, montáre il cáne, l'acciaríno d'un fucíle; — -bàrrel, cánna di fucíle; — stòck, cássa di fucíle; — pòwder, pólvere, f. a cannóne; — róom (mar.), la sánta Bárbara; — wàle, gùnnel (mar.), órlo, parapètto ; — smith, armajuólo; — stick (meglio ràmrod), bacchétta; the — -pòwder tréason, la congiúra delle pólveri (al tèmpo di Giácomo I)

— -bóat, s. scialúppa cannoniéra

— -càrriage, s. (artil.) affûsto

— -còtton, s. (mil.) cotóne, m. fulminánte

Gùnnel, s (mar.) parapètto

Gùnner, s. cannoniére, m. artigliére, m.

Gùnnery, s. sciènza dell'artigliería; árte, f. del cannoniére

Gùnshot, s. cólpo di fucíle, tíro di fucíle, portáta di cannóne; to be withìn —, èsser a tíro di fucíle o di cannóne

Gùnsmith, s. archibugiére, m., archibusiére, m., armajuólo

Gùnsmiŧnery, s. fabbricazióne, commèrcio d'ármi da fuòco

Gùrgle, vn. gorgogliáre, romoreggiáre

Gùrgling, a gorgogliánte; s. il gorgogliáre

Gùrnet, s. (itt.) tríglio

Gùsh, vn. schizzáre, spicciáre, zampilláre, sgorgáre

— s. sgorgaménto, sgòrgo, effusióne

Gùshing, s. lo zampilláre, sgorgáre; zampíllo, sgórgo; effusióne

Gùsset, s. gheróne, m. rinfòrzo

Gùst, s. gústo, gústo àquisíto, godiménto, piacér (grànde), delízia, fòrza, pienézza ;

I éat that fóod, drink that wíne with such a —, mi va a sàngue quel cíbo, quel víno; a — of wind, folàta, gróppo di vênto

Gùstful, *a.* gustóso, saporíto

Gùstfulness, *s.* gùsto gradèvole, sapóre gustóso

Gùstless, *a.* insípido, scípido, scípíto

Gùsto, *s.* (*poco us.*) *V.* Gùst

Gùsty, *a.* burrascóso, tempestóso, procellóso

Gùt, *s.* budèllo, intestíno; grèedy —, golóso

— *va.* sbudelláre, sventráre

— -wörk, *s.* fàbbrica di còrde di minúgia

— -wörker, *s.* fabbricatóre di còrde di minúgia

Gùtta seréna, *s.* (*med.*) gùtta seréna

Gùtter, *s.* grónda, grondáia; bòrro, rigágnolo, ruscéllo, ruscellêtto (di stráda); fógna; scanalatúra; — tíle, tégola; lèad —, dòccia di grónda; — -líke, a grónda

— *van.* scanaláre, accanaláre, scoláre

— -lèdge, *s.* (*mar.*) travèrsa di boccapòrto

Gùttle, *vn.* (*volg.*) crapuláre, gozzovigliáre

— *va.* divoráre, affoltáre, ingoiáre, diluviáre

Gùttler, *s.* ghiottóne, mangióne, *m.* diluvióne, *m.*

Gùtwört, *s.* (*bot.*) *globularia alypum*

Gùttural, *a.* gutturále; *s.* gutturále, *f.*

Gùtturally, *avv.* gutturalménte

Gùtturalness, *s.* natúra gutturále, suóno gutturále

Guy, *s.* (*mar.*) ritenúta, cávo di ritenúta

Gùzzle, *vn.* (*volg.*) diluviáre; affoltáre; *va.* trangugiáre avidaménte, affoltáre; tracannáre

Gùzzler, *s.* (*volg.*) diluvióne, *m.* mangióne, *m.*, trincóne

Gwiniad, *s.* (*itt.*) lavaréto

gýbe, *s.* (*meglio* gíbe) mottéggio, bòtta, bêffa

— *va.* beffàrsi di, deridere; (*mar.*) mutár le vèle latíne, cambiár la mezzána

gymnàsium, *s.* ginnásio, palèstra

gymnàstic, *a.* ginnástico; *s.* esercízio ginnástico

gymnàstically, *avv.* in mòdo ginnástico

gymnàstics, *s. pl.* ginnástica

gymnic, gýmnical, *a.* gínnico, ginnástico

gymnòsophist, *s.* ginnosofísta, *m.*

gymnosperm, *s.* (*bot.*) piánta ginnospèrma

gymnospèrmous, *a.* (*bot.*) ginnospèrmo, che ha i sémi scopèrti

gynœcéum, *s.* ginecèo

gynecòcracy, *s.* império di dònna

gyp, *s.* (*università*) agènte del censóre (*burles.*)

gýpsum, *s.* (*min.*) gêsso

gýral, *a.* giratòrio

gyrátion, *s.* giraménto, girazióne; gíro, rivolgiménto

gyrfàlcon, *s.* (*orn.*) girfálco, girifálco

gýromancy, *s.* giromanzía

gýve, *s.* cêppo, fêrro; —s, *pl.* cêppi, *pl. m.* fêrri, *pl. m.* catêne, *pl. f.*

— *va.* pórre in cêppi, incatenáre

H

H, *s.* (*ètcc*) l'ottáva lèttera dell'alfabêto inglése

H (*pr.* hiš, hèr), *iníziale di* his, her

Ha! *interj.* (*di sorpresa, di piacere, di dubbio o d'esitazione*) ha! ah!

H. B. M. *abbr. di* His o Her Britânnic Màjesty, Súa Maestà Británnica

Hábeas-córpus, *s.* (*legge*) habeas corpus, (ordinánza per cui qualúnque inglése accusáto ed imprigionáto, è pósto in libertà, se non è processáto il têrzo dì dal súo arrèsto)

Hàberdàsher, *s.* merciájo, mercánte, merciajuólo

Hàberdàshery, *s.* mercería, mêrci da merciájo

Hàberdine, *s.* merlúzzo saláto, baccalà, *m.*

Habèrgeon, *s.* corsalêtto, giáco, piastróne, *m.* usbêrgo

Habiliment, *s.* (*poco us.*) abbigliaménto, ábito, vestíto, vestiário, il vestíre

Habilitate, *va.* (*poco us.*) abilitáre

Hability, *s.* *V.* Ability

Hàbit, *s.* abitúdine, *f.* consuetúdine, *f.*, úso, costumánza; ábito, vestíto, abbigliaménto; — of bódy, (*med.*) státo del córpo, complessióne; — is a sècond nàture, la consuetúdine è una seconda natúra; an odd —, una pêcca, un ticchio; sèdentary —s, abitúdini sedentárie; stèady —s, costúmi patriárcali; to be in the — of, èssere sólito dì, solére

— *va.* vestíre, provvedére d'ábiti; — one's sèlf, abbigliàrsi, vestírsi

Hàbitable, *a.* abitábile, abitévole

Hàbitableness, *s.* státo, condizióne abitábile

Hàbitably, *avv.* abitabimènte

Hàbitancy, *s.* (*legge*) abitazióne legále, domicílio

Hàbitant, *s.* (*stile sostenuto*) abitatóre,-trice, abitánte, inquilíno

Habitátion, *s.* abitazióne, dimóra, abitúro, stánza

Hàbited, *a.* abbigliáto, vestíto

Habitual, *a.* abituále, consuéto, sólito

Habitually, *avv.* abitualménte, solitaménte

Habituate, *va.* abituáre; assuefàre, ausáre, avvezzáre; — one's sèlf, abituàrsi; assuefàrsi, avvezzàrsi

Habituated, *a.* abituáto, assuefàtto, ausáto

Hàbitude, *s.* abitúdine, *f.*, costúme, *m.*, úso

Hàb nàb, *avv.* a cáso, alla rinfúsa, a casáccio

Hàck, *va.* tagliár mále e disugualménte; frastagliáre, tagliuzzáre, screpoláre, intaccáre, far tácche in; tagliár in pezzuòli, cincischiáre

— *s.* tácca, táglio; scrèpolo, screpolatúra;

cavállo da nòlo; cavállo da strapázzo; ròzza, carógna; carròzza d'affìtto; scrittóre
prezzoláto; dònna prezzoláta, meretríce ;
ráce of —s, córsa di tútti i caválli sénza
distinzióne
— *s*. (*locale*) rastrellièra (sópra la mangiatója del bestiáme)
Hàckle, *va*. pettináre il líno, la cánapa, ecc.,
scardassáre, tagliuzzáre, laceráre
— *s*. pèttine, *m*. di fèrro da pettinár líno,
cánapa, ecc., séta grèggia, séta non fi-
láta
Hàckler, *V*. Hèckler, ecc.
Hàckney, *s*. Hàckney, (*villaggio vicino a
Londra*), cavállo di Hàckney, cavállo di
nòlo o di strapázzo; carròzza d'affìtto ;
scrittóre prezzoláto; dònna prezzoláta, meretríce
— *a*..(cosa) d'affìtto, da nòlo (*pers*.) prezzoláto, mercenário, prostitúto, meretrício,
frústo, víle; — -cóach, carròzza d'affìtto
— *va*. esercitáre, impraticníre, ausáre, avvezzáre, stagionáre; condúrre in vettúra
— -cóachman, *s*. cocchière, *m*. d'una carròzza di piázza
— -màn, *s*. noleggiatóre di caválli, carròzze
Hàcknied, *a*. prezzoláto, mercenário, frústo,
stagionáto; tríto, triviále
Hàd, *V*. Have
Hàddock, *s*. (*pesce*) baccalà, *m*,
Hàde, *s*. (*min*.) inclinazióne, pendío, avvallaménto
·Hàdes, *s*. l'*ades*, *m*. il sepólcro, l'infèrno
Hàft, *s*. mánico di coltèllo, ecc. impugnatúra
— *va*. méttere il mánico a
Hàg, *s*. strèga; vecchiáccia; lárva, fúria; in-
cùbo; — -ridden, opprèsso dall'incúbo
— *va*. tormentáre, spaventáre, triboláre
Hàggard, *a*. rúvido, íspido, squállido, fièro,
intrattábile; *s*. recínto (in un podère) de-
stináto ai múcchi di fièno
Hàggardly, *avv*. ruvidaménte, squallìda-
mènte
Hàggess, hàggis, *s*. salcíccia; cervelláta; am-
morselláto di frattáglie
Hàggish, *a*. di strèga; squállido, defórme
Hàggle, *vn*. prezzoláre, patteggiáre, stiracchiáre (*nel prezzo*)
Hàggler, *s*. prezzolatóre, -tríce, patteggiatóre, -tríce, stiracchiatóre, -tríce
Hagiògrapha, *s*. *pl*. agiògrafi, *m. pl*.
Hagiògrapher, *s*. agiògrafo, scrittóre sácro
Hagiògraphy, *s*. agiografìa
Hàgs, *s*. *pl*. scintílle elèttriche, *f. pl*.
Hàh! *interj*. ah!
Hàfl, *s*. grándine, *f*. gragnuóla; — -stóne,
gráno di gragnuóla; — -stónes, chícchi di
grándine; — -shòt, migliaruólo, tréggia
— *vn*. grandináre; it —s, grándina
— -stòrm, *s*. temporále, *m*. con grándine,
grandináta

Hàfl, *va*. salutáre; (mar.) chiamáre; grandináre
— *interj*. áve! sálve! salúte! to be within
—, (*mar*.) èssere alla portáta della vóce
Hàfr, *s*. pélo (della tèsta), capéllo, capélli,
chióma, capigliatúra; (delle bèstie) pélo,
críne, *m*. sétola, *m*. your — is tóo long,
i vòstri capélli sono tròppo lúnghi; you
hàve sóme grey —s, avéte alcúni capélli
grígi; fàlse —, capélli postícci; a fine
hèad of —, una bèlla capigliatúra; cut
my —, tagliátemi i capélli; soft dówny
—, lanúgine, *f*. pelúria; the — of a horse's
máne or tàil, i críni d'un cavállo; to a
—, esattaménte; the — on the húman bòdy, i péli del córpo umáno; they tóok
éach óther by the —, si accinffárono, si
accapigliárono; within a — 's brèadth, poco mánca, vicino
— -bèll, *s*. (*bot*.) giacínto
— -brátned, *V*. Harebrained
— -brèadth, *s*. spessóre, *m*. d'un capéllo; to
hàve a — escápe, scampáre per mirácolo,
passárla bèlla
— -brùsh, *s*. spázzola pei capélli
— -bròom, *s*. scopétta di críne
— -clòth, *s*. cilício; téla fàtta di sétole
— -drèsser, *s*. acconciacapélli, *m. f*. parrucchière, *m*.
— -dýe, *s*. tintúra pei capélli
— -gràss, *s*. (*bot*.) lóglio inebbriánte
— -hùng, *a*. sospéso ad un capéllo
— -làce, *s*. intrecciatójo; réte, *f*. (pei capélli)
— -pèncil, *s*. pennèllo fíno
— -pin, *s*. forcèlla, forcína da capélli
— -pówder, *s*. cípria
— -shàped, *a*. capilláre
— -shirt (*pr*. shùrt), *s*. cilício
— -splitting, *s*. sottigliézza, sottigliúme, *m*;
a. sottíle, sottilizzánte
— -wòrm, *s*. (*ent*.) filária; tricocèfalo
Hàfred, *a*. criníto, capelláto, dai capélli...,
che ha la chióma..., the red — wàrrior,
il rosso-criníto guerrièro; the yèllow —
or líght- — girl, la fanciúlla dai biòndi
capélli; the wòolly — négroes, i négri
dalle chióme lanóse
Hàfriness, *s*. pelosità, quantità di capélli
Hàfrless, *a*. sènza capélli, speláto, cálvo
Hàfry, *a*. capellúto, pelóso, chiomáto, vellóso, criníto; di capélli, di críne; di pellíccia; (*astr*.) chiomáto
Hàke, *s*. baccalà inferióre, *m*.; — *vn*. strisciáre, svignársela, andáre a zónzo
Hàlberd o Hàlbard, *s*. labárda, alabárda
Hàlberdíer, *s*. alabardière, *m*., lánzo
Hàlcyon, *s*. alcióne, *m*.
— *a*. di alcióne; tranquíllo, seréno, cálmo;
felíce; — dàys, alciònidi, *m. pl*.
Hàle, *a*. sáno, vigoróso, gagliárdo, vègeto,
robústo

— va. V. Hául

Hàlf, s. e a. metà, mèzzo; — an òrange, la metà d'un aráncio; — an hôûr, una mezz'óra; an hôûr and a —, un'óra e mèzza; — móon, mèzza lúna; — dèad, mèzzo mòrso; — starved, affamatíccio; — bôots, mèzzi stivalétti; — sister, sorèlla uterína, sorèlla da un láto; to dò a thing by hálves, far che che sía trascuratamènte, alla carlóna

— va. dimezzáre, divídere per metà

— -penny, s. (pr. hápenny) mèzzo sòldo inglèse (pári a un sòldo italiáno o francèse), a. di mèzzo sòldo, per cínque centésimi

— -réad, a. infarináto, infarinacchiáto, semidòtto

— -schòlar, s. semidottóre

— -séas óver, a. brillo, altíccio, mèzzo còtto

— -sighted, a. dalla vísta córta; di pôco discernimènto

— -sphére, s. emisfèro

— -starved, a. mèzzo mòrto di fáme

— -swórd, a. a mèzza lunghèzza della spáda

— -wáy, a. nel mèzzo della stráda, a mèzza stráda

— -witted, a. sciòcco, scémo; scervelláto

Hàlfer, s. possessóre per metà; dáino castráto

Hàliard e Hàlliard, s. (mar.) drízza

Hàlidom, s. (poet.) Vèrgine sánta, sánta María

Hàll, s. sála, vestíbolo, anticámera; sála, salòtt ; salóne, m. áula, palázzo, palazzòtto, palazzíno; magióne, castèllo; tribunále, m., cúria; (mon.) refettòrio; the tôwn—, il palázzo cívico; — -dáys, giórni curiáli ; -bôok, protocòllo, regístro d'una corporazióne; in the —, in sála

Hallelújah, s. allelúja (lodáte il Signóre)

Hallóo, interj. olà ! ehi ! ohe !

— va. gridáre a. aizzáre gridándo, confortáre (i cáni) all'èrta, stimoláre; vn. gridáre, schiamazzáre

Hàllow, va. (poet.) santificáre, consacráre, riveríre come sácro

— s. sánto; äll —s, ognissánti, m.

Hàllowed, a. consacráto, santificáto, riveríto

Hàllowmass, s. (ant.) ognissánti, m. (festa)

Hallucinátion, s. allucinazióne, f; abbáglio

Hàlm, s. stòppia, páglia; V. Haum

Hàlo, s. (astr.) alóne, m., cèrchio luminóso, aureóla

Hàlser, s. V. Háwser

Hàlt, vn. arrancáre, andár zòppo; titubáre, ondeggiáre, stáre in dúbbio, esitáre; (mil.) far álto, fermársi; va. (mil.) fáre álto a, fermáre, arrestáre

— s. zoppicamènto; pòsa, sòsta, fermáta, álto

— a. zòppo, ciòlto, stroppiáto

Hàlter, s. persóna che arránca, zòppo; per-

sóna che títuba o sía in fra due; (cosa) cavèzza, capèstro, còrda; patíbolo, fórca

— s. mèttere la còrda al còllo a, impiccáre

— -càst, s. (veter.) incapestratúra

Hàlting, a. zoppicánte, titubánte; s. zoppicamènto

Hàltingly, avv. in mòdo zoppicánte, con esitánza

Hàlve, va. dimezzáre, divídere in dúe

Hàlves, s. pl. di Half

Hàm, s. garrétto; presciútto, prosciútto

Hàmadrýad, s. (mit.) amadríáde, f.

Hàmáte, hàmáted, a. uncináto, uncinúto

Háme, s. assicèlla del collàre di un cavállo

Hàmlet, s. casále, m. logúccio, villággio píccolo

Hàmmer, s. martèllo; shôing —, martèllo da ferráre; to bring to the —, vèndere all'incánto, mèttere all'ásta

— va. martelláre, percuòtere col martèllo, fabbricáre alla fucína; — in, ficcáre dèntro a fòrza di còlpi di martèllo; — ôut, stèndere col martèllo; indagáre, scopríre

— vn. martelláre, lavoráre col martèllo; almanaccáre, cabalizzáre, crucciársi il cervèllo

— -cloth, s. dráppo che cuópre il sedíle del cocchière

— -man, s. V. Hàmmerer

Hàmmerer, s. artigiáno che lavóra col martèllo; fábbro ferrájo

Hàmmering, s. il martelláre; strèpito

Hàmmock, s. (mar.) amáca, bránda, letticciuòlo sospéso

Hàmper, s. cèsta gránde, còrba; —s, pl. cèppi

— va. avvòlgere di caténe; inceppáre, impastojáre, stríngere, restríngere, imbarazzáre, impedíre, impacciáre, intralciáre, allacciáre; to be —ed, stáre alle strètte; èsser impastojáto, ristrétto, impedíto, paralizzáto

Hàmster, s. (zool.) crocéto comúne

Hàmstring, s. tèndine, m. del garrétto

— va. (pret. e p. p. hàmstrung ovvero hàmstringed) tagliáre i tèndini del garrétto

Hànaper, s. cèsta in cui il re d'Inghiltèrra, quand'era in viággio, trasportáva la sua argentería; erário, tesóro

Hànces, s. pl. (arch.) púnti estrémi degli árchi elíttici; (mar.) ripári (sulla pòppa e il cássero fíno al passavánti)

Hànd, s. máno, pálma, scrittúra, láto, uòmo, potère, m., ristringimènto; give me your —, dátemi la máno; right —, máno dèstra, dirítta; lèft —, máno mánca, sinistra; to write a gôod —, avére una bèlla scrittúra; to give a —, dár bráccio, ajutáre; to fàll into one's —s, dar nelle máni; to àsk a làdy's —, domandár la máno di spósa; to hàve the ùpper —, avér la máno; to shàke —s, stríngere, stríngersi la máno; on the *right* —, a man dèstra; — of a clock, sfèra, indice, *m.* d'orològio; — at cârds, máno, giuóco; at —, quì vicíno; ùnder —, d nascòsto; the finishing —, l'última máno; to live from — to mòuth, vivere alla giornáta; — óver hèad, ad òcchio e cróce, alla rinfúsa; nóte of —, (*com.*) mandáto, pagherò; on the one —, da una párte; to be befóre — with, preveníre, anticipáre, sventáre; to be — and glóve, èsser dúe ánime in un nòcciolo; to wàsh one's —s, lavársi le máni; —s off, (*volg.*) non mi toccáte; wàster, the néwspáper. It is in —, sir; cameriêre, il giornále. E impedíto, signóre; if I láy my —s upòn you, se io vi mètto le máni addòsso; to táke in —, intraprèndere

— *va.* dar la máno a; pòrgere colla máno, passáre di máno in máno, menáre, trasmèttere, tramandáre; — rôund, far passáre (in giro); — ùp, ajutáre a salíre; — dôwn to postèrity, tramandáre ai pòsteri

— -bàrrow, *s.* barélla
— -bàsket, *s.* spòrta, panière, *m.* con mánico
— -bell, *s.* campanéllo
— -bòok, *s.* manuále, *m.*
— brèadth, *s.* pálmo, spánna
— -cùff, *s.* manètta; — *va.* ammanettáre
— -fàst, *s.* in —, in potère della giustízia
— -fètter, *s.* bóve, *f. pl.*, buóva, manètte, *f. pl.*
— -gàllop, *s.* píccolo galòppo
— -géar, *s.* manètte, *f. pl.*
— -glàss, *s.* campána di vétro (per le piánte delicáte)
— -gùn, *s.* fucíle, *m.*, moschétto
— -lòad, *s.* piombíno scandáglio
— -lèather, *s.* manòpola, guardamáno
— -lóom, *s.* telájo da máno
— -mill, *s.* mulíno da máno, molinéllo
— -ràil, *s.* bránca, corramáno; máno corrénte (di mácchina a vapóre), *f.*
— -sáil, *s.* píccola véla (che si govérna a máno)
— -sàw, *s.* séga da máno
— -screw, *s.* críco
— -stàff, *s.* chiaveríne (giavelòtto)
— -více, *s.* morsétto da máno
— -wèapon, *s.* árme, *f.*, árma da máno
— -writing, *s.* máno, scrittúra, caráttere, *m*; in his ówn —, di súo púgno, di súa pròpria máno

Hànded, *p. p.* trasmèsso di máno in máno; *a.* dalle máni..., che ha le máni...; hárd- —, che ha le máni incallíte; èmpty- —, dalle máni vuòte, che ha le máni vuòte; high- —, arrogánte, imperióso, prepotènte; one- —, mónco; twó- —, ambidèstro; right- —, mandrítto; left- —, mancíno, che adópera la máno sinístra

Hàndfast, *s.* (*ant.*) segréta, cárcere, *m. f.*
Hàndful, *s.* manáta, pugnéllo, púgno, bran-

cáta; — of sàlt, pugnéllo di sále; — of péople, púgno di gènte ,
Hàndicraft, *s.* mestière, *m.*, árte meccánica
Hàndicràftsman, *s.* artigiáno, artéfice, *m.*
Hàndily, *avv.* destraménte, con abilità
Hàndiness, *s.* destrézza, maestría, adattabilità, attézza
Hàndiwòrk, *s.* lavóro manuále, òpera, manifattúra
Hàndkerchief, *s.* fazzolétto; pòcket —, moccichíno; silk —, fazzolétto di séta
Hàndle, *va.* maneggiáre, toccáre, brancicáre, trattáre
— *s.* mánico; impugnatúra, manúbrio; appícco; the — (or haft) of a *knife*, il mánico di un coltéllo; — of a *sword*, impugnatúra di spáda; — of a pot or bàsket, orécchio d'una pignátta o di un panière; — of a mill, manovéllo; bèll- —, tiracampanéllo, náppa del cordóne del campanéllo
Hàndless, *a.* mónco
Hàndling, *s.* toccaménto, maneggiaménto, il tátto, il maneggiáre, manèggio (*com.*)
Hàndmáid, hàndmáiden, *s.* ancélla, fantèsca, sèrva
Hàndsel, *s.* prímo úso, príma vèndita; regálo
— *va.* usáre per la príma vòlta; regaláre
Hàndsome, *a.* bèllo, benfátto, avvenévole, formóso, bellíno, leggiádro, dispósto; — mán, bell'uòmo; — hôuse, bèlla cása; — prèsent, bel regálo
Hàndsomely, *avv.* eleganteménte, bellaménte, garbataménte, maestrevolménte; generosaménte, da galantuòmo; bène; to behàve —, comportársi da galantuòmo
Hàndsomeness, *s.* bellézza, eleganza, grázia
Hàndspíke, *s.* (*mar.*) áspa, léva, manovèlla
Hàndstròke, *s.* cólpo della máno; to côme to — s, veníre alle prése, alle máni
Hàndy, *a.* (*pers.*) dèstro, ábile, idòneo; manévole; (*cosa*) manèsco, còmodo, adattáto, átte, convenévole
— -blòw, — -cùff, — -stròke, *s.* ceffáta, ceffóne. *m.*, manrovèscio, mascellóne, *m.*, púgno
Hàndydàndy, *s.* giuóco del bàttersi sulle máni usáto da' fanciúlli
Hàng, *pret.* e *p. p.* hùng; hànged, impiccáto sulla fòrca) *va.* appiccáre, attaccáre, affissáre; impiccáre, appèndere; tappezzáre; lasciár cadére, abbassáre, far pèndere, sospèndere; collocáre, montáre; — up your pàletòt, appiccáre il vòstro paletò; to — up to the wàll, appèndere alla paréte; to — a ròbber, impiccáre un ládro; — a rôom, tappezzáre una stánza; — ôut, inalberáre, spiegáre, issáre; to — dôwn one's hèad, chináre il cápo
— *vn.* pèndere, penzoláre, star sospéso; chináre, incliniáre; — on, upòn, dipèndere da; — in dôubt, stáre in fra due, stáre in

dúbbio; — on one's neck, tenére le bráccia al còllo ad úno; — lóose, star penzolóne; — báck, indietreggiáre, elúdere, schiváre; — óver, star sospéso sópra, sovrastáre, minacciáre, èsser imminénte

— -dóg, *s.* ribaldóne, *m.*, ribaldonáccio

— -lóok, *s.* céra, fáccia da fórca

Hànger, *s.* scimitárra, coltelláccio, coltéllo da cáccia; — on, ciondolóne, *m.* importúno, parassíto, dipendénte, *m. f.*, seccatóre, -tríce

Hànging, *a.* sospéso, che sta sospéso, pendénte; da fórca; *s.* impiccagióne; — gàrden, giardíno pénsile; hangings, *s. pl.* tappezzerìe, *f. pl.* cortinággio

Hàngman, *s.* carnéfice, *m.*, bòja, *m.*, giustiziére, *m.*

Hàngnest, *s.* (*orn.*) rigògolo

Hànk, *s.* matássa; (*mar.*) gázza; — for (*mar.*) ránda a ránda; — *va.* ammatassáre

Hànker, *vn.* (*after*) avér vòglia (di), smaniáre; bramáre, ambíre, agognáre

Hànkering, *a.* bramóso; *s.* desidèrio; smánia

Hanseàtic, *a.* Anseático, delle città Anseátiche

Hànsard, *s.* negoziánte d'una città Anseática

Hàn't (*volg.*), *abbr. di* has not *o* have not

Hàp, *s.* cáso, accidénte, *m.* eveniènza; disgrázia

— *vn. V.* Hàppen

Hàphazard, *s.* accidénte, *m.*, cáso, casualità

Hàpless, *a.* sfortunáto, sventuráto

Hàply, *avv.* (*poet.*) fórse, per accidénte, a cáso

Hàppen, *vn.* accadére, succédere, avvenire, náscere, seguíre, dársi; an àccident has —ed to him, gli è accadúta una disgrázia; I —ed to mèntion it, mi accádde di fàrne menzióne; — whàt will, avvènga quel che può avvenire; what has —ed to you? che vi è seguíto?

Hàppily, *avv.* fortunataménte, feliceménte

Hàppiness, *s.* felicità, buòna ventúra, fortúna; etèrnal —, la beatitúdine etèrna

Hàppy, *a.* felíce, avventuróso, beáto, fortunáto, propízio, favorévole, prosperóso; to màke —, réndere felíce; I am — to héar it, son pur liéto di sentírlo

Haràngue, *s.* arínga, concióne, *f.*, ragionaménto pùbblico

— *vn.* aringáre, far un discórso, concionáre; — *va.* aringáre, far un discórso a

Harànguer, *s.* aringatóre, concionánte, oratóre

Hàrass, *va.* affaticáre; triboláre, strapazzáre; to — the ènemy in their retréat, tribolàre il nemíco nella sua ritiráta

Hàrasser, *s.* tribolatóre, -tríce

Hàrbinger, *s.* foriére, *m.*, precursóre, annunzio; — of péace, il precursóre della páce

Hàrbour, *s.* pòrto di máre, bàja; pòrto, ricòvero, ricètto, ripáro, rifúgio, allòggio, albèrgo; — máster, capitáno del pòrto

— *va.* ricettáre, accògliere, albergáre, alloggiáre, ricévere in cása ad albèrgo; *va.* ricettársi, alloggiársi, albergársi, trovàre un asílo; rifugiàrsi

Hàrbourage, *s.* ricètto, ricòvero, asílo

Hàrbourer, *s.* persóna che ricètta, accòglie o albèrga

Hàrbourless, *a.* sènza pòrto, sènza ricòvero, sènza asílo, sènza rifúgio

Hàrd, *a.* dúro, sòdo; áspro, molésto; gravóso, difficíle; fòrte; — wòod, légno dúro; — heàrt, cuòre dúro; — tàsk, cómpito difficíle; — winter, invèrno rigoróso; — wòrds, paròle dúre; — lìving, cattívo nudriménto; — drinking, eccèsso nel bére; — of belíéf, incrèdulo; — of héaring, sordàstro; — to déal with, intrattábile; — to pléase, incontentábile; to màke —, induráre; — -wòrking, -travagliatívo, indefésso, operóso

— *avv.* dúro, duraménte, difficilménte, a stènto, appéna; fòrte, forteménte; to wòrk —, lavoráre indefessaménte; to frèeze —, gelár fòrte; to ràin —, piòvere a rovéscio; — bý, qui vicíno; bòll (me) twó eggs —, assodáte dúe uòva

— -bòund, *a.* costipáto

— -èarned, *a.* guadagnáto a stènto, a gránde stènto

— -fàvoured, *a.* dai lineaménti dúri, dall'aspètto dúro, disaggradévole

— -fàvouredness, *s.* lineaménti, *m. pl.* dúri, aspètto dúro, disaggradévole

— -féatured, *a.* dalle fattézze dúre

— -fìsted, *a.* che ha il gránchio nella bórsa, nelle tásche

— -fòught, *a.* — bàttle, battáglia ostináta

— -gòtten, *a.* ottenúto a stènto

— -hànded, *a.* dalle máni callóse

— -heàrted, *a.* dúro di cuòre, inumáno

— -heàrtedness, *s.* durézza di cuòre, inumanità

— -làboured, *a.* lavoráto con cúra

— -mòuthed, *a.* (*di un cavallo*) dúro di bócca, restío

— -nìbbed, *a.* dal bécco dúro

— -vìsaged, *a.* dai lineaménti dúri, dal víso dúro, disaggradévole

Hàrden, *vn.* induríre, divenire dúro, addensársi, ammassicciársi; *va.* induráre, réndere dúro, addensáre, ammassicciáre

Hàrdening, *s.* induraménto

Hàrdihood, *s.* fierézza d'ingégno o d'ánimo, ardiménto, intrepidità, audácia

Hàrdily, *avv.* arditaménte, gagliardaménte

Hàrdiness, *s.* gagliardía, bravúra, aritézza

Hàrdly, *avv.* duraménte, aspraménte, difficilménte, appéna, a stènto; to live —, menár una víta stentáta; I can — belíéve it, appéna pòsso créderlo

Hàrdness, *s.* durézza, difficoltà, asprézza

Hàrdi, *s.* stóppa, capècchio (rifiùto del líno)

Hàrdship, *s.* còsa dúra, travagliósa, penósa; pèna, fatíca, privazióne, stènto, affànno, angaría, soprúso, rigóre; inúred to —, incallíto alla fatíca; life of —, víta stentàta, combattúta, miseràbile

Hàrdwàre, *s.* chincáglia (mercanzíe di fèrro)

Hàrdwareman, *s.* chincaglière, *m.*

Hàrdy, *a.* induríto alla fatíca; robústo, gagliárdo; ardíto, ardimentóso, audáce; fóol —, temerário

Hàre, *s.* lèpre, *f;* yoùng —, leprátto; of a —, leporíno; — -hùnting, cáccia di lèpri

— -bèll, *s.* (*bot.*) convòlvolo, vilúcchio, campanellína

— -bráíned, *a.* (dal cerżèllo di lèpre), di póco cervèllo, cervellíno

— -fóot, *s.* (*bot.*) piè, *m.* di lèpre

— -heàrted, *a.* (dal cuòre di lèpre) tímido, paúróso, vigliácco

— -hoùnd, *s.* levrière, *m.*

— -lip, *s.* làbbro fèsso, làbbro leporíno

— -lipped; *a.* dal làbbro fèsso, dal làbbro leporíno

— -pípe, *s.* lacciuòlo, tranèllo per lèpri

— -ragoùt, *s.* intíngolo (fátto) di cárne di lèpre

—'s èar, *s.* (*bot.*) erísamo

—'s fóot, *s.* (*bot.*) ocròma, *f.*

—'s-táfl-gráss, *s.* (*bot.*) lagúro

Hàrem, *s.* árem, arèmme, *m.* (compartimènto assegnáto alle dònne in Oriénte)

Hàrier, *s.* *V.* Harrier

Hàrk, *vn.* *V.* Heàrken; —! sentíte! ascoltáte!

Hàrl, *s.* fíbre, *f.* *pl.* della cànapa

Hàrlequin, *s.* arlecchíno (buffóne)

— *vn.* fàre delle arlecchináte

Hàrlequinade, *s.* arlecchináta, buffonáta

Hàrlot, *s.* prostitúta, zambrácca, bagáscia, dònna di móndo, meretríce, puttána; — *a.* lascívo, oscéno, puttanésco, impudíco; *va.* puttaneggiáre, prostituírsi

Hàrlotry, *s.* prostituzióne, puttanésimo, puttaнísmo

Hàrm, *s.* malóra, dánno, pregiudízio, tòrto; disgrázia, disástro; to kéep out of —s wáy, pórsi in sicúro, evitáre il perícolo

— *va.* nuócere a, far tòrto a, pregiudicáre

Hàrmful, *a.* nocívo, dannóso

Hàrmfully; *avv.* nocevolménte, con dánno

Hàrmfulness, *s.* qualità nocíva; dánno, mále, *m.*

Hàrmless, *a.* innòcuo, innocénte, inoffensívo; illéso; sáno e sálvo

Hàrmlessly, *avv.* innocuaménte, innocenteménte

Hàrmlessness, *s.* incapacità di nuócere, innocuità, innocènza

Harmònic, harmónical, *a.* armònico, armonióso

Harmònics, *s. pl.* (*mus.*) armonía; armònica

Harmónious, *a.* armonióso, melodióso

Harmóniously, *avv.* armoniosaménte; in buòna armonía

Harmóniousness, *s.* armonía; consonánza, proporzióne

Hàrmonist, *s.* (*mus.*) armonísta, *m;* maèstro d'armonía; (*relig.*) armonizzatóre (dei quàttro Vangèli)

Hàrmoníze, *va.* armonizzáre, rèndere armonióso; méttere d'accòrdo, far vívere o stáre in armonía; proporzionáre, aggiustáre; *vn.* consonáre, èssere in armonía, concordáre, accordársi; the facts —, i fàtti s' accòrdano fra lóro

Hàrmonizer, *s.* conciliatóre, tríce

Hàrmony, *s.* armonía, consonánza, concòrdia

Hàrness, *s.* forniménto d'un cavállo da tíro o da sèlla, finiménti, *m. pl.* selleria; bardatúra, arnése, *m.* attirágli, *m. pl.,* armatúra compléta

— *va.* bardamentáre, méttere i finiménti, gli arnési ad un cavállo da tíro, arredáre

— -máker, *s.* sellájo, valigiájo

Hàrp, *s.* árpa; Eólian —, árpa d'Èolo; Jèw's —, ribèca, ribèba; to pláy the —, to pláy upòn the —, suonár l'árpa

— *vn.* arpeggiáre, suonár l'árpa; ripétere; to — àlways upòn the sàme string, cantár la canzóne dell'uccellíno, ripéter sèmpre la stèssa canzóne

— -cáse, *s.* astúccio, custòdia d'árpa

— -shèll, *s.* (*mus.*) líra

— -string, *s.* còrda d'árpa

Hàrper, *s.* suonatóre d'árpa; menestrèllo

Hàrping, *s.* música d'árpa; ripetizióne

Hàrpings, *s. pl.* (*mar.*) párti anterióri delle incínte, pèzzi di quartière

Hàrpist, *s.* arpísta, *m. f.,* suonatóre, -tríce d'árpa

Hàrpóon, *s.* fiòcina da púnta, arpagóne, *m.,* delfinièra

Harpóoner, *s.* fiocinière, *m.*

Hàrpsichord, *s.* buonaccòrdo, gravicèmbalo

Hàrpy, *s.* arpía; (*fig.*) uòmo, dònna rapáce

Hàrridan, *s.* meretríce vècchia

Hàrrier, *s.* segúgio, levrière, *m.,* cáne da córrere

Hàrrow, *s.* èrpice, *m.*

— *va.* erpicáre, spianáre coll'èrpice; (*fig.*) laceráre, tormentáre, fáre strázio di

Hàrrower, *s.* bifólco che èrpica; falcóne, *m.*

Hàrrowing, *a.* straziánte; — *s.* erpicaménto

Hàrry, *va.* affannáre, tormentáre; rubáre

Hàrsh, *a.* áspro, áfro, dùro, rùvido, ágro, ácre, amáro, acèrbo, crùdo; austéro

Hàrshly, *avv.* aspraménte, ruvidaménte, acerbaménte, rigorosaménte

Hàrshness, *s.* asprézza, acerbézza, ruvidézza, durézza

Hàrslet, *s.* frastáglie, *f. pl.* di pòrco

Hàrt, *s.* cèrvo, dáino; —'s tòngue, (*bot.*) scolopèndria

Hártshorn, *s.* córno di cêrvo; — shávings, córno di cêrvo calcináto

Hártwòrt, *s.* (*bot.*) aristolòchia, aristologia

Hárum-scárum, *a.* scervelláto, stordíto, arióso, leggiêro

Háruspice, *s.* arúspice, *m.*

Hárvest, *s.* mèsse.*f.* raccólto, raccòlta; frútti, *m. pl;* to get in the —, far la ricòlta; to réap the —, miétere; —, — tíme, mietitúra

— -flý, *s.* (*ent.*) cicála

— -hóme, *s.* têmpo della mietitúra; fêsta della mietitúra

— -lòrd, *s.* cápo dei mietitóri

— -màn, *s.* mietitóre

— -quéen, *s.* regína dei mietitóri

Hárvester, *s.* mietitóre, -trice

Hàs, 3.ª *pers. sing. pres. indic.* di to have

Hàsh, *s.* ammorselláto, guazzétto di cárne sminuzzáta

— *va.* sminuzzáre (cárne o pésce)

Háslet, *V.* Harslet

Hásp, *s.* fermáglio, maníglia, lucchétto

— *va.* serráre con maníglia o lucchétto

Hássock, *s.* inginocchiatòjo; cuscíno

Hàst, 2.ª *pers. sing. pres. indic. di* to have

Hàstate, hàstated, *a.* (*bot.*) astáto, astifórme

Háste, *s.* frétta, prêssa, fòga, prestézza, sollecitúdine, *f.* corrività, avventaggine, *f.* còllera; máke —, fáte in frétta, spicciátevi; the móre — the less spéed, chi tróppo s'affrétta méno avánza

Hásten, *va.* affrettáre, sollecitáre

— *vn.* affrettársi, spicciársi, accórrere; — back, ritornáre présto

Hástener, *s.* affrettatóre, -trice

Hástening, *s.* affrettaménto, sollecitaménto

Hástily, *avv.* frettolosaménte; avventataménte

Hástiness, *s.* prestézza, sollecitúdine, *f.* avventatággine, *f.* corrività, fúria

Hástings, *s. pl.* frútti primatícci; gréen —, pisêlli primatícci

Hásty, *a.* affrettáto, spíccio, rápido, prónto, sollêcito, frettolóso, avventáto, adiróso, irascíbile, corrivo; — decísion, giudízio avventáto; — púdding, páppa, farináta, polentína fátta di farína d'avéna

Hàt, *s.* cappéllo; castor —, cappéllo di castòro; stráw —, cappéllo di páglia; òld or úgly —, cappelláccio; — s off! abbásso i cappélli! — -cáse, cappelliêra; — band, cordóne di cappéllo; to táke off one's —, levársi il cappéllo; put on your —, mettétevi il cappéllo

— -bànd, *s.* ghiêra, nàstro (di cappéllo); crápe hàt-band, (vélo da) lutto sul cappéllo

— -bòx, *s.* scátola di cartóne (per cappéllo)

— -tráde, *s,* commêrcio, árte, *f.* del cappellájo

Hátable, *a.* odiábile

Hátch, *va.* cováre; macchináre, tramáre

— *vn.* (*degli uccelli*) náscere, uscíre dall'uóvo

— *s.* covàta, scopôrta; mêzza pòrta; pòrta a ribálto; — -wáy, (*mart.*) boccapòrto; — -bars, bárre dei boccapòrti

Hàtchel, *s. V.* Hàckle

Hàtchet, *s.* scûre, *f.* accêtta, ázza

Hàtchment, *s.* scúdo (di defúnto), árme gentilízia, *f. pl.*

Háte, *va.* odiáre, detestáre, avér in òdio; — heártily, odiáre di cuóre; they — éach other, si detéstano l'un l'áltro

— *s. V.* Hátred

Háteful, *a.* odióso, odiévole; (*poet.*) di òdio, malévolo, malígno

Hátefully, *avv.* odiosaménte, malignaménte

Hátefulness, *s.* odiosità, odiosággine, *f.*

Háter, *s.* persóna che òdia, odiatóre -trice, nemíco; — of his kínd, misántropo

Hátred, *s.* òdio, sdégno; ôut of —, per òdio

Hàtter, *s.* cappellájo

Hàttock, *s.* (*ant.*) múcchio di covóni

Háuberk, *s.* (*ant.*) máglia di fêrro del bústo, piastróne, *m.,* usbêrgo, giáco

Háughtily, *avv.* alteraménte, boriosaménte, orgogliosaménte, con albagía

Háughtiness, *s.* alterígia, albagía, bòria, supêrbia

Háughty, *a.* altiêro, albagióso, borióso

Hául, *va.* (*mar.*) aláre, tiráre, strascináre, rimorchiáre; to — up a sásl, imbrogliáre; to — dôwn, ammaináre; — clóse to the wind, serrár il vênto

Hául, Háuling, *s.* il tiráre, l'aláre; strascinaménto

Háulm o **Háum,** *s.* páglia, stóppia, stélo

Háunch, *s.* ánca, cóscia

— -bóne, *s.* (*anat.*) ílio, òsso del fiánco

Háunt, *va.* frequentáre, bazziccáre, usáre in un luògo, praticáre; inseguíre, incalzáre, tormentáre; a hôuse —ed by spirits, una cása infestáta dagli spíriti

— *s.* luògo frequentáto, ritròvo, ridótto, bázzica; cóvo, covíle, *m.* tána, ritíro

Háunter, *a.* chi frequénta o bázzica; frequentatóre, -trice

Hautboy (*pr.* hóbôï) *s.* òboe, *m.* (*mus.*)

Hauteur (*pr.* hótur), *s.* alterígia, albagía, bòria

Háve, *va.* (*pret.* e *p. p.* hàd) avére, possedére, tenére; Landlord, let me — a bóttle of your best Bùrgundy, albergatóre, dátemi una bottíglia del vóstro migliór víno di Borgógna; I — it from góod authòrity, lo so da buòna fónte; I had ráTher, ameréi méglio, mi sarébbe più cáro; do well and — well, chi fa béne, béne aspêtta; — your wits abôut you (*volg.*) státe in cervéllo; — áfter him, inseguítelo; to — one in, out, fáre entráre, uscíre alcúno; — at you áll, alla bárba di tútti; I will — you come èarlier, vóglio che veniáte più per témpo

Háven, *s.* ráda, báia, pòrto; ricóvero, asílo

Hàving, *s.* avére, *m.*, possessióne; bèni, *pl. m.*

Hàversack, *s.* bisáccia di soldáto

Hàvock, *s.* stráge, *f.* guásto, sconquásso, rovína, macéllo, distruzióne, desolaménto — *va.* devastáre, rovináre, distrúggere

Hàw, *s.* (*bot.*) bácca o còccola di spína álba, di biancospíno; sièpe, *f.*; chiúso; (*vet.*) máglia negli òcchi — *vn.* esitáre, balbutíre; to hùm and —, stáre dubbióso, esitáre

Háwfinch, *s.* (*orn.*) bécco dúro

Hàwk, *s.* (*orn.*) fálco, falcóne, *m*; sparviére, *m.*, sparviéro; spárrow —, fálco — *va.* falconáre, cacciáre col falcóne; rivéndere, far il merciajuòlo ambulánte; sornacchiáre, sputár o far le víste di sputár sornácchi — -*eyed,* *a.* dágli òcchi di fálco, dalla vísta acúta — -mòth, *s.* (*ent.*) smerínto — -nósed, *a.* dal náso aquilíno — -pòuch, *s.* carnière, *m.*, carnièra

Háwked, *a.* aquilíno, curváto, rivendúto

Háwker, *s.* falconière, *m.* merciajuòlo ambulánte (cóne

Háwking, *s.* il falconáre, la cáccia del fal-

Háwse, *s,* (*mar.*) a prúa; she has ànchored in our —, si è ancoráta a prúa di noi; — hóles, òcchi della náve, cúbie; fóul —, cróce imbrogliáta; cléar —, fórca pulíta; to frèshen the —, rinfrescáre il fasciáme della gómena nelle cúbie

Háwser, *s.* (*mar.*) gherlíno

Háwthorn, *s.* (*bot.*) spína álba, biancospíno, lazzeruòlo selvático

Háy, *s.* fiêno; to máke —, far fiênò, falciáre il fiêno; to dánce the —, balláre in tóndo; máke — while the sun shínes, battete il férro méntre è cáldo; *va.* far seccár l'èrba falciáta; tènder lacciuòli ai conígli — -còck, *s.* múcchio di fiêno — -hàrvest, *s.* falciatúra, il segáre i fiêni — -lòft, *s.* feníle, *m.* — -máker, *s.* falciatóre, -tríce; contadíno, contadína che séga o soléggia l'èrba (per far il fiêno) — -máking, *s.* falciatúra; — tíme; (témpo della) falciatúra — -mów, *s.* maragnuòla (nella capánna) — -rick, — -stàck, *s.* maragnuòla (all'ária apèrta) — -tíme, *s.* (témpo della) falciatúra

Háybóte, *s.* (*legge*) legnáme, *m.* concésso a un livellário (o censuário) per la riparazióne delle sièpi

Hàzard, *s.* ríschio, perícolo; accidènte, *m.* cáso; sòrte, *f.* fortúna, ventúra, azzárdo; to put to —, pórre a repentàglio — *va.* arrischiáre, avventuráre, pórre a repentàglio; *vn.* avventurársi, arrischiársi, cimentársi

Hàzarder, *s.* chi arrischía o mette in perícolo

Hàzardous, *a.* arrischiáto, pericolóso, dubbióso; ràther —, rischiosétto

Hàzardously, *avv.* pericolosaménte, in mòdo arrischiáto

Háze, *s.* vapóre acquóso, nébbia, núvolo

Hàzel, — -trée, *s.* (*bot.*) nocciuòlo; — còpse, luògo piantáto di nocciuòli; — (*orn.*) gallína regína; — -nùt, nocciuòla; — -nut òll, nut òll, òlio di nocciuòla

Hàzel, *a.* di nocciuòla, di nocèllo (*colore*)

Hàzelly, *avv.* di nocèllo (*colore*)

Hàzy, *a.* fósco, núvolo, nebbióso; — wéather, témpo fósco, núvolo, scúro

Hé, *pron. pers.* égli, ei, èsso, colúi, lui, quégli; (*di certi animáli*) máschio; — — líes, egli mènte; — who, quéllo che, quégli che; chi; — who has nòthing is nòthing, chi (quéllo che) ha niènte è niènte; you are richer than —, voi siète più ricco di lúi; — beàr, órso; — goàt, bécco

Hèad, *s.* tèsta, cápo, púnto principále; fíne —, bélla tèsta; from — to fòot, da cápo a pièdi; — of háir, capigliatúra; bóar's —, tèschio di cinghiále; the — of a còllege, il rettóre d'un col.égio; — of a ship, prúa di náve; — of a cáne, pómo di bastóne; ten — of càttle, dièci cápi di bestiáme; the — s of a discórse, i cápi, i púnti principáli di un discórso; to dráw to a —, far cápo, marcíre; to táke in into one's —, ficcársi in cápo; to give a horse the —, dáre la máno ad un cavállo; to knock one on the —, accoppáre alcúno; I dòn't tròuble my — abòut it, non me ne cále, non me ne cúro; cléarness of —, lucidità di ménte, oculatézza — *a.* principále, cápo, primário; the — men of the city, i primárj cittadíni — *va.* capitanáre, comandáre, dirigere; intestáre, pórre un cápo o una intestatúra — -band, *s.* bènda, striscia, frontále, *m.* — -dress, *s.* cúffia, acconciatúra — -mòney, *s.* capitazióne, testático — -píéce, *s.* èlmo, caschétto; intellètto — -stàll, *s.* testièra d'una bríglia — -stóne, *s.* piètra angoláre, lápida

Hèadàche, *s.* mal, *m.* di cápo, mal di tèsta

Hèaded, *a.* dalla tèsta...; líght- —, stordíto; scervelláto; cléar- —, perspicáce, oculáto; hot- —, esaltáto, avventáto, dalla tèsta cálda; wrong- —, capárbio, ritróso, intrattábile; thick- —, di gròssa pásta, stúpido, balórdo

Hèadily, *avv.* ostinataménte, caparbiaménte

Hèadiness, *s.* caponàggine, *f*, caparbietà

Hèadland, *s.* spòrto di littoràle, promontòrio

Hèadless, *a.* sènza tèsta

Hèadlong, *avv,* càpo all'ingiù, a rótta di còllo; all'impazzàta,pazzaménte.precipitosaménte; to càst dówn —, precipitáre, traripáre — *a.* scoscéso, impetuóso, rátto; stordíto, sconsideráto, arrischiáto

Hèadmost, *a.* che è o màrcia in tèsta, o alla tèsta, in càpo agli àltri, o a càpo degli áltri, il più avánti, la più avánti, il primo, la príma

Hèadquárters, *s. pl.* quartier generále, *-m.*

Hèadship, *s.* primáto, autorità, prímo pósto

Hèadsman, *s.* giustiziére, *m.*, carnéfice, *m.*

Hèadstrong, *a*, capóne; capàrbio, testóne,

Hèadway, *s.*(*mar.*)abrívio,cammíno (ostináto

Hèady, *a.* testárdo, incapáto, xuccóne, impetuóso, avventáto; — wíne, víno fòrte, fumóso, che mónta alla tèsta

Hèal, *va.* cicatrizzáre, rimargináre, saldáre, guaríre, risanáre, riconciliáre; — *vn.* rimarginársi, cicatrizzársi, risanársi, riconciliársi; — a sóre, cicatrizzáre, saldáre una piága

Hèalable, *a.* sanábile, guaríbile

Hèaler, *s.* persóna, còsa che rimárgina, cicatrízza, risána

Hèaling, *a.* che cicatrízza, che si rimárgina, che risána; cicatrizzánte, cons·lidatívo — *s.* il cicatrizzáre, rimarginaménto

Hèalth, *s.* salúte, *f.*, sanità; bríndisi, *m;* hów is your — ? come va la sanità? táke cáre of your —, La si riguárdi; in gòod —, in buóna salúte; to drink a pèrson 's —, bévere alla salúte di úno, brindáre per alcúno; let us drink the Quéen 's —, portiámo, (facciámo) un bríndisi alla regína; bill of —, (*mar.*) patènte, *f.*, di sanità

Hèalthful, *a.* (*stíle sost.*) sáno, che sta bène; (cosa) salutífero, salúbre, di sanità, che confærísce alla sanità, giovévole, salutáre

Hèalthfully, *avv.* in buóna salúte, sanaménte

Hèalthfulness, *s.* buóna salúte; salubrità (dell'ária, d'un reggíme)

Hèalthily, *avv.* sanaménte, vigorosaménte, salutarménte

Hèalthiness, *s.* státo di sanità, salúte, salubrità, qualità salutáre

Hèalthless, *a.* sènza sanità, malsáno, infèrmo

Hèalthy, *a.* sáno, vigoróso, robústo; sáno, salúbre, salutífero, salutáre, púro; — bòdy còrpo sáno; — clímate, clíma salúbre; — èxercíse, esercízio buóno, útile, salutáre

Hèam, *s.* (*veter.*) secondína (*delle bestie*)

Hèap, *s.* múcchio, fàscio, ammásso, cúmulo, mónte, *m;* — of gráin, mónte di gráno; — of gòld, múcchio d òro — *va.* ammucchiáre, ammontáre, accumuláre, abbicáre, ammonticchiáre, ammassáre; — up riches, accumuláre denári

Hèaped, *a.* (*delle misure*) cólmo, ricólmo

Héaper, *s.* accumulatóre, ammassatóre, chi ammássa, cólma, accúmula

Héapy, *a.* accumuláto, ammassáto

Héar, *va.* (*pret.* e *p. p.* hèard) udíre, sentíre, ascoltáre, pòrgere orécchio a; intèndere, sentíre a díre; stáre attènto; whàt minister do yo — ? chi è il vòstro pástóre?

—, *vn.* (*pret.* e *p. p.* hèard) intèndere, sentíre, ascoltáre, pòrgere orécchio; I — ill, sènto mále; I — you are góing to be màrried, sénto che siéte per ammogliárvi; I have hèard from your bròther, ho ricevúta una lèttera (notízie) di vòstro fratèllo; he has hèard of your cónduct, egli è informáto del vòstro procédere

Héarer, *s.* uditóre -tríce, ascoltatóre -tríce, ascoltánte

Héaring, *s.* udiènza, udizióne: l'átto dell'udíre; il sénso dell'udíto; dull of —, dúro d'orécchio; in the — of àll, in udiènza di tútti; to obtáin a — of, fársi udíre da; dúring the — of the witnesses, duránte l'udizióne de' testimóni; to give a —, dár u dièzna

— -trùmpet, *s.* còrno acústito, cornètto acústico

Heàrken, *vn.* (to) dar orécchio, ascoltáre (con curiosità), stáre con tanto d'orécchio

Heàrkener, *s.* ascoltánte, ascoltatóre -tríce

Héarsàу, *s.* fáma, vóce, *f.*, rumóre; bý —, per vóce comúne, per sentíto dire

Héarse, *s.* càrro fúnebre; *V.* Hèrse

Heàrt, *s.* cuòre; mèzzo, cèntro; affètto, amóre; amíco, amíca; cuòre, memòria; chéerly, mý —s, coràggio, amíci miéi; her tèars and wórds wènt to my —, le di lei lácrime e paróle m'andávano al cuòre; with all my —, con tútto il cuòre, mólto volontièrî; she died of a bróken —, ella morì di crepacuòre; to plùck up —, fársi coràggio, pigliár ánimo; to léarn by —, imparáre a memòria; in the — of, al fítto di, nel cèntro di; òut of —, abbattúto, avvilíto; to expánd the —, dilatáre il cuòre; I càn't find in my —, non mi sòffre il cuòre; to gáin or win a young lady's —, cattivársi l'affètto di una damigèlla; have you the — to? vi dà il cuòre di? to wring one's —, straziáre l'ánimo,opprímere il cuòre; a kiss of the mòuth òften touches not the —, bàcio di bócca spèsso il cuòr non tòcca

— -àche, *s.* cordóglio, affánno, dolóre

— -allúring, *a.* che allètta, guadágna il cuòre, i cuòri

— -blòod, *s.* il sángue più púro; sorgènte, *f. pl.* della víta; essènza

— -bréaking, *a.* che strázia l'ánimo, desolánte; — *s.* crepacuòre, *m.*

— -bróken, *a.* afflítto, che muòre di crepacuòre

— -bùrn, *s.* cardialgía, anticuòre, crudézza;

Dòr, rûde; - fàll, sòn, bùll; - fàre, dó; - bý, lỳmph; pòlie, bòỹi, fòûl, fòŵl; gem, aì

Dis. Ingl. Ital. - Ediz. VI. Vol. I. 20

*acrédine, *f.* nello stòmaco; *fig.* rúggine, *f.*, òdio segréto
— -bùrnings, *s. pl.* òdj (copérti), nimicízie, rùggini, *f. pl.*
— 's éaśe, *s.* (*poet.*) tranquillità d'ánimo, páce del cuòre; (*bot.*) viòla tricolòre
— -hèaviness, *s.* tristézza, abbattiménto
— -felt, *a.* sentíto all'ímo del cuòre, vívo
— -моти, *s.* (*ent.*) falèna
— -sèarching, *a.* che scrúta i cuori
— -sick, *s.* accoráto, angosciáto, avvilíto
— -sickening, *a.* che abbátte il cuòre, angoscióso, desolánte
— -string, *s.* fibra del cuòre
— -strùck, *a.* percòsso nel cuòre, angosciáto, addoloráto, accoráto, afflitto
— -whòle, *a.* spassionáto, disamoráto
— -wòunded, *a.* feríto al cuòre
— -wòunding, *a.* che fende il cuòre, che affligge profondaménte
— -wringing, *a.* che strázia il cuòre
Hèarted, *a.* di cuòre...; che ha il cuòre...; bròken- —, che ha il cuòre spezzáto; gòod- —, di cuòre, di buòn cuòre; hàrd —, dúro di cuòre; fáint- —, chicken- —, fiácco di cuòre, tímido, pusillánime; hàrd- —, che ha il cuòr dúro, insensíbile; hòllow- —, dal cuòre fálso, perfído; òpen- —, dal cuòre apèrto; sòft- —, dal cuòr ténero; stòut- —, dal cuòr fòrte, coraggióso
Hèartedness, *s.* sincerità, calòre, *m.* zélo; pùblic —, zélo del pùbblico bène
Hèarten, *va.* incoraggiáre, animáre, eccitáre, incoráre, rincoráre
Hèartening *a.* incoraggiánte; corroboránte
Hèarty, *a.* sincéro; zelóso, sáno, vigoróso; del cuòre, cordiále; (*pers.*) robùsto, gagliárdo; (*cosa*) saporíto, abbondánte
— -hàle, *a.* (*ant.*) che fa bène al cuòre
Hèat, *s.* calòre, cáldo; ardóre; ardènza, fervòre, zélo, íra, còllera, fòga; carrièra, córsa; (*med.*) efflorescènza, bólle *pl. f.* di calóre; sùltry —, cáldo, affannóso; in the — of, nell'ardènza di, nella fòga o fúria di; the hòrses have run the first —, i caválli hánno córso una carrièra, hánno fátto la prìma córsa
— *va.* scaldáre, riscaldáre, infiammáre, animáre; — the blòod, scaldáre il sángue
Hèated, *a.* scaldáto, riscaldáto, infiammáto
Hèater, *s.* fèrro da distèndere i pánni
Hèath, *s.* èrica, scòpa, lánda
Hèath-cock, *s.* (*orn.*) francolíno
Hèathen, *a. s.* pagáno; the —s, the —, i pagáni
Hèathenish, *a.* di pagáno, bárbaro
Hèathenishly, *avv.* paganaménte, da pagáno
Hèathenism, *s.* paganèsimo
Hèather, *s.* (*bot.*) èrica, scòpa
Hèathy, *a.* copèrto d'èriche, piéno di scópe
Hèating, *a.* che scálda, riscaldánte
Hèatless, *a.* sénza calóre, fréddo

Hèave, *va.* (*pret.* —d, hòve; *p. p.* hèavèd e hòven), alzáre, leváre con isfòrzo, solleváre, gonfiáre, gittáre, lanciáre, sospíngere; (*mar.*) aláre, gettáre; — òverbóard, gettár in máre; — a sígh, gettár un sospíro; òcean —s his billòws to the sky, l'océano eléva, innálza i suói flùtti sino al cièlo
— *vn.* alzársi, lievitársi, sollevársi, gonfiársi (cóme le ónde), onduláre, ondeggiáre; palpitáre; ansáre, fársi stòmaco; — to (*mar.*) bracciáre in pánno; — in sight, èsser visíbile; fársi vedére
— *s.* sussúlto, moviménto sussultòrio, sollevaménto, elevazióne, fluttuazióne, agitazióne, *f.* sfòrzo per eleváre o per vomitáre
— -òffering, *s.* offèrta delle primízie
Hèaven, *s.* il cièlo (il paradíso); Gòod —s! o cièlo! thànks to —, grázie a Dio; would to —, vòglia Iddio; — born, náto nel cièlo, divíno, celèste; — directed, dirètto al cièlo; —s, *s. pl.* i cièli, il firmaménto
Hèavenliness, *s.* natúra celèste, celestiále
Hèavenly, *avv.* celestialménte, divinaménte —, *a.* celèste, celestiále, divíno
— -minded, *a.* di caráttere o índole celèste, che guárda dall'álto la tèrra; divíno, religióso, pío
— -mindedness, *s.* caráttere, *m.*, índole, *f.* divína, pietà, religiosità
Hèavenward, *avv.* vèrso il cièlo, in álto
Hèaver, *s.* o ricatóre, facchíno, portatóre
Hèaves, *s.* (*veter.*) bolsággine, *f.*
Hèavily, *avv.* pesanteménte, gravemènte, ponderosaménte, gravosaménte, mólto
Hèaviness, *s.* péso, graváme, *m.* cascággine, *f.*, sonnolènza; stupidézza, balordággine, *f*; mestízia, abbattiménto, depressióne
Hèaving, *a.* che si solléva cóme le ónde del máre, ondulatòrio, sussultòrio; ondeggiánte, agitáto
— *s.* agitazióne, palpitazióne, scòssa, mòto sussultòrio, fluttuazióne, *f.*
Hèavy, *a.* pesánte, gráve, ponderóso; oneróso, gravóso; stùpido, lènto, di gròssa pásta; sonnacchióso; cascánte; tríste, abbattúto, avvilíto; a — bòdy, un gráve; — róad, cammíno fangóso; — sèa (*mar.*) már gròsso; —, *writer*, scrittóre pesánte, noióso; to gròw —, aggravársi; ship of — bùrthen, bastiménto di gròssa portáta
Hebdòmadal, hebdòmadary, *a.* ebdomadário, settimanále
Hèbenon, *s.* (*ant.*) cicúta, *V.* Henbane
Hèbetáte, *va.* rèndere èbete, ottúso, rózzo, stúpido
Hebetátion, *s.* il rèndere èbete, stúpido, ottúso; ebetazióne
Hèbetúde, *s.* ebitúdine, *f.*, ebetísmo
Hebráic, *a.* degli Ebrèi; israelíta; ebráico, ebreo
Hebráically, *avv.* ebraicaménte

Hébraìsm, *s.* ebraìsmo
Hébraist, *s.* ebraicìsta, *m.*, dótto nell'ebrèo
Hébraìze, *van.* ebraizzáre, tradúrre in ebráico
Hébrew, *a. s.* Ebrèo, língua ebrèa, ebráico
Hébrewess, *s.* dònna, figlìa ebrèa, israelíta, giudéa
Hècatomb, *s.* ecatómbe, *f.*
Hèck, *s.* congégno per pigliáre i salmóni; rastrelliéra; svòlta (in una corrênte di acqua)
Héckle,*va.*scardassáre,pettináre,(il.líno,ecc.)
Héckler, *s.* scardassiére, *m.*, pettinatóre (del-líno, ecc.)
Hèctare, *s.* éttaro, misúra di cénto ári
Hèctic, *a.* (*med.*) ètico, tísico ; — flùsh, ros-sóre ètico; — féver, fébbre ètica
Héctogram, *s.* ettográmma, *m.*
Hèctolitor, *s.* ettólitro
Hectómeter, *s.* ettometro
Hèctor, *s.* ammazzasétte, *m.*, divóra mónti, *m.;* brávo
— *vn.* braveggiáre, far il brávo, millantársi
— *va.* svillaneggiáre, minacciáre, malmená-re; he — ed him out of it, gliélo strappò a fòrza di minácce
Hèctoring, *a.* — fèllow, spaccóne, gradásso, smargiásso; *s.* millantería, vantería; spac-conáte, smargiassáte, *f. pl.*
Hèctorism, *s.* vantería, millantería
Hèctorly, *a.* da spaccóne, da gradásso, da smargiásso
Hèdge, *s.* siépe, *f;* quick set —, siépe fólta e spinósa; a — -ròw of frùst-tréet, un fi-láre d'álberi fruttíferi (in una siépe spi-nósa) ; — -hog, (*zool.*) rìccio spinóso ; — bill, roncóne, *m;* — -born, náto sotto úna siépe, náto nel fángo
— *va.* assiepáre, cínger di siépe
Hédger, *s.* lavoratóre che fa delle siépi
Héed, *s.* attenzióne, cúra, pensiéro; to táke —, dársi pensiéro, badáre, stársi in guár-dia; to give —, .badáre, stáre attènto
— *va.* badáre a, star attènto a, dársi pen-siéro di; osserváre, ascoltáre
Héedful, *a.* attènto, avvisáto, prudénte
Héedfully, *avv.* con cúra, prudenteménte
Héedfulness, *s.* attenzióne, cúra, prudênza
Héedless, *a.* disattènto, trascuráto, stordìto, scapáto; — yoùru, scapatéllo
Héedlessly, *avv.* trascurataménte, sènza cúra
Héedlessness, *s.* trascuràggine, *f.* negligênza
Héel, *s.* calcágno; speróne (di gállo); (*bot.*) speróne; (*mar.*) piè, *m* dell'álbero; to táke to one's —s, calcagnáre, dárla a gámbe; to trip up one's —s, dáre il gambétto ad uno; to lày by the —s, legáre, inceppáre; — píece, tácco, tacoóne, *m.*
— *vn.* danzáre, menár le calcágna al bállo; (*mar.*) dar alla bánda, èssere pendénte
— *va.* mètter i calcagnétti, riméttere i tác-chi; (*mar.*) méttere la náve alla bánda
Héft, *s.* (*volg.*) sfòrzo, péso; mánico

Hegíra, *s.* Egíra (l'êra maomettána)
Héifer, *s.* (*zool.*) giovênca (vácca gióvine)
Heigho (*pr.* hího), *interj.* aimè! ohimé! lásso me!
Height, *s.* altézza, elevazióne ; più alto grá-do, cólmo, ácma, címa, sommità, altúra; the — of ignorance, il cólmo dell' igno-ránza; upòn the —s, sulle altúre
Héighten, *va.* alzáre, innalzáre, eleváre, ac-créscere, aumentáre, aggraváre, ornáre, far spiccáre, dar risálto a
Héightening, *a.* crescênte; *s.* accresciménto
Heinons (*pr.* hánous), *a.* odióso, atróce, ne-fándo
Heínously (*pr.* hánously), *avv.* atroceménte, odiosaménte
Heínousness (*pr.* hánousness), *s.* atrocità, enormità
Héir, *s.* erêde, *m.* (*legge*) successóre; joint- —, coerêde; to be —, èssere erêde, era-ditáre
— -appárent, *s.* (*legge*) erêde presuntívo (in línea rètta)
— -presùmptive, *s.* (*legge*) erêde presuntí-vo (in línea collateréle)
Héiress, *s.* erêde,*f.*, ereditiéra; (*legge*) dònna che succéde a
Héirless, *a.* sènza erêde
Héirlòom, *s.* (*legge*) immòbile per destina-zióne
Héirship, *s.* qualità d'erêde; eredità
Hèld, *V.* Hòld
Héliacal, *a.* (*astr.*) elíaco; — ríeing, il sór-gere d'un ástro nei rággi del sóle
Heliacally, *avv.* to ríse —, emèrgere dai rággi del sóle; to sèt —, pêrdersi nei rággi del sóle
Hèlical, *a.* ad élice, ad élica
Héliocèntric, *a.* (*astr.*) eliocèntrico
Hélioscope, *s.* (*astr.*) elioscòpio
Héliotròpe, *s.* (*bot.*) eliotròpio, girasóle, *m.*
Hélix, *s.* élica
He'll, *abbr. di* he will *o* he shall
Hèll, *s.* infèrno; bìsca; — hoùnd, cáne d'in-fèrno, uòmo tróce; — fire, il fuòco dell'in-fèrno; killed in a —, ucciso in una bìsca
Hèllebore, *s.* (*bot.*) ellèboro
Hèllenism, *s.* ellenísmo (idiotísmo grêco)
Hèllenist, *s.* ellenísta, *m.* grecísta, *m.*
Hellenístic, *a.* ellenístico
Héllenìze, *vn.* usáre ellenísmi
Hèllish, *a.* d' infèrno, infernále
Hèllishly, *avv.* diabolicaménte
Hèllishness, *s.* infernalità, caráttere infer-nále
Hèllward, *avv.* vèrso l' infèrno
Hèlly, *a.* infernále
Hèlm, *s.* (*mar.*) timóne, *m.* gubernácolo, ár-gola, ribólla; — cóat, cáppa del timóne, mánico del timóne; — tàckle, paránchi del timóne; a hànd to the —! (*mar.*) un uòmo al timóne; pórt the —! la bárra a

sinistra; beár up the —! arríva! al vènto
la bárra! down with the —! giù la bà·ra!
órza! mind your weather —! attenzióne
alla bárra! scansáte l' órza! shift the —!
càmbia la bárra! stàrbóard the —! la
bárca appòggia; right the —! — amidships! drítta la bárra! —'s a lée, órza alla
banda! la bárra sotto vènto; to éase the
—, mollàre, poggiàre, slargàre; to be at
the —, èssere al timóne, dirígere, governáre; —, V. Hèlmet
Hèlmet, Hèlm, s. èlmo, cásco; manovèlla
Hèlmeted, Hèlmed, a. elmáto ; copêrto di
celáta
Holminτrsic, a. s. (med.) vermífugo
Helminτnòlogy, s. elmintología, descrizióne
e stòria naturále dei vérmi
Hèlmless, a. sènza èlmo, sènza elmétto;
sènza timóne
Hèlmsman, s. timonière, m. pilòta, m.
Hélot, s. ilòto
Hélotism, s. ilotísmo
Hèlp, va. ajutáre, assístere, èsser di sussídio,
soccórrere, favoríre, servíre; rimediáre,
portár rimèdio a, impedíre; far a méno
di, ristársi da; — yourself and Hèaven
will — you, ajúta tè stesso, che il Cièlo
ti ajuterà; if I can — it, se potrò impedírlo (evitárlo); I cần't — it, non so che
fárci (non è mía cólpa); — yourself to
sòme fish, si sèrva (servítevi) del pèsce;
shall I — you to a wing of this fòwl? voléte che vi sèrva un' àla di quésto pollastro? — her up, ajutátela a salíre; — him
out of the difficulty, ajutátelo ad uscíre di
impáccio; I cannot — laughing (pr. làfing),
non pòsso a méno di non rídere; I could
not — gàzing on her, non potéi ristármi
dal rimirárla; so — me God, così Iddío
mi ajúti
— s. ajúto, soccórso, sussídio, appòggio, sollièvo, rimèdio, adjuménto; (in América)
domèstico, servitóre, sèrva, inservièente; —!
—! accorr' uòmo! ajúto! ajúto!
Hèlper, s. ajutatóre, -tríce, soccorritóre,
-tríce; persóna che fa avére, persóna che
procúra, ausiliáre; fèllow- —, cóoperatóre; to be a — to, ajutáre a
Hèlpful, a. útile, di sussídio, salutáre
Hèlpfulness, s. utilità, giovaménto
Hèlpless, a. sènza soccórso, di niun giovaménto; che non può ajutársi; dèbole, dèbile, impotènte; inétto a procurársi il proprio sostentaménto; derelítto, pòvero, necessitóso, miserábile
Hèlplessly, avv. sènza soccórso, debílménte
Hèlplessness, s. inettézza di procacciársi il
pròprio sostentaménto; mancánza di abilità e di soccórso, abbandóno, derelizióne;
ùtter —, il cólmo della miséria
Hèlpmáte, s. coadjutóre, -tríce; compágno,

compágna; consòrte, mf. conjúge, m. cara metà
Hèlter skèlter, avv. in gran frètta, scompigliataménte
Hèlve, s. mánico (di scúre, di coltèllo); va.
méttere il mánico (ad una scúre, ad un
coltèllo)
Helvètic, a. elvètico
Hèm, va. orlàre, fregiáre; — in, cíngere, circondáre, circuíre; — s. órlo
Hèm! interj. ehi! ohè! olà! hem! hum!
vn. raschiáre, tossíre (facèndo hem! hem!)
Hematíte, s. (min.) ematíte, f.
Hematósis, s. (med.) ematòsi, f.
Hemerocàllis, s. (bot.) emerocàlle, f., giglio
selvático, martagóne, m.
Hèmicrany, s. (med.) emicránia
Hèmicýcle, s. emicíclo, semicíclo
Hèmiplegy, s. (med.) emiplessía, emiplegía,
parálisi, f. della metà del còrpo
Hemipter (pl. hemìptera), s. (ent.) emíttero
Hèmisphère, s. emisféro
Hemisphèric, hèmispherical, a. emisfèrico
Hèmistich, s. emistíchio, mèzzo vèrso
Hèmlock, s. (bot.) cicúta; — sprúce, pèccia
del Canadà
Hèmorrhage, hèmorrhagy, s. emorragía
Hemorrhòidal, a. emorroidále, d'emorróide
Hèmmorrhoids, s. pl. le emorròidi
Hèmp, s. cánapa; cléan —, cánapa nètta;
ràw, rough (pr. ràf), undrèssed —, cánapa crúda, gréggia
— àgrimony, s. (bot.) eupatòrio bastárdo,
cánapa acquàtica
— -còmb, s. diliscatójo
— -fíeld, s. canapája
— -nèttle, s. (bot.) cánapa bastárda, galeópside, f.
— -séed, s. canapúccia; — óil, òlio di canapúccia
Hèmp, Hèmpen, a. di cánapa; — cáble, cánapo; — -séed, semi di cánapa, canapúccia
Hèn, s. gallína, fèmmina degli uccèlli; guinea —, gallína di faraóne; bróod —, chióccia; péa —, paonèssa; —-spàrrow, pàssera
— -ròost, pollájo; — -còop, capponièra;
— -pecked hùsband, marito menáto pel
náso
Hènbane, s. (bot.) giusquiámo
Hènce, avv. (di luogo) di qui, di qua, lúngi
di qua; (del tempo) di qui a; quinci, dònde; three mònths —, di qui a tre mèsi;
it hàppened that, d'ónde accàdde che
Hènceforru, avv. d'óra innánzi
Hènceforward, avv. per l'avvenire, in apprèsso
Hènchman, s. (ant.) pàggio d'onóre
Hènd, va. (ant.) afferráre, occupáre
Hendècagon, a. endecágono; s. endecágono
Hendecasỳllable, s. endecasíllabo
Hèp, s. (bot.) V. Hàw
Hepàtic, hepàtical, a. epático, del fégato

Hèptachord, *s.* (*mus. ant.*) ettacòrdo
Hèptagon, *s.* (*geom.*) ettàgono
Heptàgonal, *a.* (*geom.*) ettàgono (di sètte lάti)
Hèptarchy (*pr.*-hèptarky), *s.* eptarchía, govèrno di sètte dúci
Her, (*pr.* hùr) *pron. pers.* lèi, la; colèi; ! lòve —, io l'ámo; 1 love — and not — sister, io amo lèi e non la sua sorèlla; of —, di lèi; to —, a lèi; from —, bý —, da lèi
— *pron. poss.* il súo, il di lèi, la súa, la di lèi; i suòi, i di lèi, le súe, le di lèi; — ùncle, súo zío, il di lèi zío; — àunt, la di lèi zía; — néphews, i di lèi nipóti; — nièces, le di lèi nipóti; thèse glòves are hers, quèsti guánti sono i suòi (i di lèi)
Hèrald, *s.* arάldo; precursóre
— *va.* annunziáre, proclamáre, introdúrre
Herάldic, *a.* arάldico
Hèraldry, *s.* arάldica; blasóne, *m.*
Hèraldship, *s.* uffício, cárica d'arάldo
Hèrb, *s.* (*bot.*) èrba, piánta erbάcea; pòt-—s, erbάggi, legúmi; ógni sòrta d'èrba da mangiάre; medicinal —s, èrbe medicináli; — -wòman, erbajuòla
Herbáceous, *a.* erbáceo
Hèrbage, *s.* erbàggio, èrba da páscolo, pastúra
Hèrbal, *s.* erbolάjo; erbário (líbro)
Hèrbalist, hèrbarist, *s.* erbolάjo, erborísta, *m.*, semplicísta, *m.*
Herbάrium, *s.* erbário
Herbívorous, *a.* erbívoro
Herbless, *a.* sénza èrba
Hèrborist, *V.* Hèrbalist
Hèrborizάtion, *s.* erborazióne, l'erboráre
Hèrborize, *va.* erboráre, cógliere èrbe medicináli
Hercúlean, *a.* ercúleo; — lάbor, faríca ercúlea . . . (zíone)
Hèrcules, *s.* (*astr.*) Èrcole, *m.* (*costella-*
Hercýnian, *a.* Ercínio, della sèlva Ercínia
Hèrd, *s.* arménto, mándria, grègge, *m. f.* brάnco; — of cattle, arménto; — of swíne, grègge di pòrci; the —, (*fig*) la túrba, la mássa, il vòlgo;—ców- —, vaccάjo
— *vn.* aggregársi, andáre in trúppa, associάrsi, accomunársi
Hèrdman, hèrdsman (*pl.* hèrdmen, hèrdsmen), *s.* mandrïάno, mandriále, *m.*
Hère, *avv.* qui, qua; — and thère, qua e là, di qua e di là, in qua ed in là; còme —, veníte qua; — she comes, èccola che viène — are twò, èccone due; —'s to you! alla vòstra salúte! — belów, quaggiù
Hèreabòuts, *avv.* qui vicíno, qui all'intórno
Hèreάfter, *avv.* da qui innάnzi, d'ora innάnzi, in avveníre; nell'άltro móndo; hάppy here and more happy —, felíci qua (quaggiù), e più felíci nella víta futúra

— *s.* lo stάto futúro, la víta, il móndo avveníre
Hèreάt, *avv.* a quésto, su di ciò, in quéllo
Hèrebý, *avv.* per quésto mèzzo, cosi
Herèditable, *a.* che si può avére per eredità
Herèditably, *a.* per diritto di successióne
Herèditament, *s.* eredità; bène mòbile o immòbile
Herèditarily, *avv.* ereditariaménte, per eredità
Herèditary, *a.* ereditário, d'eredità
Hérein, *avv.* in quésto, in ciò
Heremítical, *a.* d'eremíta
Héreinto, *avv.* in ciò, in quésto
Héreòf, *avv.* di quésto; di quéllo, d'ónde
Héreòn, *avv.* su quésto, in quésto púnto
Heresòut, *avv.* fuòri di qui; da ciò, da quésto
Hèresiάrch, *s.* eresiάrca, *m.*
Hèresy, *s.* eresía
Hèretic, *s.* erètico
Herètical, *a.* erètico; d'eresía
Herètically, *avv.* ereticaménte, da erètico
Héretò, *avv.* a quésto, a ciò
Héretofóre, *avv.* per lo addiètro, finóra, altra vòlta
Héreunto, *avv.* (*ant.*) a quésto, a ciò
Héreupòn, *avv.* in quésto mèntre, in quésto mèzzo, allóra, in quélla
Hérewírн, *avv.* con quésto, qui acclúso, colla presénte; in quésto; in quéllo; 1 — enclóse you, ecc., colla presénte vi compiégo, vi acclúdo, ecc.
Hèriot, *s.* (*legge inglese*) cánone, *m.* dovúto all'άlto signóre alla mòrte dell'investíto
Hèrisson, *s.* spuntièra, spináta; (*fort.*) sbάrra mòbile armάta di púnte di fèrro
Hèritable, *a.* ereditábile; successíbile; ereditário
Hèritage, *s.* eredità, retάggio
Hermàphrodism { *s.* ermafrodísmo
Hermàphroditìsm {
Hɪrmàphrodìtè, *s.* ermafrodíto
Hermaphrodìtic { *a.* ermafrodítico
Hermaphrodìtical {
Hermenèùtic, hermenèùtical, *a.* ermenèùtico, interpretatívo
Hermenèùtically, *avv.* ermenèuticaménte
Hermenèùtics, *s.* ermenèùtica
Hermètic, hermètical, *a.* ermètico
Hermètically, *avv.* ermeticaménte
Hèrmit, *s.* eremíta, *m.*, romíto
Hèrmitage, *s.* eremitάggio, èremo, romitòrio
Hèrmitess, *s.* eremíta, *f.*, romíta
Hermítical, *a.* eremítico, di romíto
Hèrnia, *s.* (*med.*) èrnia, rottúra
Héro, *s.* eròe, *m*; a — in leάrning, un príncipe della sciènza
Heròdians, *s. pl.* Erodiáni, *m. pl.* (sètta giudάica)
Heróic, *a.* eròico; mòck- —, eròi-còmico, serio-giocóso

Heróically, *avv.* eroicaménte, da eròe

Hèroine, *s.* eroína

Hèroìsm, *s.* eroísmo

Hèron, *s.* (*orn.*) aghiróne, airóne, *m.*

Hèronry, *s.* palúde, *f.* ove nidificano airóni

Héronshàw, *s.* (*orn.*) airóne, aghiróne, *m.*

Hèrpes, *s.* (*med.*) èrpete, *m.*

Herpètic, *a.* (*med.*) erpètico

Herpetòlogy, *s.* erpetología, stória naturále dei rèttili

Hèrring, *s.* aringa; rèd- —, arínga affumicáta

— -fishery, *s.* pésca delle arínghe

— -séason, *s.* stagióne della pésca dell'arínghe

Hers, ('*pr.* hùrs), *pron. poss.* súo, súa, suói, súe, di lèi; this bóok is —, quésto libro è súo; *V.* Her

Hèrse, *s.* carrettóne da mòrti, cárro fúnebre, bára; (*fort.*) *V.* Hersillon

— *va* méttere nella bára, pórre sul carrettóne da mòrti, condúrre al sepólcro

Hersèlf (*pron. riflessivo e asseverativo*) ella stéssa, essa stéssa, sè stéssa, sè, si; she decéives —, ella s'ingánna; she wróte the lèttor —, scrísse ella stéssa la lèttera

Hèrselike, *a.* fúnebre (come un cárro fúnebre)

Hèrsillon, *s.* (*fort.*) àsse, *f.* armáta di púnte di fèrro (per impedíre il pásso)

Hèsitancy, *s.* (*poco us.*) esitánza, titubánza

Hèsitant, *a.* esitánte

Hèsitate, *vn.* esitáre, star sospéso, titubáre

Hesitátion, *s.* esitazióne, esitánza

Hèsitàting, *a.* esitánte; *s.* esitánza

Hèsitàtingly, *avv.* con esitánza

Hèst, *s.* (*ant.*) comándo, órdine, *m.*

Hèteroclite, *a. s.* eteròclito

Hèterodox, *a.* eterodòsso

Hèterodoxy, *s.* eterodossía

Heterogéneal, heterogéneous, *a.* eterogèneo

Heterogénéity, Heterogéniousness, *s.* eterògeneità

Hew (*pr.* hú); (*p. p.* hewed, hewn), *va.* tagliáre, spaccáre, — dówn a trée, abbáttere un álbero; — wóod, spaccáre légna, tagliáre legnáme

Hewer, (*pr.* húer) *s.* tagliatóre; — of wóod, tagliatóre di légna, spaccalégna, *m.*; — of stóne, taglia-piètre, *m.*

Hewn, (*pr.* húen) *V.* Hew

Hèxagon, *s.* (*geom.*) esàgono (figúra di sei láti)

Hexàgonal; *a.* (*geom.*) esàgono, di sei láti

Hexahédral, *a.* (*geom.*) esaèdro

Hexahédron, *s.* (*geom.*) esaèdro

Hexàmeter, *a. s.* esàmetro

Hexàndria, *s.* (*bot.*) esándría

Hey (*pr.* há), *interj.* (di sorprésa, di piacére), eh! ah! — for! evvíva!

Heyday (*pr.* hádá), *interj.* (di meravíglia, d'allegría) oh! che c'è! cóme! ohé!

— *s.* bei giórni, fòrza, fióre, fóga, allegrézza, giovialità; in the — of yóurs and prospèrity, ne' bei giórni della gioventù e della prosperità

Hiátus, *s.* iáto, apertúra, brèccia, váno

Hìbèrnal, *a.* (*poet.*) invernále, dell'invèrno

Hìbernate, *vn.* svernáre, passár l'invèrno

Hibernátion, *s.* svernaménto, svernáta

Hìbèrnian, *a.* d'Irlánda; *s.* Irlandése

Hìbèrnicìsm } *s.* ibernicìsmo, idiotìsmo irlandése

Hìbèrnianism } landése

Hìbèrno-celtic, *s.* ibèrno-cèltico (língua natíva degli Irlandési)

Hiccius-dòctius, *corruzione di* hic est doctus, *s.* (*volg.*) truffatóre, cerretáno

Hiccough (*pr.* hiccuf), *meglio* hickup

Hickup, *s.* singúlto, singhiózzo

— *vn.* singhiozzáre

Hickwáll } *s.* (*orn.*) picchio

Hickwáy }

Hid, *V.* Híde

Hidálgo, *s.* idálgo (gentiluòmo spagnuòlo)

Hidden, *a.* nascósto, celáto, segréto

Hide (*pret.* hid; *p. p.* hid, hidden), *vn.* nascóndere, celáre, occultáre; — one's sélf, nascóndersi

— *vn.* nascóndersi; to pláy — and sèek, giuocáre a cápo nascóndere

— *s.* pèlle, *f.*, cuòio; — of land, pèrtica, júgero

Hidebòund, *a.* (*vet.*) dalla pèlle attaccáta ai múscoli, dalla cortéccia aderènte al trónco; assecchíto, assideráto ; (*fig.*) sítico, spilòrcio, strétto di máno, dúro, inflessíbile

Hideous, *a.* orríbile, spaventévole, tremèndo

Hideously, *avv.* orridaménte, spaventevolménte

Hideousness, *s.* orribilità, difformità, orróre

Hider, *s.* nasconditóre, -tríce, occultatóre, -tríce

Hiding, *s.* il nascóndere, nascondiménto, occultaménto; — -pláce, nascondíglio; asílo, ritíro

His, *vn.* (*poco us.*) affrettársi, sbrigársi, accórrere

Hìerarch, *s.* gerárca, *m.*

Hierarchical, *a.* híeràrkical), *a.* gerárchico, di gerarchía

Hierarchy (*pr.* híerarky), *s.* gerarchía, *f.*

Hìeroglỳphic, *s.* geroglífico

—, híeroglỳphical, *a.* geroglífico

Hìeroglỳphically, *avv.* geroglificaménte, a geroglífici

Hìerophant, *s.* (*storia greca*) ierofánte, *m.*

Higgle, *vn.* rivéndere, far il rivendugliòlo; prezzoláre, cercáre di far abbassáre il prèzzo; pattuíre, patteggiáre

Higgledy-piggledy, *avv.* scompigliataménte, alla rinfúsa

Higgler, s. rivenditóre, -trice, prezzelatóre, -trice, patteggiatóre, -trice

High, a. álto, eleváto, eminénte, eccélso, sublíme; supérbo, altéro; (mar.) álto, gròsso; the —est, the Móst- —, l'Altíssimo (Iddío); — and lów, i grándi ed i piccóli; — tréason, álto tradiménto, lésa maestà; — wind, vénto tempestóso, gran vénto; to rise —, elevársi, innalzársi, éssere violénto; — -born man, uómo di álto lignággio, uómo di álto affáre; — -minded man, uómo di álto sentíre, uómo di cuóre; to stand — with, éssere stimáto da; it is — time, è già témpo; at — nóon, a mézzo giórno, ad álto meríggio

— s. álto, sómmo; ciélo (Iddío); the Most —, il sómmo Iddío; on —, in álto, colassù; fròm on —, dall'álto, dal ciélo

— -blówn, a. gónfio, trónfio, borióso

— Chùrch, s. chiésa dell'Alta Gerarchía (protestánte)

— -Chùrchman, partigiáno dell'Alta Gerarchía (protestánte)

— -Chùrchism, s. princípj dell'Alto Cléro Protestánte

— -flier, s. stravagánte, m. f.

— -flówn, a. vanitóso, gónfio

— -flying, a. stravagánte

— -hánded, a. prepoténte, violénto

— -life, s. móndo elegánte

— -llved, a. del gran móndo, del móndo elegánte

— -príest, s. sómmo sacerdóte

— -séasoned. a. condíto assái, con mólte dróghe

— -sóunding, a. altisonánte

— -spirited, a. ardíto, animóso; fiéro

— -táper, s. (bot.) tásso barbásso, verbásco

— -wáter, s. maréa álta, ácque piéne

— -wróught, a. di squisíto lavóro; — ánger, cóllera violénta

Highland, s. altopiáno, paése montagnóso

Highlander, s. montanáro, montanína

Highlàndish, a. di montágna; montagnóso

Highly, avv. altaménte, grandeménte, mólto

Highness, s. altézza, eminénza, grandézza; his Róyal —, sua Altézza Reále

Highmóst, a. il più álto

Hight, a. (ant.) chiamáto, animáto, détto

Highwáy, s. stráda maéstra, stradóne, m.

Highwayman, s. malandríno, assassíno di stráda, brigánte, m. ladróne, m.

Hilárious, a. ilare, viváce, allégro, liéto

Hilàrity, s. ilarità, allegrézza

Hilding, s. (ant.) uómo, dònna víle, spregévole

Hill, s. cólle, mónte, altézza, altúra, eminénza; little —, collína; ànt- —, formicájo; to go up a —, salíre un cólle

Hilliness, s. natúra, státo montuóso

Hillock, s. monticéllo, monticellíno

Hilly, a. montuóso, piéno di cólli o colline

Hilt, s. élsa

Him, pron. pers. lui, lo; colúi, quéllo; assist —, ajutátelo; l like — whó is, ecc.; io ámo colúi che è, quéllo che è, ecc.

Himsèlf, pron. rifless. ed assev. egli stésso, sè stésso, si, sè; he flátters —, egli si lusínga; he did it —, lo féce egli stésso; he did it by —, lo féce da sè

Hind, s. (zool.) cérva, dámma; (fig.) giuménto, villáno, rústico, contadíno

— a. posterióre, di diétro; the fóre legs and — legs, le zámpe anterióri e posterióri, le gámbe davánti e di diétro

— -berry, s. (bot.) lampóne, m; rógo, róvo idéo

Hìnder, va. impedíre, stornáre attraversáre, ostruíre, imbarazzáre, impacciáre, ritardáre; to — a pèrson fròm dóing a thing, impedíre ad uno di fáre una còsa; she wished to — him fròm táking up arms, ella ha volúto impedírgli di préndere le ármi

Hìnderance, s. impediménto, ostácolo, traversía

Hindermost, Hìndmost, a. último, più indiétro; the — or — of àll, l'último di tútti

Hindóo, s. índio, índia, indiáno, indiána (dell' Indostáno)

Hindóoism } s. religióne dell' Indostáno
Hìnduism }

Hindoostàneé, s. língua dell' Indostáno

Hìnge, s. gánghero, arpióne, m. cárdine, m. pèrno, mólla, púnto principále; to set on the hínges, gangheráre; the — on which all góod góvernment turns is cónfidence, il cárdine della véra política è la fidúcia

— va. gangheráre, méttere ne' gángheri, fissáre sui cárdini

— vn. appoggiársi, riposáre, impernársi

Hint, va. imitáre, insinuáre, suggeríre; vn. — at, accennáre; allúdere a

— s. cénno, indízio, sentóre, allusióne, avvíso, menzióne, mótto, barlúme, m; to táke the —, intèndere l'avvíso

Hip, s. ánca, chiáppa, nática; — -bóne, íschio; — -gout, sciática; — -shot, sciancáto; to catch one upon the —, chiappár uno, sorpréndelo; to wag one's —s, ancheggiáre

— va. sciancáre, slombáre

— interj. (caccia,) ohè! chiáppa! chiáppa! ah!

Hippish, a. (volg.) mèsto, trísto, ipocondríaco

Hippocèntaur, s. (mit.) ippocentáuro

Hippocrass, s. ippocrásso (cordiále compòsto di víno, cannélla ed altri ingrediénti)

Hippòcrates' sléeve, s. mánica d'Ippòcrate

Hippocrátic, a. ippocrático; — fáce, (med.) fáccia ippocrática

Hippocratìsm, s. (med.) ippocratísmo, dottrína mèdica d' Ippòcrate

Hippodròme, *s.* ippòdromo

Hippogriff, *s.* (*mit.*) ippogrífo, cavállo aláto

Hippopòtamus, *s.* (*zool.*) ippopòtamo, cavállo maríno

Híre, *va.* affittáre, pigliáre a fítto, prèndere ad affitto, appigionáre, pigliáre a pigióne; ingaggiáre, prèndere a salário; stipendiáre, noleggiáre, prèndere a nòlo; prezzoláre, corròmpere; — out, dáre a nòlo, allogáre; — one's sèlf out, andáre a padróne, ingaggiársi a servíre; to — a piáno-fòrte, pigliár un gravicémbalo a nòlo

— *s.* salário, stipèndio, nòlo, pigióne, *f.*, fítto, affitto; cóach- —, nòlo, affitto di carròzza; the làbourers' —, il salário dei lavoránti; for —, da affittáre, d' appigionársi; —, a nòlo

Híred, *a.* affittáto, appigionáto, noleggiáto, préso a nòlo; stipendiáto, salariáto, prezzoláto, mercenário

Híreling, *a.* stipendiáto, a salário; prèzzoláto, venále, mercenário, servíle; — writer, scrittóre prezzoláto, mercenário, vile

— *s.* persona salariáta o stipendiáta; uòmo prezzoláto; scrittóre, uòmo venále, mercenário, vile; — writers àre móre dèsplicable than còmmon pròstitutes, gli scrittóri prezzoláti sono più abbiètti delle dònne prezzolàte

Hírer, *s.* persóna che píglia a nòlo, a pigióne, a salário

Híring, *s.* affittaménto noléggio, prezzolaménto

Hirsute, *a.* irsúto, íspido, rúvido, írto

His, *pron.* e *a. poss.* súo, súa, suòi, súe, di lúi; — bóok, il suo líbro, il di lúi líbro; this bóok is —, quésto líbro è suo, è di lúi; — wífe, sua móglie; — sòns, i suòi (i di lúi) fígli; his dàughters, le sue (le di lui) fíglie; these hòrses are —, quésti cavalli sono suòi (di lúi)

Hispid, *a.* íspido

Hiss, *vn.* sibiláre, fischiáre

— *va.* (*dei teatri*) fischiáre; — off, out, scacciáre a fúria di físchi o fischiáte

— *s.* (*de' serpenti*) sibílio, síbilo; (*teat.*) físchio, fischiáta

Hissing, *a.* sibilánte, fischiánte

— *s.* il sibiláre, sibílio, físchio, fischiáta; schèrno

Hissingly, *avv.* a físchi

Hist, *interj.* zitto! state zitto! silènzio!

Histórian, *s.* istòrico, stórico

Històric, histórical, *a.* istòrico, stòrico

Historically, *avv.* istoricaménte

Historiògrapher, *s.* istoriògrafo

History, *s.* stòria, istòria

Histrion, *s.* istrióne, *m.*

Histriónic, histriònical, *a.* d'istrióne, istriònico

Histrioniam, *s.* l'istriònica

Hit, *s.* picchio, pácca, bòtta, cólpo, púgno,

bússa, percòssa; (*fig.*) bòtta, mòtto pungènte, incóntro, cáso; to plant a —, appostáre un cólpo; lùcky —, cólpo fortunáto; dèadly —, cólpo mortále

— *va.* (*pret.* e *p. p.* hit), báttere, picchiáre, percuótere, colpíre, urtársi cóntro, cadére sopra, dáre in, accozzársi con; to — the màrk, dar nel ségno; — the màil on the hèad, colpíre nel bròcco, imberciáre; — him! give it him, dáglil dágli! to — off a thing, fàr prèsto e bène una còsa; you have — it, l'avéte indovináto, vi siéte appòsto; I have hit upòn an expèdient, ho trováto uno spediènte, un mèzzo; I — upòn it by chànce, lo trovái per cáso

— *vn.* incontráre, abbáttersi, urtársi, dar di còzzo, dáre nel ségno; — upòn, abbáttersi in, trováre per cáso; — togèther, accozzársi, incontrársi; — or miss, a tútto rischio, riésca o non riésca, comúnque síasi

Hitch, *vn.* far un moviménto sussultòrio, dimenársi, muóversi; — a little fùrther, movétevi, avanzátevi un póco più in là; *va.* (*mar.*) sospèndere, annodáre, attaccáre

— *s.* mòto sussultòrio, intòppo, ostácolo, inciámpo, cósa che zòppica; (*mar.*) nòdo, vòlta: — knot, mèzzo còllo di trínca

Hither, *avv.* qui, qua (con mòto vèrso), in qua, a quésta vòlta; còme —, fátevi in qua, veníte qua; — and thíther, in qua ed in là

— *a.* citerióre, di qua, il più vicíno

Hithermost, *a.* il più próssimo, il più vicíno

Hithertó, *avv.* sin óra, fin' adèsso, fino a quést' ora, insíno a quésto moménto

Hitherward, hitherwards, *avv.* da quésta bánda

Híve, *s.* alveáre, *m*, árnia, sciáme, *m.*

— *va.* fáre entráre nell'alveáre; dáre ricètto

— *vn.* raccógliersi in sciámi; entráre nell'alveáre, vívere (insiéme) in sciáme

Híver, *s.* allevatóre di ápi

Híves, *s. pl.* (*med.*) crup, *m.*

H. M. *abbr. di* His *o* Her Màjesty, Sua Maestà (il Re, la Regína, l'Imperatóre, l'Imperatríce)

Hò! Hóa! Ahóay! *interj.* oh! ohè! olà! (*mar.*) ship ahoay (*pr.* ahōl), ohè, quélla nável ohè!

Hóar, *a.* biánco, canúto: — -frost, brína; — áge, età canúta, canutézza

Hóard, *s.* múcchio, scòrta, tesòro (segréto), pecúlio

— *van.* accumuláre, tesoreggiáre; to have hóarded up a little mòney, aver fátto un po' di pecúlio

Hóarder, *s.* accumulatóre, -tríce (di danári)

Hóarhound, *s.* (*bot.*) marrúbbio, marrobbio

Hóariness, *s.* bianchézza, canutézza

Hóarse, *a.* ráuco, affiocáto, arrantoláto; to be — with a cóld, èssere ráuco, avér la v...

ce ráuca; to get —, diveníre ráuco, affiocáre

Hóarsely, avv. con vóce ráuca, con raucédine

Hóarseness, s. raucédine, f., affiocaménto

Hóary, a. biánco, brinóso, copèrto di brína; grígio, capúto; bígio, múcido; vècchio; to gròw — with áge, incanutíre

Hóax, va. coccáre, cuculiáre, mistificáre; chiappáre; you are trýing to — me, volete accoccármela

— s. cuculiatúra, corbellatúra, búrla, mistificazióne

Hóay, V. Hó, Hoa

Hòb, vn. (volg.) bére con qualchedúno; — or nob, trincáre; —, nob, avv. a cáso, confusaménte; a pigliár o a tralasciáre (famigliáre); beviámoi scégli (il víno) o láscia (a me la scélta)

— s. contadíno di gròssa pásta, rústico; (di focolare) piástra; (di ruota) mòzzo

Hòbble, vn. zoppicáre, andár zòppo

— s. zoppicaménto, difficoltà

Hòbbler, s. zòppo, persóna che va zoppicóne

Hòbblingly, avv. zoppicóne, goffaménte

Hòbby, s. (poco us.) cavallúccio piccolo; —; cavállo di légno; (fig.) passióne dominánte, láto dèbole, follía

— -horse, s. cavállo di légno; (fig.) láto dèbole

Hobgóblin, s. follétto, spírito, fantásma, m.

Hòbnáil, s. chiòdo da ferráre un cavállo

Hòbson's chèlce, s. (volgare) scélta sénza alternatíva; o quèsto o nient'áltro

Hòck. s. (veter.) garétto; víno di Hockheim, víno del Réno

— va. tagliáre i garétti (ad una bèstia)

Hòckle, va. tagliáre i garétti; falciáre

Hòckdáy } s. giórno di fèste e tripúdj (com-
Hòkedáy } memorativo anticaménte della vittória di Etelrédo sui Danési)

Hócus-pócus, s. gherminèlla, giuóco di prestígio

— va. prestigiáre, bubboláre, delúdere

Hòd, s. truógolo per portáre la cálce súlle spálle

Hòdge-podge, s. V. Hòtch-potch

Hodièrnal, a. odièrno

Hòdmandod, s. (ttt.) gádo

Hòdman, s. manovále, m. di muratóre

Hóe, s. záppa

— va. zappáre, pastináre; — óut, scaváre

Hòg, s. (zool.) pòrco, majále, m; little — (pig), porchètto, porcèllo; séa- —, pòrco maríno; hédge- —, riccio; — 's chéek, mascèlla di pòrco; — -stý, porcíle, m. — -wàsh, lavatúra; (fig.) vinèllo, acquarèllo; you dirty —! pòrco, porcóne, bèstia immónda!

— va. (mar.) frettáre, frettazzáre; vn. (fáre il dòsso del majále) curvársi

— -bàdger, s. (zool.) tásso

— -cóte, s. porcíle, m.

— -hèrd, s. porcájo, porcáro

— -pèn, s. porcíle, m.

— -plùm, s. (bot.) miraboláno

— -ringer, s. chi léga il grúgno ai pòrci (con anèlli di fèrro)

— 's fènnel, s. (bot.) anéto fètido

— 's wàsh, s. ácqua di lavatúra di piátti (che si dà ai pòrci)

Hòggorel, s. montóne, m. o pècora di due ánni

Hógget, s. pècora o cinghiále, m. di due ánni

Hòggish, a. di majále, porcíno; básso, spòrco, bestiále

Hòggishly, avv. da pòrco, da bèstia, grossolanaménte

Hòggishness, s. porchería, golosità

Hogshead, s. bótte, f. bótte gròssa, bottóne, m.

Hòlden, s. ragázza rústica, dònna grossolána

— vn. scherzáre (saltáre) grossolanaménte

Hòist, va. alzáre, inalberáre, issáre; — the flag, the sáíli, alzále la bandiéra, le véle

Hàity-tòity, ínterj. (volg.) oibò! vergógna!

Hòld, va. (pret. e p. p. hèld) tenére, ritenére, trattenére, fermáre, arrestáre; mantenére, perseveráre in; contenére, capíre, stimáre, consideráre; costríngere, sforzáre; scomméttere; — him fàst, tenételo férmo; to — (one) by the hand, tenére (uno) per la máno; I — the whòle of the first flóor, tèngo il prímo piáno tútto; to — a thing from a pèrson, tenér una còsa da úno; — in, ritenére, trattenére, frenáre; — óut, pòrgere offríre, esibíre; l'll — you ten pòunds, scommétto dièci líre sterline; to — a còuncil of wár, tenére un consíglio di guèrra; it —s six pínts, contiêne sèi pínte; — your tòngue trattenéte la língua, tacéte; to — one's brèath, ritenére il fiáto; I — it in contèmpt, l'ho a víle, lo disprèzzo; to — bàck, ritenére, ricusáre, tenére per sè; — fòrth pòrgere, protèndere, stèndere, espórre, concionáre, predicáre; — óver, ditenére, ritenére; — ùp, sostenére, innalzáre; I — it for cèrtain that, ecc., tèngo per cèrto che, ecc.

— vn. (pret. e p. p. hèld,) tenére, aderíre, stár sáldo, duráre, sostenére, ritenersi; —! —! fermáte! básta! aspettáte!, — it fast, tiéne fórte; to — óut, duráre, resístere; he who —s óut wins, chi dúra vince; to — to, applicársi a, addársi a; to — to the stròngest party, tenére dai più o co' più; to — on, continuáre; persístere; — trùe, trovársi véro; — ùp, sostenérsi, mantenérsi

—, s. il tenére l'afferráre, présa, afferraménto; máno, artíglio, únghia; potére di conserváre; luógo fórte; nèver let go your —, non lasciáte mai la présa; strong —, castèllo, fortézza; in the gríping — of, négli artígli di; ship's —, fóndo, stíva di una nàve; lày — of that plànk, afferràte, abbrancàte quella tàvola; to get — of, acchiappàre, impadronírsi di, pórre le màni addò•so a

Holdback, s. impediménto, ostàcolo, ritégno

Holden, behólden, a. tenúto, obbligàto

Holder, s. tenitóre, detentóre, persóna che tiéne, riténe, possiède, góde ; shàre- —, azionista, m. f.; — •fórrh, concionatóre, aringatóre, predicatóre ; the — s of Spànish bonds, i detentóri di boni spagnuóli

Holdfast, s. rampóne, m. chiáve, f. (bàrra) di férro ; barlétto

Holding, s. teniménto, podère, m., fèudo, affitto; influénza, predomínio, impêrio

Hole,s. búco, pertúgio, foráme, m., spiráglio, apertúra, tàna, cavèrna; blàck —, crottóne, m. (càrcere); lùrking- —, nascondíglio ; full of —s, bucàto ; to màke a — in, bucàre, far un búco in

— va. bucàre, pertugiàre, foràre

Hólidam, s. (ant.) la Sánta Vérgine, (la Madònna)

Hóliday, s. giórno festívo, dì di fèsta, giórno di vacànza ; the Chrístmas — -s, le vacánze di Natále

Hólily, avv. (poco us.) santaménte, eligiosaménte

Hóliness, s. santità, pietà religióne ; his — (the pope), Sua Santità (il pápa)

Hóllen, V. Hólly

Hollòa, interj. olà•! ohé! eh!

Hóllands, s. téla d'Olanda

Hóllow, a. cóncavo, cávo, vuòto, vácuo, infossàto; cavernóso, cúpo; ròco, sórdo; falso, simulàto, infínto, pèrfido; — éyes, òcchi càvi; — chéeks, guáncie infossàte; — heàrt, cuòre pèrfido; — vòice, vóce ráuca, cúpa; — nôise, rumóre sórdo

— s. cávo, scávo, cavità, avvallaménto, vácuo, vàno; luògo básso, valliceĺla; cavèrna, fòsso, fòssa, canàle, m, abìsso

— va. cavàre, scavàre, incavàre, vuotàre, rèndere cóncavo, scanalàre

— avv. (volg.) affàtto, del tútto, di gràn lünga

— vn. V. Hàllóo

— -ròot, s. (bot.) radíce, f. d'aristolòchia o d'aristológia

Hóllowly, avv. incavataménte; cupaménte, perfidaménte

Hóllowness, s. cavità, concavità ; vacuità ; cavernosità; falsità, perfídia

Hólly, s. (bot.) allóro spinóso, agrifòglio

— -gróve, s. boschétto d'agrifógli

— -hock, s. (bot.) alcéa, altéa, bismálva

— -trèe, s. (bot.) agrifòglio, allóro spinóso

Hólm, s. isolétta, luògo paludóso; (bot.) V. Hólly

Hólocaust, s. olocáusto

Hòlograph, s. (legge) ològrafo; testaménto ològrafo

Holographic, a. ològrafo, olográfico

Hólpen, (ant.) p. p. di help

Hólster, s. fónda da pistòla

Hólstered, a. guarníto di fónde da pistòla

Hólt, s. (poet.) bòsco

Hóly, a. sánto, sácro, pío, benedétto ; the — One, Iddío Santíssimo; — writ, le Sàcre Scrittúre; — wàter, àcqua sánta; — -ròod, s. l'esaltazióne della Cròce; -day, V. Hóliday

Hòmage, s. omàggio ; rispètto, tribúto

— va. rèndere omàggio a ; rispettàre

Hòmager, s. (ant.) persóna che rènde omággio, vassállo

Hóme, s. càsa, cása pròpria, dimòra, domicílio; tétto doméstico; parèti doméstiche, f. pl., làri doméstici, m. pl., pàtria; I féel so cómfortable at —, io sto cosí bène (nel mio nído) in cása mia; is your màtter at —? è in cása il vòstro padróne? I am góing —, vàdo a cása; the — of hàppiness, la dimòra della felicità; he is góne to his lòng —, è mòrto, è andàto al sepólcro; — is —, let it be èver so hómely, una capánna ci páre un palázzo quando sia nòstra; Càsa mia, càsa mia, Per piccina che tu sía, Tu mi sèmbri una badía; chàrity begins at —, il prímo próssimo è sé medésimo

— a. doméstico, casalíngo, andànte, delle parèti doméstiche, nostráno, nostrále, indígeno, del paése, dell'intèrno; ben dirètto, che dà nel ségno; efficáce; minister of the — depàrtment, ministro dell'intèrno

— avv. in cása pròpria, in pàtria; (polit.) all'intèrno; diritto, difilàto, nel ségno, vigorosaménte, fieraménte, compiutaménte; ad hominem; to sée a pèrson —, ricondúrre unó a cása; to bring — a crìme to, imputàre e provàre un delítto cóntro; Colòmbus bróught — in chàins, Colómbo ricondótto in pàtria càrico di caténe; hit him —, picchiàtelo di cuòre; hàul — the top-sail shèet! (mar.), cazzàte a fóndo la scòtta di gàbbia; the ànchor cómes —, l'àncora rièntra, viène a bòrdo; — bòund ship, nàve, f. di ritórno

— -bred, a. náto ed allevàto nel paése, indígeno, ròzzo

— -felt, a. íntimo, tènero, intèrno, del cuòre

— -kéeping, a. casaréccio, casalíngo

— -màde, a. casalíngo che si fa in càsa o nel paése

— -sick, a. che patìsce la nostalgía

— -sickness, s. nostalgía

— -spùn, a. filàto o tessúto in càsa, che si fa in càsa, o nel paése; nostráno, casalíngo, andànte, ordinário, rústico, rózzo

Hómeless, a. (poet.) sénza ricóvero, sénza tétto, sènza asílo, derelítto

Hómeliness, s. qualità casalínga, andànte,

---

ordinária; :emplicità, famigliarità, ruzzézza, rustichézza

Hómely, *a.* casalíngo, caserèccio, domèstico, sèmplice, sènza sfárzo, sènza ricercatúre, andánte, alla buòna, alla carlóna; ordinário, famigliáre, volgáre, comúne

Hómeopàrmical, *a.* V. Homoeopàrmic

Homèric, *a.* omèrico

Hómestàll, hómestèad, *s.* fèudo, cása e tèrra; palazzòtto

Hómeward, hómewards, *avv.* vèrso cása, vèrso la pátria; ship — bòund, bastiménto di ritórno

Homicídal, *a.* omicída, omicidiário, mortífero

Hómieíde (màn-slàughter), *s.* omicídio; — (màn-slàyer), omicída, *mf*; justifíable —, omicídio per legittima ·difésa

Homilètic, homilétical, *a.* sociále; — virtue, virtù sociále; — theology, teología pastoràle

Homelètics, *s.* árte, *f.* ò sciénza di predicáre omelíe

Hómelist, *s.* predicatóre d'omelíe

Hómily, *s.* omelía• (sermóne, *m.*), prèdica)

Homoeopàrmic, *a.* (*med.*) omeopático

Homoeòparaist, *s.* omeopatísta, *m.f.*, omeopático

Homoeòparmy, *s.* omeopatía

Homogèneal, Homogèneous, *a.* omogèneo

Homogènealness, Homogenéity, Homogèneousness, *s.* omogeneità

Homòlogous, *a.* omòlogo

Homònymous, *a.* omònimo

Homònymy, *s.* omonimía; omònime

Hòn, *abbr. di* Hònourable

Hóne, *s.* còte, *f.*

— *va.* affiláre (sulla còte)

Hònest, *a.* onèsto, pròbo; giústo, íntegro, schiètto, sincèro, leále, dabbéne, di buòna fède, fránco, vèro, veritiéro; onèsto; onoráto, pudíco, cásto

Hònestly, *avv.* onestaménte, lealménte

Hònesty, *s.* onestà, probità, integrità, dirittúra, lealtà, buòna fède; onestà, pudicízia, castità; (*bot.*) lunária; — is the best pòlicy, l'onestà è la migliór política

Hòney, *s.* mièle, *m*; (*pers.*) dólce amór mío, (*volg.*); — -bag, primo stòmaco dell'ápe; — -bée, ápe domèstica, ápe operája; — bùzzard- (*orn*) abuzzágo, bozzágo, bozzágro; — -còmb, fávo; — -cùp, (*bot.*) nettário; — -déw, (*bot.*) meláta, rugiáda dólce; — -flòwer, (*bot.*) meliánto, fióre di mièle; — -guíde, (*orn.*) indicatóre; — harvest, raccòlta di mièle; — -lócust, (*bot.*) acácia, acázia; — -mònth, — -moòn, lúna di mièle, primo ·mése del matrimònio; — -sùckle (*bot.*) caprifòglio, madresèlva; — - wòrt, (*bot.*) cerínta

— *va.* mèttere del mièle in; addolcíre

Hòneyed o Hònied, *a.* meláto

Hòneyleaa, *a.* sènza mièle

H·norary,·*a.* .onorário, d'onóre, titoláre

Hònour, *s.* onóre, rispètto prègio, stíma; onóre, dignità, grádo; onóre, probità, fedeltà; onóre, pudicízia, castità; to arríve at —, .perveníre agli onórí; a man of —, uòmo di onóre; wòrd of —, paróla d'onóre; lády of — to the Quéen, dáma d'onóre della regína; I will dò — to your dinner, farò onóre al vòstro pránzo; to dò the — -s of the hòuse, far gli onóri di cása; your dràft will méet dúe —, la vòstra trátta (cambiále) sarà onoráta (accettáta, pagáta); your —, vòstro onóre; — -s, onorificénse

— *va.* onoráre; far onóre a; portár rispètto, riveríre; (*com.*) far onóre a (accettáre, pagáre); to — with, onoráre di

Hònourable, *a.* onorévole, nòbile, illústre; the — mèmber, l'onorévole mèmbro; the Right — Lord Rùssel, l'illústre signór conte Russel; the — Richard Stanley, l'onorévole Riccárdo Stanley (mèmbro del Parlaménto)

Hònourableness, *s.* onoratézza, onorevolézza

Hònourably, *avv.* onorevolménte, nobilménte

Hònourer, *s.* persóna che onóra

Hònourless, *a.* sènza onóre, inonoráto

Hòod, *s.* cappúccio, baccúcco, capperóne, *m*; cúffia; (*mar.*) cappèllo; mònk 's —, cappúccio di fráte

— *va.* incappucciáre, imbaccuccáre

Hòodman 's blìnd, *s.* il giuòco della cièca

Hòodwink,*va.*bendáre gli òcchi, infinocchiáre

Hòof, *s.* únghia, úngola (del cavállo, del bue, ecc.)

Hòofed, *a.* ungoláto; whòle- —, solípede

Hòofless, *a.* non ungoláto

Hòok, *s.* uncíno, gáncio, rampíno; uncinétto, arpíno, arpióne, *m.*, appícco, appiccágnolo; fermáglio; tènter- —, pendáglio; fishing-, ámo; flésh- —, forcína; — and eye, uncinétto ed occhièllo, gánghero ed occhièllo, affibbiatúra; by — or cròok, di rùffa o di ráffa

— *va.* uncináre, arrampináre, aggraffáre, pigliáre coll'ámo; — in, chiappáre, adescáre, fàr entráre a víva fòrza

Hòoked, *a.* adúnco, uncináto, cúrvo, aquilíno

Hòokedness, *s.* fórma adúnca, cúrva, ritòrta

Hòoky, *a.* uncináto, guerníto di gánci o di uncíni

Hòop, *s.* cèrchio (di bòtte, ecc.); guardinfánte, *m.*, còrico; grído, úrlo; misúra corrispondénte a lítri 9.085; (*orn.*) úpupa (*meglio* hòopóo); the Indian wàr- —, il grido di assálto dei selvággi del Canadà

— *va.* cerchiáre (una bòtte); accerchiáre

— *vn.* gridáre, vociferáre, urláre

— -àsh, *s.* (*bot.*) lóto, bagoláro, perláro

Hòoper, *s* chi mètte i cèrchi, bottájo

Hóoping, *s.* l'átto di gridáre, di vociferáre — -cough, (*pr.* coff) *s.* mál di castróne, *m.*, tósse canína

Hóopóo e Hóopóe, *s.* (*orn.*) úpupa, búbbola

Hóot, *vn.* gridáre (*come il gufo*); *va.* (*pers.*) dar la bája, gridár diètro (per disprézzo), fischiáre; cacciár a fúria di fischiáte —, hóoting, *s.* il gridáre del gúfo; fischiáta, físchi, *pl. m.*, schiamázzo

Hòp,*s.*sálto,(su di úna gámba); (*bot.* lúppolo; — -yárd, — -gróund, luógo dove si piántano i lúppoli
— *vn.* saltáre (su d'un piède), spiccár un sálto, ballonzáre; *va.* méttere i lúppoli nella bírra

Hópe,*s.*speránza, spéme, *f.* aspettazióne,*f.*; to be in gréat — -s, avér buóna speránza; it is past —, non c'è più speránza,
— *vn.* speráre, ripromèttersi, aspettársi, confidársi; *va.* speráre, aspettáre; ripromèttersi (una cósa); I — you will do it, spéro che lo faréte; do not — it, (or — for it), non lo speráte

Hópeful, *a.* di grand'aspettazióne. che dà liéte speránze di sè; speranzáto; (*cosa*) liéto, ridènte; to be —, speráre

Hópefully, *avv.* speranzataménte, con speránza

Hópefulness,*s.* buóna speránza (di succèsso)

Hópeless, *a.* sénza speránza; disperáto

Hópelessly, *avv.* sénza speránza; perdutaménte

Hópelessness, *s.* disperazióne

Hóper, *s.* chi spéra, chi si prométte

Hòpper, *s.* persóna che sálta su d'un piède; tramòggia

Hòpple, *va.* impastojare, inceppáre; *s.* (giuóco fanciullésco della) campána

Hóral, Hórary, *a.* (*poco us.*) orário, di óra

Hórde, *s.* órda, trúppa vagánte, accozzáglia

Hórebóund, *s.* (*bot.*) marròbbio, prássine, *m.*, prássio

Horízon, *s.* orizzónte, *m*; — -glass, (*mar.*) spècchio d'ottánte

Horizóntal, *a.* orizzontále, dell'orizzónte

Horizòntally, *avv.* orizzontalménte

Hórn, *s.* córno, cóppa di córno, cornétta; (*poet.*)córno(*potere, potenza*);antennétta; córno crescénte, lúna nuóva; déer's —s; hárt's —s, córna *f. pl.* di dáino, di cèrvo; to blów (or wind) the —, suonár il córno; snáíl's —s, antenétte di lumáca; ink- —, calamájo; shóing- —, calzatójo; pów-der- —, cornétta da pólvere; — -bóok, ab-becedário; — ówl, gúfo; — fish, anguílla di máre; — stóne (*min.*) corniòla; to dráw in one's —s, ritiráre le córna, ritirársi, indietreggiáre; to táke the bùll by the —s, andáre avánti al perícolo, affrontárlo

Hórned, *a.* cornúto, che ha córna o antènne

Hórnedness, *s.* fórma di córno

Hòrner, *s.* chi lavóra o vènde le córna

Hórnet, *s.* (*ent.*) mósca pungènte, vespóne, *m.* calabróne, *m.*

Hórnpípe, *s.* cornamúsa; (dánza) inglése, *f.*

Hórny, *a.* callóso, incallíto, dúro; — -hánded, che ha le máni callóse

Horògraphy, *s.* gnomònica

Hórologe, *s.* (*ant.*) orológio, oriuólo

Horológical, *a.* di orológio, d'orologería

Hóroscope, *s.* oróscopo

Horóscopy, *s.* (pretésa) árte di trárre l'oróscopo

Hórrible, *a.* orríbile, orrèndo, spaventévole

Hórribleness, *s.* orribilità, terribilità, orróre

Hórribly, *avv.* orribilménte, orrendaménte

Hórrid, *a.* órrido, terríbile, spaventóso

Hórridly, *avv.* orridaménte terribilménte

Hórridness, *s.* orridézza, orróre, enormità

Horrific, *a.* orrèndo, che mètte orróre

Hórror, *s.* orróre; — struck, spaventáto

Hórse, *s.* cavállo; soldáto di cavallería; cavallería; (*astr.*) cavállo, pégaso; (*mar.*) guardámo, cavallétto da gómena; cavàlletto; cáptain of —, capitáno di cavallería; blóod —, cavállo di rázza, cavállo di púro sángue; entíre —, cavállo intiéro, stallóne; ráce —, cavállo di córsa, corsiéro, corridóre; sàddle —, cavállo da sèlla; cóach —, cavállo da carròzza; dràft —, cavállo da tíro, d'attiráglio; wàr —, destriéro; titted to ríde or dríve, cavállo a dóppio úso; to móunt a —, to get upon one's —, montáre a cavállo; — that càrries dóuble, cavállo che pórta in gròppa; séa —, cavállo maríno; líght —, cavallería leggièra; — to drý linen, trabíccolo; the whéel —s, i caválli del timóne, delle stanghe; léading —, léader, cavállo del postiglióne, cavállo del dinánzi; híre —, cavállo d'affitto; rèstive or skittish —, cavállo ombróso; chánge of horses, múta di vettúra; put the —s to, attaccáte i caválli; — of a yárd (*mar.*) marciapiè, *m*; stirrup of the —, cóntra marciapiè; làniard of a —, collatóre di marciapiè; íron —, battagliòla di polèna
— *va.* montáre (un cavállo), portáre sulle spálle; dáre un cavállo, una staffiláta; to a máre, montáre una caválla (come fa lo stallóne)
— -block,*s.* cavalcatòjo, montatójo
— -boy, *s.* mózzo di stálla
— -bréaker, *s.* scozzóne, *m*; cavalleríizzo
— -chèstnut, *s.* (*bot.*) marróne d'India
— -clòth, *s.* gualdráppa, copertína
— -cómb, *s.* strégghia
— déaler, *s.* negoziánte di cavállí
— -dùng, *s.* stèrco di cavállo
— -flÿ, *s.* tafáno
— -guàrd, *s.* guárdia a cavállo; the hórse-guàrds, *s. pl.* le guárdie *f. pl.* a cavállo; le guárdie del córpo

— -jòckey, *s.* mediatóre di caválli (cozzóne)

— -kéeper, *s.* persóna che tiéne dei caválli; stalliére, *m.* stallóne, *m.*

— -laugh (*pr.* hòrslàf), *s.* cachínno, ríso smoderáto

— -léech, *s.* mignátta gròssa; maniscálco, veterinário

— -pláy, *s.* trastúllo rózzo, schérno grossoláno

— -pònd, *s.* abbeveratójo, stágno

— -pòwer, *s.* fòrza, poténza d'un cavállo; stéam ènğine of five hùndred —, mácchina a vapóre della fòrza di cinqueceènto caválli

— -rácing, *s.* córse, *pl.* *f.* di caválli; abitúdine, *f.*, costumánza di far córrere i caválli

— -ràdish, *s.* ráfano, ramoláccio

— -shóe, *s.* fèrro di cavállo

— -tràppings, *s.* *pl.* finimènti di cavállo; arnése, *m.*

— -whip, *s.* scudíscio, frustíno, frústa

— *va.* frustáre, dáre de' cólpi di scudíscio a; staffiláre

Hòrseback, *s.* dòrso del cavállo; I wènt on —, vi andái a cavállo

Hòrseman, *s.* cavaliére, *m.*, cavalcatóre

Hòrsemànship, *s.* equitazióne, árte, *f.* di cavalcáre

Hortátion, (*ant.*) *V.* Exhortation

Hòrtative, *a.* esortatívo; *s.* esortazióne

Hòrtatory, *a.* esortatívo, incoraggiánte

Hòrticultor, *s.* orticultóre

Hòrticulture, *s.* orticoltúra, coltivazióne

Horticùlturist, *s.* orticultóre

Hosànna, *s.* osánna, *m.*

Hóse, *s.* (*pl.* hóse, *ant.* hósen) calzétta; (*ant.*) calzóni, *pl.* *m*; (*mar.*) mànica di trómba; túbo, cannéllo; cànvass —, (*mar.*) mànica di téla; léather — mànica di cuòio

Hósier, *s.* calzettájo

Hósiery, *s.* calzetteria

Hòspitable, *a.* ospitále, che úsa ospitalità

Hòspitably, *avv.* con ospitalità, ospitalménte

Hòspital, *s.* ospedále, *m.* spedále, *m.*, nosocòmio

Hospitàlity, *s.* ospitalità

Hòspitallers, *s.* *pl.* spedaliéri, *m.* *pl.*, cavaliéri dello Spedále Gerosolimitáno

Hóst, *s.* òste, *m*; albergatore, óste, *m.* *f.*, óspite, *m.* *f*; óste, *f.*, esèrcito, túrba, legióne; òstia, páne consacráto; the Lord of —s, il Dío dégli esèrciti; to rèckon withòut one's —, far il cónto sénza l'òste

Hóstage, *s.* ostággio, stático, pégno

Hòstal, Hòsterly, *s.* *V.* Hotel

Hóstess, *s.* albergatríce, *f.*, ostéssa

Hòstile, *a.* ostíle

Hòstilely, *avv.* ostilménte

Hostility, *s.* ostilità; to commènce hostilities, cominciáre le ostilità

Hòstler, *s.* stalliére, *m*; mózzo di stálla

Hóstry, *s.* scuderia; (*ant.*) ostèllo

Hót, *a.* rovènte, ardènte, bollènte, infuocáto; cáldo, veemènte, scaldáto, esaltáto, animóso, impetuóso, violènto; to be —, (*cosa*) èsser cáldo; (*pers.*) avér cáldo; (*del tempo*) far cáldo; it is —, fa mólto cáldo; — -hòuse, sèrra, stúfa per le piánte; — bed, lètto di concíme, ajétta; — còckles, giuòco di máno cálda; — -hèaded, focóso, furióso, esaltáto; — -préssed, satináto

Hòtchpòtch, *s.* òlla pódrida; miscúglio; zibaldóne, *m.*

Hotèl *o* Hotél, *s.* albèrgo; to pùt up at an —, fermársi ad un albèrgo

Hòtly, *avv.* caldaménte; — pursúed, incalzáto

Hòtspur, *s.* uòmo cáldo di tèsta, violènto, ardimentóso; òrzo comúne

Hough, *s.* *V.* Hòck

Hòund, *s.* segúgio, cáne, *m.* da cáccia, cáne di córsa; gráy- —, vèltro, levriére, *m*; pàck of —s, múta di cáni; —s, (*mar.*) maschétti

— *vn.* cacciáre (co' cáni); sguinzagliáre

Hòundstòngue, *s.* (*bot.*); cinoglòssa; língua di cáne

Hóup, *s.* úpupa, *V.* Hòopoo

Hòur, *s.* óra; an — and a hàlf, un' óra e mèzza; I'll be bàck in an —, tornerò fra un' óra; he kéeps góod —s, égli si ritíra a cása di buon'óra

— -glàss, *s.* oriuòlo a pólvere; ampollétta

— -pláte, *s.* mòstra, quadránte, *m.* d'orológio

Hòuri, *s.* Urí, *f.* nínfa del paradíso de' Maomettáni

Hòurly, *avv.* e *a.* da un' óra all' áltra, di óra in óra, d'un moménto all' áltro, contínuo, di contínuo, ognóra, ad ógni óra

Hòuse, *s.* cása, fabbricáto; cámera legislativa, parlaménto; casáta, lignággio; (*teat.*) spettácolo; (*astrol.*) cása; còuntry- —, cása di campágna; casíno, villa, palazzíno; tòwn- —, cása di città; the — of Lords, the ùpper —, la Cámera dei Pári; the — of Còmmons, the lòwer —, la Cámera de' Comúni; —s and lànds, stábili, bèni immòbili; the — formed itself into a committee of supplíes, la Cámera si formò in comitáto di sussídj

— *va.* ricévere in cása, dáre ricóvero a, ricettáre, albergáre; — càttle, stalláre il bestiáme; — corn, ripórre il gráno

— *vn.* accasársi, abitáre, dimoráre, stáre

— -brèad, *s.* páne casalíngo

— -brèaker, *s.* autóre di fúrto (in casa) con frattúra

— brèaking, *s.* fúrto (in cása) con frattúra

— -dog, *s.* cáne, *m.* di guárdia

— -èaves, *s.* gróndé, grondáje, *fp.*

— -kéeper, *s.* persóna che tiéne cása, padróne di cása; dònna di cása, dònna di govèrno, persóna caseréccia; càreful —, massája

— -kéeping, *s.* economía domèstica, govèrno, manéggio delle faccènde di cása, masserízia; to begin —, aprír cása, accasársi

— -léek, *s.* (*bot.*) semprevíva

Hòuseless, *a.* sénza tétto, sénza ricóvero, sénza asílo

— -máid, *s.* sèrva di cása, sèrva a cui è affidáta la cúra della bianchería o delle stánze da lètto

— -rent, *s.* affìtto, pigióne della cása

— -róom, *s.* spázio, alloggiaménto, luógo

— -wárming, *s.* banchétto che si dá agli amíci nell'átto del préndere possèsso di un nuóvo appartaménto

Hòusehold, *s.* famíglia, c.sáta, govèrno domèstico; — affáirs, faccènde di cása; — góods, mobília, suppellèttile, *f.*

— stùff, *s.* masserízie di cása

Hòusehólder, *s.* cápo di famíglia, padróne di cása

Hòusewífe (*pr. anche* hùsíff), *s.* massája, padróna di cása, econòma

Hòusewífely (*pr. anche* hùsífly), *a.* di buóna massája; appartenénte alla economía domèstica

Hòusewífery (*pr. anche* hùsíffry), *s.* masserízia, economía domèstica

Hòusing, *s.* gualdráppa, copèrta di caválli

Hóve, *pret. di* to Héave

Hòvel, *s.* casípola, tugúrio, casáccia

Hòver, *vn.* svolazzáre, aleggiáre, aliáre; — óver, sorvoláre, ondeggiáre sópra, librársi nell'Ária

Hów, *avv.* cóme, in che mòdo, quánto; — are you? come státe? — is it that you còme so láte? come accáde che veníte cosi tárdi? — mùch? quánto? — mány? quánti? — óften? quánte vòlte? — long? quánto témpo? — óld are you? quánti ánni avéte? — do you líke this? come vi piáce ciò? — *s.* il cóme; tell me the — and the whý, dítemi il cóme ed il perchè

Howbéit, *avv.* (*ant.*) *V.* Howèver

Howèver, *avv.* con tútto ciò, tuttavía, púre, però, ciò non ostánte, sebbéne, cóme che, ancorchè, per quánto, comúnque siási, del rèsto, per áltro; I am not — of that opinion, io non son però di quell'avvíso; — rich you máy be, per rícco cho siáte; — léarned, comechè dótto

Hòwitzer, Hòwitz, *s.* (*mil.*) obízzo

Hówl, *vn.* urláre, mugoláre, gagnoláre, guaí— *s.* úrlo, urlaménto, guaíto (re

Hòwlet, *s* (*orn.*) allócco

Hòwling, *s.* l'urláre, il guaíre; urlaménto, laménto

Hòwsoèver, *avv. V.* Howèver

Hóy, *s.* (*mar.*) chiátta

— *ínterj.* olà! ohé! oh!

H. R, H. *abbr. di* Hís *o* Her Ròyal Híghness, Súa Altézza Reále

Hùbbub, *s.* tumúlto, fracásso, subbúglio

Hùckaback, *s.* téla operáta

Hùckle-bóne, *s.* (*anat.*) aliósso; to pláy at — *s*, giuocáre agli alióssi

Hùckmuck, *s.* (*orn.*) cingallègra codilúnga

Hùckster, *s.* rivendugliólo, rigattiére, *m.*

— *va.* fáre il rivenditóre; prezzoláre

Hùckstering, *s.* píccolo commèrcio di rigattiére

Hùckstress, *s.* rivendugliòla, rigattièra

Hùddle, *s.* fólta, prèssa, cálca, confusióne, *f.*

— *va.* confóndere insième, gettáre alla rinfúsa, scompigliáre; *vn.* affoltársi, veníre in fólla e in frétta; entráre tumultuariaménte; to — togèther, affoltáre

Húe, *s.* colóre, *m.*, tínta; grído, clamóre, schiamázzo; flòwers of áll —s, fióri di tútti i colóri; to ráise the — and crý, gridáre al ládro! all'assassíno!

Hùff, *s.* accèsso di còllera; to be in a —, èssere adiráto, sbuffáre di rábbia

— *vn.* sbuffáre (di rábbia), strepitáre; *va.* affrontáre, offèndere; — a man at dráfts, soffiáre una pedína al giuóco delle dáme

Hùffish, *a.* insolènte, petulánte, stizzóso

Hùffishness, *s.* vantería, jattánza; insolénza, petulánza, stízza

Hùffy, *a.* arrogánte, petulánte

Hùg, *s.* amplèsso, abbráccio, abbracciaménto, amorevolezzúccia

— *va.* abbracciáre (in mòdo rúvido), stríngere fra le bráccia; to — one's sèlf, ammirársi, applaudírsi; — the wind (*mar.*), serráre il vénto

Húge, *a.* smisuráto, vásto, immènso

Húgely, *avv.* smisurataménte, óltre misúra

Húgeness, *s.* smisuratézza, vastità

Hùggermùgger, *s.* nascondí lio, luógo nascóso

Húguenot, *s.* ugonòtto, protestánte francése

Hùlk, *s.* (*mar.*) còrpo o ossatúra di vascèllo; pontóne. *m.*, chiátta; the —s, i pontóni, le prigióni galleggiánti

Hùll, *s.* gúscio, baccèllo; (*mar.*) scáfo, gúscio, córpo di un bastiménto; the ship is — dówn (*mar.*), la náve è tròppo cárica; — to, alla cáppa, colle véle in pánna; a —, a sécco, sénza véle

— *va.* sbaccelláre, sgranáre; (*mar.*) cannoneggiáre (un bastiménto nel còrpo); we — ed the ènemy èvery shot, tutti i nòstri cólpi diédero nei còrpo del vascèllo nemíco; *vn.* (*mar.*) galleggiáre, fluttuáre, andáre a onda, barcolláre come un bastiménto che ha perdúto le véle

Hùm, *s.* rómbo, ronzío, rónzo

— *vn.* ronzáre, rombáre, cantarelláre; to — and hàw, esprímersi con esitánza, parláre collo stráscico; to — a túne, cantarelláre un'ária

— *ínterj.* hum! hem! oibò!

Húman *a.* umáno, dell' uòmo; — náture, la natúra umána
Humáne, *a.* umáno, umanitário, mansuèto, benígno; gèneroua and —, generóso e mansuèto
Humáneness, *s.* l' èssere umáno, benígno; (virtù della) umanità, benignità
.**Humánely**, *avv.* in mòdo umáno o umanitário, umanaménte, con benignità
Húmanist, *s.* umanísta, *m.*
Humànity, *s.* umanità; benignità, bontà; humànities, *s. pl. (scolas.)* umanità, umáne léttere
Húmanize, *va.* umanáre, réndere umáno, mansuèto, trattàbile
Húmankind, *s.* il gènere umáno
Húmanly, *avv.* da èssere umáno, da uòmo
Húmble, *a.* úmile, modèsto, dimèsso
— *va.* umiliáre, abbassáre, mortificáre; — one's sèlf, umiliársi, abbassársi
Hùmblebée, *s.* (*ent.*) pecchióne, *m.*, fúco, calabróne, *m.*
Hùmble-plant, *s.* (*bot.*) mimósa pudíca
Hùmbleness, *s.* umiltà
Hùmbler, *s.* chi o che umília
Hùmbly, *avv.* umilménte
Hàmbug, *s.* chiácchera, minchionería, fandònia, ciarlatanería, impostúra; (*pers.*) ciarlatáno, saltimbánco, impostóre
Hùmdrum, *a.* monòtono, soporífero, nojóso, seccánte, pesánte, stúpido; — spéech, discórso sbiadáto; — fèllow, addormentatóre
Humèct, Humèctate, *va.* umettáre, immolláre
Humectátion, *s.* umettaménto, umettaziòne
Húmeral, *a.* omeràle, dell'ómero, delle spálle
Húmid, *a.* úmido, inumidíto
Húmidity, *s.* umidità, umidèzza
Húmiliate, *va.* umiliáre
Húmiliáting, *a.* umiliánte
Húmiliátion, *s.* umiliaziòne
Húmility, *s.* umiltà, modèstia, sommessióne, *f.*
Hùmmer, *s.* chi o che rónza; che cantarèlla
Hùmming, *s.* ronzío, rónzo; rómbo, il canterellàre; — -bird (*pr.* bùrd), (*orn.*) colibrì, *m.*
Húmoral, *a.* (*med.*) umorále, dègli umóri
Húmorous, *a.* umorístico, fantástico, capricción, giocóso, spiritóso; — writings, scritti umorístici
Húmour, *s.* umóre, *m.* índole, *f.* temperaménto, disposizióne, carátfere, *m*; (*med.*) umóre, gènio, tràtto umorístico, bell' umóre, gajèzza púra e spiritósa, vivacità, piacevolèzza, spírito, lepidèzza, brío; in a bad —, di cattívo umóre, ingrugnáto; in a góod —, di buòn umóre, allègro; bad —s are often the càuse of ill —, i cattívi umóri sono spèsso la cáusa del cattívo umóre; a man of wit and —, un uòmo fa-

céto, spiritóso e bizzárro, un umorísta; writer of — scrittóre umorístico
— *va.* piacère, compiacère, contentáre, piaggiáre, assecondáre; you — him tóo much, avète tròppa condiscendènza per lui
Húmoured, *a.* di... umóre; ill- —, di cattívo umóre; góod- —, di buòn umóre
Húmourist, *s.* umorísta, uòmo spiritóso e bizzárro, persóna eccèntrica e umorística, carátfere fantástico
Húmourous, *a.* umorístico, spiritóso, facéto; eccèntrico, bizzárro, stravagánte
Húmourously, *avv.* bizzarraménte, eccentricaménte, facetaménte, in mòlo lépido, spiritóso, umorístico
Húmourousness, *s.* eccentricità, capricciosità, fantasticággine, *f.*, carátfere umorístico
Húmoursome, *a.* fantástico, capriccióso; umorístico, lèpido
Húmoursome'y, *avv.* capricciosaménte, stranaménte, in mòdo umorístico, facetaménte
Hùmp, *s.* gòbba, scrígno (al dosso)
Hùmpbáck, *s.* uòmo, dònna che ha la gòbba; gòbbo, gòbba
Hùnch, *s.* scrígno (*al dosso*); gòbba; gomitáta, cólpo di gómito
— *va.* dáre gomitáte, stuzzicáre
— -back, *s.* gòbbo, gòbba
— -bàcked, *a,* gòbbo, scrignúto; a — pèrson, un gòbbo, una gòbba
Hùndred, *a.* cénto; *s.* centinájo; by hùndreds, a centinája; — weight, quintále, *m.*, cantáro, cinquánta chilográmmi, centodódici líbbre inglési; a — fòld, a cénto dòppi; — (*ant.*) cantóne, *m.*, distrètto, comúne, *m.* (*cento famíglie*)
Hùndredth, *a.* centèsimo, centésima
Hùng, *V.* Hàng
Hùnger, *s.* fáme, *f.*, appetíto, ingordígia; stárved with —, mòrto di fáme
— *vn.* avér fáme, èsser famèlico, basire di fáme; — àfter, aneláre, bramáre avidaménte
— -bitten, *a.* famèlico, affamáto, tormentáto dalla fáme
Hùngered, *a.* (*ant.*) affamáto, famèlico
Hùngrily, *avv.* avidaménte, con appetíto grànde
Hùngry, *a.* che ha fáme; affamáto, famèlico; I am —, ho fáme; he is very —, egli ha gran fáme, affamísce; féed the —, nudríte i famèlici; I féel —, ho fáme, ho appetíto
Hùnks, *s.* spilòrcio, taccágno, mísero
Hùnt, *va.* cacciáre, andáre alla cáccia di; inseguíre, incalzáre, perseguitáre; far cacciáre; — the hàre, cacciáre la lèpre; — dòwn a hàre, cacciáre ed atterríre una lèpre; — òut, cercáre, frugáre, trováre
— *vn.* cacciáre, andáre alla cáccia; córrere; andár cercándo; — up and dòwn, cercáre dappertútto; — after for, tenér diètro a, andár in tràccia di, cercáre

Hùnt, *s.* càccia (coi càni); mùta di càni, inseguiménto, incalzaménto
Hùnter, *s.* cacciatóre; cavállo di càccia
Hùnting, *s.* il cacciáre, la càccia; — àfter, ricèrca, l'átto dell'andáre cercándo
— -hòrn, *s.* còrno da càccia
Hùntress, *s.* (*pers.*) cacciatríce ; Irish —, caválla da sèlla d' Irlánda
Hùntsman, *s.* cacciatóre, capocàccia, *m.*
Hùntsmanship, *s.* venagióne, àrte di cacciáre
Hùrdle, *s.* graticcio, canníccio, struménto di vímini tessùti; fascina; tráino, càrro di supplízio
Hùrds, *s. pl.* stóppa, capécchio
Hùrdy-gùrdy, *s.* vióla da órbo, ghirónda
Hùrgil, *s.* (*orn.*) cicógna a sácco, marabò
Hùrl, *va.* scagliáre, lanciáre ; vibráre
— *s.* lo scagliáre; — -bóne, fèmore, *m.*, di cavállo
Hùrlwind, *s.* tùrbine, *m.* tùrbo, tempèsta di vènto
Hùrly-bùrly, *s.* tumùlto, garbúglio
Hurràh e Hurrà, *interj.* evviva! hurrà! a ràundering —, un tuonánte evviva
— *va.* gridáre, ovviva, acclamáre ; applaudíre
Hùrricáne, *s.* uragáno, bufèra, procélla
Hùrried, *a.* affrettáto, precipitáto, trambustáto, affaccendáto
Hùrriedly, *avv.* affrettataménte
Hùrry, *va.* affrettáre, acceleráre, precipitáre, scompigliáre, trambustáre, affoltáre, strascináre; *vn.* affrettársi, spicciársi, cacciársi, scagliársi, affoltársi; to — awáy, andársene in frétta ; — one awáy, mandáre o strascinár vía úno in frétta; to — òut, uscíre di sláncio; — one òut, strascináre o cacciár fụòri alcúno
— *s.* precipitazióne, frétta, prèssa, prèscia; trambùsto, disórdine, *m.*, scompíglio, confusióne; to be in a —, avèr frétta; to dó a thing in a —, far chechessia frettolosaménte, affrettataménte; — -scùrry, *avv.* scompigliataménte, con chiásso e tumùlto
Hùrst, *s.* bósco, boschétto
Hùrt, *va.* (*pret.* e *p. p.* hùrt) lédere, far mále a, urtáre (offèndere), danneggiáre, nuócere, pregiudicáre, feríre, offèndere, intaccáre, comprométtere, guastáre; hàve I — you? vi ho fàtto mále? to — one's sélf-lòve, lédere l'amór próprio; — one's reputátion, intaccáre la reputazióne
— *a.* léso, ferito, malcóncio; offéso, adontáto; to féel —, adontársi
— *s.* lesióne, nocuménto, pregiudízio, dánno; scóncio; contusióne, cólpo, ferita
Hùrtful, *a.* nocívo, dannóso, pernizióso
Hùrtfully, *avv.* in mòdo nocívo, dannóso
Hùrtfulness, *s.* nocuménto, pregiudízio, dánno
Hùrtle, *va.* scagliársi, urtársi, accozzársi
— -bèrry, *s.* (*bot.*) mòra, mòra di róvo, *V.* Whòrtleberry

Hùrtless, *a.* che non fa mále, innócuo; che non ricéve mále, illéso .
Hùrtlessly, *avv.* innocuaménte
Hùrtlessness, *s.* innocuità, innocènza
Hùsband, *s.* maríto, spòso; massájo
— *va.* risparmiáre, masseriziáre, usáre economía in; amministráre a dovère; to — well one's tìme, spènder bène il tèmpo; — one's resóurces, andár ristrétto sullo spèndere; èsser assegnáto
Hùsbandman, *s.* agricoltóre, coltivatóre, massájo
Hùsbandry, *s.* agricoltúra, coltivazióne; masserízia, economía, rispármio
Hùsh! *interj.* zítto! státe zítto! tacéte! silènzio
— *vn.* tacérsi; stáre zítto; *va.* acquietáre, far tacére, tranquilláre, calmáre
— *s.* silènzio, cálma
— -mòney, *s.* máncia per far tacère
Hùsk, *s.* baccèllo, gúscio, scòrza, lòppa, lòlla
— *va.* sgusciáre, sventoláre, vagliáre
Hùsked, *a.* copèrto d'un gúscio, d'una scòrza
Hùskiness, *s.* státo di avér mólta scòrza; raucédine, *f.*, tòsse, *f.*
Hùsky, *a.* che ha mólta scòrza, gran baccèllo
Hùssár, *s.* (*mil.*) ússaro
Hùssíte, *s.* Ussíta, *mf.*, seguáce del Riformatóre Giovánni Huss
Hùssy, *s.* femminèlla, pettégola; bagáscia
Hùstings, *s.* piattafórma, gallería dove si fànno le elezióni; pálco, tribúna dove i candidáti fànno le loro aringhe; consiglio di città
Hùstle, *va.* dar gomitáte, urtáre, agitáre, scuòtere insième confusaménte
Hùswifery, *s.* economía domèstica, masserízia
Hùt, *s.* capánna, barácca, tugúrio
Hùtch, *s.* mádia, cássa, coniglièra di lègno
Huzzà, *V.* Hurràh
Hyàcinth, *s.* (*bot.*) giacínto; (*min.*) giacínto
Hyàdes, Hyàds, *s.* (*astr.*) iadi, *f. p.*
Hyaline, *a.* ialíno, cristallíno
Hybernate, *vn.* invernáre, passáre l'invèrno, passáre l'invèrno assopíto cóme l'órso poláre
Hybernating, *a.* che sta assopíto durànte l'invèrno
Hybernátion, *s.* l'invernáre
Hybrid } *s.* íbrido
Hybrid }
Hybrid } *a.* íbrido
Hybridous }
Hybridism } *a.* ibridísmo
Hybridity }
Hydra, *s.* (*mil.*) idra
Hydràngea, *s.* (*bot.*) ortènsia
Hydrate, *s.* (*chim.*) idráto
Hydràulic, *a.* idráulíco
Hydràulics, *s.* idráulica
Hydrocèphalus, *s.* idrocéfalo

Hýdrodynàmic. *a.* idrodinámico
Hýdrodynàmics, *s.* idrodinámica
Hýdrogen, *a. s.* (*chím.*) idrógeno
Hýdrògrapher, *s.* idrógrafo
Hýdrogràphical, *a.* idrográfico
Hýdrògraphy, *s.* idrografía
Hýdrólogy, *s.* idrología
Hýdromel, *s.* idromèle, *m.*
Hýdròmeter, *s.* idròmetro
Hýdròmetry, *s.* idrometría
Hýdrophóbia, *s.* idrofobía
Hýdròpic, hýdròpical, *a.* idròpico, d'idropisía
Hýdrostàtical. *a.* idrostático
Hydrostàtically, *avv.* secóndo l'idrostática
Hýémal, *a.* jemále, vernále, del vèrno
Hyèna *s.* (*zool.*) jéna
Hýgiéne, *s.* (*med.*) igiéne, *f.*
Hýgiénic, *a.* (*med.*) igiènico
Hýgròmeter, *s.* igrómetro
Hýmen, *s.* imenèo, matrimónio
Hýmenéal, Hýmenéan, *a.* nuziále, maritále
—, hýmenéan, *s.* epitalámio, cánto nuziále
Hýmn, *s.* ínno, cántico
— *vn.* cantár, ínni; inneggiáre
Hýmning, *s.* il cantár inni
Hymnòlogist, *s.* autóre d'ínni
Hymnòlogy, *s.* raccòlta d' ínni
Hỳp, *va.* (*burl.*) rèndere ipocondríaco
Hýpèrbola, *s.* (*geom.*) ipèrbola
Hýpèrbole, *s.* (*rett.*) ipèrbole, *f.*
Hýperbòlic, hýperbòlical, *a.* iperbòlico, di ipèrbole
Hýperbòlically, *avv.* iperbolicaménte
Hýperbórean, *a.* iperbòreo; settentrionále
Hýpercrítical, *a.* ipercrítico, che crítica tròppò
Hýperdúlia, *s.* (*teol.*) iperdulía
Hýphen, *s.* tirètto, tràtto d'unióne; (*tip.*) divisióne
Hypochòndria, *s.* ipocondría
Hypochòndriac, *a. s.* ipocondríaco
Hypòcrisy, *s.* ipocrisía
Hýpocrite *s.* ipócrito, ipòcrita, *m. f.*
Hypocritic, hypocritical, *a.* ipócrito, fálso, fínto
Hypocritically *avv.* simulataménte, da ipòcrito
Hypogàstric, *a.* ipogástrico
Hypogàstrium, *s.* (*anat.*) ipogástrio
Hypòstasis,*s.*(*teol.*) ipòstasi. *f*; personalità,*f.*
Hypostàtical, *a.* ipostático
Hýpòtenuse, *s.* (*geom.*) ipotenúsa
Hýpòrnesis, *s.* ipótesi, *f.*
Hýpornètic, hýpornètical, *a.* ipotètico, suppositívo
Hýpornètically, *avv.* ipoteticaménte, por ipótesi
Hýson, *s.* tè hyson, *m.*
Hỳssop, *s.* (*bot.*) isòpo, issòpo
Hystéria, *s.* (*med.*) istería
Hystèrical, *a.* istèrico, uteríno; de' nèrvi

Hystèrics, *s.* dolóri istèrici, convulsióni; to fàll into —, avére un attácco dei nervi
Hystèritis, *s.* (*med.*) isterite, *f.*
Hysteròcele, *s.* (*med.*) isteròcele, *f.*
Hysteròtomy, *s.* (*med.*) isterotomía

I

I (*pr. i*) *s.* nòna lèttera dell'alfabèto inglése; cífra romána rappresentánte uno, I
— *pron. pers. nominatívo,* io; I *wríte,* io scrívo
iàmbic, *a.* (*vers.*) jámbico; *s.* jámbico, jámbo
iàmbus, *s.* (*vers.*) jámbo, vèrso jámbico
ibex, *s.* (*zool.*) stambècco, *m*; cápra selvática, *f.*
íbis, *s.* (*zool.*) íbi, íbide, *m.*
Ice, *s.* ghiáccio, diáccio; sorbétto; to bréak the —, rómpere il ghiáccio; táke an —, prendéte un sorbetto; an — -berg, montágna (galleggiánte di ghiáccio); — -hoũse, ghiacciája; — -boũnd, (*mar.*) circondáto, imprigionáto dal ghiáccio; — -créam, cròma ghiacciáta, crèma al ghiáccio; sorbétto; sorbétto alla pánna
— *va.* ghiacciáre, far gelàre, congeláre, copríre di ghiáccio
íced, *a.* ghiacciáto, al ghiáccio; — álé, birra al ghiáccio, birra ghiacciáta
Ichneúmon, *s.* (*zool.*) icneumóne, *m.*, tòpo di faraóne
Ichnogràphic, ichnogràphical, *a.* icnográfico
Ichnògraphy, *s.* icnografía, *f.* diségno, *m.*
íchor, *s.* (*med.*) icóre
íchorous, *a.* icoróso, dell'icóre
Ichthyological, *a* ittiològico
Ichthyòlogist, *s.* ittiólogo
Ichthyòlogy, *s.* ittiología
ícicle, *s.* ghiacciuòlo
íciness, *s.* fréddo gránde; ghiádo, gèlo
icónoclast, *s.* iconoclásta, *m.*
Ictèrical, ictèric, *a.* (*med.*) ittérico
Icterus, *s.* (*med.*) itterízia
Icy, *a.* glaciále, di ghiáccio, ghiacciáto; fréddo, frígido; — cóld, fréddo cóme il ghiáccio; — hands, máni ghiacciáte
I'd (íd) *abbr. di* I had *e di* I would
ídea, *s.* idèa
ídeal, *a.* ideále, mentále, intellettuále
—, *s.* ideále, *m.*
ídealism, *s.* (*filos.*) idealísmo
ídeality, *s.* idealità, l'ideále
ídealize, *vn.* ideáre, figurársi
ídeally, *avv.* idealménte
ídentic, ídentical, *a.* idèntico, medésimo
ídentically, *avv.* identicaménte
ídentification,*s.* l'identificáre, identificazióne
ídentify, *va.* identificáre, constatáre l'identità di; riconóscere l'identità di; riconóscere; — stólen góods, riconóscere, verificáre cóse rubáto

nòr, rûde; - fàll, sòn, bùll; - fàre, dò; - bý, lỳmph; pũise, bõỹs, fõũl, fõw̃l; gem, aš

Diz. Ingl. Ital. - Ediz. VI. Vol. I.   21

identity, *s.* identità, medesimézza; to prove any one's —, provàre, constatàre l'identità di alcúno
ideológical, *a.* ideológico
ideólogist, *s.* ideólogo
ideólogy, *s.* ideologia
ides (*calend. rom.*), idi, *m. pl.*
idiocrasy, *s.* (*med.*) idiocrasía
idiocy, *s.* imbecillità; (*med.*) idiotísmo
idiom, *s.* idióma, *m.* língua, favélla; idiotísmo, fórmola, mòdo di díre, fràse, *f.*
idiomàtic, idiomàtical, *a.* idiomático
idiopàrnic, *a.* (*med.*) idiopático
idiopàrnically, *avv.* (*med.*) idiopaticaménte
idiópatny, *s.* (*med.*) idiopatía
idiosyncrasy, *s.* (*med.*) idiosincrasía
idiot, *s.* idióta, *m. f.* scémo, imbecílle
idiótic, *a.* idióta, scémo, imbecílle
idiotism, *s.* imbecillità, idiotísmo, idiotàggine, *f.*
idle, *a.* ozióso, sfaccendáto, scioperáto, infingárdo, neghittóso, pigro; (*cosa*) ozióso, inútile, váno; di ózio, non occupáto; stérile; — féllow, scioperáto, infingárdo; — hours, óre di ózio; — quèstion, questióne oziósa, vána
idle, *vn.* poltroneggiáre, far il básso mestière del dólce far niènte
— *va.* passàre nell'ignàvia, pèrdere; to — awáy one's tíme, sprecàre il tèmpo
idleness, *s.* oziosàggine, *f.* neghittosità, ózio, scioperatézza, infingardàggine, *f.*, pigrízia, accídia, ignávia, trascuràggine, *f.*
idler, *s.* poltróne *m.* scioperáto, ozióso, infingárdo
idly, *avv.* nell'ózio, nell'ignàvia, oziosaménte, vanaménte, inutilménte
idol, *s.* idolo; — wórship, idolatría
idòlater, *s.* idolàtra, *m.*
idòlatress, *s.* idolàtra, *f.*
idòlatríze, *va.* idolatráre
idòlatrous, *a.* idolátrico, idolátro
idòlatrously, *avv.* in mòdo idolátro
idòlatry, *s.* idolatría
idolist, *s.* (*poet.*) adoratòre d'immágini
idolíze, *va.* fàrsi un ídolo di, idoleggiáre, adoráre, idolatráre, amáre pazzaménte
idolízer, *s.* persóna che idolátra o che idoléggia, persóna che áma soverchiaménte; to be an — of, idolatráre, idoleggiáre, idyl, *s.* idíllio
I. E. *iniziali del latino* id est, cioè
if, *conj.* se; — I can, se io pòsso; as —, come se
igneous, *a.* ígneo
Ignipotent, *a.* (*poet.*) ignipotènte
ignis-fàtuus, *s.* fuóco fàtuo
igníte, *vn.* accèndersi; *va.* accèndere
ignítible, *a.* accendíbile, infiammábile
ignítion, *s.* ignizióne, accendiménto
ignivomous, *a.* ignívomo
ignóble, *a.* ignóbile, básso, oscúro

Ignóbleness, *s.* ignobilità
Ignóbly, *avv.* ignobilménte, bassaménte
Ignominious, *a.* ignominióso
Ignominiously, *avv.* ignominiosaménte
ígnominy, *s.* ignominia, infámia
Ignorámus, *s.* ignorantóne, *m.*, ignorantóna, ignorantáccio
ignorant, *a.* ignorànte, illeteráto; ignorànte, insciènte, ignáro; — féllow, ignorànte, *m. f.*; to be — of, non sapére, ignoràre
ignorantly, *avv.* ignoranteménte, per ignoránza
Ignóre, *va.* ignoràre, non sapére, non conóscere; ignoràre, non riconóscere, sconóscere, negàre, rigettáre
ílex, *s.* (*bot.*) élce, *m.* léccio
iliac, *a.* ilíaco, dell'intestíno; — pàssion, passióne ilíaca (dolóri cólici)
iliad, *s.* Ilíade, *f.*
ilk, *a.* (*ant.*) il medésimo, i medésimi; ciascúno
I'll *abbr.* di I will *o* I shall
ill, *a.* (*comp.* wòrse, *superl.* the wòrst) cattivo, málo, maláto, disgraziáto; I am —, sono ammaláto; — (or bad) àction, cattíva azióne; — lùck, infortúnio, mála ventúra; she is a líttle —, ella è un pòco indispòsta; do not táke it — if, non l'abbiáte a mále se
ill, *s.* mále, *m.* mal moràle; dolóre, péna; infortúnio; sèrve God and dó no —, servíte Iddío e non fáte verún mále
— *a.* mále, malaménte; you hàve dóne —, avéte fàtto mále; to spéak — of, sparlàre di; — nátured, bisbético, di cattívo umóre; iracóndo; — minded, mal intenzionáto; — grôunded, insussistènte, mal fondáto; — fáted, sfortunáto, sventuráto; — fávoured, brútto; — sháped, mal fàtto; — gotten, mal acquistáto; — bred, mal educáto; grossoláno; — conditioned, mal condizionáto; — lôoking, di brútta cèra, defórme; — tásted, di cattívo gùsto, scipido; — tréated, maltrattáto, oltraggiáto; — ómened, mal auguráto, sinistro; — tímed, fuóri di stagióne, intempestívo, mal a propósito; — will, mal talènto, rúggine, *f.*; — lùck, sventúra, infortúnio, disgrázia
— bóding, *a.* sinistro, funèsto
— brèd, *a.* mal creáto, grossoláno, rózzo
— conditioned, *a.* mal condizionáto
— fáted, *a.* malauguráto, sventuráto
— fávoured, *a.* sgraziáto, brútto, defórme
— grôunded, *a.* mal fondáto
— minded, évil-mínded, *a.* mal intenzionáto
— náture, *s.* índole cattíva, malignità
— nátured, *a.* di un cattívo naturále, malígno
— will, *s.* malevolènza
Illàcerable, *a.* illacerábile, che non si può laceráre

Illàqueate, *va.* (*poco us.*) illaqueáre, inretíre, accalappiáre

Illaqueátion, *s.* (*poco us.*) caláppio, adescaménto, réte, *f.*, insídia

Illàpse, *s.* illápso; accèsso, introduzióne

Illátion, *s.* (*legge*) illazióne, inferènza

Illátive *a. s.* illatívo

Illáudable, *a.* inlodábile, indégno di lòde

Illàudably, *avv.* in mòdo poco lodévole

Illégal; *a.* illegále, non legále, illécito

Illegàlity, *s.* illegalità, ingiustízia

Illégalize, *va.* rèndere illegále, qualificáre d'illegále

Illégally, *avv.* illegalménte, illecitaménte

Illegibility, *s.* illegibilità

Illégible, *a.* illegíbile

Illegítimacy, *s.* illegittimità, bastardígia

Illegítimate, *avv.* illegittimo, bastárdo

Illegítimately, *avv.* illeggittimaménte

Illegitimátion, *s.* (*ant;*) *V.* Illegitimacy

Illiberal, *a.* illibarále, pòco liberále, pòco generóso; meschíno, grétto, ristrétto, pòco istruíto, bigòtto, disdicévole, ignóbile, indégno del sécolo; básso, vile, plebèo

Illiberàlity, *s* illiberalità, difètto di liberalità, meschinità, grettézza; difètto d'educazióne e d'istruzióne; bigottísmo; mòdo di parláre e di procèdere víle e plebèo

Illiberally, *avv.* in mòdo illiberále, vilménte

Illicit, *a.* illécito, proibíto, vietáto

Illicitly, *avv.* illecitaménte

Illicitness, *s.* caráttere, gènere illécito

Illimitable, *a.* non limitábile

Illimitably, *avv.* illimitataménte

Illimitátion, *s.* illimitazióne

Illimited, *s.* illimitáto, sénza límiti

Illimitedness, *s.* illimitazióne

Illiteracy, *s.* difètte d'istruzione, ignoránza

Illiterate, *a.* illetteráto, sénza lèttere, ignoránte

Illiterateness, *V.* Illiteracy

illness, *s.* malattía, indisposizióne, mále, *m.*

Illógical, *a.* illógico, pòco lògico, contrário alla lógica

Illógically, *avv.* illogicaménte, con pòco raziocínio

Illógicalness, *s.* difètto di lògica o di raziocínio

Illúde, *va.* illúdere, ingannáre

Illúme, Illúmináte, Illúmine, *va.* illumináre, rischiaríre, illustráre

Illúmináti, *s. pl.* (*teol.*) (*setta degli*) illumináti—

Illúmináting, *a.* che illúmina, che rischiára, illuminátivo; *s.* l'illumináre, il rischiaríre

Illúminátion, *s.* illuminazióne, l'atto dell'illumináre o rischiaríre; illuminazióne (di città in giórno festívo); lúme, *m.* lúce, *f.* splendóre; ispirazióne, illuminazióne.

Illúminátive, *a.* illuminatívo, istruttívo

Illúminátor, *s.* persóna che illúmina o schiarísce, illuminatóre, -tríce

Illúminée, *s.* (*teol.*) illumináto, (uno della sétta dégli illumináti)

Illúminism, *s.* (*teol.*) illuminísmo

Illúsion, *s.* illusióne, erróre, ingánno; òptical —s, illusióni óttiche

Illúsive, *a.* illusòrio, falláce

Illúsively, *avv.* illusoriaménte

Illúsiveness, *s.* natúra illusòrla

Illúsory, *a.* illusòrio, falláce

Illùstrate, *va.* illustráre, dilucidáre, spiegáre, svòlgere, dimostráre, far palése; illustráre, rèndere illústre; illustráre, ornáre d'incisióni

Illùstrated, *a.* illustráto, ornáte d'incisióni

Illustrátion, *s.* l'átto dell'illustráre, illustrazióne, schiariménto, dilucidaménto, illustrazióne, chiariménto, dilucidaménto, esémpio, comparazióne, immágine, *f.*, figúra; illustrazióne, incisióne, diségno

Illùstrative, *a.* che spièga, dilúcida, schiarísce, spiegatívo, espositívo; che rènde illústre, illustránte; to be — of, chiaríre, spiegáre

Illùstratively, *avv.* in mòdo spiegatívo o illustránte

Illùstrátor, *s.* spiegatóre, espositóre; illustratóre

Illùstrious, *a.* illústre, cèlebre, chiáro, egrègio

Illùstriously, *avv.* illustreménte, nobilménte

Illùstriousness, *s.* qualità illústre, celebrità, chiarézza, grandézza, nobiltà

I'm (ím) *abbr. di* I am

image, *s.* immágine, *f.*, somigliánza; idèa; státua; figurína; — *va.* (*poet.*) immagináre, dipíngere, rappresentáre, figurársi, rappresentársi; —bǒy, figurínajo

— -máking, *s* fábbrica d'immágini

— -mònger, — - vénder, *s.* venditóre -trice d'immágini

imagery, *s.* immágini, *f. pl.*, fórme, figúre di riliévo o dipínte, figúre di stíle o di composizióne; metáfore, allegoríe, *f. pl.*, fantásmi, *m. pl.*, idée chimériche

Imàginable, *a.* immaginábile, concepíbile

Imàginary, *a.* immaginário, chimérico, non reále

Imaginátion, *s.* immaginazióne, fantasía, immaginatíva; immaginazióne, idéa, pensièro

Imàginative, *a.* immaginatívo; — pòetry, poesía d'immaginazióne; — fàculty, immaginatíva

Imàgine, *va.* immagináre, pensáre, macchináre; immagináre, inventáre, trováre, creáre; *vn.* immaginársi, figurársi; ónly —, figurátevi; he —s that, egli s'immágina che

Imàginer, *s.* persóna che immágina o s'immágina; immaginatóre -trice, inventóre -tríce

iman, *s.* Imáno (sacerdóte maomettáno)

Imbànd, *va.* adunáre in bánde, accozzáre

Imbâlm, Imbànk, *V.* Embâlm, Embànk
Imbàrgo, *V.* Embargo
Imbâthe, *va.* (*poet.*) bagnáre, immèrgere
imbecile, *a.* imbecílle, sciòcco, scèmo
Imbecility, *s.* imbecillità
Imbèd, *va.* incastráre, inseríre, immèrgere
imbéllish, *V.* Embèllish
Imbèzzle, Imbèzzlement, *V.* Embèzzle; Embèzzlement
Imbíbe, *va.* imbévere, succhiáre, assorbíre, imbéversi di, saturársi di, riempírsi di; attíngere, prèndere, ricévere; to — the sèntiments of, imbéversi dei pensiéri di
Imbíber, *s.* còsa che assòrbe o súccia, assorbènte
Imbibition, *s.* assorbimènto, saturazióne
Imbítter, *va.* amareggiáre; inaspríre, *V.*
Imbòdy, *V.* Embòdy   (Embítter
Imbòlden, *va.* *V.* Embòlden
Imbòsom, *va.* *V.* Embòsom
Imbòund, *va.* rinchiúdere; circondáre, cíngere
Imbòw, *va.* curváre, fabbricáre a vòlta
Imbòwer, *va.* copríre con un pergoláto o con una pèrgola
Imbòwment, *s.* vòlta, árco
imbricáte, imbricáted, *a.* imbricáto
Imbròwn, *va.* imbruníre offuscáre, oscuráre
Imbrûe, *va.* intrídere, tuffáre, inzuppáre; — one's hand in blòod, imbrattársi le máni nel sángue
Imbrûte, *va.* abbrutíre; *vn.* abbrutírsi
Imbûe, *va.* imbévere, infóndere, instilláre; —d with, imbevúto di; the sèntiments with which we becòme —d, i sentimènti di cúi c'imbeviámo
Imbùrse, *va.* costituíre un fóndo di danáro
Imbùrsement, *s.* costituzióne d'un fóndo di denáro
Imitability, *s.* imitabilità
imitable, *a.* imitábile, che si può imitáre
imitate, *va.* imitáre, copiáre, contraffáre
Imitátion, *s.* imitazióne, l'imitáre   —
imitátive, *a.* imitatívo, imitánte
imitátor, *s.* imitatóre -tríce
Imitátrix, *s.* imitatríce, *f.*
Immaculáte, *a.* immacoláto, púro, cásto
Immàculately, *avv.* immacolataménte
Immàculateness, *s.* purità, incontaminatézza immacoláta
Immàlleable, *a.* non malleábile
Immànacle, *va.* immanettáre, méttere le manétte
immanency, *s.* immanènza
immanent, *a.* immanènte
Immànity, *s.* immanità, ferocità, barbárie *f.*
Immarcèssible, *a.* immarcessíbile
Immàsk, *va.* copríre, mascheráre
Immàtchable, *a.* incomparábile, sénza pári
Immatérial, *a.* immateriále, non materiále; immateriále, di ténue entità, di pòca importánza, di nessún riliévo; leggièro, indifferènte; it is —, pòco impòrta

Immatérialism, *s.* (*filos.*) immaterialísmo
Immatérialist, *s.* (*filos.*) immaterialísta, *m.*, spiritualísta, *m.*
Immateriàlity, *s.* immaterialità, incorporalità
Immatérially, *avv.* immaterialménte, sénza importánza, indifferentemènte
Immatúre, *a.* immatúro, non matúro; immatúro, prima del tèmpo, intempestívo, precóce
Immatúrely, *avv.* immaturaménte
Immatúreness, Immatúrity, *s.* immaturità
Immèasurable, *a.* immensurábile, immènso
Immèasurably, *avv.* smisurataménte
Immédiate, *a.* immediáto, instánte
Immédiately, *avv.* immediataménte, incontanénte, all'istánte, subitaménte, súbito
Immédiateness, *s.* carâttere, státo immediáto, qualità di ciò che si fa immediataménte, subitaneità, prontézza gránde
Immèdicable, *a.* (*poet.*) immedicábile, incurábile
Immemorable, *a.* immemorábile
Immemórial, *a.* immemorábile, ab antíco
Immènse, *a.* immènso
Immènsely, *avv.* immensaménte
Immènsity, *s.* immensità
Immensurability, *s.* qualità di còsa immensurábile, smisuratézza, immensità
Immènsurable, *a.* immensurábile, infiníto
Immènsuráte *a.* smisuráto, immènso
Immèrge, *va.* immèrgere, tuffáre, attuffáre
Immèrse, *va.* attuffáre, immèrgere (nell'ácqua, nègli affári, ecc.)
Immèrsed, *a.* immèrso; attuffáto, tuffáto; (*astr.*) nell'immersióne, in státo d'immersióne; — in business, attuffáto nelle occupazióni
Immèrsion, *s.* attuffamènto, immersióne; (*astr.*) immersióne
Immèsh, *va.* arreticáre, inreticáre, allacciáre
Immethòdical, *a.* sénza mètodo, pòco metòdico
Immethòdically, *avv.* sénza mètodo, sénza sistéma
immigrant, *s.* immigránte
immigrate, *vn.* immigráre
Immigrátion, *s.* immigrazióne
imminence, *s.* imminènza
imminent, *a.* imminènte, che sovrásta, vicíno
Immìngle, *va.* mescoláre, immischiáre
Immìscible, *a.* che non può mischiársi
Immìssion, *s.* injezióne, *f.*, infondimènto
Immìt, *va.* gittáre o schizzár dèntro, introdúrre
Immìx, *va.* mischiáre, frammescoláre, mèscere
Immobility, *s.* immobilità
Immòderate, *a.* immoderáto; eccessívo
Immòderately, *avv.* smoderataménte
Immòderátion, *s.* immoderatézza, immoderánza, intemperánza, eccèsso

Immòdest, *a.* immodèsto, impudíco
Immòdestly, *avv.* immodestaménte
Immòdesty, *s.* immodèstia, sfacciatàggine, *f.*
immolate, *va.* immoláre, sacrificáre
Immolátion, *s.* immolazióne
Immolátor, *s.* immolatóre, sacrificatóre
Immòral, *a.* immoràle
Immoràlity, *s.* immoralità
Immòrally, *avv.* immoralménte
Immòrtal, *a.* immortàle; (*legge*) perpètuo, che non muòre; *s.* immortàle *m. f*; the —s, gl'immortàli
Immortàlity, *s.* immortalità
Immòrtalize, *va.* immortaláre, eternáre
Immòrtally, *avv.* immortalménte, per sèmpre
Immóvability, *s.* immobilità, inamovibilità
Immóvable, *a.* immòbile; inamovíbile
Immóvably, *avv.* immobilménte, fermaménte
Immúnity, *s.* immunità, esenzióne
Immúre, *va.* muráre, chiúdere tra múri, rinchiúdere, carceráre; — óne's self, rinchiúdersi, seppellírsi
Immúsical, *a.* pòco musicále, dissonánte
Immútability, *s.* immutabilità
Immútable, *a.* immutàbile, inalteràbile
Immútableness, *s.* immutabilità
Immútably, *avv.* immutabilménte, per sèmpre
Immútàte, *a.* immutàto, invariáto
Immútàtion, *s.* mutazióne, cangiaménto
Immúte, *va.* mutáre, cangiáre, alteráre
imp, *s.* follétto; diavolétto, biricchíno; innèsto
— *va.* innestáre, rassettáre; stèndere, aggiúngere
Impàct,, *vn.* urtársi, toccáre, dar dèntro
impact, *s.* contàtto, imprónto; còzzo, úrto; pòint of —, púnto di contàtto, luògo del còzzo o toccaménto
Impáir, *va.* deterioráre, far deperíre, nuócere a, intaccáre, peggioráre, alteráre, indebolíre, somminàre, guastáre, sperperáre, diminuíre; to — the héalth, nuócere alla salúte; to becòme —ed, deperíre
Impáired, *a.* deterioráto, alteráto, indebolíto; to get —, deperíre
Impáirer, *s.* persóna che deterióra o scéma; còsa che fa deperíre
Impáirment, impáiring, *s.* déperiménto, scemaménto
Impále, *va.* palificáre; impaláre
Impálement, *s.* impalazióne (supplízio in uso fra i Túrchi)
Impalpability, *s.* impalpabilità
Impàlpable, *a.* impalpàbile, intangíbile
Impàlsy, *va.* paralizzáre   (panáre
Impànate, *a.* (*teol.*) impanáto; — *va.* im-
Impanátion, *s.* (*teol.*) impanazióne
Impànnel, *va.* (*legge*) fáre la lísta dei giuráti, del giuri; iscrívere nella lísta dei giuráti
Impáradíse, *va.* imparadisáre, méttere in un paradíso; rèndere beáto, colmár di giòja; beáre, allietáre, deliziáre

Imparasyllàbic, *a.* imparisíllabo
Impárdonable, *a. V.* Unpárdonable
Impárity, *s.* disparità, imparità, ineguagliánza, disuguagliánza
Impàrk, *va.* palificáre un pèzzo di tèrra per párco, assiepáre, attorniáre di múra
Impàrt, *va.* far partécipe, fáre o dár párte di, accordáre, dáre, concèdere, comunicáre, far sapére, informáre, istruíre; to — hònour or fávour, accordáre, concèdere onóre o favóre; to — an affáir to a person, far o dár párte ad uno di quálche còsa
Impártial, *a.* imparziále, disinteressáto
Impartiálity, *s.* imparzialità
Impártially, *avv.* sénza parzialità, imparzialménte
Impartibility, *s* comunicabilità; indivisibilità
Impártibile, *a.* impartíbile, indivisíbile
Impártment, *s.* comunicazióne
Impàssable, *a.* che non ammétte passàggio, che non si può varcáre, impraticábile
Impàssableness, *s.* (de' cammíni) státo impraticábile   (lità
Impassibility, impàssibleness, *s.* impassibi-
Impàssible, *a.* impassíbile, insensíbile
Impàssion, *va.* appassionáre, impassionáre
Impàssionable, *a.* eccitàbile, iracóndo
Impàssionate, *va. V.* Impàssion
Impàssioned, *a.* passionáto, appassionáto; — èloquence, eloquènza focósa, enèrgica, calzánte
Impàssive, *a.* impassíbile, insensíbile
Impàssively, *avv.* impassibilménte
Impàssiveness }   *s.* impassibilità
Impàssivity }
Impastátion, *s.* (*dei murat.*) impastaménto
Impàste, *va.* impastáre
Impàtible, *a.* intolleràbile
Impátience, *s.* impaziènza, smánia
Impátient, *a.* impaziènte, smanióso; dón't be —, non v'impazientíte; to get —, diveníre impaziènte, impazientírsi
Impátiently, *avv.* impazienteménte, smaniosaménte
Impáwn, *va.* impegnáre, dáre per sicurtà
Impéach, *va.* accusáre di delítto di státo; to — a minister, accusáre un minístro
Impéachable, *a.* accusábile, che può èssere denunziáto o processáto
Impéacher, *s.* accusatóre -tríce, denúnziatóre, -tríce
Impéachment, *s.* accúsa (di lésa maestà, ecc.); the pòwer of —, il diritto di portár l'accúsa nei delítti di Státo
impéarl, *va.* imperláre, formáre in pèrle, adornáre di pèrle
Impeccability, *s.* impeccabilità
Impèccable, *a.* impeccàbile
Impéde, *va.* impedíre, attraversáre, impacciáre, oppórsi a, ritardáre
Impèdiment, *s.* impediménto, ostácolo, impáccio

Impèl, va. impèllere, spignere, sospingere

Impèllent, a. impellènte

Impèller, s. impulsóre, movènte m., fòrza motríce

Impènd, vn. impèndere, soprastáre; èsser imminènte, minacciáre, avvicinársi

Impèndence, impendèncy, s. imminènza, sovrastaménto

Impènding, a. sovrastánte, imminènte

Impenetrability, s. impenetrabilità

Impènetrable, a. impenetrábile

Impénetrably, avv. impenetrabilménte

Impènitence, impènitency, s. impenitènza

Impènitent, a. impenitènte, non pentíto

Impénitently, avv. sénza pentiménto

Impèrative, s. (gram.) mòdo imperatívo
— a. imperatívo, che cománda; in the — (móod), nel mòdo imperatívo, all'imperatívo

Impèratively, avv. imperativaménte

Impercèptible, a. impercettíbile

Impercèptibleness, s. impercettibilità

Impercèptibly, avv. impercettibilménte

Impèrfect, a. imperfètto, difettóso; manchévole; s. (gram.) imperfètto

Imperfèction, s. imperfezióne, difètto

Impèrfectly, avv. imperfettaménte

Impèrfectness, s. státo imperfètto, imperfezióne, difètto

Impèrforable, a. imperforábile

Impèrforàte, a. imperforáto, sénza fóro

Imperforàtion, s. imperforazióne

Impèrial, a. imperiále, d'imperatóre, di re, principèsco, sovráno, magnífico, di prímo grádo, primário, esímio

Impèrialist, s. súddito o soldáto d'imperatóre, imperialísta, m.

Imperiálity, s. imperialità

Impèrially, avv. imperialménte

Impèrialty, s. imperialità, potère imperiále, m.

Impèril, va. espórre a perícolo, arrischiáre

Impèrious, a. imperióso, dominánte, potènte, prepotènte, arbitrário, altièro, arrogánte

Impèriously, avv. imperiosaménte

Impèriousness, s. imperiosità, arrogánza, prepotènza

Impèrishable, a. chi non può períre, immarcessíbile

Impèrmanence, impèrmanency, s. instabilità

Impèrmanent, a. non permanènte

Impermeability, s. impermeabilità

Impèrmeable, a. impermeábile; impenetrábile

Impèrsonal, a. (gram.) impersonále

Impèrsonally, avv. (gram.) impersonalménte

Impèrsonate, va. personificáre

Impersuásible, a. impersuasíbile

Impèrtinence, s. impertinènza, mála creánza; incongruità, còsa estránea, futilità

Impèrtinent, a. impertinènte, mal creáto; incóngruo, estráneo, fuòri di propósito

Impèrtinently, avv. impertinenteménte

Impertùrbable, a. imperturbábile

Impertùrbableness, s. imperturbabilità

Impertùrbed, a. imperturbáto

Impèrvious, a. impèrvio, impènetrábile, impermeábile

Impèrviousness, s. impenetrabilità, impermeabilità

Impetígineous, a. (med.) impetiginóso

impetígo, s. (med.) impetígine, f.

impetrable, a. (poet.) impetrábile

impetráte, va. impetráre; ottenére o conseguíre per la preghièra

Impetràtion, s. impetrazióne, l'impetráre, l'ottenére per la preghièra

impetrative, a. impetratívo

impetratory, a. di natúra da impetráre

Impetuósity, Impètuousness, s. impetuosità

Impètuous, a. impetuóso

Impètuously, avv impetuosaménte, con ímpeto

Impetus, s. ímpeto, impúlso, úrto, impetuosità; (arch.) apertúra

Impièrceable, a. che non può èssere foráto, nè traforáto; impenetrábile

Impíety, s. empietà, irreligiosità

Impinge, vn. (on, upon) urtársi (cóntro), impignere

Impignorate, va. impegnáre, dáre in pégno

Impignoràtion, s. il dáre in pégno

impious, a. èmpio, irreligióso, profáno

impiously, avv. empiaménte

impiousness, s. empietà, profanità

impish, a. di follétto, di diavolétto

Implacability, Implácableness, s. implacabilità, òdio implacábile

Implácable, a. implacábile, inesorábile

Implácably, avv. implacabilménte

Implànt, va. plantáre, fissáre, scolpíre

Implantàtion, s. piantaménto, innestaménto

Implàusíbility, s. difètto di plausibilità; inverisimigliánza

Implàusible, a. non plausíbile, inverisimile

Implàusibly, avv. in mòdo pòco plausíbile

Impléad, va. muóver líte, processáre, accusáre

Impléader, s. (legge) accusatóre; attóre

implement, s. utensíle, m., ordígno, struménto, arnése, m; implements, attrézzi

Implex, a. intricáto, intralciáto, imbrogliáto

implicate, va. implicáre, avviluppáre, avvólgere, intralciáre, intricáre, imbrogliáre, méttere in mal pásso, comprométtere

Implication, s. implicazióne; bý —, per implicazióne

Implicit, a. implícito

Implicitness, s. qualità implícita, fede implícita

Implicitly, avv. implicitaménte

Implíed, a. implicáto, implícito, intéso, compréso, taciúto

Implóre, va. imploráre; vn. imploráre

Implórer, *s.* chi implòra; postulánte, supplicatóre -trice, petitóre -trice

Implúmous, Implúmed, *a.* sénza pénne, spennáto

Implý, *va.* implicáre, significáre, volére, voler dire, suppórre, comprèndere, rinchiúdere; that implies a contradiction, ciò implica contraddizióne; this does not — that, etc., quésto non implica, che, ecc.

Impǒison, *va.* avvelenáre, attossicáre

Impǒisonment, *s.* avvelenaménto

Impólicy, *s.* qualità, caráttere impolítico, cattíva política; difètto di tátto; sconveniènza, imprudénza

Impolíte, *a.* inurbáno, scortése, incivíle, villáno

Impolítely, *avv.* scorteseménte, incivilménte, rozzaménte

Impolíteness, *s.* inciviltà, scortesía, rozzézza

Impólitic, *a.* impólitico, póco avvedúto

Impóliticly, *avv.* impolíticaménte, imprudenteménte

Imponderability, *s.* ímponderabilità

Impónderable, *a.* imponderábile

Impónderous, *a.* di péso impercettíbile

Impórous, *a.* senza pòri, compátto

Imporòsity, *s.* non porosità, compattézza

Impórt, *va.* importáre, introdúrre; importare, significáre, valére, implicáre; to — góods from a fòreign coùntry, importáre mèrci dall'èstero; this term —s, etc.; quésta vóce vále, ecc.; what —s it to you? che v'impòrta? che còsa vi fa?

import, *s.* impòrto, sènso; significáto (valóre di una paròla); impòrto, valóre, sómma; impòrto, péso, importánza, riliévo, importazióne, mercanzía imporfáta

Impórtable, *a.* importábile

Impórtance, *s.* importánza, riliévo, conseguénza, entità, moménto; of slight —, di póca importánza, di ténue entità

Impórtant, *a.* importánte, di conseguénza

Impórtantly, *avv.* importanteménte

Importátion, *s.* importazióne; dúty on —, — duty, diritto, dázio d'entráta

Impórter, *s.* (*com.*) importatóre, negoziánfe che introdúce mèrci straniere

Impórtunacy, Impórtunateness, *s.* importunità

Impórtunate, *a.* Importúno, incòmodo, fastidióso; to be very —, sollecitár importunaménte, richièdere con istánza

Impórtunately, *avv.* importunaménte

Impórtunateness, *s.* ímportunità, nòja

Importúne, *a.* importunáre

— *a.* importúno, incòmodo, fastidióso

Impórtunity, *s.* importunità

Impórtuous, *a.* sénza pòrto

Impǒsable, *a.* che può èssere impósto; obligatòrio

Impǒse, *va.* impórre, prescrívere, comandáre; soverchiáre, ingannáre, truffáre, infinoc-

chiáre; — a tax, impórre una tássa, méttere un'impòsta; to — upòn a pèrson, soverchiáre uno, infinocchiárlo

Impóser, *s.* imponitóre, soverchiatóre

Imposition, *s.* imposizióne, l'átto dell'impór re; imposizióne, soverchiaménto; impòsta, gabèlla, tássa, dázio, gravézza, angaría, soperchiería, ingánno, impostúra

Impossibility, *s.* impossibilità

Impóssible, *a.* impossíbile, impraticábile

Impost, *s.* impòsta, gravézza, dázio, tássa

Impósthumate, *vn.* impostemíre

Impósthume, *s.* (*med.*) apostèma, *m.*, postèma; *vn.* impostemíre

Impóstor, *s.* impostóre, ingannatóre -trice

Impósture, *s.* impostúra, giunterìa, ingánno

Impotence, Impotency, *s.* impotènza, debolézza, incapacità, frigidézza; (*med.*) impotènza, incapacità, frigidézza; (*med.*) impotènza, frigidità; (*legge*) impotènza

impotent, *s.* *a.* impotènte, dèbole, incapáce; (*med.*) impotènte, frígido; (*legge*) impotènte

impotently, *avv.* impotenteménte, debilménte

Impǒund, *va.* sequestráre una vàcca o un cavállo, rinchiúderlo

Impòverish, *va.* V. Empòverish

Impówer, *va.* dáre facoltà, dáre potère, autorizzáre, abilitáre

Imprácticable, *a.* impraticábile, impossíbile

Imprácticableness, *s.* impossibilità, difficoltà

Imprecate, *va.* imprecáre, maledíre

Imprecátion, *s.* imprecazióne, maledizióne

imprecatory, *a.* imprecatívo, d'imprecazióne

Imprégn, *va.* (*poet.*) impregnáre, fecondáre, saturáre

Imprégnable, *a.* imprendíbile, inespugnábile, inconcússo, sáldo, incrollábile

Imprégnably, *avv.* in mòdo inespugnábile

Imprégnate, *va.* impregnáre, ingravidáre; impregnáre, fecondáre; impregnáre, riémpiere; to be —d, impregnársi; to — with, imbevérsi di, riempírsi di, èsser prégno di

— *a.* impregnáto, grávido, pièno

Impregnáted, *a.* prégno, grávido, pièno o zèppo

Impregnátion, *s.* l'impregnáre, l' ingravidáre; (*fig.*) riempiménto, impregnaménto, fecondaménto

Imprescriptibility, *s.* imprescrittibilità

Imprescriptible, *a.* imprescrittíbile

Imprèss, *va.* imprímere, stampáre, improntáre, scolpire, penetráre, compenetráre, impressionáre; arrolláre per fòrza (marinái), requisíre (mèzzi di traspórto, viveri); impréssed with the idéa, compenetráto dell' idéa`

Imprèss, *s.* ímpressióne, imprónta; arrollaménto forzáto (di marinái); requisizióne (di mèzzi di traspórto, di viveri); to bèar the — of, portáre l' imprónta di

Impressibility, *s.* impressionabilità

Impréssible, *a.* átto a ricévere un'imprón-

ta; impressionábile, suscettíbile d'impressióne, sensíbile
Impréssion, *s.* impressióne; stámpa; imprónta; déep —, profónda impressióne; for the — of my bóok, per la stámpa del mio líbro
Impréssive, *a.* che láscia una profónda impressióne; calzánte, toccánte, impressívo, impriménte, penetratívo, enèrgico; — èloquence, eloquènza impetuósa e calzánte
Impréssively, *avv.* in mòdo da fáre impressióne, in mòdo penetratívo, calzánte, impriménte, energicaménte
Impréssiveness, *s.* qualità di ciò che fa impressióne; fòrza, energía, incálzo
Impréssment, *s.* requisizióne, dománda, órdine, *m.*, mandáto; léva di soldáti per fòrza
Impréssure, *s.* imprónta
imprest, *s.* (*legge*) capárra; imprèstito; anticipazióne (di denáro)
Imprèst, *va.* (*legge*) imprestáre, anticipáre (denáro)
Imprimátur, *s.* imprimátur, permissióne di stampáre
Imprímis, *avv.* (*lat.*) imprímo, in prímo, primieraménte
Imprint, *va.* improntáre, stampáre, imprímere, scolpíre, effigiáre; — a тнing on wax, stampáre, improntáre una còsa sulla céra; — on the mind, scolpíre checchessía nella mènte
Impríson, *va.* imprigionáre, mèttere in prigióne
Imprísonment, *s.* imprigionaménto, prigionía
Improbability, *s.* improbabilità, *f.*
Impròbable, *a.* improbábile, inverisímile
Impròbably, *avv.* improbabilménte
improbate, *va.* (*ant.*) disapprováre, riprováre
Impróbity, *s.* improbità, disonestà
Imprómptu, *a.* improvvisáto; *s.* improvvisáta
Impróper, *a.* impròprio, sconvenévole, sconveniénte, disadátto; disdicévole; scóncio
Impróperly, *avv.* impropriaménte
Imprópriate, *va.* (*legge*) mèttere (un láico) in possésso di béni ecclesiástici
Impropríation, *s.* (*legge*) immissióne (di un láico) in possésso di béni ecclésiastici; benefízio ecclesiástico posseduto da persóna láica
Impropriátor, *s.* láico possessóre di beni o benefízj ecclesiástici
Impropríety, *s.* improprietà, sconvenevolézza
Impróvability, impróvableness, *s.* capacità di miglioraménto
Impróvable, *a.* che si può miglioráre, perfettíbile, perfezionábile
Impróve, *va.* miglioráre, perfezionáre, utilizáre, mèttere a profítto, approfittársi di, giovársi di; addottrináre, coltiváre; corroboráre, rinforzáre; applicáre, mèttere in prática; tò — one's condition, migliorár

sórte, arricchírsi; — one's mind, addottrinársi
— *vn.* approvecchiársi, migliorársi, avanzársi, profittáre, far progrèsso, addottrinársi, rinforzársi, corroborársi; to — in knòwledge, imparáre, istruírsi; to — on a тнing, condúrre a maggiór perfezióne una còsa; to — one's sèlf, istruírsi, addottrinársi; to be greátly —d, avér fátto grándi progrèssi
Impróved, *a.* miglioráto, perfezionáto
Impróvement, *s.* miglioraménto, perfezionaménto, utilità, profítto, vantàggio, cultúra, coltivazióne, impiègo, buón úso, progrèsso, istruzióne, applicazióue; prática, úso prático; the — of the mind, la coltivazióne dello spírito
Impróver, *s.* persóna che miglióra, utilizza, perfeziona
Impróvided, *a.* V. Unprovided
Impróvidence, *s.* improvvidènza, imprevidènza
Impróvident, *a.* improvvido, inconsideráto
Impróvidently, *avv.* improvvidaménte
Imprúdence, *s.* imprudènza
Imprúdent, *a.* imprudènte
Imprúdently, *avv.* imprudenteménte
Impúberty, *s.* (*legge*) età impúbere
impudence, *s.* impudènza, sfrontatézza
impudent, *a.* impudènte, sfacciáto
impudently, *avv.* impudenteménte
Impudicity, *s.* impudicízia
Impúgn, *va.* impugnáre, oppugnáre
Impugnátion, *s.* impugnazióne
Impúgner, *s.* impugnatóre, antagonísta, *m.*
Impúissance, *s.* V. impotence
impulse, impúlsion, *s.* impúlso, stímolo
Impúlsive, *a.* impulsívo
Impúlsively, *avv.* in modo impulsívo
Impúnity, *s.* impunità; with —, impuneménte
Impúre, *a.* impúro, impudíco; immóndo
Impúrely, *avv.* impuraménte, con impurità
Impúreness, Impúrity, *s.* impurità, oscenità
Impúrple, *va.* imporporáre
Impúrpled, *a.* porporáto, purpúreo
Impútable, *a.* imputábile
Impútableness, *s.* imputabilità
Imputátion, *s.* accúsa; (*teol.*) imputazióne, gróundless —, imputazióne insussistènte
Impútative, *a.* imputatívo; incolpánte
Imputatively, *avv.* per imputazióne
Impúte, *va.* imputáre, appórre, attribuíre
Impúter, *s.* imputatóre, -trice, accusatóre, -trice
Imputréscible, *a* imputrefattíbile
in, *prep.* in; éntro, déntro; fra, tra; a, da; — the, nel, nello, nella, nei, negli, nelle; — the róom, nella cámera; — Italy, in Itália; — an hóur, in un'óra; — two mónтнs, fra due mési; is your master — ? c'è il vóstro padróne ? yes, sir, walk —, sì, signó-

re, entráte, restáte servíto; to be —, éssere impegnáto; to be — for it, ésser in mal pásso; — as much as, avvegnachè, stantechè; the top-sáils are táken —, (mar.) le véle di gábbia son serráte; — top-gallant sails! sèrra le véle di pappafíco

Inability, *s.* inabilità, incapacità

Inaccessibility, *s.* inaccessibilità

Inaccèssible, *a.* inaccessíbile

Inaccèssibleness, *s.* inaccessibilità

Inàccuracy, *s.* inesattézza

Inàccurate, *a.* inesátto, scorrètto

Inàction, *s.* inazióne, inèrzia, ózio

Inàctive, *a.* non attívo, nell'inanizióne, inoperánte, inèrte

Inàctively, *avv.* sénza attività, nell'inèrzia

Inactivity, *s.* inoperosità, difètto d'attività, inèrzia

Inàdequacy, *s.* insufficiènza, manchevolézza; státo, qualità incompléta, inadequáta

Inàdequate, *a.* inadequáto, sproporzionáto, insufficiènte

Inàdequately, *avv.* inadequataménte

Inadmissibility, *s.* inammissibilità

Inadmissible, *a.* inammissíbile

Inadvèrtence, Inadvèrtency, *s.* inavvertènza; from —, THrough —, per inavvertènza

Inadvèrtent, *a.* disattènto, inavvertíto, inavvedúto, trascuráto

Inadvèrtently, *avv.* inavvertitaménte

Inàlienable, *a.* inalienábile, che non si può alienáre

Inàlienableness, *s.* inalienabilità

Inàlterable, *a.* inalterábile

Inamissible *a.* (teol.) inamissíbile

Inàmorate, *sm.* Inamoráta, *sf.* (ant.) innamoráto, innamoráta

Ináne *a.* ináne, vóto, vácuo, fútile, váno

Inànimate, *a.* inanimáto, mòrto

Inanition, *s.* inèdia, mancánza d'alimènto

Inànity, *s.* inanità, inutilità, futilità; (fis.) váno

Inàppetency, *s.* inappetènza, *f.*; disgústo

Inàpplicable, *a.* inapplicábile, che non è applicábile

Inapplicátion, *s.* difètto di applicazióne, negligènza

Inàpposite, *a.* fuór di propósito, mal collocáto (bile

Inappréciable, *a.* inapprezzábile, inestimá-

Inappróachable, *a.* inaccessíbile

Inàptitude, *s.* disadattággine, *f.* inettézza

Inàrch, *van.* innestáre per avvicinaménto

Inarticulate, *a.* inarticoláto, indistínto

Inarticulately, *avv.* indistintaménte

Inarticulateness, Inarticulátion, *s.* difètto di chiarézza nel pronunciáre

Inartificial, *a.* poco artificiále, sénza árte, naturále, schiètto

Inartificially, *avv.* in mòdo naturále

Innattèntion, *s.* mancánza di attenzióne, sbadatággine, *f.*

Innattèntive, *a.* disattènto, distrátto, sbadáto

Inàudible, *a.* inaudíbile, non udíbile, in mòdo inaudíbile

Inàugurate, *va.* inauguráre, investíre

Inàugurátion, *s.* inaugurazióne (nèsto

Inàuspicious, *a.* infáusto, malauguróso, fu-

Inàuspiciously, *avv* infaustaménte, con cattívo augúrio

Inbéing, *s.* inerènza

inborn, inbred, *a.* innáto, ingènito, inerènte, naturále

inbréathed, *a.* inspiráto, infúso

Incáge, *va.* ingabbiáre; V. Encáge

Incàlculable, *a.* incalcolábile

Incàlculably, *avv.* incalcolabilménte, immensaménte

Incamerátion, *s.* incameraménto, incamerazióne

Incandèscence, *s.* incandesènza

Incandèscent, *a.* incandescènte

Incantátion, *s.* incantésimo, incánto, ˆmagía

Incàntatory, *a.* d'incantésimo, d'incánto, mágico

Incapability, *s.* incapacità

Incápable, *a.* incápace, ináblie, inètto

Incapácious, *a.* di pòca capacità, che contiéne pòco, strétto, angústo

Incapáciousness, *s.* strettézza, angústia, piccolézza

Incapàcitate, *va.* rèndere incapáce o inábile

Incapacitátion, *s.* (legge) privazióne di potére, difètto di capacità legále, inabilità

Incapàcity, *s.* incapacità, inabilità

Inedrcerate, *va.* incarceráre, imprigionáre

Iacarcerátion, *s.* incarcerazióne, prigionía

Incàrn, *va.* ricoprír di cárne; rincarnáre; *vn.* ricoprírsi di cárne

Incàrnadine, *a.* incarnatíno, scarnatíno; *va.* tíngere colór incarnatíno

Incàrnate, *va.* incarnáre, copríre di cárne, incorporáre, dáre un córpo a

— *a.* incarnáto, che ha préso cárne, divenúto cárne, incorporáto

Incarnátion, *s.* incarnazióne; il prènder cárne; (teol.) incarnazióne

Incàrnative, *a.* (med.) incarnatívo, che fa créscer la cárne; *s.* rimédio incarnatívo

Incáse, *va.* incassáre, méttere in una cássa, in una scátola; copríre, ricopríre, rinchiúdere, avvòlgere ˚

Incàsk, *va.* imbottáre, méttere in una bótte

Incatenátion, *s.* l'incatenáre, inceppáre, incatenazióne

Incàutious, *a.* incáuto, sconsideráto, imprudènte

Incàutiously, *avv.* incautaménte

Incàutiousness, *s.* mancánza di cautèla, imprudènza

Incaváted, *a.* incaváto, scaváto, cávo

Incavátion, *s.* incavatúra, scávo, cávo, váno

Incèndiarism, *s.* prática criminósa o crímine, *m.*, dell'incendiário

Incèndiary, *a. s.* incendiário
Incense, *s.* incènso; - brèathing, odorífero
— *va.* incensáre, dáre l'incènso, aduláre
Incènse, *va.* irritáre, provocáre, corrucciáre, inaspríre; to be or becòme —d, adirársi, sdegnársi, inasprírsi
Incènsement, *s.* còllera, íra, sdègno, ràbbia
Incènsory, *s.* incensiêre, *m.* turíbolo
Incèntive, *s.* incentívo, stímolo, motívo, movènte, *m.*
Incèption, *s.* (*ant.*) princípio, cominciaménto
Incèptive, *a.* elementáre, del cominciaménto
Incèpter, *s.* principiánte, cominciáute, *mf.*
Incèrtitude, *s.* incertézza, esitazióne
Incèssant, *a.* incessánte, contínuo
Incèssantly, *avv.* incessanteménte, di contínuo
incest, *s.* incèsto
Incèstuous, *a.* incestuóso
inch, *s.* (*misura*) pòllice, *m.*, óncia, la dodicèsima párte d'un piède inglése; — by —, a pòco a pòco, a góccia a góccia; by —es, pòco per vòlta, gradataménte; give him an — and he will táke an ell, dátegli un díto ed egli si prenderà tútto il bráccio — *va.* dáre con parsimònia; — 6ut, misuráre a díta, distribuíre parcaménte; fóur —ed, di quáttro pòllici
inchoate, *a.* incoáto
inchoately, *avv,* in mòdo incipiènte
incidence, *s.* incidènza, cáso, azzárdo
incident, *a.* incidènte, casuále, che accáde, che avviêne, che succéde, ordinário, comúne; the miseries —t to húman life, le misêrie inseparábili dalla víta umána — *s.* incidènte, *m.* accidènte, *m.* cáso, eveniênza
Incidèntal, *a.* accidentále, fortúito, casuále
Incidèntally, *avv.* per incidènza, incidenteménte
Incineratè, *va.* incineráre; ridúrre in cénere
Incinerátion, *s.* incinerazióne
Incipient, *a* incipiènte, che princípia
Incìrcle, *V.* Encircle
Incircumspèction, *s.* mancánza di circospezióne
Incísed, *a.* incíso, tagliáto, scolpíto
Incision, Incisure, *s.* incisióne, *f.*, táglio
Incísive, *a.* (*anat.*) incisívo; incisòrio; — tóoth, dènte incisòrio
Incísor, *s.* incísóre, dènte incisívo, incisório
Incitátion, *s.* incitaménto, instigazióne
Incite, *va.* incitáre, eccitáre, stimoláre, spíngere, incoraggiáre, istigáre, spronáre
Incitement, *s.* incitaménto, eccitaménto, stímolo, spróne, *m.*, motívo, movènte, *m.*
Inciter, *s.* incitatóre -tríce, istigatóre, -tríce
Incivil, *a. V.* Uncivil
Incivility, *s.* inciviltà, mála creánza
Incivilly, *avv.* incivilménte, rusticaménte
Inclèmency, *s.* inclemènza, durézza, inflessibilità; inclemènza, intempêrie, *f.*

Inclèment, *a.* inclemènte, inflessíbile, inesoràbile; (*del tempo*) inclemènte
Inclínable, *a.* inclinévole, proclíve, dispósto
Inclinátion, *s.* inclinazióne; pendío, chína; propensióne, disposizióne, tendènza, gènio
Incline, *va.* inclináre, inchináre, piegáre, propèndern, èssere dispósto, proclíve, portáto — *va.* inclináre, incurváre, chináre
Inclíned, *a.* inclináto, inclinévole, piegáto, proclíve, propènso, dèdito, dispósto; àmorously —, inchinévole all'amóre
Inclíning, *a.* inclinánte; *s.* propensióne
Inclip, *va.* abbracciáre, stríngere
Inclòister, *va. V.* Clòister
Inclóse, *va.* rinchiúdere, inclúdere; the —d, l'inclúsa (lèttera)
Inclóser, *s.* chi racchiúde o inclúde
Inclósure, *s.* átto d'inchiúdere; partizióne, divisióne di tèrra (per mèzzo di siêpe o di áltro); includiménto, chiusúra; chiúso, siêpe, *f.*; alligáto, allegáto
Inclúde, *va.* inchiúdere, comprèndere, contenére
Inclúded, *a.* inchiúso, compréso; abbracciáto, contenúto; the sèrvice —, compréso il servízio; not —, non compréso
Inclúsive, *a.* inclusívo, che comprènde
Inclúsively, *avv.* inclusivaménte
Incóg, *avv.* (*burl.*) incògnito
Incògitantly, *avv.* sénza riflessióne
Incògnito, *a.* incògnito; — *s.* incògnito
Incògnizable, *a.* non conoscíbile, irreconoscíbile
Incohérence, incohérency, *s.* incoerènza, incongruità
Incohérent, *a.* incòngruo, incoerènte, che non si confà, discrepánte
Incohérently, *avv.* in mòdo incoerênte
Incoincidence, *s.* mancánza di coincidènza
Incoincident, *a. s.* non coincidénte
Incolúmity, *s.* incolumità
Incombíning, *a.* non combinánte, in disaccòrdo
Incombustibility { *s.* incombustibilità, l'èssere incombustíbile
Incombùstibleness { sere incombustíbile
Incombùstible, *a.* incombustíbile
income, *s.* entráta, rèndita, rèddito; to have an —; a yearly — of, avére una rèndita ánnua di; the — -tax, l'impósta sulla rèndita
Incommensurability, *s.* incommensurabilità
Incommènsurable, *a.* incommensurábile
Incommènsurate, *a.* da non potérsi misuráre; to be — to, non èsser proporzionáto a, in rappòrto con
Incommènsurately, *avv.* sproporzionataménte, sénza proporzióne
Incòmmodate, *V.* Incommóde
Incommóde, *va.* sturbáre, incomodáre, scomodáre
Incommódious, *a.* incòmodo
Incommódiously, *avv.* incomodaménte

Incommódiousness, Incommòdity, *V*. Inconvénience

Incommúnicability, *s*. incomunicabilità

Incommúnicable, *a*. incomunicábile

Incommúnicably, *avv*. in mòdo incomunicábile

Incommúnicáting, *a*. sénza comunicazióne, che non si comúnica, non comunicábile

Incommúnicátive, *a*. pòco comunicatívo

Incommútable, *a*. incommutábile

Incompàct, *a*. pòco compátto, non compátto

Incòmparable, *a*. incomparábile

Incòmparableness, *s*. incomparabilità

Incòmparably, *avv*. incomparabilménte

Incompàssionate, *a*. sénza compassióne, dúro

Incompatibility, *s*, incompatibilità

Incompàtible, *a*. incompatíbile

Incompàtibly, *avv*. incompatibilménte

Incòmpetency, *s*. insufficènza, inabilità; (*legge*) incompetènza (petènte

Incòmpetent, *a*. incapáce, inábile, incom-

Incòmpetently, *avv*. incompetèntemente

Incompléte, *a*. incompléto, incompiúto; difettóso, imperfètto

Incompléteness, *s*. státo non compiúto, státo difettóso, imperfètto, manchévole

incomplèx, *a*. incomplèsso

Incompliance, *s*. mancánza di compiacènza, non aderènza, rifiúto

Incomprehensibility, *s*. incomprensibilità

Incomprehènsible, *a*. incomprensíbile

Incomprehènsibly, *avv*. incomprensibilménte

Incompressibility, *s*. incompressibilità

Incomprèssible, *a*. incompressíbile

Inconcéalable, *a*. che non può èssere nascòsto, celáto, tenúto segréto

Inconcéivable, *a*. inconcepíbile

Inconcéivableness, *s*. inconcepibilità

Inconcéivably, *avv*. inconcepibilménte

Inconclúsive, *a*. inconcludènte

Inconclúsively, *avv*. in mòdo inconcludènte

Inconclúsiveness, *s*. qualità inconcludènte

Inconcòct, Inconcócted, *a*. (*poco us*.) crúdo, mal digeríto, indigèsto

Inconcóction, *s*. immaturità, státo crúdo ed indigèsto

Incondènsable, *a*. incondensábile

Incòndíte, *a*. incòndito

Inconfòrmity, *s*. *V*. Non-confòrmity

Incongénial, *s*. *V*. Uncongénial

Incongrúity, *s*. incongruità

Incòngruous, *a*. incòngruo

Incòngruously, *avv*. incongruaménte

Inconnèction, *s*. sconnessióne

Incònséquence, *s*. inconseguènza, inferènza fálsa, conclusióne pôco lògica

Incònsequent, *a*. inconseguènte, mal fondáto, pòco lògico

Inconsequèntial, *a*. pòco lògico; pòco importánte

Inconsíderable, *a*. di pòco momènto, di tenue entità, inconsiderábile

Inconsiderableness, *s*. pòca importánza

Inconsíderate, *a*. inconsideráto, sconsideráto

Inconsíderately, *avv*. inconsiderataménte

Inconsíderateness, Incònsideráation, *s*. sconsideratézza, inconsideratézza, inconsiderazióne, incúria

Inconsístence, inconsistency, *s*. incoerènza, incongruità, incompatibilità, inconsistènza, inconseguènza

Inconsístent, *a*. incoêrente, inconsentáneo, incòngruo, incompatíbile, disdicévole, inconsistènte; — with, non consentáneo a, disdicévole a

Inconsístently, *avv*. in mòdo incoerènte, incongruentemènte, incompatibilménte

Inconsólable, *a*. inconsolábile

Inconsólably, *avv*. inconsolabilménte

Incònsonance } *s*. dissonánza
Incònsonancy }

Incònsonant, *a*. dissonánte, in disaccòrdo

Incònsonantly, *avv*. incompatibilménte, in disaccòrdo

Inconspícuous, *a*. inconspícuo, pòco cospícuo

Inconspícuously, *avv*. non cospicuaménte, pòco cospicuaménte

Incònstancy, *s*. incostánza, leggerézza

Incònstant, *a*. incostánte, volúbile, leggièro

Incònstantly, *avv*. inconstanteménte

Inconsúmable, *a*. inconsumábile

Inconsúmably, *avv*. inconsumabilménte

Inconsùmmate, *a*. inconsumáto, non consumáto

Incontèstable, *a*. incòntestábile, cêrto

Incontèstably, *avv*. incontestabilménte

Incòntinence, *s*. incontinènza

Incòntinent, *a*. incontinènte, impudíco

Incòntinently, *avv*. con incontinènza

Incontróllable, *V*. Uncontróllable

Incontrovèrtible, *a*. incontrovertíbile

Incontrovèrtibly, *avv*. incontendibilménte

Inconvénience, inconvéniency, *s*. inconveniènza, sconveniènza, sconvenevolézza; incòmodo

— *va*. incomodáre, sturbáre

Inconvénient, *a*. incòmodo, di distúrbo; inconveniènte, sconveniènte; sconvenévole.

Inconvéniently, *avv*. incomodaménte, inconvenienteménte, inconvenevolménte

Inconvèrtible, *a*. (*dei fondí*) non convertíbile

Inconvèrtibly, *avv*. inconvertibilménte

Inconvincible, *a*. (*poco us*.) inconvincíbile

Incòny, *a*. ignáro, indòtto, senz'árte

Incorporálity, *s*. incorporeità, immaterialità

Incòrporally, *avv*. incorporalménte

Incòrporate, *va*. incorporáre, far entráre, associáre, uníre in corporazióne; *vn*. incorporársi, unírsi, associársi

— *a*. incorporáto, incorpòreo (zióne

Incorporátion, *s*. l'incorporáre, incorpora-

Incorpóreal, *a*. incorpòreo, spirituále

Incorpóreally, *avv*. immaterialménte, incorporalménte, sénza còrpo

Incorporéity, *s.* incorporeità, státo incorpóreo

Incòrpse, *va.* incorporáre, uníre insième

Incorrèct, *a.* scorrètto, inesátto

Incorrèctly, *avv.* scorrettaménte

Incorrèctness, *s.* scorrezióne, mancánza d'esattézza

Incòrrigible, *a.* incorrigíbile

Incòrrigibleness, Incorrigibllity, *s.* incorrigibilità

Incòrrigibly, *avv.* incorrigibilménte

Incorrùpt, Incorrùpted, *a.* incorròtto, púro

Incorruptibility, *s.* incorruttibilità

Incorrùptible, *a.* incorruttíbile, durábile

Incorrùption, *s.* incorruzióne, incorruttibilità

Incorrùptness, *s.* purità, integrità

Incràssate, *va.* spessáre, ingrossáre

Incrassátion, *s.* lo spessáre, ingrossaménto

Incràssative, *a.* incrassánte, che spéssa

Incréase, *va.* accréscere, aumentáre, ingrandíre

— *vn.* créscere, aumentársi, ingrandírsi

Increase, *s.* accresciménto, aumentazióne, auménto, increménto, aggiúnta; còsa aggiùnta, prodótto, profitto, frútto

Incréaser, *s.* chi o che accrésce o auménta

Incréasing, *a.* che si auménta, crescénte

Incréate, Incréated, *a.* incréato, etèrno

Incredibility, *s.* incredibilità

Incrèdible, *a.* incredíbile

Incrèdibleness, *s. V.* Incredibility

Incrèdibly, *avv.* incredibilménte

Incredúlity, *s.* incredulità

Incrèdulous, *a.* incrèdulo, non credénte

Increment, *s.* increménto, accresciménto

Increpate, *va.* (*ant.*) increpáre, ripréndere, redarguíre, rimproveráre

Increpátion, *s.* (*poco us.*) increpazióne, riprensióne, rimpròvero

Incriminate, *va.* incriminare, incolpáre

Incróach, *V.* Encróach

Incrùst, Incrùstate, *va.* incrostáre, intonacáre

Incrustátion, *s.* incrostatúra, cròsta, cortéccia; intònaco, intonacatúra

Incrùstment, *s.* incrostazióne

Incrÿstallizable, *a.* non cristallizábile

Incubate, *vn.* covàre

Incubátion, *s.* incubazióne, *f.*, covatúra

Incubus, *s.* (*pl.* incubi) íncubo (*med.*)

Incùlcate, *va.* (on, upòn) inculcáre, (a); to

— a THING upon YOUTH, inculcáre una còsa ai gióvani (cazióne

Inculcátion, *s.* l'átto dell'inculcáre, incul-

Incùlt, *a.* (*ant.*) incòlto, sénza coltúra

Incultivátion { *s.* mancánza di coltúra, coltivazióne trascuráta

Inculture {

Incùmbency, *s.* incumbènza, cárica, impégno; possèsso di un benefízio

Incùmbent, *a.* appoggiáto, collocáto, pósto; devolúto, obbligatòrio, che incómbe; — on, appoggiáto sópra; dútiez — on àll, dovéri che incómbono a tútti

— *s.* benefiziáto, úno ch'è in possèsso di quálche benefízio

Incùmber, *va.* Encùmber

Incùmbrance, *s.* ingómbro

Incùr, *va.* incórrere in, espórsi a, attirársi addòsso, dáre in; — a pèrson's displèasure, incórrere nell'altrúi dispiacère; — one's hátred, attirársi addòsso l'òdio di alcúno; — a pènalty, espórsi ad una múlta

Incurability, *s.* incurabilità

Incúrable, *a.* incurábile, insanábile

Incúrableness, *s.* incurabilità, státo incurábile

Incúrably, *avv.* incurabilménte

Incúriòsity, Incúriousness, *s.* incuriosità

Incúrious, *a.* pòco curióso, non curióso, sénza curiosità; indifferènte, disattènto

Incùrsion, *s.* scorrería, incursióne

Incùrvate, *a.* incurváto, curváto, arcáto

— *va.* incurváre, piegáre, arcáre

Incurvátion, *s.* l'átto del curváre o rèndere cúrvo, curvatúra, piegatúra, piéga; l'átto dell'inchinársi, inchinaménto, inchíno

Indagate, *va.* indagáre, investigáre

Indagátion, *s.* indagazióne, indágine, *f.*, ricérca

Indagátor, *s.* indagatóre, investigatóre

Indéar, *V.* Endéar

Indèbted, *a.* indebitáto, obbligáto, tenúto; to be — to a pèrson for a THING, èsser obbligáto ad alcúno per checchessía; I am — to you for my prèsent hàppiness, vi sono debitóre della mia presènte felicità

Indécency, *s.* indecènza, sconcézza, sconvenevolézza

Indécent, *a.* indecènte, sconvenévole, scóncio

Indécently, *avv.* indecenteménte, sconciaménte

Indeciduous, *a.* (*bot.*) persistènte

Indecísion, *s.* irresoluzióne, státo indeciso, titubánza

Indecísive, *a.* pòco decisivo, inconcludènte, indeciso

Indecísively, *avv.* in mòdo indecíso

Indecísiveness, *s.* státo indeciso

Indeclínable, *a.* (*gram.*) indeclinábile

Indecompósable, *a.* indecomponíbile

Indécorous, *a.* indecènte, indecòro, scóncio

Indécorously, *avv.* indecorosaménte, sconciaménte

Indécorousness, *s.* mancánza di decòro, sconcézza

Indecórum, *s.* indecòro, sconvenevolézza

Indéed, *avv.* in effètto, in verità, in véro, veraménte, davvéro, in fàtto, di fátti; no —, no davvéro; —, —, in very déed, daddovéro

Indefàtigable, *a.* infaticábile, indefèsso

Indefàtigableness, *s.* indefessità, operosità

Indefàtigably, *avv.* infaticabilménte

Indefèasible, *a.* inalienábile, imprescrittíbile, indistruttíbile, irrevocábile

Indeféasibly, avv. inalienabilménte, irrevócabilménte
Indefectibility, s. indefettibilità
Indeféctible, a. indefettíbile
Indefensibility, s. indifendibilità, insostenibilità, inescusabilità
Indefénsible, a. indefendíbile, indifensíbile
Indefénsive, a. sénza difésa
Indeficiency, s. indeficiénza; perfezióne
Indeficient, a. indeficiénte; perfétto
Indefinable, a. indefiníbile
Indéfinite, a. indefiníto, indetermináto
Indéfinitely, avv. indefinitaménte
Indéfiniteness, s. indefinitézza
Indeliberate, indeliberated, a. indeliberáto
Indelibility, s. indelebilità
Indélible, a. indelébile, incancellábile
Indélibly, avv. indelebilménte
Indélicacy, s. mancánza di delicatézza
Indélicate, a. pòco delicáto
Indemnificátion, s. indennízzo, indennità, risarciménto
Indèmnify, va. indennizzáre; dar indenníxzo, rénder indénne, risarcíre, rifáre i dánni
Indèmnity, s. (for, di) indennízzo, risarciménto, indennità; abolizióne, amnistía
Indemónstrable, a. indimostràbile
Indenizátion, s. (legge) naturalizzazióne, conferiménto della cittadinánza (allo stranièro) o dei diritti dei líberi (allo schiavo)
Indénize
Indénizen } va. (legge) naturalizzáre, conferíre i diritti dei cittadini (allo stranièro), o dei líberi (allo schiavo). V. Endenize
Indént, va, addentelláre, intaccáre, far tácche in; intagliáre, frastagliáre, solcáre; méttere in noviziático, in tirocínio
— vn. contrattáre, far contrátto; ficcársi, addentellársi
Indentátion, Indént, s, indentatúra, addentelláto, intaccatúra, incisióne, táglio, frastáglio, solcatúra
Indénted, a. addentelláto, intaccáto, frastagliáto, solcáto
Indénture, s. contrátto di tirocínio, di noviziáto
Independence, independency, s. indipendénza
Indepéndent, a. (of, di, da) indipendénte; — gèntleman, proprietário, benestánte, m.; the independents, (relig.) gl'indipendénti, i dissidénti
Indepéndently, avv. indipendenteménte
Indescríbable, a. indescrivíbile, indicíbile
Indeèèrt, s. difètto di mérito; demérito
Indestructibility, s indistruttibilità
Indestrùctible, a. indistruttíbile
Indetèrminable, a. da non determinársi
Indetèrminate, a. indetermináto, vàgo
Indetèrminately, avv. indeterminataménte
indetèrminátion, s. indeterminazióne, irresolutézza
Indevótion, s. indevozióne

Indevóut, a. indevóto, irreligióso
Indevóutly, avv. irreligiosaménte
Index, s. (pl. indexes e indices) índice, m., távola, rúbrica, lísta; gnomóne, m; (mat.) esponènte, m; caratterístico; (mus.) da cápo; — expùrgatory, — prohibitory, índice dei líbri proibíti; this bóok is in the —, quésto libro è all'índice; that bóok was insèrted (ovvero was pláced on) the —, quel libro fu mésso all'índice
India rùbber } s. gómma elástica, caoutIndian rùbber } chouc
Indiaman, s. bastiménto pel commèrcio con le Indie
indian, a. Indiáno, d'India, delle Indie
indian, s. Indiáno, Indiána; a Nòrth Amèrican —, un selvággio del Canadà, un Indiáno
indian-ink } s. inchióstro della China
india-ink }
indicant, a. indicánte, che índica
Indicate, va. indicáre, accennáre, mostráre
Indicátion, s. indicazióne, ségno, indízio
Indicative, a. (gram.) indicatívo; — of, che índica, che móstra, che pòrge indízio di
indicátor, a. indicatóre; indizio, índice, m.
indicatory, a. (of, di) che sèrve d'indicazióne, che accénna; indicatívo, indicatório
indice, V. Index
Indict, va. (legge) accusáre, denunziáre in giustízia, processáre; to stand —ed, èssere accusáto, processáto
Indíctable, a (legge) accusábile, processábile; criminóso, di reáto, rèo
Indíctée, s. (legge) accusáto, rèo convenúto
Indícter, s. (legge) attóre, accusatóre, púbblico ministèro
Indíction, s. dichiarazióne; indizióne, f.
Indíctment, s. accúsa, átto di accúsa; to prefèr an —, intentáre un procèsso
Indifference, s. indifferènza
Indifferent, a. indifferènte, pòco curánte; indifferènte, andánte, mediòcre; indifferènte, imparziále
Indifferentism, s. indifferentísmo.
Indifferently, avv. indifferenteménte, cosí cosí
indigence, indigency, s. indigènza
indigène, s. indígeno
Indigenous, a. indígeno; — plant, piánta indígena
indigent, a. indigènte, necessitóso, pòvero
Indigèst, Indigèsted, a. indigèsto; infórme
Indigèstible, a. indigestíbile; dúro, crúdo
Indigèstion, s. (med.) indigestióne; ho díed of an —, è morto d'indigestióne
Indignant, a. indignáto, sdegnáto; to be — at, èssere indignáto o sdegnáto di
Indignantly, avv. con isdégno, sdegnosaménte
In ignátion, s. indegnazióne, íra, sdégno
Indignity, s. indegnità (azióne indégna), oltrággio

indigo, *s.* indaco; indigo; indico
Indilatory, *a.* non lènto, senza dilaziòne
Indiminishable, *a.* indiminuibile
Indiréet, *a.* indirètto, oblíquo
Indirèction, *s.* mèzzo indirètto, raggíro
Indirèctly, *avv.* indirettaménte
Indiscérnible, *a.* impercettibile, indiscernibile
Indiscérnibly, *avv.* impercettibilménte
Indisciplinable, *a.* indisciplinábile
Indisciplíne, *s.* indisciplína, mancánza di disciplína
Indiscréet, *a.* indiscréto, sconsideráto; imprudénte, pòco giudizióso
Indiscréetly, *avv.* indiscretaménte, imprudenteménte, sénza discreziòne, sconsiderataménte
Indiscrètion, *s.* indiscreziòne, imprudénza
Indiscriminate, *a.* indistínto, confúso
Indiscrimínately, *avv.* sénza distinziòne
Indiscrimináting, *a.* che non fa distinziòne, ciéco
Indiscrimination, *s.* il non distínguere, difètto di distinziòne
Indispènsable, *a.* indispensábile
Indispènsableuess, *s.* indispensabilità
Indispènsably, *avv.* indispensabilménte
Indispóse, *va.* stornáre, frastornáre; indispórre rèndere avvèrso; rèndere indispósto; ammorbáre
Indispósed, *a.* avvèrso, indispósto, maláto
Indispósedness, *s.* ripugnánza, avversiòne
Indisposítion, *s.* indisposiziòne, ripugnánza, avversiòne; *slight* —, indisposizioncélla
Indispútable, *a.* incontendibile, incontrastábile, indisputábile
Indispútableness, *s.* qualità incontestábile
Indispútably, *avv.* indisputabilménte
Indissolubility, *s.* indissolubilità
Indissoluble, *a.* indissolúbile
Indissolubleness, *s.* indissolubilità
Indissolubly, *avv.* indissolubilménte
Indissólvable, *a.* indissolúbile
Indistinct, *a.* indistínto, confúso, oscúro
Indistinction, *s.* difètto di distinziòne, indistinziòne
Indistinctly, *avv.* indistintaménte
Indistinctness, *s.* mánco di distinziòne, difètto di chiarézza, confusiòne, oscurità
Indíte, *va.* redigere; dettáre
Inditement, *s.* il dettáre; redazione
Individual, *a.* individuále, indivíduo
— *s.* indivíduo
Individualism, *s.* individualismo
Individuality, *s.* individualità
Individualize, *va.* individualizzáre, individuáre
Individually, *avv.* individualménte
Individuate, *va.* individuáre
Individuátion, *s.* individuaziòne
Indivisibility, Indivisibleness, *s.* indivisibilità
Indivisible, *a.* indivisibile, inseparábile

Indivisibly, *avv.* indivisibilménte, inseparabilménte
Indócile, *a.* indócile
Indocility, *s.* indocilità
Indóctrinate, *va.* addottrináre
indolence, *s.* indolènza, ignàvia
indolent, *a.* indolènte, infingárdo, pígro
indolently, *avv.* indolenteménte
Indómitable, *a.* indomábile
Indórsable, *a.* (*delle cambiali*) trasferibile, cedíbile, giràbile
Indórse, *va.* caricáre; méttere o scrivere sul dòrso; (*com.*) dáre la giráta a, sottoscrivere
Indorsée, *s.* giratário, portatóre, latóre
Indórsement, *s.* (*camb.*) giráta; soscriziòne
Indórser, *s.* (*di cambiale*) giránte, *mf.* giratóre -trice
Iudrènch, *va.* sommèrgere
Indúbious, *a.* indúbbio
Indúbitable, *a.* indubitábile
Indúbitably, *avv.* indubitalménte
Indúce, *va.* indúrre, persuadére, invogliáre; to — a person to dó a thing, indúrre uno a far che che sia; to be —d, indúrsi; we knów nòt hów he has been —d to admit, etc., non saprèbbesi come egli s' induca ad ammèttere, ecc.
Indúcement, *s.* induciménto, incitaménto, motívo, movènte, *m.*, stímolo, istigaziòne
Indúcer, *s.* inducitóre, istigatóre, *m.* -trice, *f.*
Induct, *va.* méttere in possèsso, installáre
Induction, *s.* introduziòne, entráta, induziòne
Inductive, *a.* inducènte, induttívo, persuasívo
Inductively, *avv.* per induziòne
Indúe, *va.* investíre, dáre investitúra
Indúlge, *va.* accondiscèndere a, dáre ascólto a, èsser indulgènte vèrso, trattáre benignaménte, accontentáre, soddisfáre, favoríre, appagáre, concèdere, accordáre, careggiáre; *vn.* addársi, abbandonársi; to — a person with a thing, accordáre una còsa ad alcúno; to *like* to — one's self, amáre i pròpri còmodi, accarezzársi; to — children tóo much, èsser tròppo indulgènte vèrso i figliuóli
Indúlgence, *s.* indulgènza, clemènza, condiscendènza, abbandóno, favóre; (*relig. cattólica*) indulgènza, perdóno; *plénary* —, indulgènza plenária
Indúlgent, *a.* indulgènte, condiscendènte; míte, buòno, benígno; fácile, agévoli, che si abbandóna, che si dà; óver —, tròppo indulgènte
Indúlgently, *avv.* con indulgènza, benignaménte
Indúlt, Indúlto, *s.* (*diritto can.*) indúlto, privilégio, esenziòne
indurate, *va.* induráre, rèndere dúro; *vn.* induríre, indurírsi, diveníre duro
Indúrated, *a.* induráto, réso dúro
Indurátion, *s.* l'induráre, induraménto

Indúre, V. Endúre

Indùstrious, a. industrióso, operóso, laborióso

Indùstriously, avv. industriosaménte, diligenteménte, con cúra

industry, s. indústria, diligènza, assiduità

Indwèller, s. (poet.) inquilíno, abitatóre, -trice,

Indwèlling, a. (poet.) abitánte, íntimo, intèrno, del cuóre

Inébriant, s. inebbriánte, m.

Inébriate, va. (stíle sost.) inebbriáre

Inébriating, a. inebbriánte, che inébbria

Inebriátion, Inebríety, s. inebbriaménto

Inédited, a. inédito

Inèffable, a. ineffábile

Inèffableness, s. ineffabilità

Inèffably, avv. ineffabilménte

Inèffective, a. inefficácu, sénza effètto

Inèffectual, a. inefficáce, inútile, váno

Inèffectually, avv. sénza effètto, inefficaceménte

Inèffectualness, s. inefficácia

Inefficácious, a. inefficáce

Inèfficacy, s. inefficácia

Inefficiency, s. inefficácia, insufficiènza

Inefficient, a. inefficáce, insufficiènte

Inèlegance, s. ineleganza, difètto d'eleganza

Inèlegant, a. inelegánte, disadórno

Inèlegantly, avv. in mòdo inelegánte

Inelegibility, s. ineligibilità; sconveniènza

Inèlegible, a. ineligíbile; poco convenévole

Inèloquent, a. sénza eloquènza, disadórno

Inèloquently, avv. sénza eloquènza

Inelùctable, a. ineluttábile

Inelúdible, a. che non si può elúdere

Inèpt, a. inètto, disadátto, maláccóncio, balórdo

Inèptitude, s. (ant.) inettitúdine, f.

Inèptly, s; inettaménte, goffaménte

Inèptness, s, inettézza, inettitúdine, f.

Inequálity, s. inegualità, disuguagliánza, insufficiènza

Inèquitable, a. sénza equità

Inèrm, Inèrmous, a. (bot.) inèrme

Inerrability, s. inerránza, infallibilità

Inèrrable, a. inerrábile, infallíbile

Inèrrableness, s. inerránza, infallibilità

Inèrrably, avv. infallibilménte

Inèrringly, avv. sénza erróre

Inèrt, a. inèrte

Inèrtia, s. inèrzia

Inèrtion, s. inèrzia, inazióne

Inèrtly, avv. in mòdo inèrte, pigraménte

Inèrtness, s. inèrzia

Inèstimable, a. inestimábile; — rights, dirìtti inestimábili

Inèstimably, avv. inestimabilménte

Inèvident, a. pòco evidènte, oscúro

Inevitability, s. inevitabilità

Inèvitable, a. inevitábile

Inèvitably, avv. inevitabilménte

Inexàct, a. inesátto

Inexàctness, s. inesattézza

Inexcúsable, a. inescusábile

Inexcúsableness, s. inescusabilità, tòrto inescusábile

Inexcúsably, avv. inescusabilménte

Inexecútiou, s. il non eseguíre, ineseguiménto

Inexhàusted, a. inesáusto, indeficiènte

Inexhàustible, a. inesauríbile, perènne

Inexhàustibly, avv. inesauribilménte

Inexistence, s. non esistènza, insussistènza

Inexistent, a. che non esiste, insussistènte

Inèxorable, a. inesorábile, implacábile

Inèxorably, avv. inesorabilménte

Inexpédience, Inexpédiency, s. sconvenevolézza, inopportunità

Inexpédient, a. inopportúno, non espediènte

Inexpérience, s. inesperiènza, imperízia

Inexpérienced, a. inespèrto, sénza prática

Inexpèrt, a. inespèrto, inesercitáto, pòco versáto

Inèxpiable, a. inespiábile

Inèxpiably, avv. inespiabilménte

Inèxplicable, a. inesplicábile

Inèxplicably, avv. inesplicabilménte

Inexprèssible, a. inesprimíbile, indicíbile

Inexprèssibly, avv. in mòdo inesprimíbile, indicibilménte

Inexpúgnable, a. inespugnábile

Inextinguishable, a. inestinguíbile

Inèxtricable, a. inestricábile, insolúbile

Inèxtricably, avv. inestricabilménte

Inèye, va. innestáre a òcchi

Infàllibleness, Infallibility, s. infallibilità

Infàllible, a. infallíbile

Infàllibly, avv. infallibilménte, sénza fállo

Infáme, va. (ant.) infamáre

infamous, a. infáme

infamously, avv. infameménte, in mòdo infáme

infamousness, s. infamità; V. infamy

infamy, s. infámia; brand of —, márchio, nòta d'infámia

infancy, s. infánzia

Infàngtnef, s. (legge inglese) privilégio accordáto ai Lòrdi di giudicáre i ládri còlti éntro i lóro possediménti

infant, s. infánte, m. f., bambíno, bímbo; (legge) minorènne, m. f.

— a. infantíle

— -gàud, s. balócco, trastállo pei bimbi

Infànta, s. infánta (principèssa di Spágna)

Infànte, s. infánte, m. (príncipe reále di Spágna)

Infànticide, s. infanticídio

infantíle, infantíne, a. infantíle, d'infánte

infantry, s. fantería; hèavy àrmed —, fantería di línea; light —, fantería leggièra

Infàtuate, va. infatuáre, affascináre, rènder fátuo, stòlido, pázzo; —d with, pázzo di

Infatuátion, s. l'infatuáre, affascináre; fatuità

Infèct, *va.* infettáre, appestáre; intaccáre
d'illegalità
Infècted, *a.* infettáto, appestáto, corrótto;
(intaccáto); — hõuse, cása appestáta
Infèction, *s.* infezióne, contagióne, corruzióne, l'átto d'intaccáre d'illegalità
Infèctious, *a.* infètto, contagióso, pestífero,
appiccatíccio; — diséase, malattía appic-
catíccia
Infèctiously, *avv.* contagiosaménte, con infezióne, in módo appiccatíccio
Infèctiousness, *s.* natúra o qualità contagiósa o appiccaticcia
Infecùnd, *a.* infecóndo, stèrile
Infecùndity, *s.* infecondità, sterilità
Infelicity, *s.* infelicità, calamità, misèria
Infèr, *va.* inferíre, dedúrre, arguíre, desúmere, conchiúdere
inference, *s.* inferènza, illazióne, conclusióne, conseguènza; to dráw an —, trárre,
dedúrre úna conseguènza, arguíre, desú-
mere
Inférior, *a. s.* inferióre, subordináto; ínférior
ófficer, uffiziále subaltèrno; he is — to nõne,
egli non la céde a nessúno; your supér-
iors and —s, le persóne da più e da méno
di vôi
Inferiòrity, *s.* inferiorità, grádo subordináto
Infèrnal, *a.* infernále, d'infèrno
Infèrtility, *s.* infertilità, sterilità
Infèst, *va.* infestáre, molestáre, triboláre;
—ed with ròbbers, infestáto dai ládri
Infestàtion, *s.* l' infestáre, infestaménto
Infèstuous, *a.* V. Mischievous
Infeudàtion, *s.* infeudazióne
Infìdel, *a. s.* infedéle, incrèdulo, miscredènte
Infidèlity, *s.* infedeltà, incredulità
Infìltrate *vn.* infiltrársi, penetráre
infinite, *a.* infinito, illimitáto; *s.* l'ínfinito;
the finite and the —, il finíto e l'ínfinito
infinitely, *avv.* infinitaménte
infiniteness, *s.* infinità, immensità
Infinitèsimal, *a.* (*mat.*) infinitesimálé; *s.*
(*mat.*) quantità infinitesimále; —s, *pl.*
análisi infinitesimále
Infinitive, *s.* (*gram.*) infinitívo, indefiníto
Infinitude, Infìnity, *s.* infinitúdine, *f.*, infinità
Infìrm (*pr.* infùrm) *a.* infèrmo, fràle, débole,
cagionévole
Infìrmary (*pr.* infùrmary) *s.* infermería,
spedále, *m.*; luògo dóve si dispénsano le
medicíne ai pòveri, dispensatoría
Infìrmity, (*pr.* infùrmity) *s.* infermità debolézza, difètto
Infìrmness (*pr.* infùrmness) *s.* debolézza, infermità
Infìx, *va.* infìggere, imprímere, inculcáre,
scolpíre nella mènte
Inflàme, *va.* infiammáre, far avvampáre, appiccár fiámma, accèndere; occitáre; *vn.*
infiammársi, avvampársi; (*med.*) riscaldársi

Inflàmer, *s.* chi o che infiámma
Inflammability, *s.* infiamm ibilità
Inflàmmable, *a.* infiammábile, accendibile
Inflàmmableness, *s.* infiammabilità
Inflammàtion, *s.* infiammazióne
Inflàmmatory, *a.* infiammatório; — spéech,
discórso incendiário
Inflàte, *va.* enfiáre, gonfiáre
Inflàted, *a.* enfiáto, gónfio; trónfio, túrgido
Inflàtion, *s.* enfiatúra, enfiagióne, gonfiézza,
gonfiaménto, ampollosità
Inflèct, *va.* (*ottica*) inflèttere, piegáre; inflèt-
tere, piegáre o variáre (*la voce*); (*gram.*)
dáre la desinènza a
Inflècted, *a.* (*ottica*) inflèsso, piegáto
Inflèction e Inflèxion, *s.* inflessióne (*della
voce*) inflessióne; (*geom. gram.*) inflessióne; — of nõuns and verbs, declinazióne dei
nomi e conjugazióne dei vèrbi
Inflèxibleness, inflexibility, *s.* inflessibilità
Inflèxible, *a.* inflessíbile
Inflèxibly, *a.* inflessibilménte
Inflìct, *va.* infìggere
Inflìcter, *s.* persóna che infìgge, castigatóre
Inflìction, *s.* infliggiménto, l' átto dell'infìggere
influence, *s.* influènza, inflússo; he has sõme
— óver your fáther, egli ha quálche influènza su vòstro pádre
— *va.* influíre, influenzáre; to let one's self
be —d by, lasciársi influenzáre da
Influèntial, *a.* che ha dell'influènza, che
influisce
Influèntially, *avv.* con influènza
Influènza, *s.* (*med.*) grippe, *m.* infreddatúra
influx, *s.* inflússo, sboccaménto; (*pers.*) affluènza, concorrènza; (*cosa*) inflússo, abbondánza; piéna; — of visitors, affluènza
di convitáti
Infold, *va.* invilíppáre, avvòlgere, stríngere
Infòliate, *va.* copríre di fóglie
Infòrm, *va.* informáre, notificáre, ragguagliáre, informáre, ammaestráre, istruíre, addottrináre, addestráro; formáre; (*poet.*)
animáre; to — a pèrson of a ᴛʜing, ragguagliáre úno di una còsa; to — the mind,
coltiváre la mènte; to — one's self, informársi, prèndere informazióni; to — agàinst,
vn. dáre informazióni cóntro, denunziáre
Infòrmal, *a.* irregoláre, non in régola
Informàlity, *s.* (*legge*) irregolarità
Infòrmally, *avv.* (*legge*) sènza l'osservánza
delle fórme volúte, sènza le formalità ri-
chièste, irregolarménte
Infòrmant, *s.* persóna che infòrma, avvíso o
denúnzia, ragguagliatóre, informatóre
Informàtion, *s.* informazióne, avvíso, notízia,
contézza, istruzióne, ragguáglio; accúsa;
ammaestraménto, insegnaménto
Infòrmed, *a.* istrútto, istruíto; well —, ad-
dottrináto, erudíto, cólto
Infòrmer, *s.* chi infòrma o ragguáglia; chi

denúnzia, delatóre -tríce, accusatóre, -tríce,
Införmidable, a. pôco formidábile
Införmity, s. aspêtto infórme
Infràct, V. Infringe
Infràction, s. infrangiménto, infrazióne, viólazióne, contravvenzióne
Infràctor, s. infrangitóre, violatóre, contravventóre
Infralapsàrian, s. (teol.) infralapsário; — a. degli Infralapsárii, V. Sublapsarian
Infràngible, a. infrangíbile
Infréquency, s. infrequênza
Infréquent, a. infrequênte, non frequênte
Infringe, va. trasgredíre, violáre
Infringement, s. infrazióne, violazióne, f.
Infringer, s. trasgreditóre, -tríce, trasgressóre, violatóre, -tríce
Infúriate, a. infuriáto, furióso, furibóndo
Infúse, va. infóndere, comunicáre, ispiráre, istilláre; to be —d with, imbéversi di
Infúsible, a. infusíbile, comunicábile
Infúsion, s. infondiménto; (med.) infusióne, decôtto
Infusória, s. (zool.) infusórii, mpl.
Ingáthering, s, atto del far la ricôlta; ricôlto
Ingèminate, va. raddoppiáre, geminàre
Ingènerate, ingènerated, a. ingénito, innáto
Ingénious, a. ingegnóso, d'ingégno; di génio, di talénto, intellettuále; — man, uômo di génio
Ingéniously, avv. ingegnosaménte, con ingégno
Ingéniousness, s. carâttere ingegnóso, qualità spiritósa, acúta; ingégno, gênio, acúme, m.
Ingènite, a. (ant.) ingénito, innáto
Ingenúity, s. qualità inventiva, acutézza di ménte, ingégno, abilità, destrézza, spírito, talênto, acúme, m.
Ingènuous, a. ingênuo, schiêtto, fránco sincêro
Ingènuously, avv. ingenuaménte, francaménte
Ingènuousness, s. ingenuità, schiettézza, candóre
Inglórious, a. inglorióso, sénza glória, vergognóso
Inglóriously, avv. disonorevolménte
Inglóriousness, s. l'êsser sénza glória, l'êsser pôco onorévole
Ingot, s. vêrga d'ôro, d'argênto
Ingràft, va. innestáre, innocchiáre
Ingràftment, s. innestaménto, l'innestáre
Ingráin, va. tíngere in gràna, intaccáre
Ingráte, Ingráteful, a. V. Ungrátefnl
Ingrátiate, va. insinuáre nelle altrúi grázie; — one's self with a person, insinuársi nelle buône grázie di úno, cattivársene l'amóre; to — themselves with the French diplomatists, per ingraziársi la diplomazía francêse
Ingràtitude, s. ingratitúdine, f. sconoscénza

Ingrédient, s. ingrediênte, m. eleménto, drôga; médicine compósed of mâny —s, medicaménto compósto di môlti ingrediênti
Ingress, s. ingrêsso, entráta; — and égress, entráta e uscíta
Ingróss, V. Engróss
Inguinal, a. inguinále
Ingùlf, va. ingolfáre, inabissáre, inghiottíre, assorbíre; to be —ed in, êssere inghiottíto o assórto in
Inhàbit, vn. (poco us.) abitáre, dimoráre, vívere; va. dimoráre in, abitáre in
Inhàbitable, a abitábile
Inhàbitance, s. dimoránza, domicílio, dimóra
Inhàbitant, s. abitatóre, -tríce, abitánte, mf.
Inhabitátion, s. abitazióne, dimóra, stánza
Inhàbiter, s. abitatóre; V. Inhàbitant
Inhàbitress, s. abitatríce, f.
Inhále, va. inspiráre (l'aria); — stéam, inspiráre il fúmo, tirándo a sé il fiáto
Inharmònic, Inharmónious, a. pôco armonióso, dissonánte, assordánte, dúro
Inharmóniously, avv. scordanteménto
Inhàrmony, s. mancánza d'armonía
Inhére, vn. êssere inerénte, stáre attaccáto, êssere inseparábile
Inhérence, s. incrênza
Inhérent, a. inerênte, innáto, inseparábile
Inhérently, avv. inerenteménte
Inhérit, va. ereditáre, entráre in possésso di
Inhéritable, a. ereditábile, ereditário
Inhéritance, s. eredità, ereditàggio; to acquíre an —, fáre un'eredità, ereditáre
Inhéritor, s. erêde, m.
Inhéritress, inhéritrix, s. ereditiéra, erêda, erêde, f.
Inhèrse, va. (poet.) rinchiúdere nella tómba
Inhésion, s. inerênza, attaccaménto
Inhìbit, va. (poet.) inibíre
Inhibítion, s. inibizióne, proibizióne
Inhóop, va. rinchiúdere
Inhóspitable, a. inospitále, scortése, dúro
Inhóspitably, avv. inospitalménte
Inhóspitableness, inhospitálity, s. inospitabilità
Inhúman, a. inumáno, disumáno, bárbaro
Inhúmanity, s. inumanità, crudeltà
Inhúmanly, avv. inumanaménte, crudelménte
Inhúmate, Inhúme, va. (poet.) interráre sotterráre, seppellíre, inumáre
Inhumátion, s. inumazióne, seppelliménto
Inimaginable, a. inimmaginábile
Inímical, a. inimichévole, ostíle; to be — to, osteggiáre
Inimitability, s. inimitabilità
Inímitable, a. inimitábile
Inímitably, avv. inimitabilménte
Iníquitous, a. iníquo, ingiústo, malvágio
Iníquitously, avv. iniquaménte, ingiustaménte, malvagiaménte
Iníquity, s. iniquità, ingiustízia
Inítial, a. iniziále, che inízia, prímo; s. ini-

nôr, rûde; - fâll, sôn, bûll; - fâre, dô; - bý, lýmph; pôlse, bôỹ̀s, fôⁿl, fôⁿl; gem, aš

Diz. Ingl. Ital. - Ediz. VI. Vol. I.º   22.

ziále, *f.*, léttera iniziále; —*s*, iniziáli (del nòme e cognòme)
Initiátion, *s.* iniziazióne
Initiate, *va.* iniziáre, ammaestráre ne' rudiménti d'un'árte o d'una sciénza
Initiatory, *a.* d'iniziazióne, iniziatívo, iniziále
Injèct, *va.* schizzettáre, gettár déntro, injettáre; — into, (*med.*) schizzettáre déntro, injettáre, far un'injezióne in
'njèction, *s.* injezióne; — pipe, (*di macchíne a vapore*) túbo d'injezióne
Injudicial, *a.* sénza caráttere giudiziário
Injudicious, *a.* pòco giudizióso
Injudiciously, *avv.* con pòco giudízio, sénza giudízio
Injudiciousness, *s.* difétto di giudízio o di prudénza
Injùnction, *s.* ingiunzióne, comándo, órdine, *m.*
Injure, *va.* nuócere a, far tòrto a, danneggiáre, intaccáre, lédere, offéndere; ingiuriáre, oltraggiáre; to — one's *neighbour*, far tòrto al próssimo; — a *good cáuse*, nuócere ad una buòna cáusa
Injured, *a.* offéso, danneggiáto, léso
Injurer, *s.* chi pregiùdica o nuóce; ingiuriatore -trice, offenditóre -trice
Injùrious, *a.* nocévole, pregiudiziále, che fa tòrto a, che intácca, léde, offénde; iníquo, ingiurióso, oltraggióso; to be — to, *V.* injùre
Injùriously, *avv.* iniquaménte, a tòrto, ingiuriosaménte
Injùriousness, *s.* ingiustízia; natúra nocíva; effétti nocívi, *pl. m.*
Injury, *s.* ingiúria, tòrto, lesióne, pregiudício, guásto, dánno, offésa, oltrággio; (*med.*) lesióne
Injùstice, *s.* ingiustízia
ink, *s.* inchiòstro; indèlible —, inchiòstro, indelèbile; to dàub with —, schiccheráre, scarabocchiáre
— *va.* inchiostráre
— -màker, *s.* fabbricatóre d'inchiòstro
inkhorn, inkstand, *s.* calamájo
inkiness, *s.* nerézza d'inchiòstro
inkle, *s.* nástro di filo
inkling, *s.* sentóre, indízio, avviso, sospétto, bráma
inky, *a.* d'inchiòstro, néro come l'inchiòstro
Inláid, *a.* intarsiáto; — wórk, társia, intarsiatúra
inland, *s.* interióre d'un paése, párte in tèrra
— *a.* dell'intèrno; the — pròvinces, le províncie dell'intèrno (*del centro*)
inlander, *s.* abitánte dell'interióre
Inláy, (*pas.* inláid) *va.* intarsiáre,
inlet, *s.* entráta, ádito, passàggio strétto, ingrèsso, pòrta, portéllo; piccolo séno di ma-

re; acquedótto condótto per l'ácqua; — pípe, túbo per cui èntra l'ácqua
Inly, *avv.* internaménte, interiorménte, nell'ímo del cuóre
Inmáte, *s.* abitatóre, persóna abitánte con altrúi; convitáto, persóna albergáta o alloggiáta in cása altrúi; pigionále, dozzinánte, inquilíno, cameráta, *m.*
Inmost, *a.* interióre; più intèrno, più recóndito, più profóndo, più segréto; the — cóurt, il cortíle più intèrno; — *thoughts,* i più íntimi pensiéri; — recèsses of the heart, l'ímo del cuóre
inn, *s.* osteria, albèrgo, ostèllo, locále, (in América) tavèrna; the Làndlord of an —, óste, *m.*, albergatóre; the Làndlady of an —, ostéssa, albergatríce, *f.*; to stop or pùt up at an —, smontáre o fermársi ad un albèrgo; to kéep an —, tenére osteria; the —s of Cóurt, i Collègi degli avvocáti
inn, *vn.* albergáre (*ant.*); *va.* ripórre; — córn, méttere il gráno nel granájo
innáte, *a.* innáto, inerénte
Innàvigable, *a.* non navigábile
inner, *a.* interióre, intèrno, di déntro
innermost, *a.* *V.* inmost
Innèrve, *va.* dar nèrbo, vigóre a
inning, *s.* l'átto del ripórre, la còsa ripósta, intróito
innocence, innocency *s.* innocènza
innocent, *a.* innocènte, che non nuóce
— *s.* innocènte, creatúra innocènte; the màssacre of the —s, la stráge degli Innocènti; an —, un idiòta, uno scémo, un fòlle
innocently, *avv.* innocenteménte, legittimaménte
Innòcuous, *a.* innócuo; non nocívo
Innòcuously, *avv.* in mòdo innócuo, sénza nuócere
Innòcuousness, *s.* innocuità
Innòminable, *a.* non nominábile
Innòminate, *a.* innomináto
innováte, *va.* innováre, fáre delle innovazióni
Innovàtion, *s.* innovazióne, novità
innovátor, *s.* innovatóre
Innòxious, *a.* che non è nocívo, innócuo
Innòxiously, *avv.* innocuaménte, sénza nuócere
Innòxiousness, *s.* innocuità
Innuèndo, *s.* avviso indirètto, insinuazióne; cènno
Innumerability, *s.* innumerabilità
Innúmerable, *a.* innumerábile
Innúmerableness, *s.* innumerabilità
Innúmerably, *avv.* innumerabilménte
Innúmerous, *a.* innúmero, innumerévole
Inobédience, *s.* inobbediènza
Inobédient, *a.* inobbediènte
Inobsèrvable, *a.* inosservábile, impercettíbile

Inobsèrvance, s. inosservànza

Inòculate, va. innocchiáre, innestáre a òcchio; (med.) inoculáre

Inòculátion, s. innèsto, innòcchiaménto; (med.) inoculazióne

Inòcnlátor, s. innestatóre; (med.) inoculatóre

Inódorous, a. inodóro, sénza odóre

Inoffènsive, a. inoffensívo

Inoffènsively, avv. inoffensivaménte

Inoffènsiveness, s. innocuità; índole inoffensíva

Inofficially, avv. non officialménte

Inòperative, a. inoperánte, inoperátivo

Inopportúne, a. inopportúno, intempestívo

Inopportúnely, avv. in mòdo inopportúno; mal a propòsito

Inòrdinancy, s. sregolatézza, eccèsso

Inòrdinate, a. inordináto, sregoláto

Inòrdinately, avv. inordinataménte, eccessivaménte

Inorgànical, a. inorgánico

Inòrganized, a. non organizzáto

Inòsculate, vn, (anat.) inosculáre

inquest, s. inchièsta, ricèrca; Còroner's —, (legge) inchièsta del Coroner

Inquietude, s. (poco us.) inquietúdine, f.

Inquírable, a. del quále si può far inchièsta

Inquíre, vn. ricercáre, inquerére, domandáre, informársi; — into, investigáre, chiédere notízie o informazióni di; — at Mr. B 's, s'indirízzi dal sig. B.

Inquírer, s. chi dománda o ricérca, ricercatóre -trice, investigatóre -trice

Inquíry, s. inchièsta, dománda, ricèrca, investigazióne, sindacáto

Inquisítion, s. esáme, m., ricèrca, inchièsta, sindacáto; inquisizióne (tribunale ecclesiastico)

Inquísitive, a. curióso, investigatóre; bramóso di sapère ogni còsa, indiscrèto

Inquísitively, avv. con curiosità, curiosaménte, ricercataménte, indiscretaménte

Inquísitiveness, s. curiosità, ricèrca, indiscrezióne

Inquísitor, s. inquisitóre, chi fa un' inchièsta; (relig. cattolica) inquisitóre

Inquisitórial, a. inquisitoriále

Inquisitórious, a. inquisitório

Inráfl, va. circóndáre con ingraticciáte, chiúdere con cancèlli

Inroad, s. incursióne, invasióne, scorrería

Insalúbrious, a. insalúbre

Insalúbrity, s. insalubrità

Insáne, a. insáno, pázzo, demènte, mátto

Insánely, avv. insanaménte, pazzaménte

Insánity, s. insánia, alienazióne mentále, pazzía, demènza

Insátiable, a. insaziábile, insatollábile

Insátiableness, s. insaziabilità

Insátiably, avv. insaziábilménte

Insátiate, a. insaziábile

Insáturable, a. insaturábile

Inscríbe, va. iscrivere, pórre iscrizióne, incídere, scolpíre; indirizzáre, dedicáre; to — a póem to, dedicáre un poèma a

Inscription, s. iscrizióne, soprascrítta, dedicatória

Inscriptive, a. inscrittívo

Inscrutability, inscrútableness, s. inscrutabilità

Inscrútable, a. imperscrutíbile, impenetrábile

Inscrútably, avv. inscrutabilménte

Inséam, va. cicatrizzáre, far la cicatríce

insect, s. insètto

— a. d'insètto, víle, meschíno, sprezzábile

Insecúre, a. non sicúro, espòsto a perícolo

Insecúrity, s. mancánza di sicurèzza, incertézza

Insènsate, a. insensáto, stólto

Insensibility, s. insensibilità, stupidézza

Insènsible, a. insensíbile, impercettíbile

Insènsibleness, s. insensibilità

Insènsibly, avv. insensibilménte, a póco a póco, sénza avvedérsene

Insèntient, a. (filos.) non senziènte

Inseparability, s. inseparabilità

Insèparable, a. inseparábile, indivisíbile

Insèparableness, s. inseparabilità, indivisibilità

Insèparably, avv. inseparabilménte

Insèrt, va. inseríre, métter déntro; innestáre; — this advèrtisement in your páper, fáte l'inserzióne di questo avvíso nel vòstro giornále

Insèrtion, s. inserzióne; innestaménto

Inshèll, va. rinchiúdere in una conchíglia

Inship, va. imbarcáre.

Inshríne, va. V. Enshríne

insíde, s. interióre, intèrno, di déntro; fóndo; the — of an èdifice, il di déntro di un edifízio

— a. dell'interióre, dell'intèrno, del di déntro

Insidiátor, s. insidiatóre -trice

Insidious, a. insidióso, pèrfido, traditóre

Insidiously, avv. insidiosaménte

Insidiousness, s. insídia, macchinazióne, tradiménto, índole insidiósa

insight, s. occhiáta chiára, conoscènza íntima, vísta, cólpo d'occhio penetratívo; ispezióne, schiariménto, delucidaménto; I will give you a slíght — into this science, vi faró toccár con máno una párte di codésta sciènza

Insignia, spl. insègne, fp., ségni distintívi

Insignificance, insignificancy, s. vanità, futilità, núlla

Insignificant, a. insignificánte, váno, inútile

Insignificantly, avv. in mòdo insignificánte

Insincére, a. non sincéro, dissimuláto, finto, fálso

Insincérely, *avv.* in môdo pôco sincéro, falsaménte

Insincèrity, *s.* mancánza di sincerità, falsità

Insinuate, *va.* insinuáre, introdùrre; insinuáre, intimáre, dáre ad inténdere, dar a divédere; — one's self, insinuársi

Insinuate, *va.* insinuàrsi, infiltrársi, cacciársi déntro

Insinuáting, *a.* insinuánte, seducênte, entránte

Insinuátion, *s.* insinuazióne, cénno, avvíso

Insipid, *a.* insípido, scípido, scipíto, smaccáto, sdolcináto, insúlso, sbiadáto, sciôcco

Insipidity, Insipidness, *s.* scipitézza, insipidézza, insulsággine, *f.*

Insipidly, *avv.* insipidaménte, scipitaménte

Insipience, *s.* insipiênza, ignoránza, sciocchézza

Insist, *vn.* insístere, persístere, fár istánza; you mùst chíefly — upón that, bisógna che voi insistiáte principalménte in quésto

Insition, *s.* innestaménto

Insnáre, *va.* inlacciáre, accalappiáre, irretíre

Insnárer, *s.* chi accaláppia; insidiatóre

Insóciable, *a.* insociábile, pôco compagnévole

Insolátion, *s.* il soleggiáre, soleggiaménto

insolence, *s.* insolênza

insolent, *a.* insolênte

insolently, *avv.* insolenteménte

Insolidity, *s.* difêtto di solidità

Insóluble, *a.* insolúbile, indissolúbile

Insólvable, *a.* insolúbile, che non si può sciógliere; insolvênte, che non può pagáre

Insólvency, *s.* insolvênza, incapacità a pagáre

Insólvent, *a.* (com.) insolvênte, non solvênte, che non può pagáre; the — -àct, la légge sulle bancarôtte

Insólvent, *s.* mercánte insolvênte, fallíto

Insòmnia, *s.* insônnio

Insòmnious, *a.* insònne, che non ha sônno

Insomùch that, *conj.* talménte che

Inspèct, *va.* ispezionáre, esamináre, verificáre, sorvegliáre; (mil.) ispezionáre

Inspèction, *s.* ispezióne, esáme, *m.*, sorveglíanza; (mil.) ispezióne

Inspéctor, *s.* ispettóre, sopraitendênte, intendênte; — gèneral, ispettóre generále

Inspéctorship, *s.* ispettoráto, sopraintendênza

Inspèctress, *s.* ispettríce, *f.*

Insphére, *va.* collocáre in una sféra

Inspírable, *v.* respirábile, spirábile

Inspirátion, *s.* (dell'ária, ecc.) inspirazióne; (teol.) inspirazióne

Inspíre, *vn.* ispiráre (tràrre l'ária ne' polmóni); *va.* spiráre, infóndere, inspiráre (teol.); to — with new coùrage, infóndere nuóvo coràggio; a pròphet —d by God, profêta inspiráto da Dio

Inspírer, *s.* persóna che inspíra; côsa che infónde, inspiratóre -trice

Inspirit, *va.* animáre, incoraggiáre

Inspissate, *va.* inspessáre, condensáre

Inspissátion, *s.* condensaménto, lo inspessáre

Inst, *abbr. di* instant, *a.* (com.) corrênte; your lètter of the tenth —, la vôstra (lèttera) del diêci corrênte

Instability, Instábleness, *s.* instabilità

Instáble, *a.* (cosa) instábile; (pers.) inconstánte

Install, *va.* installáre, stabilíre, méttere in possêsso d'un ufficio o benefízio

Installátion, *s.* installazióne

Installment, *s.* l'átto dell'installáre o méttere in possêsso; stállo, pósto; ráta, pagaménto físso, pagaménto parziále, a cónto; páid in thrée —s, pagáto in tre ráte

Instance, *s.* instánza, dománda, richiêsta, preghiêra; esêmpio, cáso, próva; at the — of, a preghiêra di, ad istánza di; for —, per esêmpio; in several —s, in divêrsi cási — *va.* addùrre un esêmpio di; citáre dégli esêmpi di

instant, *a.* istánte, instánte, che insta, sollêcito, urgênte, premuróso, immediáto — *avv.* all'istánte; (com.) della dáta di, andánte, corrênte; on the tenth —, il diêci dei corrênte —, *s.* istánte, *m.*, momênto, ora; at this vèry —, in quésto púnto

Instantanéity, *s.* istantaneità

Instantáneous, *a.* istantáneo

Instantáneously *avv.* istantaneaménte

Instantáneousness, *s* istantaneità

Instánter, *avv.* (legge) súbito, all'istánte, sénza indúgio

instantly, *avv.* all'istánte, súbito, adêsso; istanteménte, con istánza

Instáte, *va.* méttere in un rángo, grádo, condizióne; stabilíre, investíre

Instáurátion, *s.* instaurazióne, stabiliménto solênne

Instèad, *avv.* in luógo, invéce; — of, prep. in luógo di; in his stêad, in suo luógo; — of which, invéce di che

Instéep, *va.* tenére nell'ácqua, maceráre

instep, *s.* côllo del piêde

instigate, *va.* instigáre, incitáre, eccitáre

Instigátion, *s.* instigazióne, *f.*; incitaménto

instigator, *s.* instigatóre -trice

Instil, *va.* instilláre, infóndere, inculcáre; to — góod principles into the mind of a pèrson, instilláre buóni princípii nell'ánimo di alcúno

Instillátion, *s.* l'instilláre o inculcáre, istillazióne, infondiménto, inculcaménto; liquóre istilláto, infusióne

Instinct, *s.* istínto; by —, per istínto, istintivaménte — *a.* (with) animáto (di), piêno (di)

Instinctive, *a.* istintívo, fátto per istínto

Instinctively, *avv.* per istínto, istintivaménte

institute, va. istituíre, stabilíre, formáre, cominciáre, intentáre; — a compàrison, istituíre, fàre un paragóne; — an enquíry, cominciáre una ricèrca, un'inchièsta
institute, s. institúto princípio, precètto; istitúto, istituzióne, società scientifica; Stóic —s, princípj stóici; the mecànic's —, le scuóle seráli per gli artièri
Institútion, s. instituzióne, f.; stabiliménto; órdine, m., società; representative —s, istituzióni rappresentative
Institútional, a. d'istituzióne
Institútionary, a. elementáre
institútist, s. autóre d'òpere elementári
institútive, a. istitutívo; to be — of, istituíre
institútor, s. istitutóre, fondatóre; istitutóre, ammaestratóre, precettóre, insegnánte
institútress, s. istitutríce, f.
Instrùct, va, istruíre, insegnáre, ammaestráre, guidáre; informáre, ragguagliáre
Instrùction, s. istruzióne, insegnaménto, ammaestraménto, educazióne, dottrína
Instrùctive, a. instruttívo, ammaestratívo
Instrùctor, s. istruttóre, precettóre, maèstro
Instrùctress, s. istitutríce, ája, governánte, f., maèstra
instrument, s. istrumento, ordígno; utensíle, m; (mus.) struménto; (legge) átto, istruménto; marnemàtical —s, struménti matemátici; wind —, struménti da fiáto
Instruméntal, a. (cosa) istrumentále, di struménto, orgánico; (pers.) che sèrve d'istroménto a, giovévole, soccorrévole, útile
Instrumentàlity, s. cooperazióne, mèzzo; instrumentalità
Instruméntally, avv. strumentalménte, come struménto, come mèzzo
Instruméntalness, s. V. instrumentality
Insubjéction, Insubmission, s. mancánza di sommessióne
Insubórdinate, a. insurbordináto
Insubordinátion, s. insubordinazióne, sregogolatézza
Insùfferable, a. insopportábile, intollerábile
Insùfferably, avv. insopportabilménte
Insufficience, insufficiency, s. insufficiènza
Insufficient, a. insufficiènte, incapáce
Insufficiently, avv. insufficienteménte
insular, a. isoláno, d'ìsola, di penísola
insulate, va. isoláre, staccáre
insuláted, a. isoláto, staccáto, solitário
Insulátion, s. l'isoláre, isolaménto
Insulátor, s. (fisica) isolatóre
Insùlse, a, (ant.) insúlso
insult, s. insúlto, oltràggio, ingiúria; blóody —s, sanguinóse contumélie, f. pl.
Insùlt, va. insultáre, oltraggiáre
Insùlter, s. chi insúlta, oltraggiatóre -tríce
Insùlting, a. insultánte, oltraggióso contumelióso
Insùltingly, avv. in mòdo oltraggióso, insul-

Insuperability, s. insuperabilità
Insúperable a. insuperábile, invincíbile
Insúperableness, s. insuperabilità
Insúperably, avv. in manièra insuperábile
Insuppórtable, a. insopportábile
Insuppórtably, avv. intollerabilménte
Insúrable, a. che può èssere assicuráto
Insúrance, (pr. inshúrance) s. (com.) assicuránza, assicurazióne; — còmpany, compagnía di assicurazióne
Insúrancer, (pr. inshúrancer) s. (ant.) mallevadóre
Insúre e Ensúre, (pr. inshúre, enshúre) va. assicuráre; to — a ship a hòuse, assicuráre una náve, una cása; the hòuse is —d, la cása è assicuráta
Insúrer (pr. inshúrer) s. persóna che assicúra, assicuratóre
Insùrgent, s. insorgènte, a. insorgènte
Insurmòuntable, a. insormontábile
Insurmòuntably, avv. insuperabilménte
Insurréction, s. insurrezióne, sollevaménto
Insurréctionary, a. insurrezionário, rivoltóso, insórto, sedizióso, ribellánte
Insusceptibility, s. mancánza di suscettibilità; insensibilità
Insuscéptible, a non suscettíbile; — of páin, insensíbile al dolóre
Intáglio, s. intáglio
Intàngible, a. intangíbile, che non si può toccáre
Intangibility, s. intangibilità
integer, s. intièro, número intèro, íntegro
Integral, a. integrále, integránte; — pàrt, pàrte integránte
— s. l'íntegro, l'integrále m.
integrally, avv. integralménte
integrant, a. integránte, integrále
Integrátion, s. integraménto, integrazióne
integráte, va. rèndere intèro, integráre
Intégrity, s. integrità, totalità; integrità, probità, onestà, dirittúra, purézza, sincerità
Intégument, s. integuménto
intellect, s. intellètto, facoltà intellettuále, comprensíva; intelligènza, oculatézza, talènto
Intelléction, s. (filos.) intellezióne
Intelléctive, a. intellettívo, d'intellètto
Intelléctual, a. intellettuále; intellettívo
Intelléctually, avv. intellettualménte
Intélligence, s. intelligènza, comprensíva, spírito; intelligènza, accòrdo; intelligènza, avvíso, notízia; fòreign —, notízie èstere; látest —, últimi avvísi, notízie recentíssime; — òffice, officio d'avvísi, d'indízi; —s, (poet.) sostánze incorpòree, intelligènze, ángioli
Intélligencer, s. novellísta, m.; (in America) gazzètta, giornále, m.; giornalísta m.
Intélligent, a. intelligènte, che ha dell'intelligènza, apprensívo, apèrto, oculáto, istrútto, comunicatívo

Intelligéntial; a. intellettuále, perspicáce
Intelligibility, s. intelligibilità
Intélligible, a. intelligíbile, apprensíbile
Intélligibleness, s. intelligibilità
Intélligibly, avv. intelligibilménte
Intèmerate, a. intemoráto
Intèmerateness, s. purézza intemeráta
Intèmperament, s. cattívo temperaménto
Intèmperance, s. intemperánza, eccèsso
Intèmperáte, a. intemperánte; intemperáto
Intèmperately, avv. intemperanteménte
Intèmperateness, s. intemperánza, sregola-
téézza
Intèmperature, s. intemperánza,intempèrie, f.
Intènd, va. intèndere, propórsi, disegnáre
Intèndant, s. (poco us.) intendènte, cápo
Intènded, a. disegnáto, progettáto, propósto;
your —, s. il vòstro pretendènte, il vòstro
promésso spóso; la vòstra promèssa spósa
Intèndedly, avv. con intenzióne, a bèlla pò-
sta, a bèllo stúdio
Intèndment, s. disègno, intènto, divisaménto
Intènerate, va. inteneríre, ammollíre
Inteneràtion, s. l'inteneríre, l'ammollíre
Intènse, a. intènso, ardènte, focóso, caloró-
so, veemènte, vívo; — hèat, calóre intènso
Intènsely, avv. intensaménte, con intensità
Intènseness, Intènsity, s. intensità
Intènsion, s. V. Tènsion
Intènsive, a. (gram.) intensívo; V. Intènse
Intènt, a. intènto, attentíssimo, físso; to
be —, affissársi
— s. intènto, disègno, proponiménto; with
the — to, col disègno di; tò àll —s and
pùrposes, in tútte le manière, in ógni qua-
lúnque mòdo, affátto, del tútto
Intèntion, s. intenzióne, scópo, disègno
Intèntional, a. intenzionále, d'intenzióne
Intèntioned, [a. ùntenzionáto; évíl —, mal
intenzionáto
Intèntionally, avv. intenzionalménte, a pósta
Intèntive, a. (ant.) intènto, attènto, físso
Intèntly, Intèntively, avv. replicataménte
Intèntness, s. applicazióne assídua, atten-
zióne fòrte, fòrza d'applicazióne, appli-
catézza
Intèr, va. sotterráre (un mòrto), seppellíre
Interàct, s. (teat.) intermédio
Intèrcalar, Intèrcalary, a. (cron.) intercaláre
Intèrcalate, va. intercaláre
Intercalàtion, s. (cron.) intercalazióne
Intercéde, vn. intercédere
Intercéder, s. intercessóre
Intercèpt, va. intercettáre, arrestáre, fermá-
re, sorprèndere, interrómpere, impedíre
Intercèption, s. intercezióne, ostruzióne
Intercèssion, s. intercessióne
Intercèssor, s. intercessóre
Interchánge, va. cambiáre, permutáre
— s. cámbio, pèrmuta, commèrcio
Interchángeable, a. permutábile, scambié-
vole

Interchángeably, avv. scambievolménte
Interchèck, va. frammischiáre, mescoláre
(with, con)
Intercípient, a. intercettánte; s. oggètto che
intercètta
Interciśion, s. interruzióne
Interchíde, va. intercettáre; interrómpere
Interclúśion, s. azióne d'intercettáre; inter-
ruzióne; impediménto
Intercolumniátion, s. intercolònnio
Intèrcommúnicate, va. comunicársi l'un al-
l'áltro
Intercóstal, a. intercostále
Intercóurse, s. commèrcio, corrispondènza,
rappòrto, relazióne; comunicazióne recíproca, scámbio, cartéggio
Intercùrrent, a. corrènte per mèzzo
Interdíct, va. interdíre, proibíre, vietáre
interdíct, s. interdètto, proibizióne
Interdíction, s. interdizióne, proibizióne
intèrest, s. interèsse, m., interessaménto, impégno, sollecitúdine, f., cúra; interèsse,
útile m. che si riscuóte da' danári prestáti;
interèsse, vantàggio, utilità, giovaménto;
crédito, influènza, potère, m.; to táke an
— in, prèndersi interèsse per; compóund
—, interèsse sópra interèsse; to put óut
mòney to —, méttere a guadágni i danári;
sèlf- —, l'útile próprio, amór próprio;
thère is grèat — máde for that pláce, vi
sóno mólti competitóri per tal cárica,
mólti brígano, o s'ingégnano d'avér quélla
cárica
— va. interessáre, impegnáre, ingaggiáre,
influenzáre; to — one's self in, prèndersi
cúra di, prèndersi interèsse per; to be in-
terested in, pigliár párte a
interesting, a. interessánto, avvenènte; in a
vèry — státe, nello státo interessánte, incínta, grávida
Interfére, vn. intorpórsi, frappórsi, immischiársi, ingerírsi; accozzársi, urtársi, tagliársi
Interférence, s. interferènza, interposizióne,
ingeriménto, úrto, cózzo, ostácolo, intóppo
interim, s. ínterim, m., intervállo, tèmpo di
mèzzo; ad —, avv. interinalménte
Intérior, a. interióre, intèrno; s. l'interióre,
l'intèrno
Interjèct, va. interpórre, intercaláre, pórre,
fra mèzzo
Interjèction, s. intercalazióne; (gram.) in-
terjezióne
Interjèctional a. intercaláto; a mo' d'interje-
zióne
Interláce, va. intrecciáre, aggraticciáre, avviticchiáre
Interlàpse, s. intervállo, tèmpo di mèzzo
Interlárd, va. (with) lardelláre (di)
interléaf, s. interfòglio, fòglio (biánco) fram-
mèzzo
Interléave, va. méttere gli interfògli

Interlíne, *va.* interlineáre, scrivere fra le righe
Interlineary, *a.* interlineáre; — translátion, traduzióne interlineáre
Interlineátion, *s.* scritto interlineáre
Interlocútion, *s.* interlocuzióne, diálogo
Interlócutor, *s.* interlocutóre -tríce
Interlócutory, *a.* interlocutório
Interlópe, *va.* introméttersi, ingerírsi
Interlóper, *s.* chi s' intrométte, intrúso
interlúde, *s.* (*teat.*) intermédio
Interlúency, *s.* corrénte intermediária
Interlúnar, Interlúnary, *a.* interlunáre
Interlúnium, *s.* (*astr.*) interlúnio
Intermárriage, *s.* intermatrimónio
Intermárry, *va.* intermaritársi
Interméddle, *va.* intromettersi, immischiársi, ingerírsi, intrigársi, impacciársi
Interméddler, *s.* chi si intromètte ne' fátti altrúi; intrigánte, *m. f.* faccendóne, *m.*, mediatóre
Interméddling, *s.* intervenzióne officiósa, mediazióne
Intermède } *s.* (*musica*) Intermézzo
Intermézzo }
Intermédiate, *a.* intermédio; — spáce, spázio di mèzzo
Intermédiately, *avv.* in mòdo intermédio
Intèrment, *s.* sepoltúra, seppellimènto, esèquie, *fp.*
Intèrminable, *a.* intermínábile, sterminàto, imménso
intèrminatè, *a.* sterminàto, che non ha tèrmine
Intermíngle, *van.* frammischiáre, mescoláre
Intermission, *s.* intermissióne; intermittènza, intèrvallo; withòut —, di contínuo, incessantemènte
Intermit, *van.* interméttere, tralasciáre, scontinuáre, cessáre
Intermíttent, *a.* (*med.*) intermittènte; *s.* fèbbre intermittènte, *f.*
Intermitting, *a.* intermittènte
Intermíttingly, *avv.* con intermissióne, saltuariaménte, a sálti
Intermíx, *va.* frammischiáre
Intermíxture, *s.* miscúglio, mescolánza
Intermùndáne, *a.* intermondiále
Intermùscular, *a.* (*anat.*) intermuscoláre
Intèrnal, *a.* intèrno, interióre, intrínseco, íntimo
Intèrnally, *avv.* internaménte, di déntro
Internátional, *a.* internazionále; — còllege, collégio internazionále
Internùncio, *s.* internúnzio (*del papa*)
Interpellátion, *s.* interpellazióne
Interplèdge, *vn.* impegnársi reciprocaménte
Interpolátè, *va.* interpoláre, inseríre
Interpolátion, *s.* interpolazióne, aggiúnta
Intèrpolátor, *s.* interpolatóre
Interpóssal, *s.* interponimènto, intervènto
Interpóse, *va.* interpórre, intraméttere

— *vn.* interpórsi, frappórsi, intramèttersi
Interpóser, *s.* interpositóre, mediatóre
Interposítion, *s.* interposizióne, frapponimènto
Intèrpret, *va.* interpretáre, spiegáre
Intèrpretable, *a.* interpretábile
Interpretátion, *s.* interpretazióne
Intèrpretative, *a.* interpretatívo
Intèrpretatively, *avv.* per interpretazióne
Intèrpreter, *s.* intèrprete, *m.*; espositóre
Interrègnum, *s.* interrégno
Intèrrogate, *va.* interrogáre, esamináre
Interrogátion, *s.* interrogazióne, dimánda; note of —, púnto d'interrogazióne
Interrògative, *a.* interrogatívo
Interrògatively, *avv.* interrogativamènte
Intèrrogátor, *s.* interrogatóre -tríce
Interrògatory, *s.* (*legge*) interrogatòrio; *a.* interrogatívo
Interrùpt, *va.* interrómpere
Interrùptedly, *avv.* interrottamènte, saltuariamènte
Interrùpter, *s.* interruttóre -tríce
Interrùption, *s.* interruzióne, interrompimènto, intermittènza, impedimènto, intòppo
Interscríbe, *va.* interlineáre
Intersèct, *va.* intersecáre, incrociochiáre; the òrbits of Cérès and Pàllas — éach òther, le òrbite di Cérere e Pállade s'incroccícchiano
Intersècting, *s.* intersecánte, d'intersecazióne; — éach òther, intersecántisi fra lóro
Intersèction, *s.* intersecazióne
Interspáce, *s.* intervállo, spázio di mèzzo
Intersperse, *va.* interspárgere, spárgere quá e là, semináre
Interspèrsed, *a.* spárso, semináto, biliottáto
Interstèllar, *a.* (*astr.*) interstelláre
interstíce, *s.* interstízio, váno, fèsso, fessúra
Interstítial, *a.* che ha dégli interstízi, interstiziále
Intertrópical, *a.* (*geog.*) intertrópico, intertropicále
Intertèxture, *s.* intrecciamènto, intrecciáta
Intertwíne, Intertwíst, *va.* intreccciáre, aggraticciáre; to gèt —d, aggraticciársi, intralciársi, aggrovigliársi
Intertwíned, *a.* intrecciáto, aggraticciáto, intralciáto, avviticchiáto, attorcigliáto
interval, *s.* intervállo, spázio, interstízio
Intervéne, *vn.* (*di luogo*) intervenire, frappórsi, trovársi (tra); (*di tempo*) intervenire, córrere, èssere (tra); avvenire, accadére, arriváre, succèdere
Intervénient, *a.* interveniènte, occorrènte
Intervéning, *a.* interveniènte, che si frappóne
Intervèntion, *s.* intervènto, interponimènto
Intervèrt, *va.* stravòlgere, disordináre
Intèrview, *s.* abboccamènto, conversazióne, conferènza; private, — abboccamènto segréto, collóquio particoláre
Interwéave, *va.* (*pret.* interwóve, *p. p.* in-

terwóven) intrecciáre tessèndo, intèssere, aggraticciáre, intralciáre, avviticchiáre

Intèstable, a. intestábile, che non può testáre

Intèstacy, s. (legge) successióne ab intestáto

Intèstate, a. intestáto, sénza testaménto; — s. intestáto; — 's estáte, l' eredità di chi muòre sénza avér fátto testaménto

Intèstinal, a. intestinále, degl' intestíni

Intèstine, a. intestíno, intèrno; → wàr, guèrra intestína, guèrra civíle

Intèstines, s. (anat.) intestíni, m. pl., interióra, fp.

Intнräl, va. rèndere schiávo, sottométtere, cattiváre, soggiogáre, far sèrvo, tenére nel servággio

Intнrälment, s. l'assoggettiáre, il cattiváre; servággio, schiavitù

Intнróne, va. (meglio entнróne)intronizzáre

Intimacy, s. intrinsichézza, dimestichézza, intimità, famigliarità, confidénza, affratellánza

Intimate, a. íntimo, famigliáre, doméstico, confidénte, intrínseco, sviscerato — s. amíco intrínseco — va. intimáre, dáre a divedére, far intèndere, far sapére, accennáre a, annunziáre

intimately, avv. intimaménte

Intimátion, s. intimazióne, notízia, sentóre; to give — of, far intèndere

Intimidate, va. intimoríre, incútere timóre a

Intimidátion, s. l' átto dell'intimoríre, spaventaménto, sgomínio

Intíre, a. V. Entíre

Intítle, V. Entítle

into, prep. in (con moto verso dentro); góing — the cèllar, andándo in cantína; let us go — the pàrlour, andiámo nel salòtto; industry tùrns lèad — góld, l'industría trasmúta il piómbo in óro; to fàll —, cadére in, dar déntro; to pitch — a pèrson, dar addòsso ad úno; I recéived this — the bàrgain, ho avúto quésto per soprappiù

Intòlerable, a. intollerábile, insoffríbile

Intòlerableness, s. intollerabilità

Intòlerably, avv. intollerabilménte

Intòlerance, s. intolleránza, impaziènza

Intòlerant, a. intolleránte, impaziènte

Intòlerantly, avv. sénza tolleránza, intolleranteménte

Intolerátion, s. intolleránza

Intómb, va. caláre nella tómba, seppellíre

intonate, vn. fàr suonáre; (mus.) intuonáre

Intonátion, s. l' intuonáre intonazióne

Intóne, vn. intonáre   (ménto

Intòrsion, s. attorcigliaménto, attortigliaIntòrt, va. tòrcere; attortigliáre

Intòxicate, va. ubbriacáre, inebbriáre

Intòxicated, a. èbbro, ubbriáco; to get —, ubbriacársi; to be — with, èssere èbbro di

Intoxicátion, s. ubbriachézza; ebrietà, ebbrézza

Intractability, s. intrattabilità

Intràctable, a. intrattábile, indócile, oʼtúso

Intràctableness, s. intrattabilità, indocilità

Intràctably, avv. in módo intrattábíle o indócile

Intranquillity, s. inquietézza, irrsquietézza

Intrànsient, a. non transitòrio, non passeggèro

Intrànsitive, a. (gram.) intransitívo

Intrànsitively, avv.(gram.)intransitivaméute

Intransmissible, a. non trasmissíbile

Intransmutability, s. impermutabilità

Intransmútable, a. impermutábile

Intrèasure, va. (ant.) tesaurizzáre

Intrènch, va. trincieráre, affossáre; vn. — upòn, intaccáre; usurpáro

Intrènched, a. (mil.) trinceráto, affossáto

Intrènchment, s. trinceraménto, trincèa

Intrèpid, a. intrèpido

Intrepidity, s. intrepidità, intrepidézza

Intrèpidly, avv. intrepidaménte

intricacy, s. intrígo, intralciatúra, imbróglio, imbarázzo, perplessità

intricate, a. intricáto, intralciáto, imbrogliáto

intricate, va. intricáre, intralciáre, imbrogliáre

intricately, avv. intrigataménte

Intrígue, s. intrígo; (teat.) intrèccio; cóurt —s intríghi di còrte — vn. far intríghi, far l'intrigánte; intrigáre, intricársi   (-trice

Intriguer, s. intrigánte, m. f., raggiratóre

Intriguing, a. intrigánte, faccendière

Intriguingly, avv. con intríghi, con giri e raggiri

Intrinsic, intrinsical, a. intrínseco

Intrinsically, avv. intrinsicaménte

Introdúce, va. introdúrro, far entráre; presentáre, far conóscere; méttere in úso, in vòga; to — (a pèrson) into a dráwing-róom, far entráre (úno) in sála; he wàs —d by Lòrd B.., egli fu introdótto (presentáto) dal cónte B...; Lòrd C... has bèen —d to me, mi è státo presentáto il cónte C...; I will — you to her, ve ne faró fáre la conoscénza, vi presenteró in casa di lèi

Introdúcer, s. introduttóre -trice, presentatóre -trice

introdùction, s. (into) introduzióne, entráta, ingrèsso; — (to), presentazióne; (di discorso, di libro) introduzióne, prefazióne; lètter of —, lèttera di raccomandazióne

Introdúctive, a. introduttívo

Introdúctory, a. d'introduzióne, che sèrve d'introduzióne; to be — to, servíre d'introduzióne a

Intròit, s. (relig. cattolica) intróito

Intromission, s. (poco us.) intromessióne

Intromit, va. introméttere, lasciár penetráre

Introspèct, va. esamináre addéntro, penetráre

Introvèrt, va. introvèrtere, vòlgere al di déntro

Intrûde, vn. intrûdere, introdûrsi (in modo importuno); presentàrsi, ficcàrsi, ingerírsi, èsser importúno; — upòn, importunáre; sturbáre, seccáre; va. introdúrre in mòdo importúno, ficcàr déntro; — one's sèlf, meglio intrûde, vn.

Intrûder, s. chi s'intrûde, chi si presènta in mòdo importúno, seccatore -trìce, intrúso, intrúsa

Intrûsion, s. l'átto del presentàrsi o introdúrsi in mòdo importúno, intrusióne; usurpazióne

Intrûsive, a. che s'intrûde, intrudènte, importúno

Intrùst, va. confidáre, commèttere, depositáre; to — a pèrson with a thing, confidáre, rimèttere una còsa ad alcúno

Intuition, s. (filos.) intúito, intuizióne

Intûitive, a. intuitívo, d'intúito, per intuizióne

Intûitively, avv. intuitivaménte, per intúito

Intumèscence, s. intumescènza, gonfiaménto

Inturgèscence, s. inturgescènza

Intussusception, s. intussuscezióne

Intwíne, va. V. Entwíne

Inàmbrate, va. adombráre, ombreggiáre

Inùndate, va. (with, di) inondáre, allagáre

Inundàtion, s. inondazióne, f., dilúvio

Inurbànity, s. inurbanità

Inúre, va. assuefáre, abituáre, avvezzáre, adusáre, addestráre, stagionàre, anticáre, agguerríre; inúred to wàr, agguerríto

Inúrement, s. l'abituáre, abituazióne, assuefazióne, abitúdine, f., prática, úso

Inùrn, va. (poet.) mèttere nell'urna sepolcrále

Inùstion, s. ustióne; il marcáre col fèrro rovènte

Inutility, s. inutilità, disutilità

Inùtterable, a. inesprimíbile

Inváde, va. invàdere, assalíre

Invàder, s. invasóre, usurpatóre, assalitóre

Invalèscence, s. fòrza, vigóre

Invaletúdinary, a. valetudinário

Invàlid, a. (cosa) dèbole, sènza fòrza moràle; (legge) inválido, núllo — (inváléed), s. (pers.) inválido, infèrmo; (mil.) inválido; to be an —, èssere inválido, ammaláto

Invàlidate, va. (legge) invalidáre, rèndere inváldo

Invalidity, s. invalidità, debolézza, nullità

Invàluable, a. inestimábile, inapprezzábile

Invàluably, avv. inestimabilmènte

Invàriable, a. invariábile, immutábile

Invàriableness, s. invariabilità

Invàriably, avv. invariabilmènte, sèmpre

Invàsion, s. invasióne, usurpazióne

Invàsive, a. d'invasióne, invadènte; — wàr, guèrra d'invasióne

Invèctive, s. invettíva — a. invettívo, pièno d'invettíve, satírico

Invèctively, avv. con invettíve, satiricaménte

Inveigh, (pr. invà), vn. inveíre, declamáre, scagliáre invettíve; — against, assalíre con invettíve, criticáre, censuráre

Inveígher (pr. inváer), s. declamatóre veeménte

Inveígle, va. sedúrre, allettáre con lusínghe, attrárro, adescáre, accalappiáre, allacciáre

Inveígler, s. seduttóre -trìce, piallóne, truffatóre

Invènt, va. inventáre, immaginàre, trováre

Invènter, invèntor, s. inventóre, autóre, trovatóre

Invèntion, s. invenzióne, finzióne, ritrovaménto; invenzióne, còsa, mácchina inventáta; invenzióne, finzióne, ingánno, furbería; (rett.) invenzióne

Invèntive, a. inventívo, ingegnóso

Invèntor, s. inventóre

Inventórially, avv. in mòdo inventòrio

Invèntoried, a. inventariáto

inventory, s. inventário; to màke an —, fáre un inventário

Invèntress, s. inventrìce, autrìce, trovatrìce, f.

Invèrse, a. invèrso, convèrso; (mat. log.) invèrso

Invèrsely, avv. in sènso invèrso, in ragióne invèrsa

Invèrsion, s. inversióne, trasposizióne

Invèrt, va. invèrtere, arrovesciáre, traspórre

Invèrtebral, a. invertebráto

Invèrtebrate, s. animále invertebráto

Invèrtebrate }
Invèrtebrated } a. invertebráto

Invèrted, a. invèrso, arrovesciáto, capovòlto, traspósto

Invèrtedly, avv. in órdine invèrso, convèrso o traspósto; in mòdo arrovesciáto, invèrso, capovòlto

Invèst, va. investíre, rivestíre, installáre, collocáre, mèttere in possessióne; to — a pláce, (mil.) investíre, assediáre una piázza; — a sùm of mòney, collocáre una sómma di danári; to — with, investíre di, rivestíre di

Invèstigable, a. investigábile, indagábile

Invèstigate, va. investigáre, indagáre

Invèstigàtion, s. investigazióne, indàgine, f.

Invèstigator, s. investigatóre, indagatóre

Invèstiture, s. investitúra

Invèstment, s. l'atto dell'investíre, rivestíre o installáre; investiménto, investigióne; (finanze) il collocáre, mèttere; (mil.) l'investíre, circuíre, assediáre; to màke an — in the fùnds, collocáre una sómma di danári nei fóndi púbblici

Invèteracy, s. státo o caràttere inveteráto; induraménto

Invèterate, a. inveteráto, invecchiáto; to becòme —, inveteráre

Invèterately, avv. in mòdo inveteráto

Invèterateness, *s. V.* Invèteracy
Invidious, *a.* (*cosa*) odióso, ingráto, malèdico, malígno, ínvido, invidióso, (*poco usato in questo senso*)
Invidiously, *a.* in mòdo odióso o malèdico; invidaménte, invidiosaménte
Invidiousness, *s.* odiosità, malignità (*invidia*)
Invigoràte, *va.* invigoríre, rinvigoríre
Invigoráting, *a.* rinvigoránte, corroboránte
Invigoràtion, *s.* rinvigoriménto
Invincibility, Invincibleness, *s.* qualità, státo invincíbile; invincibilità
Invincible, *a.* invincíbile, insuperábile
Invincibly, *avv.* invincibilménte
Inviolability, *s.* inviolabilità
Inviolable, *a.* inviolábile
Inviolableness, *s.* inviolabilità
Inviolably, *avv.* inviolabilménte
Inviolate, *a.* inviolàto; intátto; inviolábile
Invisibility, Invisibleness, *s.* invisibilità
Invisible, *a.* invisíbile, impercettíbile
Invisibly, *avv.* invisibilménte
Invitàtion, *s.* invitaménto, invíto; to declíne an —, ricusáre un invíto
Invitatory, *s.* (*relig. catt.*) invitatòrio
Invíte, *va.* invitáre; convitáre; allottáre, chiamáre
Inviter, *s.* chi invíta, invitatóre -tríce; convitatóre -tríce
Inviting, *a.* invitánte, attraénte, seducénte
Invitingly, *avv.* in mòdo allettatívo o attraénte
Invitingness, *s.* qualità attraénte, allettaménto
Invocáte, *V.* Invóke
Invocàtion, *s.* invocazióne *f.*
Invòlce, *va.* fattúra; sènd me the — and bill of láding, mandátemi la fattúra e pòlizza di cárico
— *va.* scrívere, dáre o mandáre la fattúra
Invóke, *va.* invocáre
Involúcre, involúcrum, *s.* (*bot.*) involúcro
Invòluntarily, *avv.* involontariaménte
Invòluntariness, *s.* involontarietà
Invòluntary, *a.* involontário, sforzáto
Involute, *s.* (*geom.*) sviluppánte, *involuta*
Involútion, *s.* l'átto d'invòlgere, lo státo di còsa invòlta; involgiménto, avvolgiménto, involtúra, involuzióne
Invòlve, *va.* invòlvere, invòlgere, inviluppáre; avvòlgere, abbracciáre, implicáre, impacciáre, comprométtere, incagliáre; that involves a contradiction, ció implica contraddizióne
Invòlved, *a.* avviluppáto, imbrogliáto, incagliáto
Invòlvement, *s.* involviménto, involgiménto, incagliaménto, strettézze pecuniárie, *fpl.*
Invùlnerable, *a.* invulnerábile
Invùlnerableness, invulnerability, *s.* invulnerabilità

Inwàll, *va.* circondáre di múro, cíngere con múro
inward, *a.* interióre, intèrno, íntimo
— *e* inwards, *avv.* al di dèntro, addèntro, interiorménte
inwardly, *avv.* addèntro, internaménte, interiorménte
Inwéave, *va.* (*pret.* inwóve, *p. p.* inwóven) tèssere, intèssere, intrecciáre, aggraticciáre
Inwhéel, *va.* accerchiáre
inwit, *s.* (*ant.*) intellètto, mènte, *f.*
Inwóod, *va.* imboscáre, nascóndere nei bóschi
Inwóve, Inwóven, *V.* Inwéave
Inwràp, *va.* avvòlgere, invòlgere, imbacuccáre
Inwréathe, *va.* cíngere, incoronáre, inghirlandáre; — with, cíngere di
Inwróught, *a.* (with, *di*) intrecciáto, tessúto, intarsiáto
Iodin, Iodine, *s.* (*chim.*) jòdio
Ioduret, *s.* (*chim.*) ioduro
Iónic, *a.* jònico
Iòta, *s.* iòta, *m*; (*lettera greca*); iòta, àcca,*m.*, núlla, *m.*
I. O. U. (I owe you) pagheró, *m.*; scritta di obbligazióne
Ipecacuànha, *s.* (*med.*) ipecacuána
Irascibility, Irascibleness, *s.* irascibilità
Irâscible, *a.* irascíbile, iracóndo
íre, *s.* (*poet.*) íra, còllera, sdègno
íreful, *a.* iróso, adiráto
írefully, *avv.* con íra, collericaménte, adiratamènte
írenarch, *s.* irenárca, *m.* (uffiziále del Básso impéro)
Iridèscence, *s.* iridescènza
Iridèscent, *a.* iridescènte
Iridium, *s.* (*min.*) irídeo
íris, *s.* íride, *f.*, arcobaléno; (*anat.*) íride; (*bot.*) íride, *f.*; florentíne —, íride florentína; — -róot, radíce d'íride
írish, *a.* irlandése, d'Irlánda
írishism, *s.* locuzióne irlandése
írishman, *s.* Irlandése, *m.*; irishwóman, Irlandése
irk (*pr.* ùrk) *va.* (*unipersonale*) attediáre, rincréscere
írksome (*pr.* ùrksome) *a.* nojóso, tedióso, fastidióso
írksomely, (*pr.* ùrksomely, *avv.* increscevolménte, con tèdio
írksomeness (*pr.* ùsksomness) *s.* tediosità, nòja, stucchevolézza
íron, *s.* fèrro; cast —, fèrro fúso; óld —, fèrri vècchi, *mpl.*, sfèrre, *fpl.*; — -míne, miniéra di fèrro; — -wòrks, ferriéra; smóothing —, fèrro da stiráre; — -wáre, mercanzie di fèrro; — -stóre, magóna; — -mónger, mercánte di fèrro, chincagliére; — -mòngery, chincaglierìa; — -wíre, fílo di fèrro; — -pláte, lástra o piástra di fèrro; in írons,

nei cêppi, nei fêrri; strike the — while it
is hot, battéte il fêrro méntre è cáldo
— a. di férro, fêrreo, ferrígno, ferruginóso
— va. stiráre
— -clàd, s. (mar.) náve corazzáta
— -crown, s. coróna fêrrea, coróna di fêrro
(dei Re longobàrdi)
— -wôrt, s. (bot.) sìderíte, f.
Ironer, s. stiratóre -trice
Irònical, a. irónico, d'ironía
Irònically, avv. ironicaménte, con ironía
Ironing, s. lo stiráre, la spésa dello stiráre
Ironish, a. ferruginóso
Irony, s. ironía, derisióne, f.
— a. ferrígno, ferruginóso, fêrreo
Irrádiance, irrádiancy, s. irradiazióne, splen-
dóre
Irrádiate, va. irradiáre, raggiáre, splêndere
Irradiátion, s. il raggiáre, irradiazióne
Irràtional, a. irrazionále, irragionévole
Irrationàlity, s. irrazionalità
Irràtionally, avv. in mòdo irrazionále, irra-
gionevolménte
Irreclàimable, a, incorreggíbile
Irreclàimably, avv. ostinataménte, incorreg-
gibilménte
Irreconcílable, a. irreconciliábile
Irreconcílableness, s. irreconciliabilità, in-
conciliabiltà, incompatibilità
Irreconcílably, avv. irreconciliabilménte
Irrecóverable, a. irrecuperábile, irreparábi-
le, irremediábile
Irrecòverableness, s. irrecuperabilità, irre-
mediabilità, irreparabilità
Irrecòverably, avv. irreparabilménte
Irredúcible, a. irreduttíbile
Irredúcibleness, s. irreduttibilità
Irredéemable, a. irredimíbile, irremediábile,
irreparábile; non riscattábile; (finan.) non
rimborsábile
Irredéemability, irredéemableness, s. irredi-
mibilità
Irredéemably, avv. irreparabilménte, irre-
mediabilménte
Irrefragability, Irrèfragableness, s. irrefra-
gabilità
Irrèfragable, a. irrefregábile
Irrèfragably, avv. in mòdo irrefragábile
Irrefútable, a. che non si può confutáre, ir-
refragábile, incontestábile, invincíbile
Irre'útably, avv. irrefragabilménte
Irrègular, a. irregoláre; anòmalo, sregoláto
Irregulàrity, s. irregolarità; anomalía
Irrègularly, avv. irregolarménte
Irrèlative, a. sênza connessióne, sênza rap-
pòrto, sconnêsso
Irrèlevancy, s. qualità irrilevánte, inappli-
cábile
Irrélevant, a. che non è applicábile, irrile-
vánte, estráneo, aliéno
Irreligion, s. irreligióne, empietà
Irreligious, a. irreligióso, êmpio

Irreligiously, avv. irreligiosaménte
Irreligiousness, s. státo irreligióso, irreligio-
sità
Irrémeable, a. irremeábile
Irremédiable, a. irremediábile
Irremédiableness, s. irremediabilità
Irremédiably, avv. irremediabilménte
Irremíssible, a, irremissíbile, imperdonábile
Irremissibly, avv. irremissibilménte
Irremíssibleness, s. irremissibilità
Irremissibly, avv. irremissibilménte
Irremóveability, s. irremovibilità, inamovi-
bilità
Irremóveable, a. irremovíbile, inconcússo;
inamovíbile
Irremúnerable, a. irremunerábile
Irreparability, s. irreparabilità
Irrèparable, a. irreparábile
Irrèparably, avv. irreparabilménte]
Irrepéalability, s. irrevocabilità
Irrepéalable, a. irrevocábile
Irrepéalableness, s. irrevocabilità
Irrepéalably, avv. irrevocabilménte
Irreprehènsible, a. irreprensíbile
Irreprehènsibleness, s. irreprensibilità
Irreprehènsibly, avv. irreprensibilménte
Irrepresèntable, a. non rappresentábile, im-
possíbile a rappresentáre
Irrepréssible, a. irreprimíbile
Irrepréssibly, avv. irrefrenabilménte
Irrepróachable, a. irreprensíbile
Irrepróachableness, s. irreprensibilità, inno-
cênza
Irrepróachably, avv. in mòdo irreprensíbile
Irrepróvable, a. irreprensíbile
Irrepróvably, avv. irreprensibilménte, sênza
(dàr luógo ad) alcún rimpròvero
Irresistibility, s. irresistibilità
Irresìstible, a. irresistíbile
Irresìstibly, avv. irresistibilménte
Irrèsoluble, a. irresolúbile, insolúbile
Irrèsolubleness, s. insolubilità
Irrèsolute, a. irresolúto
Irrèsolutely, avv. in mòdo irresolúto
Irrèsoluteness, Irresolútion, s. irresolutézza;
irresoluzióne
Irrespèctive, a. indipendénte; — of, sênza
badáre a
Irrespèctively, avv. indipendenteménte
Irrèspirable, a. irrespirábile
Irresponsibility, s. irresponsabilità
Irrespònsible, a. irresponsábile
Irrespònsibly, avv. irresponsabilménte
Irretrièvable. a. impossíbile a ricuperáre,
irreparábile, irremediábile
Irretrièvableness, s. irreparabilità, irreme-
diabilità, impossibilità di ricuperáre
Irretrièvably, avv. irreparabilménte, irreme-
diabilménte
Irrèverence, s. irriverênza
Irrèverent, a. irriverênte
Irrèverently, avv. irriverenteménte

Irrevèrsible, *a.* irretrattábile; irrevocábile
Irrevèrsibly, *avv.* irrevocabilménte, immutabilménte
Irrèvocable, *a.* irrevocábile
Irrèvocably, *avv.* irrevocabilménte
Irrigáte, *va.* irrigáre, adacquáre, inaffiáre; — a fiéld, irrigáre, adacquáre un cámpo
Irrigátion, *s.* irrigazióne, inaffiaménto, adacquaménto
Irriguous, *a.* irríguo; inaffiáto
Irrìsion, *s.* (*ant.*) irrisióne; *V.* Derision
Irritability, *s.* irritabilità
Irritable, *a.* irritábile, irascíbile, iracóndo
Irritant, *a.* irritánte; *s.* (*med.*) irritánte, *m.*
Irritáte, *va.* irritáre, provocáre; (*med.*) irritáre, esacerbáre, inasprire
Irritáting, *a.* irritánte, provocánte, aizzánte
Irritátion, *s.* irritaménto, irritazióne
Irrorátion, *s.* l'irroráre, irrorazióne
Irrùption, *s.* irruzióne, incursióne, scorrería
Irrùptive, *a.* che irrómpe, che scátta; che fa irruzióne, irruttívo, irrompénte
is, (*terza pers. sing. del verbo* to be) è
Ìsabel, *s.* colóre isabélla, sáuro
Ischium, (*pr.* iskium), *s* (*anat.*) íschio
Ischurétic, *a.* (*med.*) iscurètico
Ischùria, ischùry, *s.* (*med.*) iscúria
ìsicle, *s.* ghiacciuólo, góccia di ghiáccio pendénte
ìsinglass, *s.* còlla di pésce; — stóne, tálco
islamism, *s.* islamísmo
ísland, *s.* ísola
ìslander, *s.* isoláno, abitatóre -trìce d'ísola
ísle, *s.* (*poet.*) ísola
íslet, *s.* isolétta, píccola ísola
ìsòchronal, ìsòchronous, *a.* isòcrono
isolate, *va.* isoláre, separáre, staccáre
Isoláted, *a.* isoláto
Isolátion, *s.* isolaménto
ìsòsceles, *a.* (*geom.*) isòscele; — triangle, triángolo isòscele
ìsotéric, *a. V.* Esotèric
ìsothèrmal, *a.* isotèrme
issuable, *a.* emissíbile
issue, *s.* uscíta, sbócco; ésito, spáccio; spedizióne, pubblicazióne, mandaménto, distribuzióne; ésito, fíne, *f.* evènto, risultaménto; succèsso, conseguènza; (*med.*) fontanélla, cantèrio; figliuolánza, pròle, *f.*, pòsteri, *mpl.*; (*legge*) quistióne (*di diritto, di fatto*); (*finan.*) emissióne; to séek an —, cercáre úno sbócco (*un luogo per uscire*); withoùt —, sénza pròle, sénza erèdi; at —, in contestazióne, da decídersi
— *vn.* uscíre, escíre, sboccáre, sgorgáre, spicciáre, zampilláre, scoláre, emanáre, proveníre, discéndere, termináre, finíre
— *va.* spedíre, spiccáre, mandáre, pubblicáre; (*finan.*) emèttere, fáre un'emissióne di; to — a *writ* (of arrèst), spiccáre un órdine di arrésto
issueless, *a.* sénza pròle

isthmus, *s.* ístmo; the — of Suez, l'istmo di Suez
It, *pron. neutro* (*subbietto*) esso, essa, ciò; — flies, esso vóla; — bùzzes, essa rónza; it is trúe, (ciò) è vero; — (*obbietto*) esso, essa, lo, la, ciò; he béats —, egli lo bátte; (*subbietto del verbo unipersonale*) — ráins, piòve; — is fine, fa béllo; — is fitting, conviéne; — is right, é giústo
Itália, *s.* (*poet.*) Itália
ìtàlian, *a.* Italiáno, d'Itália; — *s.* Italiáno, Italiána; l'italiáno (*idioma*)
Itàlianíze, *vn.* italianizzáre
Itàlic, *a.* (*tipogr.*) itàlico, caráttere corsívo; —*s, spl.* léttere itàliche, caráttere corsívo; printed in —*s*, stampáto in caráttere corsívo
Itàlicíze, *va.* stampáre con caráttere corsívo
itch, *s.* pruríto, prurígine, *f.*, pizzicóre; (*med.*) rógna, scábbia
— *vn.* prúdere, pizzicáre, avér vòglia; my fingers — to be at him,, mi vién vòglia (di prúdon le díta, le máni) di bátterlo
itching, *s.* prurígine, *s.*, prurito, formicoláménto
itchy, *a.* pruriginóso; rognóso, scabbióso
ìtem, *s.* cápo, artícolo di cónto, —; ten —s, diéci cápi
ítem, *avv.* ítem, ídem, détto, di più, pariménte; *s.* artícolo, partíta, (d'un cónto) avvíso, accénno; *va.* prénder nòta di, notáre
iterate, *va.* iteráre, reiteráre, ripétere, ridíre
iteràtive, *a.* reiterativo
— -bèrry, còccola d'édera
Iterátion, *s.* iterazióne, reiterazióne, ripetío
Itinerant, *a.* itineránte, viaggiánte, ambulánte; girovágo, erránte; — *s.* giròvago, itineránte, *m.*, predicatóre ambulánte
Itinerary, *s.* itenerário
Itineracy } *s.* víta giròvaga, víta erránte,
Itinerancy } particolarménte dei predicatóri ambulánti
Itineráte, *vn.* viaggiáre di città in città, éssere ambulánte; fáre il predicatóre o il merciaiuólo ambulánte
its, *a. poss.* (*neutro*) súo, súa, suói, súe; — wings, le sue áli; — fina, le sue pinne
Itsèlf, *pron. riflèss. e asseverativo* (*neutro*) sè stésso, egli stésso, sè; sè stéssa, ella stéssa, sè
íves, *s. pl.* (*veter.*) vívole, *pl. f.*
ivory, *s.* avòrio; — black, néro d'avòrio
ívy, (*bot.*) *s.* édera, éllera; ground- —, édera terrèstre; — -crówned, coronáto d'édera; — -màntled, copèrto d'édera
ívyed, ívied, *a.* copèrto d'éllera

J

J, (já) *s.* dècima lèttera dell'alfabéto inglése
Jàbber; *vn.* cinguettáre, barbugliáre, borbottáre

—, Jàbbering, *s.* cinguettaménto, cinguetteria, ciárla, ciáncia

Jàbberingly, *avv.* con anfanaménto, con barbugliáre confúso

Jàbberer, *s.* cinguettatóre -trice, borbottóne, borbottóna

Jácent, *a.* (*arald.*) giacênte, distéso

Jacinth (*pr.* fàcinth), *V.* Hÿacinth

Jàck (*diminutivo di* Jòhn),*s.*Giannìno, Giannòtto; girrarósto; máschio d'alcúni animáli; lúccio gióvane; giáco, grillo, o salterêllo (*di cembalo*); cavallétto (*di segatore*); lêcco, morêllo (*al giuoco delle pallottole*); kitchen —, girrarósto; — in a box, (*bot.*) mirabolàno, êmblice, *f.* (*frutto*); (*mar.*) cornétta, bandiêra di prúa; — àss, àsino, somáro; bestióne, *m.*, imbecílle; — bòots, stivalóni; — dàw, cornácchia; — kètch, (*burl*) bòja; — pùdding, pagliàccio, buffóne; — tàr, mòzzo, marinájo, (*vecchio e furbo*); bòot- —, cáva stiváli, *m.*; — of àll tràdeš, uòmo che fa tútti i mestiêri; — with-a-lànthorn, fuòco di Sant'Elmo

Jàckal, *s.* (*zool.*) lúpo doráto

Jàckanápes, *s.* scimmiòtto; babbuíno, sciòcco impertinênte

Jàcket, *s.* giacchétto, sájo, saltimbárco, casácco; giáco, corpétto; stráf — giubbétto, camiciuòla di fòrza

Jàcobin, *s.* giacobíno, radicále, democrático

Jàcobine, *s.* (*ord. relig.*) Domenicáno

Jacobinic, Jacobinical, *a.* giacobínico, radicále

Jàcobiniśm, *s.* giacobinísmo, radicalísmo

Jàcobinize, *va.* infettáre di giacobinísmo

Jàcobite, *s.* (*istor. d'Inghil.*) giacobíta, *m.*

Jàcobitism, *s.* giacobitísmo, princípj giacobíti

Jácob's staff, *s.* bordóne, *m.*; (*astr.*) astrolábio

Jaconèt, *s.* (*tessuto*) giacconétto

Jacquàrd, *s.* telájo alla Jacquárd

Jactitátion, *s.* dimenaménto, dimenío; jattànza; (*dirìtto canonico*) fàlsa pretésa di matrimònio

Jàculate, *va.* (*poco us.*) scagliáre, lanciáre

Jaculátion, *s.* il lanciáre, lo scagliáre, ímpeto

Jàculatory, *a.* (*poet.*) jaculatòrio

Jáde, *s.* brénna, rózza; sgualdrína, bagáscia

— *va.* stancáre, straccáre, affaticáre, spossáre, strapazzáre; abbáttere, rintuzzáre

Jáded, *a.* spossáto, strapazzáto; rintuzzáto

Jádish, *a.* vizióso, sfrenáto, licenzióso; (*di rozza*) vizióso; (*di donna*) impudíco

Jàg, *va.* intaccáre, fàr tácche in, addentelláre, frastagliáre

— *s.* intaccatúra, tácca, frastáglio, dentêllo, addentelláto

Jàgged, *a.* addentelláto, intaccáto, frastagliáto; (*bot.*) laciniáto, tagliuzzáto

Jàggedness, *s.* frastagliaménto, addentellatúra

Jàggy, *a.* dentelláto, intaccáto, frastagliáto scabróso, spinóso

Jàguar, *s.* (*zool.*) jaguár, *m.*, tígre d'América

Jàh, *s.* jêhova, *m.*

Jáïl, *s.* prigióne, *f.*, cárcere, *mf.*; *V.* gàol

— bird (*pr.* jáïl-bùrd), *s.* (*famigliare*) uccêllo di prigióne, giá detenúto, un têmpo prigioniêro

— -fêver, *s.* (*med.*) fêbbre carceráría

Jáïlor,*s.*carceriêre,*m.*, custòde di prigióne, *m.*

Jàlap e Jàlop, *s.* jalápa, sciaráppa, (*bot. med.*) jaláppa

Jàm, *s.* consêrva; cúrrant —, cònsêrva di ríbes

— *va.* serráre insiême, racchiúdere fra due còrpi, pressáre, prêmere, angustiáre

Jàmb, *s.* stípite, *m.* (di pòrta)

Jáne,*s.* téla satináta e lisciáta (per bústi, ecc.)

Jàngle, *va.* altercáre, contêndere, garríre

— *s.* altercazióne, contésa, gára, ríssa

Jàngler, *s.* contenditóre -trice, garritóre -trice

Jàngling, *s.* contésa, gára, dísputa, ríssa

Jànizary, *s.* giannízzero

Jànseniśm, *s.* giansenísmo

Jànsenist, *s.* giansenísta, *mf.*

Jànt, *V.* Jàunt

Jàntily, *avv.* briosaménte, leggerménte, gajaménte

Jàntiness, *s.* brío, leggerézza, gajézza

Jànty, *a.* brióso, leggéro, gájo

Jànuary, *s.* gennájo

Iapàn, *s.* (*geog.*) Giappóne; *m.* làcca, vernice, *f.* del Giappóne; — êarth, têrra di Giappóne; — wòrk, lavóro invernicìáto (néro)

— *va.* verniciáre alla maniêra del Giappóne;

Japànner, *s.* artéfice, *m.* che vernícia alla maniêra del Giappóne

Japhètic, *a.* Giapético, di Jafet

Jàr, *vn.* (*de' suoni*) discordáre, êssere dissonánte; êssere incompatíbile; garríre, altercáre, rissáre

— *s.* dissonánza, discórdia, altêrco, contésa, ríssa, conflítto; giára, váso gránde da òlio, ecc.; Leyden —, (*elettr.*) bottíglia di Leyda; on a —, socchiúso, accostáto; to léave a dòor on a —, socchiúdere (accostáre) una pòrta

Jàrdeš, *s. pl.* (*veter.*) giárda, giardóne, *m.*

Jàrgon, *s.* gêrgo; parlár turbêsco

Jàrring, *a.* dissonánte, scordánte; rissóso

— *s.* dissonánza, discòrdia, altercazióne

Jàsmin e Jàsmine, *s.* (*bot.*) gelsomíno

Jàsper, *s.* (*min.*) diáspro

Jàundice, *s.* (*med.*) itterízia; white —, cloròsi, *f.*

Jàundiced, *a.* ittêriço, che ha l'itterízia; (*fig.*) prevenúto, pregiudicáto

Jàunt, *s.*scarrozzáta, trottáta, scórsa, (*in carrozza*); píccola escursióne, gíta, giráta

— *vn.* fáre scarozzáte, trottáte, escursióni

Jóve, *s*, (*poet*.) Giòve, *m*; (*astr*.) Giòve

Jóvial, *a*. gioviále, giojóso, festévole, allégro; — loòk, ária allégra

Jóvially, *avv*. giojosaménte, festevolménte

Jóvialness, joviàlity, *s*. giulività, festevolézza, gajézza

Jówl, *s*. V. Jòlę

Jóy, *s*. giòja, allegrézza, letízia, giocondità, contentézza,giúbilo,contênto,felicitazióne, congratulazióne; I wish you —, mi congrátulo con voi, mi rallégro con voi

— *va*. rallegráre, allietáre; *vn*. (*poco us*.), godére; esultáre, rallegrársi, godérsi

Jóyance, *s*. (*poet*.) giòja, letízia (felíce

Jóyful, *a*. giojóso, giocóndo, rallegránte,

Jóyfully, *avv*. giojosaménte, allegraménte

Jóyfulness, *s*. giòja; giulività, esultánza

Jóyless, *a*. sénza giòja, mêsto, tristo

Jóylessly, *avv*. sénza giòja, mestaménte

Jóylessness, *s*. tristézza, mestízia, cupézza

Jóyous, *a*. (*poet*.) giojóso, giocóndo, festévole, rallegránte

Jóyously, *avv*. giocondaménte, allegraménte, festevolménte

Jóyousness, *s*. giòja, allegrézza

Jr. (*abbr. di* jùnior) giuniòre, più gióvine

Jùbilant, *a*. giubilánte, trionfánte

Jubilátion, *s*. giúbilo; the yéar of —, l'ánno del giubiléo

Júbilée, *s*. giubiléo; giúbilo; to kéep a —, fáre un giubiléo

Jocúndity, *s*. giocondità

Judáic, Judáical, *a*. giudáico, ebráico

Judáically, *avv*. giudaicaménte

Jùdaism, *s*. giudaismo, legge giudáica

Jùdaíze, *vn*. giudaizzáre

Jùdas-trée, *s*. (*bot*.) álbero di Giúda

Jùdge, *s*. giúdice, *m*., giudicatóre,conoscitóre; an impártial —, un giúdice imparziále; befóre his —, dinánzi il suo giúdice; a góod — of, spêrto conoscitóre di

— *vn*. giudicáre, pensáre; — *va*. giudicáre, condannáre

Jùdged, *a*. giudicáto; well- —, giudizióso; ill —, imprudênte

Jùdger, *s*. giúdice, *m*. giudicatóre -trice; they are ill — s of, sono cattívi giúdici di, non sono competênti a giudicáre di

Jùdgment, *s*. giudízio, decisióne, decrêto, senténza; giudízio, sênno, discerniménto; giudízio, castígo (del ciêlo); in mý —, a parér mío; the fínal —, il giudício finále

Júdicatory, *a*. giudicatório; *s*. giudicatoría

Júdicature, *s*. giudicatúra, giustízia

Judícial, *a*. giudiziále, giudiziário

Judícially, *avv*. giudizialménte, per castígo

Judiciary, *a*. giudiciário, di giúdice

Judícious, *a*. giudizióso, sággio, prudênte

Judíciously, *avv*. giudiziosaménte

Judíciousness, *s*. assennatézza, prudénza

Jùg, *s*. boccále, *m*. di terra, mezzína, bròcca, brícco

Jùggle, *vn*. giocoláre, fáre il prestigiatóre, far giuóchi di máno, *va*. bubboláre, truffáre

— *s*. bùbbola, gherminêlla, trúffa

Jùggler, *s*. giocoláre, *m*., giullảre, *m*., prestigiatóre, saltimbánco

Jùggling, *a*. di cerretáno, truffatóre, ingannóso

— *s*. gherminêlla, giuóco di máno, trúffa

Jùgglingly, *avv*. ingannevolménte, per gherminélla

Júgular, *a*. giuguláre, juguláre

Júice, *s*. súcco (*de frutti delle piante*); súgo della cárne, della têrra, ecc.); to squéeze óut the — of a lêmon, strizzár il súgo di un limóne; líme —, ágro di cédro

Júiceless, *a*. sénza súgo

Júiciness, *s*. succosità, abbondánza di súgo o súcco

Júicy, *a*. sugóso, piêno di súgo o súcco

Jùjub, e Jùjube, *s*. giúggiola, zizêba

Jùlap e Jùlep, *s*. (*bevanda*) giulêbbo

Jùlý, *s*. lúglio

Jùmart, *s*. giamêrro (*specie di mulo*)

Jùmble, *va*. mescoláre, confóndere; — together, gettáre insiême alla rinfúsa

— *s*. mescúglio confúso, guazzabúglio

Jùmp, *vn*. saltáre, fáre un sálto, balzáre; — clóse-lègged, saltáre a piè pári; — abóut, spiccár sálti; — up, saltár su; — óver a wàll, a hêdge, scavalcáre un múro, una siêpe; — in with, accordársi

— *s*. sálto; cáso, azzárdo, sòrte, *f*. felíce; to táke a —, spiccáre un sálto

— *avv*. (*ant*.) giústo, esattaménte

Jùncated, *s*. giuncáta, leccornía, cíbo gustóso

Jùnction, *s*. congiunzióne, unióne, combaciaménto

Jùncture, *s*. congiuntúra, crísi, *f*., peripería, momênto crítico; momênto, giuntúra, unióne

Jùne, *s*. giúgno

Jùngle, *s*. màcchia gránde (*nell'Indostano*)

Jùnior, *a*. più gióvine, giuniòre, minóre; the — bròthers, i fratélli minóri; to Mr. J. Brown —, al signór Giovánni Brown, giuniòre; your —s, le persóne più gióvani di voi

Jùniper, *s*. (*bot*.) ginêpre; — berries, bácche di ginêpro

Jùnk, *s*. (*mar*.) giúnca (náve chinése); pêzzo di gòmena vêcchia

Jùnket, *vn*. bánchettáre, gozzovigliáre (*di nascosto*); stáre allegraménte, godérsela

— *s*. confettúra, festíno di nascósto

Jùnketing, *s*. gozzovíglia, buòna cêra

Jùnto, *s*. giúnta, adunánza, lêga, cábala

Juridical, *a*. giurídico

Juridically, *avv*. giuridicaménte

Juricònsult, *s*. giureconsúlto; legísta, *m*.

Jurisdiction, *s*. giurisdizióne

Jurisdictional, *a*. giurisdizionále

Jurisdictive, *a*. giurisdiziále

Jurisprùdence, *s.* giurisprudénza

Jùrist, *s.* giurísta, *m.* dottóre in légge

Jùror, *s.* giuráto, mèmbro del giurì

Jùry, *s.* giuría, giurì, *m;* the fóreman of a —, il prímo, il cápo dei giuráti; a jùryman, un giuráto ; úno dei dódici o dei ventitrè giuráti; grànd —, giurì d'accúsa, gan giurì ; còmmon —, pètty —, píccolo giurì; vèrdict of the —, verdétto dei giuráti; trìal by —, giudízio per (mèzzo dei) giuráti; to be on the —, to be retùrned upòn the —, èssere mèmbro di un giurì, far párte di un giurì, èssere uno dei giuráti; to chàllenge a —, ricusáre un giurì; to pàck a —, scègliere giuráti corrótti ; to pùt one's self on the —, appelláre al giudízio dei giuráti; the — bróught in their vèrdict of guilty, i giuráti pronunciárono il loro verdétto, dichiarándolo colpévole

— -mast, *s.* (*mar.*) álbero postíccio o provvisòrio

Jùst, *a.* giùsto, èquo, esàtto; giùsto, próbo, leàle, intègro; —, *avv.* appùnto, per l'appùnto, giùsto, esattaménte, di giùsto, ora, mo ; — you, giùsto voi ; — nòw, or ora, testè ; — tell me, ora dítemi, dítemi un po'; let us — sée, vediámo mo ; — sò, appùnto così

— e Joùst, *s.* giòstra, torneaménto, tornèo

— *vn.* giostráre

Jùstice, *s.* giustízia, equità, aggiustatézza; giúdice, *m;* a — of the péace, un giúdice di páce, un magistráto, un giúdice; the lord chíef —, il presidènte della Córte suprèma di giustízia

Jùsticer, *s.* giustizière, *m.*

Jùsticeship, *s.* giustizieráto ; ufficio, dignità di giúdice

Justiciar, justìciary, *s.* prímo giúdice, presidènte del tribunále

Jùstifiable, *a.* che si può giustificáre o scusáre; giustificàbile, legíttimo, lécito, permèsso; — hòmicíde, omicídio per legíttima difésa

Jùstifíableness, *s.* qualità di ció che è giustificàbile; scusabilità

Jùstifiably, *avv.* scusabilménte, legittimaménte

Justificàtion, *s.* giustificazióne, difésa

Jùstificàtive, *a.* giustificatívo

Jùstifier, *s.* giustificatóre -tríce

Jùstifý, *va.* giustificáre, scolpáre; (*teol.*) giustificáre; to — one's self, giustificársi

Jùstifýing, *a.* (*teol.*) giustificánte

Jùstle, *va.* spíngere, urtársi cóntro, dár di cózzo a, incontráre; *vn.* urtársi, accozzársi

— *s.* ùrto, cózzo, spinta (giùsto

Jùstly, *avv.* giustaménte, esattaménte, di

Jùstness, *s.* aggiustatézza, dirittúra, giustízia

Jùt, *vn.* spórgere, far aggètto, aggettáre, far páncia

— spórto di muráglia, aggètto, páncia

Jùte, *s.* cánapa dell'Indostáno

Jùtting, *a.* che spórge in fuòri, sporgènte, parciúto; — window, finèstra che spórge in fuòri

Jùtty, *s.* V. Jut

Jùvenile, *a.* giovaníle; gióvane

Juvenìlity, *s.* giovanézza

Juxtapòsited, *a.* (*fis.*) giustapósto, sovrappósto

Juxtaposìtion, *s.* (*fis.*) giustaposizióne, sovrapposizióne; minerals gròw by —, i mineráli créscono per giustaposizióne

K

K (ca), *s.* undècima lèttera dell'alfabéto inglése, cáppa; iniziále di Knight, cavaliòre, *m;* (*numerale* 250)

Kále, *s.* (*bot*) cávolo ríccio; séa- — cávolo maríno

Kaleídoscòpe, caleidoscòpio

Kàlender, V. Càlender

Kàn, kâun, khan, *s.* kan, *m.,* governatóre persiáno, cápo o príncipe tártaro

Kàntian, *a.* (*fil.*) di Kant, appartenénte al sistéma filosòfico d'Emanuéle Kant; *s.* kantísta, *m.,* seguáce, *m.* di Kant

Kàntism, *s.* (*fil.*) kantismo, sistéma filosòfico di Kant

Kàngaróo, *s.* (*zool.*) canguro, cangarù, *m.*

Kàw, *s.* crócito del córvo o della cornácchia

— *vn.* croeitáre, gracchiáre

Kàwn, *s.* chan, *m.,* carovanserráglio

Kàyle, *s.* birìllo

K. B. (cà, be) iniziáli di Knight of the Bàth, cavaliére dell'órdine del Bágno

K. C. B. (cà bè) iniziáli di Knight Commànder of the Bàth, cavaliére commendatóre dell'órdine del Bágno

Kèck, *vn.* (*volg.*) sforzársi di vomitáre

Kèckle, *va.* (*mar.*) vestíre una gómena di córde

Kècksy, *s.* (*ant.*) cicúta

Kèdge, Kèdge ànchor, *s.* (*mar.*) ancorétto

Kèel, *s.* (*mar.*) chíglia, caréna

Kèelage, *s.* diritto di pòrto

Kèelnate, *vn.* (*mar.*) dáre la cála, passár di sótto

Kèelson e Kèlson, *s.* (*mar.*) paramézzále, *m.*

Kèen, *a.* aguzzo, acuíto, acúto (in púnta); affiláto, che táglia bène, sottíle, penetránte, entránte; pungènte, piccánte frizzánte, fíno, perspicáce, oculáto, chiaroveggènte; ardènte, vívo, ingórdo, fièro, audáce ; — razor, — néedle, rasójo, ágo acutíssimo ; — intellect, intellètto penetratívo; — àppetite, appetíto ingórdo; — spórtsman, fièro cacciatóre

— *va.* aguzzáre, acuíre, affiláre

nor, rùde; - fàll, sön, bùll; - fàre, dò; - bý, lỳmph; pòlse, bòỹs, fòùl, fòwl; ġem, aš

Diz. Ingl. Ital. - Ediz. VI. Vol. I. 23

Kéenly, avv. acutaménte, sottilménte, fieraménte, veementeménte, con avidità

Kéenness, s. acutézza, sottigliézza, acuità, acúme, m., oculatézza, perspicàcia; avidità, veeménza, ardènza, ardóre, fierézza

Kéep(pas. kèpt), va.tenére, mantenére,custodíre, ritenére, serbáre, conserváre, osserváre, adèmpiere; nudríre, spesáre; tenére, seguíre, celebráre; to — a fàrm, a sèrvant, tenére un podére, un servitore; — a hotèl, tenére, condúrre un albèrgo; — a hòrse on háy and óats, nudríre un cavállo di fiéno e di avéna; — one's wòrd, tenér paròla; — sìlence, tacére; — dów̄n, tenére in soggezióne, deprímere; — awáy, allontanáre; — in, frenáre, contenére; — back, detenére, tenére indiétro, indietreggiáre; — off, tenér lontáno, respíngere, paráre ; — up, mantenére, sostenére, conserváre; — ùnder, tenér córto, tenére in soggezióne; — wàtch, fáre la guárdia ; — one's tèmper, non adirársi; — one's cóūntenance, non sconcertársi; — one's bed, stáre in lètto, èssere obbligáto al lètto; — holidays, osserváre le fèste; — còmpany with a pèrson, visitáre, bazzicáre, aver prática con alcúno; — góod hóūrs, ritirársi a casa di buon' óra; — the lùff̄, — the wìnd, (mar.) stríngere la bolína, accostársi al vènto, orsáre strétto, andáre all'órza di bolína, guardáre il sopravvènto

— vn. tenérsi, restáre, dimoráre, duráre, fissársi, ristársi; trovársi, èssere, stáre, mantenérsi, conservársi; governársi; to — at hòme, stársene a càsa, èsser caseréccio; — from, astenérsi da, ristársi da; — alóof from,scansáre,evitáre, voltár lárgo a' cánti; — to a bàrgain, mantenére il contràtto; — óūt of the wáy, assentársi, allontanársi ; — clóse bý, tenérsi vicín vicíno; — back, off! lárgo, lárgo! — in with the shóre, (mar.) ráder la còsta

Kéep, s. guárdia, custòdia, protezióne, conservazióne, condizióne; càstle or príson —, crottóne, m., cárcere scúra

Kéeper, s. guardiáno, custòde, m. tenitóre, conduttóre; — of a príson, carceríère m.; — of the greát séal, guardasigìlli, m.; bóok- —, tenitóre di líbri, ragioniére, m.

Kéeping, s. guárdia, custòdia, govèrno, vigilánza, conservazióne; (pìtt.) accòrdo, accordaménto, armonía, consonánza; in pèrfect — with, in perfètta armonía con; not in — with, non armònico con

Kéepsáke, s. ricòrdo, dóno d'amicízia, rimembránza; strènna, non ti scordár di me!

Kèg, s. barilétto, caratèllo.

Keísar, s. (ant.) Césare, imperatóre

Kèlp,s. sòda grèggia, sále prodótto da piánte marine calcináte

Kélson, s. (mar.) paramezzále, m.

Kèlter, s. (ant.) cinturóne; in —, in púnto

Kémb, V. Cómb

Kèn, s. (poet.) vísta, míra, prospètto, portáta della vísta; within —, che si può védére, alla portáta della vísta (dell'òcchio o della ménte)

— va. (poco us.) scopríre, scòrgere, vedére da lontáno, ravvisáre, riconóscere

Kènnel, s. canile, m., cóvo, tána; múta di cáni; rigágnolo di vía, canalétto lùngo la stráda; — -stóne, colatójo; (mar.) castagnuóla

— vn. accovacciársi, rintanársi; alloggiársi

— va. méttere nel canile, far rintanársi

Kéntledge, s. (mar.) gabárra da savòrra

Kèpt, (pret. e p. p. di to Kéep); a. intrattenúto; — mistress, íntrettenúta

Kèrb, s. V. Kirp

Kèrchief, s. fazzolétto di cápo (cuffìa)

Kèrchiefed, a. copèrto d' un fazzolètto, col cápo copèrto

Kerf, s. tácca, táglio di séga

Kèrmes, s. chèrmes, m,

Kèrn, s. fantaccíno irlandése

— vn. graníre, fáre il granèllo, indurírsi

Kèrnel, s. nòcciolo, òsso delle frútta, granèllo, ácino, mándorla, sème, m.; (med.) gavína, nòcciolo in góla; (fig) núcleo

Kèrnelly, a. pièno di nòccioli o granèlli

Kèrseymère, s. (panno) casimíro

Kèstrel, s. (orn.) accertèllo, gèppio

Kètch, s. (mar.) tartána; bòmb —, golétta da bómba

Kèttle, s. caldája, calderótto, paiuólo; brícco; téa - —, brícco da tè, calderótto, calderíno; the spóūt of a tea - —, il bécco di un brícco da tè

— -drùm, s. timbállo, tabállo

— -drùmmer, s. suonatóre di timbállo

— -pin, s. hiríllo, V. Nine-pins

Kèvel, s. (mar.) orécchia d'ásino

— -hèad, s. (mar.) tèsta di scálmo, tèsta di staminále

Kèx, s. (bot.) cicúta

Kéy, s. chiáve, f; (mus.) chiáve, tásto; (let.) chiáve, spiegazióne; (arch.) chiáve, spìll —, chiáve inglése; — -hóle, tòppa, búco della serratúra; set of — s, tastiéra; — -stóne, (arch.) céntina, chiáve d' un árco

— -bóard, — -fráme, s. (mus.) tastiéra

— -gróove, s. scanalatúra

— -gróove cùtting machine, s. mácchina da scanaláre, scanalatríce, f.

Kíbe, s. pedignóne, m. gelóne, m. ai pièdi —, kíby, a. pièno di pedignóni

Kick, s. cálcio, pedáta; if I méet him I'll give him ᴛʜʀéé or four —s, se lo incóntro gli dispenserò tre o quàttro cálci

— va. tirár cálci, calcitráre

— va. dar de' cálci a; to — a pèrson óūt, scacciár fuóri úno a fúria di cálci; — up a rów̄, rissársi; — up one's héels, sgambettáre, capriolàre; balláre in cámpo azzúrro

Kicker, s. persóna che dispénsa cálci; cavállo che tíra cálci
Kicking, s. cacciáta a cálci; incalcitraménto
Kid, s. caprétto; pélle f. di caprétto
— vn. (della capra) figliáre far caprétti
Kidnap, va. trafugáre, (figliuóli, ecc.)
Kidnapper s. chi trafúga figliuóli, ecc.
Kidnapping, s. trafugaménto di figliuóli, ecc.
Kidney, s. arnióne, m., rognóne, m.; rázza, risma; — béan, fagiuólo
Kilderkin, s. mezzo baríle, barilòtto
Kill, va. uccídere, ammazzáre
Killer, s. uccisóre, uccijitóre, ammazzatóre
Killing, a. che ammázza, che uccíde
Kiln, s. fornáce, f.; brick- —, fornáce da cuócere i mattóni; lime- —, fornáce da calcína
Kilndried, a. seccáto al fórno
Kilndrý, va. seccáre al fórno; seccáre (gráno, ecc.) al fuóco di una fornáce
Kilogram, s. (mis.) chilográmma, m.
Kilòmeter, s. (mis.) chilòmetro
Kilt, s. sottána di montanáro scozzése
Kimbo, a. incrociáto, incurváto, piegáto; to sèt one's árms a- —, arrovesciár le' máni sui fiánchi
Kin, s. parentádo, consanguineità; a kin, a. affíne, parénte, congiúnto; affíne, símile
Kind, a. amorévole, benígno, buóno, favorévole, benévolo, benéfico, gentíle, cortése; you are vèry —, siéte mólto gentíle; be so — as (to), abbiáte la bontà (di)
— s. gènere, m., spécie f., sòrta, natúra; the húman —, il gènere umáno; the fémále —, il sèsso femminíle; things of different —s, còse di divèrse spécie
Kindle, va. accèndere, infiammáre, eccitáre, aizzáre, risvegliáre; vn. accèndersi, infiammársi, appiccársi; — it, accendételo; the fire —s, s'appícca il fuóco; to — the pàssions, accèndere le passióni; to — zéal, infiammár lo zélo; to — emótions, destáre emozióni; Nàture's kindling bréaта, il sóffio animatór della natúra
Kindler, s. chi o che accènde o infiámma
Kindliness, s. benevogliènza, bontà, benignità, amorevolézza, dolcézza
Kindling, s. còsa da accèndere il fuóco, fascinétte, cárta, ecc.
Kindly, a. benígno, amorévole, dólce, buóno
— avv. amorevolménte, benignaménte, con benevogliènza, con gentilézza
Kindness, s. benevogliènza, amorevolézza, gentilézza, benignità, bontà; favóre, m., servízio, grázia, piacére, m; you will do me a —, mi faréte còsa gráta; a piéce of —, un servízio, un favóre; have the — to, abbiáte la bontà di; to shów — to, amorevoleggiáre
Kindred, s. parentéla, parentádo, casáta, parènti plm. congiúnti, plm.;consanguineità, affinità

— a. congiúnto, consanguíneo, congènito, congénio, geniále, simpático
Kíne, s. pl. (ant.) vácche, f. pl. V. Ców
King, s. re, m. rège, m. (poet.); monárca, m., príncipe, m., cápo; the — of Italy, il re d'Itália; — at chess or cards, il re al giuóco degli scácchi o delle cárte; — at dráfts, dáma; the — nèver díes, il re non muóre mái; — 's évil, scròfola; — fisher, alcióne, m.; — -líke, da re; the Cóurt of —'s Bench, il tribunále del bánco del re
— va. (poco us.) fáre o incoronáre un re; — a man at dráfts, damáre una pedína
— -bird (pr. bùrd), s. (orn.) saltinsèlce, m.
— -cùp, s. (bot.) bottón d'òro
— 's spéar, s. (bot.) asfodíllo, asfodèlo
— wòod, s. légno del Brasíle, légno brasiliáno
Kingcraft, s. (da craft, arte o mestière) àrte di governáre, política règia
Kingdom, s. régno, reáme, m. the United —, il régno uníto; vègetable —, régno vegetále
Kingfisher, s. (orn.) uccèllo di San Martíno, tórdo maríno
Kingless, a. sènza re
Kinglet, s. (orn.) reatíno
Kinglike, a. a guísa di re, da re
Kingly, a. reále, règio, di re
— avv. da re, regalménte, nobilménte
Kinsfolk, s. parènti, plm. congiúnti, plm., agnáti, plm.
Kinsman, s. parènte, m., congiúnto; — by fáther's side, agnáto
Kinswóman, s. parénte, f., congiúnta
Kiosk, s. chiósco, padiglióne orientále, m.
Kirb (pr. kùrb), Kirbstone (pr. kurbstóne), s. órlo di paviménto, di marciapiède o di pòzzo
Kirsch-wasser (pr. kirsh-vàsser), s. (voce tedesca) kirsch-wàsser, m., àcqua (spírito) di ciliège
Kirk (pr. kùrk), s. (voce scozz.) chiésa
Kirtle (pr. kùrtle), s. mantellétto, sottána
Kirt-roof (pr. kùrt-róof), s. têtto piramidále
Kiss, s. bácio; little —, bacíno; smácking —, baciòzzo; trèacherous —, bácio di Giúda; to give a —, dáre un bácio; give him a — from me, fátegli un bácio da párte mía
— va. baciáre; to — éach óther o one anò ther, baciársi (l' un l'áltro); to continue —ing, baciucchiáre
Kisser, s. chi bácia, quéllo, quélla che bácia
Kissing, s. il baciáre, il baciucchiáre; — -crùst, orliccio di páne
Kit, s. tíno, tinétto; violíno píccolo
Kitchen, s. cucína; — -bàttery, — utènsils, attrézzi di cucína; — -stùff, gráscia, róba di cucína; — -boy, guáttero; — -wènch, — máid, sèrva di cucína; — -gàrden, órto, orticéllo
Kite, s. (orn.) níbbio, avvoltóio; cèrvo volánte; (com.) cambiále giráta da un amico

Kìtn, *s.* (*volg.*) conoscènte, amíco; — and kin, parènti ed amíci

Kitten, *s.* gattíno gióvine, gattúccio — *vn.* (della gátta) figliáre

Klick, *vn.* scricchiolàre; suonáre i minúti secóndi — *s.* picchio, suòno leggièro, tintinnío

Knàb, *va.* mòrdere, pigliáre, carpíre; truffáre

Knáck, *s.* bagattèlla; árte, *f.*, destrèzza, talènto, *chíque*; tícchio; to have a particular — at, avére una particoláre destrèzza in, avére il *chíque* per; knick- —s, gingìlli, *pl. m.*, cianciafrúscoli, *pl. m.*

Knàg, *s.* nòdo d'álbero, nòcchio

Knàggy, *a.* nodóso, nocchierúto

Knàp, *s.* V. Knòb — *va.* fracassáre, far scoppiettáre, sgranocchiáre

Knàpsack, *s.* záino (di soldáto); bisáccia

Knárled, *a.* nocchierúto, pièno di nòdi

Knáve, *s.* (sèrvo, *ant.*) mariuólo, fúrbo, furfánte, *m.*, ribáldo; (*giuoco*) fànte, *m* ; little —, monèllo; àrrant —, fúrbo in chèrmisi, fúrbo matricoláto

Knávery, *s.* furfantería, furbería, mariuolería

Knávish, *a.* fúrbo, accòrto, ingannóso; di mariuòlo, di briccóne, scáltro, malizióso, cattívo, ribáldo; — trick, tíro di furfánte

Knávishly, *avv.* da mariuòlo, da furfánte

Knávishness, *s.* mariuolería, birbantería, furfantería, bricconería

Knéad, *va.* impastáre, intrídere

Knéading, *s.* l'intrídere; — -trough (*pr.* trof), mádia

Knée, *s.* ginocchio; — -pan, patèlla del ginócchio; — -holm, (*bot.*) pugnitòpo; ship's —s (*mar.*) bracciuòli, cúrve; on one's —s, a ginocchióne; to bènd the —, genuflèttersi, inginocchiársi; bènding the —, genuflessióne; the snów, the wáter is — -déep, la néve, l'ácqua vi arríva sino al ginocchio; dówn upòn your —s, in ginocchio (*comando*); — -grass, (*bot.*) gramígna; in-knéed, che ha le gámbe a sghembo; lodging —s (*mar.*) bracciuòli orizzontáli; dàgger —s, bracciuòli un pòco oblìqui; stàndard —s, bracciuòli dei bai; trànsom —s, bracciuòli delle alétte; wíngtransom —s, bracciuòli del tragánte; hèlm pórt trànsom —s, bracciuòli del contratragánte; deck trànsom —s, bracciuòli della copèrta; —s of the hèad, tagliamáre, *m.* spróne, *m.*, prúa

Knéel, *vn.* (*pas.* knèlt), inginocchiársi

Knéeling, *s.* l'inginocchiársi, genuflessióne; I found him knéeling, ovvero on his knées, lo trovài ginocchióni, in ginocchio

Knéll, *s.* campána a mortòrio, nènia funeráría; to tóll the —, sonáre a mòrto — *vn.* (*poet.*) suonáre a mortòrio

Knelt, V. Knéel

Knéw, *pret. di* to Knów

Knick knàck, *s.* gingíllo, cianciafrúscolo, bagatèlla

Knick-knàckery, *s.* frónzoli, *pl. m.*, inèzie, *pl. f.*, nínnoli, *pl. m.*, chiappolerie, *pl. f.*

Knícknacky, *a.* vàgo di frónzoli, amànte di gingìlli ; to be —, èsser vàgo di nínnoli, amáre i frónzoli, le chiappolerie

Knífe, *s.* coltèllo; táble —, coltèllò da távola; cárving —, coltèllo da trinciáre, trinciánte, *m.*; prúning —, roncóne, *m.*, falcétto ; pénknífe, temperíno ; páper —, stécca; — -bláde, láma, lámina di coltèllo; — -grinder, arrotíno; — -man, accoltellatóre; to stab with a —, accoltelláre; to shárpen a —, arrotáre, affiláre un coltèllo

Knight, *s.* cavalière, *m* ; — of the Gárter, cavalière della Giarrettièra; — of the shire, mèmbro del parlaménto (che rappresènta una contèa) ; — of the pòst, testimónio fálso, corrótto; — of the round táble, cavalière della távola rotónda; — èrrant, cavalière erránte; — èrrantry, cavallería errànte — *va.* fáre, armáre, creáre cavalièri

Knighthóod, *s.* cavalieráto, cavallería (*ordine*); ráised to the dignity of —, promòsso al cavalieráto

Knightliness, *s.* dovéri, *pl. m.* d'un cavalière; caráttere cavalerésco

Knightly, *a.* cavallerésco, di cavalière — *avv.* da cavalière, cavallerescaménte

Knit, *va.* (*pret.* e *p. p.* knitted o —) far lavóri di máglie, intreccíáre, annodáre, compagináre, legár strétto, collegáre strettaménte, attaccáre; uníre; (*med.*) cicatrizáre; to — stòckings, far cálze, lavorár cálze, all'ágo, ai fèrri; — one's brōws, aggrottáre le cíglia, accigliársi; — a net, intreccíáre; fáre una réte; — the bónes and múscles, assodáre il còrpo — *vn.* occupársi di lavóri a máglie, cicatrizzársi — *a.* lavoráto a máglie, fàtto coll'ágo o coi fèrri da calzétte; cicatrizzáto, compaginato, legáto, annodáto, fatticcio; increspáto ; well- -body, còrpo ben compaginát ; còrpo fatticcio

Knitter, *s.* lavoratóre -tríce, *f.* a máglie, all'ago

Knitting, *s.* lavóro a máglie; — -needles, aghi o fèrri da cálze

Knob, *s.* bernòccolo, nòcchio, nòdo, promnènza; — of a cáne, pòmo di bastóne

Knòbbed, *a.* bernoccolúto, nocchióso, nodóso

Knòbbiness, *s.* nodosità

Knòbby, *a.* nodóso, nocchióso, bernoccoluto

Knock, *s.* bótta, bússa, cólpo, percòssa, picchio; — on the páte, cólpo sulla tèsta ; there is —, é státo bussáto; a gentleman's —, cólpo da padróne — *vn.* báttere, picchiáre, bussáre, colpire, urtársi cóntro, dar di còzzo a; to —

pèrson on the head, accoppáre uno; to — dówn, stramazzáre, abbáttere, atterríre; aggiudicáre (all'ásta); — in, sfondáre, rómpere, ficcár déntro; — off, rómpere, far saltáre, mandár a mónte; — óut, cacciár fuóri per fòrza, leváre, strappáre; — up; risvegliáre, ridestáre (a furia di busse); stancáre, straccáre; I am —ed up, sono strácco, sono spossáto, non ne pòsso più — vn. (at, a) picchiáre, bussáre; urtársi, dar déntro; — awáy, seguitár a picchiáre; — únder, arrêndersi, cédere, dársi per vínto

Knócker, s. picchiatójo, martêllo di pòrta

Knócking, s. il bussáre, il picchiáre (ad una porta, ecc.); pícchio, strêpito, martellaménto, rumóre, fracásso

Knóll, vn. (ant.) suonáre la campána dei mórti, suonáre a mortòrio

Knóll, s. monticellíno, ρòggio, címa

Knót, s. nòdo, grúppo; galáno; bernóccolo; (mar.) nòdo; (teat.) intréccio, difficoltà; (pers.) cròcchio; círcolo, brigáta, ciúrma; rùnning —, nòdo scorsòjo; gòrdian —, nòdo gordiáno; to run níne —s an hóur, fáre nòve nòdi per ora
— va. annodáre, aggroppáre, legáre, avvincoláre, intricáre, intralciáre
— vn. annodársi, fársi in nòdi, attorcigliársi, aggrovigliársi; (bot.) germogliáre, gemmáre

Knótgrass, s. (bot.) centonòdi, m. sanguinária

Knótless, a. sénza nòdi

Knótted, a. nodóso, nocchióso, nocchierúto

Knóttiness, s. nodosità; (fig.) intralciatúra

Knótty, a. nodóso, nocchierúto, bernoccolúto, intricáto; — blúdgeon, bastóne bernoccolúto; — quèstion, quistióne intralciáta

Knóut, s. knout, m. (castigo usato in Russia)

Knów, va. (pret. knéw, p. p. knówn), sapére, conóscere, riconóscere, raffiguráre, ravvisáre; to — by expérience, sapér per pròva; — a pèrson by síght, conóscere alcúno di vísta; to — txòroughly, sapére a fóndo; — one's sèlf, conóscere sè stésso, conóscersi; — agáin, ravvisáre, raffiguráre; that I —, che io sáppia (lo so)
— vn. (pret. knéw, p. p. knówn) conóscere, èssere informáto; — hów to dò a thing, sáper fáre una còsa, conóscere il modo di fárla

Knówable, a. conoscíbile, che si può inténdere

Knówing, a. istruíto, saccènte, intelligènte, oculáto, accòrto; s. — il sapére; la sciènza

Knówingly, avv. scienteménte, consapevolmente, avvisataménte, con accorgiménto, a bèllo stúdio

Knówledge, s. cognizióne, sciènza, conoscènza, dottrína; sapúta, notízia, sapére, m; — is the éye of yóutx and the staff of áge, la sciènza è l'òcchio della gioventù ed il

bastóne della vecchiája; to my —, a mia sapúta; withóut the — of, all'insapúta di; I have no — of it, non ne so niênte

Knówn, (p. p. di to knów) a. cógnito, conosciúto, sapúto; well — conosciutíssimo; — mótive, motivo cógnito

K. N. T., (pr. nit) (abbr. di knight) cavaliêre, m.

Knúckle, s. congiuntúra (delle díta); nòcchio, nòdo (bot.); knúckles, nòcche, fp.
— vn. (volg.) arrêndersi, sottométtersi

Knúckled, a. nocchiúto, nocchierúto

Kóran, s. Coráno, Alcoráno

Krèmlin, s. kremlíno, cittadèlla rússa, particolarménte quella di Mósca

K. P. (cà pé) iniziáli di Knight of sáint-Pàtrick, cavaliêre, m. di S. Patrízio

K. T. (cà té) iniziáli di Knight of the Tnistle, cavaliêre del Cárdo

Kúfic, a. cúfico; — lètters, léttere cúfiche

Kýrie, s. kírie, m., chírie, m., chirieléison, m., chirieleisònne, m.

L

L, (pr. él) s. dodicêsima lèttera dell'alfabéto inglése, L; cifra romána, rappresentánte cinquánta, L.

L, (pr. póund) s. iniziale di livre sterling; V. Pound

Là, interj. là! ecco! ve'! védi! míra! guárdá!
— s. (mus.) la, m.

Labefáction, s. deperiménto, decadiménto, indeboliménto

Lábel, s. (com.) etichétta, márca; (arald.) fáscia; (legge) codicíllo
— va. segnáre, notáre, marcáre

Lábial, a. (gram.) labiále, delle lábbra

Lábiated, a. (bot.) labiáto, divíso in due lábbra

Labiodèntal, a. formáto colle lábbra e coi dénti

Làboratory, s. laboratòrio, fonderia

Labórious, a. laborióso, faticóso, operóso, travagliatívo, indefésso; penóso, faticóso

Labóriously, avv. laboriosaménte, con fatica

Labóriousness, s. laboriosità, indefessità, difficoltà

Lábour, s. lavóro, traváglio, fatica, òpera; to be in —, avér le dòglie (del párto)
— vn. lavoráre, travagliáre, affaticársi, studiársi, far ógni sfòrzo; — únder many difficulties, avér mólte difficoltà a víncere
— va. travagliáre, elaboráre, eseguíre, lavoráre, coltiváre, (báttere; V. Belábour)

Lábourer, s. lavoratóre, uòmo di strapázzo, lavoránte; dáy —, giornaliêre, m.

Lábouring, a. che lavóra; — man, lavoratóre, operájo; — clásses, clássi lavoratríci, operái

Lábourless, a. non laborióso, non faticóso

Láboursòme, a. laborióso

Labàrnum, *s.* (*bot.*) avorniéllo, májo, mággio, cióndolo

Làbyrinrs, *s.* laberínto

Làc, *s.* lácca; gùm —, gómma lácca

Làccic, *a.* di lácca

Làce, *s.* merlétto, trína, gallóne, *m.* aghétto (*da allacciáre*), passa-cordóne, *m.* infilacáppio; strínga; twisted —, cordélla; —wòrk, passamáno, merlétto; bóot —s, laccétti

— *va.* allacciáre, gallonáre; — a còrset, allacciàr un bústo; — a pèrson's jàcket, spianáre le costúre ad úno (lacciáto

Láced, *a.* gallonáto, ornáto di gallóne; al-

Làcemáker, Láce man, *s.* fabbricánte o venditóre di merlétti, gallóni o passamáni

Làcerable, *a.* lacerábile, da lacerársi

Làcerate, *va.* laceráre, stracciáre, sbranáre

Laceràtion, *s.* laceraménto, stracciaménto

Lacèrtus, *s.* anguílla di máre

Làcheá, *s. pl.* (*legge*) negligènza

Làchrymal, *a.* (*anat.*) lacrimále; (*chir., med.*) lacrimále

Làchrymary, *a.* che sèrve alle lágrime

Lachrymátion, *s.* lacrimazióne, *f.*, il lagrimáre

Làchrymatory, *s.* (*ant. Rom.*) lacrimatòrio

Lacineáted, *a.* lacineáto, ornáto dì fránge

Làck, *s.* mancánza, difétto, fàlta, bisógno; to be in — of, difettáre, mancáre di; — of mòney, scarsézza del numerário

— *van.* difettáre, mancáre, faltáre; thère shall — nòthing, niénte ne mancherà

Làck-a-dày, *interj.* ohimè! ahimè! ah!

Lackadáisical, *a.* sentimentále, lezióso

Làckbráin, *s.* uòmo sénza cervèllo, balórdo

Làck-land, *a.* sénza tèrra, bisognóso, pòvero

Làcker, *s.* verníce, *f.*, della Chína; lácca

— *va.* verniciáre, inverniciáre

Làckey, *s.* lacchè, *m.*, stafflère, *m.*, vallétto

— *vn.* fàre il lacchè; *va.* ossequiàre vilménte

Làcklustre, *a.* sénza lústro, appannáto, smòr-

Lacònic, *a.* lacònico (succínto) (to

Lacònically, *avv.* laconicaménte

Làconism, *s.* laconísmo, breviloquènza

Lactàtion, *s.* allattaménto, lo allattàre

Làcteal, *a.* látteo; — veíns, véne láttee

Làcteous, *a.* látteo; *V.* Làcteal

Lacúne, *s.* lacúna, vuòto, váno, spázio vuòto

Làd, *s.* giovinétto, ragázzo, giovincèllo

Làdder, *s.* scála a piuòli, scála portátile

Làde, *va.* (*pret.* láded, *p. p.* láded, láden) caricáre; (*mar.*) caricáre; — with, caricáre, di, imbarcáre; to — óut wàter, (*mar.*) levàre, scaricáre àcqua con un cucchiaióne

Làde, *vn.* (*com. mar.*) caricársi, stáre caricándo

Làden, *a.* cárico, aggraváto, sopraffátto, opprèsso

Làding, *s.* (*mar.*) il caricáre, cárico; bill of —, pòlizza di cárico

Làdle, *s.* romajuòlo; wòoden —, méstola: little —, romajolíno: soúp —, (*tavola*) cucchiaióne, *m.*; ladle-full, romajolàta, cucchiaiàta; ládleš, — bóards, *pl.*, àle, *pl. f.*, pále, *pl. f.* (*delle ruote di mulino*)

Làdy, *s.* dáma, dònna nòbile, spósa di marchése, di cónte o di baronétto, dònna di buòna famíglia; signóra, mòglie di un signóre; padróna di cása; — Býron, la contéssa Býron; — Péel, la signóra Péel; young —, damigèlla; young married —, gióvine signóra; fáscináting —, signóra irrestíbile; my —, mia signóra, signóra contéssa, (signóra marchésa, ecc.); my —, whò is that young —? signóra contéssa, chi é quélla signorína? Ládieš, will you còme and táke a wàlk? signóre (o signoríne) volète veníre a fàre una passeggiàta? Mr. Brown, my còmpliments to your —, signòr Brown, presentàte i miei compliménti alla signóra vòstra; — and mistress (sovereign), dònna e madònnna; our —, (*catt. rom.*) nostra Signóra, la Madònna

— -bird, (*pr.* bùrd), — -flý, — -bùg, *s.* (*ent.* coccinèlla

— -dáy, *s.* fèsta dell'Annunciazióne

— -fèrn, *s.* (*bot.*) aspídio

— -lóve, *s.* his —, la dáma dei suói pen-

— -pàssenger, *s.* viaggiatríce (sic.)

— 's bèdstràw, *s.* (*bot.*) càglio

— 's bòwer, *s.* (*bot.*) clemátide, *f.*

— 's cómb, *s.* (*bot.*) pèttine, *m.* di Vènere

— 's finger, *s.* (*bot.*) antíllide, *f.*

— 's màntle, *s.* (*bot.*) alchimílla, stelláría

— 's séal, *s.* (*bot.*) támo, támaro, víte nè-

— 's smòck, *s.* (*bot.*) cardamíndo, crescio... *m.* dei práti

Ládylíke, *a.* da signóra, donnésco, gentíl:, dólce, delicáto, elegánte; whàt a swéet li:e — voice! che dólce vocína da signóra bea educáta!

Ládyship, *s.* (*di dònna nobile*) la signori vòstra, vossignoría; her —, sua signori:, your —, la signoría vòstra; when your pléases, quándo piacerà a vòstra signor:i

Làg, *s.* último, última clàsse, féccia, fòr the — of a form, l'último d'una clàsse

— *a.* último, che viène diétro, che vi:dòpo; pígro, neghittóso, tárdo, tardigra

— *vn.* restár indiétro, muòversi pigraménti strascinársi pesanteménte; tirár in lùr;e dondolàr la mattèa; — behínd, èssere l'ultimo, stár indiétro, indugiáre

Làgger, làggard, *s.* chi rèsta indiétro, c` sta a bada, infingárdo, indugiatóre, do:.dolóne, *m.*

Làgging, *s.* l'indugiáre, il dondoláre; (*arc'.* stráto di ghiája, ecc. per formáre il pi.:. di una stráda

Lagóon, lagúne, *s.* lagúna; palúde, *f.*

Láic e Láical, *a.* láico, secoláre

Làid, *a.* collocáto, mésso, pòsto, adagiá:

sdrajáto, coricáto; ammorzáto; dispósto; concertáto; néw- — éggs, uóvi fréschi; — a back, (mar.) bracciáto in fáccia; — to the wind, bracciáto all'órza; — up, disarmáto; V. Lay

Láin, V. Lie

Láir, s. ricetlácolo, covíle, m. di bélve, cóvo di lúpo, di cignále, ecc.; tána, corácciolo, nascondíglio

Láird, s. signóre d'un féudó (in Iscozia)

Láity, s. laicáto, i láici, i secolári

Láke, s. (geog.) lágo; (color.) lácca

Lámb, s. agnéllo; young — agnellíno — vn. (della pecora) figliáre (agnélli)

Lámb's-wóol, s. lána di agnéllo; bírra dólce; — stóckings, cálze di lána di agnéllo

Lámbent, a. lambénte, sottíle, leggièro

Lámbkin, s. agnellíno, agnellétto

Lámblike, a. di agnéllo, símile ad un agnéllo

Láme, va. storpiáre, stroppiáre; mutiláre — a. zóppo, storpiáto, mónco, mutiláto imperfétto, difettóso; to be —, éssere zóppo; to go —, zoppicáre, arrancáre, andár zóppo, zoppicóne; — accóunt, ragguáglio imperfétto

Lámelláted, a. lamelláto, a guísa di lámine

Lámely, avv. zoppicóne, stortaménte

Lámeness, s. storpiatúra; — (fig.) imperfezióne

Lamént, vn. lamentársi, dolérsi — va. lamentársi di, deploráre, compiángere — s. laménto, piánto, queréla, gémito

Lámentable, a. lamentévole, deplorábile

Lámentably, avv. lamentevolménte

Lamentátion, s. lamentazióne, f., piánto

Lamènter, s. chi deplóra, chi compiánge

Laménting, s. il lamentáre, laménto, piánto

Lámina, s. lámina, fóglia, piástra di metállo; lóbo dell'orécchia; (bot.) fálda, lóbo

Láminated, a. laminóso, lamináto

Lámmas, s. il prímo giórno d'agósto

Lámmergeír, (orn.) avoltójo mássimo

Lámp, s. lámpada, lámpana, lampióne, m., lucérna, lámpa; suspénded —, lámpana; stréet —, lampióne, m.; little —, lampioníno, lampioncíno; árgant —, lámpada d'argánte; the — of night (poet.) la lámpa notturna (la luna); sáfety —, lámpada di sicurézza; thése —s are gone óut, non ci è più ólio in quéste lámpane

Lámpas e Lámpass, s. (veter.) lampásco

Lámpblack, s. néro di fúmo

Lámpmáker, s. lampanájo

Lampóon, s. sátira personále, pasquináta — va. satireggiáre; — a pèrson, fáre una sátira, una pasquináta cóntro a qualchedúno

Lampóoner, s. autóre di sátire personáli

Lámprey, s. (itt.) lampréda

Lánated, a. lanáto, lanóso; (bot.) vellúto

Lánce, s. láncia, ásta; to cóuch the —, abbassár la láncia; — -sháped, in fórma di láncia

— va. tagliáre con lancétta, apríre con lancétta, dáre un cólpo di lancétta a

Láncer, s. (soldato) lancière, m. láncia, lanzichenécco

Láncet, s. (chir.) lancétta

Lánch, va. lanciáre, scagliáre; — a ship, varáre un bastiménto — vn. scagliársi, slanciársi, andáre, uscíre di sláncio; — óut into, irrómpere in, scagliársi in   (lischérmo — s. (mar.) varaménto; láncia; caícco, pa-

Lánd, s. tèrra, terréno; tèrra, regióne, paése, m.; árable —, tèrra arábile, aratória; drý —, tèrra fèrma; fóreign —, paése stranièro; the nátive —, la tèrra natále; prómised —, tèrra proméssa, di promissióne; the Hóly Lánd, la Tèrra Sánta; fáther- — paése natío, pátria; descént of —s, (legge) trasmissióne di béni per successióne ereditária; neck of —, (geogr.) língua, istmo di tèrra; to trável by —, viaggiáre per tèrra; — wón from the séa, tèrra Adámica; to máke the —, pigliár tèrra, approdáre; hóuses and —s, stábili, fóndi, béni immóbili — vn. approdáre, sbarcáre; we lánded at Civita-Vécchia, approdámmo, sbarcámmo a Civita-Vécchia — va. sbarcáre, méttere in tèrra, caváre dalla náve

— -flóod, s. inondazióne, straripaménto, piéna

— -fórces, s. pl. trúppe, f. pl. di tèrra, esército

Lándamman, s. Landamánno

Lándau, s. landó (carrozza)

Lánddamn, va. (ant.) bandíre, esiliáre

Lánded a. fondiário, di possessióne fondiária; — próperty, proprietà fondiária; the — interests, gli interéssi degli agricoltóri

Lándfáll, s. eredità improvvísa, inaspettáta; (mar.) lo scuopríre la tèrra

— -surveying, (pr. lánd survǎing), s. agrimensúra

— -surveyor, (pr. lánd-survǎor), s. agrimensóre

— -tax, s. impósta fondiária, tássa sulle possessióni; táglia

Lándgrave, s. langrávio

Lándgraviate, s. langraviáto

Lándgravine, s. langrávia (móglie d'un langrávio)

Lándhólder, Lánd-ówner, s. padróne di fóndi, proprietário di tèrre, possidénte

Lánding, s. lo sbarcáre, appródo; — -pláce, (mar.) luògo di appródo, scálo, sbarcadéro; (di scala) pianeróttolo, ripiáno

Lándlady, s. proprietária d'un fóndo di tèrra o di una cása; padróna d'un albèrgo, d'un'ostería o di una locánda; albergatríce, f., ostéssa, locandiéra

Lándlord, s. proprietário di tèrre, padróne

della cása o del podére; padróne di cása; albergatóre, òste, m., locandiére, m.; —, have me càlled to-mórrow morning at fíve, albergatóre, fátemi svegliáre domattína alle cínque

Làndmark, s. límite, m. (che spartísce i podéri)

Làndscápe, s. (pit.) paesàggio, paése in pittúra; cólpo d'òcchio, vísta di paése; — páínter, paesísta, mf.

Làndward, avv. (mar.) vêrso tèrra

Láne, s. chiásso, stráda strétta, stráda píccola fuór di máno, stradélla, vícolo, vico, viòttolo

Làngrel, s. mitráglia; — shòt, pálle incatenáte, f. pl.

Lànguage, s. língua, idiòma, m., favèlla, linguàggio; the English —, la língua inglése; the — of birds (pr. bùrds), il linguàggio degli uccèlli; the living —s, le língue vivènti; téacher, professòr of the Frènch —, maèstro, professòre di língua francése

— -màster, s. (volg.) V. Téacher, màster, professor of lànguagés

Lànguaged, a. avènte mólte língue

Lànguid, a. lánguido, languénte, fiácco

Lànguidly, avv. languidaménte, debolménte

Lànguidness, s. languidézza, fiacchézza

Lànguish, vn. languíre, sveníre, infievolíre, intisichíre; that plànt —es, is —ing, quélla piánta intisichísce; to — with, languíre di — s. ária languènte, lánguida, dólce

Lànguishing, a. languènte, lánguido

Lànguishingly, avv. con languidézza, cón languóre

Lànguishment, s. V. Lànguor

Lànguor, s. languóre, debilitaménto

Làniflce, s. (poco us.) lanifício

Lanígerous, Laniferous, a. lanífero, lanígero, lanúto

Lanista, s. (ant. rom.) lanísta. m., padróne, m. maèstro dei gladiatóri

Lànk, a. mágro, sparúto, assecchíto, scárno, macilènte; fiácco, lánguido, intisichíto; — chéeks, guáncie infossáte; — -sided greyhound, vèltro scárno, levrière magríssimo

Lànkness, s. magrézza, macilènza

Lànner, Lànneret, s. laniére, m. falcóne, m.

Lànsquenet, s. lanzichenécco, lanzo (soldáto)

Làntern, s. lantèrna, fáro, fanále, m.; dark —, lantèrna cièca; màgic —, lantèrna màgica; small —, lanternétta; làrge —, lanternóne, m.; ship's —, fanále, m; jàck o—, jack with a —, fuòco fátuo, fuòco di sant'Èlmo; — máker, lanternájo; — jàws, guáncie infossáte, víso scárno; — tówer, (arch. mar.) lantèrna, fáro

— -flý, s. (ent.) lúcciola dell'Amèrica del

Lànthorn, s. V. Lantern　　　(Sud

Lanúginous, a. lanuginóso

Làp, s. grèmbo; on his —, sulle ginòcchia; on her —, in grèmbo; — of a dress, pièga,

falda d'una vèste; — of the éar, pùnta dell'orécchio; — dog, cagnolino da signóra, cagnolíno inglése; — -éared, dagli orécchi pendénti; — -wing, (orn.) pavoncèlla — vn. leccáre, lambíre, bêre cóme béono i cáni; ricascáre, piegársi sópra; — va. leccáre, lambíre, pigliár su colla língua; — up, invòlgere, avviluppáre, piegáro, copríre

Lapél, s. rovêscio (di ábito, di marsína, ecc.)

Làpful, s. grembialáta, grambiále piéno

Lapidárious, a. lapídeo

Làpidary, s. lapidário, giojelliére, m. — a. lapidário; the — stýle, lo stíle lapidário

Làpidáte, va. lapidáre

Lapidátion, s. lapidazióne

Lapidèscence, s. impietraménto, petrefazióne

Lapidífic, a. lapidífico

Lapidificátion, s. lapidificazióne, f.

Lapislàzuli, s. (min.) lapislàzzolo

Làpper, s. chi pièga; chi o che làmbe o lécca

Làppet, s. fálda, lémbo; bárba di cúffia

Làpse, s. lásso (di tempo); cascáta (d'acqua), scorriménto, passàggio, córso, séguito; erróre, m. mancaménto; cólpo — vn. (into, dèntro) cascáre, cadére; scòrrere, ricadére, falláre, mancáre, declináre, decadére, deperíre

Làpwing, s. (orn.) pavoncèlla

Làrbóard, s. (mar.) láto sinístro (di nave), babórdo; — bráce, bráccio di babórdo; — wátch, guárdia a sinístra

Làrceny, s. ladronéccio, fúrto

Làrch, — trée, s. (bot.) lárice, m.

Làrd, s. lárdo, grásso di pòrco; hog's —, grásso di majále non gettáto — vn. lardáre, lardelláre

Làrder, s. dispènsa, guárda vivánde, m., stanzétta dove si téngono le còse da mangiáre

Làres, s. pl. (gli dei) Lari, m. pl.

Làrge, a. gròsso, gránde, vásto, fòrte, lárgo; (mar.) lárgo; — dog, gròsso cáne; — potáto, gròsso pómo di tèrra; — fiéld, cámpo spazióso; — city, città gránde; — man (big fèllow) omóne, m; — sùm, ragguardévole sómma; to set at —, liberáre — vn. veleggiáre col vênto alla bánda

Làrgely, avv. largaménte, copiosaménte

Làrgeness, s. grossézza, grandézza, ampiézza

Làrgess, s. larghézza, largizióne, liberalità

Làrgo, larghétto, s. (mus.) lárgo, larghétto

Làrk, s. (orn.) allòdola, lòdola; crèsted —, shóre —, allòdola cappellúta; fiéld —, allòdola comúne; skÿ —, allòdola di práto, tottovílla, tottavílla, mattolína; willow —, allòdola panteláana; —, biricchináta, schérzo; to have a —, fáre un tíro da biricchino

— héel, s. (bot.) nastúrzio d'India

— spùr, s. (bot.) speróne, m. di cavaliére, fiorcappúccio, consòlida reále

Lárker, *s.* uccellatóre d'allódole
Lármier, *s.* grondája, grondatójo
Làrum, *V.* Alárum
Lárva, *s.* lárva
Lárvated, *a.* larváto, mascheráto, occúlto
Larỳngean, *a.* (*anat.*) della laringe
Laryngòtomy, *s.* (*chir.*) laringotomía, broncotomía
Lárynx, *s.* (*anat.*) laringe, *f.* (orientáli
Láscar, *s.* lascáre, *m.*, marinájo delle Indie
Lascívious, *a.* lascívo, lussurióso
Lasciviously, *avv.* lascivaménte
Lasciviousness, *s.* lascívia, lascività
Lásh, *s.* guinzáglio, cordicèlla di sfèrza, cólpo di sfèrza o di scudíscio, sferzáta, frustáta, cinghiáta; flagèllo; *eye-* —es, cíglia, *f. pl.*, i peli, *m. pl.* delle palpébre
— *va.* sferzáre, frustáre; cinghiáre, flagelláre; allacciáre, avvincoláre, legáre; (*mar.*) amarráre, legáre, bigottáre, accomodáre
Lásher, *s.* chi sfèrza, frústa, flagèlla
Láshing, *s.* frustáta, flagellazióne, battitúra; (*mar.*) códa di rátto, salmástra
Lásk, *vn* (*mar.*) tenér vènto quartiére
Láss, *s.* zitèlla, ragázza, fanciúlla
— -lòrn, *a.* abbandonáto dalla sua ragázza, dalla sua amáta, dalla sua bèlla
Lássitude, *s.* stanchézza, lassézza, cascággine, *f.*
Lást, *a.* último; — wéek, la settimána scórsa; — but one, penúltimo; — but twó, antipenúltimo
— *avv.* ultimaménte, in fíne, finalménte; at —, alla fíne; the — time that I sáw you, l'última vòlta ch' io vi vidi
— *s.* último fíne, último giórno, última paróla, último respíro; till the —, síno alla fíne; to hóld óut to the —, tenér fèrmo síno all' último; —, (*misura*) sálma, lásto, fórma; to pùt a shóe on the —, métter una scárpa alla fórma
— *vn.* duráre, èssere duratúro, coutinuáre sussistere
Lásting, *a.* durévole, duratúro, permanènte; —, *s.* làsting (*panno*)
Lástingly, *avv.* durevolménte, perpetuaménte
Lástingness, *s.* durevolézza, continuazióne
Lástly, *avv.* in fíne, finalménte, da último
Làtch, *s.* saliscèndo, nóttola
— *va.* chiúdere con saliscèndi
Làtches, *s. pl.* (*mar.*) cordicèlle delle véle
Làtchet, *s.* passamáno, correggiuólo delle scárpe
Láte, *s. a.* tárdo, tardívo, tardígrado, avanzáto, último, recènte, defúnto, ex; — spring, primavèra tardíva; the — king, il re defúnto; the — minister, l'ex-minístro; of — yéars, in quésti último ánni, da quálche ánno; látest intèlligence, último avvísi, notízie recentíssime
— *avv.* tárdi, tárdo, in sull' óra tárda; of —, di recénte; — in, sullo scórcio di

Látely, *avv.* uitimaménte, póco fa, non ha guári
Láteness, *s.* tardézza, indúgio, tèmpi tárdi
Látent, *a.* latènte, occúlto, segréto
Láter, *a.* posterióre, susseguènte, recénte
— *avv.* più tárdi, dópo, più recentemènte
Làteral, *a.* laterále, dei fiánchi, dei láti
Làterally, *avv.* lateralménte, da' fiánchi, dai láti
Látest, *a.* l'último, il più tárdo; — intèlligence, notízio recentíssime; at the —, al più tárdi
Láтн, *s.* assicèlla, corrènte, *m.*, panconcèllo; — wòrk, ingraticciáta di assicèlle, panconcellatúra
— *va.* ingraticciáre di assicèlle, copríre di corrènti o panconcèlli
Láthe, *s.* tórnio (di tornitóre); in the —, al tórnio
Làther, *s.* saponáta, schiúma (di sapóne)
— *va.* insaponáre; *vn.* schiumáre (come il sapóne)
Làtin, *s.* il latíno; *a.* latíno, latína
Làtinism, *s.* latinísmo, idiotísmo latíno
Làtinist, *s.* latinísta, *m.*, professóre di latíno
Latinity, *s.* latinità
Làtinize, *van.* latinizzáre, díre, tradúrre in latíno
Látish, *a.* tardétto, alquánto tárdi
Làtitude, *s.* latitúdine, *f.*, larghézza, spázio; nórтн —, latitúdine settentrionále; tóo greát — tròppa licènza
Latitúdinal, *a.* di latitúdine, della latitúdine
Làtitudinárian, *a. s.* (*teol.*) latitudinário
Latitudinárianism, *s.* (*teol.*) latitudinarísmo, dottrína dei latitudinárj
Látrant, *a.* latránte, abbajánte, che látra
Látria, (*pr. anche* latría) *s.* (*teol.*) latría
Làtten, *s.* látta; — brass, ottóne, *m.*
Làtter, *a.* (*di due*) último, recénte; in thése — àges, in quésti último sécoli; the fórmer is rich the — is póor, quégli (il prímo) è ricco, quésti (l'último) è póvero
Làtterly, *avv.* ultimaménte, di recénte
Làttermatн, *s.* guaíme, *m.* (*fieno*)
Làttice, *s.* ingraticciáta, gratíccio; — window, finèstra ingraticciáta (con assicèlle)
— *va.* ingraticciáre, chiúdere una finèstra o un' apertúra con còsa a guísa di gratíccio, cancelláre
Làtticed, *a.* ingraticciáto, chiúso con gratíccio (lòde
Láud, *s.* (*poet.*) lóde, *f.*; láude, *f.*, inno di
— *va.* lodáre, lodáre con ínni
Láudable, *a.* lodábile, lodévole
Láudableness, *s.* lodevolézza
Láudably, *avv.* lodabilménte, lodevolménte
Láudanum, *s.* (*med.*) láudano
Láudatory, láudative, *a.* laudatório, laudatívo, lodatívo; *s.* elógio, panegírico

Laugh, (*pr.* làfl) *vn.* rídere; — at, rídere di, ridersi di; — in one's slèeve, rídere sótto vênto, rídere sótto i bàffi; you máke me —, mi fàte rídere; to — at a pèrson, ridèrsi di úno, deríderlo; I — at your ᴛʜʀêats, mi rído delle vòstre minàccie; she is laughing at yoú, élla si ríde di voi, si fa giuóco dí voi; he —s at èvery thing, egli ríde di·tútto

— *va.* deridere, ridersi di, scherníre; — one to scorn, scherníre o scornáre alcúno

— *s.* il rídere, ríso, risáta; be burst ínto a lond —, egli scoppiò ín una grán risáta

Laughable (*pr.* làffable), *a.* ridévole, ridícolo, piacévole

Laughably (*pr.* làffably), *avv.* risibilménte, ridevolménte

Laugher (*pr.* làffer), *s.* riditóre; a grèat —, un ridóne

Laughing (*pr.* làffing), *a.* ridênte, ridilóre; *s.* il rídere, ríso; he begàn — (o to laugh), egli si míse a rídere; — - stock, ludíbrio, zimbèllo, schèrno

Laughingly (*pr.* làffingly), *avv.* ridêndo, con víso ridênte

Laughter (làfter), *s.* il rídere, ríso; immòderàte —, ríso smoderáto ; to brèak ǒut ínto —, scoppiáre ín ríso; a fit of —, una grán risáta

Làunch, *va.* *V.* Lànch

Làunder, *va.* (*ant.*) lavàre

— *s.* lavandája, *V.* Làundress

Làunderer, *s.* lavandájo

Làundress, *s.* lavandája; stiratóra, stiratríce

Làundry, *s.* cúra, spurgo, luògo dove si fa il bucáto

Laureate, *a.* laureáto, coronáto di allòro; póet —, poéta laureáto, poéta Cesáreo

Làureàtion, *s.* (*università*) làurea, laureazióne

Làurel, *s.* (*bot.*) làuro, allòro; spùrge —, laurèola; to repòse under the shàde of of one's —s, riposársi sui pròpri allòri

Làurelled, *a* coronáto d'allòro

Làurustin, làurustine, *s.* (*bot.*) làuro selvático

Làuwine, *s.* lavína; valànga, làzza

Làva, *s.* (*min.*) làva

Làvatory, *s.* lavatóio

Làve, *van.* lavàre, bagnáre; — ǒut the wàter, vuotàr l'àcqua con un cucchiajóne, ecc.

Làvender, *s.* (*bot.*) lavánda, spígo, nárdo ; — wàter, àcqua di lavánda

Làver, *s.* lavatójo, váso da lavàre, (bacíno, *ant.*)

Làvish, *a.* pròdigo; profúso; — spènder, làrgo spenditóre

— *va.* scialacquáre ; — awáy, dissipáre

Làvisher, *s.* pròdigo, pròdiga, scialacquatóre -tríce

Làvishly, *avv,* prodigalménte, con prodigalità

Làvishment, Làvishness, *s.* prodigalità

Làw, *s.* lègge, *f.*, dirítto, giurisprudênza, decréto; divíne and húman —s, lèggi divíne ed umáne; ceremónial —, legge cerimoniàle; càstomary —, legge consuetadinária; còmmon —, dirítto comúne, lègge civíle; — merchant, dirítto commerciále; cànon — dirítto canónico; clùb —, legge del bastóne; fòrest —, códice forestàle; the — of nàtions, la lègge delle nazióni, il dirítto delle gênti; bàchelor, licêntiate, dóctor of —, dottóre in leggi; — -brèaker, trasgressóre della lègge ; in the spirit of the —, secóndo lo spírito della lègge; by cóurse of —, secóndo le fórme volúte dalla lègge; a màtter gòod in —, una còsa vàlida; to be —, avér fòrza di lègge; to give the —, dàre, impórre la lègge; to recèive the —, tògliere, subíre la lègge: to becòme a —, passáre in lègge; to pass a —, fàre una lègge; to go to —, méttersi a litigàre; to tàke the — into one's ǒwn hands, fàrsi giostízia da sè; fàther in- — suòcero; mòther-in- —, suòcera; dàughter-in- —, nuòra; sòn-in- —, gênero; bròther-in - —, cognáto; sìster-in —, cognàta; gòod —s often procéed from bad mànners, da' cattívi costúmi náscono spésso le buòne lèggi

Làwful, *a.* léçito, legíttimo, legále

Làwfully, *avv.* secóndo la lègge, legittimaménte

Làwfulness, *s.* legalità, legittimità, giustízia

Làwgiver, Làw-màker, *s.* legislatóre

Làwgiving, *a.* legislatívo

Làwless, *a.* sênza lègge, che non ha lègge, arbitrário, irrefrenàto. illegále, usurpáto

Làwlessness, *s.* licênza, illegalità; anarchía

Làwlessly, *avv.* in mòdo illegále, illécito

Làwn, *s.* pratèllo améno, pratellíno, tappéto vérde; rênsa, téla d'Olánda

Làwny, *a.* di rênsa, di téla d'Olánda; come vérde tappéto; ben livellàto, piáno

Làwsúit, *s.* lite, *f.*, càusa, procêsso

Làwyer, *s.* legísta, *m.*, leguléjo, dottór in lègge, avvocáto, giurísta, *m.*, giureconsúlto; — líke, da legísta, da avvocáto

Làx, *a.* mòlle, fiàcco, rilassáto, lúbrico

Laxation, *s.* lassazióne, rilassatézza; (*med.*) diarrêa

Làxative, *a.* lassatívo, lubricatívo

Làxativeness, *s.* qualità lubricatíva

Làxity, *s.* lassità, rilassatézza

Làxness, *s.* rilassatézza, allentaménto

Lày, *a.* láico, secoláre; — bròther, fráte láico; — pèrson, láico, persóna láica

Lày, *pret.* *di* to Líe

— *va.* (*pas.* làid) pórre, posáre, collocáre, méttere, adagiáre, dispórre; calmáre, ammorzáre, impórre, caricáre; to — a bòok upòn a tàble, méttere, pórre un líbro sópra una távola; to — a sick pèrson on a sófa, adagiáre un ammaláto sopra un divàno; to —

the clòth, méttere la továglia, apparecchiáre la távola; to — siége to a pláce, méttere l'assédio ad una piázza; — a wáger far una scomméssa; — a net, téndere una réte; — snáres, téndere insídie; — the dùst ammorzáre la pólvere; — the còrn, coricáre il gráno; — èggs, fár delle uóva; — asíde, pórre da bánda; — the bláme upòn a pèrson, addossáre la cólpa ad uno; — wáste, desoláre, dáre il guásto a; — in provisions, fáre le sue provvisióni; — óut a sùm, fáre uno sbórso; — óut one's cárds, scartáre; — to one's chárge, incolpáre uno; — cláim to, reclamáre, preténdere; — on a tax, impórre una tássa; — on a pláister, applicáre un impiástro; — hóld of a plànk, afferráre una távola; they laid dòwn their àrms, abbassárono le àrmi

Láy, vn. scòmméttere, fáre una scomméssa; — on one, — abóut one, báttere gagliardaménte, menár la mázza tónda; — in for, cercáre di ottenére, procuráre di avére; to — to, (mar.) méttersi alla cáppa

— s. canzóne, f; strénna; lètto, stráto; scomméssa

— -lànd, s. (agr.) maggése, m., novále, m.

Láyer, s stráto di tèrra, di ghiája, ecc., suólo, máno, crósta, incrostatúra; magliuólo

Láying, s. il pórre, il méttere, imposizióne; a hen past —, gallína che non fa più uóva

Lázar, s. lebbróso

— -hóuse, s. ospízio, spedále, m. pei lebbrósi

— -líke, a. cóme un lebbróso, cóme di lebbróso

Lázaret, lazarétto, s. lazzarétto,

Lázarly, a. da lebbróso, di lebbróso

Làzarwòrt, s. (bot.) belzuíno, belgivíno

Lázily, avv. pigraménte, neghittosaménte

Láziness, s. pigrízia, infingardággine, f. ignávia

Lázulíte, s. (min.) lazzulíte, f.

Lázy, a. pígro, neghittóso, infingárdo, ignávo, tárdo, tardígrado

Lázybónes, s. pígro, pígra, infingárdo, infingárda

LB. (pr. póund), (contrazione di líbra líbbra), V. Póund

LD. (pr. lòrd), (contrazione di Lord)

Léa, s. práto chiúso intórno, praterìa

Léach, s. cénere di liscíva o di ránno

Léad, s. piómbo; — -mìne, miniéra di piómbo; white — biánco di piómbo; black — pèncil, matíta, lápis, m.; to thréw óut the —, to héave the —, (mar.) caláre il piombíno

— va. impiombáre, interlineáre

Léad (pas. lèd), va. menáre, guidáre, condúrre; to — a hòrse, condúrre a máno un cavállo; — that blìnd man to the nèxt dóor, conducéte quel cièco alla prìma pòrta; — him awáy, conducételo vía; to

— a pèrson by the nóse, menár uno pel náso; — one óut of the wáy, sviáre alcúno, fárgli smarríre la stráda; to — a sèdentary lífe, menáre una vita sedentárla; this róad - s to Rívoli, quésta stráda condúce a Rívoli

— (pas. led) vn. guidáre, condúrre, èssere primo, èssere il cápo; — off, marciáre alla tèsta; — off the bàll, guidáre la ballàta

— s. condótta, direzióne, comándo, influénza, presidénza; to táke the —, marciáre alla tèsta, èssere il prímo, primeggiáre, domináre; to have the — at cárds, aver la máno, cominciáre

Lèaded, a. piombáto, (tip) interlineáto

Lèaden, a. di piómbo, piombíno, plúmbeo, pesánte, tárdo

Léader, s. cápo, guída, dúce, m., comandánte, m., capitáno, prímo, primièro; cavállo del postiglióne; artícolo di fóndo (di giornale); càpo di partíto (nel Parlamento)

Léading, a. prímo, primário, principále; the — men of a cìty, i primárj cittadíni; — àrticle, artícolo di fóndo (di giornale); — wìnd, vènto lárgo, vènto pièno

— s. condótta, direzióne, manéggio, scòrta

— -strings, spl. fàlde, faldélle, faldíne, fpl; to be in — -strings, èssere in uno státo di infánzia, èsser sotto tutéla, èssere in istáto di totále dipendénza o vassallággio; to guíde a chíld by the — -strings, condúrre un bambíno per le fàlde

Lèady, a. di colór di piómbo

Léaf, s. fòglia, fòglio, fogliétto, battènte; the léaves of the trées, le fòglie degli álberi; — of góld, fòglia d'òro; — of a bóok, fogliétto, due págine di líbro; to turn óver the leaves of a bóok, sfogliettáre un líbro; the fàll of the —, l'autúnno

— vn. coprìrsi di fòglie, frondíre

— -líke, àvv. símile ad una fòglia, come le fòglie

Léafage, s. fìttò fogliáme

Léafed, a copèrto di fòglie

Léaflet, s. fogliolína

Léafless, a. sfrondáto, sénza fròndi (glie

Léafy, a. frondóso, fronzúto, copèrto di fò-

Léague, s. léga, unióne, fazióne, f. léga (min.)

— vn. far léga, confederársi, unírsi

Léagued, a. legáto, confederáto, unìto

Léaguer, s. mèmbro di léga, confederáto

Léak, s. apertúra, sdrúscio per cui l'ácqua trapéla; a ship that has sprùng a, náve sdruscíta, bastiménto che fa ácqua

— vn. fáre ácqua, trapeláre; the ship begàn to —, la náve cominciáva a far ácqua, nòthing has yet —ed óut, núlla è trapeláto finóra

Léakage, s. il trapeláre, il liquóre trapeláto, colatúra, scólo; V. to Leak

Léaky, *a.* (*mar.*) sdruscìto, lésso, che fa àcqua, che còla, che trapéla

Léan, *vn.* pèndere, appoggiársi, inclinársi, propèndere; — agàínst, appoggiàrsi a; he stôod — ing agàínst, a còlumn, egli stàva appoggiàto ad una colònna; to — bàck in one's chàir, sedére dinoccolùto; to — óver, (*mar.*) andáre alla bànda; she wàs —ing on her bròther's àrm, ella andàva a braccétto di suo fratèllo

— *va.* appoggiáre, far pèndere; — that agàínst the wàll, appoggiàte ciò al mùro

— *a.* màgro, macilènte, sparùto; pòvero, stentáto, meschíno; — mèat, càrne màgra; — ców, vàcca màgra; (*parlando di persona si sostituisce* тнin *a — nella buona società*)

Léaning, *s.* l' appoggiàrsi, appoggiaménto, inclinazióne, propensióne; - -stòck, appóggio, appoggiatójo

Léanly, *avv.* magraménte, stentataménte

Léanness, *s.* magrèzza, estenuazióne

Léap, *vn.* (*pas.* léaped, léapt) saltáre, spiccáre un sálto; — upòn saltàr sòpra; — óver a hèdge, scavalcáre una siépe; — for joy, saltàre di gioja, ringalluzzársi; *va.* saltáre, scavalcáre; (*delle bestie*) montáre, copríre; — óver a ditch, a wàll, scavalcáre una fòssa, un mùro

Léap, *s.* sálto, slàncio, bàlzo; siépe, *f.*, mùro, luògo scavalcáto; to táke a —, spiccár un sálto; long —, grán sálto; at a —, ad un sálto; — -frog, sálto delle ráne (*giuoco fanciullesco*); — yéar, anno bisestíle

Léaper, *s.* saltatóre -tríce

Léapingly, *avv.* saltándo, saltellándo, a sálti, saltellóne, saltellóni, a saltellóne, a saltacchióne

Léarn, (*pas.* lèarned, lèarnt) *va.* imparáre, apprèndere; — a lànguage, imparáre una língua; — bý heàrt, imparáre a mènte

— *vn.* imparáre, istruírsi, studiáre, sentíre, sapér da un áltro; he —s well, stúdia bène; I have just learnt that, etc., mi vien détto che, ecc.

Lèarned, *a.* dòtto, istruíto, sapúto, erudíto; a — man, un dòtto, un erudíto

Léarnedly, *avv.* dottaménte, eruditaménte

Léarner, *s.* chi impára, imparánte, apprendènte, apprendísta, *m.*, scolàro, allièvo

Lèarning, *s.* sapére, *m.*, dottrína, sciènza, erudizióne; políte —, le bèlle lèttère

Léase, *s.* contrátto (stipuláto, scrítto) d'affítto, investitúra; — for тнrée years, investitúra, affítto di tre anni; to let on a —, dàre in affítto (*tura*)

— *va.* dàre in affítto, affittáre (*con inves'i-* Léaser, *s.* spigolatóre, -tríce

Léasehóld, *a.* tenúto in affítto; — próperty, fóndo, stábile tenúto in affítto enfiteutico

Léasehólder, *s.* chi tiène podéri in affítto, affittajuòlo

Léash, *s.* guinzáglio, làsso; — hôundì, tre cáni di còrsa agguinzagliàti insième

— *va.* agguinzagliáre, legàre, uníre

Léasing, *s.* (*ant.*) menzógna, bugía

Léast, *a.* (*superlativo di* little) il più píccolo, il mínimo

— *avv.* (*superlativo dell' avverbio* little) in mínimo modo, menomaménte; at —, alméno, per lo méno; not in the —, niènte affàtto, in niún mòdo

Léather, *s.* cuòjo, pèlle, *f.*, coráme, *m.*, pellàme, *m*; nèat's —, vacchètta

— e lèathern, *a.* di cuòjo; — bag, sacchétto di cuòjo; — bòttle, ôtre, *m.*

— *va.* ornáre di cuòjo; — a pèrson's híde, acconciár uno pel di dèlle fèste

Lèatherdresser, *s.* conciatóre di pèlli

Léatherseller, *s.* pellicciájo, venditóre di coráme

Léave, *s.* permissióne, permésso, licènza, congédo; to táke one's —, prèndere congédo, accommiatársi; to táke — of one, prènder congédo da uno, accommiatársi, congedàrsi, licenziàrsi da uno; bý your —, with your —, con vòstra licènza, col permésso vòstro; to táke frènch —, andársene sénza prènder commiáto

Léave, (*pas.* lèft), *van.* lasciáre, abbandonáre, tralasciáre, legàre, far legàti; you máy — me, potéte lasciármi; — the dóor òpen, lasciáte la pòrta apèrta; has he lèft his card? ha lasciáto il suo vigliètto? — that to me, lasciáte fàre a me; I — you to тнink, làscio pensáre a voi; to — bý will, lasciáre in testaménto; to — òut, ommèttere; — off, cessáre, tralasciáre, rimanèrsi; whère did we — off yèsterday? dóve siàmo rimásti jeri? To be lèft till càlled for, fèrma in pòsta

Léaved, *a.* fogliáto, frondóso; dalle fòglie; bròad-—, che ha le fòglie làrghe, dalle fòglie làrghe

Lèaven, *s.* lièvito, ferménto

— *va.* lievitáre, fermentáre; (*fig.*) infettáre, guastáre

Léavings, *spl.* avánzi, rimasùgli, scàrti, *plm.*

Lècher, *s.* uòmo lascívo, libertíno, disselúto

Lècherous, *a.* lascívo, libidinóso, lussurióso

Lècherousness, Lèchery, *s.* lascívia, libidíne, *f.* (*mènto*

Lècherously, *avv.* lascivaménte, libinosaménte

Lèction, *s.* lezióne (*testo d'autore*); lettúra, lezióne nel cúlto divíno

Lèctionary, *s.* lezionále, *m.*, lezionário

Lècture, *s.* conferènza, discórso, lezióne di professóre (*ex cattedra*), lezióne di morále; —s on nátural philòsophy, lezióni di física; èloquent —s, lezióni, discórsi eloquènti; cóurse of —s, (*università*) córso di lezióni; patèrnal —, patternále, *f.*; cùrtain-—, ripassáta, sgridáta (della móglie)

— *vn.* fàre una conferènza, un discórso moràle; fàre un córso di pùbbliche lezióni o conferènze; far la dottrína, predicáre, sermoneggiáre; *va.* ammoníre, biasimáre, dàre una paternále a

Lècturer, *s.* conferenzière, *m.*, professóre (*univ.*); chi inségna la dottrína, vice curáto, ministro che prèdica dopo prànzo; sermonánte, *m.*

Lèctureship, *s.* pósto di professóre (universitário), ufficio di lettóre o curáto

Lèd, *a.* (*V.* to Léad) condótto, menáto; — horse, cavállo condótto a máno

Lèdge, *s.* risàlto, spòrto, órlo, spónda, stráto sporgènte; — of rocks, giogàja, caténa di rúpi che stánno a cavalière di una pianúra; (*mar.*) caténa, scòglio

Lèdger, *s.* (*com.*) líbro mástro; to post into the —, portáre al líbro mástro

Léé, *s.* (*mar.*) sottovènto, la párte oppósta al vènto; — -bóard, pedàna; — -bów, bànda sottovènto; — -quàrter, póppa sottovènto; — -wày, deríva; — -shóre, còsta di sottovènto; Nélson was to the windward, the French were to the léeward, Nelson avéva il sopravvènto, i Francési eràno a sottovènto; —, fèccia, fondàccia; *V.* Lées

Léech, *s.* sanguisúga, mignátta; (*fig.*) chirúrgo; (*mar.*) ralínga, gratèlla, baticófla

Léek, *s.* (*bot.*) pórro

Léer, *vn.* (on, at) guardáre con òcchio amoróso e fúrbo, guardáre sott'òcchio o colla códa dell'òcchio, cacciáre gli òcchi addòsso, occhieggiáre, adocchiáre

— *s.* occhiáta obblíqua, fúrba, amorósa

Léeringly, *avv.* guardándo, vagheggiándo sottécche, sottécchi o sottécco

Léeś, *spl.* fondigliòlo, fondàccia, fèccia

Léet, *cóurt* —, cúria, giórno cúriale

Léeward, *a.* sótto al vènto; *V.* Lée

Lèft, *a.* sinístro, mánco; — hànd, máno mánca, máno sinístra; to the —, on the —, a sinístra; — -hànded pèrson, mancíno; — design, sinístro disègno; —, *pret.* e *p. p. di* to Leave

— -hàndedness, *s.* úso abitúale della máno mánca; disadattàggine, *f.*, goffàggine, *f.*

Lèg, *s.* gàmba (*più propriamente* gàmba dal ginòcchio al piède); gàmba (intóra) di pollástro, còscia; cosciòtto (gàmba di castráto); wòoden —, gàmba di légno; on one's —s, in pièdi; black —, giuocatóre di vantàggio, scroccóne, *m.*

— -bàfl, *s.* fúga; to gìve —, svignáre, fúggir con prestézza e nascosaménte

— -rèst, *s.* appòggio per la gàmba

Lègacy, *s.* legáto, láscito, eredità; to léave a —, fàre un legáto, lasciáre in eredità

— -hùnter, *s.* cacciatóre -trice di legáti

Légal, *a.* legàle, giurídico, legittímo, lécito, secóndo la légge; (*teol.*) legàle, della légge

Legàlity, *s.* legalità, conformità alle léggi

Lógalize, *va.* legalizzáre, rènder legàle

Légally, *avv.* legalménte, secóndo la légge

Lègatary, *s.* *V.* Legatée

Lègate, *s.* legáto, ambasciatóre del Pápa

Lègatée, *s.* legatário; residuary —, legatário universàle, eréde generàle

Lègateship, *s.* dignità, ufficio di legáto

Lègatine, *a.* del legáto

Legàtion, *s.* legazióne, ambasceria

Lègator, *s.* (*legge*) testatóre

Lègend, *s.* leggènda

Lègendary, *a.* leggendário, di leggènda; — tàleś, raccónti leggendàrii

Lèger, *s.* (*com.*) *V.* Lèdger; — line (*mus.*) línea, ríga postíccia

Lègerdemàin, *s.* gherminèlla (giuóco di máno)

Lègged, *a.* gambúto che ha le gàmbe..., dalle gàmbe...; bàndy- —, dalle gàmbe tòrte; twò- —, bípede; lòng- —, che ha le gàmbe lúnghe

Lèggins, *s. pl.* ghétte, uòse, plf.

Legibílity, **lègibleness**, *s.* leggibilità, attitúdine di èsser lètto

Lègible, *a.* leggíbile, decifràbile; this writing is scàrcely —, quésta scrittúra è appéna leggíbile

Lègibly, *avv.* in mòdo leggíbile

Légion, *s.* legióne, schièra; (*ant. Rom.*) legióne

Légionary, *a. s.* legionário

Lègislate, *vn.* legiferáre, fàre, discútere lèggi

Lègislation, *s.* legislazióne

Lègislative, *a.* legislatívo, che dà lèggi

Lègislátor, *s.* legislatóre

Lègislátress, Lègislátrix, *s.* legislatríce, *f.*

Lègislàture, *s.* legislatúra

Lègist, *s.* legísta, *m.*, giureconsúlto

Legítimacy, *s.* legittimità

Legítimate, *a.* legíttimo

— *va.* legittimáre, far legíttimo

Legítimately, *avv.* legittimaménte

Legítimátion, *s.* legittimazióne

Legítimist, *s.* legittimísta, *mf.*

Lègume, Legúmen, *s.* legúme, *m.*, civàia

Legúminous, *a.* leguminóso

Léiśure, *s.* àgio; òzio; tèmpo; cómodo; — hóur, — móment, óra di òzio, moménto di òzio; atȷour —, a vòstro àgio, con cómodo; to be at —, avér àgio, avére il tèmpo

Léiśurely, *avv.* a bell'àgio, con cómodo

Lèman, *s.* (*ant.*) amoróso, drúdo

Lèmma, *s.* (*mat.*) lèmma, *m.*

Lèmon, *s.* limóne, *m.*; — trée, limóne, *m.* (*albero*)

Lèmonáde, *s.* limonáta, limonáta; effervéscing —, limonáta gazzósa; déaler in —, acquacedratájo, acquacedratája

Lèmures, s. pl. (*ant. romane*), lèmuri, *m. pl.* (làrve o ànime dei defúnti)

Lènd (*pas.* lènt); *va.* prestáre, dáre in prèstito; — me a cròwn, prestátemi uno scúdo

Lènder, *s.* prestatóre -trice

Lènding, *s.* il prestáro, imprestáre; *V.* Lóań

Lèngtn, *s.* lunghézza, estensióne; spázio, duráta; the — and brèadtn of, la lunghézza e larghézza di; fùll — pòrtrait, ritrátto in grànde, in pièdi; at —, alla lunga, alla fíne, finalménte; to gó to the ùtmost —, to the *whóle* —, non arrestàrsi tra via, andáre fíno al fónde; to go all the —*s* of a corrùpt ministry, prestársi a tùtte le misùre d' un ministéro corrótto

Lèngtnen, *va.* allungáre, stèndere — *vn.* allungársi, distèndersi

Lèngtnwíse, *avv.* in lùngo, pel lùngo

Lèngtnening, *s.* l'allungáre, l'allungaménto

Lèngtny, *a.* lunghétto, alquánto lùngo

Lénient, *avv.* leniticatívo, leniènte — *s.* lenitívo, medicína lenificatíva

Lènify, *va.* lenificáre, addolcíre

Lènitive, *a.* lenitívo, calmánte — *s.* lenitívo, leniménto

Lènity, *s.* lenità, dolcézza, indulgènza

Lèns, *s.* lènte, *f.*, cònvex —, lènte convèssa

Lènt, *s.* quarésima; to keep —, osserváre la quarésima, digiunáre; *V.* to Lènd

Lenticular, *a.* lenticuláre, di lènte

Lèntil, *s.* (*bot.*) lènte, *f.*, lenticchía, lentí-

Lèntisk, Lentiscus, *s.* (*bot.*) lentisco (glia

Lèntner, *s.* (*orn.*) spécie di fálco

Léo, *s.* (*astr.*) leóne, *m.*

Léonìne, *a.* leoníno, di leóne

Lèopard, *s.* (*zool.*) leopárdo

Lèper, *s.* lebbróso

Lèporine *a.* leporíno, leprínó, della lèpre

Lᴀprosy, *s.* (*med.*) lèbbra, scàbbia

Lèprous, *a.* (*med.*) lebbróso, infètto di lèbbra

Lésion, *s.* (*med.*) lesióne; — of the heàrt, lesióne del cuòre

Lèss, *a.* (*comparatívo di* little, *piccolo*), minóre, più píccolo; to màke —, menomáre, diminuíre, scemáre; to becòme —, impicciolíre, divenír píccolo; *V.* Little — *avv.* (*comparatívo di* little, *poco*), méno, non tánto; — rich than, méno rícco di; so much the —, tánto méno

Lessée, *s.* locatário, affittajuòlo, pigionále, *m. f.*

Lèssen, *va.* menomáre, diminuíre, scemáre — *vn.* menomàrsi, diminuírsi, impicciolírsi; — one's-self, abbassársi, umiliársi

Lèsser, *a.* (*comparatívo di* little) minóre; the — wòrks attributed to Hómer, le òpere minóri attribuíte ad Oméro; the — Asia, l'Asia Minóre; the — bàrons, i baróni inferióri

Lèsson, *s.* lezióne, ripetizióne, còmpito; lezióne, ammaestraménto, insegnaménto, precètto, esèmpio; lezióne, omelía; she gives —*s* in English, ella dà lezióni di língua inglése; at what o'clock do you tàke yòur —*s*? a che óra prendéte le vòstre lezióni? (*tura*)

Lèssor, *s.* locatóre, affittatóre (*con investi-*

Lèst, *conj.* per paúra che, per timóre che

Lèt, (*pas.* let), *va.* lasciáre, permèttere, dar licènza; affittáre, dáre a pigióne, dáre a nòlo; — me spéak, lasciátemi parláre; — me tell you, permettéte che ío vi dica; — me alóne, lasciátemi stáre; to —, to be —, da affittáre, da affittársi; to — in, lasciáre entráre, introdùrre; — dówn, caláre; — slip, trasandáre; — off a gun, sparáre un fucíle; — blòod, salassáre, cavár sángue; — your sìster in, aprìte la pòrta a vòstra sorèlla; —, *segno dell' imperatìvo;* — us spéak English, parliámo inglése; — them go, vádano églino; — her còme, vènga élla; to —, impedíre, ostáre (*poco us. in questo senso*); — fàll the màin sáil! (*mar.*) giù la véla maèstra! — her fàll, pòggia; — go the hèad bòwlines! mòlla le boline di prúa; — all the rèefs out, sciogliéte tutti i terzaròli — *s.* (*ant.*) intòppo, ostàcolo, impediménto

Lèthal, *a.* letále

Lethàlity, *s.* letalità

Lethàrgic } *a.* letárgico
Lethàrgical }

Lethàrgically, *avv.* letargicaménte

Lèthargy, *s.* letárgo; — *va.* colpír di letargía, far cadére in letargia

Lèthe, (*mitol.*) Lète, *m.*, (*fig.*) oblío, dimenticànza

Lethéan, *a.* di Lète, dell' oblío, dell' oblì-

Letnìferous, *a.* letífero (*vióne*)

Lètter, *s.* affittatóre, persóna che appigióna o dà in affìtto; persóna che òsta, che si oppóne o impedísce; lèttera, caráttere, *m.* dell'alfabéto; lèttera, epístola; càpital —, lèttera majúscola; prepáid —, lèttera affrancáta; to ànswer a —, riscontráre una lèttera; —*s*, políte —*s*, bèlle lèttere; man of letters, letteráto; to the —, alla lèttera, esattaménte; to pòst a —, mèttere una lèttera alla pòsta; to pòst-páy a —, pagáre il pòrto di una lèttera, affrancárla; — stamps, bollíni delle lèttere; — of attòrney, procúra; — box, cassétta delle lèttere; — fòunder, fonditóre di caráttri tipográfici; — -press, cálca-lèttere, *m*; stàmpa (tipográfica); — press-printing, tipografía — càrrier, *s.* portalèttere, *m.*

Lètter, *va.* soprascrívere; — a bòok, mèttere il título sul dòsso di un líbro

Lèttered, *a.* letteráto, dòtto, scienziáto

Lètterless, *a.* sénza lèttere, illetteráto

Lèttering, *s.* (*legatura di libri*) título

Lèttuce, *s.* (*bot.*) lattúga; càbbage — lattúga cappúccia

Leūcín } *s.* (*chim.*) leucína
Leūcine }

Leūcìte, *s.* (*min.*) leucíte, *f.* anfigena

Leūcophlègmacy, *s.* (*med.*) leucoflemmazía

Leucorrhéa, *s.* (*med.*) leucorréa

Lerànt, *s.* Levànte, *m.*, levànte, del Levànte

Leràntine, *a. s.* levantíno

Levàtor, *s.* (*anat.*) elevatóre (múscolo)

Lèvée, *s.* levàta, il levàrsi, il tèmpo in cui uno si àlza la mattína; riceviménto che úsan tenére al mattíno i príncipi e i grándi; the Quéen will hóld a — to-mòrrow, domattína ci sarà riceviménto alla córte; lèvée (*in America*), rípa di fiúme, díga

Lèvel, *a.* livèllo, orizzontàle, piàno, levigàto, uguàle, líscio; — sùrface, superfície livèlla, piàna, levigàta; to màke —, spianàre, livellàre, levigàre; to be kèpt —, *level* (*rasse*), pósa piàno, fràgile

— *s.* livèllo, piàno, superfície piàna, uguàle, levigàta; livèlla (*strumento*); míra, púnto di míra; on a — with, al livèllo di, del pári; a rhōuéand féet abòve the — of the séa, mílle pièdi sópra il livèllo del màre

— *va.* livellàre, méttere al livèllo di, spianàre, appianàre, levigàre; rènder piàno, líscio, uguàle; pareggiàre, dirígere, prènder di míra; to — a hōuse with the grōund, spianàre una càsa; to — at, *vn.* miràre, pórre la míra, dirígere il cólpo, rivòlgere il pensiêro

Lèveller, *s.* livellatóre, -tríce, *f.*, chi lèviga, livèlla, spiàna; (*polit.*) radicàle, *m.*, comunísta, *m.*

Lèvelling, *s.* il livellàre, lo spianàre, il miràre

Lèvelness, *s.* stàto livèllo, spianàto, levigàto; livèllo, pianézza, egualità

Lèver, *s.* léva, lièva; prop of a —, puntèllo

Lèverage, *s.* potènza d'una lèva

Lèveret, *s.* leprattíno, leprátto

Lèviable, *a.* (*delle tasse*) che si può levàre, levàbile

Levíaruan, *s.* (*Bibbía*) leviathán, *m.*

Lèvigate, *va.* levigàre; polverizzàre

Levigàtion, *s.* levigazióne; il polverizzàre

Levírate, *s.* (*ant. giudaiche*) leviráto; the — làw, la légge del leviráto

Levitàtion, *s.* alleggeriménto

Lèvíte, *s.* levíta, *m.*

Levitical, *a.* levítico

Levitically, *avv.* a mo' dei Levíti; da Levíta

Leviticus, *s.* Levitico (líbro del Pentatêuco)

Lèvity, *s.* leggerézza, sconsideratézza, vanità, levità; from —, per leggerézza

Lèvy, *s.* lèva, levàta; — of tróops, lèva di trúppe; — of tàxes, levàta di tàsse

— *va.* levàre (*truppe, tasse*)

Léwd, *a.* dissolúto, libertíno, impudíco, lascívo, libidinóso, lussuríoso

Léwdness, *s.* impudicízia, lussúria, libídine, *f.*, libertinàggio, dissolutézza

Léwdster, *s.* (*ant.*) impudíco; lussuríoso, libidinóso, libidinósa

Lexicògrapher, *s.* lessicògrafo

Lexicogràphic, *a.* lessicogràfico

Lexicògraphy, *s.* lessicografía

Lexicòlogy, *s.* lessicología

Lèxicon, *s.* lèssico, dizionário

Ley (*meglio* lày *o* léa) *s* práto

Leydèn jàr, — -phíal, *s.* (*fís.*) bottíglia di Leyden

Líability, *s.* responsabilità, státo, condizióne di ciò che è soggètto, espósto; soggezióne, perícolo; liabílities, impègni commerciáli

Líable, *a.* soggètto, espósto, 'impegnáto, compromésso, responsàbile; to be —, èssere soggètto, espósto; to màke —, rènder responsàbile; — to err, espósto all'erróre, fallíbile; this phràse is — to misconstrùction, quésta fráse può pigliàrsi in cattivo sènso

Líar, *s.* mentitóre -tríce, bugiárdo

Líes, *s.* (*geol. mín.*) calcàreo argilláceo, *lías, m.*

Lib. *va.* (*ant.*) castràre

Libàtion, *s.* libazióne

Libbard, *s.* (*ant.*) leopárdo

Libbard's bàne, *s.* (*bot.*) acònito

Líbel, *s.* libèllo (scritto) diffamatório

— *vn.* scrívere libèlli; *va.* scrívere libèlli infamànti cóntro, diffamàre in iscritto

Líbeller, *s.* libellísta, diffamatóre (*in iscritto*), autóre di pubblicazióni infamànti

Líbellous, *a.* diffamatório, infamatório

Líberal, *a.* liberàle, apèrto, frànco, làrgo di cuòre, làrgo di máno, umàno, generóso, elevàto, nòbile; — principles, princípj liberàli; the — àrts, le àrti liberàli; the —s, *s.* i liberàli; the —s róse líke one man, i liberàli sórsero come un sol uòmo

Liberalism, *s.* liberalísmo

Liberàli'y, *s.* liberalità, caràttere liberàle, franchézza, generosità

Líberalíze, *va.* rèndere liberàle; to become —d, diveníre liberàle, fàrsi liberàle

Líberally, *avv.* liberalménte, liberaménte, francaménte, largaménte, nobilménte

Líberate, *va.* liberàre

Liberàtion, *s.* liberazióne, liberaménto

Liberàtor, *s.* liberatóre -tríce, *f.*

Libertinàge, *s.* libertinàggio, dissolutézza

Líbertine, *a. s.* dissolúto, libertíno

Libertiniśm, *m. s.* libertinàggio, dissolutézza, sregolatézza

Líberty, *s.* libertà, permissióne; libertíes, franchígie, immunità, privilégi; the — of the prèss, la libertà della stampa; shall you be at — this èvening? saréte disimpegnàto quésta séra? I tàke the — to, io mi prèndo la libertà di

Libídinous, *a.* libidinóso, lascívo

Libídinously, *avv.* libidinosaménte (súria

Libídinousness, *s.* libídine, *f.*, lascívia, lussúria

Líbra, *s.* (*astr.*) Líbra

Líbral, *a.* del péso di una líbbra

Librárian. *s.* bibliotecário; ùnder —, sòttobibliotecário

Librárianship, *s.* ufficio di bibliotecário
Library, *s.* bibliotêca; the — of the Vàtican, la.bibliotêca del Vaticáno; circuláting —, bibliotêca circolánte
Libráte, *va.* libráre, equilibráre, oscilláre
Librátion, *s.* libraménto oscillatório
Libratory, *a.* in equilíbrio, bilanciánte
Líce, *V.* Louse
License, *s.* licênza, permissióne; licênza, privilêgio (ricevúto dal Govêrno); patênte, *f.*, autorizzazióne; licênza, libertà eccessíva; licênza, sregolatézza, scostumatézza; poètical —, licênza poètica; shôoting —, licênza d'andár a cáccia, pôrto d'ármi ; to táke óut a —, (com.) riportáre una patênte
— *va.* licenziáre, autorizzáre ; dar patênte, concédere privilêgio ; to — a pèrson to kéep an inn, autorizzáre alcúno a tenére osterìa
Licensed, *a.* autorizzáto, privilegiáto
Licenser, *s.* colúi che dà la licênza, chi dà una patênte, un privilêgio
Licéntiate, *s.* licenziáto, graduáto (*univ.*); uno che ha piêna licênza di esercitáre un' árte o una sciênza
Licèntions, *a.* licenzióso, dissolúto, scostumáto
Licèntiously, *avv.* licenziosaménte
Licèntiousness, *s.* dissolutézza, licênza, libertinággio, scostumatézza, sregolatézza
Líchen, (*pr.* líken), *s.* (*bot.*) lichêne, *m.*
Lícit, *a.* lécito
Lícitly, *avv.* lecitaménte
Lícitness, *s.* l'êsser lécito, legalità
Lick, *va.* leccáre; — up, lambíre ; to —, báttere, picchiáre (*volg.*)
Licker, *s.* leccatóre -tríce
Líckerish, *a.* delicáto, leccárdo, ghiótto ; lascívo
Lickerishness, *s.* golosità, ingordígia, avidità
Lícking, *s.* (*volg.*) bastonáta, staffiláta ; to give a pèrson a —, tambussáre alcúno
Licorice e Liquorice, *s.* liquirízia, regolízia; — júice, súcco, súgo di regolízia
Lictor, *s.* (*ant. rom.*) littóre
Lid, *s.* copêrchio, covêrchio; eýe- —, palpêbra
Líe, *vn.* mentíre, díre bugíe; you — in the ruróat, (*volg.*) voi mentíte per la góla
Líe,*s.*bugía,menzógna, falsità; to tell —é, díre delle bugíe; to give the —, smentíre; white —s, píccole menzógne; —, liscíva, *V.* Lýe
— (*pret.* láy, *p.p.* láin) *vn.* giacére, stáre sdrajáto, coricáto, êssere distéso o appoggiáto, stáre appiattáto, êssere situáto o pósto, trovársi, êssere: to — dówn, coricársi; to — ill of a féver, êssere allettáto, êssere maláto di fêbbre; Here —s! (*epitaf.*) qui giáce! to — in, partoríre; to — in wáit, êssere in agguáto; — for, appostáre ; as a sèrpent —é hid in the gràss, cóme il serpénte sta appiattáto nell' êrba; to — out, dormíre

fuóri di cása; — ópen to, êssere espósto a; — ùnder, êsser soggêtto a, êssere aggravàto di ; it all —s upón you, ciò dipêndo interamênto da voi; — clóse, accosciátevi, appiattátevi, tenétevi ben copêrto; se far as in me —s, per quánto io pòssa fáre; to — in a storm, (*mar.*) capeggiáre coi soli trêgui (sénza véle); — alóng, — óver, dáre alla bánda, abboccáre; — clóse, êssere all'órza di bolína, strétto al vênto
Liéf, *avv.* volontiêri; I had as — gó as stáy, è tutt'úno per me l'andáre o lo stáre
Liége, *a.* lígio, di vassállo, fido, fedéle; — lord, sovráno signóre
— *s.* vassállo, dipendênte, *m.* di un baróne o di un principe; álto Signóre, Sovráno
Liégeman, *s.* vassállo
Liéger, *s.* ambasciatóre residênte
Líen, *s.* (*legge*), pégno; *p. p. di* Lie, (*ant.*)
Líer, *s.* chi o che giáce o sta coricáto
Liéu, *s.* luógo, véce ; in — of, in luógo di
Lieúténancy (*pr. anche* léftenancy), *s.* luogotenênza
Lieútènant (*pr. anche* lefténant), *s.* governatóre di contéa; (*mil.*) luogotenênte, *m*: the lórd — of Ireland, il vicerè d'Irlánda; — -géneral, luogotenênte-generále, *m.*
Lieútènantship, *s.* (*pr. anche* leftènantship) *V.* Lieutenancy
Life, *s.* víta, vigóre, esistênza, vivacità, vivézza ; the líves of the póets, le víte dei poéti; coùntry —, víta camperéccia; to the —, al naturále; a pênsion for —, una pensióne vitalízia; to táke away a pèrson's —, tógliere o tôrre la víta ad úno; — is at stáke, vi va della víta; to depárt this —, passáre, uscíre di víta; to kéep — and sóul togèther, vívere stentataménte, meschinaménte; to flý for one's —, salvársi colla fúga; to léad a régular —, far víta regoláta; to léad a sòlitary —, menáre una víta solitária; while thère is — thère is hópe, finchè si è in víta c'è speránza
— -annúity, *s.* rêndita vitalízia
— -bèlt, *s.* cintúra di salvaménto
— -blóod, *s.* flúido vitále, sangue, *m.*
— -bóat, *s.* battéllo di salvaménto
— -bùoy, *s.* gavitéllo di salvaménto
— -estáte, *s.* (*legge*) stábile vitalízio
— -everlásting, *s.* (*bot.*) sempreviva, atanásia, tanacéto
— -giving, *a.* vivificánte, vivífico
— -guárd, *s.* guárdia del córpo; — -guárdsman, soldáto delle guárdie
— -ínterest, *s.* (*legge*) usufrútto
— -líne, (*mar.*) difésa, *pl. f.*
— -presèrver, *s.* apparécchio di salvaménto; (*mar.*) difésa di têsta
— -rènt, *s.* rêndita vitalízia
— -tíme, *s.* têmpo (duráta) della víta
— -wéary, *a.* stánco della víta
Lífeless, *a.* sénza víta, inanimáto, esânime

Lifelessly, *avv.* sénza vigóre, con inèrzia

Lifelike, *a.* simile ad ènte vívo.

Lift, *s.* sfórzo per levár su una cósa, spínta, máno, *f.*, ajúto; (*mar.*) mantíglio, amantíglio, balanzuóla, mantíglia; to help one at a dèad —, tràrre alcúno d'impáccio; — on a shóe hèel, taccóne, *m*; máin top —s, (*mar.*) mantígli del pennóne di gàbbia; fore top —s, mantígli del pennóne di parrocchétto; máin-top gàllant —s, mantígli del pennóne di pappafíco di gàbbia; fore top gàllant —s, mantígli del pennóne di pappafíco di parrocchétto; cross jack —s, balanzuóle del pennóne di fuóco; mizzen top —s, balanzuóle del pennóne di contrammezzána; mizzen top gàllant —s, balanzuóle del pennóne di belvedére; sprit-sáíl —s, balanzuóle della cìváda; sprit-sáíl top .—s, balanzuóle della controcìváda; tòpping —, mantígli delle còrna di mezzána; standing —s of the sprit-sáíl yard, mostàcce della cìváda; stànding —s of the crossjack yard, mostàcce del pennóne di fuóco; rùnning —s, mantígli della cìváda o del pennóne di fuóco

— *va.* alzáre, innalzáre, sollèváre, leváre

— *vn.* sforzársi di sollèváre   (dro

Lifter, *s.* chi lèva o innálza; chi invóla, láLifting, *s.* elevazióne, alzáta; fúrto

Ligament, *s.* víncolo; (*anat.*) ligaménto

Ligamental, **ligamèntous**, *a.* ligamentóso

Ligature, *s.* bènda, legáme, *m.*, (*anat.*) legatúra

Light, *m.* lúce, *s.*, splendóre, lúme, *m.*, chiarézza, púnto di vísta; dáy- —, giórno; móon- , chiáro di lúna; Bèngàl —s, fuóchi di Bengála; glàring —, bagliòre; — and shàde, chiáro scúro; wàx —, candéla di céra; to réad by càndle —, lèggere al lúme di candéla; — -hòuse, fáro, lantèrna; ship's —, fanále, *m.*

— (*pas.* lìghted, lìt), *va.* accèndere, illumináre, rischiaráre; far lúme a; — the càndles, accendéte le candéle; — the gèntleman òut, fate lúme al signóre; the strèets are — ed with gas, le stráde sono illumináte a gas

— (*pas.* lìghted, lìt) *vn.* accèndersi, inflammársi, posársi sópra, poggiársi; (*come gli uccélli*); smontáre; to — upón, imbàttersi in

— *s.* chiáro, lúminóso, bióndo, leggiéro, ágile, svèlto, lèsto, snèllo; leggiéro, volúbile, incostánte; leggiéro, liève, tènue; frívolo, balzáno arióso; scaricáto, alleggerírito; — háír, capélli bióndi; — apártment, appartaménto arióso, chiáro; as — as a fèather, leggiéro quánto una piúma; — gáíns máke a hèavy pùrse, i guadágni mediócri, émpiono la bórsa; — àiry pèrson, frásca; to máke — of, far póco cónto di; — -fòoted, leggiéro alla córsa; — -fíngered, la-

dronèsco; — -hèaded pèrson, cervéllo balzáno; as — as —, leggiéro quánto la lúce; — -róom, (*mar.*)sòda, cámera invetriáta; áfter — -róom, sòda di póppa; fòre — -róom, sòda di prúa

Lighten, *va.* sgraváre alleggeríre, sollèváre, lenire; chiarire, illumináre; balenáre, lanciáre

— *vn.* balenáre, lampeggiáre; it —s, lampéggia

Lightening, *s.* alleggeriménto

Lighter, *s.* scáfo di alleggeriménto, chiátta, bárca piána; accenditóre

Lighterage, *s.* scaricaménto; scárico (*spesa*)

Lighterman, *s.* barcaruòlo da scáfo, scaricatóre

Lighting, *s.* illuminazióne (*di città, ecc.*)

Lightly, *avv.* leggerménte alla leggièra; to tàlk — of, parláre alla leggièra di

Lightness, *s.* leggerézza, agilità

Lightning, *s.* fúlmine, *m.*, lámpo, fulgóre, bagliòre; flàsh of —, baléno; — -rod, — — conductor, parafúlmine, *m.*

Lights, *spl.* polmóni, *mpl.* (d'un animále)

Lightsome, *a.* chiáro, arióso, allégro, gájo

Lightsomeness, *s.* l'èsser chiáro, arióso, allégro, gájo; chiarézza, gajézza

Lignaloes, *s.* légno d'áloes

Ligneous, *a.* lígneo, di légno

Lignify, *va.* convertíre in légno

Lignite, *s.* (*min.*) lignìte, *f.*

Lignumvitæ, *s.* guaíaco, légno sánto

Like, *a.* simile, somigliánte, uguále, pári; to be —, èssere somigliánte; — -minded, simpático, geniàle, che ha le stésse disposizióni, gli stéssi gústi

— *s.* paríglia, somigliánza, còsa símile; to give — for —, dáre páne per focáccia; dar la paríglia

— *avv.* cóme, da, alla manièra di, tále, talménte; pariménte; in (the) — mànner, pariménte, similménte; — máster — màn, (*proverbio*) quále padróne tále sérvo; he was — to díe, póco mancò che non morísse; I had — to have forgòt, io l'avéva quási dimenticáto; — a màdman, da mátto; he àcted — a man, egli si comportò da valent'uómo

— *va.* amáre, approváre, aggradíre; I — that man, quéll'uómo mi gárba; how do you — my làp dog? che vi páre del mio cagnolíno? I don't — him much, non mi piáce mólto; I — your còusin, sono affezionáto alla vòstra cugína; do you — chèrries? vi piácciono le ciliége? I — that, ciò mi va a gènio, ciò mi gárba, mi quádra, mi piáce

— *vn.* convenire, quadráre, garbáre, piacére, talentáre; as long as I —, quánto mi páre e piáce; I should — to sée it, vorrèi vedérlo, avrèi cáro di vedérlo; as you —, cóme vi piáce, cóme vi aggráda   (probabilità

Likelihood, *s.* verisimigliánza; apparènza,

nòr, rûde; - fàll, sòn, bûll; - fàre, dó; - bý, lymph; pòlse, bòýs, fòùl, fòwl; gem, aś

Diz. Ingl. Ital. - Ediz. VI. Vol. I.   24

Likeliness, s. verisimigliánza, probabilità
Likely, a. verisímile, probábile, che ha probabilità, che é per essere adattáto al cáso; the pèrson most likely to be ráised to the dignity of Màrshal is Gèneral F..., il personággio che ha più probabilità di essere nomináto maresciállo é il Generále F...
Liken, va. rassomigliáre, paragonáre, comparáre
Likeness, s. somigliánza, immágine, f., apparènza, ritrátto; to have one's — táken or dràwn, fàrsi ritrárre; a góod —, ritrátto rassomigliánte; in the — of, all'immágine di
Likewise, avv. pariménte, similménte, altresi
Liking, s. aggradiménto, gústo, gènio, affètto; to one's —, aggradévole; that is not to my —, ciò non mi va a gènio, ciò non mi quádra
Lilac, s. (bot.) ghiánda unguentária, lélla
Lilied, a. ornáto di gigli
Lily, s. (bot.) giglio; máy —, — of the vàlley, fiordalíso, mughètto; — -liverèd, vigliácco
Limb, s. mèmbro (del corpo); rámo (d'albero)
— va. dáre mèmbra, somministráre mémbra smembráre, squartáre
Limbec, s. V. Alèmbic
Limbed, a. membrúto; stròng- —, tarchiáto, nerborúto
Limber, a. flessíbile, piegbévole
Limberness, s. flessibilità, cedevolézza
Limbers, s. (mil.) forgóne, m.
— va. attaccáre al forgóne
Limbers } s. pl. (mar.) anguílle, fpl.
Limber-hóles,
Limbo e Limbus, s. límbo; in límbo (volg), in gábbia o in prigióne
Lime, s. cálce, f., calcína; quick- —, calcína viva; — -stóne, albarése, piètra da calcína; — -kiln, fornáce f. da calcína; —, víschio, pánia; cèdro, limóne piccolo; — twigs, fuscèlli impaniáti; — júice, ácqua di cèdro; — wàter, ácqua cedráta
— va. invischiáre, impaniáre, concimáre con calcína; to — land, ingrassáre il terréno spargèndolo di cálce; — twigs, invischiáre, impaniáre fuscèlli
Limit, s. límite, m., tèrmine, m., confíne, m; to set — s to, pórre árgine a, frenáre
— va. limitáre, pór tèrmine a, ristríngere
Limitable, a. limitábile, che si può limitáre
Limitátion, s. limitazióne, restrizióne
Limited, a. limitáto; gàs còmpany —, compagnía anònima del gas
Limitless, a, sènza límiti, illimitáto
Limn, va. miniáre; dipíngere (all'acquarello); disegnáre, coloríre; dipíngere
Limner, s. miniatóre di pergámene, di cárte geográfiche, ecc.; miniatóre, pittóre
Limosity, s. limosità (móso
Limous, a. (ant.) limóso, fangóso, mel-

Limp, vn. zoppicáre, èssere zóppo; to go — ing alóng, andár zoppicóne
— s. zoppicaménto
Limper, s. chi zòppica, zòppo, zòppa
Limpid, a. límpido, chiáro
Limpidness, s. limpidézza, chiarézza
Limping, s. lo zoppicáre, zoppicaménto
Limpingly, avv. zoppicóne, zoppicóni
Limy, a. calcáre, viscóso
Linchpin, s. palicèllo, chiòdo di ruòta
Linden, — -trée, s. (bot.) tíglio
Line, s. línea, ríga; línea, límite, m; línea, lignággio, discendènza; línea, gènere, m. rámo; línea, cordicèlla; línea, trónco principále di stráda ferráta; fílo di telégrafo elèttrico; stráight —, right —, línea rètta; equinòctial —, línea equinoziále; — of stéamers, una línea di vapóri; they broke the Rùssian —s, sfondárono le línee rùsse; a ship of the —, vascèllo di línea; write me a — by the pòst, scrivètemi due ríghe per la pòsta; in the grócery —, nei gèneri coloniáli; s. (mar.) sàgola, cordèlla, cavo; tàrred —, sàgola néra, incatramáta; white —, untàrred —, sàgola biánca; hàuling —, ghía andrivèllo, dràglia, paranchíno; life —, cávo di guárdia sui pennóni; nàval —, cravátta delle bàsse véle; déep sèa —, lèad —, línea da scandáglio; log —, sàgola del log
— va. foderáre, soppannáre, incrostáre; (delle bestie) copríre, accoppiársi; to — a cóat with silk, foderáre di sèta un vestíto; — -kéeper, s. guárdia di stráda ferráta
Lineage, s. legnággio, stirpe, f., schiátta, casáto
Lineal, a. lineále, che va per línea dirètta
Lineally, avv. linealménte, per línea dirètta
Lineament, s. lineaménto, trátto, fattézza
Linear, a. lineáre, di línea, per línea
Lineáte, a. (bot.) lineáto
Lineátion, s. delineazióne
Linen, s. téla, tessúto di líno; biancherís, pánni líni; dirty —, biancheria spórca; Dùtch —, téla d'Olánda; Irish —, téla d'Irlánda; — dráper, mercánte di tela; àlways wéar clean —, portáte sèmpre una camicia biánca (pulíta)
— a. liniéro, di líno, di téla
Ling, s. (itt.) baccalà, m; (bot.) érica, tamarísco
Linger, vn. languíre, èssere maláto, strascinársi a guísa d'ammaláto; mòversi a pàsso di lumáca; tardáre, tiráre in lúngo; andáre a rilènto, èssere indiètro, esitáre, stáre; appillottársi; to — óut life, to die of a — ing illness, moríre di lènto languóre; to — behind, restáre indiètro
Lingerer, s. chi languísce o indúgia, uómo lènto, tárdo, pígro, indugiatóre, tentennóne
Lingering, a. lánguido, fiévole, strascinánte,

tárdo; tardígrado, lènto; to go at s — páce, andáre a pássi mólto lènti
— *s*. languóre, languidézza, indúgio, tardánza, esitánza, titubánza
Lingeringly, *avv*. tardaménte, lentaménte
Lingo, *s*. (*volg. burl*.) linguággio, gêrgo
Lingot, *s*. vêrga d'öro o d'argênto
Lingual, *a*. (*anat. gram*.) della lingua; linguále
Linguist, *s*. linguísta, *m*.
Liniment, *s*. (*med*.) liniménto
Lining, *s*. fôdera, soppánno
Link, *s*. anéllo di caténa; fiáccola; víncolo, legáme, *m*.
— *va*. concatenáre, avvincoláre, uníre
— -bóy, *s*. ragázzo che pörta una tórcia
— -man, *s*. uómo che pörta una tórcia
Linkwörm, *va*. (*mar*.) intregnáre
Linnaéan | *a*. (*bot*.) Linneáno, di Linnéo;
Linnéan | — sÿstem, sistéma Linneáno
Linnet, *s*. (*orn*.) fanéllo
Linséed, *s*. seménte, *f*. di líno, linósa; — öil, ölio di linósa
Linseywóolsey, *s*. mezzalána (*tessuto*)
Linstock, *s*. cánna da dár fuóco al cannóne
Lint, *s*. filáccia, téla sfilacciáta per le feríte
Lintel, *s*. architráve, *m*. di pörta, listéllo
Lion, *s*. leóne, *m*; celebrità (*uomo celebre*); zerbinótto, elegánte; yòung —, —'s cùb, leoncíno, leoncéllo; —'s den, covíle, *m*. di leóne; the —s' cliùb, il cliùb degli elegánti; — -heárted, cuôre di leóne, intrèpido; —'s fóot (*bot*.) zámpa, piède di leóne; — -mèttled, che ha il corággio di un leóne
Líoness, *s*. leonéssa; salamístra; elegánte, *f*.
Lip, *s*. lábbro, bòrdo, órlo; blùbber —, làbbro austríaco, grósso; côral —s, lábbra di corállo; to ôpen one's —s, aprírle le lábbra, parláre; little —, labbriccinólo; to make a —, ciondolár il lábbro, tenére il bróncio
— *va*. baciáre, dáre un bácio, abbracciáre
— -sálve, *s*. unguénto per le lábbra; parôle melâte
— -wísdom, *s*. saviézza in parôle sénza fátti
Lipped, *a*. labiáto; THICK- —, che ha le lábtróppo grôsse
Lippitude, *s*. cisposità, lippitúdine, *f*.
Liquable, *a*. fusibile, dissolúbile, liquatívo
Liquátion, *s*. liquaménto, il liquefáre
Liquefáction, *s*. liquefazióne, il fóndere
Liquefiable, *a*. liquefattívo, liquatívo
Liquefy, *va*. liquefáre, fóndere, strúggere; *vn*. liquefársi, sciógliersi, strúggersi
Liquèscency, *s*. attézza a liquefársi
Liqueúr, *s*. rosòlio
Liquid, *a*. líquido, fiúido; (*gram. rett*.) líquido, mòlle, fiúido, scorrévole
— *s*. líquido, còsa líquida
Liquidáte, *va*. liquidáre, rènder líquido, addolcíre; (*com*.) il liquidáre, saldáre, pagáre

Liquidátion, *s*. (*com*.) il liquidáre, liquidazióne; in —, in liquidazióne
Liquidity, Liquidness, *s*. liquidità, fluidità
Liquor, *s*. còsa líquida, liquóre, *m*., bevánda; given to —, dáto ai liquóri; — -cáse, canovétta (*cassa*) da liquóri; cantína da traspórto
Liquorice, *s*. V. Licorice
Lisp, *vn*. scilinguáre, balbettáre, balbuziáre
— *s*. balbúzie, *f*., difétto della lingua, balbettaménto; to spéak with a —, scilinguáre
Lisper, *s*. scilinguatóre -tríce, balbuziénte, *m. f*.
Lisping, *a*. balbuziénte; — pèrson, scilinguatóre -tríce
Lispingly, *avv*. balbuziêndo
List, *s*. lísta, listíno, striscia, bênda; lísta, catálogo, ruòlo; lízza, paléstra, steccáto; (*mar*.) fálsa bánda, guardamáno; (*mil*.) lísta, ruòlo, contròllo; the civil —, la lísta civíle (le spése della Coróna); to ênter the lísts, entráre nella lízza (per giostráre)
— *va*. guerníre di líste; arroláre (*soldáti*); schieráre nella lízza
— *vn*. arrolársi, ingaggiársi (*mil*.); talentáre, volére; (*poet*.) ascoltáre; as he —s, cóme gli páre e piáce
Listed, *a*. strisciáto, listáto; ingaggiáto(*mil*.); — fiéld, cámpo chiúso
Listel, *s*. (*arch*.) listéllo, listélla
Listen, *vn*. ascoltáre, pòrgere orécchio; to — to réason, ascoltáre la ragióne
Listener, *s*. ascoltatóre, -tríce
Listless, *a*. disattênto, sbadáto, svogliáto
Listlesly, *avv*. sbadataménte
Listlessness, *s*. sbadatággine, *f*., trascuratézza
Lit, *pas. di* to light
Litany, *s*. litanía
Literal, *a*. letteràle, alla lêttera; — translátion, traduzióne letteràle
Literalism, *s*. letteralísmo
Literality, Literalness, *s*. letteralità
Literally, *avv*. letteralménte, alla lêttera
Literary, *a*. letterário; — man, letteráto
Literate, *a*. dòtto, erudíto, scienziáto
Literáti, *spl*. letteráti
Literátim, *avv*. lêttera per lêttera
Literátor, *s*. maestrúcolo
Literáture, *s*. letteratúra; políte —, bèlle lêttere
Lirmarge, *s*. (*min*.) litárgia
Lithe, *a*. (*cosa*) pieghévole, flessíbile;(*pers*.) snéllo, ágile, lèsto, svêlto
Litheness, *s*. pieghevolézza, sveltézza, snellézza, agilità
Lirmocarp, *s*. litocárpo, frútto fôssile, frútto petrificáto
Lirmocòlla, *s*. litocòlla
Lirmograph, *va*. litografáre
Lirmographer, *s*. litôgrafo

Lithogràphic, lithogràphical, *a.* litográfico, litógrafo

Lithogràphically, *avv.* colla litografía

Lithógraphy, *s.* litografia

Lithòtomist, *s.* (*med.*) litotomísta, *m.*, litòtomo

Lithòtomy, *s.* (*med.*) litotomía

Litigant, *s.* litigànte, litigatóre, -tríce
— *a.* litigànte, litigióso

Litigàte, *va.* litigàre, disputàre, contestàre

Litigàtion, *s.* il litigàre, litigaménto, líte, *f.*

Litigious, *a.* litigióso, rissóso

Litigiously, *avv.* litigiosaménte, contenziosaménte

Litigiousness, *s.* umóre litigióso

Litter, *s.* lettíga; hòrse —, paglióne, *m.*;
— of pigs, ventràta di porcélli
— *va.* (*della troja*), figliàre (*una ventrata*)

Little, (*compar.* lèss, minóre; *super.* the léast, il mínimo) *a.* píccolo, tènue, esíguo; very —, piccolissimo, piccíno, picciníno; — dòg, cagnétto; — finger, mígnolo; hów are the — ones? cóme stánno i bambíni?
— *avv.* (*compar.* lèss, méno; *superl.* the léast, il méno) póco, quási niènte; — inclíned, póco dispósto; — by —, a póco a póco; a — àfter, póco dòpo; howéver —, per quánto póco
— *s.* póco, pòca còsa, píccola quantità, bréve spázio; much in —, *multum in parvo*; stáy a —, aspettáte un póco; give me a — of it, dàtemene un poco; màny a — makes a mickle, mólti pòchi fànno assái, a quattríno a quattríno si fa 'l sòldo

Littleness, *s.* piccolézza, picciolézza

Littoral, *a.* (*poco us.*) litoràle, del lído

Lituíte, *s.* (*min.*) lituíte, *m.*, lituíto

Litùrgic } *a.* litúrgico, della liturgía
Litùrgical }

Liturgy, *s.* liturgía

Live, *vn.* vívere, esístere, sussístere, abitàre, dimoràre, duràre, perpetuàrsi; to — in sòlitude, vívere in solitúdine; as long as I —, finchè vivrò; to — from hand to mòuth, víver di per dì; — on one's income, víver d'entráta, víver del suo; — poorly, vívere meschinaménte; whère do you —? dóve stàte di cása?

Live, *a.* vívo, vivènte, ardènte; — cóals, brágia, carbóne ardènte; — stòck, bestiáme, *m.*

Lived, *a.* di víta...; shòrt- —, di córta víta; lòng- —, di víta lúnga, di lúnga duráta; high- —, di álto affàre, del gràn móndo; lów- —, di bàssa máno, víle

Livelihood, *s.* sussistènza, vitto; to èarn one's —, procacciàrsi il vítto, il pròprio sostentaménto

Liveliness, *s.* brío, vivacità, vivézza, piacevolézza

Livelong, *a.* lúngo, durévole, etèrno; — day, tútto il giórno, tútta la giornáta, tótto dì

Lively, *a.* vívo, viváce, brióso, spiritóso, svegliáto, facéto, piacévole; vívo, vívido; — yòuth, ragázzo svegliáto; — writer, scrittóre brióso, spiritóso; — fáith, víva féde

Liver, *s.* vivènte; high —, gaudènte, chi mángia bène e béve mèglio; —, (*anat.*) fégato; — compláint, malattía di fégato

Liverwort, *s.* (*bot.*) epátita

Livery, *s.* livrèa; — láce, gallóne di livrèa; — mèn, elettóri comunáli; to kéep hòrses at —, tenér cavàlli in pensióne; — -stàble, scudería di cavàlli d'affítto o di cavàlli in pensióne

Lives, *pl.* di lífe

Livid, *a.* lívido

Lividity, Lividness, *s.* lividézza, lividóre, lividúme, *m.*

Living, *a.* vivènte, vívo, che ha víta; — lànguages, língue vivènti; — fáith, féde víva; is your fàther yet —? víve ancóra vòstro pádre?
— *s.* víta, il vívere; vítto sussistènza; benefízio ecclesiástico; fàt —, grásso benefízio; to wòrk for one's —, lavoráre pel pròprio sostentaménto

Livre (*pr.* liver), *s.* líra (italiána), fránco (francése)

Lixivial, *a.* lissiviále, rannóso, di ránno

Lixivium, *s.* liscíva di ránno

Lizard, *s.* lucèrta; little —, lucèrtola

LL. D. (èl èl, dé) (*iniziali di* legum dòctor) dòctor of làws, dottóre in légge

Lo! *interj.* ècco! ve'! védi!

Lóach, *s.* (*itt.*) ghiòzzo

Lóad, *s.* cárico, sòma; fardèllo, péso, sálma; aggrávio; bàck —, sòma; càrt-, carrettáta; ship's —, cárico di náve
— *va.* caricáre; ingombráre, imbarazzáre; caricáre (un' arma da fuòco); piombáre, appórre il piómbo; — the díce, falsáre i dádi
— -wàter-líne, *s.* (*mar.*) línea d'ácqua caricáta, bagnasciúga

Lóaded, *a.* cárico, caricáto; piombáto, falsáto

Lóader, *s.* caricatóre; brèach — (*mil.*) fucíle, *m.* cannóne, *m.* a retrocárica

Lóading, *s* il caricáre, caricaménto

Lóadmanage, *s.* (*ant.*) perízia di pilóto

Lóadsman, *s.* (*ant.*) pilóto, nocchièro

Lóadstar, *s.* stélla poláre, Orsa minóre

Lóadstone; *s.* calamíta, ágo calamitáto

Lóaf, *s.* (*pl.* lóaves) páne, *m.* (*massa*); — of brèad, páne, pagnòtta, míca; — of súgar, páne di zúchero; hàlf a — is bètter than no brèad, (*proverbio*) chi spillúzzica non digitúna

Lóam, *s.* tèrra grássa; márga; márna
— *va.* concimáre colla màrga o màrna

Lóamy, *a.* di márga, di márna

Lóan, *s.* prèstito, prestánza; fórced —, prèstito forzóso, prèstito forzáto; gòvernment

—, prèstito di Státo; contràctor of a —, soscrittóre ad un prèstito; to ráise a —, contrárre un prèstito; — -bank, mónte di pietà

Lóath, a. svogliáto, ritróso, schifiltóso, schizinóso, ripugnánte

Lóathe, va. avére a náusea, schifáre; abborríre

Lóather, s. chi náusea, schífa, òdia

Lóathing, s. stòmaco, svogliatézza, abborriménto, disgústo

Lóathingly, avv. svogliataménte, ritrosaménte

Lóathness, s. ritrosággine, svogliatézza, f. ripugnánza

Lóathsome, a. stomachévole, schifóso, odióso

Lóathsomeness, s. schifézza, stucchevolézza, disgústo

Lób, s. balórdo; vèrme, m. (da pescáre)

—'s pound, s. (burlesco) prigióne, f.

Lóbate, a. (bot.) lobáto

Lóbby, s. ripiáno, pianeròttolo, vestibolo

Lóbe, s. (anat.) lòbo; (bot.) lòbo

Lóbed, a. (bot.) lobáto

Lobélia, s. (bot.) lobélia

Loblòlly-bay, s. (mar.) infermière, m.

Lóbscouse, s. (tra i marinaj) ragù, m.; intingolo, guazzétto, manicarétto, camangiáre, m.

Lóbster, s. gámbero marino; as réd as a —, rósso cóme un gámbero

Lóbule, s. (anat.) lòbulo (luògo

Lócal, a. locále, di luògo; topográfico, del

Locàlity, s. località, esistènza locále; síto

Lócally, avv. localménte, per rappòrto al luògo

Locáte, va. logáre, allogáre, collocáre

Locátion, s. locazióne, positúra, síto, allogazióne

Lòch, s. (in Iscòzia) lágo; V. Láke

Lóck, s. serratúra, tòppa; — of háir, ciòcca di capélli; — of wóol, fiòcco di lána; — of a gùn, cartélla dell'acciaríno; — of a canál, cónca, oateràtta, chiúsa; — -cháin, caténa da ruòta

Lóck, va. serráre, chiúdere a chiáve, chiaváre; (fig.) stríngere; to — a dóor, serráre con chiáve una pòrta, chiavárla; to — in, rinchiúdere sotto chiáve; he dòuble —ed the dóor, egli chiúse l'úscio a due man- — vn. chiúdersi, unírsi, fermársi (dáte

Lóckage, s. (dei canali) diritto di caterátta, tásso, dázio di cónca

Lócker, s. (mar.) parchétto, scaffétta

Lócket, s. guardacápelli, m. medaglióne, m.

Lóckram, s. téla grossolána

Lócksmith, s. magnáno, serragliére, m.

Locomótion, s. locomozióne

Locomótive, a. locomotívo, locomotóre, che si muòve, locomovènte; — èngine, mácchina a vapóre, locomotíva; — pòwer, fòrza locomotríce, potènza di locomozióne

— s. (macch.) locomotíva

Lócust, s. (ent.) locústa, gríllo; — trée, (bot.) carúbbo

Locútion, s. locuzióne, fórmola

Lóde, s. (min.) véna; — stone, V. Lóadstone

Lódge, s. lòggia, abitúro, tugúrio, capannétta; (delle bestie) cóvo, tána; frée-másons' —, lòggia dei fránco muratóri; pórter's —, casettína di portinájo

— va. alloggiáre, albergáre, dar ricóvero a; depórre, collocáre, ficcáre, fissáre, piantáre

— vn. alloggiáre, èssere d'allòggio, dimoráre, abitáre, dormíre; he dínes hére but does not — hére, egli pránza qui, ma non è qui d'allòggio; whère do you —? dóve siéte alloggiáto?

Lódger, s. inquilíno, casigliáno, pigionále

Lódging, s. allòggio, stánza, cámera, locánda; fúrnished —s, cámere mobiliáte; còmfortable —s, bell'allòggio, bell'appartaménto; to give one a night's —, alloggiáre úno per úna nòtte; — -hóuse, locánda; — -knée, (mar.) bracciuòlo orizzontále

Lódgment, s. alloggiaménto; to make a —, (banca) depórre, collocáre una sómma; to effect a —, (mil.) alloggiársi

Lòft, s. stambèrga, soffítta, solájo; corn- —, granájo; háy —, feníle, m.

Lòftily, avv. álto, altaménte, con elevatézza, dignitosaménte, superbaménte, alteraménte, maestosaménte, alla gránde

Lòftiness, s. altézza, elevatézza, sublimità, maestà; albagía, supèrbia

Lòfty, a. álto, eleváto, nòbile, supèrbo, autorévole, sublíme, maestóso, eccèlso, altéro, albagióso; — building, edifízio álto; — áir, contégno nòbile, ária autorévole; — mién, (pit.) bell'ária di tèsta, ariósa

Lóg, s. cèppo, tóppo, pèzzo di pedále d'álbero, trónco d'álbero; (mar.) lòche, m. le; — -bóok, régistro del còrso di una náve; — -hóuse, — -hut, capánna o cása fátta di trónchi d'álberi

— -líne, s. (mar.) cordicélla del lóche

Logarithm, s. (math.) logarítmo; táble of —s, távola dei logaritmi

Logarithmétic }
Logarithmétical } a. logarítmico
Logarithmic }
Logarithmical }

Lóggerhead, s. balórdo, bietolóne, m., stúpido; to fáll to —s, acciuffársi

Lóggerheaded, a. stúpido, pesánte, balórdo

Lógic, s. lògica

Lógical, a. lògico, di lògico, logicále

Lógically, avv. logicaménte

Logician, s. lògico, lóico

Lògman, (pl. lògmen), s. portatóre di légna; (in America) tagliaAlégna, m., boscajuólo

Lógogriph, s. logogrífo (enímma, m.)

Logomachy, (pr. logòmaky) s. logomachía, contésa di paròle

Lógwóod, s. (dei tíntori) campèggio

Lôin, s. lómbo; —s, i lómbi, le rêni, i rêni, — of véal, lombáta, lacchèzzo di vitéllo

Lôiter, vn. tardáre, trattenérsi, stár a báda, indugiáre, restáre indiètro, baloccáre

Lôiterer, s. tentennóne, baloccóne, infingárdo

Lôke, s. gênio maléfico (degli antichi Cêlti)

Lóll, vn. appoggiársi, rêggersi, stêndersi, sdrajársi, stár dinoccolúto, stár sospéso o penzolóne; — out one's tòngue, stêndere o lasciár cadére la língua

Lôllard, s. seguáce, m. f. di Wickliffe

Lôllardy, s. dottríne, f. pl. dei seguáci di Wickliffe

Lombard-house } s. mónte di pietà
Lômbard }

Lombàrdic, a. lombárdico, dei Lombárdi

Lôndoner, s. londinése mf., natívo o abitánte di Lóndra

Lôndonism, s. idiotísmo di Lóndra

Lóne, a. solitário, sólo, isoláto; (pers.) isoláto, derelítto

Lóneliness, s. solitúdine, f., luògo di ritíro, êremo; solitúdine, isolaménto, privazióne di compagnía

Lónely, a. solitário, che sta sóle, solétto; che áma la solitúdine, isoláto, sólo

Lóneness, s. solitúdine, f. isolaménto

Lónesome, a. solitário, sénza compagnía

Lónesomeness, s. solitúdine, f.

Lòng, a. lúngo, estéso; lúngo, lênto, tárdo, lúngo, tedióso; a rôom twênty féet — by sixtéen wíde, una stánza lúnga vênti piêdi e lárga sêdici; at the — run, a lúngo andáre; a — tíme, un pêzzo, — -lègged gambúto, che ha le gámbe lúnghe; — -wínded, lúngo e tedióso; — -süffering, lungánime, paziênte, tolleránte

— avv. a lúngo, in lúngo, lungaménte, lêngo têmpo; you stay so — at séa, voi rimanéte cosí a lúngo in máre; êre —, fra bréve, fra non mólto; as — as, finchè, síno a che, sin tánto che; — agò, — since, têmpo fa, lúngo têmpo fa; all this day —, tutt'òggi; not — befóre, non mólto prima; shall you be — out? staréte di mólto a tornáre? hów —? quánto têmpo? I think it so — befóre, non védo l'óra che

Lòng, vn. avér vòglia, smaniáre, tardáre, tardársi, non véder l'óra; to — for, va. bramáre ardenteménte, sospiráre, agognáre

Longanimity, s. longanimità, sofferênza

Lôngbóat, s. láncia, palischérmo, barcáccia

Longéval, a. longêvo

Longímetry, s. árte di misuráre le lunghézze

Lônging, a. smanióso; s. —, smánia, bráma

Lôngingly, avv. con intênsa bráma, smaniosaménte

Lôngish, a. lunghétto, alquánto lúngo

Lôngitude, s. longitúdine, f.

Longitúdinal, a. longitudinále

Longitúdinally. avv. longitudinalménte

Lôngsome, a. lúngo, tedióso, protrátto

Lôngsuffering, a. sofferênte, paziénte

Lôngwise, avv. pel lúngo, V. Lêngthwise

Lôngwinded, a. lúngo, tedióso, nojóso

Lóo, s. (giuoco di carte) bêstia, mósca, mouche, f.

Lóoby, s. bietolóne, m., balordáccio, gónzo

Lôof, s. (mar.) sopravvênto, párte del vênto — vn. serráre il vênto, andáre all'órza

Lóok, vn. guardáre, miráre, vedére, sembráre, avére aspêtto di, mostráre, parére; — thère, miráte là; —! ve'! vedéte! — at your watch, guardáte al vòstro oriuólo; — at that bird, guardáte quell'uccêllo; to — one in the fáce, guardáre alcúno in viso; to — like, avére l'aspêtto di; he —s like an hònest man, egli ha cêra, aspêtto di uòmo dabbêne; to — big, applaudírsi, pavoneggiársi; to — annöyed, sembráre tediáto; to — àfter, accudíre a; the Christian —s dôwn upòn the wórld, il cristiáno guárda dall'álto il móndo; to — for, cercáre; — into, esamináre; — òut for, andáre cercándo, cercáre; — óver, esamináre, verificáre; — to, avér l'òcchio a; — upòn, consideráre, stimáre; he lóoks ill, si vêde alla cêra che non istà bêne

— s. sguárdo, occhiáta, guardatúra, aspêtto, ária, viso, cólpo d'òcchio; — of lóve, sguárdo amoróso; pênsive —, aspêtto mêsto, cogitabóndo; forbídding —, viso antipático; I like his —s, mi piáce il suo aspêtto; kéep a góod — òut, státe all'êrta

Lóoker, s. riguardatóre -trice; — on, spettatóre -trice, astánte, assistênte

Lôoking, a. che sêmbra, che ha cêra di ..; góod- —, well- —, di bell'aspêtto, di bêlla presênza, bêllo, bêlla; ill- —, di brútta cêra, brútto

— s. il guardáre, sguárdo, guardatúra,

— -glass, s. spêcchio; cheval — -glass, spêcchio a bílico, spêcchio portátile; — -glass máker, specchiájo

Lóom, s. telájo da tessitóre

— vn. (mar.) mostrársi, apparíre (oscuraménte) in lontanánza

Lóom-gále, s. venticêllo frésco, vênto da pappáfichi

Lóoming, s. mirágio

Lóon s. (volg.) birbóne, baróne

Lóop, s. cappiêllo, cáppio, nódo scorsójo; alamáro, occhiêllo, affibbiáglio, bottoniêra, fessúra

— -hóle, s. occhiêllo; sotterfúgio; — -holes, pl. occhiêlli, fessúre, spirágli; (fort.) feritóje

Lóose, va. slacciáre, slegáre, snodáre, sciógliere, sguinzagliáre, staccáre, allentáre

— a. sciôlto, slegáto; bislácco, slombáto; dissolúto, licenzióso; rilassáto, mólle, lúbrico; — style, stile bislacco, stile slombáto; to gèt —, scatenársi; to break —, scattáre; let — the dógs, sguinzagliáte i cáni; to give — to, dàr líbero eórso a

Lóosely, avv. in módo sciólto, bislaccaménte, dissolutaménte; sregolataménte

Lóosen, va. sciógliere, rilassáre, lubricáre, sòlvere, smuóvere, slegáre, snodáre
— va. staccársi, sciógliersi, rallentársi

Lóoseness, s. rilassatézza, scioltézza, allentaménto; (med.) flússo, diarrèa

Lóosestrife, s. (bot.) lisimáchia; smàll —, lisimáchia róssa, salicária

Lòp, va. diramáre, scapzzáre, troncáre, spiccáre; — off branches, spiccáre dei rámi
— s. il diramáre, le spiccáre; i rámi spiccáti

Lòpper, s. scapezzatóre, diramatóre, potatóre

Loquácious, s. loquáce, linguacciúto, ciarliéro

Loquáciousness, Loquácity, s. loquacità, ciarlería

Lòrd, s. signóre, padróne (assoluto), lord, baróne, cónte, marchése; great —, milordóne; the hóuse of —s, la Cámera dei Lórdi; my —! signór cónte! signór marchése! mio signóre! our — and Sáviour, il nòstro Signóre e Salvatóre; in the yéar of our — 1885, nell'ánno di Nòstro Signóre 1885; the — máyor of London, il Podestà di Lóndra
— vn. signoreggiáre; — it óver, va. dominare, tiraneggiáre
— -like, a. signorésco, signoríle, da signóre

Lòrdling, s. (peggiorativo) piccolo signóre; milordíno

Lòrdliness, s. álto rángo, dignità; alterígia, alterézza, supérbia, burbánza

Lòrdly, a. da signóre, signorésco, signeríle, di álto affáre, magnífico, dignitóso, autorévole, supérbo; altiéro, imperióso
— avv. da signóre, nobilménte; superbaménte; altieraménte, imperiosaménte

Lòrdship, s. signoría, padronánza, domínio o podestà di signóre; your —, la Signoría vòstra illustríssima, Vossignoría illustríssima (trína

Lóre, s. (poet.) sapére, m., erudizióne, dot-

Lòricate, va. copríre d'una fòglia di metálle

Lòrimer, s. (ant.) fabbricatóre di bríglie, spróni ed altri arnési per caválli, sellájo

Lòriot s. (orn.) rigógolo

Lóris, s. (zool.) lòri, m.

Lórn, a. derelítto, abbandonáto; V. Forlòrn

Lóry, s. (orn.) lòri, m.

Lóse, va. (pas. lòst) pèrdere, smarríre, far pèrdere; — mòney, pèrdere danári; — gróund, pèrdere terréno, dàr indiètro; — one's spirits, pèrdersi di ánimo; — sight of, pèrdere di vísta; to máke a pèrson — a thing, far pèrdere checchessia ad alcúno; to — one's self, pèrdersi, smarríre la stráda .

Lósel, s. (ant.) perdigiórno, fannullóne; —
a. infingárdo, pígro

Lóser, s. perditóre -tríce, chi pèrde, perdénte

Lósing, a. perdénte; — s. pèrdita

Lòss, s. pèrdita, scapíto, dánno, rovína; to be at a —, èssere confúso, non sapér che fáre

Lòst, a. perdúto, smarríto, rovináto

Lòt, s. sòrte, f., destíno, fáto; whatéver — befálls you, qualúnque sòrte vi tócchi; sóld in ten —s, vendúti in diéci lòtti; —s of góods, —s of mòney, ròba, danári a bálle e palate; to dràw —s, tiráre a sòrte

Lóte, s. (bot.) giúggiolo; (itt.) pesciolíno somigliánte ad anguílla
— -trée, s. (bot.) giúggiolo

Lótion, s. (med.) lozióne, lavatúra

Lótus, s. (bot.) lòto

Lóttery, s. lòtto, lottería; — ticket, prize in the —, vigliétto, prèmio nella lottería

Lóud, a. (dei suoni) álto, fòrte, romoróso, rombánte; — voice, vóce, f. fòrte; in a — voice, ad álta vóce; — clap of rúnder, scròscio fragoróso di tuòno
— e lóudly, avv. ad álta vóce, fòrte, con istrépito, con fracasso; réad —, leggéte fòrte, leggéte ad álta vóce

Lóudness, s. altézza di suóno, strépito, fragóre

Lóunge, vn. baloccáre, oziáre, andáre attórno, far il perdigiórno

Lóunger, s. baloccóne, m., ozióso, perdigiorno

Lóunging, s. il baloccáre, oziáre, gingillare

Lóungingly, avv. da baloccóne, da perdigiórno

Lóuse, (pl. líce) s. pidócchio; crab- —, piáttolo

Lóuse, va. spidocchiáre

Lóusewòrt, s. (bot.) pediculária, sassífraga

Lóusily, avv. in módo abbiètto, vilménte

Lóusiness, s. státo pidocchióso, misèria

Lóusy, a. pidocchióso; abbiètto, víle; you are a — fèllow, siète un pezzénte

Lóut, s. sguajatáccio, villanáccio

Lóutish, a. grossoláno, rústico

Lóutishly, avv. grossolanaménte, rusticaménte

Lóvable, a. amábile .

Lóvage, s. (bot.) levístico, libístico, ligústico

Lóve, va. amáre, affezionársi a; Máry, I — you, Maria, io vi ámo; to — one's country, amáre la pàtria; they — éach òther, si ámano (l' un l'áltro)
— s. amóre, benevogliènza; dilezióne; — of Gòd, amór di Dio, amór divíno; — of man, amóre dell'umanità; bròtherly —, amór fratérno; to be in — with, èsser innamoráto di; to fàll in — with, invaghírsi di; to máke — to a yoùng lady, amoreggiáre una damigèlla
— -àpple, s. (bot.) pómo d'òro, tomática
— -chàrm, s. fíltro amoróso

— -ditty, *s.* cánto d'amóre

— -féast, *f.* (*relíg.*) convíto d'amóre, ágape, *f.*

— -gáme, *s.* partíta per divertírsi (sénza rischiár denáro al giuóco)

— -knot, *s.* láccio amoróso

— -létter, *s.* biglétto amoróso, léttera amatória

— -líes bléeding, *s.* (*bot.*) spécie d'amaránto

— lóck, *s.* rubacuóri, *m.* (icciolíno di móda ai témpi di Elisabétta)

— -lorn, *a.* derelítto dall'oggétto amáto

— -máking, *s.* corteggiaménto

— -pótion, *s.* fíltro amoróso

— -sick, *a.* languénte d'amóre

— -song, *s.* canzóne, *f.* d'amóre

— -súit, *s.* ricérca amorósa, corteggiaménto

— -tále, *s.* stória d'amóre; raccónto d'amóre

— -táught, *a.* istruíto d'll'amóre (móre

— -tóken, *s.* pégno d'amóre

— -toy, píccolo dóno d'amánte

— -trick, *s.* amoróso stratagémma, artifízio amoróso

Lóvelily, *avv.* in módo da inspiráre amóre, amabilménte

Lóveliness, *s.* amabilità, vaghézza, grázia, venustà, vezzosità

Lóvely, *a.* amábile, dégno d'ésser amáto, vágo, vezzóso, grazióso, seducénte

Lóver, *s.* amánte, amatóre -tríce; innamoráto, innamoráta; amoróso, amorósa

Lóvesome, *a.* amatívo, amorosèllo

Lóving, *a.* che áma, affezionáto, amoróso;
— fàther, pádre amoróso

Lóvingly, *avv.* affezionataménte, con amóre

Lóvingness, *s.* tenerézza, affezióne

Lów, *a.* básso, píccolo, córto; abbiétto, víle; of — birth, di bássa náscita; — -lands, *pl.* bassúre *f. pl*; the — Cóuntries, í Paési Bás‹i; — wáter, maréa bássa; — féllow, víle, *m.*

— *avv.* abbásso, bassaménte; a vóce bássa; spéak —, parláte piáno

— *vn.* mugghiáre

— -spirited, *a.* malincònico, deprésso

— -thoughted, *a.* di pensiéri abjétti, víli

Lówer, *a.* più básso, più in giù, inferióre

— *va.* abbassáre, umiliáre, abjettáre, scemáre; caláre; — the príces, abbassáre í prézzi

— *vn.* abbassársi, diminuírsi, caláre

Lówer, *vn.* offuscársi, rannuvolársi; accipigliársi, rannuvolársi; the ský —s, il cíelo si rannúvola; his fáce —ing líke a thunder stórm, col vólto rabbujáto cóme il cíelo al sopravveníre d'un uragáno

Lówering, *s.* abbassaménto, diminuzióne (*di prezzo*, ecc.)

Lówering, *a.* fósco, rannuvoláto, cúpo; — clouds, némbi minacciósi; — cóuntenance, ária cúpa, ciéra fósca

Lóweringly, *avv.* foscaménte, con víso arLówermost, *a.* il più básso (cígno

Lówest, (*superl. di* low) *a.* il più básso

Lóoing, *a.* mugghiánte; — *s.* mógghio

Lówland, *s.* bassúra, pianúra

Lówliness, *s.* umiltà, státo dimésso

Lówly, *a.* dimésso, sommésso, úmile

Lówn, *s.* furfánte, *m.*, birbóne, *m.*, baróne, *m.*

Lówness, *s.* básso státo, situazióne, síto básso; abbiettézza; depressióne, avviliménto

Loxodrómic, *a.* (*geom. mar.*) lossodrómico;
— cùrve, línea lossodrómica

Loxodrómics, loxòdromy, *s.* (*geom. mar.*) lossodromía

Lóyal, *a.* fedéle al re, affezionáto al govèrno, leále, costánte

Lóyalist, *s.* persóna attaccáta al govèrno o al sovráno, aderénte del re, realísta, *m f.*

Lóyally, *avv.* con attaccaménto al govèrno, con fedeltà al re; lealménte

Lóyalty, *s.* attaccaménto al govèrno, fedeltà al sovráno; lealtà, costánza

Lózenge, -*s.* rómbo; lozánza, pastíglia

Lùbber, *s.* villanzóne, rusticóne, poltróne, *m.*

Lùbberly, *a.* grossoláno, villáno, pígro
— *avv.* in módo grossoláno, villáno

Lúbric, *a.* lúbrico

Lúbricate, *va.* lubricáre

Lúbricity, *s.* lubricità, instabilità

Lúbricous, *a.* lúbrico; instábile, sdrucciolévole

Lubrifáction, lubrificátion, *s.* azióne lubricánte

Lúce, *s.* (*itt.*) lúccio grósso; (*bot.*) fiordalíso, gíglio

Lúcent, *a.* lucénte, brillánte; spléndido

Lucèrn, *s.* (*bot.*) trifóglio, cedrángola

Lucèrnal, *a.* di lámpada, a lámpada; — microscope, microscópio a lámpada

Lúcid, *a.* lúcido, chiáro, risplèndente

Lucídity | *s.* lucidézza, chiarézza, lústro
Lúcidness |

Lúcifer, *s.* Lucífero; (*astr.*) Lucífero; — mátches, zolfanélli, fulminánti

Lùck, *s.* ventúra, fortúna, sòrte, *f.*, cáso, azzárdo, accidénte, *m.*

Lùckily, *avv.* fortunaménte, per buóna sòrte

Lùckiness, *s.* fortúna, buóna fortúna

Lùckless, *a.* sfortunáto, sventuráto

Lùcky, *a.* avventuráto, avventuróso

Lúcrative, *a.* lucratívo, profittévole

Lúcre, (*pr.* lúker), *s.* lúcro, guadágno, profítto

Lúcubrate, *vn.* elaboráre, fáre con istúdio

Lucubrátion, *s.* elucubrazióne

Lúcubratory, *a.* compósto a lúme di candéla

Lúculent, *a.* luculénto, lucénte, evidénte

Lùd, *s.* (*volg.*) Dío; Lùd! Oh Lùd! Dío mío!

Lúdicrous, *a.* ridévole, ridícolo, còmico

Lúdicrously, *avv.* ridevolménte, comicaménte

Lúdicrousness, *s.* ridicolosità, piacevolézza

Lùff, *s.* (*mar.*) sopravvènto, párte del vènto; to spring a —, fáre un sálto all'órza; —,

bój, —l all'òrza!; — -tàckle, paránco
mòbile
— va. (mar.) tenére col vènto; — agàin,
òrza di nuóvo
Lùg, va. strascináre, tiráre con fòrza
— s. còsa da tirare, orécchio (volg.)
Lùggage, s. bagàglio, salmería
Lùgger, s. (mar.) trabàccolo; lùgger-sàil,
bastiménto a véla di trabàccolo
Lugúbrious, a. lugúbre
Lùkewarm, a. tièpido, indifferènte
Lùkewarmly, avv. tiepidaménte
Lùkewarmness, s. tiepidézza, indifferènza
Lùll, va. culláro, ninnáre, quetáre; — asléep,
addormentáro
— s. bonáccia, cálma; còsa che addormènta
Lùllabý, s. canzóne. f., per addormentáre i
bambíni, ninna-nànna, nannarélla
Lùller, s. addormentatóre
Lumachel (pr. lúmakel)   ⎫ s. (min.) lu-
Lumachella (pr. lumakèlla) ⎭ machèlla
Lumbágo, s. (med.) lombággine, f.
Lùmbar, a. (anat.) lombáre; the — région, la
regióne lombáre, i lómbi
Lùmber, s. masserisiàccia, arnési inútili
— va. ammucchiáre sénza órdine
— vn. muóversi lentaménte e pesanteménte
Lùmbering, s. romóre sórdo, rómbo
Lùmbrical, a. (anat.) lombricále
Lúminary, s. lumináre, m., córpo luminóso,
lúme, m.
Lúminous, a. luminóso, lúcido, fulgènte
Lúminously, avv. luminosaménte
Lúminousness, s. luminóso splendóre, chia-
rézza
Lùmp, s. mássa, pèzzo; tòzzo; to sell by the
—, vèndere in blòcco
— va. méttere in mássa, prèndere in blòcco
— -fish, s. (itt.) lómpo
— -sugar (pr. shúgar), s. zúochero in páne
Lùmpen, s. (itt.) lómpo
Lùmping, a. gròsso, massíccio, pesánte
Lùmpish, a. pesánte, di gròssa pásta
Lùmpishly, avv. pesanteménte, grossolana-
ménte
Lùmpishness, s. stupidità, materialità
Lùmpy, a. piéno di gnòcchi, granóso
Lúnacy, s. alienazióne mentále, pazzía
Lúnar, a. lunáre; — eclipse, eclisse lunáre
Lunárian, s. seleníta, m. abitánte, m. della
lúna
Lúnary, s. (bot.) lunária, èrba lúna
Lúnated, a. lunáto, di fórma cúrva
Lúnatic, a. lunático; — asýlum, manicòmio
— s. mátto, pázzo
Lunátion, s. lunazióne
Lùnch, Lùncheon, s. merènda, secónda co-
lazióne
— vn. fáre la secónda colazióne
Lúne, s. mèzza lúna; parossísmo di pazzía
Lunètte, s. (fort.) lunétta, mèzza lúna
Lùngs, s. pl. polmóni, mpl.

Lùngwort, s. (bot.) polmonária
Lùnge, s. cólpo, percòssa, bòtta
— vn. paráre, difèndersi, colpíre
Lùnt, s. míccia
Lúpercal, s. (ant. rom.) Lupercále, m; —
a. lupercále, dei Lupercáli
Lúpine, s. (bot.) lupíno
Lùrch, s. (giuoco) márcio, pòsta dóppia; to
léave one in the —, lasciár uno in ásso,
abbandonárlo
— va. guadagnáre pòsta dóppia, truffáre
Lúre, s. ésca, allettaménto, allettatívo
— va. adescáre, allettáre
Lúrid, a. lúrido, lívido, nericcio, trísto
Lùrk, vn. appiattársi, nascóndersi
Lùrking pláce, s. agguáto, nascondíglio, mác-
chia
Lùrry, s. mùcchio confúso; — of wòrds, pa-
ròle confúse, inarticoláte
Lùscious, a. sdolcináto, tròppo dólce, me-
láto; delizióso
Lùsciously, avv. dolceménte, deliziosaménte
Lùsciousness, s. dolcézza smoderáta
Lùsh, a. di colór vívo, frésco
Lùsory, a. fátto per bája, scherzevóle
Lùst, s. concupiscénza, incontinénza, lussúria
— va. (for,) concupíre, desideráre
Lùstful, a. libidinóso, lascívo, sensuále
Lùstfully, avv. libidinosaménte
Lùstfulness, s. libídine, f., voluttà, lascívia,
lussúria
Lùstily, avv. vigorosaménte, gagliardaménte
Lùstiness, s. vigoría, robustézza, gagliardía
Lùstral, a. lustrále, purificatívo
Lustrátion, s. lustrazióne, purificazióne
Lùstre, (pr. lùster), s. lústro (cìnque anni);
lústro, splendóre, lampadário; lumièra (di
teatro, ecc.)
Lùstring, Lùtestring, s. lustríno (dráppo)
Lùstrous, a. brillánte, lúcido, luminóso
Lùstrum, s. lústro (cìnque anni)
Lùsty, a. fòrte, vigoróso, robústo, gagliárdo
Lútanist, s. suonatóre di liúto
Lúte, s. (mus.) liúto, leúto
— vn. lotáre, lutáre; impiastrár di lúto
— -case, s. custòdia di liúto
— -string, s. còrda di liúto
Lúter   ⎫ s. suonatóre -trice di liúto
Lútist   ⎭
Lútestring, s. taffetà, m., taffettà, m., taftà,
m; nástro taffetà
Lútheran, a. s. luteráno
Lútheranism, s. luteranísmo
Lútnern, s, (arch.) abbaíno, lucernário
Lútulent, a. fangóso, lutulènto
Lùxate, va. lussáre, slogáre
Luxátion, s. lussazióne, f., slogaménto
Luxúriance, luxúrancy, s. esuberánza, grán-
de abbondánza, cópia, rigóglio
Luxúriant, a. esuberánte, rigoglióso
Luxúriantly, avv. rigogliosaménte, esube-
rranteménte

Luxúriate, *vn.* créscere rigogliosaménte; satollársi, addársi abbandonataménte

Luxúrious, *a.* (*cosa*) di lússo; suntuóso, láuto;
(*pers.*) che áma il lússo, lo splendóre; che
si dà ai piacêri, alla lussúria; lussurióso,
voluttuóso, dissolúto

Luxúriously, *avv.* con lússo, sontuosaménte,
con dissolutézza, voluttuosaménte

Luxúriousness, *s.* lússo, sontuosità, lautézza;
voluttà, lussúria

Lùxurist, *s.* voluttuóso

Lùxury, *s.* lússo, sontuosità, voluttà rigóglio;
(lussúria *ant.*)

Lýcànraropy, *s.* licantropía

Lýcéum, *s.* licêo

Lỳcảnis, *s.* (*bot.*) licnide, *f.* (tále

Lýcopódium, *s.* (*bot.*) licopôdio, sólfo vege-

Lўdian, *a.* lídio, di Lídia; — móde, (*mus.*)
mòdo lidio; — stóne, (*min.*) piêtra lídia

Lýe, *s.* ránno, bucáto, lisciva

Lýing, *a.* menzognêro, bugiárdo; giacênte,
sdrajáto

— *s.* il mentíre, menzógna; — in, il partorire, párto

Lỳmph, *s.* linfa, ácqua

Lymphàtic, *a.* linfàtico

Lỳmpheduct, *s.* (*med.*) váso linfático

Lỳnch, *va.* puníre sommariaménte, fársi giustízia da sè

— -làw, *s.* giustízia sommária, giustízia di
pópolo (ammiutináto); giustízia che uno si
fa da sè

Lỳnx, *s.* (*zool.*) lince, *f*; — -eýed, dalla vísta lincêa

Lýre, *s.* líra; Eólian —, árpa d'Éolo

Lỳric, *s.* lírica, poesía lírica; lírico (poêta)
—, lỳrical, *a.* lírico

Lỳricism, *s.* composizióne lírica

Lýrist, *s.* suonatóre -trice di líra

M

M. (èm), *s.* decimatêrza lêttera dell'alfabéto
inglése, *m*; cífra romána rappresentánte
1000 M.

M. A. (èm á), *s.* *iniziali di* Máster of Arts,
licenziáto in lêttere e filosofía

Ma'am (màm) *s.* (*contrazione di* Madam)
signóra; hòw dò you do, ma'am? cóme
státe signora?

Màb, *s.* Mab, regína delle fáte; guáttera,
sudicióna

Màc, *s.* (*scozzese e irlandese*) fíglio di;
Mac-Adam, fíglio di Adámo

Macàdamize, *va.* macadamizzáre, lastricáre
col mètodo di Macàdam

Macaróni, *s.* macaróni, *pl. m.* maccheróni,
pl. m; gingillo, zerbíno (*poco usato in
questo senso*)

Macarònic, *a.* (*poet.*) maccherònico

Màcaróởn, *s.* maccheróne, biscottíno

Macàw, *s.* (*orn.*) macáo, pappagállo gránde

Macàwtrée, *s.* (*bot.*) palmízio a ventáglio

Máce, *s.* macis, *m.* fióre di moscáto; mázza che
si pòrta innánzi a' magistráti; — -beàrer,
mazziêre, *m.* (cáre

Màcerate, *va.* maceráre, inzuppáre; mortifi-

Maceràtion, *s.* macerazióne, il maceráre

Machiavelian (*pr.* Màkiavélian), *a.* machia-
véllico, machiavellêsco, scáltro, insidióso

Machiavelism (*pr.* màkiavelism), *s.* machia-
vellísmo, scaltrézza, furbería

Màchinate (*pr.* màkináte), *va.* macchináre,
tramáre

Machinàtion (*pr.* màkinàtion), *s.* macchinazióne, artifízio

Machinàtor (*pr.* màkinátor), *s.* macchinatóre

Machine (*pr.* mashêen), *s.* màcchina; blówing — sofflatríce, *f*; bóring —, trapa-
natríce, foratríce; comprèssing —, mac-
china a pressióne; cỳlinder blòwing
—, soffiatríce cilíndrica; dràwing —, di-
stenditríce, stenditríce (del fílo metállico);
drèdging —, spurgatríce; drilling —, foratríce, perforatríce; elèctrical —, màcchina elèttrica; flùting o rìfling —, màcchina da scanaláre o da rigáre; funicular
—, mácchina funiculáre; hydràulic —,
mácchina idráulica; mòrtising —, màcchina da (fare) incástri, incávi; mòwing
—, falciatríce; plàning —, piallatríce;
plòwàing, —, aratríce; prìnting —, màcchina da stampáre; pneumàtic —, màcchina pneumática; pùnching —, strafo-
ratríce, stampo da traforáre; regulátor
of a —, volánte, *m*; réaping —, mieti-
tríce; screw —, mácchina da (fare la) màdre víte; simple —, mácchina, potênza
sémplice; sewing —, cucitríce, mácchina
da cucíre; sòwing —, seminatríce; tràsh-
ing —, trebbiatríce; weighing —, pesa-
tríce; staderóna a pónte levatójo; wìnnowing
—, vagliatríce; the — máy be sêen in
dáïly operátion, si può vedére a funzionáre la mácchina tutti i giórni

— -fáctory, *s.* opifício di costruzióne per le
mácchine

— -máde, *a.* fatto a mácchina

— -máker, *s.* costruttóre di mácchine

Machinery (*pr.* mashêenery), *s.* meccanísmo,
complêsso di macchíne; meccánica; all the
— of that estàblishment, tútte le mácchine
di quéllo stabiliménto

Machinist (*pr.* mashêenist), *s.* macchini-
sta *m.*

Màckerel, *s.* (*itt.*) agómbro

Màcula *s.* mácola

Màculáte, *va.* macchináre, maculáre

Maculàtion, *s.* maculazióne

Màd, *a.* pàzzo, mátto, demênte, fuòr di sénno, forsennáto, furióso, arrabbiáto; stàrk
—, pázzo da caténa; — dog, cáne idró-
fobo; to drìve —, far impazzíre, far arrabbiáre; — -hôuse, manicòmio; — cap,

pazzerêllo, cervêllo balzáno; — man, pázzo, mátto

Màdam, *s.* madáma, signóra; yés —, sì signóra

Màdden, *va.* fáre arrabbiáre, far impazzíre —, *vn.* impazzíre, impazzáre

Màddening, *a.* che fa impazzíre, orrêndo

Màdder, *s.* (*de' tintori*) ròbbia

Máde, *pret. e p. p. di* to máke; *a.* fátto, di árte, apparecchiáto, compósto; réady — -clóthes, ábiti fátti

Madefàction, *s.* immollaménto, bagnaménto

Màdefý, *va.* umettáre, immolláre, bagnáre

Màdly, *avv.* pazzaménte, sénza giudízio

Màdness, *s.* pazzía, alienazióne mentále, deménza

Màdrepøre, *s.* (*storia nat.*) madrepòra

Màdreporíte, (*stor. nat.*) madreporíte, *f.*

Màdrigal, *s.* madrigále, *m.*

Màg, — pie, *s.* (*orn.*) gázza, píca

Magazlne, *s.* magazzíno, fóndaco; magazzíno, giornále periódico, rivísta; pów̄der- —, polveriêra

Magaziner, *s.* redattóre d'una rivísta, d'un magazzíno

Máge, (*pl.* mági) *s.* mágo, negromànte, *m.*

Màggot, *s.* ácaro, vermicciuòlo; capríccio, ghiribízzo

Màggoty, *a.* piêno di vermicciuòli; ghiribizzóso

Màgí, *V.* Mage

Màgian, *a.* dei mághi; — *s.* mágo; the —s of the East, i Mági d'Oriênte

Màgianism, *s.* magismo

Màgic, *s.* magía, incantésimo, incánto

Màgical, *a.* mágico, incantévole

Màgically, *avv.* magicaménte

Magician, *s.* mágo, stregóne, strêga

Magistérial, *a.* magisteríale, magistrále, autorévole, imperióso, borióso

Magistérially, *avv.* da maêstro, magistralménte

Magistérialness, *s.* ária, contêgno di maêstro o di magistráto; imperiosità, bòria

Màgistery, *s.* (*chim.*) ant. magistêro, precipitáto

Màgistracy, *s.* magistratúra

Màgistrate, *s.* magistráto, giúdice, *m.*

Màgna-chàrta, *s.* cárta (*statuto*) gránde dei privilégi inglési (*concessa da re Giovanni nell'anno* 1215); légge fondamentále della costituzióne inglése

Magnanimity, *s.* magnanimità

Magnànimous, *a.* magnànimo

Magnànimously, *avv.* magnanimaménte

Màgnate, *s.* magnáte, *m.*, gránde (dell'Ungherìa)

Magnésia, *s.* (*med.*) magnésia

Màgnet, *s.* magnéte, *f.* calamíta

Magnètic, magnétical, *a.* magnético; — needle, ágo magnético

Màgnetism, *s.* magnetísmo; ànimal —, magnetísmo animále

Màgnetíze, *va.* magnetizzáre -

Magnetízer, *s.* magnetizzatóre -tríce

Magnific, magnifical, *a.* magnífico

Magnificence, *s.* magnificênza

Magnificent, *a.* magnífico, supêrbo

Magnifi.:ently, *avv.* magnificaménte

Magnifico, *s.* magnífico, (*grande di Venezia*)

Màgnifier, *s.* magnificatóre, chi o che aggrandìsce o estòlle; panegirísta; *m.*; microscòpio

Màgnify, *va.* magnificáre, aggrandíre, esaltáre; estòllere, lodáre

Màgnifýing-glass, *s.* microscòpio, lênte, *f.*

Magniloquence, *s.* magniloquênza, magnilòquio

Magniloquent, *a.* magniloquênte, pompóso

Magniloquently, *avv.* con magnilòquio, con magniloquênza

Màgnitude, *s.* grandézza, magnitúdine, *f.*

Magnólia, *s.* (*bot.*) magnòlia

Màgpie, *s.* (*orn.*) gázza, pica

Mahògany, *s.* mògano, légno di acagiú

Mahòmetan, *s.* maomettáno

Mahòmetanism, *s.* maomettanísmo

Máid, *s.* fanciúlla (*donna non maritata*), zitélla, verginélla, vérgine, *f*; donzélla, sêrva; sêrvant —, máid sêrvant, sêrva; chámber — (*di albergo*) cameriêra; óld —, vêcchia zitêlla, pulcellóna; the — of Orléans, la Pulcêlla d'Orléans; — of hònour to the Quéen, damigêlla d'onóre della regina

Máiden, *s.* fanciúlla da maríto, zitélla; — háir, (*bot.*) capilvênere; — -líke, da fanciúlla, da verginêlla

— *a.* di verginélla, di fanciúlla, di vérgine, verginále; vérgine, púro, intátto, nuòvo, novêllo; — assíze, assísia incruênta, in cui niúno è condannáto a mòrte; a — lady, una zitêlla; — spéech, il prímo díscórso di un nuòvo mêmbro del Parlaménto; the — reign, il régno della regina vérgine (d'Elisabétta) (rità

Máidenhèad, máidenhóod, *s.* verginità, pu-

Máidenliness, *s.* contêgno dólce, modêsto, pudibóndo

Máidenly, *a.* di verginêlla, verginále, pudíco, modêsto

Máidhòod, *s.* verginità

Máil, *s.* máglia; valígia, cassétta pel traspórto delle léttere, erariále, corriêra, corriêra erariále; write me by the next —, scrivétemi col primo corriêre

— *va.* copríre di armatúra

Máim, *va.* mutiláre, storpiáre

— *s.* mutilaménto, storpiaménto, cólpo

Máimed, *a.* mutiláto, storpiáto, mózzo

Máin, *a.* principále, prímo, essenziále, gránde, importánte; gráve; generále; — róad, stráda maêstra; — róot, barbicóne; by — fórce, a víva fòrza

— *s.* gròsso, complêsso, fòrza; còrpo principále; fòrte, *m.*, mássa; álto máre; hydràulic

—, (gas.) cilíndro idráulico; pùblic —,
(gaz.) tùbo principále; in the —, in complèsso, in generále, in fóndo
— land, s. tèrra fèrma, continènte, m.
Máinly, avv. principalménte, sopratútto
Máinpèrnable, a. (legge) ammissíbile alla
cauzióne
Máinpèrnor, s. (legge) cauzióne per la compársa d'un accusáto nel giórno stabilíto
Máinprize, s. (legge) órdine, m. di méttere
in libertà (l'accusato) sotto cauzióne; va.
méttere in libertà sotto cauzióne
Máinsáil e Máinshéet, s. (mar.) gránde véla
Máinsweár, vn. spergiuráre
Maintáin, va. mantenére, difèndere; soste-
nére, affermáre, prováre
Maintáinable, a. sostenibíle, provábile
Maintáiner, s. mantenitóre -tríce
Máintenance, s. mantenimènto, sostenta-
mènto, nudrimènto, vítto; mantenimènto,
difésa, conservazióne; séparate —, asse-
gnamènto, pensióne della móglie separáta
dal maríto
Máintopmast, s. (mar.) grand'álbero di
gábbia
Máinyard, s. (mar.) antènna gránde
Máize, s. (bot.) gráno saracèno, gráno túrco
Majèstic, majèstical, a. maestóso, augústo,
gránde
Majèstically, avv. maestosaménte, con maestà
Màjesty, s. maestà, dignità, grandézza; his
—, sua maestà (il re); her —, sua maestà
(la regina); may it pléase your —, piáccia
a vòstra maestà
Májor, a. maggióre, superióre, più gránde
— s. maggióre, m. (grado militare); la
maggióre (d'un sillogísmo); — gèneral,
(mil.) maggiór generále
Majorát, s. (legge) maggiorásco
Majordómo, s. maggiordómo, maèstro di cása
Majórity, s. maggiorità, maggioránza; maggiorità, státo di colúi che è maggióre;
(mil.) grádo di maggióre; a — of twenty
votes, una maggioránza di vènti vóti; he
is come to his —, egli è maggiorènne
Máke, (pas. máde) va. fáre, formáre; fáre,
rèndere; fáre, costríngere; fáre, guadagnáre, ricaváre; pervenire, arriváre a; temperáre (una penna); — vn. fáre, contribuíre; — (for), dirígersi (verso); — (at)
scagliársi addòsso (a), precipitársi (verso);
Mr. Snip, will you — me a cóat? signór
Snip, voléte fármi un vestíto? to — a láw,
fáre una lègge; — a bów, far un inchíno;
— a pèn, temperáre una pènna; — or pàss
óath, prestáre giuraménto; — wär, muóvere guèrra; — a compláint, muóvere queréla; — agáin, rifáre; — àngry, adiráre,
stizzíre; — afráid, spaventáre, incútere timóre a; — ashámed, far arrossíre; — fun
of, fársi giòco di; — gáme of, beffársi di,
scherníre; — háste, affrettársi, spicciársi;

— light of, far póco cáso di; — much of,
far gran caso di, far le fèste a; trattár
bène; — frée with, trattáre sènza cerimónie; — awáy, scappáre, fuggírsene; — awáy
with one's self, dársi la mòrte; — as if,
fár le víste di; — góod, bonificáre, abbuonáre, indennizzáre, giustificáre; — knówn,
notificáre; — óver, trasferíre, donáre, far
cessióne di; — rèady, apparecchiáre; —
tóward, andáre vèrso; — at, avventársi a,
scagliársi addòsso a; — for, incamminársi
alla vòlta di; — off, dárla a gámbe; —
one's escápe, scappáre, fuggíre, — one,
èssere del número; — of, capíre, intèndere; — up, far compórre, completáre,
colmáre; raccògliere; — up for, supplíre
all'assènza di, sopperíre alla deficiènza di;
sovveníre al difètto di; — up to, aflac-
ciársi a; — óut, uscíre di sláncio; spiegáre,
capíre; — óut an account, fáre l'estrátto
di un cónto; — after, seguíre, córrere
diétro; incalzáre; — stop, I will — wàter,
fermáte, vòglio far ácqua
— s. fattúra, manifattúra; (pers.) fórma,
táglia; fòggia, struttúra
Máker, s. creatóre, facitóre, fattóre, fabbricánte
Mákeshift, s. espediènte, m., ripiégo, còsa
che può scusáre
Makeweight (pr. mákewáte), s. aggiúnta,
suppleménto
Máking, s. il fáre, fattúra, struttúra, creazióne; it is of my —, fu fátto da me
Malachite (pr. màlakíte), s. malachíte, f.,
(min.)
Màlady, s. malattía, mòrbo
Màladminístrátion, s. cattíva amministra-
zióne
Maladróitness, s. inettitúdine, f., inettézza,
dappocággine, f. goffággine, f.
Màlandres, s. pl. (veter.) malándre, fpl.
Màlapert, a. impertinènte, insolènte, mal-
creáto
Màlapertly, avv. insolenteménte
Màlapertness, s. sfacciatézza, insolènza
Malápropos, avv. fuòr di propòsito
Malária, s. malária, ária insalúbre, ária
infètta
Malconformátion, s, cattíva conformazióne
Màlcontent, malcontènted, a. malcontènto
Màlcontent, s. (polit.) malcontènto
Malcontèntedly, avv. da malcontènto
Malcontèntedness, s. malcontènto, sconten-
tézza
Mále, a. máschio, maschíle; — issue, fi-
gliuóli máschi
— s. máschio; (bot.) fióre máschio
Maledíction, s. maledizióne
Malefàction, s. misfátto
Malefàctor, s. malfattóre
Malèfic, a. malèfico
Màlefice, s. malefício

Maléficence, s. malfaciménto, tristízia, il far del mále, il recár dánno

Maléficent, a. maléfico

Malèngine, s. (ant.) fròde, f. ingánno

Malèvolence, s. malevolènza, malignità, mal talènto, livóre

Malèvolent, a. malèvolo, malígno, malèdico

Malèvolently, avv. con mal ánimo

Màlice, s. malízia, cattivèria, cattivézza, malignità; to bèar —, volér mále

Malícious, a. malizióso, cattívo, malígno, malèdico, che vuol mále

Maliciously, avv. maliziosaménte (vèria

Maliciousness, s. malízia, mal ánimo, catti-

Malígn, a. malígno, pòco propízio, nocívo

Malignancy, s. malignità; (med.) malignità

Malignant, a. malígno, malèdico; (med.) malígno

Malignantly, avv. malignaménte

Malígner, s. persóna malígna, malèdica, invidiósa; detrattóre, diffamatóre

Malignity, s. malignità

Malígnly, avv. malignaménte

Màlison, s. (ant.) maledizióne

Màškin, s. spazzatójo o scópa per lavàre i paviménti, ecc.; bagàscia

Màll, s. màglio (giuoco e luogo del giuoco)
— va. bàttere, bussàre, bastonàre

Malleability, màlleablèness, s. malleabilità

Màlleable, a. malleàbile

Màllet, s. maglietto, martèllo di lègno

Màllows, s. (bot.) màlva (scadèllo

Màlmsey, s. malvagía, malvasía, víno mo-

Màlt, s. òrzo macinàto e preparàto per la fabbricazióne della bírra; liquóre, bírra (in generale); — wòrm, beóne, bevitóre, bevitríce di bírra
— va. smaltíre, preparáre l' òrzo per fàre la bírra

Màlthòuse, s. luògo da preparáre l'òrzo

Màltkiln, s. fórno da seccáre l'òrzo

Màltman, s. mercánte d'òrzo preparáto

Màltmill, s. mulíno da macináre l'òrzo

Maltrèat, va. maltrattáre, malmenáre

Maltrèatment, s. maltrattaménto

Malversátion, s. il malversáre, malversazióne

Màm, V. Mammà

Màmaluke, màmeluke, s. mammalúcco

Mammà, s. màmma, màdre, f.

Màmmal, s. (zool.) mammífere

Mammàlia, s. pl. (zool.) mammíferi, mpl.

Mammàlian, a. dei mammíferi, appartenénte ai mammíferi

Màmmifer, s. (zool.) V. Màmmal

Mammíferous, a. mammífero

Màmmiform, a. mammifórme

Màmmillary, a. mammilláre

Màmmon, s. mammóne, m; mammóna, ricchèzze, fpl ; il dio delle ricchèzze (presso gli Assíriî)

Màmmonist, s. adoratóre di mammóne ; cúpido di ricchèzze, mondáno

Màmmoth, s. mastodónte, m.

Màn, (pl. mèn) s. uómo; uómo fàtto; brávo uómo; uómo di cuóre; persóna, indivíduo; servitóre, vallétto ; uómo, maríto ; (agli scacchí) pedína, pedóna; (alle tavole) dàma ; làrge —, omóne ; little —, ométto, omicciáttolo ; bad little —, omettáccio ; stòut —, omaciòtto; a slàve is nòt a —, uno schiàvo non é uómo; like a —, da uómo, virilménte ; — and wife, maríto e móglie; our fèllow-men, i nòstri símili; a làdy's —, il bèllo di una dàma; — of wàr, vascèllo di línea; mèrchant —, bastiménto mercantíle; èvery —, ognúno ; no —, nessúno ; — hàter, misántropo; — slàyer, omicída, m. f., omicidiário
— va. forníre di uómini, presidiáre, muníre, fortificáre; — one's self, rincoràrsi, fortificàrsi

Mànacle, va. ammanettáre, méttere le manètte

Mànacles, spl. manétte, plf.

Mànage, va. maneggiáre, condúrre, governáre, dirígere, ammaestráre, domáre; far riuscíre; vn. agíre, fáre, invigiláre, comportàrsi; to — an affàr, a horse, maneggiáre un affàre, un cavállo

Mànageable, a. maneggiàbile, manévole, dòcile, trattàbile

Mànageableness, s. docilità, manevolézza, trattabilità

Mànagement, s. manéggiò, direzióne, condótta, gestióne

Mànager, s. maneggiatóre, direttóre, maneggióne, conduttóre; amministratóre; (teat.) impresário

Mànaging, a. che diríge, che amministra
— s. gestióne, manéggio

Mandàmus, s. mandaménto, mandáto, órdine

Mandarin, s. mandaríno

Màndatary, s. (poco us.) mandatário, deputáto
— a. comandatívo, imperatívo

Màndate, s. mandáto, mandaménto, órdine, m.

Màndible, s. mandíbula, mascèlla superióre

Mandibular, a. della mandíbula

Màndolin, s. (mus.) mandolíno

Màndrake, s. (bot.) mandràgola

Màndrel, s. coppája

Màndrill s. (zool.) mandríllo (scímia africána)

Mànducate, va. manducáre, masticáre

Manducátion, s. manducazióne, il masticáre

Màne, s. crinièra (di cavallo); giùbba (di

Màned, a. che ha crinièra; criníto (leone)

Mànes, (mit.) Mani, mpl., ánime de' mòrti

Mànful, a. màschio, viríle, chè ha un cuóre di uómo, ardimentóso

Mànfully, avv. da uòmo, virilménte, arditamènte

Mànganése, s. (min.) manganése. m. (mènte

Mangànic, mangansíc, a. mangànico, manganésico; — àcid, ácido mangánico, ácido manganésico

Màngcorn, *s.* mescolánza di granáglie

Mànge, *s.* (*veter.*) scàbbia, ròyna

Màngel-wùrzel, *s.*(*bot*)spécie di barbabiètola

Mànger, *s.* mangiatója, gréppia

Mànginess, *s.* scabbiosità (*di bestia*); pruríto

Màngle, *va.* stracciáre, sbranáre; mutiláre; manganáre

Màngle, *s.* cilíndro; to pùt into the —, manganáre, cilindráre; (*bot.*) *V.* Mangrove

Màngler, *s.* manganatóre; stracciatóre

Màngling, *s.* manganaménto, manganatúra

Màngo, *s.* (*bot.*) mángo

— -gìnger, *s.* (*bot.*) carcuma, xafferáno del Brasíle

— -trée, *s.* (*bot.*) mangífera

Màngonel, *s.* manganêllo, manganêlla

Màngostan, *s.* (*bot.*) mangostáno

Màngouste, *s.* (*bot.*) mangòsta ; (*zool.*) icneumóne, *m.*

Màngrove, *s.* (*bot.*) mànglio

Màngy, *a.* (*veter.*) scabbióso

Mànhóod, *s.* virilità, età viríle; umanità, natúra dell'uòmo, natúra umána, bravúra

Mània, *s.* manía, pazzía; fissazióne; hàving a —, avènte una manía, maníaco

Màniable, *a.* (*ant.*) manévole, maneggiábile

Màniac, *s.* maníaco, maníaca, pázzo, pázza

—, maníacal, *a.* maníaco, furióso, pázzo

Manichean (*pr.* manikéan), *a.* manichèo, dei Manichèi

Manichee (*pr.* maniké), *s.* manichèo, manichèa, manicheísta, *mf.*

Manicheism (*pr.* mànikeism), *s.* manicheísmo

Manichord (*pr.* mànikord) ⎫ (*mus.*) ma-
Manichordon (*pr.* mànikordon) ⎬ nicòrdo

Mànifest, *a.* evidènte, manifèsto

— manifestáre, mostráre, far palése

Manifestátion, *s.* manifestazióne, palesaménto

Mànifestly, *avv.* manifestaménte

Mànifèsto, *s.* manifèsto

Mànifold, *a.* moltifórme, moltíplice

Mànifoldly, *avv.* di manière divèrse, in moltéplici mòdi

Mànikin, *s.* omicciuòlo, omicèllo; náno, caramógio

Màniple, *s.* manípolo, manáta

Manipulátion, *s.* (*chim.*) manipolazióne

Mànkeeper, *s.* lucèrta (*grigia*)

Mankind, *s.* il gènere umáno, gli uòmini

Mànless, *a.* sènza equipággio

Mànlike, *a.* di o da uòmo, símile all'uòmo, di aspètto maschíle, máschio

Mànliness, *s.* maschiézza, aspètto maschíle, ária nòbile; fòrza, vigoría, energía, dignità, spírito, nobiltà

Mànly, *a.* máschio, viríle, da uòmo; — eloquence, máschia e focòsa eloquènza

Mànna, *s.* mánna; (*med.*) mánna

Mànner, *s.* manièra, guísa, fórma, spècie,

f; in the sáme —, nello stésso mòdo; àil — of things, còse di ògni manièra; góod —s, bèlle manière, buòna creánza; of distinguished —s, manieróso, gentíle, elegánte; in like —, similmènte

Mànnered, *a.* manieráto, ammanieráto, lezióso; — or affècted stýle, stíle manieráto; well —, di bèlle manière

Mànnerism, *s.* stíle lezióso, ammanieráto; leziosággine, *f.* affettazióne

Mànnerist, *s.* artísta, autóre ammanieráto; manierísta, *m. f.*

Mànnerliness, *s.* civiltà, buòna creánza

Mànnerly, *a.* civíle, cortése, manieróso

— *avv.* civilmènte, cortesemènte

Mànnikin, *s.* *V.* Manikin

Mànnish, *a.* (*volg.*) di uòmo, máschio, viríle

Mànnite *s.* (*farm.*) manníte, *f.* (giro

Manœúvre, *s.* (*mil.*) manòvra; pràtica, raggo

— *van.* (*milit.*) manovráre, far manovráre, esercitáre

Manòmeter, *s.* (*fis.*) manòmetro

Manomètrical, *a.* (*fis.*) manomètrico

Mànor, *s.* fèudo, castèllo, signoría; — hòuse, cása, castèllo del signóre di un fèudo

Manórial, *a.* di fèudo, di signóre, signoríle

Mànse, *s.* abitazióne dell'affittuário; edifíci ruráli; presbitèrio, piève, *f.*

Mànsion, *s.* cása signoríle, magióne gránde, casa di un signorótto; cása gránde, albèrgo; palázzo del Podestà (*Mayor*) di Lóndra

Mànsionary, *a.* residènte

Mànsláughter, *s.* uccisióne (*di uomo*), omicídio scusábile

Mànsláyer, *s.* omicidiário (scusábile)

Mànsuetude, *s.* mansuetúdine, *f.*

Màntelet, *s.* mantellétta (di dònna); mantelétto (*fort.*)

Mantílla, *s.* mantíglia

Mantissa, *s.* (*algebra*) mantíssa, párte decimále d'un logarítmo

Màntle, *s.* mantèllo, tabárro, mánto; — -piéce, cáppa di camíno; caminétto

— *va.* mantelláre, palliáre, copríre

— *vn.* stèndersi, spándersi; spumeggiáre (*come il vino*) brilláre; the blóod mántling in her chéeks, suffúsa di rossóre

Màntua, *s.* (*ant.*) vèste, *f.* da dònna, mantellína

Màntuamáker, *s.* sárta da dònna

Mànual, *a.* manuále, della máno; fàtto, eseguíto colla máno; — *s.* manuále, *m.*

Manufáctory, *s.* fàbbrica (luògo), stabiliménto, officína

Manufáctural, *a.* di manifattúra, di fabbricazióne

Manufácture, *s.* manifattúra, òpera di manifattóre, fàbbrica, còsa fabbricáta, lavorío, fabbricazióne, lavóro, òpera

— *va.* fabbricáre, manifatturáre; — stuffs, fabbricáre stòffe

Manufacturer, *s.* manifattóre, fabbricatóre, fabbricánte.

Manufacturing, *s.* manifattúra, fabbricazióne; *a.* di fábbrica, di lavóro, lavoránte

Manumission, *s.* manumissióne, manomissióne

Manumit, *va.* manométtere, liberáre

Manúre, *s.* concíme, *m*; letáme, *m*; cóncio — *va.* letamáre, concimáre

Manúrer, *s.* concimatóre

Mànuscript, *s.* manoscrítto; *a.* in manoscrítto

Màny, *a.* e *avv.* (*pl. di* mùch; *comp.* more *superl.* most) mólti; — pèrsons, mólte persóne; — a man, mólti uómini; — a tíme, mólte vòlte; — things, mólte cóse; a gòod —, parécchi; a great —, moltíssimi; hòw —? quánti? as — as you líke, quánti ne volète; so —, tánti; tòo —, tròppi; — -héaded, che ha mólte tèste; — -cóloured, variopínto; the — and the féw, i mólti (la mássa) ed i pòchi; so — men, so — mínds, quánti uómini, tánti consígli

Màp, *s.* cárta geográfica; — of the wòrld, mappamóndo

— - sèller, *s.* negoziánte in cárte geográfiche

— *va.* delineáre, descrívere, indicáre

Máple, — -trée, *s.* (*bot.*) ácero, acerája

Màppery, *s.* árte, *f.* di tracciár le máppe, le cárte geográfiche; cartografía

Màr, *va.* guastáre, sfiguráre; sfregiáre, sconciáre, attraversáre

Maràsmus, *s.* (*med.*) marásmo

Maràuder, *s.* predatóre, saccheggiatóre, malandríno

Maràuding, *s.* il predáre, saccheggiaménto

Màrble, *s.* mármo; pálla piccola (*di marmo o di pietra*); pallòttola (*da giuocare*)

— *a.* marmòreo, di mármo, marmoráto

— *va.* marmoráre, screziáre; marezzáre; a

— -flóor, pavimento alla veneziána

— -cùtter, *s.* marmorájo, statuário

— -cùtting, *s.* marmoraria

— -héarted, *a.* dal cuòr di mármo

— -líke, *a.* marmorizzáto

— -mill, *s.* opifício di marmoraria

— -quàrry, *s.* marmièra, cáva di mármo

— - wòrker, *s.* marmísta, *m.*, marmorário, marmorájo

— -wòrks, *s. pl.*, — -yàrd, *s.* stabiliménto di marmorájo

Màrcasite, *s.* (*min.*) marcassíta

Màrch, *s.* márzo; (*mil.*) márcia

— *vn.* marciáre, méttersi in márcia, camminàre

— *va.* (*mil.*) far marciáre, méttere in márcia, dirígere; — back, far ritornáre; — óut, fàr uscíre

Màrches, *spl.* márche, *f. pl.*, província limitrofe, frontière, *f. pl.*

Màrching, *s.* il marciáre, moviménto delle trúppe, márcia, márcie, *f. pl.*

Màrchioness, *s.* marchésa, marchesána; the yòung —, la Marchesína

Màrchpáne, *s.* marzapáne, *m.* (pásta di màndorle)

Màre, *s.* caválla, giuménta; night- — íncubo

Màreschal, *s.* V. Màrshal

Màrgarite, *s.* margarita (*perla*)

Màrgin, *s.* márgine, *m.*, órlo; — of a bóok, márgine di líbro; — of a river, órlo (*sponda*) di fiúme

Màrginal, *a.* marginále; — nótes, nòte in márgine

Màrginated, *a.* provveduto di márgine

Màrgráve, *s.* margrávio

Margràviate, *s.* státo del margrávio, margraviáto

Màrgravine, *s.* margrávia

Màrigold, *s.* (*bot.*) fioráncio

Marine, *s.* marína, náutica; soldáto di marína; the sáfloré and — s, i marinái (i mòzzi) e le trúppe di máre

— *a.* marino, maríttimo, del máre; — ófficer, ufficiále, *m.* di marína

Màriner, *s.* marinájo, marináro, navigatóre; —'s cómpass, bússola; —'s néedle, ágo magnético; of —s, marinarésco

Màrital, *a.* maritále, conjugále, di maríto

Màritime, *a.* maríttimo, marino; di máre

Màrjoram, *s.* (*bot.*) majoràna, agripèrsa

Màrk, *s.* ségno, contrasségno, indízio, segnále, *m.*, nòta, márco, márchio, lívido, cicatríce, *f.*, imprónta, vestígio, órma; límite, *m.*, frontièra; berságlio; márco (*moneta*); ségno (*in atto not utile*); — o brand of infamy, nòta o márchio d'infámia; to hit the —, dàr nel ségno; to miss the —, fallàre il berságlio, mancár il cólpo; to put a — upòn, méttere un contrasségno sópra, marchiáre, contrassegnáre; the — of a fish in marble, l'imprónta di un pésce nel mármo

— *va.* marcáre, segnáre, contrassegnáre, marchiáre, improntáre; rimarcáre

Màrker, *s.* segnatóre (*giuoco*), marcàtore, persóna che marca o rimárca, osservatóre

Màrket, *s.* mercáto, piázza di mercáto; véndita, smércio; córso, prèzzo; (*com.*) piázza; spáccio; èsito, smaltiménto; — pláce, piázza di mercáto; háy- —, mercáto del fièno; fish- — pescheria; rèady —, spáccio rápido; — -day, giórno di mercáto

— *va.* vèndere al mercáto

Màrketable, *a.* mercatòrio, mercantíle

Màrksman, *s.* bersaglière, *m*; góod —, buòn tiratóre

Màrl, *s.* márga, márna, tèrra grássa

— *va.* concimáre colla márga; ralingáre

Màrlpit, *s.* cáva di márga o di márna

Màrline, *s.* (*mar.*) merlíno (cánape impeciáta)

Màrly, *a.* pièno di márga o márna

Màrmaláde, *s.* confettúra, consèrva di cotógne, pómi, ecc.

Marmórean, *a.* marmòreo, di màrmo

Màrmot, *s.* marmòtta (spècie di tòpo)

Màrque, *s.* márco; lèttres of — (*mar. polit.*). lèttere di márco, patènte di córso; — letter ship, corsáro patentáto

Marquée, *s.* (*mil.*) tènda, sopratènda, tendóne, *m.*

Màrquetry, *s* tàrsia, intarsiatúra

Màrquis e Màrquess, *s.* marchése, *m*; the young —, il marchesíno

Màrquisate, *s.* marchesáto

Màrrer, *s.* guastatóre, daneggiatóre, -trìce

Màrriage, *s.* matrimònio, conjúgio, maritággio, sposalízio; nòzze, *plf*; — bed, tálamo

Màrriageable, *a.* d'età núbile, da maríto, núbile

Màrried, *a.* maritáto, ammogliáto; — man, uòmo ammogliáto; — wóman, dònna maritáta

Màrrow, *s.* midòllo, midólla; (*fig.*) essènza, quintessènza, sostánza, buòno; — bóne, òsso midollóso; ginòcchio

Màrry, *va.* maritáre, ammogliáre, accasáre; sposáre, pigliáre maríto, móglie; — a sòn, ammogliáre, accasáre un fíglio; — a dáughter, maritáre una fíglia; — the widow. sposáte la vèdova; Brówn, you have màrried an ángel, Brówn, voi avéte sposáto un ángelo

— *vn.* ammogliársi, maritársi, accasársi; — agàin, rimaritársi

Màri, *s.* (*mil.*) Màrte, *m*; (*astr.*) Màrte

Marsh, *s.* pantáno, palúde, *f.*, aquitríno

Màrshal, *s.* maresciállo; direttóre, guída; (*mil.*) maresciállo; fíèld —, feld-maresciállo, maresciállo di cámpo

— *va.* schieráre, ordináre, regoláre; — tróops, schieráre le trúppe

Màrshalship, *s.* grádo, uffízio di maresciállo

Màrshy, *a.* paludóso, acquitrinóso, pantaMàrshmàllow, *s.* bismálva, altèa   (nóso

Màrt, *s.* empòrio, fièra, mercáto, tráffico

— *va.* mercatáre, mercáre, trafficáre

Màrten, màrtern (*zool.*), *s.* mártora, faína

Màrtial, *a.* marziále, di guèrra, guerrièro; — láw, lègge statária; cóurt —, consíglio di guèrra

Màrtin, *s.* (*orn.*) rondóne, *m.*

Màrtinet } *s.* (*orn.*) rondóne, *m*; (*mil.*) osMàrtlet } servatóre rigoróso della disciplína militáre

Màrtinets, *s. pl.* (*mar.*) martinètti, *mpl.*, serrapennóni, *mpl.*

Màrtingal, *s.* martingala; cínta di cuòjo, pastója

Màrtinmas, *s.* fèsta di san Martíno

Màrtlet, *s.* faína; *V.* Màrtinet

Màrtyr, *s.* màrtire, *mf.*

— *va.* martirizzáre, martoriáre

Màrtyrdom, *s.* martírio, martirizzaménto

Màrtyrologist, *s.* scrittóre di martirològio

Màrtyròlogy, *s.* martirològio

Màrum, *s.* (*bot.*) màro, tèucrio; Crètan — díttamo di Crèta; gèrmander —, Sỳrian —, gattária, èrba gàtta

Màrvel, *s.* maravíglia, còsa maravigliòsa — *vn.* (at.) maravigliársi (di), stupírsi (di)

Màrvellous, *a.* maravigliòso, miràbile

Marvellously, *avv.* maravigliosaménte

Màrvellousness, *s.* mirabilità, qualità maravigliòsa

Màscaráde, *s.* mascheráta, quantità di gènte in máschera

Màscaráding, *s.* l'andáre in máschera

Màsculine, *a.* mascolíno, maschíle, viríle; — gènder, gènere mascolíno; — features, fattèzze màschie, trátti viríli

Màsculinely, *avv.* da uòmo, virilménte

Màsculiness, *s.* mascolinità, máschio aspètto, máschio caráttere

Màsh, *s.* mescúglio, mescolánza, mistúra — *va.* mescoláre, mischiáre, pestáre

Màsk, *s.* máschera, mascheráta, pretèsto; in a —, in máschera, mascheráto; to táke off the —, cavársi la máschera; parláre francaménte, agíre alla scopèrta — *vn.* mascheráre, nascóndere, celáre — *vn.* mascherársi, portáre una máschera; dissimuláre, fíngere   (pèrto

Màsked, *a.* mascheráto, dissimuláto, coMàsker, *s.* máschera; chi pòrta máschera

Màson, *s.* muratóre, mástro di múro; free—, fránco-muratóre, frammassóne; —'s làbourer, manovále, *m.* di muratóre

Masònic, *a.* di muratóre, di fránco-muratóre

Màsonry, *s.* lavóro di muratóre, mestière di mástro di múro; massonería (dei framassóni)

Màsora, Màsorah, *s.* Màssora (lavóro critico dei sècoli ottávo e nóno sulle Ebráiche scrittúre)

Masorètic, *a.* massorètico

Màsorìte, *s.* Massorèto (collaboratóre nella Màssora)

Màsqueráde, *s.* fèsta da bállo con máschera; mascheráta — *vn.* andáre, comparíre in máschera

Masqueráder, *s.* máschera; chi va in máschera

Màss, *s.* màssa, ammásso, cúmulo, mónte, *m*; túrba, moltitúdine, *f*; (*relig. cattolica*) la mèssa; lów —, mèssa bássa, minóre; high —, mèssa solènne, maggióre; — for the déad, mèssa di rèquiem, pei mòrti; the —, la màssa, la túrba, il pòpolo; to sáy or sing —, díre o cantáre la mèssa; màssbóok, messále, *m*; to attènd —, udíre la mèssa

Màssacre (màssaker), *s.* massácro, stráge, *f.* — *va.* (*poco us.*) massacráre, trucidáre

Màssiness, màssiveness, *s.* qualità massíccia, sodèzza

Màssive, màssy, *a.* massíccio, sólido

Màst, *s.* (*mar.*) álbero; (*bot.*) frútto del cerro, del léccio e símile; main- —, (*mar.*) álbero maéstro; mizzen —, álbero di mezzàna; fóre —, álbero di trinchétto

Màster, *s.* padróne, *m*; maéstro; messére, *m*; signoríno; is your — at hóme? è in càsa il vòstro padróne? who is your English —? chi è il vòstro maéstro d'inglése? góod mórning, — Róbert, buòn giórno, signoríno Robérto, the — of a ship, il capitáno, il padróne di un bastiménto; to be — of, éssere padróne di, possedére, sapére a fóndo; to màke one' self — of, impadronírsi di; a — builder, architétto, mástro di múro; — of àrts, licenziáto in àrti, dottóre; — piéce, cápo d'òpera; — stróke, cólpo da maéstro; schóol- —, maéstro di scuóla

— *v.* domàre, superàre, víncere, sormontáre, sopraffáre; dominàre, sottométtere, soggiogàre, signoreggiàre, règgere, impadronírsi di

Màsterliness, *s.* maestría, perízia da maéstro, eccellènza

Màsterly, *a.* maestrévole da maéstro; con maestría; in a — mànner, maestrevolménte

Màstership, *s.* maestría, árte, *f.*, eccellènza d'árte, státo, funzióni *f. pl.* di maéstro, di professóre

Màstery, *s.* padronànza, signoría, comándo, impèro; maestría, sapère, *m.* cognizióne; great — of lànguage, gránde padronànza di língua

Masticátion, *s.* masticazióne, il masticáre

Màsticatory, *a.* masticatório

Màstich, *s.* mástice, *m.*, mástico, mástrice *m.*

Màstiff, *s.* (*cane*) mastíno, aláno

Màstodon, *s.* mastodónte, *m.*

Màt, *s.* stuója, stója; materásso; dóor- —, zerbíno; hàir —, materásso di críno; — -màker, materassájo

— *va.* copríre di stuóje; intrecciáre

Màtch, *s.* partíto, paríglia, trattáto di matrimònio; contratto, pátto, accórdo, zolfanéllo; (*mil.*) míccia; — (*of horses*), paríglia (*di cavalli*); bóxing- —, pugilláto, lòtta di pugilatóri; the — is bróken óff, il matrimònio è andáto a monte; the richest — in Milan, il più ricco partíto (*damigella da marito*) in Milàno; he is not your —, égli non è della vòstra táglia, della vòstra fòrza; — -màker, mezzáno di matrimònj, ammogliatóre, accoppiatóre tríce; — -màking, il fàre trattáti di matrimònio; lúcifer —es, zolfanélli vulcánici

— *va.* pareggiàre, uguagliàre, attagliáre, accoppiáre, accompagnàre, assortíre, maritáre, far trattáti di matrimònio; far frónte a, far tèsta a

—, *vn.* attagliàre, attagliársi, quadràre, adcordársi, maritársi, unírsi, uniformàrsi

— -box, *s.* scátola di solfanélli

— -lock, *s.* cartèlla (d' archibúgio, ecc.) a míccia; fucíle, *m.* a míccia

— -màker, *s.* fabbricatóre di zolfanélli; mezzáno, mezzána di matrimóni

— -tùb, *s.* (*mil.*) bàrile, *m.* di míccie

Màtchable, *a.* assortíto, che può andáre con; confórme

Màtchless, *a.* impareggiábile, sénza pári

Màtchlessness, *s.* impareggiabilità

Màte, *s.* consòrte, *mf.*, compágno, compágna; — of a ship, pilóto, sótto padróne di náve; —, check- —, scaccomátto

— *va.* pareggiáre agguagliáre; aggiustáre; maritáre; far frónte a, uguagliáre; mattàre, dáre scaccomátto

Matérial, *a.* materiále (*di materia*); importánte, essenziále, notábile, rimarchévole; it is not —, póco impòrta

— *s.* materiále, *m.* matèria príma; ràw —, matèria gréggia

Matérialism, *s.* (*filos.*) materialísmo

Matérialist, *s.* materialísta, *m.*

Materiàlity, *s.* materialità

Matérialize, *va.* réndere materiále

Matérially, *avv.* materialménte; essenzialménte

Matériate, matériated, *a.* compósto di matèria

Matérnal *a.* maternále, matèrno, di màdre

Matérnity, *s.* maternità, éssere di màdre

Màth, *s.* raccòlta del fiéno

Matnemàtic, matnemàtical, *a.* matemático; — instrument, strumento di matemática

Matnemàtically, *avv.* matematicaménte

Matnematician, *s.* matemático

Matnemàtics, *spl.* (*usato anche al singolare*), matemática; pràctical —, matemática applicáta; mixed —, matemática místa; púre, àbstract, spéculative —, matemática púra, astrátta, speculatíva

Màtin, *a.* mattutíno, del mattíno

Màtins, *s. pl.* mattutíno (ora canónica); orazióni del mattíno

Màtrass, *s.* matráccio (*vaso da stillare*)

Màtress, *s. V.* Mattress

Màtrice { *s.* (*anat.*) matríce, *f.* útero
Màtrix {

Màtrice, *s.* (*artî*) matríce, *f.* punzóne, *m.*, fórma (*da lettere, ecc.*)

Màtricide, *s.* matricídio; matricída, *mf.*

Matriculate, *va.* registráre alla matrícola

— *s.* matricoláto

Matriculátion, *s.* il matricoláre, matricolazióne

Matrimónial, *a.* matrimoniále, di màtrimònio

Matrimónially, *avv.* matrimonialménte

Màtrimony, *s.* matrimònio, maritàggio

nòr, rûde; - fàll, sòn, bůll; - fàre, dó; - bý, lỳmph; pûlse, bôỹs, fôůl, fôwl; gem, aš

Diz. Ingl. Ital. - Edis. VI. Vol. I.°   25

Màtrix (pr. matricks), s. V. Màtrice

Màtron, s. matróna, màdre, f. di famiglia

Màtronal, Màtron-like, Màtronly, a. da matróna, matronále

Matròs, s. (mar.) cannoniére inserviénte, m; (mil.) soldáto, artigliéro, m. del tréno

Màtted, a. copèrto di stòja; intrecciáto, scompigliáto; — hàir, capélli aggarbugliáti

Màtter, s. matèria, sostánza; fóndo, soggètto, oggètto, faccènda; affáre, m; cagióne di lagnánza; márcia, marciúme, m; thus the — ènded, cosi terminò la faccènda; slight —, còsa di pòco riliévo; no —, non impòrta; the sùbject — of a discóurse, il soggètto di un discórso; in political —s, in fàtto di politica; what is the — (with you)? che vi è seguíto? che còsa avéte? che c'è? — vn. (unipersonale) importàre, prèmere, montáre; whàt —s it to you? che v'impòrta? che còsa vi fa? it —s little, pòco impòrta, pòco mónta

Màttery, a. marcióso, putredinóso, pútrido

Màttock, s. záppa, márra, beccastríno

Màttress, s. materásso, materássa; hàir —, materássa di crino; elàstic — (bed), materássa elàstica; — -màker, materassájo

Màturate, va. maturáre, vn. diveníre matúro

Maturàtion, s. maturazióne; suppurazióne

Màturative, a. maturatívo, maturánte

Matúre, va. maturáre, ridúrre a maturità — a matúro; (fig.) matúro

Matúrely, avv. maturataménte

Matúrity, s. maturità; (com. camb.) scadènza

Màudlin, a. mèzzo còtto, quási ubbriáco

Màugre, avv. (ant.) malgrádo a dispètto di

Màul, va. tambussáre, bastonáre; V. Màll

Màundy-thùrsday, s. Giovedi sánto

Mausoléan, a. di mausolèo

Mausoléum, s. mausolèo

Màw, s. gózzo degli uccèlli, stòmaco degli animáli; — wòrm, vèrme (m.) intestinále, lombríco; (fig.) tartúffo (vole

Màwkish, a. sdolcináto, scipíto, stomachè-

Màwkishness, s. stomacàggine, f. scipitézza

Màwks, s. (volg.) perticóne, m. di ragázza gòffa e mal vestíta

Màxillary, a. mascelláre

Màxim, s. màssima, sentènza, assiòma, m.

Mày, s. màggio; — dáy, prímo giórno di màggio; — flòwer, mughètto, fioralíso; — bùg, brúco; — póle, májo; (fig.) persóna álta e smílza; — wéed, (bot.) camomílla; to màv, vn ammajársi, ornársi di fióri; festeggiáre il prímo di màggio — verbo difettivo, infinito to be àble, pretérito e condizionale might; — it pléase yoùr Màjesty, si compiáccia la Maestà Vostra (d'ascoltármi); — I réad this bóok? pòsso io (mi permettéte di) lèggere quésto líbro? you — if you can, potéte (vi è permesso) se sapéte; — you enjòy èvery hàp-

piness! possiáte godére ogni felicità! that — be, ciò può èssere

Màyhem, s. (legge) lesióne d'alcún mèmbro, per cui sìa tólto l'esercízio della pròpria diféga o professióne

Màyor, s. podestà, m., síndaco; the Lòrd — of Lóndon, il podestà, il suprèmo magistráto municipále di Lóndra

Màyoralty, s. dignità, cárica di podestà — -hoùse, s. (palázzo del) Município; palázzo municipále; uffici, m. pl. del Comúne

Màyoress, s. móglie del podestà

Máze, s. laberínto; sbalordimènto; perplessità, imbròglio, intralciatúra, imbarázzo, confusióne (fóndere — va. (volg.) intricáre, imbrogliáre, con-

Màzy, a. intricáto, serpeggiánte, piéno di andiriviéni, intralciáto, imbrogliáto, confúso, perplèsso

M. D. (èm, dè), s. (iniziáli di Medicinæ Doctor) dottóre in medicína

Mé, pron. person. me, mi; lòve — àlways, amátemi sèmpre; give — a kiss, dàmmi un bácio

Méacock, s. (ant.) marito eccessivamènte tènero della móglie — a. (ant.) sommésso (alla móglie), effemináto, vigliácco

Méad, s. idromèle, m., idromèlo

Mèadow (poet. méad), s. práto; — land, praterìa; — mùshróom, (bot.) fúngo pratajuòlo; — sàffron, (bot.) cólchico; — swéet, (bot.) spirea

Mèadowy, a. piéno di praterìe; a praterìe, a práti (nuáto

Méagre (pr. méger), a. mágro, scárno, ste-

Méagerness, s. magrézza, macilènza

Méal, s. pásto; tuvée — è a day, tre pásti al giórno; to éat a heàrty —, fáre un buon pásto; —, farína; Indian —, farína di gráno túrco — va. aspèrgere di farína — -man, s. venditóre di farína — -time, s. óra dei pásti — -tùb, s. mádia, farinájo; the — plòt, la congiúra al tèmpo di Giacomo II

Méaliness, s. natúra farinósa

Méaly, a. farinóso; — moùrned, a. tímido (nel parláre), vergognóso, timoróso — -trée, s. (bot.) viòrna

Méan, a. básso, mezzáno, mediócre; meschíno, básso, sprezzévole, grètto, abbiètto, sórdido, spilórcio, taccágno; of — birth, di bássa náscita; — -spirited, che ha l'ànimo básso e víle; — -while, — -time, frattánto in quésto mèntre — s. mèzzo, mèzzo tèrmine; mediocrità, giústo mèzzo; (log.) mèzzo tèrmine, mèzzi proporzionáli; the gólden —, l'áurea mediocrità; —s, mèzzi, mèzzo, espediènte, m; fortúna, facoltà, ricchézza, ricchézzé; by this —s, con quésto mèzzo; by àll —s, on-

ninaménte, in ógni mòdo, certaménte; by
no —s, in nessún cónto
— van. (pas. mèant) intèndere, propórsi,
disegnáre, far cónto; destináre, significáre,
volére, voler díre; I — to màrry an hèir-
ess, io intèndo di spesáre una ereditièra;
what dòes this wòrd —? còsa vuol díre
quésta paròla?
Meànder, s. meándro, serpeggiaménto; —s,
andiriviéni, m. andiviéni, m.
Mèaning, s. disègno, intènto; sènso, signi-
ficazióne; the literal —, il significáto, il
sènso letteràle
Mèanly, avv. mediocreménte, mezzanaménte,
grettaménte, meschinaménte, sordidaménte, vilménte
Mèanness, s. mezzanità, mediocrità, meschinità, sordidézza, grettézza, bassézza, povertà, abbiettézza, viltà
Mèant, V. Mèan
Mèasles, s. pl. (usato anche al singolare)
(med.) rosolía; (dei porci) scábbia
Mèasurable, s. misuràbile, moderáto, mi-
suráto
Mèasurably, avv. con misura, moderataménte
Mèasure, s. misúra, dimensióne; misúra, portáta, capacità; (mus.) misúra; (vers.) misúra; misúra, provvediménto, partíto; in
a gréat —, grandeménte, di mólto; beyònd —, a dismisúra, óltre misúra
— va. misuráre, aggiustáre, regoláre
Mèasured, a. misuráto, compassáto, moderáto
Mèasureless, a. smisuráto, immènso
Mèasurement, s. misuraménto, il misuráre
Mèasurer, s. misuratóre; agrimensóre
Mèasuring, s. misuraménto; agrimensúra
Mèat, s. cíbo, nutriménto, aliménto; vivánda,
cárne, f; — and drink, cíbo e bevánda;
róast-—, arròsto; boiled —, lésso; minced
—, manicarétto; spóon —, minèstra,
páppa, polènta e símili; hòrse —, cí-
bo di cavállo, fiéno, avéna, ecc.; — báll,
polpétta, polpettína; you éat tòo much —,
voi mangiáte tròppa cárne
Mèathe, s. (ant.) bevánda, beveràggio
Meàtus, s. (anat.) meáto
Mechànic, mechànical, a. meccánico
— s. meccánico, artigiáno
Mechànically, avv. meccanicaménte
Mechànicalness, s. qualità meccánica, ma-
terialità
Mechanician, s. meccánico, macchinísta, m.
Mechànics, s. pl. (usato anche al singo-
lare) meccánica
Mèchanism, s. meccanísmo
Mecónium, s. (med.) mecònio
Mèdal, s. medáglia
Medàllic, a. di medáglia   (gránde
Medàllion, s. medaglióne, m., medáglia
Mèdalist, s. medaglísta, m., dilettánte di me-
dáglie
Mèddle, vn. (with, di) impacciársi, intri-

cársi, immischiársi, intromèttersi (in); he
nèver —s with political màtters, egli non
s'impáccia mai di còse polítiche; don't
— with that, non toccáte quéllo
Mèddler, s. chi s'immischia nei fátti altrúi;
intrigánte, faccendière
Mèddlesome, a. che s'immischia ne' fátti al-
trúi, affannóne
Mèddlesomeness, s. affannonería, faccendería
Mèd·lling, a. V. Mèddlesome
Mediœval (pr. mediéval), a. medioevále, del
mèdio évo
Médial, a. mèdio, di mèzzo, mezzáno
Médian, a. (anat.) mediáno
Médiant, s. (mus.) mediánto, f.
Mediàstine, s. (anat.) mediastíno [1]
Médiàte, a. mediáto, interpósto, mezzáno
— vn. èssere mediatóre, agíre come media-
tóre   (zióne
— va. procuráre, conseguíre colla média-
Médiately, avv. mediataménte
Mediàtion, s. mediazióne; interposizióne
Mèdiátor, s. (relig.) mediatóre, intercessóre
Mediatórial, Mediátory, a. di mediatóre
Mediátorship, s. uffízio di mediatóre
Mediátrix, s. mediatríce, f., intercéditríce, f.
Mèdicable, a. medicàbile
Mèdical, a. medicinále, mèdico; di medicína,
di mèdico; our. — frìènd, il mèdico no-
stro amico
Mèdically, avv. per vía di medicína
Mèdicament, s. medicaménto, rimèdio
Mèdicamèntal, a. medicinále, di medicína
Medicamèntally, avv. medicinalménte, come
medicaménto
Mèdicàster, (poco us.) medicástro
Mèdicate, va. medicáre; mescoláre, alteráre;
dáre un odóre di medicína
Medicàtion, s. medicazióne, mescolaménto
di medicína
Mèdicinal, a. medicinále, di medicína
Mèdicinally, avv. medicinalménte
Mèdicine, s. medicína, medicaménto; fo-
rènsic —, medicína legále
— va. (ant.) medicáre, risanáre
Médiocre (pr. médioker), a. (poco us.) me-
diócre
Mediócrity, s. mediocrità, mezzanità
Mèditate, vn. meditáre; — upòn, meditáre
sópra
— va. disegnáre, progettáre, meditáre
Meditàtion, s. meditazióne, contemplazióne
Mèditative, a. meditatívo, meditatívo
Mediterrànean, a. e s. mediterráneo
Mèdium, (pl. média ovvero médiums), s.
mèzzo, mèdio, mediocrità; mèzzo, mòdo;
mèzzo tèrmine; mèzzo, vía, spediènte, m;
to obsèrve a jùst —, tenère, seguíre la vía
di mèzzo; through the — of, per mèzzo di
— a. mèdio, di mèzzo, mezzáno; the — price,
il prèzzo mèdio
Mèdlar, s. (bot.) nèspola; — trée, nèspolo

Mòdley, *s.* mescúglio, guazzabúglio, ólla pódrida
— *a.* místo, confúso, mischiáto
Medùllar, Medùllary, *a.* midolláre
Méed, *s.* guiderdóne, prèmio, ricompènsa
Méek, *a.* dólce, mansuèto, sommésso, mite, lungánime, tollerànte, plácido, buòno; úmile; — *eýed,* dagli òcchi dólci, úmili
Méeken, *va.* addolcíre, ammansáre, umiliáre
Méekly, *avv.* con mansuetúdine, dolceménte, sommessaménte
Méekness, *s.* mansuetúdine, *f.*, sommessióne, umiltà
Méer, *s.* V. Mére
Méet, *a.* átto, adattáto, ídoneo, accóncio, dicévole, conveniénte, a propósito
— *va.* (*pas.* mèt) incontráre, riscontráre, abbáttersi in, adunáre, congregáre, radunáre; fàre frónte a, copríre; (*mil.*) scontráre, affrontáre, accògliere, ricévere, trováre; (*com.*) onoráre, far onóre a; to — a friénd, abbáttersi in un ámico; — the expènses, far frónte alle spése; — the pàrliament, adunáre le cámere, convocáre il parlaménto; to go to — a pèrson, andáre all'incóntro di uno; I am góing to — my cóusin, vádo ad incontráre mio cugíno
— *vn.* incontrársi, congregársi, unírsi, adunársi, accozzársi, scontrársi, trovársi; the pàrliament — next wéek, il parlaménto si radúna la settimána próssima; to — with a pèrson, trováre, incontráre, abbáttersi in una persóna; he has met with an áccident, gli è accadúta una disgrázia; Góod býe till we — agáin, addío, a rivedérci
Méeting, *s.* incóntro, adunánza, assembraménto, congregazióne; assembléa, convégno, adunaménto, offício divíno (*fra i protestànti*); confluènte, *m.* (*de' fiumi*); concórso, affluènza; conferènza; hòstile —, scóntro; what a háppy — ! che fortunáto incóntro ! — of shàrehólders, adunánza di azionísti; dissènting — hóuse, cappèlla di dissidènti
Méetly, *avv.* convenienteménte, propriaménte
Méetness, *s.* convenevolézza, aggiustatézza
Mégacosm, *s.* megacósmo, gràn còsmo, gràn móndo
Megalésian gámes, *s. pl.* (*antichità romane*) giuòchi magalèsii (*in onore di Cibele*)
Megalónix, *s.* megalònice, *m.* (*animale antidiluviano*)
Megalosàur ⎫ *s.* megalosáuro (*animale antidiluviano*)
Megalosàwrus ⎭ tidiluviano)
Megathérium, *s.* megatèrio (*gigantesco animale estinto*)
Mégrin, *s.* (*med.*) emicránia, vertígine, *f.*
Melanchòlic, *a.* malincónico
— *a.* malincónico, tristo, malinconióso, doloróso
Molàsses, *s.* melássa, V. Molàsses
Mèlilot, *s.* (*bot.*) melilòto, èrba vetturína

Méliorate, *va.* miglioráre; *vn.* migliorársi
Meliorátion, *s.* miglioraménto
Melliferous, *s.* mellífero
Mellificátion, *s.* il mellificáre, il fáre il mièle
Mellifluent, Melliflluous, *a.* mellífluo, dólce
Mèllow, *a.* (*dei frutti*) matúro, mèzzo, stagionáto, tènero, mòlle, dólce; pastóso, armonióso; (*pers.*) brillo, mèzzo cótto
— *vn.* maturáre, diventáre mèzzo; addolcírsi, diventáre armonióso; (*pitt.*) prènder del mòrbido, diventár pastóso (dolce
— *va.* maturáre, rèndere mèzzo, tènero,
Mèllowness, *s.* státo di ciò che è mèzzo; maturità, tenerézza, morbidézza; (*mus.*) armonía; (*pitt.*) pastosità, morbidézza
Melódious, *a.* melodióso, armonióso
Melódiously, *avv.* melodiosaménte
Melódiousness, *s.* melodía, armonía
Melodramàtic, *a.* melodrammático
Melodràmatist, *s.* compositóre di melodrámmi
Mèlodráme, *s.* melodrámma, *m.*
Mélodíze, *va.* rèndere melodióso, armonióso
Mèlody, *s.* melodía, armonía, soavità, dolcézza di cánto o di suòno, concénto
Mèlon, *s.* mellóne, popóne, *m.*, wàter —, cocómero, angúria; — bed, mellonájo
Mèlophóne, *s.* (*mus.*) melófono
Mèlrose, *s.* mièle, *m.* di róso
Mèlt, *va.* fóndere, strúggere, squagliáre, liquefáre, disciógliere, inteneríre, placáre, ammansáre; dissipáre, sperperáre
— *vn.* fóndersi, strúggersi, squagliársi, liquefársi; coláre; — awáy, fóndersi (del tutto), díleguársi; — into téars, disciógliersi (struggersi) in làgrime
Mèlter, *s.* fonditóre
Mèlting, *a.* che fónde, sciòglie, intenerísce; (di frutta) che si fónde, che si squáglia in bócca; (del tempo) che strúgge, cáldo, soffocánte, affannóso; (mus.) tènero, patético, toccánte
— *s.* il fóndere; — hóuse, fondería
Mèltingly, *avv.* in mòdo liquefattívo, pateticaménte, teneraménte
Mèlwel, *s.* (*itt.*) merlúzzo
Mèmber, *s.* mèmbro, párte, *f.* (di corpo naturale o politico); a whig — (of parliament), un mèmbro whig (liberale)
Mèmbership, *s.* qualità di mèmbro
Mèmbrane, *s.* membrána, pellícola, túnica
Menbráneous, *a.* membranóso
Memènto, *s.* ricòrdo, rimembránza, memento
Mèmoir, *s.* memòria; —s of St. Heléna, Memòrie di Sant' Elena
Mèmoirist, *s.* scrittóre di memòrie
Mèmorable, *a.* memorábile, memorándo
Mèmorably, *avv.* in mòdo memorábile o memorándo, memorabilménte
Memoràndum, *s.* appúnto, nòta, annotazióne, ricórdo, memòria, memorandum; — book, líbro di appúnti, taccuíno, sfogliázzo
Memórial, *a.* memoratívo, dolla memòria

— *s*. memoriále, *m*., contrasségno per ricôrdo, commemorazióne, memòria, ricôrdo; memoriále, *m*., petizióne, súpplica
Memórialist, *s*. memorialísta, *mf*., postulánte
Memórialize, *va*. fáre un memoriále, pòrger súpplica a
Mèmoríze, *va*, ricordáre, ridúrre a memòria
Mèmory, *s*. memòria (*facoltà intellettuale*); memòria, ricordánza; bad —, memòria lábile; by —, a memòria; of hàppy —, di felíce memòria; of blèssed —, di sánta memòria; to have a bad (*o short*) — avér la memòria làbile, córta, aver pòca memòria; within the — of man, a memòria d'uòmo
Mèn, *s*. (*pl. di* man), nòmini
Mènace, *s*. mináccia, minacciaménto
— *va*. minacciáre
Mènacer, *s* chi mináccia, minacciatóre -tríce
Mènacing, *s*. il minacciáre, minácce, *fpl*.
— *a*. minacciánte, minaccióso
Menàgery, *s*. serráglio di fiére, menagería
Mènd, *va*. racconciáre, accomodáre, rimendáre, rappezzáre, corréggere, riformáre, migliaráre; to — a cóat, tappezzáre un vestíto; — one's fòrtune, migliorár sòrte; — a pen, temperáre, rattemperáre una pènna
— *vn*. corréggersi, riformársí, emandársi, migliorársi, ristabilírsi
Mèndable, *a*. accomodábile, correggíbile, ri-
Mendácious, *a*. mendáce (parábile
Mendàcity, *s*. mendácio, menzógna, bugía
Mènder, *s*. rimendíno, acconciatóre, rappezzatóre -tríce
Mèndicancy, *s*. mendicità
Mèndicant, *a*. di mendicità, di mendíco, mendicánte
— *s*. mendíco, mendicánte, accattóne
Mendícity, *s*. mendicità
Mènding, *s*. racconciaménto; miglioraménto
Ménial, *a*. domèstico, di domèstico, servíle, básso; — servant, servitóre; —, *s*. domèstico, sèrvo
Mèninges, *s*. (*anat*.) meninge, *f*.
Mènses, *spl*. (*med*.) mèstruo, règole, *f. pl*
Mènstrnal, *a*. mestruále, di mèstruo
Mènstruum, *s*. (*chim*.) mèstruo, dissolvènte
Mensurability, *s*. misurabilità, attézza ad èsser misuráto
Mènsurable, *a*. misurábile
Mènsural, *a*. relátivo a misurazióne
Mènsuráte, *va*. misuráre
Mensurátion, *s*. misuraménto, misurazióne
Mèntal, *a*. mentále, intellettuále, di ménte
Mèntally, *avv*. mentalménte, colla ménte
Mèntion, *s*. menzióne; to màke — of, far menzióne di, mentováre
— *va*. menzionáre, mentováre, far cénno di, parláre di ; dón't — it, pray, dónt; I beg you will not — it, non ne parláte, prégo, (è niènte)

Mèntioned, *a*. mentováto, citáto; the abòve — Mr. B., il sullodáto signor B.
Mentórial, *a*. di consígli, di ammoniménti
Menyànthes, *s*. (*bot*.) meniánto
Mephitic, mephítical, *a*. mefítico
Mèphitis, mèphitism, *s*. mefitísmo, esalazióne infètta
Mèrcantile, *a*. mercantíle, di commércio; — affári, affári mercantíli
Mercátor's chárt, *s*. carta ridótta
Mèrcenarily, *avv*. mercenariaménte
Mèrcenariness, *s*. venalità
Mèrcenary, *a*. mercenário, venále, prezzoláto; — writers are more víle and dèspicable than — vómen, gli scrittóri prezzoláti sono più abbiètti che le dònne prez-
— *s*. mercenário (zoláte
Mèrcer, *s*. merciájo
Mèrcery, *s*. mercería
Mèrchandise, *s*. mercanzía, mèrce, *f*; mercanzíe, mèrci, tráffico, commércio
— *vn*. (*ant*.) negoziáre, trafficáre
Mèrchant, *s*. negoziánte, commerciánte, mercánte; silk- —, negoziánte di séta; —-like, da negoziánto; — man, bastiménto mercantíle
Mèrchantable, *a*. ben condizionáto, mercantíle
Mèrciful, *avv*. misericordióso, cleménte, pietóso, compassionévole
Mèrcifully, *avv*. misericordiosaménte
Mèrcifulness, *s*. cleménza, misericórdia, pietà
Mèrciless, *a*. spietáto, dúro, inumáno
Mèrcilessly, *avv*. spietataménte, duraménte
Mercúrial, *a*. di Mercúrio (*dio*); brióso, spiritóso, ardénte; di mercúrio (*metallo*), mercuriále
Mèrcury, *s*. (*mit*.) Mercúrio; (*astr*.) Mercúrio; (*metallo*) mercúrio; (*bot*.) mercorèlla; (*fig*.) brío, vivacità
Mèrcy, *s*. misericórdia, pietà, compassióne; to shów —, usár misericórdia; for —'s sáke, di grázia, per l'amór di Dio
— -séat, *s*. propiziatório (*trono di Dio*)
Mère, *a*. mèro, púro, véro, prètto, fránco; it is a — illúsion, è una mèra illusióne
— *s*. lágo, stágno; — stóne, limite, *m*.
Mèrely, *avv*. meraménte, puraménte, sempliceménte, solaménte, unicaménte
Meretricious, *a*. meretrício, di meretríce, fálso, fínto; — órnaments, ornaménti vani, appariscénti, orpèllo
Meretriciously, *avv*. da meretríce, puttanescaménte
Meretriciousness, *s*. condótta di meretríce, puttanería
Mèrganser, *s*. (*orn*.) marangóne, *m*., smèrgo, mèrgo minóre
Mèrge, *va*. mèrgere, sprofondáre, annacquáre, spégnere
— *vn*. immèrgersi, affondársi, fóndersi, spégnersi, dileguársi

Meridian, *s.* meridiáno, mezzodì, *m*; zenit, *m.*, apogèo

— *a.* meridiáno, di mèzzo giórno, nell'apogèo

Meridional, *a.* del meriggio, del mezzodì, meridionále

Meridionàlity, *s.* esposizióne al sud

Meridionally, *avv.* al mezzodì, vèrso il sud

Merino, *s.* meríno (pécora; lána; stòffa)

Mèrit, *s.* mèrito, prègio; diritto, ricompènsa

— *va.* meritáre

Meritórious, *a.* meritòrio

Meritóriouly, *avv.* in mòdo meritòrio

Meritóriousness, *s.* mèrito, prègio

Mèritot, *s.* altaléna (*giuoco fanciullesco*)

Mèrkin, *s.* (*mil.*) lanáta, scóvolo

Mèrlon, *s.* (*fort.*) mèrlo del parapètto, dádo, merlóne, *m.*, molóne, *m.*

Mèrlin, *s.* (*orn.*) smeriglio

Mèrmáid, *s.* sirèna

Mérrily, *avv.* allegraménte, gajaménte

Mèrrimáke, *vn.* gozzovigliáre, stáre in allegría (ménto

Mèrriment, *s.* allegría, gallòria, festeggiaMèrriness, *s.* gajézza, giulività, allegrézza

Mèrry, *a.* allégro (*con istrepìto*), gàjo, gioviále, festévole, sollazzévole, buffonèsco;

— -Andrew, buffóne, *m.*, giulláre, *m*; --go róund, caròla; — máking, gallòria, fésta, gozzovíglia; — тнóught, òsso forcúto del pètto d'un pollástro

Mèrsion, *s.* *V.* Immèrsion

Mesaráic, *a.* *V.* Mesentéric

Meséemê, (*ant.*) mi sèmbra, mi páre

Mesentèric, *a.* (*anat.*) mesentèrico

Mèsentery, *s.* (*anat.*) mesentèrio'

Mèsb, *s.* máglia, búco di réte

— *va* arretáre, arreticáre, accalappiáre

Mésby, *a.* reticoláto, intreccíáto, a mo'di réte

Mèslin, *s*, fromènto místo con ségala

Mèsmeriím, *s.* mesmerísmo, magnetísmo animále

Mèsmerìze, *va.* magnetizzáre

Mésne, — lòrd, *s.* signóre di fèudo servíle

Mèsolábe, *s.* mesolábio (*antico strumento di matematica*)

Mèss, *s.* pietánza, piátto, porzióne, vivánda; (*mil.*) mássa; (*mar.*) compagnía; — of pòttage, scodèlla di potággio, piátto di lènti; in a pretty —, spòrco, infangáto; malcóncio; — máte, commensále, *m.*

— *vn.* mangiáre insième; (*mil.*) mangiáre alla mássa, pranzáre a távola rotónda

Mèssage, *s.* messággio, ambascíáta, discórso; the président's —, il messaggio del presidènte della repùbblica

Mèssenger, *s.* messaggière, *m.*, mésso

Messíah, *s.* Messía, *m.*

Messíahship, *s.* dignità, missióne messiánica, del Messía

Messiànic, *a.* messiánico, del Messía

Mèssieurs (*pr.* mèscerà), *plur. di* Mr. (*mis-*

ter), signóri ; — Blàck Bröwn and C.', signóri Black, Bröwn e Comp.

Mèssrs (*pr.* méscerà). *abbreviat. di* Mèsieurs; to — Blàck Bröwn and Co, ai signóri Black, Bröwn e Comp.

Mèssmáte, *s.* commensále, *m.*

Mèssuage, *s.* caseggiáto, cása e òrto, cása e podère

Mèt, *a.* *V.* Mèet

Métage, *s.* misuraménto (del carbóne)

Mètal, *s.* metállo; (*fig.*) coràggio, spírito

Metalèpsià, *s.* metalèssi, *f.* (*ret.*)

Metàllic, *a.* metállico, di metállo

Metalliferous, *a.* metallífero

Mètallist, *s.* metallière, *m.* chi lavóra metalli

Metallùrgic, *a.* metallúrgico

Mètallurgist, *s.* metallúrgo

Mètallurgy, *s.* metallurgía

Mbtamórphose, *va.* trasformáre, metamorfosáre

Metamórphosis, *s.* metamòrfosi, *f.*

Métaphor, *s.* metáfora

Metaphóric, metaphòrical, *a.* metafòrico, figuráto

Metaphòrically, *avv.* metaforicaménte, figuraménte

Metaphỳsical, *a.* metafísico

Metaphỳsically, *avv.* metafisicaménte

Metaphỳsician, *s.* metafísico

Metaphỳsics, *spl.* metafísica

Mètaplaśm, *s.* (*gram.*) metaplásmo

Metástasis, *s.* metástasi, *f.*

Metàtnesis, *s.* metátesi, *f.*

Mète, *va.* (*stile sostenuto*) misuráre

Metempsychòsis, *s.* metempsicòsi, *f.*

Méteor, *s.* metéora

Meteòric, *a.* meteòrico; — stóne, piètra meteòrica

Meteorolíte, *s.* meteorolíte, *f.*, meteoròlite

Meteorológical, *a.* meteorológico

Meteorólogy, *s.* meteorología

Méter, *s.* misuratóre

Meruéglin, *s.* idromèle, *m.*

Meтпínks, *verbo unipers.* mi páre, io pènso (*poco us.*)

Mèтпod, *s.* mètodo, mòdo, sistèma, *m.*, órdine, *m.*

Meтпódical, *a.* metòdico, fátto con mètodo

Meтпódically, *avv.* metodicaménte

Mèтподìsm, *s.* (*relig.*) metodísmo

Mètnodist, *s.* metodísta, *mf.*

Meтпodístic, *a.* metodístico, che rassomiglia ai metodísti; to tùrn —, fársi metodísta

Mèтпodíze, *va.* metodizzáre, ridúrre a mètodo, a sistèma

Meтпóught, *v.* *unipers.* mi paréva, mi párve, credéva, credéi

Metonymical, *a.* metonímico

Metonỳmically, *avv.* metonicaménte

Métonymy, *s.* metonímia

Fáte, méte, bíte, nóte, túbe; - fàt, mèt, bit, nòt, tùb; - fàr, píque, ✍

Métre (pr. méter), s. mêtro, misúra (di vêrsi)

Mètrical, a. mêtrico, di vêrsi

Mètrically, a. metricaménte, in môdo mêtrico

Metròpolis, s. metròpoli, f. (tále

Metropòlitan, a. metropolitáno, della capi-
— s. metropolitáno

Mèttle, s. fòga, ardóre, m., fúria, fuóco; (pers.) ánimo, ardíre, m., coràggio, spírito, cuóre, m.; your hòrse has tóo much —, il vòstro cavállo ha tròppa fòga, è tròppo focóso; to shów —, (pers.) èssere ardimentóso

Mèttled, a. focóso, furióso, ardimentóso, ardíto, vívo; high —, focosíssimo

Mèttlesome, a. (dei cavalli) focóso; furióso

Mèttlesomely, avv. focosaménte, con fòga

Mèttlesomeness, s. fòga, ardóre, arditézza

Méw, séa- —, s. (orn.) gabbiáno
— s. múda, uccelliéra, gàbbia grande, prigióne, f; —i, spl. scuderie, fpl., stálle di caválli
— va. rinchiúdere in una múda; — up, rinchiúdere, — vn. mudáre, rinnováre le pénne; (dei gatti) miagoláre

Méwing, s. (dei gatti) miagolaménto, il miagoláre; (degli uccelli) mudagióne, il mudáre

Méwl, vn. vagíre, gèmere e piángere

Mezéreon, s. (bot.) mezzéreon, m., mezzárion, m., cameléa, lauréola, dafnòide, f.

Mezzotinto, s. mezzatínta

Míasm, míàsma (pl. míasms, míàsmata), s. míàsma, m.

Mica, s. (min.) micachísto, spècie di tálco

Mice, s. (pl. dí mouse) sòrci

Michaelmas, s. il san Michéle; — dáy, la fèsta di san Michéle

Miche, va. nascóndersi, appiattársi, assentársi (dal collegio). oziáre

Micher, s. (degli scolari) infingárdo, pígro, perdigiórno; to be a —, assentársi (dal collegio), nascóndersi, far il pigro

Mickle, a. (scozzese) mólto, gránde, assái; màny a little mákes a —, mólti pòchi fánno un assái

Microcòsm, s. microcòsmo

Micrògraphy, s. micografía

Micròmeter, s. micròmetro

Microscope, s. microscòpio

Microscòpic, microscòpical, a. microscòpico

Microscòpically, avv. microscopicaménte

Microscòpist, s. microscopísta, mf.

Micròscopy, s. uso del microscòpio

Mid, a. mèzzo, di mèzzo, mèdio, intermediário; — -àge, mèzza età; — cóurse, vía di mèzzo; — dáy,_mezzodì, m; — stréam, correntía

Middle, a del mèzzo; mèzzo, mèdio, mezzáno, intermediário; the — àges, il mèdio évo; the — ranks, il cèto mèdio
— s. il mèzzo, il céntro, il cuóre; in the —,

nel mèzzo, in mèzzo a; — -àged man, uòmo di mèzza età; — -sized, di mèzza táglia; middlemost, centrále, del céntro, nel)el mèzzo

Middleman, s. agènte intermediário; (in Irlanda) affittuário di latifóndi che li subaffitta in pìccole porzióni a piccoli fittajuòli

Middling, a. mezzáno, mediòcre, passàbile, tollerábile, così così

Midge, s. (ent.) zanzarétta piccolíssima

Midland, a. mediterráneo, éntro tèrra; nell'intèrno (del paése)

Midlent, s. mèzza quarésima

Midmost, a. del bel mèzzo, del céntro

Midníght, s. mezzanòtte, f; —, a. di mezzanòtte

Midriff, s. (anat.) diaframma, m.

Midship, s. (mar.) mèzza náve; a midships, a mèzza náve
— -béam, s. (mar.) báo maéstro
— -fráme, s. (mar.) còrba maéstra

Midshipman, s. (mar.) nostròmo; màstro di equipàggio, sottotenénte, m. di vascèllo

Midst, s. mèzzo, céntro; in the — of the cròwd, in mèzzo alla túrba, nel mèzzo della fòlla; avv. framèzzo, in mèzzo a

Midsummer, s. il mèzzo della státe; — dáy, la fèsta di san Giovánni

Midwáy, s. mèzza stráda; avv. a mèzza stráda

Midwife, s. levatríce, ricoglitríce, ostetríce, f.

Midwifery, s. ostetrícia, mestière di levatríce

Midwinter, s. il cuóre, il mèzzo dell'invèrno

Mién, s. ária, contégno, aspètto, portaménto; dignified —, ária distínta, dignitósa

Might, s. potère, m., possánza, fòrza, pòssa; with all one's —, a tútto potère; with — and máin, con ògni sfòrzo; — triumphs over right, la fòrza trionfa della giustízia
— verbo, V. Máy

Míghtily, avv. potenteménte, possenteménte, con possánza, forteménte, mólto

Míghtiness, s. potènza, possánza, potère, m.

Míghty, a. potènte, poderóso, possènte, gránde, fòrte, vigoróso, gagliárdo, vário
— avv. (volg.) mólto, assái, estremaménte

Mignonette (pr. minionèt), s. (bot.) reséda, m.

Mígrate, vn. migráre

Mígratory, a. migratòrio, emigránte, nòmade

Migràtion, s. migrazióne

Milch, a. (vacca) che dà làtte; — cow, múcca, vácca lattánte

Mild, a. dólce, mìte, amèno, benígno, mansuéto, amábile; — airs, áure míti; — wéather, tèmpo dólce; wine of a — agréable fiávour, víno amábile; to get —, ammansársi, abbonacciársi, rasserenársi

Mildew, *s.* gólpe, *f.* carbóne, *m.*, nèbbia; (malór delle biàdo, che le fa divenír nére) — *va.* annebbiáre, dáre la gólpe, guastáre

Mildewed, *a.* (*del grano*) guasto dalla gólpe, golpáto, involpáto

Mildly, *avv.* dolceménte, con mitézza, benignaménte

Mildness, *s.* dolcézza, mitézza, moderatézza, mansuetúdine, *f;* — of tèmper, dolcézza di temperaménto

Mile, *s.* míglio; — stóne, piètra migliáre; I have walked ten miles, ho fátto dièci miglia a pièdi

Miliary, *s.* migliáre; — féver, fébbre migliáre

Militant, *a.* che mílita; (*teol.*) militànte

Militarily, *avv.* militarménte, da soldáto

Military, *a.* militáre; a — man, un militáre

Militate, *vn.* militáre; (*fig.*) militáre

Militia, *s.* milízia, militári del paése, milízie cittadíne, soldáti nazionáli; — man, mílite della guárdia nazionále

Milk, *s.* látte, *m*; cow's —, látte di vácca; goat's —, látte di cápra; skim —, crèma, pánna; bùtter- — (*whey*), sièro di látte; thick —, cùrdled —, látte quagliáto; — cow, vácca lattánte; — máid, — woman, lattajuóla, lattája; — man, lattajuòlo, lattájo; — pail, sécchia da látte; — pan, piátto da látte; — food, latticínio; — pórridge, paníccia, vivánda di farína e látte; — sop, páne inzuppáto nel látte; dolcióne, *m.*, cenciamólle, *m.*, uòmo débole di ménte ed effeminàto; — wort, (*bot.*) eufòrbia; — white, biánco come il látte; to give —, allattáre

— *va.* mùgnere, tràrre il látte; — the bull, fáre cosa scioccaménte vána

Milken, *a.* di látte

Milker, *s.* chi múgne il látte

Milkiness, *s.* qualità latticinósa, qualità che tiéne alla natùra del látte

Milksop, *s.* pan bagnáto nel látte; pancottóne, *m*; uòmo débole, effemináto

Milky, *a.* di látte, látteo; — way, via láttea

Mill, *s.* mulíno; wind- —, mulíno a vènto; water- —, mulíno d'ácqua; hand- — mulinéllo; còffee- —, maciníno; páper- —, cartiéra; flax- —, linifício; còtton- —, cotonifício, filánda di cotóne; to bring grist to one's —, tràrre l'ácqua al pròprio mulíno; — hòpper, tramòggia; — dam, bottáccio, chiúsa, gòra di mulíno; — cog, dènte, *m.* di ruòta di mulíno; — hòuse, cása del mulíno o del mugnájo, cása dove si téngono le mácine

— *va.* macináre, frolláre (*la cioccolátta*); stampáre, coniáre (*monéta*); sodáre (*i panni nella gualchiéra*); pigiáre, báttere

— owner, *s.* proprietário di mulíno; proprietário d'opifício

— stóne, *s.* mácina di mulíno

— stóne-máker, *s.* fabbricatóre di mácine

— stóne quárry, *s.* cáva di piètre da mácina

— tóoth, (*pl.* — teeth) *s.* dènte moláre, *m.*

— work, *s.* mèccanica di mulíni, árte, *f.* di costruíre mulíni

— wright, *s.* costruttóre di mulíni

Millenárian, *a.* millenário; — *s.* (*teol.*) millenário, chiliásta, *mf.*

Millenárianism, *s.* (*teol.*) dottrína dei chiliásti o millenárii

Millenary *a.* millenário; — *s.* millènnio

Millennial, *a.* del millènnio

Millennialist, *s.* chiliásta, *mf.*, millenário

Millennium, *s.* (*teol.*) millènnio

Milliped, *s.* (*ent.*) millepièdi, *m.*

Miller, *s.* mugnájo; — 's wife, mugnája; — 's thumb, (*itt.*) capitóne, *m.*

Millesimal, *a.* millèsimo, di mílle

Millet, *s.* (*bot.*) míglio

Milliner, *s.* modísta, crestája, merciája

Millinery, *s.* mercería, mòde, *f.* pl

Million, *s.* milióne; he is worth a —, he has —s, è un milionário

Millionary, *a.* di milióni, a milióni, milionário

Millionth, *a.* millionésimo (nário)

Milt, *s.* (*anat.*) mílza; (*di pesce*) látte, *m.*

Milter, *s.* máschio de' pésci

Míme, *s.* mímo, míma, istrióne, *m.*

— *va.* contraffáre, fáre il mímo

Mímer, *s.* mímo, míma, istrióne, *m*; buffóne, *m.*

Mimétic, *a.* mimètico, imitatívo

Mimic, e Mimical, *a.* mímico; the — árt, la mímica

— *s.* mímo, míma, buffóne, *m.*, istrióne, *m.*

— *va.* contraffáre, imitáre, beffársi di

Mimicry, *s.* mímica, árte dei mími, imitazióne burlèsca, buffonería

Mimósa, *s.* (*bot.*) mimósa

Mináret, *s.* minaréto, tórre turchèsca

Minatory, *a.* di mináccia, minaccióso, minatório, comminatório

Mince, *va.* sminuzzáre, tagliuzzáre, tritáre, sbricioláre; palliáre; *vn.* cammináre o parláre con affettazióne

Minced, *a.* sminuzzáto; tritáto; affettáto, méat, manicaréto

Mincing, *a.* affettáto, contegnóso; — spéech, — pronunciátion, leccáto parláre

Mincingly, *avv.* minutaménte, affettataménte

Mind, *s.* spírito, ménte, *f.*, ánimo, intellétto; pensiéro, avvíso, parére, *m.*, opinióne; ménte, sentiménto, vòglia, gènio, desidèrio; élevàted —, spírito elevàto; àbsence of —, svagaménto; in my —, a mío sentiménto, a parér mío; that is not to my —, ció non mí quádra, non mí va a gènio; I have a — to, mí viéne vòglia di...; to càll to —, richiamáre alla memória, ricordáre; that puts me in —, ecc., ció mí fa veníre in ménte; put me in —, fátemi ricordáre; I have chánged my —, ho cámbiato idéa; tíme òut of —, di tèmpo immemorábile;

ŏut of sight ŏut of —, (proverbio) lontán dagli òcchi, lontáno dal cuòre
— va. badáre a, occupársi di, fáre attenzióne a, accudíre a, consideráre, osserváre, rimarcáre, notáre, curáre, curársi di, dársi pensièro di; I dón't — that, ciò non mi dà pensiéro, non me ne cúro; — yŏur héalru, la si riguárdi; — yŏur ówn business, badáte ai fàtti vòstri; nèver —! non impòrta! pòco impòrta!
Minded, a. inclináto, dispósto, portáto; évil —, mal dispósto, mal intenzionáto; highminded, di álto sentíre, magnánimo
Mindful, a. mèmore, ricordévole, attènto
Mindfully, avv. attentaménte, diligenteménte
Mindfulness, s. attenzióne, diligènza, cúra
Mindless, a. immèmore, scordévole, disattènto, trascuráto
Mine, pron. poss. il mío, la mía, i mièi, le mie; your horse and —, il vòstro cavállo ed il mío
— s. (mil. fort.) mína; (min.) minièra; gòld — minièra d'òro; cóal —, cáva di carbón fòssile; to discòver and vent a —, sventár la mína; to spring a —, far giuocár una mína; to wòrk in a —, lavoráre in una minièra
Mine, va. mináre, scaváre, somminàre, distrúggere a pòco a pòco; vn. mináre, far míne
Miner, s. minatóre, minerário; chi lavóra in una minièra o in una mína; (mil.) minatóre
Mineral, s. minerále, m; a. minerále
Mineralist, s. mineralísta, m. dòtto, versáto in mineralogía
Mineralization, s. mineralizzazióne
Mineralize, va. mineralizzáre
Mineralògical, a. mineralògico
Mineralògically, avv. mineralogicaménte
Mineralògist, s. mineralogísta, dótto, versáto in mineralogía
Mineralògy, s. mineralogía
Mingle, va. mescoláre, mischiáre, frammischiáre; vn. mescoláre, mèscersi, confón——s. mescúglio, mescolánza, mischio (dersi
Mingling, s. il mescoláre, mistióne, mescolánza
Miniature, s. miniatûra, ritrátto in miniatûra; — páinter, miniatóre
Minikin, a. píccolo, diminuítvo; — pin, spillétto piccolíssimo
Minim, s. náno, nána; (mus.) mínima; minims, s. pl., mínimi, m. pl. (ordine religioso)
Mining, a. delle minière; de' minatóri
— s. il mináre, il somminàre, lo scaváre
Minion, s. mignóne, predilètto, cáro, cúco
Minionlike, Minionly, avv. vezzosaménte; leziosaménte, con smanceria
Minionship, s. státo, condizióne di favoríto
Minimum, s. mínimo

Minister, s. minístro; (religione protestante) minístro, pastóre; (stile poetico) servitóre; prime —, il prímo minístro; fòreign —, ambasciatóre, minístro, inviáto; church, —, minístro della chiésa, pastóre
— va. ministráre, somministráre, pórgere
— vn. ministráre, servíre, ufficiáre, contribuíre, ajutáre, èssere di sussídio
Ministérial, a ministeriále, di, da ministèrio
Ministérially, avv. ministerialménte, in mòdo ministeriále
Ministrant, a. ministránte, che minístra
Ministration, s. il ministráre, ministrazióne, amministrazióne, ministèrio, ufficio divíno
Ministress, s. dispensatríce, minístra
Ministry, s. ministèrio, il ministráre, uffício, òpera; ministèro, i minístri di státo; the new —, il nuòvo ministèro
Minium, s. mínio, vermiglióne, m.
Mink, s. (zool.) lóntra; pèlle, f. di lóntra
Minnow, s. (itt.) pesciolíno piccolíssimo di fiumicèllo, ghiòzzo píccolo
Minor, a. minóre, più píccolo; minóre; minorènne, più giováne; di secónda clásse, d'un òrdine inferióre, di tènue entità
— s. minóre, m. f., minorènne, m. f; (log.) minóre, f; (ordine religioso) minóre, m.
Minorite, s. (frate) minorita, m.
Minòrity, s. minorità, státo di minorènne; minorità, minoránza; the majòrity was two hùndred mèmbers, the — a hùndred and fifty, la maggioránza era di dugènto mèmbri, la minoránza di centocinquánta
Minotaur, s. minotáuro
Minster, s. cattedrále, f., basílica; Yòrk —, la basílica di Yòrk
Minstrel, s. menestrèllo, giulláre, m; —-like, a. da menestrèllo, da trovatóre
Minstrelsy, s. troveria, l'árte del menestrèllo, cánto, música dei menestrèlli; the — of héaven, l'armonía de' cièli
Mint, s. (bot.) ménta; zécca; màster of the —, mástro, direttóre della zécca
⊤ — va. monetáre, bàttere monéta
— -man, s. coniatóre; intendènte in medáglie e monéte antíche; monetière, m.
— -màster, s. soprintendènte, m. della zécca; coniatóre di vocáboli, inventóre di còse a capríccio
Mintage, s. il monetáre, monetággio
Minter, s. monetière, m., zecchière, m.
Minuend, s. (arit.) minuèndo
Minum, s. (carâttere) mignóne, m. (da stámpa)
Minuet, s. minuètto (mus. danza)
Minus, a. (algebra) méno; (com.) in iscápito, in passivo
Minute, a. minúto, píccolo, esíguo, piccolíssimo
Minute (pr. minuit), s. minúto (di tempo); minúta (bozza); minúta, nòta, appúnto; — hand, sfèra, lancétta de' minúti
— va. minutáre, fáre, distèndere minúte di

— -glass, *s.* ampollétta orária segnánte un
minúto
— -watch, *s.* oriuólo che móstra i minúti
Minútely, *avv.* minutaménte, esattaménte, a
párte a párte
Minúteness, *s.* minutézza, piccolézza, esiguità
Minútiae (*pr.* minúsci) *s. pl.* minúzie, *f. pl.*
Minx, *s.* (*volg.*) sfacciatélla, ragázza baldan-
zosétta; gridatríce; cagnétta
Miny, *a.* rícco, abbondánte di miniére; sot-
terráneo
Miocéne, *a.* (*geol.*) miocéne, della 2ª divi-
sióne del período terziário
Miràboláne, *s.* (*bot.*) mirabolàno
Miracle, *s.* mirácolo, maravíglia; bý a —, by
—, per mirácolo; to dó a —, tó wórk a
—, fáre, operáre un mirácolo
— -mónger, *s.* spacciatóre di mirácoli (im-
postóre)
Miràculous, *a.* miracolóso; meraviglióso
Miràculously, *avv.* miracolosaménte
Miràculousness, *s.* qualità miracolósa, mi-
rabilità
Mírador, *s.* (*ant.*) mirabéllo, belvedére, *m.*
Mirage, (*pr.* miràzhe), *s.* miràggio; the Fáta
Morgána is a spécies of —, la Fáta Mor-
gána è una spécie di miràggio
Mire, *s.* fàngo, limàccio, mélma
— *va.* affangáre, imbrattáre di fángo
Míriness, *s.* státo fangóso, sporcízia, lordúra
Mirk (*pr.* mùrk), mirky (*pr.* mùrky), *a.* ran-
nuvoláto, fósco
Mirkiness (*pr.* mùrkiness), *s.* tenebrosità,
oscurità, bújo
Mirror, *s.* (*stile sost.*) spécchio
Mirt (*pr.* mùrtu) *s.* allegría, giòja, giúbilo,
giulività
Mirthful (*pr.* mùrtuful) *a.* giojóso, gájo, al-
légro, giocóndo
Mirthfully (*pr.* mùrtafully), *avv.* allegra-
ménte
Mirthless (*pr.* mùrtuless), *a.* sénza allegría,
tristo, cúpo
Miry, *a.* fangóso, melmóso
Misacceptátion, *s.* accezióne fálsa, errónea
Misadvènture, *s.* disavventúra, infortúnio
Misadvèntured, *a.* sventuráto, sfortunáto
Misadvíséd, *a.* malavvisáto, mal consigliáto
Misaffèct, *va.* scontentáre, disamáre, disa-
moráre
Misaffècted, *a.* scontènto, disamoráto; mal-
intenzionáto
Misaffirm, *va.* affermáre a tòrto (un fàtto)
Misaímed, *a.* maldirètto malintéso
Misallegátion, *s.* allegazióne errónea, fálsa
Misallège, *va.* allegáre erroneaménte
Misallíance, *s.* alleánza, unióne indecorósa;
matrimònio disdicévole (con persóna di
condizióne inferióre)
Misantʜrope, misàntʜropist, *s.* misántropo
Misantʜropic, misantʜrópical, *a.* misán-
tropo

Misàntʜropist, *s.* misántropo
Misàntʜropy, *s.* misantropía
Misapplicátion, *s.* cattíva applicazióne
Misapplý, *va.* applicár mále
Misapprehènd, *va.* intènder mále
Misapprehènsion, *s.* sbáglio, abbáglio, ma-
lintéso
Misarránge, *va.* assettár mále
Misascríbe, *va.* ascrívere, attribuíre a tòrto
Misassígn, *va.* assegnáre a tòrto
Misbecòme (*pret.* misbecáme, *p. p.* misbe-
còme) *va.* disdíre, èssere disdicévole, scon-
veníre
Misbecòming, *a.* disdicévole, sconvenévole
Misbecòmingly, *avv.* disdicevolménte, scon-
venienteménte
Misbecòmingness, *s.* disdicevolézza, scon-
veniènza (stárdo
Misbegòt, misbegòtten, *a.* illegíttimo, ba-
Misbeháve, *vn.* comportársi mále
Misbeháviour, *s.* cattíva condótta
Misbeliéf, *s.* mála credènza, miscredènza
Misbeliéve, *vn.* miscrédere, èssere incrèdulo
Misbeliéver, *s.* miscredènte, infedéle, *mf*
Miscàlculate, *va.* calcolár mále, computár
mále
Miscalculátion, *s.* cálcolo errónco, cónto
scorrètto
Miscàll, *va.* nominár mále, chiamáre a tòrto
Miscàrriage, *s.* cattivo succèsso, mála riu-
scíta, mancaménto, scácco, fállo; sconcia-
túra, abórto
Miscàrry, *vn.* fallíre; andár fallíto, veníˇ
méno, mancáre, non riuscíre, non arriváre.
non raggiúngere lo scópo, smarrírsi, pèrdersi, spèrdersi, sconciársi, abortíre; lètters — sòmetímes, le lèttere non pervèn-
gono sèmpre alla loro destinazióne
Miscellàneous, *a.* místo, miscelláneo
Miscellany, *s.* miscellánea, òpere divèrse
Mischànce, *s.* disgrázia, sventúra, infortúnio
Mischief, *s.* mále, *m.* dánno, cattivéria, malízia, cattivézza; to delight in —, èssere
cattivo, malizióso, tristo, pervèrso; —
máker, facimále, seminatór di discórdia
— -máking, *a.* malizióso, malígno, che sè-
mina la zizzánnia; — *s.* l'átto di fáre
cattivèrie, di semináre la discórdia
Mischievous, *a.* (*pers.*) malizióso, cattivo,
tristo, malédico; (*cosa*) nocívo, funèsto
Mischievously, *avv.* cattivaménte, per cattivèria, maliziosaménte, nocivaménte, perniciosaménte
Mischievousness, *s.* cattivánza, cattivéria;
tristízia, malvagità, malignità
Miscible, *a.* mescíbile
Miscitátion, *s.* citazióne errónea o fálsa
Miscíte, *va.* fáre fálsa citazióne
Miscláim, *s.* pretésa ingiústa, reclámo mal
fondáto
Misconcéive, *va.* concepíre mále, intèndere
malaménte

Misconcèption, *s.* malintéso, idéa errònea
Miscònduct, *s.* cattíva condótta
Misconjècture, *s.* congettúra errónea, fàlsa
Misconstrùction, *s.* costruzióne fàlsa, interpretazióne errònea
Miscónstrùe, *va.* interpretár màle, stòrcere il sénso
Miscòunsel, *va.* consigliár màle
Miscòunt, *va.* calcolár màle, contár màle
Miscreant, *s.* miscredénte, infedéle; scelleráto, miseràbile
Misdàte, *s.* fàlsa dáta, dáta errònea; *va.* datár màle, scrívere in fàlsa dáta
Misdéed, *s.* misfàtto, delítto
Misdéem, *va.* giudicár màle, falsaménte
Misdeméan one's sèlf, *va.* comportàrsi màle
Misdeméanor, *s.* cattíva condótta, misfàtto
Misdirèct, *va.* dirìgere màle
Misdirècted, *a.* mal dirètto, con ricàpito fàlso
Misdóer, *s.* malfàttòre, -trìce, delinquènte *m. f.*
Misdòùbt, *va.* sospettàre, diffiJáre
Misemplòy, *va.* impiegár màle, far cattívo uso di
Misemplòyment, *s.* cattívo úso, impiègo
Míser, *s.* aváro; spilórcio, mìsero   (bile
Míserable, *a.* disgraziáto, infelice, miseràbile
Miserableness, *s.* miserabilità, infelicità
Míserably, *avv.* sgraziataménte, miserabilménte, miseraménte
Misestéem, *s.* disprèzzo
Misfàll, *vn.* accadére sfortunataménte
Míserly, *a.* aváro, spilórcio, taccágno
Mísery, *s.* infelicità, misèria, calamità, dolóre
Misfòrtune, *s.* infortúnio, disgrázia, calamità
Misgíve (*pret.* misgáve, *p. p.* misgíven), *va.* dar timóre; far temére, presentíre (quálche disgrázia)
Misgíving, *s.* sospètto, timóre, presentiménto
Misgòvern, *va.* governàre màle, règgere màle
Misgòvernment, *s.* cattívo govèrno, disórdinè, *m.*
Misguídance, *s.* fàlsa direzióne, erróre
Misguíde, *va.* guidár màle
Mishàp, *s.* accidènte, *m.*, sinístro, sventúra, traversía
Mishàppen, *vn.* accadére sfortunataménte
Mishéar (*pas.* mishéard), *vn.* udíre erroneaménte
Mìshna, *s.* Mísna, *f.* (digèsto di tradizióni giudàiche, che fórma la prima pàrte del Talmúd)
Mishnic, *a.* della Mísna
Mishmash, *s.* (*volg.*) miscúglio, gazzabúglio, òlla púdrida
Misimpróve, *va.* impiegár màle, abusáre di; to — tìme, impiegár màle il tèmpo
Misimpróvement, *s.* cattívo impiègo, abúso
Mísinfòrm, *va.* informár màle, dáre fàlsi avvísi

Misinformátion, *s.* fàlsa informazióne
Misinfòrmer, *s.* uno che dà informazióni fàlse o inesàtte
Misinstrùct, *va.* istruír màle; insegnár màle
Misinstrùction, *s.* cattíva istruzióne
Misintèlligence, *s.* fàlsa notízia; informazióne inesàtta; cattíva intelligènza
Misintèrpret, *va.* interpretár màle
Misinterpretátion, *s.* storciménto del sénso
Misintèrpreter, *s.* uno che intèrpreta màle, erroneaménte
Misjóìn, *va.* congiúnger màle, uníre malaménte
Misjùdge, *va.* giudicár màle, falsaménte
Misjùdgment, *s.* giudízio ingiústo, erròneo
Miskindle, *va.* accèndere màle a propòsito; inflammáre con pràvo intendiménto
Misláy (*pas.* mislàid) *va.* smarríre, pórre checchessía fuòri del prôprio pósto
Misle, *vn.* piovigginàre
Misléad (*pas.* mislèd), *va.* sviáre, tràviáre, sedúrre
Misléader, *s.* seduttóre -trìce, corruttóre -trìce
Mislèd, *V.* Misléad
Mísly, *a:* piovigginóso
Mismànage, *va.* maneggiáre màle
Mismanagement, *s.* cattívo manéggio
Mismàtch, *va.* accoppiáre màle, appareggiár màle, assortír màle
Misnáme, *va.* nomináre impropriaménte, chiamáre con fàlso nóme
Misnómer, *s.* (*legge*) erróre di nóme, fàlso nóme
Misobsèrve, *va.* osserváre màle, trascuráre
Misògamist, *s.* misógamo
Misògamy, *s.* òdio del matriмónio
Misògynist, *s.* (*poco us.*) odiatóre delle dònne
Misògyny, *s.* misoginía, òdio del bel sèsso
Misòrder, *va.* assettár màle, regolár màle
Misplàce, *va.* collocár màle; méttere fuóri del suo luògo
Mispersuásion, *s.* fàlsa idéa; erróre, *m.*
Misprísion, *s.* sbàglio, erróre; delítto minóre
Mispronóùnce, *va.* pronunciár màle
Mispronunciátion, *s.* pronúncia scorrètta, viziósa
Misproportion, *va.* proporzionár màle
Misquotátion, *s.* citazióne errònea
Misquóte, *va.* citáre falsaménte
Misráte, *va.* stimáre, valutáre falsaménte
Misrecítal, *s.* raccónto inesàtto
Misrecíte, *va.* recitáre, riferíre, espórre inesattaménte
Misrèckon, *va.* ingannàrsi nèl cónto di
Misrèckoning, *s.* erróre nel cónto
Misrelàte, *va.* raccontár màle, narrár falsaménte
Misrelátion, *s.* fàlsa relazióne, informazióne
Misremèmber, *va.* ricordàrsi màle
Misrepórt, *va.* dáre un fàlso ragguáglio di

Misrepresént, va. rappresentár mále, dáre una fálsa relazióne di

Misrepreséntation, s. fálsa relazióne

Misrepresénter, s. chi rappreténta falsaménte, svisa, snatúra; fálso espositóre

Misrûle, s. cattívo govêrno, tirannía

Misrûly, a. turbulénto

Miss, s. madamigélla; damigélla (scherzosaménte); — Édgeworth, madamigélla Edgeworth;littleMàsters andMisses,piccoli signoríni e piccole signoríne; —, (in America) damigélla, donzélla; a bôarding schóol —, una educánda; a yòung —, una gióvane signorína; —, (volg.) intrattenúta; góod mórning — Brówn, buon giórno, madamigélla Brówn; —, fállo, sbáglio, svísta, difêtto, scápito, pêrdita

— va. fallíre (il bersaglio), mancáre (il colpo), mancáre, non dár nel ségno, non trováre, accórgersi dell' assènza o della mancánza di, non vedére più, non rinveníre più, pêrdere; Brówn fíred first and —ed his ádversary, Brown tirò il prímo e fallì l'avversário; a shòt was fíred at him which —ed him, gli fu esplóso un cólpo che andò fallíto; to — a pêrson, a thíng, accòrgersi dell'assènza d'una persóna o di una còsa; I — a vòlume, mi accòrgo che mi máuca un volúme

Miss, vn. fallâre, mancáre, andár fallíto, non colpíre, non dár nel ségno; they fíred óften and néver —ed, più vòlte scaricárono, e non mai in fállo; a vòlume is —ing, mi mánca un volúme; to be —ing, mancáre, non trovársi; (pers.) êssere assénte

Missal, s. messále, m.

Missénd (pas. missént), va. dirígere o mandár mále (una lettera)

Missêrve, va. disservíre, servír mále

Misshápe, va. formár mále, sfiguráre, sformáre

Misshápedd, Misshápen, a. defórme, sfiguráto

Missile, a. di o da tíro, di trátto, da dardeggiáre; dardeggiáto, lanciáto, missívo; — weapon, dárdo, fréccia, giavellòtto

Missing, a. mancánte, che non si tròva

Mission, s. missióne, ambasciáta

Missionary, s. missionário; a. delle missióni

Missive, a. missívo; —, s. fréccia scagliáta, léttera mandáta, epístola spedíta

Misspéak (pret. misspóke, p. p. mispóken), va. articolár mále; va. parlár mále, sbagliáre in parlándo

Misspêll, vn. compitár male, articolár mále

Misspênd, va. spénder mále, scialacquáre

Misstáte, va. espórre o annunciár mále

Misstátement, s. rapporto scorrêtto, relazióne fálsa

Mist, s. nébbia, núvolo, appannaménto;

thick —, nebbiáccia; Scòtch —, aequerúgiola

Mistákable, a. suscettíbile d'erróre o di sbáglio

Mistáke, s. sbáglio, svísta, fállo, erróre, strafalcióne, m; to máke a —, fáre uno sbáglio; to líe únder a —, ingannársi

— (pret. mistóok, p. p. mistáken), vn. sbagliáre, ingannársi, erráre; va. scambiáre, prêndere una còsa in cámbio di un'altra, non intêndere; you —, voi vi ingannáte; you — me, non mi intendéte, non capíte quel che vòglio díre; to — the róad, smarríre la stráda

Mistáken (to be), vn. erráre, ingannársi; — you are gréatly —, vi ingannáte a pártito

Mistákingly, avv. per isbáglio, erroneaménte

Mistéach (pas. mistáught), va. insegnár malaménte

Mistêmper, va. temperár mále

Mister, s. signóre (mister si scríve sempre abbreviato Mr., e non si adopera mai scompagnato dal nome della persona); Hòw do you dò, Mr. Jòhnson? come státe, signór Johnson?

Mistêrm, va. nominár mále, qualificáre erroneaménte

Mistful, a. nebbióso; copêrto di nébbia

Mistíme, va. fáre a contrattêmpo, agíre inopportunaménte

Mistiness, s. nuvolosità, offuscaménto

Mistion, s. mistióne, mescolánza

Mistítle, va. dáre un títolo fálso a

Mistletoe, s. (bot.) víschio, V. Misletoe

Mistóok, V. Mistáke

Mistráin, va. allevár mále

Mistranslàte, va. tradurre scorrettaménte

Mistranslátion, s. traduzióne errónea; controsênso

Mistress, s. padróna; maêstra, istitutríce; innamoráta, amánte, amánza; is your — at home? è in cása la vòstra padróna? schóol- —, maêstra di scuóla; a kept —, un'intrattenúta; — va. corteggiáre (una bêlla)

— (pr. missis), s. (títolo) madáma, signóra; (mistress si scríve sempre in abbreviatura Mrs., e non si adopera mai in questo senso scompagnata dal nome della persona); good níght, Mrs. Jòhnson, felíce nòtte, signòra Johnson

Mistress-ship, s. impêrio di dònna, predomínio muliêbre

Mistrùst, s. diffidênza, sfidúcia, sospêtto — va. non si fidáre di, diffidáre di, sospettáre; presentíre

Mistrùstful, a. diffidênte, sospettóso

Mistrùstfulness, s. diffidênza, sfidúcia, sospêtto

Mistrùstfully, avv. sospettosaménte (spêtto

Mistrùstingly, avv. con diffidênza

Mistrùstless, s. a. non sospettóso

Mistúne, va. accordár mále, stonáre, scordáre

Mistûtor, *va.* istruír mále ; guidáre, diríger mále

Misty, *a.* nebbióso, fòsco, scúro

Misunderstánd (*pas.* misunderstóod), *va.* capír mále, non comprêndere

Misunderstánding, *s.* malintéso, errôre; dissapóre, discórdia

Misúsage, *s.* abúso, cattívo úso, maltrattaménto

Misúse, *va.* usár mále, fáre un cattívo úso di, abusáre di ; trattár mále, maltrattáre

— *s.* abúso, mal úso; maltrattaménto

Misvouch, *va.* attestáre falsaménte

Miswríte, (*pret.* miswróte, *p. p.* miswrltten) *va.* scríver mále, scorrettaménte

Miswróught, *a.* lavoráto mále

Mite, *s.* insêtto microscópico della farína, del formággio, ecc.; ácaro; punteruólo, tónchio; òbolo, pícciolo (*moneta*)

Mitigant, *a.* mitigánte, lenitívo

Mitigate, *va.* mitigáre, placáre, addolcíre

Mitigátion, *s.* mitigaménto, mitigazióne

Mitigátor, *s.* mitigatóre

Mitre (*pr.* miter), *s.* mítra

Mítred, *a.* mitráto, che pórta la mítra

Mittens, *spl.* manízzi, *pl. m.*, guánti sénza

Mittimus, *s.* mandáto di arrésto (dita

● Mix, *va.* mischiáre, mescoláre

— *vn.* mescolársi, mischiársi, immischiársi, ingerírsi

Mixing, *s.* mischiaménto, mescolaménto

Mixt e Mixed, *a.* místo, mescoláto; frammísto

Mixtion, *s.* mistióne, mescolánza, mistúra

Mixture, *s.* mistúra, mescolánza, miscúglio

Mizzen, *s.* (*mar.*) mezzána, véla di poppa; — mást, álbero di mezzána; — yárd, pennóne, *m.* di mezzána ; — shrouds, sárchie, *pl. f.* di mezzána ; — bráils, imbrógli, *mpl.* della mezzána; — top mast, álbero di contramezzána; — top sáil, contramezzána; — stáy, stráglio di mezzána; — top stáy, stráglio di contramezzána ; — bowlines, órze di mezzána; — tòp gallant mást, álbero di cáccaro o belvedére; — top gàllant-yard, pennóne di belvedére

Mizmáze, *s.* labirínto

Mizzle, *vn.* piovviginâre

Mnemònic, *a.* mnemònico

Mnemònics, *s.* mnemònica

Móan, *s.* gêmito, laménto, piánto

— *vn.* gêmere, lamentársi, querelársi

— *va.* lamentársi di, lagnársi di

Móanful, *a.* lamentévole, quêrulo, dolênte, trísto, lugúbre

Móanfully, *avv.* lamentevolménte, con gêmiti

Móat, *s.* (*fort.*) fòsso, fossáta (sáte

— *va.* affossáre, circondáre di fòssi o fos-

Mòb, *s.* fòlla, túrba, mássa, popoláccio, canáglia, cálca, ciurmáglia ; the swêll- —, la túrba degli scroccóni e dei borsajóli ;

— cap, cúffia di nòtté

— *va.* scuótere, rabbuffáre, dáre addósso a, tambussáre, maltrattáre, báttere

Mòbbish, *a.* del popoláccio, tumultuóso

Mobílity, *s.* mobilità, incostánza ; plebáglia

Mòck, *vn.* burlársi, beffársi ; *va.* beffársi di, fársi giuóco di, deridére, scherníre

— *s.* derisióne, béffa, schérno, ludíbrio

— *a.* fálso, contraffátto ; burlêsco

Mòckable, *a.* espósto alla derisióne, ridévole, ridícolo

Mòcker, *s.* beffárdo, beffárda, schernitóre -tríce

Mòckery, *s.* béffa, búrla, giuóco, gábba, mottéggio, schérno, ludíbrio ; to make a — of, fársi giuóco di, scherníre

Mòcking, *s.* il beffáre, lo scherníre ; — bird, uccéllo mímico, uccéllo beffárdo dell'América

Modàlity, *s.* m dalità

Móde, *s* manièra, guísa, mòdo, gènere, *m*; mòda, fòggia, costúme, *m.*, usánza

Mòdel, *s.* modéllo, esempláro, *m*; to sêrve as a —, servíre di modéllo, di modélla

— *va.* modelláre, imitáre, formáre

Mòdeller, *s.* modellatóre

Mòderate, *a.* moderáto, ritenúto, misuráto, moderáto, mòdico, passábile, ordinário, mediòcre, manévole

— *va.* moderáre, temperáre; *vn.* moderársi, calmársi

Mòderately, *avv.* moderataménte, modicaménte

Mòderateness, *s.* moderatézza; mediocrità

Moderátion, *s.* moderazióne

Mòderátor, *s.* moderatóre -tríce, presidênte d'un'assemblêa; esaminatóre (*matem.*); to be a — of, moderáre

Moderátorship, *s.* uffício di moderatóre o presidênte

Mòdern, *a.* modêrno, nuóvo, recênte; the — s, i modêrni

Mòdernism, *s.* manièra modêrna; fòrma modêrna; neologísmo

Mòdernist, *s.* partigiáno del modêrno

Mòdernize, *va.* rimodernáre

Mòdernizer, *s.* chi rimodêrna, rimodernatóre

Mòderness, *s.* novità

Mòdest, *a.* modêsto

Mòdestly, *avv.* modestaménte

Mòdesty, *s.* modêstia

Mòdicum, *s.* píccola quantità ; pezzétto, boccóne, *m.*

Mòdifiable, *a.* modificábile; modificatívo

Mòdification, *s.* modificazióne

Mòdifier, *s.* modificatóre -tríce

Mòdify, *vn.* modificáre

Modillion, *s.* (*arch.*) modiglióne, *m.*

Mòdish, *a.* alla mòda; manieróso, ammanieráto

Mòdishly, *avv.* secóndo la mòda, attillataménte

Mŏdishness, s. affettazióne della mŏda, attil-
Mŏdulate, va. moduláre (latézza
Modulátion, s. modulazióne, misúra armŏ-
Mŏdulátor, s. modulatóre (nica
Módule, s. módulo, modéllo, fórma
Moéso-gŏrnic, a. meso-gótico, appartenénte
ai Meso Góti
Mŏhâir, s. pánno di péli di camméllo, moérro
Mohàmmedan, a. maomettáno; — s. mao-
mettáno, seguáce di Maométto
Mohàmmedanism { s. Maomettísmo, religió-
Mohàmmedism { ne di Maométto
Mohàmmedaníze { va. maomettanizzáre
Mohàmmedíze {
Móhawk, Móhock, s. (ant.) ladróne di Lón-
dra; selvággio
Mŏiety, s. metà, porzióne, píccola párte, ráta
Mŏil, vn. affaticârsi, affacchináre, stentáre
Mŏist, a. úmido, bagnáto, sugóso
— e Mŏisten, va. umettáre, inumidíre
Mŏistener, s. umettatóre -tríce
Mŏistful, a. úmido, umidíccio, mádido
Mŏistness, Mŏisture, s. umidézza, umidità
Mólar, a. mascelláre; — téeth, dénti ma-
scellári
Molàsses, s. melássa, fondigliuólo di zúcchero
Móle, s. mólo, ripáro (di porto); móle, f.
(edifizio grandioso); (zool.) tálpa; mác-
chia, néo; — hill, topinája; — càtcher,
cacciatóre di tálpe
— -cricket, s. (ent.) grillotálpa
— -eyed, a. dagli òcchi di tálpa; cièco
— -tràck, s. tráccia di tálpa
— -wàrp, s. (zool.) tálpa
Molécular, a. molecoláre
Mòlecule, s. molécola
Molèst, va. molestáre, vessáre, infastidíre
Molestátion, s. molestaménto, molèstia
Molèster, s. molestatóre -tríce
Mòllifiable, a. che si può mollificáre
Mòllificátion, s. mollificazióne, il mollificáre
Mòllifier, s. chi o che mollifica, emolliénte
Mòllify, va. mollificáre, addolcíre, calmáre
Mollùsca, spl. mollùschi, mpl.
Mollùscan, mòllusk, s. mollùsco
Mollùscous, mollùscan, a. mollùsco
Mòlten, a. liquefátto, fuso; di metállo fúso
Móment, s. minúto secóndo, moménto; ímpe-
to, fórza, impúlso, moménto; importánza;
in a —, súbito, a moménti; affáir of —,
còsa di moménto
Mómentary, a. momentáneo, di un moménto
Mómently, avv. a moménti, in un moménto,
da un moménto all'áltro
Momèntous, a. di moménto, importánte
Momèntum, s. (meccanica) moménto, ím-
peto, quantità di móto, impúlso
Mónachal, a. monacále, di mónaco
Mònachism, (pr. mónakism) s. monacáto,
monachísmo
Mónad, s. mónade, f.
Mònarch, s. monárca, m., re, sovráno

Monarchic, Monarchical (pr. monàrkic, mo-
nárkical), a. monárchico
Mónarchy (pr. mònarky), s. monarchía
Mònastery, s. monastéro, convénto
Monàstic, monàstical, a. monástico, di convénto (ménte
Monàstically, avv. monasticaménte, romita-
Mónday, s. lunedì, m.
Mónetary, a. monetário, delle monéte, del
danáro
Mòney, s. danáro, monéta, metállo coniáto;
hàve you any —? avéte del danáro? rèady
—, danáro contánte; páper —, cárta monéta; to cŏin —, bátter monéta; I have
no — abŏut me, non ho danári in dòsso;
— -chànger, cambísta, m., cambiamonéte,
m; — bróker, sensále, m. di danáro;
mátter, affáre pecuniário; —'s wŏrth, valóre, equivalénte, m. del danáro; to pút ŏut
— to interest, méttere a guadágno i danári; — makes the màre go, (proverbio)
col danáro si fa tútto
Mòneyed, a. danaróso; — man, uòmo danaróso
Mòneyless, a. sénza danári; al vérde
Mònger, s. mercánte, m., venditóre -tríce;
fish- —, pescajuólo, pescivéndolo; iron —,
mercánte di fèrro
Mòngrel, a. meticcio, generáto da due èsseri
di spécie divèrsa
Mòngst, V. Amòngst
Mònied (meglio mòneyed), a. danaróso
Mònisher, V. Admónisher
Monítion, s. ammonizióne, ammoniménto
Mònitive, a. monitoriále, ammonitório
Mònitor, s. ammonitóre, monitóre; — (mar.)
monitor, m.
Monitórial, a. monitoriále, esortatório
Mònitory, a. ammonitório; s. ammoniménto
Mònitress, mònitrix, s. ammonitrice, f.
Mŏnk, s. mónaco, fráte, m.
Mŏnk's hŏod, s. (bot.) acónito
Mŏnkery, s. monacáto, monachísmo
Mŏnkey, s. scímmia, bertúccia; little —,
bertuccíno; làrge —, scimmióne, m., scim-
miótto
Mŏnkhŏod, s. carátere, m. di mónaco
Mŏnkish, a. di mónaco, monástico
Mónochord, s. (mus.) monocòrdo
Monochromàtic, a. moncromático, mono-
crómo (dito
Monóclinous, a. (bot.) monóclino, ermafro-
Mònocotyle { a. (bot.) monocotilé-
Monòcotylédonous { dono
Monòcotylédon, s. (bot.) monocotilédone, m.
Monócular, monóculous, a. monócolo, cièco
d'un òcchio
Mónody, s. monodía
Monógamist, s. monógamo
Monógamy, s. monogamía
Mónogram, s. monográmma, m.
Mónograph, s. monografía

Monogràphic, monogràphical, *a*. monográfico
Monògraphy, *s*. monografía
Mónogyn, *s*. (*bot*.) pianta monogínia
Monogỳnian, *a*. monogínio
Mònologue, *s*. solilòquio, monòlogo
Monománia, *s*. monomanía
Monomániac, *s*. monomaníaco
Monopètalous, *a*. (*bot*.) monopétalo
Monòphyllous, *a*. (*bot*.) monofíllo
Monòpolist, monòpolizer, *s*. monopolísta, *m*., incettatóre
Monòpolize, *va*. monopolizzáre, incettáre, fáre incètta di
Monòpoly, *s*. monopòlio; incètta gròssa
Monosyllàbic, monosyllàbical, *a*. monosíllabo, d'una síllaba
Mònosỳllable, *s*. monosíllabo
Мóнотнеïám, *s*. monoteísmo
Mònотнeïst, *s*. monoteísta, *mf*.
Monòtonous, *a*. monòtono
Monòtonously, *avv*. in mòdo monòtono
Monòtony, *s*. monotonía
Monsóon, *s*. monsóne, *m*; the —s, i vènti monsóni, i vènti etèsii
Mònster, *s*. mòstro; séa- —, móstro maríno
Monstròsity, *s*. mostruosità, còsa mostruósa
Mònstrous, *a*. mostruóso, orríbile; mostruóso, prodigióso; *avv*. mostruosaménte, straordinariaménte
Mònstrously, *avv*. mostruosaménte
Mònstrousness, *s*. mostruosità
Montànic, *a*. montuóso
Мóнтн, *s*. mése, *m*; twelve —, anno; by the —, al mése
Mònтнly, *a*. d'ògni mése, mensíle
— *avv*. una vòlta al mése, ògni mése
Mònument, *s*. monuménto
Monumèntal, *a*. monumentále
Mòod, *s*. umóre, disposizióne, capríccio; mòdo (*gram*.); in a mèrry —, allégro; in the right —, ben dispósto
Mòodiness, *s*. cattivo umóre, bizzarría, stizza
Mòody, *a*. cúpo, tètro, stizzóso; fantástico
Mòon, *s*. lúna; the phàsés of the —, le fási della lúna; fùll —, lúna pièna; néw —, lúna nuòva; wàning —, lúna scéma; to wàlk by — -light, camminàre al chiàro di lúna; hàlf- —, (*mil*.) mèzza lúna; —struck, lunàtico; — -béam, ràggio di lúna; hòney —, lúna di miéle; to màke òne believe the — is màde of chéese, mostrár la lúna nel pòzzo
Mòonless, *a*. oscúro, sénza chiáro di lúna
Mòonlight, *s*. chiáro di lúna
— *a*. illumináto dalla lúna, seréno
Mòonshine, *s*. chiáro di lúna; (*burlesco*) bagatèlle, *fpl*., cianciafrúscoli, *mpl*.
Mòonshiny, *a*. di chiaròr di lúna, seréno, límpido
Mòor, *s*. lánda, brughièra, terréno incòlto; pantáno; mòro, négro; — hen (*orn*.) fólaga; — cock, (*orn*.) gállo di palúde

— *van*. gettár l'áncora; afforcáre, ormeggiáre
Mòoring, il dar fóndo, l'afforcáre, ormeggiáre; il luògo dove si gètta l'áncora, ancoraménto
Mòorish, *a*. morèsco, di mòro; pantanóso
Mòose, *s*. (*zool*.) álce, *m*., cèrvo americáno
Mòot, *va*. dibáttere, discútere, disputáre (di còsa legále)
— -càse pòint, *s*. púnto in légge disputábile
Mòoter, *s*. chi mètte in dúbbio, chi discúte, disputánte
Mòp, *s*. spazzatójo o scópa per lavàre le cámere, i paviménti, ecc.; (*mar*.) retázza; lanáta da calafáto
— *va*. lavàre o asciugáre (il paviménto) collo spazzatójo
Mòpe, *vn*. instupidíre, far il gúfo, restár solo, avvilírsi, annojársi, diveníre stúpido; — one's self to death, annojársi, avvilírsi al ségno da pèrdere la salúte e la víta
Mòpish, *a*. istupidíto, avvilíto, mèsto, tristo
Mòpishness, *s*. stupidézza, scoraggiamento
Mòppet, Mòpsey, *s*. fantòccio di cénci
Mòral, *a*. moràle, de' costúmi; —philòsopher, — writer, moralísta, *m*.
— *s*. costúme, *m*., sciènza dei costúmi, dottrína, moràle, *f*., moralità; góod —s, buóni costúmi; the — of a fáble, la moràle di una fávola
Mòralist, *s*. moralísta, *m*., professóre di moràle, scrittóre di còse moráli
Moràlity, *s*. moralità, sciènza de' costúmi, ètica; moralità, sènso moràle; moralità (di un'azióne, di una persóna)
Moralizàtion, *s*. moralizzaménto, moralizzazióne
Mòralize, *van*. moralizzáre
Mòralizer, *s*. moralizzatóre -trice
Mòrally, *avv*. moralménte; verisimilménte
Mòralś, *s. pl*. buóni costúmi, virtù, probità
Moràss, *s*. palúde, *f*., pantáno, acquitríno
Moràssy, *a*. paludóso, pantanóso
Mòrbid, *a*. malatíccio, mòrbido, morbóso, nervóso, tròppo sensíbile, febbróso
Mòrbidness, *s*. státo malatíccio o nervóso, morbosità, morbidézza
Morbífic, *a*. morbífico, morbífero
Mordácious, *a*. mordáce, pungènte, frizzánte
Mordàcity, *s*. mordacità, frízzo
Mòrdicant, *a*. (*art*.) mordènte, mordáce
Mòre, *a*., *avv*. (*comparat*. di much e di many; *superlat*. the most), più, di più, di vantàggio, in maggiór quantità, in maggiór número; mùch —, a gréat déal —, vieppiù, mólto più; — than enoùgh, più che non bisógna; sòme — sòme less, chi più chi méno; will yoú have sòme —? ne volète più? — than fòrty, più di quaránta; so much the —, tánto più; once —, ancóra una vòlta, un'áltra vòlta; the — háste the wòrse spéed, (*proverbio*) più uno s'affrètta méno avánza

—*pron.* più, di più; I can dò no mór*e*, non pòsso fàre di più

Moréen, *s.* damàsco di lána

Morèl, *s.* (*bot.*) morèlla

Móreland, *meglio* Móor-land, *s.* paése montagnóso

Moreóver, *conj. e avv.* óltre, inóltre, di più

Morèsque, *a.* morésco, arabésco; — wòrk, rabéschi, arabéschi, *mpl.*

Morfoùndering, *s.* (*veter.*) il mal dell'infreddàto, infreddatùra

Morganàtic, *a.* morganàtico; — màrriage, lèft-hand màrriage, matrimóuio morganàtico

Mòrgráy, *s.* (*itt.*) gátto maríno

Mòril, *s.* (*bot.*) spúgnolo, spugníno, spungíno, trippétto, spúgnola

Mórillon, *s.* (*orn.*) moriglióne, *m.*, ánitra penélope, bibbio, caporósso

Mòrinel, *s.* (*orn.*) pivière minóre, *m.*

Mórion, *s.* morióne, *m.* (*armatura del capo*)

Morisco, *s.* morésca (*ballo*)

Mòrmon, *s.* Mormóne, *m. f.*, seguáce del modèrno pseudo-profèta Giovánni Smith

Mòrmonism, *s.* Mormonísmo, sètta o dottrína dei Mormóni

Mòrn, *s.* (*poet.*) mattína, *V.* Mòrning

Mòrning, *s.* mattína, mattíno; this —, sta-mattína; to mòrrow —, dománi mattína; góod —, buón giórno

— *a.* del mattíno, mattutíno; — stàr, stélla mattutína, Lucífero; — gòwn, vèsta da Morócco, *s.* marocchíno (càmera

Moróse, *a.* búrbero, bisbético, cúpo, tètro

Morósely, *avv.* burberaménte, sdegnosaménte

Moróseness, *s.* cattíyo umóre, umóre atrabiliáre; fastídio, sdegnosità, caparbietà, stízza

Mòrris-dànce, *s.* morésca (*ballo*)

Mòrrow, *s.* dománi, *m.*, dimáne, *f.*; on the —, l'indománi, il giórno susseguénte; góod —, (*volg.*) buon giórno; to- —, dománi; this dáy àfter to- —, posdománi, dománi l'áltro, dòpo dománi

Mòrse, *s.* vàcca marína, cavállo maríno

Mòrsel, *s.* brícíolo, tòzzo, boccóne, *m.*, pèzzo

Mòrsure, *s.* il mòrdere, il morsecchiáre; morsicatúra, mòrso

Mòrtal, *a.* mortále, dei mortáli; mortálo, della mòrte; letále, funésto

Mòrtal, *s.* mortále, *m. f*; —s, i mortáli, gli uómini

Mortàlity, *s.* mortalità; mòrte, *f*; natúra umána

Mòrtally, *avv.* mortalménte, a mòrte

Mòrtar, *s.* calcína da muráre, calcína e rena, calcistrúzzo, smàlto, gèsso; (*mil.*) mortájo

Mòrtgáge, *s.* ipotéca

— *va.* ipotecáre, impegnáre

Mòrtgagée, *s.* creditóre ipotecário; quéllo o quélla che ha un'ipotéca

Mòrtgager, *s.* debitóre sópra ipotéca; quéllo che ha ipotecáto i suoi bèni immóbili

Mortíferous, *a* mortífero, distruttivo, funèsto

Mortíncátion, *s.* mortificazióne, vergógna soffèrta; (*med*) mortificazióne, cancrèna

Mòrtified, *a.* mortificáto, vergognáto, umiliáto, mortificáto, cancrenáto

Mòrtify, *va.* mortificáre, triboláre, deprímere; mortificáre, far cancrenáre

Mòrtise, *s.* (*dei falegnami*) càvo, fèmmina, intáglio, incastratúra; — and tènon, fèmmina e màschio, intáglio ed incàstro; càvo e dènte in tèrzo

— *va.* incastráre a dénte

Mòrtmáin, *s.* máno mòrta, bèni inalienábili

Mòrtuary, *a.* mortuále, sepolcrále; *s.* diritto mortuále, dirítto di cimitèrio; donazióne (fàtta alla chièsa)

Mosáic, *a.* (*arti*) a mosáico; (*Bibbia*) mosáico, di Mosè; — wòrk, mosáico

— *s.* mosáico (*arti*)

Mósque, *s.* moschèa

Mòss, *a.* (*bot.*) músco; tèrra paludósa; tórba; — clad, — gròwn, copèrto di músco; — tróopers, malandríni delle palúdi

— *va.* coprire di músco

Mòssiness, *s.* státo muscóso (fónti

Mòssy, *a.* muscóso; — fòuntains, muscóse

Móst, *a. e avv.* (*superl.* di much) il più, la più; maggiorménte, estremaménte; the— beaútiful, il più bèllo; — men, il più degli uómini; the — pàrt, la maggiór pàrte; a — érudíte man, un uómo dottíssimo; — of the pápers, i più dei giornáli; at —, at the —, al più, tutto al più; — of àll, principalménte, in ispècie

— *pron.* il più, i più, il maggiór número, la maggiór pàrte; — of us, la più pàrte di noi

Móstly, *avv.* per lo più, il più delle vòlte, d'ordinário, comunemènte, generalménte

Móte, *s.* pagliúccola, pagliúzza, átomo

Mòth, *s.* tignuóla; — múffa; — éaten, róso dalle tignuóle, tarláto

Mòther, *s.* mádre, *f*; matrice, *f.*, fèccia (*di liquorí*); stèp- —, matrigna; gránd- —, ávola; áva; great gránd- —, bisávola; —lo-làw, suócera; — -wòrt, (*bot.*) matricále, *f*; — of pèarls, madrepèrla

— *a.* matèrno, natío; — tòngue, língua matèrna; — coùntry, paése natío, pátria

Mòther, *vn.* (*dei liquorí*) muffáre, formáre concrezióni

Mòtherhóod, *s.* maternità

Mòtherless, *a.* sènza mádre, che non ha mádre

Mòtherly, *a.* matèrno, di, da mádre

Mòthy, *a.* tarláto, pièno di tignuóle

Mótion, *s.* mòto, moviménto; cénno; mozióne, proposizióne, propósta (in *parlamento*); to máke a —, fáre una propósta o mozióne, propórre una légge

— *vn.* far mòto, far cénno colla máno; fáre una mozióne (*parlam.*)

Mótionless, *a.* sènza mòto, immóbile

Môtive, *s.* motívo, movênte, *m.*, cáusa, cagióne

a. che dà môto, che métte in movimênto, che fa agíre, motóre, motívo, impellênte; — power, fòrza motríce

Motivity, *s.* potênza motríce; movibilità, capacità d'èsser pósto in movimênto

Mòtley, *a.* svariáto, screziáto, variopínto, chiazzáto di più colóri; — fóol, buffóne, *m.*

Mótor, *s.* motóre, *m.*, motríce, *f.*, movênte, *m*; impúlso

Mótory, *a.* impellênte, motóre, impulsívo

Mòttled, *a.* pomelláto, maculáto, picchietMòtto, *s.* môtto, epigráfe, *f.*, sentênza (táto

Móuld, *s.* terríccio, têrra vegetále, stráto di têrra coltivábile; múffa; fórma, matríce, *f.*, modêllo; bullet — , fórma da pálle, matríce, pallottiêra

— *va.* formáre, gettáre in una fórma o in una matríce; — a fígure, gettáre una figúra; — *vn.* muffáre, diveníre muffáto

Móuldable, *a.* formábile, suscettíbile d'êssere gettáto (in una fórma o in una matríce)

Móulder, *s.* modellatóre, formatóre, gettatóre, fonditóre

— *va.* ridúrre in pólvere

— *vn.* ridúrsi in pólvere; — down, franáre, ammottáre, sfasciársi

Móuldiness, *s.* múffa, státo ammuffáto

Móulding, *s.* modanatúra, cornice, *f.*

— -pláne, *s.* incorsatójo, piallòtto da scorniciáre

Móuldy, *a.* muffáto; to get —, ammuffáre

Móult, *vn.* mudáre, rinnováre le pênne

Móunch, *va.* (*volg.*) *V.* Mùnch

Móund, *s.* pòggio, piccolo monticellíno, mòtta; riálzo di têrra; terrapiêno, árgine, *m.*

Móunt, *s.* mónte, *m.* (ripáro

— *vn.* salíre, montáre, poggiáre, ascêndere; alzársi, innalzársi; here are the horses, let us —, êcco i caválli, montiámo; you are well —ad, avéte una bêlla cavalcatúra

— *va.* alzáre, assettáre, ricompórre, caricáre, méttere in òpera, poggiáre a, salíre a, montáre, ascêndere; — a cànnon, montáre su un cannóne; — guàrd, montáre la guárdia

Móuntain, *s.* montágna, mónte, *m*; bùrning —, montágna ignivoma; little —, montagnétta; to make —s of móle-hills, fáre d'una mósca un elefánte

— *a.* di montágna, di mónte, montanáro, silvéstre; vásto, immênso, enórme

— -àsh, *s.* (*bot.*) frássino montáno

— blúe, — -gréen, *s.* (*geol.*) malachíta turchína, malachíta vérde

— -dew, *s. whisky* scozzése genuíno

— -howitzer, *s.* (*mil.*) òbice, *m.* di montágna

— -máid, *s.* (*zitêlla*) montanína

— -pársley, *s.* (*bot.*) selíno (tágna

— -stréam, — -tíde, *s.* torrênte, *m.* di mon-

Móuntainéer, *s.* montanáro, montaníno

Móuntainous, *a.* montagnóso, enórme

Móuntebank, *s.* saltimbánco, ceretáno

— *va.* ciurmáre, uccelláre, baráre, truffáre

Móunter, *s.* chi ricompóne, assêtta o métte in òpera; chi mónta, pòggia, sále; montatóre, rassettatóre

Móurn, *vn.* far cordòglio, lamentársi, affliggersi, vestírsi a lútto, portár brúno

—, *va* piángere, lamentáre, deploráre, compiángere

Móurner, *s.* dolênte, *m. f.*, persóna che ha cordòglio, che in gramáglia accompágna un mòrto; piagnitóre -tríce, piagnóne, *m.*

Móurnful, *a.* piagnévole, lúgubre, dolênte

Móurnfully, *avv.* piagnevolménte, tristaménte

Móurnfulness, *s.* tristêzza, cordòglio, dolóre

Móurning, *s.* cordòglio; dolóre, afflizióne, péna; brúno, gramáglia, ábito di lútto; déep —, lútto gráve; half —, mêzzo lútto, lútto leggiêro

Móuse, (*pl.* mice) *s.* sórcio, tòpo; field- —, sórcio campêstre; dormóuse, ghíro; little —, topolíno; to càtch a —, prêndere un sórcio; — -éar, (*bot.*) pelosélla

Móuse, *vn.* prêndere sórci

Móuth, *s.* bócca; (*degli uccelli*) bécco; (*di fiume*) fóce, *f.*, imboccatúra, entráta, apertúra, fossúra; large, ùgly —, boccáccia; pretty little —, bel bocchíno; to live from hand to —, vívere alla giornáta; to make —s, fáre smòrfie; by wòrd of —, a víva vóce, a bócca; I have ten —s (*people*) to feed, ho diêci bócche da mantenére; — -píéce, bocciuólo, beccúccio; (*mus.*) imboccatúra; intêrprete, *m.*

Móuth, *vn.* parláre, gridáre ad álta vóce

— *va.* gridáre, declamáre, insultáre, svillaneggiáre, prêndere (o formáre) nella bócca (*volg.*)

Móuthed, *a.* dalla bócca..., che ha la bócca...; wide- —, che ha una gran bócca; wry- —, dalla bócca stòrta; foul- —, malêdico, calunniatóre

Móuthful, *s.* boccóne, *m.* boccáta

Móuthless, *a.* sênza bócca

Móvable, *a.* mòbile, movíbile; (*di festa*) (mòbile

Móvables, *spl.* bêni mòbili, *mpl.*, suppellêttili, *fpl.*

Móve, *s.* mòssa; whose — is it (*a dama, a scacchi*)? a chi tócca a muòvere? It is my —, your, tócca a me, a voi a giuocáre, a muòvere

— *vn.* muòversi, dimenársi, agitársi; (*parlamento*) far una mozióne; and yet it —s, eppúr si muòve

— *va.* muòvere, scuòtere, agitáre, méttere in movimênto, trasportáre, spíngere, persuadére, indúrre, toccáre, inteneríre, far náscere; (*parl.*) propórre, fáre la mozióne di

Móvement, *s.* móto, movimênto

nór, rùde; - fàll, sòn, bùll; - fàre, dó; - bý, lými ph; púlse, boys, fóul, fowl; gem, aš

Diz. Ingl. Ital. - Ediz. VI. Vol. I.º 26

Móver, *s.* movènte, *m.* motóre -trice, movitóre -trice; autóre di una mozióne (nel parlaménto)

Móving, *a.* motóre -trice; commovènte, toccánte, tènero, patètico; — pówer, fórza motríce

Móvingly, *avv.* in mòdo commovènte, patè-

Mów, *s.* múcchio, cúmulo, bíca (tico

Mów, (*p. p.* mówed, mówn) *va.* falciáre, segáre con fálce; *vn.* falciáre, stáre falciándo

Mówer, *s.* falciatóre -trice, segatóre di fiêno

Mówing, *s.* tagliaménto (de' fiêni)

M. P. (*pr.* èm, pé) *iniziali* di Mèmber of Pàrliament, mêmbro del parlaménto

Mr. (*pr.* mìster) *abbrev. di* mìster (signóre), *sig.*: Mr. Jòhn Millhouse, signor Giovánni Millhouse; (mìster *si scrive sempre abbreviato* Mr., *e non si usa se non seguito dal nome della persona*)

Mrs. (*pr.* mìssis) *abbrev.* di mìstress, madáma, signóra; *V.* Mìstress

Ms. *abbrev. di* mànuscript, *s.* manoscrítto

Mss. *abbrev. di* mànuscripts, *spl.* manoscrítti

Mùch, *a.* (*sing.*) (*comp.* móre; *superl.* the móst) mólto, considerévole, gránde

— *avv.* (*comp.* móre; *superl.* móst) mólto, assái, bène, a un di prèsso; — richer, mólto più rícco; — less, mólto mèno; — móre, assái più, mólto più, vieppiù; vèry —, moltíssimo; as —, tánto, altrettánto; hów — ? quánto? as — as you plèase, quánto vi piáce, quánto voléte; so —, tánto, cotánto; in as — as, giacchè, stánte che, dappoichè; by —, di mólto; by hów — ? di quánto? too —, tròppo; with — adò, a mála péna; thùs, —, tánto; as — móre, una vòlta più, dóppio; màtters are — as they wère, le còse stánno sèmpre nei medésimi têrmini; màke — of him, trattátelo bène; tóo — of one thing is góod for nòthing, il sovêrchio rómpe il copêr-

Mùch, *pron.* mólto, gran cópia, quantità (chio

Múcid, *a.* múcido

Múcidness, *s.* viscosità, mùffa, tánfo

Múcilage, *s.* mucilággine, *f.*

Mucilàginous, *a.* mucilagginóso

Mucilàginousness, *s.* natúra mucilagginósa

Mùck, *s.* (*volg.*) letáme, *m.* concíme, *m.* cóncio, sudiciúme, *m*; to run a —, córrere all'impazzáta; — -wòrm, vèrme (*m.*) da letamájo

— *va.* letamáre, concimáre

— -héap, — -hill, *s.* múcchio di letáme

— -wòrm, *s.* vèrme, *m.* di letamájo; spilòrcio, usurájo, strozzíno

Mùcker, *va.* far quattríni a fòrza di ladreríe

Mùckiness, *s.* sucidúme, *m.*, sporcízia

Mùcky, *a.* spórco, súcido, imbrattáto

Múcous, *a.* macóso

Múcousness, *s.* mucosità

Múculent, *a.* alquánto mucóso, mácido

Múcus, *s.* múco, umóre viscóso, mèccio

Mùd, *s.* fángo, lòto, mòta, pálea, fanghíglia; to fàll into the —, cadére nel fángo, infangársi; — wàll, múro (costrútto) di mota o di fángo

— *va.* infangáre, imbrattáre, intorbidáre

— -càrt, *s.* carrétta da trasportáre il fángo

— -fish, *s.* (*itt.*) chiòzzo

— -hóle, *s.* (*in una locomotiva*) fóro per nettár la mácchina

— -líghter, *s.* battèllo da spurgáre

— -sill, *s.* suòlo, lètto di pónte, piatta-

— -wòrt, *s.* (*bot.*) limosèlla (fórma

Mùddily, *avv.* fangosaménte, torbidaménte

Mùddiness, *s.* státo fangóso, fangosità, torbidézza

Mù-ldle, *va.* intorbidáre, inebbriáre, istupidíre

Mùddy, *s.* limóso, tórbido, lotóso, melmóso

— *va.* intorbidáre, disturbáre, oscuráre

Mùff, *s.* manicòtto, manichíno

Mùffin, *s.* focáccia spongósa

Mùffle, *va.* camuffáre, imbacuccáre

Mùffler, *s.* sciárpa di lána pel còllo, cappúccio, bènda, cúffia

Mùfty, *s.* mufti *m.*, sacerdòte, *m.* de' Turchi

Mùg, *s.* ciòtola, bròcca, mezzína, boccále, *m*; a — of bèer, un boccále di bírra; little —, boccalétto

Mùggish, Mùggy, *a.* úmido, acquóso, muffáto

Mulàtto, *s.* mulátto, mulázzo (metíceio)

Mùlberry, *s.* (*bot.*) mòra (frútto del mòro)

— -trée, *s.* (*bot.*) mòro, gèlso

Mùlct, *s.* múlta, ammènda, péna pecuniária

— *va.* condannáre all'ammènda, multáre

Múle, *s.* (*zool.*) múlo, múla; — driver, mulattière, *m.*; — jènny, filatójo da filáre cóse

Múletéer, *s.* mulattière, *m.* (fine

Múlish, *a.* ostináto, ritróso, incapáto, capárbio

Mùll, *va.* scaldáre, abbruciáre del víno mescolándovi spezieríe, xúcchero ed uòvo

Mùller, *s.* macinétta, macinèllo da tritár colóri, ecc.

Mùllet, *s.* (*itt.*) tríglia

Mùlligrubs, *s.* (*volg.*) dolóri còlici

Multàngular, *a.* polígono, moltilátero

Multifàrious, *a.* moltifórme; svariatíssimo

Multifàriously, *avv.* in mòdo variáto

Multifàriousness, *s.* varietà, diversità

Mùltiform, *a.* moltifórme

Multilàteral, *a.* moltilátero, di più láti

Multíloquous, *a.* multilòquo

Multíparous, *a.* moltíparo

Mùltiped, *s.* (*ent.*) mille pièdi, *m.*, cento gámbe, *m.*

Mùltiple, *a.* múltiplo; moltiplicáto (bile

Mùltipliable, múltiplicable, *a.* moltiplica-

Multiplicànd, *s.* (*arit.*) moltiplicándo (nu-

Multiplicátion, *s.* moltiplicaziône (mero

Multiplicátor, *s.* moltiplicatóre

Multiplicity, *s.* moltiplicità
Multiplier, *s.* moltiplicatóre
Multiply, *van.* moltiplicáre, créscere
Multitude, *s.* moltitúdine, *f.*
Multitúdinous, *a.* numeróso, di gran número
Mum *s.* birra (di fruménto)
— *interj.* (*volg.*) zítto! silénzio!
Mumble, *vn.* biasciáre, masticáre mále; mormoráre, borbottáre
— *va.* biasciáre, pronunciáre indistintaménte
Mumbler, *s.* tartagliône, *m.*, borbottóne, *m.*
Mumblingly, *avv.* in módo indistínto
Mumm, *vn.* (*ant.*) mascherársi, dissimuláre
Mum mer, *s.* máschera, persóna mascheráta
Mummery, *s.* mascheráta; bacchettonería
Mummy, *s.* mómmia; to beat to a —, spappoláre, ammaccáre a fúria di púgni
Mump, *va.* mangiucchiáre; mendicáre, far l'accattóne
Mumper, *s.* accattóne, *m.*, scroccóne, *m.*, pezzénte, *m. f.*
Mumpish, *a.* (*volg.*) di cattívo umóre, infastidíto
Mumps, *s. pl.* fastídio, cattívo umóre; (*med.*) strangughióni, *m. pl.*
Munch, *va.* masticáre a gran boccóni
Muncher, *s.* chi mástica a gran boccóni
Mundáne, *a.* del móndo, terréstre, terréno, (mondáno)
Mundificátion, *s.* mondificazióne, nettaménto
Mundificátive, *a.* (*med.*) mondificatívo, detersívo (gáre
Mundify, *va.* (*med.*) nettáre, mondáre, purMunerary, *a.* rimunerativo, rimuneránte
Mungrel, *V.* Mongrel
Municipal, *a.* municipále, di município
Municipálity, *s.* municipalità
Munificence, *s.* munificénza
Munificent, *a.* munificénte, liberále
Munificently, *avv.* munificenteménte
Muniment, *s.* fortificazióne, *f.*, ripáro
Munition, *s.* munizióne, provvisióne, *f.*, ripáro; — bread, páne di munizióne; — -ship, bastiménto di traspórto
Munnion, *s.* (*arch.*) crociéra, crociáta (di finéstra)
Mural, *a.* murále, di múro; — cröwn, coróna murále
Murder, *va.* ammazzáre, assassináre, uccídere, trucidáre; (*cosa*) assassináre, rovináre
— *s.* omicídio, ammazzaménto, uccisióne; wilful —, omicídio volontário; —! (*esclamazione*) all'assassino! Ajúto! to cry out —, gridáre all' assassíno, all' assassíno! soccórso! ajúto!
Murderer, *s.* omicída, *m.* omicidiário, uccisóre
Murderess, *s.* omicída, *f.*
Murderous, *a.* micidiále, sanguinário
Murderously, *avv.* mediánte assassínio; in módo micidiále; da véro assassíno
Mure, *va. V.* Immure

Murex, *s.* múrice. *m. f.* (nícchio maríno)
Muriate, *s.* (*chim.*) muriáto
Muriátic, *a.* muriático, del sál maríno
Murk, *s.* oscurità, ténebre, *fp*; bújo
Murkiness, *s.* oscurità, tenebrosità, tetrággine, *f.*
Murky, *a.* oscúro, tenebróso, fósco, bújo
Murmur, *s.* mormorío, bisbíglio, susúrro
— *va.* mormoráre, borbottáre, brontoláre
Murmurer, *s.* mormoratóre -trice
Murmuring, *s.* mormoraménto, bisbíglio
Murmuringly, *avv.* con mormorío; con bisbíglio
Murrain, *s.* epizoozía, moría, mortalità fra il bestiáme
Murrey, *a.* di colór rósso oscúro
Murrion, *s. V.* Morion (víno)
Muscadel, *s.* moscadéllo (*uva*); moscadéllo
Muscadin, *s.* (*bot.*) moscadéllo (*víno*)
Muscat, *s.* (*bot.*) moscadéllo (*uva*)
Muscatel, *V.* Muscadel
Muscle, *s.*(*anat.*) múscolo; (*conchig.*) nícchio
Muscòsity, *s.* státo muscóso
Muscováde, *s.* mascavádo (*succhero*)
Muscovy, *s.* Moscóvia; — -dùck, (*zool.*) ánitra muscáta; — -glass, (*mín.*) mica
Muscular, *a.* muscoláre, muscolóso tarchiáto
Muscularity, *s.* natúra muscoláre, muscolósa
Musculous, *a.* muscolóso, piéno di múscoli
Muse, *s.* (*poet.*) músa; (*fig.*) vaneggiaménto; deep —, meditazióne profónda
— *vn.* ruminá re, rugumáre, meditáre, fantasticáre
— *va.* pensáre a, meditáre
Museful, *a.* pensieróso, cogitabóndo
Muser, *s.* chi médita o rúmina, pensatóre -trice
Muséum, *s.* muséo
Mushroom, *s.* fúngo; meadow —, pratajuólo; French —, prugnajuólo
Music, *s.* música, melodía, armonía
— -book, *s.* líbro di música
— -compóser, *s.* compositóre (di música)
— -máster, *s.* maéstro di música
— -publisher, *s.* editóre di música
— -róom, *s.* sála del concérto
— -séller, *s.* negoziánte di música
— -stánd, *s.* leggío (per la música)
— -stóol, *s.* sgabéllo (da sedére al pianofórte), *tabouret, m.*
Músical, *a.* musicále, músico, musicánto, armonióso; — glàsses, l'armonía
Músically, *avv.* in módo musicále, armónico
Músicalness, *s.* musicalità, armonía, melodía
Musician, *s.* musicánte, músico, música, chi sa la música, chi la eseguísce
Músing, *s.* meditazióne, contemplazióne; fit of —, vaneggiaménto
Musk, *s.* múschio; — cat, (*zool.*) zibétto; —

-dùck, *V.* Mùscovy-dùck; perfùm*ed* with —, muscàto

— -mèlon, *s.* popóne, *m.*, mellóne muschiàto

Màsket, *s.* moschétto, fucíle, *m.*, schióppo

Musketéar, *s.* moschettiére, *m.*, fuciliére, *m.*

Màsketòon, *s.* moschettóne, *m.*

Màsketry, *s.* moschettería; fucíli, *mpl.*, fuciliéri, *mpl.*

Mùskiness, *s.* odóre di màschio, fragrànza

Muskitto, *meglio* Mosquito, *s.* (*ent.*) zanzàra; — bíte, morsicatùra di zanzára, cocciuóla

Màsky, *a.* moscáto, muschiáto, fragránte

Màslin, *s.* mossolína, mùssolo; *a.* di mossolína, di mùssolo

Musquitto, *s. V.* Muskitto e Mosquito

Màsrol, *s.* museruóla, musoliéra

Màssulman, *s.* musulmáno

Mussulmànic, *a.* musulmànico, dei Musul-

Mùssulmanish, *a.* maomettáno (máni

Mùssulmanly, *avv.* secóndo l'usánza dei Musulmáni

Màst, *s.* mósto (víno nuóvo, bírra nuóva)

— *vn. unipersonale* (*pres. pret. fut.* must) bisognáre, dovére; I — writ*e*, bisógna che io scríva; you — read, bisógna che leggiáte; we — do it, bisógna che lo facciámo; it — be an èrror of the prèss, dev'èssere erróre di stámpa; I — set out, débbo partíre

— *vn.* muffáre, marcíre; *va.* far muffáre

Mustache, (*pr.* mustàshe) *s.* basétta, mustácchio

Mustachio (*pr.* mustàsho) *s.* mustácchio, báffo; he wéars —*s* (o mustáches), egli pòrta i báffi (o i mustácchi)

Màstard, *s.* sènapa; — séed, séme di sènapa; — pot, mostardiéra

Màster, *va.* (*mil.*) chiamár a raccòlta, radunáre, raccógliere, rassegnáre, ammassáre; — the tróops, chiamáte a raccòlta le trùppe; mùstering all his méans, radunándo tútti i suoi mèzzi; to — àll one's còurage, pátience, armársi di coràggio, di paziènza

— *vn.* radunársi, assembrársi, accozzársi, far la rivísta

— *s.* raccòlta, móstra, rasségna, adunánza, accozzaménto, accozzàglia; — of phéasants, stuólo di fagiáni; to pass —, far la móstra o la rasségna; — máster, ufficiále che fa la rasségna, ispettóre; — róll, ruòlo, lísta dei soldáti

Màstiness, *s.* mùffa, rancidézza, tánfo

Màsty, *a.* muffáto, ráncido, insípido, viéto

Mutability, *s.* mutabilità, instabilità

Mùtable, *a.* mutábile, instábile, fuggévole

Mùtableness, *s.* mutabilità, incostánza

Mutàtion, *s.* mutaménto, variazióne

Màte, *a.* mùto, mùtolo, silenzióso

— *s.* mùtolo, mùto; stèrco degli uccèlli

Màtely, *avv.* cóme un mùtolo, tacitaménte, silenziosaménte

Màteness. *s.* mutézza, silènzio

Mùtilate, *va.* mutiláre, mozzáre, troncáre

Mutilàtion, *s.* mutilaménto, troncaménto

Mùtilàtor, *s.* mutilatóre

Mùtine, *vn.* (*ant.*) ammutinársi, rivoltársi

Mutinéer, *s.* ammutináto, rivoltóso

Màtinous, *a.* (*mil*) rivoltóso, ammutináto, sedizióso; to becòme —, ammutinársi, rivoltársi

Màtinously, *avv.* da rivoltóso, sediziosaménte

Màtinousness, *s.* spírito rivoltóso, státo ammutináto

Mùtiny, *s.* ammutinaménto, sedizióne, sollevazióne, ribellióne, rivòlta

— *vn.* ammutinársi, rivoltársi, sollevársi, ribellársi

Mùtter, *vn.* borbottáre, pronunciáre fra i dènti, profferír mále (lio

—, mùttering, *s.* borbottaménto, brontone, *m.*, brontolóna

Mùtterer, *s.* borbottatóre -trice, brontoló-

Mùtteringly, *avv.* borbottándo, in mòdo mormorànte, con brontolío

Mùtton, *s.* cárne, *f.* di castráto, castráto; leg of —, cosciótto, (gigòtto) di castráto; — chop, *s.* costolétta, braciuòla di castráto; — fist, máno gròssa e grássa

Mùtual, *a.* mùtuo, recíproco; scambiévole; our — friènd Brówn, il nòstro comúne amíco, Brówn

Mutuàlity, *s.* mutualità, reciproc·tà

Mùtually, *avv.* mutuaménte, reciprocaménte

Mùtule, *s.* (*arch.*) mùtulo, mùtilo

Màzzle, *s.* (*di bestia*) mùso, musóne, *m.*, cèffo; musoliéra; museruóla; — of a gun, bócca del fucíle; to put on the —, méttere la musoliéra

Mùzzle, *va.* méttere la musoliéra a, accarezzáre

Màzzy, *a.* (*famigliare*) altíccio; distrátto, inebetíto

Mý e Mỳ, *a. poss.* mío, mía, miéi, míe; — fáther, mio pádre; — umbrèlla, la mia ombrèlla; — bóoks, i miéi líbri; — pens, le mie pénne

Mỳlodon, *s.* milodónte, *m.* (*animale antidiluviano*)

Mỳnchen, *s.* (*ant.*) mònaca

Mỳnchery, *s.* (*ant.*) monastèro (scoli

Mỳography, *s.* miografia, descrizióne dei mùsculi

Mỳope, *s.* miope, *m. f.*

Mỳopy, *s.* miopísmo, vísta córta

Mỳosòtis, *s.* (*bot.*) miosótide, *f.*, vaníglia selvática, fiorellíno della memória, non ti scordár di me, *m.*

Mỳriad, *s.* miríade, *f.*

Mỳriagram { *s.* miriagrámma, *m.*
Mỳriagramme {

Mỳriàliter { *s.* mirialítro
Mỳrialitre {

Mỳriàmeter } *s.* miriàmetro
Mỳriàmetre }

Mỳrmidon, (*pr.* mùrmidon) *s.* villano insolènte, sgheràno

Myròbolan, *s.* (*bot.*) miraboláno

Myrrh (*pr.* mùr), *s.* (*bot.*) mírra; (*farm.*) mírra

Myrrhine (*pr.* mùrrine), *a.* (*min.*) murríno

Mỳrtle, *s.* mírto, mortélla; — bèrry, mirtèllo; — gróve, mirtéto

Myrtiform (*pr.* mùrtiform), *a.* (*bot.*) mirtifórme

Mysèlf, *pron.* io stésso, me, mi; I wróte the lètter —, scríssi io stésso la léttera; I flàtter —, io mi lusíngo

Mỳstagoque, *s.* mistagògo

Mystérious, *a.* misterióso, oscúro, segréto

Mystériously, *avv.* misteriosaménte

Mystériousness, *s.* qualità, státo misterióso, oscurità

Mỳstery, *s.* mistèro, segréto, intrígo

Mỳstic, *a. s.* místico

Mỳstically, *avv.* misticaménte, in sénso místico

Mỳsticalness, *s.* misticità

Mỳsticism, *s.* misticísmo

Mystificàtion, *s.* mistificazióne

Mỳstify, *va.* mistificáre

Mỳth, *s.* mito

Mỳthic, *a.* mítico, favolóso

Mythològical, *a.* mitològico

Mythològically, *avv.* mitologicaménte

Mythòlogist, *s.* mitologísta, *m.* mitòlogo

Mythòloğize, *vn.* interpretáre per mèzzo della mitologia

Mythòtology, *s.* mitología

N

N, (èn) decimaquárta lèttera dell'alfabéto inglése, n; (*geog.*) N. nòrte, *m.*

Nàb, *va.* (*volg.*) accaffáre, afferráre, carpíro

Nàbob, *s.* nába, *m.*, príncipe indiáno, riccóne che ha fátto fortúna nelle Indie

Nàcker, náker e nácre, *s.* madrepèrla

Nàdir, *s.* (*astr.*) nadír, *m.*

Nàg, *s.* bidétto, cavallíno, ronzíno

Náïad (*pl.* náiadś e náiadeś), *s.* (*mít.*) náiade, *f.*

Nàïl, *s.* chiòdo; the —s of the fingers or tóes, le únghie; to hit the — on the hèad, colpír nel bròcco, dar nel ségno

Nàïl, *s.* inchiodáre, conficcáre con chiòdi

Nàïler e Nàïlor, *s.* chiodájo

Nàïlery *s.* chiodería

Naïve, *a.* ingènuo

Naïvely, *avv.* ingenuaménte

Naïvete (*pr.* naïvetáy) *s.* ingenuità

Nàked, *a.* nùdo, ignúdo, scopèrto, espósto, palése · manifèsto, evidènte, lampánte; stark —, affátto ignúdo; to strip —, nudáre, spogliár nùdo, ignudáre; — sword,

spáda núda, trátta, sénza fòdero; the — trùrs, la púra verità

Nàkedly, *avv.* ignudaménte, allo scopèrto

Nàkedness, *s.* nudità, evidènza, chiarézza

Nàmby pàmby, *a.* pretensívo, vanerèllo

Nàme *s.* nòme, *m.*, rinománza; riputazióne; Christian — and sùrnáme, nóme e cognóme; pròper —, nòme pròprio; Christian —, nóme di battésimo; in mỳ —, a mió nóme; to be knòwn by the — of, to go by the — of, èsser conosciúto sótto il nóme di; whàt is your — ? come vi chiamáte? to call one —s, ingiuriáre alcúno; to táke the — of God in váïn, nominár il nòme di Dio ïnváno; to knów by —, cónòscer di nóme; a góod — is better than riches, una buòna riputazióne è più preziósa d'ogni ricchézza

— *va.* nomáre, nomináre, chiamáre, appelláre, denomináre, intitoláre, mentováre

Nàmed, *a.* mentováto, nomináto, chiamáto; the abòve — Mr. B., il sullodáto sig. B.

Nàmeless, *a.* sénza nòme, innomináto; anònimo; sconosciúto, oscúro, indicíbile; who shall be —, di cui taceròmo il nòme

Nàmelessly, *avv.* sénza nóme

Nàmely, *avv.* cioè, vàle a díre

Nàmer, *s.* nominatóre -trice, che dà il nòme

Nàmesàke, *s.* omònimo, che ha il medésimo nòme   (cano

Nàndu, *s.* (*orn.*) nandù, *m.* (*struzzo americ.*

Nankéen e Nankin, *s.* (*stoffa*) nanking, *m.*

Nàp, *s.* sonnicéllo, sonnellíno, pélo, cima di pánno; to ràïse the —, accotonáre

— *vn.* sonnecchiáre, velár l'òcchio

Nàpe, *s.* núca, collòttola, cervíce, *f.*

Nàpery, *s.* (*ant.*) biancheria da távola (tovàglia, tovagliuòli, *m. pl.*)

Nàphrsa, *s.* nàfta (bitúme)

Nàphrnaline, *s.* (*chìm.*) naftalína

Nàpkin, *s.* tovagliuòlo, salviétta

Nàpless, *a.* ráso, speláto, usáto, lógoro

Nàppiness, *s.* pelosità

Nàppy, *a.* spumóso

Narcissus, *s.* (*bot.*) narcísso

Narcòtic, *a. s.* narcòtico

Narcòtical, *a.* narcòtico

Narcòtically, *avv.* narcoticaménte

Narcòticness, *s.* proprietà narcòtica

Narcotíne, *s.* (*chìm.*) narcotína

Nàrd, *s.* (*bot.*) nárdo

Nàrrable, *a.* raccontàbile, dicíbile

Nàrrate, *va.* narráre, raccontáre

Narràtion, *s.* narrazióne, raccónto

Nàrrative, *s.* narratíva, narrazióne

— *a.* narratívo, narratòrio

Nàrratively, *avv.* in mòdo narratívo

Narràtor, *s.* chi o che nàrra, narratóre, raccontatóre; Millhouse's English —, il narratóre inglése di Millhouse

Nàrrow, *a.* strétto, angústo, ristrétto, limitáto, stentáto, stítico, meschíno, grétto,

Néedlessness, *s.* iuutilità
Néedly, *a.* d'ágo; somigliánte ad ágo
Néedn't, *contrazione di* néed not
Néeds, *avv.* necessariaménte, assolutaménte; I mùst — *know* thàt, bisógna assolutaménte ch'io sáppia ciò; it mùst — be so, bisógna che sia coshì
Néedy, *a.* bisognóso, necessitóso, indigénte
Ne'er, (*pr.* nár), *avv. contrazione di* nèver, giammái
Nèf, *s.* náve, *f.*, naváta (*di chiesa*)
Nefárious, *a.* nefário, nefándo, sceleráto
Nefáriously, *avv.* nefariaménte, scelerataménte
Negátion, *s.* negazionè, negaménto
Nègative, *a.* negatívo; (*elettr.*) negatívo
— *s.* negatíva, negazióne
— *va.* smentíre, prováre il contrário
Nègatively, *avv.* negativaménte
Neglèct, *va.* negligere, trascuráre, méttere in non cále, trasandáre, non si curáre
— *s.* negligènza, trascuránza, disúso
Neglècter, *s.* chi trascúra; trascuráto
Neglèctful, *a,* negligènte, non curánte
Neglèctfully, *avv.* negligenteménte
Neglèctingly, *avv.* con negligènza
Nègligence, *s.* negligènza, trascuránza
Nègligent, *a.* negligènte, trascuráto
Nègligently, *avv.* trascurataménte
Negotiability, *s.* (*com.*) negoziabilità
Negótiable, *a.* negoziábile
Negótiate, *van.* negoziáre, fáre il negoziánte; trattáre; (*polit.*) negoziáre, il trattáre
Negotiátion, *s.* negoziazióne, negózio, tráfficco, trattáto, manéggio
Negótiator, *s.* chi negózia; (*com.*) negoziánte; (*polit. dipl.*) negoziatóre, ambasciatóre
Nègress, *s.* négra, mòra, Africána
Négro, *s.* négro, néro; — woman, négra; — boy, negrettíno; — girl, negrétta, morettína
Nègus, *s.* bevánda cálda compósta di víno, ácqua, zúcchero, limóne e nóce moscáta
Neigh (*pr.* nà), *s.* nitríto
— *vn.* nitríre
Neighbour (*pr.* nábor), *s.* vicíno, vicína; (*relig.*) próssimo; *good mòrning* —, buòn giórno, vicíno; *to love one's* —, amáre il próssimo; *a.* vicíno
— (*pr.* nábor, *vq.* confináre; conterminàre
Neighbourhood (*pr.* náborhóod), *s.* vicináto, vicinánza; dintórni, *pl. m*; néar —, prossimità, vicinánza; *in a bad* —, fra cattívi vicíni
Neighbouring (*pr.* náboring), *a.* vicíno, del vicináto, contíguo, próssimo
Neighbourly (*pr.* náborly), *a.* di o da buòn vicíno, amichévole, cortése; *to be* —, agíre da buòn vicíno, éssere buòn vicíno
— *avv.* amichevolménte, da amíco
Neither, *o néither, cong.* e *pron.* nè, nè l'uno nè l'áltro, nè gli uni nè gli altri; — Jòhn

nòr Richard, nè Giovánni, nè Riccárdo; — móre nòr less, nè più nè méno; — will còme, nè l'uno nè l'áltro verrà; you don't go to the théatre this évening, nòr I —, voi non andáte al teátro stasséra, nemméno; — nòr, nè-nè
Nèmaline, *a.* (*min.*) nemalíno, fibróso
Nèmalite, *s.* (*min.*) nemalíte, *f.*
Nem. Con. *abbrev. di* nemine contradicente, (*lat.*) unanimeménte
Nèm. Diss. *abbrev. di* nemine dissentiente, (*lat.*) di pári consentimènto
Neméan, *a.* (*antichità greche*) neméo; — gámes, giuóchi neméi
Nèmolite, *s.* (*min.*) nemolíte, *f.*
Nènuphar, *s.* (*bot.*) nenufár, *m.* ninféa
Neológic, Neológical, *a.* neológico
Neológically, *avv.* neologicaménte
Neólogism, *s.* neologismo
Neólogist, *s.* neólogo
Neólogy, *s.* neología
Neológize, *vn.* neologizzáre, introdúrre neologísmi
Néophýte, *s.* neófito, novízio (logísmi
Neógraphism, *s.* neografísmo
Neotéric, *s.* neotérico; —, neotèrical, *a.* neotérico
Nepènthe, *s.* (*farm.*) nepénte, *m.* (tèrico
Nepènthes, *s.* (*bot.*) nepénte, *m.*
Nèphelin \ *s.* (*min.*) nefelína
Nèpheline /
Nephew (*pr.* nèvew), *s.* nipóte, *m.*, figliuólo del fratéllo o della sorélla; young —, little —, nipotíno; grand —, bisnipóte, pronipóte, *m.*
Nephrític, *a. s.* (*med.*) nefrítico
Nephrítical, *a.* (*med.*) nefrítico
Nephrítis, *s.* (*med.*) nefrítide, *f.* infiammazióne di rèni
Nephròtomy, *s.* (*chir.*) nefrotomía, estrazióne della piètra
Né plùs ùltra, *s.* nec plus ultra (*lat.*)
Nèpotism, *s.* nepotísmo
Néreid, *s.* neréide, *f.* (*ninfa*)
Nèrve, *s.* (*anat.*) nèrvo, nèrbo
— *va.* dár nèrbo, invigoríre
Nèrved, *a.* invigoríto, fortificáto, preparáto
Nèrveless, *a.* snerváto, fiácco, sénza fòrza
Nèrvous, *a.* nervóso; nerboráto, gagliárdo; — diséase, malattía nervósa
Nèrvously, *avv.* con vigóre, con fòrza, gagliardaménte
Nèscience, *s.* nesciénza
Nèst, *s.* nído, nidio; covácciolo, stánza, ripáro, asílo; — of birds, nidiáta, nidáta di uccélli; — of thíeves, ricettácolo, tána di ládri; — egg, guardanidío, éndice, *m.*
— *vn.* nidificáre, fáre il nído, abitáre
Nèstle, *vn.* annidársi, fermáre sua stánza
— *va.* accarezzáre, ricoveráre, albergáre
Nèstling, *a.* nidiáce; — *s.* uccéllo nidiáce, uccéllo tòlto di frésco dal nído
Nèt, *s.* réte, *f*; fishing —, rète da pescáre; birding —, rágna; drag —, tramáglio;

hùnter's —, caláppio; little —, reticèlla;
to spread a —, tèndere una réte; to fall
into a —, cadére nella réte; — -wòrk,
lavóro fàtto a réte
— van. lavoráre a réte, a máglia; (com.)
prodúrre nétto
— a. nétto, púro; — weight, péso nétto
Nèther a. inferióre, básso; in this — wòrld,
quaggiù
Néthermost, a. ínfimo, più básso
Nètting, s. intrecciaménto, fàtto a guísa di
réte, reticèlla, reticoláto; gárza; (mar.)
réti, f. pl. d'impagliettatúra
— -néedle, s. spóla, spuòla
— -pin, s. cápo dello spíllo (ticária
Nèttle, s. (bot.) ortíca; — ràsh, (med.) ur-
— va. púgnere, irritáre, esasperáre
— -trée, s. (bot.) lóto, bagoláro, perláro
— -tribe, s. (bot.) orticinèe, f. pl.
Neúràlgia, s. (med.) nevralgía
Neúròlogy, s. (anat.) neurología   (tero
Neúròpter (pl. neuròptera), s. (ent.) neuròt-
Neúròpteral   a. (ent.) neuròttero, dell'ór-
Neúròpterous } dine dei neuròtteri
Neúròtomy, s. neurotomía
Neúter, a. nèutro; neutrále; (gram.) nèu-
tro; (polit.) neutrále; to stand —, to re-
maín —, èsser neutrále; — s. nèutro, neu-
tràle, m. f; in the —, (gram.) al nèutro
Neútral, a. neutrále, indifferènte, nèutro
— s. neutrále, m. f.
Neútràlity, s. neutralità, indifferènza
Neútralizátion, s. il neutralizzáre, neutraliz-
zazióne
Neútralize, va. neutralizzáre; (chim.) neutra-
lizzáre; to becòme —d, disaccerbàrsi
Neútralízer, s. (chim.) neutralizzánte, m.
Neútrally, avv. neutralménte
Neúvàfne, s. (relig. catt. rom.) novèna
Nèver, avv. giammái, mái, non mái; — de-
spàír of the commonwealra, non disperáte
mái della pàtria
Nèvertheless, conj. nulladiméno, nondiméno,
ciò non ostánte; púre, tuttavía
New (pr. nú), a. nuòvo, novèllo, frésco,
recènte; nuòvo, novízio, pòco prático; —
hat, càppèllo nuòvo; bran —, nuòvo di
zécca; — bread, pán frésco, — wine, víno
nuòvo; — yéar's day, cápo d'ánno; —
yéar's gift, strénna; — Tèstament, nuòvo
Testaménto; I wish you a hàppy — yéar,
buòn cápo d'ánno   (ménte
Nèw, avv. nuovaménte, di frésco, novella-
Nèwel, s. álbero di una scála a chiòcciola
Nèwfàngle, V. Fàngle
Nèwgáte, s. prigione di Londra; — bird,
(pr. bùrd), fórca (degno di fórca); twó
and twó, — fàshion, a dúe a dúe come i
galeòtti; — càlendar, raccòlta di cáuse
cèlebri
Nèwing, (pr. nùing), s. ferménto, lièvito di
bírra

, a. piuttòsto nuòvo, ab-
bastánza recènte
Nèwly, avv. nuovaménte, di frésco, di recènte
Nèwness, s. novità, freschézza
Nèws, s. novèlla, nuòva, notízia, notízie, avvíso; what is the —? che nuòve abbiámo?
that is góod —, quésta è buòna notízia;
— -man, novellísta, m.,raccoglitóre di notízie; — mònger, propagatóre di nuòve; no
—' is góod —, nessúna nuòva, buòna nuòva
Nèwspáper, s. giornále, m., fòglio, gazzétta,
diário; the Editor of a —, l'estensóre, il
redattóre di un giornále
Newtónian, a. Neutoniáno
Nèwt, s. ramárro (specie di lucertola)
Nèxt, a. pròssimo, contíguo, vicíno, vegnènte,
seguènte, il più pròssimo, vicíno, contíguo;
— mònth, il pròssimo mése; — dáy, il di
sussequènte, l'indománi; the — chàpt'r,
il seguènte capítolo; the — hòuse, la cása
contígua, la prima pòrta
— avv. dópo, immediataménte dópo, indi,
di poi; il prímo; in seguíto; quási, pressochè? whàt —? e poi? who fóllows —?
chi ségue? — to impòssible, quási impossíbile; — to nòthing, quási niènte
Nib, s. bécco (d'ucc.); púnta (di penna);
a hard nibbed pen, pénna che ha la púnta
dúra
Nibble, van. morsecchiáre, rosecchiáre, ròdere, mangiáre come i sórci
— s. il morsecchiatúra
Nibbler, s. morditóre, roditóre, rosecchia-
tóre, m.
Nice, a. delicáto (al palato), aggradévole,
ghiótto, delizióso; delicáto; fíno, tènero,
mòrbido; delicáto, gentíle, vezzóso, avvenènte, simpático, amábile, vàgo, ghiótto;
esàtto, giústo, rigoróso, rígido; schifíltóso,
schizzinóso, di diffícile contentatúra, líndo,
nítido, elegànte; — bit, vivánda ghiótta;
— girl, fanciúlla vàga, vezzósa, simpática;
— tissue, tessúto fíne e delicáto
Nícely, avv. delicataménte, esattaménte,
ghiottaménte, schifiltosaménte; eleganteménte
Nicéne, a. (teol.) Nicéno, di Nicèa; the —
Créed, il Crédo Nicéno
Níceness, s. esattézza, delicatézza; schifiltosità
Nícety, s. ghiottornía, còsa ghiótta; delicatézza, squisitézza, esattézza, gentilézza,
amabilità, vezzosità; aggiustatézza, accuratézza, raffinaménto, schifiltosità, ritrosía;
to a —, appuntíno, perfettaménte
Niche, s. nicchia (da statua), incavatúra,
vano
Nick, s. tácca, píccolo táglio, intaccatúra;
púnto, moménto propízio; in the — of
time, opportunissimaménte, al moménto
giústo; old —, Farfarèllo (il diávolo)

—*va.* intaccáre, fáre una píccola intaccatúra in, féndere; (*volg.*) còglier bêne, dar nel ségno, incontrâre a propòsito; treccáre, ingannáre

Nickel, *s.* (*min.*) níckel, *m.*

Nicknáme, *s.* soprannóme, *m.* (dato per burla) — *va.* dáre un soprannóme (per burla)

Nicótian, *a.* (*bot.*) nicoziáno del tabácco

Nicotiànina | *s.* (*farm.*) nicoziána
Nicótianine |

Nicotin, *s.* nicotína

Nictaté, *vn.* ammiccáre, báttere le palpêbre

Nictátion, nictitátion, *s.* ammícco, tremolío, battiménto delle palpêbre

Nidificátion, *s.* (*poet.*) nidificazióne

Nidulátion, *s.* il têmpo di stáre nel nído, covatúra

Níéce, *s.* nipóte, *f.*, figliuóla di un fratêllo o di una sorêlla; grand —, pronipóte, *f.*

Niggard, *s.* spilòrcio, taccágno, sòrdido — *a.* taccágno, sòrdido, aváro, stítico

Niggardish, *a.* alquánto aváro

Niggardliness, *s.* spilorcería, sordidézza

Niggardly, *a.* spilòrcio, aváro, sòrdido

Nigger, *s.* (*volg.*) négro, négra; *V.* Négro, Négress

Nigh, *a.* vicíno, próssimo, contíguo — *avv.* qui vicíno, qui accánto; well —, quási, pressochè; to come —, avvicinársi; — *prep.* vicíno, accòsto, alláto, accánto

Night, *s.* nòtte, *f.*, séra, nòtte têmpo; (*teat.*) rappresentazióne; dárk —, nòtte scúra; — fálls, annótta, si fa nòtte; by —, di nòtte têmpo; to- —, quésta nòtte, staséra; last —, la nòtte scòrsa; Arábian —s, mille e una nòtte; at dèad of —, in the dèad of the —, a nòtte inoltráta, nel silênzio della nòtte; in the — tíme, di nottetêmpo; — -róving, nottívago; — -shíning, nottíluco; to be a — -wálker, fáre dell'andatóre di nòtte; to wish a góod —'s rest, auguráre, dáre la buòna nòtte; to sit up áll —, fáre nottáta, vegliáre tutta la nòtte; — -cap, berrétta da nòtte; — -gówn, vèste, *f.* da cámera; — -máre, íncubo; — -sháde, (*bot.*) belladònna, soláno; — -wálker, andatóre di nòtte, sonnámbulo; — -watch, guárdia notttúrna, vigile, *m.*; — -man, vuóta cêssi, *m.*; — -fáll, crepúscolo, imbruníre, *m.*

Nightingále, *s.* (*orn.*) rosignuólo, usignuólo

Nightish, *a.* nottúrno, della nòtte

Nightless, *a.* sênza nòtte

Nightly, *a.* nottúrno, di nòtte — *avv.* di nòtte-têmpo, ogni nòtte

Nightward, *a.* vèrso l'annottáre

Nigrèscent, *a.* nereggiánte

Nihilism, *s.* nichilísmo

Nihilist, *s.* nichilísta, *m.*, *f.*

Nill, *s.* scintilla di fornáce o di ancúdine — *vn.* non volére; will he, — he, vóglia o non vóglia, volére o non volére, per fòrza

Nilòmeter, *s.* nilòmetro

Nimble, *a.* ágile, lèsto, snéllo, leggièro

Nimbleness, *s.* agilità, leggerézza, sveltézza

Nimblewitted, *a.* prónto d'ingégno

Nimbly, *avv.* agilménte, leggerménte

Nincompóop, (*volg. corruzione di* non compos), *s.* baggéo, babbáccio, babbaccióne, *m.*

Nine, *a.* nòve; the —, le nòve (Muse) — -fóld, *a.* nòve vòlte tánto

Ninepins, *s.* (*giuoco*) birílli, *mpl.* — -scóre, *a.* cénto ottánta

Ninetéen, *a.* diecinòve

Ninetéenth,, *a.* decimonòno, diciannovésimo

Ninetieth, *a.* novantésimo

Ninety, *a.* novánta

Ninny, *s.* imbecílle, scimuníto, sciócco

Ninny-hàmmer, *s.* *V.* Ninny

Ninth, *a.* nòno

Ninthly, *avv.* in nòno luògo

Nip, *s.* pizzicòtto, pízzico; riardiménto; te give a —, dar un pízzico — *va.* pizzicáre, pùngere; frizzâre; geláre, guastáre, golpáre, spuntáre (zétte, *fpl.*

Nippers, *spl.* tanáglie, *fpl.*; molléttе, pinNipping, *a.* pungènte, mordáce, acêrbo

Nippingly, *avv.* mordacemênte, con frizzo

Nipple, *s.* capézzolo (delle póppe), zízza

Nisi-príus, *s.* (*legge*) córte tenúta in provincia

Nit, *s.* léndine, *m.* (vincia

Nitid, *a.* nítido, chiáro, splêndido

Nitrate, *s.* nitráto

Nitre, *s.* nítro, salnítro

Nitric, *a.* nítrico

Nitrogen, *s.* (*chim.*) nitrògeno

Nitrous, *a.* nitróso, del nítro

Nitty, *a.* lendinóso, piêno di léndini

Niveous, *a.* níveo, nevóso, nevicóso

Nó, *a.* e *avv.* no; non; niúno, verúno, nessúno, non alcúno, niênte, míca, punto; will you do it? — ; volête fárlo? no; I have — pens, non ho pénne; — man is more contênted than I, niun uòmo è più contênto di me; —, indéed, no, davvéro; I have — mòney about me, non ho (punto) danáro in dòsso; — móre, non più; — mátter, non ímporta; — where, in nessún luògo: Nó., *abbrev. di* número; No. (*pr.* nùmber) 20, num. 20

Nob, *s.* (*scherzosamente*) zúcca, têsta

Nobilitate, *vn.* nobilitáre, ingentilíre

Nobilitàtion, *s.* il nobilitáre, lo annobilíre

Nobility, *s.* nobiltà, chiarézza di náscita; nobiltà, grandézza, sublimità; — of thóught. sublimità di pensiéri; the —, la nobiltà, i nòbili

Nóble, *a.* nòbile (di rángo); nòbile, illústre, liberále, gránde; grandióso, supêrbo, eleváto, illústre, insigne; (*dei viní*) generóso, eccellènte; — áir, arióna; — stíle, stile eleváto, bêllo, sublíme — *s.* nòbile, *m. f;* the nòbles, i nòbili

Nóbleman (*pl.* nóblemen), *s.* nobiluómo, nòbile, gentiluómo

Nòbleness, s. nobiltà, grandézza, elevatézza, sublimità; nobiltà (*rango*)

Nòblewóman (*pl.* nóblewómen), *s.* nobildònna

Nòbly, avv. nobilménte, splendidaménte, magnificaménte; — bòrn, náto di genitóri illústri   (niúno

Nòbody, pron. (*personale*) néssúno, verúno,

Nócent, a. nocénte, nocívo, pernicióso

Noctambulátion, s. sonnambolísmo

Noctàmbulist, s. nottàmbulo, sonnámbulo

Nòcturn, s. (*relig. catt. rom.*) nottúrno

Nòctùrnal, a. nottúrno, di nòtte, di ogni nòtte

Nòd, s. cénno, gèsto che si fa colla tèsta, tenténno; píccolo inchíno; salúto

— **vn.** chinàre (*leggerménte*) la tèsta, far cénno, accennáre, tentennáre, dormicchiáre

— **va.** mostráre con un cénno di cápo, indicáre con un inchíno, salutáre chinándo il cápo

Nòddle, s. (*scherzosaménte*) tèsta, zúcca

Nòddy, s. sciòcco, gónzo, gòffo, minchióne, *m.*

Nòde, s. nòdo, nòcchio, gróppo, legáme, *m.*

Nòdosity, s. nodosità; complicazióne

Nòdóse, a. nodóso, noc-hióso, nocchierúto,

Nòdule, s. nodétto, píccol nòdo   (núcleo

Nòggin, s. boccále, *m.*, tázza (*di legno*)

Nòise, s. strèpito, romóre, schiamázzo; fracásso, rómbo; shrill —, stridóre, strído; to màke a —, far strèpito, strepitáre

— **va.** propagáre, divulgáre; it is —d abróad that, si vocífera che, córre vóce che

Nòiseless, a. silenzióso, tácito, sénza rumóre

Nòiselessness, s. silènzio, quiète, *f.*

Nòisiness, s. státo romoróso; chiásso, schiamázzo, schiamazzío

Nòisome, a. nocívo, insalúbre, disgustóso infètto   (ammorbánte

Nòisomely, avv. in mòdo disgustóso, spórco,

Nòisomeness, s. qualità nocíva, ammorbánte

Nòisy, a. strepitóso, romoróso, rombánte

Nòlens vólens, avv. (*lat.*) volénte o non volénte, per amóre o per fòrza

Nòli-mé-tàngere, s. (*bot.*) nòli me tàngere, *m.*, sensitíva, vergognósa; (*med.*) nòli me tángere, *f.* (úlcera maligna e cancherósa della fáccia

Nolition, s. átto di non volére

Nòmad, s. nòmade, *mf.*

Nomàdic, a. nòmade

Nòmadism, s. vita nòmade

Nòmadize, vn. menár vita nòmade

No-man's-lànd, s. (*mar.*) drómo

Nòmbles, s. pl. interióra, *f. pl.* (di cèrvo)

Nòmbril, s. (*blasone*) bellíco, céntro dello scúdo

Nòmenclátor, s. nomenclatóre

Nòmenclàtress, s. nomenclatríce, *f.*

Nòmenclàtural, a. di nomenclatúra

Nòmenclature, s. nomenclatúra

Nòminal, a. nominále, di nóme, non reále

Nòminalist, s. (*fil.*) nominalísta, *m.*

Nòminally, avv. nominalménte, di nóme

Nòminate, va. nominàre, nomáre, disegnáre; intitoláre; propórre qual candidáto; nomináre (*ad un impiego, ecc.*)

Nòminately, avv. nominataménte

Nomination, s. nòmina, presentazióne

Nòminative, s. (*gram.*) nominatívo, cáso

Nòminator, s. nominatóre   (rètto

Nominée, s. persóna nomináta o denomináta; persóna presentáta come candidáto

Nòn, prefisso negativo, non, mancánza, difètto; — ability, inabilità; — -accéptance, (*com.*) mancánza d'accettazióne; — compliance, rifiúto di acconsentíre; — commissioned òfficer, básso ufficiále; — condùctor, non conduttóre

Nònage, s. minorità, státo di persóna minorènne; —d, minorènne

Nonagenàrian, s. nonagenário

Nònagésimal, a. nonagésimo

Nònagon, s. (*geom.*) nonágono

Nònce, s. intènto; diségno; propósito; for the —, per quésta urgènza

Nòn-confòrmist, s. non conformísta, *m. f*.; dissidènte, *m. f*.   (mità

Nòn-conformity, s. discordánza, non confor-

Nòne, pron. nessúno, verúno, niúno, non alcúno; I have —, non ne ho alcúno

Nonèntity, Nonexistence, s. non esistènza, nulla, *m.*

Nònes, s. pl. (*antichità romane*) Nòne, *f.pl.,* (*nono giorno dagli Idi*)

Nonjùror, s. uno che rifiúta di prestár giuraménto di fedeltà

Nòmpareil, s. (*tip.*) nomparíglia

Nòn-páyment, s. difètto di pagaménto

Nòn-perfòrmance, s. non eseguiménto

Nònplus, s. imbarázzo; to be at a —, non sapér che díre

— **va.** confóndere, imbarazzáre

Nonrèsidence, s. assènza

Nonrèsident, s. che non risiéde; assènte

Nònsense, s. non-sènso, assurdità, controsènso, insulsággine, *f.*, sciocchézza; to tàlk —, anfanáre, spropositáre; díre sciocchézze

Nonsènsical, a. assúrdo, sciòcco, insúlso

Nonsènsically, avv. in mòdo assúrdo, ridícolo

Nonsènsicalness, s. assurdità, sciocchézza

Nonsòlvent, a. insolvènte, che non può paNònsúit, s. desistiménto di líte   (gáre

— **va.** condannáre per desistiménto di líte

Nòodle, s. sciòcco, minchióne, *m.* gónzo, gòffo

Nòok, s. cantúccio, ángolo, nícchia, ritíro

Nòon, s. mezzodì, *m.*, mezzogiórno, meríggio

Nòondáy, s. mezzodì, *m.* mezzogiórno, meríggio

— **a.** di mezzodì, meridionále

— **avv.** sul mezzodì, in pièno giórno

Nòontide, a. di mezzodì, meridiáno

— **s.** tèmpo di mezzodì, mezzogiórno

Nòoíe, *s.* nòdo scorsòjo, làccio, legáme, *m.*

Nòoíe, *va.* accalappiáre, allacciáre

Nòpal, *s.* (*bot.*) nopálo, fíco d'India

Nòr, *conj.* nè; neither rich — wíse, nè rícco, nè sávio; — do I think that, etc., nè crédo io che, ecc.; neither-nor, nè-nè

Nòrmal, *s.* (*geom.*) normále, *f.*, perpendicoláre, *f.*; *a.* normále, regoláre; — school, scuòla normále

Nòrman, *s.* e *a.* normánno

Nòrth, *s.* settentrióne, *m.*, nòrte, *m.*, tramontána

— *a.* settentrionále, nòrdico, del nòrte

Nòrthéast, *s.* gréco

Nòrtherly, Nòrthen, *a.* settentrionále

Nòrthward, Nòrthwards, *avv.* vèrso settentrióne

Nòrthwest, *s.* nòrd-òvest, maèstro

Nòrthwèsterly, *a.* a nòrd-òvest; da nòrd-òvest; a maèstro: da maèstro

Nòrthwèstern, *a.* a nòrd-òvest, a maèstro

Nòse, *s.* náso; (*di soffietto*) cannoncèllo, túbo; múso (*di bestia*); lárge —, big —, nasóne, nasáccio; little —, nasétto; pretty little —, nasíno; flat —, náso schiacciáto; to máke a — of wax of a pèrson, (to léad one by the —), menáre alcúno pel náso; to put one's — òut of jòint, dáre il gambétto ad alcúno, soppiantárlo; to turn up one's —, arricciáre il náso; to spéak through the —, parláre nel náso; to póke o thrùst one's — in, (*fig.*) ficcáre il náso in — *van.* nasáre, fiutáre, odoráre

Nòsed, *a.* dal náso...; flat- —, dal náso schiacciáto; còck- —, dal náso arricciáto, ammusáto

Nòsegáy, *s.* mazzétto di fiòri

Nòseless, *a.* sènza náso

Nosòlogy, *s.* nosologìa, (*classificazione della malattia*)

Nostàlgia, *s.* nostalgìa

Nòstril, *s.* narìce, *f.*, náre, *f.*

Nòstrum, *s.* medicìna meravigliósa, segréto, panacèa

Not, *avv.* non, no; I have it —, io non l'ho; — at all, non mìca; mai no; — in the léast, niènte affátto, per núlla

Nóta béne, *avv.* (N. B.) nòta bène

Nòtable, *a.* notábile, gránde, riguardévole; segnaláto

Nótableness, *s.* notabilità

Nótably, *avv.* notabilménte, segnataménte

Notàrial, *a.* notaríle, notariále, di notájo

Notàrially, *avv.* pel ministéro di notáro, mediánte átto notaríle

Nòtary, *s.* notájo, notáro

Netàtion, *s.* notazióne, numerazióne scrítta

Nòtch, *s.* tácca, intaccatúra, píccolo táglio; (*di freccia*) còcca; (*di ruota*) dènte, *m.* incávo

— *va.* intaccáre, fáre tácca; to — the bów-string, accoccáre

Nòtched, *a.* intaccáto, addentelláto; accoccáto

Nòte, *s.* nòta, osservazióne, distinzióne; nòta, appúnto, ségno, ricòrdo; nòta, annotazióne; bigliétto, lèttera, letterìna; (*com*ⁱ bigliétto, cèdola; (*diplom.*) nòta, vigliètto; (*mus.*) nòta; (*gram.*) púnto (*d'interrogazione, ecc.*); to compáre —s, riscontráre le nòte (*di un viaggio, ecc.*); táke —s of èvery thing you réad, fáte degli appúnti di checchè leggiáte; prómissory —, — of hand, pagherò *m*; bòttom —s, foot —s. annotazióni, nòte a piè di pagina; bank —, bigliétto di bánco, banconòta; man of —, uòmo di álto affáre, persóna di distinzióne; — -bòok, líbro di annotazióni o di appúnti, taccuíno

— *va.* notáre, osserváre, attèndere

Nóted, *a.* eminènte, illústre: conosciúto, famóso, distinto; rimarchévole, notàbile

Nótedly, *avv.* con attenzióne

Nótedness, *s.* distinzióne, celebrità

Nóteless, *a.* per núlla notévole; non canòro, che non cánta

Nótelet, *s.* bigliettíno; noterélla (-trice

Nóter, *s.* chi rimárca o osserva; annotatóre

Nòthing, *s.* niènte, *m.* nulla, *m*; next to —, quási niènte; góod for —, buòno a niènte; — vènture — had, (*proverbio*) chi non rísica non rósica, chi nulla arríschia nulla guadágna

— *avv.* per niènte, in nessún mòdo

Nòthingness, *s.* núlla, *m*; bassézza

Nótice, *s.* notízia, osservazióne; notízia, contézza; attenzióne, gentilézza, riguárdo; notificazióne; to táke — of, far attenzióne a, rimarcáre; to give —, dáre avvíso, far avvisáto; — to quit, disdétta

— *va.* osserváre, rimarcáre, far attenzióne a, badáre, trattáre con riguárdi

Nóticeable, *a.* che si può vedére e osserváre, percettíbile, rimarchévole

Notificátion, *s.* notífica, notificazióne, notificaménto

Notìfy, *va.* notificáre, significáre

Nótion, *s.* nozióne, idéa, opinióne

Nótional, *a.* immaginário, chimérico, fantástico

Nótionally, *avv.* per idéa, mentalménte

Notoríety, *s.* notorietà, pubblicità

Notòrious, *a.* nòto (a tutti), notòrio; (*pers* famigeráto, infáme

Notòriously, *avv.* notoriaménte

Notòriousness, *s.* notorietà

Notwithstànding, *conj.* non ostánte, malgrádo, a dispétto di

Nòun, *s.* (*gram.*) nòme, *m.* sostantívo

Noùrish, *va.* nudrìre, alimentáre, calde; giáre

Noùrishable, *a.* nutríbile, che può nutrírsi, alimentársi (nutríce, *f*

Noùrisher, *s.* chi nutrísce, nutritóre, *m*,

Noùrishiug, a. nutritívo, átto a nutríre
Noùrishment, s. nutriménto, aliménto, cíbo
Nov., abbr. di November
Novátian, s. (storía eccl.) Novaziáno, se-
guáce di Novaziáno
Novátianism, s. (teol.) Novazianísmo
Nòvel, a. novèllo, nuòvo, recênte
— s. románzo ; short —, novèlla ; Stòwe's
—s, i románzi della Stòwe ; — writer,
romanziêre, m.
Nòvelist, s. novatóre, innovatóre; novellísta,
m. f., autóre -tríce di novèlle o román-
zi, romanziêre, m.
Nòvelty, s. novità, còsa nuòva
November, s. novèmbre, m.
Nóvenary, s. nòve, m. (il numero nòve)
Novènnial, a. novennále, di nòve in nòve
anni
Novèrcal, a. di novèrca, di o da mátrígna
Nòvice, s. novízio, novízia, principiánte, mf.
Novilúnar, a. del novilúnio
Novitiate, s. noviziáto, tirocínio
Nów, avv. adésso, óra, attualménte, al presénte; just —, testè, in quésto púnto, pur
ora; till —, fin adésso, finóra; — and then,
di quándo in quándo; èvery — and then,
èver and anòn, ógni pòco, ógni tánto; —
a- days, oggidì, al dì d'oggi, alla giornáta;
— for it, ora a noi
— s. (poet.) presênte, m.; moménto presênte,
óra presênte
Nowadáyi, avv. al dì d'òggi, oggidì
Nówáy, nówáyi, avv. per nessún cónto, in
nessúna guisa
Nòwhère, avv. in niun luògo, in nessúna
párte
Nòwíse, avv. in niún mòdo, in cónto al-
cúno
Nòxious. a. nocívo, nocênte, pernizióso
Nòxiouily, avv. nocevolménte, in mòdo no-
cívo
Nòxiouaness, s. qualità nocíva, perniziosità
Nòzzle, s. bécco, beccúccio, múso, musétto,
púnta; (di soffietto) cannoncèllo, túbo
N. S. (inisiali di new style) nuòvo stíle
Nùbile, a. núbile, da maríto
Nùbllity, s. státo núbile
Núcleus, s. núcleo, nocciuòlo; (astr.) nú-
cleo
Nudátion, s. il denudáre; V. Denudátion
Nùde, a. núdo; (legge) núllo
Nùdge, va. stuzzicare (col gomito), ecc.)
Nùdity, s. nudità, scopriménto
Nùgàcity, s. frivolézza, futilità
Nùgatory, a. nugatòrio, frívolo, fútile, inef-
ficáce
Nùgify, vn. baloccársi, badaluccáre, fra-
scheggiáre
Nùisance, s. còsa nocíva, dannósa, incòmoda,
nocuménto, dánno, tòrto; nòja, seccatúra;
pêste, f., piága, torménto; commit no —
hère, qui non si spánde ácqua; it is a

pùblic —, è la pêste del paése; what a
—! che seccatúra!
Nùll, a. (legge) núllo, di niun valóre, inválido, sénza fòrza; — and vòid, núllo e di
nessún effêtto
Nùllify, va. annulláre cassáre, rêndere inválido, cancelláre, abolíre
Nùllity, s. nullità, nùlla, m.
Nùmb, a. tòrpido, intirizzíto, intorpidíto
— va. intirizzíre, intorpidíre, assideráre
Nùmber, s. número, nóvero, cífra; número
(grande), quantità; (tip) puntáta, fascícolo; (mat.) número, cífra; (rett. mus.)
número, armonía, vèrso; càrdinal —s,
númeri cardináli; órdinal —s, númeri or-
dinatívi; in the — of, nel nóvero di; pùb-
lished in tèn —s, pubblicáto in dièci
puntáte, in dièci fascícoli; odd — número
ímpari; harmónious —s, vèrsi armoniósi
Nùmber, va. numeráre, contáre, annoveráre
Nùmberer, s. numeratóre, calcolatóre, ra-
gioniêre, m.
Nùmberless, a. innumerábile, infiníto
Nùmbles, s. pl. (caccia) interióra, f. pl.
(di cervo)
Nùmbness, s. torpóre, intirizzaménto
Nùmerable, a. numerábile, numeratívo
Nùmeral, a. numeràle, numérico, di número,
di cífra
— s. número, cífra, numeràle, m.
Nùmerally, avv. numeralménte
Nùmerary, a. numerário, numérico
Nùmerate, va. numeráre
Nùmerátion, s. numerazióne, annoveraménto
Nùmerator, s. (arit.) numeratóre
Numèric, numèrical, a. numérico, numeràle
Nùmerically, avv. numericaménte
Nùmerist, s. calcolatóre, computísta, m.
Nùmero, s. (poco us.) número
Nùmerous, a. numeróso; (rett.) armonióso
Nùmerousness, s. número, gràn número, nu-
merosità; armonía
Nùmismàtic, a. numismático
Nùmismàtics, s. pl. numismática
Nùmismatologist, s. numismatísta, m
Nùmismatology, s. numismatología
Nùmmary e Nùmmular, a. nummolário, del
numerário, pecuniále
Nummulìte, s. (min.) nummulíte, f.
Nùmskull, s. tèsta dúra, balórdo
Nùmskulled, a. stúpido, insensáto, balórdo
Nùn, s. mònaca, religiósa; (orn.) monachí-
na, monachína
Nùnciature, s. nunziatúra (dignità di nun-
zio)
Nùncio, s. núnzio (del papa)
Nùncùpative, nuncúpatory, a. noncupatívo;
— will (legge), testaménto nuncupatívo
Nùndinal, nùndinary, a. di mercáto, di
fiéra
Nùnnery, s. convénto di religióse, di mò-
nache

Nùptial, *s.* nuziále, di nòzze, conjugále, maritále; — knòt, víncolo nuziále

Nùptialà, *spl.* nòzze, *fpl;* matrimónio, maritàggio

Nùrse, *s.* nutríce, *f.* sèrva pei bámbini, bália; guárdia di ammaláti, infermièra; wet —, bália lattánte, bália nutríce; drý —, bália non lattánte, bália asciútta

— *va.* nutríre, alleváre un bambíno, alleváre, caldeggiáre; — a child, allattáre un bambíno; — a sick pèrson, curáre, avér cúra di un ammaláto

— -child, *s.* bambíno, bambína a bália

— -máìd, *s.* governánte, *f.* di bambíni

— -pòì d, *s.* vivájo

Nùrsery, *s.* cámera dei fanciùlli; semenzájo; — máìd, governánte, *f.* di bambíni; — tále, storiélla da bambíno

Nùrsling, *s.* bambinéllo, cáro bímbo; bambínó a bália; beniamíno

Nùrture, *s.* nutricaménto, aliménto; istruzióne, educazióne

— *va.* nutricáre, alleváre, educáre

Nùt, *s.* (*bot.*) nóce, (frútto) *f;* nocciuóla; — -trée, nóce, *m.,* nocciuólo (*albero*); hàsel —, nocciuóla, avellára, nocèlla; hàsel- -trée, noccitúolo; — -brown, colóre nocèlla, castágno; — -cracker, acciaccanóci, *m;* — -gàll, gálla; — -shell, gúscio di nóce; to crack a —, rómpere una nóce; *vn.* abbacchiáre, raccógliere nóci o nocciuóle; to gó nùtting, andáre ad abbacchiáre

—, *s.* chiócciola, fémmina della vite, madrevíte, *f.*

— *s.* animélla (di válvola di sicurézza)

Nutátion, *s.* (*bot.*) nutazióne; (*astr.*) nutazióne

Nùtmeg, *s.* nóce moscáda

Nùtrient, *a.* nutriènte

— *s.* cíbo nutritívo

Nùtriment, *s.* nutriménto, cíbo

Nùtrimèntal, *a.* nutrimentále, di nutriménto

Nùtrition, *s.* nutrizióne

Nùtritious, nútritíve, *a.* nutritívo

Nùtty, *a.* di nocciuóla; — táste, sapóre di nocciuóla, d'avellána

Nùx vòmica, *s.* (*med.*) nóce vòmica, *f.*

Nùzzle, *va.* (*volg.*) nutríre, mantenére, (collocáre in una nícchia), fissáre; *vn.* imbacuccársi

Nỳctalops, *s.* (*med.*) nittálope, *m. f.*

Nỳctalopy, *s.* (*med.*) nittalopía

Nýe, *s.* stórmo di fagiáni

Nỳmph, *s.* (*mtt.*) nínfa

Nỳmpha, *s.* crisálide, *f.* nínfa

— -like, *a.* come una nínfa

Nỳmpha, *s.* crisálide, *f.* nínfa

Nymphae (*pr.* nỳmphi), *s. pl.* (*anat.*) nínfe, *f. pl.*

Nỳmphean, *a.* di nínfa, delle nínfe, ninfále

Nymphomània, *s.* (*med.*) ninfomanía

O

O (ó), quindicésima lèttera dell'alfabéto inglése, o, *m.,* cífra áraba, zèro, o

O! *interj.* oh! ahi!

óaf, *s.* figlio di fáta, imbecílle, idióta *m. f.*

óak, *s.* (*bot.*) quércia, róvere, *f.* cèrro; hòlm- —, èlce, *m;* yoùng —, óakling, querciuóla; — -apple, gálla; — -gróve, quercéto

óaken, *a.* di quércia, fátto di quércia

óakling, *s.* querciuólo, píccola quércia

óakum, *s.* (*mar.*) stóppa, bórra fátta di cordámi vècchi

óar, *s.* rèmo; — -bláde, pála di rèmo

— *van.* remáre, remigáre; *meglio* Rów

— -máker, *s.* remájo

óared, *a.* provvísto di rèmi; *eight-* — cùlter, scialúppa ad otto rèmi

óarsman, *s.* rematóre

óary, *a.* in fórma di rèmo; che sèrve di rèmo

óasiå, *s.* (*pl.* óases) óasi, *f.*

óast) *s.* fornáce, *f.* per asciugáre i lùp
Ost) poli (*nella fabbricazione della*
óust) *birra*)

óat, *s.* (*bot.*) avéna; *V.* Oats

— -cáke, *s.* focáccia di avéna, schiacciáta

óaten, *a.* di avéna, fátto di avéna; *V.* Oats

óarn, *s.* giuraménto; to táke —, prestár giuraménto; to put a pèrson to his —, to administer an —, deferíre, dáre il giuraménto ad alcúno; —, bestémmia; civic —, giuraménto di fedeltà (al govèrno); the form o.' an —, la fórmola d'un giuraménto; to break one's —, violáre il giuraménto; to be ùnder an — (to), aver promésso con giuraménto (di); to reléasé from one's —, assòlvere dal giuraménto

óatméal, *s* farína di avéna

óats, *s.* avéna, véna, biáda; hàve you gìven óur hòrses their — ? avéte dáto l'avena ai nòstri caválli ?

Obdùction, *s.* copertúra, velaménto

obdùracy, *s.* induraménto (*di cuore*), càll., impenitènza, ostinazióne

òbdu até, *a.* impenitènte, indurìto

obdùrately, *avv.* con induraménto (*di cuore*, con impenitènza, inflessibilménte, ostinataménte

Obédience, *s.* ubbidiènza, sommessióne

Obédient, *a.* ubbidiènte, sommésso

Obédiently *avv.* ubbidienteménte

Obeisance (*pr.* obàsans), *s.* inchíno, rivarènza, salúto; to máke an —, fáre un inchíno

obelisk, *s.* obelísco; gúglia; (*tip.*) crocétta

obelíze, *va.* segnáre (*un passo d'un manoscritto*) con un óbelo (*indicante dubb.* *sull'autenticità*)

óbelus, *s.* óbelo (*segno di dubbia autenticità*)

Obésity, *s.* obesità, pinguédine, *f.*

Obey (*pr.* obá), *va.* ubbidíre, ubbidíre a; **vg mus!** , bisógna ubbidíre; to — a **person.** ubbidíre ad uno

Obeyer (*pr.* ohaer) *s.* chi ubbidísce, obbeditóre -tríce

Obfùscate, *va.* offuscáre

Obfuscátion, *s.* offuscazióne

òbject. *s.* obbiétto, oggétto, scòpo; (*gram.*) obbiétto, cáso obblíquo; — -glass, (*cannocchiali*) vétro obbiettívo

— *va.* obbiettáre, fare obbiezióne a, oppórre, rimproveráre; to — to, obbiettáre a, oppórsi a

Objéction; *s.* obb'ezióne, opposizióne, accúsa; to hàve no —, non eccepíre, non avér nùlla in contrário; if you hàve no —, se non vi spiáce; to màke an —, fàre un' obbiezióne, una diffícoltà

Objèctionable, *a.* soggétto ad obbiezióne, riprensíbile, inammissíbile

Objéctive, *a.* (*gram.*) obbiettívo; all'accusatív·, dativo, ablatívo; (*ottíca*) obbiettívo; (*filos.*) obbiettívo (biettivaménte

Objèctively, *avv* come un oggétto; (*filos.*) obObjèctiveness, objectivity, *s.* obbiettività

òbjectless, *s.* sénza oggétto, sénza scòpo

Objéctor, *s.* chi fa obbiezióni, oppositóre

òbit, *s.* esèquie, *fp.*, funeràle, *m.*, mortòrio

Obítual, *a.* fúnebre, funerário

Oblituary, *s.* commemorazióne o regístro dei mòrti; — *a.* funerário, relatívo alla mòrte

Objùrgatory, *s.* riprensióne dúra, sgridaménto

Objùrgatory, *a.* riprensívo, reprensòrio

Oblàte, *a.* oblàto, cipolláre, piàtto vérso i pòli

Oblàteness, *s.* (*geom.*) schiacciatúra

Olàtion, *s.* obblazióne, offèrta

Oblàtioner, *s.* oblatóre -tríce

Oblectátion, *s.* dilétto, piacère, *m.* giocondità

òbligate, *va.*obligàre, costríngere; — one's self, obbligàrsi

Obligàtion, *s.* òbbligo, obbligazióne; to be under an —, èsser obbligàto

òbligatory, *a.* obbligatòrio, d'òbbligo

Oblíge, *va.* obligáre, costríngere, sforzáre; far còsa gráta a; he will — you to do it, ègli vi costringerà di fárlo; you will — me, mi faréte favóre, mi obbligheréte

Oblíged, *a.* obbligàto, costrétto; obbligáto, tenúto, gráto; much —, obbligatíssimo

Oblígée, *s.* (*legge*) persóna vérso cui un'altra è obbligàta

Oblíger, *s.* obbligatóre -tríce, che fa cortesía

Oblíging, *a.* obbligànte, cortése, gentíle

Oblígingly, *avv.* obbliganteménte, corteseménte

Oblíginguess, *s.* cortesía, gentilézza, compiacènza

Obligór, *s.* (*legge*) obbligáto, obbligáta

Oblique, *a.* obblíquo, torto, indirétto

Obliquely, *avv.* obbliquaménte, tortaménte

Obliqueness, Obliquity, *s.* obbliquità

Obliterate, *va.* obliteráre, scancelláre, cassáre

Obliterátion, *s.* scancellazióne, estinzióne

Oblivion, *s.* obblivióne, obblío, dimenticánza; act of —, amnistia, indúlto

Oblívious, *a.* di obblivióne, che cagióna dimenticánza, che fa dimenticáre

Obliviousness, *s.* dimenticánza

òblong, *a.* oblúngo, bislúngo

Oblòngish, *a.* alquánto oblúngo

òblongness, *s.* fórma oblúnga, figúra bislúnga

òbloquy, *s.* rimpròvero, censúra, vergógna

Obmutèscence, *s.* l'ammutolíre, *m.*

Obnòxious, *a.* soggétto; odióso; colpévole

Obnóxiously, *avv.* in mòdo odióso, biasimévole, colpévole; in istáto di soggezióne

Obnòxiousness, *s.* soggezióne ad una péna; odiosità, caráttere odióso

Obnùbilate, *va.* annebbiáre, offuscáre

òboe, *s.* (*mus.*) òboe, *m.*

òbole, *s.* òbolo

Obréption, *s.* insinuazióne, intrusióne, orrezióne

Obscéne, *a.* oscéno, disonèsto, spòrco impúdico (ménte

Obscénely, *avv.* oscenaménte, immodesta-

Obscéneness, Obscènity, *s.* oscenità

Obscurátion, *s.* oscuraménto, offuscaménto

Obscúre, *a.* oscúro, bújo, astrúso, difficile — *va.* oscuráre, offuscáre, ecclissáre

Obscúrely, *avv.* oscuraménte, con oscurità

Obscúreness, *s.* oscurità, oscnraménto

òbsecrate, *va.* ossecráre, scongiuráre

Obsecrátion, *s.* preghièra, scongiúro

obsequiéd, *spl.* esèquie, *fpl.*, mortòrio, funeràle, *m.*

Obséquious, *a.* ossequióso

Obséquiously, *avv.* ossequiosaménte

Obséquiousness, *s.* ossèquio

Obsèrvable, *a.* osservàbile, notàbile, eminénte

Obsèrvably, *avv.* osservabilménte

Obsèrvance, *s.* osservánza, mantenimento, adempiménto; (*relig.*) osservánza, prática; riverènza, riguárdi, rispétti

Obsèrvant, *a.* osservánte, diligénte, attènto

Obsèrvation, *s.* osservazióne, attenzióne; osservánza; (*astr.*) osservazióne; (*mil.*) osservazióne

Obsèrvatioual, *a.* contenènte osservazióni

Obsèrvatory, *s.* osservatòrio; spécola

Obsèrve, *va.* osserváre, notáre, consideráre; osserváre, adémpiere; osserváre, celebráre — *vn.* osserváre, rimarcáre, pórre ménte

Obsèrver, *s.* osservatóre -tríce, osservánte

Obsèrvingly, *avv.* attentaménte, con cúra

Obsídian, *s.* (*min.*) ossidiàna

Obsidíonal, *a.* obsidionàle, d'assèdio

òbsolète, *a.* disusáto, fuór di úso in disúso,

non più iŋ úso, in dissuetúdine, antiquáto, viéto, obsolêto
òbsoléteness, *s.* qualità antiquáta
óbstacle, *s.* ostácolo, intóppo, impediménto
Obstètric, obstétrical, *a.* ostétrico, ostetricánte
Obstetrìcian, *s.* ostétrico, ostetrìce, *f.*
Obstètrics, *s.* ostetrícia
òbstinacy, *a.* ostinatézza, ostinazióne, caparbietà, accaniménto
òbstináte, *a.* ostináto, capárbio, accaníto
òbstinately, *avv.* ostinataménte
òbstinateness, *s.* ostinatézza; *V.* obstinacy
Obstipátion, *s.* otturaménto ; (*med.*) stitichézza; costipazióne
Obstrèperous, *a.* turbolênto, strepitóse; to
be —, fáre un grán chiásso, un grán fra-
cásso, un grán rombázzo
Obstrèperously, *avv.* in mòdo strepitóso e
turbolênto, stordidaménte
Obstrèperousness, *s.* strépito, turbolênza,
chiásso, fracásso, rombázzo
Obstriction, *s.* obbligazióne
Obstrùct, *va.* ostruíre, impedíre, turbáre
Obstrùcter, *s.* chi o che ostruísce, impedi-
sce
Obstrùction, *s.* ostruzióne, impediménto
Obstrùctive, *a.* ostruttívo, ostruênte
Obstrùent, *s.* (*med.*) ostruênte, *m.*
Obtáín, *va.* ottenére, conseguíre, procuráre
— *vn.* (*poco us.*) continuáre prevalére, sta-
bilírsi, regnáre ; an use that —s every
whère, un uso che prevále, che regna da
per tútto
Obtáínable, *a.* otteníbile, conseguíbile
Obtáíner, *s.* chi ottiéne o conseguísce
Obtáínment, *s.* conseguiménto, otteniménto
Obtenebrátion, *s.* ottenebrazióne, oscura-
zióne
Obtèst, *va.* pregáre, supplicáre, scongiuráre
Obtestátion, *s.* súpplica, istánza, preghiéra
Obtrectátion, *s.* calúnnia, maldicênza
Obtrùde, *va.* intrúdere (per forza), spíngere
e ficcár dêntro; impórre; — one's opinions,
presentáre le proprie opinióni in mòdo in-
sistênte; — one's self èvery whère, ficcársi,
introméttersi dappertútto
Obtrùder, *s.* importúno, intrúso
Obtrùsion, *s.* intrusióne, importunità
Obtrùsive, *a.* importúno, intrúso, insistênte
Obtrùsively, *avv.* in mòdo importúno, insi-
stênte
Obtùnd, *va.* rintuzzáre, ammortíre, spuntáre,
ottúndere
Obturáting, *a.* otturatòrio, che túra, che
chiúde
Obturátion, *s.* otturaménto, otturazióne
Obturátor, *s.* (*anat.*) otturatóre
Obtusàngular, *a.* (*geom.*) ottusángolo
Obtúse, *a.* ottúso, spuntáto ; ottúso, stúpi-
do; — àngled (*geom.*) ad ángolo ottúso
Obtúsely, *avv.* ottusaménte, stupidaménte

Obtúseness, *s.* ottusità, stupidézza
Obtúsion, *s.* ottusézza, státo di còsa ottúsa
Obùmbrate, *va.* obumbráre, oscuráre, adombráre
Obumbrátion, *s.* obumbraménto, *m.*, oscurazióne, *f.*
Obvèntion, *s.* (*ant.*) eveniênza
òbverse, *a.* obvêrso; — léaf, fòglia obvêrsa
Obvèrt, *va.* vòlgere indiêtro, còntro
òbviate, *va.* ovviáre a, impedíre, evitáre
òbvious, *a.* òvvio, chiáro, palése, palpábile
òbviously, *avv.* evidenteménte, chiaraménte
òbviousness, *s.* evidênza, chiarézza
Occásion, *va.* cagionáre, occasionáre, causáre
— *s.* occasióne, cáusa; congiuntúra, occorrênza, bisógno, opportunità; occasióne,
motívo, movênte, *m.*, soggêtto; prèssing
—, occorrênza pressánte; upòn this —, in
quésta occasióne; to give —, pòrgere occasióne; to hàve — for, avér bisógno di;
as — requíres, secóndo l'occasióne; thère
is no — for it, non occórre, non fa bisógno
Occásional, *a.* occasionále; causále, accidentále
Occásionalism, *s.* (*fil.*) occasionalísmo
Occásionally, *avv.* occasionalménte, casualménte, per cáso, quálche vòlta, di quándo
in quándo   (sáto
Occásioned, *a.* cagionáto, occasionáto, cau-
Occásioner, *s.* chi o che cagióna, cagiona-
tóre, cagióne, autóre, cáusa
òccident, *s.* occidênte, *m.*
Occidèntal, *a.* occidentále, d'occidênte
Occipital, *a.* occipitále
òcciput, *s.* occipízio, núca
Occùlt, *a.* occùlto
Occultátion, *s.* (*astr.*) occultazióne, occultaménto
Occùltness, *s.* occultézza   (pazióne
òccupancy, *s.* il prêndere possêsso, occu-
òccupant, *s.* chi òccupa, occupánte, occupatóre; possessóre
Occupátion, *s.* occupazióne, *f.*, il prênder
possêsso, possessióne; occupazióne, impiégo, faccênda, lavóro, státo, mestiére, *m.*
òccupier, *s.* che òccupa o possiéde, occupánte, occupatóre, posseditóre
òccupý, *va.* occupáre, tenére, godére, possedére, impiegáre, affaccendáre; to — an
apártment, tenére, godére un appartaménto; — much róom, occupáre, ingombrár
mólto spázio; to — a pèrson with, impiegáre uno di *o* con; — one's sèlf in a thing,
occupársi di *o* ad una còsa
Occùr, *vn.* occórrere, fársi incóntro, presentársi, veníre in mênte, accadére, seguíre,
avveníre; it occurred to me that, mi vênne
in mênte che; an àccident has occùrred to
him, gli è avvenúta una disgrázia; what
has occurred? che còsa è accadúto? the
case occùrring, dàndosi il cáso

Occùrrence, *s.* cáso, eveniênza, avveniménto, accadúto, incidênte, *m.*, occorrênza

Occùrsion, *s.* occorriménto, incóntro, úrto, cózzo (atlántico

òcean, *s.* océano; the Atlàntic —, l'oceáno —, Oceánio, *a.* oceánico, dell'Océano

òcellated, *a.* (*bot.*) occhiúto

óc*h*re, *s.* òcra, òcria

óc*h*reous, óc*h*ry, *a.* ocráceo, di ócra

Oct, Octr. (*pr.* octóber), *abbr. di* Octóber

óctagon, *s.* ottágono

Octàgonal, Octàngular, *a.* ottangoláre

Octàndria, *s. pl.* (*bot.*) ottándria

óçtant, *s.* (*astr.*) otiánte, *m.* òttile, *m.*

òctave, *s.* ottáva; (*mus.*) ottáva

Octàvo, *s.* ottávo, libro in ottávo

Octìllion, *s.* (*arit.*) ottillióne, *m.*

Octóber, *s.* ottóbre, *m.*

Octogenàrian, Octógenary, *a. s.* ottuagenário

óctonary, *a.* ottonário, di òtto

òctuple, *a.* òttuplo

òcular, *a.* oculáre; — witness, testimònio oculáre

ócularly, *avv.* ocularménte, co' pròpri òcchi

òculate, *a.* oculáto

òculist, *s.* mèdico oculísta, oculísta, *m.*

ódalisque, *s.* odalísca

O' dày, *contrazione di* of dày; that' s the time —, (*familiare*) êcco cóme si fa, cóme va fátto

òdd, *a.* díspari, cáffo, ímpari; e più; di soprappiù; spaiáto, scompágnáto; strámbo, stráno, originále, eccêntrico, fantástico, singoláre, bizzárro; — nùmber, número cáffo; to plày at — and éven, giuocáre a pári e cáffo; — shôe, scárpa spajáta; — man, originále, *m.*, uòmo di un carátter *e* strámbo, persóna eccêntrica; your bill amoũnts to thirty poũnds —, il vòstro cónto viêne a trênta líre sterlíne e più; — -lóoking, singoláre d'aspêtto

òddity, *s.* singolarità, persóna, cósa strána

òddly, *avv.* stranaménte, fantasticaménte

òddness, *s.* stranézza, eccentricità, stravagànza ; imparità

òddś, *s.* disparità, disuguagliánza, inegualità, divário, differênza, vantággio, superiorità, sopravvênto; contésa, dísputa, contrásto ; there is gréat —, c'è gran differénza; you must give me some —, dovéte dármi quálche vantággio; to have the —, avêr il sopravvênto, il vantággio; to fig*h*t against —, bátterśi con un più lórte di sè; to set at —, méttere in discòrdia, métter mále insiême; — and ends, bocconcíni

óds, *s.* (*poet.*) òde, *f.*

Odéon, *s.* (*antichità greche*) odêo

ódious, *a.* odióso, odiévole, detestábile

ódiously, *avv.* odiosaménte, con òdio

ódiousness, *s.* odiosità, enormità, atrocità

ódium, *s.* òdio, odiosità; to bring — upòn, rèndere odióso

Odómeter, *s.* odómetro

Odontàlgia, òdontalgŷ, *s.* odontalgía

Odontàlgic, *a.* odontálgico; *s.* odontálgico

ódorate, *a.* odoráto, odoróso

Odoríferous, ódorous, *a.* odorífero, odoróso

Odoríferousness, *s.* olézzo, fragránza

ódorless, *a.* sénza odóre

ódorous, *a.* odoróso, fragránte

ódorousness, *s.* qualità odorífera

ódour, *s.* odóre, olézzo, profúmo

òdyssey, *s.* Odisséa (*poema attribuito ad Omero*)

Œcónomy, *s. V.* Ecònomy

Œcúmênical, *a.* ecumênico

Œdéma, *s* (*med.*) edéma, *m.*

Oe'r (*pr.* ór), *abbreviatura di* óver

Of (*pr.* ov), *prep.* di ; of the, del, dei, della, delle; the còlour — this ink, il ćolóre di quést'inchiòstro; the best — àll, il miglióre di tútti

Off, *a.* il più lontáno, discòsto, fuóri di máno; the — side, il láto oppósto, il láto più lontáno; dèstra (di un cavállo)

— *avv.* lontáno, lúngi, vía, discòsto, distánte, in là; fàr —, lúngi, lontáno ; ten mîles —, distánte diêci miglia; a great way —, in gràn loatanánza; hats —! abbásso i cappélli! be —! fátevi in là! vía di qua! vía! alla lárga! the màtch is —, is bróken —, il matrimònio fu mandáto a mónte; well —, benestánte, còmodo, agiáto; ill —, mále; —, cessáto, tralasciáto, rótto, staccáto; — and on, in búico, a sálti, saltuariaménte; cut —, staccáto, intercíso; to be — with a thing, non pensáre più ad una còsa, abbandonárla; to táke —, caváre, levár vía; te go —, andár via, partí e, esplódere, scoppiáre; to léave —, tralasciáre, lasciáre, cessáre; to càrry —, asportáre, portár vía; — with you! va vía! — you tràitor! lúngi da me! traditóre!

—, *prep.* fuóri; (*mar.*) all'altúra, davánti, in fáccia; púsh —, scòsta! allárga! — and on, or verso l' òrza, or verso il máre; — Martínica, all'altézza, al lárgo dell'ísola Martínica; — cápe Finistêrre, per cóntro, in vísta del cápo Finistêrre

óffal, *s.* ritágli, *pl. m.* (di cárne macelláta), rimasúglio, avánzo, rifiúto

Offénce, *s. V.* Offènse

Offènd, *va.* offèndere, oltraggiáre, dispiacére, violáre

— *vn.* fallíre, trasgredíre, peccáre

Offènder, *s.* offensóre, *m.*, offenditríce, *f.*, delinquénte

Offèndress, *s.* offenditríce, *f*; rêa; peccatríce

Offènse, *s.* offésa, ingiùria (*di fatto o di parole*), cólpa, delítto, scándalo; I hope there's no —, spéro di non avérvi offéso; to táke — at, tenérsi offéso di

Offéuseful, *a.* offendênte, offensívo

Offènseless, *a.* inoffensívo

nôr, rṵde; - fàll, sŏn, bůll; - fàre, dò; - bý, lŷmph; pŏĭse, bŏŷs, fŏũl, fŏw̃l; ġem, aš

Diz. Ingl. Ital. - Ediz. VI. Vol. I. 27

Offensive, a. offensívo, ingiurióso, nocívo; — árms, ármi offensíve. s. offensíva

Offensively, avv. offensivaménte, con offésa

Offensiveness, s. qualità ingiuriósa o dannósa

öffer, s. offèrta, proffèrta, esibizióne; tentatívo — va. offeríre, presentáre; tentáre; — one's self, esibírsi, impegnársi

— vn. offrírsi, esibírsi, presentársi, provársi, tentáre; if you — to dó it, se vi prováte di fárlo

öfferer, s. offeritóre, offerènte, m.

öffering, s. offèrta, proffèrta, oblazióne, f.

öffertory, s. (liturgia cattolica) offertòrio; (liturgia protestante) lettúra durànte la cèrca

öffhand, a. disinvólto, apèrto, fránco — avv. súbito, immediaménte

öffice, s. officio, ufficio, cárica, funzióne, ministèro, potère, m., impiègo; ufficio, servízio; stúdio (d'avvocato, banco di negosiante), gabinétto; (liturgia) officio, servízio divíno; high in —, che cópre álto impiègo; the ministry now in —, il ministèro attuále; the post —, l'ufficio della pòsta; —s, pl. locáli, cámere di servízio, della gènte di servízio; rústici, scuderíe, stálle

öfficer, s. (mil.) uffiziále, m.; officiále, m.,funzionário, agènte, (della polizia, della dogana); nával —, officiále di marína; fíeld —, (mil.) officiále superióre; flag —, (mar.) officiále superióre; non commissioned —, sott'officiále; staff- —, uffiziále dello státo maggióre

— va. (with) dáre per uffiziáli; to be —ed by, avère per uffiziáli

Official, s. ufficiále (civile) m.; impiegáto — a. ufficiále, pùbblico ; — dúties, funzióni pùbbliche

Officially, avv. officialménte, d'ufízio

Officialty, s. cárica, ufficio d'uffiziále, ufficialità

Officiate, vn. ufficiáre, funzionáre; (relig.) ufficiáre

Officiating, a. che ufficia, funzionánte

Officinal, a. officinále

Officious, a. ufficióso, officióso, cortése; tròppo ufficióso, intromettènte

Officiously, avv. officiosaménte

Officiousness, s. premúra officiósa, officiosità

öffing, s. (mar.) lárgo (in vísta di un pòrto); to stand for the —, pigliáre il lárgo; to kéep in the —, tenérsi in álto

öffscouring, öffscum, s. (relig.) rifiúto, féccia

öffset, s. (bot.) rimessíccio, rampóllo; (com.) compènso, contropretésa; ordináta (geom.) — va. (com.) compensáre

öffspring, s. pròle, f., figliuolánza, discendènza, pósteri, mpl., progènie, f. propággine, f.

öffuscate, va. offuscáre, adombráre

Offuscátion, s. offuscazióne, oscurazióne

öffward, a. (mar.) vèrso il lárgo

öft, avv. (poet.) spésso, sovènte, di sovènte

öften, avv. (compar. öftener, sup. öftenest) spésso, sovènte, di sovènte; how —? quánte vólte?

Oftentimes, avv. spésse vólte

Ogée, s. (arch.) fesióne, m., spórto, cimása

ógive, s. (arch.) sèsto acúto; a. a sèsto acúto

ögle, va. occhieggiáre, adocchiáre, cacciár gli òcchi addòsso; guardár sott'òcchio, vagheggiáre

— s. occhiáta, sguárdo amoróso

ógler, s. chi adòcchia o cáccia gli òcchi addòsso, vagheggiatóre, vagheggíno

ógling, s. l'adocchiáre, l'occhieggiáre, il vagheggiáre, vagheggiaménto

ógre (pr. óger), s. òrco, móstro immaginário, m.

ógress, s. orchéssa, móglie dell'òrco; (araldica) pálla néra di cannóne

öh! interj. oh! o! ah!

öil, s. òlio; cástor —, òlio di rícino; — clòrn, téla ceráta; — man, oliándolo; páinted in — cólours, dipínto ad òlio

— va. úgnere d'òlio; condíre con òlio

öiliness, s. oleosità, qualità oleósa; untuosità

öilman, s. venditóre di òlio, oliándolo

öily, a. oleóso, oleáceo, crásso, untuóso

öintment, s. unguènto, únto

öld, a. vècchio, attempáto, antíco, annóso; — man, vegliárdo, vècchio; — woman, vècchia; póor little — woman, vecchierèlla; — cástle, castèllo antíco; — oak, quércia annósa; very —, anziáno; — musty matters, anticáglie, f. pl.; — Testament, (relig.) Vècchio Testaménto; how — are you? quá:ti ánni avéte? I am fórty yéars —, ho quarant'ánni; to get o grów — invecchiáre; — áge, vecchiája; of —, anticaménte — fáshioned, a. antíco, all'antíca, vetústo, vièto

ölden, a. (poet.) vècchio, antíco; as in the — times, cóme ne' tèmpi antíchi

öldish, a. attempatèllo, attempatétto

öldness, s. antichità, vetustà, vecchiézza

öldwife, s. vècchia pettégola, berghinèlla, ciamméngola, ciaramélla, ciána; (itt.) pésce lábbro

Oleáginous, a. oleóso, oleáceo, untuóso

Oleáginousness, s. oleosità, qualità oleósa

Oleánder, s. (bot.) oleándro, rododèndro, nèr:o

Oleáster, s. (bot.) oleástro, ulívo selvático

Oleiferous, a. oleáreo; — séed, séme oleáreo

Olfáct, va. (bur.) fiutáre, annasáre, odoráre

Olfáctory, a. olfattório, dell'odoráto

Olibánum, } s. olíbano, incènso
öliban }

Oligárchal, Oligarchical (pr. oligárkical), a. oligárchico

öligist, oligistic, a. (min.) oligísto; — iron, fèrro oligísto

öligarchy (pr. óligarky), s. oligarchía

òlio, s. (cucin.) òlla podrída; (mus.) raccolta

ólitory, *a.* olitório; di òrto, d'orbàggi
Olivàster, *a.* olivástro, di colór olíva
ólive, *s.* olíva, ulíva, (*coccola dell'ulívo*)
— -trée, *s.* (*bot.*) ulívo, olívo (*albero*); —
branch, rámo d'ulívo; mount of —s, mónte
— -gróve, *s.* olivéto (Olivéto
òlla podrída, *s.* òlla podrída, guazzabúglio
ólograph, *s.* V. Holograph
Olỳmpiad, *s.*(*antichità greche*) Olimpíade,*f.*
Olỳmpian, *a.* olímpico, di Olímpia; dell'Ó-
límpo
Olỳmpic gámes | *spl.* (*antichità greche*),
Olỳmpics | giuóchi olímpici
ómbre, *s,* ómbre, *m.* (*giuoco*)
Oméga, *s.* oméga, *m.* (*ultima lettera greca*)
òmelet, *s.* frittáta (*vivanda d'uova fritte*)
ómen, *s.* auspício, angúrio, presàgio; of ill
—, di cattívo augúrio, malauguráto
ómened, *a.* auguróso, di auspício; ill- —,
di cattívo augúrio malauguróso, malauguráto
Oméntum, *s.* (*anat.*) oménto
óminous, *a.* malauguróso, sinístro, fatále
óminously, *avv.* in módo malauguróso
óminousness, *s.* qualità di èssere malauguróso, gênere sinístro, mal augúrio
Omission, *s.* omissióne, tralasciaménto
Omit, *va.* omêttere, tralasciáre
Omittance, *s.* omissióne
òmnibus, *s.* òmnibus, *m.*, vettúra òmnibus
Omnifárious, *a.* di tútte le spécie
Omnipotence, omnipotency, *s.* onnipotênza
Omnipotent, *a.* onnipotênte, onnipossênte
Omnipresence, *a.* onnipresênza, ubiquità
Omniprèsent, *a.* presênte in ógni luògo; on-
Omniscience, *s.* onniscênza (nipresênte
Omniscient, *a.* onnisciênte
òmnium, *s.* aggregáto di cêrte porzióni di dif-
ferênti capitáli nei fóndi púbblici
Omnivorous, *a.* onnívoro
òmoplàte, *s.* (*anat.*) scápula
òn, *prep.* sópra, su; a, al, alla; in, nel; —
the bare gròund, sópra la núda terra; —
the dèsk, sullo scrittójo; a ring — one's
finger, un anêllo in díto; on the rìght, a
man drítta; — the left, a máno mánca; —
fòot, — hòrseback, a piêdi, a cavállo; —
my arrível, al mio arrívo; to pláy — the
violín, suonáre il violíno; I'll come —
mònday, verrò lunedì
òn, *avv.* di sópra, all'insù; avánti, di séguito,
in là, successivaménte; in dosso; put it —,
mettételo su; réad on, seguitáte a lèggere;
go —, avánti, passáte avánti; and so —,
e via dicêndo; — and off, saltuariaménte,
a sálti; — páin of dèarn, sotto péna di mòrte; — high, in álto; he had — a red còat,
egli indossáva un ábito rosso
óuager, *s.* (*zool.*) onágro, ásino selvático
ònanism. *s.* (*med.*) onanismo
Once (*pr.* wònce) *avv.* una vòlta, altra vòlta,
un têmpo, têmpo fa; — for áll, una vòlta per

sêmpre; at —, ad un trátto, in un colpo,
súbito; all at —, in un súbito; — móre,
una vòlta di più; go at —, andáte indila-
taménte
Une (*pr.* wòn), *a.* e *pron.* úno, úna, un sólo,
úna sóla; sólo, único; un cêrto, una cêrta;
— Gòd, un Dio, un sólo Dio; I hàve but
— sister, non ho che úna sorêlla; — of
these fine mòrnings, una di quéste bêlle
mattíne; I'll bet ten to —, scommétto diêci
cóntro úno; his — cáre, la sua única cúra;
such a —, un tále, il tále; — by —, ad
úno, ad úno; it is áll —, è tutt'úno, póco
impórta; to lòve — anòther, amársi l'un
l'áltro; will you máke — of us? voléte êsser del número? voléte veníre con noi? to
táke care of nùmber —, avér cúra di sè;
I had not upon èarrn — heárt that loved
me, io non avéva sulla têrra un cuòre che
mi amásse
— (*pr.* wòn), *pron.* úno,alcúno, talúno, uòmo;
sì; I hàve one, ne ho úno, not —, nep-
púr úno; — sées, si véde; — éaily be-
liéves whàt — hópes, si créde facilménte ció
che si spêra; — should lòve one's párents, si
dêbbono amáre i próprj genitóri; any —,
alcúno, chicchessía; no —, nessúno; every
—, ognúno; nèver a — nessuníssimo; they
háte — anòther, essi si òdiano l'un l'áltro,
gli úni gli áltri; how are the little — s?
cóme stánno i píccoli (i bímbi)?
— -armed, *a.* mónco, mánco, storpíato (del
bráccio)
— -bèrry, *s.* (*bot.*) êrba paris, úva di vólpe
— -eyed, *a.* monócolo, cièco d'un òcchio
— -hànded, *a.* mónco (della máno), monche-
rino
— -sìded, *a.* unilaterále; (*fig.*) parziále
—'s sêlf, *pron.* sè stésso, egli stésso, sè; sè
medésima, ella medésima, sé; to flatter-
—'s self, lusingársi; beside —'s self, fuóri di
cervêllo, demênte; by —'self, sólo, solétto,
da sè, da per sè; to love but —'s sèlf, non
amáre che sè stésso
Oneirocritical, *a,* che intêrpreta i sógni
Oneness (*pr.* wònness), *s.* unità, natúra distínta
ónerous, *a.* oneróso, gravóso, incòmodo
ònion, *s.* (*bot.*) cipólla; — -bed, ajuòla di
cipólle
— -pèal, *s.* (*bot.*) pêlle, *f.* di cipólla
— -sauce, *s.* sálsa cipollína, *sauce soubise, f.*
ónly, *a.* sólo, único; an — chíld, figlio único; my — hòrse, il sólo cavállo che io áb-
bia; the — hòpe, l'única speránza
— *avv.* solamênte, soltánto, non... che; I hàve
— one, non ne ho che úno, ne ho úno sol-
Onomatopéia, *s.* onomatopêja (tánto
ònset, *s.* assálto, attácco, scóntro
ónslàught, *s.* (*poet.*) assálto, attácco, primo
còzzo
Ontológic, Ontológical, *a.* ontológico
Ontólogist *s.* ontólogo, ontologísta, *m.*

Ontòlogy, *s.* ontologia
ònward, *avv.* avánti, in là, óltre; go —, andáte più in là, innoltrátevi; a little —, un po' più in là
— *a.* che condúce óltre, progressívo, avanxáto, migliorànte, perfezionánte
óolite, *s.* (*min.*) oolíte, *f.*
ònyx, *s.* (*min.*) ónice, *m.*
óoze, *s.* ácqua, líquido che trapéla, stillaménto; mèlma (dáre
— *vn.* trapeláre, stilláre, gocciolàre, trasuóozy, *a.* acquitrinóso, melmóso
Opàcity, *s.* opacità
Opácous, Opáque, *a.* opáco, oscúro
ópal, *s.* opále, *m.* (*pietra prezíosa*)
Opalèsce, *vn.* opalizzáre, brilláre dei colóri dell'opále
Opalèscence, *s.* opalescênza
Opalèscent, *a.* opalizzànte
ópaline, *a.* di opále, opalizzànte
Opàque, *a.* opáco, oscúro
Opàqueness, *s.* opacità
ópe, *va.* (*poet.*) *V.* Open
ópen, *va.* apríre, schiúdere, sturáre, spiegáre, espórre; — one's self, aprírsi, scoprírsi con alcúno; — a vein, tentáre la véna; — a bottle, sturáre una bottíglia; — the window, aprite la finêstra
— *vn.* aprírsi, féndersi, sbocciáre
— *a.* apèrto, dischiúso; apèrto, scopêrto, fránco, manifêsto, palêse; wide —, spalancáto; a little —, mêzzo aperto; in the — air, all'ária apèrta; with — àrms, a bráccia apèrte; to lay —, palesàre; kèep your bòwels —, tenéte pèrvie le vie, il vêntre sciòlto
— -*eyed, a.* (*letteralmente* che ha gli òcchi apèrti) vigilánte
— -hànded, *a.* lárgo di máno, generóso
— -hèarted, *a.* fránco, apêrto, sincéro
— -heàrtedly, *avv.* a cuóre apêrto, francaménte
— -hèartedness, *s.* franchézza, schiettézza
— -mòrned, *a.* a bòcca apêrta
ópener, *s.* chi o che ápre, apritóre -tríce, espositóre -tríce
ópening, *s.* l'apríre, apriménto, apertúra
— *a.* aperitívo, lassativo, apritívo
ópenly, *avv.* apèrto, francaménte
ópenness, *s.* státo apèrto, índole apèrta, schiétta; franchézza, schiettézza, sincerità
ópera, *s.* òpera, ópra; (*teat.*) òpera; — glass, lênte, *f.*, cannocchiále, *m.*; — hôuse, sála dell'òpera
— -hàt, *s.* sottobraccíno, schiaccína
— -night, *s.* séra d'òpera
óperant, *a.* operánte, operóso
óperate, *vn.* operáre, fáre effêtto; (*chir.*) operáre, fáre un'operazióne
óperàtive, *a.* operatívo, attívo, efficáce, efficiénte, travagliáto, industriále, degli operái

— *s.* operáio; the óperátives, gli operái
óperátor, *s.* chi o che òpera, operatóre, operánte
.Operóse, *a.* operóso, laborióso, affaticánte
Ophídian, *s.* ofídio, (animále, *m.* dell'órdine dei serpênti); — *a.* ofídio, dell'órdine dei óphíte, *s.* (*min.*) ofíte, *f.* serpentíno (serpênti
Ophràlmic, *a.* oftálmico, ottálmico
òphthalmy, *s.* oftalmía
ópiate, *s.* oppiáto, medicaménto narcòtico
— *a.* soporífero, narcòtico
Opíficer, *s.* (*ant.*) opifíce, *m.* (*poco us.*)
Opíne, *va.* opináre, èsser di parére; pensáre
Opíniative, *a.* opinatívo, ipotêtico
Opiniáter, Opiniátre, *a.* ostináto, capóne, incapáto
Opinion, *s.* opinióne, sentiménto, parére, *m.* avvíso; opinióne, credênza; opinióne, stíma
Opínionated, opinionative, *a.* ostináto, incapáto
Opínionately, Opínionatively, *avv.* caparbiaménte
Opinionativeness, *s.* caparbietà, pertinácia
Opinionist, *s.* persóna ostináta nelle proprie opinióni
ópium, *s.* (*med.*) òppio
Opodèldoc, *s.* (*farm.*) oppodèldoc
Opòssum, *s.* (*zool.*) opòssum, *m.* sárico
òppidan, *s.* alliévo estêrno (del collêgio di Éton); (*ant.*) cittadíno
òppilate, *va.* oppiláre, costipáre, ostruíre
Oppilátion, *s.* rituraménto, oppilazióne
òppilative, *a.* oppilatívo, ostruttívo
Oppónent, *s.* opponénte, antagonísta, *mf.*
Opportúne, *a.* opportúno, conveniénte
Opportúnely, *avv.* opportunaménte, a têmpo
Opportúnity, *s.* opportunità, occasióne; — mákes the tríéf, l'occasióne fa l'uòmo ladro; to aváíl one's self of an —, profittáre di un'occasióne, approfittársi dell'opportunità; I séíze (*o* embráce) the prèsent — to, cólgo la presênte occasióne per
Oppóse, *va.* oppórre, avversáre, contrariáre, oppórsi a, attraversáre, contrastáre, combáttere
— *vn.* oppórsi, contraddíre
Oppóseless, *a.* (*ant.*) irresistíbile (sário
Oppóser, *va.* oppositóre, antagonísta, avversòppòsite, *a.* e *avv.* oppòsto, contrário, ostíle; oppòsto; dirimpêtto, di cóntro, in fáccia a; — the church, dirimpêtto alla chiésa; the — party, il partíto avvèrso
òppositely, *avv.* di cóntro, dirimpêtto, all'oppòsto
òppositeness, *s.* situazióne oppòsta, contrarietà
Opposítion, *s.* opposizióne; (*parl*) opposizióne; (*rett.*) opposizióne, antítesi, *f.*; (*com.*) concorrênza
Opposítionist, *s.* mèmbro dell'opposizióne
Oppréss, *va.* opprímere, angariáro, tiranneg-

giáre, schiacciáre, sopraffáre; (med.) opprímere
Oppréssion, s. oppressióne, angheria, tiránnia
Opprèssive, a. che oppríme, che sopraffà, che schiáccia; opprimènte, tiránnico
Oppressively, avv. in mòdo opprimènte, per angheria
Opprèssiveness, s. l' éssere opprimènte
Opprèssor, s. oppressóre, angariatóre, tiránno
Oppróbrious, a. obbrobrióso, ignominióso
Oppróbriously, avv. obbrobriosaménte
Oppróbriousness, s. obbróbrio, ignominia
Oppróbrium, s. obbróbrio, vitupèrio; spies are the — of húman náture, le spie sono l'obbróbrio dell'umána natúra
Oppúgn, va.oppugnáre, impugnáre, avversáre
Oppúgner, s. chi impúgna o oppúgna, impugnatóre
óptative, s. e a. ottatívo
óptic. óptical, a. óttico, dell'óttica
óptically, avv. otticaménte, per mèzzo dell'óttica
Optician, s. óttico
óptics, s. pl. óttica
óptimacy, s. la nobiltà, gli ottimáti
óptimism, s. ottimismo
óptimist, s. ottimista, mf.
óption, s. opzióne, scélta, arbitrio, volontà; at the — of, all'opzióne di; he had his —, egli èbbe quel che vòlle
óptional, a. libero a scégliersi; to be —, with, avére la scélta, avére la facoltà di scégliere
óptionally; avv. con facoltà di scégliere
ópulence, s. opulènza, ricchézza
ópulent, a opulénto, dovizióso
ópulenty, avv. opulenteménte, riccaménte
Opúscule, s. opúscolo
òr, conj. ò; móre — less, piú o méno; éither, —, o, oppúre; éither you — your bróther, o voi o vóstro fratèllo
òr, s. (blasone) òro
orach, s. (bot.) atrépice, m., spinacióne, m.
óracle, s. orácolo; predizióne, f.
Oràcular, a. d'orácolo
Oràculously, avv. a mòdo d'orácolo
Oràculousness, s. tòno, autorità d'orácolo
òraison, V. òrison
óral, a. oràle, di vóce, di tradizióne
órange, s. (bot.) aráncia, melaráncia; — péel, scòrza di aráncia; slíce of —, spícco di aráncia; — trée, aráncio; — cóloured, colór d'aráncia
— -blòssom, s. fióri, m. pl. d'aráncio
— -bùds, s. pl. melaráncie cadúte immatúre
— -man (pl. — -men), s. venditóre di melaráncie; orangista, m. (partigiáno del protestantismo in Irlánda)
— -pip, s. granèllo, séme, m. d'aráncio
— -wóman, s. venditríce, f. di melaráncie
òrangery, s. arancièra, stanzóne degli agrúmi
Oràng-oùtàng, s. (zool.) orangótán, m.

Orátion, s. discórso, aringa, orazióne
órator, s. oratóre, aringatóre, predicatóre
Oratórial, Oratòrical, a. oratório, d'oratóre
Oratório, s. (mus.) oratório
óratory, s. árte oratòria, eloquènza; oratório, cappellétta
óratress { s. oratríce, f.
óratrix {
órb, s. òrbe, m. glóbo, cèrchio, sfèra
— va. dar fórma circoláre a; formáre un círcolo; arrotondáre
— -fish, s. (itt.) pésce pálla
órbed, orbicular, a. orbicoláre, sfèrico; tóndo
órbic, a. sfèrico
Orbiculate, a. sfèrico, orbicoláto
Orbicularly, avv. sfericaménte, in cèrchio
Orbicularness, s. sfericità, rotondità
Orbiculated, a. V. Orbiculate
órbit, s. (astr.) órbita; — of the eye, occhiája
óre, s. órca (poppante marino)
órchal, órchil, s. (dei tint.) oricèllo, rocórchanet, s. (bot.) ancúsa (cèlla
órchard, s. pométo, verzière (di alberi)
Orchestra (pr. órkestra), s. orchèstra
Orchestral (pr. órkestral), a. di, da orchèstra
Orchis (pr. órkis), s. (bot.) órchide, f.
Ordáin, va. ordináre, comandáre, stabilíre; decretáre, destináre, comméttere, impórre; (relig.) ordináre, dar gli órdini ecclesiástici
Ordáinable, a. ordinábile
Ordáiner, s. ordinatóre, chi órdina
Ordáining, a. ordinánte
órdeal, s. pròva, ciménto; fiery —, — by fíre, il purgár gli indizi col fuòco
órder, s. órdine, m., collocazióne, mètodo, comándo, grádo, rángo, céto, clásse, f; (com.) ordinazióne, commissióne; mandáto, cambiále, f. a vísta; (di concerto, di teatro) bigliétto, órdine; (mil.) órdine; (archit.) órdine; (relig.) órdine, régola; to put out of —, méttere in disórdine; the lów.r —s, le clássi básse, il pópolo; hóly —s, órdini sácri; by supérior —s, d'órdine superióre; — of knighthóod, órdine cavallerésco; in — to knów, etc., affíne di conóscere, ecc.; páy to Mr. John Mill or —, pagáte all'órdine del sig. Giovánni Mill
— va. ordináre, regoláre, dispórre, impórre, comandáre; ordináre, commissionáre
órderer, s. ordinatóre -tríce, regolatóre -tríce; chi órdina o assètta; (com.) chi dà o mánda una ordinazióne, una commissióne
órdering, s. l'ordináre, órdine, m., disposizióne
órderless, s. sènza órdine, disordináto
órderliness, s. regolarità, órdine, m., sistèma, m.
órderly, a. regoláre, sistemàtico, metòdico; ordináto, regoláto, in buòn órdine, tranquíllo, quiéto; (mil.) d'ordinánza

— *avv.* con órdine, regolarménte
— *s.* (*mil.*) ordinánza (*soldato*)
òrdinal, *a.* ordinále, ordinatívo; — nùmber, número ordinále, número ordinatívo
òrdinance, *s.* ordinánza, lègge, *f.*, statúto, ríto
òrdinarily, *avv.* ordinariaménte; d'ordinario, comuneménte, solitaménte, di sòlito
òrdinary, *a.* ordinário, sòlito, consuèto; dozzinále, andánte
— *s.* ordinário, cosa ordinária; prèzzo di pasto; *table d'hôte*, *f.*, távola rotónda; trattoría, dozzína; (*eccles.*) cappelláno; to díne at an —, pranzáre, stáre a dozzína; in —, in funzióne, di servízio
Ordinátion, *s.* órdine stabilíto; (*eccles.*) ordinazióne; càndidate for —, ordinándo
òrdnance, *s.* artiglieria; cannóni; *plm*; piéce of —, pèzzo d'artiglieria, cannóne, *m.*
— -òffice, *s.* (*mil.*) depòsito di materiáli d'artiglieria
òrdonnance, *s.* disposizióne, regolarità
òrdure, *s.* sporcízia, immondízia, lordúra
óre, *s.* metállo non raffináto, metállo tal quale èsce dalla minièra; minerále grézzo; minièra; to dig —, estrárre il minerále; to smelt —, fóndere il minerále
— -flóŭr, *s.* (*metal.*) minerále, *m.*
— -heárth, *s.* (*metal.*) fornèllo di fusióne
óread, *s.* (*mitol.*) oréaḍé, *f.*
òrgal, *s.* grómma di bótte, tártaro grézzo
òrgan, *s.* (*anat.*) órgano; (*mus.*) òrgano; hànd —, organétto, organíno
— -pípe, *s.* cánna d'òrgano
Orgànic, orgànical, *a.* orgánico, degli òrgani
Orgànically, *avv.* organicaménte
Orgànicalness, *s.* státo orgánico
òrganìsm, *s.* struttúra orgánica, organísmo
òrganist, *s.* organísta, *mf.*, suonatóre -trice d'òrgano
Organizàtion, *s.* organizzazióne, *f.*, organizzaménto
òrganize, *va.* organizzáre, costituíre
òrganzine, *s.* organzíno, orsójo
òrgasm, *s.* orgásmo
òrgeat, *s.* orzáta, semáta (*bevanda*)
óriel, óriol, *s.* V. Báy-window
òrgy, (*pl.* òrgies), *s.* òrgia
Orichàlcum } *s.* oricálco
òricalch }
òrient, *s.* orlènte, *m.*, levánte, *m.*, òrto
— *a.* d'oriènte, levánte, splendènte
Orièntal, *a.* orientále, d'oriènte
Orièntalìsm, *s.* orientalísmo
Orièntalist, *s.* orientalísta, *m.*
òrifice, *s.* orifício, apertúra, búco
òriflàme, *s.* orifiàmma, oriafiàmma
᷉òrigan, *s.* (*bot.*) origano, majoràna salvática
òrigin, *s.* origine, *f.*, princípio; originále, *m.*
Original, *a.* originálo, primitívo, primo, primièro, primário, originário
Originàlity, *s.* originalità

Originally, *avv.* originalménte, originariaménte
Originalness, *s.* originalità
Originary, *a.* generatóre -trice; creatóre-trice; primitivo, originário
Originate, *vn.* origináre, scaturíre, tràrre orígine; origináting in, originário di
— *va.* prodúrre, cagionáre, far náscere; origináre, dáre orígine a (gine, *f.*
Originàtion, *s.* generazióne, produzióne, oriOriginàtor, *s.* originatóre, cáusa, movènte, *m.*
órion, *s.* (*astr.*) Orióne, *m.*
órison, *s.* (*poet.*) orazióne, preghièra
órnament, *s.* ornaménto, abbelliménto
Ornaméntal, *a.* di ornaménto; to be —, èssere d'ornaménto; — fúrniture, mobílio di ornaménto
Ornaméntally, *avv.* ornataménte, con ornáto
Ornaméntist, *s.* ornatísta, *m.*
órnate, *a.* ornáto, abbellíto, adórno
órnately, *avv.* ornataménte
órnateness, *s.* adornézza, ornatézza
Ornithológical, *a.* ornitológico
Ornithólogist, *s.* ornitólogo
Ornithólogy, *s.* ornitología
Ornithomancy, *s.* ornitomanzía
Orobanche (*pr.* orobànki), *s.* (*bot.*) orobánche, *f.*, succiaméle, *m.*, fiámma, mal d'òcchio
órphan, *s.* òrfano, òrfana, orfanèllo, orfanèlla (fanèlla
— *a.* òrfano; — boy, orfanèllo; — girl; orórphanage, órphanism, *s.* orfanità, orfanézza
órpiment, *s.* orpiménto
órpine, *s.* (*bot.*) favagèllo, aloè cicotríno
órrery, *s.* planetário (*strum. astr.*)
órris, órris róot, *s.* V. íris-róot
òrt, *s.* framménto, rèsto, rimasúglio
òrthodox, *a.* ortodòsso
òrthodoxly, *avv.* in mòdo òrtodòsso
òrthodoxy, *s.* ortodossía (rètta credénza)
òrthoepist, *s.* orteopísta, *m.*
òrthoepy, *s.* ortoepía, rètta pronúncia
Orthógrapher, orthógrafíst *s.* ortógrafo,
Orthográphical, *a.* ortográfico, d'ortografía
Orthográphically, *avv.* ortograficaménte
Orthógraphy, *s.* ortografía
òrthopèdic, *a.* (*med.*) ortopédico
òrthopedist, *s.* ortopedísta, *m.*
òrthopedy, *s.* ortopedía
òrtive, *a.* (*astr.*) ortivo
òrtolan, *s.* (*orn.*) ortoláno
òrts, *s. pl.* mondíglia, avánzo, scárto, rifiúto
òrval, *s.* (*bot.*) ormíno, gallítrico, èrba moscadèlla, schiaréa, sclaréa
Orviétan, *s.* (*farm.*) orvietáno
O. S. (*inizialí di* óld stýle), vècchio stíle (*calend.*)
òscillàte, *vn.* oscilláre; (*fig.*) esitáre, stáre fra dúe
Oscillàtion, *s.* oscillazióne
òscillatory, *a.* oscillatòrio

òscitancy, Oscitàtion, s. sbadigliaménto, sbadatàggine, f., negligènza, pigrízia
òscitant, a. sbadigliánte, dormiglióso, pígro
Osculàtion, s. (geom.) osculazióne
óśier, s. (bot.) vínco, vímine, m., vétrice, f.,
sálcio
— -grṓnd, s. vincája, vinchéto
òsmazome, s. (chím.) osmazòma, m.
òśmium, s. (mín.) òsmio
òśmund, s. (bot.) osmónda, félce flòrida
òspray, s. (orn.) frosóne, ossífrago, àquila
òsseous, a. òsseo   (marína
òśsicle, s. ossétto, ossicíno
Ossificàtion, s ossificazióne
òssify, vn. ossificáre, divenír òsso,; va. far
diveníre òsso
òssuary, s. ossàrio, ossuàrio; the — of Sán
Martíno, l'ossàrio di S. Martíno
Ostensibility, s. ostensibilità
Ostènsible, a. ostensíbile
Ostènsive, a. ostensívo
òstent, s. (poco us.)· aspètto; móstro, pro-
dígio, portènto
Ostentàtion, s. ostentazióne, bòria, fásto
Ostentàtious, a. pompóso, váno, fastóso
Ostentàtiously, avv. con ostentazióne, fasto-
saménte
Osteocòlla, s. osteocòlla
Osteògeny, s. osteogenía
Osteògraphy, s. osteografía
òsteolíte, s. (mín.) osteolíto
Osteòloger }
Osteòlogist } s. osteòlogo
Osteològic }
Osteològical } a. (anat.) osteològico
Osteològically, avv. osteologicaménte
Osteòlogy, s. osteología
Osteòtomy, s. osteotomía   (dèlta, m.
òstiary, s. fòce, f. di fiúme, imboccatúra,
òstler, s. mòzzo di stálla; meglio Hòstler
òstracism, s. ostracísmo
Ostracíze, va. ostracizzáre, bandíre con
ostracísmo
òstrich, s. (orn.) strúzzo, strúzzolo
Otàlgia, otàlgy, s. otalgía, dolór di orécchio
òther, a. pron. àltro, àltra; any —, qualúnque àltro; why will you torment your-
sèlf and —s? perchè volète crucciáre voi
stèsso ed altrúi? some laugh —s wéep,
áltri ríde, áltri piánge; —'s próperty, l'altrúi; they love éach —, si àmano l'un
l'áltro, glì uni gli áltri; amòng — things,
fra le áltre; every — day, ogni secóndo
giórno, un giórno sì, l'áltro no; Wáiter,
another bottle, Cameriére, un'áltra bottíglia
òtherwíse, avv. altriménte, tutt'áltro
òttar of róśeś, s· òlio di róse
òtter, s. (śool.) lóntra; dog —, lóntra má-
— s. (colóre) oltremáre, m.   (schio
òtto, s. V. Òttar of róśes
òttoman, a. ottománo, turchésco

— s. ottománo; ottomána, diváno, sofà, m.
òught, s. V. àught
— verbo dífett. (pret. e imperfetto del
verbo attívo to òwe, antíq. in questo
senso) dovére; you — to dṓ it, dovréste
fárlo; I — to go there, dovrèi andárvi;
he — to have come éarlier, egli avrèbbe
dovúto veníre più per tèmpo
òūnce, s. óncia (16.ma parte di una lìbbra)
— s. (śool.) «felis uncia» línce, f. pantéra
òuph, s. (ant.) fáta, follétto
òūr, a. poss., nòstro, nòstra, nòstri, nòstre;
—ś, pron. poss. il nóstro, la nòstra, i
nóstri, le nòstre; — bṓoks and yours, i
nòstri líbri ed i vòstri; your pens and —ś,
le vòstre pénne e le nòstre; a friend of —ś,
un nòstro amíco
Ouranògraphy (meglio uranògraphy), s. uranografía
Ourśèlveś, pron. noi stéśsi, ci, ce; we dó it
—, lo facciámo noi stéśsi; we flàtter —,
ci lusinghiámo
Oùśel, s. (orn.) mèrlo, V. Blàckbird
òūst, va. cacciáre fuòri, sfrattáre, espèllere,
spígnere fuòri, spogliáre, spossedére, di-
sòuster, s. (legge) evizióne   (spodestáre
òūt, avv. fuòri, fuòra, fuòri di cása, uscíto;
álto, su, ad álta vóce, alla scopèrta, apertaménte; spènto, estínto, in disúso, in de-
suetúdine, viéto; finíto, terminàto, spiráto;
sino al a fíne; imbrogliáto, imbarazzáto;
per, spinto da, a cagióne di; my master
is — il mio padróne è fuòri di cása; — of
dánger, fuòri di perícolo; — of sight — of
mind, fuòri di vista, fuòri di ménte; —
of one's wits, fuòri di cervèllo, deménte;
réad —, leggéte ad álta vóce; spéak —,
díte su; to bèlly —, spórgere in fuòri, far
páncia; — of brèath, ansánte; he did it —
of friéndship, lo fece per amicízia; — of
spíte, — of ènvy, per dispètto, per invidia; the fíre is —, il fuòco è spènto; the
bàrrel is —, il baríle è vuòto; the tíme is
—, il tèmpo è spiráto; — of fávour, in di-
sgràzia; — of pláce, sénza impiégo, sénza
padróne; — of húmour, di cattívo umóre;
— of mind, scordáto; — of print, che non
si stámpa più, che non si tròva; — at the
èlbow, ròtto al gómito; we are — of pèpper
(com.) non abbiámo più pépe; at her cóming —, al suo apparíre, al suo primo ingrèsso nella società; that pùts me —, ciò
mi fa pèrdere la tramontàna; réad it —,
leggételo tútto; time — of mind, ab antíco, tèmpo immemoràbile; your are quite
—, v'ingannáte; — with him! fuòri della
pòrta! — with you! eh vía! via di qua!
— upòn you! vergógna! — with it, díte su!
— va. (volg.) espèllere, scacciáre
— -and-hóme, a. d'andáta e ritórno; —
jóurney, viàggio d'andáta e ritórno
— -and-òūter, s. non plus última; the bed

wás an — to sléep in, il létto era sénza pári per dormírvi

Outàct, va. oltrepassáre, portársi in là di

Outárgue, va. víncere nell'argomentazióne

Outbàlance, va. preponderáre, pesár di più, sorpassáre

Outbàr, va. impedíre l'accèsso, preclúdere l'ádito

Outbid, va. rincaríre, offrír di più (all'asta)

Outbidder, s. maggiór offerènte, m. (lézza

Outblùsh, va. sorpassáre in rossóre, in bel-

Outbórn, a. (nato fuor del paése) èstero, straniéro

Outbóund, a. V. Outward-bóund

Outbráve, va. sorpassáre in arditézza o insolénza

Outbrázen, va. superáre in impudènza, impórre colla sfacciatággine

Outbreák, s. esplosióne, eruzióne, scóppio

Outbreáking, s. (polít) scóppio (plm.

Outbuilding, s. fabbricáto esterióre; rustici

Outbùrn, va. bruciáre, árdere più che

Outburst, s. eruzióne, scóppio

Outcànt, va. sorpassáre nel gèrgo dell' ipocrisía

Outcast a. di rifiúto, bandíto, proscrítto — s. rifiúto, proscrítto, bandíto

Outchéat, va. lasciársi addiétro nelle fródi, nell'impostúra

Outcràft, va. superáre in astúzia

Outcróp, vn. (geol.) emèrgere alla superfície; — s. compársa (di uno strato) alla superfície

Outcrý, s. schiamázzo, scalpóre, guaíto, strído

Outdáre, va. víncere in audácia, sfidáre

Outdáted, a. cadúto in disúso

Outdó (pret. outdid; p. p. outdóne), va. superáre, sorpassáre, avanzáre, soverchiáre, víncere

Outdóne, V. Outdó

Outdóor, a. che non dimóra in cása; — stúdent, studènte estèrno, estèrno

Outdóors, avv. fuóri di cása

Outdrink, va. eccèdere nel bére

Outdwell, va. dimoráre più (a lúngo) di

Outer, a. esterióre, di fuóri, estèrno

Outerly, avv. esteriorménte, esternaménte

Outermost, a. estrèmo, rimotíssimo, último

Outfáce, va. èssere più sfacciáto di, mantenére in fáccia, negáre in fáccia, sfidáre, far abbassáre gli òcchi a

Outfàll, s. cascáta (d'ácqua); canále, m.

Outfàwn, va. sorpassáre in piaggiaménto, in adulazióne

Outféast, va. sorpassáre in festeggiaménto

Outfit, s. equipaggiaménto, armaménto, avviaménto

Outflànk, va. passáre il fiánco (al nemico), circuíre

Outflów, vn. coláre, scórrere, stilláre; deriváre, provveníre; s. emigrazióne

Outflý (pret. outfléw; p. p. outflówn), sor-

passáre nel vólo, voláre più prèsto di, avanzáre

Outfóol, va. èsser più sciócco, più grúllo di, sorpassáre in sciocchézza, in grulleria

Outfórm, s. esterióre, m.

Outfrówn, va. far abbassáre gli òcchi a, sconcertáre, intimidíre; to — fórtune's frówn, sfidáre il rigóre, il cipíglio della fortúna

Outgóing, s. uscíta, sortíta; —s, pl. spése, fpl.

Outgrów (pret. outgrew, pr. outgrù; p. p. outgrówn), va. créscere più di, eccédere, sorpassáre, avanzáre, divenír tróppo gránde per; children sóon — their gàrments, (letteralmente i ragázzi divengono prèsto tróppo gràndi pei loro vestíti) i vestíti dei ragázzi raccórcian prèsto

Outguard, s. guárdia avanzáta

Outhèrod, va. sorpassáre in crudeltà, disgráddàrne Eróde

Outhóuse, s. riméssa, tettója, padiglióne, m.

Outlàndish, a. straniéro, stráno, fantástico

Outlàst, va. duráre più di, sopravvívere a

Outláw, s. (letteralmente fuóri della lègge) bandíto, proscrítto, fuoruscíto — va. proscrívere, métter fuóri della protezióne delle lèggi, bandíre

Outláwry, s. proscrizióne, esílio, bándo

Outláy, s. spésa, sbórso

Outlet, s. uscíta, ésito, passàggio, sbócco; uscíta, sfógo, scólo

Outlíne, s. schízzo, profílo, sbòzzo, contórno

Outlíve, va. sopravvívere a, vívere più di

Outlóok, s. vigilánza

Outlýing, a. estèrno, anterióre, lontáno

Outmanoeúvre, va. sorpassáre (uno) in astúzia

Outmàrch, va. avanzáre, precédere nella màrcia; cammináre più prèsto di

Outmost, a. estrèmo, rimotíssimo

Outnùmber, va. sorpassáre in número

Outpáce, va. fáre il pásso più lúngo di, lasciársi addiétro

Out-of-the-wáy, a. straordinário, fuór dell'usáto; fuór di máno; — pláce, luógo remóto, fuór di máno

Outpleàd, va. díre più di; prodúrre maggióre effètto di

Outpúlse, va. pesáre più di

Outpórch, s. pórtico estèrno

Outpóur, va. sfogáre, effóndere, versáre a rivi, a torrènti

Outpóuring, s. sfógo, effusióne

Outpóst, s. pósto, guárdia avanzáta

Outráge, s. oltrággio, violènza, offésa — va. oltraggiáre, insultáre

Outrágeous, a. oltraggióse, furióso, atróce

Outrágeously, avv. oltraggiosaménte

Outrágeousness, s. violènza, fúria, atrocità

Outreách, va. oltrepassáre

Outríder, s. picchière, m. soldáto, vallétto che precède la carrózza di un príncipe o di un gránde, lacchè, m., anticorriére, m., precursóre (ritègno

Outright, avv. in un súbito, a dirittûra, sénza

Outróar, va. ruggíre, mugghiáre più fôrte di

Outróot, va. sradicáre, estirpáre, scalzáre

Outrûn, va. precêdere nel córrere, antecórrere, avanzáre nel córrere, víncere alla
córsa; let no man — you in the ráce of
fôrtune and virtue, non lasciáte che alcúno vi avánzi nella carriêra della fortúna
e della virtù

Outsáil, va. avanzáre nel veleggiáre, andáre
a véla più prêsto di

Outscóld, va. sgridáre più o mêglio di

Outscórn, va. (poco us.) sprezzáre maggiorménte; (poet.) sfidáre, affrontáre

Outscóurings, s. pl. spazzatúre, f. pl. lava-
túre, f. pl.

Outsèll (pas. Outsóld), va. véndere più di;
oltrepassáre nella véndita; eccédere nel
prêzzo; guadagnáre più di

Outset, s. principio, cominciaménto, avviaménto   (splendóre

Outshine (pas. outshóne), va. sorpassáre in

Outshóot, va. sorpassáre, víncere al tíro,
tirár più lontáno di

Outshùt, va. esclúdere

Outside, s. il di fuóri

— a. estêrno, esteriôre

— avv. di fuóri, al di fuóri

Outsit, va. restáre, dimoráre di là del têmpo

Outskip, va. fuggíre, schiváre fuggéndo

Outskirt, s. lêmbo, órlo; estremità, sobbórgo

Outsléep (pas. outslêpt), vn. dormíre più di

Outsóund, va. suonáre, risuonáre più di

Outspàrkle, va. scintilláre più di

Outspéak, va. (pret. Outspóke; p. p. Out-
spóken) parláre, díre più di

Outspréad, (pas. outspréad), va. spándere,
stêndere; a. distéso, spárso

Outstànd (pas. Outstóod), va. resístere, rêggere a, sostenére (un attácco); rimanére
più a lúngo di; vn. spórgere in fuóri, far
páncia

Outstànding, a. che spórge in fuóri, che fa
páncia; (com.) dovúto, non riscósso, da
pagársi, corrênte

Outstáre, va. guardár più fissaménte, far
abbassáre gli òcchi (con uno sguárdo),
turbáre, sconcertáre

Outstèp, va. avanzáre nel pásso, lasciársi
addiêtro; andáre al di là di

Outstórm, va. tempestáre più di; sfidáre,
affrontáre

Outstréet, s. vía di sobbórgo, contráda quási
fuóri della città

Outstrètch, va. spándere, distêndere

Outstríde (pret. Outstróde, p. p. Outstridden),
va. fáre il pásso
più lúngo di, lasciársi addiêtro   (rere

Outstrip, va. antecórrere, avanzáre nel cór-

Outswéar (pret. outswóre, p. p. Outswórne)
giuráre più di

Outswéeten, va. êsser più dólce di

Outswèll, va. gonfiárai più di

Outtàlk, va. parláre più di, far tacêre a fúria
di parláre

Outturów, va. gettáre al di là di

Outtòil, va. faticáre più di

Outvàlue, va. (poco us.) sorpassáre in valóre

Outvóte, va. avére più vóti di

Outwàlk, va. camminàre più prêsto di, lasciársi addiêtro camminándo

Outwàll, s. antimúro, múro esteriôre

Outward, a. esteriôre, estrínseco, estêrno

— s. Outwards, avv. al di fuóri, esternaménte,
esteriorménte; — -bóund, (mar.) dirêtto
all'êstero

Outwardly, avv. esternaménte, in apparénza

Outwèar (pret. outwóre; p. p. outwórn), va.
duráre più di; V. Wèar-out

Outweigh (pr. outwá), va. pesár più di, dáre
il tracóllo a, preponderáre, avanzáre, sorpassáre, eccédere

Outwit, va. superáre in astúzia, ingannáre,
acchiappáre

Outwork, s. párte esteriôre di lúogo fortifi-

Outwórn, a. usáto, frústo, lógoro   (cáto

Outwríte (pret. outwróte; p. p. outwritten),
va. scrívere più di, scrívere mêglio che,
scrívere tròppo per

Outwrote, V. Outwríte

óval, a. ovále; — s. ovále, m.

Ovárious, a. di uóvi, ovário

óvary, s. (anat.) ovája

óvate, ováted, a. (bot.) uváto, ovále

Ovátion, s. ovazióne, f., píccol triónfo

óven, s. fórno; Dùtch —, fornéllo; to báke
in an —, cuócere al fórno; — fùll, fornáta; — -fork, forcóne; báked in the —,
cótto al fórno

óver, prep. sópra, di sópra, al di sópra di;
al di là di, óltre, per, in; dirimpêtto; the
lustre is suspended — the táble, la lu-
miêra è sospéss sópra la távola; can you
jump — that hédge? potéte scavalcáre
quélla siépe? all — the town, per tutta la
città; — hèad and éars in dèbt, indebitáto
fino ai capélli; — the way, dirimpêtto, di
cóntro; — the wàter, di là dell'ácqua, del
lágo, ecc.; to kéep a THing — night o —
winter, serbáre una cósa duránte la nòtte,
l'invêrno; to pass —, varcáre, valicáre; to
sail —, passáre a véla o a rêmi; to-wàtch
—, vegliáre sópra, sorvegliáre, avér l'òcchio a

— avv. su, sópra, al di sópra, per di sópra,
da un cápo all'áltro, soverchiaménte, passáto, finíto, dall'áltra párte, dappertútto,
del tútto, tròppo, soverchiaménte; pùt it
—, mettételo sù, di sópra; the dánger, the
storm is —, il perícolo, il temporále è passáto; to réad a bóok —, léggere un libro
dal princípio alla fíne; — and abóve, di
soprappiù, di giúnta; — agáin, di nuóvo;
nuovaménte; — agàinst, dirimpêtto; all is

— with him, tutto è finíto per lui; è spacciáto; — or ùnder, più o méno; — difficult, tròppo difficile; give — writing, cessáte di scrivere; there is nòting —; non
c'è niénte d'avánzo; — and —, ripetutaménte; to flów or bòll —, traboccáre; to
jùmp —, saltáre per di sópra, scavalcáre;
to ferry —, traghettáre; to màke —, far
cessióne di; turn —, vòlta
óverabóund, vn. (poco us.) soprabbondáre
Overàct, va. eccédere, oltrepassáre i dovúti
tèrmini, esageráre
óveràll, s. soprábito; —s, pl. pantalóni da
méttersi sópra gli áltri per viàggio
óveránxious, a. tròppo ansióso
Overàrch, va. voltáre, copríre con vòlta,
adombráre
Overáwe, va. far stáre a ségno, incútere
timóre a
Overbàlance, s. pesáre più di, preponderáre
— s. soprappiù, m., eccèsso
Overbèar (pret. overbóre; p. p. oberbórne),
va. soverchiáre, soggiogáre, trattáre con
prepotènza, angariáre, sopraffáre, oppri-
mere   (gánte
óverbèaring, a. prepotènte, imperióso, arro-
óverbìd, va. off ír tròppo, alzár il prèzzo
Overblów (pret. overbléw, p. p. overblówn),
van. (del vento, della procella) passáre,
cessáre, dissipáre; dissipársi, sfogársi; it
—s (mar.) fa un cólpo di vènto
óverboard, avv. fuòr della náve; to Tarów
—, gettáre in máre, far gètto di; to fáll —,
cadére in máre
óverbóld, a. tròppo ardíto, temerário
Overbórne, a. vínto, sopraffátto; V. Overbear
Overbùrden, va. sopraccaricáre, caricáre
Overbùrn, va. bruciáre tròppo
Overbusy (pr. overbìsy) a. tròppo affacen-
dáto; tròppo intramettènte
Overbuý (pas. óverbóught) va. comperáre
tròppo cáro
óvercàme, pas. di overcòme
Overcànopy, va. copríre cóme d'un padiglióne
Overcàre, s. cúra, premúra, sollecitúdine-
sovèrchia
Overcàreful, a. soverchiaménte premuróso,
con ansietà sollécito
Overcàrry, va. portáre, spíngere tròppo
óltre
Overcàst (pas. overcàst), va, offuscáre, rannuvoláre; cucíre a sopraffítto; incrostáre
— a. annuvoláto, offuscáto; (dei muri) incrostáto a soprammáno; to becòme —,
annuvolársi, oscurársi
Overcàutious, a. tròppo circospètto
Overchàrge, va. sopraccaricáre, caricáre
tròppo
óverchàrge, s. sópraccárico, péso gravóso,
angheria; prèzzo esorbitánte
Overclímb, va. valicáre arrampicándosi

Overclóud, va. annuvoláre, oscuráre
Overcóld, a. tròppo fréddo
Overcòme (pret. óvercáme, p. p overcòme),
va. soverchiáre, superáre, víncere, sopraffáre, soggiogáre, sottométtere, dominàre,
trionfáre di
Overcómer, s. vincitóre -tríce
Overcònfidence, s. sovèrchia fidúcia
Overcúrious, a. tròppo curióso; tròppo schifiltóso
Overdó (pret. overdíd; p. p. óverdòne), va.
far tròppo, esageráre, eccèdere; far cuòcere tròppo
Overdòne, a. tròppo còtto, stracòtto
Overdóse, s. dóse, f. tròppo fórte
óverdràw, va. fáre una tràtta che eccéde
l'ammontáre del crédito
óverdrèss, van. coprírsi tròppo, adornáre o
adornársi tròppo
Overdríve, va. far andáre tròppo prèsto
óver-éager, a tròppo ávido, tròppo smanióso
óver-èstimáte, va. stimáre, valutár tròppo
óver-féed (p is. óver fèd), va. nutríre tròppo
óverflów, van. traboccáre, allargáre, inondáre
— s. inondazióne, f. allagaménto, piéna
Overflówing, s. il traboccáre, inondazióne
óverfónd, a. tròppo affezionáto, che ama
soverchiaménte
Overfreight (pr. overfràte), va. (mar.) caricáre tròppo, sopraccaricáre
Overgrów (pret. overgrew, pr. overgrù; p. p.
overgrówn), van. créscere più di, èssere
più rigoglióso di; copríre (di verzura,
di piante, ecc.)
óvergrówn, a. (part. di óver-grów); — with,
copèrto di, piéno di, smisuráto, imménso,
tròppo gránde
óvergrótH, s. accresciménto eccessívo, rigóglio
Overhàng (pas. óverhùng), van. pèndere
sópra, stáre penzolóne sopra
óverhàul, van. esaminàre, raggiúngere
óverhèad, avv. sópra la tèsta, in álto
Overhèar (pas. óverhèard), va. udíre (per
cáso) sènza èssere osserváto, sentíre quantúnque a párte
Overhèat, va. fàr scaldáre soverchiaménte;
— one's sélf, scaldársi tròppo
óverinfórm, va. informáre, istruíre tròppo,
animáre, ispiráre soverchiaménte
Overjóy, va. inondáre di giòja, rapíre, deliziáre, allietáre, rállegráre; I am — ed at
it, me ne rallégro sommaménte
Overláde, (p. p. overláden), va. sopraccaricáre
óverland, a. per tèrra, per la vía del
continènte
Overláy (pas. overláid), va. (with, di) copríre, incrostáre, soffocáre, affogáre; —
with silver, copríre di argénto; — an infant, affogáre un bambíno

Overléap, va. scavalcáre, saltáre al di là di
Overlóad, va. sopraccaricáre, aggravàre
Overlóok, va. guardár dall'álto, domináre
cogli occhi; guardáre, soprastáre a, avére
la sovraintendénza di, ispezionáre, sorvegliáre, avér l'ócchio a, éssere a cavaliére
di; the hill —s the town, il cólle dómi-
na la città; to —, chiúdere un óchio a,
avér dell'indulgénza per, non corréggere
(un errore), lasciár passáre, trascuráre,
sprezzáre

Overlóoker, s. sopraintendénte, m., ispettóre,
soprastánte, m.

óverman (pl. óvermen), s. cápo minerário,
cápo minatóre

Overmáster, va. padroneggiáre, signoreggiáre, domináre

Overmátch, va. oppórre una fórza maggióre
a, víncere, sormontáre; to be —ed, ésser
vinto (da fórza maggióre)
— s. fórza superióre, partita ineguále

óvermódest, a. tróppo modésto, tímido

Overpáid, a. pagáto tróppo, strapagáto

Overmúch, a. eccessívo, tróppo
— avv. soprammisúra, soverchiaménte

Overnéat, a. ricercáto

Overníght, s. la seráta

Overofficious, a. tróppo officióso, tróppo
premuróso

Overpáint, va. dipíngere con tróppo vívi co-

Overpáss, va. passár óltre, attraversáre (lóri

Overpáy, va. (pas. óverpáid), strapagáre,
pagáre più del dovére

Overpéople, va. popoláre soprammisúra,
réndere tróppo popoláto

óverplus, s. soprappiù, m. soperchio, avánzo, eccedénte, m.

óverpóise, va. pesár più di, sorpassare nel
péso; preponderáre

óverpóise, s. maggiór péso o contrappéso;
preponderánza

Overpólish, va. pulíre, levigáre, limáre al-
l'eccésso; rénder tróppo raffináto, elegánte

Overpónderous, a. tróppo gráve, tróppo pesánte

Overpótent, a. (ant.) tróppo poténte

Overpówer, va. sopraffáre, víncere, superáre,
soverchiáre, predomináre, prevalére, ésser
tróppo fórte per, sormontáre, sconfíggere,
soggiogáre, schiacciáre; —ed by nùmbers,
opprésso dal número

Overpówering, a. che sopraffà, che schiáccia, oppriménte, soverchiánte, irresistíbile

Overpráise, va. lodáre soprammisúra, óltre
il mérito

Overpréss, va. prémere còn fórza irresistíbile, opprímere, schiacciáre; — ed with
sáil, (mar.) tróppo cárico di véle

Overprize, va. pregiáre, stimáre soprammisúra, óltre il mérito, fàre tróppo .gran
cáso di

Overpróud, a. tróppo orgoglióso, d'una fio-
rézza eccessíva

óverrán, V. Overrun

Overráte, va. stimáre tróppo, apprezzáre
tróppo, méttere un prézzo eccessívo

Overréach, va. andáre, sténderai in là di;
oltrepassáre; sorpréndere, circonveníre,
acchiappáre, giuntáre, ingannáre, soverchiáre; va. (veter.) ferírsi il piè d'innánzi
con quéllo di diétro

Overréacher, s. giuntatóre, truffatóre

Overríde (pret. overróde; p. p. overridden),
va. strapazzáre, affaticár tròppo (un cavallo da sella)

Overrípe, a. tróppo matúro, mézzo

Overróast, va. arrostír tròppo

Overrúle, va. governáre, réggere, domináre,
signoreggiáre, predomináre; (legge) rigettáre (una eccezione)

Overrún (pret. overrán; p. p. overrùn), va.
stracórrere, córrere in là di; (mil.) invá-
dere, percórrere (un paese); far un' escursióne in, spándersi sópra, inondáre, trascórrere, depredáre, dar il guásto a

Overrùnner, s. invasóre, predatóre, guastatóre

Overscrùpulous, a. scrupolóso all'eccésso

Oversée (pret. oversáw; p. p. óverséen), va.
sopraintendere, sorvegliáre, avér il manéggio di

Overséer, s. sopraintendénte, m., campáro

Oversét, (pas. —) va. ribaltáre, mandáre
sossópra
— vn. ribaltáre, rovesciáre, versáre

Oversháde, va. adombráre, aduggiáre

Overshádow, va, ombreggiáre, adombráre

Overshóes, s. pl. clácche, f. pl., galósce,
f. pl.

Overshóot (pas. óvershót), va. tirár più álto
o di là del ségno; oltrepassáre la méta

Overshót, a. che s'innóltra in là del ségno,
che pássa di sópra la ruóta o più in là

óversight, s. ispezióne, sopraintendénza;
svísta, sbáglio

Overskip, va. saltáre al di là di; saltáre,
ométtere; sfuggíre a

Oversléep (pas. óverslépt); va. dormír tróppo

Overspán, va. sténdersi (come un árco) sópra

Overspént, a. affaticáto, esáusto, mórto

Overspréad (pas. óverspréad), va. spándere,
allargáre

Overstáte, va. esageráre

Overstép, va. oltrepassáre, eccédere

óverstock, s. soprabbondánza

Overstóck, va. empíre, colmáre, ingombráre,
approvigionáre all'eccésso

Overstóre, va. fornire di provvíste o provvigióni soprabbondanteménte

Overstráin, va. sforzáre, spíngere, sténdere
tróppo, stórcere; — one's sélf, fáre uno
sfórzo, slogársi, stórcersi quálche nérvo

Overstrètch, *va.* stèndere tròppo, stiracchiáre

óvert, *a.* apèrto, chiáro, manifèsto; — act, (*legge*) princípio di eseguiménto (*d' un reo disegno*)

Overtáke (*pret.* overtóok; *p. p*, overtáken), *va.* raggiúngere, sópraggiúngere, acchiappáre; cógliere; I will sóon — you, prèsto vi raggiungerò; overtáken by a stórm, cólto da un temporále

Overtásk, *va.* impórre un lavóro tròppo fòrte

Overtàx, *va.* tassáre tròppo, angariáre

óverтнrów (*pret.* overthrew, *pr.* óverтнrù; *p. p*. óverтнrówn), *va.* rovesciáre, sovvertíre, abbáttere, disfáre, distrúggere, rovináre

— *s.* rovèscio, sovvertiménto, disfátta, distruzióne, rovína

óverтнrówer, *s.* sovvertitóre, rovinatóre

óvertly, *avv.* apertaménte manifestaménte

Overlóok, *V.* Overtáke

Overtòp, *va.* sórgere o èssere più álto di, soprastáre a, torreggiáre sópra, domináre, sorpassáre, ecclissáre

Overtráde, *van.* trafficáre al di là de' suoi mèzzi, comprár tròppe mèrci

Overtráding, *s.* tráffico eccessívo

óverture, *s.* apertúra ; (*poet.*) búco, váno; princípio, prelúdio; apentúra, proposizióne, propósta; (*mus.*) prelúdio, sinfonía

Overtùrn, *va.* capovólgere, ribaltáre, rovesciáre, sovvertíre, sconvólgere

Overtùrning, *s.* il rovesciáre, sovvertiménto

óvervaluátion, *s.* stíma esageráta

Overvàlue, *va.* stimáre, apprezzáre tròppo

Overwéary, *va.* stancáre all'eccèsso

Overwéen, *vn.* avér tròppo buòna opinióne di sè, lusingársi, èssere presuntuóso

Overwéening, *s.* presunzióne, illusióne lusinghiéra; —, *a.* presuntuóso

Overwéeningly, *avv.* arroganteménte

Overweigh (*pr.* óverwá) *va.* pesár più di, sorpassáre   (soprappiù, *m.*

Overweight (*pr.* óverwát) *s.* preponderánza,

Overwhèlm, *va.* soprafáre, opprímere, aggraváre, sommèrgere, sprofondáre, innondáre, ricolmáre; —ed with gríef, sopraffátto di dolóre, ricólmo d'afflizióne

Overwhèlming, *a.* che opprime, che sopraffà, che sommèrge; an — mass of, un'ondáta di

Overwhèlmingly, *avv.* in mòdo oppressívo

Overwíse, *a.* sputasénno, sputasentènze, saccênte

Overwíseness, *s.* pretésa sapiènza, sénno affettáto, pretenzióso

Overwòrk (*pas.* overwòrked *ovvero* overwróught), *va.* far lavoráre tròppo, strapazzáre

óverwòrn, *a.* tròppo usáto, tròppo consumáto; opprèsso, esáusto, rifiníto

Overzéaled, overzéalous, *a.* tròppo zelánte

Ovicular, *a.* di, da uóvo

óviform, *a.* ovifórme

óvíne, *a.* ovíno, pecoríno

Oviparous, *a.* ovíparo

Ovipòsit, *va.* (*degli insetti*) depórre le uóva

Oviposítion, *s.* il depórre le uóva (*degli insetti*)

óvoid, ovòidal, *a.* ovoidále

óvolo, *s.* (*arch.*) òvolo, *V.* Quàrter róund

Ovoviviparous, *a.* (*zool.*) ovovivíparo

óvule, óvulum, *s.* (*bot.*) ovèolo

ówe, *va.* dovére, èssere debitóre di, èssere tenúto a; he —s me fífty francs, egli mi déve cinquánta fránchi; to you I — my prèsent hàppiness, a voi son debitóre della mia presènte felicità

ówing, *a.* dovúto, imputábile; — to, in conseguènza di ; . mòney — to, danáro dovúto a; to be — to, èssere dovuto a, èssere l'effètto di; that is — to', ciò proviène da, è cagionáto da, è l'effètto di, è da attribuírsi a

ówl, *s.* (*orn.*) civètta; scréech — barbagiánni, *m*; whíte —, stríge, *f*; — -líke, cóme una civètta

ówler, *s.* contrabbandiêre, *m.*

ówlet, *s.* (*orn.*) alócco

ówling, *s.* (*legge inglese*) esportazióne di lána o di pécore (in contravvenzióne allo statúto)

ówn, *a.* pròprio; he is afráíd of his — shàdow, ha paúra dell'ómbra pròpria; of his — accòrd, di sua pròpria tèsta; di mòto pròprio; one's —, il pròprio, il súo, i suói, la pròpria famíglia ; he came to his —, egli vènne a'suói; to be one's —, èssere in libertà, èsser padróne di sè stésso, non dipèndere da nessúno; ha has nòthing of his —, non ha niènte del suo; I tòld him his — gli ho détto il fátto suo

ówn, *va.* èssere proprietário di, avére, possedére, èssere padróne di; riconóscere (*ammettere come vero*), concédere, affermáre, confessáre, accusáre; — a fàrm, èssere proprietário di un podère; — a fact, accusáre un fatto; — a thing, a mistáke, riconóscere ammèttere una còsa, una svísta; his fàther would nèver — him for his child, suo padre non vòlle mai riconóscerlo per fíglio

ówner, *s.* proprietário, possessóre, padróne; (*mar.*) armatóre

ównership, *s.* proprietà, signoría

òx (*pl.* òxen), *s.* (*zool.*) búe, *m.*, bòve, *m*; of an —, bovíno

òxalate, *s.* (*chím.*) ossaláto

Oxàlic, *a.* (*chím.*) ossálico ; — àcid, ácido ossálico ·

òx-eye, *s.* òcchio di búe; (*bot.*) òcchio di búe

òx-eyed, *a.* che ha gli òcchi da bue

òx-fly, *s.* (*ent.*) tafáno

òxlip, *s.* (*bot.*) tásso barbásso ; *V.* cówslip

Oxónian, *s.* studènte, *m.* della·università di Oxford

òxstàll, *s.* stàlla da buòi

òxtòngue, *s.* língua di mànzo; (*bot.*) buglòssa

òxycratè, *s.* ossicráto, bevánda d'ácqua e acéto

óxyd, *s.* (*chim.*) òssido

Oxydability, *s.* (*chim.*) ossidabilità

òxydable, *a.* (*chim.*) ossidàbile

òxydate, *va.* (*chim.*) ossidàre

Oxydàtion, *s.* ossidazióne

òxydíze, *va.* ossidáre

òxydízement, *s.* ossidazióne

òxygen, *s.* (*chim.*) ossígeno, ossígene, *m;* — gàs, gas ossígeno

òxygenàte, *va.* ossigenáre

Oxygenàtion, *s.* (*chim.*) ossigenazióne

òxygeníze, *va.* ossigenáre

òxygenízement, *s.* ossigenazióne

Oxỳgenous, *a.* di ossígeno

òxymel, *s.* ossimèle, *m.*

ữyer, *s.* (*legge*) audizióne, udiènza; cóurt of — and tèrminer, córte che giúdica dòpo l'audizióne delle párti; to pray — of a writing, domandár lettúra d'uno scritto

ữyster, *s.* òstrica; — -shèll, gúscio, conchíglia di òstrica; — -man, venditóre di òstriche; — -wènch, — -wòman, venditríce di òstriche

— -plànt, *s.* (*bot.*) sassèfrica, scorzonèra

Oz., *contrazione di* òunce, *s.* óncia

Oxéna, *s.* oxèna, úlcera fetènte nel nàso

P

P. (pé), decimasèsta lèttera dell'alfabéto inglése, p., *m; iniziale di* póst, dópo, *in* p. m., *abbrev. delle parole latine* post meridiem (*pr.* in the àfternóon)

Pàbular, pàbulous, *a.* alimentáre, nutritívo

Pàbulum, *s.* pábulo, aliménto

Páce, *s.* pásso, andaménto, portaménto; (*mil.*) pásso; (*de' cavalli*) pásso (*ambio*); (*geom.*) pásso, misúra di un pásso; at a slòw —, a passo lènto; quick —, pásso rápido, (*mil.*) pásso di carica; to mènd one's —, raddoppiáre i pássi; to slàcken one's —, rallentáre il pásso; to kèep — with, camminàre del pàri con, andár a pàri pásso con

— *vn·* andáre di pásso, andáre pásso a pásso; — andár di portánte (*ant.*)

— *va.* misuráre co' pássi, tirár avánti (*nel suo cammíno*), far andáre, far camminàre

Páced, *a.* dal passo... dal passi...; slòw- —, che va a pàssi lènti; тнórough- —, ben esercitáto, che cammína bène

Pácer, *s.* persóna che va a pásso lènto; cavállo che va bène di portánte

Pachá, *V.* Pashàw

Pachàlic, *s.* pascialáto

Pachyderm (*pr.* pàkiderm); *s.* (*zool.*) pachidèrmo

Pachydermata (*pr.* pakidèrmata), *spl.* (*zool.*) pachidèrmi, *mpl.*

Pacific, *a.* pacífico, quièto; (*geog.*) pacífico

Pacificàtion, *s.* il far páce, pacificazióne

Pacificàtor, *s.* pacificatóre -trice, placatòre -trice

Pacíficatory, *a.* pacificatóre, tendènte a pacificáre

Pàcifier, *s.* pacificatóre, paciére, *m.*

Pàcify, *va.* pacificáre, appaciáre, placáre

Pàck, *s* pácco, invòlto, còllo, ballétta, bálla, fardèllo, cárico; — of wòol, bálla di lána; — of hòundè, múta di cáni da cáccia; — of knàves, máno, *f.* di canáglia; of càrds, mázzo di cárte; — -clotн, tela di sácco; — -hòrse, cavállo da básto o da sòma; — -sàddle, básto; — -тнréad, spágo; little — (párcel), pacchétto, piègo, fáscio

— *va.* imballáre, affardelláre, impacchettáre, méttere in un baùle, in una cássa, stivare, imbasiàre; to — the càrds, accozzàre le cárte (*per truffare*); — a jùry, scègliere giuráti corrótti

— *vn.* imballàrsi, stivàrsi; — up, far fardèllo; — off, fuggírsi, far fagòtto

Pàckagè, *s.* pacchétto, pácco, còllo càssa, bálla; l' imballáre, imbal_lággio, incassaménto;\to send off —, spedíre dei cólli

Pàcker, *s.* imballatóre, cassáro

Pàcket, *s.* invòlto, pacchétto, fáscio, piègo, fastèllo, ballétta; battèllo postále; mail—, stéam —, piròscafo postále; — -bòat, — -ship, pacchebòtto

Pàcking, *s.* l' imballáre, lo stiváre; imballággio; — -nèedle, ágo d'imballággio, agóne, *m.;* — -тнréad, spágo, — -press, màcchina per stiváre

Pàct, *s.* pàtto, accòrdo, convenzióne

Pàd, *s.* sentièro (*volg.*); bidétto, cavállo di campágna, cavállo portánte; cuscinétto, guancialétto, cércine, *m.;* pagliáccio; ládro di stráda, che rùba a piédi

— *va.* imbottíre di bambágia (*un abito*)

Pàddling, *s.* imbottitúra, ovátta, fòdera

Pàddle, *s.* rémo córto e lárgo, rémo da canòtto, pagája; pála di rémo; — beams of a stéam èngine, bagli delle ruòte d'álbo; — bòxes, — cases, cásse o tambúro delle ruòte; — whèel, ruòta d'álbo

— *vn.* remáre, andáre colla pagája; — *va.* remigáre colla pagája, guazzáre, sguazzáre nel fàngo, nell'ácqua

Pàddler, *s.* chi rèmiga colla pagája, chi guázza nell'acqua

Pàddock, *s.* bòtta, ròspo, ròspo gránde; práto chiúso (per i dàini, ecc.), párco piccolo; — stòol, (*bot.*) agárico

Pàddy, *s.* (*volg.*) Irlandése; ríso nel gúscio

Pàdlock, *s.* lucchétto

— *va.* chiúdere con lucchétto

Paéan, péan, *s.* (*antichità grèche*) pèan, *m.,* peána, *m.,* peáno

Paéony e poéony, s. (bot.) peònia

Págan, a. pagáno; — s. pagáno, pagána

Páganism, s. paganésimo

Páganize, va. paganizzáre, rènder pagáno; vn. paganizzáre, divenír pagáno, comportársi da pagáno

Páge, s. pággio; página, facciáta; little —, paggétto; at the bottom of the —, a piè — va. compaginàre (della página

Págeant, s. paráta, pómpa, spettácolo — a. di paráta, pompóso, spettacolóso

Págeantry, s. fásto, pómpa, ostentazióne

Págehôod, s. státo o condizióne di pággio

Páging. s. il numeráre le págine, compaginazióne (indiáno

Págod, pagóda, s. pagóde, m., ídolo o témpio

Págodite, s. (min.) pagodite f.

Páid, pret. e p. p. di to páy

Páil, s. sécchia; milk- —, sécchia da látte

Páilful, s. secchiáta

Paillasse (pr. pàlyass), s. paglieríccio, saccóne

Páin, s. péna, dolóre; péna, castígo; I have a — in the head, ho il mal di têsta: without —s no gáins, (proverbio) non v'è ròsa sénza spíne; — s-táker, uòmo laborióso, diligênte, chi lavóra con diligênza — va. dar della péna, cagionàre dolóre, affliggere, attristáre, contristáre

Páinful, a. doloróso, penóso, gravóso

Páinfully, avv. dolorosaménte, penôsaménte

Páinfulness, s. péna, afflizióne; travàglio

Párnim, a. pagáno, idolátra; s. pagáno

Páinless, a, sénza dolóre

Páinstaking, a. travagliatívo, diligénte

Páint, va. dipíngere, píngere; imbellettáre, lisciáre; dipíngere, rappresentáre; to — iu ôil, dipíngere ad òlio; — in frésco, dipíngere a frésco; — in wàter cólours, dipíngere ad acquaréllo; to have one's portrait —ed, fársi ritràrre — vn. píngersi, imbellettársi, lisciársi — s. colóre (per dipíngere); bellétto

Páinter, s. pittóre, dipintóre; (mar.) gomenétta; miniature- —, miniatóre; pórtrait- —, ritrattísta, m; làndscápe- —, paesísta, m.

Páinting, s. il dipíngere, la pittúra (arte); pittúra, dipínto, quádro

Páintress, s. pittríce, f.

Páir, s. pájo, còppia; — of glôves, pájo di guánti; — of bèllows, soffiétto; — of hòrses, paríglia; háppy —, còppia felíce — va. appajáre, accoppiáre, uníre; — vn. accoppiársi, appajársi; to — off, (parlam.) escír insiéme; assentársi simultaneaménte (un membro ministeriale, ed un membro dell'opposizione)

Páiring, s. appajaménto, accoppiaménto; --tíme, stagióne dell'appajaménto

Pàlace, s. palàzzo (di sovrano); palágio

Páladin, s. paladíno (cavaliere)

Palankéen, palanquin, s. palanchíno

Pàlatable, a. gráto al gústo, saporóso, saporíto

Pàlatableness, s. gústo, sapóre gráto

Pàlate, s. paláto, órgano del gústo

Palátial, a. (anat.) palatíno, del paláto; di palázzo, magnífico

Palàtinate, s. palatináto

Pàlatine, a. palatíno, di príncipe palatíno — s. palatíno

Palàver, s. chiácchiere, plf., lusínga, adulazióne; — va. e vn. (volg.) lusingáre con chiácchiere, abbindoláre

Palàverer, s. piaggiatóre, lusingatóre, adulatóre, chiacchieróne, imbroglióne, m.

Pàle, a. pàllido, smórto, sciálbo, squàllido; ràther —, pallidétto, pallidíccio; to get —, tùrn —, impallidíre — s. steccóne, pálo da far palizzáte o stecconáte; palancáta, steccáta; within the — of the chùrch, nel grèmbo della chiésa — va. palificáre, stecconáre; cíngere, circondare; vn. impallidíre, diventár pàllido — -fáced, a. pàllido, squàllido, smórto

Paleáceous, a. (bot.) fornito di púla; piéno di páglia

Pálely, avv. pallidaménte, con pallidézza

Pàleness, s. pallidézza, pallóre

Paleógrapher, s. paleógrafo

Paleogràphic) a. paleográfico
Paleogràphical)

Paleògraphy, s. paleografía

Paleòlogy, s. paleología

Páleous, a. (bot.) fornito di púla

Palèstra, s. palèstra

Palèstrian)
Palèstric) a. della palèstra
Palèstrical)

Pàletot, s. paletò

Pàlette, s. V. Pàllet

Pàlfrey, s. palafréno

Pàlfreyed, a. montato su di un palafréno

Palification, s. l'átto di fáre una palificáta

Pàlimpsest, s. palinsèsto

Páling, s. palizzáta, stecconáta, rastrèllo

Palingenésia, palingènesy, s. palingenèsi, palingènesi, f.

Pàlinode, pàlinody, s. palinodía

Pàlisade, Palisádo, s. palizzáta, palificáta — va. palificáre, stecconáre

Pàlish, a. pallidétto, alquánto pàllido

Pàll, s. mánto (di paráta); pàllio (di arcivescovo); pállio, pánno da mórto — va. copríre del pállio, ammantellàre; seppellíre; rènder insípido — vn. (dei liquori) diveníre insípido, pèrdere il sapóre, svaníre, svaporáre; to l' — ed with, èssere stúcco e ristúcco di

Palládium, s. pallàdio

Pàllet, s. assicèlla; (di pitt.) tavolòzza; letticciuòlo, lettúccio mísero; lètto di povràccio

Pàlliassé, *s.* paglieríccio, saccóne
Pàlliate, *va.* palliáre, ammantáre, coonestáre
Palliátlon, *s.* palliaménto, il palliáre
Pàlliátive, *a. s.* palliatívo
Pàllid, *a.* pállido, smórto
Pàllidly, *avv.* pallidaménte
Pàllidness, *s.* pallidézza
Pàlling, *a.* scipíto, insípido
Pàllium, *s.* pállio, palliòtto (*manto*)
Pàll-màll, *s.* pallamáglio
Pàlm, *s.* (*bot.*) pálma, palmízio; cocoa-nut
—, (nóce. *m.* dí) cócco; ságo —, cícade,
m ; dáte —, pálma dattilífera; dáte- — *s*,
pálme di dátteri; féathery —, pálma a
ventáglio; dwàrf —, palmízio náno, palmétto, palmístro; — -gróve, palméto; —
-léaf, pálma, rámo di pálma o di palmízio; (*arch.*) pálme *f. pl* ; to càrry off the
—, trionfáre; — -sunday, doménica delle
pálme; — -trée, palmízio, pálma
— (*misura*) pálmo; — of the hand, la palma
della máno; —, (*mar.*) márra d'un'áncora
— *va.* maneggiáre, toccáre colle máni ;
upòn, impórre a, far crédere a, dáre a crédere, ingannáre ; attribuíre
Pàlma-chrísti, *s.* (*bot.*) pálma crísti, rícino
Pàlmate, pàlmated, *a.* (*bot.*) palmáto
Pàlmer, *s.* palmiére, pellegríno
Palmètto, *s.* (*bot.*) palmétto, palmízio náno,
Palmíferous, *a.* palmífero (palmístro
Pàlmiped, *a.* (*orn.*) palmípede; *s.* (uccèllo)
palmípede, *m.*
Pàlmister, *s.* chirománte, indovinatóre
Pàlmistry, *s.* chiromanzía (indovinaménto)
Pàlmy, *a.* copèrto di pálme, rícco di pálme,
floriscénte ; vittorióso, glorióso
Palpabílity, *s.* qualità palpábile, chiarézza,
evidènza
Pàlpable, *a.* palpábile, chiáro, evidènte
Pàlpably, *avv.* in mòdo palpábile, evidente-
Pàlpitate, *vn.* palpitáre (mènte
Palpitátion, *s.* palpitazióne, il palpitáre
Pàlsical, pàlsied, *a.* paralítico, di paralísia
Pàlsy, *s.* (*med.*) paralísia, parálisi *f.*
— *va.* paralizzáre, rèndere para ítico
Pàlter, *vn.* (*volg.*) tergiversáre, elúdere
Pàltriness, *s.* bassézza, abbiettézza, meschi-
nità
Pàltry, *a.* meschíno, básso, grétto; — fèllow,
meschíno, miserábile, *m.*
Pàly, *a.* (*poet.*) pállido, pallidétto
Pàm (at cárds), *s.* fánte, *m.* di fióri
Pàmper, *va.* tenére, alleváre nella bambágia,
trattár delicataménte, careggiáre, lusingáre,
ammorbidíre, impinguáre ; — one's self,
trattársi béne
Pàmpered (*p. p. di* to pàmper) *a.* rícco, de-
licáto, mòrbido
Pàmphlet, *s.* libércolo, librétto, opúscolo
Pamphletéer, *s.* scrittóre di libèrcoli, opúscoli
Pàn, *s.* padèlla, terrína, bacinétto; báking-
—, tégghia; stèw- —, casseruóla; dripping-

—,ghiòtta; wàrming- —, scaldalètto; éarrn-
en —, terrína; — of a gùn, focóne, *m* ;
— of the knée, rotèlla
Panacéa, *s.* panacéa
Panáda *e* Panádo, *s.* panáta, pan còtto
Pànaris, *s.* (*med.*) paneríccio
Pàncáke, *s.* fritèlla
Pancràtic, pancràtical, *a.* (*med.*) pancrático
Pàncreas, *s.* (*anat.*) páncreas, *m.*
Pancreàtic, *a.* pancreático
Pàndean-pípes, Pàn's pípes, *spl.* zampógna
Pàndect, *s.* (*legge*) pandètta; the —s, le pan-
dètte (di Giustiniáno)
Pandemónium, *s.* pandemònio
Pànder, *s.* rufflàno, rufflàna, mezzáno, mez-
zàna
— *va.* arrufflanáre, far il mezzáno ; to — to
a tỳrant's lùsts or rapàcity, fársi il com-
piacénte minístro delle libídini o della ra-
pacità d'un tiránno
Pànderage } *s.* rufflanería, rufflanésimo, ab-
Pànderism } biètta compiacénza, víle me-
} stiére di mezzáno o di mezzàna
Pànderly, *a.* rufflanèsco, di, da mezzáno
Pàne, *s.* vétro di finèstra ; quadrèllo
Panegỳric, *s.* panegírico
Panegỳrical, *a.* panegírico, lodatívo
Panegỳrist, *s.* panegirísta, *m.*
Pànegyrize, *va.* fáre il panegírico di; *vn.*
fáre un panegírico
Pànel, *s.* távola di pòrta, ecc; quadrèllo; lí-
sta dei giuráti, giurì, *m.*, giuráti, *m. pl* ;
(*min.*) scompartiménto
— *va.* formáre in pèzzi quàdri
Pàng, *s.* angòscia, estrèmo dolóre, attácco
Panhellénium, *s.* (*antichità grèche*) panel-
lènio
Pànic, *s.* pánico, timór pánico; —, — -grass,
(*bot.*) pánico
— *a.* pánico; — -strùck, préso da timór pá-
nico
Pànicle, *s.* (*bot.*) panícola, pannòcchia
Pànicled, paniculate, paniculáted, *a.* (*bot.*)
panicoláto, a panícola, a pannòcchia
Panificátion, *s.* panifício
Pànnel, *s.* básto, bardèlla
Pànnier, *s.* paniére, *m.*, cèsta, scòrba
Pànoply, *s.* panòplia, armadùra compíta
Panoràma, *s.* panoráma, *m.*
Panoràmic, *a.* panorámico
Pànsy, *s.* (*bot.*) violètta tricolóre, viòla del
pensièro
Pànt, *va.* aneláre, ansáre, palpitáre; — for,
anelár a, agognáre; — for brèarn, ansáre
— *s.* anélito, báttito, palpitazióne
Pàntalets, *spl.* pantaloncíni (da dònna o da
ragázzi)
Pàntaloon, *s.* pantalóne (*buffone*), *m* ; —s,
spl. pantalóni, *mpl.* calzóni lúnghi, pan-
talóni strétti
Pànrneism, *s.* (*filos.*) panteísmo
Pànrneist, *s.* panteísta, *m., f.*

Panrneistic } *a.* panteístico
Panrneistical }
Pànrneon, *s.* il Pánteon, la Rotónda (*in Roma*); Victor Emmànuel's tómb in the —, la tómba di Vittòrio Emanuèle nel Pánteon
Pànrner, *s.* (*zool.*) pantèra
Pàntíle, *s.* tégola, tegolíno, émbrice. *m.*
Pànting, *s.* anélito, ansaménto, ánsia
Pàntingly, *avv.* con pálpito di cuòre
Pàntler, *s,* panattière, *m.* (che ha cúra del páne)
Pàntofle, *e.* pantòfola, múla (*ant.*); múla (del pápa)
Pàntograph, *s.* pantògrafo, struménto da copiár disègni
Pantogràphic } *a.* pantográfico
Pantogràphical }
Pantògraphy, *s.* pantografía
Pantòlogy, *s.* pantología
Pantològical, *a.* pantológico
Pàntomíme,*s.* mímo, míma; pantomíma, bállo pantomímo; *a.* pantomímo
Pantomimic, pantomimical, *a.* di pantomímo
Pàntry, *s.* dispènsa, stànza dove si tèngono le còse da mangiáre
Pàp, *s.* páppa, pan còtto in ácqua o in látte che si dà a' bambíni; papílla (*volg.*)
Papà, Pà, *s.* papà, *m.,* bàbbo
Pàpacy, *s.* papáto, pontificáto
Pàpal, *a.* papále, del pápa, pontificio
Pàpalist, *s.* papalísta, *mf.,* fautóre, fautríce del papáto
Pàpalize, *va.* e *vn.* papalizzáre
Pàpally, *avv.* papalménte
Papàverous, *a.* di, da papávero, sonnífero
Papàw, *s.* (*bot.*) papája
Pàper, *s.* cárta; fòglio, fòglio di cárta; artícolo di giornále, giornále, *m.* fòglio; tappezzería di cárta; lètter- —, cárta da lèttere; dràwing- —, cárta da disègno; fòol's cap —, cárta da petizióni; brown —, cárta da invòlti; blòtting- —, bibulous —, cárta sugànte; cigarètte —, cárta da cigarétte; còloured —, cárta coloráta; — créam láid —, cárta vergáta, filigranáta; machine —, cárta a màcchina; màrble —, cárta marezzáta; pòst- —, cárta da lèttere; printing- —, cárta da stámpa; sized —, cárta con còlla; stàined —, cárta di colóre, cárta coloráta; stàmped —, cárta bolláta; tràcing —, cárta da calcáre; unsízed —, cárta sénza còlla; unstàmped —, cárta líbera, cárta sémplice, cárta non bolláta; wàste —, cárta stráccia; wòve —, cárta velína; wràpping- —, cárta da invòlti; dàily —, giornále quotidiáno; mèrcantile —, cambiàli; wríting- —, cárta da scrívere; — -mìll, cartièra; — -hànger, paratóre, tappezzière, *m*; — manufàcturer, fabbricatóre di cárta, cartájo; — mòney, — cùrrency, carta-monéta, cárta monetáta; to commit to —, méttere in cárta; to pùt pèn to —,

to sèt pèn to —, por máno alla pénna; have you rèad the — s? avète létto i giornáli?
— *a.* di cárta, sottíle, leggièro
— *va.* tappezzáre (*con carta*); méttere in cárta
— -càse, *s.* scartafáccio di cárta bíbula (tra cui fògli si prémono gli scritti per asciugár l'inchiòstro)
— -cùtter, *s.* tagliacárta, *m.* (coltéllo)
— -kíte, *s.* cèrvo volànte, stélla cométa
— -màker, *s.* fabbricatóre di cárta
— -manufàctory, *s.* fàbbrica di cárta
— -stàiner, *s.* fabbricatóre di cárta coloráta, operájo che colóra la cárta
— -stàining, *s.* fabbricazióne di cárta coloráta
— -tràde, *s.* commèrcio, tráffico in cárta
— -wàr, *s.* guèrra di pénne, polémica
Pàpered, *a.* di cárta; tappezzáto
Pàpess, *s.* papéssa
Pàphian, *a.* di Pàfo, Ciprígno
Papier-mache (*pr.* papià mashá) *s.* cárta pèsta
Papílio, *s.* farfália, parpaglióne, *m.*
Papilionàceous, *a.* papiglionàceo
Pàpillary, Pàpillous, *a.* (*anat.*) papillàre
Pàpillòtte, (curl paper) *s.* cartúccia (da incartocciáre i capégli)
Pàpism, *s.* papísmo
Pàpist, *s.* papísta, *mf.*
Papístical, *a.* papístico, de' papísti
Pàpistry, *s.* papísmo
Pàppous, *a.* (*bot.*) pappóso
Pàppy, *a.* símile alla páppa, pappóso, mòlle, succolènto
Pàr, *s.* pári, uguále; — *s.* ugualità, tariffa; (*com.*) pàri, *m*; abòve —, sópra il pàri; belòw —, sótto il pári; on a — with, uguále a
Pàrable, *s.* parábola
Parábola, *s.* parábola (*geom.*)
Parabolánus (*pl.* paraboláni), *s.* parabolàno
Parabòlic, Parabòlical, *a.* parabólico, di parábola
Parabòlically, *avv.* con parábole (Tàpping)
Paracentésis, *s.* (*chir.*) paracentèsi *f.* (*V.* Pàrachute (*pr.* pàrashùte), *s* paracadúte, *m.*
Paracléte, *s.* (*teol.*) Paracléto, Consolatóre
Paràde, *s.* paráta, apparáto, paramènto; sfòggio, ostentazióne, mòstra; (*mil.*) paráta; manóvra; piazzále, *m.,* piázza d'àrmi; on —, alla paráta, alla manóvra; to màke a — of, fáre sfòggio di
— *vn.* fáre sfòggio di; (*mil.*) esercitáre, disciplinàre (novràre
— *vn.* sfoggiáre, far la paráta, marci-re, maPàradigm, *s.* (*gram.*) paradígma, " ., modéllo, esèmpio
Parading, *s.* lo sfoggiáre, il far pòmpa
Pàradise, *s* paradíso; — Lost, il Paradíso Perdúto; bird of —, uccéllo di paradíso

Paradisáical, *a.* paradisíaco, beáto
Páradox, *s.* paradòsso
Paradòxical, *a.* di paradòsso, paradòssico
Paradóxically, *avv.* in mòdo paradòsso
Páragon, *s.* modèllo; modèllo perfétto, esemplàre, *m.*, paragóne; — of beaúty, of éloquence, un paragóne di bellézza, di eloquènza
— *va.* paragonáre, far paragóne, comparáre
Pàragraph, *s.* parágrafo
Paragràphically, *avv.* a parágrafi
Paralipómena, *spl.* paralipómeni, *mpl.*
Pàralíze, *va.* (*med.*) paralizzáre
Pàrallax, *s.* (*astr.*) paralásse, parallásse, *f.*
Pàrallel, *a.* paralèllo, uguále, equidistánte
— *s.* paralèllo, comparazióne, uguagliánza, línea paralléla, direzióne paralléla
— *va.* paragonáre, comparáre, uguagliáre, méttere a parrallélo
Pàrallelism, *s.* parallelísmo, equidistánza
Pàrallelly, *avv.* parallelaménte
Parallèlogram, *s.* parallelográmmo
Parallelopíped { *s.* (*geom.*) parallelopí-
Parallelopipedon { de, *m.*
Paràlogism, *s.* paralogísmo
Paralogíze, *va.* paralogizzáre, usáre paralogísmi
Paràlogy, *s.* paralogía
Paràlysis, *s.* (*med.*) paralísia, parálisi, *f.*
Paralytic, paralitical, *a.* paralítico
Paralitic, *s.* paralítico, paralítica
Pàralýze, *va.* rèndere paralítico, paralizzáre, rèndere inútile, váno, nèutro
Paràmeter, *s.* (*geom.*) parámetro
Pàramoũnt, *a.* dominánte, signoreggiánte, sovráno, suprêmo, cápo, gránde; lord —, signóre in cápite, padrón padróne; — auruòrity, autorità suprêma; of—impórtance, di grán moménto
— *s.* cápo, sovráno, padróne
Pàramour, *s.* dàmo, amánte, *m. f.*, vàgo, drúdo, drúda
Pàranymph, *s.* (*ant.*) paranínfe della spósa
Pàrapet, *s.* parapètto
Paraphernàlia, *s.* (*legge*) paraférna, sopraddòte, *f.*
Pàraphràse, *s.* paráfrasi, *f.*; to delúcidate by a —, dilucidáre con una paráfrasi
— *va.* parafrasáre, ridúrre in paráfrasi
Pàraphrast, *s.* parafráste, *m.* commentatóre
Paraphràstic, paraphràstical, *a.* parafràstico
Pàrasite, *s.* parassíto; (*bot.*) piánta parassítiça
Parasitic, parasitical, *a.* parassítico; (*bot.*) parassítico; — plant, piánta parassítica
Parasítically, *avv.* parassiticaménte, da parassíto
Pàrasitism, *s.* parassítísmo, víta di parassíto
Pàrasol, *s.* ombrellíno, parasóle, *m.*
Pàrboil, *va.* subbollíre, mezzobollíre
Pàrcel, *s.* particciuóla, particína, particèlla, párte, *f.*, porzióne; pacchètto, invólto, pli-

co; (*pers.*) ciúrma, brigáta, bánda; cápo (*di conto*), partíta; (*com.*) spedizióne; bill of —s, fattúra; to be — of, to form part and — of, far párte di, far párte integránte di; to send off a —, spedíre un pácco, un invólto; to make up a —, fáre un pácco, un invólto
— *va.* divídere, separáre, spartíre
Pàrcelling, *s.* distribuzióne, divisióne, ripárto; (*mar.*) bánde di téla, *f. pl.*
Pàrcenary, *s.* (*legge*) proprietà indivísa; in —, per indivíso
Pàrch, *va.* arsicciáre, rèndere adústo
Pàrched, *a.* arsicciáto, adústo, arsíccio
Pàrchedness, *s.* arsicciatúra, adustióne, aridità
Pàrching, *a.* adustívo, essicánte; — thirst, — *s.* adustióne (séte ardènte
Pàrchment, *s.* pergaména, cárta pècora
Pàrd, *s.* (*poet.*) párdo; *V.* Leopard
Pàrdon, *va.* perdonáre, far grázia; — me, mi perdóni, perdonátemi; to — a màlefáctor, far grázia ad un malfattóre
— *s.* perdóno, grázia, remissióne; I beg your —, vi chièggo perdóno; to obtáin the king's —, the Queèn's —, èssere graziáto
Pàrdonable, *a.* perdonábile, scusábile
Pàrdonableness, *s.* perdonabilità, scusabilità, l'èsser perdonábile, scusábile
Pàrdonably, *avv.* in mòdo scusábile
Pàrdoner, chi perdóna, perdonatóre -tríce
Pàrdoning, *a.* chi perdóna, misericordíoso
Pàre, *va.* pareggiáre, scortecciáre, affiláre; — one's náils, tagliáre le únghie; — a hòrse's hòof, pareggiáre le únghie ad un cavállo; — brèad, scrostár il pàne; — an apple, scortecciáre un pómo
Paregòric, *a.* paregòrico, anodíno, lenitívo
Parènchyma (*pr.* parènkima), *s.* (*anat. bot.*) parenchíma, *m.*
Parenchymatous (*pr.* parenkimatous), parenchimous (*pr.* parènkimous) *a.* (*anat. bot.*) parenchimatóso, del parenchíma
Pàrent, *s.* pàdre, *m.* màdre, *f.*; —s, genitóri; idleness is the — of vice, l'òzio è il pàdre (l'oziosággine è la màdre) del vízio; the colónies and — státe, le colònie, e la màdre pàtria; the — establishment, lo stabiliménto princípale, centrále
Pàrentage, *s.* parentádo, parentéla, náscita, stírpe, *f.*, lignàggio
Parèntal, *a.* patèrno, matèrno, de' genitóri
Parènthesis, *s.* parèntesi, *f.*; in a —, tra parèntesi
Parenruètically, *avv.* tra parèntesi, per mèzzo, per vía di parèntesi
Pàrer, *s.* rósola, incástro (di maniscálco)
Pàrget, *s.* gèsso, pièt a da gèsso, intónaco
Parhélion, *s.* paréglio, parélia
Pàriah, *s.* pària (indiáno) *m.*
Pàrial, páir róyal, *s.* tre cárte (da giocáre) dello stésso seme
Pàrian, *a.* pário; — marble, màrmo pário

nòr, rûde; • fàll, sòn, bůll; • fàre, dò; • bý, lỳmph; pōĭse, bǒӯs, fǒṻl, fǒẃl; gem, aš

Dis. Ingl. Ital. • Ediz VI. Vol. I.º   28

Parietal, *a.* di paréte, paretário

Parietary. *s.* (*bot.*) parietária

Pàring, *s.* ritáglio, búccia, scórza; — -knífe, trincétto di calzolájo

Pàrish, *s.* parròcchia; to be upon the —, èssere nella lísta dei póveri

— *a.* parrocchiále; — chùrch, chièsa parrocchiále

Parishioner, *s.* parrocchiáno, parrocchiána

Parisyllàbic, parisyllàbical, *a.* (*gram. grèca*) parisíllabo

Pàritor, *s,* cursóre, mésso, bidèllo

Pàrity, *s.* parità, egualità, simigliánza

Pàrk, *s.* pàrco; (*mil.*) pàrco (*d'artiglierìa*); — -kéeper, custode del pàrco

— *va.* rinchiúdere in un pàrco

Pàrlance, *s.* conversazióne; parláre, *m.*, discórso, favèlla

Pàrley, *s.* conferènza; (*mil.*) chiamáta; to béat —, bàttere la chiamáta

— *vn.* conferíre, avér un abboccaménto; (*mil.*) parlamentáre

Pàrliament, *s.* parlaménto; act of —, lègge, *f;* mémber of —, mèmbro del parlamento; — man, mèmbro della cámera dei comúni; the hóuses of —, le due Cámere (dei Comúni e dei Lòrdi); to hàve a séat in —, èsser mèmbro della Cámera dei Comúni; to sùmmon a —, to convéne a —, convocáre il Parlaménto; méeting of —, apertúra del Parlaménto; the sittings of —, le sedúte, le tornáte del Parlaménto; in — assèmbled, davànti al Parlaménto; to prorógue the —, prorogáre il Parlaménto; to dissòlve the —, sciògliere il Parlaménto

— *s.* páne pepáto, mostacciuólo

— -héel, *s.* (*mar.*) mèzza bánda

— -ròll, *s.* procèsso verbále delle sedúte del Parlaménto

Parliamentàrian, Parliamentéer, *s.* (*storia d'Inghilterra*) parlamentário, fautóre del Parlaménto

Parliamèntary, *a.* parlamentário; — tráin, — pàssenger, (*strade ferrate*) vagóne, *m.* di tèrza clàsse, viaggiatóre -tríce di tèrza clàsse

Pàrlour, *s.* salòtto, salétta, sàla bàssa; (*dei conventi*) parlatório; little —, salottíno

Parochial (*pr.* paròkial), *a.* parrocchiále

Pàrodist, *s.* parodísta, *mf.*, autóre, autríce di parodie

Pàrody, *s.* parodía

— *va.* parodiáre, travestíre

Paróle, *s.* (*legge*) víva vóce; (*mil.*) paròla (*di prigioniero di guerra*); on —, sùlla — *a.* (*legge*) di víva vóce, verbále (paròla

Paronomàsia }
Paronómasy } *s.* (*rett.*) paronomásia

Paronomàstic }
Paronomàstical } *a.* (*rett.*) paronomàstico

Pàroquet, *s.* (*orn.*) pappagàllo píccolo, parrucchétto

Paròtid, *a.* (*anat.*) parotidèo, parotídico

Paròtis, *s.* (*anat.*) paròtide, *f.*

Pàroxysm, *s.* parossísmo, accèsso, attàcco

Pàrquetry, *s.* tàrsie, *fpl.*

Pàrrel, *s.* (*mar.*) tròzza

Parricídal, *a.* parricída

Pàrricíde, *s.* parricída, m. *f;* parricídio

Pàrrot, *s.* (*orn.*) pappagàllo

Pàrry, *va.* (*scherma*) paráre, schermíre, schiváre, evitáre, elúdere; —, *vn.* paràre; to — and thrùst, paráre e rispóndere

Pàrse, *va.* (*gram.*) analizzáre, far l'anàlisi di; spiegáre le pàrti del discórso

Parsimónious, *a.* pàrco, frugále, econòmo

Parsimóniously *avv.* parcaménte, con parsimónia

Parsimóniousness, *s.* parsimònia (mónia

Pàrsimony, *s.* parsimònia

Pàrsley, *s.* (*bot.*) prezzèmolo, petrosèllo

Pàrsnip, *s.* (*bot.*) pastináca

Pàrson, *s.* piováno, pàrroco, curáto, rettóre

Pàrsonage, *s.* piève, *f.*, parròcchia, càsa del piováno

Pàrt, *s.* pàrte, *f.*, porzióne, *f;* pàrte, personàggio; pàrte, bánda, piàggia, luógo; —, *spl.* mèzzi, talènti, ingégno; —, (*libr.*) puntàta, fascícolo; the gréater —, la maggiór pàrte; the —s of the bòdy, le pàrti, le mèmbra del còrpo; the —s of spéech, le pàrti del discórso; for my —, dal cànto mio, quánto a me; a mán of —s, uómo d'ingégno; to tàke in góod —, pigliàr in buòna pàrte; to tàke — in, prèndere pàrte a; — by —, partitaménte

— *van.* disuníre, divídere, spartíre, distribuíre, compartíre; to — with, alienáre, disfàrsi di, cédere, vèndere; I will not — with it, non vóglio vènderlo, alienárlo; at the they pàrted, su di ció essi si separárono; to — asùnder, bipartírsi; divídere in due

Pàrtage, *s.* spartiménto, divisióne

Partàke (*pret.* partóok; *p. p.* partàken), *va.* partecipáre, avér pàrte in; *vn.* partecipàre, prèndere pàrte; to — of a thing, avére o prèndere pàrte o porzióne di una còsa

Partàker, *s.* partecipatóre, chi partécipa, chi prènde pàrte a; to be a — of, in, prèndere pàrte a, in

Partèrre, *s.* ajuóla, scompartiménto di giardíno, *parterre, m.* (in

Pàrthenon, *s.* (*antichità grèche*) Partenón

Pàrtial, *a.* parziále, favorévole (ad una delle pàrti); affezionáto; — jùdge, giúdice parziále, ingiústo; thóse two yòung làdies are bòth — to me, quélle due damigèlle hàuno ambedúe dell'inclinazióne per me

Partiàlity, *s.* parzialità

Pàrtialize, *va.* rènder parziále

Pàrtially, *avv.* parzialménte, con parzialità

Partibílity, *s.* divisibilità

Pàrtible, *a.* partíbile, divisíbile, spartíbile

Participable, *a.* partecipàbile

Participant, *a.* partecipánte, partécipe

Participate, *vn.* partecipáre, avér párte
— *va.* entráre a párte, ricévere una párte
Partecipátion, *s* il partecipáre, partecipazióne, *f.*, divisióne, distribuzióne
Participátive, *a.* capáce di partecipáre
Participátor, *s.* partecipatóre -tríce
Participial, *a.* (*gram.*) di o da participio
Participially, *avv.* (*gram.*) cóme participio
Párticiple, *s.* (*gram.*) participio
Párticle, *s.* particola, particélla, píccola párte
Particular, *a.* particoláre, speciále, peculiáre, singoláre, próprio; preciso, esátto
Particular, *s.* particoláre, *m.*, specialità, particolarità; in —, in ispécie, particolarménte, segnataménte; with all the —s, con tútti i particolári
Particularìsm, *s.* particolarísmo
Particulàrity, *s.* particolarità, singolarità
Particularíze, *va.* particolarizzáre, circostanziáre, *vn.*, entráre nelle particolarità
Particularly, *avv.* particolarménte
Párting, *a.* di partènza, di congédo
— *s.* partènza, separazióne; congédo, addío
Pártisan, *s.* partigiáno, partitánte; partigiána (*arma*); bastóne, *m.* del comándo
Pártite, *a.* (*bot.*) partíto, bipartíto
Partition, *s.* partizióne, spartiménto, separazióne, il bipartírsi; tramézzo, assíto, paréte, *f*; — wàll, muro, paréte di mèzzo
— *va.* divídere, spartíre; divídere; separáre
Pártitive, *a.* (*gram.*) partitívo
Pártitively, *avv.* (*gram.*) cóme partitívo
Pártlet, *s.* gallína; golétta, gorgièra, lattúga; dáme —, mónna gallína
Pàrtly, *avv.* in párte, in quálche mòdo
Pártner, *s.* compágno, compágna, consócio; (*com.*) sòcio, associáto; (*ballo*) compágno, campágna; cavaliére, *m.*, dáma; slééping —, (*com.*) sòcio accomandánte; mànaging —, sòcio gerénte; thréé pair of —s, tre cóppie di balleríne
— *va.* associáre, associársi a
àrtnership *s.* (*com.*) associazióne, società, compagnía, ragióne, dítta; déed of — (*com.*) contrátto di società; to dissòlve a —, (*com.*) sciógliere una società; to énter into — with one, entráre in società con uno; to táke one into —, associársi uno, ricéverlo come sòcio
irtóok, *V.* Partáke
àrtridge, *s.* (*orn.*) pernice, *f*; — -wóod, légno del Brasíle
irtúrient, *a.* partoriénte
irturition, *s.* párto
irty, *s.* párte, *f*; (*legge*) párte, *f.* (*uno déi litiganti*); párte interessáta; persóna interessáta; (*polit.*) partíto, fazióne; brigáta, società, adunánza, seráta; persóna; indivíduo; (*mil.*) distaccaménto; múical —, concèrto, accadèmia; political —, partíto polítíco, fazióne; évening —, vèglia, seráta, conversazióne; dinner —,

pránzo (*i convitati*); to bé a — to, prènder párte a; — -cóloured, di più colóri, screziáto; — -spirit, spírito di párte, spírito di partíto; — -wàll, muro divisòrio
Párvenú, *s.* *V.* úpstart
Pás, *s.* pásso; precedènza
Pasch (*pr.* pàsk), *s.* la Pásqua; — ègg, uóvo di Pásqua
Páschal, *a.* pasquále, di pásqua
Pashàw, *s.* pascià, *m*, bascià, *m.*
Pashàwlic, *s.* pascialáto
Pàsque -flówer, *s.* (*bot.*) pulsatílla
Pasquináde, *s.* pasquináta (*libello*)
— *va.* scrívere pasquináte sópra
Pàss, *vn.* passáre, scórrere, fuggíre, oltrepassáre; trapassáre, moríre; to — bý, passáre sótto silénzio; — awáy, scórrere, fuggíre; — on, alòng, passáre per, tiráro avánti; — fòr, èssere stimáto; — off, passáre, dileguársi; — óver, varcáre, traghettáre, omèttere; to còme to —, avveníre, accadére /
— *va.* passáre, passáre per, far passáre; passáre, oltrepassáre; trasportáre, trasferíre, sorpassáre; to — róund, far circoláre, mandár attórno; — óver, valicáre, scavalcáre; omèttere; — the tíme, passár il tèmpo; — an àct, far una lègge; — jùdgment upon a criminal, sentenziáre un delínquènte
— *s.* passàggio (*stretto*), pásso, válico, státo, situazióne, condizióne, mal pásso; lásciapassáre, *m.* (*specie di passaporto*); (*mar.*) passapòrto (*scherma*) passáta, bòtta; cólpo; — wòrd, (*mil.*) parôla d'órdine
— -kéy, *s.* chiáve comúne, *f.*
— -paróle, *s.* (*mil.*) passaparòla, *m.*
Pàssable, *a.* passábile, tollerábile
Pàssably, *avv.* passabilménte, così così
Passáde, *s.* (*scherma*) bòtta, cólpo; (*maneggio*) passeggiáta
Passádo, *s.* (*scherma*) cólpo, bòtta
Pàssage, *s.* passàggio, tragítto, pásso, trapassaménto; passàggio, luògo onde si pássa, várco; pásso, (*di autore*), ándito, corridòjo; spésa del passàggio o del tragítto
— -bóat, *s.* battèllo di tragítto; barchétto, chiátta
— -mòney, *s.* prèzzo del tragítto
—, *va.* (*maneggio*) spasseggiáre (un cavállo)
Pàssed o pàst, *p. p.* di to páss
Pàssenger, *s.* viandánte *mf*; viaggiatóre -tríce; (*mar.*) passaggière, *m.*, passaggièra
Pàsser, *s.* chi pássa, passatóre, viandánte, *mf.*
Pàsserine, *a.* di pàssera
Passibility, *s.* passibilità
Pàssible, *a.* passíbile
Pàssing, *a.* passaggiéro, fuggévole, transitòrio, cadúco; *avv.* estremaménte, in sómmo grádo, áltro che; — -rich, straríceo, áltro che ríceo; — -bell, campána a mortòrio

Pàssion, *s*. passióne, affètto, movimento dell'ánimo; amóre, zélo, ardóre, íra, còllera; péna; travàglio; in a —, in còllera; to put ône's self in a —, to get into a —, méttersi in còllera; — wéek, settimána di passiónô
— -flôwer, *s*. (*bot*.) passiflòra, fiór di passióne
Pàssionary, *s*. passionário, martirológio
Pàssionate, *a*. appassionáto, irascíbile
Pàssionately, *avv*. passionataménte, con veemènza; collericaménte, con íra
Pàssionateness, *s*. qualità, caráttere appassionáto, appassionatézza, irascibilità
Pàssionless, *a*. sénza passióne, pacáto, tranquíllo, frígido
Pàssive, *a*. passívo; (*gram*.) passívo; *s*. il passívo
Pàssively, *avv*. passivaménte
Pàssiveness, *s*. passività, passibilità
Passivity, *s*. passività; inèrzia (d'un côrpo)
Pàssless, *a*. sénza passàggio
Pàssover, *s*. pásqua (de' Giudêi)
Pàssport, *s*. passapórto; is my — sìgned? è vidimáto il mio passapòrto?
Pàst, *a*. passáto, scórso, scadúto, andáto
— *s*. il passáto, i têmpi addiêtro
— *prep*. al di là, in là di, più in là, più su, sópra, fuòri; — the boùndary, al di là dei límiti; — all doùbt, óltre ógni dúbbio; — chíld beàring, fuòri d'età di avér figliuóli; — cúre, incurábile; ìt is — one o' clock, è un'òra passáta; a quàrter — one, un'òra e un quárto
Pàste, *s*. pásta, pastétta, cólla (di farína); gêmma fálsa; pùff —, pásta sfogliáta
— *va*. impastáre, incolláre, appiccáre
Pàsteboard, *s*. cartóne, *m*; — *a*. di cartóne
Pàstel, *s*. (*bot*.) guádo
Pàstern, *s*. pasturále (*di cavalli*), *m*.
Pasticcio, *s*. pastíccio
Pàstil, *s*. pastíglia; (*pittura*) pastêllo
Pàstime, *s*. passatêmpo, dipórto, divertiménto
Pàstor, *s*. pastóre, pastorêllo; pastóre (*dell'anime*), minístro, curáto
Pàstoral, *a*. pastorále; — *s*. (*poet*.) pastorále, *f*. idíllio
Pàstoràte, *s*. pastorático, ufficio di pastóre della chièsa
Pàstorless, *a*. sénza pastóre
Pàstorlike, pàstorly, *a*. pastorále, da pastóre
Pàstorship, *s*. V. Pastoràte
Pàstry, *s*. pasticceria; — -cóok, *s*. pasticcière, offellière, *m*.
— -bóard, *s*. távola da lavorárvi le pasticcieríe
Pàsturable, *a*. che sêrve di pastúra; átto a
Pàsturage, *s*. pastúra   (pasturáre
Pàsture, *s*. pastúra (*erba*), páscolo; — lànd, pratería, pastúra, luógo dove si páscola
— *va*. páscere, pascoláre, mangiáre (*l'erba*)

— *va*. pasturáre, pascoláre, far mangiàr (*l'erba*) nutríre
Pàsty, *s*. pastíccio; light —, sfogliáta
Pàt, *a*. e *avv*. a puntíno, opportúno, àtti, a propósito, próprio, giústo
— *s*. píccol cólpo, scappezzóne, toccatína
— *va*. dáre un cólpo leggiêro, una toccatína, palpáre, palpeggiáre   (*van*
Patavinity, *s*. stíle, *m*. di Tito Lívio (*Pade*-
Pàtch, *s*. pêzza, tòppa; nêo postíccio, taffeti *m*. sul víso; pêzzo di têrra, campicêllo
— *va*. rappezzáre, raccorciáre, rabberciáre
Pàtcher, *s*. racconciatóre, rappezzatóre -trice
Pàtchery, *s*. rappezzatúra, rappezzaménto
Pàtching, *s*. rappezzaménto, còsa rappezzáta, rabberciáta
Pàtchwòrk, *s*. rappezzatúra; — quilt, copêrta da lêtto (di pêzzi di stôffa di colóri divêrsi)
Pàte, *s*. cápo, cóppa, zúcca; I'll break your —, vi romperò la têsta, vi accopperò
Pàted, *a*. dalla zúcca...; hàrd- —, dalla têsta dúra; bàld- —, cálvo
Patefàction, *s*. manifestazióne
Patèlla, *s*. patêlla, rotêlla del ginôcchio; (*conch*.) patêlla; vasêtto
Pàten, pàtin, *s*. patêna (*del calice*); (*ant*.) piátto
Pàtent, *a*. patênte, manifèsto; patentáto
— *s*. patênte, *f*., lêttera patênte, brevêtto (*d'invenzióne*), privatíva; prínter's — patênte di stampatóre; to grant a — accordáre una patênte
— *va*. accordáre una patênte a; privilegiàr; dáre la patênte, il brevétto
— -òffice, *s*. ufficio dei brevétti (privilegi d'invenzióne)
— -ròlls, *s*. registro dei brevétti (privilegi d'invenzióne)
Pàtentée, *s*. chi ha una patênte o un brevétto; concessionário
Patèrnal, *a*. paternále, patêrno, di pádre
Patèrnity, *s*. paternità
Pàternòster, *s*. pater noster, *m*., orazióne domenicále
Pàth, *s*. sentiêro, cálle, *m*., stradicciuóla; (*astr*.) òrbita, vía; béaton —, stráda tráta
Pathètic, pathètical, *a*. patético, tênero, fettuóso; — stíle, stíle patético
Pathètically, *avv*. pateticaménte, affettuosaménte
Pathèticalness, *s*. qualità patêtica, affetto
Pàthless, *a*. sénza sentiêro, sénza stráda
Pathològical, *a*. patológico
Pathòlogist, *s*. patologísta, *m*. patólogo
Pathòlogy, *s*. patología
Pàthos, *s*. patêtico
Pàthway, *s*. sentiêro, cálle, *m*., stradicciuóla
Patibulary, *a*. patiboláre, di fórca
Pàtience, *s*. paziênza, sofferênza, tolleránza; (*bot*.) lapázio, rómice, *m*; hàve —, abbi

paziènza ; to lòse —, to be quite out of —, pèrder la paziènza, adirársi; to tire out one's —, far pèrder la paziènza ad uno
Pátient, a. paziènte, sofferènte; be —, abbiáte paziènza, sofferènza
— s. paziènte, mf. ammaláto, ammaláta; paziénte (opposto ad agente); to attènd a —, curáre un ammaláto; Dòctor, how is your — ? signor Dottóre, come sta il vòstro ammaláto, la vòstra maláta?
Pátiently, avv. pazienteménte, con paziènza
Pàtly, avv. adattaménte, appuntíno
Pàtness, s. acconcèzza, giustézza
Patois (pr. patwàw) s. linguàggio grossoláno, gèrgo
Pátriarch, s. patriárca
Patriárchal, a. patriarcále, di patriárca
Patriàrchate, s. patriarcáto
Patrician, s. patrízio
— a. patrízio, nòbile
Patrimónial, a. patrimoniále, di patrimònio
Pàtrimony, s. patrimònio
Pátriot, s. patriòta, mf.
— a. (poet.) patriòttico
Patriòtic, patriòtical, a. patriòttico
Patriòtically, avv. patriotticaménte
Pátriotism, s. patriottismo, amòr di pàtria ; from —, per patriottismo
Patripàssians, s. pl. (storia ecclesiastica) Patripassiáni, m. pl.
Patriatic ⎰ a. (teol.) patrístico, degli antiPatristical ⎱ tíchi Pádri della Chièsa
Patrol, s. pattúglia, rónda
— vn. (mil.) fàre la rónda
Pátron, s. patróno, mecenáte, m., protettóre, padróne ; chi ha padronáto ; — sàint, sánto protettóre ; — of the fíne árts, protettóre delle bèlle árti
Pátronage, s. patronáto, patrocínio ; ùnder the — of, sòtto il patronáto di
— vn. patrocináre, favoreggiáre, caldeggiáre
Pátronal, a. patrocinánte, proteggènte, di padróne
Pátroness, s. patròna, protettríce, f.
Pátronize, va. protèggere, patrocináre, sostenére
Pátronizer, s. protettóre, patrocinatóre -tríce,
Patronỳmic, a. patronímico (mf.
Pàtten, s. pattíno (da scivolare) ; zòccolo da dònna ; (arch.) zòccolo ; --màker, zoccolájo
Pàtter, vn. bàttere, scalpitáre, strepitáre (come fa la grandine, la pioggia, ecc.)
Pàttern, s. modèllo, archètipo, campióne, m., esempláre, m., mòstra, sàggio, esèmpio ; — of a machine, modèllo di màcchina ; — of clòth, campióne di pánno (pasticcétti
Pàtty, s. pasticcétto ; — -pan, tegáme, m. a
Pàucity, s. paucità, pochézza, scarsézza
Pàum, va. impórre frandolenteménte ; — a stòry upon, dáre a crédere una còsa; ingannáre

Pàunch, s. (volg. bernesco) páncia; prímo stòmaco dei ruminánti; va. sventráre
Pàuper, s. pòvero, indigènte, mf; in-dóor —, indigènte, (raccólto) in un ospízio; òut-dóor —, indigènte (sovvenúto) a domicílio
Pàuperism, s. pauperísmo, mendicità
Pàuse, s. páusa, fermáta; (gram.) páusa, pòsa
— 'vn. pausáre, cessáre, fermársi, pensáre
Pàuser, s. chi fa una páusa; chi riflètte, destáre
Pàusing, s. páusa, sospensióne (líbera
Pàusingly, avv. dòpo una páusa
Pavàn, s. paváno (danza)
Páve, va. pavimentáre, lastricáre, acciottoláre ; — with brick, ammattonáre ; — with pébbles, selciáre
Pávement, s. paviménto, lastricáto, selciáto
Páver, Pávior, s. pavimentatóre, lastricatóre
Páviage, s. tàssa sulle stráde
Pàvid, a. pávido, tímido
Pavilion, s. padiglióne m; tènda; tendóne, m.
— va, forníre di tènde, alloggiáre
Páving, s. il lastricáre, il selciáre, lastricatúra, lastricáto ; — -bèetle, mazzerànga
Pávo s. (astr.) (costellazióne del) pavóne, m.
Pàvonine, a. dèl pavóne, pavonázzo
Pávy, s. (bot.) pávia
Pàw, s. zámpa; little —, zampétta
— van. razzáre, raspáre; (dei cavalli) zampettáre, zampáre, stazzonáre
Pàwed, a. zampettáto, stazzonáto, malmenáto ; —, che ha zámpa
Pàwn, s. pégno, gàggio ; pedóna, pedína; to lènd upon a —, prestár con pégno
— va, impegnáre, dáre in pégno
— -bróker, s. chi per mestière imprèsta col pégno ; (in Italia) mónte di pietà
Pàwner, s. chi mètte in pégno
Pàx, s. (religione cattolica romana) páce, f., (tavoletta)
Pày (pas. páqd), va. pagáre, soddisfàre, rimuneráre; rèndere, restituíre, scontáre ; me what you òwe me, pagátemi quel che mi dovéte; to — in advance, pagáre anticipataménte ; to — back, restituíre il pagáto; — dòwn, pagáre in contánti, sborsáre; — a visit, rèndere, restituíre, fàre una vísita; — one's respècts, salutáre, riveríre; to — for a thing, pagáre, espiáre, scontáre una còsa; to get paid, fàrsi pagáre; to — off, saldáre, liquidáre, licenziáre; he shall — for it with his life, lo scenterà colla víta; to — the càble, (mar.) filáre la gómena; to — with ingratitude, pagáre d' ingratitúdine
— s. pága, sòldo, salário, stipèndio; — -màster, pagatóre; — -mistress, pagatríce; — -dáy, giórno di pagaménto; on half —, a mèzza pága
Páyable, a. pagábile, da pagársi; scadíbile
Páyée, s. último possessóre (di una cambiale)
Páyer, s. chi pága, pagatóre -tríce
Páyment, s. pagaménto; Brown has suspènd-

ed his —s, il Brown ha fatto púnto, ha sospéso i pagaménti
Pd., (contrazione di páíd) pagáto, saldáto
Péa, (pl. péaś e péaże) s. (bot.) pisèllo ; — shell, — cod, bacèllo, gúscio di pisèlli; to shell —s, sgusciáre pisèlli
Péace, s. páce; the king's —, l'órdine púbblico, m.
— interj. silènzio! zítto! to máke —, far la páce; tréaty of —, trattáto di páce; — I hóld your —! tacéto! silènzio! zítto! a jùstice of the —, un giúdice di páce; — -máker, paciére, m., paciéra
— -bréaker, s. perturbatóre -tríce dell'órdine púbblico
— -óffering, s. sacrifício propiziatòrio; offèrta propiziatória (dizíária
— -óffìcer, s. uffìciále, m. della polizía giu-
— -párted, a. mòrto in páce, nella páce del Signóre
Péaceable, a. pacáto, pacífico, tranquillo
Péaceableness, s. quiéte,f., pacatézza, carattere pacífìco; tranquillità, ripóso, cálma
Péaceably, avv. tranquillaménte, dolceménte
Péaceful a. pacífìco, chéto, tranquillo
Péacefully, avv. pacifìcaménte, in páce
Péacefulness, s, tranquillità, pacatézza, quiéte, f.
Péach, s. pèsca, pèrsica ; — trée, pèrsico (albero); cling-stóne —, pèsca duràcine ; sòft — pèsca spiccatója
— -cóloured, a. di colór di flór di pèsco, isabèlla
Péachick, s. (zool.) pavoncèllo
Péacock, s. (zool.) pavóne, m., paóne, m; mùster of —s, brànco di pavóni
Péahen, s. (zool.) pavonéssa
Péak, s. sommità, címa, púnto, pícco
Péal, s. scampanáta, scampanío, fracásso, scròscio, strépito, schiamázzo, rombázzo; rimbómbo ; to ring a — or —s, scampanáre; a lòửd — of ràunder, uno scròscio, uno scòppio di tuòno
— vn. eccheggiáre, rimbombáre
— va. far rimbombáre, assordáre; scampanáre
Péan, s. canzóne, f. di triónfo, peána, m.
Péar, s. (bot.) pèra ; — trée, pèro; prickly —, fíco d' India ; stowed —, compósta di père
— -bit, s. imboccatùra (del mòrso del cavállo) per far saliváre
— -sháped, a. in fórma di pèra
Péarl, s. pèrla ; mòther of —, madrepèrla; — on the eýe, máglia; — -bárley, (bot.) órzo perláto, órzo tedésco
— -díver, s. pescatóre di pèrle
— -fishery, s. pésca delle pèrle
— -gráss, s. (bot.) saggína, migliasóle, m., litospèrma, m.
— -óÿster, s. òstrica perlífera

— -pówder, s. bíanco perláto (bellétto)
— -shèll, s. ostríca perlífera; (madrepèrla)
— -spar, s. (min.) spáto perláto
— -white, V. Pearl-powder
— -wört, V. Pearl-grass
Péarlash, s. potássa d'América
Péarled, a. perláto, ornáto di pèrle
Péarly, a. pièno di pèrle, perláto
Pèaşant, s. contadíno, contadína ; — -boy, — -girl, contadinèllo, contadinèlla
— a. di contadíno, di paesáno, rùstico, rózzo
— -líke a. di paesáno, da contadíno, rústico
Pèaśantry, s. i contadíni, i paesáni, il cèto contadinésco, la gènte di campágna
Péaśe, spl. i pisèlli, plm; V. Péa
Péat, s. tórba
Pèbble, Pèbblestóne, s. sèlce, f., sèlice, f; to páve with —s, selciáre
Pèbbled, Pèbbly, a. selcióso
Peccability, s. peccabilità
Pèccable, a. peccábile
Peccadillo, s. peccatúzzo, peccadíglio
Pèccancy, s. qualità cattíva, difètto, magígna, pècca, mènda
Pèccant, a. peccànte, peccaminóso, guásto
Peccávi; to cry —, cantáre la palinodía, ritrattársi; I'll máke him cry —, lo faró ben io domandáre perdóno
Pèck, s. profènda, quárto di stájo
— va. beccáre, pigliáre, raccógliere col bécco, picchiáre, percuòtere col bécco; — up, pigliár su, raccógliere (colle díta)
Pècker, s. (orn.) picchio, uccèllo che bécca, pícco vérde
Péctoral, a. pettoréle
— s. rimèdio pettorále
Pèculate, vn. malversáre, èsser rèo di peculáto, rubáre il danáro púbblico (blis
Peculátion, s. peculáto, intácco di cássa pu:
Peculátor, s. chi è rèo di peculáto, impi- gáto che rúba il danáro púbblico
Peculíar, a. peculiáre, speciále, particolare
Peculiárity, s. particolarità, singolarità
Peculíarly, avv. particolarménte, peculiarménte, singolarménte, segnataménte
Pecúlium, s. pecúlio
Pecúniary, a. pecuniário, pecuniále
Pèd, s. básto, cèsta
Pedagógic } a. pedagógico
Pedagógical
Pèdagogiśm, s. pedagogía
Pèdagogue, s. pedagógo (ciui.
Pèdagogý, s. pedagogía, educazióne de' fan-
Pèdal, a. di piède, del piède
— s. pedále, m. (di cembalo, di organo
Pèdant, s. pedánte, m. (dàut:
Pedàntic, pedántical, a. pedantèsco, di pe-
Pedàntically, avv. in mòdo pedantèsco
Pèdantize, vn. fàre il pedánte
Pèdantry, s. pedantería, pómpa pedantèsca
Pèddle, van. affaccendársi intórno a còse da nùlla, far il ciurmadóre, il bagattellière.

far il merciajuòlo giròvago, véndere in mi-
nùto per le stráde
Pèddler, *s.* merciajuòlo ambulánte, mercan-
tùzzo giròvago
Pèddling, *a.* fùtile, meschíno, triviále, víle
— *s.* il véndere al minùto per le víe
Pèderast, *s.* pederáste, *m.*, pederàsto, sodo-
mìta, *m.*
Pederàstic, *a.* pederástico, sodomítico
Pèderasty, *s.* pederastía, vízio còntro natùra,
Pèdestal, *s.* piedestàllo (sodomía
Pedèstrian, *a.* pedèstre, pedóne
— *s.* pedóne, camminatóre -tríce
Pedéstrianism, *s.* il camminàre
Pèdicle, *s.* picciuòlo, pedicciòlo, gámbo
Pèdigrée, *s.* genealogía, discendènza, stír-
Pèdiluvy, *s.* (*med.*) pediluvio   pe, *f.*
Pèdiment, *s.* (*arch*) frontóne, *m.*
Pèdlar *e* pèdler, *V.* Pèddler
Pèdobàptism, *s.* (*teol.*) pedobattésimo, bat-
tésimo dei bambíni
Pedòmeter, *s.* pedòmetro
Pèduncle, *s.* pedùncolo
Pedùncular, *a.* pedunculáre
Pedùnculate, *a.* (*bot.*) pedunculáto
Péel, *s.* scòrza, cortéccia, pèlle, *f.*, bùccia di
pére, méle, castágne; òrange- —, scòrza
di aráncia; òven- —, pàla da fórno
— *va.* scortecciàre, scerzàre, sbucciàre, mondàre; — an ègg, sbucciàre un uòvo; —
bàrley, mondàre òrzo; — off, *vn.* scortec-
ciàrsi, scorticàrsi
Péep, *vn.* far capolíno, guardàre di segréto o
per un bùco, adocchiàre di nascòsto; spuntàre, traspiràre; *vn.* pigolàre; to — in,
guardàre déntro; — òut, guardàr fuòri
— *s.* sguárdo (*furtivo*), spuntàr (*del giorno*)
— *s.* pigolàre, pigolío, *m.* del pulcíno
Péeper, *s.* chi guárda di segréto, chi fa capolíno; pulcíno; òcchio
Péephole, Péeping-hole, *s.* bùco da spiáre
Péer, *s.* pári, uguále, compágno; pári, otti-
máto, nòbile, mèmbro della càmera dei
lòrdi
— *va.* apparíre,\ fàrsi vedére; *V.* Appéar
Péerage, *s.* dignità *o* còrpo del pári, *pariato*,
i pári, i mèmbri della càmera dei pári;
la nobilità
Péerdom, *s.* dignità di pári
Péeress, *s.* móglie, *f.* d'un pári
Péerless, *a.* sénza pári, impareggiàbile
Péerlessness, *s.* superiorità, incomparabilità
Péevi‹h, *a.* bisbético, fastidióso, stizzóso
Péevishly, *avv.* stizzosaménte, bisbetica-
ménte
Péevishness, *s.* cattívo umóre, umóre stráno,
fastidióso; fastidiosità
Pèg, *s.* cavícchia, cavíglia; appícco, attacca-
pànni, *m*; bischero (*di strumento musicale a corde*); zípolo, zipolétto (*di botte*);
rosóne, *m.* (*di tenda o cortinaggio*); to
hàng on a —, appèndere, appiccàre all'at-

taccapànni, ecc.; to tàke dówn a —, (*familiare*) calàre, abbassàre; umiliàre; far
tacére, confóndere; far chináre le còrna
o la crésta (ad úno)
— *va.* incavigliàre, attaccàre con caví glie
— *vn.* (*famigliare*) dar l'assálto, dar sòtto
a; — into the béef, dàte l'assálto al mànzo,
dáte sòtto al mànzo; to — awáy, tiràr vía,
sbrigàrsi a far quàlche còsa
Pèkoe, *s.* tè, *m.* pêcao, tè pecó
Pègasus, *s.* (*poet.*) pégaso; (*astr.*) pégaso
Pèlerine, *s.* pellegrína, baverína
Pèlf, *s.* (*spreg.*) danári, *plm.*, ricchézze,*plf.*,
dovízia
Pèlican, *s.* (*zool.*) pellicáno
Pellisse (pelóes), *s.* pellíccia; sopravvèste
f. di séta
Pèllet, *s.* pallòttola, píccola pálla
Pèllicle, *s.* (*anat.*) pellicèlla, pellícola
Pèllitory, *s.* (*bot.*) parietária
Pèllmell, *avv.* confusaménte, alla rinfùsa,
sotto-sópra
Pellùcid, *a.* lùcido, chiáro, trasparènte
Pellucidity, Pellùcidness, *s.* trasparènza
Peloponnésian, *a.* Peloponnesíaco, del Pe-
loponnéso; — wàr, guèrra del Peloponnéso
Pèlt, *s.* pèlle, *f.* (*col pelo*); cuòjo, tàrga,
sassáta
— *va.* tiràre, lanciàre sópra; — with stónes,
percuòtere con sássi, lapidare
Pèlting, *a.* (*della pioggia*) che bátte, che
viène a rovéscio; *s* attàcco a cólpi di piètre
Pèltmònger, *s.* pellicciàjo, pellicciére, *m.*
Pèlvis, *s.* (*anat.*) pèlvi, *f.*
Pèn, *s.* pénna (*da scrivere*); stèel —, pénna d'acciájo; to màke a —, temporáre una
pénna; to mend a — ritoccáre una pénna;
to set or pùt — to páper, impugnàre la
pénna; to tàke up one's —, metter máno alla pénna; — -knife, temperíno,
— -knife blade, lamettína di temperíno;
— -hòlder, pórta-pénna, *m*; — párco,
agghiáccio, stía; pollájo
— *va.* scrívere, méttere in cárta; registráre;
rinchiùdere il grègge in un agghiáccio
— -càse, *s.* porta-pénne, *m.* (in astùccio)
— -wíper, *s.* nétta-pénna, *m.*
Péna, *s.* màssa (d'òro o d'argénto) che ri-
màne dopo svaporáto il mercùrio
Pénal, *a.* penale, di péna, per castígo
Penàlity, pènalty, *s.* péna, penalità, mùlta
Pènance, *s.* (*religione cattolica romana*)
penitènza
Penàtes, *s. pl.* (*antichità romane*) Penáti,
m. pl., Déi Penáti, *m. pl.*
Pènce, *V.* Pènny
Penchant (*pr.* panshànt), *s.* propensióne,
inclinazióne
Pèncil, *s.* pennèllo (*da pitt.*); matíta, lápis,
m; — càse, toccalápis, *m*; — stròke, pen-
nelláta
Pèndant, *s.* pendènte, *m.*, orecchíno, ción-

dolo, pennóne, *m*; riscóntro (quàdro corrispondénte)

Pèndence, *s.* pendènza, pendío, declívio

Pèndency, *s.* sospensióne, *f.*, indúgio; (*legge*) litipendènza

Pèndent, *a.* pendènte, penzolóne, sospéso

Pènding, *a.* pendènte (*non per anco deciso*)

Pendulòsity, Pèndulousness, *s.* stàto di còsa che sta penzolóne

Pèndulous, *a.* pèndolo, sospéso, pendènte; (*fig.*) indecíso, titubànte, che sta fra due

Pèndulum, *s.* pèndolo; orològio a pèndolo

Penetrabìlity, *s.* penetrabilità

Pènetrable, *a.* penetràbile   (tràre

Pénetrancy, *s.* penetrazióne, virtù di pene-

Pénetrant, *a.* penetrànte

Pènetràte, *van.* penetráre

Pènetràting, *a.* penetrànte, acùto, sagáce

Pènetràtion, *s.* penetrazióne; (*fig.*) acùme, *m.*

Pénetràtive, *a.* penetratívo, penetrànte

Pènful, *s.* pennáta

Pènguin, *s.* (*orn.*) pengoíno

Peninsula, *s.* penísola

Peninsular, *a.* di penísola, in fórma di penísola

Pènitence, *s.* penitènza, pentiménto

Pènitent, *a.* penitènte, che si pènte, con- — *smf.* penitènte, *m. f.*   (trito

Penitèntial, *a.* penitenziále, di penitènza; the séven — *psàlmi*, i sètte sálmi penitenziáli

Penitèntially, *avv.* penitenzialménte

Penitèntiary, *a.* penitenziário; — hòûse, cása penitenziária (*prigione*) — *s.* penitenziário, cása penitenziária

Pènitently, *avv.* con penitènza

Pènknife, *s.* temperíno

Pènman (*pl.* pènmen), *s.* callígrafo, scriváno

Pènmanship, *s.* calligrafía, scrittúra

Pènnant, *s.* pennoncèllo; bròad —, cornétta

Pènnated, *a.* pennúto, aláto; (*bot.*) pennáto

Pènned, *a.* dalle pénne...; pennúto

Pènner, *s.* redattóre, estensóre, scrittóre

Pènniless, *a.* sènza denári, al vérde

Pènning, *s.* dizióne, stíle, *m.*, composizióne

Pènnon. *s.* pennóne, pennoncèllo

Pènny (*pl.* pénce), *s.* sóldo inglése, dièci centèsimi; half- — (*pr.* hápny), mèzzo sòldo inglése, sòldo italíano; thrée hàlfpence, tre sòldi (*italiani*); — ròyal, (*bot.*) puléggio; — *weight*, péso di ventiquáttro gráni; — wòrt, (*bot.*) mènta selvática; — -wíse, pèrson, persóna che ríschia l'assái per salvár il pòco; — róll, pagnottíno di un sòldo

Pènnyworth (*pr.* pènniwùrth e pènnùrth), *s.* per un sòldo, quánto si cómpra per un sòldo; a —, a góod —, una còsa compráta a buòn mercáto; to buy a — of a thing, compráre per un sòldo di chicchessía

Pènsile, *a.* pènsile, penzolóne, pendènte

Pènsion, *s.* pensióne, *f.* assegnaménto, rèn-

dita; to give or grant a —, dàre una pensióne, accordáre un assegnaménto; to retíre on a —, èssere giubiláto — *va.* pensionáre, dáre pensióne a; — off, giubiláre   (sióne

Pènsionary, *a.* pensionário; che gòde pen-

Pènsioner, *s.* persóna che ricéve pensióne, pensionáto; stipendiáto, salariáto; — on, che dipènde da; (*univ.*) studènte di secónda clásse; militáre, *m.* in ritíro, pensionáto, inválido; gèntlemen —s, gentiluómini della guárdia d'onóre del re o della regina

Pènsive, *a.* pensóso, pensieróso, cogitabóndo, mèsto, melancònico, rannuvoláto

Pènsively, *avv.* in mòdo pensieróso, pensóso

Pènsiveness, *s.* ária pensósa, cièra cogitabónda, mestízia, malinconía, cupézza

Pènt, *a.* rinchiúso, chiúso, rinserráto

Pèntachord, *s.* (*mus.*) pentacòrdo

Pèntagon, *s.* pentágono

Pentàgonal, *a.* pentágono

Pèntàmeter, *s.* pentàmetro

Pentàndria, *s. pl.* (*bot.*) pentàndria

Pèntarchy, (*pr.* pèntarky) *s.* pentarchía

Pèntateùch, *s.* pentateúco

Pèntecost, *s.* Pentecòste, *f.*

Pentecòstal, *a.* della Pentecòste

Pènthòûse, *s.* tètto di légno appoggiáto al un mùro, tettòja (*chiusa*), vòlta, àrco

Pèntile, *s.* tégola, émbrice, *m.*, grónda

Penùlt, *s.* penúltima síllaba

Penùltimate, *a.* (*poco us.*) penùltimo; *s.* penúltimo

Penùmbra, *s.* (*astr.*) penómbra

Penùrious, *a.* (*pers.*) spilòrcio, tiráto, stítico, strétto di máno; (*cosa*) penuriòso, scárso, difettóso, mágro, mancánte

Penùriously, *avv.* con penúria

Penùriousness, *s.* parsimònia, spilorcería

Pènury, *s.* penúria; indigènza, povertà

Pèony, *s.* (*bot.*) peonía

Péople (*pl.* péople e péoples), *s.* pòpolo, nazióne; pòpolo, la mássa del pòpolo; il popolo minúto, la plèbe; gènte, doméstíci, *pl.*, persóne, *f. pl.*, móndo, sì; the French —, il pòpolo francése; the common —, la bássa gènte, il vólgo; fàshionable —, bel móndo; gòod hònest —, gènte onès my —, la mia gènte; màny —, molta gè te, mólte persóne; màny —s, mólti p poli; — sáy, si díce; what will — say che dirà il móndo? of the —, popoláno — *va.* popoláre, méttere pòpolo

Péopled, *a.* popoláto

Peperíno, *s.* peperíno (*cemento*)

Pèpper, *s.* pépe, *m.*; I'll thank you for the —, mi favorísca il pépe; — -box, — casier, pepajuóla, pepiêra; — corn, gráno, se me, *m.* di pépe; ricávo, bagattèlla, nù — -mint, (*bot.*) mènta pepáta; — -wort, (*bot.*) èrba sánta María; lòng- —, pé rósso

— *va.* impepàre,-condíre con pépe; — with shot, (*mil.*) crivelláre con pálle
— -and-sàlt, *a.* (*colore di panno*) maréngo chiáro; — tröwäers, — súit, pantalóni, *m.*, *pl.* maréngo, costúme maréngo
— -càke, *s.* páne pepáto, mostacciuólo
Pèpsin, *s.* (*med.*) pepsína
Pèr, *prep.* per; (*com.*) per, al, alla, il, la; twènty póünds — ànnum, vènti lìre all'ànno; five — cent, cínque per cénto; tèn shillings — kilogram, dièci scellíni per chilográmmo, al chilográmmo
Peradvènture, *avv.* per avventúra, fórse
Peràmbulàte, *va.* percórrere a pièdi
Peràmbulátion, *s.* gíro, viàggio a pièdi
Poràmbulátor, *s.* camminatóre; odòmetro; carrozzíno pei-bímbi
Percéivable, *a.* percettíbile, visíbile, sensíbile
Percéivably, *avv.* percettibilménte, visibilménte
Perceíve, *va.* scòrgere, accòrgersi di, avvedérsi di, percepíre, osserváre, discèrnere
Percèntage, *s.* commissióne, sensaría, dirìtto di un tánto per cénto
Perceptibility, *s.* percettibilità
Percèptible, *a.* percettíbile, visíbile, sensíbile
Percèptibly, *avv.* in mòdo percettíbile; percettibilménte
Percèption, *s.* percezióne, comprensióne
Percèptive, *avv.* della percezióne, intellettívo
Perceptivity, *s.* il potère di percepíre, la facoltà di pensáre, l'intellettività, percezióne
Pèrch, *s.* pésce pèrsico; (*misura*) pèrtica; bastóne di pollájo; saltatójo, ballatòje di gàbbia; vèrga; ramoscèllo; posatójo (*di uccèlli*); vèrga, verghètta; the square —es, dièci pèrtiche quadráte
— *va.* innalberáre, posár sópra una pèrtica o un ramoscèllo; *vn.* appollajáre; innalberarsi, posàrsi (*cáso*
Perchànce, *avv.* per avventúra, fórse, per
Percipient, *a.* percipiènte, intelligènte
Pèrcolate, *va.* feltráre, coláre
Percolátion, *s.* feltrazióne
Percùssion, *s.* percussióne, percòssa; — cap, cápsula di fucìle a percussióne
Percùssive, *a.* percussívo, percotènte
Percútient, *a.* percuziènte, percuotitójo
Perdìtion, *s.* perdizióne, rovína, mòrte, *f.*
Perdúe, *avv.* in agguáto; to lie —, táre appiattáto, stáre in agguáto
Pèrdurable, *a.* perdurábile, permanènte
—, *s.* persóna in agguáto; (*mil.*) sentinèlla perdúta
Pèrdurably, *avv.* perdurabilménte, sèmpre
Pèrdy, *interj.* (*volg.*) per dínci ! in fède mía
Pèregrináte *vn.* peregrináre, viaggiáre
Pèregrinátion, *s.* peregrinazióne, viàggio

Pèregrine, *s.* peregríno, pellegríno
Perèmption, *s.* pereunzióne
Perèmptorily, *avv.* perentoriaménte, recisaménte
Perèmptoriness, *s.* manièra decisíva, caráttere perentòrio
Perèmptory, *a.* perentòrio, decisívo, recíso
Perènnial, *a.* perènne, contínuo, perpètuo
Perènnially, *avv.* perenneménte
Perènnity, *s.* perpetuità, perennità
Pèrfect,·*a.* perfètto, compiúto, prètto, véro
— *va.* perfezionáre, compíre, finíre
Pèrfecter, *s.* perfezionatóre -trice
Perfectibility, *s.* perfettibilità
Perfèctible, *a.* perfettíbile, perfezionábile
Perfèction, *s.* perfezióne, eccellènza
Perfèctive, *a.* perfettívo
Perfèctively, *avv.* in mòdo che perfezióna
Pèrfectly, *avv.* perfettaménte, compiutaménte
Pèrfectness, *s.* perfezióne, eccellènza
Perfídious, *a.* pèrfido, infído, sleále
Perfídiously, *avv.* perfídaménte
Perfídiousness, Pèrfidy, *s.* perfídia
Perflàte, *va.* soffiáre a travèrso
Perflátion, *s.* soffiaménto a travèrso
Pèrforate, *va.* perforáre, foráre, traforáre
Perforátion, *s.* perforaménto, il perforáre
Perforátor, *s.* perforatóre, trápano
Perfòrce, *avv.* per fòrza forzataménte
Perfòrm, *va.* operáre, fáre, eseguíre, effettuáre, cómpiere; (*teat.*) recitáre, agíre, cantáre suonáre, eseguíre; he who tàlks much —s little, chi mólto pàrla pòco òpera; to — one's vöwś, sciògliere il vóto; — a piéce of músic, eseguíre un pèzzo di música
Perfòrm, *vn.* recitáre, suonáre, cantáre
Perfòrmable, *a.* eseguíbile, fattíbile
Perfòrmance, *s.* eseguiménto, esecuzióne, compiménto, operáto, átto, òpera, operazióne; azióne; esercízio; (*teat.*) rappresentazióne; recíta; great prómise amd little —, gràndi ciànce e pòca òpera; no —, ripòso, òggi non si recíta
Perfòrmer, *s.* chi òpera, eseguísce, effèttua; esecutóre -trice, compitóre -trice; artísta, *m. f.*, attóre -trice, cantánte, *m. f.*, suonatóre -trice; instrumèntal —, istrumentísta, *m. f.*
Perfùmatory, *a.* che profúma, olezzánte
Pèrfume, *s.* profúmo
Perfùme, *va.* profumáre
Perfùmer, *s.* profumière, *m.* (*pl.*
Perfùmery, *s.* profumería, profúmi, odóri, *m.*
Perfùnctorily, *avv.* perfuntoriaménte, alla spicciatíva, acciarpataménte, alla carlóna
Perfùnctoriness, *s.* trascuránza, negligènza, sbadatàggine, *f.* (nel disimpégno delle pròprie funzióni) (gènte
Perfùnctory, *a.* perfuntòrio, sbadáto, negli-

Porhàps, avv. fórse, per avventùra
Péri, s. pèri, f. (fata persiana)
Périanth, s. (bot.) periànto
Pericàrdium, s (anat.) pericàrdio
Pericàrp e Pericàrpium, s. (bot.) pericàrpio
Pericrànium, s. (anat.) pericrànio
Periéci, s. pl. (geog.) periéci, mpl.
Perigée, Perigéum, s. (astr.) perigèo
Perihélion, Perihélium, s. (astr.) periélio
Pèril, s. perícolo, periglio, rischio; you dò
it at your —, lo fàte a vòstro rischio e
perícolo; toùch him at your —, toccátelo,
se l' osàte; stop the cònvoy at your —,
arrestàte il convóglio, o guái a voi!
— va. pericolàre, pórre a repentàglio
Pèrilous, a. periglióso, pericolóso
Pèrilously, avv. pericolosaménte
Pèrilousness, s. periglio, perícolo, rischio
Perimeter, s. (geom.) perimetro
Périod, s. periodo, spázio di tèmpo, vòlger
di tèmpo, tèrmine, m., època; (astr.) pe-
ríodo, rivoluzióne;(gram.) periodo;(cron.)
periodo
Periòdic, periòdical, a. periòdico; — pàper,
giornàle, scritto periòdico
Periòdical, s. periòdico, fòglio periòdico
Periòdically, avv. periodicaménte
Periodicity, s. còrso periòdico, periodica-
zióne
Perioéciani, periéci, spl. (geog.) i periéci
Periòsteum, s. (anat.) periòsteo
Peripatètic, s. e a. (filos.) peripatético
Peripatèticism, s. (filos.) peripateticismo
Periphery, s. periferìa, circonferènza
Pèriphrase, s. perífrasi, f., circonlocuzióne;
traduzióne ampliáta
— va. esprimere, tradúrre con perífrasi
Periphràstic, periphràstical, a. di perífrasi,
circonlocutòrio
Periphràstically, avv. con perífrasi
Peripneúmony, s. (med.) peripneumonía
Perisciani, Perisclii, spl. (geog) i periscii
Pèrish, vn. períre, andàr in perdizióne, ro-
vinàre, capitár mále, moríre; to — with
cóld, hùnger, morire di fréddo, d'inédia
Pèrishable, a. cadúco, transitòrio, peritúro
Pèrishableness, s caducità
Pèrisperm, s. (bot.) perispèrma, albúme, m.
Peristàltic, a. peristàltico
Peristèrion, s. (bot.) (meglio Vèrvain) ver-
béna
Pèristyle, s. (arch.) peristílio
Peritonéum, s. (anat.) peritonéo
Pèriwig, s. parrúcca
Pèriwinkle, s. (bot.) pervínca; (mollusco)
lumáca di máre
Pèrjure, va. spergiuráre, far giuráre il fálso;
— one's self, spergiuráre, fáre spergiúro,
giuráre il fálso
Pèrjured, a. spergiuráto
Pèrjurer, s. chi giúra il fálso, spergiuró,
spergiúra

Perjúrious, a. spergiúro
Pèrjury, s. spergiúro, giuraménto fálso
Pèrk, vn. (volg.) alzár la tèsta con affetta-
zióne, fáre il gàllo, fáre la spregiósa
— va. ornáre, acconciáre, abbellíre
Perlustràtion, s. perlustrazióne
Pèrnancy, s. (legge) recezióne, riceviménto
(di còsa)
Pèrmanence, pèrmanency, s. permanènza
Pèrmanent, a. permanènte, durévole
Pèrmanently, avv. permanenteménte
Permeability, s. permeabilità
Pèrmeable, a. permeábile
Pèrmeate, va. permeáre, trapassáre pei meáti
Permeàtion, s. permeazióne
Permissible, a. permissíbile
Permission, s. permissióne, permésso, licén-
za; by your —, with your —, con vòstra
permissióne, col permésso
Permissive, a. permissívo
Permissively, avv. permissivaménte
Permistion, Permixtion, s. permistióne
Permit, va. permèttere; — me to tell you,
permettéte che io vi díca
Pèrmit, s. (dogane) pòlizza di trátta, licén-
za; permésso di sdoganáre
Permittance, s. permésso, permissióne
Permùtable, a. permutàbile, mutàbile
Permutàtion, s. permutaménto, pèrmuta
Permùte, va. permutáre; vn. (gram.) per-
mutársi
Pernicious, a. pernizióso, nocívo
Pernicio·isly, avv. perniciosaménte
Perniciousness, s. qualità perniciósa
Pernoctàtion, s. il pernottàre, pernotta-
Peroràtion, s. perorazióne   (ménto
Peròxid, s. (chím.) peròssido
Perpendicular, a. perpendicoláre, a piómbo
Perpendicularity, s. perpendícolo, appiómbo
Perpendicularly, avv. perpendicolarménte
Pèrpetrate, va. perpetráre, commèttere (un
delitto)
Perpetràtion, s. perpretazióne, esecuzióne,
(di delitto)
Perpetràtor, s. perpetratóre, autóre di un
delitto
Perpétual, a. perpétuo, contínuo; perpétuo,
etèrno
Perpétually, avv. perpetuaménte, sénza fine
Perpétuate, va. perpetuáre, eternáre
Perpetuàtion, s. perpetuazióne
Perpetúity, s. perpetuità; for a —, in perpe-
tuità, in perpétuo
Perplèx, va. imbrogliáre, intrigáre, intral-
ciáre, ingarbugliáre, confóndere, rèndere
perlésso   (fúso
Perplèxed, a. perplèsso, imbrogliáto, con-
Perplèxedly, avv. in mòdo confúso, imbro-
gliáto, con perplessità
Perplèxedness, s. intralciatúra, perplessità
Perplèxity, s. perplessità, imbròglio, intrigo
Pèrquisite, s. emoluménto, profítto incèrto,

guadágno, provênto casuále; the —s of a pláce or óffice, gli incérti di un impiégo, d' un ufficio

Perquisition, *s.* perquisizióne, ricérca minúta

Pèrron, *s.* scalèa, scalináta

Pèrroquet, *s.* (*zool.*) perrocchétto, pappagállo

Pèrry, *s.* bevánda fátta di súgo di pêre

Pèrsecute, *va.* perseguitáre, persegufre

Pèrsecúting, *a.* perseguitánte, perseguénte

Pèrsecútion, *s.* persecuzióne

Pérsecútor, *s.* persecutóre -tríce

Persevérance, *s.* perseveránza, costánza

Persevérant, *a.* perseveránte

Persevére, *vn.* perseveráre, persístore

Persevéring, *a.* perseveránte, costánte

Persevéringly, *avv.* perseverantcménte

Pèrsian, *a.* pêrsico, di Pèrsia, persiáno

— *s.* porsiána (*gelosia*); persiáno (*lingua*)

Pèrsic, *s.* il persiáno, la lingúa porsiána

Persicária, *s.* (*bot.*) persicária

Persist, *va.* persístcre, perseveráre

Persistence } *s.* persisténza
Persistency }

Persistent } *a.* persistênte
Persisting }

Persistingly, *avv.* persistenteménte

Pérson, *s.* persóna, individuo, uòmo, dònna; persóna, còrpo, esteriòre, figúra; (*gram.*) persóna; (*teol.*) persóna; I will go in —, ci anderó in persóna; very charming —, persóna mólto avvenénte; there is no —, non c' è persóna; in a —'s pláce, stèad, in persóna di alcúno; —s, persóne, gènte, *f*; to have respect of persons, to respèct persons, avér riguárdo a persóne

Pèrsonable, *a.* bèllo, ben fátto, dispósto

Pèrsonage, *s.* personággio; carattère, *m.*

Pèrsonal, *a.* personále, próprio; — góods, bèni mòbili, effètti

Personàlity, *s.* personalità, individuo; allusióne personále (*offensiva*)

Pèrsonalíze, *va.* rêndere personále

Pèrsonally, *avv.* personalménte, in persóna

Pèrsonate, *va.* rappresentáre, imitáre, recitáre, far la párte di

Personátion, *s.* rappresentaménto di una persóna

Personátor, *s.* chi pássa per un' altra persóna (*attore*)

Personificátion, *s.* personificazióne, prosopo-

Pèrsónify, *va.* personificáre (pêa

Perspèctive, *s.* perspettíva, prospettíva, vedúta, cólpo d' òcchio; lènte, *f*; cannocchiále, *m.*

— *a* òttico, dell'òttica, prospettívo

Perspéctively, *avv.* per mézzo d' una lènte, d'un cannocchiále; otticaménte; secóndo le rêgole della prospettíva

Perspicácious, *a.* perspicáce, oculáto

Perspicáciousness } *s.* perspicácia, perspicaci-
Perspicácity } tà, oculatézza, chiarézza

Pèrspicacy, *s.* perspicácia

Perspicúity, *s.* perspicuità, chiarézza

Perspicuous, *a.* chiáro, perspícuo, nétto

Perspicuously, *avv.* con perspicuità, perspicuaménte

Pèrspicuousness, *s.* V. Perspicúity

Perspirability, *s.* perspirabilità

Perspirable, *a.* perspirábile, traspirábile

Perspirátion, *s.* perspírazióne, traspirazióne, sudóre

Perspíre, *va.* perspiráre, sudáre

Persuádable, *a.* V. Persuásible

Persuáde, *va.* persuadére, far credére; persuadére, determináre, indúrre; I am — ed of it, ne sono persuáso

Persuáder, *s.* chi, che persuáde, persuadênte, istigatóre -tríce

Persuásible, *a.* persuasíbile

Persuásion, *s.* persuasióne, credénza, féde, *f.*, opinióne; of the Prótestant —, della Chiésa protestánte

Persuásive, *a.* persuasívo

Persuásively, *avv.* in mòdo persuasívo

Persuásiveness, *s.* fórza persuasíva

Persuásory, *a.* persuasòrio, persuasívo

Pèrt, *a.* svegliáto, petulánte, impertinênte

Pertáin, *va.* (*stile sosten.*) spettáre, appartenére, concérnere, toccáre, attenére; it —s to..., spètta a, tócca a

Pertinácious, *a.* pertináce, ostináto, tenáce

Pertináciously, *avv.* pertinaceménte

Pertináciousness, *s.* pertinácia

Pèrtinence, pèrtinency, *s.* pertinénza, attenénsa, convenevolézza, acconcézza, aggiustatézza

Pèrtinent, *a.* pertinênte, convenévole, conveniénte, accóncio, attinênte, a propósito; to be — to, èssere a propósito, cadér in accóncio, conveníre

Pèrtinently, *avv.* in mòdo accóncio, convenevolménte

Pèrtness, *s.* vivacità, petulánza, impertinênza

Pèrtly, *avv.* con isvegliatézza; impertinenteménte

Pertùrb, *va.* perturbáre, turbáre

Perturbátion, *s.* perturbazióne, perturbaménto

Pertùrbed, *a.* perturbáto, turbáto, agitáto

Pertùrber, *s.* perturbatóre -tríce

Pertúsion, *s.* il perfiáre, pertúso, pertúgio

Perùke, *s.* parrúcca; — -máker, parrucchiére, *m.*

Perúsal, *s.* lettúra atténta; to give a thing a —, lêggere attentaménte una còsa

Perúse, *va.* lêggere (*attentamente*), esamináre

Perúser, *s.* lettóre, leggitóre -tríce

Perùvian, *a.* peruviáno, del Perù; — bàrk, (*farm.*) scòrza peruviána

Pervàde, *va.* compenetráre, penetráre, permeáre, diffóndersi; trapassáre per ògni dóve, regnáre, esístere in, trovársi in, saturáre, riêmpiere; informársi di; the eléc-

medicaménto, rimèdio, purgánte, m; to táke —, prèndere medicína
— va. medicináre, medicáre, dar dei medicináli, curáre; — one's self, medicársi, prèndere delle medicíne
Phỳsical, a. físico, della física; medicinále, di medicína; in a — sense, al físico, nel sènso naturále
Phỳsically, avv. fisicaménto, naturalménte
Phỳsician, s. mèdico; bad —, medicástro
Phỳsics, s. física, sciènze naturáli
Phỳsiognomist, s. fisiónomo, fisionománte
Phỳsiognomy, s. fisionomía
Phỳsiológic, phỳsiológical, a. fisiológico
Phỳsiológically, avv. fisiologicaménte
Phỳsiólogist, s. fisiólogo
Physiólogy, s. fisiología
Phytògraphy, s. fitografía
Phytòlogy, s. fitología (meglio Bòtany)
Pía-máter, s. (anat.) pía mádre, f.
Pîanet, s. (orn.) gázza, picchio píccolo
Pianíssimo, avv. (mus.) pianíssimo
Piànist, s. (mus.) pianísta, nf.
Piàno, — -fòrte, s. piáno-fórte, m., cêmbalo; grànd —, piáno-fórte a códa; squáre —, piáno-fórte verticále, a tavolíno; — -máker, fabbricatóre di piáno-fórti
Piàzza, s. loggiáto (di teatro), pórtico, arcáta
Pibble-pàbble, s. sciocchézze, chiácchiere, fròttole, fpl.
Píbrocħ, s. cornamúsa scozzése; música della cornamúsa scozzéso
Píca, s. (orn.) gázza; (med.) vòglia di dònna gràvida; (tipografía) ciceróne, m; smàll —, filosofía; dòuble —, parangóne, m. gròsso; twó lines —, palestína; twó lines dòuble —, trismegísto; messále, m.
Picaróon, s. piráta, m., corsáro, ládro di máre
Piccadil, piccadílly, pickardil, s. collàre, m. distéso, incartáto, collàro alla spagnuóla
Pick, s. piccóne, mazzuólo; scèlta; — -axe, vánga, márra dóppia
— va. sceglière, scèrnere; cógliere, raccógliere, raccattáre, spigoláre; mondáre, nettáre, cappáre; to — up, beccáre, pigliár su, raccógliere, raccattáre; to — sàlad, nettáre un'insalàta; — one's téeтн, nettársi i dènti; — a bóne, rosicchiáre un òsso; — a lóck, apríre una serratúra col grimaldèllo; — a quàrrel with a pèrson, attaccárla, attaccár líte con alcúno; — pòckets, far il borsajuólo, rubáre; the pigeons — up all the wħéat, i piccióni béccano tútto il forménto; — up that pin, raccogliéte quello spíllo; he is beginning to — up flesh, egli comíncia a divenír grásso
Pickaback, pickapack, pickback, avv. (volg.) sul dòrso, come un pácco

Pickedness, s. l'èsser puntúto, in púnta, acuminàto; ricercatézza nel vestíre
Pickéer, va. predáre, scórrere il paèse (per rubáre), scorrazzáre; scaramucciáre
Pickéerer, s. predatóre, scorridóre; scaramucciatóre
Picker, s. chi raccòglie, bécca, scèglie; — of póckets, borsajuólo; — of quàrrels, accattabríghe, m. f; tóoтн- —, stuzzicadènti, m.
Pickerel, s. lúccio píccolo, luccétto
Picket, s. (giuoco) picchétto; (mil.) picchétto, sentinèlla avanzáta; steccóne, m.
Picking, s. il raccógliere, lo scerníre, il rosicchiáre; còse da raccógliere o spigoláre; còse scèlte, raccòlta
Pickle, s. salamója, ácqua salàta per conservárci èntro pésci, cárne o fúnghi; sàlsa compòsta di acéto, sàle, spezieríe, legúmi e frútti; státo, condizióne; to be in a prètty —, èssere spórco, malcóncio, arruffáto, in mal arnése
— va. marináre, saláre, confettáre con acéto; — cúcumbers, confettáre, conserváre cocómeri nell'acéto; — fish, marináre del pésce; pickling càbbage, vèrze ácide
Pickled, a. saláto, marináto; sótto acéto, in in acéto; cóncio, malcóncio
Picklock, s. grimaldèllo; ládro doméstico
Picknic, picnic, s. prànzo, céna di società (alla campagna) óve ciascúno pága il suo scòtto
Pickpocket, s. borsajuólo, tagliabórse, m.
Pickpurse, s. V. Pickpocket
Pickтнank, s. affannóne, m. ciarpóne, m. adulatóre
Pickтóoтн, s. stuzzicadènti, m. V. Toothpick
Pictórial, a. pittórico, pittorésco
Pictórially, avv. pittoricaménte, pittorescaménte
Picts, spl. (storia) Pitti, mpl.
Picture, s. pittúra, immàgine, f., quádro dipínto, ritrátto; to be the — of, èssere il ritrátto di, rassomigliár mólto a
— va. dipíngere, rappresentáre
— -fràme, s. cornice, f. (di un quádro)
— -gàllery, s. gallería dei quádri, pinacotêca
Picturesque, a. pittórico, pittorésco
Picturesquely, avv. pittorescaménte
Piddle, vn. (dei bambini) far ácqua; (fig.) occupársi di còse da núlla; fáre il perdigiórno, badaluccáre
Piddling, a. fútile, frívolo
Pie, s. pasticcio; (orn.) píca, gázza; frùtt- — tórta
Piebald, a. (di cavallí) pezzáto, vajáto
Péece, s. pèzzo, framménto, párte, f; pèzza, schéggia; pittúra, quádro; — of bréad, un tòzzo di páne; — of clотн, pèzza di pánno; — of órdnance, cannóne, m; fówling- —, schiòppo da cáccia; — of góld, of mòn-

ey, monéta d'óro, monéta; — of néwì, notízia, nuóva, novità; — of ill-brééding, malcreánza; ᴛᴜʀéé fràncs a —, tre fránchi per ciascúno; to breàk to —s, spezzàre, infrángere; to work by the —, lavoràre a un tánto per pêzzo
— *va.* rappezzàre, raccorciáre, méttere un pêzzo a; rappezzàre, rattoppàre, rabberciáre; uníre, incastráre
— *vn.* giúgnersi, unírsi

Piécméal, *avv.* e *a.* pêzzo a pêzzo, a pôco a pôco

Piécer, *s.* rappezzatóre-tríce, racconciatóre-tríce

Pied, *a.* pezzáto, macchiettáto, screziáto

Piedness, *s.* screziatúra, varietà di colóri

Piér, *s.* (*di ponte*) pila; (*di porto*) mòlo, debarcadèro; múra tra due finèstre; —, glass, spécchio gránde tra due finèstre

Pièrce, *va.* foráre, penetráre, pertugiáre; pilláre, toccáre, commuóvere; to — ᴛʜʀóᴜɢʜ and ᴛʜʀóᴜɢʜ, traforáre, trafíggere

Piércer, *s.* foratójo, succhièllo

Piércing, *avv.* penetratívo, penetránte, acúto, pungènte, oculáto, perspicáce; strídulo

Piércingly, *avv.* in mòdo acúto, pungènte; entránte

Piércingness, *s.* qualità penetránte, acutèzza

Piérian, *a.* Piério, delle Muse

Pietism,, *s.* pietísmo, dottrína dei pietísti

Pietist, *s.* pietísta, *mf.*

Piety, *s.* pietà, devozióne, religióne; amóre, rispêtto; filial —, pietà filiále

Pig, *s.* (*zool.*) porchétto, porcêllo, pôrco, majále, *m;* súcking- — porcêllo lattánte; Guinea —, porcellíno d'India; bôar- —, vêrro; — -stý, porcíle, *m;* — -tásl, codíno; tabácco in córda; — of lèad, páne, *m.* di piómbo; — -hèaded, balórdo, stúpido; — -nut, (*bot.*) búlbo castáneo; to buý a — in a poke, compráre la gátta in sácco
— *vn.* (*della troja*) filiáre

Pigeon, *s.* (*orn.*) piccióne, *m;* colómbo; young —, piccioncêllo; wild —, piccióne selvático; — -hôᴜᴇᴇ, piccionája; colombája; — -hôlᴇᴇ, búchi della piccionája; casélle (*per le lettere*, ecc.); — -dùng, colombína; — -livered, tímido, pusillánime

Piggery, *s.* porcíle *m.* (*grande*), tettója da majále

Piggin, *s.* váso, sécchia da látte

Pigméan, *a.* pigmêo

Pigment, *s.* bellétto, líscio, cosmético, colóre

Pigmy, *s.* pigmêo, náno (lóre

Pignoràtion, *s.* pignoraménto, pignorazióne

Pigwidgeon, *s.* fáta; côsa minúscola

Píke, *s.* pícca (*arma*); (*itt.*) lúccio; — -man, picchière, *m;* — -staff, asta di pícca

Piked, *va.* puntáto, acúto

Pilóff, *s.* piláo, risótto

Pilaster, *s.* pilástro

Pilchard, *s.* (*itt.*) sarácca

Pilcher, *s.* vestíto od áltro foderáto di pellíccie; (*itt.*) *V.* Pilchard

Pile, *s.* múcchio, mónte, *m.*, catásta, (*di legna*) ammásso, mássa, macía, píla, pilástro, pálo, piuólo; fabbricáto, edifízio gránde; píla (*da monete*); fúneral —, píra, rógo; Voltáic —, píla di Vólta; — -wôrk, palafitta; the —s, le emorróidi, *f.*
— *va.* ammassáre, ammucchiáre, ammonticchiáre, abbicáre, accatastáre
— -dríver, *s.* bêrta, battipálo, máglio; (*mar.*) náve dispósta a immêrgersi mólto colla prúa
— -èngine, *s.* battipálo, bêrta
— -extràctor, *s.* cavapáli, *m.*
— -plànking, *s.* pálco su palafitte; piattafórma su palafitte
— -plank, *s.* palánca, tavolóne, *m.*
— -wôrk, *s.* palafittáta, lavóro di palafitte

Pileated, *a.* in fórma di pileo o berrétta

Pileus, *s.* (*bot.*) cappêllo (di fúngo)

Pilewôrt, *s.* (*bot.*) ranúncolo

Pilfer, *va.* rubacchiáre; *vn.* guadagnáre rubacchiándo

Pilforer, *s.* ladroncêllo, ládro

Pilfering, *s.* ladroncellería

Pilferingly, *avv.* in mòdo ladronêsco

Pilgrim, *s.* pellegríno, roméo; réad the — 's Prógress by Jòhn Bùnyan, leggéte il Viággio del Pellegríno di Giovánni Bùnyan

Pilgrimage, *s.* pellegrináᴢᴢio

Piling, *s.* l'ammonticchiáre; (*arch.*) palafitta

Pill, *s.* píllola; blue —, píllola mercuriále
— *va.* scorticáre, spogliáre, rubáre
— *vn.* scorticársi; scagliársi, pelársi

Pillage, *s.* bottíno, prêda, rubería, sácco
— *va.* saccheggiáre, dáre il sácco a

Pillager, *s.* saccheggiatóre, predatóre

Pillaging, *s.* saccheggiaménto; *a.* saccheggiánte

Pillar, *s.* pilástro, pilóne, *m;* colónna; (*orologería*) pilastríno; (*conchiliología*) colonnétta; (*mar.*) puntêllo; Hèrcules' —s, le colónne d'Ercole
— -pláte, *s.* (*orologería*) piàstra, cartêlla

Pillared, *a.* sostenúto da colónne o da pilóni

Pillion, *s.* sêlla da dònna; imbottitúra, cuscinétto di sêlla

Pillory, *s.* berlína, gógna
— *va.* méttere alla berlína

Pillow, *s.* guanciále, *m.*, origlière, *m;* — -cáse, — -slip, foderétta di guanciále; advíse with your —, la nòtte è mádre di consígli
— *va.* posáre sópra un cuscíno

Pillowed, *a.* adagiáto sópra, sostenúto da guanciále

Pilose, *a.* (*bot.*) pelóso

Pilosèlla, *s.* (*bot.*) pelosêlla

Pilósity, *s.* pelosità (costiêro, di côsta

Pilot, *s.* pilóta, *m.*, pilóto; côast —, pilóta
— *va.* guidáre, governáre (*una nave*)
— -bôat, *s.* (*mar.*) battêllo pilóto

— -èngine, *s.* (*strade ferrate*) màcchina di risèrva; rimorchiatóre

Pilotage, *s.* pilotàggio

Pimènto, *s.* piménto, pépe garofanáto

Pimp, *s.* mezzána, mezzáno, ruffiáno

— *va.* fáre il ruffiáno, arruffianáre

— -like, *a.* ruffianèsco, da ruffiáno

Pimpernel, *s.* (*bot.*) pimpinèlla

Pimping, *a.* ruffianèsco; póvero, meschíno

Pimple, *s.* cocciuóla, bollicína, pustolétta; —d fáce, víso pièno di pustolétte

Pin, *s.* spíllo; — of wóod, cavícchio, cavíglio; appícco, sbríglio, birillo, chiòdo di ruóta; give me a —, dátemi uno spíllo; I don't cáre a —, non me ne cúro un fíco; rólling —, matterèllo di pasticcière; to pláy at níne- —s, giuocáre agli sbrígli; — -cúshion, guancialíno da spílle, torsèllo, búzzo; — -máker, spillettájo; — -mòney, spillático; — -dùst, limatúra

— *va.* appuntáre, attaccáre con spílli o chiódi; — one's self to a thing, attaccársi ad una còsa

Pinafóre, *s.* baváglio, bavaglíno (*di bimbo*)

Pinàster, *s.* (*bot.*) pinàstro

Pincerá, *spl.* tanagliétte, *fpl.*

Pinch, *va.* pizzicáre (*colle dita*); dar pízzico a, stríngere, serráre, angustiáre, pórre alle strétte, ridúrre in istrettézza; risparmiáre, priváre, pressáre, incalzáre, angariáre, far soffríre, tenére a stecchétto; thése shóes — me, quèste scárpe mi stríngono tròppo, mi fánno mále; to — with hùnger, affamáre; to — one's self, privársi del necessário, vívere stentataménte; to —, *vn.* èssere angustiáto, vívere in istrettézza, stáre a diságio, non avér pósto; pinched with hùnger, affamatíccio; — in circumstances, indigènte, alle strétte

— *s.* píxxico, pizzicòtto, dolóre acúto, angústia, strettézza, stènto, necessità, mjséria; a — of, un píxxico di; — of snùff, présa di tabácco

Pinchbeck, *s.* orpèllo, tombácco

Pinchfist, pinchpènny, *s.* spilórcio, tánghero, taccágno

Pindàric, *a.* (*poesía*) pindárico; —, *s.* òde pindárica

Pine, *s.* (*bot.*) píno, abète *m*; — gróve, pinéta, pinéto; — àpple, ananásso; — wóod, légno del píno; — nùt, pinócchio; — cóne, pígna

— *vn.* languíre, strùggersi, deperíre; — awáy, languíre, deperíre, intisichíre; — for, anelâre, essere smanióso di, bramáre

Pineal, *a.* (*anat.*) pineále

Pinery, *s.* cámpo di ananássi; pinéto

Pinfold, *s.* párco, ovíle, *m.*, pecoríle, *m.*

Pinguid, *a.* (*ant.*) píngue

Pinguin, Pènguin, *s.* (*orn.*) pinguíno

Pining, *a.* languènte; — for, smanióso di

Pinion, *s.* alétta, estremità dell'ála; roc-

chétto di oriuólo, legáme, *m.*, víncolo

— *va.* legáre le áli o le bráccia

Pink, *s.* (*bot.*) garòfano; (*mar.*) pínco; — cólour, colór di garòfano o di ròsa; — éye, òcchio píccolo; two-cóloured —, garòfano a due colóri; —, (*fig.*) fióre, *m.*, quintessènza, modèllo

— *va.* colpíre, penetráre; *vn.* báttere gli òcchi

Pinnace, *s.* canòtto, scappavía, barcáccia

Pinnacle, *s.* pinnácolo; (*fig.*) cólmo, ácma

Pinner, *s.* spillettájo

Pinnite, *s.* pinníte, *f.*, píuna fòssile

Pinnock, *s.* (*orn.*); *V.* Tòmtit

Pint, *s.* pínta inglése, *misura di litri* 0,5679 *nel Regno Uníto, e di litri* 0.473 *negli Stati Uníti*

Pintádo, *s.* (*orn.*) meleágrida, gallína faraóna, numídia, africána, di Guinéa

Pintle, *s.* (*mar.*) máschio del timóne, agóglia

Pionéer, *s.* (*mil*) pionère, *m.*, guastatóre, marrajuólo

Píony, *s.* (*bot.*) peònia

Pious, *a.* pío; — man, uòmo pío, uòmo d'ánima; — act, òpera pía

Piously, *avv.* piaménte, religiosaménte

Pip, *s.* pipíta (*dei polli*), séme, *m.* (*delle — vn.* pigoláre, piáre, garríre (*carte*

Pipe, *s.* túb', condótto, canalétto, zampógna, zúfolo, avéna; pípa (*da fumare*); bótte, *f.* (*contenente* 477 *litri*); glister- —, cannèlla di serviziále; bàg- —, cornamúsa, píva; wind- —, (*anat.*) esòfago

— *van.* suonáre uno struménto da fiáto, infoláre, zampognáre

— -cláy, *s.* tèrra da pípe

— -fish, *s.* anguílla di máre

— -trée, *s.* (*bot.*) lílla, lilà, *m.*

Piped, *a.* a túbo, tuboláto

Piper, *s.* zampognatóre, suonatóre di flàuto; to pay the —, pagár il fío (*bollénte*

Piping, *a.* fiácco; cáldo; — -hot, (*volg.*)

Pipistrel, *s.* (*zool.*) pipistrèllo

Pipkin, *s.* pignátta, pèntola píccola, ramíno

Pippin, *s.* appiuóla, méla àppia

Piquancy, *s.* sapóre, gústo piccánte; argutézza, acúme, *m.*, frízzo

Piquant, *a.* pi··cánte, pungènte, frizzánte, argúto

Piquantly, *avv.* in mòdo piccánte; argúto

Pique, *s.* pícca, offésa présa, puntíglio; mal talénto; pícca, gára, contésa, contrásto; — of hónour, púnto, puntíglio di onóre; òut of —, per dispètto

— *va.* piccáre, irritáre, púngere, offèndere; to — one's self upon a thing, piccársi, vantársi di che che sía

Piquèt, *s.* (*giuoco*) picchétto; to háve a gàme at —, fáre una partíta di picchétto; (*mil.*) *V.* Picket

Piracy, *s.* il corseggiáre, pirateria; (*lett.*) pirateria

Piraté, *s.* piráta, *m*; corsále, *m*; (*lett.*) piráta, *m.*, plagiário
— *vn.* fáre il piráta; *va.* rubáre da piráta; contraffáre, fáre il plagiário
Pirated, *a.* (*lett.*) contraffátto, rubáto
Pirátical, *a.* di piráta, pirático, contrafátto
Pirógue } *s.* piróga, canòtto (*de' selvaggi*)
Pirágua
Pirouètte, *s.* capriòla, saltéllo, giravòlta
— *vn.* capriolàre, sgambettáre, spiccár sálti
Piscatory, *a.* pescatòrio, pescaréccio
Pisces, *s. pl.* (*astr.*) pésci, *mp.*
Piscina, *s.* piscina
Piscine, *a.* di pésce
Piscivorous, *a.* pescívoro
Pish, *interj.* (*volg.*) via! oibò! fròttole! ah!
— *vn.* dìre via! gridáre oibò!
Pismire, *s.* (*ent.*) formica, *V.* Ant
Pisolite, *s.* (*min.*) pisolito (wàter
Piss, *vn.* (*volg.*) orináre, pisciáre; *V.* to máke
— *s.* (*volg.*) orina, píscia; *V.* Urine
Pissabed, *s.* (*bot.*) maceróne, *m.*, smírnio
Pissing-pláce, *s.* pisciatòjo
Pistachio (*pr.* pistásho), *s.* (*bot.*) pistácchio;
— -nùt, nóce, *f.* di pistácchio : — -trée, álbero del pistácchio
Piste, *s.* tráccia, pedáta, pèsta, vestígio
Pistil, *s.* (*bot.*) pistíllo
Pistol, *s.* pistóla; — shòt, pistolettáta; — cáse, fónda di pistòla; hólster —, pistòla di arcióne; to fíre a —, scaricáre una pistòla
Pistóle, *s.* dòppia di Spágna (*moneta*)
Pistolet, *s.* piccola pistóla, pistóla tascábile
Piston, *s.* pistóne, *m.*, stantúffo; stróke of the —, cólpo di pistóne
Pit, *s.* fòssa, fòsso, abísso; platéa (*di teatro*); cavità (*dello stomaco*) búttero; pózzo; — -coal, carbón fòssile; àrm- —, ascèlla; — -fàll, schiáccia, tráppola, trabocchétto; — -man, segatóre (*di sotto*)
— *va.* scavár qua e là, incaváre, segnáre, marcáre di bútteri; oppórre (*un antagonista all'altro*)
Pitapat, *s.* bàttito, palpitazióne, batticuòre;
to béat —, to go —, palpitáre (*con violenza*)
Pitch, *s.* péce, *f.*, catráme, *m.*, rágia; púnto, grádo, elevatézza, altézza, sommità, címa, ácma; the híghest — of glóry, l'ácma, il più álto grádo, il sómmo della glória; — -pípe, pitching- —, (*mus.*) metrónomo; stóne- —, péce dúra; — -fork, forcóne, *m.*, fórca; — -fàrthing, buchétte, *f. pl.* (*giuoco*)
— *va.* impeciáre, impugoláre, implastricciáre di péce; gettáre, lanciáre, scagliáre, tuffáre, precipitáre, gettáre colla fòrca; fissáre, pórre, piantáre; — a whéel, impeciáre una ruòta; — a ship, spalmáre un bastiménto; — a tent, piantáre, drizzáre una tènda; — a camp, accampáre; (*mus.*) dáre il tòno, suonáre la príma nòta
— *vn.* cadére, abbáttersi, posársi, gittársi;

precipitársi, attuffársi, immérgersi, barcolláre, rolláre da póppa a prúa, ficcáre, saltáre; — on, upón, sciégliere, elèggere, appigliársi a; — into a pèrson, dar addòsso ad uno, fárgli l'uòmo addòsso, bátterlo
Pitched, *a.* impeciáto; drizzáto, accampáto; — báttle, battáglia campále
Pitcher, *s.* bròcca (*vaso di terra*)
— -plànt, *s.* (*bot.*) *V.* Nepenthe
Pitching, *s.* (*mar.*) l'attuffársi, il ficcáre, il rolláre, barcollaménto da póppa a prúa
Pitchy, *a.* di péce; néro, scúro, tenebróso
Piteous, *a.* dégno di compassióne, compassionévole, miserándo, dolénte, lagrimévole
Piteously, *avv.* miseraménte, tristaménte
Piteousness, *s.* misèria, pietà, compassióne
Pitfall, *s.* trabocchétto; schiáccia, tráppola;
— *va.* far cadére nel trabocchétto
Pith, *s.* súcco (*di pianta*); midóllo, midólla (*di osso*); fòrza, vigóre, energía, nèrbo
Pithily, *avv.* vigorosaménte, con energía
Pithiness, *s.* fòrza, energía, vigóre, nèrbo
Pithless, *a.* sénza midóllo, sénza fòrza
Pithóle, *s.* búttero (del vajuòlo o símile)
Pithy, *a.* pièno di súcco o di midóllo, succóso, midollóso; fòrte, vigoróso, enérgico
Pitiable, *a.* miserándo, dégno di pietà
Pitiableness, státo compassionévole
Pitiful, *a.* che compassióna, pietóso, tènero; che dèsta compassióne o pietà; mísero, compassionévole, meschíno, póvero, sprezzévole, vile
Pitifully, *avv.* compassionevolménte, pietosaménte, meschinaménte, vilménte
Pitifulness, *s.* pietà, compassióne; viltà
Pitiless, *a.* (*pers.*) spietáto; (*cosa*) che non dèsta pietà, indégno di pietà
Pitilessly, *avv.* spietataménte, sénza compassióne
Pitilessness, *s.* l'èssere spietáto (passióne
Pitfance, *s.* pietánza (*nei monasteri*); porzioncèlla, píccola dòse o quantità, particèlla
Pittikins, *interj* misericòrdia!
Pituitary, *a.* (*anat.*) pituitário, della pitúíta
Pituite, *s.* pitúíta, flèmma, umóre pituitóso
Pituitous, *a.* pituitóso, linfático
Pity, *s.* pietà, compassióne; disgrázia, peccáto, dánno; desèrving of —, dégno di compassióne; for —'s sáke, per pietà, per carità; from —, out of —, per pietà, per compassióne; it is a — that, é peccáto che; what a — ! che peccáto !
— *va.* compatire, compiángere, compassionáre; much to be pitied, da compiángere, dégno di pietà, miserándo
Pityingly, *avv.* pietosaménte
Pivot, *s.* pèrno, cárdine, *m*; to turn on a —, impernáre
Pix, *s.* pisside, *f.*, cibòrio; cassétta di monéte da saggiáre; trial of the —, sággio delle monéte

---

nòr, rùde; - fàll, sòn, bùll; - fàre, dó; - by, lymph; pôise, bô<i>ĭ</i>, fôûl, fôwl; gem, aš

— -jûry, *s*. giuri, *m*. pel sàggio delle monète
Pixy, *s*. (*d'uso locale*) fàta
Pizzle, *s*. nèrbo; bùll's —, nèrbo di tòro
Placability, Plácableness, *s*. placabilità
Plácable, *a*. plàcàbile, cleménte
Plácard, *s*. cartellóne, cartèllo, affísso ; to
póst up a —, affissáre un cartellóne
— *va*. notificáre con cartellóni, affissáre
Plàcàte; *va*. placáre
Pláce, *s*. luògo, pósto; síto; pósto spázio;
pósto, impiègo, cárica, uffízio, grádo, ràngo,
condizióne ; (*com*.) piázza ; (*mil*.) piázza,
fortézza; in whát —? in qual luògo ? high
in —, álto locáto, che còpre álto impiègo;
in the next —, in séguito; in — of, in luògo
di, in vèce di; oùt of —, fuòri di luògo,
fuòri d'impièg̣o, sènza padróne; to hóld a —,
aver un pósto, èsser impiegáto; to táke —,
aver luògo, accadére; (*pers*.) sedérsi, acco-
modársi; — -hólder, — -man, impiegáto;
let us táke our —s, mettiámoci a pósto
— *va*. méttere, posáre, collocáre, allogáre
Placènta, *s*. (*anat*.) placènta; (*bot*.) placènta
Plácer, *s*. chi métte, cólloca, assétta
Plàcid, *a*. plácido, quèto, cálmo, serénò
Plàcidly, *avv*. placidaménte
Plàcidness, placidity, *s*. placidità, placidézza
Plàcket, *s*. (*poco us*.) gonnèlla
Plágiariàm, *s*. plágio, ladrocínio letterário
Plágiarize, *va*. èssere plagiário, comméttere
plági letterárj
Plágiary, Plágiarist, *s*. plagiário
Plágue, *s*. pèste, *f*., pestilènza, contagióne,
torménto; — sóre, gavòcciolo, bubbóne
— *va*. infettáre, appestáre; tormentáre
Plágueful, *a*. appestáto, infètto
Plágueless, *a*. esènte dalla pèste, immúne
dal contàgio
Plàguily, *avv*. forteménte, diabolicaménte
Pláguy, *a*. (*volg*.) maledétto, irritánte
Plàice, *s*. (*itt*.) pàssera, passerína
Plàid, *s*. ciàrpa dei montánari scozzési; mantèllo scozzése; stòffa, pánno scozzése
Pláin, *a*. piáno, líscio, uguále, levigáto;
(*pers*.) sémplice, schiètto, sènza affettazióne, alla buòna, dozzináie, andánte,
sènza ornaménto, sòro, ordinário, mediócre; piáno, evidènte, chiáro, lampánte;
schiètto; fránco, sincèro, púro ; — sùrface, superfície piána, livèlla, levigáta; —
clóthes, àbiti di cása, àbito ordinário; — díet,
— fóod, cíbo, nudriménto sémplice; the
— trùth, la púra verità; — -déaling, buòna
féde, schiettézza; — mùslin, mussolína líscia; in — English, chiaraménte, francaménte; — sòng, — singing, cánto fèrmo;
— -spóken, che pàrla fránco; she is ràther
—, ella è bruttína
— *avv*. chiaraménte, sempliceménte
— *s*. pianúra, campágna rása, piáno; the liquid —, the wàtery —, il máre levigáto ,
l'álto máre

— *va*. spianáre, livelláre, appianáre, uguagliáre, lisciáre, levigáre
— *vn*. (*poet*.) *V*. compláin
Pláínly, *avv*. sempliceménte, schiettaménte,
pianaménte, chiaraménte, manifestaménte
Pláínness, *s*. pianézza, qualità di ciò che è
piáno, líscio, livèllo; egualità, semplicità,
schiettézza, chiarézza, natúra òrdinária,
comúne
Pláínt, *s*. laménto, queréla, dòglia
Pláíntful, *a*. lamentévole, di laménto
Pláíntiff, *s*. (*legge*) attóre -trice, querelánte,
m. *f*.   (bóndo
Pláíntive, *a*. lamentévole, dolènte, gemo-
Pláíntiveness, *s*. natúra lamentévole, tuóno
lamentévole, dogliánza
Pláíntless, *a*. sènza laménti, rimpiánti
Pláíster, *va*. appiastráre, *V*. Plàster
Pláít, *va*. incyespáro, pieghettáre, fàre pièghe
negli àbiti, nella biancheria; intrecciáre i
capélli; — a shirt, pieghettáre una camicia
Pláít, *s*. pièga, dóppio ; tréccia
Pláíting, *s*. il piegáre o pieghettáre; piega-
ménto, piegatúra, intrecciatúra; stàto della
còsa piegáta
Plàn, *s*. piánta (diségno) ; piáno, progètto;
the — of a wòrk, il piáno di un'òpera; —
of a building, piánta d'un edifízio
— *va*. disegnáre ; progettáre, formáre
Plànch, *va*. intavoláre, impalcáre
Plànchet, *s*. piastríno, piastrèlla (di metàllo)
Plànching, *s*. tavoláto, pálco, impalcáto,
impalcatúra
Plàne, *s*. piáno, superfície piána; (*mat*.)
piáno; (*tec*.) piálla; inclínéd —, piáno
inclináto; sèlf-àcting —, piáno automotóre
(*di strada ferrata*); tèrminal —, piáno
inclináto all' estremità; stéep —, piáno
rípido; dírecting —, (*pittura*) digradaménto;
gróoving —, incorsatójo; jóínter —, jóínting;
—, barlòtta, piallóne, *m*; ràbbet —, forcèlla; pànel — pialla (a fèrro làrgo);
smóothing —, piálla ordinária; làrge —,
piallóne, *m*; smàll —, piallòzza
— *va*. pialláre, lisciáre; — a plànk, pialláre una távola
— *s*. (*bot*.) plátano
— -chàrt, *s*. cárta (idrogràfica) piána, in
— -íron, *s*. fèrro della piálla   (piàn.
— -stòck, *s*. càssa della piálla
— -trée, *s*. (*bot*.) plátano
Plànet, *s*. (*astr*.) piáneta, *m*.
— -struck, *a*. golpáto, stupíto, attónito
Planetárium, (*astr*.) planetário
Plànetary, *a*. planetário, dei pianéti
Planimétric, planimètrical, *a*. planimètric
Planimetry, *s*. (*geom*) planimetría
Planisphére, *s*. (*geom*.) planisfério
Plànish, *va*. spianáre (col martèllo)
Plànisher, *s*. spianatóre -trice
Plànk, *s*. távola, tavolóne, àsse piána, pancóne
— *va*. tavoláre, impalcáre con távole

Plànless, a. sènza piáno o progètto alcúno

Plànner, s. disegnatóre, ordinatóre, autóre di un piáno, di un progètto

Piáno-concave, a. piáno-cóncavo

Piáno-conical, a. piáno-cónico

Piáno-cònvex, a. piáno-convèsso

Piáno-horizòntal, a. piáno-orizzontále

Plànt, s. piánta; tállo, ramoscèllo da trapiantáre; yoùng —, pianticèlla

— va. piantáre, collocáre, stabilíre; — a cólony, stabilíre una colònia; — the cànnon, piantáre l'artiglierie; — one's self, impiantársi, collocársi

Plàntain, s. (bot.) banáno, físo d'Adámo; plátano; — -trèe, álbero de' banáni

Plantátion, s. piantagióne, colònia, piantaménto; còtton —; súgar —, piantagióne di cotóne, di zúcchero

Plànted, a. piantáto, collocáto, stabilíto

Plànter, s. piantatóre, coltivatóre; possessóre di piantagióne; còtton —, coltivatóre di cotóne

Plàntership, s. státo, condizióne di piantatóre; direzióne d'una piantagióne

Plànting, s. piantaménto, il piantáre

Plàsh, s. zácchera di fánge; guázzo, pozzánghera

— vn. inzaccheráre, spruzzáre; intralciáre, intrigáre; — one's self, inzaccherársi

Plàshy, a. fangóso, pantanóso, melmóso

Plàsm, s. plásma, fórma, matríce, f.

Plàster, s. calcína, stúcco, calcestrúzzo, intónaco, gèsso; impiástro; to give a còat of —, dar un intònaco, intonacáre; còurt —, taffetà, m. d'Inghiltèrra

— va. intonacáre, (med.) pórre un impiástro; to — up anèw, rintonacáre

— -kiln, s. fórno da gèsso

— -quàrry, s. cáva di piètre da gèsso

— -stóne, s. piètra da gèsso

— -wòrk, s. lavóro in gèsso

Plàsterèr, s. chi intónaca, statuário in gèsso

Plàstic, a. plástico

Plasticity, s. plasticità

Plàstron, s. piástra, piastróne, (scherma) pettoràle, m.

Plàt, va. intrecciáre, tèssere; to—stràw hats, intrecciár le páglie

— s. campicèllo, camperèllo, pèzzo di tèrra, scompartiménto in un giardíno;—, plàtting, tessitúra, intrecciatúra (di páglie)

Plàtane, s. (bot.) plátano

Plàte, s. piástra, lástra, lámina; vasellàme, m., argentería; tóndo; (delle corse) prèmio (in argento); stámpa in ráme (disègno), incisióne; plácca; to éat óut of a —, mangiáre in un tóndo; he has sóld his —, ha vendúto il suo vasellàme

— va. inargentáre; copríre di una lámina di argènto; placcáre; ridúrre in lámine

Platean, (pr. pláto), s. pianúra, spianáta

Pláted, a. inargentáto, copèrto di argènto; — wàre, — góods, mèrci in plácche

Plàteful, s. tóndo piéno

Plàten, s. (tipograf.) pirróne, m., piáno, piastrétta

Plàtform, s. piattafórma, pálco, terrázza

Plàtina, plàtinum, s. plátino, òro biánco

Pláting, s. il ricopríre d'una lámina sottíle d'argènto o di òro

Platiniferous, a. platinífero, che prodúce plátino

Plàtitude, s. spianáta, pianúra; insulsàggine, f.

Platònic, a. platònico, di Platóne

Platònically, avv. platonicaménte

Plàtonism, s. filosofía platònica

Plàtonist ⎱ s. seguáce di Platóne
Plàtonizer ⎰

Plàtonize, van. platonizzáre

Platòon, s. squadróne, bánda, schièra, pelottóne

Plàtter, s. piátto gránde (di terra o di legno); gamèlla, gavètta; chi intréccia o tèsse; stràw —, chi intréccia páglie; plàtterfáced, dalla fáccia lárga o piátta

Plàtting, s. treccíuòli di páglia per far cappélli

Plàudit, s. appláuso, pláuso, acclamazióne

Plausibílity, s plausibilità, verosimigliánza

Plàusible, a. plausíbile; specióso

Plàusibly, avv. in mòdo plausíbile

Plàusive, a. di appláuso, plaudènte

Pláy, van. giuocáre, divertirsi, trastulláre, scherzáre; (teat.) rappresentáre, recitáre; (mus.) suonáre, eseguíre; funzionáre; to — at cárds, giuocáre alle cárte; — a gáme, giuocáre una partíta; — the part of, recitáre, disimpegnáre la párte di; — the fóol, far il pázzo, pazzeggiáre; — fáir, giuocáre alla scopèrta, onestaménte; — fóul, truffáre; — upòn an instrument, suonáre uno struménto; he máde the cànnon — upon, ecc., egli fece giuocáre i cannóni sópra o éntro, ecc.; to — upòn a pèrson, fàrsi giuoco di alcúno; — one a trick, accoccárla ad uno; to — awày mòney, pèrdere del denáro al giuoco

— s. giuoco, divertiménto, trastúllo, ricreazióne, òpera drammática, commèdia; teátro, spettácolo; giuoco, movimènto (di una macchína); to go to the —, andáre a teátro; to give a pèrson fáir —, lasciár fáre ad uno, dárgli ògni vantággio che desídera; — -fèllow, — -máte, cameráta, m., compágno di giuóco; — dày, giórno di vacánza; — -hóuse, teátro; — dèbt, débito d'onóre; — -bill annúnzio di spettácolo, prográmma, m. dello spettácolo; — -thing, giuocátolo, trastúllo, balócco; — -tíme, ore di ricreazióne; — wright, autóre drammàtico

Pláyer, s. giuocatóre -tríce, attóre -tríce; artísta, *m. f.*, suonatóre -tríce; strólling —, commediánte ambulánte

Pláyful, *a.* giocóso, scherzévole, brióso

Pláyfulness, *s.* allegría, festevolézza, gajézza

Pláysome, *a.* *V.* Pláyful

Pléa, *s.* piáto, líte, *f.* cáusa, ragióne, procèsso, difésa, scúsa, pretésto, giustificazióne; còmmon pléas, (*legge inglese*) cáuse civíli; fòreign —, eccezióne d'incompeténza; — in abátsment, dománda in nullità; — to the jurisdiction, eccezióne declinatòria

Pléad, *vn.* litigáre, piatíre, díre, far valére le sue ragióni in giudízio, difèndersi, dichiaráre, pretèndere, far l'avvocáto patrocinánte

— *va.* difèndere, patrocináre (*una causa*), pretèndere, allegáre; to — ignorance, allegáre cáusa d'ignoránza; — pòverty, scusársi sópra la própria povertà; — guilty, confessársi rèo; — not guilty, dichiarársi innocènte, respingere l'accúsa (gáto

Pléadable, *a.* che può èssere allegáto, litiPléader, *s.* avvocáto patrociánnte, causídico

Pléading, *s.* piáto, il piatíre; —s, *spl.* dibattimènto

Pléasance, *s.* gajézza, giovialità, piacevolézza

Pléasant, *a.* piacévole, gájo, piacénte, aggradévole, gráto, améno; facéto, giocóso, allègro; — cŏuntenance, víso piacénte; I wish you a pléasant journey, buon viaggio

Pléasantly, *avv.* piacevolménte, gajaménte

Pléasantness, *s.* piacevolézza, amenità

Pléasantry, *s.* facézia, piacevolézza, frízzo

Pléase, *va.* piacére, far contentáre, soddisfáre, èsser gráto; aggradíre, garbáre, soddisfáre, far piacére, compiacére; to — one's self, compiacérsi, accontentársi, far a mòdo suo; that —s me, ció mi piáce; to — a pèrson, compiacére a uno; accontentárlo; to be well —d with, compiacérsi in o di; his phisiògnomy —s me la sua fisonomía mi gárba

— *vn.* piacére, garbáre, garbareggiáre, attalentáre, èsser gráto, gradíre; volére, degnársi; compiacérsi; it shall be as you —, sarà cóme vi piáce; — to spéak, vogliáte parláre; — to tèll me, piácciavi di dírmi; dó as you —, fáte quel che vi piáce; if you —, (se vi piáce), se volète; se non vi spiáce; — to fóllow me, compiacétevi di seguitármi; hard to —, di difficile contentatúra; —d with, contènto di

Pléased, *a.* contènto, félice

Pléasman (*pl.* pléasmen), *s.* piaggiatóre, cortigiáno

Pléaser, *s.* persóna che piáce o compiáce; compiacènte, *m. f*; piaggiatóre -tríce, cortigiáno

Pléasing, *a.* piacévole, gráto, améno, accètto, piacénte; — cŏuntenance, víso piacévole, fáccia simpática

Pléasingly, *avv.* piacevolménte, con piacére

Pléasurable, *a.* che dà piacére, delizióso

Pléasure, *s.* piacére, *m.*, dilètto, gústo, piacére, divertiménto, trastúllo; piacére, servígio, favóre, piacére, vòglia, aggradiménto, volontà; at —, a piacére, a piaciménto; do me that —, fátemi quel favóre; what is your —? che còsa comandáte?

— *va.* (*poco us.*) far piacére a; piacére a

— -bóat, *s.* battèllo di piacére, yacht, *m.*

— -grŏund, *s.* giardíno; giardíno inglése

— -hŏuse, *s.* villíno, casíno di campágna

Pléasurer, *s.* uòmo dédito al piacére

Plebéian, *a.* plebéo; — *s.* plebèo, plebèa

Plèdge, *s.* pégno, sicurtà, árra, garanzía, garánte, mallevadóre, malleveria; bríndisi, *m.*

Plèdge, *va.* impegnáre, dáre in pégno, far ragióne ad uno nel bére; to — one's self, impegnársi, obbligársi

Plèctrum, *s.* plèttro

Pledgée, *s.* creditóre con pégno

Plèdger, *s.* chi impégna o mètte in pégno

Plèdget, *s.* (*med.*) piumacciuòlo, guancialíno

Pléiads, Pléiades, *s. pl.* (*astr.*) pléiadi, *fp.*

Plènarily, *avv.* plenariaménte, pienaménte

Plènariness, *s.* pienézza, plenitúdine, *f.*

Plènarty, *s.* státo d'un benefício occupáto

Plènary, *a.* plenário, piéno, intéro

Plènilúnar { *a.* plenilunáre, del plenilúnio
Plènilúnary {

Plènilúne, *s.* (*ant.*) plenilúnio

Plenipotence, *s.* plenipoténza

Plenipotent, *a.* plenipotènte

Plenipotèntiary, *s.* plenipotenziário

Plènitude, *s.* plenitúdine, *f.*, pienézza

Plènteous, *a.* (*poet.*) abbondánte, copióso

Plènteously, *avv.* abbondanteménte, in cópia

Plènteousness, *s.* (*poet.*) abbondánza, cópia

Plèntiful, *a.* abbondévole, abbondánte, copióso

Plèntifulness, *s.* abbondánza

Plènty, *s.* abbondánza, cópia

— *a.* abbondánte, abbondévole, copióso

Plénum, *s.* (*filos.*) il piéno (*opposto al* vuoto)

Pléonasm, *s.* (*gram.*) pleonásmo, riempitívo

Pléonaste, *s.* (*min.*) ceilaníte, *f.*

Pleonàstic { *a.* pleonástico
Pleonàstical {

Pleonàstically, *avv.* pleonasticaménte

Plesiosáurus { *s.* plesiosáuro (*animale antidiluviano*)
Plesiosáur { tidiluviano)

Plèthora, *s.* (*med.*) plètora

Plèthoric, *a.* pletórico

Plèthnory, *s.* *V.* Plèthora

Pleúra, *s.* (*anat.*) pleúra

Pleúrisy, *s.* (*med.*) pleurisía, pleuríte, *f.*

Pleurític, pleuritical, *a.* pleurítico

Pliàbility, plíableness, *s.* pieghevolézza

Plíable, *a.* pieghévole, flessíbile

Plíancy, Plíantness, *s.* pieghevolézza

Plíant, *a.* flessíbile, arrendévole, manévole

Plíantness, *s.* flessibilità, arrendevolézza

Plicátion, Plícature, *s.* piéga, il piegáre

Plíeró, *spl.* (*meglio*) plýeró, *spl.* tanagliétte, pinzêtte, *fpl.*

Plíght, *s.* státo, condizióne, trísta condizióne; pégno

— *va.* impegnáre, prométtere; — one's fáïtn, impegnáre la féde

Plíghter, *s.* chi impégna; promettitóre -tríce

Pllntn, *s.* (*arch.*) plínto, dádo, zóccolo

Plód, *vn.* camminâre con fatíca, inoltrársi laboriosaménte; affaticársi, affacchináre

Plódder, *s.* uómo tenáce e travagliatívo, affaticatóre   (schiêna

Plódding, *a.* travagliatívo; *s.* lavóro di

Plòt, *s.* pézzo di têrra, scompartiménto in un'ortáglia; campicêllo; complòtto, tráma, congiúra; (*teatro*) intréccio

— *van.* cospiráre, concertáre, tramáre

Plótter, *s.* progettísta, *m.* *f*; macchinatóre, cospiratóre -tríce

Plòtting, *s.* il macchináre, il concertáre

Plóugh, *s.* arátro; to guíde the —, guidáre l'arátro; spéed the — i possa presperáre l'agricoltúra!

— *va.* aráre, solcáre, coltiváre; let the Vólscians — Róme, facciáno i Vólsci passár l'arátro sópra Róma; we — the wátery pláïn, solchiámo il piáno ondóso

— -álms, *s.* (*jure feudale*) diritti, *m.* *pl.* della chiésa sui terréni aratívi

— -bóte, *s.* (*legge inglese*) legnáme, *m.* concêsso al livellário o censuário per la riparazióne degli struménti d'agricoltúra

— -bóŷ, *s.* famíglio del bifólco

— -land, *s.* têrra aratòria, terréno aratívo

— -móndáy, *s.* lunedì, *m.* dupo l'Epifanía

— -tásl, *s.* stíva dell'arátro   (tóre

Plóugher, *s.* aratóre -tríce, bifólco, coltiva-

Plóughing, *s.* arazióne, aratúra, coltivazióne

— -mátch, *s.* concórso d'espositóri d'arátri

Plóughman, *s.* bifólco, aratóre

Plóughshàre, *s.* vómero, vómere, *m.*, cóltro

Plóughstaff, *s.* nettatójo (d'arátro)

Plóughwright, *m.* costruttóre d'arátri

Plóughing, *s.* aratúra, coltivazióne

Plóver, *s.* (*orn.*) piviêre

Plów, *V.* Plóugh

Plùck, *va.* strappáre, carpíre, svêllere, cógliere (*dei fiori*), spennáre, spiumáre; to — fówl, spennár pólli; to — up heárt, fársi ánimo, rincorársi

Plùg, *s.* turácciolo, záffo, cavícchio, táppo

— *va.* incavigliáre, turáre, stoppáre

Plùm, *s.* susína, prúgna; uva sécca, uva pássa; cênto míla líre sterlíne; milionário; — cáke, pasticétto con uva pássa; — pùdding, bodíno inglése, podíngo; — -trée, prúgno, prúgnolo, susíno; súgar —s, chícchi, dólci, confêtti; — he is wòrth a —, ha cênto míla líre sterlíne, è milionário

Plúmage, *s.* piúme, *f.* *pl.*, pénne, *f.* *pl.*, pennácchi, *m.* *pl.*

Plùmb, — -líne, *s.* piombíno, piómbo

— *avv.* a piómbo, perpendicolarménte

— *va.* piombináre, méttere a piómbo; piombináre, scandagliáre

Plumbágo, *s.* piombaggíne, *f.*

Plòmber, *s.* piombájo, chi lavóra il piómbo

Plúme, *s.* piumíno (*ornamento del capo*); pennácchio, piúma; onóre, glòria

— *va.* (*degli uccelli*) pulírsi (*le piume*); ornáre di piúma o di pennácchio; to — one's self on, fársi bêllo di

Plúmeless, *a.* sénza piúme, sénza piumíno; sénza glória

Plúmelet, *s.* (*bot.*) plúmula

Plumígerous, *a.* piumáto, piumóso

Plúmiped, *a.* che ha le gámbe pennúte

Plùmmet, *s.* (*arti*) piombíno, piómbo; (*mar.*) piombíno, scandáglio

Plúmósity, *s.* piumosità, morbidézza

Plúmous, *a.* piumóso, piumáto

Plùmp, *a* pienótto, paffúto, grassòtto, tóndo, bêne in cárne; — chùbby chéeks, guáncie paffutêlle

— *avv.* a dirittúra, ad un trátto, di súbito

— *va.* gonfiáre, rêndere paffúto, ingrassáre

— *vn.* piombáre, cadére come un sásso

Plùmpness, *s.* státo di êssere bêne in cárne, grassézza, pinguédine, *f.*

Plúmy, *a.* piumóso, copêrto di piúme, ornáto di piumíni o di pennácchi

Plùnder, *s.* bottíno, sácco, prêda

— *va.* depredáre, rubáre, saccheggiáre

Plùnderer, *s.* predatóre, saccheggiatóre

Plùnge, *va.* (into, in) tuffáre, attuffáre, immêrgere, sommêrgere, cacciár sótto l'ácqua; — one's self, tuffársi, attuffársi

— *vn.* tuffársi, immêrgersi, scagliársi

— *s.* tùffo, attuffaménto, immersióne; precipízio; abisso, rovína; côme and táke a —, veníte ad attuffárvi

Plùngeon, *s.* (*orn.*) smêrgo, marangóne, *m.*

Plùnger, *s.* chi o che tùffa, o si tùffa, tuffatóre, palombáro; (*orn.*) marangóne, *m*; — of stéam êngine, stantúffo

Plupèrfect, *a.* (*gram.*) più che perfêtto, passáto anterióre

Plúral, *a.* plurále, del número del più; in the — number, nel plurále

— *s.* il plurále; in the —, al plurále

Plúralist, *s.* chi ha pluralità di beneficj

Plurálity, *s.* pluralità, maggiór número

Plúrally, *avv.* pluralménte, al plurále

Plùs, *avv.* (*algebra*) più

Plùsh, *s.* fêlpa, polúzzo

Plùvial, *a.* plúvious, *a.* pluviále, piovóso

Pluviàmeter, *s.* pluviòmetro

Plý, *va.* applicársi a, dar òpera a, attêndere a, impiegársi in; applicáre, esercitáre, impiegáre con diligênza; lavoráre con, maneggiáre, adoperáre; sollecitáre con premúra; pressáre; I hàve plíed my nèedle these fífty yéars, son cinquant' ánni che manéggio l'ágo; *vn.* piegársi, cédere, ar-

rèndersi; lavoráre, tiráre, andáre, veleggiáre avánti e indiétro, fáre trágitto; portársi présto; occupársi, esercitársi; (mar.)
serráre il vènto, bordeggiáre, córrere; (com.)
veleggiáre, vogáre, applicáre; to — betwéen,
veleggiáre tra, far il tragítto di
— s. piéga; abitúdine, f., maniéra, vía,
módo
Plýer, s. persóna o còsa che lavóra; —s e
plíers, spl. pincétte, mollétte, tanagliétte,
fpl; liéva, bílico di un pónte levatójo
Plýing, s. urgènte sollecitazióne; (mar.) ve-
leggiaménto, tragítto, bordeggiaménto;
l'andár all'òrza
Pneúmàtic, pneúmàtical, a. pneumático
Pneúmàtics, s. pneumática
Pneúmatológical, a. pneumatológico
Pneúmatólogist, s. pneumatologísta, m.
Pneumatòlogy, s. pneumatología
Pneúmónia, Pneúmony, s. (med.) pneumonía
Pneúmonítis, s. (med.) pneumonite, f.
Póach, va. cacciáre furtivaménte nelle tèrre
altrúi, rubáre selvaggiúme; affogáre (uovi);
—ed èggs, uóvi affogáti; — ed gáme, selvaggiúme rubáto
Póacher, s. chi cáccia furtivaménte, chi rúba
selvaggiúme
Póaching, s. il cacciáre furtivaménte nelle
tèrre altrúi
Pòck, s. cròsta del vajuólo; — mårk, ségno,
búttero del vajuólo; — mårked, pièno di
bútteri del vajuólo, butteráto
Pòcket, s tásca, scarsélla; borsíglio, saccóccia;
(bigliardo) búca; misúra di circa 160 líbbre; he pút it in his —, se lo mise in tásca;
— -bóok, taccníno; — hándkerchief, moccichíno, fazzolétto da tásca, pezzuóla;
— móney, danáro di risèrva, danáro pei
minúti piacéri; to be óut of —, pèrdere,
èssere in discápito
Pòcket, s. intascáre imborsáre; — an affrònt,
bére un insúlto, inghiottíre un' ingiúria
— a. di, da tásca, tascábile, portátile
Pòckinesss, s. l' èsser copèrto di pústole o
cròste
Pòckwóod, s. (bot.) lígnum-vitæ, guaíaco
Pòcky, a. infètte di vajólo
Pòd, s. gúscio, baccéllo, scòrza; cápsula;
swéet —, (bot.) carrúba; vn. prodúrre
baccélli; gonfiársi
Podàgric, podàgrical a. podágrico, gottóso
Pòdestà, s. podestà, m., magistráto (italiano)
Póem, s. poèma, m., poesía
Póesý, s. (poet.) poesía
Póet, s. poèta, m; — láureate, poèta lau-
reáto
Poetáster, s. poetástro, poetaccio, poetúzzo
Póetess, s. poetéssa
Poètic, poètical, a. poético, di poesía
Poètically, avv. poeticaménte
Poètics, s. la poética
Póetíze, vn. poetáre, poetizzáre

Póh! interj. poh! oibò!
Póetry, s. poesía
Póignancy, s. sapóre piccánte, mordacità,
argúzia, frizzo, sále, m., acúme, m.
Póignant, a. pungènte, piccánte, mordáce,
frizzánte, ácre, satírico
Póignantly, avv. in mòdo pungènte, ácre,
frizzánte
Póint, s. púnta; púnto; acúleo; acutézza,
mordacità, sále, m., acúme, m; cápo, promontòrio; passamáno; the — of a knife,
of a sword, la púnta d'una spáda, di un
coltèllo; the —, il púnto, il púnto essenziále; ármed at all —s, armáto a tútto
púnto; — blank, di púnto in biánco, direttaménte; I am on the — of stárting, sóno
per pártíre; how mány —s háve you!
(carte) quánti púnti avéte? I máke it a—
to, ho per règola di; mínd your —s, badáte alla puntuazióne; at the — of déars,
al púnto della mòrte, in púnto di mòrte; a
style withóut —, uno stíle sènza acúleo
— va. appuntáre, aguzzáre, rèndere agúzzo,
far la púnta; appuntáre (cucíre); appuntáre, puntáre, méttere al púnto (mil.);
puntáre, far i púnti e le vírgole; indicáre,
dirígere, (mar.) carteggiáre, méttere una
códa di tòpo; to — a cànnon, appuntáre
un cannóne; — one's fínger at, mostráre
a díto; — him out to me, addítamelo; to
— out tíme, dáre l'óra, indicáre il tèmpo
— vn. (at) additáre; — (to) indicáre, disegnáre, accennáre a
Póintal, s. (bot.) pistíllo
Póinted, a. appuntáto, agúzzo, acúto; argúto, piccánte, spiritóso, frizzánte
Póintedness, s. acutézza, acúme, m., argúzia,
frizzo, qualità frizzánte o epigrammática
Póintedly, avv. in mòdo piccánte o pungènte, espressaménte; positivaménte, formalménte
Póinter, s. chi o che púnta o appúnta; agúglia; gnomóne, m., lancétta; cáne da
fèrmo
Póinting, s. il puntáre, l'appuntáre, il punteggiáre; (gram.) puntuazióne; impuntura
(cucito)
Póintless, a. sènza púnta, spuntáto; insúlso
Póise, s. péso, gravézza; equilíbrio
— va. pesáre (colla mano), ponderáre, bilanciáre, tenére in equilíbrio, equilibráre
Póison, s. veléno, tòssico
— va. avvelenáre, attossicáre
— -fáng, s. dènte velenóso
— -glánd, s. glándola velenósa
— -nút, s. (bot.) nóce vòmica
— -trée, s. (bot.) toxicodèndron, m.
Póisoner, s. avvelenatóre -tríce
Póisoning, s. l'avvelenáre, avvelenaménto
Póisonous, a. velenóso, pernicióso
Póisonously, avv. velenosaménte

Pòisonousness, *s.* qualità velenósa, velenosità

Póke, *s.* (*volg.*) scarsèlla, saccòccia; — wéed, (*bot.*) morèlla d'India

— *van.* frugáre, frugacchiáre, andar tastóne; attizzáre, ficcáre, stuzzicáre, dar di cózzo; to — the fire, attizzáre il fuòco; — one's self, ficcársi, intromèttersi

Póker, *s.* attizzatójo, tizzóne, forcóne

Póking, *a.* servíle, básso; intromettènte

— *s.* l'attizzáre, il frugáre, il ficcársi

Pólar, *a.* poláre

Polàrity, *s.* (*fis.*) polarità

Polarìzable, *a.* polarizzábile

Polarìzation, *s.* (*fis.*) polarizzazióne

Pólarìze, *va.* polarizzáre

Pólary, *a.* dirètto, tendènte all'uno de' póli

Pólder, *s.* tèrra (*in Belgio ed in Olanda*) sottrátta al máre mediánte arginatúre

Póle, *s.* pòlo, pèrtica, pálo; timóne, *m.* (*di carrozza*); stánga, bárra; — -stàr, stélla poláre; — -àxe, scúre, *f;* to beat dòwn with a long —, batacchiáre

— *va.* palificáre, ficcár páli in terra; ùnder bare —s, sénza véle, a sécco

Pólecat, *s.* (*zool.*) púzzola; faína

Polèmic, polèmical, *a.* polèmico, di controvèrsia

— *s.* scrittóre polèmico

Polèmics, *s.* polèmica

Polènta, *s.* polènta

Police, (*pr.* polées) *s.* polizía (di un paése); — -man, poliziòtto, agènte della polizía, bírro; — spỳ, spia política, spióne, *m.* della polizía; — ófficer, agènte di polizía

Pòliciéd, *a.* regoláto da lèggi, ordináto, formáto in regoláre amministrazióne

Pòlicy, *s.* política; accortézza, accorgiménto, avvedutézza, maestría, artifizio, astúzia; polizía; — of insúrance, insúrance —, pòlizza, certificáto di assicurazióne; hònesty is the best —, (*proverbio*) la probità è la miglióre política

Pólish, *a.* polácco, polonése

— *va.* pulíre, lisciáre, levigáre, allindáre, limáre; raffináre, rèndere elegánte

— *vn.* divveníre líndo, cortése, manieróso

— *s.* lústro, pulitúra, cultúra, elegánza; — of márble, levigazióne del mármo

Pólishable, *a.* che si può pulíre, lisciáre

Pòlished, *a.* (*cosa*) ripulíto, liscio; (*pers.* cólto, manieróso, elegánte

Pòlisher, *s.* chi líscia o ripulísce, chi dà l'ultima máno, pulitóre, lisciatóre -trice

Pòlishing, *s.* puliménto, il pulíre, il raffináre

Polite, *a.* cortése, políto, pulíto, garbáto, civíle, manieróso, gentíle, cólto; — learning, le belle lèttere; you are very —, siete mólto gentíle

Pólitely, *avv.* cortesemènte, garbatamènte

Politeness, *s.* cortesía, bèlle manière, gentilézza, garbatézza, civiltà, gárbo

Politic, political, *a.* político, accòrto, astúto, avvedúto, sagáce, prudènte; — páper, giornále político; — chàracter, personàggio político, politicóne; — arìtmetic, statística

Politically, *avv.* politicamènte

Politicàster, *s.* politicástro, politicúzzo

Politician, *s.* político, statísta, *m.*

Pòliticly, *avv.* astutamènte, accortamènte

Pòlitics, *s.* política; to tàlk —, parláre di política

Pólity, *s.* govèrno, mòdo del governáre; costituzióne civíle, órdine, *m.*, política, polizía

Pólka, *s.* pòlka (*danza*)

Póll, *s.* occípite, *m.*, occipízio; tèsta; lísta degli elettóri, vóto individuále e púbblico

— *va.* tóndere, rádere la tèsta; scapezzáre; registráre o scrívere i nómi degli elettóri; fársi iscrívere, votáre, dáre il vóto

— -bóok, *s.* registro di scrutínio

— -clerk, *s.* registratóre dei vóti

— -évil, *s.* (*met.*) tálpa

— -mòney, — -tàx, *s.* testático, capitazióne

Pòllack } *s.* (*itt.*) spécie di merlúzzo
Pòllock }

Pòllard, *s.* álbero scapezzáto; (*itt.*) ghiòzzo

— *va.* scapezzáre, scoronáre (*un albero*)

Pòlled, *a.* sénza córna, scornáto

Póllen, *s.* cruschèllo; (*bot.*) pollíne, *m.*

Póller, *s.* rubatóre; votánte, squittinatóre

Pollicitàtion, *s.* pollicitazióne, promèssa

Polliníferous, *a.* (*bot.*) pollinífero

Pòlliwig, *s.* ranòcchio, bòtta

Pòllock. *s.* V. Pòllack

Pollúte, *va.* sporcáre, rèndere impúro, profanáre; sporcáre, imbrattáre, sozzáre, violáre, contamináre

Pollútedly, *avv.* in státo di polluzióne

Pollútedness, *s.* contaminazióne, sozzúra

Pollúter, *s.* imbrattatóre, corruttóre, -trice

Pollútingly, *avv.* con polluzióne

Pollútion, *s.* polluzióne, contaminaménto

Poltròon, *s.* poltróne, codárdo, vigliácco

Poltróonery, *s.* codardía, poltronería

Polyàndria, *s. pl.* (*bot.*) poliandría

Polyàndry, *s.* poliandría

Polỳgamist, *s.* polígamo

Polỳgamy, *s.* poligamía

Pólyglot, *a.* poliglòtto; the — bíble, la bíbbia poliglòtta

Pólygon, *s.* (*geom.*) polígono

Polỳgonal, *a.* polígono

Pòlygraph, *s.* polígrafo

Polyhèdral, polyhédrous, *a.* (*geom.*) polièdro, polièdrico

Polymàthic, *a.* polimático

Polyhédron, *s.* (*geom.*) polièdro

Polỳmathy, *s.* polimazía

Pòlynome, *s.* (*algebra*) polinòmio

Polynómial, polỳnomous, a. (algebra) di
più têrmini
Pòlype, s. V. Polypus
Polypêtalous, a. polipêtalo
Polyphỳllous, a. (bot.) polifíllo
Pòlypode, s. (ent.) millepièdi, m., cento-
gàmbe, m.
Pòlypous, a. polipóso
Polỳpody, s. (bot.) polipôdio
Pòlypus, s. (bot.) pòlipo; (med.) pòlipo
Polyspêrmous, a. polispêrmo
Polysyllàbic, a. polisíllabo, moltisíllabo
Polysỳllable, s. polisíllabo
Polytêchnic, a. politêcnico.
Pòlytheiàm, s. politeísmo
Pòlytheiât, s. politeísta, mf.
Polytheistic, polithelstical, a. politeístico
Pòmace, s. pòlpa di pómi
Pomàceous, a. di pómi, fàtto di pómi
Pomàda, s. pomàta
Pomànder, s. saponétto profumàto
Pomàtum, s. pomàta (pei capelli)
Pomegrànate, s. (bot.) melagràna; — trée,
melagràno
Pomíferous, a. pomífero
Pòmmel, s. pómo della spáda, della sêlla
— va. bàttere, picchiáre, dar delle bússe a
Pómmelling, s. bastonàta
Pómp, s. pòmpa, sfòggio, fàsto
Pòmpion, s. .(bot.) zúcca; V. Pumpkia
Pompósity, s. il pompeggiáre, il pavoneg-
giàrsi ; ostentazióne, gonfiézza, turgidézza,
grandiloquênza, pomposità
Pòmpous, a. pompóso, fastóso, trónfio
Pòmpously, avv. con pómpa, sfoggiataménte
Pòmpousness, s. sfòggio, ostentazióne
Pònd, s. serbatòjo d'ácqua, stágno; fish- —,
· vivàjo, peschiêra ; horse- —, abbeveratójo ;
— -wéed (bot.) potamogéto
Pònder, va. ponderàre, pensàre, consideràre
— vn. (over) meditàre, riflêttere
Ponderability, s. ponderabilità
Pònderable, a. ponderàbile
Pondèràtion, s. ponderazióne
Pònderer, s. chi considera o póndera, pon-
deratóre -tríce   (rataménte
Pònderingly, avv. considerataménte, ponde-
Ponderósity, avv. ponderosità, gravità
Pònderous, a. ponderóso, pesànte, gráve
Pònderously, avv. pesanteménte, graveménte
Pònderousness, s. gravézza gravità, péso
Pònent, a. di pònênte, dell'occidênte
Pòniard, s. pugnále, m ; stilétto, stílo
— va. stilettàre, pugnaláre, accoltelláre
Pontée, s. lisciatójo, (per gli spécchi)
Pòntiff, s. pontêfice, m., the sòvereign —, il
· sovràno pontêfice; the suprême —, il sòm-
mo pontêfice
Pontifical, a. pontificále
— s. (libro) pòntificále, m; àbito pontificále
Pontifically, avv. da pontêfice, pontifical-
ménte

Pontifícial } a. pontifício
Pontifícian {
— s. papísta, aderênte del Pontêfice
Pòntine } a. pontíno; the — màrshes, le
Pòmptine { palúdi pontíne
Pontificate, s. pontificáto; Léo XIII's —, il
pontificáto di Leone XIII
Pontóon, s. pontóne, m., ciàta; — bridge,
pónte di bàrche ; — tràin, equipàggio da
pónti
Póny, s. poney, m. cavallíno; (nelle scom-
messe) venticinque líre sterlíne
Pòodle, — dog, s. píccolo càne barbíno
Póoh, ínter. póh! oibò! che! che!
Pòol, s. stágno, lagunétta; pòlla; pòsta (al
giuoco)
Pòop, s. (mar.) pòppa, cássero
Pòor e pòor, a. pòvero, mísero, màgro,
scàrso, stentàto, meschíno, trísto, cattivo;
a — man, un pòvero ; a — wòman, una
pòvera; the —, i pòveri; — féllow! — man,
poverétto! — girl! — wòman! poverétta!
— -ràte, tássa per i pòveri; — Jòhn, merlúzzo
— -hòuse, s. asílo dei pòveri
— -làws, s. pl. lêggi, f. pl. sul pauperísmo
— -làw act, s. lêgge, f. sul pauperísmo
— -ràte, s. contribúto alla tássa dei pòveri;
—s, pl. tássa dei pòveri; to màke a —,
ripartíre la tássa dei pòveri
— -s'box, s. trónco dei pòveri
— -spirited, a. pusillánime
— -spíritedness, s. pusillanimità
Pòorly e Pòorly, avv. poveraménte, meschinaménte
— a. indispòsto, infêrmo, malatíccio
Pòorness e Pòorness, s. povertà, poverézza,
meschinità, magrézza ; sterilità
Pòp, s. scòppio, scoppiétto, suóno brêve e
acúto, tic tac; — -gun, cannéllo, canno-
cíno, buffétto (giocatolo fanciullesco)
— vn. sopravveníre all'improvvíso; — in, entràre súbito ; — òut, uscíre di slàncio; —
dòwn, scêndere ad un tràtto
— va. mêttere prêsto, ficcàre in un súbito,
lasciàr scappàre ; — off a pistol, sparàre
una pistóla; — down a sùm, scrívere, no-
tàre súbito una sómma; — the quêstion
(volg.) chiêder la máno di spòsa
— avv. súbito, ad un tràtto
Pòpe, s. pápa, m ; Jòan (giuoco), naís
jaune
Pópedom, s. papáto, pontificáto, dignità pa-
Pópeling, s. aderênte del pápa   (pále
Pópery, s. papísmo
Pòpinjay, s. píccolo pappagállo, vanerêllo
Pópish, a. papístico, del papísmo
Pópishly, avv. papisticaménte
Pòplar, s. (bot.) piòppo ; trêmbling —, trê-
mula, alberêlla; Lòmbardy —, piòppo
d'Itália ; blàck —, piòppo néro; piòppo
diméstico; whíte —, piòppo biànco, gat-

tero, gáttice, m; Carolína —, pióppo angolóso della Carolína

Póplin, s. tessúto di séta o lána, popelína

Pòppy, s. papávero

Pòpulace, s. popoláccio, plébe, f., minúto pòpolo

Pòpular, a. popoláre, del minúto pòpolo; popoláre, del pòpolo, dell'universále; che góde l'áura popoláre, che ha il suffrágio universále

Popularity, s. popolarità, áura popoláre

Pòpularize, va popolarizzáre, réndere popoláre

Pòpularly, avv. popolarménte

Pòpulate, va. popoláre; vn. popolársi

Pòpulàted, a. popoláto, popolóso

Population, s. popolazióne

Pòpulous, a. popolóso, piéno di pòpolo

Pòpulousness, s. esuberánza di popolazióne

Pórcelaia, s. porcellána; (bot.) porcellána

Pórch, s. pòrtico, átrio

Pórcine, a. porcíno, di pòrco

Pórcupine, s. (zool.) pòrco spinóso, riccio

Póre, s. (anat.) pòro

— vn. guardáre fissaménte, esamináre; to — upòn or over a bóok, tenére gli òcchi fissi sópra un líbro, léggerlo attentaménte

Pórk, s. cárne di pòrco, di majále; — -bútcher, pizzicágnole; — -chop, costolétta di pòrco, braciuóla di majále

Pérker, s. porcellòtto, porchétto, pòrco, majále, m.

Pórket, pórkling, s. porchétto, porcéllo

Pórosity, Pórousness, s. porosità

Pórous, a. poróso, piéno di pòri

Porphyráceous, porphyritic, a. porfíreo, di pòrfido

Pòrphyrize, va. far somigliáre al pòrfido

Pòrphyre, pòrphyry, s. (min.) pòrfido, pòrfiro

Pórpoise, Pòrpus, s. (zool.) pòrco maríno

Porráceous, a. (med.) porráceo

Pòrret, s. (bot.) porríno, pòrro, cipollíno

Pórridge, s. potággio, manicarétto brodóso

Pòrringer, s. scodélla, ciótola

Pórt, s. pòrto, scálo', pròda, ríva; portaménto, portatúra, ária; —, — -hòle, (mar.) cannonièra; òrza (parte sinistra); —, — -wine, víno di Opòrto; to come into —, put into —, approdáre; — -chárges, dirítto di pòrto

Pórtable, a. portábile, portátile, da potérsi portáre, — -desk, scrittójo inglése

Pórtage, s. pòrto; portatúra (spesa)

Pórtal, s. pòrta (carrozzabile), portóne, m.

Portcúllis, s. saracinésca, pónte sospéso

Pórte, s. Pórta Ottomána; córte, f. del gran Signóre

Pórtend, va. presagíre, pronosticáre

Portènt, s. porténto, prodígio, pronòstico

Portèntous, a. portentóso, di cattívo augúrio

Pórter, s. portatóre, facchíno, portinájo,

porter, birróne, m., bírra (da facchino), bírra néra e fòrte (nággio

Pórterage, s. pòrto, spésa di pòrto, facchi-

Portfólio, s. portafòglio (grande); cartélla; portafòglio (funzioni di ministro)

Pórtico, s. pòrtico; under the — es, sótto i pòrtici

Pórtion, s. porzióne, párte, f., dòte, f.

— va. divídere, spartíre, dotáre; — out, scompartíre, distribuíre (tísce

Pórtioner, s. chi divíde, spartísce, scompar-

Pórtionless, a. sénza porzióne, sénza dòte

Pórtliness, s. ária autorévole, portaménto maestóso, bélla portatúra

Pórtly, a. maestóso, grandióso, nòbile, autorévole; — mièn, arióna; — pèrson, persóna gránde e maestósa, persóna che ha una bélla andatúra

Portmanteau (pr. portmànto,) s. portamantéllo, valígia

Pórtrait, s. ritrátto; full length —, ritrátto in piéde, ritrátto al naturále; to have one's — taken, fàrsi ritràrre; — -páinter, ritrattísta, mf

Pórtraiture, s. ritrátto, pittúra, rappresentazióne

Portráy, va. ritrattáre, dipíngere, rappresentáre

Portráyer, s. pittóre, ritrattísta, mf.

Pórtress, s. portinája

Pértreeve, s. magistráto al pòrto maríttimo

Póry, a. poróso, piéno di pòri

Pòse, s. pòsa, positúra

— va. sconcertáre, confóndere, chiúdere la bócca a

Póser, s. rispósta che confónde, argoménto irrefragábile, argoménto che póne fine alla dísputa; hére's a — for you, écco un argoménto (una osservazióne, una ragióne) che vi chiúde la bócca

Position, s. posizióne, positúra; posizióne, proposizióne (log.); posizióne (mil.)

Pósitive, a. positívo, assolúto, cèrto, véro

Pósitively, a. positivaménte, certaménte

Pósitiveness, s. qualità positíva, cerlézza, assolutézza, positività; caparbietà

Pósse, s. (legge), s. fòrza pùbblica; fòlla, fòlta, préssa; — comitátus, fòrza pùbblica (d'una contéa)

Póssess, va. possedére, èssere possessóre di, réndere padróne di; impossessársi di, occupáre, godére; to be — ed by the dèvil, èssere indemoniáto

Possèssion, s. possessióne, possèsso, possediménto, padronánza, godiménto; to take —, prèndere possèsso; to have great — s, avér grándi stábili, grándi podéri; presèrve self- —, serbáte la vóstra cálma

Possèssive, a. (gram.) possessívo

Possèssor, s. possessóre, possedítóre -tríce; (com.) detentóre, latóre (di cambiale)

Possèssory, a. possessòrio, che possiéde

Presèntée, s. persóna presentáta (ad un beneflzio)

Presènter, s. presentatóre -trice, presentánte, m. f.

Presèntiment, s. presentiménto, antivediménto di malóre; to hàve a — of, presentíre

Présently, avv. súbito, a moménti, prèsto, immediataménte, adèsso (al presènte); I'll be back —, tórno súbito

Presèntment, s. presentazióne, il presentáre; denúnzia spontánea (fatta dal grande

Presèrvable, a. conservábile (giurì

Preservátion, s. preservazióne, conservazióne

Presèrvative, a. preservatívo

Preserve, s. confettúra, consèrva, gelatína di frútti; párco per conserváre la cacciagióne, venaría; serbatójo di pésci

— va. preserváre, difèndere; conserváre; — frúit, conserváre, confettáre frútti; God — us from it, Dío ci presèrvi da ciò

— Presèrved, a. confettáto

Presèrver, s. preservatóre -trice, conservatóre -trice; confettièra, m; occhiáli di conservare

Presíde, vn. (óver) presièdere (sèrva

Prèsidency, s. presidènza, maggioránza; presidentáto; período del presidentáto

Président, s. presidènte, m; více- —, vice-presidènte

Presidèntial, a. presidenziále

Presidèntship, s. ufficio di presidènte, presidentáto

Presídial, a. di presidio, di guarnigióne

Presíding, a. presidènte, che presiède

Prèss, s. strettójo, tòrchio, tórcolo, sopprèssa; armádio, guardaróba, credènza; prèssa, cálca, fólta, fólla; prèssa, urgènza, premúra; léva di marinái (a forza); wine —, tórcolo; printer's —, tòrchio da stampatóre; óil —, tòrchio ad ólio; error of the —, erróre di stámpa; the sixteenth edition of my English Gràmmar is now in the —, la sedicèsima edizióne della mia Grammàtica Inglése é ora sótto il tòrchio; — -man, torcolière; — -gang, distaccaménto di marinái (sótto il comándo d'un ufficiále) autorizzáti a reclutár gente a víva fòrza pel servízio naválo; — mòney, denáro d'ingàggio (che si dà alle persóne cosi reclutáte); — -bed, lettúccio, armádio, lètto a vènto; clóthes —, guardaróba

— va. prèmere, sprèmere, stríngere, costríngere, spíngere, sospíngere, incalzáre, stimoláre, pressáre, affrettáre, importunáre, sollecitáre, far istánza; inculcáre; to — grapes, pigiár l'uve; — sóldiers, reclutár soldáti a fòrza; — páper, hot — páper, satinár cárta; — óut the júice, sprèmere il súgo; — each óther's hands, stríngersi la máno

— vn. pressáre, far prèssa, cacciársi; to — on, spíngersi, ficcársi avánti, affrettársi,

avvicinársi, accórrere; — àfter, incalzáre; — upòn, pesáre, preponderáre, influenzáre

Prèssing, a. che prème, premuróso, stringènte, urgènte, pressánte

— s. pressióne, istánza, sollecitazióne

Prèssingly, avv. pressanteménte, urgenteménte, premurosaménte

Prèssion, s. pressióne; V. Prèssure

Prèssure, s. pressúra, pressióne, violènza; fòrza, impúlso, péso, aggrávio, graváme, m; oppressióne, incálzo, urgènza; high —, lów — (locom.), álta, bassa pressióne; the — from withóut, (polit.) la pressióne del di fuóri

— èngine, s. soppressatrice

— gáuge, s. manómetro

Prèstige, s. prestígio

Prestigiátion, s. giuóchi, m..pl. di prestígio; árte, f. di prestigiatóre

Prestigiátor, s. prestigiatóre, m.

Prestigiatory, a. di prestigiatóre

Prestigious, a. di prestígio

Prèstimony, s. (diritto canonico) prestimónio (fóndo destináto al mantenimènto d'un prète

Prestíssimo, avv. (mus.) prestíssimo

Prèsto, avv. prèsto, prestaménte; (mus.)

Presúmable, a. presumíbile (prèsto

Presúme, va. presúmere, presuppórre; vn. to — on, upòn, presúmere tròppo; presúmere, osáre

Presúmer, s. presumitóre, presuntuóso

Presúming, a. presuntuóso, pretensivo, arrogánte

Presúmption, s. presunzióne

Presúmptive, a. presuntívo

Presúmptuous, a. presuntuóso, arrogánte

Presúmptuously, avv. presuntuosaménte

Presúmptuousness, s. presuntuosità, arrogánza

Presuppósal, s. presuppósto, presupposizióne

Presuppóse, va. presuppórre

Presuppósition, s. presupposizióne

Presurmíse, s. prèvia opinióne, prèvio sospètto

Pretènce, s. pretensióne, pretèsto; colóre, sembiánza, opinióne fálsa; with an air of a cèrtain —, con un'ária pretensíva, arrogánte; fálse —, fálso pretèsto

Pretènd, va. pretèndere, fíngere, fáre vista di; pretèndere, reclamáre, esígere

— vn. pretèndere, far vista; allegáre (per pretèsto); he —s to be... fínge d'èssere, fa le víste di èssere...

Pretènded, a. pretéso, fálso, fínto, simuláto

Pretènder, s. chi pretènde, fínge, fa vísta; chi pretènde, dománda, recláma; pretenditóre -trice; pretendènte, m. f. (al tròno)

Pretèndingly, avv. con pretensióne, in mòdo pretensívo

Pretènsion, s. pretensióne (fátto

Preterimpèrfect, s. (gram.) passáto imper-

Préterit, s. pretérito, passàto sémplice
Preterition, s. (gram.) il preterìre, il trasandàre, trasandaménto; (rettor.) preterizióne
Pretermission, s. pretermissióne, omissióne
Pretermit, va. pretermèttere, ométtere
Preternàtural, a. preternaturále, straordinário
Preternàturally, avv. preternaturalménte, in mòdo preternaturále
Preternàturalness, s. preternaturalità, il preternaturále
Preterpèrfect, s (gram.) perfètto, pretèrito
Preterplupèrfect, s. trapassáto perfètto
Prétext, s. pretèsto, colóre, scúsa, ómbra; ùnder the − that, sótto il pretèsto che
Prétor, s. pretóre, podestà, m.
Pretórial, a. pretoriále, del pretóre
Pretórian, a. pretoriáno
Préttily (pr. anche prìttily), s. leggiadraménte, gentilménte, bel béllo
Préttiness (pr. anche prìttines), s. bellézza, leggiadría; gentilézza
Prètty (pr. anche prìtty), a. béllo, bellúccio, bellíno, leggiádro; grazióso, gentíle; béllo, passàbile; ràther —, piuttòsto béllo, bellúcció; — or pláin, bellína o bruttína; — pàrasol, grazióso ombrellíno; — little girl, bèlla fanciullína; — trick, bel tíro (iron.)
— avv. discretaménte, passabilménte; — well, discretaménte bène, bastantemènte bène; cosi cosí; — much, quási, a un diprèsso
Prevàil, vn. (óver, sopra) prevalére, aver la superiorità, superáre, víncere, soverchiáre; — on, with, influenzáre, persuadére
Prevàiling, a. prevalènte, che prevále, dominánte, potènte, efficáce; — pàssion, passióne dominánte; — opìnion, opinióne, credènza generále
Prèvalence, prèvalency, s. prevalènza, influènza, ascendènte, m., potère, m. superióre, império, efficácia; estensióne, generalità
Prèvalent, a. prevalènte, trionfánte, dominánte, predominánte, generále, possènte, poderóso, efficáce
Prèvalently, avv. potentemènte, con fòrza
Prevàricate, vn. prevaricáre, tergiversáre
Prevàrication, s. prevaricazióne, collusióne
Prevàricàtor, s. prevaricatóre -trice
Prevènt, va. impedíre, stornáre; anticipáre, preveníre (poco us.); — him from dòing it, impedítegli di fàrlo
Prevèntable, a. che si può preveníre, impedíre, stornáre
Prevènter, s, chi previène, impedísce; — of disèase, preservatívo contro la malattía; — bràce, (mar.) bràccio di risèrva
Prevènting, a. che previène, che impedísce; — gràce, gràzia prevenènte
Prevèntion, s. prevenzióne, impediménto,

ostàcolo; prevènzióne, preoccupazióne; for the — of, per preveníre, onde impedíre
Prevèntive, a. preventívo, prevenènte, preservatívo
— s. preservatívo, antídoto
Prevèntively, avv. preventivaménte, in mòdo preventívo
Prévious, a. prévio, antecedènte, anterióre; preventívo; — assènt, assènso preventívo
Préviously, avv. precedentemènte, antecedentemènte, anteriormènte
Préviousness, s. antecedènza, anteriorità
Prevision, s. previsióne, previdènza
Prewàrn, va. preammoníre
Prey (pr. prá), s. prèda, rapína; birds of —, uccèlli di rapína; a — to, in prèda a
— vn. (upon), predáre, depredáre, rubáre con fòrza; divoráre, corródere, mináre; wólves — upòn shéep, i lúpi mángiano le pècore; jèalousy —s upòn hèalth, la gelosía mína la salúte
Preyer (pr. práer), s. (upòn), predatóre, spogliatóre
Priapìsm, s. (med.) priapìsmo
Príce, s. prèzzo, valúta, valóre; prèzzo, prèmio, ricompènsa; cùrrent —, prèzzo corrènte; set —, fixed —, prèzzo físso; the lówest —, l'último prèzzo; cost —, prímo còsto; — cùrrent, prèzzo corrènte (lista dei prezzi); at any —, a qualunque prèzzo; to ràise the —, aumentáre il prèzzo; to lówer the —, abbassáre il prèzzo; what is the. — of this bóok? quánto è il prèzzo di quésto líbro?
Príceless, a. inestimábile, sènza prèzzo
Prick, s. púnta (di spína); púnta, puntíno, acúleo, puntúra; dolóre pungènte; pungiglióne, m., púngolo; rimòrso; bersàglio, contrasségno; luògo segnáto o puntáto, tràccia, vestígia, órma, pèsta (di lepre)
— va. púngere (con spína, spíllo o simìle); spronáre, stimoláre, drizzáre (le orecchíe); contrassegnáre, tracciáre a puntíni; to — a horse's hòof, chiováre un cavállo; — a túne, notáre, punteggiáre un' arìetta; the horse —ed up his èars, il cavállo drizzò le orécchie; to — chart, (mar.) puntára la cárta, dáre il rómbo, carteggiáre
— vn. púngere, spronáre, frizzáre; (dei líquori) púngere (la língua); to — on, andáre di galòppe, avventársi, córrere
— -màdam, s. (bot.) spècie di pórro
— -song, s. ária o canzóne, f., con nóte musicáli
— -wóod, s. (bot.) fusàggine, f., silio
Pricker, s. cacciatóre a cavállo; púnta, spíllo
Pricket, s. (zool.) cerbiàtto, cèrvo di due ànni
Pricking, s. il púgnere, pugniménto, pizzicóre
Prickle, s. púnta, spína, stécco acúto
Prickliness, s. spinosità; quantità di spíne
Prickly, a. spinóso, pièno di spíne o púnte

nòr, rùde; - fàll, sòn, bùll; - fàre, dó; - bỹ, lỹmph; pōĭse, bŏỹs, fŏul, fŏⁱⁱl; gem, aś

Diz. Ingl. Ital. - Ediz. VI. Vol. I.º   30

— -peár, *. (bot.) fíco d'India, cactus opuntía
Pride, *. orgóglio, supérbia, fásto, pómpa; ornaménto; calóre animále; to táke — in, andár supérbo di
— va. réndere orgoglióso (ant.); — one's self on, vantársi di, pregiársi di
Prideful, a. piéno d'orgóglio
Prideless, a. sénza orgóglio
Prier, *. ricercatóre, scrutinatóre; V. Prý
Priest, *. prête, m., sacerdóte; to becóme a —, fársi prête
— -like, a. di, da prête, pretêsco
— -ridden, a. governáto dai prêti
Priestcraft, *. fráudi ecclesiástiche, pff. astú-
Priestess, *. sacerdotéssa (zia pretína
Priesthood, *. sacerdózio, cléro; pretería
Priestliness, *. ária, maniêra di prête
Priestly, a. sacerdotále, di prête, pretésco
Prig, *. saputêllo, sciolo, sguajatêllo, presuntuóso; farfallíno, frásca, vanerêllo
— va. prezzoláre, rubacchiáre (antíq.)
Prill, *. (itt.) rómbo
Prim, a. affettáto, attilláto, stecchíto, diritto, erêtto
— van. ornáre in mòdo attilláto; acconciársi, attillársi
Primacy, *. primazía (arcivescovado); primáto, preeminênza
Prima-dónna, *. (teat.) prima dònna
Primage, *. (com. mar.) cáppa (gratificazione al capitano), primaggio
Primarily, avv. primieraménte, principalménte
Primariness, *. natúra primitíva, origináría
Primary, a. primiêro, primitívo, elementáre; primo, primário, principale
Primate, *. primáte, m., arcivêscovo metropolitáno
Primateship, *. dignità, cárica di primáte
Primatial, Primàtical, a. primaziále
Prime, a. prim'), primiêro, di primo rángo o órdine; primário, principále, di prima qualità, eccellênte, squisíto, insigne; primitívo (ant.); — minister, primo minístro; — wheat, fruménto della migliòre qualità
— *. álba, primo albóre; auróra; primízia; primavêra; flóre; prima (canon.); flówery —, primavêra floríta; in the — of life, nel flóre dell'età
— va. méttere il polveríno sul focóne; preparáre la têla di un quádro, masticáre
Primely, avv. eccellenteménte; da prima
Primeness, *. primáto, eccellênza
Prim r, *. primo librêtto di lettúra dei fanciúlli; óre canonicáli, libro delle óre, breviário; têsto d'Aldo; small —, garamóne, m. (tipografíco)
Primeval e Primèvous, a. primitívo, de' primi sêcoli, pristíno
Primigenous, primigénial, a. primigénio

Priming, *. polveríno da focóne; il numero la pólvere sul focóne; (pitt.) mástica, imprimitúra; (macch. a vapore) gêtto d'ácqua a vapóre; — -pan, focóne, m; — pówder, polveríno, inescatúra; — -iron, sfrendatójo
Primitive, a. primitívo, primiêro, primo, pristíno, originále; (gram.) primitívo
Primitively, avv. in princípio, primitivaménte
Primitiveness, *. originalità, qualità primitíva
Primness, *. affettazióne, leziosággine, f.
Primogénial, a. primogénio
Primogénitor, *. primogenitóre, progenitóre
Primogéniture, *. primogenitúra; right of —, dirítto di primogenitúra
Primogénitureship, *. dirítto di primogenitúra
Primòrdial, a. primordiále
Primrose, *. (bot.) pratellína, margherítína, tásso barbásso
— -bed, *. ajuóla di margheritíne
Primum móbile, *. primo móbile
Prince, *. príncipe, m; young —, principíno; the — of Wáles, il príncipe di Galles; — of léarning, príncipe della sciênza; to live like a —, vívere da príncipe, principescaménte; vn. fáre il príncipe
—'s mètal, *. princisbécco, léga di ráme e Princedom, *. principáto (zinco
Princelike, a. di, da príncipe, principêsco, nóbile, magnífico
Princeliness, *. státo, dignità, ária di príncipe
Princely, a. principêsco, di, da príncipe: principêsco, nóbile, grandióso, magnífico; — lóok, ária nóbile, aspêtto maestóso, arióna
— avv. da prìncipe, nobilménte
Princess, *. principéssa
Principal, a. principále, primário, fondamentále; sopráno; the — thing, la cósa principále; the — citizens, i primárj cittadíni
— *ს principále m., capitále, m; (pers.) párte principále, cápo, padróne, patróne, padróne di cása; (com.) primo sócio, direttóre; (di col.) rettóre; (com.) capitále, principále; to páy off the —, to reimbúrse the —, rimborsáre il principále, il capitále
Principality, *. principáto, sovranità
Principally, avv. principalménte, in ispécie
Principalness, *. rángo, qualità principále
Principate, *. principáto, sovranità
Principle, *. princípio, fondaménto, orígine, f; princípio, sentiménto, mássima; sound —s, sáni, sódi princípj; from a — of, per un princípio di; to act up to one's —s, agíre, operáre secóndo i próprj princípj; man of —, uómo di buóni princípj, uómo próbo
Principled, a. che ha dei princípj; ill- —, che ha cattívi princípj; well —, che ha buóni princípj

Princock, prìncox , *s.* (*póco us.*) damerìno, bellimbùsto

Print, *va.* stampáre, imprímere, improntáre; — bóoks, stampáre, fàre stampáre dei líbri; — cótton, stampár cotóne — *vn.* stampáre, improntáre, segnáre — *s.* impressióne, imprónta, stámpa; ségno, fórma, matríce, *f*; incisióne, stámpa; fóglio, giornále, *m*; (*tip.*) caráttere, *m.*, impressióne; in —, stampáto; ôtt of —, esaurìto; beaûtiful —, bèlla impressióne; cóloured —, stámpa coloráta; — sèller, negoziánte di stámpe, d'incisióni; — -shop, bottéga, negózio di stámpe

Printed, *a,* stampáto; colorìto; — for the àuthor, a spése dell'autóre

Printer, *s.* stampatóre, tipógrafo; letterpress —, tipógrafo; cótton —, stampatóre in cotóne

Printing, *s.* lo stampáre, stámpa, impressióne, tipografía (*arte*); lirnogràphic —, litografía; — -óffice, stampería, tipografía; — -prèss, tòrchio

Printless, *a.* che non láscia impressióne, órma o tráccia

Prior, *s.* prióre, *m.*, superióre, *m*; (*com.*) sòcio principále, direttóre — *a.* precedénte, anterióre, antecedênte

Prioress, *s.* prióra, superióra

Priòri, *s.* (*log.*) priòri ; a —, a priòri

Priòrity, *s.* priorità, anteriorità, antecedênza

Priorship, *s.* dignità di prióre, prioráto

Priory, *s.* prioría, prioráto

Priscillianist, *s.* (*teol.*) Priscillianísta, *mf.*, seguáce di Priscilliáno

Prìsm, *s.* prísma, *m.*

Prismàtic, prismàtical , *a.* prismático, di prísma

Prismàtically, *avv.* prismaticaménte

Prìsmoid, *s.* (*geom.*) prismóide, *m.*

Prismóidal. *a.* (*geom.*) prismoidále, in fórma di prismóide

Prísmy, *a.* di prísma, a mo' di prísma

Prìson, *s.* prigióne, *f.*, cárcere, *fm*; in —, in cárcere, in prigióne; to put in or into —, méttere in prigióne; kéeper of a —, carcerière, *m.*   (prìson — *va.* imprigionáre, incarceráre, *V.* Im-

Prìsonbase, Prìsonbars, *s.* barrièra (*giuoco*)

Prìsoner, *s.* prigionière, *m.*, prigionièra; prigióne, *m*; to táke —, far prigióne o prigionière, arrestáre; the — at the bar, l'accusáto, il rêo

Pristine, *a.* prìstino, prísco, primitívo

Pristis, *s.* (*itt.*) glàve, *m.*, pésce séga, *m.*

Prithée, (*ant.*) contrazione di I práy thée, ti prègo, ve ne prègo, di grázia; *V.* Práy

Privacy, *s.* segretézza, ritiratézza, dimestichézza, ritíro, solitúdine, *f.*

Prìvate, *a.* priváto, ripósto, appartáto, particoláre; priváto, nascósto, segréto; — stàircase, scála segréta; — interview, ab-

boccaménte segréto; — pèrson, indivídual, persóna priváta; — pláce, luôgo priváto, nascondíglio; in —, privataménte, in priváto; wàtter, shôw me to a — róom, camerière, conducétemi in una cámera particoláre, in una stánza priváta

Prìváte, *s.* persóna priváta, particoláre; (*mil.*) sémplice soldáto, gregàrio

Privatéer, *s.* corsáro patentáto, náve corsára; corsále, *m.*, armatóre — *vn.* corseggiáre (*da corsaro patentato*)

Privatéering, *s.* il corseggiáre, córso; to go —, andáre in córso

Privately, *avv.* privataménte; segretaménte

Privateness, *s.* *V.* Privacy

Privàtion, *s.* privazióne, mancánza, uòpo

Privative, *a.* che priva, che cagióna privazióne; privatívo, esclusívo, negatívo; (*gram.*) privatívo

Privatively, *avv.* privativaménte

Privet, *s.* (*bot.*) ligústro rovístico

Privilege, *s.* privilégio, prerogatíva, vantággio — *va.* privilegiáre

Privileged, *a.* privilegiáto affrancáto, esentáto, esénte; — pláce, luôgo privilegiáto

Privily, *avv.* privataménte, in segréto

Privity, *s.* partecipazióne, sapúta, conoscénza segréta; withôut his —, a sua insapúta; privities, *pl.* le pàrti vergognóse

Privy, *a.* priváto, segréto, appartáto; — cóuncil, il consíglio priváto; — séal, sigíllo priváto; — pùrse, bórsa priváta; — to, consapévole di — *s.* (*legge*) avénte interèsse, avénte cáusa; latrína, cèsso, luôgo cómodo, ritiráta

Prìze, *s.* présa, prêda (*cosa presa, predata*); guiderdóne, *m.*, prêzzo, prêmio; the first — in the lóttery, il primo prêmio della lotterìa; to win the —, riportáre il prêmio; — -fighter, pugillatóre di professióne; — -móney, (*mar.*) preda (*in danári*) — *va.* appezzáre, stimáre, valutáre; apprezzáre (*di molto*), pregiáre, fàr cáso di

Prìzer, *s.* prezzatóre, stimatóre -trice

Pró, *prep.* prò; — or con, pro e còntro, in prò e in còntro

Probabilism, *s.* (*filos.* e *teol.*) probabilísmo, dottríne, *fpl.* dei probabilísti

Probabilist, *s.* (*fil.* teol) probabilísta, *mf.*

Probability, *s.* probabilità, verisimilitúdine, *f.*

Próbable, *a.* probábile, verisímile

Próbably, *avv.* probabilménte

Próbang, *s.* (*chir.*) tênta, specíllo per l'esófago

Próbate, *s.* verificazióne (d'un testaménto)

Probàtion, *s.* pròva, esperiménto, esáme, *m.* ciménto; pròva, têmpo di pròva (*relig.*); pròva, noviziáto, probazióne (*monastica*)

Probàtional, *a.* probatório, di pròva

— -peár, *s.* (*bot.*) fíco d'India, *cactus opuntia*

Pride, *s.* orgòglio, supèrbia, fásto, pómpa; ornaménto; calóre animále; to táke — in, andár supèrbo di

— *va.* rèndere orgoglióso (*ant.*); — one's self on, vantársi di, pregiársi di

Prideful, *a.* pièno d'orgòglio

Prideless, *a.* sènza orgóglio

Prier, *s.* ricercatóre, scrutinatóre; *V.* Prý

Priest, *s.* prête, *m.*, sacerdóte; to becòme a —, fársi prête

— -like, *a.* di, da prête, pretêsco

— -ridden, *a.* governáto dai prêti

Priestcraft, *s.* fráudi ecclesiástiche, *plf.* astú-

Priestess, *s.* sacerdotéssa (zia pretína

Priesthood, *s.* sacerdòzio, clêro; pretería

Priestliness, *s.* ária, maniêra di prête

Priestly, *a.* sacerdotále, di prête, pretêsco

Prig, *s.* saputêllo, sciolo, sguajatêllo, presuntuóso; farfallíno, frásca, vanerêllo

— *va.* prezzoláre, rubacchiáre (*antiq.*)

Prill, *s.* (*itt.*) rómbo

Prim, *a.* affettáto, attilláto, stecchíto, dirítto, erêtto

— *van.* ornáre in módo attilláto; acconciársi, attillársi

Primacy, *s.* primazía (*arcivescovado*); primáto, preeminènza

Prima-dónna, *s.* (*teat.*) príma dònna

Primage, *s.* (*com. mar.*) cáppa (*gratificazione al capitano*), primàggio

Primarily, *avv.* primieraménte, principalménte

Primariness, *s.* natúra primitíva, origináría

Primary, *a.* primiêro, primitívo, elementáre; primo, primário, principale

Primate, *s.* primáte, *m.*, arcivêscovo metropolitáno

Primateship, *s.* dignità, cárica di primáte

Primatial, Primàtical, *a.* primaziále

Prime, *a.* primo, primiêro, di prímo rángo o órdine; primário, principále, di príma qualità, eccellènte, squisíto, insígne; primítivo (*ant.*); — minister, primo minístro; — wheat, fruménto della migliore qualità

— *s.* álba, primo albóre; auróra; primízia; primavèra; fióre; príma (*canon.*); flówery —, primavèra fiorita; in the — of life, nel fióre dell'età

— *va.* méttere il polveríno sul focóne; preparáre la têla di un quádro, masticáre

Primely, *avv.* eccellenteménte; da príma

Primeness, *s.* primáto, eccellènza

Prim r, *s.* primo librétto di lettúra dei fanciúlli; óre canonicáli, libro delle óre, breviário; têsto d'Aldo; small —, garamóne, *m.* (*tipografíco*)

Primeval e Primèvous, *a.* primitívo, de' primi sècoli, pristino

Primígenous, primigénial, *a.* primigénio

Priming, *s.* polveríno da focóne; il mettere la pólvere sul focóne; (*pitt.*) mèstica, imprimitúra; (*macch. a vapore*) gêtto d'ácqua a vapóre; — -pan, focóne, *m.*; — powder, polveríno, inescatúra; — -iron, sfrondatójo

Primitive, *a.* primitívo, primiêro, primo, prístino, originále; (*gram.*) primitívo

Primitively, *avv.* in principio, primitivaménte

Primitiveness, *s.* originalità, qualità primitíva

Primness, *s.* affettazióne, leziosággine, *f.*

Primogénial, *a.* primogénio

Primogénitor, *s.* primogenitóre, progenitóre

Primogéniture, *s.* primogenitúra; right of —, dirítto di primogenitúra

Primogénitureship, *s.* dirítto di primogenitúra

Primòrdial, *a.* primordiále

Primrose, *s.* (*bot.*) pratellína, margheritína, tásso barbásso

— -bed, *s.* ajuóla di margheritíne

Primum móbile, *s.* prímo móbile

Prince, *s.* príncipe, *m*; young —, principíno; the — of Wáles, il príncipe di Galles; — of lêarning, príncipe della sciènza; to live like a —, vívere da príncipe, principescaménte; *vn.* fáre il príncipe

—'s mètal, *s.* princisbécco, léga di ráme e

Princedom, *s.* principáto (zínco

Princelike, *a.* di, da príncipe, principêsco, nóbile, magnífico

Princeliness, *s.* státo, dignità, ária di príncipe

Princely, *a.* principêsco, di, da príncipe; principêsco, nóbile, grandióso, magnífico; — look, ária nóbile, aspêtto maestóso, ariósa

— *avv.* da príncipe, nobilménte

Princess, *s.* principéssa

Principal, *a.* principále, primário, fondaméntále; sopráno; the — thing, la còsa principále; the — citizens, i primárj cittadíni

— *s* principále *m.*, capitále, *m*; (*pers.*) párte principále, cápo, padróne, patróne, padróne di cása; (*com.*) prímo sócio, direttóre; (*di col.*) rettóre; (*com.*) capitále, principále; to páy off the —, to reimbùrse the —, rimborsáre il principále, il capitale

Principality, *s.* principáto, sovranità

Principally, *avv.* principalménte, in ispécie

Principalness, *s.* rángo, qualità principále

Principate, *s.* principáto, sovranità

Principle, *s.* princípio, fondaménto, origine, *f*; princípio, sentiménto, mássima; sound —s, sáni, sódi princípj; from a — of, per un princípio di; to act up to one's —s, agíre, operáre secóndo i próprj princíp; man of —, uòmo di buóni princípj, uom probo

Principled, *a.* che ha dei princípj; ill- —, che ha cattívi princípj; well —, che ha buóni princípj

Princock, princox , *s.* (*póco us.*) damerino, bellimbústo

Print, *va.* stampáre, imprímere, improntáre; — bóoks, stampáre, fáre stampáre dei líbri; — cótton, stampár cotóne — *vn.* stampáre, improntáre, segnáre — *s.* impressióne, imprónta, stámpa; ségno, fórma, matríce, *f*; incisióne, stámpa; fóglio, giornále, *m*; (*tip.*) caráttere, *m.*, impressióne; in —, stampáto; óut of —, esauríto; beàutiful —, bèlla impressióne; còloured —, stámpa coloráta ; — sèller, negoziánte di stámpe, d'incisióni; — -shop, bottéga, negózio di stámpe

Printed, *a*, stampáto; colorito; — for the àuthor, a spése dell'autóre

Printer, *s.* stampatóre, tipógrafo; letterpress —, tipógrafo ; cótton —, stampatóre in cotóne

Printing, *s.* lo stampáre, stámpa, impressióne, tipografía (*arte*); lithogràphic —, litografía ; — -óffice, stamporía, tipografía; — -prèss, tòrchio

Printless, *a.* che non làscia impressióne, órma o tráccia

Prior, *s.* prióre , *m.*, superióre , *m*; (*com.*) sòcio principále, direttóre — *a.* precedénte, anterióre, antecedénte

Prioress, *s.* prióra, superióra

Priori, *s.* (*log.*) prióri ; a —, a prióri

Priority, *s.* priorità, anteriorità, antecedénza

Priorship, *s.* dignità di prióre, prioráto

Priory, *s.* prioría, prioráto

Priscillianist, *s.* (*teol.*) Priscillianísta, *mf.*, seguáce di Prisciilláno

Prism, *s.* prísma, *m.*

Prismàtic, prismàtical , *a.* prismático, di prísma

Prismàtically, *avv.* prismaticaménte

Prismoid, *s.* (*geom.*) prismóide, *m.*

Prismóidal. *a.* (*geom.*) prismoidále, in fórma di prismóide

Prismy, *a.* di prísma, a mo' di prísma

Prison, *s.* prigióne, *f.*, cárcere, *fm*; in —, in cárcere, in prigióne; to put in or into —, méttere in prigióne; kéeper of a —, carcerière, *m.* (prigión — *va.* imprigionáre, incarceráre, *V.* Imprisonbase, Prisonbars, *s.* barrièra (*giuoco*)

Prisoner, *s.* prigionièra , *m.*, prigionièra; prigióne, *m*; to take —, far prigióne o prigionière, arrestáre; the — at the bar, l'accusáto, il réo

Pristine, *a.* pristino, prísco, primítivo

Pristis, *s.* (*itt.*) glàve, *m.*, pésce séga, *m.*

Prithee, (*ant.*) contrazione di I pràg thee, ti prègo, ve ne prègo, di grázia; *V.* Pràg

Privacy, *s.* segretézza, ritiratézza, dimestichézza , ritíro, solitùdine, *f.*

Private, *a.* priváto, ripósto, appartáto, particoláre; priváto, nascósto, segréto ; — stàircase, scála segréta ; — interview, ab-

boccaménto segréto; — pèrson, individual, persóna priváta; — pláce, luògo priváto, nascondíglio ; in —, privataménte, in priváto; wàiter, shów me to a — róom, camerière, conducétemi in una cámera particoláre, in una stánza priváta

Private, *s.* persóna priváta, particoláre ; (*mil.*) sémplice soldáto, gregário

Privateer, *s.* corsáro patentáto, náve corsára; corsále, *m.*, armatóre — *vn.* corseggiáre (*da corsaro patentato*)

Privateering, *s.* il corseggiáre, córso; to go —, andáre in córso

Privately, *avv.* privataménte; segretaménte

Privateness, *s.* *V.* Privacy

Privation, *s.* privazióne, mancánza, uópo

Privative, *a.* che priva, che cagióna privazióne;privativo,esclusivo, negatívo;(*gram.*) privativo

Privatively, *avv.* privativaménte

Privet, *s.* (*bot.*) ligústro rovístico

Privilege, *s.* privilégio, prerogativa, vantággio — *va.* privilegiáre

Privileged, *a.* privilegiáto affrancáto, esentáto, esènte; — pláce, luògo privilegiáto

Privily, *avv.* privataménte, in segréto

Privity, *s.* partecipazióne, sapúta, conoscénza segréta; without his —, a sua insapúta; privities, *pl.* le párti vergognóse

Privy, *a.* priváto, segréto, appartáto ; — cóuncil, il consíglio priváto; — séal, sigíllo priváto; — pùrse, bórsa priváta ; — to, consapévole di — *s.* (*legge*) avénte interèsse, avénte cáusa; latrina, cèsso , luògo còmodo, ritiráta

Prize, *s.* présa, prèda (*cosa presa, predata*) ; guiderdóne, *m.*, prèzzo, prèmio ; the first — in the lóttery, il primo prèmio della lotteria; to win the —, riportáre il prèmio; — -fighter, pugillatóre di professióne ; — -móney, (*mar.*) preda (*in danari*) — *va.* appezzáre, stimáre, valutáre; apprezzáre (*di molto*), pregiáre, fàr cáso di.

Prizer, *s.* prezzatóre, stimatóre -trice

Pro, *prep.* prò; — or con, pro e cóntro, in pró e in cóntro

Probabilism, *s.* (*filos.* e *teol.*) probabilísmo, dottríne, *fpl.* dei probabilísti

Probabilist, *s.* (*fil. teol*) probabilísta, *mf.*

Probability, *s.* probabilità, verisimilitúdine, *f.*

Probable, *a.* probàbile, verisímile

Probably, *avv.* probabilménte

Probang, *s.* (*chir.*) tènta, specíllo per l'esòfago

Probate, *s.* verificazióne (d'un testaménto)

Probation, *s.* pròva, esperiménto, esáme, *m.* ciménto; pròva, tèmpo di pròva (*relig.*) ; pròva, noviziáto, probazióne (*monastica*)

Probational, *a.* probatório, di pròva

Probátionary, avv. provánte, di pròva; che sérve di pròva, di probazióne

Probátioner, s. studénte, persóna amméssa all'esáme, candidáto, novízio (monast.)

Probátionership, s. candidatúra, concórso per esáme; noviziáto

Próbative, próbatory, a. probatívo, provánte

Probátor, s. esaminatóre; (legge) accusatóre

Próbe, s. (chir.) ténta

— -pōinted, a. (chir.) col bottóne

— -scìssors, s. pl. cesóje col bottóne; cesóje smússe, rintuzzáte

— va. tastáre, toccáre colla ténta

Próbity, s. probità; man of —, uòmo pròbo

Pròblem, s. problēma, m., propósta, quistióne; to solve a —, sciógliere un problēma

Problemàtical, a. problemático, incérto

Problemàtically, avv. in mòdo problemático

Probóscis, s. probòscide, f., trómba (dell'e-

Procàcity, s. procacità, petulánza (lefante

Procédure, s. procediménto, procésso, mòdo di procèdere, procedúra

Procéed, vn. (on, upon) procèdere, progredíre, seguitáre, continuáre; — from, procèdere, proveníre, emanáre, deriváre, náscere da; procèdere, andár innánzi, innoltrársi; progredíre; (legge) procèdere, litigáre; he who does not — recèdes, chi non progredísce, indietréggia; —, andáte avánti; from whénce does that —? d'onde viéne quésto?

Procéeding, s. procediménto (modo di procèdere); -s, àtti legáli; àtti di còrpo pùbblico; procésso verbále; the —s of the lègislàture, gli àtti del còrpo legislatívo, del parlaménto; to institúte —s, cominciáre una lite

Procéeds, s. prodótto, provènto, profítto, ricávo; the nèt —, il nétto ricávo

Procèrity, s. grandézza di statúra, procerità

Prócess, s. procésso, procediménto; procésso verbále; procésso, progrésso (di tempo); continuazióne, série, f., seguitaménto, processúra, mòdo di procèdere, operazióne; (legge) procésso, mandáto, citazióne; chèmical —, procésso chímico

Procéssion, s. processióne, certéggio; in —, processionalménte; to make a —, fáre una processióne

Procéssional, procéssionary, a. di processióne

Próchronism, s. procronísmo, antidáta

Procláim, va. proclamáre, bandíre, pubblicáre

Procláimer, s. proclamatóre, banditóre

Proclamátion, s. procláma, m., editto, bándo; to issue a —, pubblicáre un procláma; to make a —, fáre un procláma

Proclívity, s. proclività, proclívio, propensióne, inclinazióne, attitúdine, dispostézza

Proclívious, a. proclíve, inclináto, portáto

Procónsul, s. (antichità romane) procónsolo, procónsole, m.

Procónsular, a. proconsoláre, di procónsolo

Procònsulate | s. proconsoláto (uffizio)
Procònsulship |

Procràstinate, va. procrastináre, rimèttere alla dimáne, indugiáre, tirár per le lunghé

Procràstinating, a. procrastinánte

Procràstination, s. procrastinazióne

Procrastinátor, s. chi procrástina, indugiatóre

Prócreant, a. che procrèa, procreánte

Prócreate, va. procreáre, generáre, prodúrre

Procreátion, s. procreaménto, procreazióne

Prócreative, a. procreatívo, produttívo

Prócreativeness, s. qualità generatíva

Prócreator, s. procreatóre

Próctor, s. agénte, m., fattóre, rappresentánte, m; (eccles.) procuratóre; (univ.) moderatóre (tóre

Próctorship, s. (univ.) ufficio di moderaProcùmbent, a. procombènte, pròno, giacènte, appoggiáto

Procúrable, a. che si può procuráre, ottenìbile

Procurátion, s. procurazióne, gestióne, procúra, maнéggio, cúra; — -money, dirítto di senserìa sopra un prèstito

Procúrator, s. procuratóre, fattóre, agénte, delegáto, rappresentánte; — of St. Mark, procuratóre di S. Márco

Procuratórial, a. di, da procuratóre

Procúratorship, s. ufficio di procuratóre

Procúratory, a. di procurazióne, di procúra

Procúre, va. procuráre, trovár mòdo d'avére o far avére, procacciáre, cercáre, ottenére; conseguíre, cagionáre; vn. arruffianáre

Procúrement, s. il procuráre, il procacciáre

Procúrer, s. chi, che procúra o procáccia, procuratóre, mediatóre, mezzáno, ruffiáno

Procúress, s. mezzána, ruffiána

Pródigal, a. pródigo; — sòn, figliuòl pródigo

Pródigal, s. pródigo, scialacquatóre

Prodigàlity, s. prodigalità, scialácquo

Pródigally, avv. prodigaménte, profusaménte

Prodígious, s. prodigióso, mostruóso, ingènte

Prodígiously, avv. prodigiosaménte

Prodígiousness, s. prodigiosità

Pródigy, s. prodígio; portènto, meravíglia; — of léarning, portènto di erudizióne

Próditor, s. (ant.) traditóre, proditóre

Proditórious | a. proditório, fellonèsco
Próditory |

Prodúce, va. prodúrre, generáre, creáre, prodúrre, causáre, cagionáre; prodúrre, addúrre, mèttere in cámpo, campeggiáre

Próduce, s. prodótto, frútto, produzióne, ricávo, profítto; net —, nétto ricávo

Prodúcer, s. chi o che prodúce, producènte, produttóre -tríce

Prodúcibility, s. produttibilità

Prodùcible, *a.* producíbile, producênte, fattíbile; producíbile, mostràbile
Prodùcibleness, *s.* produttibilità; (*geom.*) prodótto
Pròduct, *s.* prodótto; (*arit.*) prodótto; effêtto, frútto, provênto; hóme —, prodótto indígeno
Prodùctile, *a.* produttíbile, che si può prolungàre
Prodùction, *s.* produzióne; prodótto
Prodùctive, *a.* produttívo, producênte
Prodùctiveness, *s.* qualità di êssere produttívo
Próem, *s.* proêmio, prefazióne
Proêmial, *a.* proemiále
Próface, *interj.* (*ant.*) benvenúto
Profanàtion, *s.* profanazióne, il profanáre
Profàne, *a.* profáno; *va.* profanáre
Profànely, *avv.* profanaménte, con profanità
Profàneness, *s.* profanità, irriverênza
Profáner, *s.* profanatóre -tríce, violatóre -tríce
Profànity, *s.* profanità
Pròfert, *s.* (*legge*) produzióne di documênti (davanti al Tribunále)
Profêss, *va.* professáre, esercitáre, seguitáre, dichiaráre, díre; professáre, esercitáre; — one's self, professàrsi, dichiaràrsi
Profêssed, *a.* dichiaráto; (*relig.*) professo
Profêssedly, *avv.* di professióne, apertaménte, pubblicaménte, manifestaménte
Profêssion, *s.* professióne, dichiarazióne; professióne, stàto, árte, *f*; (*relig.*) professióne; by —, per professióne, di professióne
Profêssional, *a.* di professióne, appartenênte ad una professióne, della sua professióne, nella pròpria professióne
Profêssionally, *avv.* per professióne, in esercízio della pròpria professióne
Profêssor, *s.* chi profêssa, chi fa una dichiarazióne púbblica; professóre (*insegnante pubblico*); to bé a —, êssere professóre, professáre; to be a — of, êsser professóre di
Professórial, *a.* di professóre, professoriále
Professórship, *s.* cárica di professóre, professoráto; càttedra (*di professore*)
Pròffer, *va.* profferíre, offeríre, far offêrta di; propórre, tentáre, cercáre
— *s.* proffêrta, offêrta, sfórzo, tentatívo
Pròfferer, *s.* profferitóre, offeritóre, offerênte
Proficience, proficiency, *s.* progrêsso, profítto, avanzaménto; — in knòwledge, in literature, letterárj progrêssi
Profícient, *s.* persóna che ha fátto dei gran progrêssi, persóna che si avánza vêrso la perfezióne, maêstro, maêstra
Profícuous, *a.* profícuo, vantaggióso
Prófile (*pr.* prófíle *e* pròfil), *s.* profílo; (*arch.*) profílo; in profílo
— *va.* profiláre, ritràrre in profílo

Prófilist, *s.* profilísta, *mf.*, disegnatóre di profíli
Pròfit, *s.* profítto, rêddito, rêndita útile, guadágno, benefízio, vantàggio, giovaménto; — and loss, profítti e pêrdite
— *vn.* profittáre, far profítto, giovàrsi, prevalérsi, non pêrdere l'occasióne; what pròfits it? che gióva? a che sêrve?
— *va.* vantaggiáre, giováre a
Pròfitable, *a.* profittévole, útile, giovévole
Pròfitableness, *s.* natúra vantaggiósa, profítto, giovaménto, utilità
Pròfitably, *avv.* profittevolménte, con profítto
Pròfiting, *s.* progrêsso, avanzaménto, profítto
Pròfitless, *a.* inútile, di niún profítto, infruttuóso
Pròfligacy, *s.* sregolatézza, libertinággio, dissolutézza, sceleratézza, corrutéla
Pròfligate, *a. s.* libertíno, dissolúto, rótto ad ogni vízio, sceleráto
Pròfligately, *avv.* con dissolutézza, da sceleráto
Pròfligateness, *s.* V. Profligacy
Pròfluent, *a.* profluênte, scorrênte
Pró-fórma, *s.* (*com.*) preventívo; pro-fórma; — invóice, fattúra preventíva, fattúra di commissióne
Profòund, *a.* profóndo, cúpo, cávo; profóndo, eminênte, insígne; — erudítion, erudizióne profónda; — sléep, álto sónno
— *s.* il profondo, il máre, l'álto, l'ábisso
Profòundly, *avv.* profondaménte, profóndo
Profòundness, Profùndity, *s.* profondità
Profúse, *a.* profúso, pródigo; esuberánte
Profúsely, *avv.* profusaménte, prodigaménte
Profúseness, *s.* profusióne; prodigalità; profusióne, esuberánza
Profúsion, *s.* profusióne; esuberánza
Pròg, *vn.* (*volg.*) andáre in cêrca di cóse da mangiáre, accattáre, scroccáre, rubáre
— *s.* accátto, cóse accattáte, vettováglie, *fpl.*
Progénitor, *s.* progenitóre, antenáto
Prógeny, *s.* progênie, *f.*, stírpe, *f.*, pòsteri, *mpl.*, pròle, *f.*
Prognósis, *s.* (*med.*) prógnosi
Prognóstic, *s.* pronóstico, preságio
— *a.* che pronostíca, pronosticánte
Prognósticate, *va.* pronosticáre, presagíre
Prognosticátion, *s.* il presagíre, pronóstico
Prognósticator, *s.* pronosticatóre, indovíno
Prográmma, *s.* (*univ.*) avvíso, invíto, prefazióne, *f*; proêmio
Prógramme, *s.* prográmma, *m.*
Prògress, *s.* progrêsso, progrediménto, procêsso, córso, andaménto; progrêsso; profítto, avanzaménto; (*di principe*) viàggio; in —, di córso, avviáto; the — of a púpil in a stùdy, il progrêsso, i progrêssi di uno scoláro in uno stúdio; the Quéen's —, il viàggio della regina
Progrêss, *vn.* progredíre, andáre avánti

Progréssion, *s.* progressióne, progrèsso ; (*mat.*) progressióne; aritmética1 —, progressióne aritmética
Progréssional, progréssive, *a.* progressívo
Progréssively, *avv.* progressivaménte
Prohibít, *va.* proibíre, vietáre, impedíre
Prohibited, *a.* preibíto, vietáto, interdétto
Prohibíter, *s.* proibitóre -tríce, vietatóre-tríce
Prohibition, proibizióne, divièto
Prohibitive, *a.* proibitívo
Prohibitionist, *s.* chi si oppóne alla libertà del commércio
Prohibitory, *a.* proibitívo, proibénte
Project, *va.* progettáre, disegnáre, intavoláre; — slówly, èxecúte prómptly, progettáte lentaménte, eseguíte prontaménte
— *va.* spórgere in fuóri, aggettáre
Próject, *s.* diségno, divisaménto, progètto; te form a—, far progètto
Projéctile, *s.* projéttile, *m*; (*mil.*) projétto
— *a.* impellènte, projettízio, projciènte
Projécting, *a*, che spórge in fuóri, sporgènte
Projéction, *s.* projettúra, aggètto, spórto; il progettáre, il far progètti, (*geog.*, ottica) projezióne
Projéctor, *s.* disegnatóre, macchinatóre, progettísta, *m. f.*
Projécture, *s.* projettúra, aggètto, spórto
Prolápsion prolápsus, *s.* (*anat.*) *V.* Prolapse
Prolápse, *s.* (*anat.*) prolásso
Prólate, *a.* (*geom.*) proláto, allungáto
Prolegómena, *spl.* prolegómeni, *mpl.*, discórso proemiále
Prolépsis, prolépsy, *s.* (*rett.*) prolèssi, *f*; anacronísmo
Proléptic { *a.* di prolèssi, antecedénte
Proléptical {
Proléptically, *avv.* per vía di prolèssi, per vía d'anticipazióne
Proletárian, *a. s.* proletário
Próletary, *s.* (*antichità romana*) proletário
Prolicíde, *s.* prolicída, *m. f.*, uccisóre della própria próle
Prolíferous, *a.* (*de' fiori*) prolífero
Prolífic { *a.* prolífico, fecondánte, fecóndo
Prolífical {
Prolíficacy, *s.* fecondità
Prolífically, *avv.* fecondaménte, con fecondità
Prolificátion, *s.* il prolificáre, fecondazióne
Prolíficness, *s.* l'èsser prolífico
Prolix, *a.* prolísso, diffúso
Prolixity, prolíxness, *s.* prolissità
Prolíxly, *avv.* prolissaménte, con prolissità
Prolócutor, *s.* presidénte (d' un' assembléa ecclesiástica
Prolócutorship, *s.* (*eccles.*) uffízio di presi-
Prólogue, *s.* prólogo, proémio (dénte
— *van.* prologáre, prologizzáre
Prolóng, *va.* prolungáre, allungáre, differíre, mandár in lúngo
Prolongátion, *s.* prolungaménto; prolungazióne

Prómenáde, *s.* passéggio (*luogo*); passeggiáta (*in un ridotto, ad una festa da ballo, ecc.*)
— *s.* passeggiáre (*rinfrescarsi passeggiando in un casino, ad un ballo*)
Promenáder, *s.* passeggiatóre -tríce
Promérnean, *a.* di Prométeo
Próminence, próminency, *s.* prominènza, risálto, riálto, levatúra, distinzióne; to give — to, réndere cospícuo, far spiccáre
Próminent, *a.* prominénto; sporgènte, cospícuo, spiccánte, segnaláto, distínto
Próminently, *avv.* in módo prominènte, cospícuo, distínto
Promíscuous, *a.* promíscuo, confúso; indistínto
Promíscuously, *avv.* promiscuaménte
Promíscuousness, *s.* promiscuità, confusióne
Prómise, *s.* prométsa, promissióne; speránza, aspettatíva; to kéep or perfórm one's —, attenére la prométsa; he is a yóura of gréat intelléctual —, è un gióvane di gran promissióne intellottuále; bréach of —, violazióne della prométsa; to fulfíl, or perfórm a —, adémpiere la prométsa
— *va.* prométtere; — wónders, prométtere mári e mónti; — one's self, riprométtersi, lusingársi, dársi vánto, speráre; I — you, vi prométto, vi assicúro; to —, *vn.* prométtere, assicuráre
— -bréach, *s.* violazióne di prométsa, mancaménto di paróla
— -bréaker, *s.* violatóre -tríce di prométsa, mancatóre -tríce di paróla
— -crámmed, *a.* piéno di prométse
— -kéeping, *a.* che sta alle prométse, che mantiéne le prométse
Prómised, *a.* prométso, riprométso, di promissióne
Prómisée, *s.* persóna a cui è fátta una prométsa
Prómiser, *s.* promettitóre -tríce, promettènte
Prómising, *a.* che prométte mólto, che dà mólto speránzo, promettènte; very —, che prométte mólto, che dà liéto speránze di sè; a yóura of a very — appéarance, gióvane d'un esterióre mólto promettènte
Prómisor, *s.* (*legge*) promettènte, promissóre
Prómissorily, *avv.* per vía di prométsa
Prómissory, *a.* promissório, che contiéne una prométsa; a — nóte, un pagheró
Prómontory, *s.* (*geog.*) promontório
Promóte, *va.* promuóvere, avanzáre, conferíre grádo; promuóvere, favoreggiáre, vantaggiáre, innalzáre, stèndere
Promóter, *s.* chi promuóve, vantággia, caldéggia; promotóre -tríce, protettóre -tríce
Promótion, *s.* il promuóvere; promoviménto, promozióne, esaltazióne, vantaggiaménto, caldeggiaménto, protezióne
Promótive, *a.* promovènte; to be — of, promóvere, vantaggiáre

Prömpt, a. pfònto, lèsto, prèsto, apparecchiáto; — páyment, pagaménto a contánte; — bóok, (teat.) libro del suggeritóre
— va. suggerìre, insinuáre, eccìtáre, istigáre, stìmoláre, respíngere, portáre, ispiráre; suggerìre, dettáre; (teat.) suggerìre
Prómpter, s. suggeritóre -trìce; (teat.) suggeritóre (lestézza
Promptitude, s. prontézza, prontitúdine, f.,
Promptly, avv. prontaménte, prestaménte
Promptness, s. prontézza, sollecitúdine, f.
Promulgate, va. promulgáre, pubblicáre
Promulgation, s. promulgazióne, divolgaménto
Promulgator, s. promulgatóre -trìce
Promulge, va. V. Promulgate
Promulger, s. promulgatóre -trìce
Pronation: s. (anat.) pronazióne
Pronator, s. (anat.) pronatóre (múscolo del bráccio)
Prone, a. próno, proclìve, inclináto, vólto, dédito, inclináto, cúrvo, boccóne; to be
— to, èssere dédito o inclináto a
Proneness, s. propensióne, inclinazióne, f., proclività
Prong, s. rèbbio (dente di fórcone o forchetta); THrée-pronged fork, forchétta a tre dénti
Pronominal, a. pronominále
Pronominally, avv. pronominalménte
Prnoün, s. (gram.) pronome, m.
Pronounce, va. pronunziáre, proferìre, articoláre; pronunciáre, dichiaráre, giudicáre, emèttere; the jùry —d a vèrdict of wilful murder, il Giùri emìse un verdétto di omicídio volontário; pronouncing dictionary, dizionário di pronúncia
Pronounce, vn. pronunciársi, esprìmersi
Pronounceable, a. pronunciábile
Pronouncer, s. pronunciatóre -trìce
Pronunciation, s. pronúnzia
Proof (pl. proofs), s. próva, sággio, ciménto, speriménto; (log.) próva; (arit.) próva; (típogr.) próva, bòzza; press — próva del tórchio; — imprèssion, avantilèttera (incisione); to be —against, èssere a próva di
— a. (to, agàinst) a próva, a tútta próva, alla próva; fatáto, invulnerábile; bómb-
—, a próva di bómba
Proofless, a. sénza próva, sénza evidènza
Prop, s. puntéllo, appóggio, sostégno, púnto di appóggio; (fig.) appóggio, sostégno, favóre; (mar.) táppo; vine- —, pálo
— va. puntelláre, appuggiáre, sostenére, sorréggere, spalleggiáre, favorìre
Propædeutics, s. propedéutica
Propagable, a. che si può propagáre, propagábile (gánda
Propaganda, s. dottrìne da propagáre; propa-
Propagandism, s. propagandìsmo
Propagandist, s. propagandìsta, mf.
Propagate, va. propagáre, far allignáre, pro-

pagináre; propagáre, diffóndere, spárgere; — the Góspel, propagare l'Evangélo
— vn. propagársi, moltiplicársi
Propagation, s. propagazióne, il propagáre
Propagator, s. chi pr pága, propagatóre
Propel, va. propulsáre, spíngere innánzi, cacciáre avánti, sospingere
Propeller, s. propulsóre; screw- —, propulsóre ad élice; vapuriéra ad élice
Propelling, a. impellènte
Propend, vn. propéndere, tèndere, inclináre
Propense, a. inclináto, proclìve, dédito
Propensity e Propension, s. propensióne, proclività, tendénza, inclinazióne
Proper, a. próprio, peculiáre, particoláre; próprio, conveniénte, convenévole, confacénte, dicévole, giústo, rètto, a propósito, esátto, béllo, grazióso (volg.); (gram.) próprio; — name, nóme próprio; the — term, il tèrmine proprio, il véro tèrmine; the — òwner, il proprietário, il padróne
Properness, s. qualità própria; bellézza
Properly, avv. propriaménte, giustaménte; — spéaking, a rigór di tèrmine, propriaménte parlándo
Property, s. proprietà, qualità, attribúto; proprietà, tutto quéllo che si possiéde in próprio, béne, facoltà, avére, fóndi, mpl., béni mòbili ed immòbili; man of —, uómo facoltóso, proprietário, possidénte; réal —, béni stàbili; — tax, tàssa, impòsta sulla proprietà
— -man, s. appaltatóre (di teátro)
Prophecy, s. profezìa, predizióne; il predìre
Prophesier, s. profèta, m., antiveditóre
Prophesy, va. profetizzáre, predìre
— vn. profetizzáre; predìre il futúro
Prophesying, s. il profetizzáre
Prophet, s. profèta, m., profetánte
Prophetess, s. profetéssa
Prophetic, prophetical, a. profètico
Prophetically, avv. profeticaménte
Prophetize, va. (ant.) profetizzáre
Prophylactic, a. (med.) profilàttico
Prophylactical, a. profilàttico
Propination, s. il propináre, il far brindisi
Propinquity, s. (poco us.) propinquità, vicinità
Propitiable (pr. propishiable), a. che si può rèndere propízio, placábile
Propitiate (pr. propishiate), va. propiziáre, rèndere propízio
— va. fàre espiazióne; — for, espiáre
Propitiation (pr. propishiátion), s. propiziazióne
Propitiator (pr. propishiátor), s. propiziatóre
Propitiatory (pr. propishiatory) a. propiziatério; — s. propiziatório (révole
Propitious (pr. propishius), a. propízio, favo-
Propitiously, a. in módo propízio, favorevolménte

Propitiousness, *s.* benignità, bontà
Proplaim, *s.* proplàsma (*forma*)
Proplàstice, *s.* proplàstica
Própolis, *s.* própoli, *f.*
Propónent, *s.* proponènte, proponitóre -trice
Propórtion, *s.* proporzióne, simmetría, fórma, proporzióne, rappórto, ragióne; in — as, a misúra che, a máno a máno
— *va.* proporzionáre, addattáre
Propórtionable, *a.* proporzionábile, a proporzióne
Propórtionably, *avv.* preporzionabilménte, in proporzióne
Propórtional, *a.* proporzionále
Proportionàlity, *s.* proporzionalità
Propórtionally, *avv.* proporzionalménte
Propórtionate, *a.* proporzionáto
— *vn.* proporzionáre; *V.* Propórtion
Propórtionately, *avv.* proporzionataménte
Propórtionateness, *s.* proporzionabilità
Propórtionless, *a.* sproporzionáto, sénza proporzióne
Propósal, *s.* proposizióne (*offerta*); proposizióne, propósta, deliberazióne; to màke a —, fáre una propósta, propórre
Propóse, *va.* propórre, offeríre; — *vn.* propórsi; what do you — to dó? che intendéte di fáre?
Propóser, *s.* chi propóne; proponénte
Proposítion, *s.* proposizióne offèrta; proposizióne, propósta, deliberazióne (*log.*) proposizióne; (*mat.*) proposizióne
Prepositional, *a.* di proposizióne, di propósta
Propoũnd, *va.* propórre, espórre, pórre avánti, campeggiáre, méttere in cámpo
Propoũnder, *s.* chi propóne (*una questione*)
Própping, *s.* appòggio, puntellatúra, sostégno
Proprétor, *s.* (*antichità romane*) propretóre, *m.*
Proprietary, *a.* di proprietà, proprietário
Proprietor, *s.* proprietário, padróne; jóint —, comproprietário
Proprietorship, *s.* qualità di proprietário
Proprietress, *s.* proprietária, padróna
Propriety, *s.* proprietà, convenevolézza, dicevolézza, aggiustatézza, decóro; dovère, *m.*, giústo; with —, con proprietà, correttaménte, propriaménte, dicevolménte
Pròpt, Própped, *a.* puntelláto, sostenúto
Propúgn, *va.* propugnáre (gnáre
Propugnátion, *s.* propugnazióne, il propu-
Propúgner, *s.* propugnatóre -trice
Propulsátion, *s.* il propulsáre
Propúlsion, *s.* propulsióne
Propylaéum (*pl.* propylaéa), *s.* (*arch.*) propíleo, pòrtico o vestíbolo d'un tèmpio o d'una règgia
Próre, *s.* (*mar. poet.*) pròra; *V.* Prow
Prorogátion, *s.* prorogazióne; (*parl.*) pròroga
Prorógue, *va.* prorogáre, allungáre
Prosáic, *a.* prosáico, prosástico, di pròsa
Prosáically, *avv.* prosaicaménte

Prósaism, *s.* prosaísmo, fórma prosáica
Prósaist, *s.* prosatóre
Proscénium, *s.* proscénio
Proscríbe, *va.* proscrívere, esiliáre
Proscríber, *s.* chi proscríve, chi esília
Proscríption, *s.* proscrizióne
Proscríptive, *a.* proscrivénte, di proscrizióne
Próse, *s.* pròsa; — *writer*, prosatóre, scrittóre prosástico
— *va.* prosáre, proseggiáre, scrívere in pròsa; èssere prosáico, parláre collo stráscico, raccontáre tediosaménte, fáre il seccatóre
Prósecúte, *va.* proseguíre, seguitáre avánti, continuáre; quereláre, processáre; to — a design, proseguíre un diségno; — a pèrson at làw, perseguitáre uno in giustízia, processárlo
Prósecútion, *s.* proseguiménto, continuazióne, prosecuzióne; accúsa, procésso
Prósecútor, *s.* chi proségue o contínua; (*legge*) accusatóre, querelánte, attóre
Prosecútrix, *f.* (*legge*) accusatrice, *f.*, querelánte, *f.*, attrice, *f.*
Próselyte, *s.* prosélito, convertíto
— *va.* il far prosélíti, convertíre
Próselytiism, *s.* proselitísmo, propagandísmo
Próselytíze, *va.* *V.* Proselyte
Próser, *s.* oratóre parolájo; narratóre tedióso, insúlso prosatóre, uómo che ammázza colle paròle
Prósing, *s.* esattézza tediósa nel descrivere
Prosódial, *a.* *V.* Prosodical
Prosòdical, *a.* di prosodía
Prosòdian, *s.* chi è versáto nella prosodía
Prósody, *s.* prosodía
Prosopopoéia, pròsopopy, *s.* (*rett.*) prosopéa, prosopopéja
Próspect, *s.* prospètto, prospettíva, cólp d'òcchio, apparènza, vedúta, míra, speránza; splèndid —, bèlla vedúta, magnífico cólpo d'òcchio; in —, in míra
Prospéction, *s.* previdènza
Prospèctive, *a.* in prospettíva, pel futúro che véde da lúngi, che antivéde; antivedénte, penetrativo, oculáto; — *glass*, cannocchiále, *m.*
— *s.* prospettíva, vísta
Prospéctively, *avv.* in prospettívo, in prospettíva, in lontanánza
Prospéctiveness, *s.* prospettività
Prospéctus, *s.* prospètto, prográmma, *m.* il
Pròsper, *vn.* prosperáre, riuscíre; èvery thing —s with you, tútto vi va a secónda
— *va.* prosperáre, mandár di bène in mèglio, far riuscíre, favoreggiáre, vantaggiáre
Prospérity, *s.* prosperità, státo felice
Prósperous, *a.* pròspero, prosperóso, felíce; favorévole, vantaggióso; rigoglióso, florido; — *trade*, commèrcio florénte; — *voyage*, felíce viàggio (di máre); — *wind*, vénto propízio, favorévole

Pròsperously, *avv.* prosperaménte, con suc-
Pròsperousness, *s.* *V.* Prosperity (cêsso
Prosternátion, *s.* prost· rnazióne
Pròstitute, *s.* prostitúta, meretrice, *f.*, dònna
di partito, scrittóre prezzoláto; mercenário, mercenário víle
— *a.* prostitúto, mercenário, venále·
— *va.* prostituíre; — one's self, prostituírsi
Prostitújion, *s.* prostituzióne
Prostitútor, *s.* chi prostituísce, prostitutóre,
Pròstrate, *a.* prostráto, distéso in tèrra
— *va.* prostráre, distèndere a tèrra, prostráre, abbáttere, indebolíre, avvilíre, umiliáre; — one's self, prostrársi; cadére
boccóne
Prostrátion, *s.* prostrazióne; abbattiménto;
— of strengrn, (*med.*) prostrazióne di fòrze
Pròstýle, *s.* (*arch.*) pròstilo, tèmpio con colònne solaménte sulla párte davánti
Prósy, *a.* prosáico, insúlso, parolájo; tíre-
some and —, stucchévole e parolájo; a —
fèllow, un prosáico, un seccatóre
Prótasis, *s.* pròtasi, *f*; mássima
Prótean, *a.* proteifórme
Protèct, *va.* protèggere, difèndere; favoreggiáre
Protècting, *a.* che protègge, proteggènte
Protèction, *s.* protezióne, difésa, garanzía,
salvaguárdia, privilégio; (*com.*) protezióne;
writ of —, salvacondótto
Protèctionist, *s.* (*com.*) protezionísta, *m.*
Protèctive, *a.* difensívo, proteggènte; to be
— of, protèggere
Protèctor, *s.* protettóre -trice; Protettóre
(*capo di governo político*), Reggènte, *m.*
Protèctorate e Protèctorship, *s.* tutéla di un
bène sostituíto; (*pol.*) protettoráto
Protèctress, protèctrix, *s.* protettríce
Protège (*pr.* protezhá) *s.* protètto, protètta,
Prótein, *s.* (*chim.*) proteina (creatúra
Pro tèmpora, *a. avv.* (*latino*) temporáneo;
temporaneaménte
Protènd, *va.* (*ant.*) protèndere
Protèrvity, *s.* protèrvia
Protèst, *vn.* protestáre
— *va.* protestáre, attestáre, dichiaráre;
(*com.*) protestáre; háve that bill —ed, fáte
protestáre quella cambiále·
Prótest, *s.* protèsta, protestazióne, dichiarazióne solènne; (*di cambiala*) protèsto; —
for non acceptance, protèsto per mancánza
d'accettazióne; — for non payment, protèsto per non seguíto pagaménto; to enter
a —, far inseríre una protèsta nel procèsso verbále
Prótestant, *a.* protestánte
— *s.* protestánte, *mf.* (*relig.*) (tésimo
Prótestantism, *s.* protestantísmo, protestan-
Protestátion, *s.* protestazióne; (*legge*) protestazióne, protèsta
Prótestantize, *va.* protestantizzáre
Protèster, *a.* (*com.*) protestáto

— *s.* chi protèsta, dichiára; chi protèsta o
fa protestáre una cambiále
Protèsting, *s.* il protestáre; (*com.*) il prote-
stáre o far protestáre (*una cambiale*)
— *a.* che protèsta, o fa protestáre (*una
cambiale*)
Próteus, *s.* (*mit.*) Pròteo; (*fig.*) uno che
prènde qualúnque fòrma, banderuóla
Protнonótary, *s.* protonotário
Prótocol, *s.* (*diplom.*) protocóllo
Protomártyr, *s.* protomártire, *m.* primo már-
Prótotýpe, *s.* protòtipo, archètipo (tire
Protràct, *va.* protrárre, prolungáre, allun-
gáre, tiráre in lúngo, mandáre in lúngo
Protràcter, *s.* chi protráe; (*geom.*) quadrán-
te, *m.*
Protràction, *s.* protrazióne, prolungaménto
Protràctive, *a.* dilatório, lènto, indugévole
Protrèptical, *a.* (*poco us.*) esortatívo, per-
suasívo
Protrúde, *vn.* spòrgere, uscíre di línea
— *va.* cacciár fuòri, spíngere innánzi, fáre
spòrgere, cacciár óltre
Protrúsion, *s.* l'átto di spòrgere o fáre spòr-
gere iu fuòri, il cacciár fuòri o óltre;
spórto, aggètto, projètto
Protrúsive, *a.* spingènte, sporgènte
Protúberance, *s.* protuberánza, tumóre
Protúberant, *a.* prominènte, gónfio, túmido
Protúberantly, *avv.* protuberanteménte, con
protuberánza
Protúberate, *vn.* gonfiársi, divveníre prominènte, spòrgere in fuòri
Protuberátion, *s.* protuberánza, *V.* Protúberance
Prõud, *a.* orgoglióso, supèrbo, altèro; presuntuóso; supèrbo, bèllo, magnífico; (*delle
bestie*) in amóre, in cáldo; to be —, èssere
supèrbo, orgoglióso, altèro; — of a thing,
andár supèrbo di una còsa; — tèmple,
tèmpio magnífico, supèrbo edifízio; — flesh,
cárne fungósa, cárne mòrta
Prõudly, *avv.* orgogliosaménte, superbaménte
Próvable, *a.* provábile, dimostrábile
Próve, *va.* prováre, dimostráre, mostráre con
ragióne e autorità; prováre, far sággio di,
sperimentáre, cimentáre, verificáre
— *vn.* diveníre; riuscíre, èssere, mostrársi,
trovársi alla pròva; Miss B. will — an èxcel-
lent wífe, la signorína B. riuscirà una eccellènte móglie; if what you say — trúe,
se quel che díte sarà vero, si verificherà
Prováitor, *s.* provveditóre, munizioniére
Prővedòre, *s.* provveditóre
Prővence-rose, *s.* (*bot.*) ròsa di Provènza
Próven, *a.* (*legge*) prováto *V.* Próved
Próvenda, *s.* provènda, profènda, provvigióne
Próvender, *s.* profènda, biáda, foràggio
Próver, *s.* chi pròva, provatóre
Próverb, *s.* provèrbio, dètto, dettáme, *m.*,
sentènza; to becòme a —, diveníre pro-
verbiále, passáre in provèrbio

Provèrbial, *a.* proverbiále, di provèrbio

Provèrbialism, *s.* proverbialismo

Provèrbialist, *s.* autóre di provèrbi, prover-
bialista, *m.*

Provèrbially, *avv.* proverbialménte

Províde, *va.* provvedére, munire, fornire,
procacciáre, preparáre, allestire; to — a
pèrson with a thing, provvedére, fornir uno
di una còsa

— *vn.* provvedére, stipuláre; I will — for
you, avrò cúra di voi, provvederò ai vòstri
bisógni; to — agàinst, provvedérsi, munirsi cóntro, preparársi per; to — one's
self with, provvedérsi di, munirsi di

Províded, *a.* provveduto; provvisto, munito,
preparáto; I am — for it, sto preparáto;
— with, provvisto di; his children àre
well — for, i suoi figli son ben provveduti

Províded, *cong.* purchè, a condizióne che;
— (that) you go, purchè andiáte

Próvidence, *s.* provvidènza, previdènza, antivediménto, circospezióne, provvediménto;
want of —, difètto di previdènza; Divíne
—, la Provvidènza Divína

Próvident, *a.* próvvido, providènte

Providèntial, *a.* provvidenziále, della provvidènza

Providèntially, *avv.* provvidenzialménte, per
provvidènza divína

Próvidently, *avv.* provvidaménte

Provider, *s.* provveditóre -trice

Próvince, *s.* provincia, dipartiménto; cárico
attribuzióni, giurisdizióne, competènza, impiègo, sfèra; within my —, della mia competènza, nella mia sfèra

Provincial, *a.* provinciále, di provincia

— *s.* provinciále, *m. f*; (*relig.*) provinciále, *m.* (nàcola)

Provincialism, *s.* provincialismo, paròla ver-

Provincialist, *s.* provinciále, *mf.* chi vive in
provincia

Provinciàlity, *s.* dialètto o pronúncia provinciále

Províne, *va.* propagginare (*le viti*) (mènto

Províning, *s.* il propagginare, propaggina-

Provísion, *s.* provvisióne, provvediménto, precauzióne, preparativo; provvigióni, *fpl.*,
víveri, *mpl.*; munizióne; to màke — for,
provvedére a

— *va.* provvisionáre, approvvigionáre

— -wàrehòuse, *s.* magazzíno di comestibili

Provisional, *a.* provvisionále, provvisòrio;
— gòvernment, guvèrno provvisòrio

Provisionally, *avv.* in mòdo provvisòrio, prov-
visionalménte

Provísionary pàrt, ·*s.* (*legge*) dispositivo

Províso, *s.* condizióne, cláusola; stipulazióne; with a — that, con patto che, a condizióne che

Provísor, *s.* ecclesiástico nomináto dal Papa
ad un beneficio prima della mórte del beneficiáto

Provísory, *a.* provvisòrio; (*legge*) condizionále

Provocátion, *s.* provocazióne, provocaménto

Provocative, *a.* provocativo, provocánte

— *s.* provocazióne, còsa che pròvoca (all'i-
ra); stimolánte, *m*; rimèdio provocativo

Provóke, *va.* provocáre, adiráre, istizzíre;
provocáre, eccitáre, stimoláre, aßdáre

Provóker, *s.* provocatóre, chi o che pròvoca

Provóking, *a.* che pròvoca, provocánte, irritánte; it is really —, fa ràbbia davvèro!

Provókingly, *avv.* in mòdo provocatíno

Pròvost, *s.* propósto, prevòsto; (*di coll.*) rettóre; (*d'Edimburgo*) podestà, *m*, gonfalonière, *m*; — marshal, propósto della
milizia

Próvostship, *s.* prepositúra, dignità di propósto

Prów, *s.* (*mar.*) pròra, prúa

Prówess, *s.* prodèzza, valóre

Prówl, *van.* andár in búsca, cercáre la prèda (*delle fiere*); rubáre; — abòut, andár
intórno

Prówler, *s.* vagabóndo, rubatóre

Próximate, *a.* próssimo, immediáto

Próximately, *avv.* (*filos.*) immediataménte

Proximity, *s.* prossimità, vicinánza

Pròxy, *s.* deputáto, procuratóre, surrogánte;
procúra; they were màrried by —, fúrono
maritáti per procúra

Prúde, *s.* schizzinósa, spigolistra, schifiltósa

Prúdence, *s.* prudènza, saviézza, giudizio

Prúdent, *a.* prudènte, sávio; — man, uòmo
prudènte; — wife, móglie sávia, prudènte

Prudèntial, *a.* prudenziále, di prudènza

Prudèntials, *spl.* mássime di prudènza

Prúdently, *avv.* prudenteménte, con prudènza

Prúdery, *s.* modèstia affettáta

Prúdish, *a.* ritrosétto, schifiltóso, schizzinóso

Prúne, *s.* prúgna, prúna, susina sécca

— *va.* potáre, debruscáre, scapezzáre

Prúnel, *s.* (*bot.*) prunèlla, consòlida maggióre

Prunèlla, Prunèllo, *s.* brunèllo (stòffa brúna
di lána); (*bot.*) prógnola sécca

Prúner, *s.* chi scapèzza, potatóre

Pruníferous, *a.* producènte prúgne

Prúning, *s.* potatúra, potaménto; — hòok,
falcétto; -shèars, forbicióni, *mpl.*

Prúrience, Prúriency, *s.* prudóre, prurito,
prurigine, *f.*, pizzicóre; desidério, smánia,
vòglia gránde (ginóso

Prúrient, *a.* che prúde, che pizzica, pruri-

Prúriginous, *a.* (*med.*) pruriginóso

Prurígo, *s.* (*med.*) prurito, pizzicóre

Prússian, *a.* prussiáno, di Prússia

Prússiate, *s.* (*chim.*) prussiáto

Prússic, *a.* (*chim.*) prússico; — àcid, ácido
prússico

Prý, *vn.* (*into*) scrutáre, investigáre, spiáre,
indagáre

Prýing, *a.* scrutinatóre, indagatóre, curióso

— *s.* indagazióne, scrutínio; ricérca scrupolósa, curiosità indiscrèta
Prytanéum, *s.* (*antichità romane*) Pritanèo
Pryingly, *avv.* con curiosità impertinènte
P. S. *iniziali di* Post-Scriptum, P. S.
Psàlm, *s*: sàlmo, canzóne sàçra
Psàlmist, *s.* salmísta, *m.*
Psàlmodist, *s.* salmodísta, *mf.*, cantóre di sàlmi
Psàlmody, *s.* salmodía
Psalmògrapher / *s.* salmògrafo, scrittóre di
Psalmògraphist \ sàlmi
Psalmógraphy, *s*, salmografía
Psàlter, *s.* saltéro, saltèrio (líbro de' sàlmi)
Psàltery,*s.* saltéro, saltèrio (*strumento musicale*)
Psàmmíte, *s.* (*min*) psammíte, *f.*
Pseúdo, *a.* psèudo, fàlso; — philósophy, psèudo-filosofía
Pseudònymous, *a.* pseudónimo
Pshàw! *interj*, uh! oibò!
Psychològic, psychològical, *a.* psicològico
Psychòlogist, *s.* psicòlogo
Psychòlogy, *s.* psicología
Ptìsan e Ptìsàn, *s.* tisàna, decòtto
P. T. O. *iniziali di* pléase tùrn óver, vòlta di gràzia (V. D. G.)
Ptolemàic, *a.* (*astr.*) tolemàico; the — sỳstem, il sistèma tolemàico
Ptyalism, *s.* (*med.*) ptialìsmo
Púberty, *s*, pubertà
Púbes, *s.* (*bot.*) erubescènza, pelúria
Pubèscence, *s.* pubescènza
Pubèscent, *a.* pubescènte, di pubertà
Púbis, *s.* (*anat.*) púbe, *m*; os- —, òsso-púbe
Públic, *a.* pùbblico, manifèsto, nòto; to màke —, far nòto, pubblicàre; — hòuse, osteria, béttola; — -spirited, — -minded, devòto al béne pùbblico
— *s.* público, il comúne
— -mindedness, *s.* amóre del pùbblico béne
— -spiritedness, *s.* devozióne all' interèsse generàle, amóre del béne pùbblico
Públican, *s.* bettolière, *m.*, òste, *m*; pubblicàno (*antichità romane*)
Publicátion, *s* pubblicazióne; pubblicazióne, libro pubblicáto; send me a còpy of éach of your —s, mandàtemi una còpia di ciascúna delle vóstre pubblicazióni
Públicist, *s.* pubblicísta, *m.*
Públicity, *s.* pubblicità
Públicly, *avv.* pubblicaménte
Públicness, *s.* pubblicità, notorietà
Públish, *va.* pubblicàre, divolgàre
Públisher, *s.* pubblicatóre; editóre; bóokseller and —, editóre-librájo
Públishing, *s.* il pubblicàre
Púce, *a.* (*poco us.*) colór di púlce
Púcellàge, *s.* pulcellàggio, verginità
Pùck, *s.* follétto, spiritéllo, diavolétto
Púckbàll, *s*. véscia, fúngo pièno di pólvere
Pùcker, *va.* raggrinzàre, pieghettàre

— *s.* (*delle vestí*), sgonfiétta; pieghétta
Pùdder, *s.* romóre, strèpito, schiamàzzo
— *vn.* rumoreggiàre, sìrepitàre, far chiàsso
Pùdding, *s.* bodíno, podíngo, tórta; intestíno, (*volg.*) salsiccia; black —, sanguináccio; plùm —, bodíno inglése; — time, (*volg.*) ora del prànzo
Pùddle, *s.* pozzànghera, guàzzo, fàngo, límo
— *va.* sguazzàre, rèndere fangóso; imbrattàre
Pùddly, *a.* fangóso, limaccióso
Pudènda, *spl.* pàrti pudènde, òrgani genitàli
Pudícity, *s.* (*poco us.*) pudicízia
Púerile, *a.* puerìle
Puerìlity, *s.* puerilità
Puèrperal, *a.* puerperàle
Púet, *s.* V. Pèwet
Pùff, *s.* sóffio, bùffo, sbúffo, vèscia, fiócco; annúncio ampollóso; pièga, gónfia, gonfiétta; (*locom.*) sfógo del vapóre; — bàlf, vèscia; — càke, sfogliàta; — of smóke, boccàta di fúmo
— *vn.* soffiàre, buffàre, sbuffàre, ansàre, enfiàrsi, gonfiàrsi; pubblicàre avvísi da ciarlatáno; to — and blów, ansàre, anelàre; (*di cavallo*) sbruffàre
— *va.*. soffiàre, gonfiàre, estòllere, esaltàre; — up, gonfiàre, far insuperbìre; — awày, dissipàre con un sòffio
Pùffer, *s.* soffiatóre, vantatóre
Pùffin, *s.* (*orn.*) spècie di procellària; focàccia spugnósa
Pùffiness, *s.* gonfiézza, turgidézza
Pùffing, *s.* sóffio molèsto; lòde esageráta
Pùffingly, *avv.* tumidaménte, in mòdo gónfio
Pùffy, *avv.* gónfio, pièno di vènto, paffúto
Pùg, *s.* cagnétto inglése di pèlo lúngo, cagnolíno da signóra (scimiòtto *volg.*)
Púgh! *interj*, vergógna! per vergógna! oibò!
Púgilism, *s.* pugillàto; àrte pugillística
Púgilist, *s.* pugillatóre
Pugilístic, *a.* pugillístico, di pugillàto
Pugnácious, *a.* pugnáce, dispósto a pugnáre, manésco   (gna
Pugnácity, *s.* attézza, disposizióne per la púaisne (*pr.* pòny) *a.* (*poco us.*) piccolo, píccíno, smingherlíno; (*di giudice*) non in càpo, inferióre
Puissance,*s.* (*stile sostenuto*) potènza, possánza, fòrza
Puissànt, *a.* potènte, possènte, poderóso
Puissantly, *avv.* potenteménte, poderosaménte
Púke, *vn.* (*volg.*) vomitàre, rècere; V. Vòmit
— *s.* (*volg.*) vòmito, recitíccio, vomitívo
Pùlchritúde, *s.* pulcritúdine, *f.*, bellézza
Púle, *va.* vagíre, gémere, piagnucolàre
Púling,*s.* pigolaménto, piagnucolaménto, vagíto, gèmito
Púlingly, *avv.* con gèmito, pigolàndo, piagnucolàndo

Pùll, *va.* tiráre, trárre, strappáre, caváre;
— hárd, tirár fòrte; — up, svèllere, sradicáre, levár in álto; — awày, tirár vía;
— to piéces, stracciáre, méttere in pézzi,
sbranáre; — oùt, caváre; — dòwn, abbáttere; — in, tiráre a sé; formáre; — off,
one's bòots, cavár gli stiváli; — the bell,
suonáre il campanéllo
— *vn.* tiráre (*con forza*); trárre; remáre
— *s.* il tiráre (*con forza*); trátta, tiráta,
strappáta, scòssa, sfòrzo, cómpito, bisógno;
hàrd —, hèavy —, sfòrzo gránde; — -back
intòppo, traversía, ostácolo
Pùller, *s.* chi tíra, stráppa, svèlle, tiratóre
-tríce
Pùllet, *s.* gallinèlla, polastrèlla, pollastrína
Pùlley, *s.* puléggia, carrúcola, girèlla; (*mar.*)
paránco; little —, carrucolétta
Pùllulate, *va.* pullaláre, germogliáre
Pullulátion, *s.* pullulaménto, il pulluláre
Pùlmonary, *a.* polmonário; — consùmption,
tísi, *f.*
— *s.* (*bot.*) polmonária
Pulmònic, *a.* polmonáricỡ; tísico
Pùlp, *s.* pólpa (*carne senza osso*); (*delle
frutta*) pólpa; (*di veget.*) pólpa, parenchíma
Pùlpit; *s.* púlpito, pèrgamo, bigóncia, cáttedra, tribúna, — to go up into the —,
montáre in bigóncia; — órator, predicatóre
eloquènte
Pùlpous, Pùlpy, *a.* polpóso; sugóso
Pùlpousness, *s.* qualità polpósa, polpúta
Pùlsate, *vn.* báttere (*del polso*)
Pùlsatile, *a.* da percussióne, — instrument,
struménto da percussióne
Pulsátion, *s.* pulsazióne, battiménto, báttito
Pùlse, *s.* (*anat.*) pólso; (*bot.*) legúme, *m;*
to fèel a pèrson's —, toccáre, tastáre il
pólso ad uno; (*fig.*) tastár il guádo, i guádi
Pùlseless, *a.* sénza pulsazióne
Pùlverable, *a.* polverizzábile
Pùlverization, *s.* polverizzaménto, polverizzazióne
Pùlverize, *va.* polverizzáre, ridúrre in pólvere
Pùlverous, *a.* in pólvere, di pólvere; come
pólvere
Pulvèrulence, *s.* polverío, quantità di pólvere
Pùlverulent, *a.* (*bot.*) polverulènte
Pùmicate, *va.* levigáre con pómice
Pùmice, — -stóne, *s.* pómice, *f.*
Pumiceous, *a.* di pómice, símile a pómice
Pùmicing, *s.* il levigáre con pómice
Pùmmace, *s.* méle schiacciáte per fáre il sidro; *V.* Pòmace
Pùmmel, *V.* Pòmmel
Pùmp, *s.* trómba, pómpa (*da tirar acqua*);
scarpína; — bràke, manovèlla di trómba;
— wàter, ácqua di trómba; áir- —,
sùction- —, pómpa aspiránte; — -bóre,

animèlla della trómba; mácchina pneumática
— *va.* cavár ácqua colla trómba, solleváre
l'ácqua colla trómba; cavárla; docciáre,
bagnáre; — a pèrson, scalzáre uno, levárgli di bòcca alcúna còsa; — ship, oh!
(*mar.*) alla trómba! alla pómpa!
Pùmper, *s.* chi cáva l'ácqua colla trómba,
pompiére, *m.*
Pùmpion, pùmkin, *s.* (*bot.*) zúcca
Pùn, *s.* quólíbet, *m.* bisticcio, mòtto, mottéggio, argúzia, giuóco, schèrzo di paróle
— *vn.* far giuóchi di paróle, usár bisticci,
far il bèllo spírito, díre argúzie, motteggiáre
Pùnch, *va.* foráre colla verrína; dáre un púgno, picchiáre; punzecchiáre, stuzzicáre
— *s.* verrína; stámpo, punzóne; (*volg.*) púgno,
picchio; pónce, *m.* (*bibita*); pulcinèlla, *m;*
cavállo atticciáto, uòmo píccolo e grassètto; wàiter, two glàsses of —, bottéga,
due pónci
Pùncheon, *s.* punteruòlo; stámpo; bótte, *f.*
da víno; règolo d'appòggio, sostégno
Pòncher, *s.* chi fóra colla verrína; verrína
Punchinéllo, *s.* Pulcinèlla, *m.*
Pùnctate, Pùnctated, *a.* puntáto, foracchiáto
Punctílio, *s.* puntíglio; to stand upon —s,
star sul puntíglio
Punctílious, *a.* puntiglióso
Punctíliously, *avv.* in mòdo puntiglióso
Punctíliousness, *s.* esattézza scrupolósa, esigènza puntigliósa; índole, *f.*, qualità puntigliósa
Pùncto, *s.* formalità, fòrma; (*scherma*) puntáta, cólpo di pùnta
Pùnctual, *a.* puntuále, esátto
Pùnctualist, *s.* formalísta, *m. f.*
Punctuálity, *s.* punctualness, *s.* puntualità
Pùnctually, *avv.* puntualménte, esattaménte
Pùnctuate, *va.* punteggiáre, pórre i pùnti
Punctuátion, *s.* puntuazióne, *f.*, punteggiatúra
Pùncture, *s.* puntúra, trafittúra (túra
— *va.* púngere, foráre
Pùndit, *s.* pùndit, *m.* (dòtto Bramíno); saccentóne, *m.*, sèr saccènte, *m.*, dottoróne,*m.*
Pùngency, *s.* pùnta, qualità pungènte, acutézza, agrézza, asprézza, acrimònia, mordacità, frízzo
Pùngent, *a.* pungènte, piccánte, mordáce,
frizzante
Pùnic, *a.* púnico
Pùniness, *s.* picciolézza, sparutézza, debolézza
Pùnish, *va.* puníre, castigáre
Pùnishable, *a.* punìbile, dégno di punizióne
Pùnishableness, *s.* punibilità
Pùnisher, *s.* chi puníscè, punitóre, castigatóre
Pùnishment, *s.* punizióne, *f.*, paniménto,
castígo, péna; ignominious —, péna inámmánte

Púnitive, *a.* punitívo, di punizióne; penále
Púnitory, *a.* che punísce, punitívo
Punk, *s.* spécie di ésca; prostitúta
Punning, *s.* il bisticciáre, il far giuóchi di paróle
Punster, *s.* bisticciáre, motteggiatóre, facéto
Punt, *vn.* giuocáre, méttere una pósta
— *s.* zàttera da carenáre, barchétta
— -gùn, *s.* archibúgio di cánna lúnga (per la cáccia delle ánitre)
Punter, *s.* colúi, coléi che métte la pósta (al giuóco)
Púny, *s.* pícciolo, piccíno, sparutéllo, sminguerlíno, débile, infermíccio, cagionévole, malatíccio, grétto, meschíno
Pùp, *s.* catéllo, catellíno; cúcciolo, cucciolíno
— *va.* far catellíni, figliáre; with —s, prégna
Púpa, púpe, *s.* crisálide, *f.*
Púpil, *s.* alúnno, alliévo; scoláre, *m.*, scoláre; (*legge*) pupíllo, pupílla; (*anat.*) pupílla (*dell'occhio*)
Púpilage, *s.* alunnáto; témpo dell'educazióne, adolescénza, minóre età, minorità, tutéla
Púpillary, *a.* pupilláre, di pupíllo; (*anat.*) pupilláre, della ·pupílla
Puppet, *s.* burattíno, fantóccio, bamboccíno; — -pláyer, burattinájo, burattinája; — -shów, teátro, barácca di burattíni
Púppy, *s.* cagnétto, cúcciolo, cagnolíno; (*persona*) frásca, vaneréllo, gingíllo, minchióne, *m.*
— *vn.* fáre i catellíni, figliáre
Púppyism, *s.* affettazióne, vanità, caricatúra
Pùr, *vn.* (*del gatto*) torníre, far le fúsa, alitár con rónzo; — *va.* esprímere col torníre
— *s.* il torníre (*del gatto*)
Púrblind, *a.* di córta vísta, míope, quási ciéco
·Púrblindness, *s.* córta vísta, miopía
Púrchasable, *a.* acquistábile, che si può compráre   (quísto di
Púrchase, *va.* compráre, acquistáre, far l'acquísto, acquisizióne, cómpera; fòrza — *s.* meccánica, presúra, présa; to máke a —, far un acquísto, una cómpra
— -blòck, *s.* (*mat.*) paránco di puléggia
— -déed, *s.* (*legge*) contrátto di cómpera
— -fáll, *s.* (*mar.*) vétta, tiránte, *m.* per paránco
— -móney, *s.* prèzzo d'acquísto
Púrchaser, *s.* (*di beni immobili*) acquirénte, *m. f.*, compraJóre -tríce
Púre, *a.* púro, illibáto; púro, límpido, chiáro, méro, prétto, sincéro; *s.* sempliciótto, babbéo; a Símon —, un véro babbéo
Púrely, *avv.* puraménte
Púreness, *s.* purézza, purità
Púrfle, *va.* ricamáre; orláre, fregiáre di ri- ·cámo

—, purflew, *s.* órlo, frégio in ricámo
Purgátion, *s.* purgazióne; (*legge*) giustificazióne
Púrgative, *a.* purgatívo; — *s.* purgánte, *m.*
Purgatórial, purgatórian, *a.* purgatoriále, del purgatório
Púrgatory, *s.* purgatório
Púrge, *va.* purgáre, nettáre, giustificáre; — one's self, purgársi; — one 'self of a suspicion, purgársi da un sospétto
— *vn.* purgársi, purificársi, chiarírsi
— *s.* (*med.*) púrga, purgánte, *m.*
Púrger, *s.* purgatóre -tríce; purgánte, *m.*
Púrging, *s.* diarréa, purgazióne; purificazióne
Púrification, *s.* purificazióne, il purificáre
Púrificative, púrificatory, *s.* purificatójo; re-*ligione cattolica*) purificatójo
Púrifier, *s.* chi o che purífica, purificatóre, -tríce
Púriform, *a.* (*med.*) purifórme
Púrify, *va.* purificáre; — *vn.* purificársi
Púrifyng, *a.* purificánte
Púrism, *s.* purísmc; puritanísmo
Púrist, *s.* purísta, *mf.*
Púritan, *a. s.* puritáno
Púritanic, púritanical, *a.* puritánico
Púritanically, *avv.* puritanicaménte
Púritanism, *s.* puritanísmo
Púritanize, *vn.* predicáre il puritanísmo
Púrity, *s.* purità, illibatézza, innocénza
Purl, *s.* merlétto strétto, orlatúra di ricámo; bírra con assénzio; mormorío, gorgoglío
— *vn.* (*dei ruscelli*) gorgogliáre, mormoráre
Púrlieu, *s.* luógo circonvicíno, dintórno
Púrling, *a.* mormoránte; the gráteful sound of — stréams, il gráto mormorío dei ruscélli
— *s.* il mormoráre (*dei ruscelli*), gorgóglio
Púrlin, *s.* corrénte, *m.*, tráve, *mf.*
Purlóin, *va.* involáre, rubáre di nascósto
Purlóiner, *s.* involatóre, rubatóre -tríce
Purlóining, *s.* sottrazióne, fúrto; plágio
Púrple, *a.* porporíno, pavonázzo, purpúreo, di pórpora; — cólour, pórpora, colór di pórpora; — dýe, colór porporíno, pórpora; — féver, fébbre porporína, fébbre migliáre
— *s.* pórpora (*colore*); pórporo, pánno, dráppo tínto di pórpora; the —, la pórpora, la dignità cardinalízia; to wéar the —, vestíre la pórpora
— *va.* porporeggiáre, imporporáre, invermigliáre
Púrplish, *a.* porporeggiánte, porporíno
Púrport, *s.* oggétto, míra, scópo, inténto, tenóre, *m.*; contenúto, sostánza, portáta, fòrza, disègno, sènso, significáto
— *va.* téndere a, mestráre; *va.* significáre, inténdere
Púrpose, *s.* propósito, proponiménto, intenzióne, disègno, divisaménto, míra, scópo; deliberazióne, *f.* giovaménto, utilità; for

tevolménte, piagnolosaménte, con rimpiánto

Quérulousness, *s* querimónia, lamentánza, dóglia, doglianza, rimpianto

Quéry, *s.* quesito, domànda, quistióne
— *va.* quistionáre, informàrsi di, ricercáre, domandáre, muóvere dùbbio

Quèst, *s.* cêrca, ricêrca; inchiêsta, perquisizióne; to go in — of, andár in cêrca di, andàr cercándo di

Quèstion, *s.* dománda, dimánda, interrogazióne; quistióne, questióne, pr·blèma. *m.*, (*mat.*); proposizióne, soggêtto. affáre, *m.*, vertênza; — and ànswer, domànda e ris, spósta; to ànswer a —, rispóndere ad una domànda; fàir —, domànda onêsta, interrogazióne ragionévole, cortése; beyónd all , òltre ogni dùbbio; to càll in —, far dùbbio, dubitáre di; to àgitáte a —, agitáre una questióne; to beg the —, pigliàr per véro còsa dubbiósa; the màtter in —, il soggêtto della discussióne, la còsa di cui si tratta; to ask or put a —, fàre una domànda, propórre un quesito; the — of the East, la vertênza dell'Oriénte; to solve, resólve a —, decídere una questióne, sciógliere un problèma; léading —s are not a·law d in cóurts of làw, non è lécito in giudízio far dománde suggestíve

Quèstion, *vn.* far una domanda o delle domándo, informàrsi, quistionáre; dubitáre
— *va.* interrogáre, questionáre, dimandáre; méttere in dùbbio, dubitáre di

Quèstionable, *a.* dubbióso, quistionábile

Quèstionableness, *s.* la qualità di èssere quistionévole; dùbbio, incertézza

Quèstionary, *a.* in fórma di dománda, d'interrogazióne

Quèstioner, *s.* interrogatóre -tríce, addimandatóre -trice, questionánte, questionatóre ·trice

Quèstionist, *s. V.* quèstioner; candidáto pel baccellieráto di Cambridge

Quèstionless, *avv.* fuóri di ogni dùbbio, indubitabilménte

Quèstor, *s.* (*stori a romana*) questóre

Quèstorship, *s.* questúra

Quèstuary, *a.* questuário, interessáto, mercenário; — *s.* collettóre

Quib, *s.* (*poco us.*) bòtta sul vívo, sarcásmo

Quibble, *s.* argùzia triviále o evasíva, dóppio sênso; quòlibet, *m.*, schêrzo, bisticcio
— *vn.* far bisticci, scherzáre bisticciándo, scappársela con argùzie evasíve

Quibbler, *s.* chi fa bisticci triviáli; chi sfùgge una questióne con argùzie evasíve

Quick, *a.* (*relig.*) vívo, vivênte; vívo, svegliáto; lésto, snêllo, svêlto, prêsto, rápido, rátto, vivàce; intelligênte, apêrto, spiritóso, acúto; a — parts, un ingégno svegliáto, vívo, acúto; as — as lightning, rátto come il lámpo; be — spicciátevi;

— -bèam, (*bot.*) sórbo; — -sand, (*mar.*) sécca; — líme, càl·e víva; — -sighted, oculáto, perspicáce; — -set hédge, siêpe, *f.* di spíni, siepáglia; — -silver, argénto vívo; — -silverd, copêrto di argénto vívo; the — and the dèad, i vivi ed i mòr·i
— *avv.* prêsto, lêsto, sùbito, prestaménte; —! lêsto! sùbito! alla svêlta!
— *s.* il vívo, la cárne víva; to cut to the —, tagliáre fíno al vívo; to touch one to the — toccáre uno al vívo

Quicken, *va.* vivificáre, animáre, dar la víta; avvíváre; vivificáre, animáre, acceleráre, affrettáre, risvegliáre, eccitáre, stimoláre
— *vn.* vivificàrsi, viv·re, animàrsi
— -trée, *s.* (*bot.*) sórbo selvático

Quickener, *s.* vivificatóre -trice. acceleratóre

Quickening, *a.* che avvíva, che ánima, vivífico, vivificánte

Quickly, *avv.* prêsto, sùbito, prestaménte

Quickness, *s.* prestézza, rapidità, celerità; prestézza, sveltézza, snellézza; vivézza, svegliatézza, acutézza, vivacità, oculatézza, avvedutézza; — of imagination, vivacità d'imaginazióne

Quid, *s.* pézzo di tabácco da masticáre

Quiddany, *s.* cotognáto, consêrva di cotógni

Quiddative, *a.*, quiddativo

Quiddity, *s.* quiddità, essênza, cavíllo

Quiddle, *vn.* pêrdere il têmpo in inêzie; êsser leggiéro o superficiále

Quiddler, *s.* perdigiórni, *m.*, badalóne, *m.*

Quidnunc, *s.* curióso incontentábile

Quid pro quo, *s.* (*lat.*) qui pro quo, *m.*

Quièsce, *vn.* êsser quiescênte, riposáre, êsser mùto (*delle lettere*)

Quièscence, quièscency, *s.* quiête, *f.*, ripós°, quietézza, tranquillità, státo quiéto, tácito, silenzióso; quiescênza

Quièscent, *a.* quiescênte, tranquíllo, riposáto

Quiet, *a.* quiêto, tranquíllo, pacífico, càlm°, seréno, chéto; — pláce, luògo quiêto; — boy, ragázzo quiêto; — mind, ànimo quiêto; — lífe, quiêto vívere; be —, chetátevi, tacéte; be — (*let me alone*), lasciátemi stàre, lasciátemi in páce
— *s.* quiête, *f.*, tranquillità, páce, *f.*, calma
— *va.* quietáre, calmáre, placáre, acquetáre; rasserenáre, chetáre, racchetáre

Quieter, *s.* chi o che quiêta o achéta; chi càlma, séda, pacífica; pacificatóre -trice, placatóre -trice, mitigatóre -trice

Quieting, *a.* (*med.*) calmánte, soporífero

Quietism, *s.* (*relig.*) quietísmo

Quietist, *s.* quietista, *mf.*

Quietistic, *a.* quietístico

Quietly, *avv.* tranquillaménte, chetaménte

Quietness, *s.* quietézza, quiête, *f.*, tranquillità

Quietude, *s.* quietúdine, *f.*, quiête, *f.*, ripós°

Quietus, *s.* ripóso, tranquillità, quiête eter-

---

na; quietánza, scárico; quiescênza, giubilazióne
Quill, *s.* pénna, cannêlla, túbo; Mr. B., hero áre sôme, —s, make me a pen, signor B. ecco delle pénne (*maestre*), temperátemi una pénna; hero of the — (*scherz.*), autóre, scrittóre
— *va.* pieghettáre; increspáre
— -dríver, *s.* scrittorêllo, frustapénne, *m.*, imbrattacárte, *m.*
— -driving, *s.* mestiêre, *m.* dello scrittorêllo, del frustapénne, dell'imbrattacárte
— -wórt, *s.* (*bot.*) isoête, *m.*
Quillet, *s.* (*poco us.*) quisquília, sottigliézza, cavillazióne
Quilt, *s.* copêrta da lêtto imbottíta, cóltre, *f.*
— *va.* trapuntáre, imbottíre, far cóltri
Quilting, *s.* il far cóltri, imbottitúra
Quinary, *a.* (*mat.*) quinário (tógno
Quince, *s.* (*bot.*) méla cotógna; — -trée, co-
Quincuncial, *a.* piantáto a fóggia di V
Quincunx, *s.* fíla d'álberi a fóggia di V
Quindècagon, *s.* (*geom.*) quindecágono, figúra piána di quíndici láti
Quindicêmvir (*pl.* quindicêmviri), *s.* *storia romana*), quindicêmviro
Quindicêmviratè, *s.* quindecemviráto, collêgio o uffício de' quindicêmviri
Quinia, Quinia, Quiníne, *s.* (*farm.*) chína; chinína, chiníno
Quinquagèsima, *s.* quinquagèsima
Quinquennália, *spl.* giuóchi quinquennáli
Quinquênnial, *a.* quinquennále, di 5 anni
Quinquevir (*pl.* quinquèviri), *s.* (*antichità romane*) quinquèviro
Quinquina, *s.* (*farm.*) chinína
Quinquirêmê, *s.* quinquirême, *f.*
Quinsy, *s.* (*med.*) squinanzía, angína
Quint, *s.* quínta (*al giuoco di picchetto*)
Quintain, *s.* quintána; to tilt at the —, córrere la quintána (*libbre*)
Quintal, *s.* quintále, *m.* (*misura di 112*)
Quintèssence, *s.* quintessênza
Quintessêntial, *a.* della quintessênza
Quintêtt, Quintêtto, *s.* (*mus.*) quintétto
Quintile, *a.* (*astr.*) quintíle, *m.*
Quintillion, *s.* (*arit.*) quintillióne, *m.*
Quintin, *s.* *V.* Quintain
Quintuple, *a.* quíntuplo; *va.* quintuplicáre
Quip, *s.* frízzo, bôtta, sarcásmo; *van.* usáre frízzi, sarcásmi
Quire, *s.* côro (*di chiesa*), *V.* Choir; quintêrno (*di carta*)
— *vn.* cantáre in côro
Quirister, *s.* (*mus.*) corista, *m.*, *V.* Chòrister
Quirk (*pr.* quùrk), *s.* cavíllo, argúzia, bôtta, sotterfúgio; vólo di fantásia, ária irregoláre
Quirkish (*pr.* quùrkish), *a.* di scappatóje, argúzie, cavílli, sotterfúgi; che sa di scaptója, sotterfúgio o cavíllo
Quit, *va.* lasciáre, uscíre di, sfrattáre, rinunciáre a; quitanzáre, far quitánza, céder le

ragióni; disimpegnársi di; — a design, desístere da un'imprésa; to — one's self líke a man, portársi da uómo, agíre da pròde; to give nòtice to —, disdíre l'affitto; to get — of, sbrigársi di, liberársi di
— -cláim, *va.* (*legge*) rinunciáre puraménte e semplicemênte in favóre di un áltro; *s.* (*legge*) rinúncia púra e sémplice in favóre d'un áltro
— -rênt, *s.* (*diritto feudale*) cênso, livêllo (nel quale il censuário o livellário è esênte da ogni servígio)
Quitch-gràss, *s.* gramígna
Quite, *avv.* affátto, interaménte, del tútto, al tútto; — well, benissimo, benóne; not — úseless, non al tútto inútile
Quits! *interj.* páce; we áre —, siàmo páce
Quittance, *s.* ricevúta, quitánza; guiderdó-
— *va.* quitanzáre, rimuneráre (ne, *m.*
Quitter, *s.* chi láscia, traláscia, rinúnzia; scòria di làtta; — -bóne, (*veter.*) escrescênza nel piêde di un cavállo
Quiver, *s.* farêtra, turcásso
— *vn.* tremoláre
Quivered, *a.* faretráto
Quivering, *a.* tremolánte; *s.* tremolío, trêmito
Quixòtic, *a.* stravagánte, fantástico, da Don Chisciòtte
Quixotism ⎱ *s.* romanticísmo da Don Chi-
Quixotry ⎰ sciòtte
Quiz, *va.* burláre, dar la bája, sberteggiáre, cuculiáre; sbirciáre; he is quizzing us, ci sbírcia coll'occhialíno; ci búrla
— *s.* enigma, *m*; (*pers.*) burlóne, *m.*, motteggiatóre; you are a —, siéte un burlóne
Quizzical, *a.* (*cosa*) ridévole, stráno, ridícolo; (*pers.*) scherzévole, facéto, burlóne
Quizzing, *s.* il burláre, lo sbirciáre (*coll'occhialíno*); búrla, célia, schèrzo; — -glass occhialíno
Quodlibet, *s.* argúzia, sottigliézza, *quolíbet, m.*
Quaif, *V.* Cûf
Quôin, *s.* cantóne, *m.*, cantonáta; zéppa, cúneo
Quôit, *s.* dísco, piastrêlla, morélla; to play at —s, giuocáre alle morêlle
— *van.* giocáre alle morêlle o piastrêlle
Quôndam, *a.* de' têmpi addiêtro, quóndam
Quórum, *s.* número, número sufficiênte, adunánza di giúdici; to form a —, êssere in número per deliberáre
Quóta, *s.* quóta, ráta, porzióne, scòtto, contingênte, *m.*
Quotátion, *s.* citazióne, allegazióne
Quôte, *va.* citáre, allegáre, addúrre; to — the wòrds of an àuthor, citáre le paróle di un autóre
Quóteless, *a.* che non può citársi
Quóter, *s.* chi cíta un antóre; un pásso
Quorн (*usato soltanto alla* 1.* e 3.* *pers.*

sing. del pres. e pret.), *vn.* — I, díco io, díssi lo; — hé, díce egli, dísse egli
Quóraa, *interj.* (*volg.*) cánchero! cospètto! contagióne!
Quotidian, *a.* (*med.*) quotidiáno, d'ógni dì! effímero; — *s.* fèbbre quotidiána
Quótient (*pr.* quóshent), *-s.* (*arit.*) quozièute, *m.*

R

R (*ár*) *s.* diciottésima lèttera dell'alfabéto inglése, r, *sm*; (*abbrev.* di rex o regína) re, regína
Rabáte, *va.* ricováre il falcóne, fárselo tornáre sul púgno
Ràbbet, *s.* scanalatúra, incastratúra; aggètto
— *va.* scanaláre, augnáre, fáre un aggètto
Ràbbi, Ràbbin, *s.* ràbbi, *m.* rabbíno
Rabbinic, *a.* rabbínico, di rabbíno; *s.* dialètto rabbínico
Rabbinical, *a.* rabbínico
Ràbbinism, *s.* espressióne o fraseología rabbínica
Ràbbinist) *s.* rabbinísta, *m.* seguáce del
Ràbbiníte) Talmud e delle tradizióni rabbíniche
Ràbbit, *s.* (*zool.*) coníglio; buck —, coníglio; dós —, coníglia; welsh —, formággio arrostíto su un crostíno di páne; (*mar.*) scanalatúra, battúra
— -wàrren, *s.* conigliéra
Ràbble, *s.* canáglia; plèbe, *f.*, popoláccio
— -chàrming, *a.* che allètta, affàscina la plèbe
— -ròut, *s.* assemblèa tumultuósa
Ràbid, *a.* ràbido, rabbióso, arrabbiáto
Ràbidly, *avv.* arrabbiataménte, furiosaménte
Ràbidness, *s.* ràbbia, accaniménto, furóre
Rábies, *s.* (*med.*) ràbbia, pazzía
Raccóon, *s.* (*zool.*) tásso (americáno)
Ràce, *s.* ràzza, stírpe, *f.*, schiátta; (*mar.*) rivolgiménto (*della marea*), corrènte, *f.*, correntía; córsa, pálio, carrièra, córsa di caválli; córsa, andaménto, progrèsso; hòrse- —, córsa di caválli; fóot- —, córsa di gènte a pièdi, pálio; — -còurse, carrièra, terréno della córsa; — -hòrse, cavállo da córsa, corsière, *m.*, corridóre; — gínger, . (*bot.*) zènzero (*nella radice*)
— *vn.* córrere con velocità, contèndere alla córsa
Racéme, *s.* (*bot.*) racímolo, racémo
Racemiferous, *a.* racemífero
Racémous, *a.* (*bot.*) racemóso
Rácer, *s.* chi, che córre, corridóre, cavállo da córsa
Rach (*pr.* ràk), *s.* brácco, cáne, *m.* da fèrmo
Rachis (*pr.* rákis), *s.* (*bot.*) ráchide, *f.*
Rachitic (*pr.* rakític) *a.* rachítico
Rachitis (*pr.* rakítis), *s.* (*med.*) rachítide, *f.*
Ráciness, *s.* (*del vino*) frízzo, gústo pic-

cánte, sapórito, fòrte; (*stile*) brío, fòrza, energía
Ràcing, *a.* che córre di córsa, corridóre
Ràck, *s.* ruóta (*supplizio*), tortúra; (*mar.*) bozzellièra; rastrèllo, rastrellièra; rócca (*orolog.*); rovína, malóra; to put to the —, dáre la còrda, méttere alla tortúra; — of mùtton, còllo di castráto; téornéd- —, (*arti*) dentièra
— *va.* arrotáre, tormentáre colla ruóta, angariáre, crucciáre, stórcere, estórquére; traversáre; — one's bráins, lambiccársi il cervéllo; — a tàckle (*mar.*) allacciáre un paránco
— pùnch, *s.* pónce, *m.* col rack
— -rent, *s.* affítto esorbitánte)
— -rènted, *a.* soggètto a fitto esorbitánte
— -rènter, *s.* affittajuólo soggètto a fitto esorbitánte
Ràcker, *s.* tormentatóre, angariatóre
Ràcket, *s.* fracásso, schiamàzzo; racchétta
— *vn.* giuocáre alla racchètta, strepitáre
Ràcking, *a.* torturánte, doloróso, crucciánte
— *s.* tortúra della ruóta, angóscia; travasaménto
Rácy, *a.* (*del vino*) razzènte, piccánte, fòrte; (*dello stile*) brióso, spiritóso, robústo
Ràddle, *s.* lùngo bastóne da far siépe, siépe compósta di rámi e radíci
— *va.* intrecciáre, legáre insiéme
Rádial, *a.* radiále
Rádiance, ràdiancy, *s.* splendóre, brillaménto
Ràdiant, *a.* radiánte, radióso, brillánte
Rádiate, *vn.* raggiáre, radiáre, risplèndere
— *a.* raggióso, radiáto; (*bot.*) radiáto
Radiáting, *a.* radiánte, raggiánte
Radiátion, *s.* radiazióne, irraggiaménto
Rádiator, *s.* irradiatóre -tríce
Rádical, *a.* della radíce, che deriva dalla radíce; fondamentále; (*alg.*) radicále, (*bot.*) radicále; (*chim.*) radicále; (*gram.* radicále; (*polit.*) radicále
— *s.* (*gram.*) radicále, *f.*, párte radicále. (*polit.*) radicále, *m.*, democràtico
Ràdicalism, *s.* (*polit.*) radicalísmo
Ràdically, *avv.* radicalménte, essenzialménte
Ràdicant, *a.* (*bot.*) radicánte
Ràdicate, *vn.* radicáre, abbarbicársi
Radicátion, *s.* l'abbarbicársi; radicazióne
Ràdicle, *s.* barbicélla; barbicína; radicètta
Rádiolites, *spl.* (*min.*) radiolíti, *mpl.*
Ràdish, *s.* (*bot.*) ravanèllo; ràvano; horse- —, ramoláccio; wild —, ráfano
Rádius (*pl.* rádii), *s.* ràggio (dì ruóta); (*geom.*) ràggio; (*anat.*) ràggio
Rádix, *s.* (*alg.*), (*gram.*) radíce, *f.*; (*logaritmi*) báse, *f.*
Ràff, *s.* miscúglio confúso; riff- —, masseriziáccia; féccia del pópolo, canáglia
Ràffle, *s.* riffa, lòtto, zára
— *vn.* giuocáre a zára, fáre una *riffa*

Ràft, *s.* fòdero (di lognáme), zátta, zàttera
Ràfter, *s.* travicèllo, corrènte, *m.*
Ràftered, *a.* fornìto di travicèlli
Ràfting, *s.* il fàre e condúrre le zátte
Ràg, *s.* cèncio, stráccio, brandèllo; — man, — gàtherer, cenciajuòlo; — whéel, ruòta dentáta; — bòlts, (*mar.*) pèrni arponáti, cavicchi di fèrro.
Ràgamuffin, *s.* pezzènte, cencióso, birbóne
Ráge, *s.* ràbbia, furóre, còllera, corrúccio; veeménxa, entusiásmo, èstro; follìa, pazzìa; gran mòda, andázzo
— *vn.* arrabbiáre, incollerìrsi, infuriáre, infierìre, frèmere; (*mar.*) tempestáre
Ràgged, *a.* cencióso, stracciáto, pezzènte; lácero, rúvido, ispido, intacoáto, scábro; — schóols, scuòle degli stracciatèlli.(*di Londra*)
Ràggedness, *s.* státo cencióso, lácero, rúvido
Ràging, *a.* furióso, faribóndo, corrucciáto, fremènte, violènto, tempestóso
— *s.* l'infuriársi, ràbbia, furóre, violènza
Ràgingly, *avv.* furiosaménte, con ràbbia
Ràgman, *s.* cenciajuòlo
Ragoùt, *s.* ragò, *m.*, intingolo, guazzétto
Ragúled, *a.* (*aral.*) nodóso
Ràgstone, *s.* (*min.*) piètra grìgia da affiláre
Ràgwort, *s.* (*bot.*) giacòbêa; testícolo di cáne
Ràid, *s.* scorrerìa
Ráil, *s.* bárra, sbárra (*di legno o di ferro*), balaustráta, cancèllo, steccáta, inferriáta, barrièra; règolo di fèrro; (*strada ferr.*) guída, ràilo, rotája di fèrro; (*mar.*) battagliuòla, sòggia; stáble —, battifiánco; cárt —s, ridòlli; — fence, steccáto, barrièra; to run off the —s, (*strade ferr.*) uscíre dalle rotáje; —, (*orn.*) francolino, re delle quáglie; wàter —, gallinèlla
— *va.* circondáre con cancèlli o balaústre; — off, separáre con steccóni o sbárre
— *vn.* (*at*) díre delle ingiúrie (di), ingiuriáre, svillaneggiáre; oltraggiáre
— -bird (*pr.* bùrd), *s.* (*orn.*) uccèllo d'América che imíta facilménte il cánto degli altri uccèlli
— -car, *s.* (*negli Stati Uniti*) vagóne di stráda ferráta
Ráiled, *a.* a rotáje, a guída   '(-trice
Ráiler, *s.* ingiuriatóre -trìce, oltraggiatóre
Ráiling, *s.* fila di cancèlli; gráta, balaústro; steccáta, balaustráta, ferriáta, parapètto di fèrro; svillaneggiaménto, contumélie, *fpl.*, ingiúrie, *fpl.*, oltrággi, *mpl.*
— *a.* vituperánte, oltraggióso
Ráilingly, *avv.* con ingiúrie, oltraggiosaménte
Ràillery, *s.* mottéggio, berteggiaménto
Ràilroad *e* Ràilway, *s.* stráda ferráta, ferrovía; — tráin, tréno, convòglio di ferrovía; branch —, trónco di stráda ferráta
— -cháir, *s.* cuscinétto delle rotáje
— -còmpany, *s.* compagnía ferroviária

— -insúrance, *s.* assicurazióne cóntro gli accidénti sulle ferrovíe
— -márket, *s.* córso delle azióni di stráde ferráte
— -sháre, *s.* azióne di stráda ferráta
— -siding, *s.* rotája laterále (per evitáre che i convògli s'incóntrino)
— -sléepers, *s. pl.* travèrsi di stráda ferráta
— -státion, *s.* stazióne di stráda ferráta
— -switch, *s.* rotája mòbile
— -tábles, *s. pl.* indicatóre delle stráde ferráte
— tèrminus, *s.* stazióne dell'úno o dell'áltro cápo d'úna ferrovía
— -tráin, *s.* convòglio, tréno di stráda ferráta
— -tùrn-pláte, *s.* piástra giránte
Ráiment, *s.* vestiménto, abbigliaménto
Ráin, *s.* pióggia; drizzling —, acquerúgiola, acquicèlla; smàll —, soft —, acquerèlla; light —, acquétta; póuring —, rovéscio di pióggia; clásing dòwn —, acquazzóne; — wàter, ácqua piována; we shall háve —, avrémo dell'ácqua
— *vn.* piòvere, cadére; caláre; it begíns to —, comíncia a piòvere; it —s, piòve; it has —ed, è piovúto
— *va.* far piòvere; far cadére, versáre; to — frogs and fishes, piòvere ráne e pésci
— -gáuge, *s.* pluviòmetro
Ráinbów, *s.* árco baléno, íride, *f.*
— -tinted, *a.* dei colóri dell'íride, dell'árco baléno
Ráindéer, *s. V.* Reíndeer
Ráininess, *s.* státo piovóso, umidità
Ráiny, *a.* piovóso, di pióggia; — wèather, tèmpo piovóso
Ráise, *va.* leváre, alzáre, solleváre, rizzáre, innalzáre, aumentáre, accréscere, aggrandíre, esaltáre, erigere, èrgere, eccitáre, risvegliáre, suscitáre, evocáre, risuscitáre, coltiváre, alleváre; to — the stàndard, alzáre la bandièra; — one from the déad, risuscitáre un mòrto; — one's vóce, alzáre la vóce; — the price, alzáre il prèzzo; — plants, coltiváre piánte; — tróops, leváre soldáti; — dèbts, far sórgere dùbbj; — dissènsions, suscitáre dissensióni; — a repórt, spárgere vóce; — one's self, innalzársi; — a púrchase, (*mar.*) dispórre un apparécchio; — the stèrn-fráme, alzáre l'arcásso, métterlo al pósto; — the stem, méttere al pósto la ruòta di prua; — a ship, raggiúngere un bastiménto a cui si dia la cáccia; — tacks and shéets! su múre e scòlte! — the fóre-tàck! su la múra di trinchétto; — him úp, rizzátelo (*in piedi*); religion —s man abòve himsèlf, la religióne innálza l'uòmo al di sópra di sé stésso
Ráiser, *s.* levatóre, innalzatóre, aggrandítóre
Ráisin, *s.* úva pássa, úva sécca; —s of the sun, sun —s, úva soleggiáta
Ráising, *s.* il leváre, il solleváre, l'innalzáre

— -piéce, *s.* (*arte del legnajuolo*) corrénte, *f.*, piàna

Rája e Rájah, *s.* rája, *m.*

Rájahship, *s.* dignità o domínio di rája

Rájpóot, *s.* rajpoot, indiáno della cásta militáre

Ráke, *s.* rástro, rastréllo; díscolo, dissolúto; (*mar.*) stélo; óven —, spázza fórno

— *va.* rastrelláre, raschiáre, raccógliere, raccattáre, frugáre in, investigáre; to — togéther, raccógliere; — a ship, dar la bordáta piéna, spazzár la náve nemíca (mandándo le pálle dalla póppa alla prúa)

— *vn.* frugáre, frugacchiáre, andár tentándo, cercáre; menár una víta sregoláta, dissolúta

Rákehell, *s.* (*volg.*) dissolúto, furfantóne, bricconáccio, *m.*

Rákehelly, *e.* di libertíno, dissolúto

Ráker, *s.* rastrellatóre -tríce, frugatóre -tríce, cercatóre -tríce

Ráking, *s.* il rastrelláre il terréno, rastrelláta, il menár una víta dissolúta

— *a.* che rastrélla, micidiále; — fíre, mitráglia che spázza i pónti di una náve per lo lúngo

Rákish, *a.* dissolúto, sregoláto, díscolo,

Rákishness, *s.* dissolutézza, libertinággio

Rálly, *va.* raccógliere, chiamár a raccólta, radunáre; motteggiáre, beffàrsi di, burláre

— *vn.* riunírsi, raccógliersi, radunársi

— *s.* (*mil.*) raccozzaménto, rannodaménto, raccólta; mottéggio, motteggiaménto

Rállying, *s.* il raccógliersi, il riordinársi

— *a.* che riunísce; — point, púnto di riunióne

Ràm, *s.* ariete, *m.*, montóne; mazzeránga; bàttering —, (*mil.*) ariéte

— *va.* arietáre, mazzerangáre, cacciár déntro con fórza, ficcáre; — dów̃n, impinzáre, cacciáre forzatamente giù, báttere la pólvere in

Ràmadan, *s.* ramadáno, quarésima de' Turchi

Ràmage, *s.* (*ant.*) rami, *mpl.* degli álberi; gorgheggiáre degli uccélli. *V.* Rummage

Ràmble, *vn.* vagáre, andár attórno, giráre, girovagáre, ramingáre, scórrere la cavallína, andár errándo, vagabondáre; — abôût, andár a zónzo, far il baloccóne

— *s.* scórsa, gíro, escursióne; to táke a —, far una scórsa

Ràmbler, *s.* randágio, persóna giròvaga, vagatóre -tríce

Ràmbling, *s.* scórsa, escursióne, l'andár errándo

— *a.* errabóndo, errante, giròvago, vagánte, vágo; to gó — abôût, andár errándo, a zónzo, ramingáre

Ràmblingly, *avv.* in modo erránte

Ràmbooze e ràmbúse, *s.* bevánda compósta di víno, birra, uòva e zúcchero

Ramificátion, *s.* ramificazióne

Ràmify, *va.* ramificáre, *vn.* ramificàrsi, dirídersi

Ràmmer, *s.* chi o che fícca; mazzeránga; (*mil.*) bacchétta; rigualcatòjo, castéllo, mácchina per affondáre i páli

Ràmmish, *a.* graveolénte, rancído, fórte, infortíto

Ràmmishness, *s.* odóre fórte, acúto; graveolénza

Ràmous, *a.* ramóso

Ràmp, *vn.* arrampicàrsi, inerpicàrsi, balzáre, scattáre

— *s.* sálto, bálzo, scésa a pendío

Ràmpancy, *s.* rigóglio, ascendénte, prevalénza

Ràmpant, *a.* predominánte; rampánte

Ràmpart, *s.* ripáro, baluárdo, bastióne, *m.*

Ràmrod, *s.* (*di fucíle*) bacchétta; (*di cannone*) lanáta, rigualcatòjo

Ràn, *pret. di* to run, córrere

Rànch, *va.* stórcere, slogáre; *V.* Wrénch

Ranchero (*pr.* ranchéro), *s.* rancéro, mandríano del Méssico

Ràncho, *s.* ráncio, villággio o tenuta ove alévansi mándre di bòvi o cavàlli nel Méssico

Ràncid, *a.* ráncido, viéto, stantío, múcido; to get —, divveníre ráncido

Rancidity, Ràncidness, *s.* rancidézza, rancidúme, *m.*

Ràncorous, *a.* piéno di rancóre, malígno

Ràncorously, *avv.* con rancóre, per rancóre

Ràncour, *s.* rancóre, ódio copérto, rúggine, *f.*; out of —, per rancóre, per angheria

Rànd, *s.* órlo, cucitúra, pézzo tagliáto

Ràndom, *s.* cáso, azzárdo, accidénte, *m.*; at —, a cáso; a zónzo; alla ciéca; all'abbandóno; to tálk at —, anfanáre, sconnéttere

— *a.* fátto a cáso, sénza oggétto determináto; — shot, cólpo (tiráto) a cáso

Ràns-déer (*meglio* rein-déer) *s.* (*zool.*) rénna

Ràng, *pret. di* to Ring

Rànge, *s.* fíla, filáre, *m.*, órdine, *m.*, ràngộ; clásse, *f.*; cérchio, ámbito, precínto, ràggio, circuíto, gíra, recínto, spázio; gíro, giráta, scópo, estensióne, portáta; graticola (*di cucína*); giogàja (*di montagne*); (*artiglieria*) portáta; withín the — of, nel cérchio di; éntro il ràggio di, alla portáta di

— *va.* ordináre, schieráre, percórrere

— *vn.* vagáre; girovagáre; pórsi in fíla, méttersi in cérchio

Rànger, *s.* chi va attórno; chi va in gíro; wóod —s, guárdie forestáli, guárdie boschíve

Ràngership, *s.* impiégo di guárdia forestále

Rànging, *s.* lo schieráre, l'assestáre; riordinaménto

Rànk, *s.* rángo, grádo, órdine, *m.*, condizióne; rángo, fíla, ríga, schiéra; soldáto sémplice; to bréak the —s, rómpere le

file; to thin the —s, diradáre le file; of high —, di álto grádo, della prima nobiltà
— va. schieráre, méttere in fila, riordináre; méttere nel númer), annoveráre
— vn. méttersi nel rángo, collocársi; stimársi, attagliársi; to — high, ésser álto locáto, si álto affáre
— a. rigoglióso; esuberánte; fòrte (di sapore, di odore); ránci·lo, puzzolénte
Rànkish, a. rancidétto, alquánto ráncido
Rànkle, vn. inciprignírsi, esacerbársi, inasprírsi; infiammársi, putrefársi, infistolírsi
Rànkly, avv. rigogliosaménte; forteménte, rancidaménte
Rànkness, s. rigóglio, esuberánza; rancidúme, m., odóre fòrte, púzzo
Rànsack, va. frugáre, frugacchiáre, ricercáre, cercáre frugándo, rovistáre, saccheggiáre
Rànsacking, s. l' átto del cercáre, frugáre, rovistáre
Rànsom, s. riscátto, prèzzo del riscátto; redensióne; (legge) táglia, múlta
— va. riscattáre, ricomperáre; (religione) riscattáre, redímere
Rànsomer, s. riscattatóre -trice
Rànsomless, a. esénte da riscátto
Rànt, vn. parláre o concionáre in mòdo trónfio, túrgido, ampollóso
— s. discórso túrgido, gónfio, ampollóso; aringa di energúmeno; anfanía, gèrgo da bacchettóne
Rànter, s. concionatóre ampollóso; predicatóre esaltáto, fanático, energúmeno
Rànting, a. trónfio, túrgido, fanático, esaltáto (pazzésco)
Rântipole, a. stordíto, scervelláto, balzáno,
Rànula, s. ranélla, tumóre sótto la lingua
Ranúnculus, s. (bot.) ranúncolo, ranóncolo
Ràp, va. picchiáre, báttere; vn., picchiáre, bussáre; to — at the dóor, picchiáre, bussáre alla pòrta; he rapped it óut that, etc. gli sfuggì detto che, ecc.
— s. pácca, picchio, picchiáta; there is a —, si picchia (alla porta)
Rapácious, a. rapáce; ingórdo, predáce
Rapáciously, avv. con rapacità
Rapáciousness, Rapàcity, s. rapacità
Ràpe, s. rátto, rapiménto; the — of the lóck, il ríccio rapíto; (bot.) rápa selvática; càvol rápa; — oil, òlio di rápa
Ràpid, a. rápido, rátto, cèlere, velóce
— s. corrènte rápida, cascáta, ímpeto
Rapìdity, s. rapidità, velocità, celerità
Ràpidly, avv. rapidaménte, con velocità
Ràpidness, s. rapidità, impetuosità
Ràpids, s. pl. corrènti rápide
Ràpier, s. spáda lúnga e sottíle; draghinássa
— -fish, s. (itt.) pésce spáda, gláro, m.
Ràpine, s. rapina, violènza, fòrza; — va. saccheggiáre, ladroneggiáre
Ràpparée, s. malvivénte, ladróne irlandése
Rappée, s. tabácco rapáto, rapè, m.

Ràpper, s. chi bátte o picchia; martèllo di pòrta
Ràpt, a. rapíto, estático; picchiáto
Ràpture, s. éstasi, f., rapiménto, traspórto
Ràptured, a. rapito, trasportáto, estático
Ràpturous, a. che rapísce, estático
Ràre, a. ráro, non comúne; ráro, difficile a trováre, pòco numeróso, rádo, scárso, singoláre, pellegríno, prelibáto; (fisica) ráro, rádo (non denso), rarificáto; (dell'arrosto) pòco cótto
Rarée-shów, s. piccol spettácolo ambulánte
Ràrefiable, a. che può éssere rarefátto
Ràrefy, va. rarefáre, rarificáre
— vn. rarefársi, rarificársi
Ràrely, avv. radaménte, di rádo; non sovénte, raraménte; ottimaménte, appuntíno
Ràreness, s. rarézza, singolarità, prelibatézza, eccellènza; (fisic.) rarézza (contrario di densità); radézza, rarefazióne
Ràreripe, a. precóce, primaticcio
Ràrity, s. singolarità, còsa rára; pellegrinità, rarità, radézza, scarsézza; rarèzza, qualità di còsa rarefátta; rarefazióne
Ràscal, s. briccóne, furfánte; mascalzóne; (caccia) cèrvo mágro (poco us.); dirty líttle —s, sózzi monélli
Rascàllion, s. paltóne, birbóne, canáglia
Rascàlity, s. furfantería, briccenáta; canáglia
Ràscally, a. dì, da briccóne, furfantésco
Ràse, va. rasentáre, scalfíre; rovináre, cancelláre; — to the gróund, distrúggere, rovináre affátto, ráder·, far ráder·e al suólo
Ràsh, a. avventáto, precipitóso, sconsideráto, arrischiáto, temerário
— s. espulsióne, eruzióne cutánea; gráno sécco
— va. tagliáre in fétte, in pezzétti
Ràsher, s. fétta sottíle di lárdo o presciútto
Ràshly, avv. avventataménte, arrischiataménte
Ràshness, s. avventatággine, f., temerità
Raskólniks, spl. Rascólnichi, dissidénti della Chiésa Greca di Rússia
Ràsp, s. (arti) ráspa; cuffína; (bot.) lampóne, m; V. Raspberry
— va. raspáre, raschiáre, limáre
Ràspberry, s. (frutto) lampóne, fámbros, m; — jam, consérva di lampóni
— -bush, s. (bot.) lampóne rovoidéo
Ràsure, s. V. Erásure
Ràt, s. (zool.) tópo, rátto; — -trap, tráppola; — -báne, tòssico, aconíto; to smell a —, (volg.) avér un quálche sentóre di, prevedére
— vn. scappársela, voltár casácca; stampáre a vil prèzzo
Ràtable, a. apprezzábile, tassábile, soggètto ad éssere tassáto
Ratafía, s. ratafía; amarásco (bevanda)
Rathn, s. V. Rattàn
Ràtch, s. (orol.) rastréllo

Ràtchet, s. ruòta dentàta, dènte d'incastratùra, ingranàggio

Ràte, s. tàssa, ràta, ragióne, proporzióne, stíma, prèzzo, valóre, gràdo, ràngo, fòrza, órdine, m., spècie, f., clásse, f; misúra, número, velocità; contribuzióne, impòsta; (com.) ragióne, córso, tariffa; first- —, di primo ràngo, di prima qualità, esímio, eccellènte; at àny —, comúnque siasi, a qualúnque prèzzo; at the — of, alla ràta di, a ragióne di; al prèzzo di; at a lów —, a buon mercáto; at a déar —, at a high —, cáro, a un prèzzo esorbitánte; prodigaménte, altaménte; first, sècond, third —, di primo, secóndo, tèrzo órdine; at this —, a quésto pàsso; first — singer, cantàute di primo órdine; the póor —s, la tàssa dei póveri
— va. far la stíma di, fissáre la ràta di; stimáre, apprezzáre, tassáre, formáre la tàssa di; dàre una sgridàta a
— vn. apprezzáre, fàre la stíma, éssere stimáto, annoverársi
— -bóok, s. ruòlo dei contribuènti (delle impòste)
— -pàyer, s. contribuènte, m. f.

Ràter, s. (poco us.) stimatóre, apprezzatóre

Ràth, — -ripe, a. (ant.) precòce, p imaticcio

Ràther, avv. piuttòsto, ánzi; alquánto, un póco; — cóld, alquánto frèddo, piuttòsto frèddo; — spiteful, sdegnosétto; — than, ánzi che; the —, tánto più che; I had —, I would —, ámo mèglio, mi sarèbbe cáro

Ratifiçàtion, s. ratificazióne, ratifica

Ràt·ffer, s. chi, che ratifica

Ràtify, va. ratificáre, confermáre; approváre

Ratihabition, s. confèrma, approvazióne, ratifica

Ràtio, s. ragióne, rappòrto, proporzióne

Ratiòcinate, vn. razi·ocináre

Ratiocinátion, s. raziocínio; il raziocináre

Ràtion, s. (mil.) razióne

Ràtional, a. razionále, ragionévole
— s. ènte, m. ragionévole, razionále

Ratiònàle, s. anàlisi ragionáta, ragióne fisica, suluzióne, spiegazióne

Ràtionalism, s. razionalismo

Ràtionalist, s. razionalísta, m.

Rationalistic } a. razionalístico
Rationalistical }

Rationalistically, avv. razionalisticaménte, in mòdo razionalístico

Ràtionally, avv. ragionevolménte, con ragióne

Ratiònàlity, s. razionalità; ragionevolézza

Ràti·nalness, s. ragionevolézza, giustézza

Ràttlins } spl. (mar.) griselle, fpl; máin —,
Ràtlines } griselle di maèstra

Ratóon, s. pollóne di cánna di zúccaro

Rattàn, s. scudíscio

Ratíéen, s. rovéscio (sorta di panno lano)

Ràtting, s. diserzióne del próprio partíto,

apostasía; the most flàgrant càse of —, l'esèmpio più flagrànte d' apostasía

Ràttle, vn. (cosa) strepitáre, fàre strèpito, romoreggiáre; to — like dice in a bòx, romoreggiáre cóme dádi in una scátola; — awáy, chiacchieráre, non rifiníre di parláre
— va. scuòtere (con strèpito), fàr tintinníre; sgridáre, rimbrottáre
— s. strèpito, fracàsso, romorío; cicaléccio, sgridáta, rabbúffo; child's —, sonáglio; yèllow —, (bot.) crèsta di gàllo; déars —, (med.) rántolo della mòrte; — -hèaded, cervèllo balzáno
— snàke, s. serpènte, m. a sonágli, caudísono

Ràttling, a. strepitóso, romoreggiánte

Ràucity, s. raucédine, f, fiochézza

Ràvage, s. stràge, f., rovina, guàsto
— va. dàre il guàsto a, saccheggiáre, rovináre, distrúggere

Ràvager, s. guastatóre, predatóre -trice

Ràve, vn. deliráre, farneticáre; èsser fuóri di sè, avér perdúto il cervèllo, vaneggiáre

Ràvel, va. avviluppáre, attortigliáre, attorcigliáre, intralciáre, intrigáre, imbrogliáre; — óut, suláre, sfilacciársi
— vn. attortigliársi, imbrogliársi, sfilacciársi

Ràvelin, s. (fortif.) rivelíno

Ràven, s. (orn.) córvo; séa- —, marangóne, m.
— va. (poet.) divoráre con avidità
— vn. predáre con rapacità

Ràvening, s. voracità canína; — a. voráce

Ràvenous, a. voráce, golóso, ávido, ingórdo

Ràvenously, avv. con voracità, avidaménte

Ràvenousness, s. voracità furiósa; avidità

Ravine (pr. ravéen), s. borróne

Raving, a. delirànte, frenètico, pàzzo

Ràvingly, avv. freneticaménte, mattaménte

Ràvish, va. rapíre, stupráre, tòrre con violènza; — (with), rapíre di, incantáre di

Ràvisher, s. rapitóre; stupratóre

Ràvishing, a. che rapísce, che incánta, incantévole

Ràvishingly, avv. in mòdo incantévole

Ràvishment, s. ràtto, rapiménto; èstasi, f; ràtto, stúpro

Ràw, a. crúdo, non còtto; scorticáto; crúdo, immatúro; acèrbo; (pers.) inespèrto, sóro, novízio, inètto, ignoránte; frésco, frèddo e úmido; grèggio; (delle ferite) esulcerato; — méat, càrne crúda; — silk, seta grèggia; — wèather, tèmpo crúdo, tèmpo frèddo e úmido; — tróops, trúppe nuove, coscritte; — -bóned, scárno, mágro e ossúto; — -hèad, spauracchio

Ràwish, a. freddíccio e umidíccio

Ràwly, avv. crudaménte; inettaménte

Ràwness, s. crudità; inesperiènza, inettézza

Ràv, s. ràggio; splendóre; (litt.) ràzza
— van. raggiáre, dardeggiáre, strisciáre

Ràyless, s. sènza ràggio, sènza lúme, bújo

Ràze, va. rasentáre, rádere, atterráre, spianáre, spiantáre; he —d the city to the

grôund, egli féce rádere al suólo la cittá
Razée, s. (mar.) bastiménto radétto, vaseéllo ráso
Rázor, s. rasójo; zánna, zànna del cinghiále;
— -strop, cuójo, corréggia da rasójo; to hàve a — set, far raffiláre un rasójo
— -bill, s. (orn.) pengoíno
— - fish, s. (itt.) coriféna
Reabsórb, va. riassorbíre
Reabsórption, s. riassorbiménto
Reaccèss, s. accèsso, accésso ottenúto per la secónda vólta
Réach, vn. sténdersi, protèndersi, giúngere, arriváre; far degli sfórzi per rècere; — into, penetráre; — after, procuráre di afferráre; — beyònd, sténdersi al di là di
— va. sténdere, protèndere, perveníre a, arriváre a, pòrgere, dáre; afferráre; I càn't — that brànch, io non arrívo colla máno quel rámo; — me an òrange, mi favorísca un'aráncia; — him his swórd, porgétegli la sua spáda; your lètter —ed me yèsterday, la vòstra lèttera mi pervènne jèri; to — a plàce, arriváre, giúngere, perveníre ad un luògo; to — fórm, — óut, protèndere
— s. portáta, estensióne, capacità, pòssa, potère, m; dóccia (di mulíno), canále, m. (di caterátta); (mil.) tíro; (med.) sfórzo per rècere o vomitáre; estensióne in línea rètta; it is beyònd my —, è fuóri della mia portáta, io non ci arrívo; within a pèrson's —, alla portáta di alcúno
Reàct, vn. reagíre, resístere; (teat.) rappresentáre di nuòvo, replicáre
Reàction, s. reazióne
Réad (pas. rèad), va. lèggere; — alóud, — óut, lèggere ad álta vóce; — on, seguitáre a lèggere; — throúgh, — óver, lèggere tútto (gere
— vn. lèggere; fáre lettúre; — agàin, rilég-
Rèad (pret. di Réad), a. che ha lètto, istrútto, saputo, scienziáto; well —, che ha lètto mólto, dòtto, erudíto
Réadable, a. che si può lèggere, leggíbile, che si lègge con piacére, améno
Réader, s. lettóre -tríce, leggitóre -tríce; prôto, correttóre di stampería; Gèntile —, benígno lettóre; a greát —, uno che áma a lèggere e che lègge mólto
Réadership, s. (relig.) uffízio di lettóre
Réadily, avv. prontaménte, speditaménte, sollecitaménte, súbito, mólto volentiéri
Réadiness, s. prontézza, speditézza, vivacità, dispostézza, agevolézza, disinvoltúra
Réading, s. il lèggere, lettúra; sènso, significáto; — bóok, líbre di lettúra; — -desk, leggío; — -róom, gabinétto di lettúra
Readjoùrn, va. prorogáre di nuòvo, differíre
Readjùst, va. riattáre, raggiustáre, rassettáre
Readjùstment, s. riattaménto; raggiustaménto, raffazzonaménto, rassettatúra

Readmission, s. riammissióne, riammissióne, novèlla, secónda ammissióne
Readmit, va. riammèttere, ammèttere di nuòvo
Readmittance, s. riammissióne
Readórn, va. adornáre, decoráre di nuòvo
Rèady, a. prónto, apparecchiáto, lèsto, in púnto, spedíto, dispósto, disinvòlto, svèlto, vivàce, vívo; to màke —, apparecchiáre, allestíre; to get —, preparársi, méttersi in púnto; — mòney, prónto contánte, danári contànti
— s. (volg.) danári contánti
— avv. già, di già, alla minúta; — máde clóthes, ábiti fátti
Reaffirm, va. riaffermáre, affermáre di nuòvo
Reàgent, s. (chím.) reagènte, m., reattívo
Reaggravátion, s. (legge) último monitòrio
Rèal, a. reàle, véro, veráce, effettívo, sincèro, schiètto; — estáte, béni immóbili, béni stábili; thé — àssets, l'attívo in béni immóbili
Réalism, s. (filos.) realísmo, dottrína dei realísti
Reàlgar, s. (chím.) risigállo, sandrácca minerále
Réalist, s. (filos.) realísta, m.
Realístic, s. (filos.) realístico
Reàlity, s. realità, verità, sostánza, effètto; in —, in reàltà, realmènte, in effètto
Réalizable, a. effettuábile, eseguíbile
Realizátion, s. realizzazióne, f., eseguiménto
Réalize, va. realizzáre, effettuáre, eseguíre
Réalédge, va. allegáre di nuòvo
Réally, avv. realmènte, in reàltà, veraménte
Rèalm, s. règno, reáme, m; govèrno reàle
Rèam, s. rísma (di cárta); twenty —, vénti rísme
Réaming, s. allargaménto di fóri (col punteruòlo)
Reànimate, va. rianimáre, rincoráre
Reanimátion, s. l'àtto di rianimáre
Reannèx, van. riannèttere, annèttere di nuòvo
Reannexátion, s. riannessióne, rinnováta annessióne
Réap, va. miètere, ricógliere, ricaváre
Réaper, s. mietitóre -tríce
Réaping, s. mietitúra, mèsse, f; — -hòok, falciuóla; falcétto, pennáto; — -tíme, tèmpo della raccòlta, mietitúra
Reappárel, va. rivestíre, riornáre
Reappéar, vn. riapparíre, ricomparíre
Reappéarance, s. riapparizióne, ricompársa
Réapplication, s. riapplicazióne
Reapply, va. riapplicáre; vn. riapplicársi; indirizzársi di nuòvo
Reappóint, va. disegnáre, nomináre di nuòvo
Reappóintment, s. nuòvo appuntaménto, nuòva nòmina
Rèar, s. última clásse, última colónna, retroguárdia; il di diètro; to bring up the

—, andáre di retroguárdia; — àdmiral, contr'ammiráglio
— a. póco cótto, quási crúdo
— va. leváre; in alzáre; rizzáre, alleváre; — the stàndárd, rizzáre la bandiéra; — a chíld, alleváre un figliuólo (meglio bring up)
— vn. (dei cavallí) impennársi, inalberársi
Rearmóuse, s. (ant.) pipistréllo, nóttola
Rearward, s. última schiéra; última párte
Reascènd, van. rimontáre, risalíre
Reascènsion, s. nuòvo ascendiménto
Reascènt, s. nuòva salíta, montáta
Réason, s. ragióne, intellettíva; raziocínio; ragióne, cagióne, cáusa; perchè, m., motívo; ragióne, argoménto, próva, diritto; I gáve him the — of it, gliéne diédi la ragióne; tell me the —, said I, dítemi il perchè, diss'io; to tálk —, parlár sensataménte; by — of a cagióne di; to bring a pèrson to —, méttere uno alla ragióne
Réason, vn. ragionáre, disputáre, discórrere
— va. ragionáre, persuadére; — one into a thing, persuadére, indúrre (con argoménti) uno a fáre una còsa
Réasonable, a. ragionévole, giústo, moderáto
Réasonableness, s. ragionevolézza, giustézza
Réasonably, avv. ragionevolménte, con ragióne
Réasoner, s. raziocinatóre -tríce, ragionatóre -tríce; a close or sùbtíle — raziocinatóre sottíle
Réasoning, s. ragionaménto, il ragionáre
Réasonless, a. sénza ragióne, irragionévole
Reassèmblage, s. riadunaménto
Reassèmble, va. riadunáre; vn. riadunársi
Reassèrt, va. asseríre di nuòvo, riaffermáre
Reassign, va. riassegnáre; riapplicáre; fissáre di nuòvo (legge) retrocédere
Reassúme, va. riassúmere, assúmere di nuòvo
Reassùmption, s. riassunzióne, riprésa
Reassúrance, s. (com.) nuòva assicurazióne
Reassúre, va. riassicuráre, assicuráre di nuòvo
Réave, va. (poet.) involáre; portár via per fòrza; V. Beréave
Rebàptism, s. ribattezzaménto
Rebaptíze, va. ribattezzáre, battezzáre di nuòvo
Rebaptízer, s. ribattezzánte, m. (nuòvo
Rebáte, va. spuntáre, rintuzzáre; ribáttere
Rébeck, s. ribéca, ribéda, violíno a tre còrde
Rebèl, vn. ribellársi; solleversársi
Rébel, s. ribélle, rubéllo; — a. ribélle, rivoltóso
Rebèllion, s. ribellióne, ribellaménto
Rebèllious, a. ribélle, rubéllo, rivoltóso
Rebèlliously, avv. in mòdo ribellánte
Rebèlliousness, s. qualità di èssere rubéllo, státo rivoltóso
Rebèllow, va. rimugghiáre
Reblòssom, vn. rifioríre, tornáre a fioríre
Rebòil, va. far ribollíre

Rebóund, vn. rimbalzáre; ribáttere, ripercuòtere
— s. rimbálzo, ripercussióne
Rebráce, va. attaccáre, stríngere di nuòvo; rinforzáre, ricostituíre
Rebréathe, vn. tornáre a respiráre, respiráre di nuòvo
Rebùff, s. rabbúffo; cólpo subitáneo; accèsso
— va. dáre un rabbúffo a, rabbuffáre
Rebuild, (pas. anche rebuilt), va. rifabbricáre, riedificáre
Rebùkable, a. riprensíbile; biasimévole
Rebúke, va. ripréndere, rimproveráre
— s. riprensióne, rimpróvero, sgridàta
Rebúker, s. riprensóre, rimproveratóre
Rébus (pl. rébuses), s. rébus, m; equívoco; enimma, m.
Rebùt, va. ributtáre; rifiutáre, respíngere
Rebùtter, s. (legge) controrispósta
Recalcitrátion, s. ricalcitraménto
Recàll, va. richiamáre, far ritornáre; revocáre, annulláre
— s. richiámo, rèvoca, rivocazióne
Recànt, va. ritrattáre, revocáre, disdíre
— vn. ritrattársi, disdírsi (détta
Recantátion, s. ritrattazióne; palinodía; disRecànter, s. chi si ritrátta; chi cánta la palinodía
Recapàcitate, va. capacitáre di nuòvo
Recapìtulate, va. recapitoláre, riepilogáre
Recapitulátion, s. ricapitolasióne
Recapìtulatory, a. ricapitolatívo, che ricapítola
Recàptor, s. ricuperatóre (della préda)
Recàpture, s. cattúra ricuperáta, riscóssa
— va. ricuperáre una cattúra
Recàrry, vn. riportáre, portáre indiètro
Recást, va. (pas. recàst), rifóndere, rigettáre, fóndere, gettáre di nuòvo; contáre, sommáre di nuòvo (dáto
Reed, abbrev. di Recéived, ricevúto, salRecéde, vn. recédere, indietreggiáre
Recéipt, s. ricevúta, riceviménto, quitànza, sáldo; (med.) ricètta, prescrizióne, incásse, sómma incassáta, riscóssa, riscossióne; to acknówledge the — of, accusáre riceviménto di; in — of, áll demànds, in sáldo; give me a —, dátemi la ricevúta, la quitánza; to pùt a — to, méttere il sáldo a, quitanzáre; I was dùly in — of your favour of, ricevéi a suo tèmpo la favoríta vòstra del...
— va. (com.) quitanzáre, méttere il sáldo a
Recéipted, a. saldáto, pagáto; — bill, cónto pagáto
Recéivable, a. che si può o si deve ricévere; accettàbile, ammissíbile; (com.) da ricévere, da incassáre
Recéive, va. ricévere, ottenére; ricévere, accettáre, accògliere; ricettáre, celáre, amméttere; — kindly, well, accògliere amorevolménte, fáre buòna accogliénza a,

vedér di buon òcchio; — tàxes, riscuòtere le tàsse

Recéíver, *s.* ricevitóre -trìce, accoglitóre -trìce, ricettatóre -trìce; (*fisica*) recipiènte; — géneral, ricevitóre generále; recéíver's òffice, ricevitoría; the — is as bad as the тнíéf, (*proverbio*) tanto è colpévole chi rúba, cóme chi tiéne il sácco

Recéíving, *s.* riceviménto, accoglimento, accogliènza; — -hõùse (*poste*), piccolo offício; — -bòx, cassétta delle léttere

Récency, *s.* dàta recènte, novità, freschézza

Recènsion, *s.* recensióne; rivísta, esáme, *m.*

Récent, *a.* recènte, nuòvo, novèllo, frésco

Récently, *avv.* recenteménte, di recènte

Récentness, *s.* dàta recènte, novità, freschézza

Recèptacle, *s.* ricettácolo, asílo, ricóvero

Recèption, *s.* ricevúta; ricezióne; accogliènza; maniéra di ricévere, ricevimento, accoglimento, accogliènza

Recèptive, *a.* ricettívo, àtto a ricévere

Recèss, *s.* recèsso; ritíro; luògo ritiráto; váno; ripostíglio; nascondíglio; (*parl.*) vacànze, *fpl.*, intervàllo; window —, váno di una finèstra; the inmost —es of the heàrt, i più segréti ripostígli del cuòre; the Éaster —, le vacànze di Pásqua

Recèssion, *s.* ritiraménto, recedimento, desistènza

Rechánge, *va.* cangiáre di nuòvo, ricambiáre

Rechàrge, *va.* accusáre l'accusatóre; (*mil.*) riassalíre, ricaricáre

Recheat, *s.* (*caecía*) richiámo

Rechóose, *va.* scègliere di nuòvo, rielèggere

Rechósen, *a.* scèlto, elètto di nuòvo

Recidivàtion, *s.* recidíva, ricadúta

Rècipe, *s.* ricètta, rècipe, *m.* prescrizióne

Recípient, *s.* recipiènte, *m.*

Recíprocal, *a.* recíproco, mútuo, scambiévole, vicendévole

Recíprocally, *avv.* reciprocaménte, scambievolménte, vicendevolménte

Reciprocalness, *s.* vicendevolézza; cámbio

Recíprocáte, *va.* rèndere la paríglia, contraccambiáre; ricompensáre (lézza

Reciprocátion, *s.* reciprocazióne, scambievo-

Recipròcity, *s.* scambievolézza, contraccámbio, reciprocazióne, reciprocità

Recísion, *s.* recidimento, recisióne

Recítal, *s.* raccónto, narrazióne, ragguáglio, relazióne, lettúra, ripetizióne, rècita

Recitátion, *s.* recitazióne, rècita, narrazióne

Rècitative, *a. s.* recitatívo

Recitatívely, *avv.* in fórma di recitatívo

Recíte, *va.* recitáre, dire a mènte; recitáre, raccontáre, — *vn.* recitáre (*in pubblico*)

Recíter, *s.* recitatóre -trìce, narratóre -trìce, raccontatóre -trìce

Rèck, *vn.* (*poet.*) curáre, badáre, curársi, dàrsi pensiéro; (*cosa*) importáre; *va.* curársi di; whàt —s it? che impórta? it —s

me not, non me ne cále, non me ne cúro

Rèckless, *a.* negligènte, trascuráto; (*poet.*) che non si cúra, indifferènte

Rècklessness, *s.* indifferènza, non cále, *m.*

Rèckon, *va.* contáre, computáre; calcoláre; contáre, riputáre, stimáre; — withõùt one's hóst, fáre i cónti sènza l'òste; dòn't — your chickens befóre they are hàtched,(*proverbio*) non dir quàttro se tu non l'hai nel sácco

— *vn.* contáre, calcoláre; — on, upòn, far assegnaménto sópra, far capitále di

Rèckoner, *s.* calcolatóre -trìce; contatóre, computísta, *m.*

Rèckoning, *s.* cónto; scòtto; stíma; (*mar.*) púnto; dèad —, ròtta stimáta; shórt —s màke long fríènds, (*proverbio*) cónti chiári amicízia lúnga; his wífe is néar her —, la sua móglie è vicína al suo tèrmine, vicína al pàrto

Reclàim, *va.* reclamáre, richiamáre, far reclámo, rimandáre; corrèggere, riformáre; he is not to be?—éd, egli è incorreggíbile

— *vn.* riclamáre, esclamáre, gridáre; — agàínst, oppórsi a, biasimáre

Reclàimable, *a.* che può èssere reclamáto, ridomandáto; che può èssere riformáto, correggíbile

Reclàimant, *s.* reclamánte, *m. f.*

Reclamátion, *s.* richiamaménto, reclamazióne, rifórma, correzióne

Reclíne, *va.* reclináre, appoggiáre, adagiáre — *vn.* inclinársi, appoggiársi, adagiársi, sdrajársi (chino

Reclíning,.*a.* inclináto, appoggiáto, chináto,

Reclóse, *va.* richiùdere

Reclúse, *a.* ritiráto, rinchiúso, segréto

— *s.* persóna solitária, eremíta, *m.*, mònaco

Reclúsely, *avv.* nel ritíro, nella solitúdine

Reclúseness, *s.* segregazióne dal móndo, ritíro claustrále

Reclúsion, *s.* ritiratézza, ritíro, solitúdine, *f.*

Reclúsive, *a.* claustrále, di ritíro, d'eremíta

Recoagulátion, *s.* secónda coagulazióne

Recognition, *s.* ricognizióne, riconoscimento; (*teat.*) agnizióne, *f.*

Recógnitor, *s.* (*legge*) giuráto (della córte d'assíse)

Recógnizable, *a.* riconoscíbile

Recógnizance, *s.* il riconóscere, il ravviáre; ségno, márca, indízio; (*legge*) scrittúra d'òbbligo, malleverìa

Rècognize, *va.* riconóscere, ravvisáre, raffiguráre

— *vn.* (*legge*) sottoscrívere un'obbligazióne davànti a un magistráto

Recógnizée, *s.* (*legge*) persóna a cui favóre è sottoscrítta un'obbligazióne davànti al magistráto

Recognizòr, *s.* (*legge*) soscrittóre -trìce, d'un òbbligo avànti un magistráto

Recõll, *vn.* rinculáre; (*de' cannoni*) rincu-

láre, arretrársi; indietreggiáre; ritornáre di rimbálzo
— *s.* rinculáta, rinculaménto, retrocediménto
Recōin, *va.* riconiáre, rifóndere (*la moneta*)
Recōinage, *s.* il riconiáre, il rifóndere le monéte; le monéte riconiáte
Rècollèct, *va.* raccógliere, radunáre, raccapezzáre; ricordársi di, rammemorársi di
— *vn.* ricordársi, rammentársi, raccappezzársi; I do not —, non mi raccapézzo; I cannot — his náme, non pòsso ricordármi il suo nóme; to — one's self, raccappezzársi, ricordáre
Rècollèction, *s.* ricordánza, rimembránza, ricórdo, memòria, reminiscènza
Recollèctive, *a.* che può ricordáre
Recombination, *s.* nuóva combinazióne
Recombíne, *va.* combináre, uníre di nuóvo
Recōmfort, *va.* riconfortáre, rincoráre
Recommènce, *va.* ricominciáre
Recommèncement, *s.* ricominciaménto
Rècommènd, *va.* raccomandáre; I was —ed to táke éxercise, mi fu raccomandáto·di far del mòto
Recommèndable, *a.* raccommendábile
Recommèndátion, *s.* raccomandazióne; lètter of —, commendatízia, léttera di raccomandazióne
Recommèndatory, *a.* ráccomandatòrio, di raccomandazióne
Recommènder, *s.* raccomandatóre ·trice
Recommìssion, *va.* nomináre, delegáre di nuóvo
Recommit, *va.* imprigionáre di nuóvo; processáre di nuóvo · · · (procèsso
Recommitment, *s.* nuóva carcerazióne, nuóvo
Recommúnicate, *va.* comunicáre di nuóvo
Recompàct, *va.* ricostituíre, ristabilíre, ricongiúngere
Récompense, *s.* ricompénsa, rimunerazióne
— *va.* ricompensáre, rimuneráre
Recompóse, *va.* ricompórre, compórre di nuóvo; rasserenáre; (*típ.*) ricompórre ·
Recompoáltion, *s.* nuóva composizióne
Rèconcílable, *a.* riconciliábile
Reconcílableness, *s.* possibilità di riconciliáre; di conciliáre, compatibilità
Rèconcíle, *va.* riconciliáre, conciliáre, accordáre; I was —d to my fáte, mi rassegnái al mio destíno
Reconcílement, *s.* riconciliaménto, riconciliazióne
Rèconcíler, *s.* riconciliatóre ·trice, pacière, *m.,* pacièra
Rèconcíliátion, *s.* riconciliazióne ·
Reconcíliatory, *a.* riconcíliánte
Recondénse, *va.* condensáre di nuóvo
Recōndite, *a.* recóndito, occúlto, segréto
Recōnditory, *s.* depósito, magazzíno
Recondùct, *va.* ricondúrre, rimenáre
Reconfìrm, *va.* riconfermáre ·
Recōnjòin, *va.* ricongiúngere

Reconnoître (*pr.* recōnnōiter), *va.* (*mil.*) riconóscere, fáre una ricognizióne; — *vn.* riconóscere
Recònquer, *va.* riconquistáre, ricuperáre
Recònsecráte, *va.* riconsecráre, riconsacráre
Recònsecrátion, *s.* riconsacrazióne
Reconsìder, *va.* riconsideráre
Reconsiderátion, *s.* riconsiderazióne
Reconstrùct, *va.* ricostruíre, riedificáre
Reconstrùction, *s.* ricostruzióne, riedificazióne
Reconvéne, *va.* radunáre, convocáre di nuóvo
Reconvèrt, *va.* riconvertíre
Reconvey (*pr.* reconvà), *va.* trasportáre di nuóvo
Reconveyance (*pr.* reconváance), *s.* il trasportáre di nuóvo; (*legge*) retrocessióne
Recòrd, *va.* registráre, iscrívere, arroláre, ricordáre, riferíre, raccontáre, annunziáre, ripétere, cantáre, celebráre, festeggiáre
Rècord, *s.* registro, átto público registráto; —s, annáli, *mpl.,* archívi, *mpl;* ricórdo, memória, monuménto; ségno, indízio; públic —s, archívi; to bèar —, dáre testimoniánza; wòrthy of —, meritévole di ·ricórdo; kéeper of the —s, archivísta, *m.*
Recòrder, *s.* attuário, archivísta, *m.;* segretário municipále, giúdice, *m;* sórta di zúfolo (*ant.*)
Recòrdership, *s.* cárica d'áttuário, d'archivísta
Recòunt, *va.* raccontáre, narráre, riferíre
Recòuntment, *s.* raccónto, narrazióne
Recòurse, *s.* ricórso; ricóvero; to hàve — to, ricórrere a
Recòver, *va.* ricuperáre, riacquistáre, riprèndere, riavére; — ricuperáre (*la salute*), ristabilíre; — one's self, riavérsi
— *vn.* ristabilírsi, rimèttersi, riavérsi, rifársi; stár mèglio, guaríre, risanáre
Recòverable, *a.* che può èssere ricuperáto
Rècoverée, *s.* (*legge*) persóna condannáta a restituíre
Recòveror, *s.* (*legge*) persóna che in virtù di senténza rièntra in possèsso di una còsa
Recòvery, *s.* ricuperazióne, ricuperaménto, ristabilíménto, guarigióne; past —, incurábile, irremediábile
Rècreant, *s.* poltróne, codárdo, infído
— *s.* vigliácco, codárdo, apóstata, *m.* (tírsi
Recreáte, *va.* ricreáre; *vn.* ricreársi, diverRecreátion, *s.* ricreazióne, divertiménto
Recreátive, *a.* ricreativo, sollazzévole
Rècrement, *s.* scòria, féccia, recreménto
Recreméntal, *a.* piéno di scòria, faccióso
Recrimináte, *van.* recrimináre
Recriminátion, *s.* recriminazióne
Recrimínátor, *s.* chi recrimina, recriminatóre ·

Recrudèscence | *s.* (*med.*) recrudescènza
Recrudèscency |
Recrudèscent, *a.* r cerudescênte
Recrûit, *va.* reclutáre; rinforzáre; ristabilíre, supplíre; — a règiment, reclutáre un reggimento; — one's sèlf, riméttersi in pièdi, ristorársi, riavêrsi
Recrûit, *vn.* ristabilírsi, ristorársi; riguadagnáre la salúte; andáre reclutándo
— *s.* reclúta, soldáto reclutáto
Recrûiting, recrûitment, *s.* reclutamênto; rinvigorimênto
Recrÿstallíze, *vn.* cristallizzársi di nuóvo
Rectàngle, *s.* (*geom.*) rettàngolo
Rectàngular, *a.* rettàngolo
Rectàngularly, *avv.* ad ángoli rètti
Rèctifïable, *a.* che si può rettificáre, rettificàbile
Rectifïcàtion, *s.* rettificamênto, rettificazióne
Rectifïer, *s.* rettificatóre -trice
Rèctifÿ, *va.* rettificáre, raddrizzáre, corrèggere
Rectilïnear, *a.* rettilíneo
Rèctitude, *s.* rettitúdine, *f.*, dirittúra
Rèctor, *s.* rettóre, governatóre, piováno, párroco; direttóre, rettóre, cápo di collêgio
Rèctoràte, *s.* rettoráto, cárica di rettóre
Rectórial, *a.* di piováno, di rettóre
Rèctorship, *s.* dignità, ufficio di rettóre
Rèctory, *s.* rettoría; parrócchia; beneficio; cárica di rettóre, cása del curáto
Rèctress | *s.* rettrice, *f.* reggitrice, *f.*
Rèctrix |
Rèctum, *s.* (*anat.*) l'intestíno rètto
Recùmb, *vn.* reclináre, giacér disteso o appoggiáto (a guisa degli antíchi Románi a mênsa)
Recùmbence | *s.* státo di persóna sdrajáta, appoggiáta; ripóso, riláscio, inêrzia
Recùmbency |
Recùmbent, *a.* giacênte, sdrajáto, adagiáto
Recùmbently, *avv.* in pòsa reclinánte, in giacitúra di ripóso
Recuperátion, *s.* ricuperamênto
Recùr, *vn.* ricórrere, accadére di nuóvo; ritornáre, presentársi di nuóvo, venír in mênte; ricórrere, aver ricórso a
Recùrrence, *s.* ritórno; ricorrimênto; of frèquent —, che ritórna spêsso, che accáde di frequênte
Recùrrent, *a.* ricorrênte, periódico
Rècusant, *s.* ricusánte, *m. f.*; non conformísta, *m. f.*
Rèd, *a.* rósso; to get —, diventár rósso, arrossíre; a róbin —breást, (*orn.*) un pettirósso; — -hot iron, férro rovénte; — faced, rubicóndo; — -háired, rosso criníto, dai péli róssi; the — cóats, i militári (*inglesí*); the — shirts, le camície rósse (*t Garibaldíni*)
— *s.* rósso; cólór rósso

— -hòt, *a.* rovénte, rósso, infocáte; — iron, férro rovénte
Redàction, *s.* redazióne, il ridúrre
Rèdden, *vn.* arrossíre; *va.* fáre arrossíre
Rèddish, *a.* rossíccio, alquánto rósso
Rèddishness, *s.* color rossíccio; rossézza
Reddítion, *s.* rendimênto; il restituíre; résa
Rèddle *s.* (*min.*) sanguígna; rúbrica
Redéem, *va.* redímere, riscattáre, ricompráre, liberáre; compensáre; — one' sèlf, riscattársi
Redéemable, *a.* redimíbile, che si può riscattáre
Redéemableness, *s.* natúra redimíbile; (*fïnanze*) natúra rimborsábile
Redéemer, *s.* redentóre -trice; chi riscátta, chi redíme; the —, il Redentóre, il Salvatóre
Redéeming, *a.* che redíme, riscátta, che compénsa
Redelíver, *va.* restituíre, réndere, liberáré di nuóvo
Redelívery, *s.* restituzióne
Redemànd, *va.* ridomandáre
Redemíse, *va.* retrocèdere; *s.* retrocessióne
Redèmption, *s.* redenzióne, *f.*, riscátto; beyónd — irremissibilménte
Redèmptioner, *s.* redentóre di sè stésso; anticaménte uno che servíva a bórdo per pagáre il tragítto in América
Redèmptive, *a.* rediménte
Redèmptorist, *s.* (fráte) redentorísta, *m.*
Redèmptory, *a.* pagáto pel riscátto
Redescènd, *vn.* scéndere di nuóvo
Redénted, *a.* (*bot.*) seghettáto
Redíntegrate, *a.* reintegráto, rinnováto
— *va.* reintegráre, rinnováre, ristabilíre
Redintegrátion, *s.* reintegrazióne, ristáuro
Redisseíin, *s.* (*legge*) azióne possessória
Redisseísor, *s.* (*legge*) persóna che riéntra in possésso dopo un' evizióne
Rèdly, *avv.* in rósso, di colór rósso
Rèdness, *s.* rossézza, rossóre
Rèdolence, rèdolency, *s.* olézzo, fragránza
Rèdolent, *a.* odorífero, ridolênte, olezzánte
Redoùble *va.* raddoppiáre; *vn.* raddoppiársi
Redoùbt, *s.* *V.* Redoût
Redoùbtable, *a.* formidábile, terríbile, tremêndo
Redoùbted, *a.* temúto, formidábile, tremêndo
Redoùnd, *va.* ridondáre; risultáre; avanzáre
Redoût, *s.* (*mil.*) ridótto, fortíno
Redrèss, *va.* drizzáre, raddrizzáre, riformáre, corrèggere, rimediáre a, réndere giustízia, far réndere giustízia; — a griévance, corrèggere un abúso
— *s.* rifórma, correzióne, emendazióne
Redrèsser, *s.* riformatóre -trice, correttóre trice
Redúce, *va.* ridúrre, abbassáre, diminuíre
Redúcement, *s.* riducimênto; *V.* Reduction

Redúcer, s. riducitóre, riduttóre, chi ridúce
Redúcible, a. riducíbile, che può ridúrsi
Redúcibleness, s. possibilità di ridúrre
Reduction, s. riduzióne riduciménto; diminuzióne, ribásso; conquísta, sottomissióne
Reductive, a. riduttívo, riducènte
Reductively, avv. per riduzióne
Redundance, redùndancy, s. ridondánza; superfluità
Redùndant, a. ridondánte; supèrfluo
Redùndantly, avv. soprabbondanteménte
Redúplicáte, va. raddoppiáre; a. raddoppiáto
Reduplicátion, s. raddoppiaménto, auménto
Redúplicative, a. reduplicatívo, dóppio
Rédwing, s. (orn.) tórdo rósso
Reècho, vn. echeggiáre ripetutaménte; recáre, risonáre
— s. èco ripetùto, rimbómbo
Réed, s. cànna, sampógna, fístola; avéna, linguétta (mus.); páglia; fréccia; — plot, cannéto
Reèdify, va. riedificáre, rifabbricáre
Réedy, a. cannóso, piéno di cànne
Réef, caténa di scògli sott'ácqua; (mar. di vela) terzaruòlo; — -línea, rízze
— va. (mar.) agguantáre, rizzáre, far terzaruòlo; prèndere una máno
Réek, vn. fumáre, esaláre vapóri, svaporáre
— s. fúmo, fumajólo, esalazióne di un córpo úmido, vapóre
Réeky, a. fumóso, fumánte, caliginóso
Réel, s. áspo; náspo; guíndolo; arcolájo
— va. innaspáre; aggomitoláre; vn. (pers.) barcolláre, vacilláre, brilláre; to — off, agguindoláre; my head—s, mi gíra il cápo
Réeling, s. barcollaménto; vacillaménto
Re -elèct, va. rieléggere
— -eléction, s. rielezióne, secónda elezióne
— eleġibility, s. rieleggibilità, capacità di èsser rielètto
— -eleġible, a. rieleggíbile
— -embárk, va. rimbarcáre; vn. rimbarcársi
— -embàttle, va. schierár di nuóvo in (órdine di) battáglia
— -embòdy, va ridár córpo a, incarnáre di nuóvo
— -enàct, va. ordináre, decretáre nuovaménte
— -enfórce, V. Reinfórce
— -engáġe, va. impegnáre di nuóvo
— -engáġement, s. òbbligo, pátto nuóvo
— -enkindle, va. V. Rekindle
— -enlist, va. arruoláre di nuóvo
— -enlistment, s. nuóvo arruolaménto
— -ènter, va. rientráre, entráre di nuóvo
— -ènrurono, va. intronizzáre di nuóvo
— -èntrance, s. rientraménto; ristáuro
Réermouse, s. pipistréllo
Re-estàblish, va. ristabilíre, ristáuráre
— -estàblisher, s. chi ristabilísce, ristauratóre -trice
— -estàblishment, s. ristabiliménto, ristáuro

Réeve, s. castáldo, guardiáno di fèudo
—, s. (orn.) cavaliére imautòpo fèmmina
— (pas. rove) va. (mar.) infiláre, passáre una còrda
Re-exàmination, s. secónda esaminazióne
— -exàmine, va. esamináre di nuóvo; verificáre
— -expórt, va. esportáre di nuóvo
Refèction, s. refezióne, ristóro; refezióne, colazióne, pásto dei religiósi
Refèctive, a. ristorativo; — s. cíbo che ristóra (collegio
Refèctory, s. refettório (di convento, di
Refèr, va. riferíre, rimandáre, rimèttere; riferíre, rapportáre, indirizzáre, dirígere; I — it to you, lo riferísco, lo rimètto a voi, mi sto al vòstro parére
— vn. riferírsi, rapportársi, appellársi, allúdere
Rèferable, a. riferíbile, assegnábile
Referèe, s. árbitro
Rèference, s. relazióne; allusióne, f., rappórto; allusióne, indízio avviso (sulla solvibilità di alcuno); arbitráto, giudício d'arbitro; rimándo, richiámo, chiamáta, nòta; raccomandazióne; in reference to, in relazióne a, riguárdo a, in quánto a, a propósito di; to hàve respéctable —s, avére persóne riguardévoli, alle quáli uno pòssa riferírsi
Referèndary, s. referendário; relatóre
Referèntial, a. che contiène una riferènza
Refermènt, va. fermentáre di nuóvo
Refèrrible, a. che può riferírsi, riferíbile
Refíne, va. raffináre, affináre, purgáre, purificáre, pulíre, ornáre
— vn. raffinársi, affinársi, purificársi
Refíned, a. affináto, raffináto, purificáto, ripulíto, forbíto; cólto, elegánte
Refínedly, avv. con raffinatézza, con eleganza
Refínedness, s. raffinatézza, raffinaménto
Refínement, s. l'affináre, raffináre, purificáre, raffinaménto, raffinatézza, eleganza
Refíner, s. raffinatóre, affinatóre
Refínery, s. affineria (di metálli); raffineria (di zúcchero) (táre
Refit, va. ripiráre, racconciáre; (mar.) riattaménto (di zúcchero)
Refìtment, s. riparazióne; riassettaménto; (mar.) riattaménto
Reflèct, va. riflèttere, ripercuòtere, rimandáre, riverberáre; to — a ráy of líght, riflèttere, rimandáre un rággio di lúce
— vn. riflèttere, èsser ripercòsso; riflèttere, rumináre, ponderáre, pensáre; ricadére, ritornáre, rinfrángersi, ripercuòtersi; to be —ed in, ripercuòtersi in; to — upón, pensáre, riflèttere sópra; — upón a pèrson, criticáre, biasimáre alcúno; to be —ed on, èssere censuráto, biasimáto
Reflèctent, a. ripercussívo; riverberánte
Reflèctible, a. riflessíbile, che può riflèttersi

Reflècting, a. che ripercuòte, che rivêrbera; riverberànte; riflessívo; mediànte

Reflèctingiy, a con riflessiióne, con biásimo

Reflèction, s. riflessióne, rivêrbero; riflèsso, riflessióne, ponderazióne; biásimo, censúra

Reflèctive, a. riflessívo, ripercussívo, riflessívo, meditatívo

Reflèctor, s. chi riflètte, consideratóre; che ripercuòte, riverberatóre, spècchio di un canocchiále

Réflex, a. riflèsso, ripercòsso, riverberáto
— s. (física) riflèsso; V. Reflèction

Reflexibility, s. riflessaibilità

Reflèxible, a. riflessíbile

Reflòùrish, vn. rifloríre, fioríre di nuòvo

Reflòw, vn. rifluíre

Réfluence, réfluency, s. riflússo

Rèfluent, a. rèfluo, che fluísce di nuòvo; — tíde, riflússo (della marèa)

Réflux, s. riflússo

Refòcillate, va. rifocilláre, ristoráre

Refòrm, va. riformáre; — abúses, riformáre abúsi; — vn. riformársi, compórsi
— s. rifórma, riformazióne

Reformádo, s. fràte riformáto; (mil.) ufficiále in aspettatíva, in rifórma

Rèformation, s. rifórma, riformazióne; (religione) rifórma, riformazióne; (política)

Rèformative, a. riformatívo (rifórma

Reformatory, a. tendènte, átto a riformáre

Reformer, s. riformatóre, correttóre

Reformist, s. riformáto, protestánte, m. f; riformísta, m., partigiáno d'una rifórma

Refònd, va. rifóndere .

Refràct, va (fis.) rifrángere, riflèttere

Refràction, s. rinfragiménto, rifrazióne

Refràctive, a. rifrattívo, rifrángue

Refràctoriness, s. resistènza ostináta, caparbietà, perversità, opposizióne faziósa

Refràctory, a. capárbio, refrattário, rubèllo

Rèfragable, a. refragàbile, confutàbile

Refráin, va. raffrenáre, reprímere
— vn. (from) raffrenársi, contenérsi, astenérsi, ristársi; to — one's tòngue, tenérsi la língua; I could not — fróm gázing on her, non potéi restármi dal vagheggiárla
— s. ritornèllo di una canzóne

Refrangibility, s rifrangibilità

Refràngible, a. rifrangíbile, rifrattívo

Refrenàtion, s. raffrenaménto

Refrèsh, va. rinfrescáre, rifocilláre, ristoráre, rinvigoríre, ricreáre; — one's self, ristorársi, rifocillársi, rinvigorírsi, rinfrescársi, refrigerársi (frèsca

Refrèsher, s. chi, che ristóra, refrígera, rin-

Refrèshing, a. che rinfrèsca, refrígera, ricrèa; rinfrescànte, rinvigorènte

Refrèshingly, avv. in mòdo rinvigorènte, con refrigèrio

Refrèshingness, s. natúra o qualità rinvigorènte; il dar refrigèrio

Refrèshment, s. rinfrescaménto, rinfrèsco,

ristòro, ripòso, rifocillaménto, solliévo; —s, rinfrèschi

Refrigerant, a refrigeránte, refrigeratívo

Refrigerate, va. refrigeráre, rinfrescáre

Refrigeration, s. refrigèrio, rinfrèsco (med.)

Refrigerative, a. refrigeratívo

Refrigerator, s. apparècchio da raffreddáre rapidaménte

Refrigeratory, s. refrigeratòrio; a. refrigeratòrio

Rèft, a. V. Berèave, Berèft

Rèfuge, va. dáre asílo o rifúgio, ricoveráre
— s. rifúgio, asílo, scámpo; to táke — with, rifugiársi prèsso

Refugèe, s. rifugiáto, rifuggíto

Refùlgence, s. splendóre, lucentézza, fulgidézza (Refùlgency)

Refùlgent, a. rifulgènte, rilucènte, brillánte

Refùnd, va. rifóndere; rimborsáre, bonificáre

Refùrnish, va ammobigliáre di nuòvo

Refúsable, a. rifiutábile

Refúsal, s. rifiúto, ripúlsa, rinúnzia

Refúse, vn. rifiutáre, ricusáre; — vn. ricusáre di
— s. rifiúto, scárto; rimasúglio, fèccia

Refúser, s. chi ricúsa, rifiúta; rifiutatóre-trice

Refútable, a. confutàbile, refragàbile

Refútal, Refutátion, s. confutazióne

Refúte, va. confutáre; prováre fálse

Refúter, s. confutatóre-trice

Reg. Prof. abbrev. di Régius Professóre, Règio Professóre

Regáin, va. riguadagnáre, riacquistáre, ricuperáre

Régal, s. regále, m. (sorta d'organetto non più in uso)
— a. regále, reále; di re, da re, règio; — authority, règia autorità

Regále, va. (with) regaláre, rallegráre, allietáre, festeggiáre, banchettáre, fáre le fèste a; I —d her with a gláss of púnch, le regalái (le diedi) un bicchière di púnch
— s. banchètto, festíno; prerogatíva reále

Regália, s. pl. insègne reáli; règie prerogatíve

Regàlity, s. regalità, sovranità (gatíve

Régally, avv. regalménte, da re, realménte

Regàrd, va. riguardáre; consideráre; riguardáre avér riguárdo o riguárdi, rispettáre; toccáre, confermáre, riguardáre, guardáre, osserváre, badáre; pigliár pensiéro, curársi; as it —s, riguárdo a; per quel che riguárda, quánto a
— s. riguárdo, rispètto, considerazióne, cónto, stíma; riguárdo, relazióne; my kínd — to your úncle, (presentáte) i miéi compliménti al vòstro signór zio; in — of, to, in quánto a; — béing had to, avúto riguárdo a

Regàrder, s. riguardatóre; guárdia forestále

Regàrdful, a. che ha riguárdi, atténto

Regàrdfully, avv. attentaménte; con rispètto

Regàrding, *prep.* riguàrdo a, concernènte
Regàrdless, *a.* che non ha riguàrdi, che non fa cáso di, non curànte, indifferènte
Regàrdlessly, *avv.* sénza riguàrdo, con indifferènza; trascuratamènte
Regàrdlessness, *s.* negligènza, trascuratàggine, *f.*   (Yàchts
Regàtta, *s.* regáta, córsa di bàrche o di
Régency, *s.* reggènza (govèrno)
Regèneracy, *s.* (*teol.*) státo rigeneráto
Regènerate, *va.* rigeneráre
— *a.* rigeneráto; (*teol.*) rigeneráto
Regènerateness, *s.* státo di rigenerazióne
Regèneràtion, *s.* (*teol.*) rigenerazióne
Regèneratory, *a.* rigeneratóre -trice
Régent, *s.* reggènte, *m.*
— *a.* reggènte; the prince —, il prineípe reggènte
Règentess, *s.* reggènte, *f.*
Régentship, *s.* reggènza, dignità di reggènte
Regèrminate, *vn.* rigerminàre, rigermogliàre
Régicíde, *s.* regicída, *mf*; regicídio
Regíme; *s.* (*pr.* rezhìme) reggimènto; amministrazióne, *V.* Règimen
Règimen, *s.* regíme, *m*; (*gram.*) cáso rètto; (*med.*) diéta, igiène, *f.*, mòdo di vívere prescrítto dal mèdico
Regímenal, *a.* dietètico
Règiment, *s.* (*mil.*) reggimènto; govèrno, (ant.)
Regimèntal, *a.* di reggimènto, militàre
Regimèntals, *spl.* àbito militàre, unifórme, *m.*
Regína, *s.* (*latino*) regína; Victòria — (*sottoscrizione*), Vittòria Regína
Région, *s.* regióne; gránde estensióne di paése; spàzio, porzióne; (*anat.*) regióne
Règister, *s.* regístro; protocòllo; protocollísta, *m*; (*tipogr.*) regístro; (*mus.*) registro
— *va.* registráre, notáre nel registro
Règistrar, *s.* registratóre, cancellière, *m.*, custòde dei regístri, attuário, archivísta, *m.*
Règistràtion, *s.* registrazióne, arrolamènto.
Règistry, *s.* il registráre, registratúra, regístro
Règlet, *s.* (*arch.*) modanatúra; (*tipogr.*) ríga
Regórge, *va.* récere, vomitáre, rigurgitáre
Regràft, *va.* rinnestáre, innestáre di nuóvo
Regrànt, *va.* riconcèdere, concèdere di nuóvo
Regráte, *va.* raschiáre, ripulíre, irritáre, offèndere; incettáre (per rivèndere sul luògo)
Regráter, *s.* incettatóre (che rivènde sul
Régress, *s.* regrèsso; ritórno   (luògo
Regrèssion, *s.* rigressióne, ritórno
Regrèt, *s.* rammárico, rincrescimènto, dispiacènza, dolóre; to his greàt —, con suo gránde rammárico; with —, con rincrescimènto, mal volontièri
— *va.* dolérsi di, rincréscere di, lamentáre, compiàgnere; *vn.* rincréscersi, dolérsi; I — that, etc., sono dispiacénte che, mi rincrésce che; I — the circumstance, mi duòle della circostánza

Regrètfully, *avv.* con dispiacènza, rincrescevolmènte
Régular, *a.* regoláre, normále, regoláto, in règola; véro, perfètto; (*mil.*) regoláre; to give one a — blówing up, pettináre uno in règola, sgridárlo; as — as clóck-wòrk, esàtto come un oriuòlo
Regulàrity, *s.* regolarità, esattézza, órdine, *m.*
Régularly, *avv.* regolarmènte, esattamènte
Règuláte, *va.* regoláre, ordináre, dirigere
Regulátion, *s.* regolamènto, ordinamènto, règola, nòrma
Régulàtor, *s.* regolatóre, bilancière, *m.*
Règulíze, *va.* (*chim.*) purificáre il metállo dalle matèrie estránee
Règulus, *s.* (*chim.*) règolo, metállo púro; (*astr.*) Règolo
Regúrgitate, *van.* regurgitáre, ringorgáre
Regurgitátion; *s.* rigurgitamènto, rigúrgito
Rehabilitate, *va.* riabilitáre
Rehabilitátion, *s.* riabilitazióne
Rehéar (*pas.* rehèard), *va.* riudíre, udíre di nuóvo
Rehéaring, *s.* il sentíre di nuóvo; nuóva udiènza
Rehéarsal, *s.* narrazióne, relazióne; (*teatro*) pròva, ripetizióne
Rehéarse, *va.* ripètere, ridíre, recitáre (a mente); narráre, raccontáre; (*teatro*) prováre, far la pròva di un'ópera, di un drámma
Rehéarser, *s.* recitatóre -trice; narratóre -trice; ripetitóre -trice
Reign (*pr.* ràne), *vn.* (over, *sopra*) regnáre règgere; (*fig.*) regnáre dominàre, prevalére; the agitátion that — s in that coùntry, l'agitazióne che règna in quel paése
— *s.* régno, sovranità; régno, impèro; régno, duráta di un régno, del tèmpo che un sovráno ha regnáto
Reigning (*pr.* ràning), *a.* regnánte, dominánte
Reimbùrsable, *a.* rimborsábile, che déve o può èssere rimborsáto
Reimbùrse, *va.* rimborsáre; — one's sèlf, rimborsársi
Reimbùrsement, *s.* rimbórso, rimborsamènto
Reimbùrser, *s.* chi rimbórsa
Reimprèssion, *s.* ristámpa; edizióne nuòva
Reimprison, *va.* rimèttere in prigióne
Reimprisonment, *s.* seconda incarcerazióne
Rein (*pr.* ràne) *s.* rèdina, rèdine, *f*; to kéep a tíght —, tenér il fréno (ad uno); táke the —s, pigliáte le rèdini; the —s of gòvernment, le rèdini del govèrno; to give the —s, to let lóose the —s, sciòrre la bríglia
Rein (*pr.* ràne), *va.* guidáre colle rèdini; frenáre, raffrenáre, governáre, ritenére
— -déer (*pr.* ràne-déer), *s.* rènna, rangífero;
— -mòss, (*bot.*) lichène, *m.* delle rènne, rangiferíno

Reinfórce, *va.* rinforzáre, fortificáre, corroboráre

Reinfórcement, *s.* rinforzaménto, rinfòrzo, sussídio di soldatèsca

Reingrátiate, *va.* riméttere nella buòna grázia (di alcúno); — one's sèlf with, rientráre nella buòna grázia di (náto

Reinless (*pr.* rànsless), *a.* sénza fréno; sfre-

Reins (*pr.* ráns), *spl.* (poco us.) rêni, *fpl*; rêni, *m. pl* (glandole); lómbi, *mpl.*

Reinsèrt, *va.* inseríre di nuòvo

Reinsèrtion, *s.* nuòvo inseriménto

Reinspíre, *va.* inspiráre di nuòvo

Reinstål, *va.* ristabilíre, riméttere in possèsso

Reinstáte, *va.* ristabilíre, redintegráre

Reinstátement, *s.* ristabiliménto, reintegraménto

Reinsurance (*pr.* reinshúrance), *s.* nuòva assicurazióne

Reinsure (*pr.* reinshúre), *va.* assicuráre di nuòvo

Reintegrate. *va.* V. Reinstáte

Reintèrrogate, *va.* interrogáre di nuòvo, tornáre ad interrogáre

Reinτhrone, *va.* riméttere, ripórre sul tròno

Reinvèst, *va.* rinvestíre; riméttere in possèsso

Reinvèstment, *s.* rinvestiménto, l'investíre di nuòvo

Reinvigorate, *va.* rinvigoríre

Reissue, *va.* (finanze) eméttere di nuòvo

— *s.* (finanze) nuòva emissióne

Réit, *s.* (bot.) carétto, carice, *f.*, sála, sála di palúde

Reiterate, *va.* reiteráre, replicáre

Reiterátion, *s.* reiterazióne, il reiteráre

Reject, *vn.* rigettáre, ributtáre

Rejéction, *s.* rigettaménto, rifiúto

Rejóice, *va.* rallegrársi, gođére; we — to léarn that, ci gòde l'ánimo nel sapére che ; I — at it, me ne rallégro

— *va.* rallegráre, allietáre, far fèsta a

Rejóicer, *s.* chi si rallégra, giubilatóre -tríce, festeggiatóre -tríce

Rejóicing, *s.* allegrézza, giubilazióne, esultánza; rejóicings, allegrézze, fèste públiche

Rejóin, *va.* raggiúngere

— *vn.* replicáre, rispóndere, rescrívere

Rejóinder, *s.* rèplica ; secónda rispósta

Rejúdge, *va.* rigiudicáre, giudicáre di nuòvo

Rejúvenate, *va.* far ringiovaníre

Rekindle, *va.* riaccèndere, raccèndere

Relápse, *vn.* ricadére, riammalársi

— *s.* ricadiménto, recidíva, ricadúta

Relate, *va.* raccontáre, riferíre, rapportáre

— *vn.* rapportársi, riferírsi ; aver rappòrto, èssere relatívo; as it —s to, relativaménte a, in relazióne a, in quánto a

Related, *a.* che ha relazióne a, o con; parènte consangu·neo, congiúnto; to be — to, avére rappórto a, èssere parènte di

Relating, *a.* (to), relatívo (a), che ha rappórto (a)

Relátion, *s.* relazióne, refèrto, rappòrto, ragguáglio, raccónto ; relazióne, attenènza, affinità, connessióne ; a —, un parènte, un congiúnto ; —s, rappórti, relazióni ; parènti ; friènds and·—s, amíci e parènti ; polítical and commèrcial —s, relazióni polítiche e commerciáli; in — to, riguárdo a, in quánto a, in relazióne a

Relátional, *a.* parènte, affine

Relátionship, *s.* affinità, parentéla; relazióne, rappórto

Rèlative, *a.* relatívo, che si riferísce; (gram.) relatívo; (log.) relatívo ; (mus.) relatívo

— *s.* (gram.) relatívo, pronóme relatívo ; parènte; (log.) tèrmine relatívo; one of my —s, un mío parènte

Rèlatively, *avv.* relativaménte, riguárdo a

Rèlativeness, *s.* l'èsser relatívo

Relátor, *s.* (legge) relatóre (di una cáusa)

Relàx, *va.* rila·sáre, rallentáre, mitigáre, moderáre; (med.) rilassáre, lubricáre ; — one's mind, ricreársi, riposársi ; — the bówels, sciógliere il vèntre

— *vn.* rilassársi, allentársi, riconfortársi, ricreársi, riposársi

Relàxant, *s.* (med.) rilassánte, *m.* purgatívo

Relaxátion. *s.* rilassaménto, rilassazióne, indeboliménto ; ripóso, ristóro, ricreazióne

Relàxing, *a.* rilassatívo, lubricatívo

Relày, *va.* riposáre, posáre di nuòvo

— *s.* (caccia) pósta, múta di cáni da pósta; pósta di caválli ; —s, cavalli fréschi

Release, *va.* rilasciáre, liberáre, méttere in libertà; affrancáre, dispensáre, esentáre, scaricáre, esoneráre

— *s.* liberazióne, sprigionaménto ; libertà, Reléasement, *V.* Reléase (scárico

Rèlegate, *va.* relegare. esiliáre

Relegátion, *s.* relegazióne, *f.* bándo

Relènt, *va.* allentársi, rallentársi, ammollírsi, liquefársi, fóndersi, intenerírsi, mitigársi, piegársi, ammansársi, cédere

Relènting, *s.* rallentaménto, addolciménto, tenerézza, compassióne ; pentiménto

Relèntless, *a.* inflessibile, implacábile, spietáto, dúro di cuóre

Relèntlessy, *avv.* implacabilménte, sénza compassióne

Relèntlessness, *s.* índole spietáta, implacabilità, inaccessibilità alla compassióne

Relessée. *s.* (legge) cessionário, cessionária di un diritto sópra un immobile

Relèssor, *s.* (legge) avente-diritto sópra un immobile

Relèt, *va.* affittáre di nuòvo

Rèlevance, Rèlevancy, *s.* rilevaménto, relazióne, rapporto

Rèlevant, *a.* applicábile, che cáde, in accòncio, accóncio, rilevánte

Reliance, *s.* fidúcia, fidánza, fède, *f*; to place

nòr, rúde; - fåll, sön, būll; - fåre, dó; - bý, lỳmph; pōĭse, bọ̄ĭ, fōŭl, fōw̄l; gem, aš

Diz. Ingl. Ital. - *Ediz VI.* Vol. I.º   82

— on, fidársi di, pórre fidúcia in, far assegnaménto sópra; self- —, fidúcia nelle proprie fórze

Rèlic, *s.* reliquia; avánzo (*dei martiri, dei santi*), reliquia; he kéeps it like a —, lo consérva cóme una reliquia; —s, reliquie, avánzi, sácre céneri

Rèlict, *s.* védova

Reliéf, *s.* alleggiaménto, solliévo, confórto, ristóro; soccórso, sussídio, ajúto, sovveniménto, riparazióne; (*mil.*) sentinèlla, (*scult.*) riliévo; to afford —, soccórrere, ajutáre; bàs- —, bassoriliévo; demi- —, mézzo riliévo; to feel —, sentírsi alleggerito

Relíer, *v.* chi si fida, chi ha fidúcia, chi s'appóggia (córso

Reliévable, *a.* átto ad èssere ajutáto, soccorríbile

Reliéve, *va.* solleváre, ristoráre, confortáre; alleviáre, alleggeríre, mitigáre, addolcíre, temp ráro; soccórrere, assístere, ajutáre, sovveníre a, rileváro; riconfortáre; raddrizzáre; dar risálto; (*mil.*) rileváre

Reliéver, *s.* persóna o cósa che è di solliévo, che ristóra, confórta, soccórre, raddrizza, dà risálto

Reliévo, *s.* (*scult.*) riliévo; — decorátions, ornaménti in riliévo

Relíght, *va.* riaccèndere, raccèndere

Religion, *s.* religióne; the cómforts of —, i confórti della religióne

Religionism, *s.* prática della religióne, osservánza delle prátiche religióse

Relígionist, *s.* bigòtto, fanático, bacchettóne

Religious, *a.* religióso, di religióne, di pietà; religióso, pío; esátto, scrupolóso; — bóok, líbro di devozióne; — wórship, cúlto

Religi usly, *avv.* religiosaménte, piaménte

Relígiousness, *s.* religiosità

Relinquish, *va.* lasciáre, abbandonáre, cédere, rinunziáre; to — a cláim, desístere da una pretésa; — a cláim to anóther, cédere a un áltro un dirítto; — a dèbt, riméttere un débito

Relinquishment, *s.* abbandóno, rinúnzia

Relinquisher, *s.* chi abbandóna, céde, rinúnzia

Rèliquary, *s.* reliquário (núncia

Rèlish, *va.* (*pers.*) assaporáre, mangiáre con gústo, gustáre; (*cosa*) dar buon gústo a, rèndere saporíto

— *vn.* avér buon gústo o buon sapóre, èssere saporíto, piacére al gústo, al paláto; aggradíre, gradíre; sentíre di, sapére di

— *s.* sapóre, buon gústo, vivánda ghiótta; cósa saporíta; appeténza, gústo, attrattíva; inclinazióne; difétto, incánto; to give a — to, rèndere saporíto, condíre

Rèlishable, *a.* appetitóso, gustóso, ghiótto

Rèlishing, *a.* sap ríto, gustóso, appetitóso

Relive, *a.* rivívere

Relóad, *va.* ricaricáre, caricáre di nuóvo

Relúcent, *a.* (*poet.*) rilucènte, trasparènte

Relùctance, relùctancy, *s.* ripugnánza, riluttánza

Relùctant, *a.* avvèrso, riluttánte, contrário, di mála vòglia, forzáto; to be — to, aver ripugnánza a; to give a — vote, dáre un vóto forzáto

Relùctantly, *avv.* con ripugnánza; a cóntro cuóre, di mála vòglia

Relúme, relúmine, *va.* (*poet.*) illumináre di nuovo

Rely, *vn.* (*upòn*) fidársi di, riméttersi a, appoggiársi a, far assegnaménto sópra

Remáin, *vn.* restáre, rimanére; avanzáre; to — until cálled for (*delle poste*), fèrma in pòsta, *poste restante*; dòes there — to him one sóurce of consolátion? gli rimáne fórse una sóla sorgènte di consolazióne?

Remáinder, *s.* rèsto, residuo, restánte, m, avánzo; (*legge*) riversibilità; contingent —, exècutory —, riversibilità condizionále; with — to, riversíbile su

— -mán, *s.* (*legge*) persóna investíta d' un dirítto di riversióne

Remá ns, *spl.* residuo, restánte, m. avánzi, mpl.; céneri, fpl.

Remáke (*pas.* remáde), *va.* rifáre, far di nuóvo

Remàn, *va.* rifornire di uòmini, riequipaggiáre; armáre di nuóvo; rianimáre

Remànd, *va.* rimandáre, mandáre indiètro

Remàrk, *s.* nòta, appúnto, osservazióne, notizia, rimárco; to máke a —, far una osservazióne; the Times màkes the — that, il Times fa il rimárco che

— *va.* notáre, osserváre, rimarcáre

Remàrkable, *a.* rimarchévole, notábile

Remàrkableness, *s.* qualità, gènere rimarchévole

Remàrkably, *avv.* notabilménte, spiccataménte

Remàrker, *s.* chi rimárca, osservatóre -tríce

Remàrry, *va.* rimaritáre; *vn.* rimaritársi

Remàst, *va.* (*mar.*) méttere una nuóva alberatúra

Remàsticate, *va.* rimasticáre

Remédiable, *a.* rimediábile

Rèmedial, *a.* átto a rimediáre, correttíve

Rèmediless, *a.* irremediábile

Rèmedy, *s.* rimédio, ripáro; *past* —, irremediábile, incurábile (ràre

— *va.* rimediáre a, pórre rimédio a, riparáre

Remèmber, *van.* ricordársi, rammentársi, sovveníre; if I — ríght, se ben mi ricórdo; I don't — his náme, non mi ricòrdo del suo nòme; - me to your cousín, ricordátemi al vóstro signor cugíno

Remèmbrance, *s.* rimembránza, ricordánza, memória

Remèmbrancer, *s.* chi, che rammémora, ricórua, fa ricordáre; segretário della tesorería; ricordatóre -tríce

Remigrate, *va.* migráre di nuóvo, ritornáre

Remigrátion, *s.* nuòva emigrazióne, ritórno

Remínd, *va.* ricordáre, rammemoráre; rammentáre; — him of his prómise, rammentátegli la sua promèssa

Reminiscence, *s.* reminiscènza; rimembránza

Reminiscéntial, *a.* di reminiscénza

Remiss, *a* negligènte rimèsso, lènto, pigro

Remissíbile, *a* remissíbile, perdonábile

Remíssion, *s.* remissióne, rilassazióne, riláscio, rallentaménto, diminuzióne di tensióne; remissióne, perdóno

Remíssly, *avv.* rimessaménte, lentaménte, trascurataménte

Remíssness, *s.* negligènza, trascuràggine, *f.*

Remít, *va.* riméttere, rallentáre, diminuíre, scemáre, calmáre; riméttere, condonáre, perdonáre; riméttere, consegnáre, trasméttere; mandáre (*com.*)

— *vn.* riméttersi, rallentársi, calmársi

Remítment, *s.* il consegnáre in custòdia; remissióne, perdóno

Remíttal, *s.* conségna, résa, l'arrendérsi

Remíttance, *s* rimèssa (*di denari*); to máke a —, fáre una rimèssa (con lèttera)

Remíttent, *a* (*med.*) remittènte; — féver, fébbre remittènte

Remítter, *s.* (*com.*) rimettènte, *m. f*; rimettitóre -tríce, condonatóre -tríce, perdonatóre -tríce; (*legge*) reintegrazióne (d'alcúno nei suòi diritti)

Rémnant, *s.* avánzo, rèsto, scámpolo

Remódel, *va.* modelláre di nuòvo

Remólten, *a.* rifúso

Remónstrance, *s.* rimostránza; to máke a —, fáre una rimostránza

Remónstrant, *a. s.* rimostránte, *m. f.*

Remónstrate, *va.* rimostráre, rappresentáre

Remonstrátor, *s.* rimostránte *m. f.*

Rémora, *s.* (*ant.*) rémora, ostácolo; rémora (*pesce*)

Remórse, *s.* rimòrso, rimordiménto

Remórseful, *a.* pièno di rimòrso

Remórseless, *a.* sènza rimòrso

Remórselessly, *avv.* sènza rimòrso, sènza pietà

Remórselessness, *s.* il non avér rimòrso, il non avér pietà

Remóte, *a.* rimòto, lontáno, distánte

Remótely, *avv.* rimotaménte, lontanaménte

Remóteness, *s.* lontanánza, distánza

Remótion, *s.* (*poco us.*) rimozióne; allontanaménto

Remóuld, *va.* rifóndere, modelláre di nuòvo

Remóunt, *van.* rimontáre, risalíre; — a hòrse, rimontáre un cavállo; — cávalry, rimontáre, provvedére di nuòvi caválli; — *vn.* risalíre, ritornáre

Remóvability, *s.* rimovibilità, amovibilità

Remóvable, *a.* rimovíbile, amovíbile

Remóval, *s.* il rimòvere, il traslocáre, rimozióne, traslocaménto, traspòrto, traslazióne; il tòrre vía, il destituíre, destituzióne

Remóve, *va.* rimuòvere, muòvere, leváre, tòrre vía, allontanáre, scartáre, sgomberáre, trasportáre; *vn.* rimuòversi, allontanársi, levársi, ritirársi, trasportársi, traslocársi, cambiáre di domicílio, sloggiáre

— *s.* cambiaménto, cambiaménto di luògo, traslocaménto, traspòrto; moviménto, il rimuòvere, mòssa, partènza; gràdo (*di parèntela*), piátto servíto; mòssa (*giuoco*)

Remúnerability; *s.* rimunerabilità

Remúnerable, *a.* rimuneráble, dégno di ricompènsa

Remúnerate, *va.* rimuneráre, ricompensáre

Remunerátion, *va.* rimunerazióne

Remúnerátive, *a.* rimunerativo

Remúrmur, *van.* rimormoráre, risonáre

Rénal, *a.* (*anat.*) renále; (*med.*) nefrítico

Rénard, *s.* vólpe, *f.* (*della favola*); volpóne, *m.*, V. Fox

Renáscency, *s.* rinascènza

Renáscent, *a.* rinascènte, che rinásce

Renávigate, *vn.* rinavigáre, navigáre di nuòvo

Rencóunter, *s.* incóntro, scóntro, conflitto

— *va.* incontrársi, urtársi; (*mil.*) scontrársi incontrársi, azzuffársi, accozzársi

— *vn.* affrontáre, incontráre (*ostilmente*), assaltáre, accozzársi con

Rènd (*pas.* rènt), *va.* squarciáre, stracciáre, sbranáre

Rènder, *va.* rènder, restituíre (*poco us.*); rèndere, fáre; rèndere, far diveníre; liquefáre, strúggere; (*in, into*) rèndere, esprímere, tradúrre; (*arte*) applicáre

Rènderable, *a.* che può rèndersi

Rendez-vòus, *s.* appuntaménto, convégno, luògo prefísso, pósta assegnáta

Rendítion, *s.* résa, arrendiménto; versióne, traduzióne

Rénegade, Renegádo, *s.* rinnegáto, disertóre, vagabóndo

Renèrve, *va.* rinvigoríre

Renèw, *va.* rinnováre, ricominciáre

Renèwable, *a.* che si può rinnováre, rinnovábile

Renèwal, *s.* il rinnováre, rinnovellaménto

Renèwing, *a.* rinnovánte; — *s.* rinnovaménto

Rénitency, *s.* renitènza, ripugnánza

Rénitent, *a.* renitènte, resistènte

Rènnet, *s.* cáglio, presáme, *m.*

—, rènneting, *s.* (*bot.*) appiuòla

Renóunce, *va.* rinunziáre, rinnegáre; — a thing, rinunziáre ad una còsa

— *vn.* rinunziáre; (*giuoco*) rifiutáre

— *s.* (*giuoco*) rifiúto

Renóucement, *s.* rinunziaménto, rinúnzia

Renóuncer, *s.* rinunziatóre -tríce

Rènovate, *va.* rinnováre, rinnovelláre

Renovátion, *s.* rinnovazióne, rinnovellaménto

Rènovátor, *s.* rinnovatóre -tríce

Rènovátive, *a.* che rinnóva, rinnovánte, esilaránte

Renówn, *s.* rinománza, fáma, celebrità

Renówned, *a.* rinomáto, famóso, célebre
Renównedly, *avv.* con rinománza
Renównless, *a.* sénza rinománza
Rènt, *s.* squárcio, stracciatúra, scísma, *m*; réndita, réddito, entráta; — of a hòuse, pigióne, fítto; — òf land, fítto, terrático; — -roll, ruólo dei cénsi, líbro delle réndite; — hólder, roddituário
— *va.* prèndere in affítto, tòrre a pigióne; — a hòuse, appigionáre, tòrre a pigióne una cása; — a fárm, prèndere in affítto un podère
— *a.* stracciáto, squarciáto; *V.* Rènd
Rèntable, *a.* che si può tòrre a pigióne
Rèntal, *s.* líbro de' cénsi, delle réndite
Rènter, *s.* affittajuolo, appigionánte
— *va.* rammendáre, fáre una rammendatúra (che non si discèrna dal tessúto della stòffa)
Rènterer, *s.* rammendatóre -tríce (le cui rammendatúre non si discernono dal tessúto della stòffa)
Renunciátion, *s.* rinunziaménto, rinúnzia
Reordáin, *va.* riordináre, ordináre di nuóvo
Reordinátion, *s.* riordinaménto, il riordináre
Reòrganìze, *va.* riorganizzáre
Repáíd, *p.* dí Repáy
Repáír, *va.* riparáre, ristauráre, risarcíre, racconciáre; (*mar.*) riattáre; *vn.* portársi, recársi, andáre
— *s.* ripáro, ristáuro, rinnovaménto; ristabiliménto; (*mar.*) riattaménto, raddòbbo; ritíro, soggiórno, dimóra
Repáírer, *s.* chi ripára, riparatóre -tríce
Rèparable, *a.* riparábile, rimediábile
Reparátion, *s.* riparazióne; ristáuro, ripáro, risarciménto, soddisfazióne (*dí un'ingiuría*
Repàrative, *a.* riparánte, ristauránte
Rèpartée, *s.* rispósta prónta e frizzánte, bòtta mólto pungènte, réplica argúta
Repàss, *van.* ripassáre, varcáre di nuóvo
Repàst, *s.* pásto; (*fig.*) cíbo, nutriménto, víveri, *mpl.*
Repáy (*pas.* repáíd), *va.* restituíre il pagáto; restituíre, rimborsáre, ricambiáre, pagáre, ricompensáre, rèndere, rèndere la paríglia, riconóscere; lòve repáíd with ingràtitude, amóre ricambiáto con ingratitúdine; to — one's self, rimborsársi
Repàgable, *a.* rimborsábile
Repàyment, *a.* rimbórso; ricámbio, contraccámbio
Repéal, *va.* rivocáre, abrogáre, cassáre, abolíre, annulláre
— *s.* rivocazióne, abrogazióne
Repéalability, *s.* rivocabilità, possibilità di rivocazióne, d'abrogazióne
Repéalable, *a.* rivocábile, da rivocársi
Repéaler, *s.* abrogatóre, abolitóre -tríce
Repéat, *va.* ripétere, replicáre, ridíre
— *s.* (*mus.*) rimándo, riprésa, ripetixióne

Repéatedly, *avv.* ripetutaménte, replicataménte, spésse vòlte
Repéater, *s.* ripetitóre -tríce, persóna che récita, recitatóre -tríce;oriuólo a ripetizióne
Repéeting, *a.* ripetènte; — wàtch, oriuólo a ripetizióne
Repél, *va.* respíngere, repéllere, ricacciáre, rincacciáre
Repéllency, *s.* (*fis.*) fòrza ripulsíva
Repéllent, *a.* repellénte, ripulsívo
— *s.* (*med.*) rimèdio ripercussívo, revulsívo
Repéller, *s.* chi o che respínge, ribàtte, scáccia
Répent, *a.* strisciánte
Repént, *vn.* pentírsi; *va.* pentírsi di
Repèntance, *s.* pentiménto
Repéntant, *a.* penitènte, compúnto, contrito
Repènter, *s.* pentíto, pentíta
Repènting, *a.* che si pénte, pentíto, pentíta; *s.* pentiménto
Repèntingly, *avv.* con pentiménto
Repéople, *va.* ripopoláre, popoláre di nuòvo
Repéopling, *s.* il ripopoláre
Repercùss, *va.* ripercuòtere, ribáttere
Repercùssion, *s.* ripercussióne, ripercotiménto
Repercùssive, *a.* ripercussívo, che ripercuòte
Rèpertory, *s.* repertòrio, índice, *m.*, távola
Repetènd, *s.* (*arit.*) período (d'un decimále)
Repetìtion, *s.* ripetizióne, il ripétere; (*teat.*) ripetizióne, réplica, próva; (*mus.*) ripetizióne, riprésa
Repetìtional, repetìtionary, *a.* di ripetizióne
Repíne, *vn.* dolérsi, lamentársi, querelársi, angosciársi, lagnársi, gémere; — at, affliggersi di, lagnársi di; I bear my afflictions and do not —, sòffro i miéi travàgli e non mi laménto
Repíner, *s.* che si lágna o si laménta, mormoratóre, borbottóne
Repíning, *a.* che s'affligge; — *s.* il lagnársi
Repíningly, *avv.* còn querimònia, con lágni, con laménti
Replàce, *va.* ricollocáre, riméttere, rimpiazzáre
Replàcement, *s.* ricollocaménto, rimpiazzaménto, rimpiázzo
Replàit, *va.* pieghettáre di nuòvo, ripiegáre, rincrespáre
Replànt, *vn.* ripiantáre, piantáre di nuòvo
Replantátion, *a.* ripiantaménto, il ripiantáre
Repléad, *va.* piatíre, peroráre di nuòvo
Repléader, *s.* (*legge*) nuòvo dibattiménto
Replènish, *vn.* riémpiere, émpiere di nuòvo
Repléte, *a.* (*stile sost.*) piéno, ripiéno, zéppo, cólmo; — with, piéno zéppo di
Replétion, *s.* ripienézza; (*med.*) replezióne
Replèviable, *a.* (*legge*) che si può ripréndere sòtto cauzióne
Replèvin, *s.* (*legge*) reintegrazióne sòtto cauzióne, mallevería
Replèvy, *va.* (*legge*) riottenére sòtto cau-

zióne; dáre cauzióne; — a distréss, ricuperáre quéllo del quále áltri si era impos-
sessáto
Replicátion, *s.* (*poco us.*) réplica, rispósta,
rimbálzo
Replier, *s.* chi réplica o rispónde
Replý, *s.* réplica, rispósta
— *vn.* replicáre, rispóndere, riscrívere
Repólish, *va.* ripulíre, pulíre di nuóvo, ri-
forbíre, limáre, perfezionáre
Repórt, *va.* riferíre, rapportáre, ragguagliáre, raccontáre, díre, fáre il rappórto, la
relazióne di, réndere cónto di; it is —ed
that, córre vóce che, si dice che
Repórt, *vn.* presentáre il rappórto, fáre un
rappórto
— *s.* vóce, *f.*, fáma, avvíso, ragguáglio, rappórto (*relazione*); fáma, riputazióne; detonazióne, scóppio; cómmon —, vóce, fáma;
official —, rappórto officiále; (*legge*) procésso verbále; there is a — that, córre vóce
che, si vocífera che; idle —s, chiácchiere,
fpl., ciánce, *fpl.*; the — of a gun, il rimbómbo di un cannóne o d'un fucile
Repórter, *s.* chi rappórta o riferísce, relatóre, ragguagliatóre; (*parl.*) stenógrafo; (*di
giornale*) corrispondénte
Repórting, *a.* che fa rappórto
Repórtingly, *avv.* per udíto díre
Repósal, *s.* il fidársi, l'appoggiársi; fidánza,
appóggio
Repóse, *s.* ripóso; (*pitt.*) ripóso
— *vn.* riposáre, préndere ripóso, dormíre;
va. ripórre, méttere, appoggiáre; — trust
in a pèrson, riposáre sópra uno, aver fi-
dúcia in uno
Repósed, *a.* riposáto, fidáto, tranquíllo
Repósedness, *s.* státo di ripóso, riposánza
Repósite, *va.* méttere in depósito, ripórre
Repósition, *s.* ristabiliménto, rimettitúra
Repósitory, *s.* ripostíglio, repositório
Repóssess, *va.* rientráre in possésso di, ri-
possedére
Repóur, *va.* versáre, méscer di nuóvo
Reprehénd, *va.* ripréndere, rimproveráre
Reprehénder, *s.* riprensóre, crítico
Reprehénsible, *a.* riprensíbile, biasimévole
Reprehénsibleness, *s.* riprensibilità
Reprehénsibly, *avv.* riprensibilménte
Reprehénsion, *s.* riprensióne
Reprehénsive, *a.* riprensívo
Reprehénsory, *a.* contenénte rimprovero;
riprensívo
Represént, *va.* rappresentáre; surrogáre; far
conóscere, descrívere, figuráre; pèrson
—ed, (*teat.*) personággio, caráttere, *m*;
to — a cóunty, (*parl.*) rappresentáre una
contéa
Representable, *a.* rappresentábile
Represéntance, *s.* (*ant.*) rappresentánza
Represéntant, *s.* (*ant.*) delegáto, rappresen-
tánte

Representátion, *s.* rappresentazióne
Represéntative, *a.* rappresentatívo
— *s.* rappresentánte, delegáto
Represéntatively, *avv.* rappresentativaménte
Represéntativeness, *s.* l'ésser rappresenta-
tívo
Represénter, *s.* rappresentatóre -trice
Represéntment, *s.* rappresentazióne, rappre-
sentaménto
Représs, *va.* reprímere, raffrenáre, sedúrre
Represser, *s.* persóna che reprime
Représsion, *s.* repressióne, il reprímere
Représsive, *a.* repriménte, che reprime
Repriéve, *s.* differiménto di giustízia, rispítto
— *va.* sospéndere l'esecuzióne della con-
dánna, accordáre un riapítto
Reprímand, *s.* riprensióne, biásimo
— *va.* ripréndere, ammonire biasimándo
Reprint, *va.* ristampáre; — *s.* ristámpa
Reprísal, *s.* rappreságlia; to make úse of
—s, usár rappreságlie
Reprise, *s.* (*mar.*) riprésa, riscóssa; (*mus.*)
riprésa
Reproach, *vn.* rimproveráre, rinfacciáre, rim-
procciáre; — one with ingràtitude, accusáre uno di ingratitúdine
— *s.* rimprovero; obbróbrio, vitupério
Reproachable, *a.* biasimévole, vituperévole
Reproachableness, *s.* biasimevoléxza, rim-
proverabilità
Reproachably, *avv.* biasimevolménte, vitu-
perevolménte, in módo riprovévole
Reproachful, *a.* ingiurióso, vergognóso
Reproachfully, *avv.* con rimprovero, con
ischérno, ingiuriosaménte; con vergógna,
obbrobriosaménte
Réprobate, *a.* réprobo, riprováto da Dio
— *s.* persóna riprováta da Dio, réprobo
— *va.* reprobáre, riprováre; rifiutáre
Réprobateness, *s.* státo di reprobazióne, ri-
provazióne
Reprobátion, *s.* reprobazióne, riprovazióne
Reprobátioner, *s.* chi abbandóna alla ripro-
vazióne
Reprodúce, *va.* riprodúrre; prodúrre di
nuóvo
Reprodúcible, *a.* riproduttíbile, che può
éssere riprodótto
Reprodúcibleness, *s.* riproduttibilità
Reprodúction, *s.* riproduzióne
Reprodúctive, *a.* riproduttívo
Reprof, *s.* rimprovero, riprensióne
Reprovable, *a.* riprensíbile, biasimévole
Repróve, *va.* ripréndere, rimproveráre
Repróver, *s.* riprensóre, riprenditóre
Repróving, *a.* rimproveránte
Réptile, *a.* réttile, strisciánte; *s.* réttile, *m.*
Reptilian, *a.* dell'órdine dei réttili; *s.* rét-
tile
Repúblic, *s.* repúbblica; the — of the United
States, la repúbblica degli Státi Uníti; the
— of letters, la repúbblica letterária

Repùblican, a. s. republicáno
Repùblicaniém, s. repubblicanísmo
Repùblicaníze, va. repubblicanizzáre
Repùblicátion, s. secónda pubblicazióne, ristámpa (páre
Repùblish, va. pubblicáre di nuóvo, ristam-
Repúdiable, a. ripudiábile
Repúdiate, va. ripudiáre, rigettáre, non riconóscere; ripudiáre, far divórzio, abbandonáre
Repudiátion, s. ripúdio, il ripudiáre
Repudiátor, s. ripudiatóre
Repúgn, va. ripugnáre, ostáre, oppórsi a
Repùgnance, repùgnancy, s. ripugnánza, avversióne
Repùgnant, a. ripugnánte, che ripúgna
Repùgnantly, avv. con ripugnánza
Repùllulate, vn. ripullaláre
Repùlse, s. ripúlsa, sconfítta; negatíva, rabbúffo
— va. ripulsáre, repéllere, respíngere, rincacciáre
Repùlser, s. chi ripúlsa, respínge, ricáccia
Repùlsion, s. ripulsióne, il repéllere, il ributtáre; attràction and —, attrazióne e ripulsióne
Repùlsive, a. repulsívo, spiacévole, antipático
Repùlsiveness, s. qualità ripulsíva, ributtánte
Repùlsory, a. V. Repulsive
Repùrchase, vn. ricomperáre, riacquistáre
— s. ricómpera, (legge) ricuperazióne
Rèputable, a. onoráto, onorévole, di buóna riputazióne
Rèputableness, s. onorabilità, onorevolézza, l'avér buóna riputazióne
Rèputably, avv. onorevolménte, con onóre
Reputátion, s. riputazióne, f., fáma, onóre, m.
Repútatively, a. confórme alla fáma
Repúte, va. riputáre, stimáre, crédere
— s. reputazióne, fáma, stíma, nòme, m., caráttere, m., opinióne, f., stabilità
Repúted, a. reputáto, tenúto; (del padre) putatívo
Repútedly, avv. secóndo la comúne opinióne
Repúteless, a. screditáto, che ha perdúto la buóna riputazióne
Requèst, s. richièsta, dománda, súpplica; to comply with a —, accondiscéndere ad una richièsta; at the — of, a preghièra di; to be in —, (com.) avér richièsta, èsser ricercáto; the cóurt of —s, la córte delle súppliche
— va. richièdere, domandáre, pregáre
Requèster, s. supplicánte, richieditóre -tríce
Requícken, va. ravviváre, rianimáre
Réquiem, s. mèssa da réquie; requiem, m.
Requíetory, s. requietório, luógo di réquie, sepólcro

Réquin, s. (itt.) pésce cáne bianco
Requírable, a. che si può richièdere, domandáre, esígere
Requíre, va. chièdere, richièdere; domandáre; ricercáre, esígere, volére
Required, a. richièsto, domandáto, volúto
Requírement, s. esigénza, bisógno, condizióne volúta
Requírer, s. richiedénte, mf., reclamánte, m. f.
Rèquisite, a. richièsto, volúto, necessário
— s. requisíto, condizióne volúta; còsa richièsta, necessária, indispensábile
Rèquisitely, avv. secóndo che è richièsto; necessariaménte, indispensabilménte
Rèquisiteness, s. l'èsser richièsto, necessità, indispensabilità
Requisítion, s. requisizióne, dománda (di dirítto)
Requísitive, a. implicánte richièsta
Requítal, s. contraccámbio, ricámbio, ricompénsa; in — of, in ricámbio di
Requíte, va. ricompensáre, rimuneráre, ricambiáre, contraccambiáre, rimeritáre
Requíter, s. rimuneratóre -tríce, compensatóre -tríce
Reréad, (pas. reréad) va. rilèggere
Réredos, s. ridòsso (d'un focoláre)
Rére-fiéf, s. fèudo vassállo
— -mòuse, s. (zool.) pipistréllo
— -wàrd, s. retroguárdia, retroguárdo
Resáil, van. veleggiáre di nuóvo, far ritórno per máre
Resále, s. secónda véndita
Resalúte, va. risalutáre, restituíre il salúto
Rescind, va. rescíndere, cassáre, annulláre
Rescission, s. (legge) rescissióne, f., aboliménto
Rescissory, a. rescissòrio, che annúlla
Rèscous, s. (legge) V. Rescue
Rescríbe, va. rescrívere
Réscript, s. rescrítto
Rescríption, s. rispósta scrítta; riscóntro (ad una léttera)
Rescríptively, avv. rescrittivaménte, mediánte rescrítto
Rèscuable, a. che si può liberáre
Rèscue, s. riscòssa, liberazióne, scámpo; to the —, alla riscòssa
— va. riscuótere, ritògliere, strappáre, ajutáre a scampáre, salváre, liberáre con fòrza (un prigioniero)
Rèscuer, s. chi líbera con fòrza un prigionièro, chi scámpa; liberatóre -tríce
Resèarch, s. ricérca, inchièsta, perquisizióne
— vn. ricercáre, esamináre diligenteménte; cercáre, perquisíre di nuóvo, far nuóve ricérche, far nuóve perquisizióni
Resèarcher, s. diligénte ricercatóre -tríce, diligénte esaminatóre -tríce
Resèat, va. ripórre a sedére; rilèggere

mèmbro della Cámera dei Comúni; — on the ràróne, riméttere sul tróno
Resèction, *s.* (*chír.*) risezióne
Rèseda, *s.* (*bot.*) resedà, *m.*, melardína, amoríno d'Egitto
Reséek (*pas.* resóught) *va.* cercáre di nuóvo, tornáre a cercáre
Reséize, *va.* afferráre, sequestráre di nuóvo
Reséizure, *s.* nuóva sequestrazióne, ripiglia-
Resèll, *va.* rivéndere (ménto
Resémblance, *s.* somigliánza, immágine, *f.*
Resémble, *van.* rassomigliáre, arieggiáre
Resènt, *va.* risentírsi di, offéndersi di; — an insult, risentírsi di una ingiúria, fárne richiámo o vendétta
Resèntful, *a.* piéno di risentiménto, che si risénte di un' ingiúria, sdegnóso, animóso, vendicatívo
Resèntingly, *avv.* risentitaménte, con risentiménto
Resèntment, *s.* risentiménto, sdégno
Reservátion, *s.* risèrva, risèrbo, restrizióne, eccezióne; méntal —, restrizióne mentále; intenzióne occúlta, risèrva mentále
Resérvative, *a.* che risèrva
Resérvatory, *s.* serbatójo; *V.* Reservòir
Resèrve, *s.* risèrva, risèrbo; riservagióne, restrizióne; ritenutézza, riservatézza, modéstia; (*mil.*) córpo di risèrva; méntal —, restrizióne mentále; pensiéro, intenzióne occúlta; withóut —, senza risèrbo; interaménte
— *va.* riserváre, conserváre, serbáre
Resèrved, *a.* riserváto, conserváto; ritenúto, contegnóso, modèsto, circospètto
Resèrvedly, *avv.* con risèrbo, freddaménte
Resèrvedness, *s.* risèrbo, discrezióne, ritenutézza, riserbatézza
Resèrver, *s.* chi risèrba
Resèrvòir, *s.* serbatójo, vivájo, cistèrna, smaltitójo
Resèt, *va.* (*legge scozzese*) ricévere cosa rubáta, o dáre asílo a un delinquènte; (*tip.*) ricompórre
Resèttle, *va.* ristabilíre, rassettáre
Resèttlement, *s.* ristabiliménto, il ristabilírsi
Reship, *va.* rimbarcáre, riméttere a bórdo
Reshipment, *s.* il rimbarcáre, rimbárco
Reside, *vn.* risiédere, dimoráre, stanziáre; he —s in Rome, egli risiéde in Róma
Rèsidence, *s.* residénza, stánza; residénza, dimóra, soggiórno, domicílio
Résident, *a.* residénte, che risiéde, che fa la sua residénza; — mínister, ministro residènte, ambasciadóre residènte
— *s.* chi risiéde, residénte, *mf.* abitánte, *mf.*
Residèntiary, *a.* di residénza, residenziále; *s.* ecclesiastico obbligáto alla residénza
Rèsider, *s.* *V.* Rèsident
Resídual, *a.* del resíduo, del restánte
Resíduary, *a.* del resíduo, del rèsto, che ri-

guárda il restánte; restánte, residuário; legatée, (*legge*) eréde universále
Rèsidue, *s.* resíduo, avánzo, restánte, *m.*, rèsto
Resíduum, *s.* resíduo, avánzo, sopravánzo
Resígn, *va.* rassegnáre, depórre, diméttere, dáre la sua dimissióne, rinunciáre a, sméttere, cédere, restituíre, réndere
— *vn.* rassegnársi adattársi, uniformársi, sottométtersi; dáre la própria dimissióne; the ministers hàve —ed, i minístri hanno dáto la loro dimissióne; to be —ed, èssere rassegnáto
— *va.* segnáre, firmáre di nuóvo
Resignátion, *s.* rassegnazióne, cessióne, dimissióne, rinúnzia; (*relíg.*) rassegnazióne; to give in one's —, dáre la sua dimissióne
Resígned, *a.* (*to*) rassegnáto
Resígnedly, *avv.* con rassegnazióne
Resígner, *s.* rassegnánte. chi rasségna
Resílience, resíliency, *s.* resiliènza, rimbálzo
Resílient, *a.* che rimbálza, di ripercussióne
Resilítion, *s.* *V.* Resíliency
Rèsin, *s.* resína, rágia, colofónia
Resíniferous, *a.* resinífero, producénte resína
Rèsiniform, *a.* resinifórme
Rèsino-elèctric, *a.* elèttro-resinóso, elettro-negatívo
Rèsinous, *a.* resinóso, ragióso, gommífero; — electricity, elettricità resinósa, negatíva
Rèsinousness, *s.* qualità resinósa, ragiósa
Rèsinously, *avv.* resinosaménte
Rèsiny, *a.* a mo' di resína
Resipiscence, *s.* resipiscénza, pentiménto
Resíst, *va.* resístere, oppórsi, oppórsi a, contrattáre, avversáre; *vn.* resístere, oppórre
Resístance, resístence, *s.* resisténza, opposizióne
Resíster, *s.* persóna che resíste
Resístibility, *s.* qualità, potére di resístere
Resístible, *a.* che si può resístere
Resísting, *a.* resistènte
Resístive, *a.* che può resístere
Resístless, *a.* (*stíle sost.*) irresistíbile
Resístlessly, *avv.* in módo irresistíbile, irresistibilménte
Resóld, *pas.* di Resèll
Résolublè, *a.* risolúbile, solúbile
Rèsoluté, *a.* risolúto, animóso, determináto
Rèsolutely, *avv.* risolutaménte, con risolutézza
Rèsoluteness, *s.* risolutézza, ánimo, ardilézza
Resolútion, *s.* risoluzióne, il risòlvere; risoluzióne, determinazióne, decisióne, deliberazióne, partíto; risoluzióne, risolutézza, ánimo; (*mat.*) risoluzióne ,soluzióne, *f.*, análisi, *f*; (*med.*) risoluzióne, dileguaménto; (*fisic.*) decomposizióne
Resólutive, *a.* risolvénte, risolutívo, solutívo

Reśòlvable, *a.* risolvìbile, solùbile
Reśòlvableness, *s.* risolvìbilità
Reśòlve, *va.* risòlvere, sciògliere, chiaríre, risòlvere, disòlvere, liquefáre, dileguáre; risòlvere, deliberáre, determináre, sta·uíre; far determináre, indórre a prèndere un partìto; (*mat.*) sciògliere (*med.*) risòlvere, dissipáre, dileguáre; — a doūbt, a pròblem, sciógliere un dùbbio, un problêma; — one's sèlf, itsèlf, risòlversi, sciógliersi, mutársi, (*parl.*) formársi
— *va.* risòlversi, fóndersi, mutársi, decídersi, determinársi; I am —d to dò it, on doing it, sono decíso, risolúto di fárlo; the wår ìs alrèady —d upòn, la guèrra è già sta-bilíta
— *s.* risoluzióne, deliberazióne, determina-zióne; decisióne (d'un tribunále, d un còrpo deliberánte, d'una associazióne); (*negli Stati Uniti*) lègge d'interês·e pri-váto o locále (tézza
Reśòlvedly, *avv.* risolutaménte, con risolu-
Reśòlvedness, *s.* risolutézza, f·rmézza
Reśòlv·nt, *s.* di·solvènte, solutívo
Reśòlver, *s.* chi risòlve, chi prènde una ri-soluzióne
Reśòlving, *s.* risoluzióne, decisióne
Rèśonance, *s.* risonánza, il risonáre
Rèśonant, *a.* risonánte, echeggiánte
Reśòrb, *va.* (*poet.*) assorbíre
Reśòrbent, *va.* che assorbísce, che inghiot-tísce
Reśòrt, *vn.* ricòrrere, aver ricòrso, recársi, portársi, andáre, bazzicáre, frequentáre, capitáre, affluíre; - to a plàce, andáre, portársi ad un luògo; — to a pèrson, aver ricòrso ad una persóna; — to òther mèans, appigliársi ad àltri mèzzi
— *s.* ricórso (*rifugio*); affluènza, concórso, ridótto, assembléa, convégno; (*legge*) giu-risdizióne, competênza, attribuzióne, sfèra
Reśòrter, *s.* frequentatóre -tríce
Reśòund, *va.* risuonáre, rimbombáre
— *va.* risonáre, echeggiáre, estòllere
Reśòunding, *s.* risonánza, rimbómbo
Reśòurce, *s.* mèzzo, ripiègo, risórsa, vèrso, espediènte, *m.* rimèdio
Reśòurceless, *a.* sènza risórsa, sènza mèzzi
Reśòw, *va.* riseminàre, seminàre di nuóvo
Reśòwed
Reśòwn } *p. p.* riseminàto
Respèak (*pret.* respòke, *p. p.* respòken), *va.* riparláre, ripètere
Respèct, *s.* rispètto, riguárdo, considerazióne (*sing.*); riguárdi, *mpl.* rispètto, onóre, ri-verênza, riguárdo; rappòrto, motívo; —s, *pl.* lèttera (*la mia lettera*); with — to, riguárdo a; in sóme —s, in quàlche mòdo; oūt of — for you, per rispètto vòstro; to be wànting in — to a pèrson, mancár di rispètto ad úno; presént my —s to Mr. Brown, presentáte i miêi rispètti al signor

Brown; in our last —s, (*com.*) nell'última nòstra (*lettera*)
— *va.* rispettáre, portáre rispètto, riveríre, onoráre; (*cosa*) rispettáre, risguardáre, rife-ríre a, concèrnero, spettáre, toccáre; to — the·pèrson, aver riguárdo alla persóna, lasciársi influenzáre da personáli riguárdi; as it — s that affáir, riguárdo a quell'af-fáre; if you would be —ed (or máke your-sèlf —ed) — òthers, se volète èssere ri-spettáto, rispettáte gli áltri
Respectability, *s.* qualità, caráttere rispettá-bile; státo, condizióne elèvata, onorévole; crèdito, considerazióne; prègio, mèrito; distinzióne; of —, rispettábile
Respèctable, *a.* rispettábile, decènte, ono-ráto, onorándo; ragguardévole (tàbile
Respèctableness, *s.* caráttere, qualità rispet-
Respèctably, *avv.* riguardevolménte, onore-volménte; passabilménte, discretaménto
Respècter, *s.* chi rispètta, ·onóra, riveríace; God is no — of pèrsons, Dio non è accet-tatóre di persóne
Respèctful, *a.* rispettóso, riguardóso, som-mèsso
Respèctfully, *avv.* rispettosaménte
Respèctfulness, *s.* caráttere rispettóso, ri-guárdo, ossèquio, riverênza
Respècting, *prep.* riguárdo a, rappòrto a, relat·vaménte a
Respèct·ve, *a.* rispettívo, relatívo
Respèctively, *avv.* rispettivaménte, in ri-spètto
Respèctless, *a.* (*poco us.*) sènza rispètto; sènza riguárdi; sènza rappòrto
Respèrse, *va.* (*poco us.*) spruzzáre, aspèrgere
Respèrsion, *s.* aspersióne, spruzzaménto
Respirability, *s.* respirablènza, *s.* respirabilità
Respirable, *a.* respirábile
Respirátion, *s.* respirazióne, fiáto; rilàscio
Respirátor, *s.* respiratóre
Respiratory, *a.* (*anat.*) respiratório
Respíre, *vn* respiráre, riposársi
Respíte, *s.* rispìtto; ripóso; indúgio, respìro
— dar rispìtto a, differíre, sospèndere
Resplèndence, *s.* risplendènza, splendóre
Resplèndent, *a* risplendènte, brillánte
Resplèndently, *avv.* risplendetemènte
Resplít, *van.* spaccáre di nuòvo; fèndersi nuovaménte; rifáre naufrágio
Respònd, *vn* rispòndere, replicáre (*poco us.·*; — to, rispòndere a, accordársi, corrispón-dere a (*stile sost.*)
— *s.* respònso (*ant.*); responsòrio
Respòndance, *s.* il rispóndere, corrispon-dènza
Respòndent, *s.* (*legge*) rispondènte, difen-sóre; mallevadóre; (*scolas.*) rispondènte
Respondèntia, *s.* (*legge com.*) prèstito garan-títo sul cárico d'un bastiménto
Respònse, *s.* rispònso (*di oracolo*); (*mus.*) respònso; rispòsta, rèplica, responsorio

Responsibility, *s.* responsabilità, mallevadoría, sindacabilità

Respónsible, *a.* risponsábile, sindacábile

Respónsibleness, *s.* V. Responsibility

Respòn-ive, *a.* risponsivo, corrispondènte

Respònsory, *a.* di riapósta, risponsívo; *s* (*nell' uffizio della chiesa*) responsòrio

Rèst, *s.* ripóso, páce, *f.*, pòsa, quiéte, *f;* ripóso, sònno; pòsa, páusa, fermáta, rèmora; rèsto, restánte, *m.*, residuo, avánzo; appòggio; rèsta (*di lancia*); pòsa; (*vers.*) cesúra; to gó to —, andáre a dormíre; to be at —, èsser in páce; this is not thý —, quèsto non è il luògo del tuo ripóso; whère are the —? dóve sóno gli áltri? the árm-—s of a càrriage, gli appoggiatói di una carròzza; among the —, fra gli áltri; as to the —, del rèsto

— *vn.* riposáre, riposársi, cessáre dalla fatíca; dormíre, adagiársi, appoggiársi, stáre, restáre, formársi; fidársi (di), rimèttersi (a); did you — well? avéte riposáto bène? còme and — yourself, veníte a riposárvi; it —s with him to decíde, spètta a lui il decídere; — assúred that, state sicúro che; may he — in péace, requiéscat in páce

— *va.* riposáre, posáre, adagiáre, appoggiáre, restáre; — it thère, appoggiátelo colà; — the hórses, fate riposáre i caválli

— -hàrrow, *s.* (*bot.*) anónide, *f.*, bonágra, bulináca, bulimácola, arrestabúe, *m.*

— -stick, *s.* bacchétta, mázza (*di pittore*)

Restàgnant, *a.* (*poco us.*) stagnánte

Restàgnate, *va.* èssere ristagnáto

Rèstant, *a.* (*bot.*) persisténte

Restauràtion, (*ant.*) V. Restoràtion

Rèstem, *va.* risalíre (contro la corrénte); to — one's cóurse, rimèttersi in córso

Rèstful, *a.* in ripóso

Rèstfully, *avv.* riposataménte

Rèstiff, *a.* V. Rèstive

Rèstiffness, *s.* V. Rèstiveness

Rèsting, *s.* riposánte; — pláce, luògo di ripóso; — stick, mázza, bacchétta (*di pittore*)

Rèstinguish, *va.* spègnere, estínguere, smorzáre

Restitùtion, *s.* restituzióne

Rèstive, *a.* restío, ricalcitránte, ritróso, ombróso, permalóso; — horse, cavállo restío

Rèstiveness, *s.* restío, caparbietà, caparbieria, ostinazióne, caponería, cocciutággine, *f.*

Rèstless, *a.* irrequiéto, inquiéto, agitáto

Rèstlessly, *avv.* sènza ripóso, inquietaménte

Rèstlessness, *s.* irrequietézza, inquietúdine, *f.*, agitazióne, turbolènza

Restóråble, *a.* che si può ristauráre

Restoràtion, *s.* ristáuro, ristoraménto, ristorazióne, ristabiliménto, restituzióne

Restoràtionist, *s.* (*teol.*) universalista, *mf.*, credènte il ravvediménto finále di tútti

Restóratíve, *a.* ristorativo; rifocillánte, corroborativo; — *s.* (*med.*) ristorativo

Restóre, *va.* restituíre, réndere, ristoráre, ristabilíre, ristauráre, rinnováre

Restórer, *s.* chi, che restituísce, ristòra o ristáura; ristoratóre -tríce

Restráin, *va.* ritenére, raffrenáre, restríngere, reprímere, rintuzzáre, por fréno a, pòrre árgine a, tenére in soggezióne

Restráinable, *a.* che si può ritenére, reprímere, raffrenáre; átto ad èssere ristrétto o reprèsso (strétto

Restráinedly, *avv* con ritégno, in mòdo ristrétto

Restráiner, *s.* chi raffréna, ritiéne, reprime

Restráining, *a.* restrittívo; limitatívo

Restráint, *s.* fréno, raffrenaménto, ritégno, costringiménto, soggezióne; without —, sénza ritégno, sénza fréno, sénza soggezióne; under no —, in piéna libertà; in —, in soggezióne; to pùt a — upòn, méttere in soggezióne

Restrict, *va.* restríngere; limitáre

Restrìction, *s.* restrizióne, limitazióne, *f.*, riserva

Restrìctive, *a.* restrittívo, limitatívo

Restrìctively, *avv.* in mòdo restrittívo

Restrìnge, *va.* (*poco us.*) restringere

Restrìngent, *s* (*med.*) astringènte, *m.*, stitico —, *a.* astringènte, restringènte

Rèsty, *a.* V. Rèstive

Resublíme, *va.* (*chèm.*) sublimáre di nuóvo

Resùlt, *vn.* risultáre, deriváre, veníre per conseguènza, conseguíre, seguíre

— *s.* risultáto, risultaménto, risultánza, èsito

Resùltant, *s.* (*meccanica*) risultánte, *f; a.* risultánte

Resùlting, *a.* risultánte, proveniénte

Resúmable, *a.* che si può riassúmere

Resúme, *va.* ripigliáre, ricominciáre, riassúmere

Rèsume (*pr.* resúmá), *s.* súnto, epílogo, ristrétto

Resùmmon, *va.* citáre di nuòvo; tornáre a convocáre, ad invitáre, a chiamáre

Resùmption, *s.* ripigliaménto, il ricominciáre

Resùmptive, *a.* che ripíglia

Resurrèction, *s.* risurrezióne, *f.*, il risuscitáre dei mòrti; — men, resurrezionísti, dissotterratóri, rubatóri di cadáveri per vènderli ai chirúrghi

Resurrèctionist, *s.* rubatóre di cadáveri

Resùrvey (*pr.* resurváy), *va.* misuráre, esamináre di nuòvo

Resùscitáte, *va.* risuscitáre, rianimáre

Resuscitátion, *s.* risuscitazióne, rinasciménto

Rèt, *va.* maceráre il líno, la cánapa

Retáíl, *va.* vèndere al minúto, in dettáglio, a ritáglio; esitáre, spacciáre, ridíre

— *s.* vèndita al minúto, ritáglio, dettáglio; to sell by —, vèndere a ritáglio, per minúto, in dettáglio, the — tráde, la vèndita al minúto, a ritáglio

Retáiler, *s.* chi vênde al minúto ; chi ridíce o rappórta

Retáin, *van.* ritenére, tenére sáldo o indiêtro, serbáre, tenére a ménte; ritenére, impiegáre, tenére a suo sóldo

Retáiner, *s.* chi ritiêne o consêrva ; chi tiêne a sóldo ; chi impiêga un causídico ; persóna salariáta, aderênte ; partigiáno, stipendiáto ; onorário anticipáto (*di avvocato*)

Retáining, *a.* che ritiêne, ecc., — fée, onorário di causídico

Retáke, *va.* (*pret.* retóok, *p. p.* retáken) ripigliáre, riprêndere

Retàliate, *va.* rêndere la paríglia, vendicársï di

Retaliátion, *s.* paríglia, rappreságlia, contraccámbio ; by wáy of —, per rappreságlia, per vendêtta

Retàliative, retàliatory, *a.* di rappreságlia ; — méasures, misúre di rappreságlia

Retárd, *van.* ritardáre, differíre, rallentáre

Retardátion, *s.* ritardaménto, ritárdo

Retárder, *s.* chi o che cagióna ritárdo, indugiatóre

Retárdment, *s. V.* Retardátion (mitáre

Rètch, *vn.* star per récere, aver vòglia di vo-

Retéction, *s.* manifestazióne, scopriménto

Retéll (*pas.* retóld), *va.* raccontáre di nuóvo, tornáre a raccontáre

Retént̃on, *s.* ritenzióne, il ritenére, il detenére ; potêre, *m.,* facoltà di ritenére, riserbatézza ; (*med.*) ritenzióne ; (*fil.*) ritenzióne

Retént̃ve, *a.* ritenênte, che ritiêne, ritentívo, tanáce ; — fáculty, ritentíva, memória

Retént̃veness, *s.* potêre di serbáre, facoltà di ritenére, ritentíva, tenacità, memória

Rèticence, rèticency, *s.* reticênza, omissióne volontária

Rèticle, *s.* rête píccola, reticêlla, reticíno

Reticular, *a.* (*anat.*) reticoláre, reticoláto

Reticulated, *a.* (*bot.*) reticoláto, a mo' di rête

Rèticule (ridicule, *volg.*), *s.* sacchétto, bórsa da dônna

Rètiform, *a.* retifórme, reticoláto

Rètina, *s.* (*anat.*) rêtina (*dell'occhio*)

Rétinue, *s.* cortéo, comitíva, séguito, cortêggio

Retíre, *vn.* ritirársi, appartársi

— *va.* (*poco us.*) ritiráre, tiráre a sê

— *s.* (*mil.*) ritiráta ; nascondíglio

Retíred, *a.* ritiráto, priváto, nascôsto, segréto, (*di luogo*) ritiráto, ripósto, appartáto, solitário ; — life, vita ritiráta ; on the — list, giubiláto, in quiescênza

Retíredly, *avv.* in môdo ritiráto, privataménte, appartataménte, solitariaménte

Retíredness, *s.* ritiratézza, isolaménto, státo appartáto ; ritíro, solitúdine, *f.*

Retáking, *s.* riprésa ; riscôssa

Retírement, *s.* ritiratézza, il ritirársi, státo appartáto; ritírò, dimóra, ritiráta; solitúdine, *f.*

Retíring, *a.* (*pers.*) che si ritíra, che áma la solitúdine, schívo, tímido, riserváto, ritróso ; — manners, môdi riserváti, schíri, tímidi ; — pênsion, pensióne di quiescênza, giubilazióne, *f*

Retórt, *va.* ritórcere, rimandáre di rimbálzo, far ripercuótere, ribáttere ; dáre páne per focáccia, *vn.* ritórcere, rispóndere per le ríme

— *s.* rispósta per le ríme, mottéggio restituit· ; (*chim.*) stórta

— hôuse, *s.* opificio di distillazióne del gas

Retórter, *s.* chi ritórce, rimánda, ribátte

Retórting, retòrtion, *s.* ritorciménto, ritorcitúra (táre

Retóss, *va.* rilanciáre, far ribalzáre, rigettáre

Retoùch, *va.* ritoccáre, emendáre, ripulíre

Retráce, *va.* tracciáre di nuôvo, ripassáre, ripigliáre, rinveníre, ritornáre sópra, risalíre ; — one's steps, tornáre indiêtro

Retráct, *s.* (*vet.*) inchiodatúra, puntúra

— *va.* ritrattáre; *vn.* ritrattársi, disdírsi

Retráctable, *a.* che si può ritrattáre

Retractátion, *s.* ritrattazióne

Retráctible, rertràctile, *a.* che ha la facoltà di ritirársi, di raccorciársi

Retráct̃on, *s.* ritrattazióne ; contrazióne, *f.,* ritiraménto

Retráxit, *s.* (*legge*) desistiménto, desistênza

Retréad, *va.* camminárе, calpestáre di nuôvo

Retréat, *s.* il ritirársi, ritiráta (*mil.*), ritíro, luôgo ritiráto, chiôstro, êremo ; to sôund the —, to bêat the —, sonáre, báttere la ritiráta

— *vn.* ritirársi, indietreggiáre, fáre una ritiráta

Retrènch, *va.* leváre, tagliáre, dáre un táglio a, diminuíre, scemáre, menomáre; risparmiáre, economizzáre ; — expênses, diminuíre le spése, economizzáre

— *vn.* risparmiáre, restrígnersi, economizzáre

Retrènchment, *s.* rifôrma di spésa, economía, scemaménto, menomaménto ; (*mil.*) trinceraménto, trincêa

Retribute, *va.* retribuíre, rimeritáre, rênders

Retribút̃on, *s.* retribuzióne, mercéde, *f.*

Retributive, retributory, *a.* retribuênte, distributívo, imparziále

Retriévable, *a.* che si può ricuperáre, riavére

Retriéval, *s.* l'átto del ricuperáre

Retriéve, *va.* ricuperáre, riavére, riacquistáre

Retriéver, *s.* can barbóne scozzése

Retroáct, *vn.* avére un effêtto retroattívo

Retroáction, *s.* retroazióne

Retroáctive, *a.* retroattívo

Retroáctively, *avv.* retroattivaménte

Retrocéde, *va.* retrocédere

Retrocédent, *a.* retrocedénte ; — gôut, gôtta retrocedénte, gôtta rimontáta

Retrocèssion, *s.* retrocediménto, retrocessióne

Retrogradátion, *s.* (*astr.*) retrogradazióne

Rètrograde, *vn.* retrogradáre, tornáre ad-
— *a.* retrògrado (diêtro

Rètrográding, Retrogrèssion, *s.* il retrocédere

Rètrospect, *s.* sguárdo indiêtro, cólpo d'ócchio sul passáto ; rivísta, esáme, *m.*

Retrospèction, *s.* il guardáre indiêtro, rivísta, esáme del passáto

Retrospèctive, *a.* retrospettívo, che guárda indiêtro; — glànce, cólpo d'ócchio sul pássáto

Retrospèctively, *avv.* retrospettivaménte

Retrovèrsion, *s.* (*chir.*) retroversióne

Retrovèrt, *va.* (*chir.*) retrovertíre

Rètting, *s.* il maceráre la cánapa o il líno;
— pond, maceratójo

Retùnd, *va.* smussáre, ottúndere

Retùrn, *vn.* ritornáre, tornáre; riméttersi
— *va.* restituíre, rèndere, ritornáre, rimandáre, mandáre, indirizzáre, riméttere, trasméttere, dáre, ricambiáre, rèndere cónto di; fáre un rappòrto di; elèggere, nomináre; dáre, eméttere; to — тнànks, rèndere gràzie; — a lètter, rimandáre una lèttera; — góod for évil, ricambiáre il mále col bène; — a bóok, restituíre un líbro; — a mèmber of párliament, elèggere un mèmbro del parlaménto; — a kíndness, a fávour, reciprocáre una gentilézza
- *s.* il tornáre o ritornáre; il rèndere o restituíre; il trasméttere o rimandáre ; ritórno, ritornáta ; rendicónto ; rèddito, ricávo, rimèssa, profítto, ricámbio (*di affetto*), contraccámbio; (*mil.*) státo; (*parl.*) elezióne; on his —, al suo ritórno; ráilway —, rèddito delle stráde ferráte

Retùrnable, *a.* da rimandársi, restituírsi

Retùrner, *s.* chi rimétte o restituísce danári

Retùse, *a.* retúso, segnáto da profónda intaccatúra

Reúnion, *s.* riuniménto, riunióne, ricongiungiménto ; rammarginaménto (*med.*)

Reuníte, *va.* riuníre, riconciliáre
— *vn.* riunírsi, ricongiúgnersi

Revàccináte, *va.* rivaccináre, vaccináre di nuòvo

Revàccinátion, *s.* rivaccinazióne

Revéal, *va.* riveláre; dichiaráre, scopríre, palesáre

Revéaler, *s.* rivelatóre, scopritóre -tríce

Reveille, (*pr.* revále), *s.* (*mil.*) diána; to béat the —, báttere la diána

Rèvel, *s.* fèsta romorósa, gozzovíglia, baldòria, órgia
— *vn.* divertírsi (*con chiasso*), stáre allegraménte, gozzovigliáre, festeggiáre, fáre baldória, far delle òrgie

Rèvelátion, *s.* rivelazióne, *f*; (*Bibbia*) Apocalísse, *f.*

Revèllent, *a.* revellènte

Rèveller, *s.* festeggiánte, gozzovigliánte

Rèvelling, Rèvelry, *s.* baldória, fèsta rumorósa, gozzovíglia, stravízzo, òrgia

Revènge, *va.* vendicáre, vendicársi, vendicársi di; I'll be —d on him, mi vendicheró di lui, me la pagherà
— *s.* vendètta ; rivíncita; to glùt one's —, sfogáre la própria vendétta ; I must hàve my —, bisógna dármi la rivíncita; to táke or hàve one's —, prèndere una rivíncita

Revèngeful, *a.* vendicatívo

Revèngefully, *avv.* con ánimo vendicatívo, per vendétta

Revèngefulness, *s.* ánimo vendicatívo, livóre

Revèngeless, *a.* sénza vendétta, inúlto, invendicáto

Revènger, *s.* vendicatóre -tríce

Revèngingly, *avv.* per ispírito di vendétta

Rèvenue, *s.* rèndita (*dello stato*); cènso; rèndita (*di particolare*), entráta; the pùblic —, il Tesóro, il Físco; — cùlter, (*mar.*) patáscia

Revèrberant, *a.* riverberánte

Revèrberate, *van.* riverberáre, ripercuòtere

Reverberátion, *s.* riverberaménto, ripercussióne

Revèrberatory, *a.* riverberánte, che rivèrbera

Revére, *va.* riveríre, onoráre, veneráre

Rèverence, *s.* riverènza, venerazióne, onóre, *m*; riverènza (*titolo*)
— *va.* riveríre, veneráre, onoráre

Rèverencer, *s.* chi riverísce, onóra, rispètta

Rèverend, *a.* reverèndo, venerándo; right —, reverendíssimo; very —, mólto reverèndo

Rèverent, *a.* riverènte

Reverèntial, *a.* reverenziále, di riverènza, riverènte, rispettóso

Reverèntially, *avv.* con dimostrazióne di riverènza

Rèverently, *avv.* riverenteménte, con rispètto

Revérer, *s.* chi riverísce, veneratóre -tríce

Rèverie, *s.* V. Revery

Revòrsal, *s.* rivocazióne, annullazióne

Rovèrse, *va.* ribaltáre, rovesciáre, capovòlgere; rivocáre, cassáre, annulláre
— *s.* rovèscio, párte oppòsta, convèrso; rovèscio (*di fortuna*); — of a medál, il rovèscio di una medáglia

Revèrsed, *a.* rovesciáto, ribaltáto; cassáto

Revèrsedly, *avv.* in mòdo invèrso, conversaménte

Revèrseless, *a.* irrevocábile

Revèrsely, *avv.* in sènso invèrso

Reversibility, *s.* riversibilità

Revèrsible, *a.* revocábile, riversíbile

Revèrsion, *s.* (*legge*) reversióne, sopravvivènza, dirítto di reversióne, successióne, eredità

Revèrsionary, *a.* (*legge*) reversíbile, di sopravvivènza; da godérsi succedéndo a un áltro

Revèrsioner, *s.* (*legge*) parsóna investita di un diritto di riversióne o di sopravvivènza

Revèrt, *vn.* ritornàre, rivèrtere, ricadère, come i bèni livellàrj, fedecomméssi e símili ; ritornáre al proprietário per diritto di sopravvivènza; — to a sùbject, ritornáre ad un argoménto

— *va.* far ritornáre, far ricadére, rimandáre

Revèrt, *s.* ritórno, riversióne, ripetizióne

Revèrtible, *a.* riversíbile

Rèvery, *s.* vaneggiaménto, fantasticaménto

Revèst, *va.* rivestíre, investíre di nuóvo; ritornáre, rinveníre

Revèstiary, *s.* sacrestía, *V.* Vestry

Revètment, *s.* (*fort.*) rivestiménto, contrafforte, *m.*

Revíbrate, *vn.* vibráre di rimándo

Revibrátion, *s.* vibrazióne di rimándo

Revíctual, *va.* vettovagliáre di nuóvo

Revíctualiing, *s.* il vettovagliáre di nuóvo

Revíew, *va.* rivedére, riconsideráre, esaminàre di nuóvo, analizzáre, criticáre; fáre la rivísta di; — the tróops, far la rivísta delle trúppe

— *s.* rivistà, esáme, *m.*, considerazióne, crítica, análisi, *f.*, revisióne; rivista (*giornale* ; rivista (*mil.*); the — in the fíeld of Márs, la rivísta nel cámpo di Márte; the Lóndon quárterly —, la rivísta trimestrále di Lóndra

Revíewer, *s.* rivedítóre, revísóre, crítico; redattóre, estensóre di rivísta

Revíle, *va.* ingiuriáre, svillaneggiáre, oltraggiáre

Revíler, *s.* ingiuriatóre -trice, svillaneggiatóre, oltraggiatóre -trice

Revíling, *s.* ingiúrie, *fpl* , insúlti, *mpl.*, villanie, *fpl.*

Revílingly, *avv.* ingiuriosaménte, contumeliosaménte

Revíndicate, *V.* Recláim

Revíseal, *s.* revisióne (di un líbro, di uno scrítto), secóndo esáme

Revíse, *va.* rivedére, esamináre di nuóvo; —d and corrécted, riveduto e ricorrétto

— *s.* (*tipog.*) secónda pròva, fòglio di tórchio

Revíser, *s.* rivedítóre, revisóre (*di scritto scc.*)

Revísion, *s.* revisióne (*per correggere, per migliorare*), rivediménto, esáme, *m.*

Revísional, revísionary, *a.* di revisióne

Revísit, *va.* rivisitáre, réndere la visíta

Revíval, *s.* il ritornáre in vita, il ravviváre, ravvivaménto, rinvigoriménto ; rinnovaménto, rinasciménto ; risvéglio religióso ; — of lètters, risorgiménto delle lèttere

Revívalist, *s.* missionário; promotóre di risvégli religiósi

Revíve, *vn.* rivívere, ritornáre in vita, rianimársi, ravvivársi, rinvigorírsi, rifocillársi

— *va.* ravviváre, far ritornáre in vita, rianimáre; rinvigoríre, rifocilláre, vivificáre

Revíver, *s.* chi avvíva o ravvíva, chi o che

rinvigorísce; ravvivatóre -trice, ristoratóre -trice

Revivificátion, *s.* ravvivaménto, il vivificáre

Revivify, *va.* rivivificáre, ravviváre

Reviviscence, reviviscency, *s.* reviviscènza, rinascènza

Reviviscent, *a.* che tórna in vita, rinascénte

Revívor, *s.* (*legge*) ripréa di lite, di cáusa; bill of —, dománda di ripréa della lite

Rèvocable, *a.* rivocábile

Rèvocableness, *s.* revocabilità

Rèvocate, *va.* rivocáre; annulláre, richiamáre

Revocátion, *s.* rivocazióne, abrogazióne

Revóke, *va.* rivocáre; *vn.* rinunziáre

— *s.* rifiúto (*al giuoco delle carte*)

Revókement, *s.* rivocazióne, abrogazióne

Revólt, *s.* rivólta, sollevazióne, ribellióne

— *vn.* rivoltársi, sollevársi, ribellársi

Revólter, *s.* rivoltóso, sedizióso, ribèlle, *m.*

Revólting, *a.* che muóve a sdégno, disgustóso, ributtánte

Revolútion, *s.* rivoluzióne, ribellióne; (*astr.*) rivoluzióne, giro

Revolútionary, *a.* rivoluzionário; fazióso

Revolútioner, revolútionist, *s.* rivoluzionário

Revolútionize, *va.* rivoluzionáre, méttere in rivoluzióne, solleváre

— *vn.* muóversi in giro, rotáre, roteáre

Revolútionizing, *a.* che solléva, che métte in rivoluzióne, rivoluzionário

Revólve, *va.* rivólgere, esamináre colla ménte, riflèttere sópra; — *vn.* rivólgersi, muóversi in giro

Revólvency, *s.* rotaménto, roteaménto, rotazióne, rivolgiménto

Revólver, *s.* rivólver, *m.*, rivoltélla, pistóla, fucíle, *m.*, a più cólpi

Revólving, *a.* rotánte, roteánte (*astr.*); rotatório

Revòmit, *va.* rivomitáre, vomitáre di nuóvo

Revúlsion, *s.* rivulsióne, *f*; (*med.*) rivulsióne

Revúlsive, *a.* (*med.*) rivulsivo

Reward, *s.* ricompénsa, rimunerazióne, guiderdóne, *m.*

— *vn.* ricompensáre, rimuneráre, rimeritáre

Rewárdable, *a.* rimunerábile, dégno di ricompénsa

Rewárdableness, *s.* l'èsser dégno di guiderdóne, di ricompénsa

Rewárder, *s.* rimuneratóre -trice

Rewárehouse, *va.* ripórre in magazzíno

Rewríte, *va.* rescrívere, tornáre a scrívere

Rèx, *s.* (*lat.*) Re; Geórge —, Giòrgio re

Rhabárbaráte, *a.* impregnáto di rabárbaro

Rhapsódic, rhapsódical, *a.* di rapsodía, sconnésso

Ràpshodist, *s.* rapsódo, cantóre di rapsodíe, rapsodísta, *m.*

Ràpsodíze, *vn.* sconnèttere, profferíre rapsodíe

Rhàpsody, *s.* rapsodía

Rhènish, *s.* vino del Réno; — Renáno, del Réno

Rhètian, *a.* Rètico, Rèzio, degli antichi Rèzii

Rhétor, *s.* rètore, *m.*, rettòrico, chi sa o insègna rettòrica

Rhètoric, *s.* rettòrica, eloquènza

Rhetòrical, *a.* rettòrico

Rhetòrically, *avv.* rettoricaménte, con rettòrica

Rhetorician, *s.* rètore, *m.*, chi sa la rettòrica

Rhètorize, *vn.* fàre il rètore, o rettòrico, èssere ampollóso, parolájo

Rheùm, *s.* rèuma, *m.*, catárro, gravédine, *f.*

Rheumàtic, *a.* reumático

Rheùmatiém, *s.* reumatismo

Rheùmy, *a.* di rèuma, reumático

Rhíme, *V.* Rhyme

Rhine-gráve, *s.* rengrávio, cónte del Reno

Rhíno, *s.* (*volg.*) danáro

Rhinocérial, *a.* di rinocerónte

Rhinòceros, *s.* (*zool.*) rinocerónte, *m.*

Rhinoplàstic, *a.* (*chir.*) rinoplástico ; — operátion, operazióne rinoplàstica

Rhizòma, *s.* (*bot.*) rizòma, *m.*

Rhizòphora, *s.* (*bot.*) rizòfora, mánglio

Rhòdian, *a.* di Ròdi

Rhòdium, *s.* (*min.*) ròdio (*metallo*)

Rhododèndron, *s* (*bot.*) rododèndro

Rhòmb, Rhòmbus, *s.* (*geom.*) ròmbo

Rhòmbo, *s.* (*itt.*) ròmbo

Rhòmbōld, *s.* (*geom.*) rombòide, *m.*

Rhombōldal, *a.* romboidále, di rombòide

Rhùbarb, *s.* (*farm.*) rabárbaro, reobárbaro

Rhùmb, *s.* (*mar.*) ròmbo; — line, ròmbo del vènto

Rhýme, *s.* rima, vèrso, vèrsi, poesía; without éither — or réason, assùrdo

— *vn.* far poesía, far versácci ; *va.* rimáre

Rhýmeless, *a.* sénza ríma, non rimáto

Rhýmer, *s.* rimatóre

Rhýmic, *a.* dèlla ríma

Rhýmist, rhýmester, *s.* rimatóre, poetàstro

Rhýtrum e Rhramus, *s.* rítmo, armonía

Rhýtrumic, rhýtrumical, *a.* rítmico, armonióso

Rib, *s.* (*anat.*) còstola; (*mar.*) còsta; quadèrno ; I'll bréak your —s, vi stritolerò le òssa; to — róast, tambussáre, bàttere

— *va.* muníre di còstole, méttere le còste a

— -gràss, *s.* (*bot.*) piantàggine, *f.*, petacciuòla

Ribald, *s.* ribáldo, dissolùto, libertíno

Ribaldish, *a.* ribaldèllo, licenzióso, sboccáto

Ribaldrous, *a.* ribáldo, oscèno, scóncio

Ribaldry, *s.* ribaldería, oscenità; paròle scónce

Riband e ribband, *s.* nástro; (*mar.*) fórma; còtton —, fettúccia

Ribbed, *a.* forníto di còstole; vergáto

Ribbon, *s.* nástro, fettúccia (ciuòla

Ribwört, *s.* (*bot.*) piantàggine, *f.*, petac-

Rice, *s.* ríso; — pùdding, tórta di ríso; — field, — plantátion, risáia, risièra

Rich, *a.* rícco, opulènto, dovizióso; ubertóso, feeóndo, fèrtile, rigoglióso; bèllo, magnífico, supèrbo; delizióso; squisito, láuto, succolènto, sontuóso; —man, rícco, uòmo rícco ; — sōll, suólo ubertóso ; the —, i ricchi

Riches, *s.* ricchèzze *fpl*; ricchézza, dovízia, dovízie, *fpl.*

Richly. *avv.* riccaménte, largaménte, ampiaménte

Richness, *s.* ricchézza, sontuosità; ricchézza, fertilità; pómpa, magnificènza; sapóre delizióso, qualità sugósa

Ricínus, *s.* (*bot.*) rícino

Rick, *s.* bíca, mùcchio ; háy- —, mùcchio di fièno

Rickets, (*med.*) rachítide, *f.*

Rickety, *a.* (*med.*) rachítico; (*burl.*) stórto, zòppo, tentennánte, frágile

Ricochet (*pr.* ricoshá) *s.* rimbálzo : (*mil.*) riscòssa; — bàttery, batteria a riscòssa

Rid, *pas.* e *p. p. di* Rid e Ríde

— *va.* (*pas.* rid) liberáre, strigáre, sbarazzáre, sbrogliáre, sgomberáre; to — one's sèlf of, to get —, liberársi di, sbrigársi di, levársi d'attórno; advíse me how to get — of this óld bóre, consigliátemi come disfármi di quésto vècchio seccatóre

— *a.* liberáto, sbrigáto ; —, *pret. di* ríde

Riddance, *s.* lo sbarazzáre, strigáre, sgombráre; spáccio, disbrígo, sgombraménto

Ridden, *p. p. di* to Ride

Riddle, *s.* enimma, *m.*, indovinèllo; váglio, críbro

— *va.* vagliáre, cribráre, crivelláre ; —d with bàlls, — with shot, crivelláto dalle pàlle

Riddler, *s.* persóna che párla in enimma

Riddling, *s.* cribrazióne

Riddlingly, *avv.* enimmaticaménte, a mo' di enimma

Ríde, *vn.* (*pret.* róde, rid; *p. p.* ridden, rid) cavalcáre, èssere, andáre a cavállo; (*in America*) èssere, passeggiáre, andáre in carrózza; èssere a bardòsso ; vogáre, galleggiáre, andáre a gálla; (*mar*) èssere all'áncora ; to léarn to —, imparáre a montáre a cavállo ; a ship riding in the báy, un bastiménto all'áncora nella bája; to — hàre-bàck-ridden, cavalcáre a bardòsso; to be bèd-ridden, èssere costrótto a stáre a lètto

— *va,* cavalcáre, montáre ; I hàve ridden five miles, ho fátto a cavállo cinque míglia; to — a frèe horse to dèath, abusáre della bontà altrúi

— *s.* passeggiáta a cavállo, o in carrózza, cavalcáta, scarrozzáta

Ríder, *s.* chi va a cavállo (o in carrózza), cavalcatóre -tríce, cavalière, *m;* cláusola;

aggiúnta; matríce, *f*; —s, (*mar*.) porche; rough (*pr.* rùf) —, scozzóne

Riderless, *a.* sénza cavalcatóre

Ridge, *s.* címa; sommità, comígnolo, altúra, giogája; (*mar*.) scóglio, bánco; (*agr.*) dòrso, riálto, riálzo, spázio (*tra solco e solco*)

— *va.* formáre una címa, una púnta; solcáre, far dei riálzi in

— -bànd, *s.* portastànghe, *m.*

— -bóne, *s.* spína dorsále

— -trée, *s.* spína del tétto, comígnolo

— -tíle, *s.* tégola da comígnolo

Ridgy, *a.* álto, alzáto, solcáto, che si sténde in giòghi o riálti

Ridicule, *s.* ridícolo; schérno, derisióne; *f.*

V Réticule; to tùrn into —, méttere in ridícolo

— *va.* rèndere ridícolo, fársi bèffa di, sbeffeggiáre

Ridiculer, *s.* chi rènde ridícolo, beffeggiatóre, burlóne

Ridiculous, *a.* ridícolo, burlévole, ridévole

Ridiculously, *avv.* ridicolosaménte

Ridiculousness, *s.* ridicolosággine, *f.*, ridícolo

Riding, *s.* il cavalcáre, cavalcáta, l'andáre a cavállo, (*in America*) l'andáre in carròzza; equitazióne; — hàbit, ábito (*da donna*) da cavalcáre, amázzone, *f*; — cóat, ábito da cavalcáre, gabbáno; — schóol, cavallerízza; -- màster, cavallerízzo, cavalcatóre valénte; — hóod (*ant.*) mantéllo di dònna per cavalcáre; —, distrétto (*della contea di York*)

Ridòtto, *s.* (*ital.*) ridótto, casíno, convégno

Rife, *a.* comúne, in cópia, abbondánte

Rifely, *avv.* generalménte, comuneménte; abbondanteménte

Rifeness, *s.* abbondánza, prevalénza

Riffraff, *s.* bazzécole, *fpl.*; robáccia; canáglia

Rifle, *va.* svaligiáre, spogliáre, involáre, derubáre di; rigáre la cánna di una carabína; — a bóok, sfioráre un líbro

— *s.* fucile, *m.* a cánna rigáta, carabína minié; néedle —, fucile ad ágo ; Chassepót —, fucile Chassepot; the —s, i carabiniéri

— -bàrrel, *s.* cánna rigáta

— -gùn, — -lòck, *s.* carabína

Rifleman, *s.* (*pl.* riflemen) carabiniére (a piédi)

Rifler, *s.* grassatóre, ladróne, predóne, *m.*

Rift, *s.* spaccatúra, crepatúra, fessúra

— *va.* fèndere, spaccáre

— *vn.* fèndersi, spaccársi

Rig, *va.* guarníre, attrezzáre, equipaggiáre (*una nave*); — óut, addobbáre, abbigliáre, adornáre (*una persona*)

— *s.* (*ant.*) guerniménto, bagáscia; chiásso, schérzo; (*mar*.) matatúra

Rigadóon, *s.* (*ant.*) rídda, trescóne, *m.* (*danza*)

Rigger, *s.* chi attrézza, arréda, addòbba

Rigging, *s.* sartiáme, *m*, attrézzi, *mpl.* di nave); — óut, (*mar*) alár fuóri; — in, aláre; stànding —, manóvre fêrme e dorménti; rùnning —, manóvre corrênti; lower —, attrézzi o manóvre degli álberi e degli strágli bássi; top-mast —, guarniménti o manóvre degli álberi di gábbia; top-gailant —, manóvre dei pappafíchi; — loft, lavoratójo da manóvre

Riggish, *a.* (*ant.*) dissolúto, lascívo

Riggle, *vn.* Wriggle

Right, *a.* rêtto, in línea rêtta, dirêtto, difiláto; dèstro (*contrario di sinistro*); dirêtto; êquo; giústo, buóno, vèro, veritiêro; legíttimo; (*com.*) regoláre, giústo; — line, línea rêtta; — wáy, — róad, stráda diritta, vera stráda; — hèfr, eróde legíttimo; — síde, il diritto; — hànd, la máno dritta, la dèstra; to give the — hand síde, dáre la dritta; the — wáy, la via rêtta, il vero mèzzo, il migliór mòdo; àll —! ra bênel tútto lèsto, partiámol via!; as is —, come è di ragióne : èvery — side has its wrong side, ógni ritto ha il suo rovéscio; you are —, avète ragióne; to set —, raddrizzáre, riméttere sulla vía, corrèggere; assestáre, rassettáre; that is —, ció va bène; in one's — mind, in buón sênno, sáno di mènte; — línød, rettilíneo; — hànded, man ritto, ambidèstro, dèstro, ábile

— *avv.* diritto, a dirittúra, difiláto, rettaménte, giustaménte, giústo, bène, mólto, assái, subitaménte, súbito; bênel bràvo! avánti! giústo! — or wròng, a diritto o a spropósito, bène o màle; (*mar*.) — ascènsion, ascensióne dèstra; — hèlm! timóne alla vía! — àft, in póppa; — a hèad, in prúa; a difiláto, avánti; you sáy —, díte bêne; he is a — hònest man, é un gran galantuómo; the — hònorable gèntleman, il mólto onorévole signóre, l'illustríssimo signóre

— *s.* diritto, dritto, láto dritto, bánda dritta, dirittúra, giustízia, ragióne, equità; by —, di ragióne; to the —, a dèstra; to dó — to, rèndere giustízia a; civil —s, diritti civíli; cópy- —, proprietà letterária

— *va.* rèndere giustízia a; (*mar*.) raddrizzáre; — one's sèlf, fársi giustízia, vendicársi; — itsèlf, riméttersi, raddrizzársi

— *vn.* raddrizzársi, riméttersi (*mar*.)

— -mindedness, *s.* aggiustatézza di mènte

Righteous, *a.* diritto, giústo, rêtto

Righteously, *avv.* giustaménte, virtuosaménte

Righteousness, *s.* giustízia, virtù, *f*; wòrks of —, ópere di giustízia (*relig.*)

Righter, *s.* riparatóre -tríce di tòrti, raddrizzatóre -tríce

Rightful, a. legittimo, giústo, véro
Rightfully, avv. legittimaménte, con dirítto
Rightly, avv. rettaménte, béne, giustaménte
Rightness, s. aggiustatézza, dirittúra
Rigid, a. rígido, assideráto, dúro; rígido, rigoróso, sevêro; rígido, esátto
Rigidity, s. rigidézza, rigidità, durézza, rigorosità
Rigidly, avv. rigidaménte, severaménte
Rigidness, s. rigidità, severità, rigorosità
Riglet, s. ríga; (típ.) stécca
Rigmarole, s. tiritéra, raccónto da díre a véglia
Rigorist, s. rigorísta, m.
Rigorous, a. rigoróso, di rigóre, áspro, dúro
Rigorously, avv. rigorosaménte, con severità
Rigorousness, s. rigorosità, asprézza, severità
Rigour e Rigor, s. rigóre, severità, asprézza; the — s of winter, i rigóri dell'invêrno
Rill, s. ruscellétto, rigágnolo; vn. scórrere qual ruscelletto
Rillet, s. ruscellettíno, rigagnolétto
Rim, s. cêrchio, órlo, periferìa, quárto (di ruota)
— va. méttere un órlo, un cêrchio
Rime, s. brína, brináta; V. Rhýme
— vn. brináre, cadére brína
Rimôse | a. (stor. nat.) rimóso, screpoláto,
Rimous) pièno di fessúre
Rimósity, s. (stor. nat.) l'êsser rimóso, screpoláto
Rimple, s. piéga, grínza, rúga, V. Rùmple
— va. raggrinzáre, corrugáre, V. Rùmple
Rimpling, s. raggrinzaménto, ondulazióne
Rimy, a. brinóso, copêrto di brína
Rind, s. scôrza, cortéccia, búccia
Rindle, s. ruscelletto, scolatójo
Rinforzándo, s. (mus.) rinforzándo
Ring, s. anêllo, cêrchio ; suóno, scampanío, tintinnío; tócco, echeggiaménto; círcolo, cròechio, brigáta; with a — on his finger, con un anêllo in díto; wedding —, anêllo nuziále; éar- —, orecchíno, cióndolo; díamond —, anêllo di diamánti; — bóne, (veter.) formêlla; — -wôrm, (med.) empitigginе, f., êrpete, m., volática; — táil, (orn.) ghêppio ; — dôve, piccióne terrajuólo, palómbo; to give the —, dar l'anêllo; there is a —, (they —), hánno sonáto (il campanêllo); in a —, in cêrchio; — finger, díto anuláre
— van. (pret. ràng, p. p. rùng), sonáre, tintinníre, echeggiáre, risonáre; va. suonáre, far tintinníre; méttere un anêllo, dáre un anêllo; to — the bêlls, suonáre le campáne; the bell —s, sóme body —s, hánno suonáto; did you —, Màdam? avête suonáto, madáma?
— -táiled, a. (orn.) che ha la códa strisciáta a guísa di anêlli
Ringer, s. suonatóre di campáne
Ringing, s. il sonáre le campáne, suóno, scampanáta, scampanío, tintinnío

Ringléad, va. (poco us.) méttersi alla têsta, fársi caporióne
Ringléader, s. caporióne, m., cápo di sedizióne
Ringlet, s. anellétto; ríccio, anêllo, ricciolo
Rinse, va. sciacquáre; — a glass, sciacquáre un bicchiêre
Riot, s. gavázzo, stravízzo, órgia, eccêsso, gozzovíglia; sregolatézza; riótta, baccáno, tumúlto, sollevazióne; the — act, la lêgge cóntro gli ammutinaménti
— vn. fare gavázzo, fare baccáno, gozzovigliáre, tumultuáre; riottáre, ammutinársi
Rioter, s. persóna dédita ai piacêri, díscolo, scapestráto, gozzovigliatóre; riottóso, sedizióso, rubêllo
Rioting, s. il gozzovigliáre
Riotous, a. sregoláto, dissolúto, intemperánte; riottóso, sedizióso
Riotously, avv. riottosaménte, sregolataménte
Riotousness, s. dissolutézza; sfenatézza; sregolatézza, dissolutézza; intemperánza, sfrenatézza, licênza, sedizióne (cáno
Riotry, s. ammutinaménto, tumúlto, baccóne
Rip, va. fêndere, sdruscíre, squarciáre; apríre; (fig.) frugáre, frugacchiáre, razzoláre, scandagliáre, esumáre, scopríre; — off the skin of a béast, levár la pêlle a un animále; — ôut, lasciár andáre storditaménte
— s. scucitúra, sdruscíto; fessúra; paniêre, m. di vímini
Riparian, a. ripário
Ripe, a. matúro; (med.) matúro; óver- —, tróppo matúro, mêzzo; this people is — for frée institútions, quésto pôpolo è matúro alle líbere istituzióni
Ripely, avv. maturaménte
Ripen, vn. maturáre, maturársi; (med.) maturáre
— va. maturáre, ridúrre a maturità
Ripeness, s. maturità, maturézza, perfezióne
Ripening, s. maturaménto, il maturáre
— a. maturatívo, maturánte
Ripper, s. chi scúce, sdrúce, squárcia
Ripple, s. increspaménto, increspatúra (dell'acqua)
— vn. increspáre; va. far increspáre l'acqua
Rippling, a. increspáto; — wáve, onda increspáta
— s. l'increspáre (delle onde), increspaménto
Riptôwell, s. máncia o largizióne ai mietitóri (d'un feudatário)
Rise (pret róse, p. p. rìsen), va. sórgere, alzársi, levársi, spuntáre, scaturíre; enfiársi, gonfiársi, lievitársi, ingrossáre, crêscere, aumentársi, incaríre; náscere, deriváre, proveníre, uscíre, presentársi; sollevársi, rivoltársi; I — at six o' clock, mi álzo alle sêi; the sun —s at five, il sóle si léva, si álza alle cínque; to — in árms,

sollevàrsi, rivoltàrsi; — in príce, crèscere, aumentáre di prèzzo; to — agáin, risuscitàre
— *s.* pòggio, eminènza, altú a, elevazióne, salíta, leváta, il levàrsi; sorgènte, *f.*, scaturígine, *f.*, orígine, *f.*, princípio, gonfiaménto, il lievitàrsi; aggrandiménto, avanzaménto, accresciménto, auménto, incariménto (*di prezzo*); to give — to, far náscere, cagionáre; at the — of the sun, at sun- —, al leváre del sóle
Rìsen, *V.* Rìse
Rìser, *s.* chi si álza; a láte —, un dormigliòne; an éarly —, uno che si álza di buon' ora, persóna sollècita
Rish, *s.* (*bot.*) giúnco, *V.* Rush
Risibility, *s.* risibilità; disposizióne a rìdere
Rìsible, *a.* risíbile, ridévole, ridícolo
Rìsing, *s.* il levàrsi, l'alzàrsi, il sórgere; il leváre, leváta, risorgimento; rinasciménto; sollevazióne, rivòlta; — of the sún, il leváre del sóle; — of a hìll, èrta, acclívio; ascésa; — of the stòmacà, sollevaménto di cuóre, náusea; (*med.*) tumóre
— *a.* levànte, nascènte, ascendènte, crescènte; the — sún, il sóle nascènte; the — generátion, la sorgènte generazióne; — man, uòmo che si avánza
Risk, *s.* ríschio, azzárdo, perícolo, repentáglio; to put to —, méttere a repentáglio
— *va.* arrischiáre, avventuráre, cimentáre, méttere in perícolo, pórro a repentáglio
Risker, *s.* chi arríschia o mélte a perícolo
Rìte, *s.* ríto, cerimònia sácra
Ritornèllo, *s.* (*mus.*) ritornèllo
Ritual, *a.* rituále, dei rìti; —, *s.* rituále, *m.*
Ritualism, *s.* ritualismo, rúbrica
Ritually, *avv.* ritualménte, secóndo i ríti, giústa il rito
Ritualist, *s.* rituálista, *m.*, rubrichísta, *m.*
Rivage, *s.* rìva, rípa, márgine, *m.*
Rival, *s.* rivále, *mf.*, èmulo, concorrènte, competitóre
— *a.* rivále, èmulo, concorrènte
— *va.* emuláre, gareggiáre, concórrere, rivaleggiáre; *vn.* èssere rivále, competitóre
Rivality, Rivalry, *s.* rivalità, concorrènza
Rivalship, *s.* rivalità, emulazióne, gára
Rive (*pret.* rived, *p. p.* riven), *va.* fèndere, spaccáre
— *vn.* fèndersi, spaccàrsi
River, *s.* fiúme, *m.*,(*poet.*)riviéra;—bóatman, navicellájo; —-drágon, (*zool.*) coccodríllo; —-god (*mit.*) divinità d'un fiúme; — hòrse, (*zool.*) ippopòtamo
Rivet, *s.* chiódo ribadíto, ribaditúra
— *va.* ribadíre, inchiodáre; — a náil, ribadíre un chiódo; — a thing in one's mèmory, imprímere, scolpíre checchessìa nella memòria; riveting machine, mácchina da ribadíre   (lettíno)
Rivulet, *s.* ruscellétto; a little —, ruscel-

Rixdòllar, *s.* risdòllaro
Ròach, *s.* (*itt.*) làsca; as sound as a —, sáno cóme una làsca
Ròad, *s.* stráda, cammíno, vía; (*mar.*) ráda, bája; the tùrf, the ring and the —, le córse (dei caválli), il pugilláto e il guidáre i còcchi; he has been off the — thèse two yéars, sóno due ánni che non fa più il cocchière; high —, stráda maèstra, stradóne, *m*; post —, stráda postàle; tram —, stráda a rotája; ràil- —, stráda ferráta; in the —s, nella bája, all'áncora
— -book, *s.* itinerário
— -making, *s.* costruzióne delle stráde
— -side, *s.* on the —, sul márgine della stráda; a — inn, un albèrgo sulla stráda
— -wáy, *s.* piáno della stráda, carreggiáta
Ròadstead, *s.* (*mar.*) ráda, bája
Ròadster, *s.* camminatóre, bidétto
Ròam, *van.* ramingáre, andár errándo, vagáre
Ròaming, *a.* ramíngo, errabóndo, vagánte
— *s.* il ramingáre, l'andáre ramíngo, vagaménto
Ròan, *a.* (*del mantello dei cavalli*) sagginàto
— -trée, *s.* (*bot.*) frássino montáno
Ròar, *vn.* ruggíre, mugghiàre, vociferáre, romoreggiàre, rimbombáre; the líon —s, il leóne rúgge; the bùll —s, mùgghia il tòro; the séa —s, the tèmpest —s, rúgge il máre, la tempèsta
— *s.* ruggìto, muggìto, scòppio, scròscio; rimbómbo
Ròarer, *s.* chi o che rúgge, mùgghia, schiamázza
Ròaring, *s.* *V.* Ròar
Ròaringly, *avv.* fragorosaménte, con rimbómbo, con ruggìto
Ròast, *va.* arrostíre, abbrustoláre, tostáre
— *a.* arrostíto; — méat, arrósto, cárne arrostíta; — béef, rosbìf, *m.*, mánzo arrósto
—, *s.* arròsto; to rùle the —, (*volg.*) tenére il mèstolo, comandáre a bacchétta
Ròasting, *s.* l'arrostíre, l'abbrustolíre
Rob, *va.* rubáre (*a mano armata*); tògliere l'altrui di fórza; involáre, furáre; to — a pèrson of a thing, derubáre alcúno di una còsa; to — Péter to páy Pául, scoprire un altáre per ricoprírne un áltro
— *s.* (*farm*) rob, *m.*
Ròbber, *s.* rubatóre, ládro; a high wáy —, ladróne, assassíno di stráda
Ròbbery, *s.* ruberìa, rubaménto, rapína, latrocínio
Ròbbins (*meglio* ròpe-bands), *spl.* (*mar.*), mattafióni, *m pl.*
Ròbe, *s.* vèsta, abbigliaménto di gála; tòga: ròba; gèntlemen of the lóng —, (signóri) togáti
— *va.* vestíre pomposaménte; investíre
Ròbin, — red-breast, *s.* (*orn.*) pettirósso

— -gôo l-fêllow, *s.* *V.* Pùck

Robinia, *s.* (*bot.*) psèudo-acácia, acácia fàlsa

Roborant, *a.* (*med.*) corroboránte, *m.*

Robùst, *a.* robùsto, gagliárdo, fórte

Robùstious, *a.* (*volg.*) robùsto

Robùstiously, *avv.* (*volg.*) robustaménte

Robùstiousness, *s.* (*volg.*) robustézza

Robùstly, *avv.* robustaménte

Robùstness, *s.* robustézza, fôrza, vigóre, *m.*

Roc { *s.* rôc, *m.* (uccéllo favolóso della
Rock { mitologia áraba)

Ròcambole, *s.* (*bot.*) áglio selvático

Rôche-àlum, *s.* (*min.*) allúme, *m.* di ròccia

Rochet(*pr.* ròcket), *s.* rocchétto (*di vescovo*, ecc.)

Ròck, *s.* ròccia, rúpe, *f.*, bálza, ròcca; con-nócchia, rócca; — in the sèa, scóglio; — crỳstal, cristállo di ròcca; — ful, roccáta, pennécchio

— *va.* cullàre, dimenáre la cúlla; dondo-láre; inconocchiáre, appennecchiáre; *vn.* tempelláre, barcolláre

— -àlum, *s.* (*min.*) *V.* Rôche-àlum

Ròcker, *s.* persóna che cúlla, alta léna (*di culla*)

Ròcket, *s.* (*pirotecnica*) rázzo; (*bot.*) ru-chétto; Còngreve —s, rázzi alla Congréve

Rôckful, ròck, *s.* roccáta, pennécchio

Ròcking, *s.* il culláre, il tentennáre, il bar-colláre; — chàir, scránna tentennánte

Ròcky, *a.* rocciôso, piêno di ròccie; dúro

Rôd, *s.* vêrga, bacchétta, stécco; frústa; fishing- — cánna da pescáre

Rôde, *pret.* *di* Rìde

Ròdomont, *s.* rodomónte, *m.*, millantatóre, guascóne, tagliacantóni, *m.*

Ròdomontade, *s.* redomonteria, jattánza, millanteria

Rodomontádist { *s.* rodomónte, *m.*, spaccóne,
Rodomontádor { *m.*, smargiásso

Rôe, Rôebuck, *s.* capriuôlo; the hàrd — of a fish, uôva, *f.* *pl.* di pésce; the sôft — of a fish, làtte, *m.* di pésce

Rogàtion, *s.* súpplica; — wéek, le rogazióni

Rôgue, *s.* furfánte, *m.*, fúrbo, mariuôlo, ma-landrino, làdro; —'s trick, tíro da furfánte; you littlє — ! piccolo malandríno !

Rôguery, *s.* furfanteria, furberia, mariuole-ría ; búrla, schérzo, giuôco

Rôguesship, *s.* (*burlesco*) bricconeria

Rôguish, *a.* furbêsco, da fúrbo, da mariuô-lo, malizióso; làdro; — *ѕуеѕ*, ôcchi ládri, ôcchi malandríni

Rôguishly, *a.* furbescaménte, da burlóne

Rôguishness, *s.* furfanteria, búrla, schérzo

Rôil, *va.* (*locale*) intorbidáre, turbáre, pro-vocáre risentiménto

Rôist, Rôister, *vn.* fàre il diávolo a quáttro

Rôisterer, *s.* giovialóne, *m.*, buon tempóne, *m.*, giovanôtto allégro, strepitóso, batta-glière, demônio

Rôistering, *a.* gioviále, strepitóso, batta-glière

Rôll, *va.* rotoláre, roteáre, giráre, vôlgere, ruzzoláre; involtáre, avviluppàre; (*arti*) laminàre, rulláre; — one's sêlf, rotolàrsi, avvoltolàrsi;

— *vn.* rotoláre, roteáre, rotáre, giráre (*astr.*); (*mar.*) barcolláre, ruotáre, tempelláre, on-deggiáre; avvoltolàrsi

— *s.* il rotoláre, il rotáre, rotolaménto, ro-teaménto, gíro; rôtolo, gruppétto. invô to, piêgo, lísta, ruólo, tabêlla, registro, an-náli, *m.* *pl*; (*mar.*) ruolaménto, tempel-laménto, barcollaménto; pènny —, pa-nétto, panino di un sôldo; màster of the —s, protocollísta, *m.*, cancelliére, giúdice, *m.*; the —s of fáme, gli annáli della glória — -mùster, *s.* (*mil.*) ruólo

Rôller, *s.* laminatójo, cilíndro (*da laminare o satinare*); rúllo (*da rullare la terra*); girêlla, girellétta; spianatójo; bênda, fá-scio (*chir.*); (*tip.*) rúllo; (*orn.*) gálgulo

Rôlling, *s.* rotolaménto, voltolaménto, rota-ménto, roteaménto, rivolgiménto; gíro; (*mar.*) tempellaménto, barcollaménto

— *a.* rotolánte, rotánte; — mill, lamina-tójo; — pin, spianatójo; – hitch, (*mar.*) vôlta di bôzza; the — wôrlds, i glôbi ro-teánti; a — stône gàthers no môss, (*pro-verbio*) piêtra che rótola non fa múffa

Rôman, *a.* románo; — nôse, náso aquilíno — *s.* Románo; (*tip.*) tésto d'Aldo

Rômance, *s.* románzo (*che contiene incidenti favolosi, meravigliosi*) (*V.* Novel); fin-zióne; fávola; língua románza; (*mus*) ro-mánza

— *vn.* favoleggiáre, inventáre

Rômancer, *s.* romanziêre, *m.*, romanziêra; mentitóre -tríce

Rômancing, *a.* di románzo, di finzióne, fa-volóso

Rômanism, *s.* romanésimo, papísmo

Rômanist, *s.* cattólico románo, papísta, *m.* *f.*

Rômanize, *va.* latinizzáre; convertíre alle opinióni di Roma

Rômansh, *s.* romanza, língua románza

Rômàntic, *a.* romántico, romanzésco; wild — beàuties, bellézze selvàggie e román-tiche

Rômàntically, *avv.* in môdo romantico o romanzésco

Rômànticism, *s.* romanticísmo

Rômànticness, *s.* aspétto romántico, ária selvàggia

Rômepenny { *s.* tribúto (pagáto anticaménte
Rômescot { dall'Inghiltérra) alla Chiésa di Roma

Rômish, *a.* Románo, Papístico, de' Papísti — chùrch, Chiésa Romána

Rômp, *vn.* ruzzáre, trescáre, scherzáre gros-solanaménte

— *s.* ragazzáccia di contádo, romorósa, al-

nôr, rûde; - fàll, sòn, bùll; - fàre, dó; - bỳ, lỳmph; pôlse, bôỹs, fôūl, fôwl; ģem, ѕѕ

Diz. Ingl. Ital. - Ediz. VI. Vol. I. 33

légra e amánte di trescáre; schêrzo grossoláno

Rómpish, *a.* che rózza grossolanaménte

Rómpishness, *s.* manière grossoláne, *f. pl.*, rustichézza

Ród, *s.* júgero, quárta párte di un ácro; crocifísso, cróce, *f.*

Róof, *s.* têtto; — tíle, tégola; — of the m͞o͞uth, il cièlo della bócca; — of a cóach, imperiále, *m.*, cièlo di vettúra; the — of héaven, la vòlta del cièlo

— *va.* copríre di tétto; ricoveráre, albergáre

— -wórk, *s.* formazióne o manteniménto dei tétti

Róofing, *s.* il fáre il tétto; materiáli per fáre il tétto; — slátes, ardésie, *f. pl.* per tétti

Róofless, *a.* sénza tétto, sénza ricóvero

Róofy, *a.* copérto di tétto, ricopérto

Róok, *s.* (*orn.*) cornácchia gròssa, cornacchióne, *m.*, córvo; (*giuoco*) rócco, tórre, *f.*; giocatóre di vantéggio, scroccóne, *m.*

— *va* truffáre, ingannáre (nácchie

Róokery, *s.* luògo, bósco abitáto dalle cornacchie

Róoky, *a.* abitáto dai córvi e dalle cornácchie

Róom, *s.* spázio, luògo, pósto, stánza, cámera; luògo, motívo, cagióne, matèria; cóme in, there is —, entráte, c'è pósto; bed- —, cámera da lètto; sitting- —, salottíno; dining- —, sála da mangiáre, refettório; còffée- — (*albergo*), sála di conversazióne, sála comúne; in the — of, in luògo di, al pósto di; I'll máke — for yon, vi farò luògo; there is no — to dóubt of it, non v'è luòg' a dubitárne

— *va.* (*scolast.*) alloggiáre, èssere alloggiáto

Róomer, *s.* (*mar.*) vascèllo spazióso

Róomful, *a.* pièno di cámere, spazióso; *s.* cameráta, cámera pièna

Róominess, *s.* ampiézza, spaziosità, larghézza

Róomy, *a.* spazióso, lárgo, ámpio

Róost, *s.* pollájo, posatójo

— *vn.* appollajársi; róosted, appollajáto

Róoster, *s.* uccèllo domèstico máschio

Róot, *s.* radíce, *f.*, bárba, fondaménto, orígine, *f.*, scaturígine, *f*; (*mat*) radíce, *f*; — of bitterness (*sacra scrittura*) radíce d'amaritúdine; little —, barbúccia; square —, (*mat.*) radíce quádra o quadráta; cúbe —, radíce cúba; to táke or strike —, abbarbicársi, allignáre; to táke déep —, métter profónde radíci

— *vn.* pigliár radíce, abbarbicársi, allignáre; grufoláre, razzoláre

— *va.* far radicáre, far prèndere radíce, far allignáre; to — up, — out, sradicáre, scalzáre, svèllere dalle radíci, spiantáre

— -bóund, *a.* attaccáto per la radíce; the plànt is —, la piánta è serráta nel váso

— -stóck, *s.* (*bot.*) rizòma, *m.*, céppo, stipíte, *m.*, pedále, *m.*

Róoted, *a.* abbarbicáto, radicáto

Róotedly, *avv.* profondaménte; forteménte

Róotedness, *s.* l'èssere abbarbicáto, radicáto

Róotlet, *s.* radicélla, radicétta, radícula

Róoty, *a.* pièno di radíci

Rópe, *s.* fúne, *f.*, còrda; тиick — (*cable*), cavo, gómena; — dáncer, funámbulo, balleríno da còrda; — máker, funajuólo, funájo; — wálk, corderìa

— *vn.* scórrere con lentézza; far fílo

— -ládder, *s.* scála di còrda

— -máking, *s.* árte, *f.* del funájo, fabbricazióne della còrda (còrda

— -manufácture, *s.* corderìa, fabbrica di

— -trick, *s.* azióne dègna del capèstro

— -wálk, *s.* corderìa, luògo dove si fàbbrica la còrda

— -yárn, *s.* fílo da còrde

Róper, *s.* cordájo, cordáro

Rópery, *s.* locále, *m.*, per la fabbricazióne della còrda; azióne che mèrita il capèstro

Rópiness, *s.* viscosità, glutinosità

Rópy, *a.* viscóso, tenáce

Róquelaur, *s.* mantéllo da uòmo

Róral, *a.* rugiadóso, di rugiáda

Rórid, *a.* rórido

Rosáceous, *a.* rosáceo, di ròsa

Rósary, *s.* roséto; (*religione cattolica romana*) rosario, coróna

Róscid, *a.* róscido, rugiadóso

Róse, *pret. di* to rise

— *s.* (*bot.*) ròsa; — búd, bottóne di ròsa; caníne —, dog —, ròsa canína; Dàmask —, rosa damaschína, rosa di Damasco; mònthly —, rosa di tutti i mési; moss —, rosa muscósa; mùsk —, rosa moscáda; guélder —, gélder —, vibúrno dalle cócole biánche; — of héaven, licnide, *f.*; rosa del cièlo; — of Jèricho, rosa di Gèrico; — bùsh, rosájo; òil of —, òlio rosáto; — -wáter, ácqua ròsa, ácqua rosáta; ùnder the —, occultaménte, di segréto; there is no — without a thorn, (*proverbio*) non v'è ròsa sénza spíne

— -báy, *s.* (*bot.*) láuro rosa, rododèndro

— -cáulpion, *s.* (*bot.*) fiór di dònna

— -chéeked, *a.* dalle róse guáncie

— -gáll, *s.* (*bot.*) arbústo della ròsa canína

— -lipped, *a.* dalle róse làbbra

— -mállow, *s.* (*bot.*) alcéa rósea

— -snówball-trée, *s.* (*bot.*) vibúrno dalle cóccole biánche

— -trée, *s.* (*bot.*) rosájo

— -tríbe, *s.* (*bot.*) famiglia delle rosácee

— -wóod, *s.* légno rosa

— -wórk, *s.* (*arch.*) rosóni, *m. pl.*

Róseate, *a.* róseo, rosáto, di colór di ròsa

Rósemary, *s.* (*bot.*) rosmaríno, rameríno

Róset, *s.* (*pitt.*) rosétta, créta róssa

Rosicrúcian, *s.* rosa cróce, *m*; fráte della cróce róssa, crocífero

Rósin, *s.* resína, rágia; hárd —, colofònia

— *va.* fregáre con resína o colofònia

Róśiness, *s.* colóre di ròsa, rossézza, freschézza, qualità ròsea
Ròśiny, *a.* resinóso
Ròsland, *s.* lànda, terréno pantanóso
Ròśmarine, *s.* *V.* Róśemary
Ròssel, *s.* terréno stèrile
Ròssignol, *s.* rosignuòlo
Ròstral, *a.* (*ant.*) rostrále
Ròstrum, *s.* ròstro, bécco, prùa, ringhièra
Ròśy, *a.* ròseo, rosáto; di colór di ròsa, frésco, vermíglio; — chéeks, guánce ròsee; — lips, làbbra vermíglie
Ròt, *va.* infracidáre; putrefáre, marcíre
— *vn.* infracidársi, marcíre, putrefársi; — in gáol, marcíre in prigióne
— *s.* marciúme, *m.*, moría (*fra le pecore*)
Ròta, *s.* la Sàcra Ròta (tribunále pontifício)
Ròtary, *a.* *V.* Ròtatory
Ròtate, *vn.* (*astr.*) rotáre, roteáre; sàtellíteś do not —, i satèlliti non ròtano
Rotátion, *s.* il rotáre, roteaménto (*astr.*); rotazióne; successióne, vicissitúdine, *f.*
Rotátor, *s.* (*astr.*) rotatóre, che fa rotáre; (*anat.*) rotatòrio
Ròtatory, *a.* (*astr.*) rotánte, roteánte, di rotazióne; (*anat.*) rotatòrio
Ròte, *s.* úso, prática; *routine*; to lèarn bý —, imparáre per prática, imparáre a mènte
Ròtten, *a.* infracidáto, putrefátto, márcio; — stóne, tripolo; — at the core, magagnáto, márcio, fálso, pèrfido
Ròttenness, *s.* fracidézza, putrefazióne, bruttúra, marciúme, *m.*, corruzióne, càrie, *f.*
Rotùnd, *a.* rotóndo; — *s.* rotóndo
Rotùndity, *s.* rotondità, sfericità
Rotùndo, *s.* edifízio tóndo, rotónda
Rouge, *s.* (*pr.* rùzh) bellétto, rossétto, líscio
— *va.* imbellettáre; — *vn.* imbellettársi
Rough (*pr.* rùff), *a.* rùvido, áspro, scábro, scabróso, íspido, irsúto; ágro, ácre, pungènte; rústico, villáno; — díamond, diamánte gréggio; — séa, mare tempestóso; — draft, primo abbózzo, schizzo
— cast (*pr.* rùff cast), *va.* abbozzáre; — a wàll, arricciáre un múro
— cast, *s.* abbózzo, schizzo; arricciatúra (*di muro*)
Roughen, (*pr.* rùffen), *va.* rèndere rùvido; *vn.* diveníre rúvido
Roughish (*pr.* rùffish), *a.* ruvidétto
Roughly (*pr.* rùffly), *avv.* ruvidaménte, aspraménte
Roughness (*pr.* rùffness), *s.* ruvidézza, asprézza   (vallerízzo
Roughrider (*pr.* rùffrider), *s.* scozzóne, cabállo
Roughshod (*pr.* rùffshod), *a.* (*di cavalli*) ferráto a ghiáccio
Rouleau (*pr.* rulò), *s.* píccolo vilúppo, ròtolo; — of sòvereigns, ròtolo di sovráne
Ròunce, *s.* (*tip.*) mànico del tòrchio
Ròund, *a.* tóndo, ritóndo, rotóndo, circoláre, sfèrico, cilíndrico; fránco, scorrévole,

corrènte, gránde, buòno, bèllo; — plùmpúdding, bodíno inglése tóndo; góod — trot, bel tròtto; — sùm, buòna sómma di danári; in — nùmbers, a un di prèsso, un po' più un po' mèno; — -hèaded, dalla tèsta rotónda; — -hèad, tèsta tónda, puritáno, repubblicáno (del tèmpo di Cròmwell)
— *s.* cérchio, sfèra; ámbito; rónda, giráta, gíro, roteaménto; cárica; sàlva; assálto, púgna; to go the —, (*mil.*) andár in rónda; to táke a —, far un gíro; the bòxers fóught ten —s, i pugillatóri riprésero dièci vólte la lòtta; thrèe —s of appláuśe, tre sàlve di applàusi; — of bèef, rotèlla (còscia) di mánzo; in the whòle — of, in tútto il córso di
— *avv. e prep.* all'intórno, in gíro, attórno; — abòut, tutto all'intórno, da ogni bánda; lòok —, guardátevi intórno; àll the yéar —, tútto l'ánno; to còme — a pèrson, aggiráre, infinocchiáre alcúno; to hand —, passáre intórno, far circoláre; to tùrn —, rotáre, giráre, circuíre, vòlgersi
— *va.* ritondáre, tondeggiàre, far tóndo
— *vn.* diveníre tóndo
Ròundabòut, *a.* indirètto, oblíquo; lúngo; balórdo
Ròundel, Ròundelay, *s.* strambòtto (*poesía*)
Ròunder, *s.* (*ant.*) circonferènza, ricínto, gíro
Ròunding, *s.* il tondeggiáre, curvatúra
Ròundish, *a.* ritondétto
Ròundly, *a.* tondeggiánte, ritondétto
— *avv.* rotondaménte, francaménte, arditaménte; to denỳ —, negáre rotondaménte
Ròundness, *s.* ritondézza; rotondità, sfericità
Ròuśe, *vn.* risvegliáre, ridestáre, eccitáre vivaménte, scuòtere   (làre
— *va.* svegliársi, riscuòtersi; (*mar.*) tiramol-
Ròuśer, *s.* chi, che risvéglia, ridèsta, riscuòte
Ròuśing, *a.* che risvéglia, eccitánte, stimolánte
Ròut, *s.* fòlla, túrba, càlca, pièna; affluènza di convitáti, assemblèa numerósa, fracásso di gènte; (*mil.*) ròtta, sconfítta; to pùt to —, sconfíggere, sbaragliáre
— *va.* mèttere in ròtta, sconfíggere
Ròute, *s.* vía, stráda, cammíno; to táke the — of, andáre alla vòlta di; they cáme by the — of, vènnero per la vía di
Routine, *s.* *routine*, *f.*, úso, prática, costúme, *m.*
Ròve, *vn.* vagáre, andáre attórno, erráre, girovagáre, ramingáre; — *va.* giráre, andár attórno in; méttere nel càppio, allacciáre
Ròver, *s.* persóna giróvaga; giramóndo, vagabóndo, corsále, *m.*, piráta, *m.*
Ròving, *a.* giróvago, errabóndo, divagáto, leggièro
— *s.* prima torcitúra (del fílo); — fráme, torcitójo
Ròw, *s.* barúffa, zúffa, ríssa, tafferúglio; to kick ùp a —, far barúffa; to hàve a —

with, fàre una scenáta a; to get into a —,
tirárvi addòsso un tafferáglio
Rów, s. fíla, filiéra, filáre, m., órdine, m;
gíta in battéllo; — of trées, un filáre d'álberi; to set in a —, méttere in fíla
— vas. remáre, remigáre, vogáre
— -lòck, s. (mar.) rinfórzo
— -pórt, s. (mar.) sportéllo (per rèmo)
Rówan-trée, s. (bot.) frassíno di montágna
Rówel, s. stélla di speróne; (veter.) setóne
— va. applicáre un setóne, foráre, bucáre
Rówer, s. rematóre, remigánte, vogatóre
Rówing, s. il remáre
Rówland (Orlándo); to give a — for an Oli-
ver (proverbio), rèndere pan per focáccia,
rèndere la paríglia (bile
Rôyal, a. reále, regále, régio, augústo, nò-
Rôyalism, s devozióne al re, o al princípio
monárchico
Rôyalist, s. realísta, m., regalísta, m., chi
tiéne pel re
Rôyalíze, va. rèndere reále
Rôyally, avv. realménte, da re, regalménte
Rôyalty, s. dignità reále, di re, di sovráno;
rôyaltiés, insègne reáli, prerogatíva reále
Rôyoish, a. (ant.) abjétto, mísero
Rt., abbrev. di right, mólto; the Rt. Hon.
Gentleman, il mólto onorévole signóre
Rùb, va. fregáre, strofináre, stropicciáre; conficcáre; — down a hòrse, stropicciáre, strofináre un cavállo; — off a spot, levàre
una máchhia fregándo; — óut, scancelláre;
— up, fregáre, dirugginàre, ripulíre, emendáre, rinfrescáre; vn. fregáre, fregársi,
confricáre, dirugginíre, tiráre avánti; to
— on, passársela, ficcársi avánti alla
mèglio; to — up, dirugginírsi; allindársi;
addobbáre
— s. fregaménto, fregagióne, confricazióne,
attríto, cólpo di spázzola o di lingua, fian-
càta, rabbúffo, dispiacènza, difficoltà, traversía, intóppo; at the —, al ciménto, al
fátto
—, rùbstone, s. piètra da affiláre
Rùbber, s. chi, che fréga, strofináccio; piètra da affiláre; líma gròssa; (giuoco del
whist) partíta; Indian —, gómma elástica
Rùbbing, s. fregagióne, fregaménto, attríto
Rùbbish, s. rottáme, m., macérie, fpl., cal-
cináccio, anticagliáccia, robáccia
— -cárt, s. carrétta da spazzaturájo
Rùbble, — stóne, s. piètra grézza, sásso limáto dall'ácqua, sásso ordinário
Rubéscent, a. rubescènte
Rùbicon, s. Rubicóne, m., (fiume); to pàss
the —, passáre il Rubicóne
Rùbicund, a. rubicóndo
Rùbied, a. di rubíno, del colóre di rubíno
Rubificátion, s. il rubificáre, rubefazióne
Rùble, s. rúblo, monéta d'argénto rússa
Rùbric, s. rúbrica; (min.) rúbrica, sinópia;
va. rubricáre, ornáre col rósso

Rùbricate, va. rubricáre, marcáre, distin-
guere col rósso
Rùby, s. (min.) rubíno; rossóre, rósso
— a. rubinóso, di rubíno; rósso, vermíglio
Rùck, va. pieghettáre, increspáre, accre-
spáre; s. pieghétta, créspa
Ructátion, s. rútto, il ruttáre
Rùd, s. rósso, rúbrica, sinópia; (itt.) capóne
Rùdd, s. (itt.) pésce capóne
Rùdder, s. (mar.) timóne, m; — cháins,
caténe, f. pl. del timóne (sènza
Rùddiness, s. freschézza di carnagióne, ros-
Rùddle, s. sinópia, rúbrica, argílla róssa
Rùddy, a. rubicóndo, rósso; — chéeks, guán-
cie rósse
Rùde, a. rózzo, áspro, rúde, grossoláno,
rústico
Rùdely, avv. aspraménte, bruscaménte, in-
civilménte
Rùdeness, s. inciviltà, rozzézza, asprézza
Rudénture, s. (arch.) cannéllo (líscio o la-
voráto) che rièmpie le scanalatúre d'una
colónna o d'un pilástro fíno ad un tèrzo
dell'altézza
Rudiméntal, a. V. Rudimèntary
Rùdiments, spl. rudiménti, princípj, ele-
ménti, mpl.
Rudiméntary, a. dei rudiménti; elementáre
Rùe, s. (bot.) rúta; pentiménto, rammárico;
wàll —, rúta murajuóla, doradílla; góat's
—, caprária; mèadow —, talítro verde-
márco
— va. pentírsi di, dolérsi di, deploráre; you
will — it one dáy, ve ne pentiréto un dì
Rùeful, a. lamentévole, miserándo, trísto
Rùefully, avv. lamentevolménte; tristaménte
Rùefulness, s. tristézza
Ruféscent, a. rubescènte, rossígno, rossástro
Rùff, s. gála, colláre, m., alla spagnuóla,
pistágna; colларétto increspáto, gorgiéra
(orn.) cavaliére m., gambétta
Rùffian, s. malandríno, sceleráto, ribáld:
furfantáccio; — like, da furfánte
— a. di o da malandríno, ribáldo, brutále
Rùffianism, s. sceleratézza
Rùffianly, a. sceleráto, ribáldo, sanguina-
rio, brutále
Rùffle, va. increspáre, spighettáre, rabbaruf-
fáre, scompigliáre, disordináre; fornire d.
manichíni; — the séa, — the mind, increspáre l'ónda, agitáre la mènte
— vn. incrspársi, agitársi, perturbársi, rab-
baruffársi, scompigliársi (pigli
— s. manichíno a piéghe, turbaménto, scom-
Rùg, s. copèrta da létto con péli lúnghi;
héartu—, tappéto, vellúto per il focoláre
Rùgged, a. rúvido, áspro, scábro, rúde, irsúto, nocchierúto, èrto, scosceso, rózzo
Rùggedly, avv. ruvidaménte, aspraménte
Rùggedness, s. scabrosità, ruvidézza, asprézza, rozzézza
Rùgine, s. ráspa di chirúrgo, rastiatójo

Rùgose e Rùgous, *a.* rugóso, grinzóso

Rùin, *va.* rovináre, sperperáre, distrùggere, desoláre; *vn.* rovináre, cadére in rovina; — one's sèlf, rovinársi

— *s.* rovina, spérpero, distruzióne, *f.*, dánno; —s, rovine, avánzi, rùderi; to go to —, andáre in rovina; — to fàll into —s, cadére in rovina

Rùiner, *s.* rovinatóre -trice, distruttóre -trice

Rùinous, *a.* rovinóso, che minàccia rovina, che si sfàcia, rovinóso, che cagióna rovina, dannóso, imprudènte

Rùinously, *avv.* rovinosaménte

Rùle, *s.* règola, regolaménto, nòrma; règola, precètto; regime, *m.* govèrno, impèro, domínio, potère, *m..*, autorità; règolo, riga; the — of rurée, la règola àurea; dòne accòrding to —, fàtto secóndo le règole; despòtic —, govèrno despòtico; to bèar —, avére il comàndo, règgere; there is no — withòut exceptions, non v' è règola sènza eccezióni; I màke it a — to, ho per règola di

— *va.* règgere, signoreggiáre, governáre; regoláre, ordináre, dirigere; rigáre (colla riga, col regolo); *vn.* governáre; (legge) decidere; — óver, règgere, signoreggiáre; be rùled by me, fàte a mòdo mio

Rùled, *a.* regoláto, signoreggiáto, rigáto

Rùler, *s.* chi règge, signoréggia, govèrna, reggitóre, dominatóre, imperatóre, regolatóre, padróne; règolo, riga

Rùling, *a.* dominánte, regnánte; — párty, — pàssion, fazióne, passióne dominánte

Rùm, *s.* rhum, *m*; originále, *m*; prète, *m.* del contádo

— *a.* stráno, strámbo, sguajáto; — fèllow, uòmo strámbo, originále, *m.*

Rùmble, *vn.* fàre un rumóre sórdo, rombáre, romoreggiáre, strepitáre (delle carrozze)

Rùmbler, *s.* chi o che rómba, borbottóne.

Rùmbling, *a.* rombánte; — *s.* il rombáre

Rùminant, *a.* ruminánte; — *s.* ruminánte, *m.*

Ruminàntia, *spl.* (zool.) ruminànti, *mpl.*

Rùminate, *vn.* rugumáre, (masticare di nuovo); rumináre, ricónsideráre, riandáre col pensièro; — *vn.* — on, upòn, ripensáre a, meditáre sópra

Ruminátion, *s.* rugumazióne; méditazióne

Rùminátor, *s.* ruminatóre -trice, chi rùmina

Rùmmage, *vn.* rovistáre, frugacchiáre, armeggiáre

— *va.* rovistáre, cercáre, frugacchiáre in

— *s.* rovistaménto, frugaménto, ricèrca

Rùmmer, *s.* (ant.) pècchero, pècchero pièno

Rùmour, *s.* rumóre, *m.,* chiásso; grído, vóce, *f.*

— *va.* far córrere vóce, vociferáre; it is —ed that, córre vóce che, si vocifera che

Rùmourer, *s.* chi vocifera o fa córrer vóce

Rùmp, *s.* groppóne, *m.* gròppa; (d'uccello) codóne, *m.,* códrióne, *m*; — of bèef, cu-

látta di mànzo; the — (parliament), residuo del parlaménto dopo il Protettoráto del 1659

— -stèak, *s.* bistécca della culàtta

Rùmple, *va.* spiegazzáre, grinzáre, abbaruffáre, abbatuffoláre, scompigliáre

— *s.* grinza (di veste spiegazzata), mála pièga (rùffa

Rùmpus, *s.* (volg.) scompiglio, strèpito, ba-

Rùn, *vn.* (pret. ràn, *p. p.* rùn), córrere; accórrere, fuggire, andáre, fàre il tragítto, scórrere, giráre, scoláre; — 'up, córrere a, accórrere; — off, awáy, scappáre, fuggire, dàrla a gàmbe; — at fùll spéed, córrere a gran carrièra; — on, seguitáre a córrere; the sóre —s, la piàga bútta; the càndle —s, la candéla scóla; to — — ashóre, arenáre, dáre in sécco; — òut a rópe, filáre, molláre; — fòll of, urtàrsi cóntro, dar di còzzo a; — awáy with, rapíre, portár vía; levàre la máno; traviáre, inorviáre; — cònter to, ripugnáre a; — in dèbt, contràrre débiti; — ùp a bill, indebitàrsi; — mad, impazzíre, — óver a bòok, sforàre, trascórrere un libro; — upòn, lanciàrsi sópra; occupàrsi di; — dòwn, córrere abbásso, coláre, stilláre, sgocciolàre, finíre, termináre; — high, córrere su, innalzársi, infuriársi, fèrvere; — agàinst, urtàrsi cóntro, accozzársi, naufragáre; — òut, uscír di slàncio; stèndersi, finíre, termináre; it —s in their blòod, viène di ràzza; a thorn ran into my fòot, mi è entráta una spína nel piède; the bòttle —s óver, trabócca la bottiglia; the river —s by the wàlls, il fiúme scórre prèsso le múra; to — to séed, semenzíre, andáre in semènza, tallíre

— *va.* (pret. ran, *p. p.* rùn), far córrere, córrere, cacciár déntro; spingere, ficcáre, infilzáre, filáre, fóndere, liquefáre, gettáre, precipitáre, far entráre, contrabbandáre; seguíre, incalzáre; to — a ráce, córrere il pàlio; — a hòrse, far córrere un cavàllo; — hàrd, seguitáre da vicíno, incalzáre; — the risk, córrer rischio; — one's hèad agàinst a wàll, dáre della tèsta in un múro; — dòwn a stag, straccáre un cèrvo; — a bòat agròund, arenáre un battèllo; — a pèrson thròugh, (— a swòrd through one's bòdy), trafiggere uno; — òut, far uscíre, cacciár fuóri; stèndere, finíre, esauríre, sgoccioláre, dissipáre; (mar.) filáre, molláre; — up, tiràr su; eleváre, sommáre; — up a bill, contràrre un débito, indebitàrsi; — the gàuntlet, passáre sòtto le bacchètte; — óver a bòok, dáre una scórsa ad un libro, sfioràrlo; he wàs — óver, egli càdde sòtto la carròzza; he has — rarough all his fortuae, ha scialacquáto tutto il suo; he ran a nail into his fòot, gli si è infilzáto un chiódo nel piède

—, *s.* il córrere, córsa, córso, moviménto, môto, andaménto; ésito, spáccio, scórsa, trottáta, gíta; (*mar.*) cammíno, viàggio; to táke a — prêndere, fáre una córsa; at the long —, a lúngo andáre; the còmmon —, il comúne, la maggiór párte; góod or ill — at pláy, détta o disdétta al giuóco
Rùnagate, *s.* (*volg.*) *V.* Renegade
Rùnawáy, *a.* fuggiásco, fuggitívo; — sláve, schiávo, fuggiásco, fuggitívo
— *s.* fuggitívo, fuggiásco, disertóre
Rùndle, *s.* pinòlo di scála, cilíndro (*esteriore*); — hèad, (*mar.*) tésta dell'árríore
Rùndlet, rùnlet, *s.* barilétto, barilòtto (gano
Rùng, *p. p. di* to Ring
— *s.* (*mar.*) còstola, fasciáme, *m.*, estremità della scála
Rùne, *s.* rúne, *f. pl.*, carátteri rúnici; língua rúnica; *a.* rúnico
Rùner, *s.* poèta rúnico
Rùnic, *a.* rúnico
Rùnes, *s. pl.* poesíe rúniche
Rùnlet, *s.* ruscèllo
Rùnnel, *s.* (*ant.*) ruscellettíno
Rùnner, *s.* corridóre, corsièro; (*bot.*) trálcio, vitíccio; — of a mill, la mòla di sópra di un mulíno; — anèllo mòbile; scárlet —, fagiuòlo rósso
Rùnnet, *s.* càglio; coàgulo, presáme, *m.*
Rùnning, *a.* corrènte, di córsa, corridóre; colánte, scorrévole, consecutívo, di séguito; — hòrse, cavállo di córsa, corridóre; — wáter, ácqua corrénte, — knót, nòdo scorsójo, cáppio; — kìtch, (*mar.*) nòdo movènte; — sóre, piàga che bútta; THRée days —, tre giórni di séguito
— *s.* il córrere, il coláre, corriménto, córsa, córso, colaménto, scolazióne, suppurazióne, espúrgo (*di piaga*); — at the nóse, flussióne; cimúrro
Rùnnion, *s.* bagaglióne, *m.*, saccárdo, saccománno, galúppo
Rùnt, *s.* álbero imbastardíto; animále píccolo per la sua spèzie; vècchio scárno
Rupée, *s.* rupèa, monéta d'argento dell'India Orientále
Rùpture, *s.* rottúra; (*med.*) èrnia
— *va.* (*med.*) rómpere, infrángere
— *vn.* rómpersi, crepáre, spezzársi
Rùpturewört, *s.* (*bot.*) erniária
Rùral, *a.* rurále, campèstre, rústico, agrèste
Rùrally, *avv.* alla rurále, alla campèstre; citizen — inclined, i cittadíni a cui vien la vòglia della campágna
Rùse, *s.* astúzia, stratagèmma, *m.*
— de guèrre, *s.* (*francese*) astúzia di guèrra
Rùsh, *s.* (*bot.*) giúnco (*piccolo e pieghevole*); festúca; ácca, niènte, *m*; to strew with —es, giuncáre; it is not wôrth a —, non vále un'ácca; — light, candelétta di véglia; —, *s.* émpito, ímpeto, fòga, fúria,

attácco, córso impetuóso; — of the wíes, ímpeto delle ónde; — of árms, assáltı; cózzo delle armáte; — of péople, affluénza, cálca, fracásso di gènte
Rùsh, *vn.* lanciársi, avventársi; scagliàrsi; precipitársi; to — óut, uscíre di slánci; — upón, dáre addòsso a, scagliàrsi al dòsso a
Rùshy, *a.* giuncóso, pièno di giúnchi
Rùsk, *s.* fétta di páne biscottáta
Rùsset, *a.* rossétto, rossíccio; péra o méla róssa
— *s.* vèste da contadína; rústico
Rùsseting, *s.* méla rúggine; méla grígia
Rùssian, *a.* rùsso, di Rùssia; *s.* il rùsso (*idioma*); *s.* Rússo (ruggiare
Rùst, *s.* rúggine, *f*; to rub off the —, di— *va.* irruginíre; *vn.* irruginírsi
Rùstic, *a.* rústico, da contadíno, agrèste
— *s.* rústico, contadíno, villanèllo, villanélla
Rùstically, *avv.* rusticaménte
Rùsticalness, *s.* rusatichézza, rusticità
Rùsticate, *vn.* stársene in vílla, vívere in campágna
— *va.* relegáre in campágna; (*università*) sospèndere, mandár vía, esclúdere per un tèmpo
Rùsticity, *s.* rusticità, semplicità
Rùstication, *s.* il vívere in campágna; (*università*) espulsióne temporária
Rùstiness, *s.* rúggine, *f.*, rancidézza (*del lardo*)
Rùstle, Rùstling, *s.* fruscío, bisbíglio, susúrro, sturmíre, *m.* romorío, ronío; — of the léaves, bisbíglio, stormíre delle fòg
— *vn.* stormíre, romoreggiáre, ronzáre
Rùsty, *a.* rugginóso; ráncido; to get —, rugginírsi; — bàcon, prosciútto ráncido
Rùt, *s.* frégæ, frégola; cart- —s, affondáre, ruotáje
— *va.* solcáre, fáre affondatúre in stráda
— *vn.* andáre in fréga
Rùta Bàga, *s.* (*bot.*) rápa svedése
Rùth, *s.* (*ant.*) pietà, compassióne
Rùthful, *a.* pietóso, compassionévole
Rùthless, *a.* spietáto, dúro inumáno
Rùthlessly, *avv.* sénza pietà, crudelménte
Rùthlessness, *s.* spietatézza, crudeltà
Rùtilant, *a.* rutilánte, rilucénte
Rùtted, *s.* (*delle strade*) pièno di affondatúre
Rùttish, *a.* lascívo, libidinóso
Rùttishness, *s.* lascívia, libídine, *f.*
Rx., *abbrev. di* Rixdòllar, risdòllaro
Rýder, *s.* cláusola provvisória di átto; allungaménto, códa (*di cambiale*)
Rýe, *s.* (*bot.*) ségala, ségale, *f*; spúrred— ségala spronáta; — méal, — flòur, farína di ségala; — brèad, páne, *m.* di ségala; — gráss, (*bot.*) spèlta

Rýno e Rhìno, *s* (*volg.*) contànte, *m*; réady
—, prónti contànti

Rýot, *s.* contadino dell'Indostáno

S

S (*ès*), decimanòna léttera dell'alfabéto inglése, *s*; iniziále di *society, società, e* di *south, sud,* S; contraziòne di *is* e di *us*; ségno del genitívo; Robert *s* umbrélla, l'ombrèlla di Robérto

Sàbaism; *V.* Sabianism

Sàbaot, *s.* (*ebraico*) sàbaot, *m.* (*eserciti*); the Lord of —, il Signòre degli esérciti

Sabbatàrian, *a. s.* sabbateriáno; osservatóre del sàbbato

Sabbatàrianiàm, *s.* sabbaterianísmo, dottríne, *fpl.* de' Sabbaterìáni

Sàbbatʜ, *s.* sàbbato (giórno del ripóso); — breáker, violatóre del giórno del ripóso

Sàbbaᴛless, *a.* sénza giórno di ripóso

Sabbàtical, *a.* sabbàtico, del sàbbato

Sàbbatiám, *s.* ripóso, cessaziòne dal lavóro

Sabéan, *a* sabéo

Sábeism, *s.* sabeísmo

Sabéllian, *a.* (*teol.*) sabelliáno, dell'eresía di Sabéllio; *s.* sabelliáno, seguáce di Sabéllio

Sabéllianiàm, *s.* sabellianísmo, eresía di Sabéllio

Sábian, *a* sabéo; *s.* sabéo, adoratóre degli ástri

Sàbianiám, *s.* sabeísmo, cólto degli ástri

Sàbine e Sàvin, *s.* (*bot.*) sabína, savína

Sàble, *s.* zibellíno, pélle,´*f.* del zibellíno; (*stile sost.*) àbito néro, lútto, brúno
— *a.* néro, brúno, oscúro; di lútto

Sabre, (*pr.* sáber), *s.* sciábola, sciábla
— *va.* percuótere colla sciàbola

Sabùrra, *s.* (*med.*) sabùrra, zavórra

Sabulósity, *s* qualità sabbiósa, arenosità

Sàbulo·s, *a.* sabbióso, arenóso, di sabbióne

Sàc, *s.* (*legge inglese*) privilégio che hánno i lórdi di tenér giudízio e impórre múlte nei loro latifóndi; (*anat.*) sácco; bórsa

Saccáde, *s.* scòssa; trinciáta (*di briglia*)

Sàccharine, *a.* saccarino, zucch·rino

Sàcerdótal, *a.* sacerdotále, di sacerdóte

Sacerdótaliàm, *s.* sacerdotalísmo, spírito sacerdotále

Sacerdótally, *avv.* in mòdo sacerdotále, da sacerdóte

Sàchel, *s.* cartélla (*di scolaretto*)

Sàchem, *s.* cápo indiáno

Sàck, *s.* sácco; sácco (*misura di tre staja*); (*mil.*) sácco, saccbéggio, rúba; víno di Xeres; a little — (a bag), sacchétto; — clóᴛʜ, téla di sácco; tela grossolána; cilício, sácco
— *va.* insaccáre, méttere in sácco, sacchegiáre, dáre il sácco a

Sàckage, *s.* sacchéggio, saccheggiaménto

Sàckbut, *s.* (*ant.*) sambúca (*mus.*)

Sàcker, *s.* saccheggiatóre, predatóre

Sàckful, *s.* sácco piéno

Sàcking, *s.* téla da sácco; saccheggiaménto

Sàcrament, *s.* sacraménto; the — of the Lòrd's supper, la sánta Cena, l'Eucaristía, la comuniòne

Sacramèntal, *a* sacramentále

Sacramèntaily, *avv.* sacramentalménte

Sacramèntarian, *s.* (*teol.*) Sacramentário; *a.* di Sacramentário, dei Sacramentárj

Sacramèntary, *V.* Sacramentárian, *s. e a.*

Sacrárium, *s.* (*antichità romane*) sacrário

Sàcred, *a.* sácro, ságro, sacráto, sánto; sácro, inviolàbile; sácro, consacráto, dedicáto

Sàcredly, *avv.* inviolabilménte, religiosaménte

Sàcredness, *s.* santità; qualità, caráttere sácro; santità, inviolabilità

Sacriílc, *a.* di, da sacrifício, attenénte a sacrifício

Sàcrifice, *s.* sacrifício; a — to, víttima di
— *va.* sacrificáre; *vn.* offeríre un sacrifício

Sàcrificer, *s.* sacrificánte, sacrificatóre

Sacri lcial, *a.* di sacrifício, espiatorio

Sàcrilege, *s.* sacrilégio, profanaziòne

Sacrilègious, *a.* sacríléego, émpio

Sacrilègiously, *avv.* sacrilegaménte, in mòdo sacrilego

Sacrilègiousness, *s.* qualità sacrílega

Sàcring bell, *s.* campanello della méssa

Sàcrist, *s.* sacrísta, *m.*

Sacristan, *s.* sagrestáno

Sàcristy, *s.* sagrestía, sacristía

Sà.l, *a.* trísto, mèsto; triste, cattivo

Sàdden, *va.* attristáre; — *vn.* divenír trísto

Sàddle, *s.* sélla; side- —, sèlla da dònna; pàck- —, básto; — -bów, arcióne, *m.* di sèlla; — clóᴛʜ, gualdràppa; — bàrked, (*di cavallo*) sollato; — of mùtton, sèlla, schiéna di montóne; — bag, bisàccia
— *va.* sellàre; — with, caricáre di; to be —d with, avér indosso, avér incollàto, éssere aggravàto di; — my hòrse, sellàte il mio cavállo

Sàddler, *s.* sellájo

Sàddlery, *s.* oggétti da sellájo, sellería

Sadducéan, *a.* (*antichità giudaiche*) Sadducéo, dei Sadducéi

Sàdducee, *s.* (*antichità giudaiche*) Sadducéo

Sadducíam, *s.* (*antichità giudaiche*) Sadduceísmo, dottríne dei Sadducéi

Sàdly, *avv.* tristaménte, miseraménte, meschinaménte; fieraménte, eccessivaménte

Sàdness, *s.* tristézza, affánno, dolóre

Sàfe, *a.* sálvo, sicúro, sénza accidènte, felice, fuór di perícolo; fído, fidáto; — -kéeping, custódia, guárdia; — and sóund, sáno e sálvo; — pláce, luógo sicúro; —

cònduct, sàlvo-condòtto ; — retùrn, felice ritòrno; arrived —, arriváto sènza accidènte; — -guàrd, salvaguárdia

— *s.* (*com.*) càssa fòrte, *f.*, scrígno; guardavivànde, *m*; difésa, schèrmo, ripáro

Sáfely, *avv.* sicuraménte, feliceménte, sáno e sálvo, sènza perícolo, in sicurézza; the Quéen has bèen — delivered of a Prince, la regína si è feliceménte sgraváta di un príncipe

Sáfeness, *s.* sicurézza, certézza, sicurtà

Sáfety, *s.* salvézza, sicurézza, custòdia; — vàlves, válvole di sicurézza

Safflower, *s.* (*bot.*) cartámo, zafferáno saracinésco

Sàffron, *s.* zafferáno

— *a.* di colòr zafferáno, giàllo

Sàffrony, *a.* zafferanáto, tínto con zafferáno, colór di zafferáno

Sàg, *vn.* piegàrsi, cadère; *va.* piegàre, chinàre; — to lée, (*mar.*) deriváre

Sagáciously, *avv.* sagaceménte, astutaménte

Sagàcity, *s.* sagácia, sagacità; oculatézza

Sàgamore, *s.* cápo indiáno

Sàge, *a.* sàggio, sàvio, sapiènte, prudènte

— *s.* sàggio, uómo sàggio, erudíto, sapiènte; (*bot.*) sàlvia; — of Jerùsalem, polmonária

Sàgely, *avv.* saviaménte prudenteménte

Sàgeness, *s.* saggézza, sapiènza

Sàgittal, *a.* (*anat.*) sagittále

Sagittàrius, sàgittary, *s.* (*astr.*) sagittário

Sàgo, *s.* sàgo; — -pàlm, — -trée, (*bot.*) palma di sàgo

Sagoìn, *s.* (*zool.*) sagoíno, scímia leóne, *f.*

Sàgy, *a.* piéno di sàlvia, che sa di sàlvia

Sàic, *s.* (*mar.*) saíca

Sàíd, *a.* e *pas. di* Sáy

Sàíl, *s.* vela; (*di mulíno*) ala : (*fig.*) bastiménto, náve, *f.*, navigazióne, cammíno; the maín —, (*mar.*) véla maèstra ; top- —, véla di gàbbia: mizen- —, terzeruòle; stùdding- —s, coltellázzi, scopamàre, *m*; latéen —s, vele latíne; stày —s, véle di straglio; shòulder-of-mùtton —s, véle àuriche; cróss jàck —, vela rotónda, di fortùna; sprit —, civàda ; hòïst the —s, fàte véla; ùnder —, alla véla; flèet of a hùndred —, flòtta di cènto véle; to tàke in —, ammainàre le véle; to bend a —, floríre, inflorire una véla; to cròwd —, sforzàre còlle véle; to shòrten —, diminuíre le vèle, far terzaruòli ; to strìke —, abbassàre, calàre, ammainàre le véle, salutàre calàndo le véle; to bàck the —s, bracciàre in fáccia; to fùrl a —, serràre una véla; to màke —, spiegàr le véle

— *vn.* veleggiàre, fàre véla, andàre a véla, vogàre : to — alòng the còast, (to coast), costeggiàre

— *va.* navigàre sopra o con, attraversáre veleggiàndo

Sáiler, *s.* velièro; fast —, buon velièro, bastiménto che veléggia bène

Sàiling, *s.* il veleggiàre; navigazióne

— *a.* che veléggia, che va a vela; — vèssel, bastiménto a véle; in — trim, in buòna stíva

Sàilor, *s.* marinájo, marináro

Sàïn-fòïn, *s.* (*bot.*) cedràngola, trifòglio

Sàínt, *s.* sànto, sánta, san; you are a —, voi siéte un sànto ; St. Jóhn, S. Giovànni; all —s' day, il giórno di Ognissánti ; St. Anthony's fire, (*med.*) fuòco di Sant'Antònio, volàtica; —'s bell, campanèllo della messa

— *va.* mètter al nòvero dei sànti, canonizàre ; *vn.* fare il sànto, fare il bacchettóne

Sàïnted, *a.* canonizzàto, sànto, sácro; my — Máry, la mia defúnta spósa (*la mia Maria di santa memoria*)

Sáíntess, *s.* sànta

Sàíntlike e Sáíntily, *a.* di, da sànto, come un sànto

Sáíntly, *avv.* santaménte da sánto

Sáínt Simónian, *s.* san Simoniáno

Sàínt Vitus's dánce, *s.* (*med.*) bàllo di San Vito

Sáíntship, *s.* caràttere, *m.* qualità di sánto,

Sáke, *s.* (*causa ant.*) fine, *m.*, rispètto, mira, riguárdo, amóre; for God's —, per l'amór di Dio; for my —, per amór mio

Sàker, *s.* (*orn.*) sàgro (*falcone*); (*artiglieria*) falconètto

Sàkeret, *s.* (*orn.*) máschio del falcóne sàgro

Sàl, *s.* (*chim.*) sále, *m*; — ammòniac, sàle ammoníaco; — fòssil, sàle fòssile; — gèm, sal gèmma, *m*; — Màrtis, solfáto vèrde di ferro; — volàtile, sal volátile

Sàlable, *a.* vendíbile, che si vènde facilménte

Sàlableness, *s.* facilità di smèrcio

Sàlably, *avv.* in mòdo vendíbile

Salàcious, *a.* saláce, lascivo, lussuriós

Salàciously, *avv.* salaceménte, lascivaménte, lubricaménte

Salàcity, *s.* salacità, lubricità. lascívia

Sàlad, *s.* insaláta; — of lèttuce, insaláta di lattùga

Salàm, *s.* riverènza, inchíno (*fra gli orientali*)

Salamànder, *s.* (*zool.*) salamàndra alamàndrine, *s.* di salamàndra

Sàlaried, *a.* salariato, stipendiáto

Sàlary, *s.* salario, stipèndio. appuntaménto, onorário, spórtula, mercéde, *f*; — of a clerk, stipèndio, appuntaménto di commésso; — of a tútor or precèptor, onorário di ajo, di precettóre

Sàle, *s.* vèndita ; pùblic —, vèndita pùbblica, àst.; quick —, réady —, smèrcio rápido, spàccio; bill of —, bill of —s, fattùra; déed of —, scrittúra, contràtto di

vèndita; on —, vendibile; for —, da vèn-
dersi; —s -man, commésso (che attènde)
alle vèndite; rigattière, m.
Sáleable, V. Sálable
Sálic, a. sálico ; the — làw, la lègge sálica
Sálient, a. che sálta, che bálza, che spórge
in fuóri, sporgènte, sagliènte, salènte
Salíferous, a. salífero
Salífiable, a. (chim.) salificábile
Salificátion, s. (chim.) salificazióne, produ-
zióne del sále
Sálify, va. (chim.) salificáre, convertire in
sále
Salinátion, s. insalatúra
Sáline, a. salíno, salso, di sále
— s. sorgénte salína, V. Sált-spring
Salíva, s. salíva, scialíva
Salíval, Sálivary, a. saliváre, di salíva
Sálivate, va. far saliváre, purgáre col mer-
cúrio
Salivátion, s. salivazióne
Salívous, s. di salíva
Sállet, s. (bot.) salatína, insalatína, erbétta
da far l'insaláta ; V. Salad
Sállow, s. (bot.) sálce, m., sálcio; V. Willow
— a. sciálbo, pallidíccio, gialliccio, smórto
Sállowness, s. colóre sciálbo, pallóre giálle
Sálly, s. (mil.) sortíta, escursióne; sláncio,
bollóre, fúria, ímpeto d'íra; scappáta,
bizzarría, capríccio; aggètto; projètto;
sgórgo, trabócco; postèria; to máke a —,
(mil.) far una sortíta
— vn. far una sortíta (mil.); — fórth, uscíre
di sláncio
Salmagùndi, s. manicarétto riscaldáto, guazzabúglio
Sálmon, s. (itt.) sermióne, m. salamóne, m.
Salóon, s. salóne, m., sála di ricevimento
Sàlsaparilla, s. (farm.) salsaparíglia
Sálsify, s. (bot.) sassefrica; scorzonèra
Salsúginous, a. salsugginóso
Sált, s. sále, m ; (fig.) sále, frizzo, spírito;
báy- —, sále bígio; róck- —, sál gèmma;
séa- —, sal marino ; áttic —, sále áttico,
argúzia; Èpsom —s (farm.), sal d'Ingbil-
térra; — -cellar, saliêra, salína; — wórk,
salína; he is not wòrth the — he éats,
egli mángia il páne a tradiménto, è buóno
a niènte
— a. saláto; — méat, cárne saláta ; — pit,
— mársh, salína; - wáter, ácqua di máre;
— spring, sorgénte d'ácqua salmástra
— -wòrt, s. (bot.) sóda, salicórnia, sóda comúne
— va. saláre, aspèrgere di sále
Sáltant, a. saltánte
Saltátion, s. il saltáre, battiménto, palpitazióne
Sáltatory, a. saltatòrio
Sálter; s. rhi sála, venditòre di sále; drý
—, negoziánte di salúme, di dròghe e símili

Sáltier, s. (blasone), cróce, f. di S. Andrèa,
incrociaménto ad X
Sáltern, Sálthouse, s. salína, fábbrica di sále
Sálting, s. insalatúra, il saláre; — tùb, tino,
váso da salár cárne
Sáltish, a. salatíccio, che sa di sále
Sáltishly, avv. con alquánto sále, piuttósto
salataménte
Sáltishness, s. moderáta salsédine, l'èsser
salatíccio
Sáltless, a. sénza sále, insípido, scípito
Sáltly, avv. con sále, in mòdo saláto
Sáltness, s. salsézza, salsédine, f., salsúg-
gine, f.
Sáltpétre, s. salnítro, nítro, affronítro
Sáltpétrous, a. salnitróso, impregnáto di
salnítro
Sáltpit, s. salína, pózzo d'ácqua sálsa
Sálts, spl. sáli medicináli
Salúbrious, a. salúbre, sáno
Salúbriously, avv. salubreménte
Salúbriousness } s. salubrità
Salúbrity
Sálutarily, avv. salutarménte
Sálutariness s. qualità, gènere salutáre
Sálutary, a. salutévole, salutáre, buóno
Salutátion, s. salutazióne, salúto
Salúte, va. salutáre, inchináre, far la rive-
rènza a; far un bácio, baciáre, abbrac-
ciáre; — éach óther, salutársi l'un l'ál-
tro; they — éach óther, si salútano (l'un
l'áltro)
— s. salúto, inchíno, riverènza; bácio ; (ar-
tigl.) salúto, sálva; whý don't you —
your coùsin? perchè non salutáte vóstra
cugína? Because she would not return my
— (my bów), perchè ella non mi restitui-
rèbbe il salúto
Salúter, s. salutatóre -trice
Salutíferous, a. salutífero, salúbre
Salvability, s. possibilità di salvársi
Sálvable, a. che può essere salváto
Sálvage, s. (com.) salvággio, salvatággio
Salvátion, s. salvazióne, salvaménto, salúte
f. etèrna —, l'etèrna salúte
Sálvatory, s. serbatójo
Sálve, s. unguénto, impiástro, bálsamo, ri-
mèdio
— va. guaríre con unguénti od impiástri,
risanáre, pórre rimèdio a, salváre
Sálve, s. eccezióne, riserbazióne, scappatója
Sálvor, s. chi salva (da naufrágio) un basti-
ménto o mérci
Samáritan, s. a. samaritáno
Sámbo, s. sambo, náto da un négro e da
una mulátta, cabaré, m.
Sáme, a. medésimo, stésso; s. la stéssa cò-
sa; it is the vèry —, quésto è désso; it
is the — to me, per me è lo stéss
Sámeness, s. medesimézza, identità
Sámlet, s. (itt.) píccolo salmóne

Sàmpan, *s. sampan, m.*, sòrta di battéllo chinése

Sàmphíre, *s. (bot.)* finòcchio marino

Sàmple *s.* móstra, campióne *m*; — bòttle, bottíglia per campióne; sàggio di checchessía (*eccettuate le stoffe tessute*); — of whéat, móstra di forménto — *va.* levàre, dàre o pigliàre la móstra

Sàmpler, *s.* modéllo di ricámo, sàggio di lavorío

Sànable, *a.* sanàbile

Sànative, *a.* sanatívo, che ha virtù di sanáre

Sànativeness, *s.* virtù di sanáre

Sanctificàtion, *s.* santificazióne

Sànctified, *a.* santificáto

Sànctifier, *s.* santificatóre

Sànctify, *va.* santificáre, fáre sánto

Sànctifying, *s.* santificánte, che rénde sánto

Sanctimónious, *a.* di sánto; santócchio, ipócrita, *mf*; — pérson, bacchettóne, *m.*, bacchettóna

Sanctimóniously, *avv.* con santimónia, ipocritaménte

Sanctimóniousness, sànctimony, *s.* santocchiería, santimónia, bacchettonería

Sànction, *s.* sanzióne, confèrma, ratificazióne — *va.* dáre sanzióne, sancíre, sanzionáre

Sànctitude, *s.* pietà, santità

Sànctity, *s.* santità, religiosità

Sànctuary, *s.* santuário, asilo

Sànctum Sanctórum, *s.* Sancta Sanctórum, *m.*, luògo santissimo

Sànd, *s.* aréna, réna, sàbbia, sabbióne, *m*; fine —, réna, sabbioncèlla; drift —, shifting —, aréna móbile; — -pit, cáva di sabbióne; — -box, polveríno, sabbiaíno; — glass, orológio a pólvere; — páper, cárta copèrta di réna per forbíre; — stóne, arenária, piètra bígia; — bank, bánco di sàbbia, sècca — *va.* sabbiáre, copríre di sàbbia

Sàndal, *s.* sàndalo, spècie di zóccolo; —, — -trée (*bot.*) sándalo; — wóod, sándalo (*legname*)

Sàndarach, *s.* sandáraca, sandrácca, risigállo, risagállo

Sànded, *a.* sabbionóso, copèrto di sàbbia

Sànderling, *s.* (*orn.*) piccolo piviére

Sànders, *s.* légno sàndalo

Sàndiness, *s.* qualità sabbionósa, arenósità

Sàndish, *a.* alquánto sabbionóso

Sand-píper, *s.* (*orn.*) beccáccino

Sàndwich, *s.* due fettine di páne con déntro saláme e butírro

Sàndy, *a.* sabbióso, arenóso; (*dei capelli*) rossignolo, bióndo

Sàne, *a.* sáno di ménte; (*ant.*) sáno di córpo

Sàng, *V.* Sing

Sàng-frôld, *s.* sángue fréddo, cálma, tran-

quillità, libertà di spírito, giudízio, posatézza

Sanguificàtion, *s.* sanguificazióne

Sànguify, *va.* sanguificáre

Sànguinarily, *avv.* sanguinariaménte

Sànguinary, *a.* sanguinário

Sànguine, *a.* sanguígno, che abbónda di sángue; sanguígno, (*del colore del sangue*); sanguígno, ardènte, vívo; fidènte, piéno di fidánza, veemènte, intraprendènte

Sànguinely, *avv.* ardenteménte, confidenteménte

Sànguineness, *s.* qualità sanguígna; temperaménto sanguígno; ardóre, ímpeto; confidénza

Sanguineous, *a.* sanguíneo, sanguígno

Sànguisuge, *s.* sanguisúga; *V.* Leech

Sànhedrim, *s.* sinédrio, sanedrim, *m.*

Sànicle, *s.* (*bot.*) sanicula

Sànies, *s.* sànie, *f.*

Sànious, *a.* sanióso

Sànitary, *a.* sanitário

Sànity, *s.* sanità, státo sáno (*dello spírito*)

Sànk, *V.* Sink

Sàns, (*ant.*) *V.* Without (mini

Sànscrit, *s.* sanscrito, língua sácra de' Brasi

Sàns-culòttes, *spl.* (*francese*) sanculòtti, sbracáti, *mpl.*, repubblicáni estrèmi (della prima rivoluzióne francése)

Sàns-culòttism. *s.* sanculottísmo, estrèmi princípj repubblicáni

Sàntaliné, *s.* (*chim.*) sandalína

Sànton, *s.* santóne, *m.* (dervis tenúto in cónto di sánto)

Santonín, *s.* (*farm.*) santonína

Sàp, *s.* súcchio, súcco, súgo, albúrno; the trées are in —, gli álberi sono in súcchio — *va.* minàre, sottominàre; rovinàre distrúggere — -gréen, *s.* vérde, *m.* di vescíca

Sapadillo, *s.* (*bot.*) sapóta, sapotíglia (frútto); — -trée, *s.* (*bot.*) sapóta, sapotíglia (álbero)

Sàpajo, *s.* (*zool.*) sapaiù, *m.*

Sapàn, *s.* (*bot.*) brasilétto, verzíno; légno di verzíno

Sàpid, *a.* sápido, saporóso

Sàpidness, Sapidity, *s.* gústo saporíto, sapóre

Sàpience, *s. s.* sapiènza, saviézza, sapére, *m.*

Sàpient, *a.* sapiènte, sávio, sapúto

Sàpless, *a.* sénza súgo, inaridíto; assecchíto

Sàpling, *s.* arboscéllo, piantóne, *m.*

Saponàceous, *a.* saponáceo, di sapóne

Sàponary, *a.* saponário

Saponificàtion, *s.* (*chim.*) saponificazióne

Sapónify, *va.* (*chim.*) convertíre in sapóne

Sàponin, *s.* (*chim.*) saponína

Sàpor, *s.* sapóre, gústo, sapóre

Saporífic, *a.* savorífico, savoróso, saporíto

Sàpper, *s.* (*mil.*) zappatóre, marraiuolo, guastatóre

Sàpphic, a. sàffico
Sàpphíre, s. (min.) zaffíro
Sàpphirine, a. zaffiríno; del colóre di zaffíro
Sàppiness, s. sugosità
Sàppy, a. piéno di súcchio, sugóso
Sàraband, s. sarabánda (ballo)
Saracènic, a. (geog.) saracénico, saracéno
Sárcasm, s. sarcásmo
Sarcàstic, a. sarcástico, cáustico
Sarcàstically, avv. causticaménte, con sarcásmi
Sàrcenet, s. dráppo di séta, taffettà, m.
Sárcocele, s. (med.) sarcocèle, m.
Sarcóma, s. (med.) sarcóma, m., scírro
Sarcòphagous, a. carnívoro
Sarcòphagus, s. sarcòfago
Sárd, sàrdoin, s. (min.) sardónio, sardónico
Sárdel, sàrdin, sàrdine, s. (itt.) sardína, sardélla
Sardinian, a. sárdo, della Sardégna
Sardònic, a. sardónico; — laugh (pr. làf), ríso sardónico
Sárdonyx, s. (min.) sardónico, sardóniò
Sarmàtian, Sarmàtic, a. sármato
Sarméntous, a. (bot.) sarmentóso (di lâna
Sárplar, s. sácco che contiéne 2240 líbbre
Sarsaparilla, s. (bot.) salsaparíglia
Sárse, s. stáccio, crivéllo
— va. stacciáre, crivelláre
Sárt, s. terréno aratòrio e diboscáto
Sartórius, s. (anat.) (múscolo) sartório
Sàsh, s. (mil.) cintúra, fáscia, cínto di séta; invetriáta, finèstra all'inglése; telájo che scórre in su e in giù; — window, finèstra a ghigliottína, telájo che scórre in su e in giù; — fràme, — work, intelajatúra
— va. ornáre di cintúra, di fáscia; méttere l'intelajatúra ad una finèstra
Sàssafras, s. (bot.) sassafrásso, sassofrásso
Sassaràra, s. sgridáta, lavacápo; cólpi, m. pl. (replicáti) alla pòrta
Sàt, pret. e p. p. di to sit
Sàtan, s. sátana, m., satanásso, demónio
Satànic, satànical, a. satánico, diabólico
Sàtchel, s. sacchétto, V. Sàchel
Sàte, va. saziáre, satolláre, fáre satóllo; —d with, sázio di, stúcco e ristúcco di
Sàteless, a. (poet.) insaziábile
Sàtellite, s. (astr.) satèllite, m.
Satellitious, a. di satèlliti
Satiate (pr. sàshiate), va. saziáre, satolláre, ristucáre; —, a. satóllo
Satiety, s. sazietà, satollézza
Sàtin, s. ráso; flowered — ráso fioríto
— a. di ráso; — flower, (bot.) lunário
Sàtining, s. il satináre (la carta, ecc.)
Sàtinet, s. satinétto, ráso inferióre
Sàtire, s. sátira
Sàtiric, satirical, a. satírico, cáustico, mordáce
Satirically, avv. satiricaménte
Sàtirist, s. satírico, scrittóre di sátire

Sàtirize, va. satireggiáre, satirizzáre
Satisfàction, s. soddisfazióne, appagaménto; soddisfazióne, riparazióne, ammènda; to demànd —, domandáre soddisfazióne
Satisfàctoriness, s. qualità soddisfacènte
Satisfàctory, a. soddisfacènte, soddisfattòrio
Satisfàctorily, avv. in mòdo soddisfacènte
Sàtisfiable, a. che èssere soddisfátto
Sàtisfy, va. soddisfáre, satisfáre, appagáre, accontentáre; — with, satolláre, saziáre; — of, convíncere, persuadére; vn. contentáre, saziáre, pagáre; — one' sélf, accontentársi, persuadérsi, assicurársi; sàtisfied with, contènto di, págo di
Sàtisfying, a. che soddísfa, che appàga, soddisfacènte
Sátrap, s. sátrapo
Sáturable, a. saturábile
Sáturate, va. saturáre, rèndere sáturo
Saturàtion, s. saturazióne
Sàturdáy, s. sábato, sábbato
Sáturn, s. (astr.) satúrno; (chim.) satúrno, piómbo
Saturnália, spl. (antichità romane) saturnáli, mpl.
Saturnàlian, a. saturnále, licenzióso
Satùrnian, a. satúrnio, di Satúrno
Sáturnine, a. saturníno, trísto, mésto
Sátyr, s. (mitol.) sátiro
Satyríasis, s. (med.) satiríasi, f.
Satỳrion, s. (bot.) satírio, satirióne, m.
Sàuce, s. sálsa, intíngolo; impertinènza; púngent —, sálsa piccánte; bùtter —, sálsa biánca; — -bóat, salsièra; — pan, casseròla; — box, sfacciatèllo, impertinènte
— va. condíre con sálsa, méttere la sálsa
Sàucer, s. piattèllo, sottocóppa (di tázza); cups and —s, tázze e sottocóppe
Sàucily, avv. impertinenteménte
Sàuciness, s. impertinènza; sfacciatággine, f.
Sàucy, a. impertinènte sfacciatèllo
Sàucisse, Sàucisson, s. salsíccia (stríscia di polvere)
Sàunderd-wóod, V. Sànders, Sàndal-wóod
Sàunter, vn. girovagáre, andáre attórno, báttere le stráde, vagáre, fáre il baloccóne; — awáy, va. sprecáre, gettár vía, pèrdere
Sàunterer, s. persóna giròvaga, baloccóne, m., perdigiórno, ozióso, vagabóndo
Sàuntering, s. il girovagáre, il girandoláre
Sáurian, a. s. (zool.) sauriáno
Sàusage, s. salsíccia, saláme, m; Bológna —, mortadèlla di Bológna
Sàvable, a. capáce di èssere salváto
Sàvableness, s. possibilità di èssere salváto
Sàvage, a. salvático, selvático, selvàggio; selvático, fiéro, bárbaro, feróce
— s. selvático, selvàggio
Sàvagely, a. selvaggiaménte, fieraménte, barbaraménte, feroceménte

cío); (*itt.*) squádro (*pesce di mare*);
V. Skáte
— *vn.* scivoláre, sdruccioláre coi pattíni
Scàtebrous, *a.* abbundánte di sorgénti
Scáter, *s.* pattinatóre -trice, *V.* Skáter
Scáru, *s,* schiánto, cólpo, guásto, dánno
Scáthe, *va.* scoscéndere, schiantáre, percuó-
tere, bruciáre, guastáre, danneggiáre
Scàruless, *a.* sénza dánno, incólume, illéso
Scàtter, *va.* spárgere, dispérgere; sparpa-
gliáre, sprizzáre, spándere, semináre
— *vn.* spárgersi, dissipársi, spándersi
Scàttered, *a.* spárso, sparpagliáto , rádo
   ráro   (saménte
Scàtteredly, *avv.* sparpagliataménte, scar-
Scàttering, *a.* spárso, ráro ; *s.* spargiménto
Scàtteringly, *avv.* sparsaménte, qua e là,
   alla spiccioláta, confusaménte
Scàtty, *a.* d'acquazzóne
Scatúrient, *a.* che scaturísce, zampillánte
Scàvenger, *s.* spazzatóre di stráda, paladíno
Scéne, *s.* scèna (*decorazione*); scèna (*diví-
sione di un atto*); scèna, pálco scénico;
(*dram.*) scèna, teátro, luógo dove sia succèsso quálche còsa notábile; the — of the
first act is laid in América, la scèna del
primo átto è, l'azióne del primo átto
ha luógo in América; hóme —s, scène
della vita doméstica; drop —, comodíno;
side —s, scène lateráli, quinte; — páinter,
scenògrafo
Scénery, *s.* scèna, scène, *fpl.*, scenário, disposizióne delle scène; prospettíva, vedúta; nàtural —, le scène della natúra
Scènic, *a.* scénico, di scèna, teatrále
Scènogràphical, *a.* scenográfico
Scènogràphically, *avv.* scenograficaménte
Scènògraphy, *s.* scenografía, prospettíva
Scènt, *s.* odóre, sentóre, fiúto, pésta, odoráto; dog of góod —, cáne, *m.* che ha
buon fiúto; to *know* by the —, conóscere
al fiúto
— *va.* odoráre, fiutáre, profumáre, annasáre; to — óut, rintracciáre al fiúto, su-
bodoráre; scopríre
— -bóttle, *s.* boccétta d'odóre
— -bóx, *s.* scatolétta d'odóre   (odóre
Scènted, *a.* profumáto; swéet- —, di soáve
Scèntful, *a.* odoróso; — càmomile, (*bot.*)
camomílla odorósa
Scèntless, *a.* sénza odóre, inodorábile; sénza
   fiúto
Sceptic, sceptical (*pr.* skèptic, skèptical),
a. scéttico
— *s.* (*pr.* skèptic), scèttico
Sceptically (*pr.* skèptically), *avv.* scetticaménte
Scepticism (*pr.* skèpticism), *s.* scetticísmo
Sceptre (*pr.* sépter), *s.* scéttro; (*ast.*) scèttro
Sceptred (*pr.* sèpterd), *a.* scettráto
Schedule (*pr.* ségúle e skègúle), *s.* rótolo
   (*di carta pecora*) cartóccia, inventário,

lísta, catálogo, schéda, schèdula, cédola,
pólizza, scrítta
Schematism (*pr.* skématism), *s.* (*astrol.*)
aspétto, figúra
Scheme (*pr.* skéme), *s.* piáno, divisaménto,
progétto, disègno; piáno, sistéma; (*mat.*)
diagrámma, *m*; (*astrol.*) oróscopo, téma,
m. celéste; wild —, progétto stravagánte
— *va.* progettáre, far il piáno di, divisáre;
vn. fantasticáre, far progétti, divisáre
Schemer (*pr.* skémer), *s.* progettísta, *m*; in-
ventóre; appaltóne, aggiratóre
Scheming (*pr.* skéming), *a.* progettánte,
astúto, scáltro, fúrbo, artifizióso; — *s.* progétto, il progettáre
Schèrif, *s.* scerìffo, (*títolo turco*); *V.*
   Shèrif
Schìsm, *s.* scísma, *m.*
Schìsmàtic, *s.* scismático
Schìsmàtical, *a.* scismático, di scísma
Schìsmàtically, *avv.* in mòdo scismático
Schist (*pr.* shìst), *s.* (*geol.*) schisto
Schistose e Schistous (*pr.* shìstose, shìstous),
a. (*geol.*) schistóso
Scholar, *s.* scoláre, *m.* alliévo, alúnno, di-
scépolo; letteráto, uómo dòtto, erudíto;
clàssical -, latinísta, *m.*, grecísta, *m.*;
umanísta, *m*; dày —, scoláre estérno;
fèllow- —, con discépolo; — -like, da sco-
láre; dottaménte
Scholarship, *s.* qualità di uno scoláre; dottrína, sciénza, sapére, *m*; piázza, pósto
gratúito (in un collégio)
Scholàstic, scholàstical, *a.* scolàstico, di
scuóla
Scholàstically, *avv.* scolasticaménte
Scholàsticism, *s.* scolasticísmo
Schòliast, *s.* scoliáste, *m.*, chiosatóre, *m.*
Schòlion, schòlium, *s.* scólio, brève com-
mentário
Schóol, *s.* scuóla, pensióne, istitúto; bóard-
ing- —, pensióne, convítto; dày —, scuóla
diúrna, di estérni; sùnday- —, scuóla domenicále; girls' —, scuóla femminíle;
frée —, scuóla púbblica; gràmmar —,
scuóla di latíno; párish —, scuóla comunále; primary — (common —) scuóla elementáre, scuóla primária; ríding —, scuóla
d'equitazióne, cavallerízza; dàncing —,
scuóla di bállo; féncing —, scuóla di
schérma; the Flèmish —, la scuóla fiammínga; the — of Titian, la scuóla di Tiziáno; a — -boy, uno scoláre; — máster,
maèstro di scuóla; — -fèllow, condiscépolo; — man, scolástico, teólogo scolástico; — mistress, maèstra di scuóla; —
hóuse, scuóla
— *va.* insegnáre, istruíre, ammaestráre, ripréndere, censuráre, far la scuóla a
— -dàme, *s.* maèstra di scuóla
— -divíne, *s.* (teólogo) scolástico
— -divínity, *s.* teología scolástica

— -girl (*pr.* ghùrl) *s.* fanciúllo che va a scuóla

— -hóūrs, *s. pl.* òre, *f. pl.* di scuóla

— -máte, *s.* condiscépolo, compágno di

— -róom, *s.* áula (scuóla

— -tíme, *s.* têmpō di scuóla

Schóoling, *s.* insegnaménto, istruzióne nelle scuóle, ammaestraménto, spésa dell'educazióne ed istruzióne, pensióne, *f.*

Schóoner, *s.* (*mar.*) schooner, golétta

Sciàgraphy, *s.* sciografìa; àrte, *f.* di delineáre le ombre

Sciàtic, sciàtica, *s.* (*med.*) sciática

—, sciàtical, *a.* sciàtico

Science, *s.* sciènza, dottrína, erudizióne; the árts and — s, le árti e le sciênze

Sciêntial, *a.* che dà la sciènza

Scientific, scientifìcal, *a.* scientífico; sapiênte

Scientifically, *avv.* scientificaménte

Scimitar, *s.* scimitárra

Scink, *s.* vitêllo abortívo (*poco us.*); coccodríllo terrèstre, *V.* Skink

Scintillant, *a.* scintillánte, sfavillánte

Scintillate, *vn.* scintilláre, sfavilláre

Scintillátion, *s.* scintillazióne, lo scintilláre

Sciolism, *s.* tintúra di sciènza, infarinatúra

Sciolist, *s.* sciolo, semidòtto, saputêllo, pedánte, *m.*

Scion, *s.* rimessitíccio, rampóllo

Scióptic, sciòptical, *a.* (*ottica*) sciòttico

Sciòptics, *s.* (*ottica*) la sciòttica

Sciroc, sciròcco, *s.* sciròcco (*vento*)

Scirrhòsity, *s.* induraménto scirróso

Scirrhous, *a.* scirróso; induráto

Scirrhus, *s.* scirro, tumóre dúro

Scissar-bill, *s.* (*orn.*) bécco di fòrbici, rigopsália

Scissars, *s. V.* Scissors

Scissible, scissile, *a.* scissíle

Scission, *s.* scissióne, scissúra, divisióne

Scissors, *s. pl.* fòrbici, *fpl*; lárge —, cesóje, *fpl*; á páir of —, un pájo di fòrbici; — -case, astúccio da fòrbici

Scissure, *s.* (*poco us.*) scissúra, fessúra

Sclavónian, Sclavònic, *a. s.* slávo

Sclerótic, *s* (*anat.*) sclerótico

Scobs, *s.* limatúra di avòrio; scòria

Scoff, *va* fàrsi bêffa di, derídere, scherníre

— *vn.* beffeggiáre, burláre; — at, deridere

— *s.* bêffa, bája, derisióne, scherno

Scoffer, *s.* beffárdo, beffárda, beffatóre, schernitóre -trice

Scòffing, *s.* lo scherníre, schêrno, derisióne

Scòffingly, *avv* con ischêrno, dirisoriaménte

Scòld, *va.* sgridáre, rampognáre

— *vn.* brontoláre, garrire, borbottáre

— *s.* garritríce, sgridatríce, borbottóna

Scólding, *a.* brontolóne, borbottóne, gri-

— *s.* riprensióne, *f.*, sgridaménto (dánte

Scòllop, *s.* petónchio, cáppa sánta; conchíglia (*da pellegríno*); intàglio a scanalatúra

— *va.* intagliáre a scanalatúra

Scolopêndra, *s.* (*ent.*) scolopèndra, scolopêndrica

Sconce, *s.* baluárdo, cápo, ripáro; candelàbro; cánna da candeliêre; bocciuòlo, zúcca, têsta

Scóop, *s.* attignitójo, palétta, cucchiajóne, *m.*

— *va.* votáre con un attignitójo

— -nét, *s.* ritrêcine, *f.*, giácchio

Scóoper, *s.* chi vuòta con l'attignitójo

Scópe, *s.* spázio, cámpo, luògo lárgo, libertà, estensióne; sfógo; scòpo, míra, intenzióne, disêgno; frée —, líbero cámpo, spázio lárgo; sfógo; — of a cáble, (*mar.*) tonnéggio di gómena

Scorbútic, scorbútical, *a.* scorbútico, di scorbúto

Scorbútically, *avv.* con tendênza allo scorbúto

Scorch, *vn.* abbrustiáre, abbruciacchiáre, scottáre; riárdere; —ed by the sùn, abbronzáto; a trée —ed by the lightning, álbero abbruciáto dal fúlmine

— *vn.* abbruciáre, riárdere

Scórching, *a.* che abbrúcia, ardênte, adustívo

Scóre, *s.* tácca, táglia, línea, trátta; ventína; scòtto, cónto, cápo di cónto; soggêtto; riguárdo, divisióne (*mus.*); fóur —, ottánta; ᴛʜʀéé —, sessánta; upòn that —, riguárdo a quéllo; upòn whàt —? in virtù di che? on the — of, a cáusa di, a cagióne di, rappòrto a; to pay one's —, pagáre lo scòtto

— *va.* intaccáre, fáre una tácca in, marcáre, segnáre, notáre, méttere in cónto;

— òut, cassáre, cancelláre; tagliuzzáre

Scórer, *s.* chi màrchia o nòta; marcatóre

Scória, *s.* (*pl.* scóriae) scòria, rostícci

Scoriáceous, *a.* scoriáceo

Scorificátion, *s.* scoriazióne

Scóriform, *a.* símile a scòrie

Scórify, *s.* ridúrre in scòrie, in rostícci

Scóring, *s.* (*mus.*) il méttere in partitúra

Scórius, *a.* scorióso

Scorn, *s.* schêrno, disprèzzo, sdégno, scórno; to laugh (*pr.* làf) to —, méttere in derisióne, fàrsi bêffe di

— *va.* scherníre, sprezzáre, scornáre

— *vn.* (to, di) dispregiáre, sdegnáre, avére a schêrno, avére a víle, rídersi, non curársi; I — to do it, ho a sdégno di fárlo

Scórner, *s.* schernitóre -trice, disprezzatóre -trice, spregiatóre -trice

Scórnful, *a.* sprezzánte, spregióso, sdegnóso

Scórnfully, *avv.* sprezzataménte

Scórnfulness, *s.* spregevolézza, l'êssere disprezzábile

Scórning, *s.* schêrno, disprèzzo, sdégno

Scórpion, *s.* (*ent. astr.*), scorpióne, *m.*

— -flý, *s.* (*ent.*) scorpióne, *m.* (mósca del gênere *panorpa*)

— -gráss ⎫
— -táſl ⎬ *s.* (*bot.*) scorpióide, *f.*
— -wòrt ⎭

Scorzonéra, *s.* (*bot.*) scorzonèra

Scót, *va.* fermáre, legáre (*le ruote*)
— *s.* scòtto, párte, *f.*, porzióne, quóta, contribuzióne; — and lot, diritti, contribuzióni comunáli; — frée, fránco, che non pága niênte, immúne; a - , uno scozzése

Scòtch, *a.* scozzése; a — girl (*pr.* ghùrl), a — wòman, una Scozzése; — hòppers, (*giuoco*) tavolétta
— *va.* intaccáre, fáre un piccolo táglio a, o in, ammaccáre (*profondamente*); métter la scárpa alle ruóte d' una carròzza; —ed còllops, braciuòle frítte (*di vitello*)
— *s.* piccolo táglio, tácca, tagliúzzo; intaccaménto; fermáta, arrêsto

Scòtchman, (*pl.* Schòtchmen), *s.* Scozzé-
Scóter, *s.* (*orn.*) smêrgo néro   (se, *m.*

Scòtticism, *s.* scotticismo

Scóttish, *a.* scozzése, di Scòzia

Scoúndrel, *s.* scelleráto, ribáldo, miserábile
—, scoúndrelly, *a.* di, da ribáldo, scelleráto, malvágio, infáme

Scoúndrelism, *s.* scelleratézza

Scoúr, *va.* fregáre o lavàre con sàbbia o simile; pulíre, ripulíre, nettáre, forbíre, digrassáre, caváre le mácchie, purgáre; perlustráre; percórrere, scorrazzáre per; to
— péwter, forbíre stágno; — sáucepans, nettáre le casseróle; — the séas, corseggiáre, fáre il corsále; — the wòods, perlustráre i bòschi

Scoúrer, *s.* chi láva, nétta, forbísce; guáttero; (*med.*) còsa che pùrga bène; - of clothês, cavamácchie, *m* ; — of péwter, forbitóre -tríce di péltro o stágno

Scoùrge, *s.* sfêrza, frústa, staffile, *m.*, flagêllo; corêggia per (far giráre) un paléo; the — of, il flagéllo di
— *va.* sferzáre, frustáre, castigáre, affliggere

Scoùrger, *s.* flagellatóre, sferzatóre; (*ordine religioso*) flagellánte, *m.*
— *s.* flagellazióne, *f.*, staffiláta

Scoùring, *s.* pulitúra, nettaménto, purgaménto, soccorrênza di côrpo

Scoùt, *s.* (*mil.*) vedétta, esploratóre, *m.*
— *vn.* andáre ad esploráre, stáre alla ve-
— *va.* respíngere con isdégno   (détta

Scòvel, *s.* spazzatójo, lanáta

Scòw, *s.* chiátta, navicêllo

Scoẃl, *vn.* aggrottáre le ciglia, guardár tórvo;
— upòn, guardár con cipíglio, minacciáre
— *s.* cipíglio, víso arcígno, sguárdo tórvo, trúce, minacciánte

Scoẃlingly, *avv.* con cipíglio, con isguárdo tórvo

Scràbble, *van.* grattáre; scarabocchiáre, schiccheráre; sgorbiáre, imbrattáre, impiastráre

Scràg, *s.* pêzzo schiantáto, strappáto vía,

dirupáto; còllo mòzzo di castráto; persóna scárna, schêletro

Scràgged, Scràggy, *a.* rúvido, ossúto, scárne; nodóso, nocchierúto, scábro, scabróso

Scràggedness, *s.* l'êssere ossúto; scárno; magrézza estrêma; scabrosità, asprézza; ruvidità, ruvidézza

Scràggily, *avv.* con magrézza; con ruvidézza

Scràgginess, *V.* Scràggedness

Scràmble, *vn.* inerpicársi, arrampicársi, aggrappársi; dimenársi, dibáttersi; — for, procuráre di ghermíre, sforzársi di afferráre, acchiappáre, arraffáre, fáre a chi píglia píglia; — up, inerpicársi sópra
— *s.* contésa, lòtta, gára, sfòrzo per afferráre o arraffáre; parapíglia, confusióne di persóne che si sfòrzano di prêndere, inerpicársi o arrampicársi

Scràmbler, *s.* chi inêrpica, chi procúra di ghermíre o arraffáre; contenditóre, lottatóre

Scrànch, *va.* sgretoláre, rómpere co' dênti

Scràp, *s.* bráno, pezzétto, framménto, rimasúglio, avanzatíccio; — bóok, líbro di squárci di poesíe, di stámpe, ecc., álbum

Scràpe, *van.* raschiáre, rastiáre, grattáre; raspáre, razzoláre, raggruzzoláre; — on a músical instrument, strimpelláre; — together, raggruzzoláre, raggranelláre, accumuláre; to bów and —, fáre una riverênza sgraziáta
— *s.* cólpo di raschiatójo, zúffa, ríssa; parapíglia, imbróglio, tafferúglio; in a —, impacciáto, in un imbróglio; to get out of a —, uscíre d'impáccio, cavársi da un imbarázzo

Scràper, *s.* rastiatójo; strimpellatóre, cattivo sonatóre

Scràping, *s.* rastiatúra, còse raggruzzoláte

Scràtch, *va.* grattáre, graffiáre, scalfíre; — one's hèad, grattársi la têsta; — one's sélf, grattársi; — óut, caváre colle únghie, leváre eollo sgraffíno, cancelláre
— *s.* gráffio, graffiatúra; slight —, scalfitúra; óld — (*volg.*) il demónio; to cóme to —, cimentársi, veníre al ciménto; —es, spl. (*veter.*) ráppa, crepácci

Scràtcher, *s.* chi o che grátta o gráffia

Scràwl, *va.* scarabocchiáre, imbrattáre cárta
— *vn.* schiccheráre, scarabocchiáre
— *s.* scarabocchio, schiccheratúra

Scràwler, *s.* scarabocchíno, cattivo scrittóre

Scràÿ, *s.* (*orn.*) rondíne, *f.* di máre

Scréak, *vn.* scricchioláre, cigoláre, strídere

Scréaking, *s.* scricchiolaménto, cigolío

Scréam, *vn.* strilláre, strídere, gridáre; — óut, gridáre fòrte, strilláre
— *s.* grído, grídio, stríllo, strídio

Scréaming, *s.* lo strilláre, strillo, stridío

Scréech, *vn.* squittíre, strídere con vóce acúta

— *s.* stridío, strído, stridóre; — ᴕ̄wl, civétta, gúfo, barbagiánni, *m.*

Scréen, *s* paravénto, parafuóco, váglio, crivéllo da sábbia; réxzo; cortína, tendóne, *m*; fire —, parafuóco; fólding- —, paravénto; to form a —, far réxzo

— *va.* copríre, méttere al copérto, nascóndere, arezzáre; difèndere, scudáre, protèggere, vagliáre, crivelláre

Screw (*pr.* scrù), *s.* víte, *f*; chiòcciola, cávo della vite; (*piroscafi*) élice, *f*; cork- —, cáva turáccioli, *m*; — bólt, pêrno. con víte; — pin, cavíglia cón víte; — náil, chiódo a víte; — Archimédes' —, víte di Archiméde, víte di pressióne; hánd- —, verrína, trivélla; fémale —, hòllow —, chiòcciola; — dríver, cacciavíte, *m*; — stéamer, piróscafo ad élice; — jàck, martinétto

— *va.* attaccáre con víte; serráre, stríngere, pressáre; opprímere, angariáre, vessáre; tòrcere, attòrcere, contòrcere; — dów̄n, fermáre, serráre con víte; opprímere, soverchiáre, angariáre, vessáre; — in, ficcáre déntro, far entráre con víte; — o̅ut, cávar fuóri con víte; estòrcere, scalzáre; — up, serráre, strígnere con víte, tirár su con víte; obbligáre, forzáre; — up one's fáce, contòrcere il víso, fáre delle smórfie

Screwed, *a.* (*pr.* scrûd) a víte

Screwer (*pr.* scrûer), *s.* chi sèrra a víte

Scribble, *van.* scarabocchiáre, scrívere mále — scarabócchio, scritturáccia

Scribbler, *s.* scrittoráccio, cattívo autóre; scarabocchiatóre -tríce

Scribbling, *s.* lo scarabocchiáre

Scribe, *s.* (*degli Ebrei*) scríba, *m.*, dottóre, scriváno

Sc·ip, *s.* sacchétto; cédola, pólizza

Scriptural, *a.* della Sánta Scrittúra, scritturále

Scripturalist, *s.* scritturalísta, *m.*, chi s'attiéne letteralménte alla Bíbbia (e la considera qual fondaménto d'ógni filosofía)

Scripturally, *avv.* scritturalménte, in modo scritturále

Scripture, *s.* la Sánta Scrittúra; la scrittúra; Hóly —, la Sácra Scrittúra

Scripturist, *s.* scritturísta, *m.*, intèrprete, *m.* della Sácra Scrittúra

Scrivener, *s.* scriváno, notájo

Scrófula, *s.* (*med.*) scròfola, gángolo

Scrofularia, *s.* (*bot.*) scrofolária

Scrófulous, *a.* scrofolóso, gangolóso, strumóso; — pèrson, scrofolóso, gangolóso

Scrófulously, *avv.* scrofolosaménte

Scróg, *s.* arboscéllo bistórto

Scroll, *s.* ruól · (*di pergamena*), rótolo (*di carta*); volúta, sp ra

Scrótocéle, *s.* (*chir.*) scrotocéle, *m.*, èrnia dello scroto

Scrótum, *s.* (*anat.*) scròto

Scrùb, *va.* laváre con una spázzola o símile; fregáre forteménte, strofináre

— *s.* scópa vécchia, spázzola usata, ròba frú·ta; còsa da núlla; uómo da strapázzo, pòvero diàvolo, pezzénte, straccióne, *m.*, uómo, dònna di bássa máno

Scrùbbed, scrùbby, *a.* básso, víle, da niénte

Scrùbby, *a.* malcresciúto, bistórto, píccolo

Scrùple, *s.* scrùpolo, dùbbio; (*farm.*) scrùpolo, péso; —s of cònscience, scrúpoli di cosciénza

— *vn.* fársi scrúpolo, esitáre; he dón't — at a líe (to tell a lie), egli non si fa scrùpolo di mentíre

Scrùpler, *s.* scrupolóso, dubbióso

Scrupulòsity, *s.* scrupolosità, scrúpolo

Scrùpulous, *a.* scrupolóso, esátto, precíso

Scrùpulously, *avv.* scrupolosaménte

Scrùpulousness, *s.* scrupolosità

Scrùtable, *a.* scrutábile, che si può scrutáre

Scrutàtor, *s.* scrutatóre, ricercatóre, -tríce

Scrùtinize, *va.* scru·ináre, perscrutáre

Scrùtinizer, *s.* scrutinatóre, -tríce

Scrùtinizing, *a.* che scrútina, che indága, scrutinatóre -tríce

Scrùtinous, *a* che scrútina, scrutatóre -tríce

Scrùtiny, *s.* scrutínio, rigoróso ricercaménto (*squittínio*)

Scrutôir, *s.* scrittójo, studiólo, scrigno

Scûd, *vn.* fùggir vía, córrersela, bàttersela, avventársi, svignáre; — alòng, awáy, scappár vía in frétta; — before the wind, (*mar.*) córrere spínto da vénto gagliárdo, córrere una fortúna di vénto

— *s.* córsa rápida, fùga precipitósa

Scùddle, *vn.* (*volg.*) fuggíre precipitosaménte

Scù·lding, *s.* l'andáre col vénto in póppa, córsa rápida, fúga

Scùffle, *s.* barúffa, zúffa, tafferùglio, ríssa

— *va.* abbaruffársi, azzuffársi, accapigliársi

Scùlk, *s.* trúppa; — of fóxes, trúppa di vólpi

— *vn.* appiattársi, ammacchiársi, nascóndersi; to — in, entráre di soppiátto; — out, uscíre furtivaménte; — after a pèrson, codiáre alcúno, spiárlo

Scùlker, *s.* chi si appiátta o si nascónde

Scùlking, *a.* che si ammacchia o si nascónde, víle, codárdo

Scùll, *s.* cránio, *V.* Skùll; barchétta a un rèmo solo; sècca, banco di sábbia o di pésci; — cap (*meglio* skùll-cap), morióne, *m.*, celáta, calotta; —, scùlling óar, (*mar.*) spadílla

Scùll, *vn.* remáre, vogáre con un rèmo solo da póppa; vogáre all'inglése, spadilláre

Scùller, *s.* battello con un barcajuolo solo che si sèrve della spadílla

Scùllery, *s.* lavatójo di cucína, pila dell'acquajo; — máid, guáttera

---

nôr, rûde; - fàll, sòn, bùll; - fàre, dó; - by, lymph; pûlse, bᴕ̄s, fᴕ̄l, tᴕ̄wl, gem, aṡ

Diz Ingl. Ital. - Ediz. VI. Vol. I   24

SCU — 530 — SEA

Scùllion, s. guáttero; — máid, — wènch, guáttera

Sculptile, a. scolpíto, scólto; ceselláto

Seùlptor, s. scultóre; intagliatóre

Sculptórial, a. scultório

Sculpture, s. scultúra; intáglio
— va. scolpíre; intagliáre, cesellár̀e

Schlptured, a. scolpito, cesélláto, in iscultúra

Scùm, s. schiúma, spúma, fèccia, riûúto; — of mètals, spúma, scória, rostícci; — of the péople, la fèccia del pòpolo
— ra. schiumáre, levár̀e la schiúma; V. Skim

Schmber, s. stèrco di vólpe

Srbæmer, s. schiumatòjo

Scùpper, — hole, s. (mar.) imbrunále, m; imbrinále, m; — nàils, chiódi martellétti

Scùrf, s. crósta di piàga, scàbbia, fórfora

Scùrfy, a. scabbióso, crostóso, tignóso

Scurrility, s. scurrilità, contumélia, villanía

Scùrrilous, a. scurrile, ingiurióse, villáno

Scùrrilously, avv. ingiuriosaménte, con villanía

Scùrrilousness, s. scurrilità

Schrvily, avv. vilménte, bruttamènt̀e

Sebrviness, s. scabbiosità, viltà, bassézza

Scùrvy, s. (med.) scorbúto; — a. scorbútico, tignóso; crostóso; bássp, vile, tristo, ribáldo; — grass, s. (bot.) cocleária, gramígna; — trick, tiro da briccóne

Scùt, s códa córta, códa di lèpre o di coníglio

Scùtate, a. (bot.) scudáto; (zool.) scaglióso

Schtcheon, s. tòppa di serratúra; innèsto a òcchio; chiáve di árço; V. Escutcheon

Scùttle, s. gran panière básso, graticóla; (mar.) piccolo boccapòrto; cóal —, panièra o sécchia pel carbóne
— van. córrere prèsto; bucáre, foráre; — x ship, perforáre una náve, sprofondárla

Scythe, s. fálce, f.

Scythed, a. armáto di fálce, falcáto

Scỳrmian, s. scita, m. f; a. scita, degli Sciti

Séa, s. máre, m; (fig.) dilúvio, pièna, infinità, moltitúdine, f; — a. di máre, marittimo, marino, naválе; high —, máin —, álto máre; hèavy —, máre gròsso; a —, un cavallóne; —breakers cavallóni; hàlf—á óver, brillo, mèzzo còtto; at —, on —, sul máre; —water, ácqua di máre, ácqua marina; —fight, battàglia navále; — man, marinájo; — pórt, pòrto di máre, scálo; — róom, lárgo, alto máre; — róver, piráta, m., corsále, m; — stórm, fortúna, procélla; — fàring péople, — fàrers, gènte di máre; a —worthy ship, bastiménto átto al máre; — béach, spiàggia, lído; — fèncible, guárda cóste, m; — sèrvice, servízio marino; — gréen, verdazzúrro; — càlf, vitèllo marino; — còmpass, bùssola;

— wéed, alga; — hòrse, cavállo marino; — méw, — gùll (orn.) gabbiáno, mugnájo; — béat, agitáto, battúto dal máre; — born, náto, prodótto dal máre; — ward, vèrso l'alto, in álto máre; — by, mòzzo di náve; — brièf, — letter, passapórto (di bastímento); — guàge, pèsca di náve; — girt (gùrt), cinto dal máre; — máid, sirèna; — sickness, mál di máre; to pùt to —, méttere in máre, prènder l'álto; to be at —, trovársi in máre; to stand at —, règgere al máre; to bé — sick, avère il mal di máre; to go to —, méttersi in máre; to infèst the — á, córrere il máre; práise the — and kéep on land, prov. lòda il máre e tièni alle tèrra
— càptain, s. capitáno di bastimènto
— càrd, s. rósa dei vènti
— còmpass, s. compásso náutico, marina-rèsso; bùssola
— còw, s. (zool.) mòrsa
— dog, s. (itt.) pescecáne, m.
— èel, s. anguílla di máre, cóngro, gróngo
— fòwl, s. uccèllo marino
— girt (pr. gùrt), a. circondáto dal máre
— mònster, s. mòstro marino
— nỳmph, s. (mit.) ninfa o dèa del máre
— òoze, s. bellétta, limo del máre
— piéce, s. vedúta di máre, marina
— pòol, s. lágo d'ácqua sálsa
— rièk, s. rischio di máre, fortúne, f. pl. di máre
— ròbber, s. piráta, m.
— shàrk, s. (itt.) pescecáne, m.
— sùrgeon, s. chirúrgo di vascèllo
— tèrm, s. tèrmine, m. di marína
— wàx, s. péce, f. minerále

Séal, s. (mar.) fóca; vitèllo marino; sigíllo; suggèllo; bóllo, imprónta del sigíllo; kéeper of the — á, guardasigíllі, m; ùnder one's hand and —, sottoscrítto e sigilláto, firmáto; to affix one's — to a document, firmáre, pórre la firma a uno scritto, ad un átto
— va. sigilláre, suggelláre, firmáre; — a déed, firmáre un átto, uno strumènto; — a lètter, sigilláre una lèttera

Séaler, s. chi sigílla, chi firma, sigillatóre

Séaling, s. il sigillár̀e, il firmáre; — wàx, ceralácca, cèra di Spágna

Séam, s. costúra, cucitúra; (di nave) commessúra; (di ferita) cicatrice, f; (min.) véna, filóne, m; stráto sottile; — rènt, scucitúra
— va. fàre la costúra a, cucire; unír̀e con costúra; congiúngere; (med.) rimarginár̀e, cicatrizzáre

Séaman, s. marinájo; séamen, marinái, gènte, f. di máre

Séamanship, s. navigazióne (arts)

Séamless, a. inconsútile, sénza costúra, sénza cucitúra

Fàte, mète, bìte, nòte, tùbe; - fàt, mèt, bìt, nòt, tùb; - fàr, piqùe,

Séamstress, *s.* cucitríce, *f.*, dònna che cúce pánnilíni

Séar, *a.* sécco, árido, adústo; — lóaf, fóglia mòrta; — clòth, cerótto

— *va.* abbruciáre, (*con ferro rovente*), cauterizzáre; disseccáre, réndere adústo, inaridíre; incallíre; — a delínquent, marchiáre un delinquènte col fèrro rovènte — -wóod, *s.* légna sécche, *fpl.*

Séarce, *s.* stáccio; — *va.* stacciáre

Séarch, *s.* ricèrca, inchièsta, perquisizióne; — áfter trùth, la ricèrca della verità; — wárrant, mandáto di perquisizióne

— *vn.* cercáre, andár cercándo, frugáre, frugacchiáre; — *va.* cercáre, ricercáre, esamináre, visitáre, inquisíre; — for, cercáre, buscáre, andár cercándo di; — into, scrutináre, investigáre, indagáre, approfondáre; — áfter, ricercáre; to — a wóund, tentáre una feríta, una piága

Séarchable, *a.* che si può cercáre; investigábile; che si può perquisíre

Séarcher, *s.* cercatóre, indagatóre, investigatóre, visitatóre, -trice

Séarching, *a.* penetratívo, scrutatóre, incalzánte; (*del vento*) frizzánte, pizzicánte, fréddo

Séason, *s.* stagióne, *f*; tèmpo, tèmpo opportúno; out of —, intempestívo

— *va.* stagionáre; (with), condíre

— *vn.* stagionársi, ridúrsi a perfètta cottúra

Séasonable, *a.* di stagióne, tempestívo, opportúno, conveniénte, accóncio, a propòsito

Séasonableness, *s.* opportunità, convenevolézza

Séasonably, *avv.* opportunaménte, a propòsito

Séasoned, *a.* stagionáto; condíto; wèll — wóod, legnáme bène stagionáto

Séasoner, *s.* chi o che condísce, stagióna; stagionatóre, -trice; condiménto

Séasoning, *s.* stagionaménto; condiménto

Séat, *s.* sèdia, sèggio, sèggiola, sedíle, *m.*, bánco, scánno; sèdia, sède, *f.*, pósto, síto, luògo, situazióne; sède, dimóra, residènza; sèggio; fondaménto, fóndo; deretáno; seggétta, ritiráta; táke a —, sedéte, accomodátevi; cobntry —, cása di campágna, villa; — of léarning, università; — of còmmerce, sède, *f.* di commèrcio; — of gòvernment, of an Émpire, metròpoli, *f.*, città capitále

— *va.* adagiáre sópra una sèdia, pórre a sedére, fár sedére, collocáre, posáre, insellàre, stabilíre; — one's sèlf, sedérsi, adagiársi, stabilírsi; to be — ed, stáre sedúto, èssere assíso; práy, be — ed, s'accòmodi

Séating, *s.* fóndo (*di pantaloni*)

Séaward, *avv.* alla vòlta del máre, vèrso l'álto

Sebáceous, *a.* (*anat.*) sebáceo

Sécant, *a.* (*geom.*) secánte; — *s.* secánte, *f.*

Secéde, *vn.* aecédere, ritirársi, tirársi in dispárte; — from a society, separársi, ritirársi da una società

Secéder, *s.* non conformísta, dissenziènte, *mf.*

Secèrn, *va.* (*fis.*) segregáre, separáre, cérnere

Secèssion, *s.* separazióne, scissióne; — cbùrch, chiésa non conformísta, chiésa dissidénte

Seclúde, *va.* esclúdere, separáre, staccáre, ritiráre, inchiúdere; — one's sèlf, separársi, allontanársi, ritirársi, rinchiúdersi

Seclúded, *a.* ritiráto, appartáto, solitário

Seclúsion, *s.* státo appartáto, o solitário; ritíro, solitúdine, *f.*

Seclúsive, *a.* esclusívo, che tiène in solitúdine

Sècond, *a.* secóndo, áltro; secóndo, inferióre, da méno (*di*); — coùsin, secóndo cugíno, secónda cugína; the twènty- —d, il ventésimo secóndo; a — Homer, un áltro Oméro; — -hand clóthes, ábiti usáti; he is — to nòne, egli non la céde a nessúno

— *s.* secóndo, minúto secóndo, appòggio; spalleggiatóre; (*di duello*) patríno

— *va.* assecondáre, spalleggiáre, appoggiáre; — a motion, (*parl.*) appoggiáre una mozióne

Sècondarily, *avv.* secondariaménte, accessoriaménte

Sècondariness, *s.* státo secondário

Sècondary, *a.* secondário, accessòrio — *s.* deputáto, delegáto, subaltèrno

Sèconder, *s.* chi assecónda, spallèggia, appòggia; chi appòggia una mozióne, un bill

Sècrecy, *s.* segretézza, discrezióne; solitúdine, *f*; in —, in segrèto, segretaménte; sòtto segréto

Sécret, *a.* segréto, occúlto, priváto — *s.* segréto, mistéro, còsa occúlta

Secretárial, *a.* segretariále

Sècretariship, *s.* segretariáto

Sècretary, *s.* segretário; — of státe, segretário di státo, ministro; —'s òffice, offício del segretário; dicastèro; segretariáto; príva te —, segretário particoláre; confidèntial —, segretário íntimo; hóme —, ministro dell'intèrno; — for Fòreign Affáirs, ministro degli affári èsteri; Colónial —, ministro delle colònie

Sècretaryship, *s.* segretariáto

Secréte, *va.* celáre, nascóndere, occultáre; (*fisiol.*) segregáre, cérnere; far secrezióne

Secrétion, *s.* segregaménto, secrezióne, *f.*

Sécretiveness, *s.* (*fren.*) òrgano del segréto

Sécretly, *avv.* segretaménte, con segretézza

Sécretness, *s.* segretézza

Sécretory, *a.* secretòrio, di secrezióne

Sèct, *s.* (*filos. relig.*) sètta

— -examinátion, s. esáme, m. di sè stésso
— -góvernment, s. padronánza di sè stésso;
(polit.) reggiménto a pòpolo, govêrno rappresentativo
— interest, s. interêsse próprio
— -knówledge, s. conoscênza di sè medésimo
— -lòve, s. amóre di sè stésso, amór próprio, egoísmo
— -mástery, s. padronánza di sè
— -móving, a. semovénte; — tábles, le távole semovénti
— -mùrder, s. suicídio
— -mùrderer, s. suicída, mf.
— -posséssion, s. serenità, cálma, libertà di spírito, sángue fréddo, flêmma
— -preservátion, s. conservazióne própria
— -restráint, s. fréno impósto ai próprj desidêrj, alle próprie passióni
— -séeking, a. interessáto, egoístico
— stýled, a. sedicênte
— -sufficiency, s. fidúcia (sovêrchia) delle próprie fórze; vanità, presunzióne
— -sufficient, a. presuntuóso, váno, burbanzóso
— -tormêntor, s. tormentatóre di sè stésso, tormentatríce di sè stéssa
— -will, s. ostinazióne, caparbietà
— -willed, a. ostináto, capárbio, capóne
— -wrong, s. tòrto vêrso sè stésso
Sélfish, a. egoístico, interessáto, tútto di sè; a — man, un egoísta, un uòmo tútto di sè, un tánghero
Sélfishly, avv. interessataménte, da egoísta
Sélfishness, s. egoísmo, interêsse próprio; grettézza
Sélfless, a. sénza egoísmo, non curánte di sè
Sell, (pas. sóld), va. véndere, smerciáre, spacciáre, esitáre, alienáre; — chéap, véndere a buòn pátto; — déar, véndere cáro; — for cash, véndere a contánte; — on crèdit, véndere a crédito; — by retáil, véndere al minúto; — whólesále, véndere all'ingròsso; — off, — ôut, liquidáre, esauríre; to —, to be sóld, da véndere, da véndersi
— (pas. sóld) vn. (pers.) véndersi; it —s well, si vénde béne, ha buòno spáccio, buòn incóntro
Sèllander, s. (veter.) giárda, giardóne, m.
Séller, s. venditóre -tríce; bóok —, libráio
Sélvage, s. vivágno, cimóssa, òrlo, lèmbo, córda
Sélvaged, a. con vivágno, con cimóssa
Sèmaphore, s. (mar.) semáforo (telègrafo)
Semaphóric, a. (mar.) semafórico (telegráfico).
Semaphórically, avv. (mar.) semaforicaménte (telegraficaménte)
Sèmblance, s. sembiánza, somigliánza; sembiánte, m., apparênza
Sémen, s. semênza (degli animali)

Séml, a. s. sêmi, mèzzo, metà
— -árian, s. a. (teol.) semi-ariáno
— -árianism, s. (teol.) semi-arianésimò
— -barbárian, a. semi-bárbaro
— -pelágian, s. a. (teol.) semi-pelagiáno
— -pelágianism, s. (teol.) semi-pelagianésimo
— -vócal, a. semivocále
Sèmibréve, s. (mus.) semibréve, f.
Sèmicircle, s. semicírcolo, mèzzo cêrchio
Sèmicircular, a semicircoláre, di mèzzo cêrchio; (arch.) a tútto sêsto
Semicircùmference, s. semicirconferênza
Sèmicólon, s. (gram.) púnto e vírgola
Semidiámeter, s. semidiámetro
Sèmilúnar, a. semilunáre
Séminal, a. seminále, dì séme
Sèminarist, s. seminarísta, m.
Séminary, s. (seminário, semenzájo, ant.) seminário, istitúto d'educazióne; pensióne; clérical —, seminário (eccles.)
Seminátion, s. (bot.) seminaménto, seminatúra
Seminific, seminifical, a. seminífero
Semipédal, a. (poet.) d'un mèzzo piède
Sèmiquáver, s. (mus.) semicròma, mèzzo tríllo
Sèmisphérical, a. semisférico
Semitic, a. semítico
Sèmitone, s. (mus.) semituòno, mèzzo tuóno
Sèmivówel, s. semivocále, f. mèzza vocále
Sèmpervirent, a. sémpre verdeggiánte
Sèmpervive, s. (bot.) semprevívo
Sèmpitérnal, a. sempitêrno
Sèmpitérnity, s. sempiternità, eternità
Sèmpstress, s. V. Séamstress
Sènary, a. senário, compósto di sei (numeri)
Sènate, s. senáto; the Itàlian —, il Senáto italiáno; — hóuse, palázzo del Senáto
Sènator, s. senatóre
Senatórial, a. senatòrio, di senatóre
Senatórially, avv. da senatóre
Senatórian, a. V. Senatórial
Sènatorship, s. dignità di senatóre, dignità senatória
Senátus-consúltum, s. senáto consúlto
Sènd (pas. sènt), va. mandáre, inviáre, spedíre; — away, mandár vía, licenziáre, congedáre; — off, far partíre, spedíre, innoltráre; — dówn, mandár giù, tramandáre; — up, mandár su; — in, far entráre, licár déntro; — back, mandáre indiètro, rimandáre; — fórth, mandáre avánti, inviáre, spedíre; prodúrre, gettáre, lanciáre, eméttere, dardeggiáre, esaláre, spándere; — dówn to postérity, tramandáre ai posteri, alle più tárde generazióni; — word, fáre sapére, far passáre un'ambasciáta; — for a thing, mandáre a cercáre una cosa; I'll — off your góods to-mòrrow, domani

vi spedirò le vòstre mèrci; to — awáy a
sèrvant, licenziáre un servitóre
— (pas. sènt), vn. mandáre ; - for, mandáre per, far cercáre, far veníre, chiamáre
Sènder, s. chi mánda, chi invía, mandatóre
-trice; (com.) speditóre, spedizioniére, m.
Sènding, s. l'átto del mandàre; (com.) spedizióne, inviaménto
Senèscence, s. il declináre (della vita), declíno, vecchiézza
Sèneschal, s. siniscálco; high —, gran siniscálco
Sèngréen, s. (bot.) sempreviva
Sènile, a. seníle, di vécchia età
Senility, s. senilità
Sènior, s. senióre, anziáno, il più vècchio;
(com.) sòcio principále, direttóre
— a. senióre, più attempáto, maggióre (di
età), più anziáno; — cŏunsellor, consigliére più anziáno; to Mr. S. Brown —,
al signór S. Brown, senióre
Seniòrity, s. priorità, anzianità
Sènna, s. (farm.) sena, sènna
Sènnight, s. (poco us.) (contrazione di
sèven nights), sètte giórni, e sètte nòtti,
settimána; this dáy —, òggi a òtto
Sènnit, s. (mar.) gaschètta
Sensátion, s. sensazióne, percezióne, sènso;
to màke a —, fàre sènso
Sènse, s. sènso (facoltà); sènso, sensualità;
sènso, sènno, intellètto; sènso, significáto;
sènno, avviso, sentiménto ; the five —s,
i cinque sènsi (della natura); còmmon —,
sènso comúne; góod —, buen sènso, sèano,
giudízio, assennatézza; to be òut of one's
—s, èsser fuóri di sènno; the pleásures of
—, i piacéri del sènso, i piacéri carnáli;
to tàlk —, parláre assennataménte ; man
of —, uòmo di sènno
Sènseless, a. insensíbile, insensáto, sènza
sènno, insúlso, scipíto, stùpido, sciòcco,
forsennáto
Sènselessly, avv. scioccaménte, irragionevolménte
Sènselessness, s. stupidézza, assurdità, paz-
Sensibílity, s. sensibilità, sensività (zia
Sènsible, a. sensíbile; átto a comprèndersi
dal sènso, percettíbile; sensíbile, doloróso,
angoscióso; sensíbile, convínto, persuáso;
sensáto, assennáto, ragionévole, giudizióso, sávio, sàggio ; — man, uòmo sensáto,
uòmo di sènno; — spéech, discórso assennáto
Sènsibleness, s. giudízio; sensibilità
Sènsibly, avv. sensibilménte, assennata-
taménte, giudiziosaménte; to tàlk —, parláre da sènno
Sensíferous, a. (filos.) sensífero
Sensífic, a. (filos.) che prodúce sensazióne
Sènsitive, a. sensitivo, che ha sènso, sensíbile; — plànt, (bot.) sensitiva

Sènsitively, avv. sensitivaménte
Sènsitiveness, s. sensibilità
Sensórial, a. appartenènte al sensório
Sensórium, sènsory, s. sensório, òrgano del
sènso
Sènsual, a. del sènso, sensuále
Sènsualism, s. sensualismo
Sènsualist, s. sensualísta, mf. voluttuóso
Sensuálity, s. sensualità
Sènsualness } s. sensualità, volutà
Sensualizátion, s. il rèndere sensuále
Sènsualize, va. rèndere sensuále
Sènsually, avv. sensualménte, con vo-
luttà
Sènsuous, a. che affètta i sènsi
Sènt, V. Sènd
Sèntence, s. sentènza, mássima, aforísmo ;
sentènza, giudízio, decréto, condánna;
sentènza, avviso, opinióne ; fráse, f., pe-
ríodo
— va. dàre sentènza, giudicáre; sentenziáre,
condannáre :
Sentèntial, a, di frási, di sentènze
Sentèntious, a. sentenzióso, lacónico
Sentèntiously, avv. sentenziosaménte, laco-
nicaménte
Sentèntiousness, s. laconísmo, energía
Sèntient, a. senziènte, che sènte ; — beings,
èsseri senziènti
Sèntiment, s. sentiménto, opinióne, avviso,
pensiéro; sentiménto (sensibilità); bríndisi, m; to expréss one's —s, esprímere
i pròprj sentiménti, to propóse a —, pro-
pórre un bríndisi, propináre a
Sentimèntal, a. (pers.) sensitivo, sensíbile,
sentimentále; abbondánte di sentiménti
Sentimèntalism, s. sentimentalísmo
Sentimèntalist, s. persóna sensitíva, autóre
sentimentále
Sentimentálity, s. sentimentalità; viva sensibilità
Sentimèntalize, vn. affettáre sensibilità
Sèntinel, s. sentinèlla
Sèntry, s. sentinèlla, guárdia; to stand or
kéep o sèntinel, fàre la guárdia ; —
-box, garètta, casòtto da sentinèlla
Separabílity, s. separabilità, divisibilità
Sèparable, a. separábile, divisíbile
Sèparableness, s. divisibilità
Sèparate, va. separáre, distaccáre, disgiún-
gere, spartíre, dividere, disuníre
— vn. separársi, disgiúgnersi, staccársi
— a. separáto, disgiúnto, staccáto, appar-
táto, particoláre
Sèparately, avv. separataménte, a párte
Sèparateness, s. státo di separazióne, státo
appartáto, distinzióne
Separátion, s. separazióne, distácco
Sèparatism, s. separatísmo
Sèparatist, s. separatísta, m., settário
Sèparátor, s. separatóre -trice, dividitóre
-trice

Separatory, *s.* e *a.* separatòrio
Sépia, *s.* (*itt.*) sèppia
Sépǫy, *s.* soldáto indígeno dell'esèrcito in-
Sèppia, *s.* *V.* Sépia   (do-inglése
Sèpt, *s.* (*irlandese*) rázza, schiátta, famíglia
Septàngular, *a.* che ha sètte àngoli
September, *s.* settèmbre
Séptenary, *s.* *a.* settenário
Septènnial, *a.* settènne, di sètto ánni
Septèntrion, septèntrional, *a.* settentrionále
Sèptic, *a.* *s.* (*med.*) sèttico
Septical, *a.* (*med.*) sèttico
Septicity, *s.* tendènza alla putrefazióne
Septillion, *s.* (*arit.*) settilióne, *m.*
Septuagenàrian, *s.* settuagenário
Septuàgenary, *a.* *s.* settuagenário
Septuagèsima, *s.* settuagèsima
Séptuagint, *s.* settuaginta, versióne de'set-
    tánta (rabbíni)
Séptuple, *a.* *s.* sèttuplo
Sepùlchral, *a.* sepolcrále, di sepólcro
Sèpulchre, *s.* sepólcro, avèllo; the hóly —,
    il sánto sepólcro
— *va.* (*poet.*) seppellíre
Sépulture, *s.* sepoltúra
Sequàcious, *a.* seguáce, che ségue facilménte
Sequàciousness, sequàcity, *s.* disposizióne a
    seguíre
Séquel, *s.* séguito, sequèla, conseguènza
Séquence, *s.* seguènza, sèrie, *f.*, sequèla
Sequèster, *va.* sequestráre, separáre, appar-
    táre; (*legge*) sequestráre, staggíre
Sequèstered, *a.* sequestráto, staggíto; ap-
    partáto, ritiráto; — spot, luògo romíto
Sequèstrable, *a.* sequestrábile
Sequèstrate, *va.* sequestráre
Sequestràtion, *s.* sequestrazióne, sequèstro;
    ritíro, ritiratézza, isolaménto
Sequestràtor, *s.* sequestrànte, *m.* *f.*; seque-
    stratário
Séquin, *s.* zecchíno
Seràglio, *s.* serràglio (*turco*)
Séraph, (*pl.* séraphs e séraphim) *s.* sera-
    fíno
Seràphic, seràphical, *a.* seráfico
Seràphically, *avv.* seraficaménte
Seràskier, *s.* seraschière, *m.*, (generále túrco)
Sère, *a* *V.* Séar
Sérenàde, *s.* serenáta
— *va.* dáre delle serenáte a
— *vn.* fáre una serenáta
Serène, *a.* seréno, chiáro, límpido; seréno,
    cálmo, tranquíllo, plácido; seréno, sere-
    níssimo (*títolo*); to rènder —, rasserenáre;
    His mòst — Híghness, Sua Altézza Sere-
    níssima
Serènely, *avv.* serenaménte, tranquillaménte
Seréneness, Serènity, *s.* serenità, chiarézza
Sèrf, *s.* sèrvo (*della gleba*); schiávo (*russo*)
Sèrfdom, *s.* servàggio, schiavitù
Sèrge, *s.* ráscia, sája (*panno di lana*)
Sèrgeant, *s.* *V.* Serjeant

Sérial, *a.* appartenènte ad una sèrie; *s.* òpera
    o pubblicazióne èdita periodicaménte a
    fascícoli o númeri in sèrie progressíva
Sériate, *a.* ordináto in sèrie
Sériately, *avv.* in sèrie regoláre
Seriàtim, *avv.* per sèrie, regolarménte
Sericeous, *a.* sèrico, di séta; setóso
Séries, *s.* sèrie, *f.* sequèla, seguènza, òr-
    dine, *m.*
Sério-cómic, *a.* sèrio-cómico
Sérious, *a.* sèrio, sincèro, fránco, gráve, im-
    portánte; are you — ? siète in sul sèrio?
    parláte davvéro
Sériously, *avv.* seriaménte, in sul sèrio; to
    spéak —, parlár in sul sèrio
Sériousness, *s.* serietà, gravità, importánza
Serjeant, *s.* (*pr.* sárjant) sergènte, *m*; (*po-
    lízia*) poliziòtto, birro; (*legge*) avvocáto,
    duttóre in lègge (*di primo grado*)
Sèrjeantship, *s.* grádo di sergènte; ufficio
    di poliziòtto; primo grádo del dottoráto
    in lègge
Sèrmon, *s.* prèdica, sermóne, *m*; fúneral
    —, orazióne fúnebre; is there a — to-day?
    òggi si fa la prèdica?
Sèrmonish, *a.* che sente del sermóne, della
    prèdica; his spéech tásted ráther —, il suo
    discórso sentiva alquánto del sermóne
Sèrmonize, *va.* sermoneggiáre
Sèrmonizer, *s.* sermonánte, sermoneggiánte
Sèrmountain, *s.* (*bot.*) séseli, *m.*, sesélio
Serósity, *s.* serosità, sierosità
Sèrotine, *s* pipistrèllo d'Europa
Sérous, *a.* sieróso, ácqueo, acquóso
Sèrpent, *s.* sèrpe, *f.*, serpènte, *m.* ángue, *m*,
    (*astr.*) serpènte, (*mus.*) serpentóne, *m*;
    young —, serpentéllo; — like, come un
    serpènte, serpentíno
—'s-tòngue, *s.* (*bot.*) briónia
Serpentária, *s.* (*bot.*) serpentária
Serpentárius, *e.* (*astr.*) serpentário
Serpentine, *a.* serpentíno, serpeggiánte, tor-
    tuóso, spiràle; *s.* (*chim.*) serpentíno da
    stilláre, serpentína; (*min.*) serpentína
— -stóne, *s.* (*min.*) serpentína
Serpentíze, *vn.* andár serpeggiándo; the
    stréam s through a beaútiful válley, il
    ruscéllo va serpeggiándo attravèrso una
    bèlla válle
Serpíginous, *a.* (*med.*) di serpíggine
Serpígo, *s.* (*med.*) serpíggine, *f.*, impetíg-
    gine, *f.*
Sèrra e, sèrrated, *a.* dentáto a fòggia di
    séga
Sèrrature, *s.* addentellatúra, dentèllo
Sèrried, *a.* affiliáto, affoltáto, fítto
Sèrry, *va.* (*mil.*) serráre, stríngere, chiúdere
Serum, *s.* sièro (*del sangue*)
Sèrvant, *s.* servitóre, servo, domèstico, ser-
    vènte, *m.* *f.*, inserviènte, *m* *f.*, famíglio,
    famigliáro, *m*; — -man, servitóre; — -wo-
    man, — -máid, sèrva, fantésca; your —,

(poco us.) servitór suo; — like, da servitóre, servíle

Serve, *va.* servíre, servíre a, giováre a, ajutáre, assístere; trattáre, agíre; to — God, servíre Iddío; — out, distribuíre; — up méat, portáre le vivánde in távola, imbandíre; you —d him right, avéte fátto béne, egli l'ha meritáto; that will - my turn, quésto mi básta, ció fa per me; — a rópe, *(mar.)* fasciare, imbasonáre una córda; first còme, first —d, primi arriváti, primi servíti

— *vn.* servíre, éssere al servízio; servíre, éssere buóno a; éssere schiávo; I hàve —d six years, ho sei anni di servízio; it —s him for a dinner, gli sérve di prànzo

Service, *s.* servízio, servígio, il servíre; servízio, offício *(divíno);* servízio, omággio, osséquio; favóre, vantággio, giovaménto, utilità; *(mil.)* servízio; *(ammín)* servízio; àctual —, servízio effettívo; divíne —, offício divíno; military —, servízio militáre; to go to —, méttersi a servíre; to be at —, éssere a padróne; to be óut of —, éssere fuór di padróne; on —, di guárdia; to be of —, éssere útile, giováre; táble —, servízio da távola; — -trée, *(bot.)* sórbo; sécret — mòney, fóndi segréti; pièce of —, servízio, favóre

— -bòok, *s.* rituále, *m.* liturgía
— -trée, *s (bot.)* sórbo; wild —, *(bot.)* amaràsco, vísciolo

Serviceable, *a.* serviziévole, giovévole, utile, vantaggióso *(pers.)* officióso, serviziáto

Serviceableness, *s.* utilità; officiosità

Servile *a.* servíle, di sèrvo; servíle, abbiétto, bàsso

Servilely. *avv.* servilménte, vilménte

Servileness. **Servility,** *s.* servilità, viltà

Serving, *s.* che sèrve, di servízio, servénte; — man, servitóre; — máid, sèrva

Servitor, *s. (poco us.)* servitóre, inservíénte; *(univ.)* studénte che ha pósto gratúito all' Università di Oxford

Servitorship, *s.* pósto gratúito all' Università di Oxford

Servitude, *s.* servággio, servitù, schiavitù

Sesame, *s. (bot.)* sésamo, giuggiolèna

Seseli, *s. (bot.)* sès-li, *m.,* sesélio

Sesquilàteral, *a.* sesquilàtero

Sesquipedal, **sesquipédal,** *a.* sesquipedále

Sesquitone, *s. (mus.)* tèrza minóre

Sess, *s.* tàssa, ráta, impósta

Sessile, *a. (bot.)* sèssile

Session, *s* sessióne; — of párliament, sessióne del parlaménto; quárter — s, assíse trimestráli; — -hàll, córte, *f.* di giustízia

Sessional, *a.* di, da sessióne

Sess pool, *s.* cèsso, latrína, sentína

Sesterce, *s. (antíchità romane)* sestèrzio

Set *(pas. sèt), va.* pórre, méttere, collocáre, appórre, piantáre, fissáre, rizzáre; stabilíre; to — a trée, piantáre un álbero; — up a póle, a shop, rizzáre un pálo, una bottéga; — dòwn, méttere giù, collocáre, adagiáre; scrívere, pórre in iscrítto; stimáre, giudicáre; — to rights, assettáre, aggiustáre; — off, adornáre, far risaltáre, far spiccáre; — fíre to, — on fíre, appiccáre il fuóco a, incendiáre; — asíde, pórre da bánda; — sáil, far véla; — a jéwel in góld, legáre una piètra preziósa in óro; — to músic, méttere in música; — a bóne, riméttere un òsso; — a dog upòn, aizzáre un cáne cóntro; — a góod exàmple, dar buón esémpio; — a góing, pórre in mòto, méttere in moviménto; — fórth, espórre, far vedére, díre; — at nòught, scherníre, beffàrsi di; — the tèeru on èdge, allegáre i dénti

—*(pas.*sèt) *vn.* fissársi, rappigliársi, rassodársi, radicársi, fermársi, méttersi, accíngersi, fàrsi; tramontáre; éssere in fèrma *(di un brácco);* allegáre; — fòrward, avviársi, incamminársi; — in, *(del tempo)* cominciáre, fàrsi; — off. partíre, andàrsene; dar risálto a; abbellíre; — on, cominciáre, assalíre, attaccáre; — up, stabilíral; — up for, preténdere, spacciársi per; — abòut dòing a thing, accíngersi a fàre una còsa; the sun —s at six, il sole tramónta alle sèi

— *a.* fisso, immóbi e; fisso, prescrítto, stabilíto; incastonáto, contorniáto; simmétrico, egolàre, fèrmo, deciso, risolúto; attaccáto, affezionáto; — price, prèzzo stabilíto; — hòur, ora fissa; — form of pr\`ayers, fórmola di preghière; — spéech, discórso studiáto; — battle, battáglia campále; — resolùtion, fèrma risoluzióne; I hàve — my heárt upòn it, sono risolúto di avérlo; a snùffbox — with díamonds, una tabacchièra contornáta di diamánti

— *s.* assortiménto, corrédo; parìglia; pollóne, *m;* occàso; guerniménto; número complèto, collezióne, sèrie, *f.,* sèguito; clàsse, *f.,* sistèma, *m.,* servízio; filièra, fíla, dentatúra; círcolo, assemblèa, cròcchio, brigàta; ciùrma, ciurmáglia, bánda: filastròcca, sequéla; piánta, innésto; *(gíuoco)* partita *(mus.)* pòsa, posatúra; — of bóoks, collezióne di libri; — of bùttons, guarnizióne di bottóni; — of díamonds, corrédo di gioje; — of hórses, parìglia, tíro di caválli; — of chína, servízio di porcellàna; — of téeru, dentatúra; dentièra; — of trées, filàre *m.* filièra di álberi; — of mèn, bánda di uómini; a — of ràscals, una máno di furfánti; at a dèad —, imbrogliáto

— -off, *s.* ornaménto, còsa che fa spiccáre, guernizióne; compènso, equivalènte, *m.* compensazióne

— -to, *s.* (*volg.*) rissa, battáglia; combattiménto

Setáceous, *a.* setolóso, piéno di sétole

Setiferous, *a.* produttívo di sétole, setolóso

Sètiform, *a.* in fórma di sétola

Sètness, *s.* (*ant.*) abitúdine d'esattézza

Séton, *s.* (*med.*) setóne, *m.*

Sétose
Sétous } *a.* setolóso

Settéé, *s.* canapè, *m.*, sofà, *m.*

Sètter, *s.* cáne da férma; posatóre, muratóre; — on, istigatóre

— -wórt, *s.* (*bot.*) piè, *m.* di gríffo,' ellèboro
fátido

Sètting, *s.* il pórre, il méttere, il fissáre, il
piantáre; collocaménto, occáso, tramónto,
incastonatúra, (*mar.*) abríva, tendênza,
direzióno; l' indurársi, il rappigliársi; —
dog, cáne da férma; — -rùle, (*típog.*) filétto per compórre; — stick, (*típog.*) compositójo; — on, istigazióne; — óut, partènza; ùp, stabiliménto

Sèttle, *s.* pánca, sedíle, *m.*, sèggiola; stóne
—, sedíle di piètra

— *va.* fissáre, stabilíre; fermáre, assestáre,
aggiustáre, allogáre, collocáre; assegnáre,
calmáre, tranquilláre, regoláre; — a dáughter, allogáre una fíglia; — an accóunt,
aggiustáre, saldáre un cónto; — a sùm
upón, assegnáre una sómma

— *vn.* stabilírsi, accasársi, decidérsi, calmársi, posársi, rassettársi; the wèather
—s, il tèmpo si mètte al bèllo

— -bèd, *s.* sedíle, *m.* di légno che può servír
di lettièra

Sèttled, *a.* fissáto, stabilíto, regoláto; cálmo, tranquíllo, rassettáto; permanénte

Sèttledness, *s.* stabilità, státo físso

Sèttlement, *s.* stabiliménto, colónia, assegnaménto, pensióne, aggiustaménto, accomodaménto; liquidazióne, fóndo, fondigliuólo, posatúra; légal —, domicílio legále

Sèttler, *s.* colóno, (stabilíto in un paése);
(*log.*) argoménto irrefragábile

Sèttling, *s.* lo stabilíre, lo stabilírsi, l'accasársi; stabiliménto, accasaménto, assegnaménto; soluzióne, decisióne, aggiustaménto; posatúra, fondigliuólo

Sètwàll, *s.* (*bot.*) valeriána

Sèven, *a.* sètte, — hilled, dei sètte cólli

— -fold, *a.* sèttuplo, di sètte vólte

Sèvennight, *s.* settimána, V. Sennight

Sèvenscóre, *s.* sètte ventíne, *f. pl.*, cento
quaránta, *m.*

Sèventéen, *a.* diciassètte

Sèventéenth, *a.* diciassettésimo

Sèventh, *a.* sèttimo

Sèventhly, *avv.* in sèttimo luógo

Sèventieth, *a.* settantésimo

Sèventy, *a.* settánta

Sèver, *va.* sceveráre, staccáre, separáre,
troncáre

— *vn.* fáre una separazióne, separársi, staccársi

Sèveral, *a.* parécchi, divèrsi

— *s. e pron.* parécchi, síngoli; particolarità

Sèverally, *avv.* separataménte, a párte

Sèveralty, *s.* spartiménto; possessióne
privilégio, privatíva; in —, privatívo

Sèverance, *s.* sceveraménto, disgiunzióne

Sevère, *a.* sevéro, rígido, austéro, dúro

Sevèrely, *avv.* severaménte, rigidaménte

Sevèrity, *s.* severità, austerità, rigóre

Sew, *van.* (*pr.* só) cucíre; — up, ricucíre,
chiúdere

Sewer, (*pr.* sóer) *s.* chi cúce, cucitóre -trice

Séwer, *s.* condótto sotterráneo, fógna

Séwerage, *s.* costruzióne di una fógna, scólo,
scárico

Sewing (*pr.* sóing), *s.* il cucíre; — silk, fílo
di sèta; — -machine, mácchina da cucíre;
— -nèedle, ágo da cucíre; — -prèss, tavolétta per cucíre (ad use dei legatóri di
líbri e de' guantáj)

Sèx, *s.* sèsso; the fáir —, il bel sèsso

Sexagénárian, *s* sessagenário

Sexágenary, *a.* sessagenário

Sexagésima, *s.* sessagésima

Sexagésimal, *a.* sessagesimále

Sexàngle, *s.* (*geom.*) esàgono

Sexàngular, *a.* (*geom.*) esagonále, esàgono

Sexàngularly, *avv.* (*geom.*) esagonalménte

Sexènnial, *a.* di sei anni, duránte sei anni

Sèxtain, *s.* sestína (*strofa di sei versi*)

Sèxtant, *s.* (*astr.*) sestánte, *m.*

Sèxtile, *a.* sestíle

Sextillion, *s.* (*arit.*) sestillióne, *m.*

Sèxton, *s.* beccamórti, m; sagrestáno

Sèxtonship, *s.* ufficio di sagrestáno o beccamórti

Sèxtuple, *a. s.* sèstuplo

Sèxual, *s.* sessuále, che distingue il sèsso

Sèxualist, *s.* partigiáno della dottrína dei
sèssi nelle piánte

Sexuàlity, *s.* distinzióne del sèsso

Sfórzato, (*mus.*) sforzáto

Shàb, *vn.* (*volg.*) comportársi vilménte e
meschinaménte; tógliersi dal ginóce quin-
do si vince

Shàbbily, *avv.* cogli ábiti un po' speláti,
lógori, frústi; mále in arnése, poera-
ménte, meschinaménte, spregevolménte

Shàbbiness, *s.* státo di chi è mále in arnése; státo speláto, frústo, lógoro; meschinità, grettézza, bassézza

Shàbby, *a.* (*degli ábiti*) frústo, lógoro, speláto; (*pers.*) mále in arnése, mal vestíto,
cogli ábiti speláti; cencióso, straccíáto,
meschíno, grétto, básso; — fèllow, straccióne, sciamanóne; — áctions, azióni básse,
(indégne di un galantuómo)

Shàbrack, *s.* (*mil.*) gualdráppa, sabrácca

Shàck, *s.* diritto di páscolo vagantívo; (*in
America*) ghiánde, *f. pl.* che si dánno ai

pòrci, dirítto di páscolo nelle forèste;
miserábile vagabóndo
Shàckle, va. inceppáre, méttersi in cêppi
— ·bólt, s. fêrro attaccáto ad una caténa
pei piêdi
Shàcklei, s. cêppi, m. pl., fêrri, m. pl. caténe, f. pl.
Shàd, s. (itt.) chêppia, láccia
Shàddock, s. (bot.) pampelimòssa
Shàde, s. ómbra, ombría, embreggiaménto,
úggia, oscurità; (pit.)·ómbra; in the —
or in the sun, all'ómbra o al sóle; let us
go into the —, andiámo (mettiámoci) al-
l'ómbra; the —s of departed héroei, le
ómbre dei mòrti eròi; to cast into the —,
eclissáre; superáre, sùn —, ombrellíno;
chèquered —, rêzzo
— va. ombreggiáre, ombráre, uggiáre, aduggiáre, arrezzáre; (pitt.) ombreggiáre
Shàded, a. ombráto, ombreggiáto, aduggiáto
Shàdiness, s. státo ombróṣo, ombría, om-
breggiaménto
Shàdow, s. ómbra (di persona, di corpo
opaco); ómbra, sembiánza, ségno; (fig.)
patrocínio; protezióne; the — of a man,
of a rock, l'ómbra di un uòmo, di un
másso; to cast a — upon, adombráre
— va. ombreggiáre; — fórṭ, adombráre
Shàdowing, s. l'ombreggiáre; (pitt.) om-
breggiaménto
Shàdowless, a. sénza ómbra
Shàdowy, a. ombróso, oscúro, figurativo
Shàdy, a. ombráto, fólto, riparáto dal sóle
Shàft, s. ásta, dárdo, fréccia, stràle, m.
quadrèllo; antènna; (di arma) mánico;
(di vettura) stánga, timóne, m; (di co-
lonna) fústo; (di camino) fumajuòlo,
ròcca, góla; (di miniera) búco rotóndo,
pózzo; (di piroscafo) àsse, m.
Shàfted, a. munito di maníco, stánga, timóne, ecc.
Shàg, s. fêlpa, pelúzzo; tabácco da fumáre
Shàgged, shàggy, a. vellóso, vellúto, pelóso,
irsúto; — dog, cañ barbóne, m.
Shàgginess, s. státo vellóso, irsúto, íspido
Shagréen, s. zigríno; — cáse, astúccio di
Shâh, s. Scià (di Pèrsia) m.   (zigríno
Shàke, s. scòssa, cròllo, trêmito, agitazióne,
tríllo; — of the hand, strétta di máno
— va. (pret. shòok; p. p. shàken), scuòtere,
crollàre, dimonàre, dondolàre, tentennàre,
stríngere (la mano); (mus.) trillàre, gorgheggiàre; (dei liquidi) sciaguattàre;
vn. scuòtersi, vacillàre, tremàre, dondolàre, tentennàre; to — a trée, far crollàre un álbero; — off, riscuòtersi di, di-
strigàrsi di; — one's héad, scuòtere la
tèsta; — to and fro, dondolàre; — hands,
dàrsi la máno, stríngersi la máno; — with
féar, with cóld, tremáre di paúra, di fréddo; my'hand'—s, mi tréma la máno; they
— hands, si stríngono la máno

— -dówn, s. lêtto postíccio
Shàken, a. scòsso; (del legname) fêsso
Shàker, s. persóna che scuòte, cósa che
cròlla; scuotitóre; tremánte
Shàking, s. lo scuòtere, il crollàre, scuoti-
ménto, scòssa; give it a —, dátegli una
scòssa
Shàko, s. chepy, m., quásco
Shàky, a..dondolánte, spaccáto; mal fêrmo
Shàle, s. (bot) baccèllo, scòrza di baccèllo;
(min.) schísto
Shàll, vn. (ant. dovére); —, segno del futuro dei vêrbi ingleṣi; I — lóse that
mòney, perderó quel danáro; You — riṣe
êarlier, vi alzeréte piû per têmpo, lo vòglio; he — páy me it, egli me la pagherà,
lo vòglio; V. Grammatica ingleṣe del
Millhouṣe ·
Shallóon, s. ráscia, sája, pánno fíno
Shàllop, s. scialúppa, schífo, barchétta
Shallót, s. scalógno (cípolla)
Shàllow, a. di póco fóndo, básso; superficiále, fútile; — wâter, ácqua bássa; —
mind, spírito superficiále, leggièro; —
bráíned, cervèllo balzáno
— s. (mar.) básso fóndo
Shàllowly, avv. póco profondaménte, superficialménte
Shàllowness, póco fóndo, ácqua bássa; superficialità
Shalòtte, s. (bot.) scalógno; V. Eschalot
Shàlt, seconda persona singolare di Shall
Shàm, s. infingiménto, infinta, impostúra,
impostóre, m.
— vn. infíngersi, dissimulàre, simulàre, far
vista; — va. giuntáre, gabbáre; scimiottáre
— a. línto, prêtéso, sedicénte, fálso
Shàman, s. sciamáno, (scongiuratóre ṣa-
mojédo)
Shàmaniém, s. sciamanísmo (cúlto idolátra
de' Samojédi)
Shàmblei, s. macèllo, piázza, luògo dòve i
beccái espóngono la cárne in véndita
Shàmbling, a. che si muòve goffaménte
— s. portaménto gòffo, scóncio
Shàme, s. vergógna, infámia, obbròbrio, vergógna, pudóre; for — I vergógna! per vergógna! to be the — of, èsser l'obbròbrio di
— va. svergognáre, disonoráre, fàre arrossíre
— vn. vergognársi, arrossíre, aver vergógna
Shàmefáced, a. vergognóso, confúso, tímido
Shàmefacedly, avv. con rossóre, vergogno-
saménte
Shàmefacedness, s. timidità, modèstia
Shàmeful, a. vergognóso, infáme
Shàmefully, avv. vergognosaménte, con'in-
fámia
Shàmeless, a. sfacciáto, sfrontáto, ardíto
Shàmelessly, avv. sfacciataménte
Shàmelessness, s. svergognatézza, sfaccia-
tággine, f.

Shàmepróof, *a.* inaccessibile alla vergógna, sènza pudóre

Shámer, *s.* svergognatóre; chi o ciò che confónde

Shàmmer, *s.* fintóne, *m.*, impostóre, *m.*

Shàmpóo) *va.* far frizióni all'úso orientále,
Chàmpóo (dòpo il bágno

Shàmpóoing, *s.* il far frizióni all' úso orientále dòpo il bágno

Shamois, *s.* (*pr.* shàmmy) camòzza (*capra*); camòscia (*pelle*)

Shàmrock, shàmrog, *s.* (*voce irlandese*) trifóglio; (embléma, *m.* dell'Irlànda, come è la ròsa dèll'Inghiltèrra, e il càrdo della Scòzia)

Shànk, *s.* gámba, stínco; fústo, gámbo; long —s, gámbe, *f. pl.* lúnghe; cróoke I —s, gámbe stórte; to hàve spindle —s, aver due flautíni per gámbe, aver gámbe di rágno

— -páinter, *s.* (*mar.*) serrabòzze, *m.*

Shànked, *a.* gambúto, che ha gámbo

Shànker, *s.* càncro venèreo, bubbóne, *m.*

Shànscrit, *V.* Sànscrit

Shànty, *s.* capánna, casúccia (*nelle Indie*)

Shàpe, *va.* formáre, dáre fórma a, plasmáre, plasticáre, proporzionáre, regoláre, dirígere; wèll —d, ben fátto, dispósto

— *s.* fórma, figúra, víta, táglia, mòdèllo; — of the hèad, la fórma della tèsta; a fíne —, bèlla táglia, bel còrpo

Shàpeless, *a.* sformáto, di brútta fórma

Shàpeliness, *s.* bellézza, proporzióne di fórma (fátto

Shàpely, *a.* di bèlle fórme, formóso, ben

Shàrd, *s.* còccio, rottáme, *m*; nícchio, cárdo

Shàre, *s.* párte, *f.*, porzióne, divisióne, accománda, azióne, *f.*, (*com.*); cúltro, vómero; raflway —s, azióni delle stráde ferráte; it fell to his —, gli càdde in sòrte; — and — alíke, ugualménte; — bóne, l'òsso púbe; — hólder, azionísta, accomandánte, *mf.*

— *va.* divídere, spartíre, distribuíre

— *vn.* (in) avèr párte, partecipáre a

Shàrer, *s.* chi spartísce o distribuísce, chi fa le párti; chi prènde párte a, partitóre, partecipatóre -trice

Shàring, *s.* spartiménto; partecipazióne

Shàrk, *s.* pésce cáne, *m*; (*fig.*) scroccóne, *m.*

— *van.* scroccáre, truffáre

Shàrking, *s.* lo scroccáre; — fèllow, scroccóne, *m.*

Shàrp, *a.* acúto, agúzzo, tagliènte, affiláto, acuíto, puntúto; acúto, sottíle, penetránte; fíno, fúrbo, astúto, scaltríto, oculáto, perspicáce; piccánte, frizzánte, pungènte, mordáce, acerbo, ágro, ácido, agrestíno; acúto, vívo, svegliáto, apprensívo; fréddo, áspro, rígido; — as a ràxor, a nèedle, acúto, affiláto quánto un rasòjo, un ágo; — man, uómo fúrbo, scáltro, ábile; —

làd, ragázzo svegliáto; to màke —, acuíre, affiláre, aguzzá·e; — òdged, affilatissímo; — set, affiláto, aguzzáto, agúzzo, affamáto, voráce; — -shóoter, fuciliére, bersagliére, *m*; — sighted, oculáto; — visaged, allampanáto; lóok, — I all'èrta!

— *s.* (*mus.*) dièsis, *m.* suóno acúto, bisquádro

— *va.* affiláre, aguzzáre, truffáre, scroccáre

Shàrpen, *va.* aguzzáre, affiláre, arrotáre, acuíre, rènder vívo, agrestíno, piccánte, mordènte; — a ràzor, affilàre un rasòjo; — the àppetíte, aguzzáre l'appetíto; — the wit, acuíre l'intellètto

Shàrper, *s.* scroccóne, *m.*, cavaliére d'indústria, bíndolo

Shàrply, *avv.* acutaménte, sottilménte, spiritosaménte; acreménte, acerbaménte

Shàrpness, *s.* affilatézza, fílo, acutézza, achme, *m.*, acuità; púnta; acrézza, acidità, acerbità, frízzo; (*med.*) acrimónia; — of sight, chiaroveggénza; — of wit, acúme, *m.*, sottigliézza

Shàster, *s.* sástra, *m.* (libro sácro degli Indiáni)

Shàtter, *va.* sfracelláre, fracassáre, frantumáre, scassináre; *vn.* frantumàrsi

Shàtters, *s. pl.* schéggie, *f. pl.*, frantúmi, *m. pl*; to brèak, to rènd into —, far voláre in schéggie, in frantúmi

Shàttery, *a.* pòco compátto, frágile, friábile

Shàve, *va.* rádere, fàre la bárba a, tóndere, pialláre; còme and — me, veníte a fàrmi la bárba; to — one's sèlf, to —, fàrsi la bárba, rádersi

— *vn.* rádersi, fàrsi la bárba; I — twrèe tímes a wèek, mi fo la bárba tre vòlte alla settimána; his servant is shaving himsèlf, il suo servitóre si ráde, si fa la bárba; to get —d, fàrsi rádere

Shàveling, *s.* tosáto, mònaco

Shàven, *p. p.* di to shàve

Shàver, *s.* barbière, *m.*, tosatóre; uómo astúto

Shàving, *s.* tonditúra, rádere, tosáre; —s, brúcioli; — -wàter, Sam, Samuéle, ácqua per la bárba

Shàwl, *s.* sciállo

Shé, *pron.* (*soggetto del verbo*) élla, éssa; (*di alcuni pochi animali*) fémmina; — wòlf, lúpa; — bèar, órsa; — góat, cápra

Shèaf, *s.* covóne, *m.* (*di grano*); fáscio

— *va.* accovonáre, far i covóni (*di grano*)

Shèar, *va.* (*pret.* shéared, *p. p.* shórn) tóndere, tosáre

Shèard, *s.* framménto di váso rótto, còccio

Shèarer, *s.* tosatóre, chi tósa (*le pecore*)

Shèaring, *s.* tosatúra, il tóndere

Shèarman, *s.* cimatóre, chi cima (*i panni*)

Shèars, *s.* fórbici gròsse, cesòje, *fpl.*

Shèath, *s.* guaína, astúccio; — of a swórd, fòdero

—, Shèathe, *va.* méttere nel fòdero; (*fig.*)

immérgere, tuffáre, ficcáre; moderáre, mitigáre; (mar.) fôdero (di rame)

Shéathing, s. fôdero di náve, dobblággio, buón bórdo

Shéathless, a. sénza fôdero

Shéaves (pl. di sheaf) s. covóni, mpl; (mar.) puléggie, girêlle, fpl.

Shêd, s. tettôja, baraccóne, m., casípola, riméssa (di carrozze); effusióne; blôod- —, spargiménto di sángue

— van. (pas. shêd) versáre, spándere, spárgere; lasciár cadére, spogliársi di, gettáre, mandáre; to — téars, blôod, versáre lácrime, spárgere sángue; — the hôrns, plúmes, mutár le côrna, le pênne

Shêdder, s. versatóre -tríce, spargitóre -tríce

Shêdding, s. spargiménto, lo spárgere

Shêen, a. rısplendênte, lúcido

— s. (poet.) lústro, splendóre, m., lucentézza

Shéeny, a. brillánte, scintillánte, splendênte

Shéep (pl. shéep), s., m. pêcora; flôck of —, grêgge di pêcore; great —, pecoróne, m. (persóna stúpida); — fôld, ovíle, m; — cot, agghiáccio, chiúso per le pêcore; — wôol, lána pecorína; — skin, pêlle, f. di pêcora; — shéarer, tosatóre di pêcore; — shéaring, têmpo della tosatúra; — hôok, vêrga, bastóne da pastóre; — wâ k, párco, páscolo delle pêcore; to cast a -'s eye on a pêrson, guardár uno colla códa dell'ócchio, adocchiárlo

— -bíte, va. (ant.) truffáre, scroccáre, trappoláre, marıɔláre, ciurmáre

— -bíter, s. (ant.) mariuôlo, ciurmatóre

— -léather, s. allúda, bazzána

— -like, a. pecorésco, da pêcora

— -márket, s. mercáto delle pêcore

— -máster, s. allevatóre di pêcore

— -shànk, s. (mar.) gámba di cáne; —, va. raccorciáre (le manóvre); to — the rùnner of a tàckle, raccorciáre la colónna d'un paránco

Shéepish, a. pecorésco, tímido, stúpido

Shéepishly, avv. timidaménte, stupidaménte

Shéepishness, s. semplicità, pecoràggine, f.

Shéer, a. prêtto, púro, chiáro, nétto, vero

— avv. di nétto, del tutto, affátto

— vn. andáre alla bánda; — off, involársi;

— off ànd on, tempelláre, far bígge bágge

— s. (mar.) árco; — líne, línea di arcáto;

— hôoks, grappíni nelle têste dei pennóni; — hùlk, mácchina o pónte, m. per alberáre

Shéers, s. pl. cávria, clávria; bíghe, f. pl.

Shéet, s. lenzuôlo; fôglio (di carta); lástra (di metallo); — of íce, lástra, blôcco di ghiáccio; — of wàter, estensióne di ácqua levigáta; flý- —, fôglio volánte, giornalétto; winding —, sudário, lenzuôlo di mortório; — -ànchor (mar.) áncora maêstra

— va. pôrre le lenzuôla, avvôlgere in un lenzuôlo, copríre con una lástra, foderáre; —s, (mar.) scólte

Shéeting, s. téla da lenzuôli

Shéik, s. sceícco, cápo fra glî Arabi

Shékel, s. síclo (moneta antíca ebraíca)

Shékinah, s. (tradizioni giudaíche) shekínah, m. splendóre della glória divína sul tabernácolo

Shêld, a. brináto, brizzoláto, macchiáto, screziáto

Shêldafle, shêldaple, shêll-apple, s. (orn.) fringuêllo, pincióne, m.

Shéldráke, s. (orn.) volpôca, ánitra tadórna (máschio)

Shêlduck, s. (orn.) volpôca, ánitra tadórna (fémmina)

Shêlf, (pl. shêlves) s. ásso, palchétto, scaffále, m., scansía; (mar.) scôglio, sécca; kitchen shêlves, palchétti; bôok shêlves, scaffáli delle libreríe, scʌnsía; to lay upon the —, pôrre da bánda

Shêlfy, a. piêno di scôgli, di sécche

Shêll, s. nícchio, gúscio, scáglia; cortêccia, scôrza, búccia; (di nave) scáfo; (mus. poes.) árpa, líra; tòrtoise —, scúdo, gúscio della testúggine; ôyster —, conchíglia di óstrica; nùt —, ègg- —, gúscio di nóce, di uôvo; fish —, nícchio di pésce; — of a block, cássa; bômb —, bómba; — wôrk, lavóro in tartarúga

— va. sgusciáre, sbaccelláre, sgranáre —, shell off, vn. sgusciársi, scagliársi

Shêlly, a. scaglióso, squamóso, piêno di conchíglie

Shêlter, s. copêrto, ricóvero, ripáro, protezióne, f., asílo, rifúgio; let us táke —, mettiámoci al copêrto

— va. méttere al copêrto, riparáre, dar ricóvero a, ricettáre, protéggere, scudáre

— vn. méttersi a copêrto, ricoverársi

Shêlterless, a. derelítto, sénza asilo

Shêltie, s. cavallíno (delle ísole Shêtland)

Shêlve, vn. inclináre, andáre in declívio, êssere in pendío

Shêlving, a. declíve, pendênte, in pendío

Shêlvy, a. V Shêlfy

Shênd (pas. shênt), va. (ant.) rovináre, degradáre, biasimáre

Shênt, V, Shênd

Shêpherd, s. pastóre, pecorájo; — bôy, — yoùth, pastorêllo; — girl, pastorélla; —'s dog, cáne guárda-grêgge, m.

Shêpherdess, s. pastóra, pecorája; young —, pastorélla

Shêpherdism, s. pastorízia

Shêpherdly, a. pastoràle

Shêrbet, s. sorbêtto, granáta

Shêrd, s. (meglio shârd) côccio

Shêriff, s. sceríffo, intendênte di contêa; the high —, l'álto sceríffo

Shêriffship, s. uffício, funzióni di sceríffo

Shêrry, s. víno di Xeres (in Ispagna)

Shew, va. (pr. shó) V. Show

Shewn (pr. shón) V. Show, Shówn

Shibbolerm, s. scíbbolet, m; gêrgo e paròla di riconosciménto (tra quelli di un partíto)

Shíeld, s. scúdo, difésa, protezióne, f., usbérgo, égida; difésa, ripáro, sostégno; — beárer, scudiére, m.

— va. scudáre, riparáre, copríre, protéggere, difèndere, garantíre

Shift, va. cambiáre, mutáre, trasportáre, (mar.) cambiáre; — one's lòdgings, cambiár d'allòggio, traslocáre; — one's sèlf, one's clóthes, mutár camícia, cambiár di ábiti; — thè scénes, cambiáre le scéne; — from pláce to pláce, trasportáre da un luògo in un áltro

— vn. cambiár di luògo, traslocáre, cambiár di camícia, di ábiti; trováre degli spediénti, trovár mèzzi-tèrmini; disimpegnársi, cavársela, ingegnársi, adoperársi, affaticársi, industriársi, trovár gíri e rigíri, usáre astúzie e furheríe, cavársi d'impáccio, strigársi; — for one's sèlf, ingegnársi, provvedére al súo scámpo

— s. (cámbio, múta, antiq.) spediénte, m., mèzzo tèrmine, m., mèzzo gíro; rigíro, scúsa, mòdo, scámpo, scappatója; — (meglio chemise), camícia da dònna; one's last —, l'último spediénte, l'última risórsa; to fínd òut sòme —, trováre quálche mèzzo tèrmine, quálche mèzzo; to be pùt to one's last —s, èssere ridótto alle strètte, non sapér che fáre; I shall máke a — with this for to-dáy, farò in mòdo che quésto mi sèrva per òggi; I'll máke a — to dò it, m'ingegnerò di fárlo

Shifter, s. uòmo dóppio, raggiratóre, mariuòlo

Shifting, a. fúrbo, accòrto, piêno di spediénti, di risórse; — fèllow, uòmo accòrto, raggiratóre

Shiftingly, avv. in mòdo pòco costánte; con spediénti; con raggíri

Shiftless, a. sênza spediénti, sênza risórse; inètto; insufficiênte, imperíto, stúpido, da pòco; — fèllow, pòvero diávolo, dappòco

Shiftlessness, s. inettézza, inettitúdine, f., incapacità, imperízia, mancánza di abilità, di spediénti, nullità, dappocággine, f.

Shifty, a. V. Shifting

Shiite, s. erêtico o settário maomettáno

Shillelah, s. (irlandese) bastóne gránde, m.

Shilling, s. scellíno (moneta d'argento del valore di 1. fr. 20 c.)

Shilly-shàlly, s. (volg.) titubánza, sciòcca (esitánza

Shily, avv. V. Shýly

Shin, — -bóne, s. (anat.) stínco; tíbia

Shine, vn. (pas. shone) splêndere, risplêndere, rilúcere, raggiáre, brilláre, luccicáre, spiccáre; the sun —s, splênde, rilúce il sóle; to — fórth, brilláre, rifúlgere, raggiáre

— s. (poco us.) splendóre, chiáro, chiarézza; (fig.) ghiribízzo, tíro, schêrzo; sùn —, splendóre del sóle; mòon —, chiáro di lúna; a màtter of mòon —, affáre di pòco riliévo

Shíner, s. colúi che splênde, che brílla; monéta d'òro (volg.); (itt.) varióne, m.

Shíness, V. Shýness

Shingle, s. èmbrice, m. di légno, tègola piána di légno; assicèlla; spl. (med.) fuòco salvático

Shining, a. risplendênte, luminóso, brillánte, luccicánte; — s. splendóre, m., lúce, f., chiarézza, chiaróre, m., lucentézza

Shíningness, s. lúce, f., splendóre, m.

Shíny, a. V. Shíning

Ship, s. náve, f. bastiménto, navíglio, vascèllo; — of the líne, vascèllo di línea; mèrchant —, bastiménto mercantíle; tránsport —, náve di cárico, di traspòrto; íronclad —, náve corazzáta; to fit òut a —, equipaggiáre, armáre un bastiménto; to táke —, imbarcársi; — -bóard, bòrdo, pónte di náve; — bòy, mòzzo di náve; — builder, costruttóre di návi; — building, architettúra naválе, costruzióne di bastiménto; — bólder, armatóre, proprietário d'un bastiménto; — lóad, cárico di bastiménto; — màster, padróne di náve; — chàndler, provveditóre di vascèlli; — mòney, (storia d'Inghil.) tàssa per la costruzióne dei vascèlli; — òwner, armatóre; costruttóre di návi; — wright, — càrpenter, falegnáme, m. di bastiménto; — yàrd, cantiêre, m.

— va. imbarcáre, caricáre, méttere a bòrdo di; trasportáre in máre

Shipful, s. vascèllo piêno, intêro cárico (di un vascèllo)

Shipless, a. sênza návi

Shipman (pl. shipmen), s. marináro

Shipmàte, s. compágno di bòrdo

Shipment, s. l'imbarcáre, imbárco, imbarcaménto

Shipping, a. naválе, maríttimo, marinarésco; — concèrns, interests, affári maríttimi — s. náve, bastiménto; (in senso generale) státo maríttimo; fòrze naváli; imbarcaménto; to táke —, imbarcársi

Shipwreck, s. naufrágio; to sùffer —, naufra.áre

— va. far naufragáre; to be —ed, naufragáre

Shire, s. contèa; Dèrby-shire, contèa di Derby

Shire-mòte, s. (ant.) córte, f dello sceríffo, o della Contèa (in Inghiltèrra)

Shirk, (pr. shùrk) (volg) va. V. Shàrk

Shirt, (pr. shùrt) s. camícia da uòmo; cléan —, camícia pulíta; to chánge one's —, mutár camícia

— *va.* méttere la camícia indòsso a
— -cóllar, *s.* còllo di camícia
— -frònt, *s.* sparáto, davánti, *m.* di camícia
— -máker, *s.* camiciájo, camiciára
— -sléeve, *s.* mánica di camícia
Shirting, (*pr.* shùrting) *s.* tela di cotóne per camícia, *scirting*
Shirtless, (*pr.* shùrtless) *a.* sénza camícia,
Shist, Shistus, *s.* (*min.*) schísto (mísero
Shittah, shittem, *s.* (*bot.*) sèthim, *m.*
Shittle, *a.* (*poco us.*) vacillánte, incèrto
— -còck, *V.* Shàttle-cock
Shittleness, *s.* (*poco us.*) mobilità, incostánza
Shive, *s.* fétta di páne, schéggia, lámina
Shiver, *s.* schéggia, framménto; brívido
— *va.* frantumáre, sfragelláre; *vn.* frantumársi, sfragellársi; tremár di frèddo; rabbrividíre, raccapricciársi di paúra; (*mar.*) báttere le véle . . . .
Shivering, *s.* le sfragelláre; il frantumársi; brívido
Shivery, *a.* fácile a rómpersi, friábile, frágile
Shóal, *s.* moltitúdine, *f.*, fólta, fòlla; quantità (*di pesci*) bánco (*di sabbía*) sécca
— *va.* affollársi, affoltársi, affluíre, formársi o adunársi in bánco (*mar.*)
— *a.* pòco profóndo, pièno di sécche
Shoaliness, *s.* mancánza di profondità, frequènza di bássi fóndi
Shoaly *a.* pièno di sécche, pòco profóndo
Shock *s.* còzzo, úrto, scòssa, cólpo; scóntro, assálto, conflítto; covóne, *m.*, manipolo; (*elett.*) scòssa; (*terremoto*) scòssa; cóunter—, cólpo di rimbálzo; to stand the —, règgere l'assálto
— *va.* urtáre; dáre di còzzo a, offèndere, disgustáre, dispiacére; méttere in covóni, in manípoli
— *vn.* accozzársi, urtársi; far covóni
Shocking, *a.* urtánte, disgustóso, ributtánte, abbominévole, òrrido, che fa orróre; what — wèather! che tempàccio!
Shockingly, *avv.* orribilménte, terribilménte
Shockingness, *s.* natúra orribile, rivoltánte; qualità disgustósa, ributtánte; ciò che úrta, che dà ai nèrvi, che offènde
Shod, *a.* calzáto, ferráto; *V.* to Shóe
Shoddy, *s.* pánno fátto di strácci di lána macináti; — mill, molíno per macináre gli strácci
Shoe, *s.* scárpa; (*di legno*) zòccolo; (*di cavalli*) fèrro; little —s, scarpétte; óver- —, soprascárpa, clach, *m*; — -black, — -boy, lustríno; — horn, calzatójo; — of the ànchor, scárpa dell'áncora; — string, correggiuólo
— *va.* (*pas.* shod) calzáre, méttere le scárpe, ferráre (*un cavallo*).
Shoeless, *a.* sénza scárpe, scálzo
Shoemaker, *s.* calzolájo . . .
Shoer, hòrse- —, *s.* maniscálco

Shook, *pret. di* to shake, scuótere
Shone, *pas. di* to shine
Shoot, (*pas.* shòt), *va.* sparáre, tiráre, scoccáre, lanciáre, scagliáre, scaricáre, fuciláre, moschettáre, uccídere, feríre con árma da fuoco; passáre di sláncio; spíngere, sospíngere, gettáre, scaricáre, vuotáre; to — an àrrow, scoccáre una fréccia; — a báll, tiráre, mandáre una pálla; — off a gùn, sparáre un fucíle; — a pèrson, fuciláre uno; — one turòugh (the body), passáre uno da párte a párte con un cólpo di fucíle
— (*pas.* shòt) *vn.*(at) tiráre a, sparáre sóprà; tiráre, scoccáre; gemmáre, germogliáre, pullaláre; slanciársi, scagliársi, balenáre, lampeggiáre, sguizzáre; — óut in éars, spigáre; — a héad, scagliársi avánti, oltrepassáre; — up, créscere a vísta d'òcchio; he wàs shót at, gli fu tiráto cóntro
— *s.* rampóllo, germóglio, cólpo, tíro
Shooter, *s.* tiratóre, arcière, cannonière, *m.*
Shooting, *a.* di, da cáccia; cadènte, lanciánte, a fitte; — páin, dolóre lancinánte; — stár, stélla cadènte
— *s.* il tiráre, lo sparáre; spáro, scárica; cáccia collo schiòppo; — màtch, tiro al berságlio; to go —, a —, andáre alla cáccia (*collo schiòppo*)
— -gàllery, *s.* locále, *m.* del tíro
— -jàcket, *s.* cacciatóra, carnièra, vèste, *f.* da cáccia
— pòcket, *s.* carnièra, carnière, *m.*, carnièro
— -stick, *s* (*tipog.*) biétta
Shop, *s.* bottéga, fóndaco, magazzíno; negòzio; (*arti*) lavoratójo, fucína; to òpen or set up a —, rizzáre bottéga; — -boy, gióvine, *m.* di bottéga, commésso, fattoríno; — man, commésso di bottéga, magazzinière; — kéeper, chi tiéne bottéga o negòzio; bottegájo; old- -kéeper, mèrce che non tróva compratóri; — lifter, mariuólo che rúba nelle bottéghe
— -lifting, *s.* fúrto commésso in una bottéga; l'involáre alcuna cósa da una bottéga
—, go shòpping, *vn.* córrere di bottéga in bottéga, fáre degli acquísti nelle bottéghe
Shore, *pret. di* to shéar
— *s.* lido (*d'l mare*), spiàggia, còsta; (*di fiume*) spónda, riva; condótto sotterráneo, fógna; puntéllo, sostégno, rincàlzo, appòggio; to go a —, pigliár tèrra, sbarcáre; to sáil alóng the —, andár piàggia piàggia, piaggiáre
— *va.* puntelláre, sostentáre, rincalzáre; méttere à tèrra, sbarcáre
— -hòat, *s.* bárca a rémi
— -wéed, *s.* (*bot.*) litorèlla
Shoreless, *a.* sénza còsta, sénza lído

Shóreling, shòrling, s. pêlle di pêcora tosáta; pêcora tosáta
Shòrl, s. (min.) tormalína nóra
Shórn, a. tondúto, tosáto, tóso, spogliáto
Shòrt, a. córto; bréve, succínto; basso, di bássa statúra, insufficiénte; it is tóo —, è troppo córto; in —, in bréve, alle córte; to get —, raccorciársi; to fàll —, to còme —, rimanére al di sótto, non uguagliáre; to cùt a pèrson —, tagliár la paròla in bócca ad úno; a — while, bréve tèmpo; — -hand, stenografía; — writer, stenógrafo; to fàll — of one's expectátions, restáre delúso nelle sue speránze; the — -cómings of the góod, i mancaménti dei buóni; — -brèaтуed, anelóso, bólso
—, s. ristrètto, sommário, compéndio; I will knów the — and the long of this affáir, vóglio sapére il cóme e il quándo di quésto negózio
— -àrmed, a. dalle bràccia córte
— -billed, a. dal bécco córto, breviróstro
— -brèaтуed, a. che ha il respíro córto, asmático
— -cóated, a. (dei piccoli fanciúlli) in vestína córta
— -dàted, a. a córta scadénza
— -éared, a. dalle orécchie córte
— -fingered, a. dalle díta córte
— -fóoted, a. dai piêdi córti
— -háired, a. dai capélli córti
— -hànd, s. stenografía; — writer, stenógrafo; — writing, scrittúra stenográfica
— -bànded, a. dalle mani córte
— -hórned, a. dalle córna córte
— -lègged, a. dalle gámbe córte
— -live!, a. di córta víta, transitòrio
— -nècked, a. dal cóllo córto
— -nósed, a. dal naso córto
— -rib, s. cóstola fálsa
— -sight, s. vista córta, miopía
— -sighted, a. di córta vísta
— -sightedness, s. miopía, córta vísta
— -wàisted, a. di píccola statúra o cintúra
— -winded, a. bólso, anelóso, asmático
Shórten, va. raccorciáre, abbreviáre; (mar.) piegáre
Shórtly, avv. tòsto, fra bréve
Shórtness, s. brevità, cortézza; debolézza; imperfezióne; — of brèaту, afa, ambáscia, affánno
Shòt, s. cólpo, spáro (di arma da fuoco); pálla, pálle di árma da fuóco; (mar.) gómena impiombáta (di due o tre lunghézze); the shéet- —, la gómena maéstra o di speránza; small —, pallíni, migliaróla; gràpe —, mitráglia; within cànnon —, a tíro di cannóne; to fire a —, sparáre, tiráre un cólpo; what a — ! che tíro! che cólpo! sòme —s were fired, alcúni spári ébbero luógo; are you a góod —, siéte buón tiratóre?

— va. (artigl.) caricáre a pálla
— s. scòtto; — frée, fránco, che non pága
— pret. e p. p. di to shóot
Shòtten, a. grumóso, quagliáto, slogáto; — hèrring, arínga che ha gettáto l'uóvo
Shoùld, segno del condizionale dei verbi inglesi; —, dovêre; I — be wrong, avrèi tórto; you — dò it, dovrêste fàrlo; vedi Gram. inglese del Millhouse
Shoùlder, s. spálla, ómero; — bláde, scápula; — knot, spallína di cotóne; — piéce, spalláccio; — slip, slogaménto di spálla; bróad- —ed, che ha le spálle lárghe
— va. méttere sulle spálle, indossáre, urtáre colle spálle; (mil.) portáre le àrmi
Shoùt, va. gridáre, acclamáre, fáre appláuso
— s. grido fòrte, grído d'allegrézza
Shoùter, s. gridatóre -trice, applauditóre -trice
Shoùting, s. il gridáre, l'acclamáre
Shóve, va. sospíngere, spíngere, far avanzáre
— s. sospínta, spínta, úrto
Shóvel, s. pála; — ful, paláta; fire —, palétta da fuóco; — -bill, (orn) spécie di pellicáno
— va. spaláre, tór vía colla pála, gettáre, trasportáre colla pála o palétta
Shów (e shew, pr. shó) (p. p. shówed, shówn), va. mostráre, far vedére; manifestáre, espórre, annunziáre; condúrre, menáre; — it to him, mostrátegltelo; — her ùp (stairs), fátela salíre; -- the gèntleman òut, riconducéte il signóre; the lády in, introducéte la signóra
— vn. mostrársi, comparíre, sembráre, parére
— s. móstra, esposizióne, spettácolo; sembiánza, apparénza, colóre, vísta; to màke a — of, fáre móstra di, fàre le viste di; a — of frièndship, sembiánza di amicízia; a càttle —, esposizióne di bestiáme; the wòrld's —, l' esposizióne mondiále; — -window, (com.) vetrína, móstra; — bréad (Bibbia), páne di proposizióne
Shówer, s. chi móstra, espositóre
Shówer, s. rovèscio (di acqua), pióggia che viéne all'improvvíso; nembo; a sùd en héavy —, acquazzóne, m; light —, acquétta; — of àrrows, némbo, rovèscio, di stráli; — bàту, bàgno rùsso, dóccia
— van. piòvere a rovèscio; diluviáre
Shówery, a. piovóso, piêno di rovésci
Shówily, avv. pomposaménte, sfolgorataménte
Shówiness, s. appariscénza, splendóre
Shówn, V. Shów
Shówy, a. appariscénte, vistóso, pompóso
Shràg, va. (ant) potáre, dibruscáre
Shrànk, pret. di to shrink
Shràpnell-shell, s. (mil.) bómba piêna di

pálle de moschétto, le quali quándo scóppia sóno esplóse a distánza considerévole

Shrèd, (pas. —) va. tagliuzzáre, sminuzzáre
— s. ritáglio, squárcio, bráno, framménto

Shrèdless, a. sènza bráni

Shrew, (pr. shrù) s. dònna irrequiéta, borbottóna, garritríce; — móvse, tópo campéstre, musarágno; va. (ant.) maledíre

Shrewd, (pr. shrùd) a. sagáce, accórto, oculáto, argúto, perspicáce, chiaroveggènte

Shrewdly, (pr. shrùdly), avv. con oculatézza, sagacemènte, accortaménte, argutaménte, scaltritaménte, maliziosaménte

Shrewdness (pr. shrùdnes), s. oculatézza, sagacità, chiarov ggènza, acúme, m; sottigliézza, accorgiménto, astúzia, malízia

Shrewish, (pr. shrùish) a. borbottóna, petulante, garritríce

Shrewishly, (pr. shrùishly) avv. petulanteménte, stizzosaménte, clamorosaménte

Shrewishness, (pr. shrùishness) s. femminíle irrequietézza, petulánza; donnésco garríto

Shríék, s. strillo, gríbo acúto, strído
— vn. strilláre, strídere per orróre o per dolóre; — óut, méttere grida, schiamazzáre

Shríeker, s. chi gríta o strílla

Shríéva ty, s. uílício di sceriffo, sceriffáto

Shrift, (ant.) s. confessióne (fatta al confessore

Shríke, s. (orn.) gázza marína

Shrill, a. acúto, squillánte, strillánte; to crý in a — vôce, strídere
— vn. strilláre, strídere, squilláre

Shrillness, s. acutézza di suóno, stridío

Shrilly, a. con vóce acúta, sottíle, stridènte

Shrimp, s. squílla, gamberettíne di máre; omiciáttolo, náno, pigmèo; — sáuce, sálsa di gamberétti

Sh íne, s. váso o cássa che contiéne còsa sácra, reliquiário; bachéca; altáre, m. di sánto
— va. pórre, ripórre, custodíre in un reliquiário; her image is —d in mý heaıt, la sua immágine è ripósta nel santuário del mio cuóre

Shrink, s. contrazióne, f., striginménto
— (pas. shrùnk) vn. scorciársi, accartocciársi, accorciársi, ritirársi, aggriuzársi, inaridírsi, accasciársi, raggricchiársi, rannicchiársi, restríngersi, basíre, arretrársi; rinculáre, indietreggiáre, raccapricciársi; stuff that —s, pánne che si ritíra; to — under misfòrtunes, soccómbere alle disgrázie; to — awáy, dáre diétro, svignáre vía; — up, accartocciársi, aggrovigliársi; — in, raggricchiársi, r nnicchiársi
— va. scorciáre, aggrinzáre, accartocciáre

Shrinkage, s. contrazióne, f., restringiménte

Shrinker, s. chi si arrétra, codárdo, poltróne

Shrinking, s. l'arretrársi, accartocciársi, contrazióne

Shrinkingly, avv. con contrazióne

Shrive, (pret. shróve; p. p. shriven) va. (ant.) confessáre, udíre una confessióne, assólvere

Shrivel, vn. raggrinzársi, aggrinzársi; raccartocciársi, émpiersi di grínze
— va. aggrinzáre; raccartocciáre, corrugáre

Shróff, s. banchiére, m., cambísta, m., cambiavalúte, m. (nelle Indie)

Shróud, s. sudário, lenzuólo, pánno fúnebre; —s, pl. (mar.) sárchie, sártie; rámi; prevènter —s, (mar.) sártie di fortúna; bùmkin —s, sárchie di minótto; fùttock —s, ıngambadúne; to éase the —s, molláre le sárchie: to set up the —s, incappelláre le sárchie; to sérve a shróud, fasciáre una sárchia
— va. avvòlgere in un sudário, ricopríre
— vn. avvòlgersi, ricoverársi, rifugiársi

Shróuding, s. quárto di ruóta idráulica

Shróudless, a. sènza il fúneb e lenzuólo

Shróudy, a. che cópre, che dà rifúgio, ricóvero

Shróve, pret. di Shrive; vn. (ant.) carnevaleggiáre, far carnevále
— -tide, s. últimi giórni di carnevále
— -túesday, s. martedì grásso

Shróving, s. féste carnevalésche

Shrùb, s. liquóre fatto di rhum, zúcchero e súgo di limóne
— s. arbústo, arboscéllo, pianticélla

Shrùbbery, s. luógo piantáto di arbústi, macchiétta

Shrùbby, a. cespuglióso, piéno di arbústi

Shrùbless, a. sènza arbústi

Shrùg, s. strétta di spálle
— van. strígnere, restrígnersi; to — up one's shóulderś, alzáre le spálle per disapprovazióne, restríngersi nelle spálle

Shrùnk, Shrùnken, V. to shrink

Shùdder, va. abbrividíre, raccapricciársi

Shùddering, s. trèmito, frémito

Shùffle, va. spíngere qua e là, sospíngere, scivoláre, far entráre, mescoláre, confóndere; — the cárds, mescoláre le cárte; — awáy involá e, scroccáre, to —, vn. tergiversáre, usáre gíri e rigíri; — alóng, avanzársi scivoláudo o strascicándo
— s. scompíglio, sotterfúgıo, inganno
— -cáp, s. cappellétto (giuoco che si fa scontèndo i denári nel cappello)

Shùffler, s. truffatóre, ingannatóre, fúrbo

Shùffling, a. che spínge; rancánte; evasívo; illusório; a — excúse, una scúsa evasíva
— s. sotterfúgio, furbería, astúzia

Shùfflingly, avv. sconciaméuto; con astúzia

Shùmac, V. Sùmach

nòr, rúde; - fàll, sòn, bùll; - fàre, dò; - bý, lỳmph; pṑis, bōˆis, fōˆul, fōˆwl; gem, aś

Diz. Ingl. Ital. - Ediz. VI. Vol. I.   35

Shùn *va.* scansáre, evitáre, sfuggíre

Shùnless (*meglio* inévitable), *a.* inevitábile

Shùnt, *s.* (*strade ferr.*) rotáje laterali *f.* *pl.* (per evitáre che i convógli s'incóntrino); *va.* far passáro sulle rotáje laterali

Shùt, (*pas.* shùt) *va.* chiúdere, serráre, esclúdere preclúdere; — in, rinchiúdere; — óut, chiúdere fuòri, chiúdere la pòrta a; — the dóor. chiudéte la pòrta; — *vn.* chiúdersi; it —s well, si chiúde bène

— *s.* chiúso, luógo chiúso, il chiúdere

— *a.* sbarazzáto; strigáto, liberáto; *p. p. di* to Shùt

Shùtter, *s.* persóna che chiúde; impòsta (*di finestra*), scúro, antiscúro

Shùttle, *s.* spóla (*di tessitore*)

— -cóck) *s.* volantíno, volánte, *m.*, voláno
— -córk)

Shý, *a.* schívo, peritóso, tímido, riserváto, riteuúto, schifiltóso; (*dei cavalli*) ombróso

— *vn.* pigliár ómbra; rinculársi, arretrársi, schiváre; a hòrse that shíes, cavállo che píglia ómbra

Shýly, *avv.* in mòdo schívo, timidaménte

Shýness, *s.* timidità, riservatézza, ritrosía

Siálagogue, *s.* (*med.*) sialagógo

Sib, *s.* (*ant.*) parénte, *m. f.*, congiúnto

Siberite, *s.* (*min.*) siberite, *f.*, tormalína apíra

Sibilant, *a.* sibilánte, sibilóso

Sibilátion, *s.* sibilio, físchio, il sibiláre

Sibyl, *s.* sibílla

Sibylline, *a.* sibillíno; the — bóoks, i líbri sibillíni

Sicamore, *V.* Sýcamore

Sicca-rupée, *s.* monéta delle Indie, che vale líre 2.70

Siccative, *a.* dissenccánte, essiccánte, dissecca-tívo

Siccity (*pr.* siksity) *s.* siccità

Sice (*pr.* síz), *s.* sèi, *m.* (*al giuoco dei dadi*)

Sicilian vèspers, *spl.* (*storia*) Vèspri Sicili-áni

Sick, *a.* maláto, ammaláto, indispósto, che ha mal di cuóre, nauseáto, svogliáto; to fésl —, sentírsi mále, avér volontà di rècere; the — and the dèad, i maláti ed i mòrti; — of, disgustáto di, infastidíto di

— -bèd, *s.* lètto d'ammaláto; confíned to his —, costrétto dalla malattía a stáre in lètto

— -berth, *s.* (*mar.*) infermería in un basti-ménto di guèrra

— -bráined, *a* che ha il cervèllo infèrmo

— -list, *s.* lísta degli ammaláti

Sicken, *va.* rèndere ammaláto. ammorbáre; nauseáre, stomacáre, disgustáre

— *vn.* ammalársi, diveníre infèrmo; èssere nauseáto disgustáto

Sickening, *a.* ammorbánte, stomachévole

Sickish, *a.* infermíccio (*volg.*); alquánto nauseáto; (*cosa*) nauseabóndo

Sickle, *s.* falciuóla, falcétto (*da mietere*)

Sickleman, *s.* mietitóre, falciatóre

Sickly, *a.* malatíccio; (*cosa*) insalúbre, malsáno

Sickness, *s.* malattía, infermità, mòrbo; náusea, stómaco; séa —, mál di máre; fálling —, mal cadúco, epilessía; fit of —, (*an illness*), malattía

Side, *s.* láto, cánto, fiánco; bánda, párte, *f.*, facciáta; the wéak —, il láto débole; to walk by one's — camminán a láto di alcúno; on this — the river, di qua del fiúme; the — of a bed, bed- —, la spónda di un lètto; the right —, il dritto di un pánno; the wrong —, il rovéscio; néar —, (*cavallerizza*) il láto sinístro del cavállo, il piè della stáffa; off —, il láto déstro del cavállo; — -fáce, profílo; — -wind, vénto di fiánco, vénto di quárto

— *a.* lateràle, obliquo, di fiánco

— *vn.* (with) pigliár la párte di, tenér da

— -bóard, *s.* credénza

— -bòx, *s.* palchétto lateràle

— -cùt, *s.* canále, *m.* diramántesi dal canále principále

— -sàddle, *s.* sèlla per signóra

— -tàble, *s.* buffétto, credénza

— -wàlk, *s.* marciapiède, *m.*

Sided, *a.* di láto, che ha un láto; one—, di, da un láto, unilateràle, parziále, pre-giudicáto; lóng- —, dai fianchi lúnghi, ancacciúto

Sideling, *avv.* di fiánco, obliquaménte

Sidelong, *a.* lateràle, obliquo, per travèrso, di fiánco; colla códa dell'òcchio

— *avv.* a travèrso, obbliquaménte, lateral-ménte, per travèrso, a sghèmbo

Sider, *s.* partigiáno

Sideral, *a.* *V.* Sidéreal

Siderated, *a.* sòtto l'influènza dei pianéti

Sideration, *s.* siderazióne; apoplessía; sía-célo; gólpe, *f.*, nébbia, rúggine, *f.*

Sidéreal, *a.* sidéreo, delle stélle, sideràle

Siderite, *s.* (*min.*) sideríte, *f.*, calamíta; (*bot.*) sideríte, *f.*

Siderítis, *s.* (*bot.*) sideríte, *f.*, èrba giudáica, èrba pagána

Siderocalcíte, *s.* (*min.*) siderocalcíte, *f*

Sideroclèpte, *s.* (*min.*) sideroclépta

Siderográphic) *a.* siderográfico
Siderográphical)

Siderógraphist, *s.* siderógrafo, incisóre in acciájo

Siderógraphy, *s.* siderografía, árte d'incide-re sull'acciájo

Sideroscope. *s.* sideroscòpio

Sidewàys, sidewíse, *avv.* da cánto, a tra-vèrso. obbliquaménte, a sghèmbo, late-ralménte, da' láti, vèrso un láto

Siding, *s.* l'impegnáre in un partíto; il par-

teggiáre; (*di strada ferrata*) vía e stráda
laterále; luògo di scárico

Sidle, *vn.* camminàre per fiánco, andáre a
sghémbo, barillàre

Sienite } *s.* (*min.*) sieníte, *f.*
Syenite }

Siége, *s.* assèdio; to láy — to, assediáre

Siêsta, *s.* sonnicèllo dópo il prānzo; to táke
a —, meriggiáre, far la meriggiána

Siéve, *s.* stàccio, setàccio; crivèllo, váglio;
bólting —, frullóne, *m.*

Sift, *va.* stacciáre, crivelláre, vagliáre; crivelláre, discútere, investigáre

Sifter, *s.* vagliatóre, esaminatóre; stàccio

Sifting, *s.* lo stacciáre, vagliatúra ; inchiêsta

Sigh, *s.* sospíro; to héave a —, fetch a —,
give a —, mandár fuòri un sospíro
— *vn.* sospiráre, mandár fuòri sospíri ; —
for, sospiráre, aneláre, bramáre

Sighing, *s.* il sospiráre, sospíri, *m. pl.*

Sight, *s.* vísta (*senso*); vísta, vedúta, prospettíva; vísta, ispezióne, *f.*, spettácolo;
míra (*di fucile*); to dàzzle the —, abbagliáre la vísta; páyable at —, pagábile a
vísta; I *k*nów him by —, lo conósco di
vísta; to lóse — of a thing, pèrdere checchessía di vísta; at first —, a prima vísta;
to réad at —, (*mus.*) lèggere a prima
vísta; at ten dáys' — (*com.*), ten dáys
àfter —, a dièci giòrni di vísta; óut of —,
óut of mind, (*proverbio*) fuòri di vísta,
fuòri di mènte

Sighted, *a.* dalla vísta...; short- —, di córta
vísta; quick- —, oculáto, chiaroveggènte';
dim- —, che véde mále, di pòca vísta ;
néar- —, míope

Sightless, *a.* che non véde, ciéco

Sightliness, *s.* bellézza, avvenènza, venustà

Sightly, *a.* vistóso, di bèlla presénza

Sightsman (*pl.* sightsmén) *s.* (*mus.*) chi
lègge a prima vísta

Sigmoid, sigmoïdal, *a.* (*anat.*) sigmoidèo

Sign, *s.* ségno, indízio, contrasségno ; inségna; sembiánza, apparènza; (*algebra*) ségno; (*astr.*) ségno; (*med.*) ségno, síntomo;
to máke — á to a pèrson, far ségno, far cènno
ad uno ; — mànual, segnatúra, sigíllo,
fírma; to convèrse by —s, parláre con
cènni
— *va.* segnáre, sottoscrívere; firmáre, accennáre, mostráre, far vedére; to — a passport, vidimáre un passapòrto
— -bóard, *s.* insègna (di bòttéga o tavèrna)
— -pòst, *s.* pálo, pósta d'insègna

Signable, *a.* che può segnársi, sottoscríversi

Signal, *s.* segnále, *m.*, ségno, contrasségno;
sáiling —, segnále di partènza; to lóok
óut for —s, stár attènto ai segnáli
— *va.* (*mar. com.*) annunciáre con segnáli
— *a.* segnaláto, insigne, eminènte
— -fíre, *s.* fuòco di segnále

— -gùn, *s.* cólpo di cannóne per servír di
segnále
— -líght, *s.* fanále, *m.*

Signalize, *va.* segnaláre, rèndere famóso; —
one's sélf, segnalársi, distínguersi

Signally, *avv.* segnalatalménte, segnata-
mènte

Signature, *s.* segnatúra, fírma; (*tip.*) segnatúra

Signer, *s.* segnatário, segnatóre, chi ségna

Signet, *s.* suggèllo, sigíllo; the privy —, il
sigíllo priváto del re
— -ring, *s.* anèllo con sigíllo

Significance, significancy, *s.* significánza,
importánza

Significant, *a.* significánte, significatívo, e-
spressívo, che espríme mólto

Significantly, *s.* in mòdo significatívo, espressívo

Signification, *s,* significáto, sènso

Significative, *a.* significatívo; emblemático

Significativeness, *s.* significánza

Significátor, *s.* ciò che signífica, espríme,
raffigúra

Significatory, *a.* significánte, esprimènte,
raffigúránte

Signify, *va.* significáre, volér díre; significáre, esprímere, far sapére; *va.* significáre,
importáre; it dón't —, non impòrta

Signior, *s.* (*ant.*) signóre; the Grànd —, il
Grán Signóre (*il Sultano*)

Signiory, *s.* (*poco us.*) signoría, domínio

Silence, *s.* silènzio, taciturnità; — ! silènzio ! tacéte ! — gives consént, (*proverbio*)
chi táce acconsènte

Silent, *a.* silènte, tácito, silenzióso, chéto
— *va.* impórre silènzio, far tacére

Silentiary, *s.* silenziário; the Tràppist are
silèntiaries, i Trappísti ossèrvano il silènzio

Silently, *avv.* sénza parláre, tacitaménte

Silentness, *s.* silènzio

Silex, Silica, *s.* (*min.*) sílice, *m.*

Silhouëtte, *s.* siluétta, profílo, rappresentazióne dei contórni d'un oggètto spic-
cánti sópra un fóndo néro

Silicic ácid, *s.* (*chim.*) ácido silícico

Silicification, *s.* pietrificazióne silícea

Silicify, *va.* convertíre in sílice; — *vn.* convertírsi in sílice

Silicium, *s.* silício, *V.* Silicon

Silicon, *s.* sílice, *m.*

Silicious, *a.* di sílice, silício

Siliqua, *s.* (*bot.*) síliqua, gùscio, baccèllo

Siliquose, Siliquous, *a.* cassuláre, siliquóso

Silk, *s.* séta; fílo di séta; ràw —, séta gréggia; -wòrm, báco da séta, bigàtto; —
stùffs, tessúti di séta, dràppi di séta ; —
góods, seterie, mercanzíe di séta; — mèrcer,
mercánte di séta; — wéaver, tessitóre di
séta; — ᴛʜʀówer, torcitóre di séta; filato-
jère; — mill, filatòjo da séta; — manu-

fàctory, fabbrica di séta; — spinning, fi-latúra di séta; — тнвèад, filo di séta; flòss —, fiòcchi, bórra di séta;·—s, seterie, *f. pl.*
— *a.* di séta, sèrico, setáceo
Silken, *a.* di séta, sèrico, setáceo, mòrbido
Silkiness, *s.* qualità setácea, sèrica, mòrbida; morbidézza, effeminatézza, pusillanimità
Silkman, *s.* negoziánte in séte
Silky, *a.* di séta, setáceo, mòrbido
Sill, *s.* davanzále, *m.* (di finèstra), sòglia
Sillabub, *s.* limonèa vinósa; càpo di látte
Sillily, *avv.* da semplicióne, da baggiáno, scioccaménte, scempiataménte
Silliness, *s.* sciempiattàggine, *f.,* scimunitàggine, *f.,* semplicità, stupidità, imbecillità; demènza
Silly, *a.* sémplice, sòro, gòffo, scómpio, scémo, imbecille, fólle, sciócco, scipíto, stúpido; — lòok, ária da sci·uníto; — fèllow, semplicióne, *m.,* imbecille, *m.*
Silt, *s.* salsèdine, *f.* móta, fàngo, mèlma, lòto, málta; — *va.* colmáre di móta, di fàngo
Silúre, *s.* (*itt.*) silúro
Silvan, *a.* silváno, de' boschi, selvóso
Silver, *s.* argènto, monéta d'argénto; quick- —, mercúrio; — -spòon, cucchiájo di argènto; — pláte, argentería, vasellame, *m.* d'argénto; — láce, gallóne, *m.* d'argénto; — wèed, (*bot.*) argentína
— *a.* d'argènto, argènteo, argentíno, biánco; — vōlce, vóce argentína
— *va.* inargentáre; — óver, copríre d'argènto, inargentáre, imbiancáre, fáre canúto
Silvered, *a.* inargentáto. *V.* Pláted
Silvering, *s.* l'inargentáre
Silversmith, *s.* argentière, *m.*
Silvery, *a.* argènteo, argentíno; — mòon, argèntea lúna
Simia, *s.* (*zool.*) nóme generále delle scímie
Similar, *a.* simile, simigliévole, similáre, pári, cotàle, siffàtto, consimile
Similàrity, *s.* simigliánza, similitúdine, *f.*
Similarly, *avv.* similménte, in uguál mòdo
Simile, *s.* similitúdine, *f.,* paragóne, *m.* comparazióne
Similitude, *s.* similitúdine, *f.,* conformità
Similitúdinary, *a.* denotánte simigliánza
Similor, *s.* similòro (*lega di rame e zinco*)
Simitar, *s.* scimitárra
Simmer, *va.* grilláre, principiáre a bollíre
Simnel, *s.* tórta dólce
Simóniac, *s.* simoníaco
Simonícal, *a.* simoníaco
Simoniacally, *avv.* con simonía
Simony, *s.* simonía
Simóom, *s.* simom, *m.* (*scirocco dell'Africa*)
Simper, *vn.* sorrídere a fiór di lábbra

— *s.* sorríso affettáto o sciócco
Simperer, *s.* chi sorríde scioccaménte
Simpering, *s.* sorríso sciócco
— *a.* che sorríde scioccaménte
Simperingly, *avv.* con sorríso sciócco, affettáto
Simple, *a.* sémplice, púro; sèmplice, sciátto, soro, sciócco; a — fèllow, un semplicióne; — mìnded, cándido, schiètto, sincéro
— *s.* sèmplice, *m.,* èrba medicinále
— *vn* erboráre, raccògliere sèmplici
— -góing, *a.* alla buóna, sénza pretése
— -mìndedness, *s.* candóre, sincerità
— -spòken, *a.* sèmplice nel parláre
— -witted, *a.* ingènuo, semplíciòtto
Simpleness, *s.* semplicèzza, semplicità
Simpler, *s.* semplicísta, *m.* botánico
Simpleton, *s.* semplicióne, *m.* scimuníto
Simplicity, *s.* semplicità
Simplification, *s.* semplificazióne, il semplificáre
Simplify, *va.* semplificáre, rèndere sémplice
Simplist, *s.* semplicísta, *m.*
Simply, *vvv.* sempliceménte, puraménte; alla buóna, schiettaménte, scioccaménte
Simulachre, (*pr.* simulaker) simulácro
Simulàte, *va.* simuláre, infíngere
Simulátion, *s.* simulazióne, simulaménto
Simultáneus, *a.* simultáneo, contemporáneo
Simultáneously, *avv.* simultaneaménte
Simultáneousness, *s.* simultaneità
Siu, *s.* peccáto; original, àctual, vénial, mórtal —, peccáto originále, attuále, veniále, mortàle; to fàll into —, cadére in peccáto; as úgly as —, brútto come il peccáto
— *va* peccáre, commèttere peccáto
— -òffering, *s.* offèrta per lo peccáto
Sinaitic, *a.* sinaítico; the — códex, il códice sinaítico
Sinapism, *s.* (*farm.*) senapísmo
Since, *avv.* e *prep.* da, dopo, di poi; — yèsterday, da jéri in qua; ever —, (da allora in poi) sèmpre; — my èarly yòuтн, sin dalla mia giovinézza; — then, — that time, d'allóra in poi; long —, (lòng agó) tèmpo fa; two yèars —, or son due ànni; — when? da quándo in qua?
— *conj.* dacché, poiché, dappoichè, posciachè; — it is so, poichè è cosí; — you will hàve it so, poichè cosí volète; is it long — you saw him? è egli mólto tèmpo che non lo avète vedúto?
Sincére, *a.* sincéro, púro, schiètto, vèro
Sincerely, *avv.* sinceraménte, schiettaménte
Sincéreness, *s.* sincerita
Sincèrity, *s.* sincerità, buóna féde
Sinciput, *s.* (*anat.*) sincípite, *m.,* sommità del càpo
Sindon, *s.* (*ant.*) síndone, *f.*
Sine, *s.* (*geom.*) séno

Sinecŭrist, *s.* chi ha impiêgo sênza incumbênze

Sinecŭre, *s.* sinecúra, benefizio sênza cúra, sênza fatíca; implêgo sênza incumbênze

Sinew, *s.* nêrvo, nêrbo, têndine, *m.*; mòney is the — of wăr, il danáro è il nêibo della guêrra

Sinewed, *a.* nervóso, nerborúto

Sinewiness, *s.* muscolosità, vigóre

Sinewless, *a.* sênza nêrbo, sênza vigóre

Sinewy, *a.* nerborúto, muscolóso, vigoróso

Sinful, *a.* peccaminóso, criminóso, corrôtto

Sinfully, *avv.* peccaminosaménte

Sinfulness, *s.* iniquità, malvagità; peccáto

Sing, *vn.* (*pret.* sàng, *p. p.* sŭng) cantáre, canterelláre, garríre; *va.* cantáre, lodáre, celebrare; the wind —s ᴛʜʀóugʜ the dóor, il vênto fischia attravêrso alla pòrta; to — small, báttere in ritiráta, fàrsi piccín piccinò

— -song, *s.* cánto monótono, canzóne, *f.*

Singe, *va.* (*part. pres.* singeing) abbrucciacchiáre, abbrustiáre

— *s.* abbrustiaménto; scottatúra leggiêra

Singer, *s.* chi, che cánta, cantánte, *mf*; a professional —, un cantánte, una cantánte (*di professione*); òpera —s, cantánti; *V. Chŏrister*

Singing, *s.* il cantáre, cánto; — of birds, il cánto degli uccêlli; Jênny Lind's —, il cánto della Lind; — -master, maêstro di cánto; — bôok, líbro di cánto; — -schôol, scuóla di cánto

— *a.* cantánte, di cánto, gorgheggiánte

Single, *a.* scêmpio, sólo, único, singoláre, indivíduo, particoláre; sémplice; núbile; — cômbat, singolár certáme, *m.*, duêllo; — man scápolo, núbile, *m*; — wôman, zitêlla, núbile, *f*; — lífe, celibáto; — heárted, sincéro, schiêtto; — -heártedness, schiettézza, sincerità; to live —, to live a — lífe, viver nel celibáto

—, — ôut, *va.* presciêgliere, sceveráre, staccáre, separáre, additáre, elêggere

— -àrmed, *a.* mónco d'un bráccio

— -hánded, *a.* mónco d'una máno; sólo, sênza soccórso

— -heárted, — -mínded, *a.* sémplice, sincéro

— -heártedness, *s.* semplicità, sincerità

— stick, *s.* giuóco, esercízio del bastóne; I wăs a stôut plăyer at —, éro assái fôrte al giuóco del bastóne

— -trée, swingle -trée, *s.* biláncia. bilancino (di carrozza)

Singleness, *s.* semplicità, sincerità, schiettézza, dirittúra

Singly, *avv.* separataménte, ad úno ad úno

Singular, *a.* singoláre, speciále, particoláre, sólo, sémplice; singoláre, eccêntrico, raro, único; (*gram.*) singoláre; àll and —, tutti e síngoli; in the — nùmber, al singo-

láre, nel singoláre; a — chăracter, un uòmo singoláre, un origínále

Singulárity, *s.* singolarità, rarità

Singularize, *va.* distínguere, particolarizzáre

Singularly, *avv.* singolarménte, (*gram.*) nel singoláre, al singoláre

Sinister, *a.* sinístro, iníquo; malígno, malizióso; sinístro, funêsto; mancíno

Sinistrous, *a.* (*ant.*) capárbio, pervêrso

Sinistrously, *avv.* (*ant.*) sinistraménte, caparbiaménte, perversaménte

Sink, *s.* sentína, cloáca, fògna, lavatójo

— *vn.* (*pret.* sànk, *p. p.* sùnk) affondáre, andáre al fóndo, immêrgersi; penetráre, entráre, sprofondársi; accasciársi, estínguersi, ammortírsi; impiccinírsi, abbassársi, basíre; the ship sank, il bastiménto affondò, andò a fóndo; the river begins to —, il fiúme comíncia a basíre, ad abbassársi; thése trùths will — into his mínd, quéste verità gli si scolpiránno nella mênte; his coùrage —s, gli vien méno il corággio, si avvilísce; to — ùnder misfòrtunes, soccómbere ai máli

— *va.* (*pret.* sànk, *p. p.* sùnk) affondáre, sprofondáre, mandáre in fóndo, sommêrgere; rêndere fóndo, scaváre (*un pozzo*); tuffáre, abbassáre, far basíre, diminuíre, scemáre, ammortíre, distrùggere, spêrdere, mandáre a mále, collocáre nel fóndo di ammortizzazióne; to — a ship, mandáre a fóndo una náve, sprofondárla

Sinker, *s.* péso per far affondáre; scavatóre (*di un pozzo*)

Sinking, *s.* l' affondáre, l'accasciársi, sommersióne, abbassaménto; ammortiménto, estinzióne; ammortizzazióne; — fùnd, cássa d'ammortizzazióne, d'estinzióne

— *a.* che cáde, basísce, affónda; cadênte, decadênte, languênte; — fùnd, fóndo di ammortizzazióne

Sinless, *a.* sênza peccáto; impeccábile

Sinlessly, *avv.* sênza cólpa, sênza peccáto, innocenteménte (cabilità

Sinlessness, *s.* esenzióne da peccáto, impecc-

Sinner, *s.* peccatóre -tríce; *vn.* (*burlesco*) fáre il peccatóre, la peccatríce

Sinnet *s.* (*mar.*) gaschêlla, gêrlo

Sinoper, sinople, *s.* (*min.*) sinópia, senópia

Sinter, *s.* (*min.*) depósito calcáreo; calcáreous —, cále —, depósito di carbonáto di límo; sillicious —, quárzo celluláre o fibróso; péarl —, varietà di opále

Sinuate, *va.* rêndere sinuóso; *vn.* serpeggiáre, avére delle sinuosità; *a.* (*bot.*) sinuáto

Sinuátion, sinuósity, *s.* sinuosità

Sinuous, *a.* sinuóso

Sinuously, *avv.* sinuosaménte

Sinus, *s.* séno (*di mare*), gólfo, cála, bája

Sip, *s.* sórso, centellíno

— *van.* sorseggiáre, bére a sórsi

Siphilis, *s.* (*med.*) sifìlide, *f.*, lúe venèrea
Siphilitic, *a.* (*med.*) sifilítico
Siphon, *s.* sifóne, *m.*
Siphunculáted, *a.* (*zool.*) sifuncoláto
Sipper, *s.* chi béve a sórsi, bevitorèllo
Sir (*pr.* sùr) (*pl.* gèntlemen *e* —s) *s.* signóre (*non accompagnato dal nome*); yès, —, no —, sì signóre, no signóre; — (*accompagnato dal nome proprio*) cavaliére, sig. Cavaliére; — Jámes Gráham, il sig. Cav. Giácomo Graham; góod évening, — James, buóna séra, sig. Cav. (Giàcomo); — Knight, (*poet.*) sig. Cavaliére; góod mórning, gèntlemen, buón giórno, signóri
Sirdàr, *s.* sìrdar, *m.*, cápo indígeno nell'Indostáno
Sire, *s.* sìre, *m.*, maestà; (*poet.*) pádre; grànd- (*meglio* grànd-fàther), àvolo, àvo; — (*degli animali*), pádre
— *va.* (*delle bestie*), generáre, procreáre
Siren, *s.* (*mar.*) siréna; — *a.* di, da siréna
Sirenize, *vn.* far da siréna allettatrice
Siriasis, *s.* (*med.*) siríasi, *f.*
Sirius, *s.* (*astr*) sírio, canícola
Sirloin (*pr.* sùrloin), *s.* filétto di mánzo, lombàta di búe
Sirname (*pr.* sùrnáme), V. Sùrname
Sirocco *e* Siròc, *s.* scirócco, scilòcco
Sirop, sirup, *s.* siróppo, acilóppo, scioppo
Sirrah, *s.* birbo, briccóne, *m.*, furfànte, *m.*, tristo
Sirt (*pr.* sùrt), *s.* (*mar.*) sirte, *f.*, sécca
Siruped, *a.* scilupppáto, dólce
Sirupy, *a* di sciróppo
Sirvente (*pr.* sirvànt), *s.* serventése, *f.*
Sisken, (*orn.*) luccheríno, verzellíno
Sister, *s.* sorèlla, sirócchia (*ant.*), suòra; my èldest —, la mìa sorèlla maggióre; the —s of chárity, le suóre della carità; the fàtal —s, le párche; láy —, (suóra) convèrsa; his — -in-làw, la sua cognáta; fóster —, sorèlla di látte; your little —, la vòstra sorellína
Sisterhood, *s.* grúppo di sorèlle, società di suóre, comunità di mónache
Sisterly, *a.* di, da sorèlla, sorellèsco, sirocchiévole; tènero, amorévole, benígno
Sistrum, *s.* sistro
Sit, *vn.* (*pas.* sàt) sedére, sedérsi, assídersi, pórsi a sedére, accomodàrsi, stáre a sedére, stáre assíso, collocársi; èssere, stáre (a cavàllo); affàrsi, sedére, convenire; appollajàrsi, covàre; tenér sedúta, adunàrsi (*parl.*); to — upòn the gráss, sedére sull'èrba, — down, sedéte, accomodátevi; práy — down, pléase to — down, la si accòmodi; let us · down to táble, sediámoci a távola, a ménsa; when dóes párliament — ? quándo si adunerà il parlaménto? to — for one's picture, fàrsi ritràrre; to — ùp, tenérsi diritto; vegliàre (non andáre a lètto); to — up with a sick

pèrson, far la guárdia ad un ammaláto; that cóat- —s well, quell'ábito sta bène, sta a pennèllo; to — still, stár férmo; to — down befóre a pláce, méttere l'assédio ad una piázza; to —, *va.* collocàrsi sópra, cavalcàre; he —s a horse well, egli sta bène a cavállo; — one's sèlf dòwn, sedérsi
— -bath, *s.* semicúpio
Site, *s.* síto, pósto, luògo, situazióne
Sited, *a.* (*ant.*) situáto
Sitfast, *s.* (*vet.*) cállo
Sitter *s.* pʹrsóna che sta a sedére, uccèllo che cóva; chi siède per fàrsi ritràrre
Sitting, *a.* (*di persona*) sedúto, sedúta, assíso; (*degli uccelli*) che cóva; (*bot.*) sèssile
— *s.* l'àtto di sedére, di stáre assíso, positúra, postúra; sessióne, sedúta; udiènza, incubazióne, covatúra; — ùp, lo stáre ritto sulla sèdia; véglia
Situate, *a.* situáto, collocáto; pósto
Situàtion, *s.* situazióne, síto, posizióne; situazióne, impiégo, pósto; státo, crisi, *f.*; in a —, impiegáto; òut of a —, sènza impiègo, sènza padróne; in a — to, in posizióne di
Sivan, *s.* sivan, *m.* (tèrzo mése dell'ánno giudàico)
Sivatherium, *s.* sivatèrio (animàle antidiluviàno)
Six, *a.* séi
Sixfold, *a.* séstuplo, séi vòlte più
Sixpence, *s.* séi sóldi, mèzzo scellíno
Sixpenny, *a.* del valóre di séi sóldi inglési; — lóaf, pagnòtta da séi *pence*
Sixscore, *a.* séi vòlte venti, centovènti
S xteen, *a.* sédici
Sixteenth, *a.* sedicésimo
Sixth, *a.* sèsto
Sixthly, *avv.* in sèsto luògo
Sixtieth, *a.* sessantèsimo
Sixty, *a.* sessànta
Sizable *e* Sizeable, *a.* d'una buóna grandézza, piuttósto grósso
Sizar, sizer, *s.* studènte, *m.* che ha il vitto grátis all'Università di Cambridge
Size, *s.* grandézza, grossézza, statúra, táglia, móle, *f.*, calíbro, misúra, dimensióne; colla, glútine, *m.*, pásta; a middle sized man, uomo di mèzza statúra
Size, *va.* aggiustàre, proporzionàre; incollàre
Siziness, *s.* viscosità, qualità glutinósa
Sizing-m·chine (*pr.* mashéen), *s.* mácchina per dáre il lústro ai dráppi
Sizy, *a.* viscóso, glutinóso, tenáce
Skate, *s.* pattíno (da scivolàre sul ghiáccio); (*itt.*) rázza
— *vn.* pattinàre, scivolàre co' pattíni: the skáting club, il círcolo dei pattinatóri
Skater, *s.* pattinatóre, -trice, chi sdrócciola co' pattíni

Skéan, *s.* (*ant.*) pugnále-coltéllo

Skéel, *s.* (*mar.*) palétto

Skéet, *s.* (*mar.*) votázza, votazzuóla, palótto

Skég, *s.* (*bot.*) prúgno selvático

Skégger, *s.* (*itt.*) salmonétto, salmoncíno

Skéin, *s.* matássa; — of silk, matássa di séta; to wind off a —, dipanáre una matássa; to skáke a —, divídere, separáre, sciógliere i fili d'una matássa (agglutinátisi per l'umidità); тнrèad of a —, bándolo

— *va.* ammatassáre

Skéleton, *s.* schéletro, carcáme, *m*; ossatúra

Skèptic, *s.* scéttico

Skèptic, Skèptical, *a.* scéttico

Skèptically, *avv.* scetticaménte, da scéttico

Skèpticalness, *s.* scetticismo

Skèpticism, *s.* scetticismo

Skètch, *s.* schízzo, abbózzo, disègno; — bóok, líbro di schizzi, di abbózzi, di bráni; álbum

— *va.* schizzáre, abbozzáre, disegnáre

Skéw, *V* Askéw

Skéwer, *s.* spiedíno, brócco, stécco

— *va.* attaccáre, infilzáre con spiedíni

Skid, *s.* caténa per legáre o arrestáre le ruóte di una carrétta; (*mar.*) parabórdo

Skiff, *s.* schífo, palischèrmo

Skilful, *a.* àbile, dèstro, espèrto, perito, versáto

Skilfully, *avv.* abilménte, destraménte

Skilfulness, *s.* abilità, destrézza, *V.* Skill

Skill, *s.* perizia, destrézza, abilità, capacità, maestría, árte, *f*; it is beyònd mý —, non è cósa della mia portáta

— *vn.* (*poco us.*), intèndersi; importáre

Skilled, *a.* versáto, àbile, espèrto, dèstro

Skillet, *s.* casseróla, pèntola píccola, ramíno

Skim, *va.* schiumáre, scórrere leggerménte, tórre vía la schiúma; levár la crèma, la pánna, sfioráre; — the pot, schiumár la pèntola; — óver, sfioráre; — a question, sfioráre una questióne

— *vn.* sfioráre, toccár a mala péna, scórrere; skimmed milk, látte sfioráto

Skimmer, *s.* schiumatójo, ramajuólo bucáto

Skimming, *a* schiumante, che pássa leggerménte

— *s*, *pl* schiumatúra

Skin, *s.* pèlle, *f.*, cúte, cuójo, búccia; càlf —, pèlle, coráme, *m.* di vitéllo; undrèssed —s, pèlli vèrdi; he is nòthing but — and bóne, non ha che la pèlle e l'òssa; — dèep, superficiále, leggièro

— *va.* scorticáre, scojáre; — óver, *vn.* cicatrizzársi, rimarginársi

— -flint, *s.* taccágno, spilórcio

Skink, *s.* (*volg.*) beviménto, bevánda

Skinner, *s.* scorticatóre; pellicciájo

Skinniness, *s.* magrézza, macilènza

Skinny, *a.* mágro, scárno, macilènte, essiccáto

Skip, *s.* sálto, bálzo; to give a —, máke a —, spiccáre un sálto, fare un bálzo; bý —s, a sálti, saltellóni; by —s and starts, saltuariaménte

—, *vn.* saltáre, spiccár sálti; saltelláre, sgambettáre; — óver, *va.* saltáre, scavalcáre; you máy — thése twó páges, potéte saltáre a piè pári quéste due págine — -jack, *s.* (*volg.*) villán rifátto, pervenúto

— -kènnel, *s.* lacchè, *m*; galoppíno

Skipper, *s.* chi sálta o salterélla; padróne di náve olandése

Skipping, *s.* il saltáre, saltarelláre, sgambettáre

— *a.* saltánte, fantástico; insensáto; — rópe, còrda da saltáre

Skippingly, *avv.* saltellóne, balzellóne, a sálti

Skirmish (*pr.* skùrmish), *s.* scaramúccia, lière zúffa

— *va.* scaramucciáre

Skirmisher (*pr.* skurmisher), *s.* chi scaramúccia; bersagliére

Skirmishing (*pr.* skùrmishing), *s.* lo scaramucciáre, scaramúccia

Skirr (*pr.* skùrr), *van.* scórrere, andáre attórno (*ant.*)

Skirret, *s.* (*bot.*) sisáro (*radíce*)

Skirrhus, *s.* *V.* Scirrus

Skirt (*pr.* skùrt), *s.* sottána di vestíto donnésco, lémbo di ábito; gonnellíno, fimbria, órlo, estremità; sobbórgo, frontièra

— *vn.* orláre, fregiáre, circondáre; *vn.* èssere sui confíni, sulle estremità

Skirting (*pr.* skùrting), — bóard, *s.* fáscia, zóccolo (*di legno che circonda il fondo della parete di una stanza*)

Skit, *s.* (*ant.*) frásca (*ragazza*), schèrzo, búrla, mottéggio, frízzo; — *va.* (*locale*) motteggiáre

Skittish, *a.* ghiribizzóso, bisbético; (*dei cavalli*) ombróso

Skittishly, *avv.* con ghiribízzi; in mòdo ombróso

Skittishness, *s.* qualità di cavállo ombróso; ghiribízzo, stravagánza, bizzarría

Skittle, *s.* biríllo; *pl.* sbrigli, birílli (*giuoco*)

Skréen, *s.* *V.* Screen

— *va.* crivelláre; copríre; protèggere

Skúe, *a.* travèrso, oblíquo, scáncio, tórto

Skulk, *vn.* appiattársi, rintanársi

Skull, *s.* crânio, pericrânio; bánco; *V.* Scull

Skurry, *s.* frètta, impetuosità

Sky, *s.* ciélo, firmaménto; ètere, *m*; the Itàlian —, il ciélo italiáno; blúe , ciélo azzúrro; clear —, ciélo límpido, seréno; — blúe, celestíno; — lark, allódola; — light, abbaíno; (*di nave*) òcchio; to crý

ùp to the skíes, lodáre a ciélo, portáre al ciélo
— -cólour, s. colór ciléstro
— -cóloured, s. ciléstr·, celéste, celestíno
— -úyed, a. tínto in azzúrro, azzurríno
— -rócket, s. rázzo volànte
— -scráper, s. (mar.) piccola véla (triangolàre) (che in témpo béllo si aggiùnge) sópra al pappafico
Slàb, s. làstra di piètra o di màrmo
Slàbber, va. imbavàre, imbrattàre di láva
— vn. bavàre; slàbbering cloth, bavàglio
Slàbberer, s. bavóso, chi fa la báva
Slàbby, a. viscóso, fangóso, úmido
Slàck, a. allentàto (non téso), slacciàto, mólle, fiàcco, fiévole, lénto, tàrdo, trascu·àto, negligénte; (mar.) mólle, fiàcco
— s. párte di una córda che péude slegàta: pólvere di carbóne o cálce
— -water, s. intervállo tra il flússo e il riflússo
Slàcked, a. smorzàto, estínto, stemperáto
Slàcken e Slàck, va. allentáre, rallentáre, disténdere, rilassàre, smorzàre, spegnere (la calce), diminuíre; (mar.) filàre, mollàre, allentàre; — one's spéed, rallentàre i pàssi; — the rein, al argàre il fréno
— vn. allentàrsi, rallentàrsi, inflacchírsi, dimiuuírsi, abbassàrsi, smorzàrsi, mollàre
Slàcking, s. lo spégnere (la calcina)
Slàckly, avv. in mòdo allentàto, fiaccaménte
Slàckness, s. al entaménto, fiac·hézza, rilassaménto, mollézza, lentézza, trascuratézza
Sláde, s. (locale) vallicélla
Slàg, s. scória, rosticci (de' metallí)
Sláie, s. pettine, m. di tessitóre
Sláin, a. ucciso; V. Slày
Sláke, vn. estínguere, smorzàre, spégnere; — one's thirst (thùrst), smorzàr la sete, dissetàrsi
Slàm, va. chiùdere (la porta, l'uscio) con violènza, con fracàsso; he slàmmed the dóor in mý fàce, mi chiùse l'úscio in faccia con violènza; vn. chiùdersi, rinchiùdersi (dell'uscio, della porta) con gran rumóre, con violènza; a dóor opened and slàmmed violently, si apri un úscio e si richiùse con fracàsso
— s. l àtto del chiùdere con violènza, cólpo forte
Slàmkin, slàmmerkin, s. (poco us. o locale) sudicióne, m., sudiciona
Slànder, s. maldicénza, calúnnia, diffamazióne
— va. diffamáre, sparlàre di, calunniàre
Slànderer, s. calunniatóre, -trice, maldicénte
Slànderous, a. calunnióso, maldicénte
Slànderously, avv. calunniosamente

Slànderousness, s. natúra o qualità maldicénte, calunniósa
Slàng, s. (volg.) gérgo, parlàre furbésco
Slànk, V. Slink
Slànt, Slànting, a. scáncio, sghêmbo, oblíquo, di travérso
— s. direzióne obliqua; sarcàsmo, schèrno
Slàntingly, avv. a scáncio, a sghimbéscio, a sghêmbo, obliquaménte; to cut — or aslànt, tagliáre a sghimbéscio
Slàntwíse, a. obliquaménte, sbiecaménte
Slàp, s. manàta, cólpo dáto con la màno apérta, schiaffóne, m., ceffàta
— va. schiafteggiàre, dáre una manàta; — éach òther, bàttorsi a pálme
— -làsh, avv. tútto ad un tràtto
— -ùp, a. (f militare) co' fiócchi, ricercàto, famóso; a — dinner, un prànzo in Apólline
—, avv. d'improvvíso; in piêno; I'll fíre — into you, vi tirerò una schioppettàta piêna, vi corrò in piêno con una schioppettàta
Slàsh, s. tàglio, squàrcio, fendênte, m; sfrégio; cicatrice, f., cólpo di sfèrza o di scudíscio
— va. tagliáre, squarciàre, sfregiáre, fàre un tàglio, uno sfrégio
— vn. menáre sciabolàte da ciêco
—, avv. a la ciéca, alla ventúra; to go — abòut wórk, fàre scémpio, far stràge alla ciéca, alla ventúra
Slàte, s. (mín.) lavágna, ardésia, tégola di ardésia; — quàrry, cáva di lavàgne; — péncil, lapis da lavágna
— va. cuprire di lavágne
Slàter, s. chi cópre i tétti con lavágne
Slàttern, s. dónna trascuràta, sudicióna
— va. (away), dilapidàre, scialacquare
Slàtternly, avv. negligentemente, sudiciaménte
Slaty, a. di lavágna, di ardésia
Slàughter, s. uccisióne, stráge, f. carneficína, macéllo; — hóuse, bеccherìa, macéllo
— va ammazzàre (delle bestie); sgozzáre, trucidàre, uccídere
— -màn, s. (ant.) carnéfice, m.
Slàughterous, a. che ména stráge, micidiàle
Slàughterous'y, avv. con istráge, con eccídio, con carnificína
Slàve, s. schiavo; a — is not a man, lo schiavo non è uomo;—-bórn, nàtoschiàvo, nato nella schiavitù; — -hólder, — ówner, possessóre di schiàvi; — driver, sopraintendénte di schiàvi, aguzzino, campáro di piantagióne; — like, da schiavo, a guisa d'uno schiàvo; to màke a — of, réndere schiavo, tràttàre da schiàvo
—, vn. lavoràre cóme uno schiàvo, affaticàrsi

— -hólding, a. che tiéne degli schiávi; — Státes, Státi a schiávi, gli Státi in cui è mantenúta la schiavitù

— -tráde, s. commércio degli schiávi; the Àfrican —, la trátta dei négri

Slàver, s. báva

— van fáre báva, sporcáre di báva

Slàver, Slàve-ship, s. bastiménto impiegáto nel commércio degli schiávi

Slàverer, s. bavóso; gocciolóne, m., idióta; mf.

Slàvery, s. schiavitù

Slàvish, a. schiavésco, básso, servíle; — imitàtion, imitazióne servíle

Slàvishly, avv. da schiávo, servilménte

Slàvishness, s. servilità, bassézza

Slavónic, a. slávo; —, s. slávo (lìngua slàva)

Slàw, s. cávoli affettáti (con acéto o sénza)

Slày. va. (pret. sléw, p. p. sláin) ammazzáre, trucidáre

Slàyer, s. ammazzatóre, trucidatóre, -trìce

Sléavé, va. V. Sley

Sléaziness, s. floscézza, mancánza di consistènza

Sléazy } a. flòscio, sénza consistènza
Sléezy }

Slèd, s. slitta, trèggia, tráino

— va. trasportáre con slitta

Slèdded, a. montáto sur una slitta

Slèdge, s. slìtta; trèggia, tráino; — hàmmer, martéllo di fábbro ferrajo, martellóne

Sléek, a. líscio, lucénte, lustráto, mórbido

— lisciáre, lustráre, levigáre

Sléekstóne, s. lisciatójo, brunitójo

Sléekly, avv. in mòdo líscio, pulitaménte

Sléep, s. sónno; dormíta; a little —, a nap, un sonnicéllo; wànt òf —, insónnio

— vn. (pas. slèpt) dormíre; pernottáre; — like a top, dormíre cóme un ghìro

— -wàlker, s. sonnámbulo, sonnámbula

Sléeper. s. dormitòre -trìce; a great —, un dormiglióne; ràilwày —s, travérsi di stráda ferráta, sleepers; — (mar.) vivi, sostégni, ritti

Sléepily, avv. dormèndo, in mòdo addormentáto; trascurataménte, pigraménte

Sléepiness, s. addormentaménto, inclinazióne a dormíre, cascággine, f., sopóre, m.

Sléeping, a. dormèndo, dormènte, addormentáto; don't ròuse the — lìon, non stuzzicáte, non destáte il cáne che dòrme

— s. il dormíre, sónno, quiéte, f., ripóso

— -draught (pr. dràft), s. narcòtico

— -pàrtner, s. (com.) sócio accomandánte

— -pòtion, s. pozióne calmánte

— -ròom, s. cámera da dormíre, dormitório, dormentório

Sléepless, a. insònne, d'insónnio, sénza ripóso

Sléeplessness, s. insónnio

Sléepy, a. addormentáto, sonnacchióso; (co-

sa) soporífico, sonnífero; to féel —, avére sónno

Sléet, s. néve ghiacciáta, néve fòrte, grandìne minutíssima, pióggia mescoláta con néve

— vn. nevicáre minutaménte

Sléety, a. nevóso e piovóso

Sléeve, s. mánica; shirt (pr. shùrt) —s, mániche di camícia; to laugh (pr. láf) in one's —, rídere sótto i báffi; she hàngs on his —s, élla giúra per lui, élla giúra in lui

— va. méttere le mániche

— -bóard, s. quadréllo da pianáre (usato dai sarti)

Sléeveless, a. sénza mániche; assúrdo; — érrand, ambasciáta, messággio pazzésco

Sleid (pr. sláde), va. V. Sley

Sleigh (pr. slá), s. slìtta, trèggia, tráino

Sleight (pr. slìt), s. tíro di prestigiatóre, furbería, incánto, fáscino; — of hànd, gherminélla; — man, giocoláre, prestigiatóre

Slènder, a. smìlzo, sottíle, sparúto, fíno, píccolo, svélto, snéllo; gentíle, ésile, mágro, párco; — wàist, vitina sottíle ed elegánte; — méans, pòchi mèzzi, pòchi béni; — repàst, prànzo párco

Slènderly, avv. sveltaménte, sottilménte, parcaménte, magraménte

Slènderness, s. sottigliézza, sveltézza, snellézza, delicatézza, piccolézza, magrézza, scarsézza, esiguità

Slèpt, pret. di to sléep, dormíre

Sléw, pret. di to sláy, uccídere

Sley (pr. slày), s. pèttine, m. di tessitóre; va. ordíre; separáre i fili

Slice, s. fètta, spàtola; (di frutta) spicchio; — of ham, fètta di giambóne

— va. tagliáre in fètte, affettáre

Slich, slick, s. minerále stritoláto e laváto

Slid, Slidden, V. Slide

Slidder, va. sdruccioláre interrottaménte

Slide, vn. (pret. slid, p. p. slidden) sdruccioláre, scivoláre, scórrere, guizzáre; — upòn the ice, sdruccioláre sul ghiáccio

— va. far passáre con destrézza, inseríre, insinuáre

— s. sdrúcciolo, sentiéro dove si può sdruccioláre; stri-cia fatta sul ghiáccio per sdrucciolárvi; (mus.) strisciáta

Slider, s. persóna o cósa che sdrúcciola

Sliding, s. lo sdruccioláre

— a. sdrucciolévole, sdrúcciolo, lúbrico, movibile; — pláce, sdrúcciolo; — knot, nòdo scorsójo; — rùle, scála di proporzióne

Slight, a. leggièro, sottíle, smílzo, ésile, ténue, frívolo, di póco riliévo; — expènse, ténue spésa; — accusàtion, accusazioncélla; — wòund, leggièra feríta

— s. mancánza di rispètto, sprégio, sfrégio

— va. far poco cónto di, mancáre di rispètto

a, guardáre dall'álto, aver a víle, spregiáre
Slighter, s. chi fa póco cáso di, sprezzatóre
Slightingly, avv. sénza riguárdi, sprezzevo -
ménte, negligenteménte
Slightly, avv. leggerménte, con póca cúra
Slightness, s. ostilità, tenuità, esiguità; me-
nomézza   (straménte
Slily, avv scaltritaménte, accortaménte, de-
Slim, a. grácile, segaligno, smilzo. sparúto,
mágro; a táll — fellow, un peruccóne
Slime, s. mélma, límo, víschio
— -pit, s. depósito d'argílla
Sliminess, s. qualità melmósa, viscosità
Slimy, a. limóso, melmóso, viscóso
Sliness, s. scaltrézza, accortézza, malizia
Sling, s. frómba, frómbola, fiónda, scáglia,
ulivélla; ciárpa, bénda; (mar.) bráca; to
háve one's arm in a — avére il bráccio al
cóllo; he will cárry his árm in a —, por-
terà il bráccio al cóllo; to húrl with a —,
scagliáre con una fiónda
— va. scagliáre colla frómbola; (mar.) gan-
ciáre, bragáre
Slinger, s. frombolière, m. frombatóre
Slink, vn. (pret. slánk, p. p. slúnk), svignáre, sgusciáro, scappár vía; — awáy, svignár vía, scappársela; —, va. (delle bestie)
abortíre
— a. abortívo
Slip. vn. scivoláre, sdruccioláre, sguizzáre,
scórrere, scappáre, sgusciáre, svignáre;
va. scivoláre, méttere di nascósto; the
éel slipped out of her hand, l'anguílla le
guizzó di máno; to — out, svignár vía,
uscíre occultaménte; she slipped a note
into his hand, ella gli scivoló un vigliétto
nella máno; to let — the dógs, sguinzagliáre i cáni; — an opportúnity, lasciár
sfuggíre un'occasióne
— s. cadúta che si fa scivolándo, sdruccio-
lándo; fállo, sbáglio, scerpellóne, m. stríscia; (mar.) mólo, pónte di appródo,
scálo;(bot.) rampóllio, innésto; pollóne, m;
esempláre (da scolare), m; to give one
the —, piantár uno, involársi, svignár vía,
salvársi; — of páper, pézzo di cárta
— -bóard, s. (teatro) quínta
— -knót, s. cáppio, nódo scorsójo
— -shód, a. colle scárpe scalcagnáte; in
pianélle, in pantófole
Slipper, s. pianélla, pantófola; húnt the —,
lavóra ciabátta (specie di giuoco)
— -báth, s. bágno, vásca fátta a scárpa
— -plánt, s. (bot.) eufórbia canaliculáta
— -stirrup (pr. stirrup), s. stáffa da signóra
— -wórth, s. (bot.) calceolária
Slippered, a. in pantófole, che pórta pianélle o zóccoli
Slipperily, avv. sdrucciolevolménte, lubricaménte
Slipperiness, s. qualità sdrucciolévole, lu-
brichezza, lubricità, incertézza

Slippery, a. sdrucciolévole, lúbrico, incérto;
— gróund, terréno sdrucciolévole
Slipslop, s. cattívo liquóre, lavatúra, acqua-
rélla
Slit, s. fessúra, fenditúra, crepatúra, inne-
stagióne, táglio; tácca per l'innésto
— (pas. slit), va. féndere, spaccáre, fáre un
táglio in; vn. féndere, spaccársi
Slitting, s. il féndersi o spaccáre, scanalatúra
Sliver, s. rámo spaccáto, fétta, fettúccia;
spaccáre, tagliáre longitudinalménte
Sloat, s. bárra di carrétta   (ber
Slobber, a. fáre báva, acciarpáre; V. Sláb-
Sloe, s. (bot.) prúgnola; — bush, prúgnolo
Slogan, s. grido di guérra d'un clan scorrése
Sloop, s. (mar.) piccol vascéllo, caíco, lancétta; — of wár, corvétta
Slop, s. lavatúra, vinéllo, liquóre víle, fondáccio, fóndo; pánni di marinájo, bráche,
calzóni; — séller, rigattiére; — shóp, bot-
téga da rigattiére (dei marinari); — bá-
sin, váso in cui si vérsa il fóndo delle
tazze (del tè)
Slope, a. scáncio, oblíquo, in pendío
Slope, s. pendío, versánte, m., pendénte, m.
declívio, declività
— va. tagliáre a sghémbo, dispórre in pendío
— vn. propéndere, andáre in declívio, ésser
in pendío
Slopeness, s. (poco us.) declívio, declività
Slopewise, avv. in pendío, in declívio, a
sghémbo
Sloping, a. pendénte, declíve, in pendío
Slopingly, avv. a sghémbo, in pendío
Slopman (pl. slopmen), s. rigattiére, m. pei
marinári
Sloppiness, s. státo fangóso, melmóso
Sloppy, a. fangóso, melmóso, guazzóso
Slot, s. tráccia di cérvo o daíno; bárra di
légno; va. (poco us.) V. Slám
— -hóle, s. scanalatúra
Sloth, s infingardia, accídia, pigrízia, indo-
lénza; ignávia; (zool.) tardígrado
Slothful, a. infingárdo, pigro, indolénte
Slothfully, avv pigraménte, accidiosaménte
Slothfulness, s. pigrízia, infingardággine, f.
Slottery, a. (ant.) súcido, sporco
Slotting-machine, s. piallatríce, f. (mácchina)
Slouch, s. inclinazióne (di una parte del
corpo); tésa inclináta (di cappello). andatúra pesánte da villáno, sguárdo dimess'
— va. camminàre col córpo inclináto, andáre cógli occhi diméssi
— va. abbassáre, prémere giù, calcáre;
one's hat, piegáre in giù la tésa del cappéllo, portáre il cappéllo calcáto fin sul
náso
Slouching, a. inclináto, puntáto, piegáto in
giù; — hat, cappéllo alla calabrése colla
tésa piegáta sul náso

Slōū́gh, s. luògo fangóso, pózza, pozzànghera, pantáno, affondatùra, fóndo melmóso; mal pásso
— (pr. slùf), s. scáglia (di serpènte, ecc.); crósta (di piàga), éscara; vn. formàrsi in crósta, in èscara
Slōū́ghy, a. fangóso, paludóso
Slòven, s. uòmo pígro e spórco; sudicióne, m.
Slòvenliness, s. sporchézza, sudiciùme, m. trascuratézza
Slòvenly, a. sudício, trascuráto; negligènte
— avv. sporcaménte, alla carlóna
Slòvenry, s. (ant.) V. Slòvenliness
Slōw, a. lènto, pígro, tardígrado, tárdo; pesánte, ottúso, nojós; — cóach, vettúra che va adágio; uòmo nojóso, addormèntatóre; — but sure, lènto ma sicúro; my watch góes tóo —, il mio oriuòlo ritárda; — -páced, lènto, tardígrado
— -sighted, a. lènto a discèrnere
— -winged, a. tárdo al vólo
— -wòrm, s. (zool.) cecília, lucígnola; serpènte frágile, m; solífuga
Slòwly e Slów, avv. lentaménte, pigraménte, adágio, tárdi; to go — (degli oriuòli), andár tárdi, ritardáre, pèrdere
Slòwness, s. lentézza, tardità, indolènza
Slùh, va. tòrcere leggerménte il lino prima d'incannárlo
Slùbber, va. imbrodoláre; acciabattáre
— -de-gùllion, s. sudicióne, m. sudicióna, misèrábile, m. f.
Slùbbing, s. torcitúra leggéra (che si dà) al lino prìma d'incannárlo (sui rocchètti)
— -machine (pr. mashine), — -fráme, s. mácchina da tòrcere alquánto il lino prìma d'incannárlo
Slùdge, s. fàngo, límo
Slùdgy, a. fangóso, limóso
Slúe, va. (mar.) tornáre, vòlgere, voltáre, far giráre sópra un pèrno
Slùg, s. infingárdo, lumáca; palla tagliáta, palla mal fàtta (d'arma da fuoco)
Slùggard, s. pígro, dormiglióne, m.
Slùggish, a. pígro, pesánte, tárdo, tardígrado, dormiglióso, stúpido; ignávo, inèrte
Slùggishly, avv. lentaménte, pigraménte
Slùggishness, s. pigrízia, lentézza, inèrzia
Slúíce, s. cateràtta, apertúra, sbócco
— vn. sboccáre, inondáre; — va. lasciár scórrere (per la cateratta), far sboccáre
Slùmber, vn. sonnecchiáre, velár l'òcchio
— s. sónno leggièro, sonnicèllo   (chiàre
Slùmbering, s. il sonnecchiáre, il dormicSlùmberingly, avv. sonnecchiosaménte, dormigliosaménte
Slùmberous, a. che invíta al sònno, sonnifero
Slùng, pret. di to sling
Slùnk, pret. di to slink
Slùr, s. sfrégio, mácchia, tíro, brútto schèrzo
— va. imbrattáre, macchiáre, sfregiáre; —

óver, sfloráre, trascórrere; far vísta di non badáre a; (mus.) legáre
Slùrring, s. (mus.) legatúra
Slùsh, s. fàngo, néve místa con ácqua; grassúme, m., untúme, m.
Slùshy, a. di néve sciòlta, fangóso
Slùt, s. dònna spórca e trascuráta, sudicióna
S ùttery, s. sporcízia, sudiciùme, m.
Slùttish, a. di, da sudicióna, spórco, brodolóso
Slùttishly, avv. sporcaménte; da sudicióna, alla carlóna
Slùttishness, s. porchería, schifézza, sudiciùme, m.
Slý, a. scaltríto, fíno; accòrto, astúto, malizióso; — pérson, — -bòots, (volg.) vólpe vècchia, volpóne, m.
Slýly, avv. astutaménte, destraménte; V. Slíly
Slýness, s; V. Slíness
Smàck, s. baciózzo, bácio sonòro; strèpito; scóppio delle làbbra; gùsto, sapóre, infarinatúra, píccola quantità; náve pescheréccia; to hàve a — of, sapére di, avér un sapóre, una infarinatúra di
— vn. baciucchiáre, scoccár baciózzi; sentíre; sapére, aver sapóre; va. dáre baciózzi a, baciáre alla rústica; far scoppiettáre la frústa; that —s of hèresy, ciò sa d'eresia
Small, a. píccolo (di piccole dimensioni), piccíno, minúto, tènue, esíguo, lième, leggièro, diminutívo; — print, stámpa minúta; — cóals, carbonèlla, carbóne minúto; — cárds, cárte bàsse; — pox, vajuólo; màtter, affaróccio, affáre, m., di poca entità; — fàult, errorúzzo; — wine, vinétto, vinèllo; — bèer, bírra leggièra; — sùm, tènue sómma; — craft, píccoli navígli
— s. la párte più sottíle; — of the leg, il bàsso della gàmba
Smàllage, s. (bot.) àppio
Smàllish, a. piuttósto píccolo, piccolétto
Smàllness, s. piccolézza, picciolézza, tenuità, esiguità
Smàlt, s. smàlto
Smàragd, s. (min.) smerèldo
Smaragdine, a. smeraldíno, dello smeráldo
Smaràgdite, s. (min.) smeraldína
Smàrt, s. bruciòre, cociòre, dolóre pungènte;
— a. cocènte, frizzánte; (med.) dolòroso; frizzánte, piccánte, ágro, acèrbo; frizzánte, argúto, mordáce, pungènte, cáustico; (pers.) vivo, svegliáto, vivo, lèsto, acúto, ábile, accòrto, bèllo, attilláto, elegánte; — reply, rispósta spiritósa, frizzánte, cáustica; — skirmish (pr. skùrmish), áspra scaramúccia
— va. frizzáre, cuòcere, scottáre; cagionáre un dolóre vivo e pungènte; provàre un dolóre vivo e pungénte; èssere scottáto, patíre, soffríre; — for, pagáre il fio di;

he shall — for it, egli ne pagherà il fío, la pagherà

— -móney, *s.* prèzzo di riscátto, di liberazióne; (*mil.*) gratificazióne per feríte

— -ticket, *s.* (*mil.*) certificáto di feríte

— -wéed, *s.* (*bot.*) persicária, persicária dólce

Smárten, *va.* attilláre, fàre bèllo, rèndere svegliáto

Smárting, *a.* cocènte, frizzànte, doloróso

Smártly, *avv.* con cocióre, in mòdo frizzànte; piccànte, mordàce; sottilmènte, vivamènte, vigorosamènte, argutamènte, attillatamènte, ricercatamènte

Smártness, *s.* frízzo pungènte, argutézza, mordacità, vivacità, sveltézza, brío; ricercatézza; elegànza

Smàsh, *va.* sfracelláre, infrángere, spezzáre, frantumàre

—, *s.* fracàsso; (*familíare*) fallimènto; he has màde a — of it, ha fàtto fallimènto; a gréat — is expécted, si aspètta una grànde catástrofe; (*volg.*) pèzzo; àll to — es, in mille pèzzi

Smàtter, *s.* infarinatúra, leggièra tintúra (di)   (di)

— *va.* parláre da saccentúzzo, pizzicáre

Smàtterer, *s.* semidòtto, saccentíno; saccentèlla, salamístra

Smàttering, *s.* conoscènza superficiále, infarinatúra

Sméar, *va.* spalmáre, impiastráre, imbrattàre

Smèll, *s.* odoráto (*senso dell'odorare*), fiúto; odóre, buón odóre, olézzo; sentóre

— *vn.* (*pas.* smèlled, smèlt) odoráre, spárgere odóre, aver odóre, olezzáre, puzzáre, putíre; — wèll, nìce, plèasànt, avér buón odóre; olezzáre; — ill, nàsty, unplèasant, avére cattivo odóre, puzzáre, putíre

— *va.* (*pr.* smèlled, smèlt) sentíre l'odóre di, annasàre, fiutáre; to — óut a business, fiutáre (scopríre) un affàre

— -fèast, *s.* parassíto, scroccóne

Smèlling, *a.* che sènte; che ha odóre; swéet-—, fragrànte, olezzànte

— *s.* l'odoráre, l'ànnasáre; odoráto

— -bòttle, *s.* boccettíno di odóre

Smèlt, *pret. di* to smèll

— *s.* (*itt.*) perláno (*pesce di mare*)

— *va.* fóndere (*il minerale*)

Smèlter, *s.* fonditóre (*del minerale*)

Smèltery, *s.* fonderìa di metállo

Smèlting, *s.* il fóndere, fusióne, *f*; — hóuse, fornace' *f.,* fórno fusòrio

Smèrk, *va. V.* Smirk

Smíle, *s.* sorríso, risolíno

— *vn.* sorrídere, arrídere; — at, sorrídere di; Fórtune —s upòn our ènterprìse, la fortúna arrìde alla nòstra imprésa

Smíler, *s.* chi sorríde

Smiling, *a.* sorridènte; lièto, ridènte

Smílingly, *avv.* sorridenteménte, con viso ridènte, con ária lièta

Smirch, (*pr.* smùrch) *va.* oscuráre, sporcáre, macchiáre

Smirk (*pr.* smùrk), *vn.* sorríso affettáto, smórfia

— *s.* sorrídere in mòdo affettáto, fàre delle smórfie

Smit, *V.* Smíte   (smórfie

Smíte, (*pret.* smóte, *p. p.* smìt, smitten) *va.* percuòtere (*con sciabola o simile*), colpíre, bàttere (*con violenza*); ferìre, innamoráre; smitten with, appassionáto di, innamoráto di

— *vn.* accozzársi, urtársi; — togèther, urtàrsi, dársi de' còzzi

Smíter, *s.* percuotitóre -tríce, feritóre -trìce

Smíth, *va.* bàttere fèrro o áltro metállo

— *s.* fàbbro-ferrájo, fàbbro; blàck- —, maniscálco; góld- —, oréfìce; sìlver- —, argentière; lòck- — magnáno; —'s shop, fucína di maniscálco, bottéga di fàbbro

Smíthy, *s* fucína da maniscálco, bottéga di fàbbro-ferráio

Smitten, *V.* Smíte

Smittle, *va.* (*locale*) rèndere infètto

—

Smittlish { *a.* infètto, che infètta

Smòck, *s.* camícia da dònna (*volg.*); gonnèlla; — fròck, camiciòtto (*di operajo*), sajóne di téla crúda; — fáced, dal viso muliébre

Smòckless, *a.* sènza camícia

Smòke, *s.* fúmo, vapóre, esalazióne; no — withòut fíre, non c'é fúmo sènza fuóco

— *vn.* fumáre, fàre fúmo; this chimney —s, quésto camíno fúma (bùtta il fúmo); do you —, sir? fumáte, signóre?

— *va.* affumicáre, seccáre al fúmo; espórre al fúmo; fiutáre, sospettáre, avére sentóre di; — óut, cacciáre col fúmo; will you — a cigár? volète fumáre un sígaro?

— -dried, *a.* affumicáto, seccáto al fúmo

— -dry, *va.* seccáre al fúmo, affumicáre

— -jàck, *s.* girraròsto

— -wòrt, *s.* (*med.*) cáncro dei fumatóri

Smòkeless, *a.* sènza fúmo

Smòker, *s.* chi fúma o fúmica, fumatóre

Smòking, *a.* fumànte; — *s.* il fumáre

Smòky, *a.* fumóso, che fa fúmo, macchiàto di fúmo

Smòoth, *a.* líscio, levigáto, piáno, uguále; to get —, diveníre piáno, levigàrsi

— *va.* appianáre, spianáre, levigáre, lisciáre, — -fáced, *a.* dal viso di dólce espressióne, dal viso líscio, sbarbáto

— -skinned, *a.* sbarbáto

— -tòngued, *a.* dalle paròle melàte

Smòothing, *s.* lo spianáre, lisciatúra

— -íron, *s.* fèrro da stiráre

— -piàne, *s.* piálla ordinária

Smòothly, *avv.* lisciaménte, pianaménte, soaveménte, dolceménte, pian piáno

Smóothness, *s.* levigatézza, pianézza, morbidézza, puliménto, ugualità, líscio

Smóte, *pret. di* to smite

Smòther *va.* soffogáre, affogáre, opprímere
— *s.* áfa, affánno, cáldo affannóso

Smotheriness, *s.* l'èssere soffocánte

Smòthering, *s.* affogaménto, asfissía, oppressióne
— *a.* soffocánte, soffogánte

Smòtheringly, *avv.* in mòdo da soffocáre

Smòthery, *a.* átto a soffocáre

Smóuch, *va.* (*ant.*) salutáre

Smóulder, *vn.* (*del fuoco*) covàre (sótto la cénere)

Smóulder, smóuldry, *a.* (*del fuoco*) che córa (*sotto la cenere*)

Smúg, *a.* (*volg.*) pulito, bellíno, líndo, civettíno; *va.* (*ant.*) ornáre, vestíre con civetteria

Smùggle, *va.* contrabbandáre, far passáre claudestinaménte
— *vn.* fàre il contrabbandiére

Smùggled, *a.* contrabbandáto, di contrabbándo

Smùggler, *s.* contrabbandiére, *m.*

Smùggling, *s.* contrabbándo

Smùgly, *avv.* (*volg.*) bellaménte, pulitaménte

Smògness, *s.* (*ant.*) ricercatézza sénza elegánza

Smùt, *s.* fiòcco di fulígine (*nell'aria*); carbóne, *m.*, gólpe, *f.* (*nel frumento*); paróle scónce
— *va.* sporcáre, imbrattáre; (*bot.*) golpáre

Smùt·h, *va.* anneríre col fúmo, colla fulíggine o col carbóne

Smùttily, *avv.* neraménte, sporcaménte, sconciaménte   (oscenità

Smùttiness, *s.* norézza di fúmo, sporchézza,

Smùtty, *a.* anneríto, spórco, scóncio, oscéno

Snàck, *s.* párte, porzióne, *f;* merènda; pásto préso in frètta; to táke a —, prèndere un bocconcíno

Snàffle, *s.* cavezzóne, *m.*, filétto, píccola bríglia
— *va.* méttere la bríglia, guidáre

Snàg, *s.* (*bot.*) pèzzo di radíce sporgènte; ramo sporgènte in un fiúme; pèzzo di dènte guásto; nòdo, bòzzolo

Snàgged, snàggy, *a.* piéno di radici sporgènti

Snàil, *s.* lumáca, chiócciola; at a —'s páce a pásso di lumáca; séa —, porcellána (conchíglia)
— -clóver, —, tréfoil, *f.* (*bot.*) trifòglio, mèdica, cedrángola
— -like, *a.* di lumáca; lènto come una lumáca come una tartarúga; *avv.* da lumáca; a pásso di lumáca, di testúggine *o* di formíca
— -páced, *a.* a pásso di lumáca, di formíca o di tartarúga

Snáke, *s.* colúbro, sèrpe, *mf.*, bíscia; ráttle —, candísono; wáter- —, sèrpe acquática; — -róot, (*bot.*) serpentária; — wéed, (*bot.*) bistórta

Snáky, *a.* di sèrpe, serpentíno, piéno di sèrpi

Snàp, *va.* frángere; rómpere, stroncáre; fáre scoppiettáre (le díta); chiappáre, acceffáre accaffáre, azzannáre; aggaffáre, afferráre;
— in twó, rómpere in dúe, stroncáre; — off, awày, strappár vía; — up, acceffáre
— *vn.* rómpersi, stroncársi, scoppiáre, scoppiettáre, scattáre; — at, procuráre di acceffáre o azzannáre; ripréndere, rabbuffáre
— *s.* romóre, stridóre; rompiménto súbito; stroncaménto, scátto, scóppio, rottúra; sfórzo per mórdere o acceffáre; scoppiettáre delle díta; schéggio, pèzzo, boccóne; mangióne, *m.*, giottóne, *m.*, préda; to give a —, cercáre di acceffáre

Snàpdragon, *s.* (*bot.*) bócca di leóne; úva pássa nello spírito ardènte; giuóco di strappáre úva pássa dallo spírito ardènte

Snàppish, *a.* dispósto a mórdere, a biasimáre, ringhióso, stizzóso, bisbético

Snàppishly, *avv.* in modo ringhióso, aspraménte

Snàppishness, *s.* asprézza, umóre arcígno

Snàpsack, *s,* (*volg.*) záino *V.* knàpsack

Snàre, *s.* láccio, caláppio, tráppola, rète, *f.*, insídia; to láy —s, tèndere insídie
— *va. V.* insnàre

Snàrl, *vn.* digrignáre i dènti, ringhiáre

Snàrler, *s.* animále ringhióso; (*pers.*) beccalíte, *m.*, borbottóne, *m.*

Snàrling, *a.* ringhióso, bisbético, stizzóso

Snàtch, *s.* sfórzo per afferráre; bráno, pèzzo, squárcio; ritáglio; by — es, a sálti
— *va.* dáre di piglio a, carpíre, abbrancáre, arraffáre; — *vn.* (at), cercáre di afferráre
— -blóck, *s.* (*mar.*) gallòccia, bozzéllo tagliáto

Snàtcher, *s.* chi afferra, chi stráppa; bòdy —, dissotterratóre di cadáveri (per vènderli ai chirúrghi)

Snàtchingly, *avv.* vivaménte, bruscaménte, avidaménte; saltnariaménte, a salti

Snàth, *s.* (*locale*) mánico di fálce

Snéad, *s.* impugnatúra del mánico d'una fálce

Snéak, *vn.* andáre col cápo chíno; strisciáre, peritársi, vergognársi, avvilírsi, fàre il víle, il servíle; *s.* uòmo víle, abbiètto, sornióne, *m.*, susornióne, *m.*, sorniòna; vigliácco, codárdo

Snéaking, *a.* servíle, víle, básso, abbiètto

Snéakingness, *s* vigliaccheria, servilità, abbiettézza

Snéakingly, *avv.* servilménte, vilménte

Snéap, *va.* ripréndere, sgridáre

Snéer, *s.* ghigno, ghignáta, sogghigno dell'ironìa, riso di schèrno, risolino di disprèzzo

— vn. ghignáre, ghignazzáre, fare bócca di ridere per ischèrno; — at, fársi bélla di

Snéerer, s. ghignatóre -trìce, schernitóre -trìce

Snéering, s. il ghignáre, ghignáta, schèrno

Snéeze, vn. starnutáre, starnutíre

— s. starnùto, starnutaménto

Snéezing, s. lo starnutáre, starnutaménto

Snèt, s. (locale) grásso di dáino

Snib, va. V. Sneap

Snicker } vn. rídere di soppiátto
Snigger }

Sniff, vn. tiráre su l'ária pel náso con romóre, respiráre pel náso

Snift, s. istánte, m. moménto   (fáre
— vn. (ant.) (dei cavalli) soffiáre, sbruf-

Snifting-válve, s. válvola nel cilíndro di una locomotíva

Sniggle, va. chiappáre; — vn. pescáre anguílle

Snip, va. tagliáre con le fòrbici

— s. táglio, scámpolo, rèsto, avánzo

Snipe, (orn.) beccaccíno; (pers.) minchióne, m.

Snipper, s. chi táglia con le fòrbici; sárto

Snippet, s. (ant.) pezzótto; píccola párte

Snipsnap, s. (familiáre), zúffa di língue tagliénti

Snite, va. (ant.) soffiársi il náso

— s. (orn.) beccáccia

Snivel, vn. avére il náso stilláṅte; piagnucoláre; parláre con tuòno nasále

— s. móccio, móccico, gócciola (del naso)

Sniveller, s. moccicóne, piagnóne

Snivelling, s. il piagnucoláre, piánto

Snivelly, a. móccioso, piangolóso

Snob, s. uòmo volgáre che vuol fáre il gentiluòmo; villáno rifátto

Snood, s. nástro con cui sògliono legáre i capélli le giovanétte scozzési

Snore, vn. russáre; — s. il russáre, rùsso

Snorer, s. chi rússa, russatóre -trìce

Snoring, s. il russáre

Snort, van. (del cavallo), sbruffáre, sbuffáre

Snorting, s. lo sbruffáre, lo sbuffáre

Snot, s. (volg.) móccio, múccio; — vn. soffiársi il náso

Snotty, a. moccióso, piéno di móccio

Snout, s. múso, cèffo (di animale), grifo (di porco), grúgno; (cosa) bécco, beccúccio

Snouted, a. che ha il múso fátto a bécco

Snouty, a. somigliánte al múso o al cèffo d'úna béstia, al grìfo o al grúgno del pòrco

Snow, s. néve, f; flake of —, fiócco di néve; drift of —, fálda di néve; thère was — falling, veníva giù la néve, nevicáva; there will be a heavy fall of —, vuol fáre una neváta

— vn. nevicáre, neváre; it —s, névica

— -ball, s. pallòttola di néve

— -ball-trée, s. (bot.) vibúrno dalle còccole biánche

— -bird (pr. bùrd), s. (orn.) anto neivále, uccèllo della néve, ortoláno giacobino

— -bèrry, s. (bot.) bácca nívea, còccola biánca

— -blàst, s. vènto di néve, burrásca di néve

— -bùnting, s. V. Snów-bird

— -càpped }
— -càpt } a. coronáto di néve
— -crówned }

— -còvered, a. copèrto di néve

— -drift, s. ammásso, múcchio di néve; nevata, nevicáta

— -dròp, s. (bot.) galánto, foranéve, m., bucanéve, m.

— -finch, s. (orn.) pincióne, m. della néve, frosóne della néve

— -flàke, s. fiócco di néve; (bot.) nivéola, léuco-narcíso, leucòjo, viòla a ciòcche

— -flòod, s. torrènte m. di néve

— -like, a. cóme la néve, níveo

— -line, s. (fis.) límite m. delle névi

— -slip, s. valánga

— -shoes, s. pl. sandáli, m. pl a réte dei selvággi del nòrd (per camminár sulla néve)

— -storm, s. túrbine m, di néve

— -white, a. biánco come la néve

Snowless, a. sénza néve

Snowy, a. nevóso, nevicóso; níveo; cándido, púro; — weather, tèmpo nevóso

Snub, s. nòdo (nel legname), nòcchio, bòrzolo; riprensióne

— va. mozzáre, tagliáre l'estremità di; tagliáre la paròla in bócca a (úno); riprèndere; (mar.) fermáre una còrda che scòrre

— -nóse, s. náso camúso

— -nosed, a. camúso, dal náso piátto o schiacciáto

Snuff, s. tabácco in pólvere, tabácco da náso; smoccolatúra (di candéle, ecc.)

— -dish, pòrta smoccolatòjo; — box, scátola da tabácco, tabacchiéra; give me a pinch of —, dátemi una présa di tabácco

— van. aspiráre, tirár su per le narìci, pigliár tabácco, tabaccáre; smoccoláre; pléase to — the càndles, favoríte smoccoláre le candéle; I have —ed out the càndle, ho spènto la candéla nello smoccolárla

Snuffer, s. chi smóccola, smoccolatóre; — meglio snuff-tàker, chi prènde tabácco

— -s, spl. smoccolatòjo; — stànd, — tray, pòrta-smoccolatòjo

Snuffle, va. parláre nel náso, parlár con suòno nasále

Snuffler, s. chi párla nel náso

Snùffling, *s.* il parláre con suóno nasále

Snùffy, *a.* tabaccáto, che sénte tabácco

Snùg, *vn.* serrársi, restríngersi; ésser chiúso, al copèrto; ésser ben ripáráto, còmodo — *a.* ben fátto, serráto, compátto; còmodo, adagiáto; agiáto, benestánte; — róom, cámera còmoda comechè píccola; — bèrth, situazióne còmoda; to lie — in bed, stríngersi, accosciársi nel lètto, avviluppársi nelle copérte

Snùggle, *vn.* (*volg.*) rannicchiársi, muòversi qua e là per stáre còmodo

Snùgly, *avv.* ristrettamente, comodaménte

Snùgness, *s.* stato serráto, chiúso, státo chéto, comodità, còmodo (*di ciò che è piccolo*)

Só, *avv.* così, in quésto mòdo, tánto, sì, talménte, lo; it is —, è così; I belíéve —, lo crédo; — that, di maniéra che; if —, se è così, se pur è vero; and — fórin, e vía dicèndo, e così del rèsto; there were álso Mr. and Mrs. — and —, vi érano púre il signóre e la signóra tále; — long, lúngo così; — much, tánto; — mány, tánti; —, così così, mediocreménte: — it be dòne, purchè sía fatto; —! sía! ebbéne! vía! not —, non è così; why — ? e perchè? — as to, in maniéra di; — it is, così è infátti

Só, *conj.* purchè, a condizióne che

Sóak, *va.* ammolláre, méttere in mòlle, inzuppáre, maceráre — *vn.* imbéversi, inzuppársi

Sóap. *s.* sapóne, *m*; — báll, saponétta; — bóiler, — manufácturer, fabbricánte di sapóne, saponájo; — stóne, (*min.*) steatíte, *f*; — wòrt, (*bot.*) saponária — *va.* insaponáre, méttere il sapóne — -trée, *s.* (*bot.*) piánta saponària

Sóapy, *a.* saponáceo, di sapóne

Sóar, *vn.* soráre, librársi sulle áli, spiccár il vólo in álto; poggiáre, innalzársi, volár álto, aspiráre; — óver, abóve, librársi nell'ária, sorvoláre — *s.* (*poet.*) vólo, sláncio, innalzaménto, elevazióne (vólo

Sóaring, *a.* che s'innálza, che spiéga il — *s.* l'innalzársi, lo slanciársi con l'áli o còlla fantasía, vólo

Sób, *s.* singhiózzo, singúlto — *vn.* singhiozzáre, sospiráre con piánto

Sòbbing, *s.* il singhiozzáre

Sóber, *a.* sòbrio, temperánte, non briáco, che non ha bevúto; sòbrio, moderáto, sensáto, ragionévole, sávio, riposáto, compósto, sèrio, gráve — *va.* rèndere sòbrio, far passáre l'ubbriachézza

Sóberly, *avv.* sobriaménte, a sángue fréddo

Sobríety, *s.* sobrietà, temperánza; moderatézza, buón sénso, saviézza, serietà, gravità

Sòbriquet, *s.* soprannóme, *m.*

Sóc, sóke, *s.* (*diritto feudale*), giurisdizióne signoríle; cònsuetúdine, *f.* di macináre al mulíno signoríle; privilégio d'esenzióne da servígi o servitù rusticáli

Sócage, *s.* (*legge inglese*) possèsso d'un censuário o livellário soggétto ad òbblighi feudáli

Sócager, *s.* (*legge inglese*) censuário o livellário soggétto ad òbblighi feudáli

Sóciable, *a.* sociévole, sociábile, compagnévole, amichévole, amábile, affábile

Sóciableness, Sociabílity, *s.* umóre sociábile, caráttere compagnévole, socialità

Sóciably, *avv.* sociabilménte, compagnevolménte

Sócial, *a.* sociále, dell'a società, sociábile; smóking his — pípe, fumándo la pipa, sua abitúale compagnía

Sócialism, *s.* socialísmo, comunísmo

Sócialist, *s.* socialísta, comunísta, *mf.*

Sociallstic, *a.* socialístico

Sócialize, *va.* socializzáre, rènder sociévole

Sócially, *avv.* socialménte

Sócialness, Sociàlity, *s.* socialità

Society, *s.* società, civil consòrzio; società, assembléa, compagnía, brigáta, conversazióne; società, compagnía, córpo; the fáshionable —, il bel móndo; the Bíble —, la Società Bíblica

Socínian, *a. s.* (*teol.*) sociniáno

Socínianism, *s.* (*teol.*) socinianísmo

Sòck, *s.* mèzza cálza, calzétta; (*teat.*) sòcco; scappíno, pedále, *m*; (*agric.*) vómero, vómere, *m.*

Sòcket, *s.* boccinòlo (del candellière); the — s of the téern, gli alvéoli dei dénti; — s of the eyes, occhiáje, òrbite

Sócle, *s.* (*archit.*) zòccolo, plínto

Sócman, *V.* Sòccager

Socótorine } *a.* (*bot.*) soccotríno; — àloés, Socótrine } áloe soccotríno

Socràtic } *a.* (*filos.*) socrático
Socràtical }

Socràtically, *avv.* (*filos.*) socraticaménto

Socràtism, *s.* (*filos.*) filosofía di Sócrate

Sócratist, *s.* discépolo di Sócrate

Sòd, *s.* piòta, zòlla copèrta d'èrba — *va.* piotáre, coprire di piote — *pret. di* Séethe

Sóda, *s.* (*min.*) sóda; — wàter, ácqua di Seltz

Sódalite, *s.* (*min.*) sodalíte, *f.*

Sodàlity, *s.* (*poco us.*) sodalízio

Sòdden, *V.* Séethe

Sòddy, *a.* di piòta, di zòlla; copérto di piote, di zòlle

Sóder, *V.* Sólder

Sódium, *s.* (*chim.*) sòdio

Sódomite, *s.* sodomíta, *m.*

Sodomítical, *a.* sodomítico

Sódomy, *s.* sodomía

Sóe, s. (locale) mastéllo, mastélla, sécchio

Soéver, particella congiuntiva, únque, che sia; qualúnque; whó —, chiúnque, chicchessía; whát —, checchessía; what fríends — he may hàve, per quánti amici egli àbbia; I will fòllow you which wáy — — you máy táke, io vi seguirò qualúnque sìa il cammíno che voi prendíàte

Sófa, s. sofà, m., diváno

— -bèd, s. lètto-canapè, m.

Sófett, s. píccolo sofà, m.

Sóffit, s. (arch.) soffítta

Sófi, s. sofi, m. (antico re di Pèrsia; dervis)

Sóft, a. mòlle, mòrbido, sòffice, ténero, delicáto, mollíccio; dòlce, fàcile, agévole, benígno, trattàbile; manévole, semplicióne; baggiáno; bòdles are hàrd or —, i còrpi sono dùri o mòlli; — hand, máno mòrbida; — bed, lètto sòffice; — bréad, páne ténero; — stóne, piètra mollíccia; — voice, vóce dòlce; the sòfter sex, il bel sèsso; a — fèllow, un baggiáno

— avv. V. Sóftly

— -hèaded, a. débole di cervèllo

— -heárted, a. ténero di cuòre

— spóken, a. dalla vóce dólce

Sóftly, interj. adágio! adagíno! pian pianíno

Sóften, va. ammolláre, addolcíre, ammorbidáre, mollificáre, ammansáre, piegáre, mitigáre, allenìre

— va. ammollírsi, raddolcírsi, immorbidársi, calmársi, piegársi, placársi, mansuefársi, intenerírsi

Sóftening, a. che rènde mòlle; addolcitívo, mollificatívo, lenitívo

— s. mollificaménto, ammorbidaménto, intenerimènto

Sóftish, a. mollíccio, alquánto mòlle

Sóftly, avv. dolceménte, molleménte; pián piáno, bel bèllo, adágio, adagíno

Sóftner, s. chi o che ammollísce, raddolcísce, mítiga

Sóftness, s. morbidézza, mollézza, delicatézza

Sohó! interj, olà! oh! écco! védi!

Sóll, va. macchiáre, sporcáre, letamáre

— s. suòlo, terréno, glèba, tèrra, pióta; letáme, m. cóncio; sporcízia, màcchia, fàngo; ·, sòlling, èrba, páscolo vérde

Sóirée, s. convèrsazióne, seráta

Sójourn, s. soggiórno, dimóra

— vn. (poco us.) soggiornáre, dimoráre

Sójourner, s. chi soggiórna, forestiére, m.

Sójourning, s. il soggiornáre, soggiórno, dimóra

Sól, s. (mitol.) il sóle; (mus.) sol

Sólace, va. consoláre, confortáre, refrigeráre, alleggeríre, raddolcíre; solleváre, ricreáre; — one's self, racconsolársi, ricreársi

— s. consolazióne, f., confòrto, refrigèrio, solliévo, sollázzo

Solànder, s. (veter.) solàndra

Sólar, a. soláre, del sóle

Sóld, prêt. di to sell

Sóldan, s. soldáno

Sólder, va. saldáre, ricongiúngere con saldatúra

— s. saldatúra, ceménto metállico

Sóldering, s. il saldáre, saldatúra

Soldier (pr. sóljer), s. soldáto, militáre, m; prívàte —, sémplice soldáto, gregário; fóot —, soldáto di fantería; horse —, soldáto di cavallería; fèllow —, commilitóne; — -líks, da militáre; the —s, i militàri, la soldatésca

Soldierly (pr. sóljerly), a. soldatésco, di militáre, di o da guerrièro, da pròde

Soldiership (pr. sóljership), s. qualità di soldáto, abilità, prodézza militáre

Soldiery, (pr. sóljery), s. i soldáti, la soldatésca

Sóle, a. sólo, único, sémplice, esclusívo

— s. piánta (del piede); suòla (di scarpa); (itt.) sòglia, sogliuóla; (mar.) sapáta, fóndo, báse, f.

— va. méttere le suòle, risoláre; to hàlf —, rimèttere le mèzze suòle; to — and héel, rimèttere le suòle e i tàcchi

Sóleciàm, s. solecísmo, anomalía

Sólecist, s. (gram.) autóre di solecísmi

Solecistic { a (gram.) che sènte di sole-
Solecistical { císmo, scorrètto

Solecistically, avv. (gram.) con solecísmi, scorrettaménte

Sólecize, vn. (gram.) fáre dei solecísmi

Sóled, a. dalle sóle...; ruin-sóled, che ha le sóle sottíli

Sólely, avv. solaménte, unicaménte, esclusivaménte

Sólemn, a. solènne; gráve, sério

Sólemness, Solèmnity, s. solennità, gravità

Solemnizátion, s. solennizzaménto, festeggiaménto

Sólemnize, va. solennizzáre, celebráre con solennità, festeggiáre

Sólemnly, avv. solenneménte, con pómpa

Sólen, s. (conc.) soléne, f., canolícchio

Sólenite, s. (min.) solenite, f. soléne impetráta

Sòl-fa, va. (mus.) cantáre la sólfa, solfeggiáre

Solfáing, s. il solfeggiáre

Solfèggio, s. (mus.) solféggio

Solicit, va. sollecitáre, pregáre, postuláre, brigáre, domandáre con istánza; allettáre, invitáre; importunár., infastidíre

Solicitation, s. sollecitazióne, il sollecitáre

Soliciting, s. so`lecitaménto, il sollecitáre

Solicitor, s. sollecitatóre; (legge) sollecitatóre, procuratóre, causídico; agénte, m. del contenzióso; (negli Stati Uniti), arvocáto generále ; — géneral, procuratóre generále

Solicitous, *a.* sollécito, ansióso, premuróso

Solicitously, *avv.* sollecitaménte, con ansietà, con premúra

Solicitress, *s.* sollecitatrice, *f.* mediatrice, *f.*

Solicitude, *s,* sollecitúdine, *f.* ánsia, cúra

Solid, *a.* sólido, véro, reále, massíccio, sódo, compátto ; sáldo, reále, effettívo ; (*com.*) sólido, buóno, solvíbile ; to becóme —, solidificársi, assodársi ; becóme —, solidificáto

— *s.* sólido, sódo, córpo sólido

Solidáte, *va.* (*poco us.*) solidificáre

Solidificátion, *s.* il solidificare, solidificaménto

Solidify, *va.* solidificáre ; — *vn.* solidificársi

Solidity, *s.* solidità, sodézza; (*com.*) solidità

Solidly, *avv.* solidaménte, sodaménte

Solidness, *s.* *V.* Solidity

Solidùngulate, *s.* (*zool.*) solípede, *m.*

Solidùngulous, *a.* solidúngolo, solípede

Solifidian, *a. s.* (*teol.*) che protéssa o chi protéssa bastáre alla giustificazióne la féde sóla (sénza le ópere)

Solifidianism, *s.* (*teol.*) la dottrína che básta alla giustificazióne la féde sóla (sénza le ópere)

Sòliloquíze, *vn.* fáre un solilóquio

Sòliloquy, *s.* solilóquio, monólogo

Sòliped, *s.* solípede, *m.*

Solipedous, *a.* solípede, d'ugna intéra

Sòlitaire; *s.* solitário, romíto ; solitário (*d'anéllo di spillóne, ecc.*)

Sòlitarily, *avv.* solitariaménte

Sòlitariness, *s.* solitúdine, *f.*, qualità solitária, ritiratézza, isolaménto

Sòlitary; *a.* solitário, appartáto, non frequentáto, solíngo, desèrto, romíto ; sólo, unico ; — *way,* via solitária o solínga; a — exàmple, un esémpio único

Sòlitary, *s.* solitário, solitária, romíto, romíta

Sòlitude, *s.* solitúdine, *f;* luógo desèrto

Solmizátion, *s.* (*mus.*) solféggio

Sólo, *s.* (*mus.*) sólo, a sólo ; to sing a —, cantáre un a sólo

Sòlstice, *s.* solstízio ; èstival —, sùmmer —, solstízio d'estáte ; hyémal —, winter —, d'invèrno

Solstitial, *a.* solstiziále, solstiziário

Solubility, *s.* solubilità

Sóluble, *a.* solúbile

Sólus, *a.* sólo

Solúte, *a.* sciólto, líbero ; (*bot.*) sciólto

Solútion, *s.* soluzióne, *f.,* scioglimènto

Sòlutive, *a.* solutívo, che sciòglie, dissolvènte

Solvability, *s.* *V.* Sòlvency (vènte

Sòlvable, *a.* solvíbile, solúbile

Sòlvableness, *s.* solvibilità

Sòlve, *va.* sòlvere, sciògliere, risòlvere, spiegáre ; — a pròblem, sciògliere un probléma

Sólvency, *s.* solvibilità, facoltà di pagáre

Solvénd, *s.* (*chím.*) sostánza da sciogliersi

Sòlvent *a.* so vénte, dissolvènte, solvíbile, che può pagáre

— *s.* solvénte, *m.,* dissolvénte, *m.*

Sòlver, *s.* spiegatóre

Sòlvible, *a.* solúbile ; solvíbile (*com.*)

Sómatist, *s.* (*filos.*) somatísta, materialista, chi ammétte l'esisténza soltánto dei córpi

Somatólogy, *s.* (*filos.*) somatología (dottrína dei córpi)

Sombre (*pr.* sòmber), *a.* fósco, oscúro, tenebróso, cúpo, trísto, tétro

Sombreness (*pr.* sòmberness), *s.* tetrággine, *f.*

Sòme, *a.* quálche, alcúno, cérto ; circa, da ; of — impórtance, di quálche importánza ; — pèrsons sày, alcúne persóne, cèrte persóne dicono ; — twènty miles off, distánte da vènti míglia

Sòme, *artic. partitívo,* del (*un poco di*) dègli, délla, délle ; — brèad, del páne; àpples, délle méla ; — wine, del víno

— *pron.* alcúni, alcúne, certúni, cèrti ; chi quále, àltri, ne ; — are of opinion, alcúni sono d'avviso ; — tàlk of péace, óthers of wàr, chi párla di páce, chi di guèrra ; — rùn one wày, — anóther, quále córre da una párte, quále dall'áltra ; — of Tàsso's sònnets, alcúni de' sonétti del Tásso ; give me — of it, — of them, dátemene ; I hàve —, ne ho

Sómebody, *s.* qualchedúno, qualcúno, talúno, quálche cósa, un personággio ; — èlse, quálche áltra persóna ; you will be considered as —, saréte rispettáto

Sómehow, *avv.* in una manièra, o in una áltra, in quálche mòdo, non so cóme

Sómersàult, *s.* *V.* Somerset

Sómerset, *s.* sálto mortále, sálto del carpióne ; to pitch a —, spiccáre un sálto mortále

Sómerthing, *s.* quálche cósa, un che, un non so che, alquánto ; I will give you —, vi darò quálche cósa ; he is — indispósed, egli è alquánto indispósto ; there is — unaccóuntable in àll this, vi ha qui alcun che d'inesplicábile

Sómetime, *avv.* un témpo, áltre vòlte, già

Sómetimes, *avv.* alcúne vòlte, quálche vòlta, di quándo in quándo, talvòlta

Sómewhat, *a.* alquánto, un póco ; *s.* quálche cósa (altróve

Sómewhere, *avv.* in quálche luógo ; — èlse,

Sómewhile, *avv.* (*ant.*) una vòlta ; per quálche témpo

Somnambulátion, Somnàmbulism, *s.* sonnambulísmo

Somnàmbulist, *s.* sonnámbulo, nottámbulo

Somniferous, Somnific, *a.* somnífero

Somniloquist, *s.* sonníloquo, sonníloqua, chi párla nel sónno

Somniloquous, *a.* sonníloquo, che párla nel sònno

---

nÒr, rûde; - fàll, sòn, bùll; - fàre, dó; - by, lymph; póíse, bóýs, fóúl, fóẃl; ġem, aš

Diz. Ingl. Ital. - *Ediz.* VI. Vol. I.º   36

Somniloquy } *s.* sonnilóquio
Somniloquism }
Sòmnolence } *s.* sonnolènza
Sòmnolency }
Sòmnolent, *a.* sonnolènto, sonnacchióso
Sòn, *s.* fíglio, figliuólo; grànd- —, nipóte, *m.* nipotíno; greát-grànd- —, pronipóte, *m*; gòdson, figliòccio; stèp- — figliàstro; — -in-làw, genèro; évery mòther's — (*volg.*), tutti quánti
Sonàta, *s.* (*mus.*) suonáta
Sòncy, sònsy, *a.* fortunáto, avventuráto, próspero, prosperóso
Sòng, *s.* (*poet.*) cánto (*arte, atto*); cánto (*degli uccelli*), canzóne, *f*; ària, ariétta, cánto (*poesia*); cánto (*parte di poema*); còsa da poco; òld —, canzóne vècchia, bagattèlla; pláin —, cánto fèrmo; littlè —, canzonétta, canzoncína; — bòok, canzonière, *m*; Sòlomon's —, *s.* (*Bibbìa*) il Cántico dei Cántici
Sòngless, *a.* che non cánta, sènza vóce
Sòngster, *s.* chi o che cánta, cantànte, *m.* canteríno; uccèllo che cánta
Sòngstress, *s.* cantatrice, *f.* cantánte, *f.*
Soniferous, *a.* che rènde suóno, sonòro
Sònnet, *s.* sonétto; *vn.* sonettáre, compórre sonétti
— -writer, *s.* scrittóre, autóre di sonétti
Sonnetéer, sonnettéer, *s.* sonettière, *m.* sonettísta, *m.*, sonellánte, *m.*, *componitóre di sonetti;* poetástro
Sonnetéering, *a.* sonettànte, sonettatóre -tríce; di poetástro, da poetástro
Sonorific, *a.* che prodúce suòno
Sonórous, *a.* sonòro, canòro, risonánte
Sonórously, *avv.* sonoraménte
Sonórousness, *s.* sonorità, risonánza
Sònship; *s.* filiazióne, qualità di fíglio
Sóon, *avv.* tòsto, prèsto; volontièri, facilménte; vèry —, ben tòsto, quánto prima; — àfter, indi a póco, non mólto dopo; he will — be hère, egli sarà qui prèsto; tòo —, tròppo prèsto; as — as, súbito che, tòsto che; così volontièri come; sóoner, più prèsto, piuttòsto; sóoner than, ánzi che, piuttòsto che; the sóoner the bètter, il più prèsto sarà il mèglio; sóoner or làter, tòsto o tárdi; at sóonest, al più prèsto
Sóoshong e Sóuchong, *s.* sushong (*tè*)
Sóot, *s.* fulíggine, *f*; as blàck as —, nèro come la fulíggine, nèro come il carbóne
— *va.* imbrattáre di fulíggine   (mìni — -wòrt, *s.* (*med.*) cáncro degli spazzaca-
Sóoterkin, *s.* abórto prodótto, secóndo che favoleggiáno, dalle dònne olandési col lúngo sedére sulle loro stúfe
Sóoth, *s.* (*poet.*) realtà; in —, in realtà — *a.* (*poco us.*) véro, reàle, fedéle, blándo
Sóothe, *va.* blandíre, rasserenáre, accarezzáre, addolcíre, calmáro; lusingáre

Sóother, *s.* chi o che blandísce, lusinghièro, adulatóre
Sóothingly, *avv.* con blandízie, lusinghevolménte
Sóothsáy, *va.* predíre, pronosticáre
Sóothsáyer, *s.* indovíno, indovinatóre, *m.* -tríce, *f.*
Sóothsáying, *s.* indovinazióne, *f.*, predizióne di indovíno
Sóotiness, *s.* fulígginosità
Sóotish, *a.* fulígginóso
Sóoty, *a.* fulígginóso; nèro (*come la fulíggine*); — *va.* tíngere di fulíggine
Sòp, *s.* pèzzo di páne inzuppáto nel víno o nel súgo; pan únto; dóno per acquietáre — *va.* inzuppáre, intígnere
Sòpe, *s.* *V.* Sóap
Sòph, *s.* (*università*) studènte, *m.* del secóndo o tèrzo anno; júnior —, studènte del secóndo anno; sènior —, studènte del tèrzo anno
Sóphi, *s.* *V.* Sofì
Sóphism, *s.* sofísmo
Sóphist, *s.* sofísta, *m.*
Sòphister, *s.* sofístico, sofísta, *m*; studènte del secóndo o del tèrzo anno (all'università di Cambridge)
Sophistical, *a.* sofístico
Sophistically, *avv.* sofisticaménte
Sophisticate, *va.* sofisticáre; alteráre, adulterare — *a.* sofisticáto, fatturáto   (teráre
Sophistication, *s.* sofisticheria, il fattaráre
Sophisticátor, *s.* chi sofística, chi àltera
Sóphistry, *s.* sofísmi, *plm.*, sofisticheria; cávilli, *mpl.*, lògica; èxercise of —, lésn, *f.* di lògica
Sóphomore, *s.* *V.* Soph
Sóporàte, *va.* (*ant.*) indúrre sopóre, addormentáre
Soporiferous, *a.* soporífero
Soporiferousness, *s.* proprietà, virtù soporífera, soporífica
Soporific, *a.* soporífico; — *s.* (*med.*) un soporífero
Sóporous, *a.* soporóso
Sópper, *s.* chi inzúppa o intígne (*in un líquido*)
Sopráno (*pl.* sopràni), *s.* sopráno (*mus.*)
Sòrb, — àpple, *s.* (*bot.*) sòrba; — àpple-trèe, sórbo
Sórbic, *a.* di sórbo; — àcid, ácido sórbico
Sorbónical, *a.* della Sorbóna
Sórb-mist, *s.* dottóre della Sorbóna
Sórcerer, *s.* maliárdo, affatturatóre, stregóne, *m.*
Sórceress, *s.* maliárda, affatturatríce
Sórcerous, *a.* incantáto, che contiéne ammaliaménti
Sórcery, *s.* stregonería, malìa, incantésimo, sortilégio
Sórd, *s.* (*volg.*) zòlla, piòta, *V.* Sward
Sórdes, *s.* (*med.*) fècce, *fpl.*, sporcízie, *fpl.*

Sòrdet, s. (mus) sordína

Sòrdid, a. sòrdido, sózzo, sudício; básso, vile; sòrdidò, grétto, spilòrcio

Sòrdidly, avv. sordidaménte, grettaménte

Sòrdidness, s, schifézza, sordidézza, spilor- Sordine, s. (mus.) sordíno, sordína (cería

Sòre, s. piàga, feríta, úlcera, mále, m; full of sores, ulceróso, pièno di úlcere; a —, un dàino di quàttro ánni; un fàlco d' un ánno; to rip old —s, rinnováre le piághe; slóre's nó —, (proverbio) l'abbondánza non fa mai mále, non nuòce

— a. doloróso, che fa mále, dolènte sensí-bile (al dolore); gràve, gránde, crudéle, atróce; a — plàce, una pàrte dolorózza, che dà del dolóre; — fóot, piède feríto, pia-gáto, ulceráto; — тнróat, mal di góla; — éars, mále alle orécchie; — eýes, mal di òcchi

— avv. mólto, graveménte, fieraménte

Sórchon, s. (irlandese e scozzese) V. Sorn

Sòrel, s. dàino di tre ánni

Sórely, avv. graveménte, grandeménte, mólto

Sóreness, s. sensibilità (della parte ma-lata), dolóre; mále (di piaga), sensibi-lità (morale), suscettibilità; of the eyes, mal d'òcchi

Sòrgo, s. (bot.) sòrzo

Sorites, s. (log.) sorìte f.

Sórn, s. (scozzese e irlandese) òbbligo di ospitàre il capo della tribù ad ovni sua richièsta, e mantenèrlo gratuitaménte; —, vn. to be a sórner, scroccàre, spollastráre, posàr la labárda, fáre il cavaliér del dènte

Sòrrel, s. (bot.) acetósa; wóod- —, aceto-sèlla

— a. (del mantello de' cavalli) sàuro

Sórrily, avv. miseraménte, meschinamente

Sórriness, s. meschinità, tristízia, povertà

Sòrrow, s. dolóre, affànno, tristézza, péna, rincreciménto; déep —, cordòglio

— vn. (poet.) affliggersi, affannàrsi

Sórrowful, a. afflitto, affannáto, tristo

Sórrowfully, avv. con dolóre, con afflizióne

Sòrrowing, s. espressióne di dolóre, laménto

Sòrry, a. dispiacènte, cui rincrésce, dolènte; mèsto, tríste; tristo, grámo, meschíno, miserábile; véry —, dispiacentíssimo, do-lentíssimo; to be — for a thing, éssere dispiacènto di una còsa; to be — to dó a thing, rincréscersi, èssere dispiacènte di fáre una còsa; a — hòrse, un tríslo pásto; a — fèllow, un miserábile; I am — to distùrb you, mi rincrésce di disturbárvi; I am — to hàve páíned you, sono dolènte di avérvi af-flítto; I am — that, ecc., sono dispiacènte, che, ecc.

Sòrt, s sòrta, spézie, f., fòggia, gènere, m., manièra, qualità, clásse, f., condizióne, f; they are a góod — of péople, sono bràve persóne; as he had been a séa-fàring —

of a man, siccóme egli ora stato una spé-cie di marinájo; he will sáy that he is a fàmily-fàther and that — of thing, dirà che é pádre di famíglia e qualche còsa di quésto génere; to be ѳùt of —s, non éssere dell' umóre consuéto, éssere di cattivo umóre

— va. assortíre, classificàre; distribuíre, scompartíre, scégliere, scérnere, separáre

— vn. quadráre, accordársi, conveníre

Sòrtable, a. che si può assortíre o classifi-cáre; accóncio, adattáto, conveniènte

Sórtably, avv. convenevolménte, acconcia-ménte

Sòrted, a. scèlto, trascèlto, assortíto; well —, béne assortíto

Sórtilege, s. sortilègio

Sortiligious, a. di sortilègio

Sortítion, s. sortiménto, divisióne per sòrte

Sòrtment, s. V. Assórtment

Sóss, vn. (ant.) gettàrsi, lasciársi cadére sopra una sèdia, un canapè, ecc.; sedére dinoccolàto

Sòt, s. babbéo; ubbriacóne, stúpido; — va. (poco us.) istupidíre — vn. (poco us.) ubbriacàrsi, istupidírsi

Sòttish, a. stúpido, balórdo; abbrutíto, istu-pidíto dal sovérchio bére

Sóttishly, avv. stupidaménte, da ubbriáco

Sòttishness, s. buàggine, f., balordàggine, f. stupidità

Sóu, s. sòldo (francese)

Sough (pr. sùf), s. rigáguolo, canàle sco-Sóught, pret. dì to séek (latòjo

— a. ricercáto, richièsto; much — àfter, mólto ricercáto

Sóul, s. ánima, álma; ánimo, spírito, èsse-re, m., ènte, m., creatúra; báse, gròvel-ing, méan —, ánima bássa; there was not a —, non vi era ánima nata; àll —s' dàv, il giórno dei mòrti; cúre of —s, cúra d'à-nime; — destròying, funèsto all'ánima; — fèit, sentíto nell'ímo del cuóre; for the — of me, per l'ánima mia; Gòd rèst his, her —! Dio accólga in pàce la sua ánima!

Sóul-bèll, s. campána dell'agonía, campána della mòrte

Sóuled, a dall' ánima...; high- —, di álto sentíre, dall' ánima gránde

Sóulless, a. sénza ánima

Sŏund, s. suòno, rimbómbo; tócco, rintócco; (chirur.) tènta; (mar.) scandáglio, piom-bíno; strétto, bràccio di máre, sund, m; básso fóndo; — pòst, ánima (di violíno); — bóard, cassóne, m., (di organo)

— a. sáno, in buòno stàto, ben condizio-náto; sáno, che sta bène; intèro, buòno, non guásto, válido, legíttimo, fòrte, ga-gliárdo; sáno, sòdo, giudizióso; — mind, ménte sána; as — as a bell, sáno come un pésce; — sléep, profóndo sónno, álto sónno

— *vn.* suonáre, eccheggiáre, rimbombáre
— *va.* suonáre; far suonáre; (*chir.*) tentáre; (*mar.*) scandagliáre; to — or béat the reŧréat, báttere la ritiráta; — *avv.* profondaménte; he sléeps —, dòrme profondaménte
Sŏŭnding, *a.* sonòro, risonánte, sonánte; — bóard, távola armónica, ciélo di pêrgamo; — léad, scandáglio
Sŏŭnding, *s.* il suonáre; rimbómbo; (*chir.*) il tentáre; —s, bássi fóndi, ancoràggio; to còme to —s, afferráre, gettáre l'áncora
Sŏŭndless, *s.* sénza suòno; sénza fóndo
Sŏŭndly, *avv.* con buòna salúte, sanaménte; forteménte, gagliardaménte; profondaménte
Sŏŭndness, *s.* státo sáno, buòna condizióne; solidità, fòrza, vigóre, rettitúdine, *f.*, bontà
Sóup, *s.* minéstra, zúppa, bròdo; tŭrtle —, zúppa di tartarúga (*di mare*); take sŏmĕ —, prendéte della minéstra; — ládle, cucchiajóne, *m.*
— -básin ⎫ *s.* zuppiêra
— -turéen ⎭
Sŏŭr, *a.* ágro, ácido, acêrbo, brúsco, arcigno; to tŭrn —, inacerbíre, divveníre acêrbo; to táste —, sapére, aver sapóre di agrésto
— *s.* acidità, agrézza, acerbità; láto agrésto
— *va.* rèndere ágro, ácido, acêrbo
— *vn.* divveníre ágro, ácido, acêrbo
Sóurce, *s.* fónte, *f.*, sorgènte, *f.*, scaturígine, *f.*, origine, *f.*
Sŏŭrish, *a.* acidétto, alquánto ágro
Sŏŭrkrŏŭt, *s.* (*poco us.*) sourcrout, *m.*
Sŏŭrly, *avv.* con acerbità, con acrimónia, aspraménte
Sŏŭrness, *s.* agrézza, acetosità, acerbità
Sŏŭse, *s.* salamója; cárne, *f.*, pésce marináto
— *va.* marináre; gettáre, tuffáre nell'ácqua
— *vn.* piombáre sopra la préda con violènza (*come un uccello di rapina*); — dŏŵn, precipitársi, gettársi, scagliársi giù
— *avv.* con improvvísa violènza
SŏŭTH, *s.* súd, *m.* mezzodi, *m.* párte, *f.* meridionále
— *a.* del súd, del mezzodi, meridionále; — éast wind, scilòcco, sciròeco
— *avv.* vêrso il mezzodi, vêrso il súd
Sòutherly, sòuthern, *a.* meridionále, austrále
Sòutherŋwŏŏd, *s.* (*bot.*) abrotíno, abrotína
Sŏŭrning, *a.* andánte, vêrso il mezzodi
Sŏŭruɰmost, *a.* il più meridionále, austrále
Sŏŭruward, *avv.* vêrso il mezzogiórno
Sŏŭth-wèst, *s.* libèccio, garbíno
Sòuvenir, *s.* memòria, ségno, ricórdo
Sòvereign, *s.* sovráno, principe regnánte; sovrána (*moneta di 25 fr.*)
— *a.* sovráno, suprêmo
Sòvereignly, *avv.* sovranaménte
Sòvereignty, *s.* sovranità
Sŏŵ, *s.* (*zool.*) trója, pòrca, scròfa; (*ent.*) porcellíno terrèstre; — of léad, mássa,

páne di piómbo; — pig, porchétta; — brèad (*bot.*), panporcíno; — ᴛʜɪstle (*bot.*) cicérbita, grispígnolo
— -gèlder, *s.* castrapòrci, *m.*
Sŏw, *va.* (*pret.* sŏwed, *p. p.* sŏwn) semináre, sementáre; spárgere; — discord, semináre la zizzánia, le dissensióni; — *vn.* semináre
Sŏwer, *s.* seminatóre -tríce
Sŏwing, *s.* seminazióne, *f.*, seminaménto; — time, tèmpo della seminagióne
Sŏwins, *s.* sòrta di pásta o polénta di farína d'avéna
Sŏwn, *p. p.* e *a.* semináto, *V.* Sŏw
Sŏ̈y, *s.* soy (*salsa del Giappone*)
Spà, *s.* ácqua minerále di Spa
Spáce, *s.* spázio, estensióne, *f*; intervállo; spázio di tèmpo; (*geom.*) superfície, *f*; — líne, (*tip.*) interlínea
— *va.* (*tip.*) spazieggiáre
Spácing, *s.* (*tip.*) lo spazieggiáre
Spácious, *a.* spaziòso, ámpio, lárgo, vásto
Spáciously, *avv.* spaziosaménte, ampiaménte
Spáciousness, *s.* spaziosità, ampiézza, estenSpàddle, *s* piccola vánga (síóne, *f.*
Spàde, *s.* vánga; (*carte*) picca; dáino di tre ánni; to càll a — a —, chiamár vánga la vánga; — *va.* (*meglio* dig) vangáre
— -bone, *s.* (*anat.*) omopláta
Spadiceous, *a.* rossígno, bájo; (*bot.*) spadíceo
Spadille, *s.* (*carte*) l'ásso di spáde, spadíglia
Spagȳric, *a.* (*ant.*) chímico
Spagyric ⎫ *s.* (*ant.*) chímico
Spagyrist ⎭
Spáhi *e* Spáhee, *s.* spàhi, *m.* (*cavaliere turco*)
Spàke, (*poet.*) *pret. di* to spéak
Spàlt, *s.* (*min.*) spáto; (*metallurgia*) castína
Spàn, *s.* spánna, pálmo, misúra della lunghèzza della máno; cúrva (*apertura*) di árco; spick and —, (*volg.*) nuòvo di zècca
— *va.* misuráre a spánne; *vn.* andár béno insiéme
Spancŏŭnter ⎫ *s.* búca, piastrèlla (*giuoco*)
Spanfàrthing ⎭
Spàndrel, *s.* spázio triangoláre della cúrva d'un árco
Spàngle, *s.* pagliuòla
— *va.* spárgere di pagliuòle
Spàngled, *a.* pièno di pagliuòle; scintillante; the — hèavens, il ciélo stelláto
Spàniard, *s.* spagnuòlo, spagnuóla
Spàniel, *s.* cáne spagnuòlo, brácco (*piccolo*); (*fig.*) piaggiatóre víle, abjétto
— *a.* strisciánte, abjétto come un cáne
— *vn.* strisciársi, èsser strisciánte come un cáne
— *va.* seguíre come un cagnolíno
Spànish, *a.* di Spágna, spagnuòlo; — fɫÿ, cantáride, *f.* canterélla; — licorice, regolízia; — red, cinábro

— *s.* spagnuòlo (*idioma*)
Spànk, *va.* sculacciáre; schiaffeggiáre
Spànker, *s.* persóna tarchiáta; (*mar.*) rónda
Spànking, *a.* (*volg.*) gagliárdo, vigoróso; lìndo
Spànlong, *a.* d'una spánna, córto, brève
Spànner, *s.* cáne, *m.* (*di schioppo*)
Spàr, *s.* (*min.*) spáto, marcassíta; (*mar.*) stánga, távola
— *vn.* esercitársi al pugilláto
Spàrage, Spáragus, *s.* V. Aspàragus
Spàre, *va.* riparmiáre, sparagnáre, economizzáre, riserbáre, méttere da bánda; far sénza, disponsársi, esentáre, .evitáre, cédere, accordáre; I'll — you that trouble, vòglio esentárvi da quell'incòmodo; he —a nóbody, egli non rispármia nessúno; — my blùshes, risparmiátemi il rossóre; to —, avéro d'avánzo
— *vn.* far de' rispármj, èsser económico, astenérsi, ritenérsi; to hàve no tìme to —, non avér tèmpo da pèrdere
— *a.* pàrco, frugále, mágro, stentáto; (*pers.*) sparùto, mágro, smîlzo, assecchíto; (*cosa*) d'avánzo, di risèrbo; (*del tempo*) di ágio, di òzio, disponíbile; táll — man, uòmo álto e mágro; — mòney, danáro d'avánzo, rispármj; — tíme, avanzágli o ritágli di tèmpo; — ànchor, (*mar.*) áncora di risèrva; — stóres, rispétto; — ribs, còstole di pòrco
Spàreness, *s.* magrézza, sparutézza, macilénza
Spàrerib, *s.* costolétta di majále
Spàring, *a.* risparmiánte, párco, económico
Spàringly, *avv.* parcaménte, con economía
Spàringness, *s.* frugalità, parsimònia
Spàrings, *s. pl.* rispármi, *m. pl.*, economíe, *f. pl.*
Spàrk, *s.* scintílla, favílla, damerìno, vagheggíno, scapestráto
Spàrkish, *a.* vívo, svegliáto, attívo
Spàrkle, *s.* scintílla, favílla, pagliuòla
Sparkle, *vn.* scintilláre, sfavilláre, brilláre, smagliáre
Spàrkling, *a.* scintillánte, sfavillánte, (*del víno*) smagliánte, brillánte
Spàrring, *s.* sàggio preliminàre al pugilláto
Spàrrow, *s.* (*orn.*) pàssero; còck —, pássero, passeròtto; hen —, pássera; — hàwk, sparviére, *m.*; — grass V. Asparagus
Spàrry, *a.* piáno dei spáto e marcassíta
Spàrse, *a.* spárso radaménte
Spàsm, *s.* spásimo
Spasmòdic, *a.* spasmòdico
Spàt, *s.* (*min.*) spáto; *pret. di* to spit
Spàtter, *va.* infangáre, lordáre, imbrattáre
Spàtterdasheś, *spl.* (*volg.*) uòsa, *fpl.*, sopraccàlze, *fpl.*
Spàtula, *s.* spátula
Spàvin, *s.* (*vet.*) spavènio; blòod —, spavènio sanguígno

Spàvined, *a.* che ha lo spavènto
Spàwn, *s.* frègolo; uòva di pésce, rázza
— *van.* andáre in frègola; prodúrre
Spàwner, *s.* (*itt.*) pésce fémmina
Spày, *va.* castráre le fémmine degli animáli
Spéak, *vn.* (*pret.* spóke, *p. p.* spóken) parláre, díre; I —to téll the trùra, párlo per ver díre; to — lòûd, parlár fòrte, parlár a vôce álta; — plaín, ópenly, parlár chiáro, apèrto; — affèctedly, — with a coxcòmbical lisp, parlár in pùnta di forchétta; — through one's téera, parlár fra i dénti; — out bóldly, — the plaín, dòwnright trùra, parláre fuòr dei dénti; — by. sígns, parláre alla múta; — òùt, díte su
— *va.* (*pret.* spóke, *p. p.* spóken) parláre, díre, pronunciáre, proferíre, esprímere, dichiaráre, manifestáre, celebráre, comunicáre; — one's mínd, díre francaménte il pròprio parère; — a pèrson faír, usáre paròle melàte con, piaggiáre; to — a lànguage well, parlár bène una língua; do you — English? parláte inglése?
Spéakable, *a.* che può esprímersi con paròle
Spéaker, *s.* chi párla, oratóre, parlatóre; the — of the Hòûse of Còmmons, il presidénte della Cámera de' Comúni; pùblic —, oratóre, aringatóre
Spéaking, *s.* il parláre, il discórso, la paróla; — pípe, cordóne acústico; — trùmpet, pòrta-vòce, *m.*, trómba parlànte; we are on — tèrms with them, ci parliámo con confidénza, ci abbiámo dimestichézza
Spéar, *s.* láncia, alabárda, ásta, arpióne, *m.*
— *va.* uccídere, trafíggere con láncia
— -fóot, *s.* (*d'un cavallo*) pièdo dèstro di diètro
— -gràss, *s.* (*bot.*) gramígna
— -hèad, *s.* pùnta d'una láncia
— -mint, *s.* (*bot.*) ménta vérde
— -stàff, *s.* ásta della láncia
Spéarman, (*pl.* spéarmen) *s.* láncia, lanciére, *m.*
Spèc, *s.* (*abbrev.* di speculátion) speculazióne
Spécial, *a.* speciále, particoláre, esprèsso
Spécially, *avv.* specialménte, in ispècie
Speciàlity, spècialty, *s.* spezialità, specialità
Specie, (*pr.* spéshi) *s.* monéta, numerário, contánte, *m.*
Spécies, *s.* spécie, *f.*, sòrta, clásse, *f.*, gènero, *m.*
Specíſic, specifícal, *a.* specíſico
Specíſic, *s.* specíſico
Specíſically, *avv.* specificaménte
Specíſicate, *va.* specificáre, particolarizzáre
Specificàtion, *s.* specificazióne
Spècify, *va.* specificáre, particolareggiáre, disegnáre, indicáre
Spècimen, *s.* esemplàre, *m.*, modèllo, sàggio, móstra

Spécious, *a.* che piáce all'òcchio, che ha apparènza di verità, specióso, apparènte, plausíbile

Spéciously, *avv.* speciosaménte, plausibilménto

Spéciousness, *s.* speciosità, plausibilità

Spèck, *s.* mácchia, chiázza, táccia; macchiúzza, píccola mácchia

—, Spéckle, *va.* macchiàre, chiazzáre

Spèckled, *a.* macchiáto, picchiettáto, sprizzáto

Spéckledness, *s.* qualità d'èssere macchiettáto

Spéctacle, *s.* spettácolo; — s, *pl.* occhiáli, *mpl*; the auróra boreális is a magnificent —, l'auròra boreále è uno spettácolo magnífico

— -cáse, *s.* astúccio d'occhiáli

— -máker, *s.* occhialájo

Spèctacled, *a.* fornito d'occhiáli

Spectàcular, *a.* attenènte agli spettácoli

Spectátor, *s.* spettatóre, riguardánte, astánte

Spectatórial, *a.* attenènte allo spettatóre

Spectátress, spectátrix, *s.* spettatríce

Spéctral, *a.* di, da spèttro

Spéctre, *s.* (*pr.* spècter) spèttro, fantásma, *m.*, lárva

Spéctrum, *s.* spèttro soláre; immágine, *f.*

Spécular, *a.* speculáre

Spèculate, *vn.* speculáre, meditáre, consideráre; — in the fùnds, specoláre, giuocáre nei fóndi púbblici

Speculátion, *s.* speculazióne, contemplazióne, meditazióne; (*com.*) speculazióne

Spèculative, *s.* speculatívo

Spéculatively, *a.* speculativaménte

Spéculátor, *s.* chi spécula, chi consídera; osservatóre; (*com.*) speculatóre

Spéculatory, *a.* speculánte, meditatívo

Spéculum, *s.* spéculo, spécolo, spécchio

Spèd, *pret. di* to spéed

Spéech, *s.* favèlla, paróla (*facoltà*); favèlla, linguággio; discórso; aringa, ragionaménto; (*gram.*) discórso, orazióne; Glàdstone's —, il discórso di Gladstone; Sir Ròbert Péel's máiden —, il primo discórso del cav. Robèrto Peel; to máke a —, fáre un discórso; he lost his —, perdè la favèlla; liberty of —, libertà di paróla

Spéechifíer; *s.* oratóre, aringatóre, concionatóre

Spéechify, *van.* (*burl.*) peroráre, concionáre, aringáre

Spéechless, *a.* che ha perdúta la favèlla, múto, mútolo, interdétto; he stóod —, rimáse múto, sbalordíto

Spéechlessness, *s.* mutézza, mutomágine, *f.*, mutolézza

Spéed, *s.* frètta, prestézza, celerità; at fùll —, a bríglia sciòlta; the móre háste the less —, chi tróppo s'affrétta più tárdi fa

— *va.* (*pas.* spèd, spéeded) affrettársi, spicciársi, riuscíre; *va.* affrettáre, sollecitáre, acceleráre; God — you, Iddío vi accompágni

— -gáuge, *s.* (*mar.*) sillòmetro

Spéedily, *avv.* affrettataménte, prestaménte, prontaménte, prèsto, súbito

Spéediness, *s.* prestézza, sollecitúdine, *f.*, celerità

Spéedwell, *s.* (*bot.*) verònica, abrotáno

Spéedy, *a.* prónto, spedíto, rápido, spíccio, célere; a — ànswer, una prónta rispósta

Spèll, *s.* incánto, paróla mágica, malía, sortilégio; túrno, vòlta; (*ant.*) novèlla, notízia; — bòund, incantáto, ammaliáto, affatturáto; to càst a — upòn, ammaliáre, affatturáre; táke a — at the pùmp, (*mar.*) date máno alla vòstra vòlta, ajutáte alla pómpa

— *van.* (*pas.* spèlled *e* spèlt) compiláre; ammaliáre; hów do you — it? còme si scrive?

— -wòrd, *s.* paróla mágica

— -wòrk, *s.* incantésimo, magía

Spèller, chi cómpita, ortografísta, *m.*

Spèlling, *s.* il compitáre, ortografía; bad —, erróri d'ortografía; — bóok, librètto da compiláre

Spèlt, *s.* (*min.*) spèlta, spèlda; *pas. di* spell

Spèlter, *s.* zínco

Spèncer, *s.* ábito córto, saltimbárco, giacchétta

Spènd, *va.* (*pas.* spènt) spèndere, sborsáre, consumáre; spèndere, passáre; *mar.*) pèrdere; to — mòney, spèndere danári; — time, spèndere il tèmpo, passáre il tèmpo; to — fóolishly, sperperáré, scialacquáre

— *vn.* spèndere, affaticársi, consumársi

Spènder, *s.* chi spènde, dissipatóre, pródigo

Spènding, *s.* lo spèndere, il consumáre

Spèndthrift, *s.* persóna dispendiósa; lárgo spenditóre; dissipatóre, scialacquatóre, pródigo

Spènt, *pas. di* to spènd

— *a.* (*di palla*) mòrta, rallentáta, che ha perdúta la fòrza; (*mar.*) rótto

Spèrm, *s.* spèrma, *m.*; frégola, fréga

Spermacéti, *s.* spermacéti, biánco di baléna; — òil, òlio di spermacéti

Spermátic, *a.* spermático; — vèssels, vàsi spermátici

Spèw, *van.* (*volg.*) vomitáre, rècere

Spèwing, *s.* il vomitáre, vòmito

Sphàcelàte, *va.* ridúrre in isfacélo; *vn.* ridúrsi in isfacélo, incancrenírsi

Sphàcelus, *s.* (*med.*) sfacélo, mortificazióne

Sphére, *s.* sfèra, glòbo, cérchio; attribuzióni

— *va.* formáre, collocáre in isfèra, ritondáre

Sphèric, sphèrical, *a.* sfèrico

Sphèrically, *avv.* sfericaménte
Sphèricalness, Sphericity, *s.* sfericità
Sphèroid, *s* sferòide, *f.*
Spheròidal, *a.* sferòide, sferoidále
Spheroidic, spheroidical, *a.* sferoidále, sferòide
Spheròldity, *s.* fórma sferoidále
Spherômeter, *s.* sferòmetro
Sphèrule, *s.* sferé'ta, sfèra píccola
Sphincter, *s.* (*anat.*) ⌐fintére, *m.*
Sphinx, *s.* sfínge, *f.*
Spíca, *s.* (*chir.*) spíga ; (*bot.*) spíca, spíga ;
— Virginis (*pr.* Vùrginis), (*astr.*) spíga o spíca
— -bàndage, *s.* (*chir.*) spíga
Spícate, *a.* (*bot.*) a spíga, spiculáto
Spíce, *s.* spézie, *fpl.*, speziêrie ; arómati;
— of lèarning, infarinatûra di sciênza
— *va.* condíre con ispézie
Spícery, *s.* spezieríe, spézie, *fpl.*, arómati, *m. pl.*
Spíciness, *s.* qualità aromática
Spick, *a.* lucênte,· luccicânte (*volg.*); —
and span néw, affátto nuóvo, nuóvo di zêcca
Spí⌐ular, *a.* (*bot.*) spiculáto, in fórma di dárdo
Spiculate, *va.* fáre la pùnta
Spícy, *a.* aromático ; piêno di spézie
Spider, *s.* rágno; —'s web, ragnatélo
Spígot, *s.* zípolo, cavícchio, piuólo; cannélla
Spíkanard, *s.* (*bot.*) spicanárdi, *m. V.*
Spíkenard
Spíke, *s.* spíga (di gráno); pùnta in fórma di spíga; — náfl, chiòdo gròsso; — làvender, lavánda, spígo
— *va.* appuntáre, aguzzáre; — a cànnon, inchiodáre un cannóne
Spíkenard, (*pr. anche* spikenard) *s.* (*bot.*)
spicanárdi, *n.*, spiganárdi, *m.*, spiganárdo
Spíky, *a.* puntáto, agúzzo
Spill, *va.* (*pas.* spilled, spilt) versáre, spándere, spárgere, rovesciáre; — ink, versáre, rovesciáre l'inchióstro; — innocent blóod, versáre il sángue degl innocênti; *vn.* spándersi, rovesciársi, trapeláre, traboccáre
Spilt, *V.* Spill
Spin, *va.* (*pret.* spàn, *p. p.* spùn) filáre, allungáre, prolungáre; far rotáre, far giráre; — còtton, filáre cotóne; — ôut, allungáre (*filando*), mandáre in lúngo, strascináre; *vn.* filáre, muóversi in gíro; the top —s, la tròttola dórme
Spinage *e* Spinach, *s.* spináce, *m.*, spinácci, *mpl*; this — is not góod, quésti spinácci non sóno buóni
Spínal, *a.* spinále; — màrrow, midólla spinále
Spíndle, *s* fúso; pêrno, ágo (*della bussola*); ásse, *m*; — (*mar.*) mássa; — trée, (*bot.*)

fusàggine, *f.*, sílio; — legs, — shanks, gámbe di fúso; — shàped, fusifórme; — máker, fusájo
Spíne, *s.* spína dorsále; (*bot.*) spína
Spínel *e* Spinélle, *s.* (*min.*) spinélla
Spinet, *s.* (*mus.*) spinétta
Spink, *s.* (*orn.*) fringuéllo
Spinner, *s.* filatóre, -tríce; rágno (*ant.*)
Spinning, *s.* il filáre, filatúra, filáto
— -fàctory, *s.* filánda, filatójo
— -fráme, *s.* telájo da filáre
— -jénny, *s.* telájo da filáre in gròsso
— -machine, *s.* mácchina da filáre, filatrice, *f.*
— -mill, *s.* filatójo, filánda
— -whéel, *s.* ruóta da filáre, filatójo
Spinòsity, *s.* spinosità, intralciatûra, difficoltà
Spínous, *a.* spinóso
Spínozièm, *s.* (*filos.*) panteísmo di Spinòza
Spínozist, *s.* (*filos.*) seguáce di Spinòza
Spinster, *s.* filatríce, *f*; (*legge*) dònna núbile; zitélla, donzélla: Máry Bró⌐n, —, María Brúno, attendénte alla cása
Spínstry, *s.* filáto, il filáre
Spíny, *a.* spinóso, scabróso
Spìracle, *s.* spirácolo, spiráglio; (*bot.*) stímma, *m.*
Spíral, *a.* spirále, fátto a spíre
Spírally, *avv.* spiralménte, a guísa dí spíra
Spíre, *s.* línea spirále, spíra, gúglia
— *vn.* elevársi in pùnta, germogliáre
Spíred, *a.* fátto a pùnta
Spirit, *s.* spírito, álma, ánima; spírito, fantásma, *m.* ómbra di mórto ; gènio, spírito, intellétto ; spírito, ánimo, coràggio, brío, vivacità; ardóre, fòrza, caráttere, *m*; disposizióne; essènza, spírito; a disembòdied —, spírito ignúdo; the — of the áge, il gènio del sècolo; pàrty —, spírito dí párte; pùblic —, pùbblico spírito, patriottísmo; a yoûrn of —, gióvine animóso; high —s, vivacità, brío; the Hóly —, lo Spírito Sánto; to lóse one's —s, pêrdersi dí ánimo; — of wíne, spírito di víno; — -sèller, -retasfer, acquavitájo; the évil , lo spírito malígno; kéep up your —s, fátevi ánimo; in that country there ís no pùblic —, in cotésto paése spírito pùbblico non c'è; — -stìrring, risvegliánte, eccitánte, incoraggiánte
— *va.* animáre, incoraggiáre, eccitáre, istigáre; portáre a vólo, trasportáre; — awày, menáre vía clandestinaménte, fár scomparíre
Spirited, *a.* spiritóso, brióso, animóso, di cuóre, ardênte, impetuóso, vigoróso; vívo, aeróso, viváce, enérgico; (*dei cavalli*) focóso, vívo, rubízzo; bóld- —, ardíto, baldanzóso; high- —, di álto sentíre, di cuóre; lów- - , di básso cuóre, abbiêtto, mêsto; tristo, abbattùto; a — yoûrn, gió-

vane animóso ; — hòrse, cavállo rubízzo; pùblic- —, patrióttico

Spiritedly, avv. animosaménte, spiritosaménte

Spiritedness, s. ánimo, ardóre, ardénza, vigoría, energía, brío, vivacità, spiritosità ; lów- —, abbattiméntu, avviliménto; méan- —, bassézza, grettézza

Spiritless, a. sénza spírito, sènza ardóre, sénza energía; scoráto, avvilíto, abbattúto

Spiritlessly, avv. senz'ánima, senza energía, sénza brío, sénza coràggio, con abattiménto, con scoraggiaménto

Spiritlessness, s. mancánza d'animo, d'ardóre, di brío, d'energía; abbattiménto, avviliménto, scoraggiaménto

Spiritóso, a. (mus.) spiritóso

Spiritous, a. di spírito, incorpòreo; ardènte

Spiritual, a. spirituále; immateriále, incorpòreo, (teol.) spirituálo ; intellettuále; — cóurt, tribunálo ecclesiástico

Spiritualist, s. spiritualísta, m.

Spirituàlity, s. spiritualità, immaterialità

Spiritualiztion, s. spritualizzazióne

Spiritualíze, va. spiritualizzáre

Spiritually, avv. spiritualménte, in ispírito

Spirituous, a. spiritóso, ardènte; — liquors, spíriti distilláti

Spirituósness, s. qualità spiritósa

Spirt, (pr. spùrt) vn. sprizzáre, schizzáre, schizzottáre, zampilláre; — va. schizzáre, sprizzáre, fàr zampilláre, fàre scaturíre

Spirtle (pr. spùrtle), va. spárgere a sprázzi, sprizzáre intórno, dissipáre

Spiry, a. spiràle, fátto a spíra, piramidále

Spiss, a. (ant.) spèsso, dènso, condensáto

Spissáted, a. spessáto, condensáto

Spissitude, s. spessitúdine, f; spessézza, densità

Spit, s. spièdo, schidióne, m ; spúto; saliva; to pùt upòn the —, méttere nello spièdo; tùrn —, girarròsto

— va. pórre nello spièdo; traforáre; sputáre, rigettáre, vomitáre; — blòod, sputár sángue

— (pret. spat, p. p. spit) vn. sputáre, sputacchiáre ; to — in the fáce of, sputáre in fáccia a ; it had been spitting with ráin, avea fàtto un tèmpo nebbióso e piovóso

— -box, s. sputacchièra

— -fùll, s. pièno spièdo, schidióne, m.

— -vènom, s. veléno uscíto dalla bócca

Spital, s. (ant.) V. Hospital

Spitchcock, s. anguílla spaccáta e arrostíta súlla graticola; — va. spaccáre e arrostíre (un'anguílla) sulla graticola

Spite, s. dispètto, sdègno, maltalénto, rancóre, rúggine, f; ôùt of —, per dispètto; in — of, a dispètto di ; to hàve a — agáinst one, to òwe one a —, serbár rancóre ad uno

— vn. dispettáre, fàre dispètto a

Spíteful, a. dispettóso, indispettíto, pièno di mal talénto, malígno

Spitefully, avv. dispettosaménte, arrabbiataménte

Spitefulness, s. maltalénto; V. Spíte

Spitted, a. sullo spièdo, nello spièdo

Spitter, s. chi métte nello spièdo; sputacchiatóre -trice; cerbiátto; —s, spl. príme còrna d'un cèrvo

Spitting, s. lo sputáre; — box, sputacchièra

Spittle, s. spúto, salíva; — va. vangáre

Spittóon, s. sputacchièra

Splànchnic, a. (anat.) splàncnico, dei vísceri

Splanchnólogy, s. (anat.) splancnologia

Splàsh, s. zàcchera; — of mùd, schizzo di fàngo

— va. inzaccheráre, infangáre; vn. schiz- -bóard, splásher, s. parafángo (zàre

Splàshy, a. fangóso, melmóso

Spláy, va. distèndere, scartáre; strombáre; — a hòrse, spalláre un cavállo

— s. strombatúra nella grossézza di un múro

— a. distéso, vòlto in fuòri; strombáto; — fòot, — fóoted, che ha i pièdi vòlti in fuòri, sbilènco; strámbo; — mòùth, bócca lárga, boccáccia, smòrfia

Spléen, s. mílza, malattía di mílza; (fig.) umóre atrabiliáre, ipocondría, úggia; to vent one's —, sfogáre il fièle

Spléenful, a. ipocondríaco, malinconióso, stizzóso

Spléenish, a. iracóndo, uggióso, atrabiliáre, stizzóso

Spleenishly, avv. uggiosaménte, malinconiosaménte, stizzosaménte

Spléenishness, s. l'èssere ipocondríaco, malinconióso, uggióso, atrabiliáre

Spléenless, a. (ant.) sénza fièle, dólce, benígno

Spléeny, a. V. Spléenful

Spléenwort, s. (bot.) scolopéndra

Splèndid, a. splèndido, magnífico, pompóso

Splèndidly, avv. splendidaménte, magnificaménte

Splèndour, s. splendóre, m. lústro, pómpa

Splènetic, a. splenético, atrabiliáre, stizzóso

Splènic, a. splénico, átto a guarír la mílza

Splènish, a. stizzóso, malincónico

Splènitive, a. iracóndo, irascíbile

Splènt, s. (veter.) sopròsso, spinèlla

Splice, va. intrecciáre, impiombáre, congegnáre due còrde pe' due cápi

— s. (mar.) intrecciatúra, impiombatúra

Splicing, s. (mar.) introcciatúra, impiombatúra; — fid, cavíglia

Splint, s. assicèlla, stécca usáta dai chirúrghi per tenére insième le òssa ròtte; frantúme, m., schèggia, scáglia

Splinter, va. assicuráre con assicélle le òssa rótte; rómpere a schéggie; affrángere; frantumáre, scassináre
— vn. frantumársi, spezzársi
— s. schéggia, frantúme, m; assicélla; surósso; to break into —s, frantumáre, rómpere in ischéggie
Splintery, a. d'assicélle; scheggióso, a schéggie
Split (pas. split), va. féndere, spaccáre, sdruscíre; — in twó, féndere in due párti, divídere; — one's sides with laughing (pr. fáling), scoppiáre, sbellicársi dalle rísa
— (pas. split) vn. féndersi, spaccársi; divídersi; — upón a rock (mar.), dar in sécco, spezzársi sugli scógli, naufragáre
— a. fésso, spaccáto, sdruscíto (m.
Splitter, s. fenditóre -tríce; spaccalégna,
Splùtter, s. sca póre, m., affoltáta, tumúlto, fracásso
— vn. borbottáre, barbugliáre; — ѳut, affoltáre
Spồll, va. dáre il guásto a, saccheggiáre, méttere a sácco, predáre, spogliáre, derubáre; guastáre, corrómpere, rovináre, distrúggere, sciupáre, sconciáre, deturpáre, fáre deperíre; to — a country, saccheggiáre, desoláre un paése; — a child, dar dei vízi a, inviziáre un fanciúllo; — the eyes, guastáre gli òcchi; — the crop, rovináre la raccólta
— vn. guastársi, corrómpersi, deperíre
— s. spóglia, préda, corruzióne; sóglia
Spồlled, spồlt, a. guásto, corrótto, rovináto; — child, ragázzo inviziáto
Spồller, s. spogliatóre, rovinatóre, predatóre
Spồlling, s. spogliazióne; sácco, guastaménto
Spồke, pret. di to speak
— s. rázzo, rázza (di ruota)
Spồken, p. p. di to speak
Spồkesman, s. chi párla, oratóre, òrgano (chi parla per gli altri)
Spoliate, va. spogliáre, derubáre
Spoliátion, s. spoliazióne, spogliaménto, saccheggiamento
Spondáic } a. (vers.) spondáico
Spondáical }
Spondée, s. (vers.) spondèo
Spondyle, s. (anat.) spondíllo, spondúlo
Spònge, s. spúgna, V. Spùnge
— va. nettáre con la spúgna; scroccáre
Spònger, s. chi usa la spúgna; parassíto, scroccóne, m; cavaliér, m. del dénte
Spồnginess, s. spugnosità
Spồnging-house, s. cása di detenzióne provvisória (pei debitóri)
Spồngious } a. spugnóso, inzuppáto
Spồngy }
Spồnk, s. ésca; V. Touchwóod
Spồnsal, a. sponsále, da spósi, da sposalízio

Spồnsion, s. (ant.) malleveria, garanzía
Spồnsor, s. mallevadóre -dríce; padríno, matrína, compáre, m., comáre, f; the —s, il padríno e la madrína
Spồnsorship, s. qualità di padríno o matrína
Sponsórial, a. di mallevadóre, di, da padríno
Spontanéity, s. spontaneità (tríno
Spontáneous, a. spontáneo
Spontáneously, avv. spontaneaménte
Spontáneousness, s. spontaneità
Spontóon, s. spuntóne, m.
Spồol, s. cannéllo, rocchétto
— va. incannáre (filo seta, ecc.)
Spồom, va. (mar.) córrere vènto in póppa
— -drift, s. (mar.) sprúzzo del máre in tempésta
Spồon, s. cucchiájo; little —, téa —, cucchiaíno; grávy —, cucchiájo pel ragù, pel guazzétto; salt —, cucchiaíno pel sále; márrow —, cavamidóllo; to be born with a gólden — in one's mѳuth, náscere, èsser náto vestíto
— -bill, s. (orn.) spátola
— -billed, a. orn.) col bécco a spátola
-drift, s. (mar.) sprúzzo (del máre in tempésta)
- -dùck, s (orn.) ánitra penèlope, bíbbio, caporósso, miglióne, m.
— -meat, s. (quánto si mángia col cucchiájo) aliménto líquido; latticínio
- -wort, s. (bot.) cocleária
Spồonful, s. cucchiajáta
Spồony, s. (familiare) imbecílle, m. babbéo; a. còtto (innamorato); lánguido, spasimáto, cascamórto
Sporádic, Sporádical, a. (med.) sporádico
Spồrt, s. trastúllo, passatèmpo, dipórto, divertiménto, sollázzo, ricreazióne, piacére, m., spásso, schèrzo, célia, búrla; —s, fféld —s, i piacéri della cáccia, della pésca, delle córse di caválli e símili; for —, ѳut of —, per célia; to máke — of a pèrson, fársi bèffa di alcúno
— va. giuocáre, rappresentáre; espórre; adornársi di, fársi bèllo di, pavoneggiársi di; to — one's self, divertírsi (poco us.)
— vn. divertírsi, trastullársi, spassársi, diportársi, scherzáre; — with, rídersi di
Spồrter, s. chi si divèrte, chi fa pómpa di
Spồrtful, a. lièto, allégro, scherzévole
Spồrtfully, avv. scherzevolménte, per dipórto
Spồrtfulness, s. brío, giovialità, festevolézza
Spồrting, a. scherzévole; della cáccia, della pésca
— s. la cáccia, la pésca
Spồrtive, a. festévole, gioviále, scherzévolo
Spồrtiveness, s. festevolézza, umóre allégro
Spồrtsman, (pl. sportsmen) s. cacciatóre, pescatóre; amatóre della cáccia, della pesca, delle córse di caválli, ecc.

Spòt, *s.* màcchia, tàccia; ségno, lividúra, màrchio, sfrégio; luògo, síto; pèzzo, pezzétto; (*astr.*) màcchia nel sóle; — upòn one's reputàtion, tàccia d'infàmia; upòn the —, sul luògo, a dirittúra
— *va.* macchiáre, sporcáre, imbrattáre; macchiáre, picchiettáre; macchiettáre; tacciáre, infamáre

Spòtless, *a.* sénza màcchia, immacoláto, púro

Spòtlessness, *s.* incontaminatézza, mondézza, purità, candóre

Spòtted, *a.* macchiáto, picchiettáto, chiazzáto

Spòttedness, *s.* l'èsser macchiáto, picchiettáto

Spòttiness, *s.* l'èsser chiazzáto

Spòtty, *a.* chiazzáto, macchiáto

Spòusal, *a.* nuziále, matrimoniále, di nòzze

Spòusals, *spl.* sponsáli, *mpl.*, sposalízio

Spòuse, *s.* spóso, spósa, marìto, móglie, *f.*

Spòuseless, *a.* sénza spóso, sénza spósa; vedováto, védovo; the — Adriàtic, l'Adriàtico védovo

Spòut, *s.* grondája, grónda, dòccia, zampíllo, gètto; túbo, canalétt·; (*di vaso*) bécco, beccúccio; túbo, sifóne, *m*; wàter —, trómba turbinósa d'ácqua
— *vn.* spicciáre, docciáre, sgorgáre, zampilláre, scaturíre, schizzár fuòri, sboccáre; declamáre, aringáre; — òut, sgorgáre; — up, schizzáre
— *va.* versáre, docciáre, lanciáre, declamáre

Spòuter, *s.* declamatóre, concionatóre

Spòuting, *s.* il docciáre, zampilláre, sgorgáre; declamazióne (*burl.*)

Spráin, *s.* storciménto, slogatúra, stòrta
— *va.* stòrcere, slogáre; sconciáre; — one's fòot, stòrcersi, sconciársi un piède

Spràng, *pret. di* to spring

Spràt, *s.* (*itt.*) laterino; to gìve a — to càtch a hèrring, regaláre un uòvo per avére una gallína, donáre un ágo per avére un pálo

Spràwl, *vn.* stèndersi per tèrra in mòdo scóncio; dimenársi, contòrcersi, agitársi

Spráy, *s.* frásca; vétta; sprúzzo de' marósi

Spréad (*pas.* spréad), *va.* stèndere, slargáre, allargáre, ampliáre; stèndersi sópra; — óver, spàndere, spárgere, propagáre, disseminàre; to — a càrpet, stèndere un tappéto; — sáil, spiegáre le véle; — stráw, sparpagliáre della páglia; — manúre, spàndere letáme; — a repòrt, far córrer vóce; — vn. stèndersi, spàndersi, spárgersi, spiegársi
— *a.* stéso, spárso, divulgáto, disseminàto
— *s.* estensióne, spandiménto, dilatazióne, svilúppo, propagazióne

Spréader, *s.* spargitóre -trice, divulgatóre trice

Spréading, *s.* lo stèndere, lo spárgere, divulgaménto

Sprée, *s.* scappáta, bagórdo, stravízzo, òrgia

Sprig, *s.* vétta; verghétta, virgúlto, ramoscéllo, frásca (*ricamo*); chiodétto
— *va.* (*ricamo*) ornáre di frásche o ramoscélli

Spriggy, *a.* piéno di vèrghe, vétte, frásche

Spríght, *meglio* Sprìte, *s.* fantásima, follétto; fáta, ómbra (jézza

Sprightliness, *s.* brío, allegría, vivacità, gaiézza

Sprightly, *a.* brióso, aeróso, gájo, svegliáto, snèllo

Spring, (*pret.* spràng, sprùng, *p. p.* sprùng) *vn.* spuntáre, germogliáre, scaturíre, sórgere, sgorgáre, uscíre, sboccáre; scattáre; procédere, deriváre, veníre, proveníre, nàscere, rináscere; alzársi, levársi; lanciársi; scagliársi, balzáre; the flòwers that — up in the fiélds, i fióri che spúntano (che germógliano) nei càmpi; the wàter that —s òut of the rock, l'ácqua che scaturísce dal sásso; thènce — all our misfortunes, da quésto nàscono tutte le nòstre disgràzie; — óver that ditch, saltáte quélla fóssa
— (*pret.* spràng, sprùng, *p. p.* sprùng), *va.* far leváre (*la caccia*), méttere avánti, propórre, accampáre, saltáre, scavalcáre; far scoppiáre (*una mína*); (*mar.*) aprírsi, venír sdruscíto; — a pàrtridge, leváre una pernìce; — a mìne, far voláre, far scoppiáre una mína; the ship sprùng a léak, la náve cominciáva a far ácqua
— *s.* slàncio, bálzo; mòlla, fòrza elàstica; scaturígine *f.*, fónte, *f.*, sorgènte, *f.*; càusa, orígine, *f.*, princípio; primavéra; máin— (*d'oriuolo*), mòlla principále; the — of a lock, la mòlla di una serratúra; in the —, in —, nella primavéra; to gìve a —, táke a —, spiccáre un sálto; — wàter, ácqua di sorgènte; one swàllow does not máke a —, (*proverbio*) una róndine non fa primavéra

Springal }
Springall } *s.* (*ant.*) giovanòtto, garzóne, *m*; màcchina antìca guerrésca da scagliár fréccie e sàssi

— -bok, *s.* gazzélla dell'Africa meridionále
— -box, *s.* barilétto, tambúro (d'orológio)
— -hàlt, *s.* (*veter.*) grànchio
— -héad, *s.* scaturígine, *f.* sorgènte, *f.*
— -tide, *s.* álta maréa
— -wàter, *s.* ácqua sorgènte
— -whéat, *s.* froménto marzuòlo

Springiness, *s.* elasticità, fòrza elàstica

Springing, *s.* lo slanciársi; il sórgere; sorgènte, *f.*, scaturígine, *f*; princípio

Springe, *s.* làccio, lacciuòlo, calappio (per prèndere uccèlli)
— *va.* prèndere al làccio, illaqueáre, accalappiáre; it is éasy to bag the bird when anòther has — d it, è fàcile ac-

chiappár l' uccéllo quándo un áltro l' ha accalappiáto

Springy, *a.* elástico, che ha fòrza di mòlla

Sprinkle, *va.* aprizzáre, spárgere, spruzzáre, spruzzoláre, irrugiadáre, bagnáre, seminátre, aspèrgere; — with sált, aspèrgere di sále; — the róom, bagnáte la cámera — *s.* píccola quantità spársa; aspersòrio

Sprinkler, *s.* chi o che spárge, sprùzza, aspèrge; aspergitóre; —, aspersòrio

Sprinkling, *s.* lo spruzzáre, l' aspèrgere; aspersióne, *f.*, sprùzzolo, sprúzzo; infarinatùra; — of ráin, spruzzáglia, pioggerèlla

Sprit, *va.* (*ant.*) *V.* spirt; *vn.* germogliáre —, — -sáil, *s.* (*mar.*) tárchia, civáda, véla di bomprèsso

— -top-sáil, *s.* (*mar.*) cóntro-civáda

Sprite, *s.* fantásma, *m.* follétto, *V.* Spright

Sprocket, — -whéel, *s.* ruóta dentáta

Sprout, *s.* germóglio; tállo, bròccolo; new —s, bròccoli nuóvi

— *vn.* germogliáre, vegetáré, méttere

Sprouting, *a.* germogliánte, mettènte

Spruce, *a.* líndo, attilláto, leggiádro; — béer, bírra amareggiáta da rámi di abéte — *vn.* allindársi, pulírsi, attillársi; — up, *va.* allindáre, attilláre, abbellíre — *s.* (*bot.*) abéte, *m.*

Sprucely, *avv.* lindaménto, vagaménte

Spruceness, *s.* lindézza, attillatúra, pulizía

Sprung, *pret.* e *p. p.* di to spring

Spry, *a.* (*volg.*) *V.* Sprightly

Spud, *s.* coltéllo per tagliáre le mále èrbe

Spume, *s.* spúma, spiúma, schiúma — *vn.* spiumáre, schiumáre

Spumescence, *s.* spumosità

Spumiferous, *a.* spumífero

Spumous, spúmy, *a.* spumóso, piéno di spúma

Spun, *pret.* e *p. p.* di to spin

Spunge, *s.* spúgna; (*artig.*) spazzatòjo; — cáke, pan di Spágna — *va.* nettáre con una spúgna; *vn.* mangiáre a spése d'áltri, appoggiáre la labárda

Spunger, *s.* chi láva colla spúgna; chi mángia o béve a spése d'áltri, parassíto

Spunginess, *s.* spugnosità, qualità spugnósa

Spunging, *s.* il nettáre con una spúgna; à' appoggiáre la labárda; — hóuse, cása di guárdia del commércio (in cui è tenúto provvisoriaménte il debitóre arrestáto sin che tròvi cauzióne)

Spungious } *avv.* spugnóso, spugnitóso
Spungy }

Spurgall, *s.* piága fátta cógli spróni — *va.* piagáre cogli spróni

Spunk, *s.* ésca, míccia; corággio, ánimo

Spur, *s.* speróne, *m.*, spróne, *m.*, stímolo; cock's —, spróne di gállo; upon the — of, nella frétta, fúria o fòga di

— *va.* spronáre, stimoláre, aizzáre

vn. servírsi degli spróni; — on, affrettársi, andáre con frétta

— -géar, *s.* (*macchine*) ruóta dirítta, cilíndrica

— -nùt, *s.* (*macchine*) rocchétto

— -rówel, *s.* rotélla di speróne

— -whéel, *s.* (*macchine*) ruóta dentáta (coi dènti inseríti orizzontalménte nella superfície estèrna della ruóta)

Spurge, *s.* (*bot.*) catapúzza, eufòrbio; — láurel, tintimáglio, dafnòide, *f.*, láuro salvático

Spurious, *a.* spúrio surrettízio, falsificáto

Spuriously, *avv.* in mòdo spúrio, fálso, surrettízio

Spuriousness, *s.* qualità spúria, surrettízia, falsità

Spurn, *s.* cálcio; sprégio, sfrégio, vilipèndio — *va.* distribuíre cálci a, cacciár via a fúria di cálci; respíngere con disdégno, rigettáre, sprezzáre; *vn.* calcitráre; tirár cálci

Spurred, *a.* spronáto, che ha speróni; spronáto, stimoláto

Spurrer, *s.* spronatóre; — on, istigatóre

Spurrier, *s.* speronájo

Spurring, *s.* lo spronáre; incitaménto, eccitaménto

Spurry, *s.* (*bot.*) asteròide, *f.*, áster áttico

Spurt, *va.* schizzettáre, *V.* Spirt — *s.* zampíllo; schízzo; capríccio

Sputter, *vn.* sputacchiáre, parláre sputacchiándo, affoltáre, barbugliáre; schizzáre, fischiáre, strepitáre

— *s.* spúta, spúte; affoltáta, strèpito, fracásso

Sputterer, *s.* chi sputácchia nel parláre, borbottóne

Sputum, *s.* (*med.*) spúto

Spy, *s.* spía, spióne, *m*; who is that man? man! why, he is a —, chi è quell'uòmo? uòmo! è una spía

— *va.* spiáre, osserváre, codeáre; vedére (*da lontano*); scopríre, scòrgere, discérnere; — *vn.* vedére, ricercáre, penetráre; — into, scrutáre; — gláss, cannocchiále, *m.*

— -bóat, *s.* (*mar.*) corvétta

Spyism, *s.* spionággio

Squab, *a.* píngue, paffúto, grassáccio — *s.* sofà, *m.* cuscíno imbottíto, piccioncíno; náno, tòzzo di uòmo

— -píe, *s.* pastíccio coi piccioncíni

Squabbish, *a.* grassétto, paffutèllo

Squabble, *s.* contésa, altérco, zúffa, ríssa — *vn.* venír a paròle, altercáre, rissáre

Squabbler, *s.* accattabríghe, rissóso, litigióso

Squad, *s.* (*mil.*) distaccaménto piccolo, squádra; bánda, ciúrma, cròcchio

Squadron, *s.* squádra, schièra, squadróne, *m.* (*di cavallería*); (*mar.*) squádra

Squadroned, *a.* squadronáto, schieráto

Squàlid, *a.* squàllido, sciàlbo, spórco

Squàlidness, *s.* squallóre, pallidézza, spor-cheria, sudiciùme, *m.*

Squàll, *s.* grùppo di vènto, folàta, réfolo, infuriàta di vènto, burràsca; grído acúto

— *vn.* gridàre, strillàre, schiamazzàre

Squàller, *s.* gridatóre -tríce, schiamazzatóre -tríce

Squàlling, *s.* gridío, schiamázzo

Squàlly, *a.* burrascóso, tempestóso

Squàlor, *s.* squallóre, sporchería

Squàmiform, *a.* squamifórme

Squàmose, squàmous, *a.* squamóso, sca-glióso

Squànder, *va.* scialacquàre, sciupàre, sper-peràre, dissipàre, disperdere, prodigàre

Squànderer, *s.* scialacquatóre -tríce

Squàndering, *s.* scialacquaménto; scia-làcquo

Squàre, *a.* quàdro; quadràto; équo, giústo, càndido, schiètto, leàle; pareggiàto, aggiu-stàto, saldàto; to màke —, quadràre, pa-reggiàre, bilanciàre; — nùmber, nùmero quàdro; — róot, radíce quàdra; — shóul-ders, spàlle quàdre; fàir and —, bell' e quàdro, giústo

— *s.* quàdro, quadràto; figùra quàdra, (*artí*), quàdra, règolo; (*di città*) piàzza ; (*mil.*) quadràto ; scàcco (*di scacchiera*) ; qua-dratùra, riquadratùra; to màke —, squa-dràre; this is óut of —, quésto non è quà-dro, è irregolàre; that will bréak no —s, ciò non, guasterà nùlla; to móve a — (*scacchi*), fàre una móssa

— *va.* quadràre, ridúrre ín fórma quàdra, aggualiàre, pareggiàre, aggiustàre, saldà-re (*un conto*); (*mar.*) bracciàre

— *vn.* quadràre, convenìre, addattàrsi

— -built, *a.* dalle spàlle quàdre

— -rigged, *a.* (*mar.*) a véle quàdre

— -stèrned, *a.* (*mar.*) a póppa quàdra

— -tóes, *a.* gottóso, podagróso ; sóme rich óld —, quàlche ricco vècchio podagróso

Squàreness, *s.* quadratézza, fórma quàdra

Squàrish, *a.* alquanto quadràto

Squàsh, *va.* schiacciàre, affràngere

— *s.* còsa mòlle, cosa mòrbida ; schiaccia-ménto, acciàcco; (*bot.*) zúcca; uómo mò-gio

Squàshy, *a.* come una zúcca

Squàt, *a.* quàtto, rannicchiàto, tòzzo, bás-so, paffúto; to sit —, sedére a coccolóni; stàr quàtto, acquattàrsi

— *s.* lo star coccolóni; caduta súbita

— *vn.* accoccolàrsi, accosciàrsi, acquattàrsi, appiattàrsi; to sit —, stàr quàtto quàtto

Squàtter, *s.* chi o che si appiàtta

Squàw, *s.* dònna, móglie (*fra i selvaggi*)

Squéak, *vn.* squittìre, guaìre, gagnolàre

— *s.* lo squittìre, guaìre, guaíto, gagnolío

Squéaking, *a.* che gàgnola, che guaísce, che stríde; — *s.* il gagnolàre, lo strillàre

Squéal *vn.* gridáre con vóce acúta, strídere, strillàre, gagnolàre, squittìre, guaìre

Squéamish, *a.* svogliàto, fastidióso, schizzi-nóso

Squéamishly, *avv.* svogliataménte, fastidio-saménte (maco

Squéamishness, *s.* svogliatàggine, *f.*, stó-

Squéeze, *va.* sprèmere, strizzàre, prémere, stríngere; to — a spùnge, a lèmon, spré-mere, strizzàre una spúgna, un limóne; — hàrd, prémere, sprémere fòrte, strín-gere fòrte ; — óut, esprimere, sprémere ; — éach òther's hands, stríngersi (forte-ménte) la máno

— *vn.* serràrsi, spingersi, ficcàrsi

— *s.* lo sprémere, spremitúra, compressióne, strétta (*di mano*), prèssa, fòlta, sèrra

Squé·zing, *s.* compressióne, pressióne, strin-giménto, spremitúra

Squélch } *va.* (*ant. volg.*) fràngere, sfracel-Squélsh } lare; — *s.* (*ant. volg*) cadúta, cascàta, stramazzóne, *m.*

Squib, *s.* rázzo; (*fig.*) pasquinàta ; —s and cràckers, ràzzi e saltarèlli

Squill, *s.* (*itt.*) squílla ; (*bot.*) panerázio, scilla

Squinancy, *s.* (*med.*) V. Quinsy

Squint, *a.* guêrcio ; dúbbio ; — eýed, che ha gli òcchi tòrti; guêrcio, biéco

— *va.* èssere guêrcio, guardàr biéco

— *s.* òcchio biéco, guêrcio; il guardàr biéco

— *a.* guêrcio, biéco

Squínting, *s.* l' èssere guêrcio, il guardàre di travèrso; (*med.*) strabismo

Squíntingly, *avv.* da guêrcio, biecaménte

Squiny, *vn.* (*gergo*) guardàr biéco, di tra-vèrso

Squire, *s.* scudièro, scudiére, signorótto, possidènte, proprietàrio in provincia; —, esquíre, títolo médio tra knight, cavalié-re, *m.*, e Mr. signóre; il cavalière d'una signóra ; six knights with their —s, sei cavalièri coi loro scudièri; V. Esquire

— *va.* accompagnàre, fàr da scudiére, fàr da cavalière prèsso una dáma

Squirebóod, (*ant.*) V. Squireship

Squirely, *a.* da scudiére, da gentiluómo

Squireship, *s.* rángo, funzióni di scudiér², qualità, gràdo di *Esquire*, di signorótto; qualità di possidènte

Squirrel, (*pr.* squírrel) *s.* (*zool.*) scojàttolo

— -hùnt, *s.* càccia dello scojàttolo

Squirt (*pr.* squàrt), *s.* sciringa, schizzétto; zampíllo

— *va.* sciringàre, schizzettàre

Squírter (*pr.* squàrter), *s.* chi sciringa, schizzétta

St. *abbrev. di* Sáint, sánto, e di Strée¹, stráda, vía; St. Pàul St., vía di S. Pàolo

Stàb, *s.* stoccàta, pugnalàta, stilettàta

— *va.* feríre con àrma da púnta, pugnalà-re, stilettàre

Stàbat Màter, *s.* (*mus.*) Stàbat Màter, *m.*

Stàbber, *s.* chi ferìsce con àrma da pùnta

Stàbbing, *s.* il ferìre con àrma da pùnta, stoccàta, pugnalàta, coltellàta

Stabiliment, *s.* sostégno, appòggio, fermézza

Stability, *s.* stabilità, fermézza

Stàble, *a.* stàbile, duràbile, fèrmo

— *s.* scuderìa, stàlla (*di cavàlli*) — -bòy, mòzzo di stàlla, stalliére, *m;* - fod, stallìo, livery — *s,* scuderìa di cavàlli a nòlo; pensióne pei cavàlli

— *va.* méttere in istàlla; *vn.* entràre in istàlla, stàre nella scuderìa

— -dòor, *s.* pòrta di scuderìa; whèn the stéed is stólen, shùt the —, (*proverbio*) perdùti i buòi, serràta la stàlla

— -yàrd, *s.* cortìle, *m.* di scuderìa

Stàbling, *s.* il méttere, lo stàre nella stàlla; stallàggio; scudorìe, *fpl.*

Stàblish, *va. V.* Estàblish

Stàbly, *avv.* stabilménte, con stabilità

Staccàto, *avv.* (*mus.*) staccàto

Stàck, *s.* mùcchio, cùmulo, ammàsso; — of hày, mùcchio di fiéno; — of àrms, fàscio d'àrmi (*di fucìli*); — of stràw, bìca di pàglia, pagliàjo; — of wòod, catàsta di légna; — of chìmneys, filàre, *m.* di camìni

— *va.* ammucchiàre, abbicàre, accatastàre; to — àrms (*mil.*) méttere le àrmi (i fucìli) al fàscio

— -yàrd, *s.* cortìle, *m.* di podére

Stàcking, *s.* l'ammucchiàre, l'abbicàre

Stàcte, *s.* stàtte, *m;* mìrra lìquida

Stàddle, *s.* sostégno; grùccia

Stàde, *s.* stàdio

Stàdium, *s.* stàdio

Stàdtholder, *s.* statólder, *m.* (*governatore olandese*)

Stàdtholderate, Stàdtholdership, *s.* dignità, ufficio di statólder

Stàff, (*pl.* stàves *e* stàffs) *s.* bastóne, sostégno, appòggio; (*mar.*) àsta; (*mus.*) rìghe, *f. pl. e* spàzii, *m. pl.* (su cui si scrìvono le nòte); pìlgrim's —, bordóne, *m;* pólice-man's —, bastoncìno di constàbile; — of commànd, bastóne del comàndo; flàg- —, àsta di bandiéra; jàck —, (*mar.*) àsta di bandiéra, àlbero di bomprèsso; quàrter- —, bastóne a due pùnte, bastóne da bàttersi; cròsier's —, pastoràle, *m;* the — (*pl.* —s), (*mil.*) lo stàto maggióre; gèneral —, stàto maggióre generàle; regimèntal —, stàto maggióre d'un reggiménto; — redazióne d'un giornàle; (*mil.*) còrpo dei mèdici, degli uffiziàli di sanità; — òfficer, ufficiàle di stàto maggióre; — tree, (*bot.*) *celastrus;* clìmbing — tree, *celastrus scandens*

Stàffier, *s.* servitóre che pòrta il bastóne

Stàg, *s.* (*zool.*) cèrvo; — évil, (*veter.*) tétano

Stàge, *s.* pàlco, pàlco scènico, teàtro, scèna; pàlco, impalcatùra (*di strada*); pòsta; stàdio; perìodo, gràdo, fàse, *f;* pàlco, ca-

vallétto (*di ciarlatano*); vettùra, dilìgènza, corriére, *m;* (*mar.*) barìgo; to get up for the —, méttere in iscéna, sceneggiàre; — -plày, composizióne teatràle; — còach, corriéra, vettùra pùbblica; — plàyer, attóre -trìce, artìsta, *m. f.,* commediànte, *m. f.*

Stàger, *s.* (*volg.*) commediànte; persóna scàltra, vólpe vècchia, volpóne, *m.*

Stàggard, *s.* cèrvo di quàttro ànni

Stàgger; *vn.* barcollàre; barillàre, vacillàre, titubàre

— *va.* fàre vacillàre; smuòvere, scuòtere

Stàggering, *s.* il barcollàre, il vacillàre, titubànza, esitànza

Stàggeringly, *avv.* barcollóne, con titubànza

Stàggers, *spl.* (*veter.*) vertìgine, *f.*

Stàgnancy, *s.* stagnaménto, ristàgno

Stàgnant, *a.* stagnànte, che stàgna, che non iscórre; (*fig.*) inattìvo

Stàgnate, *va.* stagnàre, non iscórrere

Stagnàtion, *s.* stagnaménto, ristàgno

Stàid *pret. e p. p. di* to stay

— *a.* sòbrio; prudènte, gràve, posàto, sério

Stàidness, *s.* compostézza, posatézza, gravità

Stàin, *s.* màcchia, tàccia; sfrégio, infàmia

— *va.* macchiàre, denigràre, diffamàre, infamàre; — with, macchiàre di

Stàined, *a.* macchiàto; infamàto; tìnto, coloràto, dipìnto

Stàiner, *s,* chi màcchia, chi tìnge, chi dipìnge

Stàinless, *a.* sènza màcchia, immacolàto

Stàir, *s.* gràdo, scalìno, gradìno, scaglióne, *m;* —s, *s. pl.,* —càse, scàla; prìvate — -case, scàla segrèta; wìnding — -case, scàla a chiòcciola; grànd — -case, scalóne, *m;* flìght of —s, pàir of —s, ràmo di scàla, scalinàta; one pair, twó pairs of —s hìgh, al prìmo, al secóndo piàno; còme ùp —s, salìte; he is up —s, é di sópra

Stàke, *s.* steccóne, piuòlo, pàlo, palànca; (*giuoco*) pòsta, scommèssa; rògo (*supplìzio*); — of twènty francs, pòsta di vènti frànchi; to swéep —s, vìncere tutto, portàre vìa tutto; lìfe is at —, si tràtta della vìta, ci va della vìta

— *va.* steccàre, guarnìre di steccóni; giuocàre, pórre la pòsta, scomméttere, avventuràre; scommètto a repentàglio; I — ten fràncs, giuoco (scommétto) dièci frànchi

Stalàctic } *a.* stalattìtico, di stalattìte
Stalàctical }

Stalàctiform } *a.* in fórma di stalattìte
Stalàctitiform }

Stalàctite, *s.* (*min.*) stalattìte, *f.*

Stalactìtic, *a.* stalattìtico

Stalàgmite, *s.* (*min.*) stalagmìte, *f.*

Stàle, *a.* stantìo, vècchio; passo, viètto, sventàto, scìpito, raffèrmo; — brèad, pàne stantìo, pàne dùro

— *vn.* (*delle bestie*) pisciàre, orinàre

— *s.* píscia, orina (*delle bestie*); scaccomátto

Stáley, *avv.* (*ant.*) fu già un tèmpo, anticaménte (stállo

Stálemate, *s.* (*giuoco*) stállo; — *va.* fàre

Stáleness, *s* vecchièzza, qualità viéta, stantía, sventáta; rancidézza

Stáling, *s.* l'orináre (*del bestíáme*)

Stálk, *s.* stélo, gámbo, picciuólo, pedúncolo; — of córn, stóppia; — of càbbage, tòrso, tòrsolo di cávolo, di vèrze; —, incèdere maestóso, andatúra affettáta e supèrba

— *vn.* camminàre a pàssi lùnghi e maestósi, marciáre pomposaménte

Stálkiug-horse, *s.* cavállo di compàrsa; cavállo finto; artifízio, pretèsto

Stálky, *a.* a guisa di stélo; dúro, fibròso

Stàll, *s.* stálla (*divisione, scomparto in una scuderia*); stálla (*da buoi*); bottéga a vènto, bottéga postíccia, bànco, casòtto, botteghétta, bottegúccia; (*di beccajo*) désco; (*di ciabattino*) désco, scánno; stállo (*di cattedrale*); sedíle, *m.*, sèdia (*nel coro*); sèdia físsa, sèdia chiúsa, sèdia riservàta (*in teatro*)

— *va.* méttere nella stálla, nella scuderia, installàre, méttere in possèsso; to —, to — -féed, stagginàre

Stàllage, *s.* dirítto di potér apríre bottéga a vènto

Stàlled, stàll -fed, *a.* stagginàto, stallío

Stàllion, *s.* stallóne, *m.*, cavállo intèro

Stàllwart, Stàlworth, *a.* robústo, gagliárdo, próde

Stàmen, (*pl* stàmina) *s.* báse (sòda), fondaménto; báse, *f.*, fòrza vitàle; (*bot.*) stáme, *m.*

Stàmened, *a.* fornito di stámi

Stàmina, *s. pl. di* stàmen

Stàminal, *a.* (*bot.*) staminále

Stàminate, *va.* dotáre di fòrza vitále

Stamineous, *a.* compósto di stámi

Staminíferous, *a.* (*bot.*) staminífero

Stàmmel, *s.* rósso pállido; sòrta di pánno

Stàmmer, *vn.* tartagliáre, balbettáre, esitáre

— òut, *va.* profferíre balbettándo, pronunciár mále

Stàmmerer, *s.* tartaglióne, tartaglióna, *m.*, balbuziènte, *m. f.*

Stàmmering, *s.* il tartagliáre, balbúzie, *f.*

— *a.* balbuziènte (búzie

Stàmmeringly, *avv.* tartagliándo, con bal-

Stàmp, *va.* stampáre, improntáre, bolláre, imprimere, scolpíre, sigilláre; — cóin, improntáre, bàttere monéta; — upòn the bráin, imprimere, scolpíre nella memòria; — cótton góods, imprimere tossúti di cotóne; — ùnder fòot, calpestáre, conculcáre

— *vn.* pestáre i pièdi; colpíre col piède; bàttere il tácco, scalpitàre, scalpicciáre

— *s.* imprónta, stámpa, impressióne, ségno, márca, márchio; stámpa, incisióne, *f.*, ráme, *m*; cònio, punzóne, *m*; bóllo, bollíno di pòsta, bollíno da lèttere; gènere, *m.*, caráttere, *m.*, calíbro, tèmpra; battúta col piède sulla tèrra; to beàr the — of, portáre l' imprónta di; men of the sáme —, uòmini della stéssa tèmpra; póst-òffice —s, bollíni di pòsta; of the right —, buòno, eccellènte

— -àct, *s.* légge sul bóllo

— -dúty, *s.* dirítto di bóllo

— -fée, *s.* dirítto di bóllo

— -mill, *s.* màzzo, pestóne, *m*; mulíno a pestóne

— -òffice, *s.* uffízio del bóllo

— -páper, *s.* cárta bolláta

Stàmped, *a.* improntáto, scolpíto, bolláto

Stàmper, *s.* pestèllo, pestatòjo, pilóne, *m.*, cònio

Stàmping, *s.* lo scalpitáre, scalpicciáre, calpestáre, calpestío; il bollàre

Stànch, *a.* sòdo, massíccio, fèrmo, fído, zelánte; — fríend, fído amico

— *va.* stagnáre, ristagnáre; to — the blòod, ristagnáre il sángue

— *vn.* (*del sangue*) stagnàrsi, ristagnàrsi

Stànchion, *s.* sostègno, rincálzo, puntèllo

Stànchless, *a.* che non può èssere stagnáto

Stànchness, *s.* sodézza, fermézza, solidità

Stànd (*pas.* stòod), *vn.* stáre ritto, stàrsi in pièdi, èssere in piè stánte; stáre; èssersi, trovàrsi, dimoráre, sussístere; fermàrsi, far álto, méttersi, pórsi, sostenérsi, duràre, presentàrsi (*quale candidato*); — on, upòn, appoggiàrsi, insístere; attaccàrsi; — agàinst, far tésta a; — by, spalleggiàre, difèndere, scudáre; — for, rappresentàre, significàre, volér díre; — with, èssere confòrme o consentáneo a; (*mar.*) córrere, prèndere, dirígere; (*mil.*) fermàrsi, arrestàrsi; to — bòlt uprig*h*t, stáre in pètto e in persóna; — thère, restáte lì, fermátevi là; to — fàst, firm (*pr.* fùrm), stáre fèrmo, sáldo; — first (*pr.* fùrst), èssere il prímo; — still, stàrsi chéto, fermàrsi, restáre stazionário; — to a raing, sostenére una còsa; — by, spalleggiàre, appoggiàre, assístere, èssere presènte; — fòrth, spòrgere, méttersi avánti; — away (*mar.*), allontanàrsi, prèndere l'álto; — in, avvicinàrsi al pòrto, entráre; — for, dirigersi vèrso, veleggiáre vèrso; I cànnot — upòn my legs, non mi règgo ritto; my hàir —s on end, mi si arrícciano i capélli; to — in nèed of, abbisognàre di; — in one's wáy, èssere di ostácolo a, attraversáre; — upòn one's defènce, stáre in sul difensívo; to — to (*mar.*) far ròtta al lárgo; — off and on, bordeggiáre

— *va.* (*pas.* stòod) duráre, sopportáre, règgere, resístere a, mantenére, difèndere, subìre, tolleráre; to — the cóld, règgero, resistere al fréddo; — an assàult, sostenére un assálto; — óne's gróund, stáre sáldo, non cédere il terréno, stársi fèrmo — *s.* luògo, pósto (*dove si sta in piédi*), stazióne, posizióne, *f*; cárico, rángo, pòsa, fermáta, álto; resisténza, opposizióne; difficoltà, imbarázzo, imbròglio; intòppo; appòggio; sostégno; to pũt to a —, impacciáre, imbrogliáre, incagliáre; to be at a —, èssere impacciáto, non sapére che fáre; a bàsin- —, pòrta bacíno; ink- —, calamájo; — of àrms, armaménto, tutte le àrmi necessárie ad un soldáto — -still, *s.* inazióne; the làst of English men who préached the dóctrine of —, l'último degli Inglesi che predicárono la dottrína del lasciár fáre (al Govèrno), della non resistènza, dell'ubbediènza passíva; tràde is at a —, il commèrcio è arenáto

Stàndard, *s.* bandièra, inségna, stendárdo; modèllo; típo, modèllo regolatóre; nòrma, sàggio, piètra di paragóne, tarìffa; the —, quélla misúra che sèrve di modèllo a tútte le àltre del régno; the — price, il prèzzo di tarìffa; — wòrk, òpera clássica, scritto elegantíssimo; the — of stýle and tàste, il típo, il modèllo dello stíle e del gústo; to ráise the —, rizzáre la bandièra; — -bèarer, gonfalonière, *m.* — *a.* che sèrve di modèllo, di típo, di nòrma; (*monete*) di giústa léga; (*letteratura*) clássico

Stàndel) *s.* (*ant.*) arboscèllo vècchio
Stàuder)

— *s.* chi sta rítto in pièdi; — bý, astánte, riguardante, spettatóre -tríce

Stànding, *a.* in piè stánte, in pièdo; dirítto, rítto; físso, stabilíto, stanziále, permanènte, costánte, perpétuo, invariábile; — àrmy, esèrcito stanziále, permanènte; — rúles, régole físse; — dish, vivánda ordi-. nária, — wàter, àcqua stagnánte

— *s.* lo stáre in pièdi, pòsa, potére o mèzzo di stáre in pièdi; luògo, pósto, posizióne, pósta; duráta, dáta; a ruing of fóur yéars —, còsa di quáttro ánni

Stàndish, *s.* (*ant.*) calamájo

Stàng, *s.* stànga, pèrtica (*misura*)'

Stànk, *pret. di* to stink

Stànnary, *a.* attenènte allo stàgno (metállo); — *s.* minièra di stágno

Stànza, *s.* (*poet.*) stánza, stròfa, ottáva

Stáple, *s.* matéria prima; oggètto principále; derráte principáli; fiòcco di lána o cotóne, empòrio; cáppio di fèrro, bocchétta di tòppa; cràmpa
— *a.* stabilíto, físso, principále

Stápler, *s.* negoziánte; wóol —, negoziánte di lána

Stàr, *s.* stélla, ástro; the évening —, l'è-

spero; the fixed —s, le stélle físse; — fish, (*itt.*) stélla; — gázer, astrólogo; — chàmber, cámera stelláta (*corte antica di giustizia*); shóoting —, stélla cadénte (metéora); — stóne, (*min.*) bell'òcchio; — spàngled, stelláto
— -àpple, *s.* (*bot.*) crisofíllo
— -fish, *s.* (*itt.*) stélla di máre, astéria; (*bot.*) stapélia
— -gràss, *s.* (*bot.*) callitríco
— -hàwk, *s.* (*orn.*) falcóne lanière, *m.*
— pàved, *a.* seminàto di stélle, stelláto
— -rèad, *a.* che sa lèggere nel cièlo
— -shóot, *s.* stélla cadénte
— -rnistle, *s.* (*bot.*) tríbolo, calcatrèppo
— wòrt, *s.* (*bot.*) ástere, *m.*, ástero, regína margherìta

Stàrboard, *s.* (*mar.*) tribórdo, láto dèstro, bòrdo a drítta, pòggia

Stàrch, *s.* ámido
— *va.* inamidáre, métter l'ámido

Stàrched, *a.* inamidáto; stecchíto, contegnóso

Stàrchedness, *s.* manièra affettáte, mòdi contegnósi, státo stecchíto, affettazióne

Stàrcher, *s.* chi inàmida, chi dà l'ámido

Stàrchly, *avv.* in mòdo studiáto, stecchíto

Stàrchness, *s.* mòdi affettáti, ária contegnósa

Stáre, *vn.* stralunáre, rimanére con tánto di náso; — at, guardár físso; — a pèrson in the fàce, *va.* guardár úno físso in vòlto
— *s.* guardár físso o impudénte; stornèllo

Stàrer, *s.* chi guárda fissaménte

Stàring, *s.* sguárdo físso; sorprésa

Stàringly, *avv.* con òcchi físsi, fissaménte

Stàrk, *avv.* tútto, affàtto, interaménte, del tútto
— *a.* rígido, dúro, fránco, véro, prètto; nàked, núdo náto; — mad, mátto spacciáto

Stàrless, *a.* sénza stélle, oscúro

Stàrlight, *s.* lúme, *m.*, lúce, *f.* delle stélle
— *a.* illumináto dalle stélle, stelláto

Stàrlike, *a.* a fòggia di stélle

Stàrling, *s.* (*orn.*) stornèllo, stórno; pígna (*di ponte*)

Stàrost, *s.* staròsto (governatóre negli antíchi domínii di Polónia)

Stàrred, *a.* semiáto di stélle; náto sótto una stélla; ill- —, malauguráto, sventuráto

Stàrry, *a.* stelláto, pièno di stélle

Stàrt, *s.* sálto, sbálzo, prímo sláncio; soprassálto, risálto; scòssa, mòto involontário; prímo pàsso; ghiribízzo; bý —s, a sbálzi; by fits and —s, saltuariaménte; to give a —, far un sálto; trasalíre, balzáre indiètro; he gàve him a — of 50 páces, and yet he bèat him, gli diède cinquánta pàssi di giúnta, eppúre lo vínse; to hàve the —, avér il sopravvènto
— *vn.* fàre un sálto, riscuótersi, balzár indiètro per súbita paúra, trasalíre; (*delle*

corse) partíre, prénder le mòsse; to — back, saltár indiètro; — up, balzáre in pièdi; the coach —s at six, la diligènza párte alle sei; when do you —? quándo partiréte?
— *va.* allarmáre, spaventáre, far partíre, leváre; accampáre, campeggiáre; far náscere; — a háre, levár la lépre; a subject, accampáre, propórre un soggètto; — a difficulty, fáre una difficoltà

Stárter, *s.* chi trasalísce o si riscuòte, chi sbálza indiètro o avánti; cáne da léva

Stárting, *s.* il balzáre, prénder le mòsse, balzaménto, scòssa; mòto subitáneo, partènza; — pòst, (*corse*) luògo della partènza; (luògo ove si prèndon) le mòsse

Stártle, *s.* súbita impressióne di paúra; sorprésa; tremóre, *m.*, agitazióne
— *va.* atterríre, spaventáre, far tremáre
— *vn.* tremáre, trasecoláre, strabiliáre

Stártling, *a.* spaventóso, sorprendènte, atterránte

Starvátion, *s.* il moríre d'inèdia o di fréddo; l'affamáre, l'assideráre

Stárve, *vn.* moríre di fáme; — with cóld, agghiacciáre, assideráre, moríre di fréddo; —d lóoking, smòrto, allampanáto
— *va.* affamáre, far moríro di fáme

Stárveling, *a.* affamatíccio, famélico
— *s.* animále sparúto, affamatíccio

Státe, *s.* státo, condizióne, situazióne, *f*; státo, reámo, *m.*, potènza civíle, státo, rángo, apparáto, pómpa, magnificènza; in —, in gran cerimònia, con gran pómpa; — -róom, — -cábin, gran sála (*di bastiménto*)
— *va.* stabilíre, regoláre, determináre, formoláre, espórre, annunziáre, díre; to — facts, espórre fátti; — a system, espórre un sistéma; the Times —s that..., il Times annúnzia che...; it is —d in the néwspapers, si légge nei giornáli
— -craft, *s.* política, astúzia, tátto

Státed, *a.* físso, regoláto; — hóurs, óre físse

Státedly, *avv.* regolarménte

Státeliness, *s.* pómpa, grandézza, magnificènza; sontuosità, dignità, apparáto; maestà, ária nòbile; alterígia, orgóglio

Státely, *a.* gránde, magnífico; supèrbo; nòbile, dignitóso, autorévole, maestóso; altièro, orgoglióso (*pòrto*)

Státement, *s.* esposizióne, ragguáglio, rappòrto

Státes, *spl.* Státi, *m. pl.* (cléro, nobiltà e borghesía); the — géneral, gli Státi generáli; the United — (of América), gli Státi Uníti (d'América)

Státesman, *s.* uòmo di státo, statísta
— -like, *s.* da uòmo di státo

Státesmanship, *s.* sciènza del govèrno; política

Státic, státical, *a.* per pesáre; della stática; — èngine, mácchina per pesáre

Státics, *s.* statica; — are, (*oppure* is) a bránch of mechánics, la stática è un rámo della meccánica

Státion, *s.* stazióne, pòsto, 'uògo; pósta, stánza; státo, grádo, condizióne; (*chiesa cattolica romana*) stazióne; (*strada ferrata*) stazióne
— *va.* stanziáre, collocáre, appostáre

Státional, *a.* di stazióne, di pòsto; stazionále

Státionariness, *s.* stazionarietà

Státionary, *a.* stazionário, físso

Státioner, *s.* cartolájo; —s' Háll, ufficio dove si registra e si depósita ogni nuòva òpera

Státionery, *s.* mèrci da cartolájo, oggètti di ufficio

Státism, *s.* política, árte del governáre

Státist, *s.* (*poco us.*) statísta, *m.* uòmo di Státo

Statístic, statistical, *a.* statístico, di Státo

Statistícian, *s.* statístico

Statistics, *s. pl.* (*usato anche al singolare*) statística

Státive, *a.* (*mil.*) di un cámpo físso

Státuary, *s.* statuária (*arte*); statuário (*pers.*)

Státue, *s.* státua; little —, statuètta; equéstrian —, státua equèstre; *va.* pórre, come una státua; formáre una státua di

Statuétte, *s.* piccola státua, statuétta

Státure, *s.* statúra, táglia

Státutable, *a.* confòrme agli statúti

Státutably, *avv.* conformeménte agli statúti

Státutary, *a.* statutário

Státute, *s.* statúto, editto, légge, *f*; fundaméntal —, statúto fondamentále, costituzióne
— -mérchant, — -stáple, *s.* (*legge*) statúto per cui un debitóre può èssere arrestáto

Stáve, *s.* dóga (*di botte*); versétto, rigo; (stáveś, *pl.* di stáff)
— *va.* (*pret. e p, p.* stóve, stóved), sfondáre (*un baríle*), féndere, spaccáre; — in, sfondáre; — off, tógliere, respíngere, scartáre, elimináre

Stáveś, *pl. di* Stáff

Stáveśácre, *s.* (*bot.*) safiságra, stafiságria

Stáveśwood, *s.* (*bot.*) quássia, légno amáro

Stáy (*pas.* stáid), *vn.* stáre, fermársi, trattenérsi, aspettáre, soggiornáre; can you not — a little lónger? non potéte trattenérvi un po' più? to — one's self upón, appoggiársi a, fidársi di; where áre you —ing? dove siète alloggiáto?
— (*pas.* stáid), *va.* arrestáre, fermáre, ritenére, raffrenáre, contenére; appuntelláre, appoggiáre, sostenére; — a wáll, appoggiáre un múro; — the stòmach, levár la fáme
— *s.* fermáta, dimóra, soggiórno; indúgio, ritárdo; difficoltà, intòppo; appòggio, puntèllo, rincálzo, sostègno; (*mar.*) stráglio, strállo; the Lòrd is my —, il Signóre è il

mio sostégno, il mio alto ricètto; — -sáil, (mar.) véla di stráglio; — -máker, fabbricánte di bústi, bustájo

Stáyed, a. fissáto, fisso, férmo; V. Stáid

Stáyer, s. appóggio, rincálzo, puntéllo

Stáys, spl. (meglio corset) bústo da donna

Stèad, s. luògo, véce, giovaménto; in — of that, in luógo di quéllo; to stand any one in —, èssere di giovaménto ad alcúno — va. (ant.) ajutáre, sostenére

Stèadfast, a. fèrmo, sòdo, risolúto, fisso

Stèadfastly, avv fermaménte, costanteménto

Stèadfastness, s. fermézza, costánza, solidità

Stèadily, avv. con fermézza, saldaménte

Stèadiness, s. sodézza, fermézza, stabilità, immutabilità, costumatézza; condótta coerènte, regoláta, uniforme

Stèady, a. fèrmo, sáldo, sòdo, costánte, giudizióso; — hand, máno fèrma; — young man, gióvane posáto, costumáto, giudizióso — avv. cosi; — l — as she góes! (mar.) dirítto l al rómbo l

Steák, s. braciuóla; pórk —, costolétta di majále; a béef —, un bifstek

Stéal, va. (pret. stóle, p. p. stólen) rubáre, involáre; prèndere, sottrárre, sedúrre, cattivársi, guadagnáre; fáre furtivaménte; — a watch, rubáre, involáre un oriuólo; — a THing from a pèrson, involáre una còsa ad alcúno, derubáre alcúno di una còsa; — àll heàrts, cattivársi gli affètti di tútti — vn. (pret. stóle, p. p. stólen), rubáre, involáre, far il ládro; involársi, svignáre, andáre quátto quátto, scórrere pián piáno; to — awáy, svignár vía, sguizzár vía, andársene di nascósto; — on, avánzársi quátto quátto; — upón, sorprèndere, cógliere all'improvviso; — up, salíre furtivaménte

Stéaler, s. ládro, ládra, rubatóre -tríce

Stéaling, s. ruberia, rubaménto, fúrto

Stèalth, s. fúrto, il rubáre, prática segréta; bý —, furtivaménte, appiattataménte, di soppiàttò, di strafóro (ménte

Stèalthily, avv. appiattataménte, furtiva-

Stèalthy, a. clandestíno, occúlto, fátto di soppiàtto, furtivo

Stéam, s. vapóre, m. (dell'acqua bollente); vapóre, esalazióne; — èngine, mácchina a vapóre, locomotíva; — bòiler, caldája di locomotíva, di mácchina a vapóre; — bòat, piròscafo, battèllo a vapóre; — pàcket, piròscafo postále; — ship, vaporièra, bastiménto a vapóre; — càrriage, vagóne, m. di locomotíva; — whistle, físchio del vapóre; — èngine of high, — of lów prèssure, mácchina a vapóre di álta, di bássa pressióne
— vn. fumáre, esaláre (vapóre), evaporáre; — off, sfumáre, andár in fúmo, dileguársi
— va. espórre, cuócere, fáre al vapóre; to — it, far il tragítto, viaggiáre col vapóre

— -mill, s. mulíno a vapóre
— -navigàtion, s. navigazióne a vapóre
— -pòwer, s. fòrza del vapóre
— -prèss, s. tòrchio a vapóre
— -tùg, s. rimorchiatóre a vapóre
— -wàggon, s. vagóne, m. (di ferrovía)

Stéamer, s. (mar.) bastiménto a vapóre; THrée wàr- —s, tre vapóri da guèrra

Stéatíte, s. (min.) steatíte, f., piètra di sa-

Stéed, s. corsièro, destrièro (póne

Stéel, s. acciájo; láma, spáda; acciaríno; — wíre, filo di acciájo; — heàrted, dúro di cuóre
— a. di acciáro
— va. mètter l'acciájo (a un ferro), induríre, induráre; (fig.) fortificáre, armáre; God of bàttles, — mý sóldiers' heàrt, Dio delle battáglie, fortífica, (la di tèmpra d'acciájo) il cuòre dei miei soldáti

Stéeliness, s. durézza di acciájo; cállo, insensibilità

Stéely, a. di acciájo, dúro, insensíbile

Stéelyard, s. stadèra

Stéep, a. èrto, rípido, scoscéso
— s. luògo èrto o scoscéso, precipízio
— va. immollàre, tuffáre, intignere, maceráre; — èd hèmp, cánapa maceráta

Stéeple, s. gúglia; campaníle, m; — cháse, córsa a campaníle

Stéepled, a. che ha campaníle

Stéepness, s. ripidézza

Stéer, s. giovénco, tòro giòvine
— va. timoneggiáre, governáre, règgere, gnidáre, poggiáre; vn. timoneggiáre, dirígersi; — nòrthward, far véla vèrso tramontána

Stéerage, s. il timoneggiáre, govèrno di náve, condótta; timoneria, allòggio dei marinái; — pàssenger, passaggière di corsía
— -wáy, s. (mar.) abbrívo

Stéerless, a. (ant.) senza timóne

Stéersman, s. timonière, m., pilóto

Stéersmáte, s. (ant.) V. Steersman

Stéeve, vn. (mar.) fáre un ángolo coll'orizzónte (o con la chiglia del bastiménto (parlando dell'albero di bompresso)

Stéeving, s. (mar.) obliquità del bomp.èsso

Steganògraphist, s. steganògrafo

Steganògraphy, s. steganografía

Stéla, s. (arch.) stéle, f.

Stèllar, stèllary, a. stelláre, astrále

Stèllate, a. stelláto, raggióso, lúcido

Stèllionate, s. (diritto rom.) stellionáto

Stèm, s. stélo, gámbo, pedále, m., fústo, trónco; casáto, schiàtta; (mar.) ásta di pròra; from — to stern, da pròra a poppa
— va. andáre cóntro, resístere a, règgere a, rincacciáre; — the tíde, vogáre, veleggiár cóntro la maréa

Stèmple, s. (min.) travèrso, puntèllo, appóggio

Stènch, s. cattívo odóre, fetóre, púzzo

---

nòr, rùde; - fàll, sòn, bùll; - fáre, dò; • bý, lỳmph; pòíse, bòỳs, fòul, fòwl; gem, aş.

Diz. Ingl. Ital. - Edia. VI. Vol. I.　　　　37

Stenògrapher, *s.* stenògrafo
Stenogràphic, *a.* stenográfico
Stenògraphy, *s.* stenografìa
Stentórian, *a.* stentòreo, di sténtore, altisonánte
Stèp, *va.* fàr un pásso; incèdere, andáre, venìre, camminàre (*passo a passo*); — in, entráre; óut, uscíre; — ùp, salíre; asíde, méttersi in dispárte; — àfter, seguíre; — ùp to, affacciàrsi a; to — on, in slówly, incèdere lentaménte; — in, entráte, favoríte, restáte servíto
— *s.* pásso, andáta; vestígio, órma; gradíno, scalíno, scaglióne, *m*; avviaménto, istradaménto; (*di porta*) sòglia; *di carroxxa*) predellíno; (*di ballo*) pásso; — bý —, a passo a pásso; the —s of the àltar, i gradíni dell'altáre; the —s of a (small) stàircase, i scalíni di una scàla o scalétta; the —s of the Dóme of Milan, gli scagliòni, la scalináta del Duòmo di Miláno; the —s of a well, la scalèa di un pózzo; bý —s, a grádi, progressivaménte; to fòllow the —s of, seguitàre le òrme di; within a — of, a dùe pássi di; — -father, patrígno; — -mòther, matrígna; — -sòn, figliàstro; — -dàughter, figliàstra; — -bròther, fratellástro; — -sister, sorellástra
— -stóne, *s.* pásso (d'una pòrta), sòglia, limitáre, *m.*
— Stèpp, *s.* (*geog.*) stèppa
Stèpped, *a.* dell'andatúra...; che ha un andaménto...; a wèll — wòman, dònna che ha una bèlla andatúra
Stèpper, *s.* camminatóre, che cammìna, che tròtta
Stèpping, *s.* il c mminàre a pásso lènto; —stóne, marciapièdi, *m.*, scalíno, gradíno, montatójo; grádo o mèzzo per passáre o
Stercoràceous, *a.* stercoráceo (salíre a
Stercoràtion, *s.* il concimáre, letamáre
Stereogràphic, stereogràphical, *a.* stereográfico
Stereògraphy, *s.* stereografìa
Stereòmetry, *s.* (*geom.*) stereometrìa
Stereoscòpe, *s.* (*belle artì*) stereoscòpio
Stereòtomy, *s.* (*geom.*) stereotomìa
Stèreotýpe, *s.* típo stereotipáto; stereotipìa; — printing, lo stereotipàre
— *va.* stereotipáre, stampáre a stereòtipo, *a.* stereòtipo
Stèreotýper, *s.* stampatóre stereòtipo
Stereotýping, *s.* lo stereotipáre
Stereotypógraphy, *s.* l'àrte di stampáre a stereòtipo, stereotipìa
Stèrile, *a.* stèrile, infruttuóso, infecóndo
Sterìlity, *s.* sterilità
Stèrilize, *va.* (*poco us.*) isterilíre, rèndere stèrile
Stèrling, *a.* di buòna léga, buòno, véro, prètto, púro; pòund —, líra sterlína,

sterlína; — mèrit, véro mèrito, mèrito assolúto
Stèrn, *a.* sevèro, rígido, dúro, austèro, brúsco
— *s.* (*mar.*) pòppa; from stem to —, dall'una estremità all'áltra
— -bóard, *s.* (*mar.*) cattíva bordáta
— -cháse, — -cháser, *s.* (*mar.*) cannóne, *m.* da ripáro; in order to unmàsk the — -chásers, per smascheráre i cannóni da ripáro
— chèst, *s.* (*mar.*) V. Stern-sheets
— -fàst, *s.* (*mar.*) códa di pòppa
— -fráme, *s.* (*mar.*) arcáccia
— -pòrt, *s.* (*mar.*) sabórdo da ripáro
— -pòst, *s.* (*mar.*) ruóta di pòppa
— -shèets, *s.* *pl.* (*mar.*) sartiáme, *m.* di pòppa (che sérve a guidáre il timóne); metà della náve vèrso pòppa; cámera del canòtto
— -wáy, *s.* (*mar.*) rinculáta; to hàve —, to màke —, dar rinculáte, rinculáre, indietreggiàre
Stèrnage, *s.* (*mar.*) metà della nave vèrso pòppa
Stèrned, *a.* (*mar.*) a pòppa; squáre —, a pòppa quádra
Stèrnly, *avv.* severaménte, bruscaménte, austeraménte
Stèrnmost, *a.* (*mar.*) il più indiètro
Stèrness, *s.* severità, austerità, durézza, rigóre
Stèrnum, *s.* (*anat.*) stèrno, cássero
Sternutátion, *s.* starnutazióne, starnúto
Sternútative, sternútatory, *a.* starnutatòrio
Stertórious, *a.* stertoróso
Stèw, *va.* stufáre, far bollíre a fuòco lènto
— *s.* stúfa, stufáto, úmìdo; — pan, casseròla; — ì, postríbolo; in a —, nell'imbarázzo
Stéward, *s.* maggiordòmo, maèstro di cása, (*relig.*) dispensatóre, ecònomo; (*di navè*) dispensière, *m*; (*di fattorìa*) fattóre, castáldo; the Lórd high —, il Gran Senescálco, il prímo maggiordòmo del re; —, dispensière, camerière di pacchebòtto; —, a glass of wàter, camerière, un bicchière d'ácqua
Stéwardess, *s.* camerièra (*in un pacchebotto*)
Stéwardship, *s.* cárica di maggiordòmo, di direttóre, di fattóre, di dispensière
Stéwed, *a.* stufáto, lésso; — méat, lésso
Stibium, *s.* (*med.*) antimònio
Stick, *s.* vèrga sécca; bastoncíno, bastoncèllo, bacchétta; stécco; stécco di fastèllo; — of wàx, bastoncèllo di céra lácca; wàlking- —, bastóne, canna; to cùt one's —, (*volg.*) andàrsene, svignàrsela
— *va.* (*pas* stùck) attaccáre, appiastricciáre, appiccáre; affìggere; ficcáre, cac-

clár déntro, immérgere, feríre di árma di
púnta ; — ùp a bill, attaccáre, affíggere
un cartéllo; — a náíl in the wàll, ficcáre
un chiódo nel múro; — a pig, macelláre
un pòrco; — a pin, méttere uno spillo
— vn. (pas. stuck) appiccársi, appiccicársi,
attaccársi, aggruppársi, accollársi, ficcársi, tenére, aderíre ; applicársi, appigliársi, impacciársi, arrestársi, arretrársi;
it —s líke birdlíme, s'appícca come víschio ; it —s tóo fast, è appiccáto tròppo,
è tròppo fítto ; to — in the míre, ésser
fitto nel fàngo; to — óut, spórgere in
fuóri; he —s at nóthing, non si fa scrúpolo di niénte; the fílth that —s to one's
clóthes, il sudiciúme che s'appíccica agli
ábiti; to — to a rock, aggrappársi ad
una rúpe; — to it, perseveráte
Stickiness, s. viscosità, glutinosità, tenacità
Stickle, vn. seguitáre una párte, disputáre
con ostinatézza, prèndere la dífésa di, altercáre
— -back, s. (itt.) gasterósteo
Stickler, s. disputánte, contenditóre ardénte ; — for, fautóre, sostenitóre, campióne, m.
Sticky, a. appiccánte, appiccatíccio, viscóso, glutinóso, tenáce
Stiddy, s. incúdine, f.
Stiff, a. intirizzíto, dúro, rígido, inflessíbile,
ostináto, stecchíto, contegnóso, affettáto,
stentáto, agghiadáto, assideráto, indolenzíto, dúro, penóso, faticóso; — gále, vènto
frésco; — -nécked, ostináto, capárbio ;
to becòme — intirizzíre
— -héarted, a. di cuòre inflessíbile
— -néck, s. torcicòllo
— -stárched, a. inamidáto, insaldáto ; (fig.)
che affètta sussiégo, affettáto
Stiffen, va. induráre, induríre, irrigidíre;
intirizzíre; — with stárch, inamidáre
— vn. intirizzíre, indurírsi, divenír dúro
Stiffener, s. chi, che rènde dúro; ánima·di
críne(d'una cravatta)
Stiffening, s. sostánza che rènde più duro,
più sòdo, più fórte
Stiffly, avv. inflessibilménte, duraménte
Stiffness, s. státo intirizzíto o stecchíto; intirizziménto, durézza, rigidézza, inflessibilità, ostinatézza; sténto; difètto di naturalézza
Stifle, va. soffocáre, affogáre, sopprímere
— s. grasciuóla (di cavállo); (veter.) vescicóne, m. della grasciuóla
— -jóint, s. grasciuóla (del cavállo)
Stifling, a. soffocánte, affannóso
Stigma, s. stigma, m; márchio, ségno d'infámia
Stigmata, spl. spirácoli, plm. (degli insétti);
(teol.) stímmate, fpl.
Stigmàtic, stigmàtical, a. ignominióso, infáme

Stigmàtically, avv. con márchio d'infámia,
ignominiosaménte
Stigmatize, va. stigmatizzáre, segnáre col
márchio dell'infámia, bolláre
Stilar, a. gnomónico
Stile, s. barriéra, steccáto; gnòmóne, m.,
ágo
Stilétto, s. stílo, pugnále, m., stilétto
Still, a. quiéto, tranquíllo, silenzióso, chéto; — wáter, ácqua chéta; — évening,
séra cálma, seréna, límpida; to sit —, sedér·
tranquíllo, non muóversi; — -born, mórto
náto; stánd —, s. páusa, fermáta
— s. cálma, silénzio; limbécco
— avv. e conj. tuttóra, ancóra, sèmpre;
ánco, ánche, tuttavía, per áltro; — móre,
ancór più; — less, ancór méno
— va. calmáre, acchetáre, quietáre, tranquilláre, far tacére; distilláre, V. Distill
Stillatitious, a. gocciolánte, distilláto
Stillicíde, s. stillicídio
Stillicídious, a. cadénte in góccie
Stilling, s. l'acchetáre, il calmáre; il distilláre
Stillness, s. cálma, quiéte, f., silénzio, ripóso
Stilly, avv. in silênzio; quietaménte, tacitaménte
Stilt, va. innalzáre sui trámpoli
— -bird (pr. bùrd) ·s. (orn.) trampoliè-
re, m.
Stilts, spl. trámpoli, plm; to wàlk on —,
cammináre sui trámpoli
Stimulant, a. stimolánte; — s. stimolán-
te, m.
Stimulate, va. stimoláre, animáre, spro-
náre
Stimuláting, a. stimolánte, eccitatívo
Stimulátion, s. stimolazióne, f., lo stimo-
láre
Stimulative, a. stimolatívo, stimolánte
— s. stímolo, eccitaménto, stimolánte, m.
Stimulátor, s. stimolatóre -tríce, eccitatóre
-trice
Stimulus, s. stímolo, púngolo
Sting, s. pungiglióne, m; acúleo; rimordi-
ménto
— va. (pas. stùng) púngere (come una·
véspa)
Stinger, s. còsa che púnge
Stingily, avv. avaraménte, stentataménte
Stinginess, s. avarízia, spilorcería, misèria
Stingless, a. sénza pungilióne
Stingo, s. bírra vècchia
Stingy, a. taccágno, spilórcio, sórdido
Stink, s. púzzo, fetóre, púzza
— vn. (volg.) puzzáre; va. appuzzáre
— -pot, s. compósto di cattívo odóre
Stinking, a. puzzolénte, fètido, puzzóso
Stinkingly, avv. fetidaménte, con fetóre
Stint, s. restrizióne, límite, m. párte, scar-
sézza

— *va.* restríngere, limitáre, far stáre a stecchétto; — *vn.* arrestársi, cessáre
Stintedness, *s.* limitatézza, scarsézza
Stinter, *s.* chi, che límita o circoscríve
Stipe, *s.* (*bot.*) stípa, pedicciólo
Stipend, *s.* stipéndio, salário, pága
— *va.* stipendiáre, salariáre
— -móney, *s.* contribúto pel manteniménto
dei ministri del cúlto in Scòzia
Stipendiary, *a.* stipendiáto, assoldáto
— *s.* chi ricéve stipéndio, stipendiário
Stipple, *va.* incídere con puntéggio, píngere
a puntíni
Stiptic | *a.* (*med.*) stíptico, astringénte
Stiptical |
Stipula, *s.* (*bot.*) stípula
Stipulate, *va.* stipuláre, convenire; it wàs
—d that, fu stipuláto che
Stipulàtion, *s.* stipulazióne
Stipulàtor, *s.* stipulánte, pàrte contraénte
Stir, (*pr.* stur) *s.* rumóre, fruscío, fracásso,
mòto, moviménto, scompíglio, agitazióne,
commozióne; sconvolgiménto
— *va.* muòvere, scuòtere, agitáre, stuzzicáre, attizzáre; to — up, eccitáre, riscuòtere,
suscitáre, perturbare; to — the soúp, am-
manire la minèstra
— *vn.* muòversi, scuòtersi, agitársi; méttersi in mòto; to — óut, uscír di cása;
— abóut, andár attórno
Stirabóut (*pr.* stùrabóut), *s.* polénta di farína d'avéna
Stirless (*pr.* stùrless), *a.* immòbile
Stirrage (*pr.* stùrrage), *s.* moviménto
Stirrer (*pr.* stùrrer), *s.* chi è in mòto, chi
métte in movimento; — up, istigatóre,
eccitatóre, fautóre
Stirring, (*pr.* stùrring) *a.* eccitánte; che si
muòve; irrequiéto, turbolénto
Stirrup (*pr.* stùrrup), *s.* stàffa; — *s.* (*mar.*)
stáffa, cavétto impiombáto, contrammar-
ciapiè, *m.;* — cùp, — glàss, bicchière di
commiáto, benandáta; — léather, staffíle, *m.*
— -bàndage, *s.* (*chir.*) fasciatúra per le ca-
váte di sángue dal piéde
— -óil, *s.* (*familiare*) unguénto di vérga,
bálsamo di róvere (bússe, percòsse, *f.*
pl.)
Stitch, *s.* púnto; máglia; dolóre pungénte;
— back, púnto addiètro; to táke up a —,
riprèndere una máglia
— *van.* appuntáre, cucíre; legáre alla rústica
— -wòrt, *s.* (*bot.*) camomílla
Stitched, *a.* cucíto; legáto alla rústica
Stitcher, *s.* chi cúce; chi léga alla rústica
Stitching, *s.* impuntúra, il legáre alla rústica; bàck —, púnto addiètro; — silk,
séta gròssa
Stith, stithy, *s.* ancúdine, *f.* — *va.* (*locale*)
bátter sull'ancúdine

Stiver, *s.* sòldo olandése
Stoat, *s.* (*zool.*) armellíno rúbeo, ermellíno
d'estáte
Stoccáde, *s.* *V.* stockade
—, stoccádo, *s.* (*scherma*) stoccáta
Stock, *s.* trónco (*di albero*), pedále, *m.,*
gámbo, stélo, fústo; schiátta, stírpe, *f.,*
famíglia, fóndo, provvigióne, mónte, *m.,*
quantità, *f.,* cèppo, blòcco; sostégno,
fóndo, capitále, *m.,* golétto; uòmo di
gròssa pásta; — of a gùn, cássa di un
fucíle; làrge — of góods, buòna quantità
di mercanzíe; —s, *plm.,* céppi, *pl;* the
—s, i fóndi púbblici; to táke — , far l'inventário; the — (*giuoco*), il mónte; a
ship upòn the —s, bastiménto nel cantière; joint- — bànking còmpany, società
o bánca per azióni, in partecipazióne;
laughing *pr.* làfíng) —, zimbéllo, ludíbrio;
— bróker, agénte di cámbio; — -jòbber,
speculatóre ne' fóndi púbblici; — -jòb-
bing, speculazióne ne'fóndi púbblici, agio-
tàggio; — -exchánge, la bòrsa; — -hòlder,
azionísta, detentóre di fóndi púbblici; —
still, immòbile; líve —, bestiáme, *m.*
— *va.* fornire, provvedére, assortíre; to —
a shop, fornire una bottéga; wèll —ed
with, ben provvísto di
— -dòve, *s.* (*orn.*) palómbo, colómbo selvático
— -exchánge, *s.* Bòrsa pei fóndi púbblici;
compagnía degli agénti di cámbio
— -fish, *s.* stoccofísso, baccalà, *m.* nasèllo
— -gilly-flòwer, *s.* (*bot.*) garòfano, viòla
— -hòlder, *s.* azionísta, *m. f;* capitalísta,
m. f., possessóre di fóndi púbblici, benestánte, *m. f.*
— -lock, *s.* serratúra físsa nel légno
— -still, *a.* immòbile
— -tàckle, *s.* (*mar.*) cappóne, *m.,* caliòrna
Stockáde, *s.* stecconáta, palizzáta; *va.* cíngere di stecconáta, di palizzáta
Stocking, *s.* calza, calzétta; — tráde, calzettería; blúe- —, salamístra, saccentèlla; — wéaver, calzettájo
— *va.* fornire, vestíre di cálze
— -fráme, *s.* telájo a cálze
— -máker, *s.* calzettájo, calzettáro, fabbricatóre di cálze
— -stitch, *s.* máglia (all'uncinétto)
— -tráde, *s.* maglieria, calzettería
Stockish, *a.* dúro, tárdo, ottúso, insensíbile
Stoic, *s.* stòico
—, stòical, *a.* stòico, degli stòici, austéro
Stoically, *a.* stoicaménte, alla manièra degli stòici
Stoicalness, *s.* stoicísmo, indifferénza al piacère o al dolóre
Stoicism, *s.* stoicísmo, sistéma degli stòici
Stoker, *s.* (*di locomotiva*) fochísta, *m.,* inserviénte, *m.,* alla caldája

---

Stóle, *s.* stòla; vestiário, guardaróba; gróom of the —, prímo gentiluómo di cámera — *pret, di* to stéal

Stólen, *a.* rubáto, involáto, furáto, rapíto

Stolidity, *s.* stolidézza, stolidità

Stòmach, *s.* stòmaco; appetíto, gústo, inclinazióne; còllera, crúccio; to tùrn one's —, nauseáre, svogliáre, far stomacáre — *van.* stomacáre, stomacársi; sopportáre, tolleráre

Stomached, (*pr.* stŏmak*ed*) *a.* risentíto, adiráto

Stòmacher, (*pr.* stŏmaker) *s.* pettorína, bústo ornáto

Stomachic, (*pr.* stomàkic) *a.* stomáchico — *s.* medicína stomática; stomáchico

Stóne, *s.* piètra, sásso; testícolo; mal di piètra; péso di quattòrdici líbbre; prècious —, piètra preziósa; toùch- —, piètra di paragóne, sággio; chèrry —, òsso di ciliègia; gràpe —s, *pl.* ácini, *plm*; blòod- —, (*min.*) ematíta; mill- —, mòla, mácina; — -cùtter, táglia-piètre, *m*; —'s тнrów, tíro di piètra; — -frúit, frútto col nòcciolo; — hórse, stallóne, *m*; to léave no — untùrned, non lasciár núlla d'intentáto — *a.* di piètra; — bench, sedíle, *m.* di piètra — *va.* lapidáre, uccídere con sássi; cavár il nòcciolo — -àlum, *s.* allúme, *m.* di ròcca — -blínd, *a.* ciéco affátto — cùtter, *s.* tagliapiètre, *m.*, scarpellíno — -cùtting, *s.* táglio, tagliatúra della piètra — -bréak, *s.* (*bot.*) sassífraga — -pit, *s.* cáva di piètra — -pitch, *s.* péce sécca

Stóniness, *s.* qualità pietrósa, durézza

Stóning, *s.* il lapidáre, lapidazióne; il tògliere il nòcciolo dalle frútta; il méttere piètre

Stóny, *a.* sassóso, pietróso, ·di macígno, dúro

Stŏod, *pret.* e *p. p. di* to stand

Stŏok, *s.* mùcchio di dódici cavónì — *va.* ammucchiáre a dódici covóni

Stŏol, *s.* scánno, scránna, sgabéllo, predélla, predellóne, *m*; andáta (*di corpo*) clóse- —, seggétta; to hàve a —, andár di còrpo

Stŏop, *vn.* curvársi, chinársi, abbassársi, umiliársi, sottométtersi, avvilírsi — *va.* abbassáre, curváre, piegáre — *s.* abbassaménto, inclinazióne; brócca

Stŏoping, *a.* cùrvo, chíno, incurváto

Stŏopingly, *avv.* in mòdo inclinánte

Stòp, *va.* turáre, fermáre, arrestáre, ristagnáre, far cessáre; — from, ostáre a; impedíre, attraversáre; — thíef! fèrma il ládro! al ládro! — *vn.* fermársi, arrestársi, sostáre, far álto, cessáre, desístere; dimoráre, soggiornáre;

to — short, fermársi ad un trátto; — a short whíle, far una fermatína; — páyments, far púnto, sospéndere i pagaménti — *s.* fermáta, sòsta, álto, pòsa; impediménto, intòppo, ostácolo; púnto (ségno di puntuazióne); — -cock, chiáve, *f.* (d'una fontána); — -gap, còsa da surrogáre; riempiménto; fùll —, púnto a cápo, púnto fèrmo; to pùt a — to, terminàre, pórre árgine a, far cessáre

Stòppage, *s.* turáre, fermáre; impediménto, ostruzióne, intòppo; sòsta, státo di ripòso, sòmma ritenúta

Stòpper, *s.* chi túra, fèrma, arrèsta; turácciolo di caráffa, záffo, chiusíno, (*mar.*) bòzza

Stòpple, *meglio* stòpper, *s.* turácciolo

Stórage, *s.* il pórre le mèrci in un magazzíno, magazzinággio

Stórax, *s.* (*bot.*) storáce, *m.* (*albero*); storáce, *m.* (*ragia*)

Stóre, *s.* abbondánza, quantità, còpia, provigióne; número; tesóro; magazzíno, depòsito; (*in America*) magazzíno, bottéga; —s, *pl.* (*mar., mil.*) vettováglie, *fpl.*, provvigióni; munizióni; to láy in a — of, fáre una provvísta di; in —, in risèrva; to set greát — bý, apprezzár mòlto; — is no sóre, (*proverbio*) l'abbondánza non fa mai mále; — hóuse, magazzíno; fóndaco, depòsito; — kéeper, magazziniére, *m*; (*mar.*) guárda-magazzíno, (*in America*) mercánte, bottegájo, negoziánte; — -ship, náve di traspórto — *a.* (*poco us.*) ammassáto, accumuláto — *va.* muníre, provvedére, approvvigionáre; — ùp, immagazzináre, accumuláre; — with, muníre di

Stóried, *a.* istoriáto (geránio)

Stórk, *s.* (*orn.*) cicógna; —s bill, (*bot.*)

Stórm, *s.* temporále, *m.*, tempèsta (*mar.*) procèlla, fortúna, fúria di vènto, burrásca; (*mil.*) assálto; — of ráin, temporále, dilúvio di ácqua, acquazzóne; to tàke bý —, prèndere d'assálto; áfter a — còmes a càlm, (*proverbio*) dòpo il cattívo tèmpo viéne il buóno — *va.* dar l'assálto a — *vn.* tempestáre, imperversáre, infuriársi

Stórminess, *s.* státo tempestóso, burrascóso

Stórmy, *a.* tempestóso, violènto, furióso

Stóry, *s.* stòria, istòria (*poet.*); raccónto, ragguáglio; storiélla, novèlla; finzióne, fròttola, menzógna; (*di casa*) piáno; childish —, storiúzza, fanfalúcca; as the — góeš, cóme si díce; ídle stórieš, chiácchiere; it is a —, è una fròttola; a hóuse thrèe stórieš high, cása di tre piáni; — -tèller, narratóre di stórie o storiélle — *va.* (*poet.*) narráre, raccontáre — -bòok, *s.* líbro di raccónti

Stót, *s.* torèllo, giovènco

Stoùp, *s.* (*ant.*) boccále, *m.*, mezzína, brócca

Stoùt, *a.* grassòtto, fattíccio; robústo; tòzzo, fòrte, vigoróso gagliárdo; risolúto, ostináto

— *s.* bírra fòrte, birróne, *m*; bròwn —, birróne néro, *porter* fortíssimo

Stoùtly, *avv.* gagliardaménte, fieraménte

Stoùtness, *s.* fòrza, bravúra, corpulénza, gagliardía; risolutézza

Stóve, *s.* stúfa, camminétto, fornéllo all'inglése

— *va.* (*poco us.*) scaldáre con stúfa

Stóver, *s.* foràggio del bestiáme

Stów, *va.* méttere a pósto, assettáre, stivàre, méttere, pórre; (*mar.*) stivàre; — awáy, ripórre

Stówage, *s.* il méttere a pósto, lo stivàre, spésa dello stivàre; in sáfe —, collocáto in luògo sicúro

Stràbism ⎱ *s.* strabísmo
Strabismus ⎰

Stràddle, *vn.* allargáre le gámbe camminándo, andáre, èssere a cavalcióne; *va.* méttersi a cavalcióne sópra, inforcáre gli arcióni; no man can ríde well who —s in this mànner, non può cavalcar béne, chi allàrga le gámbe cosi; he wás stràddling befóre the fire in the àttitude of the bràzen Colossus, stava davánti al fuòco con le gambe apèrte cóme il colòsso di Ròdi

Stràggle, *vn.* allontanàrsi; scompagnàrsi, staccàrsi, sparpagliàrsi, andáre alla spicciolàta, èssere separàto, allontanáto, dispèrso; vagàre, andár ramíngo

Stràggler, *s.* soldáto sbandáto; vascèllo sviáto

Stràggling, *a.* sbandáto, scompagnáto, sparpagliáto

Stráight, *a.* dirítto (*non curvo, non torto*); dirítto, drítto, giústo, èquo; (strétto, ristrétto; *V.* Stráit); to màke a ᴛʜing —, drizzáre, raddrizzáre chechessía

— *avv.* incontanénte, súbito

Stráighten, *va.* addirizzáre, far dirítto

Stráightener, *s.* chi drízza o raddrízza

Stráightfórᴛʜ, *avv.* direttaménte, incontanénte

Stráightfórward, *a.* dirítto, schiètto; pròbo

— *avv.* a dirittúra

Stráightforwardness, *s.* schiettézza, dirittúra

Stráightly, *avv.* in línea rètta

Stráightness, *s.* la qualità dell'èsser dirítto, dirittúra

Stráightwáy, *avv.* incontanénte, a dirittúra

Stráin, *va.* stiracchiáre, stèndere tróppo, sforzáre, far fòrza a, violentáre, travagliáre, tèndere, strígnere soverchiaménte, stòrcere, slogáre; sprémere, coláre, filtráre; to — a liquid, filtráre un líquido;

— one's vòice, sforzar la vóce; — the eýe, — one's eýes, aguzzáre gli òcchi, sforzàrsi per vedére; — oùt, sprémere (*filtrando*); — évery nèrve, far ogni sfòrzo; — *vn.* sforzàrsi, fáre sfòrzi grándi; (*mar.*) travagliàre, tempelláre; — after, intèndere a; — one's sélf, sforzàrsi, sbracciàrsi; withoùt — ing, sénza sfòrzo, sénza violènza

— *s.* sfòrzo, stiracchiaménto, storcimento; concènto, ária, cánto, suóno; accènti, *plm.*, stíle, *m.*, mòdo, caráttere, *m.*, tòno; melódious —s, concènti armoniósi

Stráinable, *a.* (*ant.*) che può èsser coláto

Stráiner, *s.* colatójo, fíltro, stàccio

Stráining, *s.* tensióne eccessíva, violènto sfòrzo; travolgiménto, esagerazióne; il filtráre, colaménto; lo stórcersi (*un piede, ecc.*)

Stráit, *a.* strétto, angústo; ristrétto, rigoróso; strétto, giústo (*degli abiti*), impacciáto; stítico, grétto, aváro; — láced, allacciáto strétto

— *s.* strétto; angústia; impáccio, imbarázzo, strettézza, imbròglio; (*geog.*) strétto; the stráits of Dóver, lo strétto di Dover; in greát —s, in grand'angústie

— -hànded, *a.* strétto di máno, aváro, spilórcio

— -hàndedness, *s.* avarízia, spilorcería

— -láced, *a.* allacciáto strétto

— -wáist-cóat ⎱ *s.* camícia di fòrza, camí-
— -jàcket ⎰ cia di sicurézza

Stráiten, *va.* stríngere, restríngere, strettíre, angustiáre, impacciáre, pórre alle strétte

Stráitly, *avv.* strettaménte, rigidaménte

Stráitness, *s.* strettézza, giustézza (*degli abiti*), grettézza, piccolézza (*di spírito*); ristrettézza, angústia (*dei mezzi, del numerario*)

Stramíneous, *a.* di stráme, di páglia

Stránd, *s.* piàggia, spónda, lído, réna; fílo di còrda, legnuólo, cordóne; (*mar.*) cávo

— *vn.* arenáre, dáre in sécco, investíre

— *va.* gittár sulla spiàggia, far dáre in sécco

Stránge, *a.* (*to*) estráneo (*a*); stráno, singolàre, inusitáto; — to sáy! còsa stráno! — ! còsa straordinária

Stràngely, *avv.* stranaménte, singolarménte

Stràngeness, *s.* stranézza, singolarità, alienazióne, antipatía, freddézza; timidità

Stránger, *s.* straniéro, persóna sconosciúta; chi non conósce o ignóra, forestiére, *m*; to be a — to, ignoráre; non èssere conosciúto; hé is a — to féar, egli non sa che sía la paúra; to becòme quite a —, diveníre mólto ráro; you are a greát —, voi non vi fáte mai vedére

Stràngle, *va.* strangoláre, strozzáre; — one's sélf, strangolàrsi, strozzàrsi

Stràngler, *s.* strangolatóre, -trice

Stràngles, *s.* (*vet.*) stranguglióni, *mpl.*
Strànglewéed, *s.* (*bot.*) orobànche,*f.* succiaméle, *m.*, mal d'òcchio, *m.*
Stràngling, *s.* strangolaménto, strangolazióne
Strangulátion, *s.* strozzatùra, strangolaménto
Strangùrious, *a.* affètto di strangùria; della natùra della strangùria
Stràngury, *s.* (*med.*) strangùria
Stràp, *s.* corréggia, stríscia di cuòjo
— *va.* scoreggiàre, bàttere colla corréggia, legàre con una corréggia; — a ràsor, raffilàre il rasòjo sulla stríscia di cuòlo
— -all, *s.* (*familiare*) benedizióne del correggiàto, bàlsamo di róvere, unguènto di vérga
Strappádo, *s.* strappáta (*supplizio*)
Stràpping, *a.* tarchiáto, grànde, dispósto
Stràta, (*pl. di* stràtum) *s.* stráti, *pl. m.*
Stràtagem, *s.* stratagèmma, *m.*, astúzia
Stratègic, stratègical, *a.* stratègico
Stràtegus, *s.* stratégo, generàle ateniése, *m.*
Stràtegist, *s.* stratégico
Stràtegy, *s.* strategía
Stratification, *s.* stratificazióne
Stràtified, *s.* stratificáto
Stràtiform, *a.* stratifórme, a stráti
Stràtify *va.* stratificáre, dispórre a stráti
Stràtum, (*pl.* stráta) *s.* stráto
Stràw, *s.* páglia, fílo di páglia, fuscèllo, festúca, frúllo; stack of —, pagliájo; man of —, uòmo di páglia; it's not wòrth a —, non vàle un fíco; — -hat, cappéllo di páglia; in the — (*volg.*), in pagliuòla; built, fàtto di páglia; — cóloured, colór di páglia; — roofed, copèrto di páglia
— -bóttomed, *a.* col fóndo di páglia
— -breadth, *s.* larghézza d'un fíl di páglia; àll arrànged to a —, tútto ordináto con minuziósa cúra
— -cùtter, *s.* (*agricoltura*) trinciapáglia, *m.*, tritapáglie, *m.*
— -plàtter, *s.* stuojájo, fabbricatór di stuóje
— -stùffed, *a.* imbottíto di páglia
Stràwberry, *s.* frágola; — plant, piánta della frágola, fragrária; he àims at the — léaf, égli mira al marchesáto
— -bùsh, *s.* (*bot.*) fragària
— -trée, *s.* (*bot.*) corbèzzolo
Stràwy, *a.* paglióso, di páglia
Stráy, *va.* sviàrsi, traviàre, fuorviàrsi, smar-
— *a.* sviáto, traviáto, randàgio, smarríto;
— sheep, pècora smarríta; — dog, càne smarríto
Streak, stríscia, línea, ríga; (*mar.*) córso di tàvole; binding —, corsíe rovèscie, *f. pl.*
— *va.* strisciàre, rigàre, screziàre
Streaky, *a.* strisciáto, rigáto, screziáto
Stream, *s.* corrènte, *f.*, àcqua corrènte, ruscèllo, rívo; little —, ruscellétto; the

midstréam, la correntía; don't go into the —, non andáte nella corrénte
— *vn.* scórrere, colàre, sboccàre, zampillàre, raggiàre, emanàre, dardeggiàre ondeggiàre; a flag — ing ín the wind, una bandièra che ondéggia al vènto
Stréamer, *s.* pennoncèllo; auróra-boreàle, fiàmma
Stréamlet, *s.* ruscellétto, ruscellettíno
Stréamy, *a.* piéno di ruscèlli, scorrènte
Stréet, *s.* vía (*di città*), stráda; new —, vía nuòva; — -wàlker, sgualdrína, cantonièra
Strèngth, *s.* fòrza, vigóre, *m.*
Strèngthen, *va.* fortificàre, afforzàre
— *vn.* rinforzàrsi, fortificàrsi
Strèngthener, *s.* còsa che dà fòrza, corroboránte, *m.*
Strèngthless, *a.* sènza fòrza, spossáto
Strènuous, *a.* strènuo, vigoróso, valoróso
Strènuously, *avv.* strenuaménte, con vigóre
Strènuousness, *s.* arditézza, gagliardía, zélo
Strèperous, *a.* (*poco us.*) strepitóso, fragoróso
Strèss, *s.* fòrza, importànza, péso, pressióne, pressúra, violènza (*di temporale*); (*med.*) sfòrzo; to láy — upòn, insístere, appoggiàrsi sópra; by — of wèather, dal cattivo tèmpo, dalla tempèsta; to láy great — upòn a wòrd, dáre mólta énfasi ad una paróla
Strètch, *s.* estensióne, lunghézza, sfòrzo
— *va.* stèndere, estèndere, stiràre; spiegàre, allargàre, allungàre, stiracchiàre; — a cord, stèndere una còrda; — out one' tòngue, allungàre la língua
— *vn.* stèndersi, distèndersi, allungàrsi, sdraiarsi; — out àfter, intèndere a
Strètcher, *s.* chi o che stènde
Strètching, *s.* lo stiràre, lo stèndere, l'allargàre
Strew, (*pr.* strú) *va.* spàndere, spárgere, seminàre, coprìre, sparpagliàre; — flòwers, spárgere fióri; — with, spárgere di
Stricken, *a. e p. p. di* to strìke
Strìckle, *s.* rasièra (*da levare il colmo*)
Strict, *a.* strètto, esàtto, sevéro, rígido, rigoróso, esàtto, puntuàle; esàtto, accuráto
Strìctly, *avv.* esattaménte, rigorosaménte; — speaking, a rigór del tèrmine, esattaménte parlàndo
Strìctness, *s.* esattézza, rigidézza, rigóre, *m.*
Strìcture, *s.* cólpo, tràtto; ristrètto, esàme crítico; —s, osservazióni crítiche; (*med.*) contrazióne
Stride, *s.* pàsso lúngo, andàta; with long —s, a grànde andàre, a gran passi; to màke rápid —s, towards, avanzàrsi rapidaménte vèrso

Stríde, *vn.* (*pret.* stróde, *p. p.* strid, stridden) camminàre a pàssi lùnghi

Strídor, *s.* stridóre

Stridulous, *a.* strídulo, stridènte

Strife, *s.* gàra, contésa, altèrco, contràsto, ríssa

Strifeful, *a.* rissóso, contenzióso

Stríke, (*pas.* strùck) *va.* percuòtere, picchiàre, colpíre, bàttere; (*bot.*) gettáre; — the iron while it is hot, (*proverbio*) battéte il fèrro mèntre è càldo; the clock —s twèlve, suónano le dódici; to — the cólours, calàre la bandiéra; — corn, ràdere il gráno misuràndolo; — dówn, stramazzàre, abbàttere; — óut, cancellàre; fàre emèrgere; — ùp a bàrgain, fàre un pàtto; — a bàlance, stabilíre un bilàncio; to — with, (*fig.*) colpíre di

— *vn.* (*pas.* strùck; strícken, *ant.*) percuòtere, colpíre, bàttere, suonáre, urtàrsi, accozzársi; (*d'operaj*) fàre sciópero, méttersi in isciópero; (*mar.*) ammainàre; abbassàre, — hàrd, percuòtere gagliardaménte; — ùp, cominciáre (*la musica*); — at, procuráre di percuòtere, cercàre di nuòcere a, intaccàre; — agàinst, urtàrsi cóntro; the clock —, suóna l'orológio; —! (*mar.*) ammainàte!

Stríke, *s.* sciópero, sciópro, sospensióne del lavóro; rasièra (*del grano*); direzióne di uno stráto; to màke a —, méttersi in isciópero

Stríker, *s.* battitóre, percuotitóre, trice

Stríking, *a.* percuotènte, sorprendènte, straordinário, rimarchévole, singolàre, segnaláto, cospícuo, saliènte, spiccànte; — resémblance, somigliànza sorprendènte

— *s.* il bàttere; il suonàre (*orolog.*); percuotimènto

Stríkingly, *avv.* rimarchevolménte, singolarménte

String, *s.* cordicèlla, còrda, cordicína, spàgo; sèrqua, sequèla, sequènza, sèrie, *f.*, filza, infilzáta, filastròcca; (*mus.*) còrda; — of pèarls, filza di pèrle; léading —s, fàlde, faldélle; shóe- —s, strín, he; to have twó —s to one's bów, tenére i pièdi in due stàffe; he had more than one — to his bów, egli avea piú d'una corda all'arco

— *va.* (*pas.* strùng) (*mus.*) méttere le còrde; infilzàre, tèndere, rèndere téso, fòrte, vigoróso, rinvigoríre; — pèarls, infilzáro le pèrle; — the nèrves, fortificàre i nèrvi; then I strùng mý nèrves to stùbborn pàtience, allóra mi armài di paziènza a tutta próva

— -hàlt, *s.* spavènto (d'un cavàllo)

Stringed, *a.* guerníto di còrde; a còrde; fibróso; — instrument, strumènto a còrde

Stringency, *s.* fórza di convinzióne, incàlzo

Stringent, *a.* astringènte, strignènte, calzànte

Stringless, *a.* sènza còrde

Stringy, *a.* fibróso, elàstico, piêno di fíbre

Strip, *va.* spogliáre, priváre di, scorzàre, tógliere, portár vía, denudàre, nudáre

— *s.* stríscia (di pànno, ecc.)

Strípe, *va.* listàre, rigàre, screziàre, variàre

— *s.* stríscia, lísta; sferzàta, staffiláta

Stríped, *a.* listáto, vergáto, rigáto, strisciáto, addogáto

Stripling, *s.* giovincèllo, giovanétto, adolescènte, *m.*

Stríve, *vn.* (*pret.* stróve; *p. p.* striven) ingegnàrsi, sforzàrsi, fàre ògni sfòrzo, ajutàrsi, sbracciàrsi, procuráre; — (with, agàinst) lottàre (con), oppórsi (a), fàre a gàra; scuótersi; — whó shall write best, fàre a gàra nello scrivere

Stríver, *s.* chi si sfòrza, bríga o procùra, contenditóre, rivále

Stríving, *s.* sfòrzo, contésa, lòtta

Strívingly, *avv.* con ógni sfòrzo, a gàra

Stròke, *s.* cólpo, percòssa; tràtto; pennáta, pennelláta, cólpo di pennèllo; tócco, sfòrzo; bàck —, rovescióne, *m*; màsterly —, cólpo da maèstro; upòn the — of fóur, al tócco delle quàttro

— *va.* palpáre, palpeggiàre, dàre una lisciatína a, passàre la máno bel bèllo sópra; — a hòrse, accarezzáre un cavàllo

Stròkesman, *s.* (*mar.*) vogavánti, *m.*

Stròll, *vn.* vagàre, vagabondàre, andàre qua e là; — abóut, girandolàre, baloccàre

— *s.* passeggiáta nei càmpi, ecc., giráta

Stròller, *s.* persóna giròvaga, vagabóndo

Strólling, *a.* giròvago, errànte, vagabóndo; — plàyer, commediánte ambulànte

Stromàtic, *a.* stromàtico, miscelláneo

Strònd, *s.* V. Strànd

Stròng, *a.* fòrte, robùsto, vigoróso, poderóso; — béer, birra fòrte; — box, càssa fòrte, forzière, *m*; — bréath, fiáto cattívo, che pute

— -hànd, *s.* fórza, violènza

— -hòld, *s.* propugnàcolo, fòrte, *m.*, fortézza

— -limbed, *a.* nerborúto, robùsto

— -sèt, *a.* compàtto, dènso

Stròngly, *avv.* forteménte

Stróp, ràzor- —, *s.* cuòjo da rasójo

— *va.* ripassáre il rasójo sul cuòjo

Stróphe, *s.* stròfa

Stróut, V. Strùt

Stróve, *pret.* di to stríve

Strów, *va.* V. Strew

Strùck, *pret.* e *p. p.* di to stríke

Strùctural, *a.* di struttúra

Strùcture, *s.* struttúra, fàbbrica, costruzióne, struttúra, edifízio; monumènto

Strùggle, *s.* sfòrzo grànde, lòtta; agóne, *m*; làst —, agonía; the — for lífe, la lòtta per la vita, per la esistènza

— *vn.* far degli sfòrzi grándi, dibàttersi con

violènza, scuótersi, agitársi, lottáre, combáttere, contèndere; — with, agàinst, lottáre, combáttere con; — for, agognáre a; a wóman was séen strùggling ᴛʙʀóugʜ the mùltitude, fu vista una dònna aprírsi la vía tra la fòlla

Strùggler, *s.* Iottatóre, agonísta, *m.* contenditóre

Strùggling, *s.* sfòrzo, lòtta, contrásto

Strùm, *vn.* strimpelláre, suonár mále; — to slèep, far dormíre a fúria di strimpel-

Strùma, *s.* (*med*) strúma, scròfola (láre

Strùmous, *a.* (*med.*) scrofolóso

Strùmpet, *s.* meretríce, *f.*

Strùng, *pret. e p. p. di* to string

Strùt, *s.* camminàre pettorúto, ringalluzzáto; incèder trònfio, applaudírsi, fáre il gàllo

— *s.* andatúra gráve ed affettáta; supèrbo incèsso

— *s.* palánca; puntèllo, sostégno; sostégno della pòrta d'una caterátta

Strùtter, *s.* chi cammína con gravità affettáta, chi si pavonéggia

Strùtting, *a.* pavoneggiántesi; — pìéce, *s.* puntóne, *m.*

Strùttingly, *avv.* con pásso gráve, affettáto, con supèrbo incèsso

Strỳchnia }
Strỳchnina } *s.* (*chìm. med.*) stricnína
Strỳchnine }

Stùb, *s.* cèppo, trónco

— *va.* sradicáre, estirpáre, svèllure

— -náíl, *s.* bullètta; chiòdo rótto

Stùbbed, *a.* tarchiáto, robùsto; tòzzo, ottúso

Stùbbedness, *s.* l'èssere tòzzo, tarchiáto; ottusità

Stùbble, *s.* stóppia; — góose, *s.* òca di autúnno

Stùbborn, *a.* capàrbio, ostináto, testeréccio, capóne

Stùbbornly, *avv.* ostinataménte, con caparbietà

Stùbborness, *s.* ostinazióne, *f.* caparbietà

Stùbby, *a.* córto e gròsso, tòzzo

Stùcco, *s.* stúcco; lavóro fátto di stúcco

— *va.* lavoráre di stúcco

Stùck, *pas. di* stick

Stùd, *s.* bòrchia, chiòdo (*di ornamento*); bottóne, bottoncíno dello sparáto della camicia; ràzza di caválli, màndria; — -bóok, registro dei caválli di sángue púro; — hòrse, stallóne di màndria; góld —s, díamond —s, bottoncíni di óro, di brilllánti

Stùd, *va.* guarníre di bòrchie, tempnestáre, biliottáre; a màntle studded with gems, un mànto tempestáto di gèmme

Stùdding-sàíl, *s.* (*mar.*) scopamáre, *m.*, coltellàccio (*vela*)

Stùdent, *s.* studènte, *m. f.* studióso; fèllow

—, cameráta di stúdio, d'univarsità; làw —, studènte di légge; mèdical —, studènte di medicína

Stùdentship, *s.* státo, condizióne di studènte

Stùdied, *a.* studiáto, erudíto, dòtto; studiáto, limáto, elaboráto; ricercáto; premeditáto

Stùdier, *s.* chi stúdia, studióso, studènte

Stùdio, *s.* stúdio (di scultóre o di pittóre)

Stùdious, *a.* studióso, attènto, applicáto, diligènte, sollécito, premuróso

Stùdiously, *avv.* studiosaménte, con cúra

Stùdiousness, *s.* attenzióne, applicatézza

Stùdy, *s.* stúdio, applicazióne, applicatézza, cúra; stúdio, studiuòlo, gabinétto; stúdio, riflessióne, contemplazióne, meditazióne; to be in a brówn -, star pensieróso, vaneggiáre; apply yoursélf to your stùdies, applicátevi ai vòstri stùdj

— *va.* studiáre, osserváre, consideráre

— *vn.* studiársi, applicársi, meditáre

Stùff, *s.* stòffa, matèria príma; ròba, robàccia, anticáglia; time is the — of which lìfe is compósed, il tèmpo è la matèria di cui si compóne la vita; kitchen —, gràscia di cucína; silk —s, tessúti di séta; whàt —! che robàccia, che sciocchézze!

— *vn.* imbottíre, rimpizzáre, stiváre, mèttere il ripièno a; turáre, stoppáre; a cápon stùffed with potátoes, un cappóne ripièno di pómi di tèrra (cíbo

— *vn.* rimpinzáre, rimpinzársi, rièmpiersi di

— -gówn, *s.* vèste, *f.* di lána

Stùffed, *a.* imbottíto, impinzáto, stiváto, ripièno

Stùffing, *s.* bòrra, imbottitúra, ripièno; táke a lìttle of the —, prendéte un po' di ripièno

Stùlm, *s.* trómba per assorbíre l' ácqua di una minièra

Stùltify, *va.* rèndere insensáto, abbalordíre, istupidíre

Stultíloquence, *s.* vaniloquènza, assurdità

Stultíloquy, *s.* vanilòquio, parláre da stólto, fòlli ciáncie

Stùm, *s.* mosto (*víno nuovo, ecc.*)

Stùmble, *vn.* inciampáre, intoppársi; *va.* far inciampáre; — upón, imbáttersi in

— *s.* inciámpo, pásso fálso, fàllo

Stùmbler, *s.* chi o che inciámpa

Stùmbling, *a.* che inciámpa; — *s.* l' inciámpo, l' intoppáre; — block, intóppo, ostácolo; — -stóne, piètra d'inciámpo

Stùmp, *s.* cèppo (*d'albero*); moncóne, moncheríno; — fóoted, che ha il piède tóndo

— *vn.* (about) camminár mále, camminàre cóme un vècchio decrèpito

— bèdstèad, *s.* lètto a cinghie

Stùmpy, *a.* piéno di cèppi; (*pers.*) tòzzo

Stùn, *va.* stordíre, sbalordíre, intronáre

Stùng, *pret. e p. p. di* to sting

Stùnk, *V.* Stink

Stùnning, *a.* che stordísce, che assórda

— stordiménto, sbalordiménto

Stùnt, va. impedíre l'accrescimento di, far intristíre, imbastardíre, dirazzáre, impicciolíre, réndere bistòrto ; to get —ed, tralignáre, f. intristíre, impicciolírsi

Stùnted, a. mal cresciúto, imbastardíto

Stùntedness, s. státo imbastardíto o bistòrto

Stùpe, va. fomentáre, bagnáre

— s. (med.) loziòne, fomentazióne

— s. (ant.) stúpido

Stupefàction, s. stupefazióne, stupóre

Stupefàctive, a. stupefattivo

Stupèndous, a. stupèndo, maraviglióso

Stupèndously, avv. stupendaménte

Stupèndousness, s. l'èsser stupèndo, maraviglióso

Stúpid, a. stúpido; scimuníto, sciócco; — jóke, scipita búrla; — féllow, stúpido; to get —, istupidíre

Stupídity, Stúpidness, s. stupidità

Stúpidly, avv. da stúpido, stupidaménte

Stúpify, va. stupefáre; réndere stúpido, sbalordíre

Stúpor, s. stupóre, intormentiménto

Stúprate, va. stupráre

Stuprátion, s. stúpro

Stùrdily, avv. gagliardaménte, vigorosaménte, aspraménte, bruscaménte

Stùrdiness, s. robustézza, fórza, vigóre; rigidézza, zotichézza

Stùrdy, a. rubèsto, robústo, tarchiáto, gagliárdo; risolúto, brúsco, áspro, zótico,

Stùrgeon, s. (itt.) storióne, m. (birbo

Stùrk, s. giovènco, giovènca (di un anno)

Stùt, Stùtter, va. tartagliáre, barbugliáre; — on, va. profferíre tartagliándo

Stùtter, s. balbúzie, f.

Stùtterer, s. tartaglióne, m., tartaglióna, bálbo, balbuziènte, m. f.

Stùttering, s. il tartagliáre, barbogliaménto — a. bálbo, balbettánte, tartagliánte

Stùtteringly, avv. in mòdo balbettánte

Stý, s. porcíle, m; orzajuólo (tra i nepitèlli degli òcchi); I hope your lòrdship's — is better in your lòrdship's eye, spero che l'orzajuólo nell'òcchio del signor cónte (marchése, ecc.) vada mèglio

— va. chiúdere nel porcíle

Stýgian, a. stígio, tartáreo

Stýle, s. stíle, m., mòdo di dettáre; stíle, m., costúme, m., mòdo di procédere; maniéra, gènere, m., cerimoniále, m; (artí) stíle; (lèttere) stíle; (geom.) stíle; (bot.) stíle; (cronología) stíle; in —, a dovére, elegánte, supèrbo; in the Róman —, ad uso de' Románi; óld —, vècchio stíle, stíle grèco

— va. nomináre, chiamáre, appelláre; — one's self, chiamársi, dársi il título di

Stýlet, s. stílo; V. Stilètto

Stýliform, a. stilifórme

Stýlish, a. alla mòda, béllo, elegánte

Stýlite, s. (storiá ecclesiastica) stílita, m.

Stýptic, a. stíptico, stítico, astringènte

Stypticity, s. stiticità, qualità astringènte

Stýrax, s. (bot.) storáce, m.

Stýthe, s. (miniere) gás infiammábile, m.

Súability, s. possibilità d'èssere citáto in giudízio e processáto

Súable, a. che può èsser processáto

Suásible, a. persuadíbile

Suásion, s. persuasióne

Suásive, a. persuasívo, suasívo

Suásively, avv. persuasivaménte

Suásory, a. persuasívo

Suávity, s. soavità

Subácid, a. subácido, acidétto

Subácrid, a. agrétto, alquánto ácre

Subàction, s. (chim.) riduzióne

Subàgent, s. sótto-agènte, m.

Súbah, s. subah, província o vicereáme nell'India

Súbahdar, s. súbadar, m., vicerè o governatóre d'una província indiána

Súbahship, s. giurisdizióne di súbadar

Subàltern, a. s. subaltèrno

Subaltèrnate, a. subordináto

Subaltèrnation, s. subordinazióne

Subáqueous, a. subácqueo, sott'ácqua

Subastringent, a. alquánto astringènte

Sùb-brigadiér, s. sottobrigadiére, m.

Subchànter, s. sótto cantóre

Subclávian, a. (anat.) succlávio, subclávio

Sub-committee, s. sotto-comitáto

Sùb-còntract, s. secóndo contrátto

Subcutáneous, a. succutáneo, subcutáneo

Sub-déacon, s. suddiáconò

Sub-déaconship, s. suddiaconáto

Sùb-déan, s. suddecáno

Sub-déanery, s. suddecanáto

Sub-dèlegate, va. suddelegáre, sostituíre

Sùbdivíde, va. suddivídere; vn. suddivídersi

Sùbdivísible, a. suddivisíbile

Subdivísion, s. suddivisióne, il suddivídere

Súbdolous, a. súbdolo, dolóso, ingannóso

Subdúable, a. soggiogábile, che si può sottométtere

Subdúal, s. soggiogaménto, soggiogazióne

Subdúce, subdúct, va. involáre, sottrárre

Subdúction, s. sottrazióne, sottraiménto

Subdúe, va. soggiogáre, sottométtere, víncere

Subdúed, a. soggiogáto, sottomésso, sommésso; to speak in a — tóne, parláre dimessaménte, in mòdo sommésso

Subdúer, s. soggiogatóre, vincitóre

Subdúple, a. (mat.) suddúplo

Subdúplicàte, d. (mat.) sudduplicáto

Subjácent, a. sotto giacènte, soggiacènte

Subjéct, va. assogettáre, sottométtere; réndere soggètto, espórre

Sùbject, s. soggètto, súddito; matéria; individuo, persóna; féllow —, concittadíno; to dwèll upòn a —, estèndersi sópra un soggètto, sópra un argoménto

— *a.* soggètto, assoggettàto, espósto, sottopósto; dédito, inclináto; — to màny diséaśeś, soggètto a mólte infermità

Subjèction, *s.* assoggettaménto, l' assoggettáre, sottomessióne, soggezióne; to bring ùnder —, assoggettáre, sottométtere

Subjéctive, *a.* (*filos.*) subjettívo, soggettívo

Subjéctively, *avv.* (*filos.*) subjettivaménte, soggettivaménte

Subjèctiveness, *s.* (*filos.*) subjettività, státo soggettívo; suggettività

Subjŏn, *va.* aggiúngere, uníre, soggiúngere; — an árgument, aggiúngere un argoménto

Sùbjugate, *va.* soggiogáre, domáre; víncere, sottométtere

Subjugátion, *s.* soggiogazióne, il soggiogáre

Subjùnctive, *a. s.* (*gram.*) soggiuntívo

Sublátion, *s.* sublazióne, *f.* rapiménto, rátto

Sùblèt, *va* (*poco us.*) subaffittáre, *V.* Underlet

Sublibrárian, *s,* sótto-bibliotecário

Sublieutenant, *s.* (*pr.* sublèvtenant) sóttotenénte, *m.*

Sublímable, *a.* che si può sublimáre

Sùblimáte, *s.* sublimáto (mercúrio sublimáto) — *va.* sublimáre; (*chim.*) sublimáre

Sublimátion, *s.* sublimaménto, sublimazióne; (*chim.*) sublimazióne

Sublíme, *a.* sublímc, eminénte, eccélso; the —, *s.* il sublíme; the — and *beaútiful*, il sublíme e il béllo — *va.* sublimáre, far sublíme; eleváre, innalzáre; (*chim.*) sublimáre — *vn.* sublimársi; volatilizzársi

Sublímely, *avv.* in mòdo sublíme, sublimeménte

Sublímeness, *s.* sublimità

Sublíming, *s.* (*chim.*) sublimazióne

Sublímity, *s.* sublimità, elevatézza, altézza

Sublingual, *a.* sublinguále (stre

Sublúnar, Sublúnary, *a.* sublunáre, terrè-

Sùbmarine, *a.* sottomaríno, submaríno; — elèctric télegraph, telégrafo eléttrico submaríno

Submaxillary, *a.* (*anat.*) sottomascelláre

Submèrge, *va.* sommèrgere; *vn.* sommèrgersi

Submèrsion, *s.* sommersióne; allagaménto

Submiss, *a.* (*poet.*) sommésso, úmíle

Submission, *s.* sommessióne, rassegnazióne

Submissive, *a.* sommésso, úmile

Submissively, *avv,* umilménte, con sommessióne

Submissiveness, *s.* sommessióne, umiltà

Submit, *va.* sottométtere, sottopórre, riméttere, riméttersi a; *vn.* sottométtersi, riméttersi, stársene; sottopórsi, cèdere, plegársi, conformársi, acconsentíre

Submùltiple, *s.* (*arit.*) summúltiplo; sommúltiplo, sottomúltiplo

Sub-náscent, *a.* che crèsce sótto

Subòrdinacy, *s.* subordinazióne, dipendènza

Subòrdinate, *a.* subordináto, inferióre

Subòrdinately, *avv.* subordinataménte

Subordinátion, *s.* subordinazióne, dipendènza

Subórn, *va.* subornáre, corrómpere, sedúrre

Subornátion, *s.* subornaménto, corruzióne

Subórner, *s.* subornatóre -tríce, seduttóre -tríce

Subpoéna, *s.* (*legge*) citazióne (*di testimonio*) — *vn.* citáre (*un testimonio*)

Sùb-príor, *s.* sottoprióre, *m.*

Subrèctor, *s.* sottorettóre; vìcerettóre

Subrèption, *s.* surrezióne, sorprésa

Subreptítious, *a.* surrettízio, ottenúto con fròde

Sùbsàlt, *s.* (*chim.*) sottosálo, *m.*

Subrogátion, *s.* surrogazióne

Subscríbe, *va.* sottoscrívere, firmáre, méttere la máno a quálche scrittura, segnáre; *vn.* sottoscrívere, sottoscríversi, acconsentíre, aderíre, abbonársi; to — to an·opinion, aderíre a un'opinióne; — to a néwspaper, abbonársi, associársi ad un giornále

Subscríber, *s.* soscrittóre -tríce, sottoscrittóre-tríce, segnatário; sottoscritto, associáto, abbonáto

Sùbscript, *s.* (tutto ciò che é) sottoscritte

Subscription, *s.* soscrizióne, sottoscrizióne, firma, segnatúra, abbonaménto, associazióne; to páy one's —, pagáre l'abbonaménto

Sub-sèction,·*s.* sotto-sezióne, sotto-divisióne

Subsècutive, *a.* (*poco us.*) susseguènte, consecutívo

Sub-sèmitóne, *s.* (*mus.*) sotto semitóno

Subsèptuple, *a.* d' una séttima párte

Sùbsequence, *s.* susseguènza, conseguènza

Sùbsequent, *s.* susseguènte

Sùbsequently, *avv.* susseguenteménte, dopo, indi

Subsèrve, *va.* èssere di sussídio a, sovveníre a, giováre a, servíre, èssere dipendénte, servíre di strùménto a

Subsèrvience, subsèrviency, *s.* sussídio, servízio, giovaménto, utilità, uso; dipendènza

Subsèrvient, *a.* che sèrve, che gióva, di sussídio; subordináto, inferióre; to máke — to, far servíre a; — a design, útile ad un disègno

Subsèrviently, *avv.* subordinataménte, in mòdo da giováre a

Subsèxtuple, *a.* d' una sèsta párte

Subsíde, *vn.* basíre, abbassársi, scemársi; calmársi da poco a póco, caláre; the wàters —, caláno le àcque; the storm —ś, si cálma la tempèsta

Sùbsídence, sùbsidency, *s.* il basíre, il depórre, sussidènza, posatúra, fondigliuólo

Sùbsidiary, *a.* sussidiário, di sussídio; ausiliário — *s.* sussidiatóre -tríce; aggiúnto

Sùbsidize, *va.* dar sussídj a

Subsidy, *s.* sussidio, ajúto
Subsist, *va.* sussistere, esistere, vivere
— *va.* far sussistere, vettovagliáre
Subsistence, *s.* sussistênza, esistênza, víta; sussistênza, mêzzi di sussistênza
Subsistent, *a.* sussistênte, esistênte
Subsoil, *s.* sottosuólo
— -plóugh, *s.* arátro per lavoráre a gránde profondità
Subspécies, *s.* sottospêcie, *f.*
Substance, *s.* sostánza
Substàntial, *a.* sustanziále, reále, essenziále, inerênte
Substantiàlity, Substàntialness, *s.* sustanzialità, sostanzialità, realità, solidità, fórza
Substàntially, *avv.* sustanzialménte
Substàntiate, *va.* fáre esistere, realizzáre, effettuáre, avveráre; prováre, stabilíre
Substantive, *a. s.* sostantívo
Substàntively, *avv.* sostantivaménte
Substitute, *va.* sostituíre
— *s.* sostitúto, persóna sostituíta a; rappresentánte, deputáto, mandatário, vicário; côsa sostituíta
Substitútion, *s.* sostituzióne, il sostituíre
Substrátum (*pl.* substráta), *s.* sostráto, stráto inferióre
Substrùction, *s.* substruzióne, fondaménto, báse, *f.*
Substrùcture, *s.* fondazióne, báse, *f.*
Substýlar, *a.* della línea meridiána
Subsùltive, Subsùltory, *a.* sussultório
Subsùltorily, *avv.* in môdo sussultório
Subtàngent, *s.* (*geom.*) sottotangênte, *f;* sottangênte, *f.*
Subtênd, *va.* stêndersi sótto; sottênderal
Subtênse, *s.* sottendênte, *f.* sottésa
Subtêpid, *a.* alquánto têpido
Subterfluent, *a.* che scórre sótto
Subterfúge, *s.* sotterfúgio, scámpo, rigíro
Subterráne, *s.* sotterráneo
Subterrànean, subterráneous, *a.* sotterráneo
Subtile, *a* sottíle, fíno, delicáto, penetratívo
Subtileness, *s.* sottigliézza; sottilità, astúzia
Subtility, *s.* sottigliézza
Subtilizátion, *s.* (*chim.*) assottigliaménto
Subtilize, *va.* assottigliáre, rêndere sottile, affináre; sottilizzáre, aguzzáre, rênder argúto, piccánte, frizzánte; — to excèss, sofisticáre
Subtilly, *avv.* sottilménte, astutaménte
Subtilness, *s.* sottigliézza, finézza, astúzia
Subtle, *a.* sottíle, astúto, acúto, furbêsco
Subtleness, *s.* sottigliézza, scaltrézza, astúzia
Subtly, *avv.* sottilménte, astutaménte
Subtract, *va.* diffalcáre, leváre, detrárre, sottrárre, tórre vía, dedúrre
Subtracter, *s.* sottrattóre -trice
Subtràction, *s.* diffalcaménto, sottrazióne
Subtràctive, *a.* che si può sottrárre
Subtrahênd, *s.* (*arit.*) sottraêndo
Subtútor, *s.* sottomaêstro, sottoprecettóre

Suburb, *s.* sobbórgo, bórgo; párte estêrna; the —s of Paris, i sobbórghi di Parigi
Subùrban, *a.* suburbáno
Subvèntion, *s.* sovvenzióne; il venír sótto
Subvèrsion, *s.* sovversióne, sovvertiménto
Subvèrsive, *a.* sovvertênte, átto a sovvertíre
Subvèrt, *vn., sovvertíre, sovvêrtere, rovináre
Subvèrter, *vn.* sovvertitóre -trice
Subwòrker, *s.* operájo subordináto
Succedàneous, *a.* succedáneo, successívo
Succedàneum, *s.* succedáneo; sostitúto
Succéed, *vn.* (to), succêdere (a); seguíre, venír dópo; — in, riuscíre; night —s to dáy, la nótte ségue il giórno; to — in dôlng a ruing, riuscíre a fáre una côsa; I tried to persuáde him but did not —, mi sono prováto a persuadérlo, ma non mi vênne fátto; he —ed in escáping, gli riuscí di fuggíre
— *va.* far riuscíre, far succêdere succêdere a; to — to one, succêdere ad úno
Succéeding, *a.* succedênte, seguênte, susseguênte, futúro, successívo; in àll — áges, in tutti i sêcoli avvenire
Succèss, *s.* successo, buón successo, buóna riuscíta; to hàve —, riuscíre, sortír buón effêtto; — attênd you, possiáte riuscíre! — to tráde, viva il commércio!
Succèssful, *a.* venturóso, felice, fortunáto
Succèssfully, *avv.* felicemênte, con successo
Succèssfulness, *s.* piêna riuscíta, buón succêsso
Succèssion, *s.* successióne, sêrie, *f.*, séguito; successióne, diritto di successióne, eredità; (*mus.*) successióne; posterità, discendênti, *mpl;* in —, per successióne, successivaménte
Succèssional, *a.* di successióne, per successióne
Succèssionally, *avv.* successionalmênte
Succèssive, *a.* successívo, ereditário
Succèssively, *avv.* successivaménte
Succèssiveness, *s.* progressióne
Succèssless, *a.* disgraziáto, sfortunáto
Succèsslessly, *avv.* sênza successo
Succèsslessness, *s.* êsito disgraziáto, sventúra, insuccêsso
Succèssor, *s.* successóre, erêde, *m.*
Succinct, *a.* succínto
Succinctly, *avv.* succintaménte
Succinctness, *s.* brevità, concisióne
Succinous, *a.* (*min.*) del succino
Succinum, *s.* (*min.*) succino
Succory, *s.* (*bot.*) cicórea, cicória, radicchio
Succour, *s.* soccórso, sussídio, ajúto
— *va.* soccorrere, assistere, ajutáre
Succourer, *s.* soccorritóre -trice, ajutatóre -trice
Succourless, *a.* privo di soccórso
Succuba | *s.* súccubo
Succubus |

Sùcculence, sùcculency, *s.* sugosità, abbondànza di súgo

Sùcculent, *a.* sugóso, succolénto

Succùmb, *vn.* soccómbere, soggiacére, sottométtersi, cédore; — ùnder calàmitieá, soccómbere alle calamità; — to a fóreìgn pówer, sottométtersi ad una potènza éstera

Succùssion, *s.* scotiménto, scòssa

Sùch, *a.* e *pron.* tále, símile; — aś, quéi, quélle, colóro che; — a man, un tal uómo; — aś ìt ìś, tále quále è; to contìnùe —, continuáre tále...; — as ruink differently, quéi che pènsano diversaménte; Mr. — a one, il signor tále

Sùck, *va.* succiáre, succhiáre, poppáre, tet- — *vn.* succiáre, poppáre, attrárre (tàre — succhiaménto, sùccio; látte, *m.* (*da poppare*); aspirazióne; to give — to a chìld, allattàre un bambíno; — -fish, (*ttt.*) rèmora

Sùcker, *s.* chi, che sùccia o póppa; succiatóre -trìce; (*bot.*) rampóllo, pollóne; (*ttt.*) rèmora; (*di tromba*) cannoncèllo, stantúfo; probòscide, *f.*

Sùcking, *s.* succhiaménto, il succiáre — *a.* succiánte, lattánte; — pùmp, trómba aspiránte; — bòttle, poppatójo; — fish, (*ttt.*) rèmora

Sùckle, *va.* allattáre, nutrìre con látte

Sùckling, *s.* bambíno allattáto; agnéllo

Sùction, *s.* succhiaménto, assorbiménto

Sudátion, *s.* (*med.*) il sudáre, il sudóre

Súdatory, *s.* sudatòrio; — *a.* sudatòrio

Sùdden, *a.* subitáneo, repentíno, improvvíso, inopináto, sùbito; on a —, of a —, subitaménte, ad un tràtto

Sùddenly, *avv.* subitaneaménte, subitaménte, ad un tràtto

Sùddenness, *s.* subitaneità, prontézza; celerità

Sudorìfic, *a. s.* sudorìfico

Súdorous, *a.* di sudóre, copèrto di sudóre

Súdra, *s.* súdra, l'ínfima delle quáttro grándi cáste indiáne

Sùdś, *s.* saponáta; liscíva (*di sapone ed acqua*)

Súe, *va.* citáre in giudízio, processáre — *vn.* citáre; — for, reclamáre; preténdere

Súet, *s.* grásso di cárne dúro, grásso degli arnióni; súgna

Súety, *a.* grásso, sugnóso, adipóso

Sùffer, *va.* soffríre, tolleráre, sopportáre, comportáre, perméttere; soffríre, patíre, subíre; — páin, soffríre il dolóre; — wrong, tolleráre l'ingiustízia; — pùnishment, subíre la péna — *vn.* soffríre, patíre, èssere puníto, giustiziáto; you shall — for it, ne porteréte la péna; to — from tóoth-ache (*pr.* áke), soffríre il mal di dénti

Sùfferable, *a.* sopportábile, tollerábile

Sùfferableness, *s.* sopportabilità

Sùfferably, *avv.* in mòdo comportábile

Sùfferance, *s.* sofferènza, permissióne; on, —, upòn —, per tolleránza, per esenzióne, per permissióne

Sùfferer, *s.* chi sòffre, patísce, compòrta; sofferènte, paziènte, vìttima; féllow —, compágno di sventúra, fratèl di dolóre

Sùffering, *s.* péna, dolóre, patiménto — *a.* che sòffre, che tòllera, che patísce; lóng —, lungánime, paziènte

Sùfferingly, *avv.* penosaménte

Sùffice, *van.* bastáre, èssere sufficiènte

Sufficiency, *s.* sufficiènza, il bastévole; bòria

Sufficient, *a.* sufficiènte, bastévole, àbile

Sufficiently, *avv.* sufficienteménte, bastevolménte

Sùffix, *s.* desinènza, aggiúnto in fine di paróla

Suffìx, *va.* aggiúngere in fine di paróla

Sùffocate, *va.* soffocáre, affogáre, asfissiáre

Sùffocating, *a.* soffocánte

Suffocátion, *s.* soffogazióne, soffocaménto

Sùffocátive, *a.* soffocánte

Sùffragan, *s.* suffragáneo; véscovo suffra- — *a.* suffragáneo (ganeo

Sùffragátor, *s.* votánte in favóre

Sùffrage, *s.* suffràgio, approvazióne; (*polit.*) suffràgio, vóto; (*litur.*) suffràgio

Suffúmigate, *va.* suffumigáre, dar il fúmo

Suffumigátion, *s.* suffumigazióne

Suffúmige, *s.* suffumígio

Suffúsé, *va.* spándere, coprìre, accèndere; chéeks —d with blùshes, guánce suffúse di rossóre

Suffúsion, *s.* suffusióne, spargiménto

Súgar (*pr.* shúgar), *s.* zúcchero; lóaf —, lùmp —, zúcchero in páne; brówn —, mòist, —, zúcchero brúno, ordinário, mascavádo; a lóaf of —, un páne di zúcchero; — báker, raffinatóre di zúcchero; — bárley, zúcchero d'órzo; — básin, — box, zuccheriéra; — -càndy, zúcchero candíto; — -càne, cánna dello zúcchero; — -còlonist, produttóre di zúcchero nelle colònie; —.-còlony, colònia per la cultúra dello zúcchero; —-plantátion, piantagióne di zúcchero; — -plànter, piantatóre di zúcchero; — plùmś, confètti, *m. pl.*, dólci, *m. pl.*, chícche, *fpl*; — tongs, mollétte, *fpl*; — of léad, sále di piómbo, cerùssa; to swéeten with —, inzuccheráre — *va.* inzuccheráre, rènder dólce

Súgarless (*pr.* shúgarless), *a.* sénza zúcchero

Súgary (*pr.* shúgary), *a.* zuccheróso, meláto, dólce

Suggèst, *va.* suggeríre, insinuáre, imitáre

Suggèster, *s.* suggeritóre; istigatóre -trìce

Suggèstion, *s.* suggestióne, insinuazióne; suggeriménto, istigazióne, sollecitazióne

Suggéstive, *a.* suggestívo

Súicídal, *a.* di, da suicídio; di suicída

Súicídally, *avv.* per vía di suicídio; in maniéra da suicída

Súicíde, *s.* suicídio

Súicídiśm, *s.* suicídio (*abitudine, costumanza*)

Súit, *s.* número compléto, collezióne, assortiménto; (*carte*) colóre, *m.*, séme, *m*; líte, *f*; súpplica, richièsta, istánza; ábito intéro da uòmo; — of cárds, sequènza di cárte; — at láw, líte, *f.*, prócèsso; to fèllow —s (*giuoco*), rispóndere al colóre

— *vn.* conveníre, quadrare, cadére in accòncio; addattársi, affársi, avvenírsi, attagliársi, addírsi; *va.* adattáre, appropriáre, acconciáre, aggiustáre; conveníre a, confársi a; it —s me, mi quádra, mi conviéne, mi fa; that house would — me, quélla cása mi anderèbbe; còme at ten, if that hour —s you, veníte alle dièci, se quést'ora vi accòmoda; to — the stýle to the subject, adattáre lo stíle al soggètto

Súitable, *a.* convenévole, accóncio, appropriáto, proporzionáto, pròprio, adattábile, idòneo, conveniènte, confacènte, dicévole

Súitableness, *s.* conveniènza, adattabilità, acconcézza, dicevolézza, idoneità

Súitably, *avv.* convenevolménte, appropriataménte

Suíte, (*pr.* swéet) *s.* séguito, cortéo, cortéggio; — of ròoms, séguito, fúga di stánze

Súitor, *s.* postulánte, *m.*, dimandánte, *m.*, aspiránte, *m.*, candidáto; pretendénte, *m.*, amánte, *m*; he and I wère —s to the same lády, aspirávamo egli ed io alle nòzze della stéssa signóra

Súitress, *sf.* supplicánte, *f.*, postulánte, *f.*

Súlcated, *a.* solcáto, rigáto, ragrinzáto

Sùlk, *vn.* (*ant.*) stizzírsi, èssere di cattívo umóre, èssere ritróso, ostináto, fantástico, cattívo

Sùlkiness, *s.* cattívo umóre, ritrosággine, *f.*

Sùlks, *spl.* stízza; to be in the —, èssere di cattívo umóre

Sùlky, *a.* ritróso, búrbero, bisbètico, arcígno; — *s.* cabriolet, *m.* a due ruóte per una sóla persóna, sedióla

Sùllen, *a.* tètro, cúpo, búrbero, tòrvo

Sùllenly, *avv.* cupaménte, tetraménte, burberaménte

Sùllenness, *s.* umóre cúpo, búrbero, ritróso; ritrosággine, *f.*, caparbietà, torvità

Sùlly, *s.* mácchia, bruttúra, sporchézza

— *va.* offuscáre, appannáre, sporcáre

Sùlphate, *s.* solfáto, solfíto

Sùlphíts, *s.* (*chim.*) solfíte, *m.*, solfíto

Sùlphur, *s.* zólfo, sólfo; nátive —, tèrra solforósa, flòwer of —, fióre, *m.* di zólfo; — in rólls, róll —, sólfo in páni, in bastóni; sublímed —, zólfo sublimáto; *va.* solfòráre

— -pit, *s.* zolfatára

Sùlphurate, *a.* solforáto; *va.* solforáre

Sulphúreous, Sùlphurous, *a.* sulfúreo

Sulphúreousness, *s.* qualità sulfúrea

Sulphúric, *a.* solfòrico; — ácid, ácido sol-Sùlphury, *a.* solforáto, sulfúreo (fòrico

Sùltan, *s.* sultáno, Grán signóre, Grán Túrco

Sultána, Sùltaness, *s.* sultána

Sùltanship, *s.* dignità di sultáno

Sùltriness, *s.* áfa, cáldo affannóso

Sùltry, *a.* fèrvido, affannóso, soffocánte; — heat, cáldo affannóso, calóre soffocánte

Sùm, *s.* sòmma, complèsso, (*arit.*) sòmma; ristrétto, compèndio, riassúnto, totále, *m.*

— *va.* sommáre; — up, ricapitoláre

Súmach, e Shúmac, *s.* (*bot.*) sommáco, sommácco

Sùmless, *a.* incalcolábile, innumerévole

Sùmmarily, *avv.* sommariaménte

Sùmmary, *a.* sommário, compendióso — *s.* sommário, compèndio, ristrétto

Sùmmer, *s.* estáte, *f.*, státe, *f.* (*stagione*); — house, padiglióne, *m.*, cása di estáte (*in un giardino*)

— *a.* estívo, estivále, dell'estáte; — flòwers, fióri d'estáte

— *vn.* passáre la státe, villeggiáre

— -fàllow, *s.* tèrra lasciáta incólta duránte l'estáte

— -fàllow, *va.* dissodáre (il terréno) duránte l'estáte

Sùmmerset, *s.* (*meglio* Sòmerset), sálto mortále

Sùmmit, *s.* sommità, címa, ápice, *m.*, cólmo

Sùmmon, *va.* citáre, chiamáre in giudicio; — a pàrliament, convocáre un parlaménto

Sùmmoner, *s.* chi cíta, chiáma, cònvoca

Sùmmons, *s.* citazióne, mandaménto, órdine, *m.*

Sùmp, *s.* smaltitójo; serbatójo (*nelle saline*)

Sùmpter, *a.* di, da sòma, somájo; — mùle somáro, múla che pòrta sòma

Sùmption, *s.* prèsa, cattúra, arrèsto

Sùmptuary, *a.* suntuário, delle spése

Sùmptuous, *a.* suntuóso; láuto

Sùmptuously, *avv.* sontuosaménte

Sùmptuousness, *s.* suntuosità

Sùn, *s.* sóle, *m*; splendóre del sóle, splendóre, lúce, *f*; the —'s ráys, i ràggi del sóle; ùnder the —, sótto il sóle; the — rìses, il sóle si alza; in the — and in the sháde, al sóle e all'ómbra; — burnt, abbronzáto; — bright, lucènto còme il sóle; — dial, orològio a sóle, orològio soláre; — flòwer, (*bot.*) girasóle, *m.*, elïotròpio

— *va.* soleggiáre, pórre al sóle, riscaldáre al sóle; — one's sélf, scaldársi al sóle

Sùn-proof, *a.* impenetrábile ai ràggi del sóle

Sùnbéam, *s.* ràggio soláre

Sùnday, *s.* domènica; pàlm- —, domènica

delle pálme; with one's — clóthes on, in
ábito di fêsta
— -schóol, s. scuóla della doménica, scuóla
domenicále
Sùnder, va. separáre in due, spezzáre in
due, divídere, scevráre, spartíre; in —, in
due párti
Sùndried, a. disseccáto al sóle
Sùndries, s. divêrse cóse; incêrti; spése fálse
Sùndry, a. divêrsi, parêcchi
Sùng, V. Sing
Sùnk, V. Sink
Sùnken, a. affondáto in fóndo all'ácqua
Sùnless, a. prívo di sóle, scúro, tétro
Sùnlight, s. lúce, f. del sóle
Sùnlike, a. símile al sóle, risplendênte
Sùnny, a. di sóle, lucênte cóme il sóle;
espósto al sóle, scaldáto dal sóle, solatío,
apríco, abbellíto dal sóle, allêgro, pia-
cênte, geniále, benêfico, che rênde felíce,
dólce; the — side of a hìll, la párte aprica
di una collína; — smiles, dólci sorrísi
— -stroke, s. cólpo di sóle, soláta, solináta
Sùnrise e Sùnrising, s. il levár del sóle
Sùnset, s. tramónto, il tramontár del sóle
Sùnshine, s. chiarêzza, splendóre del sóle;
lucentézza; felicità; in the —, al sóle
Sùnshiny, a. illumináto dal sóle
Sùp, s. sórso, centellíno, cucchiajáta
— va. sorseggiáre, centelláre, bére a sórsi;
dáre da cêna, far cenáre; — vn. mangiá-
re, bére adoperándo il cucchiájo; cenáre;
have you supped? avéte cenáto?
Súperable, a. superábile, che si può supe-
ráre
Súperableness, s. superabilità
Súperably, avv. superabilménte
Súperabóund, van. soprabbondáre, soprav-
vanzáre
Súperabùndance, s. soprabbondánza, cópia
Súperabùndant, a. soprabbondánte
Súperabùndantly, avv. con soprabbondánza
Superàdd, va. sopraggiúngere
Superaddition, s. aggiúnta, soprappiù, m.
Superangélic, a. sopra-angélico, m., supe-
rióre agli ángeli
Superànnuáte, va. rêndere inábile per età,
mêttere al ruólo dei vêcchi; giubiláre
Superànnuáted, a. inábile per età; giubi-
láto, pensionáto, in quiescênza
Súperannuátion, s. inettézza, incapacità ca-
gionáta dalla vecchiézza, dalle infermità;
giubilazióne, f., státo o pensióne di ritíro,
quiescênza
— -fùnd, s. cássa delle pensióni
Súpèrb, a. supêrbo, bêllo, magnífico
Súpèrbly, avv. superbaménte, magnífica-
ménte
Súpercárgo, s. (com. mar.) sopraccárico
Súpercelêstial, a. sopracelêsta
Superciliary, a. del sopracciglio; the —
árch, l'árco del sopracciglio

Súpercilious, a. contegnóso, sostenúto, im-
perióso, altiéro, supêrbo
Súperciliously, avv. arroganteménte, impe-
riosaménte
Súperciliousness, s. sussiégo, arrogánza, or-
góglio
Súperêminence, súperêminency, s. premi-
nênza, primáto
Súperêminent, a. sopreminênte
Súperêminently, avv. eccellenteménte
Súpererogátion, s. supererogazióne
Súpererogatory, a. (teol.) di supereroga-
zióne
Súperêxcellent, a. più che eccellênte, ec-
cellentíssimo
Súperfecùndity, s. fecondità eccessíva
Súperfetátion, s. superfetazióne
Súperficial, a. superficiále, di superfízie;
superficiále, leggiéro
Súperficiàlity, s. superficialità
Súperficially, avv. superficialménte
Súperficialness, s. superficialità
Súperficies, s. superfície, f., esterióre, m.
Súperfine, a. sopraffíno, finíssimo
Súperflúity, s. superfluità, il supêrfluo, il
sovêrchio
Súpèrfluous, a. supêrfluo, inútile, sovêrchio
Súpèrfluously, avv. con superfluità, inutil-
ménte, soverchiaménte
Súpèrfluousness, s. superfluità, eccêsso
Súperhúman, a. sovrumáno
Súperincùmbent, a. sovraggiacênte
Súperimpênding, a. soprastánte, minac-
ciánte
Súperindúce, va. sopra-indúrre, sopraggiún-
Súperindùction, s. il sopraindúrre, (gere
Súperinspèct, va. sopraintêndere, invigiláre,
ispezionáre
Súperintènd, va. sopraintêndere, sorve-
gliáre
Súperintèndence, superintêndency, s. sopra-
intendênza, direzióne
Súperintèndent, s. sopraintendênte, ispet-
tóre
Súpérior, a. superióre, da più di
— s. superióre, pádre superióre; mádre su-
perióra, superióra
Súperiórity, s. superiorità, preminênza
Súpèrlative, a. superlatívo, nel più álto
grádo; (gram.) superlatívo
Súpèrlatively, avv. in grádo superlatívo,
superlativaménte
Súpèrlativeness, s. grádo superlatívo, pre-
minênza, superiorità
Súperlúnar, a. sopralunáre
Súpermùndane, a. soprammondáno
Súpèrnal, a. supêrno
Súpernátant, a. che soprannuóta, soprán-
nuotánte
Súpernátural, a. soprannaturále
Súpernàturally, avv. in módo soprannatu-
rále

Swéeper, *s.* spazzatóre; paladíno; chimney-
—, spazzacamíno

Swéeping, *s.* lo spazzáre; —*i, pl.* spazzatúra,
immondízie, *fpl*
— *a.* che spázza tutto, che pássa rapidaménte, che pórta vía, rapísce, distrúgge

Swéepstáke e Swéepstákes, *s.* giuocatóre che
vínce tutte le póste; córsa per sómme
scommésse

Swéepy, *a.* rápido e violènto

Swéet, *a.* dólce, zuccheríno; dólce, soáve,
odorífero; dólce, avvenènte, simpático, attraènte, amábile; dólce (*non guasto*);
dólce (*dell'acqua*); dólce, gráto, armonióso; hóney is —, il miéle è dólce; do
you like your téa —? vi piáce mólto dólce
il tè? — flower, fióre odorífero; — look,
guardatúra piacévole; — smile, dólce sorríso; — child, fanciúllo amábile; this meat
is not —, questa cárne púzza
— *s.* còsa dólce, zuccherína, gráta; dolcézza,
confórto, p acère, *m*; dólce amóre, cuór
mio, cára, caríssima; —s, *pl.* dólci, *mpl.*,
chícche, *fpl*; the —s of doméstic life, le
dolcézze della víta doméstica; — -smell-
ing, odoróso, soáve; — -tèmpered, d' índole dólce

— -àpple, *s.* (*bot.*) anòna squamósa
— -bàg, *s.* (*bot.*) láuro fránco
— -brèad, *s,* animélla (*di vitéllo*)
— -bríar, *s.* (*bot.*) rósa canína
— -bróom, *s.* (*bot.*) érica odorífera
— -càlabash, *s.* (*bot.*) passiflóra
— -flàg, *s.* (*bot.*) cálamo aromático
— -gùm, *s.* (*bot.*) liquidàmbar, *m.*
— -màrjoram, *s.* (*bot.*) maggioràna
— -màudlin, *s.* (*bot.*) achilléa
— -pòd, *s.* (*bot.*) carúba, carrúba
— -potáto, *s.* (*bot.*) batáta
— -róot, *s.* regolízia, liquirízia
— -rùsh, *s.* (*bot.*) cálamo aromático
— -sùltan, *s.* (*bot.*) centaurèa muscáta
— -wéed, *s.* (*bot.*) caprária teifórme; tè, *m.*
delle Antílle
— -william, *s.* (*bot.*) garofanétto salvático
— -willow, *s.* (*bot.*) mirto olandése

Swéeten, *va.* addolcíre, far dólce; purificáre, disinfettáre; with súgar, inzuccheráre

Swéetener, *s.* chi o che addolcísce

Swéetening, *s.* l'addolcíre, l' inzuccheráre,
il disinfettáre, addolciménto, purifica-
ménto

Swéethèart, *s.* (*stíle famigliáre*) dàmo,
amánte, *m.*, innamoráto; amánte, *f.* innamoráta, bèlla, amánza

Swéeting, *s.* méla dólce

Swéetish, *a.* alquánto dólce, dolcígno

Swéetly, *avv.* dolceménte, piacevolménte

Swéetmèat, *s.* confétto, dólce, *m*; confétti,
pl. m. dólci, *pl. m.*

Swéetness, *s.* dolcézza, soavità, piacevolézza

Swèll, (*p. p.* swèlled, swòllen), *vn.* enfiársi,
gonfiársi, crèscere; diveníre túrgido
— *va.* (*p. p.* swèlled, swòllen), *va.* enfiáre,
gonfiáre; ingrossáre, aumentáre, crèscere
— *s.* enfiáta, enfiagióne, *f.* gonfiézza, tumóre, convessità; elevazióne; pòggio, monticéllo; uòmo gónfio, pallóne, *m.*, vanitóso,
attiláto (*di cattivo gusto*), elegánte (*falso*); (*mar.*) ondeggiaménto che precéde o
che ségue una tempèsta; (*mus.*) fòrte;
rinforzándo e caládo; pedále, *m.* d'e-
spressióne; a régular — un milordíno;
the — mob, la túrba degli scroccóni

Swèlling, *s.* enfiaménto, gonfiaménto, gon-
fiatúra, tumóre, *m.*, impostèma; turgidézza, trònfio; moviménto, fúria, fóga,
traspórto

Swèlter, *vn.* affogáre di cáldo, èsser mòlle o
bagnáto di sudóre, soffocáre, èsser intríso
di fángo, di sángue, ecc.; — *va.* oppri-
mere di calóre, bruciáre, intrídere nel
sángue, nel fángo, ecc.

Swèpt, *pret.* e *p. p. di* to swéep

Swèrve, *vn.* sviársi, stornársi, traviáre

Swèrving, *s.* il dipartírsi da una règola, costúme o dovère, deviaménto, traviaménto

Swift, *a.* rápido; ràtto, velóce, célere, prónto; — winged, ali-velóce
— *s.* (*orn.*) rondóne, *m*; correntía; náspo

Swiftly, *avv.* velocemènte, con rapidità

Swiftness, *s.* velocità, prestézza, rapidità

Swig, *vn.* bére a gran sórsi, tracannáre

Swill, *va.* ingoláre, tracannáre, trincáre
— *vn.* sbevazzáre, ubbriacarsi
— *s.* (*volg.*) lavatúra, vinéllo, cattíva bevánda; —, sórso gránde, tracannáta, be-

Swiller, *s.* tracannatóre, trincóne, *m.* (vúta

Swim (*pret.* swàm, *p. p.* swùm), *vn.* nuotáre, sovranuotáre, fiottáre, galleggiáre;
— *va.* passáre a nuòto, far galleggiáre;
can you —? sapéte nuotáre? to — across
a river, passár a nuóto un fiúme; his head
—s, è vertiginóso, ha il capogíro
— *s.* vescíca natatória dei pésci

Swimmer, *s.* nuotatóre -tríce

Swimming, *s.* il nuotáre, il nuòto; capogíro; — -schóol, scuóla di nuóto

Swimmingly, *avv.* agevolménte, come d'incánto

Swindle, *s.* trùffa abbindolaménto, fròde, *f.*
— *va.* abbindoláre, truffáre, giuntáre, scroccáre; he —d me òut of forty franks, mi
ha scroccáto quaránta fránchi

Swindler, *s* bindolóne, truffatóre, scroccóne

Swindling, *s.* abbindolaménto, ingánno, trufía

Swine (*pl.* swine), *s.* (*poco us.*) majále, *m.*,
pòrco; — hèrd, porcáro
— -brèad, *s.* (*bot.*) tartúfo (fúngo)
— -grass, *s.* (*bot.*) piantàggine, *f.*
— -stý, *s.* porcíle, *m.*

Swing (*pas.* swùng), *vn.* dondolársi, ciondoláre, penzoláre, oscilláre, giráre

---

Suppositiousness, *s.* natúra suppositízia

Suppòsitive, *a.* suppositívo; *s.* paróla che ímplica supposizióne

Suppòsitively, *avv.* suppositivaménte

Suppósitory, *s.* (*med.*) suppositório

Suppréss, *va.* reprímere, sedáre, sopprímere, far cessáre, leváre, tógliere, soffocáre; — an óffice, abo íre un uffício

Suppréssed, *a.* sopprèsso, sedáto, soffocáto

Suppréssion, *s.* il sopprímere, il soffocáre; soppressióne

Suppréssive, *a.* (of) che reprime, sopprime, sóffoca

Suppréssor, *s.* chi sopprime, reprime, sóffoca

Sùppurate, *van.* apostemáre, suppuráre

Suppuràtion, *s.* suppuraménto, apostemazióne

Sùppurative, *a.* suppurativo, maturativo

Supputàtion, *s* supputazióne, cómputo

Suppúte, *va.* supputáre, calcoláre, contáre

Suprèmacy, *s.* supremazía, primáto

Suprème, *a.* suprèmo, sómmo

Suprémely, *avv.* supremaménte, sommaménte

Sùral, *a.* surále, della pólpa della gámba

Surbáte, *va.* affaticáre, straccáre, spedáre

Sarcéase, *s.* cessazióne

Surchárge, *s.* sopraccárico, sovérchio cárico
— *va.* sopraccaricáre, caricáre tròppo

Surchárger, *s.* chi sopraccárica, cárica tròppo

Surcingle, *s.* sopraecinghia, cíntola

Sùrcle, *s.* germóglio, rampóllo, súrculo

Sùrcoat, *s.* soprábito

Sùrculate, *va.* (*ant.*) potáre

Sùrd, *a.* (*ant.*) sórdo; — number, (*mat.*) número sórdo

Súre (*pr.* shúr) *a.* sicúro, cèrto, fèrmo; I am — of it, ne son cèrto, ne son sicúro; to be —, cèrto, sénza dúbbio; — enough (*pr* inùf)! ben cèrto!; — footed, che cammína con piède fèrmo
— (*pr.* shúr) *avv.* cèrto, sicuraménte

Súrely (*pr.* shúrly) *avv.* sicuraménte

Súretiship (*pr.* shúrtiship) *s.* qualità di cauzióne

Súrety, (*pr.* shúrty) *s.* sicurézza, fondaménto, báse, *f*; appòggio; sicurtà, garánte, *m. f.*, mallevadóre -drice; to be or becóme — for, èssere garánte, stáre mallevadóre di
— *va.* guarentíre, malleváre

Sùrf, *s.* (*mar.*) sprúzzo de' marósi; spúma

Sùrface, *s.* superfície, *f*; to skim the —, rasentáre, lambíre la superfície

Sùrfeit, *s.* disgústo, sazietà, satóllo, indigestióne, *f*; to táke a — of a thing, mangiáre tànto di una còsa da poi avérla a fastídio
— *van.* satolláre, impinzáre; saziársi
— -wàter, *s.* ácqua stomacále

Sùrfeited, *a.* (with), stúfo (di), stúcco e ristúcco (di)

Sùrfeiter, *s.* ghiottóne, mangióne, *m.*

Sùrfeiting, *s.* crápula, eccèsso nel mangiáre

Shrge, *s.* maróso, fiótta, cavallóne, *m.*, ondáta
vn. (*mar.*) gonfiársi, formársi in marósi, spruzzáre come i marósi; — róund, *va.* rifáre

Sùrgeless, *a.* sénza marósi, cálmo

Sùrgeon, *s.* chirúrgo, cerúsico

Sùrgery, *s.* chirurgía

Sùrgical, *a.* chirúrgico, di chirurgía

Sùrgy, *a.* fluttuóso, tempestóso, gónfio

Sùrlily, *avv.* burberaménte, aspraménte

Shrliness, *s.* umóre atrabiliáre, stizzóso, adegnosità, caráttere arcígno, cúpo, tétro

Sùrly, *a.* arcígno, búrbero, ritróso, sdegnóso

Surmíse, *s.* sospétto, supposizióne, opinióne
— *va.* sospettáre, pensáre, immaginársi, dársi a crédere, suppórre

Surmíser, *s.* chi sospétta; persóna sospettósa

Surmísing, *s.* il dubitáre, il sospettáre

Surmoùnt, *va.* sormontáre, superáre, víncere

Sùrmoùntable, *a.* che si può sormontáre

Surmùllet, *s.* (*itt.*) tríglia

Sùrmulot, *s.* (*zool.*) gròsso tòpo di campágna; ràtto di Norvègia

Sùrname, *s.* (soprannóme, m.) cognóme, m., nome, m., di famíglia; the *Christian* náme and —, il nome e cognóme
— *va.* cognomináre, soprannomináre

Surpàss, *va.* sorpassáre, superáre, eccèdere

Surpàssable, *a.* sorpassábile, che si può sopravanzáre

Surpàssing, *a.* eminènte, eccellènte, di mólta superióre

Surpàssingly, *avv.* eminenteménte, straordinariaménte

Sùrplice, *s.* còtta (*d'ecclesiastico*)
— clàd, *a.* in còtta (e stóla)
— -fées, *s. pl.* diritti di còtta (e stóla)

Sùrpliced, *a.* in còtta

Sùrplus, *s.* il di più, il soprappih, il sovérchio, l'eccedènte, *m.* (còlto all'impensáta)

Surprí*sal*, *s.* sorprésa, il cògliere o l'èsser

Surpríse, *s.* sorprésa, stupóre, m; (*mil.*) sorprésa, avviságlia, cólpo di máno; to attémpt a —, tentáre un' avviságlia
— *va.* sorprèndere, maravigliáre, stupíre; (*mil.*) prènder con un cólpo di máno; I am — d at it, ne sóno sorpréso; you — me, mi fáte stupíre

Surpríising, *a.* sorprendènte, maravíglióso

Surpríisingly, *avv.* stupendaménte, maravigliosaménte, straordinariaménte

Surpríisingness, *s.* l'èssere sorprendènte

nôr, rûde; - fàll, sòn, bùll; - fàre, dò; - bỳ, lỳmph; pùlse, bôỹs, fôūl, fowl, gem, aš

Diz. Ingl. Ital. - Ediz. VI. Vol. I.   38

Synagògical, a. della Sinagòga

Sỳnagogue, s. sinagògá

Synallagmàtic, a. (legge) sinallagmàtico ;

Synalépha, s. (gram.) sinalìfe, f., sinalàffe, f.

Sỳnchronal, Synchrònical, Sỳnchronous, a. sincrono

Sỳnchroniàm, s. sincronísmo

Sỳnchronize, vs. èssere síncrono

Sỳncop te, va. (gram. mus.) sincopáre, elídere

Sỳncopátion, s. sincopatùra

Sỳncope, s. (gram., med.) síncope

Sỳncopist, s. sincopìst i, mf.

Sỳncopìze, va. sincopáre, contràrre togliêndo una síllaba o una léttera

Sỳndic, s. síndaco

Sỳndicate, s. sindacáto

— va. sindacáre

Synecdoche, s. (pr. sinèkdoki), sinèddo-

Sỳnochus, s. med) sínoco   (che, f.

Sỳnod, s. sínodo

Sỳnodal, Synòdic, Synòdical, a. sinodále, sinòdico

Synòdically, avv. sinodalménte, in sínodo

Sỳnonym, s. sinònimo

Synònimyst, s. sinonimísta, mf.

Synònymize, va. sinonimáre

Synòrymous, a. sipònimo

Synònymy, s. sinonimía

Synòpsis (pl. Synòpses), s. sinòssi, f., távola sinòttica

Synòptical, a. sinòtico, sinòttico ; the — Gòspels, i Vangéli sinòttici·

Syntàctic, Syntàctical, a. di sintàssi

Syntàctically, avv. secóndo sintàssi

Sỳntax, Sỳntàxis, s. (gram.) sintàssi, f.

Sỳnrsesis, s. síntesi, f.

Synrsètic, synrsètical, a. sintètico, di síntesi

Synrsètically, avv. sinteticaménte   (tesi

Sỳphilis, s. (med.) lùe venèrea, mal francése, m.

Syphilitic, a. sifilítico

Sỳphon, s. V. Siphon

Sỳren, V. Siren

Sỳriac, s. il siríaco, o il síro, la língua siríaca o síra ; — a. siríaco, síro

Sỳriacism, s. idiotísmo siríaco

Sỳrian, a. síro, di Siria

Sỳrianism } s. idiotísmo siríaco
Sỳriaàm }

Syringa, s. (bot.) fíringa

Sỳringe, s. siringa, sciringa, schizzétto·

— va siringáre, sciringáre

Sỳringòtomy, s. (chir.) operazióne della fístola

Syrtis (pr. sùrtis), s. sírte, f., sécca

Sỳrup, s. siróppo, sciróppo

Sỳstem, s. sistéma, m.

— -màker, s. fabbricatóre di sistémi

— -mònger, s· sistematísta, m., spacciatóre di sistémi

Sỳstemàtical, a. sistemático

Systemàtically, avv. sistematicaménte

Sỳstematicàtion, s. sistematizzazióne

Sỳstematize, va. sistematizzáre, ridúrre a sistéma, sistemáre

Sỳstematizer, s. autóre di sistéma

Sỳstemize, va. V. Systematize

Sỳstole, s. (anat.) sistole, f.

Sỳstyle, s. (arch.) sistílo, intercolònnio

Sỳthe, s. V. Scythe

Sytheman (pl. sýthemen), s. falciatóre

Sỳzygy, s. (astr) sizigìa

T

T (pr. té), s. ventésima léttera dell'alfabéto inglése, t; to a T, appuntíno; 't, contrazióne di it; t' contrazióne di to

Tàb, s. (meglio tag) puntále, m.

Tàbbied, a. marezzáto

Tàbby, s. tàbi, m., grósso taffetà marezzáto

— a, ondáto, marezzáto, macchiettáto

— va dáre il marèzzo, il marezzáto

Tàbefàction, s. consunzióne, deperiménto, atrofía

Tabèllion, s. tabellióne,*m., notáro

Tàbefý, vn. dimagráre, andáre in consunzióne

Tàbernacle, s. tabernácolo

— vn. (ant.) abitáre. soggiornáre

Tabernàcular, a. graticoláto, retáto

Tàbes, s. (med.) tàbe, f., consunzióne, atrofía

Tàbid, a. tàbido, consúnto

Tàbidness, s. macilénza, deperiménto

Tàblature, s. pittúra a frésco, intavolatúra

Tàble, s. távola; làrge —, tavolóne, m; little —, tavolíno; dining —, ménsa, távola; writing —, távolo, tavolíno; càrd —, tavolière, m., távola da giuocáre; small —, ordinary —, désco ; — távola, àsse, f; índice, m., catálogo; piàno, prospettíva; àbaco; to cléar the —, sparecchiáre; to keep a good —, far buòna távola; to play at —s, giuocár a tútte távole; — -cloth, továglia; — pláte, vasellàme, m; penbroke —, távola a due battènti ; — beer, birra piccola; — tàlk, chiàcchiere, fpl; conversazióne a távola; — lànd, altipiàno; — compànion, commensále, mf; let us sit dòwn to —, mettiámoci a távola

— va. dar la távola, nudríre, spesáre, riordináre, registráre, incastráre

Tàbler, s. commensále, m.

Tàblet, s. tavolétta, taccuíno di avório; (farm.) tavolétta, pastiglia, pastécca

Tabóo, s. (nella Polinesia) tabù, m., interdizióne; interdétto

— va. dichiaráre tabù, interdíre

Tabóoed, a. interdétto; thère were twó splèndid còuches — agàinst the receptìon of wéaried féet, c' érano due magnifici

TAB — 599 — TAK

sofà, su cui era interdétto riposàre i pièdi stánchi

Tábour, *s.* tamboréllo, tamburino

Tàbouret, Tambourine, *s.* tamboríno piccolo

Tàbular, *a* piáno e quadráto; in forma di távola, di lamina, d'índice

Tàbulate, *va.* ridúrre in távole sinòttiche, spianàre, livellàre

Tàbulated, *a.* spianáto a fòggia di távola

Tàce, Tàcet, *a.* (*mus.*) táce, tácet

Tàcit, (*pr.* tàsit), *a.* tácito, implícito, sottintéso; — consènt, consentiménto tácito

Tàcitly, *avv.* tacitaménte, implicitaménte

Tàciturn, *a.* taciturno

Taciturnity, *s.* taciturnità

Tàck, *va.* attaccáre, appiccàre; attaccàr leggermènte con chiodíni; — togèther; uníre insième, cucíre; (*mar.*) bordeggiàre

— *va.* (*mar.*) bordeggiàre; — abòut, viràre di bòrdo, voltàre di bòrdo; — bàck, méttere in pánno

Tàck, *s.* agutéllo, bulétta, chiòdo, pícchio, stacchétta; (*mar.*) bordáta, bòrdo; scòtta dei coltellácci

Tàckle, *s.* carrùcola, girèlla; (*mar.*) paránco, táglio; fóne, *f.*, arnése, *m.*, sartiàme, *m*; — fàll, véla

— *va.* attaccáre, pigliáre, dar di píglio a; méttere i forniménti; attaccáre (*i cavalli*)

Tàckled, *a.* fátto di còrde legáte insième

Tàckling, *s.* (*mar.*) sartiáme, *m*; paránco; guarniménto di cavállo, arnése, *m.*, attrézzi, *mpl.*

Tàct, *s.* tátto, toccaménto; tátto, accorgiménto, accortézza; political —, tátto político

Tàctic, tàctical, *a.* táttico, della táttica

Tactician, *s.* táttico

Tàctics, *s. pl.* (*si usa anche al singolare*), *s.* táttica; military —, evoluzióni militàri; nàval —, evoluzióni naváli, táttica navále

Tàctile, *a.* tangíbile, toccàbile

Tactility, *s.* qualità tangíbile; facoltà del

Tàction, *s.* tàtto, il toccàre   (tátto

Tactilian, *s.* táttico

Tàctless, *a.* sénza tátto

Tàdpole, *s.* (*zool.*) ranòcchio infórme; bòtta

Tà'en, (*poetico*) *abbrev.* di Tàken

Taénia, *s.* (*med.*) tènia, *m.*, verme solitàrio; (*arch.*) tènia, *f.*

Tàffarel, Tàffrail, *s.* (*mar.*) coronaménto della póppa

Tàffeta, Tàffety, *s.* taffetà, *m.*

Tàg, *s.* puntále, *m*; canáglia, fèccia, plébe, *f*; — of a láce, il puntàle di una stringa; the — rag and bòbtàil, gli straccióni, i pezzènti, la marmáglia

— *va.* méttere il puntále a

Tàil, *s.* códa; (*fig.*) estremità; (*di aratro*) mànico; (*di cometa*) códa; stráscico; switch —, códa intèra (*dei cavalli*); —

piéce, vignétta (*stampa*); to tùrn —s, dárla a gàmbe; wig —, codíno

Tàiled, *a.* codáto, che ha la códa; long- —, dallà códa lùnga

Tàilless, *a.* sénza códa, scodáto

Tàilor, *s.* sàrto, sartóre

— *vn.* fàre il sàrto

Tàiloress, *sf.* sàrta (*da uomo*)

Tàiloring, *s.* stàto, mestière di sàrto, lavóro di sàrto, sartoría

Tàint, *va.* guastáre, corrómpere, infettáre, appestàre, putrefàre, intaccàre; — the àir, infettàre, appestàre l'ària; — the blòod, corrómpere il sàngue; — a pèrson's reputàtion, intaccàre l'onóre di alcúno

— *vn.* corrómpersi, putrefàrsi, alteràrsi

— *s.* tintúra, màcchia, infezióne, maságna

Tàintless. *a.* incontamináto, immacoláto

Tàintlessly, *avv.* sénza contaminazióne, sénza màcchia

Tàinture, *s.* (*poco us.*) *V.* Taint

Tàke (*pret.* tòok, *p. p.* tàken), *va.* prèndere, pigliáre; impadronírsi di; prèndere (*ad affitto*); condúrre, menàre, portàre; — (*from*) tògliere, involàre, rapíre, sorprèndere, pigliàre d'improvvíso, sedúrre, ammaliáre; comprèndere, capíre, concepíre, riguardàre, consideráre; — a cùp of còffee, prendéte una tázza di caffè; to — a hòuse, prèndere ad affìtto una càsa; I will — you thece, io vi ci condurrò; — this letter to the pòst-òffice, portàte quésta lèttera all'ufficio della pósta; to — up mùch ròom, pigliàre, occupàre mólto spázio; — up tòo mùch time, portàr via tròppo tèmpo; — àim drizzàr la míra; — it into one's hèad, méttorsi, ficcàrsi in càpo; as I — it, come io l'intèndo; my advice, fàte a mòdo mío, dàte rètta a me; to — a brìbe, pigliàre il boccóne, lasciàrsi corrómpere; to — ròot, radicàrsi, abbarbicàrsi; — a wàlk, fàre una passeggiàta; — hòld of, dar di píglio a; — shipping, imbarcàrsi; — one's chòice, scégliere; — ill, avére a màle; — the fiéld, uscíro in càmpo; — effèct, avére effètto, riuscíre; — àfter, rassomigliàre a; — one in, gabbàre uno; — off one's hat, levàrsi il cappéllo; — a ᴛᴡing upon one's sèlf, addossàrsi un negòzio, prènderne l'incombènza; to — fíre, accèndarsi, inflammàrsi; — for grànted, presuppórre, presúmere; — hèed, guardàrsi, stàre all'èrta; — in writing, méttere in iscrítto; — lèave, prèndere congédo, accommiatàrsi; — òath, prestàr, giuraménto; — càre, at tenérsi offéso di; — pity, aver compassióne; — snùff, tabaccáre; — to one's hèels, dàrla a gàmbe; — up with, accontentàrsi di; accasà si con, abitàre con; to — in sàil, (*mar.*) raccógliere, ammainàre le véle; — off a pèrson, contraffàre uno, fàrsi bèffa

di lui; — one's sèlf off, andàrsene, tiràre
avánti. — a machine in pièces, to pièces,
disfáre una màcchina; — one's *chànce,*
riméttersi alla fortùna; — cáre, badáte, si bádi; Jòhn you máy — awáy,
Giovánni, potéte sparacchiáre; we — in
the T mes, riceviámo il (siámo abbonáti
al) *Tìmes*; you mùst — óut a certificáte,
a lìcense, bisógna che riportiàte un certificáto, una licènza
— (*pret. tòok, p. p.* tàken), *vn.* (to) appigliársi, rifugiársi, applicársi; — to one's
be·l, allettársi; — on, addársi, adirársi;
agitársi; — with, piacére, aggradíre; — to
the hèdge, rifugiársi nella siepe, ammacchiársi; to — after one's fáther, rassomigliáre al pádre, padreggiáre; — to stùdy,
appigliársi, applicársi allo stùdio; the
bòok will —, il líbro avrà incóntro; quite
tàken with, invaghíto di, innamoráto di
— in, *s.* ingánno; it is a dównright — in,
è una véra trùffa; ingannatóre -trice;
comèdians are such — s in, i commediánti
sánno far tanto béne ad ingannáre
Tàkingly, *avv.* in mòdo attraènte
Tàkingness, *s.* attrattività, fàscino
Tàken, *p. p.*, *a.* préso, sorpréso, invaghíto
Tàker, *s.* chi prènde, prenditóre -trice; grèat
snùff —, tabaccóne, *m.* tabaccóna
Tàking, *a.* attraènte, avvenènte, simpático
— *s.* il prèndere, l' arreatàre, prendiménto,
prèsa
Talapòin, telapòin, *s.* (*zool.*) talapoíno, (*sci-
mia*); talapoíno (*prète burmèse o siamèse*)
Tàlbot, *s.* (*zool.*) levrière, *m.*
Tàlc e Tàlk; *s.* (*min.*) tàlco
Tàlckite, *s.* (*min.*) talchíte, *f.*
Tàlcose, tàlcous, *a.* talcóso
Tàle, *s.* novèlla, raccónto, fàvola, storiétta,
cónto; — of a tùb, raccónto di buòna
dònna, còsa da díre a véglia; to tell — s,
rapportáre, raccontáre, díre delle fròttole;
— -bèarer, rapportatóre -trice
— -bèaring, *s.* il rapportáre, rappòrto, relazióne maligna, ciànce, *fpl.,* chiàcchiere, *fpl.*
— -tèller, *s.* novellatóre -trice; narratóre
-trice di storièlle
Tàleful, *s.* pièno di raccónti
Tàlent, *s.* talènto, abilità, capacità; man
of —, uòmo di talènto
Tàlented, *a.* di talènto : àbile; — man,
uòmo di talènto; — wòrk, òpera d'ingégno, esímio lavóro
Tàles, *s.* (*legge*) giuráti supplèanti, *m. pl*;
ónly ten spécial jùrymen bèing prèsent,
the cóunsel prayed a —, non essèndo pre-
sènti che dièci giuráti speciáli, l'avvocáto
domandó dei giuráti di supplemènto
Tàlion, *s.* taglióne, *m*; lègge, *f.* del taglióne
Tàliped, *s.* difètto dei pièdi stórti; uno che
ha i pièdi stórti

Tàlisman, *s.* talismáno
Talismànic, *a.* di talismáno, mágico
Tàlk, *van.* parláre, favelláre, discórrere, ragionáre, conversáre, cicaláre; to — much
bùt rrink little, parláre mólto ma pensár
póco; — with, conferíre, parláre, ragionáre con; — to, parláre a o con; fàre la
scuóla a; — to the pùrpose, ragionáre a
propósito; you máy — as you líke, avéte
un bel díre; — to one's sèlf, parláre da
sè a sè; — óne into a rning, persuadère
uno a fàre una còsa; he is much —d of,
égli fa parláre mólto di sè
— *s.* parláre, *m.,* discórso, conversazióne,
ragionaménto, soggètto di conversazióne
Tàlkative, *a.* loquáce, linguacciúto, ciarlièro
Tàlkativeness, *s.* loquacità, chiàcchiera
Tàlker, *s.* parlatóre, ciarlóne, millantatóre
Tàlking, *a.* che párla, parlànte, cicalóne
— *s.* il parláre, il favelláre, il discórrere,
conversazióne, cicalío, chiàcchiera
Tàll, *a.* àlto (*di statura*); (*cosa*) grànde,
elováto; — and rnln, àlto e sparúto; I am
tàller than you, io sóno più àlto di voi
Tàllage e Tàlliage, *s.* tàglia, tàssa
Tàllness, *s.* altézza (*di persona*), statúra
grànde
Tàllow, *s.* sévo, ségo, súgna; — càndle, candéla di ségo; — chàndler, fabbricatóre di
candéle, candelájo; — trés, (*bot.*) àlbero
del sévo
— *va.* insevàre, copríre di ségo
Tàlly, *s.* tàglia, tàcca, tèssera
— *va.* segnáre pési o misúre con intàcchi
fàtti sópra una tàglia, intaccáre; adattáre, riscontráre; *vn* (*with*), attagliársi
(a), adattársi (a); corrispóndere, quadráre
— -màn (*pl.* — -mèn), *s.* chi tiène la tàglia, o vi segna con intàcchi; venditóre
-trice a pagaménto rateàle (*tèale
— -tráde, *s.* commèrcio a pagaménto ra-
Tàlmud, *s* talmúd, *m.*
Talmùdic } *a.* talmúdico, del talmúd; the —
Talmùdical } fàbles, le fávole del Talmúd
Tàlmudist, *s.* talmudísta, *m.*
Tàlon, *s.* artíg'io (*di uccello*)
Tàlus, *s.* (*fort.*) pendío, spàlto; (*anat.*)
tallóne
Tàmable, *a.* che si può addimesticáre, do-
mábile
Tàmableness, *s.* natúra domábile, il potérsi
addomesticáre
Tàmarack, *s.* (*orn.*) lòdola americàna
Tàmarind, *s.* (*bot. med.*) tamaríndo
Tàmarisk, *s.* (*bot.*) tamarísco. tameríce, *m.*
Tàmbour, *s.* tamburèllo, tambúro; — fràme,
telájo da ricámo
— *va.* ricamáre al tambúro
Tambourine, *s.* tamburíno
Tame, *a.* domáto, dómo, ammnnsáto, dimé-
stico, addimesticáto; doméstico, mansuéto;

(*pers.*) sommésso, dimésso, dòcile, pacífico; (*cosa*) bislàcco, snerváto, sbiadíto;
— ànimals, animàli doméstici, béstie addímesticáte; — style, stile sbiadíto
— *va.* domáre, addímesticáre, ammansáre
Támeless, *a.* indòmito, indomàbile
Támely, *avv.* sènza resistènza; dimessaménte, bialaccaménte
Támeness, *s.* státo addímesticáto, domáto, ammansáto, addímestichézza (*degli animàli*); sommessióne, servilità, viltà; (*cosa*) difètto di energía, di brio, di vivacità
Támer, *s.* domatóre -tríce, vincitóre -tríce
Támper, *vn.* (with), immischiársi di, impacciársi di, tenére prátiche con, cercáre di sedúrre, di attrárre nel suo partíto; usáre várj piccoli medicaménti nella cúra di
Támpering, *s.* úso di piccoli medicaméntí; méne, *fpl.*, prátiche segréte, macchinazióní, *fpl.*
Támping-bar, *s.* stánga da stoppacciuólo
Támpion, *s.* táppo da cannóne
Támtam, *s.* sòrta di tamburèllo indiáno
Tàn, *vn.* conciáre (*pèlli*); abbronzáre
— *s.* cóncia, matéria con cui si cónciano le pèlli; — vat, cóncia, calciájo; — yàrd, cóncia (*luògo dòve si cónciano le pèlli*)
Tàng, *s.* rancidúme, *m.*, gùsto fòrte, sapóre, *m.*, suóno
Tàngency, *s.* (*geom.*) tangènza
Tàngent, *s.* (*geom.*) tangènte, *f.*
Tangèntial, *a.* (*geom.*) tangenziále
Tangèntially, *avv.* (*geom.*) tangenzialménte
Tangíbility, *s.* qualità tangíbile
Tàngible, *a.* tangíbile, toccábile, palpábile
Tàngle, *va.* *V.* Entàngle
— *vn.* ingarbugliársi, arruffársi, attortigliársi
— *s.* arruffío, garbúglio, viléppo; (*bot.*) álga marína
Tàngled, *a.* arruffáto, ingarbugliáto; — skéin, matássa arruffáta, ingarbugliáta
Tànglingly, *avv.* in mòdo ingarbugliáto
Tànk, *s.* serbatójo, gran cistèrna
Tànkard, *s.* boccále, *m.* (*col coperchío*)
Tànner, *s.* conciatóre (*di pelli*)
Tànnery, *s.* cóncia (*luogo*), tannatójo
Tànnic, *a.* di tanníno; — ácid, tanníno, concíno
Tànning, *s.* il conciáre le pèlli, la cóncia
Tànsy, *s.* (*bot.*) tanacéto
Tàntalism, *s.* supplízio di Tàntalo
Tantalizátion, *s.* il tantaleggiáre, il tormentáre
Tàntalize, *va.* tantaleggiáre, méttere alla tortúra, eccitáre, provocáre
Tàntalizer, *s.* chi allétta e poi delúde, tormentatóre -tríce
Tàntalizing, *a.* che tantaléggia, irritánte
Tàntamount, *a.* equivalènte
Tantivy, *avv.* a briglia sciòlta; to ríde —, galoppáre a briglia sciòlta
Tàntrums, *spl.* (*volg.*) cattivo umóre, stizza,

còllera, fúrie, *fpl*; ghiribízzi, *mpl.*, caprícci, *mpl.*
Tàp, *vn.* dáre un colpétto, picchiáre leggerménte; *va.* dáre un cólpo leggiéro a; spilláre (*una botte*); bucáre, foráre; (*chir.*) fáre un'incisióne, fáre la paracèntesi
— *s.* cólpo leggiéro; cannélla (*di botte*); — róom, stúdio di osteria, sála comúne di bèttola
Tápe, *s.* passamáno, fettúccia (*di filo*)
Táper, *s.* céro, candéla di céra, bugía
—, Tápering, *a.* cònico, piramidále
— *van.* termináre in púnta
Tápestried, *a.* tappezzáto
Tàpestry, *s.* tappezzeria, arázzo
— *va.* tappezzáre, ornáre di tappezzerie
Tàpir, *s.* (*zool.*) tapíro
Tapíoca, *s.* tapióca
Tàpping, *s.* (*chir.*) paracèntesi, *f.*
Tàp-róot, *s.* radíce principále
Tàpster, *s.* chi tira da bére in una bèttola; piccolo d'osteria, garzóne, *m.* di bèttola
Tàr, *s.* péce liquida; marinájo, lúpo marino
— *va.* spalmáre, incatramáre, impeciáre
Tarántula, *s.* *V.* Tarèntula
Tardátion, *s.* tardaménto, tardánza, indúgio
Tàrdigrade } *a.* tardígrado, che procéde
Tàrdigrádous } con lentézza
Tàrdigràde, *s.* (*zool.*) tardígrado
Tàrdily, *avv.* tardaménto, lentaménte
Tàrdiness, *s.* tardézza, tardánza; tardità, lentézza
Tàrdy, *a.* tárdo, lènto; tedióso, tárdo, stúpido; tárdo, pígro; — gáited, tardígrado
— *vn.* (*ant.*) indugiáre, ritardáre
Tàre, *s.* (*bot.*) zizzánia, lòglio, véccia (*pl. vécce*); (*com.*) tára
— *va.* (*com.*) levár la tára, taráre
Tarántism } *s.* tarantolísmo, tarantulísmo
Tarèntism }
Tarántula } *s.* (*zool.*) tarántola, tarantèlla
Tarèntula }
Tàrget, *s.* tárga; scudo; míra, berságlio
Tàriff, *s.* tarífa
Tàrio, *s.* (*orn.*) lucheríno
Tàrnish, *va.* anneríre, appannáre, offuscáre, scuráre, scoloráre, diffamáre, infamáre
— *an.* appannársi, scolorírsi
Tarpáulin, Tarpáuling e Tarpáuling, *s.* tela incatramáta, inceráta; tendóne, *m.*; marinájo, lúpo marino
Tarpéian, *a.* tarpéo; the — róck, la rócca tarpéa
Tàrragon, *s.* (*bot.*) targóne, artemísia
Tàrred, *a.* incatramáto, spalmáto, impeciáto
Tàrry, *vn.* (*poet.*) tardáre, indugiáre, fermársi, trattenérsi, soggiornáre, dimoráre
Tàrry, *a.* di catráme, pecióso
Tàrsel, *s.* (*orn.*) terzuólo (*falcone*)
Tàrsus, *s.* (*anat.*) társo
Tàrt, *a.* acèrbo, brúsco, áspro; (*fig.*) pic-

cànte, càustico; mordàce, frizzante; rather
— amarétto, amaríccio
— *s.* tòrta; àpple —, tórta di pòmi; crisp
—, tórta croccànte; — -pàn, tortièra
Tàrtan, *s.* tartàne, *m.* (*tessuto scozzese*) V.
Plàíd; (*mar.*) tartàna
Tàrtar, *s.* Tàrtaro, gròmma di bótte; —
emétic, tàrtaro emético; créam of —,
crèmor di tàrtaro; —, Tartàro, Túrco; to
càtch a —, trovàr càrne pe' suoi dénti
Tartàrean, *a.* tartàreo, infernàle
Tartàreous, *a.* tartàreo, tartaróso
Tartàric, *a.* tartàrico; — àcid, àçido tartàrico
Tartarizàtion, *s.* il tartarizzàre
Tàrtarize, *va.* tartarizzare
Tàrtarous, *a.* tartaróso, tartàreo
Tàrtish, *a.* acerbétto, amaretto, agrétto
Tàrtly, *avv.* bruscamènte, acerbaménte
Tàrtness, *s.* acrézza, acerbézza, asprézza
Tàsk, *s.* còmpito, lavóro assegnàto, càrico,
pàrte, *f.* tàccia, còttimo, bisógna; hàrd
or àrduous —, àrduo cómpito; — -wòrk,
lavòro assegnàto, lavóro a còttimo, a fattùra; to tàke one to —, riprèndere alcùno
— *vn.* assegnàre un lavóro, impórre, dàre
un cómpito; incaricàre di un lavóro; —
unmèrcifully, angariàre, opprìmere, so-
praffàre
— màster, tàsker, *s.* persona che impóne,
dà o assègna un lavóro, un cómpito
Tàssel, *s.* fiócco, nappína; beccatéllo; swórd
—*s,* pendàgli
Tàsselled, *a.* ornàto di fiócchi, di nàppe
Tàstable, *a.* che si può gustàre, saporóso
Tàste, *van.* gustàre, assaggiàre, avér il gusto (di); sentíre, sapére; it —s well, ha
buón gústo, piàce; it —s of, sènte di,
sa di
— *s.* gústo (*senso*); gústo, sapóre; assàggio,
sàggio, móstra, speriménto; gústo, génio,
inclinazióne, disposizióné; bocconcíno,
gócciola (*per assaggiare*); it is not to
my —, non è di mío gústo, non mi gàrba;
to have a góod or bàd —, avér buón gústo, cattivo gusto; a màn of —, un buon
gustàjo
Tàsted, *a.* del gústo, al gústo, che ha il sapóre di; wèll —, di buón gusto, saporíto; ill —, di cattívo gústo, insúlso
Tàsteful, *a.* di buón gústo, saporóso, elegànte
Tàstefully, *avv.* in mòdo saporóso; di buón
gústo, squisitaménte, eleganteménte
Tàsteless, *a.* sénza gústo, scipíto, insípido
Tàstelessness, *s.* scipitézza; difètto di gústo
Tàster, *s.* gustatóre, assaggiatóre, saggiuòlo
Tàsting, *s.* gustaménto, gustàre, *m.*, assàggio
Tàsty, *a.* ghiòtto, di buón gústo, bèllo
Tàtter, *s.* céncio, stràccio, brandèllo
— *va.* stracciàre, squarciàre, laceràre

Tàtterdemàlion, *s.* pezzènte, cencióso, straccióne
Tàttered, *a.* stracciàto; in cénci
Tàttle, *vn.* cicalàre, chiacchieràre, ciarláre
— *s.* ciarlería, chiácchiera, ciància
Tàttler, *s.* cicalóne, chiaccheróne, ciarlièro
Tàttling, *a.* ciarlièro; *s.* chiácchiera, ciàrla
Tattóo, *s.* (*mil.*) ritiràta; tatuàggio, screziatúra, dipintura del córpo; the spirit
stirring —, il rúllo inanimànte del tambúro; to plày the dèvil's —, bàtter col
piède in tèrra; — *va.* screziàre la pèlle
(*come i selvaggi*); bàttere la ritiràta;
he — ed on the tàble, si mise a bàttere
la ritiràta sulla tàvola
Tàught, *a.* (*mar.*) V. Tìgh; —, *p. p. di*
to Téach
Tàunt, *va.* rampognàre, oltraggiàre, sbeffeg-
giàre
— *s.* rimpròvero àspro, rampógna, insúlto,
bèfla, schérno
Tàunter, *s.* chi rampógna, sbeffeggiatóre,
beffàrdo
Tàuntingly, *avv.* con rimpròveri; sarcasti-
caménte, scherzevolménte
Taurus, *s.* (*astr.*) Tàuro, Tòro
Tàutológical, *a.* tautológico
Tàutólogy, *s.* tautología
Tàvern, *s.* osterìa; osterìa bèlla, bettolína;
osterìa píccola, tavèrna, bèttola
— -kéeper, *s.* òste, tavernàjo
Tàw, *s.* pallòttola di màrmo da giuocàre
— *va.* conciàre con allúme (*la pelle*)
Tàwdrily. *avv.* sfoggiataménte, sénza ele-
gànza
Tàwdriness, *s.* sfòggio sénza eleganza
Tàwdry, *a.* sfarzóso sénza eleganza, di or-
pèllo, da compàrsa, da commediànte
Tàwer, *s.* conciatóre (coll'allume)
Tàwery, *s.* concería, cóncia (luogo) delle
pèlli coll'allúme
Tàwing, *s.* il conciàre in allúda
Tàwny, *a.* brúno, abbronzàto, fúlvo
Tàx, *s.* tàssa, imposizióne; tàccia, accúsa
— *vn.* tassàre, impórre una tàssa; tacciàre,
accusàre
— -gàtherer, *s.* collettóre delle tàsse
Taxàbility } *s.* tassabilità, capacità d'ès-
Tàxableness } ser sottopósto a tàsse o
} balzèlli
Tàxable, *a.* soggètto alle tàsse
Taxàtion, *s.* tassazióne, tàssa, il tassàre
Tàxed, *a.* tassàto; accusàto; tacciàto
Tàxer, *s.* chi impóne le tàsse
Téa, *s.* tè, *m*; blàck —, te néro; gréen —,
te vèrde; véal —, bròdo di vitèllo; —
-trày, — -bóard, cabarè, *m.* per il tè; —
pot, tetièra, vàso pel tè; — kèttle, bricco,
cóguma (*di rame*) da tè; — cúp, tàzza da
tè; — things, l'occorrènte pel tè, servizio da tè; Bètty, bring in —, Bettína,
portàte il tè

— -cànister, s. scátola da tè
— -trée s. (bot.) l'arbùsto del tè
Téach, (pas. tàughi) va. insegnáre, ammaestráre, addottrináre, istruíre, mostráre, indicáre; do you — English? insegnáte l'inglése?
— vn. insegnáre, professáre, fáre il maéstro
Téachable a. docile, átto ad appréndere
Téachableness, s. attitúdine ad imparáre
Téacher, s. insegnánte; maéstro, maéstra, professóre, istitutóre -trice; predicatóre, addottrina'óre; — private —s, docènti, educatóri priváti
Téaching, s. insegnaménto, ammaestraménto, istituzióne, istruzióne
Téachless. a. inétto ad imparáre, indócile
Téad, téde, s. (ant.) téda, fiáccola
Téague, s. (burlesco) Irlandése
Téak, s. teak (legno per la costruzione delle navi)
Téal, s. (orn.) farchétola, beccafico di palúde   (tro
Téam, s. tíro; a fóur horse —, tíro a quat-
Téam, va. attaccáre (le bestie da tíro)
Téamster, s chi guida un tíro, una múta
Téar, s. lágrima; piànto; in —s, in lácrime; to shed —s, versár lácrime, lagrimáre; to bùrst into —s, prorómpere in lácrime
Tèar, (pret. tóre, p. p. tórn) va. laceráre, atracciáre, squarciáre
—, (pret. tóre, p. p. tórn), va. dimenársi, agitársi; stracciársi; squarciársi; — alóng, avventársi, slanciársi, córrere di fóga
— s. stracciatúra, squarciatúra, squárcio; (com.) rottúra, guásto, deperiménto
Tèarer, s. stracciatóre, laceratóre -trice
Téarful, a. lagrimóso, piangènte
Téaring, s. stracciaménto, lo stracciáre
Téarless, a. sénza lácrime, a cíglio asciútto
Téase, va. seccáre, infastidire, importunáre, annojáre, contrariáre, vessáre; — wóol, flàx, disimbrogliáre, cardáre lána o lino
Téasel, s. sórta di cárdo usáto nel districáre e cardáre i panniláni
Téaseler, s. cardatóre -trice, districatóre -trice
Téaser, s. importúno, importúna, seccatóre -trice
Téat, s. tètta, capézzolo delle póppe
Tèchily, avv. stizzosaménte, petulanteménte
Tèchiness, s. petulánza, stízza, cattívo umóre
Tèchnic   ) a. tècnico
Tèchnical   )
Tèchnically, avv. tecnicaménte
Tèchnicalness) s. tecnicalità
Tèchnicality)
Tèchnics, s. tècnica
Tecknológical, a. tecnológico
Tecknólogist, s. tecnólogo
Tecknòlogy, s. tecnología
Téchy, a. di cattívo umóre, stizzóso

Tè!, va. spánder l'èrba di frésco mietáta
Tèdder, V. Tèther
Tè-Dèum, s. Te Dèum, m; to strike up the —, intuonáre il Te Dèum
Tédious, a. tedióso, nojóso, lènto, lúngo
Tédiously, avv. tediosaménte, nojosaménte
Tédiousness, s. tèdio, tediosità, nója, uggiosità
Tédium, s. tèdio, nója, fastídio, úggia
Tèem, vn. èsser prégno, grávido, piéno; — with, èsser piéno zéppo di, rugurgitáre di
— va. (poco us.) procreáre prodúrre; (ant.) versáre, spándere
Tèemful, a. fecóndo, fèrtile; prégno, piéno sino all'órlo
Tèemless, a. stèrile, infecóndo
Tèens, spl. l'età da trédici ánni a vènti; (i numeri che escono in teen); to be óut of one's —, aver passáto l'età di diciannóve ánni
Tèeming, a. fecóndo, piéno, prolífico
Tèeth, V. Tòoth
Tèeth, vn. méttere i dènti
Tèething, s. dentizióne, il méttere i dènti
Tèetotal, a (burl.) astèmio
Tèetotaller, s. (burl.) mèmbro della società di temperánza, bevilácqua, m. f.
Tèetotalism, s. (burl.) astinénza dal víno e dai liquóri
Tègular, a. di tègola, in fórma di tègola
Tèhée, vn. (volg.) rídere sótto i báffi
Tègument, s. integuménto
Tèil-tree, s. (bot.) tíglio
Teint, s. tínta, tócco di pennèllo
Tèlegram, s. telegrámma, m.
Tèlegraph, s. telègrafo; the èlectric —, il telègrafo elèttrico; the sùbmarine —, il telègrafo submarino
— va. telegrafáre, annunziáre col telègrafo
Telegràphic, a. telegráfico; — dispàtch, dispaccio telegráfico
Telegràphically, a. telegraficaménte
Tèlegraphy, s. telegrafía, sistéma telegráfico
Teleòlogy, s. (teol.) teleología
Tèlescope, s. cannocchiále, m., telescópio
Telescòpic, telescòpical, a. telescópico
Telèsia, s. V. Sàpphire
Tèlesm, s. talismano
Tèll, (pas. tóld) va. díre, informáre, dichiaráre, riferíre, comunicáre, raccontáre, ragguágliáre, annunziáre, mostráre, far vedére, contáre, numeráre; dettáre, ordináre, comandáre, impórre; I spéak to — the trùth, párlo per ver díre; to — a lie, dire pna bugía, mentíre; to — off, contáre, divídere; — me what has happened, ditemi quel che è succésso; — Jòhn to sàddle my horse, díte a Giovànni di selláre il mio cavállo; I'll — your wife, lo diró alla móglie; I am tóld, mi si dice; I have

been told, ho sentíto a díre; I cànnot — you, non saprèi dírvi
— *vn.* sortíre il suo effètto, prodúrre l'offètto desideráto; — of, parláre di, favelláre di, riferíre, raccontáre; èvery shot —s, ògni pàlla colpísce
— -tále, *s.* rapportatóre -tríce; (*mar.*) pennèllo, assiómetro; *a.* parlànte, espressívo
Tèller, *s.* chi riferísce, raccónta o comànda; dicitóre, raccontatóre, ragguagliatóre, -tríce; (*com.*) computísta, *m.*, cassiêre, *m*; (*part.*) scrutatóre; Fòrtune- —, indovíno, indovína
Tèlling, *a.* che sòrte il suo effètto, che fa impressióne, che còlpisce; parlànte; — spéech, discórso eloquénte
Tellúric, *a.* tellúrico; — àcid, ácido tellúrico
Tellúrium, *s.* (*chem.*) tellúro
Temerárious, *a.* temerário
Temeráriouly, *avv.* temerariaménte
Temérity, *s.* temerità
Tèmper, *va.* temperáre, tempráre, moderáre, contemperáre; temperáre (*il ferro*)
— *s.* tèmpera, tèmpra, temperaménto, índole, *f.* complessióne, caráttere, *m*; càlma, posatézza; tèmpera (*dell'acciajo*); èvenness of —, uguagliánza di caráttere; kéep your —, serbáte la vòstra càlma; ôut of —, fuòri de' gàngheri
Tèmperament, *s.* temperaménto, complessióne; condizióne, situazióne; sànguine —, temperaménto sanguígno
Temperamèntal, *a.* (*poco us.*) del temperaménto, costituzionále
Tèmperance, *s.* temperánza, moderazióne; — society, società di temperánza
Tèmperate, *a.* temperáto, contemperáto; temperánte, sòbrio; (*geog.*) temperáto
Tèmperately, *avv.* con temperánza, moderataménte
Tèmperateness, *s.* státo temperáto, mitézza
Tèmperátive, *a.* temperatívo, moderatívo
Tèmperature, *s.* temperatúra
Tèmpered, *a.* temperáto, dal caráttere...; fínely — bláde, láma di buòna tèmpera; góod — man, uòmo di buòna pásta; ill —, di cattívo caráttere
Tèmpest, *s.* tempèsta, burrásca, procèlla; a — in a téa-pot, una tempèsta in un bicchiêr d'ácqua; — -béaten, — -tóst, cacciáto, sbattúto, sbalestráto dalla tempèsta
— *va.* tempestáre; perturbáre, solleváre
Tempèstive, *a.* tempestívo, opportúno
Tempèstively, *avv.* tempestivaménte, opportunaménte (gióne
Tempestivity, *s* (*ant.*) tèmpo opportúno, staTtempèstuous, *a.* tempestóso, procellóso
Tempèstuously, *avv.* tempestosaménte
Tempèstousness, *s.* státo tempestóso

Tèmplar, *s.* templáre, *m.*, studènte di lègge; —, knight- —, cavaljère templáro
Tèmple, *s.* tèmpio, tèmplo; (*anat.*) tèmpia
Tèmporal, *a.* temporále, cadúco; temporále, secoláre; (*anat.*) temporále, delle tèmpie
Tèmporàlity, *s.* bène (proprietà) temporále, temporalità
Tèmporally, *avv.* temporalménte
Temporáneous, *a.* temporáneo
Tèmporarily, *avv.* temporaneaménte
Tèmporariness, *s.* temporaneità
Tèmporary, *a.* temporáneo, passaggéro
Temporizátion, *s.* temporeggiaménto, indúgio
Tèmporize, *vn.* temporeggiáre
Tèmporizer, *s.* temporeggiatóre -tríce, chi temporèggia
Tèmporizing, *s.* temporeggiaménto
— *a.* temporeggiánte
Tèmpt, *va.* tentáre, eccitáre, provocáre; tentáre, allettáre, sedúrre
Tèmptable, *a.* soggètto alla tentazióne
Temptátion, *s.* tentazióne
Tèmpter, *s.* tentatóre -tríce, seduttóre -tríce
Tèmpting, *a.* tentánte, seducènte, che tènta
Tèmptingly, *avv.* in mòdo tentánte o seducènte
Tèmptress, *s.* tentatríce, *f.*
Tèmse, *s.* stàccio; — brèad, pan buffètto
Tèn, *a* dièci; — times, dièci vòlte; *s.* decína; to rèckon by —s, contáre a decíne
Tènable, *a* che si può tenére o mantenére, sosteníbile
Tenácious, *a.* tenáce, tegnènte; tenáce, attaccáto a, gelóso di; men — of their rights, uòmini gelósi dei loro diritti
Tenáciously, *avv.* tenaceménte, con tenacità
Tènancy, *s. V.* Tenure
Tènant, *s.* fittajuòlo, fittuário, feudatário vassállo; pigionále, locatário, inquilíno
— *va.* tenére a pigióne, èsser locatário
Tènantable, *a.* abitábile, abitévole
Tènantless, *a.* sènza locatárj, non affittáto
Tènantry, *s.* affittajuòli, *m. pl.*, censuárii, *m. pl.*, livellárii, locatárii, *m. pl.*, sublocatárii, *m. pl.*
Tènch, *s.* (*itt.*) tinca
Tènd, *va.* curáre, guárdáre, attèndere a, badáre a, aver cúra di, custodíre; — shéep, guardáre le pècore
— *vn.* tèndere, avér per míra, èssere dirètto, contribuíre, servíre
Tèndance, *s. V.* Attèndance
Tèndence, tèndency, *s.* tendènza
Tènder, *a.* tènero, delicáto, dòlce, mòrbido; sensíbile, sensitívo; tènero, amánte, amoróso, gelóso; — -héarted, tènero (di cuore), sensitívo, compassionévole; — -héartedness, sensitività, sensibilità
— *s.* offèrta, proffèrta, esibizióne; infermiéra, persóna che attènde ad un ammaláto;

(*macchine a vapore*) tènder, *m*; to màke a — of. far l'offèrta di

— *va.* offríre, presentáre, umiliáre, esibíre

Tènderling, *s.* córno tènero (*appéna spuntato*) di un cêrvo; bimbo, bambino prediletto

Tènderly, *avv.* teneraménte

Tènderness, *s* tenerézza, sensibilità; amóre

Tèndinous, *a.* tendinóso, nervóso

Tèndon, *s.* tèndine, *m.*, nêrvo

Tèndril,·*s.* víticcio; — *a.* avviticchiánte

Tènebrous, *a.* tenebróso, oscúro, bújo

Tenebròsity, *s.* tenebrosità,·oscurità

Tènement, *s.* tenúta, teníménto; càsa, podére, *m.*, che si tiêne in affitto

Tenèsmus, *s.* (*med.*) tenèsmo

Tènet, *s.* dògma, *m.*, opinióne, credênza

Tènfold, *a.* dièci volte tánto, dècuplo

Tènnis, *s.* pàlla còrda; — cóurt, pallacòrda (*luogo*)

Tènon, *s.* (*tecnol.*) máschio

Tènor, *s.* tenóre; sênso, spírito, tenóre, consuetùdine, *f.*, soggêtto, sostánza, contenúto, contêsto, andaménto (*del discorso*); (*mus.*) tenóre, álto; cóunter- —, contrálto

Tènse, *s.* (*gram.*) têmpo

— *a.* téso, stiracchiáto, rígido

Tènseness, tènsion, *s.* tensióne, rigidézza

Tènsible, *a.* suscettíbile di tensióne

Tènsion, *s.* tensióne

Tènsive, *s.* tensívo

Tènsor, *s.* (*anat.*) tensóre, fáscia láta

Tènt, *s.* tènda, padiglióne, *m*; (*chir.*) tènta, stuèllo; víno d'Alicánte; to pitch the —s, drizzáre le tènde, accampársi; in —s, attendáto; a — bèd, lètto a padiglióne

— introdúrre la tènta; accampársi

Tèntacle (*pl.* —s e tentácula) *s.* tentácolo

Tentàcular, *a.* a tentácolo, di tentácolo

Te tàculàted, *a.* tentacoláto, provvísto di tentácoli

Tèntage, *s.* (*poco us.*) accampaménto

Tèntàtive, *s.* tentatívo, pròva; *a.* di tentatívo, di pròva

Tènted, *a.* appadiglionáto, accampáto

Tènter, *s.* uncíno, rampíno, fêrro adúnco; on the —s, agitáto, crucciáto, imbrogliáto

Tènter, *va.* sospêndere, stêndere con uncíni

Tènth, *s.* dècima párte, dècima; the — of Máy, il dièci mággio

— *a.* dècimo; the — párt, la dècima párte

Tènthly, *avv.* in dècimo luògo

Tèntless, *a.* sènza tènde

Tenùity, *s.* tenuità, sottigliézza, rarefazióne

Tènuous, *a.* tènue, sottile, scárso, piccolo

Tènure, *s.* (*legge*) possèsso sòtto certe condizióni; possèsso dipendênte; teniménto, tenitòrio; frèehold —, possèsso in franco allòdio; còpyhold —, possèsso in fèudo

Teocàlle, *s.* (*letteralmente* casa di Dio); piràmide, *f.* pel cúlto·degli Dei (tra i Messicáni ed áltri aborígeni dell'América)

Tepefàction, raffreddaménto, il tepificáre

Tèpid, *a.* tièpido   (dézza

Tepìdity, *s.* tiepidézza, indifferênza, freddézza

Tèpìfy, *va.* intepidíre; *vn.* intepidírsi

Tépor, *s.* tepóre, tepidità, *m.*

Tèraph, *s.* (*voce ebráica*) ídolo; incantésimo; amu. to

Tèraphim, ·*pl.* (*voce ebráica*) divinità doméstiche; immágini, *f. pl.*

Tèrce, *s.* tèrzo (di una botte di vino) V. Tièrce

— -májor, *s.* (*giuoco*) tèrza maggióre

Tèrcel, *s.* terzuólo, máschio di alcúni uccèlli da préda

Tercèntenary, *a. s.* tercentenário; di tre sècoli

Tèrebinth, *s.* (*bot.*) terebínto

Terebìnthinate ⎫ *a.* terebentináto
Terebìnthine ⎭

Tèrebràte, *va.* pertugiáre (*con succhiello*)

Tèrebràtion, *s.* (*raro*) il foráre, il pertugiáre

Tergèminal ⎫
Tergèminate ⎬ *a.* tergèmino; tríplice
Tergèminous ⎭

Tèrgiversàte, *vn.* tergiversáre

Tèrgiversàtion, *s.* tergiversazióne

Tèrm, *s.* têrmine, *m*; confíne, *m.*, límite, *m*; têrmine, têmpo, spázio di têmpo; têrmine, vóce, *f*; dizióne; (*log.*) têrmine; (*med.*) mesi, *mpl.*, règole, *fpl*; —s, têrmini, *mpl.* condizióni, *fpl.*, siáto, púnto; the — of ten yéars, il têrmine di dièci anni; — -time, giórni curiáli; to be on friêndly or familiar —s with, êssere amíco intrínseco di, avére l'entratúra prèsso

— *va.* chiamáre, denomináre, appelláre

Tèrmagancy, *s.* turbolênza, romóre, strèpito

Tèrmagant, *a.* turbolênto, irrequiêto, furióso; — wife, móglie irrequiêta, diavolêssa

Tèrmagant, *s.* megèra, fúria, diavolêssa

Tèrmagantly, *avv.* con chiassósi rimbròtti, da megèra, cóme una fória

Tèrminable, *a.* termináblile

Tèrminal, *a.* di têrmine, terminále, terminatívo

Tèrminate, *van.* termináre, limitáre, finíre

Terminàtion, *s.* terminazióne, limite, *m*; têrmine, *m.*, fíne, *f*; terminazióne, desinênza; terminazióne, conclusióne, *f.*

Terminàtional, *a.* (*gram.*) di desinênza, finále

Tè miner, *s.* (*legge*) decisióne, sentênza

Tèrminòlogy, e Termonòlogy, *s.* terminología

Tèrminus, *s.*·(*di strada fer.*) stazióne centrále; scàlo, sbarcatójo, debarcadéro; (*ant. romano*) il dio têrmine

Térmless, *a.* illimitáto, sènza límiti

Térmly, *avv.* per sessióne

Tèrn, *s.* (*orn.*) stèrna, róndine marína

Tèrnary, *a.* ternário; *s.* numéro ternário, tre, *m.*

Térra, *s.* — còtta, tèrra còtta; — firma, tèrra fèrma

Térrace, *s.* alzáta di tèrra, terrázzo

Terráqueous, *a.* terráequeo

Terréne, *a.* terrèno, terrèstre

Térreous. *a.* tèrreo

Terrèstrial, *a.* terrèstre

Térrible, *a.* terríbile

Térribleness, *s.* terríbilità, orróre, *m.*

Térribly, *avv.* terribilménte, estremaménte

Térrier, *s.* cáne ba-sétto; covíle, *m.*, tána; regístro civíle (d'úna signoría feudále); (*arts*) succhièllo

Terrífic, *a.* terrífico, spaventévole

Térrify, *va.* atterríre, spaventáre, sgomentáre

Territórial, *a.* territoriále

Térritory, *s.* territòrio, domínio, distrétto

Térror, *s.* terróre, *m.*, spavènto, sgoménto; to strike — into, incútere timóre a

Térrorism, *s.* terrorísmo

Térrorist, *s.* terrorísta, *m.*

Térse, *a.* tèrso, líndo; tèrso, púro (*stíle*)

Térseness, *s.* lindúra, forbitézza (*di stíle*)

Tèrtian, *s.* terzána; — féver, fèbbre terzána

Tèrtiary, *a.* (*geol.*) terziário, del tèrzo órdine

Tèsselar, *a.* fátto a scácchi (*díne*)

Tesselláte, *va.* lavoráre di társia, tesselláre

Tésselláted, *a.* tessellàto; a társia, a mosáico

Tessellátion, *s.* il lavoráre a tèssule, a mosáico

Tèst, *s.* sággio, ciménto, próva, coppèlla, piètra di paragóne; to put to the —, assaggiáre, méttere alla próva; religious —, dichiarazióne di féde, giuraménto

— *va.* coppelláre, cimentáre alla coppèlla, assaggiáre, far la próva di

— **-act,** *s.* légge che imponéva giuraménto di professióne religiósa

— **-páper,** *s.* (*chím.*) cárta reagènte, reattíva

Testácea, *spl.* testác:., *mpl.*, crostácei, *mpl.*

Testáceous, *a.* testáceo

Tèstament, *s.* testaménto (*ultíma volontà*); the óld —, the new — —, il vècchio testaménto, il nuòvo testaménto

Testaméntary, *a.* testamentário

Tèstable, *a.* (*legge*) testábile

Tèstate, *a.* che ha fátto testaménto, testáto

Tèstator, *s.* testatóre, che fa testaménto; in the —'s ówn hánd, ológrafo

Tèstatrix, *s.* testatríce, *f.*

Tásted, *a.* coppelláto, saggiáto, mésso alla próva

Tèster, *s.* ciélo di lètto; testóne, *m.*, pèzzo (*antíco*) di sèi sóldi

Tèsticle, *s.* (*anat.*) testícolo

Testificátion, *s.* testificazióne, testimoniánza

Testificàtor, *s.* tèstifíer, *s.* testificatóre, testimònio

Tèstify, *vàn.* testificáre, attestáre, far testimoniánza, certificáre

Tèstily, *avv.* in módo testárdo; stizzosaménte

Testimónial, *s.* attestáto, certificáto

Tèstimony, *s.* testimoniánza, deposizióne, próva, féde, *f.*, conformazióne; in — whereof, in féde di che; to béar —, far testimoniánza

Tèstiness, *s.* testardággine, *f.*, caparbietà, ritrosággine, *f.* (*antíco*)

Tèsting, *s.* il far la próva, sággio, coppellazióne

Testúdinated, *a.* testogginàto, a vòlta

Testúdo, *s.* (*zool.*) testúdine, *f.*, testúggine, *f.*; (*antichità romane*) testúdine; (*veter.*) testúdine, tálpa

Tèsty, *a.* testeréccio, capóne, irascíbile

Tétanus, *s.* (*med.*) tétano

Tète-a-tète, *avv* da sólo a sólo, a quàttro òcchi; — *s.* abboccaménto priváto, collòquio da sólo a sólo, conversazióne a quàttro òcchi

Tèther, *s.* pastója, còrda lúnga con cui si tiène legáta ad un álbero (*o altro*) una vácca o áltra bèstia méntre páscola; they knew well the léngra of their bróther's —, sapévano bene fin dove potévano fáre a fidánza col (contáre sul) lóro fratèllo; to be at the end of one's —, avér vuotáto il sácco, èssere al fóndo della bòtte — *va.* legáre al pascolo (*una bestia*) con una fúne lúnga

Tetótum, *s.* (*giuoco fanciullesco*) girlo

Tètrachórd, *s.* (*mus.*) tetracòrda, quárta

Tètragon, *s.* tetrágono

Tetràgonal, *a.* tetrágono, tetragònico

Tetrándria, *s.* (*bot.*) tetrándria

Tétrarch, *s.* tetrárca, *m.*

Tetrárchate, *s.* tetrarcáto

Tétter, *s.* impetígine, *f.*; volática, serpígine, *f.*

Teutónic, *a.* teutònico

Tèxt, *s.* tèsto; — hand, scrittúra gròssa — **-bóok,** *s.* líbro di tèsto

Tèxtile, *a.* tèssile

Tèxtual, *a.* testuále

Tèxtualist) *s.* testualísta, *m.*, teòlogo versáto
Tèxtuarist } nella cit-zióne dei tèsti scritturáli
Tèxtuary)

Tèxtually, *avv.* testualménte

Tèxture, *a.* testuále, contenúto nel tèsto

Tèxtuist, *s.* teòlogo versáto nei tèsti scritturáli

Tèxture, *s.* tessitúra, tessúto, ordíto

Thàn, *conj.* che, di (*dopo un comparativo*); richer — you, più ricco di voi; bètter —, migliòre, mèglio di, che; móre — twènty, più di vénti

---

THÁne, *s*. Táne, *m*., baróne, *m*. (*anglo-sas-sone*)

— -lànds, *spl*. domìnj di un Tane

THÁnedom, *s*. domìnio o giurisdizióne d'un Tane

THÁneship, *s*. signoría o dignità di Tane

THÁnk, *va*. ringraziáre, réndere gràzie; to — a pèrson for a THIng, ringraziáre uno di uña cósa; I — you, vi ringràzio; I — you vèry much, vi sono mólto obbligáto, obbligatìssimo

— -òffering, *s*. rendiménto di gràzie

THÁnkful, *a*. gràto, riconoscènte; to be — to a pèrson for a thing, sapér gràdo ad uno di una cósa

THÁnkfully, *avv*. con riconoscènza

THÁnkfulness, *s*. riconoscènza, gratitúdine, *f*.

THÁnkless, *a*. ingràto, sconoscènte

THÁnklessness, *s*. ingratitúdine, *f*., sconoscénza

THÁnks, *s*. gràzie, *fpl*., ringraziaménti, *mpl*., mercè, *f*; — to me, mercè mia

THÁnksgiving, *s*. rendiménto di gràzie

THÁnkwòrthy, *a*. dègno di riconoscènza

THÁlamus, *s*. (*bot*.) ricettácolo

THÁllus, *s*. (*bot*.) tállo

Thàt, (*pl*. thóse) *a*. *pron*. *dìmostr*., quéllo, quélla, ció; quélla cósa; — pen, quélla pènna; this bóok and —, quésto libro e quéllo; for àll —, malgràdo tutto ció

— *pron*. *relat*. che, il quále, la quále, i quáli, le quáli; the gèntleman —, il signóre che; the làdy —, la signóra che; the hòrses —, i cavàlli che

— *conj*. che, sia, che, aceiocchè, affinchè, che, di; I am tóld — he has obtàined it, mi vien détto ch' égli l'àbbia ottenúto; so —, così che, talménte che

THÀtch, *s*. pàglia (*da coprìre un tetto*)

— *va*. coprìre (*un tetto*) di pàglia; —ed hòuse, cása copèrta di pàglia

THÀtcher, *s*. chi cópre le cáse di pàglia

THÀumatùrgus, *s*. taumatùrgo

THÀumaturgy, *s*. taumaturgía

THÀw, *s*. dighiacciaménto, sciogliménto del ghiàccio

— *va*. sghiacciáre, sciógliere il ghiàccio

— *vn*. dighiacciáre, liquefàrsi, sciógliersi, strùggersi

The, *art*. (*seguito da vocale pr*. thé; *seguito da consonante pr*. thi *breve*) il, lo, la, i, gli, le; of —, del, della, dello, degli, delle; to —, al, alla, allo, ái, ágli, àlle; from —, bý —, dal, dàllo, dàlla, dàgli, dài, dàlle; — bóok, il líbro; — áge, il sècolo

THÉatin, *s*. Teatíno (*frate*)

THeatre (*pr*. THÉater) *s*. teátro, spettácolo, scèna

THeÀtric, THeÀtrical, *a*. teatràle, scènico

THeÀtrically, *avv*. in mòdo scènico, teatrálè

Thée, *pron*. te, ti; of —, di te; to —, a

te; I lóve —, ti ámo (*ladroncellería*

THèft, *s*. latrocínio, fúrto, ruberìa; pètty- —,

Théir, *a*. *possessivo*, lòro, il lòro, la lòro, i lòro, le lòro, di lòro; — hòrse, il lòro cavállo; — cóws, le lòro vàcche; — father, mòther and sisters, il lòro pádre, la lòro màdre, e le lòro sorèlle

Théirs, *pron*. *possessivo*, (*dopo il nome*) il lòro, la lòro, i lòro, le lòro, di lòro; my. bóok and —, il mio líbro ed il lòro; your hòrses and —, i vòstri cavàlli, ed i lòro; à friénd of —, uno dei lòro amíci

THéism, *s*. teismo

THéist, *s*. teista, *mf*.

THeìstic

THeìstical } *a*. teístico

Thém, *pron*. *pers* li, le, lòro, éssi, ésse; I sée —, li védo; you lòve —, voi li amáte; he tóld —, egli disse lòro

THéme, *s*. tèma, *m*., soggètto (*di discorso*), tèsto, argoménto; (*scolast*.) tési, *f*., proposizióne; (*gram*.) tèma, esercízio; Millhòuse's Spéaking —s, i tèmi scenoggiáti del Millhòuse

THemsèlves, *pron*. *rifless*., sè stéssi, lòro medésimi, sè; thay flàtter —, si lusíngano

Then, *avv*. allóra, in quel tèmpo; poi, indi; —, di quell' época, di quel tèmpo, in allóra; — and not till —, allóra e non prima; he wàs — rich, allóra egli era ricco; èvery nów and —, ògni tánto; nów and —, di quàndo in quándo; till —, fino allóra, insíno a quel tèmpo; let us dine and — we will stàrt, pranziámo e poi partirémo

— *conj*. adúnque. dúnque; I THInk, — I am, pènso, dúnque sóno

Thence, *avv*. di là, (da quívi) quíndi; I cóme —, véngo di là; he is góne —, è partíto di là; úseless and — ridículous, inútile e quíndi ridicolo

Thènceforth, *avv*. d'allóra in poi, fin d'allóra in qua

THènceforward, *avv*. d'allóra in poi, fin

THeócracy, *s*. teocrazía (d'allóra

THeocràtic, THeocràtical, *a*. teocrático

THeódicy, *s*. (*teol*.) teodicèa

THeódolite, *s*. teodolíte, *m*.

THeógony, *s*. teogonía

THeologàster, *s*. teologàstro

THeológian, *s*. teòlogo

THeológic, THeológical, *a*. teològico

THeológically, *avv*. teologicaménte

THeólogist, *s*. teòlogo

THeólogy, *s*. teología

THéorem, *s*. teorèma, *m*.

THeorètic, THeorètical, *a*. teorètico, teòrico

THeorètically, THeorètical, *avv*. teoricaménte

THéoric, *s*. teòrica

THéorist, *s*. teorichísta, *m*., teòrico

THéorize, *vn*. fàre delle teòriche

Théory, *s.* teoría

Theósophy, *s* teosofía

Therapéutic, *s.* tèrapéutico, curatívo

Therapéutics, *s.* terapèutica

Thère, *avv.* lì, là, colà, quívi, ivi, vi, ci; it is —, è là; here and —, qua e là, di qua e di là; whó is — ? chi è là ? pòrter —, quívi portinàjo; — is a book, vi è un líbro; — àre twó bóoks, ci sóno due líbri ; I am góing —, vi vádo, ci vádo

Thèreaboūt, thèreabōūts, *avv.* là intórno, prèsso, pressochè, a un di prèsso, all'incírca

Thèreàfter, *avv.* (*poco us.*), dòpo ciò, indi, quíndi, dòpo

Thereát, *avv.* a ciò, su di ciò

Thèrebý, *avv.* con quel mézzo, da ciò

Thérefore, *avv.* perciò, quíndi, laónde, ónde, dúnque

Thèrefròm, *avv.* da ciò, da quélla còsa

Therein, *avv.* in ciò, dentro, èntro

Thereóf, *avv.* di ciò, di quélla còsa

Thereòn, *avv.* su di ciò, sópra di ciò

Thereoūt, *avv.* fuóri di ciò

Theretó, Thereùntó, *avv.* (*poco us.*) a ciò

Thereùnder, *avv* sótto di ciò

Thereupòn, *avv.* su di ciò, in séguito a quéllo (lo

Therewith, *avv.* con ciò, unitaménte a quel-

Therewithàl, *avv.* di più, in óltre, con ciò

Thériac. *s.* (*farm.*) teriàca

Theríacal, *a.* teriacàle, medicinàle

Thermæ (*pr.* thèrmi) *s. pl.* (*antichità romane*) tèrme, *f. pl.*

Thèrmal, *a.* termàle; — bàths, tèrme, *fpl.,* bàgni

Thèrmidor, *s.* termidòro (undécimo mèse dell'ànno repubblicàno di Fráncia)

Thermòmeter, *s.* termòmetro

Thermomètrical, *a.* termométrico

Thermomètrically, *avv.* per mézzo del termómetro

Thérmoscope, *s.* termoscópio

Thése (*pron.* dímostr., *pl.* di this) quésti, quéste; — bóoks, quésti libri; — péns, quéste pènne

Thésis, *s.* tési, *f.*

Thèspian, *a.* di Tèspi, trágico

Thètical, *a.* della tési

Theùrgic
Theùrgical } *a.* teúrgico

Theùrgist, *s.* teúrgo

Theúrgy, *s.* teurgía, magía biánca, àrte biànca

Thew, *s.* (*ant.*) manièra, abitúdine, *f.,* nèrbo, múscolo; fòrza muscolare

They (*pr.* thá) *pron. pers.* églino, élleno, éssi, ésse; — laugh (*pr.* làf), élleno rídono; — bàrk, éssi abbàjano; — whó hàve dóne it, colóro che l'hanno fàtto

Thick, *a.* spésso, grosso, dènso, fitto, serráto, fólto, tórbido; melmóso, crásso, gros-

solàno; — clōūd, núbe dènsa; — veil vélo fítto; — wóod, bósco fólto; — wàll, múro spésso; — clòth, pánno serráto, spésso; — bóard, pànca gròssa; — man, uómo corpacciúto; — crōw, fólla dènsa; — polénta, polénta dúra; — àir, ária cràssa; — wàter, — wine, àcqua tórbida, víno tórbido; an inch —, grósso, spésso come un díto; through — a d thin, a travèrso tutti gli ostàcoli, a dritto o a travèrso; — lipped, che ha le làbbra gròsse; — hèaded, — -skùlled, ottúso, stúpido, dúro; — -set hèdge, siépe fólta; — man, uómo fatticcio; — of héaring, sordàstro

Thick, *s.* spessézza, grossézza; fitto, fólta, míschia

— *avv.* fítto, fittaménte, spésso, di frequénte, in fólla

Thicken, *va.* spezzáre, spesseggiàre, addensáre, affolláre; *vn.* spezzàrsi, addensàrsi

Thickening, *s.* lo spesseggiàre, l' addensáre

Thicket, *s.* siepàglia, màcchia, prunàjo, boschétto fólto

Thickish, *a.* alquánto dènso, piuttòsto fítto, spésso

Thickly, *avv.* spessaménte, foltaménte

Thickness, *s.* spessézza, grossézza, consisténza, densità, affoltaménto

Thief (*pl.* thièves) *s.* làdro, rubatóre -tríce; a little —, ladroncèllo; — càtcher, birro; sèt a —, to càtch a —, (*proverbio*) càrne di lúpo zànne di càne; stop — ! al làdro! fèrma il làdro!

Thiève, *va.* furáre, rubáre, involáre

Thiévery, *s.* rubería, ladronéccio, fúrto

Thiéving, *s* il furáre, l'involáre, fúrto

Thiévish, *a.* dédito, inclináto a rubáre

Thiévishly, *avv.* da làdro

Thiévishness, *s.* inclinazióne a rubáre

Thigh, *s.* còscia; (*di cavallo*) gàmba

Thill, *s.* timóne di càrro, stànga

Thiller, Thillhorse, *s.* cavállo del timóne

Thimble, *s.* ditàle, *m*; (*mar.*) radància

Thin, *a.* sottíle, rado, ráro, chiáro, smílzo, sparúto, mágro, leggièro; spárso, ráro, póco numeróso; (*mus.*) ésile, ténue, flévole; — clòth, pánno sottíle, rádo, leggièro; — bròth, bródo lúngo; — hàir, capélli rári; — corn, gráno rádo; — thinner àir, ária più ráru (*più fína*), ária méno dènsa; to get — digrassàre, smagríre; this panáda is tóo —, quésto pan còtto è tròppo mòlle; — audience, uditório póco numeróso; the one is tóo fat the òther tóo —, l' úna è tròppo gràssa, l'àltra è tròppo màgra

Thin, *avv.* V. Thinly

— *va.* diradàre, rarefàre, attenuàre; assottigliáre, rèndere sottíle, ridùrre; to — a wóod, diradàre un bòsco; — the ink, diradáre l'inchióstro ; — the blòod, assottigliáre il sángue

Thíne, pron. poss. il tuo. la tua, i tuòi, le túe; his bóok and —, il suo líbro ed il tuo; this is —, quésto è tuo

Thing, s. còsa, oggètto, affàre, m., fàtto; —s, còse, affàri; effètti, baúli, bagáglio; ènte, m., creatúra, creaturína, bèstia, bestiolína; anòther —, àltra còsa; quite anòther —, tutt'àltro; abòve àll —s, precipuaménte, sopratútto; no èarrely —, niènte al móndo; niènte affàtto; póor littl —! poverétto! poveríno! she is a littl scòrnful —, ella è una sdegnosétta, una piccola spregiósa

Think (pas. Thóught), vn. pensáre, meditáre, riflèttere, immaginàre; crédere, trováre, giudicáre; to — of a pérson, pensáre ad una persóna; I — it will ràin, crèdo che vòglia piòvere; — of me, pensáte a me; what do you — of him, her, it, them? che ve ne páre?

— (pas. Thóught), va. pensáre, crédere, giudicáre, stimáre, sembráre, parére; to — ill of, pensáre màle di; — mùch of, stimáre, preglàre, amàre; light of, far póco cónto di; — well of one's self, avér buòna òpinióne di sè; I — it a great hònour, lo stímo grand'onóre; I — it long till I sée him (I long to sée him), mi par mill'ánni di vedérlo; I — so, crédo cosí, lo crédo; I will — the màtjer óver, ci riflètterò sòpra, ci penserò

Thinker, s. pensatóre -trice; frée- —, líbero pensatóre

Thinking, a. pensánte; s. il pensáre, pensaménto, pensièro, giudízio; to my —, a parér mio

Thinly, avv. radaménte, sparsaménte, leggerménte, scarsaménte, in piccol número

Thinness, s. radézza, rarità, mancánza di consistènza, sparutézza, magrézza, scarsità

Third (pr. Thùrd), s. a. tèrzo, tèrza pàrte; èvery — dày, di tre in tre giórni

— borough (pr. Tuùrdborough), s. sottoconestàbile

Thirdly (pr. Thùrdly), avv. in tèrzo luògo

Thirst (pr Thùrst), s. séte, f.; to féel —, avér séte; to quénch one's —, disse-— vn. avér séte (tàrsi

Thirstiness (pr. Thùrstiness), s. séte, f., l'avér séte

Thirsty (pr. Thùrsty), a. assetáto, sitibóndo; àvido; to be vèry —, avér gran séte; àre you —? avéte séte?

Thirteen (pr. Thùrtéen), a. trédici

Thirtieth (pr. Thùrtieth), a. trentésimo

Thirteenth (pr. Thùrtéenth), a. tredicésimo

Thirty (pr. Thùrty), a. trénta; trentína; I hàve about —, ne ho circa una trentína

This, (pl. thése) a. pron. dimostr. quésto, quésta; — and that, quésto e quéllo; —

wáy, da qui, per di quà; by — tíme, a quést'óra

Thistle, s. (bot) càrdo, cardóne, m; the òrder of the —, l'órdine, m. del Càrdo, l'órdine di Sant'Andrèa

— -dòwn, s. lanúgine, f. del càrdo; light as —, leggéro cóme una piúma

— -finch, s. (orn.) cardellíno, rigógolo

— -hèad, s. (bot.) V. Teasel

Thistly, a. piènn di cardóni

Thither, avv. là (con moto verso), colà, ivi, vi, ci; go —, andàte là, andàtevi

Thitherward, avv. vèrso là (quel luògo); vèrso quélla párte, alla vò.ta di quéllo

Thó', abbrev. di Though

Thóle, s. (poco us.) tètto di témpi o; (mar.) scàrmo

Thómaism } s. (teol.) Tomismo, le dottríne di
Thómism } Tommáso d'Aquíno (sulla predestinazióne e la gràzia).

Thómist, s. (teol.) Tomísta, m., seguáce dell'Aquináte (in opposizióne a Scotísta)

Thong, s. corèggia, stríscia di cuójo

Thoracic, a. (anat.) toràcico, del toràce

Thorax, s. (anat.) toràce, m.

Thoria } s. (chim.) toría
Thorina }

Thorium } s. (chim.) torínio
Thorinum }

Thorn, s. (bot.) spína, spíno, prúno; white-—, hàw-, spína àlba, biancospíno; blàck — (aloe bush), prúgnolo, susíno salvàtico; — prickles, —s, spíne ; — bùsh, spíno; — bràke, spinéto, buscióne, m., prunájo; — bàck, (itt.) ràzza; no ròse without —s, (proverbio) non c'è ròsa sénza

Thornless, a. sénza spíne (spíne

Thorny, a. spinóso, di spíne; àspro, àrduò

Thorough, a. intéro, compiúto, complèto, compito, perfètto, fondáto, profóndo, frànco, fiéro, famóso, vèro; — reformation, rifórma radicále, compíta, perfètta; — pàced, perfètto, frànco, compíuto; — bred, (dei cavalli) di púro sángue; — báse, (mus.) básso numeráto; — fàre, córso, corsia, stràda lárga, passàggio apèrto; no — -fàre! non si pàssa!

— s. búco che pàssa da bànda a bànda, fòro, strafòro

Thoroughly. avv. interaménte, compiutaménte, fondataménte, a fóndo; affàtto, del tutto; to know a lànguage —, sapére a fóndo una língua

Thóse, a. pron. dimostr. pl. quélli, quéi, quégli, quélle, chdésti, colóro; thése and —, quésti e quélli; V. That

Thou, pron. pres. tu, - àrt vèry stúpid, tu sei mòlto stúpido; to sày — and thée to éach òther, dàrsi del tu; to —, van. (volg) dàre del tu

Though, conj. quantúnque, benchè, tuttochè, sebbéne; (volg.) per àltro, púre, tut-

nòr, rùde; - fàll, sòn, bùll; - fàre, dó; - by, lỳmph; pòlse, bọ̀ys, fóul, fòwl; ģem, aś

Diz. Ingl. Ital. - Ediz. VI. Vol. I.°　　　　　　　　39

tavía; as —, come se; éven —, ancorchè, quand'ánche; — you are rich, benchè siáte rícco; it is dángerous —, per áltro è pericolóso

THÒught pret. e p. p. dí to THINk
— s. pensiéro, idéa, sentiménto, sentíre; pensiéro, cúra, fastidío; chàrming —, graziòso pensiéro; a — stríkes me, mi viène un'idéa; táke no — for to-mórrow, non vi pigliáte pensiòro dell'indománi; mèrry —, forchétta del pêtto di un pollástro

THÒughted, a. dall'ànima..., che ha i pensiêri...; lów —, dall'ánima bássa, grétto, volgáre

THÒughtful, a. pensieróso, pensóso, cogitabóndo, attênto

THÒughtfully, avv. pensataménte, pensosaménte

THÒughtfulness, s. umóre meditabóndo, raccoglimênto, cortesía, officiosità

THÒughtless, a. spensieráto, sconsideráto

THÒughtlessly, avv. spensierataménte

THÒughtlessness, s. spensieratézza, leggerézza

THÒusand, a. mílle, míla; a —, one —, mílle; twó —, thrée —, dúe míla, tre míla; bý —s, a migliája

THÒusandTH, a. millêsimo

THRáldom, s. servàggio, schiavità, cattività

THRàll, s. schiávo; servàggio, schiavità
va. V. INTHRÀL

THRàsh, va. báttere il gráno; — a pèrson, spianáre le costúre ad úno, bastonárlo

THRàsher, s. chi bátte il gráno; trebbiatóre

THRàshing, s. trebbiatúra, battitúra; bastonáta

— -flóor, s. ája (da battere il grano)
— -mill, s. mácchina da báttere il gráno

THRasònical, a. di spaccóne, di gradásso, di smargiásso

THRasònically, avv. da smargiásso, da spaccamònti, da gradásso

THRèad, s. fílo, rêfe, m., áccia per cucíre; the — of a discóurse, il fílo, il bàndolo di un discórso; skein of —, matássa di fílo
— va. infilár·, infilzáre; — one's wáy THRòugh, passáre attravèrso, traversáre
— á. di fílo, fátto di fílo; — stóckings, cálze di filo

THRèadbare, a. usáto, speláto, frústo, lógoro

THRèadbareness, s. l'èsser frústo, lógoro, speláto, usáto

THRèaden, a. (poco us.) di fílo

THRèady, a. filamentóse

THRèat, s mináccia

THRèaten, va. minacciáre; — with, minacciáre di

THRèatener, s. minacciatóre -trice

THRèatening, a. minacciánte; — s. il minacciáre

THRèateningly, avv. con mináccie, minaccievolmènte

THRèatful, a. minaccióso; minacciévole

THRée, a. tre; — tímes as mùch, tre vòlta tánto, tríplo; — -scóre, sessánta; — pènce (pr. THRíppens), tre sòldi; — -fòld, tríplice; — -dècker, bastiménto da guèrra a tre pónti; the rúle of —, la régola del tre; a tóast with — tímes —, un bríndisi con un hurràh tre vòlte replicáto

— -córnered, a. triangoláre, a tre pízzi; — hat, tricórno

— -fòoted, a. trifurcáto

— -píle, s. (ant.) vellúto a tró péli

THRèsh, va. báttere il gráno, trebbiáre

THRèsher, s. chi bátte il gráno, trebbiatóre, m. -trice, f. (gráno

THRèshing-mill, s. mácchina da báttere il

THRèshold, s. sòglia della pòrta; princípio

THRew (pr. THRÙ), pret. dí to THRÒw

THRíce, avv. tre vòlte; mòlto (poet.)

THRíd, va. infiláre, passáre per

THRíft, s. economía, rispármio, guadágno

THRíftily, avv. con economía, parcaménte

THRíftiness, s. economía, frugalità, parsimònia

THRíftless, a. pròdigo, scialaquatóre

THRíftlessy, avv. prodigaménte, profusaménte, da scialacquatóre

THRíftlessness, s. prodigalità, scialácquo, profusióne

THRífty, a. económico, párco

THRíll, s. (succhièllo, ant. V. Trill); spiráglio, brívido; — of hòrror, brívido di orróre
— va. foráre, pertugiáre; trafiggere (di dolore); penetráre, far rabbrividíre, far trasalíre; — vn. penetráre, rabbrividíre, frèmere, trasecoláre; a shàrp sóund — el THRÒugh me, un suóno ácúto mi féce trasalíre

THRílling, a. penetránte, acúto; toccánte

THRíllingly, avv. acutaménte, penetranteménte, con frémili, con brívidi

THRíllingness, s. l'èssere acúto, penetránte, il trasalíre, frêmere, rabbrividíre

THRíve (pret. THRóve, p. p. THRíven), vn. prosperáre, avanzársi, arricchírsi, andár di bène in mèglio; (di fanciullo) crèscere, veníre innánzi, èssere prosperóso; (di pianta) attecchíre, venír innánzi, allignáre, crèscere

THRíver, s. chi profitta, pròspera, s'avánza

THRíving, a. próspero, furtunáto, che diviene rícco; prosperóso, sáno, robústo

THRívingly, avv. in mòdo pròspero, prosperóso

THRívingness, s. prosperità, buón succèsso; cresciménto, svilúppo, robustézza

THRóat, s. góla, stròzza, gorgozzúle, m; (di cammíno) góla; (mar.) collàre, m; sore —, màle alla góla; to cùt a pèrson's —, tagliár la góla ad alcúno, scannárlo; to cut one's (own) —, tagliársi la góla; the — -band of a brídle, il sòggolo della bríglia; — -wòrt, (bot.) bàccaro, bàccara

THRÒb, THRÒbbing, *s.* báttito (*forte*) del pólso, delle artèrie; palpitazióne, *f.*, pálpito del cuòre

— *vn.* palpitáre, báttere con violènza

THRÒe, *s.* angòscia, agonía; —*s*, le dòglie

— *va.* (*poco us.*) angusciáre, far soffríre

THRÒne, *s.* tròno; —s, (*teol.*) tròni

— *va.* intronizzáre; *V.* ENTHRÒne

THRÒneless, *a.* sènza tròno

THRÒng, *s.* cálca, fòlla, túrba, marmáglia

— *va.* accalcáre, affolláre, serráre

— *vn.* accalcársi, affollársi, affoltársi

THRÒstle, *s.* (*orn.*) tórdo

THRÒttle, *s.* stròzza, cánna della góla

— *va.* strozzáre, strangoláre

THRÒugh, *prep. e avv.* attravèrso, per, da bánda a bánda; a báll went — him at Sebastópole, una pálla lo passò da bánda a bánda a Sebastòpoli; to go — a wóud, a tówn, andáre, passáre por un bòsco, una città; to run one — with a swórd, trafíggere alcúno con una spáda; to go or pass —, andáre a travèrso, traversáre; to lóok — a píece of clòth, speráre un pánno; to sin — ignoranco, peccáre per igitoránza; I obtáíned it — you, l'ottènni per mèzzo vòstro; réad the bóok —, leggéte il líbro dal princípio alla fíne

THRÒughly, *avv. V.* THÒroughly

THRÒughóut, *prep.* in tútto e per tútto, dal princípio alla fíne, in ogni párte, dappertútto

THRÒve, *pret. dí* to THRÍve

THRÒw (*pret.* threw, *pr.* THRÙ, *p. p.* THRÒwn), *va.* gettáre, buttáre, scagliáre, lanciáre; — awáy, gettár vía, buttár vía, sprecáre, sciupáre, scialacquáre, dissipáre; — bý, gettár da bánda; — dówn, gettár giù, rovesciáre, atterráre; —, in gettár déntro, méttere déntro, aggiúngere, dáre di soprappiù; — off, respíngere, allontanáre, rigettáre, spogliáre, leváre, scuòtere; — óut, buttár fuòri, esclúdere, elimináre, oltrepassáre, víncere; emèttere, palesáre; to, gettár su, scagliáre in ária, fáre un bánco di, eleváre; vomitáre; rinunciáre a, depórre; — that awáy, buttáte vía quéllo; dòn't — awáy your tíme, non sciupáte il tèmpo; to — silk, tórcere della séta; the bill was thrówn óut by the Sènate, la lègge fu respínta dal Senáto; to — up a pláce, an emplóy, depórre un cárico, rinunciáre ad un impiégo; to — light upòn a circumstance, chiaríre un fátto; — óver bóard, fár gètto di, gettár in máre; — one's self upòn, rimèttersi a, ricórrere a, fidársi di, appoggiársi a

— *s.* tíro, trátto, cólpo, gètto, sfòrzo; within a stóne's —, a un tíro di sásso; the first (*pr.* fùrst) — , il prímo cólpo, il princípio

THRÒwer, *s.* chi gétta, scáglia, láncia; silk- —, torcitóre d'organzíni

THRÒwing, *s.* il gettáre, gètto; silk- —, torcitúra della séta per fárne organzíno

— -mill, *s.* filatójo dóve si fánno gli organzíni

THRÒwn, *V.* THRÒw

THRÒwster, *s.* torcitóre (*di séta*)

THRÙm, *s.* frángia dello stáme, órlo dell'or-

— *va.* strimpelláre, suonáre mále (díto

THRÙsh, *s.* (*orn.*) tórdo; (*med.*) ulcerétta, ásta; (*veter.*) gráppe, *fpl.*

THRÙst, *s.* stoccáta, bòtta, cólpo, spínta, úrto

— *va.* (*pas.* thrùst), spíngere, urtáre, ficcáre, cacciáre, feríre (con uno stòcco); — in, ficcár déntro; — báck, respíngere, rincacciáre; — óut, cacciár fuòri; — awáy, respíngere, cacciár vía; — THRÒugh, passár fuòr fuòra; — one's sélf into, cacciársi déntro, intrúdersi, ingerírsi, immischiársi

THRÙster, *s.* spignitóre, feritóre, pugnalatóre

THRÙstle, *s.* (*orn.*) tórdo

THRÝfallow, *va.* (*agr.*) dáre la tèrza aratúra

THÙmb, *s.* pòllice, *m*; miller's —, (*itt.*) ghiòzzo

— *va.* maneggiáre sgarbataménte; sporcáre colle díta; suonár mále

— -bànd, *s.* còrda gròssa quánto il pòllice

— -ring, *s.* anèllo (portáto) sul pòllice

— -stàll, *s.* fascétta pel díto

THÙmp, *s.* bússa, bòtta, púgno, cólpo rimbombánte; to give a —, suonáre un púgno

— *va.* bussáre, bastonáre, tartassáre

— *vn.* percuòtere, báttere forteménte

THÙmper, *s.* chi regála cólpi rimbombánti

THÙmping, *a.* gròsso, gagliárdo, solènne

THÙnder, *s.* tuòno; — -bolt, fúlmine, *m.*, saétta; clap of —, scòppio, scròscio di tuòno; the — ròars, mùgghia il tuòno; — -storm, temporále, *m.*

— *vn.* tuonáre; *va.* far eccheggiáre

— -strike, *va.* fulmináre, atterríre

— -struck, *a.* fulmináto, atterríto, sgomentáto

THÙnderer, *s.* tonánte, fulminatóre

THÙndering, *a.* tuonánte; — *s.* il tuonáre

THuríble, *s.* turíbulo

THuríferous, *a.* che prodúce incènso

THuríficátion, *s.* incensaménto, íncensáre

THÙrl, *s.* bréve ándito di comunicazióne tra le gallerío, nelle minière

THÙrsdáy, *s.* giovedì, *m*; máundáy —, giovedì sánto

THùs, *avv.* così, in quésto mòdo; — fár, sin qui, sin'óra; —, tánto

THwàck, *va.* percuòtere (con cosa piatta o pesante), bussáre, tambussáre, bastonáre, báttere, picchiáre

— *s.* percòssa, bússa, cólpo fòrte

THwàrt, *a.* traversále, oblíquo; pervèrso

— *va.* attraversáre, far andár a vuòto; oppórsi a, contrariáre, contrastáre, sventáre; — a pèrson's desígns, attraversáre gli altrúi diségni

— *a. e avv. V.* ATHWÄRT

THWÄRting, *s.* contrásto, contraddizióne, opposizióne; — *a.* contrário, avvèrso, oppósto

THWÄRtingly, *avv.* traversalménte, in módo da attraversáre, con opposizióne

THWÄRtness, *s.* contrarietà, perversità

Thý, *a. poss.* túo, túa, tuói, túe; il túo, ecc.; — sòn, túo fíglio; — dáughters, le túe fíglie (sermollíno

Thýme, *s.* (*bot.*) tímo, serpíllo; wild —,

Thýmy, *a.* abbondánte di tímo; fragránte.

THÝRŒld, *a.* (*anat.*) tirojodèo, tiroidèo

Thÿrse, THÿrsus, *s.* (*bot.*) tírso; (*antichità romane*) tírso

Thýsèlf, *pron.* te stésso, te stéssa

Tíar, tiára, *s.* tiára, trirégno

Tibia, *s.* (*anat.*) tibia, stínco

Tic, *s.* (*med.*) tícchio; — douloureux, tícchio doloróso

Tick, *s.* (*ent.*) ácaro, zècca; téla da materássa; il báttere, il suóno dell'oscilláre di un orològio; bèd- —, fòdera di materássa

— *vn.* far ticche tácche, báttere (*come un oriuolo*); notáre con oscillazióne regoláre

Ticken, *s.* téla da materássa, tralíccio per lettièra

Ticket, *s.* biglìétto (*d' ingresso*); biglìétto (*di lotteria*); etichétta, cartellíno (*di bottiglia, di anfora*); schéda, bollétta, bollettíno; admission —, biglìétto d'ingrèsso; retùrn —, (*strade ferrate*) biglìétto d'andáta e ritórno

— *va.* méttere l'etichétta, la bollétta

Ticking, *s.* il suòno dell'oscillazíóne di un orològio; battiménto; téla per la fòdera delle materássa

Tickle, *va.* solleticáre, titilláre

Tickler, *s.* chi, che solléttica, titílla; lusingatóre -tríce

Tickling, *s.* solleticaménto, sollètico, titillazíóne

Ticklish, *a.* solleticóso, dilicáto, difficile

Ticklishness, *s.* dilicatézza, incertézza, difficoltà

Tick-tàck, *s. V.* Tric-tràc

Tídal, *a.* di, da marèa

Tíd-bit, *s.* boccóne delicáto, còsa ghióttà

Tíde, *s.* marèa, flùsso, corrénte, *f.*, córso, pièna; fòrza, potènza, época, tèmpo; high —, marèa pièna, marèa álta; spring —, marèa mássima; half —, marèa di rovèscio; néap —, marèa bássa, riflùsso; — wáy, — rùn, (*mar.*) corrénte della marèa; to go with the —, andáre a secónda della marèa; the flów and ebb of the —, il flùsso e riflùsso della marèa; — -wáfter, guárda-còste, *m.*, doganière, *m.*, prepósto; — surveyor, cápo dei guárda-còste; — gáte, cateráttà

— *va.* sospíngere, far andáre col flùsso, colla corrénte; *vn.* andáre colla corrénte; to — it

dówn, discèndere spínto dal flùsso, dalla marèa

Tídeless, *a.* che non ha marèa; sénza flùsso e riflùsso

Tídesman, *s.* guardacòste, *m.*, doganière, *m.*

Tídily, *avv.* lindaménte, acconciaménte

Tídiness, *s.* lindézza, acconcézza, órdine, *m.*

Tídingless, *a.* prívo di notízie

Tídings, *spl.* novità, notízie, *fpl.* nuóve, *fpl.*, avviso

Tídy, *a.* líndo, pulíto, accóncio, dèstro

Tíe, *va.* attaccáre, legáre, avvincoláre, stríngere, annodáre, aggruppáre; far un nódo a; affastelláre; legáre, obbligáre, impegnáre, costrígnere; — with twine, legáre con spágo; — it úp tíghter, stringételo più fòrte

— *s.* legáme, *m.*, víncolo, nòdo, grúppo, stringa; the —s of frìéndship, i víncoli, i legámi dell'amicízia

— -béam, *s.* (*arch.*) tiránte, *m.*, chiáve, *f*; (*arte del falegname*) astìcciuóla, tiránte, *m.*

— -blóck, *s.* (*mar.*) puléggia piátta pei corridéri della véla di gábbia, e per la tèsta d'un álbero

— -rod, *s.* (*arch.*) tiránte, *m.*

Tíer, *s.* fíla, filièra, filáre, *m.*, órdine, *m*; (*teatro*) fíla; (*mar.*) rángo, bázzigo, pónte, *m.*

Tíérce, *s.* tèrzo di bòtte; (*scherma*) tèrza — ; major, *s.* (*alle carte*) tèrza maggióre — -pòint, *s.* (*arch.*) tèrzo púnto

Tíércel, tiércelet, *s.* terzuòlo (*falco*)

Tíércet, *s.* (*poesia*) terzétto, ternário, terzína

Tiff, *s.* bevánda, vinèllo; pícca, malumóre, *m.*, stízza

— *vn.* (*volg.*) adirársi

Tiffany, *s.* vélo, tòcca (*drappo di seta*)

Tiffin, *s.* leggièra refezióne tra la colazióne e il pránzo

Tíge, *s.* fústo di colónna

Tiger, *s.* (*zool.*) tígre, *f*; — hùnt, cáccia alla tígre

Tígerish, *a.* tigríno, come tígre

Tíght, *a.* tiráto, téso, strétto, serráto, dúro, rígido; tiráto, strétto di máno; ben chiúso, ben serráto, ben vestíto; líndo, attilláto; svèlto, lèsto; impermeábile; (*mar.*) stágno, che non fa ácqua; — ròpe, córda tésa; — cóat, ábito strétto, giústo; áir—, a pròva dell'ária

Tíghten, *vn.* stríngere, restríngere

Tíghtly, *avv.* strettaménte, ristrettaménte

Tíghtness, *s.* strettézza, tensióne, státo serráto, parsimònia, impermeabilità, attillatúra

Tígress, *s.* (*zool.*) tígre, *f.*

Tike, *s.* (*ent.*) zècca *V.* tick; bifólco, marráno; cáne, *m.*

Tilbury, *s.* tílbury, *m.* cabriolet, *m.*

Tile, *s.* tègola; flat —, êmbrice, *m.*

— *va.* coprîre di tègole

Tile-kiln, *s.* fornáce, *f.* da tègole

Tiler, *s.* conciatêtti, *m.*, chi accòmoda i têtti

Tiling, *s.* tègole, *fpl.*, têtto copêrto con tègole

Till *e* Tiller, *s.* cassettína del danáro (*nelle botteghe*)

Till, *prep.* fíno, infíno, síno, insíno; — to -mòrrow, síno a dománi; — mònday, síno a lunedì; — thên, fín allóra; — nów, fín adêsso, finóra

— *conj.* finchè, fíno a che, fin tánto che

— *va.* aráre, lavoráre, coltiváre

Tillable, *a.* arábile, aratòrio, coltivábile

Tillage, *s.* il coltiváre, l'aráre, coltivazióne, agricoltúra

Tilling, *s.* aratóre, agricoltóre; germóglio, cassettína (*di bottega*); mánico del timóne

Tilling, *s.* araménto, coltúra, agricoltúra

Tillman, *s.* (*anat.*) agricoltóre

Tilt, *s.* tendóne, padiglióne, *m*; côlpo di spáda o di láncia, torneaménto; caro-sêllo; — bóat, battêllo con la tênda; to rùn a — at, córrere all'incóntro colla láncia in rêsta

— *va.* coprîre di tênda o tendóne; alzáre (*di dietro*) e puntelláre una bótte; spín-gere, dirìgere, scagliáre, ribaltáre

— *vn.* giostráre, armeggiáre; tiráre, vibráre, (*la spada*), dáre addôsso a; pêndere, in-clináre, êsser alzáto, inclináto, sospéso

— -hàmmer, *s.* pesánte martêllo usáto nelle ferriêre e che è solleváto mediánte una

Tilter, *s.* giostratóre, schermidóre (rnôta

Tiltn, *s.* coltúra (státo di coltivazióne)

Tilting, *s.* il giostráre; l'alzáre (*una botte*)

Timbal, *s.* timbállo, tabállo, tímpano.

Timber, *s.* legnáme, *m.* d'ôpera, legnáme da costruzióne; álberi d'álto fústo; pedále, *m.*, trónco; —s (*mar.*), *pl.* quadêrni, têrmi, légni; — yárd, sóstra di legnáme d'ópera; — mêrchant, mercánte di legná-me, sostrájo; — hèad, (*mar.*) bittóne, *m.*

— *va.* provvedêre di legnáme; (*in America*) provvedêre di álberi, piantáre álberi in

— *va.* annidársi, far il nído

Timbered, *a.* provvísto, piantáto di álberi di álto fústo; costrútto, fabbricáto

Timbrel, *s.* tamburíno, cêmbalo

Time, *s.* têmpo (*composto di secondi, mi-nuti, ore, ecc.*); têmpo, giórno, moménto; êpoca, sècolo; vôlta; óra (*del giórno*); (*gram.*) têmpo; (*mus.*) têmpo, misúra; — flies, il têmpo vóla, fúgge il têmpo; what — is it? che óra è? тнréе or fóur ;tímes, tre o quáttro vôlte; èvery —, ôgni vôlta; bý this —, a quest'óra, oramái; from — to —, di quándo in quándo; in the méan —, frattánto; at —s, alle vôlte, talóra; in the nick of —, al moménto opportúno;

in —, col têmpo; in the ôld or'ôlden —s, ne' têmpi antíchi; màny a —, mólte vôlte; dáy- —, giórno; night —, nôtte têmpo, nôtte; it is high —, è ben têmpo; behind one's —, tròppo tárdi, più tárdi dell'óra prefíssa; from — immemórial, ab antíco; from this — forth, d'óra innánzi; the —, i têmpi che córrono, l'êpoca attuále; in ôur —s, al dì d'ôggi, oggidì; the — (*news-paper*), il Têmpo (*giornale*); to á trádes-man — is môney, ad un artigiáno têmpo è danáro; — -pîéce, cronòmetro, pêndola; — -sêrver, chi s'accòmoda ai têmpi; — -sêrving, servilità, pieghevolézza; — táught, istruíto, illumináto dal têmpo; — hônour-ed, venerándo; — wórn, frústo, lógoro dagli ánni; lost — is néver recálled, (*pro-verbio*) chi ha têmpo non aspêtti têmpo —, *va.* accomodáre, adattáre ai têmpi; fáre opportunaménte; (*orol.*) regoláre; (*mus.*) far la cadênza, suonáre a tempo, accordáre; you —d it well, l'avéte fátto in têmpo

Timed, *a.* in têmpo...; ill —, in têmpo pôco opportúno, inopportúno, mále a propósi-to; well —, opportúno

Timeful, *a, V.* tímely

Timeist, *s.* (*mús.*) tempísta, *m. f.*

Timeless, *a. V.* Untimely

Timelessly, *avv.* fuóri di têmpo

Timeliness, *s.* opportunità, tempo oppôrtúno

Timely, *a.* opportúno, a propósito, in têmpo opportúno, ben venuto, gradíto; to give — nótice, avvertíre in têmpo

— *avv.* opportunaménte, al têmpo dovúto

Timeously, avv. opportunaménte, in têmpo opportúno

Timid, *a.* tímido, pauróso, timoróso

Timidity, *s.* timidézza, timidità, peritánza

Timidly, *avv.* timidaménte

Timidness, *s.* timidità

Timist, *s. V.* Timeist

Timocracy, *s.* timocrazía

Timonéer, *s.* (*mar.*) timoniêre, *m.*, pilóta, *m.*

Timorous, *a.* timoróso, tímido, scrupolóso

Timorously, *avv.* timorosaménte, con ti-

Timorousness, *s.* timidézza, peritánza (móre

Tin, *s.* (*min.*) stágno, látta; *a.* di látta; — foll, fógli di stágno

— -cànister, *s.* scátola di látta

— -flóor, *s.* (*min.*) véna stannífera

— -glàss, *s.* (*min.*) bismúto

— -leaf, *s.* fóglio di stágno

— -lôde, *s.* (*min.*) filóne, *m.* di stágno

— -mine, *s.* miniêra di stágno

— -plate, *s.* látta; lámina di stagno

— -stône, *s.* stágno ossidáto, òssido di stá-gno, piêtra di stágno

— -wôrks, *s. pl.* usína di stágno

— *va.* stagnáre, coprîre di stágno

Tincal, *s.* boráce grêggia (come è importáta dalle Indie Orientáli)

Tinchel, *s.* cêrchia di cacciatóri (che convergéndo al cêntro vi sospínge da ògni párte il selvaggiúme)

Tincture, *s.* essènza, estrátto; tínta, tintúra, infusióne; infarinatúra; slight — of, infarinatúra di, tintúra di

— *va.* dáre una tintúra, tígnere, imbévere di

Tinder, *s.* ésca; — box, scátola dell'êsca

Tinge, *va.* tíngere, coloríre; — with yellow, tíngere, coloríre di giállo

— *s.* tínta (leggiera); píccolo gústo, sapóre

Tingle, *vn.* (delle orecchie), tintinníre, zufoláre, rintronáre; (dei nervi, del sangue) sentíre un formicolío, un brulichío

Tingling, *s.* tintinnío, zufolío; formicolío; frêmito

Tinker, *s.* calderájo

Tinkerly, *a.* di, da calderájo o peltrájo

Tinkle, *vn.* tintinníre, cigoláre

Tinman (*pl.* tinmen) *s.* lattonájo, peltrájo

Tinner, *s.* lavoratóre nelle miniére di stágno

Tinning, *s.* lo stagnáre, stagnatúra

Tinny, *a.* di stágno, pièno di stágno

Tinsel, *s.* orpèllo; dráppo orpelláto

— *va.* orpelláre, inorpelláre

— *a.* d'orpèllo, di fálso splendóre, vistóso

Tint, *s.* tínta, colóre, coloríto

— *va.* tíngere, coloríre

Tiny, *a.* picciníno; — bit, tantíno, tantinétto

Tip, *s.* púnta, estremità, címa; the — of the tôngue, la púnta della língua

— *va.* ferráre la púnta, méttere una púnta di fêrro, una ghièra; abbassáre l'estremità, inclináre (scaricare); colpíre leggerménte, feríre; dáre, accennáre a; to — one the wink, dáre d'òcchio ad uno

Tippet, *s.* pellegrína, bòa (ciarpa)

Tipple, *s.* bevánda spiritósa (da ubbriacone)

— *van.* centolláre, sbevazzáre, avvinazzársi

Tippled, *a.* (volg) avvinazzáto, bríllo, ubbriáco; *V.* Tipsy

Tippler, *s.* bevitóre, chi bève spèsso e pòco alla volta

Tippling, *a.* sbevazzaménto

— -hôuse, *s.* taverna ove si véndono liquóri al minúto

Tipstaff, *s.* arrestatóre, prôndi-làdri, sbírro

Tipsily, *avv.* alla manièra d'uómo altíccio, bríllo, avvinazzáto

Tipsy, *a.* bríllo, mézzo còtto; to gèt —, avvinazzársi; to máke —, ubbriacáre

Tiptóe, *s.* púnta del piède; on —, in púnta de' pièdi, in aspettazióne

Tiptop, *s.* più álto grádo, ápice, *m.*, címa, cólmo

— *a.* (volg.) suprêmo, di primo rángo, esímio, eccellentissimo

Tiráde, *s.* invettíva (violenta), attácco, riprensióne

Tire, *s.* (*V.* Attíre) acconciatúra; cêrchio di fêrro (di ruota); — wòman, acconciatríce,

f; — rôom, gabinétto da toelétta (di teatro)

— *va.* stancáre, affaticáre, straccáre; annojáre, tediáre, seccáre; infastidíre; *vn.* stancársi, affaticársi, annojársi; to — ôut a pèrson's pátience, fár scappáre la paziênza ad alcúno

Tired, *a.* stánco, affaticáto, seccáto, infastidíto; ràther —, stanchétto, lásso; vèry —, strácco; — to dèath, annojatíssimo

Tiredness, *s.* stanchêzza

Tiresome, *a.* faticóso, tedióso, nojóso, fastidióso, seccánte, molêsto, importúno; whàt a — pèrson! che seccatóre! che seccatríce!

Tiresomeness, *s.* nòja, molêstia, fastidio

Tiring, *s.* toelétta (ant.); — rôom (teatr.) câmera di toelétta; cameríno di attóre o di attríce

'Tis, abbrev. di It is; 'Tis sò, gli è così

Tisane e Tisàne, *s.* (med.) tisána, decòtto

Tisic, *a. V. phthisic*

Tissue, *s.* tessúto ricamáto, dráppo d'òro o d'argento, broccáto; tessúto, ordíto, intrêccio

— *va.* intrecciáre; tèssere (poco us.)

Tit, *s.* (volg.) cavallúccio; sêrie, *f.*, filastrócca; a — of fôrgeries, una sêrie d'invenzióni; to give — for tat, dáre páne per focáccia

Titan, *s.* (mit) titáno

Titânian, titanític, *a.* titánico

Titaniferous, *a.* (min.) titanífero

Titanite, *s.* (min.) titaníte, *f.*

Titánium, *s.* (min.) titánio

Titbit, *s.* còsa ghiótta, boccóne squisíto

Tithable, *a.* decimábile

Tithe, *s.* dècima

— *va.* riscuòtere le dècime, tassáre

Tither, *s.* riscuotitóre delle dècime

Tithing, *s.* il decimáre; (storia d'Inghil.) decína, società di dièci uómini colle lóro famíglie; — man, capodièci, *m.*, caporále, *m.*

Titmymal, *s.* (bot.) titímalo, titimáglio

Titillate, *va.* titilláre, solleticáre

Titillátion, *s.* titillaménto, sollético, il títilláre

Titlark, *s.* (orn.) allòdola píccola, mattolína

Title, *s.* títolo, denominazióne, *f.*, documénto; títolo, diritto; — of hònour, títolo di onóre; — páge, títolo, frontespízio

— *va.* intitoláre, titoláre, dáre un títolo, conferíre un grádo, nomináre

Titled, *a.* che ha un títolo di onóre

Titleless, *a.* sénza títolo

Titmôuse, *s.* (orn.) cingallégra

Titter, *vn.* rídere sótto i báffi, rídere sénza (o con poco) strêpito

— *s.* risolíno, ríso ritenúto, mêzzo ríso

Tittle, *s.* púnto, particêlla, jòta, *m.*, ácca, *m.*, bagattêlla, niênte, *m.*

— ·tàttle, *s.* chiàcchiere, *plf.*, cicalío, ciàr-
Tittlebat, *s.* (*zool.*) cazzuòla, giríno   (la
Titubáte, *vn.* (*ant.*) titubáre
Titubátion, *s.* titubànza, esitánza
Titular, *a. s.* titolàre; — Bishop, vêscovo
    titolàre
Titulàrity, *s.* dignità titoláre
Titularly, *avv.* in virtù di un títolo
Titulary, *a.* titolàre; — *s.* titoláre;
Tivy, *avv.* (*caccia*) prêsto
Tó, *prep.* a (*con movimento verso*), al,
    állo, álla, ágli, álle; ài; vêrso, alla vòlta
    di; fíno a, per; a pêtto di, a paragóne di;
    appo, prèsso; to go — Rivo i, andáre a
    Rìvoli; to go from Milan — Ròme, andá-
    re da Milàno a Ròma; to give a thing —
    to a pèrson, dáre una cósa ad úno; to —
    dó one's dúty — God and man, fáre il
    pròprio dovére vêrso Dio e vêrso gli uò-
    mini; to cóunt — ten, contáre fíno a diêci;
    as — that, in quánto a ciò; — and fro,
    su e giù, quà e là; — the end that, ac-
    ciò che; — ·dáy, óggi; — ·mórrow, do-
    máni; — ·night, stanòtte, stassèra; — *se-*
    gno dell' infinito dei verbi, — lòve,
    amáre
T. O. *iniziali* di Turn Over, vòlta
Tóad, *s.* (*zool.*) bòtta, ròspo; (*min.*) —
    stóne, cheloníte, *f;* — stòol, (*bot.*) fúngo
    bastárdo; — flàx, linário; éater, parassíto,
    piaggiatóre ·trìce
Tóadish, *a.* di bòtta, di ròspo
Tóady, *s.* (*volg.*) *V.* Tóad-éater
Tóast, *s.* fêtta di páne abbrustolíto, brìndi-
    si, *m.*, salúto; persóna a cui si fa un
    brìndisi, cósa álla quále si propína; da-
    migélla o dáma distínta, bellézza; to give
    a —, fáre un brìndisi; to plèdge a —,
    fáre ragióne nel bére; bùttered —, páne
    abbrustolíto con butírro; — ·ràck, pòrta-
    crostíni
— ·va. abbrustolíre; tostáre, arrostíre; bére
    lla salúte di, pro ináre a, far brìndisi a;
    o — bréad, abbrustolíre del páne, —
    òffée, tostáre, abbrustolíre del caffè; —
    pèrson, bére álla salúte di alcúno; —ed
    ·rèad —, páne abbrustolíto
ster, *s.* chi abbrustolìsce, arrostísce o
    sta; chi propína o fa brìndisi a; gra-
    lla
Tobacco, *s.* tabácco; —smóking- —, tabácco
    fumáre; chewing —, tabácco da ma-
    ·áre; —léaf —, tabácco in fóglie; ròll
    —, caròta di tabácco
Tobaccoipe, *s.* pípa
    ·uch, *s.* bórsa da tabácco
Tobaccoop, *s.* bottéga dà tabaccájo
Tobaccoréll, *s.* odóre di tabácco
Tobaccosmóke, *s.* fúmo di tabácco
Tobaccospinner, *s.* filatóre di tabácco
Tobaccostopper, *s.* calcatójo, (del tabácco nella
)

Tobàcconist, *s.* fabbricánte o venditóre di
    tabácco, tabaccájó
Tòcsin, *s* campána a martêllo, campanóne,
    m; to ring the —, suonáre a stórmo
Tó·dáy, *avv.* óggi, quest' óggi; — and not
    tó-mòrrow, óggi e non dománi
Tóddle, *vn.* camminàre (*come i bambìni o*
    i vecchi), vacilláre, barcolláre
Tóddy, *s.* liquóre di palmízio; bevánda fòrte
    compósta di spírito, ácqua, zúcchero, òvi
    battúti ed áltro
Tóe, *s.* díto del piêde; the big —, pòllice,
    m., díto grósso del piêde; the little —, il
    díto mígnolo del piêde; from top to —,
    da cápo a piêdi; to kiss the Pópe's —,
    baciáre i piêdi al Pápa
Tóft, *s.* (*poco us.*) boschétto
Tóga, *s.* tòga (*antichità romane*)
Togàted, *a.* togáto, vestíto di tòga
Togéther, *avv.* insiéme, unitaménte, in com-
    pagnía, di brigáta, allo stésso têmpo, con-
    temporaneaménte, di séguito, consecuti-
    vaménte; — with, unitaménte a
Tòggel, *s.* (*mar.*) speróne, *m*
Tóil, *s.* péna, travàglio; lavóro penóso, fa-
    tíca affannósa; lungajóla, réte,.*f.*, calàp-
    pio, tela di rágno
— *vn.* affacchináre, faticáre, lavoráre, pe-
    náre, stentáre, duráre gran fatíca, affati-
    cársi, affannàrsi; to — and mòll, sudár
    sángue
Tóiler, *s.* uòmo travagliatívo, affacchinatóre
Tóilet, *s.* toelétta, tolétta
Tóilsome, *a.* laborióso, faticóso, penóso
Tóilsomeness, *s.* natúra laboriósa, qualità
    penósa, fatíca
Tokày, *s.* tokài, *m.* (*vino*)
Tóken, *s.* ségno, contrasségno, indízio, már-
    ca, ricórdo, ségno; (*giuoco*) gettóne, *m* ;
    as a — of estéem, come pégno di amicí-
    zia
Told, *V.* Tèll
Tólerable, *a.* tollerábile, sopportábile, com-
    portábile; passàbile, mediócre, cosi cosi
Tólerableness, *s.* tollerabilità; mediocrità
Tólerably, *avv.* tollerabilménte, passabil-
    ménte
Tólerance, *s.* (*poco us.*) tolleránza, soffe-
    rènza
Tólerant, *a.* tolleránte
Tólerate, *va.* tolleráre, soffríre, permêttere
Toleràtion, *s.* tolleránza
Tóll, *s.* pedàggio; tàssa, dirítto; rintócco;
    — frée, fránco di pedàggio; — gátherer,
    collettóre del pedàggio
— *va.* riscuòtere il pedàggio; suonáre a
    tócchi, rintoccáre; — a knèll, suonáre a
    mortório
— ·bár, *s.* barriêra, bárra ove si paga il
    pedàggio
— ·bóoth, *s.* gabellíno, ufficio di dogàna;
    prigióne

— -bóoth, va. méttere in prigióne
— -bridge, s. pónte ove si paga il pedággio
— -gáte s. pórta, .cancéllo ove si paga il pedággio
— -hóuse, s. gabellíno, ufficio del pedággio
— -mòney, s. pedággio
Tolú bàlsam, bàlsam of —, (farm.) s. bàlsamo di Tolu
Tolutátion, s. (maneggio) àmbio, trapàsso (ant.)
Tòmahàwk, s. tomahàwk, m. (scúre da guèrra dei selvàggi)
Tomáto, s. (bot.) tomáta, pómo d'òro
Tómb, s. tómba, sepólcro; — stóne, làpida
Tòmbac, s. (metal.) tombàcco
Tómbless, a. sénza tómba, prívo di monuménto sepolcràle, sénza sepoltúra
Tòmbǒy, s. fanciúlla ruzzànte a mo' d'un ragazzàccio
Tòmcat, s. gàtto, gattóne, m.
Tóme, s. (poco us.) tómo, volúme, m.
Tòmfóol, s. scimunito, balórdo, scioccóne; perdigiórno
Tòmfòolery, s. balordàggine, f., sciòcche bàje, fpl; stúpide inèzie, fpl.
Tòm-nòddy, s (orn.) procellàrio
To-mòrrow, avv. domàni, dimàni; the dáy àfter —, domàni l'altro, dòpo domàni
Tòm-rig, s. V. Tòm-bǒy
Tòmpion, s. (artil.) turàccio (di cannóne)
Tòmtit, s. V. Titmǒuss
Tòmtom, s. tamburóne piàtto degli Indiáni, V. Tàmtam
Tòn, s. tonnellàta (peso di 101, 592 chil.); a ship of 400 —s bùrden, bastiménto di 400 tonnelláte
Tón, s. mòda; V. Fàshion
Tóne, s. tuóno; (della voce) tuóno, accénto; (med.) tuóno, elasticità; hígh —, vóce àlt|; tuóno arrogànte
Tòngs, Fire —, spl. mólle, fpl; smith's —, tanàglie, fpl; súgar —, mollétte per lo zúcchero
Tòngue, s. (anat.) língua; língua, favèlla; linguàggio, idiòma, m; linguétta; (di fibbia) ardiglióne, m; — of a bàlance, àgo di bilància; — of a bèll, battàcchio, battàglio; to hàve a well ǒiled —, a flippant —, èssere linguacciúto; I hàve it at my —'s end, l'ho in sùlla púnta della língua; a néat's —, língua di búe; hòld yǒur —! tacéte!
— va. sgridàre; munire di linguétta
— -tie, va. legàre la lingua a, impórre silènzio a; privàre della paròla, toglieré la libertà della stàmpa
— -tied, a. che non ha rótto lo scilinguàgnolo, che ha la lingua legàta, che non può parlàre
Tòngued, a. munito di língua o linguétta, che ha língua, linguacciúto; doùble- —, bilíngue, bugiàrdo, infído, traditóre

Tònic, a. (med.) tònico, astringènte; (mus.) tònico
Tó-n·ght, avv. stanòtte, quésta nòtte
Tònnage, s. tonnellàggio; — dúty, dirítto di tonnellàggio
Tònsil, s. (anat.) tonsílla, amígdala
Tònsure, s. tonsúra (dei capélli)
Tonsórial, a. di, da tonsúra
Tontine (pr. tontéen), s. tontína
Tóny, abbrev. di Ànthony, s. semplicióne, m., balórdo
Tóo, avv. tròppo; púre, ànche, ancóra, pariménto, altresì, eziandío; — rich, tròppo ríceo; — mùch, tròppo; — màny, tròppi; — wèll, tròppo bène, pur tròppo; I knów it —, lo so anch'io; I — am góing (thère) io púre ci vàdo, ci vàdo anch'io
Tóok, pret. di to tàke
Tóol, s. ordígno, stroménto; (fig.) ordígno, agènte; càrpenter's —s, ordígni di legnaiuòlo; èdge- —s, fèrri tagliènti; the —s of the tràde, i fèrri del mestiére; the — of fàction, l'ordígno del faziòso
Tóot, vn. (volg.) suonàre (il corno)
Tóoth (pl. tèeth), s. dènte, m; (fig.) gùsto; (di sega, di pettine) dènte; a set of tèeth, dentatúra; càries —, dènte gùasto, dènte cariáto; false —, dènte fínto; to séize with the teeth, addentàre; my teeth begàn to wàter, l'àcqua, l'acquolìna mi venira alla bócca; in spite of your teeth, al vòstro màrcio dispètto; it will set your teeth on èdge, vi allegherà i dènti; fóre teeth, dènti incisóri, dènti incisivi; back teeth, grínding teeth, dènti molàri; eye-—, dènte canino; wisdom teeth, dènti di saviézza; to càst in one's teeth, rinfacciàre, insultàre in presènza; to brèed teeth, spuntàre i dènti; with — and nàil, con ògni sfòrzo e sapére; gnàshing of the teeth, stridór di dénti; to hàve a swèet —, amàre le còse dólci; to shew one's tèeth, mostràre i dènti; to dràw a —, cavàre, estràrre un dènte; to hàve a — dràwn, fàrsi cavàre un dènte; — -àche, mal di dènti; — brùsh, spazzettíno dei dènti; — pick, stècco (dei dènti), stuzzicadénti, m; — dràwer, cavadénti, m., dentísta, m; — pǒwder, dentifrício
— va. fornire di dènti, addentellàre, ingranàre
Tóothed, a. dentáto, che ha dénti; dentáto, ad·lentellato
Tóothless, a. sdentáto, sénza dénti
Top, s. címa, sommità, vètta; àpice, m., sómmo, àcme, cólmo; tróttola, paléo; rivòlta, trombíno (degli stivali); — of a hill, címa di mónte, sommità di cólle; — of the hèad, cocúzzolo del càpo; — of a hǒuse, comígnolo; — of a trèe, ròsta d'àlbero; — of glóry, il cólmo della glória; fróm — to tóe, da càpo a pièdi; —,

(*mar.*) còffa,, gàbbia; — -gàllant, parrocchétto; — màst, àlbero di gàbbia; — gàllant-mast, àlbero di pappafico, parrocchétto; — sàils, gàbbie, *fpl*; — sàilyàrd, pénnone di gàbbia; — -knòt, nòdo, nàstro in cima della cùffia,, galàno, crèsta; ciuffétta, ùpupa; — -hèavy, tròppo pesànte in cima
— *va.* sovrastàre, stàre a cavaliêre; primeggiàre; — *va.* stàr a cavalêre di, dominàre, sovrastàre a, coronàre, avanzàre, guardàr dall'àlto, sorpassàre, vincere
Tópaz, *s.* (*min.*) topàzio
Topàzolite, *s.* (*min.*) topazolite, *f.*
Tópe, *va.* trincáre, sbevazzáre
— *s.* (*itt.*) milándro; (*nell'India*) boschétto, grúppo d'alberi, mácchia
Tóper, *s.* bevitóre, beóne, trincóne
Tòpful, *a.* piêne sino all'órlo, piêno zéppo
Tóph
Tóphin } *s.* (*min.*) tùfa, tùfo, pozzolána
Tophàceous, *a.* (*min.*) tufáceo, tufóso
Tòphet, *s.* infêrno; *tofet, m.* (prèsso Gerusalêmme ove sacrificávano fanciùlli a Mòloc)
Tòpic, *s.* tòpico, soggêtto (*di discorso*); — s, luòghi tòpici
Tòpical, *a.* locàle; (*med.*) tòpico, locàle; (*log.*) tòpico
Tòpically, *avv.* topicálmente, localménte
Tòpless, *a.* sénza cima, sénza têsta; — height, altézza incommensúrabile
Tòpmost, *a.* il più àlto, il più elevàto
Topógrapher, *s.* topògrafo
Topográphic, Topográphical, *a.* topográfico
Topográphically, *avv.* topograficaménte
Topógraphy, *s.* topografia; ubicazióne
Tòpped, topt, *a.* (*bot.*) scapezzáto, svettáto, scoronáto, superáto, sorpassáto; che ha la cima copêrta
Tòpping, *a.* che primêggia, primário, cospícuo, àlto, sómmo; capellúto, col ciùffo
— -lift, *s.* (*mar.*) mantiglia
Tòppingly, *avv.* (*volg.*) con ária fiêra, disdegnósa
Tòpple, *vn,* cadére in avánti, rovináre
Tópsy-tùrvy, *avv.* sottosópra, in iscompiglio
Tóque, toquet (*pr.* tokà) *s.* cùffia, berrétto da dònna
Tòr, *s.* tòrre, torrétta; mónte, *m.,* picco di montágna; one of thòse squàre nàtural sèats, so còmmon in the grànite —s, uno di quei sedili quàdri e naturáli, così comúni nelle montágne di granito
'òrch, *s.* tòrcia, fiáccola; — light, fiáccola, fáce, *f.*
'òrcher, *s.* chi pòrta la tòrcia
órchless, *a.* sénza tòrcia, sénza lúme
óre, *pret. di* to lèar
òrment, *s.* torménto, tortúra, supplízio
òrmènt, *va.* tormentáre, cruccíáre
òrmènter, *s.* tormentatóre -trice
òrmèntil, *s.* (*bot.*) tormentilla

Tormènting, *a.* tormentóso, cruccióso
Tormèntingly, *avv.* tormentosaménte
Tórn, *p. p. di* to Tèar
Tornádo, *s.* molinêllo, túrbine, *m.* di vênto
Torpédo, *s.* torpédine, *f.*
Torpèscence, *s.* torpóre, torpidézza
Topèscent, *a.* torpênte, topescênte
Tòrpid, *a.* tòrpido, torpênte; intirizzíto, intormentíto, to becòme —, intorpidíre
Torpidity, *s.* V. Tòrpidness
Tòrpidly, *avv.* torpidaménte
Tòrpidness, Tòrpitude, Tòrpor, *s.* torpidézza, torpóre, intirizziménto, intormentiménto; indolénza, ignávia; (*med.*) torpóre, *m.*
Tòrpify, *va.* intorpidíre
Torporífic, *a.* che cagióna torpóre
Torrefàction, *s.* arrostiménto, abbrustoliménto
Tòrrefy, *aa.* seccár al fuòco, abbrustolíre, abbruciacchiáre
Tòrrent, *s.* torrênte, *m.*
— *a.* che si sláncia qual torrênte, impetuóso
Tòrrid, *a.* tòrrido; — zóne, zóna tòrrida
Tòrsel, *s.* còsa tòrta, attorcigliáta
Tòrsion, *s.* torciménto, torcitúra
Tòrso, *s.* (*scultura*) tórso
Tòrt, *s.* (*legge*) tòrto, dánno
Tòrtile, *a.* attorcigliáto, tòrto, avvòlto
Tòrtoise, *s.* (*zool.*) testùggine, *f.,* tartarúga; — shèll, tartarúga (*guscio*); lánd —, testùggine; séa —, tartarúga di máre
Tortuósity, Tòrtuousness, *s.* tortuosità
Tòrtuous, *a.* tortuóso, sinuóso, tòrto
Tòrture, *s.* tortúra, péna, torménto, crúccio; to put to the —, pórre alla tortúra
— *va.* dáre la tortúra; torturáre, crucciáre, tormentáre (cia
Tòrturer, *s.* chi, che tortúra, torménta, crúccióso, trúce
Tòrturing, *a.* che torménta, penóso, cruccióso, trúce
Tòrturingly, *avv.* crucciosaménte, con tortúra
Tórus, *s.* (*bot.*) tòrus; (*arch.*) tóro
Tòrvity, *s.* tòrvo aspêtto; víso arcígno
Tòrvous, *a.* tòrvo, biéco, arcígno
Tóry, *s.* tori, *m.* conservatóre, aristocrático; the whigs and tóries, i liberáli ed i conservatóri
Tóryism, *s.* (*polit.*) torismo
Tòss, *s.* (*pas.* tòssed, tòst) *va.* lanciáre, gettáre in ária (*colla mano*), scagliáre, palleggiáre, agitáre, scuòtere, trabalzáre; — a bàll, mandáre una pálla; — a thing about trabalzáre, rimandáre una còsa, gittárla quà e là; — up, gettáre in ária
— *vn.* agitársi, dimenársi, èssere trabalzáto; — (*mar.*) ondeggiáre, fluttuáre, tempelláre; — up, giuocáre a' sánti, a cappellétto
Tòss, *s.* gittáre, *m.,* gêtto (*l'atto di lanciare*

in aria), bàlzo, cròllo, moviménto sussultòrio; scòssa; to give a THING a —, dàre una scòssa ad una còsa; it is a — ùp, è affátto incèrto

Tòssed, *a.* gettáto, sbalzáto, trabalzáto; tèmpest- —, battúto dalla tempèsta

Tòsser, *s.* chi, che scáglia, sbálza, trabálza, ágita; chi giuòca a' sánti

Tòssing, *s.*scòssa, agitazióne, tempellaménto, ondeggiaménto, commozióne; the — of the wáves, l'agitársi de flútti; the — of the ship, il tempellaménto della náve

Tòst, *pass. di* to Tòss

Tótal, *a.* totále, tútto, intéro, piéno; the — sùm, la sómma totále, l'intèra sómma

— *s.* totále, *m.,* totalità, complèsso

Totàlity, *s.* totalità, totále, *m.,* complèsso, sómma totále

Tótally, *avv.* totalménte, del tútto, affátto

Tótalness, *s.* totalità

Tóte, *va.* (*d'uso locale in America*) portáre

Tòther, (*volg.*) *contrazione di* the òther

Tòtter, *vn.* vacillàre, traballáre, barcolláre

Tòttering, *a.* vacillánte, barcollánte

— *s.* vacillaménto

Tòtteringly, *avv.* in mòdo barcollánte

Tòuch, *va.* toccáre, tastáre, maneggiáre; toccáre, commuòvere; toccáre a, approdáre a; toccáre, concérnere, riguardáre; intaccáre; assaggiáre, prováre; dón't — that, non toccáte quéllo; to — one's héart, to — hóme, andáre al cuòre; it —ed me hóme, mi andáva al cuòre, all'ánima; to — to the quick, toccáre al vívo, toccáre il tásto buòno; — ùp, ritoccáre, corrèggere, ripulíre; — me not, (*bot.*) non mi toccáre, nòli me tángere

— *vn.* toccáre, toccársi, combaciársi; — at, approdáre a; — *lightly* upòn a subject, sfioráre un argoménto; thése two circles — éach òther, quésti due cèrchi si combáciano

— *s.* táttq (*senso*); tócco, toccaménto, tátto, contátto; (*poet.*) accòrdo, accénto, concénto; leggiéro attácco, indisposizioncèlla; piccola dóse; idéa; leggièra conoscénza, infarinatúra; tásto, sággio, pròva, ciménto; cóld or wàrm to the —, fréddo, cáldo al tátto; at the slíghtest —, al ménomo tócco; -hóle, focóne, *m*; — stóne, piètra di paragóne; — wòod (*bot.*) agárico; ésca

— -ànd-gó, *a.* noncuránte, brióso, lèsto, nabísso, irrequiéto; thère is a — fárce in your laugh, c'è nel vòstro riso una cómica noncuránza

— -and-gó, *s.* bricconcèllo, monèllo; what's in thése stóne jàrs, young — ? che c'è in quésti vasi d'argílla, signor bricconcèllo?

Tòuchable, *a.* toccábile, tangíbile, palpábile

Tòuchiness, *s.* irascibilità, suscettibilità

Tòuching, *a.* toccánte, commovènte, patético; concernénte,

— *avv. e prep.* quánto a, riguárdo a, circa

— *s.* il toccáre, toccaménto, tásto, tátto

Tòuchingly, *avv.* in mòdo commovènte, pateticaménte

Tòuchwòod, *s.* (*bot.*) agárico; ésca

Tòuchy, *a.* irascíbile, stizzóso, ritróso

Tough, (*pr.* tùf), *a.* flessíbile, arrendévole: tiglióso, coriáceo; this béef is —, quésto mánzo è tiglióso, è dúro

Toughen (*pr.* tùffen) *vn.* diventáre dúro, tiglióso

— *va.* ràndere coriáceo, tiglióso, dúro

Toughness (*pr.* tùffness), *s.* flessibilità, arrendevolézza; qualità coriácea, tigliósa, dúra; durézza, inflessibilità, tenácia

Toughly (*pr.* tùffly) *avv.* flessibilménte, con arrendevolézza; rigidaménte, tenaceménte, ostinataménte, vigorosaménte

Toupee, Toupet (*pr.* tùpá), *s.* tupé, *m.,* parrúcca píccola

Toùr, *s.* gíro, viággio di dipòrto o d'istruzióne; little —, viaggètto, gíta, gíro; he has perfórmed the — of Eùrope, the grand —, ha viaggiáto per tútta l'Euròpa, ha fátto il gíro d'Euròpa

Tòurist, *s.* chi fa un viággio di dipòrto o d'istruzióne, viaggiatóre -tríce

Toùrmalin } *s.* (*min.*) tormalína

Tùrmalin }

Toùrnament, Toùrney, *s.* torneaménto, tornéo

Toùrniquet, *s.* arganèllo; (*chir.*) compressóre, tornichétto

Toùse, *va.* (*volg.*) strascináre, malmenáre

Tòw, *s.* stóppa, filáccia, stoppáccio; il rimorchiaménto, rimorchiaménto; in —, in rimòrchio

— *va.* rimorchiáre; tonneggiáre

— -líne, *s.* còrda da rimorchiáre

Tòwage, *s.* il rimorchiáre, rimòrchio (*spesa*)

Tòward, Tòwards, *prep.* vèrso, álla vòlta di, per, a; all'incirca, circa; — the mòuntain, vèrso la montágna; — Rívoli, álla vòlta di Rívoli; — midníght, vèrso mezzanòtte; — God and man, vèrso Dio e vèrso gli uòmini

Tòwardliness, *s.* docilità, agevolézza

Tòwardly, *avv.* docilménte, destraménte

Tòwardness, *s.* (*poco us.*) docilità

Tòwel, *s.* salviétta, tovagliuóla, asciugamáno

Tòwer, *s.* tórre, *f*; ròcca; fortézza; the — of Lòndon, la tórre di Lóndra; a little —, torrétta

— *vn.* torreggiáre, elevársi sópra, spiccáre il vólo álto

Tòwered, tòwery, *a.* torríto, diféso da tórri

Tòwering, *a.* torreggiánte, elevàto, sublíme

Tòwery, *a.* turríto; ornáto o diféso da tórri

Tòwing, *s.* il rimorchiáre, rimòrchio

Tòwn, *s.* città (*murata*); piázza; bórgo

gròsso, borgáta; comúne, *m*; little —, borgúccio, borghétto; séa-pórt —, pórto di máre; country —, tèrra, paése, *m.*, borgáta; in —, in città; to go to —, andáre in città; — -dúes, dázj di consúmo; — -hóuse, palázzo municipále, cása in città

— -clerk, *s.* segretário municipále

— -tálk, *s.* vóce, *f.*, discórso, bisbíglio generále; 'tis the —, così si díce per la città

Tównish, *a.* appartenénte agli abitánti di una città; simile a città

Tównless, *a.* senza città

Tównship, *s.* territòrio o giurisdizióne di una città, comúne, *m.*

Tównsman, *s.* abitánte di una città, cittadíno, borghése; concittadíno, conterráneo

Toxicológical, *a.* tossicológico

Toxicòlògist, *s.* tossicòlogo

Toxicòlogy, *s.* tossicologìa

Toy, *s.* giocátolo, trastúllo di bambíno, bagattèlla, cianciafrúscolo, frascherìa, gingíllo

— shop, *s.* bottéga di giocátoli o trastúlli

— *va.* scherzáre, folleggiáre, trastullíáre

Toyer, *s,* folleggiatóre -tríce, scherzatóre -tríce, trastullatóre -tríce

Toyful, *a.* scherzévole, giocóso, festévole

Toyish, *a.* folleggiánte, scherzóso; fútile, frívolo

Toyishness, *s.* umóre scherzévole, giocóso; índole trastullévole, folleggiánte

Toyman, *s.* chi vénde trastúlli o giocátoli

Tràbea, *s.* (*antichità romane*) trábea

Trabeátion, *s.* (*arch.*) trabeazióne

Tràce, *s.* tràccia, pedáta, órma, vestígio; cicatríce, *f.*, sólco, tiráglio (*arnese*); — of a wild béast, tràccia, órma, pésta di fiéra

— *va.* tracciáre, seguitáre la tràccia di; delineáre; — óut, rintracciáre, scoprire

Tràceable, *a.* che può èssere tracciáto, rintracciáto o delineáto

Tràcer, *s.* chi tràccia, o rintràccia, chi, che diségna

Tràcery, *s.* (*arch.*) reticoláto

Trachea (*pr.* trákea) *s.* (*anat.*) trachêa

Tràck, *s.* tràccia, vestígio, pedáta; carreggiáta, rotája, sólco; tràccia, pésta, ségno, márca; sentiéro, vía; (*strada fer.*) rotája cóncava; (*caccía*) pésta, tràccia; (*mar.*) sólco, ségno della náve; rótta; the béaten —, la vía battúta

— *va.* seguitáre alla pésta, tracciáre

Tràckless, *a.* sénza tràccia, sénza ségni

Tràct, *s.* trátto, estensióne, spázio, regióne, piàggia, contráda; trattatéllo, libricciuòlo; opuscolétto; — of lànd, of wáter, trátto di tèrra, estensióne di ácqua; religious —s, librétti di devozióne

Tractability, *s.* trattabilità

Tràctable, *a.* ammaestrévole; manévole; trattábile, dócile

Tràctableness, *s.* trattabilità, docilità

Tràctably, *avv.* trattabilménte, con docilità

Tractárian, *s.* (*teol.*) scrittóre di opúscoli in favóre del Puseísmo; *V.* Púseyst

Tractátion, *s.* il trattáre, l'espórre (*un argomento*)

Tràctile, *a.* dúttile, malleábile

Tractility, *s.* duttilità, qualità estendíbile

Tràction, *s.* l'átto del tràrre, l'èssere tiráto, tensióne, trazióne

Tràctive, *a.* di trazióne; — power, fòrza di trazióne

Tràctor, *s.* mácchina, struménto di trazióne

Tràctrix, *s.* (*geom.*) trattòria

Tràde, *s.* commércio, mercatúra, tráffico, negòzio, affári, *mpl*; mestiére, *m.*, árte, *f.*, professióne, occupazióne, impiégo; fóreign —, commércio coll'èstero; to càrry on —, esercitáre la mercatúra; how is — at présent? come vánno gli affári al présènte? by — a printer, stampatóre di mestiére; Bóard of —, Consíglio di Commércio; to càrry on the — of, fáre il commércio di; the — winds, i vénti alisèi, i vènti etésii

— *vn.* commerciáre; trafficáre, negoziáre, fàr il negoziánte, mercatáre; he —s in silks, fa il commércio delle séte

Tràdeful, *a.* che fa mólti affári

Tràder, *s.* negoziánte, mercánte, commerciánte, trafficánte; náve mercantíle, *f.*

Tràdesfolk, *s.* artigiáni, *mpl.*, borghési, *mpl.*, mercánti, *mpl.*

Tràdesman, *s.* bottegájo, artigiáno, mestieránte, *m.*

Tràdespóople, *spl.* mercánti, *m. pl.* mestieránti, *m. pl.*, artigiáni, *m. pl.*

Tràdeswóman, *sf.* mercantéssa; bottegája

Tràding, *a.* mercantíle, commerciále, di commércio; — tówn, piázza o città commerciálé; — concèrn, negòzio, dítta

— *s.* il negoziáre, mercatúra, negòzio

Tradition, *s.* tradizióne

Traditional, traditionary, *a.* tradizionále

Traditionally, *avv.* secóndo la tradizióne

Traditionarily, *avv.* per tradizióne, tradizionalménte

Traditioner *) s.* tradizionário, fautóre della

Traditionist *)* tradizióne

Tràditive, *a.* trasmissíbile, di tradizióne

Tràditor, *s.* (*storia ecclesiastica*) traditóre (delle sánte scritture ai pagáni)

Tradúce, *va.* censuráre, calunniáre, diffamáre, accusáre; prodúrre, propagáre

Tradúcer, *s.* diffamatóre -tríce, calunniatóre -tríce

Tradúcible, *a* (*legge*) che si può citáre

Tradúcingly, *avv.* calunniosaménte, in mòdo diffamatòrio

Tradùction, *s.* derivazióne, propagazióne, tradizióne; (*rettorica*) transizióne

Tràffic, *s.* tràffico, commèrcio, negòzio

— *vn.* trafficáre, commerciáre, negoziáre

Tràfficable, *a.* (*ant.*) trafficábile

Tràfficker, *s.* trafficánte, mercánte, negoziánte

Tràgacantr, *s.* (*bot.*) dragacánta, tragacánta; gómma adragánte, gómma dragánte

Tragédian, *s.* trágico

Tràgedy, *s,* tragédia

Tràgic, tràgical, *a.* trágico

Tràgically, *avv.* tragicaménte

Tràgicalness, *s.* natúra trágica, orróre trágico

Tràgicòmedy, *s.* tragicommédia

Tragicòmic, tragicòmical, *a.* tragicòmico

Tragicòmically, *avv.* in mò o tragicòmico

Tràíl, *va.* strascicáre, strascináre, tiráre; seguíre alla pésta; — *vn.* pèndere, spenzoláre, strascicáre

— *s.* pésta, tráccia, stráscico, stríscia, sólco, strascíno

Tràíling, *a.* strascicánte

Tràín, *vn.* tiráre, strascicáre, strascináre; allettáre, attrárre; ammaestráre, educáre, istruíre, addestráre, disciplináre; — sóldiers, disciplináre, esercitáre i soldáti; — ùp a pèrson, tirár su, alleváre una persóna

— *s.* artifízio, astúzia, insídia; códa, stráscico (*di veste*); tréno, tràíno, equipàggio; (*d'artiglieria*) tréno; séguito, cortéggio, cortéo; sèrie, *f.*, sequéla, sequènza, codázzo; vía, córsa; márcia; (*di polvere*) tràccia; salsíccia; (*strada fer.*) tréno, convòglio; (*macch.*) caténa; — bànds, (*storia d'Ingh.*) milízia cittadína, guárdia nazionále; — -beàrer, caudatário (*paggio*); — óil, òlio di pésce, di baléna; exprèss —, convòglio cèlere, tréno dirètto; bàck —, ùp —, convòglio di ritòrno; dówn —, tréno, convòglio di partènza; the — stàrts, pàrte il convòglio

Tràíned, *a.* ammaestráto, disciplináto, addestráto, esercitáto

Tràíner, *s.* istruttóre -trice, ammaestratóre, educatóre -trice

Tràíning, *s.* l'educáre, ammaestraménto, addestraménto, disciplína

Tràít, *s.* trátto, (*línea tracciata*), tiráta, cólpo, azióne; trátti, *mpl.*, fattézze, *fpl.*, lineaménti, *mpl.*

Tràítor, *s.* traditóre

Tràítorous, *a.* traditorêsco, pêrfido, fàlso

Tràítorously, *avv.* trad tore scaménte, da traditóre, proditoriaménte

Tràítorousness, *s.* l'èssere traditóre

Tràítress, *s.* traditríce, *f.*, traditóra

Trajèct, *va.* lanciáre, scagliáre a travèrso

Tràject, *s.* trajètto, valicaménto (*di fiume*)

Trajèction, *s.* trajezióne, emissióne

Trajèctory, *s.* (*geom.*) trajettòria

Tralátion, *s.* trasláto

Tralatitious, *a.* tralatízio, metafòrico

Tralatitiously, *avv.* per trasláto, metaforicaménte

Tralúcent, *a.* tralucénte, trasparénte

Tràm, *s.* cárro da spedizioniére; — ráíls, rotàje cóncave; — róad, — wày, *tramway, m.,* tramvía

— -silk, *s.* séta sémplice, a un fílo

Tràmmel, *s.* tramáglio da pescáre o da uccelláre; pastója, cêppi (*per gli animali*), intòppo, ostàcolo

— *va.* pigliáre alla rète; impastojáre, inceppáre

Tramòntane, *a.* oltramontáno

— *s.* oltramontáno, aquilóne, *m.*, bòrea, *m.*

Tràmp, *va.* calpestáre; fáre a pièdi

— *s.* scalpiménto; calpestío; operájo che viàggia a pièdi; *V.* Trèad

— *vn.* viaggiáre a pièdi, camminàre graveménte; ramingáre, erráre; vagabondáre

Tràmper, *s.* chi viàggia a pièdi, vagabóndo

Tràmple, *vn.* calpestáre, conculcáre

Tràmpler, *s.* chi calpèsta, conculcatóre

Tràmpling, *s.* il conculcáre, calpestío

Trànce, *s.* èstasi, *f.*, rapiménto; catalessía

Trànced, *a.* rapíto in èstasi, estático

Trànquil, *a.* tranquíllo, quiéto, non agitáto

Trànquillity, *s.* tranquillità, quiéte, *f.*, cálma

Trànquillíze, *va.* tranquilláre, calmáre

Trànquillízer, *s.* tranquillizzatóre

Trànquillizing, *a.* tranquillánte

Trànquillizingly, *avv.* in mòdo tranquillánte

Trànquilly, *avv.* tranquillaménte

Trànquilness, *s.* tranquillità, quiéte, *f.*

Transàct, *va.* maneggiáre, negoziáre, trattáre, fáre; I hàve —ed mùch business todày, òggi ho trattáto, ho fátto mólti affári

Transàction, *s.* transazióne; negoziazióne; gestióne, affáre, *m*; àtto, avveniménto; (*legge*) aggiustaménto, comprommésso, transazióne; the —s of the Ròyal Society, gli àtti della Società Reàle; the fóllowing èntry in the —s of the Pickwick Club, l'estrátto seguénte dei procéssi verbáli del *Pickwick Club*

Transàctor, *s.* negoziatóre, agènte, fattóre

Transàlpine, *a.* transalpíno

Transànimate, *va.* far trasmigráre (un'ánima)

Transanimátion, *s.* trasmigrazióne (d'un'ánima) in áltro còrpo, metempsicòsi, *f.*

Transatlàntic, *a.* transatlàntico

Transcènd, *va.* trascèndere, sopravvanzáre; superáre, eccèdere, oltrepassáre

Transcèndence, transcèndency, *s.* trascendènza

Transcèndent, *a.* trascendènte, eccellènte

Transcendèntal, *a.* trascendentále

Transcendèntally, *avv.* in mòdo trascendènte

Transcendèntalism, *s.* trascendentalísmo

Transcendéntalist, *s.* trascendentalísta, *m.*, fautóre del trascendentalísmo

Transcèndently, *avv.* in módo trascendénte, sopreminénte

Trànscolate, *va.* trascoláre, trapeláre, filtráre (piàre

Transcríbe, *vn.* trascrívere, copiáre, ricoTranscríber, *s.* trascrittóre, copísta, *m.*

Trànscript, *s.* còpia, còsa copiáta o ricopiáta

Transcríption, *s.* trascrizióne

Trànse, *s.* V, Trànce

Trànsept, *s.* (arch.) cróce latína, naváta laterále

Transfèr, *va.* trasferíre, trasportáre, traslatáre

Trànsfer, *s.* traspòrto, translazióne, cessióne

Transfèrable, *a.* trasferíbile, trasportábile

Trànsferée, *s.* cessionário

Transfèrrer, *s.* chi trasferísce, chi céde, cedénte

Transfigurátion, *s.* trasfigurazióne

Transfígure, *va.* trasfiguráre

Transfíx, *va.* trafíggere

Transfórm; *va.* trasformáre, cambiáre, convertíre, tramutáre; — *vn.* trasformàrsi, cambiàrsi, convertírsi

Transformátion, *s.* trasformazióne

Transfórming, *a.* trasformánte, che trasfórma, che càmbia, che convèrte

— *s.* trasformaménto

Transfúse, *va.* trasfóndere, travasáre, comunicáre, trasméttere

Transfúsible, *a.* trasfondíbile, che può trasfóndersi

Transfúsion, *s.* trasfondiménto, travasaménto; — of blòod, (med.) trasfusióne del sàngue

Transgréss, *va.* oltrepassáre (violare un limíte); trasgredíre, infràngere, violáre; — a làw, violáre una lègge; — *vn.* trasgredíre, peccáre

Transgréssion, *s.* trasgressióne

Transgrèssive, *a.* trasgressívo, colpévole

Transgrèssor, *s.* trasgressóre, trasgressóra, trasgreditríce, *f;* peccatóre -trice

Transhípment, *s.* trasbòrdo, traspórto di mèrci o áltro da una náve ad un'áltra

Trànsient, *a.* passeggièro, transitório, fugáce

Trànsiently, *avv.* in mòdo transitòrio, di vólo

Trànsientness, *s.* brevità, pòca durabilità

Transilience, transiliency, *s.* sálto di còsa in còsa

Trànsit, *s.* trànsito, passàggio; il passáre; (astron.) passàggio; góods in —, mercanzíe in o di trànsito; — dúty, dirítto di trànsito; to pass in —, passáre in trànsito

— *vn.* (astr.) transitáre, passáre

Transítion, *s.* transizióne

Transitional, *a.* di transizióne

Trànsitive, *a.* transitívo

Trànsitorily, *avv.* transitoriaménte

Trànsitoriness, *s.* transitorietà

Trànsitory, *a.* transitório, passeggièro, fuTranslátable, *a.* traducíbile (gáce

Transláte, *va.* traslatáre, trasferíre; tradúrre, ridúrre d'una língua in un'áltra; the Bishop was —d from Yòrk to Lòndon, il véscovo fu traslatáto da Yòrk a Lóndra; I cànnot — this phràse, non so tradúrre quésta fráse; to — literally, tradúrre letteralménte, alla léttera

Translátion, *s.* traduzióne, il tradúrre; (del clero) traslazióne, il traslatáre

Translátor, *s.* traduttóre

Translocátion, *s.* traslocaménto, trasportaménto

Translúcency, *s.* trasparènza, diafanità

Translúcent, *a.* trasparénte, diáfano

Transmarine, *a.* di oltremáre

Trànsmigrant, *a.* trasmigránte, passánte da un luògo all'áltro

Trànsmigrate, *va.* trasmigráre

Transmigrátion, *s.* trasmigrazióne

Transmíssion, *s.* trasmissióne, traspórto

Transmíssive, *a.* trasmésso; di trasmissióne

Transmít, *va.* trasméttere, far passáre

Trànsmittal, *s.* trasmissióne, traspórto

Transmítter, *s.* trasmettitóre -trice

Transmíttible, *a.* trasmissíbile, che si può trasméttere

Transmútable, *a.* trasmutábile

Transmútably, *avv.* in mòdo trasmutábile

Transmutátion, *s.* trasmutaménto

Transmúte, *va.* trasmutáre, trasformáre

Transmúter, *s.* trasmutatóre, cambiatóre

Trànsom, *s.* travèrso, pèzzo di légno mésso a travèrso; (mar.) *spl.* gue; — -knées, bracciuòli delle alétte

Transpárency, *s.* trasparènza, diafanità; trasparénte, *m.*

Transpárent, *a.* trasparénte, diáfano

Transpíerce, *va.* trafíggere, trapassáre

Transpirátion, *s.* traspirazióne

Transpíre, *vn.* traspiráre, esaláre, trasudáre, trapeláre; *va.* far trasudáre; sòmething of the séeret has —d, del segréto quálche còsa è trapeláto

Transplànt, *va.* trapiantáre, rimuòvere, trasportáre

Transplantátion, *s.* trapiantaménto

Trausplànter, *s.* chi trapiánta, trapiantatóre

Transpléndency, *s.* splendóre abbagliánte

Transpléndent, *a.* splendénte, rilucénte

Transpléndently, *avv.* con lúce sfolgoránte

Transpórt, *va.* trasportáre, trasferíre, esiliáre

Trànsport, *s.* traspórto, fúria, rapiménto, éstasi, *f;* condannáto ai lavóri forzáti, forzáto; (mar.) légno da traspórto; —s of jòy, èstasi, *f;* — of pàssion, fúrie, *fpl.* pàssion, fúrie, *fpl.*

— -bóard, *s.* amministrazióne dei trasporti militári

— -ship, *s.* bastimento da traspòrto, légno da traspórto

Trial, *s.* sàggio, pròva, esperiènza; tentatívo; ciménto; esàme, *m.* procèsso, càusa, giudízio; pròva giudiciále; patiménto, dolóre, affànno, guàj, *mpl;* on —, alla pròva; bý wáy of —, per via di sàggio; to màke a —, méttere, méttersi alla pròva; to pùt a prisoner on his —, processáre un detenúto, far il procèsso a un prigionière; when dòes your — còme on? quando sarà giudicáta la vòstra càusa?
Triàndria, *s.* (*bot.*) triàndria
Tríangle, *s.* triàngolo
Triàngular, *a.* triangoláre
Tríbal, *a.* di tribù, della stéssa tribù
Tríbe, *s.* tribù, *f.,* ràzza, famíglia; clásse, *f.,* órdine, *m.*
Tribulátion, *s.* tribolazióne
Tribúnal, *s.* tribunále, *m.*
Tribunate, *s.* tribunáto
Tríbune, *s.* tribúno
Tribuneship, *s.* tribunáto
Tribunitial, *a.* tríbunízio, tribunèsco
Tributary, *a.* tributário; — *s.* tributário; affluènte
Tribute, *s.* tribúto
Tributor, *s.* appaltatóre di una minièra
Tricàpsular, *a.* (*bot.*) tricassuláre
Trice, *s.* istánte, *m.,* áttimo; in a —, in un áttimo
— *e* Trise, *va.* (*mar.*) issáre
Trick, *s.* tiro, búrla, furbería, malízia, artifízio, astúzia, gíro, rigíro; gherminèlla, tràtto, tíro di prestigiatóre; ticchío, vèzzo; (*carte*) máno, bàzza; òdd —s, stramberíe, *fpl;* an ùgly —, un brútto schèrzo; a shàbby —, una villanía; fùll of —s, pièno di maliziètte
Trick, *va.* burláre, giuntáre, ingannáre, mariuoláre; gabbáre; — óut, ùp ornáre, addobbáre, abbellíre (ger
Tricker, *s.* grillétto (*di schioppo*); *V.* Trig-
Trickery, Tricking, *s.* mariuolería, artifízio, ingánno; addòbbo, ornaménto
Trickish, *a.* artifiziòso, astúto, scáltro
Trickle, *va.* goccioláre, cascáre a gócciole
Trickling, *a.* gocciolánte; — *s.* il goccioláre
Trickster, *s.* rigiratóre, *m.* fúrbo, mariuólo
Tricksy, *a.* svélto, snèllo, vàgo, avvenènte
Tricktrack, *s.* giuóco di tutte tàvole
Tricliniary, *a.* del triclínio
Triclínium, *s.* (*antichità romane*) triclínio
Tricólour, *s.* tricolóre, *m.* (*bandiera*)
Tricóloured, *a.* tricolóre
Tricùspid, *a.* (*anat.*) tricúspide; the — vàlve, la vàlvola tricúspide
Tricùspidáte, *a.* (*bot.*) tricuspidáto
Tridàctylous, *a.* (*zool.*) tridàttilo
Tridax, *s.* (*bot.*) tridáce, *m.*
Trídent, *s.* tridènte, *m.*
—, tridèntate, *a.* tridentáto
Trídenred, *a.* tridentáto, che ha tre dènti

Trídèntine, *a.* tridentíno, di Trénto; the — Cóuncil, il Concílio Tridentíno, il Concílio di Trénto
Trídiapáson, *s.* (*mus.*) ottáva trípla
Tried, *a.* prováto, sperimentáto, riconosciúto; — virtue, virtù sperimentáta
Triénnial, *a.* triennále, triènne
Trier, *s.* chi, che sàggia o assàggia, saggiatóre
Trifàllow, *va.* (*agr.*) terzare, aráre la tèrza vòlta
Trifid, *a.* (*bot.*) trífido, diviso in tre pàrti
Trifle, *s.* bagattèlla, bája, frívola, còsa inézia; to stand upòn or dispúte abóut —i, disputáre dell'ómbra dell'àsino
— *va.* frivoleggiáre, sciocchèggiáre, gingilláre, vaneggiáre, fáre il perdigiórno, èssere leggièro, frívolo, fútile; scherzáre, cianciáre, divertírsi; to — awáy one's time, pèrdere il suo tèmpo in nonnúlla; to — with, scherzáre con, parláre per ischèrzo, burlársi di, parláre da búrla
Trifler, *s.* bajóne, *m.* perdigiórno, gingíllo, fràsca, persóna leggièra, frívola, incostánte
Trifling, *a.* leggièro, píccolo, tènue, frívolo, váno, fútile, di pòca importànza
— *s.* leggerézza, frivolità, futilità, incostánza, ciáncia, schèrzo, sciocchézza
Triflingly, *avv.* in mòdo leggièro, frívolo, fútile
Triflingness, *s.* leggerézza, frivolità
Trífoliate, *a.* (*bot.*) trifogliáto
Trífoly, *s.* (*bot.*) trifóglio odoránte
Tríform, *a.* trifórme, di tre fórme
Trigger, *s.* grillétto d'árme a fuóco; pèzzo da fermár le ruòte di una carròzza
Tríglyph, *s.* (*arch.*) triglifo
Trigon, *s.* (*astr.*) trigono
Trigonométrical, *a.* trigonométrico
Trigonómetry, *s.* trigonometría
Trilàteral, *a.* trilátero, di tre láti
Trill, *s.* (*mus.*) trillo
— *va.* (*mus.*) trilláre, gorgheggiáre
Trillion, *s.* trillióne, *m.*
Trilóbate, *a.* trilobáto
Trim, *a.* bène assettáto, ben fátto, béne allestíto; lèsto, líndo, snèllo
— *va.* assettáre, assestáre, aggiustáre, allestíre, allindáre, adattáre, furníre, guarníre, parare, ornáre, addobbáre, acconciáre; (*mar.*) guarníre, armáre, stiváre; to — àll sharp, bracciáre bene all'órza; — with ribbons, guerníre di nástri; — with silver láce, gallonáre d'argénto
— *vn.* esitáre, titubáre, stáre fra due
— *s.* stàto, órdine, *m.,* sèsto, assètto, equilíbrio; addòbbo attillatúra, státo líndo, guerniménto, finiménto; attiráglio, equipàggio; stíva, zavórra; assètto, rètta posizióne, órdine, *m;* preparazióne
Trimly, *avv.* lindaménte, pulitaménte

Trimmer, *s.* chi, che allínda, guernísce, assétta; tentennatóre -tríce; don girêlla
político, banderuóla; sgridatóre, riprenditóre acêrbo; tráve, *m.* in cui si com-
méttono i travicêlli d'un' impalcatúra
Trimming, *s.* guarniménto; staffiláta, basto-
náta; ûltima máno
— che adórna, che, métte in órdine
Trimness, *s.* lindézza, aggiustatézza, ór-
dine, *m.*
Trinal, *a.* tríplo, tríno, tre vòlte cotánto
Trine, *a.* (*astrol.*) tríno, tríno aspêtto
Trinitárian, *s.* (*teol.*) trinitário, trinitária
Trinitárianism, *s.* (*teol.*) trinitarianísmo,
dottrína (teológica) dei trinitárj
Trinity, *s.* (*teol.*) trinità
— -Sûnday, *s.* fêsta della Trinità
Trinket, *s.* giója, gioiêllo, cióndolo, chiáp-
pola, bagattêlla, cianciafrúscolo
Trinómial, *a.* (*alg.*) trinòmio; —, *s.* tri-
Trío, *s.* (*mus.*) trio   (nómio
Trior, *V.* Trier
Trip, *vn.* inciampáre, intoppáre, pórre il
piêde in fállo; salterelláre, saltelláre,
balzelláre, danzáre; — ùp, dáre il gam-
bêtto a, far inciampáre, far cadére, sop-
piantáre
—, *s.* inciampo; pásso fálso, fállo, erróre,
gambêtto; (*mar.*) bordáta; gíta, gíro, trot-
táta, viaggétto; viâggio; to táke a —,
fáre una gíta, una scórsa, un viaggétto
Tripartite,·*a.* tripartíto, divíso in tre párti
Tripartition, *s.* tripartizióne
Tripe, *s.* tríppa; trìppe, *fpl*; — wôman,
trippaiuóla
Tripedal, *a.* di tre piêdi, che ha tre piêdi
Trípétalous, *a.* (*bot.*) tripêtalo, di tre pétali
Triphrnong, *s.* trittóngo
Triphỳllous, *a.* (*bot.*) trifíllo, trifogliáto
Triple, *a.* tríplo, triplicáto, tríplice
— *va.* triplicáre, rinterzáre
Trip·let, *s.* ternário; terzétto; terzína
Triplicate, *a.* triplicáto, rinterzáto; tríplice
Triplication, *s.* triplicazióne
Triplicity, *s.* triplicità
Tripling, *s.* il triplicáre
Triply, *avv.* tripliceménte, triplicataménte
Tripod, *s.* trípode, *m*; treppiêde, *m*; trep-
piê, *m.*
Tripoli, *s.* trípolo (*da pulíre i metallí*)
Tripos, *s.* trípode, *m*; gran concórso uni-
versitário
Tripper, *s.* chi inciámpa, chi saltêlla, chi dà
il gambétto; soppiantatóre -tríce
Tripping, *a.* saltellánte, ágile, snêllo, svêlto
Trippingly, *avv.* sveltaménte, briosaménte
Triptote, *s.* nóme che a tre cási sóli
Trípúdiate, *vn.* tripudiáre; balláre d'alle-
grézza
Trípúdiátion, *s.* tripúdio, bálló d'allegrézza
Triquétra, *s.* triquêtra, *f.* (emblêma della
Sicília)

Triquétrous, *a.* (*bot.*) triquêtro
Triradiáted, *a.* triradiáto
Triréme, *s.* (*ant.*) triréme, *f.*
Trise, *va.* (*mar.*) issáre prontaménte
Triséction, *s.*. trisezióne
Trisêct, *va.* divídere in tre párti
Trismus, *s.* (*med.*) trísmo
Trisyllàbical, *a.* trisíllabo; di tre sfllabe
Trisỳllable, *a.* trisíllabo
Trite, *a.* tríto, comúne, usitáto, triviále
Tritely, *avv.* in un módo tríto, frequente-
ménte
Triteness, *s.* trivialità, uso comúne, volga-
Tritneism, *s.* (*teol.*) tri'eísmo   (rità
Tritneist, *s.* (*teol.*) triteísta, *mf.*
Trīton, *s.* (*mit.*) tritóne, *m.*
Tritone, *s.* (*mus.*) trituóno
Triturable, *a.* triturábile
Triturate, *va.* trituráre; ridúrre in trítoli
Trituràtion, *s.* trituraménto; il trituráre
Triumph, *s.* triónfo
— *vn.* trionfáre; — óver, trionfáre di, vín-
cere; we — óver cálumny by disdáining
it, trionfiámo della calúnnia sprezzándola
Triùmphal, *a.* trionfále; di triónfo, *m.*
Triùmphant, *a.* trionfánte; trionfále, vitto-
rióso
Triùmphantly, *avv.* trionfalménte, con trión-
Triumpher, *s.* trionfatóre, vincitóre   (fo
Triûmvir (*pl.* triûmviri e triûmvirs) *s.* triúm-
viro
Triûmvirate, *s.* triumviráto, triúmviri
Triune, *a.* (*teol.*) úno e tríno
Trivet, *s.* treppiêde, *m.*, treppiê, *m.*
Trivial, *a.* triviále, volgáre, insignificánte
Trivially, *avv.* trivialménte; volgarménte
Trivialness, Triviàlity, *s.* trivialità, volga-
rità, frivolézza
Trivium, *s.* trívio; Grammática, Lógica e
Rettórica
Trócar, *s.* (*chir.*) trocárre, *m.*
Trochàical, *a.* trocáico
Trochée (*pr.* tróké) *s.* trochêo (*vermo*)
Trochings (*pr.* trókings), *spl.* piccole córna,
fpl., (del cêrvo)
Tród, Tródden, *p. p.* calpestáto, battúto
Tróglodỳte, *s.* troglodíta, *m. f.*
Tróll, *van.* andáre qua e là; voltoláre, ro-
toláre, ruzzoláre
Tròllop, *s.* (*volg.*) sudicióna; dònna spórca
Trombóne, *s.* (*mus.*) trombóne, *m.*
Trónage, *s.* tássa che anticaménte pagávasi
per far pesáre la lána
Tronátor, *s.* antico ufficiále pesatóre della
lána (in Londra)
Tróop, *s.* trúppa, fròtta; bánda; (*mil.*) trúp-
pa (*di cavalli*), compagnía (*di attorí*)
compagnía; —s, trúppe, *f. pl.*, soldatésca
— *vn.* adunársi in trúppe, affollársi; — awáy,
andársene (*in truppe*), córrer vía; — with,
accompagnársi con
Tróoper, *s.* soldáto di cavallería

nôr, rûde; - fáll, sön, bûll; - fâre, dó; - bý, lỳmph; pûlse, bôỹs, tôûl, tôŵl, gem, aš

Diz. Ingl. Ital. - Ediz. VI. Vol. ·I   40

Trópe, *s.* (*rett.*) tròpo

Tróphied, *a.* ornáto di troféi

Tróphy, *s.* troféo; (*arch.*) troféo

Tròpic, *s.* (*geog.*) tròpico; within the —s, intertropicále

Tròpical, *a.* (*geog.*) tropicále, del tròpico, dei tròpici, intertropicále; (*rett.*) di un tròpo, di tròpi; — bird (*pr.* bùrd), uccèllo dei tròpici

Tròpically, *avv.* con tròpi o figúre rettòriche, figuratamènte

Tropològical, *a.* (*rett.*) tropològico

Tropòlogy, *s.* tropología

Tròt, *s.* tròtto; fùll —, gran tròtto; jog —, píceolo tròtto; an óld —, una vècchia; to drive into a —, far trottáre

— *vn.* trottáre, andár di tròtto

— *va.* far trottáre; — him ùp (*burl.*), fàtelo entráre, presentátelo; vènga óltre

Tròtu, *s.* (*volg.*) féde; in —, in féde mia

— -plight, *s.* l'átto d'impegnáre la féde

— -plighted, *a.* che ha impegnáta la féde

Tròtuless, *a.* (*ant.*) infido, sénza féde

Tròtter, *s.* trottatóre; cavállo che tròtta; shéep's —s, pièdi di montóne

Troùbadoùr, *s.* trovatóre, menestrèllo

Troùble, *s.* péna, inquietúdine, *f.*, afflizióne, cordòglio, affánno, angústia, travàglio, tédio, fastídio, nòja, impáccio, distúrbo, incòmodo, imbarázzo, imbròglio, confusióne; greát —, mùch —, gran péna, gran distúrbo; to bring one's sèlf into —, attirársi addòsso degli impácci; to get one òut of —s, cavár uno d'impáccio; I am sòrry to give you so much —, mi rincrèsce di dárvi tánto distúrbo; dón't — yoursèlf, non vi pigliáte fastídio; nòthing gives him —, non si prènde fastídio di núlla; práy, táke the — to deliver this lètter, abbiáte la gentilézza di consegnáre quèsta lèttera

— *va.* disturbáre, sturbáre, molestáre, infastidíre, inquietáre, dispiacére, importunáre, incomodáre; travagliáre, perturbáre, intorbidáre, afflíggere, affannáre; I am sorry to — you, mi rincrésce di sturbárvi; máy I — yòu for the sált? mi favorísca il sále; the goùt —s me mùch, la gòtta mi torménta mólto; to fish in —d wáter, pescáre in ácqua tórbida, pescár nel tórbido; to — one's sèlf, incomodársi, infastidírsi, turbársi, impacciársi, ingerírsi

Troùbler, *s.* turbatóre -tríce, perturbatóre -tríce

Troùblesome, *a.* fastidióso, nojóso, tormentóso, increscióso, importúno, seccaginóso; — pèrson, seccatóre -tríce; — tímes, tèmpi turbolènti, irrequiéti, tórbidi

Troùblesomely, *avv.* importunatamènte

Troùblesomeness, *s.* incòmodo, fastídio, impáccio, molèstia, importunità, seccàggine, *f.*

Troùblous, *a.* tórbido, agitáto, turbolènto

Trough (*pr.* trof), *s.* truògo, truògolo; (*mar.*) válle tra le ónde; knéading —, mádia; bird's (*pr.* bùrd's) —, beccatójo di gàbbia; to lie in the — of the séa, èssere tra due cavallóni

Tróul, *van.* V. Tròll

Tròunce, *va.* (*volg.*) sbáttere, bastonáre, malmenáre

Tròuncing, *s.* bùsse, *fpl.*

Tròusers, *spl.* calzóni lárghi, pantalóni, *plm.*

Tròut, *s.* (*itt.*) tròta; (*fig.*) minchióne, *m.*

Tróver, *s.* (*legge*) il trováre, il restituíre còsa trováta; àction of —, procèsso per la restituzióne di còsa perdúta

Tròw, *vn.* (*ant.*) pensáre, crédere, figurársi

Tròwel, *s.* cazzuòla

Tròwsers, *s. pl.* pantalóni, calzóni lárghi; a páir of —, un pájo di pantalóni

Tròy, Tròy weight (*pr.* wát), *s.* péso di 12 ónce la libbra

Trùant, *s.* infingárdo, pígro; to pláy the —, fuggíre la scuòla

— *a.* ozióso, infingárdo, pòco studióso

Trùantly, *avv.* pigramènte, da infingárdo

Trùantness, trùantship, *s.* pigrízia, infingardággine, *f.*; il trascuráre le pròprie occupazióni

Trùce, *s.* trégua; sospensióne d'ármi

— -bréaker, *s.* violatóre di trégua

Trùceless, *a.* sénza trégua

Trùchman, *s.* turcimánno, intèrprete, *m.*

Trùcidátion, *s.* il trucidáre

Trùck, *s.* barátto, permutaménto; carrettèllo; (*mar.*) ruòta, bertèccio

— *va.* barattáre, cambiáre, permutáre

Trùckage, *s.* il barattáre, barátto, tràffico

Trùckle, *s.* girèlla, píccola ruòta; — bed, letticciuòlo sulle rotèlle, carriuòla

— *vn.* (to), cédere a, arrèndersi a, sottomèttersi (vilmènte); abbassársi, piegársi, avvilírsi, umiliársi

Trùckling, *s.* sommessióne, abbiettézza

Trùculence, *s.* truculènza; aspètto truculènto

Trùculent, *a.* truculènto, feróce, trúce

Trùdge, *van.* camminàre a pièdi, camminàre a stènto, marciáre con fatíca, marciáre pesantemènte, strascinársi

Trùe, *a.* véro, cèrto, sicúro, veritièro, véro, sincèro, fedéle, esátto; — to, fído, fidáto, leále, costánte, veritièro, veráce, verídico, sincèro; that is not —, ciò non è véro; a — Christian, un véro cristiáno; the — méaning, il véro significáto; — friénd, fído amíco, véro amíco; — còpy, còpia esátta; — tèstimony, testimoniánza giurídica; it is — enough (*pr.* inùf), è ben véro; òut of —, incurváto, stòrto

Trùeborn, *a.* legíttimo di náscita, per diritto di náscita, véro (*perfetto, pretto*), di púro sángue, reále

---

Trùebred, *a.* di buòna ràzza; di pùro sàngue; vèro, compìto, finìto

Trùehèarted, *a.* frànco, sincèro, schiètto

Trùehèartedness, *s.* sincerità, lealtà

Trùelòve, *s.* persóna amàta, amatíssima; (*bot.*) èrba Pàris, òva di vólpe

Trùeness, *s.* verità, veracità, sincerità, schiettézza, fedeltà, lealtà, autenticità, esattézza

Trùepenny, *s.* buòn uòmo, brav' uòmo

Trùffle, *s.* (*bot.*) tartúfo

Trùism, *s.* verità evidènte da sè; verità che sàlta agli òcchi, assiòma, *m.*, cògnito a tùtti

Trùll, *s.* bagàscia, sgualdrína

Trullizàtion, *s.* arricciatùra (d' un mùro), intonicatùra (con la cazzuòla)

Trùly, *avv.* veraménte, sinceraménte

Trùmp, *s.* (*poet.*) trómba, trombétta; (*carte*) trìónfo; to pùt one to his — s, ridúrre uno alle strétte

— *vn.* prèndere con un trìónfo, giuocár trìónfo; — ùp, acciabattáre, fabbricáre

Trùmpery, *s.* cènci, *mpl.*, orpéllo, anticàglie, *fpl.*

Trùmpet, *s.* (*mus.*) trómba; spéaking —, pòrta-vóce, *m*; — flōwer, (*bot.*) bignònia; — shàped, tubifórme; — tòngued, dalla língua sonòra, rimbombánte, altisonánte

— *va.* pubblicáre a suòno di trómba; *vn.* suonáre la trómba (*volg.*)

Trùmpeter, *s.* trombettière, *m.*, trombadóre, *m.*

Trùncate, *va.* troncáre, mozzáre, spiccáre

Trùncàted, Trùncàte, *a.* troncáto

Truncàtion, *s.* troncaménto, il troncáre

Trùncheon, *s.* bastóne, *m.*, bastóne del comándo

Trùncheonéer, *s.* mazzière, *m.*

Trùndle, *vn.* ruotoláre, giráre; — *va.* ruzzoláre, far scórrere

— *s.* rùzzola, rotèlla, ròta; carriuóla; — bed, letticciuólo (*con rotelle*)

— -tàil, *s.* berghinèlla (*specie di cane*)

Trùnk, *s.* pedále, *m.*, (*d'albero*) trónco; túbo lúngo; (*d'elefante*), trómba, probòscide, *f*; còfano, baúle, *m*; (*anat.*) cássero, bústo; (*scult.*) tórso; to pàck ùp one's — s, fáre i baúli; to unpàck one's —s, disfáre, vuotáre i baúli

— *va.* caváre il fángo; pulíre il metállo

— -hòse, *s.* bràche lárghe, *fpl.*

— -màker; *s.* baulájo, carrettájo

Trùnnion, *s.* orecchióne, *m.* (*di cannone*); cárdine, *m.*

Trùsion, *s.* il sospíngere, sospingiménto

Trùss, *s.* fáscio, fastèllo, fardèllo; brachière, *m.*, cínto; — of hày, fáscio di fièno

— *va.* imballáre, legáre, allacciáre; — a fōwl, accomodáre un pollástro cògli spiedíni; — ùp, (*mar.*) issáre, bracciáre

Trùst, *va.* fidàrsi di, avér fidúcia in, affidáre, comméttere alla féde di; to — a pèrson,

fidàrsi in uno; — a pèrson *with* a thing, affidáre, confidáre una còsa ad alcúno

— *vn.* fidàrsi, confidáre, assicurársi, speráre; tenér per fèrmo; to — to, far capitàle di, far assegnaménto sópra; to — tôo mùch to one's sèlf, presúmere tròppo di sè; he is not to be —ed, egli non è uòm da fidàrsi; I — that, etc., tèngo per fèrmo che, spèro che, ecc.

— *s.* fidúcia, confidènza, fidánza, féde, *f.*, aspettazióne, *f*; custódia; 'crèdito, credènza; brèach of —, abúso di fidúcia; on —, a crèdito; to hóld or hàve in —, avére o tenére a depòsito; — -*worthy*, fidáto; — -*worthiness*, fidatézza

Trustée, *s.* féde-commissário, curatóre, amministratóre; commissário, depositário

Trustéeship, *s.* qualità, ufficio di féde-commissário, di curatóre

Trùster, *s.* chi si fída, chi vènde a crèdito

Trùstful, *a.* fedéle, leále, fidáto

Trùstfully, *avv.* fidataménte, fedelménte, lealménte

Trùstfulness, *s.* fedeltà, lealtà, fidatézza

Trùstily, *avv.* fedelménte, lealménte, fidataménte

Trùstiness, *s.* fidatézza, lealtà

Trùsting, *a.* che confída, fidènte, confidènte

Trùstingly, *avv.* fidenteménte, fiduciosaménte, confidenteménte

Trùstless, *a.* indégno di fidúcia, infído, infedéle

Trùstlessness, *s.* slealtà, infedeltà, l'èssere indégno di fidúcia

Trùsty, *a.* fído, fidáto, leále; — frìend, fido amíco; — sword, fída spáda

Trùth, *s.* verità, vèro, veracità, schiettézza, lealtà; the precíse —, la púra verità; in —, in vèro! in verità! davvéro!

Trùthful, *a.* veritièro, veráce, verídico

Trùthless, *a.* fálso, menzognèro, bugiárdo

Truttàceous, *a.* (*itt.*) delle tròte

Trý, *vn.* provársi, cimentársi, sforzársi; tentáre; (*mar.*) èssere alla cáppa

— *va.* assaggiáre, fáre il sàggio di, prováre, méttere alla pròva, sperimentáre, cimentáre, tentáre, intrapréndere; prováre, procuráre; verificáre; processáre, fáre il procèsso di, giudicáre; to — a gùn, prováre un fucíle; — góld, assaggiáre l'òro; — expèriments, fáre degli esperiménti; — the eýes, stancáre gli òcchi; — on a còat, prováre un àbito

— -màst, *s.* (*mar.*) alberétto di senále

— -sàil (*mar.*) carbonára

Trýing (to, *per*), *a.* di pròva, crítico, difficile, penóso; — the eýes, che stánca gli òcchi; — tìmes, tèmpi crítici

Tùb, *s.* tíno, tinòzza; bùcking —, wàshing —, tináccio da bucáto; sàlting —, tinèllo; Diògenes' —, il tíno, la bòtte di Diògene; tále of a —, novèlla da díre a vègghia

Tábe, s. tùbo; sifóne m., canalétto, condótto; gas —ș, condótti del gaz
Tùbercle, s. tubércolo, tumóre
Túberose, s. (bot.) tuberóso
Túberous, a. tuberóso
Tuberòsity, s. tuberosità
Túbular, túbulous, a. tubulóso, tubuláto, tubuláre; — bridge, pónte tubuláre
Túbule, s. píccol túbo, tubolétto, cannélla
Tùck, s. tócco; piéga di vèste; sessitúra, básta; (mar.) pòppa rotónda
— va. succíngere, alzáre, levár su, piegáre, ripiegáre; fáre una básta; — up one's dréss, succíngere la vèste
Túcker, s. camicétta bássa, fichu, m., góla
Túcket, s. squillétto di trómba; fetterélla (di mánzo, di vitéllo)
Túesday, s. martedì, m; shróve —, martedì grásso (túfo
Túfa, Túff, s. (min.) túfo; túfa; — stóne,
Tuffóon, s. tifóne, uragáno (nei mári della China) V. Typhóon
Túft, s. ciócca, ciuffétto, cèspite, f., fiócco, úpupa, crèsta; — of fèathers, pennácchio; — of trées, frátta, mácchia (boschétto)
— va. formáre in ciócche o ciuffétti, ornáre di ciuffétti, di úpupe, ecc.
— -hùnter, s. (gergo universitario) piaggiatóre, strisciánte (coi nòbili o coi grándi)
Túfted, Túfty, a. spárso, copèrto di ciócche, ornáto di ciuffétto, di úpupa, fólto, fronzúto, vellúto; crestáto; the — lárk, l'allòdola capellúta
Tùg, vn. tiráre (con forza), tràrre (a tutta possa), strappáre; rimorchiáre; — va. tiráre con violènza, sforzársi, lottáre; — at the óar, remáre a tútto potére
— s. l'átto del tiráre (con isforzo), trátta, tiráta, sfòrzo gránde, sfòrzo per tiráre, tiraménto, rimórchio (a vapore); — bóat, rimorchiatóre
Tùgger, s. chi tíra con violènza, chi si sfòrza . o lòtta; (mar.) rimorchiatóre
Tuition, s. tutéla, cúra; istituzióne, istruzióne, insegnaménto; spésa dell' istruzióne, dell'educazióne; ùnder your —, sótto la vòstra istruzióne
Tuitionary, a. appartenènte alla tutéla, alla cúra; relatívo all'istruzióne, all' educazióne
Túlip, s. (bot.) tulipáno
Tulipomània, s. manía per l'acquísto e la coltivazióne de' tulipáni
Tùmble, vn. capitomboláre, cadére capitombolándo; rotoláre, voltolársi, cascáre rotolándo; — dówn, cadére, rovináre, franáre
— va. rotoláre, far capitomboláre, rovesciáre, ribaltáre, mandár sossópra, sconvòlgere, scompigliáre, spiegazzáre, arruffáre, scompórre, scarmigliáre
— s. capitómbolo, cadúta, cascáta
Tùmbled, a. scompósto, scompigliáto, scon-

vòlto, scarmigliáto, ingarbugliáto, méncio
Tùmbler, s. chi fa capitómboli, chi spícca sálti, saltimbánco, peccheróne, bicchieróne; Wáiter, twó —s of pùnch, cameriére, due bicchieróni di pónce
— s. carrétta per le immondízie
Tùmbril, s. spécie di cèsta per tenérvi fiéno, ecc. per le pècore
Tumefáction, s. tumefazióne, enfiagióne
Túmefy, va. gonfiáre, enfiáre; vn. gonfiársi
Túmid, a. túmido, gónfio, túrgido
Túmidly, avv. tumidaménte
Túmidness, s. tumidézza
Túmour, s. tumóre, enfiáto, gonfiézza
Túmorous, a. (ràro) túmido, gónfio, ampollóso, pompóso
Tùmp, s. monticèllo; — va. ammucchiáre, ammonticchiáre tèrra
Túmular, a. di monticèllo
Túmulóse, a. piéno di monticèlli, montuóso
Túmult, s. tumúlto, rumóre, parapíglia, m.
Tumùltuarily, avv. tumultuariaménte
Tumùltuariness, s. commozióne, turbolènza
Tumùltuary, a. tumultuário, turbolènto
Tumùltuous, a. tumultuóso, tumultuánte
Tumùltuously, avv. tumultuosaménte
Tumùltuousness, s. turbolènza
Túmulus, s. túmulo
Tùn, s. bótte, f., misúra di legnáme, di víno, di bírra; tonnelláta; a ship of five hùndred —s bùrden, bastiménto del cárico di cinquecénto tonnelláte; — -béllied, panciúto; — dish, imbúto
— va. imbottáre, méttere nella bótte
Túnable, a. armonióso, musicále
Túnableness, s. armonía melodiósa
Túnably, avv. armoniosaménte, con melodía
Túne, s. (mus.) ária, ariétta, suòno, accòrdo, concènto, consonánza di vóce; concòrdia, disposizióne, umóre, véna; in —, in tuòno, d'accórdo; òut of —, discòrde, scordánte; di cattívo umóre; you will then chánge your —, allóra cambieréte di tuòno
— va. (mus.) accordáre, dáre il tuòno
— vn. formáre concènti armoniósi, cantáre
Túneful, a. armonióso, melodióso
Túneless, a. discordánte, fuor d'accórdo
Túner, s. accordatóre (di strumenti)
Tùngstáte, s. (chim.) tungstáto
Tùngstáne, s. (chim.) tungstáno, tunsténo
Tungstènic, a. (chim.) tùngstico
Túnic, s. túnica, membrána; (chiesa) túnica
Túnicáted, a. (bot.) tunicáto
Túning, s. accordatúra, lo accordáre (un istrumento musicale); — fòrk, corísta, m; — hàmmer, martellína, chiáve, f.
Tùnnage, s. tonnellággio, portáta; tonnellággio (dazio)
Tùnnel, s. imbúto; fumajuòlo; tramáglio (rete); tunnel, m., galleria sotterrànea;

—, cunícolo; — -sháft, pózzo, spiráglio di túnnel

— va. fàre, formáre a mo' di imbúto; far un túnnel, traforáre

Tùnning, s. l'imbottáre

Tùnny, — -fish, s. (itt.) tónno; pickled —, tónno marináto

Tùp, s. (sool.) aríete, m., montóne, m.

— van. cozzáre, montáre cóme il montóne

Tùrban, s. turbánte, m.

—, — -shèll, s. zòccolo di Vènere (conchíglia)

Tùrbaned, a. col turbánte

Tùrbary, s. torbièra; (legge) diritto di prèndere tòrba

Tùrbid, a. tórbido, fangóso, non chiáro

Tùrbidness, s. torbidézza

Tùrbinàted, a. turbináto, attortigliáto

Tùrbine, s. turbína, ruòta idráulica

Tùrbit, s. piccióne, m. (dal bécco assai córto); V. Tùrbot

Tùrbite, tùrbinite, s. turbiníte, f. (conchíglia)

Tùrbitn, s. (bot.) turbítto

— -mineral, s. turbítto mineràle

— -ròot, s. turbítto vegetàle

Tùrbot, s. (itt.) rómbo

Tùrbulence, s. turbolènza

Tùrbulent, a. turbolènto

Tùrbulently, avv. con turbolènza

Tùrciám, s. (poco us.) Maomettísmo

Tùrcois, s. V. Tùrkois

Tùrd, s. mèrda, stèrco umáno

Turéen, s. zuppièra

Tùrf, s. tòrba (combustíbile); — bog, torbièra; —, pióta, zólla erbósa; grèen —, tappéto vérde; — terréno per le còrse; còrsa, córse di cavàlli; the amúsement of the —, le córse (dei cavàlli)

— va. copríre di pióte, d'erbúccia

Tùrfiness, s. státo torbóso, erbóso

Tùrfy, a. di pióta; di tòrba; erbóso; pièno di tòrba

Turgèscence, s. turgidézza, gonfiézza

Tùrgid, a. túrgido, gónfio, trónfio; — style, stíle túrgido

Turgidity, Tùrgidness, s. turgidézza; tronfiézza

Tùrk, s. Túrco, Túrca; língua túrca

Tùrkey, s. (orn.) pollíno; póllo d'India; — còck, gállo d'India, gallináccio, pollíno; — hen, gallína d'India, pollína; slíce of —, fètta di pollíno

Tùrkish, a. túrco, turchèsco; s. túrco, língua túrca

Tùrkōis, s. (min.) turchína, turchése, m.

Tùrmeric, s. (bot.) turtumáglio, titimáglio; (tint.) zafferáno d'India

Tùrmōil, s. tumúlto, strèpito, chiásso, imbròglio, scompíglio, confusióne, affánno

Tùrn, va. voltáre, vòlgere, giráre, cambiáre, tramutáre, rivoltáre; torníre, tornáre, for-

máre al tórnio; — vn. voltársi, rivòlgersi, cambiársi, convertírsi: tornáre, ritornáre, giráre; diventáre, fársi; to — the spit, giráre l'arròsto; — one's báck upòn, voltár le spálle a; — a cóat, rivoltáre un ábito; — one's cóat, voltár casácca; — the scále, dar il trabócco alla bilància; — a pèrson into ridícule, fársi giuòco di alcúno; — the stòmach, sconvòlgere lo stòmaco; — úp one's nóse, arricciáre il náso; — into gòld, tramutáre in òro; — into English, tradúrre in inglése; — one fròm his stùdies, distornáre uno da' suoi stúdj; — milk or wine, guastáre il làtte, far veníre ágro il víno; — awáy a sèrvant, licenziáre un domèstico, — on, lasciár líbero córso a, far scórrere; — óut, scacciáre fuòri, méttere alla pòrta; — óver, rimandáre, indirizzáre, scartabelláre; — úpside dówn, rovesciáre, capovòlgere; — mòney, rigiráre denári; a thing òver in one's mínd, rimuginàre una cósa; — upòn, impernáre sópra; — to a pèrson, rivòlgersi, ricórrere ad una persóna; I will — the héad of sòme yoùng cóuntess, farò voltár la tèsta a quálche contessína; to — upòn one líke a víper, rivoltársi ad uno cóme un gallétto; it — s óut well for them, tórna lóro bène; Miss M. will — óut an éxcellent wífe, la signorína M. riescirà un'óttima móglie; to — sóur, diveníre ágro, inacidíre; — grócer, fársi droghière; the wínd —s, il vènto si càmbia; to — rómnd, abóut, voltársi, voltár fáccia; — dówn, piegáre, mandár abbásso; — off, rimandáre, liberársi da; — off a malefáctor, impiccáre un delinquènte; — dówn the bed clóthes, fáte l'imboccatúra; — thèm òver to me, mandátele a me; a well — ed fóot, un piède ben tornito; pléase, — óver, voltáte (la pagína)

— s. gíro, rivolgiménto; gíro, giráta, vòlta, rivòlta, voltáta, ángolo; sinuosità, serpeggiaménto, gíro, giréllo, passeggiáta; gíro, vicènda; túrno, vòlta, rivolgiménto, rivoluzióne, cambiaménto; ufficio, servízio, favóre; gústo, gènio, vèna, inclinazióne; fórma, figúra, ária, direzióne; márcia; tórno; tórnio; the — of of a whèel, il gíro di una ruòta; cóme and táke a —, veníte a fáre un gíro; I will wáit till mý — cómes, vòglio aspettáre il mio túrno regoláre; a beáutiful — of the hèad, bell'ária di tèsta; that will sèrve mý —, ciò farà per me; one góod — desèrves anòther, (proverbio) una buon'azióne (un servízio) mérita il contraccámbio

— -cóat, s. vòlta-casácca, m., rinnegáto

— -óut, s. trèno, equipággio, aspètto, figúra

— -pláte, — -táble, s. (strada ferrata) piattafórma che vòlta le locomótive

Tùrner, *s.* tornàjo, tornitóre

Tùrnery, *s.* árte del tornitóre; oggêtti fátti al tórnio

Tùrning, *s.* gíro, circuíto, vòlta, rivòlta, giravòlta; ángolo; — láthe, tórnio; — táble, távola semovênte; távola giránte

Tùrnip, *s.* (*bot.*) rápa, ráva

Tùrnkéy, *s.* sótto-carceriêre, *m.*, secondíno

Tùrnpíke, *s.* arganêllo, steccáto, barriêra di stráda (*dove si paga il pedaggio*); — màn, riscuotitóre del pedàggio

Turnscrew, (*pr.* tùrnsrû) *s.* cacciavíte, *m.*

Tùrnsole, *s.* (*bot.*) girasóle, *m.*, eliotròpio

Tùrnspit, *s.* menarròsto, girarròsto, *m.*

Tùrnstíle, *s.* arganêllo; cancêllo

Tùrnstóne, *s.* (*orn*) pícchio che, per scoprír gl'insêtti, va rivolgêndo col bécco le piêtre

Tùrpentíne, *s.* trementína; — -trée, (*bot.*) terebínto

Tùrpitude, *s.* turpitúdine, *f.*

Tùrquōise, *s.* (*min.*) turchése, *m.*, turchína

Tùrret, *s.* torricciuóla, torricêlla

Tùrreted, *a.* turríto, forníto di torricêlle, fátto a tórre; — crŏwn, coróna turríta (*dell' Italia*)

Tùrtle, *s.* testúggine, *f.* (*di mare*)

—, — -dŏve, *s.* (*orn.*) tòrtora, tortorêlla

— -shêll, *s.* Tòrtōise-shêll

Tùscan, *a.* toscáno; (*arch.*) toscáno (*ordine*)

— *s.* toscáno, toscàna; il toscáno

Tùsh, *interj.* oibò! vía! vergógna!

— *vn.* sclamáre oibò! vergógna!

Tùsk, *s.* zánna

Tùsked, *a.* zannúto, che ha zánne

Tùssle, tùssel, *s.* (*volg.*) zúffa, píccola zúffa, parapíglia, *m.*

Tùt, *interj.* oibò

— *s.* globétto, pálla con crocétta sópra

— -bàrgain, *s.* contrátto all' ingròsso (tra i minatóri)

— -wŏrk, *s.* lavóro a còttimo

Tútelage, *s.* tutéla, státo di pupíllo

Tútelar, tútelary, *a.* tuteláre

Tútenag, *s.* (*min.*) ráme biánco, ráme, *m.* della Chína

Tútor, *s.* ájo, precettóre, maêstro; (*legge*) tutóre; (*scolastico*) ripetitóre, ájo

— *van.* ammaestráre, fáre da maêstro; riprêndere

Tútorage, *s.* funzióne, *f.*, autorità di precettóre; (*legge*) autorità di tutóre, tutéla

Tútoress, *s.* ája, governánte, *f*; maêstra

Tutórial, *a.* (*legge*) tutório; dell' ájo, del maêstro, del precettóre (cazióne

Tútoring, *s.* insegnaménto, istruzióne, edu-

Tútorship, *s.* precettoráto, funzióni di ripetitóre (*nelle scuole*)

Tútrix, *s.* (*legge*) tutríce, *f.*

Tùtty, *s.* (*chim.*) túzia, zínco calcináto

Twàddle, *vn.* chiacchieráre, cianciáre, ciarláre

— *s.* pettegolézzi, *mpl.*, ciárle, *fpl.*, chiácchiêre, *fpl.*

Twáin, *a.* (*poet-*) due; in —, in due

Twàng, *s.* suóno acúto; pronúncia nasále; to spéak with a —, proferír col náso

— *van.* rêndere un suóno acúto, scoppiáre

'Twăs, *abbrev.* dí it was

Twàttle, *vn.* cicaláre, ciarláre, gracchiáre

Twéag, Twéak, *va.* pizzicáre; tiráre con violênza; — a pêrson bý the nóse, tiráre alcúno pel náso

Twéedle, *va.* toccáre, suonáre leggerménto

Twéezers, *s.* mollétte, pinzétte píccole

Twêlfth, *s. a.* duodécimo, dodicésimo; — night, fêsta dell' Epifanía; — cáke, focáccia per l'Épifanía

Twêlve, *a.* dódici; — mŏnth, ánno; — a — month hence, di qui a un ánnò

— -pênce, *s.* scellíno (25 *soldi italiani*)

— -pênny, *a.* di uno scellíno

— -scóre, *s.* dódici ventíne (240)

Twêntietн, *a.* ventêsimo, vigêsimo

Twênty, *a. s.* vénti, *m.*

Twice, *avv.* due vòlte; doppiaménte

Twifàllow, *va.* (*agr.*) dáre la secónda aratúra, aráre di nuòvo

Twig, *s.* vêrga, verghétta, ráma, verména, vímine, *m*; a líme- —, panióne, *m.*, rámo impaniáto per pigliáre uccêlli

Twiggen, *a.* vimíneo, fátto di vímini

Twiggy, *a.* piêno di verghétte

Twilight, *s.* crepúscolo; — *a.* crepuscoláre

'Twill, *abbrev.* dí it will

Twill, *va.* têssere, trapuntáre

Twilled, *a.* piegáto, incrociáto, trapuntáto

Twin, *s.* gemêllo, bináto; the — s (*astr.*) *pl.* i gemêlli

— *a.* gemêllo, bináto; — sisters, sorêlle gemêlle; — born, bináto, gemêllo

— *vn.* bináre; partoríre gemêlli

Twine, *va.* tòrcere, avviticchiáre; to — тнrèad, tòrcere il fílo; — arŏund, avviticchiáre, abbracciáre, avvinghiáre (chiársi

— *vn.* attortigliársi, avvòlgersi, avvitic-

— *s.* spágo, filo ritòrto; abbráccio strétto

Twinge, *s.* spásimo, fítta, dolóre subitáneo e acutíssimo; púnta, púngolo, pungiglióne, *m.*, rimordiménto, torménto, crúccio, pízzico; the — s of the gŏut, i dolóri della podágra

— *va.* cagionáre un dolóre acúto, pizzicáre, crucciáre, tormentáre

— *vn.* spasimáre, avére delle fítte

Twink, *s.* V. Twinkle

Twinkle, *vn.* scintilláre, sfavilláre

—, twinkling, *s.* scintilláre; in the twinkling of an eye, in un bátter [d'òcchio, in un baléno

Twinkling, *a.* scintillánte, sfavillánte

Twinling, *s.* agnellíno gemêllo

Twinner, *s.* mádre di gemêlle (*delle bestie*)

Twirl (*pr.* twùrl), *va.* far giráre rapidaménte (*colla mano*), muòvere in giro, rotáre; *vn.* giráre rapidaménte, fáre giravòlte

— *s.* roteaménto, giraménto, torciménto

Twist, *va.* tòrcere, avvòlgere, filáre, intrecciáre; to — reréad, tòrcere del filo; to — wòol, or còtton, filáre lána o cotóne; — itsèlf into, insinuársi in; — háir, intrecciár capélli; —, *vn.* avvòlgersi, attorcigliársi, intrecciársi, insinuársi

— *s.* filo ritòrto ; còrda, torcitúra, torciménto, attortigliaménto; stòrto (*stato*), storcitúra, cùrva, piěga ; ròtolo (*di tabacco*), pagnottína

Twisted, *a.* tòrto, attorcigliáto, stòrto, ritòrto, attortigliáto, a chiòcciola

Twister, *s.* torcitóre ; cordájo ; (*art.*) torcitóre, tòrchio (*macchína per tòrcere*)

Twisting, *s.* il tòrcere, torciménto, attortigliaménto ; il filáre ; intrèccio ; — machine, mácchina per tòrcere

Twit, *va.* biasimáre, rimbrottáre ; — with, rinfacciáre

Twitch, *s.* pízzico, tiráta, strappáta, fitta, spásimo, dolóre acúto ; — gráss, gramígna
— *va.* tiráre (*bruscamente*), pizzicáre, strappáre, svèllere, carpíre ; — off, awáy, svèllere, strappáre, carpíre

Twitching, *s.* l'àtto del tiráre (*bruscamente*), il pizzicáre, lo strappáre   (táre

Twitter, *vn.* (*degli uccelli*), garríre, cinguet-
— *s.* il garríre, garríto (*degli uccelli*); garriménto

— *s.* censóre, crítico

Twittingly, *avv.* con biásimo, con rimbròtto

Twittle-twáttle, *s.* (*volg.*) cicalío, cinguettaménto, ciarlería ; *vn.* cicaláre, cinguettáre

Twixt, *abbrev. di* Betwixt

Twó, *a.* dúe ; — bý —, a dúe a dúe
— -hánded, *a.* bìmane ; — -èdged, a dúe tágli, bitagliénte ; — -fisted, ambidèstro, gagliárdo; — -forked, biforcúto; — -léaved, a dúe fóglie; a dúe battènti; (*bot.*) bipétalo; — -lóbed, a dúe lòbi ; — -tòngued, bilíngue

— -pence (*pr.* tùppens), *s.* dúe sòldi (20 cent.)
— -penny (*pr.* tùppeny), *a.* di dúe sòldi

Twoúld, *abbrev. di* it woúld

Twófold, *a.* dòppio, duplicáto

Týe, *s.* V. Tie ; (*mar.*) ítago

Týger, *s.* V. Tiger

Týmbal, *s.* (*mus. mil.*) tabállo, timbállo

Týmpan, *s.* tímpano, tambúro ; (*anat.*) tímpano; (*arti*) tímpano

Týmpanites, *s.* (*med.*) timpaníte, *f.*; timpanítide, *f.*

Týmpanum, *s.* (*anat.*) tímpano (*dell' orec-*

Týmpany, *s.* (*med.*) timpaníte, *f.*   (chio)

Týny, *a.* V. Tiny

Týpe, *s.* típo, ségno, símbolo ; (*tipog.*) típo, caráttere

Týphoid, *a.* (*med.*) tifoidèo

Typhóon, *s.* tifóne, *m.* (*uragano*)

Týphous, *a.* (*med.*) del tifo

Týphus, *a.* (*med.*) del tifo, tifoidèo ; — féver, fèbbre tifoidèa; — *s.* tifo

Týpic, týpical, *a.* típico, simbòlico, figura-

Týpically, *avv.* in mòdo típico   (tívo

Týpicalness, *s.* státo típico, qualità simbòlica

Týpify, *va.* simbolizzáre

Typógrapher, *s.* (*poco us.*) tipógrafo, stampatóre

Typográphic, typográphical, *a.* tipográfico; típico

Typográphically, *avv.* tipograficaménte, emblematicaménte

Typógraphy, *s.* tipografía

Týranness, *s.* tiránna, dònna tiránnica

Týrannic, tyrànnical, *a.* tiránnico

Týrannically, *avv.* tirannicaménte

Týrannicide, *s.* tirannicídio; tirannicída, *m.*, *f.*, uccisóre, uccisóra d' un tiránno

Týrannize, *vn.* tirannizzáre, usár tirannía; — óver, *va.* tiranneggiáre, angariáre, opprímere

Týrannous, *a.* tiránnico, dispòtico

Týrannously, *avv.* tirannicaménte

Týranny, *s.* tirannía, oppressióne

Týrant, *s.* tiránno, dèsposta, *m*; pètty —, tirannèllo ; to pláy the —, fáre il tiránno, tiranneggiáre

Týrian, *a.* tírio, di Tíro ; — dýe, pórpora di Tíro ; — *s.* tírio, natívo di Tíro

Týro, *s.* tiróne, *m.* novízio, principiánte

Týthe, *s.* V. Tithe

Tzär (*pr.* sär), *s.* czär, *m.*

Tzarina (*pr.* saréna), *s.* czarína

U

U, (*ventesima prima lettera dell'alfabeto inglese*), u, *m.*

úberous, *a.* (*poco us.*) ubertóso, fèrtile; feùberty, *s.* ubertà, abbondánza   (còndo

Ubication ⎱ *s.* (*poco us.*) ubicazióne
Ubiety ⎰

úbiquist, úbiquitárian, *s.* (*teol.*) ubiquitário, ubiquísta, *m.*

Ubiquitariness, *s.* (*poco us.*) ubiquità

úbiquitary, *a.* onnipresènte; *s.* èssere, *m.* dotáto d' ubicuità

úbiquitous, *a.* onnipresènte

Ubiquity, *s.* (*teol.*) ubiquità, onnipresènza

ùdder, *s.* pòppa, tètta, tèttola (*di vacca, di capra*)

ùddered, *a.* che ha tètte, mammèlle

Udometer, *s.* udòmetro

úglily, *avv* bruttaménte

ùgliness, *s.* bruttézza, laidézza, deformità

ùgly, *a.* brútto, defórme, láido ; ràther —, bruttíno; to grów or get —, divenír brútto

Ukáse, *s.* ukáse, *m.* (*editto dell'imperatóre di Rússia*)

úlans, *spl*. uláni, *mpl*., (milízia tártara)
úlcer, *s*. úlcera, piága
úlcerate, *va*. ulceráre, esulceráre; *vn*. ulceráre
Ulcerátion, *s*. ulcerazióne, ulceraménto
úlcered, *a*. ulceráto, ridótto in piága
úlcerous, *a*. (*med*.) ulceróso
úlcerousness, *s*. státo di ulcerazióne
úléma, *s*. ulêma, *m*. (*dottore turco*)
Uligínous, *a*. uliginóso
úllage, *s*. (*com*.) cálo del víno in una bótte; l'agitáre il víno in una bótte
Ulmaria, *s*. (*bot*.) ulmaria, regina dei práti
úlna (*pl*. úlnae), *s*. (*anat*.) úlna
úlnar, *a*. cubitále, del gómito
últ., *abbrev. di* último, scórso; the tènth —, il 20 dello scórso (*mese*)
Ultérior, *a*. ulterióre
últimate, *a*. último, finále; definitívo, finále
últimately, *avv*. ultimaménte, alla fíne
Ultimátum (*pl*. ultimáta), *s*. ultimátum, *m*.
último, *a*. dello scórso (*mese*); your lètter of the 6th. —, vòstra léttera del 6 dello scórso
últraïsm, *s*. ultra-radicalísmo, sistéma politico de' fautóri delle estréme misúre
últraist, *s*. últra radicále, fautóre delle misúre estréme in política
últramarine, *a*. oltramaríno, d'òltre máre, azzúrro
— *s*. azzúrro, oltramaríno (*colore*)
Ultramòndane, *n*. oltramondáno
Ultramòntane, *a*. oltramontáno; — *s*. oltramontáno
Ultramòntanism, *s*. oltramontanísmo
Ultramòntanist, *s*. fautóre dell'oltramontanísmo
úlulate, *vn*. (*ant*.) ululáre, urláre
úmbel, *s*. (*bot*.) ombélla, umbélla
Umbéllar, *a*. (*bot*.) di, da ombélla
Umbéllated, *s*. umbelláto
Umbelliferous, *a*. (*bot*.) umbellifero
úmber, *s*. (*itt*.) ombrína; terra d'ómbra
úmbered, *a*. ombreggiáto, annuvoláto
Umbílic, *s*. (*anat*.) ombellico, ombilíco
Umbilícate, umbilícated, *a*. (*bot*.) umbilicáto
úmbles, *spl*. coratélla di cérvo o dáino
úmbo, *s*. umbóne; *m*., púnta rileváta nel céntro d'úno scúdo
úmbra, *s*. (*astron*.) cóno di ómbra
úmbrage, *s*. rézzo; ómbra, úggia, gelosía, sospétto; ómbra, úggia, offésa; to táke — at, adombrársi, pigliár ómbra o sospétto di
Umbrágeous, *a*. ombróso, ombrático
Umbrágeousness, *s*. ombrosità, uggia
úmbrate, *va*. ombreggiáre, ombráre
Umbràtic, umbràtical, *a*. che adómbra, ombrático, típico
úmbratile, *a*. che sta all'ómbra, oscúro, ritiráto; ombrátile, fínto

Umbrélla, *s*. ombrélla; — -stånd, pórta ombrélla, *m*., — -cáse, fòdero dell' ombrélla; to ópen, pùt ùp the —, aprír l'ombrélla
Umbríere, *s*. visiêra dell'élmo
Umbríferous, *a*. umbrífero
Umbrósity, *s*. ombrosità
úmpirage, *s*. arbitráto, giudício d'árbitri, sentênza d'árbitri, arbitraménto
úmpire, *s*. árbitro; giúdice elètto dalle párti
Unabándoned, *a*. non abbandonáto
Unabásed, *a*. non abbassáto, non umiliáto
Unabáshed, *a*. non confúso; imperturbáto
Unabáted, *a*. non diminuíto, non attentáto
Unabáting, *a*. che non diminuísce, contínuo
Unabbréviated, *a*. non abbreviáto, sénza abbreviazióne
Unabétted, *a*. sénza ajúto, non assistíto
Unabjúred, *a*. non abjuráto, non ripudiáto
Unáble, *a*. incapáce, inábile, inétto; to be —, non potére; she is — to cóme, ella non può veníre, le è impossíbile di veníre
Unabólishable, *a*. non abolíbile
Unabólished, *a*. non abolíto, in vigóre, vigénte
Unabrídged, *a*. non abbreviáto (gênte
Unabrógated, *a*. non abrogáto
Unabsólved, *a*. non assòlto, non affrancáto
Unabsórbable, *a*. che non si può assorbíre
Unabsórbed, *a*. non assorbíto, non assòrto
Unabúsed, *a*. non abusáto
Unaccénted, *a*. non accentáto, sénza accénto
Unaccáptable, *a*. non accòtto, sgradíto, ingráto
Unaccéptableness, *s*. qualità sgradévole, spiacevolézza
Unaccéptably, *avv*. inaccettabilménte, sgraditaménte
Unaccépted, *a*. non accettáto, ricusáto
Unaccéssible, *a*. inaccessíbile
Unacclímated, *a*. non acclimáto, non abituáto al clíma (dáto
Unaccómodated, *a*. sfornito, non accomodáto
Unaccómmodáting, *a*. pòco obbligánte, scortése
Unaccómpanied, *a*. scompagnáto, sólo
Unaccòmplished, *a*. incompléto, incompiúto, imperfètto; non compíto, inelegánte, incólto
Unaccóuntable, *a*. inesplicábile, inconcepíbile; stráno, bizzárro; non responsábile
Unaccóuntableness, *s*. stranézza inesplicábile; irresponsabilità
Unaccóuntably, *avv*. in mòdo inesplicábile
Unaccrédited, *a*. non accreditáto
Unaccústomed, *a*. pòco abituáto, inesercitáto
Unachíevable, *a*. inesèguíbile, inconseguíbile
Unachíeved, *a*. inseguito, non conseguito
Unacknówledged, *a*. non riconosciúto, non

confessáto; (*diplomazia*) non accreditáto; (*com.*) sénza rispòsta

Unacquáintance, *s.* ignoránza, pòca conóscénza

Unacquáinted, *a.* (*with*) ignáro di, non versáto in, non famigliarizzáto con, che non conósce; to be — with, non conoscere, ignoráre

Unacquíred, *a.* non acquistáto, naturále

Unacquitted, *a.* non assòltq

Unàcted, *a.* non eseguíto, non rappresentáto

Unadàpted, *a.* non adattáto, mal adattáto

Unadmíred, *a.* non ammiráto

Unaméndable, *a.* non emendábile, incorreggíbile

Unadmitted, *a.* non ammésso

Unadmònished, *a.* non avvertíto, non ammoníto

Unadórned, *a.* inornáto, disadórno

Unadùlteráted, *a.* non adulteráto, non falsificáto; naturále, púro

Unadvíšable, *a.* che non si déve consigliáre, imprudénte

Unadvíšed, *a.* sconsigliáto, sconsideráto

Unadvíšedly, *avv.* sconsigliataménte, imprudenteménte

Unadvíšedness, *s.* imprudénza, procédere sconsigliáto

Unaffécted, *a.* sénza affettazióne, naturále, sémplice; non commòsso, insensíbile, impassíbile

Unafféctedly, *avv.* sénza affettazióne, naturalménte

Unafféctedness, *s.* semplicità, schiettézza, mancánza di affettazióne

Unaffécting, *a.* che non commuòve, pòco patético

Unáided, *a.* non ajutáto, sénza assisténza

Unalármed, *a.* non allarmáto, tranquíllo

Unálienable, *a.* inalienábile

Unallíed, *a.* sénza alleáti, sénza congiúnti

Unalláyed, *a.* non alleggiáto, non raddolcíto

Unallòyed, *a.* sénza cattíva léga; púro

Unàlterable, *a.* inalterábile, invariábile

Unàlterableness, *s.* inalterabilità, invariabilità

Unàlterably, *avv.* inalterabilménte

Unambíguous, *a.* non ambíguo, non equívoco

Unambitious, *a.* non ambizióso, pòco ambizióso

Unambitiously, *avv.* sénza ambizióne

Unambitiousness, *s.* mancánza d'ambizióne

Unaménable, *a.* non responsábile; non soggétto

Unámiable, *a.* pòco amábile, inamábile

Unámiableness, *s.* inamabilità

Unamúšable, *a.* che non può èssere ricreáto, di non v' ha più modo di divertíre

Unamúšed, *a.* non divertíto

Unamúšing, unamúšive, *a.* non divertènte

Unànchored, *a.* non ancoráto

Unanéled, *a.* sénza aver ricevúta l'estréma unzióne

Unàngular, *a.* sénza ángoli

Unànimáted, *a.* non animáto

únanimity, *s.* unanimità

únànimous, *a.* unánime, concòrde

únànimously, *avv.* unanimeménte, all'unanimità

Unannéaled, *a.* non temperáto, non purificáto

Unannòyed, *a.* non annoiáto, non seccáto

Unànswerable, *a.* irrefragábile; incontestábile; a cui non si può rispóndere, replicáre

Unànswerably, *avv.* in mòdo incontrastábile

Unànswered, *a.* sénza rispòsta

Unànxious, *a.* sénza ansietà, tranquíllo

Unappàlled, *a.* non intimidíto, sénza timóre

Unappéalable, *a.* inappellábile

Unappéašable, *a.* implacábile

Unàpplicable, *a.* inapplicábile

Unapplíed, *a.* non applicáto; non impiegáto

Unappórtioned, *a.* che non ha porzióne, rimásto sénza porzióne, cui non fu assegnáta porzióne alcúna

Unappréciated, *a.* non apprezzáto

Unapprehénded, *a.* non préso, non arrestáto; incompréso, non capíto

Unapprehénsible, *a.* incomprensíbile

Unapprehènsibleness, *s.* incomprensibilità

Unapprehénsive, *a.* non apprensívo; tárdo a comprèndere

Unapprehènsively, *avv.* sénza apprensióne, sénza apprensíva

Unappríšed, *a.* non prevenúto, non avvertíto

Unappróachable, *a.* inaccessíbile

Unappróved, *a.* non approváto, disapprováto

Upáproned, *a.* sénza grembiále

Unàpt, *a.* inètto, pòco dispósto, incapáce

Unàptly, *avv.* mal a propósito; mále

Unàptness, *s.* inettitúdine, *f.*, sconvenevolézza

Unárgued, *a.* sénza discussióne, non disputáto

Unármed, *a.* inérme, sénza ármi

Unarráigned, *a.* non accusáto; non tradótto in giustízia

Unarránged, *a.* non ordináto, non mésso in órdine, in assètto

Unarráyed, *a.* sénza vestiménti, núdo

Unártful, *a.* sénza artifízio, senz'árte, ingénuo

Unártfully, *avv.* senz'árte, naturalménte

Unàscertáined, *a.* non accertáto, non cérto

Unashámed, *a.* sénza vergógna

Unásked, *a.* non richièsto, sénza èssere domandáto, spontáneo

Unaspíring, *a.* sénza ambizióne (bile
Unassáilable, *a.* non assalíbile, inattaccá-
Unassáiled, *a.* non assalíto, non attaccáto
Unassisted, *a.* non ajutáto, non assistênza
Unassúming, *a.* sénza pretensióne, modésto
Unatóned, *a.* inespiáto
Unattáched, *a.* non attaccáto ; sénza af-
fezióne
Unattácked, *a.* non attaccáto, non assalíto
Unattáinable, *a.* che non si può ottenére
Unattáinableness, *s.* impossibilità di otte-
nére
Unattèmpted, *a.* intentáto, non intrapréso
Unattènded, *a.* scompagnáto, sénza sègui-
to, sólo
Unattráctive, *a.* che non attráe, che non
allétta
Unáudited, *a.* non esamináto (*dei conti*)
Unáugmènted, *a.* non aumentáto
Unáuthènticáted, *a.* non autenticáto
Unáuthoríssed, *a.* non autorizzáto
Unaváilable, *a.* che non gióva, inútile,
váno
Unaváiling, *a.* inútile, inefficáce, infrut-
tuóso
Unavénged, *a.* non vendicáto, invendicáto
Unavóidable, *a.* inevitábile
Unavóidableness, *s.* impossibilità d'evitáre
Unavóidably, *avv.* inevitabilménte
Unavówed, *a.* non confessáto
Unawáre, *a.* disatténto, non avvertíto, non
informáto; I was unaware that..., io igno-
ráva che, non sapéva che
Unawáres, *avv.* inopinataménte, all'improv-
víso
Unáwed, *a.* non spaventáto, sénza timóre,
non rattenúto dal timóre, dal rispétto
Unbácked, *a.* non spalleggiáto, non ajutáto;
(*di cavalli*) non domáto
Unbáffled, *a.* non isventáto, non frustráto,
non delúso
Unbálanced, *a.* non bilanciáto, non equi-
libráto; (*com.*) non bilanciáto, non pareg-
giáto
Unbállast, *va.* scaricáre la zavórra
Unbáptízed, *a.* non battezzáto
Unbándaged, *a,* svincoláto, sénza legáme,
sénza bénda
Unbánnered, *a.* sénza bandiéra
Unbár, *va.* leváre le sbárre, sbarráre, aprire
Unbéarable, *a.* insopportábile, intollerábile
Unbéarded, *a.* imbèrbe, sénza bárba
Unbéaten, *a.* non battúto, non frequentáto
Unbecóming, *a.* disdicévole, sconveniênte
Unbecómingly, *a.* in mòdo disdicévole,
sconvenevolménte
Unbecómingness, *s.* sconvenevolézza
Unbéd, *va.* far alzáre dal lêtto
Unbédded, *a.* fátto alzáre dal lêtto, di-
sturbáto
Unbefítting, *a.* disadátto, disdicévole (gio
Unbefríended, *a.* sénza amíci, sénza appóg-

Unbegèt (*pret.* unbegòt, *p. p.* unbegòtten),
va. distrúggere, annientáre (*poco us.*)
Unbegòtten, *a.* non concepíto, non creáto,
increáto, etérno
Unbelíéf, *s.* incredulità, mancánza di féde,
póca féde
Unbelíéver, *s.* incrédulo, infedéle
Unbelíéving, *a.* incrédulo, miscredênte
Unbènd (*pas.* unbènt), *va.* allentáre, ral-
lentáre; — one's mind, riposársi, ricreársi
Unbènding, *a.* che non si plèga, che non si
abbássa; fêrmo, risolúto, sáldo, inflessíbile
Unbèneficed, *a.* sénza benefízio ecclesiá-
stico
Unbenèvolent, *a.* non benèvolo
Unbeníghted, *a.* giammái oscuráto, sêmpre
chiáro
Unbènt, *a.* rallentáto, allentáto; non téso;
non umiliáto; ricreáto, riposáto
Unbequéathed, *a.* non lasciáto in legáto
per testaménto
Ubeséem, *vn.* disdírsi, êsser disdicévole
Unbesèt, *a.* non assediáto, non assalíto
Unbesóught, *a.* non sollecitáto, non implo-
ráto
Unbespóken, *a.* non comandáto, non or-
dináto
Unbestówed, *a.* non largíto, non concésso;
disponíbile; núbile
Unbetráyed, *a.* non tradíto
Unbetróthed, *a.* non fidanzáto
Unbewáiled, *a.* non deploráto, non lamen-
Unbíassed, *a.* imparziále, incorrótto (táto
Unbídden, *a.* non comandáto; non invitáto
Unbínd (*pas.* unbóund), *va.* sciógliere, sle-
gáre
Unblámable, *a.* irreprensíbile, sénza cólpa
Unblámably, *avv.* irreprensibilménte
Unbléached, *a.* non imbiancáto al sóle
Unblèmished, *a.* sénza táccia, intátto, per-
fêtto
Unblènched, *a.* che non indietréggia, che
non si arrètra, che non impallidísce
Unblènded, *a.* sénza mescolánza, non misto
Unblèst, *a.* non benedétto; dégno di ripr-
vazióne, maledétto; sventuráto, infelíce
Unblówn, *a.* non sbucciáto, non fioríto
Unblúnted, *a.* non rintuzzáto
Unblúshing, *a.* che non arrossísce, sfac-
ciáto, sfrontáto
Unblúshingly, *avv.* sénza arrossíre, spu-
dorataménte
Unbólt, *va.* sbarráre, scatenacciáre, schiù-
dere
Unbònneted, *a.* sénza berrétta, scopêrto
Unbórn, *a.* non (ancora) náto, da náscere,
futúro; — áges, sécoli futúri ; bêtter —
than untáught, mèglio sarèbbe non êsser
náto che créscere sénza istruzióne
Unbórrowed, *a.* non accattáto, vêro, natu-
rále
Unbósom, *va.* comunicáre, riveláre; — one's

téll, sfogàrsi, aprîre il suo cuòre, spie-
gàrsi

Unbóught, *a.* non compràto

Unbóund, *a.* sciòlto, staccáto, non legáto

Unbóunded, *a.* illimitáto, smisuráto, infiníto

Unbóundedly, *avv.* illimitaménte, smisurataménte

Unbóundedness, *s.* natúra illimitáta

Unbóunteous, *a.* sénza generosità, sénza liberalità

Unbówed, *a.* non curváto, non piegáto, non
umiliáto

Unbówel, *va.* sviscerâre, cavár le víscere,
sbudelláre, sventráre

Unbráce, *va.* sciògliere, snodáre, allentáre

Unbráid, *va.* strecciáre, disfáre una tréccia

Unbréathed, *a.* non respiráto; (*ant.*) non
esercitáto

Unbríbed, *a.* non subornáto, incorrótto

Unbrídle, *va.* sbrigliáre, levâre la bríglia

Unbridled, *a.* sbrigliáto, sfrenáto, licenzióso

Unbróken, unbróken, *a.* non rótto, non interrótto; non domáto; non avvilíto, non
infránto, inviolàto; intátto, fêrmo, inflessibile, fiêro

Unbrótherlíke, unbrótherly, *a.* non fratellévole

Unbùckle, *va.* sfibbiáre, slacciáre

Unbúild, *va.* demolíre, atterráre, spianáre

Unbùng, *va.* sturáre, levâre il turácciolo,
il cocchiúme

Unbùrden, *va.* scaricáre, alleggeríre, alleviáre (d'un péso, d'un fardêllo); aprîrsi
con alcúno, aprîrgli il nòstro ánimo, il
cuóre

Unbùrdensome, *a.* che non è di péso; non
gráve, non pesánte, liève, leggiêro

Unburied (*pr.* unbèried), *a.* insepólto

Unbùrned, Unbùrnt, *a.* non abbruciáto

Unbùrthen, *va.* scaricáre, alleggeríre

Unbùtton, *va.* sbottonáre, sbottonársi

Uncálled, *a.* non chiamáto; — for, non richiêsto, póco necessário, inútile

Uncàncelled, *a.* nòn cancelláto, non annul-
láto

Uncàndid, *a.* non ischiêtto, sénza franchézza, sénza ingenuità

Uncanònical, *a.* non secóndo i cánoni; non
canònico

Uncáred for, *a.* neglêtto, abbandonáto, in
abbandóno

Uncáse, *va.* cavár fuòri dell'astúccio o della
cássa; scoprîre, spogliáre, smascheráre

Uncàught, *a.* non chiappáto, non préso,
líbero

Uncáused, *a.* non causáto, sénza motívo

Uncéasing, *a.* che non cêssa, incessánte

Uncéasingly, *avv.* incessanteménte

Unceremónious, *a.* sénza cerimònie, póco
cerimonióso, alla buòna

Uncèrtain, *a.* incêrto, dubbióso

Uncèrtainly, *avv.* incertaménte, con incer-
Uncèrtainty, *s.* incertézza; l'incêrto (tézza

Unchaín, *va.* scatenáre, liberáre

Unchàllengeable, *a.* che non si può sfidáre
(a duéllo)

Unchángeable, *a.* immutábile, permanênte

Unchángeableness, *s.* immutabilità

Unchángeably, *avv.* immutabilménte

Unchánged, *a.* inalteráto, inalterábile

Unchánging, *a.* costánte, che non si áltera

Unchárged, *a.* non caricáto; non accusáto

Uncháritable, *a.* non caritatévole

Uncháritableness, *s.* mancánza di carità

Uncháritably, *avv.* sénza carità

Uncháry, *a.* (*poet.*) imprudênte, poco circospêtto

Uncháste, *a.* non cásto, incontinênte, impudíco

Unchástely, *avv.* impudicaménte

Unchástity, *s.* incontinênza, impudicízia,
lussúria

Unchastísed, *a.* non castigáto, impuníto

Unchéated, *a.* non ingannáto

Unchécked, *a.* non frenáto, irrefrenáto; (*com.*)
non riscontráto, non collazionáto

Unchéerful, *a.* triste, melancônico, malin-
cônico

Unchéerfulness, *s.* tristézza, malinconía,
melanconía

ùncial, *a.* cubitále; *s.* lêttera cubitále, caráttere, *m.* cubitále

Unchewed (*pr.* ùnchùd) *a.* non masticáto

Unchíld, *va.* orbáre dei fígli

— -líke, *a.* non da fanciúllo

Unchívalrous, *a.* póco cavalerêsco

Unchrístened, *a.* non battezzáto

Unchrístian, Unchrístianly, *a.* póco cristiáno; indégno di un cristiáno; infedéle

Unchrístianize, *va.* scritianizzáre

Unchrístianlíke, *avv.* in mòdo póco cristiáno

Unchrónicled, *a.* non ricordáto nelle crò-
nache

Unchùrch, *va,* espêllere da una chiésa (società di fedéli)

Uchùrched, *a.* espúlso, scòmunicáto da una
chiésa

Uncínated, *a.* (*bot.*) uncináto

Uncircumcísed, *a.* incirconcíso

Uncircumcísion, *s.* incirconcisióne

Uncircumscríbed, *a.* incircoscritto

Uncircumspect, *a.* póco circospêtto

Uncircumstàntial, *a.* non circonstanziáto,
non particolareggiáto

Uncivil, *a.* incivíle, mal creáto, scortése

Uncivilísed, *a.* non civilizzáto, bárbaro

Uncivilly, *avv.* incivilménte, rusticaménte

Unclàd, *a.* non vestíto, spogliáto, non copêrto

Unclàimed, *a.* non reclamáto

Unclàrified, *a.* non clarificáto, non purgáto

Unclàsp, *va.* sfibbiáre, slacciáre, aprîre

Unclàssic, unclàssical, *a.* non clássico

ùncle, *s.* zío; (*in America*) zío, vecchiòtto, vecchióne; brávo vècchio; réad Uncle Tòm's Càbin, leggéte la Capánna dello Zio Tommáso

Uncléan, *a.* immóndo, spórco, impúro, disonèsto

Uncléanliness, *s.* sporchézza, sudicería, sporcízia, sordidézza; sudiciúme, *m.*

Uncléanly, *a.* sudício, spórco, immóndo

Uncléanness, *s.* sporchézza, immondézza, impurità, impudicízia

Uncléansed, *a.* non purgáto, non nettáto

Unclènch, Unclinch, *va.* disserráre, apríre il púgno

Unclèrical, *a.* póco clericále

Unclèw, *va.* disfáre, slegáre

Unclinch, *va.* aprír (la máno chiúsa, il púgno)

Unclipped, *a.* non tarpáto, non tagliáto, non mozzáto

Unclòg, *va.* sgombráre, sbrogliáre, liberáre

Unclòister, *va.* dar libertà di uscír dal chiòstro

Unclòistered, *a.* liberáta, liberáto dalla prigionía del chiòstro

Unclóse, *va.* schiúdere, disserráre, apríre

Unclósed, *a.* schiúso, disserráto, apèrto

Unclóthe, *va.* svestíre, spogliáre, denudáre

Unclòuded, *a.* sénza núvoli, seréno, límpido

Unclòudedness, *s.* chiarézza, serenità

Unclùtch, *va.* apríre con violènza

Uncòil, *va.* sgomitoláre, svòlgere, sviluppáre

Uncòined, *a.* non coniáto, non monetáto

Uncollècted, *a.* non raccòlto; non riscòsso

Uncollèctible, *a.* che non si può riscuòtere

Uncòloured, *a.* sénza colóre, non colorito

Uncòmbed, *a.* non pettináto; aggarbugliáto

Uncomèatable, *a.* (*burlesco*) inaccessibile che non si può avére; inconseguibile, inottenibile

Uncòmeliness, *s.* difètto di avvenènza

Uncòmely, *a.* non avvenévole, póco avvenènte, sgraziáto; svenévole, sénza grázia

Uncòmfortable, *a.* (*pers.*) non còmodo, non agiáto, prívo degli ági e dei còmodi della vita, inquiéto; disagiáto; (*cosa*) incòmodo, disadátto, mal riparáto, mal mobigliáto, póco gradévole, non *confortàbile*; to fèel — èsser agitáto, èssere un póco indispósto

Uncòmfortableness, *s.* diságio, incomodità, tristézza

Uncòmfortably, *avv.* con diságio, in mòdo incòmodo, sénza confòrto, tristaménte, disgraziataménte, meschinaménte, miseraménte

Uncòmforted, *a.* non confortáto, non consoláto; a diságio

Uncommànded, *a.* non comandáto

Uncommèmorated, *a.* non commemoráto, sénza commemorazióne

Uncommèndable, *a.* póco lodévole

Uncommènded, *a.* non lodáto, sénza lóde

Uncommèrcial, *a.* non commerciále; non commerciánte

Uncommiseráted, *a.* non compassionáto, sénza commiserazióne

Uncommìssioned, *a.* non incombenzáto; non autorizzáto, sénza commissióne

Uncommìtted, *a.* non commésso; she scárce had lèft an — crime, non c'èra quási delítto ch'ella non avésse commésso

Uncòmmon, *a.* non comúne, straordinário, singoláre, ráre

Uncòmmonly, *avv.* straordinariaménte

Uncòmmonness, *s.* rarità, singolarità

Uncommúnicated, *a.* non comunicáto

Uncommúnicative, *a.* non comunicativo, riserváto

Uncompèlled, *a.* volontário, spontáneo

Uncompláining, *a.* che non si lágna

Uncompòund, *a.* sémplice, incomplèsso

Uncomprèssed, *a.* non comprèsso

Uncompréhènsive, *a.* póco estéso, che comprènde póco, póco intelligénte, póco comprensívo

Uncòmpromising, *a.* che non vuòl venire ad un accomodaménto; fèrmo, sáldo, inflessíbile, implacábile

Unconcéalable, *a.* che non si può nascondere

Unconcéivable, *a.* inconcepíbile

Unconcéived, *a.* non concepíto

Unconcèrn, *s.* indifferénza, non cále, *m.*

Unconcèrned, *a.* indifferénte, insensíbile

Unconcèrnedly, *avv.* indifferenteménte

Unconcòcted, *a.* inconcòtto, non digerito

Uncondèmned, *a.* non condannáto; lécito

Uncondítional, *a.* non condizionále; sénza condizióne; assolúto, sénza risérva; (*mil.*) sénza condizióni

Uncondítionally, *avv.* sénza condizióni, assolutaménte

Unconfírmed, *a.* incèrto, non confermáto

Unconfórmable, *a.* non confórme, oppòsto, divèrso, incompatíbile

Unconfórmity, *s.* dissimigliánza, differénza

Uncongéaled, *a.* non congeláto, non geláto

Uncongénial, *a.* non congènio, non omogèneo, sénza affinità, antipático

Unconnècted, *a.* non connèsso, non collegáto; disgiúnto, sconnèsso, incoerènte

Uncònquerable, *a.* invincíbile, insuperábile

Uncònquerably, *avv.* insuperabilménte

Uncònquered, *a.* invítto, non vínto, indómito

Uconscièntious, *a.* non coscienzióso, sénza cosciénza

Uncònscionable, *a.* irragionévole, eccessívo, smisuráto; sénza cosciénza

Uncònscionably, *a.* irragionevolménte

Uncònscious, *a.* incònscio, ignáro, inconsapévole, insciénte

---

Uncònsciously, *avv.* inconsciaménte, inconsapevolménte, inscienteménte

Uncònsciousness, *s.* inconsapevolézza, ignoránza, il non èsser cònscio a sè stèsso

Uncònsecráted, *a.* non consacráto

Unconsènting, *a.* che non acconsènte, non consenziènte, non cedènte

Unconstitútional, *a.* incostituzionále, non costituzionále

Unconstitutionálity, *s.* incostituzionalità

Unconstitútionally, *avv.* incostituzionalménte

Unconstráíned, *a.* non costrétto, sénza soggezióne, líbero, spontáneo, disinvòlto

Unconstráínedly, *avv.* sénza soggezióne, liberaménte, sénza impáccio

Unconsùlted, *a.* non consultáto

Unconsúmed, *a.* non consumáto; inconsumáto; non árso, non abbruciáto

Uncontàminated, *a.* incontaminàto, sénza contaminazióne; púro, immacoláto

Uncòntradicted, *a.* non contraddétto

Uncontèsted, *a.* incontestáto, non richiamáto in dùbbio

Uncontríte, *a.* non contríto

Uncontróllable, *a.* irrefrenábile, irresistíbile, indomábile

Uncontróllably, *avv.* irrefrenabilménte, irresistibilménte

Uncontrólled, *a.* sénza contròllo, sénza ritégno, irrefrenáto

Uncòntrovèrted, *a.* incontrastáto, indisputáto, incontrastábile, incontestábile

Unconvèrsable, *a.* insociábile, insociévole, riserváto

Uncònvèrsant, *a.* non versáto, insciènte

Unconvèrted, *a.* non convertíto

Unconvinced, *a.* non convínto, non persuáso

Uncòrd, *va.* slegáre (*cosa legata con corde*)

Uncòrk, *va.* cavàre il turàcciolo

Uncòrked, *a.* non turáto, sturáto

Uncorrècted, *a.* non riscontráto, non corrètto

Uncoùntable, *a.* innumerábile (rétto)

Uncoùnted, *a.* non contáto, innumeráto; innumerévole

Uncoùple, *va.* sguinzagliáre, spajáre

Uncoùrteous, *a.* pòco cortése, scortése, incivíle

Uncoùrteously, *avv.* scorteseménte

Uncoùrtliness, *s.* difétto di cortesía, inciviltà

Uncoùrtly, *a.* che non è del bel móndo; non elegánte, non da signóre; dozzinále, ordinário, scortése, rózzo

Uncoùth, *a.* stráno, bizzárro, strámbo, gòffo

Uncoùthly, *avv.* stranaménte, goffaménte

Uncoùthness, *s.* rustichézza, goffàggine, *f.*

Uncòver, *va.* scoprire, spogliáre, snudáre

Uncòvered, *a.* scopérto, svestíto, a tèsta scopèrta

Uncreàte, *va.* annichiláre, distrúggere

Uncreàted, *a.* increáto, non ancóra creáto

Uncròpped, *a.* non mietúto, non raccòlto

Uncròssed, *a.* non cancelláto

Uncròwded, *a.* non affolláto, non accalcáto

ùnction, *s.* unzióne, unguénto, bálsamo; (*med.*) unzióne, *f*; (*religione*) unzióne; sácra unzióne; extréme —, estréma unzióne

Unctuòsity, *s.* untuosità, grassúme, *m.*

ùnctuous, *a.* untuóso, oleóso

ùnctuousness, *s.* untuosità, grassézza

Uncùlled, *a.* non raccòlto, non scèlto

Uncùltivable, *a.* che non si può coltiváre

Uncùltiváted, *a.* non coltiváto, incòlto

Uncúrable, *a.* V. incúrable

Uncùmbered, *a.* non ingombráto, sgómbro

Uncùrbable, *a.* indomábile, inrefrenábile, irrefrenábile

Uncùrbed, *a.* indòmito, sfrenáto, licenzióso

Uncùrl, *va.* disfáre (*i rícci*); strigáre, *vn.*, disfársi, strigársi, sciógliersi

Uncùrled, *a.* sénza rícci, coi capélli lísci

Uncùrse, *a.* liberáre da una maledizióne

Uncurtáíled, *a.* non raccorciáto

Uncùt, *a.* non tagliáto; intátto, intéro

Undàm, *va.* rómpere un' árgine, una díga, dar sfógo alle ácque rattenúte da una díga

Undàmaged, *a.* non danneggiáto, non avariáto, in buòna condizióne

Undàmped, *a.* non deprèsso, non scoráto, férmo

Undáted, *a.* sénza dáta

Undàunted, *a.* intrèpido, impertérrito, audáce (saménte)

Undàuntedly, *avv.* intrepidaménte, animo-

Undàuntedness, *s.* intrepidézza

Undàwning, *a.* che non albéggia

Undàzzled, *a.* non abbagliáto

Undèaf, *va.* rènder l'udíto a

Undebásed, *a.* non abbassáto, non avvilíto, non alteráto, non imbastardíto

Undebàuched, *a.* non corrótto, non dissolúto, púro

Undècagon, *s.* undecágono

Undecáyed, *a.* non decadúto, non deperíto

Undecáying, *a.* che non si appassísce, che non deperísce, imperitúro, sempitèrno

Undecéivable, *a.* che non si può ingannáre

Undecéíve, *va.* disingannáre, cavár d'ingánno

Undecéíved, *a.* disingannáto, sgannáto

Undecíded, *a.* indecíso, irresolúto

Undèck, *va.* priváre d'ornaménti, sfregiáro

Undècked, *a.* disadórno, sénza ornaménti

Undeclàred, *a.* non dichiaráto

Undeclìnable, *a.* inevitábile, irrecusábile, indeclinábile (*gram.*)

Undeclíned, *a.* non evitáto, non riüntáto; non declináto; (*gram.*) indeclináto

Undecompóéable, *a.* indecomponíbile

Undècompóéed, undecompoùnded, *a.* (*chim.*) indecompósto

Undècoráted, *a.* sénza ornaménti

Undecréed, *a.* non decretáto
Undèdicáted, *a.* non dedicáto
Undefáced, *a.* non sfiguráto
Undefénded, *a.* non diféso, sénza difésa
Undefléd, *a.* non isfidáto, non provocáto
Undefiled, *a.* intemeráto, immacoláto
Undefinable, *a.* indefiníbile, non definíbile
Undefíned, *a.* indefiníto, non circoscrítto
Undefórmed, *a.* non defórme, non sfiguráto
Undefráyed, *a.* non pagáto, non spesáto
Undegráded, *a.* non degradáto, non avvilíto
Undéified, *a.* sdivinizzáto
Undéify, *va.* sdivinizzáre
Undejécted, *a.* non avvilíto, non scoraggiáto
Undeliberáted, *a.* indeliberáto, inconsideráto
Undelíghted, *a.* non dilettáto, sénza piacére
Undelíghtful, *a.* che non dilétta, insúlso
Undelivered, *a.* non liberáto ; non conseguáto
Undemànded, *a.* non domandáto
Undemònstrable, *a.* indimostrábile
Undeníable, *a.* innegábile, incontrastábile
Undeníably, *avv.* incontrastabilménte
Undeplóred, *a.* non lamentáto, non deploráto
Undepráved, *a.* non depraváto, incorrótto, púro
Undeprèssed, *a.* non deprèsso, non pêrso di ánimo
Undeprived, *a.* sénza esser priváto, spogliáto
ùnder, *prep.* sótto, di sóttó, al di sótto di, méno di ; — the táble, sótto la távola ; to be — áge, éssere minorénne ; — hànd and séal, sottoscrítto e sigilláto ; — sáfl, alla véla ; — fávour, con vòstra buóna páce
— *avv.* al dì sótto, sótto, a mêno di ; to kéep —, tenér sótto, tenére nella soggezióne
— *a.* sótto, di sótto, inferióre, subaltêrno, più básso ; the — lip, il lábbro di sótto; — gràduate, sótto graduáto ; — officers, uffiziáli subaltêrni ; — áge, státo di minorénne, minoritá
Underbeàr (*pret.* underbóre, *p.p.* underbórne) *va.* sopportáre, soffríre ; (*ant.*) foderáre, soppannáre
Underbeàrer, *s.* necróforo
Underbid, (*pas.* —) *va.* offeríre méno del giústo valóre
Undercùrrent, *s.* corrênte sottomarína, corrênte inferióre
Underdéaling, *s.* prática segréta
Underdó, (*pret.* ùnderdid, *p. p.* underdóne), *va.* mancáre a, far méno di, restáre al di sótto di, non uguagliáre ; cuócere tròppo póco ; this róast béef is underdóne,

quést'arrósto è tròppo póco côtto, è quási crúdo
Undergird (*pr.* ùnderdergùrd), *va.* cíngere per di sótto
Undergó (*pret.* ùnderwènt, *p. p.* ùndergóne), *va.* subire, sopportáre, sostenére, soffrire, patíre, sottopórsi a
Undergövernor, *s.* sottogovernatóre
Undergràduate, *s.* aspiránte ai grádi universitárj
Undergràduateship, *s.* c ndizióne di aspiránte ai grádi universitárj
Undergróund, *a. s.* sotterráneo
Undergrówth, *s.* bòsco céduo, sélva cédua
Underhànd, *a.* sottománo, di soppiátto ; — déalings, mêne segréte
Underíved, *a.* non deriváto ; radicále, orisináe, indipendênte
Underláy (*pas.* ùnderláid) *va.* sottopórre ; appuntelláre
Underlèt (*pas.* —) *va* subaffittáre (affitta
Underlètter, *s.* pigionále, affittajòlo che subUnderlíe, *vn.* stár sótto
Underlíne, *va.* interlineáre ; scrívere sótto
ùnderling, *s.* subaltêrno, inferióre ; partigiáno ; víle stroménto, creatúra, ordigno
Undermíne, *va.* mináre, somminàre, distrúggere
Underminer, *s.* chi mína, ó sommína ; nemíco segréto
ùndermóst, *a.* il più básso, ínfimo, estrêmo
Underneáth, *prep.* e *avv.* di sótto, al di sótto
Underpin, *va.* puntelláre, riparáre per di sótto
Underplòt, *s.* intréccio secondário, episòdio
Underpróp, *va.* puntelláre, appoggiáre, sostenére
Underráte, *va.* stimáre tròppo póco, stimáre méno che la còsa non vále ; vilipêndere ; his tàlents are —d, i suoi talénti non sono bastanteménte apprezzáti
— *s.* prêzzo víle, tròppo basso
Underrécompense, *va.* ricompensáre al disótto del mêrito
Underrècompensed, *a.* ricompensáto ad disótto del mêrito
Underrùn (*pret.* underràn, *p. p.* underrùn) *va.* (*mar.*) visitáre (una gómena) colla máno ; stórcere (un paránco)
Underscóre, *va.* sottolineáre
Undersècretary, *s.* sótto-segretário
Undersèll (*pas.* undersóld) *va.* vêndere a miglióir mercáto (*degli altri*)
Undersét, (*pas.* —) *va.* pórre di sótto, puntelláre
— *s.* corrênte sub-marína
Undersètter, *s.* sostégno, puntêllo, piedestállo
Undershèriff, *s.* sótto sceríffo
ùndershrub, *s.* (*bot.*) frútice, *m.*, suffrútice, *m.*, êrba arborescênte

ùnderside, *s.* disótto; (*arch.*) imbótte, *f.*
Undershót, *a.* (*di ruota idraulica*) a pála, mòsso dall'ácqua per di sótto; — wheel, ruóta a pála
ùndersign, *va.* sottoscrivere, firmáre; the —ed, il sottoscritto
ùndersŏll, *s.* sottosuòlo; (*legge*) fóndi, *pl. m.*, con tutto ciò che è dentr'éssi
ùndersong, *s.* ritornèllo
Understànd, (*pas.* understóod) *va.* intèndere, comprèndere, capíre; intèndere, avér sentíto, udíre, èsser informáto; — *vn.* comprèndere, concepíre, intèndere, avér notízia, aver sentíto; dŏ yoú — whàt I sáy? intendéte quel che díco? shoúld I be understóod (coúld I máke myself understóod) if I went nŏw to England? sarèi io intéso (potrei fármi capíre) se andássi adésso in Inghiltèrra? to give one to —, significáre ad alcúno; expréssed or understóod, esprèsso o sottintéso; 1 — that, etc., ho sentíto díre che, ecc.; that is understóod, già s'intènde
Understànding, *s.* intellètto, intendiménto, comprensíva, raziocínio, giudízio, ragióne, spírito, intelligènza; accòrdo, corrispondènza, armonía; to còme to an — with, intèndersi con, accordársi con; to kéep ùp a gŏod — with, vívere in armonía con; a man of —, uòmo d'intellètto, uòmo di ricápito
Understàndingly, *avv.* scienteménte, con cognizióne di cáusa
Understáte, *va.* rappresentáre méno che non è la verità
Understòcked, *a.* stimáto tròppo básso
Understóod, *V.* Understànd
Understràpper, *s.* (*volg.*) persóna dipendénte, subaltèrno, creáto, creatúra, ordígno
Understrátum (*pl.* understráta) *s.* stráto inferióre
Understróke, *va.* sottolineáre
Undertákable, *a.* intraprendíbile
Undertáke, (*pret.* undertóok, *p. p.* undertáken) *van.* intraprèndere, imprèndere, pigliáre in appálto, incaricársi di, impegnársi di, accollársi, avventurársi; — pùblic wòrk, pigliáre in appálto un lavóro púbblico; — to próve that, etc., impegnársi di prováre che, ecc.
Undertáker, *s.* chi intraprènde una còsa, chi s'impégna; imprenditóre, intraprenditóre, impresário, appaltatóre, assuntóre; —, fúneral —, impresário delle pómpe fúnebri
Undertáking, *s.* imprésa, intraprésa, assúnto, intraprendimento
Undertóok, *V.* Undertáke   (bássa
Undervaluátion, *s.* bássa stíma, stíma tròppo
Undervàlue, *va.* stimáre tròppo pòco, far pòco cónto di; deprezzáre

— *s.* bássa stíma, vil prèzzo; deprezzaménto
Underwènt, *pret. di* to undergó
Underwòod, *s.* bòsco céduo, arbústi píccoli
Underwòrk, *s.* affári di pòco riliévo, affarúcci
— *va.* contramminàre, spiantáre, scalzáre
Underwòrkman, *s.* sótto-operájo, manovále, *m.*
Underwríte, (*pret.* ùnderwróte, *p. p.* ùnderwritten), scrívere sótto, sottoscrivere, firmáre; (*com.*) assicuráre; — *va.* far l'assicuratóre
Underwritten, *a.* sottoscritto, firmáto
Underwríter, *s.* sottoscrittóre, soscrittóre, sottoscrivènte; assicuratóre, mallevadóre
Undescríbed, *a.* non descritto   (re, *m.*
Undescríed, *a.* non vísto, non scopèrto
Undesèrved, *a.* non meritáto, immeritáto
Undesèrvedly, *avv.* immeritaménte
Undesèrver, *s.* persóna immeritévole
Undesèrving, *a.* sènza mèrito, immeritévole
Undesèrvingly, *avv.* immeritaménte, immeritevolménte
Undesígned, *a.* sènza diségno; involontário
Undesígning, *a.* sènza diségno; buóno, schiètto
Undesírable, *a.* da non desiderársi
Undesíred, *a.* non desideráto, non bramáto
Undesíring, *a.* non bramóso, indifferénte
Undestróyed, *a.* non distrútto
Undetécted, *a.* non scopèrto
Undetèrminable, *a.* non determinábile
Undetèrmined, *a.* indecíso, indetermináto
Undetèrred, *a.* non spaventáto, non stornáto
Undéviáting, *a.* diritto, dirètto, che non devía, che non èsce dalla vía, regoláre, invariábile, costánte, fèrmo
Undevóted, *a.* non dáto; non addètto
Undevóut, *a.* non divòto, indevòto
Undevóutly, *avv.* indivotaménte, sènza divozióne
Undigèsted, *a.* non digeríto; indigèsto
Undignified, *a.* sènza dignità, pòco dignitóso
Undiminishable, *a.* incapáce di diminuzióne
Undiminished, *a.* non diminuíto, intéro
Undimmed, *a.* non offuscáto, non appannáto
Undíne, *s.* ondína (fáta delle ácque)
Undípped, *a.* non immèrso, non tuffáto
Undirécted, *a.* sènza direzióne, sènza indirizzo, non dirètto, sènza consíglio
Undisbànded, *a.* (*mil.*) non sbandáto
Undiscèrned, *a.* inosservàto, non vedúto
Undiscèrnedly, *avv.* sènza potérsi osserváre
Undiscèrnible, *a.* impercettíbile, invisíbile
Undiscèrnibleness, *s.* impercettibilità
Undiscèrnibly, *avv.* in mòdo impercettíbile
Undiscèrning, *a.* che non discèrne, che mánca di discerniménto, pòco giudizióso

Undisciplined, *a.* indisciplináto

Undiscoùraged, *a.* non scoraggiáto

Undiscòverable, *a.* che non si può scoprire

Undiscòvered, *a.* non iscopêrto, non veduto; nascósto, segrêto

Undiscriminating, *a.* che non distingue

Undisguísed, *a.* non mascheráto; schiêtto; sêmplice

Undishònoured, *a.* non disonoráto

Undismáyed, *a.* non isgomentáto, sênza timóre

Undispêrsed, *a.* non spárso (mòre

Undispósed, *a.* (of) non per ánco vendúto; non consegnáto, non alienáto

Undispúted, *a.* incontestáto, incontrastáto

Undissêmbled, *a.* non dissimuláto, non fínto, vero; dichiaráto, apêrto, palése

Undissêmbling, *a.* che non dissimula

Undissipáted, *a.* non dissipáto

Undissòlvable, *a.* indissolúbile; — tíes, víncoli indissolúbili

Undissòlving, *a.* non dissolvénte

Undistinguíshable, *a.* indistinguíbile

Undistinguíshably, *avv.* indistintaménte; cosi da non potèr distínguere

Undistinguished, *a.* indistínto, confúso

Undistinguishing, *a.* sénza distinzióne, che non fa distinzióne, sénza discernimênto

Undistòrted, *a.* non defórme, non pervertíto

Undistràctedly, *avv.* sénza distrazióne, sénza distúrbo

Undistributed, *a.* non distribuíto

Undistràcted, *a.* non distrátto, non stornáto

Undistùrbed, *a.* non disturbáto, imperturbáto; I slêpt — till mòrning, dormíi pacificaménte fíno al mattíno

Undistùrbedly, *avv.* sénza distúrbo, tranquillaménte, sénza disórdine

Undistùrbedness, *s.* tranquillità, cálma, páce,

Undivèrsified, *a.* sénza varietà, unifórme (*f.*

Undivèrted, *a.* non distornáto; non divertíto

Undivèsted, *a.* non ispogliáto

Undivídable, *a.* indivisíbile, inseparábile

Undivided, *a.* indivíso, intéro

Undivórced, *a.* sénza aver fátto divòrzio; non separáti; uníti; thése died togêther — in dèatH, morírono insiême, uníti nella mòrte

Undivùlged, *a.* non divulgáto, segréto

Undò, (*pret.* undid, *p. p.* undòne) *va.* disfáre, sfáre, annulláre, distrúggere, mandáre in rovina, rovináre; to — what has been dòne, disfáre ciò che è státo fátto; — a knót, sciòrre un nòdo; — a pèrson, rovináre alcúno; — a knótty quèstion, strigáre una questióne intralciáta; to léave a thing undòne, tralasciáre di fáre una còsa

Undòck, *va.* far uscíre dai *docks* (*del porto*)

Undòer, *s.* chi disfa, chi snòda, chi rovína; disfacitóre; seduttóre, rovinatóre

Undòing, *s.* (*V.* Undò) rovina, sfaciménto, pêrdita

Undòne, *V.* Undò

Undòubted, *a.* indúbbio, non dúbbio, indubitáto, veráce

Undòubtedly, *avv.* indubitataménte, certaménte

Undòubting, *a.* che non dúbita, persuáso; convínto; (*cosa*) fêrmo, inconcússo

Undramàtic, *a.* póco drammático

Undràwn, *a.* non tiráto, non allungáto; non disegnáto, non sguaináto

Undrèaded, *a.* non temúto

Undréamed, *a.* non sognáto; — of, inopináto

Undrèss, *va.* svestíre, spogliáre; — *vn.* spogliársi, svestírsi, — one's sèlf, svestírsi

undrèss, *s.* ábito di cámera, ábito neglétto

Undrèssed, *a.* non vestíto, svestíto, non preparáto, incólto; (*orticoltura*), non tagliáto; sénza ornaménti, sénza adòbbi

Undríed, *a.* non asciútto; bagnáto; non sécco, acêrbo

Undrílled, *a.* non esercitáto (nelle manòvre militári); indisciplináto

Undrinkable, *a.* che non si può bêre

Undríven, *a.* non spínto, non cacciáto

Undúe, *a.* indébito, illegále, ingiústo

undulary, *a.* ondeggiánte, fluttuánte

undulate, *van.* ondeggiáre, muòversi a ònde, sventoláre, oscilláre, far oscilláre

Undulátion, *s.* ondulazióne, ondeggiaménto

undulatory, *a.* ondulatòrio, ondeggiánte

Undúly, *avv.* indebitaménte, impropriaménte

Undúteous, undútiful, *a.* disubbidiênte, irriverênte

Undútifully, *avv.* disubbidienteménte

Undútifulness, *s.* disubbidiênza, irriverênza

Undýing, *a.* che non muòre, non cadúco, imperitúro, sempitêrno, immortále

Unèarned, *a.* non guadagnáto (*col lavoro*, immeritáto

Unèartн, *va.* disotterráre; (*caccia*) stanáre, leváre

Unèarraly, *a.* non terrêstre, púro, celèste

Unèasily, *avv.* disagiataménte, inquietaménte

Unèasiness, *s.* diságio, scòmodo, inquietúdine, *f.*, fastídio, péna

Unèasy, *a.* disagióso, disagévole, disagiáto; incòmodo, penóso, inquiéto, travagliáto, agitáto; dò not bê —, non siáte inquiéto; státe púre tranquíllo

Unèatable, *a.* che non si può mangiáre; che non è buòno a mangiársi

Unèaten, *a.* non mangiáto

Unèchoing, *a.* che non echéggia; sénza éco

Unèclipsed, *a.* non eclissáto

Unèdifying, *a.* póco edificánte

Unèducated, *a.* non educáto, sénza istruzióne

Unelècted, *a.* non elètto, non scèlto

Unembàrrassed, *a.* non imbarazzáto, non imbrogliáto, non confúso; disimpacciáto;

strigáto; chiáro, nêtto, apêrto, líbero, fránco

Unembittered, a. non amareggiáto, non inasprito, sénza dolóre

Unemplᵒyed, a. non impiegáto, non adoperáto, disoccupáto, sfaccendáto

Unempᵒwered, a. non aútorizzáto, non fornito di procúra

Unêmpliable, a. (ant,) inesauríbile

Unenchántᵉᵈ, a. non incantáto

Unencúmber, a. disoneráre, liberáre da óneri o da ipotéche

Unemcúmbered, a. líbero da gravámi o ipotéche

Unendᵒwed, a. non dotáto, sprovvedúto

Unendúrable, a. insopportábile, intollerábile

Unendúrably, avv. intollerabilménte, insopportabilménte

Unengáged, a non ingaggiáto; disimpegnáto; non impiegáto; disponíbile, líbero

Unengáging, a. non attraênte, non avvenênte, póco simpático, antipático

Un-english (pr. ùn-inglish), a. antí-inglése, (non-ínglese)

Unenjᵒyed, a. non godúto, non possedúto

Unenlightened, a. non illumináto, sénza istruzióne; (teol.) non illumináto

Unenriched, a. non arricchíto; disadórno

Unensláved, a. non réso schiávo, líbero

Unentáᵢled, a. (legge) non sostituíto, disponíbile; all the remáinder of his — próperty was bequéathed to Flóra, tutto il rêsto dei suói bêni disponíbili fu lasciáto a Flóra

Unênterprísing, a. póco intraprendênte

Unéntertáíning, a. che non divêrte, tedióso

Unenᵣᵤrálled, a. non soggiogáto, non ridótto in servitù

Unentómbed, a. insepólto

Unênviable, a. póco dégno d'invídia, da non invidiársi

Unênvied, a. non invidiáto

Unéquable, a. inequábile, non unifórme, irregoláre

Unéqual, a. ineguále, disuguále

Unéqualled, a. incomparábile, sénza eguále

Unéqually, avv. inegualménte, disugualménte

Unequivocal, a. non equívoco, evidênte

Unêrring, a. infallíbile, cêrto, sicúro

Unêrringly, avv. infallibilménte, sénza fallíre

Unessáyed, a. non sperimentáto, non saggiáto, non prováto

Unesséntial, a. non essenziále

Unevangèlical, a. non evangélico

Unéven, a. ineguále, scabróso

Unévenly, avv. inegualménte, disugualménte

Unévenness, s. inegualità, scabrosità

Unovéntful, a. sénza (notévoli) evênti

Unexácted, a. non strappáto colla fòrza; spontáneo

Unexàggerátéd, a. non esageráto

Unexàminable, a. non esaminábile

Unexàmined, a. non esamináto, non verificáto

Unexámpled, a. sénza esémpio, inaudíto

Unexcélled, a. non sorpassáto

Unexcéptionable, a. non soggêtto ad alcúna objezióne, ineccepíbile, non ricusábile

Unexcéptionableness, s. ineccepibilità, il non andár soggêtto ad alcúna objezióne

Unexcéptionably, avv. ineccepibilménte

Unexcísed, a. esênte dall'accísa (balzêllo)

Unexcítᵉᵈ, a. non eccitáto; tranquíllo

Unexclúded, a. non esclúso

Unêxecúted, a. ineseguíto

Unexémplary, a. póco esempláre

Unexémplified, a. non esemplificáto, non rischiaráto con esémpi, sénza esémpio

Unexémpt, a. non privilegiáto, non esênte

Unêxercísed, a. non esercitáto, inespêrto

Unexháusted, a. inesáusto, non esáusto

Unexpánded, a. non distéso, non dilatáto

Unexpécted, a. inaspettáto, inopináto

Unexpéctedly, avv. inaspettataménte, nopinataménte

Unexpéctedness, s. inaspettatézza, subitaménte

Unexpláíned, a. non spiegáto (neità

Unexplóred, a. inesploráto, non esploráto, incógnito

Unexpósed, a. non espósto

Unexpréssed, a. non esprêsso, sottintéso, tácito

Unexténded, a. non estéso, sénza estensióne

Unextinguishable, a. V. Inextinguishable

Unextinguished, a. non estíntᵒ, non spênto

Unextirpated, a. non estirpáto

Unfáded, a. non appassíto, non sbiadíto

Unfáding, a. che non si appassísce, che non viêne sbiadíto; imperitúro, sempitêrno

Unfádingness, s. qualità di còsa che non si appassísce, durevolézza, sempiternità

Unfáíling, a. inesauríbile, immancábile, che non viên méno, infallíbile

Unfáílingness, s. infallibilità, immanchevolézza

Unfáír, a. non êquo, non ischiêtto, ingiústo, ímprobo, frodolénte, sleále, inonêsto, dolóso, artifizióso, di mala féde

Unfáírly, avv. ingiustaménte, slealménte, dolosaménte, frodolosaménte

Unfáírness, s. condótta dolósa, frodolénza, improbità, mala féde, slealtà, ingiustízia

Unfáíthful, a. infído, infedéle, sleále, êmpio

Unfáíthfully, avv. infidaménte, slealménte

Unfáíthfulness, s. infedeltà, slealtà, perfidia

Unfálcáted, a. non falcidiáto, non defalcáto

Unfállen, a. rítto in piêdi, non cadúto

Unfállowed, a. (agr.) non maggesáto

Unfáltering, a. non esitánte

nòr, rûde; - fáll, sòn, bůll; - fáre, dò; - bý, lỳmph; pòlée, bᵒᵍí, fᵒᵘl, fᵒᵂl; gem, aᵈ

Diz. Ingl. Ital. - Ediz. VI. Vol. I.   41

Unhàn*d*somely, *avv.* incivilménte, malaménte

Unhàn*d*someness, *s.* bruttézza, deformità;
difètto di delicatézza, inciviltà

Unhàndy *a.* póco dèstro, non manésco, non
manévole, ïnespèrto, inètto, góffo, balórdo;
disadàtto, incòmodo

Unhàng (*pas.* unhùng), *va.* spiccáre còsa
appiccáta, staccáre, sgangheráre; — a
róom, spiccáre le tappezzerie di una stánza

Unhànged, *a.* non ïmpiccáto

Unhàppied, *a.* (*ant.*) réso infelíce

Unhàppily, *avv.* disgraziataménte, sfortunataménte, per mála sòrte

Unhàppiness, *s.* infelicità, sfortúna, misèria

Unhàppy, *a.* infelíce, sfortunáto, mísero

Unhàrassed, *a.* non affralíto, non ispossáto

Unhàrbour, *va.* respíngere dal pòrto, cacciáre lúngi da sè sénza ricòvero

Unhàrboured, *a.* lúngi dal pòrto, sénza ricòvero

Unhàrmed, *a.* illéso, incòlume, intàtto

Unhàrmful, *a.* innocènte; ínnòcuo, non nocívo

Unharmònious, *a.* póco armonióso, disar-
monióso

Unhàrness, *va.* leváre i forniménti

Unhàtched, *a.* non cováto, non venúto in
lúce

Unhàzarded, *a.* non azzardáto, non arrischiáto

Unhèalthful, *a.* malsáno, insalúbre, morbífico

Unhèalthfulness / *s.* insalubrità, státo ma-
Unhèalthiness } laticcio

Unhèalthy, *a.* (*pers.*) malsáno, infèrmo;
(*cosa*) mal sáno, insalúbre; ràther —,
infermíccio, malatíccio; an — climàté,
clíma malsáno, insalúbre

Unhéard, *a.* non udíto, non sentíto, inu-
díto; — of, inaudíto, non più vedúto, straordinário

Unhéated, *a.* non riscaldáto

Unhèavenly, *a.* non celèste

Unhéed*e*d, *a.* non curáto; neglètto, sprezzáto

Unhéedful, *a.* disattènto, sbadáto

Unhéeding, *a.* trascuráto, disattènto, sbadáto

Unhèlm, *va.* priváre del timóne o della guída

Unhèlmed, *a.* sénza timone, sénza guída

Unhèlped, *a.* non assistíto, sénza ajúto

Unhèlpful, *a.* non giovévole, inútile

Unhèmmed, *a.* sénza órlo, non orláto

Unheróic, *a.* non eròico

Unhèsitàting, *a.* che non èsita, prónto, férmo, risolúto; inconcùsso

Unhèsitàtingly, *avv.* sénza esitáre, sénza esi-
Unhéwn, *a.* non tagliáto   (tánza

Unhindered, *a.* sénza opposizióne, sénza
ostácolo

Unhinge, *va.* sgangheráre, disordináre

Unhíred, *a.* non affittáto

Unhistòrical, *a.* non istòrico

Unhit, *a.* non colpíto

Unhitch, *va.* staccáre, distaccáre, spiccáre

Unhóard, *va.* prèndere in un tesóro; prèndere e spándere, dissipáre

Unhóliness, *s.* difètto di santità, empietà

Unhóly, *a.* non sánto, non santificáto, profáno, èmpio, corrótto

Unhònoured, *a.* inonoráto

Unhóok, *va.* spiccáre dall'uncíno, sûbbiáre

Unhóped, — for, *a.* insperáto, inaspettáto

Unhópeful, *a.* che non dà buóna speránza

Unhórned, *a.* sénza còrna

Unhórse, *va.* scavalcáre, leváre di sèlla

Unhòstile, *a.* non ostíle

Unhóuse, *va.* cacciáre di cása

Unhóused, *a.* sénza cása, sénza tètto, sénza
asílo

Unhùmbled, *a.* non umiliáto, sénza umiltà

Unhùng, *a.* non appéso, non appiccáto

Unhùrt, *a.* sáno e sálvo, illéso, incòlume;
they cáme off —, uscírono incòlumi

Unhùrtful, *a.* innòcuo, non nocívo, innocènte

Unhùrtfully, *avv.* in mòdo innòcuo, innocenteménte

Unhùsk, *va.* sgranáre, sgusciáre, sbaccelláre

Unhùsked, *a.* sgranáto, sbaccelláto

únicorn, *s.* liocòrno, unicòrno

Unidéal, *a.* non ideále, reále, positívo;
sénza idée

Unidiomàtic, *a.* non idiomático

úniflòrous, *a.* (*bot.*) uniflòro

úniform, *a.* unifórme, confórme, regoláre
— *s.* assísa, unifórme, *m.*, ábito militáre

úniförmity, *s.* uniformità, conformità

úniformly, *avv.* uniformeménte, invariabil-
ménte

úniformness, *s.* uniformità

únilàteral, *a.* unilateràle

Unillùmináted, *a.* non illumináto, oscúró;
ignoránte

Unimàginable, *a.* non immaginábile, inimmaginábile, inconcepíbile

Unimàginably, *a.* in mòdo inconcepíbile

Unimàginàtive, *a.* non immaginátivo; póco
immaginóso

Unimitable, *a.* inimitábile

Unimitated, *a.* non imitáto

Unimmòrtal, *a.* non immortále, mortále

Unimpáirable, *a.* inalterábile, non depe-
ríbile

Unimpáired, *a.* non deperíto, non guastáto,
sénz' alterazióne, intàtto, intéro

Unimpàssioned, *a.* non appassionáto, non
veemènte, sénza ardóre, fréddo, cálmo,
misuráto, sàvio, prosàico

Unimpéachable, *a.* non inattacábile, irreprensíbile, incontestábile; púro, non accusábile

Unimpéached, *a.* non accusáto, incontestáto

Unimpéded, *a.* non impedíto

Unimpórtant, *a.* pòco importán'e, di pòco riliévo, insignificànte

Unimportúned, *a.* non importunáto

Unimprèssed, *a.* non impressionáto, non penetráto

Unimpréssive, *a.* non impressívo, da non far impressióne

Unimprisóned, *a.* non imprigionáto

Unimpróvable, *a.* che non si può miglioráre

Unimpróvableness, *s.* incapacità di migliorársi

Unimpróved, *a.* non miglioráto, non perfezionáto, incólto, non coltiváto, sénza coltúra, sénza progrèsso, sénza istruzióne; to sûffer an opportúnity to pàss —, lasciár passáre un'occasióne sénza approfittárne

Uninc!óied, *a.* apèrto, non chiúso, non cínto, non assiepáto

Unincùmbered, *a.* non ingombráto, sgómbro, sbarazzáto, frànco, líbero

Unindifferent, *a.* non indifferènte, parziále

Unindórsed, *a.* (*com.*) sénza la giráta

Unindùstrious, *a.* non industrióso, inoperóso, inèrte

Uninfécted, *a.* non infètto

Uninfèctious, *a.* non infètto

Uoinfésted, *a.* non infestáto

Uninflámed, *a.* non infiammáto

Uoinflàmmable, *a.* non infiammábile

Uninfluenced, *a.* sénza influènza, non influenzáto, spregiudicáto, imparziále

Uninfluèntial, *a.* sénza influènza

Uninfórmed, *a.* incólto, non istrútto, ignoránte, ignáro

Uninhàbitable, *a.* non abitábile, inabitábile

Uninhàbitableness, *s.* incapacità di èssere abitáto

Uninhàbited, *a.* disabitáto, inabitáto, deUoinitiáted, *a.* non iniziáto   (sèrto

Uninjured, *a.* illéso, incólume, intátto, sénza dánno

Uninscríbed, *a.* non iscrítto, sénza iscrizióne

Uoinspíred, *a.* non ispiráto, sénza ispirazióne

Uninstrùcted, *a.* non istrútto, ignoránte

Uninstrùctive, *a.* pòco istruttívo

Un'nsúred, *a.* non assicuráto

Unintèlligent, *a.* non intelligènte, sénza intelligènza

Unintèlligible, *a.* inintelligíbile

Unintèlligibly. *avv.* in mòdo inintelligíbile

Uointèntional, *a.* non premeditáto

Unintèntionally, *avv.* sénza disègno, involontariaménte

Un'nterested, *a.* non interessáto; disinteressáto

Un:nterosting, *a.* pòco interessánte

Unintermitting, *a.* incessánte; contínuo; sénza interruzióne

Unintermittingly, *a.* di contínuo, incessantemènte, sénza pòsa, sénza intermissióne, ininterrottaménte

Unintermixed, *a.* non commísto, non mischiáto, non frammischiáto

Unintèrred, *a.* insepólto

Uninterrùpted, *a.* non interrótto, contínuo

Uninterrùptedly, *avv.* sénza interruzione, ininterrottaménte

Unintrènched, *a.* non trinceráto, sénza trincèe

Unintr>dúced, *a.* non introdótto, non presentáto; intrúso

Uninúred, *a.* non avvézzo, non assuefàtto, non agguerríto; hànds tôo dèlicáte and — to tôll, máni tròppo delicáte e inábili al lavóro

Uninvèsted, *a.* (*com.*) non investíto

Uninvèstigable, *a.* ininvestigábile, inscrutábile

Uninvíted, *a.* non invitáto, sénza invíto

Uninvíting, *a.* che non allètta, non púnto lusinghièro

únion, *s.* unióne, accoppiaménto; unióne, concòrdia, unità, consonánza; unióne, riunióne, adunánza, corporazióne; — is fórce, l'unióne dà fòrza; the Américan —, l'Unióne Américana; — flag, — jàck, bandièra inglèse (*cioè le croci uníte di S. Giorgio e di S. Patrísio*)

úniparous, *a.* uníparo

Unique (*pr.* únèek), *a.* único, sólo

— *s.* còsa única, còsa sóla della sua spècie

úniràdiated, *a.* da un sólo ràggio

únisèxual, *a.* (*bot.*) unisessuále

únison, *s.* (*mus.*) unísono; in —, all'unísono, d'accòrdo, concordeménte, insième; a sólemn bùilding whère páinting, mùsic and àrchitecture are in sùch àdmirable —, un edifízio maestóso in cui la pittúra, la mùsica e l'architettúra sono in così perfètto accòrdo; a thoûsand heárts beát in —, mille cuòri bàttono all'unísono

— *a.* unísono, all'unísono, concòrde

únisonance, *s.* unisonánza, unisonità

únisonant, *a.* unísono, con suóno unísono

únisonous, *a.* unísono, concòrde

únit, *s.* unità

únitàrian, *a. s.* unitário

únitàrianism, *s.* Unitarísmo, Unitarésimo

únitàrianize, *van.* convertíre all'Unitarísmo, convertírsi all'Unitarísmo; the wòrld wánts únitàrianizing, il mòndo ha bisógno di convertírsi all'Unitarísmo

únite, *va.* uníre, collegáre, accoppiáre, congiúngere, adunáre, radunáre; *vn.* unírsi; collegársi, congiúngersi, adunársi, radunársi, confóndersi; unírsi, collimáre, combaciáre; to — twò coúntries, uníre due paési; ôil and wàter will not —, l'ólio e l'àcqua non vògliono unírsi

únited, *a.* uníto, riuníto, radunáto, congiúnto; the — Státes, gli Státi Uniti; the — Kingdom, il Régno Unito

únitedly, avv. unitaménte, congiuntaménte

úniter, s. unitóre, congiugnitóre -tríce

únity, s. unità; unióne, concórdia, armonía

únivalve, únivàlvular, a. univàlvo

— s. (dei testácei) univàlvo

univèrsal, a. universále

— s. (log.) universále, m.

únivèrsalism, s. (teol.) universalísmo

únivèrsalist, s. (teol.) universalísta, m.

únivèrsàlity, s. universalità

únivèrsalíze, va. universalizzáre

únivèrsally, avv. universalménte

úniverse, s. univèrso

únivèrsity, s. università; mèmber of the —, mèmbro dell'università

únivocal, a. univoco; — tèrms, tèrmini univoci

únivocally, avv. univocaménte, sénza equivoco

únivocátion, s. univocazióne

Unjàrring, a. non discrepánte, non discordánte

Unjéolous, a. non gelóso

Unjòinted, a. non articoláto, sénza giuntúra

Unjŏyous, a. non giojóso, póco allégro, trísto

Unjùdged, a. non giudicáto

Unjùst, a. ingiústo, iníquo; the — the jùst has slàin, l'ingiústo ha ucciso il giústo

Unjùstifiable, a. che non si può giustificáre, ingiustificàbile, inescusàbile

Unjustifiableness, s. ingiustificabilità, inescusabilità

Unjùstifiably, avv. in modo ingiustificàbile, inescusábile

Unjùstly, avv. ingiustaménte, a tòrto

Unkèmmed, Unkèmpt, a. V. Uncómbed

Unkènnel, va. uscíre dal canile (un cane), far stanàre (una volpe); scováre, scopríre

Unkèpt, a. non tenúto, non osserváto

Unkínd, a. non benígno, póco amorévole, non tròppo gentíle, non amichévole, inamábile, disobbligánte, cattívo, incivíle, scortése, dúro, crudéle, snaturáto

Unkíndly, avv. non amorevolménte, con póca gentilézza, disobbliganteménte, rigorosaménte, duraménte; to pàrt —, separàrsi freddaménte; to táke it —, avérsene a mále; don't táke it — of me, non sappiátene mále a me; — a. V. Unkínd; to táke —, avér a mále

Unkíndness, s. difètto di amorevolézza, durézza, scortesía

Unking, va. priváre della dignità reále, detronizzáre

Unkíngly, unkínglíke, a. non da re, non regále; indégno di un re

Unkíssed, a. non baciáto, sénza bácio

Unknèlled, a. sénza campána fúnebre

Unkníghtly, a. póco cavallerésco

Unknít, va..(disfáre un lavoro a maglia),

slegáre, snodáre; — one's brŏwi, rasserenáre la frónte

Unknówable, a. che non si può sapére

Unknówing, a. ignáro, inconsapévole, insciènte

Unknówingly, avv. inconsapevolménte

Unknówn, a. ignóto, sconosciúto, incògnito; he is — to me, non lo conósco; — to, all'insapúta di; — to me, sénza mia sapúta

Unlàboured, a. sénza lavóro, sénza fatíca, non aráto; incólto; spontáneo, non elaboráto, naturále

Unláce, va. sciògliere còsa allacciáta, slacciáre, slegáre; caváre il gallóne

Unláde (p. p. unláded, unláden), va, scaUnládyUnlády-líke, a. non da signóra   (ricáre

Unláid, a. non collocáto, non acquietáto

Unlaménted, a. non deploráto, incompiánto

Unlárded, a. non allardelláto

Unlàtch, va. apríre il saliscèndo

Unláurelled, a. non coronáto d'allóro, sénza glòria

Unláwful, a. illegále, illegíttimo, illècito

Unláwfully, avv. illegalménte, illecitaménte

Unláwfulness, s. illegalità, illegittimità

Unlèarn, va. disapparáre, disapprèndere

Unlèarned, a. ignoránte, illetteráto

Unlèarnedly, avv. da ignoránte, sénza sapére

Unlèavened, a. non fermentáto, sénza liévito; — brèad, páne àzzimo

Unlèss, conj. a méno che, fuorchè, eccètto, se non; — you stùdy móre, a méno che non studiáte di più

Unlèttered, a. sénza lèttere, ignoránte, idióta

Unlèvelled, a. non livelláto, non spianáto

Unlícensed, a. non autorizzáto, sénza autorizzazióne, sénza patènte, sénza licénza

Unlícked, a. mal leccáto, infórme, sformáto

Unlíghted, a. non accéso, non illumináto

Unlíke, a. dissímile, dissimigliánte, póco somigliánte, differènte, divèrso, inverisímile, improbábile; not —, non dissímile

Unlíkelíhŏod, unlíkelíness, s. inverisimigliánza, improbabilità

Unlíkely, a. inverisímile, improbábile

Unlíkeness, s. dissimigliánza, differènza

Unlímited, a. illimitáto, sénza límite

Unlímitedly, avv. illimitataménte

Unlíneal, a. non lineále, indirétto, collaterále

Unlínk, va. disfáre gli anèlli (di una catena), snodáre, sciórre; the snáke —si itsèlf, la bíscia distése le sue spíre

Unlíquidáted, a. non liquidáto, non saldáto

Unlíquifíed, a. non liquefátto

Unlóad, va. scaricáre, alleggeríre, sgraváre

Unlóaded, a. scárico, alleggeríto, solleváto; (delle armi da fuoco) non caricáto, scárico

Unlóading, s. scaricaménto, discárico

Unlóck, va. disserráre, apríre (con la chiave)

Unlócked, a. apèrto (non chiuso a chiave)
Unlóoked, a. (for) inaspettáto, non previsto
Unlóose, va. Lóose (signóre
Unlórdly, a. non da signóre, indégno di un
Unlóved, a. non amáto, disamáto
Unlóveliness, s. qualità inamábile o póco amábile; difètto di vezzosità, di attrattíve personáli, bruttézza
Unlóvely, a. póco amábile, inamábile
Unlóving, a. che non áma, insensíbile, fréddo, indifferénte
Unlùckily, avv. per mála sòrte, sgraziataménte
Unlùckiness, s. disgrázia, infortúnio, disavventúra, mála ventúra
Unlùcky, a. sfortunáto, disgraziáto, sinístro, malígno, cattívo, malizióso
Unlùte, va. tògliere il lóto, la lotatúra
Unmáde, a. non ancóra fátto; V. Unmáke
Unmáidenly, a. non da zitèlla, indecoróso
Unmáimed, a non mutiláto, illéso, intátto
Unmákable, a. che non si può fáre
Unmáke (pas. unmáde), va. disfáre, distrúggere, annichiláre; annientáre
Unmàlleability, s. non malleabilità
Unmàlleable, a. non malleábile
Unmàn, va. spogliáre del caráttere umáno, degradáre; priváre del caráttere distintívo dell'uòmo; castráre; réndere pusillánime, effeminàto, víle; sguarníre di uòmini; to — a ship, disarmáre un vascéllo
Unmànageable, a. póco maneggévole, difficile a maneggiáre, indócile, intrattábile
Unmànaged, a. non addestráto dal cavallerízzo, non dirètto, non maneggiáto
Unmànlike, unmànly, a. non máschio, non púnto viríle; effeminàto, pusillánime, víle, spregévole, indégno di un uòmo
Unmànliness, s. mancánza di viríle fermézza
Unmànned, a. effeminàto, snerváto; abbattúto, opprèsso, avvilíto
Unmànnered, a. mále educáto, sénza creánza; rózzo, gòffo, incivíle
Unmànnerliness, s. mála creánza, inciviltà
Unmànnerly, a. mal creáto, grossoláno, incivíle
— avv. incivilménte, rozzaménte
Unmàntle, va. spogliár del mantéllo; vn. levàrsi il mantéllo
Unmanúred, a. non concimáto, sénza concíme
Unmàrked, a. non marcáto, inosserváto
Unmàrketable, a. che nòn può offrírsi al mercáto; invendíbile
Unmàrred, a. non guastáto, non sfiguráto
Unmàrried, a. scápolo, nubile, célibe; an — màn, uno smogliáto, uno scápolo; — wòman, dònna non maritáta; zitélla; to be —, éssere scápolo, célibe, da maríto, núbile
Unmàrry, va. (poco us.) annulláre il matrimónio

Unmàrshalled, a. non annunciáto, non introdótto; non dirètto
Unmàsculine, a. non máschio; effeminàto
Unmàsk, va. smascheráre; — vn. smascherársi
Unmàst, va. (mar.) disalberáre, levár l'álbero
Unmàstered, a. non domáto, non sottomésso, indómito, indomábile
Unmàtchable, unmàtched, a. sénza pári, sénza paríglia; impareggiábile
Unméaning, a. sénza sénso, sénza significáto, insignificánte, insensáto, sciòcco
Unméasurable, a. V. Immèasurable
Unméasured, a. non misuráto, illimitáto, infiníto; smisuráto, imménso
Unmèditated, a. non premeditáto, improvvíso
Unméet, a. non conveniénte, sconvenévole; hóurs —, óre indèbite
Unméllowed, a. non mézzo (non maturo), non stagionáto
unmèlted, a, non fúso; non liquefátto, non intenerito, non commósso
Unméntionable, a. da non menzionársi
Unméntionables, s. (burl.) bráche, fpl., calzóni, mpl.
Unméntioned, a. non mentováto; inaudíto
Unmérchantable, a. non mercantíle, invendíbile
Unmérciful, a. sénza misericòrdia, inumáno, spietáto, crudéle, eccessívo, esorbitánte
Unmércifully, avv. spietataménte, sénza pietà
Unmércifulness, s. crudeltà, inumanità
Unmérited, a non meritáto; immeritáto
Unmíld, a. áspro, dúro, rígido, incleménte (delle stagioni)
Unmíldness, s. asprézza, durézza, rigidézza, rigidità, incleménza (delle stagioni)
Unmílked, a. non mùnto, non trátto
Unmílitary, a. non militáre
Unmínded, a. neglètto, inosserváto
Unmíndful, a. immémore, dimentichévole
Unmíndfully, avv. sbadataménte, smemora- *taménte, disattentaménte
Unmíndfulness, s. oblío, dimenticánza, disattenzióne
Unmíngled, a. non místo, sénza mescolánza, sénza (cattíva) léga, púro
Unmistákable, a. che non può sbagliáre
Unmítigáted, a. non mitigáto, non calmáto; inflessíbile, implacábile
Unmíxed, Unmíxt, a. púro, schiétto; sénza mescolánza
Unmódified, a. non modificáto, sénza modificazióne
Unmóistened, a. non umettáto, non inumidíto
Unmólested, a. non molestáto (dito
Unmóor, va. leváre l'áncora, salpáre
Unmoralized, a. non moralizzáto.

Unmòrtgaged, *a.* non ipotecáto
Unmòrtified, *a.* non mortificáto
Unmòtherly, *a.* non matérno
Unmóurned, *a.* non compiánto, non lamentáto
Unmóved, *a.* immòto, non mòsso, non commòsso, immòbile, impassìbile, fréddo
Unmóvedly, *avv.* tranquillaménte, sénza emozióne
Unmóving, *a.* immòbile; non commovènte
Unmùffle, *va.* leváre il bacúcco, scamuffáre, tòrre la máschera
Unmùrmuring, *a.* sénza mormoráre
Unmùsical, *a.* pòco armonióso, discordánte
Unmútiláted, *a.* non mutiláto, intátto
Unmùzzle, *va.* levár la museruòla
Unnámed, *a.* innomináto; sénza nóme
Unnàtural, *a.* non naturále, cóntro natúra; ricercáto, sforzáto ; snaturáto ; — fáther, pá ire snaturáto; — thoughts, pensiéri ricercáti, idée che máncano di naturalézza
Unnàturally, *avv.* in mòdo non naturále, cóntro natúra
Unnàturalness, *s.* difètto di naturalézza; ricercatézza; inumanità, brutalità
Unnècessarily, *avv.* non necessariaménte, sénza necessità
Unnècessariness, *s.* il non èsser necessário
Unnècessary, *a.* non necessário ; not —, necessário
Unneighbourly (*pr.* unnáborly) *a.* da cattìvo vicíno, scortése
Unnèrve, *va.* snerváre, ammollíre, indebolíre
Unnèrved, *a.* snerváto, indebolíto, impotènte
Unnóted, *a.* inosserváto
Unnóticed, *a.* inosserváto, non rimarcáto
Unnùmbered, *a.* (*poet.*) innumerévole
· Unobeyed (*pr.* unobád) *a.* non ubbidíto
Unobjéctionable, *a.* irreprensíbile, irrecusábile, ineccepíbile
Unobnóxious, *a.* non espósto, non soggètto
Unobséquious, *a.* non púnto ossequióso
Unobséquiously, *avv.* sénza ossequioósa deferénza
Unobséquiousness, *s.* mancánza di ossèquio servíle, pòca riverénza
Unobsèrvable, *a.* inosservábile
Unobsèrvance, *s.* inosservánza
Unobsèrvant, *a.* disattènto, disubbidiènte
Unobsèrved, *a.* non osserváto, inosserváto
Unobsèrving, *a.* disattènto, trascuráto
Unobstrùcted, *a.* non impedíto
Unobtáined, *a.* non ottenúto, non conseguíto
Unobtrùsive, *a.* che non s' intrúde, modèsto, discréto, non importúno
Unobvious, *a.* non òvvio, non chiáro
Unòccupied, *a.* disoccupáto, non occupáto, sénza possessóre, in libertà, disponíbile; disoccupáto, sénza occupazióne, ozióso,

líbero; — lands, tèrre incólte; — time, tèmpo disponíbile
Unoffènded, *a.* non offéso
Unoffènding, *a.* che non offènde, che non pècca
Unoffènsive, *V.* Inoffènsive
Unofficial, *a.* non ufficiále; non ufficióso
Unofficially, *avv.* non ufficialménte
Unòiled, *a.* non únto d'òlio
Unópened, *a.* non apèrto, serráto; non dissigilláto, chiúso
Unoppósed, *a.* non oppósto, sénza opposizióne
Unórdered, *a.* non ordináto , non commissionáto
Unórganized, *a.* inorgánico
Unoríginated, *a.* sénza orígine, non generáto
Unornaménted, *a.* inornáto, senza ornaménto
Unórruodox, *a.* non ortodòsso, eterodòsso
Unostentátious, *a.* sénza ostentazióne, sénza fásto, modèsto
Unostentátiously, *avv.* sénza ostentazióne
Unówed, *a.* non dovúto, non possedúto in próprio
Unówned, *a.* che non ha proprietário; sénza possessóre riconosciúto
Unóxygénated, unóxygenízed, *a.* non ossigenáto
Unpacific, *a.* n·n pacífico
Unpácified, *a.* non rappacificáto
Unpàck, *va.* sballáre, slegáre, aprire (*un pacchetto*)
Unpácked, *a.* non imballáto, apèrto
Unpácking, *s.* lo sballáre, l' apríre una bálla o un pácco
Unpáid, *a.* non pagáto, non saldáto ; insolúto
Unpáint, *va.* cancelláre la pittúra, i colóri
Unpáinted, *a.* non dipínto, non coloríto
Unpálatable, *a.* sgradévole al gústo, scipíto
Unpáradíse, *va.* priváre d'un paradíso di felicità; rèndere infelíce
Unpáragoned, *a.* sénza paragóne, sénza eguále, impareggiábile
Unpárallelled, *a.* incomparábile; Scott is to Lockart the — of the tíme, Scott, a giudízio di Lockart, è la feníce del sècolo
Unpáralýsed, *a.* non paralizzáto
Unpáraphráised, *a.* non parafrasáto, sénza paráfrasi
Unparched, *a.* non adústo
Unpárdonable, *a.* imperdonábile, irremissíbile
Unpárdonably, *avv.* irremissibilménte
Unpárdoned, *a.* non perdonáto
Unpárdoning, *a.* che non perdóna, implacábile, inesorábile
Unparliaméntariness, *s.* il non èsser parlamentáre

Unparliaméntary, *a.* non púnto parlaméntáre

Unpárted, *a.* in liviso, non separáto

Unparticipating, *a.* non partecipánte

Unpàssable, *a.* impraticábile, che non può passàrsi

Unpástoral, *a.* pòco pastorále (légio

Unpátented, *a.* sénza patènte, sénza privi-

Unpármed, *a.* sénza vestígia, senz' órma di passánti; sénza sentièro

Unparnètic } *a.* non patrióttico
Unparsètical }

Unpatrióttically, *avv.* sénza patriottísmo

Unpátronized, *a.* non patrocináto; sénza protettóre

Unpáve, *va.* leváre i sélci, smattonáre

Unpáved, *a.* non selciáto, non lastricáto

Unpáwned, *a.* non impegnáto, non mésso in pégno

Unpéaceable, *a.* non pacífico, turbolénto, tumultuóso

Unpéaceably, *avv.* non pacificaménte, con turbolènza, rumóre

Unpég, *va.* tògliere il cavícchio

Unpèn, *va.* far uscíre dall' agghiáccio (*le pecore*)

Unpénsioned, *a.* non pensionáto, sénza pensióne

Unpéople *va.* spopoláre, desoláre

Unpéopled, *a.* spopoláto

Unpercéivably, *avv.* impercettibilménte

Unpercéived, *a.* inosserváto, non vísto

Unpercéivedly, *avv.* impercettibilménte

Unperfórmed, *a.* inseguíto, non fátto

Unpèrishable, *a. V.* Impérishable

Unpèrishing, *a.* imperitúro, che non perísce

Unpèrjured, *a.* non ispergiúro

Unperplèxed, *a.* non perplèsso; disimpacciáto

Unperspírable, *a.* non traspirábile

Unpersuádable, *a.* impersuasíbile

Unpertùrbed, *a.* imperturbáto

Unpervèrted, *a.* non pervertíto

Unperúsed, *a.* non lètto, sénza ésser lètto

Unpètrified, *a.* non petrificáto, non impietráto

Unphilosòphic, unphilosóphical, *a.* non filosófico

Unphilosóphically, *avv.* pòco filosoficaménte

Unphilosóphicalness, *s.* qualità non filosófica

Unpicked, *a.* non scélto, non cerníto

Unpicturesque, *a.* non pittorésco

Unpiérceable, *a.* imperforábile, impenetrábile

Unpiérced, *a.* non penetráto, non foráto

Unpillowed, *a.* sénza guanciále, non appoggiáto

Unpin, *va.* cavár le spílle, i cavícchi

Unpitied, *a.* non compiánto, non compassionáto

Unpítiful, *a.* sénza pietà, non compassionévole

Unpítifully, *avv.* spietataménte, sénza compassióne

Unpítying, *a.* che non sénte pietà, spietáto; sénza compassióne, sénza pietà

Unplácable, *a.* (*ant.*) implacábile

Unpláced, *a.* non impiegáto; sénza impiégo

Unplágued, *a.* non tormentáto, non annojáto

Unpláusible, *a.* pòco plausíbile, inverisímile

Unpléasant, *a.* non piacénte, spiacévole, ingráto

Unpléasantly, *avv.* spiacevolménte

Unpléasantness, *s.* spiacevolézza

Unpléased, *a.* scontènto, non liéto, non soddisfátto, non págo

Unpléasing, *a.* spiacénte, spiacévole

Unpléasingly, *avv.* spiacenteménte, spiacevolménte

Unpléasingness, *s.* natúra spiacévole, spiacènte

Unplédged, *a.* non impegnáto, non ingaggiáto, non mésso in pégno, non obbligáto

Unplíable, *a.* non pieghévole, non manévole, inflessíbile

Unplóughed, *a.* non aráto, non lavoráto

Unplùcked, *a.* (*dei fiori, ecc.*) non cólto

Unplúme, *va.* spennáre; umiliáre

Unpoètic, unpoètical, *a.* pòco poético, prosáico

Unpoètically, *avv.* non poeticaménte

Unpóinted, *a.* non puntáto, non acuíto, sénza púnta, sénza pungiglióne; pòco piccánte, pòco pungénte, sénza sále; (*gram.*) sénza i púnti, non punteggiáto

Unpóised, *a.* squilibráto, sbilanciáto

Unpólicied, *a.* non regoláto da govèrno civíle

Unpólished, *a.* non ripulíto, non lustráto, non dirozzáto, rúvido, rózzo

Unpolíte, *V.* Impolíte

Unpólled, *a.* non registráto fra i votánti

Unpollúted, *a.* incontamináto, púro, intemeráto

Unpópular, *a.* impopoláre, disamáto dal pópolo

Unpopulàrity, *s.* impopolarità

Unpórtable, *a.* non portábile, non portatívo

Unpórtioned, *a.* sénza dòte

Unpossèssed, *a.* non posseduto, non ottenúto; is the èmpire — ? l'impèro è fórse sénza padróne?

Unpossèssing, *a.* sénza béni di fortúna

Unprácticable, *a.* (*ant.*) impraticábile

Unprácticed, *a.* inesercitáto, non prático, sénza esperiènza, novízio, inespèrto, nuóvo

Unpráised, *a.* non lodáto, sénza elógio

Unprecárious, *a.* non precário, sicúro, cérto

Unprècedented, *a.* sénza precedènte

Unprècedently, avv. in un mòdo che è
sénza precedénti

Unprèjudiced, a. spregiudicáto, sénza pre-
giudízj

Unprelàtical, a. non prelatèsco, indégno di
un preláto

Unprelàtically, avv. non prelatescaménte,
in mòdo indégno d'un preláto

Unpremèditàted, a. impremeditáto

Unpremèditàtedly, avv. sénza premeditazióne

Unpreòccupíed, a. non preoccupáto, sénza
preoccupazióne

Unprepáred, a. impreparáto

Unprepáredness, s. difétto di preparazióne,
l'éssere impreparáto; málaparáta

Unprepossèssed, a. non preoccupáto; imparziále

Unprepossèssing, a. non púnto avvenénte,
non púnto simpático, antipático

Unprèssed, a. non comprèsso, non spremú-
to, sénza pressióne

Unpresùmptuous, a. non presuntuóso, sénza
insistènza, sénza presunzióne, modèsto

Unpretènding, a. sénza pretensióne, non
pretensivo

Unprevàiling, a. sénza fòrza; ineflcáce

Unprevènted, a. non impedíto

Unpríest, va. spretáre, priváre del sacerdòzio

Unpríéstly, a. indégno di un préte

Unprìncely, a. non da príncipe

Unprìncipled, a. sénza princípj, immorále;
— éagerness to be rich, séte immorále
di ricchézze

Unprìnted, a. non stampáto

Unprìvileged, a. non privilegiáto

Unprìzed, a. non apprezzáto, pòco stimáto

Unproclaímed, a. non proclamáto

Unprodùctive, a. improduttívo, infruttífero;
— càpital, capitále infruttífero

Unprodùctively, avv. improduttivaménte,
sterilménte, sénza profítto

Unprodùctiveness, s. infertilità, improdut-
tività

Unprofèssed, a. non professáto

Unprofèssional, a. non della professióne

Unprofèssionally, avv. non professional-
ménte

Unprófitable, a. inútile, non profittévole,
pòco profícuo

Unprófitableness, s. inutilità

Unprófitably, avv. sénza profítto, inutil-
Unprófited, a. sénza profítto (ménte

Unprolífic, a. infecóndo, stèrile

Unprómising, a. non púnto promettènte,
che dà pòca speránza

Unprómpted, a. non suggeríto, non dettáto,
non istigáto, spontáneo

Unpronoûnced, a. non pronunciáto, múto

Unpropìtious, a. non propízio, pòco favorévole, impropízio, sinistro

Unpropórtioned, a. sproporzionáto

Unpròpped, a. non puntelláto, sénza sostégno

Unpropósed, a. non propósto, non offèrto

Unpròsperous, a. non fortunáto, infelíce

Unpròsperously, avv. in mòdo pòco pròspero

Unprotècted, a. non protètto; sénza ajúto

Unpróved, a. non prováto, non sperimentáto

Unprovíded, a. sprovvísto; — with, sprovvísto di, mancánte di

Unprovóked, a. non provocáto, sénza provocazióne

Unprúned, a. non potáto, non tagliáto

Unpùblished, a. non pubblicáto, inédito,
segréto, sconosciúto

Unpùnctual, a. non puntuále, pòco esátto

Unpùnishable, a. impuníbile

Unpùnished, a. non castigáto, impuníto

Unpùrchased, a. non compráto, non acquistáto

Unpùrged, a. non purgáto, impúro

Unpùrified, a. impúro, non purificáto

Unpursúed, a. non inseguíto, non inca'záto

Unquàffed, a. non tracannáto, non cioncáto

Unquàlified, a. che non ha le qualità volúte; non qualificáto; inètto, inábile, incapáce

Unquàlify, va. V. Disquàlify

Unquéen, va. priváre della dignità di regína

Unquèlled, a. non reprèsso, non sedáto

Unquènchable, a. inestinguíbile

Unquènchableness, s. qualità inestinguíbile

Unquènched, a. non estínto, non spènto,
non dissetáto; inestinguíbile

Unquèstionable, a. incontrastábile, indubitábile

Unquèstionableness, s. certézza incontestábile, indubitábile

Unquèstionably, avv. indubitabilménte

Unquèstioned, a. incontestábile, incontro-
vèrso

Unquìckened, a. non vivificáto, non avvi-
váto

Unquìet, a. inquiéto, irrequiéto, agitáto

Unquìetly, avv. inquietaménte

Unquìetness, s. inquietúdine, f., agitazióne

Unquóted, a. non citáto

Unràcked, a. non torturáto; non travasáto

Unràked, a. non rastrelláto, non raccólto

Unrànsacked, a. non frugáto, non saccheggiáto

Unrànsomed, a. non riscattáto

Unràvel, va. sviluppáre, strigáre, sciógliere,
straleiáre, sfilacciáre; vn. sviluppársi, di-
lucidársi

Unràvelment, s. scioglimento dell'intréccio
(d'un componimento teatrále)

Unràzored, a. non ráso, non sbarbáto

Unréached, a. non conseguíto, inaccessíbile

Unread, a. (cosa) non lêtto; (pers.) chę ha
lêtto pòco, sénza lêttere, ignorânte
Un-éadable, a. che non si può lêggere
Unréadiness, s. il n n èssere in órdine; mála paràta; difêtto di prontézza, di attitúdine, di facilità; inettézza
Unrèady, a. non prónto, non apparecchiáto,
non lêsto, non dispósto; ottúso, tárdo
Unréal, a. sénza realità, non reàle, fínto
Unreàlity, s. assénza di realità; parvènza;
chimèra; sógno váno; illusióne
Unréalíze, va. privàre di realità
Unréalízed, a. non realizzáto
Unréaped, a. non miétúto
Unréared, a. non allevàto, non addestráto
Unréason, s. mancánza di ragióne
Unréasonable, a. irragionévole; esorbitánte
Unréasonableness, s. irragionevolézza, irrazionalità; follía, assurdità; esorbitánza
Unréasonably, avv. irragionevolménte; tróppo
Unrebúkable, a. irreprensíbile   (po
Unrecàllable, a. irrovocábile
Unrecàlled, a. irrevocáto
Unrecànted, a. non ritrattáto, non abjuráto
Unrecéíved, a. non ricevúto
Unréckoned, a. non contáto, non calcoláto
Unreclàimed, a. non riclamáto; non corrêtto; non riformáto
Unrècommènded, a. non raccomandáto,
sénza commendatízia
Unrècompensed, a. sénza ricompênsa
Unrèconcilable, a. irreconciliábile
Unrèconcíled, a. non riconciliáto
Unrecórded, a. non registráto, non ricordáto
Unrecóunted, a. non raccontáto, non narráto
Unrecóvered, a. non ricuperáto; non guadagnáto
Unrecrúitable, a. che non si può reclutáre
Unrèctified, a non rettificáto, non raddrizzáto
Unredéemable, a. V. Irredéemable   (záto
Unredéemed, a. non redênto, non riscattáto;
(com.) non disimpegnáto, non ritiráto,
non riscattáto
Unredrèssed, a. non raddrizzáto, non riformáto
Unréeve, va. (mar.) dispassáre
Unrefíned, a. non raffináto, non purificáto
Unrefórmable, a. che non si può riformáre,
incoreggíbile
Unrefórmed, a. non riformáto
Unrefrácted, a. non rifrátto
Unrefréshed, a. non rinfrescáto, non ristoráto; non rifocilláto, non rinvigorito
Unrefréshing, a. che non rinfrésca, che non
ristòra
Unrefúted, a. non confutáto
Unregárded, a. neglêtto, disprezzáto
Unregèneracy, s. (teol.) státo dell' uòmo
non rigeneráto
Unregènerate, a. (teol.) non rigeneráto

Unrègistered, a. non registráto, non ricordáto
Unreined (pr. rnráned), a. sbrigliáto
Unrejóiced, a. non rallegráto, tristo
Unreláted, a. che non ha alcun rappórto o
relazióne, che non ha affinità o parentéla
Unrelénting, a. inesorábile, inflessíbile
Unreliévable, a. che non può èssere soccórso
Unrelíéved, a. non solleváto, non alleviáto
Unrèmedied, a. non rimediáto, non guaríto
Unremèmbering, a. immêmore, scordévole
Unremitted, a. non rimésso, non graziáto;
incessánte, indefêsso, non mitigáto
Unremitting, a. costánte, perseveránie, contínuo, incessánte, che non si mítiga
Unremóvably, avv. V. Irremóvably
Unremóved, a. non rimósso, non ritiráto,
non traslocáto; irremovíbile, sáldo, fêrmo,
inconcússo
Unrenéwed, a. non rinnováto
Un-epáíd, a. non compensáto, non ricambiáto
Unrepáíred, a. non riparáto, non risarcíto
Unrepéalable, a. non abrogábile
Unrepéaled, a. non rivocáto, non abolíto;
vigènte
Unrepéated, a. non ripetéto
Un-epènting, a. che non si pênte, impenitênte
Unrepíning, a. che non si lágna, sénza lamentársi
Unrepíningly, avv. sénza lagnársi, sénza
mormoráre
Unreplènished, a. non riempíto
Unrepórted, a. non rapportáto
Unrepresénted, a. non rappresentáto
Unreprèssed, a. non represso
Unrepríéved, a. sénza rispítto, non sospéso
Unrepróached, a. sénza rimpròvero
Unrepróved, a. non ripréso, irreprensíbile
Unrequèsted, a. non richiêsto
Unrequitable, a. incompensábile
Unrequíted, a. irremuneráto, non ricambiáto
Unrèscued, a. non liberáto
Unresénted, a. non risentíto
Unresèrved, a. sénza risèrva; fránco, apêrto
Unresèrvedly, avv. francaménte, sénza risèrva
Unresèrvedness, s. franchézza, illimitatézza,
schiettézza, sincerità
Unresísted, a. sénza resistênza; irresistíbile
Unresísting, a. non resistênte, sommésso
Unresístingly, avv. sénza resistênza
Unresólvable, a. insolúbile, irresolúbile
Unresólved, a. irresolúto, indeciso; non
sciòlto, insolúto, sénza soluzióne; — dóübts, dúbbj insolúti
Unresólving, a. irresolúto, titubánte, indeciso
Unréspited, a. sénza rispítto; non condo-

Unrèst, *s.* (*poet.*) inquietúdine, *f.*, agitazióne

Unrestóred, *a.* non restituíto, non rimésso

Urestráíned, *a.* non ritenúto, non raffrenáto, non represso; sfrenáto, disordináto, licenzióso

Unrestrícted, *a.* sénza restrizióne, sénza ritégno

Unretárded, *a.* non ritardáto, non differíto

Unretèntive, *a.* non ritentívo, póco tenáce, làbile; non stàgno, non ristagnáto

Unretrácted, *a.* non ritrattáto, non disdétto

Unrevéaled, *a.* segréto, non riveláto

Unrevènged, *a.* inúlto, invendicáto

Unrevèngeful, *a.* póco vendicatívo

Unrevèrsed, *a.* non rivocáto, non rovesciáto

Unrevísed, *a.* non riveduto, non corrètto

Unrevóked, *a.* non revocáto

Unrewárded, *a.* irremuneráto

Unrhýmed, *a.* non rimáto

Unríddle, *va.* sciògliere, spiegáre (un enimma)

Unrífled, *a.* non svaligiáto; non isfioráto

Unrig, *va.* sguarníre, spogliáre del sartiáme

Unríghteous, *a.* ingiústo, iníquo, cattívo

Unríghteously, *avv.* ingiustaménte

Unríghteousness, *s.* (*relig.*) iniquità, ingiustízia

Unríghtful, *a.* ingiústo, illegíttimo

Unring, *va.* tògliere un anéllo, gli anélli

Unrípe, *a.* non púnto matúro, immatúro, acèrbo

Unrípened, *a.* non maturáto, acérbo, immatúro; imperfètto

Unrípeness, *s.* immaturità, crudézza

Unrísen, *a.* non alzáto, non leváto

Unrívalled, *a.* imparaggiábile, sénza rivále; England is — for twó ràings, spórting and pòlitics, in due còse l'Inghiltèrra è senza rivàli; nella càccia e nella diplomazía

Unróbe, *va.* svestíre, spogliáre; — *vn.* spogliársi

Unróíl, *va.* sviluppáre, spiegáre, svòlgere, apríre; — *vn.* svólgersi, spiegársi, aprírsi; — a bànner, a flàg, spiegáre una bandiéra

Unromàntic, *a.* non púnto romàntiço

Unróof, *va.* levár via il tétto, scopríre

Unróost, *van.* scacciár dal pollájo, snidáre

Unróot, *va.* sradicáre, estirpáre

Unróunded, *a.* non ritondáto, non réso tóndo

Unróused, *a.* non destáto (dalla càlma, dal ripóso, dall'inazióne)

Unróuted, *a.* non sgomináto, non sbaragliáto

Unróyal, *a.* non da re, non principésco

Unróyally, *avv.* non regalménte

Unrúfflle, *vn.* calmársi, abbonacciársi

Unrúffled, *a.* non increspáto, non scompigliáto; càlmo, levigáto, tranquíllo, seréno

Unrúled, *a.* non rètto, non regoláto, non governáto, non rigáto

Unrùliness, *s.* turbolènza, sregolatézza, caparbietà

Uarùly, *a.* turbolènto, ‡ stárdo, capárbio, sregoláto; indòmito, indomábile, feròce

Unsàddle, *va.* leváre la sèlla a

Unsàddled, *a.* sénza sèlla, sénza sòma; sénza impégno

Unsàfe, *a.* non púnto sicúro, non sénza perícolo; rischióso, rischiosétto

Unsáfely, *avv.* arrischiataménte, pericolosaménte

Unsáfeness } *s.* mancánza di sicurézza, riUnsáfety } schio, perícolo

Unsáíd, *a.* non détto, non proferíto, taciúto; they sáy whàt should be left —, dicóno quel si dovrèbbe tacére

Unsáflable, *a.* innavigábile

Unsáíntly, *a.* tutt'áltro che sánto

Unsàlable, *a.* non vendíbile

Unsálted, *a.* non saláto, non condíto con sále

Unsalúted, *a.* non salutáto, insalutáto

Unsànctified, *a.* non santificáto, profáno

Unsànctioned, *a.* non sanzionáto, non sancíto

Unsàngníne, *a.* póco ardènte, póco confidènte

Unsáted, *a.* non sázio, non ristúcco, non satóllo

Unsàtiable, *a.* V. Insátiable

Unsatisfáctorily, *avv.* in mòdo non púnto soddisfacénte

Unsatisfáctoriness, *s.* qualità non púnto soddisfacénte, manchevolézza, insufficiènza

Unsàtisfáctory, *a.* non púnto soddisfacénte

Unsàtisffáble, *a.* incontentábile, di difficile contentatúra

Unsàtisfied, *a.* insoddisfátto, non págo, scontènto, malcontènto

Unsàtisfýing, *a.* non púnto soddisfacénte

Unsáturáted, *a.* non saturáto

Unsáved, *a.* non salváto

Unsávorily, *avv* insipidaménte

Unsávouriness, *s.* mancánza di sapóre, insipidézza; cattívo odóre

Unsávoury, *a.* non saporíto, non saporóso; scipito, insúlso, stomachévole

Unsáy (*pas.* unsáíd), *van.* disdíre, negáre, disdírsi, ritrattársi

Unscálable, *a.* che non si può scaláre

Unscály, *a.* sénza scáglie, non scaglióso

Unscánned, *a.* non misuráto, non iscanlagliáto, ignóto

Unscáred, *a.* non spaventáto

Unscárred, *a.* non sfregiáto, sénza cicatríci

Unscáthed, *a.* non schiantáto, non laceráto; sénza ferita, illéso, incólume

Unscàttered, *a.* noh spárso, nom sparpagliáto

Unsc**h**olàstic, *a.* non scolástico; sénza erudizióne

Unsc**h**óoled, *a.* non ammaæstráto; ignoránte

Unscientific, *a.* non púnto scientífico

Unscientifically, *avv.* non púnto scientificaménte

Unsc**ò**rched, *a.* non scottáto, non brucláto

Unscréened, *a.* non copêrto, non ombreggiáto, non riparáto, non crivelláto

Unscrew, (*pr.* unscrù) *va.* svitáre, sciógliere

Unscriptural, *a.* antibíblico, contrárío alla Sácra Scrittúra

Unscripturally, *avv.* in módo non scritturále, contrariaménte alle Sácre Cárte

Unscrùpulous, *a.* non púnto scrupolóso

Unscrûpulously, *avv.* non púnto scrupolosaménte, sénza verúno scrúpolo

Unscrùpulousness, *s.* mancánza di scrúpoli

Unséal, *va.* dissuggelláre, levár il sigillo; — a lètter, dissigilláre, apríre una lèttera

Unséaled, *a.* dissuggelláto, non sigilláto

Unséam, *va.* scuscíre, scucíre, squarciáre

Unséarchable, *a.* imprescrutábile, impenetrábile, incomprensíbile

Unséarchableness, *s.* íncomprensibilità

Unséarched, *a.* non cercáto, non frugáto, non esploráto

Unséasonable, *a.* fuóri di stagióne, intempestívo, inopportúno, mal a propòsito; — weather, tèmpo fuór di stagióne

Unséasonableness, *s.* l'êsser fuór di stagióne; inopportunità, intempestività

Unséasonably, *avv.* intempestivaménte ··

Unséasoned, *a.* non stagionáto, non induríto; non assuefátto; senza condiménto

Unséat, *va.* fár cadére da una sédia, spostáre, scavalcáre, rovesciáre, dar il gambétto a

Unséaw**ò**rthiness, *s.* (*mar.*) cattívo stato (d'un bastiménto che lo rende inètto alla navigazióne)

Unséaw**ò**rthy, *a.* (*mar.*) inètto al máre, sdruscíto, lógoro

Unséconded, *a.* non assecondáto, non appoggiáto, non assistíto

Unsécularíze, *va.* alienáre dal móndo

Unsedúced, *a.* non sedótto

Unséeing, *a.* che non vède, ciêco

Unséemliness, *s.* disdicevolézza, indecênza

Unséemly, *a.* disdicévole, sconvenévole, indecoróso

Unséen, *a.* non vísto, inosserváto, invisíbile

Unsélfish, *a.* non egoístico, disinteressáto

Unsènt, *a.* non mandáto, non spedíto; — for, non cercáto, non invitáto

Unsèparated, *a.* non separáto, indivíso

Unsèrviceable, *a.* non púnto serviziévole, inservíbile, inútile, váno

Unsèrviceably, *avv.* inutilménte, sénza prò

Unsèt, *a.* non piantáto, non collocáto .

Unsèttle, *va.* dissestáre, sconcertáre, rimuóvere, disordináre, sconvólgere, scompigliáre, turbáre, intorbidáre, agitáre, perturbáre, smuóvere, far vacilláre, réndere incêrto

Unsèttle, *va.* intorbidársi, turbársi, smuóversi, scompigliársi, agitársi

Unsèttled, *a.* non físso, non stabilíto, vacillánte, titubánte, incostánte, variábile; sénza domicílio; (*di liquorí*) non riposáto; (*del tempo*) incostánte, variábile; (*com.*) non saldáto; in th**ó**se — times, in quei têmpi di perturbazióni e sconvolgiménti; the — státe of his mind, la perturbazióne, il disórdine della sua mènte

Unsèttledness, *s.* státo non púnto stabilíto, físso, riposáto; instabilità, incostánza, volubilità, leggerézza, incertézza

Unsèttlement, *s.* státo precário, irresolúto, irrequiéto; irresoluzióne

Unsèvered, *a.* non separáto, indivíso

Unsew (*pr.* unsó) *va.* scucíre, scuscíre

Unsèx, *vn.* far cambiáre di sèsso, trasformáre

Unshàckle, *va.* leváre, i cêppi, liberáre

Unshàckled, *a.* sénza cêppi, non impastoiáto

Unsháded, *a.* non ombreggiáto, scopêrto

Unshàdowed, *a.* non ombráto, sénza ómbra, non adombráto

Unsháken, *a.* non smòsso, irremovíbile, incrollábile, inconcùsso, fèrmo, sáldo

Unshákingly, *avv.* irremovíbilmente, incrollabilménte

Unshámed, *a.* non svergognáto, sénza rossóre

Unsháred, *a.* indivíso, non spartíto

Unsháved, unsháven, *a.* non ráso, non sbarbáto

Unshéat**h**, *vn.* sguaináre, cavár dalla guaína

Unshèd, *a.* non versáto, non spárso

Unshèltered, *a.* non riparáto, non al copêrto

Unshiélded, *a.* non scudáto, non protètto

Unship, *va.* sbarcáre; (*mar.*) smontáre, leváre; — the rùdder, tòrre il timóne

Unshipment, *s.* lo scaricáre un vascello

Unsh**ò**d, *a.* scálzo, a piêdi núdi; (*vet.*) sferráto

Unsh**ò**rn, *a.* non tondúto, non tosáto, intònso

Unsh**ò**t, *a.* non fuciláto, non colpíto

Unshrinking, *a.* che non indietréggia, che ·non si arrèsta, intrèpido, fèrmo, sáldo

Unshrinkingly, *avv.* saldaménte, intrepidaménte

Unsh**ù**t, *a.* dischiùso, apêrto

Unsifted, *a.* non crivelláto, non stacciáto

Unsi**gh**tliness, *s.* difètto di avvenénza, deformità, bruttézza

Unsi**gh**tly, *a.* spiacévole alla vísta, brútto

Un Ingéd, a. non abbustiáto

Unsinking, a. che non si affónja, che non si accáscia, che non vién méno

Unsizable, a. di grandézza sproporzionáta, di móle incòmoda

Unsinning, a. che non pêcca, impeccábile

Unskilful, a. inábile, inespèrto ; inètto

Unskilfully, avv. malaménte, goffaménte

Unskilfulness, s. inettézza, ignoránza, difètto di abilità

Unskilled, a. non púnto versáto, non prático, inespèrto, inábile

Unslácked, a. non smorzáto (della calcina)

Unsláin, a. non ucciso, non ammazzáto

Unsláked, a. non estínto, non smorzáto, non dissetáto

Unslàughtered, a. non massacráto ; who escáped — from the fiéld, che sul cámpo di battáglia sfuggírono alla stráge

Unsléeping, a. che non dórme, vigilánte

Unsmirched, (pr. unsmúrched) a. (vol.) non isporcáto

Unsmóked, a. non affumicáto, non fumáto

Unsmóoth, a. V. Rough

Unsmóte, a. non percòsso ; — by the swórd, non percòsso dalla spáda

Unsmùggled, a. non già di contrabbándo

Unsmútty, a. non fuligginóso

Unsóciable, a. insociábile, pòco compagnévole

Unsóciableness, s. umóre insociévole

Unsóciably, avv. in módo insociábile

Unsócial, a. insociévole, non compagnévole

Unsóiled, a. non sporcáto, non macchiáto

Unsóld, a. non vendúto, invendúto

Unsoldierlike, Unsoldierly (pr. unsóljerlíke, unsóljerly) a. non da soldáto, indégno di un militáre

Unsolicited, a. non richièsto

Unsolicitous, a. non púnto ansióso, indifferènte

Unsòlved, a. insolúto, sénza soluzióne

Unsophisticáted, a. non sofisticáto, púro, non alteráto, non falsificáto, schiètto, veráce

Unsóught, a. non cercáto, non ricercáto

Unsòund, a. non sáno, malsáno, malatíccio, infèrmo, corrótto, guásto, magagnáto, fésso, sdruscito, frácido ; non fèrmo, non sòdo; ingannévole, pèrfido; erróneo, fálso; (del sonno) pòco profóndo, leggièro; (della porcellana ecc.) fésso, crepoláto; (della mente) insáno

Unsóunded, a. non scandagliáto, non tastáto, non scrutináto

Unsòundness, s. státo malsáno, guásto; mancánza di solidità, di vigóre, di rettitúdine

Unsóured, a. non inacerbáto, non inasprito

Unsówn, a. non semináto

Unspáred, a. non risparmiáto, non riserváto

Unspáring, a. che non rispármia, liberále, lárgo, pròdigo; che non rispármia nessúno, spietáto, inesorábile

Unspéakable, a. indicíbile, inesprimíbile ; ineffábile

Unspéakably, avv. indicibilménte

Unspécified, a. non specificáto

Unspecific, a. non specificáto

Unspéculátive, a. non púnto speculativo, sénza teoría

Unspénd, a. (ant.) non ispedíto, non fátto

Unspènt, a. non spéso, non consumáto

Unsphére, va. rimuóvere dalla sua sfèra

Unspied, a. non ispiáto, non scòrto, non scopèrto

Unspilt, a. non versáto, non spárso

Unspiritualize, va. materializzáre, tògliere la spiritualità; rèndere mondáno

Unspòiled, a. non guásto ; non saccheggiáto

Unspóken, a. non détto, non proferíto

Unspórtsmanlíke, a. non púnto da cacciatóre

Unspòtted, a. púro, intátto, sénza mácchia, sénza táccia; immacoláto

Unspòttedness, s. purità immacoláta

Unstáble, a. instábile, incostánte, mutábile

Unstáid, a. non assestáto ; stordíto, leggièro, volúbile, incostánte

Unstáidness, s. leggerézza, volubilità, incostánza

Unstáined, a. non macchiáto, sénza mácchia, non tínto

Unstámped, a. non stampáto, non bolláto

Unstáte, va. priváre di dignità, di grádo

Unstátesmanlíke, a. non da statísta, non da uòmo di státo

Unstàtutable, a. contrário agli statúti

Unstáunched, a. non ristagnáto

Unstéadfast, a. non stábile, incostánte, volúbile

Unstéadfastly, avv. incostanteménte, volubilménte

Unstéadfastness, s. incostánza, volubilità

Unstéadily, avv. incostanteménte; saltuariaménte

Unstéadiness, s. difètto di fermézza, incostánza

Unstéady, a. incostánte, irresolúto, variábile

Unstéeped, a. non bagnáto, non maceráto

Unstínted, a. non ristrétto, non limitáto, non circoscrítto ; non stentáto

Unstick, va. scucíre, disfáre

Unsting (pas. unstùng) va. levare, tògliere il pungiglióne a

Unstinted, a. sconfináto, illimitáto

Unstop, va. staráre, cavare il turácciolo, apríre

Unstráined, a. non forzáto, non stiracchiáto ; non tròppo téso, non costrétto, agévole, fàcile, naturàle; non filtràto, non colàto

Unstràttened, *a.* non ristrètto, non contràtto; non angustiàto

Unstréngraened, *a.* non rinforzàto, non rassodàto

Unstring, (*pas.* unstrùng, unstringed) *va.* levàre le còrde, rallentàre le còrde, slegàre, sciògliere, scordàre

Unstripped, *a.* non ispogliàto

Unstrùck, *a.* non colpìto

Unstrùng, *a. V.* Unstring

Unstùdied, *a.* non studiàto, non premeditàto; non ricercàto, naturàle

Unstùffed, *a.* non imbottìto, non impagliàto, non impinzàto; sènza ripiéno

Unsubdùed, *a.* non soggiogàto, non domàto

Unsubmitting, *a.* indomàbile, inflessìbile

Unsubstàntial, *a.* immateriàle, incorpòreo, chimèrico

Unsuccéeded, *a.* non succedùto, sénza successóre

Unsuccéssful, *a.* che non riésce, infelìce, sfortunàto; — attèmpts, tentatìvi vàni

Unsuccéssfully, *avv.* sénza (*buon*) succèsso; con màla riuscìta

Unsuccéssfulness, *s.* màla riuscìta, infelicità, sventùra

Unsùcked, *a.* non succiàto

Unsùckled, *a.* non allattàto

Unsùfferable, *a. V.* Insùfferable

Unsùffering, *a.* sénza soffrìre, sénza dolòre

Unsuffìcient, *a. V.* Insuffìcient

Unsùgared (*pr.* unshùgared) *a.* non zuccheràto, sénza zùcchero

Unsuggèstive, *a.* che nulla suggerìsce (alla mente, al cuóre, all'immaginazióne)

Unsùîtable, *a.* non adattàto, non idòneo, disadàtto, inconveniènte, incòngruo, sconvenévole, disdicévole

Unsùîtableness, *s.* inconveniènza, inettitùdine, *f.*, sconvenevolézza, incongruità

Unsùîted, *a.* pòco adattàto, disadàtto

Unsùllied, *a.* non sporcàto, non appannàto, sénza màcchia, nétto, pùro (màto

Unsùmmoned, *a.* non convocàto, non chiamàto

Unsùng, *a.* non cantàto, non celebràto

Unsùnned, *a.* non espósto al sóle

Unsupèrfluous, *a.* non supèrfluo

Unsupplànted, *a.* non soppiantàto

Unsupplíed, *a.* (with), sprovvisto di, sfornìto di, sénza

Unsuppòrtable, *a. V.* Insuppòrtable

Unsuppòrted, *a.* non sostenùto, non sorrètto, sénza sostègno, sénza appòggio, non tolleràto (cèrto

Unsure (*pr.* unshùre), *a.* mal sicùro, in-

Unsurpàssed, *a.* non sorpassàto, non vìnto

Unsuscéptible, *a.* non suscettìbile, incapàce

Unsuspécted, *a.* non sospètto, non sospettàto

Unsuspécting, *a.* non sospettóso

Unsuspicious, *a.* non diffidènte, sénza sospètto

Unsustàînable, *a.* insostenìbile

Unsustàîned, *a.* non sostenùto

Unswàthe, *va.* sfasciàre (*un bambíno*)

Unswàyable, *a.* (*poco us.*) non pùnto maneggévole, inflessìbile, ingovernàbi'e

Unswèar, (*pret.* unswóre, *p. p.* unswórn) *vn.* abjuràre, ritrattàrsi

Unswèat, *vn.* (*ant.*) rilassàrsi, riposàrsi

Unswàyed, *a.* non maneggiàto; non piegàto, non influenzàto, non governàto

Unswèpt, *a.* non scepàto, non spazzàto

Unswèrving, *a.* che non devìa, fèrmo, sàldo

Unswórn, *a.* che non ha prestàto giuraménto

Unsystemàtic, *a.* non sistemàtico

Untàînted, *a.* non corròtto, non infètto, non pùtrido; nétto, pùro

Untàken, *a.* non préso, non tólto

Untàlked, of, *a.* non menzionàto

Untàmable, *a.* indomàbile, che non può èssere addomesticàto, ammansàto, soggiogàto

Untàmed, *a.* indòmito, non domàto

Untànned, *a.* non conciàto (*della pelle*)

Untàrnished, *a.* non appannàto, non annerìto; intàtto, sénza màcchia

Untàsted, *a.* non gustàto, non assaggiàto

Untàught, *a.* non ammaestràto, sénza cazióne, ignoránte; naturàle, non imparàto

Untéach, (*pas.* untàught) *va.* far disimparàre, far scordàre

Untéachable, *a.* indòcile, che non vuóle imparàre

Untèmpered, *a.* non temperàto

Untèmpted, *a.* non tentàto, sénza tentazióne

Untènable, *a.* insostenìbile, indifensìbile

Untènanted, *a.* non affittàto, disabitàto

Untènded, *a.* non curàto, sénza infermióra, sénza séguito, scompagnàto, sólo

Untèndered, *a.* non offèrto, non esibìto

Untènted, *a.* (*mil.*) non appadiglionàto

Untèrrified, *a.* non spaventàto, impàvido

Unthànked, *a.* non ringraziàto

Unthànkful, *a.* sconoscénte, ingràto

Unthànkfulness, *s.* sconoscénza, ingratitùdine, *f.*

Unthàwed, *a.* non dighiacciàto

Unthìnking, *a.* spensieràto, stordìto

Unthòught of, *a.* impensàto, inopinàto

Unthrèad, *va.* sfilàre, slegàre, staccàre

Unthrèatened, *a.* non minacciàto

Unthrìftily, *avv.* prodigaménte, profusaménte

Unthrìftiness, *s.* prodigalità, scialàcquo

Unthrìfty, *a.* non pùnto economico, pròdigo, scialacquatóre

Unthrìving, *a.* non pròspero; non prosperóso

Un rurône, va. detronizzáre

Untickled, a. non solleticáto

Untidily, avv. non lindaménte; con pôca nettézza

Untidiness, s. difêtto di nettézza, di lindúra

Untidy, a. non pulíto, non líndo, sciamannáto, sciátto; mal vestíto, spórco

Untie, va. slegáre, snodáre; — a knôt, sciórre un nôdo

Untied, a. slegáto, snodáto, staccáto, sciôlto

Untighten, va. allentáre, rallentáre, sciôgliere (ció che stringéva)

Until, prep. e conj. síno a, síno a che, infíno a tánto che; — next wéek, síno alla settimána ventúra; — now, finóra, sinóra; — then, fin' allóra; — he arrívei, finchè egli non arrívi

Untile, va. levár vía gli émbrici, le tégole

Untilled, a. non coltiváto, incólto, sôdo

Untillable, a. inarábile, non atto alla coltivazióne

Untimbered, a. sénza legnáme; sénza álberi d'álto fústo

Untimely, a. intempestivo, fuóri di têmpo, prematúro, primaticcio; to côme at an — môment, hour, venír fuór d'óra

— avv. intempestivaménte

Untimous, a. fuór di têmpo; inopportúno

Untimously, avv. male a propósito, inopportunaménte; it mùst be sôme pêrilous cáuse pùts her Gráce in môtion thus —, dev'êssere qualche motívo sêrio per fare uscíre la signora Duchêssa cosi di buon mattíno

Untinctured, a. sénza tintúra, non tínto

Untinged, a non tínto, non infêtto, púro, nêtto

Untirable, a. infaticábile, indefêsso

Untired, a. non stanco, frêsco; infaticábile

Untiring, a. che non si stánca, instancábile, indefêsso

Untitled, a. sénza títolo (d'onore); sénza dirítto

ûntó, prep. (relíg.) V. Tô

Untold, a. non détto, non narráto, non riveláto

Untomb, va. dissotterráre, esumáre (un môrto)

Untooth, va. strappáre i dênti; as men — a pig pilf'ring the corn, come si stráppano i dênti a un porcêllo che fa guázto di grano

Untouched, a. intátto, non toccáto, non colpíto; nqn commôsso

Untoward, a. (pers.) ritróso, pervêrso, intrattábile; (cosa) sfavorévole, contrário, sinístro

Untowardly, a. Untoward

Untowardness, s. ritrosía, contrarietà

Untraceable, a. che non si può tracciáre

Untraced, a. non tracciáto; non delineáto

Untractable, a. indócile, intrattábile

Untractableness, s. indocilità, ritrosággine, f.

Untráding, a. non commerciále

Untráíned, a. non ammaestráto, inesercitáto, indisciplináto

Untràmmelled, a. non impastoláto, non inceppáto

Untránsferable, a. non trasferíbile, inalienábile

Untransférred, a. non cedúto, non alienáto

Untranslátable, a. intraducíbile

Untranslátableness, s. l'êssere intraducíbile

Untransláted, a. non tradótto

Untranspárent, a. non trasparênte, opáco

Untràvelled, a. che non ha mai viaggiáto

Untràversed, a. non traversáto, non valicáto

Untréasured, a. non tesoreggiáto

Untried, a. non assaggiáto; non prováto, non sperimentáto; intentáto; non processáto

Untrimmed, a. non assettáto, non ornáto, non guernito

Untrod, untrodden, a. non calpestáto, non battúto

Untroubled, a. non turbáto, tranquíllo; non annoiáto, sénza seccatúre; chiáro, límpido

Untrue, a. non vêro, fálso, errôneo, menzognéro; (pers.) non fedéle, incostánte, infído, pêrfido, sleále

Untrùly, avv. falsaménte, slealménte

Untrùss, va. slacciáto, sciôgliere

Untrùstiness, s. carâttere indégno di fidúcia; slealtà, infedeltà, perfídia . (sleále

Untrùsty, a. indégno di fidúcia, infido,

Untrùth, s. falsità, menzôgna, bugía

Untrùthful, a. non veritiêro, non veráce

Untrùthfully, avv. sénza veracità, falsaménte

Untrùthfulness, s. mancánza di veracità, falsità, infedeltà

Untúnable, a. scordánte, non armonióso

Untúne, va. scordáre; sconcertáre, pertúrbáre

Uuturned, a. non voltáto; to léave no stône —, non lasciáre núlla d'intentáto

Untútored, a. non ammaestráto, ignoránte

Untwine, va. svôlgere, strigáre, sgomitoláre

Untwist, va. stôrcere, storcigliáre, sviluppáre, strigáre; stralciáre; to get —ed, untwíned, storcigliársi, sfilacciársi

Unùrged, a. non pressáto, non incalzáto, sénza istigazióne, spontáneo, líbero

Unùsed, a. non usáto; pôco adoperáto; inusitáto, nuôvo, non abituáto; pôco prático, non avézzo, non assuefátto

Unùsual, a. non usuále, non abituále, faóri del consuéto, insólito, inusitáto, non comúne, ráro, straordinário; the ruing bèing —, not to sáy stártling, la côsa essèndo insólita, per non dire straordinária

Unùsually, avv. non abitualménte, inusita-

taménte, raraménte, straordinariaménte, in mòdo insòlito, óltre il consuéto
Unùsualness, *s.* rarità, infrequènza
Unùtterable, *a.* ineffàbile, indicíbile, inesprimíbile, inenarràbile
Unvàlued, *a.* non apprezzàto, sprezzàto ; (*poet.*) inestimàbile
Unvàried, *a.* non variàto, invariàbile, unifórme
Unvàriegàted, *a.* non variegàto; non variàto
Unvàrnished, *a.* non inverniciàto; sémplice
Unvàrying, *a.* costànte, unifórme, invariàto
Unveil (*pr.* unvále) *va.* svelàre, rilevàre, scoprír
Unveiledly (*pr.* unvàledly) *avv.* sénza vélo, apertaménte; sénza màschera
Unvèntilàted, *a.* non ventilàto
Unvèrdant, *a.* non verdeggiànte
Unvèritable, *a.* non veritièro
Unvèrsed, *a.* pòco versàto, pòco pràtico
Unvèxed, *a.* non vessàto, non tribolàto
Unvìolàted, *a.* inviolàto, intàtto, púro, non violàto, non trasgredíto, rispettàto
Unvìrtuous, *a.* non virtuóso
Unvìrtuously, *avv.* non virtuosaménte
Unvìsard, *va.* smascheráre
Unvìsited, *a.* non visitàto; sénza visíte; non frequentàto, non esaminàto
Unvìtal, *a.* non vitàle
Unvìtiàted, *a.* non viziàto, non corrótto
Unvìtrified, *a.* non vetrificàto
Unvòte, *va.* annulláre con un nuòvo vóto
Unvòted, *a.* non votàto
Unvòuched, *a.* non attestàto
Unvòyageable, *a.* innavigàbile
Unwàkened, *a.* non svegliàto, addormentàto
Unwàlled, *a.* sénza múra, apèrto
Unwàrily, *avv.* sconsiderataménte, imprudenteménte
Unwàriness, *s.* sconsideratézza, imprudènza
Unwàrlike, *a* non púnto bellicóso, non agguerríto
Unwàrmed, *a.* non riscaldàto, non animàto
Unwàrned, *a.* non premoníto, non avvertíto
Unwàrped, *a.* non curvàto, non inviziàto; non pregindicàto, imparziále
Unwàrrantable, *a.* inescusàbile, indifensíbile, non giustificàbile
Unwàrrantableness, *s.* qualità inescusàbile
Unwàrrantably, *avv.* in mòdo non giustificàbile
Unwàrranted, *a.* non autorizzàto; non accertàto, incèrto, non guarentíto, sénza sicurtà
Unwàry, *a.* sénza previdènza, impròvvido, incàuto, sconsideràto, imprudénte
Unwàshed, *a.* non lavàto, spòrco
Unwàsted, *a.* non sciacquàto, non consumàto
Unwàtered, *a.* non adacquàto, non bagnàto
Unwàvering, *a.* fèrmo, inconcùsso; incrollàbile

Unwàveringly, *avv.* fermaménte, incrollabilménte, sénza punto esitàre
Unwàxed, *a.* non ceràto, non inceràto
Unwèakened, *a.* non indebolíto
Unwèaned, *a.* non spoppàto, non isvezzàto
Unwèaponed, *a.* non armàto, inèrme
Unwèariable, *a.* instancàbile, infaticàbile
Unwèaried, *a.* non stànco, indefèsso
Unwèariedly, *a.* infaticabilménte
Unwèariness, *s.* indefèssa diligènza
Unwèary, *a.* indefèsso, infaticàto; —, *va.* tògliere la stanchézza, rinfrescàre, rinvigoríre
Unwèarying, *a.* che non stànca, non prodúce stanchézza
Unwèave, *va.* sfilàre, disfàre il filàto
Unwèd, unwèdded, *a.* célibe, núbile, non maritàto
Unwèdge, *va.* tògliere le zèppe
Unwèeded, *a.* non sarchiàto, pièno di màle èrbe
Unwèeting, *a.* ignorànte, ignáro, inconsapévole
Unweighed (*pr.* unwàd), *a.* non pesàto, non ponderàto
Unwèlcome, *a.* non benvenúto; non vedúto di buòn òcchio; màle accòlto, sgradíto, sgradévole, spiacènte; — news, cattíve notízie
Unwèll, *a.* non bène; indispósto, infèrmo; he is yet —, è tuttóra indispósto
Unwèpt, *a.* non piánto, non compiánto
Unwèt, *a.* sécco, non úmido, non inumidíto
Unwhìpped, *a.* non frustàto, non staffilàto
Unwhòlesome, *a.* insalúbre, mal sáno, non salutàre, non salutífero
Unwhòlesomeness, *s.* insalubrità, qualità malsána
Unwièldily, *avv.* pesanteménte, con gravézza
Unwièldiness, *s.* pesantézza; gravézza; difficoltà di muòvere o muòversi per gravézza
Unwièldy, *a.* pesànte, gráve, lènto, difficile a muòvere; the — strength of the elephant, la fòrza gráve dell'elefánte
Unwilling, *a.* non vogliòso, non volonteróso, ripugnànte, mal dispósto, ricalcitrànte, che non vuòle, che non ha vòglia, che non ha tèsta, pòco dispósto ; to be —, non volére; willing or —, volére o non volére; he is — to work, non vuol lavoràre; willing or — you must do it, bisógna fàrlo, vogliàto o non vogliàte   (gnánza
Unwillingly, *avv.* mal volentièri, con ripu-
Unwillingness, *s.* mála vòglia, cattíva volontà, ripugnànza, avversióne, ritrosía
Unwìly, *a.* sénza artifício, sénza malízia, ingènuo
Unwind (*pas.* unwòund),*van.* annaspáre, sgomitoláre, sviluppáre, svòlgere, strigàre
Unwìnged, *a.* áptero, sénz'áli
Unwìnking, *a.* che non ammícca (gli òcchi); he saw by his compressed lips and —

nòr, rûde; - fàll, sòn, bùll; - fàre, dò; - by, lymph; poìse, boy̆s, foùl, fôwl; gem, as

Diz. Ingl. Ital. Ediz. VI. Vol. I.°   42

eyes that he was unsuccèssful, le làbbra compròsse e gli òcchi fisi di lui gli annunciàrono che non era riuscìto

Unwiped, *a.* non asciugàto, non nettiàto

Unwise, *a.* pòco sàvio, pòco avvedùto, mal accòrto, stùpido, insensàto

Unwisely, *avv.* in mòdo pòco sàvio; a tòrto; malaccortaménte, scioccaménte, insensataménte

Unwished, *a.* non desideràto; — for, non bramàto

Unwithered, *a.* non appassìto, non disseccàto

Unwithering, *a.* che non si appassìsce, immarcescìbile, imperitùro

Unwithstood, *a.* non resistìto, irresistìbile

Unwitnessed, *a.* sènza testimòni, non vedùto, ignoràto

Unwittingly, *avv.* inavvertenteménte, inconsapevolménte

Unwomanly, *a.* non mulièbre, non donnèsco; disdicévole per una dònna

Unwónted, *a.* insòlito, ràro, non comúne

Unwóoded, *a.* non boschìvo; sprovvìsto d'àlberi; che non somminìstra legnàme da costrùzióne

Unwóoed, *a.* (*poco us.*) non corteggiàto

Unwórldly, *a.* non mondàno, non terrèstre, che guàrda dall'àlto il móndo

Unwórn, *a.* non usàto, non frústo, non lógoro

Unwórshipped, *a.* non adoràto (goro

Unwórthily, *avv.* indegnaménte

Unwórthiness, *s.* difètto di mèrito, indegnità

Unwórthy, *a.* indégno, immeritévole

Unwóund, *a.* *V.* Unwind

Unwounded, *a.* non ferìto, illéso, incòlume

Unwràp, *va.* sviluppàre, sciògliere, scoprìre

Unwreathe, *va.* stòrcere, svòlgere, sgomitolàre

Unwrinkled, *a.* non corrugàto, sénza grínze

Unwritten, *a.* non scrìtto, tradizionàle

Unwrought, *a.* non lavoràto, gréggio, crúdo

Unyielded, *a.* non cedùto, non concedùto

Unyielding, *a.* che non cède, inflessìbile

Unyoke, *va.* sciòrre dal giógo, disgiogàre

Unyóked, *a.* che non ha portàto il giógo, sciòlto dal giógo

Unzóned, *a.* discìnto, sènza cintúra, sénza fàscia

up, *avv.* e *prep.* su, in su, in àlto, in ària; sópra, di sópra, su, alzàto, levàto; sórto, sollevàto, rivoltàto; completaménte, intieraménte, del tútto; — and dówn, su e giù; fàrther —, più su, più all'insù; THróio — the bàll, gettàte su la pàlla; — thère, colassù; get —, alzàtevi; the sùn is —, il sóle è sórto; stànd —, alzàtevi in piòdi, state rìtto; his blòod is —, gli ribólle il sàngue, è furiòso; the fùnds àre —, i fóndi sóno in riàlzo; the citizens are —, i cittadíni sóno insòrti; all's —, tutto è finìto; còme — stàirs, salìte (*la scala*); càrry that wóod — stàirs, portàte di sópra quélla

lègna; to rùn — and dówn, córrer su e giù, córrere qua e là, andàre attòrno; — to, all'altèzza dì, al corrènte di; capacitàto; you are not — to it, non l'intendéte, non ci arrivàte ; — óne pàir of stàirs, al prìmo piàno; drink it —, bevételo tútto, inghiottìtelo ; he is dóne —, egli è frústo, lógoro, sfinìto; to bring —, tirár su, allevàre, educàre; to bring — to tràde, tirár su per un àrte; còme —, fàtevi in qua; còme — to this window, affacciàtevi a quésta finèstra; — with him ! su ! tiràtelo su ! portàtelo su !

— *s.* àlto, su; the —s and dówns, gli àlti e bàssi, le vicissitúdini

— -tràin, *s.* convòglio, tréno in arrivo (per la staziòne centràle)

úpas, — -tréе, *s.* (*bot.*) úpas, *m.*

Upbèar (*pret.* upbóre, *p. p.* upbórne), *va.* sorrèggere, sostenére (*in alto*), sollevàre, postàre

Upbóre, Upbórne, *V.* Upbèar

Upbráíd, *va.* (with) rimproveràre, rinfacciàre; do not — us with óur distrèss, non ci rinfacciàte la nòstra misèria

Upbráíder, *s.* rimproveratóre, rampognatóre

Upbráíding, *s.* rimpròvero, riprensióne

Upbráídingly, *avv.* con rimpròveri

upcàst, *a.* lanciàto su, mandàto in àlto; — with — *eyes*, con gli òcchi alzàti, rivòlti al ciélo

— *s.* gettàta, gétto in su, tíro, cólpo (*alle bocce*)

Uphànd, *a.* alzàto dalla máno

Upheával, *s.* sollevaménto, elevazióne

Upheáve, *va.* sollevàre, alzàre

Uphèld, *a.* *V.* Uphóld

ùphill, *a.* èrto, scoscéso, árduo, difficile; — wòrk, lavóro penóso

Uphóld (*pret.* uphèld, *p. p.* uphólden), *va.* sorrèggere, sostenére, mantenére

Uphólder, *s.* chi tiéne su, chi sorrègge; sostégno, appòggio; spalleggiatóre, fautóre

Uphólsterer, *s.* tappezziére, *m.*

Uphólstery, *s.* tappezzería

ùpland, *a.* altopiàno, tèrra àlta, paèse montagnóso

— *a.* della montágna, dell'altopiàno, álto

Uplàndish, *a.* montáno, montaníno, montanésco, degli altipiàni; montanáro, abitànte sulle montágne o negli altipiáni

Uplift, *va.* alzàre, elevàre, innalzàre, esaltàre

Uplifted, *a.* levàto, alzàto, esaltàto

ùppmost, *a.* *V.* ùppermost

Upòn, *prep.* sópra (*che giace o posa sopra*), su, sul, sullo, sulla, ecc., sópra, di sópra, su, all'època di, circa; the snów — the móuntains, la néve sulle montágne; the birds (*pr.* bùrds) — the trée, gli uccèlli sull'àlbero; — mý arrival, al mio arrívo; — my wòrd, sulla mia paròla; to depend —, dipéndere da, contáre su; to live — milk, vivere di làtte; — the whóle, in complèsso, in sostánza, del rèsto, in fíne; càll — me at fíve, passáte da me alle cínque

ùpper, *a.* superióre, più eleváto, più álto; — róom, cámera superióre; — Égypt, l'Egitto superióre, l'álto Egítto; — lip, il làbbro superióre; — hőuse (*Parlamento*), la Cámera Alta; — síde, il di sópra, la párte superióre; to hàve the — hand, avére il sopravvènto, avére il di su

ùppermost, *a.* il più eleváto, il più álto, il primo; to be the —, èssere il prímo, superáre, primeggiáre; móney wàs always — in his tнóugнts, il far quattríni fu sèmpre in címa a tutti i suoi pensièri

Upráíse, *va.* eleváre, rizzáre, innalzáre, esaltáre, estòllere

Uprèar, *va.* alzáre, eleváre, innalzáre

ùprigнt, *a.* rítto, drítto, dirítto; giústo, íntegro, leále; as — as the pálm, rítto quánto il palmízio; an — man, un uòmo giústo, próbo, íntegro; — cònduct, giustízia, equità, dirittúra; to stand bólt —, stáre in pètto e in persóna

Uprígнtly, *avv.* dịrittaménte, con probità

Uprígнtness, *s.* dirittúra, perpendicolarità; dirittúra, integrità, probità

Upríse (*pret.* upróse, *p. p.* uprísen), *vn.* (*poet.*) levársi, alzársi, sórgere

Uprísing, *s.* il sórgere (*del sole, ecc.*)

ùpróar, *s.* tumúlto, fracásso, frastuóno, rombázzo, scompíglio, disórdine, *m.*, bordèllo

Upróarious, *a.* (*volg.*) strepitóso

Upróariously, *avv.* strepitosaménte

Upróot, *vn.* sradicáre, estirpáre, svèllere

Upróoted, *a.* sradicáto, estirpáto, svèlto

Upróse, *pret. di* Upríse

Uprőuse, *va.* svegliáre, scuòtere, stimoláre

Upsèt (*pas.* upsèt), *va.* capovólgere, ribaltáre, rovesciáre, sovvertíre; far ribaltáre (*una carrozza, ecc.*)

— *vn.* ribaltáre, capovoltáre, rovesciársi, sovvertírsi; the cóach —, la vettúra ribaltò; shőuld my bark get —, óve la mia bárca venísse a capovólgersi

ùpshot, *s.* fíne, *fm.*, ésito, risultáto, evènto; on, upòn the —, alla fíne dei fíni

ùpsíde, *s.* il di sópra; — dőwn, capovólto, sossópra; to turn — dőwn, capovólgere, rovesciáre, ribaltáre

Upstànd (*pas.* upstóod), *vn.* (*poet.*) *V.* Stànd up

Upstárt, *vn.* balzár su; *V.* Stárt up

ùpstart, *a.* che sálta su, che crèsce rapidaménte, che si arricchísce prèsto

— *s.* uòmo che ha fátto fortúna in pòco tèmpu; uòmo nuòvo, pervenúto, villáno rifátto; no príde is so gréat as an —'s (*proverbio*) non v'è supèrbia alla supèrbia eguále d'un uòmo vil che in álto lóco sále   (gere

Upstáy, *va.* puntelláre, appoggiáre, sorrég-

Uptùrn, *va.* vòlgere in su o all'insù, gettàr su, solcáre, formáre sólchi; —ed nóse, náso rivòlto all'insù

ùpward, —s; *avv.* su, insù, vèrso l'álto, in álto, salèndo, rimontándo, óltre, più di; drivên —s, spínto di sótto in su; from the middle —s the mérmaíd is a wóman, dal mèzzo in su la siréna è dònna; —s of, più di, óltre, sópra; — of ten, più di dièci; ten pőundṣ and —s, dièci líre e più — *a.* dirètto in álto, rivòlto in su, che sále, di ascensióne, da básso in álto, eleváto, nòbile

Upwhirl (*pr.* upwhùrl), *vn.* turbináre nell'ária; *va.* far turbináre nell'ária

úran-glìmmer } *s.* (*min.*) *V.* úranite

úran-mica

úraníte, *s.* (*min.*) uranite, *f.*

úránium, *s.* (*min.*) uránio

úranógrapy, *s.* uranografía, descrizióne del uránus, *s.* (*astr.*) Uráno   (cièlo

ùrban, *a.* urbáno (*di città*)

Urbáne, *a.* urbáno, cortése

Urbànity, *s.* urbanità, cortesía, civiltà

ùrbanize, *va.* rèndere urbáno, cortése, civíle

ùrceoláte, *a.* (*bot.*) urceoláto

ùrchin, *s.* (*zool.*) rìccio; birichíno, ragazzáccio, monèllo

úre, *s.* (*zool.*) úro, bue selvággio, búfalo

úrea, *s.* (*chím.*) urèa

úrédo, *s.* (*med.*) pruríto, pizzicóre

úreter, *s.* (*anat.*) uretère, *m.*

úréтнra, *s.* (*anat.*) urètra

úréтнral, *a.* uretrále

ùrge, *va.* stimoláre, sollecitáre, úrgere, spíngere, incalzáre, provocáre, istigáre, pregáre con istánza, valérsi di, giovársi di; to — óne to dó a тнing, stimoláre alcúno a fáre una còsa; — a réason, an árgument, accampáre, adoperáre (con fòrza) un argoménto; to — on, sospíngere, incalzáre — *vn.* stríngere, úrgere, incalzáre, prèmere; affrettársi, èssere urgènte

ùrgency, *s.* urgènza, stringènza, strètto bisógno

ùrgent, *a.* urgènte, incalzánte, premuróso; his fámily wàs very — for him to go, la sua famíglia gli facéva instánza vivíssima di partíre; he has been so — in your defénse, egli ha présa cosí calorosaménte la vòstra dífesa

ùrgently, *avv.* urgenteménte, stringente-ménte

ùrger, *s.* sollecitatóre -trice, importúno, importúna

úrinal, *s.* orinále, *m.*; (*chir.*) túbo di vétro

úrinárium, *s.* (*agric.*) serbatójo da urína

úrinary, *a.* (*anat.*) orinále, dell'orína

úrinátor, *s.* (*ant.*) *V.* Díver

úrine, *s.* orína; retèntion of —, disúria — *vn.* (*meglio* to máke wáter), urináre

úrinous, *a.* orinóso, di orína

ùrn, *s.* úrna, váso; cinerary —, úrna cineráría; téa- —, úrna, brícco del tè — (*meglio* inùrn), *va.* rinchiúddere in un'úrna
òrsa, *s.* (*astr.*) órsa; — májor, órsa maggióre; — mínor, órsa minóre
ùrsine, *a.* orsíno, di órso
ùrsuline, *s.* (mónaca) orsolína
Urticária, *s.* (*bot.*) orticária
ùrus, *s.* (*zool.*) úro, búfalo, búfola, búe selvággio
ùs, *pron.* ci, ce, ne, noi; héar —, ascoltáteci; with —, con noi; give —, dáteci
U. S. *abbrev. di* United Státes, Státi Uníti (dell'Amèriça)
úsage, *s.* úso, costúme, *m.,* costumìnza, usánza, consuetúdine, *f.,* mòdo di trattáre o procédere
úsance, *s.* usánza, úso, interèsse, *m*; at —, a uso (*di cambio*)
úse, *va.* usáre, adoperáre, far úso di, servírsi di, impiegáre; adusáre, avvezzáre, accostumáre, abituáre, addestráre; trattáre, agíre con; allów me to — yoúr pènknífe, permèttete ch'io mi sèrva del vòstro temperíno; to — one well, trattár béne alcúno (*V.* Tréat); to — ùp, usáre, guastáre (adoperándo), frustáre, logoráre; —d ùp, lógoro, sfiníto, rovináto, esáusto; to — one's sélf, avvczzársi, abituársi, assuefársi
— *vn.* solére, èssere sòlito; I — to ríse at five o'clock, sòglio alzármi alle cínque; he —d to còme éarlier, egli-soléva veníre più per têmpo
úse, *s.* úso, servígio, esercízio, impiègo; úso, usánza, costúme, *m.,* úso, usufrútto, interèsse, *m.,* úso, vantaggio, giovaménto; utilità; (*legge, mar.*) úso, consuetúdine, *f;* this is for my ówn —, quèsto è per mio próprio uso; to máke — of, far úso di, servírsi di; chàritable —s, úsi pii; of whàt —? a che sèrve? It is of no —, è inútile; a cùstom óft of —, usánza sméssa
— -móney, *s.* interèsse, *m.*
úseful, *a.* útile, profittévole, vantaggióso; to máke one's sélf —, rèndersi útile
úsefully, *avv.* utilménte, profittevolménte
úsefulness, *s.* utilità, profítto, vantággio
úseless, *a.* inútile, di nessún úso, sénza utilità, sénza vantággio, váno
úselessly, *avv.* inutilménte, frustraneaménte
úselessness, *s.* inutilità, disutilità
úsor, *s.* chi úsa, adòpera, impièga
ùsher, *s.* uscière, mazzière, introduttóre; sottomaèstro, maèstro assistènte; the — of the black rod, l'uscière dalla vèrga néra; the —s of the Licéum, i maèstri di ‑stúdj (*i sotto-maestri*) del Licèo
— *va.* introdúrre, far entráre, annunziáre, èssere il precursóre di; to — a pèrson in, far entráre alcúno, introdúrlo
ùshership, *s.* ufficio d'uscière, di mazzière,

d'introduttóre; ufficio di sòtto maèstro o maèstro assistènte
ùsquebáugh, *s.* acquavíte, *f.,* di òrzo; (spècie di) mistrà, *m*, *wiskey*, *m.* irlandése
ùstion, *s.* (*chim.*) ustióne
Ustórius, *a.* ustório
úsual, *a.* sòlito, usuále, ordinário, consuéto, usáto, comúne, abituále; as —, cóme al sòlito, al sòlito, secóndo il consuéto
úsually, *avv.* ordinariaménte, solitaménte, d'ordinário, comuneménte, usualménte
úsualness, *s.* frequènza, abitúdine, *f;* costúme, *m.*
úsucáption, *s.* (*legge*) usucapióne
úsufruct, *s.* (*legge*) usufrútto
úsufrùctuary, *a.* (*legge*) usufruttuário, colui che ha o gòde l'usufrútto
úsurer, *s.* usurájo, chi dà o prèsta a usúra
úsúrious, *a.* usurário, usurájo, di usúra; — còntract, contrátto usurájo
úsúriously, *avv.* usurariaménte, da usurájo, con usúra
úsúriousness, *s.* essènza o qualità usurária
úsúrp, *va.* usurpáre
úsurpátion, *s.* usurpazióne
úsúrper, *s.* usurpatóre -tríce
úsúrping, *a.* usurpánte (pazióne
úsúrpingly, *avv.* usurpativaménte, con usurúsúry, *s.* usúra, interèsse ingiùsto; to lènd upón —, dáre ad usúra, fáre usúra; to práctise —, usureggiáre, far l'usurájo
ùt, *s.* (*mus.*) do, ut, *m.*
útas, *V.* Utis
útènsil, *s.* utensíle, *m*, ordígno, struménto, arnése, *m*; —s, utensfli, *m. pl.* fèrri del mestière; kitchen —s, utensíli di cucína
úterine, *a.* (*med.*) uteríno; uteríno, d'una medésima mádre; — bròther, — sister, fratèllo uteríno, sorèlla uterína
útero-gestátion, *s.* (*med.*) gestazióne, *f.* (nell'útero)
úterus, *s.* (*anat.*) útero, matríce, *f.*
útilitárian, *a. s.* utilitário
útilitárianism, *s.* utilitarianísmo, dottrína degli utilitárj
útility, *s.* utilità, prò, profítto, vantággio; giovaménto, útile, *m*; of —, útile; of no —, inútile; of whàt — is it? what is the — of it? a che sèrve?
útilizátion, *s.* l'utilizzáre, il rèndere útile
útilize, *va.* utilizzáre
útis, *s.* (*ant.*) ottáva, ottavário (d'una fèsta)
ùtmost, *a.* estrèmo, último, mássimo, sómmo; il più álto; il più lontáno; il più rimòto; the — límit, l'estrèmo, l'último límite; the — péril, il mássimo perícolo
— *s.* estrèmo, mássimo, último grádo, cólmo, ápice, *m*; the —, il più possíbile; at the —, al più, tútto al più; I will dó my —, farò ogni sfòrzo possíbile
útópia, *s.* utopía
útópian, *a.* utopísta, *m. f.,* chimèrico

utópianism , *s.* dottríne utopíste, progètti utopísti

útopist, *s.* utopísta, *m. f.*

útricle, *s.* otrícolo

útricular, *a.* otricoláre

ùtter, *a.* (esterióre, il più lontáno, *ant.*); il più gránde, il più profóndo; intèro, complèto, totále, assolúto; estrèmo, vèro; — dàrkness, le tènebre più profónde; — rùin, rovína intèra, compléta, totále — *va.* proferíre, articoláre, pronunciáre, esprímere, díre, palesáre, manifestáre; (*com.*) emèttere, fàre un' emissióne di, gettáre nella circolazióne, spacciáre; to — a wòrd, proferíre una paròla; — a fàlsehóod, díre una bugía; — fàlse cōin, spacciáre monèta fàlsa   (bíle

ùtterable, *a.* che si può proferíre, proferí-

ùtterance, *s.* pronúncia, articolazióne, manièra di proferíre o pronunciáre, mòdo di pronunciáre o fàre un discórso, declamazióne, elocuzióne, il favelláre, il parláre, paròla; (*com.*) emissióne; to give — to, esprímere, proferíre, palesáre; to- stop a pèrson's —, tagliáre la. paròla ín bócca ad uno ?

ùtterer, *s.* chi proferísce, divúlga o spáccia; pronunciatóre, divulgatóre; fàlso monetário

ùttering, *s.* il proferíre, lo spacciáre

ùtterly, *avv.* affàtto, del tútto, totalménte

ùttermost, *a.* estrèmo, último; to the —, al più àlto grádo, all'último grádo; *V.* Utmost

úvea, *s.* (*anat.*) úvea

úveous, *a.* somigliánte ad úva; (*anat.*) úveo

úvula, *s.* (*anat.*) úvula, úgola

úvular, *a.* (*anat.*) uvoláre

Uxórious, *a.* tènero all'eccèsso della móglie

Uxóriously, *avv.* con eccessíva tenerézza per la móglie

Uxóriousness, *s.* eccessíva tenerézza per la móglie

V

V, *s.* vi, *m. f.*, *ventesima seconda lettera dell'alfabeto inglese; cifra romana rappresentante* cinque; *iniziale di* vèrsus, còntro

Vácancy, *s.* vuòte, vacuità, váno, spázio vuòto, lacúna, pósto vacánte, vacánza (*delle funzioni*); òzio, cessazióne, ripóso

Vácant, *a.* vacánte, che vàca; vuòto, vácuo, non occupáto, di òzio, di ágio, di ripóso; sénza cúra, sénza pensièri; vaneggiánte; — áir, ária distràtta; — spáce, spázio vuòto; — pòst, pòsto vacánte, — hòurs, òre di òzio, frastágli di tèmpo; — mind, spírito che vanèggia; — lóok, sguárdo istupidíto; to be —, èssere vacánte, vacáre

Vácantly, *avv.* vacaménte, vacuaménte, stupidaménte, con ária stúpida

Vacáte, *va.* annulláre, cassáre, abolíre, vuotáre, lasciáre vacánte, sgombèráre; to — the prémises, sgomberáre la càsa

Vacátion, *s.* l'annulláre, l'abolíre, vacánza (*di funzioni*); vacánze,*fpl.* (*delle scuole*), vacánze (*de' tribunáli*); the long —, le vacánze dei tribunáli da *Trinity term* (sessióne dal venerdì dopo la Trinità fino al terzo mercoledì successívo) a *Michaelmas term* (sessióne dal 6 al 28 novembre)

Vaccináte, *va.* vaccináre, ínnestáre il vajuòlo

Vaccinátion, *s.* (*med.*) vaccinazióne

Vàccinátor, *s.* vaccinatóre

Vàccine, *a.* vaccíno, di vácca; — màtter, (*med.*) vaccíno

Vàccinist, *s.* espèrto vaccinatóre

Vàcillate, *vn.* vacilláre

Vàcilláting, *a.* vacillánte

Vàcillátion, *s.* vacillazióne, vacillaménto

Vàcuist, *s.* vacuísta, *mf.*, fautóre -tríce del sistèma del vácuo in natúra

Vacúity, *s.* vacuità, vácuo, vuòto, váno, spázio vuòto, lacúna

Vàcuous, *a.* vácuo, vuòto, non empíuto

Vàcuum, *s.* vuòto, váno, vácuo; in —, nel vuòto; to form a —, fàre il vácuo, il vuòto; — pípe, (*macchinaia vapore*) túbo atmosfèrico

Váde-mécum, *s.* váde mécum, *m.*

Váfrous, *a.* váfro, astúto, malizióso

Vágabond, *s.* vagabóndo, paltóne, *m.* — *a.* vagabóndo, vagánte, erránte

Vàgabondage   }
 Vàgabondism   } *s.* vagabondàggio, vagabondità
 Vàgabondry   }

Vàgabondíze, *vn.* vagabondáre

Vagárious, *a.* fantástico, capriccióso, oríginále

Vagáry, *s.* fantasía, capríccio, ghiribízzo, stravagánza

Vagína, *s.* (*anat.*) vagína

Vagínal, *a.* (*anat.*) vagínále, della vagína

Vàginant, *a.* (*bot.*) vaginánte

Vàgináted, *a.* (*bot.*) vagináto

Vàgrancy, *s.* víta vagabónda, vagabondità

Vàgrant, *a. s.* vagabóndo, accattóne, *m.*, accattóna

Vàgrantly, *avv.* da vagabóndo, da accattóne, col menár víta vagabónda, coll'accattonàggio

Vàgue, *a.* vágo, indetermináto, incèrto

Vàguely, *avv.* vagaménte, in mòdo incèrto

Vàgueness, *s.* vágo, vaghézza, incertézza

Vaíl, *s.* (*ant.*) cortína, vélo; *V.* Veil — *vn.* (*poco us.*) cèdere, scoprírsi; *va.* abbassáre — *s. s. pl.* máncia (ai servitóri)

Vaín, *a.* váno, vanitóso; (*cosa*) váno, frívolo, sfarzóso, sfoggiáto; váno, inútile; in —,

Invàno, inutilménto; to be — of, andár vanitóso di
Vàinglórious, a. vanaglorióso, orgoglióso
Vàinglóriously, avv. con vanaglòria, orgogliosaménto, boriosaménte
Vàinglóry, s. vanaglòria, bòria
Vàinly, avv. vanaménte, inutilménto
Vàinness, s. inutilità, inefficàcia, vanltà, frivolézza
Vàir, s. (blasone) vàjo
Vàiry, a. (blasone) vajàto
Vàivode, s. vaivòda, m.
Vàlance, s. pendàglio (di letto); bàlza (di carrozza, di finestra)
— va. ornàre di pendàglio, di bàlza, ecc.
Vàle, s. (poet.) vàlle, f., vallicèlla; I am declíned into the — of yéars, vo discendèndo vèrso la tómba; (mar.) canàle, m., condòtto; pùmp —, dóccia di pómpa
Valediction, s (poco us.) addío, commiáto
Valedictory, a. d'addío, di commiáto; s. addío, discórso d'addío
Vàlentíne, s. amànte, vàgo (scèlto nel giórno di san Valentíno); letterína amorósa (mandàta o ricevúta in quel giórno); —'s dày, il giórno di S. Valentíno (14 febbrájo)
Valérian, s. (bot.) valeriána
Vàles, V. Vails
Vàlet, s. valétto, gióvine, servitóre, fànte, m; — de chàmbre, cameriére, m.
Valetudinárian, valetúdinary, a. malatíccio, valetudinário; — s. valetudinário
Valetudinárianism, s. stàto di valetudinário; salúte precària
Vàleward, avv. vèrso la vàlle
Valhàlla, s. (mit. scandínava) Valhàlla, m. (soggiórno delle ánime fortunàte)
Vàliance, s. (ant.) prodézza, valóre
Vàliant, a. valoróso, valénte, pròde
Vàliantly, avv. valorosaménte, con valentía
Vàliantness, s. valentía, valóre
Vàlid, a. vàlido legíttimo, poderóso; to rènder —, validàre, convalidàre
Validity, s. validità
Vàlidly, avv. validaménte
Vàlidness, s. validità
Valise (pr. valées), s. valígia, portamantèllo (piccolo)
Vallàtion, s. (fort.) vallàta, trincèa
Vàlley, s. vàlle, f., vallàta; little —, vallétta, vallicèlla; làrge or extended —, vallóne, m.
Vàllum, s. vàllo
Vàlorous, a. valoróso, coraggióso; pròde
Vàlorously, avv. valorosaménte, prodeménte
Vàlour, s. valóre, bravúra, prodézza
Vàluable, a. di valóre, di vàglia, prezióso, stimàbile
Valuátion, s. valutazióne, estimazióne, stíma
Valuàtor, s. estimatóre, apprezzatóre; períto
Vàlue, va. valutàre; stimáre, fissàre il va-

lóre di, fàre la stíma di, apprezzàre, pregiáre, stimàre di mólto; to — a rùsh, non lo stimo un fíco
— s. valóre, prèzzo, valsènte, m., valúta; valóre, moménto; valóre, significáto; légal —, valóre, prèzzo legále; (com. cambiario) for — recéived, per valúta avúta; to set a — upòn, far grànde stíma di
Vàlued, a. stimáto, apprezzáto, pregiáto; híghly —, mólto apprezzáto, stimatíssimo
Vàlueless, a. di nessún valóre, spregévole
Vàluer, s. stimatóre, apprezzatóre, períto
Vàlvate, a. (bot.) piêno di vàlvole
Vàlve, s. vàlvola; battènte, m. (di porta), impòsta; blòw —, animèlla di pómpa; vàlvola di màcchina a vapóre; clack —, vàlvola ad animèlla; cònical —, vàlvola cònica; edúction —, vàlvola d'uscíta; exhàusting —, vàlvola d'aspirazióne; fixed —, vàlvola físsa, fèrma; fóot —, vàlvola di condensatóre; fórcing —, vàlvola d'espirazióne; sáfety —, vàlvola di sicurézza
Vàlvular, a. di vàlvola; piêno di vàlvole
Vàlvule, s. (anat.) vàlvula
Vàmp, s. tomájo (di scarpa)
— va. rappezzàre, accomodàre, aggiustáre
Vàmper, s. rappezzatóre -tríce, racconciatóre -tríce
Vàmpíre, s. vampíro
Vàmpirism, s. vampirísmo; il vívere d'estorsióni
Vàn, s. vanguárdia; ventáglio, vàglio; ála; flý —, velocíssimo, vagóne celeríssimo
— va. vagliàre, crivellàre
— -coùrier, s. foriére, m., precursóre, corriére, m.
Vàndal, s. vàndalo, bàrbaro
Vandàlic, a. vandàlico
Vàndalism, s. vandalísmo, barbárie, f.
Vàne, s. banderuòla, girèlla
Vànguard, s. vanguárdia
Vanilla, s. (bot.) vanília, vainíglia
Vànish, vn. svaníre, sparíre, dileguársi
Vànished, a. svaníto dileguáto
Vànishing, s. lo svaníre, il dileguáre, sparizióne
Vànity, s. vanità; inutilità; vanaglòria
Vànquish, va. víncere, rovesciàre, domáre
Vànquishable, a. vincíbile
Vànquished, a. vinto, soggiogàto
Vànquisher, s. vincitóre -tríce, vincènte, m. f.
Vànsire, s. (zool.) vansíro
Vàntage, s. (V. Advàntage), vantàggio, occasióne favorévole, opportunità; — gròund, posizióne, pósto vantaggióso, sopravvènto
Vàntbrass, s. (ant.) bracciále, m.
Vàpid, a. vàpido, svaporáto, sventáto; insípido, insúlso, fútile, inefficàce

Vàpidness, vapidity, *s.* vapidézza, státo vápido, insipidézza, insulsàggine, *m.*, futilità, inefficácia

Vaporátion, Vaporizátion, *s.* evaporazióne, lo svaporáre

Vàporize, *vn.* svaporáre, sfumáre; *va.* svaporáre, ridúrre in vapóre, sfogáre

Vápour, *s.* esalazióne, vapóre (*leggiero*), fúmo ácqueo; the —s, i vapóri (*di stomaco*); — -báτн, bágno a vapóre

— *vn.* (*V.* Evaporáte), millantársi, braveggiáre, fáre il bravo

Vápourer, *s.* millantatóre -trìce, vantatóre -trìce

Vápouring, *a.* di jattánza, millantatóre

— *s.* il braveggiáre, millantería, jattánza

Vápouringly, *avv.* da braveggiánte, da millantatóre   (nètico

Vàporish, *a.* vaporóso; ipocondriáco, sple-

Vàporous, *a.* vaporóso, ventóso, splenético

Vàporousness, *s.* vaporosità

Váriable, *a.* variábile, mutábile, incostánte

Váriableness, Variability, *s.* variabilità, mutabilità

Váriably, *avv.* variabilménte, mutabilménte

Váriance, *s.* variazióne, differènza, discrepánza, discòrdia, dissensióne, lìte, *f*; to bé'at —, stáre in discòrdia; to set at —, méttere mále insième, disunìre

Variátion, *s.* variazióne, cangiaménto, diversità; (*mat.*) variazióne; (*mus.*) variazióne; cambiaménto

Varicèlla, *s.* (*med.*) varicèlla

Vàricocéle, *s.* (*chir.*) varicòcele, *f.*

Vàricose *e* váricous, *a.* (*med.*) varicóso

Váried, *a.* variáto, svariáto

Váriegate, *va.* variáre (*i colori*), varieggiáre, picchiettáre, screziáre, divisáre

Variegáted, *a.* variáto (*dei colori*); svariáto; screziáto; — with, screziáto di

Variegátion, *s.* scrèzio, varietà di colóri

Variety, *s.* varietà, diversità, variaménto

Variòla, *s.* (*med.*) vajuólo, piccolo vajuólo

Váriolíte, *s.* (*min.*) variolíte, *f.*

Várioloid, *s.* (*med.*) variolòide, *f.*

Váriórum, *a.* commentáto da várii autóri;

— editions, edizióni coi coménti di várii autóri (*cum notis variorum*)

Várious, *a.* vário, divèrso, differènte, variábile, cangiánte, dissìmile

Váriously, *avv.* variaménte, diversaménte

Váriousness, *s.* *V.* Variety

Várix, *s.* (*chir.*) várice, *f.*

Várlet, *s.* (valétto *ant.*); furfánte, briccóne, *m*; a póor *hàll* educáted —, un póvero diávolo mezzanaménte educáto

Várnish, *s.* vernice, *f.*

— *va.* verniciáre, inverniciáre

Várnisher, *s.* verniciatóre, inverniciatóre

Várnishing, *s.* l'inverniciáre, inverniciatúra

Vàrvels, *s. pl.* cerchiétti fermáti a piè d'un fàlco (suvvi il nóme e le ármi del padróne)

Váry, *va.* variáre, mutáre, diversificáre

— *vn.* differíre, cambiársi, allontanársi, sviársi; seguitársi; succèdersi

Várying, *a.* variánte, che vária

Vàscular, *a.* (*anat.*) vascoláre, vascolóso

Vase (*pr.* váse *e* váse), *s.* váso (*da fiori*); váso; antique —s, vási antíchi; Etrùscan —s, vási etrùschi

Vàssal, *s.* vassállo (*feud.*); vassállo, schiávo, dipendènte, sèrvo (*servitore*)

Vàssalage, *s.* vassalàggio, servàggio, servitù

Vàst, *a.* vásto, immènso, smisuráto

— *s.* (*poet.*) immensità, vásto spázio; abísso

Vastátion, *s.* *V.* Devastátion

Vàstly, *avv.* smisurataménte, grandeménte

Vàstness, *s.* vastità, immensità, ampièzza

Vàt, *s.* tíno

Vàtican, *s.* Vaticáno

Vàticíde, *s.* vaticída, *m. f.*, uccisóre di un váte o profèta

Vaticinal, *à.* fatídico, contenénte vaticínio

Vàticinate, *va.* vaticináre, profetizzáre

Vaticinátion, *s.* vaticínio, predizióne

Vaudeville (*pr.* vòdvil), *s.* *vaudeville*, *m.*

Vàult, *s.* sotterráneo, sepólcro; vòlta, cantína, cavèrna; (*cavallerìzza*) sálto, bálzo, voltegggiaménto; —'of hèaven, vòlta celèste

— *va.* voltáre, fabbricáre a vòlta; coprìre con una vòlta; *vn.* volteggiáre, saltáre

Vàultage, *s.* sotterráneo a vòlta

Vàulted, *a.* fabbricáto a vòlta, arcáto

Vàulter, *s.* chi voltèggia, saltatóre, volteggiatóre; saltimbánco

Vàulting, *s.* il saltáre; il gettáre una vòlta

Vàunt *e* vàunt, *vn.* vantársi, millantársi

— *va.* vantáre, esaltáre, estòllere

— *s.* vánto, millantería, jattánza

Vàunted, *a.* vantáto, millantáto

Vàunter, *s.* vantatóre -trìce, millantatóre -trìce

Vàuntful, *a.* che si vánta, vanaglorióso

Vàunting, *s.* millantería, jattánza, vánto

— *a.* che sí vánta, vanaglorióso

Vàuntingly, *avv.* con vánto, con millantería

Vàvasor, *s.* (*feud.*) valvassóre

Vàvasory, *s.* valvassoría

've, *contrazione di* hàve

Véal, *s.* (cárne di) vitèllo

— -bróτн, *s.* bródo di vitèllo

— -cùtlet, *s.* costolétta di vitèllo

— -pìe, *s.* fettíne, *pl. f.* di vitèllo

— -téa, *s.* bródo dólce di vitèllo

Vectitátion, *s.* traspòrto, il trasportáre

Veda (*pr.* Vìda), *s.* Vèda, *m.* scrittúra sácra degli Indiáni

Vedétte, *s.* vedétta (*sentinella a cavallo*)

Véer, *vn.* cangiársi, voltáre, cambiáre di direzióne; (*mar.*) viráre; viráre di bórdo; *va.* voltáre, giráre; to — òut a cáble, molláre una gómena; — and hàul, aláre,

Vernàcularly, avv. secóndo il vernácolo, volgarménte

Vèrnal, a. primaverile, vernále, di primavéra; — èquinox, equinòzio di primavéra

Vèrnant, a. fiorènte, flòrido, in fióre

Veróne, s. veróne, m., loggétta, terrazzíno

Verònica, s. (bot.) verònica

Vèrsatile, a. versátile, variábíle, flessíbile; — génius, génio versátile

Versatility, s. versatilità

Vèrse, s. vèrso, versétto; vèrsi, mpl., poesía; blànk —, vèrsi sciólti; to màke vèrses, far vèrsi, verseggiáre; to pùt or tùrn into —, versificáre; — of a chàpter, versétto

Vèrse-mònger, s. (bernesco) verseggiatóre, scrittóre di vèrsi

Vèrsed, a. versáto, prático, sapúto, espèrto

Versificàtion, s. versificazióne; il versificáre

Versificàtor, vèrsifíer, s. versificatóre -trice

Vèrsify, va. versificáre, méttere in vèrsi — vn. verseggiáre, far vèrsi

Vèrsion; s. versióne, traduzióne

Vèrsionist, s. traduttóre

Vèrst, s. vèrsta (miglio russo)

Versùte, a. (poco us.) astúto

Vèrt, s. fogliáme, m; (blas.) colór vérde; (legge forestale) piànta, arbústo

Vèrtebrà (pl. Vèrtebrae) s. (anat.) vèrtebra

Vèrtebral, a. vertebrále — a. vertebrále; (zool.) vertebráto

Vèrtebráte, vèrtebráted, a. vertebráto

Vèrtebrates | spl. (zool.) animáli vertebráti
Vèrtebráta |

Vèrtex, s. vèrtice, m., címa; zènit, m; sommità

Vèrtical, a. verticále, perpendicoláre

Vèrtically, avv. verticalménte

Verticàlity, Vèrticalness, s. verticalità

Vèrticil, s. (bot.) viticchio

Verticity, s. rotazióne, f., mólto rotatório, volgiménto; verticità (bussola) (ginóso

Vertìginous, a. di rotazióne; (med.) verti-

Vertìginously, avv. vertiginosaménte

Vertìginousness, s. il cagionáre, il provár le vertígini, íl capogíro

Vèrtigo, s. vertígine, f. capogíro

Vèrvain, Vèrvine, s. (bot.) verbéna, èrba colombína

Vèry, a. véro, prètto, esátto, perfètto, stésso, medésimo, idèntico, méro; the — sáme, dèsso; Galiléo wás bórn the — dáy in which M. Angelo díed, appúnto nel giórno in cui morì Michel Angelo, nácque Gali·léo; he is a — knáve, (volg.) è un prètto briccóne

—.avv. mólto, assái, grandeménte; bène, precisaménte, esattaménte, giústo; — rich, mólto ricco; — ill, mólto mále, assái mále; — mùch, moltíssimo; — màny, moltíssimi; so — ùgly! cosí brútto! tànto brútto!

Vèsicant, s. vescicánte, m.

Vèsicate, va. applicáre un vescicánte

Vesicàtion, s. vescicazióne

Vesicatory, s. (med.) vescicatòrio

Vèsicle, s. vescichétta

Vesicular, a. vescicoláre, vescicóso

Vèsper, s. (astr.) Vèspero, èspero; vèspero, vèspro, séra; —s, pl. (religione cattolica) vèspri; the Sicilian —s, i Vèspri Siciliáni

Vèspertine, a. vespertíno, della séra

Vèspiary, s. vespájo

Vèssel, s. váso, vasèllo, vascèllo, náve, f., naviglio, légno, bastiménto; (anat.) váso; (bot.) váso; —s, vási, mpl., stovíglie, fpl; návi, fpl., vascèlli, mpl; to póur òut of one — into anòther, travasáre; kitchen —s, stovíglie, fpl; a flèet of fórty —s, flòtta di quarànta légni; — of elèction, (relig.), váso di elezióne, elètto; spermàtic —s, vási spermátici — va. (ant.) ripórre in un váso

Vèssicon, vèssigon, s. (veter.) vescicóne, m.

Vèst, s. panciòtto, gilè, m., sótto vèste, f; vestína (di ragazzo o ragazza); vèste, f., àbito — va. investíre, installáre, pórre in possèsso; vestíre, abbigliáre; to — a pèrson with suprème pòwer, investíre uno del sovráno potére — vn. èssere devolúto o ripósto, ricadére, passáre; —ed in, devolúto a, affidáto a

Vèsta, s. (astr.) Vèsta

Vèstal, a. vestále; — s. vestále, f.

Vèsted, a. devolúto, affidáto, rivestíto, rimèstiary, s. guardaròba (pósto

Vèstibular, a. del vestíbolo; somigliánte a vestíbolo

Vèstibùle, s. vestíbolo

Vèstige, s. vestígio, tráccia, pedáta, órma

Vèstment, s. vestiménto, àbito; àltar —s, paraménti sacerdotáli

Vèstry, s. sagrestía; adunánza dei principáli parrocchiáni (nella sagrestía); — mèeting, assembléa parocchiále, adunánza comunále — -clerk (pr. clàrk), s. commèsso nominato dai fabbricièri il quale tiène i cónti e i libri della parrócchia — -bòard, s. consíglio dei fabbricièri — -kèeper, s. segrestáno — -man, s. fabbricière, m., santése, m. — -róom, s. sacrestía (sala delle adunánze dei fabbricièri)

Vèsture, s. vestiário, vestiménto, abbigliaménto

Vesùvian, a. vesuviáno, del Vesúvio; — s. (min.) vesuviána

Vètch, s. (bot.) vèccia; bitter —, òrobo; chickling —, cicèrchia; fùll of —es, veccióso

Vètchy, a. voccióso, piéno di vècce

Vèteran, *a.* veteráno, agguerrìto
— *sm.* veteráno
Veterinárian, *s.* veterinário
Vèterinary, *a.* veterinário; — sùrgeon, veterinário
Véto, *s.* véto; to pùt one's — on a THing, dáre il véto ad una còsa
Vèx, *va.* irritáre, contrariáre, istizzìre; vessáre, travagliáre, triboláre, angariáre; —ed to dèaTH, crucciáto a mòrte
— *vn.* irritársi, stizzìrsi, crucciársi
Vexátion, *s.* affánno, crúccio, fastídio, nòja, molèstia, vessazióne, angheria
Vexátions, *a.* irritànte, fastidióso, cruccióso, spiacévole, molèsto, vessánte, angarióso
Vexátiously, *avv.* affannosaménte, molestaménte, crucciosaménte, con angheria, con vessazióne
Vexátiousness, *s.* fastídio, molèstia, angheria
Vèxer, *s.* molestatóre, vessatóre, angariatóre
Vèxillary, *s.* (*antichità romane*) vessillário, vessillifero
Vexillátion, *s.* (*ant. rom.*) vessillazióne
Vèxing, *a.* irritánte, fastidióso, cruccióso
Vèxingly, *a.* fastidiosaménte, molestaménte
Vía, *s.* vía; — àlbany, per la vía dell' Albanía
Víaduct, *s.* viadótto; (*strade ferr.*) viadótto
Víal, *s.* V. Phíal
Víand, *s.* vivánda, cíbo
Viàticum, *s.* viático
Víbrate, *vn.* vibráre; vibrársi, oscilláre, smuòversi; — *va.* vibráre, far vibráre, agitáre, brandíre, far oscilláre, rèndere trèmolo
Víbrátion, *s.* vibrazióne, oscillazióne, trèmito; sligAt —, vibrazioncèlla
Víbratory, *a.* vibránte, oscillánte
Víbùrnum, *s.* (*bot.*) vibúrno
Vicar, *s.* vicário (*delegato, sostituto*); vicário, plováno; curáto (*protestante*); apostòlical —, vicário apostólico ; — géneral, vicário generále
Vicarage, *s.* vicariáto, benefízio di vicário
Vicárial, *a.* di vicário, curiále, di curáto
Vicáriate, *s.* vicariáto ; *a.* di, da vicário
Vicárious, *a.* vicariále, di vicário, di delegáto, di sostitúto, sostituénte
Vicáriously, *avv.* in luògo di un áltro
Vicarship, *s.* vicariáto; (*di parrocchía*) cúra
Více, *s.* vízio, difètto , magágna, mancaménto, vèzzo biasimévole; (*teat.*) buffóne; (*med.*) vízio, difètto, lesióne, disórdine, *m*; (*arti*) vìte, *f*; mòrsa, trafìla, mulinèllo ; (*di cavallí*) vízio; màny —s and few virtues, mólti vizj e pòche virtù; —-pin, chiáve, *f.* di mòrsa; tùrn- —, cacciavíte, *m*; — -àdmiral, vice-ammiráglio; — -àdmiralty, viceammiragliáto; — -àgent, agènte; sostitúto; — -chàncellor, vice can-

celliène; — -chàncellorship, uffízio del vicecancellière; — -cònsul, více-cónsole, *m*; — -king, vicerè, *m*; — -lègate, vicelegáto; — -quéen, viceregína
— *va.* stríngere con víte, con mòrsa
Víced, *a.* viziáto, vizióso, magagnáto, corrótto
Vicegèrent, *s.* vicegerènte, *m.*, luogotenènte, *m*
Vícerőy, *s.* vicerè, *m.* (te, *m.*
Vicerőyalty, *s.* dignità di vicerè
Vice-vèrsa, *avv.* vicevèrsa
Vicíated, *a.* viziáto, magagnáto, depraváto
Vicínal, vicíne, *a.* (*poco us.*) vicinále, vicíno
Vicinage, *s.* vicinánza, vicináto, vicinità
Vicínity, *s.* vicinánza, prossimità, vicinità, vicináto, dintórni, contórni; in the — of, nei dintórni di
Vícious, *a.* vizióso; viziáto; (*de' cavallí*) vizióso
Víciously, *avv.* viziosaménte
Víciousness, *s.* viziosità, corruttèla, depravazióne
Vicíssitude, *s.* vicissitúdine, *f.*, vicènda, permutazióne
Vicőunt, *s.* V. Víscőunt
Victim, *s.* víttima; èxpiatory —, víttima espiatória; to be a — to, èssere la víttima di
Victimize, *va.* fáre una víttima di, sacrificáre
Víctor, *s.* vincitóre
Victórious, *a.* vittorióso; (*cosa*) vittorióso, di vittória, vincènte
Victóriously, *a.* vittoriosaménte
Victory, *s.* vittória; to get, achíéve, gáin or attáin the —, ottenére, riportár la vittória
Victress, Víctoress, *s.* vincitríce, *f.*
Víctual (*pr.* vittl) *s.* V. Víctuals
— *va.* vettovagliáre, provvedére
— *vn.* (*mar.*) provvedérsi di vettováglie
Víctualler, *s.* fornitóre, *m.*, provveditóre, *m.*, abbondanzière, *m*; (*mar.*) náve, *f.* che pòrta víveri, traspòrto
Víctualling, *s.* (*mar.*) il vettovagliáre, provvísta; — hőuse, ostería; — óffice, uffício del commissariáto di marína
Víctuals (*pr.* vittlà) *spl.* vettováglie, *fpl.*, provvigióni, *fpl.*, víveri, *mpl.*, cíbo, nutriménto ; — for an ármy, vettováglie per un esèrcito
Vicùnna, vicúnia, *s.* (*zool.*) vigógna
Vidèlicet, *avv.* (*meglio* námely) cioè, vále a díre
Vidúity, *s.* vedovánza, vedovággio
Víe, *van.* gareggiáre, fáre a gára, contèndere, contrastáre, rivalizzáre; — with èach óther, gareggiáre insième, rivalizzáre; — in cùnning with a pèrson, fáre a chi sarà più astúto
Víew, *va.* guárdáre, riguardáre, miráre, ve-

dére, contempláre; ispezionáre, esamináre, consideráre; to — the beaùtiful válleys, guardáre, miráre le bèlle valláte
— *s.* vista (*portata della vista*); vísta, vedùta, pròspettíva, cólpo d'òcchio; míra, sguárdo, esáme, *m.*, aspètto, apparénza, púnto di vísta; quádro, incisióne, vedúta, paesàggio; mira scôpo, intenzióne, disé-gno; at ûrst (fûrst) —, a príma vísta; at a —, ad un cólpo d'òcchio; in —, in vista; to mý —, a parèr mío; with a — to, col diségno di; a bird's (*pr.* bùrd's) *eye* —, vísta, vedúta a vólo d'uccèllo; fiéld of —, (*ottica*), cámpo di vísta; to táke a néarer — of, esamináre più da vicíno
Viéwer, *s.* chi míra o guárda; miratóre, contemplatóre -tríce; ispettóre
Viéwless, *a.* invisíbile, impercettíbile
Vigil, *s.* vigília, véglia; vigília (*difesta*); véglia (*il vegliare*), lo stár désto, insònnio
Vigilance, *s.* vigilánza, lo invigiláre
Vigilant, *a.* vigilánte; diligènte, attènto
Vigilantly, *avv.* vigilanteménte, con cûra
Vignètte, *s.* vignétta, incisióne
Vigorous, *a.* vigoróso, gagliárdo, robústo
Vigorously, *avv.* vigorosaménte, con vigore
Vigorousness, *s.* vigoría, gagliardía, fòrza
Vigour, *s.* vigóre, *m.*, vigoría, fòrza
Vile, *a.* víle, di póco prégio; víle, sprezzábile, vigliácco, abbiètto
Vilely, *avv.* vilménte, mále; da briccóne
Vileness, *s.* viltà, bassézza, abbiettézza
Vilification, *s.* diffamazióne, avviliménto
Vilifier, *s.* diffamatóre -tríce
Vilify, *va.* avvilíre, obbiettáre, vilipèndere
Vill, *s.* V. Village
Villa, *s.* vílla, cása di villeggiatúra
Village, *s.* villàggio, borghétto, castèllo; the deśèrted —, il villàggio abbandonáto
Villager, *s.* abitatóre di villàggio
Villagery, *s.* distrètto di villàggi
Villain, *s.* scelleráto, furfánte, ribáldo, miserábile; (*diritto feudale*) colòno, villáno
Villanage, *s.* (*diritto feudale*) státo di villáno, villenàggio, servitù, servàggio
Villanous, *a.* villáno, víle; scelleráto, infáme
Villanously, *avv.* bassaménte, indegnaménte, da villáno, scelerataménte, da ribáldo
Villanousness, *s.* scelleratézza, infamità
Villany, *s.* scelleratézza, infamità, villanía
Villàtic, *a.* villerésco, villésco, campèstre
Villous, *a.* vellóso, pelóso
Vimineous, *a.* vimíneo, di vímini
Vináceous, *a.* vináceo, vinário
Vincible, *a.* vincíbile, superábile
Vincibleness ⎫ *s.* possibilità d'èsser vínto
Vincibility ⎭

Vindémial, *a.* di vendémmia
Vindémiate, *va.* vendemmiáre
Vindemiátion, *s.* vendémmia (lità
Vindicability, *s.* difendibilità, giustificabi-
Vindicable, *a.* difendíbile, giustificábile
Vindicáte, *va.* difèndere, mantenére, sostenére, giustificáre, purgáre, rivendicáre; to — one's sèlf, giustificársi, purgársi dálle accúse
Vindicátion, *s.* giustificazióne, difésa, manteniménto, apología; in — of, in difésa di, in giustificazióne di
Vindicative, *a.* V. Vindictive
Vindicátor, *s.* difensóre, vendicatóre, rivendicatóre
Vindicátory, *a.* vendicatóre -tríce, punitóre -tríce, punitívo; che difènde, che giustífica, che sostiène; rivendicatóre -tríce
Vindictive, *a.* vendicatívo
Vindictively, *avv.* in mòdo vendicatívo
Vindictiveness, *s.* qualità, caráttere vendicatívo
Vine, *s.* víte, *f.*; —s, víti; vine-yárd, vignéto, vígna, cámpo coltiváto a víti; — -drésser, vignájo, vignajuólo; — árbour, bów̄er, pèrgola, pergoláto; — frètter, — grùb, brúco; — brànch, — shóot, trálcio, sarménto; — stòck, cèppo (*della vite*); — léaves, pámpini, pámpani
Vinegar, *s.* acéto, vinágro; as sòur as —, ágro cóme l'acéto
— -crùet, *s.* ampollína dell'acéto
— -máker, *s.* fabbricatóre d'acéto
— -sáuce, *s.* sálsa vérde
— -trée, *s.* (*bot.*) sommáco *o* sommácco della Virgínia
— *a.* acetóso, ágro, ácido
Vinery, *s.* stúfa per le víti
Vineyard, *s.* vignéto; vígna
Vinòsity, *s.* vinosità
Vinous, *a.* vinóso, di víno
Vintage, *s.* vendémmia
Vintager, *s.* vendemmiatóre -tríce
Vintner, *s.* mercánte di víno, tavernájo
Vintry, *s.* magazzíno di vini
Viny, *a.* di víte, di vígna, vinícolo
Viol, *s.* (*mus.*) vióla
Violable, *a.* violábile
Violaceous, *a.* violáceo, paonázzo
Violáte, *va.* violáre, trasgredíre, infrángere; violáre, sforzáre, stupráre
Violátion, *s.* violazióne, il violáre
Violátor, *s.* violatóre, trasgreditóre
Violence, *s.* violènza; to dó — to, violentáre, assalíre, attaccáre, maltrattáre
Violent, *a.* violènto, che fa violènza, impetuóso; forzóso, forzáto; to láy — hànds upòn one's self, ammazzársi
— *va.* (*poet.*) violentáre
Violently, *avv.* violenteménte, con violènza
Violèscent, *a.* tendènte al colór paonázzo
Violet, *s.* (*bot.*) vióla, màmmola, violétta;

— **cŏlour**, colóre violétto; heàrt's éaše
—, vióla del pensiêro
— **a.** violétto, di colór violétto
Violin, s. (*mus.*) violíno; tènor —, vióla, álto; to pláy on the —, suonáre il violíno
Violinist, s. violinísta, *mf.*, suonatòre -trice di violíno
Violist; s. suonatóre di vióla
Violoncéllist, s. violońcellísta, *m.*
Violonçéllo, s. (*mus.*) violoncéllo
Víper, s. vípera; little — viperétta; —'s grass (*bot.*) scorzonèra
Víperine, a. viperíno, di vípera
Víperous, a. vipéreo, di vípera; velenóso
Virágo, s. virágo, *f.*, virágine, *f.*
Víreláy, s. strambòtto, antíca poesía col ritornêllo
Vírent, a. virénte, verdeggiánte, vérde
Virgílian, a. virgiliáno, di Virgílio
Virgin (*pr.* Vùrgin), **s.** vérgine, *f*; the Holy Virgin, la Sánta Vérgine
— **a.** virgineo, virginále, vérgine; púro, intátto; — hŏney, miéle vérgine; her — fŏrehèad, la sua frónte virgínea
—'s bŏwer, **s.** (*bot.*) clemátide, *f.*
Vírginal, (*pr.* vùrginal), **a.** verginále, virgíneo
— **s.** (*mus.*) verginále, *m.*, spinétta (*antíg.*)
Vírginity, s. verginità, purità
Virgo (*pr.* Vùrgo), **s.** (*astr.*) Vírgo, *f.*, Vérgine, *f.*
Víríle, a viríle, máschio, da uòmo
Vírility, s. virilità, età viríle, vigóre, ardóre
Virtù, s. amóre per le bêlle árti; árticleš of —, oggêtti d'àrte
Virtual (*pr.* vùrtual), **a.** virtuále
Virtuálity, s. virtualità
Virtually (*pr.* vùrtually), **avv.** virtualménte
Virtue (*pr.* vùrtue), **s.** virtù, *f*; virtù, proprietà, qualità, mérito, valóre, efficácia, eccellênza, corággio, prodézza, valóre; (*teol.*) virtù; the càrdinal —š, le virtù cardináli; to make a — of necèssity, far della necessità virtù; bý — of, in virtù di, per la virtù di, per mêzzo di
— **-prŏof., a.** d'una virtù a tutta pròva
Virtueless (*pr.* vùrtueless), **a.** sénza virtù, ineffícáce
Virtuŏšo (*pl.* virtuóši) **s.** persóna versáta nelle bêlle árti, dilettánte, virtuóso
Vírtuous (*pr.* vùrtuous), **a.** virtuóso, che ha virtù
Vírtuously (*pr.* vùrtuously), **avv.** virtuosaménte
Virtuousness (*pr.* vùrtuousness), (*poco us.*) státo, caráttere di persóna virtuósa, virtù
Vírulence, virulency, s. virulènza, malignità
Virulent, a. virulènto, venenóso, malígno
Virulently,.avv. con virulènza, con violènza

Vírus, s. (*med.*) vírus, *m.*
Víšáge, s. víso, vólto, fáccia, sembiánte, *m.*
Víšaged, a. dal víso...; lóng- —, dal víso lúngo; grim- — wår, la guêrra dal víso truculênto
Vís-a-vìš (*pr.* véšavé), **s.** vìs-à-vìs, *m.* (*carrozza, poltrona*)
Viscera, spl. víscere, *f. pl.*
Visceral, a. delle víscere, viscerále
Visceráte, va. svisceráre, cavàre le víscere
Viscid, a. víscido, viscóso, glutinóso
Viscidity, s. viscidità, viscosità
Víscŏunt, s. viscónte, *m.*
Víscŏuntess, s. viscontéssa
Viscŏuntship } **s.** viscontéa, viscontádo
Viscŏunty }
Viscous, a. viscóso, glutinóso, vischióso
Viscousness, viscósity, s. viscosità, tenacità
Vise, (*pr.* víšà) **va.** vidìmáre; hàve my passport —d, fáte vidimáre il mío passapórto
— **s.** la vidimazióne, il visto (*di un passaporto*)
Visibílity, s. visibilità, qualità visíbile
Visíble, a. visíbile, percettíbile, evidênte
Vísibleness, s. visibilità, apparênza
Visibly, avv. visibilménte, manifestaménte
Visigora, s. Visigòto
Visigóтяic, a. visigòtico, dei Visigòti
Vision, s. visióne, vísta, il vedére; visióne, apparizióne
Visional, a. della visióne
Visionariness, s. l'êsser visionário
Visionary, a. visionário, visionánte, immaginário, chimêrico, váno
Visionary, s. visionário, visionária, utopísta, *m. f.*
Visionless, a. privo della visióne; sénza visióne
Vïšit, va. visitáre, andáre a vedére, veníre a trovàro; (*relig.*) visitáre, provàre; (*com.*) visitáre, ispezionáre; it wŏùld be hàrd to — his guilt on her hèad, sarêbbe crudéle il far ricadére la colpa di lui sopra (il capo) di lei
— **vn.** visitáre, fàre una vísita; to go —ing, andáre a fàre delle vísite
— **s.** vísita; (*med.*) vísta, gíro; (*com.*) ispezióne, esáme, *m;* to páy a —, visitáre, far una vísita; to recéive a —, ricévere una vísita; to retùrn a —, rêndere, restituíre una vísita; on a —, in visita
Visitable, a. soggêtto ad êsser visitáto
Visitant, s. visitatóre -tríce, convitáto
Visitátion, s. il visitáre, visitazióne; (*com.*) ispezióne, esáme, *m.*
Visitatórial, a. appartenênte a visitatóre, giudiziále
Visiting, s. il visitáre, visitaménto, vísita
Visitor e Visiter, s. visitatóre -tríce; ispettóre, verificatóre
Visitorš, spl. visitatóri, convitáti, invitáti, òspiti, *m. pl.*, gênte, *f.*

Visive, *a.* visívo

Visor, *s.* máschera, visiéra (*d'elmo*)

Visored, *a.* con la visiéra, mascheráto, travestíto

Vista, *s.* prospettíva, vista (rinculáta), fúga, lontanánza; apertúra, vuóto, spázio vuóto in un bòsco per far vedére una bélla lontanánza; viále, *m.* (*d'alberi*), vialóne, *m.*, prospettíva,

Visual, *a.* visuále, visívo; — faculty, la facoltà visíva

Vital, *a.* vitále, della vita, dell'esistènza; vitále, responsábile; vitále, importánte, essenziále; — spirits, spíriti vitáli; the mòst — interests, gli interèssi più vitáli

Vitality, *s.* vitalità

Vitalization, *s.* l' infóndere il princípio vitále

Vitalize, *va.* vitalizzáre, dar vita, infóndere il princípio vitále

Vitally, *avv.* in mòdo vitále

Vitals, *s.* párti vitáli, *f. pl.*, órgani essenziáli alla vita; (*fig.*) vita, cuóre, *m*

Vitiate, (*pr.* vishiáte) *va.* viziáre, corrómpere, magagnáre, guastáre; (*legge*) invalidáre

Vitiátion, *s.* il viziáre, il guastáre, corruzióne, (*legge*) invalidaménto

Vitious, *a. V.* Vicious

Vitreous, *a.* vitreo, di vétro

Vitreo-eléctric, *a.* (*física*) eléttrico-positívo

Vitreousness, *s.* qualità, státo vítreo

Vitrèscence, *s.* vitrescènza

Vitrèscent, *a.* che si cángia in vétro

Vitrificátion, *s.* il tramutáre in vétro, vitrificazióne

Vitrify, *va.* vetrificáre; — *vn.* vetrificársi

Vitriol, *s.* vetriólo, vetriuòlo

Vitrioláte, *va.* (*chím.*) convertíre in vitriòlo, in solfáto

Vitrioláte } *a.* (*chím.*) vitrioláto
Vitrioláted }

Vitriolátion } *s.* (*chím.*) vitriolizzazióne,
Vitriolizátion } conversióne in solfáto

Vitriòlic, *a.* vitriòlico, vitrioláto

Vitríolize, *va.* vitriolizzáre

Vitulíne, *a.* vitellíno, di vitèllo

Vitúperate, *va.* vituperáre

Vitúperátion, *s.* il vituperáre, vituperazióne

Vitúperative, *a.* vituperóso

Vivácious, *a.* vivo, vivác, prosperóso, víspo

Viváciousness, *s.* vivézza, vivacità, rigóglio

Vivàcity, *s.* vivacità, vivézza, brío

Vivary, *s.* vivájo (*di pesci*)

Viva vóce, *avv.* a viva vóce, di viva vóce

Vive, *s.* (*V.* Vives); — -glands, *spl.*, vívole, *fpl.*

Viver, *s.* drágo di máre, dragóne maríno

Vives, *s.* (*veter.*) vívole, viòle, *fpl.*

Vivid, *a.* vivo, vivác, vívido, brióso, spirìtóso

Vividly, *avv.* vivaménte, vivaceménte

Vividness, *s.* vivézza, brío, ardóre, fuóco

Vivificate, *va. V.* Vivify

Vivificátion, *s.* vivificazióne, il vivificáre

Vivific, *a.* vivifico; *V.* Vivifying

Vivify, *va.* vivificáre, animáre, dar vita a

Vivifying, *a.* vivificánte

Viviparous, *a.* (*zool.*) vivíparo

Vixen, *s.* garritríce, *f.* brontolóna, megéra, fúria

Vixenly, *a.* cruccióso, da fúria

Viz (*abbrev. del latíno* Vidélicet), cioè, vále a díre (*questa voce tronca non si pronuncia più nè viz, nè vidélicet; si pronuncia námely, che è la parola inglese che la sorroga.*)

Vizard, *s. V.* Visor

Vizier *e* vizir, (*pr.* vizéer *e* vizer) *s.* visíre, *m*; the Grànd —, il Gran Visíre

Vócable, *s.* (*poco us.*) vocábolo, vóce, *f.*, paróla

Vocàbulary, *s.* vocabolário

Vocàbulist, *s.* vocabolarísta, *m.*, lessicógrafo, linguísta, *m.*

Vócal, *a.* vocále, di vóce, colla vóce

Vócalist, *s.* cantánte, *m. f.*, cantatóre -trice

Vocàlity, *s.* qualità di ciò che si può pronunciáre

Vocalizátion, *s.* il vocalizzáre, vocalizzazióne

Vócalize, *va.* vocalizzáre

Vócally, *avv.* vocalménte, verbalménte

Vocátion, *s.* vocazióne, chiamáta; professióne, mestiére, *m.*, státo

Vócative, *a.* (*gram.*) vocatívo; — *s.* voca-

Vocíferate, *vn.* vociferáre, vociáre (tivo — *va.* vociferáre, díre ad álta vóce, pubblicáre gridándo

Vociferátion, *s.* vociferazióne, il vociferáre

Vociferous, *a.* vociferánte, rumoróso

Vógue, *s.* vóga, mòda; to bé in —, èssere in vóga; to bring into —, méttere in vóga

Vòice, *s.* vóce, *f*; vóce, suffrágio, vóto; (*gram.*) vóce, vocábolo; with a lóud —, in a lóud —, ad álta vóce; in a lów —, sótto vóce, con vóce -somméssa; to give one's —, dáre il vóto; còmpass of —, estensióne di vóce; hàrsh —, vóce dúra; shrill — vóce acúta; trèble —, sopráno; the àctive —, (*gram.*) la fórma attíva; the pàssive —, la fórma passíva — *van.* (*ant.*) vociáre, pubblicáre — -lòzenge, *s.* pastíglia pettoréle (per la vóce)

Vòiced, *a.* dalla vóce...; shrill- —, dalla vóce strídula

Vòiceless, *a.* sènza vóce; silenzióso, múto, mútolo; (*politica*) sénza vóce, sénza vóto

Vòid, *a.* vuòto, vácuo, vacánte; vòto, sprovvisto, prívo; inválido, dì nessún effètto; váno; ideále, chimèrico; — space, spá-

---

zio vuòto, váno; — of réason, prívo di sênno; to màke —, annulláre

— *s.* vòto, váno, spázio vuòto, vacuità, vácuo, lacúna; to fill up a —, colmáre una lacúna

Vòid, *va.* vuotáre; espèllere, evacuáre, annulláre

Vòidable, *a.* che si può espèllere, annulláre

Vòidance, *s.* espulsióne, vacànza di benefízio

Vòider, *s.* canèstro (*da sparecchiar la tavola*)

Vòidness, *s.* (*legge*) nullità

Vòlant, *a.* volánte, velóce, célere, leggièro

Vòlatile, *a.* volátile, volúbile; (*med.*) volá-

Volatility, *s.* volatilità, leggerézza (tile

Volatilizátion, *s.* volatilizzazióne

Vòlatilize, *va.* volatilizzáre; — *vn.* volatilizzársi

Volcánic, *a.* vulcánico, di vulcáno

Volcanicity, *s.* essènza vulcánica; potènza vulcánica

Vòlcanist, *s.* vulcanísta, *m.*

Volcànity, *s.* essènza vulcánica; l'èssere d'orígine vulcánica

Volcanizátion, *s.* vulcanizzazióne

Vòlcanize, *va.* vulcanizzáre

Volcáno, *s.* vulcáno

Vòle, *s.* (*giuoco*) tutte le bási

Vòlery, *s.* stòrmo di uccèlli; uccellièra; *V.* Aviary

Volition, *s.* volizióne

Vòlitive, *a.* volitívo

Vòlley, *s.* scarica di più cannonáte insième; sálva, sparáta di moschettáte; this provóked a fresh — from his wife, quésto provocò un nuóvo profúvio d'ingiúrie da sua móglie

— *va.* lanciáre una sálva di, sparáre

Vòlt, *s.* (*scherma*) vòlta; (*cavallerizza*) vòlta

Voltáic, *a.* del Vòlta, voltáico; — báttery, píla voltáica; — electricity, elettricità voltáica

Vòltaism, *s.* voltaísmo, galvanísmo

Volubility, *s.* volubilità, mutabili à

Vòluble, *a.* volúbile, leggièro

Vòlubly, *avv.* con volubilità, volubilménte

Vòlume, *s.* volúme, *m.*, mássa, mòle, *f.*; grossézza; volúme, tòmo; piéga, striscia; (*mus.*) volúme, metállo; òdd —, volúme scompagnáto

Volúminous, *a.* voluminóso, gròsso, gránde

Volúminously, *avv.* voluminosaménte

Volúminousness, *s.* natúra voluminósa, státo voluminóso

Vòluntarily, *avv.* volontariaménte, spontaneaménte

Vòluntary, *a.* volontário, spontáneo, líbero; — múrder, omicídio volontário, premeditáto

— *s.* (*mus.*) capríccio, improvvíso, fantasía

Voluntéer, *s.* volontário, soldáto volontário

— *vn.* (*mil.*) ingaggiársi come volontário; impegnársi volentièri

— *va.* offríre volontariaménte, pòrgere

Volúptuary, *s.* uòmo voluttuóso; epicurèo

Volùptuous, *a.* voluttuóso, lussurióso

Volùptuously, *avv.* voluttuosaménte

Volùptuousness, *s.* voluttà

Volutátion, *s.* il voltolársi (per tèrra, nel fàngo)

Volúte, *s.* (*arch.*) volúta; (*conch.*) volúta

Volútion, *s.* rivolgiménto, rivoluzióne in spira, spirále

Vòlva, *s.* (*bot.*) vólva, bórsa, cálice, *m.*

Vòlvulus, *s.* (*med.*) vòlvulo, mále, *m.* del miserère

Vòmic, *a.* vòmico; — nùt, nóce vòmica

Vòmica, *s.* vèmica

Vòmit, *vn.* vomitáre, récere

— *va.* vomitáre, récere, rigettáre; (*fig.*) vomitáre (*ingiurie*)

— *s.* vomitívo, emético; vòmito, il vomitáre

Vòmiting, *s.* il vomitáre, il vòmito; — of blòod, vòmito di sángue, ematémasi, *f.*

Vomition, *s.* vomizióne, *f.*, vomitaménto

Vòmitive, vòmitory, *a.* vomitívo, vomitório

Vòmitory, *s.* (*med.*) vomitòrio, emético; vomitòrio (dei circhi antíchi)

Voráctous, *a.* voráce, rapáce, ingórdo

Voráciously, *avv.* voraceménte, avidaménte

Voráciousness, vorácity, *s.* voracità

Voràginous, *a.* voraginóso

Vòrtex (*pl.* vòrtexes e vòrtices), *s.* vòrtice, *m.*, mulinèllo d'ácqua, vorágine, *f.*, górgo; túrbine, *m.*, mulinèllo di vènto; (*filos.*) vòrtice, túrbine, *m.*

Vòrtical, *a.* vorticóso, turbinóso

Vòrticel, *s.* (*ent.*) vorticèlla

Vòtaress, *s.* adoratríce, *f.*, divòta, settatríce, *f.*

Vòtarist, *s.* devòto, cultóre, settatóre

Vòtary, *s.* seguáce, settatóre, adoratóre, devòto, fedèle, zelánte, amánte; a — of pléasure, un voluttuóso; the vótaries of fàshion, i partigiáni della mòda

— *a.* di, da vòto, promésso per vòto, votívo

Vòte, *s.* vóto, suffrágio, vóce, *f.*, bollettíno di vóto, schéda, pallòttola, fáva; vóto, votazióne; vóto, scrutínio; to collèct the —s, raccógliere le schéde, contáre i vóti; to pùt to the —, méttere ai vóti, decídere per pluralità di vóti; sécret —, votazióne segréta; càsting —, vóto decisívo

— *va.* votáre, elèggere; nomináre, far entráre con un vóto; — óut, rigettáre con un vóto

— *vn.* votáre; — for, dáre il suo vóto per

Vóter, *s.* votánte, elettóre

Vóting, *s.* votazióne; scrutínio, squittínio

Vòtive, *a.* votívo; — offering, offèrta votíva

Vótively, *avv.* votivaménte, per vóto

Vótiveness, *s.* qualità d'èsser votívo

Zincògraphy, *s.* árte, *f.* d'incídere sul zínco

Zinky, *a.* di zínco, zincóso

Zircon (*pr.* zûrcon), *s.* (*min.*) zircònio

Zircónia, *s.* (*chím.*) zircònia

Zirconite (*pr.* zûrconíte) *s.* (*min.*) zirco- níte, *f.*

Zircónium, *s.* (*chím.*) zircònio

Zòcco, Zócle, Zòccolo, *s.* (*arch.*) zòcçolo, dádo

Zódiac, *s.* (*astr.*) zodíaco

Zodiacal, *a.* (*astr.*) zodiacále, del zodíaco

Zóne, *s.* (*astr. geog.*), zòna; fáscia, cintú- ra; tòrrid —, zòna tòrrida; frìgid —, zòna frigida

Zóned, *a.* zonáto; (*bot.*) zonáto, zonále

Zóneless, *a.* sénza zòna

Zoògrapher, Zoògraphist, *s.* zoògrafo

Zoogràphical, *a.* zoogràfico

Zoògraphy, *s.* zoografía

Zoòlatry, *s.* zoolatría, adorazióne degli ani- máli

Zóolíte, *s.* zoólito, párte di animále impie- tríto

Zoològic, Zoològical, *a.* zoològico

Zoològically, *avv.* zoologicaménte

Zoòloġist, *s.* zoòlogo, zoologísta, *m.*

Zoòloġy, *s.* zoología, sciènza degli animáli

Zoónomy, *s.* zoonomía

Zoòphagan, *s.* animále zoófago, carnívoro

Zoòphagous, *a.* zoófago

Zoòphorus, *s.* (*arch.*) frègio, párte fra l'ar- chitráve e la cornice

Zóophýte, *s.* (*storia naturale*) zoofíto

Zoòtomist, *s.* zootcmísta, *m.*

Zoòtomy, *s.* zootomía, anatomía comparátɔ

Zopissa, *s.* péce navále, *f.*, zopíssa

Zòril, *s.* (*zool.*) zorílla, *m.*

Zoúndś, *s.* (*inter.*) cáncheri! cáppita! cáp- peri!

Zŭmoloġical, *a.* zimològico

Zŭmòloġy, *s.* zimología, *V.* Zymóloġy

Zŭrlíte, *s.* (*min.*) zurlíta

Zygòma, *s.* (*anat.*) zígoma, *m.*

Zygomàtic, *a.* (*anat.*) zigomàtico

Zymòloġist, *s.* zimologísta, *m.*, zimòlogo

Zymòloġy, *s.* zimología; trattáto della fer- mentazióne

Zymòmeter, *s.* zimòmetro, termòmetro che misúra la fermentazióne

Zymosimeter, *s.* zimosímetro

Zythepsary, *s.* birrería, *V.* brewery

Zýthum, *s.* zitóne, bírra

VOCABOLARIO

DI MITOLOGIA E DI NOMI DI PERSONE
ANTICHI E MODERNI

DIFFERENTI NELLE DUE LINGUE, O LA CUI PRONUNCIA INGLESE
PRESENTA QUALCHE DIFFICOLTÀ.

NB. *In inglese come in italiano i nomi proprj cominciando sempre con lettera ma-*
juscola, si avverta che l'iniziale minuscola è qui usata in essi talvolta sol per-
chè mancava la corrispondente majuscola col richiesto segno di pronuncia.

(Per la pronuncia del *g* nella parte inglese, si osservi che quand'anche non è segnato ġ
suona come *g* italiano in *Genova* davanti alle vocali *e* ed *i*; negli altri casi suona
come *gh* italiano. Le eccezioni sono indicate. Il dittongo latino Æ si pronuncia generalménte è inglese.)

A

àaron, *m.* Arônne
Abdalònimus, *m.* Abdalòni-
  mo
Abdías, *m.* Abdía
Abdénego, *m.* Abdénego
àbel, *m.* Abèle
àbelard, *m.* Abelárdo
Abía } *m.* Abía
Abíah }
àbigaïl, *f.* Abigaïlle
Abimelech, *m.* Abimelêcco
àbner, *m.* àbner
àbraham, *m.* Abraámo
àbram, *m.* Abrámo
àbsalom, *m.* Assalônne
Absyrtus (*pr.* absùrtus), *m.*
  Absírto
Acèstes, *m.* Acèste
Achæmènides, *m.* Achemê-
Achátes, *m.* Acáte   (nide
Achilles, *m.* (*pr.* Akilles)
  Achílle
Acidália, *f.* Acidália
Acónteous, *m.* Acónteo
Acóntius, *m.* Acónzio
Acrísius, *m.* Acrísio
Actaéon, *m.* Atteóne
ádah, *f.* áda
àdam, Adámo
àddison, *m.* àddison
àdela, *f.* Adéle
àdelaïde, *f.* Adeláide
Adelína } *s.* Adelína
àdeline }

Adelchis, *m.* (*pr.* Adèlkis)
  Adèlchi
Adimàntus, *m.* Adimánto
Admétus, *m.* Admèto
Adòlphus, *m.* Adòlfo
Adónis, *m.* Adóne
Adràstea } *f.* Adrastèa
Adràstia }
Adràstus, *m.* Adrásto
àdrian, *m.* Adriáno
Æacus, *m.* (*pr.* éacus) éaco
Æèta } *m.* Eéte
Éèatas }
Ægaéon, *m.* Egeóne
Ægéus, *m.* Egéo
Æßiale, *f.* Egialèa
Ægisthus, *m.* Egisto
aég e, *f.* ègie
Ægyptus, *m.* Egitto
Æmiliàqus, *m.* Emiliáno
Æmilius, *m.* Emilio
Ænéas, *m.* Enéa
Æolus (*pr* éolus), *m.* éolo
Æschines (*pr.* èskines), *m.*
  èschine
Æschylus (*pr.* èskylus), *m.*
  èschilo
Æsculápius, *m.* Esculápio
Æsop (*pr.* ésop) *m.* Esópo
Agamémnon, *m.* Agamènnone
Agapétus, *m.* Agápíto
àgatha, *f.* àgata
Agàthocles, *m.* Agàtocle
Agénor, *m.* Agénore
Agesiláus, *m.* Agesiláo
ágis, *m.* àgide

àgilulph, *m.* Agilúlfo
Aglàia, *f.* Aglája
àgnes, *f.* Agnese
Agrícola, *m.* Agrícola
áhab, *m* Acàbbo, àcab
Abasúérus, *m.* Assuéro
Ahazíah, *m.* Ocozía
ájax, *m.* Ajàce; — the Greát,
  Telamónian Ajax, — the
  Telamónian —, Ajáce fí-
  glio di Telamóne, Ajáce
  Telamònio; — the Lésser,
  Ajáce fíglio di Oilèo, Ajáce
  Oilèo
àlaric, *m.* alaríco
Albàno, *m.* l`Albàno (pittóre)
àlberic, *m.* Albérico, Albe-
àlbert, *m.* Albèrto   (ríco
A. bínus, *m.* Albíno
àlboin, *m.* Alboíno
Alcoéus, *m.* Alcéo
Alcèsta }
Alcèste } *f.* Alcèsta, Alcèste
Alcèstis }
Alcibiadés } *m.* Alcibíade,
Alkibíadés }
Alcídes, *m.* Alcída
Alcínous, *m.* Alcínoo
Alcména, *f.* Alcména
àlcuin, *m.* Alcùino
Alcýone, *V.* Halcyone
Alècto, *f.* Alètto
Alexànder, *m.* Alessándro
Alexàndra, *f.* Alessándra
Alexandrína, *f.* Alessandrína

Alexandrínus, *m.* Alessandríno

Aléxis, *m.* Aléssio, Aléssi

àlfred, *m.* Alfrédo

àlgernon, *m.* àlgernon

àli, *m.* Alì

àlice, *f.* Alìce

àlick, *m.* (diminutivo di Alexànder) andríno

àlison, *m.* àlison

Alithéa, *f.* Alitéa

àllen, *m.* Alàno

Alphesibaéa, *f.* Alfesibéa

àlpheus, *m.* Àlféo

Alphónso, *m.* Alfònso

Althaéa, *f.* Altéa

àlwin, *m.* Alníno

Amalasónta, *f.* Amalasúnta

àmalek, *m.* àmalec, Amaléc-co

Amaltaéa, *f.* Amaltéa

Amàta, *f.* Amàta

àmbrose, *m.* Ambrógio

Ambrósius, *m.* Ambrógio (Alessandríno); Ambrógio (il sànto)

àmedeus, *m.* Amedéo

Amélia, *f.* Amàlia

Amèricus Vespùcius, *m.* Amerígo Vespùcci

Amilcar, *V.* Hamilcar

Ammiànus, *m.* Ammiáno

Amphilocus, *m.* Anfíloco

Amphimachus, *m.* (*pr.* Amfìmacus) Anfìmaco

Amphitrìte, *f.* Anfitrìte

Amphitryon, *m.* Anfitrióne

Amùlius, *m.* Amúlio

Anachàrsis, *m.* Anacàrsi

Anaclétus, *m.* Anacléto

Anàcreon, *m,* Anacreónto

Ananías, *m.* Ananía

Anastàsia, *f.* Anastàsia

Anastàsius, *m.* Anastàsio

Anatólius, *m.* Anatólio

Anaxàgoras, *m.* Anassàgora

Anaxàrchus, *m.* Anassàrco

Anaximànder, *m.* Anassimàndro

Anaximenes, *m.* Anassiméno

Anchises (*pr.* Ankíses), *m.* Anchíse

àndrew, *m.* Andréa

Andrógeus, *m* Andrógeo

Andromache, (*pr.* Andrómaki) *f.* Andrómaca

Andrómeda, *f.* Andrómeda

Andrónichus, *m.* Andrónico

Andróstheneś, *m.* Androstène

àngela, *f.* àngela

àngelus, *m.* àngelo; Andrónicus —, Andrónico l'Angelo; ísaac —, Isàcco l'Angelo

ànn }
ànna } *f.* Anna
ànne }

ànnibal, *m.* Annìbale

ànnon, *V.* Hannon

ànselm } *m.* Ansèlmo
Ansèlmo }

Antaéus, *m.* Antéo

àntheus, *m.* Antéo

ànthony, *m.* Antònio

Antigone, *f.* Antígone

Antigonus, *m.* Antígono

Antilochus, *m.* Antíloco

Antimachus, *s.* Antímaco

Antinous, *m.* Antínoo

Antíochus, *m.* Antíoco

Antíope, *f.* Antíope

Antipater, *m.* Antípatro

Antistheneś, *m* Antistène

Antoinètte, *f.* Antoniétta

Antónia, *f.* Antònia

Antonína, *f.* Antonína

Antonínus, *m.* Antoníno; — Pius, Antoníno Pío

àntony. *m.* Antònio; Mark —, Marc'António

Apèlles, *m.* Apélle

Apòllo, *m.* Apóllo; — Musagétes, — léader of the Múses, Apòllo Musagéte

Adollodórus, *m.* Apollodóro

Apollònideś, *m.* Apollònide

àppian, *m.* Appiáno

Appuléius } *m.* Apuléio
Apuléius }

Aquínas, *m.* l'Aquináte; —, Sàint Thómas —, San Tommáso d'Acquíno

Arabèlla, *f.* Arabélla

Aràchne, *f.* Arácne

Arbáceś, *m.* Arbáce

àrbuthnot, *m.* Arbuthnot

Arcàdius, *m.* Arcádio

Arcèsilas } *m.* Arcesiláô
Arcèsiláus }

Archelaus (*pr.* Arkiláus), *m.* Archeláo

Archias (*pr.* àrkias), *m.* Archía

àrchibald, *m.* Arcibáldo

Archidamus (*pr.* Arkidámus) *m.* Archídamo

Archilocus (*pr.* Arkílocus), *m.* Archíloco

Archimedes (*pr.* Arkimédes), *m.* Archiméde

Archytas (*pr.* Arkítas), *m.* Archíta

àrduin, *m.* Arduíno

Aréte, *f.* Arêta

Aretñusa, *f.* Aretúsa

Argéius, *m.* Argéo

Argía, *f.* Argía

àrgus, *m.* àrgo

ária, *f.* ária

Ariàdne, *f.* Arànna

Aricia, *f.* Arícia

Aridaéus, *m.* Aridéo

àriel, *m.* Ariéle

Ariobarzáneś, *m.* Ariobarzáne

Aríon, *m.* Aríone

Ariòsto, *m.* l'Ariòsto

Ariovistus, *m.* Ariovísto

Aristàgoras, *m.* Aristàgora

Aristànder, *m.* Aristàndro

Aristarchus (*pr.* Aristàrkus), *m.* Aristàrco

Aristídes, *m.* Aristíde

Arist ppus, *m.* Aristíppo

Aristòbulus, *m.* Aristòbolo

Aristodémus, *m.* Aristodémo

Aristomaehe (*pr.* Aristòmaki) *f* Aristòmaca

Aristòmachus, *m.* Aristòmaco

Aristómenes, *m.* Aristómene

Aristònicus, *m.* Aristónico

Aristóphaneś, *m.* Aristófane

Aristòteleś } *m.* Aristòtele
àristot!e }

árius, *m.* ário

àrmstrong, *m.* Armstrong

Arnóbius, *m.* Arnóbio

àrnold, *m.* Arnóldo, Arnáldo; — of Bréscia, Arnáldo da Bréscia

Arrhidaéus, *m.* Arridéo

àrria, *f.* àrria

àrrian, *m.* Arriáno

Arsáceś, *m.* Arsáce

Arseniuś, *m.* Arsènio

Arsinoe, *f.* Arsínoe

Artabànus, *m.* Artabáno

Artabáześ, *m.* Artabáce (re d'Arménia)

Artabásus, *m.* Artabáso (generále persiáno)

Artaphèrneś, *m.* Artafèrne

Artaxèrxeś, *m.* Artasèrse; — Macrochir (*pr.* Macrokir), Longimanus, Artasèrse Longimano

Artémidórus, *m.* Artemidóro

àrtemis } *f.* Artemísia
Artemísia }

àrthur, *m.* Artúro

Ascàlaphus, *m.* Ascàlafo

Ascànius, *m.* Ascànio

Asclepiadeś, *m.* Asclepíade

Asclepiodórus, *m.* Asclepiodóro

Asclepiòdotus, *m.* Asclepiòdoto

Asmodéus, *m.* Asmodéo

Aspàsia, *f.* Aspásia

àssy, *f.* Lisétta

Astàrte, *f.* Astàrte

Astéria, *f* Astéria

Astraéa, *f.* Astrêa

Astỳages, *m.* Astiáge

Astỳanax, *m.* Astianáte

Astydamía, *f.* Astidamía

Astỳnome, *f.* Astìnome

Astypalaéa, *f.* Astipaléa

Atalànta, *f.* Atalánta

Arnalíah, *f,* Atalía

Atñanásia, *f.* Atanàsia

Atñanásius, *m.* Atanásio

Athéna, *f.* (Pàllade) Aténe

Atñenaéus, *m.* Atenéo

Atñenàgoras, *m.* Atenàgora

Atñenodórus, *m.* Atenodóro

àtlas, *m.* Atlànte

átreús, *m.* Atrêo
Atrídeś, *m.* Atríde
átropos, *f.* átropo
àttalus, *m.* àttalo
àtterbury, *m.* àtterbury
àtticus, *m.* àttico
Àttila, *m.* Àttila
äugeas } *m.* Augía
Augías }
Augùsta, *f.* Augùsta
Augùstin, *m.* Agostíno; Sáint —, Sant'Agostíno
Augustína, *f.* Agostína
Augùstulus, *m* Augùstolo
Augùstus, *m.* Augùsto
äulus gèllius, *m.* áulo Gèllio
Aurélia, *f.* Aurélia
Aurélian, *m.* Aureliáno
Aurélius, *m.* Aurèlio; Márcus —, Marc'Aurèlio
äureng-Zébe } *m.* Aureng-
äurung-Zébe } zeyb
Auróra, *f.* Auròra
Ausónius, *m* Ausònio
äustin, *m.* V. Augustin
äurnaris, *m.* àutari
Autómedon, *m.* Automedónte
àyentíne, *m.* Aventíno
Avicènna, *m.* Avicènna
Aviénus, *m.* Aviêno
Azaríah, *m.* Ataría

B

Báal, *m.* Báal
Bàb (*diminutivo di* Bárbara) *f.* Barberúccia
Bácon, *m.* Bacóne
Bàcchuś, *m.* Bácco
Bàjazετη, *m.* Bajazèt, Baja-zètta
Bálduin, *m.* Balduíno
Balτnasar, *m.* Baldassáre
Bàncroft, *m.* Bancroft
Bànquo, *m* Bánco
Bàptist, *m.* Battísta
Barábbas, *m.* Barábba
Bárbara, *f.* Bárbara
Barbaróssa, *m.* Barbaróssa
Bárnabas } *m.* Bárnaba
Bárnaby }
Barτnólomew, *m.* Bartolo-mêo
Bártolo, *m.* Bártolo
Báruch, *m.* Báruc
Bàśjl, *m.* Basílio
Basilídeś, *m.* Basílide
Baśilisτus, *m.* Basilísco
Bàt, *m.* V. Bartholomew
Bàτnsheba, *f.* Betsabéa
Béatrice } *f.* Beatríce
Béatẋx }
Beàuclerc, *n.* Beauclerc
Beàuτort, *m.* B autort
Bèck, *f.* *abbreviazione di* Rebécτa
Bècket, *m.* Bécket (Beck
Bècky, *f.* *vezzeggiativo di*

Béda } *m.* Béda
Béde }
Beélzebub, *m.* Belzebub
Bélial, *m.* Bélial
Belisárius, *m.* Belisário
Bellérophon, *m.* Bellerofónte
Bellóna, *f.* Bellóna
Bellóvésus, *m.* Bellovéso
Belshàzzar, *m.* V. Balthazar
Bélus, *m.* Bélo
Ben, *m.* *abbreviazione di* Benjamin
Bénedict, *m.* Benedétto
Benedicta, *f.* Benedétta
Benjamin, *m* Beniamíno
Bénnet, *m.* Benedétto
Bènτnam, *m.* Bentham
Béntley, *m.* Bentley
Berengàrius } *m.* Berengário
Bérenger }
Bereníce, *f.* Bereníce
Bérkeley, *m.* Berkley
Bèrnard, *m.* Bernárdo
Rèrnardine, *m.* Bernardíno
Beronίce, *f.* Beronίce
Berósus, *m.* Beróso
Bèrτna, *f.* Bèrta
Bértram, *m.* Bertrándo
Bèss, *f.* *abbreviazione di* Elizabeth
Beτnúel, *m.* Betuèllo
Bètsy } *f.* *diminutivo di*
Bètty } Bess
Bias, *m.* Biánte
Bíll } *m.* (*abbrev. di* Wil-
Bìly } liam) Guglielmíno
Bíon, *m.* Bióne
Blàckstone, *m.* Blackstone
Blànch, *f.* Biánca
Blàze, *m.* Blásio
Blóomfíéld, *m.* Blóomfield
Boadicéa, *f.* Boadicéa
Bob, *m.* *abbrev. di* Robert
Bóbby, *m.* *vezzeggiativo di* Bob
Boccáccio, *m.* il Boccáccio
Boétius, *m.* Boèzio
Bolesláus, *m.* Bolesláo
Bòlingbroke, *m.* Bolingbroke
Bonadvénture, *m.* Bonaven-túra
Bòniface, *m.* Bonifázio
Bóreas, *m.* Bórea
Bóswell, *m.* Bosvèllo, Bo-suéllo
Bóτnwell, *m.* Botuèllo
Bówleś, *m.* Bowles
Briareus, *m.* Briarèo
Bridget, *f.* Briɡida
Brindley, *m.* Brindley
Briséis, *f.* Briséide
Britàunicus, *m.* Británnico
Brougham, *m.* Brougham
Brunechilda (*pr.* Brùnekíl-da) *f.* Brunechílde
Brùtus, *m.* Brúto
Buchanan (*pr.* Búkànan), *m.* Buchanan
Bùllen, *m. f.* Bolêno, Bolèna

Búlwer, *m.* Bulwer
Bùnyan, *m.* Bunian
Bùrleigh, *m* Burleigh
Bùrrhus, *m.* Búrro
Bùrton, *m.* Burton
Busbechius (*pr.* Busbékius), *m* Busbecq
Busíris, *m.* Busíride, Busíri
Býron, *m.* Býron

C

Cabírus, *m.* Cabíro
Cácus, *m.* Cáco
Càdmus, *m.* Càdmo
Coecilian, *m.* Ceciliáno
Caépio, *m.* Cepíone
Cæsar, *m.* Césare
Cæsárius, *m.* Cesário
Càiaphas, *m.* Cáifas, Caifàsso
Caiéta, *f.* Gaéta
Càin, *m.* Caíno
Càius, *m.* Càjo
Càlchas, *m.* Calcánte
Càlydon, *m.* Calidóne
Calígula, *m.* Calígola
Calistus, *m.* Calisto
Callicrateś, *m.* Callícrate
Callimachus, *s.* Callímaco
Càllíope, *f.* Calliopéa
Càllippus, *m.* Callippo
Callisτuenes, *m.* Callisténe
Callistratus, *s.* Callistrato
Calpúrnia, *f.* Calpúrnia
Càlvin, *m.* Calvíno
Calýpso, *f.* Calípso
Cambýses, *m.* Cambíse
Camílla, *f.* Camilla
Camillus, *m.* Camíllo
Camírus, *m.* Camíro
Càmpáspe, *f.* Campáspe
Càmpbell, *m.* Campbell
Cànace, *f.* Canáce
Candáce, *f.* Candáce
Candídia, *f.* Candídia
Cànning, *m.* Canning
Canùte, *m.* Canúto
Càpito, *m.* Capitóne
Capitolínus, *s.* Capitolíno
Càpulet, *m.* Capulèto
Caràctacus, *m.* Caráttaco
Cárbo, *m.* Carbóne
Càribert, *m.* Caribèrto
Carίnus, *m.* Caríno
Carlovíngian kings (The) *mpl.* i re Carlovíngi (*dei Franchi*)
Carmagnóla, *m.* il Carma-gnóla (Francésco Busóne)
Carneádes, *m.* Carnéade
Càroline, *f.* Carolína
Càrpus, *m.* Cárpo
Càśjmir, *m.* Càsimíro
Cassander, *m.* Cassándro
Cassàndra, *f.* Cassándra
Cassiánus, *m.* Cassiáno
Cassiodórus, *m.* Cassiodóro
Cassίope } *f.* Cassiopéa
Cassiopéa }

Euripideš, m. Euripide
Európa, f. Europa
Euryale, f. Eurtala
Euryalus, m. Eurialo
Eurydice, f. Euridice
Eurylochus, m. Euriloco
Eurymachuš, m. Eurimaco
Euryome, f. Eurinome
Eurypylus, m. Euripilo
Eurystheus, m. Euristêo
Eusebia, f. Eusêbia
Eusebius, m. Eusébio
Eustace, m. Eustáchio
Eustachius (pr. Eustákius), m. Eustachio
Euterp, f. Eutérpe
Eutropeus, m. Eutrôpio
Eutychus (pr. ùtikus), m. Eutíchio
Evádne, f. Evádne
Evànder, m. Evándro
Evàngeline, f. Evangelína
évanš, m. Evans
éve, f. éva
Evèmerus, m. Evemêro
éverard, m. Everárdo
Evèrgeteš, m. Evergête
Ezechias (pr. Ezekías), m. Ezechía
Ezekías, m. V. Ezechias
Ezékiel, m. Ezechiéle, Exechiéllo
ẻsra, m. Esdra

F

Fábian, m. Fabiáno
Fabricius, m. Fabrízio
Fàhrenheit, m. Fahreneit
Fálkland, m. Falkland
Fàlstaff, m. Falstaff
Fàn, f. abbreviazione di Frances, Franceschina
Fànny, f. vezzeggiativo di Fan
Farraday, m. Farraday
Fàtima, f. Fátima
Fàunus, m. Fàuno
Faust, m. Fàusto
Faustína, f. Faustína
Fàustulus, m. Fàustolo
Fàustus, m. Fausto
Favorínus, m. Favoríno
Felicia, f. Felícia
Felicity, f. Felícita
Félix, m. Felíce
Fèrdinand, m. Ferdinándo
Ferdinànda, f. Ferdinánda
Férguson, m. Ferguson
Férgusson, m. Fergusson
Ferónia, f. Feronia
Fèstus, m. Fèsto
Fiélding, m. Fielding
Fiésco, m. Fiésco
Fingal, m. Fingal, Fingállo
Flàvian, m. Flaviáno
Flóra, f. Flóra
Flórence, f. Fiorênza
Floriánus, m. Floriáno

Fórd, m. Ford
Fortúna, f. Fortúna
Fortunátus, m. Fortunáto
Frànces, f. Francêsca
Fràncis, m. Francêsco; — of Assisi, S. Francêsco d'Assisi; — of Paulo, S. Francesco di Páola
Frànk, m. abbreviazione di Francis
Fránklin, m. Franklin
Frêd, m. abbreviazione di Frederic
Frèddy, m. vezzeggiativo di Fred
Frèderic, m. Federíco; — Barbaróssa, Federíco Barbaróssa: — the Péaceful, Federico il Pacífico
Fritigern, m. Fritigêrno
Frontinús, m Frontíno
Fulgéntio, Fulgêntius m. Fulgênzio
Fùlk, m. Fólco
Fùller, m. Fuller
Fùlvia, f. Fúlvia
Fùst, m. V. Fáust

G

Gàbriel, m. Gabriéle
Gabriéla, Gabriella f. Gabriêlla
Gàius, m. Gájo
Galatea, Galaruaéa f. Galatêa
Gàlba, m. Gálba
Gàlen, m. Galêno
Galérius, m Galêrio
Galileo, m. Galiléo
Galliénus, m. Galliéno
Gamáliel, m. Gamaliéle
Gànymède, m. Ganiméde
Gàspar, m. Gásparo, Gàspare, Gasparre
Gàston, m. Gastóne
Géffery, Gèffrey m. Goffrêdo
Gelàsius, m. Gelásio
Gèllius, m. Géllio
Gêlo, Gèlon m. Gelóne
Genéva, f. Ginêvra
Geneviéve, f. Genovêffa, Genoviêffa
Gênseric, m. Genseríco
Geórge, m. Giórgio
Georgèlta, f. Giorgétta
Geórgina, f. Giorgína
Gêpidæ, m. pl. (The) I Gêpidi
Gèrald, m. Geráldo
Gèrard, m. Gerárdo
Gêrman, m. Germáno
Germánicus, m. Germánico
Gèrtrude (pr. Ghèrtrude), f. Geltrúde
Gérshon (pr. Ghèrshon), m. Gersóne
Gèrvas, m Gerváso

Géryon, Geryoneš m. Gerióne
Géta, m. Géta
Gibbon (pr. Ghibbon), m. Gibbon
Gideon (pr. Ghideon), m. Gedeóne
Gifford, m. Gifford
Gilbert (pr. Ghilbert), m. Gilbêrto
Gileš, m. Gille
Glendówer, m. Glendôwer
Glÿcera, f. Glicéra
Gódfrey, m. Goffrêdo
Gòdwin, m Goduíno
Gulíah, Goliath m. Golía
Góndebald, m. Gundebáldo
Gòneril, f. Gonerilla
Górdian, m. Gordiáno
Górgo, Gorgon f. m. Gorgóne
Gówer, m. Gower
Gracchi (pr. Gràkky), mpl. (The) I Grácchi
Gracchus, (pr. Gràkkus), m. Grácco
Gráham, m. Grahám
Grátian, m. Graziáno
Gregoriánus, m. Gregoriáno
Grègory, m. Gregorio: — Nazianzen, Gregório di Naziáuzo, Gregòrio Nazianzêno; — of Tours, Gregòrio di Tours
Grey (pr. Grà), m. Grey
Grizzel, f. Grisélda
Guido, m. Guido; — Reni, Guído Rêni
Grótius, m. Gròzio
Guiscard, m. Guiscárdo
Gùlliver, m. Gulliver
Gùn obald, m. Gundobáldo
Gùnrner, m. Guntêro
Gustávus, m. Gustávo
Guy, m Guido
Gyges (pr. Ghigeš), m. Gíge
Gylippus, m. Gilippo

H

Habàkuck, m. Abacuc
Hàdriau, m. Adriáno
Haémus, m Êmo
Hàgar, f. Àgar
Hàggai, m. Aggêo
Hàl, m. abbreviazione di Hènry, Enríco
Halcyoue, f. Alcióne
Hàllam, m. Hallam
Hàm, m. Cam
Hàman, m. Amáno
Hamilcar, m. Amílcare
Hàmilton, m. Hamilton
Hàmlet, m. Amléto
Hàmpden, m. Hampden
Hananiáh, m. Anania
Hànnah, f. Anna
Hànnibal, m. Annibale

Hànno, m. Annóne
Hàrdicanùte, m. Canùto l'Ardíto, Ardicanùto
Harmónia, f. Armònia
Hàrold, m. Aròld?; — the Hàre-fóoted, Aròldo dal Piè di Lèpre
Hàrpalus, m àrpalo
Harpòcrates, m. Arpòcrate
Hàrriet } f. Enrichétta
Hàrriot }
Hàrris, m. Harris
Hàrry, m. abbreviazione di Hénry, Arriguccio
Hàrvey, m. Harvey
Hébe, f. èbe
Hecataéus, m. Ecatèo
Hècate, f. ècate
Hèctor, m. èttore
Hècuba, f ècuba
Hegesilochus, m. Egesìloco
Hegésippus, m. Egesìppo
Hèlen } f. èlena
Hèlena }
Heliodórus, m. Eliodòro
Heliogàbalus, m. Eliogàbalo
Heloisa, f. Eloìsa
Henriètta, f. Enrichétta
Hénry, m., Enrico; — the Blàck, Enrico il Néro; — the impotent, Enrico l'Impotènte; — the Infirm (pr. Infùrm), Enrico l'Infèrmo; — the Làme, Enrico lo Zòppo; - the Pròud, Enrico il Supèrbo; — the Sevère, Enrico il Sevèro; — the Fówler, Enrico l'Uccellatóre; — the Lion, Enrico il Leóne
Hephaèstion, m. Efestióne
Hèracles, m. èrcole
Heràclian, m. Eracliáno
Heraclídes, m. Eràclíde
Heraclìtus, m. Eràclito
Heràclius, m. Eraclio
Hèrcules, m. Ercole; the Farnésian —, l'èrcole Farnèse
Herìllus, m. Erìllo
Hèrmachus, m. èrmaco
Hermàgoras, m. Ermàgora
Hèrmaphrodìtus, m. Ermafrodìto
Hèrmes, m. Ermète; — Trismegistus, Ermète Trismegìsto
Hermíone, f. Ermíone
Hermíppus, m. Ermíppo
Hermòcrates, m. Ermòcrate
Hermodórus, m. Ermodòro
Hermògenes, m. Ermògene
Hermotímus, m. Ermòtimo
Hèrod, m. Eròde
Heródias, m. Erodìáno
Heródias, f. Erodìade
Heròdotus, m. Eròdoto
Heróphilus, m. Eròfilo
Heróstratus, m. Eròstrato
Hèrschel, m. Herschel

Hersilia, f. Ersìlia
Hésiod, m. Esìodo
Hèsperus, m. èspero
Hèster, f. Ester, V. Esther
Hèttie, f. (vezzeggiativo di Hèster) Esterùccia
Heywood (pr. Hàwóod), m. Heywóod
Hezekíah, m. Ezechía
Híero } m. Jeróne
Híeron }
Hièrocles, m. Ierócle
Hierònymus, m. Gerolàmo, Gerónimo, Jerónimo
Hìllary, m. Ilàrio
Himìlco, m. Imilcóne
Hippàrchus, m. Ippàrco
Hìppasus, m. ìppaso
Hippócrates, f. Ippòcrate
Hippódame } f. Ippodamía
Hippodamía }
Hippòlyte, f. Ippòlita
Hippòlytus, m. Ippòlito
Hippòmenes, m. Ippòmene
Hypponícus, m. Ippònico
Hyrcánus, m. Ircáno
Hòbbes, m. Hobbes
Hógarτħs, m. Hogarth
Hòlinshed, m. Holinshed
Hólmes, m. Holmes
Holofèrnes } m. Olofèrne
Holophèrnes }
Hómer, m. Omèro
Honorátus, m. Onoráto
Honórius, m. Onòrio
Hóoke, m. Hooke
Hóoker, m. Hooker
Hòrace, m. Orázio
Horátii (The), mpl. gli Orázii
Horátio, m. Orázio
Hortènsia, f. Ortènsia
Hosèa, f. Osèa
Hòward, m. Howard
Hòwe, m. Howe
Húdibras, m. Hudibras
Húgh, m. ùgo
Húgues, m. ùgo
Hùmbert, m. Umbèrto
Hùmphrey, m. Humphrey
Húniades, m. Uniade
Hyacìnτħus, m. Giacìnto
Hýdes (The), f. pl. le fadi
Hýgìnus, m. Igíno
Hýlaéus, m. lièo
Hýmen, m. Imène
Hymenaéus, m. Imenèo
Hýperídes, m. Ipèride
Hyperìon, m. Iperióne
Hypermnèstra, f. Ipermnèstra
Hypsìpyle, f. Issìpile
Hyrcànus, m. Ircáno
Hystàspes, m. Istápe

I

Iágo, m. Jágo
Iaírus, m. Giàiro
Iálysus, m. Jàliso
Iàpetus, m. Giapéto

ibrahim, m. Ibraìmo
icarus, m. ícaro
icéni, (The) m pl. gli Icèni
ída, f. ìda
idòmeneus, m. Idomenèo
idórħea, f. Idotèa
Ignátia, f. Ignázia
Ignátius, m. Ignázio
Ilíoneus, m. Ilíonèo
ilus, m. ílo
Immànuel, m. Emanuèle
imogen, f. Imògene
inachus, m. ínaco
inchbald, m. Incobàldo
innocent, m. innocènte
íone, f. Jóne
iphìcrates, m. Ifícrate
Iphigenía, f. Ifigenía
irenaéus, m. Irenèo
irène, f. Irène
ireton, m. Ireton
iris, f. íride; (poet.) íri
irving (pr. ùrving), m. Irving
ísaac, m. Isàcco
ísabel } f. Isabèlla
Ìsabèlla }
isaèus, m. Isèo
ísaìah, m. Isaía
isey, m. abbreviaz. di Isaiah
ishmael, m. Ismaèle
ísidore, m. Isidóro
Isidórus, m. Isidóro (storico)
Isígonus, m. Isígono
isis, f. íside
isócrates, m. Isòcrate
ìsrael, m. Israèle, Israèlle (poet.)
íulus, m. Júlo, Júlio, Giùlio
ivanhoe, m. Ivànoe
Ixíon, m. Issìone

J

Jàck, m. abbreviaz. di John
Jàcky, m. vezzeggiativo di Jack
Jacìnτħa, f. Giacìnta
Jácob, m. Giacòbbe
Jàcqueline, f. Giacomína
Jàmes, m. Giàcomo; — the Less, Giàcomo Minóre
Jàne, f. Giovànna
Janèt, f. Giannína
Jànsen } m. Giansénio
Jansénius }
Jáson, m. Giasóne
Jàspar } m. Gaspáre
Jàsper }
Jechoniah, m. Geconía
Jèffry, m. Goffrédo
Jehóahaz, m. Gióacas
Jehòash, m. Gióas
Jehūāada, m. Giójada
Jehòram, m. Gióram
Jehòshaphat, m. Giòsafat
Jehóvah, m. Jeóva (l'Etèrno)
Jèm, m. abbreviaz. di James
Jèmmy, m. vezzeggiativo di Jem

Jènner, m. Jenner

Jènny, f. Giannína, Giannétta

Jèphtнaн, m. Jéfte

Jeremíaн, m. Geremía (proféta)

Jèremy, m. Geremía

Jèromé, m. Gerólamo, Giròlamo

Jèrry, m. abbreviazione di Jèromy

Jèsse, m. Jèsse

Jésus, m. Gesù

Joachim (pr. Jóakim), m. Gioachímo

Jóan, f. Giovánna; — of Arc, Giovánna d'Arco

Jòb, m. Giòbbe

Jocàsta, f. Giocàsta

Jòe, m. abbreviaz. di Joseph

Jóel, m. Giòel, Jòel

Jóey, m. vezzeggiativo di Jòe, Peppíno

Jòнn, m. Giovánni; — the Fèarless, Giovánni sénza paùra; — Làckland, Giovánni sénza tèrra; St. — the Bàptist, S. Giovánni Battísta; St. — the Evàngelist, S. Giovánni l'Evangelísta

Jòhnny, m. vezzeggiativo di John, Gianníno, Gian-

Jóнnson, m. Johnson (nétto

Jónaн) m. Giòna
Jónas)

Jónaтнan, m. Giònata

Jònson, m. Jonson

Jóseph, m. Giuseppe

Jóséphine, f. Giuseppína

Josèphus, m. Giosèffo, Giusèppe; — Flàvius, Giusèppe Flávio

Jòsh, m. diminut. di Joshua

Jóshua, m. Giosuè

Josiaн, m. Giosìa

Jóve, m. Giòve

Jóvian, m. Giovíáno

Jovinian, m. Giovíniáno

Jùan, m. Giuan; Dòn —, Don Giuàn (don Giovánni)

Jùba, m. Giùba

Jùdaн, m. Giùda

Jùdas, m. Giùda; — Iscàriot, Giùda Iscarìòte

Jùditн, f. Giudítta

Jugùrтнa, m. Giugùrta

Jùlia, f. Giúlia

Jùlian, m. Giuliáno

Juliàna, f. Giuliàna

Jùliet, f. Giuliétta

Jùlius, m. Giùlio

Jùnia, f Giúnia

Jùnius, m Giúnio

Jùno, f. Giunóne

Jùpiter, m. Giòve; — Capitolínus, Giòve Capitolíno; — Ferétrius, Giòve Ferètrio; — Olỳmpius, Giòve Olímpio; — Tónans, Giòve

Toнànte;.— Indigetes, Giòve Indígéte; — Stàtor, Giòve Statóre; — Elícius, Giòve Elício

Jùstin, m. Giustíno

Justína, f. Giustína

Justinian, m. Giustiniáno

Justínus, m. Giustíno

Jùstus, m. Giùsto

Jutùrna, m. Giutùrna

Jùvenal, m. Giovenále

K

Kàte, f. abbreviazione di Catherine

Karнarína, f. Caterína

Kit, m. abbreviaz. di Christopher

Kitty, f. vezzeggiativo di Kàte

Kóraн, m. Córa

L

Lachesis (pr. Làkesis). Làchesi

Lactàntius, п. Lattànzio

Làdisláus, m. Ladisláo

Laèlia, f. Lèlia

Laèlius, m. Lèlio

Laèrtes, m. Laèrte

Laèrtius, m. Laèrzio

Làmbert, m. Lambèrto

Lampridius, m. Lamprídio

Làncaster, m. Làncaster, Lancàstro

Làndor, m. Landor

Laòcoon, m. Laocónte

Laodamía, f. Laodamía

Laòdice, m. Laodicèa

Làscaris, m. Lascaris

Làtimer, m. Latiméro

Latóna, f. Latóna

Làuncelot, m. Lancilòtto

Làura, f. Làura

Làwrence, m. Lorènzo

Lavèrna, f. Lavèrna

Lavínia, f. Lavínia

Làzarus, m. Làzzaro

Léaн, f. Lèa

Leànder, m. Leàndro

Léar, m. Léar

Learchus (pr. Leàrkus), m. Leàrco

Lélia, f. Lèlia

Lélius, m. Lèlio

Lèn, m. abbreviazione di Leonard

Lèntulus, m. Lèntulo

Léo, m. Leóne (imperatóre, pápa); — Africànus, Leóne l'Africáno

Léon, m. Leóne

Léonard, m., Leonàrdo; — da Vínci, Leonàrdo da Vínci

Leònidas, m. Leònida

Leònides, m. Leònide

Leonnàtus, m. Leonàto

Leonóra, f. Leonóra

Leòntia, f. Leónzia

Leóntius, m. Leónzio

Léopold, m. Leopòldo

Leòsтнenes, m. Leòstene

Leothychides (pr. Leotíkides), m. Leotíchide

Lèpidus, m. Lèpido

Leucíppe, f. Leucíppe

Leucíppus, m. Leucíppo

Leucóтнea, f. Leucotèa

Lévi) m. Lèvi
Lévy)

Lèwis, m. Luígi

Libèrius, m. Libèrio

Libitína, f. Libitína

Lingard, m. Lingard

Linne) m. Linnèo
Linnaéus)

Lívia, f. Lívia

Livy, f. Lívio, Tito Lívio

Lòcke, m. Lòcke

Lolliánus, m. Lolliáno

Longínus, m. Longíno

Lòngland, m. Lòngland

Lorènzo, m. — de' Medici, the Magníficent, Lorènzo de' Mèdici, Lorènzo il Magnífico

Lòt, m. Lot

Lóтнaíre)
Loтнàrio) m. Lotário
Loтнàrius)

Loù, f. abbreviaz. di Luisa

Loùis, m. (in Francia) Luigi; — the Fat, the Gròss, Luígi il Gròsso; — the Obstrèperous, Luígi il Capàrbio; — the Stàmmerer, Luígi il Bàlbo

Louísa, f. Luígia, Luísa

Lóvel, m. Lovel

Lòvelàce, m. Lovelàccio

Lówtн, m. Louth

Lùcan, m. Lucáno

Lùcas, m. Lùca

Lùcian, m. Luciáno

Lùcifer, m. Lucífero

Lucílius, m. Lucílio

Lucína, f. Lucína

Lùcius, m. Lúcio

Lucrétia, f. Lucrèzia

Lùcy, f. Lucía

Lùdlow, m. Ludlow

Lùke, m. Lùca

Lùpèrcus, m. Lupèrco

Lùtнer, m. Lutéro

Lycàmbes, m. Licàmbio

Lycàon, m. Licaóne

Lỳcidas, m. Licída

Lycomédes, m. Licomède

Lycòreus, m. Licorèo

Lycùrgus, m. Licúrgo

Lỳcus, m. Lico

Lỳde, f. Lída

Lỳdgate, m. Lydgate

Lỳdia, f. Lídia (Lyd:\

Lỳdie, f. vezzeggiativo di

Lyncéus, m. Lincèo

Lysànder, *m.* Lisándro
Lysimacħus, *m.* Lisímaco
Lysippus, *m.* Lisippo
Lyttleton, *m.* Lyttleton

M

Macaréus, *m.* Macaréo
Macárius, *m.* Macário
Macàulay, *m.* Macaulay
Màcbeʈħ, *m.* Mácbet, Mác-
  bétto
Màccabéeś *m. pl.* Maccabéi
Màccabi   { *m.* Maccabéo
Maccħabaéus
Macdùﬀ, *m.* Macdùﬀo
Machiavel (*pr.* Makiavèl),
  m. Machiavèlli, Machía-
  vèllo
Machiavelli (*pr.* Makiavèlħ),
  m. Machiavèlli
Mackènzie, *m.* Mackenzie
Macphérson, *m.* Macphersǫn
Macriánus, *m.* Macriàno
Macrínus, *m.* Macríno
Macróbius, *m.* Macròbiồ
Màdeline, *f.* Maddaléna
Màdge, *f. abbreviazione di*
  Margaret
Mæcénas, *m.* Mecenáte
Màgdalen   { *f.* Maddaléna
Magdaléns
Magnéntius, *s.* Magnênzio
Mágo, *m.* Magóne
Màgog, *m.* Magog
Màhomet, *m.* Maométto
Majórian, *m.* Maggioriáno
Malachy (*pr.* Màlaki), *m.*
  Malachía
Màlcoℤm, *m.* Málcolm, Mál-
  còlmo
Malóne, *m.* Malóne
Mamèrtus, *s.* Mamêrto
Manàsseħ, *m.* Manásse
Mandáne   { *f.* Mandáne
Mandáneś
Màneħ, *m.* Manéte
Màneʈħo, *m.* Manetóne
Mànfred, *m.* Manfrédo
Mànlius, *m.* Mánlio
Mànuel, *m.* Manuéle
Marcèllus, *m.* Marcéllo
Marcellínus, *m.* Marcellíno
Màrcian   { *m.* Marciáno
Marciánus
Màrcus, *m.* Márco
Màrgaret, *f.* Margheríta
Màrge, *f. abbreviazione dí*
  Margaret
Màrgery, *f. diminutivo di*
  Margaret
Màrgy, *f. diminutivo di*
  Marge
María, *f.* María
Mariànne, *f.* Mariánna
Màrius, *m.* Mário
Màrk, *m.* Márco
Màrlow, *m* Marlow
Màrs, *m.* Márte

Màrston, *m.* Marston
Màrsyas, *m.* Màrsia
Màrʈħa, *f.* Márta
Màrtial, *m.* Marziále
Màrtin, *m.* Martíno
Màry, *f.* María; Blồody —,
  María la Sanguinária; —
  Magdaléne, María Madda-
  léna
Màssinger, *m.* Massinger
Màt, *abbreviazione di* Mat-
  thew; *abbreviazione di*
  Matthias; *abbreviazione*
  di Matilda
Matìlda, *f.* Matílde
Mattaníaħ, *m.* Matanía
Màtthew (*pr.* Màʈħew), *m.*
  Mattèo
Matthías (*pr.* Maʈħías), *m.*
Màud   { *f. abbreviaz. di*
Màudlin   { Madeline, Léna
Màurice, *m.* Maurízio
Màusolus, *m.* Màusolo
Maxèntius, *m.* Massênzio
Maximian   { *m.* Massimiáno
Maximiánus
Maximilian, *m.* Massimiliáno
Màximin   { *m.* Massimíno
Maximínus
Màximus, *m.* Mássimo
Mecaénas, *m. V.* Mæcenas
Mecisteus, *m.* Mecistèo
Medàrdus, *m.* Medárdo
Medéa, *f.* Medéa
Meditrína, *f.* Meditrína
Medùśa, *f.* Medúsa
Még, *f. abbreviazione di*
  Margaret, Margheríta
Megaéra, *f.* Megéra
Mègara, *f.* Megàra
Megaréus, *m.* Megaréo
Megasʈħenes, *m.* Megástene
Melàmpus, *m.* Melàmpo
Melchisedek (*pr.* Melkíśedek)
  m. Melchísedec, Melchise-
  décco
Mèlchior (*pr.* Mèlkior), *m.*
  Melchiòrre
Meleáger, *m.* Meleágro
Melissa, *f.* Melíssa
Melisseus, *m.* Melissèo
Mèlmoʈħ, *m.* Melmoth
Melpómene, *f.* Melpómene
Menalǽppus, *m.* Menalíppo
Menànder, *m.* Menándro
Menécrates, *m.* Menécrate
Menedēmus, *m.* Menedémo
Menelàus, *m.* Menelào
Menèsʈħeus, *m.* Menestèo
Menippus, *m.* Menippo
Menoéceus, *m.* Menecèo
Mèntor, *m.* Mèntore
Mepħistópheleś, *m.* Mefistò-
  fele
Mèrcury, *m.* Mercúrio
Mercútio, *m.* Mercúzio
Mèrope, *f.* Mèrope
Meróveus, *m.* Merovèo
Méshacħ, *m.* Mísach

Messallína, *f.* Messalína
Messápus, *m.* Messápo
Metanira, *f.* Metaníra
Metaphràsteś, *m.* Metafráste
Metastásio, *m.* il Metastásio
Metèlla, *f.* Metélla
Metèllus, *m.* Metéllo
Meʈħúśael, *m.* Metúsael
Meʈħúśelaħ, *m.* Metúsalem,
  Metusalêmme
Metrodórus, *m.* Metrodôro
Mezèntius, *m.* Mesênzio
Mícaħ, *m.* Michèa
Michael (*pr.* Míkael), *s.* Mi-
  chéle; — àngelo, Miche-
  langelo; — Paleólogus,
  Michéle Paleólogo; — Pa-
  rapináces, Michéle Para-
  pináce; — the Stàmmerer,
  Michéle il Bálbo; — Stra-
  tióticus, — the Wàrlike,
  — the Wàrrier, Michéle
  Stratiótico , Michéle il
  Guerriéro
Michal (*pr.* Míkal), *f.* Mícal
Mick   { *m. abbreviazione di*
Mike   { Míchael
Mídas, *m.* Mída
Milcaħ, *f.* Mèlca
Milétus, *m.* Miléto
Mílo, *m.* Milóne
Miltíadeś, *m.* Milziáde
Milton, *m.* Milton
Mimnérmus, *m.* Mimnêrmo
Minèrva, *f.* Minêrva
Mínos, *m.* Minòsse
Minotàurus, *m.* Minotàuro
Miriam, *f.* Miriam, María (so-
  rèlla di Mosè)
Misàgeneś, *m.* Misagéne
Misénus, *m.* Miséno
Misiʈħeus, *s.* Misitéo
Mirħradáteś   { *m.* Mitridáte
Mirħridáteś
Miʈħras, *m.* Mítra
Mitylène, *m. V.* Mytilene
Mizraim, *m.* Mésraim
Mnemòsine, *f.* Mnemósine
Mnesàrcħus, *m.* Mnesàrco
Mnesilocħus, *m.* Mnesíloco
Mnèsʈħeus, *m.* Mnestèo
Móab, *m.* Móab
Mohàmmed, *m.* Maométto
Mòl, *f. diminutivo di* Mary
Mòlly, *f. vezzeggiativo di*
  Mol, Marïétta
Mólocħ, *m.* Móloc
Molòrkus, *m.* Molórco
Molòssus, *m.* Molòsso
Mònima, *f.* Mònima
Mónnica, *f.* Mònica
Montagùe, *m.* Montague
Móore, *m.* Moore
Mòrdecai, *m.* Mardochèo
Móre, *m.* (Sir Tħómas) More,
  il cavallère Tomáso Móro
Mòrice   { *m.* Maurízio
Mòrris

Mòrpheus, *m.* Morféo
Móses, *m.* Moisè, Mosè
Muciànus, *m.* Muciáno
Muśaéus, *m.* Muséo
Myrmidon (*pr.* Mùrmidon),
  m. Mirmidone
Myrsilus (*pr.* Mùrsilus), *m.*
  Mírsilo
Myrtea(*pr.*Mùrtea),*f.* Mirtèa
Myrtilus (*pr.* Mùrtilus), *m.*
  Mírtilo
Mytiléne, *f.* Mitilene

N

Nàamaλ, *f.* Noéma
Naévius, *m.* Nèvio
Nàn { *f. diminutivo di*
Nàncy } Anna, Annétta,
Nànny } Nannétta
Nàomí, *f.* Noémi
Nàpier, *m.* Napier
Napóleon, *m.* Napoleóne
Narcissus, *m.* Narcíso
Nàrses, *m.* Narséte
Náso, *m.* Nasóne
Nàt, *m. abbreviazione di*
  Nathaniel
Nàthan, *m.* Natan, Natánno
Natnàniel, *m.* Nataniéle
Nàucrateś, *m.* Naucráte
Nàusiphaneś, *m.* Nausífane
Neàrkus, *m.* Neárco
Nebuchadnèzzar, *m.* Nabúc-
  co, Nabucodònosor, Nabu-
  codonosòrre
Nèd, *m. diminut. di* Edward
Nèddy, *m. vezzeggiativo di*
  Ned
Nehemíah, *m.* Neemía
Néleus, *m.* Nelèo
Nèll,*f. diminutivo di*Helen,
  Eleanor
Nèllie, *vezzeggiativo di* Nell
Nèlson, *m.* Nelson
Nèmesis, *f.* Nèmesi
Néocleś, *m.* Neócle
Neoptólemus, *m.* Neottòlemo
Népos, *m.* Nepóte; Cornélius
  —, Cornélio Nepóte
Nèptune, *m.* Nettúno, Net-
  túnno
Néreus, *m.* Nerèo
Néro, *m.* Neróne
Nèrvii, *mpl.* (The), i Nèrvii
Nèstor, *m.* Nèstore
Néwton, *m.* Newton
Nicànder, *m.* Nicándro
Nicàsius, *m.* Nicásio
Nicéphorus, *m.* Nicéforo
Nicholas, *m.* Nicòla, Nicolò
Nicias, *m.* Nícia
Nick, *m. abbreviazione di*
  Nicholas
Nicodémus, *m.* Nicodémo
Nicòmachus, *m.* Nicómaco
Nicomédeś, *m.* Nicoméde
Níleus, *m.* Nilèo

Nimrod, *m.* Nèmbrot, Nem-
  bròtte
Nínus, *m.* Níno
Nínyas, *m.* Nínia
Níobe, *f.* Níobe
Níreus, *m.* Nerèo
Nóaλ, *m.* Noè
Nóel, *m.* Natàle, Natalíno
Nòll, *m. diminut. di* Oliver
Nòrtia, *f.* Nòrzia
Novatiánus, *m.* Novaziáno
Numérian, *m.* Numeriáno
Nùmp, *m. per* Humphrey
Nushirwan (*pr.* Nùshùrwan),
  m. Noushirvan
Nýcteus, *m.* Nittèo

O

Obadíaλ, *m.* Abdía
òberon, *m.* Oberon
Océanus, *m* Océano
Octàvia, *f.* Ottàvia
Octaviànus, *m.* Ottaviáno
Octàvius, *m.* Ottàvio
Odenáτhus } *m.* Udenáto
Odenátus }
ódin, *m.* Odíno
Odoàcer, *m.* Odoàcre
Oèdipus, *m.* Edípo; — Coló-
  neus, Edípo Colonéo; —
  tyrànnus, Edípo Tiránno
Oéneus, *m.* Enéo
Œnómaus, *m.* Enomáo
Ogýgeś } *m.* Ogíge
Ogýgus }
òlleus, *m.* Oilèo
òliver, *m.* Oliviéro
Olívia, *f.* Olívia
Olỳmpia, *f.* Olímpia
Olỳmpias, *f.* Olimpíade
Olympiodórus, *m.* Olimpío-
  dóro
Olỳmpus, *m.* Olímpo
òmphale, *f.* Onfàle
Onesícritus, *m.* Onesícrito
Onèsimus, *m.* Onèsimo
Onomàcritus, *m.* Onomácrito
Onomàrchus, *m.* Onomárco
Oùphrius, *m.* Onòfrio
Ophèlia, *f.* Ofélia
Opie, *f.* Opía
òppian, *m.* Oppiáno
Optátus, *m.* Optáto
òreadś, *fpl.* Orèadi
Orèsteś, *m.* Orèste
Orgètorix, *m.* Orgetoríge
Oribásius, *m.* Oribásio
òrigen, *m.* Origéne
Oríon, *m.* Orióne
Oriτηyίa, *f.* Orízia
Orlàndo, *m.* Orlándo
Oróntas } *m.* Orónte
Oróntes }
Orósius, *m.* Oròsio
òrpheus, *m.* Orfèo
Orsilochus, *m.* Orsíloco
òscar, *m.* òscar, Oscárre
Osíris, *m.* Osíri, Osíride

òsmond } *m.* Osmóndo
òsmund }
òssian, *m.* òssian
òswald, *m.* Osváldo
Ornéllo, *m.* Otèllo
òτηo,*m.*Ottóne;—the Blòody,
  Ottóne il Sanguinário; —
  — the Rèd, Ottóne il Rósso
òtwáy, *m.* Otway
óverbury, *m.* Overbury
òvid, *m.* Ovídio
ówen, *m.* Owen

P

Pacatiánus, *m.* Pacaziáno
Palaémon, *m.* Palemóne
Palæòlogus, *m.* Paleòlogo
Pàlamas } *m.* Palaméde
Palamédeś }
Palémon, *m. V.* Palæmon
Pàley, *m.* Pàley
Palinûrus, *m.* Palinúro
Pàllas, *m.* Pàlladè
Pàlmerston, *m.* Palmerston
Palmýra, *f.* Palmíra
Pàmphilus, *m.* Pánfilo
Panacéa, *f.* Panacéa
Pàncras, *m.* Pancrázio
Pandíon, *m.* Pandióne
Pandóra, *f.* Pandóra
Pantàleon, *m.* Pantaleóne
Pànτheus } *m.* Pantèo
Pànτηus }
Panýasis, *m.* Paníasi
Pàpias, *m.* Papía
Papinian, *m.* Papiniáno
Paracèlsus, *m.* Par cèlso
Pàrcæ (*pr.* Pàrci),*fpl.* (The),
  le Pàrche
Pàris, *m.* Páride
Parmènideś, *m.* Parmènide
Parménio } *m.* Parmenióne
Parménion }
Parmenischus,*m.*Parmenísco
Pàrnell, *m.* Parnell
Parrhàsius, *m.* Parrásio
Parτηènope, *f.* Partènope
Pasiphae, *f.* Pasífae
Pasiteleś, *m.* Pasitéle
Pàt, *m. abbrev. di* Patrick
Patèrculus, *m.* Patèrcolo
Patèrnus, *m.* Patèrno
Pàtrick, *m.* Patrízio
Patrócleś, *m.* Patròcle
Patróclus, *m.* Pàtroclo, Pa-
  tròclo
Pàtty, *f. vezzegiat. di* Pat
Pàul, *m.* Páolo; — the Déa-
  con, Páolo Diácono; — of
  Samosáta, Páolo Samosa-
  tènse; — of Vènice, Fra
  Páolo Sárpi
Pàula, *f.* Páola
Pàulina, *f.* Paolína
Pàulinus, *m.* Paolíno
Pàulus, *m.* Páolo; — Ægi-
  néta, Páolo Eginéta; — Æ-
  milius, Páolo Emílio; —

Diàconus, Mònacͪus, War-
nefrídus, Pàolo Diàcono,
Pàolo Warnefríde
Pàusánias, m. Pausánia
Pausímacͪus, m. Pausímaco
Pausistratus, m. Pausistráto
Péelė, m. Peele
Pėg, f. dìmìnut. dì Margaret
Pėgasus, m. Pègaso
Pėggy, f. vezzeggiativo dì
Pelàgia, f. Pelàgia (Peg
Pelàgius, m. Pelagio
Péleus, m. Peléo
Pelòpidas, m. Pelòpida
Pélops, m. Pèlope
Penàteš, mpl. i Penàti
Penèlope, f. Penèlope
Penéos
Penéus } m. Penèo
Penraesiléa, f Pentesilèa
Pèntreus. m. Pentèo
Pèpin,m.Pepíno;—the Shòrt,
Pepíno il Còrto
Pèpys, m. Pèpi
Perdiccas, m. Perdícca
Periànder, m. Periàndro
Peribaéa, f. Peribèa
Pèricleš, m. Pèricle
Pèrseus, m. Pèrseo
Pèrsius, m. Pèrsio
Péter, m Pièdro;—the Crùel,
Piètro il Crudéle; — the
Hèrmit, Piètro l'Éremíta
Pètrarcͪ, m. Petrárca
Petrónius, m. Petrónio
Phaédon, m. Fedóne
Phaèͪra, f. Fèdra
Phàernon, m. Fetónte
Phaernuia, f. Fetúsa
Phalaėcus, m. Faléco
Phalàntus, m. Falànto
Phàlaris, m. Faláride
Phàon, m. Faóne
Phàramond, m. Faramóndo
Phàraoͪ, m. Faraóne
Phàres, m. Faréte
Pharnabàzus, m. Farnabáso
Phàrnaceš, m. Farnáce
Phavorínus, m. Favorino
Pherècrateš, m. Ferecrate
Pherecýdeš, m. Ferecíde
Phéreš, m. Feréte
Phidias, m. Fidia
Phil, m. abbrev. dì Philip
Philadèlpͪus, m. Filadèlfo
Philàretus, m. Filaréte
Philèlpͪus, m. Filèlfo
Philémon, m. Filemóne
Philèpicus, m. Filèpico
Philetaérus, m. Filitèro
Philìbert, m. Filibérto
Philip, m. Filíppo; — the
Aràbian, Filíppo l'árabo;
— the Fàir, (dì Francia)
Filíppo il Bèllo; — the
Hàndsome(dì Spagna),Fi-
líppo il Bė lo; — the Hàrdy,
Filíppo l' Ardíto; — the
Long, Filíppo il Lúngo

Philìppa, f. Filíppa
Philippicus, m. Filíppico
Philippina, f. Filippína
Philͪscus, m. Filísco
Philistus, m Filísto
Philo, m. Filóne; — Judaėus,
the Jèw, Filóne Ebrèo; —
Publilius, Filóne Publílio
Philocleš, m. Fiioclète
Philòcrateš, m. Filòcrate
Philòcirteš, m. Filoclète
Philodèmus, m. Filodèmo
Philolàus, m. Filolào
Philoméla, f. Filoméla
Philomèlus, m. Filomèlō
Philon, m. Filóne; — the
Acadèmic.Filóne l'Accadè-
mico, Filóne di Larissa; —
Bҍhlius, Filóne Biblio; —
of Byzàntium, Filóne Bi-
santíno, Filóne di Bisan-
zio; — the Judaéus, Filóne
il Giudèo, l'Ebrèo
Philònídeš, m. Filòníde
Philòponus, m. Filòpono;
Johàoues —, Giovànni Fi-
lópono
Philostòrgius, m. Filostòrgio
Philòstratus, m Filòstrato
Philòtas, m. Filòta
Philòxenus, m. Filossèno
Phineas, m. Finèa
Phlegon, m. Flegóne
Phòcion, m. Fucióne
Phocҍlideš, m. Focílide
Phoèbe, f. Fèhe
Phoèbus, m. Fébo
Phoènix. m. Feníce
Phoróneus, m. Foronèo
Phòtius, m. Fòzio
Phraàteš, m. Fraàte
Phraòrteš, n . Fraòrte
Phrҍne, f. Fríne
Phrҍnicus, m. Frinico
Phylàrcͪus, m. Filàrco
Phyleus, m. Filéo
Pìlate, m. Pilàto; Pòntius —,
Pònzio Pilato
Pìndar, m. Píndaro
Pisànder, m. Pisàndro
Pisistratus, m. Pisístrato
Piso, m. Pisóne
Pìtraeus, m. Pittèo
Pius, m. Pío
Pizàrro, m. Pizárro
Placidia, f. Placídia
Plancina, f. Plancína
Plantàᵹenet,m.Plantagenéto
Plannóleš, m. Planúde
Plàto, m. Platóne
Plàutian, m. Ploziàno
Plàutus, m. Plauto
Plèíadeš { (The)fpl. Le Plè-
Plèíadš { jadi
Pliny, m. Plínio; — the El-
der, the Nàturalist, Plínio
il Vècchio, il Naturaḷista;
— the Yòunger, Plínio il
Gióvane

Plisrꜩeneš, m. Plistène
Plotína, f. Plͪtína
Plotínus, m. Plotíno
Plͪtarcͪ, m. Plutárco
Plúto } m. Plutóne
Plúton {
Plͪtus, m. Plúto
Pnҍtàgoras, m. Pnitàgora
Podalírius, m. Podalírio
Pòl, f. dìmìnutivo dì Mary
Pólė, m. Pólo (cardínale)
Polemàrcͪus, m. Polemàrco
Pòlemon, m. Polemóne
Poliziàno, m. Poliziàno
Pollio, m. Pollióne
Pòllux, m. Pollúce
Pòlly, f. vezzeggiativo dì
Pol
Pólo, m Pòlo; Màrco —,
Màrco Polo
Polyaénus, m. Polliéno
Polҍbius, m. Políbio
Pòlycarp, m. Policárpo
Polycͪàrmus, m. Policármo
Pòlycleš, m. Policlète
Pòlyclètus, m. Policléto
Polҍcrateš, m. Policràte
Polҍdórus, m. Polidoro
Polyeúcius, m. Poliúto
Polygnótus, m. Polignòto
Polyhҍmnia } f. Polínnia
Polҍmnia {
Polyníceš. f. Poliníce
Polyphème } m. Polifémo
Polyphémus {
Polҍphònteš, m. Polifónte
Polҍxena, f. Polissèna
Pomòna, f. Pomóna
Pompeiànus, m. Pompejáno
Pompéius, m. Pͪmpèo
Pòmpey, m. Pompéo
Pompilius, m. Pompílio
Pòntius, m. Pónzio
Poppaéa, f. Poppèa
Pòrcia, f. Pòrzia
Porphҍrius, s. Porfírio
Pòrson, m. Porson
Portia, f. V. Porcia
Posidíppus, m. Posidíppo
Pòstͪumus } m. Pòstumo
Pòstumus {
Pòtamon, m. Potamóne
Pòtipͪàr, m. Putifàrre
Praetextàtus, m. Pretestáto
Praxíteleš, m. Prassitéle
Prèscott, m. Prescott
Priam, m. Príamo
Priàpus, m. Priàpo
Priscian, m. Prisciáno
Priscílla, f. Priscílla
Priscíllian, m. Prisciilliàno
Procópius, m. Procópio
Procrùsteš, m. Procrùste
Prométͪᵹeus, m. Promèteo
Propèrtius, m. Propè zio
Pròserpine, f. Prosèrpina
Protàgoras, m. Protàgora
Protàsius, m. Protàso
Protesilàus, m. Protesilào

Próteus, m. Próteo
Protógeneś, m. Protógene
Prudéntius, m. Prudénzio
Prúsias, m. Prúsia; — the Hùntsman, Prúsia il Cacciatóre (to
Psammenítus, m. Psammeni-
Psamméticzus | m. Psammé-
Psammitichus (tico
Psyche, f. (pr. Síki) Psiche
Ptolemy, m. Toloméo; — Ceráunus, T loméo Ceráuno; — Epiphanes, Tolomèo Epifàne; - Evè gétes, Toloméo Evergéte; — Philadélphus, Tolomèo Filadélfo
Publicola, m. Publícola
Pulcheria, f. (pr. Pulkéria) Pulchéria
Pupiénus, m. Pupièno
Pygmalion, m. Pigmalióne
Pyladeś, m. Pílade
Pyramus, m. Píramo
Pyrómachus, m. Pirómaco
Pyrrho | m. Pirróne
Pyrrhon (
Pyrrhus, m. Pirro
Pytnàgoras, m. Pittàgora
Pytnia, f. Pízia
Pytnias, m. Pízia

Q

Quadràtus, m. Quadráto
Quàdrifrons, Quàdriceps, m. Quadrifrónte; Jànus —, Giàno Quadrifrónte
Quèntin, m. Quintíno
Quintilian, m. Quintiliáno
Quintílla, f. Quintílla
Quintillus, m. Quintíllo
Quintins, Quinctius, m. Quínzio
Quirínus, m. Quiríno
Quintus, m. Quinto; — Smyrnaéus, Quinto di Smírne; — Cùrtius, Quinto Cúrzio
Quixote, m. Chisciotte

R

Rabánus Màurus, m. Rabáno Màuro
Rachab(pr. Rákab), f. Rahab
Rachel, f. Rachéle
Radagáisus, m. Radagásio
Ràdcliffe, m. Radcliffe
Ràdegund, f. Radegónda
Ràleigh | m. Raleigh
Ràleigh (
Ràlph, m. Rodólfo
Ramèsseś | m.Ramèsse,Ramesses (sète
Ràmsay, m. Ramsay
Ràndal | m. Randólfo
Ràndolph (
Ràphael, m. Raffaéle
Ràymund, m. Raimóndo
Rebécca, f. Rebécca

Régan, f. Regána
Régulus, m. Régolo
Rohobóam, m. Roboámo
Rèid, m. Reid
Remigius, s. Remígio
Rémus, m. Rémo
Reùben, m. Rùbens
Rèynold, m. Rinàldo
Rèynolds, m. Reynolds
Rhadamàntnus, m. Radamànto
Rhadamistus, m. Radamísto
Rhàmseś, V. Ramses
Rhéa, f. Rèa
Rhésus, m. Rèso
Rhòdogúne, m. Rodogúno; f. Rodogúna
Rhòdope, f. Ròdope
Ricàrdo, m. Ricàrdo
Richard, m Riccàrdo; — the Féarless, Riccárdo sénza Paúra; — the Lion Heárted, Riccàrdo Cuor di Leóne
Richardson, m. Richardson
Ricimer, m. Ricimèro
Ròbert, m. Rubérto
Ròbertson, m. Robertson
Ròbinson, m. Ròbinson
Ròderick, m Rodrígo
Ròdolph, m Rodólfo
Ròger, m. Ruggèro
Rògers, m. Rògers
Romànus, m. Románo
Ròmeo, m. Roméo
Ròmulus, m. Ròmolo
Ròsaline, f. Rosalía, Rosalínda
Ròsamund, f. Rosmónda
Ròscius, m. Ròscio
Ròruaris, m. Ròtari
Rosary, f. Rosàura
Ròśe, f Ròsa
Ròwe, m. Rowe
Ròwland, m. Rolàndo, Orlàndo
Ròwley, m. Rowley (lándo
Ròwley, m Rowley
Roxàna, f. Rossàna, Rossàne
Ru lólphus, m. Rodólfo
Rufínus, m. Rufino
Rùfus, m. Rùfo
Rùpert, m. Rupérto
Russel, m. Russel

S

Sabèllius, m. Sabèllio
Sabína, f. Sabína
Sabiniànus, m. Sabiniáno
Sabínus, m. Sabíno
Sadyàtteś, m. Sadiàtte
Sàl, f. diminutivo di Sarah
Salácia, f. Salácia
Sàladin, m. Saladíno
Sàllust | m. Sallústio
Sallùstius (
Sàlly, f. vezzeggiativo di Sal
Salmàsius, m. Salmásio
Salmóneus, m. Salmónio

Salóme, f. Salóme
Salonína, f. Salonína
Sàlvian, m. Salviàno
Sàm, m. abbreviazione di Sàmuel
Sàmmy, m. vezzeggiativo di Sam
Sàmson | m. Sansóne
Sampson (
Sàmuel,m.Samuéle,Samuéllo
Sàncho, m. Sancio
Sanchoniarson, m. Sanconiaóne (mático
Sànctius, m. Sánzio (gram-
Sàndy, m. (diminutivo di Alexánder) Sàndro, Alessàndro
Sàpho | f. Sàffo
Sàppho (
Sàrah, f. Sàra
Sarápis, m. Serápide (pálo
Sardanapàlus, m. Sardanapédon, m. Sarpedónte
Sàrpi, m. Sarpi (Fra Pàolo)
Sàssanid, m. Sassanide
Sàtan, m. Sàtana; (poet.) Satàuno
Sàturn, m. Satúrno
Saturnínus, m. Saturníno
Saturnius, m. Satúrnio
Sàul, m. Sául, Saùlle
Saumàiśe, m. V. Salmasius
Sauromàteś, m. Saurómato
Scàliger, m. Scaligero
Scamànder, Scamàndro
Scipio, m. Scipióne; — Africànus, Scipióne l'Africáno; — Asiàticus, Scipíóne l'Asiático
Scribónia, f. Scribónia
Scriboniànus,m. Scriboniáno
Sebàstian, m. Sebastiáno
Segimérus, m. Segimero
Sugimùndus, m. Segimóndo
Sejànus, m. Sejàno
Sèlden, m. Selden
Seléne, f. Seléne
Seleúcus, m. Seléuco; — Callinícus, Seléuco Callínico; — Epiphanes, Seléuco Epi-
Sélim, m. Selim (fane
Sèmele, f. Sèmele
Semiramis, f. Semirámide
Semprónia, f. Semprónia
Semprónius, m. Semprónio
Sèneca, m. Sèneca
Septimius, m. Settímio
Serápis. m. Serápide
Sergèstus, m. Sergèsto
Sesóstris, m. Sesostri
Severínus, m. Severíno
Sevérus, m. Sevèro
Séymour, m. Seymour
Sforza, m. Sfórza
Shàdrach, m. Sidrac
Shàftesbury, m. Shaftesbury
Shàkespéarè {m.Shakespeare
Shàkspéaré (
Shéba, f. Sába

Shèlley, m. Shelley
Shèm, m. Sem
Shènstone, m. Shenstóne
Shèridan, m Sheridan
Shýlock, m Shylock
Sìbyl, f. Sibilla
Sichæus, (pr. Sikéus) m. Sichèo
Sìdney, m. Sìdney
Sidónius,m.Sidónio; — Apollináris, Sidónio Apollináre
Sìgebert, m. Sigibèrto
Sìgismond } m. Sigismondo
Sigismund }
Silánus, m. Siláno
Silénus, m. Siléno
Sìlvan, m. Silváno
Silvérius, m. Silvèrio
Silvèster, m. Silvéstro
Sìm, m. abbreviazione di Simeon e di Simon
Simeon, m. Simeóne; — Metaphràstes, Simeóne Metafràste; — Stylìtes, Simeóne Stilíta
Simon, m. Simóne
Simónides, s. Simónide
Simplícius, m. Simplício
Simpson, m. Simpson
Sirícius, m. Sirício
Sìsyphus, m. Sísifo
Sìxtus, m. Sìsto; — the Fifth, Sìsto Quìnto
Slóane, m. Sloáne
Smìnтнeus, m. Smintèo (sopranome d'Apollo)
Smóllet, m. Smollet
Sócrates, m. Sócrate
Sogdiánus, m. Sogdiáno
Sòl, m. abbreviazione di Solomon
Sóliman, m. Solimáno
Solínus, m. Solíno
Sólly, m. vezzeggiativo di Sol
Sòlomon, m. Salómone
Sólon, m. Solóne
Sòmers, m. Somers
Sòmerville, m. Somervílle
Sòmner, m. Somner
Sópater, m. Sopátero
Sóph, f. abbreviazione di
Sophía, f. Sofìa (Sophia
Sòphocles m. Sófocle
Sophonísba, f. Sofonísba
Sophrónia, f. Sofrónia
Sophroniscus, m. Sofronísco
Sóphy, f. vezzeggiativo di Sophía
Sósia, m. Sósia
Sosìbius, m. Sosíbio
Sosígenes, m. Sosígene
Sosìтнeus, m. Sositèo
Sósтнenes, m. Sostène
Sóstratus, m. Sòstrato
Sóuthey, m. Southey
Sózomen, m. Sozoméne
Spártacus, m. Spártaco
Spartiánus, m. Sparziáno

Spènser, m. Spenser
Speusìppus, m. Speusíppo
Spinóea, m. Spinósa
Stànhope, m. Stanhope
Stànislaus, m. Stanisláo
Stàнhylus, m. Stáñlo
Státius, m. Stázio
Stéevens, m. Stéevens
Stenoboéa, f. Stenebèa
Stèntor, m. Stèntore
Stephanía, f. Stefánia
Stephen (pr. Stévn), m. Stèfano
Stephens (pr. Stévens), m. Stephens
Stèrope, f. Stèrope
Stesichorus, m. Stesícoro
Stéwart, m. Stewart
Sтнeneboéa, f. Stenebèa
Sтнenelus, m. Stènilo
Stìlicho, m. Stilícóno
Stìllingfleet, m. Stíllingfleet
Stìlo, m. Stilóne
Stìlpo, m. Stilpóne
Stobaéus, m. Stobèo
Stów, m. Stow
Stràbo, m. Strabóne
Stràfford, m. Strafford
Stráto } m. Stratóne
Stráton }
Stràtocles, m Strátocle
Stratonìce, f. Stratoníce
Stúart, m. Stuart, Stuárdo;
Máry —, María Stuárda;
the —s, gli Stuárdi
Sû,f.abbreviazione diSusan
Suetónius, m. Svetónio
Suídas, m. Suída
Sùky, m. vezzeggiativo di Susan
Sulpiciánus, m. Sulpiciáno
Sulpícius, m. Sulpício, Sulpízio; — Severus, Sulpízio Sevèro
Súsan } f. Susánna
Suéannaн }
Svéin, V. Sweyn
Swéyn, m. Svèno
Sýlvan, m. Silváno
Sylvánus, m. V. Silváno
Sỳmmachus, m. Símmaco
Symphórian, m. Sinforiáno
Sýphax, m. Sifáce

T

Tàcìtus, m. Tácito
Tàges, m. Tagéte
Tàlbot, m. Talbot
Tàmar, f. Tàmar
Tàmerláne, m. Tamerláno
Tàmphilus, m. Tàñlo
Tàncred, m. Tancrèdi
Tàntalus, m. Tàntalo
Tarpéia, f. Tarpèa
Tàrquin, m. Tarquínio; — the Elder, Tarquínio Prì-

sco; — the Prôud, Tarquínio Supèrbo
Tarquinia, f. Tarquínia
Tàsso, m. il Tàsso
Tàtian, m. Taziáno
Tàxiles, m. Tàssilo
Tàygete, f. Taigéte
Tàylor, m. Taylor
Tecmèssa, f. Tecmèssa
Tèd, m. diminutivo di Edward
Tèddy, m. diminutivo di Ted
Tèlamon, m. Telamóne
Telègonus, m. Telègono
Telèmachus, m. Telèmaco
Tèlemus, m. Tèlemo
Tèlephus, m. Tèlefo
Tèrence, m. Terènzio
Tèreus, m. Terèo
Terpànder, m. Terpándro
Terpsìchora } f. Tersícore
Terpsìchore }
Tertùllian, m. Tertulliáno
Tèrнys, f. Tèti, Tétide
Teúcer, m, Tèucro
Thaddéus, m. Taddèo
Tнàis, f. Tàide
Tнàles, m. Talète
Tнalía, f. Talía
Tнàmyris, f. Tamíri
Tнeàgenes, m. Teagène
Tнècla, f. Tècla
Tнèmis, f. Tèmi, Tèmide
Tнèmison, m. Themison
Tнemìstius, m. Temistio
Tнemìstocles, m. Temìstocle
Tнeóbald, m. Teobáldo
Tнeócritus, m. Teócrito
Treódatus, m. Teodáto
Tнeodóra, f. Teodóra
Taéudore, m. Teodóro
Tнeodóret, m. Teodorèto
Tнeodóric, m. Teodoríco
Tнeodósia, f. Teodósia
Tнeodósius, m. Teodósio
Tнèodotus, m. Teódoto
Tнeodùlph, m. Teodólfo
Tнéon, m. Teóne
Tнeóphanes, m. Teófane
Tнeóphila, f. Teófila
Trèòphilus, m. Teofilo
Tнeophràstus, m. Teofrásto
Tнeóphylact, m. Teofilátto
Tнeopòmpus, m. Teopómpo
Tнeotímus, m. Teótimo
Tнeràmenes, m. Teramène
Tнeréèa, f. Terésa
Tнersànder, m. Tersándro
Tнersìtes, m Tersìte
Tнèseus, m. Tesèo
Tнèspis, m. Tèspi
Tнesprótus, m. Tespróto
Tнètis, f. Tèti, Tétide
Tнìsbe, f. Tìsbe
Tнóas, m. Tóade
Thòmas, m. Tomáso; — of Didymus, Tomáso Dìdimo
Thòmasin, f. Tommasina
Thòmpson, m. Thompson

Thòmson, *m.* Thomson
Trasybùlus, *m.* Trasíbulo
Thrasymacħus, *m.* Trasimaco
Thrasymédeś, *m.* Trasiméde
Tnucýdideś, *m.* Tucídide
Tħyèsteś, *m.* Tièste
Thymoèteś, *m.* Timéte
Tħýóne, *f.* Tióne
Tħyóneus, *m.* Tionéo
Tibérius, *m.* Tibério
Tibùllus, *m.* Tibùllo
Tibùrtius, *m.* Tibùrzio
Tigellínus, *m.* Tigellíno
Tigráneś, *m.* Tigràne
Tillotson, *m.* Tillotson
Tim, *m. abbreviazione di* Timothy
Timæus, *m.* Timèo
Timànueś, *m.* Timànte
Timàrcħus, *m.* Timàrco
Timocleś, *m.* Timòcle
Timócrateś, *m.* Timòcrate
Timóleon, *m.* Timoleóne
Timómacħus, *m.* Timòmaco
Tímon, *m.* Timóne
Timóor, *m.* Timúr, Tamerláno
Timórneus, *m.* Timòteo
Timoruy, *m.* Timòteo
Timoùr, *m.* Timúr
Tippóo-Sàib, *m.* Tippoo-Saib
Tiridàteś, *m.* Tiridàte
Tíro, *m.* Tiróne
Tisámenus, *m.* Tisámeno
Tisicrateś, *m.* Tisicrate
Tísiphone, *f.* Tisífone
Tissaphèrneś, *m.* Tissafèrne
Tit, *f. abbreviazione di* Theresa
Titània, *f.* Titània
Tíruónus, *m.* Titóne
Titian, *m.* Tiziáno
Títus, *m.* Tito
Tityrus, *m.* Títiro
Tmólus, *m.* Tmòlo
Tobías, *m.* Tobìa
Tóby, *m. vezzeggiativo di* Tobias
Tòm, *m. abbreviazione di* Thomas
Tòmmy, *m. vezzeggiativo di* Tom
Tóny, *m. abbrevias. di* Anthony
Tràjan, *m.* Trajáno
Trebónian, *m.* Treboniáno
Triptólemus, *m.* Trittólemo
Trismegistus, *m.* Trismegìsto
Trissino, *m.* Trissino
Tristram, *m.* Tristàno
Tríton,, *m.* Tritóne
Trógus, *m.* Trògo; — Pompéius, Pompèo Trógo
Trùlus, *m.* Tròilo
Tùbal-Cáin, *m.* Tubalcaìn
Túbero, *m.* Tuberóne
Tùllia, *f.* Tùllia
Tùlly, *m.* Túllio, Marco Túllio Ciceróne
Turnébus, *m.* Turnébo

Tyche, *f.* (*pr.* Tíkí) Tíche
Tydeus, *m.* Tidéo
Tyndáreus, *m.* Tindaréo
Typhoéus, *m.* Tiféo
Tyrtaéus, *m.* Tirtéo

U

ùlphîlas, *m.* úlfila
ùlpian, *m.* Ulpiáno
ùlýsseś, *m.* Ulisse
ùrània, *f.* Urània
ùrban, *m.* Urbáno
ùríah, *m.* Uría
úriel, *m.* Uriéle
Ursínus, *m.* Orsíno, Ursíno
ùrsula, *f.* Orsola

V

Vàl, *f.* *[abbrevias. di* Valentíne
Vàlentíne, *m.* Valentíno; *f.* Valentína
Valentinìan, *m.* Valentiniáno
Valentínus, *m.* Valentíno
Valéria, *f.* Valèria
Valérian, *m.* Valeriáno
Valérius, *m.* Valèrio; — Màximus, Valério Màssimo
Vàrro, *m.* Varróne
Varroniànus, *m.* Varroniáno
Vatácrś, *m.* Vatáce
Vàughan, *m.* Vaughan
Vegétius, *m.* Vegézio
Venàntius, *m.* Venànzio
Veníliia, *f.* Venília
Vénus, *f.* Vènere; — Erycína, Vènere Ericína
Veronica, *f.* Verònica
Vèrreś *m.* Vèrre
Vertùmnus, *m.* Vertùnno
Vespásian, *m.* Vespasiáno
Vespúcius, *m.* Vespúcci (Amerìgo)
Vetùria, *f* Vetúria
Victor, *m.* Vittóre; — Emànuel, Vittório Emanuéle
Victória, *f.* Vittòria
Victoriànus, *m.* Vittoriáno
Victorína, *f.* Vittorína
Victorínus, *m.* Vittoríno
Vigilàntius, *m.* Vigilànzio
Viglius, *m.* Vigílio
Vincent, *m.* Vincénzo
Virgil (*pr.* Vùrgil), *m.* Virgílio
Virgínia, *f.* Virgínia
Virgínius, *m.* Virgínio
Viriáruus, *m.* Viriáto
Vishnu, *m.* Vìsbnù
Vitaliànus, *m.* Vitaliáno
Vitrùvius, *m.* Vitrúvio
Vivian, *m.* Viviáno
Vòlscian, *m.* Vòlsco

Volusiánus, *m.* Volusiáno
Vòrtigern, *m.* Vortigèrno
Vùlcan, *m.* Vulcáno

W

Wàldemar, *m.* Valdemáro
Wàllace, *m.* Wallàce
Wàller, *m.* Waller
Wàlpole, *m.* Walpole
Wàlter, *m.* Gualtièro
Wàlton, *m.* Walton
Wàrburton, *m.* Wàrbuton
Wàrren, *m.* Warren
Wàrton, *m.* Warton
Wàshington, *m.* Washington
Wàt, *m. abbreviazione di* Walter
Wàtt. *m.* Watt
Wàtts, *m.* Watts
Wènceslaus, *m.* Vencesláo
Wèsley, *m.* Wesley
Whàrton, *m.* Wharton
Wikliff, *m.* Wicléffo
Wilberforce, *m.* Wilberforce
Wilfrid, *m.* Vilfrédo
Wilhelmìna, *f.* Guglielmína
Will, *m. abbrev. di* William
William, *m.* Guglièlmo; — the Cónqueror, Guglièlmo il Conquistatóre; — Lòng Swórd, Guglièlmo Lùnga Spàda; — Rùfus, Guglièlmo il Ròsso
Willy, *m. vezzeggiativo di* Will
Wilson, *m.* Wilson
Winfred, *m.* Vinfrédo
Wóden, *m. V.* Odin
Wòlfe. *m.* Wolfe
Wòlśey, *m.* Wolsey
Wòrdśworth, *m.* Wordsworth
Wòtton, *m.* Wotton
Wrèn, *m.* Wren
Wýcherley, *m.* Wycherley
Wýkeham, *m.* Wýkeham

X

Xantxippe, *f.* Zantíppe, Santíppe
Xantxippus, *m.* Zantíppo, Santíppo
Xavérius. *m.* Savèrio
Xenárcħus, *m.* Zenàreo, Senàrco
Xeníadeś, *m.* Zeníade, Seníade
Xènocleś, *m.* Zènocle, Sénocle
Xenócrateś, *m.* Zenòcrate, Senòcrate
Xénon, *m.* Zenóne
Xènophon, *m.* Senofónte
Xárxeś, *m.* Sèrse

Z

Zàbulon, *m.* Zàbulon
Zaccheus (*pr.* Zakkéus), *m.* Zacchèo
Zàch, *m. abbr. di* Zachariah
Zachariah ⎫
Zacharias ⎬ *m.* Zaccaría, Zaccheríá
Zàchary ⎭
Zebediah, *m.* Zebedèo

Zedekiah, *m.* Zedechía
Zéno ⎫ *m.* Zenóne
Zénon ⎭
Zenóbia, *f.* Zenóbia
Zenòdotus, *m.* Zenòdoto
Zephanía, *f.* Sofonía
Zèphyr ⎫ *m.* Zéffiro
Zéphyrus ⎭
Zerùbbabel, *m.* Zorobabéle
Zétes ⎫ *m.* Zéte
Zéthes ⎭

Zeuxippus, *m.* Zeusíppo
Zéuxis, *m.* Zéusi
Zippórah, *f.* Séfora
Zóe, *f.* Zóe
Zòïlus, *m.* Zòilo
Zòpyrus, *m.* Zòpiro
Zoroàster, *m.* Zoroàstro
Zòsimus, *m.* Zósimo
Zwinglius ⎫ *m.* Zuínglio
Zwingle ⎭

VOCABOLARIO

DI

NOMI GEOGRAFICI ANTICHI E MODERNI.

.٭. I nomi che non differiscono nelle due lingue vennero generalmente ommessi.

ABBREVIAZIONI NON USATE NELLA PARTE PRECEDENTE

Arab. in árabo	*Fr.* in francése	*Russ.* in rússo	*Ted.* in tedésco
Dan. in danése	*Norv.* in norvégio	*Sp.* in ispagnólo	*Tur.* in túrco
Fiam. in fiammingo	*Port.* in portoghése	*Sved.* in isvedése	*Ung.* in ungherése

NB. *Nelle voci straniere tra parentesi i suoni delle vocali figurate sono quegli stessi spiegati appiè di pagina*

(Per la pronuncia del *g* nella parte inglese, si osservi che quand'anche non è segnato *ģ* suona come *g* italiano in *Genova* davanti alle vocáli *e* ed *i*; negli altri casi suona come *gh* italiano. Le eccezioni sono indicate al loro luogo.)

A

Aárgau, l'Argóvia (*Fr.* Ar-
Abbeville, Abbevílla (govie
àbbotsford, Abbotsford
Abdéra, Abdèra
àbderíte, Abderíta, *mf.*; the
Abderítes, gli Abderíti
àberdèen, Aberdeen ó Aber-
dónta
Abergavénny, Abergavenny
Abrûzzi (The), gli Abrûzzi,
mpl.
Abrúzzo (The), l'Abrúzzo
Abýdos } Abído
Abýdus
Abyssínia, l'Abissínia
Abyssínian, *a. s.* Abissíno
-a; the Abbissínians, gli
Abissíni
Acàdia l'Acádia
Acarnània, l'Acarnánia
Acháia, l'Acája
Achean (*pr.* Akéan) *a. s.*
Achèo, a; the Achéans,
gli Achèi
Achen (*pr.* àken), Aquisgrá-
na (*Franc.* Aix-la-Cha-
pelle)
Acheron (*pr.* àkeron), Ache-
rónte, *m.*
àcre, Acri; St. Jôhn or —,
San Giovánni d'Acri
Acroceráunia (The), I Mónti
Acroceráunj, *mpl.* gli A-
croceráunj

àctium, ázio
àdmiralty ísland, l'ísola del-
l'Ammiragliáto (*in Ame-
ríca*); the —s, le Isole del-
l'Ammiragliáto(*nell' Ocea-
nía*)
Adrianóple, Adrianópoli
Adriàtic (The), l'Adriático
—, *a.* Adriático; the — Séa,
il mar Adriático
Ægéan Séa (The), il máre
Egèo, l'Egèo
Ægina, *V.* Ægina
Æólia, l'Eòlia
Æólian, *a. s.* Eòlio; the
—s, gli Eòlii
Ǽolis, l'Eòlide, *f.*
Æthiópia, *V.* Ethiopia
Aètna (The), l'étna
Affghanistàn, l'Afganistán
àfric, (*poet.*) l'áfrica
áfrica, l'áfrica
áfrican, *a. s.* Africáno
Agrigèntum, Agrigénto
Aix-la-Chapelle, Aquisgrána
Alabáma, l'Alabáma, *m.*
álba, Alba
álban, *a. s.* Albáno; the Al-
bans, gli Albáni
Albánia, *f.* l'Albanía
Albánian, *a. s.* Albanése,
mf; the —s, gli Alba-
nesi
álbion, Albióne, (*l'Inghil-
terra*) Néw —, la Nuóva
Albióne

älderney, Alderney
Alèppo, Alèppo
Aléutian, íslands (The), le
Aleutíne; le ísole Aleutíne
Alexandrètta, Alessandrétta
Alexàndria, Alessándria (*in
Egitto*)
Algárva, l'Algárvia
Algàrvian, *a. s.* Algarvése
Algéria, l'Algéria
Algerine, *a. s.* Algeríno, -a
Algiérs, Algéri
àlicant, Alicánte
àlleghany, l'Allegany; the —
Móuntains, i mónti Allegany, gli Allegany
äll Sáints Báy, la Baja (*in
tútti i Sánti* (gna
àlmáigne (*ant.*), l'Allemá-
Alphéus (The), l'Alféo
àlps (The), le Alpi; The Lówer —, le Bàsse Alpi (*or* the
úpper —, le Alte Alpi:
the màritime —, le Alpi
maríttime; the Cótian —,
le Alpi Còzie; the Grátian
—, le Alpi Gráje; the Pen-
níne —, le Alpi Pennine;
the Rèthian —, le Alpi
Rètiche; the Jùlian —, le
Alpi Giúlie; the Cárnic –,
le Alpi Cárniche
älsace } l'Alsázia
Alsàtia
Alsàcian, *a. s.* Alsaziáno,
mf; the —s, gli Alsaziáni

àltóna, Altóna
àlba, Alba
Amarupûra, Amarupúra
àmazon (The), l'Amazóne, il fiúme delle Amàzoni; (*Sp.* Maranon); the — river, il rio delle Amàzoni
Amazónia, il paése delle A-màzoni, la regióne delle Amàzoni
àmbergh, Ambêrga
Ambĝna, Amboína
Amérlca. l'Amêrica; Cêntral —, l' América Centrále; Nórth —, l'América Settentrionále; Sŏurn —, l'América Meridionále, l'América del Sud; the United Státes of —, gli Státi Unìti d'América
Américan, *a. s.* Amerìcáno -a; the —s, gli Americáni
Amóor { (the), l'Amúr
Amûr {
àmsterdam, Amsterdam
Anàm. *V.* An-nam
Anatólia, l'Anatolía
Ancóna, Ancóna
Andalùsia, l'Andalúsia, (*Sp.* Andalucía)
Andalùsian, *a. s.* Andalúso -a; the —s, gli Andalúsi
àndes (The), le ànde, *fpl.*
Angóora, Angóra (*Tur.* Engor)
ànglesèa } Anglèsia, Angle-
ànglesey } sey
An-nam (The Empíre, the Kingdom of —, iĺ Regno di Annam, l' Impéro Annamíta
Antígua, Antígoa
Antìbes, Amtíbo
Antìlles (The), le Antílle, *fpl*; the Lárger —, le Antílle Grandi; the Smáller —, le Piccole Antílle
àntioch, Antióchia
àntwerp, Anvêrsa
àpennines (The), gli Apennini, *mpl.*
Appenzèl, Appenzél
Apúlia, l'Apúlia, la Púglia
Apúlian, *a. s.* Pugliése, *mf*; the —s, i Pugliési
Aquiléia, Aquiléa
àquitáin, l'Aquitánia
àrab, *s.* àrabo -a; the Arabs, gli àrabi
Arábia, l'Arábia; the Blèssed —, Fèlix —, l'Arábia Felíce; — Desèrta, the Desèrt, l'Arábia Desèrta; — Petraéa, Stóny —, l'Arábia Petrêa, l'Arábia Petrósa
Arábian, *s. a.* àrabo -a; the —s, gli àrabi
— Gúlf (The), il Gólfo àrabo

àraby (*poet.*) l'Arábia
àragon, l'Aragóna
Arcádia, l'Arcádia
Archangel (*pr.* Arkánġel), Arcáṅgelo
Archipelàgo (*pr.* Arkipèlago) (The), l'Arcipèlago
àrgentine Repúblic (The), la Repúbblica Argentína
àrgia { l'Argólide, *f.*
àrgolis {
Arginúsæ, le Arginúse, *fpl.*
Argyle, Argyle
Aria, *V.* Arya
Arkansás, l'Arkánsas
Armàgh, Armagh
Arménia, l'Armênia
Arménian, *a. s.* Armêno -a; the Armìnians, gli Armêni
Armórica, l'Armórica
árya, l'ària .
áryan, *a. s.* ário, aríaco; the —s, gli árii
Ascènsíon, l'ísola dell'Ascensióne
ásia, l'ásia; Lèsser —, Mínor —, l'ásia Minore
àsoph, *sp.* Azoff
Asphaltítes Láke, il lágo Asfáltide
Assùmption, l'ísola dell'Assunzióne
Assỹria, l'Assíria
Assỹrian, *a. s.* Assíro -a; the —s, gli Assíri
Arstracàn } Astracán
Astrakhàn }
Astúrias (The), le Astúrie, *fpl.*
Aтнénian, *a. s.* Ateniése, *mf*; the —s, gli Ateniési
àrnenś, Atêne; Néw —, la Nuòva Atêne
àтнos, l'Atos
Atlàntic, *a.* Atlántico; the — ócean, l'Océano Atlántico: the —, *s.* l'Atlántico
àtlas (The), l'Atlánte, *m.*
àttica, *f.* l'áttica
àugsburg, Ausbúrgo, Absbúrgo, aulìs, aulíde (go
àustralásia, l'Australásia
àustrália, l'Austrália
àustrálian, *a. s.* Austrálio -a; the Australians, gli Austráli
àustrásia, l'Austrásia
àustria, l'àustria
àustrian, *a s.* Austríaco -a; the —s, gli Austríaci
àventine (The), l'Aventino
Avêrno { (The), l'Avêrno
Avêrnus {
àvon (The), l'àvon
àyelsbury, Ayelsbury
Azincourt, *V.* Agincourt
àzoff, àzof; the Séa of —, il máre d'Azof
Azóres (*port.* Açores), le Azorre, *fpl.*

B

Bàbel, Babéle, *f.*
Bàbylon, Babilónia
Babylónian, *a. s.* Babilonése, *mf.*, the —s, i Babilonési
Bàctria, Báttria
Bactriána, la Battriána
Bàden, Baden
Bàffin's Bày, il Mare di Baffin
Bàgdad, Bagdad
Bahàma ìslands (The), le ìsole di Baháma
Bahìa, Bahìa o Sán Salvadór
Baìa { (*pr.* Báia), Bàia, Bája
Baja {
Bàlcans (The), i Balcáni
Baleáreæ (The), le Baleári, *fpl.*
Baleáric ìslands (The), le ìsole Baleári
Bàltic, *a.* Báltico; the — Séa, il mar Báltico; the —, *s.* il Báltico
Bàltimore, Baltimóra; New —, Buòva Baltimóra
Bànda ìslands (The), le ìsole Bánda, *fpl.*
Barbádoeś, *s.* l'ísola Barbada; Néw —, la Nuòva Barbáda
Bárbary, la Barbaría; the — States, gli Státi Barbaréschi, *mpl.*
Barbúda, Barbúda
Barcelóna, Barcellóna
Barcellonètta, Barcelonètta (*in Francia*)
Barcelonètta, Barcellonètta (*in Ispagna*)
Barnsólomew ìsland, l'ísola San Bartolomêo
Bàsel {
Bàsil { Basiléa
Bàsle {
Bàssora }
Bassóraḥ } Bassòra
Bàssrah }
Batávia, Batávia (*capitale di Giava*); la Batávia, l'Olánda
Baváría, la Baviéra
Bavárian, *a. s.* Bavarese, *mf.* (*ant.* Bávaro); the —s, i Bavarési
Bèdford, Bèdford
Beirout, Bairout
Bejapóor, Bejapúr
Bèlfast, Bèlfast
Bèlgium, il Bèlgio
Bèlgian, Bèlga, *mf*; the —s, i Bèlgi
Bèlgráde, Belgrádo (*Tur.* Bıl grád)
Bellúno, Bellúno
Belóochistán, il Beloutchistan, la Confederazióne dei Belúsci

Benácus (The), il Benáco (o Lágo di Gárda)
Benáres, Benáres
Bencóolen, Bencoulen
Bènder, Bender
Benevénto, Benevénto
Bengàl, il Bengàla; the Báy of — il gólfo del Bengàla
Beótia, la Beózia
Bèrks / la Contèa di Berk:
Berkshire (il Bèrkshíre
Bèrlin, Berlíno; Néw —, la Nuóva Berlíno
Berlínian, a. s. Berlínése; the —s, i Berlínési
Bermúdas (The), le Bermúde
Bèrn, Bèrna
Bèrnburg, Bernbúrgo
Bèrwick, Borwick
Bèrwickshire, la Contèa di Bérwick; il Berwickshire
Beàànçòn, Besanzóne
Bessarábia, la Bessarábia
Bèтнany, Betánia
Bèтнlehem, Betlêmme
Beтнsáida, Betsáida
Beтнúlia, Betúlia
Beyroùt, Baïrout
Biànco (Cápo), il Cápo Biánco
Birmah (Búrma)) (the·l'Im-
Birman (Búrman)) pèro Bir-
èmpíre màno
Birmingham (Bùrmingham), Birmíngham
Biscáy, la Biscáglia; — the Báy of —, la Bája di Biscáglia, il gólfo di Guascógna; il màre di Biscáglia, di Fráncia
Birнỳnia, la Bitínia
Birнынian, a. s. Bitínio
Blàck Fòrest (The), la Sèlva Néra
Blàck Séa (The), il Mar Néro
Bœótia (The), la Beózia
Bohémia, la Boèmia
Bohémian, a. s. Boèmo -a; the —s, i Boémi
Bolívia, la Bolívia
Bológna, Bológna
Bolognése (The), il Bolognése
Bolséna, Bolséna; the Làke of —, il lágo di Bolséna
Bólton, Bólton
Bòmbày, Bombay
Bóna, Bòna
Bórdeàuɔ, Bordeaux
Borroméan íslandŧ (The), le ísole Borromèe
Bórỳsтнenéŧ (The), il Boristene
Bòsnia, la Bòsnia
Bósnian, a. s. Bosníaco
Bósphorus) (The), il Bósfo-
Bósporus (ro; the — of Tнráce, il Bòsforo di Trácia
Bóston, Bóston; Néw —, la Nuóva Boston

Bòsworтн, Bosworth
Rótany-Báy, Botany-Bay
Bótnnia, la Bótnia
Boùrdeàuɔ, Bourdeaux
Bràbant, il Brabánte
Brabantíne, a. s. Brabanxése
Bràndeburg, il Brandebúrgo
Braxil, il Brasíle
Brazílian, a. s. Brasiliáno; the —s, i Brasiliáni
Brécon, Brecon
Brèda, Brêda
Brèmen, Bréma
Bridgewáter, Bridgewater
Briɡнthelmstóne, Brighth-elmstone
Bríghton, Brighton; Néw —, la Nuóva Brighton
Bríndisi, Bríndisi
Brístol, Brístol; the — Chànnel, lo Strétto, la Mánica di Brístol
Britain, la Brettágna (antica); Grèát —, la Gran Brettágna; Néw —, la Nuóva Brettágna
Britànnia, (poet.) Brettágna, la Gran Brettágna
British Chànnel (The), la Mánica
British ísles (The), le ísole Británniche
Bríttany, la Brettágna (in Frància)
Brùges, Brnges
Brùnswik (ted. Braunshweig), Brùnswick; Néw —, il nuóvo Brùnswick
Brùssels (fr. Bruxélles), Bruxèlles
Bùccleùɡн, Buccleugh
Búcнanan, Buchanan
Búcнarèst, Bucharest
Bócнaria, Bucaria
Bòckingham, Búckingham
Bucks, abbrevias. di Buckingham
Búda (ted. Ofen), Búda
Buenos Ayres (pr. Bwános íres), Buenos Ayres
Bulgária, la Bulgaria
Bulgárian, a. s. Bulgáro -a; the —s, i Bólgari
Burgùn'ian, a. s. Borgognóne, mf; the —s, i Borgognóni
Bùrgundy, la Borgògna (fr. Bourgogne)
Bùrlington, Burlington
Bùrman Empíre (The), V. Birmah
Bùrsa, Brusa
Bury (pr. Bèry), Bury
Bùssoraн, V. Bassoraн
Byzàntium, Bisánzio
Byzàntine, Byzàntian, a. Bisantíno -a

C

Càbo Còrso, Cápo Còrso
Cabúl, Cabúl
Cadiz, Cádice
Cadméa, la Cadméa
Càermárтнen, Caermárthen
Càernárvon, Caernárvon
Cæsaréa, Cesaréa
Caffrária, la Cafrería
Càffre, a. s. Cáfro -a; tho —s, i Cáfri
Cairo (arabo El Káhira), il Cáiro (l'Egitto); Grànd —, il Gran Cáiro
Cáiro, Cáiro (negli Stati Uniti)
Cáiтнnèss Caithness
Calábria, la Calábria; — Citra, la Calábria Citerióre; — Ultra, la Calábria Ulterióre
Calábrian, a. s. Calabrése, mf; the —s, i Calabrési
Càlais, Calais
Calcùtta, Calcútta
Caledónia, la Caledònia; Néw —, la Nuóva Caledònia
Caledónian, a. s. Caledónio -a; the —s, i Caledónj
Càlicut, Calicut o Calicútta
Califórnia, la California; Lówer, óld —, la Bássa, la Vècchia Califórnia, álta Califórnia; the Gùlf of —, il Gólfo di Califórnia, il Mar Vermíglio
Càlne, Calne
Càlvary, il Calvário
Cambáy, Cambay
Càmberwell, Cambervell
Cambódia) Cambódia o Cam-
Cambója (bógia
Càmbráy, Cambray
Càmbridge, Cambrídge
Campágna di Róma (The), la Campágna di Róma
Campánia, la Campánia
Campánian, a. s. Campáno -a; the —s, i Campáni
Càmpbell, Campbell
Cánaan, Cánaan
Cànada, il Canadà; Lówer —, il Básso Canadà; ùpper —, l'álto Canadà
Canária, Canária, la Grànde Canária
Canáries (The), le Canárie, fpl. (sp. Canárias)
Canáry, Canária; Grànd —, la Grande Canária, (sp. Grán Canária)
— íslands (The), le ísole Canárie
Cándia (l'ísola di), Cándia
Canéa, la Canéa
Cànnæ, Cànne (degli antichi)

Cànnes, Cánnes (città moderna)

Cànterbury, Cantorberì

Cantòn, Cantòn (nella Chìna)

Cànton, Cànton (negli Stati Uniti)

Càpe, Càpo; the — of Gòod Hópe, il Càpo di Buóna Speránza; the Còlony of the —, la Colònia del Càpo — Bìanco, il Càpo Bìanco — Còlony (The), la Colònia del Càpo — Tòwn, la città del Càpo; il Càpo — Verd, Càpo Vèrde

Capèrnaum, Cafárnao

Caphàreus, Cafaréo

Capitanàta, la Capitanàta

Cappadòcia, la Cappadòcia

Càpua, Càpna

Caràcas, Carácas

Caramània, la Caramánia

Càrdigan, Cárdigan

Carèlia, la Carèlia

Cària, la Cària

Càrian, a. s. Càrio, -a; the Càrians, i Càrii

Carribbéan, V. Carribean

Carihhée, V. Carribee

Carìnтнia, la Carínzia

Carìnтнian, a. s. Carínzio,-a; the —s, i Carínzii

Carlìsle, Carlisle

Càrlow, Carlow

Càrlsburgh, Carlsburgh

Carmània, la Carmánia

Carmàrтнen, V. Caermárthen

Càrmel, Carmélo

Carnàrvon, Carnárvon

Carnàtic (The), il Carnático

Carniòla, la Carnìòla

Carolìna, la Carolìna; Nòrтн —, la Carolína del Nord; Sòuтн —, la Carolína del Sud

Carpàтнian Mòuntains (The), i mónti Carpázj, i Carpázi

Càrpaтнs (The), i Carpázi

Carpentària (the Gùlf of), il gòlfo di Carpentária

Carribéan Sea (The), il màre Caraìbo o il màre delle Antille

Carribés, a. Caraìbo; the — islands, le ìsole Caraìbe, le pìccole Antille

Carrickfèrgus, Carrickfergus

Càrтнage, Cartágine

Carтнagéna, Cartagena

Carтнagénian, a. s. Cartaginése, mf., the —s, i Cartaginési

Cashàlton, Cashálton

Càshmére, Cascemír

Càspian Séa (The), il mar Càspio

Castàlia, Castália

Castàlian, a. Castállo, -a

Castìle (sp. Castilla), la Castìglia; Nèw —, la Nuóva Castíglia; òld —, la Vòcchia Castíglia

Castìlian, a. s. Castigliáno, -a; the —s, i Castigliáni

Catalònia (sp. Cataluña), la Catalógna

Catalónian, a. s. Cataláno,-a; the —s, i Catalàni

Catània, Catánia

Càrнarineburg, Catharineburg

Càubûl, Cabúl

Càucasus, il Càucaso

Cavàn, la contèa di Cavàn

Cayènne, Caiènna

Cèlebes, Celébi

Celtíbéria, Celtíbéria

Cephalònia, Cefalónia

Cevénnes (The), le Cevénne

Cèylón, Ceylan

Chærónea (pr. Keronéa,(Cheronéa

Chalcedònia, Calcedònia

Chàlcis, Càlcide

Chaldéa, Caldéa

Chaldéan, a. s. Caldèo, -a; the —s, i Caldèi

Chamberry (pr. Shàmberry), Chamberry

Champàgne (pr. Shampán), la Sciampágna

Chandernagore (pr. Shandernagóre), Chaudernagor

Chànnel (The), la Mànica, lo Strétto; the British —, la Mànica; the Ìrish —, lo Strétto d'Irlànda — ìslands (The), le ìsole della Mànica

Chaonia (pr. Kaónia), la Caònia

Charente (The) (pr. Shàrángt), la Charente; the Lòwer —, la Charente inferióre

Chàrleston, Charleston

Charlòttenburg (pr. Sharlòttenburg), Charlottenbourg

Charỳbdis, Cariddi, f.

Chàтнam. Chatham

Chèlmsford, Chelmsford

Chèlsea, Chelséa

Chèltenham, Cheltenham

Chèrburg (pr. Shèrburg), Cherbùrgo

Chersonésus (pr. Kersonésus), il Chersonéso — Cìmbrica, il Chersonéso Cìmbrico; — Tàurica, il Chersonéso Táurico; Trácian —, il Chersonéso di Trácia

Chèshire, il Cheshire; la contéa di Chèster

Chèster, Chèster

Chichester, Chicester

Chile } il Chili
Chìly }

Chìna, la Chína o Cína; the — Séa, il mar della China

Chinése o Cinése, mf; the —, i Chinési

Chinchilla, Chinchílla

Chíno ìndia, l'Indo Chína

Chios (pr. Kíos), Chío

Chìswick, Chiswick

Chràistiánia, Cristianfa

Chùrch (The làte Stàtes of the), i già Státi della Chiésa

Cilìcia, la Cilícia

Cinicinnàti, Cincinnáti

Circàssia, la Circássia

Circàssian, a. s. Circàsso,-a; the —s, i Circássi

Cirencester (pr. sìsester), Cirencoster

Cirтнaéron, il Citeróne

Clackmànnan, Clackmannan

Còast Càstle (Càpe), il Càpo Còrso

Coburg, Cobúrgo

Cóchiu-China, la Cocincína

Cócytus, il Cocito

Cœlesỹria } la Celesíria
Cœlosyria }

Coìmbra, Coìmbra

Còlchester, Colchester

Colchis (pr. Còlkis), la Còlchide

Cóln } Colònia (tedesca
Cologne } Kòln)

Colòmbia, la Colómbia (Stato)

Colùmbia, Colómbia (distr.) — (The), la Colómbia (fiume)

Còmo, Còmo; the Làke of —, il làgo di Còmo

Compostèlla, Compostélla

Connàught, Connaught

Counècticut, il Connecticut

Constantìna, Costantina

C.nstantinóple, Costantinópoli (turco Stambóol); the Chànnel, Straìts of —, lo Strétto di Costantinópoli; il Bósforo di Trácia

Cóok's ìnlet, l'ingrèsso di Cook

Cóok's Stràít, lo Strétto di Cook

Còpenhágen, Copenhagen (danese Kjöbenhavn)

Corcỹra, Corcíra

Cordìlleras (The), le Cordegliére o le Andes

Còrdova, Córdova

Coréa, la Coréa

Còrfu, Corfù

Còrinтн, Corinto; the ìstнmus of —, l'Istmo di Corinto

Corìnтнian, a. s. Corìuzio, -a; the —s, i Corìnti

Còrnwàll, Cornováglia; Càpe

Goûjerat, Goudjeráte
Gráin Cóast (The), la Còsta dei Gráni
Gràmpians (The), i Mónti Grámpi o Grampiáni
Gránada, Granáta (città) —, la Granáta; Nèw —, la Nuóva Granáta
Grángemoutе, Grangemouth
Gránicus (The), i Graníco
Gráveṡend, Gravesend
Gréenock, Greenock
Greát Britain, la Gran Brettágna
Gréece, la Grêcia
Grécian, a. Gréco -a
Gréek, a. s. Gréco -a; the —s, i Gréci
Gréenland, la Groenlandia
Gréenlander, s. Gronenlandése, m. f.
Gréenwich, Greenwich
Grétna Gréen, Gretna Green
Groningen (pr. Groninghen), Groninga
Grósvenor, Grosvenor
Guadalquivir (The), il Guadalquívir
Guadeloûpe, la Guadalúpa
Guatemála } Guatimála;Nèw
Guatimála } —, la Nuóva Guatimála
Guélderland, la Ghèldria, o Guèldria
Guèlders, Guéldría (città), la Guèldría (província)
Guérnsey, Guernsey
Guiàna, la Gujána; British —, la Gujána Inglése; Dùtch —, la Gujána Olandése; Frènch —, la Gujána Francése
Guilford, Guildford
Guildháll, Guidhall
Guinea, la Guinêa; New —, la Nuòva Guinea
Gujeràt } Gujerate, V. Goudjeráte
Gujràt }
Guyána, V. Guiána
Gûzerat, Guzeráte V. Goudjeráte

H

Háarleem, Harlem
Hábersham, Habersham
Hàddington, Haddington
Hágue (The), la ája
Háinault, l'Hainault
Halicarnàssus, Alicarnásso
Hàlifax, Halifax
Hàmburgh,, Ambúrgo
Hamburghése, a. s. Amburghése, mf. the —, gli Amburghési
Hàmilton, Hamilton
Hàmmersmiтн, Hammersmith
Hàmpshire, l'Hampshire, la

Contêa di Hants; Nèw —, il Nuòvo Hampshire
Hànover, l'Annovêr
Hanovérian, a. s. Annoverése
Hápsburg, Apsbúrgo
Hárburg, Arburgo
Hárford, Harford
Hárlem, Harlem
Hárrow, Harrow
Hàrrowgáte, Harrowgate
Hàrwich, Harwich
Hástings, Hastings
Havána } (The), l'Avána
Havànnaн }
Hàvre, l'Havre
Háwick, Hawich
Háyti, V. S. Domíngo
Hèbrides (The) le èbridi; the New —. le Nuòve Ebridi
Hébrus (The), l'èbro
Hècla } l'Ecla, m. il Mónte
Hèkla } Ecla
Hèlicon (The), l'Elicóna
Heliòpolis, Eliòpoli
Hèllespont (The), l'Ellespón-
Helvétia, l'Elvêzia (to
Heraclêa, Eraclêa
Herculáneum, Ercoláno
Hèrcules' Pillars, le Colònne d'êrcole
Héreford, Hereford
Hèrtford, Hertford
Hèrtfordshire, l'Herfordshire, la Contêa di Hértford
Hespéria, l'Espèria
Hèsse } l'Assia (ted. Hessen)
Hèssia }
Hèssian, a. s. Assiáno; the —, gli Assiani
Hibérnia, l'Ibernia (ora Irlánda)
Hibérnian, a. s. Ibêrnio, -a, (irlandése); the —s, gli Ibêrnii
Highgáte, Highgate
Híghland, Híghland
Híghlands (The), gli Highlands; the — of Scòtland, l'Alta Scòzia
Himaláya Móuntains (The), le Montágne dell'Himaláya
Hindóo } s. índio, Indiáno
Hindu } -a; the —s, gli índii, gli Indiáni
Hindóostàn } l'Indostán, m.
Hindostàn }
Hindoostánee, a. s. Indostáno, Indostanése, mf.
Hólborn, Holborn
Hòlland, l' Olánda (Oland. Hòllant); Nèw —, la Nuòva Olánda
Hòllander, a. Olandése, mf; the —s, gli Olandési
Hólyhéad, Holyhead
Hóly-Lànd (The), la Terra Santa
Hómburg, Ombúrgo

Hondúras, Hondúras
Hùddersfíéld, Huddersfield
Hùdson's Báy, la Baja d'Hùdson; il Mare d'Hudson
Hùll, Hull
Hùngary, l'Ungherìa (Ung. Mágyar Orszay)
Hungárian, a. s. Ungarése. m. f; the —s, gli Ungarési
Hùntingdon, Huntingdon
Hydàspeṡ, (The), l'Idáspe, m.
Hýderabàd } Hidrabad o Hy-
Hýdrabad } drabad
Hydraóteṡ (The), l'Idraóte,m.
Hyrcánia, l'Ircánia
Hyrcánian, a. s. Ircáno -a; the —s, gli Ircáni
Hyrcánum Mare, il Mare Ircáno (ora Caspío)

I

Ibéria, l'Ibéria
Ibérian, a. ibêro -a
Ibérus (The), l'Ibèro (l'Ebro)
iberville, Iberville
Icária, Icária
Icárian Sêa (The), il Máre Icário
íceland, l'Islánda
ícolmkíl, Ilcomkill
Icónium, Icònio
ída, l'Ida; Móunt —, il Mónte Ida
Idálian, l'Idália —, a. Idálio -a
idria, idria
Idúme } m. l'Idumêa
Idumèa }
Idumêan, a. s. Idumêo -a; the —s, gli Idumêi
ilchester, Ilchester
ilion } ílio ; (poet.) Illiòne, ilium } m.
Illinóis, l'Illinése, m.
Illyria, l'Illíria
Illyrian, a. s. Illírico -a; the —s, gli Ilírici
Illýrium, l'Illírico
Imirítia, s. l'Imerízia
india, l' India; British —, l'India Inglése; l' Impèro Indo-Británnico; Fárther —, India beyond the Gánges,l'India Transgangética. l'India al di là del Gange, l'Indo-China; — on this side the Gànges, l'India Cisgangètica, l'India al di qua del Gange
indian, a. s. Indiáno -a; the —s, gl'Indiáni
— Ocean (The), l'Oceano Indiáno, il Mar delle Indie
Indiàna, l'Indiána
Indianàpolis, Indianápoli
indíeṡ (The), le Indíe; the éast —, le Indie Orientáli;

the Wèst —, le Indie Oc-
cidentáli, le Antílle
indo-Chína, l'Indo-Chína
indus (The), (degli antichi)
l'Indo; (dei moderni) il
ingria, l'ingria (Sind
Invernèss, Inverness
iona, Iona o Icolmkill
iónia, l'Iónia
iónian, a. s. Jònio -a; the
—s, gli Jònii
— islands, isles (The), le
ísole Jònie
— Séa (The), il Mar Iònio
iowa, l'Iowa, m.
ipswich, Ipswich
Irawáddy, V. Irrawadi
íreland, l'Irlánda
írish, a. Irlandése, m. f.,
the —, gl' Irlandési
írish Séa (The), il Máre d'Irlánda
Iroquòis (The) l'Irochèse, m.
Iroquòis, Irochése, m. f.
Irrawáddy (The), l' Irauád-
di, m.
Isáuria, l'Isáuria
Ischia (pr. iskia), íschia
ísland, ísola; the Báy of —s,
la Bàja delle ísole
ísle of France (The), l'ísola
di Fráncia (antica pro-
víncia)
íslington, Islington
Ispahàn, Ispahan
istria, l'ístria
ístrian, a. s. istriáno -a,
istriòta, m. f; the —s, gli
Istriòti
italy, l'Itália
Itàlian, a. s. italiáno -a; the
—s, gl'Italiáni
iтнaca, ítaca (Theáki)
ivica, ívica
ívory Cóast (The), la Còsta
dell'Avòrio

J

Jàffa, Giaffa o Jaffa
Jamáíca, la Giammáica
Jánipa, Giannína
Japàn, il Giappóne (chiama-
to Niphon dai nativi); the
Séa of —, il Máre del
Giappóne; the isles of —,
the — isles, le ísole del
Giappóne
Japanése, a. s. Giapponése,
mf; the —, i Giapponési
Jáva or Jàhvà, Giàva
Javanése, a. s. Giaváno -a;
the Javanése, i Giavàni
Jaxàrtes (The), il Giassàrte
Jena (pr. yàna), Jèna
Jérico, Gèrico
Jèrsey, Jersey (Isola della
Manica); New — la Nuò-
va Jersey

— City, Jersey (città degli
Stati Uniti)
Jerûsalem, Gerusalèmme o
Gerûsalem o Gerosòlima
Joḥànnisberg, Johannisberg
Jòrdan (The), il Giordáno
Judaéa, la Giudéa
Júra, il Giúra; the — Mòunt-
ains, le montágne del Giú-
ra; the — àlps, le Alpi del
Giúra
Jùtland (dan. Jùtland), il
Juttland

K

Kabûl, il Cabúl
Kamtschàtka, il Kamtscia-
tka; the Séa of —, il Máre
di Kamtsciátka
Kàrlsburg, V. Carlsburg
Kashmìre, V. Cashmere
Ként, la Contéa di Kent;
New —, la Nuòva Kent;
the Còunty of —, la Contéa
di Kent
Kentùcky, il Kentucky
Khorassàn, Khorassan
Kidderminster, Kiddermins-
Kildáre, il Kildare (ter
Kilkènny, il Kilkenny
Killàrney, Kilarney
Kilmàrnock, Kilmarnoch
Kincàrdine, Kincardine
King's Còunty, il —, la Con-
tèa del Re
King's Lỳnn, Lynn Regis o
King's Lynn
Kinròss, Kinròss
Kíow, Kiòvia
Kirgées (The — Hòrdes), la
regióne dei Kirghízi
Kirkcàldy, Kirkcaldy
Kirkcùdbright, Kirkcudbright
Kónisberg, Konisbèrga
Kòordistàn o Kurdistàn, il
Curdistan; Pèrsian —, il
Curdistan Persiáno (Arde-
lan); Tùrkish —, il Cur-
distan Turco (l'antica As-
síria)

L

Labradór, il Labradòr
Làccadíve íslands (The), le
ísole Laquedíve
Lacedaémone, Lacedêmone
(città)
Lacedemónia, la Lacedemò-
nia
Lacedemónian, a. s. Lace-
dêmone, mf; Lacedemò-
nio -a; the —s, i Lacedê-
moni
Lacònia, la Lacònia
Lacònica,
Ladòga (Láke), il Lágo Ladòga

(The), le
ísole dei
Ladróni
o le ísole
Mariánne
Ladrónes
Ládróne íslands,

Lahóre, il Lahore
La Màncha, la Máncia (pro-
víncia della Spagna) (sp
Mancha)
Lámia, Lámia
Lampedûsa, Lampedúsa
Làmpsacum
Làmpsacus, Làmpsaco
Lànark, Lanark
Lànarkshíre, il Lanarkshire,
la Contéa di Lanark
Làncashíre, il Lancashire, la
Contèa di Làncaster
Làncaster, Lancaster o Lan-
cástro
Lànd's End (The), il Lànd's
End, il Cápo Finistèrre
Làngholm, Langholm
Lànguedoc; la Linguadòca
Laodicéa, Laodicéa
Láos, il Laos; il Règno di
Laos
Làpland, la Lappònia
Làplander, s. Lappóne, mf;
lapponése mf; the —s, i
Lappóni, i Lapponési
La Plàta, la Plàta; il Río
della Plàta; the Republic
of — la Repùbblica della
Plàta, la Repùbblica Ar-
gentína
Larissa, Laríssa
Làrnika, Larnáka o Lárnica
Latakia, Latakieh o Ladíkieh
Làtin, a. s. latíno -a; the
—s, i Latíni
Làtium, il Lázio
Làunceston, Launceston
Làurence (The Sàint), il
Làurence San Lorènzo
Lèbanon, il Líbano; New —,
il Nuòvo Líbano; Mòunt
—, il Mònte Líbano
Lèdburry, Ledburry
Lèeward íslands (The), le
ísole di Sottovènto
Lèghorn, Livórno
Lèhígh, Lehigh
Lèicester, Leicester
Lèigh, Leigh
Lèighlin (pr. Léklin), Lei-
ghlin
Lèighton, Leighton
Lèinster, il Leinster
Leipsic (ted. Leipzig), Líp-
Lèipsig sia
Lèith, Leith
Lèítrim, il Leitrim
Lèman (Láke), il Lágo Le-
máno, il Lágo di Ginèvra
Lèomínster, Leominster
Léon, il Règno di Leóne
Lepànto, Lepánto
Lèrida, Lèrida

Lèrma, Lèrma
Lèrna, Lèrna
Lèrwick, Lèrwick
Lèrne, il Léte
Leucádia, Leucádia
Leúcas, Léucade
Leúctra, Leucáte
Leúctra, Léuttra
Levànt (The), il Levánte; the
— Séa, i mári del Levánte
Léwisham, Lewisham
Leýden (pr. anche Ládn),
Léida (ted. Leyden)
Libanus, V. Lébanon
Libúrnia, la Libúrnia
Lỳbia, la Líbia; the Dèsert
of —, il Desèrto di Líbia
Lỳbian, a. Líbico -a
Liége, Liégi (ted. Lúttich,
dutch. Luyk)
Ligúria, la Ligúria
Ligúrian, a. s. Lígure, mf;
the —s, i Líguri
Lílle, Lílla
Líma, Líma
Limburg, Limbúrgo
Limerick, Limerick
Lincoln, Líncoln
Lincolnshire, il Lincolnshire,
la Contéa di Líncoln
Linlithgow, Linlitgow
Lípari (The — íslands), le
ísole Lípari
Lisbòn (port. Lisbóa), Li-
sbóna; Néw —, la Nuóva
Lisbóna
Lisle, V. Lílle
Litnuánia, la Lituánia
Litnuánian, a. s. Lituáno -a;
the —s, i Lituáni
Livádia, la Livádia
Liverpóol, Liverpool
Livónia, la Livónia (ted. Lief-
land)
Livónian, a. s. Livónio -a;
the —s, gli abitánti della
Livónia, i Livónj
Lizard (The) { La Púnta Li-
Lizard's Póint { zard, Cápo
                   Lizard
Loàngo, Loángo (città), il
Régno di Loango
Lócris, la Lócride
Lòmbard, a. s. Lombárdo -a;
the —s, i Lombárdi
Lòmbardy, la Lombardía
Lómond (Loch), il Lágo Lo-
mond
Lòndon, Lóndra; Néw —, la
Nuòva Lóndra
Lòndoner, s. londinése, na-
tívo -a di Lóndra; tho —s,
gli abitánti di Lóndra
Lóndonderry, Londonderry
Lòngford, il Longford; the
Cóunty of —, la Contéa di
Longford
Lòng íslands, Long Island o
l'Ísola Lúnga

Lorètto, Loréto
Lótnian, il Lothian
Loughboroug (pr. Lùfburo),
Loughborough
Loùisburg, Luisbúrgo
Louisiána, la Louisiána
Loùisville, Louisvílle
Lów-Coùntries (The), i Paési
Bássi
Lówel, Lowel
Lówlands (The), i Lowlands;
the — of Scótland, la Bássa
Scòzia
Lúbec, Lubècca
Lucánia, la Lucánia
Lucáya íslands (The), le Lu-
cáje
Lucknów, Locknow o Laknau
Lucèrne, Lucèrna; the Lake
of —, il Lágo di Lucèrna
(ted. Vierwaldstädter See)
Lucríne (The Láke)) il Lágo
Lucríno
Lùdlow, Ludlow
Lúneburg, Lunebúrgo
Lúnenburg, Lunenbúrgo
Lusátia, la Lusázia
Lusitánia, la Lusitánia
Lùxemburg, Lussembúrgo
(città)
— il Lussembúrgo (paese)
Luzòn, V. Lucónia
Lycaònia, la Licaònia
Lỳcia, la Lícia
Lỳdia, la Lídia
Lỳnn Rágis, Lynn Régis, —
o King's Lynn
Lỳons, Lióne
Lyrnèssus, Lirnèsso
Lysimachia (pr. Lisimákia)
Lisimachia (di Trácia)

M

Màas, V. Meuse
Macáo, Macáo
Macàssar, Macássar
Màcclesfíeld, Macclesfield
Màcedon { la Macedònia
Macedónia {
Macedónian, a. s. Macèdone,
mf.. the —s, i Macèdoni
Madagáscar, Madagascar
Madéíra, Madéra
Màdison, Madison
Madrás, Madras; the Prèsi-
dency of —, la Presidènza
di Madras
Madríd, Madrid; Néw —, la
Nuóva Madrid
Madúra, Madúra; Dindígol
Mæónia, la Meònia
Mæse, V. Meuse
Maéstricht, Maestricht
Màgdeburg, Magdebúrgo
Magellan (Maghèllan) (The
Stráíts of), lo Strétto di
Magelláno

Màgna Grécia, la Mágna Gré-
cia
Magnésia, Magnésia (città);
la Magnésia (paese)
Mahrátta, Maratta
Máídenhéad, Maidenhead
Máídstone, Maidstone
Máín (The), il Méno
Máíne e il Maine (Statí Uni-
tí d'América); il Maine
(província della Francia)
Máíntz, V. Mentz
Majórca, Majórca (sp. Mal-
lorca, pr. Malyórca)
Malabár, il Malabár
Malàcca, Malácca
Málaga, Málaga
Melaísia, la Malésia
Maláy, a. s. Malése, mf.,
the —s, i Malési
Maláya { la
Maláy Península (The {
Península Malácca
Málden, Maldèn
Máldíve íslands (The) { le ísole
Maldíves (The) {
Maldíve, le Maldíve
Màlmisbury, Malmsbury
Málstrom (The), il Maelstrom
o Malstrom
Málta, Malta
Maltése, a. s. Maltése, mf.,
the —, i Maltési
Màn (The ísle of), l'ísola di
Man o Mann
Màncha (The), la Máncia
(província della Spagna)
Mànchester, Manchester
Mandavée, Mandávia
Mandshúria, la Mandsciúria
Manílla, Manílla
Mantinéía, Mantinèa
Màntua, Màntova
Màntuan, a. s. Mantováno -a
Màramec { il Mèrimach o Ma-
Màramés { ramec
Maranhàm, Maranhao o Ma-
ranham
Màrburg, Marbúrgo
Marèngo, Marèngo
Margaríta, la Margaríta
Màrgate, Margate
Mariánne íslands (The), le
ísole Mariánne, le ísole dei
Ladróni
Marie Galánte, María Galánte
Màrienburg, Marienbúrgo
Màrlborough, Marlborough
Màrmora, Mármara o Màr-
mora; the Séa of —, il
máre di Mármora
Marquésas (pr. Markézas),
le ísole Marchési
Marseilles(pr. Marsálz), Mar-
síglia
Martínico { la Martínica
Martiníque {
Máryland; il Maryland, la
Marylándia

Massachúsetts, Massachus- setts
Matànzas, Matanzas
Màthura) Matura
Màtura)
Màundavée, V. Mandavee
Mauritània, la Mauritánia
Mauritius, (The), l'ísòla Mau- rízio, l'ísola di Fráncia
Máyence, V. Mentz
Màyn (The), il Méno
Màynóoth, Maynooth
Méarh, la Contêa di Meath
Mècca, la Mècca
Mèchlin, Malines
Mècklenburg, Meclembúrgo
Mède, s. Medo -a; the —s, i Médi
Média, la Média
Medína, Medína
Mediterrànean (The), il Me- diterrráneo; the — Séa, il màre Mediterráneo
Mègara, Mágara
Mègaris, la Megáride
Meiròàe, Melrose
Mémel, Mémel (città)
— (The), il Mémel (fiume)
Mèmphis, Mènfi
Mèntz, Magónza (fran. Ma- yence)
Mérionerh, Merioneth
Mèrseburg, Mersebúrgo
Mèrsey (The), la Mersey
Mesopotàm.ia, la Mesopotá- mia (arab.) Al Jesíra)
Messàpia, la Messápia (ora Calàbria)
Messápian, a. s. Messápo -a; the —s, i Messápi
Messéna) Messéne
Messéne)
Messénia, la Messénia
Messína, Messína; the Stráíts of —, lo Strétto di Messína; il Fáro di Messína
Metapòntum, Metapónto
Meùse (The), la Mòsa (dutch Maese o Maas)
Mèxican, a. s. Messicáno -a, the —s, i Messicáni
Mèxico, il Mèssico (Stato); Mèssico (città); Néw —, il Nuòvo Mèssico; the Gùlf of —, il gólfo del Mèssico; the Uníted Státes of —, la Confederazióne Messi- cána
Michigàn (pr. Mishigàn), il Michigan; Làke —, il lágo Michigan
Middleburg, Middlebúrgo
Middlebury, Middlebury
Middlesex, la Contêa di Mid- dlesex
Milan, Miláno
Milanèse (The), il Milanése — a. s. Milanése, mf; the —, i Milanési

Milétus, Miléto
Milford, Mílford
Mingrelia, la Mingrêlia
Mingrélian, a. s. Mingrêlo -a; the —s, i Mingrêli
Minórca, Minórca
Mintùrna, Mintúrna
Miràndola, Miràndola
Misnia, la Mísnia
Mississipi (The), il Mississipi (fiume)
— il Missisipi (Stato)
Missolònghi, Missolongi
Missoùri (The), il Missouri (Stato)
Mittàu, Mittávia
Mobìle (The), il Mobíle
Mócha, V. Mòka
Mòdena, Mòdena
Modenése (The), il Modenése — a. s. Modenése, mf; the —, i Modenési
Moèsia, la Mésia (ora Bul- gária)
Mogadóre) Mogadór
Mogadór)
Mogùl, il Mogúl
Móka, Móka
Mòldàu (The), la Moldáva
Moldàvia, la Moldávia
Moldàvian, a. s. Moldávo -a; the —s, i Moldávi
Molùccas (The), le Molúrche
Mónaco, Mónaco (ted. Mün- chen)
Mónaghan, la Contêa di Mo- naghan
Mongòlia, la Mongòlia
) (The Coùntry of
Mongòls) the), la Mongò-
Mongùls) lia, la Regióne dei Mòngoli
Mònmourh, Monmouth
Montàban, Montalbáno
Montbèliard, Monbegliárdo
Montblànc, Montebiánco
Móns, Mons (flam. Bergen)
Móntcalm, Montcalm
Montgòmery, Montgomery
Montreàl, Monreále
Montróse, Montrose
Moràvia, la Morávia (ted. Mähren)
Moràvian, a. s. Morávo -a; the —s, i Morávi
Móray, V. Murray
Moréa (The), la Morêa
Morlachia (pr. Morlàkia), la Morlachia
Morócco, il Marócco
Mozambìque (The), il Mo- zambíco; the — Chànnel, lo Strétto di Mozambíco
Móscovy, la Moscóvia
Móscow, Mósca (rus. Moskwa)
Móscow) il Govèrno di Mó-
Moscowà) sca
Mosèlle (The), la Mosèlla
Mosùl, Mossoul o Mosoul

Múnich, Mònaco (ted. Mün- chen)
Mùnster, Munster
Mùrcia, Múrcia
Mùrray, Murray
Mùttra, Mottra o Mathúra
Mycénæ, Micêne
Mỳsia, la Mísia
Mysóre, il Mysore
Mytiléne, Mitiléne

N

) Nankíno, Nan-
Nànkın) King (chíama-
Nan-king) to pure Kiang King)
Nàntes) Nantes
Nàntz)
Nantùcket, Nantucket
Nàples, Nápoli
Nàpoli, Náuplia; — di Mal- vasía, Nàpoli di Malvasía (in Grecía); — di Roma- nia, Nápoli di Romanía (in Grecía)
Nàssara, V. Nazareth
Nassau (città), Nassáu —, il Nassáu (paese)
Natòlia, l'Anatólia, la Na- tolía
Nàuplia, Náuplia
Navaríno, Navaríno
Navàrre, la Navárra
Nàvigators' íslands, le ísole dei Navigatóri, l' Arcipê- lago dei Navigatóri
Naxía) Nasso
Nàxos)
Nàzarern, Názaret
Néagh, Néagh; Lough —, il Lágo Neagh
Nègroland, la Nigrízia
Nègropontè, Negropónte
Nègros ísland, l'ísola dei Negri
Nemaéa) Neméa
Neméa)
Nepàul, il Nepál
Nètherlands (The), i Paési Bàssi; la Neerlàndia, (olan- dese Nederland)
Neùstria, Nêustria
Néva (The), la Neva
Néwark, Newark
Néwbury, Newbury
Néwcastle, Newcastle
Newfoúndland, Terranuòva
Néw Hàmpshire, il Nuóvo Hàmpshire
— Hàven, New Haven
— Màrket, New Marke
Néwstèad, Newstead
Néw Yòrk, Nuòva York
— Zéaland, la Nuòva Ze- làuda
— Zéalander, s. Novo-Ze- landése, mf; the —s, i Novo-Zelandési

— Zèmbla, la Nuòva Zembla
Niàgara (The), il Niagára; the
— Fàlls, the Fàlls of —,
la cascàta del —; the —
River, il fiume Niagára
Nicarágua, Nicarágua; Làke
of —, il Làgo di Nicarágua
Nicomédia, Nicomédia
Nicósia, Nicòsia o Leucòsia
Niemen (The), il Niémen
Niger (The), il Niger o Quòrra
Nigritia, la Nigízia
Nile, il Nílo (arab. Bahr
Nil)
Nimeguen, Niméga
Nineveh, Nínive
Nimes, Nímes
Nórdlingen, Nordlingen o
Nordlínga
Nòrfolk, il Nòrfolk
Nòricum, il Nòrico
Nòrman, a. s. Normánno -a;
the —s, i Normánni
Nòrmandy, la Normandía
Northàmpton, Northampton
Northu Càpe, il Càpo Nord
— Chànnel, lo Strétto del
Nord
Nòrthern òcean (The)| il Ma-
Nòrth Séa (The) | re del
Nord, il Mar di Germánia
Northùmberland, il North-
umberland o la North-
umberlàndia
Nòrthwèst Pórt, Pòrto Luígi,
Pòrto Nord-Ovest
Nòrway, la Norvègia (Norv.
Norge)
Norwègian, a. s. Norvègio -a;
the —s, i Norvègi
Nòrwich, Norwich
Notàsia, la Notásia
Nòttingham, Nottingham
Nòttoway (The), il Nottoway
Nòva Scòtia, la Nuòva Scòzia
— Zèmbla, la Nuòva Zèmbla
Nùbia, la Nùbia
Nùbian, a. s. Nubiáno -a;
the —s, i Nubiáni
Numàntia, Numànzia
Numídia, la Numídia
Numídian, Numída, mf; the
—s, i Numídi
Nùremberg | Nurembèrga
Nùrnberg |
Nùtmeg islands (The), le íso-
le Banda
Nymegen, Nimèga

O

òasis, òasi, f.
òcean, Océano; the Atlàntic,
—, l'Océano Atlántico,
l'Atlántico; the Fròzen —,
l'Océano Glaciále; the Gèrman —, il Máre del Germá-
nia, il Máre del Nord; the
indian —, l'Océano Indiá-

no, il Máre delle índie; the
Pacific —, l'Océano Pací-
fico, il Máre Pacífico, il
Máre del Sud, il Grànde
Océano
Oceánia | l'Oceánia
Oceànica |
Odès-a, Odèssa
Ogygia, Ogigia
Ohio (The), l'Ohio (fiume)
— l'Ohio (Stato)
Okhòtsk (The Séa of), il Máre
d'Okhòtsk
òldenburg, Oldenbúrgo
òldham, Oldham
òlenos | Olèno
òlenus |
Olympia, Olímpia
Olympus, l'Olimpo
Olynthos | Olínto
Olynthus |
òn, V. Heliopolis
Onéga (Làke), il Lágo Onèga
Onélia, Onèglia
òrange, Orángia
Ontario, (Làke), il Lágo On-
tário
Opòrto, Opórto o Pòrto
Orània Orània
Orcàdes (The), le òrcadi, V.
Orkneys
Orchòmenum | Orcomèno (in
Orchòmenus | Beòzia)
òregon, l'Oregon
òrenburg, Orenbúrgo
Orinòco, l'Orenóco
òrkney íslands (The), le íso-
le Orkney, le ísole òrcadi
òrkneys (The), le òrcadi
òrleans, Orleans; Néw —, la
Nuòva Orleans
Ortygia. Ortígia
òsnabruck | Osnabúrgo
òsnaburg |
Ostènd, Ostènda
òstia, óstia
Ostrásia, V. Austrásia
Oswégo, Oswègo
òswestry, Oswestry
Otahéite, Otahíti, Taíti
Otrànto, Otránto
òttoman, a. s. Ottománo -a;
the —s, gli Ottománi
— Empíre (The), l'Impéro
Ottománo
Oùde, Oude
Oùral, l'Ural (fiume); i Mónti Uráli; the —Mòuntains,
1 Mónti Uráli, i Poyas
Ovièdo, Ovièdo
òxford, Oxford
òxfordshire, la Contèa d'Ox-
ford

P

Pacific (The), l'Océano Pacífico, il Mar Pacífico; il Máre del Sud, il Grànde O-

céano; the — òcean, l'O-
céano Pacífico
Pactólus (fiume di Lidia),
il Pactólo
Pà lua, Pàdova
Pàduan, a. s. Padováno -a;
the —s, i Padováni
Pàisley, Paísley
Palàtinàte, il Palatináto; the
Lòwer —, the — of the
Rhíne, il Bàsso Palatináto,
il Palatináto del Rèno;
the ùpper —, l'Alto Pala-
tináto
Palèrmo, Palèrmo
Palèrmitan, a. s. Palermi-
táno -a; the —s, i Paler-
mitáni
Pàlestíne, la Palestína
Pàll Màll, Pall Mall (via di
Londra)
Palmyra, Palmíra
Pàlos íslands (The), V. Pelew
Islands
Pampelùna | Pamplóna
Pamplóna |
Pamphilia, la Panfília
Panamá, Pánama; the Gùlf
of —, il Gólfo di Pánama;
the Isthmus of —, l'Istmo
di Pánama
Pannónia, la Pannónia (ora
Servia e Bosnia)
Pannónian, a. s. Pannònio -a;
the —s, i Pannónj
Pàpal Státes (The làte), i già
Státi del Papa, il già Státo
Pontifício
Paphlagónia, la Paflagónia
Pàphos, Páfos (in Cipro)
Pàpua, la Papuásia; la Tèrra
dei Pápuas o Nuòva Guinéa
Pàraguáy (The), il Paraguáy
(fiume)
— il Paraguáy (Stato)
Pàris, Parígi
Parisian, a. s. Parigíno -a;
the —s, i Parigíni
Parnàssus, il Parnàsso
Pàros, Páro
Pàrrhia, la Tèrra dei Párti
Pàrrhian, a. s. Párto -a; the
—s, i Párti
Patagònia, la Patagònia
Pàtmos | Pátmo, Pátmos
Pàtmos |
Patmósa |
Patràs, Patràsso
Pàusilippo, Posilíppo
Pàvia, Pavía
Pèebles, la Contèa di Pèebles
Pegù, Pegù
Pekin | Pekíno o Peking
Peking |
Pelèw íslands (The), le ísole
Pelew o Palaos
Peloppunèsus (The), il Pelo-
ponnèso (ora Morèa)
Pelùsium, Pelùsio (in Egitto)

Pèmbróke, Pembroke
Penéos) (The), il Penéo
Penéus) (The), il Penéo
Pennsylvánia, la Pensilvánia
Pennsylvánian, a. s. Pensilváno -a; the —s, i Pensilváni
Pèrgamus, Pèrgamo
Perìnтнus, Perìnto
Permèssus, il Permèsso
Pernambúco, Pernambúco o Fernambúco
Persèpolis, Persèpoli
Pèrsia, la Pèrsia (chiamata dai natìvi Iràn)
Pèrsian, a. s. Persiáno -a; the —s, i Persiáni
— Gùlf (The), il Gólfo Pèrsico
Pèrsis, la Pèrside, la Pèrsia antìca propriaménte détta
Perù, il Perù
Perùgia, Perùgia; the Láke of —, il lágo di Perùgia, (l'antìco Trasiméno)
Perùvian, a. s. Peruviáno -a; the —s, i Periviáni
Pétersburg, Pietrobúrgo (russ. Peterburg)
Pèsтн, Pest (Ung. pr. Pèsтн)
Pháros, Fáro
Pharsália, Farságlia
Phàsis (The), il Fàsi
Philadèlphia, Filadèlfia
Philìppi, Filìppi
Philìppine ìsland (The), le ìsole Filippìne
Philìppines (The), le Filippìne
Philippópoli, Filippópoli
Philìppsburg, Filìpsbórgo
Phocaéa, Focéa
Phócis, la Fòcide
Phœnícia, Fenícia
Phœnícian, a. s. Fenício -a; the —s, i Fenícii
Phrÿgia, la Frígia
Phrÿgian, a. s. Frígio -a; the —s, i Frígii
Pʜᴛʜióтis, la Ftiòtide
Picardy, la Piccardía
Piédmont, il Piemónte
Piédmontése, a. s. Piemontése, mf; the — i Piemontési
Piéria, la Piéria
Pìndus, il Pìndo
Piraéus (The), il Pirèo
Pisìdia, la Pisìdia
Pìttsburg, Pittsburg, Pittsbúrgo
Plasència, Piacènza
Plàta, V. La Plata
Plataéa) Platéa
Plataéæ) Platéa
Plÿmoᴜᴛʜ, Plymouth
Pó (The), il Po
Podòlia, la Podolìa
Pœónia, la Peónia

Póland, la Polónia (chiamata dai natìvi Pólska)
Pólander, s. Polácco -a; the —s, i Polácchi
Póle, s. Polácco -a; the —s, i Polácchi
Pólish, a. Polácco -a, Polonése, mf.
Poltáva, Pultáva o Poltáva
Polynésia, la Polinèsia
Pomeránia, la Pomeránia (ted. Pommern)
Pomerélia, la Pomeránia Minóre
Pompéii) Pompéi, Pompéium) pèja
Pondichèrry, Pondicherry
Pòntine Marshes (The), le Palùdi Pontìne
Pòntus, il Pónto (Pápa Pópedom, il già Státo del
Pórtchester, Portchester
Pórtland, Portland
Pórt Mahón, Pórto Mahón
Pórto, V. Opórto
Pórtséa, Portsea
Pórtsмoᴜтн, Portsmouth
Pórtugal, Portogállo
Portuguése, a. s. Portoghése, mf; the —, i Portoghési
Potidaéa, Potidèa
Potómac (The), il Potomac
Pòtsdam, Potsdam
Póughkéepsie, Poughkepsie
Póya Móᴜntains (The), i Mónti Póyas
Praenéste, Prenèste
Prágue, Prága (ted. Prág)
Présburg, Presbúrgo
Prince Edward's ìsland, l'ìsola del Prìncipe Edoardo, l'ìsola San Giovánni
— of Wáles's ìsland, l'ìsola del Prìncipe di Gálles; Poulo Penang
Princes' ìslands, le ìsole dei Prìncipi
Propòntis (The), la Propóntide
Prùsa, V. Bursa (tide
Prùssia, la Prùssia; (ted. Preussen); — Próper, la Prùssia propriaménte détta
Prùssian, a. s. Prussiáno -a; the —s, i Prussiáni
Ptolemáis, Tolemáide, f.
Pultòwa, V. Poltáva
Punjàb (The), il Pendljáb; il Régno di Lahore
Pyrenéan Móᴜntains (The), i Mónti Pirenéi
Perenées (The), i Pirenéi; the Lówer —, i Bássi Pirenéi; the ùpper —, gli Alti Pirenéi

Q

Québec, Quebec
Quèdlinburg, Quedlinbúrgo

Quéen's Cóᴜnty, il Queen's County, la Contéa della Regina
Quéntin (Sáìnt), San Quintìno
Quiloa (pr. Kìloa), Quìloa
Quirìnal (The — hill), il cólle Quirinále (in Roma); the —, il Quirinále (residènza del Re d'Itália)
Quìto (pr. Kìto), Quìto
Quórra (The), il Quórra o Niger

R

Ràáb, Raab (Hung. Györ)
Ragúsa, Ragúsa
Ragúsan, a. s. Ragusáno -a; Raguséo -a; the —s, Raguséi
Ráma)
Ráмaн) Ráma o Ramat
RÁMAᴛʜ)
Ràmsgáte, Ramsgate
Rangóon, Rangún
Ràtisbon, Ratisbóna (ted. Regensburg)
Rèading, Reading
Rèd-River (The), il Fiùme Rósso
Réd-Séa (The), il Mar Rósso
Rèigate, Reigate
Rᴇᴛʜiа, la Rèzia, (ora i Grigióni ed il Tiròlo)
Rhine (The), il Réno (ted. Rhein; oland. Rhÿn); the Lówer —, il Básso Réno; the ùpper —, l'Alto Réno; the Palàtinate of the —, il Palatináto del Réno
Rhóde ìsland, il Rhode ìsland; the Státe of —, lo Státo di Rhode Island
Rhódeś, Ròdi
Rhódope, il Ròdope
Rhóne (The), il Ròdano
Richmond, Richmond
Richmondshire, il Richmondshire, la Contéa di Richmond
Ríphean Móᴜntains (The), i Mónti Riféi, i Mónti Iperbórei (ora gli Uráli)
Ròchdále, Rochdale
Rochèlle, la Rochelle
Ròchester, Rochester
Rocky Móᴜntains (The), i Mónti Rocciósi
Róman, a. s. Románo -a; the —s, i Románi
Romagna (pr. Románya), la Romágna
Róme, Róma
Romélia, la Rumènia
Rómford, Romford
Rómney, Romney
Rómsey, Romsey
Roscòmmon, Roscommon

Roscréa, Roscrea
Roséttạ, Rosétta (arab. Er-
Rash -eéd)
Rótħenburg, Rottenbúrgo
Róтнerham, Roterham
Roтнesáy, Rothesay
Rótterdam, Rotterdam
Róxburgħ, Roxburgo
Ròxbury, Roxbury
Rúbicon, il Rubicóne
Rùssia, la Rússia; Asiàtic —,
la Rússia in ásia, la Rússiạ
Asiática, la Rùssia d'à-ia;
Européan —, la Rússia in
Európa, la Rússia Européa;
Greát —, la Rússia Grán-
de; little —, la Rússia Píc-
cola; — in América, la
Rússia americána, l'Amé-
rica Rússa
Rùssian, a. s. Rússo -a; the
—s, i Rússi
Rùtherford, Rutherford
Rùtland, il Rutland, la Con-
tèa di Rutland

S

Sabína, la Sabína
Sàbine, a. s. Sabíno -a; the
—s, i Sabíni
— (The), la Sabína (ƒiume)
Sàgịnàw (The), il Saginaw
Saguntum } Sagùnto
Saxùntus }
Sáịnt àmbroše, Sant'Ambrò-
gio
— -ànder, V. Santánder
— -Anḍréa, Sant'Andréa (di
Napolı)
— -Andréas, Sant' Andrea
(del Golfo di Venezia)
—-Andree (pr. Andrà), San-
t'Andréa (di Austría)
— -àndrew's, Sant'André (di
Scozia)
— -àntħony's Nóse, il Cápo
Sant'Antònio
— -àugùstin, Sant'Agostíno
— -Barrнòlomew, San Bar-
tolomèo
— -Christopher, San Cristó-
foro
— -Domingo, San Domíngo
— -Eustátius, Sant' Eustá-
chio
— -Fràncis } San Francí-
— -Franciːco } sco
— -Gàll, San Gállo
— -Geòrge's Chànnel, lo
Strétto di San Giórgio
— -Heléna, Sant'èlena
— -Jágo, Santiágo ; — de
Compostélla, San Giácomo
di Compostéila
— -Ildeʃónso, Sant' Ildeʃónso
— -Jòħn, San Giovánni; Mòunt
—, Johánnisberg

— -Kitt's, V. Saint Cristo-
pher
— -Làurence } (The) il San
— -Làwrence } Lorênzo
— -Lúcia, Sánta Lucía
— -Màry } Sànta María
— -Màry's }
— -Màтнew, San Mattèo
— -Miguèl, San Michèle
— -Nicħolas, Sán Nicóla ;
Cápe —, — Móle, il Mòlo
Sàn Nicòla
— -Pàulo, Sán Páolo (del
Brasile)
— -Pétersburg, V. Peter-
sburg
— -Pòlten, Sán Polten
— -Sebàstian, Sán Seba-
stiáno
— -úbeš, Sánt' Ubes o Se-
tuval
Salamànca, Salamánca (l'an-
tica Salàmtica)
Salamína } Salamína (ora
Salamins } Colouri)
Sàlamis }
Salápia } Salápia
Salapiæ }
Sàlem, Salem
Salèntum, Salènto
Salèrno, Salèrno
Sàlford, Salford
Salina, Salina
Sàlisbury, Salisbury
Salóna } Salóna
Salónæ }
Salonica, Salonícchio ; the
Gùlf of —, il Gólfo di Sa-
loníccbio
Sàlop, la Contèa di Salop,
il Shropshire
Sàltcoats, Saltcoats
Salùzzo, Salúzzo
Sàlzburg, Salzburgo
Sàmarcand, Samarcánda
Samària, Samária (città), la
Samária (paese)
Samàritan, a. s. Samaríta-
no -a; the —s, i Samari-
táni
Samogitia, Somogizia
Samóleda, il paèse dei Sa-
mojèdi
Samóleš (The), i Samojèdi
Sàmos, Sàmo
Samòsata, Samosáta
Samoтнráce } Samoтrácia
Samoтнrácia }
Sandùsky, Sandusky
San Pàulo, Sán Páolo (del
Brasilej
Sauquħár, Sanquhar
Santànder, Santander
Santillana (pr. Santilyána)
Santilána
Saóne (The), la Saóna
Saragózza, Saragózza (spagn.
Saratóga, S ratóga (Zaragoza
Sàrdica, Sárdica

Sardinia, la Sardégna
Sardinian, a. s. Sárdo -a;
the —s, i Sárdi
Sàrdis, Sárdi
Sarmàtia, la Sarmàzia (ora
Rússia)
Sarmàtian, a. s. Sármato -a;
the —s, i Sármati
Savànnaħ, Savánnah
Sàve (The), la Sava (ted.
Sau; ung. Száva)
Savój, la Savója
Sàvójard, a. s. Savojárdo -a;
the —s, i Savojárdi
Sàxon, a. s. Sàssone, mf;
the —s, i Sássoni
Sàxony, la Sassónia (tedesco
Sáchsen)
Scamànder (The), lo Sca-
màndro
Scanderóon, Scanderun o
Alessandrétta
Scandinàvia, la Scandinávia
(ora Svêzia e Norvègia)
Scandinàvian, a. s. Scandi-
návo -a; the —s, gli Scan-
dinávi
Scàrborougħ, Scarborough
Schàffħaùsen, Sciaffùsa
Scheldt (pr. Skelt), la Schél-
da (oland. Schelde, ʃran.
Escaut)
Schónen, Scánia
Schwàrtzburg, Schwarzbúrgo
Schwitz, Switto
Scìlly ìslands } (The), le í-
— ìsleš } sole Sorlín-
ghe
Sclavónia, V. Slavónia
Scòt, s. Scozzése, mf., the
—s, gli Scozzési
Scòtch. a. Scozzése, mf; a
Scòtchman, uno Scozzése;
màny Schòtchmen, mólti
Scozzési; the —, gli Scoz-
zési
Scótland, la Scòzia; the Higħ-
lands of —, l'Alta Scozia;
the Lòwlands of —, la Bas-
sa Scòzia ; the Wèstern
ísles of —, le èbridi
Scỵila, Scilla
Scỵthia, la Scízia
Scỵthian, a. s. Scíta, mf;
the —s, gli Scíti
Sèa, Màre ; the Dèad —, il
Màr Mòrto; the Iòniạn —, il
màre Jónio; the ìrish —, il
màre d'Irlànda; the Rèd
—, il màr Rósso, the White
—, il màr Bíanco; the
Yèllow —, il màr Giallo
Sechelles (pr. Sáshèl), V.
Seychelles
Segóvia, Segóvia
Sèine (The), la Sènna; the
Lòwer — la Sénna Infe-
rióre
Seleúcia, Seleùcia (in Siria)

Seleúcis, la Seleúcia
Sollásiá, Sollásia (nella Laconia)
Selỳmbria, Selímbria
Sènegàl, il Senegál.
Senegàmbia, la Senagámbia
Sèrvia, la Sèrvia o Sèrbia
Sèrvian, a. s. Sèrbo -a; the —s, i Sèrbi (bes
Setúbal, Setuval o Sàínt'U-
Sevènnes (The), le Cevènne
Sèvern (The), la Savèrna
Sèville, Sivíglia (sp. Sevilla, pr. Sevilya)
Seychelles (pr. sáshèl) (The), le Seychelles, le ísole Seychelles
Shàftesbury, Shaftesbury
Shálem, Salem
Shàn Coùntry (The), il Làos, il Régno di Làos
Shéba, Sába.
Shechem (pr. Shékem), Síchem
Shéernéss, Sheerness
Shèffiéld, Sheffield
Shèrry, V. Xeres
Shètland íslands / le ísole — isles \ Shètland
Shíloh, Siloh
Shréwsbury, Shrewsbury
Shrópshire, il Shropshire, la Contèa di Salop
Síam, Siam
Síamése, a. s. Siamése, mf., the —, i Siamési
Sibéria, la Sibèria
Sibérian, a. s. Siberiáno -a; the —s, i Siberiáni
Sicílian, a. s. Siciliáno -a; the —s, i Siciliáni
Sicílies (The Twó), le Due Sicílie
Sicily, la Sicília
Sicyon, Sicióne
Sidmoutн, Sidmouth
Sidon, Sidóne
Sièna \ Siena
Sièrra Leóne, Sierra Leóne
Sigaéum / Sigéo
Sigéum \
Silésia, la Slésia (ted. Schlesien)
Silésian, a. s. Slesiáno -a
Silistria, Silístria
Síloa, Síloe
Sínai, il Sínai; Móunt —, il Mónte Sínai
Sincapóre / Sincapúr o Sin-Singapóre \ gapúr
Sindh, il Sind (l'antíco Indo)
Síon, Síon o Siónne
Sipóntum / Sipónto
Sípus \
Sipylum / Sípilo
Sipylus \
Slàve Cóast (The), la Còsta degli Schiávi

—Làke, il Lágo dello Schiávo
Slavónia, la Slavónia, la Sclavónia, l'Esclavónia
Slavónian, a. s. Slávo -a; the —s, gli Slávi
Slígo, Sligo
Smolènsk \ Smolènseo
Smolènsko /
Smyrna (pr. Smúrna), Smirne
Snáke's ísland, l' ísola dell'Anguílla
Snówdon, Snowdon
Snówhill, Snowhill
Society íslands / (The), le í-— ísles \ sole della Società
Sòdom, Sòdoma
Sogdiána, Sogdiána
Solfatára, la Solfatára
Sóloтнurn, Solétta o Solúra
Sólwáy Frітн (The), il Gólfo di Solway
Sòlyma, Sòlima o Gerusalèmme
Sòmerset, il Somerset
Sòmers íslands / le ísole Ber-— ísles \ múde
Sóoràt, V. Surat
Sòund (The), il Sund
Sourнàmpton, Southampton
Soùthwark, Southwark (quartiere di Londra)
Spa, Spa (flam. Spå)
Spáin, Spágna; (sp. Espana)
New —, la Nuóva Spágna
Spàrta, Sparta
Spàrtan, a. s. Spartáno -a; the —s, gli Spartáni
Spey (pr. Spå) (The), lo Spey
Speyer, Spíra
Spíce íslands (The), le ísole Molúcche
Spíre, Spira
Spít-hèad, Spithead
Spitzbèrgen, lo Spitzberg
Spolétium /Spolèto (antíco)
Spolétum \
Spolèto, Spolèt (moderno)
Stàfford, Stafford
Stàffordshire, lo Staffordshire, la Contèa di Stafford
Stagíra, Stagíra
Stàmford, Stamford
Stéenkirk, Stenhirk
Stirling (pr. Stùrling), Stirl-Stòckholm, Stoccòlma (ing
Stòckport, Stockport
Stónehèngе, Stonehenge
Stónyhùrst Stonyhurst
Stoùrbridge, Stourbridge
Strànraer, Stranraer
Stràsbourg, Strasbúrgo (fr. Strasbourg; ted. Strassburg)
Stràtford, Stratford; — upòn ávon, Stratford sull'Avon
Stùttgard / Stuttgárda
Stùttgart \

Stỳria, la Stiría
Stỳrian, a. s. Stiriáno -a; the —s gli Stiriáni
Stỳx, lo Stíge
Suábia, la Svévia
Suábian, a. Svèvo -a
Súdbury, Sudbury
Súez, Súez; the isthmus of —, l'istmo di Suez
Sùffolk, Súffolk
Sumátra, Sumàtra
Sùnda íslands (The), le ísole della Sonda, l' Arcipélago della Sónda
Sùnderland, il Sunderland
Supérior (Làke), il lágo Supérióre
Suràt, Suráte
Surinàm (The), il Surinam (flume)
—, il Surínam (paese)
Sùrrey, il Surrey
Sùsa, Súsa
Sùsiána, la Susiána
Susquehànna (The), la Susquehanna
Sùssex, il Sussex
Sùtherland, il Sutherland
Swànséa, Swansea
Svéeden, la Svèzia (sved. Swerige); —, próper, la Svézia propriaménte détta
Switzerland, la Svízzera (ted. Schweitz; fr. Suisse)
Sỳbaris, Sibari
Sỳbaríte, s. Sibaríta, mf; the —es, i Sibaríti
Sỳdney, Sydney
Sỳracúse, Siracúsa
Sỳria, la Siria
Sỳrian, a. s. Síro -a; the —s, i Síri

T

Táble-Báy, la Bàja della Tavola
— -Móuntain, il Mónte della Tàvola
Tábor, il Tábor; poet. Tabórre: Móunt Tábor, il Mónte Tábor
Tabriz, Táuris
Taènarns, il Ténaro
Tágus (The), il Tágo, (spagn. Tajo, port. Tejo)
Tahìti, V. Otaheite
Tàlbot, Talbot
Talladéga, Talladéga
Tàmworth, Tamworth
Tànais (The), il Tánai (ora Tangér, Tangéri (Don)
Tarantásia, la Tarantásia
Tàranto, Táranto (moderno); the Gùlf of —, il gólfo di Táranto
Tarèntum, Táranto (antíca)
Tár-Làke, il lágo Asfáltide, il már Mòrto

Tarpéian, *a.* tarpêo -a; the — Ròck, la Rocca Tarpêa
Tarragóna, Tarragóua
Társus, Társo
Tártar, (*ant.*) il Tártaro —, *a. s.* Tártaro -a; the —s, i Tártari
Tàrtarus, il Tártaro
Tártary { la Tartária, la Ta-
Tàtary { tária; Crim —, *V.* Crimea
Táunton, Taunton (*derna*)
Táurida, la Táuride (*mo-*
Tàuris, la Táuride (*antica*)
Táurus (The), il Táuro
Tàvistock, Tàvistock
Taŷǵeta { (The), il mónte
Taŷǵetus { Taigéte
Teheràn, Teheràn *o* Tehràn
Temeschwár { Temesvár
Temesvár {
Tèmpe, Tempe
Tènedos, Ténedo
Tèneriff { Teneríffa, l' ísola
Tèneriffe { Teneríffa ; the Péak of —, il Pícco di Te-neríffa
Tennessée, il Tennessee
Tercèira, Tercèira
Terracina, Terracina
Tèrra del Fuègo, la Tèrra del Fuóco
Tèrra Firma (Fùrma), la Tèr-ra Fèrma
Tèssin (The), il Ticíno
Tetuàn, Tetuán
Teúcria, la Téucride
Téwkesbury, Tewkesbery
Tèxas, il Tèxas
Tèxel (The), l'ísola Téxel
Téyde, *V.* Teneriffe
Thàmeś (The), il Tamígi
Thànet (The isle of), l'Isola di Thánet
Thèban, *a. s.* Tebáno -a; the —s, i Tebáni
Thèbæ, Tébe (*in Egitto*)
Thèbais, la Tebáide
Thèbeś, Tébe (*in Egitto*); Té-be (*in Grecia*)
Thèiss, (*pr.* Tis) (The), la Thèiss (*ung.* Tisza, *l'anti-co* Tibísco)
Thermópylæ, le Termópoli
Thessalònian, *a. s.* Tessalo-nicése, *mf;* the —s, i Tes-salonicési
Thessalonica, Tessalònica
Thèssaly, la Tesságlia
Thìbèt, il Tibét
Thòrnbury, Thòrnbury
Thràce, la Trácia
Thràcian, *a. s.* Tráce, *mf;* the —s, i Tráci
Thrasyménus, *V.* Trasimenus
Thrèe Rivers, i Tre Fiùmi
Thúle, Tule, *f.*
Thùrgau { la Turgòvia
Thurgòvia {

Thuringia, la Turíngia
Thuringian , *a. s.* Turín-gio -a
Tíber (The), il Tévere
Tibérias, Tíberíade
Tibèt, *V.* Thibét
Ticino (*pr.* Tichino), *V.* Tès-sin
Tígris (The), il Tígri
Timávus (The), il Timávo
Timbuctóo, Timboctou
Tinnevèlly, Tinnevelly
Tipperáry, il Tipperary
Tmòlus (The), il Tmólo
Tobágo, Tabágo
Tobòlsk, Tobòlsco
Tobòso, Tobóso
Tòggenburg, Toggenbúrgo
Tokáy, Tokay
Tolédo, Tolédo
Tombuctóo, *V.* Timboctoo
Tònbridge, *V.* Tunbridge
Tongatabóo, Tongatabou
Tonquin (*pr.* Tonkén), Ton-kino, Tonchíno
Torbáy, Torbay
Tortóna, Tortóna
Torquay (*pr.* Torké), Tor-quay
Tortósa, Tortósa
Totnèss, Totness
Toùlòn, Tolóne
Toùloùse, Tolósa
Toûráíne, Turènna
Tòwcester, Towcester
Trafalgár, Trafalgar
Transilvánia, la Transilvá-nia
Transylvánian, *a. s.* Tran-silváno -a; the —s, i Tran-silváni
Trasiménus , il Trasiméno (*ora* Lágo di Perúgia)
Trébia (The), la Trèbbia
Trebisònd, Trebisónda (*turc.* Tarabesóon)
Trènt, Trènto
Tréves, Tréveri *o* Trèveri (*ted.* Trier)
Trevisáno, la Márca Trevi-sána
Trevìso, Trevíso
Trìers, Trèveri
Trièst, Trièste
Trinidàd, la Trinità, l'ísola della Trinità
Triphỳlia, la Trifíllia
Tripoli, Trípoli
Tróad { (The), la Tròade
Tròas {
Trois Rivières, *V.* Thrèe Riv-ers
Trójan *a. s.* Trojáno, the —s, i Trojáni
Tróvobridge, Trowbridge
Trǒŷ, Troja
Túam, Tuam
Tubingen, (*pr.* Túbinghen), Tubínga

Tullamóre, Tullamore
Tùnbridge, Tunbridge
Tùnis, Túnisi
Turcománia, la Turcománia
Túrin, Toríno
Túrinése, *a. s.* Torinése, *mf;* the —, i Torinési
Tùrk, *s.* Túrco -a; the —s, i Túrchi
Tùrkey, la Turchía; Asiàtic —, Túrkey in Asia, la Tur-chía d'Asia, la Turchía A-siàtica ; Européan —, Tùr-key in Európe, la Turchía Europêa
Tùrkish, *a.* Túrco -a
Tùrk's íslands, le ísole Túr-che
Tùscan, *a. s.* Toscáno -a ; the —s, i Toscáni
Tùscany, la Toscàna
Twéed (The), il Tweed (*fiu-me in Iscozia*)
Tŷne (The), la Tyne
Tŷnemouth, Tynemouth
Tŷre, Tiro (*arab.* Soor, *chia-mato dagli Ebrei* Tsorr)
Tŷrian, *a. s.* Tirio -a; the —s, i Tírii
Tyròl (The), il Tiròlo
Tyròlian, *a.* tirolése, *mf.*
Tyrolése, *s.* Tirolése, *mf;* the —, i Tirolési

U

Ukráíne, l'Ukránia (*polacco* Ukraina)
ùrster, l'ùlster
ùmbria, l'ùmbria
Ummerapóora, Ummerapúra *o* Amarapúra
United Kingdom (The), il Règno Uníto
United Pròvinces (The), le Provínce Uníte
United Státes (The), gli Stá-ti Uníti
ùpsal { Upsála
Upsàla {
ùral (The), l' Ural ; the — Moùntains, i Mónti Uráli
Urbíno, Urbíno
Uruguay (*pr.* úruguá *o* ùru-gwì), l'Uruguay (*Stato*) — (The), l'Uruguay (*fiume*)
ùskup, Úscupo
útica, útica
útrecht, Utrècht

V

València, Talènza
Valètta, la Valètta
Valombrósa, Vallombrósa
Valtelína { la Valtellína
Valtellína {
Vàn Diemen's Lànd, la Tèrra di Van Diemen, di Diemen

Vàtican (The — hill), il Còlle Vaticáno; the —, il Vaticáno (residènza del Pápa in Róma)

Vàud, Vaud; the Cànton of —, il Cantóne di Vaud

Vàuxhàll, Vauxhall

Venétia, la Venèzia o il Vèneto

Venétian, a. s. Veneziáno -a; Vèneto -a; the —s, i Veneziáni; i Vèneti

Vènice, Venèzia; the Gùlf of —, il Gòlfo di Venèzia o l'Adriàtico

Venùsia | Venósa
Venùsium |

Vèra Crûz, Vèra Cruz

Vèrd (Càpe), il Càpo Vérde

Vermilion Sèa, il Mar Vermiglio, il Máre di Califòrnia

Vermònt, il Vermónt

Veróna, Veróna

Veronèsè, a. s. Veronése, mf; the —, i Veronési

Vesùvius, il Vesúvio

Vìborg | Vìbúrgo
Vìburg |

Viènna, (ted. Vién) Viénna (in Austria)

Viènne, Viènna (in Francía)

Vìlna, Vilna

Virgínia, la Virgínia

Virgin (Vùrgin) íslands (The), le ísole Vèrgini

Visapóre, Visapúr

Vistula (The), la Vístola (ted. Weichsel)

Volcáno, Vulcáno

Vòlga (The), il Vòlga

Volhýnia, la Volínia (i Vòsgi Vosges (The), (pr. Vòzh)

Voltùrnus (The), il Voltùrno

W

Wàbash (The), il Wabash

Wàkefiéld, Wakefield

Wàldburg, Walburg

Wàldoborowgh , Waldeborough

Wàles, il Principáto di Gálles; Néw —, la Nuòva Galles; Nòrth —, la Galles del

Nord; Sòuth —, la Gàlles del Sud

Wallachìa (pr. Wallàkia), la Wallàchia

Wàlpòle, Walpole

Wàltham, Waltham

Wàrren, Warren

Wàrrington, Warrington

Wàrsàw, Varsàvia (pol. Varszàwa

Wàrwick, Warwick

Wàshington, Washington

Wàterford, Waterford

Wàterlòo, Waterloo (olandèse Waterlò)

Wàtford, Watford

Wèarmouth, Wearmouth

Wèdnesbury, Wednesbury

Wèllington, Wellington

Wèstern íslands (The), le èbridi

Wèstford, Westford

Wèstmèath, il Westmeath

Wèstminster, Westminster

Wèstmoreland, il Westmoreland

Wèstphália , la Vestfália (ted. Wèstphalen)

Wètterau | Vetterávia
Wètterávia |

Wèxford, Wexford

Wèymouth, Weymouth

Whìtehàven, Whitehaven

Whìte Rìver, il Fiùme Biànco — Sèa (The), il Már Biànco

Wìcklow, Wicklow

Wìgan, Wigan

Wìght (The ísle of), l'ísola di Wight

Wìlna, V. Vìlna

Wìlts, V. Wiltshire

Wiltshìre, il Wilsthíre, la Contèa di Wilts

Wìnchester, Winchester

Wìndsor, Windsor; — Càstle, il Castèllo di Windsor

Wìndward íslands (The), le ísole di Sopravvènto

Wìrtemberg (pr. Wùrtemberg), il Wurtemberg (ted. Wùrtemberg)

Wìsconsin, il Wisconsin

Wìtepsk, Witepsk

Wìtham, Witham

Wittenberg, Vittembèrga

Wòlga (The), il Vòlga, V. Vòlga

Wòlverhàmpton, Wolverhampton

Wòolwich, Woolwich

Wòrcester, Worcester

Wòrcestershire, il Worcestershire, la Contèa di Worcester

Wòrms, Vormazía

Wòrthing, Worthing

Wùrtemberg, Vurtembèrga (ted. Wùrtemberg)

Wùrtzburg, Vurtzbùrgo

Wýcombè, Wycombe

Wýoming, Wyoming

X

Xànthus (The), il Zànto

Xéres | Xères (sp. pr. háres,
Xéres | port. shàres

Y

Yàrmouth, Yarmouth

Yàrrow (The), il Yarrow

Yèllow Rìver (The), il Fiùme Giàllo

Yèllow Sèa (The) il Már Giàllo

Yèmen; l'Yemen

Yòrk, York; Néw —, Nuòva York

Yòrkshìre, l' Yorkshire ; la Contèa di York

Yòughàll, Youghall

Yòughiogheny (pr. Yokegàni) (The), il Youghiogheny

Yucatàn, il Yucátan

Z

Zambése (The), lo Zambése

Zànte, Zante

Zéaland, la Zelánda; Néw —, la Nuòva Zelánda

Zéalander, s. Zelandése, mf. —s, Zelandési ; New- —s, Nòvo-Zelandési

Zètland, V. Shètland

Zúrich, (ted. Zürich) Zurígo; the Làke ot —, il Lágo di Zurígo

Zuyder Zee (pr. Zíder Zé) lo Zuiderzée

Zvòrnik, Zvornik (tur. Izvornéek)

nôr, rûde; · fàll, sòn, bùll; · fàre, dò; · bý, lýmímph; pũlse, bòyà, fꝏ̀l, fꝏ̀wl; ġem, aç

Lightning Source UK Ltd.
Milton Keynes UK
UKHW011943211220
375642UK00001B/82